FUJIANYEARBOOK

习近平省长（左三）在福安调研

新建成的穿山路大街

位于市区中心的莲池广场

翠色欲滴的市政广场

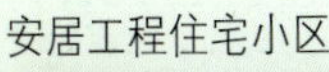

安居工程住宅小区

FUJIAN YEARBOOK

2001

福 建 省 人 民 政 府 主 办

福 建 年 鉴 编 纂 委 员 会 编 纂

百年福建

20世纪，是福建人民反抗帝国主义侵略和封建主义压迫，为新中国的创立写下光辉篇章的世纪；又是福建人民积极投身于社会主义革命和建设，努力实现富国强省梦想的世纪。

晚清福州禁烟会没收的烟枪

1912年4月20日上午，孙中山先生与福州同盟会革命志士合影于福州仓前山桥南公益社。

1926年2月，在中共广东区委领导下，厦门大学学生罗扬才等人在厦大成立了福建省第一个党支部——中共厦门大学支部，罗扬才任支部书记。

1929年12月下旬，中国共产党红军第四军第九次代表大会在上杭县古田举行，史称“古田会议”。古田会议决议是中国共产党和红军建设的纲领性文件。

福州五四路新貌

1932年5月，朱德与红军总政治部第一期团政委训练队全体队员于长汀合影（第二排右起第四人为朱德）。

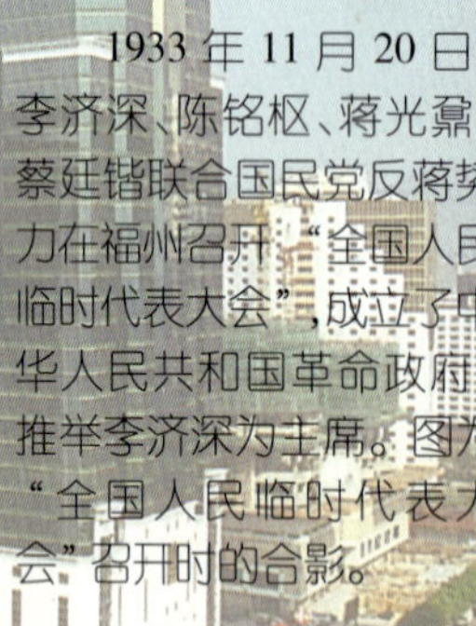

1933年11月20日，李济深、陈铭枢、蒋光鼐、蔡廷锴联合国民党反蒋势力在福州召开“全国人民临时代表大会”，成立了中华人民共和国革命政府，推举李济深为主席。图为“全国人民临时代表大会”召开时的合影。

1933年11月，第五次反“围剿”期间，周恩来与部分红军指挥员于建宁前线合影。

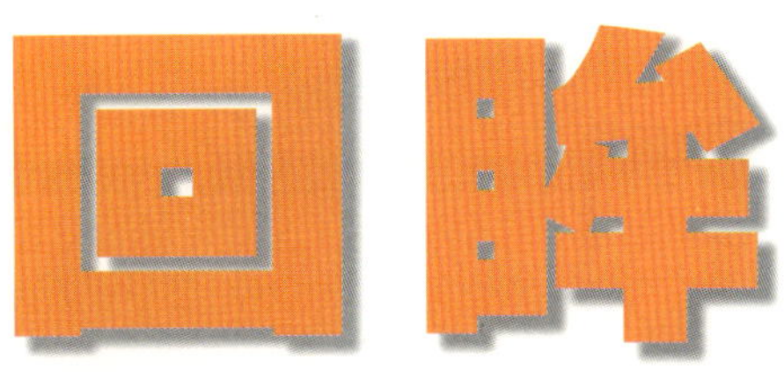

1937 年 7 月 7 日，卢沟桥事变爆发后，全国掀起抗日救亡活动，在八闽大地上抗敌运动也如火如荼，各种抗日救亡团体纷纷成立，图为福州各界人士举行声势浩大的抗日游行。

1949 年 8 月 17 日南下大军解放福建省会——福州

1956 年 1 月 19 日福州市人民委员会在体育广场召开福州市资本主义工商业公私合营大会，这是会场前排的一角。

鹰厦铁路是国家“一五”计划重点建设项目之一。1955 年 3 月动工，1956 年 12 月全线铺通，这是福建第一条铁路干线（鹰潭至厦门）全长 693 公里，它的建成对福建政治、经济具有十分深远的意义。图为鹰厦线上大桥架设的情形。

1984 年 2 月 9 日，邓小平同志视察厦门经济特区时题词：把经济特区办得更快些、更好些。

1994 年 6 月 22~27 日，中共中央总书记江泽民在福建厦门、泉州、莆田、福州等地视察。

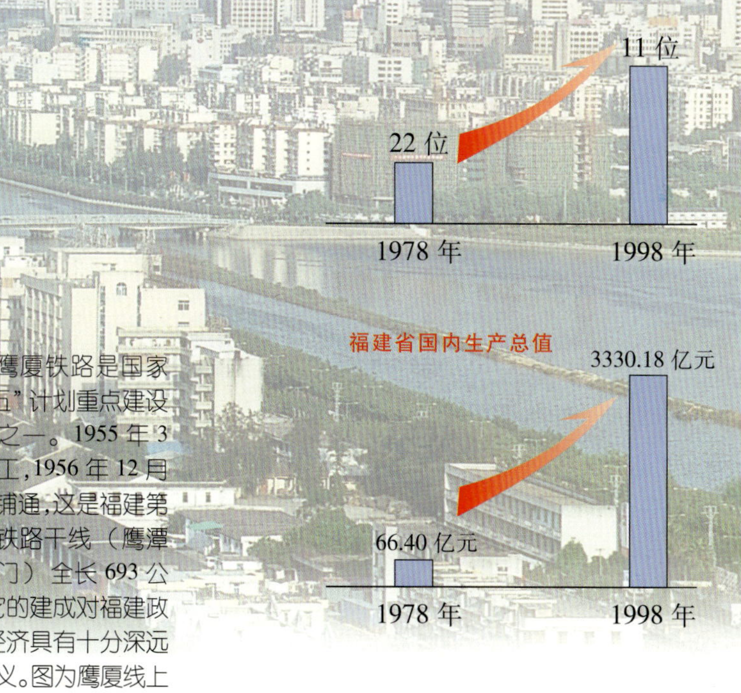

厦门湖滨东区远眺

2000年6月6日，省委书记陈明义亲切会见联合国教科文组织公共关系和特项部主管阿丽丝·德·让莉丝女士等联合国官员。（刘鸣　摄）

2000年10月17日，在福州西湖大酒店举行了福建省和乌克兰敖德萨州建立友好关系仪式。习近平省长和格里涅维茨基州长分别代表双方在意向书上签字（省外事办供稿）

2000年10月25日，习近平省长在福州会见了来访的印度尼西亚中爪哇省省长马尔迪亚恩多一行。　（省外事办供稿）

2000 年 12 月 12 日，省委召开领导干部会议，传达中共中央关于调整福建省委主要领导同志职务的决定。中共中央决定：宋德福同志任福建省委委员、常委、书记，陈明义同志不再担任福建省委书记、常委职务，另有任用。（常则　摄）

应国家主席江泽民邀请，越南国家主席陈德良率政府代表团企业家代表团于 2000 年 12 月 28~29 日来厦门访问。在厦期间陈德良主席参观了海沧台商投资区、厦华电子有限公司及厦门市松达水产养殖场。图为省长习近平向客人赠送礼物。（厦门外事办供稿）

2001 年春节期间省委书记宋德福慰问驻闽海军官兵。（吴寿华　摄）

福建省第九届人民代表大会第三次会议上习近平省长作政府工作报告。

2000 年 1 月 21~27 日省九届人大三次会议在福州隆重举行。全省 500 多名省人大代表参加会议。习近平同志当选为福建省人民政府省长。　（胡美东　摄）

中国人民政治协商会议第八届福建省第三次会议于 2000 年 1 月 20~26 日在福州隆重举行。　（张耿　摄）

中国国务委员吴仪和泰国副总理素帕猜为“9·8”投洽会揭幕。

（吴寿华　摄）

第四届中国投资贸易洽谈会 2000 年 9 月 8~12 日在厦门举行，来自五洲四海的 4 万多名客商欢聚在“9.8”大舞台，分享着共创商机的喜悦与成就。

（吴寿华摄）

2000 年中国福州国际招商月暨海峡两岸科技成果交易会 5 月 18~23 日在榕隆重举行。

（福建画报社　供稿）

以“团结、发展”为主题的世界客属第十六届恳亲大会于2000年11月19日在龙岩市举办。图为龙岩市体育馆举行的大会开幕式

世界福清同乡联谊会第三次会员代表大会于龙年元宵节在故乡举行，来自五大洲20多个国家和地区近千名海外乡亲参加了这次“团结、爱乡、发展”为主题的盛会。

（周必云　摄）

2000年漳州市举办的第二届海峡两岸花卉博览会，规模更大、档次更高、内容更加丰富。

2000年3月9日第三届海峡两岸纺织服装博览会在石狮市举行。 （蔡宏义 摄）

新落成的厦门国际会展中心 （吴寿华 摄）

由福建省人民政府、澳门特别行政区政府共同主办的闽澳高层研讨会2000年9月6日在福州召开。（张耿　摄）

2001年1月2日上午11时50分，以陈水在先生为团长的金门同胞一行180人，应厦门市金门同胞联谊会的邀请，搭乘金门"太武号"客轮，自金门科罗湾直航抵达厦门和平码头。（林辉龙　摄）

国家重点工程厦（门）漳（州）、漳（州）诏（安）、漳（州）龙（岩）三条高速公路，均途经龙海境内，长50多公里，进出龙海站的交叉路口建设已具规模。（林辉龙　摄）

2001年1月2日金门民众乘船直航厦门，引起新闻媒体关注。这是记者们在厦门和平码头采访陈水在先生。（林辉龙　摄）

闽东地区第一条高速公路——罗（源）宁（德）高速公路于2000年2月2日建成通车。罗宁高速公路投资12.2亿元，总长33.747公里，工程合格率达100%。上图为通车典礼，下图为罗宁高速公路罗源收费站。

国家重点建设项目——棉花滩水电站，四台15万千瓦水轮发电机组相继进入施工安装。截止2000年3月，电站部分已完成总投资49.1亿元。（林辉龙 摄）

省重点建设项目漳（州）龙（岩）高速公路龙岩段目前已建成过半。这条高速公路全长123公里，其中龙岩段为42.4公里，总投资22.5亿元。（林辉龙 摄）

富有古韵的福州市博物馆 （张耿 摄）

羽毛球运动员吉新鹏为福建省夺得了历史上首枚奥运个人项目金牌。（林永龙 摄）

福州古城文化展览 （胡美东 摄）

落于福州马尾开发区的中国近代海军博物馆 （胡美东 摄）

龙年春节前夕，中央电视台“心连心”艺术团赶闽西老区慰问演出。（胡美东　摄）

激情跨越新世纪——福建省、福州市迎接2000年大型文艺联欢晚会。（胡美东　摄）

2000年9月20日由福建省政府主办，宣传部、省文化厅和省文联承办的“福建当代书画展”在中国美术馆开幕。（胡美东　摄）

极具活力的新市　充满希望的乐土

——宁德市

宁德俗称闽东，位于福建省东北部，东临浩瀚的东海，与台湾隔海相望，北接浙江温州市，南临福建省闽东南地区处在长江、珠江三角洲两个发达的经济区中心。1999年11月，中华人民共和国国务院批准撤销宁德地区设立地级宁德市。宁德市下辖蕉城区、福安市、福鼎市、古田县、霞浦县、周宁县、寿宁县、屏南县、柘荣县（4个沿海县市区，5个山区县），124个乡、镇、街道办事处，2261个村（居）委员会。土地面积1.34万平方公里，人口298.99万人。是国务院批准的全国农村开放促开发扶贫综合改革试验区，海阔港深与山青水绿并存，成了其突出的特色。

李鹏委员长与宁德儿童在一起

“海上闽东”海阔港深。深水码头岸线居全省首位，市内陆岛岸线973公里（其中陆地岸线878公里）、海域面积4.46万平方公里、大小岛屿344个，均占全省的三分之一；拥有三都澳城澳、白马港等国家一类口岸和漳湾、三沙、赛岐、沙埕、下白石等二类口岸，7个千吨级以上泊位码头，开辟有从闽东到香港、广州、上海、青岛等9条航线。三都澳是“世界不多，中国仅有”的天然良港，水域面积714平方公里，可建5~50万吨泊位30处。1999年2月，李鹏委员长在闽东视察时赋诗：“昔日大军向西行，今日百花迎新春；飞鸾道通闽东地，三都巨港盼有期。”闽东还拥有全国闻名的半封闭式的大黄鱼产卵场—官井洋，对虾产卵场——东吾洋及台山、西洋、三沙等五大渔场。大黄鱼、二都蚶、盐田蛤、沙江蛎、对虾、梭子蟹等名、优、特海产品驰名中外，在全省占有重要地位。

“山上闽东”山青水绿。这里山水灵秀，天然画廊连绵，有许多闻名海内外的风光名胜，拥有“海上仙都”美称的国家重点风景区福鼎太姥山，国家级自然保护区屏南鸳鸯溪，号称天下一绝的白水洋“万米水街”，被称为“海内第一禅林”的全国佛教重点寺观宁德支提山风景区，华东少有、福建第一的周宁九龙祭瀑布群，人鱼同乐的鲤鱼溪，有“海国桃源”之美誉的霞浦杨家溪。境内水力和矿产资源富集，可开发的水电资源达185万千瓦，装机40万千瓦的穆阳梯级电站正在建设，已发现的金属、非金属矿72种，尤其是高岭土储量3亿吨以上。福鼎玄武岩、周宁状元红等各类花岗岩石储量数亿立方米。闽东山场广阔，全市森林覆盖率达68%。闽东还是著名的食用菌之乡，寿宁花菇独具一格，古田银耳产量居全国之首，晚熟龙眼、油奈、四季柚、槟榔芋、芙蓉李、无核柿、绿竹笋等均为果中佳品。

家用按摩器生产

“境外闽东”令人瞩目。五洲四海都有闽东人，给闽东带来很大的财富和智慧。闽东华侨旅居国外已有百余年的历史，现有华侨31万多人，主要分布在马来西亚，还有泰国、新加坡、美国、加拿大、印尼等22个国家。一个多世纪来，闽东涌现出众多杰出的华侨名人，如马来西亚金融大王雷贤雄。闽东与台湾经贸往来、民间往来十分频繁。通邮、通商、通航联系密切，两岸同胞通婚、经商、科技文化交往范围广泛。闽东贸易伙伴遍布东南亚、拉美、中东、非洲、俄罗斯、欧共体等40多个国家和地区。古田人闯海南、周宁人闯浦东创下了辉煌的业绩。

党的十一届三中全会后，宁德市把工作重点转移到经济建设上来，充分利用国家和省的各种优惠政策和灵活措施，大念“山海经”着力实施“追赶工程”，向生产的深度和广度进军，迎来了宁德历史上发展最快的时期。2000年国内生产总值比1978年增长了11.2倍，平均年递增12.2%。

“九五”以来，经过全市上下艰苦创业、铁心拼搏、探索实践，经济实现了新跨越，社会面貌发生深刻变化，改革开放纵深推进，特别是脱贫致富奔小康、基础设施建设、城市建设取得突破性进展。2000年全市国内生产总值219亿元，比1994年增长1.6倍。

二十一世纪的闽东将因拥有蓝色的海洋、繁忙的港口、秀丽的青山、优美的旅游风景、勤劳质朴的革命老区民风而成为中国东南沿海的一颗明珠。

宁德市委书记　荆福生

宁德市长　周金伙

三沙对台鱼货交易

太姥风光

畲族风情

FUJIANYEARBOOK

闽东中心城市 蕉城

市委常委、区委书记：黄朝阳

区长：陈星

省委书记宋德福、省委常委、秘书长黄瑞霖，在宁德市人大主任钟雷兴陪同下，在蕉城区金涵畲族乡调研。

宁德市蕉城区地处福建省东北部，是闽东的政治、经济、文化中心。全区辖10镇4乡2个街道和三都澳经济开发区，总人口41万。

"九五"以来，特别是近三年来，蕉城区国民经济实现了持续、快速、健康发展，国内生产总值年均增长14.3%，基础设施建设取得突破性进展。五年累计完成固定资产投资44.8亿元，是"八五"时期的7.2倍，占全市四分之一强，完成了104国道的拓宽改造、闽东首段高速公路建设等一批关系全局和长远发展的重点建设项目。城市面貌有了根本改变，中心城市框架基本形成。五年共实施旧城改造项目11个，拆迁旧城区房屋面积7.36万平方米，新建房屋12.7万平方米，建成了城东路、站前路、城关蝶式立交桥，拓宽改造了蕉城南北路、鹤峰路、单石碑路和南环路、公园、绿地、广场建设、灯箱广告、夜景工程建设不断档次提高；城区不断拓展并与东侨开发区相连接，基本构成了闽东中心城市的总体框架。民营经济成为发展最快、最具活力的增长点。私营企业和个体企业产值占工业总产值的80%，财政基础彻底夯实，结构不断优化，进入健康发展的轨道。财政赤字明显下降，财政结构不断优化，"九五"末税性收入达到了86.5%，基本实现了保工资发放、保法定支出、保安定稳定、保重点建设、保正常运转。人民生活水平明显提高，由温饱向小康迈进。农民人均可支配收入和城镇居民人均可支配收入年均增长9.3%。居民消费水平进一步提高，居住条件明显改善，生活质量逐步提高。

蕉城区将以提高人民生活水平为根本出发点，立足现有产业基础和资源优势，不断改善投资环境，加快经济结构调整和中心城市建设步伐，在重点培育水产养殖业、加工业、旅游业的同时，积极创造条件，发展港运中转贸易、高科技术、临海工业、力争国内生产总值年均增长10%以上，开放型经济发展迈上新台阶，城乡人均生活水平和质量有较大提高，精神文明和民主法制建设进一步加强，中心城市建设取得突破性进展。

城市建设日新月异

罗宁高速公路建成通车，把蕉城区与福州的距离拉近了

外向型企业蓬勃发展

水产养殖成为支柱产业

山海旅游正在兴起

教育事业蓬勃发展

城乡广泛开展健康向上的文化、健身活动

福鼎城市新貌

福鼎高速公路常务副总指挥蔡开巧(左)陪同原福建省省长贺国强(右)视察福鼎高速公路

福宁高速公路福鼎段

福(鼎)宁(德)高速公路是国家重点支持建设的国道主干线。福鼎段起点于贯岭的分水关,终点在硖门的蔡家山,途经贯岭、山前、桐城、白琳、店下、秦屿、硖门等7个乡镇(街道),共有9个标段,全长53.4公里;设一个主收费站和一个服务区,有福鼎、八尺门等9座特大桥,大中小桥13座,隧道7座,工程土石方968万立方米,需征用8086.4亩,拆迁房屋1670户、8100多人。拆迁房屋面积16.8万平方米,确定31安置点;工程总投资27亿。

福鼎市提出"举全市之力建设好这条生命线、致富线、发展线",针对福鼎线路最长、征地拆迁量最多、任务重、困难大等问题,积极做好拆迁工作,做到公开、公平、公正,使征地拆迁工作成为群众的自觉行为,为工程的顺利实施并在2002年建成通车打下了坚实的基础。

福宁高速公路福鼎段建设指挥部
总指挥:叶干玲(市委书记)
常务副总指挥:蔡开巧(市委副书记)
地址:福鼎南大路143号　　电话(传真):0593-7821768

秦屿高架桥

福鼎高速公路福鼎段

闽东边贸果蔬批发市场

批发市场一角

董事长:余振文

闽东边贸果蔬批发市场全景图

闽东边贸果蔬批发市场位于福鼎市富民城104国道旁,西侧25米大道直通市区50米大街,东临福鼎汽车南站,毗邻流美码头和福宁高速公路及拟建中的火车站。这里是闽浙交通要冲,地理优越,运输便捷,北达沪、杭、甬、南抵厦、广、深。

市场占地25亩,总建筑面积3.42万平方米,工程投资2600万元。一层为水果、蔬菜批发市场,拥有营业铺位90多间,6000多平方米,二层为商场,水、电、通讯、消防、贮、停车场、低温冷藏库、办公管理房、综合服务楼等配套设施完备,功能齐全。

闽东边贸果蔬批发市场是目前闽东和浙南地区规模最大的水果、蔬菜批发市场。开业以来,与闽南和浙江、江苏、山东等地交流贸易,货源充足,品类齐全,商贾云集,购销两旺。被宁德市商城试验区领导小组列为商贸试验区载体项目,为宁德市十大专业市场和福鼎市8个超亿元市场之一。

福建太姥房地产开发公司

该公司是香港香江贸易公司独资设立的，总投资为5000万元人民币。

该公司开发的福鼎太姥商住区，东至南大路，西至京生大酒店，南至太姥饭店北巷，北至古城南路，占地面积8890平方米，为福鼎繁华地段，周边路网通畅，是新老市区的结合部，为福鼎市迎宾路的重要门面，该片区内建设专业批发市场、办公楼、娱乐商贸中心、高级公寓等现代化建筑楼群，最高达15层，总建筑面积达3.5万平方米。这个商住区建成后，将与京生大酒店、财政大楼、福鼎大酒店等连成一体，成为福鼎经济、文化、娱乐的中心，是一个名符其实的集商贸、办公、居住、服务、娱乐为一体的生活、工作片区。

总经理：池仁福

地址：福鼎市供销大楼二层
董事长：林玉昆
总经理：池仁福
电话：0593-7852237
传真：0593-7826166

中立商住楼

福鼎“中立商住楼”

总经理：张昌满

福鼎中立房地产有限公司系股份制企业，成立于1996年，注册资本220万元，“中立商住楼”位于福鼎市最繁华的流美经济开发区50米大街中心地段，与车站、商城、宾馆、银行等建筑群相融合，最具增值潜力。大楼占地面积14亩，建筑面积3万平方米，最高楼层9层。首期开发的商住楼已销售一空，二期商住楼的商业铺位和商品房形成有机的组合整体，配备了齐全的物业管理系统，是福鼎首屈一指的精品楼盘，前景十分看好。

中立商住楼

福鼎市二建房地产开发分公司

董事长:谢作琴

总经理:林品朝

该公司是国家二级资质施工企业，在近30年的历史进程中,始终遵循“以质量求生存、以信誉求发展、以改革求创新、以管理求效益”的经营宗旨,取得显著的经济效益和社会信誉。公司现有正式职工365人，拥有大中型施工机械设备100多台(辆),各种专业技术人员151人,注册资金2000多万元,是福鼎市两家大型建筑企业之一。

2000年5月经省建委批准，公司从事兼营房地产开发业务。一年多来,主要开发的项目有福龙商住楼、隆源商住楼等。其中福龙商住楼开发总投资3800万元，建筑面积23000平方,地下备有停车场1000多平方,总体设计考究,工艺创新,独树一帜,布局合理,别具一格。1999~2000年度被福鼎市人民政府授予重合同守信用单位,2000年被福鼎市地税局授予十大纳税户之一,企业连续6年分别被省、地、市评为先进单位。

公司坚持经营管理现代化,本着“质量条一、信誉为本”宗旨,竭诚为用户服务。

地址:福鼎市五十米大街隆源商住楼13~14号

传真:0593-7973379

联系:0593-79636987973377

邮编:355200

福龙商住楼

总经理:王念评

由福鼎市中旅房地产开发有限公司开发的江滨豪华别墅小区和商住楼,占地面积45亩,建筑面积3万平方米。

别墅小区位于福鼎市体育场北侧,南接山前彩虹桥,与城北改造片区相衔接,临26米环城南路,北邻普后大桥,视野开阔,空气清新,置于清山绿水之间;小区布局合理,道路纵横交错,绿地鲜花互映,融中西方建筑风格于一体;有独立式、并联式等4种不同风格的建筑物,价格每平方米900元起价,可银行按揭,首付10万元,即可享有地属产权;别墅区实行封闭式全天候物业管理,具有安全、舒适、温馨的生活环境。

开发商:福鼎市中旅房地产开发有限公司
地　址:五十米大街边贸商城对面三楼
电　话:0593-7962696　7962666

福鼎市
"江滨豪华别墅小区"

江滨豪华别墅小区

C型效果图

A型效果图

别墅小区鸟瞰

城北市区改造初步方案

江滨别墅小区

FUJIANYEARBOOK

桐亨大厦

发展商:福建桐亨房地产开发有限公司
地址:福鼎市五十米大街
电话:0593-7963368　7969999
传真:0593-7856798
总经理:陈庆平

由中外合资企业福建桐亨房地产开发有限公司投资2000万元兴建的"桐亨大厦",占地面积3285平方米,建筑总面积1.53万平方米,是集商场、酒店、文化娱乐为一体的商购综合性大楼。一、二层建筑面积3000平方米,设有自动扶梯,三至九层6000平方米,可作商住、办公、娱乐等,发展商与购房户可签订回租合同,按年付租,享有先进场,后办照,免收一年工商管理费,税收按定额从优征收,租金一年免收二个月等优惠。

该大厦地处福鼎流美经济开发区五十米大街车站环岛路口,是经营百货、超市的黄金地段。

董事长:黄加裕

集全优于一体　创闽东之首城

桐亨大厦

温州商

福鼎"温州商城"高尚商住区

由很具经济技术实力及综合开发能力的浙江温州裕达房地产开发有限公司和中国·金可达集团公司下属国有独资金鹿房地产开发联合公司共同投资成立的福鼎市裕金房地产开发有限公司所开发的福鼎"温州商城"位于福鼎市中心最繁华的商业街区,是福鼎市的皇冠钻石宝地,占地约14亩,建筑面积42000M²,主楼23层,楼高87.6米,为目前闽东第一高楼,商城四周边均为繁华商业闹市,店铺林立、商机盎然,是福鼎市未来几十年最具增值的商业祥源(该地块南向将后退4米,建成今后8米宽的专业商街)。同时对商城内部商铺进行有机组合和全方位的包装形式曾使数百万温州人通过经商致富的各类专业市场模式,为购房户提供和创建一条致富捷径。

"温州商城"中间一幢主体23层的商住公寓,一至二层为大型商场,三至五层为高级写字楼,六至二十一层为高级住宅公寓。一层五套面积130-180M²,互不干扰,高雅又宁静。高层公寓配备有二部优质电梯,自备电源、水池、管道液化气、自动消防联动控制、安全防范监控、楼宇对讲等系统,以及严密的物业管理保障为各住户提供安全、清洁、文明、高质量的住宅环境。同时以低廉优惠的价格起价1558元/M²推向市场。

"温州商城"住宅集中北京、上海、温州等国内最优秀的套型结构,设有100-150M²的套房和150-200M²复式套房,每套均充分体现明厅、明卧、明厨、布局合理利用率高。

现代的居住观念、崭新的建筑理念、经商致富的捷径模式——"温州商城"!

福建省福鼎市裕金房地产开发有限公司
地址:福鼎饭店2号楼3层
电话:0593-7852222　7853333
现场售楼热线:7839555
传真:0593-7853181

福鼎"温州商城"

福鼎华龙化油器有限公司

该公司是美国独资企业，公司注册资本250万美元，专业研制和开发各种型号的摩托车化油器。公司现有员工300余人，拥有一批高、中级职称的工程技术人员，公司占地面积6000平方米，建筑面积6144平方米，拥有资产5800多万元，年生产能力120万台。

公司自1994年以来，投入250多万美元，引进日本、法国、瑞士、新加坡以及台湾等国和地区的数控车床、加工中心、磨刀机、动力头、三维座标仪、投影仪、气动量仪、排放仪等先进加工和检查测设备。同时借鉴国外先进的加工工艺和现代管理。形成模具、配件、壳体、总装、检测等一大套完整的生产线和一套完整的质量管理体系，并成为福建省摩托车化油器重点生产企业。1999年实现销售收入6075万元，实利利润1551万元。公司产品1997年2月获得中国方圆委ISO9002质量体系认证证书，2000年2月公司获得德国DQS和中国方圆委ISO9001质量体系认证证书。公司荣获"福建省外商投资先进技术企业"、"福建省高新技术企业"、"福建省百家外商投资企业"、"福建省百佳外商投资企业"等称号。

公司以"改善、改善、再改善，提高、提高、再提高"的质量方针贯穿于企业管理，服务社会。

地址：福建省福鼎市龙山工业区99号
电话：0593-7832666
传真：0593-7852719

董事长：林穆炎
总经理：王佳荣

授予：福建华龙化油器有限公司
2000年度
十佳外商投资企业
中共宁德市委员会
宁德市人民政府
二〇〇一年四月

福建华龙化油器有限公司
福建省百家重点企业
（1997—1999）

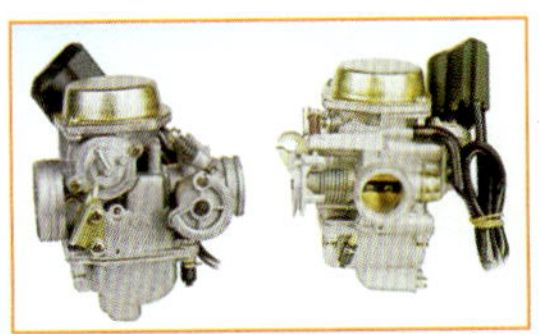
外商投资先进技术企业
确认证书

PD24J型化油器

PZ26型化油器

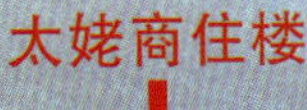

福鼎京科化油器有限公司

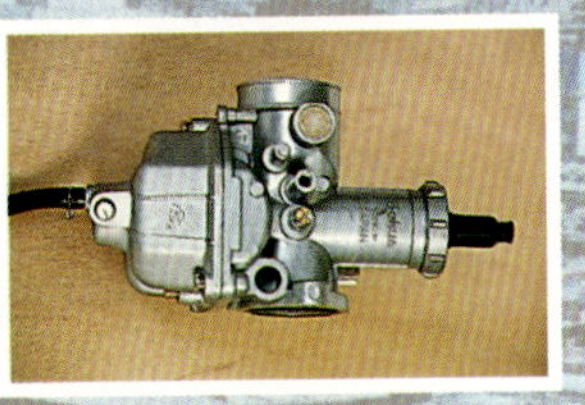
PZ24A

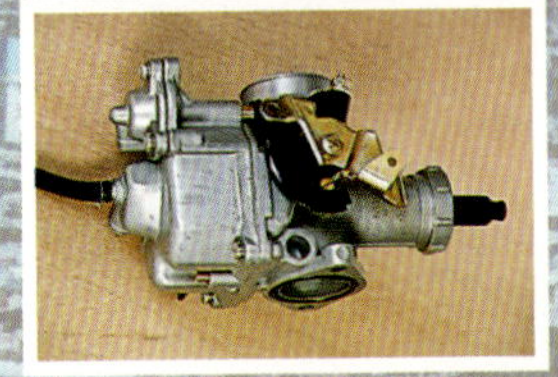
PZ27B

PD24J

法人代表：郑节昭

京科化油器有限公司系博华公司（原福鼎市化油器厂，成立于1982年，是福建省最早的摩托车化油器专业生产定点厂家）与外商合资兴建，专业生产、开发摩托车化油器精品。京科公司在继承搏华公司的先进管理和化油器产品制作工艺的同时，投入巨资引进国外领先的技术和加工、检测设备。"进口品牌优势、国产价格优惠、质量服务优质"是合资公司"优化组合"成功的结晶。

京科公司厂区占地面积15亩，建筑面积1万平方米。现有员工300多人，其中工程技术人员占15%，年生产摩托车化油器能力100万台，目前生产的柱塞式和等真空式化油器已达11个系列30个品种，可与36~150ml的各式摩托车配套，并与重庆、广州、浙江、天津四大市场的诸多名优车配套成功，批量出口南美和中东地区。

京科公司注重产品的质量精度和对用户的绝对负责，在产品的加工和检测过程中采用进口加工专机、动力头等设备和综合流量台、P台全检等工艺保证其质量；量孔加工采用进口数控车床、高速量孔加工机等设备，检测应用进口气动量仪、流量仪以保证其精度；油针、膜片、主喷咀等关键部件则采用进口部件，并经过严格的100%筛选。公司的质量保证体系通过了ISO9002国际标准认证［英国皇冠（UKAS）。

"共赢理念"是京科人永恒的营销主题。

地址：福建省福鼎市中山北路71号　　邮编：355200
营销服务热线：0593-7825855
技术咨询热线：0593-7836397
传真：0593-7837929　　E-mail：fdbh@pubic.ndptt.fj.cn

今日古田分外娆

县政府大院

古田县历史悠久，昔有"先贤过化之邦"之誉，今又以水电之乡、食用菌之乡、华侨之乡、文化之乡、体育之乡而闻名。全县面积2385.2平方公里，辖8镇7乡，总人口43万，旅外华侨、外籍华人20多万。

近年，古田县政府以建设福建山区一流县城为目标，围绕"中心突破、两翼齐飞"的发展战略，全面实施"新、绿、亮、洁"工程，加大城市建设和管理力度，不断改善城市环境，提高城市品位，营造良好投资环境。几年来，相继建成水口闽江大桥、316国道和203省道古田段、邮电通讯和广播电视网络体系、自来水厂等一批重点骨干基础设施项目和中心广场、医院门诊大楼、体育馆等一批公共事业及市政配套设施，城区主干道供电、供水、排水、通讯等市政管道网络形成；旧城改造，新区拓建，安居房、商品房、公用建筑拔地而起，城市人均居住面积达到14.4平方米，日供水能力3万吨，普及率98%以上；绿化工程上规模、上档次，新建有县委、政府、城东环岛、中心广场等公共绿地，绿化覆盖率达30%，人均拥有公共绿化面积4.5平方米；夜景工程有新的突破，城区高层建筑物、重要建筑物等安装有轮廓灯、射灯、泛光灯，设置了解放路霓虹灯广告一条街、614路2公里长街及其7支路的灯箱广告，鲜明地烘托出繁华、热闹、祥和的城市气息。

面对新世纪，古田将抢抓机遇，加速发展，不断壮大经济总量和经济实力，加快推进城市现代化建设，以崭新的面貌和姿态跨入21世纪。

县城夜景

中心广场主景

十字街一角

周宁县人民政府县长　孙鼎鸿

高山明珠
——周宁县

周宁新貌

周宁县地处闽东北，现辖6镇3乡145个行政村3个居委会，人口19.6万，土地面积1046平方公里，略小于香港，素有“高山明珠”之称。曾被评为“全省经济发展十佳县（市）”和“全省环境最佳县城”。

周宁是一块令人神往的旅游和避暑胜地。这里风光秀丽，空气纯净，旅游资源得天独厚。九龙漈瀑布群雄伟壮阔，气势磅礴，是华东最大的瀑布群；鲤鱼溪神鳞戏水、人鱼同乐，是你一生不得不游的50个景点之一；滴水岩泻珠溅玉，水滴石穿，史称“八闽首景”；库面7.2平方公里的芹山湖令人神往……全县平均海拔800米，县城海拔888米，冠华东之首，冬无严寒，夏无酷暑，盛夏日均气温仅24℃，享有“天然空调城”的美誉。这里还有纯朴的民风、丰富多彩的民俗，欢迎八方来客的热情。

周宁是一片充满魅力的投资热土。这里不仅拥有丰富的旅游、水电、矿产和农业资源，而且拥有日臻完善的投资环境。交通便捷，310省道贯穿县境，全县9个乡镇皆通柏油路；赛岐海港近在“县门口”，福宁、罗长高速公路开通后，周宁至福州仅为3个多小时。通讯发达，邮电设施达到世界先进水平。工业及居民用电用水充足方便，“高山一流县城”的城建格局基本形成。这里还有一流的投资软环境，出台了各项优惠政策，健全了一系列服务体系。

周宁人民正满怀信心，弘扬“锐意开拓、团结拼搏、勤政高效、务实守信”的周宁精神，紧紧抓住闽东“大开放、大开发、大发展”的历史机遇，以崭新的姿态、诚挚的情怀，恭迎海内外宾客前来携手共绘周宁两个文明建设的宏伟蓝图。

周宁，这颗高山明珠，将放出更加绚丽的光彩。

八闽首景——周宁滴水岩

建立科技示范基地 发展山区特色农业

◆ 周宁县农业科技园区

园区负责人、农业局长徐长兴

园区全貌一瞥

周宁农业科技园区，是省计委挂钩帮扶周宁县的一个重点农业科技项目，由县农业局牵头负责组织实施。该园区以发展高山特色农业、生态农业为主攻方向，以省农科院等科研部门为科技依托，以引进国内外农业新品种、新技术进行试验、示范、繁育、推广、培训为重点，以建立集科研开发、生产加工、技术服务、信息交流、成果展示于一体的现代农业科技示范基地为目标，加快和促进周宁县农业科技进步、产业结构调整和农民致富奔小康。

省计委领导到园区调研

农业科技园区总规划面积为10000亩，分期实施。第一期规划建设1000亩，总投资1230万元，分为东西两个片，西片面积450亩，规划建设高优菜薯、高山名优花卉、水产养殖三个示范区；东片面积550亩，规划建设无公害茶园和名优果品引种两个示范区。园区内配套建设农产品加工厂和农业科技信息服务中心。目前园区内多功能区已全面启动，相信不久的将来园区将成为周宁农业科技示范推广的重点基地。

大棚栽培金皮西葫芦新品种

大棚栽培福州芋瓠

党支部书记、局长　吴永平

建设立体电信网络 促进山城经济发展

周宁电信

地址：周宁县中兴街
电话：(0593)5622621
传真：(0593)5622855
邮编：355400

改革开放以来，周宁电信通信事业实现超常规、跳跃式的发展，建成较为先进的立体电信网络，并努力推进通信设施的数字化、智能化、综合化、宽带化和个人化进程。全局固定资产达到7500多万元，全县电话实现交换程控化、传输数字化，全县97%的行政村通上程控电话。城乡电话普及率达到9.32部/百人，其中城关26.8部/百人。企业双文明建设协调发展，连续获得三届省级“文明单位”称号，局党支部被授予地级“先进基层党组织”，局工会被省总工会授予“模范职工之家”。企业连年完成或超额完成各项经济指标。

局领导班子在研究工作方案　　电信综合办公楼

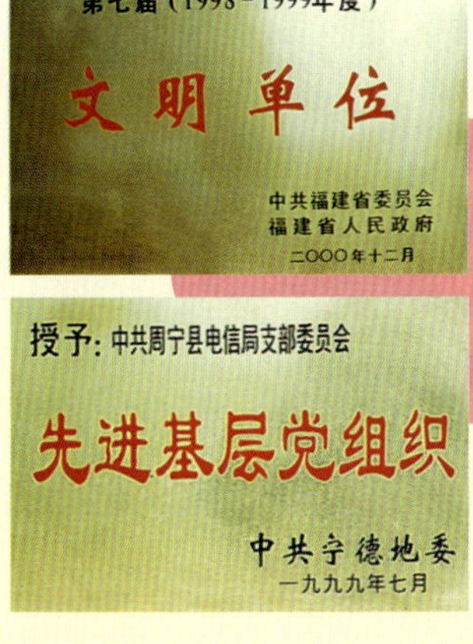

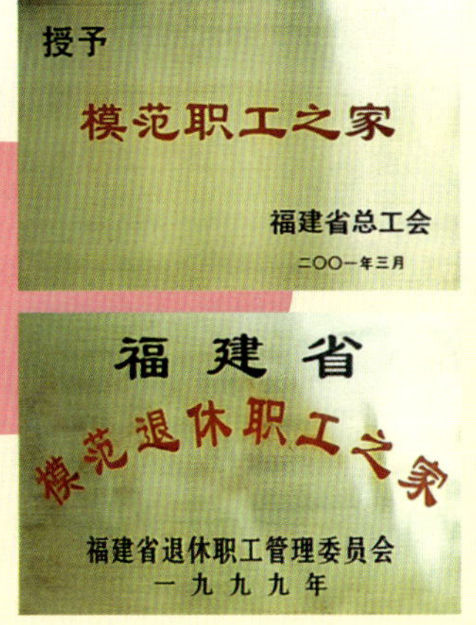

荣誉

程控机房

敞开山门 发挥优势
努力发展山区特色经济

屏南县

屏南县人民政府县长薛成康

屏南县位于福建省东北部，地处鹫峰山脉中段，全县辖4镇7乡153个行政村5个居委会，国土面积1491平方公里，平均海拔830米，是全省平均海拔最高的县份之一。屏南建县于公元1735年，历史上长期属福州府，解放后始属南平专区，继属闽侯专区，今属宁德市。

屏南县自然资源丰富。鸳鸯溪风景区被国务院列为国家第三批重点风景名胜区；全县有林地面积151万亩，绿化程度达86.9%，是福建省林业产业化示范县；境内可供开发的石板材总量为1亿立方米，是矿产资源丰富县；全县可供开发的水能资源蕴藏量达40万千瓦，现已开发8万千瓦，是福建水电之乡之一。

几年来，屏南县立足区位优势，发展地方特色经济。利用得天独厚的气候资源，大力发展反季节食用菌生产，反季节蔬菜栽培。1993年被评为"中国夏香菇之乡"，以花椰菜为主的反季节蔬菜，成为福州等地的热销菜。屏南县与福州一化联合创办的榕屏联营化工厂，建成了全国最大的氯酸钾生产基地。新的世纪，屏南县将紧紧围绕经济建设这一中心，以结构调整为主线，改革开放和科技进步为动力，着力建设园林山城，发展山区特色经济，努力实现经济与社会事业的同步发展。

全省山海协作的典范—屏南榕屏联营化工厂

全县共有油柰园6万多亩，被评为"中国油柰之乡"

加工的竹木产品远销欧美，东南亚国家

屏南县水电资源十分丰富，可供开发的水电蕴藏量达40万千瓦，现仅开发8万千瓦，是全国第一批实现农村电气化县之一

国家级风景名胜区鸳鸯溪以其秀美的臂膀迎接海内外宾朋，图为水上广场白水洋

加强交通设施建设 促进山区经济发展

屏南县交通局

交通局长:张功成

近年来,屏南县交通局在县委、县政府和上级交通主管部门的正确领导下,认真贯彻落实党的十五大精神,紧紧抓住中央实施积极的财政政策,集中人、物、财力,狠抓交通基础设施建设,交通事业得到蓬勃发展。

公路建设日新月异。2000 年,全县拥有各种公路 595.12 公里,公路密度达每百平方公里 30.6 公里,其中,按照国家二、三级标准完成省道 203 线改造改建 25 公里,动工建设省干线(宁德八都至武夷山汾水关)屏南境内 129.1 公里;全县 153 个行政村已有 148 个行政村通公路,通车率达 97%;实现了城区道路永久路面和乡乡公路通柏油路面。

道路运输稳步发展。全县拥有公路营业性运输车辆 1552 辆,其他机动车 1356 辆,客车 85 辆,货车 111 辆;2000 年完成客运量 362 万人次,货运量 41.6 万吨。

交通改革显成效。初步建立科学、高效、有序的公路管理,道路运输产业管理和规费征收管理体系,使交通管理运行机制基本适应社会主义市场经济体系的要求。屏南县交通局连续多年被市、县党委、政府和省、市交通厅(局)评为先进单位。

狠抓队伍建设

交通局办公大楼

屏南县交通运输管理所所长黄庆健深入到挂点村贵溪村的贫困户吴守为家,帮助解决生产、生活的困难,使其失学的孩子复学

市交通局党组书记诸荀骥(右四)在屏南县政府郑常州副县长的陪同下深入屏南城关至宁德洪口二级路工地察看工程建设情况

荣誉牌

授予:县交通运输管理所
一九九九年度扶贫攻坚和小康建设
先进单位
中共屏南县委 屏南县人民政府
二〇〇〇年二月

授予:全区交通系统"创文明行业,建满意窗口"
先进集体
宁德地区交通局 宁德地区文明办
二〇〇〇年二月

授予:屏南县运管所
二〇〇〇年春运工作
先进单位
宁德地区春运领导小组
二〇〇〇年三月

授予:屏南县交通运输管理所
全区交通系统创文明行业 建满意窗口
先进单位
宁德地区交通局
宁德地区文明办
一九九八年二月

福建省交通运输管理
先进运管所
福建省交通厅
一九九五·五

福建省交通运输管理
先进运管所
福建省交通厅
一九九八年三月

第二届(1998-1999年度)
军民共建社会主义精神文明
先进单位
中共宁德市委
宁德市人民政府
宁德军分区
二〇〇〇年十二月

交通运输行业管理工作
(1990.4-2000.4)
先进运管所
福建省交通厅
二〇〇〇年六月

授予:屏南县交通运输管理所
2000年春运工作
先进单位
中共屏南县委 屏南县人民政府
二〇〇〇年三月

跟踪市场变化 推进结构调整

● 屏南县农业局

屏南县农业局局长沈久宽

屏南县是典型山区农业县，全县土地总面积220万亩，其中山地面积178万亩，耕地21万亩。改革开放20年，屏南县农业生产有了很大变化，全县农业总产值从1978年的1497万元发展到2000年的53274万元，增长35倍多，粮食总产从1978年的4749吨到2000年的94569吨，将近翻一番。近年来，屏南县农业局紧紧围绕市场，抓好农业结构调整，在稳定粮播面积的同时，大力引导农民发展食用菌、茶果、反季节蔬菜等，去年被宁德市委、市政府评为"农业结构调整，增加农民收入"先进集体。今年，全县就种反季节蔬菜2.5万亩，继食用菌之后，反季节蔬菜生产已成为农民增收的主项。全县农民人均纯收入也逐年增加，从1984年的271元到2000年达2643元，增长9倍多。

反季节花椰菜成为福州等地的畅销菜

荣誉牌

2000年度调整农业结构增加农民收入

先进集体

中共宁德市委
宁德市人民政府
二〇〇一年四月

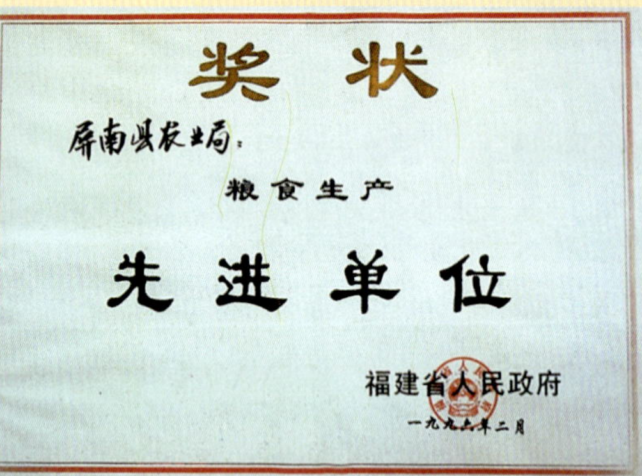

奖状

屏南县农业局：

粮食生产

先进单位

福建省人民政府
一九九六年二月

全县粮播面积稳定在26万亩，是福建省余粮县之一。

八闽珍果——油柰

福建闽东电力股份有限公司 霞浦发电分公司

FUJIANYEARBOOK

公司经理:林旭光

二级电站全景

霞浦发电分公司作为闽东电力的一个分支，于2000年11月正式组建，目前罗汉溪梯级开发的一级电站、二级电站、四级电站已是闽东电力的上市电站，霞浦县新三级电站由发电分公司代管，现公司拥有员工209人，大专以上学历30人；中专以上50人；中技以上80人；装机容量12800万千瓦，年发电量达55000万千瓦时，上网电量53350万千瓦时，销售收入为1680.5万元，创造利税432万元。2000年以来相继对一、二、四级电站机组进行改造，同时采用高性能不锈钢叶片对两台机组转轮进行更换，机组出力由3600千瓦提高到3950千瓦；霞浦发电分公司在进一步深化改革的同时，严格按照上市企业的目标考核制度规范管理，依法经营，提高经济效益；认真落实安全生产责任制，全面提高设备整体健康水平，确保安全发电，坚持科技兴企的战略，通过制度创新、科技创新稳固电力主业，走内涵扩大再生产；坚持“两手抓，两手都要硬”的方针，加强企业文化建设，完善现代企业制度，提高全员素质，争创一流企业。

公司班子成员在研究企业发展规划

新三级电站全景

二级电站中控室内景

总经理：吴敬禧

霞浦县
同兴贸易公司

公司大楼外景

霞浦县同兴贸易公司是1986年成立，省定在三沙口岸从事对台经贸业务的专营公司，以“劳务输出”和“鱼钞交易”为主要经营项目。

同兴公司围绕做大做足“台”字文章这一经营核心，充分挖掘三沙口岸的潜力优势，全方位拓展对台经贸和对台服务业务，先后在壮大拓展对台劳务输出、鱼钞交易，台轮补给，代理报关、台轮专用码头、地产联销和台胞娱乐服务等一系列经营，服务项目的同时，还在三沙口岸投资近800万元，创建了建筑面积达6600平方米的对台经贸载体三沙同兴台贸商城，又在厦门大嶝对台口岸创办了厦门市同海天贸易有限公司，并获得大嶝口岸对台专营权和全国唯一由国务院批准设立的“大嶝对台小额商品交易市场”的特殊政策，使同兴公司占据了三沙与大嶝两个对台口岸功能对接的独特优势。目前，三沙同兴台贸商城，已汇聚台湾各类小商品数千种，成为档次高、品种齐、交易规模大的台湾超市商品批发集散地，覆盖温州、福州地区并幅射到内陆地区。拓展了进出口经营和代理业务，创建了中国台贸网www.taimao.com和同兴商务网www.tongxingcom.cn两个网站，从而捷足先登抢占了我国对台经贸的电子商务网络空间。目前，同兴公司拥有了10个经营部门，实现了三沙、大嶝两个对台口岸经营功能的对接，开拓了台贸、外贸、内贸和商城实业四大经营领域，形成较强的经营和竞争实力，还率先应用电子商务网络经济的先进手段，进行全方位拓展经营业务。2000年，同兴公司输出劳务3500人次，劳务创汇190万美元，鱼钞交易和进出口贸易创汇300万美元，分别比增5%、7%和5%，固定资产总值已达2500多万元。

三沙台贸商城

福建年鉴编纂委员会

主任委员： 习近平

副主任委员： 阮荣祥　刘启力　潘　征

委　　员：（按姓氏笔画为序）

马潞生　王华民　许　莹　朱之文　刘万勤　刘金山
刘群英　陈少和　陈世谦　陈杰明　陈荣凯　陈逸清
陈维钦　吴建华　吴建春　宋建华　苏增添　张志南
张学清　张金水　林　平　林义杰　林汉槐　林昌丛
林其屏　林炳承　杨加清　杨益生　郑秋坤　金惠钦
赵　浧　翁福琳　黄源泉　龚守栋　谢先文　傅贤光

福建年鉴社

主　　编： 潘　征（兼）

常务副主编： 陈杰明　**副主编：** 甘文应

特约编审：（按姓氏笔画为序）

王明永　宋小佳　佘洪霞　郭华生　赵文才　翁庆华　章文恕

执行编辑： 章卓如

责任编辑： 章卓如　林丹英　郑　棻

彩版策划： 林　榕　林剑生　张　强

美术编辑： 林剑生

《福建年鉴》九市编辑室

福州市： 徐启源　林　彬　林恒增　林秀燕

厦门市： 蔺海清　廖华生　连维兴　林日清

漳州市： 黄源泉　何时文

泉州市： 李冀平　杨国昕　廖伏树

三明市： 陈仪代　邓兴福　伍　斌　巫少鹏

莆田市： 郑秋坤　陈宗良　谢劲兵

南平市： 陈衍禄　杨新强　严瑞兴　邱埕妹

龙岩市： 邓振春　张亮春　廖卓文　傅藏荣

宁德市： 俞　松　许青云　林智钦　刘桂珠　颜序斌

编 辑 说 明

一、《福建年鉴》是福建省人民政府主办、福建年鉴编纂委员会编纂、福建人民出版社出版、国内外公开发行的权威性、综合性年刊，具有政府公报性质。

二、《福建年鉴》以宣传福建、录史存真、服务社会为办刊宗旨，逐年汇集全省年度政治、经济及社会生活各方面发展情况，每年出版一卷。

三、《福建年鉴》2001卷以邓小平理论和江泽民“三个代表”重要思想为指针，依据省委、省政府对“九五”计划完成情况和2000年工作的总结和分析，忠实地记载全省人民在省委、省政府领导下，为全面完成“九五”计划和2000年国民经济和社会发展的主要任务所作出的巨大努力和取得的辉煌成就。根据形势发展要求，2001卷框架作了适当调整，新增“港澳事务”、“信息产业”篇目和“建制沿革”等15个栏目，调整“概貌”等15个篇目与栏目，恢复“八闽人物”篇，增设“索引”，使年鉴内容更加突出，也更富时代感。

四、《福建年鉴》2001卷所用稿件，由省直各部门、各市、县（区）政府及有关单位提供。引用的统计数字，凡国家有统一规定范围、口径和计算方法的，均按国家统一规定统计，并经省统计局审核。国内生产总值和各产业增加值、工农业总产值、工业总产值、农业总产值等指标的绝对值、比重按现价计算；增长速度按可比价格计算；其他价值量指标的绝对值及增长率，一般按当年价格计算。邮电业务总量按1990年不变价格计算。

五、《福建年鉴》2001卷配有只读光盘并在《福建年鉴》网站（www.fjnj.net）整书上网。

六、《福建年鉴》2001卷在编辑、出版过程中，得到各级政府、各部门、各单位和社会各界的大力支持。参与文稿编撰、审定的同志付出了辛勤的劳动和巨大努力。在此，我们致以深切的感谢。《福建年鉴》内容广泛，编辑时间短促，工作中疏漏和错误之处，谨请广大读者批评指正。

福建省人民政府办公厅福建年鉴社

2001年8月

目　录

特　载

八 闽 视 点

大 事 记

概　貌

自然环境

资　源

建制沿革

华 侨 事 务

涉 台 事 务

港 澳 事 务

经济成份和市场体系

农业和农村工作

旅 游 业

交 通 运 输

信 息 产 业

金 融

厦 门 市

漳 州 市

泉 州 市

三 明 市

龙 岩 市

宁 德 市

光 荣 榜

八 闽 人 物

■ 杰出人物

■ 闽籍和在闽工作的两院院士

■ 逝世人物

地方文献、法规、规章选登

国民经济统计资料

■ 统计公报

■ 统计资料（表）

福建省科技进步奖项目

■ 一等奖

■ 二等奖

■ 三等奖

福建省第七届精神文明创建活动先进单位、先进工作者

■ 文明单位

■ 文明学校

■ 先进工作者

省级社会团体

企事业单位名录

《福建年鉴》（2000） 勘误表

版权页

目录编校：林丹英

八闽建设成就彩色版专辑目录

地县采风

CONTENTS

(目录翻译 **Translator: Xiao Chuanfen**)

特　　　载

中共中央政治局委员
全国人大常委会副委员长田纪云
在　福　建　考　察

中共中央政治局委员、全国人大常委会副委员长田纪云在我省考察时指出，要坚持邓小平理论，在以江泽民同志为核心的党中央领导下，进一步解放思想，抓住机遇，深化改革，加快发展。

9月12～17日，田纪云在我省先后考察了经济发展最活跃的“闽南金三角”厦门、漳州、泉州3市，重点考察了科华电子、万利达电子、涌泉工业区、恒安集团、环球鞋业等民营企业，以及戴尔计算机、柯达海沧基地等具有代表性的跨国公司投资企业。9月17日上午，田纪云与陈明义、习近平、袁启彤、洪永世、王建双、朱亚衍等省领导举行了座谈。座谈中，田纪云充分肯定了改革开放20年来福建省和厦门经济特区经济和社会发展所取得的巨大成就。田纪云说，福建省改革开放20年来在邓小平理论的指引下，在以邓小平同志为核心的第二代领导集体和以江泽民同志为核心的第三代领导集体的领导下，发生了翻天覆地的变化，国内生产总值以年均13.8%的速度发展，如今已成为我国经济实力最强、最具经济活力的省份之一。厦门经济特区国内生产总值以年均18.8%的速度快速稳步发展，由昔日荒凉落后的小城发展成为以外向型经济为主导、具有相当规模、相当实力的现代化城市。福州、漳州、泉州的发展也都很快，成为我国沿海经济发达地区之一。田纪云说，福建尤其是厦门等地的发展充分证明了邓小平理论的正确，党中央确定的以公有制为主体、多种经济共同发展的方针的正确。

田纪云说，党的十一届三中全会以来，中国城乡发生巨变，这些伟大成就的取得无一不是坚持邓小平理论、坚持改革开放、解放思想、勇于实践的结果。当前，在经济全球化的过程中，我们与发达国家相比还有相当差距，要在本世纪中期达到中等发达国家水平，任重而道远。我们要认清形势，抓住机遇，迎接挑战，以改革创新的精神加快发展。

田纪云强调，要特别着重解决好农业和农村问题。抓好农业结构调整、认真解决农民增产不增收的问题，积极推进产供销一条龙、贸工农一体化，形成风险共担、利益共享的共同体；逐步消除城乡、工农差别，积极推进城乡一体化；切实解决减轻农民负担问题，从源头抓起，认真分析产生问题的原因，切实妥善解决。

田纪云说，国企改革关键是解决机制，特别是产权明晰问题必须迅速取得实质性的突破；要放手发展多种经济，包括各种形式的民营经济。民营企业的发展方向是股份制和股份合作制，要多利用外资，在引进外资的同时引进先进的技术、管理和世界性的营销网络，促进我们的产品上规模、上档次。各级领导都要关心群众生活，发扬民主作风。

田纪云指出，人大工作要重点搞好立法，建立健全有中国特色的社会主义法律体系；要积极搞好执法检查和工作监督。

田纪云对我省寄予很高的希望，希望我省和厦门市在改革开放大潮中，再创新的辉煌业绩。田纪云说，我们党是坚强有力的，完全有能力解决在前进中遇到的问题，坚信在以江泽民同志为核心的党中央领导下，加强思想政治工作，逐步建立健全监督机制，充分发扬人民民主，腐败的问题是终究可以得到遏制的。

中共中央政治局候补委员
国务委员吴仪在福建考察

中共中央政治局候补委员、国务委员吴仪在参加第四届中国投资贸易洽谈会期间，在省委书记陈明义、省长习近平等陪同下，对我省进行了考察。吴仪在考察中指出，随着我国即将加入WTO和新世纪的到来，我国对外开放进入一个新阶段。我们要积极有效地利用外资，吸引更多跨国公司到中国投资，促进更多高新技术企业发展，扩大对外开放领域，提高对外开放水平和质量。

考察期间，吴仪来到位于厦门海沧投资区的美国柯达公司和设于集美区的美国戴尔计算机公司，仔细参观了这两家企业的生产车间，了解生产情况，并与企业的负责人座谈，听取有关经营情况和投资过程的情况反映。在柯达公司，吴仪指出，国务院和福建、厦门地方政府都很支持柯达公司在厦门的投资项目。在新的世纪，中国将进一步完善投资环境，改善对外资企业的管理和服务，为外商来华投资创造一个稳定和宽松的环境。目前，厦门的投资环境日益完善，相信柯达公司在厦门一定会发展得更快更好。当谈到打击假冒产品时，吴仪强调中国政府坚决反对假冒他人产品，并已制定了相关法律，不管是什么人造假贩假，我们都将狠狠打击。

戴尔公司是一家年销售额达253亿美元的跨国公司，厦门公司是其全球6大公司的第四家。吴仪详细了解公司的销售方式、在中国市场的销售情况和今后的发展方向后说，我很钦佩贵公司的开拓创新精神。开放的中国为外国投资者提供了良好的发展商机。高新技术产业在中国具有广阔的市场前景。我们鼓励外商投资企业技术开发和创新，鼓励外商企业在中国设立投资研发中心。

在闽期间，吴仪还会见了众多海外客商，认真听取他们对中国扩大对外开放、改善投资环境的意见和建议，一起探讨中国加入WTO后，跨国公司的发展战略、投资性公司的发展方向和地区总部设点的决定因素等问题。吴仪还视察了新落成的厦门国际会展中心，对这一现代化的一流会展中心迅速建成并投入使用表示赞赏。她说，要搞好会展中心的管理，搞好周围的配套和环境建设，充分发挥"会展中心"的各方面功能，为展现特区新形象和促进厦门更快发展做贡献。

省委常委、秘书长黄瑞霖，省委常委、厦门市委书记洪永世，副省长、厦门市市长朱亚衍等陪同。

中共福建省委关于认真学习贯彻江泽民同志"三个代表"重要思想的通知

（2000年6月6日）

各地、市、县（区）委，省委各部、委，省直各委、办、厅、局、总公司党组（党委），各人民团体党组，各大学党委：

2000年2月，江泽民同志在广东考察工作，就面对新形势、新任务如何切实加强党的建设问题，发表了重要讲话，强调指出：要把中国的事情办好，关键取决于我们党，只要我们党始终成为中国先进社会生产力的发展要求、中国先进文化的前进方向、中国最广大人民的根本利益的忠实代表，我们就能永远立于不败之地，永远得到全国各族人民的衷心拥护并带领人民不断前进。最近，江泽民同志在江苏、浙江、上海考察工作时的重要讲话中，进一步强调"三个代表"是我们党的立党之本、执政之基、力量之源，必须按照"三个代表"的要求，围绕不断提高执政水平和领导水平、增强拒腐防变和抵御风险的能力这两大历史性课题，全面推进党建工作。当前，摆在全省各级党组织和广大党员面前一项重大而紧迫的政治任务，就是把"三个代表"的重要思想学习好、把握好、落实好，把"三个代表"的要求贯彻落实到党的建设和党的各项工作中去，推进我省的改革开放和现代化建设。

一、充分认识"三个代表"重要思想的重大现实意义和深远历史意义。

"三个代表"的重要论述，高屋建瓴，总揽全局，内涵丰富，思想深刻，是以江泽民同志为核心的党中央站在世纪交替的历史高度，着眼于我国改革开放和现代化建设全局，继承历史、立足现实，前瞻未来所作出的精辟论断；是深入总结我们党近80年历史经验，深入思考世界社会主义运动历史经验、紧密联系我们党面临的形势任务和现实状况作出的科学结论；是对我们党的性质、宗旨和根本任务的新概括，是对马克思主义建党学说的新发展，是新形势下对各级党组织和党员干部提出的新要求。这一重要论述，从根本上进一步回答了在充满希望和挑战的21世纪，我们要建设一个什么样的党和怎样建设党的问题，是在新的历史条件下全面加强党的建设的伟大纲领，是解决党的建设两大历史性课题，永远保持党的先进性、战斗力和创造力的行动指南。把"三个代表"的重要思想学习好、把握好、落实好，关系到推进党的建设新的伟大工程的全局，关系到改革开放和现代化建设的全局。全省各级党组织和广大党员干部一定要充分认识"三个代表"思想的重大意义，自觉用"三个代表"指导自己的思想和行动。

二、切实组织好"三个代表"重要思想的学习、宣传和教育。

各级党组织和广大党员要认真学习，深刻领会"三个代表"的重要思想，结合我省实际，把"三个代表"的要求贯彻落实到全面加强党的建设和党的全部工作中去。

各级党组织一定要紧密结合国内外形势的变化，紧密结合我国社会生产力的最新发展和经济体制的深刻变革的实际，紧密结合人民群众对物质文化生活提出的新的发展要求，紧密结合我们党员干部队伍出现的新情况新变化，深入思考如何更好地坚持"三个代表"的问题。学习是一项长期的任务。各级党委学习中心组在近期内应当集中一段时间，把学习"三个代表"重要思想作为主要内容。学习中心组成员在学习的同时要结合"三讲"的要求撰写文章，到分管的部门单位或党校作宣讲和学习报告。

要广泛组织好基层党员、干部的学习教育。利用党员学习日、"三会一课"、举办培训班、开办讲座等形式，同当前开展的"致富思源、富而思进"教育活动有机结合起来，联系实际，进行生动活泼的学习教育。各级各类党校、干校在进行"三个代表"重要思想的教育中要发挥重要作用，各种班次要把"三个代表"重要思想的学习纳入教学计划，培训学习骨干，加强学习的指导。

要组织广大理论工作者按照"三个代表"的要求，对新形势下加强和改进党的建设等重大问题进行深入研究，精心组织一批能从理论和实践结合上回答这些问题的理论文章。党报党刊、电台、电视台等新闻单位，要制定宣传报道计划，开辟学习专栏，举办专题节目，及时反映各级党组织在学习贯彻中的重要举措和经验，形成浓厚的学习教育氛围，推动“三个代表”重要思想学习宣传工作的深入开展。

三、按照“三个代表”的要求全面加强党的建设。

学习、宣传、贯彻“三个代表”的重要思想，关键是要落实到党的思想建设、政治建设、组织建设和作风建设中去。

必须始终保持党的先进性。认真解决党的建设同新形势、新任务不相适应的问题，解决经济上、政治上、文化上、党的自身建设上存在的不符合“三个代表”要求的问题，把各级党组织建设得更加行动一致、团结有力，朝气蓬勃。每个共产党员都要强烈意识到自己是“三个代表”先锋队组织中的一员，始终保持共产党人的先进性。

必须坚定正确地贯彻党的路线方针政策。认真总结正确贯彻党的路线方针政策和全面体现“三个代表”要求有机结合的经验，提高理论水平。结合自己所在地区、部门的实际，创造性地开展工作，使党的路线方针政策和中央的工作能真正落到实处。善于根据客观情况的变化，及时察觉和研究前进中的新问题新矛盾，从人民群众实践创造的新鲜经验中吸取营养，不断改进和完善自己的工作。

必须切实改进各级党员领导干部的作风。作风是群众看党员领导干部是不是“三个代表”的一面“镜子”。在各级党员领导干部中大力弘扬理论联系实际、密切联系群众、批评与自我批评的优良作风，大力弘扬艰苦奋斗、脚踏实地、埋头苦干的工作作风，坚决防止和克服官僚主义、形式主义和教条主义作风。每个党员领导干部的工作都要经得起实践的考验，经得起人民群众的评判，经得起历史的检验。

必须坚持不懈地抓好党风廉政建设。各级党委都要全面贯彻从严治党方针，旗帜鲜明、态度坚定地抓好领导干部廉洁自律、查处大案要案、纠正部门和行业不正之风的工作。从体制、机制、法制、管理入手，标本兼治，从源头上遏制消极腐败行为的发生。进一步落实党风廉政建设责任制，从制度上保证各级领导班子和领导干部对职责范围内的党内廉政建设和反腐败斗争负起领导责任。注重把严格执纪执法和加强思想教育结合起来，建立并完善思想道德建设和党纪国法约束两道防线，把从严治党方针落到实处。

必须切实加强党的基层组织建设。国有企业党组织建设要同建立现代企业制度统一起来，充分发挥政治领导和政治核心作用。党的农村基层组织是农村各种组织和各项工作的领导核心，要坚决贯彻执行党在农村的基本政策，积极带领广大农民群众加快脱贫致富奔小康步伐。要下功夫抓好机关、学校、科研院所、街道社区、民办机构、社会团体和其他基层单位的党建工作，扩大党组织工作的覆盖面。我省非公有制经济比重较大，要抓好非公有制经济组织中党的建设工作。每个共产党员都要充分发挥先锋模范作用，体现时代要求，保持先进性。要做到有群众的地方就有党的工作，有党员的地方就有健全的党组织，有党组织的地方就有正常的组织生活和坚强的战斗力，把广大群众紧密地团结在党组织周围。

必须加强领导班子和干部队伍建设。各级领导班子和领导干部都要认真学习马列主义、毛泽东思想、邓小平理论，不断提高政治鉴别力和政治敏锐性，提高思想政治素质。要严肃认真地执行党的干部路线和政策，全面贯彻德才兼备原则，调整优化各级领导班子，提高素质，完善结构，健全制度，强化管理。健全民主集中制和领导班子民主生活会制度，建立干部监督工作巡视员制度，提高各级领导班子解决自身矛盾的能力。要大力选拔优秀年轻干部，培养和造就一大批能够担当跨世纪重任的接班人。进一步深化干部人事制度改革，把党管干部的原则同改进管理干部的方法结合好，努力形成有利于优秀人才脱颖而出、健康成长的环境和机制。

深入开展调查研究。广大党员干部都要按照江总书记的要求，用1年左右时间深入基层，深入群众，调查研究，总结实践，掌握规律，做好新时期加强党的建设的基础性工作。各级党委特别是主要负责同志，要结合形势的发展和要求，根据“三讲”中提出的问题和“三个代表”重要思想的深刻内涵，提出研究课题，对加强和改进党的建设面临的重大理论问题、现实问题，进行深入思考和研讨，努力从理论与实践的结合上寻找正确解决问题的答案。

四、以“三个代表”重要思想为指导，促进当前各项工作。

学习贯彻好“三个代表”重要思想，要求我们紧密联系当前的实际，着眼于全省工作大局，着眼于我们正在做的事情，把中央的路线、方针、政策和省委的部署落到实处，推动各项事业向前发展。

深入开展“三讲”教育活动。“三讲”教育是从严治党、全面加强党的建设的创造性探索，县（市、区）“三讲”教育和地厅级“三讲”教育“回头看”，都要按照“三个代表”重要思想，高标准严要求，深入查摆存在的突出问题，研究和落实整改措施。要从我省已经查处和正在查处的大要案中汲取教训，引以为戒。落实对领导干部的严格要求、严格管理、严格监督，使各级领导干部在社会生活方式多样化的情况下，自觉做到自重、自省、自警、自励、廉洁奉公。要切实解决本地区、本部门改革、发展和稳定中存在的突出问题，特别是解决好群众反映的、在集中整改阶段还没有解决的问题，把“讲学习、讲政治、讲正气”的要求真正落实到每一个党员领导干部的思想和行动上。

加快经济发展步伐。进一步贯彻落实省委、省政府在琅岐召开的专题会议精神，适应新形势，迎接新挑战，增创新优势，赢得新发展。按照2010年基本建成海峡西岸繁荣带，部分地区率先基本实现现代化的战略要求，继续实施促进经济发展的一系列政策措施，增创产业、体制、开放、环境、科技五个新优势，做好结构调整、市场开拓、人才培养与引进、中心城市和小城镇建设、山海协作、可持续发展、基础设施建设以及切实提高人民群众的物质文化生活水平等方面工作，保持我省国民经济持续快速健康发展。

抓紧做好“十五”计划和2010年远景目标纲要的编制工作。研究和制定今后5～10年全省经济社会发展规划，必须深刻认识和牢牢把握“三个代表”的重要思想，深入研究社会主义市场经济条件下进行现代化建设的重大问题，准确把握国际国内形势，为我省新世纪的发展奠定良好的基础。

维护社会安定稳定，充分发挥法制的保障作用。大力加强法制建设，建立公平、公正、竞争、有序的市场经济秩序。正确处理改革、发展、稳定的关系，妥善处理人民内部矛盾，认真负责地解决好人民群众工作和生活中存在的实际问题，保持政策的稳定性和连续性，深入开展各种文明安全创建活动，推动改革和建设向前发展。依法严惩各种刑事犯罪行为，严密防范、严厉打击各种敌对势力的渗透破坏活动，坚决扫除“黄、赌、毒”等社会丑恶现象，保证人民群众安居乐业。

加强和改进思想政治工作。把群众性精神文明创建活动作为思想政治工作的重要载体，把“致富思源、富而思进”作为思想政治工作的突破口，增强文化的社会教育功能，注重运用先进典型影响和带动群众，把解决思想问题同解决实际问题结合起来，切实提高思想政治工作的层次和水平，提高全民的思想道德素质。开展农村思想政治工作要特别注意与党的路线、方针、政策的宣传教育相结合，与发展经济相结合。与为群众办实事相结合，与移风易俗相结合，与建设社会主义新农村相结合，把思想政治工作落到实处。要充分发挥新闻媒体在思想政治工作中的重要作用。

五、切实加强对学习贯彻“三个代表”重要思想的领导。

各级党委一定要以高度的政治敏锐性和责任感，切实加强领导，精心组织，身体力行。各级党委主要负责同志要发挥带头表率作用，带头联系本地区、本部门党的思想、政治、组织和作风建设的实际，联系改革开放和经济社会发展实际，联系改造主观世界、增进党性修养的实际，带头学好“三个代表”的重要思想。要深入到干部和群众中，了解宣传教育情况，把握学习动态，解决问题，总结经验，开展交流，促进学习活动扎实地开展。各地各部门学习贯彻情况，请及时报告省委。

中共福建省委关于从严治党若干问题的决定

（2000 年 10 月 27 日中共福建省委六届十二次全会通过）

中国共产党福建省第六届委员会第十二次全体会议，以马克思主义、毛泽东思想和邓小平理论为指导，认真贯彻党的十五大和十五届五中全会精神，按照江泽民同志提出的“三个代表”重要思想，紧密结合国内外形势的变化和我省党的自身建设的实际，认真研究新的历史条件下从严治党的问题。

全会认为，我省绝大多数党的组织是有战斗力的，绝大多数党员干部是好的，在社会主义物质文明和精神文明建设中充分发挥了领导核心作用和先锋模范作用。但是，也确实存在治党不严、纪律松弛、组织涣散、作风不正的问题，突出表现在对党员干部特别是领导干部疏于教育、疏于管理、疏于监督。从严治党，全面加强党的建设，是中央的要求，是发展的需要，是人民的期望，更是各级党组织的职责所在。

*——必须落实“三个代表”的要求，始终同党中央保持高度一致。*中央三代领导核心都高度重视从严治党，加强党的建设。近一个时期以来，江泽民同志多次发表重要讲话，对党的建设提出了新的更高要求，特别是提出的“三个代表”，是我们党的立党之本、执政之基、力量之源，是加强新时期党的建设的基本方针。同党中央保持高度一致，关键是在搞好现代化建设的同时，要全面加强和改进党的建设，始终保持党和人民群众的密切联系，坚定不移地贯彻执行党的基本路线和各项方针政策，这样我们才能不断把建设有中国特色社会主义事业推向前进。

*——必须充分认识到越是改革开放，越是发展社会主义市场经济，越要坚持从严治党。*我省地处改革开放前沿，各级领导班子和干部队伍面临着严峻的考验。“三讲”集中教育查摆的党性党风突出问题，特别是这几年查处的贪污受贿、走私贩私、买官卖官、腐化堕落等违纪违法大案要案，反映出我省从严治党工作还存在不少薄弱环节，对社会主义市场经济条件下，如何防止和抵制消极因素注意不够。总结经验教训，最根本的一条是在改革开放的整个过程中，必须按照“治国必先治党，治党务必从严”的要求，坚持从严治党、依法行政，做到“两手抓，两手都要硬”。

*——必须运用“三讲”集中教育的基本经验和成功做法，扎实做好党的建设经常性工作。*中央统一部署开展的“三讲”集中教育是新形势下从严治党的创造性探索和实践。目前，我省县级以上党政领导班子、领导干部的“三讲”集中教育已基本告一段落。这决不是“三讲”教育的结束，要继续巩固和扩大“三讲”教育成果，推动“三讲”教育经常化、制度化，促进从严治党的深入开展，把我省各级党组织建设得更加朝气蓬勃、富有战斗力。

——必须为确保我省“十五”计划任务的圆满完成提供根本保证，切实改进和加强党的领导。“十五”计划是我们在新世纪初经济和社会发展的行动纲领。实现我省“十五”计划目标，关键在于进一步把党建设好。要坚持解放思想、实事求是的思想路线，抓住社会主义本质这个根本问题，大胆探索、实践和创造，努力提高驾驭经济和社会发展全局的能力。着眼于各项事业的长远发展和人才的总体要求，加强各级领导班子和干部队伍建设，重视党的基层组织和党员队伍建设。发扬党的优良作风，拓宽联系群众的渠道，善于总揽全局，协调各方，充分发挥党的领导核心作用，团结和带领全省人民，努力实现我省第三步发展战略目标。

根据新的形势和任务，全会就我省从严治党的若干问题作出如下决定：

我省当前和今后一个时期从严治党的主要任务和总体要求是：**高举邓小平理论伟大旗帜，按照《中国共产党章程》和江泽民同志提出的“三个代表”的要求，紧紧围绕党的基本路线，开创新世纪我省改革开放和现代化建设的新局面，不断提高领导水平和执政水平，不断增强拒腐防变和抵御风险的能力，以县级以上领导班子和领导干部为重点，以党的基层组织建设为基础，把从严治党的方针贯穿于党的思想、政治、作风、纪律和组织、制度建设的各方面工作，切实加强对领导干部的严格要求、严格教育、严格管理、严格监督，以改革创新的精神全面加强党的建设，不断提高党组织的凝聚力、战斗力和创造力，始终保持党的生机和活力，为圆满完成“十五”计划任务，力争到2010年全省基本建成海峡西岸繁荣带、部分地区率先基本实现现代化提供根本保证。**

一、坚持用科学理论武装头脑，认真解决理想信念方面的问题，进一步加强党的思想政治建设。

（1）*切实加强理论学习。*领导干部要按照提高理论素养，拓宽世界眼光，培养战略思维，增强党性修养的要求，认真学习马克思主义、毛泽东思想，特别是要深入学习邓小平理论和江泽民同志关于“三个代表”等一系列重要思想，并把学习理论与学习市场经济、现代科学技术、历史、文化、法律等知识结合起来，努力提高综合素质。大力弘扬理论联系实际的学风，善于把马克思主义基本原理运用于社会主义改革和现代化建设的新实践，不断研究解决改革、发展、稳定中的重大问题，在理论与实践的结合中勇于创新，努力增强工作的原则性、系统性、预见性和创造性；在改造客观世界的同时不断改造主观世界，牢固树立正确的世界观、人生观和价值观。坚持和完善各级党委（党组）中心组学习制度，主要领导要带头参加中心组学习。建立和落实自学制度，加强对领导干部在职自学的指导。制定和实施干部培训5年规划，充分发挥各级党校在干部培训中的主渠道作用。严格领导干部培训制度，保证县级以上领导干部每5年或每届任期内参加党校学习培训不少于3个月。完善理论学习考核制度，做到述职中有述学，评议中有评学，考核中有考学。推行领导干部政治理论水平任职资格考试制度。建立领导干部学习档案，党委讨论干部提拔使用前必须呈报理论学习和参加培训情况，把理论学习纳入领导干部日常管理。

（2）*坚定共产主义的理想信念。*理想信念是共产党人的立身之本和精神支柱。要按照“三个代表”重要思想，认真回顾我们党的奋斗历程，科学思考社会主义发展的历史进程，正确理解社会发展的客观规律和社会主义事业的长期性和艰巨性，把树立共产主义远大理想同贯彻党在社会主义初级阶段的基本路线结合起来，坚定不移地走建设有中国特色社会主义的道路。深入开展“致富思源，富而思进”教育活动，认真思索“富”从何来，“源”在何处，“进”往何方。坚持把思想政治工作作为经济工作和其他一切工作的生命线，不断改进方式方法，增强针对性和实效性，使广大党员干部更加坚定马克思主义的信仰，坚定共产主义和建设有中国特色社会主义的信念，坚定对党和政府的信任，坚定改革开放和社会主义现代化建设的信心。

(3) *增强政治敏锐性和政治鉴别力*。领导干部要强化政治意识、大局意识和责任意识，同以江泽民同志为核心的党中央保持高度一致。善于从政治上观察和认识问题，在复杂的斗争中，在大是大非面前，头脑清醒，立场坚定，旗帜鲜明。特别是对于反马克思主义、反社会主义的言行，必须进行积极的坚决的批评和斗争，决不能不闻不问，听之任之。不准在报刊、书籍、讲坛上发表反对党的路线方针政策和中央已经作出决定的重大理论问题、历史结论的意见；不准歪曲党的历史、诋毁党的领袖人物和党的优良传统；不准参与任何非法组织活动；不准听信和传播政治谣言；不准信仰宗教参加迷信活动。

(4) *保持共产党人的革命气节*。改造主观世界，关键是陶冶革命情操，提高精神境界。领导干部要结合自己的思想和工作实际，经常想一想参加革命是为什么？现在当干部应该做什么？将来身后应该留点什么？切实做到时刻不忘党的宗旨，立党为公，一心为民，忠诚于党和人民的事业；自觉加强思想道德修养，严于律己，以身作则，经得起权力、金钱、美色的考验；带头学习先进模范人物，培养和弘扬高尚的品格，保持共产党人的高风亮节；树立无私无畏、扶正祛邪、扬善惩恶的浩然正气，同一切危害党的事业的错误思想和行为作坚决斗争。

二、健全民主集中制，努力解决民主不够、集中不够、要求不严的问题，进一步增强党的团结和统一。

(5) *增强全局观念*。全面贯彻党的路线方针政策，需要保持高度的思想统一、行动一致，一切服从大局、维护大局。自觉坚持个人服从组织、少数服从多数、下级服从上级、全党服从中央的原则，坚决维护中央权威，确保政令畅通。正确处理好局部利益和全局利益的关系，绝不允许对党的方针政策和重大决策阳奉阴违，或以牺牲国家利益、整体利益来维护局部利益、小团体利益。

(6) *健全集体领导和个人分工负责相结合的制度*。按照"集体领导、民主集中、个别酝酿、会议决定"的要求，凡涉及本地区、本部门带有全局性的重要工作、重大举措、人事任免、大额度资金的使用、群众切身利益的重大问题，以及上级领导机关规定应由党委（党组）集体决定的问题，都要提交党委（党组）或常委会集体讨论决定。不允许以书记办公会和个别通气的形式代替党委（党组）或常委会，更不允许个人说了算。对集体的决定，个人有不同意见允许保留，允许向上级申诉，但必须无条件服从。不准在会外散布与集体决议、决定相违背的意见，更不准向外泄露内部讨论情况。集体作出的决议、决定，班子成员都要负责任，并按分工做好工作，不得推诿、扯皮和敷衍。

(7) *努力实现决策的民主化、科学化和制度化*。建立健全领导、群众和专家相结合的决策机制，健全和完善议事规则、决策程序、党内通报、保障党员民主权利等制度。决策前，必须深入进行调查研究，广泛听取各方面的意见，注意发挥职能部门和调研、咨询机构的参谋作用。决策中，班子成员要充分发表意见，坚持在民主基础上实行正确的集中，服从多数，尊重少数，集思广益，善于决断，提高决策水平。决策后，要把一般号召和具体指导结合起来，加强对决策有效执行的督促检查。

(8) *切实加强领导班子团结*。团结出凝聚力，出战斗力，出生产力。班子成员都要严格执行党内政治生活的准则和有关规定，坚持原则，把握全局，团结同志，加强修养，带头做增强和维护团结的模范。正确处理"班长"与委员、主管与分管的关系，工作中相互尊重、相互支持、相互谅解、相互补充。"班长"要勇于承担责任，鼓励班子成员大胆地、创造性地抓好分管工作，充分调动"一班人"的积极性。班子成员对"班长"要多理解、多支持，主动承担工作。班子成员之间要多谈心、多协商、多通气，做到讲党性、讲原则、讲真理、讲正气，开展积极健康的思想斗争，提高解决自身问题的能力。对争名夺利、闹不团结的班子，要坚决采取组织措施。

三、加快干部人事制度改革创新，重点解决用人上的不正之风和腐败问题，进一步推进高素质干部队伍的建设。

(9) *切实按照干部"四化"方针和德才兼备原则选拔任用领导干部*。认真执行《中共中央关于党政领导干部选拔任用工作暂行条例》，严把领导干部选拔任用关。充分发扬民主，走好群众路线，做到多数人不赞成的不提名，未经组织人事部门认真考察的不讨论，集体讨论时多数人不同意提拔任用的不通过。按照规定的基本条件、任职资格和程序决定干部任免，对不符合任职条件和资格的不予任用；对不符合规定程序任用的干部，要撤销其任职决定。严格执行领导班子的结构要求和职数规定，对于擅自超职数配备干部和违反规定提高干部职级待遇的，要坚决予以纠正。在推选领导干部的过程中，严格实行回避制度。逐级建立干部选拔任用工作责任制，对推荐失实、考察失真、用人失当的失职、渎职行为，分别追究有关责任人的责任。建立省委干部选拔任用工作监督巡视员制度，健全各级组织部门与纪检、监察、人事等部门联席会议制度。凡党委组织部门在提请党委（党组）讨论决定干部提拔任用之前，应征求同级纪委（纪检组）的意见。加强对《条例》执行情况的监督检查，坚决查处违反《条例》的人和事。

(10) *大力推进干部人事制度改革*。认真贯彻中央《深化干部人事制度的改革纲要》，结合我省的实际，突出重点，综合配套，整体推进，建立健全干部能上能下、能进能出的工作机制。把"三讲"教育中充分发动群众、征求群众意见、接受群众评议的做法，用于改进对干部的考察、考核工作，逐步扩大群众对干部工作的知情权、参与权、选择权和监督权，不断完善民主推荐、民主测评、民主评议等制度，增强干部工作的公开性和透明度。推行干部考察工作预告制和领导干部任前公示制，对新提拔的地厅级及以下领导干部（特殊岗位除外）普遍实行任前公示。大力推进公开选拔领导干部工作，经过3～5年的努力，使通过公开选拔产生的地厅级以下领导干部人数，达到新提拔的同级干部总数的1/3以上。积极推行竞争上岗，今后党政机关内设机构领导职位缺额时，一般通过竞争上岗的方式来确定人选。对选任制领导干部要严格执行党章和有关法律规定的任期制度，委任制的县以上地方党委、政府工作部门和其他工作机构的领导干部，也要逐步实行任期制。对新提拔担任领导职务的委任制干部，逐步实行试用期1年的制度。对部分领导职位试行职务聘任制。建立和完善党员领导干部自愿辞职、责令辞职、引咎辞职等制度。进一步完善调整不称职、不胜任现职干部的制度和办法。实行干部考察工作责任制，试行党委研究干部"票决制"。推进党政领导干部交流工作，对培养锻炼性交流、回避性交流、任职期满交流逐步加以规范化和制度化。

(11) *坚决纠正干部工作中的不正之风和腐败现象*。吏治腐败是最大的腐败，必须毫不妥协地与之作坚决斗争。对在干部任用上搞以权谋私、权钱交易、买官卖官的，一经发现要一查到底，依法严惩不贷。对那些封官许愿、争权夺利、拉帮结派的，要坚决调离领导岗位，情节严重的，要给予严肃处理。对投机钻营、跑官要官、弄虚作假的，不仅不能提拔，还要坚决查处。对在干部工作中传播小道消息、跑风漏气、搞非组织活动、制造混乱的，要责令作出深刻检查，问题严重的要严肃查处，在机要岗位的要坚决调离。

四、认真实践党的宗旨，着力解决领导作风存在的突出问题，进一步树立党和政府的良好形象。

(12) *坚持党的群众观点和群众路线*。坚持全心全意为人民服务，狠煞脱离群众、做官当老爷的官僚主义作风。始终代表最广大人民的根本利益；真正把群众拥护不拥护、赞成不赞成、高兴不高兴、答应不答应作为想问题、办事情、做决策的根本出发点和落脚点。坚持深入群众，体察民情，了解民意，关心群众疾苦，及时帮助群众排忧解难。建立健全领导干部挂钩联系、群众来访接待日、下厂下乡蹲点、驻村入户等制度，加强同人民群众的联系。坚持从群众中来，到群众中去，善于从人民群众的实践中寻找解决问题的办法，进一步密切党群干群关系。把对上级机关负责同对人民群众负责一致起来，凡涉及群众切身利益的重大举措，必须充分听取群众意见，认真考虑群众的承受能力，维护好人民群众的根本利益。认真解决群众普遍关心的热点、难点问题，有计划、有步骤地为群众办实事、办好事，切实减轻群众负担。继续做好扶贫帮困工作，认真落实中央和省里各项扶贫帮困政策，安排好老区、少数民族地区、欠发达地区、灾区和贫困地区群众的生活，关心下岗职工的生活和再就业。对利用职权敲诈勒索、欺上瞒下、作威作福、欺压群众、强迫命令、粗暴行政的人和事，必须严肃查处，决不姑息。

(13) *树立求真务实、真抓实干的作风*。坚持重实际、说实话、务实事、求实效，狠煞只图虚名、不务实效的形式主义歪风。领导干部下基层要轻车简从，禁止到边界处迎送。深入调查研究，掌握真实情况，及时发现和解决改革、发展、稳定中的问题。从严掌握领导干部的事务性活动，大力精简会议和文件，部署工作尽量利用现代通信和传播工具，必须召开的会议要严格控制会议时间和与会人员，减少并规范对领导干部活动的新闻报道。严格控制各种检查、评比和达标活动，严禁虚报数字、夸大成绩、骗取荣誉。对本地区、本部门发生的问题，不准遮盖掩饰、敷衍塞责、欺上瞒下。对编造虚假数字、篡改统计数据，以及强令、授意、袒护有关人员弄虚作假的有关责任人，要严肃查处。

(14) *大力发扬艰苦奋斗的优良传统*。加强艰苦奋斗优良传统的宣传教育，牢固树立勤俭办一切事业的思想。严格执行《中共中央、国务院关于党政机关厉行节约制止奢侈浪费行为的若干规定》，坚决反对和制止讲排场、比阔气、图享受、挥霍浪费等行为。发扬开拓进取、艰苦创业的精神，脚踏实地，埋头苦干，充分发挥工作中的主动性、积极性、创造性。各级党政机关和领导干部要率先垂范、清正廉洁、勤政为民，以良好的党风政风带动社会风气的根本好转。

(15) *全面推行机关效能建设*。开展机关效能建设是坚持从严治党、从严治政的重要举措。建立健全岗位责任、服务承诺、限时办结、否定报备、首问责任、效能考评、失职追究等制度，做到以制度管人管事，改革政府审批、审核制度，简化办事环节，规范办事程序，提高办事效率。加强依法行政，严格依照法定形式和程序管理职责事务，不得以言代法、以权压法、徇私枉法。充分发挥机关效能投诉中心的作用，搞好效能考核，对违反有关规定的，要根据情节轻重，分别给予相应处理。以机关效能建设的实际成效，改进工作作风的实际行动取信于民。

五、坚决维护党纪国法，突出解决执纪执法不严的问题，进一步加强党风廉政建设和反腐败斗争。

(16) *领导干部要严格自律*。严格执行《廉政准则》和其他有关规定，做到自重、自省、自警、自励。不准接受下属单位或地方、部门及企事业单位用公款安排的私人旅游活动；不准接受个体户和私营企业主安排的旅游活动；不准用公款为领导干部配备住宅电脑和支付住宅电脑上网费用；不准长期借用下属单位和个人的小汽车；不准违反规定买卖股票；严禁收受“红包”，严禁以任何形式或名义借机敛财。领导干部不仅要管好自己，而且要管好配偶、子女和身边工作人员。省(部)、地（厅）级领导干部的配偶、子女，不准在该领导干部管辖的业务范围内个人从事可能与公共利益发生冲突的经商办企业活动；不准在该领导干部管辖的地区和业务范围内的外商独资企业或中外合资企业担任由外方委派、聘任的高级职务。领导干部的配偶、子女和身边工作人员，不准利用领导干部的职权和职务上的影响收受礼金、有价证券和贵重物品。在纪检监察机关建立领导干部廉政档案。加强对领导干部执行廉洁自律规定情况的监督检查，对违反规定又不自查自纠的，一经发现，要从严处理。

(17) *注重从源头上预防和治理腐败*。深入开展党纪党规教育，加强反腐倡廉先进典型的宣传，重视运用典型案例开展警示教育。对案情重大、影响恶劣的典型案件，要公之于众，形成强大声势，教育党员干部，增强群众反腐败信心。积极探索社会主义市场经济条件下反腐败斗争的特点和规律，健全和完善从源头上遏制腐败的有效机制，所有执收执罚部门要坚决落实“收支两条线”的规定；推行政府采购制度，按照公开、公正、效益和质量的原则，建立健全政府采购组织体系，严格规范采购行为；逐步推行会计委派制，强化会计的监督职能；规范有形建筑市场，加强工程招标投标管理，严禁领导干部插手建筑工程。大力推行村务公开、厂务公开、校务公开、院务公开和乡镇政务公开等办事制度，强化民主管理、民主监督。

(18) *严格执纪执法*。坚持依法依纪办事，在法纪面前人人平等。坚决纠正在执纪执法上失之于宽、失之于软的现象，决不能以经济处罚代替党纪政纪处分，也决不能以党纪政纪处分代替刑事处罚。要加大查办党员干部违纪违法案件的力度，重点查办党政机关、行政执法机关、司法机关、经济管理部门和县（处）级以上领导干部的违纪违法案件。严肃查处违反党的政治纪律、组织纪律、经济工作纪律和群众工作纪律的案件。集中力量查处群众反映强烈的热点部门、行业、领域的违纪违法案件。党委和政府要支持执纪执法机关依纪依法办案。对于出面说情者，要给予严肃批评；对袒护、包庇或借机打击报复造成不良影响的，要依照党纪国法进行查处；对瞒案不报、压案不办或设置障碍、阻挠查处的，要追究有关责任人和领导干部的责任；对以案谋私、徇私舞弊、贪赃枉法、泄露机密的，要依法严肃处理。

(19) *认真落实党风廉政建设责任制*。各级党委、政府及各职能部门领导班子的正职对职责范围内的党风廉政建设负总责；领导班子其他成员根据工作分工，对职责范围内的党风廉政建设负直接领导责任。要逐级建立党风廉政建设分析会制度，定期分析职责范围的党风廉政建设状况，及时提出解决问题的有力措施。建立并完善落实党风廉政建设责任制情况考评制度，把考评结果作为党政领导班子政绩和干部选拔任用的重要依据。加大监督检查力度，对本地区、本部门出现重大经济损失的，发生重大事故和恶性事件的，不正之风严重、群众反映强烈、长期得不到治理的，领导干部配偶、子女及身边工作人员利用该领导职权和职务上的影响获取非法利益、造成恶劣影响的，要坚决按照责任追究的规定，进行严肃处理。

六、强化科学管理和有效监督，扎实解决对领导干部监管不力的问题，进一步建立健全有约束力的机制。

(20) *健全领导班子民主生活会*。党内民主生活会是进行党内监督、提高领导班子解决自身问题能力的重要形式。认真借鉴“三讲”教育的经验，切实提高民主生活会的质量。坚持走群众路线，采取“自己找、群众提、上级点、互相帮”的有效方法，找准和抓住存在的突出问题，从世界观上进行自我剖析。坚持高标准、严要求，广泛开展谈心交心，勇于批评和自我批评，认真解决存在问题。坚持立说立行，落实整改措施，及时通报情况，接受群众监督。县以上党政领导班子每年召开1次专题民主生活会，领导干部还要参加所在党支部的组织生活会。上级党组织要委派干部参加下属单位的民主生活会，加强督促、指导和把关。对质量不高、不解决问题的民主生活会，应指出存在的问题，责令重开。对不参加生活会的“特殊党员”，要严肃批评教育，限期改正。

(21) *加大对党政“一把手”的管理监督力度*。重点加强对贯彻党的路线方针政策、执行民主集中制、正确行使人民赋予的权力，以及政治立场、选人用人、廉洁自律等方面的监督，切实解决“上级监督不到、同级监督不了、下级不敢监督”的问题。上级组织要加强对下级班子“一把手”的管理监督，认真落实定期谈话、定期听取工作汇报，以及年度考察、述职报告、离任审计等制度，畅通信访、举报、投诉等对干部的监督渠道。加强班子内部的监督，通过健全工作制度，充分发扬民主，开展批评与自我批评，把“一把手”置于班子成员的监督之下。在一定范围内公开“一把手”的职责、权限，把权力的运作过程最大限度地置于群众的监督之下，充分发挥人民群众监督的作用。

(22) 充分发挥审计在加强干部管理监督方面的作用。建立县级以下党政机关领导干部和国有及国有控股企业领导人员任期经济责任审计制度，逐步开展县级以上党政领导干部任期经济责任审计试点工作，进一步规范任期经济责任审计操作规程，坚持依法审计，严格执法。凡列入任期经济责任审计对象的领导干部，除特殊情况外，不经审计，不能办理离任手续。对通过审计发现有问题的干部，该谈话诫勉的要进行谈话诫勉，不应重用提拔的不予重用提拔，该查处的要认真查处。建立干部经济责任审计联席会议制度，定期交流通报审计情况，研究协调和解决工作中出现的新情况、新问题。纪检、组织部门要把审计结果、审计评价，分别存入廉政档案和组织档案。

(23) 严格对领导干部的日常管理和监督。从日常事、具体事抓起，努力做到领导干部的权力行使到哪里，领导活动延伸到哪里，党组织的监督就实行到哪里。按照干部管理权限，逐级建立加强干部管理和监督的责任制，建立健全定期议班子、议干部制度，坚持和完善领导班子现状分析制度，对干部失察、失管、失监，造成严重后果的，要追究领导人的责任。认真落实中央关于加强党内监督的五项制度，切实加强纪委对同级党委及其成员的监督。各级党委（党组）不仅要管干部的选拔使用，更要切实掌握干部的政治倾向、思想动态、精神面貌、廉洁自律，以及身边工作人员和配偶子女的情况。要制定相应措施，不仅掌握干部8小时工作之内的情况，而且加强对8小时工作之外的生活、社交等方面的管理和监督，一旦发现不良苗头要及时提醒，出了问题要果断严肃处理。认真落实领导干部收入申报、礼品登记、个人重大事项报告等制度。各级领导班子的“一把手”不仅要以身作则、严于律己，更要负起管好班子、带好队伍的责任。

(24) 进一步拓宽监督网络和渠道。进一步加强党委、政府各监督职能部门协作与配合，完善和加强党内监督。充分发挥人大依法监督的作用，提高监督的法律效力。积极发挥政协民主监督的作用，支持他们进行视察、调研、咨询和检查等活动。进一步完善各级党委、政府及党的监督机关与政协及民主党派、无党派人士通报会、协商会、对口联系，以及领导干部与民主党派、无党派人士联系交友等制度，充分发挥党外人士的监督作用。重视做好群众信访举报工作，对群众提出的意见和举报的问题，要严肃对待、慎重处理，自觉接受群众的监督。加大新闻舆论的监督力度，支持他们依照有关法律法规和宣传纪律实行有效监督。

七、夯实党的工作基础，有效解决增强凝聚力、战斗力的问题，进一步加强党的基层组织建设。

(25) 以改革的精神抓好党的基层组织建设。党的基层组织是党的全部工作和战斗力的基础。基础不牢，地动山摇。当前，一些基层党组织软弱涣散是一个突出问题，各级党委必须采取有效措施，从根本上扭转这种状况。面对发展社会主义市场经济的新形势，特别是社会经济成分、组织形式、物质利益和就业方式多样化的发展趋势，必须以改革创新的精神加强和改进基层组织建设，既要坚持行之有效的好传统、好经验，又要积极探索适应形势发展的新途径、新办法。要从实际出发，努力建立健全保证基层组织健康发展的制度和机制，使基层党组织不仅能在平时改革、发展、稳定等工作中发挥积极作用，而且在遇到突发事件、面临各种政治风浪时也能显示出强大的战斗力。

(26) 切实提高基层党组织的战斗力。深入开展创建党建工作先进县（市、区）、“六个好”乡（镇）党委和“五个好”村党支部的三级联创活动，不断提高农村基层组织建设的整体水平。加强乡（镇）、村领导班子建设，重点选好配强村党支部书记和乡（镇）党委书记。建立健全农村基层干部培养选拔、考核激励和管理监督机制，努力提高农村基层干部特别是乡（镇）村两级领导干部的综合素质。继续抓好后进乡（镇）党委、后进村党支部的整顿和建设工作，认真解决党群干群关系紧张、乡村两级不良债务负担沉重和宗族势力、邪恶势力活动猖獗等问题。积极探索在发展社会主义市场经济和建立现代企业制度条件下，充分发挥国有企业党组织政治核心作用的有效途径和办法。从改进国有企业领导人员选拔任用方式、完善考核办法、健全培训培养制度、强化激励和监督约束机制入手，加强对国有企业经营管理者的监管，努力提高企业领导人员的思想政治素质和驾驭市场经济的能力。加快非公有制经济组织中的党组织组建步伐，积极探索党组织开展工作、发挥作用的办法和途径，不断提高党的影响力和渗透力。大力加强机关党的建设和思想政治工作，深入开展创建党建工作先进单位活动，为完成机关各项任务提供组织保证。改进和加强社区、街道、学校、科研院所和其他事业单位的党建工作，全面增强基层党组织在改革和建设中的凝聚力、战斗力。

(27) 加强对党员的教育、管理和监督。着眼于增强党的意识，提高党员素质，广泛深入地开展“三个代表”重要思想的学习教育和保持共产党员先进性的教育活动，树立和表彰党员先进典型，在党内形成一种争优创先、奋发向上的良好氛围。建立和健全加强党员经常性教育、管理、监督的各项制度，充分发挥党员的先锋模范作用。根据新的形势要求，积极探索对流动党员、下岗职工党员、出国（境）党员管理的措施和办法。按照坚持标准、保证质量、完善结构、慎重发展的要求，积极做好发展党员工作。坚持党员条件，妥善处置不合格党员，保持党员队伍的先进性和纯洁性。

八、加强组织领导，认真落实党要管党责任制，确保从严治党取得明显成效。

(28) 从严治党必须坚持党要管党。党委和书记都要牢固树立“不抓党的建设是失职、抓不好党的建设是不称职”的意识，自觉把党的建设作为义不容辞的重大政治责任。要逐级建立健全党委管党建、书记带头抓党建的责任制，一级管好一级，一级带动一级。各级党委党建工作领导小组及其办事机构要充分发挥职能作用，当好党委的参谋助手。党委职能部门要各司其职，搞好分工协作。党的纪律检查机关对贯彻落实从严治党的方针负有重大责任，要认真履行职责，敢于碰硬，严肃执纪。党委组织部门担负着加强党的组织建设的重大任务，要坚持党性原则，严格按照党的规定和组织程序办事。各级人大、政府、政协及各机关团体、企事业单位党员领导干部都要实行“一岗双责”，切实抓好各自分管单位的党建工作。要把落实责任制的情况作为考核领导班子和领导干部的一个重要依据。切实加强对从严治党工作的督促检查，努力形成上下联动、齐抓共管的工作格局。

(29) 从制度上确保从严治党方针的贯彻实施。从严治党关键在于建立起一整套便利、管用的制度，做到有章可循。要对近年来我省制定的有关党的建设的制度、规定，认真进行检查清理，对切实可行的要严格贯彻执行，并加强监督检查；对不切合当前实际情况的要及时修订、完善；对通过试验和实践已经成熟的经验，要及时加以规范，形成制度；对尚无经验和需要探索的，要尊重基层和群众的首创精神，鼓励大胆研究新情况，解决新问题，不断出台一些新的制度、规定，形成一套从严治党的制度机制。

(30) 注重抓落实见成效。从严治党，重在实践和落实。各级党委（党组）要认真贯彻落实“三个代表”的重要思想，深入基层、深入群众、调查研究、总结实践。各地每年都要确定一两个关系从严治党全局的重要课题，组织力量攻关，有针对性地提出具体的对策思路和工作措施，抓紧解决存在的突出问题和薄弱环节。及时总结新鲜经验，推广先进典型，充分发挥其示范、带动和辐射作用。各级党组织要严格按照本《决定》精神，结合自身实际，对今后从严治党工作作出具体部署和安排，认真组织实施，加强督促检查，切实抓出成效，进一步提高我省党建工作的整体水平。

全会号召，全省各级党组织和全体党员紧密地团结在以江泽民同志为核心的党中央周围，高举邓小平理论伟大旗帜，认真贯彻落实“三个代表”的重要思想，始终坚持党要管党和从严治党，全面加强党的建设，团结带领全省人民，为实现我省改革开放和现代化建设的宏伟目标而努力奋斗。

中共福建省委关于制定国民经济和社会发展第十个五年计划的建议

（2000年10月27日中共福建省委六届十二次全会通过）

为贯彻落实党的十五大提出的跨世纪发展的战略任务和十五届五中全会通过的《中共中央关于制定国民经济和社会发展第十个五年计划的建议》精神，加快福建改革开放和社会主义现代化建设步伐，扎实推进新一轮创业，中共福建省委六届十二次全体会议讨论了关于制定福建省国民经济和社会发展第十个五年计划的若干宏观性、战略性、政策性问题，并提出如下建议：

一、明确我省国民经济和社会发展所处的新阶段和面临的新任务

（1）改革开放20多年来，经过全省人民的共同努力，我省国民经济和社会发展取得了巨大的成就。综合实力显著增强，人均国内生产总值跃居全国前列。改革开放取得突破性进展，社会主义市场经济体制初步建立，对外开放向多层次、宽领域、纵深化发展。基础设施建设取得重大进展，城乡面貌日新月异。人民生活水平明显提高，提前基本实现小康。社会事业全面进步，精神文明建设和民主法制建设明显加强。随着我省第九个五年计划的胜利完成，现代化建设的第二步战略目标全面实现。同时，在前进的道路上，也存在着许多困难和矛盾。主要是：产业结构不合理，区域经济发展不协调，城镇化水平低，有效需求和发展后劲不足，开放型经济发展水平还不高，科技创新能力不强，人口、资源和环境的压力较大，社会事业某些方面的发展相对滞后。在新世纪的发展中，我们要依靠全省人民，运用已经积累起来的成功经验，借鉴国内外先进经验，开拓进取，解决前进中的困难和问题。

（2）今后5～10年，是我省经济和社会发展的重要时期，是进行经济结构战略性调整的重要时期，也是完善社会主义市场经济体制和扩大对外开放的重要时期。我省要坚持党的基本理论、基本路线和基本纲领，按照党的十五大总体战略部署，遵循“三个代表”的重要思想和中央对东部沿海地区提出的要求，正确处理改革、发展和稳定的关系，加快推进体制创新和科技创新，大力实施结构优化、科教兴省、可持续发展和外向带动四个战略，抓住新机遇，增创新优势，提高综合竞争力，增强环境吸引力，全面建设小康社会，加快推进社会主义现代化，把福建建设成为一个经济繁荣、社会稳定、生活宽裕、科教先进、环境优美、政治民主、法制健全、文明开放的省份，为服务全国大局和祖国统一大业作出贡献。

“十五”计划是进入新世纪的第一个五年计划，是开始实施现代化建设第三步战略部署的第一个五年计划，是社会主义市场经济体制初步建立后的第一个五年计划，也是我省加快建设海峡西岸繁荣带，有条件的地方率先基本实现现代化的一个关键的五年计划。“十五”计划期间（2001～2005年），我省经济和社会发展的主要目标是：国民经济总量和人均国内生产总值均居全国前列，经济结构战略性调整取得明显成效，经济增长质量和效益显著提高，为到2010年人均国内生产总值比2000年翻一番奠定坚实基础；国有企业建立和完善现代企业制度，非国有经济发展更具活力，社会保障制度比较健全，社会主义市场经济体制初步完善；在更大范围内和更深程度上参与国际国内经济合作与竞争，与台港澳侨合作和交流更加密切，开放型经济发展迈上新的台阶；就业渠道拓宽，城乡居民收入不断增加，小康生活逐步宽裕，生态建设和环境保护得到加强；科技教育加快发展，文化事业更加繁荣，国民素质不断提高，精神文明建设和民主法制建设成效明显。到2005年，海峡西岸繁荣带建设取得重大进展，厦门经济特区和有条件的地方率先基本实现现代化。

（3）第十个五年计划的主题是加快发展。发展是硬道理，是解决所有问题的关键。新世纪之初，经济全球化、科技革命、世界性的结构调整成为主导世界经济发展的三大基本趋势，世界经济将保持一定的发展速度，国际竞争更加激烈。从国内看，经过20多年的改革开放和快速发展，我国的生产力水平迈上了一个新台阶，市场供求关系、经济发展的体制环境和对外经济关系发生了重大变化。国家实施西部大开发战略和“走出去”战略，中央对东部沿海地区加快发展提出更高要求，先进省市都力争在新世纪的发展中抢占领先位置。国内外形势的大格局、大变化、大趋势，既使我省面临严峻的挑战，更为我省加快经济结构调整，吸引更多的资金、先进技术和管理经验，扩大出口，拓展经济发展空间等方面带来新的机遇。我们要有清醒的认识，增强紧迫感和忧患意识，坚持以经济建设为中心不动摇。要解放思想，转变观念，积极进取，争取更快更好的发展。要正确理解和全面贯彻发展是硬道理的思想，树立科学的发展观，注重发展速度和效益的有机统一，提高综合竞争力；注重生态建设和环境保护，提高可持续发展能力；注重人的全面发展，提高国民整体素质。要把提高人民生活水平作为发展经济的根本出发点和归宿。

（4）第十个五年计划的主线是经济结构战略性调整。要以提高经济效益为中心，坚持在发展中推进经济结构调整，在经济结构调整中保持快速发展。经济结构战略性调整的主要任务是：调整产业结构，推动产业优化升级；调整城乡结构，加快城镇化进程；调整所有制结构，增强经济发展活力；调整生产力布局，促进地区经济协调发展；调整收入分配结构，理顺收入分配关系；调整对外经济结构，提高开放的质量和水平。继续完成工业化是我省现代化进程中的艰巨的历史性任务。大力推进国民经济和社会信息化，是覆盖现代化建设全局的战略举措。要以信息化带动工业化，发挥后发优势，实现社会生产力的跨越式发展。

（5）改革开放和科技进步是经济社会发展的强大动力。要全面估量加入世界贸易组织后的新形势，深化改革，扩大开放，充分发挥市场机制的作用，使生产关系适应生产力发展的要求，进一步解放和发展生产力，提高国际竞争力；继续实施科教兴省战略，加快科技进步和人才培养，充分发挥科学技术

作为第一生产力的决定性作用。推动经济发展和结构调整，完成“十五”计划乃至更长时期的发展任务，必须依靠体制创新和科技创新，推进经济体制和经济增长方式的根本性转变。

二、进一步巩固和加强农业的基础地位

(6) 加强农业是经济结构调整的重要内容，也是保持经济发展和社会稳定的基础。要始终把农业放在国民经济发展的首位，遵循调整结构，增加收入，全面推进小康建设，加快农业现代化步伐的指导思想，坚持面向市场，依靠科技进步，把农业产业化经营作为推进农业现代化的重要途径，争取有条件的地区率先基本实现农业现代化。

(7) 优化农业经济结构。要高度重视保护和提高粮食生产能力，加大对粮食基地县的扶持力度，千方百计保护农民的种粮积极性，建立符合省情和社会主义市场经济要求的粮食安全体系。调整种植业结构，培植名特新优产品，全面提高农产品品质。发展生态农业、订单农业和创汇农业。科学合理开发利用山海资源，发展壮大林产和水产两大产业。加快发展畜牧业。发挥各地比较优势，加快形成不同区域各具特色的主导产品，促进大宗农产品生产的专业化、基地化、规模化，提高农产品商品率。实施以种苗工程为核心的农业科技工程，加强农业技术研究与推广，推动农业科技进步。扩大农业对外开放，发展外向型农业，加强闽台农业合作。

(8) 大力发展农村经济，实现农民收入持续增长。提高农业劳动生产率，加快发展农村第二、第三产业。引导乡镇企业推进结构调整、技术进步和体制创新，提高整体素质和运行质量，重点发展农副产品加工业和储藏、保鲜、运销业、鼓励、支持农产品加工和销售等企业带动农户进入市场，形成利益共存、风险共担的组织形式和经营机制。促进乡镇企业、农村市场和小城镇发展的有机结合，积极引导和推动农村劳动力加快向第二、第三产业和城镇转移。发展壮大集体经济，增加乡村两级财力。加强以科技服务、金融服务和信息服务为重点的社会化服务体系建设。加快建立和完善农产品市场信息、食品安全和质量标准体系。多渠道增加对农业和农村的投入，坚持群众性农田基本建设，加强以水利为重点的农村基础设施建设，推进农业机械化、电气化，改善农村生产、生活和市场条件。

(9) 坚持党在农村的基本政策，深化农村改革。长期稳定以家庭承包经营为基础、统分结合的双层经营体制。基本建立以农业社会化服务体系、农产品市场体系和国家对农业的支持保护体系为支撑的现代农业生产经营体制。逐步建立科学规范的土地使用权流转机制，在农民自愿的基础上，推进土地适度规模经营。加快推进农村税费改革，切实减轻农民负担。积极稳妥地搞好乡镇机构改革。深化农产品流通体制改革。继续深化农村供销社改革。

三、加快工业改组改造和结构优化升级

(10) 工业改组改造和结构优化升级，是经济结构战略性调整的一项十分紧迫的任务，对于经济持续增长至关重要。要从比较优势、发展潜力和战略意义着眼，加快工业结构调整，增强工业竞争力，加快我省工业化进程。以市场为导向，以企业为主体，以技术进步为支撑，突出重点，有进有退，加快优势行业和主导行业向规模化、集约化发展，加快形成具有自主知识产权和独特技术优势的新兴产业。大力实施创名牌战略，提高闽货的市场占有率。

(11) 加快发展壮大电子信息、机械和石化三大产业。电子信息业重点发展新一代电子信息产品和软件产品。机械工业重点发展交通运输设备、工程机械和电气机械制造。石化工业重点发展石油化工、合成材料及精细化工，促进“炼化一体化”工程建设。

大力培育和扶持生物工程技术、海洋技术、环保技术和新材料等发展潜力大但目前较弱小的高新技术产业，形成工业发展新的增长点。

合理引导资金投向，围绕增加品种、改善质量、节能降耗、防治污染和提高劳动生产率，运用高新技术和先进适用技术，加快改造提高轻纺、建材建筑、林产加工、水产加工、冶金、医药、食品等传统行业，提高企业的装备水平和技术层次。

综合运用经济、法律和必要的行政手段，严格限制低水平重复建设，压缩部分行业过剩生产能力，淘汰浪费资源、污染严重的落后产品、工艺、设备和企业。

(12) 优化企业组织结构。以资产为纽带，以名优产品为龙头，加速资产重组，壮大优势企业和名牌产品，形成一批主业突出、核心能力强的大公司和企业集团。加强对中小企业的宏观管理和指导，积极扶持中小企业特别是科技型企业发展。加大对中小企业的金融支持力度，加快中小企业的制度、技术和管理创新，促进中小企业向“专、精、特、新”的方向发展，提高中小企业的组织化程度和社会协作水平，逐步形成大中小企业协调发展的格局。

四、加快发展服务业

(13) 对经济结构进行战略性调整，必须加快发展服务业。要面向城乡居民消费，提高传统服务业的市场化、社会化水平，拓展现代服务业的发展空间，努力扩大总量，优化结构，拓宽服务领域，提高服务水平，进一步提高服务业增加值占国内生产总值的比重和从业人员占全社会从业人员的比重。

(14) 提高现代服务业的服务水平和技术含量，应用现代经营方式和服务技术改造传统服务业。加快发展信息、金融、会计、咨询、法律服务等行业，带动服务业整体水平的提高。改进金融服务，增强地方性金融企业竞争力。加强旅游资源合理开发和设施建设，提高旅游的服务质量和水平，突出打好武夷山“世界文化与自然遗产”和各地区在国内外有影响的特色旅游品牌，使旅游业成为具有较强带动作用的重要产业。发展以经济适用住房为重点的房地产业，加强和规范物业管理。加快发展社区服务业，提供便民利民服务。积极发展文化娱乐、教育培训、体育健身、卫生保健等产业，不断满足城乡居民日益增长的服务性消费需求。着重改造和提高商贸流通、交通运输、市政服务等传统服务业，推行连锁经营、物流配送，多式联运、网上销售等组织和服务方式，提高服务质量和经营效益。

(15) 加快推进服务业市场化、社会化。放宽市场准入，引进竞争机制，打破服务行业中的垄断经营，鼓励企业优化重组。实现中介机构与行政部门脱钩，加快机关和企事业单位服务社会化。加强规范管理，促进中介机构健康发展。积极推进流通体制改革，加快流通企业的改组改造，放开搞活国有大中型流通企业，增强流通企业活力。

五、推进国民经济和社会信息化

(16) 信息化是当今国内外经济和社会发展的大趋势，也是带动我省产业优化升级和实现工业化、现代化的关键环节。要把加快国民经济和社会信息化作为覆盖现代化建设全局的战略举措，实现信息产业的跨越式发展。顺应世界信息技术的发展，加强政府的先导作用，调动社会各方面的力量，加快开发利用全省信息技术和资源，建设以实现国民经济和社会信息化为目标，以信息资源数字化、网络化和信息共享为主要内容的“数字福建”。

(17) 大力开发信息资源。政府主导、统筹规划、分步实施，加快建设一批基础性、综合性、商业性、公益性的信息资源库。抓好宏观经济决策及工农业生产、科技、教育和社会生活等领域的信息资源开发，实现信息的数字化、可视化、智能化。鼓励各类信息源通过公用信息平台上网，实现信息资源的综合共享。加强信息资源的分类管理，注意保护国家机密，增强信息安全保障能力。

(18) 加强现代信息基础设施建设和管理。健全信息网络体系，提高传输容量和速度。加快规划和建设“数字福建”的主体工程和相关系统。在国家干线传输网的基础上，继续建设

以福州、厦门为枢纽的省主干信息高速宽带网和专用网。建立全省公用信息平台和主要城市信息港。联合建设多种方式的用户接入网，扩大利用因特网。推动电信、电视、计算机三网融合和综合管理。

(19) 加快信息技术的推广应用。提高计算机和网络的普及应用程度。抓紧实施政府上网工程，充分发挥政府信息的导向作用。积极发展信息服务业特别是网络服务业，推进公共领域信息化建设，与家庭信息化结合，提升全民素质，提高生活质量。加快推进领域信息化，尤其是金融、财税、贸易等领域的信息化，大力发展电子商务。鼓励企业运用现代信息技术，开拓业务，提供优质产品和服务。机关企事业单位和各级各类学校要积极推广计算机及网络教育。

六、进一步加强水利、交通、能源和防灾减灾体系等基础设施建设

(20) 加快经济和社会发展，促进产业结构优化升级，必须加强基础设施建设。要优化结构，调整布局，提高工程质量，拓宽投资渠道，注重投资效益，进一步强化以水利、交通、能源和防灾减灾为重点的基础设施建设。集中力量建设一批关系我省经济和社会发展全局、对调整结构和增强国防保障能力具有显著作用的基础设施骨干工程，以适应国民经济发展和国防建设的需要。

(21) 进一步加强水利建设，高度重视水资源可持续利用。坚持兴利除害结合，开源节流并重，防洪抗旱并举，重点解决洪涝灾害、水污染和沿海地区水资源不足问题。继续进行“五江一溪”综合治理。加强市、县城区防洪排涝工程建设和重点海堤工程建设。在主要江河上游规划建设若干个具有调洪功能的蓄水骨干工程。搞好水利设施配套建设和经营管理。把节水放在突出位置，大力推行各种节水措施，发展节水型农业、工业和服务业，提高用水效率。抓紧治理水污染源。改革水的管理体制，建立合理的水价形成机制，调动全社会节水和防治水污染的积极性。

(22) 加快建立综合性的立体交通运输体系，使交通设施的功能得到有效发挥，促进我省经济腹地进一步扩大，对外交流能力和国防交通保障能力进一步提高。铁路要重点建设进出省通道，进一步优化路网布局，提高路网等级和运行能力。公路要重点建设“一纵两横”进出省高速公路，使全省9地市都连上高速公路。加快建设入闽一般公路通道。加快公路路网改造，努力使通县公路达到二级以上，通乡镇公路实现等级化。港口要以福州、厦门两个枢纽港为龙头，不断完善结构和功能，提高对台直接通航能力、对外辐射能力和海上输送保障能力。抓好闽江等内河航运开发和建设。民航要进一步完善现有机场的基础配套设施，积极稳妥地发展军地两用机场，不断提高管理水平和服务质量，扩大民航服务区域。

(23) 初步建立稳定的能源保障体系。坚持开发与节约并举，着力优化电源结构，合理调整布局。积极发展有调节能力的水电、抽水蓄能电站、燃气电厂、核电站以及国家产业政策鼓励的其他新能源项目，限制并限期淘汰小火电，控制径流式水电站开发，积极推进洁净煤燃烧发电技术和节能技术。完善电网结构，加快与外省联网和城乡电网改扩建，提高电网供电能力及供电质量。积极开拓电力市场，提高电力工业的质量、水平和效益。

(24) 构建安全的防灾减灾体系。重点建设堤防排涝工程体系，蓄水防旱工程体系，洪水预警预报体系，水利工程除险保安体系，沿海防护林工程体系，主要江河生态林保护体系，中尺度灾害性天气预警系统，渔港（避风港）防御体系，农林水产病虫害、疫情防治体系，防震体系等10大防灾减灾体系。

七、加快山区开放开发，促进区域经济协调发展

(25) 促进区域经济协调发展，是加快我省现代化建设的重大举措。继续实施“以厦门经济特区为龙头，加快闽东南开放与开发，内地山区迅速崛起，山海协用联动发展，建成海峡西岸繁荣地带，积极参与全国分工，加速与国际经济接轨”的区域发展战略。按照突出重点、发挥优势、分工合作、联动发展的原则，充分发挥区域优势，积极发展特色经济，激发县域经济活力，促进区域经济布局优化，实现区域经济协调发展。

(26) 加快内地山区的开发与发展。山区是海峡西岸繁荣带的重要组成部分。没有山区的繁荣，就没有海峡西岸的全面繁荣。山区开发是一项艰巨的历史任务，既要有紧迫感，又要有长期奋斗的思想准备。要坚持从实际出发，积极进取，努力改善投资环境，增强自我发展能力，不断壮大经济实力。加强以水利、交通为重点的基础设施建设，提高抗御自然灾害的能力，加快形成山海联系快速便捷的交通网。积极调整产业结构，推进农业、林业、水产、旅游、矿产等优势资源的合理开发及其产品的深度加工，发展区域特色经济，促进资源优势转化为经济优势。加快国有企业改革和老工业基地改造，大力发展非国有经济。加大招商引资力度，积极发展对外贸易。加强人才的培养、使用和引进工作。加强生态工程建设，改善生产条件和生态环境。加大对山区的财政转移支付力度，省统筹的各类专项基金重点支持山区，切实增加对山区发展的资金投入。在项目布点、科技推广和人才培养等方面向山区倾斜。经过艰苦努力，发展一批高新技术企业，改造提升传统产业，凸显以特色资源加工、绿色产品开发、旅游生态经济为主导的产业特色，全面奠定内地山区大发展的基础，使山区成为基础设施基本适应、生态经济比较发育、中心城镇带动作用较强、人民生活逐步宽裕的地区。

(27) 进一步提升闽东南地区的发展水平。充分利用有利条件，在体制创新和科技创新中继续走在前列，增创新优势，更上一层楼。加快现代化步伐，继续发挥闽东南地区在经济社会发展中的示范、带动和辐射作用。加快产业优化升级，发展高科技产业。加快现代化城市建设，提高城市化水平。大力发展海洋渔业和口岸经济，建设具有竞争力的海洋开发基地。进一步发展外向型经济，着力提高国际竞争力。加快将闽东南建成高新技术产业和外向经济比较发达、第三产业繁荣、基础设施适度超前、城乡经济协调发展、生态环境优美、社会文明进步的我国东南沿海重要的经济区域。

(28) 加强山海协作是促进区域经济协调发展的重要途径。要坚持“优势互补、互惠互利、长期协作、共同发展”的原则，充分发挥市场机制的导向作用，积极拓展沿海与山区的协作领域，提高协作的整体效益。以资源优势为依托，推进山区与沿海的产业协作。努力构建山海科教协作体系，促进山海劳务协作和技术人才交流。提高闽东北和闽西南两大协作区的协作层次和水平。完善对口帮扶制度，更好地帮助山区和欠发达地区加快发展。

(29) 加快发展海洋经济。我省海洋资源丰富，海洋开发的潜力巨大。要依托沿海陆域经济优势，发展海洋水产、港口运输、滨海旅游、临海工业和海洋高新技术产业，尽快建立起以资源为基础、科技为先导、效益为中心、市场为导向，以现代化港口城市为主干的布局合理、结构优化、外向度高、调控有序、生态环境好的海洋经济体系，加快建设海洋经济强省。

八、加快发展中心城市，积极稳妥地推进城镇化

(30) 提高城镇化水平，转移农村人口，可以为经济发展提供广阔的市场，是优化城乡经济结构，促进国民经济良性循环和社会协调发展的重大措施。加快城镇化进程是我省经济和社会发展新阶段的客观要求。要从我省实际出发，遵循城镇化发展规律，科学规划，合理布局，努力实现城镇化与工业化、现代化进程相互适应、相互促进，形成以大城市为中心，中等城市为依托，小城市和小城镇为基础，具有较强集聚和辐射能力的城镇体系，使全省城镇化水平明显提高。

(31) 加快发展中心城市。中心城市是我省推进工业化、现代化的主导力量。坚持高起点规划、高标准建设、高效能管理，加快完善城市基础设施体系，强化城市人防工程、立体交通、停车场、给排水、污水及垃圾处理和园林绿化等基础设施的建

设。提高服务业在城市经济中的比重，加快城市的信息化步伐，增强综合功能和经济辐射带动能力。沿海地区要加快形成以若干个大城市为核心，大中小城市协调发展、设施配套、功能互补、联系密切的城市群。山区地级市要抓好区域中心城市的规划实施，扩大城市规模，增强集聚效应和辐射功能。县级中小城市要不断壮大经济实力，加快发展步伐，增强对周边地区发展的带动作用。

（32）积极稳妥发展小城镇。小城镇建设要注重实效，把发展的重点放到县城和部分基础条件好、发展潜力大的中心城镇。根据小城镇的特点，以产业为依托，发展特色经济，加快生产要素的集聚，增强小城镇的经济基础。努力将一批产业基础条件好、发展潜力大的中心城镇建设成为功能完善、环境整洁、具有较强辐射带动能力的农村区域性经济文化中心。

（33）加快推进城镇化，必须制定和完善有利于城镇化发展的政策措施。要在坚持不放松保护耕地和保障农民合法权益的前提下，通过有偿转让使用权、入股、租赁等方式，妥善解决城镇建设用地。进一步改革户籍管理制度。开辟城建多元化投融资渠道，鼓励企业和城乡居民参与城镇基础设施建设。加强经营管理，提高城镇的整体服务水平，改善城镇的生产生活环境。

九、促进科技进步和创新

（34）科技进步和创新，是增强综合竞争力的决定性因素。要有所为、有所不为，突出重点，提高科技持续创新能力，实现技术跨越式发展，为经济结构战略性调整和现代化建设提供强大的技术支持。加快高新技术产业化步伐，提高高新技术产业产值占国内生产总值的比重。

（35）加强科技创新。利用我省优势，加强研究开发力量，选择一批具有重大科学价值或应用前景的研究项目，重点攻关。通过引进、消化和自主开发，重点抓好电子信息、生物工程、海洋开发、环保和新材料等应用技术研究，力争在若干重要领域有所突破。从省情出发，有重点地加强基础研究和应用基础研究，力争在信息科学、纳米科学等方面取得新进展。以福州、厦门两个国家级高新技术产业开发区为龙头，加快省级高新技术产业开发区、福州软件园、厦门软件园、生物技术园、留学人员创业园等各类高科技园区和省级高新技术创业服务中心建设，促进闽东南高新技术产业带的发展。积极发展大学科技园区和民营科技园区，形成高新技术产业化基地。大力支持山区发展高新技术产业。

（36）深化科技体制改革。加快建立适应市场经济要求和科技自身发展规律的新机制，确立企业技术创新的主体地位，真正从体制上解决科技与经济相脱节的问题。完成开发型科研机构的企业化转制，推进公益型科研机构的体制改革。加强产学研结合，推进科技资源的优化重组和合理配置。积极引导和扶持民营科技企业加快发展。重视区域科技创新体系建设，大力发展服务功能社会化、网络化的科技中介服务体系，建立风险投资机制，加速科技成果的转化。运用财税、金融、价格等经济杠杆，支持企业技术进步和技术创新。扩大对外、对台科技交流与合作，鼓励境外企业特别是国际性大公司、大财团和大专院校、科研机构来闽兴办高新技术企业或设立研究开发机构，支持我省高新技术企业到国外进行研究开发，围绕我省产业结构优化升级，高起点引进一批国外先进技术，注重消化、吸收和创新。

十、大力开发人才资源，加快发展教育事业

（37）人才是最宝贵的资源。当前和今后的竞争，归根结底是人才的竞争。要把培养、吸引和用好人才作为一项重大的战略任务切实抓好。教育是培育人才的基础，对经济和社会发展具有先导性、全局性的作用。要立足当前，着眼长远，采取切实有效的政策措施，把教育摆到优先发展的战略位置，适度超前发展。壮大人才队伍，优化队伍结构，提高队伍整体素质。

（38）加快发展教育。面向现代化，面向世界，面向未来，以培养学生创新精神和实践能力，促进学生德智体美全面发展为目标，全面推进素质教育。高度重视师资队伍建设，全面提高教师素质，切实改善教师的工作学习和生活条件。加大对山区特别是贫困地区、少数民族地区义务教育的扶持力度，进一步巩固提高全省“两基”教育成果。大力发展幼儿教育、高中阶段教育和高等教育等非义务教育。积极支持有条件的地市兴办本科院校，鼓励办学基础和条件较好的高校建设新校区，扩大办学规模。整合教育资源，建设大学城。进一步抓好重点大学和重点学科建设。抓好省部市高校共建工作。大力发展研究生教育。提高教育现代化、信息化水平，积极发展现代远程教育、网上教育、职业技术培训教育以及其他继续教育，构建大众化、社会化、开放式的终身教育体系，普遍提高劳动者素质。

教育发展，要走改革创新之路。加大教育结构、布局调整的力度，促进各级各类教育协调发展。结合世界科技发展趋势和我省实际，进行学科和专业结构调整。更新教材内容，改进教学方法，改革考试制度，建立符合素质教育要求的评价和监督机制。切实增加各级政府对教育的投入，积极鼓励社会力量办学，引进外资、外智办学和省外名牌院校来闽办学，形成公办学校和民办学校共同发展的格局。进一步扩大高等院校办学自主权。加快推进高校后勤工作社会化。

（39）加快人才队伍建设。加大实施“541人才工程”和“百千万人才工程”的力度，重点培养一批急需的信息、金融、财会、外贸、法律和现代管理等高层次人才。充分发挥现有人才作用，加强人才培训工作。大力引进海内外高新技术人才，鼓励留学人员回省工作或以适当方式为我省服务。努力营造吸引、发挥人才作用的良好环境，形成尊重知识、尊重人才、鼓励创业的社会氛围。加快建立有利于各类优秀人才脱颖而出、人尽其才的机制。高度重视青年人才的培养和使用。优化人才的专业、年龄结构，促进人才在产业、地区的合理分布，鼓励支持人才到艰苦行业和山区建功立业。加大知识产权的保护力度。建立和完善机制健全、运作规范、服务周到、指导监督有力的人才市场体系，促进人才合理流动。

要从我省现代化建设全局的战略高度，着眼于各项事业的长远发展和人才的总体需求，充分认识领导人才建设工作的重要性和紧迫性。抓紧培养和造就一支既掌握现代科学文化知识，又坚持走有中国特色社会主义道路；既有较高政治理论素养和开拓精神，又经过实践考验的各级各类高素质领导人才队伍。加强各级领导干部特别是年轻干部队伍建设，把这项工作作为决定我省未来发展前途的大事来抓。充分发挥各级党校在培养领导人才方面的作用。加大干部人事制度改革的力度，更新用人观念，广开渠道，为年轻优秀领导人才的成长、选拔和任用创造条件。

十一、加强人口和资源管理，重视生态建设和环境保护

（40）实施可持续发展战略，是我省推进经济和社会发展的必然选择。要统一思想，转变观念，增强紧迫感，把经济社会发展同人口增长、资源利用、环境保护紧密结合起来。全面规划，综合协调，逐步形成以法律为基础，政府、企业和社会各界共同参与的可持续发展机制，营造人与自然较为和谐的生态环境，切实提高经济社会可持续发展能力。

（41）坚持计划生育的基本国策，严格控制人口数量，努力提高人口素质。鼓励晚婚晚育，搞好优生优育，保持低生育率水平。继续把计划生育工作的重点放在农村和流动人口上。应对人口老龄化问题，积极发展老龄事业，建立和完善老龄人社会保障机制和服务体系。

（42）加强国土资源的合理开发利用。坚持资源开发和节约并举，在保护中开发，在开发中保护，努力提高资源利用效率。实行土地用途管理制度，严格控制建设用地总量，切实保护耕地，加快开发耕地后备资源，实现耕地占补平衡。严格执行森林限额采伐制度，控制工程征、占用林地。合理开发海洋

资源。推进矿产资源的深加工和综合利用。加强资源勘探，建立健全资源有偿使用机制。

(43) 加强生态建设和环境保护。强化水土保持，加强各类生态示范县和自然保护区的建设，实施生物多样性保护工程。实施沿海防护林体系、江河流域生态林保护和城乡绿化等工程，建立比较完备的林业生态体系。加强地质灾害的预防和治理工作。高度重视海洋资源保护，维护海洋生态平衡。完善生态建设和环境保护的政策法规，强化执法和监督。巩固和扩大“一控双达标”成果，加大城乡水污染、大气污染、固体废物污染、陆域排海污染和声光污染的综合治理力度，全面提高环境质量。健全完善全省环境监测体系，增强对突发性污染事故的应急处置能力。大力推广ISO14000环境管理体系和清洁生产技术。开展环保教育，提高全民环保意识。

十二、进一步深化改革，增创体制新优势

(44) 经济发展和结构调整归根到底要靠改革。要坚持把改革放在统揽全局的位置，以改革促发展，以改革促开放，以改革求稳定。要大胆探索，勇于创新，突破影响生产力发展的体制性障碍，逐步完善社会主义市场经济体制，增创体制新优势，促进我省国民经济持续快速健康发展。

(45) 深化国有企业改革。国有企业改革是经济体制改革的中心环节。加大国有经济布局调整和企业战略性改组的力度，把国有资本调整到重点行业和关键性领域。继续推进国有大中型企业的公司制改造，建立和完善现代企业制度。建立健全权责明确、运转协调的国有资产管理、监督、营运体系，确保国有资产保值增值。深化国有企业人事管理制度改革，建立健全选拔任用、激励、监督机制。加快推行经营者年薪制、期权期股制等多种分配形式。鼓励大中型企业通过规范上市、中外合资和相互参股等形式，实行股份制。继续采取多种形式放开搞活国有中小企业。

(46) 大力发展非公有制经济。非公有制经济作为我省发展社会主义市场经济的重要组成部分，在国民经济中所占的比重不断提高，是国民经济和社会发展的新的增长点。要切实解决非公有制经济市场准入和投融资的障碍，进一步放开非公有制经济的投资经营领域，为各类所有制企业创造平等竞争、共同发展的环境。支持和引导非公有制企业进行改革创新、结构调整和产业升级、开展对外贸易和对外投资。积极支持山区发展非公有制经济。加快建立扶持中小企业发展的信用担保体系和社会化服务体系，促进私营、个体企业健康发展。

(47) 加快完善市场体系。在继续发展和完善商品市场的同时，重点培育和发展要素市场。积极培育资本市场，推进我省企业的上市步伐，提高企业直接融资比重。进一步放开价格，发挥市场在资源配置和结构调整中的基础性作用。继续培育和规范劳动力、房地产、信息、技术等要素市场，促进要素合理流动。进一步完善市场法规、规范市场行为，打破地区封锁和部门、行业垄断，建立和完善全国统一、公平竞争、规范有序的市场体系。

(48) 继续推进行政管理体制改革和机构改革。按照发展社会主义市场经济的要求，进一步转变政府职能，实现政企分开。政府要集中精力搞好宏观经济调节和创造良好的市场环境，不直接干预企业经营活动，减少对经济事务的行政性审批，更好地运用计划、财政、金融、价格、法律等手段调节经济活动。积极推进财政预算制度改革。完善财政转移支付制度。积极稳妥地推进税费改革。健全税收制度，强化税收征管。逐步提高财政收入占国内生产总值的比重，提高财政保障能力，注意防范财政风险。严格财政监督管理。逐步建立适应社会主义市场经济要求的公共财政框架。推进投融资体制改革，严格实行项目法人责任制，工程招投标制度和工程监理制度。加强公务员队伍建设，建立有效的激励和约束机制。继续改革和精简政府机构，加强机关效能建设，建立廉洁高效、运转协调、行为规范的行政管理体制。

十三、进一步扩大对外开放，提高开放型经济水平

(49)对外开放是加快我省经济和社会发展的动力。随着加入世界贸易组织，我省既面临新的发展机遇，也面临激烈的国际竞争。要以更积极的姿态，抓住机遇，迎接挑战，趋利避害，在不断提高“引进来”的规模、层次和水平的同时，积极实施“走出去”战略，充分利用好国内外两种资源和两个市场，提高我省开放型经济水平。

(50)不断优化外贸结构。按照“巩固东南亚，加强港澳台，扩展欧美日，开拓新市场”的要求，实施市场多元化战略。重视科技兴贸，加快传统出口商品的升级换代，提高出口产品质量和档次，增加机电产品等附加值高、科技含量高的产品出口。拓展服务贸易。重点进口产业升级急需的关键技术装备和重要资源。深化外贸体制改革，建立符合世界贸易组织规则的对外经贸支持与服务体系。

(51)积极合理有效地利用外资。举办多种形式的招商活动，办好中国投资贸易洽谈会，提高招商的层次和水平。加强对外商投资的引导，把吸收外资同产业结构调整、国有企业改革和山区开发紧密联系起来。积极吸收外资特别是跨国公司投资高新技术产业和基础产业，参与国有企业改造和基础设施建设。继续推进开发区建设和发展。有步骤地推进银行、保险、电信、外贸、内贸、旅游等服务领域的对外开放，逐步对外商投资实行国民待遇。大胆吸收和借鉴一切符合社会化生产要求的经营方式和管理方法。适应跨国投资发展趋势，积极探索采用收购、兼并、投资基金和证券投资等多种方式利用中长期国外投资。建立责权利相统一的借、用、管、还的外债运作机制。

(52)认真实施“走出去”战略。鼓励能够发挥比较优势的行业对外投资，支持有竞争力的企业特别是民营企业到有市场潜力的国家和地区开展加工贸易或开发资源，扩大经济技术合作。继续发挥我省对外承包工程和劳务合作的优势，鼓励更多的企业到境外开展工程承包，带动原材料、设备和劳务出口。

(53)积极参与西部大开发，加强省际交流合作。进一步加强与西部对口支援地区的产业、资金、科教、人才的帮扶和合作。鼓励我省企业参与西部基础设施建设和资源开发，拓展中西部市场，扬长避短，优势互补，相互促进，共同发展。加强内联，积极吸引国内企业到我省投资设厂，开展经济技术合作。大力发展省际边贸市场。

十四、加强闽台合作，扩大闽港、闽澳交流，做好侨务工作

(54)坚持“和平统一、一国两制”的基本方针，本着“优势互补、互惠互利、共同繁荣”的原则，充分发挥福建对台优势，不断拓展闽台经贸合作领域和方式，提高合作层次和水平，为早日实现祖国统一大业作出更大贡献。继续加强马尾、海沧、杏林、集美等台商投资区，福州、漳州等海峡两岸农业合作试验区和闽台电子、汽车、石化、电力合作基地的建设，逐步实现闽台产业对接。加强与台湾企业界的联系，引导台资投向，鼓励台商投资交通、环保、能源等基础设施建设。进一步办好各类闽台博览会。积极推进闽台金融、商贸、旅游等服务业的合作。拓展闽台科技交流，重点抓好闽台高科技园的合作。加强两岸教育文化合作和民间信仰的交流。继续抓好两岸海上直航试点口岸建设，切实改善口岸环境，为两岸直接“三通”创造条件。

(55)扩大闽港、闽澳合作与交流，做好侨务工作。充分发挥闽籍乡亲和社团的作用，进一步拓展闽港、闽澳经贸合作领域，特别是在金融、商业零售、科技和旅游业等方面的合作。采取多种合作形式，鼓励更多的港澳企业家来闽投资办厂，共同开拓国际市场。继续做好侨务工作，了解侨情，理解侨心，维护侨益，发挥侨力。充分调动华侨华人的积极性，努力做好“以侨引外、以侨引台”和引智工作。

十五、扩大就业和完善社会保障制度，切实改善人民生活

（56）不断提高人民群众的物质文化生活水平，是发展经济的出发点和归宿，也是扩大内需、保证经济持续增长的动力。要努力拓宽就业渠道，加强社会保障体系建设。在改善居民物质生活的同时，丰富居民文化生活，美化城乡生活环境，建立良好的社会秩序，保障人民安居乐业。

（57）积极扩大就业。进一步发展劳动密集型产业和非国有经济，加快发展服务业，增加更多的就业岗位。建立阶段性就业制度，发展弹性就业形式。发育和规范劳务中介组织与劳动力市场，完善就业服务体系，加强职业培训，形成市场导向的就业机制。引导下岗职工和失业人员转变就业观念，继续实行鼓励自谋职业的优惠政策，促进多种形式再就业。依法维护劳动者权益。

（58）建立健全社会保障体系。依法扩大社会保障覆盖面，加快形成独立于企业、事业单位之外、资金来源多元化、保障制度规范化、管理服务社会化的社会保障体系。进一步完善城镇职工基本养老保险制度。健全完善城镇职工基本医疗保险制度和失业保险制度。加快医药卫生体制改革。建立健全工伤保险和生育保险制度。加强和完善城市居民最低生活保障制度。积极发展社会福利、社会救济、优抚安置和社会互助等社会保障事业。切实保障妇女、未成年人、老年人、残疾人的合法权益。发挥基层组织、社区组织在社会保障对象管理和服务方面的作用。建立可靠、稳定的社会保障基金的筹措机制和有效营运、严格管理的机制。

（59）切实改善城乡人民生活。在加快经济发展的同时，不断增加城乡居民收入，特别是低收入者的收入。深化收入分配制度改革，坚持效率优先、兼顾公平的原则，把按劳分配与按要素分配有机结合起来。鼓励资本、技术和经营管理等生产要素参与收益分配。在新的历史条件下，要深化对劳动和劳动价值理论的认识。建立健全收入分配的激励机制和约束机制。规范社会分配秩序，保护合法收入，整顿不合理收入，调节过高收入，取缔非法收入，防止收入分配差距过分扩大。增加服务性消费，优化消费结构和消费环境。实施积极的促进消费政策，发展消费信贷，提倡和推广分期付款等大众信用消费，积极培育需求巨大的住房、汽车、电信、旅游和教育等领域的消费热点。加大对产品质量的监督力度，切实维护消费者利益。适应城乡消费重点转移的要求，积极开发新的消费项目，优化供给结构。

全面发展卫生、体育事业，提高全民健康水平。加强和改善城乡特别是农村卫生服务设施，提高医疗机构供给能力和服务质量，加强预防保健，保证基本卫生需求，实现人人享有卫生保健。重视安全生产，加强劳动保护。大力开展全民健身运动，发展竞技体育，提高全民健康水平。

继续做好扶贫工作，坚持开发式扶贫，注重发展欠发达地区特别是革命老区和少数民族地区的教育、文化、卫生事业，从根本上改善基本的生产和生活条件。

十六、加强社会主义精神文明建设

（60）建设社会主义精神文明，发展有中国特色的社会主义文化，是社会主义现代化建设的重要内容和保证。在改革日益深入、开放不断扩大、各种思想文化相互激荡的背景下，必须坚持两手抓、两手都要硬，切实加强精神文明建设，满足人民群众日益增长的多方面的精神文化需求，全面提高国民素质，增强民族凝聚力，为改革开放和现代化建设提供强大的思想保证、精神动力和智力支持。

（61）切实加强思想道德建设。坚持不懈地进行党的基本理论和基本路线教育，必须进一步巩固和加强马克思主义的指导地位，弘扬爱国主义、集体主义和社会主义精神，在全社会形成共同理想和精神支柱。努力建立适应社会主义市场经济发展的思想道德体系。提倡自力更生、艰苦奋斗的创业精神，形成全省人民奋发向上的强大动力。大力倡导社会公德、家庭美德和职业道德，特别是加强青少年思想政治和道德品质教育。重视对社会思潮及其表现形式的研究和引导。根据基层的实际情况，切实加强和改进基层思想政治工作。认真贯彻中央精神，不断创新和改进思想政治工作，增强时代感，加强针对性、实效性和主动性。逐步建立党委统一领导、党政共同负责、党政群团齐抓共管的思想政治工作领导体制和工作机制。

（62）加快发展文化事业。坚持为人民服务、为社会主义服务的方向和百花齐放、百家争鸣的方针，以繁荣社会主义文化为中心，弘扬民族优秀文化，吸收外国文化有益成果，抵制不良文化，提高人民群众的文化生活质量。坚持把社会效益放在首位、社会效益和经济效益相统一的原则，加快文化体制改革，建立科学合理、灵活高效的管理体制和文化产品生产经营机制。完善文化产业政策，促进文化事业发展。加大文化基础设施的投入，建设以大型标志性社会基础设施为龙头的现代城市文化工程。保护维修文物古迹、历史文化名城。继承和发扬优秀的民族文化遗产。加强科技馆、文化馆、博物馆、档案馆、图书馆和青少年活动场所等文化设施建设。坚持正确的舆论导向，发展新闻出版、广播影视等各项事业。加强新闻网站的建设和管理。大力发展以村镇和城市社区为基础的群众性社会文化事业。弘扬主旋律，提倡多样化，努力创作具有鲜明时代精神和地方特色的文学艺术。在繁荣文化市场的同时，切实加强文化市场的管理，促进文化市场健康发展。加强对社会实践中重大课题的研究，推进学科建设和理论创新，促进哲学社会科学发展。加强科普工作，弘扬科学精神，普及科学知识，传播科学方法，反对封建迷信和伪科学。

（63）深化群众性精神文明创建活动。坚持以“讲文明树新风”为主要内容，深化群众性精神文明创建活动，突出抓好文明安全小区和文明新村的建设。健全各类文明规范，倡导科学、文明、健康的生活方式，努力实现公民整体素质、文化生活水平及城乡文明程度的显著提高。进一步加强国防动员和教育，增强全民的国防意识，做好拥军优属、拥政爱民工作，深入开展军民共建活动，加强军政、军民团结。强化诚信观念，整肃全社会信用秩序，完善和规范市场经济条件下的财产关系、信用关系和契约关系，树立诚实、守信的道德观念和行业准则。努力净化社会环境，促进社会风气好转。

十七、加强社会主义民主法制建设

（64）加强民主政治建设，发展社会主义民主。坚持和完善人民代表大会制度和共产党领导的多党合作、政治协商制度。完善民主决策机制，促进决策的科学化、民主化。实行民主选举、民主决策、民主管理和民主监督，保证人民依法享有广泛的权利和自由，尊重和保障人权。加强城乡基层政权机关和群众性自治组织建设，扩大公民有序的政治参与。进一步发挥工会、共青团、妇联等群众团体民主参与和民主监督作用。完善村民自治，加强社区民主建设，坚持和完善以职工代表大会为基本形式的企业民主管理制度。进一步扩大基层民主，实行政务、厂务、村务公开。

（65）加强法制建设，加快依法治省进程。加强地方立法，完善地方性法规，促进公平、公正、竞争、有序的市场经济机制的形成。推进政府工作法制化，依法行政，从严治政。加快推行执法责任制、评议考核制，提高行政执法水平。推进司法改革，完善司法保障，强化司法监督，确保公正执法。健全依法行使权力的制约机制，加强对权力运行的监督，把勤政廉政建设纳入法制化轨道。深入开展社会主义法制教育，提高全体人民特别是各级领导干部的法制观念。

（66）稳定是改革发展的前提。认真研究社会稳定面临的新情况新问题，正确处理新时期人民内部矛盾，确保社会稳定。进一步落实党的民族政策。全面贯彻党的宗教政策，保障公民宗教信仰自由，依法管理宗教事务，积极引导宗教与社会主义社会相适应。坚决取缔邪教，依法打击利用宗教进行非法

活动。切实把社会治安综合治理措施落实到基层，依法严厉惩处刑事犯罪和各种恶势力，坚持扫除黄赌毒等社会丑恶现象。严厉打击走私和偷私渡活动。

顺利实现我省“十五”国民经济和社会发展的各项目标和任务，关键在党。要按照“三个代表”的指导思想，全面加强党的建设，坚持从严治党，增强党的凝聚力和战斗力，巩固党的执政基础。要着眼于事业发展和新老交替与合作，加强干部队伍和各级领导班子建设。抓好党的基层组织和党员队伍建设，加强和改进党的思想政治工作和群众工作。要讲学习、讲政治、讲正气。发扬党的优良作风，求真务实，真抓实干，反对和克服形式主义、官僚主义。深入开展反腐败斗争，积极探索社会主义市场经济条件下反腐败斗争的特点和规律，建立健全监督和管理制度，努力从源头上遏制腐败现象的滋生蔓延。

要不断提高党的执政水平，特别是提高驾驭经济和社会发展全局的能力。加强对经济和社会发展重大问题的研究，正确处理改革、发展、稳定，沿海地区与内地山区，市场机制与宏观调节，经济发展和社会全面进步，经济建设与国防建设等重大关系。坚持群众路线，拓宽党在各个领域联系群众的渠道，善于从人民群众的实践中寻找解决问题的办法。各级党委要总揽全局，协调各方，充分发挥党的领导核心作用。

展望新世纪，我们的目标是宏伟的，肩负的使命是崇高的，发展的前景是广阔的。省委号召，全体党员、干部和全省人民更加紧密地团结在以江泽民同志为核心的党中央周围，高举邓小平理论的伟大旗帜，认真贯彻党的十五大和十五届五中全会精神，振奋精神，开拓进取，提高素质，扎实工作，为实现“十五”目标而努力奋斗，把福建改革开放和现代化建设推向前进！

关于制定福建省国民经济和社会发展第十个五年计划建议的说明

（2000 年 10 月 23 日）

习 近 平

同志们：

这次省委全会是一次认真学习、深入贯彻党的十五届五中全会精神，回顾总结“九五”，全面规划“十五”，研究部署从严治党重大举措的重要会议。全会将要审议《中共福建省委关于制定国民经济和社会发展第十个五年计划的建议（草案）》，进一步明确新世纪初我省现代化建设的总体目标和任务，这对于统一全省上下的思想和行动，加快建设海峡西岸繁荣带和有条件的地方率先基本实现现代化，具有非常重大的意义。

《中共福建省委关于制定国民经济和社会发展第十个五年计划的建议（草案）》，是在省委常委会的直接领导下研究制定的。明义同志多次听取有关方面的专题汇报，对文件的起草工作提出了重要的指导性意见。省委常委会议、省长办公会议、省政府专题会议对《建议》进行了多次讨论。党的十五届五中全会之后，根据五中全会精神又对《建议》作了进一步修改。在提交这次全会审议之前，还广泛征求了各地市、省直各部门党委（党组），以及党内老同志和各民主党派与工商联负责人、无党派民主人士的意见，并进行了认真修改。《建议》制定的过程，贯彻了群众路线，体现了民主决策和科学决策的精神。现在，我受省委常委会的委托，对省委《建议》作几点说明。

一、关于“九五”计划的执行情况

“九五”以来，我省坚持以邓小平理论和党的十五大精神为指导，认真贯彻党中央、国务院的一系列方针政策，全省人民解放思想，开拓奋进，胜利完成了“九五”计划目标，国民经济和社会发展取得了巨大成就。经济发展又上新台阶。“九五”时期国内生产总值预计年均增长 11.8%，达到和超过了年均增长 11%以上的目标要求，比全国平均水平高 3.7 个百分点；国内生产总值于 1996 年提前 4 年实现比 1980 年翻三番的目标，预计 2000 年可达 3950 亿元，在全国的位次由 1995 年的第 12 位上升到第 11 位；人均国内生产总值预计 2000 年可达 11941 元，提前 1 年实现比 1980 年翻三番的目标，在全国的位次由 1995 年的第 8 位上升到第 6 位，综合经济实力进一步增强。经济增长的质量和效益有了新提高。全社会劳动生产率大幅度提高，1995 年为 13752 元/人，预计 2000 年可达 24154 元/人；预计“九五”期间全部工业企业利税总额可达 1236.03 亿元，比“八五”期间增长 1.28 倍；财政收入年均增长 13%左右，超过 GDP 年均增长速度，连续多年实现收支平衡；经济运行稳定性显著提高，“九五”期间经济增长率在 5 个百分点范围内波动，比“八五”期间缩小 5 个百分点。经济结构调整迈出新步伐。积极推进农业结构的战略性调整，农业综合生产能力进一步得到提高，农村经济全面发展；着力培育支柱产业、重点产业和高新技术产业，第二产业在调整中得到提高；加快发展商贸、旅游等重点产业，优先发展信息、咨询服务等新兴产业，第三产业比重进一步提高，三次产业比例预计由 1995 年的 21.7：42.2：35.9 调整为 2000 年的 16.2：44.3：39.5。基础设施建设实现由制约型向基本适应型的新转变。固定资产投资力度加大，建设了一大批关系全局和长远发展的重点项目，特别是电力、交通和城市基础设施建设取得重大进展，基础设施条件进一步改善。深化改革取得新成果。初步建立了社会主义市场经济体制，国有企业改革和脱困三年目标可望实现，非公有制经济蓬勃发展，市场在资源配置中的基础性作用明显增强。开放型经济得到新发展。对外开放的层次和水平有新的提高，与台港澳侨的合作与交流进一步加强，对外经贸在困难中开拓前进。2000 年全省外贸出口预计可达 122 亿美元，比 1995 年增长 54.3%；“九五”实际利用外资可达 200 亿美元，比“九五”计划目标超出 50 亿美元。人民生活实现了由温饱向小康的历史性新跨越。2000 年全省城镇居民人均可支配收入预计可达 7420 元，比 1995 年增长 52.9%，年均增长 8.9%，在全国位次由 1995 年的第 10 位上升到第 6 位；农民人均纯收入预计可达 3275 元，比 1995 年增长 59.8%，年均增长 9.8%，增长幅度居华东 6 省市首位；城镇登记失业率连年低于全国平均水平。人民生活于 1997 年提前基本实现小康。科技、教育、文化、卫生、体育等各项事业全面进步，社会主义精神文明建设和民主法制建设进一步加强。随着“九五”计划的胜利完成和我省现代化建设第二步战略目标的提前实现，为实施“十五”计划、向第三步战略目标迈进奠定了良好基础。

“九五”取得的成绩，来之不易。面对错综复杂的国际国内环境，我省认真贯彻执行中央的决策部署，正确处理改革、发展、稳定的关系，有效治理了通货膨胀；努力克服亚洲金融危机的负面影响，坚持扩大内需，刺激消费；大力发展外向型经济，千方百计扩大出口；大力发展山区经济，积极推进山海协作，努力缩小山区与沿海地区的发展差距；大力实施科教兴省战略，增强经济和社会发展的后劲；优化经济发展软环境，不断提高为经济建设服务的质量和水平，促进了经济持续快速健康发展。“九五”的实践，极大地丰富了我们在社会主义市场经济条件下驾驭经济发展的经验。

在充分肯定成绩的同时，也应当清醒认识到，我省经济和社会生活中还存在许多矛盾和问题。主要是：产业结构不合理，区域经济发展不协调，城镇化水平低，科技创新能力不强，人口、资源、环境和就业压力较大，社会事业某些方面发展相对滞后，体制改革有待深化，腐败现象依然存在，一些地方社会治安状况较差。“十五”期间，我们必须高度重视这些问题，采取切实有效的政策措施加以解决。

二、关于制定十五计划的指导思想和目标任务

“十五”计划是我省进入新世纪的第一个五年计划，是开始实施现代化建设第三步战略部署的第一个五年计划，是社会主义市场经济体制初步建立后的第一个五年计划，也是我省加快建设海峡西岸繁荣带和有条件的地方率先基本实现现代化的一个关键的五年计划。要制定一个切实可行而又鼓舞人心的“十五”计划，作为我省在新世纪初经济和社会发展的行动纲领，要求我们必须具有世界眼光，坚持从当今世界经济、政治、科技、文化的大背景，特别是从我国将要加入世贸组织和经济全球化加快发展、国际经济竞争将更加激烈的新形势来考虑我省进入新世纪后的经济和社会发展问题；要求我们必须有战略思维，善于从全国经济发展的全局中找准自己的位置，这个位置就是我们所要建设的海峡西岸繁荣带既要与海峡东岸相对应、相承接，还要与珠江三角洲、长江三角洲两大经济活跃地区相连接和贯通；要求我们必须坚持以党的十五届五中全会精神为指导，立足于我省的现实情况，使我省的“十五”计划既充分体现中央五中全会的精神，又与省委、省政府近年来提出的一系列重大战略决策相衔接，充分体现我省的特色，概括起来就是要把加快发展作为主题，把经济结构的战略性调整作为主线，把改革开放和科技进步作为动力，把促进山海经济协调发展和积极稳妥地推进城镇化建设作为突出重点，把提高人民生活水平作为根本出发点和归宿。

*新世纪的新形势、新任务，要求我省必须坚持将发展作为制定计划的主题。*发展是硬道理，不发展就要落后，落后就要被历史所淘汰，这是人类社会的永恒真理。省委《建议》的一个重要指导思想，就是明确指出“十五”计划的主题是加快发展。进入新世纪，中央对东部沿海地区提出了更高要求，福建只有进一步加快发展，才能率先基本实现现代化，为增强我国综合国力做出突出贡献。实现祖国统一大业是我国在新世纪要完成的三大任务之一，福建作为对台工作的前沿阵地，只有加快发展步伐，尽快提高综合竞争力，才能更好地服务于祖国统一大业。改革开放以来，我省在全省人民的艰苦奋斗下，已由一个基础薄弱、发展落后的地区后来居上，一跃成为全国经济充满生机和活力的地区之一，具有了在新世纪进一步加快发展的基础和条件。同时，新世纪之初国际国内环境的新变化，既使我省面临严峻的挑战，也为我们加快发展带来新的机遇，只要我们坚持正确的路线方针政策，树立科学的发展观，积极进取，勇于创新，团结和带领全省人民努力奋斗，就完全可以不断加快发展步伐，实现可持续发展，尽快建成海峡西岸繁荣带，率先基本实现现代化，在新世纪的发展中圆一个现代化的强省之梦。

*在新世纪中福建要加快发展，必须把经济结构战略性调整作为制定“十五”计划的主线。*经过改革开放20多年的快速持续发展，我省国民经济已进入了一个以结构调整促进经济发展的新阶段。当前，国民经济中的结构性矛盾成为制约经济加快发展的根本性问题，这个问题不解决，经济综合竞争力和国民经济的整体素质就难以得到显著提高，国民经济也难以得到实实在在的发展。特别是在我国将要加入世贸组织的新形势下，我省经济将加速与世界经济接轨，现在的经济结构若得不到及时调整，将会在经济全球化的进程中处于不利地位。这就要求我省要加快调整经济结构，坚持在发展中推进经济结构调整，在经济结构调整中保持经济快速发展，不断增强经济综合竞争力，确保我省在新世纪的经济竞争中始终占据优势地位。

*在新世纪中福建要加快发展，必须坚持以改革开放和科技进步为强大动力。*改革开放是强国富民之路，也是加快发展、调整经济结构的强大动力。我省20多年来的长足发展，首先得益于率先进行经济体制改革和外向型经济的蓬勃发展。进入新世纪后，福建要加快建设海峡西岸繁荣带、率先基本实现现代化，仍必须依靠体制创新和扩大开放所产生的强大动力来推动。这就要求我们在制定“十五”计划时，要把体制创新摆在突出位置，大胆探索，深化改革，通过社会主义市场经济体制的逐步完善，进一步解放和发展生产力；要进一步推动全方位、多层次、宽领域的对外开放，充分发挥台、港、澳、侨等优势，大力发展开放型经济、在大开放中谋求大发展，在大融合中实现大提高。科技进步和创新在生产力发展中起着决定性作用，是调整经济结构、推动经济发展的又一强大动力。当前世界的竞争，说到底是科技和人才的竞争；我们与经济发达省市的差距，说到底是科技进步和人才素质上的差距。在新世纪中必须继续实施科教兴省战略，采取有力措施，抓住机遇，加快科技进步和创新，加快教育改革和发展，营造培养、吸引和用好人才的良好环境，为经济的快速发展源源不断地提供强大动力。

*在新世纪中福建要加快发展，必须坚持把促进山海经济协调发展和积极稳妥地推进城镇化建设作为突出重点。*山海兼有的基本省情和突出特点，决定了山区和沿海地区都是海峡西岸繁荣带的重要部分，没有沿海地区的繁荣，就不可能建成海峡西岸繁荣带；没有山区的繁荣，同样也不可能有海峡西岸的全面繁荣。改革开放以来，山区和沿海地区的经济虽然都得到了持续、快速发展，但同时也存在着发展差距逐渐拉大的问题。省委六届九次全会及时作出了《关于进一步加快山区发展的决定》和《进一步加快发展海洋经济的决定》，进入新世纪后要继续贯彻落实两个《决定》精神，把促进山区和沿海地区经济协调发展，作为加快我省现代化建设的重大举措，按照突出重点、发挥优势、分工协作、联动发展的原则，充分发挥区域优势，积极发展特色经济，促进山海区域经济布局优化，实现区域经济协调发展。城镇化是新世纪发展的一个大战略，有利于优化城乡结构，加快现代化建设步伐。要按照科学规划、合理布局、积极引导的原则，积极稳妥地推进城镇化建设。

*在新世纪中福建要加快发展，必须把不断提高人民生活水平作为根本出发点和归宿。*这是省委《建议》的又一重要的指导思想。人民群众是经济和社会发展的主体，提高人民群众生活水平是发展经济的应有之义和根本目的。人民生活水平提高不了，内需将难以扩大，群众发展经济的积极性和创造性将会受到挫伤，从而也难以保持持续、快速发展。这些年我省的经济增长速度很快，人民的生活水平也有了很大提高，但人民生活的改善速度与经济增长的速度还有一定差距。这就要求我们在制定“十五”计划时，必须把提高人民生活水平摆到重要位置，拿出一个让老百姓满意的“十五”计划。

根据以上指导思想，省委将党的十五届五中全会精神与我省的基本省情结合起来，从经济发展、改革、开放、科技教育、精神文明、民主法制建设和人民生活等方面，共分17个部

分 66 条，提出了“十五”的主要奋斗目标和任务。这就是：**国民经济总量和人均国内生产总值均居全国前列，经济结构战略性调整取得明显成效，经济增长质量和效益显著提高，为到2010年人均国内生产总值比2000年翻一番奠定坚实基础；国有企业建立和完善现代企业制度，非国有经济发展更具活力，社会保障制度比较健全。社会主义市场经济体制初步完善；在更大范围内和更深程度上参与国际国内经济合作与竞争，与台港澳侨合作和交流更加密切，开放型经济发展迈上新的台阶；就业渠道拓宽，城乡居民收入不断增加，小康生活逐步宽裕，生态建设和环境保护得到加强；科技教育加快发展，文化事业更加繁荣，国民素质不断提高，精神文明建设和民主法制建设成效明显。到2005年，海峡西岸繁荣带建设取得重大进展，厦门经济特区和有条件的地方率先基本实现现代化。**

在这里需要指出的是，省委《建议》还不是“十五”计划《纲要》。省委《建议》是对“十五”期间国民经济和社会发展提出的指导方针、重要任务和总体部署，着重研究和解决重大的战略性、宏观性和政策性问题，不像计划纲要那样具体。《建议》经全会批准以后，省政府要据以编制“十五”计划纲要，经省人大九届四次会议审议通过后颁布实施。编制《纲要》要有必要的指标和项目，但不能像过去的计划列得那么多。随着我们对社会主义市场经济认识不断深化和把握能力的不断提高，对《纲要》的编制工作也要有所创新。要根据社会主义市场经济的要求，突出战略性、宏观性和政策性，突出计划指标的预测性和指导性，在提出的具体政策和措施方面，注意以经济手段引导经济活动，而不是采取行政指令干预企业经营。按照社会主义市场经济的要求进一步转变编制计划的指导思想和方法，是省委这次《建议》的又一个鲜明特点。

三、关于产业结构优化升级

产业结构优化升级是经济结构战略性调整的关键环节，对于提高我省经济整体素质，增强综合竞争力至关重要。针对目前我省产业发展存在着支柱产业作用不明显、产业内部结构不够合理和优化等一些突出问题，要通过一方面大力发展高科技产业，一方面运用高新技术对传统产业进行改造，加快我省产业结构优化升级。为此《建议》提出“十五”期间我省产业结构调整要突出以下几个重点。

*加强农业在国民经济中的基础地位。*农业是国民经济的基础，调整产业结构必须有利于加强农业的基础地位，有利于解决好农业、农村和农民问题。要正确理解和实施农业结构调整，调整是调高、调优，包括了农村一、二、三产业的调整，不是简单地归结为调整粮食种植面积，更不能因为结构调整影响粮食安全。我省是缺粮省，任何时候都不能放松粮食生产。要继续重视粮食工作，深化粮食流通体制改革，千方百计保护农民的种粮积极性，保护和提高粮食生产能力，保障粮食安全。农民收入是当前令人关注的一个大问题。近年来，我省农民收入虽逐年有所增加，但增幅减缓，这个问题不解决，不仅会影响农业和农村的稳定，而且会影响国民经济全局，必须引起高度重视。要采取综合性措施，通过推进农业产业化经营、发展特色农业、大力发展乡镇企业、深化农村改革、加强扶贫开发、减轻农民负担等途径，确保农民收入持续增长。

*加速工业化进程。*我省仍处于工业化加速发展阶段，继续推进工业化是实现我省现代化的一项战略任务。当前，我省工业增加值占 GDP 比重偏低，产业集中度不高，要求我们要着眼于比较优势和发展潜力，以市场为导向，以技术进步为支撑，加快工业结构调整。要按照“调高、调大、调外、调新、调优、调活、调快”的要求，加快发展电子信息、机械、石油化工三大发展趋势好、后劲足、带动面大的产业；改造提高纺织服装、食品、建材、电力等占 GDP 比重较大，但技术水平不够高的产业；培育扶持新材料、生物工程技术、环保新技术、海洋技术等现在比较弱小，但代表着经济未来发展方向的高新技术产业，力争到“十五”末期，第二产业增加值占 GDP 的比重有明显提高。

*加快发展服务业。*服务业是衡量一个地区经济发展水平和现代化程度的重要标志。目前我省服务业的发展虽然很快，但总体水平仍然偏低，传统服务业比重大，新兴服务业规模小。“十五”期间，要把加快发展服务业作为我省产业结构调整的一项重要内容，并作为新世纪发展的一个主要增长点加以培育。要适应人民生活水平不断提高的要求，改造提高商贸流通等传统服务业，大力拓展娱乐、社区服务、卫生保健等新的消费领域，加快发展信息咨询、金融、保险等新兴服务业，特别是要注意发展与市场开拓密切相关的各类服务业，不断提高为市场建设、开拓、发展服务的质量和水平。要放宽市场准入，引入竞争机制，加快推进服务业的市场化、社会化。

*大力发展国民经济和社会信息化。*信息化是当今国内外经济和社会发展的新趋势，也是我省产业优化升级和实现工业化、现代化的关键。大力发展国民经济和社会信息化能够使我们将工业化与信息化结合起来，以信息化带动工业化，发挥后发优势，实现生产力跨越式发展。我们要抓住这一重大的历史性机遇，在新世纪中努力追赶发达国家和经济发达省市。改革开放以来，我省综合经济实力得到了显著提高，发展信息化有一定的经济和人才基础，我们要充分利用已有的有利条件，把加快信息化作为覆盖现代化建设全局的战略举措，大力建设以实现国民经济和社会信息化为目标，以开发利用全省信息技术和资源、实现网络化智能化信息共享为内容的“数字福建”。

继续加强基础设施建设。“九五”以来，福建的基础设施建设虽然取得了长足进展，但由于基础薄弱，欠账较多，目前仍存在许多薄弱环节。同时，基础设施建设应有所适度超前，以便为经济的快速发展留下足够的发展空间。因此，“十五”期间要加快经济和社会发展，促进产业结构优化升级，还必须继续下大力气加强基础设施建设。《建议》提出我省“十五”期间的重点是加快水利、交通运输、能源、防灾减灾及城市公共设施体系的建设，为经济社会发展提供有力支撑，并强调加强基础设施建设的关键是优化结构，合理布局，提高工程质量，拓宽投资渠道，提高投资效益。

四、关于山海经济协调发展和城镇化

对山海区域和城乡经济结构进行合理调整，是“十五”时期经济发展的重要任务，是建设海峡西岸繁荣带的迫切要求。《建议》强调，“十五”期间我省要在加快闽东南发展的同时，推进山区开放开发，加快山区发展步伐，大力加强山海协作，促进区域经济协调发展。加快山区发展要着眼于增强自我发展能力，加快基础设施建设，加强资源开发与保护，积极推进产业结构调整和所有制结构调整，大力发展科技教育，努力改善投资环境，增强自我发展能力，不断增大经济总量。沿海地区要在体制和科技创新中继续走在前列，加快产业优化升级，发展高科技产业，进一步发展外向型经济，着力提高国际竞争力，加快现代化城市建设，充分发挥在全省经济社会发展中的示范、带动和辐射作用。

加强山海协作是促进区域经济协调发展的重要途径。经过多年的努力，我省山海协作正逐步向纵深推进，现在全面推进山海协作条件已经具备，时机也已成熟。要进一步加大工作力度，完善对口帮扶制度，充分发挥市场机制的导向作用，从整体上考虑山海之间的产业协作和资源配置，拓展协作领域，提高协作效益，促进跨地区的新经济增长点的形成，使我省山区加快发展，沿海发展水平进一步提高，实现山海共同发展。

21 世纪是海洋的世纪，沿海地区未来的发展潜力是海洋。我省是海洋大省，海岸线长 3324 公里，居全国第二位；岛屿 1546 个，占全国 1/6；海洋生物、水产、矿产、能源、旅游等资源丰富，发展海洋经济有得天独厚的条件，大有文章可做。为此《建议》提出，要充分发挥我省海洋资源丰富、海洋开发潜力巨大的优势，加快发展海洋经济，建设海洋经济强省。

提高城镇化水平，转移农村人口，可以为经济发展提供广阔的市场和持久的动力，是优化城乡经济结构，促进经济良性循环和社会协调发展的重大措施。目前我省的城镇化水平只达33.8%，略低于同口径的全国平均水平，在华东6省市居第四位，大大低于我省43%的工业化水平和51.5%的人口非农化水平，加快城镇化进程已成为我省经济和社会发展新阶段的客观要求。针对这一现状，《建议》明确提出了“十五”时期我省城镇化的总体目标和发展思路，总的是要加快发展中心城市，重点发展县城，积极稳妥地发展小城镇。要根据我省实际，科学规划，分类指导，合理布局，在沿海地区加快形成以若干个大城市为核心，大中小城市协调发展、设施配套、功能互补、联系密切的城市群；在山区要抓好区域中心城市的规划建设，增强集聚效应和辐射功能，县级中小城市和建制镇要加快发展步伐，增强对广大农村发展的带动作用。通过“十五”的努力，在全省形成以大城市为中心，中等城市为依托，小城市和小城镇为基础，具有较强集聚和辐射能力的城镇体系。

五、关于发展科技教育和人才培养

当今世界，以信息技术和生命科学为核心的科技进步日新月异，在生产力发展中的地位和作用越来越重要。我省在高科技发展方面还较为薄弱，整体科技水平与先进省市相比还有较大差距。我们要增强综合竞争力就必须抢占科技制高点，在科技创新方面有所作为。《建议》对此作了全面部署。在高科技研究方面，要坚持有所为、有所不为，发挥自身优势，集中力量，重点抓好电子信息、生物工程、海洋开发、环保和新材料的研究，力争在若干重要领域有所突破；在科技体制创新方面，要加快建立适应市场经济要求和科技自身发展规律的新型科技体制和运行机制，真正从体制上解决科技与经济相脱节的问题，加速科技成果的转化；在政策导向方面，要加快建立风险投资机制，推进高新技术产业的发展。

人才是最宝贵的资源。科技和经济的竞争，归根结底是人才的竞争，而教育是培育人才的基础。“十五”期间，我省要坚持“三个面向”，培育学生创新精神和实践能力，全面推进素质教育，促进教育事业有个大发展。进一步巩固提高全省“两基”教育成果，着力解决高中阶段教育和高等教育规模这两个薄弱环节，优化配置教育资源，扩大教育规模。积极发展现代远程教育、网上教育、职业技术培训教育以及其他继续教育，构建大众化、社会化、开放式的终身教育体系。积极鼓励社会力量办学，形成公办学校和民办学校共同发展的格局。充分发挥我省的人文、地缘优势，大力引进海外高层次人才和智力。加大实施“541人才工程”和“百千万人才工程”的力度，重点培养一批急需的信息、金融、财会、外贸、法律和现代管理等高层次人才。积极引进国外、省外人才，加快建立有利于各类优秀人才脱颖而出、人尽其才的机制，努力营造吸引、发挥人才作用的良好环境，形成尊重知识、尊重人才、鼓励创业的社会氛围。

六、关于深化改革

发展的根本出路在于改革，率先进行改革是我省经济能够持续、快速、全面发展的一个很重要的原因，调整优化经济结构归根到底也要靠改革。《建议》提出，“十五”时期，我省要进一步发挥综合改革试验区的优势，不断完善社会主义市场经济体制，增创体制新优势。

国有企业改革要在如期实现国有大中型企业三年改革与脱困目标的基础上继续深化，重点是建立和完善现代企业制度，实行股份制，建立权责明确、运转协调的国有资产管理监督营运体系；深化企业内部改革，加强管理，建立行之有效的激励机制和约束机制；进一步放开搞活中小国有企业。

继续调整完善所有制结构。按照“有所为、有所不为”的方针，推进国有经济布局的战略调整，从整体上搞活国有经济。大力发展非公有制经济，使之成为“十五”期间经济发展的重要增长点，在全省经济社会发展中发挥更大作用。对非公有制经济发展要实行分类指导，山区要继续放手发展，在数量上有个大的扩张；沿海要坚持发展与提高并举，在质的方面跃上新层次。要切实解决非公有制经济市场准入和投融资的障碍，建立扶持中小企业发展的保障服务体系，为各类所有制经济创造平等竞争的环境。

进一步完善市场体系、健全市场机制。市场体系和市场机制的健全和完善，直接影响着市场的开拓。在拉动经济增长的三大需求中，出口需求包括了外贸出口和省际出口。“九五”期间，我省外贸净出口拉动经济年均递增1.65个百分点，但是出口需求在总体上对经济增长的拉动仅为0.3个百分点，说明外贸净出口对经济增长的拉动力很大程度上被省际净出口的负拉动(－1.35个百分点)抵消了。闽货的国内市场占有率不高，虽然有产品质量和品牌效应等方面的原因，但市场体系不完善、机制不健全，没有将省内外两个市场有机联为一体，也是重要原因之一。在“十五”期间，要把完善市场体系、健全市场机制作为改革的一项重要任务来抓，努力将国内外、省内外市场有机联成一体，并要在继续发展和完善商品市场的同时，积极培育和发展资本、劳动力、信息、技术等要素市场，充分发挥市场在资源配置和结构调整中的基础性作用，促进国民经济持续、快速发展。

深化行政管理体制改革是“十五”期间体制改革的又一紧迫任务。重点是进一步转变政府职能，减少行政性审批，减少直接干预经济活动；按照政企分开的原则，进一步深化管理体制改革和机构改革，建立廉洁高效、运转协调、行为规范的行政管理体系。

七、关于扩大开放

扩大开放是福建现代化建设的必由之路，也是我省的一大优势。去年我省出口超过103亿美元，相当于全省GDP的24.2%，实际利用外资40亿美元，相当于全省固定资产投资总量的30%，这表明我省经济已步入外向带动的轨道。在开放中促进发展，在发展中扩大开放，是我们多年来的实践经验，是必须长期坚持的方针。随着加入世界贸易组织，我国对外开放将进入新的阶段，我们要以更加积极的姿态参与国际竞争，抓住机遇，迎接挑战，趋利避害，加快我省经济与国际经济的接轨，充分利用国内外两种资源、两个市场，提高我省对外开放水平。

要继续按照“巩固东南亚、加强港澳台、扩展欧美日、开拓新市场”的要求，实施全方位对外开放战略。要进一步优化外贸结构，继续推行市场多元化战略，深化外贸体制改革，重视科技兴贸，提高出口产品质量和档次。大力完善投资环境，加强对外商投资的引导，积极合理有效地利用外资。进一步办好开发区，完善开发区的功能，把开发区建成引进外资和发展高新技术产业的重要基地。在搞好“引进来”的同时，认真实施“走出去”战略。鼓励有优势的行业和有竞争力的企业特别是民营企业到有市场潜力的国家和地区开展加工贸易或开发资源，扩大经济技术合作。

福建既是改革开放的前沿，又是统一祖国的重要基地，在对台工作中地位特殊，作用突出，优势明显，责任重大。要认真贯彻中央对台工作方针部署，本着“优势互补、互惠互利、共同繁荣”的原则，不断拓展闽台经贸合作领域和方式，为早日实现祖国统一大业作出更大贡献。加强闽台电子、汽车、石化等方面的合作，逐步实现闽台产业对接。注重引进台资大项目，鼓励台商投向农业、基础设施和服务业。继续办好台商投资区、海峡两岸农业合作示范区。继续加强两岸科技、教育、文化合作和交流，积极为两岸直接“三通”创造条件。

闽港、闽澳合作源远流长，港、澳相继回归祖国，为拓展闽港澳合作与交流带来了新的契机。省委、省政府对这方面工作十分重视，成立了闽港、闽澳合作促进委员会，分别召开了高层研讨会，探讨两地合作的新领域、新途径。我们要充分发挥闽籍乡亲和社团的作用，进一步拓展闽港、闽澳合作的领域和形式，把闽港、闽澳经贸合作推向新层次。同时要继续做好“侨”的文章，充分调动华侨华人的积极性，努力做好引资和引智工作。

积极参与西部大开发是我省服务全国大局的重要体现，

也将为我省自身的进一步发展开辟新的空间。要进一步加强与西部对口支援地区的帮扶与合作，鼓励我省企业参与西部基础设施建设和资源开发，拓展中西部市场。同时要加强内联，积极吸引国内企业到我省投资设厂，开展经济技术合作。

八、关于提高人民生活水平和完善社会保障制度

不断满足人民群众日益增长的物质文化生活需求是我们一切工作的出发点，也是扩大内需、保证经济持续增长的客观要求。改革开放以来，特别是经过“九五”的努力，全省人民的生活水平有了很大提高，生活环境和质量发生了根本性变化。但与“三个代表”的要求，与先进省市相比，我们还有很大的差距。为此，《建议》指出，“十五”期间，我省人民的生活要在全面达到小康水平的基础上继续改善，向更加宽裕的小康生活迈进。

改善人民生活的首要环节是扩大就业、增加收入。“十五”期间，我省劳动力供大于求的矛盾仍将十分突出，必须多渠道开辟新的就业门路，千方百计扩大就业。要加快培育劳动力市场，完善就业服务体系，加强职业培训，形成市场导向的就业机制。扩大就业的根本出路在于保持经济较快发展，特别要进一步发展有市场、效益好的劳动密集型产业，积极发展非公有制经济，以提供更多的就业机会。同时要引导职工转变就业观念，实行鼓励下岗职工自谋职业的优惠政策，促进多种形式再就业。促进城乡劳动力有序流动，引导山区富余劳动力向沿海发达地区的有序转移。

健全社会保障体系是关系改革、发展、稳定全局的大事，必须高度重视并切实抓好。要依法扩大社会保障覆盖面，加快形成独立于企业、事业单位之外、资金来源多元化、保障水平规范化、管理服务社会化的社会保障体系。进一步完善养老保险制度。健全完善医疗保险和失业保险制度。加快医药卫生体制改革。建立健全工伤保险和生育保险制度。关心城镇低收入者的生活，加强和完善城市居民最低生活保障制度。积极发展社会福利、社会救济、优抚安置和社会互助等社会保障事业。切实保障妇女、未成年人、老年人、残疾人的合法权益。发挥基层组织、社区组织在社会保障对象管理和服务方面的作用。建立可靠、稳定的社会保障基金筹措机制和管理机制。

收入分配问题是新形势下需要着力解决好的重大课题。《建议》指出，在新的历史条件下，要深化对劳动和劳动价值理论的认识，坚持按劳分配为主体、多种分配方式并存，实行效率优先、兼顾公平以及各种生产要素参与收益分配等重要的原则，鼓励资本、技术和经营管理等生产要素参与收益分配。建立健全收入分配的激励机制和约束机制。规范社会分配秩序，保护合法收入，整顿不合理收入，调节过高收入，取缔非法收入，防止收入分配差距过分扩大。扩大消费是推动经济发展，提高人民生活质量的重要举措，要实施积极的促进消费政策，发展消费信贷，积极培育住房、汽车、电信、旅游和教育等领域的消费热点。

在发展经济的同时，要实实在在地为人民群众办实事、谋利益、求实惠。要千方百计增加农民收入，提高农民生活水平。要关心老少边岛贫困地区群众、城市下岗职工、残疾人等困难阶层，积极为他们送温暖、解忧难。

九、关于精神文明建设与民主法制建设

加强社会主义精神文明建设和民主法制建设是社会主义现代化建设的重要内容和保证。我们要建设的海峡西岸繁荣带，不但有高度的物质文明，还要有高度的精神文明。在新世纪的发展中，我们要始终坚持“两手抓、两手都要硬”的方针，把精神文明建设摆到更加突出位置，高度重视民主法制建设，充分发扬社会主义民主，为改革开放和现代化建设提供强大的精神动力和法律保障。

《建议》对社会主义精神文明建设提出了要求。重点把握三个方面：一是切实加强思想道德建设。不断创新和改进思想政治工作，增强思想政治工作的针对性和有效性。弘扬爱国主义、集体主义和社会主义精神，提倡自力更生、艰苦奋斗的创业精神，切实加强社会公德、职业道德和家庭美德教育，努力在全社会形成共同理想和精神支柱。深入开展国防教育，提高全民国防意识，搞好“双拥”工作，积极推进国防建设。二是加快发展文化事业。要大力弘扬民族优秀文化，借鉴吸收全人类优秀文明成果。深化文化体制改革，发展文化产业和文化设施。加强文化市场管理，促进文化市场健康发展。三是深化精神文明创建活动。健全各类文明规范，倡导健康文明的生活方式。加强科普宣传，反对封建迷信，实现公民素质、文化生活水平及城乡文明程度的显著提高。

《建议》强调要加强社会主义民主法制建设。进一步完善民主决策机制，逐步形成深入了解民情、充分反映民意、广泛集中民智的决策机制，提高决策的科学化、民主化。要加快依法治省进程，大力加强立法、执法、普法及法律监督工作。要加快地方立法步伐，重点是建立和完善适应社会主义市场经济体制的地方性法规体系，规范市场经济条件下的财产关系、信用关系和契约关系，维护市场秩序，保护公平竞争。推进政府工作法制化，加强对行使权力的法律监督和民主监督。依法行政，从严治政。推进司法改革，确保公正执法。加强社会治安综合治理，依法严厉惩处刑事犯罪和经济犯罪，坚决扫除“黄、赌、毒”等社会丑恶现象。严厉打击走私和偷私渡活动，取缔查禁邪教，维护社会稳定。

开展机关效能建设是我省贯彻落实党中央、国务院从严治党、从严治政方针所采取的一项重大举措，是依法治省的内在要求。“十五”期间，我们要在认真总结今年以来开展机关效能建设经验的基础上，不断拓展新领域，创造新经验，取得新成效。

十、关于加强和改进党的领导

实现我省“十五”国民经济和社会发展的各项目标和任务，关键在党。只有切实加强和改进党的领导，才能确保“十五”计划任务的圆满完成，确保我省改革开放和现代化建设的顺利进行。这次省委全会将就从严治党问题作出决定，对加强党的建设作出全面部署。我们要坚持党要管党、从严治党的方针，全面加强党的思想、组织和作风建设，不断提高领导水平，增强拒腐防变的能力，充分发挥党的领导核心作用。

江泽民同志“三个代表”的重要思想，是我们党的立党之本、执政之基、力量之源。《建议》提出，我们要按照“三个代表”的重要思想，讲学习、讲政治、讲正气，从严治党，全面加强党的建设。各级党组织和领导干部要坚持以“三个代表”的重要思想指导“十五”计划的制定和实施，善于运用“三个代表”的重要思想分析、研究和解决现代化建设中的深层次问题，不断提高在市场经济条件下驾驭经济发展的领导能力，不断提高在复杂形势下正确处理改革、发展、稳定三者关系的工作水平。要着眼于改革、发展、稳定的大局，加强各级领导班子建设特别是年轻干部队伍建设，加强党的基层组织建设。要深入开展反腐败斗争。充分认识反腐倡廉是关系党的生死存亡和现代化建设事业兴衰成败的大事，根据社会主义市场经济条件下反腐败斗争的特点和规律，建立健全监督、管理和防范制度，从源头上遏制腐败现象的滋生蔓延。要努力改进思想作风、学风和工作作风。坚持解放思想、实事求是的思想路线，大胆探索、实践和创造，不断研究解决新问题，开创工作新局面。要弘扬理论联系实际的马克思主义学风，结合新的实践，学习、学习、再学习，落实、落实、再落实。反对和克服形式主义、官僚主义，大力发扬脚踏实地、埋头苦干的工作作风。

我省现代化建设正处在全面完成“九五”计划，即将实施第三步战略部署的新的起点上。制定好“十五”计划，关系到我省在新世纪之初现代化建设能否开好局、起好步，对全面推进我省新一轮创业至关重要。希望同志们集中精力，畅所欲言，献计献策，共同把《建议》修改好。让我们紧密团结在以江泽民同志为核心的党中央周围，高举邓小平理论伟大旗帜，在省委的领导下，解放思想，振奋精神，开拓创新，扎实工作，为实现《建议》确定的各项任务，加快建设海峡西岸繁荣带，率先基本实现现代化而努力奋斗！

深入学习贯彻党的十五届五中全会精神
从严治党 加快发展 再创振兴福建新业绩

2000年10月23日在省委六届十二次全体（扩大）会议上的讲话

陈 明 义

同志们：

这次全会的主要任务是：以邓小平理论、党的十五大精神和江泽民同志关于“三个代表”重要思想为指导，进一步学习贯彻党的十五届五中全会精神，研究部署我省加快发展、从严治党的重大举措，审议通过《中共福建省委关于制定国民经济和社会发展第十个五年计划的建议》和《中共福建省委关于从严治党若干问题的决定》，组织动员全省各级党组织、全体党员和广大干部群众，为实现新世纪初发展的宏伟目标而奋斗。

党的十五届五中全会，是我们党在世纪之交召开的一次承前启后、继往开来的重要会议。全会以邓小平理论为指导，贯彻党的十五大精神，全面分析了世纪之交我国面临的国际国内形势，审议并通过了《中共中央关于制定国民经济和社会发展第十个五年计划的建议》。江泽民同志在全会上发表了重要讲话，朱镕基同志就《建议》做了说明。全会通过的《建议》，站在历史的新高度，放眼世界，规划中国的发展，提出经济和社会发展目标、战略布局、重点任务，着重解决了重大的战略性、宏观性和政策性问题，反映了全党的意志和全国人民的心愿，是指导我们在新世纪伟大进军的行动纲领。五中全会的召开，充分体现了以江泽民同志为核心的党中央审时度势、科学决策的领导水平和驾驭全局、开辟未来的卓越能力，必将激励全党全国人民再接再厉，奋发进取，承继“九五”辉煌，开创“十五”伟业，全面实施现代化建设的第三步战略部署，实现民族振兴、国家富强、人民幸福。我们要认真学习、深刻领会、坚决贯彻五中全会精神，结合福建实际，全面落实中央提出的各项任务和要求。

按照会议安排，习近平同志将代表省委常委会就《中共福建省委关于制定国民经济和社会发展第十个五年计划的建议（草案）》做说明。下面，根据省委常委会研究的意见，我讲三个问题。

一、用宽广眼界观察形势，把握时代要求，切实增强加快发展、从严治党的紧迫感和责任感

21世纪即将到来，我们的改革开放和现代化建设正处在重大的历史关头。面向新世纪谋划宏图大业，必须对当今世界的大格局、大变化、大趋势有一个科学的判断，对全国和我省经济社会发展所处的阶段有一个准确的把握，对福建改革和建设事业取得的成绩和当前存在的突出问题有一个正确的估价。这是我们科学规划“十五”的基本立足点。

福建的发展离不开世界，离不开全国。当今世界，和平与发展仍然是时代的主题。世界形势正在发生深刻变化，最大的特点有两个：一个是世界走向多极化是必然趋势，但将会经历一个较长的过程；一个是经济全球化日益发展，各国各地区发展经济不可避免地要加入这个进程。我们正面对着世界经济和科技前所未有的大发展，也面对着前所未有的激烈的国际竞争。历史经验反复证明，顺应潮流，乘势而上，就能把握主动，赢得竞争，实现跨越式的发展。中华民族在历史上曾经创造过世界最先进的生产力和最辉煌的科技成就，并将这种领先地位一直保持到15世纪。直到17、18世纪，我国出现过“康乾盛世”，欧洲人对中国文明还是十分仰慕的。而在这个时候，西方国家生产力迅速发展，形成了在世界上的优势。但由于封建统治者不看世界的大变化，拒绝学习国外先进的科学技术。最后，在短短100多年的时间里，就大大落后于西方国家，直至在西方列强的坚船利炮面前屡屡失败。20世纪的100年，是中华民族奋起抗争，经过革命、建设和改革走向振兴的100年。以毛泽东同志为核心的党的第一代领导集体，带领全党、全国各族人民夺取了新民主主义革命的胜利，建立了社会主义新中国，从此开创了中国历史的新纪元。党的十一届三中全会以来，在十分复杂的国内外环境中，以邓小平、江泽民同志为核心的党的第二代、第三代领导集体，全面科学地总结了历史的经验教训，实行改革开放的新政策，成功地开辟了建设有中国特色社会主义的正确道路，胜利实现了现代化建设的第一步、第二步战略目标。福建的发展与国家的发展息息相关，国弱则闽弱，国兴则闽兴。从新世纪开始，我国将进入全面建设小康社会，加快社会主义现代化的新的发展阶段。这也是振兴福建的重要时期。能不能把握大局，紧扣时代脉搏，抓住有利时机，让福建发展得更快更好，是关系我们事业兴衰成败的大问题。我们一定要用历史的眼光和世界的眼光观察形势，深刻全面地认识当前的福建、当代的中国和当今的世界，更加科学地规划和实施发展蓝图，更加清醒和主动地掌握我们自己发展的命运。

新世纪的发展，必须立足新起点，认真落实中央关于东部地区努力率先基本实现现代化的要求。建国以来特别是改革开放20多年来，全省人民团结一致、奋发图强，取得了令人瞩目的成就。从“九五”开始，我省着力推进新一轮创业、建设海峡西岸繁荣带，各项事业又取得了新的成绩。全省提前实现了现代化建设的第二步战略目标，提前实现了小康的主要指标，整体生产力水平上了一个大台阶，综合省力显著增强，人民生活水平有很大提高，社会主义市场经济体制初步建立，市场供求关系、发展的体制环境、对外经济关系都发生了重大变化。“九五”的实践，积累了经验，奠定了基础，凝聚了人心，必将极大地鼓舞全省人民朝着新世纪宏伟的目标前进。站在新世纪的新起点上实施“十五”计划，加快推进现代化建设，我们不仅要看到已有的基础和有利的条件，也要看到存在的困难和矛盾。从全国发展格局看，我省经济总量在全国的位次虽不断前移，但尚未进入前10名，沿海和山区发展还不平衡；人均国内生产总值虽已进入前列，但基础还不稳固，城乡居民生活还不宽裕。目前全国从南到北，从沿海到内陆，呈现竞相加快发展的局面，小进难免落后，不进势必落伍。从我省自身

发展状况看，经济结构不合理，有效需求不足，科技创新能力不强，城镇化水平不高，山区经济发展的基础较薄弱，人口、资源和环境的压力较大，社会事业发展相对滞后。这些都制约着发展的后劲。从面临的机遇和挑战看，我国全面实施现代化建设的第三步战略，即将加入世界贸易组织，加快西部大开发，推进国民经济和社会信息化等，既给我们提供了难得的机遇，也对我们提出了新的更高的要求。党中央、国务院对我省的发展寄予厚望，全省人民对福建的振兴倍加关注。我们一定要紧紧扭住经济建设这个中心，实现经济社会协调发展，增强福建综合实力，更好地服务全国大局。

进入新世纪，服务祖国统一大业的问题更加突出地摆在我们面前。这里的关键是把自己的事情办好，集中精力把两个文明建设搞上去。加快福建发展，不仅是一个重大的经济问题，也是一项重大的政治任务。多年来，我省认真贯彻中央对台工作方针政策和决策部署，立足于壮大和发展自己，加快建设海峡西岸繁荣带，增进闽台各个领域的合作和交流，有效地增强了对台吸引力。当前，对台湾岛内局势出现的一些新变化，应当引起我们的关注。进入新世纪，福建在服务祖国统一大业中的地位更加重要，使命更加光荣。我们一定要从思想上深刻认识肩负的重大责任，加快两个文明建设，不断提高人民生活水平，树立改革开放的良好形象，大力促进闽台经济合作、人员往来和各项交流，努力推动海峡两岸关系朝着有利于祖国和平统一的方向发展，为早日解决台湾问题尽职尽责。

实现新世纪的新任务，必须坚持党要管党、从严治党，全面加强党的建设。中央提出，继续推进现代化建设、完成祖国统一、维护世界和平与促进共同发展，是我们进入新世纪必须抓好的三大任务。党的建设是实现这三大任务的根本保证。近一个时期以来，党中央对加强党的建设作出了许多重大部署，江泽民同志发表了一系列重要讲话。在中央纪委第四次全会上，江泽民同志强调“治国必先治党，治党务必从严。治党始终坚强有力，治国必会正确有效。”在广东考察工作时，江泽民同志提出“三个代表”的重要思想，从根本上进一步回答了在充满希望和挑战的21世纪，我们要建设一个什么样的党和怎样建设党的问题，这是我们党的立党之本、执政之基、力量之源。做到“三个代表”，就能使我们党在思想上政治上组织上进一步巩固起来，经受住任何风险的考验，走在时代的前列，走在领导中华民族伟大复兴事业的前列。我们必须按照“三个代表”的要求，把从严治党，全面加强党的建设，作为一项重大而紧迫的任务来抓。从总体上看，我省绝大多数党的组织是有战斗力的，绝大多数党员干部是好的。改革开放以来我省各项建设事业取得的成绩，同各级党组织充分发挥领导核心作用，同广大党员干部辛勤出色地工作是密不可分的。但是，我们也确实存在着党不管党、治党不严、纪律松弛、组织涣散、作风不正的问题，对党员干部特别是领导干部疏于教育、疏于管理、疏于监督。党员干部包括担任重要领导职务的干部违纪违法、腐化堕落案件仍时有发生。近几年发生的杨锦生故意伤害案、丁仰宁受贿卖官案、厦门远华集团特大走私案，严重损害了党和政府在人民群众中的形象，给我们事业发展带来极为不利的影响。从严治党，全面加强党的建设，是中央的要求，是发展的需要，是人民的期望，更是各级党组织的职责所在。我们要深刻认识实现新世纪三大任务的关键在党，自觉地把贯彻“三个代表”重要思想，同迎接新世纪的挑战，同推进党的建设新的伟大工程，同我省努力率先基本实现现代化紧密结合起来，着眼现实、解决问题，展望未来、增强信心，实现新的跨越。

总之，加快发展，全力推进改革开放和现代化建设，关系着我们的未来；从严治党，全面加强党的建设，决定着我们的前途。各级党组织和广大党员干部一定要有宽广眼界，善于观察世界大势，正确把握时代要求，抓住机遇而不丧失机遇，开拓进取而不因循守旧；一定要有战略思维，清醒地认识发展新阶段的特征和规律，着眼于新的实践和新的发展，善于在激烈的竞争中开辟新境界、增创新业绩；一定要有党的意识，时刻牢记作为一级党组织的职责，牢记党员先进性的要求，增强政治意识、大局意识、责任意识，百折不挠地贯彻执行党的路线方针政策，开创新世纪我省改革开放和现代化建设的新局面。

二、明确任务，勇于创新，全面实施现代化建设的第三步战略部署，加快建设海峡西岸繁荣带，为新世纪发展开好头、起好步

根据党的十五大和十五届五中全会精神，结合福建实际，我省“十五”期间经济和社会发展的主要目标是：国民经济总量和人均国内生产总值均居全国前列，经济结构战略性调整取得明显成效，经济增长质量和效益显著提高，为到2010年人均国内生产总值比2000年翻一番奠定坚实基础；国有企业建立和完善现代企业制度，非国有经济发展更具活力，社会保障制度比较健全，社会主义市场经济体制初步完善；在更大范围内和更深程度上参与国际国内经济合作与竞争，开放型经济发展迈上新台阶，与台港澳合作交流更加密切；就业渠道拓宽，城乡居民收入不断增加，小康生活逐步宽裕，生态建设和环境保护得到加强；科技教育加快发展，文化事业更加繁荣，国民素质不断提高，精神文明建设和民主法制建设成效明显。到2005年，海峡西岸繁荣带建设取得重大进展，厦门经济特区和少数有条件的地区率先基本实现现代化。到2010年，基本建成海峡西岸繁荣带，部分地区率先基本实现现代化，厦门经济特区实现更高水平发展，全省人均国内生产总值比2000年翻一番。

建设海峡西岸繁荣带，率先基本实现现代化，是我省新世纪初的根本任务。这个繁荣带，既有经济的繁荣又有文化的繁荣；既有良好的生态环境又有比较可靠的防灾减灾保障；既有沿海地区的率先发展又有内地山区的迅速崛起；既有综合改革试验区的生机和活力，又有可持续发展的潜力和后劲；既能充分发挥祖国统一大业重要基地的特殊作用，又能充分利用国际国内两种资源、两个市场，同珠江三角洲和长江三角洲紧密连接，成为东南沿海乃至太平洋西岸发展最具活力的地区之一。建设海峡西岸繁荣带，“九五”是起步，已奠定了良好基础；“十五”是攻坚，要有一个大发展；“十一五”是全面推进，必须基本建成。我们一定要继续以邓小平理论为指导，按照党的十五大总体战略部署；全面贯彻落实十五届五中全会精神和“三个代表”的重要思想；一定要坚持以发展为主题，以结构调整为主线，以改革开放和科技进步为动力，以提高人民生活水平为根本出发点，突出抓好山区与沿海的协调发展，全面推进经济发展和社会进步；一定要大力实施结构优化、科教兴省、可持续发展和外向带动四个战略；努力增创产业、体制、环境、开放、科技五大新优势，使福建的各项事业更上一层楼。省委希望，各级各部门在实际工作中要把握好以下几个问题：

*第一，坚持发展是硬道理的战略思想。*坚持发展，是现代化建设的一个长期指导思想，继续解决当前经济和社会生活中存在的矛盾和问题，关键是要发展；不断增强我省综合实力和竞争力，要立足于发展；提高人民群众生活水平和发挥社会主义制度优越性，根本途径在于发展。综合分析国际国内形势，我省既有新的发展机遇特别是信息化的机遇，又有改革开放20多年来在物质积累、市场潜力和体制环境等方面创造的良好基础，完全有条件保持一个较快的发展速度。一要讲质量讲效益的发展。坚持速度和效益、数量和质量、规模和结构的统一，努力实现增长方式的转变。二要全面协调的发展。坚持物质文明与精神文明，人口、资源、环境与经济，内地山区与沿海地区的协调发展，推动经济繁荣和社会进步。三要融入全球经济发展的大格局。创造良好环境，提高对外开放水平，积极参与国际分工，不断增强国际竞争能力。四要创造性地开展工作。把中央的精神与各地区、各部门的实际相结合、因地制宜、分类指导。沿海地区要善于把握先机，在“率先”发展上求突破，内地山区要善于扬长避短，在“加快”发展上求实效。

*第二，牢牢把握经济结构战略性调整的发展新思路。*实行

经济结构的战略性调整，推动两个根本性转变，保持国民经济持续快速健康发展，这是新世纪初经济发展的大思路。我省21世纪的经济结构调整，是包括产业结构、布局结构、所有制结构等方面的全面调整，是解决经济发展中突出矛盾，切实提高经济整体素质和竞争能力的深层次调整。必须坚持在发展中调整，在调整中加快发展。一要抓住机遇，以信息化带动工业化，发挥后发优势，实现跨越式发展。把国民经济和社会信息化放在发展的优先位置，重点建设“数字福建”工程，全面推进区域信息化、领域信息化、企业信息化、公共管理信息化和家庭信息化。发展以信息技术为代表的高新技术产业，运用高新技术改造传统产业，提高工业化水平。抓紧产品结构和企业结构调整，加快产业结构优化升级。对具备规模的电子信息、机械、石化三大产业，要在新的层次和水平上更快发展，进一步形成技术优势和市场优势。二要强化基础，巩固和提高经济结构调整的支撑力量。加快发展现代农业，全面推进宽裕型小康建设，最重要的是抓紧推进农业和农村经济结构的战略性调整。坚持面向市场，依靠科技，把农村产业调特、农产品品质调优、农业效益调高、乡镇企业调活。在调整中，要保护和提高粮食生产能力，确保粮食安全。要继续加强水利、交通、能源等基础设施建设，集中力量建设一批关系全局、带动结构优化和增强经济发展后劲的骨干工程，加快建立综合性的立体交通运输体系、稳定的能源保障体系、安全的防灾减灾体系和现化城市公共设施体系。三要立足省情，拓展经济结构调整更大的空间。充分利用丰富的山海资源，大力发展林产业和海洋经济，提高科技含量，增强开发能力，加快建设林业强省、海洋强省。抓住我省非公有制经济比较活跃的特点，继续调整和完善所有制结构。不断探索公有制的多种实现形式，支持、鼓励和引导个体、私营经济的健康发展，发挥各种所有制经济在产业结构调整中的优势互补作用。四要循序渐进，积极推动区域经济结构和城乡结构的调整，优化生产力布局。按照突出重点、发挥优势、分工合作、联动发展的原则，大力发展特色经济，引导形成跨地区的新的经济增长带和重点产业带，带动区域经济发展。积极稳妥发展小城镇，加快发展中小城市，完善中心城市功能，发挥大城市的辐射带动作用，逐步形成布局合理，具有较强集聚和辐射能力的城镇体系，促进城乡经济的良性互动与共同发展。

第三，始终把改革开放和科技进步作为发展的动力。改革的力度直接关系发展的速度。福建作为全国综合改革试验区，“十五”期间更要毫不动摇地坚持市场取向的改革，努力消除生产力发展的体制性障碍，不断完善社会主义市场经济体制。一要突出重点，继续抓好国有企业改革。在已经实现国有大中型企业三年改革与脱困目标的基础上，进一步加快建立现代企业制度，推进股份制改造，强化科学管理。努力在健全企业法人治理结构、深化企业内部改革、建立规范的国有资产管理监督体系、进一步放开搞活中小企业等方面取得重大进展，全面增强国有企业的整体素质和发展活力。二要加快进度，搞好综合配套改革。进一步建立和完善社会保障体系，健全医疗保险、失业保险和养老保险制度，抓好财税体制改革、投融资体制改革、科技和教育体制改革、行政管理体制改革、干部人事制度改革等，为经济的发展提供有利的体制环境。三要抓住关键，加强和改善对经济发展的宏观调控。转变政府职能，。建立符合市场经济要求的管理体制和运行机制，充分发挥市场在资源配置中的基础性作用。实现政企分开，减少行政性审批，政府不直接干预企业的经营性活动。强化执法和管理职能，提高政府的宏观调控能力，不断完善市场体系，创造良好的市场环境。

进一步扩大开放，是必须长期坚持的方针，也是加快发展，赶超发达地区的重要途径。按照“巩固东南亚，加强港澳台，扩展欧美日，开拓新市场”的要求，进一步提高对外开放水平。加入世界贸易组织标志着对外开放进入新的阶段，这对我们的经济体制、管理体制都将带来深刻的影响。要把应对加入世界贸易组织的工作摆在突出位置，切实抓紧抓好过渡期工作，把利用外资与对外投资、扩大出口与优化进口结合起来，建立健全支持服务体系，促进开放型经济更快更好地发展。把“走出去”作为一项大战略，鼓励和推动有条件的企业到海外去开展加工贸易，开发资源，承包工程和劳务合作，拓展我省发展空间。利用外资，要把握国际资本新动向，突出抓好跨国公司和大企业的引进工作，推动大中型企业与跨国公司特别是高新技术企业的联合，同时积极吸引中小企业来闽投资。外贸出口，要坚持科技兴贸，优化出口商品结构，加快外贸体制改革，增强出口能力。继续发挥海外华侨华人在我省对外开放中的积极作用，在更高层次、更宽领域扩大闽台、闽港、闽澳经济合作，尤其要重视做好新形势下的对台工作，进一步拓展双向交流的广度和深度。加快对内开放的步伐，积极参与西部大开发，大力发展区域经济协作，进一步做好对口支援工作，延伸我省经济发展腹地。

当今世界，科技已成为经济增长的决定性因素，加快自身发展，提高参与国际竞争的能力，必须依靠科技进步和创新。要继续实施科教兴省战略，根据经济社会的发展需要，立足于我省的优势和条件，明确科技发展的主攻方向，总体跟进，重点突破。突出抓好电子信息、生物工程、海洋开发、环保和新材料等应用技术研究与开发，不失时机地选择一批有市场需求和广阔前景的高新技术，实施重大高新技术工程项目，促进高新技术成果转化，带动新兴产业的成长。进一步加快高新技术产业开发区、软件园、生物技术园、留学人员创业园建设，增强孵化和辐射带动作用，形成具有特色的高新技术产业链。支持民营科技型企业特别是高新技术中小企业的发展。重视和加强人才培养，不仅要造就一大批急需的科技和现代管理专业人才，而且还要建设一支高素质的领导人才队伍，特别是优秀年轻干部队伍。同时，要创新人才机制，以环境吸引人，以政策激励人，以事业留住人，营造一个争创新业的氛围，充分发挥各类人才的积极性和创造性。培养人才，教育是基础。要全面推进素质教育，着力培养学生创新精神和实践能力。继续搞好义务教育和普及高中教育，扩大高等教育规模，大力发展远程教育、网上教育和职业技术培训教育，构建各种人才成长的“立交桥”。要加快“大学城”建设。高等院校要加快改革与发展步伐，成为创新人才的培养基地，知识创新的研究基地，关键技术的攻坚基地，高新技术产业的孵化基地。进一步发挥各级党校教育的作用。大力支持社会办学，推动我省高校与国际、国内知名大学建立协作关系，提高合作办学层次。

第四，切实把提高人民生活水平作为全部工作的根本出发点。在发展经济的同时，不断使人民群众得到并日益增加看得见的利益，是我们各级党委和政府神圣的职责。我们要把人民群众的切身利益时刻装在心中，千方百计为他们谋利益，既要让他们共享改革开放和经济发展的成果，又要带领他们艰苦奋斗，创造更加美好的生活。“十五”期间，我省要在全面实现小康的基础上，继续向更加宽裕的小康生活迈进。

全面建设宽裕型小康，增加收入是基础。必须坚持党在农村的基本政策，采取有力措施，多渠道开辟农民增收的新途径和新领域。加快农村税费改革，下决心精减乡镇机构和人员，切实减轻农民负担。继续做好扶贫工作，进一步提高老、少、边、岛地区尤其是贫困地区群众生活水平。要切实关心城镇低收入者的生活，进一步完善最低生活保障制度，发展社会福利事业。通过发展经济，尤其是发展第三产业和劳动密集型产业，努力提供更多的就业岗位。同时要引导人们转变就业观念，发展多种就业方式，想方设法扩大就业。

全面建设宽裕型小康，提高人民生活水平，进一步完善分配制度是重要手段。我们既要鼓励一部分人通过诚实劳动先富起来，促进生产力的发展，又要调整收入分配政策，提高低收入群体的生活水平，使人民群众走上共同富裕的道路。在新的历史条件下，要深化对劳动和劳动价值理论的认识。随着生产力发展，科学技术工作和经营管理作为劳动的重要形式，在推动经济发展中起着越来越重要的作用，其创造的价值应得到社会的承认。坚持效率优先、兼顾公平的原则，实行按劳分配为主体、多种分配方式并存的制度，把按劳分配与按生产要素分配结合起来，鼓励资本、技术等生产要素参与收益分配。进一步建立健全收入分配的激励机制和约束机制，规范社会分配秩序，调节过高收入，整顿不合理收入，取缔非法收入，防止收入分配差距过分扩大。

*第五，坚持“两手抓，两手都要硬”的方针。*经济社会的协调发展，是社会主义发展的本质要求。要把物质文明建设和精神文明建设作为统一的奋斗目标，贯穿到各项工作中去。我们党要始终代表中国先进文化的前进方向，就是要建设有中国特色的社会主义文化，建设社会主义精神文明。这就要以马列主义、毛泽东思想和邓小平理论为指导，培养“有理想、有道德、有文化、有纪律”的公民。要着眼于引导人们树立共同的理想和正确的世界观、人生观、价值观，切实加强思想政治工作，坚持不懈地进行党的基本理论和基本路线教育，弘扬爱国主义、集体主义和社会主义精神，继续开展“致富思源，富而思进”的教育活动，充分调动人民群众积极性和创造性，增强凝聚力。要着力开展群众性精神文明创建活动，继续抓好文明城市、文明社区、文明村镇、文明行业、文明单位的创建工作，提倡科学、文明、健康的生活方式。要着重加快社会文化事业的发展，不断满足人民群众日益增长的精神文化生活需要。支持文化创新，增强文化产品的吸引力和竞争力，扩大舆论宣传的覆盖面。支持先进文化产业的发展，增加投入，加强设施建设，全面繁荣文化事业，推动文学艺术、新闻出版、广播影视、体育卫生等事业再上一个新台阶。加强对社会实践中重大课题的研究，促进哲学社会科学发展。继续严格控制人口增长，合理开发和保护资源，加强生态环境建设，促进可持续发展。

加强社会主义民主法制建设是加快经济和社会发展的重要保障。必须进一步落实依法治省的各项任务，为改革开放和现代化建设创造良好的民主法制环境。进一步发展社会主义民主，实行民主选举、民主决策、民主管理和民主监督，扩大农村基层民主，实行村民自治，继续完善以职工代表大会为基本形式的企业民主管理制度，保证人民群众依法享有广泛的权利和义务。支持人大依法履行职责，加强地方立法，强化执法监督。积极推进政府工作法制化，从严治政，依法行政。推进司法改革，完善司法保障，强化司法监督，确保公正司法。做好监督工作，把党内监督、法律监督、群众监督、政协和民主党派监督、舆论监督等结合起来，形成监督合力。进一步发挥共青团、工会、妇联等群团组织作为党联系人民群众的桥梁和纽带作用。要依法严厉打击各种刑事犯罪和经济犯罪活动，扫除败坏社会风气的丑恶现象。正确处理新时期人民内部矛盾，加强社会治安综合治理，努力维护社会的安定稳定。

要进一步加强国防动员和国防教育，增强全民的国防意识，做好拥军优属、拥政爱民工作，深入开展军民共建活动，加强军政、军民团结。

三、按照“三个代表”要求，从严治党，全面加强党的建设，把各级党组织建设得更加坚强有力

振兴福建，关键在党，取决于各级党组织的思想、作风、纪律、组织状况和战斗能力、领导水平。我们必须坚持以“三个代表”重要思想为指导，全面加强党的建设，不断提高领导水平和执政水平，不断增强拒腐防变能力，以新的面貌和更强大的战斗力，带领人民群众完成新的历史任务。

在去年“三讲”集中教育中，省委常委会查摆剖析了在党性党风方面存在的突出问题。今年2月中旬，省委常委会开展“三讲”集中教育“回头看”活动，结合这几年我省发生的杨锦生故意伤害案、丁仰宁卖官受贿案和厦门远华集团特大走私案，查找了在治党方面存在的问题，进行了初步反思。7月下旬，省委常委会深入开展“回头看”活动，认真学习江泽民同志关于加强党的建设的一系列重要论述特别是“三个代表”的重要思想，重温党员领导干部廉洁自律的有关文件，召开了民主生活会，结合这三起大要案进行深入反思，开展批评与自我批评。五中全会后，我们认真学习了江泽民同志在会上的重要讲话，进一步深化了认识。大家认为，对各种案件特别是远华集团特大走私案，不仅要坚决查清，严肃处理，还要吸取教训，变坏事为好事。在这个基础上，省委常委会讨论形成了《中共福建省委关于从严治党若干问题的决定（草案）》，提交这次全会审议。全省各级党组织不仅要以案为鉴，警醒起来，管好党员，管好队伍，还要认真研究和抓好在发展社会主义市场经济条件下加强党的建设的重大问题，更好地推进党的建设，把各级党组织建设得更加坚强团结，更加朝气蓬勃。

*第一，要切实增强党要管党、从严治党的意识。*党的性质、党在社会政治生活中所处的地位、党所肩负的历史使命，都要求我们做到党要管党、从严治党。面对新形势新任务，各级党组织要在现代化建设全过程中始终发挥领导核心作用，在深刻的历史性变革中始终坚持为人民服务，在激烈的竞争中始终掌握主动权，就必须切实增强党要管党和从严治党的紧迫感和自觉性。一要充分看到在复杂的国内外环境中我们面临的新考验。90年代以来，苏联共产党和一些执政几十年的政党先后下台，有的已经衰亡，其中根本原因是他们党的内部出了问题。我们要深入思考，以史为鉴，始终保持我们党作为工人阶级先锋队的性质，更好地代表最广大人民利益。二要清醒看到我们干部队伍正处在整体性的新老交替时期，必须不失时机地抓紧对年轻干部培养、锻炼。不仅选人要力求选得准，而且选上来后，还要做好培养、帮助和监督工作，这样才能保证有一大批德才兼备的领导干部带领群众推进宏伟事业。三要深刻认识执政和改革开放对党的建设提出的新要求。执政党的地位使我们获得了更好地为人民服务的条件，但同时也增加了干部以权谋私甚至腐化堕落的危险。在改革开放和市场经济条件下，在体制转轨过程中，由于制度和机制的不健全、不完善，我们有的干部，特别是掌管人、财、物的关键岗位上的干部，更容易成为犯罪分子的重点腐蚀对象。犯罪分子不择手段、花样翻新，有的直截了当向干部本人，有的通过干部家属、子女、身边工作人员，贿之以重金，或诱之以美色，把干部拉下水。这对我们的党员、干部保持共产党人和人民公仆的本色提出了严峻挑战，也使党的建设遇到了许多前所未有的新矛盾、新问题，党的建设任务更加艰巨。这些都要求党的各级组织一定要有党要管党、从严治党的意识，牢记执政党的历史责任，发挥领导核心作用；广大共产党员要有党的意识，牢记党员先进性的时代要求，发挥先锋模范作用。

党要管党、从严治党，是具体的、实在的。一要认真负责。党的建设是党委和书记的首要职责，党委要管党，书记要带头抓。党委和书记都要牢固树立“不抓党的建设是失职、抓不好党的建设是不称职”的意识，自觉地把党的建设作为义不容辞的重大政治责任。要建立和健全抓党的建设的责任制，一级管好一级，一级带动一级，一直抓到支部、抓到党员。工作务必扎实有效，有目标、有部署、有检查、有落实。二要全面推进。党的建设这个新的伟大工程，必须从思想、政治、作风、纪律和组织、制度上全面开展，提高党的凝聚力、战斗力和创造力。在具体工作中，既要抓机关党的建设，又要抓基层党组织建设；既要重点治理领导班子和领导干部，又要重视党员队伍的建设；既要着力提高党员干部的整体素质，又要切实加强党的后备力量的培养。三要严格要求。严字当头，把从严治党的方针全面贯穿于党的建设的各方面工作，切实体现到对各级党组织、广大共产党员和干部进行教育、管理、监督等各个环节中去。四要夯实基层。“基础不牢，地动山摇”。如果我们基层党组织在群众中不起战斗堡垒作用，不起政治核心作用，不仅难以带领群众前进，而且势必影响党在群众中的作用、声誉和形象。必须认真研究新形势下基层组织建设的新路子，建立健全保证基层党组织健康发展的制度和机制，加强和改进农村、社区、街道、企业、学校、科研院所和其他基层单位的党建工作，特别是非公有制经济组织中的党组织建设，扭转一些基层党组织的软弱涣散状态。要努力使党的基层组织不仅在改革、发展、稳定等工作中发挥积极作用，而且在遇到突发事件、面

临各种政治风浪时也能显示出强大的战斗力。

*第二，重点抓好领导班子和领导干部。*领导班子和领导干部既是决策者，又是执行者。好的领导班子和领导干部可以带出一个好的队伍，造福一方；自身不正的领导班子和领导干部，势必带坏周围一片，败坏一个地方风气。只有把从严治理好领导班子和领导干部这个重点抓住了、抓好了，对下级、对基层、对群众才有说服力、感召力、影响力。江泽民同志在中央纪委四次全会的讲话中指出，对领导干部一定要严格要求、严格教育，对领导干部的选拔任用一定要严格把关，对领导干部一定要严格监督，对领导干部中发生的违纪违法行为一定要严肃查处。这“五严”，是从严之策、治理之道。

严格要求、严格教育是治理好领导班子和领导干部的前提。严要求重教育，防患于未然，既是对党员干部的真正爱护，也是对党的事业的真正负责。各级党组织要严格要求和教育领导干部恪守党章党规党纪，决不能降低标准、放松要求。要使广大党员干部认清在什么情况下、什么问题上、哪些环节中容易犯错误、跌跟头，保持高度警惕。党员领导干部要“讲学习、讲政治、讲正气”，自重、自省、自警、自励，做到廉洁自律，勤政为民。不仅要管好自己，还要管好配偶、子女和身边工作人员，管好分管的下属部门与单位。从查处的腐败分子看，虽然案情各不相同，但从根本上说都是理想信念动摇，对党和社会主义前途命运产生怀疑，丧失信心，世界观、人生观出了问题。因此，每个党员干部在任何时候都要加强党性锻炼，始终不渝地改造主观世界，经得起金钱、权力、美色的考验，保持共产党人的革命气节。各级党的组织要深化反腐倡廉警示教育，以人为镜明得失，以案为镜知廉耻，警钟长鸣，催人警惕，起到前车之覆、后车之鉴的作用，使党员干部严于律己，增强拒腐防变能力。要扎实推进“三讲”教育经常化、制度化，继承和发扬党的优良传统，提高党员干部的思想政治素质。

严把干部选拔任用关，是从严治理领导班子和领导干部的重点，也是群众关注的焦点。选贤任能，事关重大。要坚决贯彻干部队伍“四化”方针和德才兼备原则，严格执行《党政领导干部选拔任用工作暂行条例》，坚决杜绝选人用人上的不正之风，决不能把坚持党的干部标准当口号，把集体讨论当陪衬，把履行《条例》规定当形式。严把选拔任用关，领导要负责，组织人事部门、纪检部门要负责；举荐的人要负责，考察的人也要负责。要深化干部人事制度改革，扩大干部人事工作中的民主，扩大群众的知情权、参与权、选择权和监督权。要努力创造一个公开、平等、竞争、择优的用人环境，加快优秀中青年干部的培养。对跑官要官、买官卖官，违反《条例》的行为，一旦发现，就要坚决果断地予以查处，绝不能姑息迁就。

严格监督、严肃查处，是治理好领导班子和领导干部的保证。我们党是一个有严密组织和严明纪律的党，必须强化对领导班子和领导干部的监督，严格执行党规党纪，做到领导干部的权力行使到哪里，延伸到哪里，党组织的监督就实行到哪里。对领导干部8小时工作之内要监督，对8小时工作之外也要监督。要以思想教育为基础，强化自我监督；以政治素质为根本，强化上级监督；以民主集中制为主要内容，强化班子内部监督；以拓宽渠道为途径，强化民主监督；以党纪国法为准绳，强化纪律和法制监督；以经济责任审计为手段，强化财经纪律监督；以事前防范为重点，强化组织和纪检部门的日常管理和监督。要加强对“一把手”的监督。在构筑思想道德防线的同时，要下大力气构筑党纪国法防线，坚持标本兼治，努力建立起一套行之有效的体制、机制和管理制度，未雨绸缪，严加防范。特别要从已发生的案件中总结教训，进一步研究犯罪分子用什么手段进攻我们的干部，我们的干部为什么会被拉下水，为什么我们有些地方和单位在腐败问题上大面积“塌方”，提出解决问题的办法和措施。对领导干部违纪违法行为的查处，要敢于碰硬，做到哪里有违纪违法问题，就查处到哪里；哪一级有问题，就查处到哪一级；哪一个人有问题，就查处到哪一个人。不管是谁，也不论担任什么职务，只要触犯党纪国法，该追究责任的坚决追究，该处理的坚决依纪处理，该制裁的坚决依法制裁。

*第三，进一步整顿好党的作风。*党的作风问题，是党的政治形象问题。必须不断地改进党的思想作风、学风和工作作风，当前特别要反对形式主义和官僚主义。要抓住解放思想、实事求是这个核心，改进思想作风。实践证明，每一次大的发展和新的跨越，都是以解放思想为先导的。福建有今天这样的良好局面，是坚持不断解放思想、实事求是的结果。在新的历史条件下，我们要适应时代要求，开创新的局面，必须进一步解放思想、实事求是。要坚持一切从实际出发，坚持实践是检验真理的唯一标准，坚持用“三个有利于”标准来判断各项工作，把大胆探索的勇气和科学求实的精神结合起来，创造性开展工作，使我们的事业适应时代潮流和形势要求向前发展。要通过解放思想、实事求是，敏锐地把握发展中的机遇，树立敢为天下先的观念，改革创新，奋勇争先；赶超一流；紧紧依靠群众，尊重群众的首创精神，把人民群众的积极性、创造性引导好、发挥好、保护好。形势好的时候，要看到存在的问题，及时求得解决，不盲目乐观；遇到困难和挫折的时候，要看到光明，坚定胜利的信心，知难而进，不悲观失望；面临挑战的时候，要冷静思考，沉着应对，妥善处理，化挑战为动力。

要把握理论联系实际这个关键，改进学风。中央反复强调，全党要加强学习，结合新的实践，学习、学习、再学习。党员干部必须以对党、对人民、对历史高度负责的精神来加强学习，坚持用马克思主义理论指导实践，用各种知识来丰富提高自己。首要的是学好马列主义、毛泽东思想、邓小平理论和江泽民同志的一系列论述，提高理论水平和政治素养，增强工作的原则性、系统性、预见性和创造性。同时，要努力学习人类社会创造的知识，注重学习反映当代世界政治、经济、文化、科技、法律的各种新知识，努力使自己的思想水平和知识水平适应时代发展的需要。学习的目的全在于运用。要理论联系实际，反对教条主义、本本主义，以改革开放和现代化建设的实际问题为中心，结合工作实际进行思考，开动脑筋，在实践中寻找加快发展的办法和措施。坚持在改造客观世界的同时，改造主观世界，陶冶情操，提高精神境界，保持坚韧不拔、奋发有为的精神状态。

要突出狠抓落实这个环节，改进工作作风。形式主义、官僚主义是领导工作中的两个突出问题。形式主义的要害是只图虚名，不务实效；官僚主义的要害是脱离群众，当官做老爷。对这两个问题，社会反映强烈，群众极为不满，必须切实加以防止和纠正。各级领导干部一定要牢记党的宗旨，破除官本位，增强责任心。要经常想一想，参加革命是为什么？现在当干部应该做什么？将来身后应该留点什么？做到入党的初衷不改。任何时候都要坚持群众观点，办事情、做决策都要充分考虑到群众的切身利益，振奋精神带头创业绩。要有爱民之心，富民之举，决不能对群众态度粗暴、作威作福，决不能搞劳民伤财、沽名钓誉的事情。要大力发扬艰苦奋斗、埋头苦干的精神，反对奢侈浪费，倡导清正廉洁、勤政为民。重实际、说实话、务实事、求实效，以实际行动和良好形象影响和带动群众。要严格要求自己，转变作风，深入群众，深入实际，解决问题。对自己负责的工作，决不能推诿扯皮，不能急功近利，不能虚报浮夸，不能做表面文章。对本地区、本部门发生的问题，决不能文过饰非，不能敷衍塞责，不能欺上瞒下。对那些工作不落实、不扎实，严重损害群众利益，影响改革、发展、稳定的人和事，要严肃认真查处，取信于民。

同志们，从现在起到2005年，是我们经受新的考验、夺取新的胜利的5年；是我们在党中央领导下，肩负起全省人民的重托，开创事业新局面的5年。各级党组织和广大共产党员务必围绕中心、服务大局，扭住经济建设中心不动摇，自觉在大局下行动，保证党和国家全局利益的实现，保证我省新世纪宏伟目标的实现，保证广大人民根本利益的实现。务必加强团结、统一步调，党委要总揽全局、协调各方，人大、政府、政协等要各司其职、各尽其责，围绕共同的目标和事业把全省人民力量凝聚起来，把一切有利因素充分调动起来，形成心齐气顺谋发展、万众一心干事业的良好局面。务必勇于创新、大胆探索，以前瞻的思考，战略的思维，改革的思路，研究新情况，解决新问题，总结带规律性的东西，不断地有所创造，有所作为。务必励精图治、艰苦奋斗，坚持以事业为重，吃苦在前，越是遇到困难，越要坚定信心、砥砺斗志，越是任务艰巨，越要勇挑重担、奋发进取。我们的目标是宏伟的，肩负的使命是崇高的，发展的前景是广阔的。省委坚信，在各级党组织的团结带领下，我省广大人民能够在本世纪创造辉煌的业绩，也一定能够在新的世纪完成新的历史任务，再树新的丰碑。让我们更加紧密地团结在以江泽民同志为核心的党中央周围，高举邓小平理论伟大旗帜，坚持党的基本路线和基本纲领，总结过去，规划未来，同心同德，增创佳绩，把福建改革开放和现代化建设推向前进。

全面贯彻党中央国务院经济工作部署
为实现跨世纪发展目标奠定良好基础

省委省政府提出做好当前经济工作的10条意见

省委、省政府深入学习贯彻党中央、国务院关于经济工作的部署，在全面分析我省今年来经济发展形势的基础上，提出了我省贯彻落实党中央、国务院部署，努力做好当前经济工作的意见。

省委、省政府认为，中央对当前经济形势的判断是完全正确的，作出的决策和部署是十分必要和及时的，也是符合我省实际的。今年以来，省委、省政府认真贯彻落实中央经济工作会议和全国“两会”精神，结合福建实际，有针对性地采取了一系列政策措施，积极推进各项改革，确保经济稳定增长。经过全省上下的共同努力，国民经济继续保持良好的发展势头，经济运行出现了一系列积极的变化。农业种植结构调整力度加大，工业经济效益水平显著提高，外贸出口出现良好增长势头，社会消费品零售总额快速增长，财政收入增长较快，金融运行稳中有进。但我省经济运行也还存在一些比较突出的问题，工业生产速度放慢，固定资产投资增速偏低，新批合同外资和实际到资出现下降，要实现今年“全省国内生产总值增长9%，力争更快更好些”的目标，还需作出巨大努力。

省委、省政府要求各地各部门必须坚定不移地贯彻落实中央关于当前经济工作的部署，结合我省工作重点，采取有效措施，狠抓工作落实，推动我省经济持续快速健康发展。

一要加大固定资产投资力度，促进投资增长尽快回升。重点抓好入闽通道、水利、城市环保、基础设施、粮食储备库、技术进步、高科技产业化等一批在建项目，争取国家新增国债资金投入，加快项目建设进度，确保如期建成投产。切实抓好省重点项目目标责任制的落实，着力解决重点项目建设中存在的各种影响工程进度的问题，确保当年投资计划的完成。加快年初确定的重点建设项目前期工作进度，争取新开工一批建设项目，扩大投资规模。

二是要继续推进农业和农村经济结构调整，努力提高农民收入。切实保护好耕地、抓好农业综合开发。稳定提高我省粮食的综合生产能力。进一步完善农业生产服务体系，加大农业种植结构调整力度，着力培植壮大林产、水产重点产业和一批主导产品，重点建设一批良种基地，提高良种覆盖率。扶持发展产业化种养基地，积极发展订单农业。集中力量加强我省十大防灾减灾体系建设，全面提高我省抗御自然灾害的能力。继续加强农村“五通”建设，改善农村生产和生活条件，多渠道增加农民收入，引导乡镇企业加快结构调整，认真落实增收减负的各项政策，搞好扶贫开发。

三是要进一步拓展消费领域，促进消费增长。规范市场秩序，加快清理和取消制约消费的各项政策规定，培育新的消费热点。增加电信消费品种，降低电信消费成本，提高电信服务质量，大力发展信息服务业。以十大旅游重点项目开发为龙头，着力抓好省级以上旅游景区的道路、景点和配套设施建设，搞好旅游产品开发。增加教育投入，鼓励社会力量办学，多形式、多渠道发展高中和高中以上阶段的教育，扩大教育消费容量。

四是要加快国有企业改革和产业结构调整步伐，确保三个“率先”任务的完成。加强国有企业“三改一加强”工作，改善国有企业经济效益。实现今年我省大多数国有大中型亏损企业摆脱困境、大多数国有大中型骨干企业建立现代企业制度的目标。要根据我省国有企业的行业分布状况，以支柱产业和骨干企业为主体，推动企业重组，有计划、有步骤地将国有资本相对聚集到关系国民经济命脉的重要行业和关键领域，建立健全国有资产营运管理体系。认真组织实施“双九一高”和重点新增长点项目，推进产业升级，着力培育壮大主导产业，改造提高传统产业，有选择地扶持发展新兴科技产业，形成支撑经济发展的产业动力群。着力抓好省调整优化经济结构重点企业、重点项目、重点高新技术产业化项目和重点名牌产品、重点新增长点项目，明确目标，落实责任，统筹协调，扎实推进。继续做好小水泥厂、小钢铁厂等“五小”企业的清理整顿工作。严格安全生产责任制，深入开展安全生产大检查，切实采取有效措施，强化完全管理。

五是要大力发展非国有经济，健全服务体系，提升整体质量。抓紧清理不利于创造公平竞争环境的法规、规章及政策，健全相关法律法规，保护非国有企业的合法权益。进一步简化中小企业投资项目审批手续，建立非国有经济发展的支持服务体系。依法加强对非国有企业在合法经营、照章纳税、安全生产、环境保护和维持职工正当权益方面的监督管理。

六是要加快建立健全社会保障体系。要把完善三条社会保障线，建立健全社会保障体系作为加快发展、保持社会稳定的一项根本性措施抓紧抓好。全面落实“两个确保”，即保证按时足额发放企业离退休人员基本养老金和国有企业下岗职工基本生活费。加大再就业培训和拓宽就业渠道工作力度，加快下岗职工退出再就业中心的进度。在各类企事业单位依法强制推行社会保障，提高社会保障费征缴率。改革推进养老金社会发放，社会化发放率年底达到100%。确保年底全面启动实施省级和地市的基本医疗保险制度改革，逐步扩大医疗保险覆盖面。拓宽社会保障资金渠道，逐步提高各级预算中社会保障支出比例。

七是要认真研究加入世贸组织的应对措施，推动对外经贸上新台阶。加快清理和修订现行涉外经济政策，研究利用世贸组织规则发展外向型经济。坚持实施出口市场多元化战略，积极拓展拉美、中东、非洲等新兴市场。增强外贸发展的抗风险能力。大力推进“科技兴贸”战略，进一步优化出口商品结构，提高产品附加值，增强出口商品的国际竞争力。抓好国家及省出台的一系列鼓励出口的政策的兑现落实。加大招商引资工作的力度，精选对外招商项目，进一步扩大吸引外商投资的领域。抓紧制定规划和配套措施，贯彻实施“走出去”战略。进一步优化外经贸环境，改善对外商投资企业的管理和服务。加强税外收费清理工作，深入开展打击走私、逃套汇和骗退税等各项违法犯罪活动。

八是要做好财政增收节支工作，加快推进金融体制改革。加强税收征管工作，加快支持经济发展的财政支出进度，严格控制行政管理费用的上升，全面推进预算编制改革，加大实施政府采购力度。灵活运用多种货币政策，支持地方经济发展。深化金融体制改革，防范金融风险。健全国有商业银行内部激励机制和约束机构，加强对经营管理的考核和审计，严格控制新增不良贷款，抓紧剥离不良资产和债转股工作。促进股份制商业银行健康发展。帮助农村信用社解决历史遗留问题，做好农村合作基金会的清理整顿工作，大力支持企业进入资本市场，加大直接融资力度。

九是要推动经济协作，促进经济发展。继续抓好中央赋予我省的对口支援宁夏、西藏林芝地区、三峡库区等地的工作，认真完成各项帮扶任务。调动各地区、企业的积极性，积极开拓西部地区的市场。进一步落实好省委加快山区发展的决定，做好山区发展总体规划的编制工作。进一步完善政策措施，实施对山区发展的更有力度和针对性的扶持。充分发挥市场和政府双重作用，加强山海协作，加大对山区财政转移支付力度，改善山区生产条件，提高产业发展水平。

十是要推进科技体制创新，加快科技创新步伐。各地各部门要认真贯彻落实省委、省政府《关于加快实施科技兴省战略的决定》，继续做好科技体制改革和科技创新的各项工作。加大财政支持力度，着手启动高新技术风险投资基金和科技型中小企业创新资金的建立以及企业技术中心建设。改革科技计划和项目管理工作，试行科研项目招投标方式，提高资金合作效益。加大教育改革力度，继续做好高等院校结构调整，大力发展远程教育。办好各级各类高新技术产业区、留学人员创业园。落实人才引进专项资金，加快人才引进步伐，建设人才高地。完善各类中介服务机构，加强产学研结构，加快科技产业化步伐。推动全民性信息化教育，加快国民经济信息化进程。

省委、省政府强调，当前我们面临着国际国内经济形势的一系列新的变化，经济发展的压力很大，经济发展的前景也很好。各地各部门一定要认真贯彻江总书记提出的“三个代表”和“致富思源，富而思进”的重要思想，充分发挥党的思想政治工作优势，保持高昂的精神状态，创造性地开展各项工作，深化改革，加快发展，努力保持国民经济良好发展势头，确保今年工作任务和“九五”计划各项目标的顺利完成，为率先基本实现现代化和加快建设海峡西岸繁荣带奠定良好的基础。

全省经济工作会议在福州举行

2001年我省经济工作的总体要求是：以邓小平理论为指导，按照“三个代表”的要求，贯彻落实党的十五大和十五届五中全会、中央经济工作会议和省委六届十二次全会精神，从福建实际出发，抓住机遇，加快发展。坚持扩大内需的方针，认真执行中央积极的财政政策和稳健的货币政策，巩固和发展经济增长的好形势。依靠体制创新和科技创新，以信息化带动工业化，大力推进经济结构的战略性调整。强化农业的基础地位，加大对农业的支持和保护力度，努力增加农民收入。加快转变企业经营机制，加强企业管理，巩固和扩大国有企业改革和脱困成果。做好加入世贸组织的各项准备工作，提高对外开放水平，加强闽台经贸合作。加强山海协作，加快山区开放开发，促进区域经济协调发展。多渠道扩大就业，加快建立和完善社会保障体系，进一步改善人民生活。正确处理改革发展稳定的关系，促进国民经济持续快速健康发展和社会全面进步，加快海峡西岸繁荣带建设，努力实现“十五”计划的良好开局。

12月24日上午，全省经济工作会议在福州福建会堂召开。省委书记宋德福在会上指出，我们一定要认清新形势，把握新时机，明确新要求，实现新发展，再接再厉，艰苦奋斗，开拓进取，为实现“十五”计划的良好开局而努力奋斗。

省委书记宋德福在会上结合传达学习中央经济工作会议精神，就如何贯彻作了工作报告，省长习近平总结2000年全省经济工作，并部署2001年全省经济工作，省委副书记何少川主持会议。省人大常委会主任袁启彤、省政协主席游德馨、省委副书记赵学敏、石兆彬，省委常委陈营官、黄松禄、梁绮萍、黄瑞霖、张家坤、洪永世，其他省级领导同志，驻闽部队负责同志，省法院、检察院领导，省委各部委办、省直各委办厅局总公司、各人民团体、各大学以及各民主党派、工商联的主要负责人，各市、县（区）委书记、市、县（区）长等参加了上午的大会。

宋德福在讲话中说，我们要认真分析我省经济运行态势，增强做好明年经济工作的紧迫感。今年我省经济运行态势总的是好的，国民经济发展出现了一些积极变化，但当前经济运行中还存在一些薄弱环节，特别是制约经济继续发展的一些潜在因素和深层次问题仍然有待解决。我们要进一步解放思想，开动脑筋，深入研究，完善管理，努力解决这些前进中的问题。他指出，我省明年经济工作的总体要求是：以邓小平理论为指导，按照“三个代表”的要求，贯彻落实党的十五大和十五届五中全会、中央经济工作会议和省委六届十二次全会精神，从福建实际出发，抓住机遇，加快发展。坚持扩大内需的方针，认真执行中央积极的财政政策和稳健的货币政策，巩固和发展经济增长的好形势。依靠体制创新和科技创新，以信息化带动工业化，大力推进经济结构的战略性调整。强化农业的基础地位，加大对农业的支持和保护力度，努力增加农民收入。加快转变企业经营机制，加强企业管理，巩固和扩大国有企业改革和脱困成果。做好加入世贸组织的各项准备工作，提高对外开放水平，加强闽台经贸合作。加强山海协作，加快山区开放开发，促进区域经济协调发展。多渠道扩大就业，加快建立和完善社会保障体系，进一步改善人民生活。正确处理改革发展稳定的关系，促进国民经济持续快速健康发展和社会全面进步，加快海峡西岸繁荣带建设，努力实现“十五”计划的良好开局。

在谈到如何做好明年的工作时，宋德福提出要把握经济工作的主要任务，突出重点抓好落实，特别要注意抓好以下几个方面：要进一步加强农业，千方百计增加农民收入，以农业和农村经济结构调整为主线，采取多种途径和方式，拓宽农民增收的领域和门路，增加非农收入。在调整时必须注意保护和提高粮食生产能力。在增加农民收入的同时，要继续减轻农民负担。要加快经济结构战略性调整，增强我省经济发展的综合竞争力。通过对我省产业结构、区域经济结构、城乡经济结构和所有制结构的调整，不断提高我省经济增长的质量和效益，增强发展后劲。要深化改革朝前走，为经济发展增添动力，着重突破影响生产力发展的体制性障碍。国有企业改革要巩固和扩大三年改革与脱困成果，大力推进国有经济布局战略性调整和国有企业战略性改组；积极稳妥地推进社会保障制度改革；进行市、县、乡党政机构改革。要适应加入世贸组织的新形势，进一步提高对外开放水平，从转换政府管理经济方式的准备、企业的应对准备、法律法规的准备、人才的准备等做好“入世”的应对工作；大力实施科技兴贸战略和市场多元化方针，增加服务贸易，努力扩大出口；在“加强港澳台，巩固东南亚”的同时，要大力“扩展欧美日、开拓新市场”。要加强科技教育和文化工作，抓紧培养引进各类人才。转变人才使用观念，不求所有，但求所用，用人才管理人才，不仅要有识才的慧眼、用才的气魄，而且要有爱才的感情、聚才的方法。要切实关心群众生活，一切从人民的利益出发，增加城乡居民收入，最主要是发展经济，创造就业机会；各级党委和政府要坚持“一要吃饭，二要建设”的原则，统筹安排财力，把人民生活放在优先位置；建设项目要充分考虑地方财力和群众的承受能力，不能为了追求“政绩”而搞所谓的“形象”工程。

在谈到切实加强和改进党对经济工作的领导，为经济发展提供有力保证时，宋德福说，中央提出的“认清形势、坚定信心，统揽全局、把握重点，狠抓落实、乘势前进”是做好明年经济工作的指导思想。我们要适应新形势，不断提高领导经济工作的能力。必须善于学习，使自己的思想水平和知识水平跟上时代变化；必须进一步解放思想，更新观念，正视困难，剖析矛盾，学会在两难中作出判断和抉择；必须始终处理好改革发展稳定的关系。凡是涉及群众切身利益的举措，包括出台的时机和力度，都要充分考虑社会承受能力和群众接受程度。要切实转变作风，防止和克服形式主义、官僚主义。我们要发扬求实的好传统好作风，常到基层去，到群众中去，到问题较多的地方去，在群众中找办法，在实践中寻答案。要进一步抓好基层工作。要强化服务基层的意识，对基层要多提醒、多示范、多服务，为基层干部出主意、想办法、解难题，多做一些基层需要但又力所不及的事情，关心、爱护基层干部，使他们全身心地投入到工作中去。要抓住党的基层组织建设这个关键，充分发挥基层党组织的政治核心作用和战斗堡垒作用。

宋德福最后强调，要按照“三个代表”要求，深入研究解决关系全局和长远的重大问题。他说，古人云，“人无远虑，必有近忧”。面对新世纪，我们不仅要抓好明年，而且要着眼长远，深入研究如何更好地贯彻落实江总书记关于“三个代表”的重要思想，推进福建各项事业继续向前发展。我们要下功夫分析透、把握住我省改革、建设、发展中带全局性、战略性、前瞻性的重大问题，逐步制定出有力的政策措施。

习近平在讲话中说，省委、省政府对今年经济工作抓得早、抓得紧、抓得实，我省努力克服国内有效需求不足、经济结构存在深层次的矛盾等不利因素的影响，大力调整经济结构，经济增长的质量和效益有了新提高；积极推进农业产业化，农村经济得到新发展；狠抓利用外资、工业生产、固定资产投资三个重点，推动经济实现了新增长；全面扩大三大需求，初步形成了三大需求共同促进经济增长的新格局；加大改革攻坚力度，各项改革取得新成果；加强财政收支和金融管理，财政金融运行质量有了新提高；着力解决经济建设与社会事业发展不相协调的问题，社会事业发展迈出了新步伐；努力增加城乡居民收入，人民群众生活水平有了新提高；全面推进机构改革和机关效能建设，为促进经济建设和社会发展输入了新动力。这一切，扎实有效地推进了国民经济和社会事业的全面发展，保证年初预定的各项目标任务绝大多数可以完成或超额完成。

习近平说，“谋势方能布局，善始方能事昌”。明年是进入新世纪、实施“十五”计划的第一年。诸多有利条件为我省加快经济发展创造了良好环境，同时，我省经济发展也面临一些不利因素。我们既要对不利因素有足够的估计，做好克服困难的充分准备，又要看到有利条件，按照中央的要求，从我省的具体实际出发，坚持用发展的办法解决前进中的问题。

习近平接着提出了明年我省宏观调控的主要预期目标和需要突出抓好的十大方面工作。十大方面的工作是：1. 切实加强农业基础地位，千方百计增加农民收入。高度重视粮食安全问题，切实保护和提高粮食生产能力；继续推进农业和农村经济结构调整；进一步扩大农业对外开放；加强农业支持和保护体系的建设；围绕农民增收推进农村各项改革。2. 调整优化产业结构，提高产业整体素质。积极发展信息技术、生物工程技术、环保新技术、海洋技术和新材料等高新技术产业；发展壮大电子信息、机械装备、石油化工产业；加快用高新技术和先进适用技术改造传统产业；继续淘汰落后和过剩的生产能力；大力推进国民经济和社会信息化。3. 以深化国企改革为重点，全面推进各项配套改革。巩固和扩大国企改革与脱困成果，加快建立现代企业制度；继续推进国有资产管理监督营运体制改革；进一步推进政府管理体制改革；推进城镇职工医疗卫生体制“三项”改革。4. 切实加强固定资产投资，努力扩大消费需求。固定资产投资要突出抓好六个重点：安排好重点建设项目；切实改变前期工作相对滞后的状况；加强对省级经济结构调整“双九一高”重点企业、重点产品和高新技术产业的投入；加大对科技教育的投入；加大对山区和经济欠发达地区项目的投资支持；加大对城市污水、垃圾、危险废物、交通等市政基础设施和小城镇建设的投入。扩大消费需求，要积极培育消费热点；大力开拓农村消费市场；努力拓展省外市场。5. 迎接对外开放新阶段，推动开放型经济上新台阶。抓紧做好加入世贸组织的应对工作；深化外经贸管理体制改革；扩大利用外资领域，提高利用外资水平；积极贯彻“走出去”开放战略；大力推进闽台、闽港、闽澳合作与交流，提高合作层次与水平；进一步改善和优化外经贸环境。6. 大力推进山区开放开发，促进区域经济协调发展。继续加大对山区发展的扶持力度；集中力量抓好山区基础设施和生态环境建设；大力推动山海协作上新水平；加快山区科技教育发展和人才培养；促进山区非公有制经济发展。7. 继续实施积极的财政政策，加大金融对经济发展的支持力度。8. 大力实施科教兴省和可持续发展战略，加快社会各项事业发展。要大力推进科技进步；加快人才的培养和引进；加快教育改革与发展；进一步推进文化、卫生、体育等各项社会事业的发展；认真落实人口、土地、环保三大国策。9. 进一步增加人民群众收入，不断提高人民生活水平。多渠道扩大就业，增加收入；建立健全社会保障体系；关心生活困难阶层。10. 加强宏观经济调控，提高管理和服务水平。大力整顿、规范市场经济秩序；切实加强对经济的宏观管理；改进工作作风，转变政府职能，提高为经济建设和社会事业发展服务的水平；切实加强安全生产管理。

中共福建省委召开领导干部会议传达中共中央关于调整福建省委主要领导职务决定

2000年12月12日，省委召开领导干部会议，传达中共中央关于调整福建省委主要领导同志职务的决定。中央组织部副部长黄晴宜传达中央决定并作重要讲话。陈明义、宋德福先后讲话，习近平主持。参加会议的有省委、省人大、省政府、省政协、省军区、驻闽部队、武警部队领导和其他省级领导，省级老同志，省直各部门主要负责同志，各省辖市市委书记、市长。

黄晴宜首先传达中共中央的决定：宋德福同志任福建省委委员、常委、书记；陈明义同志不再担任福建省委书记、常委职务，另有任用。黄晴宜说，中央对福建的工作历来是十分关心和重视的。这次省委书记的变动，中央是根据工作需要和干部交流的精神，通盘考虑、慎重研究决定的。

黄晴宜介绍了陈明义、宋德福同志的情况。陈明义同志政治上坚定，认真贯彻执行党的路线方针政策，自觉同以江泽民同志为核心的党中央保持一致。组织领导能力比较强，工作务实，思路清晰，注意抓重点，抓落实；坚持民主集中制，注意充分发挥省委一班人和省级几大班子的作用；作风民主，谦虚谨慎；事业心强，工作深入；为人正派，团结同志，平易近人；能够廉洁自律，严格要求自己。中央相信明义同志今后一定会在新的岗位上做出新的贡献。宋德福同志政治上坚定，自觉同以江泽民同志为核心的党中央保持一致。注重从政治上观察和处理问题，有较强的政治敏锐性和政治鉴别力。理论功底扎实，政策水平比较高，工作思路清晰；思想解放，开拓进取。担任正部级职务时间较长，有比较丰富的领导工作经验，考虑问题全面；事业心、责任感强，工作勤奋刻苦；作风民主、坚持民主集中制，注意充分发挥班子成员的积极性，重大问题坚持集体讨论决定；公道正派，平易近人，团结同志，关心群众；廉洁自律，要求自己严格。

黄晴宜说，中央认为，宋德福同志担任福建省委书记是合适的。相信德福同志一定会在中央领导下，团结带领省委一班人，紧紧依靠全省广大干部群众，认真贯彻落实党的十五大和十五届五中全会精神，解放思想，实事求是，锐意改革，开拓进取，在原有工作的基础上，把福建省的各项工作推上一个新台阶。

黄晴宜对福建的工作提出了四点意见：第一，自觉用中央决定精神统一思想，确保省委主要领导的顺利交接和平稳过渡。省委书记的变动，是全省社会政治生活中的一件大事，全省上下都很关心。相信大家一定会坚决拥护党中央的决定，同心同德，团结一致，以实际行动全力支持省委的工作，支持德福同志的工作，实现省委主要领导的顺利交接和工作的平稳过渡，维护全省团结稳定的大局，把福建的事情办得更好，让党中央放心，让全省人民满意。第二，按照“三个代表”的要求，切实加强领导班子、干部队伍和基层党组织建设。江泽民总书记关于“三个代表”的重要思想，我们一定要认真学习、深刻领会、全面贯彻。把“三讲”教育的成功经验运用到领导班子和干部队伍建设的经常性工作中去。认真贯彻全国农村“三个代表”重要思想学习教育工作会议精神，按照中央规定的指导思想、目标要求、方针政策和方法步骤，扎扎实实地抓好这项工作。第三，坚持从严治党方针，下大力气抓好党风廉政建设。各级党组织要紧紧抓住领导班子和领导干部这个关键，对领导干部严格要求、严格教育、严格管理、严格监督。每一位共产党员、领导干部都要牢固树立马克思主义的世界观、人生观、价值观，时刻保持清醒头脑，做到廉洁自律，切实管住自己，管好家属子女和身边工作人员。要加强对领导干部的教育、管理和监督。要着力加强对党员干部，特别是领导干部的廉政教育和警示教育。各级领导班子一把手，要认真履行好对班子成员的监督职责，班子成员之间都要互相提醒、帮助。上级领导机关要加强对下级干部的考核监督，务求把问题消除在萌芽状态。第四，认真抓好当前各项工作。现在离年底只有不到1个月的时间，年终岁首，工作头绪多、任务重，各个方面的工作都要衔接好、协调好，统筹兼顾，突出重点，全面完成今年各项任务。要认真抓好最近中央召开的五中全会、经济工作会议等重要会议精神的学习和贯彻，进一步理清发展思路，认真制定好“十五”计划，处理好改革、发展、稳定的关系，研究部署好明年的经济工作和其他各项工作，不断开创福建工作的新局面。

陈明义、宋德福、习近平在讲话中，都坚决拥护中央关于调整福建省委主要领导职务的决定。

省九届人大三次会议

会 议 议 程

（2000 年 1 月 21 日预备会议通过）

一、听取和审议福建省人民政府代省长习近平关于福建省人民政府工作的报告

二、听取和审议福建省计划委员会主任郑立中关于福建省1999年国民经济和社会发展计划执行情况及2000年国民经济和社会发展计划草案的报告

审查、批准福建省1999年国民经济和社会发展计划执行情况的报告及2000年国民经济和社会发展计划

三、听取和审议福建省财政厅厅长庄友松关于福建省1999年预算执行情况及2000年预算草案的报告；审查福建省1999年预算执行情况的报告及2000年预算草案；批准福建省1999年省本级预算执行情况的报告及2000年省本级预算

四、听取和审议福建省人民代表大会常务委员会副主任王建双关于福建省人民代表大会常务委员会工作的报告

五、听取和审议福建省高级人民法院院长陈旭关于福建省高级人民法院工作的报告

六、听取和审议福建省人民检察院检察长鲍绍坤关于福建省人民检察院工作的报告

七、补选福建省人民政府省长

第四次全体会议

习近平当选省人民政府省长

1月27日上午，省九届人大三次会议举行第四次全体会议，选举产生省人民政府省长。习近平当选省人民政府省长。

担任大会执行主席的是：王建双、王美香（女）、叶家松、李伟民、吴城、何立峰、张济宇、陈刚挺、陈修茂、陈祖辉、陈营官、林鼎富、周天明、赵守箴、荆福生、黄双月（女）。王建双主持会议。他宣布，今天实到大会代表528人，符合法定人数。

大会采取无记名投票方式进行选举。经选举，习近平当选省人民政府省长。

省九届人大常委会

第十七次会议

决定贾锡太为省人民政府副省长

2月15日，省九届人大常委会举行第十七次会议。在省人大常委会主任袁启彤主持下，会议听取了省人民政府常务副省长张家坤受习近平省长委托作《福建省人民政府关于提请贾锡太任职的议案》的说明，并经过审议和表决，通过了任命贾锡太同志为福建省人民政府副省长的决定。

第十八次会议

通过关于省人民政府机构改革人事任免有关事项的决定

（2000年4月1日通过）

根据中共中央、国务院批准的《福建省人民政府机构改革方案》和福建省人民政府省长习近平提请的关于省人民政府组成人员职务任免的议案，福建省人民代表大会常务委员会决定：福建省人大常委会原任命的政府组成人员，在这次省人民政府机构改革中，所任职的部门不再保留的或更名的或列入省人民政府直属机构序列的，其职务自行免除，不再办理免职手续；所任职的部门保留的，其职务不再重新任命。

通过决定任免的政府组成人员名单

1. 免去陈光普的福建省人民政府秘书长职务。
任命陈芸为福建省人民政府秘书长。
2. 任命郑立中为福建省发展计划委员会主任。
3. 任命朱之文为福建省教育厅厅长。
4. 任命叶双瑜为福建省科学技术厅厅长。
5. 任命林文斌为福建省民族与宗教事务厅厅长。
6. 免去董启清的福建省民政厅厅长职务。
任命黄炳泰为福建省民政厅厅长。
7. 免去庄友松的福建省财政厅厅长职务。
任命马潞生为福建省财政厅厅长。
8. 免去林国清的福建省人事厅厅长职务。
任命陆志华为福建省人事厅厅长。
9. 任命王克益为福建省劳动和社会保障厅厅长。
10. 任命蔡忠义为福建省国土资源厅厅长。
11. 任命林坚飞为福建省建设厅厅长。
12. 免去唐汉清的福建省交通厅厅长职务。
任命洪长平为福建省交通厅厅长。
13. 任命游宪生为福建省信息产业厅厅长。
14. 任命黄心炎为福建省水利厅厅长。
15. 免去刘德章的福建省林业厅厅长职务。
任命何团经为福建省林业厅厅长。
16. 任命郑宗杰为福建省对外贸易经济合作厅厅长。
17. 免去吴凤章的福建省文化厅厅长职务。
任命黄启章为福建省文化厅厅长。
18. 免去何明（女）的福建省卫生厅厅长职务。
任命杨平为福建省卫生厅厅长。
19. 免去陈丽群（女）的福建省审计厅厅长职务。
任命冯声康为福建省审计厅厅长。

省政协八届三次会议政治决议

（2000年1月26日通过）

中国人民政治协商会议第八届福建省委员会第三次会议，于2000年1月20～26日在福州举行。会议赞同习近平代省长所作的《政府工作报告》，赞同《关于福建省1999年国民经济和社会发展计划执行情况与2000年国民经济和社会发展计划草案的报告》和《关于福建省1999年预算执行情况及2000年预算草案的报告》；赞同《福建省高级人民法院工作报告》和《福建省人民检察院工作报告》。

会议认为，1999年全省人民紧密团结在以江泽民同志为核心的中共中央周围，在中共福建省委的领导下，坚持以邓小平理论和党的基本路线为指导，认真贯彻党的十五大和十五届三中全会、四中全会精神，实现了年初省委、省政府提出的奋斗目标，保持了我省改革开放和现代化建设的良好发展势头。

会议认为，习近平代省长所作的《政府工作报告》符合省情、振奋人心，对1999年政府工作的回顾是实事求是的，2000年政府工作指导思想是切合我省实际的，预期目标和任务经过努力是可以实现的。并对努力扩大投资和消费，搞好农业和农村经济结构的战略性调整，推进国有企业改革和脱困攻坚战，应对我国加入世贸组织的措施，提高对外开放水平，实施科教兴省和可持续发展战略，依法治省，完善社会保障体系，进一步改善人民生活，加强精神文明建设和加大反腐倡廉力度等问题提出了许多意见和建议。会议认为，习近平代省长报告中强调的每一位政府工作人员切不可忘记了政府前面的“人民”二字，要时刻牢记自己是人民的公仆，对当前更具有现实意义。

会议坚决拥护江泽民主席关于推进祖国和平统一的八项主张和中共中央、国务院制定的一系列对台方针政策。会议强调，香港、澳门回归祖国之后，全省各级政协要把加强对台工作放在更加突出的位置，进一步扩大闽台合作与交流。深入批判李登辉“两国论”，积极促进两岸“三通”，为完成祖国统一大业作出贡献。同时要促进闽港、闽澳经济文化交流与合作，继续做好港、澳、侨工作。

会议号召，全省各级政协要高举邓小平理论伟大旗帜，以党的十五大精神为指导，在中共福建省委的领导下，深入学习贯彻江泽民总书记在庆祝人民政协成立50周年大会上的重要讲话精神，按照全省政协工作会议的要求，突出团结和民主两大主题，围绕中心，服务大局，切实履行政治协商、民主监督、参政议政职能，坚持和完善中国共产党领导的多党合作和政治协商制度，不断巩固和发展爱国统一战线，同心同德争创新业绩，开拓奋进迈向新世纪，为全面完成“九五”计划，把福建建设成为海峡西岸繁荣带而努力奋斗。

团结奋进 务实创新 为实现我省国民经济和社会发展第十个五年计划而奋斗

（2001 年 2 月 7 日在福建省第九届人民代表大会第四次会议上的报告）

福建省人民政府省长 习近平

各位代表：

现在，我代表省人民政府向大会作政府工作报告，请各位代表将此报告连同《福建省国民经济和社会发展第十个五年计划纲要（草案）》一并审议，并请省政协委员和其他列席人员提出意见。

一、2000年和“九五”时期国民经济和社会发展的回顾

2000年是世纪交替之年，也是我省改革开放和现代化建设进程中具有标志意义的一年。全省各级政府在中共中央、国务院和中共福建省委的领导下，坚持以邓小平理论为指导，按照江泽民总书记“三个代表”重要思想的要求，认真贯彻党的十五大和十五届五中全会精神，团结全省各族人民，扎实工作，开拓进取，如期完成了省九届人大三次会议提出的2000年国民经济和社会发展的主要任务。

——国民经济保持较快增长。初步统计，全年国内生产总值3920亿元，增长9.5%，超过了年初预定增长9%的目标。农村经济全面发展，农林牧渔业增加值638亿元，增长2.2%；林业、水产业和乡镇企业有新的发展。工业经济快速增长，效益明显提高。全省工业增加值1470亿元，增长12.5%。全省规模以上工业经济效益综合指数为120.56%，比上年提高3.37个百分点，是1992年开始编制这一指数以来的最好水平；独立核算工业企业利润增幅达到18%。第三产业增加值1571亿元，增长10.5%。社会消费品零售总额1372.79亿元，增长10.2%，略低于年初预定增长10.5%的目标；居民消费价格总水平涨幅2.1%。全省财政总收入369.53亿元，增长20.9%，其中地方级财政收入234.03亿元，增长15.8%，分别超过年初预定增长9.2%和8.5%的目标；财政支出322.77亿元，增长16.7%，继续实现收支平衡。金融运行基本稳定，对经济发展的支持力度加大，年末各项存款余额增加189.4亿元，增长6.5%，各项贷款余额增加316.74亿元，增长14.2%；农村合作基金会、城市信用社、信托投资公司的整顿工作取得成效。

——经济结构调整步伐加快。农业种植结构调整取得较大成效，全省划定基本农田保护区1821万亩，优质和品质较好的早稻种植比重由上年的23%提高到48%，粮食与经济作物的种植结构比例由上年的69：31调整为65：35，农业产业化经营有新的发展。省定的90家重点企业、90个重点项目、60个重点高新技术产业化项目和重点名牌产品的建设和经营情况较好。电子信息等高新技术产业对全省经济发展的带动作用日益增强。工业新增长点项目全年新增产值225亿元，占全部工业新增产值的45%。清理整顿“五小”企业工作取得新成效。继续加大对山区的扶持力度，积极推进山海协作，在山区建设了一批资源开发和基础设施项目。

——各项改革取得重大进展。突破国企改革难点，加大扭亏脱困力度，列入国家520户国有重点企业名单的11户企业已有9户完成公司制改造，列入国家6599户脱困考核的69户企业已有52户扭亏脱困，改制面和脱困率都超过国家的要求，国企改革和脱困三年目标如期实现；国有企业下岗职工再就业率达66%，居全国前列。社会保障体系建设取得新成效，企业离退休人员养老金实现100%社会化发放，国有企业下岗职工按时足额领到基本生活费。医疗保险、医药卫生体制和药品生产流通体制改革同步推进。国有资产管理监督营运体制改革方案已经出台。财政改革稳步推进，全面实施省级部门预算改革。省级党政机构改革顺利完成，省委部门人员编制精简了20%，省级政府机关行政编制精简了47.4%。全面开展机关效能建设，行政审批制度改革和清理地方性法规、规章和规范性文件工作取得实质性进展，已取消省级政府审批事项222项，废止省政府规范性文件340件。

——对外经贸和利用外资稳步发展。全年完成进出口总额212.24亿美元，增长20.5%。出口快速增长，全年出口达129.09亿美元，增长24.7%，超过年初预定增长3%的目标。实际利用外商直接投资38.04亿美元，完成预定目标。外汇收支继续实现顺差，累计净结汇44.41亿美元，增长64.7%。对外承包工程、劳务合作和国际旅游业继续发展。境外企业清理整顿工作取得成效。与台、港、澳地区及华侨华人的经贸合作更加密切，交流进一步扩大。成功承办和举办了第四届中国投资贸易洽谈会、福州国际招商月、世界客属第十六届恳亲大会等一系列大型活动。

——重点建设力度加大。全年完成固定资产投资1110.1

亿元，增长2.3%，未达到年初预定增长8%的目标。全省46个在建重点项目完成投资122亿元，占年度计划的96.5%。10个“重中之重”项目完成投资84.6亿元，为年度计划的100.3%。罗宁高速公路、芹山电站、梅坎铁路、外福铁路电气化改造、厦门会展中心等15个项目已建成投产或部分投产，城乡电网改造取得较大进展。福宁、漳诏、罗长、漳龙高速公路龙岩段建设进展顺利，京福高速公路福建段一期部分动工建设，漳龙高速公路漳州段、赣龙铁路已获准立项；温福铁路、京福高速公路福建段二期、尤溪街面水电站等一批重大项目前期工作取得新进展。工程质量进一步提高，资金管理继续改善。

——*社会事业加快发展*。科技、教育投入分别增长17.5%和17%。深化科技体制改革，出台了鼓励科技创新、发展高新技术产业和引进高层次人才的政策措施，科技园区建设进展顺利；基本完成了13家省属开发型科研机构企业化转制工作；研究提出了建立风险投资机制的相关政策，风险投资公司开始组建，技术创新体系建设逐步加强。实施素质教育，取消小学毕业统一考试，减轻了中小学生过重的课业负担。顺利通过了国家教育“两基”验收复查。积极推进高等院校布局结构调整和管理体制改革，新组建了泉州师范学院、三明高等专科学校和福建农林大学。福州地区“大学城”和厦门大学漳州新校区建设方案基本确定。省政府、厦门市政府与教育部共建厦门大学取得实质性进展，高校“211工程”和重点学科建设继续推进。文化精品创作有新的突破，一些优秀作品在全国评比中获奖。竞技体育实力继续上升，群众性体育活动蓬勃开展，奥运会个人项目金牌实现零的突破。继续贯彻落实国家计划生育政策，人口出生率稳定在低生育水平。第五次人口普查调查登记工作顺利完成。环保工作进一步加强，基本实现“一控双达标”目标。国土资源管理力度加大，耕地实现年度占补平衡，扭转了连续3年占补不平衡的局面。社会科学、新闻出版、广播电视、民政、民族、地方志、气象、地震和老龄、妇女、残疾人、未成年人等项工作都有较大进展。

——*城乡人民生活水平进一步提高*。全年城镇居民人均可支配收入达7432元，增长8.3%，扣除物价因素，实际增长4.9%，基本达到年初预定增长5%的目标；全年农民人均纯收入3230元，增长4.5%，实际增长3.8%，低于年初预定增长5%的目标。城镇居民和农民恩格尔系数为44.7%、49%。首次降到50%以下。城镇登记失业率为2.6%，低于年初预定3.3%的目标。“造福工程”搬迁2.98万人，超额完成任务。老区和少数民族行政村的“五通”建设预定任务基本完成。城市基础设施建设、市容市貌整治和村镇建设力度加大，住宅建设得到较快发展，城乡人民生活条件进一步改善。

——*精神文明和民主法制建设继续加强*。深入开展“致富思源，富而思进”教育。普遍开展创建文明城市、文明社区、文明村镇、文明行业活动，群众性的精神文明创建活动取得新成果。“双拥共建”活动不断深入，全民国防意识普遍增强，民兵预备役工作有新的发展。“扫黄打非”专项斗争力度加大，成效明显。各级政府依法行政意识增强，坚持对人民代表大会及其常委会负责并报告工作，自觉接受监督，认真执行人大及其常委会的决议、决定，认真办理人大代表建议、意见。积极支持政治协商委员会参政议政，认真办理政协提案。加强同各民主党派、工商联、无党派人士和各人民团体的联系，虚心听取他们的建言献策。行政执法、执法监督力度加大，“三五”普法任务基本完成。加强立法工作，全年提请省人大常委会审议的地方性法规草案7项，提请修订的地方性法规5项，提请废止的地方性法规9项，制定政府规章8项。在县级以上政府领导班子和领导干部中认真开展“三讲”集中教育，党性党风方面存在的突出问题得到一定程度的解决。开展警示教育，领导干部廉洁从政意识增强，赠送和收受“红包”的歪风基本得到纠正，对党政机关一些工作人员接受赠送或低价购买股票的问题进行了检查督促，对用公款为领导干部住宅配备电脑、支付上网费用和党政机关干部借用小汽车等问题进行了清理，落实了中央关于领导干部的配偶和子女不准在其管辖的业务范围内从事可能与公共利益发生冲突的经商办企业活动等规定。坚决查处违纪违法案件，严惩了一批腐败分子。纠风工作向纵深发展。加强社会治安综合治理，依法严厉打击各种犯罪活动，认真做好群众来信来访工作，保持了社会安定稳定。强化安全生产责任制，提高了安全生产管理水平。

2000年工作任务的完成，标志着“九五”计划的胜利实现。五年来，我省国民经济保持持续、快速、健康发展，国内生产总值年均增长11.8%，超过“九五”计划年均增长11%的目标，人均国内生产总值也提前于1999年实现比1980年翻三番的目标；财政收入连续16年实现收支平衡，年均增长14.9%，超过“九五”计划年均增长11%的目标，财政收入占国内生产总值的比重也由1995年的8.5%上升到2000年的9.3%；出口累计达518.86亿美元，比“八五”增加248.55亿美元，平均增长10.3%，低于“九五”计划年均增长14%的目标；实际利用外资累计达203.15亿美元，超额完成“九五”计划150亿美元的目标；三次产业结构由21.7：42.4：35.9调整为16.3：43.6：40.1，产业内部结构不断优化，经济运行质量和稳定性进一步提高。在综合经济实力迈上新台阶的同时，经济和社会生活的一些重要方面也发生了显著变化：*社会供求关系实现了由供给主导型向需求主导型的转变*。“九五”初期，我省经济在总体上处于短缺经济阶段，保证供给是经济工作的主要任务之一。随着我省社会生产力的显著提高和经济增长方式的逐步转变，市场供求关系发生了很大变化，市场商品丰富，由短缺变为供求平衡，消费者地位由被动变为主动，买方市场基本形成，扩大内需成为当前经济工作的一项重要任务。*基础设施建设实现了由制约型向初步适应型的转变*。5年累计完成全社会固定资产投资4931.75亿元，剔除价格因素，超额完成“九五”固定资产投资计划，占改革开放以来固定资产投资的2/3。集中力量建成了一批关系全局和长远发展的重点骨干项目，完成中低产田改造385万亩，千公里海堤加固全面完成，千公里江堤建设完成829公里，建成闽江等“五江一溪”洪水预警报系统，中尺度灾害性天气预警系统二期工程基本完成。顺利建成一批国家和省储备粮库。新增铁路营运里程369.4公里，占全省铁路营运里程的1/4。新增公路通车里程2482公里，其中高速公路345公里，实现了零的突破。厦门、福州两个主枢纽港的功能更加完善，双双跻身全国吞吐量超千万吨和集装箱吞吐量前十名大港行列。电力装机容量突破千万千瓦，电力发展从长期以来的短缺型向适度超前型转变。邮电通信能力大大增强，城乡电话交换机总容量突破600万门。特别是随着长乐国际机场、厦门国际机场二期、横南铁路、漳泉肖铁路、梅坎铁路、福厦高速公路等一批重点项目建成投产，显著改善了基础设施条件，大大缓解了基础设施建设滞后对经济发展造成的制约。*体制改革实现了由计划经济向初步建立社会主义市场经济体制的转变*。市场体系和市场机制逐步健全，市场配置资源的基础性作用日益明显。农村改革继续深入，土地延包政策全面落实，粮食流通和价格体制改革不断深化。国有企业改革和脱困工作取得突破性进展。城镇企业职工养老保险、失业保险和医疗保险改革逐步走上规范化轨道。住房制度改革基本到位，投融资体制改革继续推进。初步建立社会主义市场经济体制，是“九五”期间我省经济和社会发生的一项具有长远历史意义的根本性变化。*人民生活实现了由温饱向小康的历史性转变*。农民人均纯收入年均实际增长6.5%，城镇居民人均可支配收入年均实际增长6.5%，均超过“九五”计划实际年均增长4～5%的目标。就业渠道不断拓宽，城镇登记失业率连年低于全国平均水平，再就业率高出全国平均水平15个百分点。居民消费水平继续提高，居住条件明显改善，生活质量逐步提高。在1997年基本实现小康的基础上，全省人均国内生产总值2000年超过人均800美元的小康标准，全面实现了社会主义现代化建设的第二步战略目标，为我省实施第三步战略部署奠定了坚实基础。

这些成就是在中共中央、国务院的正确领导下，按照省委的统一部署，全省人民同心同德、开拓奋进的结果；是与各级人大及全体人大代表的依法监督，各级政协、各民主党派、工商联、无党派人士、人民团体的民主监督和积极参与，中央各部门、驻闽部队、武警官兵的大力支持，港澳同胞、台湾同胞、海外侨胞和国际友好人士的支持合作分不开的；也是历届政府打下了坚实基础，地方各级政府辛勤工作的结果，是来之不易的。在此，我代表省人民政府，向所有关心、参与和帮助福建事业发展的同志们、朋友们表示崇高的敬意和衷心的感谢！

回顾“九五”期间走过的历程，我省各级政府解放思想，开拓创新，积极探索改革与发展的新路子，积累了一些成功的经验。*一是坚持贯彻执行党的基本路线和方针政策，立足福建实际，创造性地开展工作*。我们坚持以邓小平理论为指导。走符合我省实际的发展道路，大力发展外向型经济，积极调整产业结构。大力发展非公有制经济，提高国有经济的控制力，加快山区发展步伐，发展海洋经济，加强山海协作，抓好扶贫开发和小康建设。努力提高全省经济的整体发展水平，促进了全省经济、社会的持续、快速、健康和协调发展。*二是坚持发展是硬道理，用发展的办法来解决前进中的困难和问题*。“九五”期间，我们在遇到国内通货膨胀和亚洲金融危机的不利影响及其他一些困难时，始终坚持以经济建设为中心，一方面大力提高生产力水平，保障市场供给，有效地治理了通货膨胀；另一方面，千方百计地增加出口和利用外资，扩大投资，鼓励消费，克服了亚洲金融危机和国内通货紧缩现象的不利影响，在困难中前进，顺利实现了现代化建设第二步战略目标。*三是坚持改革开放。不断为经济社会发展提供强大动力*。以改革统揽全局，大力推进经济管理体制和运行机制创新，初步建立了社会主义市场经济体制；从更高的层次和更广的范围提高对外和对内开放的水平，充分利用两种资源、两个市场，拓展了经济增长空间，使国民经济和社会各项事业在改革中前进，在开放中发展。*四是坚持加快经济结构调整，增强经济综合竞争力*。紧紧抓住结构不合理这一经济生活中的主要矛盾，突出抓好产业结构、产品结构和区域经济结构的调整，在调整中加快发展，在发展中积极调整，促进了经济增长方式的转变，提高了经济增长的质量和效益。*五是坚持“两个文明”建设一起抓，促进经济社会协调发展*。坚持党的领导，加强勤政廉政建设和机关党的建设，加强社会主义精神文明建设，实施科教兴省战略，加快社会事业发展，注意处理好人口、资源、环境和经济建设的关系，促进了经济、社会、环境的协调发展和可持续发展。

在充分肯定5年来所取得重大成就的同时，也要清醒地认识到，我省经济社会生活中还存在一些矛盾和问题，主要是经济发展后劲不足，产业结构不合理，区域经济发展不平衡，城镇化水平较低；企业整体素质不高，产品竞争力不强，影响企业发展的体制和机制问题依然存在；农业基础仍较脆弱，农村市场化程度不高，农民增收难度加大；科技创新能力不强，人才素质与经济发展还不相适应，人口、资源、环境和就业压力较大，社会事业某些方面的发展还相对滞后；腐败现象依然不同程度地存在，机关办事效率有待进一步提高；投资软环境还不适应经济发展的需要，市场秩序亟待进一步整顿；一些地方社会治安和安全生产不尽如人意等。我们在今后的工作中要采取有效措施，切实解决这些问题。

二、第十个五年计划的指导思想、奋斗目标和主要任务

进入新世纪后，我们迎来新的发展机遇，也面临严峻挑战。从世界经济发展的态势看，经济全球化进程大大加快，科学技术突飞猛进，跨国公司兼并重组空前活跃，这既为我省密切同国际经济的联系、加快经济结构调整、进一步扩大开放提供了良好机遇，也将使我省的发展更多地受到国际经济变化的影响。从国内经济发展的环境看，商品市场供求关系发生重大变化，经济体制改革进入攻坚阶段，国家实施西部大开发战略，我国即将加入世贸组织，既为我省拓展了新的发展空间，也提出了更高要求。我们必须顺应国内外环境的变化，适应完善社会主义市场经济体制的要求，抓住机遇而不可丧失机遇，开拓进取而不可因循守旧，加快提升综合竞争力，努力实现社会生产力的跨越式发展。

新世纪初的5年是开始实施现代化建设第三步战略部署，加快海峡西岸繁荣带建设的重要时期，制定一个具有战略性、宏观性，切实可行、鼓舞人心的“十五”计划，指导我省在新世纪初经济社会的发展，具有十分重要的意义。根据中共福建省委提出的关于制定国民经济和社会发展第十个五年计划的建议，省政府广泛征求各部门、各市、各民主党派、工商联、无党派人士和有关专家意见，形成了《福建省国民经济和社会发展第十个五年计划纲要（草案）》。

“十五”期间，我省国民经济和社会发展总的指导思想是：高举邓小平理论伟大旗帜，以江泽民总书记“三个代表”重要思想为指导，认真贯彻党的十五大和十五届五中全会精神，进一步解放思想，实事求是，正确处理改革、发展和稳定的关系，全面实施富民强省战略，把加快发展作为主题，把结构调整作为主线，把改革开放和科技进步作为动力，把提高人民生活水平作为根本出发点，坚持经济与社会协调发展，增强综合竞争力和环境吸引力，提高小康生活水平，加快建设经济繁荣、社会稳定、生活宽裕、科教先进、环境优美、政治民主、法制健全、文明开放的现代化省份，为服务全国大局和祖国统一大业作出贡献。*主要奋斗目标是*：全省国内生产总值年均增长9%，争取在实际执行中更快更好些。经济结构战略性调整取得明显成效，经济增长质量和效益显著提高。国有企业建立和完善现代企业制度，非国有经济发展环境明显改善，社会主义市场经济体制初步完善。在更大范围内和更深程度上参与国际国内经济合作与竞争，开放型经济发展迈上新的台阶，与国际及台港澳侨合作和交流更加密切。社会保障制度比较健全，就业渠道拓宽，城乡居民收入不断增加。小康生活逐步宽裕。科技教育加快发展，文化事业更加繁荣，生态建设和环境保护得到加强，国民素质不断提高，精神文明、民主法制和国防建设进一步加强。到2005年，经济发展后劲显著增强，海峡西岸繁荣带建设取得重大进展，厦门经济特区和其他有条件的地方率先基本实现现代化。

为了实现上述发展目标，要从以下十一个方面作出努力：

（一）*大力调整优化产业结构*。要继续面向市场，依靠科技，以企业为主体，巩固和加强第一产业，提高和改造第二产业，积极发展以服务业为主的第三产业，切实提高产业的整体素质和竞争力。大力推进农业和农村经济结构的战略性调整，提高农业产业化经营水平，积极推进新的农业科技革命，加快发展现代农业，争取有条件的地方基本实现农业现代化。切实保护耕地资源。高度重视保护和提高粮食生产能力，保障粮食安全。积极拓宽农民增收领域，切实减轻农民负担，实现农民收入的持续增长。多渠道增加对农业和农村的投入，加强以水利和生态为重点的农业基础设施建设，完善农村社会化服务体系，改善农村生产、生活和市场条件。要大力推进工业改组改造和结构优化升级，增强工业竞争力和发展后劲。积极运用高新技术和先进适用技术改造提高传统产业，加快发展壮大电子信息、机械和石化三大产业，大力培育和扶持信息网络、生物工程、新材料、新能源、新医药、海洋开发和环保等高新技术产业。继续淘汰落后生产能力，培植新的经济增长点和生财点。加快推进国有经济布局的战略性调整，“进而有为、退而有序”，从整体上搞活国有经济。加快优化企业组织结构，按照“抓大放小”的原则，抓大要强，放小要活，在培育大公司和企业集团的同时，进一步放开搞活国有中小企业。适应人民生活水平不断提高的要求，大力发展第三产业。以市场化、产业化、社会化为方向，加快改造传统服务业，积极发展现代服务业。加强旅游资源合理开发与整合，进一步发展壮大旅游产业。加快发展社区服务业，推广和规范物业管理，提供便民利民服务。积极发展以经济适用住房为重点的房地产业，大力发展金融、保险、信息、咨询、会计和法律服务等行业。到2005

年，全省三次产业增加值的比重调整为12∶46∶42，产业水平得到显著提高。

（二）推进国民经济和社会信息化。将工业化与信息化结合起来，以信息化带动工业化，是福建在新世纪中发挥后发优势，实现生产力跨越式发展的必然选择。要本着统一规划、突出重点、分步实施的原则，推进“数字福建”工程建设。要围绕经济社会发展需要，采取政府引导、市场运作的方式，集中开发一批有关政府决策及国民经济发展急需的基础性、综合性省级信息库和其他各类数据库。鼓励各类信息源通过公用信息平台上网，实现信息资源的综合共享。推进电信、广播电视、计算机三网融合。加快建设和完善信息传输网，重点建设高速宽带传输网络，实现信息网络宽带化和高速互联。积极推广应用信息技术，普及计算机及网络知识，积极推进网络金融、网络商务、网络教育、网络医疗等公共领域信息化建设，加速企业生产、经营管理的信息化进程。到2005年，“数字福建”工程初见成效，初步形成较为先进的国民经济和社会信息化体系。

（三）完善基础设施体系。加强基础设施建设是“十五”期间我省经济社会加快发展的需要，也是贯彻扩大内需长期方针的必然要求。要坚持“统筹规划，合理布局，突出重点，讲求效益”的原则，集中力量建设一批关系我省经济和社会发展全局、对调整结构和增强国防保障能力具有显著作用的基础设施骨干工程。水利建设坚持兴利除害并重、防洪抗旱并举，重点解决洪涝灾害、水污染和沿海水资源不足问题；交通运输建设重点是加强进出省铁路、高速公路、经济干线公路、国防公路和沿海枢纽港建设，开工建设温福铁路，建成或基本建成赣龙铁路和漳诏、罗长、福宁、漳龙、京福（福建段）等高速公路，加快建设福州外港罗源湾集装箱深水港区、厦门港区及沿海港口，抓好武夷山机场二期等机场扩建、新建工程；能源建设重点是优化能源结构，合理调整布局，大力开发新能源，推进城乡电网建设和改造，开拓电力市场；城市基础设施建设重点是抓好城市道路交通、供水排水、污水垃圾处理和绿化美化等公用基础设施的建设；防灾减灾体系重点是建设堤防排涝工程体系，蓄水防旱工程体系，洪水预警预报体系，水利工程除险保安体系。沿海防护林工程体系，主要江河生态林保护体系，中尺度灾害性天气预警系统，渔港（避风港）防御体系。农林水产病虫害、疫情防治体系，防震体系等十大体系。经过5年努力，我省将构筑起连接全省9市、辐射中西部、承接长江三角洲和珠江三角洲的“一纵两横”高速公路主骨架，形成以厦门、福州两个主枢纽港为龙头的多层次、全方位对外开放港口格局，建成稳定可靠的能源保障体系，形成十大防灾减灾体系和粮食安全体系，建成一批功能完善、设施配套、环境优美、管理规范的重大科技、教育、文化、广播电视、卫生和体育设施，使基础设施体系由初步适应型向适应型转变。

（四）促进区域经济协调发展。加快山区开放开发，提高沿海地区发展水平，促进区域经济协调发展。是“十五”期间提高我省现代化建设整体水平的一项重要战略任务。山区要着眼于增强自我发展能力，加强以交通为重点的基础设施建设，推进农业、林业、水产、旅游、矿产等优势资源的合理开发和深度加工，促进资源优势转化为经济优势。加大对经济欠发达地区的财政转移支付力度，在项目布点、资金安排、科技推广和人才培养等方面予以倾斜。沿海地区要加快体制创新和科技创新步伐，推进产业结构优化升级，增强中心城市的聚集效应和辐射功能，提高参与国际竞争的能力。厦门经济特区要继续当好改革开放和现代化建设的排头兵，发挥经济特区的“窗口”作用和示范带头作用。加快建设海洋经济强省，合理开发海洋资源，形成海洋产业组合优势，使海洋经济成为全省经济的新增长点。进一步加强山海协作，坚持“优势互补、互惠互利、长期合作、共同发展”的原则，拓展协作领域，提高协作的整体效益，逐步缩小山区与沿海地区的发展差距。“十五”期末，努力使山区成为基础设施基本适应、生态经济发展较快、中心城镇带动作用较强、人民生活逐步宽裕的地区；沿海地区成为高新技术产业和外向型经济比较发达、第三产业繁荣、基础设施适度超前、城乡经济协调发展、生态环境优美、社会文明进步的全国重要经济区域之一。

（五）积极推进城镇化。提高城镇化水平，加快城市发展，可以为经济发展提供广阔的市场和持久的动力，是优化城乡经济结构，促进国民经济良性循环和社会协调发展的重大措施。要从我省实际出发，遵循城镇化发展规律，科学规划，因势利导，突出抓好中心城市功能的培育完善和重点小城镇的发展壮大，加快城镇化进程。中心城市要坚持高起点规划、高标准建设、高效能管理，完善城市基础设施体系，重视保护城市历史风貌，增强城市综合实力和功能。县级小城市要挖掘潜力，夯实基础，部分区位优势明显、基础较好、潜力较大的小城市要发展成为中等城市。坚持科学规划，合理布局，规模适度，注重实效，择优发展小城镇，重点发展县城和部分基础条件好、发展潜力大的中心小城镇。要以生产要素的集聚作为小城镇建设的中心环节，引导乡镇企业向小城镇集中布局，转移农村剩余劳动力，提高非农化比例，增强小城镇的经济基础，使之成为农村区域性经济文化中心。加快户籍制度、土地使用制度等配套改革，努力营造城镇发展的良好环境。力争到“十五”期末，城镇化水平提高到42%，逐步形成中心城市辐射带动作用较强。大中小城市和小城镇协调发展，分工有序、功能互补、布局合理、结构协调的城镇体系。

（六）增创体制新优势。发展的根本出路在于改革。坚持以改革统揽全局，勇于突破束缚生产力发展的体制性障碍，逐步完善社会主义市场经济体制。继续推进国有大中型企业的公司制改造，建立和完善现代企业制度。建立健全国有资产管理、监督、营运体系，确保国有资产保值增值。深化国有企业劳动、分配制度改革，完善激励和约束机制。加快所有制结构调整，提高国有经济的控制力，进一步放开非公有制经济的投资经营领域，引导非公有制企业进行改革创新和积极参与结构调整和产业升级，营造非公有制经济发展的良好环境，推动非公有制经济快速健康发展。在坚持和完善土地承包经营的基础上，进一步深化农村改革，加快农村市场化建设。积极推进财政预算制度改革，逐步完善转移支付制度，逐步建立适应社会主义市场经济要求的公共财政框架。积极稳妥地推进税费改革，完善地方税体系。按照中央统一部署，积极推进金融体制改革，防范和化解金融风险。加快建立和完善市场体系，重视培育和发展要素市场，健全维护市场秩序的法规。进一步深化科技、教育、文化、卫生和住房制度改革。继续改革和精简政府机构，进一步推进干部人事制度改革和行政审批制度改革，建立廉洁高效、运转协调、行为规范的行政管理体系。到“十五”期末，要建立起国有经济布局的新架构，国有大中型企业全面建立现代企业制度，金融体制、财税体制、投融资体制、市场体系、收入分配和政府机构等方面改革取得新的进展。

（七）提高开放型经济的发展水平。坚持扩大对内对外开放，是我省改革开放以来加快经济发展的基本经验之一。我国将要加入世界贸易组织，我省要以更加积极的姿态，抓住机遇，趋利避害，大力完善投资环境，进一步扩大对外开放领域，不断探索利用外资的新方式、新途径，积极合理有效地利用外资。继续推行市场多元化和科技兴贸战略，深化外贸体制改革，优化出口商品结构，提高出口产品技术含量和附加值，不断开辟新兴市场。加强闽港、闽澳合作交流，提高合作层次和水平。要抓住台湾岛内产业转移的新机遇，争取吸引台湾高新技术产业有较大突破，在服务业领域吸引台资有重大进展，闽台农业合作进一步扩大，促进闽台经贸合作向高层次发展。在一个中国的原则下，积极推进两岸直接“三通”，为祖国统一大业作贡献。继续做好“侨”的文章，充分调动华侨华人的积极性，努力做好引资和引智工作。认真实施“走出去”战略，鼓励有比较优势的行业和有竞争力的企业积极开展境外加工贸易和境外资源开发。进一步扩大对内开放，密切关注西部大开发，加强对西部对口支援地区的帮扶，鼓励我省企业到西部开拓市场，开展经贸合作。加强省际交流与合作，重点加强与重要资源省份及周边省份的经贸合作。积极吸引外省企业到我省投资设厂，开展多种形式的经济技术合作。“十五”期间，对外开放经济贸易体制要进一步完善，出口贸易和利用外资结构更加合理，实际利用外资年均40亿美元，进出口总额年均增长8%，利用外资规模居全国前列。

（八）加快科技教育发展和人才开发。当今世界的激烈竞争，说到底是科技和人才的竞争。福建要在更趋激烈的经济竞争中实现跨越式发展，就必须加快科技教育发展和人才开发。要加快科技创新体系建设，增强科技创新能力，抢占科技制高点，重点抓好电子信息、生物工程、新材料、海洋开发、光机电一体化和环保研究开发，力争在若干重要领域有所突破。加快建立适应市场经济要求和科技自身发展规律的新型科技体制和运行机制，加速科技成果转化，推进高新技术产业的发展。要把教育摆在优先发展的战略位置，坚持“三个面向”，注重培养学生创新精神、实践能力和良好品质，全面推进素质教育。巩固提高“两基”成果，积极发展高中阶段教育，加快高等教育结构和布局调整，提高办学水平。大力发展现代化远程教育、职业技术培训以及其他继续教育，全面提高劳动者素质。加快实施“541人才工程”和“百千万人才工程”，重点培养一批现代化建设急需的各类人才，用好省内人才，积极引进省外、海外人才，努力形成有利于各类优秀人才脱颖而出、人尽其才的良好环境。“十五”期末，全社会研究与开发经费占国内生产总值的比例要提高到1.5%，高技术产业增加值占国内生产总值的比重达到8%，高中阶段教育和高等教育毛入学率分别达到60%和13%以上，高等教育实现大众化初级水平。

（九）增强可持续发展能力。坚持可持续发展战略，把经济建设与人口增长、节约资源、保护环境紧密结合起来，统筹安排，协调推进。坚持计划生育基本国策，稳定低生育水平，努力提高人口素质，积极发展老龄人事业。依法保护和开发水、土地、矿产、森林、海洋等资源，提高资源的利用水平和效率。加强环境综合整治，巩固和扩大“一控双达标”成果，集中解决危害群众身体健康、制约经济和社会发展的环境问题。加强生态建设与生态环境保护，实施特殊生态功能区、重点资源开发区和生态良好区的三区保护战略。“十五”期末，全省人口自然增长率控制在9‰以内，总人口控制在3520万人以内，森林覆盖率继续保持在60%以上，城市建成区绿化覆盖率达到35%，主要污染物排放总量控制在国家规定的目标值以下，自然资源利用趋于合理。

（十）完善社会保障制度和改善人民生活。不断提高人民群众的物质文化生活水平是发展经济的出发点和最终归宿。要在经济发展和提高效益的基础上，不断增加城乡居民收入，特别是增加广大农民和城市低收入者的收入，不断拓宽消费领域，提高消费水平。大力发展有市场前景的劳动密集型产业和服务业，完善就业服务体系，多渠道开辟新的就业门路，千方百计扩大就业。坚持和完善社会统筹与个人账户相结合的城镇职工基本养老、医疗保险制度，完善失业保险制度，建立健全工伤保险和生育保险制度，完善城市居民最低生活保障制度，逐步提高城市贫困人口救济补助标准。完善医疗服务、预防保健、卫生执法监督服务体系，实现人人享有初级卫生保健的目标。积极发展社会福利、社会救济、优抚安置和社会互助等社会保障事业。认真落实妇女儿童发展规划纲要，切实保障妇女、未成年人、老年人、残疾人的合法权益。要继续做好扶贫工作，认真做好对欠发达地区特别是革命老区、少数民族地区的财政转移支付工作。切实改善社会公共服务，发展经济适用房和廉租房，保障人民安居乐业。“十五”期间，城镇和农村居民人均可支配收入年均增长5%，城镇居民人均住宅建筑面积达到29平方米，有线电视入户率为80%，社会公共服务水平和覆盖面提高，城镇登记失业率控制在4%以内。

（十一）加强精神文明和民主法制建设。要始终坚持“两手抓、两手都要硬”的方针，加强精神文明和民主法制建设，为改革开放和现代化建设提供强有力的保障。坚持和完善人民代表大会制度与共产党领导的多党合作和政治协商制度，健全民主决策机制，促进决策的民主化、科学化。支持工会、共青团、妇联等人民团体加强建设。加强村民自治和社区民主建设，完善以职工代表大会为基本形式的企业民主管理制度。加强地方立法，推进政府工作法制化，提高行政执法水平。深入开展社会主义法制教育，认真实施“四五”普法规划，提高全体人民特别是各级领导干部的法制观念。要不断改进思想政治工作，切实加强思想道德建设和文化建设，弘扬爱国主义、集体主义和社会主义精神，努力在全社会形成共同理想和精神支柱。大力倡导社会公德、家庭美德和职业道德，深化群众性精神文明创建活动，突出抓好各行业文明示范窗口、文明社区和文明新村的建设。加强科普工作，弘扬科学精神，反对封建迷信和伪科学。深化文化体制改革，大力发展文化产业，加快文化设施建设，推动文学艺术、新闻出版、广播影视、体育卫生等事业再上新台阶。促进哲学、社会科学发展，推进学科建设和理论创新。加强国防教育，提高全民国防意识，搞好“双拥”工作，加强民兵预备役建设和人防工作，积极推进国防建设。要加强社会治安综合治理，依法严厉打击各类犯罪，坚决扫除“黄、赌、毒”等社会丑恶现象，严肃查禁邪教和利用宗教进行非法活动。“十五”期间，要努力建立适应社会主义市场经济发展的思想道德体系，构建和完善以县市区依法治理为重点、以基层依法治理为基础、以行业依法治理为支柱、各个层次纵横结合的依法治理网络，实现社会风气、社会信用和社会秩序明显好转。

三、2001年的主要工作安排

今年是进入新世纪的第一年，做好今年的政府工作对于实现“十五”计划的良好开局具有重要意义。今年我省国民经济和社会发展的主要预期目标是：全省国内生产总值增长9%，力争更快更好些；全社会固定资产投资增长5%；外贸出口增长8～10%，吸收外商直接投资38亿美元左右；地方级财政收入增长9%；社会消费品零售总额增长11%；居民消费价格涨幅3%左右；城镇居民人均可支配收入和农民人均纯收入实际增长4～6%；人口自然增长率控制在8‰以内；城镇登记失业率控制在3.5%以内。今年必须着重做好以下几方面的工作。

（一）把加强农业基础地位和增加农民收入作为经济工作的首要任务。各级政府要高度重视农业、加强农业，全面落实党在农村的各项政策，确保农民收入稳定增长。要稳定粮食生产，全省粮食播种面积要稳定在2800万亩以上，粮食产量稳定在900万吨以上。深化粮食流通体制改革，落实按保护价敞开收购农民余粮政策。要继续以农业产业化带动农业和农村经济结构调整，推广公司加农户、订单农业等有效形式，择优扶持一批能带动千家万户农民进入市场、增加收入的龙头企业。要根据市场需要，紧紧依靠科技，调整种养业结构，大力发展名特优新产品和绿色食品，提高农业的综合效益。加强市场体系建设，搞活农产品流通。加强市场信息服务和技术服务，尊重农民意愿，维护农民经营自主权。加快乡镇企业结构调整、技术进步和体制创新，促进农村二、三产业发展，今年要扶持发展一批大型乡镇企业、建设一批乡镇示范工业园区和一批大型专业批发市场。鼓励和引导农村富余劳动力向非农产业转移，增加务工收入，拓宽农民增收渠道。要以闽台农业合作为重点，加快福州、漳州海峡两岸农业合作实验区建设步伐，进一步扩大农业对外开放。增加投入，重点支持农田水利建设、农业生态建设、农业科技和农业机械推广，改善生产条件，提高防灾抗灾能力。今年要注意解决好一些地方的山体滑坡问题，确保群众生命财产安全。继续实施水利建设“三千”工程、低产田改造项目和“沃土工程”。今年基本完成全省农村电网改造。推进农村税费改革，今年全省先在部分县进行改革，积累经验后全面推开。认真做好清理乡镇编外人员工作，减少财政供养人员。深化农村金融改革，促进农村经济发展。要抓紧制订实施新世纪的扶贫开发计划，继续采取实施“造福工程”、“小额信贷”等行之有效的扶贫方式，推进开发式扶贫。加强对老区和少数民族地区的扶持，进一步搞好农村“五通”建设，改善老少边岛地区的生产生活条件。加强对宽裕型小康建设的指导，提高小康建设水平。

（二）调整优化产业结构。加快采用高新技术和先进适用技术改造轻纺、建筑、建材、冶金、造纸、食品、烟草等传统产业，推进产业技术创新和产品升级。发展壮大电子信息、机械、石化等主导产业。积极推进高新技术及新兴产业。进一步抓好总量控制，继续压缩淘汰过剩和落后的生产能力，限制长线产品发展，防止低水平重复建设。加快调整企业组织结构，促进一批拥有名优新特产品、技术先进、管理良好、竞争力强的大型企业进一步发展壮大。今年要引导一批企业，通过互相参股、联合投资、联合改造等，力争在实现低成本扩张、规模经济、优化存量上取得突破。大力培育名牌产品，增强闽货的市场竞争力。加快编制和实施“数字福建”建设规划，重点抓好有线电视双向改造、电信骨干网扩容、电子政府、电子商务和空间信息基础工程等建设。

（三）切实加强固定资产投资。要采取切实有效的措施，尽快扭转固定资产投资增幅偏低的局面，保持对经济持续增长的拉动力。积极争取更多的国债资金，加强对国债项目的管理，对各种挤占、挪用和贪污、浪费国债资金的现象，必须严厉查处，坚决纠正。要加快重点项目建设进度，切实保证工程质量。今年安排省重点建设项目35个，其中23个计划建成投产或部分投产；省预备重点建设项目16个；重大利用外资项目7个。各级各部门要加强领导和协调，强化管理，落实责任，保证进度，确保重点建设任务的完成。要下大力气抓好一批关系国民经济发展的重大项目储备，强化项目前期工作，从资金上、组织上对开展项目前期工作给予保证，确保项目前期工作质量，促使尽可能多的项目早日开工建设。要严格审核和控制工程预算，落实资金拼盘。深化投融资体制改革，推进投资主体多元化。抓紧在市场准入、融资、用地等方面制定有效政策，引导和激活民间投资，为社会各类投资主体创造公平竞争的法制环境和市场环境。

（四）努力扩大消费需求。要进一步清理和取消限制消费的各项政策规定，大力拓展假日、保健、娱乐、社区服务等新的消费领域，大力发展旅游经济，促进教育消费，发展住房消费。继续加强通讯、汽车、家电等大宗耐用消费品的促销工作，积极开展消费信贷业务，支持扩大即期消费。加快城乡市场建设，大力推行连锁经营、物流配送、电子商务等新型营销方式，搞活城乡市场流通。积极组织企业参加各种商品展销会、博览会。活跃边界贸易，大力扶持19个边界县建设，扩大省际经贸合作。

（五）深化以国有企业改革为重点的综合改革。巩固和扩大国企改革与脱困成果，对已改制的国有大中型企业要完善法人治理结构，对尚未改制的要根据实际，制订切实可行的改制方案，通过股份制改造、合资、兼并、转让等形式，形成多元投资主体的公司制企业。加快企业人事、劳动、分配制度改革，继续探索经营者期权股权奖励和年薪制，建立行之有效的激励机制和约束机制。支持和发展主业突出、管理水平高、竞争能力强的大企业和大集团。积极探索和建立面向全社会的中小企业支持服务体系和风险投资机制，建立国有中小企业破产安置准备金，选择部分具备条件的市、县进行设立以面向社会筹集资金为主的中小企业贷款担保机构试点。按照“进而有为，退而有序”的要求，提出加快推进国有经济战略性调整的总体方案，研究制订退出机制和政策。围绕资金、成本、质量三个主要环节，全面加强企业管理。继续推进国有资产管理监督营运体制改革，省属集团公司要改制为国有资产营运公司，财政、信托、交通、外贸、旅游等系统国有资产授权经营公司的组建工作要取得进展，进一步抓好省级投融资公司和境外企业的整顿工作。巩固省级政府机构改革的成果，周密细致地推进市、县、乡政府机构改革。继续推进政府行政审批制度改革，转变职能，提高效率。推进城镇职工医疗卫生体制“三项”改革。

（六）大力发展外向型经济。抓紧做好加入世贸组织的各项准备工作，加强培训和宣传，普及世贸组织相关知识，继续深化我省重点产业、行业、企业和产品的应对措施，抓紧清理和修改不适应世贸组织规则的政策法规，切实转变政府管理经济的方式。调整优化出口产品结构，提高出口产品的技术含量和附加值。深化外贸管理体制改革，增强国有外贸企业的活力。积极推进出口市场多元化，在巩固港澳台传统市场，努力恢复和发展东南亚市场的基础上，提高美、欧、日等发达国家市场的开发深度，大力开拓中东、东欧及独联体、非洲、拉美等潜力巨大的市场。扩大利用外资领域，抓紧制定我省服务业利用外资发展规划，争取在金融、商业、旅游、运输、中介组织等领域取得新突破。加大对欧、美、日等发达国家和跨国公司的招商引资力度。进一步发挥开发区的功能，增强开发区吸引外资的载体作用。办好第五届中国投资贸易洽谈会、福州国际招商月等一系列经贸活动，积极运用新的招商方式，扩大招商引资的成果。积极稳妥地实施“走出去”战略，鼓励有比较优势的企业到境外投资办厂，发展境外加工贸易。大力推进闽港、闽澳、闽台合作与交流，提高合作层次与水平。积极引进新台资，引导和鼓励现有台资企业增资扩产，扩大规模，提高技术层次和企业素质。进一步办好台资企业和台商投资区。坚持依法办事，强化外商投诉协调工作，切实保护外商合法权益。继续改善和优化外经贸环境，建立健全我省外经贸发展的支持服务体系。

（七）大力推进山区开放开发。认真贯彻落实省委、省政府《关于进一步加快山区发展，推进山海协作的若干意见》，落实扶持山区经济社会发展的各项优惠政策，在财政、金融、税收、资金安排、项目布点等方面加大对山区的扶持。进一步加强山区基础设施和生态环境建设。加快建立山海协作项目储备库，扶持发展一批山海协作重点项目，培育一批山海协作示范工程。积极引导沿海企业到山区投资兴业。加快山区科技教育发展和人才培养，探索鼓励优秀人才到山区创业的有效途径。把握中央实施西部大开发战略的机遇，拓展我省经济发展的空间。积极完成对口支援宁夏、西藏林芝地区和重庆三峡库区的任务，搞好新疆昌吉州干部对口支援和三峡库区农村移民搬迁入闽工作。

（八）继续执行积极的财政政策和稳健的货币政策。继续贯彻“加强征管、堵塞漏洞、惩治腐败、清缴欠税”的方针，强化税收征管，努力提高财政收入占国内生产总值的比重，增强有效财力。要加强预算管理，坚持“一要吃饭、二要建设”的原则，统筹安排财力。首先保证按时足额发放机关事业单位职工工资，保证今年中央增资政策落实到位。调整优化财政支出结构，压缩一般性支出，加大对农业、社会保障、科技教育文化的投入。积极推进财政预算制度改革，健全政府采购制度和财政对困难县转移支付制度。加强预算外资金管理，落实“收支两条线”规定。改善政府债务结构，高度重视县乡债务问题，建立政府债务风险预警体系，防范财政风险。重视和加强审计工作，维护财经秩序。要认真贯彻落实稳健的货币政策，加大对经济发展的支持力度。积极利用资本市场，培育上市后备企业，提高上市公司质量，加大直接融资力度。进一步办好福建兴业银行，继续支持国有独资银行在闽发展，吸引境内外其他商业银行来闽设立机构。保险业要拓展服务领域，提高服务质量。要加强金融监管，搞好金融“三项整顿”，防范金融风险。

（九）大力发展科技教育，推进文化、卫生、体育等各项社会事业的发展。大力推进科技进步，提高技术创新能力，加速关键技术和具有战略意义的高技术的研究开发，促进科技成果转化和高新技术产业化，构筑我省高新技术产业的规模和优势。继续推进有应用开发能力的公益型科研机构的转制改革，积极探索建立发展高新技术产业的风险投资机制和科技创新激励机制，加快企业研发中心建设。实施吸引人才的优惠政策，加快建设福建留学人员创业园，鼓励留学人员和海外、省外科技人才来闽工作、创业或以其他方式为我省服务。重视基层初、中级人才培养，全面提高劳动者素质。抓好教育“两基”的巩固提高，扩大高中教育和高等教育规模，努力减轻中小学生课业负担和家长经济负担。加快福州地区“大学城”和厦门大学、华侨大学新校区建设，抓紧再设置2～3所本科高等学校的规划、组建和申报工作，切实加强“211工程”二期和重点学科建设，继续推进高校后勤社会化改革。继续抓好高校“筒子楼”改造和学生公寓建设。发展文化事业，进一步推动艺术精品创作，组织好“向建党80周年献礼”作品，加快社区、农村文化建设，加强文化市场管理，重视保护、扶持我省地方优秀传统文化，丰富群众文化生活。加强文物保护和考古发掘工作。加强县级医疗机构和乡镇中心卫生院建设，努力改善农村医疗和卫生条件，加强重点疾病的预防与控制。积极备战九运会，努力提高竞技体育水平，办好第五届全民健身节等群众体育活动，初步形成社区健身网络。加快省博物馆、体育馆、广电中心、福建大剧院等重点社会事业项目建设。认真做好广播影视、新闻出版、社会科学、档案、民政、民族、地方志、气象、防震减灾等工作，加快老区建设，实施妇女儿童发展规划纲要，重视老龄和残疾人事业，做好关心下一代工作。进一步加强与工青妇、科协、文联、社科联、计生协的联系，充分发挥群众团体作用。

（十）认真落实人口、土地、环保三大国策，促进可持续发展。计划生育工作要坚持“三不变”，巩固“三为主”，推进“三结合”，重点加强基础差、难度大的县区、乡、村和流动人口的计生工作，稳定低生育水平，促进优生优育。依法加强资源管理，搞好土地、矿产和水资源的合理开发、有效保护和高效利用。严格土地用途管制，建立土地开发资金运行调配机制和补充耕地储备制度，确保耕地占补平衡。巩固提高“一控双达标”成果，加大环保执法力度，严格控制污染物产生和排放总量。大力推行ISO14000环境管理体系，加快环保基础设施建设，推行污染物集中治理、达标排放，改善人居生态环境。

（十一）建立健全社会保障体系，改善人民群众生活。继续发展劳动密集型企业、非公有制经济组织和社区服务业，多渠道扩大就业，创造更多的就业岗位。调节和规范收入分配，认真解决低收入群体的生活问题。健全城市居民最低生活保障制度，确保城镇居民最低生活保障金、下岗职工基本生活费、企业离退休人员养老金按时足额发放。做好离退休人员养老金的社会化发放工作，大力推动社会保障管理和服务的社会化。加强劳动力市场建设，落实下岗职工、失业人员再就业和自谋职业的优惠政策，加快推进国有企业下岗职工基本生活保障向失业保险制度的“并轨”步伐。做好社会保险基金改由地税部门征收的工作，重点扩大“三资”、私营企业职工的参保率，提高社会保险费征缴率。提高社会保障的财政支出比例，多方面增加社会保障资金。积极推进城镇职工基本医疗保险制度改革，建立社会医疗救助制度。实施医药机构分类管理制度，切实搞好医药分开，进一步规范药品生产流通秩序，实现用比较低廉的费用提供比较优质的医疗服务。

（十二）坚持“两手抓”，切实维护社会稳定。将依法治省和以德治省结合起来，进一步加强和改进思想政治工作，深入开展社会主义思想道德教育，大力弘扬爱国主义、集体主义、社会主义和艰苦创业精神。深入开展群众性精神文明创建、共建活动，大力倡导社会公德、职业道德和家庭美德。加强国防教育、国防动员和民兵预备役建设，深入开展“双拥共建”活动，切实做好拥军优属工作。进一步落实社会治安综合治理责任制，积极防范和依法严厉打击偷私渡活动，深入开展“打黑除恶”专项斗争，坚决铲除“黄、赌、毒”等各种社会丑恶现象。进一步加强公安队伍建设，从严治警，从优待警，公正执法。落实党的宗教政策，加强宗教事务管理，积极引导宗教与社会主义社会相适应。坚决打击“法轮功”邪教和利用宗教进行的非法活动，教育、团结、挽救绝大多数“法轮功”练习者。认真做好群众来信来访工作，正确处理新形势下的人民内部矛盾。依法化解和消除各种不安定因素。切实落实安全生产责任制，保证人民群众生命财产安全。整顿、规范经济秩序是今年政府工作的一项重要任务，要按照中央的统一部署，严厉打击制假售假、经济欺诈、恶意逃废债务、偷税骗税和逃汇、套汇、骗汇等违法犯罪行为，坚持不懈地开展反走私斗争，严肃查处侵犯消费者权益行为。强化社会信用意识，建立严格的信用制度，规范契约关系，健全市场法规，规范市场主体行为，优化市场环境。

四、努力建设“廉洁、勤政、务实、高效”的政府

加快建设海峡西岸繁荣带，任务艰巨、责任重大、使命崇高。各级政府要按照“从严治政”的要求，全面加强自身建设，努力建设“廉洁、勤政、务实、高效”的政府，树立形象，凝聚人心，锐意进取，开拓创新，更好地团结带领全省人民在新世纪创造新的业绩。

一要牢记宗旨，坚持在搞好服务上狠下功夫。始终代表最广大人民群众的根本利益，是党的性质和宗旨的集中体现。各级政府在发展社会主义市场经济的新的历史环境中，既要时刻牢记自己是人民的政府，一切工作都要以是否符合最广大人民的根本利益为最高衡量标准；又要深刻认识到自己是为人民服务的政府，必须时刻牢记和尽到“服务”的职责。不为人民服务的政府不能代表人民的利益，必然得不到人民群众的拥护；谁将自己摆在让人民为自己服务的位置，谁就必然要遭到人民群众的反对。各级政府要坚持以民为本，自觉地在“服务”二字上狠下功夫，想问题、作决策、办事情都要以人民利益为重，尊民心、惜民力、知民情、重民意、急民需、解民忧，千方百计为人民群众谋取最大利益。

二要转变作风，以实干聚民心、促发展。实干是我们党的优良作风，是战胜困难、解决矛盾和问题的根本途径，也是铲除形式主义和官僚主义的有效措施。我们过去所取得的成就，无一不是靠实干干出来的；我省经济社会发展中存在的一些主要问题，都与我们没有将党的路线方针政策和省委、省政府决策部署很好地落在实处有着直接关系。实干兴邦，空谈误国。在新世纪中我们要发展、发展、再发展，就必须实干、实干、再实干。只有实干，我们才能将党的各项方针政策落到实处，才能将为人民服务的宗旨转化为人民群众实实在在的利益，才能推动经济和社会的持续、快速、健康发展。实干促发展，实干得民心。不实干，我们就要落后；不实干，人民群众决不会答应。坚持实干，要求各级政府必须大兴实事求是之风，大兴调查研究之风，大兴埋头苦干之风，真正把心思放在务实上，把精力花在落实上，把时间用在办实事上。

三要从严治政，树立清正廉洁的政府形象。反腐倡廉是党心民心所向。各级领导要提倡艰苦奋斗，勤俭办一切事业，反对铺张浪费。要从严治政，深入贯彻落实廉政建设责任制，进一步规范政府的行政权力和行为，全面贯彻中央关于领导干部廉洁自律方面的有关规定，特别是中央纪委五次全会上作出的各项规定，切实推进领导干部廉洁自律工作。深入开展警示教育，从我省发生的重大案件中吸取教训，不断增强拒腐防变能力。同志之间要敢说真话，敢于批评，不做老好人，发现苗头要及时提醒，防微杜渐。要坚决查处违纪违法案件，毫不手软地依法惩处腐败分子。要坚持标本兼治、综合治理，建立健全监督和管理制度，推行领导干部任期经济责任审计制度，做到关口前移，从源头上遏制腐败现象。坚持纠建并举的方针，切实纠正部门和行业不正之风。

四要依法行政，推进政府各项工作走上法制化轨道。各级政府要在党委领导下做好各项工作。要自觉接受人大监督，把依法行政作为政府工作的基本原则，严格按照法定的权限和程序履行职责。要加强与人民政协的联系和协商，支持政协履行参政议政、民主监督职能，促进政府决策民主化、科学化。进一步加强政府法制宣传教育，完善领导干部和政府工作人员经常性学法制度，全面推进行政执法责任制，加大行政执法监督力度，建立健全依法行使权力的制约机制，加强财政、审

计监督和行政监察，提高政府工作人员特别是各级领导干部的法制观念和依法办事的能力与水平。

*五要高效优政，进一步提高政府工作的效率和水平。*要适应社会主义市场经济发展的要求，加快建立办事高效、运转协调、行为规范的行政管理体制。要转变职能，以新思路新方式开展工作，既要安分守己，该交给市场解决的就大胆放手，该由企业自主决定的就不干预，防止政府越俎代疱；又要守土有责，运用经济手段和法律手段进行宏观调控，认真管好市场秩序、法制环境，防止政府行为缺位。要把贯彻中央精神与福建实际结合起来，确保政令畅通。加强机关党的建设，做好新时期的思想政治工作。深入开展机关效能建设，建立健全各项规章制度，制订完善效能建设工作考评和有关奖惩措施，继续抓好政府审批审核制度改革和清理地方性法规规章和规范性文件工作，全面推行政务公开，努力提高办事的效率和水平。加强公务员理论和业务学习，严格管理，引入竞争机制，做到能上能下，能进能出，全面提高公务员队伍素质。

各位代表，新世纪的壮丽前景已经展现在我们面前。宏伟蓝图催人奋进，创业征程任重道远。让我们紧密团结在以江泽民总书记为核心的党中央周围，高举邓小平理论伟大旗帜，以江泽民总书记“三个代表”重要思想为指导，在省委的领导下，团结和依靠全省人民，把握新机遇，迎接新挑战，为加快建设海峡西岸繁荣带，率先基本实现现代化而努力奋斗！

辑录：郑蓁　章卓如　资料据《福建日报》
编审：陈杰明　　责校：章卓如

八 闽 视 点

全省国民经济和社会发展“九五”计划胜利完成

“九五”时期，是福建省改革开放和现代化建设承前启后、继往开来的一个重要时期。5年来，在省委、省政府的正确领导下，全省人民共同努力，认真贯彻执行党中央、国务院的各项方针政策，扎扎实实做好“九五”计划的组织实施工作，在复杂的形势下，开拓进取，稳步推进各项改革，积极扩大对外开放，在成功地抑制通货膨胀，实现经济“软着陆”之后，针对经济形势的变化，贯彻执行扩大内需的方针，实行了较有成效的政策措施，努力克服亚洲金融危机等方面带来的困难，使经济发展出现了积极变化，各项社会事业得到了进一步发展，胜利完成了“九五”计划。

一、国民经济保持较快发展，综合经济实力进一步增强。2000年本省国内生产总值完成3920亿元，“九五”时期年均增长11.8%，实现“九五”计划年均增长11%以上的目标。其中，第一产业增加值年均增长6.2%，第二产业增加值年均增长13.4%，第三产业增加值年均增长12.4%。经济总量于1996年按计划实现翻三番目标，人均国内生产总值于1999年比计划提前一年实现翻三番目标。经济运行质量有所提高，全社会劳动生产率由1995年的13752元上升到2000年的24152元，年均递增13.6%。财政实力显著增强，2000年全省财政总收入369.53亿元，增长20.9%，其中地方级财政收入234.03亿元，增长15.8%，财政支出322.77亿元，增长16.7%，连续16年实现收支平衡。“九五”时期财政年均增长14.9%，实现高于国内生产总值增长的计划目标，财政收入占国内生产总值的比重由1995年的8.6%上升到2000年的9.4%。

二、产业结构调整步伐加快。“九五”时期，福建省积极调整优化经济结构，大力培植石油化工、机械电子、建筑建材、林产业、水产业和旅游业、轻纺工业等产业，三次产业结构已由1995年的21.7：42.4：35.9调整为2000年的16.3：43.6：40.1。农业种植结构调整取得较大成效。全省划定基本农田保护区1821万亩，优质和品质较好的早稻种植比重提高到48%，粮经种植比例由1995年71：29调整为2000年65：35。农业产业化经营有新的发展。森林覆盖率和人均水产品总产量均连续5年居全国首位。2000年全省农林牧渔业增加值638亿元，比1995年增长35.3%，种植业产值占农林牧渔业产值的比重由1995年的42%下降到2000年的36.5%，而林牧渔业产值由53.9%上升到59.2%。工业经济快速发展，结构调整步伐加大。2000年全省工业增加值1470亿元，比1995年增长95.9%，年均增长14.4%。产业集中度提高，全省83家重点工业企业增加值1999年底占全省工业增加值的比重达11.4%；省定的90家重点企业、90个重点项目、60个重点高新技术产业化项目和重点名牌产品的建设和经营情况较好；电子信息等高新技术产业对全省经济发展的带动作用日益增强。2000年工业新增长点项目全年新增产值224.85亿元，占全省工业新增产值的45%。产业外向度继续提高，工业品出口交货值占销售产值的比重到2000年达到34.6%。轻重工业协调发展，轻重工业结构2000年为51.1：48.9。非公有制经济发展迅速，非公有制经济的比重由1995年的47%上升到2000年的近60%。企业经济效益提高，2000年全省规模以上工业经济效益综合指数为120.56，比1995年提高14.56点。实现利润总额95.7亿元，比1995年增长98.7%，年均增长14.7%，到2000年底，国有控股大中型企业亏损面控制在20%左右，列入国家考核范围的69户重点企业中的近80%摆脱困境。第三产业中新兴产业快速增长。金融保险作为现代经济的核心地位和作用越来越显著，证券业对经济的支持作用日益显著，旅游消费渐成消费热点。2000年第三产业增加值达1571亿元，比1995年增长78.6%，年均增长12.3%，高于同期国内生产总值年均增长速度。

三、基础设施得到加强，重点建设成绩突出。2000年完成全社会固定资产投资1110.1亿元，比1995年增长63%。“九五”累计完成4932亿元，剔除价格因素，超额完成“九五”计划，占改革开放以来固定资产投资的2/3。重点建设在产业结构调整中起着举足轻重的作用。从1996年至1999年共筛选、确定支柱产业重点建设和前期工作项目86个，目前已有10个建成投资，到2001年底还将有13个建成投资或部分建成。基础设施显著改善，已能基本适应改革开放和现代化建设需要。“九五”期间，完成中低产田改造385万亩，千公里海堤加固全面完成，千公里江堤建设完成829公里，建成闽江等“五江一溪”洪水预警报系统，中尺度灾害性天气预警系统二期工程基本完成。顺利建成一批国家和省储备粮库。集中力量建成了长乐国际机场、厦门国际机场二期、横南铁路、漳泉肖铁路、梅坎铁路、福厦漳高速公路等一批重点项目。新增铁路营运里程369.4公里，占全省境内铁路营运里程1465.4公里的1/4；新增公路通车里程2482公里，其中高速公路345公里，实现本省高速公路零的突破；新增沿海港口年综合吞吐能力2867万吨；民航机场年旅客吞吐能力达1826万人次；电力装机容量达1075万千瓦，城网、农网改造加快，电力需求由卖方市场向买方市场过渡；城乡电话交换机总容量突破600

万门，移动电话系统增容305.5万门，长途电话交换机增容11.25万路端。加大了社会事业设施重点项目的建设力度。省革命历史纪念馆、福建会堂、厦门国际会展中心、省妇女儿童活动中心、省属高校集美大学、医大莆田分校、省游泳跳水比赛馆等一批重点项目相继建成，还有省体育馆新馆、省博物馆等一批重点项目正在抓紧施工或做前期工作。

四、外经外贸稳步发展。在面临亚洲金融危机的严峻形势下，采取“巩固东南亚、加强港澳台、拓展欧美日”等一系列重大举措，克服了国际市场需求不足和结构变化等负面影响，对外经贸总体呈平稳发展态势。2000年全省外贸出口129.09亿美元，比1995年增长63.2%，“九五”年均增长10.3%，低于“九五”计划14%的目标。5年累计利用外资203.15亿美元，超额完成“九五”计划150亿美元的目标。外汇收支实现顺差，2000年外汇收入增长80%，达历史最高水平。对外承包工程、劳务合作和国际旅游业继续发展。与台港澳地区及华侨华人的经贸合作与交流更加密切，“九五”时期本省与港澳地区的贸易额及利用资金5年累计分别达到100.08亿美元和131.22亿美元。

五、城乡人民生活水平进一步提高。2000年全省农民人均纯收入3230.49元，比1995年增长57.7%，年均实际增长6.5%；城镇居民人均可支配收入达7432.26元，比1995年增长53.1%，年均实际增长6.5%，均超过“九五”计划实际年均增长4～5%的目标。劳动就业渠道拓宽。下岗职工再就业工作取得实效，1999年全省有5.78万名下岗职工实现再就业，再就业率达到62%。城乡居民消费结构发生较大变化，居民居住条件明显改善，消费水平逐步提高。2000年全省实现社会消费品零售额1372.79亿元，比1995年增长108.2%，年均递增15.8%。居民消费逐步从基本生活资料型为主，转向享受和发展资料消费型为主。城镇居民恩格尔系数由1995年的61.1%下降到2000年的44.7%，农村居民恩格尔系数由1995年的61%下降到2000年的49%。2000年全省城镇居民人均居住面积已超过13平方米，农村居民人均居住面积可达28平方米。

六、就业和社会保障事业取得明显成效。随着劳动就业制度综合配套改革的全面推进，本省劳动力市场建设取得明显成效。全省已有各类职业介绍机构1100多家，下岗职工职业技能培训近两年达14.52万人，2000年国有经济单位在岗职工180万人，占全省城镇单位在岗职工的比重为56.6%，比1995年减少6.4个百分点；城镇集体经济单位35.5万人，比重为11.2%，比1995年减少6.3个百分点；其他经济类型单位102万人，比重为32.1%，比1995年增加12.7个百分点。社会保障工作以社会保险统一部门管理，养老保险实现省级统筹和建立城镇职工基本医疗保险制度为标志，社会保障制度改革取得了突破性进展，初步形成社会保险、社会救济、社会福利、优抚安置和社会互助、个人储蓄积累保障相结合的多层次的社会保障制度，初步完成“九五”规划对社会保障体系建设目标和任务的规定。到2000年底，全省企业参加养老保险职工174.8万人左右，比1995年增加63.7万人；失业保险参保职工176.4万人，比1995年增加43.9万人；全省离退休人员退休金社会化发放达到100%。

七、实施科教兴省战略，促进经济社会协调发展。“九五”期间，福建省科研院所、高等院校和大中型工业企业从事科技活动人员年均增长超过6%；科技活动经费投入年均增长超过20%，研究与开发经费投入年均增长超过50%；地方财政科技拨款占地方财政支出的比重1999年已达2.5%，比1995年提高0.85个百分点。全社会科技活动经费投入的新格局已逐步形成，非政府资金（包括科技贷款）投入所占比重已超过3/4。科技体制改革迈出实质性步伐，基本完成13家省属开发科研机构向科技型企业转制。以企业为主体的科技创新体系逐步建立，企业产品更新换代加快，1999年度本省大中型工业企业新产品销售收入的比重达22.2%，比1995年提高18.4个百分点。教育体系逐步完善，多形式、多层次的办学格局正在形成，全省素质教育从探索试点进入全面推进阶段。高等教育初步打破了条块分割的管理体制，开展了多形式联合共建，厦门大学、福州大学和省属高校20个重点学科和有关重点实验室都已进入“211工程”，博士点和硕士点达270个。集美大学完成实质性合并，新组建了泉州师范学院、三明高等专科学校和福建农林大学。福州地区“大学城”和厦门大学漳州校区建设方案基本确定。到1998年底，“两基”目标比全国提前两年顺利实现，县（市、区）全部通过省级“两基”评估验收，成为全国第9个实现“两基”目标的省份。职业技术教育得到大力加强，中等职业学校在校生占高中阶段在校生比重已超过60%，提前6年实现国家提出的目标，1999年普通中专在校生已达12.89万人，2000年全省专业人才达到60.4万人左右。1996～1999年，各年度财政性教育经费支出占全省国内生产总值比重分别为2.9%、1.96%、1.45%和1.49%。文化、卫生、体育等各项社会事业全面发展。

八、全面组织实施可持续发展战略，促进人口、资源、环境和经济协调发展。在人口与计划生育方面。全省按照国民经济和社会发展“九五”计划的要求，严格控制人口增长。全省人口自然增长率由1996年的7.28‰降至1999年5.21‰，人口出生率、自然增长率均低于全国平均水平。在土地利用与耕地保护方面。加强对建设项目用地的管理，严格审批建设项目用地，保障重点建设项目用地需要，重点工程用地需求得到保证。耕地占用规模得到有效控制，耕地后备资源开发取得新进展。林业生态工程建设初见成效，近年来全省造林成活率和保存率面积合格率均达到99%以上，居全国前列；同时加快了中幼林抚育间伐、低产林改造步伐，加强集约经营措施。“九五”期间全省完成幼林抚育面积1539万亩，成林抚育面积1152万亩，低产林改造面积253万亩。在环境保护方面。全省环境保护工作“围绕经济抓环保，抓好环保促经济”，推行“主要污染物排放总量控制”和“跨世纪绿色工程规划”两大举措，实施四大重点治理工程，环境质量有所改善。1997年厦门市被评为全国环保模范城市，1999年10月又通过了省政府“一控双达标”验收和国家环保总局核查，成为继深圳之后全国第二个实现“双达标”的城市。武夷山自然保护区被联合国教科文组织列入世界双“遗产”名录。1996年至1999年，共投入8000万元建立闽江流域水环境综合整治基金和福建省环境污染防治基金，引导企业治理污染。1999年全省县及县以上工业废水处理率可达86.79%，工业废气处理率可达84.69%，工业固体废物综合利用率可达68.08%；主要污染物排放量控制在国家下达本省的控制范围内。四大重点污染治理工程完成了预定目标。其中闽江水环境综合整治、制鞋业“三苯”废气治理、建陶业烟尘整治等三项工程成效显著。

九、各项改革取得重大进展，经济运行环境进一步改善。“九五”期间，福建省努力把握自身的优势，各种经济成份充分发挥、相互融合，形成以公有制为主体，基本适应社会主义市场经济的多种所有制成分共同发展的局面。国有经济战略性调整力度加大，制糖、煤炭、水泥、化肥、纺织等行业结构调整取得了实质性的突破。以兼并破产、减员增效为重点的优化资本结构试点工作取得进展。国有企业改革和脱困三年目标如期实现。全省城镇企业职工基本养老保险、失业保险和医疗保险改革逐步走上法制化、规范化轨道。财政改革稳步推进，全面实施省级部门预算改革。省级政府机构改革顺利完成。住房制度改革、金融体制改革取得了实质性进展，投融资体制改革继续推进，农村改革继续深化，土地延长承包30年工作全面完成。统一开放、竞争有序的市场体系基本建立，以市场为主的价格机制正在形成。要素市场已初具雏形，现已建立了省、厦门、泉州3个产权交易市场、63个土地交易市场、20个中心劳动力市场、1300多个劳力服务机构，其他介机构也呈快速发展态势。

十、精神文明和民主法制建设继续加强。认真学习贯彻“三个代表”的重要思想，深入开展“两思”教育。普遍开展创建文明城市、文明社区、文明村镇、文明行业活动，群众性的精神文明创建活动取得新成果。“双拥”共建活动不断深入，全民国防意识普遍增强。"打黄扫非"专项斗争力度加大，成效明显。各级政府坚持对人民代表大会及其常委会负责并报告工作，自觉接受监督，认真执行人大及其常委会的决议、决定，认真办理人大代表建议、意见。积极支持政协参政议政。加强同民主党派、工商联、无党派人士和各人民团体的联系。加强立法工作。行政执法、执法监督力度加大，"三五"普法任务基本完成。坚决查处违纪违法案件，严惩了一批腐败分子。纠风工作向纵深化发展。依法严厉打击各种犯罪活动，加强社会治安综合治理，认真做好群众来信来访工作，保持了社会安定稳定。

在充分肯定5年来所取得重大成就的同时，也要清醒地认识到，全省经济社会生活中还存在一些矛盾和问题，主要是经济发展后劲不足，产业结构不合理，区域经济发展不平衡，城镇化水平较低；企业整体素质不高，产品竞争力不强，影响企业发展的体制和机制问题依然存在；农业基础仍较脆弱，农村市场化程度不高，农民增收难度加大；科技创新能力不强，人才素质与经济发展还不相适应，人口、资源、环境和就业压力较大，社会事业某些方面的发展还相对滞后；腐败现象依然不同程度地存在，机关办事效率有待进一步提高；投资软环境还不适应经济发展的需要，市场秩序亟待进一步整顿；一些地方社会治安和安全生产不尽如人意等。省委、省政府高度重视这些问题，在今后的工作中将采取有效措施，切实加以解决。

回顾"九五"期间走过的历程，全省各级政府解放思想，开拓创新，积极探索改革与发展的新路子，积累了一些成功的经验。一是坚持贯彻执行党的基本路线和方针政策，立足福建实际，创造性地开展工作。坚持以邓小平理论为指导，走符合福建省实际的发展道路，大力发展外向型经济，积极调整产业结构，大力发展非公有制经济，提高国有经济的控制力，加快山区发展步伐，发展海洋经济，加强山海协作，抓好扶贫开发和小康建设，努力提高全省经济的整体发展水平，促进了全省经济、社会的持续、快速、健康和协调发展。二是坚持发展是硬道理，用发展的办法来解决前进中的困难和问题。"九五"期间，在遇到国内通货膨胀和亚洲金融危机的不利影响及其他一些困难时，始终坚持以经济建设为中心，一方面大力提高生产力水平，保障市场供给，有效地治理了通货膨胀；另一方面，千方百计地增加出口和利用外资，扩大投资，鼓励消费，克服了亚洲金融危机和国内通货紧缩现象的不利影响，在困难中前进，顺利实现了现代化建设第二步战略目标。三是坚持改革开放，不断为经济社会发展提供强大动力。以改革统揽全局，大力推进经济管理体制和运行机制创新，初步建立了社会主义市场经济体制；从更高的层次和更广的范围提高对外和对内开放的水平，充分利用两种资源、两个市场，拓展了经济增长空间，使国民经济和社会各项事业在改革中前进，在开放中发展。四是坚持加快经济结构调整，增强经济综合竞争力。紧紧抓住结构不合理这一经济生活中的主要矛盾，突出抓好产业结构、产品结构和区域经济结构的调整，在调整中加快发展，在发展中积极调整，促进了经济增长方式的转变，提高了经济增长的质量和效益。五是坚持"两个文明"建设一起抓，促进经济社会协调发展。坚持党的领导，加强勤政廉政建设和机关党的建设，加强社会主义精神文明建设，实施科教兴省战略，加快社会事业发展，注意处理好人口、资源、环境和经济建设的关系，促进了经济、社会、环境的协调发展和可持续发展。

全省机关效能建设扎实推进

2000年3月23日，省委、省政府作出《关于开展机关效能建设工作的决定》，决定在全省乡镇以上各级机关和具有行政管理职能的事业单位开展机关效能建设。全省各级、各部门认真贯彻落实省委、省政府《决定》和工作部署，结合实际，突出重点，注重落实，取得了初步成效。

一、健全机构、加强领导，推进机关效能建设工作全面开展。2000年，全省各级党委、政府把机关效能建设工作作为一项重要工作来抓，切实摆上议事日程，采取有力措施，推动工作开展。1. 建立健全工作机构，加强组织领导。为了保证机关效能建设工作顺利开展，省委、省政府、省委办公厅、省政府办公厅先后发出《关于开展机关效能建设工作的决定》等4份文件（闽委发［2000］7号、闽委［2000］12号、闽委办［2000］58号、闽委办［2000］74号），及时成立了省机关效能建设领导小组，由习近平省长担任组长；成立了省机关效能建设领导小组办公室和省机关效能投诉中心，经过近一年实践后，作为常设机构核定了编制，明确了工作职责。聘任了39名机关效能建设监督员。举办了3期机关效能建设工作业务培训班。各市、县、区和省直各单位也相应成立了领导小组和工作机构，普遍做到了机构、人员、经费、场所、装备"五落实"，认识、精力、措施"三到位"，有的地方和单位还核定了人员编制。全省机关效能建设工作网络基本建立，初步形成了"党委统一领导，政府组织实施，纪检监察组织协调，部门各负其责，群众积极参与"的领导体制和工作机制，为深入开展机关效能建设工作提供了坚强有力的组织保障。2. 深入调研，周密部署，扎实推进各项工作。为了推进机关效能建设工作的全面开展，有关方面深入基层，调查研究，集中民智，提出了做好这项工作的意见和建议。省委、省政府召开了全省机关效能建设工作电视电话会议，对这项工作进行了全面部署，明确了工作目标，提出了工作要求。省机关效能建设领导小组先后召开三次成员会议，听取汇报，分析情况，研究决定各阶段重点工作。省效能办制发了《2000年机关效能建设工作实施方案》，加强了组织协调和督促检查，及时了解和把握全省机关效能建设工作发展动态，有针对性的进行指导。同时，还召开了全省机关效能建设工作座谈会和机关效能建设理论研讨会，总结阶段性工作，交流经验，并努力从理论与实践的结合上，探讨机关效能建设的内涵及其有效途径，逐步把机关效能建设工作推向深入。各级、各部门根据工作部署，紧密结合本地区本部门实际，制定了详细的实施方案，有组织、有计划、有重点的推进，努力使各阶段的工作任务得到落实。3. 强化思想教育，深入宣传发动，打好工作基础。各级各部门在开展机关效能建设工作中，注重以人为本，着力提高机关工作人员思想和业务素质，向素质要效能，普遍结合"三个代表"重要思想教育、党风廉政建设警示教育等活动，强化责任意识、服务意识、效能意识，打牢广大机关工作人员全心全意为人民服务的思想基础。同时，开展了形式多样的宣传活动，积极营造机关效能建设舆论氛围。中央各驻闽新闻单位、省内各主要新闻单位也积极支持配合，做了大量的宣传报道，据不完全统计，2000年在中央、省、市报刊上共刊登有关机关效能建设工作稿件2000多篇。其中，《人民日报》刊登报道福建省机关效能建设文章就达10多篇，有力地推动了机关效能建设工作深入开展。

二、立足改革，重在建设，切实提高工作效率和为人民服务的质量。机关效能建设是改进机关工作作风、改善行政管理、提高工作效能的一种具有创新意义的实践形式。因此，全省机关效能建设工作始终注意发扬创新精神，把改革作为基本推动力。1. 着力抓好改革政府行政审批审核制度和清理地方性法规、规章、规范性文件工作。改革政府行政审批审核制度和清理地方性法规、规章和规范性文件是2000年机关效能建设的重点工作。为了搞好这项工作，在省机关效能建设领导小组领导下，分别由省改革开放办公室和省政府法制办公室牵头成立了省改革政府行政审批审核制度和清理地方性法规、规章和省规范性文件工作小组，省直有关单位和部分设区的市也成立了相应的工作机构，并根据改革和清理的原则与要求，努力开展工作。2000年省直单位已取消审批审核项目445项，占审批审核总项目1511项的29.5%，对1980年至1999年期间省政府和省政府办公厅颁发的各类文件进行清理，共清理了18011件，确认规范性文件1108件，公布废止了449件。全省设区的市已取消审批审核项目1471项。全省已清理规范性文件13594件，废止5531件（其中，省直单位清理9511件；9个设区的市人民政府清理4083件，废止2427件)，改革政府行政审批审核制度和清理地方性法规、规章、规范性文件工作取得阶段性成果。2. 加强制度建设，规范行政行为。从制度建设入手，建立健全机关管理制度体系，努力实现以制度管事管人，是机关效能建设的一项基础性工作。2000年，全省各级、各部门基本建立了岗位责任制、首问责任制、服务承诺制、限时办结制、一次性告知等机关工作制度。省直单位以机构改革为契机，把制度建设与内设机构调整、机关职能转变有机结合起来，把效能建设的要求具体化为岗位职责与业务规范。许多地方和单位制订并编印了机关效能建设制度汇编、业务工作规则和便民服务手册等。3. 改进机关作风，提高服务质量。在机关效能建设工作中，各级机关采取有力措施，增强服务意识，改进工作作风，提高工作效率，“门难进、脸难看、话难听、事难办”的现象得到进一步的克服和转变，依法行政、务实高效、热情服务的机关形象正在逐步形成。省直有关单位主动深入基层，调查研究，指导工作，帮助基层解决实际困难和问题。漳州、泉州、厦门、南平、福州等地根据经济和社会发展需要，推行了一幢（层）楼办公、一个窗口（一次性）收费、一次性告知、一次性审验确认、“便民绿色通道”等措施，营造良好的办事环境；有的地方还开展“清理积事”活动、实行“办事时限工作票”和“办事跟踪卡”制度，促进机关工作效率的提高；有的窗口单位开展“延时服务”、“预约服务”、“上门服务”等多项服务措施，深受企业和人民群众的欢迎。机关效能建设增强了各级机关干部的工作责任感和为民办实事、办好事的主动性和创造性。

三、强化监督，奖惩并举，建立健全机关效能建设监督和激励机制。在机关效能建设中，各地、各部门不断推进政务公开，认真办理效能投诉，强化监督检查，建立绩效考评和奖惩制度，狠抓工作落实，着力解决实际问题。1. 全面推行政务公开。推行政务公开是机关效能建设的一项重要工作，2000年，省委、省政府召开了全省乡镇政务公开经验交流电视电话会议，成立了乡镇政务公开工作领导小组。至年底，乡镇基本上都推行了政务公开工作。涌现出安溪县、长泰县、南靖县、新罗区等一批乡镇政务公开工作开展比较好的典型。许多机关尤其是窗口单位设立了机构分布图、办事流程图、人员去向牌，并将岗位职责、服务承诺、办事依据、收费标准等规定上墙公示。有的单位还通过设置电子触摸屏、政务公开栏、回音壁等不同方式向社会公开政务工作。有的单位把办事关键环节，群众关心的热点问题作为公开的重点，减少了“暗箱操作”，提高了行政行为透明度。如省物价局把调定价费、价格鉴证、办证审照以及价格监督检查等环节作为政务公开的重点，努力从源头上减少以致杜绝“人情价”、“关系价”的产生。全省交警系统全面开展警务公开活动，全面推行交通事故处理“阳光作业”，促进交通事故处理的公开、公平、公正，收到了较好的社会效果。2. 认真受理机关效能投诉。各级机关效能投诉中心认真受理群众投诉，加强投诉监督，实施“管理的再管理、监督的再监督”，有效地促进了机关效能问题的解决。2000年全省各级共受理投诉件18775件，其中，省机关效能投诉中心受理1259件，平均到期办结率94%。全省共聘请效能建设监督员9457人，组织效能建设监督员开展明察暗访3402人次。各级各部门通过高质量、高效率办理投诉件，加大明察暗访力度，解决了一大批群众反映强烈的办事拖拉、推诿扯皮、纪律松弛、作风散漫等问题。3. 积极探索效能考评工作。省效能办组织省人事厅等部门起草了《机关效能建设工作考评办法（试行)》和《国家机关工作人员效能告诫暂行办法》，并组织对漳州、南平和省直14个重点联系单位开展机关效能建设考评试点工作。各地、各部门也自行组织开展了机关效能考评试点工作。特别是漳州芗城区、石狮市地税局运用开发计算机软件进行绩效考评的做法，得到了国内一些专家教授的肯定。此外，不少地方和单位对一些效能低下、群众意见大、党纪政纪又触及不到的人和事，进行了效能告诫、诫勉教育。据不完全统计，全年全省共给予诫勉教育453人，效能告诫207人。4. 加大新闻舆论监督力度。为营造机关效能建设良好氛围，发挥新闻舆论的监督作用，各级各部门充分利用各种新闻媒体开展宣传，及时报道机关效能建设工作经验做法，曝光典型投诉件，形成全社会参与效能建设、参与效能监督的良好工作氛围。《福建日报》等新闻媒介组织记者开展明查暗访活动，在充分报道成绩的同时，也实事求是地点出了个别单位和部门存在的问题，对一些地方和单位触动很大，许多地方和单位狠抓整改，举一反三，有力地推动了各地机关效能建设工作的深入开展。

四、总结经验，加强研究，探索机关效能建设工作的长效机制。机关效能建设是一项理论性、实践性都很强的工作，也是一项充满生机和活力的创造性工作，不断总结经验，从理论和实践的结合上加强研究，努力建立机关效能建设的长效机制，是推动机关效能建设工作深入开展的关键。2000年，省里召开了机关效能建设理论研讨会，中央纪委、监察部有关部门负责人，北京大学、人民大学等多位知名专家学者莅会指导。研讨会收到了近百篇的理论研究文章，有36篇文章获奖。许多地方和省直单位的主要领导亲自撰写论文，不少文章具有真知灼见，特别是对如何建立机关效能建设的长效机制问题提出了许多很好的意见和建议，为进一步深入开展机关效能建设，奠定了理论基础。省委、省政府十分重视机关效能建设工作，充分认识到这项工作的重要意义和长期性，经省编制委员会研究，同意省效能办和省机关效能投诉中心作为常设机构合署办公，核定了编制，进一步明确了职责，为机关效能建设的长效机制提供了组织保障。各地、各部门在机关效能建设中，创造性地开展工作，将机关效能建设与经济建设、精神文明建设和党风廉政建设以及其他工作有机结合，相互促进，积累了许多有益的经验，为机关效能建设的长效机制奠定了坚实的基础。全省各级各部门在开展机关效能建设工作中，积极探索，认真实践，初步形成了以下共识：领导重视是机关效能建设的关键；推进依法行政、规范管理制度是机关效能建设的根本；改革是机关效能建设的动力；严格监督是机关效能建设的保证；广泛宣传，深入教育是机关效能建设的基础。一年来，全省机关效能建设虽然取得了一定成效，但也要看到工作中还存在许多不足和问题，主要是机关效能建设工作进展不平衡，个别地方和部门对机关效能建设的认识不足，采取的措施不够有力，宣传工作缺乏力度；少数省直单位受机构改革等因素影响，机关效能建设工作开展相对滞后；改革政府审批审核制度工作存在着一定阻力和困难；省直机关个别单位对清理规范性文件工作不够重视，进度较慢；有的制度不够健全和落实；机关效能监督员的作用发挥不够；机关效能建设工作中的绩效考评也还不完善；机关效能投诉工作有待进一步规范等，这些都要在今后的工作中努力加以克服和改进。

全省国有企业改革与脱困三年目标如期实现

国有企业改革与脱困三年目标是党的十五大提出的一个奋斗目标。3年来，全省各级各部门紧紧围绕这一目标，密切配合，协同攻坚，使福建省国有企业改革与脱困工作取得了显著成效，基本实现了“大多数国有大中型骨干企业建立现代企业制度，大多数国有大中型亏损企业摆脱困境”的两大目标。

一、国有企业三年改革与脱困目标如期实现。国家下达福建省的改革与脱困目标任务是：列入全国520户重点企业的11户企业80%完成公司制改造，至2000年底，实际完成9户，改制面81.8%；列入国家6599户脱困考核的69户企业60%摆脱困境，实际有52户脱困，脱困率75%；国有及国有控股工业整体增加盈利的要求也已达到，2000年实现利润38.97亿元，超额完成目标2.2%。福建省自己增加的改革与脱困目标任务也全面完成：全省27户国有及国有控股大中型骨干企业有24户完成公司制改造，改制面88.9%；全省251户国有及国有控股大中型企业亏损面到去年底为20.72%，基本达到20%左右的目标；全省9个市独立核算工业企业以市考核均可实现盈亏相抵净盈利；全国14个工业行业中本省对应的8个行业，实现行业总体增加盈利或扭亏的目标也已实现。到2000年底，全省有2000多家国有中小型企业实施了不同形式的改制，改制面超过80%。

二、国有企业三年改革与脱困的主要措施和成效。1. 以加快建立现代企业制度为目标，改制一批困难企业。以产权制度改革为核心，通过对大中型企业进行规范化公司制改革，鼓励职工和其他经济成份投资入股，使之形成多元投资主体的新型公司制企业，促使国有资本逐步退出竞争性领域。加大企业内部改革力度，建立管理人员能上能下、职工能进能出、收入能高能低制度。注重从制度上、机制上消除国有企业亏损的弊端，通过体制创新实现扭亏脱困，已脱困的52户企业中，有8户就是通过规范化改制，摆脱困境。2. 按市场需求搞好总量控制，关闭一批劣势企业。根据国家的统一部署和产业政策要求，关闭了一批“五小”企业，压缩、淘汰一批严重供过于求的落后生产能力。3年来，纺织行业共压锭9.3万锭；关闭或淘汰生产线的小轧钢企业24家，能力35.3万吨，小电炉企业3家，容量8.5万吨；取缔、关闭小水泥企业137家，淘汰水泥生产线23条，压缩生产能力386万吨；关闭13家碳铵生产企业、5家磷肥生产企业，压缩碳铵生产能力80万吨、磷肥15万吨；关闭小煤炭矿井103个，压缩生产能力209万吨；20家小制糖企业已全部关闭，压缩制糖生产能力25.56万吨。实践证明，以市场为导向实施总量调控，使全省工业结构性矛盾得到有效缓解，遏制了一批劣势企业继续亏损的势头。3. 实施企业兼并破产，推动企业资产重组，消灭了一批亏损企业。1997～2000年全省共实施49个兼并项目和31个破产项目，减亏9亿多元，妥善安置职工2.14万名，盘活存量资产39亿元。共核销银行呆坏帐准备金27亿多元，有效地改善了国有资本结构。全省国有工业企业资产负债率从1997年底的61%下降到2000年底的54%，下降了7个百分点。4. 积极推进企业债转股工作，救活了一批困难企业。根据国家债转股政策，福建省推荐了7户产品有市场、管理基础好、领导班子强但因债务重而陷入困境的国有大中型企业实施债转股，这7户企业涉及债转股额度20亿元。到2000年底，已有南平铝厂、大田水泥厂、南平水泥股份有限公司、龙岩造纸实业公司、青州造纸厂等5家企业获得批准，债转股金额17.6亿元。目前已有5户企业扭亏为盈，减亏增利2.4亿元。5. 加大技术进步力度，增强一批企业发展后劲。这几年，在国有企业技术改造工作中，我们着力抓好“开发新产品、应用新技术、引进新工艺、采用新材料、更新新设备”的“五新”工作，不但提高了国有大中型企业的自主创新能力，而且帮助困难企业进行技术改造，促进其调整产品结构，增强发展后劲，增强竞争力，摆脱困境。从1998～2000年技改投资总共516亿元，投产项目3590多项，贴息3.7亿多元。6. 分离企业办社会职能，减轻了一批企业负担。针对历史形成的国有企业冗员多、办社会职能多的状况，全省大力推行减员增效、下岗分流再就业工程和分离办社会职能工作。到2000年底，全省累计有28万国有企业职工与原企业解除劳动关系，有16万下岗职工进入再就业服务中心。全省企业办的中小学、居委会派出所等机构已基本完成分离移交；企业办的医院也已基本完成等级评定，分离移交工作与医疗保险制度改革同步实施。此外企业设立的生活后勤服务机构，已有90%以上与企业生产主体分开，成为独立核算的经济实体。厦门、南平、永安已成立社区退管机构，纳入社区管理的退休人员有2.5万人，其余地市也正积极试行。同时，大力开展治理“三乱”工作，进一步减轻企业负担，全省共取消各种收费项目1252项，涉及金额30亿元。7. 强化企业管理，提高了一批企业效益。全面贯彻国家《“九五”企业管理纲要》，深入开展学邯钢活动，引导企业以开拓市场为中心，以质量、成本、资金管理为重点，严格管理，堵塞漏洞。推行企业大宗物资招标采购办法，努力降低企业采购成本。推行稽查特派员制度和厂务公开制度，对10户省属大中型企业实施减员增效试点工作等，提高国有大中型企业的竞争实力和经济效益，达到扭亏增盈和减亏的目的。

三、三年改革与脱困工作存在的困难和问题。1. 产权制度改革难。产权主体多元化是现代企业制度最基本的特征，是股东会、董事会、经理层和监事会相互制衡、各司其责的根本保证。从当前国有企业改革的现状看，存在着明显的产权单一化倾向。38户已改制的国有控股大中型企业中，国家资本金仍超过六成；141户国有控股企业集团中，国家资本金占全部注册资本金的比重高达74.4%，个人和外商资本金仅占10.1%。141户国有控股企业集团母公司按登记注册类型分类，未改制的纯国有企业69户，占48.9%；国有独资公司43户，占30.5%；其他有限责任公司14户，占9.9%；股份有限公司12户，占8.5%。2. 债务负担减轻难。据对34家国有大中型亏损企业的调查显示，73.5%的被调查企业感到债务负担过重。其中，19家企业的资产负债率超过70%，7家企业的资产负债率超过100%，个别企业的资产负债率达166%。企业负债率过高的原因主要有两方面：一方面是由于拨改贷后，国家没有补充资本金，导致企业自有资金不足；另一方面是由于企业投资决策不当，投入项目无法产生效益，使企业背上沉重的债务负担。3. 改革与脱困成本筹措难。从企业脱困工作来看，大中型企业较彻底的脱困方式是重组、破产、停产和关闭，而国有企业冗员问题突出，需大量的职工安置费和经济补偿金，加上福建省的大中型企业又大都分布在财力有限的山区，支付脱困成本的能力有限，在一定程度上影响了本省大中型企业的脱困进程。

四、下一步继续深化国有企业改革的思路。1. 认真贯彻落实《基本规范》，全面推进现代企业制度建设，实现制度创新。

《国有大中型企业建立现代企业制度和加强管理的基本规范（试行）》的颁布，标志着国有企业建立现代企业制度开始进入规范化阶段，要花大力坚持不懈地抓好贯彻落实。重点抓好以下工作：一是国有大中型企业除少数国家垄断经营的企业可改制为国有独资公司外，其余的要鼓励吸收各种经济成份入股，按规范化要求改制为多元投资主体的有限责任公司或股份有限公司，除关系国家经济命脉和安全的企业由国有控股外，其他企业国有不再控股。二是规范法人治理结构。公司制企业必须建立董事会集体决策并可追溯个人决策责任的董事会议事规则。董事长和总经理原则上不得一人兼任，形成股东会、董事会、监事会和经理各负其责、协调运转、有效制衡的机制。三是强化监事会的监督作用。对国有控股公司制企业，监事会中国有股东代表半数以上应由不在企业内部任职的金融、财务、经济管理、法律等方面的专家担任。四是大型企业和企业集团建立母子公司体制的，母子公司结构应控制在3个层次以内。五是加快省、市两级国有资产投资运营体系的建立和完善，全面完成省属十大控股集团公司和其他条件具备的企业集团的授权经营工作，使之真正成为国有资本投资主体。六是继续深化企业劳动、人事、分配制度改革，取消国有企业和企业经营者的行政级别，逐步推行经营者年薪制和职工岗位工资制，积极鼓励资本、技术等生产要素参与分配。2.积极建立并完善国有企业市场退出机制。当前相当部分国有企业属于已丧失竞争能力、扭亏无望、早应破产关闭的劣势企业，必须尽快建立国有企业退出市场机制，拓宽退出通道。一是继续用好核销银行呆坏帐准备金和其他政策。对属于国家产业政策要求必须关闭破产的重点行业、企业，要积极争取列入国家计划。二是国家已决定在从银行剥离到金融资产管理公司的不良资产中，对确需破产的企业不良贷款可通过核销予以处置。三是进一步拓宽退出的融资渠道。除了各级财政安排一定的资金（包括部分土地出让金）外，主要靠企业变现资产。四是积极引导企业和地方尽量依据《破产法》实施破产。3.强化企业基础管理，推进管理创新。突出抓好四个方面：一是加强投融资决策管理，严格规范对外投资。对重大投融资项目必须严格论证，对外投资、担保、捐款、赞助等必须报经投资主体审批。二是加强成本管理、物资（商品）采购管理。大中型企业要加快建立成本管理体系，严格实行成本否决制度。建立和完善物资采购中成本和质量的有效监督机制。三是要严格落实会计制度，加强资金管理。大型企业、企业集团，要通过法定程序加强对全资子公司、控股公司投融资及对外担保等行为的有效监督和控制，有条件的企业要建立内部结算中心，并完善其功能。强化资金回笼责任制，严格执行新的《会计法》，保证企业财务信息准确、快捷。四是加强质量管理。对产品开发和生产全过程实行质量跟踪，建立健全质量检验和各项规章制度。4.进一步做好总量控制，关闭“五小”，淘汰落后，压缩过剩生产能力。继续关闭一批“五小”企业，实施有效的总量控制。巩固已经淘汰落后生产能力的成效，防止死灰复燃。根据不同情况，采取不同措施，分类处理：对污染环境、浪费资源、质量低劣、不符合安全生产条件的企业，依法采取行政措施，坚决关闭；对供过于求的长线产品，采取经济手段，压缩过剩生产能力，银行要停止贷款，地方财政不能以补贴等手段予以保护。在企业关闭破产过程中，要妥善安置职工，确保社会稳定。5.依靠技术进步，促进产业升级。积极采用先进适用技术和高新技术改造提升传统产业。加快企业技术中心建设，加强产学研联合，加大技改与科技投入，提高技术创新能力，逐步实现主要行业的关键技术从以模仿和引进国外为主转向自主开发为主，优化技术结构和产品结构，降低生产成本，提高产品竞争力，使传统产业得到提升和振兴。加快高新技术产业的发展，培育新的经济增长点和一批成长型企业，培育有利于高新技术产业发展的资本市场，逐步建立高新技术风险投资机制，发挥后发优势，力争实现我省工业跨跃式发展。重视人才培养和合理使用，充分发挥科技人员积极性，以人为本，依靠提高劳动者素质，综合提升企业竞争力。

全省社会保障体系进一步完善

一、“九五”时期全省社会保障体系建设情况。“九五”期间，全省紧紧围绕企业改革中心任务，以培育和发展劳动力市场建设为中心，建立和完善社会保障体系，全力实施两个确保，劳动就业、工资分配、劳动合同、劳动立法和执法等各项工作全面推进。

（一）两个确保得到巩固。1998年以来，全省按照党中央和国务院的部署，落实两个确保责任制，各级党政一把手亲自抓，连续3年实现和巩固了两个确保，受到劳动保障部的充分肯定。3年来，全省累计进中心的下岗职工16.21万人，共筹集再就业资金9.84亿元，发放8.7亿元，有效地保障了下岗职工的基本生活。2000年全省共有企业再就业服务中心621个，国有企业下岗职工10.07万人，到2000年底仍在中心的下岗职工2.08万人，基本生活都得到保障。2000年全省共筹集再就业资金4.86亿元，其中财政筹集1.98亿元，社会筹集1.08亿元，企业筹集1.8亿元。把推行养老金100%社会化发放作为实现和巩固两个确保的重要措施，到2000年9月底，9个市都实现了企业离退休人员养老金100%社会化发放，位居全国第三位。到2000年底，全省55.98万名企业离退休人员100%实现养老金按时足额发放。

（二）积极促进下岗职工再就业，建立市场导向就业机制的工作步伐加快。“九五”期间，全省在确保下岗职工基本生活的同时，把促进下岗职工尽快实现再就业，加快建立市场导向的就业机制作为主要目标，采取一系列措施，取得了明显成效。全省就业局势保持稳定，“九五”期间全省城镇登记失业率均低于全国3.5%的平均水平。2000年全省城镇登记失业率为2.6%。再就业工作取得新的进展，下岗职工再就业率连续3年保持在60%以上，高于全国平均水平。2000年全省下岗职工再就业6.68万人，再就业率66%。向市场就业“并轨”步伐加快，根据福建省国有企业职工人数和下岗职工人数相对较少，就业环境相对宽松的情况，积极采取多种措施加快下岗职工出中心，从依靠再就业服务中心向市场就业过渡。省政府相继制定出台了一系列促进再就业和理顺下岗职工劳动关系的政策文件，围绕保生活、出中心、理关系、接保险、促就业5个环节作出明确规定，把工作重点放在理顺关系促进再就业上，在筹集企业解除下岗职工劳动关系补偿金方面，坚持企业为主，政府调剂补助的办法予以解决。2000年共筹集再就业资金4.86亿元，其中用于补助企业支付经济补偿金2.6亿元；企业与下岗职工解除劳动关系达7.03万人，占全年进中心的下岗职工（10.07万名）的70%。泉州、漳州、厦门、三明等市2000年7月1日起已实行下岗职工不进中心，直接由企业与其解除劳动关系进入市场就业。为促进下岗职工再就业，福建省加快劳动力市场建设，市场建设基本做到统一规划、统一软件、统一流程，劳动力市场服务功能更加完善，管理逐步规范，运作更加有序。2000年全省共投入1.2亿元资金用于劳动力市场建设，其中省级投入1500万元、厦门投入3200万元、福州投入2000万元。3年来，共有27.056万名下岗职工、失业人员接受了再就业技能培训，30.03万名下岗职工、失业人员接受了职业指导，为下岗职工实现市场就业创造了条件。

（三）养老、失业保险扩面和基金征缴取得进展。“九五”期间，全省共征缴企业职工基本养老保险费120.71亿元，支出基本养老金112.42亿元。截止2000年末，全省参保企业3.56万户（其中：8市2.63万户；厦门市0.92万户；行业单位66户）。参加企业养老保险在职职工174.71万人（其中：8市122.04万人；厦门市35.83万人；行业单位16.84万人），比“八五”末期增加63.59万人，增长57.23%。到2000年底企业离退休人员55.98万人（其中：8市45.96万人；厦门市5.77万人；行业单位4.25万人），比1999年末增加3.64万人，比“八五”末期增加25.98万人，增长86.6%。在职与离退休人数之比为3.12∶1（“八五”末期为3.7∶1）。2000年全省（含厦门和中央属行业，下同）企业职工基本养老保险扩面人数29.33万人，超额完成劳动和社会保障部下达的17万人的扩面任务数，扩面完成率172.53%，综合覆盖率78.26%，扩面增长率在全国排名第15位。2000年全省企业职工基本养老保险费收入34.62亿元，月人均缴费工资638.54元，超额完成28.93亿元的征收任务数，征收完成率119.64%。其中：8地市和中央属行业单位基本养老保险费收入28.52亿元，超额完成24.01亿元的征收任务数，征收完成率118.8%，基金征收同比增幅位居全国第17位。2000年全省清理追缴企业欠费2.06亿元。全年支付养老金30.8亿元，月人均养老金473.81元（其中：8地市为393.21元，厦门市为747.67元，行业875.76元）。2000年全省原由人事、民政部门管理的机关事业社会保险经办机构统一移交劳动保障部门管理。截止2000年底，全省已参加机关事业和农村养老保险的职工分别为53.7万人和158万人，年征收养老保险费分别为15.62亿元和0.27亿元，均能做到“收支平衡、略有结余”和离退休人员养老金的按时足额发放。企业离退休人员社会化管理服务工作进一步推进，南平市认真总结延平区试点经验，进一步完善试点内容，目前已有1.2万名企业离退休人员纳入街道社区社会化管理服务，为企业减轻了负担。厦门市、永安市政府出台了全面推进企业离退休人员社会化管理服务的方案，在市、区、街道设立管理机构，配备专职人员，解决工作经费。失业保险工作由于征缴扩面难，事业单位支付来源难等原因，失业保险扩面征缴工作排在全国末位。到2000年底，全省参加失业保险职工176.36万人，综合覆盖率50.25%，参保人数比1995年增加44万人。2000年新增参保职工16万人，全省共征收失业保险金2.86亿元，比1999年增长31.5%；2000年失业保险金支出2.37亿元，比1999年增长51.9%。2000年全省领取失业保险金的人数5.16万人，比1999年增长123.6%，已超过领取基本生活保障费的下岗职工人数。

（四）医疗保险制度全面启动。根据国务院部署，福建省加快医疗保险制度改革步伐。在总结厦门、莆田试点经验的基础上，省本级和福州、泉州、漳州、三明、南平、龙岩、宁德7个市原公费医疗、劳保医疗已经停止，医疗保险制度全面启动，新旧制度平稳过渡，运行正常。全省已有76个县（市、区）实施了基本医疗保险制度，县（市、区）覆盖范围达90%。公费、劳保医疗制度导致医疗费过渡增长和浪费的势头得到有效的遏制，参保人员的门诊、住院人次及医疗费用有所下降；基本医疗保险分担机制，医患约束机制初步形成；参保人员节约医疗费用的意识明显增强；确立了较为规范的医疗保险管理制度和建成了现代化的基础设施，省级、泉州、漳州、福州、三明5个统筹单位2000年底建成了计算机信息系统，已投入使用，其他市计算机信息系统都在抓紧建设之中；初步建立了一支医疗保险管理的干部队伍；多层次的医疗保险体系框架已初步形成。

（五）企业工资宏观调控进一步加强，劳动关系进一步理顺。“九五”期间，职工收入水平与经济发展水平保持同步增长，职工生活水平有了较大提高。2000年全省在岗职工平均工资为10283元，比1995年的5857元增加了4426元。建立和完善了企业工资指导线制度、最低工资保障制度、工资总额管理制度。全省9个市已全部制定、公布了当地工资指导线。省政府每年公布最低工资标准。通过严格实行工资总额使用手册管理，加强企业工资总额的宏观调控与管理。省政府批转了《关于部分省重点国有企业经营者试行年薪制的通知》（闽政［2000］文376号），目前试点工作正在展开。劳动合同制度全面建立。1996年省人大常委会颁布实施了《福建省劳动合同管理规定》。到2000年，全省实行劳动合同制职工已达450万人，比1999年增加了40万人，国有企业劳动合同签订率达98.5%。

二、当前福建省劳动保障工作中遇到的困难和问题。1.社会保障的财政风险开始显现。一是养老保险隐性债务问题日益突出，将造成养老保险统筹基金的巨额缺口，随着老年人口的增加，老龄化速度加快，以及提高退休人员养老金的巨大压力，养老金的支付危机将进一步加剧。二是随着产业结构的调整和隐性就业的显性化，下岗、失业人员逐步增加，失业保险的支付风险也逐步显现。三是城市居民最低生活保障资金筹集困难。目前，有些地方财政状况越是困难，符合“低保”对象的人恰恰越多，“低保”资金需求量大，甚至有出现“低保”资金无法兑现的情况。2.养老保险基金支撑能力弱，企业职工养老保险待遇水平偏低，已成为当前职工反映强烈的突出问题。2000年底，除厦门外的8个市企业人均月退休金为393.21元，居华东倒数第二名，在全国排名第23名。3.社会保障社会化管理服务网络建设滞后，完整的社会保障组织体系的尚未建立，社会保障体系框架尚未形成。建立独立于企业事业单位之外的社会保障体系，要求实现社会保障管理服务的社会化，但目前本省社会保障社会化管理服务网络尚未建立，特别是社区建设中涉及就业、退休人员社会化管理服务工作等难以落实。企业退休人员移交社区管理工作难以推进。随着城乡就业一体化进程的不断推进，需要将劳动保障管理服务工作沿伸到乡镇，福建省原有700多个乡镇劳动站，实行自收自支，目前由于取消了大部分收费项目，基本经费得不到保障，镇（街）居社会保障组织中断，经费、编制、场所未落实到位。4.医疗保险制度刚刚启动实施，大量的问题有待解决。一是本省原有公费医疗保障水平较高，公费医疗药品目录相对较宽，医保启动后，广大参保职工由于用药的习惯，很多原有公费的药品，现在个人要用现金支付，群众反映较多。二是部分人员个人负担过重。中老年和退休人员，患慢性病长期需要用药治疗的人员个人负担过重，政策倾斜不够，个人帐户中的基金对他们来说只是杯水车薪，这部分人群反映最为强烈。据调查，医改启动初期参保人员住院医疗费用中个人现金自负比例平均为46.23%。三是“三项改革”不配套、不同步。定点医院的“补偿机制”没有建立，“以医养药”的根本问题难以解决，难以实现以比较低廉的费用提供比较优质的医疗服务，满足职工基本医疗需求的目标。据调查，省级8所定点医院平均目录内药品西药供应率不到51%，中成药只有21%左右，因此增加了个人自付费用。

三、“十五”期间社会保障工作总体目标和主要措施。“十五”期间全省劳动和社会保障事业的主要目标是：全省城镇新增就业80万人，转移农村剩余劳动力200万人，城镇登记失业率控制在4%左右；完善市场导向的就业机制，全省县以上城市基本建成规范化的劳动力市场；全省基本实现养老保险、失业保险和医疗保险覆盖到法规规定的用人单位及劳动者，退休人员社会化管理和服务体系基本形成；工伤、生育保险职工参保率达到80%；全省努力办好20所省级以上重点骨干技工学校或综合性、多功能的职业教育培训基地，创办5所以上高级技工学校或职业技能学院，考核发证50万人以上，全面实行劳动预备制度，组织就业培训50万人；职工实际平均工资年均增长达到7～8%。基本建立适应社会主义初级阶段生产力发展水平，符合社会主义市场经济体制要求的劳动制度和独立于企业事业单位之外、资金来源多元化、保障制度规范化、管理服务社会化的社会保障体系，并逐步完善，使广大劳动者得到比较充分的就业和比较完善的社会保障。为实现上述目标，拟重点抓好以下几个方面工作：

（一）坚持三个不变，巩固两个确保。一是两个确保的工作目标不变，在确保下岗职工基本生活的基础上，要继续保持下岗职工再就业率60%以上，养老金100%社会化发放工作目标不变。二是两个确保的现行政策不变，关键是财政支持的政策不变。进一步落实"三家抬"筹集再就业资金的制度。在确保下岗职工基本生活的基础上，再就业资金的使用逐步转向补助企业支付经济补偿金、补充失业保险基金和劳动力市场建设等促进就业的投入。三是两个确保的工作要求不变。继续抓好两个确保的党政一把手责任制和责任追究制。要做到加快劳动力市场建设，开展积极的就业服务和职业培训的要求不变，做好下岗职工再就业工作的要求和再就业优惠政策不变。

（二）积极筹措社会保障资金。调整财政支出结构，加大社会保障资金投入，提高社会保险基金支撑能力。切实调整财政支出结构，优先安排社会保障资金。逐年增加再就业基金，用于国有企业下岗职工基本生活保障和解除劳动关系补助。2002年下岗职工全部出再就业服务中心后，要将再就业基金转为补充失业保险基金和促进就业经费，以增强失业保险的支撑和保障能力。依法扩大社会保险覆盖面，加大基金征缴力度和手段，建立稳定的多渠道筹集社会保险基金的制度，形成一定规模的省级社会保险基金，保证社会保险基金的良性运行。

（三）扩大就业，加快并轨步伐。一是推进岗位开发和社区就业工作。把制定落实优惠政策，鼓励扶持发展社区非正规劳动组织作为工作的着力点。认真组织开展开发社区就业岗位试点工作。帮助解决发展社区就业的困难和问题，探索建立阶段性就业制度和弹性就业的路子，促进多种形式实现再就业，对特困人员就业可以通过"政府购买岗位"等灵活的就业形式予以安排。二是进一步完善失业保险制度，做好"并轨"衔接工作。加强失业保险规范管理，积极组织失业人员参加职业指导、技能培训，提供就业岗位，提高服务质量，促进失业人员尽快再就业。三是进一步推进劳动力市场"三化"建设。把劳动力市场建设列入当地社会经济发展规划，统一规划，加快县级城市的劳动力市场信息网络建设步伐，在50个以上城市实现劳动力市场的信息传递。继续加大对非法职业中介的清理整顿力度，维护劳动力市场秩序。四是要把就业培训作为促进就业的重要手段。通过组织新一轮"三年三十万"再就业培训计划，全面推进劳动预备制，继续推广"创业培训"、"政府购买培训"等经验。

（四）积极稳妥扩大医改覆盖面。按照城镇职工基本医疗保险制度、医疗卫生体制和药品生产流通体制"三改并举、同步推进"的要求，进一步推进城镇职工基本医疗保险制度改革，尽快实现新旧制度的过渡衔接，本着扎实稳妥的原则，努力有条件、有步骤地增加医保参保人数，发挥医疗保险的互助共济调节作用。积极稳妥地扩大基本医疗保险覆盖范围。在2000年各统筹单位及大部分县（市、区）全面启动实施城镇职工基本医疗保险制度的基础上，积极稳妥地将具备条件的各类企业、民办非企业单位逐步纳入基本医疗保险制度的实施范围。认真研究和解决医疗保险实施后出现的热点、难点问题。努力探索通过建立多层次的医疗保险体系来落实各类人群对医疗消费的不同需求。建立国家公务员医疗补助、补充医疗保险、商业医疗保险和社会医疗救助制度等。加强医疗保险基础管理，完善医疗保险给付办法以及个人帐户管理办法，做到收支平衡。

（五）加快社会保障社会化管理服务进程。在基本养老保险社会化发放的基础上，争取3年内实现退休人员与原企业相分离，人员由社区管理。在设区的市2001年底前全面实行，其他县（市、区）在2003年底前全面实行。积极协调有关部门解决社会保障社会化管理服务工作机构、编制、人员和经费，保证这项工作顺利开展。

（六）加快信息网络建设。按照建立一体化的社会保障信息系统的要求，立足现状，加快社会保险管理信息网络的规划，以建设中心城市资源数据库和计算机局域网为重点，全面加快社会保险管理信息系统建设步伐，尽快使劳动力供求、劳动保障统计和社会保险资金的缴纳、记录、核算、支付及查询等服务纳入计算机管理系统。

省级党政机构改革全面完成

福建省党政机构改革方案，是根据党的十五大、十五届二中全会和九届全国人大一、二次会议精神，按照中共中央、国务院《关于地方政府机构改革的意见》（中发［1999］2号）、全国地方政府机构改革工作会议的部署以及中编委《关于省级党委机构改革的意见》（中编发［1999］5号）的精神，参照党中央、国务院机构改革方案，结合本省实际，经过认真调查研究、反复讨论修改之后形成的。

省委、省政府对机构改革高度重视。1998年4月，省委常委会研究决定，成立高层次的精干的省机构改革工作小组。工作小组一方面积极与中编办、国务院有关部门和兄弟省市保持联系，组织人员赴京赴兄弟省市学习考察，及时了解掌握机构改革的有关信息；另一方面，深入基层深入实际、调查研究，全面摸清本省情况，掌握第一手资料。在调查研究的基础上，提出了福建省政府机构改革的方案。这个方案提出以后，征求了方方面面的意见，取得共识。1999年7月下旬，根据全国地方政府机构改革工作会议的部署，我们对方案又进行了修改。9月，经省委、省政府研究审定。省政府机构改革方案报党中央、国务院审批。经中编办审核，1999年11月27日党中央、国务院正式批准了福建省的政府机构改革方案（中委［1999］249号）。

在我们筹备组织实施省政府机构改革的时候，1999年12月底，中编委又下发了《关于省级党委机构改革的意见》（中编发［1999］5号）。省委编办接到这个文件后，即向省委领导汇报文件的精神和要求。省委随即召开省委常委会，专题研究省委机构改革事宜。为加强对省委机构改革的领导，会议决定，增补省委常委、省委秘书长黄瑞霖为省机构改革工作小组成员，并从省委办公厅、省委组织部抽调人员充实机构改革工作小组办公室，负责省委机构改革方案的调研、拟制等具体工作。2000年1月，省委常委会听取了省委机构改革工作情况的汇报，并对方案进行审议。2月份将方案正式上报党中央审批。

党中央于3月29日正式批准了福建省省委机构改革方案（中委［2000］108号）。2000年3月30日，省委、省政府组织召开了省级党政机构改革动员大会，对省级党政机构改革的组织实施进行部署，保证了这项工作的顺利完成。

总之，这次省级党政机构改革，各单位按照党中央、国务院关于机构改革的指导思想和目标要求，党委部门主要是理顺职能关系，政府部门重在转变职能，主要有以下几个显著的特点：一是在政企政事分开方面取得了突破。对不再保留的省机械厅、石化厅、国防工办、贸易厅等单位，进行职能划转，行政职能并入省经贸委；对省轻纺工业总公司、煤炭工业总公司、冶金工业总公司、物资（集团）总公司、建材工业总公司、二轻工业总公司进行改组，其行政职能并入省经贸委，在此基础上，组建了十大集团公司或控股公司。其他部门需要划转、下放、加强的职能，也都作了明确具体的规定。初步统计，在这次省级党政机构改革中，划转的职能326项，下放的职能112项，加强的职能76项，取消的职能42项。二是在理顺职能关系方面取得显著成效。按照权责一致的原则，调整各部门的职能配置，相同或相近的职能交由一个部门承担，过去长期没有解决的一些职能交叉、权责不清、多头管理、政出多门的问题，得到有效解决。三是内设机构和人员编制精简幅度较大。按照精简、统一、效能的原则，各部门的内设机构和人员编制有了较大幅度调整和精简，经过“三定”，省委工作机构共核定行政编制861名，比原来精简近20%；省政府工作机构共核定行政编制2354名，比原来精简近50.1%，基本上达到预期的目的。通过“三定”，为建立办事高效、运转协调、行为规范的科学的行政管理体系打下了良好基础。

（省政府办公厅综合处供稿）

编审：章文恕　　责校：郑棻

2000年福建大事记

1 月

1日 中共福建省委书记陈明义，通过台湾《工商时报》和台湾无线卫星电视台TVBC向台湾同胞祝贺新世纪的第一个新年。这是福建省领导首次通过台湾电视荧屏向台湾同胞祝贺新年。

福泉高速公路发生特大恶性交通事故，死22人，伤29人。

今起实施的我省《医疗单位收费项目及标准》，与原标准相比，医疗收费总水平降低6.5%。

今起实施的《福州市城市规划管理条例》规定，福州市区二环以内禁建私宅。

3日 首届中国华安玉奇石节在华安县举行。

为期5天的中国福建旅游博览会在福州国际会展中心结束。参观者达50万人次，旅游产品销售额1000多万元，招商引资旅游项目近500个，签订合同5000万元。

4日 上杭紫金矿业集团年产黄金2.98吨，上杭紫金山已成为全国产金量最大的金矿。

6日 全国政协委员、经济学家吴乘业教授出任国立华侨大学校长。

7日 今天召开的省委常委会确定省级党委与省级政府机构改革同步进行。

福建东南广播电视网络有限公司与中国巨龙通信设备、深圳中兴通讯股份公司正式签约，联手兴建福建广播电视综合网。

今天召开的全省建设工作会议决定：2000年安排120亿元投资小城镇建设。

海峡两岸农业科技交流中心在漳州市成立。

据《福建日报》，福建省的“万利达”影碟机、“福耀”玻璃、“金得利”首饰被国家工商局评选为“中国驰名商标”，继1999年获评的“片仔癀”中成药、安尔乐“卫生巾”、“富贵鸟”皮鞋，福建省迄今已有6件商标获该称号。

厦门鼓浪屿日光岩今获国家环保中心颁发的ISO14000国际环境管理标准认证，成为全国第一个通过该认证的国家级景点。

8日 全国首家钢琴博物馆在厦门鼓浪屿建成开放。

据全省内贸流通工作会议部署，我省今年将分阶段开放流通领域，迎接“入市”挑战。

福建省最大的林产品批发市场闽南林产品交易市场在漳州芗城区建成开业。

10日 福建移动通信有限责任公司等已被中国电信（香港）有限公司收购并在香港上市。

全省安置三峡库区移民工作会议要求，至2003年上半年，完成对三峡库区5500个移民的安置，确定邵武、晋江为接收试点。

由团省委、省外经贸委、省工商局、省乡镇企业局和省青年商会组织评选的陈顺利等10位“福建省优秀（杰出）青年企业家”获表彰。

12日 福州、厦门、泉州、漳州、三明、莆田、长乐、晋江、石狮、福鼎、长汀11个县市被授予全国双拥模范城（县）称号。

闽粤赣13地市区域合作信息网建成。

13日 为期6天的第二届海峡两岸（福建漳州）花卉博览会在漳州结束。商品交流额达1.42亿元，合同利用外资1.78亿美元。

武夷山市举行申报世遗成功暨风景区成立20周年庆祝大会。

14日 据《福建日报》，1999年福建省外贸出口创历史新高，利用外资增幅为全国第三。

据《福建日报》，经国际建筑家协会（VIA）第20届世界建筑师大会、当代中国建筑艺术展组委会评定，福建武夷山庄与北京天安门等55家建筑荣获“当代中国建筑艺术精品”称号。

16日 南京军区授予福建省军区驻南日岛某部步兵一连“海防尖兵连”称号。

19日 全省宣传部长会议要求，学习贯彻江总书记重要批示、进一步加强和改进思想政治工作，是全年工作的重中之重。

漳州“110”青年志愿者为民服务网络荣获团中央、中国青年志愿者协会授予的“中国十大杰出青年志愿服务集体”称号。

20日 省政协八届三次会议在福州召开。

21日 省九届人大三次会议在福州召开。

23日 中央电视台“心连心”艺术团在上杭县古田会议旧址前进行新千年第一场演出，老红军、老干部等近5万名闽西各界群众冒雨观看演出。

24～25日 武警总部分别授予武警福州支队和武警驻闽某部5连“基层建设标兵中队”和“基层建设标兵连”荣誉称号。

27日 习近平同志在福建省第九届人民代表大会第三次会议上当选为福建省人民政府省长。

28日 全省交通工作会议决定，我省2000年将投资40亿，建设“一纵两横”高速公路。

29日 福建省纪委第九次全体（扩大）会议提出：从严治党，一心为民，深化反腐倡廉工作。

全省农村工作会议在榕召开，会议提出，加快结构调整步伐，努力增加农民收入。

福建省委、省政府、省军区授予龙岩市等32个单位为省双拥模范城（县）。

2 月

2日 闽东地区第一条高速公路罗宁高速公路建成试通车。

3日 全省证券期货工作会议提出：增大直接融资比重，扶持高新技术企业，支持上市公司重组工作。

4日 福建省56家图书馆获全国上等级图书馆称号。其中福建省图书馆、泉州市、晋江市、南安市、建瓯市、建阳市6家图书馆获国家一级图书馆称号。

闽东全区4475户连家船民，全部搬入岸上50个新村定居，告别了以海为家的漂泊生活。

5日 今日为毛主席“向雷锋同志学习”题词纪念日。团省委、省青年志愿者协会决定，自2000年起，3月5日为福建青年志愿者服务日。

11日 据《福建日报》，福建省财政连续15年实现收支平衡。1985～1999年，我省财政收入从25亿元增至312.57亿元，年均增长18%，其增长幅度之大，收支平衡持续时间之长，在华东地区乃至全国居领先地位。

14日 据《福建日报》，福建物构所的发明专利“用三硼酸锂单晶体制造的外线性光学器”获国家专利局和世界知识产权局授予的中国专利金奖。

15日 省九届人大常委会第17次会议决定，贾锡太为福建省人民政府副省长。

省科协、省教委在西湖宾馆举行福建省国际中学生学科奥赛颁奖会。1999年我省中学生获生物、信息学、化学3金1银，创历史最好成绩。

17日 省委省政府专题会确定2000年为民办15件实事：1. 建设城市副食品基地；2. 支持驻闽部队发展农副业生产；3. 改造省属高校筒子楼，建设省属高校学生公寓；4. 实施康复工程，开展生命救助行动；5. 建设社会福利设施；6. 实施造福工程；7. 改善农村饮水、用电条件；8. 实现老区基点行政村和少数民族行政村村村通电话；9. 设立“96148”法律服务专用电话服务系统；10. 开展基层安全小区创建活动；11. 建设城市“便民早餐”和“家庭服务”网点；12. 建设报信箱群，增设邮政服务网点；13. 建设城区防洪工程；14. 综合整治机动车排气污染问题；15. 开展水土流失综合治理。

18日 第二届泉州旅游节暨第六届中国泉州国际南音大会唱在泉州开幕。

大田县人民法院建设人民法庭获全国最高人民法院授予的“全国法院集体一等功”。

19日 第三次世界福清同乡联谊会在福清市举行。国务院侨办主任郭东坡，中国侨联主席林兆枢，全国人大侨委副主任朱添华，省领导陈明义、习近平等出席开幕仪式。

21日 据《福建日报》，在厦门市第十一届人民代表大会第三次会议上，副省长朱亚衍当选为厦门市市长。

据今天召开的全省电子行业工作会议，我省电子信息产业，提前1年完成“九五”计划，连续4年居全省工业行业之首。

福建省“重中之重”基础设施建设项目闽江调水工程正式通水。

泰宁县获“全国广播电视先进县”称号。

22日 省教委向全省教育系统发出通知，加强改进教育工作，切实减轻学生负担，省教委还决定在中学开展“减负”专项督察。

24日 省委决定，省委、省人大、省政府、省政协四套省级领导班子和党员干部今起集中开展“三讲”教育“回头看”活动。

据《福建日报》，福建省著名商标认定委员会认定1998、1999年度“福建省著名商标117件，有效期均为3年。

25日 省人大常委会主任袁启彤在福州会见以莫尔温·约瑟夫为团长的安提瓜和巴布达议会代表团。

29日 省长习近平在福州会见台湾中华汽车公司副董事长林信义一行。

3 月

1日 省长习近平会见台湾潘氏企业集团董事长潘方仁先生一行

据《福建日报》，省政府决定自2000年起，我省审计经费由省财政全额负担，以支持严格审计，公正执法。

7日 据《福建日报》，从2000年起，福建省教育系统将全面开展普通话水平测试。测试不合格者将不聘为教师。

10日 全国两会期间，我省人大代表向九届人大三次会议提交议案25件，建议82件；我省政协委员向政协九届三次会议提交提案216件。

12日 为期3天的第三届海峡两岸纺织服装博览会在石狮市闭幕，成交定货额达8.52亿元。

15日 据省经济犯罪侦查工作会议，省编委批准省公安厅设立经济犯罪侦查总队，建立我省打击防范经济犯罪新机制。

16日 省委书记陈明义、省长习近平在福州会见马来西亚郭氏兄弟有限公司董事长郭鹤年先生。

中央“三讲”教育检查组莅临我省检查指导。

17日 省委召开常委扩大会议，传达学习全国“两会”精神。

18日 福建省森林资源连续清查第四次复查结果揭晓，我省森林覆盖率达60.52%，继续保持全国第一。

据《福建日报》，我国产业规划权威机构国家计委宏观经济院组织16个部委办、科研机构的权威专家评审认定宁德市产业发展规划达国内领先水平。为县级产业发展进行高规格论证，在全国属首次。

中国第7个SOS儿童村在莆田市举行开村仪式，国际SOS儿童村主席海尔姆特·库廷等出席仪式。

厦门—重庆448次直通旅客列车开行，结束了厦门和西南省份无直通列车历史。

20日 福建省规模最大的汽车交易市场“华夏汽车城”在福州投入运营。

21日 省委书记陈明义、省长习近平在漳州调研时强调，学习推广漳州经验，加强全省机关效能建设。

我省举重运动员石智勇获首都20家新闻单位联合评选的1999年全国十佳运动员称号。

23日 全省现共有51万企业离退休职工实现养老金统筹，99%以上的养老统筹对象都能就地从银行网络按时足额领取养老金，基本生活得到保障。

省经贸委、省工行携手支持重点企业，33家重点企业获百亿元承诺授信贷款。

据《福建日报》，省防讯抗旱指挥部确定主要城市、重要江河堤库防讯负责人。

据《福建日报》，我省产品质量合格率5年提高30个百分点。

25日 由民革福建省委发起的“福建省孙中山研究会”在福州成立。这是目前我省唯一对孙中山革命理论和实践以及他在福建的活动进行系统研究的社团组织。

闽台高校交流促进会在福州成立。

26日 省委书记陈明义等省领导在福州会见以朝鲜金日成社会主义青年同盟中央第一书记李日焕为团长的朝鲜金日成社会主义青年同盟代表团一行。

27日 据全省粮食购销工作会议，我省调整粮食购销政策，早籼稻退出保护价收购，粮食收购实行优质优价。

全省外经贸暨投资环境建设工作会议在福州召开。

28日 招商银行福州分行正式开业。

据《福建日报》，中国武夷实业有限公司连续5年外经营业额逾1亿美元，被美国《工程新闻纪录》列入225家全球最大承包商，日前受外经贸部表彰。

29日 漳州芗城公安分局被公安部授予“全国优秀公安局”荣誉称号，成为福建省唯一连续7次获得此项荣誉称号的集体。

南平市中级人民法院开庭审判原政和县委书记丁仰宁受贿一案，一审判处丁仰宁无期徒刑。

30日 据《福建日报》，东山县发挥区位优势，已成为我省最大对台贸易基地。

省级党政机构改革动员大会在福州召开。根据改革方案，省委工作机构精简24.6%，机关行政编制精简20%；省政府工作部门精简29.9%，机关行政编制精简50%。省纪委、省委组织部还联合下发《关于在机构改革中严肃干部工作纪律的通知》。

4 月

1日 省九届人大常委会第18次会议通过省政府组成部门主要负责人任免事项。

2日 宁夏党政代表团抵榕对福建省进行友好访问和考察。

我省首次主诉检察官选任考试在福州举行，全省681名检察官应试。

3日 闽宁对口扶贫协作第四次联席会

议在福州举行。

省委召开电视电话会议，动员部署地厅级“三讲”教育“回头看”。

4日 福建省组团参加在西安举行的“2000年中国东西部贸洽会”，签订内联项目投资金额逾2亿。

据《福建日报》，2000年首批国家火炬计划重点高新技术企业131家，我省有8家列入：厦华电子、厦新电子、厦门涌泉科技、厦门宏发电声、厦顺铝箔、厦门法拉电子、晋江凤竹针织漂染、福建龙净股份公司。

6日 据《福建日报》，省委宣传部、省人事厅表彰34名“五个一工程”先进工作者。

7日 以省委书记陈明义为团长的福建省党政学习考察团赴广东、上海进行为期10天的学习考察活动。

福建省第四次降低药品价格，省内药品平均降幅达13.76%，省外药品平均下调幅度达15%。

福建新大陆生物技术公司成功开发出一种只要通过简单验血就可早期诊断癌症肿瘤相关物质的联合检测试剂盒（简称TSGF）。它的问世，标志着恶性肿瘤的早期诊断技术取得突破性进展，为国际领先水平，最近被国家药品监督局批准为体外测试第一类。

8日 厦门今起对出入境台胞实行1年多次签注及暂住加注。

9日 第四届漳台经贸恳谈会在漳州举行。

福耀集团年产15万片的大巴汽车玻璃生产线正式投产，这是我国迄今为止最大的一条大巴玻璃生产线。

我国第一个专业性资源回收再生高度环保科技化的工业园——福建全通资源再生工业园在招商局中银漳州经济开发区动工。

12日 我省龙岩市、南安市被列入国家10个国土执法监察试点之列。

福州市获“国家卫生城市”称号，成为全国第三个获该称号的省会城市。

15日 最高人民法院院长肖扬来闽调研。

第四届厦门对台商品交易会、海峡两岸（机电）商品交易会暨2000年厦门电脑展览会、厦门电子机械配套招商洽谈会结束。

18日 据《福建日报》，省委决定何立峰任中共福州市委书记，赵学敏不再担任福州市委书记、常委、委员职务。

原全国人大常委会副委员长叶飞及其夫人王于畊同志的骨灰在厦门市烈士陵园安放。

19日 省委书记陈明义在福州会见广西壮族自治区党政代表团，就共同参与西部大开发和福建与广西优势互补等方面进行会谈。

据《福建日报》，省公安厅出入境管理处决定进一步放宽申办赴港澳商务签注条件，简化申办手续。

第二届晋江（国际）鞋业博览会开幕。

福州市成为全国第二个实施食品“放心工程”的城市。

20日 据《福建日报》，我省初步建立高校贫困学生助学体系，5年来省属高校无一学生因贫困辍学。

21日 习近平省长在省政府第二次全体会议上要求新班子政治上清醒、经济上清廉、生活上清白。这是我省正式实施省级政府机构改革、新班子成员到位后的第一次政府成员会议。

省委书记陈明义、习近平省长在福州会见香港中华厂商联合会陈永祺会长一行。

24日 经联合国“南南”合作网专家实地严格考察，华安县闽台农业开发区被批准成为联合国“南南”合作网示范基地。

26～28日 省委、省政府在福州琅岐召开重要专题会议。会议提出，增创改革与建设新优势，赢得福建跨世纪新发展；到2010年全省基本建成海峡西岸繁荣带，部分地区率先实现现代化。

28日 国家“九五”重点项目厦门高崎国际机场二期扩建工程顺利通过国家验收，工程自1992年开工至1999年12月完工，历时8年。

29日 2000年福建妈祖文化旅游节暨妈祖诞辰1040周年祈福大典在莆田湄洲岛召开，全国政协副主席张克辉出席开幕式。

全省29万人参加今年上半年全国高教自学考试。自1984年以来，自考人数以年均42%的速度递增，全省每39人就有1名自考生，在全国仅次于京、津、沪，排名第四，成为全国自考强省。

30日 全国政协副主席卢嘉锡来榕视察福建留学人员创业园。

5月

6日 经国务院批准，原泉州市肖厝经济开发区设立县一级行政区，定名泉港区，辖7个镇，面积321万平方公里。

8日 由省科技厅牵头组织的福建代表团首次参加“第三届中国北京高新技术国际周”活动，送展项目反映了福建省高新技术产业发展的新成就。

9日 据《福建日报》，厦门建立珍稀海洋物种国家级自然保护区。

海峡两岸关系研讨会在厦门召开。全国政协副主席张克辉、海协会副会长唐树备出席并讲话。

10日 全省机关效能建设工作电视电话会议召开。省委书记陈明义讲话，省机关效能建设领导小组组长、省长习近平作动员部署。

省委书记陈明义走访跨国公司在榕投资企业和福州高新技术企业，并与14家跨国公司和15家高新技术企业代表座谈。

全国第一个县（市）级博士后科研工作站晋江高科技园区企业博士后科研工作站建立。

12日 据《福建日报》，科技部公布1999年全国科技进步统计监测及综合评价结果，福建省科技进步水平在全国31个省、市、自治区中排序第七位。

16日 福建省与巴布亚新几内亚东高地省缔结友好省关系仪式在福州举行。

厦门市荣获国家建设部授予的“全国城市环境综合整治特别奖”。全国城市中仅厦门和大连获此殊荣。

17日 福建省幸福工程——救助贫困母亲项目试点工作从1998年正式启动以来，省幸福工程组委会在全省45个乡镇的200个村共发放无息贷款135万元，已首批救助450户贫困母亲家庭。

18日 南京军区国防动员委员会在我省召开，南京军区和华东5省1市领导出席会议。

承担国家科技部“863”科研项目的罗源县太平牡蛎三倍体育苗示范基地建成并正式投入使用，该基地是我国南方最大的太平洋牡蛎三倍体育苗生产基地。

第二届南安（全国）建材经贸洽谈会在“中国建材之乡”南安水头镇闽南建材第一市场开幕。

19日 省长习近平在厦门会见菲律宾总统埃斯特拉达一行。

20日 省委书记陈明义在福州会见美国俄勒冈州参议院议长布雷迪·亚当斯率领的议会及经贸代表团。

21日 省长习近平率领福建省政府代表团访问埃及、墨西哥。

23日 以云南省政协常务副主席、党组书记赵淑敏，副省长邵琪伟为代表的云南考察团一行17人，莅临我省进行为期6天的考察活动。

25日 福建省工会第十次代表大会在福州闭幕，大会选举产生省工会第十届委员会和新的总工会领导班子，黄瑞霖同志任省总工会主席。

28日 由福建省政府主办，国家科技部、国台办协办，福州市政府承办的福州国际招商月暨海峡两岸科技成果交易会在福州举行。本届招商月突出“海峡”、“科技”两大主题，来自82个兄弟城市、26个国家驻华使领馆、52家全球500强企业、70个海外华侨社团的代表参加交易会。共签订外资项目443项，协议外资19.87亿美元，其中合同项目230项，协议外资8.72亿美元。

31日 全省小额信贷会议决定，2000年全省安排小额信贷5000万元，扶持15万贫困人口解决温饱问题。

6 月

1日 “海峡两岸城市防震减灾研讨会”在榕举行。

2日 福建省机关效能投诉中心成立。

省建设厅组建的省建设工程交易中心挂牌。该中心的设立是我省建立和完善有形建筑市场的重要举措。

3日 据《福建日报》，省委、省政府作出决定，对福建省高层人才实行按月发给1000～5000元的生活津贴制度。该津贴标准居全国前列。

投资6.25亿美元、厦门经济特区最大的外商投资项目柯达海沧新厂建成投产。

据《福建日报》，目前福建省60岁以上老年人已达379万人，占全省总人口11.5%，成为全国第10个进入老年型的省份。

4日 据《福建日报》，我省人均水产品占有量153公斤，居全国首位，我省水产支柱产业初步形成。

5日 厦门成为全国第二个实现“双达标”（即工业污染源达标和功能区达标）的城市。

6日 中共福建省委发出《关于认真学习贯彻江泽民同志“三个代表”重要思想的通知》。

省委书记陈明义在泉州会见联合国教科文组织公共关系特项部主管阿丽丝·德·让莉丝女士一行。

7日 福建省经贸代表团在香港举行高新技术产业发展说明会，提出2010年基本建成海峡西岸繁荣带的设想和鼓励外商投资高新技术产业的措施，习近平省长在会上发表演讲。这是我省近年在港举办同类活动中规格最高、规模最大的一次。

8日 据《福建日报》，福建兴业银行将通过向特定法人募集10亿股新股，使注册资本由现在的15亿元人民币增至30亿元人民币。

9日 据《福建日报》，省委省政府出台《关于引进高层次人才和青年专业人才的若干规定》，这是自1992年以来我省在引进人才方面的又一重大举措。

10日 习近平省长率省经贸代表团赴澳门开展经贸活动。

11日 由福鼎市分水岭至宁德市城关的福宁高速公路全线动工。该工程属国家重点项目——黑龙江同江至海南三亚国道工程。

14日 省委召开首次党风廉政建设和反腐败形势分析会。

15日 全国人大常委会副委员长许嘉璐率全国人大《文物保护法》执法检查组来闽检查工作。

16日 据《福建日报》，泉州、石狮、晋江、东山4个市、县，在电话主线普及率、电话入户率、达标电话村、电话乡镇比率等各方面均已达到福建省比照中等发达国家制定的考核指标，成为全省首批电话市、县。

武警司令吴双战中将来闽视察。

17～20日 全省中南部沿海大部分县市遭受暴雨洪水灾害，作物受灾面积50万亩，因灾死亡48人，直接经济损失18亿元。

18日 据《福建日报》，国内贸易局列出1999年中国农产品批发市场30强，福州水产批发市场以年交易额18.5亿元位居第10名，居全国水产行业第一名、福建省农副产品批发市场第一名。

据《福建日报》，福建省城市居民消费结构出现新变化，食品支出占43.3%，用品占40.6%，衣着占8.2%，居住占7.9%，改变了以往食品支出比重占六成以上，穿用住3项支出不到四成的局面。

19日 省委书记陈明义率领福建省经贸代表团前往法国、南非访问。

20日 据《福建日报》，福建省有关方面负责人近日在接受记者采访时表示：福建欢迎台湾妈祖信众直航湄洲妈祖庙进香并为他们提供便利。

据《福建日报》，教育部公布首批国家级重点中专学校名单，我省警官学校等15所中专榜上有名。

22日 莆田县常太镇被农业部授予“中国枇杷第一乡”称号。

23日 福建省共有125家企业通过ISO9000认证，标志着福建省出口商品生产企业已逐步建立健全质量体系。

25日 福州市禁毒教育基地在林则徐出生地正式揭牌。

福建电网与华东电网联网的枢纽开关站——福州500千伏变电所正式动工。

26日 梅坎铁路全线铺通，铁道部副部长蔡庆华、副省长黄小晶出席铺通庆典。

27日 福建省电力有限公司挂牌成立。

省文联组织的福建省第13届优秀文学作品奖暨第9届黄长咸文学奖颁奖，一、二、三等奖各3个，佳作奖10个。

30日 福州海关走私侦查分局组建完毕，实行由海关总署和公安部双重垂直领导、以海关为主的新体制。

福建省与东部13省市广电网实现互联，这是国家广播电视干线网的第一次互联。

7 月

1日 建宁遭受百年不遇特大风雨冰雹袭击，受灾严重。

全省机关实行国库统一支付工资。

2日 第三届福建省双十佳新闻工作者评选活动揭晓，共选出王龙庆等20名双十佳新闻工作者。

3日 全省经济结构调整工作会议在福州召开，会议提出加快调整产业结构，提高经济整体素质。

3～5日 政和县小浦线、邵武市316国道接连发生两起特大交通事故，死19人、伤19人。

6日 省长习近平向援外专家、全国十大扶贫状元、福建农业大学菌草研究所高级农艺师、菌草技术发明人林占熺颁发省政府授予的一等功荣誉证书。这是省政府首次为作出突出贡献的科技人员记一等功。

由省科技厅、省委宣传部、省科协联合召开的全省第二次科普工作会议在福州闭幕。

7日 省长习近平在福州会见西非经济共同体驻华使节团。

8日 厦门大学党委书记王豪杰获中组部、中宣部和教育部颁发的全国普通高校党建和思想政治教育先进工作者荣誉称号，他是我省惟一获此殊荣者。

在原省电子厅、无委办、信息办的基础上组建的省信息产业厅挂牌成立。

9日 中共福建省委党校建校50周年。省委党校50年共培训干部43000多人次，培养专、本科函授毕业生25300人，为提高党员领导干部素质作出了重要贡献。

我省许刚、林明华、李瑞兴、吴增藩、黄侨英5人获第二届中国百佳电视艺术工作者、百佳老电视艺术工作者称号。

12日 被公安部授予全国公安系统一级英雄模范，同时被铁道部授予全国铁路人民铁道卫士称号的福州火车站派出所女民警丁榕，是我省建国以来首位获得一级英模的女警。

省“重中之重”工程——福（鼎）宁（德）高速公路工程全线展开。

据《福建日报》，厦门网络商驿（ISWITCH）平台开通，厦门成为全国继深圳、香港、北京后第四个开通该平台的城市。

14日 省委召开常委扩大会议，分析上半年我省经济形势，提出下半年经济工作任务。

17日 台湾2000多名妈祖信众组团到湄洲祖庙进香，这是历年来规模最大、人数最多的一次两岸民间民俗交流活动。

18日 据《福建日报》，省政府决定，政府部门所属71所学校实行改制，多数省属本科高校和部分成人高校、中专学校划归省教育厅，其他学校实行“省与地市共建、以地市管理为主”体制。

厦门市市长朱亚衍致函台湾高雄市长谢长廷：因台湾方面原因，原定的率团赴高雄访问不能如期成行。

福建省海事局向社会各界公告水

上事故报警专用电话“12395”。

19日 新组建的福建省药品管理局正式挂牌。

22日 据《福建日报》，国家电力公司命名12家电力企业为“全国一流”，我省厦门电业局、漳平电厂、厦门嵩屿电厂和水口电厂4家企业获此殊荣。

25日 我省农业执法队正式挂牌，它是全国省级成立的第一家农业执法总队。

27日 省政府召开第三次全体会议，回顾上半年的政府工作，部署下半年工作，会议还审议了新修订的《福建省人民政府工作规则》。

麦得龙福州商场正式开张营业，这是全球第二、欧洲第一的商业集团麦得龙公司在我国开设的第七家商场。

28日 为期5天的省九届人大常委会第20次会议在福州结束。会议审议通过《福建省人民代表大会常务委员会关于授权法制委员会负责地方性法规草案统一审议工作的决定》等11项法规。

中国电信集团福建省电信公司揭牌。该公司是由中国电信集团出资设立的福建省行政区域的全资子公司，它的成立标志着我省通信体制改革基本完成。

30日 为期3天的武夷国际旅游投资洽谈会闭幕，外商投资项目83个，投资额2.54亿美元。

31日 全省“五江一溪”洪水预警报系统全部实现了标准数据库方式存储和远程传输全省各流域洪水预警报系统的数据可以在省防汛办进行重组和统一检索、查询。

以尚文为组长的中央“三讲”教育检查组经过4个多月的工作，圆满完成对我省县级“三讲”教育和省级、地厅级“三讲”教育“回头看”工作的检查，返回北京。

8 月

1日 全国首部保障职工民主参与权利的地方性法规《福建省保障企业职工民主参与权利规定》经省人大常委会通过，今日公布施行。

武警晋江中队被武警总部荣记集体一等功，中队长和指导员被评为“优秀带兵干部”。

据《福建日报》，我省社会事业重点建设项目省体育馆新馆土建施工已开工。新馆选址省体育中心北侧，占地104亩，计划投资1.98亿元，2001年7月完工。

2日 省国防动员委员会第六次会议在福州召开。

3日 据《福建日报》，自7月中旬，南京军区在北起江苏连云港、南至福建诏安的海域开展海上大练兵。

4日 全省上半年经济金融形势分析会暨货币信贷联席会在榕召开，省长习近平和中国人民银行上海分行行长蔡鄂生到会。

据《福建日报》，省委常委会专题研究干部人事制度改革，并成立省委干部人事制度改革领导小组。

5日 据《福建日报》，南靖县近日被国家建设部授予“全国村镇建设先进县”荣誉称号，这是我省惟一获此殊荣的县份。

9日 我国首次人工培育的花生新品种“金花1012”白皮花生在福建农业大学培育成功。

《福州市私营企业权益保护条例》正式开始实施，这是我省第一部保护私营企业合法权益的法规。

11日 据《福建日报》，根据中央党风廉政建设责任制，自1999年至2000年上半年，我省对273名领导干部实施责任追究。

在广东省佛山市举行的全国少年儿童体操总决赛中我省小运动员陈学章夺得吊环冠军。

13日 据《福建日报》，自1996年以来我省制糖业首次出现全行业盈利，2000年榨季实现利润1000多万元。这是我省制糖行业实行总量控制、结构调整的结果。

全国少年男子举重分龄赛在举重之乡邵武举行，16个省、市的115名运动员参赛。

14日 省委决定，从现在起在全省范围内试行干部考察预告制和地厅级领导干部任前公示制。

省委召开为期2天的思想政治工作会议，贯彻落实中央思想政治工作会议精神，提出我省思想政治工作《实施意见》。

德化县龙门滩水府山谷底发现了与恐龙同时代的植物活化石、国家一级植物“赖桫椤”约近百棵，最高的有6米，最大胸径近1米。

15日 第九届福建省音乐舞蹈节在福州大戏院开幕，本届音乐舞蹈节为期1个月，来自全省各地4000多名选手将参加声乐、器乐、舞蹈三大艺术门类中的8个赛项比赛。

在全国帆船锦标赛上福建健儿夺得3块金牌。

16日 国家开发银行福州分行和中国农业银行福建省分行为福宁高速公路提供28亿元和15亿元的巨额贷款，福宁高速公路建设为期4年，现已全线动工。

18日 世界最长的迭合梁斜拉桥——青洲闽江大桥胜利合龙。这座总投资6.5亿元的双塔双索面迭合梁斜拉桥主桥长1185米，宽29米，主跨605米，主塔高175.5米，预计大桥主桥约年底建成。

19日 全省社团重新登记工作到目前为止，重新登记社团5913个，有4682名党政领导干部辞去社团领导职务。

据《福建日报》，我省加快勘界进度，已划定省、县两级边界线11534公里，完成总勘界任务数的99%，总长1100多公里。

20日 我省参加第九届全国中学生生物奥林匹克竞赛的3名选手全部获得金牌，他们是福建师大附中的林浩、程道霖和厦门一中的吴薇。

22日 据《福建日报》，永春狮峰小流域被命名为首批全国水土保持生态建设示范小流域。

23～26日 第10号强台风“碧利斯”在晋江市围头登陆，台风近中心最大风力12级。受台风影响，沿海和闽西、闽北等地出现特大暴雨、山体滑波，灾情严重。

25日 2000年中国雕刻艺术节暨石、木雕大奖赛在惠安举行。国内外105名雕刻家参赛。

26日 经国家司法部批准，我省首家境外律师事务所——卓黄纪律师事务所福州办事处正式挂牌。

据《福建日报》，国家外经贸部对32个国家级经济技术开发区进行综合评价，我省福州开发区、福清融侨开发区位居前10位的第五、第九位。

28日 原中顾委委员、西南局书记处书记，四川省委第一书记、福建省委第一书记廖志高同志，因病医治无效，在北京逝世，享年88岁。

30日 在国家电力公司和省政府的共同推动下，福建水口发电有限公司成立。

31日 首批迁居我省的65户301位三峡移民定居邵武。

9 月

2日 据《福建日报》，我省党政机构改革定内设机构、人员编制和领导职数已全部完成，经过“三定”，省委、省政府编制分别精简20%、48%，达到预期目的。

3日 宁德地区县级宁德市正式改设蕉城区建制。

3～17日 以江西省省长舒圣佑为团长的江西省政府代表团来闽考察，并与我省签订《关于进一步加强两省经济技术合作的协议》。

4日 漳浦县前湖湾一远古森林遗址，经省地质专家考察，该遗址距今约6000年，为罕见的滨海古森林遗址，炭化面积4500平方米，层厚0.2～0.5米，树根直径达0.8米，具有重大考古科研和旅游观光价值。

5日 澳门特别行政区行政长官何厚铧来闽进行为期4天的访问。在闽期间，何厚铧出席了闽澳促进会高层研讨会和第四届中国投资贸易洽谈会开幕式，国务委员吴仪、省委书记陈明义、省长习近平会见了何厚铧一行。

8日 第四届中国投资贸易洽谈会在新落成的厦门国际会展中心开幕，国务委员吴仪、泰国副总理素帕猜为开幕式揭幕。本届贸洽会有200个境外工商团体、政府机构和43个国内参展团参会，共签订合同项目1261个，合同外资金额50.01亿美元，协议项目577个，协议外资金额44.71亿美元。

11日 中央政治局候补委员、国务委员吴仪对我省进行考察。

12～17日 中共中央政治局委员、全国人大常委会副委员长田纪云在我省考察。

驻闽武警某部7连连长龚时荣被评为“中国武警十大忠诚卫士”。

15日 厦门市邮政局获得ISO9002认证证书，成为全国邮政同业获此殊荣的第一家。

16日 全省干部人事制度改革暨培养选拔年轻干部工作会议召开，出台12项重大举措，推进干部人事制度改革。

20日 我省举重运动员张湘祥在27届奥运会上获56公斤级铜牌，这是本届奥运会我省运动员首枚奖牌。

由省政府主办、省委宣传部、省文化厅和省文联承办的“福建当代书画展”在北京中国美术馆开幕。该书画展是半个世纪以来福建书画艺术首次晋京展示，共展出350件福建书画作品。

“林则徐星”纪念碑揭幕。为纪念禁毒和反对毒品犯罪运动的先驱林则徐，福州市在林则徐出生地福州中山路17号为“林则徐星”立碑。“林则徐星”是中国科学院北京天文台施密特CCD小行星项目组发现的小行星，这是迄今惟一的一颗以民族英雄命名的小行星。

21日 中国保险监督管理委员会福州保险监管特派员办事处成立，这标志我省银行、证券、保险分业经营、分业监管制度落实到位。

23日 我省选手吉新鹏在27届奥运会上夺得羽毛球男单桂冠，这是我省选手在奥运会历史上第一次获得个人项目金牌。

24～29日 福建师大附中陈宏在第12届国家中学生奥林匹克信息学竞赛中荣获金牌。

25日 由厦门金达威维生素有限公司承担的国家科技部2000年科技攻关计划项目全合成维生素D3油和维生素D3微粒项目通过专家鉴定，该成果填补了国内空白。

29日 福建省劳动模范和先进工作者表彰大会在福建会堂举行，288名劳模和先进工作者受表彰。

全省华侨经济开发区会议在莆田召开。全省现有17个华侨农场，其中16个已完成由中央下放地方政府管理并加挂华侨经济开发区牌子。

10 月

1日 国家重点工程梅坎铁路全线开通货运。梅坎铁路总投资26.197亿元，全长143.14公里，工程1998年开工，2000年6月全线铺通。

全长5000公里的省广播电视光缆干线网络建成并正式开通。

3日 长富集团作为我省制奶业的龙头，在行业内首家通过国际ISO9002质量认证。长富集团日产销量达60多吨，占我省乳品市场的“半壁江山”。

6日 宁德十中初一学生李梦寒向北京申奥委捐出我省第一笔申奥捐款。

7日 福建电子信息（集团）有限责任公司挂牌。它是我省省级机构改革中新组建的十大集团公司之一。

8日 大宝杯2000年炎黄世界龙舟、龙狮系列赛在厦门举行，来自25个国家和地区的500多位选手参加比赛。

9日 第三届中国泉州国际木偶节在泉州市举行，来自日本、新加坡等地的32个木偶团参加开幕式。中国、巴西联合发行《木偶和面具》特种邮票两枚，这是我国首次以我省题材与国外联合发行邮票。

12日 晋江市财政收入突破10亿元，省长习近平代表省委、省政府致信祝贺。

原省政协常委、厦门市政协副主席、农工党中央咨监委常委、我国细胞学生物学奠基者之一、厦门大学原校长、博士生导师汪德耀教授逝世，享年100岁。

13日 朱熹逝世800周年祭世活动在建阳市考亭书院举行，来自海内外的300多位朱子后裔参加祭典。

18～22日 吉林省党政代表团对我省进行为期5天的友好访问，两省共签订85个经济技术合作项目。

20日 福建农业大学和福建林学院合并组成的福建农林大学挂牌成立。

21日 据《福建日报》省政府公布2000年调整的我省最低工资标准及适用范围，新标准自7月1日起执行。

23～26日 我省选手罗福群、侯滨、吴燕聪在第十一届悉尼残奥会夺得乒乓球TT9级团体和男子跳高F42级、F46级3枚金牌。

23日 据《福建日报》，原泉州师专、泉州教育学院、泉州师范3校合并成为泉州师范学院。

23～27日 中共福建省委六届十二次全体会议在福州举行，会议审议通过《中共福建省关于制定国民经济和社会发展第十个五年计划的建议》和《中共福建省委关于从严治党若干问题的决定》。

25日 省委组织部、省人事厅联合组织向省外和海外招聘人才。共吸引5000多位专业人员应聘。

28日 省第四届全民健身节在省体育中心开幕。

省领导陈明义、习近平等和来闽考察的全国政协副主席罗豪才一行举行座谈。

30日 据《福建日报》，中共福建省委就省委关于制定十五计划建议和从严制党决定，召开党外人士征求意见座谈会。

31日 省高级人民法院成立50周年庆祝大会在福州举行。

我省福大、师大、农林大、中医学院4所高校获批10个博士点。这是我省获批博士点最多的一次。

11 月

1日 第五次人口普查从今日零时开始，全省各地普查人员开始工作。

华侨大学举办40周年校庆并举行校董事会，国务院侨办与福建省政府、泉州市政府分别签订新一轮共建协议。

3日 全省农业现代化试点县规划纲要评审会上，惠安、晋江、龙海、福清、南安通过评审，确定为全省农业现代化首批试点县，并列入“九五”规划。5个试点县经济总量约占全省1/5强。

为期5天的祖国大陆与港澳台地区大学生男篮邀请赛在泉州闭幕，华侨大学队获冠军，台湾文化大学队获亚军。

4日 第四届全国农运会闭幕，我省健儿奖牌数列第四。

9日 厦门远华特大走私案首批25起案件一审公开宣判。该走私案是建国以来查处的涉案金额特别巨大、案情极为复杂、危害极其严重的走私犯罪案件。自1996年来，赖昌星走私犯罪集团在厦门关区大肆走私进口成品油、植物油、汽车、香烟等货物，价值人民币530亿元，偷逃税款人民币300亿元。

京福国道主干线福建三明段高速公路一期工程在沙县开工，这是三明开工的第一条高速公路。

11日 经5年努力，我省漳浦、仙游、新罗、建瓯、长乐、闽侯、惠安、明溪8个全国节水增产重点县通过省级验收。

12日 2000年中国(福州)国际木材林产品交易会在福州开幕，历时3天，有26个国家和地区的15家参展商，28个代表团参展，共签订山海协作项目32项，总投资额8.04亿元，这是我国迄今举办的规模最大的综合性国际木材林产品交易会。

14日 宁德地区撤地设市，地级宁德市正式挂牌。

15日 国家经贸委主任盛华仁来闽调

研。

16日 省政府在榕召开全省城镇医药卫生体制改革工作会议。

17～21日 全国政协副主席、中央统战部部长王兆国来闽考察。

18日 全国首部保护房屋消费者权益的地方法规——《福建省房屋消费者权益保护条例》获通过。

20～21日 世界客属第十六届恳亲大会在龙岩市举行，全国政协副主席、中共中央统战部部长王兆国、全国政协副主席罗豪才、张克辉，省领导陈明义、习近平出席开幕式。海内外近百个客属社团的3000多名乡亲参加恳亲活动，签订经贸项目20个，其中外资项目7个，总投资1593万美元；内联项目13个，总投资4.85亿元。

21日 据《福建日报》，被誉为"剑中绝品"的春秋时期吴王剑和越王剑，近期在福州金石缘艺术品公司仿制成功。

24～26日 省"五新"（新产品、新技术、新工艺、新材料、新设备）项目推介会在福州举行，共签订项目766项。

27日 马尾造船厂为北欧国家批量建造的第一艘1.76万吨级干散货轮下水，这是我省建造的最大吨位船舶。

全国首条高速环保碱锰电池生产线在南孚投产。

28日 三明万寿岩发现距今18万年的旧石器时代洞穴遗址，今正式向外界公布。该遗址是我省史前考古的首次重要发现，也是国内罕见的重要史前遗迹。该遗址的主要考古发掘工作已于1999年末完成。

29日 宁德白马港区获准正式对外国藉船舶开放。

据《福建日报》，福建留学人员创业园列入9个国家留学人员创业园试点之列。

惠安财政收入突破6亿，实现财政收入3年翻番、"九五"期间翻两番的目标，力争进入全省财政收入前五名行列。

30日 据《福建日报》，省政府公布首批取消的81项省级政府部门审批审核事项，内容涉及省直17个部门，第二批拟取消事项正在加紧审定之中。

12 月

1日 我省重点工程——外福铁路电气化工程全部完成验收。外福电气化铁路全长191.5公里，总投资10亿人民币，这条电气化铁路开通后，我省将成为华东地区第一个铁路主干线成网运输省。

2日 第四届世界同安联谊大会在厦门举行，全国政协副主席万国权出席开幕式。

4日 据《福建日报》，今年福州市成为全国第15个国内生产总值超4亿的城市，位居全国省会城市第6位。

4～12日 全国人大代表团福建视察团分赴全省视察。

5日 我省黄金产量近年大幅增长，2000年产量居全国第6位，我省成为黄金生产强省。

6日 上杭县步云乡发现面积约200亩的红豆杉群落，为国内罕见。

全省首届邓小平理论研究基地优秀成果颁奖大会在福州召开。

7日 厦门港集箱今年吞吐量突破百万标箱，成为继上海、深圳、青岛、天津、广州之后全国第六个实现年吞吐集装箱百万标箱港。

8日 省政府决定，自2001年起，全省养老失业保险费改由地税部门征收。

9日 惠安艺术团获文化部第十届"群星奖"舞蹈比赛金奖、银奖。

11日 原福建省委书记、中央纪律检查委员会委员、中央组织部正部级离休干部金昭典同志因病医治无效，于12月11日在北京逝世，享年88岁。

12日 省委召开领导干部会议，中组部副部长黄晴宜传达中共中央决定：宋德福同志任中共福建省委书记；陈明义同志不再担任中共福建省委书记，另有任用。

据《福建日报》，梅花山华南虎人工繁育种群重引入工程被国家林业局列入《中国拯救华南虎行动计划》优先项目。

15日 中国作协长乐文学创作生活基地在长乐冰心文学馆揭牌。

17日 福大研制成功壁挂式FED场致发射显示器，属国内首创，具国际先进水平，是我省电子技术的重大成果。

18日 棉花滩水电站大坝下闸蓄水，总库容将达20.35万立方米，调节库容11.2亿立方米。棉电下闸蓄水，标志着大坝主体工程基本完工。

福州市台江区国税局郭爱莲荣膺"全国十杰女税务工作者"。

18～19日 中国茶都（安溪）文化旅游节暨首届中国安溪铁观音乌龙茶节在安溪县举行。共有来自30多个国家和地区的各界人士共3000多人出席，协议投资总额达16.3亿元。

19日 据《福建日报》，2000年福建省吸引外资38.04亿美元，投资额继续居全国第三位。

20日 全国见义勇为工作首次现场会在榕召开。

第三届世界华人青年化学家学术大会在厦门大学隆重召开，来自世界11个国家和地区的250多位华人青年化学学者参加。

21日 省长习近平签发省人民政府第60号令，决定自公布之日起废止1980～1999年省政府规范性文件109件。

应省长习近平邀请，祖籍福州的著名资本市场运作及证券期货业专家梁定邦在省府作关于资本市场的专题报告。

22～27日 中国残联主席邓朴方到我省调研。

23日 全省计划生育工作会议在榕召开，提出提前实现人口与计生工作第二步奋斗目标。省领导宋德福、习近平出席会议。

省委农村"三个代表"重要思想学习教育活动领导小组在福州召开首次会议。

24～26日 全省经济工作会议在福州召开。会议传达了中央经济工作会议精神，总结2000年全省经济工作，部署2001年全省经济工作任务。

25日 省长习近平在福建会堂会见日本驻广州总领事馆小原育夫总领事及西淳也副领事。

2000年度日本国利民工程援助签字仪式在福州举行。援助款计63.5万元人民币。

26日 全省精神文明建设工作暨先进命名表彰大会召开，会议表彰了1998～1999年度精神文明创建活动先进基层单位和先进个人。

27日 省政府聘任21名省外专家、14名省内专家分别担任省政府经济社会发展顾问团成员和省政府专家咨询组成员。

28日 全省计划工作会议在福州召开。

28日 越南国家主席陈德良来厦门访问，省长习近平在厦门悦华酒店会见陈德良一行。

31日 位于福州西湖和左海公园之间的省博物馆主体工程封顶。省博物馆总投资2.7亿元，是建国以来我省最大的社会文化事业项目、省重点工程项目之一。

撰稿：林丹英　郑棻（资料据《福建日报》）
编审：陈杰明　　编辑：章卓如

概　　貌

自然环境

【地理概况】 福建简称“闽”，位于我国东南沿海，地处东经115°50'～120°44'，北纬23°31'～28°19'。平面形状似一斜长方形，东西最大间距约480千米，南北最大间距约530千米。东北邻浙江省，西、西北接江西省，西南连广东省，东临东海，东南隔台湾海峡与台湾省相望。全省地跨中亚热带和南亚热带两个自然地理带，其中大部分属中亚热带，闽侯白沙、福州新店和连江黄岐半岛以南，戴云山和博平岭以东为南亚热带。全省土地面积为12.14万平方千米，约占全国土地总面积的1.3%；海域面积达13.6万平方千米。

福建位于欧亚板块的东南部，大地构造属新华夏系巨型构造体系的第二隆起带，南岭纬向构造体系的东端。境内峰岭耸峙，丘陵连绵，河谷、盆地穿插其间，其中海拔1000米以上的地面占全省土地总面积的3.25%，500～1000米的占32.87%，200～500米的占51.41%，200米以下的仅占12.47%。地势自西北向东南下降，横断面略呈马鞍形。受新华夏系构造的控制，在西部和中部形成北北东向斜贯全省的两列大山带：西列是以武夷山脉为主体的闽西大山带；中列是由鹫峰山、戴云山、博平岭等山脉组成的闽中大山带。这两大山带之间为互不贯通的河谷、盆地，俗称闽中大谷地。东部沿海为丘陵、平原地带。

闽西大山带以武夷山脉为主体，长约530千米。山势北高南低，北段以中低山地貌为主，海拔大都在1200米以上；南段以低山丘陵地貌为主，海拔一般为600～1000米。位于武夷山市境内闽赣交界处的主峰黄岗山海拔2158米，不仅是全省最高峰，也是我国大陆东南部的最高峰。山体岩性以花岗岩和火山岩为主，间有凝灰岩、流纹岩出露。断层地貌十分发育，形成许多断块山、断裂谷和断陷盆地。整个山带，尤其是北段，山体两坡不对称：西坡陡，多断崖；东坡缓，有层状地貌发育。由断层陷落或古老河谷被抬升而形成许多与山带成直交或斜交的垭口，较著名的有分水关、桐木关、铁牛关等。山带东侧分布着许多北东或北北东走向的串珠状山间盆地和河谷盆地。武夷山、永安、连城等地有红色岩层出露，构成风景奇丽的丹霞地貌景观；永安、宁化、龙岩、将乐等地有较大面积的石灰岩分布，溶洞、溶蚀洼地、峰林等喀斯特地貌发育。

闽中大山带由鹫峰山、戴云山、博平岭等山脉构成，长约550千米，以中低山地貌为主，呈北东——南西走向。闽江、九龙江将山带切割为三段：北段以鹫峰山为主体，平均海拔1000米以上，山体巍峨，最高峰辰山海拔1822米；中段为戴云山，山体宏伟，为闽中大山带的主体，1200米以上的山峰连绵不绝，位于德化县中部的主峰戴云山海拔1856米。尤溪、梅溪——浐溪（大樟溪上游）将该山脉切割成三列仍呈北东向的平行山体。南段为博平岭，地势较低，坡度较缓，地表切割较破碎，以低山丘陵地貌为主，一般海拔700—900米。整个山带两坡不对称：西坡陡峭，多断崖；东坡较缓，地势作阶梯状下降，层状地貌发育。山体岩性主要由花岗岩、流纹质凝灰熔岩、凝灰岩、流纹岩、英安岩、安山岩等组成。山地中有许多山间盆地，博平岭山间盆地多呈马蹄形状，向南或东南方向开口。

东部沿海丘陵一般海拔在500米以下，地貌类型一般由丘陵到红土台地到沿海平原，花岗岩、流纹岩等火山岩遍布全区。闽江口以北以花岗岩高丘陵为主体，山丘坡度较大，顶面崎岖，多直逼海岸。花岗岩丘陵广布戴云山、博平岭东延余脉。东南部沿海丘陵区有基岩裸露，经流水长期冲蚀，形成典型的“石蛋”地形。福清至诏安沿海广泛分布着由深厚的风化残积层组成的红土台地，面积约4200平方千米，地面海拔10～50米。平原分布在滨海一带，多为河口冲积海积平原和河谷冲积平原，这些平原面积不大，且为丘陵所分割，呈不连续状。福州平原、兴化平原、泉州平原和漳州平原为全省四大平原，原系第四纪断陷盆地，后地壳上升，分别由闽江、木兰溪、晋江、九龙江等河流泥沙冲积和海湾淤泥堆积而成，属冲积海积平原，这些平原并非完全平坦，多散布有孤山、残丘，如福州平原上的孤山高盖山海拔达203米。沿海一带，尤以长乐梅花、江田，晋江金井，漳浦古雷半岛，以及平潭、东山等岛屿风积地貌发育，有覆盖沙、新月形沙丘、新月形沙丘链、沙垅等景观。

新发现的漳浦县赤湖镇前湖海滩海底古森林遗迹，据专家考证，距今约有8000～10000年，具有重大考古科研与旅游观光价值。　　（王文津　摄）

海岸线曲折，港湾众多，岛屿星罗棋布。大陆海岸线全长3000多千米，仅次于广东省，居全国第二位；岸线多呈锯齿状，十分曲折，曲折率为1∶5.7，其曲折程度居我国沿海各省份之首位。海岸类型以侵蚀海岸为主，堆积海岸为次。侵蚀海岸多出现在半岛、岛屿岬角和岸线转折地段，主要分布在闽江口以北一带，闽江口以南的福清、平潭、莆田、厦门、东山、诏安等沿海亦有分布，常见有海蚀崖、海蚀洞、海蚀拱桥、海蚀柱和海蚀阶地等侵蚀形态。堆积海岸多出现在港湾内部岸段和岸线比较平直的地段，九龙江口以南龙海、漳浦一带海岸较为平直，堆积形态较为发育，常见有海滩、沙堤、沙嘴等，并以海滩为主。全省滩涂面积约20.7万公顷，底质以泥、泥沙或沙泥为主。全省大小港湾125个，自北向南有沙埕港、三都澳、罗源湾、湄洲湾、厦门港和东山湾等6个特大深水港湾。这些港湾多伸入内陆，与半岛相间出现。沿海岛屿的分布格局和地质岩层均与附近大陆的山地丘陵相同，实属大陆的延伸部分，共有岛屿1500多个，较大的有海坛、金门、南日、马祖等岛屿；原有的厦门岛、东山岛等已分别有跨海海堤与大陆相连形成半岛。

水系发育，河网密度大。境内河流总长度约1.3万千米，河网密度每平方千米超过0.1千米。闽江为全省最大河流，全长577千米，流域面积达6.1万平方千米，约占全省面积的一半。由于受两组断裂构造的控制，主要河流多与山脉走向垂直，支流与山脉平行，形成典型的外流区单向性的格状水系；河谷形态多呈串珠状，峡谷和盆谷相间排列；属山地性河流，多峡谷险滩，河床比降大，多在万分之五以上，加上境内降水量大，径流量相当丰富，水力资源蕴藏量十分丰富。

（撰稿：林启周）

【气候】 全年气候属正常偏好年景，气温明显偏高，降水大部偏多且分配均匀，日照时数明显～异常偏少。冬季出现两次强寒潮天气过程；春季无“倒春寒”，强对流性天气也较少；雨季无“五月寒”且出现异常的高温及中等强度的干旱；夏季有6个热带气旋影响本省，其中影响较大的为登陆台风“碧利斯”；秋季出现较强的秋雨。

全年平均气温15.2～22.2℃，距平0.0～1.2℃，龙岩、三明北部、南平西部及鹫峰山区明显偏暖，其余地区异常偏暖。全年降水量1159～2463mm，全省降水时间分配较均匀，但空间分布与常年不同，有4个降水量大于2000mm的高值区，分别位于闽西的邵武、泰宁一带，漳州、南靖一带，泉州的内陆山区及宁德地区局部；大部地区降水较常年偏多1～6成，中、南部沿海降水评价为涝，鹫峰山区及其周边地区正常，其余地区偏涝。全年日照时数为1251～2158小时，距平-565～-13小时，除莆田地区正常外，其余地区均明显偏少，福州、宁德大部及三明局部异常偏少。

冬季（12～2月）。气温5.8～14.6℃，距平-0.2～1.0℃，与常年同期相比大部地区正常，局部偏高。季内气温大起大落，12月下旬出现全省性强寒潮，气温沿海地区较常年偏低1～2℃，内陆地区异常偏低3～4℃；随后全省进入了异常偏暖的两旬，1月上旬的气温较常年异常偏高4～6℃，中旬亦明显偏高1～3℃，而下旬气温急转直下，西北部地区又经历了一次寒潮的袭击，全省气温偏低1～2℃；2月下旬亦异常偏冷，气温较常年异常偏低2～4℃，偏低程度大部排在1960年以来的第4、5位。降水量136～248mm，北部地区正常，南部地区偏多1～6成，其中：12月份全省大部地区偏少1～9成；1月份除沿海局部地区偏少2～4成外，其余地区偏多1成～1倍；2月份全省大部地区偏多2～6成，其中2月下旬出现一次降水过程，致使全省降水量异常偏多，大部地区偏多1～2倍，闽南7个县市降暴雨，闽南地区偏多达4、5倍。季日照时数128～448小时，大部地区偏少～明显偏少60～120小时，局部地区正常。

早春季（3～4月）。气温12.2～19.0℃，与常年相比沿海地区偏高，局部明显偏高1.0～1.3℃，内陆地区正常，其中：3月份沿海6地市偏高1～2℃，而内陆地区正常；4月份气温正常到偏低1℃左右。降水分布是由东到西逐渐增多，降水量为208～560mm，闽西、闽南大部及闽北局部偏多1～4成，中北部沿海偏少1～2成，其余地区正常，其中：3月份偏少2～8成；4月份闽西及闽南大部偏多1倍以上，属异常偏多，其余地区也偏多2～8成。季内出现6场暴雨过程，其中最大的一次是4月23～26日的暴雨过程。日照时数除南部沿海正常外，其余大部地区明显偏少50～80小时，局部偏少10～50小时。

雨季（5～6月）。气温20.3～26.0℃，距平-0.4～1.4℃，除局部正常～偏高外，大部分地区明显偏高。5月中旬出现一次高温过程，全省大部县市极端最高气温在33～36℃，出现了近40年来同期少见的晴热天气；6月份气温波动非常大，月初、月末经历了两次历史性的高温天气过程，其中：月初的3～4日，大部分县市日最高气温突破35℃，有8个县市≥38℃，日极端最高气温为6月3日闽清的39.2℃，有20个县市创61年以来历史同期的最高记录，福州6月3日极端最高气温达到38.7℃，为1920年以来同期的最高值；月末的高温过程全省有8个县市超过38℃，14个县市创61年以来历史同期的最高记录，其中尤溪县连续4天、闽清持续3天最高气温达到或超过38℃，为历史罕见。而中旬气温异常偏低，旬平均气温大部地区比常年偏低3～4℃。降水量为310～678mm，中、南部沿海地区偏多1～6成，其中闽南沿海（除漳州南部）明显偏多，而闽西及南平地区南部偏少1～3成，闽东及南平北部地区正常。雨季降水的时间分配很不均匀，其中5月份异常偏少，降水量仅为6～215mm，绝大部分县市月降水量历史排位倒数第一，福州市5月降水量仅36毫米，为1909年以来同期最少，5月下旬开始沿海地区出现旱情，其中南部沿海出现中旱；而6月中旬北部及南部地区分别出现一次大范围的暴雨过程，降水非常集中，给全省造成重大损失。日照时数280～421小时，除西、北部部分地区正常外，其余地区偏多至明显偏多。

夏季（7～9月）。平均气温22.6～28.2℃，距平0.4～-0.6℃，北部地区的鹫峰山区、南平东北部及南部地区除漳州沿海地区以外大部偏低，其余地区气温正常，其中：7月份宁德地区大部偏低1℃，其余地区接近常年；8月份大部分地区偏低1℃左右；9月份除龙岩市大部偏低1℃外，其余各地正常～偏高1℃。降水量234～993mm，除南平东、北部地区偏少1～3成外，其余地区均偏多，其中福州以南沿海至厦门、闽西的西部明显偏多5成～1倍；受6个热带气旋及一些暖式切变影响，出现4次暴雨过程，其中以8月23～27日台风“碧利斯”带来的暴雨最大。日照时数为450～700小时之间，全省大部地区明显偏少70～160小时。

秋季（9～10月）。气温15.0～23.1℃，距平1.0～2.0℃，大部地区明显偏高，其中10月下旬及11月下旬气温分别异常偏高3～4℃和2～3℃。降水为57～338mm，全省降水均较常年明显偏多，其中南平大部、三明北部及福州以北沿海地区明显偏多1倍以上，闽南沿海正常，其余地区偏多3～7成；季内冷空气活动频繁，加之热带气旋的影响出现5次局部的暴雨。日照时数为132～277小时，全省均明显～异常偏少100～160小时。

雨季暴雨。6月9～13日本省中、北部地区出现大范围暴雨过程，雨区自北部开始逐渐向南扩大，波及南平、宁德、三明及福州局部，过程雨量≥100mm的有36个站，≥200mm的有16个站，≥300mm毫米的有4个站，以平潭371mm为最大；此次暴雨持续时间长，闽北地区普遍受灾，其中南平市遭受暴雨时间最长达4天之久，损失尤为严重。6月17～20日自南向北又出现一场范围更大、强度更强的暴雨天气过程，中南部沿海大部分县市降大暴雨～特大暴雨，过程雨量≥100mm的有47个县市，≥200mm的有21个县市，≥300mm的有13个县市，≥400mm的有3个县市，以南安的443mm为最大；日雨量以厦门321mm为最大（18日）并创当地1892年以来日雨量的最大值；南部的东溪、九龙江、木兰溪等河流超警戒水位。据不完全统计，全省作物受灾面积50万亩，民房倒塌96255间，暴雨引发多处地段发生山体滑坡，因灾死亡48人，直接经济损失18亿元。

【台风“碧利斯”】 10号台风“碧利斯”于8月19日在菲律宾以东洋面生成，并以较稳定的速度向西北偏西方向移动，于22日22时30分在台东登陆，并于23日10时30分左右在晋江围头半岛再次登陆，登陆时中心最大风力达38米/秒，后在龙岩市减弱为热带风暴。中部沿海出现大风，沿海各地和内陆的部分县市出现暴雨和大暴雨，过程雨量≥100mm的有52个县市，其中≥200mm的有23个县市，≥300mm的有6个县市，福清最多达407mm；日雨量以柘荣的239mm为最大。大部分县市都有不同程度的灾情，据泉州、龙岩、莆田、漳州、三明和宁德7个地市不完全统计，受灾240.2万人，死亡25人，损坏房屋25397间；农作物受淹152.1万亩；有2089家厂矿企业被迫停产；刮坏通讯线路若干，造成停电和通讯中断；直接经济损失24亿元。

（撰稿：吴滨）

【环境】 大气环境。全省城市空气污染仍然以煤烟污染为主，总悬浮颗粒物普遍超标；全省降水污染总体格局未变，93%的城市均出现酸雨，闽东南沿海地区为酸雨污染中心区域。

15个统计城市中总悬浮颗粒物、二氧化硫和二氧化氮平均浓度值分别为0.142毫克/立方米、0.015毫克/立方米和0.023毫克/立方米。总悬浮颗粒物和二氧化硫呈现下降趋势，但部分城市总悬浮颗粒物污染仍较严重。

15个城市降水年均pH值范围在4.37～6.79之间，降水年均pH值低于5.6（酸雨）的城市有：厦门、泉州、莆田、宁德、南平、邵武、福清、长乐和晋江，占统计城市的60%。列为酸雨控制区的城市有：福州、厦门、三明、泉州、漳州和龙岩。

水环境。按GHZB1—1999《地表水环境质量标准》评价，全省主要水系中，木兰溪水质仍差；闽江、九龙江、晋江、汀江、木兰溪达Ⅲ类水质断面，分别为88.2%、54.6%、63.3%、86.7%、28.6%。城市内河污染较重，城区内湖泊水质呈富营养化，部分地下水污染严重。近岸海域海水水质三类及劣三类海水占76.9%，泉州湾及厦门西港水质较差。

全省12条主要水系中，达到和优于Ⅲ类水质的断面占88.2%，沙溪的28.6%断面超过Ⅲ类水质标准；九龙江水系达到和优于Ⅲ类水质的断面占54.6%，北溪龙岩段仍为严重污染的河段，超过Ⅲ类水质的断面高达70%，以有机污染尤为突出；龙江（福清）污染最重，100%超过Ⅲ类水质标准；晋江、木兰溪、汀江超过Ⅲ类水质断面分别占36.7%、71.4%、13.3%；漳江水质污染加重，其中仅Ⅳ类水质的比例就达50%；鳌江水质也不容乐观；霍童溪水质较好，其监测断面均达Ⅲ类水质标准。

闽江干流87.7%断面的水质达到和优于Ⅲ类水质标准（见表1）。九龙江流域达到和优于Ⅲ类水质的断面占54.6%，北溪龙岩段仍为严重污染的河段，其次是厦门河口段，以Ⅳ类水质为主，超Ⅲ类水质的断面高达77.8%（见表2）。木兰溪水质仍较差，超Ⅲ类水质断面占71.4%，是福建省污染较重的流域之一，以有机污染为主（见表3）。晋江流域超过Ⅲ类水质断面占36.7%（见表4）。汀江流域达到和优于Ⅲ类水质的断面占86.7%，主要超标项目为氨氮（见表5）。福州内河、泉州内河污染仍较重，水质以Ⅴ类或超Ⅴ类为主，福州内河经引水冲污后，水质污染程度总体有所减轻；大部分水库水质的总氮、总磷超Ⅲ类标准；莆田，漳州的地下水以三类为主，福州的地下水为超五类水质。

全省大部分近岸海域海水水质未能达到功能区划要求，其中：一类海水占9.1%，二类海水占22.7%，三类海水占16.7%，四类海水占22.7%，劣四类海水占28.8%；功能区划要求的海水只占27.3%。主要污染因子是无机氮和活性磷酸盐。泉州湾为劣四类水质，厦门西港以四类水质为主，厦门湾以三类水质为主，沙埕港和东山湾的活性磷酸盐污染略有加重，湄洲湾水质较好。

城市噪声。全省主要城市的道路交通噪声、区域环境噪声处于轻度至中度污染水平，与上年相比区域环境噪声污染略有减轻。城市道路交通噪声污染基本持平，有4个城市道路交通噪声平均等效声级低于70分贝，为轻度污染；5个城市声级在70.4～72.6分贝之间，处于中等污染水平。城市区域环境噪声平均等效声级分布在51.6～56.8分贝，均处于中等污染水平，污染略有减轻。

2000年度全省主要流域断面水质类别统计

流域名称	Ⅰ类	Ⅱ类	Ⅲ类	Ⅳ类	Ⅴ类	劣Ⅴ类	总计	超Ⅲ类水质断面占百分比%
闽江	35	97	24	20	0	1	177	11.9
九龙江	0	18	18	13	4	13	66	45.4
木兰溪	1	1	4	3	7	5	21	71.4
荻芦溪	0	5	1	3	0	0	9	33.3
交溪	3	7	1	0	1	0	9	8.3
霍童溪	4	2	0	0	0	0	6	0
龙江	0	0	0	0	1	2	3	100
鳌江	0	1	1	2	2	1	7	71.4
晋江	5	13	1	5	3	3	30	36.7
汀江	4	7	2	2	0	0	15	13.3
漳江	0	1	2	3	0	0	6	50
东溪	0	3	2	1	0	0	6	16.7
合计	52	155	56	52	18	25	358	26.5
占百分比%	14.5	43.3	15.0	14.5	5.0	7.0	100	

注：按各监测断面水期统计。

2000年全省城市空气质量分级统计

空气质量分级	城市数	比例（%）
达到二级标准	11	73.3
超过二级标准	4	26.7
其中：超过三级标准	0	0
城市总数	15	100.0

2000年城市降水酸度百分率

pH	<4	4.0—4.5	4.5—5.0	5.0—5.6	5.6—7.0	>7.0
城市酸雨百分率%	0	6.7	13.3	40	40	0

2000年不同酸雨频率的统计

酸雨频率%	<20	20—40	40—60	60—80	>80
城市百分率%	33.3	26.7	6.7	26.7	6.7

"酸雨控制区"内城市酸雨污染程度统计

pH值	<5.6	<5.0	<4.5
城市数（6个）	2	1	0
百分率%	33.3	16.7	0

2000年度闽江流域断面水质类别统计（表1）

河段名称	Ⅰ	Ⅱ	Ⅲ	Ⅳ	Ⅴ	劣Ⅴ	合计
闽江干流	3	36	11	7	0	0	57
沙溪	6	17	7	11	0	1	42
建溪	19	21	4	1	0	0	45
富屯溪	7	23	2	1	0	0	33
总计	35	97	24	20	0	1	177
所占百分比%	19.8	54.8	13.6	11.3	0	0.5	

2000年度九龙江流域断面水质类别统计（表2）

河段名称	Ⅰ	Ⅱ	Ⅲ	Ⅳ	Ⅴ	劣Ⅴ	合计
北溪龙岩段	0	6	3	6	2	13	30
北溪漳州段	0	5	2	0	2	0	9
厦门段	0	1	1	7	0	0	9
西溪	0	6	12	0	0	0	18
总计	0	18	18	13	4	13	66
所占百分比%	0	27.3	27.3	19.7	6.0	19.7	100

2000年度木兰溪流域断面水质类别统计（表3）

水质类别	Ⅰ	Ⅱ	Ⅲ	Ⅳ	Ⅴ	劣Ⅴ	合计
断面期数	1	1	4	3	7	5	21
所占百分比%	4.8	4.8	19.0	14.3	33.3	23.8	100

2000年度晋江流域断面水质类别统计（表4）

水质类别	Ⅰ	Ⅱ	Ⅲ	Ⅳ	Ⅴ	劣Ⅴ	合计
断面期数	5	13	1	5	3	3	30
所占百分比%	16.7	43.3	3.3	16.7	10.0	10.0	100

2000年度汀江流域断面水质类别统计（表5）

水质类别	Ⅰ	Ⅱ	Ⅲ	Ⅳ	Ⅴ	劣Ⅴ	合计
断面期数	4	7	2	2	0	0	15
所占百分比%	26.7	46.7	13.3	13.3	0	0	100

2000年度9个主要城市环境噪声统计表

单位：LAeq：dB

城市名称	福州	厦门	漳州	泉州	莆田	宁德	龙岩	三明	南平	全省
区域环境噪声	56.8	56.3	56.7	55.3	53.8	61.4	51.6	56.1	56.3	56.0
交通环境噪声	68.9	69.9	70.4	71.3	67.9	72.6	69.4	70.8	71.7	70.3

（撰稿：林向东）

【雨情】 2000年度（1999年10月～2000年9月）全省降水量在1000～2600mm范围内。高值区位于中南部沿海地区，年降水量2000～2600mm；低值区位于以南平为中心的闽江中游地区及濒海县市，年降水量1000～1500mm；其余地区1500～2000mm。与常年相比，中南部沿海地区偏多3～6成，其余大部与常年接近，局部偏少2～3成。

全省平均汛期降水量略多于常年。泉州、漳州、莆田等中南部沿海及闽东地区北部为1500～2100mm，长乐、平潭、东山等个别海岛县市800～900mm，其余地区1000～1500mm左右。与常年相比，中南部沿海偏多4～7成，闽江流域中游地区偏少1成左右，其余地区偏多1～3成。

4月24～25日，受冷空气和西南暖湿气流共同影响，北部、中部普降大～暴雨。24日，雨区位于光泽、武夷山、浦城等建溪、富屯溪上游地区，最大日雨量98mm（光泽司前）。25日，雨区南压，暴雨中心位于中部的沙溪、尤溪及九龙江北溪上游地区，日雨量超过100mm的有三明岩前站126mm、永安西洋站130mm。

继5月份历史罕见的干旱后，6月5日始，受冷空气及西南暖湿气流的共同影响，出现了持续性的暴雨天气过程。9～12日，中、北部地区普降暴雨～大暴雨，引发了闽江入汛以来的最大洪水。9日，暴雨区位于建溪、富屯溪上游，最大日雨量336mm（庆元姚村）；10日，雨带南压至中部县市，暴雨中心雨量164mm（宁德桥头）；11日，雨区扩展至南部县市，北部、南部各出现1个暴雨中心，北部中心位于建瓯小赤院，中心雨量167mm，南部中心位于安溪村内，中心雨量158mm；12日，主雨区移至中南部沿海县市；13日降雨结束。9～12日，过程最大点雨量499mm（庆元姚村）。

6月17～19日，受南海低压云团影响，自南而北降大～暴雨，中南部沿海17、18日连续两天降大暴雨～特大暴雨。龙海石码站最大6小时雨量为187mm，24小时雨量达411mm，为该站实测最大值。过程雨量龙海石码站520mm，南安站445mm。

7月16～19日，受南海低压云团影响，中南部沿海降暴雨～大暴雨，最大日雨量为诏安店下坪站183mm，过程雨量最大为南安石砻站349mm。这场降雨缓解了6月下旬～7月上旬沿海地区出现的旱情。

受第10号台风"碧利斯"正面登陆及其减弱后的低压槽影响，8月22～26日，全省大部遭受了狂风暴雨的袭击。台风于23日10时半在晋江围头登陆后，首先在沿海各地市造成强降水，日降水量（23日）在宁德、莆田、泉州3地市各有一个暴雨中心，中心雨量分别为宁德虎贝站265mm、莆田大洋站294mm、安溪村内站301mm；登陆后减弱的低压向西移动，进入闽西之后转向，沿武夷山南侧北上，在武夷山南麓再形成强降水。25日，武平石黄峰水库日降水量达246mm。22～26日过程雨量达500mm以上的有福清东张水库站548mm、莆田大洋站535mm。

受第13号热带风暴“玛莉亚”外围影响，9月1日，漳州、泉州、龙岩3地市出现大～暴雨，过程雨量最大为平和大溪站216mm。

洪水。闽江流域，洪水特点：洪次偏少，洪水量级正常偏高。干流控制站竹岐汛期内出现4次超警戒洪水过程，分别于4月26日、6月13日、6月20日、8月25日出现洪峰水位11.62m、14.90m、11.47m、12.24m，相应流量分别为$9710m^3/s$、$21500m^3/s$、$9320m^3/s$、$11400m^3/s$。最大洪水重现期约为5年。就其气象成因：前三场系梅雨型洪水，后一场为台风型洪水。

闽江“6.13”洪水是在5月旱后发生的第一场洪水，其致洪因素有三：首先，5～8日闽北地区的暴雨补充了土壤含水量，抬高了河槽底水；其次，9～12日主过程随其强度变化出现2个雨峰，因两峰之间间隔短，造成洪水前后峰的叠加；再次，雨随峰走的暴雨移动路径，致使上游建溪、富屯溪洪水的演进逐步扩展至中游地区后，恰与中游支流尤溪及区间来水相遭遇而形成较大的组合型洪水。

晋江流域，干流实测最大洪水发生于6月19日，干流控制站石砻洪峰水位12.43m，流量$6180m^3/s$，还原后天然洪峰流量$7840m^3/s$，为自1936年设站以来实测第三大洪水，重现期约为20年。造成该场洪水的暴雨主要集中在18日8时至19日0时，最大12小时面雨量达145mm，流域平均过程总雨量达334mm。暴雨中心位于晋江流域中游南安市凤巢、村内一带，最大24小时点雨量为村内292.7mm。

九龙江流域，北溪出现3次超警戒洪水，分别发生于6月19日、8月24日、8月26日，控制站浦南洪峰水位分别为16.91m、18.12m、18.50m，相应流量为$3320m^3/s$、$4920m^3/s$、$5530m^3/s$，最大洪水重现期为5～10年。西溪控制站郑店4次超警戒，洪峰水位分别为17.27m、16.35m、16.13m、16.38m，相应流量为$2340m^3/s$、$1470m^3/s$、$1280m^3/s$、$1500m^3/s$，最大洪水重现期为2～5年；西溪漳州中山桥（上）站3次超警戒，洪峰水位分别为11.73m、10.10m、10.21m。

木兰溪，最大洪水发生于6月19日，控制站濑溪洪峰水位12.88m，相应流量为$1720m^3/s$。

汀江，最大洪水发生于8月25日，控制站上杭洪峰水位186.31m，相应流量为$4510m^3/s$。 （撰稿：刘海天　李伯文）

【地震】　东南沿海地震带目前处于20世纪以来第Ⅴ个地震活跃幕的后期阶段，地震活动水平呈逐步减弱态势，并向平静期过渡。福建数字遥测地震台网测定，全年福建及沿海地区共发生$M_L \geq 2.0$级地震91次，其中：2.0～2.9级地震79次，3.0～3.9级地震10次，4.0～4.9级地震2次，最大地震为5月27日漳浦海外4.6级地震；台湾海峡发生3级以上地震4次，最大地震为12月1日海峡南部3.4级地震；台湾地区共发生$M_S \geq 5.0$级地震10次，其中$M_S \geq 6.0$级地震5次，最大地震为6月11日南投6.8级余震。

福建及沿海地区地震活动主要分布在东南沿海地区、永安、龙岩、漳平一带，在地震时空分布上主要有以下几个特点：地震活动集中在东南沿海地区，震中沿长诏带外带分布，特别是原东山空区的周边，如东山、南澳、漳浦海外等沿海地区地震强度有所增强；永安西南老震区小震活动仍在持续，但震中分布出现向周围扩散的迹象，龙岩、永安、漳平、大田一带小震频次有所提高；漳浦海外4.6级地震发生后，下半年开始地震活动渐趋平静，显示1999年9月21日台湾南投7.6级强震群活动区域应力场调整对本省的直接影响已暂告一段落，但其对本区地震活动中长趋势产生的影响仍将持续一段时间。

台湾海峡地区地震活动仍主要以“9.21”地震的余震活动为主，在“9.21”强震活动前后，海峡南部老震区地震活动明显增强，发生两次5级较强余震；但2000年以来又趋平静。台湾地区地震活动水平较上年无论在频次还是强度上均有明显的降低，在台湾西带，“9.21”强震的余震活动仍在持续，5～6级地震活动仍较活跃，但已逐步衰减，震中分布出现向东部沿海扩散的迹象；台湾东部地震活动有所增强，地震活动出现向东部及其海域迁移的特点，根据“9.21”地震序列分析，估计余震活动仍将持续一段时间。

（撰稿：林树　林世敏　陈莹）

资　源

【土地资源】　福建土地资源，尤其是耕地资源具有以下3个主要特点：1.人均耕地少。全省人均耕地仅0.63亩，是全国人均耕地最少的省份之一，远低于联合国粮农组织确定的人均0.8亩的警戒线。2.耕地总体质量差。全省耕地中灌溉水田只有1331.4万亩，占耕地总数的63.8%，其余均为旱地、望天田、水浇地等。现有耕地中坡度在15度以上的335.4万亩，其中25度以上的42.6万亩，高坡度耕地所占比例高于全国平均值。同时，多山的地形导致全省耕地分布海拔较高，据调查全省耕地中海拔200米以上的占55.3%，其中海拔500米以上的占22.9%。根据耕地适宜性评价，全省耕地以质量相对较差的二、三等地为主，中低产田占耕地总量的80%左右。3.耕地后备资源匮乏。根据土地适宜性评价，全省荒草地85%分布在中山地区和低山中部，很难进行有效的深度开发，剩下的15%荒草地中能够开发为耕地的也只有100多万亩，再加上可开发成耕地的滩涂，总共不过200万亩，而且开发的投入大，难度大。 （撰稿：廖敏辉）

【海洋资源】　丰富的海洋渔业资源。福建海域辽阔，海域面积13.6万平方公里，水深200米以内的海洋渔场面积12.51万平方公里，占全国海洋渔场面积4.5%；有闽东、闽中、闽南、闽外和台湾浅滩五大渔场。

众多的天然良港资源。福建大陆海岸线婉蜒，长达3324公里，居全国第二位；海岸线曲折率居全国首位。沿海岛屿星罗棋布，共有大小岛屿1546个，面积总计1400.13平方公里；岛屿海岸线长2804.3公里，大小港湾125个，其中深处港湾22处，可建5万吨级以上深水泊位的天然良港6个，占全国34个的17.6%。

富有潜力的滨海矿产资源。福建海岸地质构造复杂，矿种很多，已发现的矿产有60多种，有工业利用价值的20余种，矿产地300多处。砂、花岗石、叶腊石等探明储量居全国前列，其他如饰面花岗石、高岭土、明矾石、玻璃用石英砂在全国占重要地位；台湾海峡石油、天然气资源和重矿物砂矿资源也已显示较好的资源潜力。

多彩的滨海旅游资源。优越的亚热带海洋性气候，景色秀丽的岛屿，林木葱郁，沙滩连绵，是理想的观光度假胜地。尤其是被列为国家重点风景名胜区的鼓浪屿、清源山、太姥山、海坛岛和国家旅游度假区的湄洲岛等，为沿海旅游业的发展提供丰富多样的资源条件。

优越的“蓝色能源”。福建沿海地热梯度较大，地热资源丰富，具有开采价值的热水区域较多。沿海风能资源丰富，可利用时数达7000～8000小时；沿海可用于潮汐发电的海水面积达3000平方公里，潮汐能理论装机容量达3425万千瓦，可开发装机容量1033万千瓦，占全国的49.2%，居首位。

（撰稿：林旭东　林辉）

【矿产资源】　截止2000年底，全省已发现矿种118种，已探明储量的75种（含亚种为86种），其中：能源3种，金属34种，非金属36种（含亚种为47种），水气2种。探明各类矿床近千个，其中：中型矿床100多个，大型矿床60个；矿产潜在价值2400亿元以上。2000年全省原矿产值39亿元，从业人数16万。根据第二轮矿产资源保证程度分析，全省35种主要矿产的保有储量，到2010年可以满足或基本满足需要的只有17种，到2020年仅有4种。 （撰稿：黄立峰）

【动物资源】　福建的动物区系属于东洋界的华中区和华南区，野生动物大多数属于东洋界的种类，还有一些属于古北界的种类。全省陆生野生动物有812种，其中：两栖类44种，约占全国两栖类种数的18%；爬行类115种，约占全国种数的30%；鸟类543种，约占全国种数的45%；兽类110种，约占全国种数的20%。此外还有昆虫5000多种，约占全国已定名昆虫的1/5。

福建列入国家重点保护名录的陆生野生动物有147种，其中：一级保护的有云豹、豹、虎、黑鹿、梅花鹿、短尾信天翁、白腹军舰鸟、白鹤、黑鹳、朱鹮、中华秋沙鸭、金雕、白肩雕、白尾海雕、黄腹角雉、白颈长尾雉、鸨（所有种）、蟒、金斑喙凤蝶等24种。二级保护的有短尾猴、猕猴、穿山甲、豺、黑熊、金猫、河麂、水鹿、鬣羚、角䴙、赤颈䴙、鲣鸟（所有种）、海鸬鹚、黄嘴白鹭、岩鹭、海南虎斑鳽、彩鹳、白鹮、彩鹮、白琵鹭、白额雁、天鹅（所有种）、鸳鸯、鹰类（除一级保护的所有种）、隼类（所有种）、白鹇、勺鸡、灰鹤、白枕鹤、花田鸡、小杓鹬、小青脚鹬、黑嘴端凤头燕鸥、绿鸠（所有种）、鹃鸠（所有种）、鹦鹉科（所有种）、鸦鹃科（所有种）、鸮形目（所有种）、白腹黑啄木鸟、人色鸦科（所有种）、虎纹蛙、拉步甲、硕步甲等123种。

福建有丰富的畜禽品种资源，地方传统品种有26种，其中：猪8种，牛3种，山羊2种，马1种，兔1种，鸡3种，鸭5种，鹅2种，火鸡1种；引进品种有30多种，其中：猪12种，牛16种，羊1种，兔6种，鸡13种，鸭5，鹅1种。1. 猪：福建养猪的历史悠久，主要用途是肉食，少量产皮。传统猪种有三大系：一为华南小耳猪系，分布于闽西南至闽南一带，槐猪为其典型代表；二为华中型系，分布在武夷山脉地带，武夷黑猪为其典型代表；三为江海型系，福州黑猪为其典型代表。引进品种主要有：长白、大型约克夏、中型约克夏、苏联大白猪、杜洛克、巴克夏、克米洛夫、斯格、枫径猪、金华猪、美国PIC猪、荔枝昌猪等。2. 牛：福建养牛主要用途是耕地、肉食、产奶、产皮等。在旱作为主的丘陵地区以饲养黄牛为主，水田为主的地区多饲养水牛。主要传统品种牛有3种：（1）闽南黄牛，分布在东南沿海平原和丘陵地区；（2）福安水牛，主要分布在中亚热带、气候温和、海拔200米以上的地区；（3）福建黑白花群众观点牛，分布较广。引进品种肉牛有夏洛来、安格斯、海福特、利木赞、古巴牛、西门答尔、辛地红、婆罗门，乳牛有黑白花乳牛、爱沙尼亚牛、三河牛；水牛有摩拉水牛、尼理水牛；耕牛有秦川牛、南阳牛、荡脚牛。3. 羊：福建牧羊主要用途是肉食、产奶、产皮等。本省所饲养皆为山羊，主要分布在戴云山脉两侧以及沿海各县、市，以福清山羊、戴云山羊两大地方品种为主。引进品种奶羊有沙能奶山羊，肉用羊有成都麻羊、湖羊、内蒙山羊。4. 马：福建地方品种主要为晋江马，役肉兼用，主要分布在东南沿海的狭长地带。5. 兔：福建兔主要是肉食、产毛、产皮用。引进品种毛用有安哥拉兔；肉用有比利时白兔、日本大耳兔、新西兰肉兔；皮用有力克斯兔、青紫兰兔。6. 家禽：福建养鸡、养鸭是农村家庭的主要副业，也是肉食、蛋品的主要来源。主要地方传统品种，鸡有河田鸡（以长汀、上杭为主要产地）、白绒乌骨鸡（分布东南部）；鸭有金定鸭（东南临海）、山麻鸭（主产龙岩）、莆田黑鸭、连城白鸭、番鸭（主产于古田、福州市郊和龙海等地）；鹅有长乐灰鹅、闽北白鹅。引进家禽品种，肉鸡有红康、白洛克、澳洲黑、澳平屯、红婆罗、安康红、佳黄、AA；蛋鸡有来航鸡、星杂579、哈可、罗斯、伊沙黄；鸭有巴巴里番鸭、樱桃谷鸭、康贝尔、北京鸭、绍鸭；鹅有狮头鹅。

（撰稿：林宇峰　赖万炎）

龙岩梅花山华南虎人工繁育种群引入工程被国家林业局立项列入《中国拯救华南虎行动计划》优先项目。（张耿　摄）

【植物资源】 福建地处泛北极植物区的边缘地带，是泛北极植物区向古热带植物区的过渡地带。植物种类较为丰富，以亚热带区系成分为主，区系成分较复杂。全省植物种类有4500种以上，其中木本植物1943种（含变种153种），分属142科、543属，约占全国木本植物种的39%，科的81%，属的55%。木本植物中，裸子植物有9科、31属、61种和2变种；被子植物以壳斗科和樟科种类最多，其中：壳斗科有6属、60种，樟科有12属、66种、9变种和1变形，木兰科有9属、35种，金缕梅科有11属、20种、6变种，桑科有8属、40种，蝶形花科、苏木科和含羞草科也有一定的种类。

福建列入国家重点保护的珍稀植物有52种，其中一级保护植物有桫椤1种；二级保护植物有伯乐树、红皮糙果茶、闽鄂山茶，野山茶、香果树、格木、伞花木、福建柏、银杏、水松、鹅掌楸、普通野生稻、蛛网萼、金钱松、华东黄杉、长叶榧树、观光木、笔筒树等18种；三级保护植物有穗花杉、土沉香、青钩栲、天竺桂、沉水樟、短萼黄连、台湾苏铁、八角莲、银钟花、珊瑚菜、油杉、黄山木兰、凹叶厚朴、天女花、巴戟天、红豆树、野大豆、闽楠、青檀、半枫荷、黄山花楸、紫茎、银鹊树、红椿、延龄草、南方铁杉、长苞铁杉、长序榆、白桂木、粘木、金刚大、乐东拟单性木莲等33种。

福建栽培的农作物、茶、果等品种繁多，经长期人工选育，不乏优良的地方品种；加上近年来引进的作物品种，丰富了福建植物资源种类。

1. 大田作物

（1）粮食作物

水稻：福建主要栽培籼稻，少量栽培糯稻。育种单位保存的水稻品种资源有5000多份，其中1990年以来在生产上推广的主要优良品种（组合）达90个。

甘薯：收集的甘薯品种资源有240多份，其中地方良种莆田鸡姆薯、永春五齿、晋江竖仔、红皮红心、假芋薯、60日早等曾在生产上发挥了一定作用，目前主要推广的优良品种有13种。

小麦：现存小麦品种资源600多份。曾在生产上起主要作用的品种有解放麦、连城文亨、福清和尚麦、莆田白壳麦、仙游红壳麦、晋江深根、晋江赤仔、龙岩松蕊麦、福安红和尚、福州白壳麦、龙溪红蜈蚣等。

大麦：收集的品种资源有500多份，地方品种有六棱乌肚、六棱白肝。

大豆：保存的品种资源有春大豆113份，秋大豆108份；1年生野生大豆389份，多年生野生大豆2份。

马铃薯：主要推广品种有克新系列、

春薯4号、德友1号、中薯2、3号、系张薯、无花种、坝薯10号等。

（2）油料作物

花生：福建主要的油料作物，现已收集的花生品种资源有220份。生产上种植的多为珍珠豆型，近年推广的优良品种有泉花10号、泉花646、金花1012等。

油菜：福建第二大油料作物，全省保存油菜品种资源350份。主要栽培品种有白菜型的福州油菜、平和油菜、长汀油菜、宁化矮脚油菜、浦城油菜、霞浦油菜；甘蓝型的胜利油菜、矮架早、21006、闽西302，属春性或半冬性偏春性品种；低芥酸品种福油1号、2号、单低1号等，新育成的宁油1号等已逐步推广。

（3）主要经济作物

甘蔗：福建是甘蔗主产区之一，有2000多年的种蔗历史。19世纪30年代以前种植地方品种竹蔗；50年代开始推广台糖134，逐步成为当家品种；70年代中期后，推广闽选703和闽糖70/661、粤糖54/474等新良种；80年代又从国外引进并选育了一批新良种，表现较好的有福引79—9（M46/202）、福引79—8（D152）、闽糖77/208和桂糖11号等4个适合水田和旱地种植的中、早熟新品种。

麻类：福建麻类生产历史悠久，主产于闽南九龙江、晋江和木兰溪沿岸平原区，黄（红）麻品种约50个。

烟草：福建的烟草有烤烟和晒烟两种。福建烤烟属“清香型”，特别是永定烤烟质量优异，名列全国前茅。闽西烟区良种主要是“特字400”和“401”，新选育的“永定1号”已成为全国七大品种之一。闽南烟区主要品种有“大黄金”和“云花1号”。

蔬菜：福建适宜各种蔬菜生产，种类繁多，品种丰富，有地方品种650个，隶属24个科、82个种或变种。春季栽培的主要有蕹菜、苋菜、小白菜、番茄、茄子、辣椒、丝瓜、冬瓜、南瓜、黄瓜、四季豆、长豇豆、葱、芋等；夏季栽培的主要有小白菜、菜心、蕹菜、黄瓜等；秋季栽培的主要有花椰菜、包心甘蓝、大白菜、大香菜、萝卜、芥菜等。菠菜、菜心、芥蓝、洋葱、马铃薯、胡萝卜、芹菜、韭菜、葱、大蒜、莴苣、茼菜、豌豆、球茎甘蓝、番茄、完荽、山药等各地均有种植。福建特色蔬菜品种有花椰菜、芋瓠、合掌瓜、古城槟榔芋等。

2. 茶果和热带作物

（1）茶叶

福建是全国重点茶区之一，已有1500多年生产历史。福建茶叶品种丰富，为全国之冠，安溪县和武夷山市茶区素有“茶树品种资源宝库”之称。全省已收集到茶树品种400多个，通过鉴定已在生产上大面积推广、适于制作优质茶的良种有铁观音、黄旦、佛手、肉桂、大红袍、水仙、政和大白茶、福鼎大白茶、大毫茶、福安大白茶、福云6号、福云7号、本山、毛蟹、梅占等。

（2）水果

福建气候条件优越，水果资源丰富，素有“南方水果之乡”之称。全省现有亚热带、热带和温带果树46科、86属、182种和变种、2000多个品种品系。

柑桔：福建栽培历史悠久，计有3属13种，主要栽培品种有芦柑、温州蜜柑（宫川、龟井、兴建等）、桶柑、福柑、雪柑（少核雪柑等）、印子柑、改良橙、脐橙、罗浮（金枣）、金弹以及文旦柚、坪山柚、官溪蜜柚、下河蜜柚、四季柚、芦芝柚、度蜜柚等。

龙眼：福建特产名果，至少有千年以上栽培历史。有225个品种、品系，良种和稀有名贵品种71个，主要是福眼、乌龙岭、油潭本、东壁、水涨、赤壳红、核子、普明庵、乌壳本、扁匣榛、柴螺、立冬本等。

荔枝：福建大宗水果之一，有1300多年种植历史。荔枝品种52个，其中主栽品种有乌叶、兰竹、早红、陈紫、元红、下番枝、乌叶白、状元红、桂林等9个。

枇杷：福建名果之一。有枇杷品种（品系）169个。主要品种，红肉系统的有大钟、解放钟、梅花霞、山里本、红甘本、长红、和车本等；白肉系统的有白梨、乌躬白、白蜜等；新选育的有“太城四号”、坂红、长红3号等。

香蕉：福建名果，著名的天宝香蕉已有700年栽培历史。主要品种有天宝、“台湾”、柴蕉和粉蕉等。

菠萝：主要品种有“沙捞越”、“菲律宾”、“台湾种”等。

橄榄：本省特产属白榄，主栽品种有惠圆、檀香、长营、自来圆、檀头、下溪本、公本、刘族本属白榄等。

其他水果：如桃、梅、李、柰、梨、柿、杨梅、黄皮、余甘、板栗、锥粟、猕猴桃等，种类品种十分丰富。

（3）蚕桑

福建蚕桑生产最早始于5世纪30年代（南朝刘宋文帝时），主栽品种有广东荆桑、浙江湖桑、桐乡青、荷叶白、197等。

（4）热带亚热带作物

产胶植物有巴西橡胶、银胶菊、印度榕等；硬质纤维作物有剑麻、番麻、新西兰麻等；香料作物有胡椒、香茅、丁香萝勒等；油料作物有油棕、椰子、樟梨等；饮料作物有咖啡、西番莲、玫瑰茄等；林木有柚水、团花、南洋楹、桃花心木等；药材有砂仁、肉桂、巴戟天等。

（5）花卉

花卉种和变种有2940多种，分属于182科956属。其中有一、二年生草本和多年生木本花卉、球根花卉、水生花卉、兰科花卉、藤本花卉、灌木花卉、竹类、蕨类植物、仙人掌与多肉植物等。大量栽培的有水仙花、兰花、山茶花、茉莉花、大丽花、白玉兰、含笑、桂花、米兰、杜鹃、玫瑰、三角梅、菊花、百合、美人蕉、变叶木、棕竹、假槟榔、鱼尾葵、蒲葵、棕树、南洋杉、苏铁、花叶芋、万寿菊、鸡冠花、牵牛花、金鱼草以及凤梨科、仙人掌等肉质植物等。

（6）药材

药材植物600～700种，主要栽培的26种，有泽泻、青黛、使君子、藕片、田葛根、莱服子、乌梅、枳壳、枳实、厚朴、佛手、蔓荆子、栀子、四开青皮、个青皮、陈皮、柑片、桔仁、大五瓜、覆盆子等。尚有山药、荆芥、薄荷、紫苏、姜黄、白术、大力子、瓜蒌、木瓜、茯苓、吴臾、辛夷花、香橼、巴豆、千张纸、黄边、巴戟、半夏、沙参、南星、百合、银花、砂仁、鸭蛋子、桔梗、天花粉、天门冬、莲子心、桃仁、桔络、桔核、丝瓜络、厚朴花、黄菊花、雷丸、绿天麻等。

3. 微生物

农业应用的微生物有细菌、放线菌和真菌三大类群。细菌类群中有豆科根瘤菌、杀虫菌（如青虫菌、杀螟杆菌、HD菌等）、甲烷细菌等。放线菌类群中有井冈霉素产生菌、土霉素产生菌和5406抗生菌等。真菌类群中有白僵菌、赤霉菌和各类食用菌。食用菌全部属真菌类群，福建常见的食用菌有蘑菇、香菇、银耳、黑木耳、毛木耳、盾形木耳、金针菇、草菇、凤尾菇、平菇、滑菇、朴菇、红菇、枯乳枯、侧耳、茯苓、猴头菌、竹荪、环密菇、牛肝菇、羊肚菌、灵芝等。根据其寄生或主要栽培材料的不同，食用菌可以分为木生食用菌、草生食用菌、粪生食用菌三大类。木生食用菌寄主或栽培材料为木材，主要有香菇、银耳、黑木耳、金针菇、猴头菌、滑菇、茯苓等；草生食用菌宿主或栽培原料为稻草、麦秆、蔗渣、山地野草等，主要有草菇、凤尾菇等；粪生食用菌宿主或栽培原料为牛粪、猪粪、马粪、蚕粪等，主要有双孢蘑菇。

（撰稿：林宇峰　赖万炎）

【旅游资源】 全省有国家历史文化名城4个，中国优秀旅游城市5个，国家旅游度假区2个，国家重点风景名胜区9个，国家级自然保护区5个，国家森林公园9个，全国重点文物保护单位29个；有省级历史文化名城4个、名乡（镇）6个、名村5个，省级旅游经济开发区8个，省级风景名胜区26个，省级自然保护区20个，省级文物保护单位278个。武夷山被联合国科教文组织列为世界自然与文化遗产。福建旅游资源的主要特色有：

滨海旅游资源丰富。有300多公里长的海滨适合开发成旅游胜地，其中平潭、长乐、晋江、厦门、龙海、东山等地的滨海旅游资源可以连片开发，形成不同活动内容的大型海滨浴场。多数海滨浴场各项质量标准达到国际海滨浴场条件，大部分海滨林带环绕，是避暑消夏、度假休养的理想之地。

山岳景观种类齐全。福建的地貌类型主要有花岗岩、丹霞、海蚀、火山岩和喀斯特（岩溶）等。花岗岩地貌有太姥山、鼓山、日光岩、清源山、石竹山等，岩溶地

2000年11月17日，我国首批国家地质公园评选揭晓，福建省龙海市港尾镇牛头山古火山口榜上有名。牛头山古火山系1700～2600万年前火山喷发形成的，机理完整、层次清楚，潮退则现，潮涨则隐。　　（林辉龙　摄）

貌有玉华洞、天鹅洞、永安石林等，丹霞地貌有武夷山、金湖、桃源洞、冠豸山等，火山岩地貌有灵通岩、十八重溪、支提山等。其中海蚀地貌、花岗岩地貌和丹霞地貌发育较为成熟，平潭的海蚀地貌、太姥山的花岗岩地貌、武夷山的丹霞地貌所形成的奇特景观，在全国有一定的代表性。

森林旅游资源独特。福建山地丘陵多，森林茂密，森林覆盖率60.5%，居全国首位。武夷山被誉为“天然植物园”，梅花山被誉为“生物物种基因库”，南靖乐土雨林被誉为“珍贵稀有的亚热带雨林”，三明格氏栲林是世界上面积最大的天然栲树林。良好的环境、清新的空气、充沛的水源和丰富的物种，为开展生态旅游提供了优越条件。

宗教和民间文化发达。列为汉族地区佛教全国重点寺院的有14座，福州的涌泉寺和西禅寺、闽侯的雪峰寺、宁德的支提寺、莆田的广化寺、泉州的开元寺、晋江的龙山寺、漳州的南山寺、厦门的南普陀寺等在台湾及东南亚、日本有很大影响。泉州有“世界宗教博物馆”之称。此外，妈祖、陈靖姑、祖师公、保生大帝、广泽尊王等主要地方民间信仰也有广泛影响，在海内外拥有众多的信徒。

古代建筑类型多样。泉州洛阳桥、晋江安平桥、惠安崇武古城、南安蔡氏古民居、东山铜山古城、漳浦赵家堡、莆田木兰陂、泰宁尚书第、永安安贞堡、闽清宏琳厝、华安二宜楼及永定、南靖土楼等，还有朱熹、郑成功、林则徐等众多的名人故居遗迹，都是名闻遐迩的人文景观，有较高的科考与观赏价值。

民族民俗风情浓郁。颇具代表性的是服饰奇特、勤劳俭仆、闻名甚广的“惠安女”形象。客家民俗和畲族等少数民族的独特风情对游客有吸引力。福建的戏曲文化、闽学文化、古越文化、饮食文化等在国内也有一定的知名度。

山与海、自然与人文紧密组合。旅游资源分布相对集中，宗教、民间信仰文化和滨海旅游资源主要分布在闽东南地区，客家文化主要分布在闽西地区，丹霞地貌主要分布在武夷山脉，花岗岩地貌主要分布在沿海地区，森林主要分布在闽西北地区。一些主要景区，自然景观与人文景观交相辉映，互为衬托，最有代表性的是被评为世界“双遗产”的武夷山。这种景观区域分布相对独立和景区中自然景观与人文景观相互交融的特点，既有利于旅游功能区的划分，也有利于重点旅游项目的确定、主要旅游线路的设计。

福建省重要旅游资源一览表

类别	旅游资源
风景名胜区	**国家重点风景名胜区（9个）：** 武夷山　厦门鼓浪屿—万石岩　泉州清源山　福鼎太姥山　永安桃源洞—鳞隐石林　泰宁金湖　连城冠豸山　屏南鸳鸯溪　平潭海坛岛 **省级风景名胜区（26个）：** 福州鼓山　东山风动石—塔屿　福清石竹山　周宁九龙漈　龙海云洞岩　宁德霍童支提山　将乐玉华洞　莆田湄洲岛　连江青芝山　龙岩龙崆洞　南平茫荡山　宁化天鹅洞　安溪清水岩　莆田凤凰山　三明瑞云山　闽侯十八重溪　沙县七仙洞　建瓯归宗岩　平和灵通岩　永泰青云山　仙游九鲤湖　松溪湛卢山　柘荣东狮山　诏安九侯山　同安北辰山　浦城浮盖山
历史文化名城	**国家历史文化名城（4个）：** 福州市　泉州市　漳州市　长汀县 **省级历史文化名城（4个）：** 莆田市　邵武市　建瓯市　武夷山市 **省级历史文化名乡（镇）（6个）：** 南平市延平区峡阳镇　连江县透堡镇　安溪县湖头镇　永定县湖坑镇　连城县四堡镇　永安市吉山乡 **省级历史文化名村（5个）：** 长乐市江田镇三溪村　长乐市航城镇琴江村　连江县筱埕镇定海村　浦城县水北街镇观前村　福安市溪潭镇廉村

（续）

类　别	旅　游　资　源
自然保护区	**国家级自然保护区（5个）**：武夷山自然保护区　龙岩梅花山自然保护区　将乐龙栖山自然保护区　厦门珍稀海洋生物自然保护区　晋江深沪湾海底古森林自然保护区 **省级自然保护区（20个）**：邵武市将石自然保护区　建瓯市万木林自然保护区　南平茫荡山自然保护区　云霄县漳江口红树林自然保护区　三明格氏栲自然保护区　沙县罗卜岩自然保护区　永安市天宝岩自然保护区　南靖县乐土自然保护区　龙海市红树林自然保护区　永春县牛姆林自然保护区　德化县戴云山自然保护区　闽清县黄楮林自然保护区　屏南县鸳鸯溪自然保护区　宁化牙梳山自然保护区　武平县梁野山南方红豆杉自然保护区　福安市刺桫椤自然保护区　南靖县虎伯寮自然保护区　长乐市海蚌自然保护区　宁德市观井洋大黄鱼繁殖保护区　东山县珊瑚自然保护区
森林公园	**国家森林公园（9个）**：福州森林公园　平潭海岛森林公园　长泰天柱森林公园　泰宁猫儿山森林公园　华安贡鸭山森林公园　福清灵石山森林公园　福州旗山森林公园　三明三元森林公园　龙岩（新罗区）森林公园 **省级森林公园（11个）**：长乐大鹤海滨森林公园　惠安崇武海滨森林公园　晋江姑头海滨森林公园　东山赤山海滨森林公园　诏安九侯山森林公园　厦门坂头森林公园　厦门天竺山森林公园　厦门汀溪森林公园　连城冠豸山森林公园　厦门小坪森林公园　霞浦杨梅岭森林公园
世界自然和文化遗产	武夷山
国家地质公园	漳州滨海火山

（撰稿：林维平）

建制沿革

【古近代时期】　福建古为闽越地，称七闽。秦代设置闽中郡治东冶（即今福州），西汉昭帝始元二年（公元前85年）立为冶县，东汉改为东侯官。三国时（260年）设置建安郡。晋代（282年）设置晋安郡。南朝增设南安郡，治南安，后设置闽州和丰州。隋代开皇元年（581年）废郡，改丰州为泉州，大业初年更名为闽州，大业三年（607年）又废州改设为建安郡。唐代武德元年（618年）建安郡改为建州，治闽县（今福州），武德五年设置丰州，治南安，武德六年分设泉州，治闽县；贞观初年丰州并入泉州；垂拱二年（686年）析出泉州南部设置漳州，治漳浦（今云霄）；圣历二年（699年）泉州析地设置武荣州，治南安；景云二年（711年）武荣州更名为泉州，治晋江，改泉州为闽州，治闽县（今福州）；开元十三年（725年）闽州更名为福州；开元二十一年（733年）设置福建经略使，“福建”之称由此始；天宝元年（742年）改属江南东道，改福建经略使为长乐经略使；乾元元年（758年）以长乐郡为福州都督府，经略使改为都防御使；上元元年（760年）升格为节度使。五代时梁开平三年（909年）封王审知为闽王；贞明六年（920年）在福州设立大都督府；长兴四年（933年）福州升为长乐府；开运二年（945年）改长乐府为东都。宋代雍熙二年（985年）设立福建路。元代至元十四年（1277年）在泉州设立行宣慰司，第二年改为行中书省，后行省迁回福州。明代改设福建布政使司，治福州。清代继承明制，省辖府、县两极，省府之间设道；康熙二十三年（1685年）福建省增设台湾府，光绪十二年（1887年）台湾从福建析出设立台湾省；清末，全省行政区划为4道、9府、2州、58县、6厅。

【民国时期】　民国时期，废府、州、厅，实行省、道、县三级制。民国元年（1912年）全省划分为东路、南路、西路、北路4道。民国三年（1915年）以原辖区改为闽海道（闽东）、厦门道（闽南）、汀漳道（闽西）、建安道（闽北）。民国十四年（1925年），废除道制，实行省、县两极制。民国22年（1933年），十九路军在福州发动“福建事变”，成立中华共和国人民革命政府，定福州为首都，将福建划为闽海、延平、兴泉、龙汀4个省和福州、厦门两个特别市，辖64个县。民国23年（1934年）人民革命政府解散，又成立福建省政府，7月实行行政督察专员公署制度，将全省划分为10个行政督察区公署，仍辖64个县。民国24年（1935年）设立厦门市。民国27年（1938年）福建省政府迁往永安，全省行政区划为7个行政督察区、1个市、62个县、7个特区。民国30年（1941年）福州沦陷，第一区专署迁往福安。民国32年（1943年）全省行政区划调整为8个行政督察区、2个市、64县、2个特区。民国34年（1945年）省政府迁回福州。民国35年（1946年）福州市正式成立，全省行政区划调整为9个行政督察区、2个市、66个县。民国36年（1947年）全省行政区划调整为7个行政督察区、67个县，2个市。

福建省行政区划一览表

（1949年9月）

区　别	专区驻地	管辖县（区）名	辖县（区）数（个）
福州市		鼓楼　大根　小桥　台江　仓山	5区
厦门市		思明　开元　禾山　鼓浪屿	4区
第一区	建瓯	建瓯　建阳　浦城　崇安　光泽　松溪　政和　邵武　水吉	9县
第二区	南平	南平　顺昌　尤溪　沙县　将乐　泰宁　建宁　古田　屏南	9县
第三区	福安	福安　宁德　福鼎　寿宁　周宁　霞浦　柘荣	7县
第四区	林森	林森　闽清　永泰　长乐　福清　平潭　连江　罗源	8县
第五区	晋江（今泉州市区）	晋江　惠安　南安　安溪　永春　同安　莆田　仙游　金门（待统一）	9县
第六区	龙溪（今漳州市区）	龙溪　海澄　云霄　漳浦　诏安　长泰　东山　南靖　平和　华安	10县
第七区	永安	永安　三元　明溪　清流　宁化　大田　宁洋　德化	8县
第八区	长汀	长汀　龙岩　永定　上杭　武平　漳平　连城	7县

【中华人民共和国时期】 1949年8月24日，福建省人民政府成立，全省行政区划调整为2个省辖市、8个行政督察专区、67个县（含金门县）。

1950年3月，8个专区依次更名为建瓯、南平、福安、闽侯、泉州、漳州、永安、龙岩专区；9月泉州专区更名为晋江专区，漳州专区更名为龙溪专区，建瓯专区更名为建阳专区；德化县由永安专区划归晋江专区；林森县复名为闽侯县；设立泉州市、漳州市（县级）。

1951年，福州市设立鼓楼、大根、小桥、台江、仓山、水上、盖山、鼓山、洪山9个区。1952年福州市设立新店区；厦门市设立开元、思明、鼓浪屿3个区。1954年厦门市设立禾山区。1955年撤销福州市盖山、鼓山、洪山、新店4个区。1956年，撤销建阳、闽侯、永安3个专区和水吉、宁洋、柘荣3个县以及福州市大根、小桥、水上3个区；三元、明溪2个县合并为三明县；设立南平市（县级）；闽侯县划归省直辖。变更后，全省共辖5个专区、2个地级市、3个县级市、63个县、7个市辖区。

1958年，撤销厦门市禾山区，闽侯县划归福州市，同安县划归厦门市。1959年恢复闽侯专区，辖闽侯、闽清、长乐、连江、永泰、福清、平潭7个县，专署驻闽侯县；松溪、政和2县划归福安专区。1960年设立三明市（地级），以三明县城为三明市行政区域，三明县归三明市管辖；清流、宁化2县合并设立清宁县，松溪、政和2县合并设立松政县，龙溪、海澄2县合并设立龙海县；撤销南平县并入南平市；福州市设立马尾区。1961年恢复柘荣县；撤销清宁县，恢复清流县、宁化县。1962年撤销松政县，恢复松溪县和政和县；连江县、罗源县分别从闽侯专区和福安专区划归福州市；龙岩专区的永安、清流、宁化3县划归三明市。1963年设立三明专区，三明市改为县级市，三明专区辖三明市和三明、永安、清流、宁化4个县；福州市撤销马尾区；连江、罗源、古田、屏南4县划归闽侯专区；晋江专区的大田县划归三明专区；福州市撤销马尾区。1964年从南平市、建瓯县、顺昌县析出建西县，三明县更名为明溪县。至1965年全省共辖7个专区、2个地级市、4个县级市、63个县、6个市辖区。

1966年厦门市开元区更名为东风区，思明区更名为向阳区。1968年福州市鼓楼区更名为红卫区，台江区更名为赤卫区，仓山区更名为朝阳区；福州市、厦门市均设立郊区。1970年撤销建西县并入顺昌县；撤销柘荣县，并入福安、福鼎2县；撤销松溪、政和2县，合并设立松政县；福州市撤销郊区，设立马江区和北峰区；福安专区的松政县划归南平专区；闽侯专区的古田、屏南、连江、罗源4个县划归福安专区；晋江专区的莆田、仙游2个县划归闽侯专区；厦门市的同安县划归晋江专区；南平专区的尤溪、沙县、将乐、泰宁、建宁5个县划归三明专区；南平专区驻地由南平市迁驻建阳县；福安专区驻地由福安县迁驻宁德县。1971年各专区更名为地区；南平地区更名为建阳地区；福安地区更名为宁德地区；闽侯地区更名为莆田地区。1973年莆田地区的闽侯县划归福州市；晋江地区的同安县划归厦门市。1974年恢复柘荣县；撤销松政县，设立松溪县和政和县。1975年福州市撤销北峰区设立郊区。

1978年厦门市设立杏林区；福州市设立环城区，撤销马江区；福州市红卫、赤卫、朝阳3个区分别更名为鼓楼区、台江区、仓山区。1979年厦门市东风、向阳2区分别更名为开元区和思明区。1981年撤销龙岩县，设立龙岩市（县级）。1982年福州市设立马尾区，撤销环城区。1983年撤销三明地区，设立三明市（地级），三明市设立梅列区和三元区；撤销莆田地区，所属闽清、永泰、长乐、福清、平潭5个县划归福州市，莆田、仙游2个县划归晋江地区；撤销邵武县，设立邵武市（县级）；设立莆田市（地级），莆田市设立城厢区和涵江区，辖晋江地区的莆田、仙游2个县；宁德地区的连江、罗源2个县划归福州市。1984年撤销永安县，设立永安市（县级）。1985年撤销晋江地区，设立泉州市（地级），泉州市设立鲤城区；撤销龙溪地区，设立漳州市（地级），漳州市设立芗城区。1987年厦门市设立湖里区，郊区更名为集美区；晋江县析出石狮市。1988年建阳地区驻地迁驻南平市，并更名为南平地区；撤销宁德县，设立宁德市。1989年撤销崇安县，设立武夷山市（县级）；撤销福安县，设立福安市（县级）。

1990年撤销福清县，设立福清市（县级）；撤销漳平县，设立漳平市（县级）。1992年撤销晋江县，设立晋江市（县级），撤销建瓯县，设立建瓯市（县级）。1993年撤销南安县，设立南安市（县级）；撤销龙海县，设立龙海市（县级）。1994年撤销南平地区，设立南平市（地级），原县级南平市改设延平区；撤销长乐县，设立长乐市（县级）；撤销建阳县，设立建阳市（县级）。1995年福州市调整5个市辖区，同时将郊区更名为晋安区；撤销福鼎县，设立福鼎市（县级）。1996年撤销同安县，设立厦门市同安区；漳州市设立龙文区；撤销龙岩地区，设立龙岩市（地级），原县级龙岩市改设新罗区。1997年泉州市设立丰泽区和洛江区。1999年撤销宁德地区，设立宁德市（地级），原宁德市改设蕉城区。2000年泉州市设立泉港区。

（撰稿：林振声）

行政区划

【行政区划变更情况】 设区情况：经国务院批准，惠安县划出山腰镇、后龙镇、南埔镇、涂岭镇、前黄镇、峰尾镇、界山镇，设立泉州市泉港区，区人民政府驻山腰镇。

撤乡设镇情况：1. 莆田县撤销东埔乡，设立东埔镇；2. 南靖县撤销书洋乡，设立书洋镇；3. 南靖县撤销梅林乡，设立梅林镇；4. 平潭县撤销平原乡，设立平原镇；5. 平潭县撤销敖东乡，设立敖东镇；6. 惠安县撤销小岞乡，设立小岞镇；7. 邵武市撤销大竹乡，设立大竹镇；8. 沙县撤销大洛乡，设立大洛镇；9. 永春县撤销苏坑乡，设立苏坑镇；10. 永春县撤销桂洋乡，设立桂洋镇；11. 连江县撤销坑园乡，设立坑园镇；12. 闽清县撤销省璜乡，设立省璜镇。

撤并乡镇情况：沙县撤销际口乡，将其行政区域并入凤岗镇。

政府驻地迁移情况：1. 上杭县蛟洋乡人民政府驻地从丘坊村迁移到蛟洋村；2. 长汀县策武乡政府驻地从策田村迁移到德连村。

增设乡情况：福鼎市从前岐镇划出佳阳、后洋、周山、佳头、龙头湾、上庵、三丘田、安仁、象洋、蕉宕、罗唇、双华12个村，设立佳阳乡；佳阳乡人民政府驻佳阳村。

设立街道办事处情况：1. 厦门市集美区撤销集美镇，设立集美街道办事处；2. 厦门市集美区从后溪镇划出浒井、孙厝、叶厝、凤林美4个居委会和东安、兑山2个村，设立侨英街道办事处。3. 厦门市同安区撤销大同镇，设立大同、祥平两个街道办事处；大同街道办事处辖城西、西安、双溪、南门、溪边、东溪、后炉、北镇、三秀、银华、凤山、北门、西池、新安、舒安15个居委会和田洋、东山、古庄、朝元、碧岳、顶溪头、下溪头、东宅、康浔9个村；祥平街道办事处辖陆丰、西溪、祥平3个居委会和过溪、溪声、凤岗、祥桥、杜桥、西洪塘、西湖、阳翟、卿朴、瑶头10个村。

农场改制设立乡镇情况：1. 诏安县梅洲华侨农场改制设立梅洲乡；梅洲乡辖梅侨居委会和原四都镇的梅洲、梅溪、梅东、梅西、梅南、梅北、梅山7个村；梅洲乡人民政府驻梅洲村。2. 邵武市吴家塘农场改制设立吴家塘镇；吴家塘镇辖吴家塘居委会和坊上、行岭、杨家圩、铁罗、庄坛5个村；吴家塘镇人民政府驻吴家塘。

设立民族乡情况：宁化县撤销治平乡，设立治平畲族乡。

行政隶属关系调整情况：1. 闽侯县闽江乡的闽亭、建亭2个村划归马尾区亭江镇管辖，闽江乡的公婆、胜利、建星3个村划归马尾区琅岐镇管辖；2. 沙县琅口镇古县村划归凤岗镇管辖。

更名情况：莆田县秀屿镇更名为东庄镇。

【福建省乡级以上行政区划】

福州市

（5区2市6县33街道106镇50乡2民族乡）

鼓楼区（9街道1镇）

华大街道办事处、鼓东街道办事处、鼓西街道办事处、南街街道办事处、安泰街道办事处、东街街道办事处、水部街道办事处、温泉街道办事处、五凤街道办事处、洪山镇。

台江区（12街道）

茶亭街道办事处、洋中街道办事处、苍霞街道办事处、双杭街道办事处、帮洲街道办事处、义洲街道办事处、上海街道办事处、瀛洲街道办事处、新港街道办事处、后洲街道办事处、鳌峰街道办事处、宁化街道办事处。

仓山区（7街道5镇）

仓前街道办事处、下渡街道办事处、临江街道办事处、三叉街街道办事处、上渡街道办事处、对湖街道办事处、东升街道办事处、建新镇、仓山镇、盖山镇、城门镇、螺洲镇。

马尾区（1街道3镇）

罗星街道办事处、马尾镇、亭江镇、琅岐镇。

晋安区（3街道4镇4乡）

茶园街道办事处、王庄街道办事处、象园街道办事处、岳峰镇、鼓山镇、新店镇、宦溪镇、岭头乡、寿山乡、日溪乡、鼓岭乡。

闽侯县（9镇7乡）

甘蔗镇、白沙镇、尚干镇、南屿镇、祥谦镇、青口镇、南通镇、上街镇、荆溪镇、闽江乡、竹岐乡、鸿尾乡、洋里乡、大湖乡、廷坪乡、小箬乡。

连江县（16镇6乡1民族乡）

凤城镇、浦口镇、晓澳镇、琯头镇、丹阳镇、黄岐镇、东岱镇、敖江镇、东湖镇、马鼻镇、透堡镇、筱埕镇、苔菉镇、官坂镇、长龙镇、坑园镇、潘渡乡、蓼沿乡、下宫乡、安凯乡、江南乡、马祖乡、小沧畲族乡。

罗源县（6镇4乡1民族乡）

凤山镇、鉴江镇、起步镇、松山镇、中房镇、飞竹镇、白塔乡、洪洋乡、西兰乡、碧里乡、霍口畲族乡。

闽清县（11镇7乡）

梅城镇、坂东镇、池园镇、梅溪镇、白樟镇、白中镇、塔庄镇、东桥镇、雄江镇、金沙镇、省璜镇、云龙乡、上莲乡、三溪乡、下祝乡、桔林乡、后佳乡、佳头乡。

永泰县（9镇12乡）

樟城镇、嵩口镇、梧桐镇、葛岭填、城峰镇、清凉镇、长庆镇、同安镇、樟洋镇、塘前乡、富泉乡、岭路乡、赤锡乡、洑口乡、盖洋乡、东洋乡、霞拔乡、盘谷乡、红星乡、白云乡、丹云乡。

平潭县（7镇8乡）

潭城镇、苏澳镇、澳前镇、北厝镇、流水镇、平原镇、敖东镇、岚城乡、中楼乡、白青乡、南海乡、屿头乡、大练乡、东庠乡、芦洋乡。

福清市（1街道20镇）

融城街道办事处、宏路镇、东张镇、海口镇、龙田镇、高山镇、渔溪镇、音西镇、城头镇、江镜镇、三山镇、江阴镇、阳下镇、港头镇、沙埔镇、东翰镇、上迳镇、新厝镇、镜洋镇、一都镇、南岭镇。

长乐市（15镇2乡）

吴航镇、梅花镇、营前镇、金峰镇、潭头镇、玉田镇、江田镇、古槐镇、鹤上镇、首占镇、文武砂镇、漳港镇、湖南镇、文岭镇、松下镇、罗联乡、猴屿乡。

厦门市

（7区18街道17镇）

鼓浪屿区

思明区（5街道）

厦港街道办事处、文安街道办事处、中华街道办事处、思明街道办事处、滨海街道办事处。

开元区（6街道）

鹭江街道办事处、嘉莲街道办事处、公园街道办事处、梧村街道办事处、筼筜街道办事处、莲前街道办事处。

杏林区（1街道3镇）

杏林街道办事处、杏林镇、海沧镇、东孚镇。

湖里区（2街道1镇）

湖里街道办事处、殿前街道办事处、禾山镇。

集美区（2街道2镇）

集美街道办事处、侨英街道办事处、灌口镇、后溪镇。

同安区（2街道11镇）

大同街道办事处、祥平街道办事处、马巷镇、新圩镇、新店镇、莲花镇、新民镇、洪塘镇、西柯镇、汀溪镇、五显镇、内厝镇、大嶝镇。

莆田市

（2区2县4街道39镇11乡）

城厢区（2街道2乡）

荔城街道办事处、凤凰山街道办事处、城郊乡、城南乡。

涵江区（2街道3镇）

涵东街道办事处、涵西街道办事处、三江口镇、白塘镇、国欢镇。

莆田县（23镇3乡）

西天尾镇、梧塘镇、江口镇、黄石镇、华亭镇、白沙镇、灵川镇、笏石镇、东庄镇、忠门镇、埭头镇、新度镇、常太镇、庄边镇、新县镇、北高镇、东峤镇、湄洲镇、萩芦镇、平海镇、南日镇、东海镇、东埔镇、大洋乡、山亭乡、月塘乡。

仙游县（13镇6乡）

鲤城镇、榜头镇、枫亭镇、郊尾镇、度尾镇、城东镇、大济镇、龙华镇、赖店镇、盖尾镇、钟山镇、游洋镇、园庄镇、西苑乡、凤山乡、石苍乡、社硎乡、书峰乡、象溪乡。

三明市

（2区1市9县13街道60镇78乡2民族乡）

梅列区（3街道1镇2乡）

列东街道办事处、列西街道办事处、北门街道办事处、陈大镇、洋溪乡、徐碧乡。

三元区（4街道2镇2乡）

城关街道办事处、白沙街道办事处、富兴堡街道办事处、荆西街道办事处、莘口镇、岩前镇、城东乡、中村乡。

明溪县（4镇5乡）

雪峰镇、盖洋镇、胡坊镇、瀚仙镇、城关乡、沙溪乡、夏阳乡、枫溪乡、夏坊乡。

清流县（5镇10乡）

龙津镇、嵩口镇、嵩溪镇、灵地镇、长校镇、东华乡、林畲乡、温郊乡、余朋乡、沙芜乡、赖坊乡、邓家乡、李家乡、里田乡、田源乡。

宁化县（4镇11乡1民族乡）

翠江镇、泉上镇、湖村镇、石壁镇、城郊乡、城南乡、济村乡、淮土乡、方田乡、安乐乡、曹坊乡、中沙乡、水茜乡、安远乡、河龙乡、治平畲族乡。

大田县（8镇10乡）

均溪镇、上京镇、广平镇、桃源镇、太华镇、建设镇、石牌镇、奇韬镇、华兴乡、屏山乡、吴山乡、济阳乡、武陵乡、谢洋乡、文江乡、梅山乡、湖美乡、前坪乡。

尤溪县（8镇7乡）

城关镇、尤溪口镇、梅仙镇、西滨镇、新阳镇、洋中镇、管前镇、西城镇、联合乡、汤川乡、溪尾乡、中仙乡、台溪乡、坂面乡、八字桥乡。

沙县（8镇6乡）

凤岗镇、青州镇、夏茂镇、琅口镇、高砂镇、高桥镇、富口镇、大洛镇、虬江乡、南霞乡、南阳乡、郑湖乡、湖源乡、梨树乡。

将乐县（6镇7乡）

古镛镇、万安镇、高唐镇、白莲镇、黄潭镇、水南镇、光明乡、漠源乡、南口乡、万全乡、安仁乡、大源乡、余坊乡。

泰宁县（3镇8乡）

杉城镇、朱口镇、龙湖镇、新桥乡、上青乡、大田乡、梅口乡、下渠乡、开善乡、大布乡、龙安乡。

建宁县（4镇6乡）

濉城镇、里心镇、溪口镇、均口镇、金溪乡、伊家乡、黄坊乡、溪源乡、客坊乡、黄埠乡。

永安市（6街道7镇4乡1民族乡）

燕东街道办事处、燕西街道办事处、燕南街道办事处、燕北街道办事处、黄历街道办事处、兴平街道办事处、西洋镇、贡川镇、安砂镇、小陶镇、大湖镇、曹远镇、洪田镇、吉山乡、槐南乡、上坪乡、罗坊乡、青水畲族乡。

泉州市

（4区3市5县15街道112镇29乡1民族乡）

鲤城区（4街道2镇）

临江街道办事处、海滨街道办事处、鲤中街道办事处、开元街道办事处、浮桥镇、江南镇。

丰泽区（5街道3镇）

泉秀街道办事处、丰泽街道办事处、东湖街道办事处、华大街道办事处、清源街道办事处、城东镇、东海镇、北峰镇。

洛江区（1街道4镇1乡）

万安街道办事处、河市镇、马甲镇、罗溪镇、双阳镇、虹山乡。

泉港区（7镇）

山腰镇、后龙镇、南埔镇、涂岭镇、前黄镇、峰尾镇、界山镇。

惠安县（15镇1民族乡）

螺城镇、洛阳镇、崇武镇、东园镇、张坂镇、东岭镇、辋川镇、涂寨镇、螺阳镇、黄塘镇、山霞镇、净峰镇、东桥镇、紫山镇、小岞镇、百崎回族乡。

安溪县（13镇11乡）

凤城镇、湖头镇、蓬莱镇、官桥镇、剑斗镇、城厢镇、魁斗镇、金谷镇、龙门镇、西坪镇、虎邱镇、感德镇、芦田镇、湖上乡、尚卿乡、大坪乡、龙涓乡、长坑乡、蓝田乡、祥华乡、桃舟乡、参内乡、白濑乡、福田乡。

永春县（17镇5乡）

桃城镇、下洋镇、蓬壶镇、五里街镇、岵山镇、湖洋镇、一都镇、坑仔口镇、玉斗镇、锦斗镇、达埔镇、吾锋镇、石鼓镇、东平镇、东关镇、桂洋镇、苏坑镇、横口乡、呈祥乡、介福乡、仙夹乡、外山乡。

德化县（8镇10乡）

龙浔镇、浔中镇、三班镇、龙门滩镇、雷峰镇、南埕镇、水口镇、赤水镇、盖德乡、杨梅乡、葛坑乡、汤头乡、上涌乡、桂阳乡、国宝乡、美湖乡、大铭乡、春美乡。

金门县（资料暂缺）

石狮市（2街道7镇）

凤里街道办事处、湖滨街道办事处、灵秀镇、宝盖镇、蚶江镇、永宁镇、祥芝填、鸿山镇、锦尚镇。

晋江市（15镇）

青阳镇、安海镇、磁灶镇、陈埭镇、东石镇、深沪镇、金井镇、池店镇、罗山镇、内坑镇、龙湖镇、永和镇、英林镇、紫帽镇、西滨镇。

南安市（3街道21镇2乡）

溪美街道办事处、柳城街道办事处、美林街道办事处、仑苍镇、英都镇、金淘镇、诗山镇、码头镇、罗东镇、梅山镇、洪濑镇、康美镇、丰州镇、官桥镇、水头镇、石井镇、东田镇、翔云镇、蓬华镇、九都镇、洪梅镇、省新镇、霞美镇、乐峰镇、眉山乡、向阳乡。

漳州市

（2区1市8县7街道89镇22乡3民族乡）

芗城区（6街道4镇）

东铺头街道办事处、西桥街道办事处、新桥街道办事处、巷口街道办事处、南坑街道办事处、通北街道办事处、浦南镇、天宝镇、芝山镇、石亭镇。

龙文区（1街道4镇）

东岳街道办事处、步文镇、蓝田镇、朝阳镇、郭坑镇。

云霄县（6镇3乡）

云陵镇、陈岱镇、东厦镇、莆美镇、列屿镇、火田镇、下河乡、马铺乡、和平乡。

漳浦县（17镇2乡2民族乡）

绥安镇、佛昙镇、赤湖镇、旧镇、杜浔镇、霞美镇、官浔镇、长桥镇、前亭镇、深土镇、六鳌镇、古雷镇、盘陀镇、马坪镇、石榴镇、沙西镇、大南坂镇、南浦乡、赤土乡、湖西畲族乡、赤岭畲族乡。

诏安县（9镇6乡）

南诏镇、四都镇、桥东镇、梅岭镇、深桥镇、太平镇、官陂镇、霞葛镇、秀篆镇、西潭乡、建设乡、红星乡、金星乡、白洋乡、梅洲乡。

长泰县（4镇1乡）

武安镇、岩溪镇、陈巷镇、枋洋镇、坂里乡。

东山县（6镇）

西埔镇、杏陈镇、陈城镇、康美镇、樟塘镇、前楼镇。

南靖县（11镇）

山城镇、靖城镇、龙山镇、船场镇、金山镇、和溪镇、奎洋镇、南坑镇、丰田镇、梅林镇、书洋镇。

平和县（10镇5乡）

小溪镇、九峰镇、山格镇、南胜镇、文峰镇、坂仔镇、大溪镇、霞寨镇、芦溪镇、安厚镇、五寨乡、国强乡、崎岭乡、长乐乡、秀峰乡。

华安县（6镇4乡）

华丰镇、丰山镇、沙建镇、新圩镇、高安镇、仙都镇、马坑乡、湖林乡、良村乡、高车乡。

龙海市（12镇1乡1民族乡）

石码镇、海澄镇、程溪镇、角美镇、白水填、浮官镇、港尾镇、九湖镇、颜厝镇、榜山镇、紫泥镇、东园镇、东泗乡、隆教畲族乡。

南平市

（1区4市5县14街道80镇47乡）

延平区（6街道13镇3乡）

梅山街道办事处、黄墩街道办事处、紫云街道办事处、四鹤街道办事处、水南街道办事处、水东街道办事处、来舟镇、樟湖镇、夏道镇、西芹镇、峡阳镇、大横镇、南山镇、洋后镇、塔前镇、王台镇、茂地镇、太平镇、炉下镇、巨口乡、大洋乡、赤门乡。

顺昌县（9镇5乡）

双溪镇、建西镇、洋口镇、水南镇、埔上填、元坑镇、大历镇、大干镇、仁寿镇、洋墩乡、郑坊乡、际会乡、岚下乡、高阳乡。

浦城县（10镇8乡）

南浦镇、富岭镇、石陂镇、临江镇、仙阳镇、水北街镇、永兴镇、忠信镇、莲塘镇、九牧镇、万安乡、古楼乡、山下乡、枫溪乡、濠村乡、管厝乡、盘亭乡、官路乡。

光泽县（3镇5乡）

杭川镇、止马镇、寨里镇、鸾凤乡、崇仁乡、李坊乡、华桥乡、司前乡。

松溪县（3镇6乡）

松源镇、郑墩镇、渭田镇、河东乡、旧县乡、溪东乡、花桥乡、祖墩乡、茶平乡。

政和县（5镇5多）

熊山镇、东平镇、铁山镇、镇前镇、石屯镇、星溪乡、外屯乡、杨源乡、澄源乡、岭腰乡。

邵武市（4街道12镇3乡）

昭阳街道办事处、通泰街道办事处、水北街道办事处、晒口街道办事处、拿口镇、和平镇、水北镇、大埠岗镇、沿山镇、洪墩镇、城郊镇、下沙镇、卫闽镇、肖家坊镇、大竹镇、吴家塘镇、张厝乡、桂林乡、金坑乡。

武夷山市（5镇5乡）

崇安镇、星村镇、兴田镇、五夫镇、武夷镇、城东乡、上梅乡、吴屯乡、岚谷乡、洋庄乡。

建瓯市（4街道10镇4乡）

芝山街道办事处、通济街道办事处、建安街道办事处、瓯宁街道办事处、吉阳镇、南雅镇、东峰镇、东游镇、徐墩镇、房道镇、迪口镇、小桥镇、玉山镇、小松镇、水源乡、川石乡、龙村乡、顺阳乡。

建阳市（10镇3乡）

潭城镇、麻沙镇、水吉镇、童游镇、将口镇、莒口镇、黄坑镇、漳墩镇、徐市镇、小湖镇、崇雒乡、书坊乡、迴龙乡。

龙岩市

（1区1市5县11街道58镇63乡2民族乡）

新罗区（9街道7镇3乡）

东城街道办事处、西城街道办事处、南城街道办事处、中城街道办事处、东肖街道办事处、龙门街道办事处、曹溪街道办事处、铁山街道办事处、西陂街道办事处、雁石镇、红坊镇、适中镇、白沙镇、万安镇、大池镇、小池镇、江山乡、岩山乡、苏坂乡。

长汀县（11镇7乡）

汀州镇、馆前镇、河田镇、大同镇、古城镇、新桥镇、童坊镇、南山镇、濯田镇、四都镇、涂坊镇、三州乡、策武乡、铁长乡、庵杰乡、宣成乡、红山乡、羊牯乡。

永定县（10镇14乡）

凤城镇、坎市镇、下洋镇、抚市镇、高陂镇、湖雷镇、湖坑镇、培丰镇、峰市镇、龙潭镇、城郊乡、仙师乡、洪山乡、湖山乡、岐岭乡、大溪乡、古竹乡、虎岗乡、堂保乡、合溪乡、金砂乡、西溪乡、陈东乡、高头乡。

上杭县（9镇11乡2民族乡）

临江填、兰溪镇、古田镇、南阳镇、临城镇、才溪镇、中都镇、稔田镇、白砂镇、湖洋乡、旧县乡、通贤乡、茶地乡、泮境乡、下都乡、太拔乡、溪口乡、蛟洋乡、步云乡、珊瑚乡、官庄畲族乡、庐丰畲族多。

武平县（6镇11乡）

平川镇、岩前镇、十方镇、中山镇、中堡镇、桃溪镇、城厢乡、万安乡、东留乡、民主乡、下坝乡、中赤乡、象洞多、武东乡、永平乡、湘店乡、大禾乡。

连城县（7镇11乡）

莲峰镇、姑田镇、庙前镇、北团镇、朋口镇、莒溪镇、新泉镇、文亨乡、塘前乡、四堡乡、罗坊乡、曲溪乡、赖源乡、宣和乡、李屋乡、林坊乡、揭乐乡、隔川乡。

漳平市（2街道8镇6乡）

菁城街道办事处、桂林街道办事处、新桥镇、永福镇、溪南镇、双洋镇、和平镇、拱桥镇、象湖镇、赤水镇、芦芝乡、西元乡、南洋乡、官田乡、吾桐乡、灵地乡。

宁德市

(1区2市6县8街道62镇45乡8民族乡)

蕉城区(2街道10镇3乡1民族乡)

蕉南街道办事处、蕉北街道办事处、漳湾镇、七都镇、八都镇、霍童镇、飞鸾镇、三都镇、洋中镇、城南镇、九都镇、赤溪镇、后石乡、虎浿乡、洪口乡、金涵畲族乡。

福安市(3街道11镇4乡3民族乡)

阳头街道办事处、城北街道办事处、城南街道办事处、赛岐镇、穆阳镇、甘棠镇、下白石镇、溪柄镇、上白石镇、社口镇、潭头镇、晓阳镇、溪尾镇、溪潭镇、城阳乡、范坑乡、湾坞乡、松罗乡、坂中畲族乡、穆云畲族乡、康厝畲族乡。

福鼎市(3街道10镇1乡1民族乡)

桐山街道办事处、桐城街道办事处、山前街道办事处、秦屿镇、前岐镇、点头镇、沙埕镇、白琳镇、店下镇、贯岭镇、磻溪镇、管阳镇、嵛山镇、叠石乡、硖门畲族乡。

霞浦县(7镇3乡3民族乡)

松城镇、三沙镇、牙城镇、溪南镇、沙江镇、下浒镇、长春镇、柏洋乡、北壁乡、海岛乡、盐田畲族乡、水门畲族乡、崇儒畲族乡。

古田县(8镇7乡)

新城镇、平湖镇、大桥镇、黄田镇、水口镇、鹤塘镇、杉洋镇、凤都镇、松吉乡、吉巷乡、湖滨乡、泮洋乡、凤埔乡、卓洋乡、大甲乡。

屏南县(4镇7乡)

古峰镇、双溪镇、黛溪镇、长桥镇、屏城乡、棠口乡、甘棠乡、熙岭乡、路下乡、寿山乡、岭下乡。

寿宁县(4镇10乡)

鳌阳镇、斜滩镇、南阳镇、武曲镇、大安乡、坑底乡、清源乡、竹管垄乡、犀溪乡、平溪乡、托溪乡、芹洋乡、凤阳乡、下党乡。

周宁县(6镇3乡)

狮城镇、咸村镇、浦源镇、李墩镇、纯池镇、七步镇、泗桥乡、礼门乡、玛坑乡。

柘荣县(2镇7乡)

双城镇、富溪镇、城郊乡、乍洋乡、东源乡、宅中乡、黄柏乡、楮坪乡、英山乡。

福建省行政区划统计表

(截止2000年12月)

单位＼项目	县级				乡级				
	区	市	县	小计	街道	镇	乡	民族乡	小计
福州市	5	2	6	13	33	106	50	2	191
厦门市	7			7	18	17			35
莆田市	2		2	4	4	39	11		54
三明市	2	1	9	12	13	60	78	2	153
泉州市	4	3	5	12	15	112	29	1	157
漳州市	2	1	8	11	7	89	22	3	121
南平市	1	4	5	10	14	80	47		141
龙岩市	1	1	5	7	11	58	63	2	134
宁德市	1	2	6	9	8	62	46	8	124
合计	25	14	46	85	123	623	346	18	1110

(撰稿:林振声)

人 口

【"九五"时期人口】 全省2000年年末人口总数为3410万人,与"九五"期初(1995年末)相比,总人口增长了173万人,平均每年增长34.6万人,年平均增长率为1.0%,比"八五"期间的年平均增长率1.3%下降了0.3个百分点。全年人口出生率为11.6‰,比1995年下降了3.60个千分点;死亡率为5.85‰;自然增长率为5.75‰,比1995年下降了3.55个千分点。人口的增长速度进一步减缓,较平稳渡过了第三次生育高峰期,低生育水平得以巩固。

1990年以来人口出生率和自然增长率

单位:‰

年份	1990	1995	2000
出生率	24.44	15.20	11.6
自然增长率	17.73	9.30	5.75

【人口性别构成和地区分布】 2000年年末总人口比上年增加94万人,其中属自然增长19.6万人,其余属省外净迁入的人口。在年末总人口中,男性人口为1757.7万人,占总人口的51.5%;女性人口为1652.3万人,占总人口的48.5%,人口性别比为106.4(女=100)。

【人口年龄构成和负担系数】 由于近几年的人口出生率持续下降,全省低年龄组人口比重继续下降,老年人口比重逐年上升。2000年人口中,0～14岁人口为784.45万人,占总人口的比重为23.0%,比上年降低了2.8个百分点;15～64岁人口为2402.33万人,占70.5%,比上年上升了4.3个百分点;65岁以上人口为223.22万人,占6.5%。同1990年第四次人口普查相比,0～14岁人口比重下降了8.4个百分点,65岁以上人口比重上升了1.5个百分点。劳动年龄人口的总负担系数为41.9%,其中少儿负担系数为32.7%,老年负担系数为9.2%。

劳动年龄人口负担系数

项目＼年份	1990	1995	2000
总负担系数	57.6	57.5	41.9
少年系数	49.6	47.3	32.7
老年负担系数	8.0	10.2	9.2

【人口受教育程度】 全省6岁以上人口中,不识字或识字较少的人口为232.08万人,其中15岁以上文盲、半文盲人口为246万人,占总人口的7.2%。全省人口中接受大学(指大专以上)教育的101.37万人,占3.0%;接受高中(含中专、职高)教育的为361.27万人,占10.6%;接受初中教育的1149.04万人,占33.7%;接受小学教育的1313.82万人。与1990年第四次全国人口普查相比,每10万人中拥有各种受教育程度的人数有如下变化:具有大学教育程度的由1228人上升为2967人,具有高中受教育程度的由6991人上升为10602人,具有初中受教育程度的由16891人上升为33708人,具有小学受教育程度的由43213个下降为38317人。

【家庭户规模】 全省家庭户平均户规模为3.53人,与第四次全国人口普查数据4.43人相比减少了0.90人,家庭户规模的缩小主要是由于社会经济发展,人民生活水平的提高,住房条件的改善,传统家庭观念的改变等原因以及计划生育深入开展,也使家庭户中的子女数减少,家庭户规模呈逐渐缩小的趋势。

【城乡人口】 根据第五次全国人口普查数据计算,全省居住在城镇的人口占总人口的比例为41.9%,比全国平均水平36.1%高出5.8个百分点。

2000年第五次人口普查分地市人口数

单位：万人

地 区	总人口	男	女	性别比（女=100）
福州市	639.27	329.62	309.66	106.45
厦门市	205.31	106.22	99.09	107.19
莆田市	272.87	131.73	141.14	93.33
三明市	257.28	135.33	121.95	110.97
泉州市	728.08	372.60	355.49	104.81
漳州市	458.25	236.06	222.19	106.24
南平市	281.57	147.74	133.83	110.39
龙岩市	268.31	138.67	129.64	106.97
宁德市	298.99	159.71	139.28	114.66

9市城镇人口占总人口比重

地 区	福州	厦门	莆田	三明	泉州	漳州	南平	龙岩	宁德
城镇人口占总人口比重%	51.0	70.8	29.2	38.6	38.9	34.9	43.5	35.9	35.0

（撰稿：吴新榕）

华侨 台胞

【华侨】 福建是全国重点侨乡。根据1996年底至1997年全省侨情普查统计，祖籍福建的海外华侨华人有1086.85万人，其中新移民53.35万人；归侨侨眷606.85万人，其中归侨11.98万人，侨眷594.87万人。海外华侨华人分布在世界160多个国家和地区，其中主要的国家有：马来西亚287.3万，印尼247.2万，菲律宾160.7万，新加坡140.98万，缅甸33.02万，泰国23.6万，越南11.9万，美国41.3万，加拿大6.22万，澳大利亚5.4万，日本18.2万。总的来说，在东南亚的华侨华人占总数的95%。

福建海外乡亲世界性社团组织发展迅速，已经成立的有：世界福州十邑同乡总会，世界福清同乡会，世界安溪同乡联谊会，世界永春社团联合会，世界同安同乡联谊会，世界晋江同乡联谊会，世界南安同乡联谊会，世界龙岩同乡恳亲联谊会，旅日福建同乡恳亲会等。近年来，海外社团在福建举办了盛况空前的联谊大会。例如：1998年10月，在南安、龙岩分别召开了第四届世界南安同乡联谊会和第一届世界龙岩同乡恳亲联谊会；11月在北京召开了第五届世界福州十邑同乡大会；12月在莆田召开了首届世界兴安同乡大会。1999年9月，在泉州召开了第三届世界福建同乡恳亲大会。2000年11月，在龙岩召开了世界客属第十六届恳亲大会。

（撰稿：魏江平）

【台胞】 福建与台湾地缘相近，血缘相亲，自古交往频密。台湾居民迁居福建最早可追溯到隋代。公元609年（隋大业五年），隋炀帝派武贲郎将陈稜、朝请大夫张镇州，率军万人乘船从义安（今广东潮州）航海赴琉求（今台湾），曾带回数千名台湾人，安置在福卢山（今福清市龙田镇）一带定居。十四世纪末，倭寇猖狂骚扰东南沿海和台湾，明朝政府于公元1372年（洪武五年）撤除澎湖巡检司，把澎湖的居民迁到漳州、泉州一带安置。公元1895年日本侵占台湾以后，许多爱国的台湾同胞不甘为日本奴隶，纷纷迁回大陆祖地漳泉福厦一带居住，移居福建的台湾居民逐年增加。

1949年国民党政权退踞台湾后，海峡两岸处于军事对峙状态，两岸同胞之间的正常往来被人为隔绝。祖国大陆改革开放以后，台湾同胞和去台人员前来祖地寻根问祖、探亲访友，经商办企业，有的还长期居住下来，在闽居留的台胞与日俱增。截止2000年底，全省共有台籍同胞4416户、12898人（内含高山族同胞442人）。在闽台胞中有全国人大代表3名、全国政协委员4名，福建省人大代表6名、省政协委员14名，县（处）级以上干部81名。

据不完全统计，自1979年至1999年，全省共接待来闽台胞356.41万次，其中沿海各港口共接待台湾渔轮10.3万艘万次，次，从海上前来避风、修船、探亲、治病和旅游的台湾同胞43.3万多人次；办理近2000人去台湾定居；接纳1770多名台湾同胞来闽定居。此外，改革开放以来，闽台两地同胞发生婚姻关系者也逐年增多。仅1996年至2000年底，即达23715对。

（撰稿：赖永彩）

民族 宗教

【民族】 福建是少数民族散杂居地区，少数民族人口54万，占全省总人口的1.54%，是华东六省一市少数民族人口比例最高和总量居第二的省份，也是祖国大陆畲族和高山族人口最多的省份。全省少数民族人口万人以上的县19个，千人以上的乡镇128个；有18个民族乡和一个省级畲族经济开发区，468个民族村。世居的少数民族有畲、回、满、蒙、高山等，其中：畲族人口37万余人，60%分布在宁德和福州两市；回族人口10多万，主要分布在福州、厦门、泉州、南平、莆田市，以泉州市最多；满族人口近6000人，60%居住在福州市；蒙古族人口近3000人，90%聚居在泉州市惠安县涂岭镇小坝村；高山族人口近700人，主要分布在漳州、福州、厦门、南平市。全省少数民族人口70%分布在山区或半山区，90%以上少数民族居住在农村，不到10%的少数民族居住在城市。

（撰稿：郭筱彦）

【宗教】 福建宗教门类齐全，有佛教、道教、伊斯兰教、天主教、基督教等五大宗教。全省有各级宗教爱国组织265个；依法登记（含临时登记）的宗教活动场所4451座。佛教寺庙和僧尼总数均居全国汉族地区首位，被国务院列为全国汉族地区首批重点寺庙有14座，占全国重点寺庙总数近10%。泉州有伊斯兰教著名的清净寺、先贤墓等史迹，在发展我国同伊斯兰世界的友好往来方面具有重要的作用。全省有福建佛学院、福建神学院、福建天主教修院、闽南佛学院等宗教院校。

（撰稿：郭筱彦）

编审：宋小佳　　责校：郑蓁

经济社会概况

经济社会

【"九五"概况】 国民经济保持较快发展，综合经济实力进一步增强。"九五"时期，全省GDP年均增长11.8%，实现"九五"计划年均增长11%以上的目标；经济总量于1996年按计划实现翻三番目标，人均国内生产总值比计划提前1年，于1999年实现翻三番目标；全省财政总收入年均增长14.9%，财政收入占国内生产总值的比重由1995年的8.6%上升到2000年的9.4%，连续16年实现收支平衡。产业结构调整步伐加快，积极调整优化经济结构，大力培植石油化工、机械电子、建筑建材、林产业、水产业和旅游业、轻纺工业等产业，三次产业结构已由1995年的21.7：42.4：35.9调整为2000年的16.3：43.6：40.1。固定资产投资成绩显著，"九五"累计完成4932亿元，剔除价格因素，超额完成"九五"计划，占改革开放以来固定资产投资的2/3，集中力量建成了一批重点建设项目。外经外贸稳步发展。采取"巩固东南亚、加强港澳台、拓展欧美日"等一系列重大举措，克服了国际市场需求不足和结构变化等负面影响，对外经贸平稳发展。"九五"时期全省外贸出口年均增长10.3%，5年累计利用外资203.15亿美元，超额完成"九五"计划150亿美元的目标。城乡人民生活水平进一步提高。"九五"时期，全省农民人均纯收入年均实际增长6.5%；城镇居民人均可支配收入年均实际增长6.5%，均超过"九五"计划实际年均增长4～5%的目标；城镇居民恩格尔系数由1995年的61.1%下降到2000年的44.7%，农村居民恩格尔系数由1995年的61%下降到2000年的49%。社会各项事业全面发展。"九五"期间，全省科技活动人员年均增长超过6%；科技活动经费投入年均增长超过20%，研究与开发经费投入年均增长超过50%；地方财政科技拨款占地方财政支出的比重1999年已达2.5%，比1995年提高0.85个百分点。科技体制改革迈出实质性步伐，基本完成13家省属开发科研机构向科技型企业转制。教育体系逐步完善，多形式、多层次的办学格局正在形成，全省素质教育从探索试点进入全面推进阶段。文化、卫生、体育等各项社会事业全面发展。

【国民经济】 2000年是世纪交替之年，也是福建省改革开放和现代化建设进程中具有标志意义的一年。全省各级政府在党中央、国务院和省委的领导下，坚持以邓小平理论为指导，按照江泽民总书记"三个代表"重要思想的要求，认真贯彻党的十五大和十五届五中全会精神，团结全省各族人民，扎实工作，开拓进取，如期完成了省九届人大三次会议确定的2000年国民经济和社会发展的主要任务。全年国内生产总值3920亿元，增长9.5%，超过了年初预定增长9%的目标。农村经济全面发展，农林牧渔业增加值638亿元，增长2.2%；林业、水产业和乡镇企业有新的发展。工业经济快速增长，效益明显提高。全省工业增加值1470亿元，增长12.5%。全省规模以上工业经济效益综合指数为120.56%，比上年提高3.37个百分点，是1992年开始编制这一指数以来的最好水平；独立核算工业企业利润增幅达到18%。第三产业增加值1571亿元，增长10.5%。社会消费品零售总额1372.79亿元，增长10.2%，略低于年初预定增长10.5%的目标；居民消费价格总水平涨幅2.1%。全省财政总收入369.53亿元，增长20.9%，其中地方级财政收入234.03亿元，增长15.8%，分别超过年初预定增长9.2%和8.5%的目标；财政支出322.77亿元，增长16.7%，继续实现收支平衡。金融运行基本稳定，对经济发展的支持力度加大，年末各项存款余额增加189.4亿元，增长6.5%，各项贷款余额增加316.74亿元，增长14.2%；农村合作基金会、城市信用社、信托投资公司的整顿工作取得成效。

【经济结构调整】 农业种植结构调整取得较大成效，全省划定基本农田保护区1821万亩，优质和品质较好的早稻种植比重由上年的23%提高到48%，粮食与经济作物的种植结构比例由上年的69：31调整为65：35，农业产业化经营有新的发展。省定的90家重点企业、90个重点项目、60个重点高新技术产业化项目和重点名牌产品的建设和经营情况较好。电子信息等高新技术产业对全省经济发展的带动作用日益增强。工业新增长点项目全年新增产值225亿元，占全部工业新增产值的45%。清理整顿"五小"企业工作取得新成效。继续加大对山区的扶持力度，积极推进山海协作，在山区建设了一批资源开发和基础设施项目。

【各项改革】 突破国企改革难点，加大扭亏脱困力度，列入国家520户国有重点企业名单的11户企业已有9户完成公司制改造，列入国家6599户脱困考核的69户企业已有52户扭亏脱困，改制面和脱困率都超过国家的要求，国企改革和脱困三年目标如期实现；国有企业下岗职工再就业率达66%，居全国前列。社会保障体系建设取得新成效，企业离退休人员养老金实现100%社会化发放，国有企业下岗职工按时足额领到基本生活费。医疗保险、医药卫生体制和药品生产流通体制改革同步推进。国有资产管理监督营运体制改革方案已经出台。财政改革稳步推进，全面实施省级部门预算改革。省级党政机构改革顺利完成，省委部门人员编制精简了20%，省级政府机关行政编制精简了50.1%。全面开展机关效能建设，行政审批制度改革和清理地方性法规、规章和规范性文件工作取得实质性进展，已取消省级政府审批事项222项，废止省政府规范性文件340件。

【对外经贸】 全年完成进出口总额212.24亿美元，增长20.5%。出口快速增长，全年出口达129.09亿美元，增长24.7%，超过年初预定增长3%的目标。实际利用外商直接投资38.04亿美元，完成预定目标。外汇收支继续实现顺差，累计净结汇44.41亿美元，增长64.7%。对外承包工程、劳务合作和国际旅游业继续发展。境外企业清理整顿工作取得成效。与台、港、澳地区及华侨华人的经贸合作更加密切，交流进一步扩大。成功承办和举办了第四届中国投资贸易洽谈会、福州国际招商月、世界客属第十六届恳亲大会等一系列大型活动。

【重点建设】 全年完成固定资产投资1112.20亿元，增长2.5%，未达到年初预定增长8%的目标。全省46个在建重点项目完成投资122亿元，占年度计划的96.5%。10个"重中之重"项目完成投资84.6亿元，为年度计划的100.3%。罗宁高速公路、芹山电站、梅坎铁路、外福铁路电气化改造、厦门会展中心等15个项目已建成投产或部分投产，城乡电网改造取得较大进展。福宁、漳诏、罗长、漳龙高速公路龙岩段建设进展顺利，京福高速公路福建段一期工程部分动工建设，漳龙高速公路漳州段、赣龙铁路已获准立项；温福铁路、京福高速公路福建段二期、尤溪街面水电站等一批重大项目前期工作取得新进展。工程质量进一步提高，资金管理继续改善。

【社会事业】 科技、教育投入分别增长17.5%和17%。深化科技体制改革，出台了鼓励科技创新、发展高新技术产业和引进高层次人才的政策措施，科技园区建设进展顺利；基本完成了13家省属开发型科研机构企业化转制工作；研究提出了建立风险投资机制的相关政策，风险投资公司开始组建，技术创新体系建设逐步加强。实施素质教育，取消小学毕业统一考试，减轻了中小学生过重的课业负担。顺利通过了国家教育“两基”验收复查。积极推进高等院校布局结构调整和管理体制改革，新组建了泉州师范学院、三明高等专科学校和福建农林大学。福州地区“大学城”和厦门大学漳州新校区建设方案基本确定。省政府、厦门市政府与教育部共建厦门大学取得实质性进展，高校“211工程”和重点学科建设继续推进。文化精品创作有新的突破，一些优秀作品在全国评比中获奖。竞技体育实力继续上升，群众性体育活动蓬勃开展，奥运会个人项目金牌实现零的突破。继续贯彻落实国家计划生育政策，人口出生率稳定在低生育水平。第五次人口普查调查登记工作顺利完成。环保工作进一步加强，基本实现“一控双达标”目标。国土资源管理力度加大，耕地实现年度占补平衡，扭转了连续3年占补不平衡的局面。

【人民生活】 全年城镇居民人均可支配收入达7432元，增长8.3%，扣除物价因素，实际增长4.9%，基本达到年初预定增长5%的目标；全年农民人均纯收入3230元，增长4.5%，实际增长3.8%，低于年初预定增长5%的目标。城镇居民和农民恩格尔系数为44.7%、49%，首次降到50%以下。城镇登记失业率为2.6%，低于年初预定3.3%的目标。“造福工程”搬迁2.98万人，超额完成任务。老区和少数民族行政村的“五通”建设预定任务基本完成。城市基础设施建设、市容市貌整治和村镇建设力度加大，住宅建设得到较快发展，城乡人民生活条件进一步改善。

【精神文明和民主法制建设】 深入开展“致富思源，富而思进”教育。普遍开展创建文明城市、文明社区、文明村镇、文明行业活动，群众性的精神文明创建活动取得新成果。“双拥共建”活动不断深入，全民国防意识普遍增强，民兵预备役工作有新的发展。“扫黄打非”专项斗争力度加大，成效明显。各级政府依法行政意识增强，坚持对人民代表大会及其常委会负责并报告工作，自觉接受监督，认真执行人大及其常委会的决议、决定，认真办理人大代表建议、意见。积极支持政治协商委员会参政议政，认真办理政协提案。加强同各民主党派、工商联、无党派人士和各人民团体的联系，虚心听取他们的建言献策。行政执法监督力度加大，“三五”普法任务基本完成。加强立法工作，全年提请省人大常委会审议的地方性法规草案7项，提请修订的地方性法规5项，提请废止的地方性法规9项，制定政府规章8项。在县级以上政府领导班子和领导干部中认真开展“三讲”集中教育，党性党风方面存在的突出问题得到一定程度的解决。开展警示教育，领导干部廉洁从政意识增强，赠送和收受“红包”的歪风基本得到纠正，对党政机关一些工作人员接受赠送或低价购买股票的问题进行了检查督促，对用公款为领导干部住宅配备电脑、支付上网费用和党政机关干部借用小汽车等问题进行了清理，落实了中央关于领导干部的配偶和子女不准在其管辖的业务范围内从事可能与公共利益发生冲突的经商办企业活动等规定。坚决查处违纪违法案件，严惩了一批腐败分子。纠风工作向纵深发展。加强社会治安综合治理，依法严厉打击各种犯罪活动，认真做好群众来信来访工作，保持了社会安定稳定。强化安全生产责任制，提高了安全生产管理水平。

【存在的困难和问题】 经济发展后劲不足，产业结构不合理，区域经济发展不平衡，城镇化水平较低；企业整体素质不高，产品竞争力不强，影响企业发展的体制和机制问题依然存在；农业基础仍较脆弱，农村市场化程度不高，农民增收难度加大；科技创新能力不强，人才素质与经济发展还不相适应，人口、资源、环境和就业压力较大，社会事业某些方面的发展还相对滞后；腐败现象依然不同程度地存在，机关办事效率有待进一步提高；投资软环境还不适应经济发展的需要，市场秩序亟待进一步整顿；一些地方社会治安和安全生产不尽如人意等。

（撰稿：章文恕）

体制改革

【综述】 2000年，根据中央的统一部署和省委、省政府的总体安排，围绕增创跨世纪的体制新优势，着力解决和突破影响生产力发展的体制性障碍，全省经济体制改革取得新进展，经济发展的体制环境发生了重大变化，社会主义市场经济体制初步建立。全省经济体制改革呈现以下主要趋势和特点：

一、改革的综合配套性进一步增强。表现为国有企业改革、社会保障制度改革等重点突出，同步推进。国有企业3年改革目标基本实现，大多数国有大中型骨干企业初步建立现代企业制度，列入全国520家重点企业的全省11家企业，已有9户进行了规范化的公司制改造。全省27家国有及国有控股大中型骨干企业中，已有24家完成规范化公司制改革，改制面达88.9%；国有资产管理监督和营运体制改革继续推进，省政府《关于加快我省国有资产管理监督和营运体制改革的指

2000年7月3日，民营企业晋江九牧王服饰公司举行为英雄李振峰捐款活动。李振峰是北京一名普通工人，1983年他为制止流氓调戏女青年被打成头骨粉碎性骨折，从此留下后遗症。18年病痛折磨的李振峰又急需进行第二次手术。九牧王公司员工闻讯捐款近7万元，并派专人将捐款送到李振峰手中。图为捐款现场。 （林辉龙 摄）

导意见》正式颁布实施，省国有资产管理委员会及其办事机构正式组建，并结合机构改革组建了轻纺控股等10家国有资产营运公司；各地继续采取多种形式放开搞活国有中小企业，如福州市的“两个置换”（即通过产权转让置换国有企业性质，通过一次性补偿，置换职工的全民身份），龙岩市的职工现金入股、经营者持大股，国有资产借贷给职工和经营者，南平市的关闭、破产、淘汰一批生产能力落后、市场竞争力差的企业，实施“债转股”等多方面的改革各具特色，促进了国有资本全部或部分从竞争性行业中退出，企业经营机制得到了进一步的转换。与此同时，着力启动全省城镇医药卫生体制改革和医疗保险制度改革，按照国务院《关于城镇医药卫生体制改革指导意见》的总体要求，加强组织领导，成立了全省城镇医药卫生体制改革领导小组及其办公室，出台了《福建省人民政府关于城镇医药卫生体制改革实施意见》，召开全省医药卫生体制改革会议进行全面部署；省级和地市医疗保险制度改革全面展开，全省所有统筹单位实施方案全部出台，医疗保险经办机构全部组建落实到位。至此，福建省医疗保险制度的构架初步建立，步入正常运行的轨道。

二、强化了与加入世贸组织相适应、与国际惯例相衔接的改革。机构改革、行政审批制度改革、清理地方性法规、改善投资软环境、整顿市场经济秩序等一系列措施的陆续出台，为构筑入世后的新型政府管理体制奠定了基础。省级党政机构改革全面展开，行政编制精简了47.4%，各部门内设处室精简了20%，取得了预期成效。政府行政审批制度改革取得阶段性成果，成立了省审批审核制度改革工作小组，并从有关单位抽调专人开展此项工作，经过工作小组对省级政府部门上报的审批、审核、核准、备案等事项的清理、整理和归并，确定省级政府部门审批等事项为1514项，其中保留1015项，下放48项，转移6项，取消445项，取消事项占总事项的29.5%。

三、在所有制结构调整中微观经济基础更趋活跃。在积极探索公有制各种实现形式的同时，放手发展非公有制经济，非公有制经济在国民经济中的比重由1995年的36%上升到2000年的44%。众多的非公有制企业成为新型产业的开拓者和高新技术发展的“领头羊”，如南孚电池、创识科技、梅生医械、顶点软件、新大陆集团等等。

四、股份制改造和企业股票上市成为改革的新“亮点”。全年32家企业进行了股份有限公司改造，并在规模、科技含量等方面有新的提高；全省在上海、深圳证券交易所新发行A股3只，共发行1.96亿股，筹资20.98亿元，新上市募集资金量比1999年增长了近1倍。至年末，全省上市公司累计达41家，通过公开发行股票和配股，累计为全省筹集资金近156亿元，有力支持了福建经济的建设和发展。

2000年，全省经济体制改革虽然取得新的进展，但仍然面临着一些突出问题，如改革意识不到位，投资环境不理想，行政管理体制不适应，部分改革滞后于经济体制改革等等，改革的任务仍然艰巨，必须着力研究和解决影响我省经济发展后劲的体制性障碍，扎扎实实推进各项改革，从而为加快建设海峡两岸繁荣带、率先基本实现现代化提供体制保证。

（撰稿：陈煊云）

【省级党政机构改革】 福建省党政机构改革方案，是根据党的十五大、十五届二中全会和九届全国人大一、二次会议精神，按照中共中央、国务院《关于地方政府机构改革的意见》（中发［1999］2号）、全国地方政府机构改革工作会议的部署以及中编委《关于省级党委机构改革的意见》（中编发［1999］5号）的精神，参照党中央、国务院机构改革方案，结合本省实际，经过认真调查研究、反复讨论修改之后形成的。

一、省委、省政府对机构改革高度重视。1998年4月，省委常委会研究决定，成立高层次的省机构改革工作小组，首先抓好政府机构改革工作。工作小组成立以来，一方面积极与中央编办、国务院有关部门和兄弟省市保持联系，组织人员赴京赴兄弟省市学习考察，及时了解掌握机构改革的有关信息；另一方面，深入基层深入实际、调查研究，全面摸清全省情况，掌握第一手资料。在调查研究的基础上，提出福建省政府机构改革的初步方案。这个方案提出以后，征求方方面面的意见，取得共识。1999年7月，根据全国地方政府机构改革工作会议的部署，我们对方案又进行了修改。9月，经省委、省政府研究审定，福建省政府机构改革方案报党中央、国务院审批。经中编办审核，1999年11月27日党中央、国务院正式批准了福建省的政府机构改革方案（中委［1999］249号）。

在我们筹备组织实施省政府机构改革的时候，1999年12月，中编委又下发了《关于省级党委机构改革的意见》（中编发［1999］5号）。省委编办接到这个文件后，即向省委领导汇报文件的精神和要求。省委随即召开省委常委会，专题研究省委机构改革事宜。为加强对省委机构改革的领导，会议决定，增补省委常委、省委秘书长黄瑞霖为省机构改革工作小组成员，并从省委办公厅、省委组织部抽调人员充实机构改革工作小组办公室，负责省委机构改革方案的调研、拟制等具体工作。2000年1月27日，省委常委会听取了省委机构改革工作情况的汇报，并对方案进行审议。党中央于3月29日正式批准了福建省委机构改革方案（中委［2000］108号）。3月30日，省委、省政府组织召开了省级党政机构改革动员大会，标志着我省省级党政机构改革进入组织实施阶段。

二、周密考虑，研究制定机构改革配套政策。这次机构改革涉及面广，时间紧、任务重、难度大、要求高、政策性强，触及到机关和广大干部职工的切身利益。为了保证省级党政机构改革顺利实施，省委编办、省机构改革工作小组牵头组织省直有关部门研究制定机构改革配套政策，并反复进行讨论修改。3月30日，省级党政机构改革动员大会之后，《关于福建省级党政机构的实施意见》、《关于制定福建省省级党政机构“三定”规定的通知》、《关于福建省人民政府机关人员定编定岗实施办法》、《关于福建省人民政府机关人员分流安排实施办法》、《关于福建省级机关机构变动部门和单位经费物资房地产等资产处置的意见》、《关于福建省人民政府专业经济管理部门（总公司）改革实施意见》、《关于省政府专业经济管理部门（总公司）机构改革后机关离退休人员管理的意见》、《关于党政机构改革中印章衔牌制作使用的通知》、《关于省政府专业经济管理部门（总公司）机构改革后原所属事业单位调整改革的意见》）、《关于省政府机关分流人员学习和培训工作意见的通知》、《关于福建省级党政机关人员分流有关具体问题的意见》以及《关于在政府机构改革中严肃纪律的通知》等12个配套文件陆续定稿并下发执行，做到统一思想、统一步调、统一行动。

三、抓住转变职能这个关键，认真组织开展“三定”工作。定职能、定机构、定编制和领导职数，是机构改革的中心内容，也是落实机构改革方案、巩固机构改革成果的主要环节。为此，省委、省政府各工作机构按照省委办公厅、省政府办公厅《关于制定福建省省级党政机构“三定”规定的通知》要求，在省委编办的组织协调下，认真开展“三定”工作。通过“三定”工作，明确各部门的职能和工作关系，精简内设机构和人员编制，完善工作制度，转变工作作风，提高工作效率。省委、省政府共有63个单位（含老区办、农办等机构）列入这次“三定”范围，各单位提出的“三定”方案经征求省直有关部门意见后，由省委机构编制委员会会议审议，最后报省委常委会审定。经过3个月的努力，2000年9月，各工作机构的“三定”规定（方案）就已全部下达各单位执行。

四、督促落实，切实推进“三定”规定（方案）的组织实施。“三定”规定（方案）下达以后，省委编办按照省委、省政府的要求，积极督促各单位尽快完成“三定”规定（方案）的组织实施工作。为此，省委办公厅、省政府办公厅下发了关于抓紧组织实施“三定”规定（方案）的通知，明确各单位要在10月以后按照新的职能、新的处室和新的机制运转，既要求保证时间进度，又要求不走样，确保改革质量，并坚持跟踪落实到位。

总之，这次省级党政机构改革，各单位按照党中央、国务院关于机构改革的指导思想和目标要求，党委部门主要是理顺职能关系，政府部门重在转变职能，主要有以下几个显著的特点：一是在政企政事分开方面取得突破。对不再保留的省机械厅、石化厅、国防工办、贸易厅等单位，进行职能划转，行政职能并入省经贸委；对省轻纺工业总公司、煤炭工业总公司、冶金工业总公司、物资（集团）总公司、建材工业总公司、二轻工业总公司进行改组，其行政职能并入省经贸委，在此基础上，组建了十大集团公司或控股公司。其他部门需要划转、下放、加强的职能，也都作了明确具体的规定。初步统计，在这次省级党政机构改革中，划转的职能326项，下放的职能112项，加强的职能76项，取消的职能42项。二是在理顺职能关系方面取得显著成效。按照权责一致的原则，调整各部门的职能配置，相同或相近的职能交由一个部门承担，过去长期没有解决的一些职能交叉、权责不清、多头管理、政出多门的问题，得到有效解决。三是内设机构和人员编制精简幅度较大。按照精简、统一、效能的原则，各部门的内设机构和人员编制有了较大幅度调整和精简，经过“三定”，省委工作机构行政编制比原来精简近20%；省政府工作机构按照省委、省政府批复的“三定”规定，行政编制比原来精简近50.1%，基本上达到预期目的。通过“三定”，为建立办事高效、运转协调、行为规范的科学的行政管理体系打下了良好基础。

【国有企业3年改革与脱困】 2000年是实施“九五”计划和实现党的十五大提出的国有企业3年改革与脱困目标的最后一年，全省各项预期目标已基本实现。截止2000年底，全省27户国有及国有控股大中型骨干企业有24户初步建立了现代企业制度；列入国家6599户重点脱困对象的69户企业有52户已基本脱困；列入省内考核的251户国有及国有控股大中型企业，有199户基本脱困。具体表现在：1. 明确国有资产投资主体，建立法人治理结构。24家初步建制的重点骨干企业按《公司法》和有关法律、法规的规定，通过国有资产管理部门授权、行政性公司转为投资主体、成立国有独资公司等形式，实现了“明晰产权，政企分开”，其中国有独资公司3户，母体直接改为多元股东公司16户，母体50%以上主营业务资产改制为多元股东公司5户。改制成多元投资主体的股份有限公司或有限责任公司的有21户；实行董事会领导下的总经理责任制的有22户；董事长不兼任总经理及监事会中有不在公司内任职的外部监事有20户；同时，已脱困的52户企业有10户企业通过规范改制摆脱了困境。2. 分离企业办社会职能、减轻企业负担。自1997年我省在全国率先出台《关于分离国有企业办学校、医院职能的通知》、《分离国有企业办社会职能的意见》等政策措施以来，至2000年底，我省累计有28万国有企业职工与企业解除原有的劳动关系，有16万下岗职工进入再就业服务中心，国有及国有控股工业企业职工人数44.85万人，比1997年减少21万多人。其中，初步建制的重点骨干企业分离办社会职能共30所，分流富余人员近1万人。3. 实施兼并破产债转股，推动国有经济布局调整和国有企业战略性重组。1997～2000年全省共实施49个兼并项目和31个破产项目，减亏9亿多元，2.14万名职工得到妥善安置，39亿元的存量资产得以盘活。共核销银行呆坏帐准备金27亿多元。全省国有工业企业资产负债率从1997年底的61%下降到2000年的54%。初步建制的重点骨干企业控股的上市公司达13户，从一级市场共募集51.6亿元资金。同时、我省推荐了7户国有大中型企业实施债转股、涉及债转股额度20亿元。4. 搞好总量控制，加快劣势企业退出市场步伐。3年来，围绕关闭“五小”企业、压缩、淘汰落后生产能力。纺织行业共压锭9.3万锭；关闭或淘汰生产线的小轧钢企业24家，能力35.3万吨，小电炉企业3家，容量8.5万吨；小水泥企业137家，淘汰水泥生产线23条、压缩生产能力386万吨；碳铵生产企业13家、磷肥生产企业5家，共压缩碳铵生产能力80万吨、磷肥15万吨；小煤炭矿井103个，压缩生产能力209万吨；小制糖企业20家，压缩制糖生产能力25.56万吨。5. 加大技术改造力度、增强企业发展后劲。这几年，通过抓“五新”工作，提高国有大中型企业的自主创新能力和竞争力。1998～2000年，全省共完成技术改造投资517.18亿元，累计完成投资项目数3590多项，国家和省级共贴息3.7亿元左右。6. 加强企业内部管理，提高企业管理水平。重点骨干企业通过完善管理责任制、加强经营决策科学化、民主化，开展学邯钢，实行大宗原辅材料招标采购、推行职工“五小”等活动、使企业内部管理水平得到普遍提高。

【政府行政审批制度改革】 根据省委、省政府《关于开展机关效能建设工作的决定》精神，省里专门成立了省级审批审核制度改革工作小组，各部门也相应成立了专门工作班子。在认真调查研究、吸收并借鉴省外先进经验的基础上，省机关效能建设领导小组印发和批转了《福建省改革政府审批审核制度和清理地方性法规、规章、规范性文件的工作方案》、《福建省省级政府部门审批审核制度改革实施意见》、《关于政府审批审核制度改革有关自查清理工作要求的通知》等3个文件，明确了审批制度改革的原则，主要内容和实施步骤，以及部门开展自查清理工作的范围和内容界定、指标与统计口径、表格填写要求和审批、审核、核准、备案事项概念解释等等。各部门据此展开了自查清理工作。43个省级政府部门都上报了自查清理材料，共有审批、核准等事项1981项，经过对上报事项的清理、整理和归并，确定审批等事项为1514项，其中保留事项1015项（保留审批433项，审核329项，核准194项，备案59项），下放48项，转移6项，取消事项445项（其中：第一批公布取消项目81项，第二批公布取消项目141项，第三批公布取消项目223项），公布取消事项占总事项的29.5%。

【股份制改革和企业上市】 企业改制工作稳步推进，全年有32家企业进行了股份有限公司改制，全省累计股份有限公司总数达到202家，2000年企业改制最显著的特点是在科技含量上有新的提高，新改制企业中高新技术企业占1/3以上；公开发行股票和配股工作取得较大进展，闽东电力、新大陆电脑、龙净环保公开发行股票，募集资金21亿元，中国武夷、福州大通和福建三农等7家上市公司实现配股，募集资金16亿元，截至年底，全省上市公司总数累计已达41家，通过公开发行股票和配股累计筹集资金156亿元，有力地支持了福建的经济建设；拟上市企业的申报工作进展较快，1997年国家下达给我省的上市企业指标有7家（可延续使用），加上这几年争取的高新技术指标和基础设施指标，目前尚有名流路桥在中国证监会审核。拟上市公司普遍加大了工作力度，名流路桥也正抓紧进行材料申报工作，宏智科技改制1年期限已满，该公司正在积极解决工会持股等遗留问题，为正式申请上市创造条件；上市后备力量进一步增强，惠泉啤酒、龙溪轴承和厦门钨业等一批规模大、效益好的大型骨干企业进入了辅导期，创识科技、顶点软件和梅生公司等一批高科技企业已完成创业板的申报准备工作。此外，加大了股份制改革的上市政策宣传以及证券知识的普及力度，在全省各设区市分别进行相关培训和研讨，受训人员逾千名，参与企业400多家，确定了一批上市重点跟踪指导企业，为上市后备力量的培育，奠定了坚实的基础。

【医药卫生体制改革和医疗保险制度改革】 积极贯彻落实全国城镇职工医疗保险制度和医药卫生体制改革工作会议精神，按照国务院《关于城镇医药卫生体制改革指导意见》的总体要求，扎实推进全省城镇医药卫生体制改革。二是加强城镇医药卫生体制改革的组织领导，省政府成立了医药卫生体制改革领导小组及其办公室；二是组织制定并出台《福建省人民政府关于城镇医药卫生体制改革实施意见》，对实行医疗机构分类管理，医药分开核算、分别管理，医疗服务和药品价格管理，药品生产、流通体制以及财政补助的范围和方式等方面，提出了具体的改革意见；三是召开全省医药卫生体制改革工作会议，省政府领导对全省医药卫生体制改革进行了全面部署，要求力争通过

二、三年的努力，初步建立适应社会主义市场经济要求的城镇医药卫生体制与服务体系。省级和地市医改全面启动，全省所有统筹单位实施方案全部出台，医疗保险经办机构全部组建落实到位。同时，加紧出台基本医疗保险的有关配套政策，在原有15个配套文件的基础上，又下发《福建省公务员医疗补助暂行办法》、《福建省城镇职工基本医疗保险诊疗项目管理暂行办法》、《基本医疗保险支付部分费用的诊疗项目目录》等4个配套文件，为各地实施基本医疗保险制度提供了一个较为完善的政策体系。

【城镇住房制度改革】 全省城镇住房制度改革加大力度并取得突破性进展，旧的住房体制基本打破，新的住房体制正在建立，基本完成了城镇住房制度改革的近期任务和目标，为加快全省住房建设、促进个人消费、拉动经济增长和改善居民居住条件做出应有的贡献。

住房分配制度改革。全省住房分配货币化开始启动，全年有18个市县开始发放住房补贴或工龄补贴。截至年底，全省共向5.23万职工发放了住房补贴和工龄补贴2.44亿元。

推行住房公积金制度。全省大部分市县均提高了住房公积金缴存比例，部分市县住房公积金缴存比例达到8%；全省共有145万职工建立住房公积金，当年归集住房公积金19.4亿元，累计归集总额达到61.5亿元。

现有公房改革。租金改革和出售公房密切配合，稳步推进。在改革现有公有住房方面，至年底全省公有住房的平均租金已达到每平方米使用面积2.10元，租金平均水平约占双职工家庭平均工资的10%；全年出售公房295.4万平方米，回收售房款8.8亿元，累计出售公有住房3880万平方米，回收售房款105.6亿元。已售公房占可售公房的82%，住房产权格局发生重大变化，基本形成以自有住房产权为主、多种住房产权并存的格局。

住房供应体制改革。3种不同层次的住房供应体系开始建立，高收入家庭购买、租赁市场价商品住房，中低收入家庭购买经济适用住房，最低收入家庭租赁廉租住房。全年经济适用住房建设完成投资21.5亿元，施工面积200万平方米，竣工面积120万平方米。福州和厦门已开始建立廉租住房制度，共建廉租住房430套，提供给最低收入家庭租住。

住房市场体制改革。为进一步加快房改房上市交易，促进房地产市场发展，省房委会下发了《福建省住房制度改革委员会关于加大房改力度促进住房消费的通知》，简化了开放住房二级市场“准开准入”审批程序，改原有房改房上市“准开”审批制为报备制，各地根据实际情况简化房改房上市“准入”的审批程序。截止年底，全省共有32个市县开放了住房二级市场，有8348套房改房上市交易，成交额及抵押额3.5亿元。

住房金融体制改革。全省建立了城市(政府)、单位和职工个人构成的三级住房基金，全年住房资金余额100多亿元，为住房建设、住房制度改革和职工住房消费提供比较稳定的资金来源，住房资金逐步实现良性循环。住房金融体系日趋完善，政策性住房贷款和住房组合贷款得到进一步发展，至年末，住房公积金归集余额49.5亿元，发放住房公积金个人贷款余额13.8亿元，帮助6.7万户职工家庭购买了住房。全省商业性个人住房贷款余额185.54亿元，当年增加额94.10亿元。

(撰稿：江忠欣 黄庆生 陈煊云 刘义斌)

人民生活

【“九五”时期回顾】 “九五”时期福建省城乡居民收入逐年提高，人民生活显著改善，城镇居民人均可支配收入和农民人均纯收入年均实际增长速度均达到计划目标要求。2000年全省城镇居民人均可支配收入达7432元，比1995年增长53.1%，年均实际增长6.5%，居全国的位次由1995年的第10位上升到第6位；农民人均纯收入达到3230元，比1995年增长57.7%，年均实际增长6.5%，5年来一直保持在全国第7位。城乡居民消费结构发生较大变化，消费水平逐步提高，居民居住条件明显改善。2000年全省城镇居民人均消费支出5267元，比1995年增长27.5%，实际年递增4.2%；农民人均消费支出2410元，比1995年增长34.4%，年平均增长6.1%。居民消费逐步从基本生活资料消费型为主转向享受和发展资料消费型为主，消费结构多元化、层次化。城镇居民的恩格尔系数由1995年的61.1%下降到2000年的44.7%，农村居民恩格尔系数由1995年的61%下降到2000年的49%，家用电器、通讯设备、计算机等高科技电子类商品，餐饮、旅游、购物和娱乐等假日消费商品，住行类商品以及教育文化类商品消费逐步升温，成为相对集中的消费热点。2000年全省城镇居民人均居住面积已超过13平方米，住房设施进一步完善，农民居住基本实现砖木结构和混凝土化，农村居民人均住房面积可达28平方米。

【城乡人民生活】 居民消费水平稳步增长，2000年全省实现社会消费品零售总额达1372.79亿元，比上年增长10.2%，考虑价格下降因素，实际增长11.4%。城乡居民收入差距略有扩大，以农民人均纯收入为1，农民人均纯收入与城镇居民人均可支配收入之比由1999年的1：2.22略微扩大为1：2.30。

一、城镇居民收入、消费状况。1.城镇居民收入。据抽样调查，全省城镇居民人均可支配收入7432元，实际比上年增长4.9%，实际增幅较上年低2.3个百分点。城镇居民收入的主要特点：工资收入大幅增长，比重上升。全年城镇居民人均工资4685元，比上年增长9.8%，占实际收入的比重为62.6%，比上年上升0.9个百分点。在收入增加额中，人均工资增加额为418元，占实际收入增加额的73%，尤其是国有职工工资的增加，其增加额达599元。非工资收入增幅低于工资。2000年城镇居民人均非工资收入为2802元，比上年增长5.8%，低于工资增幅4个百分点。这主要是由于2000年实施调资措施，提高了工资收入。城镇居民户高低收入差距进一步拉大。据调查，占调查户数10%的最高收入组居民家庭人

改造后的鹭江道滨海公园。图为清晨在此健身、休闲的厦门市民。(林辉龙 摄)

均可支配收入超 1.5 万元，比上年增长 10.3%，而占调查户数 10%的最低收入组人均可支配收入只有 3208 元，比上年下降 3.4%，最高组与最低组的收入之比由 1999 年的 4.21∶1 上升为 4.8∶1，差距比上年扩大 14.3%。各地区城镇居民收入均有不同幅度增长。据抽样调查，2000 年全省各地市城镇居民可支配收入增长幅度最高的为福州市 11.9%，其次是龙岩市 11.7%，以下依次为莆田市 10.8%、漳州市 8.5%、厦门市 8.4%、三明市 6.7%、南平市 6.7%、泉州市 4.2%、宁德市 2.5%。2. 城镇居民生活消费水平及其消费结构。2000 年城镇居民消费水平稳步提高，恩格尔系数下降到历年最低点，消费的热点在于：购买家用电器、住房装修、交通与通讯、旅游、教育。据抽样调查，全年城镇居民人均消费支出 5639 元，比上年增长 7.1%，考虑价格上涨因素实际增长 3.8%，增幅比去年上升近 1 个百分点。其中，人均食品支出 2518 元，比上年下降 7.1%，恩格尔系数将呈继续下降趋势；服装消费明显增加，人均衣着支出 492 元，比上年增长 14.9%，占消费支出比重 8.7%，比上年上升 0.6 个百分点；家庭设备用品需求强劲，人均该项支出达 485 元，比上年增长 8.6%，占消费支出的比重提高最快；交通与通讯、旅游、文化娱乐消费增多，人均交通通讯、旅游、文化娱乐支出分别为 487 元、91 元和 107 元，比上年分别增长 20.2%、54.3%和 29.8%；人均医疗保健、教育支出分别达 266 元和 325 元，分别增长 65.5%和 17.4%。而消费结构中，家庭设备用品及服务、娱乐教育文化、医疗保健、交通与通讯、衣着、杂项比重比上年分别增加 2.3、1.6、1.6、0.9、0.6 和 0.5 个百分点，食品和居住支出比重分别下降 6.7 和 0.8 个百分点。城镇居民家庭耐用品拥有量和拥有档次进一步提高。据抽样调查，全省城镇居民每百户拥有摩托车 36.6 辆，比上年增长 33.1%；空调 43.6 台，增长 68.3%；彩电 128.1 台，增长 11%；微波炉 27.5 台，增长 2.2%；音响 24.9 台，增长 6.4%。

二、农民收入、消费状况。1. 农民人均纯收入。据抽样调查，全省农民人均纯收入达 3230 元，比上年增长 4.5%，考虑价格下降因素，实际增长 3.8%，增幅比上年低 2.2 个百分点。从收入结构看，家庭经营的农业收入下降，第二产业与第三产业快速增长，工资性与非生产性收入稳步增长，收入来源继续转向非农产业。农民收入的主要特点：(1)农业收入下降。全省人均农民家庭经营的农业纯收入为 1112 元，比上年下降 6.8%。其中种植业人均纯收入为 738 元，下降 15.8%；人均畜牧业纯收入为 188 元，下降 14.4%。(2) 农民家庭经营的第二产业稳步增长。全年农民人均第二产业纯收入 282 元，比上年增长 6.9%。(3) 家庭经营第三产业收入增长较快，全年人均纯收入为 450 元，比上年增长 29.5%。(4) 工资性收入继续保持快速增长，全年人均纯收入首次突破千元大关，为 1069 元，比上年增长 8.9%，占农民人均纯收入的份额达 33%，比上年提高 1.3 个百分点。(5) 非生产性收入比上年增长 3.9%。其收入主要包括在外人口寄回、带回，亲友赠送、救济、救灾等转移性收入与利息、股息、租金等财产性收入。全年人均纯收入达 317 元，比上年增长 3.9%。农民收入水平分布状况：各地市农民人均纯收入稳步增长。在收入增长的地市中增幅第一的是厦门市，农民人均纯收入达 4030 元。比上年同期，增长 9.2%；人均纯收入最高的是泉州市，达 4440 元，比上年同期增长 5.0%。2. 农民消费水平及其消费结构。据抽样调查，全年农民人均生活费支出 2410 元，比上年增长 18.2%，比农民人均纯收入增幅高 4.5 个百分点。居住条件明显改善。年末农民人均使用住房面积 28 平方米，比上年提高了 1.6 平方米，约比城镇居民高 15 平方米。耐用消费品拥有量增多。年末每百户农民家庭拥有摩托车 49.7 辆，比上年增加 13.2 台；拥有洗衣机 35.6 台，增加 4.9 台；拥有电冰箱 19.4 台，增加 4.3 台；拥有电视机 115.1 台，增加 3.8 台；拥有空调 2 台，增加 1.5 台。

（撰稿：刘丹艳）

精神文明建设

【学习宣传“三个代表”重要思想】 在省委领导下，全省把学习邓小平理论引向深入。巩固和扩大“三讲”教育成果，开展了“三讲”教育理论学习征文活动，各级党委中心组学习理论制度得到落实。实施理论武装拓展计划，推动邓小平理论进农村、进企业、进机关、进学校。开展“致富思源、富而思进”教育，有力推动全省干部群众把思想进一步统一到党的十五大精神上来，振奋精神，开拓创新，加快建设有中国特色社会主义步伐。各级党组织把学习“三个代表”重要思想同深入学习邓小平理论有机结合起来，激励广大党员干部带头发展先进生产力，带头建设先进文化，努力为人民群众办实事谋福利。与此同时，从严治党、惩治腐败取得成效，加强勤政廉政建设深得民心。深入基层调查研究，精心指导党员干部深刻领会、准确把握“三个代表”重要思想的精神实质，对全面加强社会主义精神文明建设，产生了积极的社会反响。

【加强思想政治工作】 学习领会《中共中央关于加强和改进思想政治工作的若干意见》和中央思想政治工作会议精神，召开了思想政治工作座谈会和思想政治工作会议，制定了一系列加强和改进思想政治工作的措施，并建立思想政治工作联系会议制度。总结和推广漳州市在党员干部和群众中培育、弘扬“五种精神”的思想政治工作新鲜经验。广泛开展“崇尚科学文明，反对迷信愚昧”大型图片展览、“科技宣传周”活动和专项整治迷信愚昧活动，推进了马克思主义唯物论、无神论和科学知识、科学思想、科学方法、科学精神的教育。以回顾百年沧桑、展望美好未来为主要内容，开展宣传“九五”期间我国经济、政治、文化等各项事业伟大成就的群众性教育活动，进一步增强干部群众建设有中国特色社会主义的信心。把思想道德教育内容融入行业发展规划和业务规范，定期检查落实情况，促进了职工

福建省第七次见义勇为先进分子表彰大会 2000 年 11 月在福州召开。受表彰的有 7 个先进群体和 26 位先进个人。

（赖小兵　摄）

敬业精神、服务意识和文明言行的养成。普遍开展领导干部学习法律知识活动，深化全民普法工作，增强干部群众法制观念，推进了依法治省。全省评选表彰一批劳动模范、先进工作者和见义勇为先进分子，大力宣传他们的感人事迹和高尚品质，使社会主义思想道德在全社会进一步发扬光大。

【文明社区建设】 立足小区、社区，围绕美化居住环境、维护治安秩序、丰富文体生活、普及科学知识、拓展社区服务、密切人际关系等6个方面内容，开展“倡导文明新风、共建美好家园”活动，在繁荣社区文化、提高环境质量、清除黄赌毒等方面取得明显成效。福州市扶持发展社区文化、三明市生动活泼开展文明市民教育、南平市全面整治小街巷环境卫生、宁德地区开展城市文明先锋系列活动等，都产生很好的社会效果。福建省社区文化工作，得到全国政协考察团的充分肯定。厦门市做好外来务工人员的教育、管理、服务的工作经验，在全国创建文明社区工作座谈会上进行了书面交流。全省各地各有关部门继续加大城市环境卫生、交通秩序、农贸市场、建筑工地4项管理力度。创建卫生城市、卫生县城工作实现大的突破。各城市普遍实施“畅通工程”，使交通状况得到进一步改善。福州、厦门、漳州、南平、晋江、永安等6个城市参加全国首批创建活动，并全部通过全国考评验收，厦门市达到道路交通二等（优秀）管理水平，福州、南平、永安、晋江达到道路交通三等（良好）管理水平。各地还把禁毒工作与文明安全社区创建结合起来，全面开展创建“无毒害社区”活动。全省开展加强娱乐服务场所管理暨电子游戏机经营场所专项治理工作，使卖淫嫖娼、赌博、吸贩毒等社会丑恶现象得到有效遏制，营利性陪侍及电子游戏机违法违规经营活动大幅度减少。

【文明村镇建设】 以改善村镇环境、提高农民生活质量、倡导文明健康科学的生活方式为主要内容，推进文明村镇建设。全省着力抓好小城镇和行政主村的创建工作。在小城镇，坚持以创建文明县城活动为龙头，积极引进城市管理机制，加快社会事业基础设施建设，搞好环境整治和绿化美化，各地县城面貌普遍换新。我省创建文明县城、推进农村城镇化进程的做法，得到中宣部、中央文明办的充分肯定。在行政村，坚持以“精品”文明新村作示范，引导科学规划，发展公益事业，清洁卫生，保护环境，开展积极向上的文体活动。全省已创建100个“精品”文明新村，每个县（市、区）至少有1个，成果比较显著，能够较好地发挥辐射作用。积极开展创建文明乡镇企业活动，引导乡镇企业改善管理、守法经营、防治污染、提高素质。继续开展文化科技卫生“三下乡”活动，受到广大农民群众欢迎。扎实推广创评“十星级文明农户”经验，深入开展“六提倡、六反对”活动，克服大操大办、铺张浪费等陈规陋习，坚决遏制封建迷信、非法宗教等活动。积极引导群众文明祭祀，推进殡葬改革，促进了农村的移风易俗。

【文明行业建设】 突出抓好窗口行业和窗口单位的优质服务，“创文明行业、建满意窗口”竞赛掀起新的热潮。全省大力加强机关效能建设，推动党政机关改进工作作风，规范办事程序，提高办事效率，全心全意为人民服务，为树立行业文明新风带了好头。省直机关开展创建文明科室、文明岗位活动，并组织厅处级干部深入福州市台江棚屋区慰问生活困难户，帮助街居组织做好旧城改造中的群众思想工作，受到基层干部和群众好评。外事部门优质服务质量有了新的提高。省卫生厅出台全省医疗服务单位便民利民10项措施，朝优质规范服务方向迈出大的一步。各地结合发展假日经济，把创建文明风景旅游区工作摆到重要位置。武夷山市巩固发展文明风景旅游区建设成果，在全国创建文明风景旅游区工作座谈会上介绍创建工作经验，受到中央各有关部门和全国各地代表的赞赏。鼓浪屿风景区9月初被命名为第三批全国文明风景旅游区示范点。全省各地风景旅游区普遍加大精神文明建设力度，在开发资源、配套设施、优化环境的同时，建立健全规章制度，加强工作队伍思想道德教育和业务培训，服务质量和管理水平有明显提高。全省创建文明风景旅游区工作电视电话会议命名了8个省级文明风景区示范点，推动这项创建再上新台阶。各地创建“无假货一条街”、“三优街”、“放心店”以及110社会服务联动工作都健康、有序地向前发展。

【基层创建和共建】 按照新颁布的《福建省文明单位建设管理办法》，深入开展创建文明单位活动，形成你追我赶、争先创优的氛围。结合建立现代企业制度和大力发展教育，把创建文明企业、文明学校作为基层创建的重点。以军民共建为主要形式的各种精神文明共建活动扎实推进。各地和驻闽各部队密切配合，围绕全党工作大局，发挥各自优势，结合创建文明城市、文明村镇、文明行业和文明单位，共抓思想道德建设、共办利军利民实事、共育“四有”新人，有力地促进了军地的两个文明建设。召开全省第二届军民共建精神文明先进单位命名表彰大会暨经验交流会，命名表彰100对军民共建社会主义精神文明先进单位，总结交流共建活动经验，研究部署新时期军民共建工作，努力开创新的局面。城乡共建、工农共建、区域共建、厂街共建等其他多种形式的共建活动继续开展，积极探索新的活动形式。省直各单位与福州市共建文明省会城市，联合开展“美在小区”、“保护内河”、“文明交通行为”等活动，取得成效。

【文化建设】 文艺精品创作有新的突破。话剧《沧海争流》、梨园戏《皂隶与女贼》、歌剧《素馨花》、木偶戏《少年岳飞》、木偶剧《五里长虹》等在全国获奖。举办第六届中国泉州国际南音大会唱、全省文艺家“新千年八闽采风”、全省第三届百花文艺奖以及第五届戏剧“水仙花杯”评奖、第九届福建音乐舞蹈节、《福建当代书画展》等活动，推出一批文艺“精品”。社区文化、企业文化、村镇文化、机关文化、校园文化、家庭文化、旅游文化以及城市广场文化健康发展。

【健全工作机制】 认真执行《福建省各级领导班子精神文明建设工作目标、工作机制及其考评试行原则》，进一步健全党政一把手负总责、领导班子成员齐抓共管责任制，逐步形成了一级抓一级、层层抓落实的局面。围绕省委对精神文明建设的总体要求和工作部署，各成员单位各司其职，协调运作，较好地发挥了整体效应。省委办公厅、省政府办公厅、省委组织部、省人事厅、省总工会认真做好党内评先、公务员评先和劳模评选工作中对地方和单位党政主要领导精神文明建设政绩方面的审核把关，对全省精神文明建设的顺利推进，产生积极的影响。省里组织考评团，对省级文明单位、文明村镇、文明学校、文明安全小区、精神文明建设先进工作者和窗口行业满意服务先进单位、先进个人名单，认真进行了审核，推动了评比工作的开展。召开了全省精神文明建设工作会议暨先进命名表彰大会，命名表彰了1998～1999年度精神文明创建工作先进基层单位1713个和392名先进个人，群众性精神文明创建活动掀起了新的高潮。

【存在的困难和问题】 仍有一些地方和单位的领导对精神文明建设未能真正高度重视，“一手硬一手软”问题依然存在；一些领域道德失范，存在“假、冒、伪、劣”现象；行业不正之风尚未根治，少数党政干部、执法人员以权谋私、贪污受贿，其腐败行为严重损害党和政府形象；一些地方封建迷信活动仍比较突出，社会治安形势还比较严峻，黄赌毒等丑恶现象有抬头之势；人口流动量越来越大，社会管理面临不少新的难题；文化建设的某些方面仍不适应社会发展需要；农村文明程度还比较低；对加强国有企业改革中的精神文明建设还缺少新的办法；新经济组织，尤其是非公有制经济组织，精神文明建设还比较薄弱；精神文明建设的法规制度还不健全。 （撰稿：闵文明）

编审：章文恕　　责校：章卓如

党政机关和人民团体

中共福建省委员会

【中共福建省委】 2000年是世纪交替的重要一年，是全面完成“九五”、规划“十五”的关键之年。根据中央精神，结合福建实际，2000年省委工作的总体要求是：以邓小平理论和党的十五大精神为指导，深入学习贯彻江泽民总书记“三个代表”重要思想，积极落实党中央、国务院的各项重大决策部署，扎实推进我省新一轮创业，加快建设海峡西岸繁荣带。继续实行中央关于推动改革开放和经济发展的一系列政策措施，突出抓好国有企业改革和发展、经济结构调整、科技进步、扩大内需和提高对外开放水平等工作，保持国民经济持续快速健康发展。加快农村扶贫开发和小康建设，完善社会保障体系，改善人民生活。大力发展闽台合作交流，为祖国和平统一大业多作贡献。加强党的建设，精神文明建设和社会主义民主法制建设，正确处理改革、发展、稳定关系，促进社会全面进步，以新的业绩迎接新世纪的到来。

省委提出：做好今年工作，必须按照中央“认清形势，明确任务；抓住机遇，开拓进取；坚定信心，团结奋斗”的要求，做到同心同德再创新业绩，开拓奋进迈向新世纪。首要是把思想统一到中央关于国际国内形势的分析判断以及由此确定的方针政策和任务上来，做到同以江泽民同志为核心的党中央保持高度一致，自觉维护中央权威，坚决贯彻中央方针政策，认真落实中央重大决策部署。进一步增进团结，最大限度地调动各方面的积极性，形成心齐气顺、同心创业的良好氛围，维护和发展团结协作、融洽协调的良好局面。关键是把党和人民的事业摆在第一位，以高度的历史责任感和强烈的时代紧迫感，埋头苦干，加倍努力，奋不顾身地工作。从福建综合改革实验区实际出发，进一步解放思想，实事求是，坚持“三个有利于”的标准，积极探索，大胆实践，依靠深化改革和促进发展解决经济社会生活中存在的深层次矛盾和问题，不断增创新的优势，开创新局面。根本是紧紧扭住经济建设中心不动摇，牢固树立“发展才是硬道理”的思想，遵循科学的发展观，坚持科教兴省和可持续发展战略，依靠改革开放、科学技术和我们的政治优势，把经济建设搞上去。同时要始终坚持两手抓、两手硬。大力推进新的伟大工程，切实加强宣传思想工作和精神文明建设，全面实施依法治省，确保社会政治安定稳定，坚定不移地朝着跨世纪发展的宏伟目标迈进。

一、大力推进经济体制和经济增长方式的根本转变，实现国民经济持续快速健康发展。着力扩大内需。继续认真执行国家积极的财政政策，以基础设施建设和企业技术改造为重点，加大固定资产投资力度，狠抓工程建设质量。充分发挥政府投资的带动作用，引导和鼓励社会各方面增加投资。大力开拓城乡消费市场。引导和改善居民的心理预期和消费观念，继续整顿市场秩序。抓住国家实施西部大开发战略的机遇，千方百计开拓国内市场特别是中西部市场。完善财税改革，严肃财经纪律，反对铺张浪费，保证财政收支平衡。坚决执行中央金融工作方针，继续深化金融改革，大力支持经济增长。发挥地方银行机构和非银行金融机构的作用，加强监管，努力防范和化解金融风险。调整优化经济结构，坚持调优、调高、调大、调外，进一步推动我省经济结构调整方案的实施。加速产业结构调整，加强第一产业，提高第二产业，发展第三产业，培育新经济增长点，增强产业竞争力。推进区域经济结构调整，鼓励沿海地区推进产业升级，内地山区实现跨越式发展，进一步加强山海协作，发展特色经济和优势产业。加强福建与三峡库区、西藏、宁夏的对口扶持与协作，搞好选派干部支援新疆工作。实施城乡经济结构调整，把发展小城镇作为一个大战略，合理布局，科学规划，规模适度，注意实效，大力推进城市化进程。搞好所有制结构调整，充分发挥国有经济的主导作用，大力发展非公有制经济，实现国民经济量的扩张和质的提高。加强农业和农村经济发展新阶段的工作，坚持农业和农村工作主线不动摇，把农业和农村经济结构战略性调整作为农村工作的中心任务来抓，进一步稳定和加强农业基础地位。继续抓好粮食生产，加快品种改良和种植结构调整。坚持和完善粮食流通体制改革，搞活农产品流通。围绕增加农民收入，面向市场需求，坚持科技兴农，发展高产优质高效农业，推进农业产业化步伐。提高农业的质量和效益，加强以水利为重点的农业基础设施建设，以植树种草为重点的农业生态环境建设，改善农业和农村生产生活条件，提高农业综合生产能力。加速乡镇企业的产业升级、结构调整和机制创新，加快农村小城镇建设。切实减轻农民负担，积极稳妥地推进农村税费改革。不断改善人民生活，逐步提高城乡居民特别是中低收入者的实际收入，调节和规范收入分配。广开就业门路，关心群众生活。在农村，加快脱贫致富奔小康进程，推进社会主义新农村建设。抓好扶贫开发工作，加大对老区、少数民族地区扶持力度，基本解决老区和少数民族地区行政村“五通”问题。在城镇，广开就业门路，大力组织实施下岗再就业工程，确保国有企业下岗职工基本生活费、企业离退休人员基本养老金和城镇最低生活保证金按时足额发放、保障到人。在提高人民群众收入水平的同时，充实精神生活，美化生活环境，提高生活质量。继续办好十五件实事。

二、坚定不移地推进改革开放，不断增创新的优势。认真贯彻落实党的十五届四中全会精神和省委六届十一次全会要求，围绕实现“三个率先”，切实把国有企业改革和发展作为经济体制改革的中心环节和经济工作的重中之重来抓，实现国有企业改革和脱困3年目标。把深化国有企业改革与结构调整有机结合起来，大力推进国有经济布局战略性调整和国有企业战略性改组。加快建立和完善国有资产管理运营体制和企业法人治理结构，抓紧对国有大中型企业实行规范的公司制改革，推动建立现代企业制度。改进和完善对国有大中型企业的稽察和监管方式，加强企业领导班子建设。深化各项配套改革，积极推进社会保障体系建设，不断开辟新的筹资渠道，逐步扩大覆盖面，做到资金来源多渠道、管理服务社会化。依法在城镇推行养老、失业、医疗、社会保险，到年底基本实现城镇各类企业和职工养老、失业保险全覆盖，事业单位也要纳入失业保险范围。加快住房制度改革，积极培育住房二级市场，推动公用住房上市流通。高度重视非公有制经济的制度创新，进一步发挥其积极作用。加快培育统一、开放、竞争、有序的市场体系，建立健全省级经济调节体系。省级机构改革，同步进行党委与政府机构改革，一季度组织实施，上半年基本完成。加强对机构改革的领导，精心组织实施改革方案。做好思想政治工作，确保思想不散，工作不断，秩序不乱，保证业务工作和机构改革两不误。进一步提高对外开放层次和水平，深入研究我国加入世贸组织后对福建省经济建设和社会发展的影响，制定相应的措施，在思想上、人才上、法律法规上和产业政策上做好准备，扬长避短，趋利避害。把外贸、外资、外经和对外承包工程与劳务合作结合起来，宽领域、多层次、纵深化地推进对外开放。深化外贸体制改革，实施以质取胜、市场多元化和科技兴贸战略，优化出口商品结构，扩大福建省出口市场。以落实政令、严格执法、改善服务为重点，进一步营造良好环境。继续做好境外企业的整顿和监管。按照“加强港澳台、巩固东南亚、拓展欧美日”的要求，千方百计扩大利用外资。

三、切实加强宣传思想工作和精神文明建设。围绕学习、宣传、贯彻十五大和十五届四中全会精神，按照江总书记关于宣传思想工作和精神文明建设的重要指示，推进宣传思想工作，以科学的理论武装人，以正确的舆论引导人，以高尚的精神塑造人，以优秀的作品鼓舞人，唱响主旋律，打好主动仗，促进改革开放，维护社会稳定，全面完成《福建省“九五”期间社会主义精神文明建设规划》提出的各项任务。进一步把学习邓小平理论引向深入。坚持把学习邓小平理论和党的十五大精神结合起来，促进理论学习经常化、制度化，把认真学习“三个代表”重要思想摆上突出位置。紧密联系改革和建设中的重大理论和实践问题，增强学习的针对性和实际效果。重点抓好县以上党委（党组）理论学习中心组的学习，推进理论武装向基层延伸。认真做好邓小平理论的研究和宣传工作。加强和改进新形势下党的思想政治工作，切实把它作为党的工作的一件大事和宣传思想工作的重中之重来抓。认真落实《中共中央关于加强和改进思想政治工作的若干意见》和省委的《实施意见》，深入研究人们思想活动的新情况、新特点，方针原则，积极探索新形势下做好思想政治工作的规律和办法。围绕树立正确的理想信念，深入开展党的基本理论、基本路线、基本纲领教育，爱国主义、集体主义、社会主义和艰苦创业精神教育，马克思主义唯物论、无神论和科学精神的教育，形势政策、民主法制和维护社会稳定教育，加强对青少年的思想政治教育，抓好社区思想政治工作和对下岗职工、老龄人群的教育引导，继续做好“法轮功”练习者的教育转化，把思想政治工作落实到基层。深化精神文明创建活动。以建设文明安全小区为重点，突出抓好社区思想政治工作和社区服务，提高市民素质和城市文明程度，创建文明城市；以抓好小城镇和村为重点，推进宽裕型小康和文明新村建设，创建文明村镇；以抓好服务窗口建设为重点，营造“满意服务、情暖八闽”氛围，创建文明行业。在机关、企业、学校、街道、医院等基层单位，广泛开展创建文明单位和军民共建、警民共建活动，夯实群众性精神文明创建活动的基础。注意发现、总结、宣传和推广先进典型。提高舆论引导水平。坚持党性原则，坚持团结、稳定、鼓劲和正面宣传为主，牢牢把握正确的舆论导向。继续做好促进改革、发展、稳定和迎接新世纪等宣传报道，加强典型宣传、热点引导和舆论监督工作。做好报刊等新闻媒体的整顿工作，进一步发挥党报、党刊、省级广播、电视和重要出版单位在舆论宣传中的主导作用。加快海峡西岸繁荣带文化建设。坚持“二为”方向和“双百”方针，认真组织实施“五个一工程”，加快建设“海峡西岸文化走廊”。为纪念建党80周年，及早抓好文艺创作，多出精品力作。进一步繁荣哲学和社会科学。加强社区文化、企业文化、村镇文化、机关文化、校园文化、家庭文化及旅游文化建设，丰富和活跃群众文化生活。深化宣传文化领域改革，切实加强宣传文化事业管理，深入持久地开展“扫黄打非”斗争。深入开展爱国卫生活动，新建一批省级或国家卫生城市。广泛开展全民健身活动，提高竞技体育水平。进一步开展文化、科技、卫生“三下乡”活动，逐步制度化、经常化。

四、进一步实施科教兴省战略和可持续发展战略，增强经济社会发展的活力和后劲。坚持把实施科教兴省和可持续发展战略放在经济社会发展的关键地位，认真落实中央关于科教兴国战略新部署和省委六届十次全会精神，努力取得大的进展。推进技术创新。促进科技成果产业化，着力用现代技术改造传统产业，推进产业技术创新和产品升级。把发展高新技术产业作为新的重要的经济增长点，努力占领科技制高点。抓住信息科技产业发展的有利时机，促进国民经济信息化。实行产学研结合，加快创新体系建设。鼓励广大科技人员从事技术创新和科研成果产业化，进入经济建设主战场。加强对一些高技术和基础研究领域的科研攻关，继续推广先进适用技术，重视农村和社会发展领域的科技进步。加快各种形式的民营科技企业发展，拓展国际科技交流与合作。加大人才工作的力度，搞好引智工作，培养和引进急需人才。普及科学知识，鼓励发明创造。全面实施素质教育。把素质教育贯穿于各级各类教育之中，以加强德育教育、培养创新精神和实践能力为重点，促进学生全面发展。巩固“两基”验收成果，提高“两基”质量。抓紧教育结构调整，扩大高中阶段教育和高等教育规模，大力发展高等职业教育和远程教育。拓宽教育消费领域，积极发展教育产业。深化教育体制改革，建立多元化投入机制，增加教育投入，鼓励和支持社会力量办学。优化教师资源配置，全面提高师资队伍素质。认真贯彻三大基本国策。着眼于跨世纪可持续发展，正确处理经济社会发展与人口、资源、环境的关系。毫不放松抓好计划生育，巩固“三为主”成果，推进工作思路和工作方法两个转变。坚持经济效益、社会效益和环境效益的统一，合理开发和保护资源，依法加强土地管理。下大气力治理环境污染，改善生态环境。

五、全方位推进闽台合作，促进祖国和平统一大业。把对台工作摆在全局的突出位置，认真贯彻“和平统一、一国两制”的基本方针和江泽民主席发展两岸关系，推进祖国和平统一进程的八项主张，发扬优势，突出重点，加大对台工作力度。加快海峡西岸繁荣带建设，增强对台吸引力。以厦门特区为龙头，以闽东南为依托，以沿海高速公路和向内地延伸的交通干线为轴线，加快沿海、沿线、沿江开发，山海联动，整体推进闽台经济合作。进一步完善福州马尾、厦门海沧、杏林、集美台商投资区的功能，办好福州、漳州两岸海峡农业合作实验区，为台资企业发展排忧解难。认真分析闽台经贸合作面临的新形势，拓宽台商投资领域，引导台资投向我省产业政策鼓励的领域。拓展对台贸易，规范对台劳务输出。认真贯彻《台湾同胞投资保护法实施细则》，搞好涉台法规建设，为台商在闽投资贸易创造良好环境。进一步加强口岸建设，搞好两岸定点直航试点，推动直接“三通”。加强闽台科技、教育、文化等领域的双向交流，做好台湾人民工作。密切气象、地震、地质等部门与台湾有关团体和部门的联系，加强防御自然灾害的合作，共同开展农业、水产、林业、环保和海洋资源开发等方面的研究，不断拓展闽台学术交流。扩大对台招生，争取在闽就读台生人数有较大增加。开展闽台民间文化艺术交流。加强和改善对台宣传。加大反对“两国论”和“台独”的斗争力度，加强海防管理。

六、坚持依法治省，维护社会安定稳定。加强社会主义民主法制建设。认真贯彻依法治国基本方略，按照省委六届八次全会精神，坚持不懈地推进依法治省。进一步坚持和完善人民代表大会制度，保证各级人大及其常委会依法履行职能。加强地方立法工作，提高立法质量；把依法监督工作放在与立法工作同等重要的位置，搞好执法检查和专项监督，督促和支持依法行政、公正司法；深入开展普法教育，增强全民法律意识。坚持和完善共产党领导的多党合作和政治协商制度，充分发挥人民政协在社会主义民主政治建设中的重要作用。认真贯彻落实省委《关于进一步加强人民政协工作若干问题的决定》，扎实推进政治协商、民主监督、参政议政的规范化、制度化。加强党同各民主党派、工商联的民主协商、合作共事，巩固和发展广泛的爱国统一战线。切实加快民族地区经济发展和社会进步，重视培养高素质的少数民族干部。认真执行党的宗教政策，依法加强对宗教事务的管理，引导宗教与社会主义社会相适应。进一步加强同海外华侨、华人的联系，把我省侨的优势发挥好。加强基层民主建设。在党的领导下，继续推进以民主选举、民主决策、民主管理、民主监督为主要内容的村民自治，完善乡镇政务公开制度。全心全意依靠工人阶级，坚持和完善以职工代表大会为基本形式的企业民主管理制度。把维护社会稳定作为一项大事来抓。严密防范和严厉打击敌对势力的渗透、破坏、窃密活动。深入开展同“法轮功”邪教组织的斗争。加强对民间社团组织的整顿和依法管理，规范社团行为。做好来信来访工作，深入开展社会矛盾纠纷的排查调处活动，正确处理新形势下的人民内部矛盾。坚持“严打”方针不动摇，推进基层安全创建活动，预防和减少青少年违法犯罪，做好流动人口管理工作，全面落实社会治安综合治理责任制。着眼于加快国有企业改革和发展，严厉打击各种经济犯罪活动，整顿企业周边秩序，提供有力的司法保障和法律服务。大力加强爱国组织建设，抵制境外宗教势力的渗透活动。进一步加大打击走私工作力度，严防猛打，保持高压态势，集中力量抓好大要案的查处。旗帜鲜明地打击偷私渡行为，抓好重点地区的整治，严厉惩处偷私渡组织者和运送者，坚决遏制偷私渡现象。以打击假烟为重点，进一步健全和落实打假责任制度，维护正当、公平的市场竞争秩序。认真抓好安全生产。抓紧农村合作基金会的清理整顿，确保年内完成。进一步落实中发［1997］6号文件精神和省委实施《意见》，以公正执法为重点，不断深化“双争”活动，全面加强政法队伍建设。

七、大力加强和改进党的建设，全面提高党的凝聚力和战斗力。认真学习贯彻“三个代表”重要思想，精心组织开展形式多样的学习讨论、专题宣讲和调研活动，努力推动“三个代表”重要思想深入基层，深入人心。以改革的精神进一步解决新形势下党的建设面临的突出问题，不断提高领导水平和执政水平。把开展“三讲”教育作为党建工作的重中之重来抓，高标准、严要求，坚持不懈、善始善终地抓紧抓好“三讲”教育。省级领导班子和领导干部“三讲”教育再次进行回头看。省委常委会紧密联系近几年发生的几起大要案，深刻反思，提出深入整改措施。落实地厅级领导班子和领导干部“三讲”教育回头看和整改措施，围绕改革、发展、稳定大局，解决好群众关心、反映强烈的问题，特别是增创改革发展新优势、建设高素质干部队伍和转变工作作风等重大问题，巩固和发展“三讲”教育的成果。全面开展县（市、区）领导班子和领导干部的“三讲”教育，明确第一责任人的责任，选派得力的巡视组，坚持标准，保证质量。全省“三讲”集中教育告一段落后，认真总结“三讲”教育的基本经验和成功做法，把它运用到经常性党的建设和干部队伍建设中去，狠抓从严治党，推动“三讲”教育经常化、制度化。进一步加强领导班子建设和干部队伍建设。认真落实省委六届八次全会精神，加快高素质干部队伍建设。抓住根本，把深入学习邓小平理论作为加强领导班子思想政治建设、提高领导干部素质的措施落到实处。坚持《中国共产党地方委员会工作条例（试行）》，认真执行民主集中制原则。健全领导班子民主生活会制度，提高解决自身矛盾的能力。严格执行《党政领导干部选拔任用工作暂行条例》，在省委组织部建立干部监督工作巡视员制度。加强对领导干部的管理和监督，定期分析领导班子状况，坚持上级党组织同领导干部谈话、提醒、打招呼等制度。调整优化各级领导班子，完善结构，增强整体功能。加大选拔优秀年轻干部工作力度，重视女干部、非中共党员干部和少数民族干部的培养选拔，加强专业人才队伍建设，抓紧做好后备干部的考察和补充工作。深化干部制度改革，推行公开选拔领导干部、竞争上岗和任前公示制，试行领导职务任期制、聘任制、试用制，加大干部交流力度，加强干部的宏观管理，坚决防止和纠正用人上的不正之风。进一步抓好作风建设。切实转变作风，改进工作方法。深入基层，深入群众，关心群众生活，密切党群干群关系。反对主观主义、官僚主义、形式主义。从制度和机制上着手，反对和制止任何形式的弄虚作假行为。厉行节约，反对铺张浪费。大力弘扬“64字”创业精神，以良好的精神状态和旺盛的革命斗志抓好工作。扎实抓好党的基层组织建设。按照《中国共产党农村基层组织工作条例》，坚持乡镇党委“六个好”和村党支部“五个好”的目标要求，以乡镇班子和村级组织换届选举为契机，切实加强乡镇领导班子建设，抓好以党支部为核心的村级组织建设。提高农村基层干部的整体素质，切实改进思想作风。进一步加强和改进国有企业党的建设，加强对重要骨干企业领导班子的管理，探索新形势下国有企业党组织发挥政治核心作用的有效途径、制度保证和工作方法，建设高素质经营管理者队伍。加强机关党的建设，促其走在基层党组织建设的前头。加强非公有制经济组织党建工作。提高街道、社区、科研院所、高校党建工作的水平。加强对党员的教育、管理和监督，做好下岗职工党员的教育和管理工作。加强和改进党对工会、共青团、妇联等群众团体的领导，帮助解决实际问题，支持他们更好地依照法律和有关章程独立自主、创造性地开展工作。

八、按照党要管党和从严治党要求，坚持不懈抓好党风廉政建设和反腐败斗争。坚持把从严治党的方针全面贯穿于党的思想、政治、作风、纪律和组织、制度建设的各方面工作，体现在对各级党组织、广大党员和干部进行教育、管理、监督等各个环节。坚持党要管党，建立和健全抓党的建设的责任制，一级管好一级，一级带动一级，一直抓到支部、抓到党员。从严治党，首先治理好领导班子和领导干部，认真贯彻落实江泽民总书记提出的对领导干部一定要严格要求、严格教育，对领导干部的选拔任用一定要严格把关，对领导干部一定要严格监督，对领导干部发生的违纪违法行为一定要严肃查处。进一步贯彻中央《关于实行党风廉政建设责任制的规定》，建立省委常委会党风廉政建设分析会制度。继续按照反腐败3项工作格局，以改革创新的精神，坚持标本兼治，加强监督检查，狠抓任务落实。进一步抓好领导干部廉洁自律工作。继续执行《廉政准则》和制止奢侈浪费行为的各项规定，重点抓好领导干部不准利用职权和职务上的影响为配偶、子女谋取非法利益，不准领导干部接受下属单位或地方、部门及企事业单位用公款安排的私人旅游活动，不准用公款为领导干部住宅配备电脑，以及《关于禁止党政领导干部收受“红包”的暂行规定》等规定的落实。加大查办案件工作力度。继续坚决支持中央专案组工作，旗帜鲜明、立场坚定地把查处厦门远华特大走私案进行到底。重点查办党政领导机关、行政执法机关、司法机关、经济管理部门和县处级以上领导干部的违法违纪案件，加大对金融、证券、房地产、土地批租转租、物资采购等领域及司法、干部人事工作中违纪违法案件的查处力度，认真查办走私贩私、骗税骗汇、制假贩假的案件，查办国有企业领导人员违纪违法、国有资产严重流失的案件，以及农村基层干部违纪违法案件，严肃查处违反政治纪律的案件。集中力量突破一批有影响的大案要案，严厉惩处腐败分子。大力纠正部门和行业不正之风。全面开展行政效能建设工作，认真解决群众反映强烈的问题。加大治本力度，全面落实好“收支两条线”规定、积极推行政府采购、会计委派等制度，继续加强有形建筑市场建设工作，发扬社会主义民主，加强群众监督，落实政务、村务、厂务、校务公开。在干部人事工作中坚持完善民主推荐和民主评议制度。做好党政机关与所办经营性企业脱勾的工作，积极推行县级以下党政领导干部任期经济责任审计制度，从源头上预防和治理腐败。加强国有企业党风廉政建设。

九、深化“双拥共建”活动，密切军政军民团结。认真贯彻党中央、国务院、中央军委的指示精神，根据南京军区的部署，巩固和发展福建省双拥共建的好形势。把搞好军政军民关系列入经济社会发展总体规划，把支持部队建设列入十五件实事的重要内容，主动帮助部队搞好基础设施、训练设施、文化设施和“菜篮子”工程建设，进一步帮助部队改善战备、训练、工作和生活条件。广泛开展创建跨世纪双拥模范城（县）活动，努力提高双拥共建水平。大力开展科技拥军活动，充分发挥军地各自优势，互帮互学，促进科教兴省和科技强军。加强民兵、预备役部队建设，完善国防动员体制。深入贯彻《人民防空法》，增强人防意识，搞好人防工程建设。继续加大优抚安置工作力度，妥善解决军转干部安置、随军家属就业、部队子女上学等实际问题。深入开展国防教育和双拥宣传活动，进一步增强全民国防观念和双拥意识。支持武警部队加强建设，提高处理突发事件的能力。积极配合部队做好对台军事斗争准备，维护和促进祖国和平统一大业。

十、精心规划“十五”，科学确定21世纪初发展蓝图。组织各地各部门以“三个代表”要求为指导，在前一阶段工作的基础上，高标准、高质量地做好“十五”计划。根据我国现代化建设第三步战略目标和部署，深刻理解和领会中央对东部沿海地区和福建工作的要求，使计划充分反映中央精神和福建特点。准确把握国际国内形势，认真总结福建省改革开放20年的经验，学习借鉴兄弟省市的有益经验，深入研究全省发展社会主义市场经济的一系列重大问题，精心谋划跨世纪的发展，提高计划的战略性、指导性和可操作性。进一步发扬民主，集思广益，调动全省方方面面的积极性，凝聚全省力量和智慧，使计划的制定过程成为推进各项事业发展的过程，确保福建省在下世纪初开好局、起好步。

【省委六届十二次全会】 中国共产党福建省第六届委员会第十二次全体会议，于2000年10月23～27日在福州举行。出席这次会议的省委委员43人，省委候补委员6人。党员省级领导，省纪委委员，各地市委书记、专员、市长、纪委书记，各县（市、区）委书记和省有关方面负责人列席会议。

会议由省委常委会主持。陈明义同志代表省委常委会作题为《深入学习贯彻党的十五届五中全会精神，从严治党加快发展再创振兴福建新业绩》的报告；习近平同志代表省委常委会作《中共福建省委关于制定国民经济和社会发展第十个五年计划的建议（草案）的说明》。全会审议并通过了《中共福建省委关于制定国民经济和社会发展第十个五年计划的建议》和《中共福建省委关于从严治党若干问题的决定》。全会认真学习了江总书记“三个代表”重要思想，学习党的十五届五中全会精神，总结过去，放眼未来，认真规划新世纪初的发展，全面部署党的建设工作，进一步认清了形势，提高了思想认识，增强了责任感和紧迫感，对加快发展和从严治党的目标更加明确，思路更加清晰，进一步坚定了再创振兴福建新业绩的决心和信心。

全会号召，全体党员、干部和全省人民更加紧密地团结在以江泽民同志为核心的党中央周围，在省委领导下，高举邓小平理论伟大旗帜，认真贯彻党的十五大和十五届五中全会精神，以更加饱满的精神和务实的作风，同心同德，加倍努力，全面推进福建改革开放和社会主义现代化建设事业，为实现第三步战略目标而努力奋斗。

【全省领导干部会议】 12月12日省委召开领导干部会议，传达中共中央关于调整中共福建省委主要领导同志职务的决定。参加会议的有省委、省人大、省政府、省政协、省军区、驻闽部队、武警部队领导和其他省级领导，省级老同志，省直各部门主要负责同志，各设区市市委书记、市长。中央组织部副部长黄晴宜同志传达中央决定并作重要讲话。陈明义、宋德福同志先后讲话，习近平同志主持。黄晴宜同志首先传达中共中央的决定：宋德福同志任中共福建省委委员、常委、书记；陈明义同志不再担任中共福建省委书记、常委职务，另有任用。黄晴宜同志说，中央对福建的工作历来是十分关心和重视的。这次省委书记的变动，中央是根据工作需要和干部交流的精神，通盘考虑，慎重研究决定的。

黄晴宜同志介绍了陈明义、宋德福同志的情况。陈明义同志政治上坚定，认真贯彻执行党的路线方针政策，自觉同以江泽民同志为核心的党中央保持一致。组织领导能力比较强，工作务实，思路清晰，注意抓重点，抓落实；坚持民主集中制，注意充分发挥省委一班人和省级几大班子的作用；作风民主，谦虚谨慎；事业心强，工作深入；为人正派，团结同志，平易近人；能够廉洁自律，严格要求自己。中央相信明义同志今后一定会在新的岗位上做出新的贡献。宋德福同志政治上坚定，自觉同以江泽民同志为核心的党中央保持一致。注重从政治上观察和处理问题，有较强的政治敏锐性和政治鉴别力。理论功底扎实，政策水平比较高，工作思路清晰；思想解放，开拓进取。担任正部级职务时间较长，有比较丰富的领导工作经验，考虑问题全面；事业心、责任感强，工作勤奋刻苦；作风民主、坚持民主集中制，注意充分发挥班子成员的积极性，重大问题坚持集体讨论决定；公道正派，平易近人，团结同志，关心群众；廉洁自律，要求自己严格。黄晴宜同志说，中央认为，宋德福同志担任福建省委书记是合适的。相信德福同志一定会在中央领导下，团结带领省委一班人，紧紧依靠全省广大干部群众，认真贯彻落实党的十五大和十五届五中全会精神，解放思想，实事求是，锐意改革，开拓进取，在原有工作的基础上，把福建省的各项工作推上一个新台阶。

陈明义、宋德福、习近平同志在讲话中都坚决拥护中央关于调整福建省委主要领导职务的决定。 （撰稿：翁庆华）

【组织工作】 2000年，全省组织工作在省委的正确领导和中组部的有力指导下，坚持新时期党的建设总目标，认真学习、贯彻江总书记“三个代表”重要思想，紧紧围绕全国、全省工作大局开展工作，取得了较好的成绩。

一、深入搞好“三讲”教育，巩固和扩大“三讲”教育成果。抓紧抓好县（市、区）“三讲”教育，全省83个县市区（不含新设立的泉港区），除试点县（区）外，于2月底3月初分两批开展“三讲”集中教育。领导干部的思想政治素质有了明显提高。认真组织省部级、地厅级领导班子“三讲”教育“回头看”活动，对群众反映强烈的热点、难点问题抓紧整改。扎实搞好组织部门和高校的“三讲”教育。对全省“三讲”教育期间，因为工作变动没有参加“三讲”教育的29名厅级领导干部，进行集中教育。通过集中教育，领导干部思想政治素质明显提高。

二、深入学习“三个代表”重要思想，提高工作水平。先后组织召开了全省大中型企业领导人员，部分乡镇党委书记、乡镇长，部分非公有制企业主学习贯彻“三个代表”重要思想和开展“致富思源，富而思进”教育活动座谈会、研讨班。开展“学习江泽民同志‘三个代表’重要思想，推进基层党组织和党员队伍建设”的征文活动。结合组织工作面临的新课题，全面开展贯彻落实“三个代表”重要思想调研活动。

三、搞好省直党政机关机构改革工作，进一步加强领导班子建设。严格按照省委研究确定的原则，调整配备好领导班子。机构改革后，省直机关正职平均年龄比原来降低了2.8岁，副职降低了4岁，学历层次进一步提高。进一步加强各级领导班子民主集中制建设，建立生活会情况分析、报告制度。加强对领导干部的教育培训，建立健全领导干部政治理论学习考试考核办法，逐步建立“述学”、“评学”、“考学”工作制度，加强干部宏观管理。

四、抓紧做好优秀年轻干部培养选拔工作，扎实做好人才队伍建设。加大年轻干部交流力度，结合班子调整，大力选拔优秀年轻干部进班子，将选调生工作纳入培养年轻干部的整体规划。积极做好高层次人才引进和使用工作，牵头组织有关单位分赴重庆、西安、合肥、沈阳等城市招聘高层次人才，并首次组团赴美国引进高层次人才和留学生人才。坚持与国外著名院校和国内重点大学联合办班。

五、贯彻《深化干部人事制度改革纲要》精神，大力推进干部制度改革。在全省范围内实行干部考察预告制，在宁德撤地建市及莆田、三明、南平、泉州、漳州市换届领导班子和领导干部考察工作中试行考察预告。推行干部任前公示制，全省9个设区市、50多个县（市、区）已实行了领导干部任前公示，共公示党政领导干部1600多人。结合机构改革，在党政机关全面推行竞争上岗，省委办公厅、省政府办公厅、省检察院和省物价局等40个省直单位已开展竞争上岗工作。继续做好公开选拔领导干部工作，共组织命题83次，命制试卷355套，开考职位322个。加大干部交流力度，省直党政机关机构改革中，正厅级29人、副厅级67人实行了交流任职，省直之间交流48人，省直与地市之间交流21人，机关与企事业单位之间交流23人。三明、漳州、泉州等市试行了处级干部任免研究“票决制”改革。

六、落实“从严治党”的方针，把干部监督工作放在重要的位置来抓。抓好干部监督工作理论政策的学习宣传，加强制度建设和制度落实。加强对《党政领导干部选拔任用工作暂行条例》执行情况的监督检查，首批聘任5位离退休厅级干部为《条例》监督巡视员；结合机构改革，设立了专线举报电话，受理借机构改革之机突击提拔、调动干部等的举报，对发现的问题和群众举报的违法违纪和选人用人方面的问题，从速从严查处。研究开发新一代《领导干部现实问题信息库》，全面实行领导干部经济责任审计工作。这次机构改革中，省直单位29名离任的厅局主要负责人，全部进行了经济责任审计。

七、以国有企业和农村为重点，切实加强党的基层组织建设和党员队伍建设。建立适应现代企业制度的“双向进入、交叉任职”的党建工作领导机制，依托海峡人才市场建立了企业经营管理者评价推荐中心，研究制定对经营者的考核评价体系；广泛深入地开展“学南纺、创四好”活动。认真指导全省村级组织换届选举工作，加强农村基层干部队伍建设；进一步加强乡镇党委建设，积极配合有关部门搞好创建全省党建工作先进县复查等工作。加大非公有制经济组织党建工作力度，突出抓好销售额达500万元或职工人数达100人以上非公有制企业和非公有制经济组织比较集中的工业小区、科技园区和开发区中的党组织和群团组织组建工作，广泛开展创建“六个好”党组织活动。继续抓好街道社区和高校党建等工作。加强新形势下党员教育管理工作。

八、围绕建设“党的形象窗口”，加强组织部门自身建设。抓好机关机构改革，开展机关效能建设，建立健全一套科学、操作性强的绩效考评和奖罚办法。深化机关精神文明建设活动，推广漳州市委组织部“部长夜谈制度”，继续开展“当公仆、办实事”活动，进一步促进了良好部风的形成。加强对党员干部的监督力度，开展接受赠送和低价购买股票、清理小汽车的自查自纠工作，采取多种形式抓好党员干部8小时以外的监督。（撰稿：刘斌）

【宣传工作】 2000年的福建宣传思想工作以加强和改进思想政治工作为主线，围绕中心，服务大局，把握导向，拓展阵地，继续保持了蓬勃向上、健康发展的工作态势。

一、结合“三个代表”重要思想的学习教育，理论武装工作有新的进展。江总书记关于“三个代表”重要讲话发表后，各地各部门把学习贯彻“三个代表”重要思想作为“三讲”教育“回头看”的重要内容。省委宣传部会同省委三讲办开展“三讲”教育理论学习的征文活动，全省共收到来稿1000多篇，其中包括不少地市和厅局领导带头撰写的文章，评出优秀文章50多篇结集出版。还认真组织广大党员干部学习党的十五届五中全会和省委六届十二次全会精神，把学习同总结“九五”、规划“十五”有机地结合起来。针对全国出现的胡长青、成克杰案件和福建省出现的厦门远华走私案、丁仰宁受贿卖官案和杨锦生故意伤害案等典型案例，在干部理论学习中强调了理想信念和国法党纪教育；结合深入揭批“法轮功”反动本质，加强了马克思主义唯物论、无神论和科学知识、科学思想、科学方法、科学精神的学习宣传；开展“致富思源、富而思进”学习教育活动，通过专题讨论、报告会、座谈会、演讲比赛、征文活动、图片展览、算账对比、现身说法、参观走访以及文艺演出、宣传栏、黑板报、文化广场等各种形式和渠道，引导广大干群富而尚勤、富而思进。理论研究和理论宣传方面，召开全省理论工作座谈会，分析理论武装工作面临的形势和任务，研究部署如何充分发挥科学理论在思想政治工作中的基础性作用，进一步增强马克思主义的说服力和战斗力。围绕“三个代表”要求、思想政治工作、国企改革等方面的内容，组织有关专家学者认真撰写“五个一工程”理论文章；组织开展了首届全省邓小平理论研究基地的优秀成果评奖，共推荐优秀成果114项，经专家评审，共评出一等奖11项、二等奖23项、三等奖28项。

二、突出“重中之重”，形成全省抓思想政治工作的大氛围。各地大众传媒都把加强和改进思想政治工作放到突出位置，营造了浓厚的氛围；文化部门加强了对各类文化市场的管理，强调了社会效益；影视部门对净化银幕、屏幕组织了专门检查。其他行业主管部门，如工商、电力、邮政、地税、农行等都注意把思想道德教育内容融入行业发展规划和业务规范之中，定期检查落实，既提高了行业的服务质量，又提高了职工队伍的思想道德素质。群众性精神文明创建活动突出强调了既注重务实性又提高思想性。一年多来，在全省范围广泛开展的“为下岗职工送温暖”，“共建美好家园”，“畅通工程”，制止乱建坟墓“回潮”，整治“算命街”、“算命角”以及举办“崇尚科学文明、反对迷信愚昧”大型图片展览等活动，既办实事又贯穿了思想教育，既解决现实问题又引导群众提高精神境界。省里还注意及时发现、总结和推广基层在思想政治工作中的各种创新和探索：6月中旬在漳州市召开了带现场会性质的全省思想政治工作座谈会，集中总结推广了该市善于挖掘本地精神资源，树立5个典型、弘扬5种精神的新鲜经验；8月中旬在福州召开了省委思想政治工作会议，传达了中央会议的精神，部署了全省的工作，交流了全省各地选送的9个典型经验，对如何结合各自实际搞好新形势下思想政治工作进行了探讨，并制定了加强和改进思想政治工作的具体措施。9月下旬召开了全省爱国主义教育基地工作会议，对29个省级思想教育基地开展工作的情况进行了交流，对全省市、县（区）级的教育基地作了全面摸底，为今后的完善和更好发挥作用奠定了基础。同时，根据当前的台海形势，积极开展以爱国主义、革命英雄主义为核心的国防观念教育。

三、把好舆论导向，进一步唱响主旋律，打好主动仗。一是加大正面宣传力度。深入宣传中央和全省经济工作会议提出的2000年经济工作的方针和要求，深入宣传了“9·8”投资贸易洽谈会、福州国际招商月和石狮“海峡两岸纺织服装博览会”等重大经济活动；积极稳妥地宣传报道了省级党政机构改革、国企改革和医疗制度改革、社会保障体系改革、粮食流通体制改革、干部人事制度改革的进展；大力宣传了外经贸部门实施“走出去”战略，引进外资和外贸出口取得的成果，宣传加入世贸组织对我经济的重要推动作用。二是继续抓好管理工作。加强对小报小刊、热线直播节目、群众参与节目和综艺娱乐栏目的管理，加强了对各种媒体的阅评和审读审听审看工作，认真落实中宣部关于对违纪违规的报刊社、广播、电视台实行警告制度的有关意见。三是着力提高新闻质量。连续第三年在全省开展新闻出版质量年活动，组织了探讨新形势下如何进行新闻创新的专题研讨会，举办了两期新闻干部研修班，107名各级各类报刊、广电的新闻骨干得到培训提高，省地市新闻单位有3人获第四届全国百佳新闻工作者称号，20人获全省双十佳新闻工作者称号，3件作品获第十届中国新闻奖。四是抓好典型宣传、热点引导和舆论监督3项重点工作。在典型宣传方面，除了全力配合全国性的典型宣传外，集中宣传了本省公正执法的晋江刑警大队、狠抓管理创新实现国企改制的三明钢铁厂和廉洁奉公的安溪监察局长王日新3大典型，引起较好反响。在热点宣传方面，大张旗鼓地开展了关于弘扬奥运精神，关于纪念抗美援朝50周年，关于回顾总结“九五”成就的集中宣传等，唱响了祖国颂、社会主义颂和改革开放颂，营造了中国要发展、民族要团结、社会要稳定、福建要繁荣的良好氛围。

四、坚持重在建设，继续推进文化事业的繁荣和发展。一是加大精品生产力度。召开全省“五个一工程”创作会议，分门别类地组织全省影视创作研讨会以及广播剧、歌曲、长篇小说和戏剧的研讨交流会，认真组织“五个一工程”作品生产、建党80周年献礼作品创作，针对文艺创作中存在的薄弱环节组织文艺工作者开展学习交流和创作采风活动。对34位1992年来为全省“五个一工程”做出突出成绩的同志进行了表彰奖励。在2000年文化部组织的文华奖评奖中，福建省选送的5台剧（节）目全部获奖，获奖数位居全国各省市前列。二是努力抓好具有导向性和示范性的重大文化活动。晋京举办了福建当代书画展，组织开展了第三届全省百花文艺奖评奖和第五届戏剧“水仙花”评奖，积极举办了第九届福建音乐舞蹈节和第六届国际南音大会唱，配合有关部门和地市组织了妈祖旅游文化节、台湾大甲镇澜宫妈祖进香、世界客属第十六届恳亲大会等对台文化交流；“走向新世纪”爱国主义读书教育活动吸引了全省数10万青少年广泛参与，福建省的这一活动受到全国组委会的通报表彰；“三下乡”活动突出了“常下乡”，截至年底，全省各级图书下乡305万册、送科技录像带10万盘、送戏下乡1.8万场、电影3万余场、培训医务人员1.3万名、诊治农民人数1.5万名、办科技培训班1.5万个班次。三是着力加强文化阵地和设施建设。省有关部门在继续抓好《海峡西岸（闽东南区域）文化走廊建设规划》落实的同时，对正在制订中的《福建省山区文化发展规划》进行了进一步的修改和完善。各地还继续推广宁德、莆田创建宣传文化中心（站）的经验，突出介绍了邵武等地发展农村文化中心户的做法，受到了广大农民的欢迎。四是继续抓好“扫黄打非”工作。一年来，围绕查缴“法轮功”类政治性非法出版物、打击盗版和光盘走私活动、整顿出版物市场、完善“扫黄打非”工作体制等4个重点，充分发挥了东南沿海“扫黄打非”联防协作体系的作用，出台了有关举报奖励办法，公布了举报电话和信箱，取得了明显成效。截止到10月底，全省共取缔无证经营单位1200家，处罚违法经营单位800余家，收缴非法出版物100万册（盘），查获非法光盘生产线7条。

五、抓好制度保障，宣传思想工作的管理体制和运行机制进一步规范。一是坚持和完善已有的各项工作制度。包括进一步健全宣传思想工作和精神文明建设的领导体制，进一步完善分解立项、检查督促、信息反馈、规范管理、竞争激励等机制。二是根据新形势新情况进一步做好建章立制工作。如为了确保正确的舆论导向，出台了福建省的报刊和广播电视违纪违规警告制度，同时进一步修订和完善了新闻通气、阅评、协调、调研、激励等制度；为推进思想政治工作的经常化和规范化，已经或正在推动建立各级联系会议制度、定期考核评比制度、建立联系点制度以及党政领导干部理论学习考核制度；还出台了关于省直宣教系统干部队伍宏观管理的有关规定，同时着手进一步推进对文化市场和高新技术传媒进行规范管理的立法进程。例如，起草制定了《关于加强国际互联网络新闻宣传工作的意见》及《福建省贯彻执行〈互联网站从事登载新闻业务管理暂行规定〉的通告》，初步建立起我省网上新闻宣传的管理制度。三是抓好机关内部各项制度的健全和落实工作。2000年，省委宣传部机关强化了机关效能责任制，制定了《机关财务管理规定》，开展了机关部分处级领导职务竞争上岗工作，共有40名符合条件的干部报名竞争新闻出版处处长等7个职务，有效调动了全体干部学习、工作的积极性。

（撰稿：陈用毅）

【统战工作】 2000年，全省统战工作坚持以邓小平理论和江泽民同志“三个代表”的重要思想为指导，围绕中心，服务大局，充分发挥统一战线优势，为改革、发展、稳定和祖国统一做出新的贡献。

一、突出三个重点，为新世纪统战工作打好基础。1.认真筹备和承办全省统战工作会议。2000年初，省委召开常委会专题听取全国统战部长会议精神的汇报，决定在中央召开全国统战工作会议后，召开全省统战工作会议。省委统战部成立了以金能筹部长为组长，各位部务会议成员参加的筹备组及文件起草、宣传、会务3个工作小组。研究制定了全省2000年统战理论政策研究的计划，部领导带领机关同志深入各地市调研，还召开部务会务虚会，研究探讨统战工作新情况、新问题、新思路、新方法。编辑出版《统战调研文稿》28期。加强统战宣传工作，还邀请中央统战部朱维群副部长给省委学习中心组作统战理论讲座。12月20日下午，省委书记宋德福同志主持召开省委常委会议，听取全国统战工作会议和统战部长会议精神及省委统战部工作的汇报。12月28～29日，省委召开全省统战工作会议，省委书记宋德福到会作重要讲话，省人大主任袁启彤、省政协主席游德馨到会指导，省委副书记赵学敏作会议总结讲话，金能筹部长传达了全国统战工作会议和部长会议精神，并作工作报告。会议还讨论了《中共福建省委贯彻〈中共中央关于加强统一战线工作的决定〉的实施意见（征求意见稿）》。会后召开全省统战部长会议，表彰党委统战部先进集体和先进工作者，为“从事党委统战工作20年”的同志颁发荣誉证书；部署2001年统战工作任务。会议期间，在会场外举办了统战工作图片展；出版发行了《邓小平理论指导下的福建统战工作》。2.进一步做好党外干部培养选拔工作。党外厅级干部实职安排取得新的突破。机构改革前省政府工作部门57个，有9个部门安排党外领导干部，省检察院有1位党外副检察长。在这次省级党政机构改革中，政府工作部门减少到41个（成员单位26个，直属机构15个）。政府部门和检察院安排党外领导干部16人，比机构改革前新增加6名；超过1/3的政府工作部门安排党外干部担任领导职务，达到了中央有关文件要求，超过了机构改革前的比例。同时，推动了县区政府党外干部实职安排工作。全省9个设区的市有6个配备了党外副市长；84个县（市、区）安排70位党外副县（市、区）长。

二、贯彻全国党派工作会议精神，民主党派工作取得新进展。5月底，召开了全省民主党派工作会议，向各地市委分管统战工作副书记和统战部长传达了中央统战部有关会议和全国民主党派工作会议精神，提出贯彻意见，部署了民主党派地市组织2001年换届有关工作。6月下旬，在闽清召开省各民主党派、工商联负责人谈心会，省委副书记赵学敏和部领导分别同省各民主党派、工商联负责人谈心，重点就换届人选预案和届中充实完善方案，同各民主党派、工商联负责人沟通思想、交换意见，协商酝酿。通过谈心，统一思想，形成共识。举行省各民主党派、工商联负责人学习“三个代表”重要思想座谈会、学习十五届五中全会精神座谈会，在省委党校举办第二期统一战线和多党合作研究班，组织各民主党派、工商联负责人、新上岗的省直机关党外厅级干部、各地市统战部负责人、部分高校分管书记和统战部长学习邓小平新时期统一战线理论，研讨统战工作新情况、新问题。组织全省40名民主党派骨干，参加中央社会主义学院福建班学习培训。省社会主义学院全年举办各种学习班、培训班、研讨班13期，有460多人参加学习培训。推动省各民主党派举办8个暑期读书班，480多人参加学习培训。协助省委、省政府召开党外人士座谈会、协商会、征求意见会等6场，省领导重要外事活动4次邀请党派负责人参加。还邀请省纪委、省计委、省财政厅等部门，向党派、工商联和党外代表人士通报情况12场次；省委统战部召开省各民主党派负责人“双周座谈会”等15场。针对21世纪的三大任务，着重对2000年省委重点抓的从严治党、“十五”计划编制两件大事，组织民主党派开展考察调研，提出了《省各民主党派关于中共从严治党工作的若干意见和建议》，《省各民主党派关于福建省“十五”计划的若干意见和建议》报省委，许多建议被省委文件吸收。还组织各民主党派、工商联负责人到湖南、安徽等地考察，学习兄弟地区经验。召开省各民主党派政治思想工作经验交流会，推动党派政治思想工作。指导省各民主党派特约工作人员履行职能，加强民主监督工作。在省政协九届三次会议上，省各民主党派及其成员向大会提交490件提案、大会发言80篇；全国“两会”上，共提交提案、议案80多件，大会发言30多篇。

三、引导统一战线广大成员立足岗位，在经济建设主战场作出新成绩。推进党外知识分子工作。进行《在自由择业者和知识密集型社会中介机构专业人士中开展统战工作的政策建议》的专题调研；举办《福建建设海峡西岸繁荣带若干战略问题研究》一书出版发行仪式；开展福州寿山石产业开发专题调研。成功召开“新世纪福建省博士与企业家创业座谈会”，召开全省高校统战工作联席会议，并组织部分高校统战部长赴陕西参观学习。加强非公有制经济代表人士思想工作。在非公有制经济代表人士中开展“双思”活动；委托中央社院举办非公有制经济代表人士培训班。4月份协助组织非公有制经济代表人士到西安举行中西部投资贸易洽谈会，全省近百位非公有制企业代表签订了上亿元的投资贸易意向书和合同；在这个基础上，又组织11名非公有制经济代表人士赴陕西、云南考察，签订了4000万元的投资协议以及一批投资、贸易意向书。积极动员非公有制经济代表人士开展书画扶贫活动，共筹集37万元，帮助解决福建省连家船民上岸定居的困难问题，开展少数民族贫困地区扶贫工作。

四、海外联谊工作有新拓展。认真传达贯彻《中央统战部关于加强新形势下港澳统战工作的意见》精神，积极探索“一国两制”条件下加强闽港、闽澳合作和联谊交往的途径和方法，配合组建和参与了闽港促进会、闽澳促进会的工作。加强了海外新移民和二、三代华侨、华人的情况调研和联谊工作。召开了省海联会省内顾问、理事会暨全省海外统战工作经验交流会。由省委副书记赵学敏带队，与省政协联合在深圳、珠海召开了港澳省政协委员、省海联会顾问、理事座谈会，进一步加强与港澳闽籍社团、知名人士的联系。先后邀请接待了香港、澳门、台湾和美国、澳洲、马来西亚等10余批海外团组300多人次。先后5次组团赴港、澳和海外参加一些闽籍社团重大活动；并对海外闽籍社团一些重要活动，发出33份贺电。积极参与了世界客属第16届恳亲大会活动筹备和组织接待工作；并利用第三次世界福清同乡联谊大会及“2000年中国福州国际招商月暨海峡科技成果交易会”、“9·8投资贸易洽谈会”、第四届世界同安联谊大会等大型活动的机会，与来自世界各地的海外乡亲近千人广泛联谊。组织并推动香港慈善机构信善玄宫到武平县和闽侯县的贫困乡考察，各捐款25万元建设两所希望小学；积极做好为海外乡亲排忧解难工作。（撰稿：俞锋）

【政法工作】 2000年，全省政法战线在各级党委、政府的正确领导下，以维护社会稳定为目标，以确保公正执法为主线，认真做好各项政法工作，大力推进政法队伍建设，为全省胜利完成“九五”计划提供了有力保障。一是针对群体性事件上升的态势，进一步深化矛盾纠纷排查调处活动。各地强化党政领导和部门责任制，建立矛盾纠纷排查调处工作机制，及时发现和掌握各种不安定因素，并做好化解调处工作，集中力量解决突出问题，有效防止一大批民转刑案件的发生，有效化解了一大批不安定因素，及时妥善处置了一批群体性事件。二是按照中央和省委的部署，深入开展同“法轮功”邪教组织的斗争。政法机关进一步强化专案侦查、重点控制和依法打击，及时制止“法轮功”顽固分子组织签名、传递“经文”、串联聚集、“护法”等非法活动，有效防止“法轮功”活动的反弹；做好“法轮功”邪教骨干的教育转化工作，巩固和深化同“法轮功”邪教组织斗争的成果。同时，加强对民间社团组织的整顿和管理，依法查处一批对社会有危害的气功组织。三是紧紧扭住暴力犯罪、有组织犯罪和其他突出犯罪，加大打击力度。各级公安机关部署开展多形式、见成效的专项斗争和打击行动，狠抓重特大案件的侦破工作，始终保持对刑事犯罪活动的高压态势，组织开展了反偷私渡、“打击拐卖妇女儿童”、“反盗抢机动车”、清理整顿娱乐场所等一系列专项斗争。全年全省共破获刑事案件70148起，同比增加20.1%；检察机关批捕各类刑事犯罪嫌疑人28073人，向法院提起公诉27055人，同比增加9.9%和6.1%；审判机关判处刑罚23886人，同比增加10.99%。监狱、劳教单位积极做好监管工作。四是坚持以防为主，狠抓社会治安综合治理措施的落实。基层创安活动和铁路护路联防及企地共建取得新的进展；流动人口管理、刑释解教人员安置帮教工作得到加强；通过举办预防青少年犯罪展览，开展各具特色的青少年学法用法活动，加强了对未成年人的保护；综治基层基础建设得到重视，各地党政领导综治责任意识和真抓实管力度有了提高；对206个社会治安秩序混乱、群众反映强烈的地方和单位进行了重点整治，一些地方突出的治安问题基本得到解决。五是充分发挥职能作用，积极为经济建设提供司法保障和法律服务。全年全省公安机关共立破坏市场经济犯罪案件2671件，比去年同期上升52%；检察机关共立贪污贿赂等职务犯罪案件1336件，上升15.2%。特别是在中央和省委领导下，政法机关认真查办厦门远华集团特大走私等一批大要案，发挥了重要作用。同时，各类经济、民事、行政诉讼案件的审理工作进一步加强，执行力度进一步加大，普法依法治理工作扎实推进，法律服务不断拓展，基层民主政治建设、勘界、救灾救济等工作有新的进展。六是围绕严格执法、公正司法，全面推进政法工作改革。公安机关进一步深化派出所工作、刑侦工作、治安行政管理工作改革，检察机关实行主诉、主办检察官办案责任制和深化检务公开，审判机关建立审判长、独任审判员选任制、案件审理流程跟踪管理制度，司法行政部门推行“148”服务协同作战运行机制、乡镇民间纠纷调解中心运行机制，国家安全机关进行了领导体制调整，民政部门也积极推行政务公开。与此同时，政法机关结合机构改革，进一步推广中层干部竞争上岗、干警双向选择等管理制度改革，促进了政法机关职能的发挥。七是适应形势发展的要求，着力提高政法队伍整体素质。政法机关突出“三个代表”和“三讲”教育，搞好理论武装，进一步提高思想政治素质；开展“抓三基”、“创五好”活动，树立一批“人民满意”的先进典型，推进了“双争”活动深入开展；认真抓好干警集中轮训，已轮训干警23210人，占全员总数的47%；进行队伍突出问题的专项治理，查处一批违法违纪干警，进一步纯洁了队伍。

（撰稿：邓佳文）

厦门远华特大走私案首批25起案件2000年11月9日一审公开宣判。厦门特大走私案是建国以来查处的涉案金额特别巨大、案情极为复杂、危害极其严重的走私犯罪案件。图为检察人员在提审原厦门海关副关长接培勇。（林海涵　供稿）

【党校工作】 2000年党校工作，坚持以邓小平理论和“三个代表”重要思想为指导，坚持从严治党、从严治校的方针，认真贯彻中央关于面向21世纪加强和改进党校工作《决定》和省委《实施意见》，以开展校委领导班子及其成员“三讲”教育“回头看”和处级干部“三讲”教育为动力，着重抓好教学、科研、学科建设、队伍建设和建校50周年庆祝活动，各项工作取得新成效，完成了省委下达的干训任务。

一、认真贯彻中央《决定》和省委《实施意见》。6月上旬，中央召开全国党校工作会议并颁发面向21世纪加强和改进党校工作的《决定》后，校委协助省委认真做好召开全省党校工作会议的筹备。9月中旬，省委召开了全省党校工作会议并作出贯彻中央决定的《实施意见》。校委组织教职工认真学习领会中央、省委会议和文件精神，认清形势，明确任务，推进以教学为中心的各项工作。在此基础上，着手制定党校“十五”发展规划。

二、认真开展处级干部“三讲”教育、校委班子及其成员“三讲”教育“回头看”活动。3～4月，校委在处级干部中开展“三讲”教育，校委领导班子及成员也开展了“三讲”教育“回头看”活动，把校、处两级“三讲”教育整改工作结合起来，巩固和深化了“三讲”教育成果，推进了党校工作。

三、深化教学改革，形成以学习邓小平理论为中心，包括“理论基础”、“世界眼光”、“战略思维”、“党性修养”4个方面内容的教学新布局。共举办主体班26个，培训学员1500多人。在办好主体班次的同时，加强党校函授教育。全省在学函授学员34300多名。

四、加大对现实重大问题的调研，紧抓科研“精品”工程，发挥马克思主义理论阵地作用。全校共有11项科研成果获全省第四届社会科学优秀成果奖，有4项成果获全国党校系统第三届科研优秀成果，有10项成果获省邓小平理论研究基地成果奖。全校教研人员在省级以上刊物发表论文、调研报告100多篇，出版著作13部约62万字，理论辅导性读物2本约40万字。举办“学术论坛”，开展学术交流，组织了《马克思主义与21世纪》、《科学社会主义理论前沿的几个问题》、《思想文化学科建设的若干问题》等的研讨。

五、加强学科建设和队伍建设；成立学科建设领导小组，召开学科建设工作会议，明确学科建设的指导思想、基本目标和措施办法，以学科建设带动队伍尤其是师资队伍建设。从造就马克思主义理论家教育家的战略高度，制定落实全校加强师资队伍建设的《意见》，实施“导师制”等培养中青年骨干教师制度。组织全省党校系统教师高级职务评审工作。积极稳妥推进人事制度改革。落实“三定”方案，为从“身份管理”转变到“岗位管理”打下基础。

六、抓好党的建设和精神文明建设工作。组织党员、干部认真学习邓小平理论，学习“三个代表”的重要思想，深入开展揭批“法轮功”。加强支部建设，开展校机关党建工作“挑一疵，献一策”活动，评选和表彰“先进党支部”5个、“优秀党员”39名、优秀党务工作者5名。加强党风廉政建设，按照上级要求抓好对重点岗位的监督。进一步推进精神文明建设，积极参与“共建文明省城”和创建“文明安全小区”活动，精神文明建设达到了第七届省级文明单位的要求。

七、进一步加强基础设施和信息化建设。抓好校园基础建设，完成函授大楼、3幢教工集资住宅楼建设，把校园池塘改造成为“镜湖”园林式景点；完成教学楼改造，配备多媒体教学设施，实现与中央党校远程教学联网。推进数字图书馆建设，完善图书馆整体功能。加强行政、后勤、财务、校园等的管理，提高管理水平，发挥行政后勤工作为教学科研服务的综合保障功能。

八、顺利举行建校50周年庆祝活动。校委把校庆作为把握机遇、凝聚人心、促进新世纪党校发展的大事来抓，本着“热烈、隆重、扎实、有效”的原则，举行了庆祝大会和教学科研楼暨镜湖景点工程开工仪式，召开了“面向新世纪的党校教育”理论研讨会，举办了全省党校发展成果展和书画展等。通过校庆活动，总结50年办学经验，探索新世纪党校发展的基本思路，增强了把党校教育事业全面推向21世纪的信心。（撰稿：邱明强　黄慈）

【老干部工作】 2000年各级老干部部门在党委、政府的领导下，以落实离休干部“两费”保障机制、老干部工作领导责任制、加强老干部思想政治工作、稳定老干部工作机构和队伍、提高工作效率和水平为重点，做了大量艰苦细致的工作。

一、加大宣传力度，有力推动了老干部工作的开展。各级老干部部门利用报刊、广播、电视等新闻媒体，大力宣传老干部的历史功绩和优良的传统作风，大力宣传受中组部表彰的离退休干部党支部先进集体和先进个人的事迹，进一步增强了全社会尊重老干部、热爱老干部的氛围。同时，通过办培训班、上门汇报工作、召开老干部双先表彰会、拍摄老干部发挥作用的专题片、开展老干部工作宣传周活动以及在党校开设老干部工作课程等办法，努力提高各级领导对老干部工作意义的认识，促进了各部门、各单位以及社会对老干部工作的理解和支持。根据省委办公厅、省政府办公厅关于“加强老干部社会优待工作”的文件精神，各级老干部部门积极协调有关单位，抓好社会优待项目的落实。2000年全省基本上实现了对离休干部的6项优待：看病挂号、就诊、取药、住院优先；在市区内乘公共汽车免费；进公园和风景区免费；上公厕免费；进图书馆与各种非商业性展馆免费；开放性的文化、体育设施实行免费或优惠服务，使老干部感受到社会敬老、爱老、助老的氛围。

二、狠抓《老干部工作领导责任制》的落实，进一步加强了对老干部工作的领导。2000年初，省委老干部局与省委组织部联合进行了全省老干部工作检查，把全省各市和省直各单位落实《责任制》情况作为老干部工作千分制评比的一项重要内容，对尚未建立《责任制》以及《责任制》建立不健全的地方和单位，提出了具体整改意见。至9月底统计，全省100%的设区的市、县（市、区）和94.3%的省直单位建立了《老干部工作领导责任制》，并制定了实施意见。有不少地方单位对已制定的责任制还认真地进行修改完善。通过《责任制》的落实，全省形成了一级抓一级，层层负责的老干部工作管理服务体系，有力地推动了老干部工作的开展。

三、下大气力落实离休干部“两费”保障机制，更好地在生活上关心照顾老干部。2000年各地老干部局都把落实离休干部“两费”保障机制作为一项重要工作来抓，到6月底，全省100%的设区的市、县（市、区）建立起离休干部“两费”保障机制。经省委老干部局和省财政厅共同调研并反复讨论修改，《省直单位离休干部“两费”管理办法》于11月份出台，解决了多年来省直属企业和高校离休干部强烈要求享受省直机关离休干部同等医疗待遇的问题。福建省制定的离休干部“两费”保障机制的原则和做法受到了中央有关部委的肯定。2000年底，中共中央办公厅、国务院办公厅转发6部委《关于落实离休干部离休费、医药费的意见》中，采纳了福建省“两费”保障机制中提出的“单位尽责、社会统筹、财政保底”的一些基本原则。

四、进一步加强老干部思想政治工作，增强了工作的针对性、实效性和主动性。各地各单位通过组织政治理论学习小组、老干部读书班、理论研讨班、形势报告会、专题讲座等形式，加强老干部的政治理论学习。省局举办了3期“省直单位老干部读书班”，其中两期参加读书班的对象由原来的厅局级离退休干部扩大到在榕的省直单位县（处）级离休干部，由每期40人增加到近300人。参加读书班的老同志收获较大，反映好。各地各单位还进一步落实老干部政治待遇，坚持和完善各项制度，组织老同志参观学习、阅读文件、向他们通报情况，并建立在职干部联系老干部制度，对开展老干部思想政治工作起到了积极作用。老干部活动中心（室）、老年大学（学校）和关工委组织发挥了思想政治工作的载体作用。省老年大学通过建校15周年庆祝活动，认真总结了15年来的办校经验，办学质量进一步提高，学员数量不断增加；省老干部活动中心举办了省直单位老干部第三届金婚庆贺会、“古田杯”运动会等大型活动，展示了老干部的精神风貌；省关工委对青少年广泛开展了以理想信念教育为主线的教育活动，努力做好《未成年人保护法》、《预防未成年人犯罪法》等法律法规的宣传教育及捐资助学等各项工作。目前，全省共有老干部活动中心（室）2301个；老年大学4117所，学员30.2万人；全省参加关心下一代工作组织的离休干部1.2万人。省局分别召开了省直单位老干部党支部建设经验报告会和各市老干部思想政治工作经验交流会，研究探讨了新形势下加强老干部思想政治工作的途径和方法。省局课题调研组关于《福建省退（离）休干部思想政治工作现状与对策》调研报告受到了省有关领导的肯定。

五、稳定老干部工作机构和队伍，提高了效率与水平。在省级机构改革中，省局和省直各厅局的老干部工作机构基本保持稳定，撤并的厅局也做到了原有的老干部有机构管理、有专人负责，老干部工作队伍、人员和思想都比较稳定。各级老干部部门努力按照建设一支政治强、作风正、业务精的老干部工作队伍的要求，进一步加强了自身建设。省局开展了局领导干部“三讲”教育“回头看”活动和处级干部“三讲”教育，各设区的市委老干部局也开展了领导班子和领导干部“三讲”教育活动，有力地提高了省、市老干部部门领导干部的政治素质和领导班子的战斗力、凝聚力。为增强老干部工作人员的光荣感和责任感，在全省老干部工作系统相继开展了征集“老干部工作者之歌”歌词与“老干部工作标志图案”活动。在改变工作作风、提高机关效能建设活动中，省局还以“创建一流文明小区”活动来促党建和队伍建设，增强干部职工的组织纪律观念和大局意识，干部职工的素质也得到提高。（撰稿：廖雁萍）

【信访工作】 2000年，全省信访工作坚持以邓小平理论和江泽民总书记“三个代表”重要思想为指导，深入贯彻落实党的十五大和十五届五中全会及省委六届十二次全体扩大会议精神，正确处理人民内部矛盾，把信访问题解决在基层、化解在萌芽状态，全省信访工作取得了一定成绩。据统计，2000年全省县级以上党政信访部门共受理群众来信来访242309件次，其中受理来信77732件次，接待群众来访31933批，164577人次。省信访局受理群众来信来访42305件次，其中受理群众来信27750件，接待群众来访2148批、14555人次。

一、基层信访工作进一步加强，信访渠道更加畅通。按照全省信访工作会议暨表彰大会把全省信访工作重点放在县区，工作重点下移到乡镇一级，把解决信访问题的关口前移到问题产生之前的部署，各级各部门都把信访工作重点放在基层，把信访问题解决在萌芽状态，紧紧抓住基层信访工作这个关键，认真抓好基础性、经常性的信访工作。一是大力加强基层信访网络建设。把建立健全乡、村信访工作网络作为一项基础性的工作来抓。全省许多乡镇（街道）基本做到了有信访工作领导小组、有专兼职信访干部、有信访接待室、有一套完整的工作制度、有一套热情便民的服务措施。广泛开展了创“三无”（无集体上访、无越级上访、无信访积案）乡镇和单位的活动。二是畅通信访渠道，变群众上访为领导下访。进一步健全完善市、县领导接待日制度，建立领导接待日信访反馈制度、信访问题承诺制和约访、回访制度，并把领导接待日制度向乡镇和部门延伸。三是认真抓好信访信息工作。建立健全了信访信息上报、通报制度和责任追究制度，认真做好信访信息的预测、预报工作，及时收集社情民意，掌握带有普遍性、倾向性和苗头性的信访问题，采取有效措施，切实把信访问题解决在萌芽状态。四是加大督办工作力度。认真贯彻落实省委办公厅、省政府办公厅《关于认真落实朱镕基同志重要批示的通知》精神，把信访工作的立足点放在为群众解决实际问题上，建立健全了信访件排查、督办、反馈及责任追究制度。

二、开展排查处理重大信访问题和信访积案工作，解决了一批疑难信访问题。省委、省政府在6月28日召开全省电视电话会议，部署从6月底至10月在全省范围内开展排查处理重大信访问题和信访积案工作。各级各部门按照“五定”工作要求：定责任领导、定责任单位、定责任人、定办理要求、定办结期限。坚持“三个不局限”原则：即不局限于过去的处理意见，不局限于过去领导的批示，不局限于过去的调查结论。对重大疑难信访问题，由主要领导亲自包案，组织专门力量，深入进行内查外调，弄清情况，严格按照有关规定解决群众反映的问题。经过认真排查调处，全省县以上党政机关和省直部门排查出的2599件重大信访问题和信访积案，有2350件得到解决。省信访局排查出的269件，有242件得到解决。通过排查处理，许多久拖未决的信访老户的问题得到处理，越级来省集体上访迅猛上升的势头得到遏制和缓解，重信重访率有所下降，信访秩序明显好转。

三、继续宣传《信访条例》，信访秩序进一步规范。各地继续大力宣传《信访条例》，引导群众依法信访。各级信访部门注意加强对机关工作人员的教育，组织干部认真学习《信访条例》，大力加强机关效能建设，进一步增强国家公职人员依法行政、依法处理信访问题的意识，提高办事部门受理解决群众信访问题的效率。群众依法信访和各级各部门依法受理信访的水平明显提高。

四、信访部门自身建设进一步加强。各级各部门把加强信访队伍建设作为重要环节来抓，加强对信访干部的政治思想教育和业务培训，提高信访干部队伍整体素质。一些地方为了充分发挥信访部门作用，任命党委或政府副秘书长或办公室副主任兼任信访局长。省信访局加强了对全省信访干部的培训工作，举办了全省信访系统业务培训班和计算机培训班，全省近100名信访干部接受培训。2000年，在省级机构改革中，省委对省信访局机构作出人员不减，增设1个内设处室，并将内设处室升格为正处级的决定，充分体现省委、省政府对信访工作的重视和关心。

（撰稿：林本正）

【保密工作】 2000年全省各级保密部门坚持以邓小平理论和党的十五大精神为指导，努力实践“三个代表”的重要思想，深入贯彻落实《中共中央关于加强新形势下保密工作的决定》和江泽民总书记近年来对保密工作的多次重要批示精神，紧紧围绕党和政府中心工作，扎实开展保密各项工作，着力抓好党政领导干部与涉密人员的保密教育和管理、规范定密、计算机信息系统的技术防范和管理3项重点工作，发挥了保密工作“保安全、保发展”的作用。

一、抓关键，切实加强对保密工作的领导。福建省保密工作由省委保密委员会领导，省委保密委员会办公室（省国家保密局）负责。为加强保密机构和队伍建设，1989年在省委保密办的基础上成立福建省保密局（处级），1990年3月正式对外办公，一套人马，两块牌子，既是省委的办事机构，又是政府的职能局，划属省政府办公厅。1997年5月依据全国保密机构管理体制模式，省委决定将省委保密办划归省委办公厅。2000年省直机构改革方案确定省委保密办（省国家保密局）为副厅级机构，内设宣教、法规检查、科技3个处（正处）。省委、省政府高度重视保密工作，主要领导多次对保密工作作批示，省委保密委坚持每季度召开1次全体成员会议，研究解决关系全省保密工作的重大问题。2000年10月省委保密委员会、省纪委、省委组织部、省人事厅、省国家保密局联合发出《福建省党政领导干部保密工作责任制实施办法》，明确规定了各级党政领导干部的保密守则、保密工作职责、领导责任。

二、抓落实，坚决贯彻执行中央保密工作方针政策。2000年1月16日，江泽民总书记对保密工作又一次作了重要批示，从讲政治与战略全局的高度强调了保密工作的极端重要性，重申了领导干部特别是主要领导干部所负的保密工作责任，对做好新形势下的保密工作具有十分重要的指导意义。省委主要领导及时批示省委常委会组织学习，提出了贯彻“1.16”重要批示和加强全省保密工作的具体要求；省委保密委专题研究了抓落实工作，并召开了全省保密工作会议，予以传达部署；各地各部门党委（党组）和保密部门根据会议精神，采取有力措施，抓好落实工作，推动了全省保密工作发展。

三、抓重点，继续深入开展保密宣传教育。2000年是全国“三五”保密普法教育规划实施的最后一年，全省认真做好“三五”保密普法教育验收工作，开展了自查自评活动，组织了对6个地市及部分县的重点抽查，全省推荐出7个单位、11名个人为全国“三五”保密普法教育“两先”评选对象。“三五”保密普法教育有力地促进了保密工作的发展，保密工作四级责任制、保密委员会例会制度得到坚持，保密委员会职能得到充分发挥；全省继续拓展党校、干校与培训机构对领导干部的保密教育，进一步发挥了党校、干校与培训机构保密宣传教育的阵地作用。

四、抓难点，推动依法定密工作的开展。一是抓培训，以《福建省定密程序规定》为主要内容，对各地市、省直各单位保密干部进行培训；二是抓交流，召开省直机关定密工作交流会，请定密工作开展好的单位介绍经验，发挥榜样示范作用；三是抓规范，要求各地、各单位结合实际完善定密细则，严格定密程序，规范定密工作，把定密工作纳入依法行政管理轨道。

五、抓热点，加强保密技术与计算机信息系统的防范管理。加大保密技术工作力度，“九五”期间全省共投入了约2000万保密技术经费，有效地提高了保密技术防范与检查能力。其中，省财政每年投入100万元保密技术专项经费，逐年配备了相关的保密技术检查设备。开展了计算机信息系统安全保密检查，对信息网络保密安全漏洞和隐患提出改进要求，向计算机信息系统安全防范管理制度化、规范化迈进；加强保密技术建设，着手建设福建省保密系统信息网络，完成了调研论证，方案已经省委保密委批准。着手全省党政专网地市网的改造工作，调研摸底和专网改造方案设计等前期工作已完成；按照保密技术防范必设必备的要求，继续做好保密技术产品的应用推广工作，为省领导配备了密码文件柜等防范设备，积极向省直各单位推广保密技术产品，加大投入更新保密设备，提高保密工作的技术含量。

六、抓执法，提高保密依法行政管理保障能力。1. 坚持依法行政。转发了中保委《关于绝密级文件管理的补充规定》，设计下发了《接触绝密文件人员登记表》，积极参与国家保密局的《国家秘密载体保密管理规定》的讨论修改及全国保密法制理论、查处工作研讨等项工作。着手办理全省保密干部行政执法证。2. 遏制与防范泄密隐患。共查处密件丢失、密电明传、电脑被盗、违规复印、密件漏标、密件乱卖等5项事件。协助北京市、广东省进行密级鉴定，完成国家保密局泄密案例收集任务。3. 加强保密管理工作，提高保密行政管理保障服务能力。积极参与重大活动与重大项目的保密管理工作；主动及时向省直有关部门提出会议文件保密建议；协助修订保密规章制度，按照保密规定把好有关资料审核关；指导各级保密部门的业务工作；完成全省84家定点复制单位的重新审核、发证工作；开展了保密执法检查。

（撰稿：李白雨）

【中共福建省委书记、副书记、常委、秘书长、副秘书长名单】（以2000年12月底在职者为准）

书　记：宋德福
副书记：习近平　赵学敏
常　委：陈营官　梁绮萍* 黄瑞霖　张家坤　陈明端　洪永世
秘书长：黄瑞霖
副秘书长：李育兴　阮荣祥

【中共福建省委所属机构负责人名单】（以2000年12月底在职者为准）

省委办公厅
主　任：李育兴
副主任：黄榕贞*　叶顺煌　黄建兴　邓本元

省委组织部
部　长：陈营官
副部长：陈秀榕*　陈祖辉　陈世谦　李福生

省委宣传部
部　长：何少川
副部长：陈俊杰　黄诗筠　陈逸清　卓家瑞　宋闽旺

省委统战部
部　长：金能筹
副部长：金惠钦　陈大明　陈田爽　陈济谋　张剑珍

省委政法委
书　记：黄松禄
副书记：丘广钟　林　平

省委政策研究室
主　任：阮荣祥
副主任：余则镜　陈海基　陆开锦

省委（政府）台办
主　任：梁茂淦
副主任：张广敏　陈　玲*　韦忠慈　林卫国

省委机构编制委员会办公室
主　任：黄昌平
副主任：林　武

省委省直机关工作委员会
书　记：石兆彬
副书记：江祥钦　蔡传华　卫榕英*　杨文科

省委党校
校　长：何少川（兼）
副校长：林述舜　林俊德　关家麟　陈金喜

省委老干部局
局　长：黄顺乐
副局长：王　红*　陈作细　郑尔旺

省委党史研究室
主　任：林玉涵
副主任：郑庆荣　林　强　叶建中

省档案局
局　长：陈永成
副局长：陈爱群　叶仲霖

福建日报社
社　长：黄诗筠
副社长：黄种生　周昌仁
总　编：黄种生
副总编：熊利武　任永祥　梁建平　郑卫华　刘瑞州

省社会主义学院
院　长：金能筹
副院长：林荣光　陈　飞

省委精神文明建设指导办公室★
主　任：朱　清
副主任：张　萍*

省委（政府）信访局★
局　长：李金贤
副局长：黎　明　翁泽生

省委机要局★
局　长：丁志隆
副局长：程惠钦　陈沈阳　程国栋

省国家保密局★
局　长：李心正
副局长：沈大荣

【中共福建省各设区的市、县（市、区）委领导人名单】（以2000年12月底在职者为准）

中共福州市委员会
书　记：何立峰
副书记：翁福琳　练知轩　吴文达　陈扬富
常　委：陈向先　宋立诚　张作兴　方贤明　宋克宁　陈　伦　古长阁

中共鼓楼区委员会
书　记：方长明
副书记：朱　华*　叶伦腾　郭秋水　黄秀泉

中共台江区委员会
书　记：周　宏
副书记：江　海　高珠英*　陈　蒲　杨　凡

中共仓山区委员会
书　记：陈瑞麒
副书记：张森兴　林国和　林良云

中共晋安区委员会
书　记：叶康勇
副书记：陈　吉　王明光　吴聪先　陈　和

中共马尾区委员会
书　记：张　秋
副书记：马国防　洪星光　柯有民　林义铭

中共福清市委员会
书　记：宋克宁
副书记：朱　健　王良平　林厚新　陈德栋

中共长乐市委员会
书　记：储榕霖
副书记：林葆础　陈　明　李金福　陈进端

中共闽侯县委员会
书　记：郑有光
副书记：邹国真　林善培　李勇胜　潘革生　陈文波

中共平潭县委员会
书　记：施能柏
副书记：陈承国　陈进生　薛源官

中共永泰县委员会
书　记：黄序和
副书记：李依兴　林　雄　吴秋惠*

中共闽清县委员会
书　记：吴依殿
副书记：陈大强　黄子曦

中共连江县委员会
书　记：俞风云
副书记：王　玲*　张天金　何宗乐

中共罗源县委员会
书　记：程天光
副书记：刘嘉水　吴振棋　肖国绪

中共厦门市委员会
书　记：洪永世
副书记：朱亚衍　张昌平　陈维钦　吴凤章
常　委：杜明聪　陈昆源　陈聪辉　吕世华　林万植　于伟国

陈炳发

中共开元区委员会
书　记：王昆仑
副书记：裴金佳　方国实　倪　超*　杨益坚

中共思明区委员会
书　记：欧阳建
副书记：王勇军　陈财文　郑云峰

中共鼓浪屿区委员会
书　记：郭恒明
副书记：程建明*　江韵兰*　陈金标

中共湖里区委员会
书　记：何清秋
副书记：郑栅洁　李晓彬　李溪任

中共杏林区委员会
书　记：桂其明
副书记：陈昭扬　高玉顺　黄锦坤

中共集美区委员会
书　记：詹沧洲
副书记：曾晓民　林知识　朱必祥

中共同安区委员会
书　记：陈　韬
副书记：杨金兴　黄文灿　蒋清坑　林友才　李栋梁

中共漳州市委员会
书　记：李敏忠
副书记：李天森　王良才　郑道溪　马新岚*　张阿翕
常　委：方清海　林殿阁　吴玉辉　杨建平　吴志明　林世弊

中共芗城区委员会
书　记：游婉玲*
副书记：朱璋琪　陈启生　曾文邦

中共龙文区委员会
书　记：陈庆元
副书记：蔡良国　柯志明　黄宝山

中共龙海市委员会
书　记：吴志明
副书记：康君福　张水湖　黄春曙

中共漳浦县委员会
书　记：沈元坤
副书记：钟禄贵　蔡金海　吴景辉　于南生

中共华安县委员会
书　记：林晓峰
副书记：谢毅泰　李永源

中共东山县委员会
书　记：陈易洲
副书记：黄双庆　黄云山　张　岩

中共长泰县委员会
书　记：黄耀光
副书记：杨明元　陈福州　蔡鸿国

中共云霄县委员会
书　记：朱福清
副书记：黄舜斌　黄清坤　沈炎申　多布杰

中共南靖县委员会
书　记：陈炎生
副书记：戴坤江　曾黄河　陈常姓

中共平和县委员会
书　记：许荣勇
副书记：杨彬文　金　江　林　忠

中共诏安县委员会
书　记：黄浦江
副书记：陈宝钧　陈汉夫　周肖峰

中共泉州市委员会
书　记：刘德章
副书记：施永康　黄印春　骆灿堂　林荣取
常　委：洪辉煌　朱　明　何锦龙　余茂桂　周振华　郑栋梁　文可芝　吴汉民

中共鲤城区委员会
书　记：蔡才厚
副书记：王亚君*　陈国强　黄金辉　郑志忠

中共丰泽区委员会
书　记：魏　坚
副书记：林柏前　庄泉宝　王天祥

中共洛江区委员会
书　记：陈敬聪
副书记：陈家富　卢希德　谢定昌　陈灿辉

中共泉港区委员会
书　记：邱家赞
副书记：游祖勇　许维泽　林晋炼

中共晋江市委员会
书　记：朱　明
副书记：龚清概　施并章　吕炜民　陈长庚　王景星

中共南安市委员会
书　记：李建国
副书记：陈庆宗　洪本地　陈泽荣　王瑞强　黄永俊

中共石狮市委员会
书　记：郑栋梁
副书记：颜年安　高云程　骆建国

中共惠安县委员会
书　记：廖小军
副书记：黄源水　郑文伟　潘启水　王春来　李转生　刘　奇

中共安溪县委员会
书　记：洪泽生
副书记：曾荣华　尤猛军　林金发

中共德化县委员会
书　记：许昆贞
副书记：杨益民　苏荣踊　蒋德明

中共永春县委员会
书　记：张贻伦
副书记：潘燕燕*　张忠义　李世杰　林育明

中共三明市委员会
书　记：苍震华
副书记：叶继革　吴金容　陈则生
常　委：李轩源　吴根发　庄奕贤　刘　鑫　余有江　张志南　彭锦清　林纪承　沈正平

中共三元区委员会
书　记：张发录
副书记：刘绍文　魏炽芬　王　庆

中共梅列区委员会
书　记：阳治平
副书记：吴建国　黄勤炎　李宝兰*　曾祥辉

中共永安市委员会
书　记：彭锦清
副书记：陈美绵　林文德　方炳火　杨火旺

中共清流县委员会
书　记：陈有极
副书记：涂娓朱*　曹建华　许天赠

中共宁化县委员会
书　记：吴俊慰
副书记：陈忠杰　邓云仔　纪熙全

中共建宁县委员会
书　记：张来水
副书记：洪明德　林星入　陈丁权

中共泰宁县委员会
书　记：徐　铮
副书记：郑维荣　王坚英*

中共明溪县委员会
书　记：朱昌贤
副书记：王　政　陈宗标　严明清

中共将乐县委员会
书　记：杨光祺
副书记：林传衔　黄莱笙　巫福生

中共沙县委员会
书　记：刘道崎
副书记：池秋娜*　罗　雄　丁玉铭

中共尤溪县委员会
书　记：程立双
副书记：林昌源　陈绍梅　邱水长

中共大田县委员会
书　记：黄作文
副书记：林梁儿　郑新聪　阎伟强　黄少春

中共莆田市委员会
书　记：叶家松
副书记：陈少勇　詹　毅　杨鹏飞
常　委：张大共　陈金钵　曾元益　丁金锁　蔡尔申

中共城厢区委员会
书　记：郑合义
副书记：阮　军　马金富　庄永辉

中共涵江区委员会
书　记：连良腾
副书记：林庆生　林文通　郭智利

中共莆田县委员会
书　记：陈金扬
副书记：吴元珍　何益中　林建华　卓金贤

中共仙游县委员会
书　记：李德金
副书记：林素钦*　陈柴生　陈晓光　陈国明

中共南平市委员会
书　记：李　川
副书记：徐　谦
常　委：徐肖剑　邱正平　陈祥龙　周　意　杨根生　石建华　李汉生　车达卫　林少雄

中共延平区委员会
书　记：刘　明
副书记：陈　杰　曾建安　章行远　伊群贤

中共邵武市委员会

书　记：林小华
副书记：刘山鹰　梁伟新　叶厥桂
宋建华*

中共武夷山市委员会
书　记：陈祥龙
副书记：张建光　邓崇新　王莉萍*

中共建瓯市委员会
书　记：李晋闽
副书记：陈鼎成　陈上彪　张明接
薛昌泰

中共建阳市委员会
书　记：何三保
副书记：郭建声　葛晓华　武　勇

中共顺昌县委员会
书　记：刘银生
副书记：王　磊　李　建　叶坤兰

中共浦城县委员会
书　记：胡祖林
副书记：兰斯文　叶家庆　黄建生

中共光泽县委员会
书　记：丁明弟
副书记：朱淑芳*　舒　拉　黄　志

中共松溪县委员会
书　记：吴荣才
副书记：卓立筑　林文志　张崇泰

中共政和县委员会
书　记：郑明洋
副书记：黄健平　张泽和　黄光炎
张章景

中共龙岩市委员会
书　记：张燮飞
副书记：袁荣祥　邓保南　林仁芳
常　委：林知光　曾克荣　林德炎
江棣章　陈　雄　陈万里

中共新罗区委员会
书　记：江棣章
副书记：郭舒帆　黄学明　章彬银

中共漳平市委员会
书　记：林乔城
副书记：刘　远　陈家鸿　黄智彩
李水练　陈永林　刘先裘

中共永定县委员会
书　记：杜乔元
副书记：温锡浩　钟冬桂　余德辉
张天洲

中共上杭县委员会
书　记：陈建寿
副书记：张斯良　罗　彬　廖德槐

中共武平县委员会
书　记：严金静
副书记：谢细忠　李文生　廖汉铭

中共长汀县委员会
书　记：饶作勋
副书记：黄福清　卢德明　林志坤

中共连城县委员会
书　记：黄海英*
副书记：谢小建　傅开照　吕庆昌
林　旭

中共宁德市委员会
书　记：荆福生
副书记：周金伙　张经喜　张立先
常　委：林多香　陈必滔　王建国
傅贤光　林鸿坚　叶干铃
黄朝阳

中共蕉城区委员会
副书记：陈　星　薛世平

中共福安市委员会
书　记：傅贤光
副书记：蓝如春　钟应洪　阮玉玲

中共福鼎市委员会
书　记：叶干铃
副书记：陈铭生　蔡开巧　陈敬樟

中共霞浦县委员会
书　记：黄朝阳
副书记：谢兴旺　曾　春　韩启明

中共寿宁县委员会
书　记：郑向忠
副书记：刘信华　张水松　吴学林

中共周宁县委员会
书　记：林龙飞
副书记：孙鼎鸿　蓝秀珍*　潘乙凡

中共拓荣县委员会
书　记：林旭荣
副书记：周秋琦*　许世钦

中共古田县委员会
书　记：范世尧
副书记：林　鸿　曾耀香

中共屏南县委员会
书　记：江小源
副书记：薛成康　杨　峰

注：“*”者为女同志，★为二级机构。

（名单由省委组织部信息管理办公室提供）

省人民代表大会

【省九届人大三次会议】　福建省九届人大三次会议于2000年1月21～27日在福州举行。这次会议是在历史性时刻召开的承前启后、继往开来的大会，是全省人民昂首阔步迈入新千年的第一次盛会。会议听取和审议了代省长习近平代表福建省人民政府所作的《政府工作报告》，省计划委员会主任郑立中代表省人民政府所作的《关于福建省1999年国民经济和社会发展计划执行情况与2000年国民经济和社会发展计划草案的报告》，省财政厅厅长庄友松代表省人民政府所作的《关于福建省1999年预算执行情况和2000年预算草案的报告》，省人大常委会副主任王建双受袁启彤主任委托所作的《福建省人民代表大会常务委员会工作报告》，省高级人民法院院长陈旭所作的《福建省高级人民法院工作报告》，省人民检察院检察长鲍绍坤所作的《福建省人民检察院工作报告》。会议作出相应的决议批准了这些报告。此次会议还补选了习近平同志为福建省人民政府省长。这次会议是一次民主求实、团结鼓劲的大会，凝聚民心、奋发向上的大会。全体代表认真履行宪法和法律赋予的职责，发扬民主，畅所欲言，集思广益，圆满完成了会议的各项议程。会议的圆满成功，对于动员和组织全省人民贯彻中央决策和省委部署，认清形势、明确任务、抓住机遇、开拓进取，坚定信心、团结奋斗，全面实现“九五”计划和全省现代化建设第二步战略目标，并向第三步战略目标迈进，具有重大意义。

【省人大常委会主要工作】　2000年，福建省人大常委会在中共福建省委的领导下，高举邓小平理论伟大旗帜，以江泽民同志关于“三个代表”的重要思想为指导，认真贯彻党的十五届四中五中全会、九届全国人大三次会议、省委六届十

2000年1月21～27日省九届人大三次会议在福州隆重举行。全省500多名省人大代表参加会议。（胡美东　摄）

二次全会和省九届人大三次会议精神；认真开展“三讲”教育“回头看”和警示教育，拥护、支持和配合中央、省委对厦门远华特大走私案的查处，深入开展反腐败斗争；紧紧围绕中心，坚持和贯彻依法治省决定、决议和“做好省人大工作必须坚持的几条原则意见”，把提高地方立法质量、改进执法检查、加强代表工作作为常委会工作的重点，切实履行宪法和法律赋予的职责，各项工作都取得了新的进展，为推进“九五”计划的胜利完成，促进我省经济发展和社会全面进步，作出了应有的贡献。

一年来，常委会共制定和批准了12项法规，修改了7项法规，废止了13项法规；开展了3项执法检查，听取和审议了7项政府及有关部门和“两院”的工作报告；作出决定、决议15项；依法进行人事任免62人次，补选习近平同志为全国人大代表，任命贾锡太同志为省政府副省长。

一、突出立法重点，提高地方性法规质量。常委会认真贯彻立法法，切实加强地方立法工作，重在提高立法质量，把立法工作与改革、发展、稳定的重大决策更加紧密地结合起来，保障和促进生产力发展和社会全面进步。2月，组织了专题调研，深入基层，深入群众，深入社会各界，征求对地方立法工作的意见。这次调研规模大，效果好，深入剖析了全省地方立法工作中存在的问题，并就完善地方立法提出了许多针对性、可操作性强的建议。按照“三个代表”重要思想的要求，结合调研情况，常委会及时调整立法工作思路，确定了立法工作重点，明确提出把推动科技进步、促进非公有制经济发展、加快产权制度改革、健全社会保障制度、加强社区建设等方面的立法作为这两年立法工作的重点，并从70多项建议立法项目中，精选出14项福建改革开放、经济建设急需的立法项目，纳入年度立法计划，从整体上提高了立法的计划性和预见性。常委会领导按照各自的分工，认真抓好立法项目的调研、论证和制定工作。对一些重要法规草案，如促进科技成果转化条例、地方立法条例、个体工商户和私营企业权益保护条例等，都事先报请省委讨论研究。

农业、农村和农民问题是关系改革开放和社会主义现代化建设全局的重大问题。为进一步促进农业和农村的发展，常委会开展了大规模的百村调研，深入到全省102个村，通过实地调查，直接同乡村干部和村民座谈，全面了解全省村民自治和村集体财务管理情况，在掌握了第一手资料的基础上，制定了《福建省实施〈中华人民共和国村民委员会组织法〉办法》、《福建省村集体财务管理条例》，修改了《福建省村民委员会选举办法》。这3项法规进一步规范了村民委员会民主选举制度，建立健全以村民会议、村民代表会议为主要形式的民主决策和民主管理制度。以村务公开等为主要内容的民主监督制度，对进一步推进基层民主建设，保障农民依法行使民主权利，保护和调动农民积极性，促进农村经济发展和社会稳定有着重要意义。

为加快科技进步和创新，促进科技成果向现实生产力转化，常委会抓紧制定了《福建省促进科技成果转化条例》。为保证质量，条例出台前，向社会各界广泛征求意见，反复进行论证。条例从立法角度解决福建省科技成果转化活动中的实际问题，连同已出台的《福建省科学技术进步条例》和《福建省技术市场管理条例》，将进一步促进科技进步和创新，推动全省科教兴省和可持续发展战略的实施。

常委会十分重视保护消费者合法权益。继1987年在全国率先制定了保护消费者合法权益条例，1995年出台了保护农民购买使用农业生产资料若干规定之后，2000年又审议通过了《福建省房屋消费者权益保护条例》。针对房屋消费中容易产生的质量纠纷、计量纠纷和合同纠纷，条例着重强调了消费者的知情权、合同变更权和要求赔偿权，进一步规范了全省的房地产业和房地产交易市场，保护了房屋消费者和经营者的合法权益。这项法规起草论证历时3年，一出台立即引起了广大群众和全国各大媒体的热烈反响。

为保证立法法的贯彻实施，进一步规范地方立法活动，提高地方立法质量，常委会以地方组织法和立法法为依据，结合本省地方立法工作实际，认真起草了《福建省人民代表大会及其常务委员会立法条例(草案)》，经常委会会议三次审议后，正式提交省九届人大四次会议审议。

常委会还审议通过了《福建省保障企业职工民主参与权利规定》、《福建省浅海滩涂水产增养殖管理条例》、《福建省公民献血条例》，批准了《福州市城市房屋拆迁管理办法》、《福州市私营企业权益保护条例》、《福州市城市供水管理办法》、《福州市城市道路建设与管理办法》、《福州市城市古树名木保护管理办法》等地方性法规。

为维护国家法制的统一，适应福建经济社会发展和我国即将加入世贸组织的需要，常委会把清理修订现行地方性法规作为一项重要工作来抓，在1999年完成法规清理工作的基础上，2000年着手对法规进行修订和废止。修改了《福建省计划生育条例》、《福建省保护华侨房屋租赁权益若干规定》、《福建省城镇企业职工基本养老保险条例》、《福建省企业职工失业保险条例》、《福州市城市内河管理办法》；废止了《福建省8个基地建设纲要》、《福建省商用计量器具管理办法》等地方性法规。

二、加强监督，督促和支持“一府两院”工作。常委会继续把监督工作摆在重要位置，进一步增强监督力度，改进监督方式，注重监督实效，促进改革、发展和社会稳定，推动依法行政、公正司法。年初，常委会专门组织力量征求执法检查工作意见，深入分析了执法检查工作的状况，研究探讨执法检查的制度建设，确定了以森林法、产品质量法、行政诉讼法的实施情况作为执法检查的重点。

为了更有效地保护和培育森林资源，鼓励造林、营林，促进可持续发展战略的实施，常委会开展了森林法执法检查，把依法保护林木、林地和落实有关扶持林业、减轻林农负担规定的情况作为检查重点，认真解决法律实施中的突出问题，对执法检查中发现的一些典型违法事件，进行了督办，有的在新闻媒体上曝光，引起了社会对保护森林资源的关注，对促进依法管林、依法治林，加强林业生态建设产生了积极的推动作用。

产品质量是提高经济增长的质量和效益，促进国民经济健康发展的重要保证。加入世贸组织后，福建省产品质量将面临着国际和国内市场更为严峻的竞争局面。常委会通过开展产品质量法在本省实施情况的执法检查，推动产品质量法的宣传和贯彻，督促各级政府抓好产品质量工作的统筹规划和组织领导，进一步落实抓质量责任制，促进产品质量的提高，强化全体公民的产品质量意识，维护社会经济秩序。

2000年是行政诉讼法实施10周年。为有效保护公民和组织的合法权益，维护和监督行政机关依法行使职权，常委会开展了行政诉讼法执法检查。重点检查行政案件审判、行政机关参与行政诉讼、行政诉讼审判监督情况和办理行政诉讼案件的法律效果与社会效果等，并对进一步加强和改进行政诉讼法贯彻实施工作提出了意见和建议，督促行政、司法机关提高依法行政、公正司法的效率和水平，切实维护社会的安定稳定。

中华环保世纪行（福建）宣传活动开展8年来，对提高人们的环保意识，加强舆论和法制建设，推动环保工作向良性方向发展，起到了积极作用。2000年围绕“回眸与展望”主题和“一控双达标”工作，常委会继续开展了中华环保世纪行（福建）宣传活动，推动可持续发展战略的实施。同时，对1999年组织的水法、防洪法、大气污染防治法执法检查中发现的问题继续跟踪督办，对各地整改情况进行了抽查，取得了较好的效果。

常委会还抓住福建省经济和社会发展的重大问题，加强对政府和法院、检察院的工作监督。为了加强对计划、预算执行情况的监督，常委会听取和审议了关于1999年省级收支决算和2000年上半年预算执行情况以及有关的审计工作报告，审查批准了1999年省级决算，作出了调整2000年省级预算的决定，审议并同意省政府关于调整2000年全社会固定资产投资总量预期目标的报告。在审议中，委员们要求省政府要认真管好用好财政资金，不仅要重视预算调整的批准程序，维护法律的权威性；而且还要重视预算的执行和监管，确保人民的财政发挥应有的效果。

推进政府机构改革，建设精干高效、素质良好、结构优化、面向未来的领导班子，是顺利实现福建省跨世纪发展目标的重要保证。常委会及时听取了省政府机构改革的有关情况汇报，全力支持省政府的机构改革工作，作出了关于省政府机构改革人事任免有关事项的决定，依法任免了一批省政府组成人员，确保了机构改革的顺利进行。

随着经济体制改革的不断深化，乡镇企业自身发展面临着一些新情况、新问题，亟待从结构调整等方面予以支持，以利发展。常委会听取了全省乡镇企业发展情况的汇报，强调要切实贯彻落实乡镇企业法，以新的视角、新的境界、新的发展思路，促进乡镇企业再上新台阶。同时还督促解决乡镇企业发展中存在的困难与问题。

"十五"期间是福建省今后5～10年经济和社会发展的关键时期。常委会十分关注"十五"计划的编制工作，以各种形式听取有关专题汇报，认真研究"十五"期间改革和发展的重大问题，积极提出意见、建议。及时听取了省政府关于省"十五"计划编制工作开展情况的汇报，强调要有战略眼光、全局观念、新的发展思路和创新意识，把一切依靠群众、一切为了群众作为编制"十五"计划的出发点和落脚点，认真做好编制工作。

继续加强对法院、检察院工作的监督。认真听取了省法院、省检察院贯彻落实依法治省决议的报告，督促"两院"进一步落实依法治省的各项任务，推进司法改革，完善司法保障，强化司法监督，依法独立行使审判权和检察权，严格执法，公正司法，为改革开放和现代化建设创造良好的法制环境。

三、密切联系人大代表和人民群众，充分发挥代表作用。加强代表工作，充分发挥人大代表的作用，是做好常委会工作的基础和保证。常委会牢固树立依靠代表做好常委会工作的观念，在广泛深入调查研究的基础上，制定了"关于加强代表工作的若干意见"，提出了加强代表工作的具体措施，切实加强和改进代表工作，使常委会与人大代表、人民群众的联系更加密切，代表工作取得新进展。

认真按照省九届人大三次会议主席团会议提出的"改进省人大代表建议办理工作的3点意见"，进一步规范了议案、建议的办理工作，着重抓落实，抓质量，重在解决问题。加强对办理工作的检查督促，对重点建议实行全程跟踪督办，提高了办理质量和效率。省九届人大三次会议期间代表提出的14件议案，已经全部办理完毕，其中不少意见被采纳。会议期间代表提出的587件建议、批评、意见，已经督促有关部门作出处理，并逐件答复了代表，代表满意率达83.3%。

改进代表视察办法，努力为代表深入基层、接触群众、反映社情民意创造条件。年底，在闽的全国人大代表和省人大代表开展视察活动，采取异地视察等方式，视察地区和项目尊重代表的意见，以看为主，多接触实际，多听群众的呼声，并倡导自己动手写视察报告，增强了代表视察的实效。组织代表对侨务工作、对台工作进行了调研和视察，进一步推动了涉台涉侨法律法规的实施，促进了华侨农场体制改革和侨房租赁历史遗留问题的解决。

切实加强与人大代表的联系，建立了常委会组成人员联系人大代表制度。常委会领导还与所联系的代表围绕发挥代表作用、推进改革发展稳定等问题进行座谈，进一步密切了常委会与代表、与人民群众的联系，也为代表执行职务、发挥作用创造了良好的条件。

积极探索代表活动形式，组织代表围绕中心工作开展活动。从年初开始，每次常委会会议都邀请部分省人大代表列席，并在会议期间专门召开座谈会认真听取他们的意见。在开展立法调研、执法检查等活动时都邀请人大代表参加。加强了对代表小组活动的组织指导，按专业或工作单位将省直单位的省人大代表重新编组，要求代表必须回原选举单位开展活动，使代表始终能与原选举单位的人民群众保持密切联系，更好地代表人民，更有成效地为人民服务。加强对代表法和代表活动的宣传，努力为代表工作创造良好的舆论氛围和法制环境。在《福建日报》上开辟了"人民代表之声"专栏，刊登人民代表大会制度的基本知识，介绍各条战线人大代表的风采。同时让人大代表在深入了解民情的基础上，在党报上发表自己的意见和建议，反映人民的心声。

加强了对市县乡三级人大代表工作的指导。积极倡议建立人大代表接待群众来访制度，在全省各市县选择和依托有条件的乡镇和街道，有计划、有步骤地由本辖区的各级人大代表轮流接待群众来访，人民群众的呼声通过各级人大代表反映到国家权力机关，使人大的工作建立在最可靠的群众基础上，做到民有所呼，我有所应。

密切联系人民群众，全心全意为民排忧解难，依靠人民的监督激发人大及其常委会的活力。常委会组成人员经常深入基层、深入群众，反映社情民意。如常委会领导根据群众反映房屋拆迁安置补偿问题，深入福州市苍霞棚屋区，视察棚屋区改造工作，与部分搬迁户进行座谈，了解情况，并要求有关部门把好事办好，把实事办实，把工作做细，切切实实为人民造福。加强信访工作，成立了人民接待室，进一步改善了接待条件；建立常委会组成人员约访群众制度，帮助解决信访疑难问题；适应形势发展变化的需要，及时修订《福建省各级人民代表大会常务委员会信访工作条例》；建立了省人大、省法院、省检察院、省公安厅信访部门协调会制度，提高信访效能；加强信访积案的排查，化解社会不安定因素，促进社会安定稳定。

四、加强同市县（区）人大常委会的联系，共同推进地方人大工作的开展。常委会加强同市县（区）人大常委会的联系，更好地保证宪法、法律、法规以及上级人大及其常委会的决定决议在本行政区域的遵守执行。

及时总结推广基层人大积极的、有开拓性的经验和做法，支持市县人大常委会认真履行职责。基层人大在实践中大胆探索，创造性地开展工作，为民主法制建设和人大制度建设提供了许多有益经验。如开展对法律、法规实施情况的检查监督，组织代表评议同级"一府两院"工作，对人大及其常委会选举和任命的干部进行述职评议，推进执法责任制，开展个案监督等。常委会及时采取多种形式和途径，加以总结推广，不断推进省人大和市县人大工作的开展。

共同研究探讨新时期人大工作，努力开创人大工作新局面。召开了各市人大常委会主任工作座谈会，认真回顾了"九五"期间福建省地方人大的工作取得的新进展：对坚持党的领导、自觉服从党的领导的认识有了新高度；贯彻依法治国方略、推进依法治省进程迈出新步伐；立法和监督工作围绕建立社会主义市场经济体制和服务于改革、发展、稳定大局取得了新成果；联系人大代表和人民群众采取了新举措；地方人大及其常委会的自身建设得到新发展；法制宣传教育工作形成新局面。会议还认真探讨了在新时期地方各级人大如何以"三个代表"重要思想为指导，充分行使宪法和法律赋予的职能，做好人大各项工作等问题，为迎接新世纪、开创新局面作了思想准备。

及时指导和帮助市县（区）人大工作。继续坚持邀请下一级人大常委会主任列席常委会会议制度；在开展有关立法、监督和代表工作等方面加强配合，发挥整体作用；召开对口工作座谈会，及时通报工作情况；注意关心下级人大的工作，深入了解基层人大工作的情况，对市县（区）人大工作给予指导，及时答复他们在实施法律法规等方面提出的问题，积极帮助他们解决工作中的困难；对需要省人大常委会履行法定职权的，都及时作出决定，先后作出了南平市人大代表名额和漳州、泉州、南平市人大常委会组成人员名额的决定，以及关于宁德撤地设市首届市人大代表名额及常委会组成人员名额的决定，为市级人大工作的开展创造条件。加强对基层人大干部的培训工作，不断促进基层人大干部队伍素质的提高，举办了1期市县（区）人大常委会主任培训班。

五、加强常委会自身建设，适应新世纪发展的要求，在世纪交替之际，新的形势和任务对人大各项工作提出了更高的要求。常委会坚持以江泽民同志关于"三个代表"重要思想为指导，进一步加强自身建设，以适应新形势下做好人大工作的需要。

不断深化理论学习，努力提高理论素养。认真学习领会马克思列宁主义、毛泽东思想、邓小平理论、江泽民同志关于“三个代表”重要思想和党的十五大、十五届五中全会精神,加强地方国家权力机关的思想政治建设。重视学习反映当代世界发展的新知识和做好人大工作所必需的知识,举办了与行使职权有密切关系的立法法及相关的地方立法、世界贸易组织知识、依法行政、可持续发展理念及信息技术的应用知识等方面的讲座,不断充实和提高自己。

为了深入学习领会江泽民同志关于“三个代表”重要思想,常委会结合开展“致富思源,富而思进”教育和“三讲”教育“回头看”活动,组织部分常委会组成人员和机关干部到广东、上海等地学习考察,把学习别人与总结自身经验结合起来,进一步解放思想、更新观念、借鉴经验、改进工作,使福建省人大工作更上一层楼。在全国人大常委会召开的省级人大常委会主任研讨班上,介绍了福建省在地方人大工作中贯彻“三个代表”重要思想,进一步开创人大工作新局面的经验和体会,受到与会同志的肯定。

加强思想政治工作和干部队伍建设是推进新时期人大工作的基础。常委会认真开展“三讲”教育“回头看”,进一步完善整改措施,巩固“三讲”教育成果。利用一些重大典型案件,深入开展警示教育,以案释法,以案释纪,分析原因,认识危害,吸取教训,推进党风廉政建设和反腐败斗争深入开展。引进激励机制,逐步推行干部任前公示制,增强干部工作的透明度。认真开展机关效能建设,勤政廉政一起抓,进一步规范管理,转变作风,提高效率,努力建设一支“廉洁、勤政、务实、高效”的人大干部队伍。

建立健全机构设置,为常委会更好地行使法定职权创造条件。依照立法法的要求,省九届人大四次会议将选举产生省人民代表大会法制委员会。在省委重视、省政府的支持下,常委会为这一专门委员会的设立做了大量前期准备工作。此前,常委会设立了法制工作委员会,并把原来的法制委员会更名为内务司法委员会。这样福建省负责地方性法规统一审议的机构,以及协助常委会完成地方立法工作的机构得以完善。

加强人大制度与民主法制建设的宣传和研究。继续推进“三五”普法规划和常委会有关决议的实施,认真总结“三五”普法经验,为下一阶段普法工作打下基础。进一步密切与宣传部门和新闻单位的联系,充分发挥新闻宣传媒体的作用。开通《人民政坛》月刊的网络版,扩大了福建人大新闻宣传的覆盖面和影响力。继续开展宣传人大制度好新闻评选活动。围绕贯彻“三个代表”重要思想和常委会年度工作重点,确定重点调研课题,并进行调查研究,形成调研成果。主持编撰和出版了《中国法制建设巡礼·福建省卷》,该书全面回顾总结福建省改革开放20年来法制建设的成就,为今后的工作提供了许多有益的经验。

常委会还积极开展与外国地方议会的交往,增进外国议员、国际友人对我国人大制度和福建的了解。根据本省有众多的闽籍台港澳侨胞的特点,积极主动拓宽联谊渠道,加强海外联谊工作,促进了经济、文化等领域的交流与合作。

【全省各市人大常委会主任座谈会】 全省各市人大常委会主任座谈会于2000年11月22~24日在福州召开。省、市、县(区)、乡(镇)4级人大的负责同志90余人参加了会议。省委书记陈明义、省长习近平也应邀出席会议并作了重要讲话。会议以邓小平理论和江泽民同志“三个代表”重要思想为指导,学习贯彻党的十五届五中全会、省委六届十二次全会精神,传达了全国省级人大常委会主任研讨班以及全国人大立法、财经、环保会议精神,总结交流了“九五”期间全省地方人大工作经验,研究探讨了新时期人大工作的思路,明确了地方国家权力机关在推进依法治省进程中的重要职责和任务。会议要求,面向新世纪,全省各级人大要高举邓小平理论伟大旗帜,努力实践“三个代表”重要思想,以更加振奋的精神、更加勤奋的学习、更加扎实的工作、更加辉煌的业绩,努力开创人大工作的新局面。

【福建省人大常委会正副主任、正副秘书长、委员名单】 (以2000年12月底在职者为准)

主　　任:袁启彤
副 主 任:王建双　施性谋　洪华生*　宋　峻　童万亨　方忠炳　郑义正　黄贤模　林　强
秘 书 长:曾喜祥
副秘书长:张振郎　赵　浡　杜成山
委　　员:(按姓氏笔画为序)
王灼赓　王美香*　王继超　申学光　叶文鉴　包应森　毕振东　吕团孙　吕良弼　庄启谦　刘钦锐　许书亮　苏玉泰　李必成　李伟民　李德海　吴少雄　吴　城　何宜刚　余金满　张济宇　张振郎　陈子诚　陈文钊　陈训敬　陈扬义　陈国梁　陈　奎　陈修茂　陈俊杰　陈祖辉　陈紫东　林仁川　林鼎富　欧云远　欧进钢　易百禄　郑今奋　郑伟文　郑持光　封建安　洪进宝　姚振泉　聂全林　黄双月*　简少玉*　詹　毅　魏忠义

【福建省人大常委会各委、办、室正副主任名单】 (以2000年12月底在职者为准)

办公厅
主　任:李德海
副主任:林源森　郁　成

研究室
主　任:张振郎
副主任:潘金顺　许长荣

人事代表室
主　任:陈祖辉
副主任:李晓吾　陈起辉

法制委员会
主　任:毕振东
副主任:张用惠　徐　平

农经委员会
主　任:刘钦锐
副主任:冯廷佺　陈竹丛

财经委员会
主　任:余金满
副主任:黄长谔

环境委员会
主　任:吴　城

教科文卫委员会
主　任:陈　奎
副主任:赖祖胜

华侨台胞委员会
主　任:李伟民
副主任:陈二南

【各设区的市、县(市、区)人大常委会主任、副主任名单】 (以2000年12月底在职者为准)

福州市人大常委会
主　任:赵守箴
副主任:张守祥　张一建　张旭村　吴赞明　张胜年　吴金弟　郭永灿　施能柏

鼓楼区人大常委会
主　任:吴登骏
副主任:郑明和　丘占少　林惠珍*　刘珠妹*

台江区人大常委会
主　任:翁珠俤
副主任:程醒秋　高声振　许如民　郑琪鸿*　陈荣发

仓山区人大常委会
主　任:林国和
副主任:沈惠秋*　陈祖志　林兆水　吴世振　王亚罗

晋安区人大常委会
主　任:郑师钤
副主任:李文树　林银官　林福珠*　洪锡金

马尾区人大常委会
主　任:林俊宪
副主任:郑仁耐　叶昌木　邹海岳　邓宇清

福清市人大常委会
主　任:俞兆坤
副主任:李基泉　高绍炳　刘常平　陈金明　刘明龙　蔡金祥

长乐市人大常委会
主　任:陈　明
副主任:邹秋榕*　郑灼官　陈依霖　陈炎树　林昌柱

闽侯县人大常委会

主　任：林可良
副主任：余祥斌　潘忠信　高国兰　陈秋桂

平潭县人大常委会
主　任：陈进生
副主任：陈敬业　任恢俊　庄学文　韩祥勇

永泰县人大常委会
主　任：林开灯
副主任：林惠珠*　李立海　蔡荣富　蔡邦学

闽清县人大常委会
主　任：张金泰
副主任：吴孟桃　吴春水　黄志前　黄道建

连江县人大常委会
主　任：林世昌
副主任：郑昌新　刘恒芳*　魏积祥　林则钿

罗源县人大常委会
主　任：吴振棋
副主任：郑炎炎　吴美杰　王家驹　邱绍勇

厦门市人大常委会
主　任：李秀记
副主任：林柏龄　张清钳　陈联合　张斌生　林明鑫　王　榕

开元区人大常委会
主　任：杨　玲*
副主任：李芳玲*　潘耀辉　杨春粟　苏宜尹

思明区人大常委会
主　任：许雨川
副主任：陈荣忠　程和水　庄振典　吴碧英*

鼓浪屿区人大常委会
主　任：郭恒明
副主任：钟哲聪　陈文章　王清祥　陈昭强

湖里区人大常委会
主　任：洪再生
副主任：黄炳辉　叶添源　陈国财　陈善同

杏林区人大常委会
主　任：许天晟
副主任：杨俊阁　陈卫东　陈万泉　胡练藩　杨庚辰

集美区人大常委会
主　任：柯　通
副主任：高金星　施恩雅　陈水令　潘佳庆

同安区人大常委会
主　任：陈再文
副主任：林纯熙　郭友民　吴亿年

漳州市人大常委会
主　任：李敏忠
副主任：汤龙光　黄琼霞*　吴小玲*　陈　莘　庄凉江　何红孙　黄汉河

芗城区人大常委会
主　任：陈启生
副主任：吴家麟　王慧卿*　黄子陆

龙文区人大常委会
主　任：陈庆元
副主任：翁赐文　周　弋*

龙海市人大常委会
主　任：张水湖
副主任：林荣赞　方亚秀*　吴启山　张海岸　朱东亮

漳浦县人大常委会
主　任：杨　玲*
副主任：方荣和　林拱海　洪水生　许　火　戴鹏飞

华安县人大常委会
主　任：刘炳南
副主任：蔡振源　林坤荣　林甲东　林炳章

东山县人大常委会
主　任：吴裕光
副主任：汤德元　何土福　何永乐　方丽芬*　沈玛添

长泰县人大常委会
主　任：黄耀光
副主任：蔡元泉　杨　斌　张承锋　刘文兰

云霄县人大常委会
主　任：吴和盛
副主任：张束香*　曾文幸　陈耀国

南靖县人大常委会
主　任：徐海土
副主任：庄东木　谢绍其　王九分　柯淑华*

平和县人大常委会
主　任：赖田土
副主任：张百忍　孙守煊*　陈　熹

诏安县人大常委会
主　任：黄浦江
副主任：沈泗海　许响德　沈耀初　李成顺　李清标

泉州市人大常委会
主　任：薛祖亮
副主任：魏声外　陈金榜　周子澄　吴　同　张千秋　孙增福

鲤城区人大常委会
主　任：陈国强
副主任：黄清泉　黄衍楼　洪世宗

丰泽区人大常委会
主　任：庄泉宝
副主任：戴文元　吴世贮　陈丽煌　丁灿辉

洛江区人大常委会
主　任：卢希德
副主任：陈传仁　蔡金星

泉港区人大常委会
主　任：潘启水
副主任：刘荣富　朱合兴　何耀群　肖慧中

晋江市人大常委会
主　任：陈章进
副主任：施学长　陈永恩　吴松茂　张景锻　蔡天赞

南安市人大常委会
主　任：王家镇
副主任：陈章明　卓金钳　林淑华*　黄贞谅　周建宣

石狮市人大常委会
主　任：吴彦南
副主任：洪进灯　林积赞　王金沙　林介平

惠安县人大常委会
主　任：陈清发
副主任：任秋来　饶水海　肖德星　刘忠民

安溪县人大常委会
主　任：陈长昭
副主任：许土炭　陈耿忠　林全福　林炯泉

德化县人大常委会
主　任：林昌宝
副主任：郑启梓　林发太　郑清泗　林华武

永春县人大常委会
主　任：张祖森
副主任：洪一彬　辜希平　郑福南　颜一鹏

三明市人大常委会
主　任：陈刚挺
副主任：张运祥　叶彼德　杨振西　程立双　陆火生　曾万钦　江桂如*

三元区人大常委会
主　任：李盛有
副主任：纪圣和　范敦球　庄道琼　张莉英*

梅列区人大常委会
主　任：蔡绍协
副主任：王兆峰　黄杞苏　薛金珠*　王永清

永安市人大常委会
主　任：江道波
副主任：徐火才　董殿亭　林凤莺*　陈炳贻

清流县人大常委会
主　任：王火辉
副主任：雷春华　陈仕先　吴施增　李钦周

宁化县人大常委会
主　任：林福生
副主任：张东生　江　华　邱雅文　张如梅*

建宁县人大常委会
主　任：李良臣
副主任：王登远　揭留耕　黄友台　饶胜光

泰宁县人大常委会
主　任：林为敏
副主任：田和永　詹金莺*　伍洪金　李平佑

明溪县人大常委会
主　任：陈全北
副主任：黄世钧　沈克予　曾富福

将乐县人大常委会
主　任：陈宗善
副主任：王文松　余继勤　李昌奇　林秀光*

沙县人大常委会

主　任：周升堂
副主任：谢国丁　汤火生　黄世雅

尤溪县人大常委会
主　任：陈子久
副主任：许炳瞵　陈由财　包绍华　王寿兴

大田县人大常委会
主　任：方初海
副主任：柳传金　詹文批　林　坚*　陈进塔

莆田市人大常委会
主　任：林国良
副主任：甘玉莲　郑庆国　林育材　俞金荣　黄永水

城厢区人大常委会
主　任：杨云鹏
副主任：郑文凤　林兆义　郑美烘　林水木

涵江区人大常委会
主　任：陈文通
副主任：陈春霖　李汝琴　黄天贵　陈德豫

莆田县人大常委会
主　任：黄文富
副主任：雍文水　康美妹*　柯梅姐*　黄金发　周金梅

仙游县人大常委会
主　任：陈秋荣
副主任：陈秀贞*　郑孟栋　叶羽纬　蔡秀娟*

南平市人大常委会
主　任：林克敏
副主任：祖忠福　杨庆贤　张健正　曹瑞萍　李宝书　陈国良

延平区人大常委会
主　任：李志让
副主任：王荣标　陈绍栋　袁宗敩*

邵武市人大常委会
主　任：吴克荣
副主任：李加珍　江灿仁　杨亚庭*　孙柏庭

武夷山市人大常委会
主　任：姚承培
副主任：梁继武　李秀卿*　方美英*　熊明星

建瓯市人大常委会
主　任：杨玉龙
副主任：周奎文　朱德钧　殷　斌　张金泰

建阳市人大常委会
主　任：白炳义
副主任：周进财　张国雄　牛相盛　甘秀华*

顺昌县人大常委会
主　任：肖炎忠
副主任：邓子成　黄春娣*　黄朝荣　陈嘉亮

浦城县人大常委会
主　任：周琳孙
副主任：吕国权　胡利孙　周祥茂　郑仁潭

光泽县人大常委会
主　任：陈尧钦
副主任：黄青云　张日起　张秋发　周云龙

松溪县人大常委会
主　任：魏秉进
副主任：王铭泉　张国坤　吕新春　何幼平

政和县人大常委会
主　任：魏万能
副主任：张振津　马绍贤　宋金兰*　叶福钦

龙岩市人大常委会
主　任：张燮飞
副主任：黎梓元　李相生　蓝其鉴　余丽明*　李天喜　黄日照

新罗区人大常委会
主　任：郭健明
副主任：李福海　张秋蕙*　张金荣　林秋旺

漳平市人大常委会
主　任：王福胜
副主任：卢木火　朱永铃　洪美英*　席海勤

永定县人大常委会
主　任：简锦祥
副主任：李荣光　吴鑫辉　熊竹兰*　卢　彬

上杭县人大常委会
主　任：林锦添
副主任：李　英*　李朝永　陈立常

武平县人大常委会
主　任：兰玉峰
副主任：廖洪生　李志超　孙叶艳　陈培才

长汀县人大常委会
主　任：谢冠球
副主任：钟桂英*　李文生　童庆荣*　丘声岚　黄昌钰

连城县人大常委会
主　任：罗意珍*
副主任：沈在莱　杨钦明　赖海英

宁德市人大常委会
主　任：钟雷兴
副主任：缪希铃　林阿彩　谢德仪　林坤华　刘必贵

蕉城区人大常委会
主　任：苏祥荣
副主任：吴芳叶　林爱华*　叶协进　叶明祥

福安市人大常委会
主　任：刘秉辉
副主任：黄　滔　郭　冲　陈平玉　钟隐芳*　李言明

福鼎市人大常委会
主　任：叶荣云
副主任：洪恒针　林立慈　林春桃*　李　行

霞浦县人大常委会
主　任：林斌喜
副主任：林华章　林志福　张长健　陶哨明

寿宁县人大常委会
主　任：杨金柱
副主任：王运潘　范良满　王邦兴　龚德禹

周宁县人大常委会
主　任：林建强
副主任：许达苍　谢世欢　汤兰兴　汤翠玉*

柘荣县人大常委会
主　任：陆成伟
副主任：林金寿　蔡应棠　陈水源　邢雅惠*

古田县人大常委会
主　任：陈桂媚*
副主任：李基旭　胡继虹　王青贻*　林启意

屏南县人大常委会
主　任：张尊镇
副主任：苏维邦　杨　毅　苏则林　林根珍

注：“*”者为女同志。

（撰稿：薛侃　宋颖　陈君玮）

省人民政府

【省人民政府主要工作】 2000年，省政府以学习贯彻江泽民总书记“三个代表”重要思想、深入开展“两思”教育为动力，认真贯彻落实党中央、国务院和省委的一系列决策部署。按照“全省GDP增长9%，力争更快更好些”的总体要求，省政府相继召开了一系列重要会议，对全年工作做了具体安排和部署。省政府还改进领导方法，把各项工作的目标任务进行具体分解和细化，明确每位领导、每个工作部门责任和每月工作进度，定时进行督查，保证了各项工作落到实处，有效地推进经济建设和社会各项事业的发展。在具体工作中，突出抓了以下工作：

一、深入调查研究，理清工作思路。 1999年底和2000年初，省政府针对全省经济与社会发展中的关键问题和深层次问题，先后提出两批调研题目，安排有关部门进行深入调研，形成了一批调研成果，一些重要政策建议和工作措施及时进入了省政府的决策。年初，省里几套领导班子分别带队到兄弟省市学习考察，借鉴加快发展的成功经验，进一步解放了思想，开阔了视野，拓宽了思路。4月，省委、省政府在琅岐召开专题会议，提出了全省跨世纪发展目标和基本思路，并对更好地完成2000年的国民经济和社会事业发展的各项工作任务提出了更加明确的要求。

二、把握关键，大力推进经济结构调整。 针对我省经济结构调整步伐缓慢，经济发展后劲不足的问题，省政府把调整优化经济结构作为2000年全省经济发展的中心工作来抓。在农业结构调整方面，召开了全省农业结构调整现场会议，积极引导农民调整种植业结构。优质早稻和品质较好的水稻种植比重由1999年的23%提高到2000年的48%。粮食与经济作物的种植结构比例由1999年的69：31调整为2000年的66：34。在第二产业调整方面，省政府进一步明确了今明两年和今后一个时期产业结构调整工作的方向，把力量集中在产业结构的调优、调高上，将工作落实在项目、企业和产品上，确定了90家重点扶持的企业和90个重点建设项目，出台了《今明两年进一步调整优化全省产业结构的实施意见》和《关于省级财政预算资金按比例扶持全省调整优化经济结构重点企业、项目的实施意见》，并明确工作责任制进行全力推动。同时，把实施名牌战略同产业结构调整有机地结合起来，省里确定从220个省级名牌产品中筛选出30个市场前景好、可望进入全国名牌的产品作为重点扶持对象，对这些名牌在技术改造、财税政策、市场融资等方面给予相应的支持，力争有若干产品在产量、销售收入、实现利税、出口创汇等方面创全国第一或名列前茅。区域经济结构调整方面，在加快沿海地区发展的同时，促进山区迅速发展，召开了全省山海协作工作会议，继续以经济利益为纽带，按照市场经济规律，大力推进山海协作，加大对山区转移支付力度，在基础设施建设上向山区倾斜，召开了三明、宁德两市专题汇报会，帮助解决了一些实际困难。城乡结构调整方面，认真组织实施《福建省进一步加快小城镇建设的若干意见》，加强小城镇发展规划，引导社会资金参与小城镇建设，积极稳妥、因地制宜地发展小城镇，加快城乡一体化进程。

三、打牢农业基础，促进农业增产和农民增收。围绕农产品结构不合理、市场价格低迷、农民增收趋缓等问题，省政府在大力调整农业产业结构的同时，积极推进农业产业化经营，继续扶持100家省级农业产业化龙头企业，推动龙头企业扩大规模，增强辐射带动作用，不断延伸产业链。2000年是国家实施“八七扶贫攻坚计划”的最后一年，各级政府全力以赴地做好以解决剩余贫困人口温饱问题和提高低收入人口生活水平为中心的扶贫开发工作，省里确定的“造福工程”2万人和各地自行增加的0.98万人的搬迁任务基本完成。

四、狠抓薄弱环节，推动利用外资、工业生产、固定资产投资的有效增长。利用外资方面，针对年初全省利用外资工作中出现的新情况和新问题，省政府积极及时采取措施，加大工作力度，召开了全省外经贸暨投资环境建设工作会议，出台了《关于促进外商投资进一步发展的若干规定》，积极开展涉外政策规章清理工作，进一步加大投资软环境建设；成功举办了第四届中国投资贸易洽谈会、福州国际招商月暨海峡两岸科技成果交易会等大型招商活动，努力开拓利用外资新领域；加大省重点建设项目的招商引资力度，加强对利用外资项目的跟踪落实工作，切实提高项目履约率、到资率，有效地扭转利用外资工作中的不利局面。工业生产方面，由于产品和产业结构不合理、有效需求不足、历史债务和社会负担重、资金筹措困难等因素的制约，工业运行矛盾也很突出，最主要的是增速减缓，为此，省政府把保持工业增长势头，作为经济工作的一个薄弱环节，实行逐月调度制度，把握工业经济运行走势，及时协调解决工业生产存在的问题和困难，保证重点企业生产进度；加强对重点地市、重点行业的调度和调控，在生产要素优化配置上给予支持；密切银企合作，缓解企业资金使用矛盾突出问题，促进了工业生产的回升。固定资产投资方面，年初开始全省基建投资增速连续4个月降幅超过15%，造成固定资产投资增幅下降幅度较大。省政府为此专门召开了重点建设年中调度会，及时采取对策，进一步加强对重点项目建设的领导和协调，做过细的工作，对重点项目建设，逐个行业、逐个项目抓协调、抓落实；加大工作责任制的落实，千方百计筹措资金，加快建设进度。同时，加快项目前期工作，把前期工作的重点放在未批开工的省预备重点项目上，推进更多的项目动工建设。抓住国家增发国债资金的有利时机，认真筛选项目，扩大投资规模。认真贯彻落实党中央、国务院出台的《关于促进中小城镇健康发展的若干意见》，加强中小城市的公共设施、绿化工程、城乡防灾减灾体系和农业基础设施建设，加快推进农村电网改造项目的建设进度，广辟投资领域，促进固定资产投资的增长。

五、加大攻坚力度，突破改革难点。2000年是实现国有企业改革与脱困3年目标的最后一年。为实现“到年底大多数国有大中型亏损企业摆脱困境、大多数国有大中型骨干企业初步建立现代企业制度”的国企改革目标，省政府出台了国有企业改革与脱困工作的指导意见，加快对重点企业的改组改制步伐；对列入国家脱困考核的69户重点企业，实行分类指导，强化扭亏责任制，加快扭亏步伐，实现了“两个大多数”目标。全面推进各项配套改革，初步建立了国有资产管理、监督、营运体系；进一步放开搞活中小企业，积极探索建立中小企业支持服务体系。在建立和完善社会保障制度方面，进一步加强再就业培训，拓宽就业渠道；进一步强化社会保险扩面征缴工作；企业离退休人员养老金已100%社会化发放，这项工作走在了全国前列；同步推进医疗保险、医疗机构和药品生产流通体制“3项改革”，卫生行政部门从办医院转向管医院，医疗机构分为营利和非营利两类进行管理，改革卫生监督体制，医药分开核算、分别管理，规范药品采购制度，努力实现用比较低廉的费用提供比较优质的医疗服务。根据“精简、统一、效能和责权一致”的原则，精心组织实施省级政府机构改革，省级各部门内设处室精减了近20%，行政编制精简了50.1%，达到了预期目标。全面开展机关效能建设，行政审批制度改革和清理地方性法规、规章和规范性文件工作取得实质性进展，已取消省级政府审批事项222项，废止省政府规范性文件340件。

六、认真贯彻中央12号文件精神，努力保持国民经济发展的好势头。在国际经济加快回升、国内经济出现转机的重要时刻，党中央、国务院于2000年8月及时下发了12号文件，决定采取综合性措施，进一步推动国民经济的持续快速健康发展。中央12号文件下发后，省委、省政府高度重视，多次召开会议进行学习研究，并结合全省实际，提出了贯彻意见。省政府召开了贯彻中央12号文件的专题会议，提出了进一步扩大内需、千方百计扩大出口、积极有效利用外资、多渠道增加农民收入、大力发展非公有制经济等保持经济发展好势头的五大措施和3个方面的工作要求。会后，省委、省政府下发了《关于贯彻落实中央12号文件精神，努力做好当前经济工作的意见》，并出台了扩大固定资产投资和运用价格政策促进扩大内需的配套文件，对保持国民经济的良好发展势头发挥了积极作用。

七、实施大举措大动作，推动社会事业加快发展。2000年省政府为解决经济建设与社会事业发展不相协调问题，进一步加快社会各项事业的发展，实施了一系列大举措、大动作。积极推进高等院校、师范院校布局结构调整和管理体制改革，新组建了泉州师范学院和三明高等专科学校，福建农业大学、福建林学院合并组建福建农林大学，福建音乐学院挂靠华侨大学，福州“大学城”规划工作正在进行，厦门大学漳州新校区建设方案基本确定，另有3所本科高等学校（福建工程学院、闽江学院和莆田学院）的规划、组建和申报工作也正在进行中，高校“211工程”和省属高校20个重点学科建设继续推进，高校筒子楼改造、教师公寓和学生公寓建设按计划进行；以促进科技成果产业化为重点，进行了省属开发型科研机构的企业化转制工作，出台了《福建省高新技术产品认定办法》、《福建省关于加快高新技术及其产业发展的若干规定》，研究提出了风险投资相关政策及风险投资公司组建方案；制定出台了福建省引进高层次人才的政策规定，并到国外和省外招聘人才；出台了医疗机构药品采购、医疗设备采购管理办法；社会事业重点设施建设取得新进展，省游泳跳水比赛馆已交付使用，省立医院改扩建项目已完成拆迁任务，福建医大附属第一医院门诊综合楼按计划完成扩初会审，省广播电视中心已完成选址，正在办理立项工作，福建大剧院选址也已确定。

八、深入贯彻落实中央五中全会精神，科学制定“十五”计划《纲要》。“十五”计划是福建省进入新世纪的第一个5年计划，也是全省加快建设海峡西岸繁荣带和有条件的地方率先基本实现现代化的一个关键的五年计划。制定好“十五”计划，对福建省在新世纪初的开局起步至关重要。省政府高度重视这一工作，多次召开省长办公会议、省政府专题会议对各阶段的工作进行研究和部署，并广泛征求了各地市、省直各部门党委（党组），以及党内老同志和各民主党派与工商联负责人、无党派民主人士的意见，形成了《建议》（草案）。党的十五届五中全会召开后，又根据五中全会精神作了进一步修改，提交省委六届十二次全会审议通过。之后，省政府根据《建议》的精神，修改、形成了《纲要》（征求意见稿）。《纲要》（征求意见稿）广泛征求了各部门、各市、各民主党派、无党派人士和有关专家的意见，整体工作进展顺利，按时提交省九届人大四次会议审议。（撰稿：章文恕）

【省政府驻外省市办事机构工作概况】 省人民政府在北京、上海、广州、深圳、天津、山东、海南、西安、重庆，共设立9个办事处，其中，京办为正厅级，沪办、穗办、深办为副厅级，其余为处级。2000年，省政府驻外省办事机构坚决贯彻执行省委省政府的工作部署，以“三个代表”重要思想为指针，深入开展“三讲”教育活动，强化服务保障意识，齐心协力，顾全大局，全面完成省委省政府赋予的各项任务，开创了工作新局面。京办新班子4月上任，坚持两手抓，努力创建规范、流畅、高效的工作运行机制，主动做好与中央、国家有关部委、北京市及重大活动的组织联络协调服务，精心组织两会服务，信息工作完成出色。沪办新老班子顺利交替，加强思想政治建设，围绕省委省府中心工作和全省经济大局，积极拓展闽沪经济合作领域，做好“双向”服务；依托上海优势，为三明国企改革、南安等地落实协作项目，信息服务优质。穗办着力推进我省与粤、港、澳及与海外的经济技术合作，积极开展“9·8”贸洽会、福州招商月、海峡花博会等宣介邀展工作，加大福建在粤参展、招商力度，圆满完成接待任务，被评为2000年度全国驻穗办信息工作先进单位。深办依托特区优势和福建大厦各项设施，开展各项招商引资经贸合作，为闽籍在深务工人员排忧解难，为2万多人办理劳动用工手续，经营活动富有成效。津办加强政治业务学习，强化机关效能建设，积极促进闽籍在津企业发展，拓展福建经济发展促进会工作服务领域，提高闽货在津市场占有率。鲁办做好福建在鲁企业的联络服务工作，为成立在鲁福建企业协会奠定基础；提高接待服务质量，加强内部管理。琼办为闽琼两省领导互访做好安排服务，为“9·8”贸洽会、海南冬交会和福建企业来琼发展牵线搭桥，信息工作受省表彰，办公场所及硬件设施得到根本改善。8月，省编委批复正式成立驻西安、重庆办事处，为实现西部大开发战略，密切我省与西部各省市区经济协作，设立了“窗口”。

（撰稿：孔繁圣）

【福建省人民政府省长、副省长、秘书长、副秘书长名单】（以2000年12月底在职者为准）

省　　长：习近平
副 省 长：张家坤　潘心城　黄小晶　贾锡太　朱亚衍　曹德淦　丘广钟　汪毅夫
秘 书 长：陈　芸
副秘书长：刘启力　倪英达　张　健　王聚仁　陈佑明　林　辉　滕国际　黄琪玉　卢增荣　黄常谔　徐　钢

【福建省人民政府所属机构、企事业单位负责人名单】（以2000年12月底在职者为准）

省政府办公厅
主　任：刘启力
副主任：王钦如　潘　征　马跃征

省发展计划委员会
主　任：郑立中
副主任：陈毓寰　谢兰捷　刘群心*　郑　勇　庄荣文　王桂凤*

省经济贸易委员会
主　任：谢先文
副主任：薛金炼　郑松岩　刘　炎　赵林如*　钟安平　邓云贞*

省教育厅
厅　长：朱之文
副厅长：鞠维强　杨　辉　刘　平*　薛卫民

省科学技术厅
厅　长：叶双瑜
副厅长：林炳承　符卫国　林嘉骒　丛　林

省民族与宗教事务厅
厅　长：林文斌
副厅长：钟　安　余险峰　雷　斌*

省公安厅
厅　长：陈由诚
副厅长：傅镛堃　邵　华　牛纪刚　张建生　卢士刚

省国家安全厅
厅　长：倪英达

省民政厅
厅　长：黄炳泰
副厅长：江华先　兰致和　鄢一忠　林培新

省司法厅
厅　长：陈保明
副厅长：许以穆　薛育卿　黄忠岩

省财政厅
厅　长：马潞生
副厅长：俞传尧　陈小平　林永经　李国瑛　陈青文*

省人事厅
厅　长：陆志华
副厅长：颜黎明　丛远东　汤昭平

省劳动和社会保障厅
厅　长：王克益
副厅长：李　华*　江作梁　宋建华

省国土资源厅
厅　长：蔡忠义
副厅长：林方磊　郑立铭　姜玉志　林耀华　刘可清

省建设厅
厅　长：林坚飞
副厅长：邹学栋　王家祥　洪捷序

省交通厅
厅　长：洪长平
副厅长：祝君强　悦胜利　许　莹*

省信息产业厅
副厅长：刘群英*　邵玉龙

省水利厅
厅　长：黄心炎
副厅长：蔡健民　吴瑞岚　刘子维　庄　先

省农业厅、省委农办
厅　长：吴建华
副厅长：姜安荣　朱光荣　胡渡南　肖诗达　叶恩发
主　任：徐登峰
副主任：林月婵*　林义杰

省林业厅
厅　长：何团经
副厅长：吴炳清　张添根　吕月良　陈家东

省对外经济贸易合作厅
厅　长：郑宗杰
副厅长：杨　彪　贺汪洋*　吴国盛　林昌丛　艾国清

省文化厅
厅　长：黄启章
副厅长：范碧云*　方彦富　陈秋平

省卫生厅
厅　长：杨　平
副厅长：陈秋立　林才经　陈文加　阮诗玮

省计划生育委员会
主　任：张学梅
副主任：雍秀英　苏富达　游振伟　任酒玲

省审计厅
厅　长：冯声康
副厅长：蔡松林　梁亦秋　王光远

省地方税务局
局　长：张学清
副局长：叶木凯　王国璋　吴振坤

省环境保护局
局　长：李在明
副局长：郑更新　丛　澜*　叶南斗

省广播电视局
局　长：朱永康
副局长：舒　展　陈文广　翁　星

省体育局
局　长：蔡天初
副局长：徐正国　张立仁　毛武夷

省统计局
副局长：龚守栋　卢景星　陈　建　徐一帆

省物价局
局　长：陈荣凯
副局长：姜榕兴　郑宝强　吴春官
省工商行政管理局
局　长：赵觉荣
副局长：何友荣　陈乙熙　黄耀梅*
省新闻出版局
局　长：杨加清
副局长：白京兆　李玉光　黄建成
省海洋与渔业局
局　长：刘赐贵
副局长：张国胜　刘修德　陈继梅
省质量技术监督局
局　长：孙海山*
副局长：王　飞　刘秀基　冯贵明　王大川
省药品监督管理局
局　长：朱东海
副局长：刘文豪
省旅游局
局　长：明　敏*
副局长：罗　健　李毅强
省粮食局
局　长：刘昌霖
副局长：孙　竹　黄希敏*
省外事办公室
主　任：李庆洲
副主任：杨香勤*杨德魁　王天明
省侨务办公室
主　任：林爱国
副主任：卢圣鑫　郑良妙　罗　仁　智渡江
省经济体制改革与对外开放委员会办公室
主　任：苏增添
副主任：陈　桦*罗信生　陈少和
省国防动员委员会办公室（省人民防空办公室）
主　任：石增兴
副主任：钟明森　陈金顺　刘万勤　陈庆友
省口岸与海防管理委员会办公室
主　任：李玉明
副主任：王爱平　丁肃修　张光生　王小阳
省政府驻北京办事处
主　任：王聚仁
副主任：孙　峰　周扬基　方金国　王桂凤*
省政府驻上海办事处★
主　任：陈振环
副主任：林西广　肖金通
省政府驻广州办事处★
主　任：陈松青
副主任：杨庆华　林　文*
省政府驻深圳办事处★
主　任：全文燮
副主任：李香灿　严可国
省法制办公室★
主　任：张　猛
副主任：游劝荣　陈飞鹏
省机关事务管理局★
局　长：滕国际
副局长：施亚光　彭照杉　陈秀琴*
省交警总队★
总队长：姚义瑞
副总队长：朱孝忠　刘建敏　杨人沂
副政委：陆昌鼎　张德雨
省监狱管理局★
第一政委：陈保明
局　长：许以穆
政　委：林洪麟
副局长：胡凤才　李陵军　陈　强
省老区办★
主　任：吴连田
副主任：罗万荷
省水电站库区办公室★
主　任：林应华
副主任：蔡　伟　胡元焘
省测绘局★
局　长：郑立铭
副局长：林启周　陈智仁
省供销商社
主　任：陈世泽
副主任：黄亚远　陈依炳　詹立铗　陈积忠
省地质矿产勘查开发局
局　长：宋祥文
副局长：吴诗鑫　王九林　林仕学
省机械成套设备局
局　长：喻永锡
副局长：毕仲明　闵小权
中国海峡人才市场
董事长：张家坤
副董事长：戴光前　林国清
总经理：骆烟良
副总经理：林国梁　王朝栋
省地方志编纂委员会
主　任：刘学沛
副主任：卢美松　杨建国　苏炎灶
省经济发展研究中心
主　任：蔡德奇
副主任：杨益生　林振平
省农业科学院
院　长：谢华安
副书记：林秀贞*
副院长：冯玉兰*张伟光　翁伯琦
省社会科学院
书　记：杨华基
院　长：严　正
副院长：刘玉志　林其屏　张　帆
省水利水电勘测设计院★
院　长：李小榕*
副书记：黄　聪
副院长：陈敏岩　廖榕芳*
省经济信息中心★
主　任：黄国敏
副主任：庄　展　吴绍济
福建人民广播电台★
台　长：陈坦汶
副台长：林祥熙　刘金森　方永光
福建电视台★
台　长：傅祖桂
副台长：林云森　陈若凡　武卫平　叶雄彪
省中旅集团
董事长：林玉琳
总经理：刘依珠*
副总经理：曾竹南
福建国际信托投资公司
董事长：王希超
副总裁：陈宗林　杨盛明　宋　涛
华闽（集团）公司
总经理：孙　明
副总经理：李金林　杨东成　陈瑞曾
福建外贸中心集团
总　裁：杨祖基
副总裁：邓则钺　温海江　赵自喜　黄荣文
省华侨信托投资公司
董事长：刘立身
总经理：陈山平
副总经理：杨新忠　赖少英*
福建投资开发总公司
董事长：赖纪锐
副总经理：翁若同　兰　隽
省轻纺公司
董事长：梁　模
总经理：王学鼎
副总经理：黄国英　陆宝明　吴经奋
省煤炭公司
董事长：吴德厚
总经理：许炜华
副书记：林孟启
副总经理：周联清　郑金腾　姜初炎
省煤田地质局
局　长：林金本
书　记：刘宝生
副局长：施孟雄　李华雄　陈英金
副书记：陈香全
省冶金公司
副董事长：陈维铉
副总经理：陈维铉　赵义瑞
省船舶公司
总经理：谢作民
副总经理：林　奋　赵云芳
省汽车公司
董事长：凌玉章
副总经理：李振营　柳振诚　翁时钦　陈洁人
福建炼油化工有限公司
董事长：马金魁
书　记：张碧聪
总经理：马金魁
副书记：黄炳文
副总经理：路佩恒　康　飙　董大文　赵力平
省石化集团公司
董事长：朱国庆
副董事长：周文成　潘恒琨
总经理：周文成
副书记：李立明
副总经理：张秀玲*
省三钢集团公司★
董事长：欧阳元和
副董事长：邓电明

总经理：李彦
副书记：徐庆芳
副总经理：朱小复 曾兴富 卫才清 陈军伟

厦门航空公司
董事长：何平
书记：陈国良
总经理：吴荣南
副书记：尤祥辉
副总经理：宋成仁 刘文波

长乐机场公司
董事长：王应铨
副董事长：刘观昌
总经理：陈金泉
副总经理：刘悦武 任建国 邱守德

省工程咨询总公司
总经理：张莘民
副总经理：陈琳 周跃华 林明洙

省建筑工程总公司
总经理：徐仲华
副总经理：周治安 郑建国 张仲平

省建材控股公司
董事长：丁仕达
总经理：黄建民
副书记：李恭洲
副总经理：林锦瑞 李建寅

省物资集团公司
董事长：陈永庭
总经理：陈永庭
副总经理：刘克坤 郑乐群

省高速公路建设有限公司★
总经理：卓超
副总经理：唐建辉 吴大元 邱榕木

福建兴业银行
董事长：高建平
行长：高建平
副书记：黄广通
副行长：毕仲华* 康玉坤

【中央有关部委直属机构负责人名单】（以2000年12月底在职者为准）

省农村抽样调查队★
队长：魏晓光
副队长：林鹰漳 许振潮

省城市抽样调查队★
队长：陈建
副队长：陈榕良 张晓玲*

省企业抽样调查队★
队长：陈江良
副队长：周榕

国家林业局驻闽专员办事处
专员：周华永

财政部驻闽专员办事处
监察专员：杨宪华

中国证监会福州办事处★
主任：魏书松
副主任：黄宗福

省国家税务局
局长：张金水
副局长：连开光 陈滨

福建海事局
局长：杨水来
书记：江德顺
副局长：胡江山 陈志武 申亚平
副书记：邱志雄

厦门海事局★
书记：洪我追
局长：池津光
副局长：陈正杰 郑卓凡 王宏生

福州海关
关长：周卓为
副关长：刘华生 赵民 陈能庚 王继军

厦门海关
关长：毛新堂
副关长：朱龙发 吴明祥 金明祥

福建出入境检验检疫局
局长：王志民
副局长：王仲符 庄家深 吴绍炳

厦门出入境检验检疫局
局长：刘家萍
副局长：李德平 刘胜利 张人参

省电力工业局
局长：刘顺达
副局长：王朝旭 林野 黄宪培 马宗林

闽江工程局
局长：李良顺
书记：陈纯鹏
副局长：张功平 蔡启光 陈耀华 王松春

省邮电管理局
副局长：杨锦炎

省邮政局
局长：郑武
副局长：杨理正 赵泉雄 潘杰 李必生

省电信公司
总经理：刘耀明
书记：上官启文
副总经理：段建祥 黄衍

省移动通信公司★
总经理：刘平
副总经理：林东华 林立勋 林柏江

省民航管理局
局长：黄文石
副局长：林明华 张晓东 陈金泉

省气象局
副局长：杨维生 林有年 林新彬 周京星

省地震局
局长：林思诚
副局长：朱金芳 黄向荣 史彝华

福州铁路分局★
局长：黄焕忠
书记：尤祥礼
副局长：高占元 张锡金 黄桂章 杨建中
副书记：俞昌营

省物构所
副所长：洪茂椿 姚元根 陈辉
副书记：程文旦

新华社福建分社
社长：肖辉家
副社长：刘仙鹏 卓培荣

华能福州分公司★
经理：陈宏基
副经理：林伟杰 林民春 杨国成 陈振声
副书记：陈一清

省石油总公司★
总经理：吕建华
书记：杨前战
副总经理：郑庆寿 王野 陈弟亨 刘成勇

省航空技术进出口公司
总经理：郭乐秋
书记：刘有长
副总经理：王其善

省精密机械进出口公司
总经理：陈发扬
副总经理：徐晓 苏宝国

省烟草公司（专卖局）★
经理、局长：邱胜华
副经理：宋力 黄锦江 杨培森
副局长：张卉

人行福州金融监管办事处
特派员：刘南园
监察特派员：张希东

人行福州中心支行
行长：周业梁
副行长：林泽忠 宋建荣 吴成居 晏露蓉*

省工商银行
副行长：朱晓平 蔡治建 方培生

省农业银行
行长：陈良富
副行长：陈兴株 郑瑞华 沈木金 石九生

省建设银行
行长：黄政云
副行长：陈轼 林青山 李文贤 吴炳康

省中国银行
副行长：王永利

省农业发展银行
行长：苏靖
副行长：林克栋 王毓辉

福州开发银行
行长：张伟
副行长：阎晓辉 赵方强

长城资产管理公司福州办事处
总经理：谢德寿
副总经理：严正 陈鸿珊

信达资产管理公司福州办事处
主任：林剑
副主任：石三平*

华融资产管理公司福州办事处
总经理：康桂章
副总经理：李英生* 余朝谋 江发铃

中国人民保险公司福建分公司
总经理：谢文华
副总经理：吴养生 郭敏

中国人寿保险公司福建分公司
总经理：杨大祖
副总经理：黄品华 陈耀光

【各设区的市、县（市、区）人民政府领导人名单】（以2000年12月底在职者为准）

福州市人民政府
市　长：翁福琳
副市长：方贤明　高　翔*　杨爱金　梁建勇　刘用炤　吴华瑞

鼓楼区人民政府
区　长：朱　华*
副区长：陆世旺　邵宜重　徐自才　陈震宙　许铭忠　赵学峰

台江区人民政府
区　长：江　海
副区长：黄行旭　陈春光　林品光　林　景　吴　强　刘友忠

仓山区人民政府
区　长：张森兴
副区长：陈朝明　陈　奇　关瑞祺　王廷杰　王肇昌　潘邦瑞

晋安区人民政府
区　长：陈　吉
副区长：荣见青　林恩美　林恭锟　陈希治　刘志江　陈家炎

马尾区人民政府
区　长：马国防
副区长：李祥栋　王兆贵　石建辉　陈承茂　雷成才　高　明　李苏林

福清市人民政府
市　长：朱　健
副市长：张晓斌　魏唐茂　戴宗椹　郭进文　游美兴　倪政云　林茂清　王德玉　高国富　严金官

长乐市人民政府
市　长：林葆础
副市长：李俊湘　池声斌　延建霖　陈荣官　林义耿　陈玲玲*　郑祖英　张性魁　陈　钰　郑金德

闽侯县人民政府
县　长：邹国真
副县长：张心浩　林善淦　黄小英*　王绍知　张大斌　石允淦

平潭县人民政府
县　长：陈承国
副县长：王长鹰　郑金水　俞天成　刘用善　范仕焕　张　玲*

永泰县人民政府
县　长：李依兴
副县长：林睦祥　苏友全　陈双春　杨传金　唐为民　张　涵*

闽清县人民政府
县　长：陈大强
副县长：陈信平　许建平*　陈　源　林治良　郑子升

连江县人民政府
县　长：王　玲*
副县长：邱吉明　林　华　魏子升　张　凌　林　强　兰钦明

罗源县人民政府
县　长：刘嘉水
副县长：朱碧娟*　雷光秀　姚建传　鄢　萍*　彭　强

厦门市人民政府
市　长：朱亚衍
副市长：陈维钦　陈聪辉　郭安民　丁国炎　江曙霞*　潘世建

开元区人民政府
区　长：裴金佳
副区长：杨益坚　童再福　皮卫平*　蔡良涯　何冠中　蔡顺驰

思明区人民政府
区　长：王勇军
副区长：郑云峰　杨立才　朱奖思　何瑞福　阮跃国

鼓浪屿区人民政府
区　长：程建明*
副区长：陈金标　郑惠生　游文昌　徐平东

杏林区人民政府
区　长：陈昭扬
副区长：黄锦坤　洪天文　陈李升　张宗芎　叶莎莉*

湖里区人民政府
区　长：郑栅洁
副区长：李溪任　陈慧龄*　陈荣镇　周克芳　魏　刚

集美区人民政府
区　长：曾晓民
副区长：柯志敏*　叶勇义　邱太厦　林充贺　陈世真

同安区人民政府
区　长：杨金兴
副区长：李栋梁　朱再兴　庄碧卿*　张友福　郭永辉　叶朝宗　张天才

漳州市人民政府
市　长：李天森
副市长：林殿阁　卢耀清　林瑞华*　黄和东　张启琛　林奕斌　谭培根

芗城区人民政府
区　长：朱璋琪
副区长：陈忠厚　郭亚辉　蔡月莲*　曾文生　赵慧真*　庄溪榕

龙文区人民政府
区　长：蔡良国
副区长：谢荣川　齐荣芗*　阮亚宏　周进春

龙海市人民政府
市　长：康君福
副市长：林小煌　许跃国　赵　静*　宋龙驱　郭福泉　江国荣　魏跃平　陈　琪　文效敏

漳浦县人民政府
县　长：钟禄贵
副县长：兰开发　陈黎明　林五四　杨银玉*　孙青华　黄荣川　阮伏水　骆沙舟

华安县人民政府
县　长：谢毅泰
副县长：蒋一婷*　江中土　黄万源　周黎鸣　沈国强　卢　健*

东山县人民政府
县　长：黄双庆
副县长：李云霞*　沈松池　周志聪　邱永顺　梁红星

长泰县人民政府
县　长：杨明元
副县长：王毅群　戴聪联　薛龙水　陈金聪　何伟燕*　林思宁

云霄县人民政府
县　长：黄舜斌
副县长：吴文团　张小梅　苏惠卿*　黄银寿　汤全平　杨镇发　廖世铢　平　措

南靖县人民政府
县　长：戴坤江
副县长：孙建平　陈炎山　余水旺　李战华　郭丽月*　江敦岚

平和县人民政府
县　长：杨彬文
副县长：林　忠　林文标　张翼腾　吴川泽　蔡福民　林清顺　黄新华　周瑞民

诏安县人民政府
县　长：陈宝钧
副县长：陈汉夫　沈木聪　陈君鹏　田明辉　游建兴　兰万安　黄再升

泉州市人民政府
市　长：施永康
副市长：余茂桂　李天乙　曾华彬　周焜民　颜　波　黄少萍*　黄维礼

鲤城区人民政府
区　长：王亚君*
副区长：颜呈灿　刘碧霞*　蔡清泉　王依群　李光寒　陈建通

丰泽区人民政府
区　长：林伯前
副区长：吕　竞*　朱周能　蔡立民　林建扬　许文贵　陈诗林

洛江区人民政府
区　长：陈家富
副区长：朱启平　王华西　谢工农　庄赞才　宋爱华*　郑国华　杨青青*

泉港区人民政府
区　长：游祖勇
副区长：刘华岭　连启明　王庆祥　林建国　赵琼花*

晋江市人民政府
市　长：龚清概
副市长：陈贻萍　王远东　方玉銮　陈健倩*　陈少华　李辉跃　颜子鸿　高　强　王泽庶

南安市人民政府
市　长：陈庆宗
副市长：李永远　李　军*　陈　益*　黄南康　刘志平　吴金球　戴爱国

石狮市人民政府
市　长：郑栋梁
副市长：李健康　朱新民　郭丽莲*

庄金平　佘日杰　刘见永
杨少清

惠安县人民政府
县　长：黄源水
副县长：庄建辉　郭萍萍*　张建生
林万明　蔡荣清　黄金华
邱经良

安溪县人民政府
县　长：曾荣华
副县长：谢保家　林田平　廖皆明
龚增毓　钟文成　宋丽珍*
方　曦　陈长华

德化县人民政府
县　长：杨益民
副县长：王春金　颜清平　林合龙
涂健圻　郑金尧　林英厦
黄耀昆

永春县人民政府
县　长：潘燕燕*
副县长：林金星　张一申　郑英兰*
李建民　张传统　余永坚
罗亚阳

三明市人民政府
市　长：叶继革
副市长：余有江　张志南　严凤英*
丁　瑜*　邱乾春　李家荣
陈良椿　郑国仁

三元区人民政府
区　长：刘绍文
副区长：王　庆　林新发　谢时金
张耀凤　刘德培

梅列区人民政府
区　长：吴建国
副区长：曾祥辉　柳忠武　朱振明
吴小武　张丽娟*

永安市人民政府
市　长：陈美绵
副市长：林文德　冯华明　陈钟香
蔡大明　谢丽全　朱孟英*
黄明园*

清流县人民政府
县　长：涂娓珠*
副县长：曹建华　赵明升　蔡金明
郑加录　邓兆盛

宁化县人民政府
县　长：陈忠杰
副县长：纪熙全　邱蕃炎　何正彬
徐海生　董香妹*　张仁淑

建宁县人民政府
县　长：洪明德
副县长：高惠斌　张萍娥*　蔡建州
施大海　陈海涛　郑清华
吴鼎春

泰宁县人民政府
县　长：郑维荣
副县长：盛福江　王玉明　肖明光
胡维茂　李子林

明溪县人民政府
县　长：王　政
副县长：陈宗标　罗水源　厉　云
魏景纹*　陈文华

将乐县人民政府
县　长：林传衍
副县长：黄莱笙　蔡光信　李荣根
谢国强　谭维林

沙县人民政府
县　长：池秋娜*
副县长：丁玉铭　黄恒标　黄建平
黄福松　沈再生

尤溪县人民政府
县　长：林昌源
副县长：邱水长　陈修栋　施昌礼
杨大荣　王桂华*　郑剑波
郑颂茜*　李宝银

大田县人民政府
县　长：林梁儿
副县长：郑新忠　涂振锟　陈培前
邱忍祥　马敬愈　林少松
陈汉良　王清阳

莆田市人民政府
市　长：陈少勇
副市长：蔡尔申　杨海玲*　郑庆国
李朝阳　黄永水　王平原

城厢区人民政府
区　长：阮　军
副区长：黄德元　郑炳麟　王玉明
黄梦龙　黄志强

涵江区人民政府
区　长：林庆生
副区长：姚景华　周如敏　刘金发
黄建涵　杨信华　吴玉腾

莆田县人民政府
县　长：吴元珍
副县长：谢国良　林为霏　郑硕华*
梁国镇　佘仲霖　林更生
许建平

仙游县人民政府
县　长：林素钦*
副县长：陈顺裕　陈国林　李新贤
钟文斌　陈再新　何锦驰
刘丽红*

南平市人民政府
市　长：徐　谦
副市长：林少雄　周继红*　廖荣元
陈满泉　陈学松

延平区人民政府
区　长：陈　杰
副区长：魏建忠　高　榕*　王周同
陈少妹*　吴永辉　刘　玫*
练方宁

邵武市人民政府
市　长：刘山鹰
副市长：甘金琦　黄健儿　袁仁旺
夏邵平　廖建永　肖惠梅*
李念超

武夷山市人民政府
市　长：张建光
副市长：陈树明　徐恩华　陈先珍
梁　东　施大茂

建瓯市人民政府
市　长：陈鼎成
副市长：林明庆　杨荣郎　邱建闽
李　夷　曾谏华　林　果

建阳市人民政府
市　长：郭建声
副市长：余建坤　刘淑姝*　黄　雄
柳贵清　谢续华　刘明香

顺昌县人民政府
县　长：王　磊
副县长：朱苏榕　张上进　陈盛金
蔡忠明　黄亚惠*　叶　鸣

浦城县人民政府
县　长：兰斯文
副县长：陈呈辉　翁明亮　周裕明
梅庭旺　胡香玉*　杨　琳

光泽县人民政府
县　长：朱淑芳*
副县长：王　霖　徐　勇　吴完姬*
官宝斌

松溪县人民政府
县　长：卓立筑
副县长：魏炳发　朱志华　张志华
吴　斌　董清芳　黄心田
潘发斌

政和县人民政府
县　长：黄健平
副县长：吕德钧　詹树强　葛灼瑞
叶　虹*　王茂明　方晓明

龙岩市人民政府
市　长：袁荣祥
副市长：廖桥榕　徐继武　卢泉昌
马承佳　张秀娟*

新罗区人民政府
区　长：郭舒帆
副区长：黄建新　林韶立　黄庆辉
张琼珊*　吴永荣　罗初辉

漳平市人民政府
市　长：刘　远
副市长：胡鹏程　罗裕清　黄笃流
段渭景　张晓玲*　林百坤

永定县人民政府
县　长：温锡浩
副县长：赖永龙　李伟春　吴瑞林
王启勇　王　华　严志铭
邱玉燕*

上杭县人民政府
县　长：张斯良
副县长：胡育文　陈思忠　谢强伦
兰建杭　温文标　林　旭
洪松生

武平县人民政府
县　长：谢细忠
副县长：曾德金　张友仁　王小平
苏立波　邓穗明　陈晓玲*

长汀县人民政府
县　长：黄福清
副县长：林庆祯　杨主民　吴振华
余松辉　丘桂萍*　梁茂源

连城县人民政府
县　长：谢小建
副县长：邱河清　林家龙　江济强
刘友洪　罗育东　陈日源

宁德市人民政府
市长：周金伙
副市长：傅贤光　陈应辉　李元明
陈允萍*　陈铭玉　郑民生

蕉城区人民政府

区　长：陈　星

副区长：游国璋　黄瑞安　孙焕春　陈旺玉*　游　勤　林辉良　陈善光

福安市人民政府

市　长：蓝如春

副市长：梁奕章　林峰雪*　刘振辉　刘宗廷　陈长德　陈灼生　石　林　何世明　黄国璋

福鼎市人民政府

市　长：陈铭生

副市长：罗红专　叶梅生　李承潘　丁　永　许文斌*　蔡梅生　黄玲清*

霞浦县人民政府

县　长：谢兴旺

副县长：曾　春　林雄全　雷仕庆　刘冰华*　陈合招　董少平

寿宁县人民政府

县　长：刘信华

副县长：刘美森　叶建根　林盛宝　林国仁　王步金　卢　斌　陈良光

周宁县人民政府

县　长：陈鼎鸿

副县长：蓝秀珍*　郎华安　叶贻顺　周伦溢　孙蕾英*　杨肩宇　肖兴春

柘荣县人民政府

县　长：周秋琦*

副县长：吴传安　刘步明　黄建龙　吴松光　张　滔　袁湘宁

古田县人民政府

县　长：林　鸿

副县长：陈　辉　陈和平　张小华*　缪绍炜　郑安思　陈鸿飞　谢志荣

屏南县人民政府

县　长：薛成康

副县长：陈其春　张本甫　郑常州　潘振勇　陈道珍　周芬芳*　叶海游　叶　扬

注："*"者为女同志，★者为二级机构。

（名单由省委组织部信息管理办公室提供）

政协福建省委员会

【省政协八届三次会议】　2000年1月20～26日在福州举行。八届省政协委员668人，出席会议586人。开幕会与闭幕会分别由游德馨主席和王良汚副主席主持。委员们审议了省政协常务委员会工作报告；列席了省人大九届三次会议，听取并讨论了政府工作报告，以及省人大常委会、省法院、省检察院报告；通过了省政协八届三次会议政治决议和关于常委会工作报告的决议。省政协提案委员会、学习宣传委员会、文史资料委员会、经济科技委员会、文教卫体委员会、社会法制委员会、民族宗教委员会、台港澳侨委员会分别向会议提交了年度工作报告。会议对习近平代省长所作的政府工作报告表示赞同，认为报告对1999年政府工作的回顾客观全面、实事求是，提出的2000年政府工作的指导思想明确、目标和任务切实可行。会议共收到提案846件，大会发言材料92份，并向省党、政领导报送了42份反映社情民意的《快报》。委员们以高度负责的精神，围绕着如何推进改革开放和现代化建设、加强社会主义精神文明建设和民主法制建设、开创政协工作新局面等问题，进行了热烈的讨论，提出了意见和建议。会议安排了闽江鳌江流域水污染治理、贯彻《高等教育法》、中尺度天气预警系统三期工程、少数民族地区经济发展等4个专题的对口协商，取得了良好效果。中共福建省委书记陈明义、省长习近平等认真听取大会发言，参加小组讨论，并作重要讲话。省政协主席游德馨在闭幕会讲话中，对于做好世纪之交的政协工作提出6点意见。

【省政协常委会第10～13次会议】　第10次会议2000年1月23日在福州举行。会议审议并一致通过了福建省政协八届三次会议政治决议（草案）、关于福建省政协常务委员会工作报告的决议（草案）。决定把这两份决议（草案）提交省政协八届三次会议审议。第11次常委会2000年6月13～14日在福州举行。主要议题是研究讨论精神文明建设问题。会议听取了省文明办负责人关于全省社会主义精神文明建设及"十五"规划编制工作的情况通报。部分省政协常委，各民主党派、工商联，省政协和厦门市政协专委会以及部分市（县）从不同角度，介绍了推进社会主义精神文明建设的做法与经验，提出了很好的建议。省政协主席游德馨在闭幕会讲话中强调：一定要按照"三个代表"的要求，积极探索新形势下开展社会主义精神文明建设的规律和途径。第12次常委会2000年9月5～7日在福州举行。主要内容是研究讨论福建省"十五"计划的有关问题。省计委主任郑立中在会上作关于制定福建省"十五"计划情况的通报。会议印发了省政协经济科技委员会和省民建提交的9份大会发言材料。常委们围绕全省未来发展的大局，畅所欲言，提出了许多意见和建议。省政协主席游德馨在闭幕会上讲话，强调了在制定福建省"十五"计划编制中需要注意的8个问题。第13次常委会2000年10月31日至11月1日在福州举行。会议内容是：学习贯彻中共十五届五中全会、中共福建省委六届十二次全会精神，围绕"十五"计划和"从严治党"问题建言献策，研究如何做好当前政协工作。省政协副主席陈增光传达了全国政协九届十一次常委会精神。与会常委和部分在榕省政协委员参观了福州软件园产业基地和实达电脑公司等高新技术项目。省政协主席游德馨作闭幕讲话。中共福建省委书记陈明义到会传达了中共十五届五中全会和省委六届十二次全会精神，提出了贯彻意见。

【建言献策】　一是就全省经济和社会发展中若干热点、难点问题，组织政协委员针对少数民族地区经济与社会发展、中尺度灾害性天气预警系统三期工程建设、《高等教育法》实施、闽江鳌江流域水污染治理等4项内容与省直有关职能部门领导进行对口协商，得到省委、省政府及承办单位的重视和支持，推动了这些问题的解决。二是组织委员深入开展调研视察活动，建言献策取得新成效。各专委会就农业结构调整、增加农民收入、农村精神文明建设、沿海防护林建设、高新技术产业、闽台民间交流、机关效能建设、公安看守工作等专题开展调研和视察活动43次，提交调研、视察报告31份，其中许多意见和建议得到了中共福建省委、省政府的重视和采纳，有的已吸收到中共福建省委、省政府的有关报告和文件中。三是积极为编制福建省"十五"计划出谋献策。常委会高度重视"十五"计划的编制工作。常委会第11次会议，对福建省"十五"计划编制中的社会主义精神文明建设作了专题讨论，向中共福建省委、省政府提出了6条建议。9月上旬，常委会举行第12次会议，专题研究讨论福建省"十五"计划。为了开好这次常委会，经济科技委员会和其他专委会进行了深入调研，形成了《加快产业结构调整，促进经济持续发展》、《福建省"十五"规划中有关高等教育问题的若干建议》等9份建言材料在会上交流。常委们提出了许多很好的意见和建议，这些建议有的被吸收到中共福建省委关于编制"十五"计划的《建议》中去，有的在编制《纲要》和行业规划时被采纳。

【民主监督】1.通过提案工作履行民主监督职能。省政协八届三次会议以来，省各民主党派、有关人民团体和政协委员，共提出提案870件。经审查立案809件，其中48件被确定为重点提案。省政协主席、副主席及各专委会主任督办重点提案22件，从而加快了重点提案办理进度，取得了良好的效果。2.通过组织委员开展以民主监督为重点的视察活动履行民主监督职能。为了跟踪督促九龙江流域水污染治理工程进度情况，省政协领导率部分常委、委员再次赴龙岩、漳州、厦门，深入到城镇、工厂、农村，实地察看了3市的水污染整治情况，写出《视察报告》报中共福建省委、省政府，对今后的整治工作提出5点建议。习近平省长作出批示，进一步推进了省政府关于《九龙江流域水污染与生态破坏整治方案》的落实。3.通过了解和反映社情民意履行民主监督职能。全年共上报各类信息400多条，报送重要的社情民意94条。省委、省政府领导在35条信息中作了重要批示，推动了一些热点、难点问题的解决。召开了全省政协信息工作座谈会，制定了《关于加强信息工作的若干意见》和《关于信息工作评比办法》。省政协办公厅的信息工作，被全国政协办公厅评为先进单位。4. 通过委员受聘担任廉政监督员、特约检察员、审计员、教育督导员等方式履行民主监督职能。"四大员"活跃在社会的各个行业，积极参与对政务公开和执法管理的监督、检查活动，如实反映情况和建议，受到群众和有关部门的好评。

【台港澳侨联络工作】 大力宣传党和政府的对台方针政策，坚决反对"台独"。举行福建省各界人士学习《一个中国的原则与台湾问题》座谈会，中央电视台在《新闻联播》节目中作了报道。积极开展闽台民间交流调研。会同省台办、台联、台盟、致公党等单位，组成4个调研小组，分赴福、厦、漳、泉和龙岩、宁德等地，就闽台交流问题进行专题调研，共举行30多场座谈会，广泛听取各方面人士的意见和建议，写出调研报告，得到全国政协的重视。分别在香港、澳门、深圳和珠海召开省政协港澳委员座谈会，通报省情，征求意见和建议。先后组织了省政协香港委员和香港福建社团联合会一行42人赴重庆参观考察、省政协港澳委员赴南平、三明市进行国企改革和重组情况的视察活动，为港澳委员知情出力创造了条件。通过协商座谈会，向中共福建省委、省政府领导和省直有关部门报送了《关于做好新移民和海外人才引进工作的若干思考和建议》，引起了省政府领导的高度重视并作出重要批示。

【做好宣传、民族宗教和文史资料工作】 提案委员会与福建日报社联合在《福建日报》开辟"提案追踪"专栏，已刊出6期。学习宣传委员会与省委宣传部联合组织记者采访团采访三明市政协工作。继续开展新闻舆论导向评议工作，受到省委领导同志的肯定。出版《政协通讯》6期、编辑《学习资料》12期，得到委员的好评。民族宗教委员会联合省民族与宗教事务厅和福建农业大学，举办了为期10天的"福建省少数民族菌草技术栽培培训班"，来自全省13个县（市）、5个民族的40名学员参加了培训。向省委、省政府报送了《关于漳平、华安、龙海3县（市）民族地区经济发展和"五通"情况的调研报告》，召开全省政协民族宗教工作座谈会，总结经验，探索新形势下如何进一步推动全省政协民族宗教工作。文史资料委员会切实履行在全国协作编纂《政协文史资料存稿选编》中承担的任务，初步完成4个专题的编辑工作，并编毕建国后资料协作专题——"当代海峡两岸文化交流"书稿。同时抓紧清理库存资料。

【职能规范化和制度化建设】 一是按照中共福建省委13号文件的要求，与省直有关部门共同商议，分别制定出相关的配套文件。已出台文件有：省政府办公厅、省政协办公厅联合下发的《关于加强省政府与省政协工作联系的办法（试行）》；省纪委、省监察厅《关于支持配合人民政协履行民主监督职能的若干意见》；省人大常委会办公厅与省政协办公厅联合下发的《关于地方立法工作有关问题的意见》；省委宣传部与省政协办公厅联合下发的《关于进一步加强政协宣传工作的意见》；省财政厅与省政协办公厅联合下发的《关于保障政协专项经费问题的通知》。二是受中共福建省委委托，组织力量，检查中共福建省委13号文件在全省的贯彻落实情况。9月中旬至10月上旬，省政协组成6个检查组，由12位省政协领导带队，分别对省直有关部门、9市（地）和部分高校贯彻落实中共福建省委13号文件的情况，进行一次全面的检查。三是召开全省政协工作经验交流会，着重交流贯彻落实中共福建省委13号文件的经验，为开创政协工作新局面寻求新思路和新方法。省政府建立健全了与省政协的联席会议制度，在研究重大决策、措施，制定经济、社会发展中长期规划，以及解决人民群众广为关注的重大问题时，认真听取政协的意见和建议，主动加强与省政协协商。省政协制订了《福建省政协主席会议制度》、《福建省政协会议会务工作的规定》和《福建省政协秘书长会议制度》等10多项规章制度，对《中国人民政治协商会议福建省委员会提案工作条例》进行了修订。

【自身建设】 常委会注意加强政治理论学习，增强做好政协工作的责任感和使命感。特别是江总书记关于"三个代表"重要思想的论述发表后，常委会以常委会议、报告会、读书会、座谈会等形式组织常委、委员和省政协机关干部认真学习，深入讨论。开展了省政协领导班子"三讲"教育"回头看"和深入"回头看"活动，继续以整风精神解决党性党风方面存在的突出问题。开展了以胡长清、成克杰为反面教材的反腐倡廉警示教育。这些教育活动，进一步加强了省政协领导班子的思想建设、作风建设和组织建设，提高了履行政协职能的水平，机关的工作水平和服务质量也得到进一步提高。重视加强对市、县（区）政协和省政协委员小组的联系和指导，主动与市、县政协联合开展有关专题的调研和视察，组织116位基层政协领导参加了全国政协培训中心举办的读书班，有93名委员和市、县政协领导参加了省政协举办的暑期读书会和培训班。

【省八届政协主席、副主席、正副秘书长名单】 （以2000年12月底在职者为准）

主　　席：游德馨
副 主 席：刘金美* 王良溥 陈荣春 林　逸 金能筹 陈增光 周厚稳 周　畅 王耀华 李祖可 陈家骅
秘 书 长：游冠洲
副秘书长：俞贤光 陈新华 陈维山 金惠钦 史炳奇 刘以籁 赵向华 郑永祥 林　强 金铁平 陈美光 林葆荣

【省政协办公厅、专委会负责人名单】 （以2000年12月底在职者为准）

办公厅
主　　任：俞贤光
副 主 任：吴建春 王　健
助理巡视员：陈道务
学习宣传委员会专职副主任：许和农
文史资料委员会专职副主任：黄小宁

【各设区的市、县（市、区）政协主席、副主席名单】 （以2000年12月底在职者为准）

福州市政协
主　席：王文贵
副主席：龚融实 刘嘉静 王赞猷 黄双月* 李纯粹* 陈书碧 何宜刚 陈青松 汤森金 杨根平

鼓楼区政协
主　席：邱顺生
副主席：黄金木 何秉钧 张家耘 李　育*

台江区政协
主　席：赵须栋
副主席：林　影* 陈居根 王治平 林建秀

仓山区政协
主　席：蔡庆良
副主席：饶福生 王大光 苏孝桢 林祥火 曾东升 陈宜安*

晋安区政协
主　席：陈　涟
副主席：梁敬霖 甘碧玉* 赵建培 施　钦 方　光

马尾区政协
主　席：洪星光
副主席：石成玉 孙日东 林国金 陈珠英*

福清市政协
主　席：陈维忠
副主席：李洪元 林武载 薛文栋 王恒光 莫雪平*

长乐市政协
主　席：林衍利
副主席：江纯镇 陈惠柔* 林道维 蒋德标 郑宽挺

闽侯县政协
主　席：谢光星
副主席：张振顺 林勇同 程荣成 余存周

平潭县政协
主　席：薛源官
副主席：游礼华　陈时琳　吴训辉
薛理建　成苏明
永泰县政协
主　席：刘积山
副主席：柯建忠　张仕章　林志杰
林艳贞*
闽清县政协
主　席：郑振连
副主席：许定祥　黄斐祥　陈赛银*
连江县政协
主　席：郑厚雄
副主席：郑理端　胡升秀　庄淑豪
邱香英
罗源县政协
主　席：吴仁晃
副主席：高行官　陈孝金　陈　卉
阮　涟
厦门市政协（副省级）
主　席：蔡望怀
副主席：叶天捷　林智忠　郑镇安
陈耀中　林义恭　庄　威
郑兰荪　林仁川
开元区政协
主　席：杨养生
副主席：沈松宝　叶怡足*　叶建成
林春土
思明区政协
主　席：陈宏镜
副主席：施秀丽*　陈秀枝*　翁树林
袁国良
鼓浪屿区政协
副主席：刘解东　郭松萍　林孝玉
周　菡*
湖里区政协
主　席：吴仁福
副主席：林纪鸿　张树彭　戴宗垒
范玉玲*　郭艺勋
杏林区政协
主　席：桂其明
副主席：彭金树　颜海金　卢绍荀*
郑自力　姜彭年
集美区政协
主　席：周冬月*
副主席：杨来水　虞有桐
同安区政协
主　席：陈　韬
副主席：黄　贬　李石根　王剪花*
林锡广　郭焰山
漳州市政协
主　席：林碧华*
副主席：杨　琼　伍向梅*　吴惠天
庄瓦金　王秀花*　苏彩云*
芗城区政协
主　席：张庆宗
副主席：廖淑琴*　叶永栋　冯天佑
郑金花*
龙文区政协
主　席：陈庆元
副主席：蔡玉斌　谢良川　林沛能
龙海市政协
主　席：周阿份
副主席：宋兆培　蔡丽卿*　陈和兴
洪长水
漳浦县政协
主　席：陈　辉
副主席：陈桂味　杨安乐　林仲文
杨开生
华安县政协
主　席：杨甲生
副主席：李亚月*　杨兰萩*　赵伯华
东山县政协
主　席：高爱明
副主席：黄成才　刘冰珊*　刘小龙
长泰县政协
主　席：林瑞兴
副主席：王丽生　陈立国　吴金桂*
杨美恋*
云霄县政协
主　席：方如群
副主席：何天全　吴金瑞*　黄德庆
陈福来　黄志文
南靖县政协
主　席：王两火
副主席：陈其川　刘国瑞　吴惠天
庄振生
平和县政协
主　席：张添火
副主席：黄金生　张　日　曾荣火
黄泽生
诏安县政协
主　席：沈耀喜
副主席：沈鸿发　沈荣茂　丘淡英*
沈肖美
泉州市政协
主　席：傅圆圆*
副主席：何国栋　曾惠华*　薛天锡
叶聪敏　张章炳　郑今奋
王仁杰　张贻伦　何融融
鲤城区政协
主　席：黄金辉
副主席：黄邦杰　许景南　盛和宇
丰泽区政协
主　席：刘聚钗
副主席：杨继志　陈庆元　陈铭福
张福龙
洛江区政协
主　席：蒋夏雨
副主席：江贻万　陈忠文　梁嘉顺
泉港区政协
主　席：吴建民
副主席：李连生　黄文成　林　森
兰　菁
晋江市政协
主　席：邱华谋
副主席：吴鸟秀*　陈道炳　郭金醒*
洪于权　林文聘
南安市政协
主　席：林木对
副主席：姚重贺　林树哲　余静娟*
周荣林　吴振荣
石狮市政协
主　席：蔡志从
副主席：许民权　宋太平　苏文锦
卢文进
惠安县政协
主　席：吴龙昭
副主席：周云清　卢林生　黄泉福
陈赞法　万国章
安溪县政协
主　席：唐建华
副主席：叶宗希　郭杨辉　黄环生
林秀成
德化县政协
主　席：李孝仪
副主席：梁丁云　李文建　楼益梁
温克仁
永春县政协
主　席：林玉璧
副主席：颜华煨　陈友经　林育明
张特炉
三明市政协
主　席：吕少郎
副主席：曾金凤*　林去存　苏承铭
李荣显　周　莱　江　琳*
郑昱荣　邹运恒
三元区政协
主　席：武爱民
副主席：薛炳贵　陈启庆　邱世灼
王本瑜
梅列区政协
主　席：林　熹
副主席：林文廉　童水远　陈郁芬*
宋经文
永安市政协
主　席：叶培坤
副主席：郭常咏　冯瑞庭　包　才
李昌安　邓如宝
清流县政协
主　席：胡登良
副主席：曾金监　罗梓源　邱文宁
廖宝珍
宁化县政协
主　席：罗朝祥
副主席：翁金明　于福东　伍日明
王盛通
建宁县政协
主　席：徐水泉
副主席：陈凤生　伊佳民　黄敬标
黄立勇
泰宁县政协
主　席：廖祺璋
副主席：梁清荣　黄文初　李文凤
陈春盛
明溪县政协
主　席：陈奋志
副主席：翁东凤*　刘开泉　饶克新
曾炳灿　孙扬腾
将乐县政协
主　席：游永涌
副主席：王玉英*　张昌林　潘朝灿
俞晓妮*
沙县政协
主　席：赖忠厚
副主席：陈家禄　张联钰　李玉泉

陈元鹏

尤溪县政协

主　席：黄希秋

副主席：卢芳龙　陈光汉　朱克仕　潘玉燕

大田县政协

主　席：周隆超

副主席：余世雄　陈增含

莆田市政协

主　席：翁毅彪

副主席：许永玉*　林从云　柳国荣　柳应光　蔡文林　孙慈发　林丕赞　郑师平

城厢区政协

主　席：苏国金

副主席：林清良　周国森　陈慧琳*　黄俊明

涵江区政协

主　席：陈文泉

副主席：黄鎏武　方苏闽　黄立平*

莆田县政协

主　席：余文锦

副主席：陈福文　何文义　郑光敏*　林珍妹*　康乃良

仙游县政协

主　席：陈金敏

副主席：林梓微　王顺藩　陈淑贞*　王章德

南平市政协

主　席：赵守明

副主席：吴邦才　高纯福　陈慧珠*　蔡登闳　林一亭　黄良旺　陈宜中　简少玉*　林友忠

延平区政协

主　席：陈鼎章

副主席：郭中光　李文柏　赖国琪　连瑶瑛*

邵武市政协

主　席：赵金印

副主席：郑廷标　黄景莺　敖国和　张四维

武夷山市政协

主　席：肖天喜

副主席：赵培训　杨锦堂　倪木荣　倪祖圣

建瓯市政协

主　席：卓吉卿

副主席：林守良　吴兴荣　张　皓　郑加焰

建阳市政协

主　席：邱运财

副主席：廖卫民　谢子贤　黄永寿　谢天模

顺昌县政协

主　席：郑作纯

副主席：郭启廉　林永祥　廖钱江　苏巧金

浦城县政协

主　席：刘水金

副主席：张先强　吴翠英*　洪雪琴*　吴临亨

光泽县政协

主　席：杨道喜

副主席：郑求玮　黄小杭　何星文　林国焕

松溪县政协

主　席：梅显德

副主席：潘贤才　王　孙　吴青林　叶文章　黄钟义

政和县政协

主　席：叶榅枫

副主席：黄昌明　张银廉　林　军*　许志文

龙岩市政协

主　席：杨金龙

副主席：肖衍锋　廖其俊　丘永源　苏振旺　邱福坤　张秋炯　张再军

新罗区政协

主　席：郑江湖

副主席：张金国　陈展富　林广强

漳平市政协

主　席：杨德鑫

副主席：黄红河　罗全喜　黄　瀚　刘良才　吴余旺　郑玉琳

永定县政协

主　席：钟冬桂

副主席：李春燕　赖秀金　马建林　吴宏谋

上杭县政协

主　席：陈永炘

副主席：陈碧辉　林增奎　张跃龙　陈清如

武平县政协

主　席：吴桂康

副主席：刘立明　周维桃　方锦兴　林善珂

长汀县政协

主　席：刘其炎

副主席：黄顺斤　上官超鹏　杨先和　杨　闽*

连城县政协

主　席：罗土卿

副主席：罗维功　邓水生　罗耀洲

宁德市政协

主　席：姚智梅*

副主席：余上富　廖耕山　林　强　黄信焜　林　寿　陈兴生

蕉城区政协

主　席：陈俊丹

副主席：周玉成　黄家盛　阮希玮　郑贻雄

福安市政协

主　席：阮妙容*

副主席：林良庄　缪　苹　马翠玉*　陈成基

福鼎市政协

主　席：洪恒钗

副主席：胡继灼　朱小同　李逸洲

霞浦县政协

主　席：谢　鹤

副主席：王龙书　黄世莉　张小芳　林国培

寿宁县政协

主　席：连德仁

副主席：钟兴成　郭孟春　夏　鹏　叶乃炳

周宁县政协

主　席：潘陈秋

副主席：吴捷生*　刘延兴　孙永济　周　明

柘荣县政协

主　席：游丹清

副主席：王建生　张增椿　林　武　陆际锦

古田县政协

主　席：包海妹

副主席：余深炎　戴仁平　陈成永　魏林宪

屏南县政协

主　席：林梅珠*

副主席：张良柱　陆修德　林如屏*　郑道居

注："*"者为女同志。

（撰稿：程润江　刘　琪）

中共福建省纪委

【主要工作】

一、认真学习贯彻中央和省委指示精神，进一步增强抓好反腐败斗争的现实紧迫感和政治责任感。年初，中央纪委第四次全会和国务院第二次廉政工作会议后，省纪委领导班子和领导干部首先进行认真学习，深刻领会会议精神，并先后召开省纪委第九次全体（扩大）会议和省政府廉政工作电视电话会议，对全省的学习贯彻作具体部署。党的十五届五中全会和省委六届十二次全会后，全省纪检监察机关采取多种形式，及时传达学习，认真抓好贯彻落实。各级纪检监察机关领导班子和领导干部结合"三讲"教育及"三讲"教育"回头看"，认真学习江泽民总书记关于加强党风廉政建设和反腐败斗争的一系列重要讲话，按照"三个代表"的要求，深入剖析班子及其成员在党性党风方面存在的突出问题，并认真研究和落实整改措施。通过传达学习中央和省委指示精神，深入开展"三讲"教育，各级纪检监察机关领导班子和广大纪检监察干部特别是领导干部进一步统一思想，提高认识，增强了抓好党风廉政建设和反腐败斗争的现实紧迫感和政治责任感。

二、深入贯彻党风廉政建设责任制，完善反腐败领导体制和工作机制。2000年，各级党委、政府继续按照党风廉政建设责任制的要求和"谁主管，谁负责"的原则，切实加强对反腐败工作的组织领导。各级纪检监察机关积极会同有关部门，制定贯彻责任制的配套制度，坚持典型引路，加强考核评议，严格实行责任追究，促进责任制的落实，推动党政齐抓共管、部门各负其责、全党动手反腐败局面的进一步形成。据统计，一年中共有221名领导干部因违反党风廉政建设责任制的有关规定，分别受到党纪、政纪处分或组织处理。

三、坚持三项工作格局，深入开展反腐败斗争。1．结合实际抓重点，扎实推进领导干部廉洁自律工作。各级党委、政府和纪检监察机关认真实践“三个代表”的重要思想，以“三讲”教育为契机，认真开展了制止党和国家机关工作人员赠送和接受“红包”、“三清理一报告”等专项工作。据统计，一年中共有1597人次主动上缴礼金180多万元、礼品2324件，有188名干部因违反规定受到党纪、政纪处分；有220人自报接受上市公司赠送或购买内部职工股94.5万股，上缴溢价款、差价款505.5万元。按照中央关于领导干部的配偶和子女不准在其管辖的业务范围内从事可能与公共利益发生冲突的经商办企业活动等规定，全省现职49名省级干部和1426名市(厅)级干部分别作了填报，经公布、核实、甄别，对违反规定的逐一进行纠正。通过清理用公款为领导干部配备住宅电脑和支付上网费用，清退电脑330台。清理党政机关干部借用小汽车工作进展顺利，按规定清退105辆。2．发挥纪检监察机关职能作用，继续加大查办案件工作力度。2000年，全省各级纪检监察机关，在党委的统一领导下，发挥职能作用，加大查案工作力度，在积极协助、配合中央“4.20”专案组查办厦门远华特大走私案的同时，突破了一批大案要案。据统计，一年中全省纪检监察机关共受理来信来访和电话举报60876件次。新立案件5204件，是历年立案数量最多的一年。新立案件中，县（处）级以上干部案件141件145人，其中厅级干部18件19人。结案受处分人数4986人。在查办案件中，各级纪检监察机关坚持实事求是的原则，为3756名党员干部澄清了是非。通过办案，为国家和集体挽回经济损失1.575亿元。3．抓点带面实施纠建并举，切实纠正部门和行业不正之风。全省各级纪检监察机关积极会同有关部门，把纠正医药购销中的不正之风作为纠风工作的重点来抓，医药购销领域不正之风得到有效遏制；减轻农民和企业负担工作力度加大，农民负担进一步减轻，企业治乱减负成果得到巩固；通过重点对公安（派出所）、教育（中小学校）、交通（运输管理）、卫生（医院）等系统开展行风评议，推动了全省的行风建设。此外，治理公路“三乱”和中小学校乱收费等工作深入开展，也取得了比较明显的成效。

四、运用多种手段和方式协调行动，着力从源头上预防和治理腐败。一是重视思想政治建设。各级纪检监察机关发挥执纪办案的优势，以胡长清、成克杰和发生在我省的杨锦生、丁仰宁、厦门远华特大走私案等典型案件为反面教材，深入进行警示教育，从中吸取深刻教训；组织开展评选第二届十佳“廉内助”活动，着眼于构筑拒腐防变的“家庭防线”；一年中，全省纪检监察机关共举办各类讲座、报告会及竞赛、演讲等活动9965场，受教育人数近200万人。二是会同有关部门着力抓好中央部署的源头治理工作。全省预算外资金和“票款分离”全部纳入广域系统管理，全面启动银行帐户联网，所有县以上执收执罚部门都实行了行政事业性收费和罚没收入“收支两条线”；政府采购网络管理系统逐步形成，并正向工程及服务领域拓展，全省通过政府采购全年共节约支出4284万元，平均节支率12%；有形建筑市场进一步健全和规范，有场无市问题逐步得到解决；会计委派试点工作稳步推进，积累了一些有效做法和经验；县级以下领导干部任期经济责任审计制度得到较好执行，并向厅级领导干部延伸。三是逐步扩展基层民主监督。全省有96.9%的国有、集体企业及国有和集体控股企业开展了厂务公开，95.7%的乡（镇）机关推行了政务公开，98.2%的中、小学校实行了校务公开，村务公开工作继续深化，医院院务公开工作普遍推行。

五、抓好纪检监察机关自身建设，努力提高干部队伍整体素质。一是认真学习“三个代表”重要思想。各级纪检监察机关把“三个代表”重要思想作为政治学习的首要内容，精心组织广大纪检监察干部认真学习、深刻领会其精神实质，并自觉运用“三个代表”重要思想总揽党风廉政建设和反腐败斗争全局，指导纪检监察工作的开展。二是抓好“三讲”教育和“三讲”教育“回头看”。省、市纪检监察机关领导班子及其成员认真开展了“三讲”教育“回头看”，县（市、区）纪检监察机关领导班子和县（处）级以上党员领导干部开展了“三讲”教育。三是加强纪律建设。各级纪检监察机关通过多种形式，加强对广大纪检监察干部遵守政治纪律、保密纪律、工作纪律和办案纪律的教育。同时，严肃查处违反纪律者。四是搞好业务培训。省纪委会同有关部门制定了《关于加强全省纪检监察系统干部专门业务培训和更新知识培训的通知》，将纪检监察系统干部培训工作正式纳入党群机关和国家公务员培训管理。五是以机构改革为契机加强机关建设。在省机构改革领导小组和省编办的关心支持下，省纪委顺利完成了机关机构改革，在保留原内设机构的基础上，增设监察综合室；1998年从党风廉政建设室划出的纠风办工作室正式核定为机关的工作部门，重新核定了编制；制订《关于加强省纪委、监察厅派驻纪检监察机构管理的意见》等文件，进一步强化对派驻纪检监察机构的领导和管理。六是深化干部人事制度改革。各级纪检监察机关把通过向社会公开招考录用优秀人才，与从党政机关和经济、政法等部门选调优秀干部结合起来，逐步实行民主推荐、竞争上岗制度，干部选拔任用、交流、考核等工作机制进一步完善。

【行政监察】

一、推进廉政勤政建设 2000年，全省各级监察机关在党委、政府的统一领导下紧紧围绕经济建设中心，全面履行行政监察职能，扎实推进政府机关廉政勤政建设，深入开展反腐败斗争，为维护和促进全省改革、发展、稳定的大局发挥了积极作用。1．监督检查政府机关廉政勤政建设。各级监察机关积极配合纪检机关和组织部门，继续抓好《廉政准则》和制止奢侈浪费8条规定的贯彻落实；认真开展制止党和国家机关工作人员赠送和接受“红包”专项治理和“三清理一报告”工作；督促政府机关、国有企业领导干部廉洁自律，并针对存在的问题进行自查自纠。2．认真查处违纪违法案件。坚持把查办案件作为反腐败斗争的重要环节来抓，查案工作取得了新的进展。2000年，全省监察机关累计立案调查监察对象违纪违法案件2192件，其中新立案件1993件，涉及县（处）级以上干部105件；结销案件2000件，给予政纪处分878人，其中受到行政撤职以上处分335人。3．积极推动机关效能建设全面开展。2000年，全省各级监察机关按照省委、省政府的要求和部署，充分发挥组织协调、监督检查、综合反馈作用，推动全省机关效能建设的健康顺利进行。主要是：针对全省各级各类机关在改革运行管理中不适应社会主义市场经济发展的环节和因素，重点开展了改革政府审核审批制度和清理地方性法规、规章、规范性文件的工作；初步建立了岗位责任制、服务承诺制、限时办结制、否定报备制、首问责任制、效能考评制、失职追究制和一次告知制等制度；普遍设立了效能投诉机构，受理社会各界对机关效能问题的投诉。据统计，一年中全省共受理效能投诉18775件，到期办结率94%，解决了一些政府关注、群众关心的热点、难点问题，促进了机关办事效率和服务水平的进一步提高。4．重视开展政策法规研究和制度建设。省监察厅会同有关部门起草颁布了《关于加强国有及国有控股企业纪检监察工作的意见》等5个规范性法规和制度；开展“加强、改进党政监督制度和机制”等重点课题调研；举行全省纪检监察政策法规研究工作暨1999年度优秀调研论文评审会议；组织编辑了4册《纪检监察工作政策法规选编》。同时，对《国家公务员行政处分条例(草案)》、《中华人民共和国行政监察法实施条例（草案)》，以及由省人大、省政府、省政协起草涉及党风廉政建设和反腐败工作的30多个地方性法规、规章和规范性文件，提出了修改意见和建议。这些工作，对于进一步规范党政机关工作人员的从政行为，促进党风廉政建设和反腐败斗争的深入开展起到了积极作用。

二、加大执法监察力度 2000年，全省各级监察机关紧紧围绕政府的中心工作，针对社会反映和人民群众关注的热点问题，开展了国债建设项目和社会保障资金管理使用情况，建设工程招标投标情况，粮食流通体制改革情况，以及环境保护、招生、打假、土地、公路通行费管理等工作的执法监察。据统计，一年中全省共开展执法监察2508项（次），查出违纪违法金额5166万元，纠正、退回1638万元，避免和挽回经济损失12899万元。通过执法监察，发现案件线索426个，立案调查415件，给予党纪、政纪处分411人，移送司法机关处理52人。同时，积极会同有关部门，认真调查处理了25起重大事故，查处了一批严重失职渎职者。

三、认真纠正部门和行业不正之风　2000年，各级监察机关积极会同有关部门，按照中央和省委的要求部署，突出重点，加大力度，狠抓落实，取得了新的成效。纠正医药购销中的不正之风工作，对已经取缔的3个非法药品集贸市场进行监控，防止反弹；清理、取缔472家无证照或证照不全的药品生产经营单位；降低225种药品价格，金额5000万元；查处医药购销中的案件227件，给予党纪、政纪处分38人；组织招标采购药品93次、7827种（次），平均降价幅度34%。减轻农民负担工作，通过取消一批涉农收费项目，整顿农村电价，进一步减轻了农民负担；查处涉农负担问题357个，涉及违规违纪金额737.2万元，给予党纪、政纪处分43人。减轻企业负担工作，开展治乱减负“回头看”，取消收费项目22项，查处加重企业负担案件122件，涉及金额2680万元。行风建设工作，主要开展了对公安（派出所）、教育（中小学校）、交通（运输管理）、卫生（医院）等系统的行风评议，取得良好效果。治理公路“三乱”和中小学校乱收费工作，在巩固成果的基础上，还对厦门、漳州、三明市申报实现所有公路基本无“三乱”情况进行了考核验收，对全省中小学校、公安机关收费情况组织了全面检查。

【中共福建省纪律检查委员会书记、副书记、常委、委员名单】（以2000年12月底在职者为准）

书　记：梁绮萍*

副书记：官成华　袁锦贵　陈修茂　左允甘

常　委：梁绮萍*　官成华　袁锦贵　陈修茂　左允甘　江爱华　宁千芳　林　松　李国周　林宝浙　林万植

委　员：梁绮萍*　官成华　袁锦贵　陈修茂　左允甘　江爱华　宁千芳　林　松　李国周　林宝浙　林万植　马新岚*　王良才　包志荣　毕振东　朱永康　刘贤儒　刘德章　江祥钦　苍震华　张志清　张经喜　张清钳　张添根　陈　旭　陈元干　陈丽群*　林仁芳　林文麟　林国清　林祥忠　赵守明　涂瑞南　韩书奋

【各设区的市、县（区）纪委书记、副书记名单】（以2000年12月底在职者为准）

福州市纪委

书　记：陈　伦

副书记：林以其　陈善团　陈建新

鼓楼区纪委

书　记：陈金华

副书记：林文华

台江区纪委

书　记：张为民

副书记：梁挺华　左丽华*

晋安区纪委

书　记：柳　欣*

副书记：林智育　林利焯

仓山区纪委

书　记：姚宏逵

副书记：林开明　王秀斌

马尾区纪委

书　记：林圣婉*

副书记：陈志明　林耀中

福清市纪委

书　记：方裕开

副书记：严贤和　黄瑞华　黄承华

长乐市纪委

书　记：林阿善

副书记：陈立华　林春营　杨大平

闽侯县纪委

书　记：陈　晔*

副书记：杨正金　林其榕

平潭县纪委

书　记：洪锦煌

副书记：翁绳增　游天传

永泰县纪委

书　记：林承超

副书记：魏锦平　陈新枢

闽清县纪委

书　记：陈汉民

副书记：夏　勇

连江县纪委

书　记：邓详训

副书记：周光金　许庸枚

罗源县纪委

书　记：陈诚文

副书记：林　果*

厦门市纪委

书　记：林万植

副书记：林文布　黄杰成

开元区纪委

书　记：张振诚

副书记：石丽娟*　曾国荣

思明区纪委

书　记：吴诸海

副书记：吴碧慧*　孙辅仁

鼓浪屿区纪委

书　记：李宏愿

副书记：尤美婕*　陈永工

杏林区纪委

书　记：许成福

副书记：林振福　陈双进

湖里区纪委

书　记：陈福炎

副书记：印苏程　陈锋列

集美区纪委

书　记：梁美丽*

副书记：刘清海　陈世德

同安区纪委

书　记：黄廷强

副书记：陈仲华　康江良

漳州市纪委

书　记：方清海

副书记：蔡惠林　陈木水　张松根

芗城区纪委

书　记：高国跃

副书记：蔡明坦　林素珍*

龙文区纪委

书　记：苏龙辉

副书记：郭谊民　吴炳南

龙海市纪委

书　记：杨溪峰

副书记：黄允利　邱来生

漳浦县纪委

书　记：游江北

副书记：杨汉生　杨惠杰

华安县纪委

书　记：魏晓萌

副书记：杨宗华　邹金木

东山县纪委

书　记：黄云山

副书记：林传买　崔坤亮

长泰县纪委

书　记：洪里专

副书记：黄娜惠*　方祖峰

云霄县纪委

书　记：沈志平

副书记：罗速修

南靖县纪委

书　记：郑俊生

副书记：刘新鲁　赖东辉

平和县纪委

书　记：洪亚勇

副书记：黄天来　林德志

诏安县纪委

书　记：李辉煌

副书记：沈应生　涂振坤

泉州市纪委

书　记：林荣取

副书记：李淡水　陈其焕　曾国民

鲤城区纪委

书　记：魏山国

副书记：陈荣玉　蔡心怡

丰泽区纪委

书　记：庄建宁

副书记：庄永裕　高志超

洛江区纪委

书　记：黄志捷

副书记：郑钟琼　黄志强

泉港区纪委

书　记：洪顺昌

副书记：魏初贡

晋江市纪委

书　记：周伯恭

副书记：许永都　黄小闽　王礼南
　　　　许四海
南安市纪委
书　记：曾清金
副书记：魏火星　黄衍智　黄天良
石狮市纪委
书　记：蔡马追
副书记：黄振奋　蔡海军
惠安县纪委
书　记：郑建清
副书记：王少瑜* 郑庆祥　王文辉
安溪县纪委
书　记：张镇国
副书记：王日新　叶廉柴　李生明
德化县纪委
书　记：蒋德明
副书记：彭文良　李锦绣*
永春县纪委
书　记：黄清湖
副书记：黄敏智　王士秩
莆田市纪委
书　记：张大共
副书记：陈文儒　陈柴生　孙明忠
城厢区纪委
书　记：林惠玉*
副书记：吴春发　刘里钢*
涵江区纪委
书　记：梁国章
副书记：黄光荣　郭玉池
莆田县纪委
书　记：潘春玉
副书记：黄宗元　陈国新
仙游县纪委
书　记：林　雄
副书记：黄德贤　朱黎萍
三明市纪委
书　记：林纪承
副书记：陈若灿
三元区纪委
书　记：秦　航*
副书记：陈珍文　梁廷春
梅列区纪委
书　记：卢鸿煜
副书记：吴联波
永安市纪委
书　记：刘建榕
副书记：颜自立
清流县纪委
书　记：陈昌帜
副书记：曹发琳　陈盛祥
宁化县纪委
书　记：刘日太
副书记：黄玉金* 黄　宁
建宁县纪委
书　记：叶春玉*
副书记：张爱武　刘朝选
泰宁县纪委
书　记：邱模辉
副书记：李根金　张熙敏
明溪县纪委
书　记：林应平
副书记：周建国　王　录
将乐县纪委
书　记：张益平
副书记：何福吉　张　雯*
沙县纪委
书　记：毛振洲
副书记：罗宗庚　陈　目
尤溪县纪委
书　记：陈修辉
副书记：庄旗旺　黄中斌
大田县纪委
书　记：宋　坚
副书记：黄提成　易玉佩* 杨少贵
南平市纪委
书　记：车达卫
副书记：张祥义　陈浦生　李世章
延平区纪委
书　记：杨　敏*
副书记：刘水平　陈明松
邵武市纪委
书　记：左廷发
副书记：王其文　吴毓卿*
武夷山市纪委
书　记：印泽宽
副书记：蔡　勇　叶仁胜
建瓯市纪委
书　记：薛昌泰
副书记：万松华　崔锦钦
建阳市纪委
书　记：李　兵
副书记：丁发贤　吴玉须
顺昌县纪委
书　记：杨理庆
副书记：何七金　张臣恩
浦城县纪委
书　记：陈建新
副书记：雷浦生　叶月庭
光泽县纪委
书　记：谭　论
副书记：王信实　朱意星
松溪县纪委
书　记：严建和
副书记：郑巨龙　何经荣
政和县纪委
书　记：陈宗荣
副书记：周跃福
龙岩市纪委
书　记：林德炎
副书记：何华元　石家荣　涂家湘
新罗区纪委
书　记：刘福松
副书记：张金滨　陈尔滨
漳平市纪委
书　记：谢海波
副书记：邓加添　叶鸿兴　王英成
永定县纪委
书　记：蓝福元
副书记：林希钊　张沪昌　李耀华
上杭县纪委
书　记：罗　彬
副书记：阙占光　谢永华
武平县纪委
书　记：李文硅
副书记：刘荣添　石建新
长汀县纪委
书　记：林联锦
副书记：刘铭文　李志勤
连城县纪委
书　记：吕庆昌
副书记：曹祥发　巫洪生
宁德市纪委
书　记：林多香
副书记：陈　忠　吴　敏　林建军
蕉城区纪委
书　记：林建军
副书记：林碧娇*　黄如钰
福安市纪委
书　记：周志坚
副书记：张梓祥　卓石佺
福鼎市纪委
书　记：林浩云
副书记：李桂祥　郑家新
霞浦县纪委
书　记：林　峰
副书记：王伏全　王可洸
寿宁县纪委
书　记：李美连
副书记：卢明光
周宁县纪委
书　记：程树平
副书记：陈佳求　张明群
柘荣县纪委
书　记：沈少芳*
副书记：袁全成　李步舒
古田县纪委
书　记：杨培钦
副书记：魏承万　陈景泗
屏南县纪委
书　记：周孔寿
副书记：周荣海　李新生

注：“*”者为女性。

（撰稿：陈晓光　雷虹）

民主党派和工商联

【民革福建省委】
主任委员：王良汚
副主任委员：林嘉骒　史炳奇
　　　　　　曾金凤　庄　威
　　　　　　黄健儿　何宜刚
　　　　　　方　群
秘书长：李天斌

主要工作：2000年全省民革各级组织和广大民革党员，在中共福建省委和民革中央的领导下，继续深入学习邓小平理论，学习贯彻中央十五届四中、五中全会精神，学习民革中央九届三次全会精神，坚持中国共产党领导的多党合作和政治协商制度，大力加强自身建设，努力提高全省民革党员的素质，抓紧后备干部的选拔和培养。紧紧围绕中共中央和中共福建省委、省政府的部署，认真履行参政党的职责，做好政治协商、参政议政和民主监督工作，积极为改革开放、经济建设和西部大开发服务，为祖国统一大业服务，努力维护社会稳定，取得了新的成绩。

一、适应新时期的要求，不断加强自身建设。福建民革各级组织和领导清醒地认识到只有不断地加强自身建设，民革组织才能适应新时期的要求，真正发挥参政党的作用，为国家的经济发展和社会进步作出应有的贡献，因此始终把抓好自身建设放在重要的位置上。1. 加强思想政治工作，搞好思想建设，从做好政治交接的高度出发，2000年民革福建省委通过深入学习邓小平理论，学习中共十五届四中、五中全会精神，以江泽民“三个代表”思想为指导，采取一系列措施，加大工作力度，切实加强全省民革党员的思想政治工作，提高思想政治素质。各级组织分别采取了学习会、形势报告会、培训班、知识竞赛、演讲比赛、参观考察等灵活多样的方式，将民革思想建设的重点放在增强“坚持和完善中国共产党领导的多党合作和政治协商制度”的自觉性和使命感、拥护中国共产党的领导上，切实抓好全省民革组织的思想建设。2000年福建民革学习的专题有：邓小平理论专题知识、“三讲”、“三个代表”、国企改革、“十五”规划、《一个中国的原则和台湾问题》、西部大开发以及揭批“法轮功”等等。省委会注意在民革党员中发现先进典型，树立榜样。2000年3月，通过总结原省委会副主委常勋同志感人的先进事迹，向全省民革党员发出了《关于开展向常勋同志学习的决定》，号召广大民革党员学习常勋同志自觉坚持中国共产党的领导，勤勤恳恳、兢兢业业，不计个人恩怨得失，为社会主义建设事业无私奉献的精神。该先进事迹给广大党员以强烈的震动，大家纷纷表示要以常勋同志为榜样，树立正确的人生观、事业观，立足本职，以实际行动，为社会主义建设和民革工作作出贡献。三明市委会还通过开展“远学常勋，近学刘彦琛”的活动，缩短了先进人物与党员群众之间的距离，使思想政治工作更加具体化、形象化。省委会和各市委会注重加强干部培训，2000年选送10名处级和6名青年干部到有关院校接受系统培训，提高综合素质。省委会还与省社会主义学院联合举办了骨干党员培训班，45名中青年党员骨干参加培训；与宁德市、邵武市支部联合举办新党员培训班，35名新党员参加培训。全年全省数百名党员参加了培训。2000年民革福建省委加强宣传报道工作，《团结报》福建记者站和《福建民革》积极宣传报道全省民革党员的先进事迹以及福建省社会主义经济建设和社会发展的成就。2000年民革厦门市委会被民革中央评为先进集体，全省14名民革党员被民革中央评为先进个人。许多同志被所在地区和单位评为先进工作者。2. 抓紧后备干部培养，搞好组织建设。2000年民革福建省委组织建设的重点是加强领导班子建设。省委会1月召开的九届四次全会、12月召开的九届五次全委会对省委会领导班子进行了届中调整，增补了2名省委常委和4名委员，递补2名省委委员，2位到龄的副主委不再担任原职务并新增选了2位年富力强的副主委，以充实省委会领导班子。三明、莆田、漳州市委会也在年内进行了届中调整。调整后的省委和各市委会领导班子都能以身作则，想大事，抓大事，模范遵守党章规定的各项纪律，认真贯彻民主集中制，团结协作，发挥了集体领导的坚强战斗力。全省各级组织2000年把组织发展工作同后备干部队伍建设有机地结合起来，坚持质量第一的标准，努力发展高层次的代表性人士，吸收了一批年轻有为的高学历、高职称的人士加入民革。2000年通过和各级中共统战部门协商，引进、培养、选拔中青年党员骨干，有11名骨干党员充实进入民革省、市两级领导机构。全省全年发展新党员127人，平均年龄35.7岁，净增长率4.3%，其中中高级职称的占新党员总数44.1%，截至2000年12月全省民革党员总人数达3038人。一年中，民革全省组织新建立5个支部。截至2000年12月11日，全省民革共有149个基层支部，其中132个支部已顺利完成了换届工作，为地市民革的换届奠定了基础。3. 机关建设有新进展。机关作为民主党派的工作枢纽，民革省委会和各市委会机关着重进一步健全和完善规章制度，并在加强机关效能建设上下功夫，使各级组织的机关工作不断走上制度化、规范化的道路，为完成民革参政党职能起到了有力的推动作用。福建民革的离退休干部工作和妇委会工作也有了新特色和新的进展。

二、围绕福建改革开放和经济建设，认真履行参政议政、民主监督职责。2000年全省民革组织认真贯彻实施中央《关于参政议政工作的若干规定》和《全国政协提案工作条例》有关精神，高度重视做好参政议政工作。各级组织建立、健全了有关规章制度和工作机构，积极探索新形势下参政议政的有效途径和方法，使工作进一步走上规范化、制度化的轨道。省委会和各市委会对参政议政工作在领导、组织、选题、调研等方面大力加强，基层组织和提案工作骨干的作用也日益显现，提案质量进一步提高。2000年，民革省委会在省政协大会上，以省委会名义提交提案、建议25篇（件），其中重点提案2件。各地市民革组织和党员在各级人大、政协会议上也提出了许多高质量、高水平的议案、提案，内容涉及多党合作、文化教育、对台工作、西部开发、环保卫生、经济生活等方面。全年全省民革组织完成了58个调研课题，11月份，福建民革召开了全省提案工作会议，对20位工作成效突出的党员进行了表彰。2000年福建民革参政议政工作具有以下4个特点：一是领导以身作则，亲自参与。二是思想上重视，组织上保证。三是抓早抓紧抓落实。四是紧紧围绕党和国家的中心工作以及人民群众关心的热点、难点问题，开展调研，提出议案和提案。

三、为改革开放和两个文明建设服务。2000年，民革省委会和全省民革党员积极响应国家西部大开发的战略部署，省委会拟定了《西部大开发课题调研方案》，撰写了《东部参与西部大开发探讨》的论文。《关于西北大开发的若干思考》在民革中央全国西部大开发研讨会上得到充分肯定，被民革中央选为在全国政协常委会上的大会发言。省委会还动员组织全省民革党员企业家以各种形式积极参与和支持国家西部大开发的战略。2000年全省民革各级组织继续开展科技、文化、卫生三下乡和办学培训、支边扶贫、捐资助学等活动，为群众送温暖、办实事，提供各项社会服务。逸仙艺苑书画家捐助书画作品43幅，统一组织拍卖，所得款项以资助宁德市“连家船”船民上岸定居；民革泉州市委会带领“三下乡”服务团124人，深入基层，开展义诊、演出、科普宣传，受到当地群众的称赞。省委会直属4所逸仙学校，不断加强管理，提高教学质量，取得较好的办学效果，2000年在校生达6000余人。省委会还完成了福州中山纪念堂的修复设计工作，目前正抓紧具体实施修复工程。

四、弘扬孙中山先生爱国和不断革命的精神，坚决反对分裂，大力促进祖国和平统一。2000年民革福建省委始终将促进祖国和平统一事业作为工作的重中之重。当李登辉抛出“两国论”和台湾政局发生重大变动之时，民革全省组织高度关注事态的发展并在事关国家主权，领土完整的大是大非原则问题上，旗帜鲜明，立场坚定，在各种场合用各种方式表达了坚决拥护和支持我国政府解决台湾问题的一贯原则和严正立场。对李登辉、吕秀莲一伙妄图分裂祖国的行为和言论给予了严厉的驳斥。6月，省委会专门召开了民革“全省祖国统一工作研讨会”，就福建省民革如何在台海新形势下发挥自身优势，做好对台工作进行了深入探讨并形成纪要和拟定了具体的实施方案。2000年元月经省民政厅批准，民革福建省委成立了福建省孙中山研究会，于11月12日召开了首届海峡两岸孙中山学术研讨会，来自美国、日本以及海峡两岸在内的近百名专家学者参加了会议。9月，民革中央和民革福建省委会联合召开了全国台情研究暨特约撰稿人工作会议。2000年省委会继续发挥和加强所属省姓氏源流研究会、福建逸仙艺苑等涉台窗口在对外交流，促进祖国统一方面的作用。全省民革对台交流交往及海外联谊工作提高了层次，扩大了范围。2000年全省民革组织和个人共接待台港澳同胞和海外华侨500余人次；经民革组织和个人协助引进的“三资”1000多万元、600万美元。

（撰稿：饶世中）

【民盟福建省委】

名誉主委：章振乾　赵修复
主任委员：王耀华
副主任委员：蒋夷牧　高　翔
刘以籁　郑兰荪
张启琛　黄维礼
徐一帆　阮诗玮
秘书长：陈　榕

主要工作：一年来，民盟福建省委会坚持以邓小平理论和中共十五大精神为指导，在中共福建省委和民盟中央的领导下，继续贯彻民盟中央"突出政治交接主线，抓好自身建设和参政议政两个重点"和民盟省委"夯实基础，重点突破，整体推进"的工作方针，带领广大盟员紧紧围绕经济建设中心，认真履行参政党职能，在参政议政、自身建设、为社会服务等方面取得了新的进展，呈现出生动活泼的可喜局面。

一、加大参政议政力度，参政议政工作上了新台阶。民盟省委领导积极参加中共福建省委、省人大、省政府、省政协及有关部门举行的各种民主协商会、座谈会、情况通报会，就政府工作报告，从严治党，反腐倡廉，对台工作，计划生育工作，制定"十五"规划，全面推进素质教育，深化国企改革等重大问题，听取情况通报，提出意见和建议。民盟省委和各级组织重视调动广大盟员的积极性，发挥民盟的整体优势，围绕中心工作，切实做好调查研究，完善民盟福建省参政议政网络会议制度，并在全省范围内开展"建议献策"周活动。认真做好各级"两会"提案、议案的准备工作，全省民盟各级组织共向各级"两会"提交发言材料、提案、议案577件。在省政协八届三次全会上，民盟省委向大会提交了发言材料7篇，组织提案16件，委员个人提案40件。其中以盟省委名义提交的《关于加强我省抗震减灾工作的若干建议》等4件提案以及委员个人提案《把寿山石定为"福建石"，力促寿山石当选为"国石"》、《关于采取紧急措施坚决遏制对珍贵的寿山石"杀鸡取卵"式的滥采建议》被选为重点提案。盟省委派员参加"省2000年环保行动"等活动，配合省环保局、省建委、省计委等提案承办单位，推动提案办理。关注教育改革与发展，将科教兴省战略作为参政议政工作的重要方面。参加民盟第五次基础教育讨论会和民盟第十二次部分省市高教研讨会，其中所提交论文"加入WTO，对我国基础教育的影响及对策"被《人民政协报》和福建省《调研内参》刊登。加强与省教委、省计委、省农办的对口联系工作，支持盟内各级人大代表、政协委员、特约人员、从政人员认真履行职责。

二、加强自身建设，迎接新世纪挑战。盟省委十分注重思想建设，坚持以邓小平理论武装全盟思想，牢牢把握正确的政治方向。在4月召开的"全省盟务工作会议"上，盟省委部署了全省各级盟组织进一步掀起学习邓小平理论新高潮的有关工作。召开纪念史良同志诞辰100周年座谈会和《福建盟讯》创刊50周年纪念会，举办各种形式的学习座谈会、形势报告会、邓小平统一战线理论研讨班等。从9月份开始，盟省委组织专人深入全省9地市开展"老同志思想工作"调研，在这基础上形成《关于开展老盟员思想工作的意见》的文章。全省盟各级组织和广大盟员认真学习《一个中国原则和台湾问题》白皮书和朱镕基总理就台湾问题答记者问，继续深入开展揭批"法轮功"邪教本质及其危害性，学习江总书记"三个代表"重要思想。适应新形势和任务的要求，加强组织建设，提高组织发展工作质量，加强后备干部队伍建设，夯实基础组织基础。新成立了民盟长乐市委会和漳州城芗区总支。截至2000年底，全省有市级地方组织19个，基层组织373个，全省盟员6500多人，平均年龄51.3岁，其中文教科技界占78.3%。加强盟的机关建设，6月份召开全省机关建设座谈会，通过抓思想、抓作风、抓制度、抓管理，使盟的各级机关建设成高效、文明、团结、务实的机关。

三、拓宽渠道，努力探索为两个文明建设服务的新路子。积极参与福建与宁夏对口帮扶工作，与省致公党、省台盟共同筹建的教育奖励基金，在宁夏贫困山区灵武市第三次向先进教师和优秀学生颁发。盟省委和盟各级组织都积极开展科技、文化、医疗下乡及社会办学等活动，为两个文明建设贡献力量。福建民盟科技工作委员会和民盟省直基层科技总支坚持3年对宁德地区开展科技扶贫，科学种植讲学、帮扶活动。　（撰稿：郭峥）

【农工民主党福建省委】

主任委员：吴新涛
副主任委员：许书亮　陈辉庚
何友荣　赵向华
李未明　郑今奋
陈志哲
秘书长：陈　巧

主要工作：2000年农工党福建省委员会高举邓小平理论伟大旗帜，深入贯彻中共十五大和十五届五中全会精神，紧密围绕中共省委、省政府的中心工作，认真履行政治协商、民主监督和参政议政的基本职能，为全省经济和社会发展作出了一定的成绩。

政治思想工作。把深入学习邓小平理论、江泽民总书记"三个代表"重要思想、中共中央关于《加强和改进思想政治工作的若干意见》与继承和发扬农工党的优良传统结合起来。举办各种学习会、座谈会和报告会。以农工党建党70周年为契机，举行隆重的纪念大会，出版发行《福建农工五十年》大型画册，开展征文活动。回顾农工党同中国共产党长期合作的光荣历史，广大党员进一步认识到自觉接受中国共产党的领导、与中国共产党肝胆相照、荣辱与共是农工党的优良传统。坚决同"法轮功"邪教作斗争，全省农工党员无一人参加"法轮功"。发行《农工闽讯》4期，编辑《福建农工信息》12期，再次被农工党中央评为信息工作先进单位。编发《组工通讯》5期、《工作简讯》9期。在电视台、广播电台、报纸、刊物播报、刊登消息、文章52篇（条）。

参政议政工作。省委会主要领导参加中共省委、省政府及有关部门召开的协商会、座谈会、意见征求会达41次，积极建言献策。以省委会名义向省政协八届三次全会提交23件提案，其中《关于要求将福建省闽江上游南平段（建溪流域）防洪加固二期工程项目列入国家投资计划的建议》被省政协八届三次会议定为重点提案，已被列入省"十五"计划重点项目。还有《"十五"期间我省乡镇城市化建设中加强生态环境建设和保护对策与建议》和《加强卫生事业立法，正确处理医疗纠纷》2篇由吴新涛主委和赵向华副主委在大会上分别作了发言。《关于加强国有企业金融服务的建议》等3件提案，王传琛主委在全国政协九届三次全体会议上做了书面发言。在省政府驻沪办、省卫生厅、省农业厅的支持配合下，组织专家分别就"加强对福建省在外经商人员的引导与服务，促进福建省经济进一步发展"、"卫生行政部门在医药体制改革中如何履行职能"以及"加入WTO后福建农业发展之对策"等专题赴上海等地开展调研，撰写提案，为福建省贯彻执行"十五"计划献策建言。

组织建设工作。根据农工党中央和省委统战部的换届工作部署，省委会领导班子于11月份进行了充实调整，中科院院士、省物构所学术委员会主任吴新涛当选为主委，增补省协和医院血液研究所主任医师、博士生导师陈志哲为副主委，推举王传琛同志为名誉主委。部分市委会领导班子进行了届中增补。加强后备干部的推荐、选拔、培养和教育工作，举办了两期青年骨干培训班，还先后选派12位同志参加省委统战部在中央社院举办的青年干部培训班和在省社院举办的处级干部培训班学习。有2位同志新任高校和科研单位副厅级领导，推荐4位同志担任省监察部门特约监督员和2位同志到县、市区挂职锻炼。全年发展新党员174人，其中，博士学历2人，硕士学历8人，大专以上学历人数占82.18%；高级职称24人，中高级职称人数占75.2%，全省党员的整体质量得到明显提高。在农工党全国组织建设工作会议上，省委会和福州、厦门市委会受到表彰，分别获得"组织建设先进单位"荣誉称号和"组织建设成绩奖"。

社会服务工作。组织专家到永定县棉花滩库区开展农业科技咨询服务活动，对永定县新一轮山地开发在果树种植、生态环境保护等方面工作提出意见建议。到宁德市洋中镇凤田果树示范基地建设项目进行讨论，提出论证意见。先后组织了22位我党专家医生到清流县、三明市开展医疗咨询活动，共门诊1400余人，手术13

台，胃镜检查12人，讲座7场，受到当地干部群众的好评。积极参与西部大开发工作，召开全省党员科技专家、企业家“服务西部大开发”座谈会，撰写《服务西部大开发的工作思路》，在《农工闽讯》上开设“西部话题”，积极献策出力，动员全省广大党员及其所联系的朋友参与“同心建业工程”。向宁夏希望工程捐款3.4万元，向平罗县头闸镇中心卫生院、吴忠市利通区扁担沟乡卫生院捐款2.7万元用于添置医疗设备。省委会妇女工作委员会积极开展“巾帼创新业”活动成绩显著，被评为福建省妇联系统先进集体光荣称号。

（撰稿：徐郑兴）

【民建福建省委】

主任委员：林　强

副主任委员：孙　政　陈及霖　张同盟　吴松柏　何融融　林　强　陈今明　王光远

秘书长：林　强（兼）

代秘书长：林永年

主要工作：2000年全省各级民建组织在中共福建省委和民建中央领导下，认真学习贯彻中共十五届四中、五中全会精神，贯彻中共福建省委和民建中央的一系列决定、决议，紧紧围绕全国和全省工作大局，积极履行参政党职能。省委会和各市委会都围绕制定省、市国民经济与社会发展第十个五年计划广泛开展调研和建言献策。省委会向中共省委、省政府领导报送了关于省“十五”计划意见和建议的《送阅件》。习近平省长对《送阅件》作了批示：“省民建《意见和建议》中提出的几个问题都很重要，有的问题研究得很有深度，请省计委在制定省‘十五’计划纲要时认真予以研究和吸收。”省委会向省政协八届三次会议提交了党派发言材料5件，党派提案17件，其中《对制定福建省“十五”计划的若干建议》的大会发言得到中共省委、省政府领导重视，习近平省长作了重要批示；党派提案中有15件立案，其中《关于支持、帮助民主党派深入开展调研工作，更好履行参政议政职能的若干建议》和《建议中共组织部门对党外后备干部进行培养》被列为重点提案。省委会为会员中的全国人大代表、政协委员向全国“两会”提交议案2件、提案6件。各市委会都在“两会”上提出一批有一定份量的大会发言和提案。省委会充分发挥专业研究会作用，积极开展专题调研。一年来，省、市委会精心组织，深入调研，就国企改革、农业问题、结构调整、惩治腐败和非公企业的统战工作等问题，向中共和政府提出意见、建议。召开了6个专业研究会的年会，为明年两会准备了素材。省委会全年共收到351篇各类文章，其中年会论文267篇。社情民意工作逐步走向经常性和规范化，省委会向各地了解会员普遍关心的社情民意，及时向会中央、省政协、省委统战部反映，一些重要情况已引起会中央和省有关部门的重视。围绕西部大开发献计出力，发动企业家到西部和松溪县开展咨询、考察、洽谈投资项目，取得明显效果。省委会进一步加强自身建设，开展了第五轮骨干会员培训，并与省社会主义学院联合到漳州、晋江、南安等地举办巡回讲座，组织会员学习邓小平理论、统一战线、多党合作理论、政策和民建会史会章等，组织会员参加省委统战部委托中央社会主义学院举办的骨干会员读书班、省社院举办的处级干部培训班和专职干部培训班。全省各级组织针对新形势、新任务、新情况对会的思想建设状况进行了形式多样的专题调研，并制定了加强思想建设的工作意见。此外，以纪念民建成立55周年为契机，对广大会员进行爱党、爱国、爱会教育。在组织建设方面，不断完善群体结构，注意发展高素质人才，特别是把发展高素质会员和建立后备干部队伍的工作紧密结合起来，形成了60多名的省级组织后备干部队伍。据统计，截至2000年12月，共有会员3394人，会员平均年龄为49.7岁，大专以上文化程度占61.8%，有专业职称会员占65%。机关建设方面，加强制度建设，进一步修订、完善制度。（撰稿：潘丽娜）

【致公党福建省委】

主任委员：周　畅

副主任委员：郑永祥　黄双月　王灼赓　胡明辉　王钦敏

名誉副主委：李家宝

秘书长：刘　珂

主要工作：省委会在中共福建省委和本党中央的领导下，围绕全省工作大局，以“三讲”自我教育和学习“三个代表”的重要思想为动力，切实改进和加强全省致公党员的思想政治工作，认真履行参政党职能，发挥自身优势，拓展海外联谊工作，为维护社会安定稳定，为全省的经济社会发展，为祖国统一大业发挥了积极的作用。11月6～7日，致公党福建省委在福州召开五届五次全委（扩大）会议，会议审议通过了省五届委员会工作报告；会议酝酿并通过了省委会领导班子届中拟增补的委员、常委、副主委候选人名单；经全体与会委员选举通过，增补王钦敏、薛卫民同志为省五届委员会委员；增补王钦敏、薛卫民、张秀娟同志为省五届委员会常委；增补王钦敏同志为省五届委员会副主委。全体与会代表表决通过李家宝同志不再担任省五届委员会委员；全体与会委员表决通过李家宝同志不再担任省五届委员会常委、常务副主委；会议一致通过聘请李家宝同志为省五届委员会名誉副主委。会议就明年省委会工作进行了研究讨论，制订出2001年省委会工作思路。

一、加强自身建设，促进基层组织工作顺利发展。致公党福建省委会现有6个地级市委会，5个县级市（县）委会，127个基层支部，全省共有党员2556人。全省致公党员中，各级人大代表81人（其中全国人大代表1人，省人大常委2人）；各级政协委员238人（其中全国政协、省政协副主席1人，省政协常委5人）；市县级人大副主任和政协副主席共15人；担任地方政府处级以上职务6人（其中厅局级2人）。结合参政议政的要求，致公党各级组织十分重视做好新党员发展及基层组织工作，积极发展中青年高素质的代表性人士，使组织保持较高的素质结构，以促进本党参政议政水平的提高，进一步扩大致公党的社会影响力；另一方面注意加强基层组织自身建设，塑造参政党良好形象。2000年全省共发展党员137人，平均年龄36.6岁，其中高级职称13人，中级职称44人；大专以上学历123人（博士1人，硕士4人），占发展数的90%。5月，省委会委托上海社会主义学院办了一期骨干党员培训班；委托省社会主义学院举办一期致公党省委新党员培训班。

二、围绕大局，调查研究，积极参政议政。本党省委会围绕经济建设为中心，服从和服务于大局，积极履行参政党职能，深入基层，调查研究。在九届三次全国政协会上，省委会领导提交的3份提案被全国政协、文化部和公安部采纳；3份反映社情民意的提案均被《全国政协通讯》采纳；1篇《“开发大西北”十想》刊登在《人民政协报》上。在九届三次全国人大会议上，省委会领导提交的《保障政法经费》的议案，得到中共福建省委领导及有关部门的重视，袁启彤、黄松禄对此作了高度评价，省电视台记者还专门进行了采访。在省人大九届三次会议上，致公党党员提交了近20件建议、议案，其中由致公党省人大代表陆丽钦领衔所提的《关于尽快出台福建省农业生态环境保护条例》议案，被列为省人大一号议案；在省政协八届三次会议上，致公党省委会共提提案11件，其中《关于改善我省归国留学生创业环境的几点对策》被列为本次大会的重点提案。郑永祥代表省委会在大会上作题为《加快发展福建华侨高新技术企业》的发言，1月25日《福建日报》摘要登出该文；省委会领导在省“两会”上提交的《既堵又疏，做好新移民工作》被列为委员重点提案。省委会秘书长关于《我省华侨投资兴办高中阶段教育的困难及对策》的大会书面发言，习近平省长专门作了批示，并嘱省教育厅予以认真研究。省委会领导撰写的《彻底清理乡、村两级债务》一文，刊登在《人民政协报》的《民意周刊》上。省委会领导与有关部门联合调研，撰写的《台情反映》受到省政协和致公党中央的重视，《致公中央简讯》还以《了解台情，多做工作，促进统一》为题作了部分转载。

三、立足本职，做好机关及各项社会服务工作。为加强机关效能建设，进一步提高机关服务功能，省委会召开了全省机关工作会议，总结交流了机关工作经验，探讨了做好机关工作的途径，明确了工作职责，增强了服务意识。广大致公党员在做好本职工作的同时，积极投身到社会服务中去，为省委会树立了良好的形象。1～10月份，各市委会积极开展“三下乡”、“送温暖”活动，据不完全统计，仅为群众义诊就达上千人次。如省委会妇女工作委员会与致公党惠安县委会等在惠安农村开展义诊咨询服务。福州市委会领导负责永泰赤锡乡作为扶贫工作点，致公党老同志陈益苍主动捐款为赤锡乡盖校舍楼；组织卫生支部多次赴闽侯县贫困乡送衣送药；组织农业专家赴南平、建瓯等地开展科技下乡服务，深受当地政府和人民的好评。厦门市委会积极为西部大开发做贡献，与厦门“四侨”联合为西安市周志县捐建侨心小学教学楼；厦门市委青年工作委员会组织医生下乡义诊。泉州市委会先后3次组织成员中的医务人员下基层义诊。

四、发挥自身优势，积极开展海外联谊工作。2000年，致公党各市委会以组织的名义接待了海外华侨华人社团十多个，人数达百余人。福州市委会接待了台湾团结党一行14人；厦门市委会接待了缅甸及加拿大洪门人士；厦门、泉州、福州市委会接待了英国致公堂代表团；莆田市委会接待了马来西亚古晋兴安会馆代表团。9月份，省委会领导参加了省“五侨”联合宴请以钱本统先生为团长的马来西亚砂罗越古田公会千禧百人中国寻根访祖访问团的活动。2月，厦门市委会组团赴澳门参加世界缅侨联谊会成立大会暨庆祝澳门回归大会；9月，应菲律宾中国洪门致公党总部邀请，以省委会副主委胡明辉为团长一行8人赴马尼拉参加菲律宾中国洪门致公党庆祝100周年世界恳亲大会。

（撰稿：黄媚梅）

【台盟福建省委】

名誉主委：叶庆耀
名誉副主委：杨玉辉
顾　　问：卢国松
主任委员：汪毅夫
副主任委员：郭允谋　陈正统
　　　　　　简少玉　陈美光
　　　　　　陈宜安

主要工作：2000年，台盟福建省委根据2000年两岸及国内外时局的特点，在中共福建省委和台盟中央的领导下，发挥自身优势，扬长避短，做好对台宣传、联络，积极履行参政议政、民主监督职能，发挥了一个参政党的独特作用。台盟福建省委员会充分认识到新形势下做好思想政治工作的重要性及其难度，继续发挥自我教育的优良传统。3月，台盟福建省委员会邀请3位老盟员在福州、泉州、漳州、厦门举行“老盟员先进事迹报告会”，200多位盟员和机关干部参加报告会，老盟员的先进事迹深深激励了广大盟员，对中青年盟员起到很好的传、帮、带作用。6月，台盟福建省委六届十二次全委会召开，进行届中人事调整，增补副主委1名；12月举行的台盟福建省委六届十四次全委会又增补委员1名，至此，台盟福建省委员会委员增至19名。台盟福建省委员会针对岛内严峻的政治形势，加大力度做好争取台湾民心的工作，共接待台湾芦洲李宅古迹文教基金会访闽考察团、台湾农业专家等5批台胞计47人次。

6月，台盟福建省委员会和省台联会联合举办《加强“和平统一、一国两制”宣传工作研讨会》，与会的有厦门大学台湾研究所、福建社会科学院现代台湾研究所以及全国各地台盟、台联等从事对台工作的专家、学者、专职干部20余人，会议取得圆满成功并得到中共福建省委的重视与肯定；8月，台盟福建省委员会与省农业科学院联合举办《加入WTO与闽台农业发展学术研讨会》，两岸农业专家50余位参加研讨，北京大学中国经济研究中心主任林毅夫参与本会的研讨；9月，台盟福建省委会与省文化厅联合邀请台湾芦洲李宅古迹文教基金会访闽考察团，考察团一行10人由台湾知名人士严秀峰女士、朱惠良女士带队，台盟福建省委会陪同他们到福州、厦门、漳州、泉州等地进行以古建筑为中心的民俗文化考察，使他们加深了对福建省古建筑的多样性和闽台民居共同处的了解，台盟福建省委会并根据此次考察掌握的素材撰写了题为《做好我省古民居保护工作已刻不容缓》的调研报告。台盟福建省委员会还以重视田野调查结合组织研讨会的方式，充分利用掌握的第一手资料和专家学者的分析及提出的应对方案，以提升调研质量，共完成调研文章8篇，内容涵盖民俗文化、两岸问题、个私企业、党派自身建设等方面，其中《加强“和平统一、一国两制”宣传，努力争取台湾民心》、《台湾社会阶级、阶层基本情况分析》2篇得到省领导的重视，并专门对此作了批示，共有5篇调研文章选入《福建省各民主党派调研成果汇编(2000年度)》。台盟福建省委员会认真做好省“两会”的各项准备工作，向省政协八届三次全会提交23件集体提案，其中《关于建立国有企业经理人员激励机制建议》被评为优秀提案。李珊珊委员代表台盟福建省委员会在会上作题为《合理组织农业产销一体化，提高农民收入》的大会发言，受到肯定和好评，省领导对此做出重要批示。中共福建省委、省政府在制定“十五”计划过程中，认真征求各民主党派的意见，台盟福建省委员会积极响应，建言献策，就发展中小企业，引导农民建立合作经济组织，建立社会信用制度严格契约关系、促进民间投资意愿等提出建议。台盟福建省委员会承办台盟中央妇女工作经验交流会，接待盟中央老党员、老盟员赴闽参观考察团等工作，发挥了机关工作人员团结互助、克己奉公的精神风貌，得到相关人士的充分肯定。

（撰稿：陈明辉）

【九三学社福建省委】

名誉主委：史玉崑
主任委员：陈家骅
副主任委员：庄启谦　龚融实
　　　　　　郑伟文
秘 书 长：林葆荣

主要工作：2000年，九三学社福建省委员会新成立了5个支社，发展新社员148人。至2000年底，全省共有9个地方组织，1个省直属地市级组织，10个基层委员会，105个支社，5个小组；社员1857人，以科技界高中级职称人员为主体，其中具有高级职称的853人、中级职称的923人，全国人大代表1人、全国政协委员4人，省人大代表6人（其中常委2人），省政协委员17人（其中常委4人），地市人大代表和政协委员90人。有26位同志任地、市、县的副市长、副厅级、副县长等实职。社省委建立后备干部名单及档案152名，先后选送57名骨干参加各级各类培训班学习。为了进一步加强社组织自身建设，2000年，社的各级组织领导班子进行了届中调整，增补省委委员4名、常委3名，福州市委委员3名，漳州市委委员3名，南平市委委员2名，三明市委副主委1名。

2000年，九三学社福建省委员会坚持以邓小平理论为指导，积极贯彻落实中共十五大和十五届三中、四中、五中全会精神和九三学社中央十届四次全会精神以及中共福建省委六届十二次全会精神，继续坚持以搞好政治交接为主线，以思想建设为核心，以组织建设为基础，以制度建设为保障，认真学习、宣传、落实江泽民同志“三个代表”重要思想，自觉开展“三讲”教育，进一步全面加强自身建设，积极履行参政党职能，在政治协商、民主监督、参政议政以及围绕中心、服务大局、促进经济发展和社会稳定等方面做出了成绩。九三学社中央委员会授予社省委“九三学社2000年度全国政协发言提案征集工作先进集体”和“1999～2000年度信息工作先进集体”荣誉称号。社省委部署各级组织发动全体社员立场坚定、旗帜鲜明地投入揭批“台独”等分裂祖国谬论与“法轮功”邪教组织的政治斗争，为加强爱国统一战线和推进祖国统一大业做出了贡献。

2000年，社省委领导人赴宁夏、西安、重庆、南京、温州以及本省各地市考察、调研，并多次参加中共福建省委、省政府、人大、政协及统战部、对口联系单位召开的协商会、通报会、座谈会、纪念会等及外事活动，对福建省重要人事安排、政府工作报告、省“十五”计划等，积极建言献策。在2000年初召开的省政协大会上，社省委提交党派提案24件、委员提案25件，其中7件被评为重点提案。社各市委向人大、政协提交的议案、提案、建议计400多件，其中20多件被评为重点提案，10多件被评为优秀提案。许多提案、议案被列入当地的“十五”计划内容。全国人大代表，社省委常委、南平市委主委陈慧珠与18名人民代表联名向全国人大提出的议案《把2000年作为全国法院系统积案清理年的建议》，获最高人民法院领导的高度重视和重要批示。调研成果《福建农业可持续发展中的农药与化肥问题及对策》、《科研机构“转制”存在的问题及建议》、《省政府应统筹福建省高等教育的发展》及《增粮增收　发展福建山区经济》等，为“科教兴省”、促进我省经济发展起到了良好的作用，受有关方面重视与好评。社省委的9篇调研报告被选入《2000年福建省民主党派调研成果汇编》。

2000年省九三学社增加了各级各类“特约”人员，积极参加行风建设，党风廉政建设，机关效能建设，教育督导，土地、检察工作监察等明察暗访、民主评议、监察督促等工作，深入基层、深入群众，真实、准确地反映社情民意，向有关方面提供具有建设性的意见和建议，充分发挥民主监督作用，并及时疏导、化解某些社会矛盾，为反腐倡廉、促进社会稳定和经济发展做出了积极贡献。社省委组织的支援西部大开发募捐活动共向西部地区捐款3.411万元、衣物476件，受到社中央表彰。社省委组织的下乡义诊、科技咨询、科技支农、科技扶贫等活动，为国企改革、农村经济结构调整、农民减负增收等做出了成绩。社省委领导人在福州会见了莅闽的中央统战部常务副部长刘延东同志，全国政协常委、浙江省政协副主席、社浙江省委主委阙端麟院士，接待了湖南省民主党派赴闽考察团、四川省政协党派赴闽代表团、社安徽省委赴闽考察组，与社宁夏区委主委汪愚一行9人组成的赴闽考察组在福州进行了座谈，探讨了西部大开发与闽宁协作方面的问题，并交流了统战工作、社务工作的经验与体会。社省委领导人与机关部门负责人分别参加了社中央全会、组织工作会议、思想政治工作会议、“西部开发”研讨会和社华东六省一市加强自身建设工作专题会议，进一步加强了自身建设，促进了各项工作。

（撰稿：林大础）

【民进福建省委】

主任委员：林　逸

副主任委员：李必成　郑颐寿

林仁川　金铁平

张　帆　杜　民

主要工作：2000年民进福建省委会在中共福建省委的领导下，以邓小平理论为指导，认真贯彻中共十五大精神和江泽民同志关于“三个代表”的重要思想，紧紧围绕民进中央“以政治交接为主线，以参政议政和自身建设为重点。努力把民进建设成为适应21世纪的高素质的参政党”的基本工作思路和民进中央确定的“加强基层组织建设年”的工作重点，努力实践，积极探索，各项工作都有了新的进展和提高。

一、切实搞好思想建设。全省民进切实把学习邓小平理论，深化政治交接和加强思想建设摆在一切工作的首位，及时提出以江泽民同志的“三个代表”重要思想作为省委会做好一切工作的行动指南，把政治交接和思想建设落到实处。民进省委会结合国内外形势，开展了一系列学习教育活动，各级组织坚决拥护中台办、国台办的严正声明，坚决维护一个中国的原则。先后召开了14场座谈会，邀请专家学者讲授台海形势，揭露极少数台独分子妄想分裂祖国的图谋。还在会员中开展理想、信念教育，并从中探索民主党派思想政治工作的特点与规律，组织7篇经验总结文章参加年末举行的省各民主党派思想政治工作经验交流会。

二、积极发挥参政党职能作用。民进省委会参与了省委统战部组织的“从严治党”和“十五计划”的调研活动，并负责撰写关于“从严治党”的调研报告。还参加了省纪委组织的党风廉政建设责任制和治理“红包”专项斗争的调研、检查工作。在年初召开的省政协八届三次会议上。向大会提交单位提案13件、委员提案24件和大会发言稿6篇，其中有《加快发展我省高新技术风险投资业》、《大力发展绿色食品，培育农村经济新的增长点》、《省政府必须大力支持开好第十六届世界客属恳亲大会》等3件提案被评定为重要、重点提案，省领导批示达15件次之多。省、市民进组织还就我省经济建设、科教文卫、“三农”问题、环境保护等开展调研，有10篇调研文稿被收入省统战部主编的《2000年度福建省各民主党派调研成果汇编》。此外。担任省直有关部门特约人员的民进会员按照省政府纠风领导小组的部署，协同纪检、监察等有关部门，对公安、教育、交通、卫生等部门进行了行风评议。

三、扎实开展组织工作。2000年民进省委会的组织工作突出加强基层组织建设、市级组织换届准备工作、后备干部队伍建设和支部主任、骨干会员培训工作。民进省委会现有市委会4个，工委4个，总支5个，支部92个，会员1626人，平均年龄48.05岁。全省除龙岩市以外，其他地（市）均有民进组织。民进中央十分重视基层组织建设。2000年6月间，全国人大常委会副委员长、民进中央主席许嘉璐专程来闽指导工作。此外，民进省委会还选送10位骨干会员和机关专职干部分别参加中央、省社会主义学院举办的进修班学习。2000年全省发展会员176人，其中高中级职称131人，占全年发展数的74.4%。

（撰稿：郑廷光）

【省工商联】

会　　长：李祖可

副 会 长：魏效坤

党组书记：陈大明

主要工作：2000年省工商联在省委、省政府的领导和全国工商联、省委统战部的指导下，认真学习江泽民同志“三个代表”思想，认真贯彻省委、省政府琅岐会议和省委六届十二次全体会议精神，努力加强非公有制经济代表人士思想政治工作，促进了全省非公有制经济的健康发展。主要做了以下几项工作：

一、主动配合党委有关部门在非公有制经济组织中开展党建工作，为推动福建省非公有制经济组织党建工作发挥了积极作用。

二、努力拓展光彩事业为社会做贡献。年初，省工商联动员非公有制经济人士认购书画，筹资36.4万元，用于连家船民购买生活用品。5月下旬，组织8位民营企业家随省领导赴闽东少数民族地区考察，捐资20万元为畲族村民修建一条水泥路。省工商联会深刻认识到非公有制经济在福建省经济发展中的重要作用，努力探索推动非公有制经济快速发展的有效措施。一是大力倡导深入基层调查研究的良好风气。二是围绕实现福建省2010年发展的宏伟目标积极建言献策。三是抓紧进行加入世界贸易组织的学习准备。四是广泛开展立法、维权和融资等服务工作。在第四届中国投资贸易洽谈会上，省工商联牵头组建福建省代表团民营分团，共推出61个项目，招商引资金额24.6亿元。各地市工商联纷纷成立民营企业投诉中心，帮助会员企业解决实际问题。五是积极引导非公有制经济人士参与西部开发。4月份，省工商联领导率领由100多家企业组成的福建经贸代表团参加西安“2000年中国东西部合作投资贸易洽谈会”，展示福建名优产品近200项，投资项目6000多万元，内贸合同成交总额3770万元。6月，在中国重庆第五届三峡国际旅游节暨投资洽谈会上，省工商联会员企业与当地签订数项上亿元的投资合同。六是不断扩大工商联的对外联系与交往。2000年省工商联接待了香港中华总商会、香港中华通讯总商会、香港厂商联合会、香港观塘工商联、澳门、台湾、澳大利亚福建会馆等重点团队的来访。应邀再次组团赴台进行经贸考察。组团赴港参加香港中华总商会成立100周年庆典活动。七是扎实做好基层组织建设工作。省工商联成立了福建省工商联拉链同业公会、摩托业同业公会、兰州福州商会、青岛泉州商会。

三、切实开展以整改为目的的“三讲”教育，制定了各项制度，使工作秩序有较大的改观。进行了反腐倡廉的“警示教育”和“廉内助”活动。有效地促进了机关工作作风的转变，推动了工商联机关的全面建设。

（撰稿：郑　岚）

人民团体

【省总工会】　2000年，福建省有基层工会38096个，会员266.59万人，地级市工会9个，县市（区）工会85个，省级产业（系统、行业）工会24个，省总工会直属企业5个，工会专职干部5840人。全省广大职工和全省人民一道，团结拼搏、艰苦奋斗、开拓创新、无私奉献、再创佳绩，为如期完成2000年国民经济和社会发展的主要任务而努力奋斗。工会工作也伴随着海峡西岸繁荣带建设的步伐而前进。特别是省工会第十次代表大会以后，全省各级工会按照"坚持一个总纲，围绕一个目标，打好三个战役"的工作思路，在继承中创新，在创新中发展，为调动、发挥和保护广大职工参与改革发展的积极性和创造性，发挥工人阶级的主力军作用，努力完成"九五"计划最后一年任务，作出了应有的贡献。1. 认真学习贯彻"三个代表"重要思想，广大职工和各级工会干部的思想认识水平明显提高。各级工会通过学习"三个代表"重要思想，提高了思想认识，用更宽广的眼界审视新形势下的工会工作；增强了大局意识，自觉围绕党和政府的要求确定目标任务；进一步解放了思想，从福建实际出发突出工作重点。2. 紧紧围绕福建跨世纪发展目标，在服务经济建设中工会组织的作用得到较好发挥。全省有147万名职工参加经济技术创新工程活动，增收节支17亿元；全省有9017家企事业单位建立职代会制度，占89%；5689家公有制企业实行厂务公开，占96.9%；386家国有或国有控股公司建立职工董事制度，占72%；435家公司建立职工监事制度，占81%；各级工会还始终把依靠主力军与建设主力军结合起来，弘扬主旋律，进一步发挥了工人阶级在两个文明建设中的表率作用。3. 进一步明确工作重点，非公有制企业工会组建和工会整体工作稳步前进。到年底，全省外商投资企业、乡镇企业、私营企业实有工会数分别为5980家、8442家、11939家。同时，通过开展以提高职工思想道德和科学技术素质为核心的宣传教育活动，以提高劳动生产率和产品合格率为核心的技术创新活动，以履行平等协商集体合同、调整劳动关系为核心的"双爱双评"活动，即职工爱企业、企业爱职工，评爱企业的优秀职工、评爱职工的优秀厂长（经理），非公有制企业工会在维护职工合法权益、稳定企业劳动关系、促进企业健康发展中发挥了积极作用。4. 把职工的冷暖装在心里，努力为职工排忧解难。对全省2.7万名特困职工进行动态管理，促成全省1.1万名党政干部与1.4万户困难职工开展"结对子"帮扶，实现了7000名特困职工纳入城镇居民最低生活保障范畴；通过"两节"慰问和五月关怀行动、春风活动、巾帼助困行动等，帮助特困职工、下岗职工、伤病职工、先模人物、离退休人员共14.5万人；全省有1445个单位建立了送温暖基金，其中省、市、县三级总工会全部建立；开展"两思"教育回报社会扶困助学活动，205家企业、35名私营业主捐款共130.4万元，资助特困职工子女大学生280名、中学生663名和小学生582名。全省已有2.4万家企业建立平等协商集体合同制度，其中公有制企业建制率达97%。一年中，仅省总就报送了236份专报件，一些职工关心的重大问题在省委、省政府领导的关怀下及时得到解决；全年省总接待职工来信来访来电5532件，涉及职工2.32万人次。（撰稿：林清良）

【共青团福建省委】 过去的一年是世纪之交的重要一年。一年来，在省委和团中央的正确领导和亲切关怀下，全省各级团组织以邓小平理论为指导，以江泽民总书记"三个代表"重要思想为指针，紧紧围绕省委工作大局和全团的工作部署，全面推进各项工作，在服务党的工作大局和服务青年成长成才中发挥了积极作用，团的事业继续保持较好的发展态势。

一、重点工作有新突破。团省十届四次全会提出的7项重点工作稳步推进，有的方面取得可喜突破。青少年理想信念教育更加扎实有效，各种文化艺术活动更加贴近青年，电视、广播、报刊等媒体的运用更加充分。《中国青年报》福建版的创办和《福建共青团》的改版，加大了全省团工作的宣传、指导力度。企业团组织"创新创效"、农村团组织"领办科技推广项目""科技服务团"等青年科技创新主题活动有了良好开端。特别是福建省"青年学生跨世纪科技行动"有了进一步的发展，在第二届全国大学生"挑战杯"创业计划大赛中取得了"1金2银13铜"的好成绩。全国小城镇共青团工作现场会在漳州召开，初步总结出具有全省特色的全面活跃农村团工作的经验。初步形成了青少年参与社区建设和社区服务的机制，"青年文明社区"省、市、县三级示范点稳步建立，"青少年维权岗"、"大家乐"等一批社区项目全面开展。与省委组织部、省经贸委联合召开全省国有企业青年工作会议和全省企业党委加强青年工作座谈会，制定了《关于进一步加强国有企业青年工作的意见》。联合省委宣传部、省教育厅召开了全省中等学校"迈好青春门、走好成人路"主题系列教育活动现场推进会，全面推进中学团工作整体化建设。成功举办了2000年"闽台青少年寻根夏令营"，拓宽了闽台青少年交流的渠道。

二、"品牌"工作有新发展。青年志愿者服务形式向社会联动、扶贫接力、公益事业和抢险救灾等领域拓展，福建省青年志愿者赴宁夏医疗援助取得良好效果。"青年文明号"创建活动在领域上不断从窗口行业向机关事业单位延伸，在范围上不断把优质服务向社区和农村推广，通过向社会公布监督电话和制定管理办法，加强对青年文明号的监督管理。成功举办了福建省"保护母亲河行动"义演晚会，各级团组织、广大团员青年和社会各界踊跃捐款。把建设保护母亲河工程省级重点资助项目和领办省委、省政府为民办实事项目有机结合，汀江流域综合治理工程"青年世纪林"等项目的建设取得阶段性成效。"青少年维权岗"创建活动深入开展，初步形成省、市、县三级维权工作网络。"中国少年雏鹰行动"在全省蓬勃发展。

三、组织建设有新面貌。"五四红旗团委"创建活动不断深化，3个基层团委荣获全国"五四红旗团委"称号，3个市级团委荣获组织奖。在全国基层党建带团建工作会议上，我省经验得到充分肯定。在全国率先制定了《非公有制经济组织团建工作（暂行）办法》。加大省团校建设力度，进一步强化省团校的团干部培训职能，全年共举办团干培训班12期，培训团干部759名。在基层团组织换届选举中，一些

2000年1月19日，漳州"110"青年志愿者为民服务网络荣获团中央授予的"中国十大杰出青年志愿服务集体"称号。图为110青年志愿者服务网络成员与"110"干警举行座谈会。

（漳州市团委 供稿）

农村、国有企业、学校、街道团组织开展以“公推直选”方式确定团组织班子成员的试点工作，初步探索了选拔任用基层团干部和激活基层团组织的新办法。社会力量创办的学校团建工作力度不断加大。与此同时，省第四次少代会在福州成功召开；以“保护母亲河，共创美好福建”为主题的全省青少年文化活动达到预期效果；全省共青团工作调研取得良好成效；备受关注的省国际青年广场工程顺利进行二次招商；团办实体得到进一步巩固和发展；各种青年社团管理工作日趋规范。

四、团的工作和青年工作的理论思考与研究有了新进展。抓好理论学习，组织广大团干部认真学习《毛泽东邓小平江泽民论青少年和青少年工作》一书，进一步明确了党与青年的关系，加深了对党的三代领导核心关于青年观重要内容的理解，进一步增强了我们为党的事业团结、带领教育好青年的责任感；抓好理论阵地建设，创办《中国青年报》福建版，对《福建共青团》进行改版，为深入开展青年运动发展趋势的理论研究和宣传指导创造了条件，进一步增强了工作的主动性；抓好信息调研，广泛开展全省共青团工作和青少年事业发展的信息调研工作，对面临的新情况新问题进行理论思考和实践探索，使我们对当代青年的变化特点有了更为清晰的认识和把握，增强了做好教育青年和服务青年工作的针对性和实效性。

（撰稿：张利先）

【省妇女联合会】 2000年，全省各级妇联坚持以邓小平理论为指导，努力实践江泽民总书记“三个代表”的重要思想，深入学习贯彻党的十五届四中、五中全会精神，坚持一手抓发展，一手抓维权的工作方针，在服务全省工作大局，协助政府基本完成妇女、儿童发展纲要目标，推动城市妇女工作，维护妇女儿童合法权益，加强和改进妇女思想政治工作，搞好妇联自身建设等方面做了大量工作，促进了妇女工作的新发展。

一、坚持以经济建设为中心，着力推进“巾帼社区服务工程”和“巾帼科技致富工程”。全省各级妇联在开展城市妇女工作中着重抓了两方面工作。一是大力实施“巾帼社区服务工程”，把参与社区建设，帮助下岗女工在社区服务领域实现再就业作为重要任务来抓。省妇联开展了社区服务工作的调研，与省劳动和社会保障厅等8家联合下发了《关于实施“巾帼社区服务工程”，推动社区建设和下岗女工再就业工作的意见》，为下岗女工参与社区建设提供优惠政策。各级妇联积极配合有关部门创办了妇女就业服务中心、家政服务中心、服务站164个，创办养老所、托儿所、医疗站等社区服务实体1688个，帮助6112名社区妇女和下岗女工就业。二是以创建“巾帼文明示范岗”为抓手，深化“巾帼建功”活动。下发了《福建省“巾帼文明示范岗”管理办法》；在全省税务系统和全省私营企业、个体女劳动者中开展了创建“巾帼文明示范岗”活动；召开了“省直、福州片创建‘巾帼文明示范岗’工作座谈会”，扩大创建活动的覆盖面和影响力。全省共有2800多个单位（岗）开展了创建“巾帼文明示范岗”活动，已获得县以上“巾帼文明示范岗”称号的单位有1385个。继续深化“双学双比”活动，大力推进“巾帼科技致富工程”。一是加大科技培训力度，开展了“科技下乡”、“农家女科技知识竞赛”等活动。全省各级妇联举办了新技术培训班309期，受训妇女7万8千多人。二是积极配合农业、科技部门，开展女农民技术员的职称申报和评定工作。现全省已有女农技员1万多名，有近1.5万名农村妇女获“绿色证书”，基本实现了村村有1名以上女农技员的目标。三是继续抓好农村妇女小额信贷扶贫工作。全省33个县近4000户贫困妇女通过使用第二轮的小额信贷资金，户均增收1000～3000元以上。四是不断加大“春蕾助学”活动的宣传力度，2000年省儿童基金会收到捐款35万元，新建了福安兰田、罗源海鸥2所“春蕾”小学，全省资助了贫困女童2万3千多人。此外，积极做好与宁夏自治区妇联的对口帮扶工作，2000年又筹集捐款14万元，帮助实施“救助贫困母亲”活动，举办了第三期宁夏妇干赴闽培训班，完成了闽宁妇联对口帮扶协议确定的目标。在全国妇联、中央电视台和北京市政府联合开展的“情系西部·共享母爱”大型义演晚会的募捐，为西部缺水地区贫困母亲和儿童捐建水窖活动中，全省各级妇联积极做好宣传发动组织工作，共募捐122万元。省妇联被活动组委会授予“情系西部·共享母爱”世纪爱心行动组织奖。

二、积极协助政府完成妇女儿童《两纲》目标。2000年是实现《福建省妇女发展纲要（1996～2000）》和《90年代福建省儿童发展规划纲要》各项目标的最后一年。省和各级妇儿工委办积极配合政府，协调各方面力量，着力解决《两纲》重点难点问题，积极参加省政府提出的“救两条生命，还一家幸福”生命救助行动，加大《两纲》示范县区的指导工作。进一步加强监测评估工作，与省统计局联合召开了全省县级儿童纲要监测统计工作会议，向省委、省政府提交了1999年度妇女和儿童两个纲要的监测统计报告，在全省开展了《两纲》实施情况的督查，协调各成员单位完成了2001～2010年福建省妇女儿童发展两个纲要（初稿）的编制工作。省妇联配合省委组织部开展了培养选拔女干部和发展女党员工作的检查。

三、进一步加大维权工作力度，推动全社会共同做好维护妇女儿童合法权益工作。针对新形势下维权工作的新情况新问题，加强妇女法律援助服务网络的建设，建立健全维权工作联席会议制度和法律援助制度。全省现有各级妇女法律咨询服务中心、法律援助站721个，受理来信、来访、电话咨询1.6万件次。省妇联与省高级人民法院联合下发了《关于聘请妇联干部担任特邀陪审员的通知》，现全省已有325名妇干担任了特邀陪审员。积极开展妇女权益难点热点问题的调研，省妇联与省人大、省政协、省法院等有关部门联合开展全省家庭暴力问题调研，向省人大提交了《关于预防和制止家庭暴力的决定的建议稿》。组织专家学者和妇联干部对《婚姻法》修改中的难点、热点问题进行研讨，提出建议。省妇女理论研究会向全国妇联推荐《婚姻法》热点问题论文30篇。积极参与社会治安综合治理，与省公安厅联合开展了“不让毒品进我家”活动；在“打拐”专项斗争中，全省各级妇联积极参与解救、安置、安抚被拐妇女的工作。开展了“巾帼爱心帮教”活动。全国妇联在福建省召开了全国妇联系统权益部长工作交流研讨会。

四、坚持教育引导和服务妇女相结合，加强妇女思想政治工作。省妇联开展了城市妇女思想状况的问卷调查和实地调研，向省委办公厅呈送了加强和改进妇女思想政治工作的对策和建议，制订下发了《关于加强和改进全省妇女思想政治工作的意见》。全省各级妇联在开展思想政治工作中做到：与树立典型，表彰先进，开展理想信念和“四有”精神教育相结合。组织了“新女性奉献”事迹报告团到全省巡回报告；评选表彰了“全省地税系统十大杰出女税务工作者”和113名省级“三八”红旗手、20个“三八”红旗集体。与深化“巾帼反腐倡廉”活动相结合。与省纪委等7个部门联合在全省党员领导干部配偶中开展了争当“廉内助”活动，联合表彰了福建省第二届十佳“廉内助”，配合省纪检委组织了“廉内助”事迹报告到全省9市巡回报告。各级妇联通过召开座谈会，组织观看警示教育电教片，发倡议书，组织学习党规党纪，促进了廉政教育进家庭。与为妇女群众办实事相结合。全省各级妇联开展了送温暖、办实事、解忧难、巾帼帮困等活动，多方筹措资金，慰问特困女大学生、“春蕾”女童、下岗女工、村妇代会主任、“三八”红旗手1600人。

五、积极实施“女性素质工程”，开展各种形式的教育培训活动。在农村，重点开展妇女扫盲工作和实用技术培训，全省共有6.6万名文盲妇女参加脱盲学习，18万名脱盲妇女参加提高班学习，1.5万名妇女参加“农函大”、“农广校”学习。在城市，着重加强下岗女工技能和市场知识培训，省妇女就业服务中心和各级妇女就业服务中心自办、联办技能培训班418期，培训待业妇女、下岗女工1.52万人次。基本完成了《“九五”期间福建省妇联干部教育培训规划》的任务，省妇联被全国妇联授予“《1996～2000年全国妇联干部教育规划》达标单位”荣誉称号。

六、适应形势要求，切实加强妇联自身组织建设和干部队伍建设。把深入学习“三个代表”重要思想作为妇干队伍思想建设的一项重要任务来抓，结合“三讲”教育和“两思”教育，深刻领会“三个代表”重要思想对妇女工作的指导意义，进一步增强政治意识、大局意识和责任意识。在加强妇干队伍的作风建设方面，重点抓了调研考察、设立妇女工作创新奖、建立工作挂钩联系点等工作。省妇联组织了城市妇女工作专题调研并在此基础上召开了全省城市妇女工作座谈会，明确了城市妇女工作的思路和主要任务。在全省妇联系统首次开展了妇女工作创新活动，各级妇联解放思想，大胆探索，有11项工作获奖。各级妇联都建立了工作挂钩联系点，加强对基层工作的指导。在加强妇联组织建设方面，开展了实施《1997～2000年福建省农村基层妇女组织建设规划》的自查。为做好村“两委”换届选举中女性进班子工作，省妇联及时向省委呈报了女性进村“两委”比例下降的情况。根据省委主要领导的批示精神，省委组织部、省民政厅联合下发了《关于在全省村级组织换届选举中进一步搞好妇女干部选配工作的通知》精神，各级妇联做了大量的宣传发动、调查反馈、办班培训等工作，努力扭转女性比例下降趋势。省妇联与省人事厅首次联合表彰了30个妇联系统先进集体和43名先进工作者。（撰稿：*赵彬*）

【省文学艺术界联合会】 2000年省文联以抓好大事，办好实事为工作思路，以加强思想政治工作为重点，以进一步繁荣文艺为目标，切实抓好全省文联的工作。

进一步加强理论学习，提高文联干部队伍的政治思想素质。加强思想政治工作是省文联2000年工作的重点，根据中央和省委的要求，党组班子和党组成员开展了“三讲回头看”活动，同时在上半年开展了机关处级干部“三讲”教育。进一步组织深入地学习了马列主义、毛泽东思想和邓小平理论，加强理想信念和党的基本理论、基本纲领的教育，进一步牢固树立正确的世界观、人生观、价值观和文艺观。同时按照中央的要求和省委的部署，认真组织了对江总书记提出的“三个代表”重要思想的深入学习；认真组织了对党的十五大五中全会精神的深入学习。在加强理论学习过程中，力求理论联系实际，围绕“代表先进文化的前进方向”，先后召开了深入生活与繁荣文艺创作采风、加强协会工作、加强文学期刊建设、省画院工作和文学艺术对外交流等5个专题研讨会，对我省文联工作特别是近几年来在组织深入生活、树立正确的创作思想、抓好精品创作、加强队伍和阵地建设等方面的工作，进行了认真回顾和总结，深入思考在新时期加强文联工作的职能、作用、任务，加大对文联改革和发展的理论探索和研究。在12月中旬于厦门市举办了全省文联系统驻会干部第13期读书班，进一步深入学习江总书记“三个代表”的重要思想，解放思想，更新观念，紧密联系福建省文联工作实际，进行深入思考。由于认真贯彻落实中央关于加强思想政治工作的有关指示，把坚持理论武装，着力提高队伍思想政治素质落到实处，在加强思想政治建设，取得了一定成效，在成都召开的中国文联思想政治工作经验交流会上，省文联作了情况介绍，受到中国文联领导的肯定。

以迎接建党80周年为契机，继续抓好繁荣创作。为迎接建党80周年，省文联一方面在工作安排上早部署、早计划；另一方面在省财政厅的支持下，对各文艺家协会的专项活动经费给予较大增加，予以支持和倾斜，加强对重大文艺创作项目和重大文艺活动的保障。省作协与省委宣传部文艺处、海峡文艺出版社等召开了长篇小说选题论证会，了解掌握重点长篇小说的创作情况；省作协于7月启动了“迎接建党80周年《正气歌》诗歌征文”活动；省文联所属的文学刊物从2000年7月起，举办“迎接建党80周年系列征文”；省音协启动“歌颂祖国、歌颂社会主义、歌颂改革开放”全省性征歌活动；省美协、省书协、省摄协等分别组织了各类创作活动，为举办迎接建党80周年美术、书法、摄影展做准备；省民文协加紧做好《中国民间集成谚语卷·福建卷》的终审编校工作，拟出书献礼。

举办导向性重大活动，进一步扩大文联的社会影响。9月，省文联与省委宣传部、省文化厅联合承办了由省政府主办的在京举办“福建当代书画展”，这是福建省建国50年以来首次进京举办书画展，取得了很好的社会影响；还先后与中国文联、中国作协、现代文学馆等联合在北京和福州两地举办了“纪念冰心百年诞辰系列活动”，出版了冰心研究3卷本专著；继续启动“抢救闽剧艺术”工程，在福州举办了“闽剧老艺人艺术展演”，摄制10位著名闽剧老艺人艺术录像，并编辑20万字的《闽剧艺术》一书，交付正式出版。

积极组织文艺家深入生活，建立创作基地。按照中国文联的要求，省文联于5月21日，召开了“纪念江总书记给中国文艺家万里采风行致信发表5周年”大会，省委、省政府领导出席了会议。会议对连续5年来组织全省文艺家共和600多人次开展深入生活采风活动进行了总结；同时，根据各文艺家协会文艺创作门类的特点，以协会与地市文联合作的形式组织了“福建省文艺家新千年采风行”活动，共7个采风分团，近200位文艺家，深入全省各地开展深入生活采风活动，走访了150多个基层点。在建立创作基地上取得突破，建立了福建省作协连城冠豸山和莆田湄洲岛文学创作生活基地，福建省音乐家协会厦门鼓浪屿音乐创作基地，福建省摄影家协会惠安崇武创作基地，福建省民间文艺家协会建瓯创作基地。此外，省作协还协助中国作协在厦门、长乐、武夷山、永定建立文学创作生活基地。省文联还与贵州省文联开展“双向采风”活动，组织文艺家到宁夏、内蒙等西部地区进行“走向西部”采风活动；组织音乐家到广东、深圳等地采风；组织了各协会负责人赴浙江、江苏、上海、山东等地考察、交流协会建设工作；组织了省画院有关负责人赴江苏、广东等地考察、交流画院建设工作。

进一步加强基层文联建设，加强文艺队伍建设。在全省县市精神文明评比的千分制中，省文联为基层文联建设争取了10分，对基层文联办公场所、人员编制和活动经费提出了评分要求，有力地推动了基层文联的建设，使基层文联建设能够得到当地党委和政府的更加重视。还与省人事厅联合评比表彰全省第四届基层文联先进集体和先进个人，进一步调动基层文联的积极性。同时，结合“三讲”整改，省文联党组成员加强了深入基层开展调研活动，分片深入到全省各地，与文艺家举行座谈，与当地党委和政府主要负责人协商，帮助解决一些工作开展难度较大的县市文联，解决文联干部待遇、办公场所和部分经费问题。建立党组成员联系文艺家制度，进一步加强了与文艺家的联系与沟通，努力做好为文艺家服务。

进一步加强机关内部建设。结合开展“三讲”教育和整改工作，进一步完善了机关制度化管理，先后修订了有关机关管理制度13个，使机关内部管理进一步迈向制度化和规范化；进一步改善机关办公条件，多办实事，为机关20多个部门和单位配置办公电脑，更换了办公桌椅；为贯彻落实中国文联“壮大实力”会议精神，在壮大实力方面加强思考和探索，先后组织各协会负责人、省画院等赴有关兄弟省市学习取经，吸取和借鉴在艺术开发方面好的思路和做法，先后召开了各协会负责人座谈会和几次党组扩大会议，专题研讨壮大实力问题，把壮大实力问题摆上议事日程。按章程省文联本届委员会期至届满，根据省委宣传部的工作安排，认真做好了有关召开省第五次文代会的各项准备工作。（撰稿：*陈毅达*）

【省科学技术协会】 2000年，福建省科协在省委、省政府的领导和中国科协指导下，学习贯彻江泽民总书记“三个代表”重要思想，坚持以经济建设为中心，努力工作，取得了较好成绩。

一、增强政治意识和大局意识，努力为党的中心工作服务。省科协积极投入反对“法轮功”和伪科学的斗争，以“崇尚科学文明、反对迷信愚昧”作为贯穿全省全年科普宣传教育活动的主线。从5～10月底，省科协与省委文明办联合在全省各市及部分县举办“崇尚科学文明、反对迷信愚昧”大型图片巡回展览，全省有160余万人参观。9月份由省政府主办，省科协联合有关部门承办以“崇尚科学文明，反对迷信愚昧”为主题的科技宣传周活动。全省有3775个单位参加了科技宣传周活动，200多万干部、群众听取科普报告，参观科技展览、参与各类竞赛、研讨等活动。10余万科技人员积极参加宣传活动，有400多万套科技资料、图书，20多万份科技报刊送到广大群众手中。紧密围绕省委、省政府工作中心，努力为经济建设大局服务。省科协与龙岩市委、市政府联办了第二届福建山区发展论坛，专家学者共发表论文57篇。主办了以“电子信息技术与新世纪福建经济发展”为主题的福建省第三届科技论坛。大力促进科技兴企，省级学会（协会、研究会）与厂矿企业的“百厂百会协作行动”已发展到70对，其中32对协作项目取得良好效益。厂矿企业“讲理想，比贡献”活动深入开展。全年有879个厂矿科协（分会、学组）组织了2万余名科技人员提出合理化建议3901条，被采纳1902条，完成1876项，创经济效益2.91亿元。晋江市非公有制企业科协已发展到50多家，为非公有制企业的科技进步作出积极贡献。科教兴农工作取得明显成效。全省科协系统举办短期农业技术培训班1万余期，培训1百余万人次；推广农业新技术2千余项，创效益4亿余元；农技协工作健康发展，共建立农技协2640个，会员9.5万余人。三明市科协系统组织的“协会协作”经验正在全省推广，中央电视台《焦点访谈》栏目专题报道后在全省反响很大。目前全省已建立608个“协会协作”试点。漳州市科协开展由农业专家组成的“农村科技服务110联动网络”经验也正在全省推广，仅漳州市科协“农技110”一年就接受电话咨询39000多次，下乡705次。

二、加强国内外学术交流，进一步提高活动的质量。各级科协及所属团体努力提高学术交流的水平与质量。为了提高科技月谈会质量，2000年实行了选题论证制度，精心组织召开了4场科技月谈会。配合“数字福建”工程建设，省科协举办了“福建省电子信息产业发展科技月谈会”，省4套班子主要领导及20多个厅局领导与会。新办的科技茶座是对科技月谈会的补充，是科技人员参政议政的一种“短平快”形式，2000年共举办了6场科技茶座。各级科协及所属团体发挥民间渠道优势，积极发展对外及对台、港、澳民间科技交流。据不完全统计，省科协及所属省级学会，接待台湾科技界专家学者15批91人次来闽交流，组织入台交流7批49人次。省科协与中国地震学会、省地震学会等联合召开了“海峡两岸城市防震减灾学术会议”，密切了两岸地震工作者的联系。与省自然资源学会一起在福州联办“海峡两岸自然资源互补与持续利用学术研讨会”、“海峡两岸环境保护与可持续发展研讨会”，还接待23批来自美、德、澳、英等国家81位专家学者，直接派遣11个团组51人分赴美、英、加、澳等国家进行学术交流。继续运用闽港科技交流基金资助福建省科技人员赴港进行学术交流。

三、加强科学技术的普及和推广，促进城乡精神文明建设。2000年各级科协及所属团体增强社会化大科普意识，加强科学知识、科学精神、科学思想和科学方法的传播。经省委、省政府同意，7月份，省科协与省委宣传部、省科技厅联合召开第二次全省科普工作会议，对新世纪科普工作作出部署。领导干部科普工作扎实进行。省科协及各地市相继先后举办以领导干部为对象的多场科普报告会。青少年科技教育活动取得新成绩。受中国科协、国家体育总局的委托，省科协成功承办了“全国青少年无线电测向、电子模拟探雷暨全国无线电测向锦标赛”，共有13个省市1600多人参赛，这是我省历年举办的规模最大的青少年科技活动。在国际中学生奥林匹克学科竞赛中又获得一块信息学金牌。农村科普工作取得新进展。全省科协系统已建立农村科普示范基地246个，建立科普文明乡镇359个，科普文明村2438个，初步形成覆盖全省的农村科普网络。社会化科普工作初见成效。省科协与省委文明办联合下发了《关于在全省城乡精神文明建设活动中加强科普工作的意见》，把科普工作列入创建文明城市、文明县城、文明村镇活动的重要内容，全省已建立28个社会科普教育基地。福清、永泰、永安、长泰、漳浦申报全国科普示范县已通过省级验收。科普阵地建设得到加强。省科协召开了全省科技馆建设工作会议，科技馆建设取得新成效。投资分别达1000余万和1200余万的漳州市科技馆和泉州市科技馆已经建成。截至目前，全省已竣工和在建的大小科技馆、科技活动中心共有31座，《福建科技报》、《科学与文化》通过改扩版，提高了质量，增强了可读性和竞争力。省委、省政府确定在“十五”期间新建省科技馆，目前前期工作正抓紧进行。

四、切实加强科协团体自身建设，努力增强活力、凝聚力和实力。省科协先后出台了加强内部建设的有关条例和规章制度。组织评选福建省第五届自然科学优秀论文奖255篇。表彰奖励了30名第五届福建青年科技奖和10名第六届运盛青年科技奖获得者，开展了“学会之星”的评比活动，评选推荐8名第七届中国青年科技奖候选人和6名第二届全国优秀科技工作者候选人上报中国科协，评选出21个企业先进科技工作者之家和21位企业优秀科协主席。启动了“学会上网工程”，建立《学术交流》网站，已上网的学会近30个，并积极筹建新的高校科协。与中国海峡人才市场联合，每月3次在全省人才集市上为国企下岗科技人员再就业提供免费服务，先后推荐400余人走上新的工作岗位。省级学会也十分重视为会员服务，省土建学会的会员可免费得到期刊、会讯等资料并参加继续教育，可优先发表论文和参加论文、方案的评比活动。重大节日，各级科协均走访慰问生活困难的科技人员。省科协的法律顾问处积极为科技工作者提供免费法律服务。

（撰稿：杨采薇）

【省社会科学界联合会】

一、提高社会科学季谈会质量，努力为省委、省政府决策服务。努力为社会主义现代化建设服务。为党和政府决策服务，是社会科学工作的重要任务。2000年，省社科联为提高社会科学季谈会质量，提高为决策服务水平做了很大努力，并取得了成效。7月18日，在调查研究基础上，省社科联与省科协联办了以福建小城镇建设为主题的第28次社会科学季谈会。7月24日，举办21世纪福建发展定位与特色问题的第29次社会科学季谈会，北京大学、清华大学、中国人民大学的教授梁柱、陈希、郑学益、叶卫平等就福建两个文明协调发展、发展高等教育、产业结构调整、加入世贸组织的机遇与挑战等问题作了专题发言，提出了许多建设性意见。省领导陈明义、习近平、何少川、黄瑞霖、郑义正、林逸等出席了季谈会，听取专家意见，并进行了交流对话。各媒体均作了报导，《福建日报》头版以“21世纪路该怎么走，省领导问计于专家”为题，对专家发言进行了详细报导。

二、加大科普力度，努力宣传社会科学理论和知识。遵照省委领导的指示，2000年省社科联加大了科普宣传力度，举办了一系列活动，取得了良好的社会效果。9月23日，省社科联首次作为福建省2000年科技宣传周活动的主办单位之一，在福州五一广场举办了第三次“社会科学在你身边”街头咨询活动，经济类，教育类、法律类、社会学类的20多个学会、研究会的120多名专家、学者，就社会生活和群众思想中的热点、难点、疑点问题释疑解惑，接受咨询解答近千人次，发送各种宣传、普及材料77种，20000多份。8月初，省社科联与省委宣传部、福建日报社、中国光大银行福州支行联合组织开展了世界贸易组织有奖知识竞赛。为进一步学习、贯彻江泽民总书记为《保险知识读本》批语，省社科联与中国保监会福州保监办、省保险行业协会、省保险学会等单位，联合开展各种形式的保险知识宣传，并举办了普及保险知识，提高全民保险意识理论讨论会。邀请北京大学、清华大学、中国人民大学、中央党校、厦门大学的专家、学者举办各种专题学术报告会，如李强作了“一个中国原则与台湾问题”报告会，邢贲思作了“学习‘三个代表’重要思想”辅导报告会，叶卫平作了“加入WTO福建面临的挑战与机遇问题”报告会，叶文振作了“中国婚姻现状与21世纪婚姻问题”报告会，郭铁民、杨益生、黄宜新等作了“学习党的十五届五中全会精神”辅导报告会，共有3500多人次听取了报告。

三、积极开展学术活动，活跃学术气氛。8月21日，省社科联与中国民族学会汉民族分会、泉州市社科联联合举办了汉民族研究2000年国际学术会议，著名学者、原全国人大常委会副委员长费孝通，台湾著名人类学家李亦园出席了讨论会；

来自全国各省、市和台湾、香港、澳门以及日本、韩国、新加坡、泰国等国家和地区的专家、学者共132人参加会议，交流学术研究成果。9月20日、省社科联、海峡之声广播电台、省五缘文化研究会联合开办的系列对台广播节目:两岸同根—五缘文化正式开播。省五缘文化研究会组织骨干会员，撰写了60多篇有关闽台亲缘、地缘、神缘、业缘、物缘关系的文章，以生动的历史掌故、人物故事、民间传说、风土人情，体现了海峡两岸源远流长的历史文化渊源，以海峡两岸血浓于水的五缘关系，有力驳斥了李登辉之流的“两国论”。这一活动具有学术和政治双重意义，同时也是理论研究成果社会化，为现实服务的有益尝试。10月12日，省社科联与中华炎黄文化研究会、华东师大朱熹研究中心、厦门大学、省炎黄文化研究会、省社科院、南平市政府、建阳市政府等单位，联合举办了纪念朱熹逝世800周年系列活动。全国政协副主席罗豪才莅会指导，著名学者张岱年、蔡尚思以及省领导何少川、袁启彤、游德馨、汪毅夫等发来贺电、贺信。来自美国、加拿大、德国、荷兰、韩国、日本等12个国家，国内24个省(市、区)及台、港、澳的专家、学者、朱子后裔600多人参加了活动开幕式、公祭朱子等活动，专家、学者们还参加了“朱子学与21世纪”国际学术研讨会，在国内外产生了较大影响。11月26日，省社科联与林则徐研究会联办了纪念鸦片战争160周年暨林则徐经世思想学术讨论会，来自北京、山东、湖北、江苏等省、市，以及本省各地专家、学者，围绕林则徐经世思想产生的历史背景、本质内涵、时代特征等进行了交流讨论，从与同时代人物思想比较中，揭示林则徐经世思想所体现的强烈的爱国主义精神和进步的改革开放意识。此外，据统计有107个学会、研究会通过了社团重新登记，学会工作逐步恢复正常，有40多个学会开展了43场学术讨论会。为了推动学会组织建设，促进学术活动的开展，省社科联开展了第四次先进学会、学会先进工作者评选表彰活动(1994年～1999年)，共评出先进学会46个，学会先进工作者105名。

四、《东南学术》办出了品位，办出了特色。《东南学术》按照主攻品牌栏目，提高学术品位，加强学术评论，完善内部机制的办刊思路，办出了品位和特色，改刊仅两年多，就在国内学术界产生了较大影响。2000年，《东南学术》共刊出6期，发表文章121篇，总字数120万字；有9篇文章为《新华文摘》全文转载，2篇文章作了论点摘编，其中北京大学赵宝煦教授的《中国政治学百年历程》被头条转载，并上了封面要目的头条;《人大复印资料》也转载了《东南学术》的26篇文章。刊物的转载率在全国众多人文社会科学学术刊物中居前列位置。2000年，《东南学术》发表了国内知名专家、学者王元化、赵宝煦、谢冕、郑杭生、龚书铎、张曙光、李扬、李德顺、孙承叔、余源培、金普森、陈征、吴宣恭等教授文章，同时，还刊发了德国、英国等外国学者的文章。刊物注意培养和发现新人，如通过“博士答辩录”和“跨世纪学人”栏目，推出了一批博士、硕士研究生的新人新作，引起了学术界的关注。《东南学术》的“专题研讨”、“博士答辩录”、“中国学术百年”等栏目，办出了特色和水平，受到学术界的广泛好评。

(撰稿：林其华)

【省归国华侨联合会】

一、落实“三个代表”要求，加强侨联基层组织建设。根据中国侨联的“进一步组织起来，活跃起来”的总体要求，把开展好“基层组织建设年”作为2000年工作的重点。中国侨联林兆枢主席，唐闻生、李祖沛副主席先后来闽调研。在中国侨联的具体指导下，省侨联组织5批18人次前往7个地市14个县、18个乡镇、4所高校调研，召开20多场座谈会，形成调研材料，加强了对全省侨联组织建设的宏观指导。5月中旬，省侨联召开六届五次常委会暨基层侨联组织建设经验交流会，36个基层侨联组织在会上做了经验交流，进一步推动福建省侨联的基层组织建设。7月份，中国侨联在广东中山市召开基层组织建设经验交流会。我省为大会提供典型经验材料7份，在大会发言3人，是提供材料和发言最多的省份之一。9月14日省委在福州召开全省侨联工作座谈会。全省9地市分管侨联工作的市(地)委、政府领导、省直有关涉侨单位领导、省侨联主席、副主席、顾问和地市侨联领导参加了会议。省委副书记赵学敏、副省长汪毅夫、省政协副主席、省委统战部部长金能筹等出席会议。省委副书记赵学敏在会上强调:中央和省委对做好新时期侨联工作十分重视，并寄予很高的期望。各级党委要重视和发挥侨联优势和作用，不但要把侨联工作列入议事日程，明确党委一位负责同志分管侨联工作，而且要在机构设置、人员编制、经费等方面给予必要的支持，切实帮助他们解决实际工作中的困难。省委决定建立侨台工作联席会议制度，进一步加强对侨台工作领导。各涉侨涉台部门要在党委领导下，加强沟通、加强协调，形成合力，共同促进全省侨联工作上新水平。各地市领导专题汇报侨联工作，省委领导与省直涉侨单位、地市领导、地市侨联共同研究侨联工作，是福建省侨联在改革开放以来的第一次。省委办公厅转发了《省侨联〈关于加强新时期侨联工作的意见〉的通知》。在省委高度重视下，全省9市85县区全部成立侨联，其中县区达到“五有”(有组织、有队伍、有经费、有阵地、有活动)的有77个；全省乡镇总数1106个，已建247个，新增85个，共332个；村级侨联已建956个，新建937个，共1893个；晋江市、古田县实现镇级侨联“满堂红”；石狮市、鲤城区实现镇村两级侨联“满堂红”。全省侨联基层组织建设走在全国前列。

二、积极开展“相约千年——龙岁故土行”系列活动，促进侨乡的精神文明建设。“相约千年——龙岁故土行”系列活动，是中国侨联关于开展“基层组织建设年”活动的主题活动。省侨联积极参与第三次世界福清同乡联谊会、第五届世界南安同乡联谊恳亲大会、世界永春社团联谊会第四届代表大会、世界客属第十六届恳亲大会、第四届世界同安同乡大会等活动，扩大与海外侨胞的联系，增进海内外侨界的相互了解，提高侨联在海外侨胞中的影响。省侨联积极举办团体会员工作座谈会、归侨侨眷知识分子座谈会，组织归侨侨眷知识分子团赴海南参观考察，举办海外华裔及港、澳、台青少年夏令营。10月14～15日，省侨联、福州市侨联和福州华升投资有限公司、福州华侨中学联合主办“华升杯”福建省侨界第十届业余羽毛球邀请赛，来自日本、马来西亚、港澳台等15支代表队140多名运动员、教练员参加。省政协副主席周畅出席比赛。10月16日，省委、省政府召开的“福建省奥运健儿表彰大会”宣读表彰决定，号召全省归侨侨眷学习奥运冠军吉新鹏爱岗敬业、顽强拼搏、为国争光精神。同日，省侨联和省人事厅联合表彰并授予印尼归侨、国家羽毛队教练汤仙虎(奥运冠军吉新鹏教练)同志“福建省侨联系统先进工作者”称号。在纪念澳门回归1周年之际，应澳门归侨总会的邀请，省侨联和福州市侨联组织全省归侨侨眷羽毛球队前往澳门参加羽毛球赛，加强闽澳侨界的联系。省华侨摄影学会配合“龙岁故土行”系列活动，5月、8月两次组织会员到侨乡开展采风活动，举办“龙岁故土行”摄影大赛，并将获奖及入选作品汇集成《福建篇》摄影作品集出版。

三、发挥民间交往优势，加强侨务对台工作。国务院《一个中国的原则与台湾问题》白皮书一发表，省侨联及时召开座谈会，传达《中国侨联关于当前开展侨务对台工作的几点意见》，表达全省侨界坚决拥护中国政府的严正声明，坚决反对台独的立场和希望早日解决台湾问题，实现祖国完全统一的心声。9月，邀请省社科院台湾研究所所长吴能远主讲“发展两岸关系与侨务对台工作”，使侨联干部和归侨侨眷进一步了解台情动态，把握侨务对台工作的特点和对台方针政策。特别是在省政府直接支持下，协助办好11月份召开的第16届世界客属恳亲大会，做好客家台胞工作。来自世界20多个国家和地区的3000多名客家乡亲欢聚在客家祖籍地龙岩举行世纪盛会，共图发展。台湾国民党上层人物吴伯雄、民进党前主席许信良参加大会。吴伯雄在发言中表达了两岸统一的愿望。

四、努力开展侨务引智工作，为科教兴省和西部大开发服务。加强与归侨侨眷知识分子和海外科技人才、专家学者的联系。邀请新西兰皇家科学院高益槐教授举办学术报告会，介绍国外生物工程研究动态。陪同澳大利亚邱维廉、陈展垣和新西兰夏伟铭先生，前往南平考察。香港福清同乡会会长杨伯淦先生为团长的福清同乡会代表团、陈清先生为团长的美国中华青年商会和美中经贸科技促进会代表团及任美玉女士率领的荷兰侨亲代表团，赴南平参加“武夷旅游贸易洽谈会”。陪同澳大利亚澳联集团董事长陈祖粤率领的代表团到福州、南平、三明、漳州等地就开发基因食品、绿色环保等进行考察。引荐海外客商参加厦门“9·8”中国投资贸易洽谈会、福州招商月以及各地各类投资贸易洽谈会。经过各级侨联努力，2000年福建省侨界为西部捐建4所“侨心小学”。协助澳门同乡会名誉会长林金生先生设立福建省侨联林金生助学基金，先后资助本省贫困地区和重庆、宁夏等地的失学儿童，达60多名。

五、为侨服务，依法维护侨益。积极开展“新千年献爱心，迎新春送温暖”活动。春节前夕，省侨联领导带队深入华侨企业、农场、偏僻山村，走家进户看望归侨下岗职工和贫难侨，发放春节慰问金和礼品，送去党的温暖和侨联组织及侨联工作者的一片爱心。组织科技、文化、卫生“三下乡”活动。省侨联和福建医学院侨联组织医学专家前往福州东阁华侨农场开展义诊活动，就诊人数达400人次。中国侨联和国侨办在福建确定高效生态农业科技示范园，以促进华侨农场发展和支援西部开发起示范作用。省侨联配合省侨办，多次前往丰田华侨农场和长龙华侨农场，协助抓好两个农场高效生态农业科技示范园项目。利用《中华人民共和国归侨侨眷权益保护法》颁布10周年之际，省市侨界“五侨”在福州市五一广场，请侨界法律专家及有关侨务工作者开展侨务法律咨询服务，中央电视台中国报道组进行专题采访报道，产生了良好反响。还参加省人大组织的关于华侨房屋两权分离及华侨农场土地权属纠纷问题的人大代表视察活动和《福建省保护华侨房屋租赁若干规定》的执法检查活动。省侨联在全国政协会议提出6个提案，大会发言3个；在省政协会议上，省侨联团体提案6个，个人提案4个，大会发言1个。

六、认真抓好“三讲”和“两思”教育活动。按照省委部署，机关开展处级干部“三讲”教育和厅级“三讲”教育“回头看”活动，认真落实“三讲”教育7个方面35条整改措施。机关以胡长清、成克杰和福建厦门特大走私案、政和丁仰宁等重大案件为反面教材，进行警示教育活动。增强干部拒腐防变的能力。根据加强新时期侨联工作和“组织起来，活跃起来”的基本要求，在下半年，省侨联举办全省侨联干部第二期培训班。进一步增强了做好基层侨务工作责任感和使命感。

七、12月27日，福建省侨联六届四次全委会议在福州举行。进一步明确侨联要围绕中心做好工作；要加强侨联基层组织建设；积极反映广大侨胞的呼声；要进一步加强侨务对台工作。全委会增补了陈秋菊为省侨联六届委员、常委。

（撰稿：朱根娣）

【省台湾同胞联谊会】 2000年，全省各级台联组织认真学习江泽民同志“三个代表”的重要思想，贯彻党的对台方针政策，针对台湾局势的新变化，研究新情况，探索新问题，开拓进取，在做好台湾人民工作中取得新成绩。

一、认真学习“三个代表”重要思想，深入探索新形势下台联工作新思路。特别注意结合台海局势和台联工作实际，深刻理解“三个代表”思想对解决祖国统一问题的指导意义。省台联举办全省台联干部培圳班，就“新形势下如何开展台联工作”进行研讨，统一思想，认清形势，明确任务，增强台联干部做好台湾人民工作的信心和决心。组织台联机关干部联系实际，开展专题调研。与省台盟联合召开对台宣传工作研讨会，邀请台湾问题专家学者、涉台有关部门、全省各地市台联及华东部分省市台联负责人参加。与会代表就如何加强“和平统一、一国两制”的宣传工作提出了许多宝贵的意见和建议。在台湾3·18“总统”选举前后，各级台联带领广大台胞认真学习《一个中国原则与台湾问题》白皮书、中台办“5.20”声明等，组织召开纪念江总书记台湾问题重要讲话5周年及纪念“二·二八”起义53周年座谈会，与省炎黄文化研究会联合召开“弘扬传统文化、促进祖国统一”学术座谈会，表达台联组织和广大台胞反台独、反分裂、促统一的决心。

二、以“三个代表”为指导，做好台胞基础工作。省台联利用传统节日，组织台胞春游、中秋座谈、国庆联欢等丰富多彩活动，组织老台胞到桂林、高山族同胞到江浙参观等，增强“台胞之家”的凝聚力。“两节”期间，各级台联按照省委、省政府的通知要求，积极开展送温暖、解忧难、办实事活动。省台联领导深入莆田、泉州等地，走访慰问台胞特困户、重灾户、下岗职工等。通过发放小额贷款等形式，支持各市台联做好台胞扶贫工作。配合有关部门，认真贯彻省领导批示精神，落实华安县高山族新村建设项目、资金等，该新村已动工。响应党中央西部大开发的号召，省台联与漳州、泉州市台联领导赴宁夏对口扶贫，走访慰问当地困难台胞，为当地台籍学生送去学习用品。省台联召开中央党校台籍班学员座谈会，总结我省台联历年重视培养中青年台胞的经验，对培养跨世纪台胞青年干部提出了许多意见与建议。暑期，在龙岩举办青年台胞革命传统教育夏令营，来自全省各地的中青年台胞通过参观闽西革命遗址，接受了一次生动的革命传统教育。台胞潘志春（福州）、方丽云（漳州）被推选为第九届全国青联委员。华安县高山族少年高翔出席全国少代会。35位台籍青年被各类高等院校录取。

三、为台商、台生服务，促进两岸民间交流。省台联开展台资企业调研，加强与在闽台商联系，帮助他们排忧解难，维护他们的合法权益。积极争取有关高校的支持，加强台生工作。组织福建中医学院台生赴莆田、闽南、闽西进行文化考察，参加全国台联在广西举办的传统文化爱国主义教育夏令管，增强台生对中华文化的认知和对祖国的认同。省台联会长张希东参加全国人大台湾代表团赴香港澳门考察，了解“一国两制”在港澳的实施情况。应纽约《亚美时报》公司朱先生的邀请，全国台联组团访美，副会长柯连妹随团出访，与旅美台胞团体进行比较广泛的接触。副会长柯连妹参加在龙岩举办的第十六届世界客属恳亲大会，与来自海内外的台湾乡亲进行交流。

四、以“三讲”教育为动力，推动台联机关建设。根据省委的部署，省台联于5月份开展“三讲”教育“回头看”活动，进一步落实各项整改措施，推动机关建设。省台联领导参加省委党校地厅级领导干部班学习，2位处科级干部分别参加省委党校、省直党校学习。

（撰稿：陈雪娇）

【省残疾人联合会】 福建省现有残疾人161万人，约占全省总人口5%左右，其中视力残疾人23.5万人，占残疾人总数的14.6%；听力残疾人55.2万人，占残疾人总数的34.6%；肢体残疾人23.5万人，占残疾人总数的14.6%；智力残疾人31.7万人，占残疾人总数的19.7%；精神残疾人6.1万人，占残疾人总数的3.8%；多重残疾人20.9万人，占残疾人总数的13%。

福建省残疾人联合会于1988年10月成立。1991年5月15日《中华人民共和国残疾人保障法》实施；1994年1月26日，省人大颁布施行《福建省实施〈中华人民共和国残疾人保障法〉办法》；1996年6月16日，省人民政府37号令《福建省按比例安排残疾人就业规定》颁布施行；1997年2月27日，省人民政府关于对全省残疾人实行优惠政策的若干规定颁布，至此我省发展残疾人事业的法律法规逐步健全。目前全省残疾人就业率达83%；盲、聋、弱智儿童入学率分别达80.5%、84.9%、93%，98916名特困残疾人列入社会最低生活保障，占全省已保障人数的80%。事实证明残疾人事业随着改革开放和社会文明程度提高也得到较快发展，社会经济发展，对促进残疾人平等参与社会生活起了积极的促进作用。

（撰稿：林幼健）

【省海外联谊会】 2000年福建省海外联谊会围绕省委工作中心，高举爱国主义旗帜，全方位、多渠道做好新形势下海外联谊工作，为促进全省改革开放和经济建设，为促进祖国统一大业做出了积极贡献。

一、围绕中心，为全省两个文明建设服务。组织并推动香港慈善机构信善玄宫到武平县和闽侯县的贫困乡考察，并分别向闽侯县南屿镇葛岐小学和武平县永平乡帽林小学各捐资25万元修建了两所希望小学。积极做好为海外乡亲排忧解难工作；联系协调解决澳门乡亲经济纠纷案等工作，受到了海外乡亲的好评。

二、发挥优势，积极开展海外联谊活动。加强与海外闽籍社团、知名人士的联系。一年来邀请接待了香港中华总商会访闽团、香港晋江同乡会赴闽考察团、中央人民政府驻港联络办协调部访闽团、香港社团秘书（干事）访闽团、香港青年领袖访闽团、香港中央历史文化交流访闽团等10余批海外团组300多人次。先后5次组团赴港、澳和海外参加了一些闽籍社团重大活动，并对海外闽籍社团一些重要活动，拍发了33份贺电。积极参与了世界客属第16届恳亲大会活动筹备和组织接待工作，并利用第三次世界福清同乡联谊大会及“2000年中国福州国际招商月暨海峡科技成果交易会”、“9·8投资贸易洽谈会”、第四届世界同安联谊大会等大型活动的机会，与来自世界各地的海外乡亲近千人广泛联谊。

三、积极探索，形成海外联谊工作合力。充分发挥各级海联会的组织作用，调动统一战线各方面力量，召开了省海联会省内顾问、理事会暨全省海外统战工作经验交流会。11月下旬由省委副书记赵学敏，省政协副主席陈荣春，省政协副主席、省委统战部部长金能筹带队，与省政协联合在深圳、珠海召开港澳省政协委员、省海联会顾问、理事座谈会，向港澳乡亲通报福建省“九五”期间经济社会发展所取得的成就以及“十五”计划的基本思路和发展方向；听取港澳闽籍乡亲的意见和建议。

（撰稿：陈立云）

【福建中华职教社】　2000年，福建中华职教社在省委和总社的领导下，认真学习贯彻江总书记“三个代表”重要思想和总社第八次全国代表会精神，在全社各级组织和广大社员的努力下，各项工作有了新的进展。

一、抓好办学工作，继续拓宽办学新路。一年来，在职业教育出现滑坡的情况下，通过认真学习江总书记《关于教育问题的谈话》，认清了当前教育工作面临的形势和任务，增强了责任感，采取各种措施抓好办学工作。一是加强对社属学校的管理，多次召开校长会议，进行了考察，总结办学经验。二是注重调查论证，根据市场经济需要更新专业，提高办学质量，扩大生源，以质量求生存。三是社和总校领导经常深入社办学校调研考察，解决办学中的问题，探索试验各种办学模式。由于采取上述措施，去年社属各学校招收各种新生3094名，其中：大专生848名；中专生1409名。在校生7839名，其中：大专生2145名；中专生2248名。

二、加大调研和职业教育理论研讨力度，组织对《福建民办教育现状实例的调查与对象研究》课题的实施，各地职教社对全省影响较大的27所民办学校进行调研，形成了10余编调研报告；参与省政协组织的《福建21世纪高等教育结构调整》研讨活动，提交了论文；8月，在漳州成功地举办了有台、澳同行参加的第十一届职业教育理论研讨会，研讨会主题是“职业教育与人力资源开发”，参加研讨会的有总社和部分兄弟社的领导、省内外职教界专家学者及台湾、澳门的同行等80余人，共收到有关论文60余篇，省社已将其中46篇有相当价值的论文汇编成集，拟于2001年上半年正式出版发行。

三、为下岗职工举办各种职业培训，继续实施“温暖工程”。一年来继续实施“温暖工程”工作又有了新的发展。省社直属成人学校被列为省转岗培训点，年内为社会下岗人员举办电脑、外派劳务、财会电算等培训班，培训400余人。厦门、漳州、建瓯等社先后培训再就业人员800余人，漳州、三明、南平社介绍各类人员就业达1000余人，南平社还加强与广东深圳、惠州等地有关部门的横向联系，扩大介绍就业渠道。省社继续加强对中华曙光学校的帮助指导，扩大培训专业，为该校争取经费补助，建立电脑教学室。

四、充分利用社员联系广的优势，做好海外联谊工作。7月份组织省民主党派社团办学联络网成员6人赴港考察，与香港明爱成人及高等教育服务机构进一步加强了联系交往。通过召开研讨会等形式邀请台湾、澳门职教界专家学者来闽考察，互相交流学习，进一步增进了解和友谊。厦门社社员出境探亲时，主动考察当地职业学校，宣传职教社的工作，扩大社的影响。仙游社结合当地开展妈祖文化活动，发动社属学校学生给台湾小朋友写信，对台胞、台属开展宣传闽台一家亲的活动。

五、贯彻发展与巩固相结合的方针，加强组织建设。全社现有地方社14个，其中：5个设区市级社；9个县（市）级社。个人社员2567人，团体社员285个。根据总社第八次全国代表会和第四次组织工作会议精神，认真贯彻发展与巩固相结合的方针，注意在教育界特别是民办教育界发展社员，同时，切实抓好社员的教育和管理。年初按新《社章》的规定和我省的实际情况，制定了《福建中华职教社组织工作若干意见》，对社的组织建设、教育管理、开展活动、缴纳社费等方面提出了要求，并下发试行。对省直和福州市社员进行了问卷调查，按行业、属地重新编组，并召开了各小组联络员会议，进一步加强了与社员的联系。按社章规定到期已换届的有漳州、建瓯、顺昌、延平等4个社，通过换届充实了领导班子，加强了社的工作。

（撰稿：邱文明）

【省黄埔军校同学会】　2000年省黄埔军校同学会组织全省会员认真学习邓小平理论、党的各项方针政策和中央、省历次重要会议精神，本着建会宗旨，发扬爱国革命精神，努力开展以对台工作为重点的各项会务活动，取得了一定的成绩，主要表现在以下几个方面：

一、高举邓小平理论伟大旗帜，坚持组织会员学习政治，学习邓小平理论，学习党的对台方针政策以及历次重要会议精神，借以充实自己、提高思想水平和工作能力。根据同学会成员年龄大、住处分散不易集中的特点，经常印发有关学习资料，提倡会员个人自学，坚持政治学习中心组每月召开学习心得交流会1次，借以互相交流，检验学习质量，达到共同提高的目的，遇到党和国家重大事件，就结合具体情况有针对性的召开座谈会，以提高黄埔同学对党和国家重大决策的深入理解，增强贯彻执行党的路线、方针、政策的自觉性。对于《一个中国原则与台湾问题》白皮书的发表，经过多次座谈交流，大家吃透了政策，进一步提高了对台工作的原则性。在有关新闻媒体的报道中，对黄埔同学会的报道也是从无到有、从少到多、从粗到精。省报、电台、电视台以及全国性有影响的刊物经常报道该会的有关动态和新的举措，逐步提高了“黄埔”在社会上的知名度，也为省黄埔军校同学会与兄弟单位的协调工作，逐步改善硬件设施打下良好的基础。

二、大力宣传祖国大好形势及改革开放后发生的巨大变化，抓住对外开放机遇，发挥黄埔独特优势，不断加强联谊工作，扩大联谊范围，在接待交往中，畅叙亲情，增进友谊，着重交换了对“和平统一、一国两制”方针的看法，通过经常接触使彼此间扩大了共识，又相互传递信息，取得在台湾许多黄埔同学和亲友对“一个中国”、“反独促统”、“直接三通”等方面的认同。如有的同学收到台湾校友的来信中写到：“大陆进步捷速，没有共产党，就没有新中国，真是这样”，“共产党领导强有力，是中国历史上最好政府。”这位校友多次来大陆探亲旅游，对大陆一年比一年发生的巨变，感触很深，通过沿途所见所闻，说出了发自内心的真实感受，这在以往的来信中，是不多见的。这说明广大在台黄埔校友是热爱祖国的，也说明对台开展宣传、联络，通过信件、电话、接待、寄贺年卡等形式，对争取民心，共同促进两岸黄埔校友携起手来，把工作做到台湾岛上去，争取祖国统一大业早日实现，起到了一定的作用。

三、充分运用在台港澳和海外校友亲朋多的优势，积极为福建省招商引资尽心竭力。同学会组织和会员个人，或直接联系，或参与穿针引线，为全省外向型经济的发展添砖加瓦。各地市黄埔同学会充分发挥各自的地区优势，积极主动作好牵线搭桥工作，在争取台胞支持家乡公益事业方面，有了新的进展。“二代会”后，会里领导密切合作，共同谋划新的思路和新的举措，各位副会长主动走访所负责的地区，掌握第一手资料，深入细致地作好各项具体工作，虽然有的领导进入耄耋之年，但敬业爱岗、勤恳踏实的精神确实感人。在全会上下的共同努力下，各地工作都呈现出可喜的发展势头，对建设社会主义物质文明和精神文明都作出新的贡献。

四、2月，《黄埔》杂志社李庚起副社长兼副主编和刘苑生编辑专程来我省采访，省会举行有各方代表性人员参加的几场座谈会，并参观了台湾同学投资的企业及市政建设、鼓山风景区等。座谈会上，王强会长谈了省同学会在省委统战部领导下，重视政治学习、提高会员素质、引资引智、参政议政、对台联谊、宣传中央方针政策，为同学排忧解难等情况。张克强秘书长在会上强调，省委的重视、省政府的关怀是开展同学会会务工作的保证，具体体现在经费、用房、车辆等方面。专程从南平、泉州来福州参加座谈会的副会长赵永连、理事陈超云分别介绍了两地各有特色的会务活动。副会长、华埔拳社社长郑建偕两位副社长、黄埔同学后代介绍了以拳会友的活动情况。李庚起副社长对福建会在促进祖国统一，振兴中华民族的事业中所做的大量卓有成效的工作表示钦佩和赞赏，同时表示，将尽力在省同学会的积极支持配合下，去外地完成采访任务，把我省同学会工作宣传好。随后他们前往福、厦、漳、泉、莆田等地同学会，接触部分同学及亲属，并参观在台黄埔同学捐资兴办的社会公益事业等项目，这些都给他们留下了深刻的印象。不久，在《黄埔》第3期上专辟了《福建黄埔同学会专栏》，向国内外介绍了福建省黄埔军校同学会建会15年来，对和平统一、对台黄埔同学的密切联系交往所取得成效。并以光彩鲜艳的专版："漫游中华——八闽大地展新颜"，展现了八闽大地的锦绣河山，以及福建省改革开放以来所取得的辉煌业绩，展示统一战线的一个重要窗口——福建海联中心的壮丽雄姿，以及省黄埔军校同学会在牵线搭桥、直接或参与引进外资所取得的丰硕成果。看到福建省黄埔军校同学会专栏后，许多会员纷纷来信来访，畅谈读后的感受，更加激励会员增强责任感、使命感和紧迫感。

五、努力加强自身建设。2000年9月，省黄埔军校同学会召开了第二次会员代表会议，王强会长代表第一届理事会做《工作报告》，代表们讨论中，认为报告"实事求是，前后有序，章法有理"，获得一致通过。随后由省委统战部联络处副处长张克强介绍新一届理事候选人情况和选举办法，并主持、选出了新一届理事、会长、副会长，聘请了秘书长、副秘书长、名誉会长和顾问，其中包括在台同学4人为省黄埔军校同学会顾问。举行了纪念建会15周年大会，在榕会员和去台同学共180多人到会。应邀参加大会的有省社团办负责人、省对台办和有关团体负责人及新聘的顾问和新闻界的朋友。省政协副主席、统战部长金能筹作了重要讲话，他勉励黄埔同学努力学习、加强海外联谊力度，进一步做好团结工作，为祖国和平统一大业奉献余热。新当选的王强会长在讲话中回顾了建会15年来省黄埔军校同学会所走过的历程，表示不辜负组织的希望和会员的信任，努力加强自身建设，继续把同学会的工作深入细致地开展好。

六、在体现党和政府对黄埔老人的关爱方面，省黄埔军校同学会开创了良好的先例，特别是贯彻落实省委统战部、省财政厅、民政厅联合下发的《关于妥善解决部分黄埔同学生活困难的通知》文件中，各地同学会依靠当地统战部、财政、民政系统对黄埔同学会这一特殊团体给予的尽力关心逐步取得落实，在省内得到广泛的好评，在《黄埔》杂志刊载过程中，显著体现了福建省党政部门对黄埔同学的关爱之情，在省外也受到了普遍的赞誉，对省黄埔军校同学会开展对台和海外工作，也产生了积极的影响。省黄埔军校同学会领导，无论在榕的会长、秘书长或理事，还是住在各地的副会长或理事，为落实文件精神，尽力奔波、反复宣传、动之以情、多方呼吁，主动作好方方面面的工作，使各地黄埔同学会的工作条件，都不同程度地得到提高，为开展正常工作提供了良好的基础，也体现了中华民族敬老的传统美德，激发了黄埔同学为促进祖国早日统一而奉献余力的热情。

七、下半年，副会长许周民、赵永连分别走访了分片负责的泉州、晋江、莆田、龙岩和武夷山各地。会长王强、副会长郑建等专程慰问了在泉州的前期学长王济弱，并了解泉州同学会的工作情况等，都取得较好成效。在第二届会员代表会议上，省黄埔军校同学会特聘的4位在台黄埔同学顾问所发挥的影响力，充分显示了福建省的区位优势，把宣传工作有效地做到台湾人民中去，也为黄埔同学会在台的影响，产生良好的作用；担任各级人大代表、政协委员的黄埔同学积极参政议政、建言献策，为福建省两个文明建设尽心竭力，受到各方赞誉，不少反映社情民意及发展经济、对台工作的提案，得到党和政府重视和采纳，有的还被列为优秀提案，登载于有关刊物媒体；10月间，王强会长、陈宝琦副秘书长参加了在安徽合肥市召开的华东6省1市黄埔同学会工作研讨会，会上，福建省提交的论文和负责人的发言，都受到与会者的重视，福建省有的做法被会内、会外传为佳话。同时，在如何发挥黄埔二三代人的积极作用和进一步联系在台后期同学方面，福建黄埔同学会的参会领导也带回了许多可供借鉴的经验。

（撰稿：林国枚）

【省金门同胞联谊会】 2000年3月、6月，先后召开座谈会，拥护《一个中国的原则与台湾问题》白皮书，和中共中央台办、国务院台办受权就当前两岸关系问题发表的声明，坚决反对"台独"，反对分裂中国主权和领土完整的言行。本着"立足本省，面向境外，联络乡亲，增进情谊"的方针，组织祝贺团分别参加新加坡金门会馆成立130周年庆典和马来西亚砂拉越金门会馆成立10周年庆典。访问香港金门同乡会，同该会新一届理监事座谈，探讨加强联系合作事宜，并就金厦"两门"直航、两地共同繁荣、祖国早日完全统一交换意见。一年来共接待境外乡亲286人次，其中金门组团来访的较多，主要有：金门籍新党人士李炷烽、吴成典等来厦参加"两岸关系研讨会"，金门商业会等4个代表团来厦、泉参加中国投资贸易洽谈会和泉州商品交易会，金门陈氏宗亲会组团前来寻根谒祖并参加厦门对台出口商品交易会，金门南音观摩团和爱心敦谊团参加泉州旅游节暨国际南音大会唱，金门高甲戏观摩团来厦、泉访问交流，金门"名城电视"采访团来厦，访问市台办、厦大、市红十字会和金联。旅居厦门的金胞，也创作8件书画、摄影作品，参加"2000年金门县美术家联展"。早在1992年，福建省金联就根据省委关于"两门对开"的要求，提出金厦直航4种设想；1994年又响应金门爱心基金会建议，希望旅居福建各地65岁以上金胞，在春节、清明、中秋3大节日直航返乡探亲祭祖扫墓的愿望早日实现。2000年8月，"金门县议会"访问团来福州、泉州、厦门，各地老龄金胞更强烈表达这一心愿，递交陈情书。年底，接到金门九九长青老人协会邀请，已着手组织65岁以上金胞，分批直航返乡探亲。出版《金门乡谊》第53～55期，印刷15000份；编发《金门情况》第22～27期。参与主编《郑晨钟中国画选》，印刷3000册。第9次颁发奖学金，奖励博士研究生2人，硕士研究生3人，高校三好生和新生12名。

（撰稿：许文辛）

【省留学生同学会】 在新的一年里，继续深入学习邓小平理论，遵照江泽民总书记提出的"三个代表"的要求，在党的十五大和十五届五中全会精神指导下，开展了各项活动。

一、为了贯彻落实科教兴国政策，为繁荣福建、振兴科技作出积极贡献，充分发挥留学人员在科教兴省中应有作用，本会组织了福州地区各分会会员到福建留学生创业园区、实达科技园、福州软件园参观考察调研。

二、为了纪念邓小平同志发表扩大派遣出国留学生讲话20周年，本会发动各分会会员积极撰写回忆文章；回忆改革开放20多年来，莘莘学子远渡重洋、负笈海外求学的历程、感受，广大会员踊跃投稿，目前征文已达15万字左右，该书《寸草心报国情》将于2001年11月出版，为福建省留学生同学会成立15周年献礼。

三、继续举办人数不等、形式多样的联谊会、座谈会、春节联欢会、国庆中秋座谈会等，增进友谊、联络感情，各分会也举办学术讲座、郊游参观等活动。

四、继续发展会员、壮大组织，目前会员人数已有1317人。厦门市也于9月17日成立了厦门市留学生联谊会，将原有的厦门大学分会、集美大学分会、厦门市小组、海洋3所小组合并，现有会员440人。 （撰稿：刘璇）

【各人民团体负责人名单】（以2000年12月底在职者为准）

省总工会

主　席：黄瑞霖

党组书记、常务副主席：曾乃航

副主席：钟维平　赵志伟　彭群芳(女)　林际彪

共青团福建省委

副书记：雷春美　黄晓炎　陈　冬　吴立官

省妇女联合会

党组书记、主　席：王美香

党组成员、副主席：林　琼　杨丽卿　林文秀

省文联

党组书记、书记处书记：林德冠

党组成员、书记处书记：陈章武　蒋夷牧　张　宇

党组成员、秘书长：朱　光

主　席：许怀中

副主席：林德冠　陈章武　蒋夷牧　张贤华　季秉义　王耀华　吴凤章　郑怀兴　章绍同　舒　婷　陈奋武

省科协

主　席：黄金陵

党组书记、副主席：林思翔

党组副书记、副主席：陈振健（至2000年3月）

党组成员、副主席：唐　华

副主席：洪健尔（至2000年11日）

党组成员、副主席：陈　震

主　席：黄金陵

副主席：赖爱光　谢联辉　谢华安　曾民勇　杜　建　王小如　陈元仲　林　野

省社科联

主　席：陈俊杰（兼）

副主席：王碧秀　马照南

（以下为兼职）

吕良弼　陈一琴　陈孔德　严　正　吴吕和　林述舜　郑学檬　杨益生

秘书长：周源清

省侨联

名誉主席：王汉杰　庄南芳

主　席：李欲晞

副主席：杨峥嵘　江宏真　冯玉兰　陈金烈　陈联合　林育材　林树哲　赖庆辉　薛祖亮

秘书长：杨峥嵘（兼）

省台联

会　长：张希东（兼）

专职副会长：柯连妹（女）

兼职副会长：陈建德　曾金凤（女）　何春英（女）

省残联

党组书记、理　事　长：蔡元庭

党组成员、副理事长：黄必勋　杨小波　翁　卡

党组成员　助理巡视员　朱永源

省海联会

名誉会长：习近平

会　长：金能筹

副会长：林文麟　金惠钦　陈田爽（常务）

福建中华职教社

名誉主任：袁启彤

名誉副主任：林　逸　王耀华　金惠钦

顾　问：顾耐雨　浦保恒　施今伟　陈　奎　林景华　朱永康　郭成土　夏玉瑚　詹　毅　高　翔　欧云远　吴惠天

主　任：林　强（兼职）

副主任：裴晓敏　严子杰　张同盟（兼职）

省黄埔军校同学会

会　长：王　强

副会长：许周民　郑　建　赵永连　郑义光

秘书长：张克强

省金门同胞联谊会

会　长：许文辛

常务副会长：蔡俊迈

副会长：王家骅　陈毅中　戴炎荃　唐友平　李添吉　陈庆元　许永惠

秘书长：李添吉（兼）

省留学生同学会

会　长：赵修复

副会长：林　逸　陈家骅　王耀华　黄金陵　陈振健　胡敏生　钱匡武　陈传鸿　杨翔翔　沈鸿元　程元荣　殷风峙　尤民生　辜建德

秘书长：陈振健（兼）

【全省社团概况】

一、社团进行重新登记。根据国务院新颁布的《社会团体登记管理条例》规定和《中共中央办公厅、国务院办公厅关于党政机关领导干部不兼任社会团体领导职务的通知》要求以及民政部的部署，做好全省社会团体的重新登记工作。重新登记后的社会团体基本符合下列条件：1.有规范的章程；2.社团领导成员中没有现职的党政机关和具有行政职能的事业单位、人民团体处级以上领导干部兼任，特殊情况须兼任的，已办理了审批手续；3.社团领导成员任职年龄不超过70周岁；4.有活动资金3万元以上；5.有固定的住所；6.有专职工作人员；7.有独立的银行账户；8.有50个以上的个人会员或者30个以上的单位会员，个人会员、单位会员混合组成的会员总数不少于50个；9.专职工作人员中有正式党员3人以上的建立党的基层组织。这次重新登记的程序是，社会团体先向业务主管单位提出申请，由业务主管单位出具同意重新登记的审查文件，再向登记管理机关提交申请重新登记的报告，并附有关材料。经登记管理机关初审，符合条件的发给重新登记的各种表格，经审核同意重新登记的予以重新发证、公告。对不具备重新登记条件的社会团体，社团登记管理机关分别作出注销登记。逾期未重新登记的社会团体，一律视为自行解散，仍以社会团体名义开展活动的，视为非法组织活动。截至2000年底，全省性社团，已完成重新登记545个，注销登记12个，合并12个，待办理170个，待注销84个。市、县（区）级社团管理机关共重新登记社团3944个，注销社团865个，撤销社团50个，合并社团351个，待处理社团2812个。全省实有社团7544个（其中全省性社团799个）。通过这次清理，全省共注销社团877个（其中市、县注销社团865个），撤销社团50个，合并社团363个（其中市、县合并社团351个）。从总体上看，社团质量比以前有了明显提高，达到了预期目标，基本完成了国务院部署的任务。

二、社团发展与管理并重。随着福建省经济的发展，加上政府机构改革，职能转变，加快了社会组织的发育，为社会团体的发展提供了有利条件和广阔空间。尤其是全省行业性社团发展较快，全省总数达到1290个，基本覆盖了全省各行各业，适应了市场经济体制对发展社团中介组织的需求。大部分行业性社团活跃在各个领域，一方面为企业提供信息、业务培训、管理咨询、维护企业合法权益等提供多层次全方位服务；另一方面为政府制订行业发展规划、决策论证、行业协调等方面做了大量的工作。同时，其他类社团也获得健康发展。在现有社团中，学术性社团达到3440个、专业性社团1577个、联合性社团1237个。按地区分布，福州市1052个、厦门市598个、莆田市549个、三明市627个、泉州市899个、漳州市919个、南平市774个、宁德市631个、龙岩市696个。

为了更好地发挥社团在全省两个文明建设中的作用。省委、省政府要求各级党委和政府把社团管理工作当作促进经济和社会发展的大事来抓。省委于2000年5月19日在福州召开“全省加强民间组织管理工作会议”，省委领导到会作了重要讲话，民政部民间组织管理局局长专程自京莅会指导。会议针对福建省实际情况，提出了加强全省民间组织管理的措施，要求各地必须认真贯彻落实新的《社会团体登记管理条例》。与原《条例》相比，新《条例》严格把握了社团的政治方向，加大了对社团经济行为的管理力度，进一步理顺了社团双重管理体制，完善了登记程

序和内容，细化了处罚的具体内容，增加了对执法主体的监督。（撰稿：郑成林）

人事 编制

【公务员队伍建设】 2000年全省共招考录用国家公务员和党群机关工作人员2032名，其中，国家公务员1187名，党群机关工作人员845名。报考总人数达32442人，其中，大专以上18798人，占58%。此外，880名在工商所公务员职位上工作的工人身份人员，通过考试择优录用为国家公务员。

起草了《福建省国家公务员"十五"培训规划纲要》。指导福建行政学院举办地厅级、县处级任职培训班和地厅级干部金融知识研修班6期。根据人事部西部人才资源开发计划，举办了首期闽宁经济骨干公务员对口培训班。推进公务员培训立法，《福建省国家公务员培训实施办法》作为2000年度省政府规章立法项目之一，已完成起草、上报工作。

做好考核、奖惩工作。完成1999年度机关事业单位考核工作，对2000年度考核作出部署。发挥奖励表彰的激励作用，在福州、南平、莆田分别召开表彰会，宣传表彰我省在全国农村优秀人才表彰会上荣记一等功的兰帝明、王云、邱瑞荣3位同志；对我省参加第27届奥运会和第11届残奥会上获得优异成绩的运动员和为培养优秀运动员做出贡献的教练员，给予记大功奖励6人，记功奖励2人；为援外专家林占禧同志记一等功奖励，为以身殉职的郑成同志追记一等功奖励；参与2000年全国劳模和先进工作者推荐评选，以及全省劳模和先进工作者的评选表彰，其中，全国劳动模范和先进工作者分别为51名和27名，省级分别为155名、133名；在系统表彰中，获全国先进集体22个、劳动模范和先进工作者45名，评选表彰全省先进集体348个、先进工作者584名，全省单项先进集体128个、先进个人340名；给予部级劳动模范、先进工作者荣誉称号获得者40人和3次获得省计划生育先进工作者3人奖励晋升职务工资。会同省委组织部召开全省党政机关推行竞争上岗工作会议，结合机构改革，大力推行竞争上岗，增强机关活力。到2000年底，省直行政机关已有38个单位开展竞争上岗工作，有224个处级职位实行竞争上岗。

【专业技术队伍建设】 组织完成了2000年度专业技术资格考试、执业资格考试、职称外语考试近20场，10万多人报考。批准确认高级职务任职资格约5500人，其中，选拔优秀中青年晋升高级职务约1500名。到2000年底，全省共有各类专业技术人员总量99.6万人，其中国有事企业单位各类专业技术人员67.5万人，非国有单位32.1万人；高级职务4.3万人，中级23.9万人，初级64.1万人，未聘职务人员7.3万人。继续深化职称改革，印发了《福建省市（地）、县（市、区）所属事业单位专业技术职务结构比例暂行规定》，不再对市（地）下达岗位指标，使指标管理逐步过渡为结构比例控制。

加大实施"百千万人才工程"、博士后制度力度。向国家人事部推荐了1999年度"百千万人才工程"第一、二层次人选14名，经人事部等批准，有3位同志入选。到2000年底，全省已初步形成了高层次人才的群体组合结构，其中：两院院士11名，国务院学位委员会学科评议组成成员10人，国家科技部863项目承担者4人，有突出贡献的中青年专家79名，享受政府特殊津贴的专家1880名，高级职称人员4.3万人，累计招收博士后121名，国家"百千万人才工程"一、二层次人选16名，较好地实现了"九五"计划确定的高层次人才发展目标。部署了1999年度"百千万人才工程"人选考核和福建省"百千万人才工程"第三层次人选选拔工作。拟定了《福建省2000～2005年博士后工作发展计划》，增设了6个博士后流动站和厦华、晋江等企业博士后科研工作站，省财政拨款招收博士后12名。部署了2000年度企业博士后工作站和博士后流动站的申报建站工作，有7家企业和3所高校申请设站。推荐上报2000年享受国务院津贴人选58名，并对1999年享受国务院津贴的60名专家进行宣传表彰。

推进继续教育，提高各类人才的素质。起草了《福建省专业技术人员继续教育"十五"规划纲要》和《非公有制经济单位专业技术人员继续教育试点方案》，分别与省农业厅、福建农林大学、宁夏回族自治区人事厅联合举办了"全国技术创新与可持续发展农业高级研修班"、"加入WTO两岸农业发展与农产品流通高级研修班"和闽宁继续教育基地管理干部研修班。2000年，全省共举办中级研修示范班151个。加强对省级继续教育基地的动态管理，采取增、并、撤等措施，把原来审批的50个继续教育基地调整为42个。

【引进人才】 省委、省政府下发了省人事厅代为起草的《关于引进高层次人才和青年专业人才的若干规定》、《关于加快福建留学人员创业园建设与发展的实施意见》。至2000年底，已有留学人员入园创办企业40家，从业人员近500人，其中博士18人，硕士39人；引进资金1.65亿元，产值4700万元，利润1300万元，税收116万元，项目涉及电子信息、生命科学和生物工程技术、现代通信、光机电一体化、新材料技术和新医药技术等。经省政府申报，科技部、教育部、人事部正式批复将福建留学人员创业园列入全国9个示范点之一。

组织赴省外、海外招聘福建省急需紧缺的各类人才。10月底，组织44家用人单位赴成都、西安、沈阳、合肥，先后举办5次专场招聘会，近5000名省外专业人员参加了招聘活动。11月初，以省政府名义组团赴美国参加在华盛顿举行的"首届北美洲中国留学人员人才交流大会"，并在纽约、洛杉矶举行两场海外学子座谈会，共与150多位高层次留学人员直接接触、洽谈，这是改革开放以来福建省首次赴海外招聘人才。12月，组团赴广州参加了"第三届中国留学人员广州科技交流会"和赴上海、南京、杭州参加"华东地区毕业研究生交流大会"。

"九五"期间，全省共从省外引进各类人才6353名，其中，博士学位获得者406名；从海外引进各类人才421名，其中博士学位获得者44名，有效缓解了福建省高层次人才和科技创新人才匮乏的局面。

根据福建省高新技术产业、新兴产业、重点行业、重点工程的需求，组织引进海外专家及赴国（境）外培训项目。共获外专局批准立项238项，聘请海外专家258人次，资助专项经费557万元；批准农业引智推广项目12项，资助专项经费49万元；批准出国（境）培训项目12项，人数111人，计划资助金额150万元，资助比例30%～50%。下达了省立项培训项目16项，420人次。帮助永泰县富泉乡及漳浦县赤岭乡引进台湾专家及水果优良品种，并促成与台湾专家达成农业科技合作项目，用引智带动资金与项目引进，促进贫困乡镇脱贫。

【毕业生就业与军队转业干部安置】 2000年全省共有非师范类毕业生4.3万人（其中高校毕业生2.3万人）。至年底，已落实就业单位或有就业意向的毕业生3万多人，约占80%。其中，约2万名毕业生已到人事部门办理了就业手续。深化毕业生就业制度改革，推进市场化配置，进一步简化办事程序，对接收重点大学和我省紧缺专业本科以上学历层次的毕业生实行备案制。指导各级、各类单位举办多种形式的供需见面、双向选择活动。经过考试、考核，择优选调229名优秀毕业生到基层公、检、法部门工作，选拔338名毕业生到乡镇基层工作。

认真贯彻全省军转安置工作会议精神。2000年，全省共接收安置军转干部1761名，随调随迁家属592名。省法院、检察院、公安厅、安全厅、司法厅、监狱管理局、工商局、国税局、地税局、海关等11家单位，在完成指令性接收任务的前提下，实行公开职位、双向选择、竞争上岗的办法接收安置军转干部108名，产生良好的影响。本着"对军转干部负责，对用人单位负责"的精神，抓好军转干部上岗前的培训工作，全省军转干部培训率达96%以上。在各级组织、人事、军转、劳动等部门的共同努力下，较好地完成了"九五"期间的军转安置任务，1995～2000年全省共接收安置军转干部7294名。

【工资福利与离退休工作】 按时完成1999年度机关事业单位工资统计及统计分析工作。继续补充完善现行工资制度，适时调整了野外地质勘探、水产事业单位船员、交通、测绘、海洋等工作人员工资标准，以及公安干警警衔、海关人员津贴标准和政法部门中从事法医等技术人员、公路通行费、公安交警一线人员的保健津贴标准，调整提高1～4级老艺术家生活津贴标准，对县、市（区）所在地的乡镇农林第一线科技人员予以享受浮动工资和提高艰苦岗位津贴比例。根据经济发展水平和财力情况，各地适时调整工资性津贴、补贴标准，进一步提高机关事业单位工作人员和离退休人员工资收入水平。认真做好机关分流人员和高层次引进人员有关待遇的审核、落实工作。对机关、事业单位工作人员和离退休人员各类津贴、补贴进行归并，重新核定工资基金，更换新的基金手册，建立离退休人员离退休管理手册。做好市、县工商、质量技术监督单位实行垂直管理后工资基金的审核和移交工作。做好全省行政单位和各类学校国库统一支付工资工作，与省财政厅联合制定《福建省级国库统一支付工资暂行办法》和《福建省各类学校实行国库统一支付工资暂行办法》，省级行政单位工作人员、全省各类学校教职工工资和离退休人员离退休费分别从4月1日、10月1日起分期分批实行国库统一支付。

从2000年1月起，省直机关、事业单位在职工作人员福利费的提取标准从原来每人每月2元提高到15元；会同省委组织部提出全省进一步做好机关事业单位工作人员休假工作的贯彻意见和省级领导休假安排意见；会同有关部门确定了院士享受副省级干部保健待遇，部分正高级职称的专业技术人员、中小学特级教师和具有正高级职称并享受国务院特殊津贴的人员享受干部保健待遇。从3月1日起，企业、部分事业单位离休干部比照机关同职务同条件离休干部标准，1950年5月12日前参加革命工作并享受供给制待遇的退休干部，比照机关同职务同条件退休干部标准，套改确定离退休费和各项生活补贴。进一步落实离退休人员待遇，组织开展离退休人员活动，妥善解决离退休工作问题，促进社会稳定。

【人事宏观调控】 积极稳妥地做好机构改革人员定岗分流的综合指导工作。起草并由省委办公厅、省政府办公厅印发了《关于福建省人民政府机关人员定编定岗实施办法》、《关于福建省人民政府机关人员分流安排实施办法》和省政府办公厅《转发省人事厅、省教育厅关于省政府机关分流人员学习和培训工作意见的通知》，以及省委办公厅、省政府办公厅转发的《关于福建省级党政机关人员分流有关具体问题的意见》，制定下发了《省级党政机关分流人员定向专业培训及出国（境）学习实施方案》，保证机构改革的顺利进行。

按照省委关于制定“十五”计划的建议和省政府的要求，对《福建省国民经济与社会发展“十五”计划和2010年规划框架性纲要（草案）》中有关人才开发的内容进行修改、补充、完善。加强人事人才法规建设，改善人事宏观管理，促进人才资源的合理配置。

下达了2000年度机关事业单位人员计划，结合年度劳动统计年报联审，对1999年度省直机关事业单位人员计划执行情况进行检查总结，确保省直机关事业单位人员计划的落实；完成1999年度干部统计分析和2000年干部统计报表填报工作。12月下旬，与省委组织部、省工商局联合召开非公有制企业管理人员及专业技术人员调查工作会议，对全省非公人才资源调查工作做了周密部署。截止2000年末，全省人才资源总量153.6万人，其中：国有单位人才资源总量108.8万人，非国有单位人才资源总量44.8万人。

推进事业单位人事制度改革。成立了事业单位人事制度改革工作小组，转发了中组部、人事部《关于加快推进事业单位人事制度改革的意见》，以及两部分别与科技部、教育部、卫生部联合下发的关于深化科技、教育、卫生人事制度改革的实施意见。分别与省科技厅、卫生厅、教育厅联合召开3场座谈会。研究拟定了《事业单位聘用制试行办法》等文稿。

开展审批审核制度改革和规范性文件清理工作，加强机关效能建设，促进职能转变。省人事厅经过认真清理，共取消审批事项14项、备案事项2项，保留审批事项18项、审核事项5项、核准事项6项、备案事项3项，精简幅度达33.3%；共清理厅规范性文件729件，其中予以废止的280件，修改6件，保留443件。代省机关效能建设领导小组起草了《福建省机关效能建设工作考评办法》（试行）和《福建省机关工作人员效能告诫暂行办法》。 （撰稿：郑亨钰　连长柖）

【机构编制管理】

一、进一步严格控制机关事业单位机构编制和人员增长。根据党中央、国务院有关文件精神和省委、省政府的要求，一方面加强检查督促，另一方面从严把关和审批，控制机构编制的增长。2000年虽然是机构改革年，但却有许多部门要求增设机构、增加编制和领导职数，对此，省委编办从严把关，认真审核，非特别急需的不予审批。机构改革后，对省级党政机关逐个进行重新核编，掌握人员进出情况，巩固机构改革的成果。各市、县编办也从实际出发，采取有效措施，严格控制人员增长，不少市、县冻结机关、事业单位人员编制，同时，继续做好清理清退县、乡两级所属机关、事业单位临时自聘人员工作。据初步统计，全省9个市共清理清退临时自聘人员78882名，每年为财政节约开支约10亿元。

二、从改革、发展和稳定的大局出发，认真做好机构编制服务保障工作。为适应工商、技术监督行政管理体制改革的需要，根据国务院和省里有关文件精神，对全省市以下工商局、技术监督局的人员进行上划交接，并重新核定编制。为了适应加强党风廉政建设需要，在省级党政机关实行纪检、监察人员编制单列；同意省审计厅设立10个派出审计处，并增加了编制。在机构改革后对省级党政机关离退休干部工作机构设置和人员编制进行了重新核定。

三、与国务院颁发的《事业单位登记管理暂行条例》接轨，规范事业单位登记工作。根据国务院事业单位的登记条例，研究拟定了《福建省事业单位登记管理实施细则》，经省委编委会议审定后下发执行。在此基础上，对事业单位进行重新登记、换证。

四、积极稳妥地推进事业单位机构改革。按照关于“确定科学化的总体布局，坚持社会化的发展方向，推进多样化的分类管理，实行制度化的总量控制”的要求，积极探索和推进事业单位改革。一是在对全省中小学等机构设置、人员编制和经费情况进行全面普查的基础上，研究提出了全省中小学、农职中、幼儿园的机构设置、人员编制管理以及结构调整的改革意见，并经省政府专题会议原则同意，待下发执行。二是在1999年全省干训组织机构设置、人员编制和经费情况进行全面调研的基础上，研究提出了省级干校、培训中心机构改革的意见。三是参与全省科研体制机构改革工作，对开发型科研机构转为企业的方案提出了意见；参与研究卫生监督与卫生防保体制改革，研究提出卫生监督与卫生防保机构调整的初步方案。

（撰稿：江忠欣）

基层组织建设

【村委会换届选举】 2000年是福建省第7个村委会换届选举年。与往届相比，此届村委会换届选举工作时间紧、难度大、任务重，但在各级党委、政府的重视下，在全省基层干部群众的努力下，工作进展顺利。至年底全省现有的14810个村委会中，有14513个村委会完成了换届工作，占村委会总数的98%。各地主要做法如下：

1. 各级党委、人大、政府高度重视。各级党委、人大、政府对本届换届选举工作都予以高度重视，作出精心部署，并认真组织实施。龙岩市早在4月初就下发了《关于做好2000年村级组织换届选举工作的意见》，其他地市也都制定了村委会换届选举工作的实施方案。8月17日，省

长泰县枋洋镇在体制改革中，组建一支“财税、集体资财管理服务队”，深入基层行政村帮助清理各种财务遗留问题，并协助村委进行财务张榜公布，受到村民欢迎。

（林辉龙　摄）

政府召开全省村委会换届选举工作会议。会后，各级党委、政府及有关部门积极行动起来，召开本地区的换届选举工作会议。各县（市、区）都成立了村委会换届选举指导组，由主要领导分别担任正副组长，各指导成员分别挂钩乡镇，每个乡镇不少于1人。各乡镇也都成立了相应的指导办公室，明确指导责任。各村委会均选出村民选举委员会，主要主持村委会换届选举工作。全省各级形成自上而下，完整的选举工作指导网络，为村委会选举工作的顺利实施提供了有力的组织保证。各级政府召开换届选举工作会议时，当地党政领导都到会讲话，严格要求将这项工作列入下半年的重要任务切实抓紧抓好。

2．精心准备，周密安排。一是针对群众对干部在使用和管理村财上的疑虑，在换届选举前进行了村财任期审计。各地在组织村民民主理财审计的基础上，再由乡镇经管站统一组织人员深入各村审计，对群众反映强烈或审计中发现有问题的村，由县里统一组织力量进行调查核实。审计结束后作出结论，并通过召开村民会议或村民代表会议，将审计结果予以公布，同时在村务公开栏上张榜公布。二是通过层层举办选举骨干培训班，对广大基层干部和选举工作人员实施全方位培训。2000年，省民政厅举办了两期较大规范的培训班，除要求各地、市、县（区）民政部门的同志参加外，还邀请了部分县、乡和试点单位的领导及工作人员参加，培训人数达400多人。编印了《福建省村民委员会选举工作手册》作为培训教材和普法教材。此外，还组织人员深入到一些县（市、区）进行授课，培训选举工作人员。为了把培训工作引向深入，全省还建立了市、县、乡、村分级培训责任制，将培训工作作为选举准备的一个重要环节严格实施。据统计，全省9个设区的市、85个县（市、区）举办了不同类型的培训班，培训率达90％以上。通过学习培训，多数基层干部充分认识了村民村届选举的新规程，增强了依法指导选举的自觉性，提高了具体操作能力。

3．广泛深入开展宣传教育活动。各地通过宣传《中华人民共和国村民委员会组织法》和福建省《实施办法》、《选举办法》，教育村民摒弃宗族观念，正确行使当家作主的民主权利。据不完全统计，全省共印发宣传材料11333份，编写简报865期，出墙报专栏41676期，悬挂横幅标语265幅，播放广播稿30856篇，出动宣传车423辆，利用有线电视宣传1214次，召开各种类型会议62162场次，宣传面达96％以上。各地还通过报刊、电视台刊登或播发村委会选举工作先进典型信息，对广大干部和群众进行广泛而深刻的民主法制教育。

4．严格依法办事，规范操作。2000年村委会换届选举是自《中华人民共和国村民委员会组织法》正式颁布以来、福建省两个新法规（《实施办法》和《选举办法》）出台之后全省第一次村委会换届选举。新的法律较之以往试行法，在选人、议事、监督等几个重要环节上都有新的要求；新的法规把新颁布的《村委会组织法》的内容进一步细化了，对选民资格、选民登记日、候选人提名方式、正式候选人产生办法、候选人竞选活动、村委会成员罢免、村委会成员补选村民代表和村民小组长的选举和罢免、村民代表的职数、村务监督以及对违法行为的处理等做出了新的规定，进一步完善了农村民主选举的程序和办法，实际工作难度比以往增大了。但是各地严格按照新的法律法规办事，在工作过程中充分尊重广大村民群众的权益，充分发扬民主，坚持公平、公正、公开的原则，严格依照法律程序行事：实行差额选举、无记名投票；在候选人问题上不人为的等额，不内定名单；对依法直接提出的候选人或者依法确定的正式候选人，组织上不取消、不调整、不变更；在提名候选人问题上，广泛发动选民群众，以单独或联合的方式直接提名；候选人及其配偶和直系亲属不担任选举工作人员；设立秘密写票处，保证选民自由行使民主权利。从目前情况看，全省各地村委会换届是成功的，选进村委会领导班子的绝大多数是思想好、作风正、有文化、有本领、真心实意为群众办实事的人。

【社区建设】 在总结福建省国家级社区建设试验区厦门市开元区和两个省级社区建设试验区福州市台江区和厦门市湖里区的示范经验基础上，全省社区自治组织建设逐步完善，开始从示范向规范迈进。在整合的基础上，各地组建了一些有地方特色的社区居民委员会，依照法定程序，建立健全了相应的自治组织，主要由社区党组织、社区成员代表大会、社区协商议事委员会和社区居民委员会构成。同时，为了充分发动广大居民和单位参与社区建设、管理与服务，各地依照国家有关法律、法规和政策，结合本地实际，在广泛征求各方意见基础上，依法制定了社区建设工作的规章制度，如社区自治章程和社区计划生育、环境卫生、社会治安、文化教育、暂住人口、物业等社区管理协约，建立社区联系会议制度、社区事务公开制度、社区报告评议制度等社区工作制度，更好地推进了社区建设。

撰稿：（林厚裕　林振）

编审：翁庆华　　责校：林丹英

法　　制

地方立法

【福建省人大立法】 2000年，福建省人大常委会按照“三个代表”重要思想的要求，认真贯彻立法法，切实加强地方立法工作，突出立法重点，努力提高立法质量，坚持把立法工作与改革、发展、稳定的重大决策紧密结合起来，保障和促进经济发展和社会全面进步。一年来，共制定和批准了地方性法规12项，修改了7项，废止了13项。

为改进地方立法工作，提高立法质量，常委会组织了专题调研，深入基层，深入群众，深入社会各界，征求对地方立法工作意见。这次调研规模大，效果好，深入剖析了福建省地方立法工作中存在的问题，并就完善地方立法提出了许多针对性、可操作性强的建议。结合调研情况，常委会确定了把推动科技进步、促进非公有制经济发展、加快产权制度改革、健全社会保障制度、加强社区建设等方面的立法作为近两年立法工作的重点，精选出14项福建省改革开放、经济建设和社会发展急需的立法项目，纳入年度立法计划，从整体上提高了立法的计划性和预见性。

为促进农村经济发展和社会稳定，常委会在深入全省102个村，开展大规模的百村调研的基础上，制定了《福建省实施〈中华人民共和国村民委员会组织法〉办法》、《福建省村集体财务管理条例》，修改了《福建省村民委员会选举办法》。这3项法规进一步规范了村民委员会民主选举制度，建立健全了以村民会议、村民代表会议为主要形式的民主决策和民主管理制度，以村务公开等为主要内容的民主监督制度，对进一步推进基层民主建设，保障农民依法行使民主权利，有着重要意义。继1987年在全国率先制定了保护消费者合法权益条例、1995年出台了保护农民购买使用农业生产资料若干规定之后，常委会审议通过了《福建省房屋消费者权益保护条例》。针对房屋消费中容易产生的质量纠纷、计量纠纷和合同纠纷，条例着重强调了消费者的知情权、合同变更权和要求赔偿权，进一步规范了全省的房地产业和房地产交易市场，保护了房屋消费者和经营者的合法权益。这项法规起草论证历时3年，一出台立即引起了广大群众和全国各大媒体的热烈反响。制定的《福建省促进科技成果转化条例》，力求从立法角度解决福建省科技成果转化活动中的实际问题，以加快科技进步和创新，促进科技成果向现实生产力转化。常委会还审议通过了《福建省保障企业职工民主参与权利规定》、《福建省浅海滩涂水产增养殖管理条例》、《福建省公民献血条例》，批准了《福州市城市房屋拆迁管理办法》、《福州市私营企业权益保护条例》、《福州市城市供水管理办法》、《福州市城市道路建设与管理办法》、《福州市城市古树名木保护管理办法》等地方性法规。

为维护国家法制的统一，适应全省经济社会发展和我国即将加入世界贸易组织的需要，常委会把清理修订现行地方性法规作为一项重要工作来抓，在完成法规清理工作的基础上，着手对法规进行修订和废止。修订了《福建省各级人民代表大会常务委员会信访工作条例》、《福建省计划生育条例》、《福建省保护华侨房屋租赁权益若干规定》、《福建省城镇企业职工基本养老保险条例》、《福建省企业职工失业保险条例》、《福州市城市内河管理办法》；废止了《福建省人民代表大会常务委员会工作条例(试行)》、《福建省人民代表大会常务委员会组成人员守则》、《福建省保护妇女儿童合法权益的若干规定》、《福建省加强检察机关法律监督的若干规定》、《福建省八个基地建设纲要》、《福建省人民政府关于农业生产若干具体政策问题的规定》、《福建省人民政府关于进一步搞活农村经济的十条规定》、《福建省人民政府关于农业承包期的规定》、《福建省台湾同胞投资企业劳动管理规定》、《福建省加强改造罪犯工作的若干规定》、《福建省台湾同胞投资企业登记管理办法》、《福建省商用计量器具管理办法》、《福建省福建投资企业公司债券发行办法》等地方性法规。

（撰稿：薛侃　宋颖）

【厦门市人大立法】 一年来，厦门市人大常委会继续重视立法工作，特别是立法法颁布实施以来，根据立法法的要求，进一步加强和改进立法工作，努力提高立法质量，共审议法规草案、法规修正案12件，其中通过9件，基本完成年度立法计划。

一、坚持把体现人民的根本利益作为立法的出发点。把立法工作与厦门市改革发展稳定的重大决策紧密地结合起来，增创法制新优势，促进和保障厦门市经济持续快速健康发展。《厦门市职工基本养老保险条例》和《厦门市职工失业保险条例》，为企业改革与发展，特别是国有企业深化改革创造了良好的外部环境，对进一步建立健全厦门市社会保障体系，推动社保工作走上法制化的轨道奠定了基础。《厦门市促进民营科技企业发展条例》不仅明确了民营科技企业的地位，而且结合厦门市的实际情况，制定了15项操作性强的鼓励扶持规定，为促进厦门市民营科技企业的发展提供了重要的法律保障。《厦门市土地管理若干规定》不仅对商品房建设用地明确统一实行招投标，而且作出一些尝试性的规定，如增加了建立土地储备制度的规定和鼓励土地整理的具体措施，对合理提高土地利用效益，保障国有土地资产收益，将产生积极的影响。《厦门市道路交通安全管理规定》是关系厦门市经济社会发展，与人民群众生活和生命安全息息相关的一件重要法规，在审议过程中，厦门市人大常委会始终坚持“以人为本”的原则，立足于解决厦门市道路交通安全管理中的突出问题，吸收以往交通管理工作中的成功经验，对交通安全管理工作进行规范，保障了厦门市道路的交通安全畅通，进一步提高了城市管理水平。为适应厦门市改革开放和经济发展新形势的需要，厦门市人大常委会十分重视已有法规的修订工作，审议了《厦门市消防条例》等3件法规的修正案。

二、正确处理好“两个立法权”的关系，用好用足立法权。全国人大通过的立法法在授予经济特区立法权的基础上，又赋予厦门市具有较大市的立法权。立法法是我国建国以来第一部全面规范立法活动的宪法性法律，它对于进一步健全国家立法制度，建立和完善有中国特色社会主义法律体系，推进依法治国，建设社会主义法治国家，具有十分重要的意义。为了确保立法法的正确实施，2000年厦门市人大常委会在认真组织学习立法法的基础上，一方面按照立法法的要求，对法规的审议实行三审制，并开始试行统一审议；另一方面切实加强了贯彻实施立法法的各项准备工作，专程走访全国人大法工委、省人大法制委，并组团赴深圳、珠海经济特区考察学习，探讨如何更好地发挥特区立法“试验田”作用的新思路。为进一步规范厦门市立法工作程序，常委会在原有的制定法规规定的基础上，组织开展了《厦门市人大常委会立法条例（草案）》、《厦门市人民代表大会议事规则修正案（草案）》的起草工作，以保证法规之间的互相衔接和统一。

三、确保人民群众参与立法工作。厦门市人大常委会先后将《厦门市职工基本养老保险条例（草案）》、《厦门市失业保险条例（草案）》和《厦门市道路交通安全管理规定（草案）》等与人民群众利益密切相关的重要法规草案，在《厦门日报》和市人大网站上公布，公开征求意见，并采取座谈会、论证会等多种形式，听取并吸收了各方面的意见，收到良好的效果。厦门市人大和厦门市政协办公厅还联合发文，就如何进一步发挥政协委员在立法工作中的作用，提出了5条具体办法。这些措施，进一步拓宽了民主立法的渠道，有效地提高了立法的民主性和科学性，提高了法规质量。

一年来，厦门市人大常委会还配合全国和省人大开展了有关的立法调研工作，并组织了对婚姻法、省个体工商户和私营企业权益保护条例等19件法律法规草案的征求意见工作。 （撰稿：方斌）

审 判

【概述】 一年来，全省法院以邓小平理论和江泽民总书记“三个代表”重要思想为指导，在党委领导、人大及其常委会监督下，坚持审判工作为改革、发展、稳定大局服务的政治方向，狠抓办案质量和效率，加大构筑铁案工程力度，积极推进法院改革，大力加强法院队伍建设和基层建设，各项工作取得了明显成效。

【发挥职能作用】 全省法院发挥审判职能作用，充分运用司法手段，努力保障和促进先进社会生产力的发展，保护和弘扬反映时代精神的先进文化，维护最广大人民的根本利益。全年共受理各类案件323473件，审结301445件，取得了法律效果与社会效果的有机统一。全省各级人民法院加强对颠覆国家政权、分裂国家等犯罪案件的审判工作，坚决依法严厉打击组织和利用“法轮功”邪教组织破坏法律实施的犯罪活动，依法从重从严打击各类严重刑事犯罪和经济犯罪，审结了一批有重大影响的案件。厦门远华集团特大走私案是建国以来罕见的重大经济犯罪案件，按照中央、省委的统一部署，省法院依据刑事诉讼法的有关规定，组织、协调、指导了对案件的审判工作，依法指定厦门、福州、泉州、漳州、莆田5市中级人民法院，对第一、二批案件进行了公开开庭审理，有力地体现了党和国家惩治腐败的坚强决心。在惩治犯罪的同时，各级法院把调节经济社会关系，促进先进生产力与先进文化的发展、繁荣，作为工作的重要职责。通过进一步加强民事、经济、行政、知识产权、林业和海商海事等案件的审判工作，强化服务职能，促进了全省两个文明建设的协调发展。全省法院大力开展矛盾纠纷排查工作，积极进行纠纷的调处与案件的调解，积极参与社会治安综合治理，有效地预防和妥善处置了一批群体性事件，化解了一批可能激化的矛盾和纠纷。

2000年3月29日，南平市中级人民法院开庭审判原政和县委书记丁仰宁受贿一案，一审判处丁仰宁无期徒刑。 （范崇智 摄）

全省法院还认真做好司法救助工作，确保经济确有困难的当事人打得起官司。据统计，全年共依法对经济确有困难的当事人决定减、免、缓交诉讼费用的有7069件、体现了审判机关对贫弱当事人的救助职能，对维护公民的基本人权，维护社会正义，起到了积极的作用。

【清理超期审理案件】 少数案件超过法定审理期限甚至久拖不决，已经成为社会关注的一个问题。在九届全国人大三次会议上，福建省18位人大代表联名提出建议，要求“不把能在二十世纪审结的案件拖到二十一世纪”。为落实人大代表的建议，全省法院将清理超审限案件作为工作的重点，加强领导。一是全面查清超审限案件底数，明确目标。在集中清理工作开始前，省法院对各地法院审结案件的情况进行了摸底调查，统一汇总。在此基础上，组织召开清理积案电视电话会议，研究制定了《全省清理积案工作方案》，成立了清案领导机构，明确提出2000年底必须把1998年以前立案的外拖未决、久拖未执的案件基本清理完毕。二是抓住重点环节，严肃审判纪律。各级法院对一些难案、大案实行分级负责、挂牌督办制度，采取定人、定案、定时、包质量的方法，加快工作进度。对审判人员在清案过程中仍拖延办案，造成严重后果的，依照《人民法院审判纪律处分办法》追究责任。三是加强监督、检查。各级法院进一步健全了以审限跟踪监督为主要内容的审判流程管理体系，完善了审限警示、催办和通报等制度，防止和减少形成新的积案。经过全省上下的共同努力，基本消除了案件长期积压现象。福建省法院清理积案工作，得到了最高法院的充分肯定。

【强化执法力度】 全年共受理执行案件123683件，比上年上升15.39%，已连续多年呈现高增长态势，执行任务越来越重。为进一步缓解压力，全省法院深入贯彻中发［1999］11号关于解决人民法院“执行难”的文件精神，采取多种有力措施，提高执行效率和水平。如召开被执行人大会，对被执行人进行法制教育，敦促履行义务；推行财产申报制度和知情人举报奖励制度；与相关部门、单位沟通，取得协助和支持；开展声势浩大的集中执行活动，重点突破金融和国有企业执行案件；实行听证审查制度，促进依法文明执行；对被执行人依法实施强制措施，对暴力抗法的坚决予以法律制裁等等。省法院还进一步加强统一协调、管理和监督，建立了委托执行案件以及分级负责、集中管理的工作机制，加快执行工作规范化建设。对少数重大、疑难执行案件，依法提级执行或者组织交叉、联合执行。同时，进一步整顿和规范执行工作秩序，严肃查处违法行为，确保执行工作在健康的轨道上顺利进行。据统计，2000年全省法院共执结各类案件109633件，执行标的总金额

76.81亿元，分别比上年增长11%和35.37%。

【坚持改革，构筑铁案工程，确保司法公正】 全省各级法院以刑事、民事、行政三大诉讼法为依据，认真贯彻落实《人民法院5年改革纲要》，以机制、制度创新为主要内容，继续深化法院各项改革，审判质量和效率有了很大提高。一是通过深化审判方式改革，促进公开审判制度全面落实。各级法院按照最高法院《关于严格执行公开审判制度的若干规定》的要求，把审判工作中能够公开的内容予以公布，并列入岗位责任制的考核内容，经常检查督促，确保各项措施的落实。现在，全省法院各类案件除法定不公开审理的以外，全部做到了公开审判。同时，加大案件繁简分流力度，逐步提高当庭裁判率。二是严格审判长和独任审员选任，建立符合审判工作规律的审判组织形式。省院、中级法院和50%的基层法院完成了审判长和独任审判员选任工作。审判长、独任审判员选任后，进一步强化责任意识，主持合议庭审理案件或独立审理案件，直接签发裁判文书，极大地提高了办案效率。各级法院还通过院长、庭长亲自担任审判长办案，审判委员会委员旁听案件审理和抽查案件，加大了对案件审理的监督和指导，明确了合议庭的职权划分，理顺了审判组织之间的关系。三是在推行审判长和独任审判员选任的基础上，积极推进法院人事制度改革，探索法院干部队伍管理新机制。采取竞争上岗、异岗任职、定期轮换等措施，进一步加强和完善法官交流和轮岗制度，形成了法官的良性互动和人员的合理配置。四是加强监督和制约，从制度上保证审判权的依法正确行使。全省许多人民法院已经依法设立了立案庭和审判监督庭，对立案、开庭、合议、裁判、结案、执行等各阶段工作进行安排和跟踪，强化了对审判运行过程的有效监督。认真审查群众信访件，对其中符合告诉和申请再审条件的，依法及时立案或进行复查、提起再审；对原判在认定事实和适用法律上确有错误的案件，依照法定程序予以改判。

【队伍建设】 全省法院以提高素质、加强教育管理为重点，努力培养和造就高素质的法院队伍，树立人民法官的良好形象。2000年先后有62个集体和101名个人受到全国和省级表彰，95个集体和167人立功。一是加强法院领导班子建设。在各级法院领导班子和领导干部中普遍开展"三讲"集中教育和"回头看"活动。通过"三讲"教育，强化了各级领导班子的整体素质，带动了整个法院队伍思想素质的提高，促进了法院各项工作的顺利开展。二是强化思想政治工作，增强法院队伍整体战斗力。认真组织干警学习、领会江泽民总书记"三个代表"的重要思想，深入开展以政治理论教育、理想信念教育、法官职业道德教育为核心内容的学习活动，努力培养法官和其他工作人员严格的自律意识。三是拓展法院教育培训工作，提高队伍业务素质。积极开展以继续教育为基本内容的岗位培训。截至年底，已超额完成了最高法院规定的年内培训全体干警35%的工作任务。为适应形势和任务的需要，省法院积极进行应用型、能力型培训，先后举办了新任基层法院院长轮训、合同法研修、WTO规则在中国法院的适用等一系列司法实务培训，努力提高法官的综合素质。四是强化队伍教育、管理、监督，推进党风廉政建设。广泛深入开展党风廉政教育。普遍组织干警学习党纪条规，增强干警遵纪守法的观念。深入开展警示教育，进一步落实党员干部廉政建设责任制。打牢廉政的思想基础。与此同时，加大对审判工作的纪律监督力度。建立健全了审判监督与纪律监督有效结合的监督机制，对二审发回重审、改判、群众反映强烈的案件进行审查，发现问题，及时纠正并追究有关人员的责任。五是认真落实《关于审判人员严格执行回避制度的若干规定》。许多法院建立了离任后法院工作回避档案，并向社会公布，接受监督。2000年，全省法院干警依法回避案件300人次，有3名干警因违反回避规定受到了查处。通过教育、管理和监督，法院党风廉政建设得到了进一步加强，违法违纪现象得到进一步遏制。

【法院基层建设】 全省法院继续把工作重心和领导的注意力集中到基层。完善抓基层建设领导格局，省院和各中院相继建立并实行了院领导挂片联系制度，每位法院领导都直接负责指导几个基层法院工作，经常深入基层了解情况，发现问题及时帮助解决。进一步加强对基层法院的指导、监督，现在，上级法院对基层法院的指导、监督更为有力，上下联系、沟通更加畅通，全省法院形成上下同心、共建基层的良好局面。始终抓紧"公正文明窗口单位"创建活动，经检查、考评，至年底，全省基层法院的告申庭（立案庭）和80%的人民法庭达到了公正文明单位的标准，创建活动取得了阶段性成果。各级法院始终坚持把人民满意作为做好工作的根本出发点，深入开展"争创人民满意的好法院、好法庭，争当人民满意的好法官"和"抓三基、创五好"等争先创优活动，在丰富内涵、完善措施上狠下功夫，认真落实为民、爱民、便民、利民的各项制度，取得了一定的成效，受到了人民群众的欢迎。

【福建省高级人民法院院长、副院长名单】（以2000年12月底在职者为准）

院　长：陈　旭

副院长：康　英　包志荣　张居胜　刘　炎

（撰稿：郑颖　名单由省委组织部提供）

检　察

【严厉打击各类刑事犯罪】 2000年，全省检察机关与公安、国家安全机关密切配合，突出重点，强化措施，严厉打击危害国家安全和社会安定的严重刑事犯罪，及时做好审查批捕、起诉工作，保持了对犯罪分子的高压态势。全年共批准逮捕各类刑事犯罪嫌疑人28073人，提起公诉27055人，比上年分别上升9.9%和6.1%。其中批捕间谍等危害国家安全犯罪嫌疑人10人，批捕杀人、绑架、强奸、爆炸等严重暴力犯罪以及带黑社会性质的团伙犯罪嫌疑人1685人。针对社会治安形势的变化，各级检察机关集中抓好三方面工作：一是按照党委统一部署，积极参与"打拐"、"扫黄打丑"以及打击制贩冰毒、盗抢机动车等专项斗争和严打整治行动，共批捕毒品犯罪和拐卖妇女儿童、盗窃、抢劫以及组织、强迫他人卖淫等犯罪嫌疑人13032人。二是认真落实检察环节社会治安综合治理措施。加强普法宣传教育，发动群众，群防群治；继续在全省检察系统开展优秀"青少年维权岗"活动，加强未成年人尤其是在校学生犯罪预防工作；根据一个时期刑事犯罪的发展变化，主动向党委、政府提出治理防范建议。三是加强人民内部矛盾纠纷排查调处工作。全年共受理群众来信来访29700件次；开展"举报宣传周"活动，组织检察长接待日活动3216次，分别在福州、宁德两市举办三级检察长联合接访。此外，针对近年来走私贩私、制假贩假、骗取出口退税和逃汇骗汇等比较突出的犯罪活动，各级检察机关坚持把打击这类犯罪作为规范和整顿经济秩序、为大局服务的一项重要工作来抓，全年共批捕这类犯罪嫌疑人836人，比上年上升16%。并在诏安县严肃查处了一起"打假护假"典型窝案，立案侦查了包括3名县处级领导干部在内的15名国家工作人员收受贿赂，包庇、纵容制售假烟不法分子的案件。

【查办和预防职务犯罪】 全省检察机关坚决贯彻中央、省委深入开展反腐败斗争的总体部署，加大查办案件的工作力度，全年共立案侦查贪污贿赂、渎职等职务犯罪案件1336件，比上年上升15.2%。在立案侦查的案件中，有厅处级领导干部85人，比上年上升54.5%，其中厅级干部15人；有10万元以上大案350件，比上年上升9.7%，其中100万元以上特大案44件。通过办案为国家和集体挽回直接经济损失2.47亿元。大要案中包括省公安厅原副厅长庄如顺、厦门市委原副书记刘丰、厦门市政府原副市长蓝甫、厦门海关原关长杨前线等厅处级领导干部在内的一批职务犯罪案件，厦门远华特大走私案以及政和县委原书记丁仰宁受贿卖官案和包括南平市委原副书记龚祖成和5名县处级领导干部在内的10起贿赂犯罪案件。与此同时，加强了对渎职侵权检察工作领导和部署，实行重大案件挂牌督办，取得了比较明显成效。全省共查办渎职侵权犯罪案件156件，比上年上升79.3%，针对一些农村基层组织工作人员利用协助人民政府从事行政管理工作之便，侵吞村财、挪用救灾、优抚、扶贫款项等突出问题，依法查办这类案件133件，促进了农村稳定和经济发展。针对一些不法分子为谋取不正当利益，拉拢腐蚀国家工作人员的突出问题，立案查处行贿案件57件，比上年上升46.2%。检察机关在惩治职务犯罪中，坚持标本兼治，积极探索从机制、制度上预防职务犯罪的新路子。目前，省检察院和54个市、县(区)检察院建立了预防工作专门机构。不少检察院还建立了由党委领导牵头的预防职务犯罪工作领导小组，逐步形成预防网络。全年共提出检察建议1437条，并与有关主管部门建立联系制度，开展经常性的预防工作。

2000年，福建省检察机关组织首批主诉检察官选任公开统一考试，有681名检察官参加应试，364人参加能力测试，219名检察官取得任用资格。（林海涵 摄）

【强化诉讼监督】 全省检察机关按照依法治国、依法治省要求，从群众反映强烈的突出问题抓起，进一步加强对各个诉讼环节的法律监督。对侦查活动、审判活动和刑罚执行活动中的各类违法情况提出纠正意见4633件次。侦查监督重点纠正刑事犯罪应当立案而不立案问题，共督促公安机关立案侦查刑事案件464件，比上年上升24.4%；决定追捕371人、追诉201人。审判监督对刑事判决、裁定提出抗诉122件；对民事行政判决、裁定提出抗诉519件。监所检察监督纠正超期羁押3842人次，刑事申诉检察立案复查检察机关管辖的刑事申诉案件113件，比上年上升1倍多，对其中处理错误的21件予以纠正、赔偿；对处理正确的，认真做好息诉工作。各级检察机关还把查办司法不公背后隐藏的司法人员职务犯罪案件作为强化诉讼监督的一项重要措施，注意发现犯罪线索，坚决果断依法查处。全年共立案侦查司法人员贪赃枉法、滥用职权等职务犯罪案件106件。为保障公正高效行使检察权，省检察院制定了《福建省检察改革3年实施方案》，实施中着重抓了4项工作：一是完善办案责任机制。有64个检察院实行主诉检察官办案责任制，选拔任命主诉检察官166名，并进行了主办检察官制度改革试点，初步建立起权责统一、谁办案谁负责的办案工作新机制。二是建立侦查指挥和协作机制。省检察院成立职务犯罪大案要案侦查指挥中心，强化对跨地区大案要案侦查工作的统一领导和指挥；同公安、审计、海关、税务、工商等执法部门加强协调配合，建立案件移送制度，逐步形成内外联动、协调高效的侦查工作运行机制。三是加强执法规范化建设。进一步完善从受理举报、立案侦查、审查逮捕、审查起诉到办理申诉各个执法环节的工作程序和办案规则。四是健全接受监督机制。逐步把检务公开延伸到各个业务环节，积极推行刑事不起诉案件、申诉案件、民事行政抗诉案件公开审查制度和署名举报答复制度，以公开促公正。省检察院先后向省人大常委会汇报检察工作和队伍建设情况、贯彻依法治省情况以及重大案件办理情况。全年共办理各级人大交办事项和代表反映的案件和问题474件，已办结反馈429件。此外，还采取邀请特约检察员和专家咨询委员会委员视察检察工作、组织“公正执法八闽行”、座谈、组织评议、发征求意见函等方式，广泛接受社会各方面监督。

【从严治检，素质强检】 全省检察机关结合学习贯彻“三个代表”重要思想，在领导班子和领导干部中以整风精神开展“三讲”教育，在广大检察干警中进行“理想信念、公正执法、艰苦奋斗”三个教育，突出办案一线和“八小时之外”两个重点，加强和改进思想政治工作。同时，进一步加强队伍纪律作风建设，开展以胡长清、成克杰等典型案件为反面教材的警示教育，组织“反特权思想、反霸道作风”专项整顿活动，严格管理队伍，坚决治理队伍中存在的消极腐败问题。全年共立案查处违法违纪干警11人，比上年下降64.5%。省检察院针对现有队伍文化专业结构不合理，高学历、法律科班人才缺乏的问题，提出并实施“541”和“三个一”

2000年，全省检察机关有25个检察院的控申举报接待室被最高人民检察院授予全国检察机关“文明接待室”称号，其中有4个检察院控申举报接待室被授予文明接待“示范窗口”。图为三级检察长接待日，省院鲍绍坤检察长与来访群众握手送别。（林海涵 摄）

两个人才工程，并进一步深化干部人事制度改革，通过竞争上岗、双向选择、岗位交流以及公开招考吸收高等院校毕业生等办法，逐步优化队伍结构。在1999年取得成效的基础上，各级检察院继续以争创“五好”、“两满意”活动为载体，加强基层院建设。通过努力，基层院面貌有了较大改观，涌现出一批先进集体和个人。全省有15个检察院被省委、省政府命名为省级文明单位；有13个基层院和22名检察干警被省委政法委和省人事厅授予“人民满意的政法单位、政法干警”称号；有7个基层院和5名检察干警被最高人民检察院评为全国“人民满意的检察院”和“人民满意的检察干警”；有25个检察院控申举报接待室被最高人民检察院授予全国检察机关“文明接待室”称号，其中4个被授予文明接待“示范窗口”。

【福建省人民检察院检察长、副检察长名单】（以2000年12月底在职者为准）

检 察 长：鲍绍坤

副检察长：王明道　张同盟

陈义兴　林永星

（撰稿：滕忠　名单由省委组织部提供）

公　安

【维护稳定】 各级公安机关以“三个代表”重要思想为指导，不断强化政权意识、中心意识和责任意识，始终把维护社会政治稳定作为重中之重，认真落实维护稳定工作责任制，针对不断变化的国际、国内形势，结合全省实际，突出加强反台独、反情报、反渗透、反窃密和网上斗争，进一步健全完善工作机制，及时挫败了各种敌对势力和敌对分子的破坏图谋。严厉查处了“法轮功”邪教组织，收缴反动宣传品2万多份。同时还及时查处了“呼喊派”、“观音法门”等邪教组织非法活动。针对因人民内部矛盾引发的群体性治安事件及社会不安定因素不断增多的情况，各级公安机关以“早发现、早报告、早控制、早处置”为着眼点，进一步健全完善定期巡访排查制度，把责任层层分解落实到基层派出所和责任区民警，深入开展矛盾纠纷排查调处工作和重点信访问题专项治理，及时发现和化解了一批社会不安定因素。全省公安机关共排查出重点信访案件1671件，办结1633件，办结率为97.7%。维护了全省安定稳定的政治局面。

【打击犯罪】 2000年，全省公安机关共破获各类刑事案件70148起，比增20.1%；抓获各类刑事犯罪嫌疑人72416人，比增47.7%；摧毁犯罪团伙6046个，成员22347人；抓获在逃人员3209名。各级公安机关紧紧扭住本地突出刑事犯罪问题，坚持适时开展专项打击与加强日常侦查办案相结合，发扬“锲而不舍，不破不休”的精神，攻坚克难，不断加大打击力度，始终保持对刑事犯罪的严打高压态势。3～10月，全省公安机关精心组织“打拐”专项斗争，并取得突出成绩，共破获拐卖妇女儿童案件868起，抓获人贩子940名，解救被拐入妇女儿童10722名。各地公安机关还因地制宜开展了打击“飞车抢夺”、“盗抢机动车”、“车匪路霸”以及“反扒窃、反诈骗”、“破案攻坚”等区域性严打斗争和专项治理行动。同时，建立了侦查办案专家系统，完善挂牌督办制度，深化刑侦工作改革，深入推进创等级刑警中队活动，着力提高侦查办案质量，先后破获了福州“7.14”绑架勒索港商案、厦门“8.9”放射性物品被盗案等一批影响恶劣、危害严重的重特大案件。禁毒斗争取得新胜利。以“破大案、抓毒枭、摧团伙、挖网络”为主线，组织开展了打击冰毒犯罪和百日毒情调查专项行动，共破获各类毒品案件3359起，比增91.8%；缴获各类毒品6680公斤。以组建经济犯罪侦查机构为契机，加大打击经济犯罪的力度，组织开展了打击制贩假币犯罪联合行动和打击储蓄包调包诈骗犯罪、信用卡恶意透支犯罪、涉税犯罪3个专项行动。全年共破获各类经济犯罪案件3005起，比增21.4%，涉案总金额达36亿元人民币。

全国优秀公安局——泉州市公安局鲤城分局依托现代科技，对辖区重点地段和单位实行全天候监控；24小时值日侦缉队随时出警，有效地保障了社区治安稳定。该局在全省率先为辖区安装使用“电脑防盗抢报警系统”。图为干警们到金融单位了解“电脑报警系统”安全防范情况。

（林辉龙　摄）

【治安管理】 全省公安机关，进一步改进和加强治安行政管理工作。一是以清理整顿烟花爆竹为重点，强化枪支、爆炸物品管理，消除治安隐患。开展了烟花爆竹集中清理整治工作，共查处违反爆炸物品管理规定案件2304起3005人，收缴非法枪支1098支，炸药20999公斤，爆炸案件（事故）和死伤人数分别比上年下降40%和80.9%。二是不间断地组织开展禁娼禁赌等专项治理，扫除社会丑恶现象。先后开展了“扫黄打非”集中行动、禁娼禁赌专项行动和娱乐服务场所专项治理。全年共查处卖淫嫖娼案件4957起、赌博案件17053起；全面整治违规经营场所，全省娱乐服务场所由原来的27364家减为17314家，压减36.7%。三是开展户口整顿工作，澄清了各类人口底数，完成公民身份证编码赋码3146.69万人，为第五次人口普查奠定了良好基础。全面完成全省人口信息系统建设，实现“百城联网”。四是开展了4次反偷私渡专项斗争，全年共查获偷渡案件100起252人，抓获偷渡组织、运送者494人，有效遏制了沿海成批集体偷渡活动。五是开展了3次全省性的消防专项治理和重大火灾隐患整治，年内火灾事故起数、受伤人数和经济损失数均比上年明显下降，特别是群死群伤恶性火灾事故得到遏制，成效明显。六是积极开展创建“平安大道”和城市“畅通工程”活动，年内创建路段治安、刑事案件数分别比上年下降49.2%和38.9%，高速公路月公里事故数和死亡数分别比降23.9%和16.7%。此外，还开展了公务用枪管理使用大检查、废旧收购业专项整治、非法保安专项整治、校园治安专项整治，并圆满完成厦门“9.8”贸易洽谈会、福州国际招商月等180多场千人以上大型经贸文体活动的安全保卫工作。为适应改革开放和加快发展的新形势，更好地服务经济建设和人民群众，还在与经济建设和群众生活密切相关的部门推出30项具体改革措施。

【队伍建设】 全省公安机关以贯彻执行公安部加强队伍建设"12项措施"为主线，坚持政治建警、从严治警、依法治警，加快公安队伍正规化建设步伐。上半年，县级公安机关领导班子和厅机关分别开展了"三讲"集中教育和"三讲""回头看"活动；下半年，按照公安部的部署，在第一批42个县（市、区）公安机关开展了以"全心全意为人民服务的宗旨教育、实事求是的思想路线教育、严格公正文明执法的法制教育"为内容的"三项教育"活动。各地结合"三项教育"，深入开展学习晋江刑警大队等先进典型活动，在"创满意"、警务公开、机关效能建设、"抓三基创五好"、派出所行风评议等方面，都有新进步。队伍先进面不断扩大，全年各有3个公安局和民警被评为全国优秀公安局和全国特级优秀人民警察，19名民警被评为全国优秀人民警察，17名民警被评为全国、全省劳动模范。各级公安机关狠抓教育培训，全年共完成各类培训78期近5000人，在2000年全国公安巡警防暴业务技能和警犬技术比武大赛中，我省均取得第六名的好成绩。认真贯彻执行党风廉政建设责任制，建立了打招呼、谈话、告诫教育防范3项制度，严肃查处民警违法违纪案件，队伍形象进一步改善，群众满意率有所提高。 （撰稿：徐敏洪）

司法行政

【监狱管理】 全省监狱以维护稳定为中心，以教育改造为宗旨，以创建文明监狱为目标，通过组织开展"百日安全竞赛"、专项治理和文明执法教育等活动，确保了监所安全稳定，实现了省部提出的"两个不允许一个压缩"要求。全系统罪犯脱逃率、狱内发案率明显下降，分别比2000年同期下降20%、30%。坚持多形式地开展对罪犯教育改造工作，教育改造质量稳定提高，全年组织罪犯参加省级和监狱级专题政治思想考试，及格率达到91.7%；参加文化教育罪犯获证率48%；参加技术教育罪犯获证率54%。监狱经济继续保持快速增长。创建文明监狱取得新成绩，省级文明监狱达到3个，省级文明监区达到41个。

【劳动教养】 认真贯彻"教育、感化、挽救"的工作方针，实施依法治所，推进规范化管理，各项工作取得明显成效。全省劳教场所全面实现"四无"（无发生逃跑、所内案件、非正常死亡和安全生产事故）指标；劳教人员违规受处罚数同比下降一半，安全稳定工作创历史最好水平。在完成常规的政治教育、文化教育、技术教育的基础上，开办职业培训班6个、岗位技术培训班263个，共3661人参加培训；开展个别教育55947人次，转化难改人员11人，入所、出所教育入学率均达到100%。劳教经济稳步发展。

【法制宣传】 深入抓好以领导干部学法用法和青少年、外来人口、农村干部群众的法制教育为重点的"三五"普法，领导干部学法逐步走上制度化、规范化轨道，仅省、市、县3级5套班子举办法制讲座92场次，部分市建立学法日制度、学法档案制度、学法学分制度、任职前法律知识考试制度等；根据青少年的特点，有针对性地加强《未成年人保护法》、《预防未成年人犯罪法》、《义务教育法》等宣传教育，积极探索学校教育、家庭教育和社会教育有机结合的新路子，福州、厦门、南平3市着手建立常设性的青少年法制教育基地；各地继续开展创建优秀"青少年维权岗"和"妇女儿童维权周"活动，切实保护青少年和妇女儿童合法权益；加大外来人口、农村法制宣传力度，紧密联系农村实际，向广大农民群众宣讲减轻农民负担、第二轮土地承包的有关政策、法规，确保农村普法工作真正落到实处。为全面完成"三五"普法规划的各项工作，省厅下发《全省"三五"法制宣传教育工作总结验收的意见》及《"三五"普法总结验收标准》，于11月7日召开全省"三五"普法验收检查组会议对普法验收检查工作进行全面部署，并派出6个检查组分赴各地开展验收检查。各地以抓好"三五"普法总结验收为契机，继续抓好以领导干部为重点的普法补缺补漏工作。

【依法治理】 围绕落实依法治省要点，依法治省领导小组相继召开成员会议、依法治省新闻发布会和电视电话会议，扎实推进了依法治省进程。特别是着力抓了"三大"载体活动，即以严格依法行政、减轻农民负担为载体的农村依法治理活动，以严格依法行政、依法管理、为民服务为载体的街道社区依法治理活动，以严格依法办事、热情为民服务为载体的党员领导干部学法用法活动。目前，全省9个市、83个县（市、区）做到党委有决定、人大有决议、政府有规划、"两院"有实施方案，省财政厅、劳动厅、交通厅等18个省直部门也出台了依法行政具体实施意见。在继续抓好依法治县试点工作基础上，又在福州、厦门、三明直接抓了3个街道社区依法治理试点，通过召开了试点单位工作座谈会、街道社区依法治理工作现场会、依法治县工作经验交流会，先后总结推广了泉州市、漳州市、丰泽区、鼓楼区等先进典型60个，以点带面，促进了基层依法治理全面工作的开展。目前，全省共有依法治县各类试点894个、街道社区依法治理试点42个、基层普法依法治理联系点13个。在9个市83个县（市、区）全部开展依法治市、治县（区）的基础上，全省98个街道、928个乡镇和15468个村（居）开展了依法治理，分别占总数的83%、95%和92%。三明市三元区西际村被定为全国首批基层普法依法治理联系点单位。

【公证工作】 认真做好公证改制工作，在厦门开展第一个合作制公证处试点工作，抓点带面，推进公证工作改革；制定出台了《福建省司法厅关于加强公证质量管理的若干意见》，强化公证质量责任制度和错假证责任追究制度；加强执业公证员注册工作，对不遵守公证程序和有关法律出证的9名公证员分别给予延缓注册、停止执业、取消资格处罚；实行涉台公证质量通报制度，认真核查107批173件公证书，对三明市、泉州市所辖公证处进行了公证质量大检查，抽查1133券宗，涉及公证书2924件。全省公证处发展到95家，公证人员612名（其中注册公证员397名）。各公证处积极适应市场经济发展需要，大力开拓金融、证券、房地产、知识产权等各个新领域，公证业务有新突破。全省公证机构办理各类公证400748件，同比增长23.53%（其中国内民事公证59366件，同比增长31.94%；涉外公证257877件，同比增长34.69%），业务收费6181.39万元，同比增长10.32%。拒绝公证1727件，同比增长10.78%。挽回损失20574.9万元。

【基层法律服务】 认真做好基层法律服务所改制工作，加大了服务改革开放、维护社会稳定、保障经济建设的力度。截止2000年底，全省法律服务所872家（其中自收自支414家），基层法律工作者3723人。基层法律服务大力拓宽服务领域，积极为农村第二轮土地承包、外来人口等开展见证及协办公证业务。全省基层法律服务机构共担任法律顾问10822家。办理民事代理19149件（其中诉讼公理10347件，非诉讼公理8327件）。代写法律文书4.36万份，协办公证24956件，同比增长28.3%，见证28813件，同比增长27%。为乡镇企业、经济实体避免和挽回经济损失1.86亿元。业务收费1243.8万元，同比增长18.72%，解答法律咨询11.44万人次。

【人民调解】 全省各市、县（区）、乡镇（街道）普遍组建了司法调解中心或社会矛盾调解中心或疑难纠纷调处中心，从上至下建立起了由党政领导挂帅、各方参与、配套联动的"大调解"格局。规范化调委员会已达到14838个，占调委会总数的86.2%。根据省委、省政府集中开展矛盾纠纷百日排查调处活动的决定和省综治委《实施方案》精神，第三、四季度在全省集中开展民间纠纷百日排查调处活动。全年全省共组织调处纠纷11.51万件，防止民转刑1200件2648人，防止非正常死亡518件1617人，充分发挥了维护社会稳定的第一道防线作用。

【“148”法律服务】 全省司法行政机关把抓好“148”工作作为提高司法行政工作地位和作用，带动司法行政队伍工作机制、工作方式、工作作风重大转变的突破口来抓，认真实践“有问必答、有纠必解、有诉必帮、有困必助”的“四必”服务承诺和“通、灵、优、建”4字要求。全省已有7个设区市和全部县(市、区)、983个乡镇（街道）开通了“148”，配有“148”值班人员1978人，建有“148”平台41个，配备电脑111台、专车77辆。全省建立起上下贯通、相互配套的“148”工作网络，并普遍达到“六有”、“五化”。特别是省委省政府把“96148”列为2000年为民办实事项目和省“两办”下发《关于认真做好设立“96148”法律服务专用电话工作的通知》之后，南平、漳州、宁德、龙岩4个市和28个县（市、区）党委政府把“96148”列为为民办实事项目，其他地方也采取补救措施，把“96148”摆为为民办实事项目的同等位置。全年“148”共接受来电127189人次，接待来访62449人次，受理法律事务17222件，提供上门服务1899件，调解各类纠纷10847件，避免和挽回经济损失8358万件，赢得了全社会的广泛赞誉。

【安置帮教】 制定下发了《关于过渡性刑释解教人员经济实体认定的意见》，福鼎市、福安市、政和县、尤溪县、延平区、三元区等地积极开展创办过渡性安置经济实体工作，已创办实体6家。2000年全省共有刑释解教人员7897人回归社会，现已安置6871人，安置率达87%。福州市老龄仁爱服务中心筹资30多万元成立闽侯慈善院，接纳父母在服刑或一方正在服刑另一方离异的未成年孤儿；各地利用节假日组团深入监所开展帮教活动，促进了罪犯、劳教人员的安心改造，全省刑释解教人员重新犯罪率为4.8%，低于全国平均水平。

【法律援助】 全省法律援助机构建设继续向前迈进，9个设区的市全部建立法律援助中心，60个县（市、区）成立法律援助机构，并在工青妇等部门建立了横向法律援助站点，法律援助机构建设工作已从1999年列全国第26位上升到前10位。法律援助业务建设不断加强，先后制定出台了5个工作规定和9个内部管理制度，《福建省法律援助条例》也已列入省人大调研项目，目前省政府法制办正对条例草案进行调研验证。全年法律援助机构办理各类法律援助案件3324件，同比增长22%；解答群众法律咨询42663批次，同比增长40%。

【法学教育】 法学教育和干训工作取得突破，省政法管理干部学院、司法学校、警官学校招生数达2343人，毕业生数达961人；电大函授站招生数510人，毕业163人；法律、律师专业本专科自学报考人数达4200人，监所管理专业报考500人。

（撰稿　孙韬）

政府法制工作

【推进依法行政】 年初，为贯彻落实国务院全面推进依法行政工作的决定，进一步深化全省依法行政工作，省政府制定了《福建省贯彻国务院全面推进依法行政的决定的通知》，于2000年1月7日下发全省各地各部门，对全省全面推进依法行政工作作了部署和安排。9月，在全省范围开展依法行政工作调研，10月，召开了全省设区的市政府法制工作机构负责人会议，对开展政府依法行政工作过程中出现的问题进行了研究。省政府法制办还就全省全面推进依法行政工作向国务院作了书面汇报。3月和8月，省政府两次向省人大常委会就有关依法行政工作作专题汇报。

【政府立法工作】 《立法法》出台并实施，对规范立法工作、提高立法质量有着重大意义，全省政府法制工作机构以此为契机，加强了地方政府立法工作。年初，省政府法制办按照立法同改革发展和社会稳定的重大决策相结合，与省委、省政府重要工作部署相统一的原则，编制了符合全省实际、富有福建特色的年度立法计划并认真组织实施，在实施过程中根据具体情况，还适时调整了条件不成熟的立法项目，补充改革发展中急需的立法项目，立法项目的制定做到了既反映社会热点又符合实际。在政府立法草案的初审过程中，积极改进审查方式，做好调研论证和协调工作；坚持群众路线，立法质量有了切实提高。2000年，省政府法制办共初审地方性法规草案15件，其中，已提交省政府常务会议审议通过并报送省人大常委会审议的地方性法规草案有9件，已完成初审工作，待提交省政府常务会议审议的有6件，提请省人大常委会修订的地方性法规有6件，提请省人大常委会废止的地方性法规有9件；政府规章已审查完毕有13件，其中经省政府常务会议审查通过并以省政府令发布实施的政府规章有8件，已完成初审工作待省政府常务会议审议的有4件；此外，还完成计划外立法项目2件。

【全面清理规范性文件】 为保证全省法制的统一，适应即将加入世贸组织的要求，全省政府法制工作机构积极组织清理规范性文件工作。据不完全统计，省直各厅局和全省9地市政府共清理了13000多件规范性文件。省政府法制办还专门成立了清理规范性文件办公室，全面清理省政府和省政府办公厅1980～1999年出台的规范性文件，对滞后、失当、不适应改革开放新形势的340件省政府规范性文件，对109件省政府办公厅规范性文件提出了废止意见，该意见经省政府第23次常务会议通过，并通过《福建日报》、福建电视台等新闻媒体向社会公布。中央电视台和《人民日报》也报道了福建省清理规范性文件的情况。

【行政复议规范化】 《行政复议法》实施以来，全省行政复议案件持续增加，2000年全省9个地市政府共收到行政复议申请1074件，受理880件，比上年有较大幅度增长。其中省政府法制办共收到行政复议申请44件，与上年相比增加了40%。44件行政复议申请中受理15件，其中撤销原具体行政行为的5件，维持原具体行政行为的5件，申请人撤回复议申请的3件，终止行政复议审查的2件。在审理行政复议案件中，全省复议工作机关做到了公开、公正、合法，既保护了行政管理相对人的合法权益又保障了行政机关行政管理活动有效的开展。

2000年2月，针对行政复议工作中出现的新情况，在福州召开省直厅局复议工作座谈会议，对行政复议工作过程中出现的新问题进行了专门的研究和部署。目前，福建省行政复议文书制度和行政复议案件统计报告制度、行政执法案件统计制度已经建立，全省行政复议工作进一步规范化。

【行政执法监督】 行政执法责任制是强化监督力度，增强监督实效的有力措施。在1999年南平、三明、漳州等地和省工商局、省财政厅等省直有关部门试点成功的基础上，全省加快了在全省范围内推行行政执法责任制的步伐，《福建省行政执法责任制规定》已经草拟完毕，现正征求各级政府和省政府各工作部门的意见。行政执法检查制度进一步规范化，做到了年初有计划，年中有自查，年底有抽查。2000年初，省政府根据福建省实际制定了反映社会热点的社会保障和环境保护行政执法检查通知，下发各地，由各地自查，年底省政府专门组织执法检查小组分别对福州、莆田、龙岩的社会保障执法情况，泉州、漳州、三明、南平的环境保护行政执法情况进行了抽查；省政府法制办还参加了省委、省政府组织的减轻农民负担执法检查。通过行政执法检查，促进了各行政部门的依法行政，取得了良好社会效果。规范性文件备案审查工作有了进一步的加强。2000年政府规章和其他规范性文件备案总共73件，较上年有较大幅度增加。其中，省政府规章备案6件，福州市政府规章备案1件，厦门市政府规章备案10件，宁德及其他市政府的其他规范性文件备案20件，省直行政机关规范性文件备案36件。行政执法队伍建设是行政执法规范化的关键，省政府继续抓好行政执法人员资格认证工作。在上年行政执法人员资格考试的基础上，2000年继续颁发行政执法证件70000多套。

【宣传教育】 一年来，全省政府法制工作机构加强了对行政执法人员新颁布法律、法规培训工作。2000年4月，省政府法制办与省水土保持办公室联合组织了专门法制培训，全省水土保持系统96人接受了法制培训并组织了考试；5月，全省政府法制工作部门59人参加国务院法制办组织的《行政复议法》培训班，6月底省直有关厅局15人参加有关部门主办的“立法法”培训班。省政府法制办还和省财政厅、省工商局、省残联、省气象局、省水利厅等9个厅局配合，举办了《行政处罚法》、《行政复议法》等有关行政法律、法规的讲座或辅导，行政执法人员的法律知识、依法行政的意识和水平都得到了提高。 （撰稿：蒋团松）

社会治安综合治理

【综合治理领导责任制】 以落实综治领导责任制为龙头，强化各级党政领导“保一方平安”的政治责任。2000年初，省委书记陈明义、省长习近平连续第二年与各地市党政一把手签订了省市两级综治责任书，有力带动了各级各部门综治责任制的落实。年内全省共层层签订综治领导责任书75545份，其中由党政一把手签订的有28549份。7月和12月，省综治委会同有关部门，先后对福州市鼓楼区等15个县（市、区）和9个设区的市落实综治领导责任制情况进行了检查，有力增强了各级党政领导抓好综治工作、维护社会稳定的责任感。综治1票否决权制在各地得到较好行使。全省共有373个单位、206名个人因社会治安综合治理工作问题被一票否决。

【百日排查调处活动】 以矛盾纠纷百日排查调处活动为重点，有效化解一批不安定因素。福建省先后召开了全省进一步做好矛盾纠纷排查调处工作电视电话会议、省委第十一次稳定分析会、省综治委2000年第二次全体委员会议，对矛盾纠纷排查调处工作进行了专题研究部署，并在全省范围内集中开展了百日排查调处活动。截至年底，全省共排查矛盾纠纷25859件，已调处20359件，正在调处5087件，地市一级挂牌督办625件，一批久拖不决、群众反映强烈的重大矛盾纠纷得到有效控制和妥善处理，有力促进了当地的社会稳定。

【创建文明小区】 以开展文明安全小区创建活动为载体，推动综治各项措施的落实。省委、省政府连续第三年把开展文明安全小区创建工作列入为民办实事项目之一，并拨出专款扶持贫困地区的创建活动。截至12月底，全省城镇已建安全小区2701个，在建小区985个，基本覆盖；农村已建安全村8666个，在建安全村4251个，覆盖率达80%以上。通过对城镇安全小区居民进行的随机电话调查，有55.98%的被调查对象认为创建活动效果很好。企地共建活动在各地的高度重视下深入开展，特别是铁路护路联防工作有了较大进展。省里与铁路沿线的各市、县、区签订护路联防责任书，成立专门机构，在鹰厦线积极开展了创建安全文明铁道线活动，使“保一方平安”与“保一线平安”紧密结合起来，有力确保了铁路设施和运输的安全。2000年各地对206个整治点进行重点整治，突出的治安问题基本得到解决，综治基层基础建设得到加强。

【教育宣传】 以加强教育和宣传为基础，切实预防和减少违法犯罪。一是认真抓好预防青少年违法犯罪工作。专门组织力量对未成年人违法犯罪情况进行了调研，全省8个市和不少县级城市举办了预防青少年违法犯罪展览。二是广泛开展综治宣传，营造良好舆论氛围。3月，在全省组织开展了声势浩大的综治宣传月活动，并认真组织好全省社会治安综合治理好新闻评奖活动，共评出获奖作品60个，推荐15个作品参加全国评选，共获一、二、三等奖各1个、优秀奖3个，省评委会还获得组织奖。

【综治成效】 经过努力，全省社会治安综合治理工作取得了较好成效，全省治安大局总体保持稳定，群众对社会治安的满意程度有所提高。年底，在对全省9个设区的市城区3600户居民随机电话调查中，有82.41%的被调查对象对当地社会治安感到满意和基本满意，比上年提高了1.17个百分点。其中有30.71%的被调查对象感到满意，提高了9.96个百分点。 （撰稿：邓佳文）

编审：翁庆华　　责校：林丹英

理财有方略　花钱出效益

福建省财政厅

习近平省长出席福建省国有资产管理委员会全体委员会议并作重要讲话

马路生厅长在会议上对工作做具体布置

支持工业结构调整、企业增资减债、技术改造和产品升级

“九五”期间，全省财政工作适时将前期的适度从紧财政政策调整为积极财政政策，刺激有效需求，有力地拉动了经济的增长，从而保持了财政收入的稳步增长，全省财政收入完成1431.4亿元，平均每年增收37亿元，年均增长14.9%，财政收入占国内生产总值的比重由1995年的8.5%上升到2000年的9.3%，扭转了财政收入比重下滑的趋势，为各项事业的发展奠定了可靠的财力基础。全省财政支出完成1281.53亿元，比“八五”期间增长1.2倍，平均增长13.5%，其中：财政直接用于社会保障方面的支出占财政支出的比重由1995年6.9%上升到2000年的8.8%，增加了1.9个百分点；用于农业、科技和教育的支出占财政支出的比重由1995年的25.7%上升到2000年的34.2%，确保了重点支出和社会事业的发展。同时，积极推进财政改革，建立转移支付制度，完善财政体制，实行零基预算和部门预算，加强预算外资金的管理，强化了行政性收费和罚没收入“收支两条线”管理，初步建立了预算内外资金监督管理的新机制。

加强基础设施建设

2000年全省预算内基本建设支出29.26亿元，用于支持高速公路城市供水和卫生建设。图为建设中的国家公路交通干线之一的福宁高速公路霞浦后港特长高架桥

加强农业综合开发

国家科技部在罗源县设立“863”海洋生物高科技项目——太平洋牡蛎三倍体育苗与养成中试示范基地2300亩。图为罗源湾网箱养殖

增加教育的投入

重点支持高等院校、师范院校、中小学布局结构调整，高校“211”工程和重点学科建设。图为福州大学校园一角

支持社会事业发展

总投资近7000万元，建筑面积14100平方米的福建省革命历史纪念馆已成为我省革命历史传统教育基地。

支持社会保障体系建设

2000年安排国有企业下岗职业基本生活保障和再就业基金1.98亿元，社会保障方面支出28.46亿元。

福建省主要经济指标统计图

国内生产总值（亿元）

4000
3500
3000
2500
2000
1500
1000
500
0
三次产业构成
100%
80%
60%
40%
20%
0%
第三产业
第二产业
第一产业
1952
1978
1995
2000
1952
1978
1980
1985
1990
1995
2000
年份

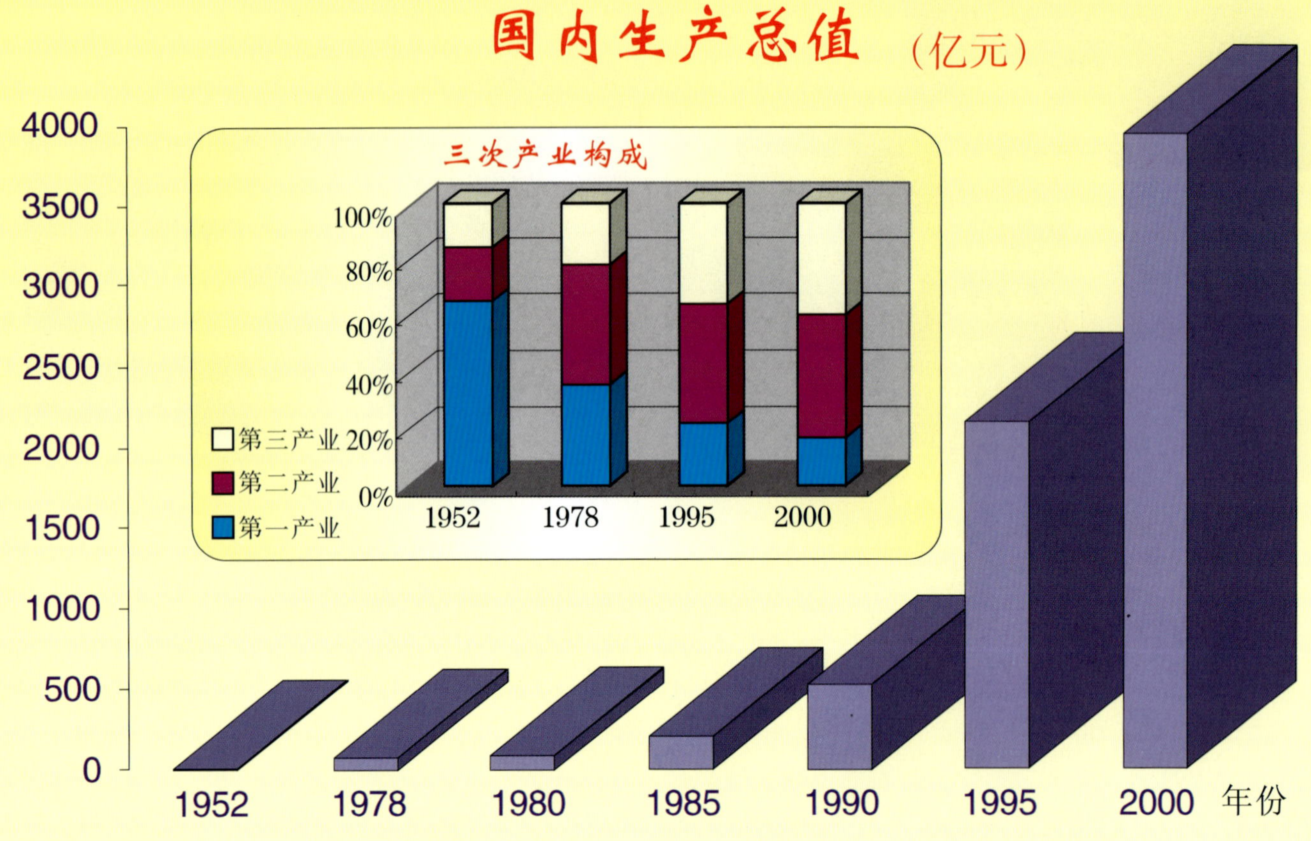

各计划时期全社会固定资产投资总额（亿元）

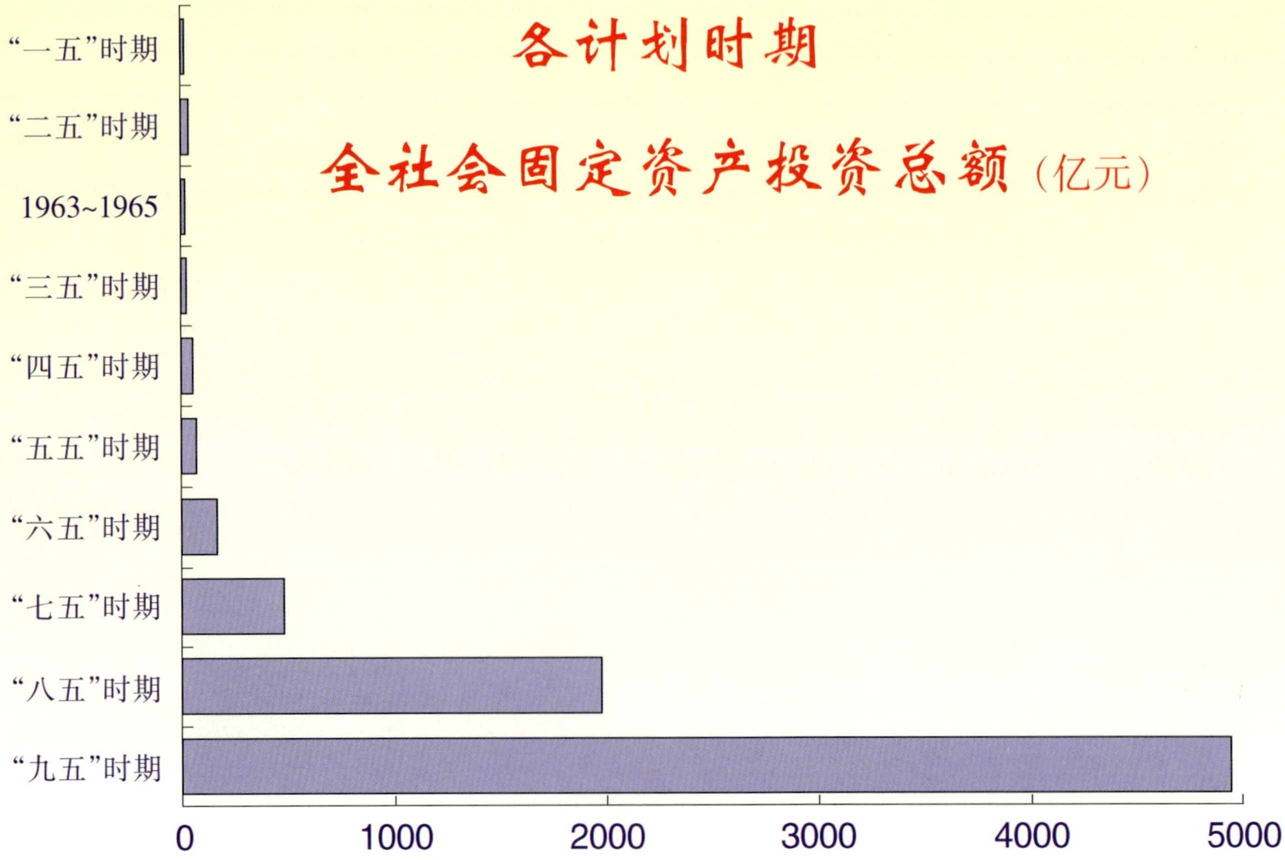

"一五"时期
"二五"时期
1963~1965
"三五"时期
"四五"时期
"五五"时期
"六五"时期
"七五"时期
"八五"时期
"九五"时期
0
1000
2000
3000
4000
5000

8000
7000
6000
5000
4000
3000
2000
1000
0
1952
1978
1985
1990
1995
2000
城镇居民人均可支配收入（元）
农民人均纯收入（元）

实际利用外商直接投资

45
40
35
30
25
20
15
10
5
0
1980
1985
1990
1995
2000
出口
进口
234.52
270.31
376.16
518.86
“八五”时期
“九五”时期

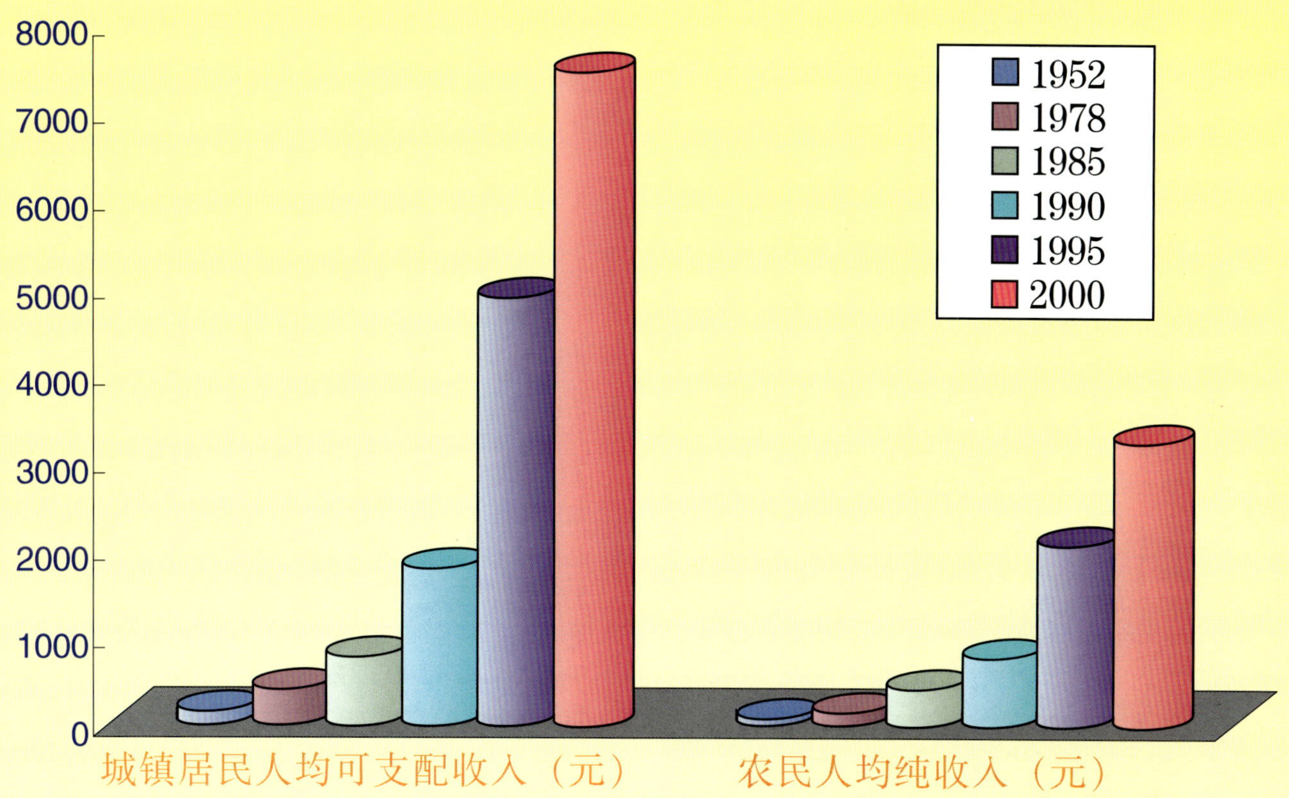

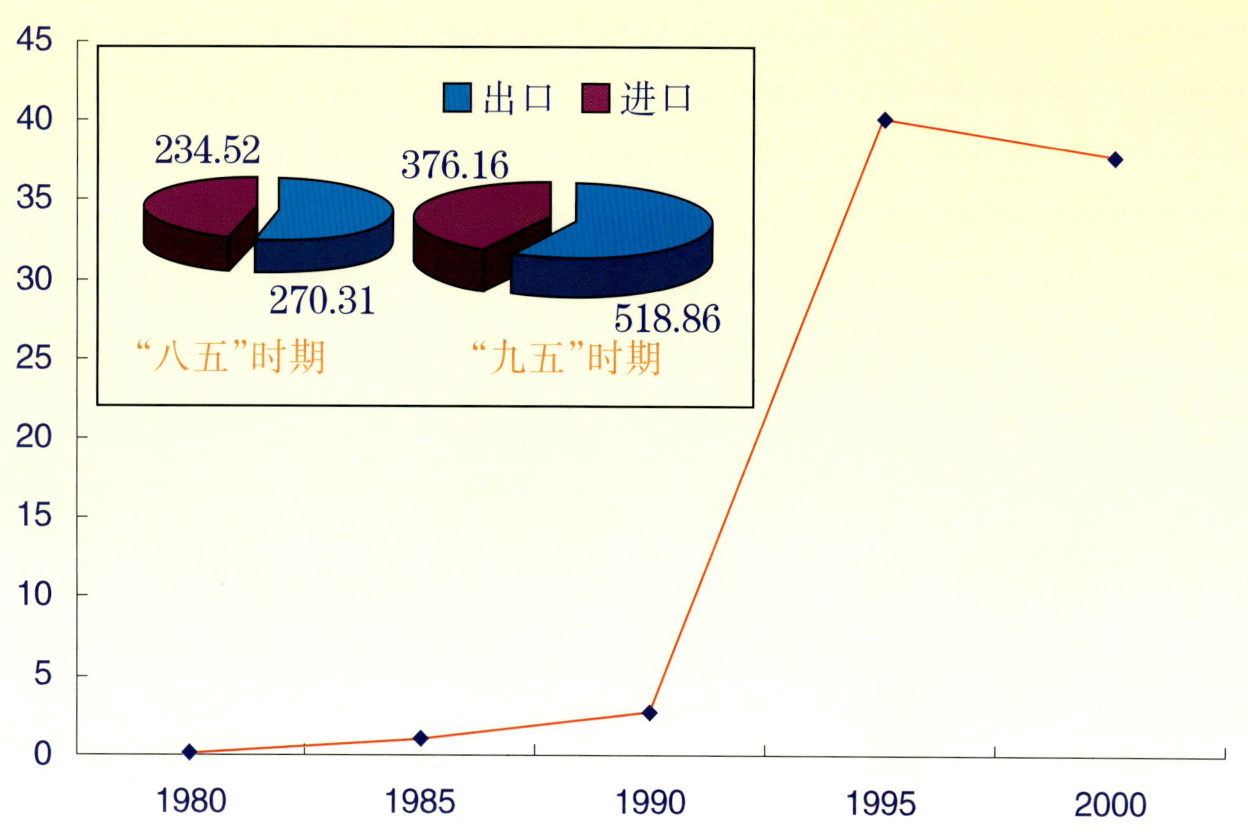

中共中央政治局委员、国务委员、中央政法委书记罗干视察被国务院授予“特别能战斗刑警队”荣誉称号的晋江市公安局刑警大队，勉励他们继续发扬艰苦奋斗的优良传统和打地铺办案的“背包精神”，为创造良好的社会治安环境再立新功。

保一方平安 促经济发展

——省公安厅

2000年，全省各级公安机关不断加大对严重刑事犯罪的打击力度。2000年，共破获各类刑事案件70148起，比增20.%；精心组织“打拐”、“收枪治爆”专项斗争，解救被拐妇女儿童12368名，收缴枪支1263支、子弹2212发；适时开展打击“飞车抢夺”、盗抢机动车等形式多样的专项整治斗争；坚持从严打击毒品犯罪，破案33591起，比增91.8%，积极开展创建“无毒害社区”活动，加强毒品预防教育。同时，组建经侦机构，加大对经济犯罪的打击力度。加强和改进治安行政管理。2000年共查处治安案件116298起，比上年增长44.1%。深入开展烟花爆竹集中清理整顿，加强娱乐服务场所管理，严厉打击卖淫嫖娼、赌博、吸毒贩毒等社会丑恶现象；深入开展创建“平安大道”活动，实施畅通工程；积极改进消防监督管理机制，及时消除火险隐患；严密边海防管理，有效遏制沿海成批集体偷渡活动。110认真履行“有警必接、有难必帮、有险必救、有求必应”的承诺，全年接警909866起，处警855213起，救助伤员17257人，救助群众34588人，在打击犯罪，维护社会治安和社会稳定、服务群众等各项工作中发挥积极作用。在隐蔽战线斗争、安全保卫和警卫方面也取得显著成绩。铁路、森林、交通、民航等公安保卫工作也取得明显成效。各项公安改革继续深化，基层基础工作进一步夯实，公安法制建设得到加强。

同时，狠抓队伍教育管理。在市县公安机关领导班子中开展“三讲”集中教育，42个县（区）公安机关开展“三项教育”活动，广大民警宗旨意识进一步增强，政治理论和执法水平得到提高，队伍形象继续改善，涌现了“漳州110”、“晋江刑警大队”、福州东街派出所和林惠德等大批先进集体和个人。

陈由诚厅长（右）与设区市公安局领导签订“抓班子、带队伍、促工作责任状”，强化公安机关领导“一岗双责”制，促进业务工作和队伍建设协调发展。

厅长接待日，陈由诚厅长（右一）在基层接待来访群众，变群众上访为领导下访，通过信访渠道发现民警执法和队伍管理中存在的问题，密切了警民关系。图为陈由诚厅长在现场接受记者采访

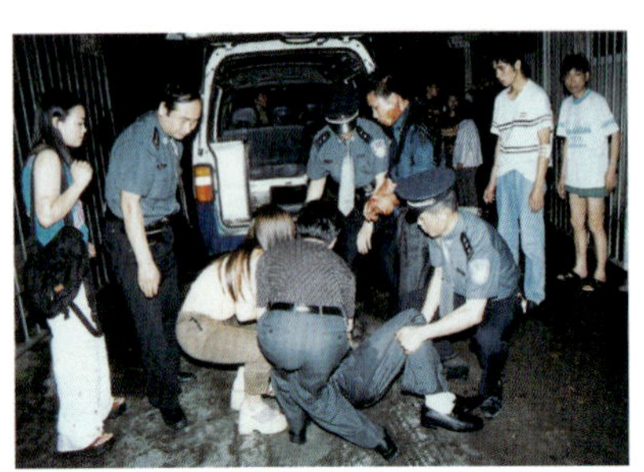

“110”闻警即动，迅速到达案发现场

刑警跟踪追捕犯罪嫌疑人

“收枪治爆”专项斗争中缴获的部分枪支弹药

加强法律监督 促进司法公正

福建省人民检察院

2000年，福建省各级检察机关以江泽民总书记“三个代表”重要思想为指导，坚持“公正执法，加强监督，依法办案，从严治检，服务大局”的检察工作方针，全力维护社会稳定，加大查办和预防职务犯罪工作力度，进一步强化诉讼监督，继续深化检察改革，全面推进基层检察队伍整体素质的提高，全省检察工作有了新的发展。

图为鲍绍坤检察长在省九届人大四次全会上作检察工作报告。

2000年9月2日晚，省院鲍绍坤检察长主持召开检察委员会，听取厦门特大走私案专案检察组的汇报，并研究部署了对该案件的审查起诉工作。

福建省检察机关表彰先进集体和优秀检察人员。图为10名“优秀基层检察长”在授奖大会上领奖

最高人民检察院组织的由中央13家新闻媒体参加的全国“公正执法基层行”记者团一行到福建采访。图为记者团成员合影

图为鲍绍坤检察长接受记者采访

“风云杯” 首届全国检察机关刑事立案监督十佳案件评选结果于2000年3月29日在福州揭晓。由福建省检察院侦查监督检察处组织报送的3个案例中，福州市院立案监督的故意伤害（致死）案件名列第一名，连城县检察院立案监督的寻衅滋事案件被评为优秀案件，省院侦查监督处获组织奖。

省检察院和省企业家与企业管理协会、省国际国内公共关系协会联合召开福建省企业家与检察官座谈会。图为企业家与检察官就“建立依法治企环境，促进经济健康发展”及“预防职务犯罪”等问题进行了认真的对话

院领导班子全体成员

构筑铁案工程 促进社会稳定

福建省高级人民法院

2000年，全省法院坚持审判工作为改革、发展、稳定大局服务的政治方向，狠抓办案质量和效率，加大构筑铁案工程，积极推进法院改革，大力加强法院队伍建设和基层建设，各项工作取得了明显成效。全年共受理各类案件323473件，审结301445件，分别比上年上升9.65%和7.96%，取得了法律效果与社会效果的有机统一。严格审限制度，下大力气清理超期审理案件经过全省下上的共同努力，截止去年底，共清结超审限诉讼案件464件，执行案件3694件，完成了93%的清案任务，基本消除了案件长期积压现象。

最高人民法院院长肖扬视察福建。图为肖扬院长与省法院干警亲切握手

2001年3月7日，省法院机关举行2000年度工作总结暨"双先"表彰大会

2000年6月，省法院在泉州召开宣判大会，依法惩处陈新源等6名贩毒犯罪分子。上图为宣判大会会场，下图为把犯罪分子押往刑场

福建省高级人民法院审判法庭综合大楼，是"九五"计划福建省重点建设项目之一，占地面积52亩，建筑面积31111平方米。1998年1月动工兴建，2000年6月落成。

保国家安全 促经济腾飞

中共福建省委书记陈明义，省委常委、秘书长黄瑞霖等领导视察福建省国家保密局工作

福建省国家保密局局长　李心正

福建省国家保密局

当前，面临着西方敌对势力对我实施“西化”、“分化”的图谋和将我作为窃取政治、经济、军事、科技情报重要目标的严峻挑战。福建省地处祖国东南沿海，面对台、澎、金、马，毗邻港澳、东南亚，改革开放的前沿与特殊的地理位置决定了窃密与反窃密斗争极其尖锐、复杂，保密工作任务十分艰巨、繁重。

中央保密委员会办公室主任、国家保密局局长毛林坤（正面右二）等莅临福建省检查指导保密工作，对福建省近年来保密工作取得的成效给予了充分的肯定。

省委保密办（省国家保密局）作为省委保密委员会的办事机构和省政府主管全省保密工作的部门，为副厅级机构。担负着《保密法》宣传教育，保密法制建设、保密依法行政与执法检查、查处各类窃密泄密案件，发展保密技术、实施计算机信息系统的保密技术防范和管理及网上保密巡查等职责。2000年该局认真开展保密法制宣传教育，圆满地通过了国家“三五”保密法制教育验收；严肃查处各类窃密泄密事件，加强了保密法制建设；着手全省党政专网的改造，建设保密系统计算机信息网络，做好保密技术推广应用工作，进一步提高了保密技术水平。特别是党政领导干部的保密教育、规范定密工作和计算机信息系统保密管理三项重点工作取得了可喜成绩，为省委、省政府科学决策发挥了参谋助手作用，为我省的经济建设创造了“保安全、保发展”的良好环境。

在新世纪里，全省保密战线的同志们将更紧密地团结在以江泽民同志为核心的党中央周围，高举邓小平理论的伟大旗帜，努力实践“三个代表”的重要思想，认真贯彻省委、省政府的部署，为建设海峡西岸繁荣带，实现我省“十五”国民经济发展计划奋斗目标作出更大的贡献。

一年一次的全省保密工作会议

创建文明监狱 安全工程

福建省监狱管理局

全省监狱系统处级以上领导班子和领导干部继续以整风精神开展“三讲”教育“回头看”活动，促进理论学习、贯彻民主集中制及组织建设工作的落实。图为局党委举行中心组学习会

2000年，全省监狱系统在省委、省政府和司法厅党委的正确领导下，高举邓小平理论伟大旗帜，努力实践江总书记“三个代表”的重要思想，深入贯彻十五届五中全会精神，以开展“双争”活动为动力，进一步推进领导班子建设、干警队伍建设和党风廉政建设，维护监所安全稳定、启动“安全工程”和创建文明监狱三项工作实现新的突破。扎实开展干警基本素质教育，全省监狱干警在全国基本素质统考中取得良好成绩，及格率达99.8%；新增厦门、闽西两所省级文明监狱和14个省级文明监区；莆田、清流、政和等6个监狱硬件设施基本达到要求，改变了“监牢不牢”的状况。在确保监所安全稳定、加强教育改造工作的同时，加快调整监狱布局，实现年内山区向沿海、农业向工业、监外劳动向监内劳动轻移的工作目标、加大产业、产品结构调整力度，实现了监狱经济持续增长，为顺利实现“九五”计划划上了圆满句号，也为胜利迈向21世纪打下了坚实的基础。

图为经省政府批准，原闽侯监狱从山区搬迁到福州更名为仓山监狱

女子监狱教育转化“法轮功”类罪犯工作取得明显成效，受到上级机关表扬。图为干警对“法轮功”类罪犯进行个别教育

厦门监狱被授予“省级文明监狱”和“花园工单位”的厦门监狱

厦门监狱的监管安全在提高人防水平的同时，努力推进物防技防建设。图为值班人员在总监控室密切注视监区情况。

FUJIANYEARBOOK

福建海事局委托中港集团天津船舶有限公司建造的海区巡逻艇2001年4月10日交付使用。图为福建海事局局长杨水来（左2）在交接仪式上

“海巡1308”正在巡航

高级验船师正在检验事故船舶

中华人民共和国福建海事局依据《中华人民共和国海上交通安全法》、《中华人民共和国海洋环境保护法》及相关的国际海上双边和多边公约履行以下行政执法职能：负责辖区水上交通安全管理、水上安全通信管理、防止船舶污染并执行其他管理规定；按照授权，管理船舶及海上设施检验；负责船舶登记、船舶法定配备的操作性手册与文书审批，船舶所有人安全管理体系审核与监督，以及船员培训、考试发证和船员证件管理；负责辖区内水上搜寻救助、污染事故应急处理和重大水上交通事故的调查处理。

海事执法人员向游轮船员讲授消防自救知识

福州海事局局长李伟带领海事执法人员检查集装箱轮船舶和船员证照

灭火抢险逞英雄本色

——武警福建省消防总队

2000年，全省消防部队广泛开展消防宣传，提高全民消防意识，依法监督和检查，消除火灾隐患，使全省火灾形势有了明显好转，火灾起数和损失近几年首呈年度下降，尤其是没有发生群死群伤恶性火灾事故。同时，以消防特勤建设为龙头，全面深化战训改革，提高部队战斗力。年内，共接警出动6171起，扑救火灾3839起，参与抢险救援1466起，其中，抢险救援起数较上一年比增43%，在全国各消防总队中位居前列。消防部队出色的工作，使全省改革开放和经济建设有一个良好的消防安全环境，为福建经济发展和社会进步做出积极的贡献。

先进的消防特勤抢险救援装备

现代化的厦门119通信指挥中心

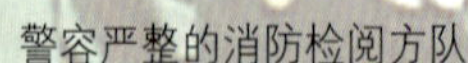

警容严整的消防检阅方队

国家三部委检查组验收考核福、厦两地消防特勤建设成果。（上图前排右为福建省消防总队长傅纪成大校，中为公安部消防局副政治委员陈家强少将，左为福建省消防总队政治委员李玉生大校）

消除隐患保一方平安

消防站定期对社会全面开放，开展消防宣传

消防官兵在台风中清除路障

消防官宾在处置煤气泄漏事故

官兵们在紧张地灭火战斗

“九五”八闽公路巨变 未来福建通道纵横

——福建省公路管理局

“九五”期间，全省普通公路建设总投资155.9亿元，五年新增公路4500公里，至2000年底，全省公路通车总里程达51073公里，公路密度每平方公里达42.07公里，位居全国第七位。二级以上高等级公路占总里程的10.4%，比“八五”末提高5%。全省公路管理养护水平显著提高，五年来，全省专养公路养护完成投资34.22亿元，专养公路综合好路率达76.73%，主干线公路好路率80.98%，县乡公路好路率76.8%。公路规费征收成绩显著，“九五”期间共征收公路规费96.298亿元，为全省公路建设和养护提供了强有力的资金保障。

与此同时，精神文明建设也取得丰硕成果，全系统共涌现出省级文明单位26个、市级文明单位82个、县级文明单位72个、全国劳模4人、全国“五一”劳动奖章获得者3人、省部级劳模23人、省“五一”劳动奖章获得者23人，省公路管理局连续两届蝉联省级文明单位称号。

罗宁高速公路

全长3150米的国道104线宁德飞鸾岭隧道，是我省最长的公路隧道

气势恢宏的厦门海沧大桥

FUJIANYEARBOOK

2000 年全省公路稽征系统劳模载誉归来

依法征费，文明服务

厦门环岛一级公路

机械化养护——洒水车在作业

欧式建筑风格的厦门中沧公路站

福建气象

气象依法行政迈上新台阶

《福建省气象条例》于1998年10月1日起施行

党政领导关心气象事业

习近平省长出席1999年全省气象局长会议暨省中尺度灾害性天气预警系统建设第六次工作会议。

福建省气象事业"九五"期间在现代化建设、科技服务、依法行政、基层台站综合改善等取得新的突破,气象服务能力和水平有较明显的提高。由福建省人民政府和中国气象局共同建设的中尺度灾害性天气预警系统,是"九五"期间防灾减灾五大防御体系之一。通过一二期工程建设,组成了覆盖全省的由气象雷达等现代化探测设备组成的监测网;形成了沟通全省的VSAT卫星通信网和相应的计算机网络;建成了天气探测信息处理、气候灾害动态监测、农业气象情报预报、人工增雨指挥等业务系统。服务领域不断扩展、服务内容日趋丰富、服务手段日益先进、服务效益更加明显。在重大灾害性天气预报服务中,在为惠安核电站选址等重点工程的大气环境评价服务中,在为福州国际机场建设和首航庆典、香港和澳门回归活动、军事活动等重大活动的气象保障服务中,均取得良好的社会效益。

基层台站面貌变化明显。全省50%的基层气象台站的工作环境和干部职工的住房条件有了明显改善,新建业务楼总建设面积23764平方米;职工住宅建筑面积60626平方米。

气象科技服务发展迅速。截止2000年底,全省气象部门从事科技服务和产业人员占在职职工的43.3%,基本形成了专业气象服务、气象影视广告服务、气象信息服务、雷电防御和综合广告业等气象科技服务新格局。

省中尺度灾害性天气预警系统二期工程重点项目建设成果

龙岩新一代天气雷达

建阳新一代天气雷达

气像科技服务谱新篇

福建省气象影视中心每天制作天气预报节目15套，播出时间累计2个多小时。图为省气象影视中心虚拟演播厅。

基层气象台站面貌焕然一新

1

2

3

4

1.厦门祥云公司技术人员在海沧大桥132米高的大桥西塔上安装避雷针。
2.霞浦县气象局为福宁高速公路建设开展现场气象服务。
3.仙游县气象局大院
4.花园般的福清气象站
5.长泰县气象局办公楼
6.永安市气象预警中心主控室
7.晋江市气象楼

7

6

5

热烈庆祝福建省防震减灾三十年暨福建省地震学会成立二十周年

福建省地震局　福建省地震学会

黄小晶副省长(中)在“提高福建防震减灾能力科技月谈会”上就制定防震减灾“十五”计划中的有关问题作重要指示。

承前启后,继往开来,为把我省防震减灾事业全面推向21世纪而不懈奋斗。2000年11月30日,福建省防震减灾三十年暨福建省地震学会成立二十周年庆祝大会在福州召开。

福建省防震减灾“十五”计划可行性研究展开,系列评估论证会在福州召开。

“利用GPS技术开展福建沿海地球动力学特征应用研究”通过项目鉴定

2000年6月,由海峡两岸地震科技交流中心和台湾中大地球科学院共同主办,福建省地震局和福建省科学技术协会承办的“海峡两岸城市防震减灾研讨会”在福州举行。该次研讨会的举行,标志着海峡两岸地震工作的交流与合作正向着广度和深度发展。

福建省水利厅

福建省洪水预警报系统

南平懂懂洋中继站担负着向福州控制中心发送信息的重要任务

福建省洪水预警报系统网络图

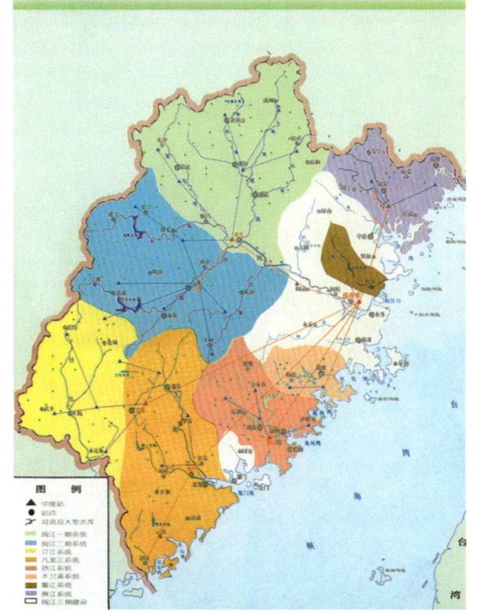
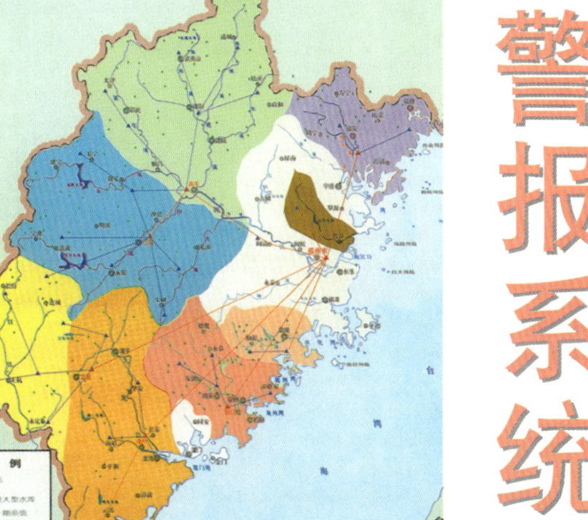

宽敞明亮的“闽江洪水预警报系统控制中心”机房

预警报中心领导分析水情

2000年6月,福建省全面建成全省洪水预警报系统,标志着本省科学防灾减灾的能力与水平登上了一个新的台阶。

该系统是福建防灾减灾五大防御体系重要组成部分,总投资约2.68亿元,在全省建有306个遥测站点、40个中继站、65个中心、分中心,覆盖闽江、晋江、九龙江、汀江、赛江、木兰溪六大流域10万多平方公里面积,占全省陆地面积的85%以上。系统全部采用数字化、信息化技术,设备先进,自动化水平高,野外站点无人值守,仅用5-10分钟时间就能自动完成雨情、水情信息的采集、传送,被喻为安装在八闽大地的监控主要江河流域上暴雨洪水的“千里眼”和“顺风耳”。它的建成,大大加快了洪水预报作业的速度,使防汛决策真正做到“决策于千里之外,运筹于帷幄之中”,为福建省防汛与水利的信息化、现代化建设打下了坚实的基础。

该系统在近年来抗御“98·6”闽江特大洪水等防洪抗灾中已发挥出巨大的减灾效益。

闽江洪水预警报系统控制中心

福建省洪水预警报系统建成新闻发布会

三明梅列水位雨量站

福建渔业"九五"辉煌

福建省海洋与渔业局

·海上渔政执法船

"九五"期间，福建渔业在福建省委、省政府《关于加快培育和发展水产支柱产业的决定》、《关于进一步加快发展海洋经济的决定》及《实施意见》等一系列重大战略决策的推动下，取得了显著成就：2000年全省水产品产量达525万吨，比1995年净增208万吨，增长66%。总产量在全国排位从第四位上升为第三位；全省水产品人均占有量158公斤，比1995年的102公斤增长50%，居全国首位；2000年水产业总产值达575亿元，比1995年净增312亿元，年均增长17%。水产增加值达330亿元，占全省GDP的8.23%，比1995年增长1.61个百分点；渔业产值达320亿元，占大农业的比重从1995年的26.3%上升为33.05%，比1995年高出6.72个百分点；水产业二、三产业产值达255亿元，是1995年68.2亿元的3.7倍，第一产业结构比例从1995年的26:74调整为46:54。第一产业内部结构进一步优化，养殖产量与捕捞产量之比从1995年的23:77调整为59:41；科技对水产业的贡献率达51%，比1995年高出6个百分点；浅海和淡水大中型水面开发"两大战役"成效明显。1997~2000年三年新增海淡水产养殖面积54万亩，新增产量83.5万吨；渔业创汇达6亿美元，是1995年1.49亿美元的4倍多，居全省各行业前列；精深水产品加工产值约65亿元，占加工总产值107亿元的60%以上；渔区人均收入达4500元，比增农村人均收入高出1200多元。

基础设施建设进展加快。全省建成一级渔港5个，二级渔港4个，三级渔港13个，共完成投资2.5亿元。水产品专业批发市场续建、新建工程进展顺利。水产苗种体系建设力度加大，苗种供应难的问题得到缓解；

渔业法制建设上新水平。"九五"期间省人大、省政府先后出台了《福建省重要水生动物苗种和亲体管理条例》、《福建浅海滩涂增养殖管理条例》和《福建渔港管理办法》等十几个法规、规章，为依法兴渔创造了良好的条件。

"九五"期间，连江县、平潭县、东山县、惠安县、福清县、漳浦县、霞浦县、莆田县、石狮县、诏安县被授予渔业十强县（市），浦城县、邵武市、古田县、建瓯市、泰宁县、连城县被授予淡水渔业先进县（市）。

（省海洋与渔业局信息宣传科供稿）

全省渔业经济形势季度分析会

连江冻鱼加工厂

国家一级渔港——东山大沃渔港

国家级大黄鱼良种场（宁德市）

牙鲆工厂化养殖

全国最大的贝类批发市场——福州市水产品贝类批发市场开业

开发海洋特色资源 建设海洋经济强省

福建省海洋与渔业局

福建海岸线长 3324 公里，位居全国第二，曲折率居全国首位。全省拥有 200 米等深线以内的海域 13.6 万平方公里，比陆地面积大 12%。海洋资源丰富：有众多的天然良港；富有潜力的矿产资源；丰富多彩的滨海旅游资源；优越的蓝色能源资源等等。海洋经济发展迅速，改革开放以来福建省委省政府立足省情，先后作出"大念山海经"、"全面开发'海上田园'，加快发展水产养殖"、"培育水产支柱产业"、"建设海洋经济强省"等一系列决策，有力地推动了福建海洋资源优势向经济优势的转化，促进了海洋经济的持续、健康、快速发展。2000 年全省海洋经济总产值达 1038 亿元，居全国第三位。海洋经济增加值达 461 亿元，占全省 GDP 的 11.7%，"九五"期间年均增长 18%，其增幅快于全省 GDP 增幅 5 个百分点。

2000 年 3 月，新组建的海洋与渔业局认真贯彻落实省委"建设海洋经济强省"战略部署，成立了省海洋开发管理领导小组，并通过了《福建省海洋开发管理领导小组议事规则》和《福建省海洋开发管理领导小组办公室职责》，为协调海洋综合管理事务创造了有利的条件。制定了《福建省"十五"和 2010 年海洋经济发展规划纲要》。确立了建设海洋经济强省的战略目标。"建设海洋经济强省"列入《福建省经济和社会发展"十五"规划和 2010 年远景目标纲要》。成立了"福建省海洋环境与渔业资源监测中心"，并与国家海洋局东海分局共建 10 个海洋环境监测站。结合自然保护区建设，实施人工鱼礁工程及封岛栽培，目前全省已在宁德、漳州两市进行人工鱼礁试点工作，建成封岛栽培渔业五处。成立了"中国海监福建省总队"，使福建省海洋执法管理工作迈出重要的一步，做好闽粤、闽浙省际间的海域勘界工作。

福建省第一部海洋管理法规《福建省海域使用管理办法》正式实施。

实施"数字海洋"项目，并列为"数字福建"的首批启动工程。

全面开展海洋使用管理发证，清理整顿"三无"渔船、伏季休渔、打击电毒炸鱼等海洋与渔业一综合管理工作，切实解决海洋开发中存在的"无序、无度、无偿"的三无现状，构建管理新秩序。开展 9 个海洋自然保护区的建设，对濒危野生动物进行重点保护，并成立"福建省海洋野生动物闽南救护中心"。

大力建设宁德、云霄两个国家级海域使用管理示范区建设，并以之为样板，快速推进海域管理工作。海域使用管理的范围从单一的水产养殖业扩展到海砂、港口、海底电缆、围垦等方面。

局领导班子研究海洋管理工作（中）刘赐贵局长、（右 2）张国胜副局长、（左 2）曾金宇纪检组长、（右 1）刘修德副局长、（左 1）陈继梅副局长

福建省委副书记赵学敏、国家海洋局王曙光局长来省局视察工作

厦门海洋环境监测中心　　中华白海豚省级自然保护区

福建省首家海洋野生动物救护中心成立

省海洋开发管理领导小组第一次成员会议

庆祝中共福建省委党校建校50周年（1950~2000）

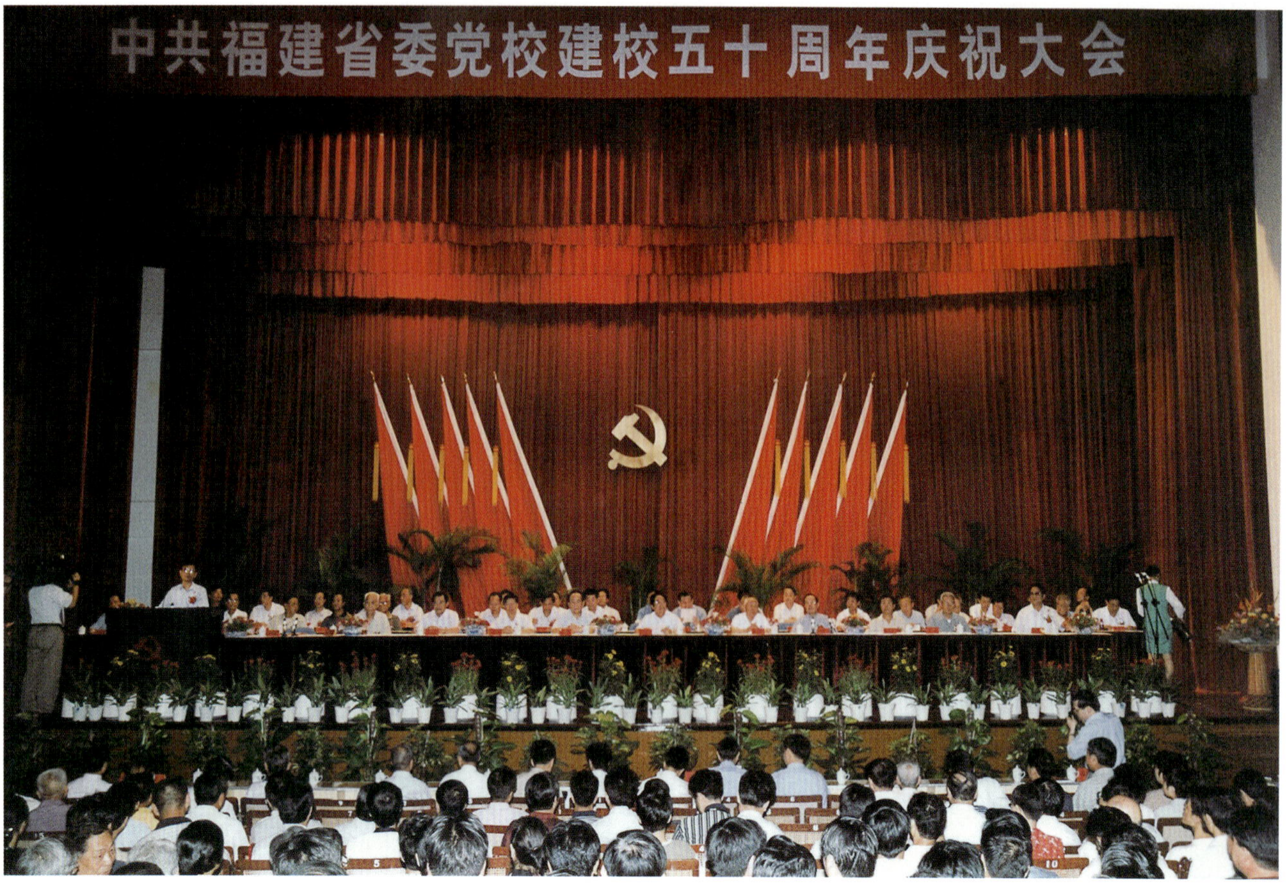

庆祝大会会场

省委党校创建于1950年6月，经历了初创发展时期、曲折发展时期、停顿时期、恢复时期和党的十一届三中全会以来的大发展时期，大发展时期又经历了拨乱反正、正规化建设和深化教育改革三个阶段。尤其是近10年来，党中央、省委进一步重视党校工作，1995年、2000年中央分别颁布了《中国共产党党校工作暂行条例》和《中共中央关于面向21世纪加强和改进党校工作的决定》，省委也于1992年、1996年、2000年分别下达实施党校三年建设《纲要》、“九五”发展《规划》和贯彻中央决定的《实施意见》，省委党校工作和建设进入了规范化、制度化的新阶段。目前已成为一所校园占地面积121亩、校舍建筑面积7.8万多平方米、拥有千人办学规模、教学力量较为雄厚、设施较为齐全的省级党校。

省领导和老同志在校园有关建设项目开工仪式上

召开党校教育研讨会暨科研成果表彰会

新型大学府 远程育英才

2000 年 11 月，省长习近平（左三）视察福建电大

福建广播电视大学

福建广播电视大学是一所运用计算机网络、卫星电视、现代电子通信技术及广播、电视、文字、音像教材、计算机课件等多种媒体进行远程教学的新型高等学校。校园坐落于风景旖旎的福州西湖之滨。

学校实行统筹规划、分级办学、分级管理的体制，到 2001 年全省已拥有 13 所分校，60 多个工作站，160 多个基层办学点，形成以省电大为中心，覆盖全省城乡的现代远程教育网络。

2000 年学校共招收各类新生 24387 人，其中春季开放教育学生 2253 人，注册视听生 6176 人，秋季开放教育学生 8655 人，成人大专生 2576 人，普通大专生 2651 人，中专生 2076 人。在校生 58700 人；毕业生 6300 人。

学校突出“开放性”和“教学现代化”两大命题，重点抓好教育部“开放教育”和“注册视听生”两项试点，开放办学程度和招生办学规模进一步扩大，同时进一步完善现代远程教学手段，建成了能实现双向交互教学的多媒体远程教学中心，一批远程教学设施的功能进一步得到完善，以学生自主学习为中心的支持服务体系建设和利用现代技术手段开展远程教学的能力有了明显提高，学校正向现代远程教育开放大学大步迈进。

多媒体远程教学中心的教师正利用现代远程教育技术进行教学

福建电大电视播控中心

大力实施科教兴市战略

福州市科委

福州市荣获“全国科教兴市先进市”光荣称号，市领导到机场迎接翁福琳市长载誉归来

'98福州科技招商新闻发布会暨项目签约仪式

福州市科学技术委员会是福州市人民政府宏观管理科学技术工作的职能部门。在福州市委、市政府领导和福建省科委指导下，坚持实施科教兴市和可持续发展战略，在发展高新技术产业，应用高新技术改造、提升传统工业，科技体制改革，科技示范乡镇建设，民营科技，技术市场以及科技招商、科技立法、科技创先、科技拥军等方面做出显著成绩，有力推动全市社会经济健康协调发展。连续五年被评为福建省科委系统先进单位，1997年获得全国科委系统先进单位称号，1994~1995、1996~1997、1998~1999连续三届被福建省委、省政府授予“文明单位”称号。为福州市1995年、1997年、1999年连续三届被评上全国科教兴市先进城市做出了应有的贡献。

福州市科委被评为全国科委系统先进集体

新落成的福州市科技信息大楼

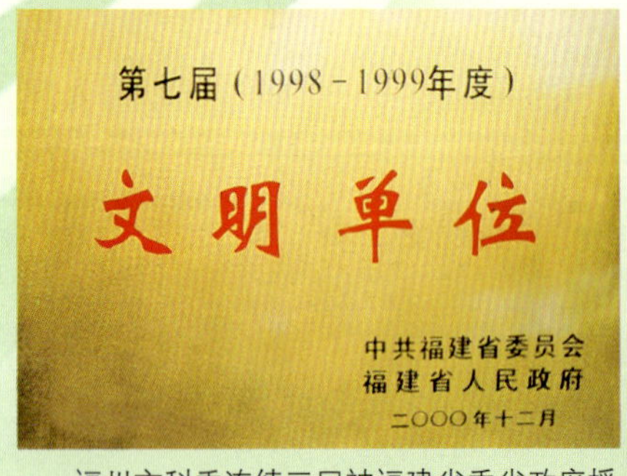

福州市科委连续三届被福建省委省政府授予“文明单位”称号

改革中诞生的福建省电信公司

总经理：刘耀明

党组书记：上官启文

中国电信集团公司是国家管理的国有特大型企业，是美国《财富》杂志评出的2000年全球500强企业之一。中国电信集团福建省电信公司是中国电信集团代表国家出资设立在福建的全资子公司。福建省电信公司的成立，标志着福建两年多来以邮电分营、电信重组和政企分开为主要内容的通信体制改革基本结束，电信发展步入一个新的历史时期。

福建省电信公司下辖9个市级电信分公司和57个县市电信局。一个覆盖全省、连接全国、沟通世界各地，以光缆为主、卫星和数字微波为辅，集数字传输、程控交换、光纤接入和多媒体通信为一体的现代通信网络已初具规模。可以较好地满足现阶段社会多样化、多层次的通信信息需求。

福建省电信公司的经营宗旨是：遵守国家的法律、法规，以市场为导向，积极采用先进的通信技术，发展电信及信息业务；加强管理，提高服务质量，提高企业效益，增强竞争实力，为社会提供快捷、方便、准确的通信服务。公司主要经营国内、国际各类固定电信网络与设施；电信网络的话音、数据、图像及多媒体通信与信息服务，是目前福建唯一承担普遍电信服务业务，党政专用通信、应急通信、农村通信等重要任务的公众通信企业。公司将以“用户至上，用心服务”的经营理念，为社会不断提供高技术、优品质、低成本的通信服务。

副省长贾锡太、省政协副主席刘金美为公司成立揭牌

福州电信分公司领导向省电信公司领导汇报宽带网建设情况

程控交换

光纤通信

为文明播种 给生活添彩

庆祝建台40周年大会

◆福建电视台四十年

1960年10月1日，第一束电视信号向福州上空发射，标志着一个现代化传播媒介在八闽大地诞生了。

四十年来，在党和政府的重视和关怀下，在社会各界的支持和帮助下，几代电视人发扬艰苦创业，求实创新，自律奉献，开拓进取的精神，用心血和汗水开垦耕耘出福建电视事业的沃野良田。特别是九十年代以来，福建电视事业的发展更是令人瞩目，无线电视确立主频道地位，有线电视全省大联网，卫星电视覆盖全球华语地区，公共频道开播、新闻频道试播，形成了三台八个频道的大电视格局，制作了许多丰富多彩的节目，为宣传党的路线、方针、政策，为促进两个文明的建设作出了应有的贡献。

2000年9月30日上午，伴随福建电视台走过四十年历程的新老电视人欢聚福州人民会堂，共同回顾福建电视台光荣而不平凡的过去，展望新世纪发展的美好前景。省领导陈明义、习近平和国家广电总局分别发来了贺电。何少川、林强、潘心城、王良汸等省领导莅临大会，祝贺福建电视台创建40周年。何少川代表省委、省政府向福建电视台建台四十周年表示祝贺，并向全省广电工作者问候。

省委领导何少川莅临大会与福建电视台台长傅祖桂同志亲切握手

省政协副主席王良汸、省人大副主任林强来到会场与福建电视台领导一一握手，表示祝贺

建台40周年文艺晚会《荧屏正春风》在福州温泉公园举行

FUJIANYEARBOOK

建设数字福建工程
促进八闽经济腾飞

●福建广播电视光纤干线网

省领导在开通仪式上

省领导在开通仪式上通过广电传输网的会议系统与地市领导进行简短对话

省广电局朱永康局长在开通仪式上讲话

福建广播电视光纤干线综合网络建设，从1998年5月组建“福建省广播电视网络建设筹建办公室”开始，经两年多的辛勤努力，完成了连接全省各地市县4610公里的光缆敷设，SDH光缆传输设备安装，县以上68个传输机站建设。并于2000年10月1日正式开通运营。

福建广播电视网的开通，实现了广播与电视的共缆、共网传输，并满足三网融合多业务的传送。同时还以传输具有广播电视特色业务（远程医疗、远程教学、会议电视）。及计算机联网、通讯等综合信息为主的服务平台。今后将根据市场需求逐步开发AOD、NVOD及VOD等音频、视频的交互式实时点播业务与远程可视会议等。

福建省广播电视光纤干线网由于有862兆以上的入户带宽，所以可以很方便地传送几百套数字电视节目到每个家庭。利用这些资源可为社会提供新闻和娱乐节目服务、教育、体育、金融、证券服务和其他丰富多彩的信息服务将为推进福建省的信息化进程，加快数字福建的发展步伐，促进福建省本世纪新一轮的经济腾飞作出应有的贡献。

省领导潘心城、林逸共同按下传送省台八套节目的开通按钮

省领导林强、郑义正共同按下开通按钮

与会代表兴致盎然地观看广电网上资料

发展宗教事业 促进社会文明

福建省民族与宗教事务厅

近年来，我省宗教界积极开展为社会主义两个文明建设的服务活动，兴办救灾扶贫、捐资助学、施医赠药等社会公益事业，回报社会。据初步统计，2000年一年，我省宗教界为社会公益事业捐款总额达1000多万元，得到了社会各方的赞赏和肯定。2000年4月3日，福建省民族与宗教事务厅在福州召开福建省宗教界为社会主义两个文明建设服务先进典型表彰会。省领导赵学敏、童万亨、汪毅夫、金能筹等为荣获省宗教界为社会主义两个文明建设服务先进典型称号的47个先进集体和56个先进个人颁奖。图为大会授奖仪式。 （廖国雄/摄）

2000年8月2日，福建省民族与宗教事务厅召开全省民族宗教界"兴边富民行动"动员大会，我省民族宗教界人士积极响应大会号召，为援建我国西部地区希望小学踊跃捐款，捐款总数达150多万元。图为捐款现场 （吴寿华/摄）

2000年3月28日至31日，以Diakonhjemmet学院院长维特威·爱纳先生为领队的挪威宗教代表团一行7人来闽访问，该代表团是联合国人权大会召开前夕，来华考察我国宗教信仰自由状况的。该代表团在闽期间分别考察了福州西禅寺、崇福寺（福建佛学院女众部）、福建神学院、天主教公墓、泛船浦天主堂；泉州清净寺、元妙观、开元寺（泉州佛教博物馆）、陈埭基督教堂；厦门南普陀寺、鼓浪屿基督教三一堂，代表团对我省宗教信仰自由状况表示赞赏。图为该代表团在福州崇福寺考察 （廖国雄/摄）

2000年4月6日至8日，在福建省民族与宗教事务厅的倡导和组织下，全国政协常委、中国佛协副会长、厦门南普陀寺方丈圣辉法师率我省部分宗教界人士赴福鼎市扶贫考察，考察团一行当场认捐90多万元人民币，用于资助当地少数民族乡村的基础设施建设。图为省民宗厅厅长林文斌（图左二）和圣辉法师（图左三）等在畲族农家了解情况。 （杨婀娜/摄）

2000年10月4日，福建省天主教界举行抗议梵蒂冈"封圣"活动座谈会。与会代表坚决拥护我国《外交部声明》和国家宗教局发言人谈话；坚决拥护中国天主教"一会一团"严正声明，对梵蒂冈借"封圣"之名、行反华之实的政治图谋表示极大的愤慨。图为座谈会会场 （张善荣/摄）

中共福建农业科学院党委一班人认真学习贯彻江泽民总书记的“三个代表”重要思想理论

科研结硕果 创效百亿元

福建省农业科学院

福建省农业科学院成立于1960年，是全省最高农牧业综合性科研单位，现设有13个研究所（室、中心），即稻麦、茶叶、果树、甘蔗、植物保护、土壤肥料、畜牧兽医、耕作轮作、地热农业作用、科技情报研究所和红萍研究中心、生物技术研究中心、中心实验室。在职职工1100多人，具有高级科技人员166人，中级科技人员256人。有国家级专家4人，省专家11人，享受国务院特殊津贴专家68人。全院以应用研究和开发研究为主，适当开展应用基础研究。目前承担有国家、部省重点课题等各类研究课题90多项。改革开放以来，共取得国家、部省级奖励259项，其中部省级二等奖以上重大成果41项，创社会经济效益数百亿元。

福建省农科院科技人员选育的特早熟、大果型新品种枇杷“早钟6号”获2000年福建省科技进步一等奖

国家级科学家、著名杂交水稻育种家、福建省农科院院长谢华安研究员，在选育杂交水稻新组合

壮大行业经济实力　促进福建经济发展

副省长贾锡太（前中）在省煤炭集团公司董事长吴德厚（后右）、总经理许炜华（后左）的陪同下深入企业调研工作。

集团公司董事长　吴德厚

集团公司总经理　许炜华

董事长吴德厚（右一）十分关心劳模的工作和生活。图为吴德厚与全国劳模翁吓潭（左一）亲切交谈（中为永安煤业公司总经理黄和）

福建煤炭工业

福建煤炭工业在新中国成立后，经历了1958年开发、70年代初期创业、80年代的改革开放及90年代走向市场等重要变革。特别是改革开放后，在走向市场经济的过程中，全省煤炭行业深化改革，大力进行产业结构调整和资产重组，努力发展一批高起点、高效益的多种经营项目，多种经营涉及商业贸易、旅游酒店、机械制造加工、建筑建材、运输仓储、家具、种养、电力、火工品等十几个门类。到2000年，全年实现经营收入20.4亿元，其中原煤生产产值7.58亿元，多种经营产值12.83亿元。消化部分历史遗留问题后实现利润3946万元，上缴各种税金1.5亿元。形成了煤炭主业和非煤产业并驾齐驱的集团化的发展格局。福建省煤炭工业（集团）有限责任公司所属企事业单位分布在福建沿海各个城市和鹰厦铁路沿线。这些地方有着区位、交通、电力、劳力、技术、设备、气候等方面的优越条件，是商家投资的理想场所。福建省煤炭工业（集团）有限责任公司拥有雄厚的经济实力，人才荟萃，信誉卓著，是国内外客商理想的合作伙伴。福建煤炭工业的精神文明建设也得到同步发展，矿区面貌发生了根本性的变化，所有的矿务局（矿）都建成为花园式的矿山。职工生活福利得到明显改善，职工队伍素质普遍提高，广大职工安于矿山，勤奋工作，无私奉献，积极投身到改革开放的大潮中，为提升企业竞争力、壮大行业经济实力而团结奋斗。

董事长吴德厚（左三）在企业调研

集团公司与福州市政府、市旅游局共同主办了2000年中国福州国际招商月"百城大串游"活动，为推动福州市与集团公司的旅游业发展作出了积极贡献。图为集团公司总经理许炜华在"百城大串游"活动开幕式上致欢迎词

稳定原煤生产 发展多种经营

建设中的福建煤炭大厦。该大厦将于 2001 年 10 月 1 日投入运营。

石狮热电有限责任公司

泉州肖厝 5 万吨码头即将建成投产

井下采煤

井下推进

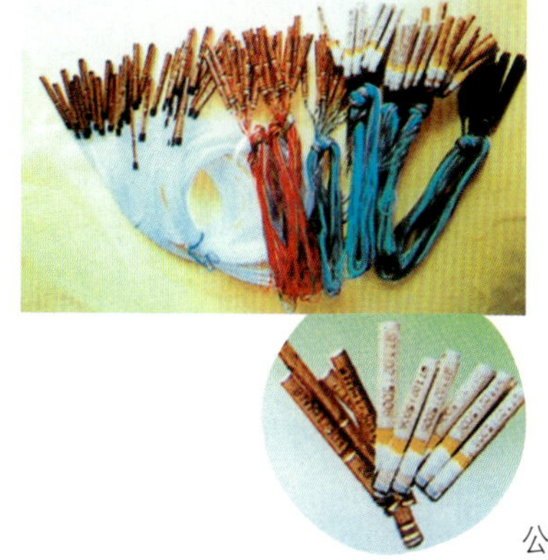

公司下属 167 厂生产的毫秒雷管

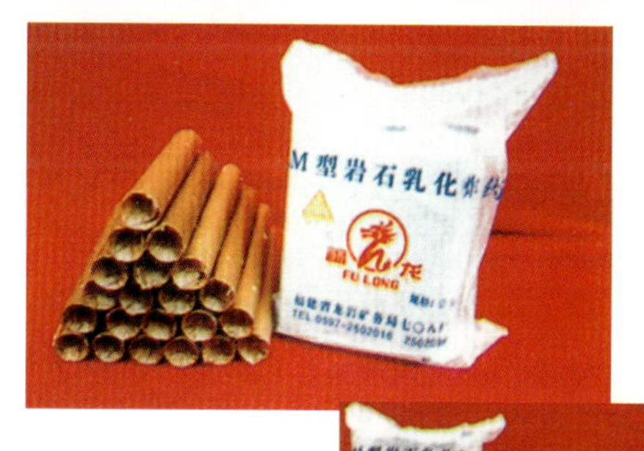

公司下属 708 厂生产的乳化炸药

管理创效 科技兴企

永安煤业有限责任公司

公司执行董事、总经理黄和向莅临公司指导工作的福建煤炭工业集团董事长吴德厚，总经理许炜华，副总经理周联清介绍职工福利楼情况。

繁花似锦的公司本部

永安煤业有限责任公司是福建省重点煤炭生产企业，为国家二级企业，所辖矿区跨永安、大田两县市。公司总部位于永安市安砂镇水东，矿区铁路与鹰厦铁路相连，交通十分便利。现有职工5500多人，其中各类专业技术人员近800人；拥有八对生产矿井，生产规模140万吨/年，另有永安灵川水泥有限公司、煤机厂、水电站等十多个下属单位。企业除主营优质无烟煤、洗精块煤外，还对外承揽井巷施工、机械产品生产加工、地面土建，兼营矿山采掘设备、洗选设备、硅酸盐水泥、水泥速凝剂、木材防腐设备、酒店、种养殖、水电等多经项目。

所辖永安、上京两个矿区在几十年的艰苦创业中，坚持走管理创效、科技兴企的路子，企业规模不断壮大，技术力量日益雄厚，先后荣获中国煤炭工业优秀企业、部级质量标准化矿务局、全国五一劳动奖状、福建工业企业利税300强等荣誉称号，成为福建省煤炭行业的一个窗口，被原煤炭工业部部长王森浩誉为“全国煤炭企业全面管理的典范”。

公司班子在研究企业发展规划。左起依次为副总经理李安松、陈荣万，公司执行董事、总经理黄和、公司党委书记郑标传、副总经理黄传宽、宋文珍、唐福钦。

公司在上京和丰海分别建有年洗选能力30万吨的滚筒式洗煤机，能提供各种粒度的精洗煤

公司为提高采掘工作面的安全性，降低支护成本，积极推广使用金属单体液压支柱。图为采煤工作面一角

法定代表人：黄　和
电话：0598-3568166
传真：0598-3560344
地址：永安安砂
邮编：366021

手选大块：
粒度：>100mm
灰分：12.00-18.00%
固定碳：75.00-82.00%
全硫：0.20-0.90%
发热量：25.50-29.26mj/kg
全水分：<6%
用途：化工、石灰煅烧行业用煤等

洗选中块：
粒度：25-50mm
灰分：12.00-16.00%
固定碳：75.00-82.00%
全硫：0.20-0.80%
发热量：25.30-29.26mj/kg
全水分：<6%
用途：化工、化肥、建材等

筛选粉煤：
粒度：0-13mm
灰分：16.00-28.00%，可根据用户需要配煤
固定碳：66.00-80.00%
全硫：0.30-0.90%
发热量：21.00-25.08mj/kg
全水分：<8%
用途：化工、化肥、建材等

破碎小块：
粒度：13-25mm
灰分：12.00-16.00%
固定碳：77.00-82.00%
全硫：0.20-0.60%
发热量：27.17-29.26mj/kg
全水分：<6%
用途：化工、化肥等

洗选末煤：
粒度：0-6mm
灰分：14.00-18.00%
固定碳：75.00-80.00%
全硫：0.20-0.60%
发热量：23.83-27.18mj/kg
全水分：<6%
用途：化工、化肥等

去年来，上京分公司投资20多万元建成了电力网络调度微机监视管理系统，实现了电力调度监控管理自动化，每年为企业创效10万元以上。图为电力调度监控系统机房

公司在永安下渡建立的梅园小区，计有300多户退休职工入住

开拓创新 狠抓管理

福建省红炭山矿业有限公司

公司总经理：陈胜利

公司党委书记：吴联兴

红炭山矿业有限责任公司组建于2001年1月1日，是按照现代企业制度的要求，由原龙岩地区省属煤矿国有资产运营管理委员会下属的龙岩矿务局、永定矿务局、苏邦煤矿、漳平煤矿等四家企业通过资产重组、合并组建的国有独资公司，是目前闽浙粤三省规模大、实力强的国有煤炭生产经营企业之一。年生产原煤能力183万吨，下辖16对生产矿井和七〇八厂、水泥厂、王庄综合养殖场、矿泉工贸公司、煤矿机械厂等18个非煤多经单位，主要产品有无烟煤、烟煤、块煤、炸药、水泥、复合肥、生猪、煤矸石综合加工、矿山设备制造维修等，集生产、商贸、销售、服务于一体。公司现有职工9700余人，其中专业人员1479人，高中级职称353人。矿区主要分布在龙岩市新罗区、永定县、漳平市境内，方圆约1200平方公里，东与闽南金三角、南与广东潮州、汕头毗邻，319国道、福三线公路、漳龙、龙赣高速公路，福龙、梅坎铁路经过矿区，地理位置优越，交通极为便利。

在改革开放的大潮中，福建红炭山矿业有限责任公司正以建立现代企业制度，健全企业法人治理机构为目标，突出体制创新、机制创新、管理创新和技术创新抓改革促发展，朝着一流管理、一流服务、一流企业的方向，跨步迈向21世纪。

办公大楼

集住宿、餐饮、购物、娱乐于一体的龙岩矿泉大厦餐厅

地址：福建省龙岩市红炭山
邮编：364014　　传真：0597-2502170
电话：0597-2502388
E-mail：kwjbgs@pulic.lyptt.fj.cn
公司总经理：陈胜利　　党委书记：吴联兴

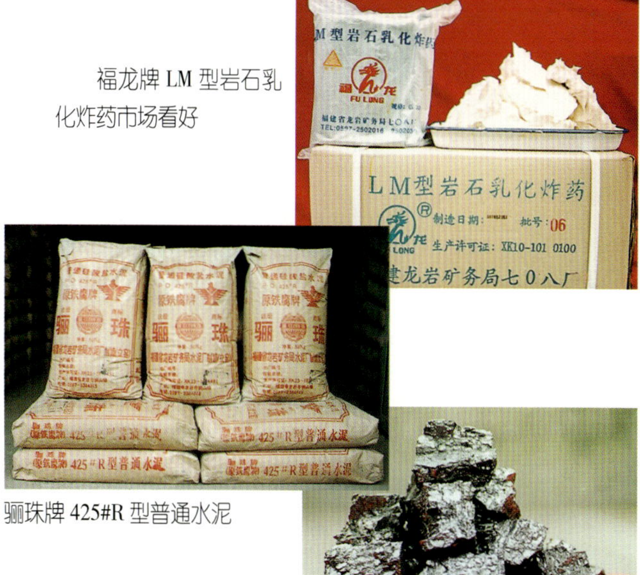

福龙牌LM型岩石乳化炸药市场看好

骊珠牌425#R型普通水泥

优质块煤

王庄万头生猪综合养殖场

FUJIANYEARBOOK

闽台合作

东南(福建)汽车工业有限公司

福建省汽车工业(集团)公司董事长
东南(福建)汽车工业有限公司董事长　凌玉章

追求卓越

东南汽车公司于1995年11月23日成立，由台湾裕隆企业集团所属的中华汽车公司与福建省汽车工业集团福州汽车厂合资组建而成，一期投资总额9982万美元，注册资本6030万美元，闽台双方各占50%股份，是迄今为止经国家正式批准成立的最大的海峡两岸合资汽车企业，主要生产“东南得利卡”和“东南富利卡”两大系列轻型客车产品，1999年9月建成投产的一期工程占地704亩，建筑面积10万平方米，产能为年双班6万台。

2000年东南汽车公司取得了较好的经营业绩；同时在全国汽车企业和全国轻型客车企业中的排名，分别上升到第15位和第4位。1999年、2000年主要指标图示如下：

得利卡车型

富丽卡车型

优势互补

冲压线

尽善尽美

序号	项目	1999年实绩	2000年实绩	同比增长率%
1	销量(台)	5011	18,018	259.57%
2	营业收入(万元)	82,451	271,426	229.2%
3	实现得税(万元)	12,257	30,956	152.56%

焊装线

东南汽车公司在创立的同时,带动吸引了30家台弯中华汽车公司的优秀配套零部件企业也跨海来到其周边安家落户,同步建设形成一个占地2900多亩、总投资达2.3亿美元的东南汽车城,呈现出"众星拱月、航母编队、"的发展态势。东南汽车城拥有完整的冲压、焊装、涂装、总装四大工艺,是一个自前段工序配套件到后段工序整车组装都具完整自主发展能力的具有国际先进水准的专业汽车生产基地。

涂装线

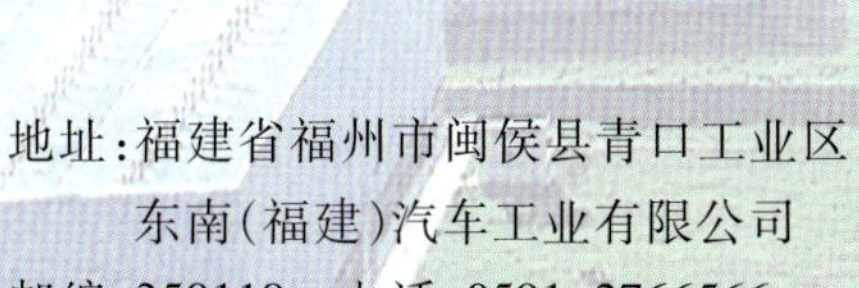
地址:福建省福州市闽侯县青口工业区
东南(福建)汽车工业有限公司
邮编:350119 电话:0591-2766566
传真:0591-2766568 2771765
销售热线:800-8581556
服务热线:800-8581666
网址:hppt://www.soueast-mator.com

总装线

全新的 东南汽车城

位于福建闽侯县青口镇的东南汽车城是闽台合作之最大的汽车生产基地，一期建设已形成生产 6 万辆的能力，最终以达到年产 30 万辆为目标。

东南汽车城不但拥有先进的汽车冲压、焊装、涂装、总装四大生产线，而且还拥有 40 多家高水平的零部件配套厂。其中，部分与东南汽车公司同期建厂的合资零部件厂，已成为东南汽车零部件成套骨干厂，同时还努力拓展市场，为发展中国汽车工业作出贡献。

东南汽车城部分配套厂名录

厂　商	主要产品	联系人	联系电话
东南金属	大型钣金件	申章福	0591-2766788
福享	车架、厚钣金件、大梁、横梁	叶伦铃	0591-2761380
萱裕	中钣金件、雨刮器、紧固件	邓顺龙	0591-2762766
协展	排气管、方向机柱、油箱	朱永清	0591-2766968
颖明	高强度螺丝、螺帽、紧固件	刘韦利	0591-2760101
正道	活塞、连杆、传动件	陈俊良	0591-2768886
美生	汽车空调系统	陈刚生	0591-2770225
泰全	电动窗、压缩机、空调、仪表	黄俊彬	0591-2765233
福光	车用橡胶制品、密封件、防振件	林金育	0591-2769756
福裕	汽车橡胶管、防雨衬条、密封条	张碧云	0591-2761051

SEMIC

东南(福建)金属工业有限公司

SOUTH EAST METAL INDUSTRY CO., LTD.

公司简介

董 事 长：钟锡源　先生
副董事长：凌玉章　先生
总 经 理：简义清　先生
主要产品：汽车大中型内外观钣金件

生产特点

1.冲压线配备机器人以全自动化生产
2.换模时间 4 分钟以内
3.少量多样弹性生产
4.材料及完成品库存少量化
5.生产废料以地下式输送集中处理。

电话：0591-2766788
传真：0591-2766588

产品介绍

PART-EE：东南富利卡车身主要钣金件

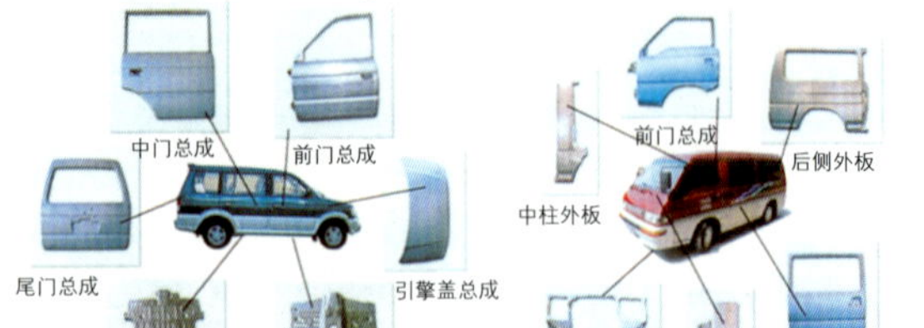

福享(福州)汽车工业有限公司

FU SHIANG (FUZHOU) MOTOR INDUSTRTAL CO., LTD.

为配合闽台合作专案计划，加入东南汽车配套厂供应体系，由原来已经是台湾中华汽车协力厂的伍享工业公司、江申工业公司及日本享荣株式会社共同出资合作经营

青口厂占地面积约 86 亩，建筑主体共有三栋主机厂房及其附属建筑；该工程采分期方式施工，总建筑面积共 28980 平方米，於 1997 年 9 月动工兴建，1999 年 4 月完工正式开工量产，目前资本额为美元 810 万元。

主要生产产品

汽车车架、大梁
横梁、前桥、车门
上、下臂悬吊组件、电着涂装
各项钣金件冲压焊接组立
模具、治具设计制造
车身组焊生产线规划、制作等

地址：福建省闽侯县青口镇东南汽车城
电话：0591-2761380　传真：0591-2767425
邮编：350119

福州萱裕金属配套有限公司
FUZHOU SHIUANYU EMETAL CO., LTD.

福州萱裕金属配套有限公司为适应国际分工趋势，配合闽台合作案，加入东南汽车配套厂供应体系，从1995年开始，先后共投资1400万元，于1999年建成投产。公司占地面积26775平方米，初期建筑面积3107平方米，主要产品为汽车中小钣金件、汽车雨刮、各类型垫片以及螺丝、螺帽等冷锻制品。公司负责人为陈荣利先生。

公司秉持优良的质量、创新技术、团队的管理为方针。坚持满意顾客、永续经营及回馈社会的经营理念。期望以最好的服务、最佳的质量、最低的成本赢得客户及同业的肯定及实现永续经营的目标。

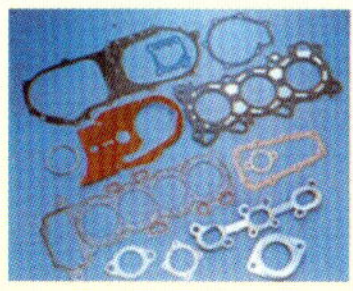

地址:福建省闽侯县青口镇东南汽车城　邮编:350119
电话:0591-2762766　传真:0591-2766620

协展(福建)机械工业有限公司
SHYECHAN (FUJIAN) MECHANICAL INDUSTRY CO., LTD.

公司名称:协展(福建)机械工业有限公司
经营者:高山键
成立日期:1996年12月19日
注册资本:美元800万整
主要产品:排气管、油箱、消音器、防撞钢梁、排档杆、踏板总成、方向支柱、加油颈管、仪表板、防撞杆、油底壳
总面积:79428平方米分为2-3期完成第一期厂房8424平方米。宿舍3984平方米。

产品介绍

地址:福建省闽侯县青口镇东南汽车城　邮编:350119
电话:0591-2766968　传真:0591-2763866

颖明(福州)标准件企业有限公司
YINGMING (FUZHOU) INDUSTRIAL CO.,LTD.

董事长:刘文村
台湾母厂:颖明工业股份有限公司
主要产品:高强度紧固件
总投资额:420万美元
主要客户:东南汽车工业有限公司
注册资本:210万美元
土地面积:40,138平方米
建厂面积:4,318平方米

产品项目

1.紧固件螺栓:高强度紧固件螺栓
机械用紧固件
车辆用紧固件
特殊紧固件
2.各种螺帽
3.L型六角棒扳手
4.各种冷锻配件

地址:福建省闽侯县青口镇东南汽车城　邮编:350119
电话:0591-2760101　传真:0591-2760103

正道汽车配件(福州)有限公司
RIGHTWAY AUTOPARTS (FUZHOU) CO., LTD.

创立日期:1995年12月19日
注册资本:美金200万元
主要产品:活塞及车辆用连杆、转向系统配件、悬吊系统配件等。
母 公 司:正道工业股份有限公司
经营宗旨:荣神、益人、益已

经营理念:

1.贯彻全员以生命共同体之永续经营理念，追求卓越。
2.带领公司迈向21世纪，朝国际化及多角化方向继续发展。
3.强化开发力，洞察力及强化企业体质。
4.贡献社会，谋求顾客、股东、从业人员及协力厂商的共同利益。

地址:福建省闽侯县青口镇东南汽车城　邮编:350119
电话:0591-2768886　传真:0591-2768886

福州美生汽车空调有限公司
FUZHOU TWN AUTO AIR,LTD.

设立日期:1995年12月13日
注册资本:美金150万元
董事长:游伦豪
土地面积:8816平方米
营业项目:汽车空调零部件及空调系统——含蒸发器、冷凝器、配管、储液干燥器、冷却风扇、暖气、自动空调
主要客户:东南汽车
技术合作关系:日本三菱重工业株式会社(MHI)技术合作
韩国汉拿空调 HALLACLIMATE CONTROL CO.技术合作

冷凝片、蒸发机

泄漏检查

蒸发器总成 EVAPORATORASSY

鼓风机组 BLOWERUNITASSY

550吨注塑机

450吨注塑机

散热片总成 CONDENSERUNITASSY

风扇组 COOLINGFANASSY

地址:福建省闽侯县青口镇东南汽车城 邮编:350119
电话:0591-2770225 传真:0591-2770225
E-Mail信箱

福州秦全电机有限公司
TAIGENE 福州泰全
FUZHOU TAIGENE ELECTRIC MACHINERY CO., LTD.

董事长:钟双麟
总经理:赖富聪
资本额:美金225万元
创立日期:1995年12月
生产产品:汽车空调用部件

公司经营理念
品质第一 顾客至上
技术优先 积极挑战
研究开发 创造未来
和睦相处 团结一心

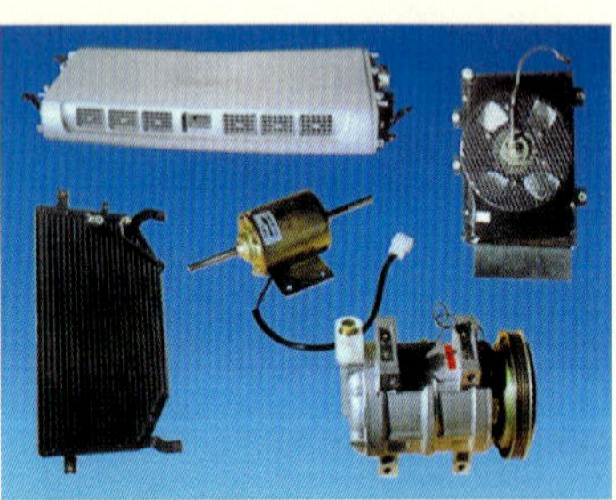

主要生产产品
1.鼓风机
2.蒸发器总成
3.温度调节器
4.冷凝器
5.压缩机
6.储液干燥器
7.冷媒配管,冷媒软管

地址:福建省闽侯县青口镇东南汽车城 邮编:350119
电话:0591-2765233 传真:0591-2771901

福州福光橡塑有限公司
FUZHOU FUKWANG RUBBER ANDPLASTIC CO., LTD

成立日期:1996年8月
投资总额:554万美元
土地面积:22,337平方米
董事长:松崎清人先生
总经理:林金育先生
技术来源:日本鬼怒川橡胶工业株式会社
台湾中光橡胶工业股份有限公司
出资公司·比例:香港星光橡塑发展有限公司·100%
英国亚士力CSGS)QS-9000认证通过-1999年9月
主要产品:车体密封件、防振零件及其他。

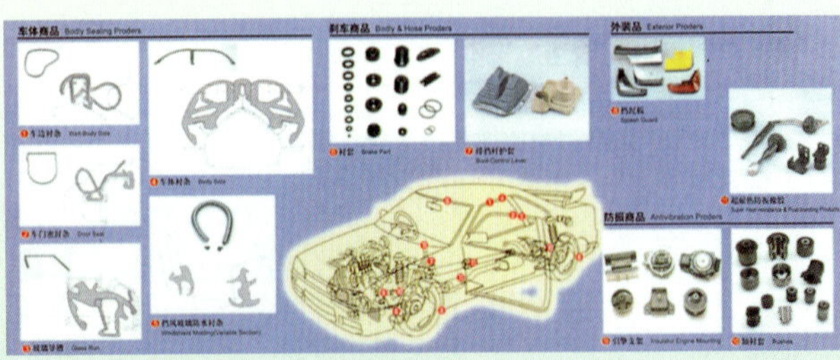

地址:福建省闽侯县青口镇东南汽车城 邮编:350119
电话:0591-2769756-58 传真:0591-2769754

福州福裕橡塑工业有限公司
FUZHOU FU·YUE RUBBER & PLASTIC INDUSTRIAL CO., LTD.

福州福裕橡塑工业股份有限公司成立于1997年,是东南汽车城重要之配套厂之一。公司的成立除了希望对福州的经济、汽车工业及社会有所贡献之外,更希望能达成从中国开发、结合世界主流之技术及管理、放眼全世界,成为同业间的标竿。

台湾母厂

主要产品

前挡风玻璃滑槽密封条

车门防水密封条

玻璃内外水切密封条,有植毛、无植毛两类产品

玻璃内外水切密封条

车门防水密封条

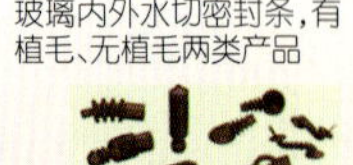
各类模压制品

刹车油管

车体钣金饰条

油水管类

地址:福建省闽侯县青口镇东南汽车城 邮编:350119
电话:0591-2761051 传真:0591-2761050

宾客第一 服务至上

福建省西湖宾馆

FUJIANYEARBOOK

福建省西湖宾馆坐落于风景秀丽的西湖之滨，占地200多亩，交通便捷，环境优雅，是榕城最具规模的花园式涉外宾馆。馆内树木葱郁，生机盎然，数千种珍稀名贵树木和亚热带观赏植物竞奇争妍，绿荫之中，小桥流水，假山瀑布与烟波浩渺的湖光水色交相辉映。

高15层的贵宾楼俯览西湖美景；多功能的迎宾楼，富丽堂皇；湖上别墅，玲珑精巧；馆内拥有豪华套房和标准客房600多间，500人大会议室及各种规格的中小会议室、洽谈室30多个，适合各种会议使用。新落成的福建会堂，装修高雅华丽，1500座的主会场既能满足会议之需，又可进行大型文艺演出。可举办100多桌的千人宴会厅及各具特色的餐厅30多个，可同时接待几千人用餐。在这里可以零点小酌，也可以承办各种档次的宴会、酒会、婚寿宴。风味纯正，色香味形俱佳的中西美味佳肴将使您大快朵颐。

"宾客第一，服务至上"是我们的服务宗旨。宾馆设有服务总台、商务中心、美容室、商场和歌舞厅、网球场以及游泳池、健身房，为宾客提供票务、外汇兑换、预订宴席、豪华车辆出租、美容等吃、住、行、游、娱、购一体化全优服务。

入住西湖宾馆，是您享受自然、品味人生的理想选择。西湖宾馆将伸开友谊的双臂，真诚地欢迎每一位海内外各界嘉宾。

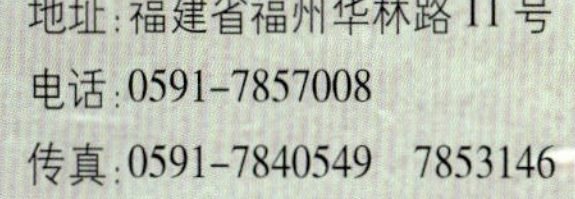

地址：福建省福州华林路11号
电话：0591-7857008
传真：0591-7840549 7853146
邮编：350003
http://www.westlakohotel.com.cn
E-mail：fjwlh@pub1.fz.fj.cn

期待腾飞

中央政治局常委、国家副主席、中央军委副主席胡锦涛参观古田会议旧址

——龙岩“九五”新跨跃

“九五”时期是闽西革命老区龙岩市大发展的时期，1997年5月正式撤地设市，标志着龙岩进入崭新的发展阶段。五年来，龙岩市国内生产总值以年均12.10%的速度快速增长。2000年达226.68亿元，居全省第六位，比“八五”时期前进了一位。五年财政收入年均增长16.7%，2000年达29.3亿元。93.5%的国有企业实行了各类改革。五年累计实际利用外资3.4亿美元，外贸出口2.2亿美元，分别比“八五”增长40.6%和1倍。建成了梅坎铁路、棉花滩水电站、漳龙高速公路等一大批重点项目；中心城市城区扩大了三分之一，各项社会事业蓬勃发展，一座崭新的现代化园林城市正在闽赣边界迅速崛起。

新建成的龙岩街心广场是市民休息、娱乐的好去处

中心城市夜景

旧城改造成绩斐然

期待腾飞

FUJIANYEARBOOK

漳龙高速公路（龙岩段）一、二期已建成通车

新落成的龙岩西客站

福建省第三条出省通道—梅（州）坎（市）铁路于2000年10月建成通车。图为施工现场

新建成的龙岩污水处理厂荣获国家“鲁班奖”

2000年11月世界客属第16届恳亲大会在龙岩召开。图为开幕式盛况

全国政协副主席王兆国、罗豪才、张克辉，福建省委书记陈明义、省长习近平等领导亲临大会指导和祝贺。图为他们在大会开幕式主席台上

全国政协副主席王兆国、罗豪才、张克辉，全国人大华侨委主任甘子玉、国务院侨办主任郭东坡、全国政协港澳台侨委主任朱训、全国侨联主席林兆枢，福建省领导陈明义、习近平以及龙岩市领导张燮飞、袁荣祥等同志会见出席恳亲大会的海外和港澳台客属社团负责人

增进乡谊　共图发展

世界客属第十六届恳亲大会在龙岩举行

以“**团结·发展**”为主题的世界客属第十六届恳亲大会，于2000年11月19日至21日在客家祖地闽西的中心城市龙岩隆重举行。

世界客属恳亲大会是海内外一亿多客属乡亲联络乡谊和进行跨国跨地区交往的重要载体。自1971年由香港崇正总会创办以来，每两年在世界各地分别举行一次，至1999年共举办15届，本届恳亲大会在龙岩召开，共有22个国家和地区的124个社团代表和特邀嘉宾共3500多人（其中海外和港澳台来宾1700多人，本国大陆18个省、市、自治区的来宾1800多人）出席了这一世纪性盛会。

全国政协副主席王兆国、罗豪才、张克辉，全国人大常委、华侨委主任甘子玉、国务院侨办主任郭东坡、全国政协港澳台侨委主任朱训，中国侨联主席林兆枢，全国政协常委胡平，全国政协港澳台侨委副主任林开钦，福建省领导陈明义、习近平、赵学敏、黄瑞霖、童万亨、黄贤模、汪毅夫、刘金美、陈荣春、周畅，老同志童小鹏、伍洪祥、熊兆仁，国家有关部门和部分兄弟省市负责人莅临大会指导。原全国政协副主席杨成武和加拿大总督伍冰之等10多位海内外客属知名人士和客属社团给大会发来了贺信贺电。

本届恳亲大会由闽西客家联谊会主办，省委、省政府和龙岩市委、市政府给予高度重视。省委、省政府把这次大会列入福建省2000年对外开放和做好侨台工作的一项重要活动，成立了大会筹备指导小组。龙岩、三明两市联合成立了筹备委员会。大会开幕式在新建的龙岩市体育中心举行，有25000多人参加，省委书记陈明义宣布大会开幕，全国政协副主席张克辉，省长习近平在会上分别致词，台港和海外客属乡亲代表吴伯雄、曾宪梓、熊德龙、曾良材在会上发表了热情洋溢的讲话。大会期间，举行了大型广场文艺表演，国际客家学研讨会、世界各地客属乡情报告会、客家风情书画摄影展、客家图书音像展（销）、参观永定土楼、公祭宁化石壁客家公祠和汀江客家母亲河、闽西风味小吃品尝、“公正在”雕塑揭幕仪式、龙岩田家炳中学命名仪式、“国际日报·闽西龙岩编辑部”揭牌仪式和闽西交易城等一批建设项目奠基、落成典礼等活动，大会闭幕式举行了《客家情》大型文艺晚会，祖籍永定的新中国第一位女指挥家郑小瑛教授在晚会上指挥演奏了专门为大会创作的交响乐《土楼回响》。

大会的闽西族谱展，展出113个姓氏1500册族谱，吸引了海内外众多乡亲前往“寻根”，成为本届大会的一大亮点。大会期间还举办了大型经贸活动，签订了一批经贸合同；举行了龙岩市与澳大利亚伍龙岗市缔结友好城市的签字仪式。

恳亲大会的成功举办，对促进闽西龙岩和福建的对外开放和经济建设，推进祖国和平统一大业，起到了积极的作用。

恳亲大会开幕式后，举行大型广场文艺表演

经大会主席团会议商定，世界客属第十七届恳亲大会将于2002年在印尼举行，由印尼客属社团主办。图为印尼客属社团代表熊德龙、吴能彬、张庆寿先生从闽西客家联谊会会长曾耀东、副会长钟广、李汉槐手中接过大会会旗

会议期间，在永定土楼举行了别开生面的《土楼回响》交响乐演奏会，由永定籍的新中国第一位女指挥家郑小瑛教授指挥演奏，受到海内外客属社团负责人和嘉宾的好评

大会期间，海内外乡亲到闽西各地旅游观光。图为代表和嘉宾参观闻名世界的永定土楼

大会期间，举行“第六届国际客家学”研讨会，本次研讨会的主题为“客家与21世纪”。图为来自世界各地的100多位专家学者出席会议

大会期间，海外乡亲纷纷回乡寻根谒祖。图为台湾乡亲吴伯雄先生偕夫人回永定县下洋镇思贤村吴府祭祖省亲

大会期间，海内外乡亲参观宁化石壁客家公祠，并举行公祭活动

在大会闭幕式上举行《客家情》大型文艺表演，这场充满浓郁客家风情和现代气息的歌舞节目，受到海内外客家乡亲和嘉宾的赞誉

主任 江维民

扶贫攻坚 成效显著

龙岩市扶贫办

“九五”期间，龙岩市委、市政府提出以扶贫攻坚奔小康统揽农村各项工作，参与扶贫工作的部门广，扶持力度大，投入资金多。农村的生产生活条件有了较大的改善，各项基础建设得到加强，农民的生活质量明显提高，各种致贫因素得到有效的扼制，农村的脱贫致富奔小康取得阶段性成果，全面完成《国家“八七”扶贫攻坚计划》的各项目标任务。

通过落实“双千工程”、“小额信贷”，干部挂钩贫困户包脱贫责任制和科技扶贫等措施，扶持贫困户发展“二短一中”家庭经营小项目，共有48949户221515人解决了温饱问题，家庭年人均纯收入达1200元以上，部分农户已进入小康行列；90%以上的贫困户主要劳力接受过一次以上的农村实用技术培训，科技文化素质有了提高。

通过实施“五通工程”、“造福工程”，全市农村用电入户率达95%以上；修通了237个行政村的公路、实现了行政村村村通公路，基本完成了300人以上大自然村和革命基点村以及新分少数民族行政村通公路的任务；广播覆盖率达96%，电视覆盖率达到93%；全市1789个行政村已有1682个通程控电话，行政村通电话率达94%；解决了40万人的饮水困难；有6044户27200人迁离一方水土养活不了一方人的地方，在生产生活条件便利的地方安居乐业。

“小额信贷”扶持竹山养“河田鸡”

电话、电视进农家

“小额信贷”扶持种植食用菌

新建成的芹元自来水厂

官田乡桂东洋公路开通剪彩仪式

搬迁后的新罗区铁山镇火德坑革命基点村

世纪新城 世纪奉献

龙岩市市场开发公司开发建设的"中国闽西交易城"

在闽西美丽的龙津河畔，一座规模空前的现代化商贸新城正展现在世人面前——这就是规划用地962亩，首期建设505.7亩、建筑面积46万平方米的"中国闽西交易城"。

"中国闽西交易城"集人流、物流、资金流、信息流于一身，融商贸、仓储、加工、住宅、娱乐、餐饮为一体，以贸易城、综合场、专业区、特色街、名牌店为构架，与全市县域市场、专业市场形成双向配送关系，辐射闽粤赣周边地区乃至全国，是闽粤赣区域规模最大、档次最高、专业最多、功能最全、环境最优、辐射最强的综合批发市场。

开发、建设中国闽西交易城，是龙岩市委、市政府贯彻落实"三个代表"重要思想的一项具体实践，是实施"市场战略"、全面提升闽西区域经济综合竞争力的重要举措，是闽西事关全局的基础工程，新世纪伊始重中之重的形象工程和利国利民的民心工程。

万丈高楼平地起，一石一沙总关情。

担负着中国闽西交易城开发建设任务的龙岩市市场开发有限公司，严格按高起点规划、高质量建设、高效能管理、快节奏运转的要求精心组织实施，按社会主义市场经济条件下现代企业制度运作，遵循"谁投资、谁所有、谁受益"的原则，实行投资主体多元化，广泛吸纳海内外资金和技术，为市场建设投资者和进入市场的经营者提供立体式、多元化、全方位的优质服务。在资金投入、工程建设、材料采购、店面预售等各个环节引入市场竞争机制，增加透明度，做到公平、公正、公开，做到政府满意、商家满意。

"中国闽西交易城"于新世纪来临之际开工，在短短半年多时间里，建设者们在确保"质量第一"的前提下，发扬"闹革命走在前，搞建设争上游"的闽西老区精神，鼓足干劲，只争朝夕，创造了令人惊叹的"闽西交易城速度"!2001年7月，在中国共产党成立八十周年之际，中国闽西交易城首期店房正式交付使用。

一座21世纪的新城正在平地崛起，一个个令人心动的盛典正向闽西老区人走来…

龙岩市政府中心市场筹建处主任
龙岩市市场开发有限公司总经理 张永淮

龙岩市领导关心、支持建设工程

龙岩市市场开发有限公司领导班子成员

中国闽西交易城奠基典礼(2000年11月21日)

FUJIANYEARBOOK

省委书记宋德福，省长习近平，省委常委、秘书长黄瑞霖在市领导陪同下视察龙岩一中

现任领导（左起副书记黄梅亮、副校长吴智安、校长林群、党支书记石碧希、副校长郭刚、副校长曹义荣）

现代教学中心大楼被誉为“福建中学第一楼”

福建省龙岩第一中学

福建省龙岩第一中学创办于1903年，时称龙岩中学堂，后经省立九中、省立第五高中、龙岩初中、龙岩高中的名称更迭，1951年定为现名，简称龙岩一中，是福建省首批办好的重点中学，一级达标学校。现有47个教学班，学生2700多人。专职教师163人中有享受国务院政府特殊津贴专家1人，特级教师3人，高级教师61人，一级教师60人。学校占地约6.4万平方米，建筑面积48592平方米。

学校在建国前共培养一千多名初、高中毕业生。原国务院副总理邓子恢、中共福建省委首任书记陈明等无产阶级革命家，卢衍豪、郭秉宽等资深院士、学者，罗天照、苏年湘等著名企业家，都是学校早期毕业生。

建国后，培养出学生两万多人。1977年以来升入高等院校的应届学生就达5173人，为国家和闽西的建设事业作出了重要贡献。

龙岩一中全面贯彻教育方针、注重教书育人、坚持学法研究、致力整体优化改革，办学质量不断提高。1998年以来，学校获得省文明单位等省、市级以上荣誉称号14项，2000年获得全国现代教育技术实验学校、全国艺术教育工作先进单位、全国创建“绿色学校”先进单位、福建省第七届文明学校等省部级荣誉称号；高考升学率都在98%以上；学科奥赛成绩斐然，获国家级奖牌10人次，省级奖牌57人次；曹晓宇同学获得第三十一届国际中学生化学奥林匹克竞赛银牌。教育教学研究蔚然成风，教师正式发表的论文论著160篇（部）。

2000年12月15日，福建省委书记宋德福、省长习近平、省委常委秘书长黄瑞霖一行视察了龙岩一中，对龙岩一中的办学成绩给予了充分肯定。站在新世纪的起跑线上，龙岩一中全体师生衷心感谢各级政府和社会各界的关心支持，决心“继承传统、博采众长、发挥优势、开创未来”，知难而进，负重拼搏，去谱写出更为壮丽的篇章！

第三十一届国际中学生化学奥林匹克竞赛银牌获得者——曹晓宇

师生同台文艺汇演

在全国、省级说课中获得一等奖的青年教师（左起：张建梅、林峰、卢婉丽）

励精图治 桃李芬芳

● 武平一中

潘心城副省长来校视察

武平一中创办于1924年，时称武平县立初级中学，1950年增设高中部，成为一所完全中学，1955年定为现名，1978年被定为省重点中学，1999年2月被确认为省"一级达标学校"。学校现有教学班41个，在校学生2124人。有教职工208人，其中高级职称36人，中级职称90人，师资力量雄厚。办学条件完善，教学设备较为先进，图书馆藏书九万余册。校园占地面积274亩，是龙岩市校园面积最大的一所重点中学。

老一辈无产阶级革命家、原空军第一任司令员刘亚楼上将，全国著名的文艺理论家、原中共中央宣传部、文化部副部长、全国高中联党组书记林默涵等是该校早期毕业的校友。建国后，武平一中为社会培养了25000名初、高中毕业生，向高校输送了大批优秀学生。教学质量和办学效益在不断提高。初中"四率"年年达省颁、地颁标准，高中会考成绩名列全省同类学校前茅。

在长期的办学实践中，学校形成了"砺志、同心、力行、求实"的校风，"敬业、爱生、严谨、垂范"的教风和"勤奋、守纪、尊师、进取"的学风，建立了一支"团结、民主、务实、高效"的班子队伍。

近年来，学校先后被评为省"模范职工之家"、"省教学常规管理先进单位"、省"绿化红旗单位"、省"会考工作先进单位"、省"高三会考先进考点"、省"体育锻炼达标学校"、省"学校体育卫生工作先进单位"、省"文明学校"、国家"劳动技术教育先进学校"、省"校园综治工作先进集体"。

著名文艺评论家林默涵先生来校视察

李益树校长

校图书馆

整洁、优美的校园景色

校园远眺

校办公楼

美丽的校园

状元府人才辈出 百果园桃李芬芳

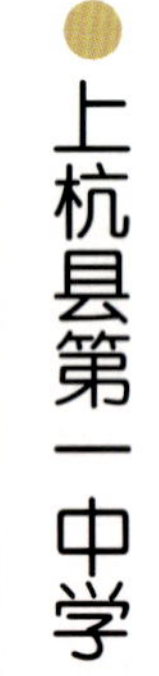

上杭县第一中学

团结进取的学校领导班子

世界羽毛球冠军——周金灿

福建省上杭县第一中学创办于1912年，最初校名为上杭县立中学，后历经省立上杭初级中学、省立上杭中学等名称的更迭，五十年代初定为现在的校名，现为省重点中学、一级达标学校。该校地处上杭城关，北依紫金山，南临汀江水，环境幽雅，钟灵毓秀。学校校址系原同治十年钦点一甲武状元丁锦堂别墅，称“状元别墅”。随着办学规模扩大，校园扩展到“别墅”北侧（现教学区）的“百果园”。

建校以来，上杭一中人才辈出，桃李芬芳。据不完全统计，仅建国后，就已培养出高、初中毕业生二万余人。其中被评为高级职称的有600余人，被评为中级职称的有3000余人，目前尚有在学博士及硕士研究生近200人。一批校友已成为卓有成就的科技人才，成为社会各个领域的中坚力量。原全国政协副主席杨成武为该校题名，原中科院院长、全国政协副主席卢嘉锡为该校科学楼题词，1994年，原中宣部副部长林默涵同志回母校视察时，兴致极高，欣然挥毫：“状元府人才辈出，百果园桃李芬芳”。留下墨宝，勉励后代。

上杭一中发展迅速。目前已有40个教学班，2196名学生。现有校园面积48690平方米，拥有配备齐全的科学楼和较高标准的教学大楼。校图书馆藏书九万余册。学校师资力量雄厚，全校有教师185人，其中有高级职称教师52人，中级职称教师66人。

长期以来，该校坚持按教育规律办事，不断优化育人环境，培育了“团结、勤奋、求是、创新”的校风，教育教学质量显著提高，高考、高中毕业会考成绩已跻身省重点中学前列。近年来，获“省文明学校”、“省先进基层党组织”、“全国群众体育先进单位”等省级表彰30余次。

绿意盎然，桃李争春。上杭一中这座红土地上的智慧殿堂，正朝着更高的目标迈进，在实施素质教育的天地里，必将更加光彩熠熠。

现代化教室

校教工合唱团

上杭一中教学楼

才溪镇党政班子成员

才溪镇小城镇建设一角

图为才溪镇名优特水果——美国纽贺尔脐橙喜获丰收，产品销往粤港澳，供不应求。

将军之乡再创辉煌

上杭才溪镇

才溪是一块光荣而神奇的红土地，为中国的革命事业作出了突出的贡献，素有“九军十八师”、“将军之乡”的美誉。毛泽东同志曾三次亲临才溪指导革命工作，写下了不朽的篇章——《才溪乡调查》。

改革开放以来，才溪人民拿起榔头奔富路，走出山门闯世界，全镇80%的青壮年男子到珠江三角洲从事建筑业。承建了“锦绣中华”、“世界之窗”等众多大中型建筑的给排水工程。才溪镇办建筑工程公司成为国家二级建筑企业，多次荣获建设部颁发的“金屋奖”、“银屋奖”。才溪因此又赢得了“三千榔头八百斧”、“建筑之乡”的美誉。

男人出外赚钱，女人在家耕田，形成比翼双飞奔小康格局。才溪农业、林业、牧业等各业也取得可喜成就。特别是发展种植的名特优水果——美国纽贺尔脐橙，全镇已种植一万亩，成为福建省目前最大的脐橙基地，产品远销澳港，成为远近闻名的“脐橙之乡”。2000年底社会总产值达5.8亿元，农民人均收入3400元。

1986年还是省定的百个贫困乡镇之一，1996年被评为“福建省脱贫致富奔小康示范乡镇”称号。

近年来，才溪的两个文明建设取得了丰硕的成果，先后荣获“全国拥军优属先进单位”、“福建省先进基层党组织”、“福建省小城镇建设示范镇”等称号。

上杭县汀江水利水电建设发展有限公司

公司领导在电站检查安全生产

敬业 奉献 安全 高效

上杭县汀江水利水电建设发展有限公司，于1999年10月组建，主要职能是：管理县属水电站；在电力体制改革中，按城网和农网拥有的资产，代表县政府拥有的网上股份，以参股的形式入股改建后的电力有限责任公司或电力股份公司；指导和协助乡镇电站发展；参与全县水利水电资源开发利用。该公司先后完成县属水电站的“厂网分开、人员分离”和资产接管工作，拥有水力发电站9座，经营水利水电设备安装、检修、调试、运行、培训的技术服务公司1家。装机总容量10255千瓦，年平均发电量达4700万千瓦·时。现有员工221人，其中专业技术人员35人。

该公司秉承“敬业、奉献、安全、高效”的企业精神，围绕经济和社会效益两个中心，以严谨的管理方式，强化企业内部管理，拓展企业规模，提高人员素质，狠抓安全生产，取得良好的效益。2000年，该公司自行设计、安装的官庄灌溪口水电站顺利并网发电。所属电站全年共完成发电量4507.37万千瓦，比增15%，实现售电收入645.1万元，完成税利94万元，实现利润41万元。该公司随着改革的深入，正以创新的精神构筑上杭电力事业的未来。

公司总经理：张华明
地址：上杭县人民路102号
电话：(0597)3845981
3845376

长5.6公里的湖里电站引水渠道一角

电站员工精心巡视机组

开拓进取创治税佳绩
敬业奉献为“两个文明”

◆ 漳平市地税局

重视队伍廉政建设，组织全局副科以上干部参观反腐倡廉警示教育基地，构筑思想防线。

开拓进取、朝气蓬勃的局领导班子成员

重视“两个文明”建设。图为该局“两个文明”建设教育基地开馆典礼

漳平市地税局现有漳平市地税局干部职工86个，其中大专以上60人，占70%，党员干部68人，占79%。该局自1994年9月成立以来，认真贯彻“法治、公平、文明、效率”的治税思想，勇于开拓，锐意进取，坚持“带好队、收好税、造环境、上台阶”，以“纳税人满意”为目的，弘扬“敬业奉献”的漳平地税精神，勤政、廉政、优政，依法治税，狠抓组织收入，强化管征，边年超额完成组织收入任务，为支持和服务地方经济，全面提升漳平区域经济综合竞争力做出了积极贡献。经过几年来的努力，税收环境日益优化，实现了“两个文明”的良性互动和可持续发展。1998年在龙岩地税系统率先实现县级“文明单位”“满堂红”，1998年、2000年连续被评为第六届、第七届省级“文明单位”。

2000年，该局组织收入取得新突破，累计入库各项税收5896.35万元，完成年度计划5850万元的100.79%，比上年同期增收337.63万元，增长6.07%。队伍建设成效显著，有多名干部被授予全省“先进工作者”、全省“三八红旗手”、“新长征突击手”及龙岩市“优秀共产党员”；城区分局以其辉煌的业绩被龙岩市地税局和漳平市委树为龙岩市地税系统和全市人民学习的先进典型，其先进事迹分别被《福建税务报》、《闽西日报》、《龙江潮》报和省、地、市多家电视台作专题报道，并被授予“全国五一劳动奖状”荣誉称号，得到了社会各界的普遍赞誉。

步入新世纪，漳平地税人面对挑战，信心百倍，斗志昂扬，努力实践江总书记的“三个代表”，以发展为主题，拓展文明服务内涵，加大优质服务力度，服务经济，服务社会，以更饱满的热情，更崭新的姿态，描绘未来，再展宏图。

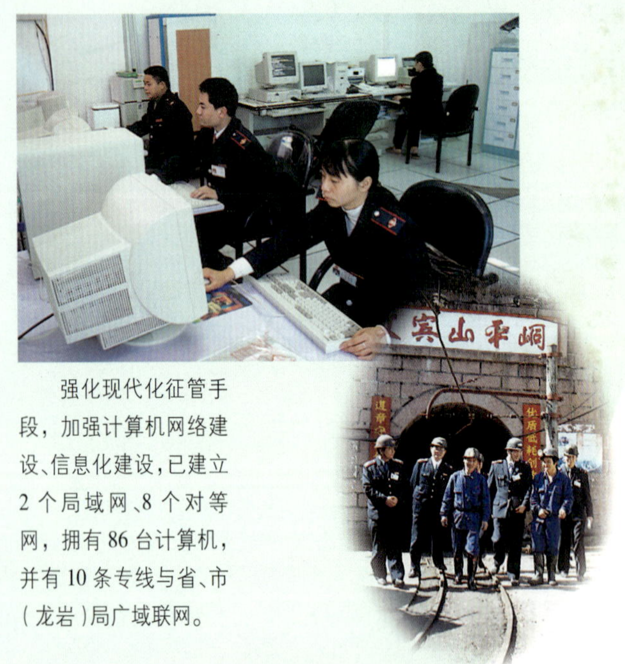

强化现代化征管手段，加强计算机网络建设、信息化建设，已建立2个局域网、8个对等网，拥有86台计算机，并有10条专线与省、市（龙岩）局广域联网。

征管人员深入矿井调查煤炭产供销情况，完善煤炭税费定额管理。

军 警

福建省军区

【概况】 2000年是世纪交替的重要一年,福建省军区在南京军区和福建省委的正确领导下,认真贯彻新时期军事战略方针,大力加强部队质量建设,以"首战用我、全程用我和用我必胜"的精神状态,积极做好军事斗争准备,部队和民兵预备役建设呈健康发展、稳步推进的好势头。

政治思想建设进一步加强。各级党委认真学习实践江主席"三个代表"重要思想,积极适应"两个提供"要求,大力加强思想政治建设。认真贯彻落实总政《军队高中级干部理论学习规划》和团以上党委中心组带机关理论学习制度,适时组织台海形势教育,增强官兵忠实履行职责、维护祖国统一的责任感和紧迫感。广泛开展"四反"、革命气节和揭批"法轮功"教育,增强官兵明辨是非能力,保持了部队高度纯洁稳定。继续加大基层建设力度,召开了省军区加强基层党支部建设座谈会。扎实开展基层"双争"活动,全区20个基层单位被评为基层建设标兵连队,7个基层单位荣记集体三等功。

正规化建设有新提高。各级坚持依法从严治军,不断加大贯彻落实条令条例力度。各级组织了以学条令、学《基层建设纲要》为主要内容的"五级"干部集训,继续在全区组织开展"条令月"活动,共举办条令演讲51场、条令知识竞赛62场,组织官兵参加条令考核,强化了官兵条令命令意识,打牢了部队建设基础。深入开展从严治官、治软、治松、治难、治编"五治"活动,着力解决新形势下管理教育工作重难点问题。组织召开了省军区加强士官队伍建设座谈会,探索新形势下士官队伍建设路子,制定下发了《福建省军区士官管理补充规定》。加强安全警示教育,组织开展作风纪律整顿和安全大检查活动,确保了部队安全稳定。

民兵、预备役工作取得新进展。始终把军事斗争准备作为民兵、预备役工作的着眼点和立足点,继续深化民兵预备役工作改革,进一步理顺了预备役部队领导管理关系。坚持党委议军制度,及时修订完善了战备方案,进行了民船动员调查、登记、建档,组织了支前保障实兵检验性演习。按照"训用一致、突出重点、分类施训、注重实效"原则,深入开展科技练兵活动,圆满完成了民兵、预备役年度训练任务。认真搞好预任预编工作,提高了退伍军人比例和专业对口率。高质量保障了总部"服预备役退伍军人动员点验现场会议"和南京军区国动委第四次会议在福建省召开,实现了上级首长、会议代表、省军区首长"三满意"目标。

人武部建设取得新成效。各人武部党委注重加强政治理论学习,政治思想建设进一步加强,"一线指挥部"作用比较明显。重视加强人武系统廉政建设,坚持民主集中制原则,组织"三讲"回头看和警示教育、自查自纠活动。加大人武干部队伍建设力度,组织全省新任人武部部长、政委集训和新调入人武系统干部集训。继续开展营院综合整治,完善了办公及生活设施,促进了人武部正规化建设。

学生军训工作取得新成绩。2000年,全省学生军训工作在省委、省政府正确领导和驻闽部队大力支持下,着眼提高学生军事素质,加强领导,严密组织,取得明显效果。省军区会同地方各级教育部门协调驻闽部队派出官兵780多人次,协助省内223所大中专院校完成了年度学生军训任务。全省共军训学生14.7万余人,其中高等院校49所,军训学生4.4万余人,高级中学174所,军训学生10.3万余人。

部队和民兵、预备役为地方"两个文明"建设作出了新贡献。一是积极支援地方经济建设和公益事业。全区部队和民兵预备役在完成正常战备训练的同时,积极支援地方经济建设。派出官兵、民兵预备役人员和车辆,支援了闽江上游防洪工程和部分国道省道等8项省级以上重点工程、11个县以上重点工程项目建设。积极参与社会公益事业,组织部队官兵和民兵预备役人员辅导驻地群众学习科学文化知识,义务参加植树、种草和医疗等90多项公益劳动。全区官兵为地方义务献血近50万毫升,各医疗单位为驻地群众治病7600多人次。厦门"9.8"贸易洽谈会前夕,厦门警备区派出官兵协助国际会展中心测试安装电梯和清理环境卫生,受到厦门市委、市政府好评。认真贯彻省"九五"期间扶贫帮困攻坚计划,采取兴办经济实体、传授科技知识、搞好土地综合开发、结对扶贫等形式,积极开展扶贫帮困活动。莆田市各人武部普遍开展了"一排帮一村、一班帮一组、一兵帮一户"活动,并与特困户签订帮解决资金、帮选定项目、帮掌握技术、帮产品销售的"四帮"责任书,做到帮一户上一户、扶一户富一户。全市36户贫困户脱了贫,其中16户成为专业户。二是关心支持希望工程建设。继全区官兵和离退休老干部捐资兴建了福安市泰康村、长汀县石人村、大田县武陵村3所"八一希望小学"后,今年省军区再次发动官兵和离退休老干部捐款55万元,在邵武市廖家排村兴建第4所建筑面积为1937平方米的"八一希望小学",计划于2001年"八一"前竣工并交付使用。据统计,全区部队共支援了15所希望小学建设,扶持320名失学儿童入学。三是积极参加抢险救灾。一年来,全区先后派出部队和民兵预备役人员参加了抗防10号强台风、长乐市梅花镇山体滑坡抢险和扑灭山森火灾等165起抢险救灾活动,抢救转移受灾、遇险群众8000多人,抢运各种物质2600多吨。厦门警备区、预备役高炮师和漳州、泉州、莆田、福州、龙岩军分区等单位在8月24日抗防10号强台风中,发扬"特别能战斗、特别能吃苦"的精神,连续奋战10多个小时,抢救转移遇险群众800多名、抢运各种物资1000余吨,受到省、市领导和驻地群众好评。73302部队在6月19日凌晨长乐市梅花镇山体滑坡抢险救灾中,冒着倾盆大雨,挖出被淹埋群众6人,受到部队通报表彰和人民群众高度称赞。

【福建省军区党委七届三次全委扩大会议】 1月17～20日,福建省军区党委七届三次全委扩大会议在福州召开。会议传达学习了军委、总部关于2000年度工作指示和南京军区党委九届八次全体(扩大)会议精神,总结分析了1999年省军区部队、民兵预备役建设形势,研究部署了2000年度工作任务。

【南京军区国防动员委员会第4次会议】 5月18～19日,南京军区国防动员委员会第四次全体会议在福建省福州市召开。为保障会议圆满顺利召开,省委书记陈明义、省长习近平等主要领导亲自过问,靠前指挥。按照"一流现场、一流演示、一流服务保障"的要求,省委、省政府、省军区组织指导福州、厦门市圆满完成了会务、场地和现场展演示等保障任务。会议代表参观了福州市晋安区民兵高炮管理训练基地、省人防指挥所、福州市乌山工程和厦门市国防园、120急救中心、海沧大桥、环岛路等现场，观摩了福州市民兵对口专业分队、厦门市120急救中心和省国防动员软件演示，并给予了充分肯定。

【省国防动员委员会第6次会议】 8月2日，省国防动员委员会第六次会议在福州召开。会议传达了国家国防动员委员会第二次会议、南京军区国防动员委员会第四次会议精神，总结了省国防动员委员会第五次会议以来的工作情况，分析了当前台海形势，研究部署了近期国防动员工作任务。

【福建省组织民兵配合公安部门维护社会治安工作会议】 8月31日至9月1日，省委、省政府、省军区在福州市召开了全省组织民兵配合公安部门维护社会治安工作会议。省委、省政府、省军区有关领导和各市党委、政府、军分区（警备区）分管领导及政法（综治）委、公安等有关部门领导参加了会议，总参、总政和南京军区机关派员到会指导。会议总结了近年来全省组织民兵配合公安部门维护社会治安工作情况，部署了当前和今后一个时期的工作任务，观摩了福州市组织民兵配合公安部门维护社会治安现场演练，观看了福州市“5.20”围捕持枪歹徒纪实片和台江区、马尾区相关成果展览，讨论修改了《福建省组织民兵配合公安部门维护社会治安工作暂行规定》。福州、晋江、武夷山市和漳浦县等4个单位在会上交流了经验，仙游县黄国林同志介绍了先进事迹。

【福建省人民武装委员会第22次全体会议暨全省民兵预备役工作电视电话会议】 12月[illegible]日，省人民武装委员会第22次全体会议在福州召开。会议简要回顾了2000年民兵预备役工作情况，研究确定了2001年民兵预备役工作安排及民兵预备役工作经费。会后紧接着召开了全省民兵预备役工作电视电话会议，总结了2000年民兵预备役工作情况，部署了2001年民兵预备役工作任务。

【福建省农民民兵军事三项队参加第四届全国农运会比赛】 7月1日，省军区和省农民体育协会组建了由2名教练员和4名运动员组成的农民民兵军事三项队。经过在福州、厦门等地进行为期4个月的强化训练，10月29日，随省农民运动员代表队赴四川省绵阳市参加第四届全国农民运动会民兵军事三项比赛，获得了射击、投弹、五公里越野军事三项团体总分第一名和个人总分第二、第五名，五公里越野个人单项第二、第三名，射击个人单项第七名的好成绩。

【福建师范大学人民武装学院挂牌】 为适应新时期国防后备力量建设和国家人事制度改革需要，加大人民武装干部的培养力度，提高办学层次，原省人武学校正式更名为福建师范大学人民武装学院，并于9月25日在福建师范大学举行隆重挂牌仪式。

【人民防空】 按照省机构改革方案，于7月份圆满完成了省人防办机构改革工作，调整配备了省办新领导班子和各处室及直属单位领导人员，修订了有关制度规定，按照准军事化机关标准，严格管理，提高了办事效率。不断加大人防工作宣传教育力度，以纪念人防创建50周年活动为契机，广泛进行宣传教育，省内报刊、电台、杂志对建国来人防成就、地位作用和法规制度进行了专题宣传教育。一些城市结合组织防空警报试鸣，向全社会公告宣传，扩大了人防工作社会影响，增强了全民国防观念和人防意识。省人防办组织参加了南京军区联合反空袭战役演习网上练兵，得到上级肯定。

【口岸与海防管理】 按照省级机构改革方案，原口岸、海防、打私“三办”合建省口岸与海防管理委员会办公室，理顺了管理关系。加强海防管理。组织召开了全省沿海地区法制宣传教育会议，组织进行了沿海船舶和社会治安情况清理整顿，查处违法违规船舶3324艘和大批“三无”船只，整顿了出海船只管理秩序。加大海上违法违规活动打击力度，配合公安边防部门侦破沿海地区各类刑事案件，查处治安案件，处置群体性事件。积极配合部队做好战备训练和重大演习保障工作，组织清理军港航道，为做好军事斗争准备作出了新贡献。

【征兵】 2000年冬季征兵工作从11月1日开始，至12月底结束。全省各级党委、政府和兵役机关认真执行国务院、中央军委征兵命令，加强组织领导，周密组织计划，严密组织实施，严格审查把关，保质保量地完成了新兵征集任务。

【城市警备】 深入贯彻总部、军区关于打击“假冒军人、假冒军车、假冒军办企业”和军队武警不得从事经商活动的指示精神，以《警备条令》为依据，以加强部队内治外控、维护军队良好形象为目的，采取集中打击和例行性纠察相结合的方法扩大警备打假成果。警备队伍自身建设进一步加强。10月份，省军区统一组织辖区7个警备司令部进行专题教育整顿，从工作作风、组织纪律、规章制度、文明执勤和办事程序等各个方面查问题，找差距，制定整改措施，建立健全了分管警备干部定期轮换制度；完善了监督机制，各警备司令部均在当地报刊、电台和主要街道公布了文明执勤监督举报电话，接受群众检查监督；进一步规范了警备执勤程序，明确规定了警力派遣和违规军人、军车处理权限，理顺了工作关系。继续加大打假力度，分别于5月、9月组织福州、厦门、莆田、泉州、漳州、龙岩、宁德等7个警备司令部集中10～15天时间实施联合打假行动，查处假军人3名，查扣假军车69台，没收假军用证件31本，有力地打击了“三假”违法犯罪活动。一年来，各警备司令部还积极协助地方维护社会治安秩序，受到地方政府和人民群众好评。

【老干部工作】 政治思想教育进一步加强。各级党委加大了老干部思想教育力度，组织认真学习了党中央、中央军委关于揭批清查“法轮功”邪教组织、伪气功组织有关规定要求，教育老干部自觉与“法轮功”邪教组织划清界线，保持革命晚节。军队第四批离退休干部移交地方安置工作顺利，至9月份，已圆满完成了移交福建省504名离退休干部的安置任务，受到军区肯定和总部通报表彰。各级积极组织老干部开展各类文体活动，举办了纪念抗美援朝50周年老干部书画展和文艺演出。省军区组织的老干部演出队在军区纪念抗美援朝50周年老干部文艺调演时获得好评，舞蹈《万古长青》和《青山夕照明》获得了大奖和组织奖；福州第二、一干休所老干部门球队在军区第一届老干部门球比赛中夺得冠军和第三名。老干部服务保障条件进一步得到改善。继1998、1999年省军区为龙岩、三明军分区干休所建立中心卫生所，解决偏远地区老干部医疗困难后，2000年，又投入资金250多万元，在全区干休所卫生所开展达标活动，9个干休所卫生所被评为全军达标单位。省军区还专门拿出15万元解决老干部特困户生活补助。春节期间，省军区首长分头对全区80岁以上老干部走访，解决实际问题。积极发挥老干部余热作用。全区500多名老干部报名参加了省军区和国家关工委举办的“关心下一代”活动。40多名老干部深入学校、工厂、企业和部队基层单位作报告100多场次，受到普遍欢迎。广泛开展“三先”评选活动。福州第四、六干休所和泉州军分区干休所被南京军区评为先进干休所，全区12名离退休老干部、9名工作人员分别被南京军区评为先进老干部和先进老干部工作者。

【住房制度改革】 2000年省军区房改工作，认真贯彻总部、军区第四次房改会议精神，加强了组织领导，进一步理顺了住房保障关系，拓宽了建房分房渠道，为实现军地住房政策全面接轨打下了良好基础。1月份，省军区专题召开第四次房改工作会议。各级成立了房改领导小组和房改办公室，组织普查清理了不符合规定用房户90余户。完成了全区干部、士官个人住房建档工作，开设了住房补贴帐户，实现了住房分配货币化。全年共有789名复转干部、复退士官领取了住房补贴3367.7万元。论证上报了公寓区与售房区划区方案，开始实行军队住房双轨制管理。扩大了现有住房出售范围，基本完成了全区干休所售房任务。全区共出售住房1241套、面积155492平方米。研究上报了经济适用住房建设计划，并启动了前期准备工作。在全区逐步推行住房社会化、专业化、规范化“三化”管理，提高了住用质量，减轻了部队负担。

【卫生防病】 卫生防病教育力度进一步加大。各级适时组织知病、防病、心理卫生和季节性疾病常识宣传教育，开展卫生咨询服务活动，官兵健康意识和自我保健能力明显增强。全区连以上单位普遍开展环境卫生综合治理，净化了营区，美化了环境，促进了卫生防病工作落实。组织开展争创等级卫生单位活动，10月初，南京军区在福州召开部队基层卫生工作现场会，参观了省军区医疗机构建设现场，对卫生防病工作给予了很高评价。全区昼夜发病率控制在总部规定的范围之内，杜绝了重大疫情和集体食物中毒事件发生。

【生产生活】 各级按照一切为“打赢”的标准，积极搞好生产生活保障。坚持科学种养，深入开展科技下连活动，6月份，省军区会同省农业厅召开了“军民共建、科技下连”座谈会。一年来，省军区共下拨生产生活设施建设经费230万元，为基层提供良种猪和优质种子。目前，全区猪肉自给有余，蔬菜自给率达91%，连队农副业生产纯收益平均达2.1万元。

（撰稿：林镇毅 刘能涛）

武警福建总队

【思想政治建设】 总队认真贯彻中央思想政治工作会议和全军政工会议精神，坚持把思想政治建设摆在各项工作首位。紧贴部队地处“两个前沿”的实际，深入开展做党和人民忠诚卫士教育。以发挥战士的主体作用为重点，进行教育方式改革，教育的针对性和有效性有所增强。注意拓宽教育渠道，充分利用驻地资源开展教育配合活动，增强了教育的说服力。加大了“四反”工作力度，在加强思想教育的基础上，进一步建立健全了防范机制，确保了部队的纯洁和巩固。广泛开展“三互”、“双四一”等活动，促进了经常性思想工作的落实，较好地解决了官兵的各种现实思想问题。大力开展基层文化建设达标活动，警营文化生活进一步活跃。深入开展了警民共建工作，警政警民关系融洽。通过狠抓思想政治建设，广大官兵的思想素质进一步提高，拒腐防变能力不断增强，涌现出一批以实际行动争当忠诚卫士的先进典型。三明支队班长宣腾马被共青团中央评为“全国优秀共青团员”；龙岩支队班长谢清贤在探家期间，不顾个人安危，勇救3名因氧气罐爆炸而受伤的群众，荣立二等功。

【党委班子建设】 总队较好地坚持了党委中心组集体学和个人自学制度，举办了两期团职干部理论学习班，认真学习江主席“三个代表”重要思想和武警部队建设重要论述以及哲学、经济学等，提高了两级党委的理论素养，增强了从政治上领导部队的能力。结合“三讲”教育“回头看”，认真查找和解决民主集中制方面存在的问题，进一步强化了集体领导观念，党委班子的核心领导作用不断增强。总队党委建设的经验在武警总部举办的党委书记培训班上作了介绍。认真贯彻总部党委书记培训班精神，对各单位党委书记进行了专题培训，提高了书记把方向、抓大事、建班子的能力。采取组织调整、重点指导和全面考核等方法，加大了对各单位党委班子的考帮建力度，进一步提高了党委班子的凝聚力和战斗力。狠抓了党风廉政建设，严格落实各项规定，严肃查处了党员干部违纪违规问题。认真开展警示教育，进行“四查四看”，起到了触动思想、警钟常鸣的作用。坚持把党委和机关捆在一起抓，在两级机关开展了干部称职等级评定工作，有力地促进了机关干部队伍建设。

【执勤和处置突发事件】 总队按照提高能力保中心的要求，坚持“四个贴近”，积极开展科学练兵活动，提高了官兵现代条件下执勤和处突的能力。注意分层次开展训练，首长机关学科学，基层部队科学练，使部队训练质量有了新的提高。结合科学练兵，认真抓了新《纲目》试训。指挥学校的教学质量和办学水平有新的提高，接受了总部组织的综合考评，成绩总评优秀。教导队的建设得到加强，有力地保障了训练任务的完成。大力开展“三共”活动，在福州、龙岩抓了“三共”试点，召开了全省重要目标“三共”工作会议。坚持把“三共”与落实“三个一遍”和《正规化执勤检查验收标准》捆在一起抓，促进了勤务质量的提高。勤务检查网络化迈出了可喜步伐。全省固定执勤目标安全无事故，担负党和国家领导人来闽视察期间一、二级警卫和大型活动安全保卫任务，做到万无一失。担负中央专案执勤任务的官兵，严守纪律，吃苦耐劳，依法文明执勤，受到总部首长和专案组领导的高度赞扬。总队抓好经常性执勤工作的经验在总部党委扩大会议上作了介绍。进一步落实了战备值班制度，处置突发性事件任务的各项准备工作得到进一步加强。组织了总队近年来规模最大的两级首长机关带实兵多课题、多地区检验性演习。尤其是在8月份抗击10号强台风战斗中，各级领导亲临一线指挥，参战部队奋勇救灾，为减少国家经济损失和确保人民群众生命财产安全作出了积极贡献。

【基层建设】 总队按照总部的统一部署，在基层党组织中认真开展了“三讲”正面教育。通过深入搞好思想发动，认真进行理论学习和党性分析，扎实开展“四评”和“三治”，着力在端正思想认识、打牢理论基础、解决突出问题上下功夫，收到明显成效。集中教育后，认真抓了教育成果的转化和“回头看”。通过教育，党支部解决“两个问题”的能力和党员的先锋模范作用得到进一步增强。采取总队、支队上下结合的方法，分层次对基层干部骨干进行培训，各级按纲抓建的能力进一步增强。下气力抓好重点帮扶，两级党委成员分别到不同类型的基层中队蹲点指导，帮助其提高自建能力，使帮扶单位在原有的基础上有了新的进步。“双争”活动开展得比较扎实，部队争先创优的氛围更加浓厚。泉州支队晋江中队被解放军四总部表彰为“全军基层建设先进单位”；福州支队、莆田支队、龙岩支队、南平支队被总队评为落实《纲要》先进支队。

【正规化建设】 总队严格依据条令实施正规化管理，开展了条令学习月活动，强化了官兵的条令意识。继续抓了机关、基层正规化建设实施细则的落实，全总队有1/3的基层中队成为正规化建设“精品”单位。推广了漳州支队基层民主管理试点经验，广大官兵的主人翁意识和参与管理的自觉性进一步增强。针对兵役制度改革后出现的新情况和新问题，制定下发了《士官队伍管理教育暂行规定》，使士官队伍管理更加规范。扎实抓好“两防”工作，积极开展“四无”竞赛活动，重点抓了人、车、枪和小、远、散单位的管理，加大了专项治理整顿力度。认真贯彻落实江主席的“9·8”批示，按照军委和总部党委的部署，在全总队进行了作风纪律教育整顿和安全大检查，有效促进了安全工作的落实。以承办总部保密办主任集训为契机，进一步健全和完善了保密管理有关制度，使常规保密更加规范，技术安全保密有了新的突破。加强了警备纠察工作，较好地维护了部队形象。福州、莆田、龙岩支队实现了“四无”。

【后勤保障】 总队自觉树立过紧日子的思想，坚持向管理要效益。严格经费管理，加强了经费预算管理和使用监督，标准经费收支平衡，实现了由标准加补助向标准加管理的转变。强化审计监督，年内组织实施了经费预决算、领导干部经济责任、基建财务帐清理、有偿服务单位的管理状况和经济效益等项目的审计。制定下发了《基层后勤规范化管理办法》和《基层后勤规范化管理验收标准》，组织开展了基层后勤规范化达标活动。目前，基层中队财务管理达到“三好五无”的占95%，后勤设施完好率达96%，武器装备完好率达98%，计生“六率”达100%。落实了艰苦地区部队干部的生活补助和官兵伙食补助，扶持山区部队“煤改气”工程，绝大部分基层中队实现了燃料油汽化。大力发展农副业生产，坚持科技兴农，改善种养殖条件。总队和支队的副食品基地建设纳入了当地政府"菜篮子"工程，基层中队的农副业生产保持了较好的发展势头，肉菜自给率达到78%以上，生产收益补入伙食人均每天达0.5元以上，基层官兵的生活水平得到了改善和提高。修订、完善了各类应急保障方案，较好地完成了以执勤和处突为中心的各项后勤保障任务。（撰稿：朱文祥　颜成义）

武警省边防总队

【概况】　2000年，全省公安边防部队认真贯彻党的十五大和十五届五中全会精神，大力实践"三个代表"重要思想，以维护沿海地区和开放口岸安全稳定、保持部队内部集中统一为目标，坚持一手抓边海防管理，一手抓队伍建设，较好地完成了各项边防管理任务。

维护稳定工作有了新成效。全省各级公安边防部队牢固树立稳定压倒一切的思想，始终把维护政治稳定和社会安定放在各项工作的首位。紧紧围绕两岸局势变化和沿海敌社情动态，强化隐蔽战线斗争，深入开展同"法轮功"邪教组织的斗争，坚决取缔地下非法宗教组织，有力地打击了境内外敌对势力、反动组织及各类不法人员的渗透破坏活动。

沿海社会治安得到了有力的整治。全省各级部队以维护社会安定稳定为己任，坚决贯彻省委、省政府、省公安厅维护社会稳定的一系列重要指示精神，突出加强沿海地区社会治安整治，大力开展"追逃"、"扫黑除恶"专项斗争，重点打击黄、赌、毒、枪等严重暴力犯罪和带有黑社会性质的团伙犯罪，严厉惩处一批违法犯罪分子。全年共破获各类刑事案件698起，查处治安案件2977起；破获枪、毒、假币案件47起122人，缴获毒品海洛因1210.2克、"冰毒"2470.1公斤、麻黄素1825公斤，各类枪支27支、子弹341发，假人民币523.8万元。

沿海地区偷渡活动得到了全面的遏制。认真贯彻落实中办、国办《关于采取有力措施，坚决制止大规模成批集体偷渡活动的通知》精神，层层落实反偷渡工作目标责任制，先后4次组织实施以"抓蛇头、打现行、挖团伙、严管防"为主要内容的反偷渡集中统一行动和专项斗争，严惩偷渡组织者、运送者，并严格出入境边防检查和来靠台轮检查、监护、管理，规范海上劳务输出程序和管理，加强海上巡逻检查，严密沿海一线管防，有效地遏制了沿海地区的偷渡活动。全年共查获偷渡案件107起280人（沿海42起161人，口岸65起119人），较1999年偷渡起数和人数分别下降了73.9%和92%；抓获偷渡组织者、运送者534名，接收审查境外遣返偷渡人员27批2078人。

海上治安管理和反走私斗争取得重大战果。全省各级部队坚持抓训练、重管理、严规范、保安全，突出船艇海上安全训练和船艇维护保养，船艇在航率和战斗力明显提高。以维护海上治安秩序为中心，加大重点海域的巡逻检查力度，并不断完善"海上110"治安报警指挥系统建设和社会联动机制，大力开展海上抢险救助活动。进一步严格缉私纪律，严把船艇出海审批关、案件审核关、档案规范关、案件移送关，严格走私案件的处理，先后4次组织开展了较大规模的联合行动和专项斗争，严厉打击海上各类违法犯罪活动。全年船艇共出警1584航次，救回海上遇险人员1374名，挽回经济损失约6193万元；查获涉嫌走贩私案件168起，总案值约4549万元。

开放口岸保持了良好的出入境秩序。根据上级部署，以恢复全省现役边检站边检业务指导工作为契机，理顺边检业务指导关系，强化边检业务规范化建设，简化工作程序，改善通关环境，努力为出入境人员提供良好服务，推动全省投资软环境建设。同时严格口岸边防检查和查控工作，防范和打击口岸偷渡和敌对分子的闯关行为，确保正常的出入境秩序。全年共检查监护入出境旅客、员工576352人次、交通工具11795艘（架）次，查处违规991起1132人次。

【基层建设】　全省各级部队坚持抓基础、强后劲、促发展，进一步规范基层建设标准，深化勤务机制改革，狠抓基层干部管理和培训，不断完善基层基础设施，基层干部的综合素质明显增强，基层部队吃水、照明、洗澡、看病难等问题得到了有效的缓解，一线所（队、站）建设、边检勤务、海上执勤和船艇安全、情报调研等基础工作取得了实质性的突破，执法办案能力有了较大提高。在巩固原有先进典型的基础上，又涌现出了连江县公安局可门边防派出所、福州机场边检站"女子旅检科"、漳州"海上110"、海警一支队"海峡号"艇等一批先进集体。为加强沿海一线管防，经过深入调查研究和多方论证，并经中央、省里批准，相继在沿海一线增设了一批边防派出所、工作站，理顺了沿海船舶管理关系，有效地填补了沿海管防工作的空白点，并结合船舶年审和2000年新版出海船舶、渔船民边防证件换发工作，强化沿海一线边防管理，防范控制能力得到了进一步增强。

【部队建设】　全省公安边防部队坚持抓班子、带队伍、促工作、保平安，大力加强和改进思想政治工作，深入开展教育培训。通过"三讲"教育，集体领导和党内生活制度得到健全和落实，三级党委班子正规化建设得到加强。先后召开思想政治工作座谈会和全省公安边防部队思想政治工作会议，积极探索切合实际的思想政治工作运行机制，思想政治工作针对性、实效性不断增强。在抓好"三项教育"试点工作的基础上，将部队整顿教育与"三项教育"、"三讲"正面教育、机关效能建设有机地结合起来，在全省公安边防部队中开展了为期半年的整顿教育，部队作风转变，工作效能提高，官兵宗旨意识、法制意识、条令意识普遍增强，正气上升，涌现出一大批先进集体和个人。共有8个基层单位被评为基层建设标兵单位、37个单位和一批官兵立功受奖。机关效能建设取得明显进展，形成了《工作职责篇》、《岗位责任篇》、《法律规范篇》、《效率手册》等规范性文件，工作职责进一步明晰，岗位责任得到落实。干部队伍管理和培训逐步规范，全年共举办各类培训班27期，参训人员达2783人。坚持从严治警，加大部队管理教育和军事训练力度，深入开展"军事业务训练年"和"条令学习月"活动，坚持管训结合，以训促管，加大专业训练力度，举办了分系统、规模大、专业全、范围广的军事业务大比武活动，激发官兵岗位练兵热情，取得了丰硕的训练成果，执勤和实战能力逐步提高。在全省公安系统警用手枪射击比赛中取得团体总分第一名。部队党风廉政建设和"两防"工作进一步加强，重点部位、岗位和环节的管理、监督进一步规范，并建立"两防"工作3项制度（谈话、告诫、案件倒查），做到关口前移，防范在先，确保了部队内部安全稳定。加大科技强警步伐，进一步完善计算机信息网络、通信网络建设，全力推进办公自动化。先后完成了全省公安边防部队3级计算机网络建设，研制开发并推广了一批应用软件，开通了全省公安边防部队综合业务通信专网，初步建立了信息灵敏、反应快捷、防范严密、管理规范的新型警务运行机制，促进了部队管理和各项业务工作的开展。注重后勤规范化管理，深化保障机制改革，官兵工作生活条件得到新改善，部队发展后续能力增强。

（撰稿：林火焱　卓国增）

武警省消防总队

【概况】　2000年，全省消防部队在各级党委、政府和公安机关的领导下，创造性地开展工作，圆满完成了以防火、灭火为中心的各项消防保卫工作和部队全面建设任务，为全省改革开放和经济建设创造了良好的消防安全环境。

有效遏制群死群伤恶性火灾发生。年内，不间断开展了3次全省性的化学危险品、公共场所、"三合一"厂房和重点保卫单位等消防专项治理和重大火灾隐患整治工作，发现和消除了大批可能导致群死群伤或重大财产损失的火灾隐患。5月份，省政府召开全省城市公共消防设施建设工作电视电话会议，认真贯彻全国青岛公共消防设施建设会议精神，进一步推动了全省城市公共消防设施建设步伐。落实城市消防规划工作取得新进展，县城消防规划编制全面展开。全省新建消防站14个，新购消防车53辆，新增消火栓1174个。三级消防监督管理机制初步建立，厦门、漳州、泉州、宁德、龙岩等地派出所消防监督职责已得到落实，总队也及时编写了《公安派出所消防监督业务培训教材》，加强了对基层的指导。全省"百万名小学生消防知识大奖赛"和《消防法》实施两周年暨"119"宣传周活动声势浩大，全省妇女儿童消防教育工作会议暨宁德现场会效果明显，消防站对社会开放取得突破，影视消防宣传阵地基本确立，消防教育丛书已经面世，泉州市全民消防素质教育工程已经启动，有力促进了全民消防安全素质的提高和消防安全环境的改善，为有效遏制火灾打下了良好的基础。

消防监督规范化建设成效突出。年初，全省组织开展了消防监督工作学习研讨活动，进一步解放了思想，理清了思路。5月，福建省消防监督专业学术活动组织委员会正式成立。以全国消防监督员岗位资格考试为契机，全省部队兴起了学习消防法律、法规和技术规范等消防知识的热潮，727名干部参加了全国统一考试，考试合格率达79.5%。监督基础建设也取得重大进展，总队印发了《消防法律文书范文》，规范了26种法律文书，基层法律文书、档案制作不规范现象有了根本改观。建审工作和监督基础数据台帐建设得到加强，总队、支队两级数据库已经建成。为了推动规范化建设和依法行政，年内总队先后4次组织开展了执法大检查。并制定了《福建省公安消防机构执法质量考评办法》等规定，组织开展了执法质量督察，有力地促进了基层执法水平的提高。

出色完成灭火抢险救援任务。以特勤建设为龙头，全面深化战训改革，提高部队战斗力。年内，共接警出动6171起，扑救火灾3839起，参与抢险救援1466起。

思想政治建设成果丰硕。根据省委和省公安厅党委的部署，从班子建设入手，上半年，组织全省支队级单位开展了"三讲"教育，着重解决支队班子思想、组织、作风、纪律、制度等方面的问题，使支队班子的战斗力和凝聚力有了新的提高。根据形势和任务的需要，全省消防部队还先后开展了"唯物论"和"无神论"专题教育、"三项教育"和"三讲"正面教育，以及"三个代表"专题教育，为部队"打得赢"、"不变质"提供了坚强的组织和思想保证。探索新形势下思想政治工作和党建工作的新途径，分别在泉州支队和南平、福州支队政治处进行大队党委建设和政治处规范化建设试点工作。同时，继续加大部队党风廉政建设的力度。制定了《武警福建省消防总队教育防范制度》。

部队管理教育针对性加强。各级在重视做好"两个经常"性工作的同时，根据形势和任务，集中抓了三件事：一是条令条例集中学习教育。5月底，公安部消防局发出开展条令条例学习教育的通知后，总队召开了全省消防部队管理工作会议，进行了为期一个月的条令条例集中学习和队伍教育整顿，并先后对全省9个支队、60多个大队、中队进行督察，促进了部队秩序的进一步正规和纪律作风的转变。二是加强士官管理。针对士官选套改后部队管理出现的新情况、新问题，总队组织对士官选取、培训、考核、使用和奖惩等一系列问题进行调查研究，在此基础上提出了规范士官管理秩序的一些措施办法。三是举办班干集训班。10月总队组织129名来自各基层中队的战斗班长在厦门进行为期一个月的强化集训，提高了班长骨干的军政素质，为促进部队正规化建设奠定了良好的基础。

2000年11月3日，福州马尾马江主航道上载有728吨汽油的华江2号油轮出现重大险情，福州市消防支队成功排险。图为抢险现场，消防队员对管道降温。（陈广宏 摄）

后勤建设得到加强。年内，全省共投入1.3亿元用于营建和车辆装备建设，完成了改（扩）建项目21个。总队、支队按照下审一级的原则开展的财务定期审计、基建审计、离任审计和财经法纪审计已基本形成制度，堵塞了漏洞，有效地促进了部队廉政建设。此外，总队农副业生产基地已开始起步，三明、莆田、漳州农副业生产抓得比较好，涵江、南安等一批基层中队小种植、小养殖已取得成效，部队自补能力有了新的提高。

两级机关规范化建设得到加强。各级认真响应省委、省政府提出的机关效能建设要求，在进一步加强机关自身规范化建设的同时，以消防服务窗口建设为突破口，全面实行了警务公开，办事效率和文明服务质量有了进一步提高。

【火灾指数出现年度下降】 2000年全省火情稳定，火灾起数和损失近几年首呈年度下降。全省共发生火灾3838起，死99人，伤173人，受灾2497户，烧毁建筑211633平方米，直接财产损失68649394元，与上年相比，起数下降26%，死亡人数增加1人，受伤人数下降10人，直接财产损失下降29%。其中发生特大火灾4起，直接财产损失957万元。发生重大火灾25起，死36人，伤17人，直接财产损失1342万元。

从发生火灾的原因上看，电气、用火不慎、违章操作是引起火灾的主要原因。电气引起火灾居多，发生661起，占总数的17.2%；用火不慎引起火灾477起，占总数的12.4%；违章操作引起火灾129起，占总数的3.4%；其余依次为：玩火占总数的3.0%，放火占总数的2.9%，吸烟占总数的2.3%，自燃占总数的1.2%。

从起火场所上看，房屋、交通工具、堆场火灾居多，其中房屋火灾最多，引起火灾1584起，占总起数的41.3%；其次为交通工具，引起火灾168起。占总起数的4.4%；再次为堆场，引起火灾76起，占总起数的2.0%。

从行业类别上看，工业、商业、交通运输业发生火灾最多，工业发生火灾395起，占总数的10.3%；其次商业发生火灾105起，占总数的2.7%；再次交通运输业发生火灾100起，占总数的2.6%。

从火灾发生的时间看。10～12时、14～16时、8～10时时间段发生火灾最多，10～12时发生火灾289起，占总数的7.5%；其次为14～16时，发生火灾285起，占总数的7.4%；再次为8～10时，发生火灾268起，占总数的7.0%。

（撰稿：蓝华生）

编审：翁庆华　责校：林丹英

对外开放

综述

【概况】 2000年，省委、省政府采取有力措施，加强对全省对外开放和外经贸工作的领导和统筹协调。一是出台了《关于促进外商投资进一步发展的若干规定》等一系列扶持外经贸发展的政策措施，进一步下放审批权限。清理税外收费，鼓励外商投资企业技术开发和创新，加大对外商投资企业的财政金融支持力度，明确和落实土地优惠政策，改善对外商投资企业的管理和服务。二是围绕结构调整，促进外经贸改革与发展。大力推动省外贸企业改组改制；赋予一批符合条件的生产企业、集体和私营企业进出口权，推动经营主体的多元化；加大对欧美、中东及其他市场的开拓力度，使全省对上述地区的出口有较大的增长。三是加大招商工作力度。积极推动招商项目开发准备和深化工作，精心组织或配合办好一系列招商活动，包括参加赴港澳举办的高新技术产业招商说明会、海峡两岸纺织服装博览会、台湾商品交易会、福州国际招商月暨海峡两岸高新技术产品博览会和国际妈祖文化旅游节；认真组织、参加第四届中国投资贸易洽谈会，取得了满意的成果。四是加强投资环境建设工作。以清理政策规章和外商反映十分强烈的“乱收费、乱检查、乱摊派”为重点，开展全省清理涉及利用外资政策规章工作，集中清理一批不适应新形势的政策规章，努力营造一个与加入世贸组织的形势相适应的，符合国际惯例的，规范、透明、法制化的外商投资环境。同时，为适应我国加入世贸组织的形势要求，积极开展有关世贸组织知识的普及、宣传、培训等应对工作。五是积极贯彻中央关于“走出去”战略措施，扶持、鼓励有实力有条件的企业开展境外加工贸易活动。围绕落实《关于鼓励企业开展境外加工贸易业务的实施意见》，重点抓项目的启动和落实。如推动福建地矿集团到阿联酋承接物理勘探项目、闽东电机厂赴缅甸投资项目、长乐经纬集团到南非设点等。继续下功夫清理整顿对外承包劳务的经营秩序。经过努力，对外开放和外经贸工作取得了新的成绩。

【外贸出口和利用外资】 据海关统计，全省进出口总值达到212.24亿美元，比上年增长20.5%。其中出口129.09亿美元，增长24.7%，居全国第六位。出口商品结构不断优化，档次不断提高。初级产品与工业制成品的比例为10.6：89.4，机电产品出口占出口总额比重达33.6%。一般贸易出口占出口总额比重达47.3%，高技术、高附加值的加工贸易项目明显增多。主要出口市场结构趋于相对均衡，美国已成为福建省最大的出口市场。实现了对外贸易“顺差顺收”的良性局面，净结汇44.41亿美元，增长64.7%，居全国前列。外商投资企业已成为全省出口的主力军，2000年出口占全省出口总额的58.9%。私营企业、乡镇企业出口开始呈现出良好的发展势头，比上年增长106.1%。利用外资保持相当规模。全省实际利用外商直接投资38.04亿美元，新签合同外资43.14亿美元，完成预定目标。利用外资规模继续居全国第三位。外商增资较为踊跃，增资总额占全省新签合同金额的31%。

2000年3月9日，备受瞩目的第三届海峡两岸纺织服装博览会在石狮市隆重举行

（蔡宏义 摄）

【国际经济技术合作】 国际经济技术合作呈现恢复性回升的态势，工程承包市场开始恢复，新市场开拓有所进展，劳务合作新签合同金额有较大增长。全省全年新签对外工程承包及劳务合作合同2253份，合同金额4.2亿美元，同比增长16.5%，营业额4.49亿美元，增长0.45%；派出人数33421人，年末在外人数53847人。

【国际旅游】 全年共接待境外游客161.33万人次，比上年增长19%。其中，外国人42.89万人次，增长21.5%；华侨6.85万人次，增长22.4%；港澳同胞56.8万人次，增长6.7%；台湾同胞47.79万人次，增长15.3%，国际旅游（外汇）收入8.94亿美元。

【闽台经贸合作】 2000年，闽台贸易继续保持发展势头，双边贸易额达28.26亿美元，增长21.5%。其中对台出口4.04亿美元，增长37.47%；从台进口24.22亿美元，增长19.25%。吸收台资规模有所下降，全省吸收台资合同金额7.1亿美元，比上年减少1.0%，占全省合同外资总额的16.4%；实际利用台资4.9亿美元，下降47.4%。截至2000年底，福建省累计吸收台资项目6296项，协议台资金额116.97亿美元，实际利用台资84.79亿美元。闽台双边贸易额累计达到222.03亿美元，台湾已成为福建省仅次于香港的第二大贸易伙伴。

【闽港澳合作】 经济交往日益频繁。2000年，充分发挥闽港经济合作促进委员会、闽澳经济合作促进委员会的作用，相继组织了闽澳高层研讨会、闽澳经贸旅游研讨会、闽澳企业家座谈会、福建与美韩企业投资座谈会、香港澳门“福建经济发展说明会”等一系列经贸活动，香港中华总商会、工商专业联会、中华厂商联合会、东亚银行、恒生银行和澳门贸易投资促进局、旅游局等先后组团来闽考察，加强了相互之间的联系与沟通。闽港联合与东南亚的闽籍乡亲和工商界进行了广泛的接触和交流，洽谈了合作项目，增进了相互了解。促进会注意通过港澳在对台工作中的特殊中介地位和作用，在对台金融合作、对台农业合作方面做了大量工作，促成一批台湾农业专家相继来闽考察交流。促进会还利用港澳与欧美跨国公司的广泛联系，促进了福建一批企业与欧美企业的洽谈与合作，在第四届中国投资贸易洽谈会上，成功举办了福建与美国、韩国企业的洽谈，开辟了招商的新途径和新方式。闽澳促进会还促成了2000年3月澳门至武夷山旅游包机直航，以及在莆田湄洲岛合作举办第四届妈祖文化旅游节活动。2000年9月，继习近平省长率团访问澳门之后，澳门何厚铧特首亲自率团来福建考察，出席闽澳高层研讨会。通过高层互访，闽澳合作与交往翻开了新的一页。

（撰稿：詹朝辉）

厦门经济特区

【利用外资】 招商引资出现阶段性困难，外商直接投资减少，但引资质量明显提高。2000年受台海局势等因素的影响，厦门市招商引资形势严峻。全年实际利用外商直接投资10.32亿美元，下降23.1%；协议利用外资总额为10.04亿美元，下降22%。其中，吸引台资明显下降，全年厦门新批协议台资总额为1.48亿美元，下降27%。协议利用外资超1亿美元的国家和地区分别是香港3.67亿美元、台湾1.48亿美元、英国1.47亿美元、美国1.04亿美元，分别占协议外资总额的36.6%、14.7%、14.6%和10.4%。厦门市委、市政府对此高度重视，采取了一系列具体措施，如做好厦门电子、机械配套招商工作，大力拓展对外交流合作，使第四届投资贸易洽谈会影响力进一步扩大，招商成果丰硕，签约项目履约率较高；拓展了利用外资领域，鼓励外商在厦投资设立研发中心、物流中心、软件网络等；建立五类重点项目跟踪服务制度，为外资项目协调、解决困难和问题；清理了不适应利用外资发展的法规及不配套、不具体，难以操作的政策、规章；大力宣传优惠政策，营造良好的政策环境等等。经过厦门全市上下的共同努力，利用外资大幅下滑势头得到遏制，引资质量明显提高。具体表现在以下三个方面：一是利用外资的结构进一步优化。新批协议利用外资投向于工业的有9.19亿美元，占新批协议外资的91.6%；世界著名跨国公司在厦投资迅速增长，新批美国通士达照明、柯达一次性相机两个项目，增资富士电气化学、厦芝科技工具、TDK、林德叉车、太古飞机维修5个项目。二是引进外资的高科技含量提高。引进了一批发展潜力较大的高新技术中小型企业，如生产高速宽带互联网接入系统设备的赛波网络技术项目、生产多媒体家电的灿坤科技项目、新型建材微晶玻璃的通士达项目、纳米克热电电子项目等。三是引进外资扩大到第三产业的服务贸易领域，如美联网计算机网络、万年网资讯科技、思木工业自动化、威盈数码等14个项目，充分显示出在吸引外商和留学生投资研发项目所具有的潜在优势和在服务贸易领域利用外资的发展趋势。

【对外贸易】 2000年，在厦门市围绕“千方百计扩大出口”这一工作重点，抓住“经济结构调整”主线，大力推进“科技兴贸”、“以质取胜”、“走出去”战略的实施，积极拓展国内外市场，做好重点企业的协调服务，及时解决了通关、退税、周转资金等投资环境问题，外贸出口大幅增长。全年外贸进出口总额突破百亿美元，达100.5亿美元，比上年增长26.1%。其中，进口总额41.7亿美元，增长18.1%；出口总额58.8亿美元，增长32.5%。全年实现贸易顺差17.1亿美元，增长88.8%。各类经济型企业出口增长迅速，“三资”企业出口36.26亿美元，增长38.1%；国有企业出口18.23亿美元，增长14.9%；私营企业出口3.4亿美元，增长1.91倍。各种贸易方式均呈较快增长势头，其中一般贸易出口23.83亿美元，增长35.8%；加工贸易出口30.6亿美元，增长31.4%。出口产品结构继续优化，高附加值和高科技含量的产品出口比重上升，其中机电产品出口25.07亿美元，增长39.3%；高新技术产品出口8.68亿美元，增长58.2%。全年外贸出口超1亿美元的国家和地区有9个，其中，对美国出口14.66亿美元，增长36.6%；对日本出口10.37亿美元，增长22.2%；对香港出口7.64亿美元，增长10.5%，对这3个国家和地区的出口额占全年外贸出口总额的55.6%。对外经济技术合作实现预期目标，全年对外承包劳务完成营业额6619万美元，期末在外人数8372人。

【开发区建设】 厦门市现有海沧、杏林、集美投资区、火炬高技术产业开发区和象屿保税区5个开发区。2000年，各开发区面对招商引资的困难局面，开拓进取，及时分析情况，制定、颁布鼓励外商投资高新技术项目的优惠政策，大力改善投资软环境，经济实力进一步增强。海沧投资区全年引进外商投资项目22项，总投资额2.97亿美元，比增74%；协议利用外资2.88亿美元，比增119.8%；批准国内客商投资项目18项，总投资10.02亿元。全年实现工业总产值91.33亿元，完成计划114.2%，增长39.3%；实现工业增加值28.92亿元，增长39.6%；工业产销率99.3%。全年引进工业项目31项，总投资3.92亿美元。全年高新技术企业产值占全区工业产值比重达到53.7%。嵩屿电厂、柯达感光、翔鹭纺纤、翔鹭石化(PTA)、明达塑胶等项目投资均在1亿美元以上。杏林国家级星火技术密集区全年合同利用外资1.41亿美元，比上年增长23.7%。集美投资区全年合同利用外资总额为1.11亿美元，比上年增长28.8%。火炬高技术产业开发区“一区多园”建设进展迅速，主要包括思明软件园、火炬软件园、北大生物园、路桥科技园、灿坤科技园等工程建设；全年合同利用外资总额为0.94亿美元，比上年增长34.1%。象屿保税区海港建设取得新进展，区内13#泊位已通过省交通质检验收，14#、15#、16#泊位水工部分工程已完成，口岸基础设施建设进展顺利，为进一步提高港口运输生产能力做好准备。全市海港建设成就显著，新辟远洋航线3条，厦门港至地中海、欧洲和美西的集装箱远洋干线班轮每周增加到10班，全年集装箱吞吐量突破100万标箱，厦门港的区域性优势日益突出。“出口加工区”建设在全市招商引资、扩大出口、抢占国内外市场中的地位也更显突出。

（撰稿：沈灿煌 邹金芳）

各类开发区 高科技园区

【各类开发区】 2000年，全省各类开发区根据省委、省政府的统一部署，紧紧围绕增创开放新优势，着力解决和突破影响开发区发展的各种体制和政策障碍，开发区建设取得了新的进展和成效。

一、加强开发区宏观管理，促进开发区协调发展。针对福建省目前开发区数量多、类型多、但规模偏小、布局分散的现状，全省加大了对现有开发区的调整力度，加强了对开发区总量控制、动态管理，实施了分类指导。一是针对全省高新区普遍存在的一区多园、布局分散、功能定位不明、管理体制不顺等问题，加强了对全省高新区的考核工作，对已设立多年但难以推进的“省级高科技园区”着手进行调整，争取重新定位，科学选址，科学规划；对少数开发进度缓慢的高新区提出了限期整改的措施。福州、漳州两市对开发区实行两级管理的目标责任制度，下达了《开发区经济目标责任书》，并对所属开发区建设情况进行定期考核验收，对达不到验收标准的开发区限期整改，树立了开发区的新形象。二是从现有一些市县兴办的工业小区中筛选出少数有规模、有效益、前景好的开发区确认为省级开发区。2000年全省共批准设立了南靖高科技工业园区、冠豸山旅游经济开发区和莆田赤港华侨经济开发区等3个开发区为省级开发区,国务院还批准了在厦门设立海沧出口加工区，至此全省开发区总数增加到78个，开发区的队伍结构进一步优化。

二、外引内联工作取得突破，开发区经济健康发展。2000年全省各类开发区克服种种困难，坚持外引内联都欢迎，国内国外市场都利用，加大项目引进力度。各级政府也加强对开发区招商工作的统一领导，把开发区列为重点招商区域来抓，督促、指导开发区运用、探索各种行之有效的招商方式，如整合各开发区力量，制作招商画册、光盘、推介上网等，增强开发区招商的吸引力。全省开发区项目引进工作保持着良好的发展势头。据统计，全省开发区共引进外资项目453项，合同外资19.11亿美元，实际利用外资14.83亿美元，分别占全省的31%、44%和39%；开发区共新批内联项目803个，总投资40亿元，占全省的14%。在引资数量增加的同时，引资质量也得到提高，一些开发区突出抓好国际大财团、大企业的引进工作，使一批规模大、科技含量高的项目纷纷落户开发区，有力地促进开发区产业结构调整和升级。据统计，全省累计已有200多个投资上千万美元以上的项目在开发区落户，不少项目是科技含量高、市场前景好的项目，有的项目实现了当年签约、当年建设、当年投产，有力地推动了开发区经济的健康发展。目前开发区累计投产企业5397家，其中2000年增加651家；全省开发区实现工业总产值1352亿元，其中“三资”企业产值866.7亿元，开发区在全省经济发展中的地位更为突出，已成为吸引外资的重要基地和推动产业结构调整和区域经济发展的重要力量。

三、加大政策扶持力度，为开发区创造较好发展环境。为加强对各类开发区的管理，及时协调解决开发区建设中遇到的各种困难和问题，促进开发区的健康发展。省委、省政府领导对开发区工作十分重视，多次深入到开发区考察调研、现场办公、解决困难。省政府先后出台了《关于加快招商局中银漳州经济开发区发展的批复》、《关于扶持福安畲族经济开发区发展政策措施的通知》、《关于台西科技园有关问题的复函》、《关于福州琅岐经济区财政问题的批复》，有力解决了部分开发区的财政体制、税收政策、建设用地等方面问题，增强开发区发展后劲。9月29日，省委、省政府在莆田市召开了全省华侨经济开发区工作会议，总结交流近年来华侨经济开发区发展经验，研究部署今后一个时期华侨经济开发区发展目标任务和措施，对推动华侨经济开发区持续健康发展起到积极作用。各级各部门齐心协力，出谋划策，积极为开发区发展创造比较宽松政策环境。省改革开放办在深入调研的基础上，起草了《福建省开发区管理条例》，目前已基本完成，争取列入2001年立法计划。福州市为确保开发区可持续发展，精心编制《全市开发区“十五”专项计划》，为未来5年全市开发区的协调发展以及产业分工、产业布局、产业衔接提供计划指导。漳州市出台了《关于加快开发区发展的若干意见》，从15个方面提升开发区的区域、科技、体制、开放和环境等五大竞争力，成为指导全市开发区发展的一个重要文件。

四、推进开发区规范化建设，改善开发区投资环境。2000年，全省开发区十分重视投资环境的改善，采取切实可行的措施，努力完善企业生产经营活动所需的各种功能，推动开发区向依靠体制创新、功能开发、健全法制的方向发展。在硬件建设上，2000年全省各开发区共投入46.68亿元集中用于开发区内水、电、路等基础设施建设，使全省开发区基础设施投入累计达到26亿元，从而大大改善了开发区的形象。在软环境建设上，初步实现服务工作的四个转变：即由引资项目的前期服务，转变为全过程一条龙服务；由一般性的代办手续服务，转变为经营决策性的咨询服务；由被动式的服务，转变为主动式的服务；由即时性服务，转变为前瞻性的服务。如福州市在总结闽侯青口投资区实行“一个窗口对外，一个漏斗对内”经验的基础上，市委、市政府作出实施代办制部署，对开发区新批项目实行代办制，一些有条件的开发区还把代办服务内容进一步延伸到企业产前、产中、产后各个环节，极大地方便了投资者。闽粤边界开发区实行“无费区”管理的做法也取得了比较明显的成效。

【厦门火炬高新区】 2000年，厦门火炬高新区认真贯彻全国技术创新大会精神，加大创业中心和软件园建设力度，努力培育、扶持高新技术企业，大力开展招商引资，改善配套服务设施，高新区建设各项工作呈现良好的发展态势。一是经济发展势头强劲。全年实现工业产值104亿元，技工贸总收入103亿元，出口创汇5亿美元，实现利税13亿元；其中核心区实现工业产值91亿元，技工贸总收入90亿元，出口创汇4亿美元，利税11亿元；工业产值、技工贸总收入和出口创汇分别比去年增长60%、56.1%和61.3%。二是开发建设进展顺利。高新区全年完成建设投资33856.68万元。竣工面积16万平方米，在建项目9个，建设面积20万平方米。全年共完成基础设施投资11367.56万元，完成了6条区内道路和相关配套工程，完成了路桥科技园内道路和配套服务设施80%的工程量、开发土地34万平方米。三是招商引资和企业孵化工作取得突破。全年共引进外资项目15项，引进外资9402万美元，完成了全年计划的117.5%。创业中心孵化工作成效显著，全年共有10多个留学生项目进入中心，孵化企业引进发明专利32项，孵化企业共完成销售收入8645万元，工业产值5840万元，利润1385万元，上交税金214万元。。四是进一步建立健全高新区工作制度，高新区管理服务水平进一步提高。

【福州市科技园区】 一是扶持企业发展。在产业扶持资金、科技风险资金、中小企业贷款担保基金等方面，加大对高新技术项目的扶持力度，增强企业创新能力。对高新技术企业实行分类指导。对经济实力较强、运行规范、已进入稳定成熟发展的企业，着眼于做好配套服务；对具备一定实力、前景看好、正处于向规模化发展的企业加大资金扶持力度；对小型高新技术企业进行风险投资，缩短孵化期。积极扶持发展前景较好的企业上市，积极推动新大陆、宏智、创识等公司进行改制，支持企业进入资本市场进行融资。由于园内企业不断壮大，科技园区的经济也得到发展，2000年园区实现工业产值62亿元。二是优化投资环境。在硬环境方面：加快园内“七通一平”建设，优化投资环境。目前已有80多家软件企业入园，17家企业入驻产业基地创业楼。在软环境方面：在政策、管理、技术创新、公共信息、社会服务、人才培训诸体系的管理框架下，把软件产业基地建设成可持续发展的以软件作为核心企业，培育出一批在信息产业界有影响的企业，造就高水准的软件人才，推出一批世界一流的软件产品。用足现有政策，为软件企业引进人才提供便利；同时加强对现有人才的培养，有37名学员进入清华大学工程硕士福州软件园培养工作站学习。三是加大招商力度。加强与国家科技部、教育部、省、市科技界，台湾、香港软件信息产业以及清华大学等重点院校的联系；在人、财、物等方面加大对招商工作的投入，进一步充实招商队伍，园区5个科技园都参与了招商，在招商经费上加大投入，保证招商工作顺利进行。建立招商网站，福州市科技园区网站开通，洪山科技园、台西科技园也建立了网站，开展网上招商，成功地引进了福州丹路电子公司、福州通产光电有限公司、光动力等公司。2000年进区的项目主要有投资8亿元的新大陆科技园、投资2亿元的福建留学人员创业园、投资2.4亿元的日本JVC偏转线圈、投资8亿元的省电子信息基地、投资1.45亿元的梅生实业等项目，福州科技园区已形成以高新技术电子信息产业为龙头的高科技产业群。四是制定法规政策。福州市委、市政府对已制定的一系列优惠政策进行梳理、充实，制定了《中共福州市委、福州市人民政府关于扶持软件产业发展的决定》，对科技园区进行功能定位合产业政策指导，不断完善高新技术产业软硬环境。

（撰稿：李珍煌　傅毅松）

编审：王明永　　　责校：郑　棻

外　　事

综　述

【概况】 2000年，在省委、省政府和外交部的领导下，福建省各级外事部门以江泽民总书记“三个代表”的重要思想为指导，坚决贯彻中央的对外方针、政策和省委、省政府关于扩大对外开放的各项部署，紧紧围绕为中央总体外交服务、为福建省经济建设和社会发展服务这两个工作重心，解放思想，大胆开拓，各项工作取得了新的进展。认真贯彻中央的对外方针、政策，积极主动地为中央外交全局服务。为配合中央开展涉台外交斗争，2000年初，获悉美国俄勒冈州州长拟于6月份应邀率团赴台湾进行官方访问，福建省通过当地的友好人士千方百计地做工作，成功地挫败了台湾当局的这一企图。巴布亚新几内亚是南太平洋的一个岛国，多年来一直是台湾当局开展“金钱外交”的重点对象。2000年5月，福建省与东高地省正式结好，并签订了《福建省援助东高地省发展菌草旱稻生产技术项目协议书》，有力地粉碎了台湾当局在南太平洋岛屿制造一中一台的阴谋。“妈祖文化节”期间，福建省邀请8家外国驻华新闻媒体20名记者采访东山岛和“妈祖文化节”，达到了突出两岸亲情，宣传我对台一贯政策的预期目的。美国《洛杉矶时报》、美国全国公共广播电台记者对东山“寡妇村”进行采访时，被当地台属的辛酸遭遇感动得掉下眼泪。他们表示：“一定竭力将此次采访的情况公开发表，让世人知道台湾当局的人为藩离政策，给两岸人民造成的深重痛苦，并呼吁两岸尽快实现‘三通’，早日实现统一”。日本NHK驻京记者采访东山“寡妇村”的节目在日本播出后，引起东山县旅日华侨和留学生的强烈反响，日本观众也被中国海峡两岸民众渴望祖国早日实现统一的浓浓亲情深深感染。英国“多佛惨案”发生后，外国记者纷纷要求来闽采访偷渡和非法移民问题。为防止事态进一步扩大，福建省有关方面密切配合，妥善处理各项善后事宜，成功地消除了事件的负面影响。

【对外交往】 2000年，福建省接待来访外宾团组特别是来自周边国家的团组呈现级别高、层次高的特点，先后接待了菲律宾总统埃斯特拉达、越南国家主席陈德良2位国家元首以及新加坡前总统黄金辉博士；泰国上议院副议长、总检察长，乌兹别克斯坦总检察长，安提瓜和巴布达议会议长等6批副总理级以上外宾团组；加拿大公民资格与移民部部长、美国司法部移民归化局总局长、印尼中爪哇省省长等34批副部长级以上外宾团组。省外办共接待外宾团组83批、993人次；接待美国、日本、法国、德国等国驻华使领馆官员30批、68人次。福建省20多位省级领导率领的代表团先后赴欧洲、北美、中东等地进行友好访问，主动推介经贸合作项目，取得了明显的实质性效果。2000年，福建省与巴布亚新几内亚东高地省、龙岩市与澳大利亚伍伦岗市、石狮市与菲律宾那牙市先后结好，全省友城上升为31对。友城间交往特别是高层交往十分频繁，福建省领导率团赴法国下诺曼底大区、意大利那不勒斯省、澳大利亚塔斯马尼亚州和日本长崎县访问；澳大利亚塔斯马尼亚州副总理，日本长崎县议长、冲绳县副知事，美国俄勒冈州议长，德国莱法州副议长等外国友城领导人也应邀来闽进行友好访问。为进一步巩固与外国友城的友好交往，全省各地先后举办了一系列大型涉外活动，如福建省与美国俄勒冈州结好15周年、福州市与日本长崎市结好20周年、泉州市与德国诺伊施塔特市结好5周年系列庆祝活动，取得了良好的效果。美国俄勒冈州艾丽尔管乐五重奏乐队来闽访问演出，获得圆满成功，演员们精湛的演技给观众留下了美好的印象。福州市市长翁福琳率团赴日本长崎市和那霸市访问，被那霸市市长授予“那霸市国际亲善荣誉市民”称号。还组团参加全国友协举办的“2000年中国友好城市国际大会”，顺利完成了“2000年中国国际友好城市交流展暨经贸洽谈会”福建馆的布展、参展工作，全面地对外展示了改革开放以来福建省友城交往所取得的成果。

【对外交流与合作重点】 进一步深化。2000年，福建省各地举办、承办了一系列重大招商引资和大型涉外活动，如“第四届中国投资贸易洽谈会”，“’2000福州国际招商月”，“第三届中国泉州国际木偶艺术节”，“第二届泉州旅游节”，“海峡两岸花博会”，“世界客属第十六届恳亲大会”，“第二届中国闽东大黄鱼节”等。各级外事部门充分发挥自身的优势，积极争取跨国公司、外国友城、外国驻华使领馆组团来闽参加洽谈，并认真做好重点外宾的接待工作，促成了一批重点项目的洽谈和签约。“福州国际招商月”期间，美国俄勒冈州议会及经贸代表团应邀来闽，分别与福建省副食品公司、福州市水产公司、福州市电子有限公司达成了合作、合资意向。福建省经贸代表团赴法国、南非访问期间，省贸促会与南非约翰内斯堡商会、巴黎工商会分别签定了长期合作的协议和意向；厦新公司与法国罗尼公司签订了合作协议，双方将共同推动厦新消费类及通讯类电子产品进入法国及欧洲市场；法国家乐福商业集团表示将加快实施在福州兴办的大型超市项目，阿尔卡特公司表示将扩大在福建的投资和技术转移。乌克兰敖德萨州政府代表团访问福建时，与福建省签订了双方建立友好交流关系的备忘录，并就福建省向该州派遣企业家代表团、举办轻工类产品展销会以及双边开展航运业合作达成了意向。阿根廷著名实业家费尔德曼访闽时，与省农业厅、省远洋渔业集团、省石化集团等部门和企业达成了福建移民成片开发阿根廷及其邻国农场、合作开发南美渔场等意向。福建省东南电视网络服务公司与世界知名的电视网络视频服务器生产商——比利时列日省的EVS公司开展合作，就引进对方生产的视频服务器达成了协议。泰国是拉差龙虎园董事长张祥盛与武夷山市签订了泰国是拉差鳄鱼生态农业项目合同。日本冲绳县日中友协会长仲本盛次投资5600万日元在连江创办了琉球酿酒有限公司，2000年5月正式投产。日本驻广州总领馆向福建省提供无偿援助163万元，用于改善福建省福安等县的卫生、教育事业。日本长崎县、冲绳县接受了9名福建省的留学生、研修生，并派2名造船、果树专家来闽进行技术指导。

【对外宣传】 提高福建的知名度。2000年，全省共邀请、审批、接待来闽采访的外国记者67批。在外事部门的精心安排下，外国记者对福建省举办的大型经贸洽谈活动如“中国投资贸易洽谈会”、“福州国际招商月”等以及独特的人文景观、民俗风情如永定土楼、东山“寡妇村”、连城木偶书法艺术、武夷岩茶等进行了客观和公正的报道。省委书记陈明义、省长习近平分别就闽台关系和福建省经济发展问题专门接受了日本NHK和美国CNN、法新社等西方主流媒体的采访，节目播出后，在海外引起了很好的反响。

【服务工作】 以“三个有利于”为标准，不断改进和强化了因公出国（境）服务工作。为适应实行“走出去”战略和发展开放型经济的需要，省政府下发了《关于进一步简化经贸人员出国审批手续的通知》（闽政办［2000］234号）、《关于省管国有骨干企业领导人员因公临时出国审批暂行办法的通知》（闽政办［2000］235号），分别简化了全省国有骨干企业领导人员和企业申办一年内多次有效因公出国、因公赴港澳多次往返签注的手续。认真贯彻科教兴省战略，进一步简化了省内各高校处级和讲师以下的人员申办因公出国（境）事项的审批、审核环节。在审批因公出国（境）事项过程中，从实际出发，对重点扶持的企业、高科技企业、外向型企业、乡镇企业以及山区人员实行倾斜政策，尽可能为他们出访提供便利。同时，全省因公出国（境）审批和护照签证电脑网络成功实现了与各地、各单位的联网，实行了办事公开制度，将办理因公出国（境）事项各个环节的条件、程序、所需材料、政策规定和收费标准向因公出访人员公开，并实行了服务承诺制和办事时限制。2000年，全省共审核、审批因公出国（境）事项8391批、20515人次；办理因公护照和赴港澳通行证8915批、27180人次，申办外国签证279批、10747人次。

【统一政策、制度和纪律】 外事、涉外工作的综合归口管理切实得到了加强。在因公出国（境）管理方面，先后下发了《关于厦门市厅局级人员因公临时出国（境）审批办法的通知》(闽委办[2000]185号)、《关于对全省各市厅局级人员因公护照和通行证实行集中统一管理的通知》（闽政外管［2000］107号），制定了有关出国审批证照管理的文件规定，进一步完善了全省因公出国（境）审批体制和护照签证管理体制，制止、调整和压缩了出访目的不明确因公出国团组507批、1537人次。制定下发了《关于对跨地区跨部门团组加强管理、监督和检查，坚决制止用公款出国旅游的通知》(闽政外[2000]22号)，建立了对双跨团组的事先审核制度、审批办法以及监督检查和违规处理办法，初步遏制了双跨团组过多过滥的势头。在外国记者管理方面，正确界定和区分敏感项目和非敏感项目，婉拒申请来闽采访敏感项目的外国记者35批。为适应全方位对外开放的需要，省政府下发了《关于与外国驻华使、领馆交往的若干规定》(闽政办［2000］204号)，明确了各单位、各部门在与外国使、领馆交往的权限和职责，将全省各地、各单位与外国使领馆的交往纳入了有序的轨道。

【干部队伍建设】 围绕“三个代表”的学习，省外办共安排了6个专题的理论研讨；认真开展学习邓小平外交思想活动，举办了“邓小平外交思想学习研讨会”。认真开展效能建设，完善否定报备制、首问责任制等各项制度，加强对窗口单位和重点岗位的监督，增强了机关工作人员的服务意识，改进了工作作风，树立了外事干部廉洁、勤政、高效、务实的良好形象。为进一步提高全省外事干部的业务素质，省外办举办了“全省第三期外事干部岗位培训班”、因公出国(境)手续专办员培训班，承办了外交部的“全国地市外办主任培训班”，在3年的时间内将全省县（市、区）的外办主任及全省因公出国（境）手续专办员基本轮训了一遍。按照省委、省政府的统一部署，积极稳妥地进行机构改革，机关职能处室由原来的6个减为5个，人员精简幅度达到了33%。

【全省外事工作会议召开】 经省委、省政府批准，10月12日，全省外事工作会议在福州召开。省委外事工作领导小组成员，全省9地市分管外事工作的领导，全省各地市、县（市、区）外办主任，省直各厅局外事处（科）长共约200名代表参加了会议。会议由汪毅夫副省长主持，省委副书记、省委外事工作领导小组副组长何少川到会并作了重要讲话。会议学习、传达了全国地方外事工作会议精神，分析了当前全省外事工作面临的新形势、新任务和新要求，总结了近两年来全省外事工作的经验，研究部署了下一阶段的工作任务。

【省委书记陈明义接受日本NHK记者采访】 5月28日，省委书记陈明义接受了日本广播协会驻香港分局局长小须田秀幸的采访。陈明义分别就福州国际招商月、福建与日本冲绳的友好关系，以及闽台经贸交流、两岸关系等问题回答了记者的提问。

【省长习近平接受法国、美国记者采访】 2月23日，省长习近平在福州就如何参与西部大开发战略的实施，加快发展福建经济等问题先后接受了法国新闻社驻北京记者江伟德、美国有线电视新闻网（CNN）驻北京记者麦白柯的电视采访。

【外国记者团采访妈祖文化节、东山寡妇村】 4月28日至5月2日，省外办组织日本NHK、朝日新闻社，德国电视一台、英国路透社、澳大利亚广播公司等8家常驻北京、上海的外国新闻媒体共20名记者组成记者团，联合到福建采访。记者团先后实地采访了“妈祖文化节”、东山寡妇村展览馆、部分回乡定居的国民党老兵以及东山县的台资企业等。东京广播公司记者柴田和广在采访后发表了题为《台湾海峡，秘密通航的进程》的报道。柴田认为，“由于台湾方面禁止与大陆的直接往来，前来朝拜的妈祖信徒几乎都经由香港等第三地才可来到这里”“陈水扁政权会不会回应中国大陆方面强烈诉求的台湾海峡直接往来，已成了未来两岸关系的关键”。一些外国记者在采访寡妇村后认为，“寡妇村”的变迁是海峡两岸关系发展变化的缩影，台湾与大陆一衣带水的骨肉亲情永远无法割断，两岸“三通”的潮流是谁也阻挡不了的。

【日本记者慕名采访提线木偶书法绝活】 7月4～5日，日本NHK上海支局局长松冈正顺从千里之外慕名而来，到连城县采访了木偶艺人李明卿。李明卿是连城县文化馆负责人、木偶剧团团长，从事木偶艺术20多年。近年来潜心研究木偶书法，创造了用提线木偶写字的绝技。曾先后应邀到新加坡、马来西亚、印尼、香港等国家和地区表演，引起轰动，被当地新闻界誉为“世界首创，神州一绝”。这一绝技已申报吉尼斯世界纪录。应日本记者要求，李明卿一行表演了一出精美的木偶戏，并当场书写“千禧吉祥”4字赠送日本记者，令客人赞不绝口。

【第九期全国地市外办主任培训班在福州举办】 11月2～6日，由外交部举办的“第九期全国地市外办主任培训班”在福州举行。来自全国30个省、市、自治区的110名地市外办主任参加了本期培训班的学习。福建省副省长黄小晶在开学式上致欢迎词并向学员介绍了福建省改革开放和两个文明建设的基本情况。外交部特调小组组长、中国前驻比利时大使、原国务院外办副主任夏道生专程来闽并为培训班作了国际形势报告，外交部外管司、条法司等业务公司负责人也为培训班授课。

友好往来

【菲律宾总统埃斯特拉达来访】 应国家主席江泽民邀请，菲律宾总统埃斯特拉达率政府代表团和企业家代表团在结束对中国的正式访问后，于5月19日来厦门、泉州市访问。19日晚，省长习近平、副省长兼厦门市市长朱亚衍会见了代表团一行。访问期间，埃斯特拉达分别出席了菲资厦门银行中心、百鼎汽配科技有限公司的落成庆典以及晋江市的扶西·黎刹塑像的奠基典礼，并参观了亚洲酿酒（厦门）有限公司。菲律宾总统盛赞中国以及福建省改革开放以来取得的巨大成就，并希望有机会能再次访问厦门市。

【越南国家主席陈德良访问厦门】 应国家主席江泽民邀请，越南国家主席陈德良率政府代表团及企业家代表团于12月28～29日访问了厦门市。28日晚，省长习近平、省委常委、厦门市委书记洪永世和副省长、厦门市市长朱亚衍会见了代表团一行。在厦期间，陈德良主席先后考察了海沧投资区、厦华电子股份有限公司、国际货柜码头和翔鹭公司，并游览了厦门市市容，对福建改革开放的成就留下了深刻的印象。他表示，越南有关方面将认真学习和借鉴福建省的改革开放经验，在工业、农业尤其是水产养殖业和高科技领域与福建开展全面的合作。

【新加坡前总统黄金辉博士龙海寻根】 5月1日，新加坡前总统黄金辉博士率子孙14人，在新加坡驻厦门总领馆总领事林明河的陪同下，到龙海市寻根。在龙海期间，黄金辉博士前往海澄镇黎明村，与有关人士在黄氏宗祠座谈，查阅族谱和有关资料，共叙宗族亲情，回顾先人往事。通过多方努力，初步查明了其祖辈赴南洋前的居所。

【驻华使节来闽参加福州国际招商月】 5月28日，2000中国福州国际招商月暨海峡科技成果交易会在福州国际会展中心隆重开幕。5月28日上午，福建省委书记陈明义、省长习近平先后会见了来闽参加招商月的外国驻华使馆官员和跨国公司客商。参加会见的26名外交官分别来自21个国家驻华使领馆。在会见中，陈明义希望外交官们能够介绍更多的朋友和客商来闽观光考察、旅游、投资。在会见英国BP阿莫克公司中国总裁乔仕狄、沃尔玛中国有限公司高级行政总监李成杰等跨国公司代表时，陈明义说，福建已积累了20多年的改革开放经验，具备了进一步提高对外开放水平的能力和条件，在实施跨世纪发展战略的过程中，福建将致力于创造更加优良的投资环境，以吸引跨国公司来闽投资兴业。

【诺贝尔经济学奖获得者克莱因教授访闽】 9月7～11日，诺贝尔经济学奖获得者、美国科学院院士、美国宾夕法尼亚州大学教授劳伦斯·克莱因夫妇应邀来闽，先后对厦门和武夷山市进行了访问。在闽期间，国务委员吴仪、省委书记陈明义、省长习近平会见了克莱因教授。克莱因教授出席了"第四届中国投资贸易洽谈会"的开幕式，并到武夷山参观游览，对武夷山独具魅力的景色赞不绝口。

【省长习近平率团访问埃及、墨西哥】 为加强福建省与非洲、拉美地区的友好联系与经贸往来，推进福建省进一步对外开放战略的深入实施，省长习近平率福建省经贸代表团于5月下旬对埃及、墨西哥进行了友好访问与经贸考察。这次访问，是在我国相继与美国、欧盟达成加入世界贸易组织的协议，中央提出"走出去"对外开放新战略的大背景下进行的。访问期间，代表团拜会了埃及商业联合会副主席哈利德·艾斯马仪、亚历山大省副省长卡哈拉夫、墨西哥国家对外经贸发展银行执行主任、亚洲部主任等，考察了开罗、亚历山大、墨西哥、坎昆4个城市的建设与环保情况；考察了两国历史文化遗产的保护、开发工作；考察了埃及亚历山大港的开放、管理与建设工作等。所到之处，习近平省长都全面宣传福建省省情和改革开放成就，介绍福建良好的投资环境，大力推介"中国投资贸易洽谈会"，邀请两国企业家来闽参展。访问加深了对埃及、墨西哥两国的认识和了解，沟通了福建省与两国开展经贸合作的途径与渠道。

【省长习近平会见日本驻华大使】 3月3日晚，在出席全国"两会"期间，习近平省长应邀出席了日本驻华大使谷野作太郎为其举行的晚宴。谷野大使对近几年来福建省与日本的交流与合作表示满意，并希望今后进一步加强双方的友好往来。省长习近平对大使的看法表示赞同。他说，改革开放以来，福建省已同日本先后建立了8对友好城市，进行了卓有成效的交流和合作，取得了良好的效果。习近平省长还对日本有关方面对福建省提供的无偿援助表示感谢。

【西非经济共同体使节团访闽】 应省外办邀请，以贝宁驻华大使米歇尔·阿代希安为团长的西非国家经济共同体驻华使节团一行7人于7月6日～9日对福州、厦门两市进行了访问。这是福建省为认真实施"走出去"的战略，努力增进与西非共同体的相互了解，探索促进双方的经贸关系的一个重要举措。西非经济共同体成立于1975年5月，共有16个成员国，其中10个国家在中国设有外交机构。访问期间，习近平省长会见了代表团一行，并举办了福建省与西非经济共同体经贸研讨会。会上，省外经贸厅、省农业厅、省武夷公司等单位与代表团就拓展西非市场与使节团进行了深入的探讨。研讨会增进了福建省与西非国家的相互了解，建立起了福建省与西非国家的桥梁、纽带关系，为企业寻找合作空间开辟了渠道。

友好城市

【福建省与巴布亚新几内亚东高地省正式结好】 应习近平省长的邀请，巴布亚新几内亚东高地省拉法纳马省长率政府代表团一行9人于5月16～22日对福州、厦门、漳州、泉州进行了为期一周的友好访问。访问期间，陈明义书记、习近平省长分别会见了代表团。习近平省长代表福建省与东高地省签署了《中华人民共和国福建省和巴布亚新几内亚东高地省建立友好省关系协议书》、《福建省援助东高地省发展菌草旱稻生产技术项目协议书》。福建省承诺，在今后5年内，拨出100万元资金，继续援助东高地省发展菌草和旱稻项目，使其成为当地两大支柱产业。拉法纳马深有感触地说，福建省对东高地省真心实意地支持和援助，我们全省人民都牢记在心，只承认一个中国的决心更坚定了。

【省委书记陈明义率团出访法国、南非】 应法国下诺曼底大区和南非农业部、西北省的邀请，省委书记陈明义率福建省经贸代表团于6月17日至7月1日对法国、南非进行了友好访问。这次访问是在中法、中南关系不断改善和发展的形势下进行的。访问期间，代表团先后访问

福建省与外国建立友城关系一览表

省　市	友好省州/城市	结好时间	签字地点
福建省	澳大利亚塔斯马尼亚州	1981.03.05	霍巴特市
	日本长崎县	1982.10.16	山崎市
	美国俄勒冈州	1984.09.25	福州市
	比利时列日省	1986.02.27	福州市
	德国莱法州	1989.05.24	美茵兹市
	法国下诺曼底大区	1990.12.06	冈城市
	日本冲绳县	1997.09.04	福州市
	意大利那不勒斯省	1998.06.12	那不勒斯市
	巴布亚新几内亚东高地省	2000.05.16	福州市
福州市	日本长崎市	1980.10.20	长崎市
	日本那霸市	1981.05.20	那霸市
	美国锡拉丘兹市	1991.08.25	锡拉丘兹市
	美国华盛顿塔科马市	1994.11.17	福州市
	巴西坎皮那斯市	1996.11.17	福州市
厦门市	英国加的夫郡	1983.03.31	厦门市
	日本佐世保市	1983.10.28	佐世保市
	菲律宾宿务市	1984.10.26	宿务市
	美国马里兰州巴尔的摩市	1985.11.07	厦门市
	新西兰惠灵顿市	1987.06.23	惠灵顿市
	马来西亚槟岛市	1993.11.10	槟岛市
	澳大利亚马卢奇郡	1999.09.28	厦门市
泉州市	日本浦添市	1988.09.23	浦添市
	美国蒙特利公园市	1994.02.24	蒙特利公园市
	德国诺伊斯塔特市	1995.11.02	泉州市
漳州市	日本谏早市	1991.04.15	漳州市
南平市	美国康涅狄克州史丹福市	1993.07.02	史丹福市
三明市	美国密执安州兰辛市	1997.09.10	三明市
龙岩市	澳大利亚伍龙岗市	2000.11.19	龙岩市
南安市	日本平户市	1995.10.20	平户市
福鼎市	斯洛伐克特尔纳瓦市	1998.04.29	福鼎市
石狮市	菲律宾那牙市	2000.03.01	那牙市

了法国巴黎、下诺曼底大区、尼斯和南非的约翰内斯堡、比勒陀利亚、西北省及开普敦等地，拜会了法国下诺曼底大区和南非西北省政府及两国的重要经贸组织，考察了一批跨国公司和高科技企业，看望了旅居两国的福建乡亲，并达成了许多重要的合作意向。南非西北省表达了与福建省结好的愿望；省贸促会与南非约翰内斯堡商会、巴黎工商会分别签订了长期合作的协议和意向；厦新公司与法国罗尼公司签订了合作协议，双方将共同推动厦新消费类及通讯类电子产品进入法国及欧洲市场；法国家乐福商业集团表示将加快实施在福州兴办的大型超市项目，阿尔卡特公司表示将扩大在福建的投资和技术转移。

【美国俄勒冈州参议院议长布雷迪·亚当斯访闽】 5月19～23日，以美国俄勒冈州参议院议长布雷迪·亚当斯为团长的州议会及经贸代表团一行28人对福建进行了友好访问。这是亚当斯议长自1997年后第二次访闽，主要目的是出席“’2000福州国际招商月”。访问期间，省委书记陈明义、省人大主任袁启彤、副省长张家坤先后会见了代表团。福州市专门安排了一场经贸洽谈会，会上中美企业家按行业分成若干个小组相互交换信息并就今后的合作展开了深入的探讨，福建省副食品公司与俄勒冈州萨伯罗索公司、福州市水产公司与库尔曼牡蛎场、福州市电子有限公司和NCY美国公司达成了合资、合作意向。此外，代表团还与福州市政府签署了俄勒冈州企业长期租用福州会展中心陈列俄州产品的备忘录。

【乌克兰敖德萨州政府代表团访闽】 应习近平省长邀请，以州长兼议会主席谢尔盖·格里涅维茨基为团长的乌克兰敖德萨州政府代表团一行6人于10月16～19日对福建进行了友好访问。省委书记陈明义、省长习近平、省人大主任袁启彤等省领导会见了代表团。格里涅维茨基州长说，第一次来中国福建，留下非常美好、深刻的印象。访问期间，代表团与福建省签订了双边建立友好交流关系的备忘录，并与省外经贸厅、省贸促会及相关企业举行专题座谈，双方就福建向该州派遣企业家代表团、举办轻工类产品展销会以及开展航运业合作等议题进行了深入、细致的研讨，达成了合作意向。代表团在福建中医学院参观时，格里涅维茨基州长对中医在医疗保健方面的神奇功效表现出浓厚的兴趣，希望福建中医界能与敖德萨市开展交流与合作，帮助把中医、中药引进乌克兰。

【福建省组团赴京参加“2000中国友好城市国际大会”】 为了向国际社会全面展示国际友城间的交流与合作成果，推动友城工作的深入发展，9月26～28日，由中国人民对外友好协会和中国国际友好城市联合会共同举办的“2000中国友好城市国际大会”在北京隆重召开。江泽民主席为大会题词，国务院总理朱镕基向大会发来贺信，国家副主席胡锦涛出席了开幕式。汪毅夫副省长率省直有关部门及全省8个市组成的福建省代表团与来自国内外的330多个城市的1500名代表出席了大会，并在会议论坛上作了题为“采取措施，大力促进福建地方政府可持续发展国际合作的进程”的演讲，受到与会代表的好评。

对外交流与合作

【文化对外交流与合作】 2000年，福建省对外文化交流出访项目有所减少，但地域有所拓展；来访项目数量增加、质量提高，呈现出喜人局面。全省共派出34个以从事木偶、杂技、戏剧、音乐、歌舞、书画、电影、文物等为主要交流内容的文化团组，分别出访了美国、日本、德国、瑞士、新加坡、香港、澳门等16个国家和地区；接待来自美国、日本、法国、比利时、俄罗斯、乌克兰、香港、澳门等22个国家和地区的文化团组30批、700人次，双方交流的领域包括芭蕾舞剧、民间歌舞、交响乐、室内乐等。2月在古城泉州举办的“第六届中国泉州国际南音大会唱”是一次溶传统文化展示、旅游资源推介、旅游商品展销、地方民俗荟萃于一体的大会演，共有来自日本、新加坡、香港等国家和地区的15个南音代表团、海内外弦友434人参加，勾画出一幅幅“明月箫音故乡情”的漫长画卷。“第三届中国泉州国际木偶艺术节”暨“中国—巴西联合发行《木偶和面具》特种邮票发行式”高朋满座、盛况空前，共有海内外31个木偶团体500多人聚集泉州，切磋交流，是历届国际性木偶艺术活动参加人数最多、规模最大、规格最高的一次，圆满地达到了“木偶牵线，邮票会友”的预期目的。为弘扬、宣传福建的文化艺术，省杂技团，漳州平和、诏安、云霄县潮剧团，厦门交响乐团等8批文化团组分别赴新加坡、阿联酋等国举行商业演出，不仅创造了可观的经济效益，而且学习、借鉴了国外发展文化艺术的先进经验。美国钢琴家琳达·珍蒂和彼得·维诺格雷德、俄罗斯国家芭蕾舞剧院、澳大利亚悉尼歌剧院铜管五重奏等15批外国文艺团组风格各异、具有异国情调的演出，给福建观众带来了高水准的艺术享受，活跃了全省文艺舞台。

【卫生对外交流与合作】 为进一步加强国际卫生交流与合作，2000年，全省卫生系统共派出177批、322人次出国考察、培训、讲学、参加国际学术会议和交流等；邀请外国医学界同行82批、254人次来闽讲学、交流和考察。为提高全省卫生行政管理人员的管理水平，省卫生厅组织第三期医院管理培训班赴新加坡培训，共培训县市以上卫生局、医院领导18人，取得了较好的效果。根据福建省援外医疗队10年规划，福建省完成了2000年度、2001年度援外经费的预决算，并完成了第十批援助博茨瓦纳医疗队28名医护人员的初选工作。经博茨瓦纳卫生部批准，福州康天保健品公司将与博茨瓦纳有关部门合作，远赴非洲开设中医诊所。福建省先后还与新加坡、英国卫生部达成协议，将分别选派10名、50名护士赴新加坡、英国工作，有关人员已通过了对方的筛选和面试。

（撰稿：林学锋　肖长培）

编审：翁庆华　　责校：郑棻

2000年10月3日，由省外办、省文化厅，省对外友协共同主办的德国莱法州音乐山庄铜管音乐会在福州大戏院举行。（省外办供稿）

华侨事务

综述

【概况】 2000年，全省侨务工作以邓小平理论和江泽民总书记"三个代表"的重要思想为指导，精诚团结，围绕省委、省政府的工作中心，努力工作，开拓进取，创造性地开展工作，增创侨务工作新优势。根据中央和省委的部署，开展了"三讲"教育"回头看"活动，对群众反映比较强烈的问题进行了认真细致的调查、落实、反馈，进一步完善和落实了整改措施，提出了解决问题的办法和措施，巩固和扩大了"三讲"教育成果，不断加强了党组织的自身建设；开展了机关效能建设工作，狠抓了机关思想、作风、规章制度的建设；按照省委、省政府的要求，顺利完成了机构改革工作；贯彻落实全国侨务工作会议和全国侨务对台工作会议精神；认真实施全年工作计划，竭力为改革开放和经济建设服务，为侨服务；修订了《福建省保护华侨房屋租赁权益的若干规定》，修正案于11月经省人大常委会通过；按照全国人大和国务院侨办的部署，对《中华人民共和国归侨侨眷权益保护法》进行了修订工作，修正案于11月经全国人大常委会通过；宣传《中华人民共和国归侨侨眷权益保护法》，维护侨益，关心归侨侨眷和社会贫难侨的生产、生活；为祖国统一大业服务。各项工作卓有成效。2000年，全省共接待华侨华人23196人次，重点社团512个，分别来自20多个国家和地区。全年共举办夏（冬）令营10期，营员299人。

【侨务对台工作会议】 2000年8月29日，全省侨务对台工作会议在福州召开。会议传达贯彻全国侨务对台工作会议精神，深入分析台湾地区政局变化后海外华侨华人社会出现的新情况和新动向，进一步明确侨务对台工作的指导思想，研究具体对策，交流工作经验，动员全省侨务系统的力量，为早日实现祖国统一大业作出贡献。省委副书记赵学敏出席了会议并作了重要讲话。省侨办林爱国主任作了全省侨务对台工作报告，部署了全省侨务对台工作。

【促进中国和平统一恳谈会在厦门市举行】 2000年9月6日，"福建海外乡亲促进中国和平统一恳谈会"在厦门市举行。有18个国家和地区的60多位海外乡亲参加了会议。通过恳谈会，反对"台独"，发展两岸关系，推动祖国和平统一大业。海外乡亲同声呼吁，海外华侨华人应在一个中国原则上，加强团结，使之成为促进中国和平统一的一支重要力量，贡献心力和智慧，为促进中国和平统一大业努力奋斗。国务院侨办主任郭东坡和汪毅夫副省长向恳谈会发了贺电，省人大副主任林强出席并讲话。省人大侨委、省侨联、省外经贸厅等有关部门的领导参加了恳谈会。

【全国第二期侨务对台工作研讨班在厦门市开学】 为了进一步贯彻落实全国侨务对台工作会议精神，认真学习我国对台工作的方针、政策，进一步了解掌握台湾当前的最新局势和侨务对台工作面临的形势和任务，研究工作对象、探讨工作方法、掌握工作规律，将侨务对台工作进一步引向深入。2000年11月20日，福建省侨办与国务院侨办在厦门市联合举办了全国第二期侨务对台工作研讨班，全国17个省市和34个地、市、县级侨务干部和福建省人大侨委、省台办、省侨联、致公党福建省委、9市侨办等80多人参加了研讨班学习。国务院侨办的领导到研讨班进行了指导。

【世界客属第十六届恳亲大会】 2000年11月20日，"世界客属第十六届恳亲大会"在龙岩市举行。海内外的3000多名客属乡亲、近百个客属社团、来自台湾的客家乡亲300多人参加了本次盛会。这次恳亲大会，规模空前，乡情浓郁，气氛热烈，来宾之多为历史之最。中央非常重视这次会议。全国政协副主席、中央统战部部长王兆国，全国政协副主席、致公党中央主席罗豪才，全国政协副主席、台盟中央主席张克辉，全国人大华侨委主任甘子玉，国务院侨办主任郭东坡，全国侨联主席林兆枢，省领导陈明义、习近平等领导出席了会议。

闽西是客家主要祖地之一，目前播迁世界各地的近亿客家人中，有152个姓氏的祖先曾在闽西居住、生活过。闽西也是客家人最集中的聚居地之一，如今这一区域居住着300万客家人，分布在龙岩、连城、上杭、武平、永定、宁化、清流、明溪8县的居民98%以上是客家人。客家是中华民族大家庭中汉族的一支重要而独特的民系族群。世界客属恳亲大会是海内外客属乡亲联络乡谊和进行跨国跨地区交往的重要载体，也是各国各地区客家人开展经济合作和文化交流的重要舞台。1971年9月28日，香港最具影响的客属组织—香港崇正总会为庆祝其成立50周年暨"崇正大厦"落成，特邀请世界各地47个客属团体共250位乡亲代表，于香港九龙弥敦道国际大酒楼及设在跑马地的香港崇正总会大礼堂举行庆祝活动。与会代表决议：将这次活动定为"世界客属第一届恳亲大会"，并且以后每隔两年轮流在世界各地有关城市召开一届。从此，这一国际性民间活动及其程序便正式确定下来并延续至今。世界客属大会迄今已在亚、美、非三大洲10个国家和地区的11个城市举办过，其中中国台湾省台北市举办过四届，美国旧金山三潘市举办过两届。第十六届恳亲大会，不仅是世界客属乡亲的一次盛会，而且是发扬中华民族的优良传统，增强民族凝聚力，促进祖国统一大业，宣传福建，加快闽西老区发展，为振兴中华作贡献的一次盛会。台湾客家总会会长吴伯雄先生（国民党副主席，祖籍福建永定），全国人大常委、香港金利来集团有限公司董事局主席曾宪梓先生，美国中华团体工商联合会主席、美国国际日报董事长熊德龙先生，新加坡永定会馆会长、曾氏兄弟控股有限公司董事局主席曾良材先生等知名人士出席了这次会议。会议期间，举行了形式多样、内容丰富的恳亲活动和经贸洽谈活动，各地客属乡亲与龙岩市签订了经贸项目20项，其中外资项目7项，总投资1593万美元，内联项目13项，总投资4.85亿元。

【第三次世界福清同乡联谊大会】 2000年2月19日，"第三次世界福清同乡联谊大会"在福清市举行。国务院侨办郭东坡主任，全国侨联主席林兆枢，全国人大侨委副主任朱添华，省领导陈明义、习近平等出席了这次大会。来自五大洲20多个国家和地区的700多名福清籍海外乡亲以及100多名国内各地融籍专家学者、实业家参加了本次大会。会议期间，国侨办郭东坡主任召开专场恳谈会，广泛听取海外乡亲意见。会议还举行了闽江调水工程通水典礼和福清市招商引资项目洽谈会及项目签约仪式，签订41个项目，其中外资22项，总投资2.96亿美元。

【世界舜裔联谊会第14届国际大会暨晋江经贸洽谈会】 2000年10月25～27日，世界舜裔联谊会第14届国际大会暨晋江经贸洽谈会在晋江举行。海内外600多名舜裔宗亲参加了这次大会。孙逸仙和平教育基金会主席、美国檀香山中国妇女慈善会会长孙穗芳，世界舜裔联谊会常务委员会主席陈守仁、副主席陈来金出席了会议。4000多年以来，虞舜子孙经150多代的繁衍，传有陈、姚、虞、胡、田、王、孙、袁、陆、车共十大姓宗亲，遍布世界五大洲。1982年8月28日，在香港召开了世界舜裔宗亲联谊会第一届国际会议。这次大会，旨在加强联谊，增强团结，推动合作，共谋发展。孙中山孙女孙穗芳作为特邀嘉宾在会上作了《加强孙中山思想研究，促进祖国和平统一》的长篇发言，博得阵阵掌声。大会通过决定，成立世界舜裔联谊会海峡两岸和平统一促进委员会。第15届主办者为马来西亚舜裔宗亲。

【侨胞捐赠公益事业】 2000年，全省接受捐赠额达5.5亿元人民币，比去年增加6%。审批了百万元以上的捐赠物32件，价值3947万元人民币。2000年，以省政府的名义表彰了602名捐赠公益事业的华侨（包括捐资办教、办医），其中立碑表彰的3人，金牌表彰的419人，银牌表彰的180人。各地市政府也利用召开大型同乡联谊会和贸洽会之机，表彰了一大批为福建省公益事业和社会进步作出贡献的侨胞。

【评选全省明星侨资企业】 2000年，全省开展了评选“明星侨资企业”活动。开展这项活动的目的，是深化福建省“百家侨资企业树形象工程”工作，进一步树立福建省侨资企业的良好形象，促进侨资企业发展。这项工作，由省侨办会同省外经贸厅、省经济发展研究中心共同研究制定评选方案，并广泛征求了基层侨办和有关部门的意见。确定了以投资规模、销售总量、科技含量、社会效益、出口创汇为主要评价内容，开业（投产）时间、投资总额、销售营业收入、税收、企业年工资总额、企业科技含量6项指标为评分量化标准的评选方案。经省政府批准实施。经过细致的工作，评选出35家福建省明星侨资企业。2000年6月15日，在福州西湖宾馆召开了“福建省明星侨资企业表彰大会”，公布和表彰了明星企业名单，并授予荣誉牌。评选出的35家明星侨资企业，在投资规模、经济和社会效益等方面都是比较突出的。他们的实际到资总额有5.9亿多美元，销售总额61亿多元，纳税总额2.9亿多元，出口总额3.3亿多美元，高新技术或技术先进型的企业18家。在全省的侨资企业中具有相当的影响力，为福建省的经济建设发挥了重要作用，产生了积极的示范效应。

【全省华侨经济开发区工作会议】 华侨经济开发区工作，是省委、省政府在机构改革后赋予省侨办的一项新的职能。做好华侨经济开发区的工作，是促进和加快华侨农场发展的一项重要工作。为了加快华侨经济开发区建设，推动开发区更上新台阶，2000年9月29日，在莆田市召开了全省华侨经济开发区会议。省领导赵学敏、黄贤模、汪毅夫等出席了会议，国务院侨办、财政部派员莅会指导，华侨经济开发区所在地的政府领导和开发区的领导参加了会议。这次会议，总结交流了福建省华侨经济开发区建设情况，研究和部署了今后一个时期华侨经济开发区发展目标任务和措施，拟订促进华侨经济开发区发展的相关政策，讨论制定了《福建省进一步促进华侨经济开发区发展的若干意见》，以推动华侨经济开发区持续快速发展。

目前已有常山、竹坝、雪峰、双阳、北碇、赤港、东湖塘、江镜、东阁、长龙、梅州、南山、丰田、武夷山14个华侨经济开发区挂牌运作。其中东湖塘、赤港两个开发区已被省政府确认为省级开发区，常山、竹坝、雪峰、丰田、双阳、北碇6个华侨经济开发区已上报待批。据不完全统计，开发区共完成基础设施项目和省级下达的基本建设投资项目195项，完成水、电、路、通讯等基础设施投资额3.47亿元。1999～2000年新建侨居造福工程职工住宅12万平方米，新建或改造校舍1万平方米，建设归难侨农贸市场1.7万平方米，累计引进外商投资项目203家，合同外资金额4.5亿美元，实际利用外资3.8亿美元。

【建立高效生态农业科技示范园】 2000年，国务院侨办在福建省华侨农场搞科技推广点，建立高效生态农业科技示范园。此项目由国务院侨办和中国侨联联合支持，福建省侨办和省侨联为项目主持单位。科技示范园分别确定在南靖丰田华侨农场和连江长龙华侨农场。丰田华侨农场以果园改良为主，林—果—草—牧—菌—沼相配套；长龙华侨农场以山地茶园改造为主，茶—果—牧—沼—菌等良性循环。两个项目从2000年7月开始启动，2003年6月结束，历时3年。这是发展本省现代农业，改善生态环境，宏观指导华侨农场调整产业结构，加快华侨经济开发区建设，加大科技扶持力度的一项重要工作。

【侨居造福工程】 “侨居造福工程”是1999年经省政府批准实施的一项重要工作，目的是解决华侨农场归难侨的危困房问题。全省华侨农场安置归难侨的住房，经历了三、四十年历史大部分已成危房。归难侨的住房总面积41.9万平方米，只占全省华侨农场住房面积的33%，其中归难侨居住危房面积有17.9万平方米，有20%的归难侨住房面积不足10平方米。为了解决归难侨的危房和改善住房条件，计划集资建房6万平方米，原址旧房翻新改造4万平方米，为归难侨创造一个安全、方便、舒适的生活环境，体现党和人民对归难侨的关心，促进华侨农场的稳定和发展。1999年完成新建归难侨职工住宅480套、57400平方米；完成旧房改造52套、3148平方米，合计完成60548平方米。2000年，省计委下达14个华侨农场新建归难侨职工住房534套、48867平方米，旧房改造424套、29996平方米，已完成总工程量50%以上。目前，已有17个华侨农场组织实施了这项工程。

闽籍华侨社团

【2000年闽籍华侨社团动态】

时间	地点	内容	负责人	备注
1月1日	缅甸	缅甸福建同乡会在仰光市举行成立140周年纪念暨新会所落成典礼	负责人：吕振腙	
1月30日	美国	美国芝加哥美中福建同乡会在芝加哥市成立	主席：郑礼光	
1月30日	美国	美中工商联合会第4届理事会就职典礼在美国纽约市举行	负责人：陈长述	
2月22日	美国	美东福建同乡会第58届理监事会就职典礼在美国纽约市举行	负责人：郑德禄	

（续）

时间	地点	内容	负责人	备注
3月19日	香港	香港集美校友会庆祝香港集美校友会成立18周年暨第九届理监事就职典礼，并举行了纪念陈嘉庚诞辰125周年活动		
3月21日	荷兰	旅荷福建同乡联合会第2届理事就职典礼暨千禧年联欢晚会在荷兰阿姆斯特丹市举行	负责人：陈克志	
4月3日	美国	美国福建长乐南乡联合总会第4届职员就职典礼暨新春联欢晚会在美国纽约市举行	负责人：潘传春	
4月12日	美国	美国福建公所成立10周年庆典暨新一届主席及各部职员就职典礼在美国纽约市举行	负责人：张云平	
4月15日	澳大利亚	澳大利亚维多利亚州福建同乡会在墨尔本市选举产生第5届理事会	负责人：曾亚迪	
5月7日	香港	香港福建体育会举行第12届理监事就职典礼	负责人：林树哲	
5月13日	菲律宾	菲律宾福建总商会在马尼拉市举行成立94周年纪念暨第95、96届理监事就职庆典	负责人：曾汉源	
5月15日	菲律宾	菲律宾南安公会在马尼拉举行第6届理事就职典礼	负责人：戴宏达	
5月17日	美国	美国亭江华侨联合委员会第2届职员就职典礼在美国纽约市举行	负责人：王祖臣	
5月	澳大利亚	澳大利亚闽南同乡会在悉尼市成立	会　长：庄伟杰	
6月7日	菲律宾	菲华各界联合会2000～2001届理事会就职典礼暨中菲建交25周年庆典在菲律宾马尼拉市举行	负责人：蔡友铁	省侨办林爱国主任出席
6月11日	香港	香港蔼洲乡亲联谊会成立	会　长：林经纬 理事长：林金尊	
上半年	泰国	泰国福建会馆第58届理事会换届	负责人：高梧桐	
7月6日	荷兰	旅荷华侨总会第11届常务理事会就职典礼在荷兰阿姆斯特丹市举行	负责人：胡永央	
8月6日	美国	美国长乐公会第2届职员就职典礼暨成立2周年庆典在美国纽约市举行	负责人：陈全弟	
9月9日	马来西亚	马来西亚马六甲永春会馆成立200周年庆典暨马来西亚永春会馆联合会第22届第二次会员代表大会在马来西亚马六甲举行	负责人：郑孝洁	省委书记陈明义题词
9月	马来西亚	马来西亚福建社团联合会在马来西亚吉隆坡举行换届选举	负责人：童玉锦	
9月27日	意大利	意大利马尔凯华侨华人工商联谊总会在马尔凯市成立	会　长：孙光 理事长：刘天设	
10月21日	马来西亚	第二届世界兴安同乡恳亲大会在马来西亚古晋召开		
11月9日	西班牙	西班牙福建同乡会在瓦伦西亚市成立	会　长：蒋梦麟	
11月10日	澳大利亚	澳洲福建工商联谊总会成立1周年庆典和会馆落成典礼在悉尼市举行	负责人：陈展垣	省侨办巡视员过英群同志等出席
11月12日	香港	香港南安公会成立20周年庆典暨第5届世界南安同乡联谊会在香港举行	负责人：林树哲	省侨办罗仁副主任出席
11月16日	永春县	世界永春社团联谊会第4届代表大会暨永春县芦柑贸洽会、茶王赛在永春县举行	负责人：陈建安	
11月24日	新加坡	新加坡福清会馆举行成立90周年暨培青学校创办80周年、迁往新校舍庆典	负责人：林方华	省长习近平致贺信，省侨办卢圣鑫副主任出席
11月19日	美国	美国二刘联谊会在纽约市成立	主　席：刘宝江	
12月2日	厦门市	第四届世界同安联谊大会在厦门市同安区召开	负责人：孙炳炎	省侨办罗仁副主任出席
12月8日	澳门	澳门福清同乡会举行第2届理监事就职典礼	负责人：陈泽旺	
12月13日	秘鲁	旅秘福建同乡会在秘鲁利马市成立		
12月15日	马来西亚	第6届世界福州十邑同乡恳亲大会在马来西亚吉隆坡召开	负责人：黄双安	省人大黄贤模副主任出席

（撰稿：魏江平）

编审：章文恕　　责校：郑　菉

涉台事务

综述

【把握局势，提出对策】 2000年在省委、省政府领导下，全省各级各部门认真贯彻中央的决策部署，积极、稳妥、创造性地开展以经贸合作和各项交流为重点的涉台事务，取得了明显成效。在台湾地区新领导人选举期间，全省各有关部门充分发挥福建区位优势和研究力量优势，加强对台湾岛内政治形势，特别是选举形势的全面掌握和分析研究，提出看法和对策建议。其中一些对策建议，受到了中央台办领导的高度评价和肯定，并引起中央领导的高度重视，受到通报表扬。在3月18日选举结束和5月20日台湾当局新领导人上台后，省有关部门先后召开会议，传达中央指示，分析形势，提出了坚决维护国家统一，反对"台独"和分裂势力，争取和团结广大台湾同胞等多种意见和对策，使全省在开展涉台事务中统一了认识和行动。此外，针对两岸即将加入"WTO"及岛内政局新变化，有关部门组织专家、教授和在闽投资的台商，就加快闽台经贸合作与交流的因应措施进行研究探讨，先后完成了《做好两岸"入世"文章，推进闽台经济融合》、《关于台湾政局走向及扩大闽台经贸合作研究》(含14个子课题）等课题，提出了两岸双方加入"WTO"后对闽台经济关系的影响和对策，并参与编制完成了《"十·五"闽台经济合作与交流规划》(初稿)。

【涉台政策宣传教育】 鉴于民进党上台后的两岸关系新形势，年内全省上下着力开展了学习宣传中央对台方针政策的活动。这次宣传教育坚持以《中国台湾问题(干部读本)》为基本教材，与当前台湾政局及两岸关系形势相结合；以个人自学通读原著为主，与组织专题讲座相结合；以普遍书面测试为主、与组织市、省两级的台湾问题知识竞赛相结合，使宣传教育工作开展得既扎扎实实，又生动活泼，富有成效。活动中，共分发试卷12万余份，从省领导到一般干部都能认真应试，答卷回收率达94%，测试成绩在98分以上的达98.2%；全省共举办专题讲座300多场，听讲者异常踊跃，几乎场场爆满；在面上教育和各设区市组织知识竞赛的基础上，由省委台办、省委宣传部、外宣办和福建电视台于12月上旬联合举办了全省台湾问题知识竞赛的决赛。通过这一系列宣传教育活动，进一步提高了全省广大干部、群众坚决执行党的对台方针政策，反"台独"、反分裂、促统一的认识和自觉性。吕秀莲上台之后，竭力散布分裂言论，说什么"两岸是远亲近邻的关系"。此言一出，激起吕氏祖籍地南靖县干部群众的极大愤慨，吕秀莲祖籍地南靖县书洋乡吕氏宗亲迅即开会进行批驳。他们在会上揭露，1991年吕秀莲曾回乡谒祖，认祖归宗，可近几年来却竭力鼓吹"台独"谬论，在"台独"路上越走越远，这是典型的数典忘祖、背叛祖国、背叛祖宗的卑劣行为。这一消息被媒体报道后在台岛内外引起强烈反响，使两岸同胞进一步认清了吕秀莲的丑恶嘴脸，也使吕秀莲在岛内威风扫地，处境更加孤立。

【防范海上涉台突发事件】 2000年，全省沿海地区把落实《福建省沿海船舶边防治安管理条例》作为规范渔船管理、维护社会稳定的主要措施，有力地遏制了海上违规、违法和犯罪活动，保障了海上正常生产和治安秩序。年中，在东山县召开了全省沿海重点县(区)乡(镇)渔民教育工作现场会，把加强渔船民群众的思想教育与防范海上涉台突发事件有机地联系起来，提高广大渔船民群众对维护海峡祥和气氛重要性的认识。福州、厦门等沿海各地市分别发出通知，要求辖区沿海地方党委、政府切实加强领导和管理，严禁海上违法、违规作业行为，劝阻渔船民到敏感海域作业。沿海各县(市、区)乡(镇)注意对渔船民群众进行经常性的思想教育，增强文明生产的自觉性和安全生产意识，最大限度地避免引发海上涉台突发事件。在实际处理涉台突发事件中，各职能部门注意从维护两岸同胞的正当权益和稳定发展两岸关系的大局出发，坚持原则，讲究策略，采取积极、审慎、稳妥的工作步骤，使突发事件造成的负面影响降低到最低程度。据统计，全年妥善处理了8起涉台突发事件。

此外，年内还组织协调有关部门实施双向遣返作业，接回私渡去台人员6批1115人、被台方抓扣关押的渔民渔工2批123人；向台方遣返犯罪嫌疑人4批17人。因实施"中国海疆之旅"帆船活动作"环台湾岛行"而被台当局关押7个多月的帆船"银鹭号"邵勇言等4名帆船爱好者和1名记者也顺利接回。

闽台经贸合作

【概述】 尽管台湾政局和两岸关系形势复杂多变，但是发展两岸经贸合作是两岸同胞人心所向、大势所趋，是任何力量也无法阻挡的。在这个大背景下，2000年闽台经贸合作继续呈现平稳发展的势头。虽然新批台资项目偏少，实际利用台资也有所减少，但现有台资企业保持了正常运营。据统计，年内全省新批台资项目402项；合同台资金额7.07亿美元；实际到资4.89亿美元；对台贸易28.26亿美元。累计至2000年底，全省共批准台资项目6296项（占祖国大陆累计批准台资企业项目数的13.38%），合同台资116.87亿美元（占祖国大陆合同台资金额的24%)，实际到资84.14亿美元(占祖国大陆实际利用台资的31.93%)。历年累计对台贸易219.36亿美元（约占祖国大陆对台贸易总额的11.5%)，其中出口23.31亿美元，进口196.05亿美元。

【做好稳定台商工作】 一年来，两岸围绕着是坚持还是否定一个中国原则展开了激烈斗争，两岸关系处于低迷状态，引起了一些在闽投资台商的思想波动，也引起了岛内台商的顾虑。针对这种情况，省委、省政府领导及时指示各级各部门要做好工作，稳定台商的情绪。省长习近平，副省长曹德淦、汪毅夫等省领导带头深入走访台资企业，直接做工作；各级、各部门主要领导和台办领导也深入台资企业走访，并采取个别约谈、召开台商座谈会等形式，宣传党的对台方针政策，表明我坚持一个中国原则、反对"台独"、反对分裂的坚定立场，表示将继续贯彻执行"和平统一、一国两制"的方针和江泽民主席关于解决台湾问题，实现祖国完全统一的八项主张，继续推动两岸经贸合作和各项交流，以及维护台商合法权益的一贯政策。不少地市的领导和有关部门采取积极措施，帮助台资企业解决了生产经营中的困难，处理了一些台商投诉积案，使台商解除了思想顾虑，保证了台资企业的正常生产。

【改善投资软环境】 3月间，省政府再次召开全省对外经贸暨投资环境建设工作会议，审定颁布了《福建省涉及外商投资企业税外收费项目目录》和《福建省人民政府关于促进外商投资进一步发展的若干规定》。全省还清理了涉及利用外(台)资的政策规章，废止、修订、完善了一批与福建改革开放和利用外(台)资不相适应的条款。各级各部门认真贯彻《台湾同胞投资保护法实施细则》，采取积极有效措施，为台商热情服务，排忧解难。各级领导普遍开展联系台商和走访台资企业，坚持定期(月或季)台商接待日活动，各地普遍设立了台商投诉协调机构、指定专人受理台商投诉等等。这些措施的落实，使台商合法权益进一步得到了保障，受到台商普遍欢迎。

【福建省台商投诉协调中心成立】 为了更好地贯彻落实《台湾同胞投资保护法》和《台湾同胞投资保护法实施细则》，切实维护台胞投资者的合法权益，“福建省台商投诉协调中心”于1月28日在福州台湾酒店正式挂牌成立。省人大副主任黄贤模到会授牌。该中心以为台湾同胞投资者提供优质、高效的法律服务，依法维护台商正当权益，促进闽台经济合作与发展为宗旨，要求热情、认真、高效地受理和协调处理台胞投资者在投资、贸易及其他经济活动中的各种投诉，并做好台胞投资的法律咨询和宣传等工作。至年底，该中心协调全省共受理台商投诉案502件，已办结467件，办结率达93%，有效维护了台商的合法权益，受到广泛好评。

【招商活动】 漳州市1月8日举办的第二届海峡两岸花卉博览会和4月9日举办的第四届漳台经贸恳谈会，石狮市3月9日举办的第三届海峡两岸纺织服装博览会，厦门市4月8日举办的第四届对台出口商品交易会暨海峡两岸(机械电子)商品交易会，以及福州市5月份举办的国际招商月暨海峡两岸科技成果交易会等，都取得了较好成果。特别是9月8日，在厦门举办的第四届中国投资贸易洽谈会，应邀到会台商达3433人，超过了历届与会台商人数。投洽会上，由国台办主办的“台资企业展览馆”，以两岸经贸合作为主题，汇集了195家台资企业前来参展，其中大企业达30多家。福建省参展的台资企业有70家83个展位。贸洽会共签订台商投资项目587项，总投资30.14亿美元，利用台资25.49亿美元。其中福建省签订台资项目341项，总投资12.16亿美元，利用台资11.44亿美元。

东南汽车是国内汽车行业中目前最大的闽台合资企业，是国家重点整车生产厂。 (吴寿华 摄)

为吸引台资投向内地山区，推动山海协调发展，省台办组织了沿海5市22家台资企业的39位台商赴龙岩进行经贸考察，签订了8个项目。2000年全省还组织了82批452人经贸人士赴台从事经贸考察交流活动。

【福州(鼓岭)闽台合作农业科技示范区正式启动】 6月，作为国家财政确定支持的全国11个农业科技示范点之一，福州(鼓岭)闽台合作农业科技示范区建设正式启动。该园区规划占地总面积5000亩，总投资人民币3000万元，首期集中建设中心区700亩，投资1000万元。目前，投资76万元的嘉湖水库，投资200万元的面积400多亩的高科技果园，前期投资150万元的中心区主干道3公里、生产路2.6公里的路网等项目，已开始动工兴建。该园区的创立，对于加强闽台农业交流与合作，推进鼓岭避暑旅游业的发展等，都有重要意义。

【两岸试点直航货运量成倍增长】 据统计，2000年，福州、厦门与台湾高雄之间两岸试点直航(货运)共营运1573航次，比上年同期增长102.14%，运送集装箱43.27万标箱，比上年增长118.88%。累计至2000年底，两岸船公司(共10艘

海峡两岸商品展销会2000年10月1日～10日在厦门大嶝对台小额商品交易市场举行。设有478个店面的交易市场里，汇集全国28个省、市、自治区以及台湾、金门等地的名、特、优产品。图为交易市场一角。 (林辉龙 摄)

营运船，其中大陆6艘、台湾4艘）共营运5421航次、119万标箱。几年来，投资试点直航营运的船公司都取得了可观的经济效益，也为实现真正意义上的两岸直接通航提供了宝贵经验。试点直航的实践说明，两岸直接“三通”不仅是必要的，而且是可行的，台湾当局对两岸直接“三通”百般阻挠是毫无道理的。

闽台民间交往交流

【概述】 台湾政局的新变化虽然给发展两岸关系蒙上了阴影，但是闽台民间往来和各项交流仍保持了逐步发展的势头。据统计，2000年福建全省共接待来闽台胞47.80万人次，其中台湾各界人士来闽交流128项、1.12万人次；福建各界人士赴台交流170项、946人次；其中尤以民间信仰、民俗文化交流活动更具规模、更为活跃。

【知识界、青少年交流】 一是福建大学生首度组团访台。3月，由福州大学副校长叶辉玲为团长的12名大学生访问团赴台，是福建省首批大学生赴台交流团组。他们通过与台湾师生座谈、联欢等多种活动，展示了祖国大陆大学生的风采。台湾中原大学副校长熊慎干深情地说：“你们的学生很有思想，素质很高，在他们身上看到了强大的国家和民族的使命感。”二是台湾大中专师生来访增多。海协会在福建举办的“七彩录”中华传统文化研习营和2000年“海峡两岸园丁之家活动”暨“学校经营管理研讨会”等都有大批台湾中学、职高校长等人士来闽参加。通过参访、研讨，他们对祖国大陆改革开放的巨大变化和各方面的进步与发展表示惊讶和赞叹，对祖国传统文化的博大精深发出由衷的钦佩。三是学术交流活动层次有所提高。在全年240多个往来交流项目中，包括了自然科学、社会科学、边缘科学、特别不乏高新技术、生物工程等方面的热门课题。海协会和台湾民间机构在福建共同举办的“海峡两岸环境保护与可持续发展学术研讨会”，来自台湾各院校的18位专家、教授与大陆4所大学、10多家科研院所的70多位专家、教授进行了研讨，会议共收到论文104篇。两岸学者就共同关心的环境和发展热点问题进行了深入交流和探讨，对推动两岸环保科技进步和环保与经济的协调发展将产生积极作用。

【“‘七彩录’中华传统文化研习营”】 由海协会主办的台湾教师“‘七彩录’中华传统文化研习营”于2月16日起在福建开营，历时7天。该研习营系海协会主办的2000年“中华传统文化研习营”系列之一。参加研习营的有台湾部分中学校长、教师及市、县教育主管等共41人。研习营以弘扬中华传统文化为主题，先后游览了世界自然与文化遗产地武夷山风景区，与当地专家共同切磋了武夷岩茶的品质及其与台湾乌龙茶的历史渊源；考察了国家级历史文化名城泉州及其与台湾一脉相承的民俗文化；还在与金门一水之隔的秀丽海滨城市厦门，与当地同胞共渡元宵。

【闽台青少年寻根夏令营】 7月4～13日首届闽台青少年寻根夏令营顺利开营。该活动由福建省青年联合会、厦门市青年联合会和台湾中华青年交流协会共同组办。来自台湾的31名青少年参加此次寻根之旅，他们都是台湾在校中学生，年龄最大的18岁，最小的14岁。此行先后参观访问了厦门、泉州、武夷和福州祖地风貌，给他们留下了深刻印象。台北县竹园国小校长、首届台湾青少年寻根夏令营团长陈振顺先生感慨地说，此前他曾两次作为台湾中华青年交流协会理事访问大陆，到过北京、云南，这是第三次。此行带队来闽，使他难以忘怀的是感到闽台手足情深。一踏上福建土地，可以说是一见如故，没有丝毫隔阂与生疏。人们常用“史缘久、地缘近、血缘亲、文缘深、语缘通”来说明闽台之间深厚的历史和人文关系，此话一点不假。

【民间信仰、民俗文化交流】 5月份，以庆千年为主题，邀请台湾妈祖宫庙1500多人来闽参加湄洲妈祖文化旅游节暨妈祖诞辰1040周年庆典活动，台湾信众对“巨龙腾海祭妈祖”民俗游灯活动营造的十里长街火树银花的热烈场景赞叹不已。6月，在东山县举办的“海峡两岸第九届东山关帝庙文化节”，吸引了台湾近60家关帝庙的300多位台胞前来参加。7月16～21日，台中大甲镇澜宫组织2000余名妈祖信众到湄洲妈祖祖庙和泉州市天后宫谒祖进香。这是继1997年湄洲妈祖金身成功巡游台湾之后两岸妈祖文化交流的又一盛举，也是迄今为止有组织的规模最大的台湾信众“跨海进香”活动。这次活动原拟从海上乘船直航，由于台湾当局的阻挠，最终以包机方式完成。11月20日在龙岩举办的世界客属第16届恳亲大会，应邀前来参会的台湾团组有13个、280多人，其中有吴伯雄、许信良等40多名台湾上层人士前来参加。

【吴伯雄返乡认祖】 11月21日，台湾知名人士吴伯雄先生偕夫人，以台湾世界客属总会会长身份，借赴龙岩参加世界客属第16届恳亲大会之机，首次回到祖籍地永定县下洋镇思贤村寻根谒祖，受到父老乡亲的热烈欢迎。现年61岁的吴伯雄系思贤村吴氏第16代嗣，其曾祖父就是从这个秀美的山村走出去，飘洋过海到台湾的。祭祖仪式开始，在宗祠执事引导下，吴伯雄夫妇神情庄重、恭敬虔诚地面对祖先牌位鞠躬、上香、敬酒、献花。短短的10分钟仪式，完成了吴先生多年的夙愿。他说，回乡祭祖是他父亲临终前交待他一定要完成的遗愿。他还激动地用客家话对乡亲们说，作为一个中国人，对祖先的敬爱是传统美德，是非常自然的感情，所以我一定要回来认祖归宗。祭祖完毕，步出祠堂，吴伯雄夫妇满脸兴奋，欣慰的神情溢于言表。 （撰稿：赖永彩）

编审：翁庆华　　责校：林丹英

港澳事务

综述

【概况】 2000年，福建省与香港、澳门的交往继续保持良好的发展势头，并向高层次、宽领域和纵深化发展。双方人员往来特别是高层互访十分频繁。一年来，全省共派出7026人次前往香港、澳门进行访问或从事经贸、科技、教育、文化等领域的交流与合作；香港、澳门特别行政区各界人士也纷纷来闽，积极开展与福建在各个领域的交流。2000年6月，习近平省长率团赴香港、澳门举行"福建高新技术产业发展说明会"和"福建经济说明会"，在两地引起很大反响。闽港两地联合组成经贸考察团赴东南亚有关国家考察，这是闽港首次携手开拓东南亚市场的大胆尝试。澳门特别行政区行政长官何厚铧来闽访问并与福建省领导共同主持召开了"闽澳高层研讨会"，标志着闽澳关系在世纪之交进入了一个新的发展阶段。"第四届中国投资贸易洽谈会"、"妈祖文化节"、"'2000福州国际招商月"、"第三届泉州国际木偶节"等重大招商引资活动和文化节庆期间，香港、澳门分别组团来闽参加洽谈或从事交流，先后达成了一批重要的合作项目。此外，闽港、闽澳之间还在旅游领域开展了卓有成效的合作。如：澳门方面先后组织各界人士来闽参加"澳门—武夷山直航包机首航活动"和"妈祖文化旅游节"，为闽澳旅游合作开辟了新的领域。

【习近平省长访问港澳】 6月4～9日，习近平省长率福建省代表团赴香港、澳门访问。这是习近平担任省长后首次出访港、澳。访问期间，习省长分别出席了在香港、澳门举办的"福建省高新技术产业发展说明会"、"福建经济发展说明会"，会晤了香港、澳门特别行政区政府官员，闽港、闽澳促进会顾问、副主任、委员以及一些著名的工商界人士。

【澳门特别行政区行政长官何厚铧访闽】 应福建省邀请，澳门特别行政区行政长官何厚铧于9月5～9日来闽访问。这是何厚铧就任澳门特别行政区行政长官后首次访问福建。陪同来访的有经济财政司司长谭伯源等特区政府官员。访闽期间，何厚铧出席了"闽澳合作高层研讨会"和"第四届中国投资贸易洽谈会"的开幕式，考察了武夷山的旅游设施，参观、游览了厦门国际会展中心和厦门市容。省委书记陈明义、省长习近平等省领导于9月5日晚会见了何厚铧一行。双方就在跨世纪发展中进一步加强闽澳交流与合作进行了深入的会谈，达成了广泛共识。何厚铧表示，澳门特区政府把福建、广东作为澳门在内地的合作重点，今后双方政府将加强交流，为两地的交流与合作多做实事。

【在港举办高新技术产业发展说明会】 为宣传福建省改革开放20多年来发展高新技术产业取得的成就，充分展示福建省高新技术产业发展的特色和整体实力，6月4～9日，福建省在香港会展中心举办了"福建省高新技术产业发展说明会"及"福建省高新技术企业推介洽谈会"。赴港参加此次说明会的单位共有16家，包括实达集团、万利达集团等具有代表性、创新能力强的高新技术企业以及厦门大学、福州大学所属高新技术成果转化工作较成功的研究所，其所从事的产业主要有电子、信息、生物医药、光机电一体化、新材料、高效节能与环保等。说明会期间，福建省推出了71个具有自主知识产权的项目，所推荐的项目大多开发、创新能力较强，引起30家香港本地、大陆驻港新闻机构和香港科技界、工商界的关注。说明会签约了福建远东环保纸浆餐具有限公司、厦大三达膜设备制造有限公司及东方证券网引进风险投资3个项目，总投资2034万美元，利用境外资金672万美元。

【闽港联合开拓东南亚市场】 6月19日至7月1日，曹德淦副省长率闽港经贸考察团赴印尼、新加坡访问，途经马来西亚。考察团由闽港双方的政府官员以及外贸、工商企业、社团和开发区的负责人组成，香港方面的成员包括全国人大代表黄光汉、全国政协委员李群华、施子清、赖庆辉、周安达源，省政协委员林学甫、杨伯淦等；福建方面由省直部门、有关地市以及外贸进出口公司和开发区的负责人共10人组成。这是亚洲金融危机之后，福建省前往3个国家规格最高、规模最大的代表团，也是闽港首次联合组团出访、携手拓展东南亚市场的新尝试。出访期间，考察团先后拜会了印尼中小企业部副部长、印尼国家金融公司总裁、中爪哇省省长，中国驻新加坡大使陈宝鎏、新加坡贸工部部长杨荣文、政务次长陈原生、大华银行集团主席黄祖耀、远东机构主席黄廷方，马来西亚贸工部副部长郭沫镇、槟城首席部长许子银等，并先后走访了闽籍社团，看望了侨居3国的闽籍华人、华侨，广泛听取海外乡亲对改善福建投资环境、促进投资贸易的意见和建议。考察团还广泛接触了3个国家政府主管经贸的负责人以及各类工商社团，开辟了对外经贸合作的新途径，推介了福建经济跨世纪发展的重点，加深了东南亚3国工商部门、工商协会以及企业界人士对福建和闽港经贸合作的认识。

【闽澳高层研讨会】 9月6日下午，"闽澳高层研讨会"在福州召开。省委书记陈明义、省长习近平，澳门特别行政区行政长官何厚铧以及来自闽澳两地的政府高层官员、工商界知名人士、科技文化界和专家、学者济济一堂，共商发展闽澳关系中带全局性、战略性、前瞻性的问题，推动闽澳合作向高层次、宽领域、纵深化发展。"闽澳合作高层研讨会"的召开，为闽澳双方跨世纪的发展和交流合作提供了良好的机遇，标志着闽澳双方合作进入了一个新的发展阶段。

民间交往

【香港中华总商会组团参加福州国际招商月】 5月26～29日，以香港中华总商会副会长黄光汉为团长的香港中华总商会访闽团一行来闽参观考察。客人此行主要是来闽出席"福州国际招商月"。访问期间，省委常委、福州市委书记赵学敏，副省长汪毅夫会见了访闽团一行。赵学敏介绍了"福州国际招商月"的盛况和特点，并希望香港中华总商会加强与福建的沟通与交流，共同推进闽港经贸、科技等方面的交流与合作，为福建改革开放和现代建设多做贡献。

【漳州市在澳门举办水仙花雕艺展】

1月27～30日，漳州市在澳门展览中心举办了“漳州水仙花雕艺展”。此次展览由漳州市文化交流协会、澳门福建社团庆祝澳门回归祖国活动委员会、中漳(澳门)实业有限公司主办，漳州片仔癀集团公司、澳门南光(集团)有限公司、香港漳州同乡总会等协办。澳门特别行政区社会文化司司长崔世安、中央人民政府驻澳门联络办公室副主任柯小刚、中共漳州市委副书记马新岚、全国政协常委吴福、澳门基本法协进会会长崔德祺、澳门特别行政区立法议员贺定一等出席了开幕式。花展期间，共展出由刘丽雪、蔡树木、郑跃敏等5名“中国水仙花雕刻师”精心雕作的近600盆千姿百态的水仙花精品造型，如“双龙戏珠庆回归”，“喜庆大团圆”等，表达了漳州人民对澳门同胞的深厚友谊，展览获得圆满成功。

【晋江戏剧团赴港演出】 应香港晋江同乡会的邀请，8月2～11日，晋江市高甲戏剧团一行49人赴港参加“庆祝香港晋江同乡会成立15周年”演出。在港期间，戏剧团演出了《李世民登基》、《包公卖龙铡》、《红梅弄》等优秀剧目，受到香港观众的热烈欢迎。香港一些专家和学者对戏剧团的演出给予高度评价，称赞该剧团的演出在当地刮起了一股高甲戏旋风。一些远在菲律宾、澳门、台湾的华人侨胞也赶来观赏，为戏剧团演出的曲目拍手叫绝。

(撰稿：林学锋　肖长培)

编审：章文恕　　责校：郑棻

经济成份和市场体系

多种经济成份

【发展概况】 “九五”期间，对所有制结构进行了不断的调整和完善，在国有经济发展的同时，积极支持、鼓励和引导非公有制经济的健康发展，使全省所有制结构初步形成了以公有制经济为主体、多种经济成份并存发展的多元化格局。在工业领域，2000年，在全省国有及年产品销售收入500万元以上非国有工业企业中，国有及国有控股企业完成增加值269.5亿元，增长12.6%；集体企业完成增加值43.02亿元，下降15.6%；股份制企业完成增加值142.84亿元，增长83.5%；外商及港澳台投资企业完成增加值363.69亿元，增长12.0%。在商贸零售领域，2000中，全省公有制经济实现消费品零售额339.28亿元，增长7.2%，占全社会消费品零售总额的24.71%；非公有制经济实现1033.57亿元，增长11.2%，占75.29%。

【国有经济】 国有经济在结构调整和深化改革中继续发展。1. 列入国家考核和省定的国有企业改革和摆脱困境目标如期实现。列入国家520户国有重点企业名单的11户企业有9户进行了规范化公司制改革，改制面达81.8%；省定的27户国有企业已改制24户，改制面达88.9%。列入国家脱困考核的69户重点企业，已有52户扭亏脱困，脱困率达75%；省定的251户国有及国有控股大中型工业企业亏损面降至20.7%，改制面和脱困面实现了“两个大多数”的目标。2. 国有经济结构调整初具成效。一是一批国有控股的骨干企业实力迅速增长，2000年纳入财政统计范围的728户企业完成工业总产值456.12亿元，实现销售收入448.74亿元。分别比上年增长25.55%和18.73%；二是汽车、电子等支柱产业得到长足的发展，已培育起福日集团、实达电脑、东南汽车、厦工集团等一批骨干企业或企业集团；三是一批存量国有资产从传统竞争性产业向支柱和新兴产业转移，“九五”期间，传统竞争性国有工业企业减少约2000家，近百亿元国有资本从这些企业退出，转向支柱和新兴产业中的骨干企业。3. 现代企业制度建设取得较大进展。到2000年底国有工业企业中改组为股份有限公司的有108家，有限责任公司的有217家。这些公司制企业在探索建立现代企业制度方面，主要进展有：一是明确了国有资本投资主体；二是实现了投资主体多元化，在国有控股的公司制企业中，国有资本金和非国有资本金的比例约为68%：32%，一批企业已较好地建立起了各出资者间的相互制约机制；三是初步建立了法人治理结构。4. 新的国有资产管理体制基本框架初步建立。在前几年试点的基础上，2000年在探索建立新的国有资产管理、监督和营运体系方面取得了较大突破。一是省政府出台了《关于加快国有资产管理、监督和营运体制改革的指导意见》，明确提出国资体制改革的方向是建立由“政府—国资授权经营公司—企业”三个层次构成的国有资产管理、监督和营运体系。二是组建了省国资委，代表国家对省级政府所管辖的国有资产行使所有者职能。三是全省已组建了60多家国有资产营运公司，有200多亿元的国有资本金授权给这些国资营运公司，约占全省经营性国有资本的30%。四是制定出台了一批推进全省国资体制改革的规章制度。

【集体经济】 集体企业加快了明晰产权的步伐，朝着建立现代企业制度的目标迈进。许多集体企业通过清产核资、界定产权，进行规范化的公司制改组，建立现代企业制度；集体经济的结构调整和产业升级的步伐也在加快。但集体经济发展后劲不足，全年集体企业完成的增加值比上年下降15.6%。

【非公有制经济】 个体私营企业、外商及港澳台投资企业等非公有制经济仍保持着快速增长的势头。全年实现社会消费品零售额1033.57亿元，比上年增长11.2%；个体经济在流通领域所占份额继续上升，实现零售额778.92亿元，增长15.4%，占社会消费品零售总额的比重由上年的54.2%上升到56.7%，显示出强劲的发展势头；外商及港澳台投资企业完成工业增加值363.69亿元，比上年增长12%，占全省国有及年产品销售收入500万元以上非国有企业完成工业增加值的44.4%。非公有制经济已成为全省国民经济的重要组成部分，一批非公有制企业经过十几年的发展，初步完成了资本积累，进入快速增长阶段，企业组织制度、管理制度开始趋于规范，部分企业开始涉足高科技领域、基础设施领域和国际市场。2000年非公有制经济发展的主要特点：一是一批有较强竞争实力的非公有制企业，如福耀玻璃、新大陆、厦门大洋、宏智科技、恒安集团等，仍保持着快速增长的势头，经济实力不断增强。二是随着市场经济的不断发展和科教兴省政策措施的落实，不少非公有制企业纷纷转向投资电子信息、生物工程、能源开发、环保技术、文化艺术交流等优势产业和高新技术产业。三是企业制度创新步伐加快，许多非公有制企业通过股份制改革进行明晰产权，制度创新，建立现代企业制度。全年有48家非公有制企业改制为股份有限公司，通过股份制改组，明晰了产权，引入多元投资主体，建立起较完善的法人治理结构，加强了财务管理，增强了企业实力。

【外商投资经济】 全省实有外商投资企业16013户，投资总额470.84亿美元，注册资本275.85亿美元，外方认缴出资额230.32亿美元。其中，中外合资企业5004户，中外合作企业720户，外商独资企业10282户，中外股份公司7户。从行业分布看，制造业11881户，占74.19%；房地产业140户，占8.79%，社会服务业769户，占4.8%。从国别登记情况看，外资来源地共有82个国家和地区。其中，香港8578户，占实有企业数的53.57%；台湾3622户，占22.62%：新加坡708户，占4.42%。2000年，全省新登记外商投资企业1366户，同比增长9.19%。其中，外商独资企业1056户，合资企业286户，合作企业24户。投资总额34.80亿美元，注册资本19.77亿美元，外方认缴出资额17.14亿美元，分别比去年同期增长了26.27%、17.47%和11.74%。外商投资企业发展的主要特点：一是外商投资企业整体发展态势明显好转，实现了恢复性增长。二是外商投资规模持续加大，科技含量有所上升，企业整体质量有所提高。新设立企业户均投资规模达254.74万美元，比上年同期每户多投了34.46万美元，加大了15.64%。科技含量明显上升，生物工程、电子信息网络、新型材料、医药、环保产品等技术含量较高的高新技术项目明显增多。三是制造业仍为外商投资热点。全年新增制造业企业1006户，占新增企业数的73.65%。四是房地产业投资明显回升，商业、旅游、中介、电信、教育、医疗等服务业成为外商投资的新热点。五是跨国公司来闽投资踊跃，福州、厦门两地成为主选地区。据不完全统计，至2000年底来闽投资的大型跨国公司已有近80个，投资企业达100多家，其中，世界500强企业有43家来闽投资51个项目。六是外商投资企业增资依然活跃。全年共有390户企业增资，新增注册资本5.72亿美元，外方认缴额新增5.23亿美元，相当于全年新设立企业注册资本额、外方认缴额的28.95%和33.53%，占全省利用外资总量的1/4以上。

【个体私营经济】 全省共有个体工商户和私营企业50.45万户，从业人员161.91万人；注册资金670.05亿元，比上年同期增长15.92%，户均资金达13.28万元，同比上升42.03%；总产值达357.82亿元，同比增长19.23%；销售总额或营业收入为728.08亿元，比上年同期下降6.24%；社会消费品零售额达462.92亿元，同比增长1.22%。出口创汇的个体工商户和私营企业达1593户，比上年同期增长17.74%；创汇折合人民币为57.89亿元，同比上升49.51%；全年个体工商户和私营企业共吸纳国有企业下岗职工15693人。

私营企业发展的主要特点是：1.私营企业户数不断增加，规模扩大，实力不断增强。至2000年底，私营企业达48547户，从业人员67.95万人，注册资本594.2亿元，分别比上年增长19.2%、16.72%和21.5%。私营企业户均注册资本达122.4万元，同比增加2.02%；注册资本100万元以上的私营企业达13020家，比上年增加了1577户，增长13.8%。2.私营企业效益明显提高。2000年，全省私营企业共创产值247.15亿元，同比增长25.53%；出口创汇的私营企业达到1357户，同比增加317户，增长30.48%，出口创汇折合人民币55.18亿元，同比增加17.67亿元，增长47.11%。3.私营有限公司发展迅速，独资企业和合伙企业发展平缓。到2000年底，私营有限责任公司达36910户，平均注册资金达148.56万元，私营独资企业和合伙企业仅为6560户和5057户。4.私营企业在第一产业中所占比重有所提高，但仍主要分布在第三产业。5.私企发展增幅大，增加面广，城镇发展量大于农村，沿海发展速度快于山区。

个体工商户发展的主要特点是：1.总量下降，截至2000年底，全省个体工商户计45.6万户，减幅达21.01%。2.第三产业仍占主导地位，其户数、从业人员、注册资本分别占个体工商户总指标的88.71%、82.71%和75.88%。3.临时经营户与个人合伙急剧下降，分别比去年同期下降49.79%和52.15%。

（撰稿：王以比　林颖怡）

市场体系

【房产市场】 2000年，全省各级房地产交易管理部门共办理房地产买卖142205起，面积1612万平方米，成交总金额达227.11亿元。其中住宅买卖125910起，面积1398万平方米，占房地产买卖总面积的86.7%，成交金额为171.17亿元，占房地产买卖总金额的75.4%；办理房屋租赁登记44194起，租赁面积391万平方米，租赁金额达1.09亿元；办理房地产抵押登记115353起，抵押面积5533万平方米，抵押贷款总额达573.92亿元。房地产买卖、抵押总金额分别比上一年增长了6.87%，19.06%。主要特点：一是存量住房交易相当活跃。全年全省存量住房买卖2.03万起，成交额290万平方米，成交金额24亿元，成交金额同比增长41%。存量住房买卖主要集中在福、厦、漳等沿海城市，且增幅很大，达到1～3倍。二是房地产抵押以10%左右的增幅稳步增长，抵押总金额超过买卖和租赁总金额一倍以上。其中福、厦、泉等3地市占80%以上。三是商品住宅买卖增幅较大，成交金额同比增长10%左右，且继续呈现较快增长态势。四是房屋租赁开始走出低谷。全年房屋出租面积比上年增长46.6%，但租赁税差偏高、地下交易多和管理不到位等局面仍未根本改观。

（撰稿：林彤）

私营企业石狮三协公司开发生产的电动游览车首批10部，2000年7月1日启运新疆天山天池游览区，为在此举行的全国旅交会运载游客。该产品是国家科委下达给“三协”的“八五”科技攻关项目，经过“九五”期间发展，“三协”各种电动游览车已在海南、上海、厦门等旅游景区投入运营。　（林辉龙　摄）

【地产市场】 2000年，全省加大了招标、拍卖方式出让土地的力度，仅福州、厦门、泉州3市就招标、拍卖土地使用权207亩，收取土地出让金4亿多元，是历年来招标、拍卖比例最高、面积最多、收益最为显著的一年。据不完全统计，2000年全省已批准的房地产用地项目收取土地出让金总额约33亿元，其中以招标、拍卖方式供地的约7亿元，占全部出让金收入的21%，比上年同期上升了11个百分点。厦门、福州、龙岩、大田、光泽等地开始建立土地收储让机制。各地大力规范存量土地管理，对批准用地土地供应、存量土地改变用途、闲置土地处理、国有企业改制土地资产处置、土地使用权出让等5个方面进行了规范。省国土资源厅批准了华能大厦、省商业大厦等12家企、事业单位的土地使用权处置方案，涉及土地80宗，面积628公顷，土地资产4.5亿元。开展了土地估价机构脱钩改制工作，已有6家土地评估机构完成了脱钩改制。全面修订了全省基准地价，60多个市、县基准地价通过验收。

（撰稿：廖敏辉）

【人才市场】 2000年，人才市场管理立法工作不断推进，《福建省人才市场管理条例》（草案）经省政府第20次常务会议审议通过，已上报省人大常委会审议。人才信息广告管理进一步加强，人才招聘广告发布行为趋于规范。全年省人才市场管理办公室为100多家企事业单位办理了人才招聘广告审核手续，批准成立了福建绿色产业人才服务中心、福建开放教育人才服务中心、中国海峡人才市场厦门办事处、福建邮政人才服务中心、福建财会资产评估人才服务中心等行业人才中介机构以及闽江大学、福建工业学校、福建对外贸易学校等大中专学校毕业生就业指导机构。9个地市也相继成立了人才市场管理机构，加大对市场的监管力度。至年底，全省共有各类人才中介机构147家，代理人事档案67000多份，建有人才信息库320个。

中国海峡人才市场各项业务取得较大发展。网上人才市场发展迅速，库存招聘信息达53953条、人才信息135225条，日均访问5000人次，页面浏览数6万页，发展网络会员200多家，并相继开辟了厦门人才特区、福建省毕业生就业网等子网站，实现了向163网的过渡。进一步加大为各类企业培养和推荐中高级人才的力度，举办了4期高级人才招聘会，承办了省2000年"五新"项目推介洽谈会高层次人才分馆的组织工作，并与省委组织部共同举办3期"中澳工商管理硕士研究生班"。人事代理制度进一步完善，代理人事档案总数达18109份，完成3000多名人事委托代理人员1999年度考核工作，为1400多名代理人员办理了养老保险，与51家企业签订了人事委托代理协议。全年共举办定期人才集市36期，参会企业2435家次，参加交流人员10.1万人次，通过市场推荐就业的大中专毕业生达6000多人。牵头组建了福建人才交流协会，中国海峡人才市场总经理骆烟良同志当选为第一届会长。

（撰稿：郑亨钰　连长柖）

【劳动力市场】 2000年，全省新确定了16个县级以上的城市作为全省劳动力市场"三化"（科学化、规范化、现代化）建设试点城市，试点城市达到33个，促进了全省劳动力市场上了一个新台阶。一是初步建成了城市劳动力市场计算机信息网络。省财政当年安排1000万元资金补贴"三化"建设试点城市劳动力市场计算机信息网络建设。到年底为止，全省33个"三化"建设试点城市全部完成了劳动力市场计算机信息网络的第一期工程，并开始投入运行。其中全国"三化"建设试点城市福州、厦门两市已基本建成市区广域网。南平、三明、泉州实现了市级中心劳动力市场与城区劳动力市场职业介绍和失业保险等就业服务信息的市区定时联网。省级劳动力市场也建成了计算机信息网站，可随时进行网上信息查询和有关数据的传送。各试点城市劳动力市场的职业介绍和失业保险前台工作已普遍使用计算机开展日常工作，求职者和用人单位可以通过劳动力市场计算机信息网络系统随时获得。（撰稿：吴协昌）

【技术市场】 2000年，全省技术贸易机构达2526个，从业人员10.1万人。技术合同认定登记工作得到进一步加强。第一批委托26个机构为省技术合同认定登记点，在全省形成了技术合同认定登记网络，使技术合同认定登记工作更趋于完善，并与减免税申报工作进行衔接。共认定登记各类技术合同5597项，合同成交金额17.26亿元，比上年增长110%。技术信息与咨询网络建设继续推进，建成"东南技术市场"网站。技术交易活动广泛开展。共举办各类技术展交会28场，展出技术成果21333项；签订技术合同及协议545项，金额达169430万元。农村技术市场试点工作成效显著。年内分批完成第一批闽清县、寿宁县、长汀县、延平区、三元区、龙海市、同安区、永春县、晋江市、莆田县等10个农村技术市场试点县（市、区）考核验收工作，对验收合格县（市、区）授予"全省农村技术市场示范县（市、区）"称号。其中，闽清县、寿宁县、长汀县、延平区等4个县区被国家科技部授予"全国农村技术市场试点县"称号。同时，又确定了第二批闽侯县、尤溪县、拓荣县、惠安县、长泰县、漳平市、建阳市、厢城区等8个县（市、区）为试点。

（撰稿：黄宝文）

【社会中介组织】

职业介绍机构 年末，全省共有各类职业介绍机构932个，其中劳动保障部门办的公共职业介绍机构647个，其他社会组织公民个人办职业介绍机构285个。全年在各类职业介绍机构中介登记求职76.76万人次，用人单位登记招聘61.38万人次，介绍成功37.07万人次，较好地发挥了职业介绍机构在促进就业中的积极作用。2000年全省33个劳动力市场"三化"建设城市共投资3000多万元用于建立城市劳动力市场计算机信息网，初步实现各试点城市公共职业介绍机构就业服务信息的市区联网和前台服务的计算机化。年内开展了对各类职业介绍机构的专项清理，共查处各种违规违法职业介绍机构81个，其中35个非法职业介绍机构被取缔，28个民办职业介绍机构被责令停业整顿。进一步健全和完善了职业介绍管理制度，制定实施职业介绍行政许可、年度审验、公示服务项目、收费标准、监督机关和监督电话以及工作人员持证上岗、考评与奖惩等制度措施，规范了各类职业介绍机构的职业介绍行为。按照劳动和社会保障部的规定统一了全省公共职业介绍机构标志。加强了公共职业介绍机构工作人员队伍建设，扩大信息员队伍。部分劳动力输出、输入量大的地区公共职业介绍机构，不仅在乡镇、街道以上建立了信息员队伍，而且还在村（居）和用人单位也聘请了专、兼职信息员或劳务信息联系员。同时根据就业服务工作需要在公共职业介绍机构中建立了职业指导和计算机网络管理人员和前台计算机操作人员队伍。用工信息和求聘信息。市场运行和管理进一步规范化。首先，加强了对用人单位的招聘行为、劳动者就业和失业的规范管理。进一步完善和实行用人单位的空岗、备案、录用登记、招聘广告审核制度和就业者的求职登记、凭证就业及就业准入等制度，规范各项管理和服务工作的具体办事程序。其次，加强了对职业介绍的规范管理，加大对民办职介机构和各种非法职介行为的管理力度。年初全省各地结合春运期间开展组织民工有序流动工作，开展了对非法职介机构及非法职介活动的专项清理整顿，共取缔了各类非法中介机构35家，责令28家民办职业机构停业整顿，有效地竭制非法职介活动和民办职介机构的违规违法行为。同时，部分地方劳动保障部门实行设立流动红旗和年度评比制度，对先进者予以表彰，对违规者及时给予批评、警告，有效地端正了行业风气，引导民办职业介绍机构依法文明开展职介活动，使全省劳动力市场朝着"竞争有序，管理规范"的健康方向发展。

（撰稿：吴协昌）

律师事务所 在做好律师事务所脱钩改制的基础上，按照强强、弱弱、强弱联合模式积极推进律师事务所规模化建设。特别是在全国尚未出台统一的律师执业保障规范下，率先建立全省律师执业风险责任保险。年末，全省共有律师事务所267家，同比增长4.3%。其中，国资所45家，合作所10家，合伙所206家，以个人姓名命名的所6家，设立律师事务所分所4家；香港卓黄纪律师事务所在福建省设立办事处，实现了港澳台律师事务所在本省设立分支机构零的突破。现有执业律师2514名（其中专职律师1803名，兼职544名，特邀167名），同比增长5.3%。执业律师具有博士学位的14名，硕士学位的139名，法律专业本科的1041名，其他专业本科的354名。全省律师紧扣建设好海峡西岸繁荣带这一主题，积极服务经济建设主战场，不断开拓服务新领域，还参与处理法轮功案件和"4.20"案件刑辩工作。律师担任各级政府、企事业单位、社会经济组织的法律顾问8384家，同比增长0.3%；办理各类诉讼代理56916件（其中刑事诉讼辩护及代理13282件，民事诉讼代理25942件，经济案件诉讼代理15371件，行政诉讼代理2321件）；非诉讼法律事务14649件（其中为国家基本建设大中型项目服务70件，为农业和农村工作服务637件，办理金融证券业务640件，办理重点建设招投标、企业产权、知识产权业务230件，办理企业重组、改制兼并、破产57件）；涉外及港澳台1152件；业务收费2.01亿元，同比增加17%；涉及财产标的额2513.3亿元，索回赔欠款10.75亿元。代写法律文书2.5万份。解答法律咨询13.9万人次。

（撰稿：孙韬）

会计（审计）师事务所 2000年，公布了完成脱钩改制的会计师事务所和注册会计师名单，换发全省122家事务所的执业证书和1409名注册会计师执业证书，审批125名注册会计师，办理135名注册会计师变更注册。对全省20家事务所进行了重点检查，帮助事务所加强内部质量控制制度和业务建设，督促事务所和注册会计师努力提高职业道德水准和执业水平。

全年共受理和调查了14起投诉事务所和注册会计师违法、违规执业的案件。其中有1家事务所和2名注册会计师分别受到了撤销事务所和吊销注册会计师证书等处罚。严格审查确认了19家具有承办国有大型企业年度会计报表注册审计资格的事务所，按规定审查上报证券期货业务审计资格和金融审计资格的事务所名单。按照国务院、财政部对经济鉴证类社会中介机构清理整顿的统一部署和省政府的要求，省注册会计师协会和省资产评估协会率先合并，对全省注册会计师行业和资产评估行业实行统一管理。

（撰稿：黄杰　方国练）

计量、质量检验、认证机构　全省质量技术监督系统法定计量技术机构有省质量技术监督局直属的省计量科学技术研究所和9个市局所属的计量科研所以及各县（市）局所属的计量所，共70多个单位组成。省计量科学技术研究所是全省最权威的计量检测单位。配有检测设备1600多台件，建有社会公用计量标准108项，其中最高标准57项，次级计量标准51项。主要开展几何量、温度、力学、电磁、无线电、时间频率、电离辐射、化学、声学、光学等十大专业计量检定、测试，并从事计量科学、测试技术的研究以及检测仪器设备的研制，研究、起草计量技术法规，承担计量仲裁检定、计量器具产品质量监督检查和样机试验等任务，开展计量测试和计量校准等技术服务，执行强制检定和其他检定任务，是福建省量值传递中心。

全省质量检验机构有省质量技术监督局所属的福建省中心检验所和各市局所属的质量检验所共18家。同时还有省直有关厅、局、总公司的专业检验部门20多个。省中心检验所是社会公益非盈利的多学科大型产（商）品质量检验机构，设有综合管理部、业务管理部、质量技术管理部、财务科4个管理部门和电工部、塑胶室、机械室、化验室、电子室、纤纺室6个专业检验部门和1个开发中心。配有各类检测仪器近3000台（套），收存各种国内外标准资料10万份。主要开展产品质量监督、产品认证检验及工厂质量体系审查、生产许可证产品检验、各类委托检验、质量仲裁检验、技术鉴定、灾后损失评估、技术服务、产（商）品质量免费鉴别服务、各类质量体系认证等业务。服务领域包括机械、电子、通讯器材、电机、电器、安全防范器材、化工、轻工、塑料、橡胶、皮革、鞋类、玩具、纺织品、工程材料、建筑及装饰材料等千余种产（商）品。

中国方圆标志认证委员会福建审核中心/福州认证工作站（CQM—FAC）是全省唯一的国家认可的审核机构，可同时开展ISO9000质量管理体系认证、产品质量认证及ISO14001环境管理体系认证，其证书已获国际认可。中心还与德国DQS、英国EVMCVS签订合作协议，可颁发相应的国外证书。可直接受理认证，一次审核即可同时获得质量体系认证、产品质量认证、环境管理体系认证。至2000年底，中心认证的企业已达400余家，广泛分布于福建、浙江、江西、广东、上海、天津、云南、广西、湖北等省市。

福建认证咨询中心是全省最大的认证咨询机构，获得国家首批备案，主要从事ISO9000、ISO14000及产品安全认证咨询。中心拥有国家注册审核员、教授、高级工程师等各类咨询师120多人，1993年成立以来，已接受制造、教育、医疗、旅游、商贸、服务等行业300多家企业的咨询委托。

（撰稿：曹祥禄）

经纪人管理　年末，全省有各类经纪人4953户。经纪从业持证人员6654人，完成经纪业务量5.04亿元。按市场分布分，消费品市场890户，生产资料市场602户，生产要素市场2979户。按经纪人组织形式分，个体经纪人1661户，合伙经纪人200户，公司经纪人1776户，兼营经纪人1033户，其他组织283户。全省工商行政管理部门通过年检加强对经纪人的日常监管。大力发展经纪人，认真做好经纪资格培训工作，全年共举办各类经纪资格培训班35期，培训合格发证人数3159人。其中，一般经纪人20期，发证人数1936人；房地产经纪人8期，发证人数746人；技术经纪人1期，发证人数81人；劳动力经纪人1期，发证人数48人；农村经纪人5期，发证人数396人。努力拓展经纪人监管领域。反复多次协调省劳动厅共同加强劳动力经纪人管理，规范职业中介机构行为。主动联系有关部门研究加强对体育等行业经纪人规范管理的办法。在认真试点的基础上，发展了全省首批农村经纪人396人，以搞活农产品流通，促进农业和农村经济发展。同时，密切协调抓紧做好《福建省经纪人条例》修订工作。

（撰稿：林颖怡）

编审：王明永　　责校：郑棻

农业和农村工作

综　述

【"九五"概况】　"九五"期间，全省认真贯彻党的十五大和十五届三中全会精神，紧紧围绕"在增粮增收保供给、脱贫致富奔小康的基础上，加快发展现代农业，全面推进小康建设"这一农村工作主线，积极开展农业和农村经济结构战略性调整，保持了农业和农村经济稳步发展，全省农业和农村经济进入发展的新阶段。

农林牧渔业在结构调整中全面发展。2000年全省农林牧渔业增加值达638亿元，比1995年增长33.0%。农林牧渔业结构由1995年的46：8：20：26，调整为2000年的40：8：21：31。粮食与经济作物种植面积结构由1995年的71：29调整为2000年的65：35。粮食总产量为854.68万吨，比"八五"期末略有减产；优质早稻和品质较好的水稻种植比重由15.0%提高到48.0%。油料、烤烟、蔬菜、食用菌等产量年均分别增长2.1%、9.9%、8.0%和4.3%。森林覆盖率连续5年保持全国首位，2000年达60.5%。2000年肉蛋奶产量196.52万吨，比1995年增长23.0%，年均递增4.1%。水产品总产量527.89万吨，年均递增10.7%，人均水产品生产量连续5年居全国首位，2000年达158公斤。水果业蓬勃发展，形成了"五带一区"的格局，即闽南沿海地区的龙眼带、荔枝带、香蕉带，闽江中下游地区的甜橙带，闽西北山区的落叶果树带以及厦漳泉三角地区的芦柑和柚子栽培区，水果品质有了改善。2000年水果产量356.44万吨，比1995年增加117.11万吨，年均递增8.3%。

乡镇企业整体素质显著提高。"九五"期间，全省乡镇企业克服亚洲金融危机和内需不足造成的困难，使全省乡镇企业经济总量继续得到快速增长，整体素质得到明显提高。到2000年，从业人员达到555.6万人，实现总产值6157.1亿元，比"八五"期末增长139.7%，年均增长19.1%，出口交货值达907.6亿元。乡镇企业集约化和规模化水平明显提高，全省共发展各种形式的股份合作企业11万家，乡镇企业集团230多个，拥有9家全国大型乡镇工业企业、78家全国大中型乡镇企业。2000年全省年销售收入500万元以上的乡镇工业企业实现产值1200亿元，占全省乡镇工业产值的29.0%。外向型乡镇企业发展到10029家，有5000多种产品远销到五大洲的60多个国家和地区。全省已创部级名牌产品30项，省名牌产品66项，乡镇企业名牌产品144项。

农业基础设施日臻完善。"五大防御体系"建设进展顺利。实施以防洪减灾为重点的水利水电工程建设，取得了明显成绩。工程防洪体系建设初具规模，在1996年千公里海堤加固达标工作全面完成的基础上，省委、省政府作出转战千公里江堤工程的战略部署，防洪抗灾工作紧紧围绕建设闽江、九龙江、晋江、汀江、赛江、木兰溪防洪治理和63个县(市)城区防洪堤工程全面展开，千公里江堤建设完成829公里。先后完成了闽江、九龙江、晋江、汀江、赛江、木兰溪及鳌江洪水预警报系统，受益面占全省土地面积的60.0%、总人口的70.0%，大大提高了全省防洪工作的科学性和预见性。相继建成了水库98座，新增库容3.23亿立方米；建成湄州湾北岸、湄州湾南岸、涵江北洋等一批大中型供水工程，建成乡镇供水209处，有效缓解了水资源供需矛盾；建成围垦工程40处，形成围垦面积4.14万亩；新增地方电力装机102万千瓦。完成除险加固大中小型病险水库567座、水闸176座。

农科教结合力度加大。"九五"期间，全省大力实施科教兴省战略，加大农科教结合力度，全省9个市、80个县(市、区)、892个乡镇先后成立了农科教结合组织机构，分别占市、县、乡的100%、95.2%、87.8%。建立了1个国家级(三明市)和1个省级(龙岩市)示范区、10个省级示范县和100个示范乡镇的农科教结合示范网络，形成了国家及省抓示范区、省市两级抓示范县、市县两级抓示范乡镇的工作格局。省、市、县、乡四级农技推广机构进一步健全，农业新技术、新品种推广取得明显成效，共实施农科教结合项目304项。进一步加大了农村人才培训工作力度，实行"三教统筹"，全面推行"初二后分流"和"3+X"的教育改革，大力发展农村成人教育和实用技术培训。继续实施百万农民技术人员培训计划，每年培训人数超过20万名，造就了一大批懂技术、善经营、会管理的农村科技致富带头人和村主干。

农业产业化一体化经营格局初显雏型。1995年，省委、省政府提出了发展农业产业化经营的决策，这标志着全省的农业产业化工作开始步入有组织的发展阶段。1997年，省委、省政府制定了《关于加快发展农业产业化的意见》。几年来，农业产业化经营发展步伐不断加大，成效明显。一是发挥优势，扬长避短，形成了一批有特色的农业主导产业和支柱产业，区域化布局、规模化生产格局日益显现。二是龙头企业逐步发展壮大，产业链不断延伸。从1997年开始，省财政拨出专项资金重点扶持100家省级农业产业化龙头企业。2000年全省百家龙头企业实现产值110.44亿元，吸纳劳动力5.3万人，带动农户102.28万户，带动各种种养面积250万亩，为农民增收32亿元。各市也扶持了一批龙头企业。目前，全省有与农户联结关系较紧密的龙头组织1100多家，年创产值233亿元，实现增加值42.06亿元，创汇6.4亿美元，上交税金9.7亿元，实现利润27亿元；并带动种养基地1100万亩、农户218万户，新增就业人员12万人，为农民增收80多亿元，有力地推动农业结构的调整和农民增收。三是农业产业化组织形式多样，一体化经营格局逐步形成。目前，全省农业产业化经营遍及农业、林业、水产、畜牧等农业各个产业和沿海、山区各个区域。农业产业化组织形式有龙头企业带动型、专业市场带动型、中介组织带动型等。许多龙头企业采取各种产销协议、合同契约、保护价和按股分红等方法，与农户结成"风险共担、利益共享"的利益共同体。四是农产品市场体系不断发育。全省已建立城乡农产品市场1800多个，年交易额580亿元，特别是建成了一批具有一定规模的专业批发市场，在搞活农产品流通、推动产业化经营中发挥了重要作用。

农业现代化建设工作有了良好开端。省委、省政府把现代农业建设列为新一轮创业要做的三篇文章之一，制订了《福建省现代农业发展规划纲要》，并从1998年初开始，确定了13个不同行业、不同类型的现代农业示范点(片)，省财政每年安排了500万元用于支持各试点县(市、区)和试点单位开展工作。省委六届十次全会正式提出在全省建设10个农业现代化试点县。2000年筛选确定了福清、长乐、连江、晋江、石狮、南安、惠安、龙海、漳浦、新罗10个经济较发达、农村小康建设走在前列的县（市、区）和厦门市作为农业现代化试点县，并进行了规划。其中首批福清、惠安、晋江、南安、龙海5个县(市)农业现代化发展规划通过了论证。同时，还确定在全省建立30个农业现代化示范园区。

农民生活总体达到小康。全省农村在1997年基本实现了小康目标，2000年总体达到小康水平。2000年农民人均纯收入3230元，比"八五"期末增加了1181元,年均实际增长6.5%。农村贫困人口占农村人口的比重下降到0.36%。"造福工程"成效显著，全省累计搬迁22.98万人，其中解决了历史遗留的闽东"茅草房"居住户7701人的住房和"连家船民"13466人上岸定居问题。农村生产、生活条件得到较大改善，全省行政村基本实现通电、通广播电视，97.4%的行政村通公路，90%以上的行政村通电话，87.6%的行政村用上了安全卫生饮用水。老区行政村和少数民族行政村基本实现了"五通"。

农村精神文明建设取得新成绩。"九五"期间，全省始终坚持"两手抓，两手都要硬"的方针，在抓好农村物质文明建设的同时，认真抓好精神文明建设。广泛开展以"文明户"、"文明村镇"为主要形式的各种创建活动，在农村深入开展"三个代表"重要思想和"两思"学习教育活动，提高农民思想道德和科技文化素质，丰富了农民文化体育生活，进一步搞好计划生育，推进医疗卫生、文教等各项社会事业发展。加强农村社会治安综合治理，提倡移风易俗，破除封建迷信，遏制农村宗派势力和利用宗教进行的非法活动，坚决打击"法轮功"等邪教势力，确保农村安定稳定。

【农村经济】 2000年，全省农业总产值达1037.27亿元，比上年增长3.1%，农林牧渔业增加值640.57亿元，比上年增长2.6%。完成造林更新总面积7.94万公顷，比上年增长7.8%，其中，荒山造林2.45万公顷，全省森林覆盖率达60.5%。水产品总产达527.89万吨，比上年增长5.1%。乡镇企业总产值达6157.1亿元,比上年增长12.4%。农业结构调整取得明显成效，农林牧渔结构由上年的42：8：20：30调整为40：8：21：31；粮食与经济作物的种植结构比例由上年的69：31调整为65：35;优质稻率达48%,比上年提高了25个百分点。农民人均纯收入3230元,比上年增长4.5%;人均生活消费支出2410元，增长7.0%。扶贫开发取得新成效，农村贫困面进一步缩小。农村"五通"（通水、通电、通路、通电话、通广播电视）等基础设施建设有较大改善；农村科技、文化、卫生、体育事业继续发展，精神文明建设取得成效，推进了乡村民主政治和法制建设，农村社会安定稳定。

【农业产业化】 农业产业化经营已成为推动农业和农村经济结构战略性调整和增加农民收入的有效途径和重要举措。一是农业产业化龙头企业不断壮大。省级百家龙头企业实现产值110.44亿元,上交税金2.68亿元，带动农户102.28万户。其中有3家龙头企业上市发行股票，6家企业被国家8部委确定为国家重点农业产业化龙头企业。二是农村市场体系不断完善。全省建立城乡农贸市场1800多个，年交易额达580亿元。特别是建成了一批具有一定规模的专业批发市场，为搞活农产品流通发挥了重要作用。三是农业产业化组织形式多样，一体化经营格局逐步形成。龙头企业带动型、专业市场带动型、中介组织带动型等组织形式不断健全。许多龙头企业为农户提供产前、产中、产后服务，与农户结成"风险共担、利益共享"的利益共同体。"订单农业"、"合同农业"已成为农户连接市场的一个重要形式。四是农产品品牌意识和质量意识进一步增强。认定了第2批23个具有产业优势、市场占有率高的福建省名牌农产品，同时推进名牌产品的标准化生产，推动名牌产品的规模化生产经营。

【农业现代化试点建设】 13个省级现代农业示范点（片）经过3年建设，取得了阶段性成果。全省形成了像惠安县走马埭、龙海东园、晋江陈埭等一批较高标准的设施农业典型。全省筛选确定了福清、长乐、连江、晋江、石狮、南安、惠安、龙海、漳浦、新罗等10个经济较发达、农村小康建设走在前列的县（市、区）和厦门市作为农业现代化试点县，并进行了规划。其中首批福清、惠安、晋江、南安、龙海等5个县（市）农业现代化发展规划通过了论证。同时，还确定在全省建立30个农业现代化示范园区。

【农科教结合】 积极推进农科教结合工作，有力地促进了科教兴农。进一步健全了农科教结合示范网络，基本形成了国家和省级示范区、示范县和部分示范乡镇的工作格局。全省重点推广了99个科技含量高、辐射面广、经济及生态效益好的农科教结合项目，提高了农业科技含量。完成了20万名农民技术人员培训任务，其中有3万多人获得"绿色证书"，2.3万人获得农民技术员职称。农科教对口联系共建活动取得较好成效，据不完全统计，2000年全省共实施科农携手合作项目900多项，有力地促进了农村经济发展。"农技电波入户工程"逐步推开，通过广播、电视、语音电话等渠道广泛向农民传播农技知识。组织开展了"十佳农民科技示范户"评选活动，树立了一批不同层次、不同类型的科技致富典型。

【山海协作】 根据中央西部大开发精神和省委省政府的部署，全省山海协作工作力度进一步加大，制定了《关于进一步推进山海协作的若干意见》。山海协作的各项政策措施得到较好落实，建立了部门和地方条块结合的山海协作帮扶机制。省财政对山区困难县转移支付7.5亿元，安排山区发展和山海协作资金2.8亿元，省级商业银行对山区累计发放贷款203亿元。确定并扶持了2000年度山海协作重点项目173项，安排贴息资金2400万元。省直挂钩部门继续加大帮扶力度，共落实19个经济欠发达县帮扶项目400多项，帮扶资金2亿多元。山海经贸协作与劳务合作深入开展，全省新签订山海协作项目700余项，总投资超过50亿元。

【农村外向型经济】 为应对我国加入世界贸易组织后农业面临的新情况，省里组织人员进行了一系列研究，提出了相应的对策措施，并着手调整外经工作重点。进一步改善投资环境。招商引资力度不断加大，先后举办了"9.8"中国投资贸易洽谈会、福州国际招商月、漳州花博会、世界客家人大会等一系列经贸洽谈、招商引资活动。以福州、漳州两个海峡两岸农业合作实验区为依托，扩大闽台农业合作与交流。2000年仅两个实验区就签约农业台资项目236项，合同金额5亿多美元，并引进了大量新品种、新设备和新工艺。广泛利用国际银行贷款和外国政府贷款，全年共利用世行、亚行贷款1.6亿多美元。创汇农业得到进一步发展，形成了优质水果、茶叶、食用菌、蔬菜、花卉等9大类适销对路、具有一定规模、竞争力强的农业出口创汇基地，年出口创汇1000万美元的农业拳头产品有20多个。

【农村政策】 一是农村土地承包关系稳定。土地延包政策得到有效落实，进一步完善土地承包合同，加强监督管理。二是加强了减轻农民负担工作。以"三个确保"(确保不出现村提留乡统筹超5.0%的村、确保不出现违反中央规定出台加重农民负担现象、确保不发生因农民负担引发的严重事件和恶性案件）为目标，全面深入贯彻减轻农民负担政策和有关法律法规，加强对农村乱收费、乱集资、乱罚款和各种摊派的检查监督，农民负担从总体上仍然保持着较低的水平。组织开展了农村税费改革调查摸底和试点工作，探索减轻农民负担的治本措施。三是基本完成了农村合作基金会清理整顿工作，全省纳入清理整顿的2501家农村合作基金会中，有2485家实现了清盘关闭，清盘关闭率达99.4%。

【存在的突出问题】 一是农民收入增幅减缓。2000年全省农民收入增长幅度继续下降，在一些粮食主产区，农民收入甚至负增长。城乡之间、地区之间的农民收入差距拉大。二是由于一些地方不能全面理解结构调整，片面地"压粮扩经"，导致全省粮食播种面积大幅度减少。三是在结构调整中，发展不够平衡，调整的层次不够高，成效不够显著，出现了一些地方

盲目大幅度调减粮食、扩种销路不好的经济作物，严重影响了农业增效和农民增收。（撰稿：王建华）

扶贫 小康建设

【扶贫工作概况】 2000年是实施国家“八七”扶贫攻坚计划的最后一年。通过认真学习贯彻江总书记“三个代表”重要思想，积极执行中央关于扶贫开发的一系列方针、政策和措施，全省的扶贫开发工作取得显著成效。全省贫困人口从1999年底15万人减少到12万人，又解决了3万多贫困人口的温饱问题；已经解决了温饱问题的绝大多数农户基本收入稳定，返贫率降低、返贫现象明显减少。完成2.98万人造福工程搬迁任务。广大贫困地区“五通”建设进展顺利，基础设施得到进一步改善，经济实力明显增强，社会事业长足进步，经济文化全面发展，全面实现了国家“八七”扶贫攻坚的各项目标任务。

【全面推广小额信贷】 从1996年以来，小额信贷从试点走向全面推广，操作程序由不规范到规范化管理，深受广大农村干部群众的欢迎。2000年小额信贷新增总额3600万元，加上原运作中资金以及农行信贷各种基金会等，共有约6000多万元资金、约4万农户参加了小额信贷，受益群众达20万人。为了更好地管好用好小额信贷资金，在管理方法上做好调整，将原来的省级管理、地市协助、县级负责的方式作了试点改革，对资金量大、覆盖面大的地市，如龙岩、宁德、南平，改革为省级指导、地市管理、县级负责。这些地市扶贫部门充分发挥积极性和主动性，负起责任，认真工作，取得了较好的效果。在实施小额信贷过程中，各地都认真执行《小额信贷管理暂行办法》，着重抓好宣传发动、严格审核、管理服务3个环节，抓好五户联保、分期还贷、中心会议3项制度的落实，同时，举办各种实用技术培训班，加强产前、产中、产后服务，保持了较高的资金到户率、项目成功率和到期还贷率。各地市利用小额信贷引导农民发展各种与解决温饱问题有关的种养业，如食用菌、反季节蔬菜、水果、茶叶等项目，为帮助贫困户脱贫、稳定低收入农户的收入水平、巩固扶贫成果发挥了十分有效的作用。

【实施造福工程，开展“五通”建设】 全省从1994年开始实施造福工程，7年来已完成18万多人造福工程搬迁任务。2000年全省造福工程计划搬迁任务2万人，实际落实搬迁对象6024户29846人，超过计划任务的49%。主要做法：一是加强领导，早动员、早部署。年初召开全省地市扶贫办主任会议上布置工作；3月又与协办部门联合下达《通知》，将任务及时下达到各地市。各地认真落实人头，选择地址，征用土地，规划新村，筹措资金，兑现政策，施工建房，搬入新房，以及配套设施建设等一系列工作有条不紊地进行，按进度完成搬迁工作任务。二是全面落实优惠政策。省脱贫办会同各协办单位制定了一系列优惠政策和措施，涉及土地、基建、林业、财政、税收等方面，据测算，各项优惠政策让搬迁户人均受益3000元以上，超过直接补助的资金。省脱贫办和省财政厅6月初及时将1000万元补助金全部下达各地市，各地市严格按1：1配套资金，确保工程项目顺利进行。各地市在补足配套资金的同时，还根据实际情况，制定相应的优惠措施。同时，贫困地区路、水、电、电话、广播电视等“五通”建设工作进展顺利，大大改善了贫困地区群众的生产生活条件。特别是顺利完成省委、省政府闽委发[1999]12号文件确定的首先解决老区、少数民族行政村“五通”建设的目标任务。

【科技扶贫】 省首期筛选17个贫困乡镇的18个项目实施财政科技扶贫试点；安排专项资金450万元用于具体实施。各试点乡镇，认真挑选了一些资源条件好、有相当科技含量、有市场前景的项目，如龙岩市古田镇的花卉、武平的反季节蔬菜等。目前大部分项目进展情况良好。南平派出203名科技特派员驻203个贫困村进行科技扶贫。漳州市举行首期贫困村干部实用技术培训班。三明市积极开展农科教结合百村致富工程，市投入80万元，县配套40万元，在100个困难村推广“畜禽—沼气—果蔬”生态农业建设项目，建立2000口沼气池，形成了“畜禽—沼气—果蔬”生态农业模式，既增加农民收入，又改善农村生活环境。全省各地正在走出一条各具特色的科技扶贫新路子，对贫困地区的经济可持续发展具有重大意义。

【全社会协力扶贫】 继续实行各级党政领导挂点、部门挂钩、干部挂职、工作队进村的行之有效的定点挂钩扶贫制度。23名省级领导每人继续挂钩1个经济欠发达县。省直58个部门继续挂钩帮扶19个经济欠发达县，4个沿海地市与4个山区地市、11个沿海县（市、区）与11个山区县开展结对帮扶，建立优势互补、互惠互利、长期协作、共同发展的扶贫开发机制。各市、县、区也同样实行定点挂钩扶贫制度。厦门市采取领导扶持、厂村攀亲、以工扶农、多管齐下的措施，收到了很好的扶贫效果。省脱贫办与省委统战部、省工商联、省文联、省文史馆、省光彩事业促进会、省美协、省书协等单位联手于1月和3月在福州为捐助连家船民上岸定居举办书画扶贫活动。社会各界踊跃参加，有省美协、书协，有民革、民盟等民主党派和社会各界书画家300余人参加，共捐书画500幅。许多企业家和书画爱好者踊跃义购。总共筹集37万元，专项用于福安、霞浦、宁德3市县的连家船民购买上岸定居的生活必需品。各民主党派、群众团体、大专院校、企事业单位等社会各界以各种形式开展扶贫济困活动，开展赈灾抗灾、捐资捐物、送书送报、“结穷亲”、“手拉手”、“献爱心”、“希望工程”、“光彩事业”等一系列扶贫济困活动，形成了全社会参与扶贫的强大合力，有力地推进扶贫开发进程。

【当前扶贫工作存在的问题】 全省虽然如期全面实现国家“八七”扶贫攻坚计划，但只是完成的扶贫开发的阶段性胜利。当前扶贫工作仍然存在一些困难和问题。主要有：一是目前全省还有12万人口没有解决温饱。虽然人数不多，但主要分布在自然条件差、经济基础薄弱、社会发展滞后的地方，脱贫难度大。二是解决温饱的标准低，相当部分解决温饱的农民基础不稳定，一遇自然灾害容易返贫。第10号台风造成龙岩市8万多人返贫。三是山区农村尤其是老少边远山区基础设施相对落后，制约了扶贫工作进一步发展，贫困村的“五通”问题尚未根本解决。历史上形成的贫困地区经济、文化落后的状态还没有根本改变。山区、贫困地区与发达地区的差距、社会成员内部的差距仍然存在，有的差距还进一步拉大。要进一步缩小地区差别，实现小康进而过上比较富裕的生活，还需要一个长期奋斗的过程。因此，扶贫开发将是贯穿社会主义初级阶段全过程的长期历史任务。

【农村宽裕型小康建设】 全省农村在1997年基本实现了小康目标，2000年总体达到小康水平。在此基础上，2000年，在坚持实事求是、分类指导的原则下，全省继续实施宽裕型小康建设。一是在小康建设进程中，一切从实际出发，不搞一哄而起，不搞盲目攀比，不搞强迫命令、弄虚作假，不搞不切实际的达标升级活动。加强对尚未验收县的小康进程监测和工作指导。全省最后16个县经过自测，小康综合进程都已达到90分以上，但仍然要继续扶持和指导，夯实小康基础，不急于验收。二是组织基本实现小康的地方，进一步落实和修订宽裕型小康建设规划，制定阶段性目标、年度实施计划与具体实施方案，建立宽裕型小康建设部门工作责任制，把有关指标分解到相关部门，由部门负责加强动态监测与组织实施。同时继续加强10个宽裕型小康建设试点县的指导，培育一批示范项目，抓好一批典型，为指导全省宽裕型小康建设探索路子。三是加强社会主义新农村建设步伐，围绕“五通”、“五改”和“绿化”，开展村容村貌整治和新村建设，同时，把小城镇建设和社会主义的农村建设和现代化建设紧密结合起来，搞好小城镇产业发展规划，培育支柱产业，推动小城镇建设健康发展。泉州市在抓好100个旧村改造、新村建设试点的基础上，又安排150个村试点，增加改旧建新的资金投入，拉动了农村经济稳步增长。其他地市也纷纷抓试点、抓典型，在新村建设方面取得明显成效，推动了宽裕型小康建设。四是继续开展山海协作，夯实山区经济欠发达县份的小康基础。

（撰稿：林伯英）

闽台农业合作

【闽台农业合作】 1997年7月经农业部、外经贸部、国台办批准，在福州市和漳州市设立两个海峡两岸农业合作实验区，在实验区兴业的农业"三资"企业累计现已达1756家，合同外资24.71亿美元。闽台农业合作"五大体系"建设项目已经启动。两岸农业技术合作项目成果向纵深拓展，永春芦柑和漳州香蕉两个技术改进合作项目已见成效，并已逐步推广，成为两岸农业界一致认可的最佳技术合作模式。两岸学术高层双向交流日趋频繁，举办了"新世纪海峡两岸农业科技发展战略研讨会"和"福建海峡两岸农业合作实验区投资说明会"。海峡两岸农业合作实验区已成为面向海内外、独具海峡两岸农业合作特色的投资热土。两地农业经济互补互利、相互促进、共同发展的格局已初步形成。

【福建海峡两岸农业合作实验区投资说明会】 9月8日，福建省海峡两岸农业合作实验区领导小组在厦门国际会展中心召开"福建海峡两岸农业合作实验区投资说明会"，有100多位海内外客商与会，40多家海内外新闻媒体派员报道会议盛况。省政府黄琪玉副秘书长主持会议，省海峡两岸农业合作实验区工作领导小组副组长、农业厅厅长吴建华受丘广钟副省长的委托，介绍了实验区发展现状、投资环境及发展前景。福州、漳州两市领导分别推介实验区重点招商项目共52项。投资说明会扩大了实验区在国内外的影响，增强了台商、外商的投资信心。

【闽台农业合作"五大体系"建设规划】 为了有计划地实施闽台农业发展战略，省实验区办公室组织有关专家编制闽台农业合作"十五"规划，推出"五大体系"建设项目：1. 闽台农业良种引进繁育体系；2. 动植物保护和农产品质量监测体系；3. 农产品市场与流通体系；4. 农业产业分工与合作体系；5. 农业科技培训与信息服务体系。"五大体系"建设项目将列入全省农业"十五"发展规划。吴建华厅长赴京向农业部汇报项目，农业部表示肯定和支持，将分别对口列入农业部农业"十五"发展规划。闽台农业良种引进繁育体系项目已经启动。该项目作为"五大体系"2000年首批启动项目，已列入省计委2000年农业基建项目计划，并向农业部申请立项。项目计划投资3500万元，建设良种引进繁育实验室、良种快繁中心、技术培训中心、种质资源库、良种试验场和良种生产示范基地。

【两岸农业技术合作项目】 永春县将在3年内全面完成台湾7项改进技术的推广任务，计划在本县推广面积达11.4万亩，并决定在全省逐步推广。其中芦柑技术合作项目成果已辐射到湖南、湖北、江西、广西、浙江、云南、四川7个省、区。漳州市也将在3年内完成台湾香蕉改进技术推广40万亩任务。台湾农村发展基金会董事长王友钊先生2000年来闽考察时，高度评价芦柑、香蕉技术合作项目，并表示愿意继续支持该项目技术的扩大推广。在中国农业交流协会、闽台农业分会和台湾农村发展基金会共同推动下，确定福建省柑桔病害检测技术应用与建立综合防治技术体系两岸技术合作项目实施计划，拟在福州、漳州设立两个检测中心。该项目应用先进的新技术，对果苗进行严格检测，培育无病毒的柑桔健康优良果苗，在生产区进行综合防治。11月，台湾农村发展基金会执行长涂勛一行来闽与省农业厅共同商定项目实施计划，项目技术培训已经展开，台湾大学苏鸿基教授应邀为福州、漳州检测中心培训授课，受训技术人员达130多人。

【两岸农业高层双向交流】 6月，台湾农村发展基金会董事长王友钊、执行长涂勛等4人和农业部台办任爱荣副主任应邀来闽进行为期3天的考察，确定继续支持永春芦柑、漳州香蕉项目扩大成果推广的3年计划，双方还商谈进一步推动闽台农业技术合作事宜。11月，省农业厅与省农科院、科技厅共同举办了"新世纪海峡两岸农业科技发展战略研讨会"，大陆方面有30位专家学者，台湾有5位农业专家在会上宣读论文，就两岸农业科技发展、运销体系建设、加入世界贸易组织后的对策等课题进行广泛的交流。福建省派出2批15人赴台考察交流。一是省畜牧专业技术考察团。二是省实验区办公室组织农口8个厅、局有关领导一行9人组成福建省高级农业代表团赴台考察，受到台湾农业界热烈欢迎。

（撰稿：赖万炎）

种植业

【粮食】 由于粮食"双抢"季节第10号台风碧利斯的正面袭击和粮食收购政策的调整（早稻退出保护价、中晚稻调低收购价）的影响，全年粮食减产近一成，继1998年之后连续3年减产，全年粮食播种面积2742.76万亩，比上年减少271.52万亩，是建国以来减少面积最大的年份，总产854.68万吨，比上年减少87.49万吨，减幅9.3%。其中，春、夏、秋收粮食播种面积分别为244.86万亩、764.35万亩、1733.55万亩，分别比上年减少24.56万亩、154.87万亩、92.09万亩，总产分别为51.24万吨、229.86万吨、573.58万吨，分别比上年减少5.16万吨、57万吨、25.33万吨；稻、麦、薯、豆、杂5大粮食面积分别是1833.46万亩、76.69万亩、553.94万亩、70.55万亩、208.12万亩，分别比上年减少226.35万亩、21.52万亩、15.24万亩、3.20万亩、5.21万亩，总产分别为632.75万吨、14.29万吨、165.85万吨、14.22万吨、27.57万吨，分别比上年减少79.53万吨、4.19万吨、3.25万吨、0.25万吨、0.27万吨。出现了"三大季、五大类"粮食面积全面减少、总产全面下降的局面。早稻种植效益下降，中晚稻效益上升。根据农业厅抽样调查，早稻百斤含税成本下降了0.81元，但售价下降幅度更大，每百斤平均售价下降16.11元，导致成本收益率比上年下降了27.8个百分点，为—13.06%；中、晚稻成本收益率分别为8%、10.87%，分别比上年上升了1.02、10.59个百分点。粮食内部结构趋于优化，优质率明显提高。在粮食生产全面下降的情况下，单季稻生产明显扩大，全省单季稻面积达590.39万亩，比上年增长12.8%，总产达221.96万吨，比上年增长13.2%；粳稻面积达9.44万亩，比上年增长4.3%。早稻优质率比上年增加25个百分点，达48%。

【经济作物】 2000年大田经济作物面积1447.11万亩，比上年增长6.5%；占农作物播种总面积的比重比上年提高了3.5个百分点，达34.5%。

一、蔬菜向优质高产高效发展。1. 面积、总产继续快速增长，全省播种面积达807.18万亩，比上年增长10.7%，总产达1089.96万吨，比上年增长10.0%。2. 大棚生产和反季节蔬菜继续发展，冬种蔬菜播种面积354.84万亩，比上年增长4.4%，占全年蔬菜总面积的44%。3. 蔬菜种植效益提高，平均价格比上年提高3.5%。

二、油料作物平稳发展。播种面积为187.55万亩，比上年增长2.8%，总产为25.79万吨，比上年减少0.1%。具体表现为：1. 油菜籽种植比较效益与主产省份相比明显较低，生产呈下降趋势，面积为26.11万亩，比上年减少3.5%，总产为1.84万吨，比上年减少7.9%；2. 花生生产呈上升趋势，种植面积达159.07万亩，比上年增长4.0%，总产达23.82万吨，比上年增长0.5%；3. 珍稀油料增长较快，如芝麻、向日葵具有营养高等特点，总产分别比上年增长8.3%、4.5%。

三、甘蔗生产大幅度下滑。甘蔗价格虽比上年上升9.7%，但种植效益与广西、云南等主产省份相比，明显较低。根据农业部农产品成本调查，福建甘蔗成本收益率为－7.21%，云南、湖南分别达35.26%、83.48%，与临省江西43.41%相比，也明显偏低。加工企业在近几年也一蹶不振。在结构调整中，甘蔗生产在福建明显处不利地位，加上"99.12"大面积强冻害的影响，全省甘蔗播种面积21.60万亩，比上年减少35.4%，总产82.71万吨，比上年减少40.4%，自1996年以来持续5年下滑，是40年来降幅最大的一年，仅为历史最高年份1985年总产536.67万吨的15.4%

四、食用菌生产总体上在国内仍有一定优势。由于福建山多、落差大等地理优势，适于培植多种食用菌，而且食用菌具有口感好、病虫害少等特点，市场前景看好。多年来，福建省食用菌生产快速发展，生产技术趋于成熟，2000年总产达46.25万吨，比上年增长13.3%，居全国首位，占全国总产的1/4强，也是福建主要的出口创汇农产品，年出口额逾2亿美元。福建粪草类食用菌优势尤为明显，蘑菇、金针菇、草菇产量达272106吨、10682吨、11982吨，分别比上年增长12.1%、34.4%、7.6%。其中，蘑菇产量占食用菌总产的58.84%；部分木生菌仍有一定优势，凤尾菇、黑木耳、香菇产量分别比上年增长15.9%、10.1%、8.5%。猴头菇生产优势明显减弱，产量比上年减少50.6%。

五、水果因灾减产。受"99.12"强冻害的影响，全省水果产量为356.44万吨，比上年减产9.6%，其中，龙眼、荔枝、菠萝、柑桔减产较大，减幅分别达48.5%、46.5%、26.5%、17.8%。2000年，利用灾后恢复生产的机遇，调整水果种植结构，向着区域化、特色化、优质化发展，苹果、青梅、柿子、葡萄、梨生产发展较快，产量分别达380吨、50898吨、99896吨、38702吨、96394吨，分别比上年增长47.9%、37.9%、22.2%、19.3%、18.6%。到年底，全省获"绿色食品"标志的水果品种达24个。

六、茶叶生产连续11年稳步增长，并趋于区域化、优质化。年末茶园面积为193.82万亩，比上年增长0.2%，茶叶总产达12.6万吨，增长2%，到2000年持续11年增长，并形成了闽东绿茶区、闽南闽北乌龙茶区、闽西北多茶类和福州郊区茶加工区的生产格局，并投资上亿元建成了全国影响较大的茶叶批发市场——安溪中国乌龙茶都，带动全省茶叶发展。全省获"绿色食品"标志的茶叶产品数达32个。

七、花卉大幅增产。水仙花是福建享誉海内外的名花，全省种植面积达1.28万亩，比上年增长65.5%，水仙花球产量达4892万粒，比上年增长72.1%。全省鲜切花17812.25万枝，盆栽植物2642.05万盆，分别比上年增长136.33%、13%。花卉成为全省农业新的经济增长点，实现年销售额9.5亿元，出口创汇24.75万美元。

八、热带、亚热带作物与上年基本持平。主要的热带、亚热带作物橡胶、剑麻、香料等，全省种植面积分别为14362亩、7970亩、2030亩，总产分别为140吨、1995吨、8吨，与上年基本持平。

九、其他经济作物有增有减。1. 莲籽生产发展较快，全省种植面积达10.05万亩，比上年增长40.6%，产量达4678吨，增长50.9%。2. 西瓜稳定增长，种植面积38.12万亩，比上年增长3.2%，总产53.35万吨，比上年增长4.3%。3. 芦笋生产回落，全省种植面积7.55万亩，比上年减少9.1%，总产7.25万吨，比上年减少2.4%。4. 青饲料略有增长，绿肥面积减少，全省青饲料面积87.35万亩，比上年增长1.5%，绿肥面积107.73万亩，比上年减少2.8%。

【种植结构调整】 适时制订生产措施意见，指导各地抓好生产落实。根据全年技术推广目标，围绕种植业结构调整，省农业厅在农事活动的各个关键时段，综合分析苗情、生产形势和天气变化情况，提出指导意见，及时拟定印发了针对性的指导文件，召开各类现场会，指导基层抓好各阶段田管措施和各项增产技术的落实。受灾时及时组织抗灾救灾，组织有关人员到各地调查灾情，及时提出灾后生产补救措施。同时，在新技术推广过程中，加强检查、督促，推动新技术推广工作的顺利开展。加强对种植业结构调整的科学引导。加强农作物新品种的选育与引进，为种植业结构调整服务。积极开展科研育种攻关，增加资金，扶持科研育种单位加强优质新品种选育，加大了杂交水稻调系改组的力度。据统计，"九五"期间，全省共选育出了各类农作物新品种500多个。同时，积极开展了从国外、省外引种工作，重点是优质品种和两系稻杂交组合的引进。为引导各地因地制宜地推进种植业结构调整，发挥资源优势，突出区域特色，农业厅制定了《福建省粮食区域布局指导意见》和《福建省经济作物种植区域布局指导意见》，还及时提出了在种植业结构调整发展经作过程中一定要认真做到：一是控制总量，注重综合素质的提升；二是增强优质区划意识，推行适地适栽；三是以国内外市场为导向，注重发展特色产品；四是加强经作良种繁育体系建设，满足生产需求。

【增产技术措施】 农业厅围绕种植业结构调整，以"优质、高产、高效"为目标，加大粮油和经作新技术的示范推广力度，推进科技兴农。

一、加大杂交稻、优质稻、再生稻"三稻"的推广力度。全省杂交水稻种植面积1288.54万亩，比上年减少77.28万亩，年平均单产412.8公斤，与上年持平，总产531.87万吨，比上年减少32万吨。表现"早晚稻减中稻增"，其中杂交早稻285.31万亩，比上年减少24.66万亩，单季杂交稻551.63万亩，比上年增加60.9万亩，双晚杂交稻451.57万亩，比上年减少113.55万亩。优质稻面积进一步扩大，全年推广优质稻887.91万亩，占水稻播种面积的48.4%，亩产417.5公斤。其中早、中、晚优质稻分别占同期水稻播种面积的37.5%、47.6%、59.8%。全省实现了再生稻开发的新发展，头季稻种植面积135.15万亩，留桩面积110.55万亩，成功面积96.65万亩，比上年扩大0.32万亩，平均亩产204.9公斤。各地加大D702优多系1号、特优70、汕优明86等组合接班更换力度，把好关键技术，提高再生稻的生产水平。三明、龙岩等地市紧密结合粮食种植结构调整，针对早籼稻米质较差的状况，示范推广早稻—再生稻。全省早稻—再生稻成功面积21.33万亩，是上年的3.9倍。

二、提高旱育秧、抛秧在水稻生产中的增产率和覆盖率。自从1992年引进示范旱育秧技术以来，面积逐年扩大，至1999年累计推广面积共达2683万亩。2000年主要以提高规范化和提高增产率为目标，全年推广旱育秧591.96亩，比上年减少39.39万亩，单产448.06公斤，比普通育秧栽培亩增35.1公斤。全省共建立中心示范片58.86万亩。水稻抛秧技术全年推广272.4万亩，是1996年的8.5倍，单产445.4公斤，比手工插秧栽培亩增35.3公斤。2000年两秧推广面积共达864.36万亩，占水稻播种面积的47.4%，比上1年增加3.8%。两秧技术已为越来越多的农民接受和喜爱。

三、推广优质早籼稻栽培技术。随着早稻品种布局的调整，探索、完善和推广优质稻栽培技术已成为农技推广工作的重点任务。在前两年试验、示范的基础上，农业厅组织指导各地抓好以下几项工作：一是推广佳禾早占亩产450公斤以上配套栽培技术，包括移栽叶龄、插植密度，亩施氮、磷、钾用量，基、蘖、穗、粒氮肥比例等。二是对于汕优016、威（汕）89等米质较好的早杂组合，分别根据其特征、特性，逐步推广模式化栽培。三是开展后备优质稻组合的栽培技术研究。对于已进入中试、苗头看好的优质早杂组合T优7889，安排多因素回归正交旋转试验，为翌年的推广提供技术依据。四是推广优质晚稻组合早季种，主要在福州以南温光条件较好的地区种植特优63、汕优63、特优70、福两优2163、2186等，实行早播种、盖薄膜、育壮秧、早促控等配套技术，达到既优质又高产的目的。

四、引导推广稻田优高种植模式。针对全省早稻品质急需改善，而现有的优质品种(组合)又不能满足要求的新情况，农业厅在推广优质稻配套栽培技术的同时，引导建立稻田优高种植模式。一是水旱轮作优高模式示范片。在福州、南平、三明、龙岩等地区，实行部分早稻田改种春玉米、大豆、甘薯、花生等旱粮（油）作物，选用紫香糯、甜玉米、浙春3号、莆豆8008大豆，福薯2号、台薯66、金山1255甘薯等特种、专用粮油品种，力争实现“双千”目标，即产量千斤，产值千元，示范面积共约65万亩。二是早稻再生稻优质、高产、高效模式。重点在闽西北产粮区、稻瘿纹重发区和再生稻培植技术水平较高的地区示范推广22万亩。通过实行旱育秧、抛秧和高桩、多桩、高肥等综合配套技术措施，实现头季和再生季年亩产达800公斤以上，高产示范片上吨粮，亩节省成本（比双季稻）100元。同时，组织新组合筛选试验，安排有D702优多系1号、D702优527、D宝优6号、II优6号、D优68、D优527、福两优2163等米质优的组合，进行再生力和农艺性状观察对比，筛选高产、优质接班组合。三是中稻区开发前后作模式。对于海拔300～500米稻田和300米以下的单、双季混作区，而又没有留桩培植再生稻的中稻区，推广“中稻—秋玉米（套）—蔬菜”、“马铃薯—西瓜（套）—水稻”等，提高中稻区温光资源利用率和土地产出率，两种模式面积约3万亩，重点在古田县推广。四是开发示范特种玉米。年初从省内外引种特种甜、糯玉米新品种12个，在全省6个点试种。初步筛选出闽紫糯1号、闽糯98—1、闽糯99—2、紫香糯、穗甜1号等品种较适合本省种植。全省特种玉米示范面积近2万亩。

五、“两薯”脱毒技术应用推广迈出较大步伐。已在全省9个地市、40多个县市区示范推广。目前，全省已建立脱毒甘薯种薯繁育基地10个，其中原种繁育基地2个，繁殖品种达6个，可繁育供120万亩大田用种（苗）；建立马铃薯脱毒繁育基地5个，繁殖品种4个。据统计，全省甘薯脱毒技术示范面积已达37.17万亩，比上年增25.73万亩；马铃薯脱毒示范面积18.64万亩，比上年增10.38万亩。据各地测产验收结果表明，脱毒比未脱毒普遍增产20～40%。在脱毒繁育种薯的同时，积极引进和选育优质专用新品种，已引进甘薯新品种8个、马铃薯新品种12个。经两年多点对比试验，已初步筛选出适合本省种植的马铃薯新品种坝薯10号、无花种、荷14、春薯4号等，产量与品质超出主栽种克新3号。对具有特用功能的专用品种如夏引一号、美国川山紫、茎尖菜用甘薯7—6等，今后将进一步加强示范和研究。

六、强化经作实用先进技术的推广运用。一是果树高接种及优化栽培技术推广。全省以龙眼、荔枝、柑桔、梨、桃等主栽果类为重点，结合灾后恢复生产工作，共实施接高接换种20万亩；继续推广果树营养诊断方施肥、矮形修剪、果实套袋和病虫测报网点普及等综合配套技术，使优质果率从原有30%提高到40%左右。二是无公害茶园建设。通过采取病虫害综合防治、优化园地肥培管理、选就良好生态环境等措施，提高茶叶产品卫生标准，至年底全省共建立无公害茶园20万亩，无公害茶叶产品率达90%以上。三是蔬菜反季节、无公害生产技术推广。在闽东南温热条件好的地方主要进行冬季反季和简易设施生产，在高山地区则利用垂直地理温差，重点推广夏季反季节蔬菜生产。全省反季节蔬菜播种面积已达20万亩。无公害蔬菜生产技术主要是在病虫害综合防治基础上，重点示范推广低毒、高效、低残留农药、生物农药和防虫网等。

七、加大新品种、新技术的引进、试验示范和储备。1. 巴西陆稻试种示范。省农业厅组织安排对巴西陆稻生态性适应、不同品种、不同生育阶段喷施多效唑及应用种衣剂试验等进行专题研究，完善栽培技术，为翌年生产提供科学理论依据。全年示范面积4万多亩。2. 水稻群体质量优化调控技术。针对目前水稻生产普遍存在的无效分蘖过多、成穗率低、群体结构不协调问题，近年来，农业厅以“壮秧、调肥、烤田、化控”为生产配套技术，探索调控水稻成穗率的途径，积累了技术经验，也取得了较好的增产效果。全年推广110万亩。3. 两系杂交稻示范。经过几年来的试种、示范，福两优2163、福两优2186、金两优36等两系杂交水稻新组合得到积极稳妥的发展，在全省推广面积已达34万亩以上。4. 水稻种子包衣技术的推广应用。自1997年引进以来，经过试验、示范，该技术特别在育壮秧上有明显的控长、促蘖、除草、避鼠等效果。全年推广应用41.33万亩，比上年增加3.18万亩。5. 花生地膜栽培技术的示范推广。在部分县市安排配方施肥、播种处理、不同播种时期试验，进一步论证其增产增收效果，一般亩可增收节支100元。初步总结出适宜不同生态类区的高产栽培技术。6. 水稻无纺布育秧。这是2000年新引进的一项新技术。经过几个点试验表明，无纺布覆盖育秧普遍比地膜育秧增产，增幅在2%左右。但其实际应用效果还有待今后试验研究。

【农技推广体系】 1. 稳定基层农业技术推广体系。为贯彻落实国务院办公厅转发农业部等部门《关于稳定基层农业技术推广体系意见的通知》（国办发［1999］79号）精神，2000年8月，省政府办公厅向各级政府转发了由农业厅等部门《关于进一步稳定农业技术推广体系的意见》（闽政办［2000］172号文）。该文件进一步明确了基层农技推广机构的性质，明确提出乡镇农技推广机构的“三权”收归县级农业行政部门管理；县乡两级农技推广机构人员的工资、公用经费全额纳入县级财政预算，人员工资实行国库统一支付。各地加紧贯彻落实文件精神，促进基层农业技术推广体系的稳定和发展。2. 乡镇农技站“五有”建设。2000年省财政继续安排全省“五有”乡镇农技站建设补助经费180万元，农业厅安排新建60个“五有”乡镇农技站，并组织对前几年立项建设的共76个乡镇农技站进行“五有”验收。从1991～2000年，省财政安排乡镇农技站“五有”建设专项资金1700万元，各地（市）、县（市、区）也不同程度地安排配套资金。目前，全省已立项安排的乡镇农技“五有”建设个数达695个，占全省乡站个数的70%；全省已有509个乡镇农技（占省安排乡镇站建设总数的73%）通过省厅验收；全省约有47%左右的乡镇农技站拥有不低于300平方米的办公服务场所，大大改善了基层农技人员的工作和生活条件，对稳定基层农技推广队伍起到了积极作用。3. 乡镇农业科技示范场建设。全省已建立不同类型的乡镇农业科技示范场290个，其中已有一部分科技示范场具备了良种繁育，新技术、新品种示范，提供市场信息，开展宣传培训，以及种植结构调整的示范样板等功能，起到了做给农民看、指导农民调整、帮助农民销的作用。4. 良种繁育推广体系建设。全省已建成水稻、旱作和蔬菜引种观察圃14个，水稻、甘薯、大小麦、花生、大豆等各类农作物区试点82个，水稻、甘薯中试基地12个以及包括4个省级水稻新优品种千亩丰产示范区在内的省、地（市）、县（市）新优品种丰产示范区（片）30多万亩，同时，建有各种农作物种子繁殖制种基地28万亩，年可生产各种农作物种子能力达8000万公斤以上，其中杂交水稻种子1200万公斤。5. 种子质量监督检验体系建设。省种子质量监督检验站于1997年成立，随后，各个地（市）县也相继成立了种子质量监督检验站。全省初步形成了以省种子质量监督检验站为龙头，设区市种子质量监督检验站为依托，县级种子标准检验室为基础的种子质量监督检验体系。6. 种子执法管理体系建设。积极开展种子市场检查整顿，加强种子市场管理及企业的经营行为规范等工作，从而使全省的种子管理工作得到全面加强。7. 土肥测试及体系建设。完成了对4个国家点、12个省级点的田间观察记载、土壤化验分析、数据收集汇总、统计分析等工作。

（撰稿：赖万炎）

林业

【概况】 2000年，全省林产业总产值达532.3亿元，比上年增长9.7%，林产业增加值220亿元，比上年增长7.5%。完成造林更新119.10万亩，占计划的119.1%；完成中幼林抚育间伐159.5万亩，占计划的106.3%；新增封山育林面积311.5万亩，占计划的135.4%；全民义务植树完成1908.08万工日，占法定任务的106%。全省森林覆盖率达60.5%，居全国首位；有林地面积达11030万亩，比上年增长12.1%；竹林面积1230万亩，居全国首位，比上年增长20.5%；活立木总蓄积量4.176亿立方米，居全国第7位，比上年增长5.8%。全省已建成自然保护区国家级4处、省级16处、县级36处、保护小区4065处，保护面积已达国土面积的5.7%。全省国家级森林公园从2个增加到9个，省级森林公园增加10个，年森林旅游人数从8万人次增到170万人次。

林业生态环境建设得到加强。全省各地结合本地实际调整林种树种结构，沿海地区加大了经济林和防护林的造林比重，如漳州市以主攻短轮伐期商品林为目标，加大了桉树、相思树、湿地松、柚木等树种的推广；山区则加大了竹林和阔叶树的造林比例。造林机制改革步伐加快，私有制、股份制、股份合作制造林比例达33%。林业生态工程建设取得新进展。沿海防护林体系工程完成造林28.7万亩，占计划的119,6%。生物多样性保护工程全年又有7个县（市、区）的规划经当地政府批准颁布实施，新建保护区5个，保护小区119个，新增保护面积37.3万亩。江河流域生态林工程实施以来，加大了封山育林力度，对流域内的森林采伐审批实行了严格控制。全民义务植树和城乡绿化一体化工程扎实推进，广泛开展了植纪念树、种纪念林和绿地认养活动。省绿委、团省委等7家单位组织的“保护母亲河行动”取得明显的社会效应。

森林资源保护管理力度加大，促进了森林资源安全和林区稳定。以省人大组织的《森林法》执法检查和国家林业局统一部署开展的“南方二号”行动、保护森林资源“三号”行动为契机，加大对毁林犯罪的打击力度，有效地保护了森林资源。全年共查处林业行政处罚案件44214起，审核征占用林地300余起，其中上报国家林业局审核6起。林业检查站共查处违法运输案件28401起，各级森林公安机关全年共查处林业刑事案件1398起。建设生物防火林带7050公里，占计划的117.5%。针对上半年由于气候反常、基础设施建设滞后等原因引起森林火灾频发的实际，各级林业部门在当地政府的统一指挥下，采取各种措施做好森林火灾的预防和扑救，使损失降到了较小的程度。主要森林病虫害防治总面积112.9万亩，防治率94.3%。加强检疫执法力度，有效防止了松材线虫等危险性病虫的传入。加大力度调解处理各类山林权属纠纷312起，维护了林区的社会稳定。同时，积极开展各种形式的普法宣传活动，特别是在“3.12”植树节、第18届“爱鸟周”、第10届“保护野生动物宣传月”和第4届“世界湿地日”宣传活动中，组织开展了内容丰富、形式多样、生动活泼的宣传活动，收到较好的社会成效。

【林业厅机构改革】 省委、省政府确定的林业厅“三定”方案下达后，按照有关程序开展了机构、职能人员的调整确定工作，机构改革顺利进行，各项工作平稳过渡。一是职能得到加强。除保留原有职能外，还增加了生物措施防治水土流失和花卉生产宏观管理两项职能。依托厅造林处、计财处、办公室分别增挂了花卉管理办公室、外事外经办公室、宣传办公室3个牌子，花卉协会也转到林业厅办公。二是人员得到妥善安排，在此次机构改革中，林业厅行政编制从原130名减为73名，核减43.8%，除原有部分空编外，通过调任、转岗和办理退休含离岗待退等途径，分流人员年底前基本到位。通过民主推荐、竞争上岗等形式，一批年轻干部走上了处级领导岗位，使中层领导班子组成更趋年轻化和专业化。三是厅机关内部职能得到理顺。为缓和机构改革后行政单位人少事多和事业单位相对人多事少的矛盾，将一些行政机构的行政职能从2001年1月起正式交由部分事业单位行使，保证各项林业职能得到充分履行。

【国债投资重点工程】 为加快林业生态环境建设，国家启动国债资金2200万元用于福建省林业重点工程建设项目。其中1400万元用于沿海防护林体系工程建设，安排在蕉城、霞浦、罗源、平潭、莆田、惠安、晋江、漳浦、东山9个项目县（市、区）。至2000年底，各项目县严格按国债项目管理规定组织实施，共完成人工造林19.8万亩，封山育林39万亩。其余800万元用于种苗项目，分别安排在省种苗总站，建瓯、邵武、三元、永安、龙岩、漳州等苗圃，建设热带亚热带珍稀阔叶树种、林木花卉等种苗繁育基地1875亩，现已完成国债投资466万元。

【生态公益林建设规划】 根据全省生态环境、森林资源、地貌特征以及林业生态体系和林业产业体系的总体框架，全省规划生态公益林面积4200万亩，划分为4个保护和治理区。1. 闽西北水源涵养林和水土保护林区：包括南平市、三明市，规划：南平市生态公益林经营区林地面积837万亩，占林地总面积的26%；三明市生态公益经营区林地面积729万亩，占林地总面积的26.0%。2. 闽西南水源涵养林和水土保护林区：包括龙岩市，规划：龙岩市生态公益林经营区林地面积645万亩，占林地总面积的27.0%。3. 闽东北沿海防护林和水源涵养林、水土保持林区：包括宁德地区，规划：宁德地区生态公益林经营区林地面积511万亩，占林地总面积的34.0%。4. 闽中南沿海防护林和生态环境保护区：包括福州市、莆田市、泉州市、厦门市、漳州市，规划：福州市生态公益林经营区林地面积461万亩，占林地总面积的40.0%；莆田市生态公益林经营区林地面积128万亩，占林地总面积的36%；泉州市生态公益林经营区林地面积390万亩，占林地总面积的37%；厦门市生态公益林经营区林地面积46万亩，占林地总面积的40%；漳州市生态公益林经营区林地面积453万亩，占林地总面积的34%。

【全省森林资源连续清查第四次复查结果】 清查统计资料表明，全省森林覆盖率为60.5%，继续居全国第一。全省森林资源现状是：全省土地总面积1215.01万公顷，其中林地面积901.83万公顷，占土地总面积74.2%。在林地中，有林地面积735.37万公顷，占81.5%；疏林地面积18.28万公顷，占2%；灌木林地面积23.09万公顷，占2.6%；未成林造林面积12.27万公顷，占1.4%；无林地面积112.82万公顷，占12.5%。在有林地中，林分面积549.90万公顷，占74.8%；经济林面积103.44万公顷，占14.1%；竹林面积82.03万公顷，占11.2%。全省活立木总蓄积量41763.62万立方米，其中林分蓄积量36490.99万立方米，占87.4%，疏林蓄积量351.51万立方米，占0.8%；散生木蓄积量4751.07万立方米，占11.4%；四旁树蓄积量170.05万立方米，占0.4%。毛竹立竹总株树1321.16百万株。

【《森林法》执法检查】 2000年4～7月，省人大常委会为认真总结贯彻实施《中华人民共和国森林法》取得的成绩和经验，推动全省深入学习贯彻林业法律法规，促进解决法律法规实施中存在的突出问题和林业改革发展中的重点。热点和难点问题，推进依法治林，实现全省林业和社会经济可持续发展，决定在全省范围内，组织开了为期4个月的《森林法》执法大检查。执法检查的重点是：1. 依法保护林地情况，沿江、沿海、水库周围生态林保护和沿海防护林的保护、建设情况。2. 依法制止盗伐滥伐林木和毁林开垦，特别是重大案件的查处情况。3. 依法开展森林防火工作情况。4. 林农及林业部门的社会、经济负担情况和《福建省人民政府关于清理整顿木材生产经营中不合理收费的决定》的执行情况，依法落实对林业经济的扶持情况等。（撰稿：林宇峰）

畜牧业

【概况】 全省畜牧兽医系统以农业增长、农民增收、农村稳定为工作主线，加强宏观调控，调整优化生产结构，整顿市场流通，完善技术网络，强化服务措施，提高科技水平，促进全省畜牧业继续健康稳定增长。全年共实现畜产品产量196.5万吨，比上年增长5.7%。其中肉类产量145.90万吨，增长5.2%；禽蛋产量40.70万吨，增长3.5%；奶类产量9.90万吨，增长24.7%。奶类基本完成生产计划。

全省畜牧业发展的特点。1. 畜产品总量增加，结构改善。2000年全省畜产品产量比“九五”期初增长44.6%，年均递增7.7%。2000年全省人均占有肉、蛋、奶43.7公斤、12.2公斤和3.0公斤，比“九五”期初分别增加12.0公斤、3.9公斤和1.1公斤。肉、蛋、奶的比重由75.6：19.8：4.6调整为74.4：20.6：5.0。畜牧业占农业总产值的比重由19.5%提高到20.1%。畜牧业与种植业之间的比例由31.7：68.3调整为34.5：65.5。2. 畜牧业产业化经营初见成效。区域特色畜牧业得到发展。依托当地资金、技术和品种资源条件，逐步形成以福清市、新罗区肉猪，光泽县肉鸡、大田县肉兔，延平区奶牛，长汀县河田鸡，连城县白鸭为代表的区域特色产业。专业生产基地建设取得显著成效。全省现有养猪专业户16917户，年出栏生猪594万头，占全省生猪生产总量的38.0%，具备年出栏万头以上的专业场超过100家。蛋鸡专业户876户，年提供鸡蛋6.15万吨，占全省鸡蛋总产量的33.0%。肉鸡专业户3021户，年出栏肉鸡4099万羽，占全省肉鸡总量的39.5%。贸工农一体化、产加销一条龙的产业化经营模式逐步完善。延平区长富集团和大乘乳品有限公司存养奶牛数和奶制品加工量分别占全省的30.0%和38.0%。光泽鸡业有限公司达到日单班加工肉鸡40万羽的能力，是目前全国最大的单体禽类屠宰加工生产线，2000年屠宰自产肉鸡超1000万羽，市场畅销。

【畜禽良种繁育体系】 种畜禽数量增加，质量提高。全省已经依法申领《种畜禽生产经营许可证》的种畜禽场有256家。种畜禽的质量逐年提高，国家级重点种畜禽场天马种猪场和石狮金定鸭原种场经国家农业部多次检查、检测，均符合国家标准。地方优良种质资源得到很好保护开发，槐猪、金定鸭、连城白鸭、莆田黑鸭、丝绒（白羽）乌骨鸡、中国（漳州）斗鸡等地方品种已经通过农业部认定，列入国家重点种资资源保护名录。山麻鸭、诏安灰鹅、长乐灰鹅、河田鸡、闽北白鹅等品种保护，也已经取得明显成效。山麻鸭选育已有6个世代，高产系选育取得突破性进展，成果得到专家肯定并已通过省科技厅验收。科研成效显著，瘦肉型猪、白番鸭、白羽半番鸭、高产蛋鸭（山麻鸭和金定鸭）等品种选育和配套系推广科研工作取得突破，优质白羽半番鸭选育示范推广列入全省首批农业跨越计划。品种改良技术日益成熟，鸡、鸭、猪人工授精率达到90%、85%和90%。“三元杂交”肉猪比重提高到45%，瘦肉率达到55%以上。猪牛羊年出栏率分别达到149%、18.6%和104%。规模猪场和种畜场普遍采用28天早期断奶，重点种畜场已经实现3周龄断奶。

【畜牧业执法体系】 相关的法律法规逐步完善，国家相继颁发了《兽药管理条例》、《种畜禽管理条例》、《动物防疫法》、《饲料和饲料添加剂管理条例》，农业部配套的实施细则和管理办法不断出台，为畜牧业法制化管理提供充分的法律依据。执法机构和队伍建设加强，全省已经建立县级以上的动物防疫监督机构83个，并依法配备动物防疫执法人员3172名，其中动物检疫员2696名，动物防疫监督员476名。执法监督制度进一步完善，目前已有10多个规范性制度。积极推进地方性法规规章建设，先后起草了《福建省实施〈中华人民共和国动物防疫法〉办法》等4项与《动物防疫法》相配套的地方性法规规章提交省政府、省人大审议，部分草案已经得到省政府和省人大初步认可，列入地方性法规规章制定计划。

图为台商在长泰投资兴办的和平畜牧场，引进杜洛克、长白猪，大约克等全瘦肉型种猪进行饲养，现存栏1500余头，瘦肉率达68%，屠宰率达85%。饲养的二元种猪、三元商品猪主销福、厦、漳等地。 （林辉龙 摄）

【基础设施建设】 改善乡镇畜牧兽医站站房。以无规定动物疫病区项目建设为契机，全面更新改造46个项目实施单位的化验室建设，已经完成投资2002万元，化验场所、功能和工作能力基本达到项目建设的要求。省兽医诊疗中心和兽药饲料检测中心基础改造和仪器设备投入近千万元，目前检测能力居全国同行业先进水平，2000年省兽药饲料检测中心一次性通过省级计量认证。加强办公场所改造，建设资金重点倾斜集“技术服务、兽医化验、办公设施、业务培训”四位一体的市、县综合楼改造建设，2000年全省有27个市、县改善了办公服务条件，部分市、县化验室建设已经达到“农业部四到位”的要求。抓好种猪性能测定中心建设，已经投入建设资金300多万元，并计划再投资500万元。

【检疫】 一是加强行业标准建设。制定并通过《家畜屠宰检疫规范》和《家禽屠宰检疫规范》两个强制性地方标准，规范检疫规程。二是认真抓好产地、屠宰检疫工作。全省已经设立动物、动物产品检疫申报点923个，占应设立数的92%。定点屠宰检疫开展面、病害动物、动物产品无害化处理率都达到100%，生猪受检率达到70%。2000年全省共检疫畜禽5118.7万头（羽、只），检出各类病害染疫动物2.61万头（羽、只），全部进行无害化处理。三是规范检疫收费行为。认真贯彻落实《福建省动物、动物产品检疫费使用管理规定》，严格执行重新确定的统一收费标准，全省9个地市、所有县（市、区）的城关，100%执行新的统一收费标准。90%以上的市、县、乡使用省财政厅监制的专用票据。四是加强检疫证章标志管理。实行专人管理，专库保存，专帐记录。截止2000年，累计发放兽医卫生合格证2.63万份。

（撰稿：陈宏）

渔　业

【概况】 2000年全省水产业总产值达575亿元，比上年增长17.9%，水产业增加值达330亿元。名优水产品养殖业、精深水产品加工业和轻型、节能、高效捕捞作业的快速发展，有效地优化了农业结构，增加了渔（农）民收入。渔业第一产业产值达320亿元，占大农业产值的33.1%，所占比重比上年增长3个百分点以上。全省渔民人均年纯收入达4500元，比上年增长3.4%，比农民人均年纯收入高出1200元。全省水产品总产量达

527.89万吨，比上年增长5.1%，全省水产品人均占有量达158公斤，继续居全国第一位。水产品产量的增加为全省人民提供了充裕的优质蛋白，优化了食物结构。

【渔业结构优化】 全省深入开展“水产品流通与加工年活动”，促进以加工流通为主体的第二、三产业产值与效益的快速增长。全年水产业二、三产业产值达255亿元，占水产业总产值的44.0%，比上年提高6个百分点。外向型渔业对优高渔业发展的拉动力上升。作为全省最大宗的出口创汇品种的烤鳗，在日本市场的价格2000年第一次超过台湾和东南亚地区的同类产品价格，从而有效地拉动了养鳗业及名优水产品养殖业的发展。据统计，全省新增浅海开发面积12万亩，其中新增大黄鱼养殖25万箱，新增产值20亿元以上。新增以斑点叉尾鮰、美国大口胭脂鱼、澳洲银鲈、条纹鲈等名优品种为主的淡水网箱8500箱。全省水产品出口创汇6亿美元，比上年增长7.5%，居全国第二位。

【质量管理】 根据我国将加入世界贸易组织新形势的要求，着眼与国际标准接轨，加大产品质量管理力度，提高了产品品质和市场竞争力。一是抓质量体系认证工作，全省已有26家企业通过HACCP体系认证。二是开展质量管理试点示范。在福州、厦门开展贝类净化试点，通过水质杀菌、低温杀菌等办法，净化贝类，为贝类健康消费提供模式。三是抓渔业质量监督监测。组织抽检渔用饲料，对提高饲料质量起到良好推动作用。加大对鳗鲡及其烤鳗制品药物残留的检测力度，避免不合要求的鳗产品流入国际市场。与卫生、工商管理部门一起对市场销售水产品禁用添加剂进行检查监督。四是加强渔业标准化工作。在全省范围内推行加工产品标准和商标注册，严禁无商标、无厂址、无生产日期的“三无”水产加工品进入市场。向农业部申报国家级（部级）行业标准22项，获批8项，验收罗氏沼虾、褶牡蛎挂养、鲍鱼3项标准综合示范点。

【渔业执法】 省人大颁布了《福建省浅海滩涂水产增养殖管理条例》，为全省浅海滩涂有序开发、管理提供可靠的法律保障。严格实施伏季休渔制度和渔船“双控”制度，努力控制捕捞强度。伏季休渔主要采取以港口监管为重点的海上、港口、陆上全方位监管措施，适时组织开展海上联合行动和陆上巡回检查，同时注意抓好渔民转业、培训和渔船维修等疏导性工作，使近1.26万艘应休渔船做到“船归港、网入库、人上岸”，7万多渔业劳动力和30多万渔区群众伏休期间生产、生活秩序井然，伏休过后资源明显得到恢复，秋冬汛生产形势喜人。根据农业部统一部署，普查各类渔船5.46万艘，总吨61.1万吨，总功率185.1千瓦，为全面准确掌握渔业船舶现状，加快渔业船舶现代化管理，有效控制捕捞强度，保障渔民生命财产安全以及为建立渔船报废制度提供了依据。根据福建沿海太平洋风暴和台风频发的特点，以抗台防洪为重点，省海洋与渔业局制订了《渔业抗台防洪预案》，根据“预案”的内容与宁德市政府、驻宁海军、武警边防部队等联合在三都澳网箱养殖区举行大规模的防台抗灾模拟演习，进一步增强了广大渔民防台抗灾的意识，提高防台抗灾的组织协调能力。

【基础设施建设】 根据中央提出的“集中资金办大事，调整结构保重点，加强管理增效益”的指导方针，重点加强了群众渔港、海岸带管理、病害防治、市场和苗种建设。据统计全年续建、新建一级渔港1个，二级渔港11个，三级渔港26个，完成投资9000多万元。福州鳌峰洲、泉州华洲、厦门东渡三大批发市场续建工程进展胜利，预计年交易量40万吨，交易额38亿元。福鼎边鼎水产品市场一期工程已竣工投产，年交易量1.5万吨，交易额1.2亿元。莆田闽中水产品批发市场已试营业，年交易量1.6万吨，交易额1.35亿元。此外，东山、石狮、云霄等地的水产品批发市场也正在积极筹建中。利用世界银行贷款建设的海岸带管理、病害防治、育苗场建设也有较大进展，完成投资近2000万元。规范、建立和健全项目“五制”管理制度，加强项目的前期准备和专家评估论证工作，狠抓工程管理、质量、进度和安全，使建设项目的管理水平明显提高。

【存在的困难和问题】 全省渔业工作总的形势是好的，但仍然面临不少困难与问题，主要是：渔业产业结构和产品结构与市场需求瞬息万变的矛盾依然突出；渔业资源和环境制约了生产的发展，特别是沙溪河污染事件对部分渔业水域的资源和生态造成极大的破坏；渔业标准体系和质量监督体系不健全，产业素质偏低；海洋捕捞由于油价上升，成本提高，比较效益下降，渔民增收难度大；台风等自然灾害造成部分地区渔业损失较为严重；海洋综合规划、管理工作仍相对滞后。

（撰稿：林旭东 林辉）

乡镇企业

【概况】 2000年，全省乡镇企业以学习贯彻江总书记“三个代表”重要思想、深入开展“两思”教育为动力，以“调结构、抓创新、扶龙头、育支柱、建园区、兴市场、构网络、强服务、促发展”为工作主线，推动了乡镇企业进一步健康发展，实现总产值6157.1亿元，比上年增长12.4%；工业产值4076.3亿元，比上年增长12.0%；增加值1392.8亿元，比上年增长12.4%；出口交货值907.6亿元，比上年增长11.7%；实交税金97.2亿元，比上年增长15.7%；企业利润233.5亿元，比上年增长9.7%；企业数80.7万个，比上年增长2.1%；从业人员555.6万人，比上年增长4.9%；发发工资358.4亿元，比上年增长12.4%。全省乡镇企业主要特点是：

一、结构调整步伐加快，经济增长的质量和效益进一步提高。在产业结构调整

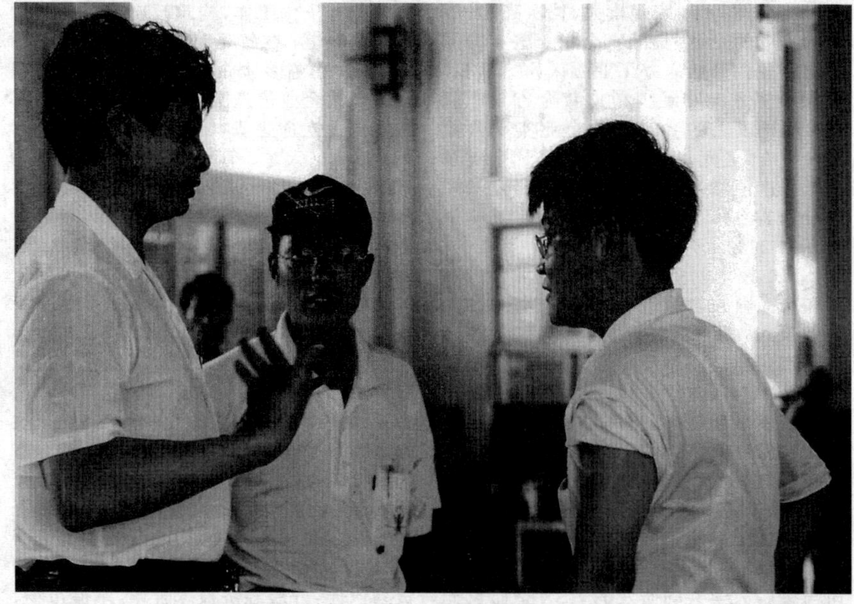

惠安第一家村办工业区潮乐工业区，占地9万平方米，先后引进多种成份企业26家，年产值1亿，出口创汇1000多万美元。图为该村党支书、全国人大代表张克辉（左）向区内韩国管理人员了解石材出口情况。 （林辉龙 摄）

方面，各地加大了对农产品加工、轻纺、建材、食品、饮料、鞋业、服装、工艺品、竹木制品等传统工业的技术改造，发展了一批农业产业化龙头企业，促进农副产品精深加工及系列开发，同时，注重高起点发展电子技术、生物药品、新型材料、机械装配、精细化工、环保设备等行业；产品结构调整方面，各地根据国家产业政策、国内外市场需求和本地优势，大力开发“五新”（新产品、新材料、新工艺、新设备、新技术）项目，推动产品结构向“名、优、新、特”方向转化，提高了产品的质量，产品抽查合格率达82%；布局结构调整方面，各地结合小城镇建设，加快乡镇企业工业园区的规划和建设，引导乡镇企业集中连片发展，提高了乡镇企业的集聚和集中效益。晋江市五里工业园区、永春县探花工业园区、安溪吾都工业园区、惠安城南工业区等，开发建设形势十分喜人。同时，清理整顿了一批小造纸、小电镀、小印染、小水泥等污染严重的小企业，淘汰了一部分落后的生产设备、工艺和技术。

二、涌现了一批规模大、效益好、发展后劲足的重点骨干企业，规模效益日益显著。全省各地采取积极措施，努力培育大型骨干和支柱企业，促进了一批企业上规模、上档次、上水平。泉州市2000年营业收入超1000万元企业达1500家，其中上亿元企业60家，组建企业集团5家，累计达140家，有力支撑和带动了全市乡镇企业的发展。福州市重点扶持市定40家乡镇企业，实现销售收入43.4亿元，比上年增长28.1%；利润3.45亿元，比上年增长87.7%；入库税金1.48亿元，比上年增长28%，效益增幅大大高于全市乡镇企业平均水平。漳州市在促进企业上规模方面有新的突破，培育了如紫山集团、海新集团、闽星集团、港兴集团、龙海格林冷冻公司等13家规模大、档次高、发展势头强劲的企业（集团）。全省一些实力强的集团企业开始兴办工业园区，企业朝着块状经济方向发展。2000年全省年产值500万元以上的乡镇工业企业实现营业收入1394亿元，比增42.6%，比全省乡镇工业产值增幅高出30.6个百分点，同时占全省乡镇工业产值的比重由1999年同期的26%上升到34%。

三、技术创新能力增强，企业科技水平和产品科技含量进一步提高。各地加大科技投入力度，通过开发“五新”项目、建立重点企业技术创新中心、产学研项目、引进技术和人才等手段，大大增强了乡镇企业技术创新能力，提高了企业和产品的科技含量。如厦门涌泉集团有限公司重视科技投入，经人事部批准，成为中科院、复旦大学、厦门大学、南京林业大学等科研院校的博士后流动站，显示了公司的科技实力；漳州神州道路反光标线制造有限公司与厦门大学共同研发的“SX道路反光标志带”填补国内空白；厦门惠尔康食品有限公司投资5000万元，引进国际领先水平的意大利PT茶生产设备，开发10多个新品种。同时，各地十分重视抓好人才的培养、引进和使用工作，认真解决好育人、引人、用人、留人等相关问题，努力创造一个有利于人才成长、引进、使用和保护的环境与机制，为乡镇企业新一轮创业提供智力上的支持。

四、外向型经济明显好转。2000年，全省乡镇企业紧紧抓住我国即将加入世界贸易组织的历史性机遇，积极做好加入世贸组织的各项应对工作，加强培训和宣传，提高乡镇企业主管部门干部和广大企业家、管理人员、员工对国际经贸规则的熟悉程度和运用水平；许多企业通过引进先进的设备、技术、工艺，加大劳动密集型产业的技术改造，提高产品的技术含量和竞争能力；大力调整和优化出口产品结构，进一步巩固港澳传统市场，努力恢复和发展东南亚市场，重点提高美、欧、日等发达国家市场的开发深度，大力开拓东欧、中东、独联体、非洲、拉美等市场，出口创汇明显回升，全省乡镇企业实现出口交货值907.6亿元，比上年增长11.7%。各地还加大了招商引资的力度，充分利用厦门“9.8”投资贸易洽谈会、福州国际招商月、泉州“9.9”商品交易会、广交会等大型经贸活动，积极扩大利用外资的领域，加强与欧、美、日等发达国家大企业合资合作，提高乡镇企业特别是第三产业利用外资的水平。充分利用我省独特的港、澳、台、侨人文优势和乡镇企业市场营销能力强的优势，建立海外销售渠道，发展境外加工贸易，加快实施“走出去”开放战略，取得了积极成果。

【中国福建省乡镇企业信息网】 为改造传统产业，发展高新技术产业，不断提高企业的开发创新能力，增强企业市场竞争能力，推进企业信息化、金融电子化和商务电子化工作，构筑政府与企业之间的快速通道，在省委、省政府有关领导的支持下，由省乡镇企业局主办的“中国福建省乡镇企业信息网”于年底试开通；网站初步设立企业基本情况、项目、产品、招商、培训、人才、管理、政策法规等数据库。“中国福建省乡镇企业信息网”由福建省乡镇企业局internet中心平台、各市、县、乡（镇）网络平台和企业网络组成。信息网络建成后，将全面实现全省乡镇企业信息处理和管理的现代化，形成乡镇企业各项数据库体系，及时、准确、系统地为各级政府、有关部门、企业提供乡镇企业市场、产业、产品、科技、质量、外经贸、企管、统计、人才等方面的信息，发布政务、政策法规、投资导向、招商引资、市场开拓、科技服务、质量振兴、人才推介等信息，提高政府调控市场、市场配制资源的科学性和有效性；为企业开展电子商务，发展网上贸易，寻求投资机会，介绍贸易伙伴，开展经济技术合作，掌握市场、投资、科技、金融动态，了解政务信息，拓宽发展的领域和空间，提供全面、优质的服务，力争把福建乡镇企业信息网络建设成为全国有影响力的信息网络。

【工业园区】 根据中央提出的“小城镇、大战略”的战略，全省各地开发建设乡镇工业区积极性高、势头好，涌现了一批设计科学、布局合理、环境优美、功能全面的“工业群”和“工业带”，促进了乡镇企业的集中连片发展，拉开了高起点规划、高标准设计、园林式建设50个省级乡镇工业园区的序幕。漳州市对14个有一定规模和档次的工业区，重点加以规划建设，工业小区的产值、税利占全市乡镇企业产值、税利的1/8。一些市、区开始规划建设高起点、高标准、园林化、生态型的乡镇企业工业园区，提高乡镇企业工业区的档次和标准，构筑了新世纪企业投资的亮点和区域经济中心。如正在兴建的晋江市五里工业园区，规划发展6平方公里，前期建设1000多亩，已有45家企业入区，总投资25亿元；永春县探花工业园区，由于规划起点高，花园式的工业环境吸引了众多投资者的目光，区内“五通一平”尚未完工，就有22家企业迁入园区；安溪吾都工业区、同美工业区、圆潭工业区，惠安城南工业区、城北工业区，同安莲花镇工业区等一大批工业园区开发建设的进度很快，热头很好。目前全省已出现一批以小城镇为中心的“工业群”和沿国道、省道的“工业带”。

【市场开拓】 随着国内外市场竞争的加剧和乡镇企业重点行业的发展，各地进一步加大了市场开拓的力度，在乡镇企业主要产品密集区和交通枢纽，规划、完善、兴建了一批如闽南建材市场、晋江陶瓷城、惠安石雕城、安溪茶都、龙岩商贸城、晋江陈埭鞋类市场等规模大、起点高、功能多、辐射力强的大型专业化市场，引导乡镇企业进入市场设点促销。专业市场的兴办，带动了人流、物流、商流的汇集，推动了当地小城镇建设和经济发展。同时，各地还组织企业在省内外开展展销会、博览会、定货会、“大蓬车”下乡等活动，取得了良好的成效。如第二届南安建材贸洽会，共签订397个项目，总金额达16.37亿元；第二届晋江鞋业博览会签订16个项目，总投资1.2亿美元，交易额达14.5亿元。泉州市举办的第二届泉州国际互联网名特优新产品交易博览会，1500多家乡镇企业、2万多种产品上网，为乡镇企业发展网上贸易开辟了新途径。

【法制建设】 根据全国人大常委会部署，2000年在全国开展《乡镇企业法》执法检查，检查重点是《乡镇企业法》颁布实施3年来各地对贯彻实施《乡镇企业法》的认识，乡镇企业依法规范自身生产经营行为，落实扶持乡镇企业发展有关规定，维护乡镇企业合法权益等方面的情况。全省各地按要求认真进行了自查。通过自查，总结了经验，找出了薄弱环节，制定了改进措施。这次执法检查，对于进一步确立乡镇企业的法律地位，统一社会各界对乡镇企业在国民经济中地位和作用的认识，加强乡镇企业法制建设，规范乡镇企业行为，依法行政，严格执法等方面起到了积极的促进作用。在开展执法检查过程中，厦门涌泉集团有限公司代表福建省乡镇企业，赴京参加由农业部和中央电视台联合举办的"首届全国乡镇企业法知识竞赛"获得一等奖，省乡镇企业局获得组织奖。

【2000年全省乡镇企业营业收入前10名县（市、区）】

晋江市	492.13亿元
福清市	353.11亿元
南安市	279.19亿元
龙海市	240.90亿元
惠安县	239.03亿元
长乐市	181.93亿元
晋安区	177.89亿元
仓山区	166.73亿元
莆田县	150.94亿元
漳浦县	145.40亿元

【2000年全省乡镇企业营业收入前10名乡（镇）】

晋安区鼓山镇	103.30亿元
晋江市安海镇	68.03亿元
晋江市陈埭镇	67.64亿元
晋江市青阳镇	57.38亿元
仓山区城门镇	54.69亿元
鼓楼区洪山镇	53.75亿元
仓山区盖山镇	47.62亿元
晋江市磁灶镇	47.54亿元
南安市水头镇	42.08亿元
龙海市海澄镇	40.80亿元

【2000年全省乡镇企业营业收入前10名村】

鼓楼区洪山镇黎明村	150026万元
德化县龙浔镇宝美村	122610万元
福清市海口镇南厝村	121652万元
莆田县江口镇石西村	117200万元
晋江市磁灶镇居委会	106623万元
晋安区鼓山镇东门村	98239万元
南安市水头镇龙凤村	97098万元
惠安县辋川镇五峰村	96493万元
晋安区王庄街道紫阳村	93705万元
晋江市龙湖镇烧灰村	86434万元

（撰稿：张信仰）

农　垦

【概况】 2000年，全省农垦系统有独立核算企业145个，其中国有农场120个，比上年减少2个。农垦总人口21.44万人，从业人员9.18万人，比上年减少3.0%。土地总面积121.77千公顷，比上年减少0.4%；耕地面积10.80千公顷，比上年减少93公顷；林地面积56.91千公顷，比上年减少0.3%；茶叶面积4.63千公顷，比上年减少6.5%；水果面积15.50千公顷，比上年减少0.7%；猪年末存栏15.05万头，增长1.0%。全垦区完成国民生产总值10.84亿元，比上年减少4.3%，人均国民生产总值5076元，比上年减少17.3%，工农业总产值30.08亿元，比上年减少0.5%；出口商品总金额恢复性增长，年出口5.39亿元，比上年增长20.5%；人均纯收入3772元，比上年增长4.3%。1999年底遭受历史罕见的严重霜冻灾害，全省农垦果树、茶树等农作物大面积受冻害，农业生产受到严重影响。但渔业和畜牧业生产仍有较大发展。2000年农业增加值4.03亿元，比上年减少3.1%；农业总产值10.37亿元，比上年减少1.9%；粮食产量8.37万吨，比上年减少0.41%；水果产量6.96万吨，比上年减少23.3%；茶叶产量3685吨，比上年减少1.52%；水产养殖面积1720公顷，比上年增长2.9%，水产品产量达1.87万吨，比上年增长46.0%；肉类总产量2.17万吨，比上年增长24.0%；牛奶产量3441吨，比上年增长28.2%；工业生产基本保持稳定，工业增加值4.85亿元，比上年减少0.6%；工业产值19.71亿元，与上年持平，产品销售收入17.59亿元，比上年减少0.9%；利润总额7313万元，比上年减少17.1%；工业企业亏损19个，比上年减少4个。工业产值中，国有、集体、三资、个私经济成份所占比例为14：13：50：23，与上年相比，国有企业所占比例降低了3个百分点，集体企业保持不变，三资企业上升7个百分点，个私经济也占一定份额。第三产业首次出现负增长，第三产业增加值1.44亿元，比上年减少15.9%，占国民生产总值14%，比上年下降2个百分点。

【职工养老保险纳入省级统筹】 5月省政府闽政［2000］文193号出台了《福建省人民政府关于福建省国有农垦企业实施〈福建省城镇企业职工基本养老保险条例〉方案的通知》，根据通知要求，各垦区积极行动，成立社保领导机构，主动配合各地社保公司，深入农垦企业开展调研、解释和宣传发动工作，许多农垦企业克服资金短缺等种种困难，在当地政府的支持下，千方百计做好职工基本养老保险工作。截至年底，共有139个农垦企业，38616名职工参加了省市级统筹，分别占应参保企业、职工的98%和64%。厦门垦区农垦企业职工养老保险已按厦门市企业职工养老标准纳入市级统筹。福州和厦门两市人民政府还分别拨给农垦系统300万元、360万元支持垦区企业职工养老保险纳入省市级统筹。

【各项改革】 一是继续抓好以资产量化、资金补助为主要内容的置换职工身份的改革。全年省级补助资金529万元，有26个农垦企业推行了此项改革，参与职工1万多人。到年底参与此项改革的企业累计已达92家，占全省农垦企业总数的61%，参与改革的职工累计2万多人，占职工总数的33.0%。二是整体转让。连江八一茶场和建瓯凤山茶场先后整体转让给香港凯捷集团，分别组建凯捷农业高科技公司和凯捷生态农业发展有限公司，两场转让金额共700万元，转让期50年。三是实现债务剥离。浦城县仙阳茶场和松溪郑墩茶场实现债务剥离，两场分别剥离1400万元和1700万元，债务转给农业银行长城公司。四是股份制、股份合作制经营蓬勃兴起。大田县东风农场以原有茶园、茶厂等固定资产折价入股，与石狮新发公司共同组建了注册资金为5000万元、农场占30%股份的新发天然植物有限公司。安溪福前农场职工集资280万元创办了福前后溪木制品有限公司。宁德垦区的大部分茶业精制厂也推行了股份合作制经营。据统计全省股份制和股份合作制企业已达80多家。五是学校剥离工作积极开展。全年农垦所属学校减少12所。省农垦局加紧与省经贸委、省教委协调，第一批已有武夷山综合农场等3个农场的3所学校1056名学生完全剥离到教育

图为位于建阳的福建农垦茶叶绿色食品开发基地。　　（建阳市供稿）

部门管理，年可节约经费80多万元。

【优化产业结构】 漳州垦区果业在1999年遭受台风和强霜冻的毁灭性打击下，在结构调整中，对冻死的幼龄果树改种短平快品种或其他优质、高效水果新品种，对冻伤的大龄果树适时进行修剪，并对劣种进行高接换种，并大力引进台湾农业新品种。长泰古农农场引进台湾热带水果，诏安建设农场引进台湾金枣等都相当典型，漳浦长桥农场引进种植台湾高优农业品种150多个，效益日渐明显。泉州垦区的加锥农场继续推进龙眼综合技术的改进，并聘请泰国龙眼技术专家共同探讨龙眼药物调控开花结果期试验。当年已投产的3583株龙眼又获丰产。安溪芦田茶场积极引进台湾乌龙27号、金萱翠玉、四季春等优良茶树品种进行改良，面积达250亩。宁德垦区立足当地、面向市场，发展富有地方特色名优茶叶、水果、食用菌、反季节蔬菜等，使农业产业结构更趋合理，提高了市场竞争力和应变能力。屏南综合农场利用当地的气候优势，大面积种植反季节蔬菜。周宁五四茶场聘请省农科院、省科委专家，指导农场水果、茶叶示范园区建设，同时投资40多万元，种植台湾青沙梨、大久保、皇后黑李等水果300多亩。

【小城镇建设】 一是领导重视。各市农垦主管部门及各农场领导充分认识小城镇建设的重要意义。宁德地区下发关于加强国有农场小城镇建设工作的通知；三明市各农场普遍成立了小城镇规划建设领导机构。二是科学规划。漳浦县大南坂农场聘请县建委和省建筑工程专科学校对工业小区和建制镇（小城镇）进行规划设计。周宁县五四茶场聘请县建设设计部门对职工住宅新村进行统一规划设计，使新村建设纳入县城总体开发规划。三是树立样板。首批列入漳州市"十片百村"示范点的大房、古农、长桥、石古、汰口农场新村建设已初具规模，这些新村建设示范点为垦区小城镇建设起了示范和推动作用。 （撰稿：陈祖新）

农业机械化

【农机化装备和作业水平】 2000年，全省农业机械固定资产原值达51.99亿元，占全省农村生产性固定资产总值25%以上，比上年增长7.9%。农业机械总动力873.28万千瓦，增长4.1%；农用拖拉机15.51万台，略有增长，主要是变形拖拉机的增长，其中：大中型拖拉机严重老化，得不到更新，2000年仅剩下1897台；手扶拖拉机进城和在主干线上行驶受到了限制，加上社会上各种收费多，机手负担重，效益不高，正逐步减少；变形拖拉机适应农村运输，增长幅度大，达到3.50万台；农用载重汽车1.81万辆，基本持平；农用运输车5.53万辆，其中：四轮运输车3.24万辆，三轮运输车1.72万辆，均略有减少。在各种农业机械中，收获机械仍然发展最快，2000年联合收割机577台，比上年增长16.1%；机动脱粒机4.65万台，增长5.0%。播栽机械、农用排灌机械、植保机械、农副产品加工机械、渔业机械等都有不同程度的发展。适应农业生产结构调整的新要求，耕整机、起垄机等机械数量在增多，以工厂化育秧为代表的设施农业也开始发展，农业机械装备结构有所优化，农业装备水平逐步提高，服务农业生产能力进一步增强。2000年全省机耕地面积608.20万亩，比上年增长1.7%；粮食作物机播面积2.9万亩、机收面积27.70万亩，分别增长46.4%和30.0%，耕、种、收3项机械化水平分别是33.5%、0.14%和1.3%；机械植保、机械深施化肥、机械化秸秆还田面积、农田机械节水灌溉面积等都有增长；机械脱粒、机械烘干粮食、机械加工农副产品数量都大量增加。农副产品初加工已基本依靠机械就地加工，农村运输总量65.0%以上由农业机械承担。根据农业部农业机械化发展水平评价指标体系测算，全省农业机械化综合水平达29.0%。

【农机化改革】 一是建立和完善农机化运行机制，巩固和发展形成以国家、集体投入为引导、以农民为主体的多元化农机经营体制，适应社会主义市场经济体制要求；适应以家庭承包经营为基础、统分结合的双层经营体制，形成了面向市场、开展社会化服务的运行机制；依靠科技进步，大力推广先进适用的农机技术，形成了农机与农艺相互适应的生产方式。从政策和措施上调动了广大农民购置、经营和使用农业机械的积极性，农民购买农业机械，按照市场规律经营已成为主流。农业机械管理已由过去主要靠行政手段转向法规管理、政策引导为主和必要行政手段为辅；从侧重微观管理、直接管理转向宏观管理、间接管理为主。农机服务专业化、社会化和市场化，拉动了农村对农机的需求，搞活了经济，促进了农机工业的改革与发展。二是强化农机化宏观管理职能。长期以来，省级农机管理机构归口不顺，给工作上带来许多困难和问题，制约了全省农机化的发展。在2000年机构改革中省级农机管理机构顺利归于农口，体制得到理顺，农机行政管理职能划归省农业厅，在农业厅内设立"福建省农业机械管理局"，承担全省农机化的行业管理职能。按照精简、统一、效能的原则，适应社会主义市场经济发展的要求，增加了省级农机管理机构农机化宏观管理职能，如指导机耕道路的建设、农业机械救灾柴油的管理、农用运输车的安全监理等，为农机化发展创造了条件。

【新技术新机具推广普及】 农业机械作为农业技术实施的载体，承担着农业科研成果转化为现实生产力的重任。2000年，重点实施以提高肥、种、水、药利用率的节本增效工程；以提高水稻生产机械化水平的水稻生产机械化示范工程；以降低产后损失、提高品质的粮食烘干处理示范工程；以使农机化成熟技术大面积推广的"丰收计划"项目等。继建瓯市、莆田县后，龙海市又列为全国的节本增效示范县，继续建设福清市、建阳市、福安市、新罗区的全国水稻生产机械化示范项目，福鼎市、霞浦县、邵武市、松溪县的全国"丰收计划"项目，24个粮食自给工程农机化项目等。这些项目的实施成为龙头，带动整个农机化技术推广工作的蓬勃开展。开始引进日本、韩国、台湾的新机具进行示范，县以上农机管理部门组织的农机演示会近百场，农机技术推广活跃，水稻工厂化育秧、水稻收割机械化、粮食烘干等取得较大突破，精量半精量播种、机械深施化肥、机械化秸秆粉碎还田、农田机械节水灌溉等节本增效技术示范推广面积逐步扩大。2000年推广精量半精量播种面积44.50万亩，比增41.9%；机械深施化肥面积164.00万亩，比增123.7%；机械化秸秆粉碎还田面积56.00万亩，比增64.0%；农田机械节水灌溉面积34.20万亩，比增37.3%；水稻工厂化育秧栽插面积、机械烘干粮食也有较快发展。

【农机社会化服务体系】 以稳定和加强乡镇农机管理服务站为主要内容的服务体系建设取得显著成效，全省乡镇农机管理服务站全部定性为国家事业单位，定编3572人，基本是财政全额拨款。目前自上而下初步形成了农机科研、技术推广、技术培训和农机维修为主要内容的技术服务体系；形成了以农机具零配件以及农机油料供应为主要内容的保障体系；形成了以安全监理、农机质检与鉴定为主要内容的农机执法与质量监督体系；形成了以县（市）农机服务实体为龙头，以乡镇农机服务站为纽带，以村农机队与个体农机户为基础，上下贯通的农机化服务网络。2000年，全省县以上农机化科研、推广、鉴定、监理、教育培训和管理机构646个，乡镇农机管理服务站1028个，其中"五有"站126个，县以下农机维修网点8759个，村农机管理服务队2935个，农机户40.47万户，农机从业人员近50万人，其中国家干部职工4153人，全省已形成一个门类齐全、功能完备的农机社会化服务体系。

【安全监督管理】 依法实施安全监

督、维修监督和产品质量监督是农机管理部门的重要职责，是确保农业机械优质、高效、安全生产的重要措施。一是加大安全监理工作力度。坚持拖拉机的牌证管理制度，对非法拼装、改装拖拉机不予注册上牌，遏制了擅自改装改型拖拉机的蔓延，严禁无牌无证拖拉机作业，清理黑车、黑户，堵住事故源头。抓好拖拉机的年检和驾驶员年审，把配合有关部门路检路查与年检审有机结合起来，把执法与服务结合起来，积极发挥乡镇农机站的作用，增强监理工作的力量，坚持高标准、严要求，从机械技术和驾驶技术上把好安全关。开展安全生产宣传和大检查活动，在检查中坚持"教育为主，处罚为辅"的方针，促进牌证管理与年检审工作的开展，增强机手安全意识。逐步开展农业机械全面监理，本着搞好试点，总结经验，稳定发展，逐步铺开的原则，把收获机械、耕作机械、农副产品加工机械、机动植保机械等五类农业机械作为全面监理工作的突破口，摸索出一套行之有效的工作经验。二是加强农机维修质量监督。加大执法力度，打击假冒伪劣农机产品，净化农机配件市场，加强了对农村机械维修点的管理，完善农机维修网点的年检制度，逐步开展农机行业职业技能鉴定，维护农民利益。2000年，全省三级以上农机维修点5666个，专业修理点2396个，维修从业人员2.07万人，其中持证上岗人数6734人，修理农机具213.29万台（件、辆）。目前，有9个市成立了中级职业技能鉴定点，8个县成立了初级职业技能鉴定点，143人取得劳动部门核发的考评员资格证书，848名农机维修工、电焊工领取了劳动部门核发的职业资格等级证书。三是实施农业机械推广许可证制度。为了有选择地推广适用的农业机械，避免盲目推广造成的损失，以维护农民利益，提高农业机械化的经济效益，对21家企业生产的收割机、机耕船、小型拖拉机、整地起垄机、机动脱谷机等28种农机具颁发了《农业机械推广许可证》，提高了维护行业有序竞争的权威性和公正性，初步形成了对农机产品实施市场准入的制度。

【队伍素质和精神文明建设】 一是继续实施农机成人教育改革。全省各级农机化技术学校不断探索在社会主义市场经济条件下农机成人教育的改革与发展，大力拓宽培训门路。南靖县、新罗区等农机校已成功地闯出为农村培训适用农机人才的新路子。按照农业部开展千万机手培训活动要求，全省2000年培训了4万名各类农民农机技术人员，顺利完成省政府下达的培训任务。二是深入开展"文明监理、优质服务"活动。各级农机监理所（站）认真按照示范窗口建设条件，加强软硬件建设，实行"四公开一监督制度"，热情为机手服务，受到广大机手的好评。继安溪县、闽清县后，又有霞浦县、新罗区、建瓯市农机监理站被农业部授予"文明监理、优质服务"示范窗口的称号，连江县、莆田县、石狮市农机监理站被农业厅授予"文明监理、优质服务"示范窗口单位。三是加强队伍建设。通过举办各种集中培训的形式，将全省农机管理系统的领导、管理干部和技术人员基本培训了一遍，完成农业部下达的培训农机管理干部、技术推广人员2200名的任务；组织各级农机管理干部参加行政执法资格农机管理专业培训，已有1253人取得行政执法证。农机化队伍业务水平进一步提高，法制观念大大增强，依法行政水平有了明显提高。通过开展"三讲"教育，学习邓小平理论和江总书记"三个代表"的重要思想，使机关效能建设、党风廉政建设和思想政治工作得到进一步加强。

【经营效益】 2000年农机化经营总收入达到44.35亿元，与上年持平；农机作业收入41.52亿元，比上年增长1.4%；农机化经营成本费用高，特别是柴油大幅度涨价，纯收入下降，全年实现纯收入18.03亿元，比上年减少11.8%。农机市场仍未遏制下滑的趋势，公司系统的经营状况更进一步恶化，需求萎缩，供大于求，经营处于极为困难的境地，全省全年完成总购进1.93亿元，比上年下降39.0%，年末库存5027.00万元，下降22.0%；全年完成商品销售2.14亿元，下降39.0%，其中农机商品完成销售为1.76亿元，下降41.0%，非农机商品销售为3791.00万元，比上年下降30.0%。全省9个市的销售大幅度下降，仅有5个县公司销售略有增长。农机公司系统销售持续下降的原因是多方面的，其中最关键的是没有尽快建立适应社会主义市场经济体制的企业发展制度。 （撰稿：陈东进）

水土保持

【水土流失综合治理概况】 在习近平省长的提议下，确定了以长汀严重水土流失区为重点的水土流失综合治理作为2000年省委、省政府为民办的15件实事之一，并在全省8个地（市）中19个县（市）的22条小流域内展开。习近平、丘广钟、张燮飞、袁荣祥等省、市领导多次亲临长汀视察、指导，解决实际困难和问题。省财政厅、省计委、省水利厅、省林业厅、省农业厅、省交通厅、团省委和省扶贫办等水保委成员单位出钱、出力，积极参与这项工作；省、市、县三级共青团组织投入资金163万元，在长汀朱溪河流域建立"青年生态林"和"青年世纪林"2020亩；福建农大、福建林学院、省农科院、省林科院、省水保试验站、龙岩市林科所等科研部门充分应用各自的技术优势，主动承担科技服务，在治理区开展示范性治理。龙岩市林科所的草灌伴生改造疏林地快速改善覆盖和福建农大果园套种百喜草的试验推广效果十分明显。长汀县委、县政府年初就召开全县水土流失综合治理誓师大会，并先后召开了16次常委会、常委扩大会和专题会，进行专项研究部署，检查落实。还发布《长汀县封山育林县长令》、《封山育林村规民约》。县政府与乡政府签订封山育林责任书，实行煤炭补贴、补助兴建沼气池，做到积极引导，堵疏结合，强化了封禁，巩固了治理成果。一年来，长汀县治理水土流失面积7207.87公顷，超额完成了任务。其他18个办实事项目县也加强领导，强化措施，努力完成水土保持综合治理任务。全省全年完成水土保持综合治理总面积达116053公顷。全省有14条全国水土流失综合治理示范小流域和三明示范城市及福安示范县先后通过了水利部验收；晋江市被批准为全国水土保持生态环境建设示范试点城市。

【营造良好的社会氛围】 全省以水土流失综合治理为民办实事项目、水土保持宣传月和"保护母亲河行动"为契机，强化水土保持宣传工作。省水保委、团省委、省绿委、省水利厅、省林业厅等单位共同举办"保护母亲河义演晚会"，募集资金230多万元，大部分资金用于长汀水土流失治理。省水保委在福建电视台进行了为期两个多月的水土保持公益宣传，在省广播电台早间新闻板块开展为期1年的水保公益广告；先后在中央和省多家电视台、广播电台、报刊等新闻媒体开展新闻报道和专题报道；与福建电视台《绿色家园》栏目组合作，制作了"水土保持，科技为先"等7个系列电视专题片；在主要交通道路上树立水土保持固定宣传牌。特别是重视加强水土保持信息系统建设，目前，全省已有70%的县（市、区）完成水土保持信息系统的硬件建设，并相继入网。省水土保持委员会还建立健全"八闽水土"因特网站，在网站上开设了《水保动态》、《水保明星》、《法律法规》、《水保案例分析》等专栏，开展了丰富多彩的网络宣传。各地、各部门开展了各具特色、形式多样的宣传活动。泉州市委、市政府将2000年确定为生态环境建设年，广泛宣传动员，掀起了以封山育林、保持水土和绿化环境为重点的生态环境建设新高潮。龙岩市在街头开展法律咨询活动，举办"水保杯"象棋赛、"绿色杯"青年歌手大奖赛，"保护母亲河，绿化长征路"书画展。莆田市利用电子大屏幕进行为期1个多月的宣传，举办了51期法律培训班。厦门市开展学生夏（冬）令营和水土保持知识讲座。宁德市拍摄了《建设秀美山川》的电视专题片，在《闽东日报》发表长篇通讯。南平市开展"忆当年，看今日，说水保”离退休干部考察水土保持活动。福州、泉州、漳州、三明、南平、莆田等市将水土保持纳入“保护母亲河”和“中华环保世纪行”的重点内容。霞浦县在广播电台开辟《话说水保》专栏。据不完全统计，全省共出动宣传车100多次，树立固定宣传牌1299个，刷写大幅标语1436幅，组织有线广播宣传1800多小时，印发宣传材料38000多份，放映电影幻灯21多场，电视宣传报道107条次，刊物报道140篇。通过开展形式多样的宣传教育，全民的水土保持意识进一步增强。

【预防监督，规范管理】 各级各有关部门依照“水土保持法”赋予的职责，以审批、收费、监督检查“三项基本制度”为重点，加强了省级以上立项的大中型建设项目水保方案的审批和监督管理工作。“梅坎铁路水土保持方案大纲”和“芹山水电站水土保持方案报告书”等7个水保方案先后通过了评审。各地对重点监督区和重点项目提前介入，督促建设单位编制水土保持方案，漳州、龙岩、三明、福州等市对本辖区的高速公路建设项目发出通知，要求业主申报水土保持方案。省政府办公厅认真组织协调龙岩市铁路有限责任公司的水土保持补偿费征收工作。在各级政府和有关部门的重视下，促进了一些重点、难点项目收费的顺利开展，个别收费死角也实现了水土保持补偿费征收工作“零的突破”，有的地方收费率达85%以上。全省全年征收水土保持补偿费629.27万元，比上年增加了1.6%。同时，督促生产建设单位自行筹措资金开展水土流失恢复性治理，使工矿区新的水土流失面积明显下降。南平、三明、龙岩等市不仅加强了重点开发建设单位和项目的监督检查，而且还加强了乱弃土石渣等违法行为的监督检查，及时纠正了一些违法乱纪的行为，有力地促进了水土保持法律法规的贯彻落实。

【水保科研】 省水土保持部门召开了长汀县水土保持试验站建站60周年纪念和全省水土保持科技工作会议；积极开展“闽江上游不同土地利用方式水土流失及土地生产力动态监测研究”、“福建崩岗侵蚀规律及治理模式研究”等7个基础课题研究；着手编纂《福建崩岗研究》一书；应用“3S”技术全面完成第二次水土流失遥感普查，查明全省水土流失现状；协助长汀县建立水土保持监测站，在朱溪河小流域建立了18个不同类型径流小区，并进行土壤侵蚀监测；先后完成了“浦城花岗岩矿区”、“漳龙高速公路”等项目的水土保持方案的编制工作；对“安溪县官桥镇铁峰山花岗岩矿区”的水土保持方案二期项目施工进行技术指导；在漳州、南平、长汀等市县推广地表植被快速覆盖、坡地开发等试验项目，建立百喜草、香根草、宽叶雀稗、豆科、免耕等5个示范区，累计推广面积2300亩。全省水土保持部门加强了对外对台交流与合作。实施了闽台合作项目“福建省金山水土保持科教示范研究基地”和“集美区水土保持试验站果园改造项目”，拟建成集科研、教学、宣传、观光为一体的“水保户外教室”。参加了亚州湿热带地区水土保持网络、世界水土保持数据库项目以及国际香根草网络建设，多次派人出席各种水土保持国际性会议，对外交流走在全国的前列。12月19～21日，全国水土保持科技工作会议在泉州市召开，会议参观了南安市水保监测站和治理现场等，对福建省水保科研工作作了充分的肯定。

【规划和项目前期工作】 为了适应水土保持生态环境建设新形势的需要，各级把水土保持规划和项目前期工作作为一项重要工作来抓，集中力量进行规划和项目的编制。福建省水土保持建设中长期规划已通过专家论证，待省计委审查后即将正式呈报省政府批转实施；“五江一溪”流域水土保持规划开始制订；设区的各市和10个重点县也编制了水土保持建设规划，相继上报当地政府批转实施。各级还加强水土保持项目前期工作的培训，确保水保项目建设的科学性、准确性，规范了项目建设程序。以上这些，为我省水土保持生态环境建设提供了一大批项目储备，为实施以长汀水土流失为重点的全省水土流失综合治理和争取中央国债等资金奠定了基础。

【“福建水土保持与乡村发展亚行贷款”项目】 至年底，共授出合同金额4615万美元贷款，提用贷款5078万美元，项目总体进度为90.52%，一些子项目已经投入运营，逐步发挥效益，有力地促进项目区农村经济的发展。到目前为止，项目累计生产龙眼等各类水果4万吨，茶叶8000吨，竹笋5万吨，累计产值达11.2亿元。项目受益农户达50372户，受益人口达218581人。水产品累计产量达90000吨，产值达12亿元。7个农贸市场已出租总面积81560平方米，租金收入850万元，年交易量达成150万吨，间接受益农户约2.3万户，利润250万元，7个加工项目已经分别达到其设计生产能力的60～95%以上，产品销往国内外市场，全年销售收入约6000多万元人民币，创税费450多万元，净收益约为460万元人民币，同时为当地提供了约700个固定工和3000个季节性工的就业机会。7个水电站项目都已建设完成，进入投产发电阶段。一期亚行贷款项目将按原定计划完成。二期亚行贷款项目进入项目前期准备阶段。国家计委于1999年将二期亚行贷款项目申请列入国家向亚行贷款的3年滚动计划，省政府与各级地方政府都在积极组织二期亚行贷款项目的前期准备工作。

（撰稿：林功忠）

水　利

【水政和水资源管理】 水政工作方面：一是抓水法规宣传，省水利厅与省电视台和福建东南电视台联合专题宣传水资源节约和保护；开发福建省水政监察总队网站，并通过制作专版、典型采访、知识竞赛等形式开展了内容丰富、生动活泼的宣传咨询活动。二是抓水利立法，《福建省水政监察条例》已获省人大一审通过；参与了《福建省防汛条例》的讨论与修改；全面完成地方性法规等规范性文件的清理工作。三是在全国率先开展水政监察队伍能力建设，全省已有23个县（市、区）水政监察大队能力建设通过了省级鉴定。四是认真做好“两法”（水法、防洪法）检查整改总结。

在水资源管理方面：全面完成了1999年度取水许可年审工作，年审取水许可证8903套，年审率达99.1%，审批许可水量2231.1亿立方米。完成1999年《福建省水资源公报》编制工作。完成编写《福建省水功能区划分技术实施方案》、《福建省水资源保护规划技术实施方案》。开展全省重要水源地和地方行政区域区的界面水资源质量断面勘测确认工作。全面推进取水计量设施装置工作。各地对自来水公司水资源费的征收工作也相继得到突破。涵江区、明溪县、建宁县已挂牌成立水务局，并明确其负责本地区的水资源统一管理。永定、东山、平潭等县在实现了城乡供水一体化管理基础上，正在向有关部门申请成立水务局。

【农田水利建设】 全年完成城区防洪堤建设195公里，占任务的102.6%。国务院批准的8个全国节水增产重点县建设任务全面完成，共投入资金2.32亿元，完成节水灌溉面积82.80万亩，共可节水3.51亿立方米，增产粮食4229.9万公斤。继续实施“千万亩节水灌溉工程”，全年共完成节水灌溉面积60.9万亩，占任务的120.0%。省政府批准的第二批8个初级水利化县建设任务全面完成，累计完成投资3.2亿元，占规划的114.0%。第三批12个初级水利化县建设已完成规划初稿。新建乡镇供水51处，占任务的102.0%；解决农村人饮困难54.28万人，占任务的135.7%；完成1348个村通水，占任务101.4%。完成滩涂围垦8处，合拢面积1.03万亩。在建的2处大型围垦建设进展顺利，至2000年底，白水围垦完成投资7013万元，长乐外文武围垦累计完成土石方8.49万方，完成投资1657万元。扎实推进冬春水利建设，至年底，全省累计完成土石方10211.32万方，占计划的65.1%；完成投资160019.9万元，占计划的69.7%；修复水毁水利工程11499处，占计划的80.6%；累计投劳10089.66万工日，占计划的65.4%。

【水利工程管理】 完成121公里海堤和220座水闸除险加固任务，除险加固120座水库。按照巩固、改造、降级、报废4个一批的办法，完成了小（二）型水库清理整顿工作。强化工程规范化管理，进一步充实、调整了省大坝水库管理中心。基本完成了1座水闸和7座大中型水库的安全鉴定，2500多座水库的注册登记和全省灌溉、防洪为主的大中型水库资料整编与刊印。在技术管理和更新改造方面，一是完成了全省5片大型、22片中型、16片小（一）型、1325片小（二）型灌区骨干工程节水改造和续建配套规划工作；二是加快九龙江北溪引水左干渠改造工作步伐；三是开展水利工程技术骨干培训；四是安装投产沿海5个地市26座水库水情自动测报系统。

【农电体制改革】 完成农电“两改一同价”工作大事记和文件汇编。配合水利部完成福建省地方水电自供自管县农电体制改革的调查报告。做好省人大代表、政协委员关于农电“两改一同价”工作建议和提案的办理及答复工作。完成了省初级水电农村电气化工作总结，在严格筛选的基础上，推荐37个县为全省“十五”期间水电农村电气化县，报省政府批准后正式向水利部申报。部署推荐县的农村电气化规划编报工作。采取与农网改造相结合，县电力公司包干负责等措施，建立了省、地、县三级责任制，实现领导干部包干责任制，层层签订责任书，加强对通电工作的全面指导、检查、监督，从而确保完成了省委、省政府交给的2万户无电农户通电任务。

【防汛抗台】 全省先后遭受了“6.12”、“6.18”暴雨洪水和第10号强台风“碧利斯”的正面袭击，以及第4、8、13、20号台风（热带风暴）的影响，全省9个地市84个县（市）、947个乡镇、735.37万人受灾，7个城市受淹，倒塌房屋14.2万间，死亡113人（其中：洪涝灾害12人，山地灾害99人，其他2人）；农作物受灾302.86千公顷，成灾171.71千公顷，绝收64.09千公顷，减收粮食41.24万吨；工矿企业停产3645个，铁路中断9条次，公路中断829条次，毁坏路基1703.2千米，损坏输电、通讯线路1019.8千米；损坏中型水库3座、小型水库212座，损坏堤防2557处、400.8千米，堤防决口877处、52.3千米，损坏护岸6610处，机电井574眼，水文测站24个，冲毁塘坝2350座，损坏水闸、灌溉设施、机电泵站、水电站10247座，共造成直接经济损失64.17亿元，其中水利设施直接经济损失13.97亿元。

在防汛抗台斗争中主要抓了以下几项工作：一是未雨绸缪，责任到位。落实了全省9个地市政府所在地城市、3大江、4大海堤和大型水库、重要中型水库防汛责任人，落实了由68名领导、专家组成的全省5大流域6个防汛专家组；调整充实了省政府和各地市县防汛抗旱指挥部领导成员。二是防汛备汛，真抓实干。在1999年组建4个省级防汛物资仓库的基础上，2000年又新组建了5个省级防汛物资仓库。三是认真检查，严加防范。全省有9800多人次参与了汛前工程安全大检查，检查工程9500多处。四是开展城区防洪工程建设、外海段海堤强化加固、病险水库和水闸除险加固及水毁工程修复等除险加固。五是上下齐心协力抗洪抢险。省委、省政府领导多次就防汛工作作出指示，亲自听取汇报并部署防汛抗旱工作。省防汛办召开了16次实时防洪调度会商会，下达水库调度命令16个。各部门加强了协作，防汛、气象、水文等有关部门及时加强值班力量和会商分析。据统计，2000年驻闽解放军共投入部队指战员和民兵5500多人次、车辆330余台次。六是编制完成了《福建省防洪工程预案》、《福建省防台风工作预案》、《福建省抗旱工作预案》，报送省政府审批通过并转发。七是全面建成全省“5江1溪”洪水预警报系统，覆盖全省国土面积85%，标志着福建率先在全国基本建成了全省性的洪水预警报系统。八是全面完成了75个站的警戒、危险水位的重新核定工作。九是加大力度，推进防汛基础设施与现代化建设。完成全省防汛水利信息网规划设计工作。

泉州市在晋江下游重建防洪堤工程，被市民誉为跨世纪的“一号工程”，按照抗御百年一遇洪水和七级地震的要求，精心设计、科学认证，并运用高新技术、新材料，高标准、高质量地进行建设。图为宏伟壮观的钢筋砼防洪堤，绵延9.3公里，沿晋江北岸展开。

（林辉龙　摄）

【水利科技和外经工作】 在科技方面：在认真总结1999年开展水利发展战略各专题、专业研讨的基础上，对研讨活动进行了全面总结。审议通过了1999年度厅科技进步奖获奖项目40项（其中一等奖7项，二等奖12项）；共申报国家科技进步奖1项，省科技进步奖14项；编制完成《福建省水利科技技术推广指南》并及时下发，并初步建立了较为系统、完整的科技咨询评审咨询专家库。在外经方面：一是继续做好引进外资的前期工作和服务。筛选出20个直接投资项目和2个间接投资项目，列入了水利部招商项目库；与联合国工发组织福建工作站配合，联合评估了6个上网招商项目；为全省供水行业引进外资做了前期工作；重点跟踪全省外资重点项目、及时提供服务。二是继续抓好对菲律宾供水项目的技术输出，全年完成合同营业额3231万比索，占总工程额的31%。三是积极推动对外技术交流。闽中水公司与澳大利亚APW公司达成了合作意向，并正式签订了合资协议书。四是结合“科教兴水”战略，组织48人次赴澳大利亚、美国、日本等8个国家考察学习。五是继续组织人员对金马供水技术方案进行深入探讨研究。

【机构改革】 省水利厅机构改革顺利完成，原水利水电厅改名水利厅，其职能划出去的仅1项，即水电建设方面的政府职能，但保留了全省水利行业的水电管理和农村电气化建设的职能，又新增了5项职能，即原地矿厅承担的地下水行政管理职能，建委承担的城市防洪行政管理职能、城市规划区地下水资源管理保护职能，省农办承担的水土保持工作职能，省节水办承担的节约用水管理职能。

【水利规划】 完成了《福建省水利发展"十五"计划和2015年远景规划目标》、《福建省水利现代化建设规划纲要》(送审稿)、《福建省千万亩节水灌溉实施计划》、《福建省灌溉、节水灌溉"十五"计划》以及《福建省独立入海河流防洪规划》、《福建省重要城市防洪规划》、《福建省沿海重要海堤防潮规划》等规划工作。全省67条500平方公里以上河流综合规划工作已全部布置完毕，其中1999年23条规划的审查工作任务已全部完成。相继完成了《福建省水利可持续发展战略研究》、《福建省实施水利现代化建设的思考》等一批研究课题；完成金溪流域防洪一期、沙溪流域防洪二期、建溪流域防洪一期、武平捷文水库工程、龙岩朝前水库工程、平潭竹屿地面水库工程、龙岩家陂水库工程、闽江北港南岸下洋段堤岸整治工程、重点旱片治理工程等35项工程项目建议书和可行性研究报告的审查转报工作。

(撰稿：袁柳)

气　象

【气象预报】 全省气象部门台风预报准确，服务及时，社会经济效益显著。省气象台准确预报出第10号强台风"碧利斯"登陆时间和地段，并及时向省防汛抗旱指挥部汇报。接到汇报后，省防汛办于8月21日召开紧急会议，省政府也于22日召开电视电话会议，及时部署了防台抗台工作。虽然第10号台风生成后强度之强、移动速度之快、影响范围之大是近年来所罕见，但由于及时准确的预报服务，为防台抗灾赢得了充分的时间，使台风造成的损失减到最低程度，台风登陆过程除了引发地质灾害造成人员伤亡外，无一人直接死于风患。对第19号台风"摩羯"，全省气象部门也作出了相当准确的预报，受到党政领导和社会的好评。在国内外多家气象台预报该台风登陆台湾后，可能再次登陆福建的情况下，省气象部门经过认真细致的会商后认定，该台风未来将转向北上或近海减弱，不可能登陆我省，并及时将预报结论向省委、省政府、省防汛办汇报。

【农业气象服务】 各级气象部门进一步把为"三农"服务，为农业增产，农民增收服务作为气象工作的重点。一是在春播等农业生产关键期，各级气象部门组织专家咨询服务队，深入农村田间地头开展科技咨询，引导农民趋利避害，科学种田，受到当地政府和农民的欢迎，取得良好的效益；二是加强农业气象适用技术的推广和试验研究工作。漳州、政和、霞浦、长汀、长泰、华安、连江、福清等市县气象局，开展荔枝、龙眼、反季节蔬菜、海带养殖、烤烟、柑橘、网箱养鱼、反季节玉米、春花生、坪山柚等特色农业的气象适用技术的推广和试验研究工作；三是加强水稻、甘薯等农作物产量、森林火险等级预报和人工增雨等服务，如在福清东张水库实施人工增雨作业，增加库存量600万立方米。

【中尺度灾害性天气预警系统二期工程完成】 省"九五"期间五大防御体系之一的福建省中尺度灾害性天气预警系统二期工程建设进展顺利。5月，副省长丘广钟到闽北天气雷达站检查工作，闽北新一代天气雷达已安装完毕并通过测试；完成闽西新一代天气雷达天线的安装。全面完成县级支中心建设项目的立项，福清等许多县市局加大业务应用软件开发力度，并投入业务运行。四要素自动站、自动雨量站、Ⅱ型遥测站已投入业务试运行，22个站从3月1日起由自动站观测资料替代原定时雨量报，运行状况良好。已建项目在汛期和台风季的预报服务中发挥了重要作用。

【中尺度灾害性天气预警系统三期工程立项】 省委六届十二次会议将"福建省中尺度灾害性天气预警系统二级基地三期工程"列为福建省十大防灾减灾体系建设之一，省政府将该工程作为重点建设项目正式列入"十五"计划，中国气象局已批复同意与省政府共同投资建设三期工程。1月24日省政协八届三次会议召开"福建省中尺度灾害性天气预警系统三期工程"专题协商会，省政府副省长丘广钟、省政协副主席李祖可、部分省政协委员、中国气象局和省政府有关部门负责人参加了会议，就三期工程建设达成共识。9月4日省计委和省气象局联合召开"二级基地"三期工程建设可行性研究报告审查会议，可行性报告通过专家论证；12月26日省政府召开协调会，解决三期工程建设省级配套资金。各级气象部门根据当地经济和社会发展计划，结合三期工程建设规划，提出地方气象事业建设项目，并积极争取列入当地"十五"计划，泉州等部分市、县地方气象事业项目已列入当地"十五"计划。

【121移动电话开通气象服务内容】 9月21日，省气象局和省移动通信有限责任公司联合下发《关于开展"121"移动电话答询气象服务的通知》，利用"121"的知名度和移动通讯新技术，使用户利用手机就可接收气象服务信息。

(撰稿：池艳珍)

编审：赵文才　　责校：章卓如

工　业

综　述

【“九五”概况】　“九五”时期，全省工业经济平稳增长，经济总量迈上新台阶，支柱产业带动作用增强，高新技术产业迅速崛起，国有企业改革向纵深推进，外向型工业经济发展日趋规范化和集约化，市场在资源配置中的基础性作用日益增强。

工业生产平稳增长，经济总量不断扩大。“九五”时期全省工业增长速度保持在较高位势上比较平滑的波动，成为改革开放以来工业增长最为平稳的时期。2000年全省工业总产值达5296亿元，按可比价格计算比1995年增长1.19倍、年均增长17.0%，增长速度高于全国平均水平，也高于华东地区的平均增长速度。工业总产值在全国各省、市、区的位次从1995年的第12位上升至1999年的第11位，占全国的比重也从3.1%提升至3.8%。部分工业产品产量大幅增长，罐头、微机、彩色显像管、轮胎外胎、原电池、化学纤维、大理石板材、显示器、木材、印染布、塑料制品、电话、传真机、彩电、照相机、表等产品产量均居全国前列。

支柱产业带动作用增强，高新技术产业迅速崛起。1996年，省八届人大四次会议上确定了石油化工、机械电子、建材工业等作为我省“九五”时期乃至更长时期重点扶持的支柱产业。2000年，全省规模以上机械电子工业完成总产值809.29亿元，比1995年增长1.82倍，年均增长23.1%，其中电子工业年均增长33.0%；石油工业年均增长19.2%，建材工业增长10.4%。机械电子、石油、建材三大支柱产业占全省工业的比重由1995年的24.4%上升至2000年的39.2%。以电子工业为代表的高新技术产业发展势头强劲，成为全省最大的工业行业和重要的新增长点。2000年，全省规模以上电子及通信设备制造业产品销售收入达375.22亿元，占全省的15.2%，比1995年提高8.2个百分点；2000年，电子及通信设备制造业实现出口交货值181.82亿元，比上年增长40.7%。我省调制解调器、显示器、电声器件等产品产量占全国四成以上，微机、电话机、传真机等产品在全国也占较高比重。

以建立现代企业制度为目标，国有企业改革向纵深推进。“九五”期间，国有企业改革稳步推进。一是以资产流动重组为突破口，培植了一批大公司、大集团，出台了扶持重点企业和重点项目的优惠政策，增强了其在全省支柱产业和重点行业中的龙头作用；二是以建立现代企业制度为改革方向，加快企业公司制改革步伐。至2000年底，全省规模以上工业股份有限公司119家，有限责任公司297家，上市公司40余家。三是采取股份合作制、股份制、租赁、转让、拍卖、破产、联合兼并、引资嫁接等多种形式放开搞活国有小型企业。国有企业数从1995年的2919家降为2000年的1000家，工业总产值占全省工业的比重从17.0%降为7.5%。党的十五届四中全会提出搞活国有经济要做到“有进有退”，“有所为，有所不为”，国有企业通过控股、合资、联营等多种形式逐步向其他非国有经济渗透，逐渐从产权单一的纯国有企业发展成为产权多元化的国有控股企业，国有资本的控制力和渗透力明显增强。2000年，全省国有控股工业1367家，占全省规模以上工业的22.7%；完成工业总产值（现价）854.95亿元，资产1477.70亿元，销售收入826.74亿元，分别占规模以上工业的32.7%、43.9%和33.5%。国有控股企业中国有资本所控制和调动的非国有资本越来越大。

工业经济效益得到改善，可持续发展深入人心，经济运行质量明显提高。“九五”时期特别是1997年以来，福建省努力克服亚洲金融危机和“买方市场”的负面影响，有效实行积极的财政政策和稳健的货币政策，扩大投资、促进消费、增加出口，有效地促进经济增长的止跌转升和企业经济效益的逐步改善。1996年，全省工业经济效益综合指数为109.16%，1999年提高到116.18%，2000年达123.89%，是计算经济效益综合指数以来的最高水平。2000年福建省规模以上工业实现利润95.70亿元，比1995年增长98.7%，年均增长14.7%。“九五”之初，全省拉开了治理闽南建陶烟尘、沿海制鞋业“三苯”废气、全省水泥粉尘等战役，取得显著成效。“九五”期间我省工业生产高投入、高能耗的状况有了明显改变，更多的是依靠新技术、新工艺，出现了工业增长与能耗下降这一喜人的格局。福州、厦门等城市空气质量已进入全国优等之列。

非国有工业迅速发展，工业结构调整取得实质性进展。“九五”期间，全省通过所有制结构调整，实现各种所有制企业的优胜劣汰，非国有工业保持快速增长势头，成为工业增长的主要推动力量，其中个体工业、股份制工业和“三资”工业发展最为迅猛。2000年全省个体工业总产值按可比价格计算，比1995年增长3.53倍，年均增长35.3%，占全省工业总产值的比重从1995年的16.6%提高到2000年的38.5%；“三资”工业也保持较高的增长速度。非国有企业在总量规模不断扩大的同时，注重产权结构的多元化，逐步向高新技术行业渗透，增长质量日益提高。非国有工业已成为我省工业经济的主体，而国有工业在重要的基础性、公共性和高税收产业仍然保持控制地位。“九五”时期，全省工业结构调整迈出坚实的步伐。对传统工业注重存量调整，对能源、原材料、高新技术产业侧重增量投入，使全省新兴产业比重不断上升，传统产业比重相应下降，产业结构呈现出由初级化向高级化发展，高新技术产业得到高速发展。截止2000年底，我省经认定的高新技术企业有400多家，其工业总产值占全省比重明显提高。

“三资”工业发展日趋规范化和集约化，工业经济外向度进一步提高。1995年10月，省委提出“以厦门经济特区为龙头，加快闽东南开放和开发，内地山区迅速崛起，山海协作联动发展”的战略目标，并列入我省的“九五”计划。此后5年，我省的开放领域由初期的加工制造业延伸至基础产业、基础设施和高新技术产业，外向型经济由粗放型转向规范型、集约型，外商投资工业呈现出小规模向大规模发展、由劳动密集型向资金技术密集型转移的格局。外商及港澳台投资工业在电子及通信设备制造业、电气机械及器材制造业、交通运输设备制造业等资金技术密集型行业的比重不断扩大，在皮革、毛皮、羽绒及其制品业，食品加工业，服装及其纤维制品制造业，塑料制品业和纺织业等传统产业比重明显下降。"九五"时期全省每年外商直接投资额均超过40亿美元，其中投向工业的比重由1995年的55.5%，上升到1999年的59.7%。2000年规模以上外商及港澳台投资工业企业2691家，完成工业总产值1605.22亿元，比1995年增长1.28倍，年均增长18.0%。

市场在资源配置中的基础性作用日益增强，企业竞争意识明显提高，两极分化比较突出。"九五"期间，我省不断推进以市场取向为目标的经济体制改革，市场在资源配置中的基础性作用明显增强。市场机制的建立，推动企业之间的竞争，促进各资源不断向优势企业、优势产业集聚。日趋激烈的竞争，优化了社会资源配置，也出现企业生产经营的两极分化，一批重点企业生产经营对全省工业生产和效益起举足轻重的作用，而相当部分企业生产面临较大困难。2000年，全省5478家规模以上工业企业中，利润总额前150位工业企业实现利润93.39亿元，占全省利润总额的97.6%，其他的5399家企业盈亏相抵，净利润仅2.31亿元。全省仍有28.8%的企业亏损。

根据国家经贸委和中组部的部署，"九五"期间全省要基本完成大中型国有和国有控股企业领导干部及其后备人员的工商管理培训任务(全省应训率要达到或接近80%)，截止2000年底，全省既定的各项培训任务已如期完成。"九五"期间全省共举办大中型企业工商管理培训班30期，培训企业领导及其后备人员1612人，占应训总数的80.6%，如期完成了"九五"期间我省预定的80%的应训任务。其中，2000年举办了6期全脱产班，参训的有大中型企业领导及其后备人员367人；举办了2期半脱产培训班，培训大中型企业领导及其后备人员98人。此外，26名非国有企业管理人员也参加了培训。

【工业生产】 2000年全省工业经济平稳快速增长，运行质量与效益显著提高。工业产值增长基本呈逐季加快之势，全年全社会实现工业增加值1470亿元，比增14.1%，对全省GDP增长的贡献率为58.8%，拉动经济增长增幅5.59个百分点。工业企业经济效益综合指数创历史最高水平，实现利润大幅度增长。

一、工业产值增长先抑后扬，保持快速增长。2000年全省(规模以上工业，下同)完成工业总产值2616.12亿元，比增19.0%，轻重工业分别完成产值1364.97亿元和1251.15亿元，分别比增16.4%和22.3%。轻重工业所占比重分别从上年的54.0%、46.0%调整为52.2%、47.8%。9市中，福州、厦门、莆田、宁德工业总产值增速较快，分别为16.3%、23.4%、31.3%、33.1%；漳州、龙岩、三明增速较慢，分别为－0.4%、9.9%和12.7%，各市的增速差异较大。从经济类型来看，集体企业同比仅增长5.8%；股份制企业增速较快，增幅达29.3%；"三资"工业完成产值1605.23亿元，增长20.1%，占全省工业产值的61.4%。2000年工业产值的增长主要靠电子、机械、石化等行业的快速增长拉动，按统计划分的工业行业，产值和增幅较大的有：电子通信设备制造业408.53亿元、比增16.4%，交通运输设备制造业105.76亿元、比增54.8%，化学原料及化学品制造业105.62亿元、比增31.5%。从主要产品产量来看，产量和增幅较大的有：通讯电缆38万公里、比增27.9%，电话单机664万部、比增60.8%，显示器777万部、比增49.9%，机制纸56万吨、比增35.8%，机制纸板29万吨、比增38.7%，原油加工量361万吨、比增22.3%，轮胎外胎984万条、比增28.5%，金属集装箱216万立方米、比增88.6%，软饮料39.82万吨、比增20.8%，服装39876万件、比增63.2%，家具146万件、比增42%。

二、产销衔接较好，产销率不断提高，出口交货值增速明显好于上年。2000年，全省工业完成现价销售产值2536.33亿元，比上年增长19.0%，其中轻重工业分别达1322.12亿元和1214.21亿元，分别比增15.5%和23.2%。工业品销售率96.95%，比上年提高0.56个百分点；9市中，南平、龙岩、厦门产销率较高，分别为98.62%、98.88%、98.19%。全年全省实现工业品出口交货值904.46亿元，比上年增长24.3%，高于上年增幅18.2个百分点；工业品出口交货值占工业销售产值的比重达35.7%，比上年提高1.5个百分点；工业外向度进一步提高，工业品出口交货值同比净增额为176.60亿元，占全省销售产值净增额的43.5%。

三、省百家重点企业和工业新增长点项目保持良好增长态势。2000年全省百家重点企业完成工业产值899.97亿元，比增30.4%；实现销售收入958.02亿元，比增29.5%；实现利税114.47亿元，比增10.1%，其中：实现利润50.73亿元，税收63.74亿元，分别增长5.6%和13.9%。由于柯达(厦门)公司12月份一次性摊入10多亿元的管理费用，致使百家重点企业利润总额骤减10.36亿元。若扣除厦门柯达的因素，其他99家的利润总额比增21.2%；2000年全省百家重点企业工业产品销售率达98.4%，比上年上升1.5个百分点。2000年全省199项工业新增长点项目共完成新增产值224.85亿元，完成年度计划180亿元的124.9%。

四、全省工业企业经营状况继续好转，经济效益不断提高。2000年，全省6011家独立核算工业企业经济效益综合指数为123.89%，比去年提高7.71个百分点，创历史最高水平。7个分项指标比上年改善，其中产销率96.95%，比增0.56个百分点；总资产贡献率9.26%，提高0.31个百分点；劳动生产率48488元/人，增长14.8%；流动资产周转次数1.89次，加快0.11次。从所有制看，国有企业经济效益综合指数最高，为126.46%，股份合作企业最低，为96.42%，集体、股份制、外商和港澳台及其他企业经济效益综合指数都在110%以上；从地市看，福州、厦门两市经济效益综合指数较高，分别为142.92%、141.37%，莆田、漳州和南平3市较低，分别为93.88%、95.98%、97.82%，三明、泉州、龙岩和宁德都在104%以上。5478家独立核算工业企业实现产品销售收入2399.20亿元，比增20.3%，实现利税218.10亿元，比增14.7%，实现利润总额95.70亿元，比增18.0%；亏损企业亏损额38.27亿元，比增26.4%。企业两项资金占用562.1亿元，其中产成品资金占用182.36亿元，比增14.5%；应收账款净额379.74亿元，比增10.3%，两项资金增加幅度均低于销售增长。

五、国有及国有控股工业企业扭亏增盈工作目标顺利实现。2000年全省国有及国有控股工业企业(包括中央属企业)实现利润总额38.97亿元，比上年增长1.12%，较好地实现了国家提出的继续增盈的目标。按照省里的要求，2000年全省国有及国有控股工业企业(不包括中央属企业，下同)扭亏增盈工作的目标是：在消化部分历年潜亏的基础上，亏损企业亏损额比上年下降5%以上，即控亏额在11.66亿元以内；利润总额比上年增长7%以上，即实现利润在22.56亿元以上。据统计快报，2000年全省国有及国有控股工业企业经济效益继续增长，列入统计汇总的1312家国有及国有控股工业企业实现产品销售收入613.87亿元，比增9.6%；实现税利总额60.79亿元，比增4.7%；实现利润总额24.01亿元，比上年增长13.9%；亏损企业亏损额10.83亿元，比上年降低11.8%，都超额完成全年工作目标。从企业隶属关系看，达到全年扭亏增盈工作目标的有省级和莆田、泉州、漳州、南平、宁德5市；福州、三明2市也实现减亏增盈，三明市由于三农化学股份有限公司效益严重下滑，增盈幅度未达到目标；厦门和龙岩两市由于厦新电子有限公司、龙马集团公司由盈转亏等不利因素影响，未实现全年扭亏增盈工作目标。从行业看，在工业统计划分的38个行业中，利润增加较大的行业有造纸及纸制品业、交通运输设备制造业、有色金属冶炼及压延加工业、烟草加工业等，饮料制造业和医药制造业增盈幅度也较大。电子通信及设备制造业由上年盈利20354万元转为净亏损15742万元。化学纤维制造业、塑料制品业、橡胶制品业也由盈转亏。增亏额较大的有食品加工业。减亏额较大的有武器弹药制造业。由于实施结构调整、总量控制，关闭了一批重复建设、生产能力落后的"五小"企业，黑色金属冶炼及压延加工业、煤炭采选业、纺织业等行业利润增长明显。受石油涨价因素影响，石油加工及炼焦业仅实现利润总额13999万元，同比减利14110万元。从盈亏大户看，增利2000万元以上的企业有三明钢铁厂、东南（福建）汽车工业有限公司、青山纸业股份有限公司、厦门虹鹭钨钼工业有限公司、福州棉纺织印染厂、福建福发股份有限公司、漳州片仔癀集团公司、南平南孚电池有限公司、闽西紫金矿业集团有限公司；由亏转盈或减亏较大的企业有厦门银城股份有限公司、漳州糖厂、青州造纸厂、瑞闽铝板带有限公司；减利较大的企业有厦门华夏国际电力发展有限公司、厦门华侨电子企业有限公司、永安林业（集团）股份有限公司、龙岩卷烟厂永定分厂；由盈利转为亏损大户的企业有福州汽车厂、厦新电子有限公司、厦门中鹭植物油有限公司、厦门海燕实业有限公司、福建龙马集团公司。

【技术改造】 2000年全省企事业单位（不含城镇集体）完成技术改造投资176.48亿元，比上年增长2.3%，其中地方企事业单位完成技术改造投资147.29亿元，比上年增长5.5%。全省在建项目1721项，新开项目1187项，投产项目1006项。“九五”期间累计完成技术改造投资747.8亿元，超额完成了“九五”技术改造投资任务600亿元的24.6%，年均增长22%。

一、技术改造推动全省工业结构调整迈出较大步伐。一是扶持了一批产（销）量名列全国第一或第二，技术居国际、国内领先水平的重点企业，进一步巩固了主导产品在国际国内市场上的竞争优势。通过实施南纸的彩色胶印新闻纸、南纺的PU革基布、福人的中密度纤维板、厦钨的仲钨酸铵、福抗的盐酸金霉素、福一化的氯酸钾、实达的中西文终端等技改项目，为我省重点骨干企业“上规模、上水平、上效益”奠定了良好的基础。二是推广了一批先进适用技术改造传统产业，促进了传统产业结构升级。水泥行业推广新型干法水泥生产工艺改造现有企业，煤炭行业推广应用无烟煤煅烧新技术，降低了生产成本；造纸行业引进了废纸化浆和废纸脱墨浆生产线；钢铁行业推广了高炉富氧喷煤、高效连铸、热送热装、连续式轧机一次成材先进技术；支农工业推广了节水灌溉技术等。三是加大了一批节能降耗、环保项目的投资。据测算，通过技术改造节能降耗，万元工业产值的能耗下降为0.91吨标准煤，仅为1990年2.16吨标准煤的42.1%。四是培育了一批新的经济增长点。2000年全省推动了一批国债项目、“双高一优”和“双九一高”、“1212”重点技改项目计划的实施。全省列入国债项目8项（不含厦门市），总投资22.97亿元，其中银行贷款15亿元。到2000年底，银行贷款到位93.9%，国债资金23325万元全部到位，已完成总投资的70.4%，南纸、青纸、福化纤、三钢4个项目已竣工投产。福建省是全国国债项目实施情况良好的省份之一，预计国债技改项目全部投产达产后，年可新增销售收入33.13亿元，利润5.3亿元，税金2.35亿元，创汇2500万美元。我省列入国家“双高一优”项目14项，总投资14.13亿元，已有一半开工实施。“1212”重点技改项目可实现投产37项，占“1212”计划总项目数的61.7%，达产后年可新增销售收入87.4亿元，利税21.9亿元，创汇4100万美元。2000年全省新增产值千万元以上的工业新增长点项目有199项，年可新增产值180亿元，其中绝大多数是通过技术改造实现的，如厦华电子工业城、青山纸业股份公司牛皮箱纸板、南纸股份公司高档新闻纸、南纺合成革、佳通轮胎公司汽车轮胎、厦门太古飞机维修、厦门造船厂易地技改一期工程等。五是淘汰和压缩了一批小水泥、小钢铁、小化肥、小糖厂、小啤酒、小煤炭等企业生产能力或其他行业中低水平过剩的生产能力，并加快了这些行业中重点企业的技术进步。

二、以技术改造为载体，加大了技术创新和体制创新力度。一是促进企业技术装备国产化。通过实施技术改造项目，推动厦工集团三明重型机器有限公司独立研制的冲击式压路机通过了鉴定并形成批量生产能力，适应了全国高速公路建设施工的需求。二是积极培植高新技术和新兴产业，通过实施技改项目，发展了各种晶体材料、特种塑料材料、新型建材、新型干扰素、7－ACA、荆花胃康胶丸、痛血康等新产品，以及龙净的脱硫设备、龙马的扫路机等环保产品等。三是通过技术改造，带动了体制创新。福州一化集团公司以一化厂、精细化工厂、硫酸厂等为主要股东，通过资产重组，实施了亚氯酸钠、高氯酸钾、AC改性发泡剂等技改项目，将公司建成了全国最大的氯酸盐生产企业；福建龙溪轴承股份有限公司兼并重组了漳州市第二汽车配件厂、南安轴承有限公司、漳州市起重机械配件厂，开发生产了带座系列关节轴承，从而促进了企业的资产重组和产品的升级换代。

三、利用贴息和税收政策等手段，加强和改善宏观调控，充分调动了企业技术改造的积极性。2000年我省认真执行国务院《关于调整进口设备税收优惠政策的通知》和国家经贸委、财政部《技术改造国产设备投资抵免企业新增所得税暂行办法》，积极引导企业投资当前国家重点鼓励发展的产业、产品和技术以及当前工商领域投资重点。截止2000年底，已为企业办理免税确认书58项，项目总投资16.76亿元，其中国产设备投资5.65亿元，可抵新增所得税2.26亿元。通过实行优惠政策和措施，极大地调动了企业技改积极性，促进了企业产品结构调整和经济效益的提高。2000年国家经贸委共下达我省国家重点技术改造项目补助资金18224万元，其中国债贴息中央补助6611万元（不含上年下达的中央补助2218万元，地方贴息5516万元），地方补助8980万元，重点专项贴息1893万元，高新技术改造传统产业专项290万元，环保措施220万元，扶贫100万元，技术监督和矿山安全130万元。我省财政“挖改”资金也投入1亿多元。在国家和我省技改资金的引导和激励下，一批重点技改项目已顺利建成投产。

四、编制了《福建省“十五”期间工业结构调整规划》并启动实施了一批成熟项目。2000年《福建省“十五”期间工业结构调整规划》，先后经过6场次的研讨和修改，已完成第四稿。《规划》的主要内容是根据党的十五届五中全会精神和省委六届十二次全体会议精神，按照我省“十五”期间国民经济和社会发展的战略部署，分三个层次对我省工业结构进行战略性调整：一是改组、改造和提升轻纺、建材、石化、冶金、林产、机械、煤炭、烟草、电力等一批传统产业；二是积极推进电子信息、医药及生物工程、新型材料、环保等一批高新技术及新兴产业；三是淘汰一批落后工艺、设备、产品和企业，做好总量控制工作。争取通过“十五”期间的努力，使我省工业总量、企业科技进步水平、信息化水平、经济效益等综合竞争力指标上一个新的台阶。“十五”工商领域固定资产投资计划2300亿元，占全省固定资产投资的31.9%；到2005年，传统产业产值将占全省工业总产值的50%以上，高新技术及新兴产业产值占全省工业总产值的20%以上。从2000年底开始，《规划》中的一批成熟项目已提前启动实施。

【技术创新】

一、继续抓好以技术中心为主要形式的企业技术创新体系建设。按照国家认定企业技术中心的评价办法，做好省级技术中心的审定、批准工作。同时，搞好全省企业申报国家级企业技术中心的工作。2000年全省共认定二批26家省级企业技术中心，并向国家经贸委申报了国家级企业技术中心3家，已确认的有1家（福建省南纸股份有限公司）。

二、搞好省优秀新产品评审工作和国家级技术项目申报工作。2000年经地市经委初审、省主管部门复审、行业专家评审组评审，省优秀新产品奖评审委员会终评，并经省政府批准，共评出1999年度省级优秀新产品奖一等奖1项，二等奖9项，三等奖22项。2000年我省申报国家级技术创新的项目为10项，被选入国家级重点技术创新项目的为5项。

三、成功举办2000年福建省“五新”项目推介洽谈会。2000年福建省“五新”项目推介洽谈会于11月24～26日在福州国际会展中心举行。本次“五新”项目推介会共设置6个展馆、285个摊位，推出可供推广应用的项目6000项，企业提出的技术难题300多项，其中有1/3的技术难题与高校、院所达成了共同攻关的协议和意向。122所省内外高校、科研单位在会上展出了最新的科研成果，先后有1000多位企业领导和科技人员参与洽谈。中国海峡人才市场在会上向企业推介了50位具有硕士、博士学位以上的高层次专业技术人才资料和相关的科研成果和36家企业的226个中高层职位需求。此外，会上共有777个项目签约，比上年增加105项，增加15.6%，这些项目主要以新型材料、机械装备、电子信息及生物工程为主，以上项目投产后，预计年可新增产值240亿元，利税51.9亿元。据不完全统计，近30000人次参加了本次推介洽谈会。

【安全生产】 2000年，全省严格推行安全生产目标管理责任制，加大安全生产管理力度，深入开展安全生产大检查，各类事故继续保持下降趋势，再创改革开放以来的最好成绩。全年共发生工伤事故39起、死亡24人、重伤20人，分别比上年同期下降32%、11%、43%；万元以上火灾事故2起，直接经济损失40万元，分别比上年同期下降50%、59%。全面实现全年安全管理目标。

一、加强企业内部管理，落实安全生产责任制。全省制定了2000年安全生产工作意见，并按行业管理和属地管理相结合的指标体系下达了年度安全生产控制目标。各地市经委、财委层层签订了目标责任书，督促企业强化安全生产管理，完善安全生产规章制度，并进行了经常性的检查考核，切实把安全生产的目标管理责任制落到了实处。

二、开展了各项安全生产检查和专项治理工作。全省组织了烟花爆竹、电子游戏机经营场所、成品油库和加油站的专项安全检查。萍乡、江门爆炸事故发生后，我省引以为戒，开展了大规模的烟花爆竹专项检查和整治工作，杜绝了因烟花爆竹引起的爆炸及火灾事故。为配合全国成品油市场整顿，全省各地对辖区内所有的油库和加油站进行了全面的检查，共抽查油库12座，加油站105家，发出整改通知书74份，对其中存在重大事故隐患的29家责成停业整改或责令关闭，对存在一般安全问题的45家提出了限期整改意见。

三、开展事故调查，为企业排忧解难。2000年省安全生产办公室重点对三农公司的"1.15"、"1.19"两起事故开展了认真调查，得出了比较公正客观的调查结论，供省政府领导决策参考。同时，根据三明市经委的请求，省安全生产办公室协调省环保局等有关部门，就三农公司中间体扫尾生产问题进行了实地核查，推动三农公司顺利地进行了中间体扫尾生产，及时消除了安全隐患。

安全生产工作存在的主要问题：一是一些企业领导安全意识淡薄，重生产轻安全，安全生产责任制落实不到位。不少企业经营者重视市场竞争却忽视安全生产；部分企业在改革中撤并安全机构、裁减安全技术人员，放松了安全管理；有的企业承包租赁后，短期行为严重；一些企业安全投入严重不足，历史形成的安全欠帐问题日益突出。二是由于安全生产法制不完善，安全管理办法不健全，头疼医头，脚疼医脚，使安全生产管理监督工作处于被动状态，特别是三资、乡镇、个体私营等非公有制企业的监督管理严重滞后，事故隐患和职业危害尤为突出，已成为全省安全生产一大难点。三是用工制度改革后，大量农民工涌入企业，由于这部分工人文化素质低、安全意识差、人员流动性大，加上缺乏安全教育培训，"三违"现象十分严重，据近年来统计，全省工伤事故中农民工占90%以上。

【企业法制工作】

一、做好全省中小企业立法工作和制定有关规章的准备工作。为促进全省中小企业的发展，省经贸委起草了《福建省中小企业发展条例》，并进行了多次修改。为促使地方性法规、政府规章及政策文件符合当前企业改革和发展的要求，有关部门组织人员对《省职工民主参与条例》、《省个体工商户和私营企业权益保护条例》、《省开发区管理条例》等50多件条例和文件提出了修改补充意见。此外，还组织讨论、参与修改了《中小企业促进法》等国家有关法律、行政法规（草案）。

二、加强行政执法队伍建设。省法制局和省经贸委组织全省经贸系统公务员参加了行政执法资格考试，并完成了对181名行政执法人员行政执法资格证的核发工作。为解决从事牲畜定点屠宰等执法任务的有关人员的行政执法资格问题，还组织原省贸易厅系统行政执法人员300多人进行行政执法资格考试，并做好上述人员行政执法证件的申报、制作和发放工作。同时，为适应《行政复议法》实施后行政复议工作的需要，省经贸委起草了《省经贸委行政复议规则》。

三、强化企业法制观念，指导企业依法生产经营。在做好企业法律顾问的基础管理工作方面，主要是继续做好企业法律顾问执业证书的注册管理工作。同时，狠抓企业法律顾问队伍建设。省经贸委组织全省360名企业内部从事法律顾问工作的人员报名参加了全国企业法律顾问执业资格考试。在加强企业法制工作的指导服务工作方面，主要是继续抓好"省企业法律工作者协会"的法律服务工作。对一些企业遇到的不公平待遇，组织力量调查，向法院、检察院、人大等部门多次呼吁，争取得到较为合理的解决方案。省企业法律工作者协会三明分会还通过举办疑难案例分析会，邀请法院、人大和司法行政部门领导参加讨论和分析，大大提高了企业法律顾问的业务水平。

四、做好审批审核制度改革和规范性文件清理工作。从转变政府职能出发，省经贸委对现行的审批、审核、核准事项以及相关的收费项目，进行了全面的自查清理，并对149项具体事项提出了取消、合并、下放、保留的具体意见。同时，对1980～1999年本部门制定的规范性文件进行了清理，对423件废止的规范性文件、34件需要修改的规范性文件、157件继续有效的规范性文件整理归类形成目录，并按照要求做好公布和报备工作。

五、做好全省经贸系统"三五"普法宣传教育工作。按照国家经贸委和我省经贸系统"三五"普法规划，下发了《全国经贸委系统"三五"法制宣传教育工作总结验收办法》，并认真做好普法总结和验收工作，向国家经贸委推荐了三明市经委等3个单位作为全国经贸系统"三五"普法先进单位。

【治乱减负】 1997年党中央、国务院《关于治理向企业乱收费、乱罚款和各种摊派等问题的决定》下发以后，我省认真按照国务院的统一部署，加强领导、统筹安排，有计划有步骤地开展了企业治乱减负工作。截止2000年底，全省企业治乱减负工作已取得阶段性成效。

一、清理并取消了大量不符合规定的收费项目。3年多来，全省共取消各种收费项目1252项，涉及金额约32亿元。其中2000年取消了39项，涉及金额6.27亿多元。据调查，全省大多数企业感到企业治乱减负有成效，"三乱"问题得到明显遏制，9个严禁问题有所收敛。另据福州市对16家重点企业的统计显示，各种收费平均下降20%。

二、严把收费项目审批关，坚决堵住乱收费源头。坚决执行中央《决定》关于在清理期间不出台新的收费文件的规定，一律不审批新的行政事业性收费项目，对集资、基金项目也做到了严格把关，一律不上报。3年来全省共拒批各地各部门上报要求出台的收费项目43件，终止试行期满的收费项目8件，从而有效地遏制了向企业乱收费、乱集资、乱摊派的势头。

三、抓好"三乱"案件的查处工作，确保中央《决定》规定的"九个严禁"的落实。3年多来，全省共查处企业和群众的举报信访件1082件，涉及违纪金额1.36亿元，受纪律处分214人。其中2000年查处案件170件，涉及金额2289万元，受处理人数71人。

四、做好重点行业和重点项目的清理整顿。全省公安系统取消收费35项，涉及金额1600万元。全省铁路系统取消收费25项，可以让利社会和减轻企业负担2亿元，全省电力系统把加在电价上各种附加费取消，涉及金额6.5亿元。2000年根据全国治乱减负工作会议的部署，全省把重点部门的专项清理工作由原来的3个部门扩大到11个部门，同时还针对个别反映较强烈的收费项目，进行专项治理。

五、清理整顿了中介机构及其服务收费。严格执行国家计委等6部委制订印发的《中介服务收费管理办法》，有效清理了中介机构向企业乱收费的问题。截止

2000年底，全省已撤销、合并中介机构149个，查处违纪金额共61.5万元。通过清理整顿，大部分中介机构已与行政部门脱钩，从而减少了行政部门的干预，有效地杜绝了强行收费、重复收费以及不服务或少服务也收费的行为。

六、乡镇企业治乱减负工作有了良好开端。2000年全省调整了减轻企业负担协调小组成员单位，增补农业厅(局)、乡镇企业局为成员单位。省政府下发了《关于做好减轻乡镇企业负担工作的通知》，对全省乡镇企业减负工作作了全面部署。福州市组织了涉及乡镇企业收费政策落实情况的大检查；三明市出台了《乡镇企业税费负担管理办法》；漳州市建立了收费报批制度和“两证一卡一票”制度。

（撰稿：傅玉聪　余洪霞）

轻工业

【概况】 2000年，全省规模以上轻工企业2347家，固定资产原值433亿元，净值273亿元，职工总数64万人，当年全员劳动生产率为11.5万元/人。主要特点：一是生产平稳增长，出口形势好转。2000年，全省实现工业产值738亿元，比上年增长19.7%，比全省增幅高4.4个百分点；工业增加值217亿元，比上年增长14.9%；出口交货值416亿元，比上年增长14.2%。二是产销衔接良好，经济效益回升。2000年，轻工产品产销率为95.66%，比上年提高2.07个百分点；实现税利52.9亿元，比上年增长30.3%，其中利润24.4亿元，比上年增长59.8%，远高于工业产值的增幅。利润增幅较大的行业是工艺美术、造纸及纸制品、家具和食品制造业，其中食品制造业扭亏为盈。亏损户数占24.3%，下降4.3个百分点。三是主要产品产量增幅大。对60种主要产品的统计，有43种产品产量增长，占71.7%，其中增长幅度在20%以上的产品有：方便主食品、乳制品、软饮料、皮包袋、家具、纸浆、新闻纸、胶卷、干电池、玩具、钟等26种。

【关闭糖厂工作】 根据国家对制糖企业结构调整的部署，2000年我省对制糖工业继续实施总量控制，对部分资产负债率高、亏损严重且扭亏无望的糖厂实行关闭停产。我省列入全国企业破产计划的14家糖厂（含合并的6家），涉及资产总额5.43亿元，债务总额7.4亿元，资产负债率达136%。2000年，已有9家糖厂由法院公告破产，其余5家也已成立清算小组，基本已完成债权债务的清理，全省将只保留4家糖厂（漳州糖厂、长泰第一糖厂、长泰第二糖厂、仙游糖厂），生产能力约为12万吨左右。

【制定“十五”规划】 在深入调研、多方论证的基础上，我省制定了《福建省轻工业“十五”发展规划》。《规划》提出，“十五”期间，我省轻工业的工作重点是：调整和优化结构，通过“两个创新”，实现“三个突破”，推动“一个转变”，重点发展4个规模产业链，壮大6大产品生产基地，重点发展10个行业，力争创20个国家著名品牌，形成3家销售额在25亿元以上、5家销售额在10～20亿元的大型骨干企业，培育20家年创汇在1500万美元以上的企业，建立15家省级企业技术中心。工业增加值年均增长率为10%，产销率达到98%，出口年均增长率为11%，全员劳动生产率达到15万元以上。

（撰稿：林芊芊）

纺织工业

【概况】 2000年全省纺织工业整体实力继续增强，进一步形成了上、中、下游相衔接，化纤、棉纺织、针织、印染、服装、产业用纺织品、家纺产品等相配套的纺织工业体系。2000年纺织工业已跃居全省工业经济的第三位。全省已有纺织工业规模以上企业741家，固定资产原值176亿元，固定资产净值125亿元，从业人数近20万人。

一、生产、销售、效益、出口创汇大幅增长，产销衔接良好。2000年，全省规模以上纺织工业企业完成工业总产值298亿元，比上年增长27.8%，“九五”年均增长13%，在全国的位次从1995年的第17位跃居第7位。我省纺织工业已跨入纺织大省的行列。2000年，全省纺织经济效益明显改善，规模以上纺织工业完成工业增加值86亿元，增加值率达29%，“九五”年均增长13.3%；实现利税总额25.3亿元，比上年增长91.7%，“九五”年均增长1.37倍。2000年，全省主要产品产量快速增长，完成化学纤维41.22万吨，比上年增长10.9%，比1995年增加28.26万吨，居全国第六位；纱14.36万吨，比上年涨5.5%，比1995年增加6.28万吨；布5.59亿米，比1995年增加1.73亿米；服装3.99亿件，比上年增长60.9%，居全国第四位。2000年，全省纺织产品的外向度明显提高，出口创汇大幅度增长。全省规模以上纺织企业出口交货值达113亿元，出口交货值占工业销售产值的比重达38%，出口创汇15.5亿美元，比1995年增长55%。

二、全面完成纺织突破口任务，推进了纺织工业优化资本结构和改组改造的进程。2000年，全省全面完成国家下达的棉纺、毛纺压锭任务：压缩淘汰落后棉纺设备11.3万锭、毛纺设备3200锭；分流安置下岗职工2万多人；完成列入国家优化资本结构计划项目5项，共核销银行呆坏帐近4亿元。全省纺织行业企业坚持把压锭和结构调整紧密结合起来，积极推进了纺织行业优化资本结构和改组改造的进程：一是压缩了落后生产能力，改善了供求关系，为国有纺织企业摆脱困境创造了有利的环境；二是制止了纺织工业的重复建设，为提高行业竞争力和劳动生产率创造了条件；三是实行资产重组，改善了资产结构，为国有企业在竞争性行业实现战略性调整争取了主动。截止2000年底，全省已有一半以上的国有企业通过股份制改造、产权转让、破产、兼并、租赁等方式进行了资产重组。棉纺行业结合压锭，已有70%以上的国有资本实现了战略性调整。

三、纺织工业结构调整取得成效。2000年我省“三资”、乡镇、民营纺织企业发展迅猛，规模以上纺织工业总产值中，“三资”纺织企业占的比重已达32.3%，乡镇、民营企业的比重已达48.2%，而国有企业的比重下降到12%，形成了以“三资”、乡镇、民营企业为主导的企业组织结构体系。2000年，化纤行业和服装行业工业总产值占全省规模以上纺织工业总产值的比重已分别上升到25.2%和26.6%，在全国的位次分别上升到第6位、第4位。纺织工业的行业结构得到有效改善，形成了以服装业为先导，以化纤为重点，以棉纺织、针织、印染、家纺产品、产业用纺织品为基础的，具有福建特点的行业结构体系。2000年，纺织企业通过大力发展深加工、高附加值出口纺织品，提高出口纺织品的质量、档次，增加出口纺织品的花色品种等措施，使全省出口纺织品的结构得到有效改善。2000年，出口的初加工纺织品化纤、棉纺织品、毛纺织品完成交货值17亿元，只占出口纺织品总额的15%，而出口的最终纺织品服装、针织品交货值达85亿元，占出口纺织品总额的85%，出口纺织品结构明显优化。

【技术装备和技术创新】 2000年，全省纺织工业固定资产施工项目达243个，完成投资额达22亿元，形成了一批高档纺、织、染、服装生产线和聚酯、化纤抽丝生产线。全省纺织工业的技术装备水平和技术创新能力有了较大提高：化纤生产能力增加了30万吨，差别化率大幅度提高，高强高模等功能化纤维得到发展；棉纺行业通过压锭结合技术改造，40%以上的纺纱设备达到90年代先进水平；据不完全统计，全省各种针织机、无梭织机大幅度增加，已发展到近5万台；印染后整理的装备水平得到较大改善，高档面料的生产能力和整理水平得到提升；服装行业大量采用CAD/CAM以及CIMS等技术，进一步提高了市场应变的能力。以新产品开发、产学研联合和企业技术中心建设为重点的技术创新取得了新成果：2000年通过新产品鉴定10项；通过科技成果鉴定5项；评为省优秀新产品6项；科技进步奖2项，推荐“五新项目”7个；建立省级企业技术中心2个；省名牌产品2项。（撰稿：管秀华）

森林工业

【生产概况】 2000年，由于启动天然林保护工程，木材产量有较大幅度下降，生产木材406.3万立方米，占计划的67%，“九五”累计生产2286.4万立方米，占计划的65.3%，比“八五”时期减少15.9%；生产竹材2.25亿根，“九五”累计生产10.12亿根，比“八五”增长63.9%；人造板、纸及纸板产量分别完成97.6万立方米、110万吨，分别占计划的145%、100%，“九五”累计生产451.3万立方米、467.5万吨，分别占计划的151.8%、96.0%，分别增长60.0%、19.9%。森工企业积极主动地应对存在的困难，加快了国有林业企业改制步伐，全省国有林业企业改制面达70.5%，同时抓好下岗职工再就业工作，再就业率达76%，其中林业行业引导就业65%。省里也加大了对企业改革的扶持力度，全年共下拨森工企业改革专项资金1740万元，通过“三改一加强”，使全省国有林业企业基本实现了3年脱困目标。同时加大了新产品开发力度，加快了以低层次原料加工向高层次综合精深加工转变的改造步伐。坚持有进有退，调整优化了产业、产品和所有制结构。大部分贮木场和林保厂通过盘活资产存量，筹集资金，妥善安置了职工，使国有资本逐步退出。林业行业管理已经起步，制定并下发了《关于加强对全行业林业经济发展的指导协调服务的意见》，开始重视将非公有制林业企业纳入林业行业加以指导、协调和服务，出现了厦门涌泉集团和漳平木材公司等一批具有一定经济实力的民营林业企业。

【2000年中国（福州）国际木材林产品交易会】 2000年中国（福州）国际木材林产品交易会，经过国家林业局林产品流通协调中心、中国木材流通协会、中国林产品经销协会、中国林产工业协会、中林林业设备调剂咨询服务中心、福建省林业厅和福州市人民政府7个主办单位4个多月的精心筹备和组织，取得圆满成功。本次交易会自11月12～14日，历时3天，来自美国、英国、澳大利亚、德国、法国、俄罗斯、智利、泰国、加蓬、日本、越南、新加坡、新西兰、印度尼西亚、马来西亚和香港、台湾、澳门等28个国家、地区以及全国除西藏以外的所有省市区均派出代表团或代表参加，近2000家中外企业、客商参会参展，参会看会人数上万人。据统计，交易会共签订合同或协议1545份，其中原木等木材合同1008份，胶合板等人造板合同192份，家具、林业机械、花卉等合同345份。成交总金额达44.7亿元，其中木材13.2亿多元，人造板14.9亿元，松香、机械、花卉等16.6亿元。在木材林产品交易会期间同时举办的福建省林业山海协作洽谈会也取得了可喜的成果。据统计，林业山海协作提供选择的项目573项，总投资107亿元，项目范围涉及基础产业、林产品加工业、新兴产业等领域。在本次山海协作洽谈会上共签约34项，项目总投资8.7亿元。其中林纸、林板结合，建立原料林基地项目7项，木竹加工项目16项，花卉及果业加工项目3项，房地产开发及土地租赁项目3项，木材林产品交易项目3项，森林旅游项目1项，设备租赁项目1项。会议还专门举办了国际木材林产品贸易发展战略世纪论坛，来自28个国家和地区的600多名专家学者、政府官员参加本次世纪论坛和专题研讨。会议针对当今世界林产品贸易和林产工业发展趋势进行了分析，特别是对中国加入世贸组织所面临的机遇和挑战进行认真研讨，提出了中国未来林产业发展方向、对策、措施。此外，信息技术和电子商务在交易会上得到广泛应用，来自加拿大、英国和国内电子商务公司、网络信息公司、木材综合网进驻市场，对本次交易会进行了网上直播宣传、产品演示、交易和新型理念推销。

【国有林业企业改革】 至2000年底，全省国有林业企业改制面达70.5%，比上年提高19个百分点。一是针对不同类型国有林业企业，分类指导，因企施策，分别采取联合、股份制、股份合作制、租赁、承包等多种形式放开搞活，推进国有林业企业的改革进程。特别是对在计划经济时期设立的贮木场和林业汽车保修厂，通过加大对外招商引资的力度，引导非公有制经济参与改革，盘活资产，促进国有林业经济的战略性调整。二是按照“产权清晰、权责明确、政企分开、管理科学”的要求，积极推进林业的政企分开的步伐。一些企业通过公司制改造，成为自主经营、自负盈亏的法人实体和市场竞争主体。至2000年底，永安、漳平、浦城等10个县（市）实现了政企分开，在总结经验的基础上，针对政企分开后存在的问题，不断探索完善，促进建立现代企业制度。三是通过减员增效，实现再就业工程，促进富余人员的分流和企业转产。受天然林保护工程的实施，原有企业的冗员问题更加突出，一些企业的设备、厂房闲置，在省财政厅及有关部门的支持下，林业部门充分发挥山区优势，发展家庭自营经济，鼓励职工承包经营、管护森林资源，经过两年的努力，15000多名职工得到了妥善分流，企业富余人员问题得到初步缓解。

（撰稿：林宇峰）

煤炭工业

【概况】 2000年福建煤炭工业以深化改革、强化管理为重点，突出抓好了煤炭的总量控制和生产布局的调整，稳定了原煤的生产。2000年末核定矿井62处，生产能力510万吨/年，其中：省煤炭工业（集团）公司年末核定矿井30处，生产能力371万吨/年；县营煤矿现有32对矿井，年末生产能力139万吨/年；全省已领取煤炭生产许可证的乡镇煤矿423本，1595个井口。

【关井压产】 2000年福建煤炭工业坚持以国家产业政策为导向，继续抓好关井压产工作，在省政府的统一部署下，各地煤炭行业关井压产工作做到机构不撤、队伍不散、力度不减、工作不断，继续按照《福建省关于巩固关井压产成果的若干规定》的精神，积极开展工作，采取行之有效的措施，建立健全关闭矿井反回潮措施。全省煤炭企业坚持一手抓关井压产，一手抓限产压库，全年共关闭矿35处、114井，全省煤炭产量由1999年的577万吨减到2000年460万吨，压减产量117万吨。全省煤矿销售煤炭534.83万吨，产销率达116%。全省煤炭生产实现了销大于产的喜人形势，煤炭市场呈现出季节性回升，平均吨煤价格上升5元。同时，煤炭库存降到12万吨，长期困扰煤炭工业经济运行的煤炭严重积压问题得到了彻底缓解。

【国企改革】 2000年福建省煤炭工业总公司按以资本为联结纽带的母子公司体制，初步构建了集团公司的组织结构框架，进行企业改制与资产重组并举，将原来从事原煤生产的龙岩矿务局、永定矿务局、漳平煤矿进行重组，组建龙岩矿业有限责任公司；永安矿务局、上京矿务局合并重组，组建永安煤业有限责任公司；天湖山矿务局和荣华能源实业公司合并重组，组建天湖山能源实业有限公司。地市国有煤炭企业以三明市率先进行国企改革，永安市洪田煤矿、曹远煤矿改由永安市煤炭工业公司归口管理，企业职工与原单位解除劳动关系，重新应聘上岗；清流县罗口煤矿、大田县二矿、明溪煤矿等都相继进行国企改革，原有企业的干部和职工以买断劳动关系持股上岗、重新竞聘；将乐煤矿、大田广平矿、宁化煤矿也做好了改制的前期工作。

【产业结构调整】 集团公司坚持以国家产业政策为导向，积极抓好产业结构调整，不铺新摊子，防止低水平重复建设，在稳定年产350万吨原煤的基础上，积极对矿井开展技术改造，加强生产地质和地质找煤工作，投入探巷量2万米，有效地保证了煤炭生产后劲。在产业结构调整上，主要抓好市场前景看好的多种经营项目，如抓紧煤炭大厦和泉州肖厝煤码头的建设速度，石狮热电厂二期技改扩建工程开工建设；厦门东渡房地产也开始动工兴建，联美、煤建公司首次承揽了高速公路工程；华夏世纪园建设也有了新的突破。福建省煤炭工业（集团）公司在固定资产投资上，着力结构调整，突出产业优化升级，继续加快重点工程建设，培育新的经济增长点。2000年主要投资方向：1. 煤炭大厦继1999年1月封顶后，已进入设备安装和装修阶段；2. 肖厝码头已完成水工工程，进入港机设备招标采购和制造；3. 石狮热电厂二期技改扩建已开工；4. 华夏世纪园建设有新突破点，收购汇杰福腾公司启动房地产开发项目，现代农业示范基地建设也在酝酿中；5. 厦门东渡房地产项目开始启动。在保证全省支柱矿井生产能力正常接续，提高技术装备水平和科技水平的同时，集中精力搞好战略转移重点建设，稳步发展多种经营，提高投资质量。2000年完成固定资产投资2.1亿元，其中：煤矿基本建设、技改投资1.2亿元。2000年末省煤炭工业（集团）资产总值达22亿元，其中非煤资产总值9亿元，初步形成煤炭生产储运、加工制造、民用火工、机械制造、建筑、建材、仓储商贸、旅游、现代农业、热电业等以煤为主多业并举的发展格局，行业资产质量不断提高。

【市场整顿】 为有效控制煤炭生产总量，防止无证生产煤炭流入市场，必须抓好煤炭生产经营秩序，使关井压产与煤炭经营有机的结合起来，使全省煤炭生产、经营更加规范化。在1999年10月至2000年10月作为整顿煤矿经营秩序期间，不得发放经营资格证，对已发证的单位进行严格审核、年检，对有违法现象严肃查处。同时，对已关闭矿井进行验收、检查，以防死灰复燃。根据《煤炭法》和《煤炭经营管理办法》，2000年我省进一步强化煤炭流通市场的管理，规范煤炭经营行为，依法整顿煤炭经营市场，清理非法煤炭经营企业，加大执法力度，从而更加有效地控制了煤炭生产总量，保证了煤炭生产、经营的健康发展。

【劳动竞赛】 2000年，全省煤炭围绕企业改革，深入开展降成本、增效益的"全员创效争一流"社会主义劳动竞赛。人人肩上落实指标，形成全员参与、效益第一的劳动竞赛，加强了企业内部管理，降低物耗与生产成本，提高了经济效益。全员工效达1.362吨/工、日，同比提高10%；吨煤成本降到历史最好水平，为90.71元/吨，同比降低4.6%；企业应收帐款期末数比期初数下降1.5%，职工收入比上年增长7.3%。

（撰稿：陈展　林永森）

电力工业

【概况】 1. 装机容量。全省电力总装机容量1043.65万千瓦，其中水电装机532.87万千瓦，占51.1%，火电装机509.49万千瓦，占48.8%。风电装机1.29万千瓦，占0.1%。全省水电装机容量中具有年调节及以上性能的约52万千瓦，具有较好季调节性能的37.9万千瓦，水口水电站的140万千瓦属于不完全季调节性能，其余大部分均为径流或日调节。全省火电装机容量中高温高压机组425万千瓦，占83.4%。全省电力装机容量中属省电力有限公司全资电厂的有155.9万千瓦，占14.9%；省、地、县三级调度的电厂均为统一调度电厂。其中省调度通讯中心直接调度的电厂总装机743.21万千瓦，占全省电力装机的71.2%。2. 输变电设备。我省500千伏线路总长472.57公里。500千伏变电容量1480万千瓦，全省已投运的220千伏输电线路94条，总长度为3895.11公里，220千伏变电站38座。已投产的220千伏变压器90台，总容量1459.5万伏安，其中降压变60台（容量813万伏安）、升压变30台（容量664.5万伏安）。

【基本建设】 2000年度，省调度通讯中心直接调度的电站，新增投产2台火电机组、4台水电机组，总容量107.01万千瓦，分别为后石火电厂2号机组，湄洲湾火电厂1号机组，芹山水电站2号机组，沙县水电站2、3号机组，竹洲水电站1号机组；省电网新建投产1条500千伏线路，为后厦Ⅱ路。500千伏变电站新增莆田变500千伏1号联变。新建220千伏线路3条，改接220千伏线路1条，新增220千伏线路48公里。

【发电】 2000年全省完成发电量403.73亿千瓦时，比增13.4%（其中水电195.22亿千瓦时，比增6.2%；火电208.45亿千瓦时，比增21.1%）。省地县统一调度电厂发电量373.57亿千瓦时，比增－14.8%；华能一厂35.11亿千瓦时，比增－7.9%。华能二厂29.33亿千瓦时，比增248.0%；地方水电97.57亿千瓦时，比增53.9%；地方火电110.97亿千瓦时，比增39.6%）。非地县统一调度电厂发电量30.16亿千瓦时，比增10.5%；水电机组年平均发电利用小时数为3733小时，火电机组年平均发电利用小时数为4207小时，其中华能电厂机组年利用小时数为4603小时，省电力公司直属火电厂机组年利用小时数为4582小时。全网最高负荷为630.68万千瓦（7月份），比增12.9%。全网日最大峰谷差229.41万千瓦（5月），日最大发电量12665万千瓦时（7月）。全网中枢点电压合格率为99.7%，比降0.05个百分点，频率合格率为99.97%，比降0.02个百分点。

【用电】 2000年全省用电量4015149万千瓦时，比增13.6%。其中全行业用电量3369710万千瓦时，比增13.4%，城乡居民生活用电量561875万千瓦时，比增14.9%；工业用电量2736095万千瓦时，比增13.9%，占2000年全社会用电量的68.1%。其中轻工业用电量952152万千瓦时，比增13.0%，重工业用电量1783943万千瓦时，比增14.4%，乡村工业用电量446868万千瓦时，比增8.8%；乡村居民生活用电量268123亿千瓦时，比增17.4%。

【农电"两改"】 1. 趸售县供电企业代管。需代管的60个趸售县供电企业，已完成代管交接56个。另外还完成了福州市琅岐经济区供电企业上划由省电力公司直管工作。2. 试点县供电企业股份制改革。省政府确定的6个股份制改革试点县，其中莆田县电力公司上划归省电力公司直管，肖厝（泉港）区电力公司也准备上划。漳平已基本完成股份制改革的资产评估工作。永定、永泰、沙县还没有开始。3. 乡镇电管站改革。全省有55个县（市、区）全面完成乡镇电管站改制工作。已完成790个乡镇电管站改制，占应改制数985个的80%。4. 农网改造。已完成省政府确定的48个竣工县（市、区）的农网改造投资计划。已累计完成农网投资40.4亿元，占国家计委下达福建省3年投资计划的98.9%，占国家计委批复福建省农网投资总规模47.12亿元的85.7%。

（撰稿：陈炳煌）

机械工业

【概况】 2000年，福建机械工业认真贯彻中央和省经济工作会议精神，进一步深化改革，实施结构调整和优化，努力开拓国内外市场，在国家扩大内需、加大投资和刺激消费的政策措施拉动下，保持了快速发展的良好局面。据快报统计，2000年全省"规模以上"（即：全部国有及年销售收入在500万元以上的非国有工业企业）机械工业企业有816家，职工人数18.82人，资产总计436.36亿元，固定资产净值137.98亿元，当年完成工业总产值355.6亿元（1990年不变价），比上年增长20%以上，占全省"规模以上"工业总产值的

14.2%；完成工业增加值80亿元，占全省“规模以上”工业增加值的11%；工业销售产值342.44亿元，比上年增长27.6%；产销衔接情况基本正常，产品销售率97.09%，但比上年下降0.33个百分点。6大分行业情况如下：

交通运输机械制造业（包括汽车、船舶等）完成工业产值108亿元，比上年增长53.0%，增长速度居各分行业首位。其中，汽车工业的发展是2000年的突出亮点，列入全省10大“重中之重”项目之一的闽台合资东南（福建）汽车一期工程于1999年9月建成投产后，2000年生产乘用车19145辆，销售18018辆，完成工业总产值32.16亿元，成为我省机械行业第一家产值超30亿元的企业；利税总额超3亿元，经济效益显著。厦门金龙联合汽车公司工业产值突破10亿元，生产大中型改装客车2366辆，销售2334辆；厦门金龙旅行车公司工业产值7.92亿元，生产旅行车4157辆，销售4168辆。船舶集团公司2000年完成工业产值16.74亿元，比上年增长17.3%，造船产量15艘，总吨位8.39万吨。11月27日，马尾造船厂为北欧国家批量制造的第一艘17600吨级干散货船下水。厦门造船厂在2000年为德国船东建造的3万吨多用途集装箱货轮于2001年1月12日下水，这是我省建造的最大吨位出口船舶，科技含量高，标志了我省船舶工业的发展又上了一个新台阶。

电气机械及器材制造业完成工业产值110.1亿元，比上年增长18.8%，比“八五”末的1995年翻了一番。骨干企业福州天宇电气集团股份有限公司完成产值4.48亿元，比上年增长15.8%，变压器产量210万千伏安、高压开关柜2046面、低压开关柜1552面，为城市农村电网改造提供了适合的装备。合资企业厦门ABB开关有限公司和ABB低压开关设备公司是跨国公司ABB集团在亚洲最大的合资中压开关柜制造基地，两公司2000年完成工业产值合计9.1亿元，生产中低压开关柜5121面，不断为国家重点工程（如三峡左岸发电站、广州地铁、江苏连云港核电站等）提供先进、可靠的开关设备。两个电线电缆骨干企业在激烈的市场竞争中不仅站稳了脚跟，而且发展迅速：南平电缆股份有限公司2000年完成工业产值5.03亿元，生产电力电缆8000公里、通信电缆6900公里；福州大通机电公司完成工业产值4.84亿元，为我国家电和电子产品配套的特种漆包线产量9600余吨。

普通机械制造业完成工业产值32.71亿元，比上年增长23.8%。其中，龙溪轴承股份有限公司完成工业产值1.5亿元，生产关节轴承等468万套；福建日立工机有限公司完成工业产值1.23亿元，生产电动工具46.2万台。轴承、工业锅炉、金属切削机床、锻压设备、叉车等产品产量比上年均增长10%以上，但农用内燃机等产品产量有较大幅度下降。

专用设备制造业完成工业产值34.9亿元，比上年增长16.1%。其中，2000年我省装载机产量突破7000台，在全国的市场占有率从20%左右提高到30%以上，居全国各省市首位。厦门工程机械股份有限公司2000年生产装载机2905台，销量2830台，创历史最好水平，产量居全国同行业首位。民营企业龙岩工程机械厂也发展迅速，2000年装载机产量达2153台，销量2100台，居全国第三位。三明重型机器公司2000年完成产值2.15亿元，生产振动式压路机从1999年的505台再提高到622台，创历史最好业绩。但小型拖拉机、农业运输机械、收获机械等农机产品产量下降较多。

金属制品业2000年完成工业产值52.93亿元，比上年增长23.3%。金属集装箱产量216万立方米，比上年增长88.6%；金属切削工具、模具等产品也有所增长。

仪器仪表制造业完成工业产值13.73亿元，增长9.3%。自动化仪表及系统、汽车仪器仪表等产品产量有所增长，但光学仪器等产品产量下降。

【经济效益】 “九五”时期，福建机械行业经济效益逐年提高。2000年全省规模以上机械工业共实现产品销售收入322.86亿元，比上年增长25.5%。实现利税总额28.45亿元，比上年增长27.8%，其中税金10.5亿元，盈亏相抵后利润17.95亿元，盈利企业总利润23.09亿元。东南（福建）汽车公司、厦门太古飞机工程公司、厦门ABB开关公司等5家企业利润超1亿元。

【科技开发】 为增强技术开发和创新能力，机械行业大中型企业逐步建立了企业技术中心。在已有7家国家级和省级企业技术中心的基础上，2000年又有三明重型机器有限公司建立了省级技术中心。计算机辅助设计（CAD）、计算机辅助制造（CAM）等电子信息应用在行业逐步推广，福州模具厂、福州第一开关厂、三明双轮化机公司被确定为福建省CAD技术应用工程示范企业。近年来机械行业不断加大新产品开发力度，取得明显成效。东南汽车公司推出了国内第一款“RV”多功能休闲旅行车富利卡，集中了轿车、旅行车和越野车的优点，在全国市场上独树一帜，投放市场后受到消费者的欢迎。厦门工程机械股份有限公司开发了XZL50挑战者2号（ZL50F）装载机，采用了三维实体造型技术和模块进行设计，选用先进零部件，使该机行车速度快、工作效率高、维修成本低，外观有全新感觉，并可使基本型派生出几十种产品。近年来开发的具有较高水平的新产品还有：自粘性漆包圆铜线、全自动燃油（气）锅炉系列、BE型电除尘器、球头杆端关节轴承、轮胎定型硫化机系列、HP2600液压自动压砖机、IC卡水表及计算机收费系统、振动式压路机系列、13吨冲击式压路机等等。积极推进“五新”项目（新产品、新技术、新工艺、新设备、新材料）的推广应用，大力开展“产学研”合作，借脑开发，借智生财。在省里组织的2000年度“五新”项目推介会上，机械行业共签约项目近200项，占全部签约项目的25.4%。

【企业改革】 2000年是实现大多数国有大中型企业改革与脱困阶段性目标的一年。列入全国国有重点企业实施公司制改造的520户企业中，我省机械行业有1户，即厦门工程机械股份有限公司，已实现公司制改造并上市。列入国家6599户脱困考核的国有企业中，我省机械行业有13户，其中厦门叉车总厂、三明齿轮箱有限公司、三明东闽汽车公司等2000年实现扭亏；厦门轴承实业总公司、厦门水产造船厂等实施了资产重组；华龙机械厂、永安林业汽车保修厂等实施了破产；福建机器厂被华通国际招商集团股份有限公司兼并。2000年底，国有控股中型企业龙净股份有限公司实现了公司制改造，上市发行了股票，筹集的资金将投入到环保机械生产基地建设中。

【外向型经济】 “八五”、“九五”期间建成的许多较大型机械“三资”企业在2000年不断发展壮大，其中厦门太古飞机工程公司完成了二期扩建工程，大大提高了大型商用飞机的维修能力，2000年维修改装值5.58亿元；厦门太平货柜制造有限公司2000年完成工业产值6.26亿元，生产标准集装箱47880箱。全省机械三资企业的工业总产值已占行业总产值的60%以上，成为行业发展的一支重要力量。

2000年机电产品出口不断扩大，全省机电产品出口43.36亿美元，占全省外贸出口总额的33.6%，已连续数年保持我省出口第一商品的位置。在出口的机电产品中，电子类产品约占60%，机械类产品约占40%。2000年出口的大宗机械产品有：航空器维修（2.9亿美元）、电机及水泵（1亿美元）、阀门（7500万美元）、开关及电路装置（6700万美元）、船舶（6200万美元）、汽车配件（5600万美元）、集装箱（5000万美元）、电线电缆（3300万美元）、摩托车配件（2700万美元）、电动工具及零件（1500万美元）、轴承（1000万美元）。

【存在问题】 一是国有企业改革与脱困虽然取得一定成果，但是基础仍不够扎实，特别是许多国有机械小企业生产经营仍较困难。2000年全省规模以上机械企业中，还有250家企业亏损，亏损额虽比上年下降12.7%，但仍达5.14亿元。部分重点企业出现新的亏损，如龙马集团公司、福州天宇电气集团公司等。二是行业经济运行质量尚有待提高。至2000年底，全省规模以上机械行业合计应收帐款净额73.98亿元，产成品存货33.36亿元，分别比上年增长11.5%和20.7%。这两项资金占全部流动资产的45.96%。因此，相当部分企业资金不足，负债经营。三是技术改造投资项目减少，新开的较大型建设项目不多，对行业的发展后劲将造成一定影响。新产品开发和投入批量生产并进入市场的周期仍较长，新产品产值率还有待提高。（撰稿：许东宏）

石化工业

【"九五"概况】 "九五"期间，全省石化工业按照"九五"计划确定的发展战略和目标，加快改革开放和生产建设步伐，全力培育石化支柱产业，实施结构调整，取得了预期效果。

一、主要技术经济指标和主要产品产量基本完成"九五"计划目标。2000年全省原石化系统内企业完成工业总产值92.95亿元(不变价)，实现利税12.36亿元。除精细化工率外，"九五"计划的主要经济指标均已实现。2000年全省石化行业主要产品产量完成：硫铁矿3.49万吨、合成氨80.10万吨、化肥256.33万吨(实物量)、尿素60.53万吨(实物量)、硫酸33.87万吨、化学农药1.13万吨、烧碱15.64万吨、塑料树脂及共聚物14.35万吨、电石15.48万吨、轮胎983.97万条、精甲醇4.55万吨；原油加工能力400万吨(实际加工361.26万吨)。合成氨、化肥、尿素、电石、轮胎、塑料等主要产品产量和原油加工能力均实现"九五"计划目标。

二、固定资产投资超额完成"九五"计划，石化支柱产业的培育取得进展。"九五"原石化系统内企业共完成固定资产投资42亿元(不包括厦门市，下同)，是"八五"的1.24倍，为历史最高。其中，技改完成投资30亿元，超额完成"九五"技改计划20亿元的目标；基本建设完成投资12亿元。除福建炼化公司与外商合资建设的800万吨/年原油加工项目未能如期动工建设外，"九五"计划重点项目基本如期实施和投产，为我省石化工业的快速发展做出了贡献。其产品新增生产能力主要有：原油加工150万吨、聚丙烯7万吨、三聚氰胺1.38万吨、尿素12万吨、氯酸盐3.9万吨、纯碱3万吨、化学农药8000吨、甲醇2.5万吨、饲料金霉素7000吨、增塑剂2万吨、白炭黑2.5万吨、双氧水1.4万吨、甲醛1万吨、ADC发泡剂6500吨以及一批精细化工产品。"九五"期间，我省石油化工支柱产业的培育和发展已出现良好的势头。湄洲湾石化基地建设取得进展，福建炼化公司炼油能力从250万吨扩至400万吨、新建7万吨聚丙烯项目，以及华星石化公司5万吨液化气低温冷库项目已相继建成投产。福建石化集团湄洲湾氯碱工业公司的4万吨离子膜烧碱和2万吨环氧丙烷以及肖厝海洋聚苯树脂有限公司10万吨聚苯乙烯项目正在建设，预计2001年底可建成。福建炼化公司与外商合资建设炼油、乙烯一体化项目中的新建1套800万吨原油加工能力的炼油工程项目建议书于1996年8月获国家批准立项，60万吨乙烯项目建议书2000年9月已获国家计委批准。一体化项目可研报告编制工作已基本完成。

三、培育重点行业、重点企业、重点产品工作取得成效。"九五"期间，我省加大对石化重点行业、重点企业和重点产品的培育工作力度。到2000年底石化行业中产品产量、产能居全国第一的有氯酸钾(钠)、高氯酸钾、草酸、白炭黑、饲料金霉素等产品，其他居全国前列的产品还有电石、胶卷、氢氟酸、硅酸钠、双氧水、固体草甘膦、乐果、三唑磷、甲醛、防火涂料、三聚氰胺等。培育了福州一化集团、邵武精细化工厂、浦城正大生化公司等单一产品的"小巨人"企业。

【2000年概况】 全省石化工业总体运行态势良好，生产持续增长，三资企业发展迅速，产品销售衔接良好，产品出口增势强劲。

一、生产平稳增长，出口大幅上升。全年石化工业完成产值218.46亿元，比上年增长29.2%，比全省工业增幅高10.2个百分点，比全省重工业增幅高7.5个百分点。非国有工业明显快于国有工业，全省石化国有控股企业完成产值126.86亿元，比上年增长1.2%，较全省石化平均水平低28.1个百分点，外商及港澳台投资企业79.03亿元，股份制企业29.21亿元，集体企业8.09亿元，分别增长51.3%、90.1%和24.9%。外商及港澳台投资企业产值占全省石化工业产值52.4%，是我省石化工业增长的主要力量。全年石化工业完成出口交货值46.14亿元，增长80.0%，占工业销售产值的21.4%，拉动全省石化工业增长10.4个百分点，主要是国外市场回暖，外商及港澳台企业出口大幅上升。

二、石化产品产量增大于减，主要化工原材料产品增产较多。57种主要石化产品中有45种产品产量增加，占78.9%。其中：原油加工量完成361.26万吨，增长22.3%；汽油102.00万吨，增长17.9%；柴油161.49万吨，增长16.5%；烧碱15.64万吨，增长10.0%；纯碱9.45万吨，增长19.5%；硫酸33.87万吨，下降2.8%；盐酸12.45万吨，增长21.9%；塑料树脂及共聚物14.35万吨，增长94.7%；轮胎外胎983.97万条，增长26.8%。支农化工产品生产趋向合理发展，全省生产化肥(实物量)256.33万吨，下降2.7%，其中：氮肥191.56万吨，下降2.5%，尿素60.57万吨，增长10.2%，碳铵121.03万吨，下降9.0%，氯化铵9.96万吨，增长15.8%，磷肥54.97万吨，下降9.3%。

三、产销衔接良好，各行业产销平衡。全年石化工业实现销售产值216.07亿元，比上年增长36.27%。石化产品产销率达98.91%，比上年增长1.78个百分点。从经济类型看，外商及港澳台投资企业产销率提高最大，比上年高出3.22个百分点，其他经济类型企业产销率下降0.7个百分点，国有企业、集体企业、股份制企业及股份合作企业产销率均有不同程度提高。各行业产销衔接较为平衡，其产销率均达到指数要求的95.55%以上。

四、销售收入快速增长，实现利润总额下降，亏损面基本持平。独立核算石化工业企业全年实现产品销售收入213.98亿元；实现利润为－1.0亿元，(主要是因柯达公司兼并福达公司，调减利润所致)，若扣除调减因素，实现利润比上年同期有所增长。从独立核算石化企业310家看，有89家亏损，亏损面为28.7%，亏损金额为7.07亿元。从经济类型看，企业亏损主要集中在国有控股企业和三资企业，亏损额分别为0.33亿元和6.3亿元，两项亏损占全行业亏损额的93.78%。

【小化肥结构调整】 2000年，全省加大化肥工业结构调整力度，提出了化肥行业结构调整分三步走的战略：第一步是对碳铵和过磷酸钙生产实行总量控制，充分利用电价和电量杠杆优化化肥生产；第二步是在关停一批小化肥企业的基础上，对现有企业实现进一步结构调整，引导有条件的企业多种经营，同时进行企业重组、资产重组，组建氮、磷、钾融合的、大中小融合的科研生产营销为一体的集团公司；第三步是实施复合肥布点，提高复合肥比重，向高效、高浓度和产品多元化方向发展。2000年，这一战略目标得到阶段性实施，先后分两批关停了18家小化肥企业。其中氮肥企业13家，它们是：福清、厦门、龙文、南安、莆田、尤溪、大田、将乐、光泽、长汀合成氨厂，古田、安溪化肥厂和邵武第二化肥厂；磷肥企业5家：光泽、顺昌、政和、松溪和南平磷肥厂。共削减合成氨生产能力19.7万吨，碳铵生产能力80.8万吨(实物量)，普通过磷酸钙10万吨(实物量)。

【石化重点项目】 全省石化工业完成投资11.97亿元，在建项目进展顺利。福建石化集团三明化工公司1.38万吨三聚氰胺、福州一化搬迁(永泰)技改工程中高氯酸钾及福州一化控股投资的榕昌公司二脲项目建成投产。泉州肖厝聚苯树脂公司10万吨聚苯乙烯、永安智胜化工公司20万吨高效三元复合肥、福州宝联化工有限公司1万吨苯酐项目进展顺利。石化重点项目前期工作取得进展。福炼公司一体化项目中的60万吨乙烯工程10月份已获得国家批准立项，整个一体化项目可研编制工作进入收尾阶段。30万吨聚氯乙烯项目，福建石化集团公司委托省石化重点办代表石化集团公司，开展了市场调研和招商引资等各项前期工作。

【按计划履行禁止化学武器国际公约事务工作】 全省生产属于禁止化学武器公约规定的62家监控化学品的生产企业已完成2000年统计工作；属于公约规定的3家附表3监控化学品生产企业已完成2001年的预计工作；受理1家使用附表3产品的企业的进口申请，2家使用易制毒品企业的进口申请，1家附表3产品生产企业的建设申请。（撰稿：邱美辉）

冶金工业

【概况】 2000年全省冶金行业经济效益出现全面回升势头。生产、销售形势明显好转，产销率提高，利润成倍增长，出口额上升，亏损企业、亏损额大幅减少。

一、生产、销售情况。2000年全省冶金行业完成工业总产值（1990年不变价）99.79亿元，比上年增长24.3%；现行价总产值130.47亿元，比增26.9%；工业增加值36.95亿元，比增58.3%；销售产值128.35亿元，比增26.6%；产销率98.37%，同比增长1.37个百分点；出口交货值10.77亿元，比增52.2%。主要产品产量：钢124.94万吨，比减3.1%；生铁149.37万吨，比减6.6%；钢材263.89万吨，比增6.5%；钢、铁、钢材的增长幅度分别比上年降低了18.2、12.6、18.0个百分点，铁矿石169.04万吨，比增45.4%；电解铝3.13万吨，比增1.6%；铝材11.73万吨，比增8.8%；钨及钨化合物1.14万吨，比增6.6%；黄金5463公斤，比增33.3%。2000年黄金产量名列全国第八位。

二、主要产品生产能力利用情况。2000年主要大中型冶金工业生产专业设备居国内先进水平，设备利用率高，发挥较好的有炼钢、炼铁、机焦、仲钨酸铵及氧化钨、钨制品。主要产品现有生产能力：钢210万吨、生铁166万吨、钢材409万吨、机焦43万吨、铁合金12万吨、电解铝3.15万吨、铝加工材20.24万吨，仲钨酸铵及氧化钨1万吨、钨粉及碳化钨粉0.5万吨、钨丝及钼丝35亿米。小型冶金企业生产设备大多数比较陈旧，工艺落后，全省已加紧关停"五小"、淘汰落后和压缩过剩生产能力设备的工作。

三、主要技术经济指标，全省冶金生产企业单位能耗及其他技术经济指标都有所改善，年共消耗电力24.45亿千瓦时，煤炭91.54万吨，焦炭79.09万吨，燃料油8943吨。产品质量稳定提高，高炉利用系数2.82吨/立方米·日，比上年提高0.31吨/立方米·日；入炉焦比483公斤/吨，其中：三钢409公斤/吨，比上年减少3.54公斤/吨；转炉炉衬寿命15322炉，转炉炉衬寿命增加3462.67炉；轧钢综合成材率98.1%，比上年增加0.6个百分点；铝材综合成品率78.29%，比上年增加8.7个百分点；仲钨酸铵合格率100%。

四、主要财务情况。2000年冶金行业实现产品销售收入115.49亿元，比增21.0%；实现利税总额10.36亿元，比增75.3%；实现利润4.71亿元，比上年增加2.89倍。工业经济效益综合指数122，比上年提高22.1个百分点，其中：总资产贡献率为125.52%，比上年提高24.02个百分点；资本保值增值率为125.52%，比上年提高24.02个百分点；资产负债率59.58%，比上年降低3.42个百分点；成本费用利润率4.27%，比上年提高2.57个百分点；全员劳动生产率83783元/人·年，比上年提高26155元。

五、固定资产投资情况。2000年固定资产投资项目36个，完成投资45652万元，在建项目累计新增固定资产49622万元，新增生产能力：生铁11.9万吨、钨丝及钼丝15亿米。2000年其改造力度与2000年相比有所下降，主要是"九五"期间固定资产投资项目已大部分建成投产。

私营钢铁企业泉州三安集团1999年完成销售收入10多亿元，实现利税3758万元，2000年上半年又比上年同期显著增长，集团总资产达10亿多元，成为我省第二大钢铁企业。图为"三安"新引进的德国自动化控制的螺纹钢直条生产线，生产优质国光牌钢材。

（林辉龙 摄）

【国有企业改革】 为完善国有资产管理和监督，按照国家所有、分级管理、授权经营、分工监督的原则，2000年，福建省冶金工业总公司成建制转为福建省冶金（控股）有限责任公司，其行业行政管理职能划入省经贸委；三明钢铁厂成建制转为三钢（集团）有限责任公司。改制后，这两家公司实施授权经营，承担国家资产保值增值任务。各县、市国有冶金企业也大都进行了各种形式的改革或改制。2000年，各企业加大了企业内部管理力度。三钢坚持依靠科技进步发展，在生产中突出一个"精"字，经济运行质量大幅提高，在控制总量的同时，工艺结构和产品结构优化，技术经济指标继续改善，高炉利用系数、转炉利用系数、钢材综合成材率、高炉入炉焦比、转炉钢铁料消耗等主要技术经济指标均在全国同行业中保持先进水平。钢材制造成本同比下降160元/吨。三钢在市场销售方面继续搞好销售网络建设，注重提高品牌形象，确保全年产销率和资金回笼率均达到100%，并努力开拓省外市场，全年出口钢坯和钢材9.66万吨，创汇1700万美元，既执行了国家的限产任务，又增加了外汇收入，成为三明市出口创汇第一大户。整体效益大幅提高，经济效益综合指数、总资产贡献率、成本费用利润率、销售利润率、人均利润率、资本利税率、资本收益率等多项效益指标均在全国产钢百万吨的46家企业中名列前茅。主要生产设备完好率100%，2000年三钢被中国设备管理协会评为"第五届全国设备管理优秀单位"。南平铝厂面对上游产品氧化铝价格暴涨和下游产品铝材价格日趋下跌的市场压力，想方设法消化减利因素，一方面在降低成本上加强管理，实现以利润考核为中心的新经济责任制，运用合理的比价原则建立产、供、销及内部关联单位的结算价，工资总额与实际利润挂钩。既提高了职工的管理意识，又消化了2000年氧化铝等原材料涨价的减利因素。同时在资金运用方面注意保护重点，采取了核定资金定额，严控各项开支，尤其是非生产性开支以及保急需、压一般的办法。同时，紧紧把握工序间关键环节的平衡协调，进一步改善了指标，降低了成本，提高了生产水平。2000年南铝总产值、销售收入、产销率在国内同行业名列前茅，综合成品率、生产合格率继续保持先进水平。

【科技进步】 2000年，冶金工业在国民经济中继续占有重要地位，同时，竞争也更加激烈。厦门钨业股份公司注重高新技术的自主开发和消化吸收相结合，生产技术含量高和附加值高的产品，继续保持了世界规模最大也是最完整的仲钨酸铵—氧化钨—钨粉、碳化钨粉—硬质合金、钨丝的企业产品结构链。2000年厦钨及其子公司全年钨产品产量约占全国40%，出口占全国49.3%，占国际市场钨消费总量的30%。厦钨目前所采用的钨冶炼离子交换新技术，其生产技术指标在国内外同行业名列前矛，使用离子交换工艺生产1吨的仲钨酸铵产品所消耗的钨精矿平均比国内同行业厂家低100公斤，每年至少可为国家节约1000多吨钨精矿，相当于每年为国家节约1座中型钨矿山的资源。厦钨自行研制开发的环保技术——母液闭路循环技术不仅根治了废气、废水对环境的污染，而且进一步降低了对辅助材料的消耗。面对我国黑钨矿资源已近枯竭的现状，攻克国家"十五"重点高新技术项目白钨矿的综合利用，开发出了"碱体系远红外热压分解高杂白钨矿制取高纯仲钨酸铵"的特殊工艺，该成果属世界领先水平。此外，厦钨控股的金鹭公司还致力于工业化应用的超细粒和纳米级钨粉、碳化钨粉这一国际难题的研制。紫金矿业公司2000年实现利润8507万元，其单体矿山黄金生产总量及利润居全国第一。年采选矿石量、采剥总量、矿石平均入选品位、月产金、日吸附金量等多项指标均创全国黄金行业新纪录。科技是紫金发展的强劲动力，经过三期改造，露采屡创采剥总量新高。该公司年精炼国际1号黄金8吨的冶炼厂能够做到载金炭即来即解，确保最后一道工序完成的质与量，四期技改建成投产，该矿年处理矿石量将达到1200万吨，产金6～7吨。积极探索利用新技术、新工艺，有效地开发矿山资源，努力把紫金矿业发展成为以矿业为主的全国著名高科技效益型特大企业集团。

【存在问题】 1. 钢铁生产由于受国家钢铁总量控制的影响，我省安排的钢铁总量，仅占全省钢生产能力的56%；2. 仲钨酸铵、氧化钨、钨粉、碳化钨粉等钨制品受出口配额限制的影响，厦钨及金鹭的产能仅能发挥1/9和1/5；3. 矿山企业由于矿产资源日趋枯竭，加之税赋重，企业生产经营难度很大，矿山发展速度明显滞后于冶炼加工业的发展；4. 地条钢及假冒伪劣钢材生产屡禁不止，给建筑工程留下重大安全隐患，也使我省名牌产品深受其害，影响正常生产。（撰稿：李树萱）

建材工业

【概况】 2000年，随着国家对建材工业实行总量控制，全省建材工业发展总体上保持了平稳运行的态势，主要产品产量稳中略有减少。2000年全省水泥产量1768.36万吨，比上年下降3.2%；平板玻璃产量504.87万重量箱，比增5.8%；大理石板材和花岗石板材3314万平方米，比增82.3%；卫生陶瓷18.19万件，比增76.6%；釉面砖11028.04万平方米，比上年下降6.8%；墙地砖14783.8万平方米，比增12.8%；钢化玻璃254.09万平方米，比增16.1%。全社会建材工业总产值（1990年不变价）约500亿元（主要产品产值：石材265亿元，水泥34亿元，建筑陶瓷147亿元）；产销率95.84%。2000年建材行业全行业实现利润9.11亿元，产值名列全国第8位；在国家建材局统计的26种建材产品中我省总量居全国领先地位的有汽车用钢化玻璃、釉面砖、墙地砖、花岗石板材、平板玻璃、水泥等。

【主要产品】

玻璃：2000年，由于国家对平板玻璃产量的增长速度实施有效的控制，我省平板玻璃销售价格得以逐月回升，平板玻璃每重量箱70多元，同比上升约20元，5MM无色玻璃每重箱75.64元，同比增长23.07元。2000年全省浮法玻璃产量达479.87万重量箱，占总产量的95.1%。钢化玻璃全部为汽车用钢化玻璃，福耀玻璃工业股份有限公司生产的汽车玻璃占全国55%的市场份额，在全国汽车用玻璃行业中列第一位。该公司近日一次性通过ISO14001环境管理体系检测认证，获得了国家环保总局华夏环境管理体系审核中心和英国皇家认证委员会颁发的国内、国际认证证书。在我国汽车玻璃工业企业中率先达到这一标准。该项认证的通过，为公司产品取得了进军国际市场的绿色通行证。

陶瓷：福建省是我国建筑陶瓷生产大省，主要生产基地在泉州、厦门、漳州、福州。2000年全省拥有陶瓷生产企业近2500家，年产各类内外墙砖、釉面砖、地砖等约4.8亿平方米。全省陶瓷工业产值约147亿元。福建陶瓷制品业有豪盛、双菱两家上市公司。双菱、紫帽、汇源、燕山、德美、闽南、宏盛等企业产品被授予"福建名牌"。

石材：据不完全统计，2000年全省石材企业及配套生产厂约4000家，从业人员约40万人，年产花岗石、大理石板材约6000万平方米，各类石板材、墓碑石、异形石材及石制品年产值约265亿元，产量与产值均居全国第一。2000年全国石材出口8.15亿元，其中我省5.33亿元，占66%，居全国首位。全省各类花岗石矿山、矿点约有1万个，年产花岗石荒料约300万立方米。我省的墓碑石、石制品、异形石材等附加值高，是福建出口创汇的拳头产品，其中墓碑石产品全部用于出口。

水泥：2000年水泥工业实施总量控制，结构调整，压缩淘汰落后小水泥，发展新型干法窑外分解水泥。全省共压缩淘汰落后小水泥生产能力536万吨，新开工建设窑外分解水泥62万吨。但全省水泥市场需求不振，水泥价格持续下跌，产品总量供过于求，价格水平继续下滑，经济效益下降幅度较大。虽然在国家加大基础设施建设力度的推动下，市场情况有所好转，但产品价格仍处在较低水平，监控的7家重点水泥企业平均出厂价格每吨比上年下降5～20元，严重影响了企业的经济效益，水泥行业全年亏损6000万元。水泥产品结构不合理，旋窑高标号水泥所占比重占总产量的19.9%（2000年水泥产量1768万吨，旋窑水泥只有351万吨），低于全国25%的水平。

新型建材：全省新型建材从无到有，并逐渐成为本行业新的增长点。2000年国内外市场需求表明，全省新型建材行业未来的发展具有较大的空间。新型建材是建材行业的重要组成部分，技术含量高，功能多样化；生产与使用节能、节地、综合利用废弃资源，有利于生态环境保护；适应先进施工技术，改善建筑功能，降低成本，具有巨大市场潜力和良好发展前景，特别是用新型墙体材料替代以实心粘土砖为主体的传统墙体材料，对于长期以来传统的建材生产观念和建筑方式将是重大变革。

化学建材：2000年，化学建材有较大发展，据调查统计，目前全省有30～40家企业生产各类塑料管材，生产能力达10万吨左右，厦门的华亚、福清的亚通，生产规模在全国名列前茅。（撰稿：林立青）

船舶工业

【概况】 2000年，全省约有大小修造船工业企业108家，从业人员1.5万多人。拥有大小船台、船坞37座，合计船台能力10.6万吨，坞容量21.32万吨。其中拥有万吨级至3.5万吨级船台4座，万吨级至2万吨级船坞8座，万吨级以下船坞23座、船台6座。2000年省船舶工业集团实现工业产值167376万元（不变价），修船产量1444艘、88443万元，造船产量15艘、84534吨，工业商品产值12479万元，其中，省船舶工业集团公司实现工业总产值 66559 万元。"九五"期间全行业累计实现工业总产值 62.5 亿元，造船产量 32.4 万吨，分别比"八五"时期增长 173%和 30%，年均增长速度为 35%和 6%。

2000 年全省船舶工业行业共投入技改资金 17877 万元，其中省船舶工业集团公司系统投资近 1.5 亿元进行技术改造，重点是实施厦门造船厂易地改造和马尾造船厂造船部分技术改造这两项国家"双加"工程，提高企业规模。厦门造船厂一期技改规划立足于高起点，按照现代造船布局模式，仅用 3 年时间，至 2000 年底实现了产品档次从千吨级到万吨级再到 3 万吨级的跨越，被我国造船界誉为奇迹，基本形成配套齐全的 3.5 万吨级船舶建造能力，年可造 3.5 万吨级船舶 4 艘，经过适当扩建就可兼容建造 7 万吨级船舶。马尾造船厂"双加"项目已陆续投产，单船建造能力从万吨级提高到 3.5 万吨级。东南造船厂易地搬迁改造主体工程于 2000 年 10 月基本完成，将成为我国大功率拖轮重要建造出口基地。这些项目的实施，不但为企业赢得了抢占国际船舶市场的机遇，而且在实施我省"海洋强省"战略中起到了重要作用。

至"九五"末，省船舶工业集团公司总资产已达 23.6 亿元，比"八五"末增加了 16.7 亿元，增长了 2.4 倍。全省船舶工业企业的产业集中度有所增强，基本形成了以福州、厦门两地骨干船舶企业为重点，带动全省多层次、多种经济成分的修造船企业共同发展的格局，基本形成了融常规船舶设计、造修船、大型钢结构制造以及对外贸易为一体的比较完整的产业体系。宁德、漳州、泉州等沿海地区民间修造船业十分活跃，与骨干企业的发展互为补充，相互促进。

【出口创汇】 2000 年省船舶集团公司系统承造各种出口船 15 艘，进出口总额 4506 万美元，其中出口额 3122 万美元，位居全省自营出口企业第一，列入全国自营出口超千万美元企业第 136 位。出口市场由香港、韩国、日本扩大到东南亚、南美和欧洲。出口船舶由驳船、客货船、大功率拖船、仿古船发展到大吨位、高科技含量的多用途集装箱货轮。随着市场的扩大，船舶订单不断增加，至年底手持的订单已安排到 2003 年。厦门造船厂和马尾造船厂订单在全国造船企业中排列第 8 位和第 9 位。

【产品升级】 2000 年省船舶工业集团公司加强了智力引进工作，共聘请外国造船专家 21/人次，通过国家外专局审批立项的有 3 项。在这些专家的帮助和指导下，马尾造船厂、厦门造船厂对现代造船模式作了初步尝试，逐渐克服了过去"人海战"、拼人力、拼设备、强调现场调度的落后作法，扭转生产进度不可控的被动局面，对提高我省船舶工业在国际市场上的竞争力发挥了重要作用。实践证明采用技贸合作、联合设计的形式进行船舶技术设计，有利于在短时间内提高中方技术人员的设计水平，提高造船厂的设计能力。通过与欧洲 NOELL 公司等开展联合设计，引进高性能、高技术含量欧洲型集装箱货船系列设计技术，在新产品开发方面取得了可喜的成绩。马尾造船厂 820TEU 多用途集装箱货船通过新产品鉴定，评为国际水平；厦门造船厂 30000 吨多用途集装箱船列入 2000 年国家重点技术创新项目计划及产学研联合开发工程示范项目；马尾造船厂 17600 吨散货船及厦门造船厂 30000 吨多用途集装箱船列入 2000 年第一批新产品开发项目计划。（撰稿：陈郁）

汽 车 工 业

【"九五"概况】 "九五"时期对全省汽车工业来说，是历尽艰难、摆脱困境的 5 年，是勇于探索、重塑自我的 5 年，也是不断总结、走向成熟的 5 年。从生产经营来看，"九五"的各项指标增幅较大。据统计，从"八五"末期的 1995 年到"九五"末的 2000 年，全省汽车工业总产值从 29.25 亿元发展到 104.57 亿元，增长了 2.57 倍，年平均增幅 29%；销售收入从 36.39 亿元发展到 107.22 亿元，增长了 1.94 倍，年增 24%；利润从 1.06 亿元发展到 5.76 亿元，增长了 4.43 倍，年增 40%。汽车产量从 2613 台发展到 29610 台，增长了 10 倍，年增 62.5%。如此增长速度，在福建汽车工业 40 多年的历史上是空前的，在全省各行业和全国汽车界同行中也是少有。

"九五"时期，福建省汽车工业在许多方面取得了重大突破。一是理清工作思路，走出属于自己的独特发展道路。充分利用海峡前沿的地利优势和对台经贸的政策优势，走以闽台合作发展福建汽车工业的道路，找到了一条适合福建省情的发展汽车工业的新路子。二是产业结构逐步优化升级。"九五"时期全省汽车工业以福汽集团公司为核心，对原先"散、乱、差、小"状态的全省汽车行业进行了适当的整合。大力开展闽台汽车合作，引进台湾资金、技术和管理经验，以东南汽车项目为龙头，以福州汽车厂、厦汽公司为骨干，兴建中高档乘用车生产基地；以厦杏摩托为龙头，兴建中高档摩托车生产基地。以东南汽车城为重点，兴建汽车零部件生产基地。经过几年的努力，全省汽车工业整车、改装车、总成、零配件协调发展的基本格局已经初步形成，整体实力大大提高。同时全省零部件出口创汇连续几年居全国各省前列。三是产业集中度大幅提高。"九五"时期全省汽车工业改变以往"撒胡椒面"的投资方式，通过集中资金、力量，重点发展东南汽车等项目，短短几年间，就在工业领域建成东南汽车公司这样具有 90 年代国际先进技术水平的行业新龙头。东南汽车在全国同行中迅速崛起，极大地增强了福汽集团公司的实力与影响，有力提高了福汽集团公司和全省汽车行业的产业集中度。到 2000 年，东南汽车全年完成产值 32.2 亿元，在全省汽车工业总产值中占 1/3 左右的比重。其龙头作用日益突出，对全局的拉动力不断增强。四是技改投资力度加大，科技创新后劲增强。"九五"时期间全省汽车工业大力引进资金和技术，加强工业企业技术改造，全省行业技改 5 年累计总投资达 40 亿元，相当于"八五"期间的 3.6 倍。

【生产经营】 2000 年全省汽车工业抓住我国经济形势趋好、汽车消费信贷启动的有利时机，围绕全年计划目标，抓紧抓好生产经营调度，取得了良好的成效。在东南汽车公司等行业龙头骨干企业继续大幅增长的带动下，全行业生产运行态势良好，产销衔接基本平衡，内部配套继续扩大，经济效益进一步大幅提高，工业总产值、汽车产量、销售收入和实现利润等几项主要经济指标都分别创造了福建汽车工业有史以来最好的成绩。据统计，全年全行业完成工业总产值 104.6 亿元，为年计划的 143.0%，比增 47.4%；实现销售收入 107.2 亿元，比增 34.5%；实现利润 57614 万元，比增 74.9%。如期实现了省委省政府提出的建成"百亿集团"的目标。2000 年，全省汽车、改装车生产继续保持高速增长，全年生产汽车 29610 辆，比上年增长 219.1%；改装车 7539 辆，增长 33.6%。东南汽车公司受新厂全面建成投产以及 3 月底富利卡新车型上市的有效带动，全年生产经营火爆，产销增幅可观。共生产整车 19145 辆，完成年度计划 191.5%，比上年增长 262%；实现工业总产值 32.2 亿元，比增 226.6%；实现销售收入 27.1 亿元，比增 231.7%；实现利润 19586 万元，比增 224.5%，取得建厂 4 年来最好的成绩。厦门金龙旅行车有限公司在巩固旅行车生产的同时，适应高速公路发展的市场需求，大力开发大客车新产品，生产经营有了新突破，2000 年生产汽车 4157 辆，增长 58.6%；完成产值 7.92 亿元，增长 61.7%；销售收入 7.19 亿元，增长 57.8%。厦门金龙联合汽车工业公司抓住大客车市场高速成长的有利时机，大力开拓华北、西南、西北等地区新市场的销售和亚、非、拉地区出口业务，取得较好成效。全年生产客车 6339 辆，增长 73.0%；完成销售收入 19.28 亿元，增长 81.8%；实现利润 11276 万元，增长 74.6%，其销售收入在全国 160 多家客车（改装车）生产企业中位居第一名。全省农用车 2000 年共生产 16617 辆，总降幅达 53.9%。摩托车方面，厦杏摩托车公司生产摩托 3 万辆左右，比上年下降 53.9%。

【企业改革】 在工业企业方面，龙溪轴承有限公司引进著名证券公司做辅导，开始了改制上市的有益探索，并按照中国证监会要求，在下半年进行了有关上市准备的公示公告。福州汽车厂进行了企业改组，成立了新福达公司。在汽车贸易领域，全省汽车贸易企业抓住有利时机，深化企业内部改革，转换企业经营机制，积极开拓销售市场，经营规模进一步扩大。省汽车销售公司通过改革内部激励机制，实施全员劳动合同制、竞争上岗制和与绩效挂钩的量化考核报酬制度，有力激活了广大员工的积极性和创造性，使2000年3月新建成的全省最大汽车专业市场"华夏汽车城"的规模经营优势得到充分发挥，公司迅速度过整体搬迁可能带来的经营波动，实现了客流和销售两旺盛况，全年完成销售收入9亿元。比上年增长46.6%；实现利润750万元，比增178.7%。

【产品创新】 2000年全省汽车工业加强产品创新工作，全年共组织新产品开发256项，通过鉴定163项，达到国家领先水平的7项，国内先进的108项，排放指标达欧Ⅱ标准的12项。其中福汽集团公司直属企业开发102项，大大超过年初48项计划；完成并通过鉴定54项。有不少新产品达到国内领先水平。东南公司2000年开发新产品共27项，其中，富利卡新车型3月开发成功，填补了国内"RV车"(多功能休闲旅行车)的空白，开创了休闲时代乘用车的新时尚，还被评为"上海市民最喜爱的家用休闲车"。厦门大金龙开发新产品23项，小金龙开发14项。这些新产品推出后，成了企业经济新增长点，在新增产值中占据50%的比重。按照国家主管部门改革汽车目录管理的部署，全省汽车目录共审查申报了240项，其中福汽集团公司直属企业102项。至2000年第一期补充目录，全省列入国家目录的汽车厂家3家计124项产品，改装车厂14家计316项产品，摩托车厂2家计130项产品。 （撰稿：杨养臣）

食品工业

【概况】 2000年全省食品工业不断深化改革、调整结构、引进国外先进设备、采用先进技术、加强质量管理、实施ISO9000质量论证，保持了持续、稳定、健康发展的良好局面。据统计，2000年全省规模以上企业725家，实现工业产值270.16亿元（当年价），占全省工业总产值10.3%，比上年同期增长3.6%（按1990年不变价），完成销售收入262.17亿元，占全省10.6%，比上年同期增长4.5%。按行业分，方便主食品业和乳制品制造业销售收入增长最大，分别达到234%和152%，水产品加工业、糖果业、糕点业、肉类罐头业、酱油酱类制造业、黄酒制造业、天然矿泉水制造业的销售收入均超过20%。全省食品工业创造利税46.17亿元，占全省利税总额18.8%，同比增长16.7%。福建天香实业股份有限公司的天香牌商标、福安市白马河牌商标等22个食品商标被评为2000年福建省著名商标。

【主要产品产量】 2000年，液体乳、方便食品、乳制品、水产加工品、鲜冻畜肉、味精、罐头、冷冻饮品、碳酸饮料的增幅都超过了10%。其中，液体乳增长最多，在全国"牛奶行动"的号召下，南平长富及大乘两大乳业集团迅速崛起，厦门惠尔康饮料有限公司也不断发展壮大，2000年全省液体乳产量达1.97万吨，增长147%。乳制品产量增幅达72.5%。随着人们生活节奏的加快，方便食品的市场不断扩展，2000年方便主食品产量达6.8万吨，增幅达131.0%，其中方便面1.9万吨，比增125.7%。福建的特色产品——罐头产量继续保持稳定增长，产量达26.83万吨，比增13.8%。味精和软饮料、卷烟的产量分别为6.9万吨、39.8万吨和98.6万箱，分别比增32.5%、20.8%、20.6%。2000年，由于受总量控制和市场无序竞争的影响，降幅较大的产品主要有机制糖、食用植物油、果汁及果汁饮料，降幅分别达到45.5%、50.7%和34.8%。

【主要行业】

水产加工行业：2000年，全省水产加工品产量达115万吨，产值100亿元，加工产量和产值分别比上年增长17.6%和12.0%，水产加工产品年创汇6亿美元，仅次于山东居全国第二位。其中烤鳗加工产量达到6.5万吨，出口5万吨左右，占全国烤鳗产量的70%，共开发近15种烤鳗出口新产品，其中常温切丝、真空包装和炭烧烤鳗产品畅销欧美、大洋洲等地区。

啤酒行业：2000年福建啤酒业总产量增长幅度不大，但经济效益大大提高，物耗指标稳中有降。据福建省啤酒专业协会不完全统计，2000年福建省啤酒总产量118.89万吨，比上年度116.33万吨增长2.2%；创利税总额6.52亿元，比上年度5.95亿元增长9.6%。福建惠泉啤酒有限公司投资4.2亿元，顺利完成异地搬迁工程，全年共完成啤酒产量31.58万吨，位居福建省首位全国第10位，同比增长24.1%；创利税总额3.47亿元，居全国第五位，同比增长17.9%；实现利润1.73亿元，同比增长15.3%；人均实现利税5万元，居全国第二位，为我省成为啤酒强省发挥了重要作用。

速冻食品行业：速冻食品行业近年来发展迅猛，已成为出口创汇的主要支柱产品之一，全省速冻食品主要由冷冻烤鳗、速冻蔬菜、速冻水产品及加工品、速冻即食面制品四大部分组成，以出口为主的烤鳗和速冻蔬菜是速冻食品的重要组成部分。2000年全省速冻食品企业以民营企业为主，冷冻烤鳗主要分布在福清、莆田、厦门一带，以福清为主要产地。速冻蔬菜出口基地主要在漳州、厦门一带，产品以速冻荷莲豆、四季豆、毛豆、甜豆、菠菜、马蹄为主，以龙海的亚西亚、振生、长润等12家企业为龙头，2000年出口量在15万吨左右，产值近7亿元，出口创汇近1亿美元。速冻面食制品以饺子、包子、馒头等面制品为主，内销为主。

【新型产业链】 2000年，全省各级政府在推动农业产业化的同时，着重加强了食品龙头企业的带动作用，积极推进农副产品加工由作坊式粗加工向集约化、系列化，精深加工迈进，形成了罐头、速冻果蔬、饮料、烤鳗、制茶等门类较为齐全的农副产品加工体系，构筑了以龙头企业为核心，形成了上联结商贸、下联结基地、农户，内联结科研，外联结外资、合资的新型产业链，其中漳州的紫山集团、莆田的香江产值均超亿元，名列全国同行业出口首位。龙海市的几家省级农业产业化龙头企业，也注意密切与科研部门合作，引进当今世界先进的单体流态速冻及真空低温脱水新工艺及新生产线25条，不但大大提高产品质量，扩大产量，还节约了能耗，提高了工效，取得良好效益。2000年，全省共确立农业产业化龙头企业21家，其中食品加工龙头企业占80%以上，年可新增农民收入5亿元以上。此外，各地有关部门还加大了对农业产业化食品加工龙头企业的规划、指导、管理以及监督培训等工作，增加了对农业产业化食品加工龙头企业的资金扶持，并取得较好效果。 （撰稿：池秀美 林勇毅）

医药行业

【概况】 全省医药工业主要包括化学药品、生物药品、生化药品、中药、医疗器械、药用包装材料生产等门类。据医药企业年报统计，截至2000年底，全省共有医药工业企业86家，其中：化学药品47家、中成药25家、医疗器械9家、卫生材料3家，其他工业5家。全省医药工业职工17324人。2000年全省医药工业生产31种化学原料药，238种中西制剂，其中：西药145种，中成药93种。11个规格的医疗器械产品，年销售额在1000万元以上的产品有30种。医药商业现有县级以上批发企业118家，零售网点877个，基本满足我省城乡的医药需求。

【医药工业】 全省医药工业完成不变价总产值30.23亿元，比增19.2%；其中：化学品工业完成不变价总产值21.3亿元，比增24.3%。医药器械工业完成不变价总产值1.72亿元，比增22.9%；中成药工业完成不变价总产值5.96亿元，比增18.3%。实现现价总产值24.26亿元，比增9.5%；工业销售产值22.61亿元，比增8.5%；工业产品销售率为93.2%；实现销售收入22.25亿元，比增9.3%；工业实现利税3.76亿元，比增37.1%，其中：实现利润2.06亿元，比增68.6%；企业亏损面为27.2%，减少11.1个百分点，亏损额2132万元，比1999年减少2558万元，经济效益大幅回升；出口交货值2.63亿元，比上年同期下降13.4%。截至2000底，全省制药行业有17家企业35条生产线通过国家GMP认证。

【医药商业】 按不变价总产值排序，全省医药商业销售总额45.95亿元，比增13.7%，购进总额39.79亿元，比增13.0%，商品零售总额29亿元，比增10.7%，实现利税1.21亿元，比增7%，其中：利润4521万元，比增7.5%；税金7576万元，比增17.8%。全省80家县以上单位，亏损11家，亏损金额155.4万元，与上年相比，亏损面减少1.3个百分点，亏损额减少217.8万元。

（撰稿：曹平）

烟草行业

【概况】 2000年，全省烟草行业卷烟产销总量、行业总体经济效益再创历史新高，全省烟草行业实现税利总额49亿元，比增11.1亿元，增长29.3%。这既是福建烟草组建以来增值最大的一次，也是连续第五年保持两位数增长幅度。利润总额17.5亿元，比增7.7亿元，占税利净增额的68.8%。全省国有卷烟工业实现税利26.2亿元，增长16.5%，占税利总额的53.4%，继续保持行业的主导地位。卷烟商业税利实现16.3亿元，比增6.8亿元，增长71.3%，增长幅度首次超过卷烟工业，在全省行业总体效益中所占的份额达到33.2%，成为行业效益增长新亮点。

【烟叶】 2000年全省实际收购烟叶132万担，比增12万担，基本达到国家下达收购量130万担的要求，实现了"控得住、稳得住"的目标。烤烟种植区域、品种布局进一步优化，"国际型"优质烟示范继续扩大，包衣种子、单垅种植、漂浮育苗、"三段式"烘烤等新技术、新工艺得到普遍应用，推动烟叶质量稳定提高。经国家局抽检，全省烟叶等级合格率继续居全国行业首位，达到83.4%，上中等烟比例为98.8%，分别同比提高2.4、1.6个百分点。从抽样检测看，全省烟叶烟碱含量小于3.5的样品占68.6%，同比提高15个百分点，烟叶可用性明显提高。福建烟叶在全国烟草行业36家重点工业企业中的使用量仅次于云南、贵州之后排在第三位，全国影响日益扩大。全省调出成品烟118万担，比增30万担。

【卷烟】 2000年，全省卷烟生产（不含华美卷烟有限公司）942300箱，比增145000箱，增长18.2%，这是福建烟草组建以来增量最大的一年。继龙岩卷烟厂于1999年生产规模突破40万箱后，2000年厦门卷烟厂生产规模也突破40万箱，福建卷烟工业企业整体实力大为增强。全省卷烟销售946493箱，比增9.7%，这是继1999年增销96341箱基础上的又一次快速增加。特别是地产烟在省内市场销售达到777243箱，比增130701箱，占总销量的82.1%，为近年来地产烟销量增加最多的一年。

【卷烟产品结构】 2000年，根据省烟草专卖局（公司）提出的"不求最高，但求较大"的发展思路，全省卷烟工业企业积极调整产品结构，地产一、二类烟适度增长，四类烟大幅增加。全省地产一、二、四类烟生产比重分别为14.4%、31.1%、13.5%，同比提高了0.7、4.2、7.6个百分点；在省内市场销售中，地产一、二、四类烟占全部一、二、四类烟的销售比重分别为62%、79.6%、69.2%，同比提高了14.7、2.8、38个百分点。

"七匹狼"、"石狮"、特醇"乘风"、翻盖"沉香"等地产中高档卷烟品牌得到培育壮大，名牌产品规模效应日益显现。全省共生产一类烟"七匹狼"系列81142箱、"石狮"系列46290箱，两品牌产量合计127432箱，比增31433箱；生产二类烟特醇"乘风"91693箱、"沉香"系列126826箱，两品牌产量合计218519箱，比增41529箱。上述4大中高档骨干品牌产量合计345951箱，比增72962箱，占一、二类烟生产总量的80.4%。在新增生产总量145000箱中，4大地产中高档骨干品牌增加量占新增总量的50.3%，四类烟增加80429箱，占新增总量的55.5%，卷烟工业企业朝着优化结构、提高品牌集中度的方向迈进一大步。

【烟草专卖】 2000年全省积极开展重点打击非法批发大户的专项治理，共查处非法大户143户，捣毁窝点119处，取缔卷烟品牌专卖店8家，有力地巩固和扩大了市场清理整顿成果。同时以解决城市重点市场尤其是沿海地区重点市场和农村市场专卖管理的薄弱环节为主要目标，积极推进全省128个专卖管理所的建设；建立卷烟经营户档案，细化市场目标管理，推出81个"三无"达标示范街，推动市场净化率的进一步提高。严格证件管理，省烟草专卖局先后收回各地（市）局对省际间卷烟准运证和各县（市）局对省内卷烟准运证的签发权，授权部分市局开具省际间烟叶运输许可证，重新核发烟叶收购许可证，确保了准运证管理和使用的严肃性。制定《罚没走私烟草制品管理办法》，将罚没走私卷烟的处理行为纳入规范的轨道。重视专卖队伍建设，成立全省烟草专卖稽查总队，调整、充实专卖人员1283人。据统计，2000年全省专卖人员共出动打假打私85.5万人次，查获假冒烟、走私烟和出口倒流烟5.2万件，捣毁制假窝点445个，缴获制假烟机696台。

【技术与管理】 2000年全省烟草行业进一步明确了技术创新的工作重点，烟叶生产中的漂浮育苗技术、"菲莫"烟叶合作等新技术得到积极推广。地产低焦油卷烟新产品"七匹狼"（11mg）、"石狮"（8mg）和混合型卷烟新产品"七匹狼"（9mg）、"威胜"（12mg）相继开发并投放市场，市场反映良好。全年地产烟平均焦油含量16.08mg，其中下半年15.38mg，比上半年下降0.76mg。龙岩、厦门卷烟厂的技术中心建设更趋完善，两厂工艺技术人员赴太原卷烟厂开展卷烟产品配方调制和工艺指导，迈出了"走出去"的步伐。三明金叶复烤有限公司于2000年6月投料试运行，有力地促进了全省烟叶质量水平的提高。投资14亿元的龙岩、厦门两厂易地技改工程全面启动，为福建卷烟工业技术与管理迈上新台阶和实现产业升级奠定了坚实的基础。继全省行业推行财务信息联网之后，全省卷烟销售信息、烟叶收购实现了四级联网，企业财务、物资、质量、设备、安全等管理得到全面加强。全省卷烟工业企业烟叶平均单箱消耗38.1kg，同比下降0.63kg；设备平均有效作业率88.3%，提高4.3个百分点。全省烟草商业企业平均流通费用率6.19%，下降1.87个百分点，其中卷烟商业流通费用率5.35%，下降2.96个百分点；烟叶经营流通费用率11.83%，下降0.59个百分点。

（撰稿：江晟）

环保产业

【概况】 环保产业是我省的一个新兴产业，也是我省着力培育的新的经济增长点。环保产业涉及环保产品生产和销售，环保技术服务，资源综合利用和自然生态保护四个方面。2000年，全省共有环保产业企事业单位500家左右（其中企业400家），主要特点以集体、乡镇、私营小型企业为主，生产设备简陋、资金不足、技术落后；从事综合利用企业的产值和利润占全省环保产业的一半以上。为扶持环保产业发展、壮大，2000年福建省有关部门重点开展了以下几方面工作：1.统筹规划，加强领导。在认真分析全省环境与生态状

省重点建设项目、总投资1.96亿元的厦门海沧污水厂一期工程，采用世界先进的深层曝气处理工艺，日处理污水10万吨，经过两年建设，2000年可按期投产。（林辉龙 摄）

况与特点的基础上，我省把环保产业列为重点发展的领域之一，制定了《福建省环保产业发展的若干意见》。拟定成立了发展环保产业协调小组，成员单位有省经贸委、计委、科技、建设、财政、税务、人行、环保、质量技术监督局等部门，协调小组主要职责是研究提出加快环保产业发展的政策措施。成立资源综合利用认定委员会（下设办公室），成员单位有：省经贸委、省国税局、省地税局、省计委、省财政厅，其职责主要是对综合利用企业享受减免税的资格认定和今后的环保产品认定。2. 出台扶持政策，加大工作力度。转发了国务院批转的国家经贸委等部门《关于进一步开展资源综合利用意见》、国家经贸委、国家税务总局《关于公布〈当前国家鼓励发展的环保产业设备（产品）目录〉（第一批）的通知》，发布了《福建省资源综合利用优惠政策实施办法》等文件，提出环保产业优惠政策。截止2000年底，我省已认定92家建材、林业等利用废渣、三剩物等生产建材产品和林工产品的企业为资源综合利用企业。工业废水、煤矸石、粉煤灰等固体废物得到利用，获得了较好的经济效益和社会效益。3. 加强监督管理，确保污染物达标排放。主要是狠抓落实环保"一控双达标"工作。2000年列入考核的4695家工业污染企业经过验收全部达标。省经贸委还安排了300万元电费对17家企业实行环保用电折扣扶持。通过加快技术改造和关停等整治措施，九龙江流域水污染治理取得阶段性成效。

【存在问题】 1. 环保产业结构不均衡，主要以资源综合利用企业为主（占一半以上），环保产业产品品种少，缺项多。从规模看，多数企业小而简陋，总体技术水平低，缺乏技术开发能力。2. 环保产品市场不规范，供应混乱，尚无对环保产品统一的认定标准。3. 鼓励环保产业发展的省级专项资金尚未建立，在扶持开发高技术含量、有竞争力的产品和对落后、陈旧的环保设施进行更新、改造方面还缺乏强有力的政策支持。（撰稿：郑高春）

编审：佘洪霞　　责校：章卓如

建 设 环 保

固定资产投资

【"九五"概况】 "九五"期间，围绕扩大内需、促进经济发展的中心任务，努力实现固定资产投资的适度快速增长，5年完成全社会固定资产投资4933.85亿元，年均增长10.3%。剔除价格因素，超额完成"九五"固定资产投资计划。

固定资产投资取得的主要成就：1.推动经济实现持续、健康、快速增长。"九五"期间固定资产投资保持适度快速增长，对经济的快速发展作出了巨大贡献，固定资产投资对经济增长的贡献率达到39.1%，比全国平均水平高约4个百分点。2.基础设施得到加强，一批建设规模大、起点高、综合效益好、影响经济和社会发展全局的重点项目建成投产，显著改善了基础设施条件，使基础设施基本适应改革开放和现代化建设的需要。"九五"期间，全省新增铁路营运里程369.4公里，境内铁路营运里程达1465.4公里；新增公路通车里程2482公里，其中高速公路345公里，实现高速公路零的突破，全省公路通车里程达50300公里；建成沿海港口深水泊位19个和一批中小型泊位，沿海港口年综合吞吐能力2867万吨；民航机场容量显著增强，年旅客吞吐能力达1826万人次，电力装机容量到2000年末突破千万千瓦，达1075万千瓦，城网、农网改造的步伐加快，电网最高运行电压等级由220KV升为500KV，电力需求正由卖方市场向买方市场过渡；城乡电话交换机增容223万门，总容量突破600万门；移动电话系统增容305.5万门，长途电话交换机增容11.25万路端。3.经济结构调整取得新的成就。从1996年开始筛选、确定支柱产业重点建设和前期工作项目，至1999共筛选项目86个，已有23个项目建成投产或部分建成，其中福建炼化公司新增150万吨炼油能力项目和7万吨了聚丙烯项目、龙岩三德水泥厂一期、福州人造板厂二期、漳州诺尔港口机械、福清万达汽车夹层和钢化玻璃等项目建成投产将大大增强主导产业发展的后劲。4.促进科技、文化卫生事业的发展。"九五"期间，全省科技、文化、卫生事业基本建设投资占全部基建投资的比重达8.1%，比全国平均水平高1个百分点；省革命历史纪念馆、福建会堂、厦门国际会展中心、省妇女儿童活动中心、省属高校集美大学、医大莆田分校、省游泳跳水比赛馆、协和医院病房楼、冰心文学馆、省口腔医院、省防疫站实验综合楼等重点建设项目相继建成。

固定资产投资存在的主要问题：1.固定资产投资增长明显乏力。"九五"以来，全省投资增速出现下滑，固定资产投资年平均增速为10.3%，比"六五"、"七五"、"八五"时期分别降低14.6、5.4和32.3个百分点；后续建设项目明显不足，新开工项目个数减少，规模缩小，使年度投资失去了持续快速增长的支撑。2.工业投资不足，影响了经济发展后劲。"九五"期间，全省国有工业投资占国有经济投资比重为30.6%，远远低于全国平均45.7%的水平，会影响工业整体发展速度，导致经济发展缺乏后劲。

【2000年综述】 积极主动地加强基础设施建设，集中力量抓国债投资项目和省重点项目建设进度、资金到位和工程质量，努力实现全社会固定资产投资的适度增长。全年共完成全社会固定资产投资1112.2亿元，增长2.5%。其中：基本建设投资334.59亿元，下降8%；技术改造投资175.42亿元，增长1.7%；房地产开发投资207.37亿元，增长16.1%；集体、个体及其他投资394.82亿元，增长6.8%。2000年度在建的46个省重点建设项目共完成投资121.94亿元，省定的10个"重中之重"项目完成投资84.6亿元，大部分重点建设项目实现了年初制定的计划进度目标，其中梅坎铁路、外福铁路电气化、湄洲湾3.5万吨级码头、泉州宝洲污水处理厂、厦门市会展中心等15个项目按期建成投产或部分投产；棉花滩水电站顺利下闸蓄水，省博物馆主体结构封顶。全年实现新增主要生产能力：电力装机容量80万千瓦，铁路临运里程48公里，港口吞吐能力159万吨/年，二级以上公路298公里，微型电子计算机77万台，城市污水处理能力6万吨/日等。

（撰稿：彭国斌）

重点建设

【"九五"概况】 "九五"期间，重点建设累计完成投资523.63亿元，比"八五"的205亿元增长155%；每年在建项目由过去的20个左右增加到50个左右，项目也由侧重基础设施项目扩大到基础农业、城市基础设施、科技设施和社会事业项目。通过加强重点建设，不但增强了国民经济实力和发展后劲，对改善人民生活水平也起到显著作用。

电力建设。扫尾建成了水口水电站；建成了厦门嵩屿电厂、福州华能电厂二期工程、新增电力装机容量130万千瓦；建成了水泉、漳厦泉50万伏输变电线路532.5公里，变电能力330万千伏安；实现了超高压输电零的突破；开工建设穆阳溪芹山电站、棉花滩电站两个大型水电站和厦门市供电进岛第三通道、福建城乡电网建设与改造等项目，使省内电力供应满足了生产、生活的需要。

铁路建设。建成了漳泉肖、横南、梅坎铁路，外福线完成电气化改造，新增铁路里程369.4公里，电气化改造里程186公里。

公路建设。高速公路建设自1992年启动后，"九五"期间全面开工建设，1997泉厦高速公路建成开通，至2000年底福泉、泉厦、厦漳、漳龙龙岩段一二期、罗宁高速公路相继建成开通，全省高速公路里程已达345公里；在建项目漳诏、福宁、罗长等进展迅速。

空港建设。福州长乐国际机场、厦门高崎国际机场扩建工程和泉州晋江机场扩建工程相继建成交付使用，新增吞吐能力客运1159万人次/年，货运24万吨/年。

港口建设。建成了福州港二期工程、湄洲湾3.5万吨级多用途码头等工程，新增港口吞吐能力345万吨/年，客运30万人次/年。在建的厦门东渡港三期工程和肖厝5万吨级煤炭多用途码头的水工主体于2000年内基本完成。

工业建设。建成了邵武竹浆厂（年产漂白竹浆3.1万吨、胶印纸2.4万吨）、龙岩地区造纸厂（年产超级压光纸5.1万吨）、三德水泥厂（年产水泥66.5万吨）、福建炼油厂聚丙烯工程（年产聚丙烯7万吨）和400万吨技改工程（新增炼油能力150万吨）、三明华茂化工有限公司三聚氰胺技改项目（年产三聚氰胺1.38万吨）等一批骨干加工工业和原材料工业，这些骨干项目相继建成投产，将大大增强福建省的工业实力。

农林水利建设。水利建设方面，完成

省"重中之重"建设项目，总投资逾55亿元的棉花滩水电站，经过2年的建设已初现规模。截至2000年3月，110米高的拦河大坝，已浇筑至74米宽；电站部分已完成投资16.3亿元，占电站总投资49.1亿元的33.2%。图为电站拦河大坝。　（林辉龙　摄）

了千里海堤加固达标工程，紧接着开工建设千里江堤工程，已建成的项目有闽江下游防洪堤三期加固工程、闽江福州市区北港北岸防洪堤工程；在建项目有闽江上游南平段防洪一期工程、莆田木兰溪下游防洪一期工程、漳州九龙江下游防洪三期工程、汀江流域防洪整治一期工程。农业建设方面，重点是福建水土保持与乡村发展一期工程、漳州外向型高优农业示范区。林业建设方面，重点是福建沿海防护林体系三期工程。水产建设方面，重点是福建沿海资源可持续开发项目。气象建设方面，重点是福建中尺度灾害天气预警系统二期工程。

城市建设。建成了湄洲湾南岸供水工程、湄洲湾北岸供水工程，新增供水能力4立方米/秒；基本建成福清闽江调水工程的输水工程（配水净水工程还在继续建设中）、晋江供水一期工程，新增供水能力18.5立方米/秒。城市基础设施建设重点建成了厦门海沧大桥、福州市三县洲闽江大桥、福州市江滨大道、厦门市环岛路等工程；建成了漳州市污水处理厂、龙岩市污水处理厂、厦门海沧污水处理系统一期工程、泉州宝洲污水处理厂，新增污水处理能力35万吨/日，在建的有福州市洋里、厦门东部、莆田市、南平市污水处理厂等；建成了厦门市环卫综合处理厂，日处理生活垃圾400吨，为城市垃圾综合处理提供了样板。

科技建设。建成了大规模集成电路高密度封装国家试验基地和化肥催化剂国家工程研究中心两个高水平的科技项目，在建的有福州软件园产业基地和福州软件园产业中心等。

社会事业建设。建成了省革命历史纪念馆、省游泳跳水比赛馆、福建会堂、福州市电视中心、厦门国际会展中心一期工程等；在建的项目有省博物馆、省体育馆、省立医院改扩建工程等。

其他建设。建成了国家直属粮食储备库，分布在福州、厦门、三明、南平、泉州、漳州、莆田、邵武等地，总库容15.5亿斤，对于备战、备荒稳定社会有重要意义。

【重点建设项目】

省重点建设项目安排情况。

一、全省共安排预备重点建设项目24个，分别是：赛江下游防洪一期工程、闽江上游三明段（沙溪）防洪一期工程、晋江下游防洪岸线整治一期工程、长乐外文武围垦工程、赣龙铁路（福建段）、罗长高速公路、漳龙高速公路（漳州段）、京福国道主干线福建段一期工程、穆阳溪梯级水电站二、三级电站、福建电网与华东电网联网工程、漳州后石电厂二期500千伏输变电工程、厦门市供电进岛第三通道、福建炼油化工一体化项目（炼油项目）、福日集团公司出口生产基地、厦华电子工业城二期工程、福州一化榕樟化工厂二期扩建及搬迁工程、三化电石炉半密闭烟气改造及余热利用项目、龙溪轴承股份公司特种关节轴承项目、三明制药厂蕲蛇酶注射液国家重点工业性试验项目、省体育学校搬迁、福建医大附属第一医院门诊综合楼、厦门本岛环岛路三期工程、泉州市肖厝开发区污水处理系统一期工程、省级粮食储备库。

二、全省共安排44个在建重点项目，后厦门供电第三通道项目和京福国道主干线福建段一期工程三明至福州高速公路两个预备项目开工转为在建，使全省在建重点项目数量增至46个。农林水利行业4个，分别是：莆田市木兰溪下游防洪整治一期工程、汀江流域防洪整治一期工程、闽江上游富屯溪干流防洪一期工程、漳州市九龙江下游防洪堤三期工程；能源行业6个，分别是：棉花滩水电站、穆阳溪梯级水电站一级芹山电站、三明沙溪梯级水电站（包括永安贡川水电站、三元竹洲水电站、沙县城关水电站）、南平峡阳水电站、福建城乡电网建设与改造工程、厦门供电第三通道项目；交通行业11个，分别是：梅坎铁路（福建段）、外福铁路电气化改造工程、福泉高速公路、福宁高速公路、漳诏高速公路、宁德飞鸾岭隧道左洞工程、漳龙高速公路（龙岩段）、京福国道主干线福建段一期工程三明至福州高速公路、厦门东渡港区三期工程、湄洲湾3.5万吨煤码头、肖厝5万吨级煤炭多用途码头；城建环保行业9个，分别是：福清闽江调水工程、福州市洋里污水处理厂、福州市第二水源供水工程、厦门东部污水处理系统一期工程、石狮市引水一期工程、晋江市供水一期工程、泉州市宝洲污水处理厂、南平市污水处理厂、莆田市污水处理厂；工业技改行业11个，分别是：青山纸业有限公司高强牛皮箱板纸项目、南纸股份有限公司彩色胶印新闻纸项目、马尾造船厂造船部分技改项目、福州二化集团公司环氧丙烷项目、肖厝海洋聚苯树脂有限公司聚苯乙烯工程、三明华茂化工有限公司三聚氰胺技改项目、南平铌钽矿项目、福建水泥股份有限公司4#窑扩建项目、三明钢铁厂高效连铸及连铸坯热送热装改造项目、龙净股份有限公司脱硫项目一期工程、福州大通机电公司特种漆包线项目；社会事业行业5个，分别是：福州软件园（包括软件中心和产业基地两部分）、厦门国际会展中心一期工程、省博物馆、省立医院改扩建工程（一期）、省体育馆。

三、全省十个"重中之重"项目，分别是：梅坎铁路（福建段）、外福铁路电气化改造工程、福宁高速公路、漳诏高速公路、棉花滩水电站、福建城乡电网建设与改造工程、厦门东渡港区三期工程、"三水"项目（包括1.福清闽江调水工程2.福州市洋里污水处理厂3.福州市第二水源供水工程）、龙净股份有限公司脱硫项目一期工程、"一基地"项目（包括福日集团公司出口生产基地、厦华电子工业城二期工程）。

省重点建设项目进展情况。1.24个预备重点项目年底实际完成的进展是：年内获批开工的有长乐外文武围垦工程等4个项目，接近完成目标的有4个，另16个项目前期工作目标完成差距较大。2.46个在建重点项目全年完成投资120.4亿元，占年度计划的94.2%，比上年同期增加了14.4个百分点，投资完成情况创3年来最好水平；到位资金102.5亿元，为计划的81.5%，基本满足重点建设需要。全年共有15个在建重点项目先后实现建成投产或部分建成投产目标，这些投产项目新增的生产能力有：电力装机容量8.5万千瓦、110千伏变电站8座、110千伏电力线路21.5公里、农村电网改造48个县区、Ⅱ级铁路48公里、电气化改造铁路186公里、高速公路遂道1座、3.5万吨级码头泊位1个、年产15万吨高强牛皮箱纸板、年产三聚氰胺1.38万吨、年产钽铌精矿121吨、年产连铸坯50万吨、完成两条工业生产线技改、会展建筑面积14.99万平方米、日处理城市污水5万吨、供水流量8.5立方米/秒。

【项目前期工作】 全年省安排重点大中型前期工作项目63个，其中：计划新开工项目18个，批初设6个，批可研12个，批项目建议书8个，探讨性项目19个。实际进展如下：1. 计划新开工的18个项目，取得阶段性进展的项目9个。批开工项目4个：闽江上游三明段（沙溪）防洪一期工程、长乐外文武围垦工程、石狮市沿海防潮防洪工程、宁德省级粮食储备库一期工程；批初设项目4个：厦门环岛路三期工程（部分）、莆田市城市纳污管网工程、肖厝开发区污水处理系统一期工程、龙岩省级粮食储备库项目；批可研项目1个：福建电网与华东电网联网工程。2. 计划报批初设的6个项目，取得阶段性进展项目5个。批开工项目1个：京福高速公路福建段一期工程，超前完成年度计划目标；批初设项目2个：三明市污水处理二期工程、三明辉煌机械厂稀土氮化硅陶瓷轧辊项目；批可研项目1个：莆田市荔涵大道；批立项项目1个：赣龙铁路（福建段）。3. 计划报批可研的12个项目，取得阶段性进展项目5个。获批可研项目3个：胞必佳高技术产业化项目、省肿瘤医院病房楼扩建工程、福建省地震重点监视防御区城市防震减灾体系工程；获批立项项目2个：福建炼化公司一体化[乙烯]项目、漳龙高速公路（漳州段）。4. 计划报批项目建议书的8个项目，完成批立项目标的项目有3个：中尺度灾害性天气预警系统三期工程、福州市二环路三期工程、福建省广播电视中心。5. 已有19个探讨性项目，提前完成年度计划目标项目1个：闽江上游南平段（建溪）防洪二期工程（该项目已获批可研）；取得一定进展项目5个：惠安鲤鱼岛围垦工程、龙岩至长汀公路、尤溪街面水电站、福鼎八尺门潮汐电站、惠安斗尾大型船舶修造厂一期工程等项目建议书均已经省内审查后上报国家，待批复。（撰稿：周旋　林坚）

城市规划与建设

【城市规划】 为了全面贯彻全国城乡规划工作会议精神，省政府办公厅转发了国务院办公厅《关于加强和改进城乡规划工作的通知》，下发了《福建省人民政府贯彻国务院办公厅关于加强和改进城乡规划工作的通知》，对加强全省城市规划工作作了全面的部署和具体规定，明确规定了全省市域、县域城镇体系规划、总体规划、历史名城、名镇、名村保护规划，以及省级、国家级风景名胜区规划审批的时间；要求各级政府加强城市规划工作，把城乡规划工作经费纳入各级政府财政统筹安排，拨出专项经费用于县（市）域城镇体系规划、城市总体规划和城乡详细规划。加强和改进城市规划的编制和审批工作。全省城镇体系规划已经城市规划部际联席会议通过，报国务院批准；福州市、厦门市城市总体规划已经国务院批准实施；泉州、漳州、莆田、宁德、南平、石狮等14个城市的总体规划已经省政府批准；建设部已完成了南安、永安、福清等城市规模的核定并进行了批复；晋江、龙海、长乐、邵武等城市正按规定进行规模复核工作，全省设市城市新一轮城市总体规划的修编工作已经完成。44个县城（除连江、安溪、长汀外）已完成城市总体规划的修编和报批工作。全省34个省级以上风景名胜区中，5个国家级风景名胜区的总体规划已经国务院批准，13个省级风景名胜区总体规划已经批准（省政府委托建设厅审批）；完成了福州、泉州、漳州、长汀4个国家级历史文化名城保护规划和邵武省级历史文化名城保护规划，历史名镇名村的保护规划正在开展试点工作。全面开展控制性详细规划的编制工作，全省设市城市的控制性详细规划编制面积的覆盖率已达到规划城市建设用地面积的70%，其中，福州、厦门、石狮等沿海城市，其控制性详细规划已基本覆盖规划城市建设用地范围，确保了城市总体规划的组织实施。

投入巨资的厦门鹭江道海滨改造工程，把厦门岛几乎所有的山、湖、海岸都划为城市绿地或风景区用地，以植物造园造景为主，突出亚热带特色，注重层次，色彩和季节变化，讲求艺术景观效果。拓宽后的鹭江道更靓更美。（林辉龙　摄）

【城市基础设施建设】 全省23个城市完成城建固定资产投资50亿元，与上年基本持平。城市基础设施国家债券项目23项，总投资58.23亿元，本年度完成11.72亿元，占总投资20.1%，基本建成了泉州市室仔前垃圾卫生填埋场、厦门市集美污水处理厂、龙岩市污水处理厂、厦门市海沧污水处理厂和漳州市九龙岭垃圾综合处理场。

【市政工程】 完成的市政工程主要项目有：福州市五一路人行过街地道工程、厦门市府大道工程、漳州滨江路工程、龙岩人民路工程、龙腾路工程、宁德闽东大道工程、南平内环城路工程。截至年底，全省城市道路长度达3648公里，人均拥有道路面积10.6平方米；桥梁998座，其中立交桥27座；排水管道3466.5长度公里，污水处理厂14座，日处理能力59.2万吨/日，污水处理率达22.2%。

【公用事业】 全省城市供水规模达628.5万吨/日，人均日生活用水量达251升，供水普及率达98.7%；城市管道煤气供气管道567公里，供气总量12727万立方米，液化石油气供气总量23.8万吨，城市居民用气普及率达86.8%；城市公共交通车辆达4615标台，人均公共交通车辆达11.1标台，行驶里程2.5亿公里，客运量8.8亿人次。城市供水水价改革重点进行福州市的水价改革试点前期调查论证工作；加强城市供水和城市燃气立法工作，完成《福建省城市供水管理办法》和《福建省燃气管理条例》送审；开展城市燃气市场清理整顿，重点堵住液化气非法经营源头，清理液化气换瓶供应站（点），加强液化气钢瓶管理以及煤气管线被占压的清理以及从业人员培训持证上岗等；开展城市公共客运交通市场整顿，取得阶段性成效。受到了全国清理整顿领导小组检查组的好评。

【园林绿化】 全省城市园林绿化以创建园林城市为目标，加强城市中心区绿地建设，新增建成区园林绿地面积850公顷，其中公共绿地245公顷，建成区绿化覆盖率达33.1%，人均公共绿地达7.25平方米；城市公园200个，面积2264.8公顷，游人量达4159万人次。福州市获得“省级园林城市”称号。加强城市园林绿化工程施工管理，对园林工程施工市场管理、工程质量管理等作了明确规定，全年审查批准了22家三级城市园林绿化施工企业。开展创建文明风景名胜区活动，鼓浪屿风景区被评为全国第三批文明旅游风景区示范点，清源山风景区被建设部评为全国文明风景名胜区。开展第五批省级风景名胜区审查工作，完成漳浦县火山岩地貌、龙岩江山风景区的实地考察；加强对平潭海坛风景名胜区申报世界自然遗产工作指导，确定了申报工作方案。

【环境卫生】 全省城市清扫保洁城市道路4129万平方米，清运生活垃圾217万吨，清运粪便25.8万吨；基本建成泉州、漳州、涵江、龙海垃圾处理场，新增生活垃圾无害化处理能力1200吨/日，达到4500吨/日，无害化处理率达65%；新、改建公共厕所106座，水冲式公厕比例达98%；新建集装箱垃圾转运站24座；新增环卫车辆135辆，其中新增道路清扫车8辆，道路机械化清扫率达到22.4%。生活垃圾分类收集工作开始启动，厦门市被建设部列为全国8个垃圾分类收集的试点城市之一。国家实行积极财政政策，给城市生活垃圾无害化处理工程建设带来十分难得的机遇，漳州、泉州、莆田、福安市垃圾处理场得到国家财政债券补助，全年环卫行业投入约2.1亿元，基本建成泉州市室仔前垃圾卫生填埋场、漳州市九龙岭垃圾综合处理场、莆田市涵江垃圾高温堆肥厂和龙海市垃圾高温堆肥厂；福安市卫生填埋场和莆田市下花卫生填埋场正在建设；龙岩、福鼎、宁德、南平市已完成垃圾处理工程初设等前期工作，长乐、石狮、漳平、德化、云霄等市、县正在开展前期工作，部分已完成立项、可行性研究。（撰稿：洪榕 林昌梅）

村镇规划与建设

【村镇建设】 到年底，全省共有531个建制镇，340个集镇，70339个村庄，12739个中心村；村镇住户635.17万户，人口2642.91万人；建制镇镇区现状用地面积45043公顷，集镇镇区现状用地面积8700公顷，村庄现状用地面积209228公顷。全年共有12.1万村镇住户新建了住宅，占村镇总户数的1.9%；竣工建筑面积达2024.69万平方米，其中混合结构占94.6%，砖木结构占5.2%；楼房占新建住宅的87%，公共性建筑竣工面积达283.22万平方米，生产性建筑竣工面积483.92万平方米。到年底人均住宅使用面积建制镇为21.24平方米/人、集镇为23.4平方米/人、村庄为23.18平方米/人，人均住宅居住面积建制镇为15.66平方米/人、集镇为16.93平方米/人、村庄为16.91平方米/人。全省共有乡镇自来水厂748人，自来水受益乡镇733个，受益村庄17376个，村镇自来水受益人口1370万人，占村镇总人口的52%，人均日生活用水量建制镇达到97.81升、集镇达到82升。全省村镇共投入建设资金111.63亿元，其中：建制镇37.87亿元，集镇5.51亿元，村庄68.25亿元；用于住宅建设61.21亿元，公共建筑建设13.38亿元，生产建筑建设20.90亿元，公用设施建设16.14亿元。年末实有村镇内部道路长度5.7万公里，面积3.46亿平方米；乡镇公共绿地面积为1146公顷，人均公共绿地面积建制镇2.13平方米，集镇1.69平方米，共有乡镇公园201个。全省村镇总建设用地为1766公顷，耕地占284公顷。在建设用地中，建制镇483公顷，集镇116公顷，村庄1167公顷；住宅建设用地949公顷，公共建筑用地206公顷，生产性建筑419公顷，其他建设用地192公顷。

【试点建设】 为加强山海协作，帮助扶持和推进山区地市小城镇建设工作，从山区4地市分批各筛选一个重点小城镇，由省财政给予补助，2000年山区4地市4个重点小城镇建设试点工作已经进入实施阶段，4个重点小城镇建设试点示范建设项目进展顺利。省级住宅小区建设试点已下达三批共63个，本年度下达的27个试点小区有半数以上成效显著；在省级试点的带动下，各市、县都抓了一批本级试点，全省试点网络已经形成。

（撰稿：虞文军）

建筑业

【工程招投标】 《中华人民共和国招标投标法》自2000年1月1日施行，以执行《招标投标法》为契机，继续规范工程交易承发包环节。全年发包工程3287项，造价140亿元，应招标工程1801项，实际招标工程1796项，应招标工程招标率99.7%；其中应公开招标工程1533项，实际公开招标1529项，应公开招标工程公开招标率99.7%。为了进一步建立和完善有形建筑市场，省建设工程交易中心6月2日挂牌开业，进入省中心交易的工程为：跨地（市）基础设施工程、省重点建设项目、投资5000万元以上的公共建筑工程、省直部门和省级资金投资控股项目、中央在闽投资及中央委托本省投资的建设项目。截止12月底，共有56标段工程进场交易，工程总造价4.1亿元。

【装饰装修业】 全省846家装饰装修企业换发了《建筑业企业资质证书》，其中：一级12家，二级393家，三级196家，四级245家。为保证企业平稳过渡，在设计资格、从业人员资格、安全资质、市场准入等方面采取一系列措施，并组织制定修订了装饰工程定额、质量验评标准等技术规程，确保企业正常生产。

【安全生产】 全省建筑生产共发生伤亡事故30起，死亡25人，重伤14人。与上年相比，起数上升50%，死亡人数下降16.7%，重伤人数上升27%。杜绝了三级以上重大安全事故。建筑业职工人身意外伤害保险覆盖面接近30%，福州、厦门已达50%以上，提高了建筑企业抵抗安全事故风险的能力，同时也为职工提供了安全保障。对全省9个设区的市开展了年度建筑施工安全年检，共检查75个企业，75个工地，其中：合格工地73个，合格率为97.3%；优良工地23个，优良率为30.7%；不合格工地2个，不合格率为2.7%。合格率比上年提高6.8个百分点，而优良率比上年下降4.3个百分点。

【建设监理】 在继续推广建设监理的同时，着手规范监理市场，全省建设监理覆盖面达65%，比上年提高了20个百分点；其中：福州市监理覆盖面达72%，厦门市达81%。全省应监理的建设工程全部实行了监理。继续培育和发展监理单位，全省监理单位已发展到112家，已取得正式监理资质的单位129家，其中：甲级9家，乙级68家，丙级52家。全省共有904人参加了全国注册监理工程师执业资格考试，其中通过451人。全省建设监理行业ISO9002质量标准体系认证工作开始起步，共有7家监理单位通过了认证。

【建筑工程质量】 为贯彻落实《建设工程质量管理条例》，先后出台了《福建省房屋建筑工程和市政基础设施工程质量监督报告暂行规定》和《福建省房屋建筑工程和市政基础设施工程竣工备案管理实施细则》，推动了工程质量监督方式和竣工验收体制重大转变。加强监督检测工作，推动监督工作由观感定性到数据定量的转变，继续开展了住宅渗漏、裂缝等质量通病专项治理活动。全省工程质量总体水平继续稳中有升，福州吉祥大厦、厦门前埔居住南区二组团、龙岩污水处理厂、国联大厦等4个工程（组团）获“鲁班奖”。

【建设科技与标准】 下达科技计划20项，其中5项被列为省科委课题，争取课题经费105万元；下达科技专项费用100万元。完成30项科技成果省级鉴定验收，其中国内领先13项。评出全省建设系统科技进步奖38项，其中19项获省政府科技进步奖（其中二等奖6项）。公布全省科技成果重点推广项目和推荐使用项目120项，其中9项被列为建设部重点推广项目，本省自主开发的科技成果推广转化率达95%。批准发布省工程建设地方标准12项，标准设计5项，省级工法10部，其中5部被批准为国家级工法。下达了省级第五批建筑业新技术应用示范工程4项；部级示范工程“厦门国际会展中心”初见成效：大悬臂空间衍架安装技术、超大型集中空调节能技术、智能化集成技术等大批一流施工技术获得成功。建筑智能、建筑节能工作运转良好，制定了《福建省建筑智能化系统工程建设管理规定》，完成《建筑智能化工程设计标准》的编制、发布、培训工作，开展了全国住宅小区智能化示范工程“泉州金帝花园”的试点示范，建筑智能化管理初见成效。

（撰稿：陈义雄 李智勇 卢文英）

房地产业

【城镇住宅建设】 全省城镇共完成住宅建设投资208亿元，竣工住宅2200万平方米，分别比上年增加5.1%、3.1%。城镇居民人均居住面积达到13平方米，比上年底增加1.2平方米。全省新建配套较齐全、设施较完善住宅小区近30个，住房成套率达到68%。

【住宅小区建设】 全省城市住宅小区建设试点工作稳步进展，正式将漳州市华元小区列入省级试点小区计划，指导龙岩市西湖苑小区申报试点的前期工作；全省已有10个国家级和省级试点小区，其中3个已竣工交付使用。

【经济适用房建设】 国家下达本省的经济适用房建设计划总规模345万平方米，总投资30.77亿元，信贷计划11.45亿元，自筹资金19.32亿元。实施项目62个，完成投资20.45亿元，施工面积215.12万平方米，竣工面积112.33万平方米，销售面积141.95万平方米，其中预售75.49万平方米，银行贷款实际到位3.18亿元。

【房地产开发】 房地产开发完成情况。全年1989家（其中内资1226家、外资763家）房地产开发企业共完成房地产开发投资202.15亿元，比上年增长13.6%；其中外资房地产开发企业完成投资80.7亿元，增长10.7%，占全省开发投资39.9%，比上年下降1.1个百分点。完成开发土地面积589万平方米，增长66.11%；商品房屋施工面积3518万平方米，增长12%；新开工房屋面积1111万平方米，增工15.7%，其中新开工住宅861万平方米，增长14.5%；竣工商品房屋1014万平方米，增长36.1%；商品房屋竣工率28.8%，比上年提高5.1个百分点。全年商品房屋施工面积、新开工面积、竣工面积中，住宅分别为2411万平方米、862万平方米、775万平方米，所占比例分别为68.5%、77.6%、76.4%。

房地产销售经营情况。全年实际销售商品房屋822万平方米，比上年增长54.5%；销售率66.1%，提高10.9个百分点；销售商品住宅680万平方米，增长51.4%，占销售商品房屋面积82.7%，下降1.7个百分点。商品房屋销售面积中，销售给个人701万平方米，占85.3%；个人购买商品住宅612万平方米，占商品住宅销售面积90%，比上年提高13.3个百分点。全省商品房屋平均售价2119元/平方米，比上年下降6%；商品住宅平均售价1810元/平方米，下降9.8%。商品房平均售价最高和最低的地区分别是厦门市和莆田市，平均售价分别为2951元/平方米和908元/平方米。全年省预售商品房屋486万平方米，增长11.2%；其中住宅414万平方米，增长12.8%。至年底，空置一年以上的商品房屋面积为263万平方米，比上年底减少1万平方米。全年新增房地产开发资金286亿元，比上年增长3.3%，其中：银行贷款和债券47.8亿元，比上年下降14.9%；利用外资16.3亿元（折合1.97亿美元），下降8%；自有资金34.3亿元，减少7%；定金及预收款116.7亿元，增长21.6%；其他资金70.9亿元，增长1.2%。全年省房地产开发企业经营总收入181.59亿元，比上年增长24.2%；其中商品房屋销售收入154.38亿元，增长49.3%，占经营总收入85%。房地产开发企业缴纳税金9.7亿元，增长25.5%；实现利润7.46亿元，增长5.5倍。

【房地产开发企业】 全省房地产开发企业经过清理，取得新资质证书的企业共1909家（含厦门市），其中：一级企业7家，二级企业32家，三级企业147家，三级标准的暂定资质企业712家，四级企业1011家。

【物业管理】 到年底，全省新建住宅小区实行物业管理达80%；物业管理水平逐年提高，截至年末已有22家物业管理企业通过ISO9002质量体系认证。根据国家重新修订的《全国城市物业管理示范项目考核标准》开展全省城市物业管理优秀住宅小区、大厦评比，有5个住宅小区、大厦获得2000年度“全省城市物业管理优秀住宅小区、大厦”荣誉称号，有3个被建设部评为“全国城市物业管理示范住宅小区、大厦”荣誉称号；加强对物业管理人员的培训，共举办9期物业管理企业部门经理、管理员岗位培训班，培训人员971人，颁发建设部统一印制的物业管理《岗位证书》。

（撰稿：林彤）

测绘

【概况】 全省测绘系统共完成测绘生产工日总量为13.7万工日，创产值1235万元。在提供多方位的测绘保障过程中，突出重点，着重做好几个方面的服务：一是为政府决策和宏观管理、行政管理服务，进一步完善省情地理信息系统（9202工程）建设，为政府的科学决策提供信息服务；开展勘界测绘工作，承担了地籍测量、房产测量等任务，积极为行政管理提供基础数据支撑。二是为重大工程建设、城乡建设服务，承担龙漳线、全省农村电网改造等一批重点工程的测绘项目，为宁德撤地建市测制地形图等。三是做好地图编制出版工作，促进地图产品的多样化、普及化与社会化。四是为经济建设和社会发展提供测绘成果，全年提供各种比例尺地形图8130张，航空像片2373片，大地控制总成果3825点次。

【测绘管理】 在行政立法方面，积极配合制订《福建省地图编制出版管理办法》草案，该办法经省长办公会议审定后颁布实施，为进一步规范全省的地图编制出版提供了有力的法律支撑。在行政执法方面，加大执法力度，查处违法案件，重点开展了对不符合“一个中国”原则的地图产品的专项检查工作。在行业管理方面，开展全省测绘资格复审换证工作，推行《测绘合同》示范文本，建立测绘项目合同签订制度，开展房产测绘市场调查工作，执行测绘任务登记制度，引导测绘市场健康发展。在测绘产品质量管理方面，进一步健全质量管理制度，加大产品监督检验力度，积极推进测绘行业ISO9000质量体系的贯标和认证工作。在测量标志普查方面，执行全省测量标志维护计划，本年度完成了南平、宁德两市19个县（市、区）4万平方公里范围内357个三角点的普查任务。

【建设“数字福建”地理空间基础框

架】 省级地理空间基础框架是"数字福建"的运行基础。测绘部门作为管理、发布和生产、提供空间基础数据的政府职能部门,对建设地理空间基础框架负有重大的历史使命,在大力发展数字化测绘生产的基础上,结合本省具体情况,就如何加强省级地理空间基础数据设施建设、构建"数字福建"地理空间基础框架进行探索,初步制订了省级地理空间基础框架建设方案。首先,积极申报"国家基础测绘设施项目"省级单位工程项目,以提高基础测绘整体实力,从根本上改变基础测绘滞后的状况;积极筹建省级基础地理信息中心,以负责全省基础地理信息数据生产的标准制定、管理、分发及开发应用。其次,应用以"3S"技术(全球卫星定位系统GPS,遥感技术RS,地理信息系统GIS)为代表的测绘高新技术,加快基础测绘实施,逐步实现数字化基础测绘生产;着手建设基础地理信息数据库,包括多尺度的数字栅格地图(DRG)数据库、数字地面高程模型(DEM)数据库、数字正射影像(DOM)数据库、核心地形要素(DLG)数据库、地名数据库、大地测量成果数据库及相关的基础地理信息系统,为构建"数字福建"地理空间基础框架奠定基础。

(撰稿:郑德兴)

环境保护

【"一控双达标"任务基本完成】 截止年底,全省主要污染物排放总量控制在国家规定的计划指标内;列入考核的4695家工业污染企业基本完成达标任务;列入国家考核的福州、厦门和省考核的漳州、泉州、莆田、武夷山等6城市的环境空气和地表水环境质量也已达标。各设区市主要污染物排放总量控制、工业污染源达标工作和列入考核的6城市环境功能区达标工作,分别通过省政府验收。

【污染综合整治】 全年闽江流域达到和优于三类水质的省控监测断面占91.5%,实现了省政府提出的到2000年底90%断面达标的目标。九龙江流域达到和优于三类水质的省控监测断面占69.7%,比上年提高了12.1个百分点。鳌江流域的省控监测断面绝大部分达到和优于三类水质标准。晋江流域的省控监测断面全部达到和优于三类水质标准。木兰溪水环境质量有所改善,三类水质断面达标率为52.4%。在机动车排气污染综合整治工作中,对超标机动车安装净化装置,在全省范围内禁止生产、销售和使用车用含铅汽油,开展了排气污染监测的年检、路检,已检测机动车130万辆,发放许可证25万本。

【生态环境保护】 至年底,全省有国家级生态农业试点县和国家级生态示范区5个,省级生态示范区10个,各设区的市也都有生态示范点;有特殊区域(自然保护区、森林公园、风景名胜区)126个,总面积50.5万公顷,约占全省国土面积的4.1%。此外还有自然保护小区4035个,面积约43万公顷,约占全省国土面积的3.5%。

【依法行政】 环保部门按照依法行政、依法治省的要求,加强环境保护的有关立法工作,起草了《福建省自然保护区管理办法》、《鳌江流域水源保护管理办法》,并由省政府颁布实施;开展了《福建省环境保护条例》(修订草案)的调研、起草和送审工作。加大执法力度,成功开展了"2000年闽江环保行动",有效地提高了公众环保意识。"九五"期间,全省环保系统对6787起违反环保法律法规行为进行了处罚,处罚金额达2789万元;加强排污费"收支两条线"管理,加大环境监理力度,较好地完成了排污费征收任务。大力推行环保行政执法责任制试点工作,明确执法程序,规范执法行为。

【严防"15小"回潮】 各级环保部门依靠法律手段,不断加大执法力度,严肃查处污染回潮的企业;依靠新闻媒体配合,强化社会和舆论监督,对出现污染回潮的企业坚决予以曝光;依靠人大代表、政协委员的监督,责成有关政府依法处理了企业的污染回潮行为;依靠环保110投诉网络,受理人民群众的污染投诉和举报,并依法及时进行查处,巩固了关闭、取缔"15小"的成果。

【重大环境污染事故】 各级环保部门按照法律赋予的职责,认真处理环境污染事故,确保人民生命财产的安全。特别是2000年1月底,沙溪遭受污染导致大量死鱼事件发生后,在省政府的统一领导下,省环保局立即组织有关人员赴现场开展调查、监测、分析和取证工作,认真查找事故原因,建议三明市政府责令三农公司停止乐果、三唑磷生产,切断污染源,对三农公司未经环保部门批准擅自进行巴丹等4个技改项目的建设和生产的行为,依法进行了行政处罚。各级环保部门还积极配合当地政府妥善处理了发生在沙县境内的运载农药翻车事故和发生在上杭县境内的运载氰化钠储罐货车翻车造成的特大污染事故。

【工作重心转变】 环保工作由末端治理向源头控制和生产全过程管理转变,随着经济增长方式的转变和污染防治技术水平的提高,源头控制和生产全过程管理的理念逐步成为环保工作者的共识,各级环保部门加强对建设项目的环境保护管理,防止新上污染严重、能耗物耗高的项目;加强对污染治理设施运行情况的监督检查,督促企业加强生产全过程的环境管理,引导企业加快技术改造和技术更新,积极推行清洁生产和ISO14000环境管理体系,有效减少了污染物的产生和排放。环保工作由环保部门唱独角戏向各级、各部门齐抓共管转变,通过签订市长(专员)环保目标责任制,促进各级政府将环保工作摆上议事日程,纳入经济和社会发展计划;通过健全和完善城市环境综合整治定量考核办法,推动各地深化城市环境整治工作;通过加大环境宣传教育力度,增强了民众和全社会的环境意识。污染防治格局由点源治理为主向点源与面源治理相结合转变,从原来单纯的个别治理,扩展到区域、流域、行业的环境污染综合整治;加强了乡镇环境保护,大力引导发展生态农业,鼓励推广有机肥料和生物农药,加强养殖业污染整治,不断提高污染防治和生态保护的整体水平。污染防治方式由浓度控制向浓度与总量控制相结合转变,在下力气抓好污染物排放浓度达标的同时,把控制污染物排放总量作为一条重要措施来抓,制定了《福建省主要污染物排放总量实施办法》、《闽江水污染物排放总量控制标准》,通过采取污染物排放浓度达标与总量控制相结合的办法,不仅有效地改善了环境质量,而且腾出了环境容量支持支柱产业和重点企业的发展,为经济可持续发展创造了有利条件。

(撰稿:林向东)

编审:宋小佳　　　责校:郑棻

内贸流通

综述

【"九五"概况】 "九五"时期全省内贸流通产业发展与改革呈现以下几个特点：

一、商品流通规模进一步扩大。"九五"时期，福建省继续增加投入，放宽政策，加快发展商品流通产业，在全球性商品市场相对低迷、我国商品转入买方市场的宏观环境下，全省商品流通规模仍以较快速度逐年扩大。2000年全省社会消费品零售总额达到1372.79亿元，为"八五"期末即1995年659.37亿元的2.1倍，"九五"时期年均递增15.8%，速度居全国前列。5年间全省社会消费品零售总额在全国各省市中由第14位进至第12位，人均消费品零售额由第8位进至第7位。2000年底全省各类批发、零售、餐饮网点达51万个，比1995年底增加8.4万个。商品流通产业的发展不仅为人民生活提供了方便，而且创造了大量就业机会。

二、商品流通产业经济结构进一步优化。一是市场主体日趋多元化，形成了多种经济成份共同发展的良好格局。2000年全省社会消费品零售总额中非公有商业约占3/4。在公有商业获得发展的同时，一批民营、外资企业显示出强大的生命力。二是业态结构由过去的百货店、专业店为主，转变为多种业态并存、新兴业态蓬勃发展的新局面。超级市场、便利店、仓储商场、专业店、专卖店、购物中心、无店铺销售等经营业态发展迅速。连锁、物流配送、代理制、电子商务等现代流通组织形式和经营方式，以及拍卖业、旧货业、内贸企业自营进出口、引进外资改造商业等都有了良好的开端。三是内贸企业规模扩大。2000年销售额上亿元的企业已有166家，比1995年增加81家，其中5～10亿元的10家，10亿元以上的5家。国合商业深化改革，国有大中型骨干企业基本完成改革脱困的任务，还涌现出像福州东百、厦门华联等一批具较强竞争力的国有或国有控股的现代商业企业。

三、商品市场体系得到了迅速发展。"九五"时期各种渠道投入市场建设的资金达数十亿元。省里重点扶持了74个大宗农副产品、工业消费品综合（专业）批发市场和山区边贸市场，总建筑面积约75万平方米，总投资8.2亿元。初步形成了一批具有本省地方特色，在国内有一定影响，为区域生产和群众生活服务的多层次、多成份、多功能的城乡商品市场体系。"九五"时期，福建省先后建立了福建省农产品信息网和菜篮子信息网，对农副产品流通引导力度加大。进行了市场交易管理、牲畜屠宰管理等规章的起草、修订工作，依法管理商品市场的一系列基础工作得到加强。

四、城市副食品产销步上新台阶。福建省从1987年率先在全国实施城市"菜篮子工程"建设，"九五"时期，省政府每年又将其列为为民办实事的第一件实事，取得了显著成效。"菜篮子"工程已经成为本省国民经济的一大产业。2000年全省城市基地饲养生猪180万头，比"八五"末的1995年增长了80%，年均递增12.5%；生产蛋品4984万公斤，比1995年翻了一番；饲养山羊5.5万头，比1995年增长57%；饲养肉牛1.2万头，5年间增长了53.8%；蔬菜面积22万亩，5年间增长了33%；"九五"时期，城市水产品基地从少到多，2000年产量达到25.3万吨。

五、商品流通的对外开放取得明显成效。"九五"时期，福建省流通企业积极参与国际市场竞争，加快对外开放步伐，商品流通领域的外向型经济迅速发展。2000年，全省限额以上贸易业进出口额达到326.7亿元，全省已有28家内贸流通企业获得进出口经营权，2000年出口创汇7777万美元，均比"八五"末期有较大增长。全省外资和港澳台资的贸易业、餐饮业企业已设立256个。

"九五"时期全省商品流通产业发展过程中也存在一些困难与问题：一是商品流通产业化水平还比较低，资源分散，集中度低，导致流通对国民经济的贡献率还不够，商品流通产业在国民经济中应有的作用未能充分发挥。二是商品市场结构性矛盾突出，低水平过剩现象没有实质性改变；消费需求不足，特别是农民收入增幅持续下滑，要大幅度增加居民消费支出仍需各方面的共同努力；三是市场存在无序竞争，市场发展中条块分割、行业垄断、地区封锁现象仍然存在。四是一些国有内贸流通企业机制转换缓慢，历史包袱沉重，经济效益不断下滑。五是流通经济中所有制结构、区域结构、规模结构、业态结构等还不够合理，有待进一步调整优化。

【2000年综述】 2000年，在国家扩大内需、促进经济增长的各项政策作用下，全省内贸市场继续保持繁荣、稳定的发展态势。全年实现社会消费品零售总额1372.79亿元，比上年增长10.2%，剔除价格因素，实际增长11.4%。其中城市增长10.2%；农村增长10.1%。内贸市场运行呈现以下特点：1.餐饮业继续保持较快增长。全省餐饮业零售额157.23亿元，比上年增长11.8%，比零售总额增幅多出1.6个百分点。2.个私商业发展迅猛，外资和港台投资商业增势较快。全省私营商业零售额比上年增长19.8%，个体商业比增15.4%；个私商业占社会消费品零售额比重达62.8%，比上年上升2.8个百分点。外资和港台投资商业零售额比上年增长20.8%，比重也由上年1.9%上升为2.1%。3.居民消费结构发生新变化。食品类商品销售出现下降，全年肉禽蛋销售额比上年下降16.8%。家具、建筑、装潢材料类、家用电品及音像器材类等商品销售额分别增长1.8倍、8.2%和6.9%。2000年城市居民恩格尔系数为44.7%，比上年下降6.7个百分点。4.节假日消费成为新的消费热点。三个长假所在的2月、5月和10月全省社会消费品零售总额当月分别比上年同期增长11.8%、13.2%和9.7%。5.市场物价仍在低位运行，总体运行平稳。全省商品零售价格比上年下降1.1%，居民消费价格比上年上升2.1%。受国内外市场影响，钢材、成品油、食糖等少数商品价格出现波动。

【开拓市场】 2000年，会展经济已成为新的经济增长点。各地普遍把办展办会做为扩大内需、开拓市场重点，据不完全统计，全省共举办及参加各类展览、交易会266场、合同销售689.36亿元，现货销售6.5亿元，新设经销网点2195个，其中，举办全国性交易会31场，省外在闽办展17场，引来参展客商17.28万人，直接带动餐饮服务业消费达6.91亿元，这些重大的展事活动，拓展了闽货市场，拉动了第三产业的发展，也促进了本省与全国乃至世界各地的经贸交易与合作。

各级政府及有关部门重视开拓农村市场，制定出台了一系列发展农村经济、增加农民收入的政策措施，包括减轻农民

新开业的建瓯闽北农副产品批发市场　　（建瓯市政府供稿）

负担、加强农村基础设施建设、疏通流通渠道、优化农业产业结构、改善农村消费环境、加快农村城市化进程等政策。建立农产品市场信息网络，引导农产品产销，通过开展信息咨询、中长期市场预测预报、供求信息上网、介绍推广新技术、新品种，为农商、厂商牵线搭桥，提供中介代理等服务，帮助农民解决“卖难”问题。重视农村市场建设、多方筹集资金、兴建各类商品交易市场和商业网点，全省农村商品交易市场达1212个，占全省交易市场总数的67.7%，年成交额176亿元，占全省总成交额的28.8%。调整农业结构，以促进农业产业化为目标，扶持农业规模化经营和农产品深加工，涌现了一批农工商一体化、产供销一条龙的农业产业化龙头企业。发展农民营销队伍，搞活农产品流通。针对近年来农产品滞销，农民增产不增收，制约农村经济发展和农村市场开发的新情况，积极鼓励发展农村营销队伍和流通服务中介组织。三明市已成立农副产品中介组织234个，其中2000年新建立的有77个。开辟渠道，促进工业品下乡，通过连锁经营、送货下乡、改善售后服务等办法，有效地扩大农村消费品销售。福州市还在20个乡镇开展了“商贸旺镇”的试点，推动了农村商贸市场的蓬勃发展。　（撰稿：钟荷　严能彬）

商　业

【副食品产销】　1. 圆满地完成了省委、省政府为民办实事的全年计划目标任务。全年全省城市副食品基地饲养生猪180万头，提供收购上市（含直销）128万头，分别完成年计划的133%和128%；母猪年末存栏6万头，完成年计划的109%；仔猪自给率60%，达到计划指标要求；饲养蛋禽760万只，提供蛋品上市4984万公斤，分别完成年计划的101%和109.5%；上市肉牛1.2万只，山羊5.5万只，分别完成年计划117%和122%；建设城市蔬菜基地22万亩，完成年计划的104.8%，其中旱涝保收蔬菜基地占常年性蔬菜基地比重63.5%，达到年计划指标要求；基地蔬菜上市量85万吨，完成年计划的106.3%；新发展库湾网箱养鱼5100个，完成年计划的170%；基地提供水产品上市25.3万吨，完成年计划的105.4%。2. 基地规模化、集约化、产业化水平进一步提高。全省万头以上生猪基地已发展到78个，300～500亩以上的连片蔬菜基地130片，50亩以上的水产品基地59个；通过多渠道筹集资金，加大副食品生产、加工、储存项目的更新改造和基地水、电、路、环保等配套设施的建设，基地基础设施进一步完善；加快推广三元杂交种猪、肉用和奶用种牛及国内外名优蔬菜品种等，基地产品结构优化、品种增加、质量提高；高山和平原区设施栽培的反季节蔬菜生产快速发展，解决了“春秋”两淡群众吃菜的问题，食用菌、野生蔬菜及精细高档菜生产逐步从点到面铺开。3. 科技服务网络进一步健全，科技兴“菜”水平有新提高。逐步建立和健全市县、乡镇、基地三级科技服务网络，并在科技创新、成果转化和技术服务等方面发挥了重要作用；广泛推广普及新品种、新技术，重点推广应用大小拱棚、温室栽培、地膜覆盖、塑管微喷、空盘育苗、种子包衣等蔬菜生产新技术。推广生物农药、微生物肥料和“无公害”蔬菜生产技术规范，建立了生猪良种繁育基地，推广了种猪人工授精等技术；全省共组织多层次多形式的科技培训班1500多期，受训人数7万多人次；副食品信息建设有新的突破，“福建菜篮子信息”网络已投入正常运行。4. 副食品流通进一步发展完善。重视发挥市场机制的作用，加强了产销组织、批发市场和连销经营等方面的组织制度的创新，成立了一批“菜篮子”生产、运输、流通协会等中介组织，提高了市场组织化程度，改善了流通秩序；以区域性大中型批发市场为中心，以小型批发市场和农贸市场为补充，以多种形式的零售网点为基地的“菜篮子”商品市场体系已初步形成；一批规模较大、功能齐全、辐射范围广的“菜篮子”商品批发市场已投入运营；蔬菜副食品连锁、配送经营也有较大发展，并已成为拓展市场、便民增效的有效形式。5. 市场管理工作进一步加强。各地普遍成立了定点屠宰执法队，进一步加大对肉食品市场的监督检查和整治工作力度，严厉打击私宰窝点，并配合有关部门查处市场上经营私宰肉行为。全省县以上城区已全面推行生猪定点屠宰管理，乡镇推行面已达到40%以上，其他畜禽的定点屠宰也逐步在各地开展。继续推行以“五不”为标准的净菜上市。在此基地上，大力推广了“无公害”蔬菜生产，同时认真抓好上市蔬菜的农药残留检测，多数城市蔬菜批发市场已配备果蔬农药残留速测仪，开展对进场交易蔬菜的农药残留检测工作。

【成品油市场清理整顿】　根据国务院国办发委［1999］38号和国家经贸委［1999］637号文件精神，1999年8月初，成立了由省经贸委为组长单位，省工商局、外经贸委为副组长单位，省计委、公安厅、财政厅、国税局、地税局、中国人民银行福州中心支行、省技术监督局、环保局以及省石化分公司、中油福建分公司等部门为成员单位的“福建省清理整顿小炼油厂、规范原油成品油流通秩序领导小组，认真组织开展清理整顿和规范成品油流通秩序工作，对证照不齐全的限期补办，坚决取缔了违规经营的站点，制止了重复建设。先后完成了外资成品油流通企业摸底上报、两大集团和社会批发企业上报审批发证换照工作，基本完成了加油站（点）、仓储企业的审核发证工作。经过清理整顿全省成品油批发企业（不含厦门）从原有233家减为64家；仓储企业由原来21家减少到10家；零售企业由原来3298家减少为2587家。中国石油天然气股份有限公司和中国石油化工总公司通过收购重组、控股联营等形式，扩大了经营网络，目前加油站（点）达733个，为整顿前的2.6倍。清理整顿工作取得阶段性成果，基本实现了国务院提出的管住油源、集中批发、规范零售的总体目标要求。

【供销合作商业】　2000年，全省各级供销合作社认真贯彻落实党的十五届四中、五中全会和全国总社“三代会”精神，加大改革力度，全年实现商品购进总额

79.94亿元，比上年增长4.7%；实现商品销售总额87.09亿元，增长4.7%。

一、狠抓扭亏增盈。各地供销合作社把扭亏增盈作为工作重点，切实加强领导，坚持用改革精神抓扭亏增盈，消灭亏损源，实行减员增效、减债增效，探索建立不再发生亏损的机制，扭亏增盈工作成绩显著，2000年全省系统实现利润总额1090万元，比上年减亏增盈4110万元，扭转了全省供销合作社自1992年以来连续8年亏损的局面。上缴国家税费总额1.1亿元，比上年有所增长。

二、加大改革攻坚力度。截止2000年底，已实行改制、改组、改造的企业有202家，占企业总数的33.9%，其中实行有限责任公司的有30家，股份合作制的有23家，兼并联合的有37家。基层供销社按经济区域调整建制，分类进行改造，迈出了较大步伐。2000年，按经济区组建中心社11个，对20个陷入困境、扭亏无望的基层供销社实施了破产或关闭，有9个基层供销社实行了股份合作制改造。

三、积极参与和推动农业产业化经营。2000年全省各地供销合作社农产品信息服务中心通过网上发布农产品供求信息5万多条，编发信息刊物1241期，接受各种咨询2.5万人次，通过农产品信息网络促成商品成交金额达6.9亿元，通过发布市场预测预报指导商品购销8亿多元。积极培育和发展龙头企业，福州果品批发市场等3个企业进入省级农业产业化百家龙头企业之列，建宁县莲蓉绿色食品有限公司等8个企业被当地政府确定为农业产业化龙头企业，各级供销合作社还培育了不同层次的龙头企业36个，牵头领办各类专业合作社207个，建设农产品基地127个。

四、搞好农资商品流通。全省供销合作社系统冬储化肥118.7万吨，超额完成省计委下达的冬储计划100万吨的任务；供应粮挂肥5万吨，完成计划的100%。2000年全省供销合作社系统售给农民的生产资料总额22.2亿元，比上年增长4.1%，在农资商品流通中继续发挥主导作用。全省供销合作社系统有89家农资企业获得省技术质量监督局授予的“农资质量满意单位”称号。

五、发展新型营销业态。2000年全省供销合作社完成基本建设投资1.4亿元，建筑面积16.49万平方米。到年末全省系统共有各类农产品批发市场、农贸市场、综合批发市场、旧货调剂市场78个，各类市场交易额达14亿多元。改进农产品流通组织形式和经营方式，由供销合作社主办的长泰县农产品流通协会、建瓯市水煮笋同业公会、连江县营销事务所在开展信息服务、搞活农产品流通方面进行了有益探索，取得了较好的成效。全省系统已开办加盟店、超市、便利店、专卖店、便民自选商店112家，营业面积2.09万平方米。全年供销合作社系统农产品购进5.77亿元，比上年增长4.7%；消费品零售额29.36亿元，比上年增长10.8%。

（撰稿：严能彬　黄必钦　廖椿树）

餐饮　服务业

【饮食服务业概况】　2000年，全省饮食服务业持续发展。餐饮业零售总额达157.23亿元，比上年的140.63亿元增长11.8%，占全社会消费品零售总额的11.45%，比上年略有提高。餐饮业经历了近10年的高速增长之后，发展减慢，但仍高于全省国民经济9.5%的发展水平。美发美容业、人像摄影等传统生活服务业不断调整经营形式，服务水平不断提高；家庭服务等新兴生活服务业网点增加，服务方式也进一步改进，适应了便民、利民的消费需要。据测算，2000年全省饮食服务业营业额近320亿元。综观全年饮食服务业发展态势，主要有以下特点：1.餐饮业发展的社会经济环境越来越好。2000年全省城镇居民人均可支配收入7432元，增长8.3%。城镇居民收入的增加，对保证餐饮业的有效需求，促进餐饮业的发展起到了有力的推动作用。2.假日服务消费成为市场中的亮点。3.家庭服务逐渐成为大众需求旺盛的新兴服务业。

【城市便民早餐和家庭服务网点建设】　2000年，省委、省政府决定将建设城市便民早餐和家庭服务网点作为2000年为改善城乡人民生产、生活条件要办的15件实事，提出了“在地级市建立1个以上早餐配送中心，便民早餐网点（含流动餐车）达每万人10个、人口消费覆盖率达25%；在地级市建立1家以上社区家庭服务连锁中心，服务网点每万人达5个，家庭消费覆盖率达40%”的规划目标。在省、设区市政府的领导和重视下，省经贸委、各级区市财委（厦门市贸发委）会同有关部门积极做好了项目的建设工作。在调查研究的基础上，省经贸委制定下发了《关于建设城市便民早餐和家庭服务网点实施意见的通知》和《关于建设家庭服务连锁中心的意见》，大部分各设区市也出台了相应的扶持政策和管理办法。通过努力，基本完成了省委、省政府年初的规划目标。全省共新建或定点经营早餐配送企业（中心）17家，家庭服务中心12家，便民早餐经营网点3121家，家庭服务网点731家。城市便民早餐和家庭服务网点项目建设的实施得到了广大市民的拥护和欢迎，并取得了良好的经济效益。厦门的早餐工程不仅为“再就业工程”提供了近2000个就业岗位，还被群众誉为“民心工程”、“温馨工程”，认为是政府“米袋子工程”和“菜篮子工程”的重要延伸和补充。泉州市民称“早餐工程是泉州人的田螺姑娘”，家庭主妇称“家庭服务”只要打个电话就能解决问题，方便又省事。

【假日餐饮服务市场日趋兴旺】　从1999年国庆节开始，我国实行了新的假日制度。假日长假给餐饮服务业发展带来了新的商机。各地餐饮服务企业都十分重视新的市场机会，精心策划安排，调整经营形式，开展丰富多彩的促销活动，扩大市场服务供给。据对福、厦两市主要饮食服务企业调查测算，2000年春节期间营业额同比增长30%，“五一”节期间增长19%，“国庆”节期间增长10%。餐饮消费成为假日经济的亮点。饭店、酒家出现了不仅过年团圆饭爆满，就连在长假的几天时间都客满的好现象。2000年春节、五一和国庆的假日饮食服务市场具有以下特点：一是大众化消费已成为餐饮服务市场的主流。据调查企业估算，年夜饭、团圆宴销售约占营业收入的80%，私人消费占总营业额的80%以上，300～600元的家庭宴席大受欢迎，到饭店、酒家吃团圆饭已成为老百姓的一种生活时尚；二是品牌餐饮食品外卖热销。一些地方名店的餐饮食品、家宴套餐的消费需求旺盛，许多餐饮服务企业抓住节日的市场商机，努力增加花色品种，延长服务时间，取得明显经营成效。福州饮食集团仅销售年糕、肉丸就达5万吨，收入35万元、增长41%；三是大众消费需求从餐饮、家庭卫生服务向美发美容、人像摄影延伸。

【沙县小吃业逐步向规模化发展】　沙县小吃是福建省的主要风味小吃品种，取得国家工商局注册商标，“沙县小吃”现象已风靡全国。2000年，沙县小吃逐步向规模化发展，经营户达5575家，从业人员22267人，年纯收入2亿多元。出外经营沙县小吃者主要分布在福建全省和广东的汕头、潮州、从化、增城、花都等地，其中福州市2000多家（市内1000多家），泉州400多家，厦门800多家，广东300多家。沙县县委、县政府对沙县小吃十分重视，2000年又采取了一系列有效措施：一是4月份到江苏无锡穆桂英美食城举办“福建名点沙县小吃美食节”，扩大沙县小吃的影响；二是5～6月组织力量对各乡镇有意出外经营沙县小吃的人员进行培训，共培训12期1564人，提高了出外经营者的技术水平；三是组织人员参加中国烹饪协会在宁夏银川举办的“中华名小吃”认定，至此沙县扁肉、芋包、烧麦、包心豆腐丸获“中华名小吃”全国品牌；四是收集资料，编辑出版了4万多字的《沙县小吃》丛书第一辑和34万多字的《沙县小吃高级工技术培训教材》；五是投资20多万元建成了“沙县小吃培训中心”；六是继续举办第四届（2000年）中国沙县小吃文化节，同时邀请省内烹饪界专家和投资企业召开第二次沙县小吃发展研讨会，研讨沙县小吃发展战略，洽谈投资意向。

【行业管理与中介组织活动】 2000年2月，省贸易厅授予庄村开等10人最佳美发（美容）师，叶朝辉等20人优秀美发（美容）师称号。这是福建省美发（美容）业授予的最高荣誉。3月，省政府实施机构改革，撤销省贸易厅，行政职能并入省经贸委。省经贸委设立了贸易与服务业管理处，负责全省贸易与饮食服务业的行业规划、法规制定、市场建设等管理工作。为加强行业自律，省洗染业协会在福州成立，首批会员70名，其中团体会员48名。协会协助省消协制定了《福建省洗染服务质量自律规定》。4月，全国“服务消费——迈向新世纪”系列活动落下帷幕。本省福州大酒家强木根等5人被国家国内贸易局授予大师、名师称号。他们是：中国烹饪大师强木根（福州大酒家）、童辉星（厦门宾馆），中国美容大师陈显成（福州舒剪城），中国烹饪名师倪国勤（福州大酒家）、林量（闽江饭店），中国美发名师蔡艺卓（厦门茗都美发美容学校），中国摄影名师吴其萃（泉州华光摄影学校）。为提高福建省美发美容业的发展水平，由省美发美容协会举办的福建“郑华杯”美发美容大赛在福州举行，全省共121名美发美容技术人员参加了大赛。5月，省烹饪协会与福建商业集团公司在福州市天福大酒店举办“红楼宴”饮食文化活动。“红楼宴”是由中国红学会会长、著名红学家冯其庸先生倡仪、并指导设计开发的以《红楼梦》人物饮食莱肴为主体的饮食文化宴席，曾多次到新加坡、日本表演，深受好评。9月，省烹饪协会组织本省白萝卜糕等24个小吃品种参加中国烹饪协会第二届（宁夏）“中华名小吃”认定，共有22个品种获“中华名小吃”称号。12月，福州舒剪城等18家美发美容企业被国家国内贸易局、中国消费者协会授予“放心美容院”称号。（撰稿：赖兴贵）

粮油流通

【贯彻落实“三项政策”】 2000年全省粮食系统继续推进以“三项政策”为重点的粮食流通体制改革，根据国务院的统一部署，及时对粮食购销政策进行了调整、完善，早籼稻退出了保护价收购范围，改指令性定购任务为指导性收购计划，中晚籼稻仍实行定购制度和保护价收购政策。全省早稻播种面积调减149万亩，产量减少5.64亿公斤。国有粮食购销企业坚决做到按保护价敞开收购农民余粮。认真执行顺价销售政策，对当年新收购入库的粮食，在可以顺价的情况下，做到即购即销；在不能顺价的情况，对粮食购销企业当年收购的定购粮（扣除公粮）和敞开收购本省农民当年生产的中晚籼稻保护价粮，视同超储粮对待，据实给予超储费用补贴（每年每50公斤3元）和利息补贴，从粮食风险基金中列支。9月，按照国家计委、财政部等四部门联合通知精神，为了拉动市场粮价合理回升，停止分散销售处理陈化粮。2000年，全省粮食收购资金实现封闭运行，粮食库贷挂钩率达到100%。为推动“三项政策”的落实，全省粮食系统还开展了粮改执法大检查，并收到较好效果。

【落实“三个三”制度】 2000年，全省粮食系统进一步发挥职能作用，积极促进“三个三”制度的健全、完善和落实，即：第一，完善在省长负总责前提下的省市县三级行政首长负责制，明确各级政府在保护粮食生产能力，确保粮食安全等方面的职责。第二，建立健全省市县三级粮食储备制度。省市县三级粮食储备规模全部到位。第三，落实省市县三级粮食风险基金制度，截止2000年底全省粮食风险基金总额达5.66亿元。

【粮食企业改革】 政企分开、收储与附营企业分设，对各级购销企业，进一步规范运作。附营企业加快转换经营机制，实行改组、联合、兼并、租赁、承包、股份合作制改造等多种形式的改革。各级粮食行政主管部门逐步实现与企业在人、财、物上的彻底分开。把下岗分流、减员增效和再就业工作作为推进粮食企业改革的重点，抓紧抓实。为了进一步推动全省面上的工作，省粮食局分别与省劳动厅、财政厅联合下发通知，出台了鼓励和帮助国有粮食企业减员增效的相关优惠政策；并将省财政每年用于粮食部门多种经营项目的专项资金与解决下岗职工再就业挂起钩来，按各地的解除劳动关系职工人数给予适当补助。鼓励各地粮食部门积极开拓经营门路，扩大再就业渠道。截止2000年底，全省国有粮食企业在岗职工18797人（其中：粮食购销企业在岗职工11565人），比1997年的5.21万人减少3.33万人（其中社会分流包括解除劳动关系的1.37万人），减幅63.9%。超过了1998省政府提出的“三年减员一半”的目标。大力推进省属粮食企业改革。一是分类推进省属粮食企业改革。对于净资产较大、发展前景较好的企业，立足于求发展，转换经营机制；对于资产状况一般，但尚可维持经营的4家企业，侧重实施下岗分流、减员增效和加强企业管理以及进行民营股份制的试点，实行职工身份和企业体制“双置换”，促使这些企业尽快走出困境；对于已经资不抵债、濒临破产的5家企业实行依法破产或关门歇业，妥善安置好职工。二是根据建立省级储备粮垂直管理体系的要求，对组建省级储备粮管理公司，进行了多方论证、调研，提出方案上报省政府。

【扭亏增盈】 各地的主要做法：一是建立健全扭亏增盈目标责任制，实行各级粮食行政领导负责制，签订扭亏责任状，长乐等县市对未能完成责任目标的法人代表，予以免职。二是认真落实国务院和省政府制定的粮食购销政策，禁止低价抛售，不搞逆向操作。三是狠抓资金和成本管理，压缩费用开支，特别是收购费用有了较大幅度下降。四是积极稳妥地实施下岗分流，把减员作为增效的一个重要手段之一，努力降低人员费用开支。五是因地制宜，发挥行业优势，推行现代流通形式，积极稳妥地发展粮食连锁经营，促进连锁经营保持良好势头。通过努力，2000年粮食企业的经济效益明显改善。全省粮食系统亏损1.6亿元，比上年减亏0.5亿元，长乐、龙海等一些县市实现了当年扭亏为盈。

【粮食收购】 2000年全省中、晚籼稻仍实行定购制度和保护价政策，全省中、晚籼稻定购任务3.9亿公斤，属于晚稻品种的中籼稻，每50公斤（中等质量标准）定购价和保护价均为56元，晚籼稻每50公斤（中等质量标准）的定购价和保护价均为58元。中籼稻和晚籼稻各等级差价统一为每50公斤2元。取消定购粮价外补贴，粮肥挂钩政策保持不变。新的稻谷质量标准推迟到2001年执行。与江西、浙江、广东3省接壤的县（市），其收购价格可以与外省价格相衔接，并报省物价局、粮食局、财政厅、农发行备案。对于退出定购和保护价范围的早籼稻，国有粮食购销企业本着购得进、销得出的原则，积极开展市场收购，参与竞争，长乐、连江、龙海等县市多渠道筹措收购资金即购即销，既满足了农民的卖粮要求，又为企业赢得了良好效益。据统计，至2001年3月31日，全省国有粮食购销企业共收购各类粮食5.79亿公斤，其中入库定购粮32559万公斤，完成年度任务的83.5%。

【粮油供应】 抓好节粮宣传活动，开展多种形式的优质服务活动，认真安排节日市场粮油供应和灾区粮油供应工作。军供工作按照新的军粮供应管理体制运行顺利，加强了军粮供应规范化管理，提高管理与服务水平，军粮供应工作得到了驻闽各部队的一致好评。

【安全储粮】 全省国有粮食部门的粮食库存量较大，粮情复杂，给保粮工作带来很大困难，省局组织了全省春秋两季储粮安全大普查，并于9月份与省财政厅、农发行联合组织了全省粮食库存大清查，清查结果表明，全省库存帐实基本相符。保管3年以上的粮食占41.1%。为了确保储粮安全，处在保粮第一线的广大干部职工克服困难，在条件比较困难，工资水平低，甚至数月领不到工资的情况下，仍然以大局为重，坚守岗位，严格坚持科学保粮制度，积极开展创建“四无粮仓”活动，强化对各级储备粮的管理，做到“一符三专四落实。”

【仓储设施建设】 一是抓好中央直属储备粮库建设扫尾工作。通过各方面的共同努力，7个中央直属储备粮库已全部通过初验收，进粮压仓1.6亿公斤，并进行了中央储备粮的划转工作。二是继续争取中央的支持，在福建省安排新的国家储备粮库建设任务。国家计委、国家粮食局已同意2000年和2001年分别在本省新建1.3亿公斤和1亿公斤的国家储备粮库。三是抓省级粮库建设。已建成的建阳和鳌峰洲省级粮库(总仓容量3250万公斤，总投资2800万元)，正在进一步完善配套设施。宁德省级储备粮库0.4亿公斤，总投资2400万元，于11月份开工建设。龙岩省级储备粮库0.5亿公斤，总投资3000万元，也已进入初设审批和初勘阶段。

【困难和问题】 一是政策性亏损挂帐较多，粮食库存价位高、品质差、潜亏严重，国有粮食购销企业历史包袱重，效益差。同时，缺乏自有资金，难以开展经营活动。二是下岗分流解除劳动关系难度很大。三是全省粮食储备规模偏小，仓储设施不足，而且严重老化，一些报废仓仍在“超期服役”，这种状况不利于确保全省粮食安全。

(撰稿：肖富银 张步先 刘国兴)

编审：余洪霞 责校：郑棻

对外经济贸易

综 述

【"九五"概况】 面对亚洲金融危机爆发后国内外错综复杂的形势，全省各级党委、政府坚决贯彻中央部署，高度重视面临的严重困难和问题，从全省经济发展的战略高度，加大对外经贸发展的支持力度，不断将对外开放向高层次、宽领域、纵深化推进，对外开放格局进一步完善，开放型经济有了新的发展，较好地完成各项外贸目标任务，主要业务指标处于全国前列。

一、外贸在发展中进行调整，在调整中实现发展。累计海关出口额达518.8亿美元，比"八五"翻了近一番，年递增长10.3%。主要特点：一是出口商品结构进一步优化。初级产品与工业制成品的比例由"八五"末期的17.4：82.6调整为2000年的10.6：89.4，机电产品出口在出口总额中所占比重由20%提高到33.6%。二是贸易方式有了新的转变。一般贸易出口在出口总额中所占比重从"九五"初期的40.5%提高到2000年的47.3%；高技术含量、高附加值的加工贸易项目明显增多。三是主要出口市场结构趋于相对均衡。市场过于集中于亚洲的格局得以明显改善，美国已成为福建省最大的出口市场，对非洲、大洋洲出口也一直保持较快增长。四是外贸经营主体多元化格局初步形成。"九五"期间，外商投资企业已成为全省出口的主力军，2000年出口占全省出口总额的58.9%；私营企业、乡镇企业出口开始呈现良好的发展势头，2000年比上年增长106.1%。

二、利用外资保持相当规模，外商投资结构逐步改善。共批准外商直接投资合同金额252.88亿美元，外商实际到资203.15亿美元，超过"九五"计划150亿美元目标35%。合同外资、实际到资总量均位居全国第三位。更重要的是外商投资领域不断拓宽，层次不断提高，基础设施、高科技产业和第三产业利用外资增长较快；外资来源日益多元化，欧美日客商和跨国公司投资项目逐步增多，一批科技含量较高的项目先后在我省落户；利用外资在区域分布上逐步由沿海向内地山区拓展；外商投资方式有新的进展，批准了一批中外合资、外商独资股份有限公司、上市公司和外商投资集团公司，有的已在香港、新加坡、美国等地上市。

三、国际经济技术合作有了新进展。5年累计签订对外承包工程和劳务合作合同12726项，合同金额21.32亿美元，完成营业额23.23亿美元，各项指标均居全国前列，年末在外劳务人数居全国第一位。对外承包工程和劳务合作市场继续拓展。对外承包工程市场、对外劳务合作市场已分别进入10多个和60多个国家和地区。此外，境外企业清理整顿工作也取得初步成效。

四、闽台经贸合作取得阶段性成果。经国家批准，设立了海峡两岸农业合作实验区、两岸直航试点港口等，对台优势更加明显。5年累计批准台商投资企业2126家，合同利用台资金额48.8亿美元，实际利用台资45.01亿美元，分别占全省总量的23.1%、19.1%、和22.2%。台商投资已从轻工、食品、建筑建材向现代农业、石油化工、汽车、电子等多领域发展。闽台农业合作方兴未艾，引进了一批台湾农业优良种苗、农业先进加工技术和工艺。闽台贸易稳步发展，贸易总额达130.82亿美元。

五、闽港澳合作不断深化，经济交往日益频繁。先后成立了闽港经济合作促进委员会和闽澳经济合作促进委员会，进一步密切了与港澳台同胞和工商企业界的关系，促进了闽港、闽澳的经贸合作与交流。

六、国际招商口岸的地位逐步确立。创办于1987年的原属区域性质、口岸性质的福建投资贸易洽谈会，经过十年努力，于1997年升格为全国性投资贸易洽谈会，成为全国唯一的以招商引资为主要功能的国际性盛会。近几年洽谈会规模不断扩大，功能逐步完善，影响日益深远，作为中国最大的国际招商口岸的地位正逐步确立。与此同时，福州"国际招商月暨海峡两岸科技成果交易会"、厦门"对台出口商品交易会"、漳州"海峡两岸花卉博览会"、石狮"海峡两岸纺织服装博览会"、晋江"国际鞋业博览会"等招商活动也成效显著，在港澳台乃至东南亚都有一定的影响力。

七、开放型经济已成为全省国民经济发展和结构调整的重要牵动力量。"九五"时期，年均直接利用外资相当于全省社会固定资产投资的35%左右，外商投资企业工业总产值占全省规模以上工业总产值的60%左右。2000年出口额占国内生产总值27.3%，出口对工业增长的贡献为33.9%（全国为23.5），拉动工业增长5.2个百分点（全国为2.7个百分点）。涉外税收约占全省税收收入的25%左右，外商投资企业安排的就业人数约为全社会就业人数的1/4。外商投资有力促进了产业结构优化，一批高新技术企业，技术、资金密集型产品通过利用外资逐步成长起来的。"九五"期间，外商投资兴建的一批重点基础设施项目，有效地改善了全省基础产业滞后于国民经济发展的局面。

第四届中国投资贸易洽谈会上的汽车展厅。（刘伏宝 摄）

【2000年概况】 2000年，外经贸工作紧紧抓住世界经济形势趋于好转，市场需求逐步扩大，以及各级政府继续给予出口有力支持的良好时机，大力拓展国际市场，千方百计扩大出口，使外贸出口取得突破性进展。面对利用外资后劲不足的严峻形势，各级政府及有关部门齐心协力，克服诸多不利因素的负面影响，初步遏制了利用外资快速下滑的势头，使利用外资继续保持相当规模。国际工程承包及劳务合作出现转机，取得了新的发展。全年外经贸各项主要指标均居全国前列。

一、外贸出口持续快速发展，结构调整取得新成效。全年贸易总量首次突破

200亿，达到212.3亿美元，比上年同期增长20.5%。其中出口129.08亿美元，同比增长24.7%，居全国第六位。在保持出口量的增长的同时，出口结构进一步优化。一是出口商品结构优化调整加快。全年初级商品出口13.68亿美元，占出口总值的10.6%，比上年的12.1%下降了1.5个百分点，工业制成品出口115.41亿美元，比上年的91.16亿美元增加了24.25亿美元，占全省出口总值的89.4%，比上年所占比例增加1.5个百分点。尤其重要的是，机电产品出口取得突破性进展，全年共出口41.88亿美元，增长32.4%，在出口总值中所占比重增加1.3个百分点，再创历史新高。二是贸易方式在发展中有了新的转变。2000年，一般贸易、加工贸易、其他贸易全面增长，一般贸易出口增速高于其他贸易方式。全省一般贸易出口60.97亿美元，比上年的45.4亿美元增加15.57亿美元，增长34.3%；加工贸易出口63.42亿美元，比上年的54.54亿美元增加8.88亿美元，增长16.3%；其他贸易方式出口4.69亿美元，增长31.6%。三是出口市场结构进一步趋于合理。2000年，对各大市场出口全面增长，对欧、美市场出口继续保持快速增长势头，对亚洲出口实现恢复性增长，多元化市场战略取得新进展。

二、利用外资下滑势头有所减缓，主要指标继续位居全国前列。2000年，全省新批外商投资企业1463家，合同外资43.14亿美元，实际到资38.04亿美元，同比分别下降12%和5.5%。但是，经过全省上下各方面的共同努力，下滑势头已初步得到遏制，并且合同外资、实际到资总量仍居全国第3位。主要特点：一是利用外资仍以亚洲国家和地区为主。全年来自港、澳、台和东南亚等国和地区的合同外资34亿美元，占全省合同外资总额的78.8%，同比增长5.5%。二是外商投资企业以独资形式为主，其项目数、合同外资分别占总数的78.9%和69%。三是外商投资产业结构进一步优化。制造业仍是外商投资的主要领域，同时第三产业中部分行业合同外资实现较大幅度增长。2000年第一产业合同外资1.81亿美元，占4.2%；第二产业合同外资31.37亿美元，占72.7%。第三产业合同外资9.95亿美元，占23.1%。

三、国际经济技术合作取得新进展。在对外承包工程方面，2000年完成营业额1.04亿美元，同比增长21.1%；新签合同额1.25亿美元，同比翻了一番。在对外劳务合作方面，全年新签合同额2.96亿美元，与上年基本持平；完成营业额3.45亿美元，同比下降4.2%；派出劳务人次和期末在外人数仍保持全国领先地位。在援外工作方面，承揽了涉及工程、设计、物质带出以及多边项下的技术援助等多种类型的多个项目，援外队伍也进一步扩大，为实施“走出去”开放战略提供了新的途径。　　（撰稿：王明永）

出口贸易

【概况】 2000年，全省外贸出口取得了突破性进展，外贸出口总体水平上了一个新台阶。全年出口129.09亿美元，比上年103.76亿美元增加了25.33亿美元，增长24.7%，占全国出口总值的5.2%，出口额名列全国第六位，仅次于广东、江苏、上海、浙江、山东等5省市。2000年主要特点：

一、各类企业普遍增长，外商投资企业增幅高于国有企业，集体、民营企业出现高速增长势头，但规模仍然偏小。全年外商投资企业出口75.97亿美元，同比增加17.09亿美元，增长29.0%，增幅比上年提高了21个百分点，由低速增长转入快速增长，出口市场得到较为充分的恢复。2000年，外商投资企业出口占全省外贸出口总值的58.9%，比上年的56.8%增加了2.1个百分点，外商投资企业在全省出口中的作用进一步加大。国有外贸企业由于体制改革严重滞后，机制不灵，包袱沉重，资金紧张，人才流失，在市场竞争中已明显处于弱势，其所占市场份额出现逐年下降的趋势。2000年，全省国有企业出口47.3亿美元，虽然比上年同期出口41.82亿美元增加了5.48亿美元，增长了13.1%，但是占全省外贸出口总值的比重却由上年的40.3%下降到36.6%，减少了3.7个百分点。集体民营企业出口增长迅速，全年出口5.81亿美元，比上年3.06亿美元增加2.75亿美元，增长90.0%，占全省外贸出口总值的4.5%。其中，集体企业出口2.2亿美元，比上年增加0.34亿美元，增长18.3%；私营企业出口3.61亿美元，比上年增加2.41亿美元，同比翻了两番。2000年，各类外贸企业的规模进一步扩大。出口1000万美元以上的企业已达236家，比上年的213家增加了23家，增长10.8%，合计出口85.37亿美元，占全省出口总值的66.1%；出口5000万美元以上的企业达40家，比上年的38家又增加了2家，合计出口46.69亿美元，占全省出口总值的36.2%；出口1亿美元以上的企业共14家，比上年的11家增加了3家，分别是福建省粮油食品进出口公司、厦门建发集团有限公司、厦门国贸集团股份有限公司、厦门太古飞机工程有限公司等14家企业，合计出口28.46亿美元，占全省出口总值的22.1%，重点企业的龙头作用更加突出。

二、一般贸易、加工贸易、其他贸易全面增长，一般贸易出口增速高于其他贸易方式。一般贸易出口60.97亿美元，比上年的45.4亿美元增加15.57亿美元，增长34.3%；加工贸易出口63.42亿美元，比上年的54.5亿美元增加8.88亿美元，增长16.3%，增幅明显低于一般贸易。其他贸易方式出口4.69亿美元，增长31.6%。

三、外贸出口商品层次有所提高，出口商品结构进一步优化，但以劳动密集型产品为主要特征的传统出口商品仍然保持一定的规模与增幅。2000年，全省初级产品出口13.68亿美元，比上年增加1.08亿美元，增长8.5%，占全省出口总值的10.6%，比上年的12.1%下降了1.5个百分点；工业制品出口115.41亿美元，比上年增加了24.25万美元，增长26.6%，占全省出口总值的89.4%，比上

2000年出口1亿美元以上企业　　金额单位：亿美元

序号	企业名称	出口额	比重%
1	冠捷电子（福建）公司	6.09	4.7
2	厦门建发集团有限公司	3.19	2.5
3	厦门太古飞机工程有限公司	2.83	2.2
4	厦门灿坤实业股份有限公司	2.50	1.9
5	福建省粮油食品进出口公司	2.06	1.6
6	柯达（中国）股份有限公司厦门分公司	1.91	1.5
7	厦门进雄企业有限公司	1.76	1.4
8	厦门华侨电子股份有限公司	1.35	1.1
9	宇达（中国）投资有限公司	1.25	1.0
10	福建清禄鞋业有限公司	1.13	0.9
11	厦门国贸集团股份有限公司	1.12	0.9
12	福建顺大运动用品有限公司	1.11	0.9
13	厦门TDK有限公司	1.09	0.8
14	戴尔计算机（中国）有限公司	1.06	0.8
合　计		28.46	22.1

年增加1.5个百分点。2000年，以劳动密集型产品为主要特征的四大类商品出口合计39.95亿美元，占全省出口总值的31.0%，比上年的33.2%降低了2.3个百分点。其中，纺织服装出口15.56亿美元，比上年增加2.57亿美元，增长19.7%；鞋帽出口17.76亿美元，比上年增加2.43亿美元，增长15.8%；罐头食品出口1.93亿美元，比上年增加0.17亿美元，增长9.6%；鳗鱼出口4.7亿美元，比上年增加0.34亿美元，增长7.8%。2000年，机电产品出口取得突破性进展。全年机电产品出口43.38亿美元，比上年的32.24亿美元，增加11.14亿美元，增长34.5%；机电产品出口额占全省出口总值的33.6%，比上年所占比重提升2.5个百分点，再创历史新高。在全省出口商品中，大宗商品的拳头作用更加突出。出口额在1000万美元以上的商品有67种，合计出口93.94亿美元，占全年出口总值的72.8%。出口5000万美元以上的商品有30种，比上年增加4种，合计出口83.57亿美元，占全省出口总值的64.7%。出口1亿美元以上的商品有16种，比上年增加1种，合计出口73.44亿美元，占全省出口总值的56.9%。

三、外贸出口多元化战略取得新进展。2000年，全省对全球各大洲的出口都有较大幅度的增长；对拉丁美洲、大洋洲的出口增长尤为迅速，但是所占比重仍然太小，不足以改变业已形成的市场格局，出口市场仍然偏重于亚洲与北美。全年出口亚洲59.89亿美元，增长20.4%，占全省出口总值的46.4%；对北美洲出口34.26亿美元，增长25.8%，占26.5%；对亚洲与北美合计出口94.15亿美元，占全省出口总值的72.9%。对欧洲出口24.36亿美元，增长23.8%，占18.9%；对非洲出口3.43亿美元，增长28.4%，占2.7%；对大洋洲出口2.22亿美元，增长44.4%，占1.7%；对拉丁美洲出口4.94亿美元，增长69.6%，占3.8%。大洋洲与拉丁美洲合计出口7.16亿美元，仅占全省出口总值的5.6%。从主要出口市场看，对美国、欧盟、日本、香港出口91.41亿美元，同比增长17.5%，占全省出口比重略有下降，由上年的75.0%下降到70.8%，下降4.2个百分点。其中，出口美国31.90亿美元，增长24.9%，占全省出口总值的24.7%，比上年的24.6%略有上升；出口日本23.56万美元，同比增长14.6%，占18.3%；出口欧盟20.86万美元，同比增长3.1%，占16.2%；出口香港15.1亿美元，同比增长3.1%，占11.7%。从具体国别地区看，出口额达1000万美元以上的国家与地区有63个，比上年增加2个，合计出口126.77亿美元，占全省出口总值的98.2%；出口额在1亿美元以上的国家与地区有20个，比上年增加4个，合计出口110.01亿美元，增长21.4%，占全省出口总值的85.2%。

2000年出口1亿美元以上商品

金额单位：万美元

序号	主要商品	出口额	同比数	增减%
1	水海产品	14471.42	12660.75	14.3
2	蔬菜	25495.13	24679.15	3.3
3	制作或保藏的河鳗（烤鳗）	46591.33	42228.35	10.3
4	纺织纱线、织物及制品	40593.69	39912.68	1.7
5	花岗岩石材及制品	46407.44	39608.28	17.2
6	装饰用陶瓷制品	15973.12	11957.82	33.6
7	数字式自动数据处理设备	17683.34	6834.61	158.7
8	显示器	62555.06	41442.25	51.0
9	电视机（包括整套散件）	11178.44	4964.67	125.2
10	家具	35482.53	19846.67	78.8
11	旅行用品及箱包	26307.83	19380.42	35.7
12	服装（织物及其他制品）	119857.66	94647.11	26.6
13	鞋类	175370.94	151255.52	15.9
14	塑料制品	71853.17	53172.93	35.1
15	贵金属或包贵金属的首饰	10711.12	13689.88	－21.8
16	伞	13869.77	13019.57	6.5
合　　计		734401.99	589300.76	24.6

2000年出口1亿美元以上的国家与地区

金额单位：万美元

序号	国别地区	出口额	同比增减%	比重%
1	美　国	318972.62	24.88	24.7
2	日　本	235622.55	14.61	18.3
3	香　港	150908.51	3.07	11.7
4	德　国	50335.67	－3.52	3.9
5	台　湾	40402.91	33.5	3.1
6	荷　兰	34566.1	52.17	2.7
7	新加坡	33554.76	35.5	2.6
8	英　国	32750.99	52.33	2.5
9	加拿大	23586	40.53	1.8
10	意大利	20559.83	19.46	1.6
11	澳大利亚	19538.83	52.43	1.5
12	印度尼西亚	17766.03	91.79	1.4
13	韩　国	17639.61	45.60	1.4
14	法　国	17231.84	20.44	1.3
15	马来西亚	17160.39	58.33	1.3
16	西班牙	16782.81	9.92	1.3
17	比利时	15052.45	28.88	1.2
18	阿联酋	13849.38	49.61	1.1
19	菲律宾	13669.15	34.27	1.0
20	波　兰	10155.19	37.73	0.8
合　　计		1100105.62	21.4	85.2

【加工贸易出口】 2000年，全省加工贸易进出口105.2亿美元，比上年的89.74亿美元增加15.46亿美元，增长17.2%，其中加工贸易出口63.42亿美元，同比增加8.88亿美元，增长16.3%，加工贸易进口41.78亿美元，同比增加6.58亿美元，增长18.7%。在加工贸易项下，来料加工装配贸易出口11.49亿美元，同比增加1.94亿美元，增长20.3%，占全省出口总值的8.9%，占全省加工贸易出口额的18.1%；进料加工复出口51.93亿美元，同比增加6.94亿美元，增长15.4%，占全省出口总值的40.2%，占全省加工贸易出口额的81.9%。加工贸易出口的主要特点是：

一、加工贸易出口稳步增长，但增幅小于一般贸易。加工贸易出口所占比重由上年的52.6%下降到49.1%，减少3.4

个百分点，在全省外贸出口中的地位有所下降。但是，加工贸易出口仍然占有49%以上的比重，仍然是最主要的贸易方式。进料加工复出口51.93亿美元，增长15.4%，占全省外贸出口总值的40.2%；进口料件35.84亿美元，增长18.5%，占全省进口总额的43.1%。进口料件与加工复出口的比例为0.69：1，比上年略有加大。

二、外商投资企业加工贸易出口在全省加工贸易业务中的比重有所上升，国有企业加工贸易出口大幅下降。2000年，全省加工贸易出口企业共2023家，其中外商投资企业1765家，占87.3%；国有企业216家，占10.7%；其他企业42家，占2.1%。外商投资企业加工贸易出口57.33亿美元，比上年增加11.16亿美元，增长24.2%；国有企业加工贸易出口5.74亿美元，比上年减少2.32亿美元，下降28.8%。在加工贸易项下，全省外商投资企业进料加工复出口48.37亿美元，增长20.5%，占全省进料加工复出口额的93.1%，占外商投资企业的出口总额的63.7%，占全省出口总值的37.5%，比上年增长20.5%；国有企业进料加工复出口3.27亿美元，比上年下降28%，占全省进料加工复出口额的6.3%，占全省出口总值的2.5%。

三、沿海地区的加工贸易业务继续保持较快增长，内地加工贸易发展趋于萎缩。全年福州、厦门、泉州、漳州、莆田加工贸易出口合计61.65亿美元，同比增加10.09亿美元，增长19.6%，占全省加工贸易出口总额的97.2%，比上年所占比重增加2.7个百分点；其中：进料加工复出口合计50.46亿美元，增长18.8%，占全省进料加工复出口总额的97.1%。南平、宁德、龙岩、三明加工贸易出口合计为0.49亿美元，同比下降1.9%，仅占全省加工贸易出口额的0.8%，比上年所占比重减少0.2个百分点；其中：进料加工复出口合计0.46亿美元，同比下降3.5%，占全省进料加工复出口的0.9%。

四、对非洲市场加工贸易出口下降，对其他市场均有不同幅度的增长，出口市场相对集中在亚、欧与北美。2000年，全省加工贸易出口非洲0.66亿美元，同比下降12.2%；出口亚洲25.89亿美元，同比增长13.2%；出口欧洲10.71亿美元，同比增长15.3%；出口拉丁美洲1.71亿美元，同比增长42.9%；出口北美洲23.24亿美元，同比增长18.3%；出口大洋洲1.2亿美元，同比增长53.9%。全省加工贸易出口到全球149个国家与地区，其中出口额在1000万美元以上的国家（地区）有37个，比上年增加3个，合计出口金额61.71亿美元，比上年增长17.6%，占全省加工贸易出口总额的97.3%；出口5000万美元以上的国家与地区有19个，比上年增加6个，依次是美国、日本、香港、德国、台湾、英国、荷兰、新加坡、澳大利亚、加拿大、马来西亚、意大利、法国、巴西、印度尼西亚、韩国、印度、比利时、西班牙，合计出口57.81亿美元，占全省加工贸出口总额的91.2%。

五、加工贸易出口商品结构有所改善，附加值较高的机电产品、高新技术产品所占的比重进一步提高。2000年，全省机电产品加工贸易出口29.4亿美元，同比增长30.1%，占全省加工贸易出口额的46.4%，比上年增加4.7个百分点。其中，机电产品进料加工复出口27.1亿美元，增长32.2%，占全省进料加工复出口总额的52.2%，比上年增加了6.6个百分点。高新技术产品加工贸易出口11.86亿美元，增长61.2%，占全省加工贸易出口总额的18.7%，比上年增加4.9个百分点。

在进料加工复出口商品中，1亿美元以上的特大宗商品有7种，依次是自动数据处理设备及其部件8.42亿美元，显示器6.19亿美元，鞋类6.14亿美元，服装及衣着附件2.89亿美元，塑料制品2.76亿美元，纺织纱线、织物及制品2.03亿美元，家具1.8亿美元，合计30.23亿美元，占进料加工复出口总额的58.2%。

【机电产品出口】 据海关统计，2000年，全省机电产品出口43.38亿美元，同比增长34.5%，超额完成全年机电产品确保出口38亿美元、力争40亿美元的出口目标，占全省出口总额的33.6%，占全国机电产品出口总额的4.1%，居全国第七位，名列广东、上海、江苏、浙江、天津、北京之后。全年机电产品出口呈现以下特点：

一、机电产品出口增幅明显高于全省出口增长水平，占全省出口比重有所提高，成为全省外贸出口增长的重要推动力。全年机电产品出口43.38亿美元，增长34.5%，比全省出口增幅高出11.1个百分点，占全省外贸出口总值的比重也由去年的31.1%提高到33.6%，增加2.5个百分点。全年机电产品出口净增加11.14亿美元，占全省外贸出口净增加额（25.33亿美元）的44.0%。

二、外商投资企业仍然是全省机电产品出口的主力军。全年外商投资企业机电产品出口34.94亿美元，同比增长41.9%，占全省机电产品出口额的80.5%，比上年增加4.1个百分点。其中，独资企业机电产品出口26.38亿美元，同比增长36.4%，占全省机电产品出口总额的60.8%。冠捷电子、太古飞机、灿坤电器、中华映管、厦华电子、厦门TDK、戴尔计算机等企业已成为全省机电产品出口的出口大户，合计占全省机电产品出口总额的58.7%。

三、重点产品出口大幅增长，出口机电产品技术含量大幅提高。出口千万美元以上的产品达71种，合计金额31.64亿美元，占机电产品出口金额的72.9%。其中，上亿美元的出口商品有4种，分别是微型数字式自动数据处理机、显示器、电热烤面包器、飞机及直升机的其他零件，

加工贸易出口5000万美元以上的国家与地区 单位：万美元

序号	国别地区	出口额	同比数	同比增减%
	全省合计	634228	545426	16.3
1	美国	221289	187386	18.1
2	日本	86341	83475	3.4
3	香港	84442	81083	4.1
4	德国	28463	34202	−16.8
5	台湾	22766	18106	25.7
6	英国	20280	12266	65.3
7	荷兰	19938	9920	101.0
8	新加坡	18635	14149	31.7
9	澳大利亚	11271	7016	60.7
10	加拿大	11138	9075	22.7
11	马来西亚	7505	3896	92.6
12	意大利	7077	5960	18.7
13	法国	5985	5504	8.7
14	巴西	5954	3186	86.9
15	印度尼西亚	5844	3469	68.5
16	韩国	5469	4064	34.6
17	印度	5311	938	466.0
18	比利时	5223	4341	20.3
19	西班牙	5194	5330	−2.6
以上国别地区合计		578125	493366	17.2

除电热面包器出口比去年略有下降外，其他三种产品的出口增长增幅都在30%以上。根据2000年度高新技术目录，全省高新技术机电产品出口22.63亿美元，占全省机电产品出口总额的52.2%，其中电子信息类产品出口16.88亿美元，航空航天类产品出口3.05亿美元，新能源与节能产品出口1.59亿美元。

四、机电产品出口的贸易方式结构有所改善，一般贸易增幅高于加工贸易。随着国家鼓励一般贸易出口政策的落实到位，机电产品一般贸易出口增长迅猛，全年出口10.39亿美元，同比增长50.9%，占全省机电产品出口总额的24.0%，比上年增加2.6个百分点；加工贸易出口29.4亿美元，比上年增长30.1%，占机电产品出口的67.8%，比上年减少2.3个百分点；其他贸易出口3.59亿美元，增长30.0%，占8.9%。

五、出口市场多元化格局初步形成。2000年，全省出口亚洲市场21.14亿美元，增长37.9%，占机电产品出口的48.7%；出口北美10.55亿美元，增长28.3%，占机电产品出口总额的24.3%；出口欧洲8.28亿美元，增长28.7%，占机电产品出口额的19.1%；出口非洲0.93亿美元，增长60.5%，占机电产品出口总额的2.2%；出口大洋洲0.68亿美元，增长29.5%，占1.6%；拉丁美洲出口1.8亿美元，增长56.7%，占4.2%。非洲、拉丁美洲与大洋洲的出口增速加快，所占比重正不断提高，同时，北美、亚洲的市场份额有所下降，市场多元化格局初步形成。

（撰稿：陈国强）

进口贸易

【概况】 2000年，全省进口总额83.15亿美元，比上年增加10.45亿美元，同比增长14.4%，低于全国进口贸易增长35.8%的平均水平，同时也低于全省出口24.7%的增长水平。进口增幅趋缓的主要原因：一是2000年全省进口料件与加工复出口的比例为0.69：1，进口贸易近一半服务于加工贸易出口。国家对加工贸易的政策转向调整优化结构和严格规范管理，加工贸易银行保证金由虚转实，利用加工贸易走私、逃税和逃汇等违法活动得到有效遏制，从而促进了加工贸易的健康发展，加工贸易出口增幅趋缓，也直接影响了全省的进口贸易。二是海关加大打击走私的力度，有力地遏制了走私进口的势头。三是中国人民银行和国家外汇管理局为进一步完善国际收支管理，深入开展打击逃套汇、骗购汇和非法转移资金的专项活动，取得了良好成效。

2000年，全省贸易项下结汇79.84亿美元，同比增长29.3%，基本与外资出口保持同步增长；贸易项下售汇30.97亿美元，同比增长2.3%，增幅比外贸进口低12个百分点，有效地控制了利用进口贸易从事投机活动；全年贸易项下净结汇达到48.87亿美元，同比增长55.2%，结汇与净结汇金额继1999年后再创历史新高，根本扭转了前些年净结汇为负的局面。进出口比例趋于合理。为39：61，进口规模基本上与省内生产消费需求相适应，对支持全省外贸出口的持续发展发挥了重要作用。

【各类企业进口情况】 全年国有企业进口17.42亿美元，增长4%，占全省进口总值的21.0%；外商投资企业进口64.6亿美元，增长18.5%，占全省进口总值的77.7%；其他企业进口1.13亿美元，下降20.3%，占全省进口总值的1.4%。国有企业、其他企业与外商投资企业的进口比例为22：78，外商投资企业进口所占比例进一步扩大，与外商投资企业在进料加工复出口的增长趋势保持一致。外贸进口发展所依托的大型进口企业在数量上与上年相差无几，但进口规模有较大提高。2000年进口额在1000万美元以上的各级各类企业共127家，比上年减少3家，合计进口金额75.21亿美元，占全省进口总额的90.5%，比上年所占比重高出12.2个百分点。进口额在5000万美元以上的企业共26家，比上年增加3家，合计进口35.86亿美元，占全省进口总额的43.1%。

从全省看，省直及8地市进口41.36亿美元，同比增长11%，占全省进口总额的49.7%，比上年所占比重下降1.5个百分点；厦门市进口41.7亿美元，同比增长18.2%，占全省进口总额的51.3%，比上年所占比重增加1.6个百分点。厦门市进口增长较快，但与其进料加工复出口增长水平基本相当。

【一般贸易、加工贸易进口大幅增长】 2000年，由于国家严厉打击走私犯罪活动，海关加强监管，进口环境进一步改善，一般贸易与加工贸易进口双双走高，全年一般贸易进口27.11亿美元，增长18.9%，占全省进口总值的32.6%；加工贸易进口41.78亿美元，增长18.7%，占全省进口总值的50.3%；其他贸易方

2000年进口5000万美元以上企业

金额单位：亿美元

序号	企业名称	进口金额	比重%
1	冠捷电子（福建）公司	6.23	7.5
2	厦门太古飞机工程有限公司	3.01	3.6
3	中华映管（福州）有限公司	2.81	3.4
4	厦门建发集团有限公司	2.10	2.5
5	翔鹭涤纶纺纤（厦门）有限公司	1.88	2.3
6	福建福德汽车有限公司	1.65	2.0
7	厦门佰灵顿仓储有限公司	1.65	2.0
8	厦门华侨电子股份有限公司	1.41	1.7
9	华阳电业有限公司	1.34	1.6
10	厦门TDK有限公司	1.31	1.6
11	厦门航空器材公司	1.28	1.5
12	厦门富士电气化学有限公司	1.23	1.5
13	厦门灿坤实业股份有限公司	1.22	1.5
14	厦门国贸集团股份有限公司	1.00	1.2
15	福建华星石化有限公司	0.83	1.0
16	戴尔计算机（中国）有限公司	0.76	0.9
17	厦门进雄企业有限公司	0.71	0.9
18	柯达（中国）股份有限公司厦门分公司	0.66	0.8
19	福建三丰鞋业有限公司	0.66	0.8
20	厦门厦新电子股份有限公司	0.63	0.8
21	三协精机（福州）有限公司	0.63	0.8
22	福建统一马口铁有限公司	0.63	0.8
23	厦门建松电器有限公司	0.58	0.7
24	福建顺大运动用品有限公司	0.57	0.7
25	厦门高新技术创业中心公司	0.57	0.7
26	厦门正新橡胶工业有限公司	0.53	0.6
合计		35.86	43.1

式进口14.26亿美元，下降2.9%，主要是外商投资企业作为投资进口的设备、物品净减少1.16亿美元。

【进口商品层次提高】 初级产品进口减少，工业制品进口增多。在全省进口商品构成中，按《国际贸易标准》划分，初级产品进口10.22亿美元，比上年增长4.4%，占全省进口总值的12.3%，比上年所占比重下降1.2个百分点。工业制品进口72.93亿美元，比上年增长15.9%，占全省进口总值的87.7%。在全部进口的9类商品中，比上年增长的6类，合计进口77.85亿美元，占全省进口总值的93.6%，增加11亿美元。其中净增加额在3000万美元以上的商品有11章，合计进口43.25亿美元，占全省进口总值的52%。

2000年进口净增3000万美元以上商品

金额单位：万美元

商品分类	进口额	同比数	增减%	净增加
产品加工程度SITC	831494	726910	14.4	104584
一、初级产品	102179	97836	4.4	4343
2类 非食用原料（燃料除外）	49164	38876	26.5	10288
25章 纸浆及废纸	7754	4489	72.7	3265
27章 天然肥料及矿物	13928	8758	59.0	5170
二、工业制品	729315	629074	15.9	100241
5类 化学成品及有关产品	123615	103969	18.9	19646
51章 有机化学品	35570	24994	42.3	10576
57章 初级形状的塑料	53783	44018	22.2	9765
6类 按原料分类的制成品	184495	177288	4.1	7207
66章 非金属矿物制品	16579	13070	26.9	3509
67章 钢铁	37084	29661	25.0	7423
7类 机械及运输设备	367083	303155	21.1	63928
75章 办公用机械及自动数据处理器	35546	20416	74.1	15130
77章 电力机械、器具及其电气零件	159855	130949	22.1	28906
78章 陆路车辆（包括气垫式）	9664	4039	139.3	5625
79章 其他运输设备	38051	23546	61.6	14505
8类 杂项制品	49349	41425	19.1	7924
87章 专业、科学及控制用仪器等	11874	8527	39.3	3347
88章 摄影器材、光学物品及钟表	12854	5527	132.6	7327

2000年进口额在1000万美元以上的商品有80种，合计进口61.81亿美元，占全省进口总值的96.9%。进口额在5000万美元以上的大宗商品有42种，合计进口54.1亿美元，占全省进口总值的84.8%。其中进口超过1亿美元的特大宗商品有19种，合计进口37.96亿美元，占59.5%。

【进口贸易市场】 2000年，福建省与110个国家与地区开展进口贸易，比上年增加17个。从各大洲情况看，从亚洲进口62.53亿美元，占75.2%，比上年增长18.0%；从欧洲进口8.87亿美元，占10.7%，比上年下降6.1%；从北美洲进口8.6亿美元，占10.4%，比上年增长13.4%；从大洋洲及太平洋岛屿进口1.23亿美元，占1.5%，比上年增长7.4%；从非洲进口0.49亿美元，占0.6%，比上年增长29.8%；从拉丁美洲进口1.42亿美元，占1.7%，比上年增长26.8%。其中，进口额1000万美元以上的国家与地区分别有38个，比上年增加1个，合计进口81.98亿美元，占全省进口总值的98.6%；进口额在5000万美元以上的国家与地区有17个，比上年增加3个，合计进口74.22亿美元，同比增长15.8%，占全省进口总额的89.3%。

2000年进口1亿美元以上的商品

金额单位：万美元

序号	品名	进口额	同比增减%	比重%
1	初级形状的塑料	53065	21.8	8.3
2	彩色数据/图形显示管	47217	57.3	7.4
3	集成电路及微电子组件	29769	5.3	4.7
4	钢材	27951	12.7	4.4
5	航空器零件	25820	10.6	4.1
6	自动数据处理设备的零件	20367	151.1	3.2
7	牛皮革及马皮革	18567	16.1	2.9
8	饲料用鱼粉	16645	22.3	2.6
9	对苯二甲酸	16136	68.2	2.5
10	自动数据处理设备及其部件	14519	34.6	2.3
11	合成纤维长丝机织物	14356	−1.6	2.3
12	铝	12846	20.9	2.0
13	二极管、晶体管及类似半导体器件	12250	62.9	1.9
14	合成纤维纱线	12183	−12.1	1.9
15	液化石油气及其他烃类气	11837	16.8	1.9
16	纺织机械	11850	4.0	1.9
17	通断及保护电路装置	11550	17.7	1.8
18	飞机	11556	—	1.8
19	计量检测分析自控仪器及器具	11114	41.0	1.7
合计		379598	29.2	59.5

2000 年进口额在 5000 万美元以上的国别与地区

单位：万美元

序号	国别地区	进口额	同期数	增减%
	全省合计	831494	726910.18	14.4
1	台湾	242134	202240.3	19.7
2	日本	131556	117220.55	12.2
3	韩国	105992	82504.11	28.5
4	美国	79910	71270.1	12.1
5	香港	28301	31004.51	-8.7
6	马来西亚	28086	20276.05	38.5
7	中国	23021.3	17260.9	33.37
8	德国	17143	17999.27	-4.8
9	英国	15857	16742.5	-5.3
10	泰国	14143	13309.43	6.3
11	俄罗斯	13897	12683.68	9.6
12	新加坡	13641	16758.5	-18.6
13	印度尼西亚	13172	11056.83	19.1
14	澳大利亚	9635.8	9090.08	6
15	意大利	9633.3	8444.71	14.1
16	印度	6904.8	3603.35	91.6
17	加拿大	6105.6	4604.88	32.6
18	瑞士	6064.4	2278.05	166.2
以上国家（地区）合计		765197	658347.8	16.23

（撰稿：陈国强）

技术进出口

【技术设备进口】 2000 年，全省技术引进和设备进口主要集中在邮电、电子、汽车、船舶以及房地产业的委托设计等。全年共审批引进合同 52 单，总金额为 2919.035 万美元，其中硬件设备 1799.18 万美元，软件 1119.855 万美元。技术设备引进主要来自发达国家，按金额统计依次为美国、日本、德国、英国、台湾、香港。主要特点：一是邮电系统技术引进继续处于全省领先位置，共审批网络合同 6 单，总金额为 1023.83 万美元。主要项目为公共宽带多媒体通信网，网络设备及软件，省 163、169 宽带网扩容及信令网管理系统等。二是技术引进项目的水平明显提高，引进的项目单位主要集中在高新技术企业，如专门从事计算机，DVD 光头生产的三协精机，从事彩色打印机生产的福建爱普生打印机公司，显示终端生产占世界 1/6 的冠捷电子公司等。三是技术软件比例达到历史高点。2000 年，技术软件费用占全省引进费用的 38.3%，审批的软件引进合同共 41 单。

【技术设备出口】 2000 年，高新技术产品出口取得较好成绩，达到了福建科技兴贸行动计划的预定目标。高新技术产品出口 16.52 亿美元，比上年增长 55.5%，增幅比全省出口平均水平的 24.41%高出 31.1 个百分点，也略高于全国高新技术出口的增幅；高新技术产品出口占全省出口比重的 12.8%，仍低于全国的 14.86%水平，但差距缩小。高新技术产品出口值，居全国第六位。

2000 年，高新技术出口的主要商品类别是计算机与通信技术、航空航天技术、生命技术、材料技术、光电技术、电子技术和计算机集成制造技术。其中计算机与通信技术出口 11.366 亿美元，占全部高新技术出口的 68.8%，比上年增长 64.12%，主要有福建冠捷电子公司出口的 6.08 亿美元，厦门太古飞机工程公司出口 2.83 亿美元，另外计算机软件出口 866 万美元。今年高新产品出口增长最快的是材料和光电技术，分别为 5389 万美元和 5050 万美元，分别比上年增长 237.27%和 449.51%。高新技术出口的主要生产区为厦门市和福州市，占全部高新技术产品出口的 96%，出口主体仍以三资企业为主。高新技术产品出口位居全省前列的除了冠捷、厦门太古外，还有厦华、厦门 TDK、福日、东金科技、厦门建发、福建华科公司等。贸易方式以加工贸易为主，加工贸易出口占 72%，其他贸易方式占 15%，一般贸易出口仅占 13%。出口的主要市场为亚洲、欧洲和北美，分别占 52.55%，22.33%，16.23%。出口上亿美元的国家和地区有日本、香港、德国、荷兰和美国。 （撰稿：唐麟彬）

利用外资

【概况】 全年新批外商投资企业 1463 家，合同外资 43.14 亿美元，实际到资 38.04 亿美元。截至 2000 年底，全省累计批准设立外商投资企业 27763 家，合同外资金额 638.89 亿美元，实际利用外资金额 340.44 亿美元，资金到位率为 53.3%，其中新批台资企业 6296 家，合同台资 116.96 亿美元，台资实际到资 83.74 亿美元。据海关统计，2000 年全省外商投资企业出口 76.1 亿美元，比上年增长 29.1%，高出全省出口增幅 4.8 个百分点，占全省出口总额的 59%，全省三资工业产值 1538.65 亿元，比增 14.2%，三资工业新增产值占全省新增工业产值的 55.2%。

【利用外资仍以亚洲国家和地区为主】 2000 年，香港、澳门、台湾、日本、菲律宾、泰国、马来西亚、新加坡、印尼、韩国等国家和地区的合同外资 34 亿美元，占全省合同外资总额的 78.8%，比上年同期上升了 5.49 个百分点；日本（1.69 亿美元）、菲律宾（1.76 亿美元）、维尔京群岛（2.39 亿美元）、开曼群岛（0.54 亿美元）、西萨摩亚（0.92 亿美元）等国家和地区的合同外资大幅增长，分别增长 145.3%、87.8%、114.5%、257.1%和 1386.6%；但部分利用外资的主要国家和地区的合同外资明显减少，香港 21.25 亿美元、下降 11.4%，新加坡 1.02 亿美元、下降 39.5%，英国 1.55 亿美元、下降 62.6%，美国 2.10 亿美元、下降 62.4%。

【外商投资产业结构】 外商投资仍以制造业为主，第三产业中的部分行业合同外资有较大幅度增长。2000 年第一产业合同外资 1.81 亿美元，占 4.2%；第二产业合同外资 31.37 亿美元，占 72.7%，第三产业合同外资 9.95 亿美元，占 23.1%。其中交通运输服务业、社会服务业、科学研究和技术服务业新批合同外资分别增长 18.4%、27.2%和 1.3 倍。

【增资项目占较大比例，外商投资新批项目有所减少】 2000 年，全省新批增资项目 539 个，新增合同外资 13.37 亿美元，占全省新批合同外资总数的 31%。2000 年，全省新批项目平均单项合同外资规模 203 万美元，与上年同期相比减少 27 万美元。

2000 年部分国家（地区）对福建省直接投资情况表

单位：万美元

国别（地区）	项目数	合同外资	合同外资占总额的比重%
香　港	602	212533	49.3
澳　门	28	4958	1.1
台　湾	402	70723	16.4
日　本	72	16943	3.9
菲律宾	60	17611	4.1
泰　国	5	270	0.1
马来西亚	14	4643	1.1
新加坡	58	10246	2.4
印　尼	9	1026	0.2
东南亚联盟	146	33796	7.8
韩　国	9	1096	0.3
亚洲 10 国/地区合计	1259	340049	78.8
英　国	20	15504	3.6
欧　盟	41	23211	5.4
美　国	79	21012	4.9
维尔京群岛	23	23879	5.5
凯曼群岛	4	5356	1.2
西萨摩亚	11	9202	2.1
其他国家/地区	67	16371	3.8
总　额	1463	431373	100.0

2000 年福建省利用外资直接投资分行业情况表

单位：万美元

行　　业	项目数	合同外资	合同外资占总额的比重%
A. 农林牧渔业	117	18083	4.2
B. 采掘业	10	1181	0.3
C. 制造业	1109	312568	72.5
D. 电力、煤气及水供应	10	4468	1.0
E. 建筑业	5	1666	0.4
F. 地质勘查水利业	0	0	0.0
G. 交通运输仓储业	4	2038	0.5
H. 批发零售贸易餐饮业	55	7481	1.7
J. 房地产	102	63823	14.8
K. 社会服务业	44	19052	4.4
L. 卫生体育	1	24	0.0
M. 教育文化艺术	0	0	0.0
N. 科学研究和技术服务	1	70	0.0
P. 其他行业	5	919	0.2
合　计	1463	431373	100.0

2000 年福建省利用外资分地区情况表

单位：万美元

地区	项目数	合同外资	实际到资
福州	295	95479	80087
莆田	56	20744	28208
三明	36	6596	6019
泉州	416	87014	62331
漳州	257	94420	70958
南平	84	18586	20043
宁德	31	5533	5525
龙岩	29	2601	4065
厦门	259	100400	103150
合计	1463	431373	380386

【吸收外资发展不平衡】 2000 年，全省除厦门外八市共完成合同外资 33.1 亿美元，同比下降 8.4%；实际到资 27.72 亿美元，同比增长 3.4%。其中，福州市经最后一个季度的努力，合同外资减少了下降幅度，从 1～9 月份的下降 5.2%回升到下降 2.2%，实际到资扭转了下滑局面，从 1～9 月份的下降 4.5%回升到增长 9.7%。三明、宁德两市体量虽小，但合同外资和实际到资两项指标均呈增长势头。合同外资方面，泉州市下降幅度较大，全年完成合同外资 8.7 亿美元，下降 25.2%；实际到资方面，漳州市下降幅度较大，全年完成实际到资 7.1 亿美元，下降 11.3%。2000 年，厦门市共完成合同外资 10.04 亿美元，下降 22%，净减少 2.83 亿美元，占全省合同外资净减额的 48%，实际到资 10.32 亿美元，下降 32.1%，净减少 3.1 亿美元。（撰稿：陈力达）

国际经济技术合作

【概况】 2000 年，全省对外承包工程、劳务合作及设计咨询新签合同 2235 份，与 1999 年同期相比增长 0.18%；新签合同额 4.21 亿美元，同比增长 16.51%；其中承包工程 1.33 亿美元，比上年增长 112.9%；劳务合作 2.88 亿美元，比降 3.36%；完成营业额 4.99 亿美元，比上年增长 30.23%；劳务合作 3.36 亿美元，比降 6.67%；派出人数 33421 人，同比增长 7.15%；年末在外人数 53847 人，同比减少 5.13%。

【对外承包工程】 2000 年，共有 12 家实体型企业获得外经经营权，壮大了全省外经队伍，增强了开展对外承包工程的实力，新签合同额和完成营业额与前两年相比，有明显增长。对外设计咨询业务与往年相比，也有一定的发展。

【境外加工贸易】 2000 年，在对全省境外企业和境外机构进一步整顿的同时，制定出台了《关于鼓励企业开展境外加工贸易业务的实施意见》，并逐步把工作重点转向抓项目的启动和落实。先后组织企业考察古巴市场，参加在北京举行的“亚洲八国投资贸易介绍交流会”，并在福安召开境外加工贸易项目推介会，从而拓展了对外联系渠道，为企业拓展加工贸易打下了良好的基础，境外投资办厂取得新的进展，全年上报境外加工贸易企业 4 家，其中 2 家获得外经贸部批准确认。

【援助工作】 共承揽了工程标、设计标、物质标及多边项下技术援助等几种类型的援外项目，取得突破性进展。受援工作改变了以往多年没有项目的被动局面，也有一定的发展。武夷股份有限公司承担了中国援助多哥卡拉会议大厦维修项目，总承包价1200万人民币；省建筑设计院承担了援助基里巴斯文化体育娱乐中心设计项目，总额120万人民币。省妇联与联合国儿基会合作开展2000年“NPA社会动员”项目已获批准，外方援助总额24万人民币。（撰稿：郭晓峰）

贸促活动

【省贸促会（国际商会）二届三次会议】 2000年3月3日，福建省贸促会(国际商会)召开二届三次会员代表大会，会议认真总结了1999年的贸促工作、交流了各支会工作经验，进一步明确了2000年工作的指导思想、任务和要求。曹德淦副省长到会并作了重要讲话。会上，增补了习近平省长为贸促会名誉会长、金克良为贸促会副会长、贾小平等4人为福建省国际商会理事、常务理事。

【对外联络】 2000年，福建省贸促会(国际商会)先后邀请并接待了印尼、菲律宾、越南、日本、澳大利亚、新西兰、美国、韩国、古巴、智利、波兰、德国、南非以及台湾、香港、澳门等23个国家和地区的35批经贸团组，136人次经贸人士的来访。与德国工商会、汉堡经济促进中心，在福州合作举办了“如何成功进驻欧洲市场”为题的“中德经贸介绍会”，省内五十余家经贸企业的代表到会，收到了良好的效果。在“福州国际招商月”活动中，成功地举办了“商业跨国公司及中国市场研讨会”，认真探讨了加入WTO后，中国市场与商业跨国公司的融合问题。厦门“9·8”中国投资贸易洽谈会期间，有意大利、德国、奥地利、新西兰、菲律宾、日本、古巴、赤道几内亚以及台湾等国家和地区的11个团组应邀到会。省贸促会领导还分别同菲律宾、古巴、德国、意大利、赤道几内亚及台湾团组就信息交流、互办展览、劳务出口项目代理等方面进行洽谈，并达成合作协议。同时安排外商与有关企业就林业、水产、工艺品、轻工产品等项目进行直接洽谈，达到了预期目的。

全年还组织了11个团组75人次，赴越南、菲律宾、埃及、阿联酋、西班牙、比利时、意大利、法国、南非、香港、台湾等国家和地区参观洽谈。特别是6月份，由省贸促会名誉会长、福建省委书记陈明义带领的福建省经贸考察团，出访了法国和南非，并分别与法国法中委员会、巴黎工商会、南非约堡工商会签订了合作协议书。由于准备充分，出访取得了圆满成功。为加强“闽越”交流，促进“闽越”经贸合作，福建省贸促会在越南河内设立了代表处，并于5月份正式开始动作。

【展览组织工作】 全年共组织省内企业、公司73家次，78个摊位，181人次，参加贸促总会及中展公司组织的赴13个国家和地区22次展（博）览会。据不完全统计，共达成贸易合同金额2500多万美元，贸易意向1700多万美元。同时，贸促会还主动配合、参与地方政府和有关部门办好内展，3月上旬，协助石狮市举办“3·9”海博会；5月，与福州市政府、福建省建设厅联合举办了“新世纪（福州）国际建筑材料、新型建材、机械博览会暨建筑装饰精品展”，参展单位达400多家。

【加强服务，为企业排忧解难】 全年共签发一般原产地证19568份，比1999年增长30%，涉及出口金额5亿多美元。单据认证2912份，自办商务证明书214份，代办使馆认证2880份，比1999年均有较大的增长。全年受理法律问题咨询260多起，涉及金额人民币9616万元，美元3540万美元，日元4950万元；受理调解案件21起，办结17起，其中调解成功14起。共受理外商投资企业投诉506件，办结455件，办结率达到90%。

（撰稿：吴正权）

编审：王明永　　责校：林丹英

旅 游 业

综 述

【"九五"概况】 "九五"期间，各级政府更加重视旅游业的发展，加大了依法治旅和政策扶持的力度，颁布了《福建省旅游市场管理暂行办法》，并着手制订《福建省旅游管理条例》。同时，广泛发动社会力量，加大招商引资力度，不断开发旅游景点，完善旅游基础设施，加快旅游企业改革步伐，逐渐形成多种经济成份一起办旅游的局面。国内旅游特别是假日旅游发展迅猛，出境旅游人数也有较大增长。可持续发展意识增强，在旅游开发建设中开始注意旅游资源和旅游环境的保护。5 年时间，全省接待国内外游客11595.68 万人次，年均增长 16.3%，其中入境旅游者 640.68 万人次，年均增长12.2%，接待国内游客 10955 万人次，年均增长 16.9%；旅游总收入 1044.9 亿元人民币，年均增长 23.6%，其中国际旅游外汇收入 34.39 亿美元，年均增长13.1%，国内旅游收入 759.6 亿元人民币，年均增长 28.8%。

【2000 年综述】 旅游接待与收入。2000 年，全省接待入境旅游者 161.33 万人次（含一日游 7.00 万人次），比上年增长 19%，其中外国人 42.89 万人次，增长21.5%；华侨 6.85 万人次，增长 22.4%；港澳同胞 56.79 万人次，增长 6.7%；台胞 47.78 万人次，增长 15.3%；旅游外汇收入 89382.03 万美元，增长 23.3%。接待入境旅游者和旅游创汇两项主要指标连续 12 年在全国各省市中名列第四位。接待国内游客 2941.5 万人次，增长17.1%；国内旅游收入 230.79 亿元，增长21.7%。旅游总收入 304.77 亿元，增长21.9%，相当于全省国内生产总值的7.77%。

来自日本、菲律宾、新加坡、马来西亚、德国、美国等地的游客增长幅度都在两位数以上，但泰国、印尼、韩国等地的来闽游客减少，其中日本 9.78 万人次，比上年增长 19.6%；菲律宾 3.19 万人次，增长 30.9%；新加坡 8.36 万人次，增长10.1%；马来西亚 6.93 万人次，增长20.1%；德国 6887 人次，增长 33%；美国 5.92 万人次，增长 82.2%；韩国 1.00 万人次，下降 13%；印度 2391 人次，增长 42.5%；加拿大 5727 人次，下降3.3%；澳大利亚 4587 人次，增长 9.1%；英国 5174 人次，增长 5.4%；法国 3494 人次，增长 8%；意大利 3080 人次，增长9.6%；俄罗斯 1626 人次，增长 43.6%；瑞典 1003 人次，增长 4.9%；西班牙 1148 人次，增长 13.4%；荷兰 2361 人次，增长 49.1%；泰国 4960 人次，下降 10.1%；印度尼西亚 1.57 万人次，下降 6.3%；其他国家来闽游客都在 1000 人次以下。

旅游节庆活动。为开展旅游宣传，开拓旅游市场，各地举办了形式多样的旅游节庆活动，如福建湄洲妈祖文化旅游节、第二届泉州旅游节、相约武夷—中国武夷山世纪之旅、第二届客家文化旅游节、安溪乌龙茶文化节等。湄洲妈祖文化旅游节以"弘扬中华妈祖文化，融合海峡两岸亲情，促进旅游经济发展"为宗旨，举行了纪念妈祖诞辰 1040 年祭典仪式和"巨龙腾海祭妈祖"民俗游灯、妈祖文化书画摄影展、妈祖特种邮政纪念明信片展、经贸洽谈签约、妈祖文化工程等建设项目开工竣工仪式等一系列活动，厦门相继举办了鼓浪屿文化节、集美龙舟节、思明"海之韵"旅游节等活动。

福州国际招商月举办了"中国百城大串游"活动，全国近百座城市、境外 40 多家旅行社 500 多人参加。在百个城市中选择百家旅行社，精选涵盖百个城市的旅游线路，形成百城大串游。百城大串游福州游首发式推出福州至连江、闽清、永泰、长乐、福清、平潭、闽侯等 7 条一日游线路。沈阳、济南、银川、洛阳、温州等 80 多个城市的旅游局长与福州市旅游局、福建美海旅行社签订《中国城市旅游友好合作协议书》。上海电视台、东方电视台、上海有线电视台、上海人民广播电台、解放日报、新民晚报等新闻媒体到武夷山，考察天游峰、九曲溪、古汉城、大红袍文化旅游线和天心永乐禅寺宗教旅游线，为武夷山拓展上海客源市场出谋献策。台湾旅游界也多次组团来闽，与福建省旅游界联合举办闽台旅游座谈会，并到福州、莆田、厦门等地，考察旅游景点，开展交流活动。泰国国际旅游有限公司等 20 家旅行社总经理及旅游杂志记者组成泰国旅行业者新闻媒体考察团，到武夷山考察。

【旅游合作与交流】 省旅游局组团赴河北、天津、北京、山西等省市促销。国家旅游副局长张希钦等出席在北京国际饭店举行的"福建旅游推介会"，会上重点

亚太地区世界级邮轮丽星"狮子星号"，2000 年 4 月 6 日载着 1800 多名游客首抵厦门。自 1996 年"丽星"邮轮首航厦门后，厦门一跃成为中国大陆接待国际邮轮游客量最大的口岸。此次"狮子星号"首航厦门港，将开辟每周四香港—厦门固定往来航班，平均每周为厦门带来 2000 名海内外游客。图为"狮子星号"邮轮。 （林辉龙 摄）

推出海滨风光鼓浪游、碧水丹山武夷游、湄洲妈祖朝圣游、惠安风情泉州游等旅游精品。三明市旅游局与南京市旅游局签订缔结友好单位协议书，双方加强旅游宣传、旅游开发等方面的协作。武夷山以"世界双遗产，纯真武夷山"为主题，在深圳举行旅游产品推介会，吸引深圳及港澳游客到武夷山旅游。三明、龙岩分别组团赴广东梅州、潮州、汕头等地，开展旅游宣传促销。龙岩市旅游促销团到厦门、泉州、福州等地，推出"土楼、奇山、圣地——福建西部之旅"，签订团队合同 98 个、游客 5010 人次。漳州市旅游局邀请厦门 40 多家旅行社到漳州考察，联手促销漳州旅游景点。武夷山市赴厦门举行 2001 年武夷山旅游文化推介活动，加强两地商贸与旅游合作。东山、云霄、诏安三县旅游部门以东山为龙头，开展区域协作，联合到汕头、深圳举办旅游推介会。

【旅游行业管理】 参照国家有关的法律、法规和规章，结合福建旅游业发展实际，对《福建省旅游市场管理暂行办法》进行修改完善，草拟了《福建省旅游业管理条例》，并在省人民政府第 24 次常务会议通过。省旅游局还建立了重大行政处罚听证制度，编印出版《福建旅游法规政策汇编》。

旅游管理部门对全省星级饭店进行复核，厦门新侨酒店、集美宾馆、科技宾馆、同安华侨大厦等 4 家饭店被取消星级，厦门鹭江大厦由二星级降为一星级，另有 2 家星级饭店被通报批评，9 家被书面警告。2000 年，评定星级饭店 52 家，其中四星级饭店 1 家，三星级饭店 12 家，二星级饭店 31 家，一星级饭店 8 家。全省现有旅游星级饭店 204 家，客房 22357 间(套)，床位 43065 张，其中厦门悦华酒店、福州温泉大酒店、外贸中心酒店、西湖大酒店为五星级饭店，厦门假日皇冠海景大酒店、厦门马可孛罗东方大酒店、厦门京闽中心酒店、泉州宾馆贵宾楼为四星级饭店，三星级饭店 73 家，二星级饭店 110 家，一星级饭店 13 家。福州新华都酒店获得中国方圆标志认证委员会向酒店颁发的 ISO9002 质量体系认证证书。同时，继续搞好旅行社年检，国内旅行社发展较快，全省有旅行社 338 家，其中国际旅行社 36 家，国内旅行社 302 家。

【旅游景区建设】 对全省旅游区(点)进行普查摸底，按景观质量标准开展分类评价。经过景区自查、省旅游局推荐检查、国家旅游局验收检查，泉州开元寺、厦门鼓浪屿、厦门植物园、连城冠豸山、永安桃源洞、泰宁金湖、武夷山和福州国家森林公园成为全国首批 4A 级旅游区(点)。

借寿山石入围"国石"候选行列，福州晋安区提出以寿山石为龙头，开辟综合旅游项目，包括建立一座寿山石展览馆，开发一条寿山石商品街，推出寿山村拾石一条溪，开放一个寿山石采石洞等。连江与福建省旅游开发总公司签订青芝山 25 年租赁开发合同，投资 2500 万元对青芝山旅游资源进行再开发，同时开发黄岐畚箕山，推出遥望马祖、快艇游海、海上观日等项目，并向游客开放长 300 多米的战备防空洞。连江晓澳镇与《郑成功》摄制组合资兴建占地 200 亩、总投资 980 万元、集滨海度假、农业观光、影视剧制作于一体的影视城，主要建筑物有福州码头、厦门街、荷兰总督府、跑马场等，将再现明末清初闽台两地的社会风貌，与之配套的设施还有郑成功指挥船、荷兰战船及水上游乐场、花果观赏园等。武夷山投资近 40 万元，在城村建成全长 882 米的仿汉古街。

国家级风景名胜区泰宁金湖素有"小桂林"之美誉。浩瀚的湖水与千姿百态的丹霞地貌交融构筑了金湖独特的天然旅游美景，2000 年 1～11 月，这里已接待海内外游客逾 74.8 万人次，旅游收入达 1.5 亿多元。图为十里平湖。 (林辉龙 摄)

在厦门第四届中国投资贸易洽谈会上，国家发展计划委员会与国家旅游局发布《推荐 2000 年中国旅游业发展优先项目的通知》，推出 77 个具有开发潜力、符合市场需求的旅游建设项目，其中包括福建的武夷山景区开发项目、湄洲岛景区开发项目、三明市金湖景区开发项目和厦门的鼓浪屿——万石山景区开发项目。武夷山举办国际旅游投资洽谈会，来自世界 20 多个国家、地区和北京、上海、广东、湖北等地的客商 600 多人参加，洽谈会上共签约外商投资项目 83 项，总投资 2.54 亿美元，协议利用外资 2.24 亿美元，其中包括武夷山鳄鱼生态园、武夷山影视娱乐城、武夷山高尔夫球场、武夷山度假区娱乐城等 14 项旅游项目，协议利用外资 7506 万美元。

【旅游软件建设】 省人事厅、省旅游局发出"关于表彰福建省旅游系统先进集体和先进工作者的决定"，授予福建省中国旅行社等 19 个单位"福建省旅游系统先进集体"称号，授予衷梅英等 32 位同志"福建省旅游系统先进工作者"称号。中央文明办、建设部和国家旅游局联合发出通知，确定厦门鼓浪屿风景区等 10 个景区为第三批全国创建文明风景旅游区示范点。省有关部门正式命名福州国家森林公园、泉州市清源山、永安桃源洞——石林、福州鼓山、连城冠豸山、福鼎太姥山、东山风动石——塔屿和莆田湄洲岛等 8 个旅游区为"全省文明风景旅游区示范点"。福州市也命名福州国家森林公园、平潭石牌洋风景旅游区、永泰青云山峡谷青龙瀑布风景旅游区、福州鼓山风景旅游区、福建水口电站风景旅游区、福清石竹山风景旅游区、长乐市爱心公园为首批创建文明风景旅游区示范点。

重要活动

【创建中国优秀旅游城市】 2000 年，福州、泉州、永安 3 个城市参加创建中国优秀旅游城市活动。10 月 27 日至 11 月 8 日，国家旅游局创建中国优秀旅游城市验收小组对福州、泉州、永安进行全面检查验收。验收组对自检达标的项目资料进行认真审阅，并深入重点景区景点、宾馆饭店、娱乐购物场所、交通枢纽等地开展明察暗访。验收组认为，这 3 个地方的创优工作各有特点，泉州把创优工作延伸到各景点、景区及旅游企业，每个单位创优工作都做到有责任人、有制度、有措施；永安把创优作为"一把手"工程，坚持政府主导，抓"大旅游、大产业"，通过抓旅游经济，促进产业结构调整；福州坚持认识高起点、工作高标准，并广泛发动群众，在验收的25项中，以12项满分的优异成绩入围。

【制订旅游发展规划】 成立了《福建省旅游发展总体规划》编制领导小组，加强对规划编制工作的领导。省旅游规划编制组在省内多次进行实地调查，在福州、莆田等地多次召开有省内外专家和省直有关部门参加的讨论会，广泛征求意见，经多次修改，规划稿已渐趋成熟。省旅游局还起草报国家旅游局和省计委的《福建省旅游业发展“十五”规划》稿，以及《福建省“十五”期间闽台合作规划》和《福建省“十五”期间经济结构调整规划》的旅游部分。同时，加强对全省旅游规划工作的检查和指导，福州、厦门、泉州、三明、漳州、莆田等市和闽侯、长乐、连江、晋江、安溪、惠安等30多个县（市、区），已制订了旅游发展规划。

（撰稿：陈维平）

国家旅游度假区

【武夷山国家旅游度假区】 武夷山世界遗产地保护管理实现“四个转变”。一是实现由国家风景区的保护向世界遗产地保护的转变。把九曲溪上游的两个采育场划归景区统一管理，严禁上游矿石开采和森林采伐，提高森林覆盖率和土壤涵养水分能力，对景区及周边村民居住地环境进行整治，提高遗产地环保水平。二是实现从保护山水为主向山水文化保护并重的转变。对景区的摩崖石刻进行全面修复，成立城村古汉城管理处，把遗产地文化整理保护纳入规范化、法制化的轨道，积极挖掘整理朱子理学、柳永文化等文化遗存。三是实现景区专业保护向全社会保护的转变。深入到景区及周边的居民和广大游客中，广泛开展保护世界遗产法规、规章宣传活动，增加人们的保护意识。建立了一个以专业执法人员为核心，民警执勤为纽带，护林人员为骨干，群众广泛参与的群防群治保护网络，改变了过去单纯依靠专业队伍管理的局面，提高保护管理能力。四是实现由行政措施保护向立法保护的转变。相继制订出台了《九曲溪保护暂行规定》等地方性法规，编制了武夷山世界遗产保护总体规划、区域规划，并争取省人大尽快出台《武夷山世界遗产保护条例》，对文化和自然遗产进行立法保护。

武夷山风景名胜区获得国家4A级旅游区称号。武夷山景区按照“优良秩序、优美环境、优质服务、优化管理”的工作目标，突出抓好景区的软、硬件建设，着力提高旅游服务质量。通过加大对景点旅游设施和环境整治的投入，加强对竹筏工、导游员和宾馆、购物场所从业人员的教育，进一步完善了武夷山景区旅游环境，提高了整体服务水平，2000年12月顺利通过国家旅游局对景区质量等级的检查评定，获得了国家4A旅游区称号。

深入开展项目开发活动。认真制订并精心组织实施“项目开发年”活动实施方案，推出48项重点实施项目、20项重点前期项目和闲置资产再利用项目。已有40项重点项目启动建设，其中景区山北旅游线路等22个项目已完成，其他项目正在建设中。完成了城市道路绿化、牲畜自动化定点屠宰场、旅游投诉中心、老区基点村通电话工程等10个为民办实事项目，其中以福汾线分水关战备公路为主的公路建设项目，完成100余公里公路建设，总投资1.1亿元，超过往年先行工程的总和。

（撰稿：江杨）

武夷山申报双“世遗”成功暨武夷山风景名胜区成立20周年等系列活动，在武夷山市举行。图为玉女峰前龙腾跃。（范崇智 摄）

【湄洲岛旅游度假区】 2000年，全区国内生产总值达1.59亿元，财政收入371万元，分别比上年增长14.8%和21.6%。全年接待境内外游客65.4万人次，比上年增长10.9%，创历史最高纪录；全社会旅游收入10128万元，比上年增长20.1%；全岛农民人均纯收入3389元，比上年增长6.8%。

一、旅游设施不断完善。全年完成全社会固定资产投资8559万元，比上年增长24.6%。建成跨海供水工程，总投资达4250万元，全长17.34公里，深海段3.6公里，日可供水2万吨，6月底全部完工，实现正常通水。建设湄洲岛妈祖文化遗产保护及配套工程，项目总投资5966.66万元，年内已完成投资3900万元，占总投资的65%。已建成妈祖香客服务中心、天后殿、妈祖石雕故事园、世纪碑林、妈祖文物展览馆和祈安洞等项目，并已对游客开放。完成文甲候船大楼建设和岛上“139绿化工程”，祈福馆、海天山庄、潮声客舍等宾馆、酒店开始营业，全岛新增床位300个，拥有总床位1500个。黄金沙滩游乐中心项目开始启动，鹅尾神石公园完成总体规划，日纹石景开始对外开放。基础设施日臻完善，旅游内容不断丰富，旅游业从朝圣观光型逐步向朝圣观光和旅游度假结合型转变。

二、成功举办“福建湄洲妈祖文化旅游节”。4月28～30日，“福建湄洲妈祖文化旅游节”作为福建唯一列入“2000年神州世纪游”系列站点在湄洲岛隆重举行，由闽、台、澳、津联合举办，有2万多名海内外来宾参加节庆。千年祈福大典、民俗游灯、大庙会、大诗剧、妈祖书画展等活动异彩纷呈，极大地提升了湄洲岛旅游品牌在海内外的知名度，促进了招商引资的发展。全年共签订了外资、内联项目6个，总投资额18633万元，其中利用外资933万美元。

三、对台交往日趋活跃。充分发挥妈祖文化的纽带和桥梁作用，增强中华妈祖文化以及妈祖故里对台湾广大信众的凝聚力、亲和力和感召力。全年接待台胞10万人次。7月16日，台湾台中县大甲镇澜宫组织2000多人妈祖信众组成大型团队，冲破阻力来岛朝拜，台湾13家新闻单位派出记者跟踪报道，在台引起强烈反响。台湾宜兰县6艘渔船45名信众再次直航湄洲朝圣妈祖，台湾中华影视中心剧组来岛拍摄40集电视连续剧《妈祖》。度假区组织访问团赴台参观考察，与台湾各界人士进行广泛联谊和交流，台湾信众要求“宗教直航”（香客直航）的呼声日趋强烈，湄洲岛成为大陆对台交往的重要基地。

（撰稿：陈宗良）

编审：王明永　　责校：郑棻

交 通 运 输

综 述

【“九五”交通建设】 “九五”期间，全省交通基础设施建设总投资379亿元，约为“八五”的3倍，技术改造共完成车船设备更新及基础设施技术改造投资35.45亿元，是“八五”的3倍多。2000年全省交通基本建设、技术改造完成投资82.85亿元，同比增长7%。高速公路建设进展良好，完成投资44.72亿元，同比增长52.1%；水运建设发展迅速，完成投资5.12亿元，同比增长29.3%。全省公路建设已从过去低标准量的延伸，向高等级质的提高方向发展。“九五”期间，全省港口基本建设完成投资53.09亿元，建成36个泊位。2000年铁路在基建、技改方面投入13亿元。外福铁路电气化改造工程当年开工、当年竣工。这样，福建省主要两条铁路干线（鹰厦线、外福线）全部实现电气化。梅坎铁路建成通车，并于2000年9月30日正式投入运营。形成福建铁路第三条进出省通道，进一步缓解铁路进闽运输困难。同时缩短了福州至广州、厦门至深圳，龙岩至广州、深圳的距离。

【运输生产】 2000年福建省交通运输与国民经济增长相适应，总体比较宽松。运输生产正常，运输能力和服务质量进一步提高，交通设施和运输环境进一步改善。全省旅客运输中铁路下降，公路、水运、民航增长；货物运输中水运略有下降，公路、铁路、民航增长。全年全社会客运量完成6.75亿人，旅客周转量完成440.55亿人公里，分别比上年增长2.9%和13.3%。货运量完成3.53亿吨，货物周转量完成707.04亿吨公里，分别比上年增长11.26%和下降5.3%。

铁路。全年旅客发送量1427.5万人，货物发送2475.0万吨，分别比上年下降3.5%和增长3.6%。其中：合资公司旅客发送量完成189.4万人，货物发送675.6万吨，分别比上年增长7.8%和9.8%。日均装车1195车、卸车1546车，分别比上年增长3.4%和9.2%。其中：合资公司日均装车304车、卸车177车。日均接重938车，比上年增长10.6%。全年进闽各类物资1768.9万吨，比上年增长6.7%；六大类重点物资1092.5万吨，比上年增长25.2%。其中：煤炭277.3万吨，增长0.1%；粮食349万吨，增长64.1%；钢铁211万吨，增长12.1%；化肥66.2万吨，增长3.0%；木材112.7万吨，增长86.3%；水泥76.3万吨，增长8.7%。安全生产再创历史新记录，至12月31日，连续安全生产3337天。

公路。道路运输调控力度进一步加强，客货运市场整顿工作进一步深入，客货运输健康发展。随着对“快运体系”的扶持和培育，快速客运在高速公路主干线上已初步形成规模。快速货运正在起步，货运信息交易市场建设也取得初步成效。全年完成客运量6.5亿人，旅客周转量330亿人公里，分别比上年增长3.0%和14.5%；完成货运量2.87亿吨，货物周转量195亿吨公里，分别比上年增长13.8%和5.2%。

水路。加强了水运行业管理，理顺了水运市场秩序，营造了公平有序的航运市场环境。全年完成客运量726万人，旅客周转量1.44亿人公里，分别比上年增长0.7%和持平；完成货运量4078万吨，货物周转量358亿吨公里，分别比上年持平和下降13.9%。六大类重点物资进闽运输完成2078万吨。其中：煤炭634.74万吨，增长46.1%；石油762.24万吨，增长1.3%；钢铁230.86万吨，增长19.1%；水泥49.47万吨，增长12.4%；化肥38.1万吨，下降25.5%；粮食363.3万吨，增长5.7%。水运电煤完成493.27万吨，比上年增长61.3%。其中：福建省轮船总公司完成华能福州电厂电煤运量223万吨，比上年增长27.5%；厦门轮船总公司完成嵩屿电厂电煤111万吨，比上年下降15.8%，完成漳州后石电厂电煤8万吨。港口生产：全省沿海港口货物吞吐量完成6944万吨，比上年增长31.4%，其中：集装箱吞吐量166.74万标箱，比上年增长31.5%。主要港口吞吐量：福州港2425万吨，集装箱40.41万标箱，分别增长64.5%和25.9%；厦门港1965.3万吨，集装箱108.46万标箱，分别增长10.9%和27.8%；泉州港1712万吨，集装箱15.89万标箱，分别增长12.6%和95.2%。

民航。全年完成旅客运输量353.25万人，比上年增长7.8%；货邮运输量完成7.6万吨，比上年增长5.6%。其中：厦门航空公司旅客运输量和货邮运输量分

“海上丝绸之路”起点泉州港，继1999年港口货物吞吐量1521万吨首度超过福州港后，2000年持续上升，头9个月已完成吞吐量1312.42万吨，集装箱11.69万个标箱，分别比1999年同期增长22.8%和103.75%。图为直航日本的货轮正在赶装货柜。（林辉龙 摄）

别完成351.5万人和7.6万吨，分别比上年增长7.6%和5.6%；福建联航公司旅客运输量完成1.75万人，比上年增长39.72%。民用机场旅客吞吐量完成633.38万人，比上年增长6.3%，货邮吞吐量16.06万吨，增长5.0%。其中：福州机场旅客和货邮吞吐量完成216.90万人和5.35万吨，比上年分别增长7.2%和12.7%，厦门机场旅客和货邮吞吐量完成355.15万人次和9.95万吨，比上年分别增长5.1%和1.3%。

【运输结构】 随着改革的进一步深入，全省运输结构呈现出多种经济成份并存的局面。运输市场竞争激烈，各种运输方式优势互补，分工更趋合理。全省各种运输所占市场份额顺序：客运量为公路（65000万人）、铁路（1443.6万人）、水运（740万人）、民航（353.25万人），分别为96.3%、2.1%、1.1%、0.5%；货运量为公路（28700万吨）、水运（4050万吨）、铁路（2500.2万吨）、民航（7.6万吨），分别为81.4%、11.5%、7.1%、0.02%。旅客周转量：公路（330亿人公里）、铁路（71.6亿人公里）、民航（36.11亿人公里）、水运（1.51亿人公里），分别为75.1%、16.3%、8.2%、0.3%；货物周转量：水运（380亿吨公里）、公路（195亿吨公里）、铁路（155.3亿吨公里）、民航（3.51亿吨公里），分别为51.8%、26.6%、21.2%、0.5%。

【运输设施】

铁路。福建省铁路由福州铁路分局、武夷山、泉州、龙岩铁路有限责任公司及海沧铁路公司共同组成。总营业里程1559.4公里，福建省境内1453.8公里。福州铁路分局管辖鹰厦、外福、福马、永加、漳州、南平东等6条线路，营业里程945.7公里。其中，福建境内873.9公里、电气化里程820.5公里、电气化占全分局营业里程的93.9%。机车279台，其中，电力机车176台，内燃机车86台，蒸汽机车17台。配置客车665辆。其中，硬座车291辆，硬卧车217辆，软卧车42辆，餐车38辆，行李车39辆，其他车种32辆。外福线开行12对旅客列车，鹰厦线开行10对旅客列车。合资铁路运营里程613.7公里。内燃机车13台、客车60辆。

公路。全省公路通车总里程达51073公里，公路密度每百平方公里达42公里。二级以上公路达5279公里，高速公路通车里程345公里。行政村通路率99.4%。全省9市之间都有1条二级以上公路连接，沿海的福州、莆田、泉州、漳州、厦门5个市都有高速公路连接，市通县基本有1条二级以上公路连接，县通乡都有1条三级或四级以上公路。全省共有营业性机动车22.41万辆。拥有营运客车3.11万辆，货车10.17万辆，分别比“八五”末增长1.2%和34.8%。拥有出租汽车1.48万辆，90%以上已更新为中级以上轿车。

水运。全省共有营业机动船舶3083艘，171.12万净载重吨。已开辟国内沿海及长江中、下游各港口航线和港澳、东南亚、日本、韩国等近洋航线。福州、厦门至台湾高雄港间两岸已试点通航。沿海港口现有千吨以上码头130个，其中万吨级以上泊位达41个；港口综合通过能力达到6925万吨。

航空。厦门航空公司拥有飞机22架，总座位数3260个。在册营运飞机平均20.6架，共有国际、国内航线近百条。年运输能力近360多万人。全省主要有福州长乐、厦门高崎、泉州晋江、武夷山机场。全年机场吞吐量633万人，货物吞吐量16万吨。福建联合航空公司飞行国内北京、无锡两条航线（9月14日无锡航线取消），每周3个航班，福州义序机场起降。年旅客运输量约1.75万人。

（撰稿：谢品善）

铁 路

【运输经营】 2000年，福州铁路分局以市场需求为导向，适时调整营销战略，创新经营方式，优化产品结构，强化运输组织，提高服务质量，在激烈的市场竞争中站稳脚根。全年完成货物发送量1844.5万吨，为计划的104.5%；完成旅客发送量1254.3万人，为计划的91.6%；完成客货换算周转量221.4亿吨，为计划的100.6%；完成运输进款19.9亿元，为奋斗目标的104.2%，同比增收18063.2万元，增长10%。福州铁路分局在经营工作中，紧盯盈亏目标，硬化经营责任，严控成本支出，推进集约经营，全面完成综合经营责任制考核目标，运输业实现赢利632万元，超计划30万元；全年运输全员劳动生产率同比增长7.9%。

【运输安全】 福州铁路分局认真贯彻落实江泽民总书记对安全生产的重要批示，把安全工作始终摆在各项工作的首位，初步形成了以分层管理、逐级负责、绩效考核为主要内容的安全逐级负责制保证体系，围绕山区铁路、电气化铁路与合资铁路安全工作的重点和特点，大力进行安全攻关，深入开展安全大检查活动，做到边反思、边检查、边整改，解决了一大批现场问题，安全基础不断夯实。全年消灭了客车险情事故，行车重大、大事故，责任重大路外伤亡事故以及责任职工因工死亡事故，实现行车安全3337天，劳动安全5987天，创历史最好成绩。

【企业改革】 福州铁路分局平稳有序、渐次推进改革与市场经济要求不相适应的一些管理体制，对改革中的难点焦点问题，根据实际创造性地提出解决方案。初步理顺了与武夷山铁路公司、龙岩铁路公司、泉州铁路公司等3个合资铁路公司之间的运输组织、安全管理、收入清算等关系。根据上海铁路局调整福建铁路工程管理体制的改革要求，积极推进福州铁路工程总公司和福州铁路勘测设计院的改制工作。加大后勤单位分离分立的改革力度，管辖内的中小学、技校、疗养院和防疫站全部实行以经费包干为主要内容的内部分立，与地方政府积极协商中小学移交问题，郭坑铁小已于12月移交地方管理。完善工业、施工企业资产经营责任制管理考核办法，落实资产经营责任。全面完成上海铁路局下达的减员任务，运输业累计减员4935人，超过计划13人。

【多元经营】 2000年福州铁路分局全面改革多经管理体制，大力扶持支柱产业，努力寻求新增长点，积极推进“三分”（企业分设、财务分账、人员分开）工作，全分局多元经营步入良性发展轨道。分局按照现代企业制度要求，将政企合一的福建铁路经济发展总公司改制为以分局为出资人的国有投资公司，并通过资产重组，成立了货运代办、旅游客运、商贸、快运、快车、广告等6个专业公司。同时，选择福州车辆段等单位作为站段多经企业的改制试点，对资本要素进行重组。多经企业全年完成销售收入47993.5万元，为计划的110%，同比增长23.3%；实现利润6010.6万元，为计划的143%，同比增长25.9%；补主业费用15792万元，同比增长12.8%。集经企业全年完成销售收入9628.56万元，为计划的112.4%，实现利润368.92万元，为计划的136.6%。

【基本建设】 全年更新改造完成投资16828.2万元，为计划的100%。外福铁路电气化工程于12月竣工开通运行，来（舟）永（安）段扩能改造、鹰厦铁路第二代红外线内资配套、道口平（交）改立（交）工程、鹰厦铁路列车尾部反馈装置、福州站客运整备设施、郭坑站新站房、计算机车管理系统、车号识别系统、集装箱跟踪系统和分局办公自动化建设等项目全面完成进度要求，职工住宅完成投资1291万元。规范管理物资采购招投标工作，强化执法检查，全年节约投资155.5万元。

【科技教育】 福州铁路分局以“科技兴局”为指导思想，加大对科技的人财物投入，分局科技水平再上台阶。全年安排科技开发经费184.4万元，确定了97个科研项目；“鹰厦线运能方案研究”等13项科技成果获上海铁路局2000年科技进步奖，“贯通线断线报警装置”等17个技改项目获上海铁路局2000年技术改进成果奖；完成来永段5个限制区段的提速试验和西洋、城口站机外固定停车课题攻关，压缩了运转时分，确保了“10.21”新图的顺利实施；开发举办各类培训班1415期、

50375人次，完成全员培训率8.3%，为计划的138.5%，脱产培训率4%，为年度计划的135%，行车主要工种持证上岗率达100%。

【合资铁路运营】 2000年，福建省与铁道部合资建设的漳泉肖、横南、梅坎铁路全面投入运营，3条合资铁路运营里程605公里，(其中省内新建387公里)，占全省铁路运营总里程的39%。在运输市场竞争日趋激烈的形势下，各合资公司大力开展客货运输，积极主动参与竞争，取得了较好的运营效益。其中武夷山铁路有限公司运营里程222公里，全年装车3327车，发送货物200441吨，卸车1767车，到达货物101149吨，发送旅客54.2万人次，分流重车157187辆，运输总收入1.8亿元，比上年增长129%。横南铁路还于2000年9月25日通过了国家正式验收，12月25日通过铁道部安全评估，具备了开通全路客车的条件。泉州铁路有限责任公司运营里程235.9公里，全年装车35283车，发送货物206.5万吨，比上年增长25%，卸车35533车，到达货物208.6万吨，比上年增长36%，发送旅客56.8万人次，运输收入1.3亿元，同比增长51.5%。梅坎铁路是我省2000年10大重中之重项目，该线于2000年6月26日全线贯通，10月1日开通货运。龙岩铁路公司全年装车72349车，发送货物436.5万吨，卸车27415车，到达货物153万吨，发送旅客669924人次，运输收入7431.8万元，比年计划增长17.3%。3个合资铁路公司运营均呈现较好发展势头。

【地方铁路建设项目前期工作】 一是做好赣龙铁路建设的前期工作。积极配合中国国际工程咨询公司，铁道部计划司和鉴定中心对赣龙铁路进行了现场调研、项目评估及初步设计审查，为项目早日开工做好了准备。2000年7月国务院正式批准赣龙铁路立项，9月铁道部通过赣龙铁路初步设计审查，12月一部两省正式签订了合作建设赣龙铁路协议书。二是做好温福铁路建设的准备工作，在铁道部的大力支持下，将温福铁路作为部省合资项目，初步拟定了省部合资比例为3：7，由铁道部控股。8月26日铁道部确定了温福铁路预可行性研究方案竞选优胜单位。之后受省计委委托，省铁总公司牵头组织了温福铁路线路方案特别是福州境内走向方案的研讨会。省部有关部门就合资建设温福铁路初步达成了共识。三是协调落实铁路建设规划用地。针对福厦铁路地处我省沿海经济发达地区，经济和社会效益俱佳的实际，将其作为利用外资的项目，大力搞好招商引资。主要措施有：委托铁二院、铁四院重新修编了福厦铁路可行性研究报告。积极寻找外商合作伙伴，力争引进外资建设。先后与奥地利、澳大利亚、台湾等境外公司进行了接触洽谈。年底在香港举办的大型经贸招商会期间，我省隆重推出了福厦铁路的招商重点项目，产生了积极影响。同时还积极争取铁道部支持，将福厦铁路列入国家建设计划。此外，龙岩至厦门的铁路建设前期工作也正式启动。 (撰稿：方琪 周福生)

公 路

【运力结构】 2000年，随着人民生活水平逐步提高，小轿车价格较大幅度的下降，银行消费贷款范围的扩大，城市居民消费观念的更新，民营企业的不断壮大，汽车、摩托车增长较快，特别是小型客车增长明显。受油价不断飚升以及"费税改革"即将出台的影响，高油耗的拖拉机和农用车呈萎缩趋势，而技术性能好、油耗低的车辆的比重不断提高，车辆结构日趋合理。截至2000年底，全省民用机动车达201.42万辆，比上年增长14.5%。其中：客车为15.69万辆（小型汽车为14.55万辆)，比上年净增2.73万辆（小型汽车净增2.66万辆)，增长幅度达21.1%（小型汽车增长22.4%)；货车为15.42万辆，同比增长10.6%；摩托车155.36万辆，比上年净增24.09万辆，同比增长18.4%；拖拉机和农用运输车分别为6.99万台和6.8万台，分别比去年下降了28.8%和2.4%。营业性运输车辆情况：全省营运车辆为23.31万辆，与上年基本持平，其中：客车3.08万辆、41.4万客位，分别下降1.9%和2.1%；货车10.21万辆、30.76万吨，分别增长8.4%和4%。

【运输量】 2000年，全社会公路运输生产稳步增长，客货运输量完成6.5亿人、330亿人公里、2.87亿吨和195亿吨公里，分别比上年增长3%、14.5%、13.7%和5.2%。其中：营业性运输量除货物周转量下降外其他指标均比上年增长，客货运输量完成4.2亿人、233.4亿人公里、2.29亿吨和175.8亿吨公里，分别比上年增长7.2%、11.1%、3.4%和下降5.1%。2000年全省公路运输主要具有以下特征：1. 全省营业性客运运力首次出现负增长。自改革开放以来，全省客运运力第一次出现了负增长，这是加强运输管理和市场经济规律作用的共同结果。2. 货运超载现象得到有效遏制。《超限运输车辆行驶公路管理规定》实施后，全省路政部门依据《规定》加强管理，严厉打击超载车辆，使全省长久以来的货运严重超载现象得到有效遏制，延长了公路使用寿命，减少了国有资产的损失。3. 高速快客和直达快客成为运输企业新的经济增长点，体现了全省高等级公路建设对运输市场的发展有明显促进作用。

【公路建设】 2000年全省公路通车里程达51073公里，比上年增长1.7%，比"八五"末增长9.7%。全省公路网密度为42.08公里/百平方公里，居全国前列。全省公路桥梁9624座，总长328717延米，隧道60座，总长41908延米。全省等级公路里程为42512公里，比上年增长2.7%，其中高速公路345公里，一级公路406公里，二级公路4582公里，三级公路2966公里，四级公路34213公里。总里程中高级路面9437公里，比上年增长23.3%，次高级路面9101公里，比上年增长1.5%；全省乡镇通路率为98.0%；行政村通路率为74.5%。全省高速公路继同三国道主干线泉州至厦门段、厦门至漳州段、福州至泉州、宁德至罗源段和漳州至龙岩高速公路一、二期等345公里建成投入使用后，同三国道主干线福鼎至宁德段、罗源至长乐段、漳州至诏安段和漳龙高速公路龙岩段三期工程、京福国道主干线一期工程福州至三明段等共约614公里高速公路建设全面铺开，漳龙高速公路漳州段、京福国道主干线二期工程等共约217公里的高速公路前期工作正抓紧进行，计划2001年完成并开工建设。2000年全省专养公路里程14530公里，专业养路共完成投资79054.05万元，为年度计划的122%。其中养路工程费51993.01万元，为年度计划的138%。专养公路年平均综合好路率76.7%，干线公路好路率81.0%，分别比上年提高1.9%、2.0%。干线公路完成GBM工程路段共2314公里，达到省级以上文明样板路里程1772公里。

【稽征、路政】 2000年全省稽征系统广大职工针对各种抗、逃、漏缴公路规费现象严重等因素，坚持以稳定为前提，以征费为中心，以规范化管理为基础，认真落实各项工作。全省共征收"三费"(养路费、客货运附加费、山区还贷基金）15.3亿元，其中汽车养路费实收7.93亿元，比1999年超收3452万元，超计划5.7%，依法稽查补罚公路规费1.18亿元，有力促进了征收任务的完成。2000年全省公路、稽征部门在积极完成各种交通规费征收任务的同时，努力抓好文明样板路、文明窗口和稽征规范化达标三个创建载体，推动精神文明建设，全省共有52个通行费所（站）达到省级"文明窗口"标准，72个稽征所评为规范化达标所，达标面占94%。全省公路系统共有省级文明单位26个，市级文明单位82个，县级文明单位72个。2000年全省公路管理部门根据交通部2月13日发布的2000年2号部长令，从4月1日起开始实施《超限运输车辆行驶公路管理规定》。在加大宣传力度，组织开展制止超限运输宣传周、宣传月和咨询日活动的同时，加强与法院、交警、交管等部门的协调工作，超限运输专项治理工作取得良好效果。为提高执法队伍的内在素质，重视路政队伍的业务素质，强化路政内外业规范管理，2000年举办了2期路政外业培训班。在开展了清理违章建筑、占道加水等专项整治的过程中，加强公路两侧建筑红线控制，全年依法清除公路两侧违章建筑33.5万平方米，追回公路路产损坏赔（补）偿费1.6亿元，有效地维护了公路的完好畅通。

2000年全社会公路运输量

指标	2000年				2000年比1999年增减（%）			
	客运量	旅客周转量	货运量	货物周转量	客运量	旅客周转量	货运量	货物周转量
	万人	亿人公里	万吨	亿吨公里				
总计	65038	330	28709	195	3	14.5	13.7	5.2
其中：营业性	41696	223.4	22924	175.8	7.2	11.1	3.4	—5.1

全省公路里程分布表

单位：公里

	总里程	等级公路						等外公路
		合计	高速公路	一级公路	二级公路	三级公路	四级公路	
合计	51073	42512	345	406	4582	2966	34213	8561
其中：国道	2469	2469	345	223	1835	66	0	0
省道	5953	5486	0	84	1756	1652	1994	467
县道	10248	8924	0	93	746	802	7283	1324
乡道	29076	22354	0	6	245	396	21707	6722
专用公路	3327	3279	0	0	0	50	3229	48

（撰稿：郑祖琴 朱海滨）

民用航空

【概况】 2000年，全省民航航空安全形势发展平稳，没有发生重大飞行事故和地面、空防安全人为责任事故。航空运输经营克服重重困难，扭转了自1998年以来旅客运输量指标连续2年出现的下降态势，全年客、货邮运输量较上年度全面增长，并达到历史最好水平。2000年，福建民航机场运输旅客吞吐量厦门为3551531人，比上年增长5.1%，福州为2158994人，比上年增长7.2%，武夷山为252690人，比上年增长21.8%，晋江为360662人，比上年增长0.3%；货邮吞吐量厦门为99484.7吨，比上年增长4.3%，福州为53471吨，比上年增长12.7%，武夷山为1177.7吨，比上年增长5.8%，晋江为6547.9吨，比上年增长4.4%；飞行架次，厦门为44751次，福州为29002次，武夷山为3317次，晋江为5249次。

【航空安全】 2000年，全省民航4个运输机场继续以保障航空安全为重点，实实在在把安全工作摆在行业工作的首位，加强对员工的安全教育，提高员工的安全意识，抓好安全基础建设；加大对保障安全的设备资金投入，更新部分旧设备以减少设备故障率；严格落实安全逐级责任制；加强对重点部门、岗位的管理和督查；抓紧各类保障人员的技术培训。全年除各机场单位自行组织的安全检查、整顿工作外，民航福建省管理局组织6次对省内民航机场、民航单位和航空销售代理单位的安全大检查：发现和制止了三明尤溪农民未经批准擅自开办经营的空中游览业务；阻止了武夷山河圣航空俱乐部未批准私自使用超轻型飞机和航空动力伞开展空中游览活动的违规航空业务经营；纠正了中国东方通用航空公司未办理审批手续即在长乐机场执行航空拍摄任务的错误行为。福州、厦门机场针对机场净空日益变差的事实，呼吁人大立法以保护机场净空不再遭周边建筑物的侵害，确保机场飞行安全和延长机场使用年限。机场安检部门全年查获旅客违规携带枪支4支、子弹75发；安全部门配合公安部门从晋江即将飞往北京的航班上抓获1名通缉犯人；空中交通管制部门成功配合机组粉碎了一起歹徒劫机阴谋。

【改善服务】 2000年，全省民航机场单位按照“一流机场、一流服务”的要求，积极改善航空地面服务工作，争创文明机场；千方百计开辟客货源，增加机场运营效益。1.树立机场形象。机场单位加大资金投入，改善服务设施，美化机场“窗口”环境；推行精品服务和微笑服务；坚持送票上门；开办机场绿色通道，方便急事旅客登机；关照无人陪伴的老、弱、幼及行动不便的特殊旅客候机和上下机。继厦门高崎和福州长乐分别被评为全国民航“文明机场”和民航华东地区文明机场后，武夷山机场被评为民航华东地区文明机场。2.提高员工素质。各机场管理部门视旅客为“上帝”，对服务窗口员工严格要求，加强管理，不断提高服务标准。民航福建省管理局加大督查力度，发现不文明服务的撤销其上岗证。通过实行竞争上岗，促使员工素质和服务水准提高。

【航空经营】 在航空销售市场持续不旺的条件下，民航各销售单位努力改变销售方法，实行延伸服务，扩大销售渠道。武夷山机场成立航线销售队伍，采取“走出去，请进来”的办法。积极争取多家航空公司来武夷山经营，多辟新航线。以武夷山旅游城市的特点，开辟旅游航线为主。全年新辟至郑州、澳门、大连、长春4条新航线，同时大力为培育新航线组织客源和进行旅游促销，取得一定成效。民航福建省管理局在全省航空运输销售代理单位点多、分布面广、良莠不齐的条件下，注意加强督查，发现违规操作的行为及时予以纠正和处理。同时，积极推广和落实BSP（航空售票代理人的开账与结账计划），2000年多数航空销售代理人已在10月底前完成此项任务，此举规范了各销售代理人的操作行为，起到了引导航空运输销售代理市场向有序化方向发展的积极作用。

【机场体制改革】 2000年全省民航机场的航空客货运输量达到了历史最高水平，但仍未达到设计能力，机场资源尚未得到有效利用，机场运营成本仍然较高。为求自身发展，民航4个机场在加强管理、改变经营策略、内部机构调整、引进人才的同时，积极探索机场体制重大改革的路子。继厦门高崎机场完成股份制改造后，泉州晋江机场也实行了股份制改造，福州长乐机场也在积极寻求合作伙伴，共同投资经营，努力降低固定资产负债率，以期从根本上解决困扰机场发展的债务问题，为自身发展创造有利条件。

【厦门航空有限公司】 2000年厦航公司以“安全、优质、诚信、创新”为宗旨，狠抓规范化管理，坚持改革创新，实施“高质量低价位”经营战略，在航油价格涨幅70%的经营压力下，公司全面完成了年度运输生产与利润计划，完成与民航总局签订的安全责任书的各项指标和公司年度安全管理目标。全年杜绝了飞行事故、空防事故和航空地面事故。安全飞行67251小时，事故征候万时率为0。公司现有飞机22架，总座位数3260个。完成运输总周转量35136万吨公里，比增10.3%，旅客运输量351.5万人，比增7.6%，货邮运输量7.6万吨，比增5.4%。飞机日利用率8.8小时，比上年提高0.5个小时。

一、保持品牌优势，服务再创佳绩。厦航在抓好安全教育和技术培训、强化安全意识、确保飞行安全和空防安全的同时，秉承“以诚为本，优质服务”的服务理念，以提高顾客满意度为己任，积极探索一条龙服务、延伸服务和超常服务。2000年厦航对机队结构进行优化调整，并逐步扩宽飞机客舱的座位间距，减少飞机客舱10～20个座位，增加旅客乘坐飞机的舒适性。扩大航线及自营销售网络，开通全国订票、购票服务厦航付费电话800—858—2666，完善行前机场取票及免票送票服务，大力推广“白鹭里程奖励活动”，实现里程机上刷卡累积，为常客提供优质便捷的服务。2000年厦航白鹭卡常客数量已突破40万人。2000年，厦航荣获“’99旅客话民航”年旅客运输量300～600万人次组第一名；荣获由中央部、委、局及行业协会组织评选的“全国实施用户满意工程先进单位”荣誉称号。

二、灵活经营，确保盈利。贯彻“以销定产”的市场经营理念，调整、优化航班航线结构，紧抓市场机会，做好假日经济大文章，充分发挥直销渠道作用，加强代理市场的协调管理。春运期间，厦航(含福航)共完成客货销售收入近3.7亿元，综合保障工作是历次春运最好年份之一。“五一”的假日运输生产，创造了厦航创办以来客运日收入、飞机日利用率、旅客日运输量最高3项记录。全年实现主营业务收入29.2亿元，比增8.8%。

三、初步形成低成本经营机制。厦航在机务部实行了“模拟市场核算”，航材推行目标管理，通过降低固定资产采购成本、降低油耗成本、用自有资金和人民币贷款换汇购置新飞机，基本建设坚持例会制度等措施使航材、航油、维修、配餐、基建以及非生产性项目费用得到充分控制，2000年成功消化航油成本1.45亿元以及更新飞机所增加的成本。

四、开展科技创新活动，提高核心竞争力。厦航启动开发了飞机维修可靠性管理信息系统(ARMS)、ORACLE账务系统、常客系统、载重平衡系统、货运系统等先进技术项目；改版厦航网站，实现网上订票、白鹭里程卡申请及里程查询、实时天气查询等功能。2000年9月，厦航荣获国家技术质量监督局授予的“2000年全国质量管理先进企业”荣誉称号。机务部袁庆铭、林再兴的科技成果《飞机货舱侧壁板防撞条》在“2000年香港国际发明展览会”上荣获银奖。

五、进行企业结构调整，优化资源配置。经民航总局、福建省政府批准和两家股东同意，自2001年1月1日起，注销福建航空公司，同时成立厦门航空有限公司福州分公司。进一步理顺了厦航与下属企业的经营管理体制，建立了以资本为纽带的法人治理结构。公司下属企业厦门航空发展有限公司及其所属航空宾馆、金雁酒店、泉州航空酒店，以及厦门航空广告有限公司和厦门旅行社，厦航工会所属厦门航空开发服务有限公司从厦航母体剥离，资产管理、财务管理、人事劳资关系及福利待遇与厦航脱钩。同时公司还与厦门航空发展有限公司共同出资注册成立了“厦门厦航旅游运输有限公司”。

(撰稿：郑祖珍 朱海滨 颜长征 陈露)

内河航运

【运输】 2000年全省内河运力结构调整力度加大，全省拥有内河机动船舶1030艘、8619客位、净载67586吨位，分别比上年减少19.5%、11.6%和增长20.3%，其中客船139艘、7671客位，分别比上年减少8.6%和5.6%，货船865艘、67493吨位，艘数比上年减少20.9%，吨位增长20.4%，平均吨位达78吨位/艘，比上年增长52%，结构差、技术状况差的船舶逐渐被淘汰。全年完成内河客货运输量216万人、6780万人公里、881万吨、3.04亿吨公里，分别比上年减少29.2%、16.7%、5.2%和6.4%，其中闽江流域客货运输量完成148万人、4938万人公里、857万吨、2.93万吨公里，分别比上年减少10.8%、增长7.1%、减少4.7%和3.9%，内河客货运输仍处低谷，形势不容乐观。

【安全生产】 2000年是水上安全管理年，全省各级交通部门强化落实安全管理责任制，坚持“安全第一”方针，加强对船舶安全检查力度，切实解决内河安全生产中的突出问题，对辖区内的渡口、渡船进行全面整治隐患，纠正违章，狠抓客运安全，同时开展“安全生产周”等安全管理活动，确保了全省内河交通安全。2000年全省内河交通事故28起、无人死亡、沉船3艘、直接经济损失37.81万元，4项指标全面下降，实现了省政府下达的控制目标。

【运力存在问题及发展方向】 运力结构存在问题：1.船舶平均吨位小、航速低，使其低价优势得不到充分发挥；2.船龄老化、船舶技术落后，无法适应激烈的竞争；3.个体联户、集体企业所拥有的运力已占有相当比重，由于缺乏有组织的散户经营机构的协调，制约了水路运输规模经济效益的发挥。发展方向：在加强内河航道、港口建设和改革经营组织方式的基础上，逐步减少木质、水泥质船和技术落后的船舶，优化船舶船型结构、吨位结构、船龄结构，提高内河船舶标准化、现代化水平及航运企业规模，充分发挥水路运输低成本、环保和节能的优势，提高水路运输的快速性和机动灵活性，使内河航运业逐步走出经济效益低谷。(撰稿：林伟雯)

海洋运输

【客货运输】 2000年面对航运市场激烈竞争，营运成本大幅升高，运价低迷的现实，全省海运企业采取了外拓市场、内抓管理的经营策略，海洋客货运输稳步发展。全年完成旅客运输量510万人、7643万人公里，分别比上年增长22.6%和21.7%，其中香港航线的“集美号”客船由于5月出售导致其运输量与上年相比出现下降。2000年由于假日经济的拉动，旅游运输得到发展，以海上旅游为特色的客运体系正在形成。2000年全省完成货物运输量3179万吨、355.6亿吨公里，分别比上年增长1.5%和减少13.9%，货物运输平均运距1112公里，比上年减少15.2%。其中沿海货运在巩固传统货源的基础上，采取积极措施争取新客户，开辟新航线，全年完成货运量2394万吨、周转量240.29亿吨公里，比上年增长8.9%和3.9%，集装箱和国内大宗散货等重点运输均保持较快发展势头。

【海洋油运】 2000年油运市场“僧多粥少”的局面仍未改变，竞争相当激烈，在这种情况下，全省油运企业在逆境中求发展，一方面加大市场开拓力度，广泛收集货源市场信息，做好揽载工作，另一方面通过与国内外经纪人的多方联系，利用其信息灵、门路广的特点，拓展揽货运输业务；另外针对油运市场变化莫测，货源不稳定等特点，自营和期租并举，以提高船舶营运率、实载率，加速船舶周转，较好地完成了年度计划要求。至2000年底全省拥有油船76艘、12.56万吨位，艘数比上年减少3.8%，吨位增长5.5%，平均吨位增长9.7%，累计完成石油制品353万吨、35.41亿吨公里，与上年基本持平。

【集装箱运输】 2000年全省拥有海洋机动船舶1917艘、172.19万吨位、1.57万客位、分别比上年增长0.3%、17.5%和减少11.4%，其中集装箱船舶125艘、19.09万吨位、14787标准箱位，分别比上年增长9.6%、7.3%和37.5%，全年完成集装箱运输量51.31万标箱、550.58万吨。分别比上年增长13.1%和14.7%，其中远洋集装箱运输量完成45.29万标箱、435.29万吨，分别比上年增长11.2%和3.1%，沿海集装箱运输量增长迅猛，共完成6.02万标箱、115.29万吨，分别比上年增长30.3%和99.3%。

海峡两岸试点直航以来，厦门—高雄航线集装箱运输连年上升，并成为厦门港新的经济增长点。2000年1～11月累计完成近30万标箱，增幅超过15%。图为台轮立峰号满载货物在厦门东渡港靠泊。（林辉龙 摄）

2000年全省海洋机动船舶运量、运力表

	2000年运输量						2000年运力		2000年运量比1999年增长（%）						2000年运力比1999年增长（%）	
	旅客		货物		其中：远洋				旅客		货物		其中：远洋			
	万人	万人公里	万吨	万吨公里	万吨	万吨公里	客位	吨位	万人	万人公里	万吨	万吨公里	万吨	万吨公里	客位	吨位
总计	510	7643	3197	3555954	803	1153025	15650	1721924	22.6	21.7	1.5	—13.9	—15.6	—36.7	—11.4	17.5
其中：交通部门	53	1140	1845	2704816	594	1009083	1368	767565	23.3	—28.8	12	9.4	16	11.1	—29.6	1.7
厦门轮船总公司	1	215	380	564056	119	80828	0	149614	—50	—72.6	23.8	27	30.8	28.4	0	—4.4
省轮船总公司	0	0	723	1450179	400	874888	0	336785	0	0	15.7	5.1	29.4	11.4	0	6.3

（撰稿：林伟雯）

港口

【“九五”概述】

一、港航建设。“九五”时期，全省沿海港口新增综合通过能力接近“八五”以前总和，其中新增集装箱码头的通过能力是“八五”以前总和的2倍。“九五”时期全省沿海港口吞吐量年均增长量达到14.9%，其中集装箱年均增长量达到28.2%。经过5年建设，全省航道基本建设完工项目有福州通海航道整治二期工程2万吨级航道50公里，罗源湾淡头码头500吨航道，晋江顺济桥—前埔四级航道13公里（可通航500吨海轮）；已投入使用的项目有厦门湾航道（乘潮通航10万吨级）46公里，漳州后石港区航道（乘潮通航10万吨级）21.6公里，宁德三都澳白马港区航道（乘潮通航万吨级）42.2公里，泉州湾后渚港区航道（乘潮通航5000吨级）15公里，闽江水口—南平四级航道97公里，南平—高砂电站坝下五级航道56公里。

二、利用外资。“八五”以前我省港口建设主要依靠交通部门一家，而且依赖国家政府投资建设。“九五”时期全社会建设码头积极性极大提高，建设了一批货主专用码头。港口建设资金筹措也主要采取贷款解决，并在利用外资方面也有进展，全省港口建设利用外资（含利用国际金融组织贷款）2.36亿美元，其中厦门港利用外资1.68亿美元，占全省港口建设利用外资总额71.3%；货主专用码头引进外资1亿美元，占全省港口建设利用外资总额42.5%。同时厦门港、福州港和漳州港招银港区在转让经营权、盘活固定资产存量方面取得成效，共引进外资1.05亿美元，其中厦门港0.53亿美元，福州港0.30亿美元，漳州港招银港区0.22亿美元。

【港口生产、建设】 2000年末全省沿海港口拥有主要生产性码头（千吨级以上泊位）126个，其中万吨级以上泊位40个，综合通过能力达到6400万吨，其中集装箱135.8万标箱。与1995年末比较，新增主要生产性码头29个泊位，其中万吨级以上16个泊位，新增综合通过能力达到3198万吨，其中新增集装箱码头的通过能力90.5万标箱。2000年全省沿海港口吞吐量达到6944万吨，比上年增长31.4%。其中外贸吞吐量完成2776万吨，比上年增长39.0%。全省沿海港口集装箱码头吞吐量完成166.74万标箱，比上年增长31.5%。

2000年福建省沿海港口吞吐量

	2000年货物吞吐量（万吨）		2000年比1999年增长（%）	
	全　港	其中：外贸	全　港	其中：外贸
合　计	6944.17	2776.40	31.4	39.0
进　口	4093.07	1193.28	27.2	17.4
出　口	2851.10	1583.12	38.0	61.3
福州港务局	2425.48	933.27	63.8	83.1
进　口	1446.05	210.31	50.1	23.9
出　口	979.43	722.96	89.5	112.7
厦门港务局	1965.26	1168.56	10.8	18.9
进　口	1156.12	482.11	4.0	10.0
出　口	809.14	686.45	22.2	26.1
泉州港务局	1712.18	525.44	12.6	22.0
进　口	902.70	449.14	11.1	22.1
出　口	809.48	76.3	14.3	21.5
湄洲湾港务局	201.34	35.47	47.9	79.1
进　口	175.97	29.41	59.1	93.5
出　口	25.37	6.06	−0.7	31.7
宁德港务局	221.19	56.65	21.8	205.4
进　口	131.06	0.08	14.2	−83.3
出　口	90.13	56.57	34.9	213.1
漳州港务局	418.72	57.01	117.8	55.0
进　口	281.17	22.23	165.3	−11.8
出　口	137.55	34.78	59.4	200.6

编审：余洪霞　　责校：章卓如　　（撰稿：陈逸龙）

信 息 产 业

信 息 业

【“九五”概况】 “九五”期间，全省信息产品制造业累计完成工业总产值2128.2亿元，销售收入1298亿元，实现利税88.3亿元，出口总额72.9亿美元，分别是“八五”的4.5倍、4.0倍、3.7倍和4倍。“九五”期间，全省信息产业工业总产值年均增长38.7%，比全省规模以上工业年均增长率高出1倍以上。全省平均年开发100多项新产品、新技术，有156个项目获部、省科技进步奖和省优秀新产品奖，涌现出一批优势新产品，如冠捷公司的彩色显示器、实达集团的调制解调器、福日公司的背投影彩电、万利达公司的激光视盘机等10多种新产品，其产销量都居全国前列。由于认真贯彻《质量振兴纲要》，大力推行ISO9000质量保证标准，强化质量监督，提高产品质量，全行业已有92家企业通过了ISO9000质量体系认证，有26个产品获省名牌产品称号，有2个商标获中国驰名商标称号。“九五”期间，省信息化办公室下达各类电子信息技术推广应用项目240项，总投资6.5亿元，新增产值17.6亿元，取得良好的经济效益和社会效益。“九五”期间，按照“加强管理，保护资源，保障安全，健康发展”的方针，全省建立了以《中华人民共和国无线电管理条例》、《福建省无线电管理条例》和十几个单项配套规定为主体的无线电管理法规体系，初步建成覆盖全省9市的无线电监测网和以无线电管理信息系统为主体的技术支撑系统，使无线电管理从过去单一的行政管理，逐步过渡到行政、法律、技术、经济综合管理阶段，提高了科学管理水平。

【信息产品制造业】 2000年，全省信息产业完成工业总产值（1990年不变价）739.3亿元，比增32.8%；工业增加值98.4亿元，比增16.4%；出口总额22.6亿美元，比增20.6%；产品销售率97%，比增1.5个百分点；销售收入401.3亿元，比增26.5%；实现利税29.1亿元，比增27.6%，其中实现利润19.4亿元，比增31.8%。工业增加值占全省全社会GDP的比重为2.5%。全省信息产品制造业工业总产值居全国电子行业第七位，连续5年居全省工业系统首位。

电子产品向高技术、高品质、高附加值方向发展，投资类产品所占比重不断提高，产业结构渐趋合理，投资类、消费类和元器件类产品的比重分别为52.5：28.5：19，投资类产品已替代消费类产品占据我省信息产业的主导地位。2000年，全省信息产品产量居全国前5名的有19种，其中，居全国首位有4种（POS终端、调制解调器、打印机和收录放机），居第二位有5种（BP机、电话单机、光通信设备、黑白电视机和显示器），居第三位有2种（传真机、激光视盘机）。

全省十大“重中之重”建设项目电子工业基地建设稳步推进。围绕基地建设的20个重点项目，层层落实，并成为新的经济增长点。随着福州、厦门、马尾和融侨4大电子基地的逐步形成，2000年其产值占全行业的92%。莆田、泉州、漳州3个生产基地的培育工作已逐步展开，有望成为“十五”期间新的电子生产基地。

随着招商引资的扩大，外向型经济不断发展。到2000年底，全省共引进外资12.9亿美元，三资企业103家（按行业管理统计），解决就业7.02万人，占全行业职工总数75.6%；有14家三资企业入选全国百家最大规模电子三资企业名单；三资企业完成工业总产值占全行业76%，实现出口额占全行业95%，其中有6家三资企业（冠捷、灿坤、厦华、中华映管、厦门TDK、戴尔）2000年出口额超过1亿美元，其中冠捷超过6亿美元。

【网络通信运营业】 全省已建成处于全国领先地位的通信网络。固定电话和移动电话的网络规模居全国前列，邮政已基本形成沟通城乡的网络体系，电信部门铺设到各市、县、乡及部分行政村的光缆总长度达3万多公里，建成连接9市的SDH（同步数字传输）环网。2000年，全省城乡电话交换机总容量达710万门，固定电话用户达560万户，城乡电话普及率达到每百人15.4部，城市电话普及率达每百人44.1部；移动电话用户达440万户，平均每百人持有率达到13.3%；寻呼用户达370万户。广电部门已建成连接全省城乡的广播电视网，广播电视专用微波线路总长度8400公里，东南网络主干线光缆长度4500公里，有线电视用户达250万户，全省广播和电视人口综合覆盖率达95%以上。网络通信技术迅速发展，光纤通信、数字微波通信、卫星通信、程控交换、移动通信、数据和多媒体通信等先进技术得到广泛应用，基本实现了电话交换程控化、长途和中继传输数字化，ATM骨干网已经建立，IP和多媒体通信已初具规模，因特网用户近80万户。除了原有的中国电信、联通、移动等公司，卫星、吉通、网通等公司也相继进入我省市场，为推进我省国民经济和社会信息化进程发挥了积极作用。

【软件及其信息服务业】 2000年，全省软件产业进一步壮大，在管理信息系统、金融、财税、商业、办公自动化、教育和工业控制等应用领域取得了较大进展，成为信息产业新的增长点。福州、厦门软件园建设已初具雏形。开发出一批享有自主知识产权的应用软件，在全国具有较高的知名度，如：“地理信息系统软件”、“多媒体教育软件”、“多维视景软件”、“动态口令身份认证系统软件”、“多协议数据交换平台软件”、“金融业务实时交易系统软件”、“同城清算系统软件”、“证券交易系统软件”、“翻译和词霸软件”，以及众多的通信软件等。省信息产业厅进一步加大了对软件业的管理、扶持力度，促进其发展。2000年，全省软件及其信息服务业营业额达25亿元，出口额600万美元。

【信息化建设】 2000年，全省应用信息技术改造传统产业取得显著成效。生产过程控制系统、计算机辅助制造、计算机辅助设计、计算机辅助管理和计算机集成制造系统的普及率及应用水平明显提高；企业信息管理系统走向网络化应用，并在因特网上设立网页，发布企业信息，宣传企业产品，开展电子商务等业务，逐步向现代化企业发展。全省“九五”计划确定的“118”工程顺利推进。“福建之窗”网站的建设取得较大进展，全省几种主要报刊均已上了“福建之窗”，大多数市也在“福建之窗”中开设各市之窗。金卡工程（电子货币及自动化支付系统）、金关工程（对外经贸信息系统）、金税工程（税务电子化系统）、金企工程（企业生产与流通信息系统）、金宏工程（宏观管理信息服务系统）、金智工程（教育科研信息网）、金科工程（科技信息网）和公众信息服务网等八大应用系统都取得较快进展，收到了一定的经济效益和社会效益。“金农”、“金盾”、“金卫”等一系列“金”字工程也在积极建设之中。随着网络建设的迅速发展，全省9个市和30多个省直机关实现了政府上网，党政机关办公自动化进一步普及。

【无线电管理】 2000年，为加强频率台站管理，合理利用频谱资源，全省开展了无线电寻呼台专项整顿工作，1. 清查了广电、电信、电力系统分布全省的支线微波台站，对擅自使用的非标微波频率进行了调整。2. 清查了150、450兆段频率，收回频率326个，并重新制定了频率分配方案。3. 大力加强了无线电管理技术基础设施建设。截止年底，全省已完成无线电管理信息网的建设，基本完成全省无线电监测网一期工程的安装调试工作。4. 充分利用无线电监测设备，加强了对航空、水上以及气象等无线电业务频段的监听监测以及地球站、微波站电磁环境测试工作，切实维护了空中电波秩序。

（撰稿：林启福）

邮　政

【概况】 2000年福建邮政部门认真贯彻落实国家邮政局的工作部署和全省邮政工作会议精神，大胆实施改革，主动加强管理，不断改善服务，狠抓队伍建设，积极拓展业务，各项工作取得一定的成绩。全省邮政生产经营形势较好，邮政业务总收入累计完成18.85亿元，列全国第七位，比上年同期增长16.6%，初步实现经营性扭亏。

一、以加快发展为中心，不断拓宽业务领域。2000年，全省邮政部门强化经营工作，积极开拓市场，推动邮政业务朝效益型、多元化方向发展。2000年，全省邮递类业务收入占总收入的比重达52.4%，比上年同期提高8个百分点，其中函件、特快和包件收入分别比增32.2%、20.7%和18.4%；邮储业务累计净增余额11.92亿元；代办电信等其他业务收入比上年同期增长了4倍多。各项业务稳步增长主要得益于：一是经营责任制等分配考核办法有力地调动了各级各部门的积极性。二是市场意识进一步增强。各单位注重拓宽思路、因地制宜，紧抓各种节日商机，积极造市。三是充分利用邮政资源优势，找准各类业务的增长点，创新经营。特快汇款、邮政礼仪、电子信函3项业务的业务量绝对值均列全国首位。邮购业务大力发展总经销、总代理；全省邮政与电信、移动、联通等电信运营企业全面合作，提供代缴费、代发展服务，进一步拓宽了业务空间。

二、加大改革力度，促进业务发展。面对2000年巨大的生产压力，全省邮政部门统一思想，通过改革创新逐步建立健全适应市场经济发展的管理体制和经营机制，促进了各项业务的发展。主要体现在：一是分配制度改革力度加大。全省分配制度改革向领导层和管理层铺开，省对市、市对县都实行了下级单位领导的奖金由上一级考核后发放，与业务收入基数和计划完成情况全面挂钩。部分局直接考核到个人，拉开了分配档次。据统计，全省共有895个班组实行了工资总额承包，占总数的51%；有5120人实行了计件工资，占全部从业人员的32.7%；二是用工制度改革得到深化。在职业技能鉴定的基础上积极推进生产岗位竞聘、竞标上岗，在职工中创造优胜劣汰的氛围。全省邮政部门有833个生产班组（支局、所）推行岗位竞聘，占总数的47.5%；参加竞聘的员工达5619人，占全部从业人员的35.5%；有297个管理岗位实行竞聘，占管理岗位的16%；三是投递体制改革积极推进，全省大部分市、县局陆续成立了具有法人资格的收投公司，进行了工商注册、税务登记，为引入现代企业管理制度、实现自主经营、自负盈亏、自我积累与发展的良性循环奠定了基础。各局收投公司不同程度地推行了以计件为主，总量考核为辅，收投结合，以收为主的分配方式的改革，充分调动了职工的工作积极性；各邮政局普遍为城镇居民户做好“目录、名片、征订、投递”四入户工作，使上门营销得到较好的落实；四是积极推进农村支局所经营管理体制改革，努力扭转农村支局所严重亏损的局面。全省农村支局所基本上实行了承包管理，并因地制宜地采取了多种方式开展农村支局所扭亏试点工作。

三、开展“邮政管理年”活动，向管理要效益。2000年，省邮政局全面推行方针目标管理，各单位逐级分解、展开，自上而下地建立目标，制订措施，落实责任制，确保全面方针目标的实现。同时制定了一系列的管理办法，推动各项管理工作向系统化、制度化、规范化的轨道发展，提高了企业管理水平和综合效益。一是加大成本管理力度。各局在上年增收节支的基础上，采取措施，下大力气挖掘降低成本的潜力，通过优化邮路、网路、电路等方式减少固定成本；通过改造绿卡通信网络，每年可节约电路费用800万元；通过优化邮运网，撤销省内火车运邮、节省铁路运费400多万元，总成本费用得到有效控制。二是加强票品的经营管理。全省强化了邮资票品管理职能，省邮政局对外购邮品进货量较大的局进行专项审计，堵塞了漏洞。根据国家邮政局的部署，我省顺利完成了部分邮资票品的销毁工作，邮资票品库存结构渐趋合理。三是加强行业管理，加大了邮政市场清查整顿工作力度。全省邮政部门联合工商等部门，清理整顿了社会非邮政速递公司侵犯邮政专营权行为，确保了重点业务的健康发展，同时还部署开展了打击假邮票的专项清理整顿工作。据统计，全省共清理整顿邮票经营点900余家，查扣假票、“黑票”共计78200多枚，面值约6万元，净化了邮票市场，规范了企业经营的外部环境。四是通过公开招聘、在岗学习等途径，提高职工队伍素质，全省邮政93.17%的副科以上干部参加了厦门大学MBA课程培训学习，提高了理论水平。五是在全省范围内认真开展了业务收入管理、稽核大检查活动，对检查中暴露出来的问题进行整改并修订完善业务收入稽核和管理办法。年内全省邮政审计查纠违规金额2495万元，审减工程费用4004万元，促进增收节支4775万元。六是切实抓好安全生产工作，加大技防设施建设力度，开展阶段性安全生产活动，落实安全生产责任制，加强紧急重大情况报告制度，内部控制与外部防范并举，不断完善适应邮政发展的安全防范机制，全年全省未发生邮政通信三类案件。

四、加大工程建设，加强邮政技术改造。截止年底，我省邮政在建工程共147项，土建规模672816平方米。各项重点工程建设进展顺利。邮政技术改造方面：年初全省邮政计算机系统圆满地完成了2000年过渡的各项工作；全省绿卡网络改造工程成功实施，统一了全省绿卡应用软件版本，完成了邮储终端安全改造，开发了代发工资、代缴话费等业务；绿卡三期工程、绿卡技术支援和开发中心等工程顺利通过验收。邮政综合网完成了联结全国的广域网工程以及二、三级邮区信息中心局域网工程，开通了国家局到省会城市间的电视电话会议系统。福州、厦门建成185客户服务中心；福建邮政电子商务试验网站成功开设，开办了网上购物、网上邮市、网上书店、网上订报刊、网上邮局等业务，为开办电子类业务做了有益的尝试。

五、扎实深入地开展为民办实事活动。一是积极努力，把建设信报箱群和报刊零售亭列入了省委、省政府为民办实事的项目，加大投入的力度，目前全省城市住宅楼装箱率达80.5%，427个报刊亭投入使用；10月1日起，全省又实现了县以上城市城区邮购包裹免费投递到户。按照国家局邮件提速部署，全省各中心局调整邮件处理作业组织、劳动组织、内部邮件处理全部改为夜班作业。通过时限频次的调整，各类邮件传递时限明显提高，达到了信函邮区内互寄次日递，省内县（市）间互寄由原来的4天提高到3天，寄往省外也能提前2天到达。以上三项工作极大地方便了用户用邮，得到了社会各界的好评。二是针对存在的问题和薄弱环节加强管理，制定了《福建省邮政通信管理规范标准》，明确了时限、安全、现场等五大方面的管理规范标准。同时在全省范围内继续大力推行服务问题一票否决制度、服务督察红、黄、白牌警告制度和有理由申告下岗、待岗制度，配套出台了职工岗位考核办法，采取累计积分制形式进行考核，促进了服务工作质量的稳步提高。三是精心布置，统一行动，全省邮政部门开展了“‘3.15’消费者权益日”、“优质服务月”等一系列活动，扎扎实实地贯彻落实《2000年全省邮政服务工作意见》，改善了用户用邮环境，提高了邮政服务水平。

六、努力推进“两个文明”建设协调发展。一是围绕经营发展中心开展思想政治工作，认真开展“一岗两责”工作，即抓思想政治工作从生产经营出发，抓生产经营从思想政治工作入手。各级领导干部和职能人员积极做好职工思想政治工作，关心和了解职工的思想动态，帮助职工解决生产、生活和思想方面的难题。全省邮政部门涌现出支局所发展业务的“背篓精神”、“扁担精神”和邮政职工立足本岗优质服务、艰苦创业等先进典型。二是全省邮政企业普遍建立了以职代会为基本载体，辅以局务公开栏、党政工联席会议等多种形式的局务公开制度，并向班组延伸，把基层职工最关心的企业经营发展和改革的重大决策、企业的热难点问题及涉及职工自身利益的问题、人员录用、干部任免等事项及时通过多种形式公开，增强了政策的透明度，调动了职工的积极性，促进了通信生产。三是加大了纪检监察的工作力度，省、市、县逐级签定了党风廉政建设责任书，各级纪检、监察部门积极介入工程建设、物资采购等领域，有效防止了各种腐败现象的发生，同时以落实管理年活动的要求为重点，围绕邮政管理费用、业务费用及影响邮政全局性工作的重点部位和重要环节开展效能监察，把加强邮政企业内部管理和反腐倡廉工作紧密地结合起来，促进企业效能的提高。2000年，在创建第七届省级文明单位的过程中，全省邮政87.5%的单位被评为省级“文明单位”，100%的单位被评为地市级“文明单位”。福建省邮政系统被列为全省第二届“创文明行业，建满意窗口”一级达标行业。泉州市邮政局九一路支局被共青团中央、信息产业部联合新命名为全国“青年文明号”，福州市邮政局华林邮电支局等4个单位被继续认定为全国“青年文明号”。

【福州国际邮件综合楼验收】 3月14日，福州国际邮件综合楼顺利通过国家邮政局组织验收。福州国际邮件综合楼工程是“八五”、“九五”期间原邮电部和福建省邮电管理局重点工程，曾被列为福州市政府“‘九五’为民办实事项目”之一。该工程占地面积9593平方米(建设用地面积9325平方米)，总建筑面积3.2万平方米，高度77.25米，主楼19层，生产楼6层，本工程总投资约1.75亿元(批准总投资1.673亿元)。大楼集邮政生产处理、邮政营业和办公于一体，具备了现代智能建筑的通信系统自动化、办公系统自动化、楼宇设备控制系统自动化等3A功能。该楼终期生产能力达到忙月日均处理邮件交换量51.88万件，转运邮件23708袋。该工程曾于1999年4月被福州市建委评为“榕城杯”市优良工程、建国50周年福州高层楼十大灯光夜景之一，它的建成对促进福州市改革开放和经济发展，促进闽台“三通”有着积极的意义。

【第三届全国最佳集邮品评选揭晓】 7月15日，第三届(1997～1999)全国最佳集邮品评选在青岛揭晓。我省选送的6件参选邮品以较强的地方风格、较新的设计创意和较高的印制水平获得评委的好评，有4件邮品获奖，得奖面达66%。其中《千年曙光——世纪财富》珍藏册得82分，获其他类二等奖；《工艺美术》专题册、《第三届世界福建同乡恳亲大会纪念》邮册和《军旅生活》纪念册均得72分，分别获卡折类和其他类优秀奖。

【《木偶和面具》特种邮票发行】 10月9日，由中国、巴西两国联合发行的《木偶和面具》特种邮票首发式暨双边集邮展览在泉州举行。该邮票全套共两枚，每枚面值80分，由中国邮票设计师阎炳武和巴西邮票设计家卢西亚娜伊塔拉共同设计。邮票图案分别选自中巴两国民间艺术表演道具——中国泉州提线木偶和巴西狂欢节面具。同时，还在泉州举办了规模盛大的中国——巴西双边集邮展览和2000年福建集邮展览。

【我国最长的连体明信片《客家风情图》在龙岩发行】 11月20日，世界客属第16届恳亲大会在龙岩举行。当日，我国最长的连体明信片《客家风情图》在当地首发。该明信片取材于当地画家沈在召历时4年画就的历史长卷《客家风情图》，原画长108米，宽69米，展现了客家自唐代南迁至今1000多年的奋斗史。该画气势恢弘，乡情浓郁，并有风格各异、栩栩如生的2000个人物，制成连体片后长8.5米，分成55册，一套共55枚，限量发行5000套。该明信片受到前来参加世界客属恳亲大会的海外乡亲的欢迎。

(撰稿：杨文振　陈华椿)

电　信

【综述】 2000年是福建电信政企分开，实施公司化运作的起始之年。全省电信以党的十五届四中、五中全会精神为指导，认真贯彻落实全省电信工作会议和全省电信公司总经理会议精神，紧扣发展主题，大力推进公司化改制，圆满完成了各项任务。至年末，全省光缆总长度达到47007公里，公用电话用户达到644万户，移动通信网用户达到477万户，互联网快速发展，利用普通电话线等多种方式为用户提供宽带接入。电话主线普及率上升到16.9线/百人，城乡电话普及率提高到15.4部/百人，全省已通电话的行政村比例达到97.25%。电信网已实现由小容量向大容量、模拟技术向数字技术、单一业务向多元业务的转变，建成一个结构完整、技术先进、门类齐全、适度超前的电信网络体系，为我省数字福建建设和国民经济信息化奠定了坚实基础。

一、按照公司化改制和集团公司“三个创新”的要求。一是根据集团公司部署，及时制定省公司组建方案和公司章程，确保省公司的顺利组建。二是大力推进“三项”制度改革，企业内部激励机制进一步完善。三是按照集团公司的要求，组建福建电信实业公司。四是基础管理工作进一步加强。初步建立新型的省、地、县三级财务管理模式。全省电信企业资产负债率控制在50%以内。运行维护工作成效显著，全面完成集团公司下达的各项通信质量指标。在党政专用通信、应急通信、战备演练等多次重要通信中，出色地完成通信保障任务。五是适应公司化运作和市场竞争的需要，积极开展形势、任务与责任教育。六是加大企业精神文明建设力度。全省62个单位被省委、省政府授予“福建省第七届文明单位”称号，占全省电信单位总数的90%；福州电信分公司五一中路电信枢纽营业厅等7个窗口被评为“福建省第二届‘创文明行业、建满意窗口’竞赛活动”先进单位；厦门电信分公司营销科营业部等3个集体被授予全国级青年文明号。

二、着眼信息化趋势，巩固和发挥网络优势，优化网络建设投向，扩大电信网络规模，综合通信能力进一步增强，通信网向宽带化、综合化、智能化、个人化的信息网演进步伐进一步加快。全年实现固定资产投资37.2亿元。城乡电话网继续扩大，全省城乡交换机总容量增长23.4%。提前完成省委、省政府交办的110个老区基点村和少数民族行政村通话为民办实事的任务。完成省网关局工程，基本完成省智能网二期扩容工程，完成了福、杭、贵、成干线波分复用二期扩容工程，福州—漳州高速公路管道光缆线路工程，南沿海波分复用一、二期扩容等工程。大力推进数据及多媒体通信网建设，省宽带网扩容工程完成80%设备安装工作。IP骨干网建设加快，福、厦两个出省端口带宽达到2×2.5G，省内带宽达到155M以上。同时，加快接入网建设步伐。福州电信分公司基本实现了新大楼光纤到楼率100%的目标；福州、厦门、泉州电信分公司已开展宽带接入网和城域网建设工作，福州电信分公司已向用户提供宽带接入服务。

三、开展电话市(县)、镇、村建设，

积极采用无线技术。突出重点，讲求新业务、新技术的营销策略，加大服务力度，提高服务水平。全年累计完成电信业务总量比上年增长17.7%；新增城乡电话用户比上年增长29%，再创年发展数新高；因特网注册拨号用户和因特网专线用户比上年分别增长76.8%和26.2%。

（撰稿：林祥登　谢胜斌）

【首次为台湾省提供卫星新闻传送】 2000年台湾省妈祖进香团2000人来福建莆田湄洲祖庙谒祖，台湾8大电视台新闻媒体派出强大阵容跟踪采访。福建机动通信局首次为台湾省电视媒体提供了卫星新闻传送服务。这次卫星传送从7月16～29日，有许多时段还是直播节目。福建机动通信局面对时间紧、任务重、技术要求高，出动了两部KU波段卫星通信车和1套便携微波设备，并派出一批经验丰富的工程技术人员赴莆田湄洲岛等地现场作业。湄洲湾气候多变，准备多套应急方案，确保万无一失。福建机动通信局的优质服务受到台湾媒体的高度称赞。

【福建省电信公司成立】 7月28日，中国电信集团福建省电信公司成立大会暨揭牌仪式在福建会堂隆重举行。贾锡太副省长和省政协刘金美副主席为中国电信集团福建省电信公司揭牌。大会通过中国卫星、数字微波及光缆传输网络和会议电视系统向全省进行现场直播，同时利用数据压缩技术在国际互联网上进行网上直播。

【泉州"万家企业上网工程"】 "企业上网工程"是"政府上网工程"的深入和延伸，在政府上网的有力推动下，泉州企业上网逐步掀起热潮。据不完全统计，仅通过泉州企业信息网站发布信息的企业就有5000多家，目前在因特网上建立主页的企业已超过2000家。泉州因特网名优特新产品博览会网站自开通以来，汇集泉州1145家企业、上万种产品在网上展示、展销，参展企业已在网上收到意向订单1000多份，达成交易和协议金额逾1000万美元。泉州市"万家企业上网工程"正由中心市区企业向各县市延伸和发展，安溪县开展企业网上卖茶叶，石狮市开展网上销服装，晋江市开展网上售皮鞋，南安市开展网上板材交易等等。这种具有本地特色的企业上网贸易活动也延伸到泉州最偏远的山城、号称"闽中屋脊"的德化县上网企业达700多家。

（撰稿：赵榕　林祥登）

【福建移动通信有限责任公司】 2000年是福建移动通信有限责任公司改革运行体制、进行二次创业的起步年，在经营体制、市场环境发生很大变化的情况下，公司在网络建设、业务发展、服务质量和企业两个文明建设都取得了丰硕的成果。

一、加快移动通信网络建设速度，加强网络优化管理，网络技术层次和网络运行质量进一步提高。2000年，福建移动通信有限责任公司共完成固定资产投资27亿元，GSM五期工程建设按计划完成，全网交换容量达424万，移动电话客户超过340万户。在增强网络通信能力、提高网络覆盖水平的同时，还加快了省内移动智能网、传输网、支撑网的建设，使移动通信网络质量升级和网络覆盖进一步完善，尤其在热点覆盖、室内覆盖和高速公路覆盖上取得了较大的成效，网络覆盖面得到有效拓展，网络的技术层次得到进一步提高，网络的运行质量在连续两年夺得全国第一的基础上，继续保持全国领先水平，无线接通率达到99.69%，信道可用率保持在99.60以上，SDCCH阻塞率、掉话率降到0.1%和0.93%左右，TCH阻塞率也降到0.2%左右，市区及郊区五扇区阻塞率均低于4%，交换机接通率达到71%，长途来话接通率基本稳定在65%左右。网络能力的增强和技术层次的提高，为移动电话客户提供了高质量的网络服务。

二、加强市场经营基础工作，规范市场经营行为，提高企业运行效益。2000年，公司在对新的市场形势进行深入调查分析的基础上，提出明确经营思路："把稳住高端客户作为市场经营工作的战略重点来抓；把发展新客户尤其是签约客户作为市场经营工作的重要工作来抓；把话务量经营作为市场经营工作的中心工作来抓；把提高企业效益作为市场经营工作的落脚点来抓。"根据这一思路，各分公司通过优质服务，灵活经营和科学的营销组合，努力拓展市场，抢占市场份额。全年累计净增移动电话客户88万户，客户总数达338万户，市场占有率为76.5%。全省建立、健全了市场营销网络，加强了对委代办营销网点的管理和服务，并通过向代办点派驻业务代表的办法，对市场进行渗透，使委代办营销网点成为业务发展的主渠道。据统计，全省共有委代办营销网点4890个，每个乡镇都有一个代办点，在业务发展中起到了很好作用。

三、不断推出新业务新技术，满足不同层次客户的通信需求，移动通信服务水平稳步提高。在网络服务水平提高的同时，福建移动通信有限责任公司的客户服务工作也得到了进一步加强。2000年公司为满足不同层次客户的不同需求，开发并推出了一大批新的增值业务，如短消息、信息点播、移动IP电话、手机银行、免费电话业务、一卡双号、移动寻呼等，受到了客户的普遍欢迎。此外，还完成了账务系统的回收工作，实现了准实时缴费，基本解决了客户缴费难；推广了"1860"、"1861"热线服务，使客户的查询难、投诉难问题得到缓解，客户满意度进一步提高。在做好普遍服务的同时，为移动电话大客户提供了优质、优先、优惠的"三优"服务，如为大客户办理人身意外保险、实行跨行业优惠联盟、大客户信誉担保开机等多项服务，提高服务水平。

四、加强企业文化建设，企业两个文明建设得到全面发展。围绕"创建世界一流企业"的目标，福建移动通信有限责任公司加强了思想政治工作，积极推进精神文明建设。2000年公司获得了多项殊荣，被评为"全国质量管理先进企业"、福建省"2000用户满意企业"，省移动通信维修中心被中央文明委授予"全国创建文明行业先进单位"，树立了公司新的形象。

（撰稿：姜建军）

"从网上寻找商机，实施走出去战略"已成为晋江市企业的时尚。据不完全统计，截至2000年6月底，晋江市已上网的企业1060家，在网上开设自己主页的有近300家。有的企业1年从网上承接的业务就高达1000多万元。图为晋江市华意鞋业有限公司董事长林慧生在自己的互联网主页上寻找商机。（林辉龙　摄）

【中国联合通信有限公司福建分公司】 2000年新增业务后，全年完成通信业务总量26.28亿元，为上年的5.65倍。

一、工程建设步伐加快，通信能力迅速增强。GSM移动通信网先后完成三期扫尾和四期工程，五期工程进度平均超过80%。全省新增GSM容量87万门，总容量近150万门；新建基站900多个，基站总数达到1500多个。GSM智能网完成了容量为20万门的二期工程。数据通信网取得突破性进展。覆盖9地市的ATM数据骨干网也已建成，为城域网的建设提供了必要的先行条件，为各种传统业务和增值业务的开展提供了一个技术先进、体制统一、安全灵活、稳定高效的工作平台。VOIP网也完成了二期工程建设，全省9地市开通了二次拨号业务和130GSM一次拨号业务。165公用计算机互联网开通全省大部分县（市）。长途基础传输网方面，完成了省际干线福建段的工程建设。省内二级干线传输网一期工程的设备采购工作也已完成。全省新建本地传输光缆4259千米，本地数据微波392千米，本地光缆总长度达到8768千米，数据微波总长度1670千米，长途干线光缆2500多千米。无线寻呼完成卫星传输系统工程、基站一期补点工程和基站防雷改造工程，扩大了无线寻呼网特别是全国网、信息通的网络覆盖，提高了设备运行质量。完成信息平台的升级改造工作，提高了信息平台的服务功能。根据总部的统一部署，福州作为全国5个试点城市之一，进行双向寻呼试点。

二、业务发展全面加快，综合业务全面发展。GSM移动电话保持强劲发展势头。全省新增GSM移动电话用户73万户，用户总数超过100万，达到103万户，市场占有率达到近23%，比1999年底提高了10个百分点。根据市场需求和竞争形势的变化，还推出称心卡、如意卡和智能网新业务如意通；开发了股情快递、自由星点播、WAP、移动IP、86信息台等增值业务，满足了广大用户多样化的通信需求。无线寻呼重点开发农村市场、校园市场、流动人口市场和股民市场，用户总数保持在300万以上。同时，加快开发寻呼信息服务，使寻呼服务从单一语音服务向信息服务拓展，并利用128人工台的资源和知名度，开办热线呼、集团用户组呼、群呼等新型服务项目。数据、193长途电话、互联网等新业务全面推向市场。在业务发展起步较晚的情况下，重点发展大用户，逐步成为业务发展的新增点。

三、认真落实服务承诺，努力提高服务质量。福建联通认真落实中国联通总部的对外“六项承诺”，服务工作有了新的提高。2000年度省公司被省用户协会授予“福建省用户满意企业”和“福建省用户满意服务单位”称号。无线寻呼在省政府纠风办组织的全省服务行业行风评议活动中，被评为优良等级。全省还涌现了一批“青年文明号”集体，其中龙岩分公司维修服务中心被团中央和信息产业部授予“全国青年文明号”。

四、积极配合总部整体安排，推动企业海外上市。按照总部提出的“积极稳妥、优化结构、优势互补、合理安排、保持稳定”的要求，福建联通2000年圆满完成了福建国信寻呼与福建联通的融合，优化了管理体制，实现了资源共享，发挥了融合后综合电信公司的综合优势，促进了各项工作持续、快速的发展。同时，配合总部海外上市的整体安排，积极做好各项准备工作。6月份，中国联通在纽约、香港成功上市，成为我国首批海外上市的12家省级分公司之一。（撰稿：罗国权）

编审：佘洪霞　　责校：章卓如

金　融

综　述

【"九五"概况】　"九五"期间，随着经济的快速增长，福建金融业发展迅速。到2000年末，全部金融机构各项存款余额为3114.32亿元、各项贷款余额为2438.82亿元，城乡储蓄存款余额为1767.59亿元，分别是1995年末的2.15倍、2.07倍和2.22倍。2000年，全省保险公司保费收入52.47亿元，是1995年的2.2倍。截止2000年末，全省上市公司总数达41家，从证券市场筹集资金140.7亿元。金融业务种类和金融工具迅速增加，广泛开展各类代理业务，并推广了住房按揭、消费信贷等多种贷款方式。电子联行业务迅速发展，银行卡和电子转帐等新型支付工具被广泛应用，到1998年末，全省银行卡发行量981.1万张，银行卡特约商户12109家，ATM机1565台，POS机7240台，银行卡交易额3548.07亿元。

金融作用日益提高。金融业积极运用多种货币政策工具调控货币供应量，在支持经济发展和结构调整、治理通货膨胀、抵御亚洲金融危机、抑制通货紧缩趋势的过程中发挥了越来越大的作用。1996至1999年全省金融信贷投入年均递增17.9%，同期经济增长年均递增10.6%。在信贷投入大量增加的同时，金融机构不断改善服务质量、增强服务功能、提高服务水平，服务领域扩展到省外经济发达的中心城市，甚至港澳特别行政区，支持对象涉及到各行业、各种经济成份和居民个人，经营重心和资源配置的重点转移到高效地区的重点行业、高科技行业、国家重点建设项目、上市公司以及有效益、有市场和还款有保证的产品，业务服务种类拓展到中间业务、表外业务和个人金融业务及其他新兴业务。

金融体制改革进一步深化。1996年以来，逐步建立和完善了金融组织体系，即政策性金融、商业性金融和合作金融相分离，国有、集体、股份制等多种所有制并存，银行和非银行金融机构分工协作，内资、外资以及中外合资等多种形式金融机构相互促进的金融新格局；形成了以中央银行为领导，国有独资商业银行、国家政策性银行为主体，多种金融机构并存，分工协作的机构体系；完善了由货币市场、资本市场和外汇市场等构成的金融市场体系，进一步优化资源配置，提高资金使用效率。1998年，金融体制改革迈出了关键性的步伐，改变中央银行按行政区划设置的惯例，组建人民银行上海等跨省区分行，并在福建省会城市福州设立了金融监管办事处和人行福州中心支行；同时对银行、保险、证券实行分业经营、分业监管，建立由银行监管、证券监管、保险监管等构成的金融监管体系。1999年至2000年为适应国有独资商业银行剥离不良资产的需要，相继组建了华融、长城、东方、信达4家资产管理公司的福州办事处，分别负责经营和处置工、农、中、建4家商业银行在本省剥离出的不良资产。

外汇管理改革成绩显著。主要表现在以下几个方面：一是外汇管理体制改革深入发展。1996年7月1日起将外商投资企业外汇买卖纳入银行结售汇体系，并于当年年底实现了人民币经常项目可兑换；1998年底国家外汇管理局原福建省分局和福州分局合并，组成新的福州分局，继续履行原省分局和福州分局的监管职能。二是外汇管理职能日趋完善。逐步建立健全了包括进出口收付汇核销、外债登记及还本付息核准等内容的经常项目汇兑监督和资本项目管理体系；建立健全了以国际收支为核心的外汇统计分析预测体系。三是外汇金融秩序良好。1997年以来受亚洲金融危机影响，加上国内一些不法分子走私及非法逃套汇活动较为猖獗，全省曾连续两年出现"外贸顺差而外汇不顺收"的异常情况，对此外汇管理部门认真开展外汇专项检查，严厉打击非法逃骗汇行为，采取切实有力措施，进一步加强外汇管理，很快扭转了净售汇的不利局面，"九五"期间全省外汇净结汇62.11亿美元，为支持国家外汇储备增长，维护国际收支平衡和人民币汇率稳定做出了贡献。四是涉外收支指标增长较快。据统计，1999年全省国际收支发生额和结售汇发生额分别是1995年的1.39倍和1.59倍，年末外债余额、外汇存款余额和外汇贷款余额分别是1995年末的1.78倍、2.09倍和1.23倍。

金融法律框架基本形成。努力营造有法必依、违法必究的金融规范化、法制化环境，加强对全省金融法制建设的指导和监督，认真贯彻实施人民银行总行制定的金融机构管理、利率管理、外汇管理、保险管理、金融市场管理、证券及票据管理等一系列金融法规，从制度上确立和巩固了金融体制改革中积累起来的有益经验，又为解决影响金融健康发展的突出问题作了法律准备。

金融监管不断加强。全省各级金融监管部门按照国务院《关于金融体制改革的决定》和国家颁布的"五法一决定"，以及人民银行总行制定的一系列金融监管配套法规，加强金融监管，完善金融监管手段和监管体制，监管重心开始从一般行政金融管理为主向依法监管转变，从市场准入监管向全过程系统化监管转变，并实施本币和外币、表内和表外业务的合并监管。对保险业、证券业、信托业和银行业实行分业管理，1998年末中国证监会福州特派员办事处成立，2000年中国保监会福州特派员办事处正式运作，从而在全省确立了银行、证券、保险分业经营、分业监管体制。同时，1999年在人民银行分支机构辖区内，开展创建金融安全区工作，重点监管各金融机构的资产流动性比率和不良资产比例，以确保一方金融平安，促进金融监管工作提到新水平。

金融对外开放逐步扩大。改革开放以来，福建加强与世界各国的经济来往，积极引进外资金融机构，并成立各种类型的中外合资金融机构，逐步建立了对其风险监管的工作机制。到1998年末，全省共有外资金融机构28家，其中：营业机构15家，代表处13家，总资产20多亿美元。在营业机构中，合资银行2家，独资银行1家，分行12家；在代表处中，银行10家，保险3家。此外，还在港澳特别行政区设立营业机构3家；香港闽信保险有限公司、香港工商国际金融公司和澳门国际银行。同时，与海外4400家以上银行建立了代理行或业务往来关系。

【金融运行总体平稳】　主要表现在：银行存款进一步被分流；贷款总量持续增长，投向进一步趋于集中；现金投放量减少，货币流动性有所增强。年末人民币各项存款余额比年初增加189.40亿元，增长6.5%，同比少增180.52亿元，增幅比年初回落7.9个百分点；年末人民币各项贷款余额按可比口径比年初增加316.74亿元，增长14.2%，同比多增45.46亿元，增幅比年初提高0.5个百分点；全年现金同比少投72.55亿元。由于储蓄存款增势持续减缓，广义货币M2增幅逐月下降，12月末全省M2增长7.7%，增幅回落8.7个百分点。受企业存款增长带动，狭义货币M1保持在高位运行，12月末M1增长15.4%，增幅较M2高7.7个百分点。货币流动性比率(M1/M2)为39.1%，比年初上升2.6个百分点。狭义货币增速较快、货币流动性增强，表明经济趋于活跃，景气状况有所回升。金融运行中存在的主要问题：一是银行存款增长乏力，稳定性减弱，信贷业务发展受资金来源减少的影响逐渐显现。二是受社会信用环境与企业效益等影响，生产性、短期性信贷投入力度减弱，信贷资金占用与企业资金松紧不平衡现象同时存在。三是银行存款短期化与贷款长期化引起的银行资金来源与资金运用期限的不匹配，使银行面临着流动性风险。

【储蓄存款分流加快】 中央银行多次降息、政府征收利息所得税等政策对储蓄资金分流起了实质性的促进作用，年初开始储蓄存款出现增长乏力的情况，年中多次出现负增长，全年储蓄存款仅增加28.58亿元，同比少增145.39亿元；存款余额增幅为1.6%，同比下降9.5个百分点。同时，居民对储蓄存款的收益性偏好下降，流动性偏好上升，活期储蓄存款所占比重大幅上升，导致银行存款短期化倾向显著，存款波动性和流动性异常增大，资金利用率降低。从储蓄存款分流去向看：一是持续活跃的股票市场分流了大量储蓄。二是消费市场逐步启动尤其是房地产市场的大幅升温增加了居民消费支出，减少了部分储源。三是储蓄利率的下调使国债收益率凸显，分流了部分储源。四是本外币利差的存在和外币保值的心理预期，使居民储蓄存款向外币转移的倾向持续上升。

【企业存款总量增长】 全年企业存款增加111.59亿元，同比少增10.60亿元；年末存款余额增长12.5%，同比回落3.4个百分点。在各项存款增量中企业存款所占比重由上年的33.0%提高到58.9%，逐渐成为银行增量资金的主要来源。但企业存款增减起伏变化大、稳定性差、增长基础仍不牢固，来源大量依赖于临时性资金，全年新增企业活期存款占企业存款新增额的86.5%。同时，生产性企业存款主要集中在垄断性行业主管部门、上市公司以及由于产品价格上涨、销货款回笼良好的石油、化工、钢铁等少数行业企业，大部分生产性企业资金偏紧。

【贷款总量持续增加】 随着经济景气的回升，生产、非生产部门以及个人对银行资金的需求呈不断增大的趋势，贷款投放保持较高的增幅，全年贷款增幅高于存款增幅7.7个百分点，高于国内生产总值增长率约4个百分点，贷款的增长与经济发展基本相适应。从贷款结构看，消费信贷和项目贷款增长显著，票据市场融资数量大幅增加，全年个人住房贷款和个人其他贷款等消费性贷款增加额占比达43.9%，中长期贷款（不含流动资金代垫固定资产贷款等）和农业贷款增加额占比为25.3%，而工业、“三资”企业、乡镇企业和个私企业和中期流动资金贷款等生产性企业贷款增加额占比仅为18.7%，其中大部分又集中于大中型企业和上市公司，中小企业有效信贷需求明显不足。

当年贷款投放的突出特点：一是消费性贷款在新增贷款中的比重不断扩大，银行信贷逐步实现由单纯集中在生产领域转向支持生产与消费并举；二是配合积极的财政政策实施，银行贷款继续向基础设施项目建设倾斜，电力、石油、通讯、路桥、市政设施建设项目等贷款资金充裕，促进了重点建设项目的顺利进行；三是银行贷款积极投向少数经济效益好、信用程度高的大中型企业及股份制上市公司，贷款集中于优势客户的趋势明显；四是银行贷款由支持生产性企业为主向非生产性领域转移，积极支持广播电视、文教卫生等社会事业的发展；五是银行对企业融资的方式也趋于多样化，票据承兑贴现、开据信用证、提供综合授信等融资数量大幅增长，为企业提供信贷、结算、咨询等金融服务，促进了经济的发展。

【外汇】 全省银行外汇形势呈良好发展的态势。全年累计结汇87.97亿元，售汇43.56亿元，净售汇44.41亿元，结汇与净售汇创1999年以来的新高；年末全省外债余额比上年下降2.6%。

加强经常项目外汇真实性审核。在贸易出口收汇管理方面，对出口收汇企业进行考核，强化对出口收汇高风险企业的监管，对出口收汇逾期较严重的企业督促其加强管理，提高出口收汇的交单率和收汇率，全年收回逾期出口收汇1.33亿元；与此同时，加强进口付汇管理，对到资不足、工商企业营业执照有效期一年以内的企业实行对外付汇逐笔审核并跟踪到货情况，对逾期率高、全年未发生一笔进口付汇业务、违反进口付汇核销的违规企业实行重点严格监管，对进口付汇逾期未核销报审率在80%以下和列入“黑名单”的企业每月逐家发生催核通知书，督促企业限期办理报审手续。在非贸易外汇管理方面，按照结售付汇管理规定，制定加强国际收支运输费售付汇管理的操作办法，规范航代、货代企业购付汇行为，堵塞非贸易外汇管理漏洞；严格帐户管理，对中资机构经常项目外汇结算帐户、专用帐户及驻华机构外汇帐户进行年检，对年检不合格和不参加年检的企业，停止办理收付或撤销帐户，对违规行为视情节轻重分类处理。

强化资本流出入的监控。严格按照外债登记操作规程，切实把好签约登记和提款登记两大环节，对未办理外债登记的企业，要求及时补办登记手续，纳入规范管理渠道。加大对外债还本付息的审核和管理，保证外债资金合法、合规流出入，防止发生骗逃汇行为。通过窗口指导和现场检查等方式，规范金融机构业务操作，促其正确区分资本项目和经常项目的外汇，把好资本流入关，防止资本混入经常项目渠道逃避监管。完善外债统计、外债重点企业和外商投资企业外汇收支的监测，发挥监测系统分析预警作用，预测外债还本付息及购汇形势，为领导决策提供参考。协助部分大型外债企业进行债务重组，减轻企业债务负担。严格按照审批的投资方式和规模进行直接投资企业的登记、帐户管理和结汇审批，防止国际游资混入直接投资套利；按照规定的操作规程，办理撤资、股权转让、清算资金汇出审批，防止资本外逃和非法撤资，全年批准17家企业结算、撤资和转股2742万美元。

改革涉外金融服务。贯彻落实出口收汇考核试行办法奖惩细则，对出口收汇荣誉企业和出口大户在结算帐户最高限额设定、出口收汇核销、境外投资利润保证金等方面给予便利。对出口500万美元以上、且收汇核销业务正常的外经贸企业，推广安装企业出口收汇核销辅助管理系统，简化管理环节，提高出口收汇核销效率。继续开办外商投资企业“一栋楼”的“窗口”，坚持依法、公开、公正、精简、高效的原则，缩短审批时限，落实服务承诺。继续执行出口收汇差额核销制度，减少企业在途资金占用。适时准确向财税部门提供与出口退税和贴息有关的出口收汇核销数据，使出口企业及时享受国家出口鼓励政策带来的实惠，提高企业经营效益。

深入开展各项外汇检查。开展打击骗取出口退税斗争，开展对中资非国有外汇指定银行的结售付汇情况、非贸易外汇收支、以挂失出口收汇核销单报关出口问题和信用证项下进口付汇逾期未核销情况等内容的专项检查，全年检查691家单位4.49亿美元，立案检查违规单位87家5468.58万美元，处以罚款1126.5万元。配合公安、工商部门，打击外汇黑市交易活动，全年抓获倒汇分子23人次，处罚109.21万元，维护金融外汇秩序的稳定。

（撰稿：郑竑　王颖　王宁理）

银　行

【中国人民银行福州中心支行】 福州辖区金融总体平稳健康发展，年末全辖金融机构人民币各项存款余额1033.85亿元，人民币各项贷款余额883.05亿元，分别比上年增加43.36亿元和85.67亿元；现金累计净投放3.37亿元，同比少投17.42亿元。

加大金融监管力度，防范化解金融风险。组织开展金融机构信贷质量、内控制度等内容的大检查，发现上年度国有商业银行不良贷款增加等问题，向被查金融机构反馈并提出整改意见；与各商业银行签订创建金融安全区责任书，下达创安指标，按季监控，督促其加大不良贷款清收力度，且严格控制新增贷款质量，使全辖银行业不良贷款率下降1.75个百分点。针对部分商业银行违规代客申购新股的情况，及时发文制止，共清理代客申购新股资金48.61亿元，做到软着陆、无挤提，保持金融秩序的稳定。发挥银行同业协会的监督作用，组织各行自查自纠，同业间交叉抽查和相互监督，对6家银行机构违规行为分别予以警告和处罚。加大对高风险农村信用社的治理，通过机构调整、清非化险和扭亏增盈等措施，共化解高风险社14家，收回大额不良贷款9000多万元。针对大部分农村合作基金会资金投放风险大、又不符合农村信用社条件的实际，制订清理整顿工作方案，推动其整体关闭，并协助解决其兑付个人存款的资金缺口问题，全年清盘关闭农村合作基金会1485家，占总会数的59%。针对信托业信托存款下降、支付发生困难的情况，加强对辖内各公司经营状况及资金头寸的监测，大力清收逾期贷款，转让变现投资资产，到当年11月末累计收回资金5.82亿元。加强对企业债券从申报到发行全过程的规范化管理，建立偿债基金制度和定期检查制度，化解3家企业债券的兑付风险。打击非法金融活动，取缔长乐市2家私人钱庄，查处个别企业以将上“二板市场”为名涉嫌非法集资活动，查处非法金融活动案件6起，涉案金额近亿元，有效遏制社会非法金融活动，维护社会金融秩序的稳定。

实施货币信贷政策，支持地方经济发展。发挥政策窗口指导，引导商业银行拓展业务领域，创新业务品种，增加信贷投入，当年1～11月对省市68个重点基建项目投入资金60.35亿元，对22个重点技改项目投入资金14.35亿元，个人住房贷款和其他消费贷款增投45.93亿元，向大中专院校发放贷款1.1亿元，助学贷款125万元，对广播电视、新闻出版等有偿债能力的非生产领域发放贷款13.5亿元；同期通过票据承兑、开出信用证和保函等表外资产业务累计投入资金72.25亿元，办理结售汇转换为人民币资金投入115.4亿元，分别比上年多投入13.77亿元和31.71亿元。与此同时，加强金融债权管理，打击逃废债行为，创造良好的社会信用环境；灵活运用货币政策工具，拓宽融资渠道，全辖累计办理票据再贴现26.36亿元，创历史最高水平；为满足商业银行临时清算资金的需求，加强辖内隔夜拆借市场建设，全年金融机构累计成交隔夜拆借246笔，380.46亿元；支持农村信用社改进支农金融服务，全年对农村信用社累计发放支农再贷款1.05亿元。

加强规范各项管理，适应改革发展需要。做好货币发行基金调拨工作，确保合理现金供应；打击制贩假币犯罪活动，全年破获假币犯罪案件200多起，摧毁假币犯罪团伙11个，抓获犯罪嫌疑人210多人，缴获假人民币566多万元。做好国债发行和兑付工作，组织商业银行发行凭证式国债22.87亿元，兑付到期国债1.12亿元；支持由国库统一支付工资的改革，规范代理发放业务，保证工资按时发放。严格会计核算，进一步落实会计“三防一保”责任制，强化联行管理和监督，完善财务管理制度，严肃财经纪律，全辖无发生重大的会计核算差错事故、联行资金损失案件和财务开支违规违纪问题。

（撰稿：王颖　王守理）

【中国人民银行厦门中心支行】 人民币存款稳中有升。至12月末，人民币各项存款余额达544.90亿元，比年初增加47.61亿元，同比少增1.73亿元人民币。从存款结构看，企业存款的增加仍然是主导各项存款变化的主要因素，年末企业存款余额为271.77亿元，比年初增加41.99亿元。储蓄存款受宏观经济政策如下调存款利率等影响，全年呈分流态势，年末储蓄存款余额为218.46亿元，比年初增加7.63亿元，同比少增5.28亿元。

贷款适度增加，年末人民币各项贷款余额452.84亿元，按可比口径，比年初实际增加53.24亿元。其中国有独资商业银行各项贷款余额349.81亿元，比年初实际增加42.20亿元。从贷款结构看，中长期贷款比年初增加3.80亿元，同比多增3.8亿元，尤其是技改贷款比年初增加1.65亿元，同比多增2.77亿元；中期流动资金贷款比年初增加6.59亿元；短期贷款实际比年初增加41.86亿元，占全年新增贷款的78.6%，其中包括个人消费贷款在内的其他短期贷款项目比年初实际增加43.89亿元。从贷款投向结构看，“三资”企业贷款比年初新增2.41亿元，同比少增8.41亿元；农业贷款比年初新增1.86亿元，同比多增1.8亿元；建筑业贷款比年初减少3.19亿元，同比多减1.0亿元；工业企业贷款比年初下降0.09亿元，同比少减0.18亿元；商贸企业贷款比年初增加0.19亿元，同比少增0.22亿元；私营企业及个体贷款比年初下降0.65亿元。从贷款对象看，个人消费贷款新增37.14亿元，占全年新增贷款的70%；消费贷款的年末余额达到72亿元，占贷款总额的14.8%。在增加信贷资金投入的同时，金融机构的票据业务取得较快发展，全年累计开出银行承兑汇票和办理贴现总额分别为43.7亿元和37.51亿元，同比分别增长26.9%和99.8%；年末贴现余额7.52亿元，再贴现余额9.38亿元，分别比年初增加4.07亿元和6.19亿元。

外币存款余额增加、外币贷款余额减少，外债余额持续下降。年末银行外汇贷款余额为8.97亿美元，比年初下降2.75亿美元；外汇存款余额13.16亿美元，比年初增加2.59亿美元，主要是由于个人和企业的外汇存款都呈上升势头。个人外汇存款方面，经常项目项下个人外汇帐户余额持续强劲增长，截止12月末，该帐户余额为6.75亿美元，比年初增加1.72亿美元。究其原因，一是侨汇收入大幅增长，全年侨汇达1.68亿美元，同比增长40%；二是国际上美元继续维持强势，居民通过多种渠道持有美元；三是建行推出个人实盘外汇买卖“外汇通”，做到交易与理财两便，吸引了可观的居民外汇储蓄，使得个人外币定期储蓄比年初增加1.48亿美元。企业外汇存款方面，随着年内国内银行的外汇存款利率再次调高以及9月份国内大额外汇存款利率的放开，增加外汇定期存款的利息收益，促使企业或将现有的部分活期存款转为定期存款，或在收汇后尽量留存外汇存为定期，使企业外汇存款的增加主要表现为外汇定期存款的增加，截止12月末，经常项目下企业活期帐户余额为1.51亿美元，比年初减少0.27亿美元；经常项目企业定期存款帐户余额为2.38亿美元，比年初增加0.71亿美元。外债方面，截止12月底，全市直接外债总额（不含外国政府贷款及国际金融组织贷款）为7.72亿美元，比年初减少2.08亿美元。原因在于外债利率远高于国内同期的外汇贷款与人民币贷款利率，企业为规避债务风险、降低成本，逐渐倾向借入本币或国内外汇贷款，相应减少外债借入；同时，外债偿还行为相对借入活跃，借债企业大都按时归还或提前归还中长期外债。

银行结汇大幅增长。全年结汇总额为36.69亿美元，同比增长32.1%；售汇总额为22.02亿美元，同比增长3.9%。结售汇实现累计顺差14.67亿美元，同比增长123%。其中：贸易项下结售汇累计顺差16.49亿美元，同比增长92%；非贸易项下结售汇累计逆差0.61亿美元，同比增长177%；资本项下结售汇累计逆差1.2亿美元，同比下降32%，逆差局面有所改善。

现金投放比往年减少。全年现金累计收入1158亿元，同比增长4.4%；累计支出1172亿元，同比增长3.1%；现金累计净投放13.56亿元，同比少投放13.97亿元，减少50.7%。从影响投放的因素看，由于对企业实行工资手册管理，加上金卡工程普及程度的提高，有效地减少了现金提取。

（撰稿：夏仁航）

【中国工商银行福建省分行】 积极调整信贷结构，支持经济结构调整。重点抓了三项工作：一是加大贷款增量品种结构的调整力度。继续调整流动资金贷款、项目贷款和住房贷款在新增贷款中的比重，调减一般流动资金贷款，增加项目贷款、住房贷款比重，在全年新增人民币贷款54.67亿元中，流动资金贷款占

25.4%，项目贷款占14.4%，住房贷款占41.6%，个人消费贷款占18.6%。二是加大对重点企业和项目的金融服务力度。年初与32家省级优质客户签订了银企合作协议，给予安排客户综合授信百亿元；先后对6家省级优质客户试办辖内商业承兑汇票贴现业务，开办卖方信贷业务；向部分省级优质客户发放了“信贷服务金卡”，为其提供增加信用放款、给予利率优惠等优质信贷服务；为部分省级优质客户和重点项目配备了客户经理，实施重点服务。三是加大信贷投放的区域结构、客户结构调整力度。全年新增贷款的46.2%投向经济发达的福州、泉州两市；流动资金贷款90%以上投向A级以上企业；项目贷款累计投放29.94亿元，重点投向基础设施、基础产业和支柱产业，支持省内129个基建和技改项目。

加快金融服务创新，扩展新的业务领域。一是进一步完善了业务创新机制，成立业务创新管理委员会，加大对业务创新的组织领导；制定下发了《人民币资金营运管理实施细则》、《资金交易系统操作规程》，完善资金营运管理体制。二是加强国内、国际同业合作，与福州市商业银行签订了代理支付结算业务的协议，与25家城市信用社和农村信用社签订了客户式代签银行汇票协议，与东京分行、香港工银亚洲银行签署了业务合作协议。三是继续发展资本市场代理业务，与25家券商开通了银证转帐业务，省分行营业部与南方证券驻闽机构合作开发了“银证通”业务系统。四是积极发展代理财政统一支付工资、代理财政“票款分离”等各项大宗代理业务，全年共为3286个单位110740人办理代发工资业务，累计代发工资2.45亿元；牡丹信用卡交易额同比增长7.8%，牡丹灵通卡交易额同比增长88.2%，牡丹卡直接消费额30.83亿元，外卡收单交易额同比增长308.1%。推出了牡丹卡商场MIS收银系统。五是电子化建设取得突破性进展，新一代综合业务系统的客户信息子系统投入试运行，投产了企业网上银行（BTOB）业务和个人网上银行（BTOC）业务，电话银行、手机银行功能进一步完善；开通了外汇业务清算系统。六是积极推进个人消费信贷业务发展，初步建立了个人消费贷款组织体系，相继推出了个人综合消费贷款、小额短期信用贷款和旅游贷款等系列新品种，加快了传统储蓄业务向现代个人金融业务转变的步伐。

建立管理考核机制，完成剥离不良资产工作。建立“全封闭、三挂钩”的考核管理机制，将工资性费用、奖励金的分配与各行部的经营管理综合考核挂钩，将经营性费用与各行部存款、贷款、营业收入、实现利润数挂钩，将信贷规模分配与存款、实收利率、贷款质量挂钩。剥离不良资产工作顺利完成，全年账面利润完成总行下达计划的142%，资产利润率比上年提高6.9个千分点；三项不良贷款率比上年下降4.2个百分点，控制在正常范围内。

内部管理得到加强，从严治行得到落实。进一步加大防腐倡廉力度，有效制止违规经营，坚决把案件高发势头压下来，确保各项改革和发展工作安全进行。制发了《防范案件工作责任制实施办法》、《中国工商银行福建省分行关于违法违纪案件管理工作暂行规定》，层层签定了《党风廉正建设责任状》、《案件防范责任状》，把防范和加强员工教育责任层层分解落实到各级行班子每位成员，安全工作取得较好成效，经济案件得到有效控制；实施内部控制评价办法，开展财务真实性稽核、信贷资产质量稽核、外汇业务检查等146项稽核检查，加大对违规违纪人员的处罚力度，整顿和纠正1999年全面审计中暴露的问题，堵塞管理漏洞；建立依法经营管理机制，加大胜诉未结案件执行力度，执行率比上年提高9个百分点。

（撰稿：陈思滔）

【中国农业银行福建省分行】 按照“业务拓展上台阶，稳健经营不违规，带好队伍严管理，确保安全无案件，各项业务出效益，指标任务要搞实”的总体要求，积极进取，真抓实干，各项工作取得较好成绩。到年底，常规业务人民币存款余额418.1亿元，比年初净增60.7亿元，同比多增3.8亿元，存款增量市场份额居第一位；常规业务人民币贷款余额304.2亿元，剔除剥离因素，比年初增加52.2亿元，同比多增12.4亿元；外汇存款比年初增加9445万美元，同比多增3781万美元；实现利润19129万元。

千方百计组织存款，努力扩大市场份额。加强网络建设，改善服务质量，创新金融产品，培育新的存款增长点，拓宽资金来源渠道，巩固和发展行业性、系统性、垄断性、稳定性强的存款，优化负债结构。全年对公存款增加31.4亿元，占各项存款增量的51.7%；低成本存款占总存款的比重达59.3%，比年初提高9.2个百分点。

大力调整信贷结构，积极支持地方经济建设。坚持以市场为导向，以客户为中心，以效益为目标，严把贷款投放关，全年累计发放人民币贷款286.7亿元，同比多投放39.4亿元。大力支持公路、供电等基础设施重点建设项目，大力支持国有骨干企业和信用好、效益好、市场发展潜力大、法人代表面貌清楚的乡镇企业、“三资”企业和民营企业的发展，到2000年底，全省农行优良客户达19921户，比年初增加3938户；贷款余额143.79亿元，比年初增加38.22亿元，占总贷款余额的47.3%，比年初提高3个百分点。积极拓展个人住房消费信贷和存单质押、外汇担保贷款、贴现等低风险信用业务，年末消费贷款余额13.48亿元，比年初增加9.98亿元，占新增贷款的19%；个人存单质押等低风险贷款余额4.63亿元，比年初增加2.75亿元。积极做好专项信贷工作，发放康复扶贫贷款773万元，发放开发性贷款2.7亿元，择优支持林业、花卉生产等项目，促进农业资源优势向商品优势转化。坚持“有进有退、有所为有所不为”的原则，建立信贷市场退出机制，保证信贷资金的效益性、安全性和流动性。

加大市场开发力度，发展中间业务和新业务。积极推行客户经理制，大力发展代理证券资金清算、银证转帐、代理保险、代收代付等中间业务，增加存款和中间业务收入。积极推广使用自助缴费机，开办代收电话费、法院诉讼费、电费、工商行政罚没款等行业性代收代付项目20多个，代收代付累计发生额达97亿元；中间业务收入比上年增长78.8%。加强银行卡的市场营销，到年底，银行卡发卡量308.4万张，比年初增加110.5万张；卡存款余额50.7亿元，比年初增加18.2亿元；累计消费15.1亿元，同比增加2.8亿元。切实提高本外币一体化经营管理水平，审慎地发展国际业务，全年国际结算量达8.2亿美元，同比增加1.7亿美元；结售汇4.3亿美元，同比增加1亿美元。

狠打清非收息攻坚战，努力增收节支。顺利完成长城资产管理公司福州办事处组建和常规不良资产剥离工作，共剥离常规本外币不良资产37.1亿元；狠抓清非收息工作，努力提高信贷资产质量。建立以利润为主要考核指标、资源分配与盈亏直接挂钩的内部经营机制；实行“总量控制、专户管理、分类指导、效益挂钩”的费用管理办法，严格控制费用支出。加强计划调控，优化资金配置。进一步完善资金调度管理办法，加强资金头寸管理和监测，增强全行本外币资金调度的统一性，灵活调度资金，及时调剂头寸，确保存款日常支付和信贷计划的顺利实施。积极探索建立以客户为中心的信贷计划管理体制，优先保证重点项目、优良客户的资金需要。实施差别利率管理，充分发挥系统内资金往来利率杠杆作用，引导系统内资金向质量高、效益好的区域合理流动，提高资金营运效益。完善内控机制，加强经济案件防范和“三防一保”工作。加强制度建设，抓好基础管理。实行营业所主任“十亲自”、定期轮岗、强制休假、离岗审计和点名查岗等制度，一级管一级，层层抓落实。加大稽核监督力度，组织开展经营状况、信贷资产质量、计算机信息系统安全管理等专项稽核和行长、营业所主任责任（离任前）稽核。牢固树立“安全就是效益”的思想，坚持定期召开案件防范形势分析会制度，加强保卫队伍建设、安全设施建设、枪支弹药管理和安全保卫检查，抓好“三防一保”工作。

（撰稿：黄安忠）

【中国银行福建省分行】 2000年是中国银行福建省分行发展历史上极其不平凡的一年，省分行前两届领导班子主要成员陆续受到司法机关查处，社会形象蒙受严重损害，各方面困难和压力都比较突出，在这种情况下，省分行党委把统揽全局、稳定队伍、确保资金安全作为头等重要的工作来抓，确立了“抓管理、促改革、求发展”的中心工作和“求真务实，开拓进取”的指导思想，加快管理体制和发展战略的调整，对内坚持不懈地抓好整章建制和纪律建设，建立健全各项监督制约机制，对外不断加大市场拓展力度，坚持“大公司’和“大零售”并重的发展战略，在极其困难的条件下，保持了全辖各项业务的平稳发展，取得较好的经营成绩。年末，全辖各项人民币存款比上年末增加33.2亿元，其中：储蓄存款新增13亿元，单位存款新增13.8亿元，金融机构存款新增6.3亿元。各项外汇存款全年新增5.9亿美元，其中：个人外汇存款新增5.6亿美元，企业外汇存款新增3072万美元。各项人民币贷款（扣除已剥离不良贷款）全年新增33.5亿元，其中：公司贷款新增18.6亿元，消费贷款新增14.9亿元，余额的贷存比为76.2%。各项外汇贷款全年减少1.2亿美元，余额贷存比为51.9%。全辖结售汇比上年末增加3亿美元。远期结售汇业务较上年增长23%，实现利润比上年增长21%。对公代客外汇买卖交易平仓利润率较上年提高15.3%。个人实盘外汇买卖较上年同期增加5.4亿美元。

贯彻从严治行方针，切实抓好内部管理。进一步加大整章建制工作力度，重点放在完善管理、监督、支持保障等方面的规章制度和具体明确违反规章制度的责任人的认定和处罚措施上；进一步强化稽核检查力度，加强对高风险业务和高风险对象的稽核力度，认真落实《基层机构负责人强制休假离岗稽核制度》，把实施对象扩大到全辖所有要害岗位人员，包括贷款、开证、保函、承兑汇票等授信业务以及基层机构主任岗位等；严格管理工作的责任制，采取责任与权利对等、责任与内控要求一致、责任与奖惩挂钩的办法，规范各级的经营行为，有效地遏制了全辖违规违纪现象的发生。

及时调整业务发展战略，促进各项业务平稳发展。1.确立公司业务的龙头地位，改革营销体制，从单纯的抓贷款转向涵盖贷款、存款、结算、资金等业务在内的“大公司”格局，上下联动，整体发展；积极寻找新的业务增长点，努力拓展有效市场，有针对性地在资信好、有效益和发展前景的外商投资企业、上市公司、房地产开发和联贷项目、中小企业的营销上下功夫；以公司业务带动其他业务的全面发展，强化公司业务的外延性，通过公司业务促进结算业务、单位存款、代理业务和零售业务的联动互进。2.把结算业务提高到事关长远发展和增强市场竞争力的战略高度重新定位，一是调整营销策略，明确规定结算业务的市场营销以结算部门为主，公司、零售、资金计划、营业部等部门在各个环节上积极予以配合，充分发挥整体联动效应，加大结算业务的市场营销力度；二是在坚持统一授信原则的前提下，对国际结算贸易融资实行多样化的审批模式；三是调整授权管理模式，坚持“权利与责任对等”原则，适当下放了承兑汇票的审批权限；四是不断推进金融创新，积极向企业推介代客外汇买卖、人民币远期结售汇、债务保值、国内外保理业务等优势产品，帮助企业规避汇率和利率风险；对重点客户开通资金汇划“快车”道和远程客户终端查询系统。3.牢固树立“大零售”理念，扩大零售业务领域，把个人实盘外汇买卖作为重点产品来抓，增加交易品种，延长交易时间，推出了午市、夜市交易和自动报价系统；积极发展消费信贷业务，开展了包括个人住房、汽车、家居装修、大额耐用消费品、教育助学、度假旅游、个人存单质押等，形成了比较完整的产品系列。4.扩大银证联网范围，开辟银证合作新领域，在与证券公司联网的基础上，推出证券融资业务，带动开户资金的汇拢和证券清算业务的增加，并以此为突破口，积极拓展证券公司的股票、债券抵押贷款业务，拓展银证合作的深度；抓住作为国家唯一指定的B股清算银行的优势，大力向券商宣传，积极推广该项业务，并加强与外汇管理部门的协调，努力扩大与券商的合作范围；积极开发存折炒股系统，尽快实现以借记卡、存折代替资金帐户进行证券交易；拓展债券分销代理业务，扩大与中小金融机构的合作领域。5.进一步加大不良资产催收和剥离工作力度，成立了东方资产管理公司福州办事处（筹备组），积极开展债转股企业的各项工作。

（撰稿：林倩）

【中国建设银行福建省分行】 坚持“以存款为基础、以管理为中心、以效益为目的”的经营思想，立足区位，面向市场，稳步推进各项改革，不断强化经营管理，努力加快金融创新，实现了各项工作的稳步健康发展。年末全口径本外币存款余额655.8亿元（不含厦门，下同），当年新增91.9亿元。一般性人民币存款余额510亿元，当年新增49.8亿元，其中企业性存款、储蓄存款分别比年初新增27.2亿元和22.7亿元。各项人民币贷款余额381.2亿元（其中：固定资产贷款104.5亿元，流动资金贷款276.7亿元），当年新增61.5亿元；一方面继续巩固在基础设施建设投资领域的优势地位，对交通、电力、电信、石化、城市基础设施建设等行业和企业贷款余额达139.5亿元，占全部贷款余额的36.6%。另一方面积极发展个人消费信贷业务，当年累计发放汽车消费贷款1.25亿元，支持购车1139辆；个人住房装修贷款余额1.2亿元，当年新增0.9亿元；小额存单质押贷款余额4.2亿元，当年新增2.3亿元。龙卡业务持续快速发展，全行龙卡发行总量达569万张，其中：信用卡9.5万张，储蓄卡553万张；龙卡当年交易额达3894.9亿元，龙卡发卡量和交易额均居全国建行之首。

房地产金融和国际金融业务发展迅速，市场竞争能力得到提高。年末全行政策性住房资金存款余额63.3亿元，当年新增10.8亿元，其中：住房公积金存款余额为27.1亿元，当年新增8.8亿元。大力发展个人住房贷款业务，全年累计发放个人住房贷款53.3亿元，贷款余额为68.1亿元，其中自营性个人住房贷款余额达63.4亿元，增长139.1%，占全行贷款新增额的62%。积极支持住房建设，当年累计发放各类房地产贷款25.1亿元，贷款余额为27.2亿元。国际业务继续保持良性发展，年末外汇存款余额5.7亿美元，

建行泉州市分行积极支持侨乡建设，先后投资3.5亿元，支持了旧城改建和安居工程项目20多个。图为拓宽改建后的泉州新门街新貌。（林辉龙 摄）

当年新增1.3亿美元，其中外汇储蓄存款余额4.2亿美元，增长44.3%；全年共办理国际结算32.7亿美元，同比增长15.1%；办理结售汇13.7亿美元，同比增长27.7%。当年实现外汇利润1631万美元，比上年增长446万美元；外汇中间业务收入2316万元，均创历史最好水平。

中间业务不断拓展，科技应用和金融创新取得新进展。全行中间业务净收入9215万元，比上年增长191%，实现了跳跃式的发展。全年共编审工程预决算及标底价值130.6亿元，承揽工程监理业务9501万元；完成资产评估8672宗，价值73.6亿元；完成保险代理业务1.4亿元，代收保费7063.5万元，代理手续费收入513.8万元，吸收保险存款余额为3.01亿元；累计代收电脑体育彩票销售资金3.96亿元，沉淀资金1.1亿元；代理中央、地方预算内资金拨付10.5亿元，专户存款余额4.5亿元。加大科技应用对金融创新的支持力度，实施综合业务系统集中化改造方案，开发"银商通"项目，及时推出网上银行业务，实现会计核算系统与总行资金清算系统的直联。全年共完成总行清算系统资金交易和汇划业务90万笔，金额2690亿元；省分行综合业务系统跨区交易1208.5万笔，金额2264.8亿元。

不断强化内控管理，风险防范能力和经营效益明显提高。加强对逃废债企业的监控，全年共抵制企业逃废债7319万元，收回贷款本息1775万元。规范和加强抵债资产管理，全年共处置抵债资产项目11个，帐面金额3831万元，变现收回资金2488万元。加大清收贷款力度，依法收回逾期贷款1.2亿元。全行人民币不良贷款余额39.2亿元，不良贷款率为10.28%，同比下降1.29个百分点。强化财务管理，提高经营效益，全部贷款利息实收率达94%，实现利润6.5亿元。全面推行会计基础管理工程，全省会计数据集中面、对公会计网点和资金清算中心凭证稽核面均达100%。加大审计监督力度，促进规范经营管理；积极参与沪浙闽金融安全区建设，推动了全行创安工作的深入开展。高度重视安全综合治理工作，全年没有发生案件和大的事故。

(撰稿：杨达远)

【中国农业发展银行福建省分行】 围绕收购资金封闭管理这个中心，严格执行政策，完善各项管理，收购资金封闭运行继续保持良好态势。全年累放收购贷款33541万元，支持收购粮食30348万公斤、收购油脂44万公斤；累放调销贷款26004万元，支持调入粮食20701万公斤、调入油脂217万公斤；累放储备贷款19968万元，支持轮入或增加地方各级储备粮食16649万公斤，确保了收购资金供应。资金运用率96.5%，贷款收回率99.05%，不合理占用贷款下降率为10.47%；当年累计贷款利息收回率93.52%。全年无发生经济案件和刑事案件。

以基础管理为重点，促进收购资金持续稳定封闭运行。进一步明确收购资金封闭运行基础性管理的基本内容，补充完善调销贷款管理、顺价监督等管理办法，制定非保护价粮食收购贷款、新建中央储备库贷款等管理办法，推行移植会计操作办法登记信贷管理台帐的管理办法，全面实施库存监管"卡表管理办法"，探索委托代理业务管理办法，建立三级委托代理责任制。加快信贷管理电子化建设步伐，全省三级网络建设基本完成，台帐登记、月报表管理和回笼货款的分割计算基本实现计算机处理。加强检查督促，全面开展粮油库存清查，基本查清全省粮油库存情况，对查库中发现的问题及时采取整改措施，督促追回短少的库存粮油或所占用的信贷资金。

加强经营管理，提高经营效益。改进资金管理办法，提高资金营运效益，对资金头寸继续实行勤借勤还，小额勤调；对大额用途明确的资金，直接调拨到营业机构；对营业机构全面实行存款备付率监测的管理办法。通过采取这些措施，资金头寸占用逐月下降，全年双日平均头寸占用比上年下降2419万元；存款备付率从年初的25%下降到年末的16%；全年向总行借款平均余额比上年下降了2.68个百分点。

加强信贷资产管理和内控制度建设，防范和化解金融风险。努力优化信贷资产质量。对上年6月末和12月末的信贷资产进行清理分类，定期监测；严格监督企业按规定处理陈粮、陈化粮，优化粮食库存结构；按政策规定帮助企业开展等量对冲、推陈储新工作，提高库存粮食质量。加大不合理占用贷款清收力度，全年清收不合理占用贷款1285万元。完善内控制度，健全内控管理机构，开展内控管理的教育培训、内控管理的检查等，促进内控管理的落实。加强安全保卫工作，以防范票据诈骗、计算机犯罪以及预防火灾和事故等工作为重点，加大突击检查力度，对检查中发现的问题组织现场分析，督促整改。

严肃财经纪律，增收节支。实行全年财务收支计划和效益指标管理办法，通过采取按月下达收息指导计划、明确收息责任、规范收息操作、建立分割复核和利费比例把关制度、抓住重点、挖掘收息潜力、坚持按月对贷款收息情况进行分析通报等措施，加大收息力度；改革费用分配方式，全面推行资金实拨和费用报审制，各项费用开支控制在总行核定的指标内；严肃财经纪律，对建行以来的财务开支情况，组织交叉检查，限期整改存在问题。

(撰稿：叶秋英)

【国家开发银行福州分行】 认真贯彻执行开发银行总行各项工作部署，转变经营指导思想和业务管理方式，加强信贷管理，调整信贷结构，提高经营管理水平，努力实现管理科学、运作规范、资产优质、效益良好的奋斗目标。全年累计发放贷款18.21亿元；共回收本外币贷款本息12.99亿元；年末贷款余额85.62亿元；全年共实现利润9731万元。

强化信贷管理，提高信贷资产质量。全行上下增强忧患意识和责任感、紧迫感，牢固树立风险、市场、经营、服务观念，将本息回收和风险化解工作作为重中之重来抓，加强与政府和项目主管部门的沟通联系，综合运用现代银行沟通资金供求、优化资源配置等基本职能，加强和改善金融服务，建立新型银企关系，赢得了企业的信任和支持。经过不懈努力，信贷资产质量明显提高，年末不良资产贷款率较年初下降5.59个百分点。

加大项目开发力度，努力增强业务发展后劲。年初向省政府专题汇报开发银行关于加快东部沿海地区项目开发精神和项目开发有关政策，以及开发银行重点支持的地区、行业。2月份开发银行与省政府召开信贷工作联席会议，开发银行总行副行长王益和省政府副省长黄小晶分别代表双方签订了《金融合作协议》，省内各级政府共推荐132个建设项目，拟申请开发银行贷款451亿元。本分行配合总行项目开发组加大项目开发力度，同总行项目开发组一起与省计委等有关主管部门磋商开发银行支持的重点项目，并深入实地考察。建立项目开发联系人制度，密切与行业主管部门的联系，与综合经济管理部门建立良性互动机制和工作联系制度，关注有关重点项目建设的进展情况，掌握地方财政状况和财政担保能力，并对城建、电力、林业、电信等行业进行专题调研，有针对性地提出了行业、地区项目开发的重点和方向，参加项目规划汇报会、专家论证会，提前介入项目前期工作。年末分行项目储备库共44个项目，申请开发银行贷款261亿元；全年共评审通过并正式承诺贷款项目12个，贷款金额87.52亿元。

加强合同管理，按进度发放信贷资金。制定了贯彻《国家开发银行信贷合同管理暂行办法》和《国家开发银行人民币固定资产贷款信贷合同操作规程》的实施细则，在合同签订过程中，认真研究合同执行过程中可能出现的问题，在合同中分散或锁定风险；对正在执行的合同加强管理，完善定期检查制度，及时发现和纠正问题。制定了项目经理责任制实施细则，实行合同签订责任人制度，在已出具承诺函的10个贷款项目中，共完成5个项目借款合同签订工作；对已签订合同的项目根据变化了的情况及时做好有关合同变更工作，共签订变更合同4个项目。按照项目工程进度和合同约定用途做好资金拨付工作，完成资金拨付计划，全年共发放中长期贷款18.21亿元。此外，利用设备储备贷款解决项目建设短期资金需求，共发放设备储备贷款1.3亿元。

强化资金财务管理，努力提高经营效益。加强用款计划的预报和贷款资金支付的监督，合理控制头寸，减少资金闲置，提高资金使用效益，全年日均备付率为5.48%，较上年降低24.92个百分点；制订和完善财会制度13项，进一步加强内部审批手续，合理控制费用支出。开办异地结算业务、银行汇票业务、外汇收付业务，逐步完善结算手段。积极探索城市基础设施项目贷款风险控制的有效模式，促成有关部门开立了开行贷款偿债资金专用帐户，在防范和化解风险、支持地方经济发展方面，摸索出了新模式、新方法。

围绕风险防范，加强内部管理和内控制度建设。坚持统一法人体制，依法合规经营，坚决杜绝违法、违规、违纪行为的发生，加强内控制度建设，加大稽核力度，为各项业务发展保驾护航。开展内控制度建设，构筑风险防范体系，根据“关口前移，建立防线”的要求，各项工作逐一制定业务操作流程，确定风险点和相应控制措施，逐步形成一整套内部控制体系；不断加强规章制度建设，强调每一业务品种都要有相应的控制文本，规范业务操作，使各项工作有章可循，确保业务安全稳健运行。开展借款合同执行及担保、贷款资金拨付、贷款本息回收以及经费管理等情况的专项稽核检查，对业务工作实行实时监控。 （撰稿：温步腾）

【福建兴业银行】 坚持积极进取的经营策略和从严治行的管理方针，把握重点，扎实工作，各项业务大幅增长，步入新一轮快速增长轨道。至年末，全行资产总额855.9亿元，比年初增加364.07亿元，增长74%。各项存款余额516.93亿元，比年初增加195.51亿元，增长60.8%。其中：人民币存款余额471.41亿元，比年初增加181.14亿元，增长62.4%；外汇存款余额54984万美元，比年初增加17347万美元，增长46.1%。各项贷款余额357.08亿元，比年初增加123.68亿元，增长53%。其中：人民币贷款余额331.04亿元，比年初增加121.05亿元，增长57.6%；外汇贷款余额31456万美元，比年初增加3178万美元，增长11.2%。实现利润5.03亿元，同比增加1.7亿元，增长51.1%。

业务拓展力度加大，结构调整优化。同业金融业务全面推进，同业资金往来更加活跃，全年累计拆出人民币资金1177亿元，拆入1.14亿元。代理证券资金清算业务进一步巩固、扩大，成功取得新股申购资金验资行资格，与一批市场影响较大的券商建立全面合作关系，全年累计进行债券交易519.53亿元，增长84.3%，年末债券余额136亿元，比年初增长166.7%。公司金融业务继续深化，结算、票据等业务快速发展，全年累计办理国际结算27.33亿美元，同比增长97.2%；办理结售汇17.24亿美元，同比增长78.8%；年末全行承兑汇票余额87.97亿元，票据贴现余额17.84亿元。个人金融业务重点突破，积极开展个人理财业务和个人信贷业务，改进“兴业理财户口”，扩大个人实盘外汇买卖业务，通过理财服务带动个人金融业务发展。顺通卡全年新增发卡23万张，年末达96.64万张，比年初增长31.2%。各项业务比例关系保持协调状态，主要资产负债比例管理指标符合人民银行监管要求。

资本实力和机构辐射能力显著增强。2000年获中国人民银行批准开展新一轮增资扩股，至年底对外招募新股资金全额到位，全行股本总额由15亿股增加到30亿股，资本总额增加20亿元，资本实力显著增强，股东结构进一步优化。机构网点建设取得显著进展，筹建并开业了北京、杭州、广州分行和13家支行，南京分行筹建基本完成，获准筹建重庆、宁波分行，申请筹建济南分行。中心城市机构建设速度在全国各家商业银行中处于领先水平。

各项管理工作全面改进。升级综合业务处理系统，开发网上银行系统，开展数据集中试点工作，组织推广会计事后监督系统和统计报表系统，着手开发信贷管理信息系统、公文处理系统和审计系统，圆满解决计算机2000年问题，各项业务和管理的技术保障加强，经营管理的科学性和有效性提高。适应国家外币利率管理体制改革要求，建立外币利率管理体制。建立健全会计检查辅导组织，推进会计核算和清算体制改革，组织实施会计脱离手工核算工作。抓好审计监督、纪检监察、安全保卫和法律事务等各项基础工作，配合有关监管部门开展各项检查指导工作，内部控制更加健全，经营管理得到改进、提高。 （撰稿：张水泉）

【中信实业银行福州分行】 认真贯彻落实“规模、质量、效益”三管齐下精神，有效壮大经营规模，重视改进营销机制，大胆创新业务产品，从严规范管理模式，整体工作稳步发展。当年筹建并开业3个福州同城支行，1家异地支行——厦门支行。

从经营业绩看，规模、质量、效益同步增长。截至年末，分行总资产已达32.77亿元，比年初增长136%；本外币各项存款余额折合人民币32.33亿元，比年初增长168%。其中：一般性人民币存款23.84亿元，比年初增长173%；外汇一般性存款折合2946.74万美元，增长94%。人民币贷款余额14.37亿元，比年初增长159%，存贷比为60%；外汇贷款余额1147万美元，年末存贷比为39%。全年按时收回贷款本息，年末分行问题贷款率为0%，收息率为100%；累计实现利润2020万元，比上年增长531%。年末资产利润率达0.97%，在全省同业中列第一名。

从业务发展看，公司、国际业务，零售齐头并进。一是公司业务获得较大发展，在抓好存贷款等传统业务的同时，把票据业务作为新增长点，开展票据贴现、保函和信贷证明等业务，全年累计办理银票贴现8.48亿元，在省级银行中列第二名。二是国际业务结算量增长较快，全年国际结算量累计达3.86亿美元，比上年增长294%；为解决企业商品出口与退税达帐时间差造成的资金困难，率先推出出口退税贷款业务。三是零售业务逐步登上新台阶，中信卡顺利发行并加入当地金卡工程，实现了城内与各商业银行信用卡通存通兑；私人信贷业务增长较快，全年累计发放私人贷款4.03亿元，比上年增长860%。 （撰稿：唐革榕）

【招商银行福州分行】 招商银行福州分行作为2000年的新设机构，自成立以来秉承招商银行的“信誉、服务、灵活、创新”办行宗旨，确定“正确定位，树立形象；取长补短，力求双赢；目标明确，突出重点”的策略，迅速找到市场立足点，开业不到一年，先后开办了“一网通”企业银行业务、“一卡通”网上支付、24小时自助银行服务、存单质押贷款、个人银行专业版3.0版、网通IP、手机银行、“一卡通”炒股、商户消费、自助缴费等功能，并开通了200多户POS机特约商户。截止12月末，福州分行的各项自营存款本外币折人民币101953万元；全折人民币自营贷款余额33600万元；国际结算业务量累计达到3898万美元；一卡通发卡量38064万张；开设了两家支行，4家自助银行；网上企业银行总交易额21200万，总笔数共2864笔。 （撰稿：陈敏超）

【外资和中外合资银行】 截止年底，设在福州的外资银行共有6家，其中：营业机构4家，代表处2家。营业性机构中合资银行1家、分行3家，分别为：福建亚洲银行、集友银行福州分行、厦门国际银行福州分行、恒生银行有限公司福州分行。华侨商业银行于2000年4月17日撤销福州代表处。年末，福州的外资银行总资产10.50亿元，比年初增加1.72亿元，增长19.6%；贷款余额6.29亿元，比年初增加1.35亿元，增长27.32%；存款余额4.62亿元，比年初增加1.21亿元，增长35.48%。负债总额5.75亿元，比年初增加1.60亿元，增长38.49%；实现税后利润2128.47万元，增长59.92%；资产利润率和资本利润率均较高，利息回收率均高于90%以上。福州的外资银行经营业务也存在一些问题：一是贷款逾期情况严重，风险较大；二是房地产贷款占比较高，房地产余额占贷款总额的35.56%；三是中小型外商投资企业贷款风险增大。

截止年底，厦门共有12家营业性外（合）资银行，其中：在华注册机构2家，分别是厦门国际银行（中外合资银行）、厦门商业银行；外资银行分行10家。另外还有3家非营业性外资银行驻厦代表处，主要从事咨询、联络等非盈利性金融活动。营业性外（合）资银行主要经营外汇存、贷款、结算、外汇买卖、外汇票据贴现、保管箱业务等12项经中国人民银行总行批准的业务，服务对象主要是“三资”企业，同时还可以办理经批准的国有企业外汇贷款、出口结算及贷款项下的进口结算。厦门国际银行和香港集友银行厦门分行于1988年4月起经批准可试办部分配套人民币业务。在厦外（合）资银行继续发挥其资金实力雄厚、海外网络多、经营管理国际化以及较为完善的内控机制等优势，为改善厦门特区金融环境，推动特区外向型经济的发展作出了积极的贡献，特别是在融通企业资金、方便企业国际结算方面发挥了较为显著的作用。此外，外资银行还利用其为客户提供中长期项目贷款、充当银团贷款的牵头行、参与外汇即期、远期、期货和期权交易等业务方面比较擅长的优势，联合中资银行一起共同为客户提供银团贷款等业务，在中资银行向企业发放人民币贷款时，外资银行则为客户开立备用信用证作担保，使中资、外资银行双方优势互补，实现双赢。截止2000年底，厦门市12家外（合）资银行的总资产为9.02亿美元；外汇存款余额2.25亿美元，占全市金融机构该项业务的15.20%；外汇贷款余额5.73亿美元，占全市金融机构该项业务的63.88%。外（合）资银行的业务开展各有特色，部分银行侧重批发性业务，以大额放款为业务重点；部分银行侧重中间性业务，以贸易结算及零售性业务为业务重点；各家银行的共同点是以“三资”企业为主要服务对象，资金来源偏重境外拆借。外（合）资银行已发展为厦门市一支重要的金融力量，优化了厦门金融环境和投资环境，对于厦门特区吸引外资，引进先进的银行管理经验和优秀人才，促进特区金融体制改革，改善特区金融环境，以及发展外向型经济等方面都起到了积极的作用。

（撰稿：榕银　夏仁航）

证　券

【综述】

中国证监会福州证券监管特派员办事处　辖区内全年共有3家公司公开发行股票，5家公司实施了配股，新股发行和配股总共筹资29.52亿元。其中：发行新股筹资20.98亿元，配股筹资8.54亿元，直接融资金额是历年的最高水平。截止年底，辖区内上市公司共26家，总股本59.85亿，资产总额317.90亿元，净资产138.77亿元，总市值超过670亿元；投资者开户数132.45万户，当年新增30.45万户，增幅31%；证券经营机构资产总额295亿元，净资产总额25亿元，客户保证金余额245亿元，利润总额9.8亿元，分别较上年增长134%、19%、181%、和154%；全年股票、基金交易量为3296亿元，比上年增长105%。

中国证监会厦门证券监管特派员办事处　辖区内，截止年底，在厦门市注册的境内上市公司共有15家（其中：A股公司14家，B股公司1家；沪市公司9家，深市公司6家），累计募集资金49.2亿元；根据上年年报，15家上市公司总资产187亿元，净资产82亿元。辖区内有证券公司1家，信托类证券公司3家，证券营业部20个，证券服务部6个；期货经纪公司1家；证券期货投资咨询机构2家；具有证券业务资格的律师事务所1家，会计师事务所2家，资产评估机构2家。加强上市公司监管，规范上市公司运作。对上市公司进行持续动态监管，把事前提示、事中督促、事后跟踪检查结合起来，重点检查信息披露、募集资金使用情况和重大关联交易活动情况，发现问题，督促整改，有效维护投资者利益。加强对证券经营机构的监管。严把市场准入关，强化证券从业人员特别是高级管理人员的任职资格审查，认真执行高级管理人员谈话制度和重大事项报告制度，加强对高级管理人员的工作考核；对辖区内证券经营机构挪用客户交易保证金情况进行调查；对存在经营风险的机构负责人进行谈话以及召开证券机构定期、不定期座谈会，促进这些机构建立健全内控制度，按照内控制度的要求进行检查执行情况，提高证券经营机构高管人员的防范风险意识。通过上述工作，使辖区内的证券市场运行平稳，未发生风险情况。（撰稿：邝国权　吴坚）

【闽发证券有限责任公司】　闽发证券有限责任公司成立于1988年5月，是全省首家证券公司。2000年11月，经中国证券监督管理委员会批准，公司注册资本增至8亿元人民币，为朝着全国性综合类券商的发展目标迈进了一大步。闽发证券始终坚持“稳健经营、规范发展、开拓创新”的经营方针，发扬“团结、开拓、秉公、敬业”的企业精神，配合资本扩张，积极、稳妥地进行经营品种、业务规模和营业网点的综合性扩张，公司拥有北京、上海、三明、泉州4个管理总部、上海投资银行总部、成都代表处以及省内外40个证券营业网点。在一级市场业务方面，本年度先后参与了“长源电力”、“天津水泥”、“仕奇实业”、“甘肃兰光”、“湖北凯乐”等58次股票新股和配股承销业务，其中：新股副主承销9次，配股副主承销10次，分销39次，承销金额合计达25亿元；参与了2000年记帐式（四期）国债和2000年记帐式（十期）国债的承销业务，承销面值分别为1.1亿元和1000万元。在证券经纪业务方面，全年实现证券交易总额1638亿元，其中股票基金业务量1301亿元；至年底共吸引证券投资者31.3万户，客户交易结算资金余额103.63亿元，股票基金市值137.52亿元。同时，作为全国首家开展网上证券交易业务的券商，成为首批被中国证监会核准开展网上证券委托业务资格的券商之一，已拥有网上客户3.75万户，全年网上交易量达34亿元。至年底，公司资产总额达80.34亿元，净资产达4.02亿元；当年实现营业收入6.67亿元，实现税前利润2.64亿元，上交税款逾1.5亿元，各项指标均较上年度有大幅增长。

（撰稿：赵敏武）

【兴业证券股份有限公司】　兴业证券股份有限公司的前身为1994年成立的福建兴业证券公司。1994年4月29日，经中国人民银行批准，在福建兴业银行原证券营业部的基础上成立福建兴业证券公司；1999年8月9日，经中国证监会《关于福建兴业证券公司与福建兴业银行脱钩及增资扩股方案的批复》批准，公司与兴业银行脱钩，进行改制及增资扩股，扩股后公司总股本达90800万股；2000年3月15日，经中国证监会《关于核准福建兴业证券公司增资改制及更名的批复》批准，公司成为全国首批综合类券商，为福建唯一的综合类券商。至2000年底，累计为国家和企业筹措资金达94.7亿；累计办理各种证券交易额达10352.2713亿元；累计实现利润总额14.16亿元，实现净利润9.08亿元；（其中2000年实现利润总额3.4亿元，净利润2亿元）公司净资产达14.9亿元，总资产达73.8亿元，资本规模居福建同行业首位。公司已在北京、上海、福州、厦门、深圳、武汉、成都、西安、哈尔滨等地拥有21个营业网点，初步构建了辐射全国的业务经营机构网络，并投资控股福建省企业顾问公司等。（撰稿：叶杰）

【华福证券公司】　华福证券在拓展市场、创新业务等方面进行了大胆地尝试，取得了较为满意的成绩。全年实现营业收入27514万元，其中：代理业务收入16450万元，自营业务收入6208万元，证券发行收入493万元；完成利润14.723万元，比上年增长154%，资产保值增值率达165.36%，是公司成立以来最好水平。顺应网络经济潮流，推出网上交易系统，在拓展新经纪业务上走在省内其他券商的前面，截止年底，网上交易量达7.46亿元，占总交易量的1.69%，实现收入278万元；建立“华福证券金鼎资讯网”，为投资者提供最新、最全面的资讯信息，受到了投资者的欢迎；组建“华福铁路证券交易网”和“华福证券网上交易系统教育网分站”，将网上交易系统推广到铁路系统和省内各大院校内部，进一步扩大市场份额；推出金鼎卡通买通卖业务，率先在全省实现了营业部间通买通卖的功能；推出省内首家的客户服务中心，为投资者提供买卖委托、股评信息、专家咨询、资料传输等全方位的服务。合理调整经营格局，加强营业部建设，设在连江、长乐金峰、安溪等9个远程交易网点获得证监会批准规范为证券服务部，营业网点增至20个，经营规模进一步扩大。以求得更快发展！

（撰稿：张殿波）

保 险

【综述】 全省保险市场主体已由上年的4家增加到5家，各主体的分支机构共235个，其中：人民保险97个、中国人寿保险95个、平安保险19个、太平洋保险13个（太平洋保险公司产、寿已分业，但还未进行分立登记）。华安财产保险公司福州分公司和福建三木、厦门富安两家保险代理人公司经批准开始筹建。保险兼业代理4962家。保险从业人员27509人，其中：保险公司员工4509人，保险代理人23000人。

保险业务保持较快速度的增长。全省实现保费收入52.47亿元，增长11.2%，其中：财产险保费收入21.39亿元，增长6.2%；人身险保费收入31.08亿元，增长14.9%。保险公司资产总额91.32亿元，增长32%。保险深度为1.33%，比上年上升0.03个百分点；保险密度为158.62元，比上年增加14.95元。财产险经营效益显著提高，实现利润20129万元，赔付率有较大幅度降低，全省财产险赔款支出10.71亿元，赔付率为50.06%，同比下降17.19个百分点，其中：机动车辆险赔款支出6.71亿元，赔付率为49.68%，同比下降12.40个百分点。寿险业务结构调整幅度大，个人营销业务增长迅猛，保费收入28.62亿元，同比增长47.5%，所占人身险比重由上年的71.7%上升到92.1%；团险业务大幅萎缩，保费收入2.39亿元，同比减少68.8%，所占人身险比重由上年的28.3%下降到7.9%。保险企业改革稳步推进，人保福建省分公司结束运作了18年的财政代办业务，走上了商业化经营的道路；人保福建省分公司和中国人寿福建省分公司均将省分公司和福州市分公司合并；太保福州分公司完成了产、寿险分业工作，分别成立了中国太平洋财产保险股份有限公司福州分公司和中国太平洋人寿保险股份有限公司福州分公司，实现产、寿险分业经营与管理。在加强内控制度建设方面，各保险公司通过建立、健全各项管理规章，完善稽核监督体系，加强资金集中统一管理，规范业务操作流程，实施集中核保、集中财务处理，提高服务质量，加快电子化建设，保险风险防范水平得到进一步提升。

为贯彻落实对金融业实施银行、证券、保险分业经营、分业监管的原则，根据中国保险监督管理委员会的统一部署，2000年7月10日，中国保险监督管理委员会福州特派员办事处筹备组成立；9月21日，福州保监办正式成立，根据中国保监会的授权依法监督管理福建省（含厦门）保险市场，标志着全省保险专业化监管体制的确立，为加强保险监管工作奠定了坚实的组织基础。福州保监办成立后，开展的保险监管和服务工作主要有：一是适应新形势，积极探索新时期保险监管模式，初步确立了“以政府监管为核心、企业内控为基础、行业自律为纽带、社会监督为补充”的“四位一体”的保险监管思路，为做好各项保险监管工作确立了方向，有利于监管效率和监管效果的提高。二是做好非现场监管和开展现场稽核检查，规范保险市场秩序。在做好市场准入、保险公司高级管理人员任职资格审查等各项日常监管工作的同时，加强非现场监管，健全、完善保险监管报表系统工作，提高适时监测保险公司经营状况的能力。根据举报，监管机关查处了个别保险公司严重违法违规行为，及时有效地遏制了无序竞争和违规经营行为的进一步蔓延。三是加强信访举报、投诉工作，共受理有关保险的举报、投诉案件21件（次），对其中的13件当年已做妥善处理，有效地维护了保险当事人的合法权益。四是深入开展调研工作，了解掌握各地的市场状况和各公司的经营状况，探讨民族保险业面临加入世界贸易组织挑战的应对措施，重申了依法合规经营的重要性与必要性。五是做好行业自律组织建设的指导工作，指导厦门、泉州、南平等地保险行业协会的筹建工作，增进当地各保险公司之间的沟通协作，为今后加强各地行业自律工作打好基础。（撰稿：*黄德强*）

【中国人民保险公司福建省分公司】 保险业务健康发展。全系统保费收入14.49亿元，同比增长4.65%；赔款支出7.04亿元，综合赔付率48.57%，圆满完成经营目标责任状各项任务。大力发展效益险种，保持总体业务平稳增长。各级公司增强了效益意识和竞争观念，积极开拓效益险种，严格控制综合赔付率，达到了规模与效益并进的目标。机动车险龙头作用明显，拉动业务总量增长5.64个百分点，赔付率下降15.33个百分点，为实现利润指标作出突出贡献；货运险止跌回升，走出低谷，经济效益突出；责任险系列业务和个贷房屋保险业务呈现良好发展势头。不断完善展业承保方式，拓宽业务发展渠道。各级公司采取灵活多样、求新求变的市场竞争对策，立体公关、“拉网式”展业、多渠道代理、预约保险、统保、共保等工作得到加强；加大公司品牌宣传力度，提高了社会知名度和美誉度。认真落实优质服务举措，提高客户满意度。“大保户回访”制度继续推广，对分散型保户的服务意识、服务质量也得到提高。

基础管理逐步加强。加强业务规范化管理，各级公司业务处理中心全面设立，承保理赔审批制度和责任追究制度进一步落实，业务检查力度加大，防灾防损引起高度重视，高风险、高技术险种业务的承保理赔权限得到严格控制，明显减少了越权经营行为，有效控制住盈亏临界点。加强财务调控职能，制定年度经营目标责任制、财务收支两条线、财务核算、资金、机关经费等管理办法，完善考核管理机制。加强审计监督作用，通过对经理经济责任、内控制度评价、财务收支真实性、“五假一私存”等项目的审计，对存在的问题及时整改，堵塞管理漏洞，促进规范经营。

机构改革顺利完成。原省公司营业部和福州分公司的机构合并，进行内部机构调整和人员分流，减少公司机关内设机构，精简机关人员，进一步优化人员结构。（撰稿：*孙平 程萍*）

【中国人寿保险公司福建省分公司】 业务持续健康发展，保持市场领先地位。全省系统实现保费收入19.13亿元，同比增长16.4%；保费规模稳居全省保险同业之首，占市场份额的75.79%（不含厦门市），经营效益明显提高。基础管理逐步完善，风险防范明显加强。全面启动业务、财务“两个中心”的实质性运作，加强日常业务风险管理工作，开展抽查面达10%以上的全省性业务质量大检查，进行保单再清理工作，制定出台核保管理办法及核保人管理办法，实行核保人持证上岗制度，建立理赔案件分析制度及疑难理赔案件审定制度；完善和落实营销管理各项制度，全面落实全省统一模式的个人代理人暂行管理办法，制定并组织实施营销人员培训规划，加强个人代理人销售行为管理；加大对农村网点的管理力度，重新修订了农村保险站（业务分部）管理办法，初步建立农村代理人分类统计信息管理系统，农村保险站代收代缴、收支两条线试点工作已取得成效；财务资金管理不断完善，制定财务预算制考核办法，重点对效益指标、费用控制比例、首年保费及均衡发展情况和活期存款占总资产的比例进行考核。在帐户清理基础上全面实现收支两条线管理，建立了保费统一帐户，对全省资产、负债、业务收支、实物资产进行了清理，进一步摸清了家底。稽核工作得到有效开展，重点加强定期存单真实性稽核、“撕票式”保单管理稽核、决算审计、经理任期和离任经济责任审计等，并试行了远程网络非现场审计，取得了一定经验。

改革取得初步成效，员工素质不断提高。循序渐进推进省市机构合并工作，将省公司营业部、营销部从省公司机关剥离出来，实现经营与管理分离；筹建省公司营业管理部下属的业务、财务处理中心，实现福州辖区业务、财务的集中管理，减少机关管理层次，实行扁平化管理；改变城区机构按行政区域设置模式，实行直销、营销业务专业化管理。用人用工和分配制度改革逐步深化，试行绩效挂钩分配制度改革办法，积极稳妥地推进工资总额分配改革，用人用工方面实行人员分流、内退、待岗制度，增强员工紧迫感、危机感，激发员工奋发向上的工作热情，也有效地提高了员工队伍的业务素质和专业

水平。（撰稿：杨爱萍）

【中国平安保险股份有限公司福州分公司（产险）】 平安产险全年实收保费15262万元，同比增长24.3%；历年制赔付率为46%，同比下降12%；营业费用率16.74%；全部应收率1%；人均保费收入71.33万元。分公司开始驶入规模效益同步快速发展的良性轨道。

面对市场竞争的加剧，在“赶超系统内先进单位，扩大当地市场份额，四年保费翻一番，规模效益同增长”的定位基础上，积极加强代理业务拓展和大项目攻关，大力推广新的效益险种，寻求新的业务增长点，成功组织了全年性、阶段性的业务竞赛，业务规模迅速增长，市场占有率稳步上升。

坚持经营管理“两手抓，两手硬”的原则，在产险系统中首开先河，对业务明星评选采用保费规模和赔付率双重考核的办法，进一步引导业务一线牢固树立效益观念；实行追偿案件跟踪制度，采取对不良标的进行“量化分析”的方法，改变按车种或险别强行清理的“一刀切”做法，定期进行承保理赔情况跟踪反馈，以“主动、迅速、准确、合理”为原则加大核赔管控，加强配件核价工作，控制定损工作中的水分，落实伤者调查，控制道德风险。严格控制与销售没有直接关系的费用支出，加大对销售的费用支持和对新增业务的奖励，完善全预算管理制度。

为了树品牌、展风貌，公司在实施VIP客户商旅秘书服务等一系列新举措的基础上，向社会推出车险24小时接报案和365天代理查勘承诺，开展客户满意度调查，做好防灾防损服务，以快速查勘理赔为窗口，展现平安良好服务风貌，稳定和壮大了客户群。特别8月份“碧利斯”台风肆虐福建前后，公司协助客户在台风登陆前转移1000多万物资财产至安地带，一周内迅速结清50多个出险案件，赢得客户良好口碑。（撰稿：潘颖民）

【中国平安保险股份有限公司福州分公司（寿险）】 平安寿险业务发展迅速，分公司总资产已达9.45亿元，全年总保费53082万元，比上年增长36%。分公司在稳健发展业务的过程中，积极倡导价值最大化的理念，规范经营，勇于创新，在组织架构、销售渠道、人力资源、财务预算、薪酬分配等方面实行差异化管理，取得了长足的进步；在技术平台和服务渠道方面也不断地完善，积极导入PA18保险新概念网站、全国统一的95511电话咨询服务、开放式快速理赔系统和功能完善的电脑网络，推出国内急难援助卡服务，使客户服务体系日臻完善，逐步形成了在任何时间、任何地点和任何方式服务客户的3A网络；在产品方面不断推出顺应市场需求的新险种，如率先销售中国大陆第一代投资连接保险和分红保险，与欧洲最大的健康保险公司德国DKV合作推出独具特色的健康险业务，积极引导市民的保险意识，满足顾客投资理财的需求。（撰稿：李杰男）

【中国太平洋保险公司福州分公司】 2000年全辖财产险业务保额155.8亿元，比上年增长134.4%；保费收入9371万元，比上年增长43.9%。全辖寿险保费收入8209万元，比上年增长10.7%。其中：个人寿险（不含长期意外、长期健康）实现保费6360万元，增长14.6%；团体寿险实现保费1052万元，下降25.8%；意外险（含短期和长期业务）实现保费549万元，其中短期意外险增长15.7%；健康险（含短期和长期业务）实现保费249万元，其中短期健康险增长124.9%；短意险实现帐面利润89.4万元。全辖上缴税收750万元；综合赔付率59.69%，结案率77.09%。

加强内控管理，防范经营风险。抓印章管理，针对有些业务印章保管不善、用印程序不够规范的问题，收回并销毁散落在代理点的各类印章158枚，部门和公司印章统一由办公室保管，一律按权限履行审批、登记手续后方可使用。对各类保单、保费收据等重要单证进行清理，对全辖各机构单证的库存、核销等管理情况进行检查，出台了《重要空白单证管理办法实施细则》，为防范风险起到了积极的作用。将政治素质和业务水平较好的同志充实到核保、理赔岗位，较好地把住了公司的进出口业务关。同时，完善财务收支两条线管理，更换各支公司的保费帐户预留印鉴，保费帐户只进不出，为资产的安全提供了保障。

强化员工培训，努力提高业务素质，全面促进业务发展。举办了车险业务、保险法、财务、电脑、单证管理等多期培训班，开展“2000年太平洋杯劳动竞赛”，采用形式多样的方法激发广大员工投身竞赛活动的热情和积极性，全面促进全辖业务的发展。（撰稿：刘曙斌）

信托投资

【福建国际信托投资公司】 福建国际信托投资公司（简称华福公司）克服严峻的外部经营环境和极大的外债支付压力等困难，加强管理，努力运作，债务重组、证券公司的经营、资产变现和催讨逾期贷款以及信托业务的发展都取得很大成效，不仅妥善安排对外支付，而且当年取得了显著的经济效益，较大幅度地完成了年度利润计划，成为公司成立以来创利最多，压缩债务幅度最大，公司权益增加最多的一年。

努力开拓信托业务，扩大受托资产。根据以扩大受托资产规模为主、盈利为辅的方针，积极稳健地开展信托业务，增设信托新营业网点，扩大信托规模，完善内部管理，确保资金安全；取得了较好的效果和效益。全年信托资产比上年增长400%，信托资金年回报率达20%以上。

努力盘活存量资产，积极催收到逾期贷款。对现有近30家投资企业进行调查摸底，分类处置，通过积极催收，促使华能电厂、厦门国际银行等投资企业分红款和厦门福达公司、三明胶合板厂、兴业银行等股权和资产转让款按时足额到位，全年回收分红款和资产变现均完成年度计划；加大到、逾期贷款催收力度，全年累计回收外汇贷款本息和人民币贷款本息统折人民币约1.8亿元。

积极主动应对市场挑战，证券公司创历史最好业绩。全资子公司华福证券公司业务创新成果显著，相继推出“金鼎网网上交易”、“金鼎卡通买通卖业务”和“客户服务中心”3项新措施，推出新股经纪业务、代客理财等业务新品种，2000年有9个远程交易网点经证监会批准升格为证券服务部，营业网点总数增至20个；公司利润大幅度增长，达到1.47亿元，比上年增长150%，创历史最好水平。（撰稿：姚珩）

【福建省华侨信托投资公司】 该公司前身是1952年经中央政务院批准创立的福建华侨投资股份公司，是全国首家引导华侨投资祖国建设的侨资企业，在海内外享有盛誉。1984年8月公司经福建省政府批准复办。1986年12月，经中国人民银行批准，公司成为福建省人民政府直属的全民所有制非银行金融机构。1990年，公司由福建省华侨投资公司更名为福建省华侨信托投资公司，经营各项金融信托业务。公司共设有12个内部机构，两个证券交易营业部（福州鼓屏路证券交易营业部和上海宛平南路证券交易营业部），3个分支机构（公司营业部、华林营业部、泉州办事处）；同时还设一个直属房地产子公司（华信地产公司），两个控股公司（侨兴有限公司、厦门华信租赁有限公司），初步形成布局合理、功能齐全的业务格局。至2000年末，公司业务遍及金融、证券、投资理财、房地产等，金融资产总额达20.7亿元，营业收入6114.5万元，投资收益5019万元，实现利润4690万元。（撰稿：李洪杰）

信用合作

【农村信用社】 全省农村信用社通过深化改革，各项业务平稳健康发展。年末，信用社资产总额297.48亿元，比上年增加34.51亿元；实收资本15.92亿元，增加2.12亿元；各项存款余额279.95亿元，其中储蓄存款余额225.85亿元，分别比上年增加28.73亿元和12.36亿元；各项贷款余额201.22亿元，其中农业贷款余额95.91亿元，分别增加27.02亿元和30.53亿元。

坚持支农大方向，解决贷款难问题。采取“农户贷款担保基金”、“农户联保”、“评定信用村”和“小分队流动服务”等措施，有效解决农户贷款难和信用社难贷款问题。集中资金支持备耕生产，支持科技农业、高效农业、特色农业、生态环保农业和出口创汇农业，扶持“菜篮子”工程，农户贷款面达30%，发放各项支农贷款179亿元，比上年增加24亿元，农业贷款余额已占全省金融系统农业贷款总余额的80%以上，促进了农业发展和产业结构的调整。

加强资产管理，防范和化解金融风险。制订全省信用社贷款操作规程，修订借款合同文本，出台大额贷款事后报备制度，并按月进行监控。开展不良贷款专项稽核检查、真实性检查和安全保卫大检查，对内控制度与管理工作进行整改，加强对改制更名为农村信用社的原城市信用社资产的规范管理，加大对不良贷款和表内外应收利息的清收力度，全年收回不良贷款34亿元，两呆贷款2.67亿元，分别比上年多收4亿元和5178万元。配合省政府清理整顿农村合作基金会，基本实现其整体关闭的目标，维护经济和金融秩序的稳定。年末全省信用社置换农村合作基金会小额农户贷款665笔，896.24万元，异地存贷款1711万元。

加强队伍建设，适应改革和发展的需要。做好51家原城市信用社统一改制更名，归口农村信用社的管理工作。加大案件查防力度，全年查处各类违纪案件21起、866万元，分别比上年下降12.5%和31.1%。截止年末，全省有农村信用社联社733家，信用社924家，非独立核算的信用社分社1195家，储蓄所156家，代办站1596家，从业人员15822人。

（撰稿：王颖　王守理）

编审：宋小佳　　责校：郑棻

财政税务

财　政

【"九五"概述】　"九五"期间，全省财政工作适时将前期适度从紧财政政策调整为积极财政政策，刺激有效需求，有力拉动了经济增长，从而保持了财政收入稳步增长。"九五"期间，全省财政收入完成1431.4亿元，平均每年增收37亿元，年均增长14.9%，财政收入占国内生产总值的比重由1995年8.5%上升到2000年的9.3%，扭转了财政收入比重下滑的趋势，为各项事业的发展奠定了可靠的财力基础。全省财政支出完成1281.53亿元，比"八五"期间增长1.2倍，年均增长13.6%，其中：财政直接用于社会保障方面的支出占财政支出的比重由1995年6.9%上升到2000年的8.8%，增加了1.9个百分点；用于农业、科技和教育的支出占财政支出的比重由1995年的25.7%上升到2000年的34.2%，确保了重点支出和社会事业的发展。同时，积极推进财政改革，建立转移支付制度，完善财政体制，实行零基预算和部门预算，加强预算外资金的管理，强化了行政性收费和罚没收入"收支两条线"管理，初步建立预算内外资金监督管理的新机制。

【综述】　在国民经济健康发展的基础上，财政收入较好完成了预算，保持了与积极增长相适应的态势；财政支出基本保证了工资发放、社会保障和稳定的需要，加大了对农业、科技、教育和其他重点项目的投入，继续实现全省财政收支平衡。据快报统计，2000年全省财政总收入完成369.53亿元，占年初预算的110.7%，比上年增收63.79亿元，增长20.9%，其中地方级收入234.03亿元，占年初预算的106.7%，比上年增收31.95亿元，增长15.8%。全省财政支出322.77亿元，比上年增支46.18亿元，增长16.7%。全省政府性基金收入34.21亿元，基金支出30.79亿元。财政运行中存在的困难和问题主要是：财政发展后劲不足，新的财政收入增长点少；地区间财政发展不平衡，影响了收入的稳定性；财政供养负担过重，一些县市出现欠发工资现象；有的地方政府负债过重，财政风险加大；财政管理特别是预算外资金管理还不够到位，财政监督还不够有力等。

【贯彻积极财政政策】　积极争取中央国债资金，全年共争取国债资金13.91亿元，重点用于公路、铁路、电力等基础设施和防洪工程建设；加强对国债资金的监督管理，把好项目审核关和资金拨付关，积极落实配套资金。加大基础设施建设投入，全省预算内基本建设支出29.26亿元，同时，提款使用世行、亚行贷款0.54亿美元，用于支持高速公路、城市供水和卫生建设等。积极支持工业结构调整、企业增资减债、企业技术改造和产品升级，全省预算内企业挖潜改造资金支出11.12亿元，增长15.4%。增加对山海协作的资金投入，省级财政预算内安排1.56亿元，并从省级预算外筹集1.2亿元支持山区发展。同时，省财政还加大了对困难地区的转移支付力度，试行基本公共服务保障办法，全年省级对下转移支付达7.5亿，比上年增加2亿元。

【支持农科教】　加大财政支农投入，全年财政支农支出年初预算安排18.87亿元，其中省级财政安排6.28亿元，比上年增长7%，高于省级预算财力增长4.9个百分点；重点支持农业生产结构调整、基础设施建设、生态环境保护、科技进步、产业化和社会服务体系建设、农村扶贫开发和闽台农业交流，提高农业生产的效益。建立财政科技投入增长机制，继续按高于同期财政经常性收入的增长幅度安排科技经费预算，全省财政对科技的拨款（含科学事业费拨款、科技3项经费、企业"挖革改"经费用于科技科研基建拨款和社会事业发展费用于科技部分）达11.28亿元，同口径比上年增加1.23亿元，增长17.6%；财政对科技的直接投入（即科技3项经费和科学事业费支出）继续保持较大幅度增长，预算内安排的科技3项经费和科学事业费支出8.24亿元，比上年增长17.6%，比同期财政经常性收入增长9.5%高出8.1个百分点；加大对科技经费投向和支出结构的调整力度，集中资金重点重大科技项目计划、国家和省级重点实验室、中试基地建设、科学普及、科技体制改革、高层次人才培养和引进等；研究建立高新技术风险投资机制，从2000年起，省级财政分3年从新增科技经费划出1亿元，作为风险投资的政府引导性资金，并引导企业、社会团体和民间资金，组建福建华兴创业投资有限公司、兴业创业投资有限公司。努力增加对教育的投入，全年财政预算内安排教育经费支出84.5亿元，同口径比上年增长15.2%，高于地方财政经常性收入增长5.7个百分点，其中省级财政预算内教育经费支出10.47亿元；努力提高教育投入的使用效益，重点支持高等院校、师范院校、中小学布局结构调整，高校"211"工程和重点学科建设，教职工住房建设，高校后勤社会化等。

【财政改革】　改革预算编制方法，全面编制省级部门预算，各部门所有收支均应纳入本部门财务统一编制预算，省财政对预算内外资金统一管理、统筹安排、综合平衡；实行零基预算和定员定额编制办法，除法定支出外，各类支出不再实行"基数加增长"的编制方法，改为根据预算年度事业发展的实际需要和财力可能，按照规定的支出范围和开支标准，一切从"零"开始编制支出预算；进一步细化预算，提高专项支出的到位率，各类经济建设和社会事业支出除经省财政核准预留一定的待分配资金以及救灾等少数年初难以确定的支出外，编制部门预算时均细化到具体事物和项目。试行国库统一支付工资制度，2000年4月1日起先对省直机关31个单位开展试点，全省各级机关在7月1日、各类学校在10月1日起全面启动，截至年底，全省各级党政群机关、学校实行国库统一支付工资单位达8154个、人数30.2万人，约占财政供养人员的35%。推行政府采购制度，编制年度政府采购计划，要求凡使用财政资金购置属于集中采购的货物、工程和服务项目，在编制年度预算时，应将采购计划细化编制到项，并报同级财政部门审核，财政部门根据核定的采购单位年度预算，编制本级政府采购计划；规范采购资金管理，开设"政府采购资金专户"，归集拨付政府采购资金，全年政府采购预算金额5.34亿元，实际支付4.62亿元，节约资金0.72亿元，资金节约率达13.5%。开展农村税费改革试点准备工作，深入基层开展调查研究，研究起草全省农村税费改革试点工作方案，为2001年开展试点做好各项前期准备工作。

【支持社会保障体系】　各级财政按照"三三制"和财政兜底原则，安排国有企业下岗职工基本生活保障和再就业基金1.98亿元，其中省级预算安排0.8亿元，并积极争取中央补助0.47亿元，保证了进中心的下岗职工都能按时足额领取基本生活费并代缴社会保险费。加大社会保障投入，全年财政预算安排用于社会保障方面的支出（包括国有企业职工基本生活保障和再就业基金、养老金补助、抚恤和社会救济事业费、行政事业离退休费等）28.46亿元，比上年增长51.2%，其中省财政预算安排7.7亿元，比上年增长83.3%，占省级预算支出的比重达9.8%。进一步完善职工基本养老保障和失业保险制度，研究制定社会保险费由社保经办机构征收改为税务部门征收的办法，确保2001年社会保险费税务征收工作的顺利实施。积极稳妥推进医疗保险制度和医疗卫生制度改革，按照"基本医疗、广泛覆盖、统帐结合、共同负担"的原则，合理确定基本医疗单位和个人缴费比例，合理划分个人帐户和统筹基金帐户的支付范围，全省9市和省级共10个统筹单位的基本医疗保险方案已经省政府审批通过，并将于2001年全面启动。

【财政监督管理】 强化会计监督，统一组织对50家国有企业、股份制企业、民营企业会计信息质量和相关的社会审计机构执业质量进行抽查，对存在的问题严肃查处，严厉打击了财会工作中的虚假行为，推动了新《会计法》的顺利实施；开展经济鉴证类社会中介机构清理整顿，对中介行业的设立依据、行政主管部门、自律管理情况、执业机构和人员状况、业务范围和组织形式进行了全面的调查摸底，对经济鉴证类社会中介机构的脱钩改制进行了部署。加强对财政性资金投融资工程建设项目概算和预决算的审核，全年送审投资金额38.72亿元，通过审核核减投资4.79亿元，核减率达12.4%。

（撰稿：高一鹏）

税 务

【国家税收】 "九五"期间，全省国税系统组织税收（不含海关代征）733.15亿元，年均增幅15.32%，全面完成"九五"计划。2000年，全省国税系统认真执行各项税收政策，严肃财经纪律，依法治税，抓紧抓实组织收入，税收收入实现大幅度增长。全年国税累计组织税收收入212.9亿元，扣除利息税4.8亿元后为208.1亿元，增收50.6亿元，增长32.1%，完成年计划109.9%。其中：共组织税收收入（不含厦门）155.2亿元，扣除利息税4.2亿元后为151亿元，增收28.7亿元，增长23.5%，完成年度计划的112.4%，其中"两税"入库123.7亿元，增收20.9亿元，增长20.4%，完成年计划的106.9%。收入实现大幅度增收，主要因素是：经济发展为税收收入的增长奠定了坚实的税源基础，全省单独考核的25个"两税"项目有20个呈现增长，其中电力、卷烟、服装、纸、糖、汽车摩托车、汽车轮胎、纺织品等增长幅度均达到30%以上，尤其是一批骨干企业和高新技术企业发展势头强劲，"两税"增收显著，对全省收入增长起到了较强的带动作用，如柯达胶卷、龙岩卷烟厂、华能电厂等多家企业实现利润大幅增长，成为推动税收快速增长的重要力量；加强重点大户控管，组织开展自查和专项检查，对违规审批的缓征税款和税款过渡户进行清理，增收2.1亿元，清理陈欠增收1.58亿元，查处漏管户1020户，查补税款、罚金7601.63万元；税收政策调整增加收入约5亿元，其中：期初存货已征税款少抵扣增收1.4亿元，老"三资"企业征退办法改变增收2.7亿元，"三资"企业超税负返还政策到期增收0.5亿元。

全面加强税收管理，继续深化税收征管改革，全面推行新的征管模式，建立完善的纳税人自行申报纳税制度，全面推行分类管理办法，全省纳税户自行申报率达95%以上；建立全方位的纳税服务体系，有条件的地方实行税务银行一体化服务；建立双层稽查体系，强化稽查制约机制，有效解决了税务申报的真实性问题；加快税收征管电子化进程，建立以计算机为依托的税收监控体系。大力加强单项税种管理，针对小规模纳税人户多、面广、规模不一、管征难度大的问题，进一步加强小规模纳税人纳税帐证建设和会计核算；全面细致地做好"增值税日常稽核操作规程"实施的各项工作，积极落实商业增值税专项考评，指导全省开展一年一度的增值税一般纳税人年审工作；开展增值税专用发票的专项整治工作，加强专用发票管理，取得明显成效；开展1999年度所得税汇算清缴工作，通过自行申报补税和查补入库的企业所得税达6.5亿元，比上年增收近3亿元；继续推行审核评税工作，不断完善涉外税收征管，努力提高反避税水平，全省国税系统组织涉外税收收入41.29亿元（不含厦门），增收18.85亿元，增长84%。积极防范和严厉打击出口骗税。在认真测算、积极争取退税指标的同时，抓好专用税票电子信息审核，严格审核审批，及时办理退税，全年累计办理出口退税41.9亿元，增长50.7%，其中不含厦门增退6.2亿元，增长37.1%；组织开展1999年度出口退税清算，清算面达到100%；全面开展出口货物税收专项检查，重点检查出口企业617户，检查面达56.0%，检查发现因错用退税率、计税依据不实等多退税款123.36万元，并对大宗货物、敏感货物、疑点货物以及从敏感口岸报关出口的货物发函取证598份，涉及进项金额84368.58万元，进项税额14342.66万元。在加强出口退税管理的基础上，集中力量全面开展出口货物货源、征税、资金运转等情况的检查，并对已填开的专用税票进行全面系统的清理，积极防范和大力打击骗税不法行为。认真查处偷骗税不法行为，全力以赴完成了中央"4.20"案件、"807"广东出口骗税案、"11.4"岳阳虚开增值税专用发票案等大案要案的协查工作，组织开展了彩色显像管生产性企业专项协查和举报案件的稽查工作，全年共查补税款3.80亿元，罚款4436万元，没收非法所得129万元，加收滞纳金570万元，已入库税款3.48亿元，入库率、罚款率分别达到90.8%、11.7%。

加快"金税工程"建设。各地把"金税工程"作为"一把手"工程，层层成立了由"一把手"任组长的领导小组，签订责任状，明确落实的目标、步骤、方法和责任；网络建设方面，按照"金税工程"建设的要求，顺利完成了省、市、县三级广域网通信线路的升级改造，并于2000年11月15日前完成线路开通任务，提高了通信速度和质量，为及时运行增值税交叉稽核系统做好了准备；推行防伪税控系统方面，按照从大到小、分期分批推行的原则，在前几年推行956户的基础上，2000年又推行了6934户10万元以下的企业，合计7890户，约占全省25331户一般纳税人数量的31.1%。大力提高计算机应用水平，继续在全省系统内推广使用《公文处理系统》，提高办文效率，实现公文远程封发；软件应用的水平和覆盖面也都有很大提高，纳入计算机管理的户数达28万户，计算机当期处理的税款达150亿元。积极推行税控加油机装置，申请安装加油机税控装置的加油站1850个、加油枪5600支，已安装税控装置的加油站1750个、加油枪4300支。

（撰稿：廖燕庆）

【地方税收】 "九五"期间，全省地税系统累计组织各项收入560.68亿元，年均递增18.2%，其中税收收入508.55亿元，年均递增18.4%；税收收入占地方级财政收入的比重从1995年的52.9%提高到2000年的55.3%；占国内生产总值比重从1995年的2.9%提高到2000年的3.3%；人均收税水平从1995年的81.29万元提高到2000年的154.88万元，居华东各省前列。税收征管改革稳步推进，初步建立起"以纳税申报、协税护税和优化服务为基础，以计算机网络为依托，集中征收、分类管理、重点稽查"的税收征管新模式；税收信息化建设取得突破性进展，成功构建全省广域网络系统，实现系统联网运行，计算机应用领域已从征管、计财、法规逐步拓展到税收工作的其他领域。严厉打击偷逃抗骗税和其他涉税犯罪行为。"九五"期间立案并查处各类涉税案件1.19万起，查补税款29.77亿元，移送司法机关948起，判刑17人，对维护税法尊严、创造公平竞争环境起到了重要作用。2000年再创佳绩，提前完成全年收入任务。全年共组织各项收入143.49亿元，其中税收收入129.54亿元，比上年增长

12.2%，增收14.06亿元，为地方经济的发展作出了应有的贡献。加快征管信息化和网络建设，顺利实现全省地税系统四级单位、三级网络的广域联网，全省37万纳税户纳入系统联网运行，初步实现了“规范税收业务、统一征管软件、建设广域网络、集中存取数据、共享信息资源、提高征管质量、加强税收监控、优化办税服务”的税收信息化建设目标。狠抓征管基础工作，健全户管档案资料，加强税务登记源头控管；组织开展发票专项检查和清理漏征漏管户活动；严格评税、停歇业和税款缓缴审批制度，全面推行办税、定额、处罚公开制度；认真落实以登记率、申报率、入库率为主要内容的“七率”考核办法；进一步规范征管环节，以征管规程为依据，制定工作标准，减少人为因素，防止执法的随意性，推进征管工作的规范化、制度化、科学化。按照“优质高效、规范统一、整洁大方”的要求加强办税服务厅建设和改造，统一实行“低柜、开放、面对面”申报，拉近与纳税人的距离；按照服务功能设置了窗口，集税务登记、发票发售、纳税申报、税款征收、税务咨询、涉税受理等六项功能为一体，实现一站式服务；建立税法公告制度，免费定期向纳税人公布税收法规和征管办法。坚持“依法治税、从严治队”方针，严格执纪执法，加大违法违纪案件查处力度，全系统共受理群众信访举报329件，已办结297件，办结率达91%；共立案27件（含1999年遗留），结案21件，结案率80%。发挥监督职能，大力开展执法监察工作，将税收会计、税收票证等工作的检查和税收执法检查作为执法监察工作的重点，组织对28个县、市、区局和80多个基层地税所进行税收会计、票证大检查，并针对检查中发现的税种混库、违反税收会计制度、票证管理不严等问题提出处理意见，责成有关单位限期整改。以提高工作效率和工作质量为目标，认真抓好效能建设，以制度建设为突破口，建立健全岗位责任制、首问责任制、服务承诺制、限时办结制、否认报备制、绩效考评制和执法过错追究制等规章制度，初步做到以岗位责任制明确工作职责，以承诺制明确管理和服务要求，以公示制推行政务公开，以公开评议强化民主监督，以执法过错追究严肃工作纪律，以绩效考评促进制度落实。认真开展规范性文件清理和改革审核审批制度，共清理文件文书1421件，其中废止45件，暂停执行25件，修改21件，保留1282件；改革审核审批事项33项，其中下放11项，转移1项，取消1项，保留20项，下放、转移、取消事项占39.4%。通过开展效能建设，各级地税机关工作作风明显转变，工作效率明显提高，对促进全省地税系统两个文明建设和推动各项工作的顺利开展起到重要作用。（撰稿：曾宁波）

编审：宋小佳　　责校：章卓如

经济管理

计划管理与宏观调控

【编制“十五”计划】 2000年是“十五”计划编制工作的最为关键的一年，计划部门始终把“十五”计划编制工作放在“重中之重”的位置，在前两年完成“十五”计划和各类规划基本思路研究工作的基础上，着重抓了五项工作：一是开展“十五”计划《纲要》的编制工作，形成了《福建省国民经济和社会发展第十个五年计划纲要框架》(初稿)，经过反复征求意见，十易其稿，于11月形成了《纲要》征求意见稿，通过省长办公会的研究。二是组织完成了《中共福建省委关于制定国民经济和社会发展第十个五年计划的建议》起草工作，前后修改了13稿，于10月份经省委六届十二次全会审议通过。三是牵头组织开展了“十五”产业结构调整规划、城镇化发展规划、人口、就业和社会保障规划、生态环境建设规划、防灾减灾体系规划等11个重点专项规划的编制工作，并搞好35个主要行业规划的衔接工作。四是注重对重大问题的研究工作，牵头组织召开“十五”产业结构调整、重大项目规划等7个专题研讨会，开展了福建省有条件地区率先基本实现现代化的形象标志和主要评价指标的研究、“十五”计划指标体系测算等工作。

【制定规章文件，加强经济形势分析】 在政府规章和规范性文件制订方面，已经出台的有《关于进一步加强利用外国政府贷款限额以下项目管理有关问题的通知》、《关于外商投资一般房地产项目审批问题的通知》、《福建省中央财政预算内专项资金水土保持建设项目管理办法》、《福建省人民政府关于印发我省今明两年进一步调整优化产业结构实施意见的通知》、《福建省人民政府办公厅关于印发省级财政预算资金按比例扶持全省调整优化经济结构重点企业、重点项目实施办法的通知》等；已经制定初稿征求意见的有《省重点建设项目管理办法》、《福建省省级预算内基建资金安排使用管理暂行办法》、《福建省省级前期经费管理暂行办法》、《福建省重大项目稽察管理办法》(已上报省政府)；处于起草或征求意见过程中的有《福建省实施〈中华人民共和国招标投标法〉办法》、《福建省省级政府投资项目管理暂行规定》、《福建省实施〈国防交通条例〉办法》、《福建省运力征用办法》、《福建省物资动员征用办法》等。在加强经济形势分析方面，认真落实经济形势分析制度，加强经济信息交流及数据库的建设，跟踪分析国内外经济动向及其对本省的影响，开展全省经济运行监测、预测工作，坚持每月组织省直有关部门、每季度组织地市计委主任开展经济形势分析，及时掌握全省经济运行情况，为省委、省政府经济形势分析会提交分析材料。

【项目管理】 积极争取国家资金支持，全年共争取到国家各方面资金、投资38.95亿元(不含厦门市)，其中：国债资金18.3亿元，中央预算内基建非经营性投资1.59亿元，中央专项基金7.95亿元，开发银行贷款11.1亿元，对于弥补本省重点建设项目和国债投资项目的资金不足，保证项目建设的顺利进行，起到积极的促进作用。抓好重点项目前期工作，认真筛选了一批有前期工作深度和具有形象性、标志性的重大项目，抓紧做好项目的审查审批和上报审批工作，促使京福高速公路福建段一期、赣龙铁路、福建与华东500千伏电网联网工程、农网建设与改造工程等一批省重点项目、预备重点项目、重中之重项目和重大利用外资建设项目顺利通过了各级审查审批。抓好在建重点项目和国债投资项目的督促检查和协调工作，先后组织开展了对利用国债水利项目执行“五制”情况的全面检查，对5个地市海堤除险加固二期工程项目建设情况的督促、稽察；会同省监察厅、财政厅、审计厅、建设厅联合开展了1999～2000年国债项目的审批程序执行情况、资金管理情况、“四制”落实情况、工程质量及施工管理情况等进行重点检查；配合国家计委对福州洋里污水处理厂和龙岩污水处理厂建设项目进行稽察，配合审计署驻上海特派员办事处和财政部驻福建办事处对1999年国家安排本省国债投资项目的审计检查。

【可持续发展和经济结构调整】 在贯彻可持续发展战略方面，着重修改完善了《福建省可持续发展行动纲要》，已由省政府批转实施；组织力量编制了全省可持续发展第一批优先项目计划；启动了水口库区可持续发展实验区工作，落实了实验区建设专项资金。在调整优化结构方面，出台了《进一步调整优化结构实施意见》和《扶持调整优化经济结构重点企业、重点项目实施办法》，均已被省政府批转执行；根据实际情况，重新确定了进一步调整优化经济结构扶持的“双九一高”项目，筛选确定90家企业、90个建设项目和60个高技术产业化项目作为扶持的重点，其中：有4个项目列入国家高技术专项计划，有5个项目列入国家高技术产业化推进计划，并对“双九一高”项目建设进行跟踪协调，促进了项目建设按期完成。

【农业基建和扶贫挂钩帮扶】 加大水利和生态基建投资，全年安排预算内农业基建投资1.456亿元，争取国家计委农林水利资金2.1亿元，扩大了农业基建规模，农业基础设施得到的加强；审批一批国家级节水示范工程、国家级现代农业示范基地的项目，推进了现代农业示范基地建设步伐。开展以“通水”、“通路”为主要内容的农村基础设施建设，争取国家以工代赈资金、海建资金4000万元，安排省预算内扶贫海建资金1360万元，用于改善贫困地区、老区、少数民族聚集区、沿海岛屿突出部地区的生产生活条件；研究制定了关于加快19个经济欠发达县发展政策，形成《关于做好挂钩帮扶工作，促进经济欠发达地区发展的建议》并经省政府批准实施。

【科教兴省战略】 一是积极争取国家支持扩大高校招生规模，2000年全省普通高校招生数比上年增加11853人，扩招31%，是恢复高考以来增长幅度最大的一年。二是抓好高校结构调整，实现福建农、林两所高校的合并，加快高校后勤保障社会化改革。三是推进文化、卫生、体育等各项社会事业的发展，及时将武夷山等7个旅游基础设施项目上报国家申请国债支持，争取了第一批国债资金6000万元，用于扶持项目建设；争取了国家计委对本省社会事业826万元专项资金补助，用于社会事业薄弱环节建设。为扶持贫困地区社会事业发展，全年省级计划部门安排了导向性建设资金3300万元，引导社会投资约3.7亿元，取得了较好的效果。四是积极推进科技体制改革，配合有关部门提出了关于推进省属开发型科技机构实行企业化转制实施意见，并报省政府批转执行；根据全国国民经济信息化专项规划会议和省政府领导批示精神，认真抓好全省第一个国民经济信息化专项规划的制定；着手编制建设“数字福建”工作方案，筹划开展示范工程建设，其中电子政府示范项目省直机关宽带网和计划系统T型网项目建设已经启动。

【对外经贸】 牵头做好第四届中国投资贸易洽谈会省团项目组的各项准备工作，组织召开全省计划系统利用外资对外招商项目筛选储备工作座谈会，完成重点招商项目的筛选工作。抓好全省年度重点招商项目筛选、储备工作，共推出招商项目2000多项，其中省级重点招商项目122项，总投资51.7亿美元，为全省招商引资工作打下了较好基础；同时，继续开展对列入上年全省12个重大利用外资项目的跟踪、协调和服务工作。

【国家粮库建设】 会同人民银行福州中心支行审批发行企业债券4个项目，发债额度1.95亿元；向国家开发银行推荐重点建设项目12个，申请贷款39.51亿元。积极稳妥做好重要商品物资储备工作，完成化肥、食糖储备计划；做好500亿斤中央直属粮库扫尾工作，并争取国家计委、粮食储备局新增加2个点2.5亿斤建库规模；省级粮食储备库建设一期工程宁德库已开工建设，龙岩库已完成初设审批，二期工程泉州、三明两个库点的准备工作正在进行。

【福建省2000～2001年调整优化经济结构“双九一高”项目名单】

一、今年全省调整优化经济结构重点企业（集团）名单（90家）

1. 福州人造板厂
2. 永安林业（集团）股份有限公司
3. 厦门海洋实业（集团）股份有限公司
4. 莆田香江（集团）有限公司
5. 闽中脱水蔬菜厂
6. 福建亲亲股份有限公司
7. 福建天香实业股份有限公司
8. 福建省闽东大黄鱼（集团）公司
9. 东山县海魁水产有限公司
10. 福建远洋渔业集团公司
11. 长汀河田鸡开发有限公司
12. 福建信芳冷冻食品有限公司
13. 福建省仙游县无铅松花皮蛋发展有限公司
14. 建宁莲业集团
15. 福建省永春逢源食品饮料公司
16. 福建省锦溪集团有限公司
17. 福建省圣农实业有限公司
18. 森宝（龙岩）实业有限公司
19. 厦门华侨电子企业有限公司
20. 福日集团公司
21. 福建实达集团公司
22. 厦新电子公司
23. 南靖万利达电子公司
24. 中华映管（福州）有限公司
25. 冠捷电子（福建）有限公司
26. 新大陆电脑股份有限公司
27. 厦门灿坤实业股份有限公司
28. 戴尔计算机（中国）有限公司
29. 福建源光亚明电器股份有限公司
30. （1）福建省汽车工业集团公司（福建龙马股份有限公司）
（2）厦门金龙联合汽车工业有限公司
31. 厦门厦工集团有限公司（三明重型机器有限公司）
32. 福州天宇电气股份有限公司
33. 福建省船舶工业集团公司
34. 厦门厦杏摩托有限公司
35. 林德厦门叉车有限公司
36. 厦门ABB开关有限公司
37. 福建三明双轮化工机械有限公司
38. 厦门太古飞机工程有限公司
39. 南平电缆股份有限公司
40. 龙岩工程机械厂
41. 福州大通股份有限公司
42. 福建龙净股份有限公司
43. 龙溪轴承股份有限公司
44. 福州水表厂
45. 仙游电机总厂
46. 福建炼油化工有限公司
47. 东南电化股份有限公司
48. 三明化工总厂
49. 屏南榕屏化工厂
50. 福建省三农集团股份有限公司
51. 福州一化化学品有限公司
52. 福州耀隆化工集团公司
53. 厦门正新橡胶工业有限公司
54. 福州抗生素集团公司
55. 漳州片仔癀集团公司
56. 厦门金日制药有限公司
57. 浦城正大生化有限公司
58. 福建水泥股份有限公司
59. 福耀玻璃工业（集团）股份有限公司
60. 福建双菱集团股份有限公司
61. 明达玻璃（厦门）有限公司
62. 三明钢铁厂
63. 南平铝厂（含控股企业）
64. 厦门钨业公司（含控股企业）
65. 闽西紫金矿业集团公司
66. 统一马口铁有限公司
67. （1）青山纸业股份有限公司
（2）南纸股份有限公司
68. 福建纺织化纤集团有限公司
69. 厦门翔鹭涤纶纺纤有限公司
70. 福建雪津啤酒集团公司
71. 三明塑料集团公司
72. 柯达（中国）股份有限公司厦门分公司
73. 南孚电池有限公司
74. 和顺（中国）实业集团有限公司
75. 福建恒安集团有限公司
76. 福建惠泉啤酒集团股份有限公司
77. 金鹿集团公司
78. （1）福建南纺股份有限公司
（2）天成集团公司
79. 漳州皮鞋厂（集团）公司
80. 福建佳美集团公司
81. 龙岩卷烟厂
82. 厦门卷烟厂
83. 福建闽东电力股份有限公司
84. 福建省建工集团总公司
85. 福州市建工集团公司
86. 福建省第五建筑工程公司
87. 福建省六建建工集团公司
88. 福建中旅集团公司
89. 福建东百集团股份有限公司
90. 福建省宏智科技发展有限公司

二、今年全省调整优化经济结构重点项目名单（90项）

（一）2000年可望建成投产项目

1. 海峡两岸（福建漳州）花博园园区设施建设项目
2. 三明化工总厂三聚氰胺技改项目
3. DELL计算机（中国）有限公司计算机项目
4. 美国通用器材公司东山华广卫视解码器项目
5. 三明制药厂蕲蛇酶注射液国家重点工业性试验项目
6. 柯达（中国）有限公司厦门分公司柯达海沧感光材料制造厂建设项目
7. 南纸股份有限公司彩色胶印新闻纸扩建工程
8. 青山纸业股份有限公司高强牛皮箱板纸项目
9. 美国宇德投资公司厦门明达塑胶工业园建设项目
10. 通用电气发动机服务（厦门）有限公司发动机大修项目
11. 湄洲岛妈祖文化遗产保护及配套工程

（二）在建跨“十五”续建项目

12. 种植业良种繁育基地项目
13. 畜牧业良种繁育体系项目
14. 南平市奶牛产业化项目
15. 林木良种繁育基地项目
16. 福州国家森林公园项目
17. 生物多样性保护工程
18. 速生丰产用材林与工业原料林（含食用菌）基地项目
19. 竹业开发项目
20. 沿海资源可持续开发项目
21. 水产健康苗种繁育体系项目
22. 浅海开发项目
23. 建瓯源香锥栗开发有限公司建瓯锥栗产业化开发项目
24. 惠安县走马埭现代农业示范园区项目
25. 东联石化兴业（厦门）公司厦门海沧PTA项目
26. 泉州肖厝海洋聚苯树脂有限公司聚苯乙烯项目
27. 福建湄洲湾氯碱工业有限公司环氧丙烷项目

28. 福州一化榕樟化学品有限公司二期扩建技改暨一化搬迁项目
29. 福州医疗化工总公司苯酐、增塑剂项目
30. 福建省永安智胜化工联合公司三元复合肥装置改造项目
31. 龙岩龙净股份有限公司环保设备生产基地项目
32. 福州大通机电股份有限公司特种漆包线项目
33. 福建龙溪轴承股份有限公司特种关节轴承项目
34. 马尾造船厂船部分技改项目
35. 厦门太古飞机工程有限公司飞机维修三期工程
36. 厦华电子股份有限公司厦华电子工业城一、二期工程
37. 福日集团公司出口生产基地项目
38. 福光光学仪器有限公司光学镜头生产基地技改项目
39. 中华映管（福州）有限公司显示管项目
40. 厦门灿坤实业股份有限公司灿坤工业园项目
41. 南平铝厂铝板带综合加工能力改造项目
42. 闽东力捷迅药业有限公司 GMP 异地改造项目
43. 和顺（中国）实业集团公司和顺（福建）氨纶项目
44. 福建雪津啤酒集团公司扩建技改项目
45. 龙岩卷烟厂引进膨胀烟丝生产设备及配套设施技改项目
46. 福建水泥股份有限公司 4#窑扩建工程
47. 福州人造板厂复合结构微粒板项目
48. 闽西紫金矿业集团有限公司紫金山金矿四期改造项目
49. 马尾君山乐园项目
50. 泉州惠安崇武旅游度假区项目
51. 福建土楼文化遗产综合开发项目
52. 武夷山“世界遗产”旅游综合开发项目
53. 泰宁金湖旅游综合开发项目
54. 省商业物流中心项目
55. 福建特产批发市场项目
56. 水产批发市场项目
57. 宁德赛岐、龙岩市省级粮食储备库项目

（三）继续开展前期工作项目

58. 沿海防护林体系四期工程
59. 江河流域生态林保护一期工程
60. 渔业一级群众渔港项目
61. 福建炼化有限公司炼化一体化项目
62. 福建石化集团公司聚氯乙烯/醋酸乙烯项目
63. 三明化工总厂 1，4—丁二醇项目
64. 仙游县炭黑有限公司新工艺炭黑项目
65. （1）东南汽车公司二期扩建项目
（2）闽台合资东南汽车发动机项目
66. （1）泉州斗尾大型船舶修造厂一期工程
（2）高速客船及游艇项目
67. 三明齿轮箱有限责任公司汽车变速器生产线项目
68. 福州玻壳生产项目
69. 福建源光亚明电器股份有限公司无电极高频气体放电式荧光灯生产线项目
70. 福建省公用信息网络平台项目
71. 南平闽航电子器件公司国家 LSI 高密度封装产业基地项目
72. 莆田市莆阳电子信息产业基地项目
73. 福建闽芗电子厂双面、多层及挠性线路板生产线项目
74. 漳州片仔癀集团公司冠心 2 号（疏冠胶囊）新药生产线项目
75. 莆田核酸生物工程有限公司核酸类药物生产基地项目
76. 福建纺织化纤集团有限公司功能化改性聚酯与纤维配套技改项目
77. 龙岩市造纸实业公司超级压光纸扩建工程
78. 南平市 Lyocell 纤维引进项目
79. 南孚电池有限公司锂离子电池项目
80. 永林集团公司定向结构刨花板工程
81. 龙岩三德水泥建材工业公司二期扩建工程
82. 厦门金鹭特种合金有限公司硬质合金生产线扩建项目
83. 屏南金童电冶有限公司合资生产高等级工业硅项目
84. 武平荣和矿业公司悦洋多金属矿开发项目
85. 闽西紫金矿业集团有限公司上杭紫金山铜矿项目
86. 龙岩马坑矿业有限责任公司马坑铁矿开发项目
87. 南平闽宁钽铌矿业开发有限公司铌钽矿开发及尾矿综合利用二期工程
88. 华夏世纪园项目
89. 连城冠豸山旅游资源保护与利用项目
90. 宁德太姥山、杨家溪“山、海、川”一体化开发项目

三、全省重点高新技术产业化项目名单（60 项）

1. 福建宏智科技股份有限公司基于构件的 PAS—VAE 增值平台系统项目
2. 万利达集团有限公司数字光盘录像机项目
3. 福建日立电视机有限公司魔术会聚背投影彩色电视机项目
4. 莆田市皇城有限公司条片微型石英晶体（JU310）项目
5. 福州大学福建空间信息工程技术研究中心项目
6. 福建省海峡信息技术有限公司黑客入侵监控预警系统项目
7. 厦门大学、厦门福信集团 10Mbps/100Mbps 光纤收发器开发项目
8. 福日电子股份有限公司氮化镓高亮度发光材料及发光器件产业化项目
9. 福州大学自动化科技有限公司开放式智能控制系统项目
10. 福建红旗机器厂移动通信网络设备天馈系统定向天线项目
11. 新大陆电脑公司 NL 系列金卡终端产品产业化项目
12. 福建凯特发展总公司 QPQ—5 分组加密算法集成电路项目
13. 厦门厦新电子股份有限公司新一代数字无绳电话（C9320、CT9310、CT9311）（第六代 CDCT）项目
14. 泉州金源电子有限公司集团接收数字压缩卫星接收设备及室外高频头（LNB）项目
15. 福州恒一科技有限公司掌上电子数据库、掌上电子图书项目
16. 漳州八达电子有限公司智能高频开关电源生产线项目
17. 漳州富顺电子有限公司 LED 室外彩色显示屏项目
18. 福建中安电子技术有限公司二维码识读器项目
19. 泉州市布尔通讯研究所 VDR—I 船舶航行自动记录仪（船用黑盒子）项目
20. 厦门宝龙工业有限公司聚合物锂离子电池项目
21. 厦门北大之路生物工程有限公司北大生物园一期项目
22. 福州福兴医药有限公司卡那霉素新工艺的应用和卡那 B 产品的产业化项目
23. 福建省水产研究所、厦门华普水产有限公司太平洋牡蛎三倍体育种育苗及产业化技术项目
24. 福建省福大百特科技发展有限公司鸡蛋特异性抗体规模制备及其应用产业化示范工程项目
25. 南平市延平区良种场、福建省农科院生物技术中心引进国外农业优良品种建立闽北农业科技推广示范园区项目
26. 福建省农科院果树研究所、福建省绿果树技术开发中心杂交新品种早钟六号枇杷产业化项目
27. 厦门市南草坪生物工程有限公司环保型生物可降解农药研究及系列产品开发项目
28. 福建神蜂科技有限公司蜜蜂毒开发及其产品产业化项目
29. 福建微生物所雷帕霉素原料药产业化项目
30. 福建中特制药公司荆花胃康胶丸产业化项目
31. 福建天神药业公司抗癌新药胞必佳产业化项目
32. 省农科院、省绿十字生物工程联合发展中心 BTA 高效杀虫剂产业化项目
33. 福州阿多拉制药有限公司抗癌中药“安多霖”新药产业化项目
34. 福州梅峰制药厂慈丹胶囊项目

35. 千秋乐生物工程有限公司乳酸菌发酵的酸豆凝乳的研究项目
36. 石狮市华宝海洋生物化工厂 N—乙酰氨基葡萄糖系列产品项目
37. 福建龙马集团龙岩微生物生化工程厂饲料酶制剂项目
38. 福建新大陆生物技术有限公司肿瘤相关物质（TSGF）联合检测试剂盒项目
39. 福大国家化肥催化剂工程研究中心汽车尾气催化净化器产业化项目
40. 福建丰泉机械有限公司智能型垃圾焚烧设备产业化项目
41. 泉州远东环保设备有限公司节能型蒸汽模具加热纸浆、环保餐具生产线及制品项目
42. 漳州市优科光催化技术有限公司光催化空气净化器项目
43. 厦大三达膜技术有限公司膜技术及其配套设备的开发项目
44. 三明辉煌机械厂稀土氮化硅陶瓷轧辊产业化项目
45. 福州大学光催化功能材料研究及产业化项目
46. 三明重型机器厂振动压路机产业化项目
47. 福建亚通塑胶有限公司、福建二轻研究所高聚物复合材料项目
48. 厦门钨业股份有限公司氢氧化钠体系下利用白钨矿生产仲钨酸铵项目
49. 厦门涌泉实业有限公司（1）可降解滴塑环保防护系列手套项目；（2）马尾松防腐、阻燃、防裂技术在家具等产品中应用项目
50. 厦门三圈益尔希电池有限公司镍锌电池项目
51. 宁德市俊杰瓷业有限公司组合峰窝陶瓷填料项目
52. 将乐县乐明制浆有限公司高白度杉木绒毛浆项目
53. 龙溪轴承股份有限公司大型和特大型自润滑向心关节轴承系列产品项目
54. 三明元发树脂有限公司特种聚氨酯（PU）树脂产业化建设项目
55. 福州大学功能材料研究所、福州经济技术开发区建设发展总公司 CD—R 光盘用酞菁类光记录介质的开发与产业化项目
56. 福建东亚机械有限公司高性能钢质活塞环项目
57. 莆田市闽电新技术研究所和仙游闽电电机厂四磁路高效能大功率汽车永磁发电机系列产品项目
58. 建瓯市林业总公司竹木复合胶合板集装箱底板项目
59. 厦门金达威维生素有限公司全合成维生素 D3 油和维生素 D3 粉微粒项目
60. 福建省永春制药厂甲磺酸酚妥拉明速释片研制开发及其产业化项目

（撰稿：宋小佳）

国土资源管理

【土地管理】 首次实现年度耕地占补平衡目标。国土资源管理部门把耕地占补平衡确定为工作的重中之重，制订土地开发整理项目申报审批、验收、专项资金使用、易地开发管理等办法，建立项目预报、踏勘、跟踪检查、项目储备等制度，实行土地开发整理工作规范化动态管理。全面核实 1997～1999 年新增未及时变更的耕地面积 6.71 万亩，经过变更适时纳入了补充耕地范围。完善基本农田保护制度，全省划定基本农田保护区面积 1821 万亩，保护率达 84.6%，并对核查成果进行了整理、归档和确认。改革耕地开垦费和新增建设用地土地有偿使用费征收方式，全年共征收“两费”6 亿多元；第一批耕地开发专用资金已下拨 5800 多万元，第二批耕地开发专项资金 8000 多万元已研究报省财政待拨，两批共对 204 个项目进行补助，为实现全省耕地占补平衡提供资金保障。加大土地开发整理力度，研究下达了全年耕地开发、土地整理项目计划，包括围垦造地项目 10 个、土地整理项目 38 个、耕地开发项目 77 个。全省土地开发、整理复垦新增耕地比建设占用耕地多 5.07 万亩，弥补上年度缺口 0.98 万亩后，节余 4.09 万亩，实现了本年度耕地占补平衡，扭转了全省连续 3 年耕地占补不平衡的被动局面。

为经济发展提供用地保障。积极参与建设项目前期选址、预审、论证工作，及时指导用地单位依法上报审批报件，全年，省级国土资源管理部门共收到农用地转用和土地征用报件 455 宗，已办结 366 宗，总面积 7.57 万亩，其中农用地 6 万亩（耕地 3.65 万亩）。对省重点建设项目用地做到提前介入、主动服务，各级国土资源部门先后组织召开了外福铁路电气化改造工程、国防交通战备公路、京福调整公路等项目用地协调会；重点建设项目用地报件随到随办，特事特办，全程跟踪催办。

全面加强土地法制建设。立法方面，起草并形成了“基本农田保护条例（修订草案）”、“国有土地招标拍卖”等法规规章送审稿，提交省政府审议；拟定了乡镇村集体建设用地土地置换管理规定、易地开发耕地管理办法，下发了临时用地管理办法征求意见稿。执法方面，组织开展利用卫星监测技术对福、厦两地的土地执法检查，把高新技术引入国土资源执法监察工作；加大直接查处违法案件的力度，直接调查违法案件 40 多件，立案处理 7 件，收取罚没款 255 万元；同时，向有关部门移送了违法案件，其中：监察部门 2 宗，司法部门 2 宗。信访工作得到加强，建立完善了领导信访接待日制度，开展了信访排查，全省信访排查办结率为 83.67%，息访率为 71.43%，信访排查得到国土资源部的肯定。

土地管理基础工作得到加强。一是抓规划的修编工作。省级和 9 个设区市的土地利用总体规划已经国务院和省政府批准实施；完成全省 74 个县级土地利用总体规划的审理工作，已批复 45 个；971 乡镇土地利用总体规划编制完成，各地正在按规定进行审批；完成“十五”省土地开发利用规划编制。二是抓地籍基础工作。按时完成了本年度土地利用现状变更调查预报和土地利用现状变更调查汇总上报工作；建立地籍信息网站，实现了与各设区市土地变更调查与土地证书年检数据的计算机联网。三是抓土地登记。全面完成土地证书年检工作，年检证书 60 多万本，土地面积 24695.6 万平方米；推进农村土地所有权发证工作，全省城镇发证 100.6 万本，占城镇应发证数的 95.9%；农村发证 473 万本，占农村总户数的 73.9%。各地开展了土地登记公开查询试点，强化了土地登记的公信力。

【海洋综合管理】 加强海洋开发管理。2000 年组建了省海洋与渔业局，承担全省海洋行政管理职能。由分管副省长任组长、各涉海机构负责人参加的省海洋开发管理领导小组相继成立。在全面了解海洋工作的基础上，制订周密可行的工作方案，抓好开局起步工作。海洋污染基线调查已基本结束；海洋自然保护区工作进展较快，深沪湾海底古森林遗迹自然保护区的立碑和确权工作已经开始；对省级宁德樟湾红树林生态系海洋自然保护区进行了初步调查；“福建省海洋环境与渔业资源监测中心”已获准成立；大比例尺海洋功能区划工作有序开展；海域勘界已完成了闽粤勘界工作调查和相关资料的收集等项工作，闽浙海域勘界的前期调查准备工作也在抓紧进行；实施海域使用证制度和海域有偿使用制度的前期准备工作正在逐步落实，对惠安东园经济开发公司海域使用金首期 10.92 万元的征收试点工作圆满完成，打破了全省海域使用许可与有偿使用两项制度实施的空白。

加快海洋地方立法步伐。针对本省海域管理立法滞后的状况，省人大、省政府把海洋管理立法工作摆上优先位置，实施海域使用证制度和海域有偿使用制度的前期准备工作正在逐步落实；“福建省实施《中华人民共和国海洋环境保护法》办法”被列为省人大立法调研项目；重新研究制定的“福建省海域使用管理办法”已呈报省人大；根据国家海洋自然保护区要“一区一法”的精神，研究拟定的“福建省深沪湾海底古森林遗迹自然保护区管理办法”，已上报省政府批准。

【矿政管理】 大力整顿矿业秩序。上半年，全省钨矿矿业秩序整顿和生产经营秩

序治理整顿工作顺利通过国土资源部、国家经贸委的检查验收。7月25日，省政府下发了《福建省实现矿业秩序根本好转的工作方案》。8月14日，省政府召开了全省矿业秩序整顿电视电话会议，全面部署整顿工作。根据省政府要求，着手开展了矿产资源可采区、限采区、禁采区划定，以及各矿种最低下限的调研，下发了“三区”划定指导性意见；确定了14个县作为新一轮矿业秩序治理整顿示范县。同时，按照资源利用方式向集约化转变的要求，已着手制定淘汰、联合、兼并、改造和规模经营的办法和措施，为确保全省矿山总体素质和经济效益的提高打下基础。

为经济建设提供矿产资源保障。支持山区地勘项目，省安排550万元矿产资源补偿费支持山区建设，安排山区地质勘查项目27项，已完成25个项目设计审批工作，有10个项目开展了野外地质工作。加强征管，确保矿产资源补偿费入库，超额完成了部下达的年度征收任务，连续3年实现了“满堂红”。积极引导走集约化经营道路，对稀土等8种矿产暂停颁发采矿许可证，对不符合办矿条件、布局不合理的矿山企业关、停、并、转，至2000年全省共关闭不符合办矿条件、布局不合理的矿山企业2760个，联合兼并矿山企业1753个。

地矿管理基础工作得到加强。抓规划编制工作，启动矿产开发利用规划修编工作，确定龙岩市为设区市矿产资源总体规划编制试点单位，规划大纲已通过评审。抓矿业权规范管理，加强勘查登记，全省勘查项目197项，总登记面积1741平方公里，其中注销登记73项，注销面积358平方公里；采矿许可证换发证工作进展顺利，已换发采矿许可证514本，换证率94.36%。抓地质环境管理，建立5个地质遗迹自然保护区，漳州滨海火山地质公园(龙海—漳浦古火山口省级自然保护区)已申报国家级地质公园；20多个地质灾害易发县编制了防灾预案，8个设区市编制了地质灾害防灾规划，永春、华安、屏南、长泰、安溪、延平等县市区已着手开展地质灾害调查与防治区划工作；加强建设用地地质灾害危险性评估和地质灾害防治工程勘查、设计、施工、监理单位资质的管理。抓矿产资源储量套改，完成了45种主要矿产的638个矿区的储量套改任务；85%矿山完成了占用储量的补登记工作。

【地震工作】 地震监测预报工作新进展。2000年福建省地震局继续采取有力措施，提高地震台站观测质量，强化震情跟踪，做好地震前兆异常落实及震情应急工作。地震台站、数字遥测地震台网中心和分析预报中心参加全国地震监测预报质量评比的24个台项，全部获优秀以上成绩，其中分析预报中心主干通信网获第二组第三名。全省地震前兆观测质量评比29个台项中获优秀以上的有27项。地震监测各专项建设工作进展良好。厦门地震台地形变测项水管仪、伸缩仪和泉州地震台、莆田地震台的体积式钻孔应变仪建成并投入试运行。福建数字遥测地震台网投入运行后，根据科技发展需要，2000年进一步更新了部分计算机设备，解决了计算机系统“千年虫”问题，完成了12个台的数采升级和新版软件的安装调试工作，与省电视台建立了专线联网，以便及时向社会发布地震信息。闽南综合防震减灾示范工程的各个项目验收工作基本完成。2000年4月，泉州、南安、漳州3市的市区震害预测及防震减灾对策项目通过中国地震局、福建省人民政府验收；6月中旬，闽南示范工程应急指挥系统通过验收。

防震减灾法规体系进一步完善。去年，漳州市政府印发了关于贯彻落实省政府第38号令的通知，至此，福建省9个设区的市已全部出台了贯彻《福建省工程建设场地地震安全性评价管理规定》和省计委《关于将工程建设项目抗震设防要求管理和地震安全性评价工作纳入基本建设管理程序的通知》的规范性文件，率先在全国完善了市级防震减灾地方法规配套措施。健全了地震安全性评价工作的评审机构，规范了地震安评工作的管理，按照管理权限认真做好“地震安全性评价上岗证书”的考核发放工作。举办防震减灾法规培训班，健全了执法队伍，提高了行政执法水平。建立了水口库区防震减灾联防制度，促进库区周边县、市防震减灾信息交流和震情应急工作的协调配合及综合防御的持续开展。

【政府加大防震减灾工作力度】 2000年11月后，省政府针对当前防震减灾工作现状和存在的问题，相继印发了《福建省人民政府关于进一步加强防震减灾工作的通知》、《关于调整省人民政府抗震救灾指挥部组成人员的通知》和《福建省防震减灾规划》等一系列文件，对本省防震减灾工作作了全面部署。省政府《关于进一步加强防震减灾工作的通知》中提出当前及今后一段时期要以建设防震减灾体系工程为重点，坚持经济建设同减灾工作一起抓，实行预防为主、防御和救助相结合，动员社会各方面的力量，依靠法制和科技，大力加强地震监测预报特别是短期和临震预报工作，提高大中城市、人口稠密和经济发达地区尤其是地震重点监视防御区的抗震和应急救助能力，有效减轻地震灾害损失，保护人民生命安全，维护社会稳定。

“十五”重点项目立项。2000年，省地震局把“十五”防震减灾重点工程立项工作作为事关福建防震减灾全局的一个重大任务来抓，组织力量开展“福建省地震重点监视防御区城市防震减灾体系工程”可行性研究。2000年4月，福建省地震局和福建省科协联合召开“提高福建省防震减灾能力科技月谈会”，就福建省地震监测预报工作的现状和“十五”设想向省政府有关领导作了汇报，并听取各方面专家的意见。5月，省地震局向省计委提交了项目可行性研究报告。6月19日，省计委委托省工程咨询总公司组织了可行性研究报告评估论证会，中国地震局何永年副局长、丁国瑜院士、陈运泰院士、马宗晋院士、许绍燮院士以及省计委、财政厅、建设厅、科技厅、科协等部门的专家和领导参加了评估论证。评估论证会认为，项目可行性研究报告提出的总体建设布局是合理的，其技术方案是先进的，资金筹措和建设进度的安排是可行的。2000年11月，福建省地震重点监视防御区城市防震减灾体系工程正式得到省计委立项，总投资8337万元，计划用3～4年的时间建成。

【海峡两岸城市防震减灾学术会议】 2000年6月1～2日，由海峡两岸地震科技交流中心和台湾中大地球科学院共同主办、福建省地震局和福建省科学技术协会承办的“海峡两岸城市防震减灾研讨会”在福州举行。包括4位中国科学院、中国工程院院士在内的近30位祖国大陆代表及两位香港特别行政区学者和以中大地球科学学院院长蔡义本教授为团长的16位台湾地区代表参加了会议。研讨会围绕台湾“9.21”大地震、强震活动机理研究、工程抗震、防震减灾技术系统建设、地震应急与灾害损失评估、防震减灾法制建设和高新技术在防震减灾领域的应用以及震后恢复重建等各个方面，宣读了近40篇论文(其中台湾16篇，香港2篇，祖国大陆21篇)。双方交流的重点从过去主要着眼于地震科学学术研究拓展为注重减轻地震灾害的实效，这一特点标志着海峡两岸地震工作的交流合作正向着广度和深度发展。研讨会期间，两岸地震学者和灾害管理专家还就今后进一步交流合作的问题进行了磋商，并提出一些意向性的合作项目：1. 大震震例解剖；2. 台湾海峡深部探测；3. 第四届海峡两岸研讨会(名称暂未定)；4. 社会地震学；5. 救灾技术；6. 地震观测、地震数据交换和联网；7. 专家互访和交流学生；8. 台湾专家参加祖国大陆的年度地震趋势会商会议。

福建省防震减灾30年暨福建省地震学会成立20周年大会。2000年11月30日，福建省防震减灾30年暨福建省地震学会成立20周年庆祝大会在福州召开，出席大会的有各界代表200多人。福建省人民政府黄小晶副省长、中国地震局刘玉辰副局长等领导出席了会议并作重要讲话。黄小晶副省长在讲话中指出，各级政府和领导要高度重视防震减灾工作，尽快完善福建省防震减灾基础设施，提高地震监测预报水平。同时，地震、建设、法制、民政、宣传和教育等部门要密切配合，加强工程抗震设防、地震应急、防震减灾行政执法和科普宣传等综合防御措施，争取最大限度地减轻地震灾害。刘玉辰副局长希望福建省地震工作者在总结回顾30年工作经验的同时，牢记各级政府的重托和广大群众的期待，发扬成绩，振奋精神，努力为福建省防震减灾事业作出新的贡献。福建省地震局局长、福建省地震学会理事长林思诚在会上作了题为《总结经验，奋发图强，全力开创我省防震减灾事业新纪元》的讲话。指出30年来，福建地震工作者牢记党和人民的重托，在各方面基础都十分薄弱的条件下，知难而进，努力探索，不断实践，使福建省的防震减灾事业取得了长足的进步，并走在了全国先进行列，为维护社会稳定，保护人民生命财产安全、促进经济建设发展做出了应有的贡献。30年来的经验和教训，对面向未来挑战的福建防震减灾事业是十分宝贵的精神财富，是促进和保证事业持续、稳定和健康发展的强大动力。大会向从事福建省防震减灾工作30年的老同志颁发了荣誉证书，举行了学术报告。

（撰稿：郑鸿　黄立峰　陈葳　陈桑）

审　计

【审计工作概况】　全省审计机关共审计4386个单位（项目），查出违纪违规金额90.6亿元，其中：应上缴财政4.04亿元，应核减财政拨款或补贴金额9396万元，已上缴财政3.4亿元，促进增收节支2876万元；查处各类“小金库”264个，金额6505万元；向司法机关和纪检监察部门移送案件及案件线索162起，建议给予行政处分41人，建议追究有关责任人150人；查出百万元违规单位151个。

【审计业务工作】　1.本级预算执行情况审计。全年共对790个财政、地税、金库及其他主管会计单位开展了预算执行情况审计，查出违规金额87140万元；对119个市、县、乡级财政决算实施了审计，查出违规金额1.13亿元。2.专项资金审计。对各级政府的负债情况开展专项审计调查，基本摸清了各级政府的负债规模、债务资金投向、偿债能力等方面的情况；对全省社会保险管理机构上年度养老保险基金征收、支付和管理情况进行审计，对国有企业欠缴社会保险费情况和部分非国有企业参加社会统筹保险情况进行审计调查，对本年度基本养老保险基金收支情况进行预测性调查，并对全省83个人事部门社保机构和90个民政部门社保机构上年度基金及管理费的财务收支情况进行审计，查出其违规金额5887万元；对全省工商行政管理系统101个单位的财政财务收支情况进行审计，查出违规金额28523万元。此外，还对福州、厦门两市1998、1999年度排污费征管情况进行重点审计，各地审计机关还积极开展救灾款及中小学收费情况等的专项审计。3.重点建设项目跟踪审计调查。率先在全国审计系统制定实施《重点建设项目跟踪审计调查办法》，加大对重点建设项目的审计监督力度，规范全省重点建设项目审计的行为，并通过建设项目审计信息单项单报，为省政府及时提供建设项目有关的动态信息。4.金融审计和外资运用审计。对福建华兴信托投资公司及福州、厦门、泉州、漳州、宁德、南平、三明等7市财政信托投资公司上年度资产、负债和损益情况进行审计；对国际组织贷款和援款项目221个执行单位的外资运用情况进行审计。5.国有企业审计。全年共对428家国有企业上年度资产、负债、损益情况进行审计。6.经济责任审计。制定了《福建省县级以下党政领导干部任期经济责任审计操作规程（试行）》、《福建省国有企业及国有控股企业领导人任期经济责任审计操作规程（试行）》和经济责任审计联席会议的组织办法，建立经济责任审计联系会议制度，健全经济责任审计机构，全年共对271名领导干部开展了任期经济责任审计，对加强领导干部的监督管理发挥了重要作用。

【审计基础建设】　为提高审计质量，制发了《审计执法责任制度（试行）》、《审计执法过错责任追究制度（试行）》，并开展审计项目质量检查，进一步加大力度督促检查审计决定的执行情况以及被审计单位对审计意见的整改意见。为加强审计信息化建设，对厅机关的局域网络进行升级扩容，在局域网中运行审计法规检索系统、审计综合信息管理系统、审计文档管理以及电子邮件收发等办公系统，逐步试点计算机辅助审计，有效地提高了审计干部的计算机技术实际应用能力、机关办公效率和审计业务工作质量。

【内部审计管理和社会审计监督】　转变内审管理观念，强化内部审计师协会的作用，实行审计机关指导内审协会、内审协会管理内审组织的模式，实现由行政性的强制管理为主转变为社团组织的行业自律管理为主的内审管理机制转轨；内部审计职能从以监督为主转变为监督与评价并重，进一步突出内审的内向性服务特点。强化对社会审计组织业务工作质量进行监督的职能，加强对社会审计组织的业务质量检查，进一步规范社会审计组织的执业行为，使社会审计组织更好地发挥其经济鉴证和服务的作用。（撰稿：温炎生）

统　计

【统计制度方法改革】　一是扩大抽样调查技术的应用范围。在巩固和完善以省为总体的规模以下工业抽样调查的同时，全面开展了以地市为总体的规模以下工业抽样调查，向实现以抽样调查代替全面汇总的3年过渡目标迈出了重要的一步；组织进行了以地市为总体的农村固定资产投资以及农作物播种面积、畜牧业生产情况抽样调查；进一步完善了限额以下批发零售贸易、餐饮业抽样调查；继续开展了国内旅游业抽样调查。二是推进统计资料汇总方式的改革步伐。在对规模以上工业企业经济效益月报实行超级汇总的基础上，实行了企业生产月报分企业直报并进行超级汇总；进一步完善了重点批发零售贸易企业和重点外商投资企业的直报制度；继续对粮食产量和农村居民收入数据实行超级汇总。三是开展了基本单位清查的前期准备工作。认真组织实施全省基本单位清查，已完成了省级机构的组建、清查方案的制定和试点等前期准备工作。四是改革消费价格指数编制方法。做好编制全省及各市、县（区）以2000年为固定基期的居民消费价格指数的准备工作，已完成调查网点设置、调查代表规格品选定和2000年分月价格的采集等工作。五是修订和完善对外经济综合统计报表制度，建立了“黄金周”假日旅游统计调查制度；进行了编制农业经济核算生产帐户和海洋经济增加值测算方法的研究工作，为改进和完善国民经济核算奠定基础。

【统计质量管理】　一是坚持数据质量评估制度，在做好省、市国民生产总值核算和数据评估的基础上，各地市按照“下管一级”的原则，普遍加强了对县级的评估工作，使分级核算数据能较好地衔接，与省级核算数据的差距进一步缩小。二是严格执行国家统计报表制度，强化指标相互验证，并组织力量深入检查核实，2000年度的各专业统计年报和定期报表全部按时上报并都一次性通过了国家统计局的审核验收。三是进一步健全统计管理制度，规范统计业务基础建设。制定了《福建省统计原始记录和统计台帐管理制度》、《福建省贸易、餐饮业统计方法规则》，完善了《统计报表催领、催报、统计检查查询制度》，组织全省重点贸易企业和乡镇统计人员进行了统计基础规范化建设和统计业务知识培训。四是依法加强统计管理，认真抓好统计单位登记和统计人员持证上岗工作，全省统计部门共办理新开户登记单位8700多个，颁发统计持证上岗证9100多份。五是在完成城乡调查样本轮换、提高样本代表性、健全城乡社会经济抽样调查工作基础的同时，拓展和延伸了企调网络，全省有1/3的县（市、区）组建了企调机构。

【统计服务水平】　一是加大进度分析、专题分析和监测分析的力度。建立定期下基层调研制度，每季末组织力量深入基层，及时掌握经济运行中出现的苗头性和倾向性问题；完善重点调研分析课题制，针对经济发展中出现的通货紧缩、结构调整、扩大内需、国企扭亏脱困、社会保障制度改革等方面问题，加强分析调研，在全国优秀统计分析评比和福建省社会科学优秀成果评奖中，有两项成果分别获得二等奖。二是加强信息专报工作，发挥统计信息“短、平、快”的优势，在省委、省政府和地方党委、政府组织的评比中继续保持了领先水平。

【人口普查取得阶段性成果】 第五次人口普查在完成了动员部署、物资技术准备、普查员选调与培训、宣传发动等阶段工作后，2000年11月1日，全省20万普查员深入千家万户进行现场登记。在组织实施普查中，始终以数据质量为核心，及时掌握普查进度情况及普查过程中存在的薄弱环节和问题，并有针对性地采取措施加以解决。从初步手工汇总的主要指标情况看，这次人口普查数据基本反映了全省人口的发展和变动趋势。

【统计法制和统计信息工程建设】 在统计法制方面，采取多种形式，开展以统计人员、各级领导干部、企事业单位负责人为主要对象的统计普法教育活动；按照依法行政实施规划的要求，积极制定与统计法律、法规相配套的规范性文件，出台了从举报、立案到调查处理的统计违法案件查处程序，统一了全省统计法律文书格式，建立了统计行政执法公示制度以及统计违法案件备案制度；积极开展统计执法检查，严肃查处各类统计违法案件，全年共立案查处统计违法行为为982起，已作出处理925起。在统计自动化建设方面，完成了省统计局网络管理和控制中心一期工程建设任务，整个局域网建设达到较为先进的水平；省与各市连接的省级骨干广域网正式建成使用，接通了国家、省、市的三级线路，初步实现了网上信息传输、电子邮件、IP电话等现代计算技术在统计业务工作中的运用。（撰稿：黄一民）

工商行政管理

【企业登记管理】 截止2000年底，全省实有企业144270户，比上年底减少11.01%；注册资本（金）总额2315.59亿元，比上年底增长9.6%。其中：国有企业33586户，注册资金664.91亿元，分别比上年底减少11.0%和2.2%；集体企业80507户，注册资金392.46亿元，分别比上年底减少15.8%和10%，联营企业1822户，注册资金57.36亿元，分别比上年底减少15.3%和4.4%；股份合作企业5507户，注册资金70.45亿元，分别比上年底增长9.4%和37.6%。按《公司法》规范和设立的公司法人总数16534户，与上年基本持平；注册资本总额1125.72亿元，比上年底增长27.3%。其中：有限责任公司16379户，比上年底减少0.3%，注册资本953.03亿元，比上年底增长27.8%；股份有限公司155户，注册资本172.68亿元，分别比上年底增长16.5%和23.9%。有限责任公司中，国有独资公司423户，注册资本205.17亿元，分别比上年底增长11.9%和72.2%。主要特点是：一是企业总数继续减少，全省共注、吊销企业29751户，新开业企业11903户，企业总数净减17848户。二是企业违法违规现象突出，全年被处罚的企业达14443户次，占企业总数的10%；因违法违规被吊销营业执照的企业15687户，占上年底企业总数的9.7%。

全省工商行政管理部门积极运用企业登记管理职能，继续促进国有企业深化改革。一是进一步健全、完善国有企业定点联系服务制度，全年共与1484户企业建立了定点联系服务；二是积极开展为国有企业上门服务活动，全年共上门为国有企业服务达3995户次；三是继续推行企业年检免审制度，全年免审企业达259户；四是积极参与国有企业改制论证，为企业改制提供优质服务，全年共完成改制登记的国有企业238户。

【市场监督管理】 全年共查处各类市场违法违章案件16377起，罚没金额706.7万元。其中：商品交易市场16145起，罚没金额609.47万元；粮食市场129起，罚没19.04万元；展销会案件30起，罚没4.64万元；房地产、金融等市场73起，罚没73.55万元。坚持管好粮食收购市场。全年共出动人员35750人次，检查各类粮食经营加工企业和个人35782户（次），市场3798个（次），查处案件129起，罚没粮食34.8万公斤，罚没金额19.04万元。经省政府办公厅同意，全省共审批公布209家可直接进入农村收购保护价范围内粮食的用粮企业和粮食经营企业；审批公布526家可直接到农村收购退出保护价范围用粮企业并及时发放证书。

深入开展市场秩序整顿。一是部署开展消费品批发市场整治，全年共出动检查人员5878人次，检查了150个消费品批发市场，经营户19990户，受理投诉453起，查处案件305起，罚没金额35.1万元。二是清理整顿装饰装修材料市场，全年共出动人员7559人次，检查经营户4937户，取缔违规企业和个人133户，停业整顿74户，查处案件282起，罚没金额20.8万元，为经营者和消费者挽回经济损失269.9万元。三是严格规范汽车市场秩序，全省现有汽车经营企业709家，汽车交易市场20个，汽车市场经纪人50户，获得经纪资格证书从业人员55人，评估师25人；全年共出动人员3119人次，查处违章违法经营汽车案件74件。四是强化旅游市场清理整顿，据不完全统计，全省在旅游市场清理整顿中共建立机构91个，出动人员5028人次，检查各类旅游经营单位和个人12676户（次），取缔无照经营486户，查处违法违章案件51起，罚没金额12.1万元，受理消费者投诉406起，解决率达98%，为消费者挽回经济损失69万元。五是大力整治文化市场秩序，组织开展娱乐服务场所专项整治，加强“网吧”经营行为监督管理。

努力加强市场规范管理。充分发挥市场监督管理职能作用，采取有效措施，巩固集贸市场日常规范管理，加强节日市场监管，据不完全统计，在节日市场检查中共出动人员17961人次，查处违法违章行为2216起，查获注水变质肉品2446公斤，假烟14410条，假酒和变质饮料30521瓶，罚款50.4万元。搞好展销会管理工作，全年共核准登记展销会302个，异地核转118个，查处违法违章行为30起。

由于加大市场监管力度，全省商品交易市场继续保持平稳运行良好态势。全年共成交582.6亿元，比上年下降4.5%。其中：消费品市场493.2亿元，比上年下降6.2%；生产资料市场89.4亿元，比上年增长5%。在各类生产资料商品中，机动车成交34.7亿元，钢材成交30.4亿元，分别增长52.9%、8.6%。全省有消费品批发市场173个，较上年增加17个；成交额为224.9亿元，比上年增长9%；年成交额超亿元市场81个，比上年增加11个；成交总额达353.57亿元，比上年增长4.1%。年成交额超10亿元市场8个，其中漳州市闽南商业批发市场成交额为63亿元，是全省最繁荣市场。

【公平交易执法、消费者权益保护】 积极探索新形势下市场监管与执法的新路子，在打击不正当竞争、走私贩私等各类经济违法违章行为上取得了良好成绩。全年共查处各类经济违法违章案件13039件，案值28328万元，分别比上年增长68.4%和8.5%；罚没金额6731万元；其中万元以上案件1678件，占12.9%。主要特点：一是查处不正当竞争案件继续增长，案件总值2763万元，增长6.8%；罚没金额675万元，增长19.7%；责令停止违法行为38件，其中：欺骗性市场交易行为案798件；不正当有奖销售案40件；公用企业或其他依法具有独占地位经营者强制交易案8件，案值76万元，罚款59万元；商业贿赂案6件，案值10万，罚款7.35万元；串通招标、投标案12件；商业诋毁案件4件；销售商品时搭售或付加不合理条件案2件；行为人转移、隐匿、销毁违法财物案2件；其他不正当竞争案90件。二是查处投机倒把、走私贩私案件有所增加，全年共查处投机倒把案件3021件，案值13689万元，罚没金额3833万元；走私贩私案件425件，案值11909万元，罚没金额2425万元。三是进一步打击传销及非法传销违法行为，全年共查处传销及变相传销案件66件，案值438万元，罚没款59万元。四是积极开展

“扫黄打非”工作，全年检查各类企业14009家，收缴非法音像制品917906张、书刊33683本、游戏机429台、录音录像复制设备23套、盗版计算机存储介质1892盘，责令停业整顿415家，取缔680家。

围绕整顿市场秩序、打假维权、以及全国“打假”联合行动等重点工作，结合明明白白消费年活动，把消费者权益保护工作与基层工商所监管模式改革有机结合起来，不断加强规章制度建设，全面推行“12315”综合执法、主动巡查和动态监管的新模式，进一步加大消费者权益保护工作的执法力度，全年共受理消费者申诉36259件，调解成功33673件，成功率为92.87%，赔偿消费者金额254万元，为消费者挽回经济损失3387.05万元；查处侵害消费者权益案件5503件，总案值3706.67万元，罚没款360.85万元；查处制售假冒伪劣商品案件4199件。总案值11004.11万元，罚没金额1036.85万元，比去年增长38.6%。

【商标、广告、合同管理】 积极指导企业运用商标广告策略增强市场竞争力，全年新申请注册商标8526件，获准注册5610件，均位居全国第7位；涉外商标、证明和集体商标注册工作有较大突破，原产地证明商标量占全国总量的1/4，促进从以往较为单一的商品商标逐步向证明、集体商标和涉外商标等多门类方向转变。制定《关于进一步加强福建省著名商标保护》和《全省重点商标保护名录》，加大对驰名、著名、重点商标的保护力度，进一步推动全省名牌战略实施，“福辉”、“厦华”、“南孚”商标被国家工商局认定为驰名商标，有62件商标被认定为省著名商标，全省已拥有驰名商标9件，省著名商标179件。广告行业持续稳定发展，全省广告经营单位1944户，比上年增加238家，增幅为13.9%；广告经营额为19.35亿元，增长24.9%；广告从业人员19559人，增长12.4%。广告行业结构趋向合理，专业性广告公司达到1412户，经营额10.52亿元，占全省广告经营总额的55%，超过了大众传媒跃居第一，成为广告行业的主力军。新增设户外广告34740件，经营额4.6亿元，占全省广告经营总额的24%。进一步加强查处侵权假冒商标和违法广告工作力度，全年共查处各类商标违法案件1600件，其中：查处商标一般违法案件427件，查处商标侵权假冒案件1173件，查处涉外商标侵权案件270件，案件结案率95.8%，比上年提高14.2%；罚款391万元，比上年增长20%；责令赔偿经济损失31.6万元，增长76%；收缴和消除商标标识880.70万件，增长49.5%；收缴直接用于商标侵权的模具印版等工具343件，增长20%；销毁侵权物品28.2吨，查处违法广告案件3150起，比上年增加1035起；罚没金额133万元，增长77.3%。省工商局监测的17种主要报刊及12个电视频道发布的各类广告435539条，比上年增加30050条；发现违法违规广告3309条，比上年增加1815条；发出监测通知书143份，责成停止发布112条，修改后发布43条，立案查处4起。

全省工商行政管理系统各级合同监管部门提高行政执法意识，合同监督管理工作取得新成效。一是严厉打击合同违法行为，全年共查处合同违法案件407件，涉及合同金额11518万元，罚没收入78万元，分别比上年上升73.2%、下降14.6%与46%。二是加强对市场主体合同行为的监督、检查，全年共鉴证合同137777份，合同金额184亿元，分别比上年上升25.7%、下降25.2%。三是依法监管拍卖市场，规范拍卖企业行为，维护拍卖市场秩序，全年共现场监督拍卖活动806场，成交金额11.7亿元，对3357份拍卖委托书和5048份拍卖确认书的签订履行情况进行监督；查处4起违法拍卖案件，及时纠正违规拍卖行为30多次。四是积极开展合同争议行政调解，全年共受理合同争议案件678件，比上年增1.09倍；调解成功664件，解决争议金额2115万元，成功率高达97.9%。五是继续积极发展企业动产抵押物登记工作，帮助企业扩大融资渠道，全年共办理动产抵押登记3108份，抵押物金额170亿元；办理变更登记191份，抵押物金额109267万元；办理注销登记2092份，抵押物金额668742万元。六是认真开展“重合同、守信用”单位认定工作，全年共认定“重合同、守信用”企业972个。 （撰稿人：林颖怡）

价格与收费管理

【完善价格收费管理政策】 为了贯彻扩大内需的战略方针，省物价部门草拟了《关于运用价格收费政策进一步扩大内需促进我省经济发展的意见》，分别从农村和农村经济、电力、城市基础设施、交通、电信和广播电视、住宅业、教育、医药和卫生、进出口、旅游等10个方面提出具体的价格政策措施。省政府正式印发了该意见。各级物价部门认真贯彻执行这一文件精神，取得了比较好的成效。1. 认真做好价格监测、预警、分析，实现了年初省政府确定的全省居民消费价格总水平上升1.5%左右的预期调控目标。2. 采取价格批文质押贷款方式为基础建设项目筹措资金，对罗长、福宁、三明际口至福州兰圃高速公路的建设融资出具收费标准承诺函，为高速公路建设争取120亿元贷款创造了筹资条件。3. 大力整顿房地产开发、销售环节的各项收费，降低土地、房屋产权登记收费标准，全省房地产交易过程中的各种收费仅占商品房销售价格的0.3%左右，是全国较低的省份之一。为推动节假日消费，及时调整景区门票价格，同时整顿旅游消费市场中存在的乱收费、欺诈宰客和低价倾销等不规范价格行为，有效促进了假日经济的健康发展。4. 调高了福州、三明等城市的自来水价格，年调价增收总金额达1640万元；降低了无线电寻呼月租费和移动电话入网费收费标准，减轻用户负担1.56亿元，促进了电信市场的开拓。 （撰稿：郑林秀）

【医疗服务价格改革】 在全省统一医疗服务收费项目，将社会（私营、个体除外）、合资合作医疗机构收费纳入价格管理范畴，取消业余、加急、加班、超额医疗服务、一次性材料收费等收费政策。在不过多地增加社会经济负担的前提下，按照价格管理权限，对医疗服务收费进行了结构性调整，增设门诊和住院诊疗费，提高手术等技术性劳务收费标准，降低大型医用设备及其他偏高的医疗服务收费。2000年1月1日开始实施的《省级医疗单位服务收费项目和标准》，将医疗服务收费项目划分为17类共2432项，据测算，调整后的省级医疗服务收费水平与调整前实际水平相比，降低了6.5%，减轻社会负担约3198万元。根据国家计委、卫生部《关于改革医疗服务价格管理的意见》的精神，省物价、卫生主管部门经省政府同意联合制定下发了《福建省改革医疗服务价格管理实施办法》，提出了改革医疗服务价格管理形式、管理权限、管理办法，进一步规范医疗服务价格项目等方面的具体措施和办法。 （撰稿：丁国熹）

【深化电力价格改革】 电力销售价格由“双轨制”改变为“单轨制”，取消实行多年的“老价电”和“新价电”，省电网实行全省统一销售电价，增加了电力销售价格的透明度，使不同用户在同一电压等级上享有相同的价格；进一步降低大工业用电价格，平均每千瓦时下调4分，1987年以后新增的工业企业（包括“三资”、外商独资和乡镇企业）电费负担每年可减少支出约1.5亿元；对部分原享受老价电补贴较多的国有大中型工业企业，采取分3年过渡办法，逐步消化因提价对企业生产和发展的影响；对化肥、电石等生产企业继续给予优惠电价，但电价略有调整，以促进这些企业加强管理，提高效益；降低全省各趸售单位的趸售电价，同时对全省趸售县销售电价进行规范，重新核定其销售电价，调低了各县级供电单位的综合分类电价，单此一项，年可减轻用户负担约7.5亿元，加快了地方经济的发展。

（撰稿：陈必敢）

【整顿药品价格秩序】 根据国家计委关于降低药品虚高价格的精神，积极组织力量继续对市场虚高药价调查取证，对其中225个规格品种的虚高药价实施降价，平均降幅15%，减少患者药费支出约

5000万元；为规范药品集中招标采购中的价格行为，先后制定下发了《关于药品集中招标采购工作中有关价格问题的通知》、《关于核定药品集中招标采购服务收费标准的通知》，各地物价部门积极介入招标药品价格管理工作，全省通过招标药品降低市场药价约8000万元，达到招标药品大部分让利于患者并兼顾招标单位的目的，深受社会各界欢迎；按照国家计委统一部署，对1488个医保药品市场价格进行调查，并制定有关药品价格改革办法及其配套文件的实施意见，下发各地执行。此外，在药品明码标价、建立药价数据库、药价监测网络、加强药品价格监督检查等方面，也取得一定的进展。

（撰稿：李淑秋）

【制定出台价格管理办法】 为进一步完善政府定价的成本约束机制，实现成本管理的规范化，省政府办公厅批转了省物价局拟定的《福建省价格、成本和费用调查、审核管理办法》。《管理办法》明确规定：在本省境内凡是实行政府指导价、政府定价的商品和服务的生产、经营企业或单位及行政性事业性收费执收单位都必须执行价格、成本调查、审核管理办法；价格主管部门对依法管理的重要商品和服务的价格、成本，行政性、事业性单位的服务费用，每年一般应进行1至2次调查、审核，特殊情况应随机调查、审核；有关企业或单位应按价格主管部门的规定，定期如实报送相关的价格、成本和费用资料。如有违反，价格主管部门可以不予受理其调定价（费）的申请，并按《福建省价格管理条例》第二十四条的规定处罚；由于有关企业或单位提供的价格、成本和费用资料失实、造成价格主管部门决策失误的，价格主管部门应及时纠正所核定的价（费）标准。（撰稿：陈清）

药品监督管理

【药品监督管理体制改革】 完成省级药品监管机构的组建，理顺省级药品监督管理体制，改变过去药品监督管理政出多门、责权分离的状况，由省药品监督管理部门对药品的研制、生产、流通、使用承担行政监督管理、技术监督管理和执法监督管理的职能。开展省以下药品监管体制改革的前期准备工作，成立了省以下药品监督管理体制改革工作小组，多次对省以下药品监管主体及监管对象的现状进行了调研，掌握省以下医药管理、药政、药检部门的机构设置、人员编制、资产状况和药品监管任务的基本情况，为制定符合省情的改革提供了依据。此外，及时会同有关部门对省以下药品监管系统人财物实行暂时冻结，为保证省以下药品监督管理体制改革的顺利进行创造了条件。

【药品市场监督管理】 建立医药、卫生部门联手打假的工作机制，加大执法力度，开展监督检查，药品市场秩序有所好转，制假售假的势头开始得到遏制。全年查处各类药品案件1493件，（其中：假药案396件，劣药案657件）案件总值334万元，结案率87.7%，没收金额198.02万元，罚款金额229.25万元；查处医疗器械案件37起，标值4.6万元，罚款6.5万元；销毁假劣药品、医疗器械6511种次，标值172.6万元。依法核发了893个药品和医药器械广告审查批准文号。组织药品、医疗器械打假专项行动，制订下发《关于全省打击制售假劣药品、医疗器械违法行为的意见》，确定集中整治的重点产品、重点市场、重点区域，全省共出动3655人次，检查5700多个单位，查处药品、医药器械案件410起，案件标值112.7万元，罚款89万元；捣毁制售假劣药品窝点2个；取缔无证经营药品168户；巩固整治非法药品集贸市场的成果，3个已关闭的非法药市没有出现反复的现象。

【药品检验】 加大药品检验力度，抽验13473批样品，不合格率为12.6%；对葡萄糖注射液等3种医院制剂进行抽验，抽验525批，不合格49批，不合格率为9.3%；对进口药品进行监督检查，检查了37家药品经营和使用单位的1368批次进口药品。全省共完成检品20143批，不合格率为11.8%。同时，对抽验中发现的不合格药品进行了查处。

【药品质量认证】 加快通过药品GMP认证的监督实施步伐，全年通过国家GMP认证的企业有厦门金日制药有限公司、厦门建发制药有限公司、福建兴源集团（莆田）药业有限公司等13家，全省已通过国家GMP认证的共有17家企业35条生产线。福州梅生医用设备公司、福安东方神电子仪器公司等2家医疗器械生产企业通过ISO9000认证，使全省通过ISO9000认证的企业达到8家。福州康利特公司通过了质量体系考核，使全省通过医疗器械质量体系考核的企业达到7家。

【换发许可证】 省药品监督管理部门先后开展了《医疗器械生产（经营）企业许可证》发放工作、药品生产企业许可证换证工作和《药品经营企业许可证》、《医疗机构制剂许可证》换证准备工作，督促企业对照换发证标准进行自查和整改，对换发证审查员进行了培训，组织了现场验收检查。经验收审查，第一批有99家药品生产企业取得了许可证，占企业总数的60.7%；有203家具有法人地位的医疗器械经营企业取得了许可证，占企业总数的70%。

【药品注册管理】 初审了痛安注射液、脑心多泰胶囊等22个新药，十维铁咀嚼片、盐酸奈替米星葡萄糖注射液等9个仿制品种，41个中药保健药品和第二批需延期的新癀片、胃得安等6种中药保护品种和新申报的泻定胶囊中药保护品种。完成了通用式助听器等15个医疗器械新产品的准产注册、红外光浴治疗房等5个品种的试产注册和20个产品的重新注册。备案或复审备案全方向型心动图系统、微焦点牙科X线机等57个医疗器械产品的企业标准。

【药品分类管理】 审核登记了36家药品生产企业350种非处方药；制定了《福建省药品分类管理流通试点工作方案》，提出用5年左右分4个阶段实施流通领域药品分类管理；启动了全省药品分类管理流通试点，组织了莆田兴化药店、厦门星鲨大药房等18家药店进行试点。

【执业药师注册管理】 注册和重新注册、变更注册执业药师384人次，组织执业药师继续教育，675名执业药师参加了培训。协调组织2000年执业药师资格考试，1545人报名考试，1505人参加考试，参考率达到97.4%，通过率达到30.9%。

【药品监管法制建设】 清理审批、审核事项和收费项目47项，取消7项，合并11项，保留29项。清理地方性法规、规章、规范性文件共30件，拟废止的10件，保留20件。制订了《福建省麻黄素管理暂行规定》等规范性文件，使药品监管有章可循。开展全省药品监督管理执法人员岗前培训，举办了9次讲座，500多人次参加了培训，增强了依法行政的意识和依法治药的水平。

（撰稿：林永兴）

质量技术监督

【质量管理工作】 积极推动《质量振兴纲要》的贯彻实施，组织开展“质量月”、“企业质量权益保护日”、“2000质量在福建”、“装饰装修与家庭健康咨询”等一系列大型质量宣传活动；对各地政府落实质量工作责任制和开展“质量立市”情况进行联合检查和考评；组织企业开展“以查质量意识、查质量水平、查现场管理、查售后服务”为内容的质量自查活动，鼓励、帮助企业建立质量管理体系，积极进行产品认证和质量体系认证。据统计，全年有489家企业和单位获得ISO9000质量体系认证，394家企业获得了共计

1905张产品质量认证证书。大力实施名牌战略，建立“产品质量稳定证书”的激励机制，鼓励企业加强质量管理，给13家企业发放了“产品质量稳定证书”，全省获得“产品质量稳定证书”的企业已达108家；名牌产品评定工作也有新的进展，省政府公布了第六批33项工业名牌产品，第二批23项名牌农产品。进一步推进“质量立市”工作的深入开展，新增长乐、清流两县（市）开展“质量立市”工作，全省累计已有19个市（县、区）开展了质量立市工作，取得了明显的经济效益和社会效益，其产品合格率普遍达到86%～90%，比全省平均水平高出约2个百分点。

【打假工作】 继续以重点产品、重点区域和重点市场作为打假的重点目标，把打假和监督抽查相结合，和季节性、时令性的市场检查相结合，年初发起了以“查农资、保春耕”为内容的打假春季战役，第二季度组织了对妇女儿童用品的监督检查和打假行动，第三季度组织了对食品饮料的监督检查和打假行动，第四季度根据中央关于开展全国联合打假行动的决定，围绕9类重点产品、9个重点市场、11个重点区域，组织开展了既声势浩大、又讲求实效的全省打假联合行动。全省质量技术监督系统共出动执法人员2.5万人次，查处假冒伪劣商品标值总额1.06亿元，销毁假冒伪劣商品标值总额792.2万元，捣毁制假售假窝点431个，立案处理的案件3947件，其中大要案325件，已结案1733件。同时，不断加大市场监督抽查力度，全年共抽查商业企业10788家，抽检产品14775批次，合格10705批次，合格率达72.45%，较上年的抽检合格率提高了4.75个百分点；抽查生产企业6674家，抽检产品7930批次，合格6509批次，合格率为82.08%。

【农业标准化工作】 全省各市及绝大多数的县（市、区）政府都成立了农业标准化工作领导小组，健全了工作机构，加大了经费投入，3年全省落实专项经费150万元，促进了农标工作的深入发展。全省市一级质量技术监督部门共建立新的农业产业化综合标准化示范区36项；省一级质量技术监督部门确定了东山芦笋、上杭青梅、柘荣太子参和古田银耳等4项省级综合标准化示范区，省级示范区累计已达42项。对1998年开展的24项农业产业化综合标准化示范项目进行考核验收，已有18个示范区通过了验收。从验收情况看，示范区取得明显的经济效益和社会效益，仅安溪乌龙茶、沙县板鸭和连城地瓜干3个示范区，3年共增产2亿多元，人均年收入安溪县增加500多元，沙县增加850元。

【消灭无标工作】 全年又有38个县市全面开展消灭无标工作，其中永泰、南靖县列入国家级的示范县。全省85个县市区中，已有72个县市区通过了消灭无标生产的考核验收。据不完全统计，验收的72个县市区的产品标准覆盖率由开展前55.2%提高到开展后的96.8%，产品质量抽查平均合格率由开展前的75.6%，提高到开展后的85%。

【标准化管理工作】 全年采用国标标准和国外先进标准注册登记275项，历年累计已达8927项；全年企业产品标准备案2870个，历年累计达18900个。制、修订了96项省地方标准，特别把涉及人民群众身体健康安全的标准列为工作重点，先后出台了《农畜屠宰检疫技术规范》、《家禽屠宰检疫技术规范》等强制性地方标准，批准发布了《无公害蔬菜通用标准》、《无公害蔬菜栽培技术规范》，为保证群众吃上“放心肉（菜）”提供了执法监督检查的依据。商品条码和组织机构代码工作取得新成果，全省商品条码成员单位已达3056家，续展率达60%，组织机构代码的赋码单位达40.3万家。

【计量工作】 加强对电能表、水表、煤气表、衡器、加油机和出租车计价器、电话计费器等7种重点计量器具的监督和管理，全省新建住宅“三表”检定达到555412台件，合格率达96.5%。继续深入实施“1112强检工程”，全省验收县（市、区）达到15个，跟踪县（市、区）达到28个。加大定量包装商品的计量监督力度，对与消费者密切相关的食品、茶叶、大米、味精、干果、蜜饯、液化气、贵重药材、黄金首饰等定量包装商品进行了专项监督检查，仅“3.15”前后，就抽查定量包装商品7819批，合格6812批次，合格率87.1%。积极开展“计量检测体系（合格）确认”，全年申请“计量检测体系（合格）确认”的企业93家，已经合格确认的企业56家，促进了全省企业计量检测管理制度的完善。全面启动“光明工程”，加强对眼镜销售企业的监督管理，加大对眼镜标识、验光仪器及与眼镜生产有关的计量器具的检查力度，全年对眼镜售业监督检查215家，抽查1568批次、合格1365批次，合格率87.1%。

【安全监察工作】 加强承压及特种设备安全监察工作，加大工作力度，在锅容管特行业大力推行专业技术培训和持证上岗的管理措施，对锅炉安装单位和施工人员实行安装许可证和安装作业证的“双证”管理，在全省开展了统一更换电梯准用证标志、特种设备作业人员资格证书和特种设备制造安装维修资格安全认可证的工作，在“元旦”、“五一”、“六一”、国庆期间，对游乐设施开展了安全大检查，同时注意做好日常性的动态监察，保持了承压特种设备安全工作的良好形势。

（撰稿：曹祥禄）

编审：宋小佳　　责校：郑棻

口 岸 管 理

综 述

【概况】 2000年，全省口岸海防工作紧紧围绕服务外向型经济发展这个目标，着力抓好优化通关环境、净化经济环境两大任务，服务对外开放，方便合法进出，促进地方经济发展，全面完成了各项工作任务。口岸生产建设再创历史新高。全省海空口岸进出口吞吐量2794万吨，比增38.5%。其中海港口岸进口1196万吨，出口1595万吨，分别比增17.7%和59.8%。航空口岸完成进出口货运量达2.9万吨，比增15.6%；海空口岸入出境旅客131万人次，比增10%，其中空港入出境旅客122.1万人次，海港口岸入出境旅客8.9万人次；口岸国际集装箱海运持续稳步发展，集装箱吞吐箱量150万标箱，比增22.6%。两岸试点直航营运顺利，双向航行1609航次，运载箱量43万标箱，比增21.5%，均创历史最好水平。成批偷渡势头得到有效遏制。全年共查获偷渡案件40起，150人次，起数和人数分别比降69.7%和92.5%，抓获历年在逃偷渡组织者、运送者534人，接收审查境外成批偷渡遣返24批，2037人。机构改革和查验制度改革取得重大突破。原口岸、海防、打私"三办"合一组建省口岸与海防管理委员会办公室，并挂省人民政府打击走私综合治理领导小组办公室牌子，理顺和加强了省级口岸、海防、打私工作的管理机构，同时重新调整了省海防管理委员会和打击走私综合治理领导小组；福建、厦门海事局先后成立。同时，福、厦海关实施了以审单作业、物流监控和职能管理三大系统相互配合、相互制约的新通关管理模式，调整配备了二级关和机关处室领导，全面启动新的工作机制；检验检疫局顺利实行"先报验后报关"新的通关制度并正式启用CIQ2000计算机管理系统；省边防总队与厦门边检总站也明确了相关工作职责。

【口岸对外开放】 各级口岸管理部门按照"主动议事、主动协调、主动服务"的要求，加大综合管理、协调的工作力度，取得了较好的成绩。一是口岸对外开放实现从讲求布局向功能配套与扩大开放并举转变。宁德城澳港白马港区于11月9日经国家交通部下文正式公布对外开放；漳州招银港和后石电厂码头对外开放工作也取得实质性进展；"山海联动，口岸延伸"得到进一步落实，南平、三明进出口货物陆海联运中心运作正常，龙岩进出口货物陆海联运中心也在积极抓紧筹备。二是新航线开辟工作取得突破。仅厦门海港口岸相继开辟了至欧洲、美国等9条集装箱班轮航线，莆田口岸开辟了至印尼航线；武夷山口岸于3月28日开辟了至澳门新航线，泉州晋江机场在继续飞行香港包机航线的同时开辟了冲绳临时包机航班，福州航空口岸同年2月也恢复了福州—马来西亚（古晋）旅游包机航线。三是积极扶持和促进外贸进出口新增长点的健康发展。出台了《福建省沿海地区开采毛角石出口运作规程（试行）》，进一步规范砂石出口。在口岸查验部门的积极扶持下，全年全省砂石出口近700万吨，比增133%，占全省外贸进出口总量的1/4，出口量的近一半，成为外贸进出口的新增长点。四是两岸试点直航稳步发展。全年完成43万标箱，占福建省海港口岸集装箱完成量的31%，闽台试点直航已成为福建省集装箱运量的主要增长点。

【通关环境】 一是积极落实省政府有关改善投资环境的各项政策。闽政[2000]文219号提出的89条改革举措基本得到贯彻落实，便捷、高效、文明的口岸大环境已初步形成。二是积极采取措施主动支持外经贸工作。口岸部门与外经贸部门加强沟通与配合，把口岸查验单位领导联席会范围扩大到外经贸部门领导，并通过口岸联席会议，与查验部门、外经贸部门共同就通关环境中一些带有普遍性的问题进行探讨，达成共识，共同支持外贸企业健康发展。同时会同有关部门开展了港口经营性收费的清理检查工作，努力降低企业在进出口环节的收费水平。各级口岸部门加强硬件设施建设，着力提高服务意识和工作效率，使口岸通关环境进一步得到改善。此外，还按照省里部署，认真做好对台直航口岸管理的有关准备工作，起草了"关于福厦与金马通航工作中口岸管理有关问题的设想意见"，积极主动做好"台马轮"马祖进香团、"顺风轮"民俗文化交流团直航马尾，"太武"、"浯江"轮从金门直航厦门，"鼓浪屿"轮直航金门探亲访友等的口岸通关指导和协调工作。

【海防管理】 2000年，海防管理以省人大常委会批准的《福建省沿海船舶边防治安管理条例》为契机，狠抓"条例"的贯彻落实，各项工作取得显著成绩。一是认真贯彻落实《福建省沿海船舶边防治安管理条例》。在福安、石狮市进行规范化船管站的试点的基础上，召开了沿海6地市海防办、公安边防支队领导贯彻"条例"的现场观摩会，推广了两地船管站建设经验。会同省边防总队对沿海船舶和社会治安情况进行检查和整顿，摸清了全省沿海船舶、渔船民的底数，查处违法违规船舶3324艘和一批"三无"船只，使出海船只纳入管理轨道。同时加强对招聘船管员的强化培训，提高船管员的综合素质，积极协调解决船管站的建设和管理问题，使全省船管队伍得到了恢复和巩固。二是积极配合驻闽部队做好对台军事斗争准备工作，协助部队进行战备训练和重要演习中的各项保障和支前任务。三是突出重点，组织开展维护沿海社会治安和海上生产秩序的专项整治行动。公安边防部门侦破沿海地区各类刑事案件698起，查处治安案件2977起，处置群体性事件29起。同时加强对渔船民的教育和出海船只的管理，防止船只和人员进入敏感海域，避免了涉台事件的发生。四是加大了反偷私渡工作的协调力度，取得实效。采取管防并举、教育与打击并重的办法和实行"一票否决制"，全年开展了4次以"抓基础、严管防、追'蛇头'、打现行"为主要内容的反偷渡专项行动，取得了显著的成效，抓获了一大批在逃的偷私渡组织者、运送者，有效遏制了沿海成批乘船偷私渡活动的猖獗势头，严厉打击了偷私渡犯罪活动，较好地维护了沿海地区的社会安定稳定。五是适应经济发展，管理与服务并行。沿海地区各码头、港澳口、船管站实行船舶进出港"一条龙"服务制度，争创"安全文明港澳口"、"人民满意边防派出所、警务区"，涌现出宁德市蕉城区三都边防派出所等一批先进典型。

【共建文明口岸】 一是把全省口岸精神文明建设着力点放在突出窗口竞赛和规范窗口人员的服务上，在工作上求深化，在服务上求延伸，在具体运作上求创新，把改善口岸通关环境作为共建重点内容，确保两个文明同步发展。二是召开全省口岸系统"创文明行业、建满意窗口"表彰大会，对23个先进单位，33位先进个人进行了表彰。三是对福建省共建文明口岸领导小组进行了第二次调整，使口岸共建工作的组织、指导、协调得以加强。四是做好口岸系统推荐上报的全省第七届精神文明建设各类先进候选单位、个人和第二届“创文明行业、建满意窗口”竞赛活动的先进单位和满意服务的先进个人进行复审和重新推荐上报工作。口岸系统有18个单位被评为福建省第七届文明单位，有4人被评为先进工作者，有8个被评为先进窗口，有4人被评为窗口满意服务先进个人。五是逐步把海防管理、打击走私精神文明建设工作融入口岸精神文明建设中来，统一安排，统一部署。

（撰稿：蒋乐超）

海 关

【福州海关】 2000年，福州关区口岸共监管进出口货物1288.13万吨，进出口货物总值71.99亿美元；监管运输工具16701辆（艘、架）次，监管出入境人员53.03万人次，监管进出境邮、快递件153.18万件；办理加工贸易备案合同5601份，备案金额28.53亿美元，核销合同数5823份。征收关税和进口环节税16.62亿元，完成全年11.5亿元税收任务的144.5%，创历史最高水平。调查部门共立案调查各类走私案件315起，案值80760.3万元，上缴罚没收入2188.31万元；侦查部门共立案侦查案件19起，案值2.1亿元，涉嫌偷逃税款8537万元；共抓获犯罪嫌疑人70名，逮捕46人，其中向检察机关移送审查起诉案件15起39人。

一、推进通关作业改革。在以往试点工作的基础上，按照海关总署《通关作业改革指导方案》，结合关区业务布局特点，合理划分事权，明确职能，科学设置机构，制定了《福州海关通关作业改革实施方案》。根据海关总署统一部署，按时完成了H883/EDI 5.0系统修改版的切换工作，并从2001年1月1日起正式投入运行，新的通关作业流程和机构人员调整基本到位。

二、强化物流监控。制定了查验工作量化指标，进一步规范现场作业程序和查验制度，提高了查验的准确性和查获率。与港口、码头管理部门签订MOU，对进出境运输企业和运输行为实行齐抓共管。组织力量对超期未核的进口舱单进行了全面清理，并建立健全了舱单管理等监管制度。对重点码头实行24小时巡查监管，对所有海运进出口货物实行双信息放行制度，完善了监控机制。进一步加大旅检、邮寄渠道的监管力度，严厉打击“黄、赌、毒”、反动宣传品、货币走私等行为。

三、完善加工贸易和保税区管理。加强对加工贸易合同备案、异地报关、跨关区结转等监管环节的监督制约。严格审核合同履约的可行性，把好合同批文单证的合法关，依法控制审批量，实行核销作业内外勤分离制度，建立起有效的催核制度，严格进行电子底帐核查。健全加工贸易审批管理中的风险防范，制订了加工贸易监管全过程分析月报表，通过计算机对进口商品过录表实行价格监控、数据分析预警。完善加工贸易台帐“实转”制度，实现关区与全国各主要枢纽口岸海关加工贸易异地报关备案资料联网传输。制定了《加工贸易监管业务岗位职责》和《加工贸易监管业务操作规范》，提高了业务操作规范化、制度化水平。对保税区遗留问题和规章制度进行认真清理，进一步规范保税区业务，确保监管到位。

四、提高税收征管质量。对关区内大宗进口商品和10家税收大户实行重点纳税管理。加强税收征管工作的基础建设，坚持依法送检，对暂定税率、低（零）税率、免增值税或有偷漏税嫌疑的商品实行重点布控送检，密切主管海关与口岸海关之间转关运输及税收监控工作的联系配合。通过正确归类、严格审价、价格稽查、税源监控、核销补税等一系列综合治税的措施，努力扩大税源，做到应收尽收，确保了税收任务的超额完成。

五、继续保持打击走私的高压态势。年内先后开展了打击小额成品油、香烟走私等三次大规模的打私专项斗争，取得了阶段性的成果。共查获假烟出口走私案件7起，查扣假外烟11680件，有力地打击了假冒外烟出口走私的嚣张气焰。进一步加大稽查力度，全年共对106家企业实施稽查，占2000年企业年审数1123家的9.4%，查获涉嫌走私、违规案件及补税案件36起，补税入库3055万元，超额完成全关3000万元税收稽查任务。全年关区调查部门共立案调查各类走私违规案件579起，案值111056.1万元（其中立案调查违规案件264起，案值30295.78万元；立案调查走私案件315起，案值80760.3万元）；上缴罚没收入2188.31万元；移送侦查部门立案侦查走私罪嫌疑案件53起。走私犯罪侦查分局共立案侦查案件19起，案值2.1亿元，涉嫌偷逃税额8537万元；共抓获犯罪嫌疑人70名，逮捕46人，其中向检察机关移送审查起诉15起39人。

六、深入开展新《海关法》的对外宣传。采取专题讲座、论文研讨、学习交流等形式，把学习培训与通关作业改革紧密结合起来，使关员们熟悉新《海关法》的法律条文、立法精神和相关权利义务，增强依法行政意识。在关内外大力宣传新《海关法》，向管理相对人印发宣传小册子，先后召开新《海关法》新闻发布会和企业宣讲会，利用关长接待日、人大代表视察等活动宣传新《海关法》，使社会各界强化守法自律意识，加强对海关人员的执法监督，净化海关执法环境。

七、加强机关行政效能建设。在业务现场公开通关作业程序和执法规定、廉政纪律，各部门制定对外服务承诺和办理时限，并对外公布。实行8小时工作时间以外和节假日预约加班，推行首问责任制和否定报备制，实行关长接待日制度，接受管理相对人的咨询、投诉。定期召开座谈会，与企业及政府有关部门进行沟通。经常深入企业了解情况，宣传海关政策法规，现场解决企业在通关过程中遇到的问题。年内共举办关长接待日活动41场，接待有关部门或企业人员152批次。

八、狠抓领导班子和干部队伍建设。认真扎实地开展了隶属海关“三讲”教育、“纠风整纪专项治理”、警示教育和海关缉私警察“三项教育”等一系列教育整顿活动。进一步健全和完善领导干部责任分析追究制度、重大事项报告制度、收入申报制度、诫勉谈话制度、干部交流制度、公务回避制度以及纪检监察特派员制度。制定下发了《福州海关执法监督检查实施办法》、《隶属海关一把手、处（室）主要负责人离任审计制度》。认真贯彻执行海关总署制定的《直属海关关长行为规范》，结合实际，研究制定了《福州海关党组成员行为规范》、《福州海关隶属海关关长行为规范》。为了加强业务一线力量，消除廉政隐患，年内先后两次共交流干部100余人次，充实了查验、放行、核销等一线重点岗位，并实行技术、统计岗位人员定期到业务部门跟班学习的交流制度。按照“逢进必考”和公开、公平、公正的原则，年内从省直机关公务员中公开考录41名，从应届大学毕业生中考录83名，缉私警察扩招32名。为了严肃执纪，进一步完善奖惩机制，除了积极配合地方纪检监察部门调查内部执法腐败案件外，针对近年来关区发生的违纪失职案件和严重监管不到位的问题，对50多名责任人员（其中6名处级干部）追究了行政责任；对专项治理期间4名逃避有关部门审查、擅离岗位、违纪旷工的干部，依照公务员条例作出了辞退或开除公职的严肃处理。在惩处违法违纪人员的同时，大张旗鼓地宣传表彰依法行政、文明把关，廉洁奉公、无私奉献以及与走私犯罪分子英勇斗争的先进人物和事迹。

（撰稿人：孙建国）

【厦门海关】 2000年，厦门海关按照海关总署的统一部署，深入贯彻“依法行政、为国把关”方针，认真汲取教训，采取措施，纠建并举，比较圆满地完成了全年的各项工作任务。税收任务大幅度超额完成，首次突破60亿元大关，达到60.2亿元，同比增长了26.3%。大规模的走私违法活动得到有效遏制，全年共查获走私案件241起，同比下降了39.3%；案值6.88亿元。通关作业改革顺利实施，H883/EDI 5.0新系统版本在12月11日切换成功，系统运行情况基本正常。海关实际监管的有效性明显加强，全年共监管进出境货物1950万吨，同比增长了33.7%；监管集装箱总数达到112.9万标箱，同比增长了30.5%；监管进出境运输工具22172辆/艘/架，同比增长了7.8%。支持外贸出口成效明显，口岸通关与执法环境和关员的服务态度进一步得到改善，为实现关区进口同比增长19.1%，出口同比增长31.1%，尤其是为厦门市实现外贸进出口总额突破100亿美元、进出口集装箱突破100万标箱作出了积极贡献。

一、积极开展专项行动，继续保持打击走私高压态势，强化税收征管职能，积极涵养税收来源，确保税收任务超额完成。针对关区走私新动向，加强侦查、调查的联系配合，及时调整打击走私的策略，形成合力，重拳出击，重点开展了打击香烟走私、打击出口骗退税、打击侵权及假冒伪劣产品等“三打”活动。走私犯罪侦查分、支局认真开展打团伙、破大案活动，加快案件侦破速度，两次成功地查获走私进口VCD生产线共6条及其他生产设备和大量盗版光盘的案件；先后查获2名台湾人走私海洛因毒品大宗案件。调查、侦查等部门全力承办中央“4.20”专案组交办、移交的案件。在加大打击走私力度的同时，积极采取有力措施，依法治税，涵养税源，提高征管质量，确保应收尽收。加强税收业务基础建设，完善《厦门海关商品归类工作制度实施细则》，规范厦门海关进出口商品预归类发布查询系统和预归类商品通关操作规程等一系列规章制度；开展后续管理专项稽查，对1996年以来的减免税货物进行核查，堵塞减免税设备后续管理漏洞；积极利用互联网拓宽价格信息来源。

二、提高物流监控水平，加大科技应用力度，确保实际监管的有效性，切实落实“监控到面、监管到点”的要求。一是完善监管场所管理，规范码头、堆场运作，加强对进出境运输工具监管及舱单管理。对关区内所辖的海关监管场站、码头、堆场进行了清理整顿；与港务部门联网，利用技术手段对进口货物实施电子信息和实单信息的双信息放行制度；对较为分散的港口码头加强巡查，对纳入重点管理的船舶，实行船边巡查、监装监卸，对来往港澳小型船舶、停靠二类口岸的船舶、支线二程船及其他国际航行船舶上船核对舱单，同时，规范舱单电子数据传输和接收确认、更改工作，对船舶从进口至出口的监管动态进行全程记录。二是加大查验力度，确保实际监管到位。加强了正面监管人员力量，启动了风险布控系统，引入风险管理机制。发挥H986组合移动式集装箱检查设备、电子地磅的监管效能，进一步完善操作规范。三是规范加工贸易的管理，提高合同核销结案率。严格余料结转和深加工结转的审批，统一做法。此外，积极探索海关对IT产业的监管模式，扶持戴尔计算机等跨国公司在我国的投资发展。四是加强对行李邮递物品的监管。加大对旅检、快件渠道进出境物品的监管力度，规范大嶝对台小额贸易商品交易市场的管理，做好与台湾“三通”的准备。在加强监管的同时，着力查缉毒品、反宣品、淫秽物品以及夹带大额货币等违规走私行为。

三、注重实效，提高通关效能，加快通关速度，支持外贸出口，保持地方经济的稳定发展。一是推行关务公开，制订了《厦门海关关务公开指导方案》，将办事指南、时限、举报、咨询电话一并在各现场公布，接受社会各界的监督。二是积极、主动参加地方政府外经贸主管部门及行业协会组织的各类座谈会、协调会，并充分利用报刊、电台、电视台等新闻媒体，加大宣传力度，增强关务公开的透明度。三是提高服务质量和办事效率，督促检查各项文明窗口建设措施的落实，尽可能为企业提供方便。同时，大力强化行政后勤保障、技术服务保障等各项工作。

（撰稿：吴建华）

近年来，假烟走私已成为走私热点之一，而福建则是走私团伙选择假烟走私的一个重要口岸，严重扰乱了出口秩序和国内市场。2000年1月16日由厦门海关、厦门烟草专卖局共同查处的假冒香烟6615箱当众销毁，图为销烟现场。（常刚 摄）

出入境检验检疫

【福建出入境检验检疫】 2000年，福建检验检疫局共检验检疫出入境货物26.1万批，货值83.26亿美元，为企业对外出口索赔4418万美元，进境商品残损提赔33万美元；检疫进出境动植物及其产品5.63万批，货值15.43亿美元。检出松材线虫等二类危险性病虫害32批；检疫进出境集装箱41.53万标箱、交通工具1.12万艘（架）次、出境人员53.97万人次；监测体检4.65万人次，艾滋病监测4.52万人次，检出艾滋病病毒携带者5例、性病220例等，预防接种4.96万人次。10个口岸开展本底调查，检疫邮包6341件。

一、加快实施实验室管理和业务管理改革，促进业务深度融合，推出干部人事制度改革，全面促进检验检疫事业发展。一是平稳进行检务改革，以新通关机制促进“三检”业务融合。年初正式启用新单证，实行“先报检、后报关”新通关协调机制；提前启用国家局CIQ2000系统检务部分，加快验放速度；革新报检方式，采取“绿色通道”等多项方便措施，提高报检工作效率。二是加快探索业务管理和实验室管理改革，促进检验检疫业务深度融合。通过建立“业务协调会”制度，把入境货物执法监管的重心向口岸转移，有效遏制逃漏检；采取将业务相近且交叉较多的业务科室重新组合的办法，减少交叉不清、互相扯皮的问题。同时对系统实验室实行“垂直体制、双重管理”，优化组合配置资源，提高使用效益，将各分支机构实验室相应划归省局技术中心和保健中心管理，并重组建设“工业品安全检测实验室”等6个重点实验室。此外还积极探索研究将管理与执行相对剥离的必要性、可能性和可操作性。三是推出干部人事制度改革措施，促进干部队伍的组织融合。

二、加强管理依法行政，开展机关效能建设，提高检验检疫执法水平和工作质量。一是深入开展管理服务年活动和机关效能建设，强化管理、提高效能。首先抓好建章立制规范管理等基础工作，出台《福建局业务规范性文件制订办法》，编发《福建局业务规范性文件汇编》，对7大类、66件行政、人事等内部管理文件制度进行整理汇编，建立涵盖业务、质量、行政、国有资产、财务、人事和后勤等方面内外部管理制度；其次把开展机关效能建设作为深入开展“管理服务年”活动有效形式，总结形成《福建检验检疫局机关效能建设工作方案》，推行了“内部公示时效管理模式”和“对外服务公示时效服务模式”，并在省局机关各处室、各直属单位全面展开。二是依法行政，监管有效，切实提高工作质量和执法水平。制定了《福建局业务工作质量检查稽查规定》和《关于加强管理提高检验检疫业务工作质量若干意见》，建立和完善质量自查自纠制度、差错登记制度等一系列规章制度，坚持以“制度管人，制度管事”。三是加强执法，积极配合海关、边防、打私办和工商等部门进行技术性检测工作。共检测涉嫌走私的化纤产品、香港红油、松香、电器等物品194批，货值186万美元，确认为走私物品的41批；连续查处数起走私活动物非法入境事件，截获非法进境的狗、鸽子、甲鱼及红猩猩、绿狒狒等活动物，其中，从一批非法入境甲鱼中检出甲类传染病菌——稻叶型霍乱弧菌，避免了重大疫情传入和传播。四是强化基础管理，继续加快“两大工程”建设，为加快发展夯实基础提供重要载体和技术平台。加大投入，推进CIQ2000系统和综合实验室置换“两大工程”建设，加快广域网建设速度，实现福建局CIQ2000系统数据联网，在业务信息化管理以及便捷的通关模式上迈出了重要一步。抓紧实施以“三电”工程（电子报检、电子签证、电子转单）为主要内容的CIQ2000II期工程。对基建工程在确保“质量、规模、工期、廉政”要求的同时，加快步伐，加大“国检广场”基建力度，确保按进度要求实现主体封顶。

三、增强服务意识，积极提高效能，为外贸提供优质高效的深层次的服务。一是充分利用部门信息、人才、技术优势，为进出口企业提供服务。从提高监管效率出发，推行分类管理，对质量长期稳定的企业，逐步减少检验批次和比率；对质量问题比较严重的，则加强检验检疫监管，并发挥检验检疫部门技术、信息优势，在增加机电产品出口、扩大高新技术产品出口规模、提高出口商品科技含量、改善出口商品质量等方面，积极为企业提供技术咨询和服务。二是积极帮助出口商品生产企业建立现代企业管理制度，开展体系认证和产品认证。通过培训、宣传，为企业提供ISO9000、ISO14000、QS9000、HACCP等体系认证和UL、CE、CSA、EMC等产品认证及咨询服务，帮助企业提高管理水平和产品质量，优化出口产品结构，为出口商品参与国际竞争注入新活力。全年有203企业通过认证评审（不含厦门），取得通往发达国家市场的“绿色通行证”。同时，努力突破国外技术贸易壁垒，帮助更多的优势农产水产品、肉类、罐头等出口食品企业在国外注册。三是帮助企业用足用好普惠制，降低出口商品成本，增强在国际市场的竞争力。全年共签发普惠制产地证书8.35万份，签证货值16.70亿美元，比上年分别增长9.6%、6.6%，按10%优惠关税计，福建出口商品共获各给惠国减免关税1.7亿美元；签发一般原产地证书2.5万份，签证货值5.56亿美元，比增7.4%。全年签发普惠制证书2656份，签证金额达3568万美元，实现关税优惠约178万美元。四是加大WTO知识普及与研究力度，帮助企业就对加入WTO的挑战。通过举办培训班、在传播媒体上宣传等方式，加大WTO知识的宣传、培训力度，帮助进出口企业了解国际市场动态和产品的检验检疫新要求，熟悉、掌握WTO规则。重点加强对SPS/WTO、TBT/WTO协议的研究与运用，收集美国、日本、欧盟等国家的贸易法规和产品信息，为福建省出口农产品，尤其是水煮笋、水果、烤鳗、水产品等大宗拳头产品打破技术壁垒，顺利进入国际市场，提供信息与技术支持，帮助进出口企业扩大高新技术产品出口。（撰稿：林新）

【厦门出入境检验检疫】 2000年，共检验检疫货物25.38万批，货值71.95亿美元（其中出境货物15.84万批，货值38.53亿美元；入境货物9.55万批，货值33.43亿美元），检疫轮船6094艘、飞机6842架次、集装箱41.23万标箱，出入境人员检疫109.83万人次，入境邮件检疫1.48万件。完成外商投资财产价值鉴定3159批，总报价1.67亿美元；出口商品包装检验4735批。

一、采取积极措施，深化业务改革。一是从1月1日开始实行先报检后报关的新的检验检疫通关制度。二是积极做好CIQ2000综合业务计算机管理系统的启用工作，建成7个计算机局域网，实现局机关与各分支机构、各报检窗口联网，架构了全局计算机系统城域网络。三是转变检验检疫工作方式，采取了一系列改革措施：对进境木质包装的检疫，明确由货物检验检疫部门一并进行；对入境空集装箱的检疫，采取先检疫后报检的做法；对装运出口易腐烂变质食品、冷冻品的集装箱的适载检验，实行集中检验；对船舶检疫推行电讯检疫，电检率达65%；对出口企业的商品按其质量情况实行分类管理，加强日常的监督管理。

二、依法行政，提高检验检疫工作质量。一是加大自查和检查力度，对业务工作中的薄弱环节和质量隐患，制定改进措施和办法。二是在8月底召开了依法行政工作质量研讨会，研讨工作上存在隐患和薄弱环节的原因，提高全局干部职工依法行政的自觉性。三是加强实验室建设。严格按照ISO/IEC导则25质量体系要求，规范实验室管理，增加仪器设备的投入。四是贯彻“科技兴检”战略。

三、落实服务外贸的各项措施。一是加大宣传力度，扩大影响。在《厦门商报》开辟了“检验检疫之窗”专栏，刊登检验检疫法律法规及有关业务知识。在计算机网页上定期公布检验检疫信息，在联检报关中心设立电子触摸屏幕，在窗口单位摆放宣传册子，免费供企业使用。及时通过新闻媒体报道检验检疫工作动态，被刊用的信息500多条，其中被《国门时报》、《检验检疫动态》、《情况通报》采用的信息有140多条。二是发挥自身优势，帮助企业提高管理水平和产品质量。积极开展ISO9000质量体系、ISO14000环境管理体系、OHSAS 18000职业安全卫生管理体系认证工作。2000年新评审认证企业73家，认证企业总数达245家。积极开展食品厂（库）注册、登记、认证工作，有61家企业获得《出口检疫卫生注册证书》，48家企业获得《出口检疫卫生登记证书》，70家企业获得《出口质量许可证》。在水产品中推行HACCP计划，为申请注册的企业提供技术指导，并推荐10家企业向国外注册。宣传普惠制优惠政策，向外贸企业签发普惠制产地证书58834份，货值11.35亿美元；签发一般原产地证书10667份，货值2.22亿美元。为企业获得可观的关税减免。三是加强与有关部门的协调，提高通关速度。四是在严格把关的同时，为企业提供优质高效的服务。

四、强化内部管理，促进全局管理服务水平的提高。一是深入开展“管理服务年”活动，加强机关效能建设。根据新机构的特点，建立了行政管理、业务管理规章制度30多项。成立督查小组，对上级的工作部署和全局各阶段重点工作进行有效的督促和检查。二是大力开展培训。组织科级以上干部进行“四法”培训和WTO知识培训；组织各业务部门人员和处级以上干部进行计算机基础知识培训和CIQ2000管理系统应用培训；组织117名公务员进行初任培训；各处室、分支机构组织了木质包装、重量鉴定等业务培训。（撰稿：谢开灿）

海　事

【福建海事】 福建海事局辖区内现有航运公司276个，占全省航运企业的75.8%。管理船舶3489艘（其中海船1797艘），各类船员44816人（其中职务船员13570人）。共有74个公司的52艘船舶承担国际和港澳航线的运输任务，并有15个公司按ISM规则（国际船舶安全管理规则）实行安全管理，其中9个公司已通过审核取得DOC（符合证明）。拥有一类开放口岸7个，二类口岸33个。万吨级码头22个，十万吨级码头1个，危险品码头46个，码头泊位总数为254个。2000年进出港口的中外船舶达53445艘次；货物总吞吐量为4759.71万吨，集装箱达69.21万标箱。其中福州港货物吞吐量首次突破2000万吨大关，集装箱运输位居全国第十位；泉州港已由地方性小港跨入全国大中型港口行列，辖区内有4湾14个港区，已建成大小码头25座38个泊位，油品专用码头12座，油品进出口接近900万吨。

2000年，福建海事局开展了“水上运输安全管理年”和“反三违月”活动，在创文明口岸建满意窗口活动中推出了16

项便民措施；组织领导了“福建省2000年水上统一执法联合行动”、“乡镇客渡船安全大检查”等专项活动，开展了对平潭航运公司和闽东修造船厂的整顿，解决了一些水域通航环境和通航秩序中的热点、难点问题，有效地保障了船舶航行安全和全省水上交通安全形势的稳定。为加大海上搜救力度，开通了全国统一的水上遇险救助电话“12395”。全年接到报警47起，组织搜救47次。共救助遇险人员1000余人，挽回经济损失3460.26万元。为此，被交通部评为“2000年水上统一执法行动”先进单位；被福建省人民政府授予“2000年度安全工作责任制考核先进单位”光荣称号；被省安全生产委员会评为“华江油2”轮抢险救助先进单位。所属的福州海事局、泉州海事局和莆田海事局分别被评为1999～2000年度全省共建文明口岸活动先进单位；局通信导航站被评为福州市第九届文明单位；福州海事局连续被福建省人民政府授予第六届和第七届文明单位称号，被交通部海事局评为2000年度先进集体，其开航前检查和船检登记号授予工作也受到了交通部海事局的通报表扬。

（撰稿：赵万程）

【厦门海事】 厦门海事局是交通直属海事机构，对辖区水上交通安全和船舶防污染实施统一的监督管理。2000年，厦门海事局以加强水上安全监督管理为中心，深化水监体制改革，加大执法监督力度，各项工作取得了可喜成绩，被福建省政府授予2000年“安全生产目标考核先进单位”。全年共办理船舶进出口签证52616艘次，7915万总吨，其中国际航行船舶8386艘次、4338万总吨，分别比上年增长了2.8%和48.7%；实施开航前检查35艘次，港口国监督检查42艘次，国轮安全检查195艘次；船舶登记219起，海事调查处理29起；办理船舶证书5794本，审批水上水下工程48项，岸线审核7项。厦门海事事业的发展，有力促进了辖区经济的增长。全年辖区港口吞吐量2383万吨、集装箱吞吐量109万标箱，同比增长11.5%和28.2%，其中厦门港集装箱吞吐量108万标箱，位居全国第六位。两岸试点直航厦门—高雄航线的集装箱量达30.62万标箱，增长17.3%。

一、加强水上运输安全管理，保持水上交通安全形势稳定。全年出动监督船艇995艘次、监督员4590人次，完成海区巡航2027次、巡航里程9298海里、纠正违章1006次；受理危险货物船舶申报1636艘次，其中外贸危险货物76万吨、内贸危险货物142.4万吨；积极指导辖区船公司提前取得安全管理体系“符合证明”，并加强船员管理和培训，共组织辖区274人次的船员考试培训和第一期乙类适任证书统考；抓好客（渡）船、车客渡、快艇和危险品船的检验管理，强化对船舶修造企业的技术监督，完成807艘船舶新登记号的申办工作；积极组织搜救防台工作，试开通了“12395”水上遇险求救电话，全年共接处警57起，成功实施海上搜救36起。

二、推进水监体制改革，规范内部管理。根据水监体制改革要求，厦门海事局下属的漳州海事局和厦门东渡、海沧、鹭江海事处等4个分支机构于2000年9月正式挂牌成立，形成了以厦门为中心，各分支机构各司其职、各负其责、分工协作、优势互补的水上安全监督管理格局。在深化水监体制改革中，认真抓好内部管理，先后制订了《厦门海事局工作规则》、《行政事业性收费管理规定》等各项规章制度，形成比较完善的制度体系。

三、加强基础设施建设，改善监督管理手段。建成了VTS中心综合楼，组织实施了水监信息系统一期工程建设，升级改造了网络布线和网络系统，船舶检验发证管理系统已安装运行。完成了厦门东渡港三期通信配套工程的招评标、设备购置等工作，GMDSS DSC工程通过了交通部验收，新建的两艘12米高速巡逻艇也已投入使用。

四、加强精神文明建设，提高海事队伍素质。以“外树形象、内强素质”为目标，结合机关效能建设，深入开展创建文明单位、文明示范窗口、青年文明号、巾帼文明岗和军警民共建等活动，实行社会承诺制度等，提高了服务质量。为进一步加强行风和廉政建设，在干部职工中认真开展警示教育，层层签订了《党风廉政建设责任书》，并聘请32名社会廉政监督员，加大了内外监督力度。

（撰稿：艾明强　潘毅龙）

打击走私

【概况】 2000年，共查获走私案件1567起，案值15.8亿元，其中百万元以上案件263起，查获的主要物品是：香烟2538.7件，假烟19680件，食品195.28吨，成品油1101.78吨，化纤原料16883.15吨，汽车32辆，毒品281.22公斤。一批影响大、涉及面广的大案得到查处，特别是4.20远华特大走私案件得到查处。该案自查处工作开展以来，经侦查机关立案侦察，并检察机关提起讼诉的案件共192起，目前，按照司法管辖的有关规定，有关地方人民法院已依法受理案件167起，涉及被告人273人；已判决119起，涉及被告人213人。

【专项斗争】 年初，在“两节”期间反走私工作中，福州、厦门海关查获各类走私案件105宗，案值1.5亿元；边防部门共查获涉嫌走私案件23起，以及一批香烟、柴油、电器和化学物品等，总案值约457万元。福州、厦门海关、省边防总队根据重点部位任务的不同，随时调整警力，加大监控力度，多次组织开展了打击利用集装箱、货柜车走私和利用“三假”手法，倒卖加工料件和擅自出售保税物品的走私专项活动；边防部门多次开展了打击成品油和香烟走私专项行动，共查获成品油走私案件17起，查扣成品油832吨；全省工商部门加大进口商品流通领域的监管力度，取缔私货交易，开展打击成品油流通中的走私贩私行为，一年来共查处走贩私案件103宗，案值1022万元；省烟草部门针对香烟，特别是假烟走私突出的问题，进一步加大卷烟市场的巡查力度，检查整顿香烟经营户2200家。

【反走私综合治理】 坚持每季度召开一次反走私职能部门工作例会，与职能部门共同分析反走私斗争形势，协调工作中存在的问题，推进反走私工作开展。在船舶管理上，边防、港监、渔监共同配合，认真把好船只年审关，加强对船舶的管理；交通和工商管理部门联合开展对船舶修造业的整顿工作，严格取缔违法企业；经贸、工商、交通加强对码头、储运设施和销售市场的管理，严格规范经营秩序；在口岸流通环节中，海关检验检疫部门等密切配合，互相支持，共同把关；检验检疫部门还与工商部门密切配合，对流通领域部分进口商品进行检查，重点检查进口汽车及配件、传真机、电话机等，对涉嫌走私的进口商品做出了查扣或暂扣处罚，净化了进口商品市场。

【查处走私大要案】 全省第一、第二批督办走私大要案挂牌后，各市、各有关部门高度重视，加强领导，各主办、协办单位密切配合，认真查办，突破审结了一批案件复杂、久拖不结、影响较大的案件，使第一、二批挂牌督办案件的查处工作基本告一段落。各地和各执法、司法部门，集中力量，重点突破一批走私大要案，切实做到快侦、快捕、快审、快判，严厉打击了走私犯罪活动。全年，福州、厦门海关共审结各类走私案件127起，涉案货值23913.74万元，全省检察机关受理移送走私案件157宗277人，批捕140件246人，分别比上年增加2.3倍和1.1倍。全省法院受理走私案件67件231人，结案46件153人，受理与结案数比增131%和64%，其中生效判决19件51人，均给予刑事处罚，有37人被判处有期徒刑以上刑罚。

（撰稿：蒋乐超）

编审：王明永　　　责校：郑棻

科 学 技 术

科技政策与环境

【科技政策】 《福建省促进科技成果转化条例》于2000年9月由省人大常委会第21次会议审议通过并颁布施行。自省委六届十次全会以来，由省科技厅牵头，会同有关部门研究制定并陆续颁布实施《关于进一步加快福建省高新技术及其产业发展的若干规定》、《福建省科技型中小企业技术创新资金的暂行管理规定》、《福建省高新技术产品认定办法》、《关于大力促进我省高新技术产业开发区发展的实施意见》、《关于大力推动我省高新技术创业服务中心工作的实施意见》、《福建省技术创新示范企业认定条件》等配套文件。由省科技厅牵头制订的《福建省贯彻科技部等7部委关于〈建立风险投资机制若干意见〉的几点意见》已在省科教领导小组第一次会议审议。这些政策法规的出台，进一步从增加投入、改善服务、规范管理、体制改革、成果推广等方面为技术创新和高新技术企业发展创造良好的环境提供了政策保障。

【科研院所改革】 贯彻落实省政府《深化科技体制改革，促进科技事业发展的若干意见》的精神，2000年3月经省长办公会议审议通过了《福建省推进开发型科研机构实行企业化转制实施意见》，重点推进福建省光学技术研究院、福建省建筑科学研究院等13家开发型科研机构实行企业化转制。为科研机构转制营造一个良好的政策环境，10月由省科技厅牵头、15个厅局会签的《福建省推进开发型科研机构实行企业化转制实施意见》的补充规定》正式颁布。12月首批开发型科研院所已完成向企业化转制的工作。其他开发型科研机构也正抓紧进行改制工作，多数省属独立科研院所大胆推进人员分流、制度创新、走企业化等方面改革，使大多数员工进入科研一线和经济建设主战场，科研成果转化与创收能力不断增强。省公益型科研机构的分类改革也已全面启动，各所正抓紧制定改革方案。其中以省微生物研究所等为代表的公益型科研机构也积极探索长入经济建设的路子，该所不仅在2000年有"新型强效免疫抑制剂雷帕酶素的研究"和"雷帕酶素发酵工程"等2项国家"九五"科技攻关项目和1项国家高技术研究发展项目顺利通过验收，而且其与外资合资的科瑞药业有限公司成立1年，生产经营取得初步成效，利税达100万元。高等院校科研力量进入经济主战场，科技人员以技术入股形式进行创业行为日益增多。

【技术创新体系】 高新技术领域研究开发力量进一步聚集，"产学研"结合势头强劲。资金总额为1.2亿元的"福建省科技型中小企业技术创新资金"正式设定，资金管理中心成立，省高新技术风险投资基金首期引导资金3000万元已确立到位。科技中介服务机构发展迅猛，2000年我省通过了"全国生产力促进中心建设重点省行动"项目验收，生产力促进中心建设工作走在全国前列，目前全省建有73个生产力促进中心，有4个为国家生产力促进中心示范中心，8个省级重点生产力促进中心，其中2000年新建53个，初步形成了覆盖全省各地市、服务网络遍及70%县（市、区）的生产力促进中心服务体系。在已建立省自动化工程技术研究中心和省建筑工程技术研究中心的基础上，空间信息工程技术研究中心、粮油工程技术研究中心等数家省级工程技术研究中心也在抓紧筹建中。省高新技术创业服务中心左海孵化基地建设工作已经启动，已引进孵化企业16家，省高新技术创业服务中心孵化基地着手前期工作，福建留学人员创业园列入全国9个示范点之一，全省创业服务中心信息网络正在建设中。国家技术创新工程试点城市泉州市、三明市的试点城市规划已完成验收并组织实施。46家省级技术创新示范企业，正按照省技术创新示范企业要求，发挥示范引导和辐射作用，不断开展技术创新工作。

【科研基础建设】 省级重点实验室建设得到加强，在原有的20个省级重点实验室的基础上，筛选4个条件成熟的进行重点扶持建设，同时，充分发挥已建成验收的13个省级重点公共实验室作用，为经济建设和社会发展提供服务。中试基地建设加快，批准建立的12个省级中试基地有9个通过验收。一批如省科技信息中心大楼和福州软件中心大楼等科研基建项目抓紧建设，不久将投入使用。

【地方科技】 福州、泉州、厦门3个城市再次获得"全国科教兴市先进市"的殊荣，又有7个县（市、区）被科技部授予全国科技工作先进县（市、区）称号。全省分三批先后建设了325个科技示范乡镇，正在为地方科技事业发展发挥积极的作用。各地通过建设农村技术市场体系、大力实施星火计划，实现区域支柱产业调整和产品优化、实施"UNDP科技扶贫模式示范推广"等措施，大大地推进农业产业化发展与农村科技进步。科技进步推动地方经济与社会的全面发展的力度日趋增强。

【社会发展科技】 继续加强优先发展学科等建设，推进医药卫生科技的发展，其中由省科技厅申报的中特公司承担的"荆花胃康产业化"项目获国家计委800万元资助。人口、资源、环保及减灾防灾等社会发展的技术研究与应用，社会可持续发展实验区建设不断深入。召开全省第二次科普大会，总结经验，表彰先进，进一步落实科普措施。抓好"科技三下乡"、"科普宣传周"等有影响力的活动，广泛深入地开展科普宣传。对2000年和今后几年的全省科普工作作了认真研究部署。在机构改革中，为适应新的形势需要，突出社会发展科技地位，省科技厅增设社会发展科技处，加强社会科技发展的指导。

【科技成果转化】 全年106项科技成果的鉴定工作，授权鉴定49项，全年安排成果推广计划重点项目14个。顺利完成2000年度省科技进步奖评审工作，受理申报项目365项，经各种形式审核，并经组织的358位省内外高级专家的复审（其中有7位两院院士），授奖项目229项，其中一等奖4项，二等奖52项，三等奖173项。继续做好长泰、晋江等省级科技成果推广重点示范县（市）的指导、管理工作。全省建立各类技术贸易机构已达2528家，从业人员近10万人。2000年技术市场卖方签订合同4562项，合同成交额达17.26亿元。建成"东南技术市场"网站，通过网络实现科技信息交流与信息服务。加强地市县区技术信息和咨询网络建设，积极组织技术交易活动与中介服务工作，全年技术信息发布会和技术交易洽谈活动频繁。农村技术市场试点工作成效显著。在第一批10个试点县考核验收基础上，又确定了第二批8个县为试点，逐步建立健全全省农村技术推广市场运行机制。加强技术合同的认定登记工作，减少环节，方便技贸机构进行技术合同认定登记，年内委托了第一批 26 个技术合同认定登记机构。

【专利】 全年专利申请量达 4211 件，授权量 3003 件，年专利申请量和授权量均居全国第 9 位，百万人均专利申请量居全国第 7 位，全年共受理 23 件专利纠纷案件，结案 20 件。专利管理、专利执法、专利技术实施、专利工作者培训以及专利代理都取得新进展。通过加强专利工作宏观管理与加大执法力度，广泛宣传普及新专利法，打击假冒 UL 商标活动，积极争取设立"福建省专利申请资助资金"，并利用互联网传播专利信息，提供专利文献检索结果，进一步推进专利工作为科技、经济发展与地方建设服务。

【高新技术企业】 在加强对高新技术企业进行考核的基础上，全省新认定了高新技术企业三批 71 家，使全省高新技术企业数达 425 家，其中 30 家为国家火炬计划重点高新技术企业，1999 年销售额上亿元的高新技术企业有 65 家。2000 年全省高新技术产业产值 881.6 亿元以上占工业总产值的比重 16.7%。科技型中小企业的技术创新工作得到重视，成功承办了国家"创新基金监理验收工作"，开办了"国家科技型中小企业技术创新基金项目申报培训班"、举办了介绍创业板市场知识的座谈会等，为企业增强创新能力提供技术、信息服务。

【民营科技】 目前全省民营科技企业已达 2470 家，从业人员近 6 万人，1999 年技工贸收入达 349 亿元，利税 37.6 亿元，创汇 2.3 亿美元，出现了漳州福建万利达电子有限公司、福建宏智科技、新大陆电脑集团公司等一批较大规模的民营科技企业，其中超亿元的民营科技企业达 24 家，最大的民营科技企业的资产总额高达 40 亿元以上，成为福建省科技创新的一大特色和优势。同时，民营科技园也得到了蓬勃发展，德化陶瓷、惠安石雕等民营科技园区建设进展顺利，厦门、漳州等市的民营科技园区正在筹建中。

【福建省农业科学院】

一、"九五"概况。科学研究迈上新台阶。"九五"期间承担省级以上科技项目 171 项，总经费投入 2980 万元。其中国际、国家、部及省重大科技项目 48 项，通过全国及省级审定新品种（组合）27 个，组织全省水稻育种攻关通过省级审定新品种 40 个。优质稻及超级稻新品种选育、枇杷优良品种选育、捕食性螨生物防治技术、高香型花叶育种、生物农药、饲用植酸酶、转基因水稻、特种动物传染病防治及基因工程疫苗研制等高新技术研究取得长足进展。5 年共获得省级以上科技成果 34 项次，其中国家二等奖 1 项、三等奖 1 项，省一等奖 2 项（含协作 1 项）、二等奖 9 项（含协作 4 项）、二等奖 21 项。成果等级提高，省级二等奖以上级别成果占 1/3 以上。成果转化成效显著。累计推广水稻、蔬菜、甘薯、牧草等新技术、新品种 2100 万亩，畜禽新品种 2200 多万羽（头），社会效益 30 多亿元。科技开发积极探索股份制形式，创办新经济实体 10 个，饲料、生物农药、优良品种等产业化步伐进一步加快，有一批具有较强市场竞争力的科技企业。人才培养和对外交流得到加强。引进与培养相结合，共引进博士等高层次人才 9 名，硕士 32 名，培养选拔了 37 位青年学科带头人和拔尖人才，科研队伍和中层管理人才进一步年轻化。对外对台科技交流合作水平不断提高，与美国、德国、瑞典、日本、英国等国家有关科研机构和学校建立密切的合作关系。对台农业交流取得突破，3 名青年科技人员赴台进修及合作研究，与台湾有关学校合作培养青年学者。主办了"新世纪海峡两岸农业科技发展战略研讨会"、"第五届优质鸡的改良、生产及发展研讨会"、"国际硫肥会议"3 次较大型的两岸学术会议或国际学术会议。引智工作取得突破，先后与英、美、德、瑞典等 9 个国家和地区合作，实施引智项目 45 项次，有效地提高生物防治害螨、生物农药、鱼用疫苗等领域的研究水平。

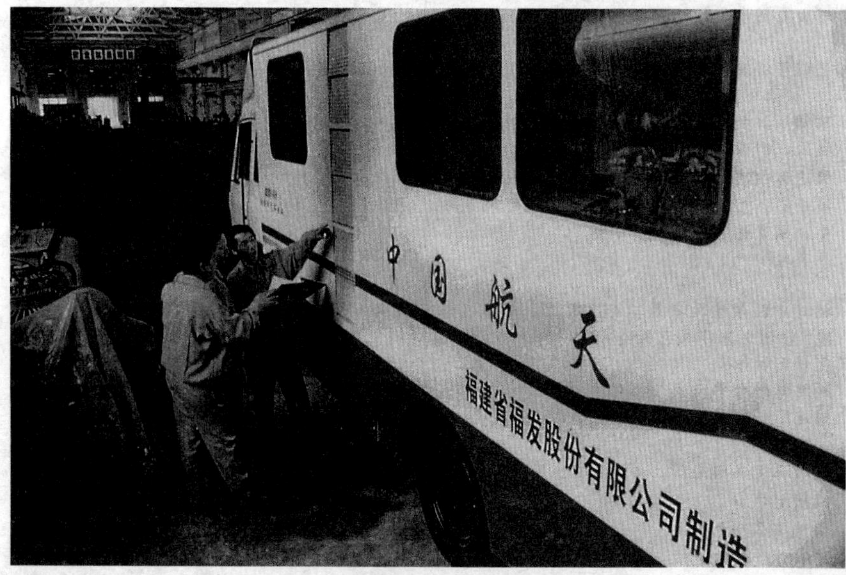

2000 年，福建省福发股份有限公司捧回了"福建省高新技术企业"证书。图为该公司生产的航天工业专用低噪声汽车电站。 （张耿 摄）

二、2000 年度科研成果。全年共安排农牧科研课题 97 个，其中国家、部省科技项目、省自然科学基金与国际协作课题 74 个，院资助课题 23 个。全年新上省重点科技项目、省自然科学基金项目、农业部和省农业厅跨越计划项目、省计委项目、省长专项基金中试课题共 51 个。同时加大科技成果推广力度，促进成果转化。农业科研成果丰硕。获得省科技进步奖 8 项，省级审定品种 14 个，8 项成果通过技术鉴定。《特早熟、大果型枇杷新品种早钟 6 号》获得省科技进步一等奖，《高香型优质乌龙茶新品种丹桂的选育与推广》获二等奖，《跗线螨、肉食螨资源调查与利用评价》、《土壤钾素肥力稳定性研究及其在花生平衡施肥中的应用》、《猪全程饲料添加剂配套利用技术的研究》、《红麻新品种闽红 298 的选育与推广》、《福州蔬菜主要污染源调查及蔬菜、土壤防污、降污技术的研究》5 项成果获得三等奖。合作研究项目《毛竹螨生物学特性及综合防治技术研究》获得省科技进步一等奖。全省水稻育种攻关成效显著。牵头组织全省水稻育种攻关，提前超额完成"九五"任务。育成一批基本能满足结构调整需要、早中晚熟配套的优质、水稻品种和组合。"东南 950"在省优质早稻新品种招标会上中标；"长谷早占"、"两优 2101"、"SE21S"、"辅 950"、"新科 2 号"、"203"、"双桂 1 号"等优质早稻米质好，产量和抗性提高，使优质稻推广的产量与米质的矛盾得到缓解。二系杂交稻"两优 63"、"两优 2163"、"两优 2186"，三系杂交稻的特优"175"、"福优晚 3"、"福优 964"等组合通过省品种审定，均表现优质高产，已累计推广 250 多万亩，增产稻谷 6300 万公斤，社会效益 6300 万元，超级稻"特优 775"在云南超高产试验中亩产 1006.4 公斤，名列全国第一。畜禽及经济作物良种选育推广取得进展。龙眼新品种"立冬本"通过省品种审定。在国内率先开展龙眼有性杂交育种研究，选出龙眼优异单株，表现特晚熟、果大、味甜、肉爽脆，可食率高，是很好苗头的新株系。枇杷良种"早钟 6 号"大面积推广 2 万亩，培育苗木 80 万株，在全省发展迅速。白羽半番鸭建立专门化母系 3 万多羽，繁殖商品苗 180 万，创社会效益 2700 万元。示范推广瓜菜良种 5 万亩，创社会效益 1000 多万元。食用型甘薯新品种"福薯 2 号"通过省品种审定，在全省 20 个县市推广，早薯亩产 3500 公斤，晚薯2500～3000公斤，增产5～10%。乌龙茶品种资源完成征集扩繁，“春兰”等3个茶树新品种通过省品种审定。红麻新品种“闽红31”通过技术成果鉴定，丰产性好，适应广，中试比对照增产15.8%，且纤维品质好，抗炭疽病力强，成果达到国内先进水平。高新技术研究增强农业科技发展后劲。水稻抗虫转基因育种获得抗虫转苏云金杆菌毒蛋白基因水稻植株，并获得转SCK基因和BT基因的二价抗虫基因晚稻恢复系，转SCK晚恢81和转SCK明恢86参加省区试，并正式列入国家863计划转基因中试项目资助，可望于“十五”进入产业化。“欧鳗夏季暴发性疾病病因及其综合防治研究”揭示了导致欧鳗狂奔病的主因，建立了分子生物学快速检测方法，总结出夏季暴发病的综合防治措施，服务7个示范场、20多个养鳗场，创社会效益3000多万元，“九五”国家攻关项目“福建龙海持续高效农业技术研究与示范”，建立4个农业示范区、3个产业体系、12个龙头企业，带动全市农业结构调整与升级，连续3年人均纯收入增长8.8%，并在“稻茶菇”、“豆稻豆”新农作制等生态农业方面有创新，通过阶段验收。

三、国际合作研究水平提高。与英国有关单位合作开展以螨治螨研究，已繁殖英国的水螨和长毛线缨螨2亿头，成功解决人工繁殖技术，建立了年产8000～1000万头捕食螨生产基地，初步形成测试、生产、包装、贮存、释放应用配套系统，在柑桔、花卉上应用同样取得显著效果。中瑞合作项目“创建植物—蓝细菌共生固氮体系”，应用PCR技术，直接区分满江红现有两个亚属，发现一个羽叶满江红品系的共生蓝细菌特异性，把共生菌的指纹图谱首次推进到亚属水平；同时发现同株苏铁有不同种蓝细菌，得到瑞典方面认可。

四、农业科技成果推广转化加快。成果转化。结合全省农业结构调整，重点突出优高动植物良种良法推广应用，全院承担国家、省、院三级推广项目30个；累计推广良种和食用技术13.23万亩，食用菌34.7万袋，茶苗252万株，畜禽15.15万羽（只），建立科技示范点171个，开展科技培训38场，科技骨干下乡554人次，发放科技资料7708份，召开现场会41场，社会经济效益显著。“杂交稻新组合特优77”等6个项目获推广进展奖。区域性、综合性示范推广。在全省不同区域建立布局合理的综合技术示范基地。作为技术依托，帮助建瓯实施国家农业综合开发高新技术科技示范项目《南方丘陵山区持续高效农业技术示范与应用》，初步形成农业生产功能较为齐全的近万亩示范区；下派科技人员在建阳市建立院新品种、新技术中试推广基地；作为技术依托为南安市国家农业综合开发科技示范区良种良法的组装配套推广应用，取得良好效果；安溪县已成为院茶叶、食用菌等科技项目的推广示范区；为周宁县规划农业科技园区，组装配套院相关技术，已由省计委立项；生物农药、蔬菜良种与主要病虫害多媒体信息咨询系统示范推广与福州市建立合作关系取得成效。

【2000年度福建省科技进步奖获奖项目】

一 等 奖

项目名称	完成单位	主要完成人员
特早熟、大果型的枇杷新品种——早钟6号	省农业科学院果树研究所	黄金松　郑少泉　许秀淡　许家辉　方金强
毛竹叶螨生物学特性及综合防治技术研究	省森林病虫害防治检疫总站、省农科院植保所、福建林学院、南平市延平区林委、永安市林业局	张艳璇　刘巧云　蔡秋锦　宋美官　童如行
大尺寸、高质量钒酸钇晶体	中国科学院福建物质结构研究所	李敢生　吴喜泉　吴少凡　诸月梅　俞振森
微秒强脉冲辉光放电及其在质谱/光谱材料分析中的应用	厦门大学	黄本立　杨芃原　王小如　苏永选　杭　纬

二 等 奖

项目名称	完成单位	主要完成人员
早熟抗病广谱恢复系明恢77选育与应用	三明市农业科学研究所	郑家团　谢华安　姜兆华　张受刚　林美娟
岩薯5号新品种选育推广及其利用	龙岩市农业科学研究所	杨立明　陈赐民　黄光伟　朱天文　郭其茂
高香型优质乌龙茶新品种—丹桂的选育与推广	省农业科学院茶叶研究所	陈荣冰　黄福平　郭元超　杨燕清　邬龄盛
危害热带植物的黄瓜花叶病毒分离物特性比较研究	厦门华侨亚热带植物引种园	徐平东　李　梅　林奇英　谢联辉
苏铁生理生物学特性及栽培繁育技术研究	三明市林科所花卉苗木试验场、沙县苏铁种植园、国营福鼎苗圃、福建林学院	傅瑞树　叶振环　连标勇　陈水龙　董建文
毛竹种源试验及选择的研究	福建林学院、建瓯市林委、华安县林业局	陈存及　范辉华　梁一池　邱尔发　邹跃国
光皮桦种群特性与栽培技术的研究	省世界银行贷款造林项目办公室、邵武市林委、福建林学院	李建民　关志山　兰灿堂　封剑文　金其祥
鲍鱼养殖生态、营养需求及人工配合饵料制作技术	集美大学	吴永沛　陈昌生　蔡慧农　钟幼平　郭彩华
猕猴白内障系列研究	福建中医学院、省第二人民医院、中国（福建）计划生育非人灵长类实验动物中心、福建医科大学	黄秀榕　祁明信　李志雄　吴翊钦
抗脑血栓新药蕲蛇酶的基础和临床研究	福建医科大学	王晴川　刘广芬　许云禄　陈清澄　魏京娜
大鼠延髓腹面尾端心血管中枢对心率和血管紧张性的调控及其机制	福建医科大学	王　晶　林　春　贾秉钧　林　革　林默君
病毒性心肌炎的免疫学诊断及临床应用	省心血管病研究所　福建省卫生防疫站	沈晓丽　林立芳　沈晓娜　潘　棱　邓玉莲
鸡蛋特异性抗体规模制备技术及其应用	福州大学	饶平凡　陈天豹　李　珑　王中来　陈躬瑞
闽江下游（福州段）河道整治研究	福州市水利电力局	张　平　张洪进　宋友好　曹宏德　李安中
水泉500KV工程系统调试关键技术研究及工程实践	省电力试验研究院	王大光　郑长明　施春耿　鄢庆镭　王庆儒
福建省洪水风险地理信息系统研究	省政府防汛抗旱指挥部办公室	胡美英　黄心炎　庄　先　李松仕　刘剑忠

（续）

项目名称	完成单位	主要完成人员
水电项目经济效益全过程快速评估系统	省水利水电勘测设计研究院	何光同 吴世农 朱光华
嵩屿电厂接入系统安全稳定研究	省电力试验研究院、省电力调度通信中心	王大光 林 因 冉启仁 鄢庆锰 林 冶
亭江变电站多媒体综合自动化系统	省电力试验研究院 福州电业局	林 韩 阮 实 曾天发 陈长征 魏 茜
福州东郊变电站调相机远方监控系统	省电力试验研究院 福州电业局	陈光捷 王大光 鄢庆锰 林敦敏 黄旭明
芹山水电站砼面板堆石坝施工期渡汛研究	省水利水电勘测设计研究院	施志群 陈敏岩 林上举 何承农 甘文喜
CPD2.5、CPD3 蓄电池平衡重式叉车	南平三泰机械制造有限公司、省机械科学研究院	廖万彩 付顶和 廖小华 邱枫林 蒋萌辉
基于固结金刚石磨料的特种陶瓷高效超精密磨削技术	华侨大学	徐西鹏 沈剑云 吴 健 于怡青 何江川
果蔬脱水系统内空气循环降湿技术与新型脱水设备	福建农业大学	陆则坚 王则金 陈 颖 何书森 邓焕才
LL—B2565＊13685/LL—B2235＊10395轮胎定型硫化机	三明双轮化工机械有限公司	韩云龙 徐凤兰 刘 渝 张锦芳 林连星
智能电除尘器控制系统	福建龙净股份有限公司	涂二生 郭 俊 连金欣 钟 素 郑国强
真三维汉字造型	福州大学	傅清祥 郑岩生 郭天辉 郑一雄 王晓东
基于 PDR300 视频服务器的多频道播出系统研究与开发	福建电视台、安徽省现代电视技术研究所	武卫平 吴皖霞 卞德森 陈学敏 时守斌
计算机辅助制鞋系统	福州大学	李定坤 傅清祥 陈建华 王晓东 叶福玲
卡那霉素发酵过程溶氧优化自动控制节能技术	福州大学、福州福兴医药有限公司、福州高创电脑技术工程有限公司	郭养浩 刘 琼 孟 春 熊惠珍 石贤爱
10Mbps、100Mbps 光纤收发器的研制	厦门大学	陈 朝 夏德昊 刘宝林 陈松岩
九龙江口厦门湾港口水域总体布局规划及深水航道整治技术研究	福建省航道局、厦门港务局、招商局中银漳州经济开发区有限公司	黄土梁 张培辉 戴辉旺 叶燕贻 白剑杨
马尾松木浆短序低污染漂白技术的研究和应用	省造纸工业研究所、邵武竹浆厂	罗巨生 朱 江 苏乾森 黄六莲 王文毅
HDPE 自润滑光纤护套管	省二轻工业研究所、福建亚通塑胶有限公司	叶盛京 陈 鹊 顾 正 林文豪 林 岩
农药残毒速测方法	省测试技术研究所、省植保植检站	黄文凤 李贞合 蔡 琪 林而立 黄 敏
高炉喷煤系统设备与生产的技术研究	三明钢铁厂	陈军伟 郭志刚 李上美 林 滨 庄剑杰
石灰石地下开采技术研究	福建南平水泥股份有限公司	林鸿水 叶立鑫 洪家旺 廖永辉 李成模
LR 高纯石墨工业性试验和 LR 膨胀石墨开发、中试研究	邵武科踏高纯石墨厂	苏立小 程预江 叶厚理 李秋荣 吴章标
现代城市双洞、双线隧道修建技术的研究	厦门市政建设指挥部、铁道部科学研究院西南分院、重庆市设计院厦门分院、厦门厦渝市政工程有限公司、铁道部第二工程局厦门工程公司	李斯海 梅志荣 缪存旭 高尔洋 吴荔青
高应变动力试桩 FJWAPC 程序及其在桩基检测中的应用	省建筑科学研究院	林清意 施 峰 梁 曦 柳 春
钢纤维钢筋高强混凝土受压受弯构件受力性能研究	福州大学	郑建岚 郑作樵 陈宝春 罗素蓉 林旭健
厦门海沧大桥西航道桥连续钢构弯箱梁结构分析与实验模型研究	福州大学、厦门市路桥建设投资总公司	郑 振 彭大文 潘世捷 程正明 曾 超
丁苯橡胶改性沥青玛蹄脂碎石铺路技术的应用研究	福州市城市建设科学研究所	林 清 林瑞良 陈鸿炽 樊统江 陈如斌
水域全自动大能量连续冲击震源	省建筑设计研究院	李哲生 林 榕 戴一鸣 颜志宏 刘宏岳
化学发光与生物发光——理论及应用	福州大学	陈国南 庄惠生 段建平 张 帆
二热源制冷机和热泵的新理论研究	厦门大学	严子浚 陈金灿 陈丽璇
空间结构与算子理论	福建师范大学	钟怀杰 严子锟
架空索道理论与实践	福建林学院	周新年
分子图的匹配理论	福州大学	陈荣斯 张福基
毛竹林可持续经营研究	福建林学院	郑郁善 洪 伟 汪奎宏 黄衍串 吴炳生
生物组织光学特性测量理论及其应用	福建师范大学	谢树森 李 晖 郑 蔚
模论	福建师范大学	薛卫民 辛 林

三 等 奖

项目名称	完成单位	主要完成人员
跗线螨、肉食螨资源调查与利用评价	省农业科学院植物保护研究所	林坚贞 张艳璇 刘浩官 彭文富 陈玉林
红麻高产抗病新品种—福红 2 号	福建农业大学	祁建民 李维明 卢浩然 郑云雨 王英娇
土壤钾素肥力稳定性研究及其在花生平衡施肥中应用	省农业科学院土壤肥料研究所	章明清 彭嘉桂 杨 杰 林 琼 魏 峰
红麻新品种闽红 298 的选育与推广	省农业科学院甘蔗研究所、省农业厅	洪建基 甘勇辉 林 娜 陈福寿 李美珍
自然热循环环保烤房的研制	漳平烟草分公司	陈启明 陈德清 沈焕梅 刘奕平 童旭华

（续）

项目名称	完成单位	主要完成人员
福州蔬菜主要污染源调查及蔬菜、土壤防污降污技术研究	省农科院土肥所、省农业厅、福州市蔬菜产销领导小组办公室、省蔬菜办公室	任祖淦　蔡元呈　李贞合　王　琳　邱孝煊
优质稻品种开发及其配套高产栽培技术研究	宁德地区农业局	黄华康　林伟勇　杨卓飞　陈年镛　林锦平
柰果肉褐变机理及克服途径研究	福建农业大学、古田县农业局	刘星辉　邱栋梁　黄林生　丁学义　汤木秀
杂交晚籼新组合汕优397的选育和应用	南平市农业科学研究所	王乌齐　江文清　陈美容　陈泳和　刘端华
茶树病虫害科学治理及其多媒体数据库研制	中国农工民主党福建省委员会、宁德地区农业学校、中国农工民主党福安市委员会、福安市溪柄镇人民政府	林乃铨　郭剑雄　苏　锋　林学茂　王水金
猪全程饲养饲料添加剂配套利用技术的研究	省农业科学院畜牧兽医研究所	董志岩　冯玉兰　方桂友　童　斌　林统民
覆土地栽香菇高产技术研究	长汀县科技局、长汀县农业局、龙岩市农业局	陈广先　黄　剑　赖继秋　卢淦祥　饶火火
福建农业资源综合开发优化模式研究	福建师范大学	朱鹤健　陈松林　李新通　曹文志　郑建闽
近海区台风中小尺度系统、路径、强度、暴雨突变的研究	福建省气象局	叶榕生　林新彬　刘爱鸣　蔡义勇　任汉龙
木麻黄防护林优化培育和提高防护效能的研究	省林科院、东山赤山国有防护林场、惠安赤湖国有防护林场	叶功富　徐俊森　林武星　曾国强　陈　洪
福建省火炬松适生性及丰产栽培技术研究	省林科院、省世行贷款造林项目办公室、省森林培育与林产品加工利用重点试验室	潘　辉　林德根　李宝福　谢　芳　赖彦斌
木麻黄二层次联合选择研究	泉州市林业局、福建林学院、惠安赤湖国有防护林场	卓开发　梁一池　陈金章　高美玲　曾国强
松树增脂剂新技术推广	省林业科技推广总站、清流县林产化工有限公司、永安林业股份有限公司林产化工厂、尤溪县林产化工厂	陈金明　刘大林　李俊芳　王好华　吴　林
白僵菌优良菌株选育及生产应用综合技术的研究	省森林病虫害防治检疫总站、漳州市森林植物防治检疫站、福清市林业局白僵菌厂	蔡国贵　林庆源　徐耀昌　黄芙蓉　陈金标
观赏竹引种及利用研究	龙岩市林业科学研究所	邓　恢　赵永建　黄素兰　郑清芳　廖宝生
濒危树种鹅掌楸速生丰产特性与栽培技术的研究	邵武市林委、省世行贷款造林项目办公室、福建林学院	封剑文　李建民　陈东华　蔡宏明　谢　芳
闽南马尾松林木竞争规律在中径材定向培育技术研究	平和天马国有林场、漳州兴林林业研究所、漳州市林业局	张金文　张连水　林丽娜　罗水发　方玉霖
福建柏人工林在低地位级立地环境中应用的研究	省林科院、林业部南方山地用材林培育实验室、安溪半林国有林场、泉州市林业局、南靖国有林场	杨宗武　肖祥希　李志真　陈林志　谭芳林
锥栗采穗圃营建技术的研究	建瓯市林业委员会、福建林学院	李建光　梁一池　陈增华　施丹阳　姚清潭
福建柏造林效果评价与经营技术研究	南靖国有林场、漳州兴林林业研究所、漳州市林业局	尤志达　林丽娜　韩金发　陈礼光　林祖荣
闽南山地桉树短周期工业原料林丰产栽培关键技术研究	省世行贷款造林项目办公室、省林科院、漳州市林业局、长泰岩溪国有林场、南靖国有林场	张顺恒　李宝福　洪长福　苏金德　魏影景
锥栗丰产栽培技术的研究	建瓯市科学技术委员会、建瓯市林委	黄铭利　李建光　梁一池　陈增华　邹荣然
人工林经营中的物种多样性保护技术研究	尤溪国有林场、福建林学院	陈绍栓　马祥庆　詹学齐　林上杰　王孔恒
福建省苏铁类植物自然分布调查及引种繁育技术研究	福州树木园	郑芳勤　张晓萍　潘爱芳　罗建明　张芳平
毛竹林主要害虫大发生原因及综合防治研究	南平市森林病虫防治检疫站、福建林学院	黄金聪　陈顺立　叶小瑜　叶剑雄　邓秀明
杉木种子园病害的研究	福建林学院	黄天章　詹学齐　曾思海　陈汉章　陈惠敏
老杉木基因库营建、单亲子代测定及杂交育种研究	国有来舟林业试验场、省林科院	林心和　郑仁华　曾郰祥　林　捷　吕超爱
福建省主要森林病虫害灾区区划及其应用研究	省森林病虫害防治检疫总站、省林业勘察设计院	魏初奖　庄晨辉　李闽丽　蔡国贵　谢大洋
建鲤F7代引进及人工繁殖技术研究	三明市水产技术推广站、沙县水产技术推广站	陈熙春　茅光华　陈秀珠　邹明泉　吴方禧
海水鱼膨化饲料推广项目	集美大学、厦门市同安银祥实业有限公司	王渊源　苏永裕
长竹蛏室内全人工育苗技术研究	平潭县水产技术推广站、平潭县上井海珍品开发有限公司	王　云　郑升阳　林文发　高李杰
印尼东海域过洋拖网渔具改革和研究	省水产研究所、南安市成功海洋渔业公司、闽侯县闽江乡人民政府、厦门海洋实业（集团）股份有限公司	冯　森　沈长春　郑海鹰　林金群　谢重庆
窗口版社会科学统计程序(SPSS FOR WINDOWS)在医学科学研究领域的应用研究	福建医科大学	姜小鹰　黄子杰　吴小南
直肠超声对直肠癌分期与淋巴结转移研究	福建医科大学附属协和医院	林礼务　叶　真　薛恩生　高上达　何以敉
中华眼镜蛇毒心脏毒素的分离纯化、理化性质、药理作用及作用机制研究	福建医科大学	许云禄　王晴川　刘广芬
IgA肾病的病理和临床研究	福建医科大学、中国人民解放军南京军区福州总医院	陈振斌　庄永泽　梁　平　郑智勇　谢福安

（续）

项 目 名 称	完 成 单 位	主要完成人员
HMG—COA 还原酶抑制剂对高血压阻力血管结构和功能的作用	福建医科大学附属第一医院、省高血压研究所	林志鸿 谢良地 吴可贵 王华军 许昌声
骨关节损伤的生物力学系列研究	福建中医学院	刘献祥 张爱平 张建新 陈执平 苏友新
带蒂和吻合血管的骨（肌、皮）瓣移植在口腔颌面部的应用	福建医科大学附属第一医院	陈乃俊 林李嵩 施 斌 许卫红 黄文秀
体外循环下体液因子紊乱及防治的系列临床研究	福建医科大学附属协和医院	黄瑞健 林 峰 陈良万 廖崇先 陈道中
福建省常见恶性肿瘤的分布特征与地球化学元素相关性研究	福建省肿瘤医院	郑天荣 陈增春 张其忠 陈 琳 蔡以评
在体心肌、血管缝线法基因转移及尿激酶原基因在血管吻合中的应用	福建医科大学附属协和医院、中国医学科学院阜外心血管病医院	陈良万 郭加强
卵巢癌临床治疗和监测	省立医院	毛志平 刘佳华 高玉玲
体外循环灌注肺的病因研究及甲泼尼松龙的防治作用	福建医科大学附属协和医院	李增棋 廖崇先 林艳娟 吕联煌
肠道细菌传递性质粒的研究	省卫生防疫站	郭维植 林成水 谢一俊 陈 亮 陈 誉
弧菌科中 6 种新致病菌噬菌体的研究	省卫生防疫站	林业杰 欧剑鸣 陈拱立 胡海林 董新平
阴道镜对宫颈癌及癌前病变的诊断意义	省妇幼保健院	戴丽玉 何映凝 吴章芳 王云英 陈 建
碘缺乏病区新生儿碘营养状况的研究	省卫生防疫站	陈志辉 何 萌 林曙光 许龙善 余 锦
动态三维超声在心脏病诊断中的临床价值	省立医院、省心血管病研究所	郭 薇 陈 斌 俞 玲 卢荔红 陈德伟
脑血管疾病与免疫关系的系列研究	福建医科大学附属协和医院	刘 楠 叶钦勇 郑 安 黄华品 江 芳
U 型棒椎弓根钉的设计与临床应用	宁德地区第一医院	王 春 郭卫中 刘成招 王以进
胃癌癌前高危因素的营养干预实验研究	福建医科大学	廖惠珍 朱萍萍 张镜源 谢炳林 徐蕴芹
中国堂造血、消化道和早期胚胎的超微结构研究	福建医科大学	梁 平 吴翊钦 钟秀容 陈莲云 陈文列
冠状动脉旁路术 52 例临床研究	省立医院、省心血管病研究所	谢维泉 韩 涛 翁国星 陈 同 谢 琦
BcL－2 反义硫代磷酸寡脱氧核苷酸对白血病细胞系基因治疗的系列研究	省血液病研究所、福建医科大学附属协和医院	林艳娟 吕联煌 陈英玉 胡建达
卡托普利预防自发性高血压大鼠高血压及心脏血管结构与功能的改变	福建医科大学附属一医、省高血压研究所	晋学庆 陈达光 王华军
肾综合征出血热早期诊断指标的研究	周宁县医院	郭 榕 陈新旺 杨春慧 刘朝松 汤序洋
人类异常染色体世界首报核型	莆田县医院	施丽华 陈进珍 曾文寿 孙树芬
小儿迁延性、慢性腹泻临床流行病学研究	福建医科大学附属第一医院、福建医科大学	吴 斌 许能锋 陈素清
原发性高血压患者血管内皮功能的变化及雅施达对其影响	省立医院、省心血管病研究所	张建成 卢荔红 陈德伟 林立芳 林 患
超声导向经皮肝穿注射无水酒精治疗肝脓肿的研究	福建医科大学附属协和医院	叶 真 林礼务 薛恩生 黄长玉 何以敉
福建省基本消灭疟疾的研究	省卫生防疫站	许龙善 吴金俊 徐保海 何秀华 张山鹰
子宫内膜剥脱器治疗月经过多	省立医院	王元佩 杨 菌 赵 采 林婉秋 刘 越
莆田县四乡镇 1976～1995 年恶性肿瘤死亡情况调查研究	莆田市医学科学研究所	卢金全 张玉兰 黄国华 李金叶 林金表
松果体对下丘脑大细胞性神经分泌系统的影响	福建医科大学	周瑞祥 陈奕权 邱治民 邹宁生
中西医结合治疗慢性肾小球肾炎临床系列研究	省立医院	严晓华 张雪梅 舒贵阳 邱志洁 蓝健姿
提高小肝癌手术疗效的研究	福建医科大学附属协和医院	黄建富 叶 真 黄长玉 沈 娟 杨发端
原发性肝癌侵入肝胆管引起阻塞性黄疸的诊治研究	福建医科大学附属协和医院	黄长玉 黄建富 沈 娟 殷凤峙 陈燕凌
脑静脉血管瘤的无创伤血管造影诊断	福建医科大学附属协和医院	邹 松 段 青 沈东挥 孙 斌 林维文
慢性原发性肾小球疾病及中医证型与尿表皮生长因子关系探讨	福建中医学院附属人民医院	阮诗玮 杨爱国 王 智 孙 光 丘余良
自体表皮移植治疗白癜风	安溪县医院	谢启旋 陈安丽 黄子健 林碧梅
肾脏损伤的临床早期诊断	福建中医学院附属人民医院	林 青 阮诗玮 许少锋 郑 京 林丽婷
骨与软组织肿瘤的 DSA 诊断与介入治疗	福建医科大学附属第一医院	陈济铭 林建华 陈正挺 朱 夏 朱维钦
细胞色素 P—4504F 新基因的分离表达	省立医院	彭孝纬 吴 芳 林 棱 潘秀珍
蕲蛇酶治疗急性脑梗死的临床研究	泉州市第一医院	李国前 杨小霞 赖金狮 蔡江萍 吴建平
彩色多普勒超声对房间隔瘤等 4 种少见心脏病变的系列研究	福建医科大学附属第二医院	黄子扬 林 玲 郭静茜 陈国瑞 许有容
整体护理相关因素在临床实施的系列研究	福建医科大学附属协和医院	许 乐 林 碧 刘月芬 陈丽芬 吴航洲
肌腱松切术合并拮抗肌线状圈套折叠术矫正共同性斜视	福建医科大学附属第二医院	许锻炼 黄松春 叶克菁 高莹莹
MPAs 精神分裂症临床与康复研究	福州神经精神病防治院	郑华胜 纪家武 陈丽玲 丛伟东 黄賽仙
光量子血液疗法治疗脑梗塞机理研究	福建医科大学附属第一医院、福建医科大学	李智文 许国英 林孟戈 卓孝福 陆 曦

（续）

项目名称	完成单位	主要完成人员
经眶鼻外筛蝶窦或上颌窦进路视神经管及视神经减压术	南平市第一医院、南平市眼耳鼻咽喉研究所	陈著声 吴 健 陈 钊 叶莲妹 张友胜
超声乳化白内障手术的临床应用	厦门眼科中心	洪荣照 吴护平 吴国基 陈珊娜 杨 晖
一氧化氮在脑缺血损伤中作用机制的研究	福建医科大学附属第一医院、福建医科大学	张 洪 慕容慎行 刘友尧 许国英 吴秀丽
CT在颅内出血性疾病鉴别诊断应用中的系列研究	泉州市第一医院	陈向荣 郭人敦 杨子江 张少平 黄永础
化疗联合生物疗法治疗恶性肿瘤的系列研究	省肿瘤医院	陈 强 叶韵斌 张其忠 刘 健 陈明水
清热化痰口服液实验研究与临床研究	福建中医学院附属人民医院、福州屏山制药厂、福州市壶山医学研究所	林越汉 林如汉 林元桐 叶锦先 林兴江
高灵敏度高活性（定量）堂试剂	福州新北生化工业有限公司	丁友玲 陈晓佳 陈家余 齐 云 林祖聪
YCG—500型医用输液瓶气动取塞机	中国人民解放军第一八零医院	陈元俊 周金生 杨韶明 赵宝玉 卢玉兰
福建省城市排涝标准及计算方法研究	省水利规划院	陈 斌 张天明 刘德任 黄常斌 林向京
南一水库洪水调度系统研究	省政府防汛抗旱指挥部办公室	胡美英 庄 先 钟平安 刘剑忠 王船海
特大型斜式轴流泵组在排涝工程中的应用	省水利规划院	周雨农 吴可德 张天明 徐承祥 罗恭和
高面板坝趾板坑裂砼试验研究及推广应用	省水利水电勘测设计研究院	卓文仁 郑发顺 刘复明 陈 力 方国群
武夷山特大暴雨洪水防洪减灾分析研究	武夷山市水利电力局	颜传炳 李容物 叶道良 颜 斌 林振龙
福清市东张水库大坝自动化安全监测系统工程	福清市东张水库管理局	陈天赐 陈维惠 张乃清 周宜茂 叶 红
丘陵区自流地下低压管灌技术	省水利水电厅水利建设技术服务中心	陈文清 陈世钦 黄柳青 林利群 阮金贵
大差动齿坎消能工在拱坝上的应用	省水利水电勘测设计研究院	杨首龙 刘复明 潘 炜 高 嫫 应模章
WNS系列2、4、8、10t/h全自动燃气蒸汽锅炉	福州锅炉厂	黄家瑶 章荣敏 杨斌学 黄荣捷 林居京
JPWK切诺基汽车空调控制器	省机械科研院福州安远汽车电器有限公司	李怀阳 林钿雄 何海翔 刘友仁 周德通
75—200KW低噪声自动化柴油发电机组	福发股份有限公司	陈 强 杨宝宁 林福长 张世宏 董 毅
LFW—125型工业垃圾焚烧炉	丰泉机械制造有限公司	陈泽峰 杨 斌 郑文远 林从钦 薛谋忠
YZC7串联式振动压路机	厦工集团三明重型机器有限公司	吴金焰 李云辉 黄唯兰 范祯镇 王阿东
YZ16（CA51D）振动压路机	厦工集团三明重型机器有限公司	李云辉 黄淑英 黄唯兰 施亮城 黄满香
非晶合金铁芯变压器	福州变压器厂	叶新明 周禾燕 罗 辉 王卫东 何柳体
ZN21—12/4000—40型户内高压真空断路器	天宇电气集团福州第一开关厂	阮建明 徐东晟 王水官 林 团 赖永进
ZW24—40.5/T1250、1600—25型户外高压真空断路器	天宇电气集团福州第一开关厂	陈常青 徐东晟 黄炳文 王彦霞 陈建国
分布式多媒体网络车牌识别系统	厦门市公安局指挥中心	蔡允岚 林学闽 李小平 方 道 占景辉
CL23B型金属化塑料外壳聚酯膜介质直流叠片式固定电容器	厦门法拉电子股份有限公司	张树杰 姜国平 陈永民 罗荣海 梁清池
UNIX系统下的电子邮件安全防护系统	厦门大学、厦门市公安局	商少平 陈 曦 田 耕 傅明德 陈晓筹
固态锂离子电池	厦门宝龙工业有限公司	史 杭 谢志献 孟 冬 高秉良 刘克文
厦门市公安交通监控指挥系统	厦门市公安交通管理局科技研究所	王振波 陈辉宁 林奕佳 高耀远 温志斌
MKT61金属化聚酯膜介质抑制电磁干扰和电源网络用固定电容器	厦门法拉电子股份有限公司	严春光 林晋涛 陈国彬 朱 健 张芳华
金华夏纯平面大屏幕彩电（76、86厘米）	厦门华侨电子股份有限公司	陈宁伟 黄金水 张挺燕 张建中 熊焕勇
厦门市杏林—海沧供水工程自控系统	厦门自来水建设监理有限公司	黄麦秋 李清华 邱集悦 林少云 费霞丽
厦门银行卡信息交换网络系统	厦门金卡工程有限公司	林 郁 陈文宣 薛东生 倪向群 陈乃华
厦门地方税务征收管理信息系统	厦门市地方税务局、长天国际控股有限公司	陈海涛 刘建伟 林立松 温卫华 吕希财
万能试验机微机控制系统研究	省建筑科学研究院	何希铨 黄文巧 张 蔚 李香亮 郑敏升
航道工程设计CAD系统研究	省航道局	梁金焰 叶燕贻 林金裕 殷佩生 吕秋灵
近轴光摄影仪	省公安厅刑事警察总队	林坚钊 江木金 刘世明 吴少雄 冯 琳
台湾系列数据库	省科学技术信息研究所、福建中医学院闽台中医药信息中心、省技术监督情报研究所、省农业科学院科技情报研究所、福州市科学技术情报研究所	汪仁庆 林瑞宜 雷乃旺 郑丹永 林 升
移动指挥系统	三明市公安局	俞大同 褚伟力 陈 杭 黄松军 王江平
城镇职工医疗保险信息管理网络系统	厦门市职工医疗保险管理中心、厦门市巨龙软件工程有限公司	李钦辉 吴克西 黄文灿 连真鸿 苏旭辉
JZC—32F超小型大功率电磁继电器	厦门市宏发电声有限公司	张仁义 洪朝阳 乔南香 薛春芳 陈志超
厦门航空有限公司《运行控制系统》FLIGHT OPERATIONS CONTROL	厦门航空有限公司、北京长天计算机系统有限公司	陈维嘉 陈 鹰 王洪建 苏忠东 吴庭辉
START LQ—2900K（CYD—974）高速中英文打印机	福建实达打印机设备有限公司	张大荣 郑国日 彭国今 陈 阵 林艳青
厦门市行政事业性收费（银行代收制）基金管理系统	厦门市财政局、厦门同步东南软件有限公司	叶重耕 吴祺明 林良芽 林一茹 曾志刚

（续）

项目名称	完成单位	主要完成人员
实达“网上之星”ISDN 网络终端设备系列	福建实达终端设备有限公司	王　政　胡林峰　唐宝桃　陈晓东　李兴利
福州市地下管线管理信息系统	福州市城市规划局	钱兆向　于　捷　高昭良　吴巧玲　潘红卫
实达 Windows 终端	福建实达终端设备有限公司	田中敏　张　辉　唐和庆　陈　凤　王贤俊
丁苯改性沥青在高等级道路上的应用研究	泉州市公路局、省公路管理局、省公路管理局物资供应总站	林建筑　丁永灿　方德铭　刘国才　谢志扬
旧水泥砼路面沥青罩面技术应用研究	泉州市公路局、省公路管理局、省公路管理局物资供应总站	林建筑　丁永灿　方德铭　卢帮莺　刘国才
福州港闽江口深水航道整治及大型深水港选址方案研究	省航道局	黄土梁　张培辉　叶燕贻　林金裕　林民标
乳化沥青砼应用试验研究	福州市公路局、福州市公路局福清分局	施向文　曾继平　陈思明　何天健　任恢国
植物纤维绿色环保型快餐盒	福建林学院	黄祖泰　谢拥群　陈学榕　聂少凡　陈礼辉
新型洗涤剂酶——碱性脂肪酶的研制	福建师范大学、福建龙马集团龙岩微生物生化工程厂	吴松刚　郑　毅　黄建忠　施巧琴　林跃鑫
可降解滴塑环保防护手套	厦门涌泉集团有限公司	赖桂勇　黄继勋　黄泰山　陈良坦　连渊智
可降解可焚烧高填充塑料母料及薄膜	福建师范大学、福州市耀升胶粘软包装厂、晋江市西滨春绿降解塑料有限公司	陈庆华　钱庆荣　李南芳　刘志耀　王明山
与碳铵联产三聚氰胺新工艺	上杭县金鑫三聚氰胺有限公司	陈进松　李华员　袁德山　兰发其　陈寿庚
铝塑复合板基板	福建瑞闽铝板带有限公司	谢金辉　黄旭东　黄瑞银　李谢华　朱明志
载金炭无氰解吸电积设备及工艺研究	闽西紫金矿业集团有限公司	陈景河　邹来昌　兰福生　黄孝隆　兰茂仁
福建会堂大跨度预应力钢大梁整体提升及其他新技术的应用和研究	省第二建筑工程公司	刘忠群　陈世昌　李维鸿　王永义　黄跃森
大口径灌注桩桩端压力注浆工艺及应用研究	省建筑科学研究院	庄平辉　郑桂心　刘锡安　张耀年　朱春森
仙岳路顶进框架铁路立交桥修建技术	厦门市政建设指挥部、铁道部科学研究院西南分院、铁道部第四勘测设计院厦门勘测设计　福建福铁地方铁路开发公司、铁道部第十二工程局厦门分公司、中科院武汉岩土力学研究所	李斯海　梅志荣　吴荔青　张玉军　丁兴田
粮食加工系统噪声控制技术的研究	省环保科研所、省粮油工业公司	林观辉　冯国强　林　峰　刁智敏　王建国
钢索液压抓斗现浇钢筋砼地下连续墙施工工法	福建地矿建设集团公司	林仕学　张蛮庆　唐兰远　游维忽　邱文权
预应力砼准连续梁设计研究	省交通规划设计院、省交通科研所	杨建宋　孙建林　王文洪　林建凡　黄文机
超长钻孔灌注桩施工工法	福建地矿建设集团公司	林仕学　张荫山　陈木炎　张蛮庆　陈　和
高速公路软弱地基上花岗岩填石路堤修筑技术研究	省高速公路建设总指挥部、交通部重庆公路科学研究所	漆光荣　郑　治　陈礼彪　邓卫东　姚国芳
钢筋机械连接形式检验技术	省建筑科学研究院	何希铨　张　蔚　黄文巧　郑敏升
英通 969PU 防水胶、英通 PU 填缝胶	展华（厦门）化工有限公司	李景山　胡继光　洪伯宣　黄俊铭　张志玮
粉煤灰桩加固软土地基的研究	省建筑科学研究院	邓剑涛　陈振建　侯伟生　朱春森　姚国芳
红树林生理生态学研究	厦门大学	林　鹏　林益明　郑文教　郑海雷　王文卿
外加磁场效应及混合有序介质对分子发光行为的影响	厦门大学	张　勇　黄贤智　杜新贞　朱亚先　李耀群
荧光酮类化合物的分子光谱分析研究	福州大学	谢增鸿　张　帆　王东进　陈天明　郑肇生
武夷山自然保护区叶甲科昆虫多样性研究	福建武夷山国家级自然保护区管理局、中国科学院动物研究所	汪家社　杨星科　王书永　吴焰玉　姚　建
人工林密度对林分质量影响的计量评价及调控的研究	福建林学院	洪　伟　吴承祯　蓝　斌　陈　辉　潘　辉
木材热学性质的理论研究	福建林学院	杨庆贤
点可数覆盖与 Alexandroff 问题	宁德师范高等专科学校	林　寿
人工林经营的定量技术与评价的研究	福建林学院、邵武卫闽国有林场	林思祖　洪　伟　郑作孟　何宗明　吴承祯
电解 MnO_2 电气性能与其晶体结构的关系及人为控制其晶体结构的研究	福建师范大学	童庆松　连锦明
SiC 窑具材料氧化动力学、结构及性能的研究	福州大学	阮玉忠　于　岩　卓克祥　吴万国　詹红兵
方酸类化合物的结构与性质研究	福州大学、四川大学	周立新　田安民　黄尊行　章永凡　李俊篯
泛函分析与微分方程若干问题的研究	福州大学	黄春朝　张剑峰　杨信安
福建植被的群落生态学研究	厦门大学	林　鹏　李振基　丘喜昭　叶庆华　王良睦
Al_2O_3—SiO_2 系纤维增强铝硅合金复合材料特性研究	福州大学	张茂勋　陈　晓　钱匡武　魏喆良　韦正江
神经元网络中的最优化学习算法的研究	福州大学	叶东毅
人工神经网络方法研究及其应用	福建林学院	洪　伟　吴承祯　何东进　陈　辉　蓝　斌
冲裁模具 CAD 系统的开发平台的研究	福州大学、西安交通大学	王贤坤　赵汝嘉　陆还珠
法定计量检定机构分级标准与技术管理规范	福州市计量所	冯　林　林　川　陈建功　张家勇

科技计划

【科技计划】 全年编制、下达省科技项目计划（结转、新上）894项，安排经费8859万元，其中重大项目80项。为发挥科技计划在社会主义市场经济条件下的宏观指导作用，继续试行省科技开发计划（指导性计划）。同时，加强对科技项目编制、下达、管理的科学化，规范化，不断完善省自然科学基金计划项目主项评审办法，制定了系列规则，使评审公正、科学。建立完善省、市、县（市、区）三级科技进步统计监测指标体系，完成1999年度省及地市级科技进步统计监测评价结果测算工作，并在福州市进行县级科技进步统计监测试点。初步完成对全省R&D资源摸底调查的第一阶段工作。研究提出并发布了2001年科技项目申报指南，并在计划体系和计划管理上进行改进，使科技管理工作上新水平，促进全省科技意识的提高。

【科技规划】 2000年是规划年，作为科技发展"十五"计划和2010年远景规划意义重大。经省科技厅认真组织编写的《福建省科技发展"十五"计划和2010年远景规划纲要》和《福建省高新技术及产业"十五"计划和2010年发展规划纲要》已上报省政府。根据省委六届十次全会《决定》中制定的科技发展目标，并与本省经济社会发展"十五"计划紧密衔接，"纲要"在对福建省22个部门行业、9地市科技发展"十五"规划材料的征集和整理基础上，经过反复论证，已初步筛选各技术领域的重大科研项目和科技产业化项目。《福建省高新技术及产业发展"十五"计划和2010年规划纲要》，初步确定的主要内容包括，实现"千亿"产值目标，实施电子信息、新型材料、光机电一体化、农业和食品、医药、海洋、环保、能源、技术创新体系建设等9大专项行动计划，重点突破电子信息特别是软件、生物技术及产业，集成50个重大项目，以及一批高新技术产业化基地和中介服务网络体系建设。全省9个专项领域学科带头人及管理方面高层专家130多人，参与了2个规划的研讨制订，并对专项规划的《纲要》、《重大项目》等进行论证。

【高新技术产业开发区】 福州、厦门2个国家级高新技术产业开发区在经济总量、建设规模和技术创新等方面都有了新的进展，尤其是国家火炬计划软件产业基地福州软件园和厦门软件园的建设对引导福建省发展具有自己知识产权的高新技术产业的发展发挥重要作用。加强对泉州、漳州、莆田、南平、三明等5个省级高新技术产业开发区的管理，颁发了《福建省高新技术产业开发区评价指标体系（试行）》，并依此联合有关部门，完成了对5个省级高新区的考核，监督指导园区规划建设，促进高新区的规范管理。蓬勃发展的地市高新技术产业正成为地方经济的强有力的增长点。

【技术科技攻关】 2000年有12个项目列入国家火炬计划，重点项目1项，新上省高新技术与火炬计划项目55项，其中重大项目16项，工业科技攻关项目47项。高新技术改造传统产业力度增强，如组织实施国家"九五"重点科技攻关项目"福建省CAD应用工程技术开发与应用示范"，选择了16家企业为CAD应用工程应用示范企业，CAD技术应用后节约成本1.6亿元，新增加产值23.4亿元，同时依托高校和科研机构力量，建立8家CAD咨询服务中心，上万人接受培训，为企业提供了技术支撑，该项目也于2000年底通过国家验收，受到好评。CIMS等应用示范工程项目进展顺利，国家863计划项目"福州人造板CIMS应用示范工程"通过验收。一批行业和企业共性、关键技术攻关得到支持与推进。

海峡首届网络项目暨福州软件园招商会。 （福建画报社供稿）

【农业科技】 积极探讨农业科技管理工作的新模式，实行农业科技项目专家评审制度，完成2000年重大农业科研攻关项目组织推荐工作，全年共组织实施国家级农业攻关项目8项，省级农业重大科技项目15项，省级农业科技项目47项，同时对项目实行动态管理和重大项目中期评审制度，并已完成"九五"农业科技项目执行情况的全面检查。大力发展农业新技术革命，重视农业生物技术研究与开发。农业科技工程不断创新，并向深度、广度拓展。其中水稻两系法育种、广亲和基因研究及转基因抗性育种等育种新技术研究相继取得突破性进展，目前两系不育系研究处于全国同类研究前列，至2000年已有8个不育系通过鉴定并逐步在生产上推广；重点支持生物工程技术选育农作物品种，其中省农科院抗虫转基因水稻育种工程步入全国先进行列，"国家转基因植物研究与产业化方向"、"规模化转基因水稻育种体系建立"项目列入国家专项计划。特色水果品种选育与栽培技术研究取得新的突破，早熟枇杷、晚熟龙眼、专用橄榄等逐步走向产业化。农业科技产业化取得进展。脱毒马铃薯新品种的选育与推广、无公害蔬菜新品种选育及有机栽培和鱼虾贝藻高产优质养殖技术等取得可喜进展。35项农业科技项目通过验收鉴定，有15项达国内领先水平。海洋生物技术效益显著，为福建海洋总产值居全国第四位、水产品总量居全国第三做出了贡献，其中大黄鱼产业化项目实施，使大黄鱼人工养殖量全年达4万吨，产值20亿元，成为我国最大的海水养殖品种。其他如太平洋牡蛎养殖、藻类利用等研究也有突破，并进入实际应用的研究开发阶段。林业科研有计划、有组织地选育一批优良品种。这些成果增加了一批种植（养殖）新品种（品类、品系），强化了高产高效种植（养殖）配套技术的示范与推广，而且也为农业和农村产业结构升级、促进区域经济发展做出贡献。

【星火科技】 全年共实施国家级星火计划项目30项，省级星火计划项目31项。星火科技呈现由点到片，由带及面态势，泉州湾、南平市闽北和三明市沙溪沿岸3个星火技术产业带的启动实施，为促进农村产业结构调整和优化做出示范。通过在每个产业带重点实施4—5个具有特色和优势的农村科技产业化项目，扶持星火龙头企业，带动产业的发展，并取得成效。实施了"河田鸡"、"木立芦荟"、"湘云鲫"、"沙阳鸭"、"莆田现代果业"等一批具有影响的农业科技产业化示范项目，突出抓好良种和产品加工两个环节，培植龙头企业，带动农户发展生产，增加收入，提高了我省农业产业化经营水平。进一步深化15个国家级、省级星火技术密集区和8个星火区域性支柱产业的建设，做好验收总结工作，并在此基础上制定《福建省星火计划"十五"发展纲要》，《福建省星火技术产业带管理暂行办法》等文件，为星火计划深入实施创造良好支撑条件。

【基础性和软科学研究】 基础性研究稳步发展，2000年资助省自然科学基金项目173项，经费940万元。这些项目的实施取得良好效果，厦门大学32项总结报告统计，共发表论文283篇，其中在国际刊物发表41篇，培养了18位博士，63位硕士；福州大学承担的"真三维汉字造型"项目，成功研制出已商品化的软件系统，产生良好的社会生态效益；中科院福建省物构所承担的晶体项目，研究成果投入生产，预计2000年将创汇400万美元。自然科学基金资助项目发表的论文数量和质量均居全国第二位。软科学研究工作紧紧围绕我省科技、经济、社会发展中的重大决策问题，及时为省委省政府和有关方面提供决策咨询服务，全年安排软科学课题项目24个，完成软科学评审结题项目共22项，对推动决策科学化、民主化发挥了重要作用。2000年，国家"九五"科技攻关专题项目"筹建国家新药微生物筛选实验室"完成专题攻关任务，通过验收。

（撰稿：林苏榕）

科技合作与交流

【国际科技合作】 至目前已同63个国家或地区开展了科技交流合作，通过"派出去"、"请进来"，促进国际科技交流。全年共审批86批124人次出国（境），接待众多的来访专家，科技团组16批45人次，主办了赴德国福建省高新技术园区管理培训班等活动。同时，国际科技合作交流实现了从传统的外宾接待、出国考察培训向以科技合作项目为中心的科技经济一体化的转变。围绕我省重点产业发展，2000年度共实施国际科技合作项目21个，重点开展了同日、英、法、加、美、白俄罗斯、新、菲等8个国家和地区合作研究，引进高新技术进行产业化，促进省高校、科研机构和企业实现高起点的技术创新。通过国际合作交流加强人才培养，同时，也积极通过国际合作交流与本省承担科研项目相结合的方法，解决国际上某些尖端性的关键技术难题，如厦门大学与白俄罗斯开展的光纤通讯领域的合作项目就属于国家863项目，目前已取得阶段性成果。

【闽台科技合作交流】 发挥闽台优势，以海峡两岸共同关心的领域为先导，以科技学术交流为纽带，以科技产业合作为重点，促进闽台科技交流合作上新台阶。2000年共实施闽台科技合作项目7项、总金额125万元。至2000年底吸引5家台资企业进驻，总投资额约1.69亿元人民币。

【与联合国开发计划署的科技合作】 积极探索科技合作的新途径。2000年，在加强原TCDC国际培训工作，建好亚太食用菌培训中心基础上，争取到联合国开发计划署的支持，成立"联合国南南合作网示范基地"，目前已落实福建地方政府首期为基地提供了400万元启动资金，正着手规划建设示范基地总部大楼。另外，两年前在连城、长汀组织实施的联合国开发计划署的"UNDP科技扶贫模式示范推广"项目通过了联合国官员和国家项目验收组的检查验收，同意继续实施，并追加贷款100万元。

【与西部地区合作交流】 省科技厅与宁夏签订了科学技术合作与交流协议，投入30万元进行"几种特种食用菌深加工及其专用菌种研究"，发展当地的食用菌加工业，使当地食用菌业朝产、供、销一体化方向发展；与重庆市万州区天城移民开发区科委签订对口支援工作意见，为该地区提供技术帮助，支持30万元，用于当地"枇杷主要病虫害灾变因子及综合调控技术研究"，为枇杷的良好生长提供保障扶持当地发展农业种植项目。在西藏立项"珍稀树种栽培技术研究与示范推广"，投入30万元，计划建成年产20～50万株的苗木生产基地。

【科技招商】 5月初，潘心城副省长率团，由省科技厅牵头组织厦门大学等12家高校和高新技术企业，筛选了30多个项目赴北京参加"第三届中国北京高新技术产业国际周"，展览期间，国家领导先后参观福建展厅，对福建省高新技术产业发展予以高度赞扬；5月下旬又组织福大等单位组成10人团组参加"澳门2000年尤里卡计划研讨会和展览会"；6月习近平省长率团在香港举办了"福建高新技术产业发展说明会"及"福建省高新技术企业推介洽谈会"，省科技厅组织本省16家具有代表性、创新能力强的企业和高新技术成果转化工作较成功的高校和科研院所，携带71个涉及电子、信息、生物医药等领域项目参加，取得成功。此外，2000年还组织了高新技术项目参加了深圳高交会、厦门"9.8"中国投资贸易洽谈会和外经贸部在香港举办的2000年中国投资贸易洽谈会等，进一步扩大了全省科技界、产业界与外界的沟通与合作。科技兴贸工作逐步展开，外向型企业加强科技创新的积极性，实现出口产品的技术升级和结构优化。

（撰稿：林苏榕）

社会科学

【"九五"概况】

一、省社科研究"九五"规划项目的立项和实施情况。"九五"期间，省社科研究规划项目分两期立项、实施，第一期1996年立项129项（重点项目29项，一般项目56项，青年项目9项，自筹经费项目35项），第二期1998年立项136项（重大项目10项，一般项目90项，青年项目15项，自筹经费项目21项）。资助经费140万元，自筹经费近60万元，共约200万元。福建省社科研究"九五"规划（一期）项目现已全部完成结项，现已出版专著近20部，论文集2本，调研报告10份。据不完全统计，课题最终研究成果或阶段性成果以论文形式在省级以上公开刊物上发表的学术论文达700多篇，其中部分论文发表在《光明日报》、《中国社会科学》等国家一级刊物上；到2000年底，"九五"规划（二期）项目已基本完成结项，少部分未到期项目的后期管理工作正在进行。完成项目的研究成果绝大多数的质量较高。福建师大陈征教授著的《社会主义城市地租研究》一书出版后，《中国社会科学》、《福建学刊》、《福建日报》等均发表书评，给予很高评价。该书获省第三届社科优秀成果一等奖；福建师大陈庆元教授负责的《福建文学发展史（古代卷）》一书已由香港作家出版社和北京人民文学出版社分别出版。该书被认为是"少数同类著作中最使人满意的一部"；福建社科院陈泉生著的《环境法原理》被认为是一部"我国环境法基础理论研究方面之力作"。另外，福建师大姚春树负责的《20世纪中国杂文史》、福州大学侯文铿主持的《会计大典》、省政府发展研究中心杨益生负责的《福建：跨世纪战略研究》，福建社科院刘登翰著的《香港文学史》，福建师大汪文顶负责的《中国散文通史（三卷本）》，省委党史研究室林强负责的《中共福建地方史（社会主义时期）》，厦门大学廖泉文负责的《福建省劳动力市场研究》，厦门大学廖大珂负责的《福建海外交通史》，省人大副主任宋峻主持完成的《我国大陆与台湾司法制度比较与司法协作探讨》等专著出版后，引起学术界的注意和好评。在已完成的研究报告中，多数研究报告的理论性、针对性和对策性均较强，许多建议为各级领导所采纳。如由厦门大学张亦春负责的《亚洲金融危机对福建经济的影响与对策研究》、省社科联、省体改研究会等单位联合完成的《福建省实施资本运营，推动资产重组问题研究》、由“海洋经济发展战略研究”课题组完成的《福建省实施海洋经济大省战略研究报告》均得到省委、省政府领导的高度重视，对其中提出的建设性建议给予高度评价。并在现实中发挥了积极的指导作用；由厦门大学庄宗明负责的《闽北跨世纪经济社会发展战略研究报告》已由厦门大学出版社出版，该研究报告提出的许多对策建议已为南平市所采纳；由福建社科院严正完成的《东南沿海经济区的跨世纪战略》入选“全国第三次邓小平理论研讨会”，并被多家刊物转载。此外、由省委政研室课题组完成的《福建省1997年基本实现小康目标的分析预测与对策研究》，由福建社科院陈明森完成的《国有企业建立现代企业制度中产权创新研究》等研究报告质量较高。

“九五”期间全省社科研究规划项目一览表

单位名称	“九五”规划（一期）	“九五”规划（二期）	合计
厦门大学	29	36	65
福建师范大学	17	27	44
福建社科院	14	10	24
省委党校	3	13	16
华侨大学	4	15	19
福州大学	4	7	11
漳州师范学院	2	3	5
福建农业大学	2	1	3
福建林学院	2		2
集美大学		1	1
合计	73	113	186

注：该表只统计资助项目情况。

二、福建省国家社科基金“九五”规划项目立项和执行情况。“九五”期间，全省共申报国家社科基金项目879项，获准立项89项（含1996年立项的1995年度项目4个），总立项率为10.125％。其中重点项目8项，年度一般项目63项，青年项目13项，自筹经费项目5项，共获资助经费287万元。比“八五”期间多立项29项，比增48.3％。完成的项目成果大多数

“九五期间全省国家社科基金项目立项概况

年度	重点项目	一般项目	青年项目	自筹项目	合计	资助经费
1996	7	12	3		22	63.5万元
1997		12	2		14	34.5万元
1998	1	15	3	4	23	65.6万元
1999		10	2	1	13	40.6万元
2000		14	3		17	82.8万元
合计	8	63	13	5	89	287万元

“九五”期间国家社科基金项目全省各社科单位立项一览表

年度	厦门大学	福建师大	华侨大学	省委党校	福建社科院	漳州师院	福建农大	省特色研究会	省社科联
1996	14	5		1		1	1	1	
1997	11	1	1						
1998	8	6	6	2	1				
1999	6	1	2	1	2				1
2000	13	2	1	1					
合计	52	15	10	5	3	1	1	1	1

“九五”期间全省国家社科基金项目各学科立项一览表

学科名称	申报数	立项数					
		1996年	1997年	1998年	1999年	2000年	合计
马列科社	47	1		1	1	1	4
党史党建	26	1	2	3		1	7
哲学	45	1		3	1		5
经济理论	100	5	3	3	1	4	16
应用经济	162	2	2	2	3	4	13
政治学	31	1					1
社会学	31	1					1
法学	46	1	1		1	1	4
国际问题	27		1	1			2
中国历史	62	1	2	2	2	1	8
世界历史	10		1				1
民族问题	18	1	1	1		1	4
宗教学	21	1		2			3
中国文学	79	4	1		3	2	10
语言学	49			2	1	1	4
外国文学	29	2		1			3
统计学	17			1		1	2
体育学	13			1			1
合计		22	14	23	13	17	89

质量较高。厦门大学叶文振教授承担完成的《孩子需求论：中国孩子的成本和效用》一书出版后，获得学术界的广泛好评，引起较大的社会反响；由厦门大学曲晓辉教授完成的《会计准则研究——借鉴与反思》一书的许多观点和意见在1997、1998年度中国会计教授年会上受到普遍关注；由福建师大郑又贤教授完成的《功在千秋—沿海地区精神文明建设可持续发展》一书出版后，在理论界和实际工作部门中均引起了广泛注意和好评，许多观点已为有关部门所采纳。此外，由厦门大学胡培兆教授著的《社会主义国有资本论》，省委党校蒋伯英教授主持的《中央苏区历史研究丛书》，厦门大学陈甬军著的《从计划到市场：中国市场经济改革模式研究》，厦门大学李非研究员完成的《海峡两岸经贸关系的发展问题研究》等课题成果质量均较高。

三、"九五"社科规划总结。坚持正确导向，明确主攻方向。社科研究"九五"规划工作，坚持以马列主义、毛泽东思想和邓小平理论为指导，坚持党在社会主义初级阶段的基本路线和基本纲领，贯彻落实党的十五大和十四届六中全会精神，坚持正确的政治方向；坚持和弘扬理论联系实际的马克思主义优良学风，以我国、我省改革开放和现代化建设中的重大理论与实践问题作为主攻方向，积极探索建设有中国特色社会主义经济、政治、文化的发展规律，为党和政府服务，为两个文明建设服务；努力提高基础研究水平，加强基础学科建设，重视应用研究和新兴边缘交叉学科、跨学科综合研究，加强学术规范建设，提高实证研究水平；重视和扶持我省的优势、特色学科领域研究，努力提高这些学科领域的研究水平。改革项目立项评审办法，提高项目立项质量。"九五"期间，社科规划办根据本省实际和社科研究及其管理规律，首次采用5年分两期申报评审立项的方法，努力改革、改进项目的评审与立项办法，完善评审机制。在社科研究"九五"规划（二期）项目的立项评审中，首次采用了没去申报者姓名、单位的"黑箱评审法"，增加了课题评审工作的公正性，提高了课题立项质量。建立和健全两级管理办法，提高社科规划管理水平。为了进一步明确和规范全省社科规划课题管理工作中省社科规划办和课题组所在单位科研管理部门各自的职责和任务，加强和完善两级管理，1997年5月，省社科规划办印发了《社会科学规划课题两级管理实施办法（试行）》。《办法》的实施，有利地促进了全省社科规划课题管理工作的规范化建设。为了进一步推动和鼓励基层单位科研管理部门认真做好社科规划管理工作，促进本省社会科学规划管理工作上一个新水平。1999年9月，省社科规划领导小组首次对全省社科规划管理工作先进单位和先进个人进行了表彰与奖励，进一步调动了各单位科研管理部门做好社科规划管理工作的积极性和主动性。此外，社科规划办先后于1997年9月承办了"华东地区社科规划管理研讨会"，1997年4月在厦门大学召开了"福建省社科规划课题实行两级管理问题研讨会"，1998年6月在华侨大学召开了"全省国家社科基金项目管理研讨会"，1999年9月在省委党校召开了"全省社科规划管理经验交流暨评先座谈会"，各主要社科单位科研管理部门都派代表参加了会议，大家相互探讨、交流，促进了各单位科研管理水平的提高。做好成果的宣传、应用和转化，提高"二为"服务水平。"九五"期间，社科规划办加强了对课题研究成果的宣传、应用和转化工作。努力提高"二为"服务水平。1998年，厦门大学南洋研究院李金明研究员负责的《中国南海疆域研究》和厦门大学财政金融系的邱华炳教授的《投资体制改革研究——中外投资理论与政策比较研究》等两项国家社科基金项目成果分别被全国社科规划办编印的《成果要报》摘登送呈中央有关部委领导，受到中央有关部委领导的重视。全国社科规划办还给李金明研究员特批了《南海主权与国际海洋法》课题作为1999年滚动项目继续研究。在1999年的首届国家社会科学基金项目优秀成果评奖中，福建共有6项成果获奖，其中二等奖2项，三等奖4项，获奖数居全国各省（市、区）第二位。省社科联也对这些获奖成果进行了表彰与奖励。《福建日报》等报刊都对这些成果进行了介绍和宣传。在1999年的全国第七届精神文明建设"五个一工程"入选文章评选中，入选的3篇文章均为国家或省社科规划项目阶段性成果。为了贯彻落实党的十四届六中全会精神，推动精神文明建设的理论研究，促进省社科"九五"规划课题的实施。1997年6月，社科规划办与福建日报理论部联合主办了"省社科'九五'规划精神文明建设研究成果讨论会"，"九五"规划（一期）中有关精神文明建设研究的课题组都提交了阶段性成果与会研讨；2000年1月初又召开了"社科'九五'规划项目精神文明建设研究成果座谈会"，国家和省社科规划项目中的5个精神文明和社会主义文化建设的课题成果（均为专著）的作者和部分专家参加了座谈会，《福建日报》作了专版介绍。这些研究成果对推动精神文明建设提供了重要的理论依据，具有重要的决策参考价值。其中有些课题负责人还参与了省精神文明建设"十五"规划的制订工作。由厦门大学经济系主任庄宗明教授承担的省社科研究"九五"规划（二期）课题的最终成果《闽北跨世纪经济社会发展战略研究报告》已正式出版。该报告在作了大量调查研究的基础上。客观地分析了闽北经济社会发展的各种优势和劣势，根据闽北的实际，提出了闽北跨世纪经济社会发展的战略指导思想、战略目标和战略措施，对于闽北的跨世纪经济社会发展具有重要的决策参考价值。省社科规划办还通过各种渠道向有关实际部门提交了课题研究报告，积极推荐有关专家、学者参与社科季谈会，积极为党和政府决策服务，努力做好"二为"服务工作。多渠道争取资金，提高项目资助强度。长期以来，我省社科研究经费偏少。一定程度上限制了社科研究规划项目的立项数和资助强度的提高。"九五"期间，省委、省政府领导及省财政部门给予了极大支持。从1997年起，社科研究专项经费从原来的每年23万元增加到每年50万元，今年又增加到每年80万元。相应地，省杜科研究"九五"规划课题资助经费也有较大幅度提高。"九五"一期课题一般项目经费资助平均为5000元，比"八五"期间增加了2000元，增幅达66%；"九五"二期课题一般项目资助经费平均为8000元，比一期课题增加了3000元，增幅达60%，较大程度缓解了社科研究经费投入不足的困境。此外，"九五"期间省社科研究规划项目开始设立自筹经费项目。其中一期立项35项，二期立项21项，共筹经费近60万元。

国家社科基金及项目资助强度从2000年起也较大幅度增加、"九五"期间，全省共获国家社科基金资助287万元、另自筹经费近30万元。所有这些，不仅有效缓解了目前本省社科研究经费投入不足的困境，还开拓了社科研究经费来源的新渠道和新思路。

加强社科普及宣传，为社科发展创造良好环境。"九五"期间，社科规划办加强了与新闻单位的沟通与合作，努力为宣传社科创造良好环境。1999年，社科规划办与福建日报社理论部联办了"回眸与展望：中青年学者谈社会科学"，现已刊发23篇福建中青年学者对各学科领域的回顾与前瞻性的文章。文章刊发后，社会反响很好。

【福建省第四届社会科学优秀成果评奖】 这次评奖是省政府颁布《福建省社会科学优秀成果奖励办法》后的第一次评奖。参评成果时限为1997年1月1日至1999年12月31日。评审过程分为学科组初评、复评、省评委会终评三个阶段，共聘请各级评委209名，采取定量和定性相结合的办法，逐级筛选，从所申报的1034项成果中评出获奖优秀成果268项，其个一等奖17项，二等奖53项，三等奖198项。同时，省评委会还根据作者申请，对经省评奖办审核，上届已评上奖项的境外出版的，现已在国内出版的3项优秀成果进行了追认。12月6日福建省人民政府作出颁奖决定。这次评奖的特点：一是采用国家统一的一级学科划分法设立19个学科组，使学科组的划分进一步规范，加强了成果之间的可比性；二是借鉴国家社科基金项目定性和定量相结合的评审表进行评审，使不同形式的成果有了相应的评审标准，克服了以往一把尺子衡量多种不同类型成果的困难，减少了评审过程的主观随意性，提高了评审的客观性和科学性；三是在统计成果得分时，采取去掉最高分和最低分的办法，较好地克服了极端值对公正性的影响；四是既以分数为重要依据，又不唯分数，采取在一定分数段内无记名投票差额评选各等级成果的办法，更符合社会科学成果的特点；五是某些学科组复评后，增加综合学科组联评，这样使得申报数少的学科也能有获得各种等级奖项的机会，显示了评奖的科学性和公正性。社科界对评奖给予充分肯定，但由于社会科学评奖的复杂性和特殊性，要更进一步提高评奖的科学性、公正性，仍要进一步研究和改进。获奖成果268项，占总申报数的25%，其中属于基础理论（包括人文学科）研究成果139项，应用性、对策性研究成果129项。60岁以下作者成果获奖183项，占79%，60岁以上作者成果获奖55项，占21%（不统计集体成果）。从获奖成果看，基本反映了福建省3年来社科研究水平，也从一个侧面反映了一些具有优势的学科或领域，如《资本论》研究、政治经济学、会计学、统计学、经济法学、历史学、现代文学以及福建文化历史研究，取得了较多较好的成果，继续保持领先水平；同时社科界注意加强对本省经济社会现实问题的调查研究、对策研究，并取得较好成果。从获奖作者年龄看，老一辈专家学者思想活跃，著述颇丰，仍在发挥重要的作用，中青年专家已成为我省社科研究的主力军，而35岁以下的青年社科工作者还需要更多的扶持和鼓励，继续为其创造脱颖而出的环境和条件。

【2000年度国家社科基金申报获准立项项目】 2000年度国家社会科学基金项目经全国哲学社会科学规划领导小组审议通过，于5月下旬发布。福建省247个申报项目中，计有17个申报项目获准立项，其中年度一般项目14项，青年项目3项，共获资助经费82.80万元。

2000年度福建省获国家社科基金立项项目（17项）

项目类型	负责人	项目名称	工作单位	资助金额（万元）
青年项目	陈世奎	中国共产党执政50年党的理论建设研究	省委党校党建教研室	4.00
青年项目	靳学仁	刑讯逼供问题研究	华侨大学法律系	4.00
青年项目	米红	经济增长方式转变中的中国区域经济可持续发展理论与模式评估研究	厦门大学经济学院	4.00
一般项目	黄家骅	居民经济学研究	福建师大经法学院	5.00
一般项目	郑又贤	大学生邓小平理论教育问题研究	福建师大马列教研室	5.00
一般项目	吴碧英	中国城镇低收入群体分析	厦门大学财金系	5.50
一般项目	吴宣恭	国有经济战略调整和国有企业改组问题研究	厦门大学经济研究所	5.00
一般项目	陈少华	防范企业会计信息舞弊的综合对策研究	厦门大学会计系	5.00
一般项目	傅元略	企业信息化环境下的财务监控机制研究	厦门大学	4.80
一般项目	张馨	部门预算改革研究	厦门大学财金系	5.00
一般项目	苏丽萍	海外投资问题研究	厦门大学财金系	5.00
一般项目	陈支平	闽台汉民族史研究	厦门大学人文学院	4.50
一般项目	杨缅昆	人力资本核算的理论与方法研究	厦门大学国民经济与核算研究所	5.00
一般项目	杨信彰	英汉话语评价研究	厦门大学外文学院	5.00
一般项目	郑振满	清代闽台社会形态与地方行政比较研究	厦门大学历史系	5.50
一般项目	黄鸣奋	超文本之兴：信息科技与文学变革	厦门大学中文系	5.00
一般项目	朱双一	作为世界性语种文学的华文文学之研究	厦门大学台湾研究所	5.50

【福建省第四届社会科学优秀成果获奖项目】

一等奖

编著者	成果名称	成果形式	工作单位
吴宣恭	马克思主义产权理论与西方现代产权理论比较	论文	厦门大学
陈振明 陈炳辉 骆沙舟	“西方马克思主义”的社会政治理论	专著	厦门大学
陈亚军	实用主义：从皮尔士到普特南	专著	厦门大学
邓子基	“国家分配论”与构建公共财政的基本框架	论文	厦门大学
主编：钱伯海 副主编：杨缅昆 曾五一	供需平衡经济学	专著	厦门大学
常勋	财务会计三大难题	专著	厦门大学
陈泉生	环境法原理	专著	福建社科院
韩昇	隋文帝传	专著	厦门大学
姚春树 袁勇麟	20世纪中国杂文史	专著	福建师范大学
主编：王耀华	中国传统音乐概论	教材	福建师范大学
潘懋元	对发展民办高等教育若干问题的认识	论文	厦门大学
主编：蔡忠义 杨益生 副主编：王德贤 林永健 林坚强	转型时期福建经济结构调整	专著	省计委、省政府发展研究中心
主编：陈征 李建平 郭铁民	《资本论》在社会主义市场经济中的运用和发展	专著	福建师范大学
主编：孔永松 蒋伯英 马先富	中央苏区历史研究（丛书）	专著	厦门大学、省委党校
李金明	中国南海疆域研究	专著	厦门大学
南帆	文学的维度	专著	福建社科院
马重奇	汉语音韵学论稿	专著	福建师范大学

注：一般只注第一编著者（下同）。

二 等 奖

编 著 者	成 果 名 称	成果形式	工 作 单 位
郑又贤	功在千秋——沿海地区精神文明建设可持续发展	专 著	福建师范大学
郑金贵	学习毛泽东、邓小平、江泽民论农业、农村、农民问题	系列论文	福建农大
潘叔明	一个国家 两种制度	专 著	福建社科院
凌厚锋	论党的三代领导核心在学风问题上的贡献	论 文	省委党校
《福建省志、共产党志》编纂委员会	福建省志、共产党志	工具书	省委党史研究室
潘叔明	论三种标准的历史意义及其内在统一	论 文	福建社科院
关家麟	马克思对人的存在的探解及其哲学思想的一种解读	论 文	省委党校
陈嘉明	维特根斯坦的"确定性"与"生活形式"	论 文	厦门大学
李建平	分配改革的回眸与思考	系列论文	福建师范大学
钱伯海	经济学新论	专 著	厦门大学
主 编：张亦春	金融市场学	教 材	厦门大学
刘义圣	当前我国经济周期调控"政策搭配"探析	论 文	福建社科院
陈明森	产权与市场双重约束：构建企业行为市场化微观机制	论 文	福建社科院
张春霞 许文兴 蔡建辉 魏远竹 许金叶	中国社会林业发展道路研究	系列论文	福建林学院
陈荣辉	经济开放与产业发展研究	专 著	省计委
张 馨	公共财政论纲	专 著	厦门大学
邱华炳 孙健夫	中外宏观投资比较研究	专 著	厦门大学
杨 斌	治税的效率和公平	专 著	厦门大学
主 编：葛家澍 副主编：黄世忠 刘峰 陈少华 方荣义	中级财务会计学	教 材	厦门大学
曲晓辉	论我国会计理论研究的实践基础	论 文	厦门大学
吴水澎	论有中国特色会计理论体系	系列论文	厦门大学
主 编：葛家澍 余绪缨 侯文铿 陈荣凯	会计大典	工具书	福州大学
曾五一	关于经济统计学若干问题的思考 关于经济类统计专业课程	系列论文	厦门大学
洪 伟 吴承祯 何东进 林思祖 陈 辉	杉木种子涩子的环境与生态统计模型研究	调研报告	福建林学院
陈 安 李国安 廖益新 曾华群 徐崇利	台湾法律大全	工具书	厦门大学
曾华群	国际经济法导论	教 材	厦门大学
陈 安	论中国涉外仲裁的监督机制及其与国际惯例的接轨	系列论文	厦门大学
史 策	领导素质论	专 著	福建行政学院
邹永贤	《资治通鉴》治国思想研究	专 著	厦门大学
林仁川 徐晓望	明末清初中西文化冲突	专 著	厦门大学
杨际平 郭峰 张和平	5～10世纪敦煌的家庭与家族关系	专 著	厦门大学
汪毅夫	中国文化与闽台社会	专 著	省政府
汪征鲁	历史认识驱动系统论纲	论 文	福建师范大学
陈明光	六朝财政史	专 著	厦门大学
詹石窗	道教艺术的符号象征	专 著	厦门大学
杨健民	中国梦文化史	专 著	省社科联
吴在庆 傅璇琮	唐五代文学编年史（晚唐卷）	专 著	厦门大学
郑家健	《故事新编》的诗学研究	系列论文	福建师范大学
杨仁敬	20世纪美国文学史	专 著	厦门大学
郑颐寿	言语修养	专 著	省民进
李如龙	福建方言	专 著	厦门大学
陈培爱	中外广告史	专 著	厦门大学
方宝川	《太谷学派遗书》第一辑、第二辑	古籍整理	福建师范大学
刘海峰	"科举学"——21世纪的显学	论 文	厦门大学
黄鸣奋	电脑艺术学	专 著	厦门大学
王伟廉	教育研究中的"中介"问题探讨—— 兼谈课程编制的中介作用	论 文	厦门大学
谢作栩	论高等教育大众化的两大趋势：国营化与民营化	论 文	厦门大学
施祖美	新时期高等农业院校工作重点与发展对策	系列论文	福州大学
潘新和	中国现代写作教育史	专 著	福建师范大学
许 明	英国高等教育发展研究	专 著	福建师范大学
课题组	《福建省科技进步统计监测系统研究》项目研究报告	研究报告	省统计局 省科委
省计委课题组	我省"十五"时期国民经济和社会发展总体战略研究	研究报告	省计委
李文溥	从有效增长潜力看增长率确定	研究报告	厦门大学

三 等 奖

编 著 者	成 果 名 称	成果形式	工 作 单 位
主 编：苏振芳	思想政治教育学	教 材	福建师范大学
许斗斗	《德意志意识形态》中"交往形式"理论新释	论 文	福州大学
黄铁平	论邓小平的农业、农村、农民观	论 文	福建师范大学
蔡金发	论只有社会主义才能救中国和发展中国——毛泽东、邓小平、江泽民有关论述的解读	论 文	省委党校
林俊德	大胆探索与坚持社会主义方向——我国改革的四项基本要求	论 文	省委党校
陈永志	试论邓小平对外开放理论的思想来源	论 文	厦门大学
雷德森	海外华人青年知识界的群体特征及其发展趋势	论 文	福州大学
主 编：朱永康 副主编：郑又贤 雷德森 苏劲	邓小平理论概论	专 著	省广电局
林可济	《自然辩证法》（恩格斯著）研究	专 著	福建师范大学
陈永森	公民精神纵横谈	专 著	福建师范大学
蔡灿津	毛泽东的思维方式	专 著	华侨大学
主 编：董承耕 副主编：黎昕 林庄	社会主义市场经济初始阶段的精神文明建设	专 著	福建社科院
高伯文	从"大跃进"看经济体制变动的负效应	论 文	省委党校
洪峻峰	瞿秋白与五四新文化运动	论 文	厦门大学
巩玉闽	周恩来在"文革"期间的经济指导思想	论 文	漳州市委党史研究室
吴明刚	解放战争时期南方蒋管区游击战争的历史考察	论 文	省委党史研究室
郑复龙	八闽健儿抗日征程史——新四军福建子弟兵的历史足迹	专 著	省委党史研究室
闽粤赣边区党史编审领导小组 著 主 编：林天乙	中共闽粤赣边区史	专 著	闽粤赣边区党史办
张小金	德国古典哲学的终结	教 材	厦门大学
柯远扬	试论孔子和儒家的教育理念	论 文	福建师范大学
白锡能	终极关怀与西方哲学史的基本精神	论 文	厦门大学
王四达	从神本到君本——论析古代"人文"精神的渊源流变及其本质	论 文	华侨大学
章忠民	理性的本性与命运——黑格尔哲学新探	系列论文	福建师范大学
赵建军	"可持续发展"系列研究	系列论文	华侨大学
王岗峰	美育与美学	专 著	福建师范大学
陈翠芳	中国儒学史论	专 著	厦门大学
晏路明	区域农业结构的灰色局势决策	论 文	福建师范大学
全 毅	韩国与泰国金融危机比较研究	论 文	福建社科院
林其屏	21世纪中国可能成为世界的经济学研究中心	论 文	福建社科院
陈克明	两岸经贸关系研究	系列论文	华侨大学
主 编：庄宗明 副主编：赖小琼	闽北跨世纪经济社会发展战略研究	研究报告	厦门大学
黄家骅	中国居民投资行为研究	专 著	福建师范大学
郭铁民 林善浪	中国合作经济发展史（上、下）	专 著	福建师范大学
姚 挺	《资本论》第一卷逻辑体系与社会主义市场经济	专 著	省委党校
陈亚温 李双 等	欧元论	专 著	厦门大学
胡培兆	社会主义国有资本论	专 著	厦门大学
陈甬军	从计划到市场：中国经济体制改革道路选择	专 著	厦门大学
张炳光	国有经济要有进有退，精求所有	系列论文	福州大学
省农村发展研究中心	福建名镇大典	工具书	省农村发展研究中心
主 编：林荆州 邓力平	中国对外经济贸易的经营和管理	教 材	厦门大学
主 编：陈亚温	国际金融	教 材	厦门大学
朱孟楠	国际金融学	教 材	厦门大学
庄友松 陈光强 苏志诚	福建省财政收入占GDP比重合理界定的研究	论 文	省财政厅
杨玉盛 邱仁辉 俞新妥	影响杉木人工林可持续经营因素探讨	论 文	福建林学院
陈国宏	基于产出增长型生产函数及DEA模型的生产系统技术进步评价	论 文	福州大学
林元庆	价格波动的自适应调控方法及仿真实验	论 文	福州大学
周建中 王浣尘	The Function of Economic Surplus and Its Application to the Economic System	论 文	福州大学
陈躬林	农产品提价不是我国农业发展的根本出路	论 文	福州大学
郑达贤	福建人口、资源、环境和经济发展的动因—状况—反应分析	论 文	福建师范大学
纪益成	税基评估有关问题研究	论 文	厦门大学

（续）

编　著　者	成　果　名　称	成果形式	工　作　单　位
郑振龙	构建金融危机预警系统	论　文	厦门大学
高鸿桢	固定资产加速折旧系统的数学模型	论　文	厦门大学
许经勇	中国农村微观经济体制改革的回顾与展望	论　文	厦门大学
陈其林	产业政策：企业、市场与政府	论　文	厦门大学
张建国　黄和亮	林地资源价格问题研究	系列论文	福建林学院
刘伟平	林业分类经营研究	系列论文	福建林学院
李建建	有关土地资本问题	系列论文	福建师范大学
叶民强　金式容　袁达　林峰　尹昱	区域可持续发展评价理论与方法研究	系列论文	华侨大学
李崇阳　陆小辉　吴肇光　雷德森　蔡瑞生	福建跨世纪主导产业动态仿真研究	研究报告	福建社科院
课题组成员：林卿　张鼎华　叶章发　傅奇琪　徐学荣	福建农业可持续发展研究	研究报告	福建农大
兰益江	论信用合作——兼评中国农村信用合作社的发展与改革	专　著	中国光大银行福州支行
黄克安	中国对外经济贸易	专　著	福州大学
陈少晖	国有企业劳动就业体制研究	专　著	福建师范大学
林善浪	中国农村土地制度与效率研究	专　著	福建师范大学
姚立新	电子商务透视	专　著	厦门大学
《中国农业丛书福建卷》编委会	中国农业全书（福建卷）	工具书	省农办
朱祖平	面向可持续发展的企业绿色技术创新与管理	论　文	福州大学
潘　琰	谈外币报表折算方法的选择	论　文	福州大学
陈功玉	现代企业技术创新行为的外部动力因素及其动力机制分析	论　文	福州大学
葛家澍	基本会计准则与财务会计概念框架	论　文	厦门大学
史秋衡	大学排名中社会科学研究与发展定量评价的问题与对策	论　文	厦门大学
彭雁虹　李怀祖	企业信息系统体系结构的研究	系列论文	福州大学
主　编：廖泉文　副主编：肖劲松	人力资源招聘系统	专　著	厦门大学
翁君奕	企业组织资本理论——组织激励与协调的博奕分析	专　著	厦门大学
主　编：邵　晨　副主编：吴集声　温南雁　陈克勤	国际企业管理导论	专　著	厦门大学
陈少华　黄世忠　陈光　陈箭深	实证会计理论	译　著	厦门大学
陈汉文	注册会计师职业行为准则研究	专　著	厦门大学
綦正芳	孔子的人本思想与21世纪中国企业文化建设	论　文	福建师范大学
曲晓辉　陈少华　杨金忠　等	会计准则研究——借鉴与反思	专　著	厦门大学
黄良文主编	投资学	专　著	厦门大学
陈少华	企业财务报告理论与实务研究	专　著	厦门大学
李建发	政府会计论	专　著	厦门大学
唐予华　陈汉文　孙　航　范永武　等	开放型经济条件下财务会计问题探索	专　著	厦门大学
主　编：方贻岩　陈章干	台湾公务员制度研究	专　著	厦门大学
王美今	经济预测与决策	教　材	厦门大学
叶阿忠	假设检验可达区域的一个内界	论　文	福州大学
林挚国　郑　敏	合理调控收入差距，增强有效消费拉力	论　文	厦门大学
本课题组	开拓福建农村市场问题研究	研究报告	省统计局、省计委
陈安　李国安　廖益新　曾华群　徐崇利	国际经济法	教　材	厦门大学
关今华	论言论自由与人身权利的权利冲突、制约和均衡（上、下）	论　文	福建社科院
柳经纬　吴克友	关于制定民法典的条件是否成熟的几个问题	论　文	厦门大学
李国安	国际融资租赁法律问题研究	论　文	厦门大学
李万强	外国直接投资的法律待遇与我国外资法的转型	论　文	厦门大学
单文华	外资国民待遇及其实施条件	论　文	厦门大学
蒋　月	社会保障法概论	专　著	厦门大学
陈安　李国安　徐崇利　陈辉萍　林秀芹	国际货币金融法学	专　著	厦门大学
赵德铭　何丽新　张昕　张希舟　林强	国际海事法学	专　著	厦门大学
陈安　曾华群　徐崇利　林忠	国际投资法学	专　著	厦门大学
雷慧英　曲志强　任伟建	天皇的官僚	译　著	厦门大学
林发新	海峡两岸公司制度之比较	专　著	省人大台湾法研究中心
陈炳辉	20世纪西方民主理论的演化	论　文	厦门大学
黄　强	我国领导科学发展的回顾与展望	论　文	厦门大学
主　编：严　正　潘叔明	“一国两制”理论与实践	专　著	福建社科院

（续）

编著者	成果名称	成果形式	工作单位
主　编：卓　越	比较政府	专　著	厦门大学
编写组主编：陈振明	公共管理学——转轨时期我国政府管理的理论与实践	专　著	厦门大学
编写组主编：陈振明	政策科学	专　著	厦门大学
本课题组	国际环境与国防建设	专　著	厦门大学
袁书棋	运用社会生态观改革我国资源教育	论　文	福建师范大学
李明欢	“相对失落”与连锁效应——关于温州地区出国移民潮的分析与思考	论　文	厦门大学
徐　辉	清代中期的人口迁移	论　文	厦门大学
肖文涛	我国社会转型期的城市贫困问题研究	论　文	省委党校
课题组主研人员：郑庆昌　苏昌培　林豫松　陈冬	环境问题系列研究	系列论文	福建农大
雷弯山	思维之光——畲族文化研究	专　著	省委党校
陈衍德	现代中的传统——菲律宾华人社会研究	专　著	厦门大学
福州市人口志编纂委员会编　总纂：刘观海	福州市人口志	工具书	福州市委党校
何绵山	八闽文化	专　著	省广播电视大学
胡沧泽	中国通史·隋唐卷	科普读物	福建师范大学
侯真平　娄曾泉	《黄道周年谱附传记》校点	古籍整理	厦门大学
主　编：林金水　副主编：谢必震	福建对外文化交流史	专　著	福建师范大学
张学惠　江作栋	华侨华人在中外关系中的作用载体研究	论　文	福建社科院
杨际平	从东海郡（集薄）看汉代的亩制、亩产与汉魏田租额	论　文	厦门大学
陈孔立	台湾历史与两岸关系	论文集（专著）	厦门大学
林校生	两晋方镇幕府个案研究	系列论文	宁德师专
庄国土　苏子惺　聂德宁	远东国际舞台上的风云人物——郑成功	译　著	厦门大学
徐晓望	妈祖的子民——闽台海洋文化研究	专　著	福建社科院
谢重光　杨彦杰　汪毅夫	金门史稿	专　著	省委党校
吴春明　林　果	闽越国都城考古研究	专　著	厦门大学
施伟青	施琅年谱考略	专　著	厦门大学
盖建民	道教符咒治病术的理性批判	论　文	福建师范大学
王荣国	福建佛教史	专　著	厦门大学
陈定玉	严羽集	古籍整理	福建师范大学
孙绍振	论幽默逻辑	论　文	福建师范大学
林继中	诗国观潮	专　著	漳州师范学院
许怀中	中国现代文学史研究史论	专　著	省委宣传部
穆克宏	昭明文选研究	专　著	福建师范大学
应锦襄　林铁民　朱水涌	世界文学格局中的中国小说	专　著	厦门大学
主　编：刘登翰	香港文学史	专　著	福建社科院
庄浩然	现代戏剧理论与实践	专　著	福建师范大学
朱　二	近20年台湾文学流脉——“战后新世代”文学论	专　著	厦门大学
苏文菁	华兹华斯诗学思想研究	系列论文	福建师范大学
刘庆璋	比较诗学	系列论文	漳州师范学院
陈安全　高逾　曾丽明　陈嫣如	《英国文学的伟大传统》上、中、下3册	译　著	厦门大学
廖采胜	福克纳小说中的语言与文化标志	专　著	福建师范大学
刘晓民	日中缩略语辞典	工具书	厦门大学
杨　杰　顾鸿飞	汉俄形态构词对比研究	专　著	厦门大学
主　编：王尔康　副主编：林增祥	绘图小学生实用字典	工具书	福建师范大学
陈培基	部首号码多用词典	工具书	福建人民出版社
孙　谦	新编汉语成语词典	工具书	厦门大学
王春庭　陈顺其　赵明　编	古今异义比较词典	工具书	漳州师范学院
连淑能	关于建立汉英文化语言学的构想	论　文	厦门大学
吴世雄	比较文化词源学	系列论文	福建师范大学
刘永耕	汉语语法学论稿	专　著	福建师范大学
陈泽平	福州方言研究	专　著	福建师范大学
李国正	古汉语文化探秘	专　著	厦门大学
陈庆元　欧明俊　陈贻庭	蔡襄全集（校注）	古籍整理	福建师范大学
郭正武	信息资源建设的多极（级）模式论与图书情报业的抉择	论　文	宁德师专
主　编：林端宜　副主编：肖林榕	台湾医药卫生概观	工具书	福建中医学院

（续）

编著者	成果名称	成果形式	工作单位
谢水顺　李　珽	福建古代刻书	专　著	省图书馆
张锦华	当代声乐表演的主体建构	教　材	福建师范大学
周显宝	试述古代中日音乐文化的人类学前提	论　文	厦门大学
蓝雪霏	台湾福佬系民歌的初步研究	论　文	福建师范大学
主　编:郑国权　副主编:何　勋　曾金铮　苏彦硕　黄少龙	《泉州传统戏曲丛书》第一、二、十、十一、十二、十三	古籍整理	泉州地方戏曲研究社
孙星群	西夏辽金音乐史稿	专　著	福建省艺术研究所
许红峰　黄汉升　韩淑艳　陈俊钦　陈作松	2010 年中国社会体育发展趋势	论　文	福建师范大学
余文森　王　永　张文质	让学生发挥自学潜能　让课堂焕发生命活力——福建省中小学“指导—自主学习”教改实验研究总结	论　文	福建师范大学
陈武元	日本高等教育与经济发展的关系	论　文	厦门大学
李泽彧	不变与应变及其如何变——我国高等教育思想若干问题	论　文	厦门大学
武毅英	我国高等教育财政改革的理论思考	论　文	厦门大学
黄光扬	基础教育学生课业考评改革研究	系列论文	福建师范大学
连　榕	学习心理研究	系列论文	福建师范大学
省教委宣传教育处　省教育科学研究所基础教育研究室（课题负责人：江声树，执笔：林斯坦）	福建省中小学道德教育发展对策的研究报告	研究报告	省教育科研所
黄福涛	现代中国高等教育的形成	译　著	厦门大学
主　编：季克异　副主编：黄汉升　许红峰	全国普通高校体育教育专业教学内容和课程体系改革的理论与实践	专　著	福建师范大学
主　编：傅先庆　副主编：林素川	福建高等教育发展研究	专　著	省高教研究室
主　编：朱永康　副主编：苏振芳	中外学校道德教育比较研究	专　著	省广电局
杨孔炽	日本教育现代化的历史基础	专　著	福建师范大学
主　编：李明德　庄明水	中国师范教育通览历史卷	专　著	福建师范大学
程利国	皮亚杰心理学思想方法论研究——关于实践唯物主义心理学的活动理论	专　著	福建师范大学
郑剑顺	中国近代人才思想研究	专　著	厦门大学
邬大光　赵婷婷　许　明　胡晓莺	高等教育办学模式研究	专　著	厦门大学
省统计局、省财政厅、省政府发展研究中心联合课题组执笔：卓祖航　廖世忠　等	福建省税源普查分析总报告	研究报告	省政府发展研究中心等
省外贸结构调整课题组	加大外贸结构调整力度，实现我省外贸的可持续发展	研究报告	省政府发展研究中心
省政府发展研究中心课题组	加入 WTO 对福建省的机遇、影响及对策研究	研究报告	省政府发展研究中心
省政协经科委山海协作课题组	积极推进山海协作，建设海峡西岸繁荣带及相关政策研究	研究报告	闽江大学
福州市委办公厅、政研室、计委　编	跨越——福州市新一轮创业发展战略规划	研究报告	福州市委政策研究室
课题组负责及总报告撰写：姜杏娟　林　熙	两岸直航对福建省沿海地区经济发展与港口功能转化的影响及相应对策的研究	研究报告	集美大学
课题组负责人：金茂霞　曾金星	中央苏区反贫困战略研究	系列论文	福建农业大学
课题组执笔：丛林　邵玉龙	省软件产业定位研究	研究报告	省科技厅
课题负责人：蔡德奇	福建中小企业发展的思路与对策研究	研究报告	省政府发展研究中心
省社科联课题组　执笔：周裕惠	实施资本运营，推动我省资产流动重组	研究报告	省社科联、省体改研究会等
“粮食产业发展研究”课题组	福建粮食产业发展思路与对策	研究报告	省农业厅、省发展研究中心

青年佳作奖（三等奖）

编著者	成果名称	成果形式	工作单位
钟兆云	开国上将刘亚楼	专　著	省委党史研究室
陈汉文　林志毅	实证会计研究	系列论文	厦门大学
董建辉	政治人类学	专　著	厦门大学
余章宝	马克思社会时空观探微	论　文	厦门大学
马拥军	“马克思的哲学视角”研究	系列论文	华侨大学

基层佳作奖（三等奖）

编著者	成果名称	成果形式	工作单位
主编：蒋维锬	中共闽中地方史	专著	莆田市委党史研究室
主编：徐平	幼儿区角活动	教材	南平市教委

【福建社会科学院】 2000年，福建社会科学院的科研工作坚持以邓小平理论为指导，努力实践江总书记"三个代表"重要思想，紧紧围绕"为领导决策服务、为地方经济社会发展服务、为祖国统一大业服务"的办院方针开展工作，取得丰硕成果。

一、科研管理。逐步完善竞争机制和激励机制，实行科研管理规范化，修订、出台"出版资助条例"、"科研成果奖励条例"、"科研人员年终考核评分办法"。这些政策的出台和贯彻实施，极大地调动了广大科研人员工作的积极性、主动性和创造性，科研人员争先找课题、接任务，努力完成科研计划。有力地促进多出成果、多出精品、多出人才的院科研发展战略，保证了优秀人才在公平、合理的竞争环境中脱颖而出，尽快成长。2000年，全院共承担省重点调研课题6项、省级以上临时课题任务9项、省"邓小平理论研究基地"课题16项、省社科规划课题3项、省科委软科学课题2项、横向课题8项，经院学术委员会确定的院重大课题5项、院重点课题19项、院青年课题15项、所管课题84项。院科研处对这些课题进行跟踪管理，定期检查，在年终考核中对科研人员的科研成果实行统一认定、统一计分，科研管理驶上正常化、规范化轨道。选择重点，加大科研资金投入。调整了科研经费分配方向，加大对重点课题、青年课题、省"邓研基地"课题和"五个一工程"课题的投入，同时对以往经费较为紧张的研究所、中心给予适当倾斜。为了增加科研经费投放的科学性，经省社科院学术委员会专家评选出一批较有价值的课题，再将这部分课题按题目大小分别提高经费比重。此外，设立的5项院重大课题，直接申请到了财政专项经费拨款，使之在经费上有充足的保障。贯彻"三个服务"办院方针，积极支持现实问题研究。2000年，省社科院承担省委、省政府直接下达的指令性课题较多，对这类课题均由院领导亲自挂帅，科研处配合组织协调，抽调精兵强将，给足经费，确保这些课题研究的顺利完成。如"福建省社会事业相对滞后问题"的调研任务，即由4位院领导带队，组成有12名科研骨干参加课题组，并分赴广东、浙江、上海、江苏、山东及本省部分地区和省直有关部门进行调研，查阅了大量全国性统计数据。形成《福建社会事业相对滞后的调研报告》，提交有关领导作决策参考。其他省重点调研课题和临时下达的任务，包括中央和省有关部委交办的各项任务，也都得到很好的组织落实，保质保量完成任务。

二、文献信息、行政后勤努力为科研工作服务。图书采购突出重点，突出专业特色。2000年共进口台港报刊118种，进口书籍2000多种，两项占全年购书经费75.4%；在国内图书、报刊采购中，重点采购台湾研究、经济研究两类院重点学科所需图书。学术期刊的光盘检索在院科研工作服务中所起的作用愈加重要。2000年，院共购进3000多种期刊、人大复印资料光盘。在课题跟踪服务中，电子出版物和网上信息发挥了重要作用，院十几项课题，如"三个代表的理论问题"、"社会主义剩余价值"、"企业转制"、"十五届五中全会精神的学习与评论"、"台湾新当局及主要政党"等，都从中获得有价值的资料。2000年"福建社会科学网站"（WWW. FASS. NET. CN）开通。网站平台有4个数据库：福建社科院机构设置、专家数据库、科研成果数据库及三角号码数据库，并开设了名家论坛、理论园地、台湾之窗、福建社科大事记等7个栏目。对干部任用制度进行改革尝试。通过个人自荐、公开演说、群众测评、专家评议、张榜公示、领导决定一系列形式，在"三公开"的基础上，完成了科研处处长、法学所所长、华侨华人研究所所长、亚太所所长4个正处级岗位的竞争上岗工作。改善科研条件。为各研究所和文献中心书库、阅览室安装空调；为副研究员以上职称的科研人员配备电脑。

三、科研成果丰硕。2000年，全院共出版专著、论文集7部，发表论文、研究报告300篇以上，其中12篇论文发表于权威学术刊物（含《新华文摘》全文转载），比1999年的6篇翻了一番。全年共有51项科研成果获得各级各类奖励，其中有18项成果获第四届省社会科学优秀成果奖、13项成果获首届省邓小平理论研究基地优秀成果奖和荣誉奖。

四、学术交流活跃。全年院科研人员出境（国）学术交流共有15批18人次，来访的境外、国外人员共16批36人次，其中赴台学术交流4批5人次，接待台湾学者来访7批17人次，是历年来院对台学术交流最为频繁的一年。在国内学术交流方面，院承办了华东6省1市社科院协作会议；院与省台办、省台湾研究会联合举办《一个中国的原则与台湾问题》白皮书座谈会；院与中华炎黄文化研究会等单位合作，举办"朱子学与21世纪国际学术研讨会"。此外，经济所、文学所、社会学所也分别召开全国性学术会议。

五、"三个服务"成果显著。一是为领导决策服务。顺利完成省领导交办的"福建省社会事业相对滞后问题"、"加入WTO以后我省思想宣传战线面临的挑战和对策"，提交省领导作决策参考。积极参与我省重大研究决策项目，在省委"琅岐会议"上，提交的《对福建省"十五"期间经济社会发展的思考》在会上作为重点发言，获得省领导好评；严正、陈明森、吴能远、李鸿阶4位同志被省政府聘为省"十五"规划专家委员会委员。严正、陈明森、金泓凡3位同志被聘为省政府专家咨询组成员。二是为地方经济社会发展服务。受世界银行委托，承担福泉、泉厦、漳诏高速公路移民征迁安置的独立监测工作，及时向世行及省高速公路建设指挥部提供各种监测报告和改进建议，获得好评；本院亚太所与省对外经济关系研究会召开"入世与企业对策"研讨会，收到良好效果；法学所完成省人大等机关交办的《信托法》、《著作权法》、《省人大立法条例》等法律条例的修改工作、并参加社区法律咨询活动；协助"三钢"等企业进行改制、资产重组、组建企业集团等改革方案的设计；协助省电力总公司下属5家企业进行企业诊断和资产重组；协助制订三明市"十五"工业结构调整计划、福清市元洪投资区经济社会发展"十五"计划及安溪县、泉州市丰泽区的中长期社会经济发展规划等。三是为祖国统一大业服务。召开各种定期、不定期的台湾研究座谈会、研讨会，对台湾地区发生的政治、经济、社会等问题进行分析、讨论。本院与省台办、省台湾研究会联合举办《一个中国的原则与台湾问题》白皮书座谈会，被新华社、中新社、中央人民广播电台及台湾、香港等10多家新闻媒体报道，产生较大反响。与台湾学术界建立较为稳固的交流关系。并积极主动地与台湾各界、各党派人士接触，努力做好台湾人民的工作。

【省政府发展研究中心】 2000年，省政府发展研究中心着重抓了全省经济和社会发展中一些重大问题的预测性研究和解决经济工作中热点难点问题的针对性研究，突出为省领导决策服务。全年共完成各类研究文稿110多篇，其中刊发《研究报告》30篇，《发展研究内参》37篇，还有区域及行业发展规划和专题研究报告16篇，经济形势分析报告及其他研究文稿、署名文稿、送阅件等30多篇。

一、研究"十五"计划思路和若干重大问题，参与编写"十五"计划纲要。在研究"十五"计划宏观环境和政策取向的基础上，开展了"21世纪初期福建发展若干战略问题研究"，撰写了"21世纪初福建发展目标定位"、"福建基本实现现代化的目标再预测"、"世纪之交福建所处经济发展阶段分析"、"福建与沿海部分省市经济增长比较"、"福建在全国的经济地位及未来演变趋势"以及加入世贸组织与"十五”计划等研究文稿。配合省计委研究起草“十五”计划基本思路抽调骨干力量，参与起草省委关于制定“十五”计划的建议等有关文稿，参与编写《福建省国民经济和社会发展第十个五年计划纲要》，同时配合省计委共同开展了“福建省十五时期产业结构调整重点专项规划”研究等。受部分市县区的委托和邀请，帮助福清、南安、沙县、诏安、永泰、连江、惠安、新罗、建瓯、龙海、平潭、罗源等市县区开展“十五”计划的研究、编制、咨询、论证工作。同时还参加了福州市、莆田市、三明市和宁德市“十五”计划的咨询活动。2000年9月召开了全省政务咨询研究工作会议。着重研讨县市区研究制订“十五”计划需要关注的几个问题。紧密配合省委省政府“琅岐专题会议”研究福建跨世纪发展的需要，会前提供了“把握优势、突出特色、强化对策——新世纪初期福建发展战略若干思考与建议”，会上提供了“转化优势，强化特色——福建经济跨世纪发展的若干思考与建议”专题汇报材料。为配合研究福建跨世纪发展战略问题，组织研究编写了《福建跨世纪战略选择：建设海峡西岸繁荣带》专著，提出较为系统的跨世纪发展总体构想和相关建议，于2000年6月由厦门大学出版社正式出版。与省委政研室、省计委牵头组织召开了“福建省‘十五’实施可持续发展战略和提升区域竞争力”研讨会。

二、定期开展经济形势分析，及时研究热点难点问题。根据省委、省政府经济形势分析会的要求，定期完成月度季度经济形势分析报告。适时向省领导及有关会议提供了分析经济运行态势、特点、问题和对策的相关文稿。除了完成月度季度经济形势分析报告外，2000年12月完成了“2001年福建经济走势及主要对策”。在经济分析中注意开展与周边省份的横向对比研究和本省历史发展轨迹的纵向对比研究，注重分析报告的质量及对策的可操作性。主要分析材料有“要十分重视当前我省经济运行中的几个反差”、“亮点预示转机，反差不容忽视——上半年福建经济形势分析”、“《京沪津深高新技术产业发展态势与福建相关情况分析”、“近10年福建固定资产投资特点”、“近10年福建工业增长态势分析”、“前三季度经济运行特点及全年走势预测”等。随着台海局势的变化，注意加强对台问题研究。一是针对台湾“大选”后两岸局势变化问题，开展了“台湾选举后两岸关系趋势分析及我省因应对策”研究。二是针对台资走向变化，开展了“福建吸引台资新情况及问题分析”研究，并会同有关部门开展了“入世后福建吸引台资的机遇与挑战”研究。三是针对对台经贸存在问题，开展了“当前两岸经贸关系新动向分析”研究，并会同省委政研室开展“关于台湾政局走向和扩大闽台经贸合作”课题研究。四是协助省政府办公厅拟定对港澳台地区更加开放的相关政策。继续关注中国加入世贸组织问题谈判进程，开展“入世”相关问题研究。完成了“加入WTO发展中国家的体制转换与政策调整”、“加入WTO与政府职能转变”、“福建汽车工业应对WTO挑战的对策建议”、“加入WTO对商业零售业影响”等研究文稿。会同省计委、省地税局开展“加入WTO对我省外向型经济的影响及对策分析”和“加入WTO对我省税收经济的影响及对策选择”等课题研究。针对人才问题、农民收入问题、西部大开发问题，研究提出了“加强对院士资源开发利用的建议”、分析了“农民收入趋势及原因”、形成了“参与西部大开发，推进福建新一轮创业”、“东西部合作必须从六个方面突破”等研究文稿。

三、完成重点课题研究，同时承接委托课题的研究工作。年初确定的重点研究课题，已基本完成，研究成果编发《研究报告》和《发展研究内参》。今年完成的主要重点研究课题内容一是农业科技创新问题，着重研究了福建农业科技发展现状，在借鉴国内外促进农业科技创新有关经验的基础上，提出了福建农业科技创新的主要方向和对策建议。二是调整国有工业结构问题，重点研究如何调整国有经济布局，优化国有资本结构。三是财税问题，开展了政府公共投资问题研究，提出集中财力，加强和改善我省政府公共投资的对策建议；同时，对如何激活民间投资、培育新的经济增长点的问题、海外华侨华人特点及相关政策进行研究。四是对外经济问题，主要开展了适应加入世贸组织的相关对策研究以及如何推进科技兴贸，增强福建产品国际竞争力的对策研究，以及华侨华人有关问题研究。五是人才问题，重点研究我省“机构改革和企、事业单位人事制度改革过程中人才资源的优化配置”，以及“21世纪初期我省中高级人才培养及智力引进”等问题。六是社会稳定问题，开展了我省社会稳定与经济发展相关问题的研究，提出了“十五时期我省社会稳定工作思路”，以及如何“加大社会保障力度，提高城镇贫困人口收入”等对策建议。分别与省委政研室、省政协、省交通厅等部门共同开展了“非国有工业企业研究开发经费问题研究”、“非国有经济参与国企改革的研究”、“福建省及部分县市社会经济和综合交通运输发展研究”等。完成部门委托研究的课题主要有：《福建省高速公路通行费收入分配办法研究报告》、《龙岩到瑞金公路福建境内龙岩到长汀段项目经济及交通量预测专题研究》、《福建省街区财政经济问题研究》、《福建省民营企业发展现状、趋势及对策研究》、《福建省财政收入与税性收入、经济增长的相关分析及对策研究》、《关于东百增发新股及企业重组问题研究》等。

四、参与起草和整理有关材料。参与起草“省政府工作报告”、省政府成员会上“国内外环境新特点分析”、“环境分析和可持续发展”等有关材料，参与起草省有关领导在省委省政府“琅岐专题会议”、省委六届十二次全会、全省经济工作会议、全省经济结构调整会议、全省计划工作会议、全省电力会议、全省社会事业改革发展座谈会、全省社会事业单位学习“三个代表”思想座谈会，以及三明、厦门经济结构调整调研会上的讲话稿。帮助整理省领导在“求是”、“管理世界”等有关刊物发表的署名文章和形势报告等有关文稿。

（撰稿：孙骏炜　林其屏　麻健敏　蔡德奇　邵长钗）

编审：甘文应　　责校：　章卓如

教　育

综　述

【"九五"概况】 "九五"期间，福建省始终把教育摆在优先发展的战略位置，全面落实"科教兴省"、建设教育强省的战略决策，加快教育改革和发展，教育工作取得历史性成就。

提前实现"两基"奋斗目标。坚持将基本普及9年义务教育，基本扫除青壮年文盲摆在教育事业重中之重地位，全力以赴打好"两基"攻坚仗。1998年在"二片"地区率先通过国家"两基"验收，全省义务教育人口覆盖率达100%；义务教育阶段在校生2000年比1995年增加46.67万人。

高中阶段教育规模继续扩大。2000年全省普通高中达到477所，在校生从1995年的16.52万人增加到2000年的37.24万人；中等职业学校达到703所，在校生从1995年的38.13万人增加到2000年的41.91万人。

高等教育发展步伐加快。全省现有高校46所，其中普通高校28所，成人高校18所；在校研究生5134人，本专科在校生19.41万人，分别比1995年增加2886人和7.53万人。"九五"期间，共培养研究生3874人，本专科生18.18万人；参加高等教育自学考试人数从1995年的23.31万人次，增加到2000年的132.36万人次；全省高等教育毛入学率达9.33%。

"211工程"和重点学科建设取得阶段性成果。厦门大学和福州大学"211工程"建设进展顺利，省属高校重点学科建设完成投资2亿元；全省拥有一级学科博士学位授权点9个，博士点58个，硕士点294个，拥有一批国家级和省部级重点学科、重点实验室与人才培养基地；高校科研队伍日益壮大，承担的重大科研课题不断增加，高校的许多科技成果直接应用于重点产业和高新技术产业的发展，科学研究和科技开发水平有新的提高并取得了良好的经济效益和社会效益。

教育体制改革进一步深化。以联合办学和多形式共建为主要内容的高等教育体制改革取得重大进展；高等教育、师范教育布局结构调整和资源重组工作普遍展开；办学体制改革不断深化，社会力量办学得到较大发展；学校内部管理体制改革全面启动实施；招生与毕业生就业制度改革、农村教育综合改革积极推进；闽台教育交流与合作日益广泛，在全国率先进行了单独组织考试招收台湾学生的试点；教育对外开放和国际合作交流进一步扩大。

素质教育进入全面实施的新阶段。素质教育工作由点及面推进，整体效果和实践水平不断提高；思想政治和德育工作得到不断加强和改进；基本实现了小学、初中免试就近入学，改造中小学薄弱校近千所；普遍开展了课程、教材、教法、学法、教学手段、考试内容、评价制度和教学管理机制改革探索，减轻了中小学生过重的学习负担；高等教育面向21世纪教学内容和课程体系改革项目初见成效，学生的思想道德素质、实践能力和创新意识的培养得到加强。

教育经费逐年增加。进行教育投入体制的改革和实践，逐步建立以国家财政拨款为主、辅之以多渠道筹措经费的新机制，教育投入的总体水平明显提高。2000年全省教育经费支出117亿元，比1995年增加55亿元，年平均递增13.9%，其中：财政预算内教育经费支出71.7亿元，比1995年增加40亿元，年平均递增17.9%。加大对农村、特别是贫困地区、少数民族地区义务教育的扶持力度，各类学校的办学条件有不同程度改善。

教师队伍的整体素质逐步提高。全面实施"中小学教师继续教育工程"和"闽江学者计划"；全面实行中小学校长、幼儿园园长岗位培训和持证上岗制度，统筹解决了民办教师问题；教师的社会地位、工作条件和工资、住房等待遇得到改善，全省城乡教职工家庭人均居住面积已略高于全国平均水平；小学、初中教师学历达标率分别由1995年的86.2%、88.11%提高到2000年的96.70%、94.74%；小学教师具有专科学历的比例从1995年的1.79%上升到11.97%；高等学校高级职务教师比例从1995年的27.75%提高到36.08%。

"九五"期间，全省教育改革与发展虽然取得很大成绩，但是仍然滞后于经济社会的发展。突出表现在：高中阶段教育和高等教育发展水平偏低，农村教育比较薄弱；教育的布局结构不尽合理；实施素质教育尚未取得深层次突破；教育投入不足，办学条件亟待改善；教育信息化水平偏低；教师的学历水平和综合素质还不能适应全面实施素质教育的需要，中青年教学骨干、高层次学科带头人短缺；教育体系的灵活性和开放性不够强，各类教育缺乏有机衔接沟通，终身教育体系尚未成型，教育总体水平还不高。

【概况】 2000年，全省有各级各类学校4.65万所，在校生944.55万人。其中各级各类全日制学校16340所，在校生651.72万人；幼儿园11885所；在园幼儿78.64万人；各类成人教育学校18273所，在校生214.19万人。全省各级各类学校教职工45.82万人，其中专任教师38.09万人。全日制学校教职工393618人，其中专任教师332556人；其他学校教职工64538人，其中专任教师483223人。

【学习贯彻江泽民总书记教育问题谈话精神】 2000年2月，江泽民总书记《关于教育问题的谈话》发表后，全省各级党委、政府和教育部门迅速开展学习、宣传、贯彻工作，形成强大声势。3月3日，省委、省政府召开座谈会，认真学习江泽民同志的重要谈话。副省长潘心城要求各级党委、政府深刻领会谈话的精神实质，把德育放在素质教育的首要位置，及时帮助解决教育和青少年学生思想政治工作中的实际困难和问题，集中力量狠抓学校内部和周边环境的综合治理，坚决打击危害青少年健康成长的不法行为。省教育厅党组召开专题学习会，认真学习江总书记的谈话，并就学习贯彻工作作了认真部署。会上，厅党组成员和各部门负责人联系实际，围绕江总书记谈话中提出的一些重要观点畅谈了学习体会。大家表示，一定要结合本省实际，认真学习领会，把思想统一到江总书记的谈话精神上来，以对国家、民族和子孙后代高度负责的态度，下大力气把福建教育工作和青少年的思想工作抓紧抓好。

【素质教育】 2000年1月，省教育厅召开第四次全省素质教育工作会议，对整体推进素质教育作出部署，要求各地以提高国民素质为宗旨，以培养学生创新精神和实践能力为重点，促进素质教育由区域试验向全面推进转化。为此，省教育厅要求：进一步加强和改进学校德育工作，把学生思想政治素质摆在素质教育的首要位置，有针对性地调整和完善各级各类学校德育工作的内容和要求，形成贯穿各类学校、各教育阶段的由浅入深、层次递进的德育目标完整体系；加大教学领域改革力度，把教学改革作为全省各级教育部门和学校的"一把手工程"，一抓到底，使素质教育工作真正落实到学科教学中，体现在学生身上。同时，进一步加强和完善学校教学管理机制，规范教学行为；加强教研工作，提高教学科研水平；改革课堂教学模式和教学方式，优化教学过程；加强对考试的指导和管理，开展考试命题评估。加强素质教育的综合配套工作，进一步强化实施素质教育的政府行为，搞好"两基"年度跟踪督导工作，加快发展和普及高中阶段教育，积极发展现代教育技术，推进教育强县建设。进一步健全素质教育运行机制，深化招生考试制度改革，完善素质教育督导评估制度，构建课堂教学评价、教师评价和学生评价体系。大力推行学校内部管理体制改革和教师继续教育，建立优化教师队伍的有效机制，提高教师队伍的整体素质。

【"闽江学者计划"】 2000年3月，省教育厅决定在全省高校中启动实施"闽江学者计划"，建立特聘教授岗位制度。实施"闽江学者计划"，是省教育厅为加强高校重点学科和学术梯队建设而作出的重大决策，旨在通过建立特聘教授岗位，吸引和遴选一批在国际国内有较大影响的中青年跨世纪学术带头人。根据实施办法，特聘教授岗位在省高校重点建设的学科中设置，面向国内外公开招聘。省里每年受理1次高校的设岗申请，获准设置特聘教授岗位的学科设特聘教授岗位1个。特聘教授岗位属流动岗位，5年1期。第一期3～5年内拟设特聘教授岗位8～10个。特聘教授在聘期内将享受每年10万元人民币的特聘教授岗位津贴。5年内向特聘教授提供教学科研活动经费：理工农医类200万元，文科类50万元。2000年，在福州大学、福建师大、福建农大、福建医大、福建中医学院、福建林学院6所本科院校设立特聘教授岗位，根据省教育厅下达的闽江学者计划特聘教授岗位推荐数，本年度公布了全省20个学科的闽江学者计划特聘教授岗位。

【高校新一轮内部管理体制改革】 2000年3月，省教育厅等有关部门联合印发《关于高等学校内部管理体制改革的意见》，决定全面启动实施高校新一轮校内管理体制改革，并力争在5个方面实现重点突破。一是加快高校机构改革，严格编制管理。学校机关工作人员的编制精简幅度应达30～40%以上；校党政管理人员编制不得超过全校事业编制教职工人数的12～15%；专任教师占教职工总数的比例，以教学为主的学校要达到50%以上；力争用2～3年时间，使全省高校的生员比和生师比平均水平分别达到6∶1和12∶1。二是积极推行教师聘任制和全员聘用制。在严格定编、定岗、定职责的基础上强化岗位聘任和聘后管理，引进市场机制，公开选拔，择优聘任。同时，实行特聘人员的校内转岗分流，建立校内待业保险机制。三是加大分配制度改革，强化分配的激励功能。加大学校内部分配倾斜力度，适当拉大分配差距，切实提高优秀拔尖人才、学术带头人和中青年骨干教师的待遇，为学校作出重大贡献者要给予重奖。四是建立符合高校特点的新型高校后勤服务体系。将全省高校后勤服务逐步纳入社会主义市场经济环境中，调动起社会力量为高校承担和提供服务的积极性。五是改革教师管理模式，加强高校教师队伍建设。变传统封闭式教师管理模式为适应社会主义市场经济体制发展需要的开放式教师管理模式；教师工作重点由单纯的管理控制职能转向教师资源的开发、保障、利用。

【少数民族教育】 2000年6月，省教育厅与省民族与宗教事务厅在罗源县召开全省民族教育工作会议，决定将发展少数民族教育事业列入全省"十五"教育发展的重点，采取有效措施，扶持少数民族教育发展。1.加快少数民族聚居乡村兴建寄宿制小学步伐；2.3年内为少数民族学校按部颁标准配备补充仪器设备；3.加大培养少数民族学生的力度；4.加强少数民族地区师资队伍建设；5.做好民族困难学生资助工作；6.做好民族教育对口帮扶工作；7.健全和完善民族教育专项督查制度，推动民族教育发展各项措施的落实。

【加强中小学德育工作】 2000年9月，省教育厅召开全省中小学德育工作会议，要求适应新形势，面向新世纪，切实加强中小学德育工作的改革创新。会议提出了加强和改进中小学德育工作的政策措施，明确把德育工作摆在素质教育的首要位置，用新观念、新内容、新方法、新措施、新载体，让德育更符合时代要求，更贴近现实状况。运用现代化科技手段，拓宽德育工作领域，建立完善的校园信息网，开创出与现代化传播手段相适应的德育工作途径。在2～3年内全省要投入资金建立大、中、小学配套的德育教学课程软件库，创建覆盖全省的德育网络系统。把心理健康教育作为德育的重要内容，建立心理健康教育中心，加强对全省学校心理健康教育的管理和指导。加强社会实践活动，将学生的社会实践活动列入教育教学计划，在时间上予以保证；因地制宜地建立中小学生社会实践基地。注重完善师德建设的机制，加大师德在教师考评中的比重，把师德状况与教师的评优、评先、评定职称挂钩。加强德育骨干队伍建设，完善德育骨干人员评聘教师职称系列。加大德育工作投入，从2000年起，省级财政每年拨出100万元专款，用于学校思想政治工作和德育工作。

【治理中小学乱收费】 省教育厅明确把治理中小学乱收费作为全省教育工作的重点，进一步加大标本兼治的力度，分别在春秋两季开学前对中小学乱收费治理工作进行专项部署，积极采取措施，狠抓5项治理中小学乱收费工作：即对地方违反国家和省有关规定、擅立收费项目、提高收费标准、扩大收费范围的乱收费行为，以及社会有关部门向学校乱摊派、乱收费，认真进行治理；抓好治理中小学乱收费工作的薄弱环节，特别是广大农村中小学收费管理工作，取消农村中小学学生统一着装，以严禁代办保险和治理学校用书、实行课本费限阶、规范代办费为突破口，将减轻学生过重的课业负担和家庭经济负担工作紧密结合；加强高中阶段学校招生收费的管理和监督，纠正收费"双轨制"，严禁"花钱买分数"；规范中小学校的收费项目，严格控制中小学校代办项目，坚持查处学校乱收费案件，严肃处理责任人；强化中小学校财务管理，加强中小学校预算外资金的管理，严格实行收支两条线，学校的各项收入纳入学校财务统一管理。收费一律使用省财政部门统一印制的专用票据，农村中小学校推行"集中管理，分校核算"的财务管理体制。据不完全统计，1年中全省先后查处中小学乱收费案件286件，处理责任人128人，清退各种违规收费407万元，罚没违规收费98万元。

【中小学省级骨干教师培训】 2000年7月，省教育厅举办了全省首期中小学骨干教师省级培训班，正式启动实施以培养面向21世纪中小学学科带头人为目标的省级骨干教师培训计划。首期培训涉及中小学语文、数学等9个学科的730名中小学骨干教师，分别依托福建师大、福州大学、集美大学和省幼教培训中心展开培训。省教育厅确定从2000～2002年，全省选拔培养3万名中小学、幼儿园骨干教师，其中省级培训2700名，力争经过3年努力，基本造就一支符合时代要求、能发挥示范和辐射作用的骨干教师队伍。首期进行的中小学骨干教师省级培训，采取集中培训与分散指导相结合，理论学习与教育教学实践相结合、教育教学与课题研究相结合、阶段性培训和持续提高相结合的方式进行，重点围绕理论与技能、实践与考察、课题研究展开培训。省教育厅对骨干教师培训对象实行动态管理，建立省级培训骨干教师信息库，对培训对象采取全过程优存劣汰的办法，凡定期考核不合格者，将取消其骨干教师培训资格。省教育厅还拨出500万元设立中小学骨干教师省级培训资金，并进一步多渠道筹措培训经费，保证培训的需要。

基础教育

【概况】 2000年，全省共有小学13935所，比上年减少420所；招生49.34万人，减少3.52万人；在校生369.10万人，减少17.75万人，每万人口小学在校生113.09人，居全国第14位；适龄儿童入学率99.86%；小学毕业生68.64万人，升学率为97.2%。小学教职工197272人，其中专任教师183547人。全省普通中学1921所，比上年增加28所。初中招生66.63万人，减少0.76万人；在校生196.26万人，减少1.10万人；每万人口初中在校生591.87人，居全国第4位；毕业生61.20万人，增加3.36万人；初中生年流动率为1.90%。高中招生15.18万人，增加2.64万人；在校生37.24万人，增加6.46万人，每万人口高中在校生112.30人，居全国第10位；毕业生7.84万人，增加1.44万人。普通中学教职工146363人，其中专任教师120667人。全省特殊教育学校76所，比上年增加2所；在校生4.07万人，减少0.25万人；教职工1512人，其中专任教师1261人。全省幼儿园11885所，比上年减少637所；在园幼儿78.64万人，减少3.27万人；3至未满7周岁幼儿入园率76.48%，比上年提高3.25个百分点，每万人口在园幼儿237.15人，居全国第4位；教职工47492人，其中专任教师39409人。

【义务教育】 2000年，全省义务教育注重抓薄弱校改造和示范校建设，以提高义务教育整体水平。在前两年各地进行薄弱学校调查的基础上，省教育厅要求对各地学生数在300人以上、将来仍需承担初等义务教育任务的薄弱小学进行重点改造，加强管理，使之达到国家规定的基本办学标准和管理水平。一年中，全省共改造薄弱小学300多所。省教育厅继续安排用于改造中小学薄弱学校的专项经费500万元，各地用于中小学薄弱校改造的配套资金达5000多万元。与此同时，还大力创建一批更高层次、更高水平的省级示范小学和省级农村示范小学，使这些学校成为全省小学教育的示范性窗口学校，通过这些学校的示范和辐射作用，带动全省小学办学水平的提高。在学校自评、县(市、区)初评、地级市验收的基础上，经省教育厅组织进行省级复查，确认了6所小学为"福建省示范小学"，使全省省级示范小学达50所，省级农村示范小学达438所。针对初中相对薄弱的情况，省教育厅还采取积极措施，加大"两基"巩固提高工作的力度，布置各地认真开展"两基"巩固提高工作的自查自纠工作，深入各地进行"两基"巩固工作的检查指导，重点检查拖欠教师工资、教育经费投入，控制流生和校园校舍建设等方面情况。通过努力，促进了各地依法落实控制流生的政府行为，增加了经费投入，解决了许多学校建设的半拉子工程，使"两基"巩固提高工作取得了很大成效，得到国家检查组和省政府的肯定。

【高中教育】 根据省委、省政府关于加强发展高中阶段教育事业的要求，年初，原省教委下达了普通高中招生计划13.2万人，各地通过调整学校布局，实行高初中分设，新建高中校和发展民办高中等多种形式，努力扩大了普通高中的办学容量，使全省普通高中实际招生数达15.18万人，比上年增加2.64万人，每万人口普通高中在校生数在全国的位次由上年的第15位提高到第10位。在扩大招生的同时，也注意到了规范普通高中办学行为，继续推进普通高中定级达标评估工作，提高普通高中的办学质量。根据普通高中设置标准及管理办法，全年共审批30所高中注册登记，25所高中注册筹办；根据普通完中定级达标验收标准和验收办法，复查审批6所一级达标中学、2所二级达标中学和6所三级达标中学，使全省达标中学达165所，其中，一级达标35所、二级达标68所、三级达标62所。

【幼儿教育】 全省加强了对幼教工作的管理，进一步规范幼儿园办园行为。在原有的《幼儿园登记注册试行办法》基础上，结合实际制定了新的《福建省幼儿园(班)登记注册办法》和《福建省举办幼儿园(班)基本条件》，并根据新颁布的办法和条件，在全省开展幼儿园登记注册复查和换证工作，至年底，全省大部分地区已完成复查工作，对复查过的幼儿园除个别需要整理外，均已换证。

【导向性活动推进素质教育】 为认真贯彻中共中央、国务院《关于深化教育改革全面推进素质教育的决定》，省教育厅深入基层调研，抓住课堂教学这一主渠道，加强对学校素质教育工作的检查与指导。要求各地按照《课程计划》，开齐、开足、上好各类课程，特别是以上好活动类课程为突破口，重点培养学生的创新精神和实践能力。组织省小学教育研究会等单位开展了小学思想品德课和数学课的教学观摩研讨活动，在各地教学观摩比赛的基础上，于3月、5月分别组织15节思想品德课和14节数学课参加省级观摩研讨，并组织了1000多人次参加了观摩研讨活动。这些活动的开展有力地促进了素质教育在教学领域深入扎实地开展。此外，为加强小学心理健康教育，还委托福建师范大学教育科学与技术学院，于7月在福州举办小学心理健康教育师资培训班，以促进全省小学心理健康教育活动的进一步开展和教师素质的提高。

【减轻学生过重负担】 年初，教育部下发《关于减轻小学生过重负担的紧急通知》，并召开了减轻中小学生过重负担电视电话会议，省教育厅按照教育部工作部署，结合本省实际，以防止滥订各种辅导材料为重点，提出6条贯彻意见。要求各级教育行政部门和学校采取有效措施，减轻小学生过重的学业负担和心理负担，减轻学生家长的经济负担。提出学校要严格控制考试，除语、数两门学科举行期末考试外，其他学科一律以日常考核为主；取消百分制，采取学生等级记分制加特长评价和激励性评语相结合的办法，淡化考试竞争，淡化分数意识。同时通过协调，请新华书店与各出版社配合，禁止夹带用书目录以外的教辅读物进入学校，并加强经常性的检查、抽查，规范用书，堵住源头，尽可能禁绝目录外的各类教辅读物进入学生书包。开学初还对各地"减负"工作进行重点检查，对个别地方存在的违规滥编滥印学习资料，违规订购《中小学用书目录》以外的书籍以及违反规定加重学生负担等问题，进行认真查处。中学对2000年秋季教学用书目录进行了清理和重新编排，通过报刊向全社会公布，接受广大群众的监督，同时加大了对学校征订和使用教学用书工作的检查力度，加强了教学用书管理。

【高中会考面向社会】 2000年3月，省教委制定了普通高中毕业会考面向社会开考的具体实施办法，对面向社会开考的对象，开考科目、时间、证书发放办法等作出具体规定，并允许中等职业在校学生参加社会开考。6月和10月，分别有984人和1651人参加了社会开考。

【普通高中教学改革】 2000年4月，原省教委在福州召开了全省达标中学校长通气报告会，参加这次会议的有全省三级以上达标中学校长、各地、市教委分管主任和中教科长共计180多人。这次通气报告会围绕实施素质教育这个主题，就普通高中教育教学改革中的突出问题，如高中课程改革、2001年高考改革及高中会考改革等问题，进行交流和研讨。会议期间，还专门组织省一级达标中学校长和各地市教委中教科长对《国家级示范性高中福建省评估验收实施方案》进行讨论、修改，为2001年启动国家级示范性高中试评估做好准备。9月，省教育厅又在福州召开了全省普通高中"研究性学习"专题研讨会，这次会议研究、部署了在省一级、二级达标中学开展"研究性学习"实验工作，通报了2001年全省全面实施普通高中新课程方案的意见和工作安排。通过这次会议，各地教育行政部门、教研部门和学校明确了"研究性学习"的实验任务、内容和要求。各地和学校已根据会议精神着手研究部署、开展"研究性学习"，为2001年全面实施高中新课程方案作准备。

【中学信息技术教育】 根据教育部对中小学信息技术教育的新要求，省教育厅积极开展中学信息教育。年初，组织各地中小学广泛开展电脑作品制作活动，并组织专家对各地推荐的310多件师生作品进行评选，评出145件获奖作品，成功举办了全省中小学电脑作品展示会，参观师生达到8000多人次，有力推动了中小学信息技术教育的普及。从省级展示会作品中精心评选的66件作品参加全国展示会，获得了好评。还组织有关专家重新调整了中学信息技术教育教学内容，增设WIN95内容，新编了相应的考试大纲和教材。6月6日，组织全省中学生计算机知识与操作等级考试，参加考试人数比往年有较大幅度增加。据统计，全省已有803所中小学开展计算机辅助教学活动，35所小学和119所中学建设了校园网，12所中小学校教育部确认为“全国现代教育技术实验学校”，厦门市和南安市、晋江市成为全国信息技术教育实验区，为全省加快教育信息化进程、推进素质教育奠定了较好基础。

2000年幼儿教育发展情况表

项 目	单位	按城乡分				按办学部门分			
		合计	城市	县镇	农村	合计	教育部门和集体办	其他部门办	民办
园 数	所	11885	1314	4041	6530	11885	9767	403	1715
入园数	万人	43.67	6.27	18.25	19.15	43.67	36.56	1.91	5.20
在园幼儿数	万人	78.64	15.20	33.81	29.63	78.64	63.80	5.20	9.64
教职工数	人	47492	13747	18807	7155	47492	35603	5136	6753

2000年小学教育发展情况表

项 目	单位	按城乡分				按办学部门分			
		合计	城市	县镇	农村	合计	教育部门和集体办	其他部门办	民办
校 数	所	13935	671	3662	9602	13935	13820	55	60
毕业生	万人	68.64	7.25	28.09	33.30	68.64	68.24	0.18	0.22
招 生	万人	49.34	6.37	21.17	21.80	49.34	48.80	0.17	0.37
在校生	万人	369.10	42.19	147.70	179.21	369.1	366.03	1.11	1.96
教职工	人	197272	23631	73538	100103	197272	194960	757	1555
专任教师	人	183547	21614	66915	95018	183547	181850	676	1021

2000年初中教育发展情况表

项 目	单位	按城乡分				按办学部门分			
		合计	城市	县镇	农村	合计	教育部门和集体办	其他部门办	民办
校 数	所	1444	132	596	716	1444	1379	14	51
毕业生	万人	61.20	6.33	33.12	21.75	61.20	60.50	0.11	0.59
招 生	万人	66.63	7.20	36.13	23.30	66.63	65.83	0.13	0.67
在校生	万人	196.26	20.59	107.91	67.76	196.26	194.12	0.34	1.80
专任教师	人	97497	12472	51431	33594	97497	96193	266	1038

2000年高中教育发展情况表

项 目	单位	按城乡分				按办学部门分			
		合计	城市	县镇	农村	合计	教育部门和集体办	其他部门办	民办
校 数	所	477	130	281	66	477	438	6	33
毕业生	万人	7.84	2.21	4.86	0.77	7.84	7.74	0.03	0.07
招 生	万人	15.18	3.88	9.79	1.51	15.18	14.51	0.09	0.58
在校生	万人	37.24	9.98	23.68	3.58	37.24	36.08	0.20	0.96
专任教师	人	23170	6938	14243	1989	23170	22262	154	754

职业教育

【概况】 全省普通中专(含中师)118所,与上年持平(其中技术中专93所,增加1所);招生3.48万人,减少0.82万人(其中技术中专招生3.42万人,减少0.53万人);在校生12.9万人,增加0.02万人(其中技术中专11.87万人,增加0.91万人);毕业生3.31万人,增加0.11万人(其中技术中专2.45万人,增加0.30万人);普通中专教职工1.24万人,其中专任教师0.69万人。职业中专(高中)258所,减少3所;招生7.37万人,增加0.19万人;在校生18.14万人,增加0.52万人;毕业生5.62万人,增加0.50万人。

【教育改革】 2000年1月,省教育厅针对中等职业教育发展中出现的新情况、新问题,组织进行职教专题调研,在此基础上,研究、制定全省中等职业教育发展思路,明确中职招生政策,通过放开招生计划、放宽招生年龄、保送、免试注册入学等措施,进一步深化中职招生制度改革;同时,放活中等职业学校办学形式,加强职业学校与普通高中的沟通,允许省级以上重点职业高中学校试办综合课程班,允许职业中专举办高二后分流职业中专班或与普通高中联办职业中专班。招生制度等方面的改革,有效地扩大中职学校招生规模,促进了中职教育的稳步发展。全年各类中等职业学校招生14.8万人(含成人中专2.13万人,技工学校1.8万人),在校生41.8万人(含成人中专6.26万人,技工学校4.5万人),分别占全省高中阶段教育招生数、在校生数的49.4%和52.9%。为推动中等职业学校教育教学工作进一步适应社会对人才培养的需要,省教育厅在中等职业学校积极推行"宽基础、活模块"的课程设置改革,普通中专、职业中专试行按大类专业招生,强调中职学校要突出办学特色,提高办学质量;同时,在部分中等职业学校试行学分制和弹性学制,允许学生分阶段完成学业,为学生构筑多种成长、成才的道路。

【省属普通中专管理体制调整】 为贯彻落实省政府《关于调整省政府部门(单位)所属学校管理体制和布局结构的决定》,经省政府批准成立了由省教育厅厅长任组长,省委编办、省计委、财政厅、人事厅、审计厅等部门领导组成的调整省政府部门(单位)所属学校管理体制工作小组,省教育厅抽调专人组成办事机构,负责学校调整工作。至9月,第一批划归省教育厅管理的2所普通高校和13所普通中专的人事交接、清产核资、审计等工作顺利完成。10月,省教育厅又牵头开展了第二批33所省政府部门(单位)所属学校管理体制调整的调研、协商、整改等工作,第二批学校的划转工作进展顺利。省教育厅继续对职业学校布局进行调整,经省政府批准,福建中华职大、福建高工校组建成立了福建职业技术学校。同时,省教育厅积极推进中职与高职接轨步伐,做好高等职业教育招收中等职业学校毕业生工作,采取保送、推荐、考核、考试等措施,扩大中等职业学校毕业生对口升入高等职业学校的比例,促进高职、中职健康发展。

【重点中等职业学校】 在1999年组织省部级以上重点职业学校评估的基础上,2000年,省教育厅开展了向省政府、国家教育部推荐评定重点中等职业学校的工作。经评定,全省有龙岩市农业学校等82所中等职业学校(其中:普通中专39所,职业高中43所),被省政府确定为省级重点中等职业学校,其中福建林业学

2000年职业高中教育发展情况表

项目	单位	按城乡分				按办学部门分			
		合计	城市	县镇	农村	合计	教育部门和集体办	其他部门办	民办
校数	所	258	101	123	34	258	213	36	9
毕业生	万人	5.62	2.40	2.62	0.60	5.62	5.02	0.42	0.18
招生	万人	7.37	3.12	3.62	0.63	7.37	6.69	0.48	0.20
在校生	万人	18.14	8.04	8.43	1.67	18.14	16.18	1.50	0.46
专任教师	人	10180	4518	4508	1154	10180	9336	646	198

2000年普通中等专业学校发展情况表

项目	校数(所)	毕业生(人)	招生(人)			在校生(人)	教职工(人)	专任教师(人)
			合计	招高中毕业生	招初中毕业生			
合计	118	33130	34819	154	34665	129041	12412	6920
工业学校	32	9055	13280		13280	48382	3912	2011
农业学校	12	4223	5458		5458	21493	1379	824
林业学校	2	692	1252		1252	4581	307	162
医药学校	15	2726	3562		3562	12567	1499	770
财经学校	18	5931	7986		7986	23545	1580	944
政法学校	4	752	713		713	2277	269	133
体育学校	3	367	384	154	230	1297	244	115
艺术学校	6	547	988		988	3229	671	497
师范学校	25	8687	640		640	10366	2519	1446
其他学校	1	150	556		556	1304	32	18

校等31所学校(其中普通中专16所、职业高中15所)被国家教育部确定为国家级重点中等职业学校。这些学校整体办学条件、办学水平和办学效益较强,在中等职业教育发展中已逐渐发挥骨干示范作用。

【师资建设】 5月,经国家教育部批准,厦门大学、福建师范大学成为国家级重点建设职教师资培训基地。9月,厦门大学职教师资培训基地首届招收中等职业学校教师在职攻读硕士学位3个专业90人。省教育厅还组织全省普通中专职业中专计算机专业10名骨干教师赴东南大学进修;组织部分地市教委领导、中等职业学校校长23名赴澳大利亚,进行有关中等职业教育发展的考察和培训。

【援藏工作】 根据国家教育部安排给福建省的中等职业教育援藏任务,省教育厅积极与有关主管部门和学校协商,共同做好内地西藏班中等职业学校招生工作。2000年,又有福建对外贸易学校外语专业、厦门市工业学校工业与民用建筑专业、福州交通职业中专学校车辆运输与维修专业举办西藏班,共招生23人。

高等教育

【概况】 全省有普通高校28所(其中省属26所)。普通高校在校研究生5134人(其中省属1953人),比上年增加1227人;本专科在校生131349人(省属112679人),比上年增加28760人;全省普通高校每万人口在校生数为39.61人,居全国第14位(省属高校33.98人,居全国第13位)。全省普通高校共有教职工21826人(省属17281人),其中专任教师9779人(省属高校7949人)。专任教师中,有正高级职务教师3468人,占专任教师总数的8.7%;副高级职务教师2595人,占26.5%。普通高校专任教师中,有博士541人,占5.5%;有硕士2031人,占20.7%。全省普通高校有中科院、工程院院士9人,国家有突出贡献专家150多人,入选国家百千万人才工程6人。

【布局结构调整】 积极推进高等学校布局结构调整工作,通过共建、调整、合并、划转的方式,顺利进行了部分学校的布局调整与资源重组。经教育部批准,泉州师专升格为泉州师院,福建农业大学与福建林学院合并为福建农林大学,三明师专、三明职大、三明师范和三明教师进修学院合并成立三明高专;福建音乐学院挂靠华侨大学办学,建立华侨大学福建音乐学院。经省政府批准,福建中华职大、福建高级工业专门学校组建成立了福建职业技术学院。福建师大福清分校实质性并入福建师大成立了职业技术学院;福建人民武装学校挂靠福建师大办学,建立了福建师大人民武装学院。并完成了对福建工程学院、闽江学院、莆田学院等本科大学的论证、评议和申报工作。政府部门(单位)所属学校的管理体制和布局结构调整工作也积极推进。多数省属本科高等学校和部分成人高等学校、大中专学校划归省教育厅等部门管理,其他学校实行"省地市共建,以地市管理为主"的体制,或实行由地市统筹管理。第一批15所学校的调整工作已经展开;第二批56所学校的调整也陆续展开。

【办学管理体制改革】 积极推进高校后勤社会化改革。召开全省高校后勤社会化改革会议,明确了全省高校后勤社会化改革的目标任务、指导思想、重点实施步骤和配合措施,确立了到2001年底基本建立起符合高校新特点的新型学校后勤服务体系的目标。2000年完成了兴建大学生公寓9.6万平方米的任务。积极鼓励和引导社会力量办学。制定民办高等职业学校设置办法,组织专家对筹建的5所民办高校和新申请设置的4所民办高校进行实地考察评估。招生改革和毕业生就业改革进一步深化。普通高校招生网上录取获得成功,实现了远程录取院校数和招生数双过半;成人高校考生报名工作实现网络化,顺利完成了成人高校招生网上录取试点工作。采取毕业生签订就业协议的形式,推进了师范类毕业生就业制度改革。

【办学水平】 第8批增列博士、硕士点取得突破性成绩。全省增列博士学位一级学科点5个,博士点36个(含一级学科覆盖点),硕士点77个。全省高校计有一级学科博士授权点9个、二级学科博士学位授予点88个、硕士学位授权点294个。有化学、生物学、经济学、海洋学、农学等12个博士后流动站;有国家重点学科7个,国家重点实验室1个,国家级工程研究中心1个,教育部重点开放实验室3个;有国家理科、文科人才培养和科学研究基地10个,教育部人文社科研究基地4个,省级重点学科36个。

【教学改革】 组织开展高等教育面向21世纪教学内容和课程体系改革计划省级项目研究进展情况检查工作,部署实施了"新世纪高等教育教学改革工程",组织教育部立项项目的申报工作。同时,两次组织专家组对漳州师院本科教学工作情况进行检查评估,提出整改意见。与漳州师院一起认真准备"迎评"工作,支持漳州师院顺利通过了教育部本科教学工作合格评估。

【科研】 全省高校不断增强科技为经济和社会发展服务意识,充分利用高校学科门类齐全、科技人才资源丰富的优势,围绕本省支柱产业和生产第一线亟待解决的难点、热点和重点问题,服务于支柱产业和重点产业的发展,取得了良好的经济效益和社会效益。2000年省属高校共有39人、36个项目列入教育部第一批高等学校骨干教师资助计划,获得教育部234万的拨款资助。不断拓宽经费投入渠道,2000年共安排300万元科研经费,比上年增加20%,申报计划项目400多项。经过专家评审,下达厅科研专项经费资助共345项,其中省科技三项费资助课题107项,人文社科研究项目134项;另下达学校自筹经费科研课题210项,经费近150万元。进一步加强产学研和科技开发工作,促进科技成果转化。5月,组织福州大学、福建师大、福建医大、集美大学、华侨大学等5所高校赴苏州参加国家经贸委、教育部、中科院联合主办的"2000年苏州·中国技术创新成果展示暨交易会",共展出创新科技成果40余项,洽谈成果20余项。11月组织全省9所本科院校参加"2000福建省'五新'项目推介洽谈会"参展项目1000多个,其中可供推广应用项目165项,会上签约项目111项。配合省经贸委做好2000年省产学研联合开发基金立项工作,组织"省高校科技开发服务中心"参加晋江鞋业博览会,进一步调动了高校科技人员投身科技成果转化和高新技术产业化的积极性。认真做好科技成果管理工作,全年共审批科研成果22项,其中鉴定项目8项,评审项目14项。组织各个高校申报2000年度省科技进步奖并召开初审会议。经专家评议、审定,共向省科技进步奖评审委员会推荐申报项目56项。做好高校科技宣传和科普工作。积极组织高校参加科技宣传周,开展"崇尚科学文明,反对迷信愚昧"为主题的活动,省教育厅获得了2000年福建省科技宣传周优秀组织奖。

【国际合作交流】 全省教育外事工作紧紧围绕福建经济建设和教育发展两个工作中心,不断拓展对外交流与合作的领域,提高了教育对外开放的水平。出国留学方面,积极组织做好各种层次、各种渠道的派出留学工作。2000年,全省共派出国家公费出国留学人员37人,有890名大专以上学历人员办理了自费出国留学手续。短期出访工作方面,全省教育系统组团出访计154批,出访人数达315人次,其中有21批、38人出国参加国际学术会议。经省人民政府批准,首次选派了由部分教育行政管理人员和重点中学校长组成的"福建高级教育行政管理人员培训团",赴美国马里兰大学进行为期1个月的培训,学习和借鉴美国在实施素质教育方面的成功经验。外国文教专家与教师工作方面,共聘请外国文教专家和教师119人,分布在全省40多所院校任教、讲学或合作科研,成为本省外语教学的一支重要辅助队伍。外国来华留学生工作方面，全省共接收42个国家和地区的来闽长短期外国留学生736人，短期生35人，留学生在闽高校所学专业也比从前有所扩展。外事接待工作方面，全年共接待来自英国、新西兰、澳大利亚、日本、马来西亚、菲律宾等国家和地区的客人100多人次。中外合作办学方面，推进中外高等教育的合作与交流，批准福州大学与英国内皮尔大学进行合作办学试点，在培养模式、课程体系、教材建设、教学内容、方法和手段等方面进行积极的探索和改革，实施专科学历教育。这是全省首家经批准实施学历教育的中外合作办学机构，对学习和借鉴国外先进的教学和管理经验，借助现代化信息手段，深化教学改革，提高培养质量和办学水平有着重要意义。对外教育交流工作方面，积极开拓对台交流渠道，全年共接收440名港澳台生来闽学习，其中香港学生100人，澳门学生190人，台湾学生150人。全省在校港澳台生达1933人，其中香港学生489人，澳门学生801人，台湾学生643人。全省赴台交流团组100多人次，接待了台湾中学校长团及台湾原省侨师校友团共200多人。

2000年高等教育发展情况表

项 目	校数(所)	本、专科生			教职工(人)	专任教师(人)
		毕业生(人)	招 生(人)	在校生(人)		
合 计	28	21891	50563	131349	21826	9779
综合大学	2	4341	4341	6772	5392	2281
理工大学	4	4959	4959	9583	4510	1786
农业院校	1	1502	1502	4117	2018	778
医药院校	2	1089	1089	3426	1747	780
师范院校	8	5912	5912	14087	5510	2719
语文院校	1	438	438	1221	413	228
财政院校	1	360	1388	2701	173	90
政法院校	1	345	345	544	324	170
职业技术学院	8	2945	2945	6995	1739	947

成人教育

【概况】 全省成人初等学校在校生8.96万人，与上年相比，减少2.51万人；扫除青壮年文盲5.89万人，减少0.55万人；参加成人技术培训学习的人数达245.8万人次，增加3.8万人次；全省各类成人中专招生21301人，减少1557人；在校生60683人，减少1395人。全省成人中学招生1815人，在校生3424人。全省成人高等学校共招生25629人，比上年增加2199人；在校生63663人，增加5772人。全省成人中专教职工8110人，其中专任教师4707人；成人高校教职工2641人，其中专任教师1332人。

【扫盲和农村成人教育工作】 全省继续深入贯彻落实省政府《关于进一步做好扫盲工作的通知》精神，采取措施巩固和扩大扫盲成果。全年共扫除青壮年文盲58852人，巩固120000人，提高46999人。省教育厅以国家农科教“百县千乡万村”工程实施为契机，积极参与农科教示范县创建工作，并抓好连城等县与有关农林院校共建农科教示范县工作，推动农村教育综合改革向纵深方向发展。农村县、乡、村三级成人教育办学网络得到进一步巩固，全省县成人教育中心达53所，成人高中28所，成人初中8所，所有乡镇建立农民文化技术学校，已有50所的文技校办学条件达到省级示范性文技校的标准，村级文技校办学面已占村总数的99%。全省农村三级成教网络共培训农村劳动力245.8万人次。

【成人学历教育改革】 全省加大成人中专改革力度，实行核定学校容量，对学校招生进行总量控制；根据社会需要和条件，学校进行专业设置；学校根据省教育厅审批的专业，在核定的总量内自主招生，学校按实际招生数报省、市教育部门备案；取消入学考试，凡持有初中以上毕业证书者均可免试入学等新政策。进行全省成人中专布局调整，通过评估，在每个地市确定1～2所省级示范性成人中专。组织专家对10所成人高校开办的26个高等职业教育新专业进行论证；对8所成人高校举办的17个成人大专起点本科教育新专业和宁德师专等20所学校开办小学教育等31个成人专科学历教育新专业进行评审论证，使成人高等教育专业结构逐步合理。同时，进一步加强成人学历教育管理。全省成人中等专业教育保持原有水平，年招生21301人。全省18所独立设置成人高校、24所普通高校举办夜大学、函授部和成人脱产专科班，年招生25629人。电大“注册视听生”开设财会、法律、英语、小学教育、应用电子技术、乡镇管理6个专业，注册生达30000人。全省有25所高校、26个专业举办成人高等专业证书教育，年招生3965人。

【自学考试】 2000年1月、4月、7月、10月全省先后举行了4次高等教育自学考试，共设置68个专业，其中本科19个、专科48个、中专1个，报考人数达59万多人，开考580多门课程，报考课程数达140万科次，全年共培养总类毕业生1.5万人，报考人数、报考课程数分别比1999年增长了11.1%、12%；于4月、5月、9月、10月先后举行全国计算机等级考试、全省青年干部计算机考试(一级B类)4次，报考人数达16万多人，比上年增长6.8%，报考数已连续6年居全国第2位，累计考生数达55万余人；于6月、7月、10月先后举行全国少儿计算机考试(少儿NIT)3次，报考数为451人；于11月举行全国计算机应用技术证书考试1次，报考人数为181人；于1月、7月先后举行电大“注册视听生考试”2次，报考人数达2.7万人，报考课程数达4.8万科次；于1月、7月举行先后对厦门华厦学院、福州英华外国语学院、福建音乐学院、福州建联学院等4所民办高校的国家学历文凭考试2次，设置16个专业，开考50多门课程，报考数为4200人次，报考课程数达8300科次，全省共有毕业生315名；于4月举行全国证券从业人员考试1次、报考数为2500人；于3月、9月先后举行全国公共英语等级考试2次，报考数为1622人，于3月、9月先后举行中英合作剑桥少儿英语考试2次，参加培训、考试的少年儿童达3600多人；于1月、4月、7月、10月先后举行中英合作商务管理、金融管理专业自学考试4次，累计报考数为1800多人；全年还组织实践性环节考核、毕业论文答辩、英语听力口语考试等小型考试400多场次，报考数达4.6万多人。

2000年成人中专学校发展情况表

项 目	学校数(所)	毕业生(人)	招 生(人)	在校生(人)	教职工(人)	专任教师(人)
合 计	217	18989	21301	60683	8110	4707
广播电视中专学校	5	5404	4952	14747	916	418
职工中专学校	94	7954	9165	25230	3038	1687
干部中专学校	27	1306	1882	5003	525	284
农民中专学校	16	1141	1831	4216	578	354
教师进修学校	73	1204	926	5304	2687	1841
函授中专	2	1980	2545	6183	366	123

2000年成人高等学校发展情况表

项 目	学校数(所)	毕业生(人)	招 生(人)	在校生(人)	教职工(人)	专任教师(人)
合 计	18	16742	25629	63663	2641	1322
广播电视大学	2	5754	5533	15702	873	348
职工高等学校	8	868	2088	4532	411	256
管理干部学院	4	2124	2335	5909	717	382
教育学院	4	1109	3820	7331	640	336
函授部		6887	11853	30189		

撰稿:张路 肖铮 张学强 戴颖 许志勇 林菁 制表:刘彦明 编审:赵文才 责校:章卓如

文　化

文化事业

【“九五”概况】　“九五”期间，全省文化事业在马列主义、毛泽东思想和邓小平理论的指导下，坚持“为人民服务、为社会主义服务”的方向和“百花齐放、百家争鸣”的方针，以实施精品战略为龙头，注重传承又着力更新，促进了文艺创作和艺术生产的全面繁荣，开创了全省文化艺术事业发展新局面。

在艺术创作方面，全省广大文化艺术工作者在继承传统艺术表达形式的同时，从历史和现实生活中寻找、汲取思想源泉和创作素材，不断创作出了一批融思想性、艺术性、观赏性于一体的，具有强烈吸引力、感染力的艺术精品。“九五”期间，全省专业艺术舞台共创作上演了100多部新剧目，产生话剧《沧海争流》、闽剧《贬官记》、高甲戏《金魁星》、梨园戏《皂隶与女贼》、歌剧《阿美姑娘》、《素馨花》、木偶剧《少年岳飞》、《五里长虹》等一批艺术精品，创作了舞蹈《戏痴》、《高原云踪》、歌曲《数鸭子》、漆画《花季》、杂技《命运——倒立技巧》、《蝶恋花——柔术转毯》等数百件精品佳作。先后三度晋京举办“福建剧展”、“福建省古老剧种晋京汇报演出”、“福建当代书画展”等重大艺术活动。组织举办了福建省《普天同庆香港回归》、庆祝中华人民共和国成立50周年《祖国万岁》、庆祝澳门回归《莲花翩翩》和“第三届福建艺术节”等规模大、科技含量比较高的大型综合性文艺晚会和文艺活动。全省共有6个剧目获“五个一工程奖”，14个剧目获“文华奖”，8个剧目获“曹禺戏剧文学奖”，1个剧目获“中国艺术节大奖”，46件作品获“群星奖”，有3位演员获中国戏剧“梅花奖”。由省人民艺术剧院创作演出的话剧《沧海争流》囊括了“五个一工程奖”、“文华大奖”、“中国艺术节大奖”。此间，在“全国美术展览”、全国少数民族文艺“孔雀奖”、全国少儿文艺“蒲公英奖”、全国杂技“金狮奖”等国内重大艺术赛事中，福建省参赛作品也斩金夺银，屡创佳绩。“九五”期间，全省还有8个重点艺术科研课题通过全国艺术科研规划办预审立项，纳入国家级课题管理；编辑出版了《新时期福建戏剧文学大系》（8卷本）、编纂7部文化集成志书；组织开展对一批名老艺术家艺术资料进行抢救保护、收集整理和拍摄出版。

在社会文化建设方面，1997年开始在全省深入开展创建文化先进县活动。第一批评为全省文化先进县12个：南安、建瓯、连江、福鼎、福州仓山、龙岩新罗、厦门同安、建阳、尤溪、邵武、古田、泰宁；第二批9个：鼓楼、闽侯、武夷山、沙县、上杭、晋江、石狮、福清、漳浦。其中，南安、建瓯、连江、福鼎、福州仓山、厦门同安、泰宁等7个县（市、区）被评为全国文化先进县。全省共有20个县（区）、镇被评为“中国民间艺术之乡”：莆田县（农民画）、（民间音乐）、仙游县（民间戏曲）、莆田涵江区（民间音乐）、松溪县（版画）、永春县（纸织画）、柘荣县（剪纸）、石狮市蚶江镇（灯谜）、华安县（玉雕）、漳州芗城区（灯谜）、东山县（民间音乐）、诏安县（农民画）、漳平市新桥镇（农民画）、同安县（农民画）、建阳县（工笔画）、晋江市（民间绘画）、漳浦县（剪纸）、龙海市（农民画）、晋江磁灶镇钱陂村（书法艺术）、福州晋安区（寿山石）。

在文化市场方面，“九五”期间，全省各类文化经营单位有8899家，其中：歌舞厅486家，舞厅674家，卡拉OK厅1122个，餐饮卡拉0K厅675家，电子游艺厅2771家，桌台球厅674家，保龄球馆74家，综合娱乐场所254家，旱冰场74家，文化艺术经纪与代理8家，民间职业剧团345家，时装表演队15队，画廊、画店33家，美术公司3家，艺术品拍卖行8家，图书批发190家，文化系统审批管理的音像制品批发、零售、出租、放映经营单位1265家，从业人员207630人。文化经营单位拥有固定资产14.6亿元，年度主营收入8.62亿元。全省共有管理稽查机构125个，专职管理稽查人员1100多人，兼职1400多人，形成了管理文化市场的基本力量和骨干队伍。

在文博事业方面，“九五”期间，全省被授予“全国重点文物保护单位”的有29处，省级文物保护单位有278处，县（市、区）级文物保护单位有2500多处。以省政府名义公布的省级历史文化名城4座（莆田市、邵武市、建瓯市、武夷山市），省级历史文化名镇（乡）6个（南平市延平区峡阳镇、连江县透堡镇、安溪县湖头镇、永定县湖坑镇、连城县四堡乡、永安市吉山乡），省级历史文化名村5个（浦城县水北街观前村、长乐市江田镇三溪村、福安市溪潭镇廉村、连江县筱埕镇定海村、长乐市航城镇琴江村）。1999年武夷山被列入世界文化和自然遗产名录。在文物保护方面，先后维修保护了泉州洛阳桥、天后宫、上杭古田会议旧址、蛟洋文昌阁、泰宁尚书第、仙游蔡襄墓、福清弥勒石造像、晋江草庵、莆田三清殿、漳州石牌坊等一批重点文物古迹。在文物考古方面，对史前遗址、商周汉代遗址和古窑址等进行了专门的考古发掘和研究，相继出土了一批珍贵的文物。1999年底，在三明万寿岩发现了迄今近20万年前的旧石器时代遗址，经国家级专家论证，不但是福建史前考古的首次发现，更是国内罕见的重要史前遗存，具有很高的学术价值。“九五”期间，先后投建全省第一座大型史前遗址博物馆——昙石山遗址博物馆，首座“国”字号博物馆——中国近代海军博物馆，第一座省级革命历史的纪念馆——省革命历史纪念馆。以省博物馆新馆建设为龙头，福建闽越王城博物馆、福州市博物馆、漳州市博物馆、泉州的“三南”博物馆、沙县博物馆、尤溪县博物馆等一批标志性的文物设施相继落成，向社会开放。

对外交流方面，“九五”期间，全省共派出475批文化团组、5961人次远赴56个国家和地区进行文化交流，同时接待了来自54个国家和地区的文化使者305批、5097人次来闽交流访问。其中对港澳台地区的文化艺术交流尤显活跃，共有199批文化团组、2665人次赴港澳台地区开展文化艺术交流，接待了港澳台地区文化艺术团组126批、1724人次来闽交流。这些文化艺术交流活动涉及文学、戏剧、音乐、舞蹈、杂技、木偶、电影、书画、摄影、雕刻、工艺美术等众多艺术门类，形式多样，内容丰富，从而进一步增进了世界各地人民对福建的了解，为福建走向世界发挥了重要作用。

在文化设施建设方面，全省现有公共文化设施面积为102.5万平方米，其中“九五”期间建成使用的为32.3万平方米，占总面积的31.5%。1998年省委、省政府把扶持基层文化建设列入“为民办实事”项目，拨款1000万元，扶持3个地市艺术馆，24个县级文化馆、图书馆，100个乡镇文化站建设，进一步促进了各级党委、政府加大基层文化设施建设。目前，全省共有市级艺术馆9个，总面积达3万平方米；图书馆设施6个，总面积3.1万平方米。县（市、区）级文化馆81个，总面积15.1万平方米；图书馆设施76个，总面积15.1万平方米；少儿图书馆设施3个，总面积5007平方米；基层文化站设施1051个，总面积23.09万平方米，基本达到县县有文化馆、图书馆，乡乡有文化站的要求。一批代表全省经济社会发展总体水平的标志性文化设施——省图书馆、省博物馆、省文艺大院改建工程、福建大剧院等重点项目建成或开工投（筹）建，各地也有一批重点文化设施相继建成或即将建成。

【加强思想理论建设】 2000年，全省各级文化部门和广大文化艺术工作者，认真学习贯彻江泽民总书记“三个代表”的重要思想，广泛深入开展邓小平理论和党的基本路线教育，开展马克思主义唯物论、无神论教育和科学精神教育，大力普及科学文化知识，反对和抵制迷信愚昧和各种歪理邪说，推进全省文化系统理论学习不断深入，进一步形成讲学习、讲政治、讲正气的良好氛围。省委、省政府主要领导先后深入文化系统开展调研，要求大力倡导先进文化，弘扬先进文化，建设先进文化，加快海峡西岸文化繁荣带建设。全省各级党委、政府重视文化工作，对文化建设的领导和支持力度明显加强。为贯彻《中共中央关于加强和改进思想政治工作的若干意见》，8月召开了全省文化系统思想政治工作会议，研究探索做好新时期文化系统思想政治工作。在充分调查研究，认真总结“九五”规划完成情况的基础上，制定了《福建省文化事业和文化产业发展“十五”计划（草案）》。

【艺术精品创作】 2000年，全省艺术的创作和生产成绩显著。话剧《沧海争流》荣获第8届“文华大奖”和第6届“中国艺术节大奖”，梨园戏《皂隶与女贼》、歌剧《素馨花》、木偶戏《少年岳飞》、木偶剧《五里长虹》荣获第9届“文华新剧（节）目奖”及导演、演员4个单项奖。在第17届全国“梅花奖”评选中，仙游鲤声剧团团长、莆仙戏著名演员王少媛和在泉州市歌剧团创作演出的歌剧《素馨花》中赛玉妲的扮演者李海珍金榜题名。在第10届全国“群星奖”和首届“蒲公英奖”评奖活动中，福建参赛作品分别获得2金、4银、1铜和2金、4银、11铜的优异成绩，其中，群舞《偶趣》、《海网渔歌》获得“群星奖”金奖，童话剧《公鸡生蛋》获得“蒲公英奖”创作、表演两个金奖。

【基层文化建设】 以创建文化先进县为龙头，大力推进“海峡西岸文化走廊建设规划”、“百花计划”、“芳草计划”、“蒲公英计划”、“知识工程”等重点文化工程建设，进一步推动基层文化的全面发展。按照重新修订颁发的《福建省创建文化先进县标准》，完成了对福州市鼓楼区、闽侯县、福清市、晋江市、石狮市、上杭县、沙县、武夷山市、漳浦县等9个县（市、区）的核评验收工作，并命名公布，有效地促进了当地创建活动的深入开展，使创建文化先进县活动进一步向乡镇、街道、村居等基层单位延伸和辐射。根据文化部《关于命名“中国民间艺术之乡”的通知》，在全省开展评选申报工作，并组织对各申报单位进行了实地的考核验收，批准命名了一批“福建民间艺术之乡”，其中，莆田县、仙游县、莆田市涵江区、松溪县、永春县、柘荣县、石狮市蚶江镇、华安县、漳州市芗城区、晋江市钱陂村、福州市晋安区被文化部命名为“中国民间艺术之乡”。8～9月间，成功地举办“第九届福建音乐舞蹈节”，集中展示和检阅了福建省近3年来在音乐、舞蹈创作、演出中所取得的成绩。来自全省各地4000多名音乐舞蹈工作者参与了8大类赛项的角逐，这是世纪之交福建省艺术舞台一次人才荟萃、华彩流溢的艺术盛会。此外，组织开展了全国“星海杯”少儿钢琴比赛福建省选拔赛的工作、第三届全省少数民族文艺调演、海峡两岸灯谜邀请赛、“助老济困”文艺晚会等群众积极参与的大型文化活动。

【对外文化交流】 充分发挥福建的人文和区位优势，坚持全方位、宽领域、多层次的交流方针，把加强闽台之间的文化交流作为工作的重点。全年共组织38批、552人次的文化艺术交流团组，赴美国、德国等14个国家和地区开展文化交流活动。同期接待了18个国家和地区的26批、1054人次的文化艺术团组来闽进行文化交流和考察。在不断扩大对外、对港澳台文化交流的同时，注重文化交流的实际效果，认真组织对外、对港澳台文化交流重点项目的实施，注意集中力量，举办高层次、高质量、大规模和综合性的对外、对港澳台交流活动，举办了“第六届中国泉州国际南音大会唱”，组织“中华民俗技艺展演团”、省梨园戏实验剧团赴台交流演出；以及省歌舞剧院赴新加坡、厦门交响乐团赴泰国、省杂技团赴新加坡、闽西客家艺术团赴香港、泉州提线木偶赴西班牙等重大团组文化艺术交流和商演活动，进一步加强了对外、对港澳台的文化交流。建立健全对外、对港澳台文化交流的项目库，更新文化交流的手段，加大对外宣传传播力度，扩大交流的覆盖面。

【文化市场管理】 为深入贯彻国务院颁布的《娱乐市场管理条例》，进一步规范娱乐市场的经营行为，省文化厅制定下发了《关于进一步加强娱乐场所管理的通知》，并对全省1.03万家娱乐场所进行了重新审核，审核合格的为8609家。与此同时，全省文化部门还积极会同公安、工商、海关等部门认真开展“扫黄”、“打非”和音像市场管理工作，通过公布举报电话、集中统一行动、进行明查暗访等方式，加大了执法力度。各级文化执法部门共出动检查2558次，出动检查1.12万人次；检查了5755家经营单位，处罚了1106家经营单位，其中警告419家，停业整顿230家，吊销经营许可证81家，取缔无证经营340家，移交公安部门36起；收缴了各类非法音像制品和书报刊21.36万片（盒、本）。为认真贯彻《文化部关于加强公共文化单位和文化经营场所安全工作的紧急通知》精神，在全省范围开展了文化经营单位安全检查，加强对营业性演出场所和娱乐场所演出活动的管理，保证了全省歌舞娱乐场所、电影院、录像厅等文化娱乐经营单位的消防安全和安全生产。

龙年元宵节期间，第六届中国泉州国际南音大会唱隆重举行。图为日本弦友演奏传统尺八。 （王鲁闽 摄）

【晋京举办《福建当代书画展》】 为回顾和展示建国50年来福建省书画艺术的发展历程和所取得的成就，9月21日，福建省人民政府在北京中国美术馆隆重举办《福建当代书画展》。展出的作品均选自福建省书画家不同时期、风格各异的精品力作，基本反映了半个世纪来福建当代书画艺术在不同时期的主要成就，是对流金岁月的历史性回顾和艺术总结，是福建当代书画艺术展望新世纪、酝酿新跨越的重要展示活动。贾庆林、王兆国、王汉斌、孙家正、龚心翰等领导以及首都美术界、书法界、出版界的专家学者、在京的乡贤乡亲和国内外书画爱好者近万人参观了书画展，并给予较高评价，展览获得巨大成功。

【电子游戏经营场所专项治理整顿】 按照国务院和省政府的部署，7～9三个月，集中开展了对电子游戏经营场所的专项治理整顿。全省各级文化部门共出动

由福建省政府主办，省委宣传部、省文化厅和省文联承办的“福建当代书画展”，2000年9月在北京中国美术馆开幕。 （周必云 摄）

1.2万人次，查处违规经营单位1264家次，取缔无证经营250家，吊销经营许可证69家，查禁违禁机种1757台，没收违禁机种电路板1927块，没收赌资4.5万元，同时关闭了校园周边200米范围内的电子游戏厅，取缔了58种明令禁止使用的电子游戏机，收缴、销毁了一批涉黄、涉赌的电子游戏机。同时，在全省范围暂停了歌舞娱乐场所、录像放映厅及电子游戏经营单位的审批，并对全省电子游戏经营场所进行了重新审核登记。全省电子游戏经营场所由原来的4527家压减为1775家，压减比例为60.7%，得到了人民群众的广泛拥护。

【艺术教育和科研】 为加强专业艺术教育，完成省艺术学校参加省部级重点中专的评估考核，并对其升格改办高等职业艺术教育问题进行深入调查研究，形成了组建福建高等艺术职业学院的有关方案。召开了“新时期福建戏剧创作研讨会”，对新时期以来福建戏剧创作进行了比较全面的理论总结，并对进入新世纪的戏剧创作进行了前瞻性的研讨。完成了6个全国艺术科研重点课题的结题工作，并对7个正在进行的课题调研进行检查落实。在文化部、全国艺术科学规划领导小组联合召开的第三届全国文艺集成志书优秀成果表彰工作会议上，省文化厅荣获组织工作奖，《中国戏曲音乐集成·福建卷》编辑部、《中国曲艺音乐集成·福建卷》编辑部和《中国民族民间器乐曲集成·福建卷》编辑部荣获编纂成果集体奖，还有一批编纂（审）人员分获编纂成果个人奖和优秀编审奖。

【繁荣新时期文艺创作】 召开全省剧目创作工作会议，以剧目建设为重点，组织开展“向建党80周年献礼”优秀现代戏剧本征文活动。各级文化部门以现代题材、儿童题材、革命历史等题材为主题，确实抓好剧目创作，推出了一批主题鲜明、内容丰富、具有强烈现代意识和深厚舞台实力的优秀剧本。成立了福建省艺术指导委员会，恢复了省文化厅的重点剧目工作室，完善了以福建省艺术研究所为龙头的省、市、县三级创作网络，以进一步加强对全省艺术创作的整体规划和指导，科学规划和组织艺术创作和生产，提高全省艺术创作的整体水平和质量。

（撰稿：陈新华）

文物 博物

【博物馆、纪念馆宣传建设年活动】 组织开展“全省博物馆、纪念馆宣传建设年”活动。依据有关法律、法规制定并发布实施《福建省博物馆、纪念馆达标标准（试行）》。经过博物馆、纪念馆自报，专家评审，实地考核，全省第一批14座博物馆、纪念馆达标，其中，一级达标博物馆4座（泉州海外交通史博物馆、福州市博物馆、厦门市博物馆、泰宁县博物馆），一级达标纪念馆2座（古田会议纪念馆、厦门市郑成功纪念馆）；二级达标博物馆3座（泉州市闽台关系史博物馆、连江县博物馆、尤溪县博物馆）；三级达标博物馆4座（厦门市同安区博物馆、龙岩博物馆、安溪县博物馆、长汀县博物馆）；三级达标纪念馆1座（福州市林则徐纪念馆）。经省委机构编制委员会办公室批准，成立福建闽越王城博物馆，为省文化厅直属事业单位。福清市、政和县、松溪县也经市、县编委批准成立博物馆，核定了人员编制。福建省博物馆的新馆主体工程年底封顶，荣获省重点项目建设优秀组织奖，新馆的陈列展览筹备工作亦同步进行。福建省昙石山遗址博物馆第一期工程竣工，转入遗址厅陈列布展。福州市博物馆新馆落成，2000年元旦对外开放。漳州市、沙县、尤溪县等一批博物馆新馆建设工程竣工。省文物管理委员会文物鉴定小组为三明、永安、沙县、清流、建宁、泰宁等市县的博物馆、纪念馆鉴定、确认革命文物241件。

【文物和历史文化遗产保护】 组织第五批全国重点文物保护单位和省级文物保护单位的推荐、遴选工作。从各市、县人民政府申报的227处文物保护单位中，遴选出31处，向国家文物局推荐、申报第五批全国重点文物保护单位。开展第五批省级文物保护单位的申报、评审，遴选出79处，经省文物管理委员会全体委员会议审议，向省人民政府推荐。福建省人民政府向国家文物局申报“福建土楼”提请列为世界文化遗产，成立了“福建土楼”申报世界文化遗产领导小组，副省长潘心城任组长、副省长汪毅夫和省文化厅厅长黄启章任副组长，成员有省直有关单位领导和龙岩、漳州两市政府领导，办公室设在省文化厅。先后邀请国家文物局、联合国教科文组织中国委员会和国内外专家到永定、南靖、华安3个县的土楼考察，得到充分肯定。省政府拨出300万元专款用于补助3个县土楼民俗博物馆建设、周边环境整治和申报文本编写等。厦门胡里山炮台的德国克虏伯大炮（口径280毫米），历经百余年沧桑，经国家文物鉴定委员会专家确认，是世界现存原址的最早、最大、最完整的后膛海岸炮，申报列入世界吉尼斯记录。政府拨款、社会集资、侨胞捐资维修各级文物保护单位近百处，全国重点文物保护单位莆田三清殿、福州华林寺大殿开始维修，省级文物保护单位漳州文庙大成殿等维修相继竣工。福鼎分水关、厦门盘石炮台等一批文物保护单位依法得到就地保护、整治。

【文物考古科研】 三明万寿岩旧石器时代洞穴遗址第一期考古发掘基本完成。经科学鉴定，灵峰洞文化堆积距今约18万年，船帆洞第7层文化堆积距今约2～3万年，第七层文化堆积距今1万年左右。经省人民政府同意，省文化厅和三明市人民政府在三明市联合召开“福建三明万寿岩旧石器时代遗址重大考古发现新闻发布会”，省领导、国家文物局领导和国内著名专家出席。国家文物局组织水下考古专家应用国际先进器材设备对连江定海水下沉船遗址进行局部考古发掘。配合漳诏高速公路、福宁高速公路建设工程，依法对高速公路沿线开展调查、勘探，抢救了一批新石器时代、青铜器时代和宋元时期的珍贵文物。闽东（宁德霍童）首次发掘出土了一批旧石器时代晚期的打制石器。福州市新店古城工地的抢救性考古发掘，显露出一口汉代水井等重要遗迹。经历数年不懈努力，基本完成50多万字的《福建省志·文物志》编纂，数百万字的《中华人民共和国文物地图集·福建分册》在年底完成初稿，通过国家文物局专家初审。国家自然科学基金委化学部、中国化学会应用化学委员会主办，省文化厅等单位协办、泉州海交馆承办的"第六届全国考古与文物保护化学学术会议"在泉州市召开，全国近百名专家学者汇聚一堂，研讨交流。

【依法管理文物】 全国人大常委会许嘉璐副委员长一行来闽检查《文物保护法》贯彻执行情况，视察福州、泉州、龙岩、厦门等地的文物保护单位、博物馆、纪念馆、文物监管品市场，充分肯定了福建省文物保护、博物馆建设和考古科研等方面的成绩。文物部门配合公安、司法部门打击文物犯罪活动，相继侦破一批大案。省文物管理委员会文物鉴定小组为司法部门鉴定涉案文物59起1442件（其中一级文物1件，二级文物1件，三级文物43件，一般文物1254件，工艺品143件）。厦门文物鉴定组鉴定涉案文物13起（500多件文物和数百件铜钱）。国家文物出境鉴定福建站暨省文物管理委员会文物鉴定小组为私人文物出入境鉴定16人次，为拍卖行鉴定许可拍卖标的15场次（3782件文物、艺术品），依法保障了文物正常流通和文物监管市场的健康发展。

（撰稿：邢新建）

图书馆 档案

【图书馆】 全省各级图书馆认真学习贯彻江泽民总书记在视察国家图书馆所作的重要指示，结合实际，在基础业务、服务水平、自动化建设等方面得到进一步加强。全省现有县以上公共图书馆82个，总藏书量955万册，人均0.29册（全国人均为0.28册）。

丰富馆藏文献，提高服务质量。围绕图书馆的改革与发展，坚持正确的办馆方向，宣传科学理论、传播先进文化，塑造美好心灵，营造全民读书氛围，以优秀服务赢得社会与读者的支持。省图书馆各类文献资料入藏共有：图书21239种32180册，报纸380种，期刊4608种，视听资料3820种，电子文献500种；接待各类读者107万人次；外借图书50多万册次，接待读者自修3万多人次；设立馆外分馆5个，馆外流通点30多个；开展各项读书活动574场63360人次，解答各类咨询2万多条；征集地方文献624种2417册，族谱90部。新建了WTO数据库、西部开发数据库等，大大充实了地方文献资料。在服务上，推陈出新，挖掘服务潜力，更新服务项目。开办读者服务部，开展外语翻译、咨询；推出古籍、姓氏宗谱、闽台关系族谱等极具地方特色的服务新项目，为读者及台胞寻根问祖提供可靠资料；通过检索、信息搜集等方法，为读者提供WTO专题资料、西部大开发资料。

加强网络信息资源建设。5月22日，由省经济信息中心人员组成的专家验收小组，对福建省图书馆网络工程工程系统进行了全面的验收。网络系统的建成，标志着省图书馆自动化建设进入网络化的崭新发展阶段，实现了馆内网上资源共享，为促进省图书馆信息资源开发与建设及将来的多媒体信息传输和数字化图书馆的建设打下了坚实的基础。以网络为依托建立的福建省图书馆WWW站点，为广大读者提供互联网上的电子信息服务，读者在家中就可了解图书馆现有的信息资源，查询图书馆的各种数据库，查询馆藏的收藏地点及供阅情况，将来还可实现直接从网上图书预约。通过网络，馆内工作人员可以浏览互联网上的各种信息，并对信息进行二次加工处理，为读者提供电子信息咨询服务；可实现全馆办公自动化及书刊的联机采选，并可逐步实现省馆与市县馆的资源共享及联机编目，为将来实现馆际互借奠定基础。

加强馆际交流合作。4月25日，由国家图书馆主办的全国图书馆管理与改革研讨会在厦门图书馆召开，来自全国各省、自治区、直辖市大型图书馆馆长及国务院办公厅、财政部、文化部、中央机构编制委员会、国务院法制办等部门领导出席了会议。5月23日，由省图书馆承办的第8次全国图书馆学刊工作会议在泉州举行。6月，省图书馆与天津市图书馆、湖南省图书馆、上海地区中文新书联合目录数据库编辑部、辽宁省图书馆、深圳市图书馆共同筹划组建"地方版文献联合采编协作网"，分别负责闽版、津版、湘版、沪版、辽版、粤版图书的新书目录发布，各地区文献数据制作，并以快速、优质的数据上载到中心数据库、实现向公众提供馆际间书目查询和网上数据检索，实现优势互补、资源共享、促进业务、远程传输、网络互联的数字化信息资源，打开了省图书馆与兄弟馆间的文献信息资源共建共享工作局面。

强化知识传播职能。以"传播科学知识，宣传科学思想，引导科学方法，弘扬科学精神"为主题，广泛开展图书馆服务宣传周等系列读书活动，组织举办了"百年历程看八闽"展览，"生活处处有科学"征文、演讲比赛、"网络经济"讲座以及科普图书展示、科普读物推荐等活动，讲述社会的发展与进步，展示科普图书的魅力，面向社会，面向读者，传播科学知识，宣传科学思想。为加强对新形势下农村、基层读书活动的辅导和服务，满足农民群众的求知娱乐需求，促进农村读书活动、科普教育以及健康文娱活动的广泛开展，变临时"送书下乡"为常年"书香飘乡"、"足不出乡，尽得所需信息"，积极探讨建设全省农村知识网络工程的可行性，并组织进行考察调研，确定南安市为试点，与东南网络公司合作，初步启动建设农村知识网络工程。

（撰稿：陈新华）

【档案】 全省档案事业机构、人员、馆藏情况。至2000年底，全省有档案行政管理部门92个，各级各类档案馆111个。档案局（馆）专职档案工作人员1228人，其中具有大专以上文化程度的674人，占54.9%，具有中级以上专业技术职务的267人，占21.7%。档案馆总面积达132969平方米。馆藏档案4784689卷，已开放档案1587105卷（件、册），分别比"八五"末增加59.88%、105.5%。档案目录数据建设为档案信息资源上网打下坚实基础。"九五"期间，省档案局组织科技人员研究开发了档案管理软件系统，制定了《福建省国家综合档案馆档案目录数据库建设前处理规范》和《福建省各级综合档案馆文件级档案目录数据库结构要求》。省档案局每年给设区市及县（市、区）档案馆下达完成目录数据库建设任务指标，并加强指导及积极提供技术服务，有力地推动了这项工作的全面开展。全省各级综合档案馆狠抓档案目录数据库建设，至2000年底，福州、龙岩、宁德、漳州5市及所属县（市、区）国家综合档案共录入计算机检索目录总数均超过100万条，泉州市及所属县（市、区）综合档案馆共录入机检目录总数达200万条，省档案馆录入机检目录110万条，全省各级国家综合档案馆共建立目录数据达1200余万条，为提高档案馆的现代化管理水平、档案信息化建设和实现档案信息资源上网检索打下了坚实的基础。

全省农业、农村档案工作取得好成绩。全省各级档案部门认真贯彻党的十五届三中全会精神，与有关涉农部门密切配合，大力推进农业和农村档案工作，在1999年全省村（居）建档率达97.6%的基上，进一步加大对农业和农村档案工作的指导力度，把提高村（居）委会建档合格率和土地承包档案进馆列入县级档案行政管理部门的年度考核内容。在各地党委、政府的支持下，绝大部分县（区）、乡（镇）把农业和农村档案工作列入农业、农村工作的整体计划，把乡镇机关档案工作合格率、村（居）建档合格率和土地承包档案进馆作为农业、农村档案工作的重点来抓。村（居）建档工作进展慢的乡镇、村（居）在县档案局的帮助指导下，注重有关材料的收集、整理、归档，改变建档落后的状况，建档工作已完成的村（居）则注重抓档案质量的巩固、提高。经过有关部门的共同努力，全省1079个乡镇（街道）全部建立了档案工作，993个乡镇档案管理达到合格标准，147个乡镇档案管理达到省级先进水平，其中柘荣县、鲤城区和同安区所辖乡镇档案管理全部达到省级先进水平。全省16581个行政村（居）委会中，已有16414个建立了档案工作，建档率达到98.99%，9842个行政村（居）委会档案工作达合格水平，合格率达59.96%。其中厦门、泉州、三明、宁德4个市所辖各县（市、区）100%村（居）委会完成建档任务。加强对第二轮土地承包档案的管理，为落实党的农村基本政策服务，全省94.2%的土地承包档案已移交到县（市、区）档案馆保管。其中泉州、厦门、福州、漳州4市所辖各县（市、区）土地承包档案已全部进馆。

采取新形式开展《档案法》和档案科普宣传。全省各级档案部门在抓好《档案法》、《档案法实施办法》的学习基础上，采取多种形式宣传档案和档案工作。2000年是全省实施“三五”普法教育的最后一年，为了落实“三五”档案普法规划，提高机关、团体、企业、事业单位工作人员的档案意识和档案法制观念，进一步规范社会档案行为，促进全省依法治档水平的提高，7月，省档案局与省司法厅在《福建法制报》开展了档案普法知识征答活动，全省62000余人参加了征答，其中厦门市组织12800多人参加本次活动。

10月，省档案局、档案学会组织档案科普宣传队到南平市和古田、清流、宁化、连城、平和县开展档案科技下乡宣传活动，在当地档案局馆工作人员的配合下，上街宣传《档案法》、档案工作、档案科学技术和现代化管理知识，向公民发放档案知识调查问卷，解答档案开放利用、档案保护和计算机辅助管理档案等问题；向市县档案局馆、机关、企业、事业单位档案室赠送档案科普书籍、资料、《中华人民共和国档案法》及《中华人民共和国档案法实施办法》挂图；走访当地档案馆，调查了解档案管理现代化和安全保护方面的情况，开展档案业务指导活动，与当地有关领导、档案工作人员座谈，共同探讨依靠科技进步推动档案事业发展问题。

（撰稿：罗炳行）

编审：赵文才　　责校：林丹英

卫生 体育

医疗卫生

【“九五”概况】 “九五”期间，全省卫生事业坚持新时期卫生工作方针，贯彻落实中共中央、国务院及福建省委、省政府《关于卫生改革与发展的决定》，卫生事业取得了较大的发展。“九五”期末，福建省平均期望寿命达72岁，比“八五”期末提高1.1岁；婴儿死亡率为20.1‰，比1995年的28.7‰下降了29.9%；孕产妇死亡率30.7/10万，比1995年的40.8/10万下降了24.8%。卫生资源总量不断增加，提高了卫生机构的服务能力，到2000年，全省卫生机构总数达9807个，医院、卫生院床位达82389张，比1995年增加16470张，每千人拥有床位达2.49张；各级各类卫生专业人员达117579人，其中卫生技术人员达97569人，每千人拥有卫技人员2.95人。预防保健工作得到加强，“九五”期间，传染病疫情保持平稳，无发生全省性大疫情，2000年，全省传染病报告发病率为192.8/10万、死亡率0.14/10万，低于全国平均数，连续5年未发现由脊髓灰质炎野毒株引起的临床病例。妇幼保健工作不断发展，到2000年，婚前医学检查率从1995年的20.1%提高到67.9%；认定627所医疗保健机构为爱婴医院，3岁以下儿童系统管理率比1995年增长1.3倍；全省有8个设区的市18个试点区（市、县）开展了社区卫生服务，建立了51个社区卫生服务中心、265个社区卫生服务站。爱国卫生工作取得了一定的成绩，“九五”期间，全省新增2个国家卫生城市（累计3个），5个全国卫生先进城市，1个国家卫生县城，8个省级卫生城市（累计9个）和14个省级卫生县城（累计23个）；农村自来水普及率和无害化厕所普及率比1995年分别增加12.8%和29.8%。初级卫生保健目标如期实现，到2000年，有72个农业县（市、区）通过省级复核审评，达到合格标准，占全省农业县（市、区）的87.8%（1995年13.2%）；农村医疗保健网功能得到健全和完善，到2000年，全省村卫生所覆盖率达96.3%，其中甲级村卫生所占55.6%；发展适合农民要求的合作医疗制度，有63.5%的乡镇、19.3%的村实行合作医疗，覆盖农业人口达11.6%。农村“卫生三项建设”工作取得了可喜的成绩，1991～2000年，全省共安排农村卫生院、县级卫生防疫站和妇幼所建设项目1098个，完成投资7.38亿元，提高了农村基层卫生机构的服务能力，促进了农村医疗卫生状况的改善。医学教育和科研工作有了较大的发展，“九五”期间共向基层推广新技术、新成果48项；有1项科研成果获国家级科技进步奖，195项获省政府科技进步奖，237项获省医药卫生科技进步奖；建成10个医学重点专科，10个领先医疗特色专业，10个初级卫生保健特色项目。中医药事业稳步发展，有63.3%以上中医院上等达标，建成13个中医专科专病中心，全省共研制新中成药33项，推动了中医药科技成果的转化。

【医疗卫生改革】 1.推进城镇医药卫生体制改革。省政府成立了由潘心城副省长任组长，省体改委、卫生厅等8个部门组成的“福建省医药卫生体制改革领导小组”，省卫生厅抽调人员组成“厅综合改革办公室”，组织改革调研与试点，抓紧研究制订《福建省人民政府关于城镇医药卫生体制改革的实施意见》和相关配套政策文件。《实施意见》经省长办公会议审议，以省政府的名义下发。有关部门根据中央配套政策，分别制定下发了《医院药品收支两条线管理实施办法》、《改革医疗服务价格管理办法》、《关于改革药品价格管理的意见的通知》等9个相关配套文件。11月16～17日，召开全省城镇医药卫生体制改革工作会议，进行工作部署，推动了卫生改革发展。2.实施区域卫生规划，发展社区卫生服务。根据国家计委、卫生部、财政部下发的《区域卫生规划的指导意见》，组织力量编制了《福建省卫生资源配置标准》，选择了泉州、南平等市进行区域卫生规划试点，各地加快当地区域卫生规划进程。同时，多次组织人员赴基层调研，探讨省医科所、福建卫校、省中医药研究院等改制方案，研究实行医院集团化的发展思路、模式与功能定位，探索民营医疗机构的内部运行机制、管理方式。三明、南平等地将企业医院剥离出来，进行卫生资源优化重组。省卫生厅、计委、教委等10部门联合下发《关于社区卫生服务的意见》，目前全省已在福州、厦门、南平、三明等地18个县（市、区）开展了社区卫生服务试点。3.实施医疗机构分类管理。按照卫生部等4部委有关意见，结合本省实际，主动探索和组织实施医疗机构分类管理工作。省卫生厅与省财政厅、省发展计划委员会共同制定下发了《关于城镇医疗机构分类管理的实施意见》。开展了医疗机构实施分类管理的调查摸底，完成了分类申报工作，拟于2001年上半年完成医疗机构分类核定工作。4.深化医疗机构人事分配制度改革。根据《中组部、人事部、卫生部关于深化卫生事业单位人事制度改革的实施意见》，把探索医院管理体制、人事制度、分配制度改革，作为推进卫生体制改革的基础和突破口。起草了《福建省关于深化卫生事业单位人事制度改革的实施方案》（讨论稿），草拟了成立省卫生人才交流服务中心工作方案，报省编委待批。目前，先行起步的有南平市第一医院和惠安县医院等，取得一定成效。5.实行病人选择医生。根据卫生部有关意见，制定并下发了《福建省卫生厅关于实行病人选择医生促进医疗机构内部改革的实施办法》。确定省立医院、福建医大附属协和医院、附属第一医院、省人民医院为省级医院试点单位。福州、泉州、南平等7市制定了相应的实施方案，确定了26所医院开展试点工作。大多数医院都已公布了专家的照片、应诊时间、职称等信息，许多医院设立了导诊台。在住院部，部分试点医院依据医生技术职称和专业特点，由不同级别的医生合理组成若干医疗组，供病人选择。6.开展药品集中招标采购。6月，省卫生厅、省纠风办等6厅局联合出台了《福建省医疗机构药品集中招标采购暂行办法》，省卫生厅成立了药品招标采购管理办公室，各地市也相应成立了办公机构，并组建了评标专家库，成立了监督委员会。据不完全统计，全省9个市和省属单位共组织了94批次药品集中招标采购，对7827多个不同剂型和规格的药品进行集中招标采购，中标品种达5360个，降低虚高定价的药品3048种，中标价与原批发价平均下降了34%左右。同时，制定印发《福建省医疗卫生机构医用仪器设备招标采购管理暂行办法》，建立省级医用设备招标采购专家库。全省各地已普遍开展了设备招标采购活动，采购设备近亿元。

【农村卫生】 坚持以初级卫生保健为龙头，努力加强各项农村卫生工作。全省通过省级初保复核审评验收的合格县已达72个。大力提高农村卫生院（所）和卫生防疫、妇幼保健机构的综合服务功能。发展适合农民要求的合作医疗制度，有63.5%的乡镇、19.3%的村实行合作医疗，占农业人口总数的11.6%。继续实行乡村卫生组织一体化管理，有53.1%的乡镇卫生院、46.2%的村卫生所开展了一体化管理，改善了乡镇卫生院分散解体、无序竞争的现象。继续推行卫生支农活动。全省共派出下乡医疗卫生队1798支，医务人员1.25万人次，培训农村医务人员1.38万人次，诊治病人171万人次，指导开展技术项目700项，赠送设备710件，价值414万元，赠送药品和其他物品价值123万元，捐献资金324万元。农村卫生“三项建设”攻坚战圆满完成，全年安排省级补助经费1400万元，完成建设项目77个。

【疾病控制】 加强霍乱、登革热等传染病流行的控制工作，全年甲乙类传染病发病继续保持平稳，死亡率比上年下降了34.5%。开展了4轮脊髓灰质炎强化免疫和查漏补种，约有200万名儿童得到免疫。继续做好结核病归口管理和结核病人的治管，结核病涂阳发现率为19.2/10万，比上年增加5.0%。加强宣传教育，普及艾滋病、性病防治知识，改变人群中的危险行为，建立健全了艾滋病监测系统，增设了8个性病监测哨点，14个艾滋病初筛实验室，检出HIV阳性57例，到年底，全省已累计发现艾滋病患者188例。开展消除碘缺乏病阶段目标省级评估，有70个县市区达标。加强监测，巩固鼠疫、血吸虫病、丝虫病等防治成果。结合“创卫”、“初保”和社区卫生服务，继续推进健康教育工作。

【妇幼卫生】 认真贯彻实施《母婴保健法》及配套法规，组织开展执法情况调查，努力扩大婚前医学检查覆盖面，提高婚前医学检查质量，降低孕产妇、婴儿死亡率。组织实施“救两条生命，还一家幸福”办实事项目，安排450万元经费扶持15所未达标的山区县级妇幼保健机构建设，支持50个贫困乡卫生院产、儿科建设，补助3000例贫困孕产妇住院分娩。

【爱国卫生】 4月，福州市、永春县分别通过了全国爱卫会的考核验收，被授予“国家卫生城市”和“国家卫生县城”称号；泉州、永安、晋江、邵武、石狮5市被评为“全国卫生先进城市”；全省又有20个乡镇被省爱卫会命名为“省级卫生乡镇”。农村改水改厕工作取得进展，全年改水投入1.79亿元，新增改水受益人口15.19万人；改厕投入2.6亿元，新增无害化户厕23万户。农村自来水和家庭无害化厕所普及率已分别达66.5%和40.6%。

【医政管理】 针对社会办医秩序较混乱状况，认真组织对医疗市场进行清理整顿，打击、取缔无证行医1981人次、非法医疗机构1500余家。继续做好核发《医疗机构执业许可证》工作，全省7265所各级各类医院、门诊部（诊所）、卫生所（室）等已核发《医疗机构执业许可证》。针对医疗广告中存在的问题，4月份，省卫生厅与省工商行政管理局联合下发《关于实行医疗广告发布内容格式化的通知》，要求医疗机构和媒体必须以规范化格式在有效期内刊播医疗广告，不得擅自变更广告内容和格式，严禁伪造《医疗广告证明》。严格医务人员资格准入，组织全省执业医师进行《执业医师法》和有关法律法规的学习、考试，完成46000多人的医师资格认定，并做好执业注册前的准备工作。组织8123人参加全国执业医师医学综合考试和执业护士全国考试。

【卫生执法】 多次组织大规模的食品卫生和重点公共场所等卫生执法检查。全省共出动卫生监督员6495人次，查获假冒伪劣产品价值67万元，端掉黑窝点9个，查封、没收、销毁产品近50吨，罚款41万元。依法开展5大卫生监督，监督监测合格率逐步提高。《福建省公民献血条例》经省九届人大常委会第19次会议审议通过，8月1日起施行。全省无偿献血18.95万人次，比上年增长12%，献血量占临床用血的76%。

【中医工作】 22所中医院通过验收上等达标，罗源、安溪等7县农村中医工作创先建设进展顺利。实施国家中医药管理局“113”人才培训计划，选派23名县级中医院医疗骨干赴全国各地中医专科专病医疗中心进修学习。15名老中医药专家学术经验继承人通过出师考核，报国家中医药管理局验收。13个省级重点中医专科按照以临床为基础，科技为先导，人才培养为重点，信息、管理为保证的建设目标，努力开展各项工作，医疗质量与水平均有较大提高，中医重点专科辐射全省、指导临床的作用和功能得到进一步的发挥，中医综合服务功能进一步完善。

【医学科技与教育】 做好省科技重点课题和省卫生厅青年科学研究基金课题申报工作，择优资助51个课题。下达2000年度新技术新成果推广应用项目10个。省卫生厅协同省计委组织重点项目“艾滋病病毒(HIV)基因工程重组抗原及第三代艾滋病病毒（HIV1＋2）抗体ELISA试剂盒研制”的重大成果鉴定，研究成果填补了国内空白，达国际先进水平，该成果的推广应用将改变我国HIV诊断试剂原料依赖进口的现状，并使试剂盒的灵敏度、特异性迅速提高，具有很好社会效益和经济效益。做好医学重点专科建设，安排下达专款450万元，组织专家到各建设单位对各医学重点学科、领先医疗特色专业、初级卫生保健特色项目，就经费使用与配套情况、人员设备到位情况、项目建设进展等进行检查评估。为适应医学专业人才的需求变化，对中等医学教育结构进行调整，提出了目标、要求、实施意见。普通中专卫校大中专招生3500人。泉州等6所卫校继续与福建医科大学、中医学院联办医学高职班。对有职称无学历人员进行系统医学教育，省卫生厅与省教育厅开办在职卫技人员函授卫生中专学历班，招生2803人。组织乡村医生中专水平考试，98级乡村医士专业1000名学员参加考试。

【对外交流与合作】 全省卫生系统共派出177批322人次出国考察、培训、讲学、参加国际学术会议和交流等；邀请来闽讲学、交流和考察的外宾82批254人次。援外医疗队筹组、培训、家属探亲等工作进展顺利。世界银行贷款卫Ⅳ项目、卫Ⅸ项目、改水Ⅳ项目利用工作取得进展。海峡两岸医疗卫生交流与合作进一步拓展，全省赴台进行讲学、考察和学术交流活动20批62人次；接待台湾来访、讲学、交流活动68批289人次；福建中医学院接受台湾留学生40名。

【精神文明建设】 1. 职业道德建设。制订了《全省医疗单位实行便民服务十项措施》，广泛开展“让群众满意，让病人放心”活动。积极开展思想教育工作，利用成克杰、胡长清等重大典型案件和全国卫生系统4个典型案例进行警示教育和行业作风整顿。组织人员对25个“创文明行业、建满意窗口”竞赛活动示范单位进行测评，通过病人问卷调查等方法，了解医院开展以病人为中心、提供优质服务、职业道德建设等情况，并进行分析，对群众不满意的问题及时采取措施加以改进。经测评，卫生系统示范单位的群众满意率有所提高，平均满意率达90.4%。严肃查处违法违纪案件，全省卫生系统共立案69件，结案48件，其中39人受党纪、政纪处分，20人被追究刑事责任，各级卫生部门领导干部、医务人员廉洁从政、廉洁行医的意识有了提高。2. 开展行风评议活动。把纠正医药购销中不正之风作为纠风工作的重点。4月，省卫生厅长与各地市卫生局长、省属12所医院院长，分别签订“责任书”。组织检查组对省和福州市属10所医院采购药品渠道进行全面清理，查出无证经营单位15个，一证多点经营单位17个，对各单位提出了立即进行整改的要求。同时，以民主评议医院行风为契机，进一步加大纠风工作的力度。全省各地、市、县召开不同类型座谈会3300多场，征得意见或建议近6000条；召开由社会各界人士组成的行风测评大会805场，参加测评人员达34000多人。7、8月份抽调7名厅级和21名处级干部组成的行风建设检查督导组，对12所省属医院和70多所地、市县属医院进行明查暗访，查找问题，并进行通报。年初，省卫生厅会同省物价局、财政厅对2400多项医疗服务价格作了调整，各级医院都在门诊大厅公布医疗收费项目标准和药品价格，科室悬挂医疗收费本，接受群众监督，有的医院还设立了触摸屏电脑，方便病人查询。6～12月，省卫生厅先后3次召开省属医院院长、书记会，通报医疗收费标准执行情况，要求省属医疗卫生单位要带头给门诊病人和住院病人提供收费清单，各单位把多收的金额主动退还或上缴国库。据统计，通过对省属医院医疗收费检查，共查出违规收费136.5万元，上缴财政72.42万元，退还患者64万元。有15位省人大代表联名致信省政府，对省卫生厅的做法表示赞赏。全省医院实行医药分开核算、分别管理制度，对药品收入实行“收支两条线”管理。3. 推行院务公开。省卫生厅与省政府纠风办、省监察厅、省文明办、省总工会联合部署在全省医疗卫生单位全面推行院务公开，制定了《全省卫生系统院务公开实施办法》。目前，全省医疗单位已普遍推行院务公开，制定了《院务公开实施办法》，设置对内、对外公开栏，对职工和群众关心的问题，如收费管理制度、财务管理、工程建设、物资采购、职工奖惩、人事工作，以及职工切身利益和领导干部重要事项等都予以公开，建立监督制约机制，受到群众和病人的好评。

【颁布施行《福建省公民献血条例》】 《条例》经福建省第九届人民代表大会常务委员会第19次会议于2000年5月26日通过，自2000年8月1日起施行。主要内容：提倡18周岁至55周岁身体健康的公民自愿无偿献血，鼓励国家工作人员、现役军人和高等学校在校学生率先献血。各级人民政府领导本行政区域内的公民献血工作，负责统一规划、组织、协调并推动公民献血工作的开展。出现自然灾害、重大伤亡事故或者其他紧急情况临床用血不能满足需要时，县级以上人民政府应当临时指定单位组织人员自愿参加献血。各级人民政府及宣传、教育、卫生等部门应当采取措施广泛宣传无偿献血的意义，普及献血的科学知识，开展预防和控制经血液途径传播疾病的教育。各级红十字会配合当地人民政府和卫生行政部门做好无偿献血的宣传动员工作。血站应当合理设置采血点或者使用采血车，便利献血者献血；采血前必须对献血者进行献血知识的宣传和解释，免费进行必要的健康检查；采血时必须严格遵守国家有关操作规程和制度。鼓励公民持身份证直接到依法设立的血站或者由血站设置的采血点献血。献血者累计献血800毫升以下的，自献血之日起5年内临床用血，可以累计按其献血量的3倍免费用血；自献血之日起5年后临床用血，可以累计按其献血量等量免费用血；献血者累计献血800毫升以上的，可以终生免费临床用血。禁止任何单位和个人非法向公民采集血液。

【机构改革】 根据《中共福建省委、福建省人民政府关于福建省级党政机构改革的实施意见》，省卫生厅将药政、药检职能交给药品监督管理部门，将医疗保险职能交给劳动和社会保障部门，将卫生建设项目的具体实施、质量控制规范的认证、教材的编写、专业技术培养及考试和卫生机构、科研成果、相关产品评审等辅助性、技术性及服务性的具体工作，逐步交给事业和社会团体。

（撰稿：黄则贤　林圣魁　黄毅敏）

体　育

【“九五”概况】 截止到2000年，全省体育事业取得了不凡的成就：全省群众体育蓬勃开展，社会体育需求日益提高，人民群众体质逐步增强，全省全民健身管理体系和运行机制初步建立，有1/3的人口经常参加体育锻炼，有32个县市获得全国体育先进县称号(完成国家体育总局要求世纪末达到50%的要求)，有10个街道获得全国城市体育先进社区称号。竞技体育取得显著成绩，改革开放以来，全省体育健儿在国内外大赛中为国争光、为闽争誉，共获得84项世界冠军、96项亚洲冠军，创造和超过37项世界、亚洲纪录。在2000年第27届奥运会上，经严格选拔，福建省有8名运动员、3名教练员参加了奥运会，是本省入选项目及运动员较多的一次。在奥运会上，吉新鹏夺取羽毛球男子单打冠军，实现了在奥运史上本省个人项目金牌零的突破，张湘祥获得了男子举重56公斤级铜牌。体育场地设施建设取得较大的改善，省游泳跳水馆建成投入使用，省新体育馆、省体校搬迁及省滑冰馆等全面动工建设。全省共有各类体育场地设施15730个，总占地面积2781万平方米，累计投入体育场地建设的资金15亿元，人均占有体育场地面积0.8平方米。

【省体委更名为省体育局】 在机构改革中，福建省体育运动委员会于2000年4月更名为福建省体育局，与福建省体育总会一个机构两块牌子，作为省政府直属机构，行使体育行政管理职能。体育局内设办公室、群众体育处、竞技体育处、政策法规宣传处、体育经济处、人事处和直属机关党委、监察室。

【竞技体育】 2000年，为进一步实施《奥运争光计划》，努力提高竞技运动水平，以备战九运会为工作重点，加大省运动队训练管理力度，坚持“三从一大”(从难，从严，从实战出发，大运动量科学训练)的训练方针，坚持“科技兴体”、“体科结合”、“体教结合”，认真落实“24小时全方位科学的安排”和“多课次、高强度，大运动量科学训练”，并建立训练督导制度，不断改革训练手段，以提高训练效益。9市体委也狠抓改革，调整队伍，调整项目，使全省竞技体育呈现了良好的势头。在奥运会上，吉新鹏夺取羽毛球男子单打冠军，张湘祥获得了男子举重56公斤铜牌，同时取得第四、第五、第八名好成绩。在2000年国内最高级别比赛中，共获全运会项目15金12银11.5铜，总分831分。

【实施《全民健身计划纲要》】 全省

荣获全国十佳运动员称号的福建省举重名将石智勇在训练中。（省体育局　供稿）

2000年全国飞机跳伞冠军赛在风景如画的连城县举行。 （林密 摄）

认真贯彻《全民健身计划纲要》，广泛组织开展全民健身运动，进一步建立健全了全民健身组织网络，建立了一批社会体育指导员队伍，促进了全民健身工程、全民健身路径等小型体育设施的建设，营造了浓烈的社会健身氛围，有力地推动了基层健身活动的普及开展，对引导广大群众积极、主动地参与健身锻炼，形成健康、文明、科学的生活方式，提高全省人民的身体素质都产生了积极的影响，在八闽大地掀起了全民健身高潮。2000年有4个县、市达到“全国体育先进县”标准；有6个街道被评为全国城市体育先进社区。还举办了第四届全省全民健身节、省直机关全民健身活动等大型体育活动；积极参加全国体育大会，全国残疾人运动会、全国农民运动会、少数民族运动会、大中学生运动会、职工运动会等。在2000年举行的首届全国体育大会上，省里和厦门市分别组团参赛，共取得了7枚金牌、8枚银牌、5枚铜牌的好成绩。

【体育设施建设】 省体育馆、省游泳跳水馆、省体校搬迁建设是列入全省社会事业重点建设项目的工程，9个市的体育中心也列入市重点工程。省游泳跳水馆在各有关部门的大力支持下已经建成，于2000年5月投入使用。同时正在抓好“三大工程”和“六个基地”的建设。“三大工程”，一是省新体育馆要切实落实好各项资金的到位，加快建设步伐；二是省体校搬迁建设要加快进程，并积极向创办技术学院努力；三是滑冰馆建设要早日完成，以尽快组建冰上运动队。“六个基地”（即：贵安游泳基地、马尾举重基地、金湖皮划赛艇训练基地、东山水上基地、平潭帆船基地、长泰激流基地）的建设也抓紧进行，同时完善已建好的省射箭基地、体工队和漳州训练基地，拓展各项竞技体育基地建设，不断改善福建省运动队的训练条件，并为竞技体育和全民健身服务。

【“十五”规划】 根据省委，省政府的要求，参照《全国体育事业发展“十五”规划》，并结合本省的实际，研究制定了全省体育事业发展“十五”规划。按照规划，到2005年全省体育工作总的指导思想是：动员全省体育工作者和全省人民，高举邓小平理论的伟大旗帜，贯彻党的十五大精神，认真执行《中华人民共和国体育法》，进一步深化体育体制改革，扩大体育对外开放和交流。落实《全民健身计划》和《奥运争光计划》，推动群众体育发展，力争“九运成绩显著，十运进入前列”，打好体育翻身仗，全面振兴福建体育事业。

到2005年的奋斗目标是：

——群众体育蓬勃发展，经常参加体育活动的人数达40%，青少年、儿童体质达到全国中等水平，建成100个全民健身中心，有50%的街道达到全国城市体育先进社区标准，初步建立社会化、科学化、产业化和法制化的全民健身体系。

——竞技体育整体实力稳步提高，九届全运会金牌、总分排名全国第十五名左右；到十届全运会时，力争全省的金牌、总分排名进入全国前列；为我国参加亚运会、奥运会等世界大赛作出更大贡献。

——体育基础设施明显改善，人均体育场地占有面积达到1平方米，平均每年全省投入场馆建设的资金达2亿，体育场馆建设平均增长率不低于0.6%，体育场馆的利用率达到80%以上。

——体育产业化步伐加快，自我发展能力显著增强，基本形成以体育主体产业为基础，多业并举，多种所有制并存，结构合理，共同发展的体育产业发展新格局。

——国家办和社会办相结合的体育管理体制基本形成，福建体育法规体系初步建立；科技在体育事业发展中发挥重要作用。 （撰稿：王琦生）

编审：赵文才 责校：林丹英

新闻 出版 广播 电视

出版事业

【"九五"概况】 "九五"期间，福建省广大出版工作者以邓小平理论为指导，认真贯彻落实党的十四届六中全会和党的十五大精神，坚持出版工作"为人民服务、为社会主义服务"的方针，全省出版事业取得较大的发展，出版体系进一步完善，出版实力不断增强。

一、图书："九五"期间全省累计出版图书14471种，总印数10.84亿册，总印张49.32亿印张。1995年共出版图书2347种，总印数1.84亿册，总印张8.00亿印张；2000年共出版图书2879种，2.03亿册，9.70亿印张，年均增长分别为4.17%、1.93%、3.94%。

二、报纸："九五"期间全省累计出版报纸30.13亿份、45.12亿印张。1995年共出版报纸47种，总印数5.15亿份，总印张5.97亿印张；2000年共出版报纸61种，6.89亿份，总印张13.46亿印张，年均增长分别为5.35%、5.98%、17.63%。

三、期刊："九五"期间全省累计出版期刊2.02亿册、6.73亿印张。1995年共出版期刊159种，总印数4239万册，总印张1.33亿印张；2000年共出版期刊187种，4463万册，1.50亿印张，年均增长分别为3.30%、1.04%、3.40%。

四、音像制品、电子出版物：1.盒式音带：由于市场需求转向VCD，对录音带的需求正逐年减少，1995年全省共出版录音带142种，221.81万盒；2000年共出版录音带17种，74.93万盒，"九五"期间年均增长分别为-34.59%和-19.51%。2.激光唱片：1995年全省共出版激光唱片8种，3.73万张；2000年共出版激光唱片37种，37.43万张，"九五"期间年均增长分别为35.84%和58.6%。3.VCD：1995年全省共出版VCD85种，26.10万张；2000年共出版VCD237种，404.89万张，"九五"期间年均增长分别为22.76%和73.04%。4.DVD：1999年全省共出版DVD6种，1.60万张；2000年共出版DVD16种，8万张，"九五"期间的后两年，分别增长166.67%和400%。5.电子出版物：2000年全省共出版电子出版物18种，29.93万张。

五、图书发行："九五"期间全省累计发行图书24.95亿册、105.02亿元。1995年共发行图书4.47亿册，总码洋为11.81亿元；2000年共发行图书4.50亿册，总码洋为22.62亿元，年均增长分别为0.14%、13.88%。

六、书刊印刷：1995年，全省书刊印刷省级以上定点企业全年书刊排字量为2.74亿字，书刊印刷103万令，书刊装订80万令；2000年，全省书刊印刷省级以上定点企业全年书刊排字量为3.05亿字，书刊印刷100万令，书刊装订98万令，"九五"期间年均增长分别为2.14%、-0.60%、4.14%。

【2000年概况】 2000年，福建省新闻出版系统认真贯彻落实党的十五大和十五届五中全会精神，自觉树立政治意识、大局意识、改革意识和机遇意识，紧紧围绕着江泽民总书记在十五大报告中提出的"加强管理，优化结构，提高质量"的工作方针和"三个代表"的重要思想，坚持"一手抓繁荣，一手抓管理"，努力多出优秀出版物，为经济建设和改革开放提供精神动力和智力支持。进一步加强新闻出版管理和"扫黄"、"打非"工作，保证新闻出版事业的健康发展；加强版权管理工作，保护著作权人的合法权益。在继续深化出版体制改革、加强队伍建设、促进产业发展等方面做了大量工作，取得较好的社会效益和经济效益。全年共出版图书2879种（其中新书1518种，重版书1119种，重版率42.4%），总印数2.03亿册，总印张97万千印张；出版报纸61种，6.89亿份；出版期刊187种，4463万册；出版音像制品307种，525.25万盒（片），电子出版物18种，29.93万盒张；发行图书4.5亿册，总码洋22.6亿元。

【《中国萌芽石刻集》等3部图书获中国图书奖】 全国出版界瞩目的国家级图书"三大奖"之一——中国图书奖的评选活动至今已成功举办了十二届，评选出了一大批集思想性、艺术性于一体的优秀作品，在出版界享有盛誉，已成为全国出版单位多出好书的激励机制。在第十二届中国图书奖评选中，福建教育出版社出版的《中国萌芽石刻集》、海峡文艺出版社出版的《新中国文学史》、鹭江出版社出版的《金门史稿》等3本图书榜上有名。

【海外华文学校首次采用中国大陆课本授课】 2000年，省出版外贸公司与菲律宾华文教育研究中心达成协议，向当地华文学校提供中国大陆出版的华语课本及配套音像制品和电子出版物，全年共向菲律宾出口华语教材5.28万册（盒），总码洋85万元，改变了长期以来台湾教材独占菲律宾华文教材市场的局面，在菲律宾引起很大反响。

【公开审理首例侵犯著作权刑事案件】 案件主犯郑华自1998年秋至1999年秋期间，先后组织盗印、销售福建人民出版社等6家出版社享有专有出版权的中小学教辅用书，非法经营额达92万余元；销售盗版图书62万余元。经莆田市涵江区人民法院公开审理，主犯郑华被判处有期徒刑3年，并处罚金8万元，赔偿福建人民出版社等6家出版社29万元。郑华案是福建省首例追究刑事责任的侵犯著作权案，该案引起社会各界的广泛关注，人民日报、新华社等18家主要新闻单位到庭审现场对此案进行采访报道。

【破获7条地下光盘生产线】 2000年，福建省新闻出版局协同有关部门作战，重拳出击，连续破获了7条地下光盘生产线，严厉打击了盗版光盘活动，得到全国"扫黄办"的表扬。8月上旬，泉州海关走私犯罪侦察支局在晋江市破获一起非法光盘生产线案，一举查缴正在生产的光盘生产线4条、光盘印刷机2台、PC料20余吨、成品及半成品光盘40余万张、母盘近2000种，抓获涉案人员9名；11月上旬，厦门海关走私犯罪侦察分局和泉州海关走私犯罪侦察支局在石狮市查获涉嫌走私进口并进行非法生产的光盘生产线2条、光盘印刷机1台及盗版VCD光盘一批，抓获涉案人员5名；11月中旬，晋江市公安局刑支三大队查获一条安装在一辆大型货柜车上的非法光盘生产线，现场还查获PC料10包（每包750公斤）、母盘24张、VCD成品光盘4个品种共2万多张、空白光盘8000多张以及一台三色光盘印刷机，抓获现场作业人员1名。

【"课前到书、人手一册"】 2000年，为适应国际交流的需要，根据教育部、新闻出版署的有关文件精神，中小学教材的开本规格采用新的标准，要求更新原有的印刷设备。承担主要教材印制任务的6家国家级书刊印刷定点企业加大技改力度，为避免重复引进，造成设备投资的浪费，省新闻出版局加强引导，组织设备投资论证，协助办理引进手续，共为企业引进高速多色单张纸胶印机2台、卷筒纸胶印机2台（套）和胶订联动线2条，及时满足了中小学教材印制的需要。经过编、印、发广大干部职工的共同努力，连续14年确保了“课前到书、人手一册”。全年共租型印制中小学教材229种、7130多万册。

【光盘产业】 为了进一步提高福建省出版业的科技含量，加速向现代出版业的转变，寻找新的经济增长点，省新闻出版局着力培育光盘产业，逐步把福建建设成为光盘生产基地。目前，全省共有2家光盘复制企业，拥有VCD光盘子盘复制生产线2条、DVD母盘刻录线1条、DVD光盘子盘生产线5条，光盘年生产能力达2430万张（其中CD类1230万张，DVD类1200万张）。

【制定新闻出版事业发展3个“十五规划”】 为建立起适应社会主义市场经济体制要求，与社会主义精神文明建设要求相一致，符合新闻出版自身规律，科学、高效的新闻出版管理体制和有活力的出版物生产经营机制，使福建新闻出版业在总量上有进一步增长，具备较强的竞争力和市场适应力，实现可持续发展，经过反复认真的调研、论证，省新闻出版局制定了《福建省新闻出版“十五”发展计划》、《福建省图书、音像、电子出版物“十五”重点选题规划》、《福建省新闻出版局社会主义精神文明建设“十五”规划》，为“十五”期间全省新闻出版事业的发展，描绘了蓝图。

【机关机构改革】 遵循精简、统一、效能的原则，根据经省委机构编制委员会审核，省委、省政府批准的《福建省新闻出版局（省版权局、省出版总社）职能配置、内设机构和人员编制规定》，省新闻出版局（省版权局、省出版总社）组织实施局（总杜）机关的机构改革。通过竞争上岗、考核交流干部，聘任处级干部，对科级及科以下人员实行双向选择，以及组织人员分流，基本完成了机关的机构改革工作。

【机关效能建设】 根据省委、省政府作出的《关于开展机关效能建设工作的决定》，省新闻出版局机关认真开展机关效能建设，采取必要的形式营造机关效能建设的良好氛围；制定了《关于加强机关效能建设的暂行规定》、《机关效能告诫制度》、《机关办公日常文明用语》等制度；从出版社、印刷厂、新华书店及离退休同志中聘请了10位党性强、作风正的同志担任局机关效能建设监督员；印发了《福建省新闻出版（版权）局政务公开服务指南》；对新闻出版局现行的审批、审核制度进行了清理和规范；具有社会管理职能的处室实行办事公示制、办事承诺制和办事时限制。

【选拔中青年业务骨干赴美培训】 为了加快培养适应21世纪新闻出版产业改革和发展急需的复合型、外向型人才和各类紧缺人才，学习借鉴国外出版管理经验，探索与国外出版机构在出版人才培养方面合作的路子，2000年，省新闻出版局选送出版系统中青年业务骨干2批5人赴美进行出版业务和图书营销业务研修，并对国外出版集团进行考察。通过在国外实地考察、研修，使他们深入了解国际出版业的发展现状、运作方式、运行机制及运行规则，学习图书经营、版权贸易、国际图书销售、选题策划以及电子出版物出版等方面的业务知识，从而加强开拓中国图书国际市场的能力。 （撰稿：武元敏）

报刊事业

【正确导向】 2000年福建省报刊界以邓小平理论和党的基本路线为指导，认真学习、宣传、贯彻中央《关于加强和改进思想政治工作的若干意见》和江泽民总书记“三个代表”的重要思想，坚持与党中央保持高度一致，坚持党性原则，坚持实事求是，坚持团结稳定鼓劲、正面宣传为主的方针，紧紧围绕经济建设中心，服从服务于全党全国工作大局，牢牢把握正确舆论导向，唱响主旋律，打好主动仗，促进改革发展，维护社会稳定，为改革开放和现代化建设事业提供了良好的舆论环境。不少报刊开辟专栏专版学习、宣传“三个代表”重要思想，把研究、宣传、教育结合起来。此外，还按照中央和省委的部署，认真组织好人大政协“两会”、中央思想政治工作会议、十五届五中全会、中央经济工作会议、“三讲”教育、纪念中国人民志愿军抗美援朝出国作战50周年等重要会议、重大活动以及揭批“法轮功”、抵制梵蒂冈“封圣”活动等重要工作和事件的宣传报道，真正做到唱响主旋律，打好主动仗。同时，本省报刊紧紧围绕经济建设中心，切实服务改革开放大局，组织开展了“九五”成就的宣传，国有企业改革、西部大开发的宣传。对住房制度改革、医药卫生体制改革、社会保障制度改革等一系列涉及群众切身利益的改革举措，积极稳妥地做好宣传引导，统一思想，增强信心，为深化改革创造了良好的舆论氛围。把加强和改进思想政治工作的宣传作为贯穿全年新闻宣传的重中之重，加大力度，改进方法，增强了说服力、感染力，增强了针对性、实效性。对台湾所谓的“大选”、南斯拉夫政局变化、高行健获诺贝尔文学奖、“法轮功”国庆期间滋事等事件的报道，着眼全局，引导有力，工作主动。积极稳妥地开展舆论监督，把握适度，效果较好。

【报刊管理】 根据中宣部和新闻出版署印发经中央同意的《关于建立违纪违规报刊警告制度的意见》和《违纪违规报刊警告制度实施细则》，福建省下发了贯彻执行的意见，各报刊社制定了相应的规章制度，以保证确立和维护马克思主义的指导地位，不给错误的言论提供传播阵地。按照中央关于调整报刊结构的通知精神，福建省的《福建法制报》、《福建人才报》等

第五届华东6省1市优秀新闻摄影作品评选2000年10月20日在福建省惠安举行，共评选出154幅（组）获奖作品。 （林辉龙 摄）

16家报纸改变主办单位和主管部门。另外，停办《福建海洋报》，改为由福建日报社主管主办《海峡周报》；停办《福建商报》，改为由泉州晚报社主管主办《东南早报》；停办《人口与家庭》，改办期刊《婚育导刊》。《福建工商报》划归省消委会主管主办，更名为《海峡消费报》；《福建邮电报》更名为《通信信息报》，划归中国电信集团福建电信公司主管主办；《东南经贸时报》更名为《东南快报》，划归省贸促会主管主办；《福建环境报》更名为《环境与发展报》。由于经济宣传的需要，经新闻出版署批准，《福建经济报》自6月起正式更名为《福建经济快报》。

【参评获奖】 本年度福建新闻奖（报刊部分）共有400多篇作品参评，236件作品获奖，其中特等奖1件，一等奖32件，二等奖86件，三等奖117件。在此基础上推荐到全国参评，其中泉州晚报社的《泉州发现数万年前"海峡人"化石》获第十届中国新闻奖二等奖，福建日报社的《让生命在大自然里延续……》获三等奖，省电台的广播新闻专题《朱总理和我们心连心》获一等奖。此外，有20多家报社的作品获全国报纸副刊年赛、全国地市报新闻奖、中华全国农民报协新闻奖等多种奖项的奖励。福建日报社、厦门日报社、泉州晚报社荣获第二届全国地方报社管理先进单位的称号。 （撰稿：吴捷炳）

广播电视

【"九五"回顾】 "九五"计划期间，福建省广播影视事业发展迅猛，成绩斐然。已形成布局合理、设施配套的节目采集、制作、传输、播出、覆盖体系。全省广播电视部门围绕中心，服务大局，坚持正确的舆论导向，弘扬时代主旋律，为改革开放和现代化建设营造了良好的社会舆论环境。省级广播电视节目制作时数比"八五"期间有较大增长，其中广播节目增长54%，电视节目增长2.69倍；通过新闻改革和节目改版，制作播出了一大批深受人民群众喜爱的节目，广播影视精品力作层出不穷，有多部广播影视剧在全国性的评奖中获了大奖。对外宣传渠道不断拓展。事业建设稳步推进，全省广播电视覆盖率分别达到95.8%和97.1%，完成全省行政村"村村通广播电视"任务，率先通过了全国验收；实现了中一和省台三套广播全省立体声调频覆盖；数字技术和计算机技术得到大力推广和应用，高标准的全省广电专用网络建设进展顺利，县乡村有线电视光纤联网迅速推进，综合信息宽带网正在形成。广播影视体制改革逐步深化。"九五"期间，以治滥治散为契机，县级广播电视台实现了"两台合一"和"局台合一"，在全国率先开办了公共频道；省电台实行频道负责制和全员聘用制，省电视台不断建立和完善制片人制度、栏目（节目）竞标制度，各级广电部门内部人事制度改革逐步深化；网台分营工作也在逐步展开，全省广播电视网络传输公司组建工作即将完成。

【宣传报道】 宣传工作坚持正确舆论导向，狠抓节目质量。2000年，全省各级广电部门积极服务、服从于大局，围绕中心，坚持正确舆论导向，为本省的现代化建设和两个文明建设，以及社会的全面发展创造了良好的舆论环境。对"两会"新闻宣传，省电视台采用同步回传，提高了时效性；4月初，省电视台派出记者随同省委、省政府领导到外省考察采访，作了系列报道，反响较好；省电视台"关注西部"新闻报道贯穿全年，份量足，影响大；厦门贸洽会、客属恳亲大会都采用直播方式进行报道，特区建设20周年的宣传报道中首次采用与上海等5家电视台联播的方式，广播电视新闻宣传充分体现媒体优势，向"精细"方向发展取得一定成绩。在一些突发性、热点焦点问题的报道方面，各级广播、电视台做到令行禁止，帮忙不添乱，坚持了正确的舆论导向。

【节目制作】 省电视台进行新一轮黄金时段栏目公开招标，新闻频道、公共频道、有线台的几个频道都进行改版和节目调整。省电台各频道节目在巩固频道专业化改革成果的基础上，又开办了"都市生活"节目版块，进一步体现了广播媒介的优势。各市县广播电视节目也在不断改版和调整，取得明显成效。在抓精品创作方面作出很大努力，广播剧的创作与生产喜获丰收。东南电视台的《银河之星大擂台》获全国省级电视台栏目一等奖。电影故事片《澳门儿女》在澳门举行了首映式。广电报完成了扩版改版。

【广播电视建设】 2000年"村村通"的巩固工作是事业发展重要内容之一，各级广电部门按照巩固行政村，并向自然村延伸的要求，认真抓好广播电视普及工作。6月份，省局组织了"村村通回头看"，通过检查，了解到本省行政村"村村通"工作得到不断巩固。尤溪等县积极推广泰宁县经验，推行服务承诺制，农村有线入户数有了较大增长。全省超额完成了300个80户以上老区基点村和少数民族自然村的村村通任务，泉州市还完成了410个百人以上自然村村村通的任务。大部分市县都超额完成了下达的任务，为老少边穷岛人民群众送去了党和政府的温暖。县乡村光缆联网工程是一项着眼于广播电视事业未来的重要工作，各市县抓住机遇，加快发展，继泰宁、漳浦、东山之后，长乐、福清、尤溪、松溪和龙岩市的大部分县（市）全部或基本实现县乡村光缆联网。据不完全统计，到年底，全省已有70%的乡镇和30%的行政村实现了光缆联网。与此同时，省干线网已于6月底与国家广电干线网顺利联接，开通了与中央和24个省市联接的省级电视会议系统。10月1日，全省网络如期开通，还开通了省市两级电视会议系统，10月底还在福州进行宽频互动电视试验。在省委、省政府的重视关心下，省新广电大楼筹建工作进展也较顺利。5月16日，习近平省长到本局调研，并召开现场办公会议，确定了新大楼的选址、征地、设计方案、资金拼盘等事项。在福州市政府的支持下，征地工作也已取得实质性进展。推进广播电视数字化改造。继省电台推行采编播数字化、网络化之后，省电视台也实现了演播厅的数字化改造。部分市县广播电台、电视台也在逐步推广数字化、网络化，推进的速度和规模比预想的要好，有的县级台已实现数字化改造。科技创新已成为广电系统的自觉行动。

【体制、机制改革】 根据省委、省政府的统一部署，省局完成了机关机构改革任务。改革后，省广电局机关内设职能处室8个，压缩28%，人员编制39名，精简37%，并通过竞争上岗办法产生了3名处级干部，各处室完成了人员的双向选择和重新上岗。省电视台正在制定有线、无线合并和频道整合的方案。省广电局还决定成立网络节目公司，与省电视台改革相衔接，准备在网络上新开办若干套电视和广播节目。配合中波台的回收，省广电局制定了无线传输系统管理体制的改革方案，计划成立省广播电视传输发射中心，统一管理省发射总台、微波总站和中波台，实现体制创新。同时，省广电局还研究了省级广播电视广告经营管理体制改革问题。福建电影制片厂也在酝酿新一轮改革方案。省市县三级广电部门在体制和机制改革方面所做的有益的探索，为福建省广电系统的进一步改革打下了良好基础。根据国办［1999］82号文件精神，2000年，紧紧抓住组建全省性的广播电视网络传输公司的工作。省广电局提出了《关于组建福建省广播电视网络传输公司的实施方案》，经省政府和国家广电总局批准。省政府非常重视这项工作，连续召开4次专题会议，形成3个会议纪要。5月16日，习省长主持召开省政府专题会议，同意由省广电局按照国办文件精神负责组建省广电网络传输公司。8月2日，潘心城副省长主持召开省广电网络传输工作领导小组会议，同意了省广电局提出的实施方案。市县的网台分营工作已经启动。福州、厦门、龙岩、三明等市均已实现网台分营。石狮、福安、尤溪和龙岩市的大部分县（市）也进行了网台分营，这些地方的网台分营工作为全省积累了好的经验。

【行业管理】 宣传管理工作进一步增强。8月初，省广电局制订了《局编委会工作条例》和《局总编室与两台一报工作关系的暂行规定》，进一步规范、理顺了局台宣传管理工作。局总编室还牵头编辑出版了《宣传管理工作法规汇编》。同时，省广电局还对广播电视直播节目，群众参与的节目，以及有关娱乐性节目的播出分别采取措施加强管理。技术维护管理工作有明显进步。一年来，全省广播电视系统认真贯彻全国广播电视技术维护工作会议精神，加强制度建设，落实技术维护规范化、标准化要求，广播电视技术维护工作水平有明显提高。各县（市、区）广电部门加强了乡村两级广播电视管理，"村村通"成果得到巩固。省局还开展了岗位练兵活动和全省广播电视发射技术能手竞赛，并推荐优胜者参加全国广播电视技术能手比赛。省广电局还表彰了全省技术维护先进集体和个人，有效提高了广大员工参与技术维护管理的积极性和创造性。行业管理工作力度不断加强。各级广电部门大力做好本系统和社会音像市场的管理，严格实行对音像市场的监督。开展了以小商品市场、家电市场、批发市场为重点的整治工作。积极参加了中央和省统一组织的集中"扫黄打非"行动，先后开展了对"法轮功"及宣传伪科学气功类音像制品、反动、色情音像制品、游商兜售活动等专项斗争，收缴和销毁了大量非法音像制品，有效规范了市场。2000年，各级广电部门严格执法，先后查处了一批破坏广播电视设施的案件，加强了卫星地面接收设施的执法检查，行业管理工作取得较好成绩。

【召开华东6省1市广播影视局长协作会】 9月12～15日，第十六次华东6省1市广播影视局长协作会在福建召开。省委副书记何少川、副省长潘心城出席了座谈会并讲话。何少川副书记对华东各省广电局领导来福建考察指导广电工作表示欢迎，并指出，广播电视对群众的影响很大，人民群众对广播电视越来越关注，怎样才能既满足群众对广播电视的多方面需求，又能积极引导，推动思想政治工作，很重要的是要抓好广播电视阵地建设。我国即将加入世界贸易组织，宣传工作，特别是文化产业面临的形势比较严峻。我们要认真研究，共同探讨，共同应对。潘心城副省长向与会代表介绍了福建省情和广电事业发展的情况，重点介绍了2000年以来省政府领导重视推动广电网络管理体制改革的情况。省广电局局长朱永康也在座谈会上介绍了福建省广播电视网络传输公司的组建进展情况和基本思路以及集团化改革的初步设想。会议还围绕广电网络管理体制改革主题展开交流、座谈。大家一致认为，广电事业管理体制改革日益迫切，时间紧，任务重，在目前没有现成的模式可借鉴的情况下，即要积极，又要稳妥。各省市均有各自的实际情况，在改革的关键时期，要加强沟通，互相促进。当前要贯彻好兰州会议精神，抓紧组建省级广电网络公司。会议确定明年协作会主题是交流探讨广播电视集团化改革问题。

【福建电视台40周年纪念大会】 9月30日，福建电视台隆重举行创办40周年纪念大会。省委书记陈明义题词祝贺，习近平省长为大会发来贺信，国家广电总局也发来贺电。省委副书记何少川、省人大副主任林强、省政府副省长潘心城、省政协副主席王良泠等领导莅临大会。福建电视台创办于1960年10月1日，在1962年曾一度停办，1970年复办，80年代中兴，改革开放以来，特别是在90年代，福建电视台取得长足进步。经过几代电视工作者的艰苦创业和辛勤耕耘，福建电视台已开办了8个频道，拥有了一批优秀节目栏目，不少节目和作品获得了国家级大奖，在福建传媒中的地位与作用不断增强。何少川副书记在纪念大会上充分肯定福建电视台的工作，他说："福建电视台是福建省重要的新闻舆论机构，是党、政府和人民的喉舌，是重要的思想文化阵地。它的性质、任务和地位决定了它要发布党中央、国务院和省委、省政府的重要新闻，大量地报道人民群众在改革开放中取得的新经验、新成就，广泛反映人民群众的要求和愿望；要宣传正确的价值观念、思想观念、文化观念"、要以"三个代表"重要思想为指针，增强大局意识、政治意识和责任意识，唱响主旋律，打好主动仗，为福建省两个文明建设和实现跨世纪的战略目标再创新业绩。要始终抓好新闻宣传这个"龙头"，不断提高舆论引导水平，要根据新形势发展需求，探索新的宣传方式和手段，努力提高节目的质量，要充分展示大台风范，积极扩大对台对外宣传。要认真贯彻中央关于深化事业单位人事制度改革和广播影视集团化改革的精神，通过体制创新，建立适应社会主义市场经济和世界媒体发展规律的具有广播电视特点的管理机制。省广电局局长朱永康在会上致辞，指出当前要贯彻落实广电总局兰州会议精神，在实践中积极探索广电体制改革的路子，努力抓好广电大楼和全省广电宽带网建设及网络传输公司组建工作，为福建广电事业的发展做出新贡献。

【组建广播电视网络传输公司】 9月8日，省政府在福州召开组建福建省广播电视网络传输公司座谈会，贯彻落实国务院办公厅82号文件和省政府两个专题会议纪要精神，部署进一步加快福建省广播电视网络传输公司组建工作。省广播电视网络传输工作领导小组组长、副省长潘心城在会上强调，组建省广电网络公司是广播电视事业跨世纪改革和发展的一件大事，我们要以江泽民总书记"三个代表"的重要思想为指导，进一步统一思想，提高认识，明确责任，抓好工作的落实，把福建省广播电视事业推向一个新的台阶。必须加快广播电视网络的建设，努力把广播电视事业搞强搞大，为福建省经济和社会信息化作出新贡献。他指出，广电网络如何发展，关键环节在体制。只要有利于贯彻以宣传为中心的工作方针，有利于确保广播电视节目安全传输，有利于实现全程全网，有利于调动各方面的积极性，有利于实现网络资源的优化组合和共享，有利于提高网络的社会效益和经济效益，就要大胆实践，全力推行。要根据广播电视的性质、任务和特点，采取用行政手段整合、市场机制运作的方式，实现省、地、县三级一以贯通，统一管理，统一运营；全省广电干线网络与接入网要在2000年10月1日前开通；各地市县务必于2001年5月16日前完成网台分营工作，在分营中要依法评估确认广电网络资产，在组建省广电网络公司过程中，要确保广电网络收益主要用于发展广电事业，要确保广播电视网络管理体制改革中宣传工作与事业两不误。

【古田、泰宁县荣获全国广播电视先进县称号】 2月21～23日，在全国广播电视先进县（市）暨全国广播影视系统"双先"表彰会上，古田、泰宁两个县荣获1998～1999年度"全国广播电视先进县"称号。近年来，古田县坚持"发展是硬道理"不动摇，发展广播电视事业。全县累计投入3000万元，用于各项基础设施建设。建成现代化多功能的广播电视大楼和昆山微波中继站；实现与省有线电视微波联网和中央加密电视落地入网；完成全县城乡有线电视光纤联网，入网行政村达89个；提前实现全县村村通广播电视，全县276个行政村村村有线电视化，广播电视综合覆盖率达100%，入户率达80%以上，同时，还开展广播电视多功能开发，率先在全省县级首家建成县乡（镇）两级电视会议系统和信息系统，实现全省远程教育试点工作等。事业建设和各项工作走在了全省和全国前列。泰宁县认真抓好广播电视"村村通"工作，从1994年起先后投入2119万元，在"村村通"工程建设中坚持光纤联网一步到位，在三明第一个实现了乡镇有线电视大联网，有线电视入村率达92%，入户率达70%，全县112个行政村有103个安装了光纤有线电视，其余9个村也建立了卫星地面接收传输系统，"村村通"工作走在全国前列。

（撰稿：林克清）

编审：甘文应　　　责校：郑棻

社会生活

劳动 工资 就业

【劳动工资】 2000年，全省劳动工资工作坚持“市场机制调节、企业自主分配、职工民主参与、国家监控指导”的基本思路，积极探索建立与现代企业制度相适应的工资收入分配制度和适应市场经济要求的宏观调控体系。企业工资指导线制度基本建立，各地市颁布了企业工资指导意见，为企业合理确定年度职工工资水平提供重要依据。劳动力市场工资指导价位体系初步建立，福州、厦门公布的劳动力市场工资指导价位的工种分别达125个和72个，使劳动力市场形成的劳动力价格成为企业决定职工个人工资和政府调控企业工资水平的重要参考。新型的企业工资决定机制逐步建立，根据企业产权制度改革的不同进展情况，分别采取“两低于”自主确定工资、工效挂钩，工资总额包干和工资集体协商等多种调控方式。积极探索建立国有企业经营者收入激励约束机制，根据《福建省人民政府批准省劳动和社会保障厅等部门关于部分省重点国有企业经营者试行年薪制的通知》（闽政［2000］文376号），对11家省重点国有企业经营者试行年薪制。继续完善最低工资保障制度，省政府闽政［2000］10号文颁布从2000年7月1日起执行新的最低工资标准。福州市区执行一类标准350元；三明、泉州等市执行二类标准300元；惠安等县执行三类标准260元；平和等县执行四类标准220元。厦门市由厦门市人民政府自行确定颁布市区执行标准为420元；同安区执行标准为330元。同时加强了企业工资总额的宏观调控与管理，省劳动和社会保障厅、中国人民银行福州中心支行、省财政厅、省地税局、省审计厅、省统计局等6部门联合印发了《关于各类企业加强实行〈工资总额使用手册〉管理制度的通知》（闽劳社［2000］476号），加强对各类企业实行工资手册管理制度。（撰稿：陈维娜）

【就业和再就业】 2000年，福建省在确保下岗职工基本生活的同时，以促进下岗职工尽快实现再就业，加快建立市场导向的就业机制为主要目标，采取一系列措施，取得了明显成效。就业局势保持稳定，全省城镇登记失业率为2.6%，新登记城镇失业人员15.1万人，比1999年增加12.7%，其中女性7.6万人，比1999年增加22.6%；由就业转失业7.6万人，比1999年增加35.7%。本期失业人员就业13万人，比1999年增加5%，其中到非国有单位就业12.2万人，占失业人员就业总数的93.8%，比1999年增加7%；到第一产业就业6181人，比1999年同期增加29.8%；到第二产业就业48430人，比1999年同期增加17.8%；到第三产业就业75004人，与1999年持平。期末实有城镇登记失业人员90919人，与1999年增加14.7%，其中女性47263人，比1999年增加16.2%；长期失业者40350人，比1999年增加15.6%。期末登记失业率2.6%，比1999年上升0.4个百分点。

再就业工作取得新的进展。2000年全省共有下岗职工100704人，其中1999年结转29323人，2000年新增71381人，2000年末在再就业服务中心的下岗职工20777人；下岗职工再就业6.68万人，再就业率66%，连续3年高于全国平均水平。下岗职工基本生活保障制度向失业保险制度“并轨”步伐加快，全省下岗职工出中心6.56万人，解除劳动关系7.03万人，占企业下岗职工减少数的88%。泉州、漳州、厦门、三明等市从2000年7月1日起已实行下岗职工不进中心，直接由企业与其解除劳动关系进入市场就业。

2000年末，本期全省劳动力外出流动就业33.4万人，比1999年减少18.7%，其中跨省就业12万人，比1999年减少30%，办理求职登记4.1万人，办卡率34%，比1999年提高了11个百分点。本期本省山海劳务协作139558人，比1999年减少18.5%，办理求职登记4.5万人，办卡率32%，经培训2.9万人，占协作人数的20%。本期外省劳动力在本地就业52.4万人，比1999年减少6%，办理求职证35万人，办证率67%。同时，2000年劳动和社会保障部农村劳动力开发就业试点工作在本省启动，晋江列为城乡统筹就业试点城市；永泰、仙游、顺昌、清流、上杭等5个城市列为农村劳动力转移培训开发就业试点城市。

（撰稿：瞿旭明）

【劳动关系】 2000年各级劳动部门加大调整劳动关系力度，紧密配合国有企业改革，积极研究深化改革中劳动关系的新变化，精心指导国有企业下岗职工和改制企业职工的劳动关系处理。省政府出台了闽政（2000）文266号和闽政（2000）17号文件，对各地进一步理顺国有企业劳动关系，做好劳动合同管理工作提出了具体要求和指导意见。福州、三明、厦门等市政府也对理顺国有企业劳动关系采取了相应措施。同时进一步巩固劳动合同制度，开展劳动合同专项检查。目前全省实行劳动合同制的职工已达450万人，比1999年增加40万人，其中国有企业劳动合同签订率达98.5%；积极推行集体协商集体合同制度，全省已实行集体合同的企业13386户、涉及职工1569461人，其中外商投资企业、私营企业3514户涉及职工337336人。（撰稿：赵春山）

【劳动监察】 2000年全省各级劳动监察机构围绕劳动保障工作中心任务，采取日常巡查、专项大检查、举报专查、重点抽查，劳动用工年检和用人单位规章制度报备审查等形式，及时查处违反劳动法律、法规的行为。全省共检查用人单位8885户，涉及职工65万人，2619户单位被责令整改，其中对288家用人单位作出行政处理决定，督促补签劳动合同8.82万份，清退童工237人，对110家违法用人单位处以罚款12.32万元。全年全省各级劳动保障监察机构主动检查用人单位2.52万户，责令补签劳动合同40.2万份，为5.36万名职工追回被克扣、拖欠工资4681.3万元，取缔非法职业中介机构274家，受理群众举报投诉1.05万件，立案7235件，结案率99%。积极参与“110”社会联动，全省确定35家企业为重点监控企业，省厅直接监控7家企业，认真做好调研、咨询和协调工作，努力把突发事件消除在萌芽状态。厦门市劳动监察大队被团中央、劳动和社会保障部授予“优秀青少年维权岗”称号；泉州市把劳动监察网络延伸到乡村，把支点放在乡镇，并与劳动争议处理相结合，有效地预防了劳动纠纷。（撰稿：王丛）

【职业培训】 2000年，福建省职业培训工作以深入贯彻落实劳动保障部6号令为契机，全面推进素质教育。全省共有技工学校119所，国家级重点技工学校6所，其中高级技工学校3所，省级重点技工学校10所，全年录取新生人数2.12万人，比1999年增加2.9%，毕业生数1.59万人，平均就业率达85%以上；社会力量办学机构258家，培训7.7万人，取证6.1万人，合格率达80%；鉴定站267个，考评员2908名，全年鉴定人数8.02万人，核发职业资格证书7.24万本；剥离企业办技校工作也取得阶段性成果，受到劳动和社会保障部领导充分肯定。全省参加劳动预备制培训人数达4万人，开设了30多个职业（工种）的培训，持证上岗、凭证就业、工资待遇与技能等级挂钩逐步成为社会共识。技师考评结合评聘分离的社会化管理试点工作在福州、南平等地取得试点经验，促进了高级技能人才脱颖而出通道的形成，福建省两名“全国技术能手”受到党和国家领导人的接见，14位技术能手被授予“全省技术能手”荣誉称号。（撰稿：李建）

【劳动争议处理】 2000年，福建省劳动争议处理工作从改革、发展、稳定大局出发，以深入实施《劳动法》，维护劳动关系双方合法权益为宗旨，以落实“两个确保”为中心，积极配合企业改革，公正、合法、及时妥善处理下岗职工与企业发生的劳动争议以及其他职工与用人单位发生的各类劳动争议，积极开展预防和快速妥善处理由集体劳动争议引发的集体上访、罢工等突发性事件。全年全省共立案受理劳动争议案件3289件，涉及职工2.12万人，其中集体劳动争议案件277件，涉及职工1.57万人，平均结案率达到95.48%，案件准确率达96%，案外调解处理劳动争议案件7060余件。各级劳动仲裁部门积极主动配合110联动，快速、妥善处理了由劳动争议引发的集体上访、罢工等突发性事件439起，涉及职工2.79万人，有效地维护劳动者和用人单位的合法权益。同时，努力完善劳动仲裁“三方”机制，充分发挥工会组织、经济综合管理部门兼职劳动仲裁员的作用，主动邀请他们参与案件审理，坚持会审制度。加强与法院的业务探讨，对疑难问题的处理形成共识，提高仲裁办案的准确率和法院对争议案件的执行率。（撰稿：姜融）

社会保障

【行政事业单位社会保险】 根据福建省省级政府机构改革方案，省机关事业单位养老保险由省人事厅管理划转为由省劳动和社会保障厅管理，划转交接工作平稳顺利。当年，全省参加养老保险的机关事业单位17646个，比1999年底增加了296个，在职人员53.7万人，比上年末增加14888人，约占全省机关事业单位人数的65.8%，离退休人员12.8万人。基本养老保险基金总收入15.62亿元，拨付养老金14.26亿元，结余1.36亿元。同时完善了业务和财务软件，规范档案管理，出台了《关于福建省机关事业单位社会保险档案管理暂行规定》，基本上实现了机关社保档案的完整性。一些市、县如晋江县已在互联网上开设社会保险网页，发布机关社保信息，宣传社会保险，为社会保险事业发展创造了良好的舆论氛围。

（撰稿：张逸）

【企业职工养老保险】 截止2000年底，全省参保企业3.56万户，参保在职职工174.71万人，离退休人员55.98万人。当年新扩面29.33万人，超额完成劳动和社会保障部下达的17万人的扩面任务，综合覆盖率达78.26%。全省参保职工与离退休人员之比（负担系数）为3.12∶1，与1999年的3.20∶1相比，负担略有增加。全省（含厦门和中央属行业）基本养老保险费收入34.62亿元，月人均缴费工资638.54元，超额完成28.93亿元的征收任务数，征收完成率119.64%。其中：8地市和中央属行业单位基本养老保险费收入28.52亿元，超额完成24.01亿元的征收任务，征收完成率118.8%。全年共为55.98万名离退休人员（其中：9市51.73万人，中央属行业单位4.25万人）支付养老金30.8亿元，月人均养老金473.81元，养老金实现100%社会化发放。养老保险费清欠工作取得成效，全省共收回欠费2.06亿元。企业离退休人员社会化管理服务工作进一步推进，南平市在总结了延平区试点经验的基础上，进一步完善试点内容，目前已有1.2万名企业离退休人员纳入街道社区社会化管理服务，为企业减轻了负担。厦门市、永安市政府出台了全面推进企业离退休人员社会化管理服务方案，在市、区、街道设立了管理机构，配备了专职人员，为全省进一步推进企业离退休人员社会化管理服务工作提供了经验。

（撰稿：吴维群　潘锦成　张小燕）

【农村社会养老保险】 根据福建省省级政府机构改革方案，省农村社会养老保险工作由省民政厅管理划转为由省劳动和社会保障厅管理，划转交接工作平稳顺利。2000年农村社会养老保险工作继续认真贯彻国务院［1999］14号文件精神，以管好基金为核心，以保持队伍稳定为重点，基本实现劳动和社会保障部提出的在整顿规范期间，“工作不断、思想不乱、队伍不散、档案不丢、基金和国有资产不流失”的要求。截止年底，全省当年收取续保保费2667万元，基金总额积累68000万元；累计参保农民158.9万人，累计领取人数达6850人，当年发放养老金195万元。同时严格基金管理，建立了基金风险预警制度。进一步完善了保险金支出的审批程序，规范了县级农村社保机构保险金支付工作，充分发挥地市级机构的监督指导职能。（撰稿：卢成武）

【医疗保险】 2000年底前，福建基本建立了城镇职工基本医疗保险制度，医疗保险制度改革工作取得了重大突破。一是全省所有统筹单位全部组织实施基本医疗保险制度。截止到2000年12月31日，各地市按照省里的统一部署，一步到位，全面组织实施基本医疗保险制度，地市实施面达100%，是全国15个省市所有地市全部组织实施的省份之一，覆盖参保人数达120万，是全国18个省市实施的参保人数超过100万的省份和覆盖参保人数占应参人保人数比例超过30%的全国6个省市之一。二是初步建立了从省到地市，具有地方特色的基本医疗保险配套政策体系。根据国家有关医疗保险制度改革的方针政策，结合本省各地实际情况，从省到地市都先后制定了一系列配套政策，为全省医疗保险的组织实施提供了比较完备规范的政策体系。三是合理确定了一批定点医院和零售药店。本着“布局合理、兼顾类别、结构优化”的原则，省、市两级劳动保障部门会同财政卫生、药监等部门，选择确定了一批等级不同、类型多样的定点医院。四是制定了一套严格规范的医疗保险管理制度。各个统筹单位的医疗保险经办机构普遍建立了财务管理制度、内部审计制度、计算机操作管理制度、文件档案管理制度和挂牌服务制度等一系列规章制度。五是采用了先进的计算机管理手段。全省绝大多数统筹单位都建立了计算机信息系统，实现了管理的现代化、科学化、高效化。六是具有福建特色的多层次医疗保障体系建设工作取得新突破。在建立基本医疗保险制度的同时，福建省把解决不同层次医疗消费需求的问题作为改革重点加以认真研究探讨，提出妥善解决的有效办法，目前已出台了国家公务员医疗补助等办法。（撰稿：林敏平）

【失业保险】 2000年，福建省失业保险参保人数176.36万人，覆盖面为50.25%；基金收入2.86亿元，滚存结余4.29亿元，支出2.37亿元，比1999年增长51.9%。其中失业金支出12807.44万元，占总支出的58.08%，比1999年增支4404.68万元；调剂用于企业再就业服务中心8352.14万元，占总支出的37.87%，比1999年增支1903.34万元，有效地保证了失业保险金的发放和再就业资金中所需社会部分资金的筹集到位。但目前，本省失业保险基金已面临巨大压力，2000年当年三明、宁德、龙岩3市已出现了基金收不抵支。全省领取失业保险金人数5.16万人，比1999年增长了123.6%，超过了领取基本生活保障费的下岗职工人数，表明本省下岗职工的基本生活保障制度向失业保险制度“并轨”的步伐已经加快。（撰稿：黄欣）

【工伤、生育保险】 2000年全省参加工伤（残）保险的职工132.96万人，比1999年末净增40.13万人，增长3.11%；缴费工资总额97.91亿元，共征收工伤保险费1.04亿元，为3463名职工支付了工伤保险待遇。参加生育保险的职工93.82万人，其中：女性参保职工37.97万人，占生育保险参保职工总数的40.46%；比1999年末净减5.83万人，负增长5.85%。缴费工资总额55.66亿元，为1.06万名职工支付了生育保险待遇，比1999年末净增1348人。

（撰稿：潘锦成）

社会福利

【城乡居民最低生活保障】 福建省从1997年实施城乡居民最低生活保障工作以来，制度措施逐步规范完善，保障面不断扩大，保障人数不断增多，保障金额也逐步增加。2000年省级财政下拨“居民最低生活保障”调剂金700万元，对推动偏远山区、财政困难和保障人数较多的市（县、区）开展城市“居民最低生活保障”工作起到了很好的作用。至2000年12月底，全省纳入城乡居民最低生活保障对象的人数共126549人（其中城市保障对象35949人，月发保障金285.3万元，全年发保障金3387万元，农村保障对象90600人，月发保障金369.61万元，全年发保障金3851万元）。（撰稿：林素岚）

【救灾救济】 2000年，全省先后发生了4.25洪灾，6.18暴雨和10号强台风“碧利斯”的袭击，特别是10号强台风在晋江市登陆，正面袭击本省大部分地区，强台风带来的强降雨，引发洪涝灾害、山体滑坡，给本省的人民生命财产造成重大损失。据统计，2000年全省9个设区的市均遭受不同程度的自然灾害，受灾人口达1188.34万人次，成灾606.64万人次，紧急转移安置灾民56.3万人次，因灾死亡129人，房屋倒塌9.73万间，损坏37.38万间，农作物受灾面积达339.7千公顷，成灾201.8千公顷，绝收38.36千公顷，有9.2千公顷耕地遭到严重毁坏，短期内难以复耕。此外，水利、电力、交通、通讯等基础设施损坏严重，文教、卫生、工矿企业等方面也遭受很大损失。因灾造成的直接经济损失达75.5亿元，其中农业直接经济损失38.19亿元。省委、省政府对抗灾救灾工作十分重视，省领导多次深入到灾区第一线慰问灾民，指导抗灾救灾工作，先后下达救灾款10550万元，在保障灾民的基本生活的前提下，重点用于对灾民重建住房的补助。地方各级政府及时启用救灾预备金，调集并发放了大批衣物、大米、食品、药品等救灾物资，妥善解决了灾民的紧急安置和吃、穿、住、医等困难，有效地保障了灾民的基本生活，维护了灾区的稳定，同时大力抓好灾区重建家园工作，全省有15363户灾民重建了住房。

（撰稿：兰春奎）

【双拥工作】 2000年全省双拥工作是搞得比较扎实、富有成效的一年。一是“创模”活动取得新成绩。泉州市、厦门市、福州市、漳州市、三明市、莆田市、晋江市、福鼎市、长乐市、石狮市、长汀县等11个市县荣获全国双拥模范城（县）称号，命名表彰了龙岩市等32个单位为省级双拥模范城（县）称号。二是进一步加大了双拥宣传工作，突出加强了双拥模范城（县）和典型事迹的宣传力度。全省表彰了141个基层双拥工作先进单位、200名先进个人和32个先进双拥办，表彰了57个“爱心献功臣行动”先进集体、80名先进个人。三是广泛开展走访慰问活动，积极支持部队建设。全省各地共派出60多个慰问团（组），走访慰问了180多个部队单位。各级财政共投入1亿多元，继续帮助部队搞好基础设施、训练设施、文化设施和菜篮子工程建设。尤其是把做好军事斗争准备作为双拥工作的重点，进一步加强战场建设和军事设施保护以及国防动员工作，积极解决新入闽部队的“安居”问题，全力支持部队军事演习。大力开展科技拥军活动，积极支持部队的科技练兵，进一步提高拥军的科技含量。四是部队为民办实事取得新成绩。驻闽部队共派出5万多人次积极支援重点工程建设、抢险救灾、扶贫帮困和其他社会公益事业。（撰稿：魏锦喜）

【优抚工作】 2000年全省优抚工作继续以扩大“爱心献功臣行动”成果为重点，狠抓“解三难”措施的落实。在生活方面，重点优抚对象的抚恤补助标准又有大幅提高，在乡老复员军人定补面从原来的80%扩大为100%，走在全国前列；各地普遍实施抚恤补助标准自然增长机制，生活特别困难的重点优抚对象绝大部分得到了抚恤补助和最低生活保障的双重待遇。在住房方面，省民政厅拨出240万元，市、县两级也拨出配套资金200余万元，扶持600户重点优抚对象解决住房难问题；各地继续发动社会力量从资金、技术、物资、人力等方面提供帮助，使多数建房户在春节前迁入新居，截止年底，全省已有6356户重点优抚对象解决了住房难问题。在医疗方面，省民政厅联合劳动、卫生、财政3家出台了《二等乙级以上革命伤残军人医疗管理暂行办法》，以确保医改过程中落实其医疗待遇，许多地方在落实公费医疗政策的同时，还采取费用减免、上门服务等措施，对优抚对象给予了特殊照顾。（撰稿：彭华）

【安置工作】 2000年度，全省共接收退役士兵18486人，其中回农村安置的11618人，在城镇安置的6868人。退役士兵安置工作在数量多、机关企事业单位机构精简的严峻形势下，各地坚持“按系统分配任务，包干安置”的办法，加强退役士兵的管理教育和岗前培训，进一步加大鼓励城镇退役士兵自谋职业的工作力度，采取重点安置与保底安置相结合、制定优惠政策鼓励自谋职业等措施，进一步拓宽安置渠道。至2000年底，全省农村退伍军人已各得其所，军地两用人才开发使用率达86%；城镇退役士兵安置任务也基本完成，已安置5975人，占应安置数的87%，全省各地共筹集资金2000多万元，鼓励979名安置对象自谋职业，占安置数的14.3%。军队离退休干部安置工作取得较好成绩，服务管理工作进一步加强，军休干部的政治待遇、生活待遇进一步得到落实。2000年共接收安置第四批军休干部96人，完成第五批军休干部建房62套，按计划完成第三批移交地方无军籍退休职工档案的审定工作。全省有7个新建军休所完成了附属用房设施建设并挂牌开展工作，对8个军休所住房公共部分进行了维修，并按政策规定及时增加了2400多名军休干部的离退休费，认真解决了老干部的许多实际问题。

（撰稿：林建水）

【社会福利】 全省现有国办各类社会福利机构83所，其中社会福利院61所，儿童福利院3所，精神病人福利院17所，SOS儿童村1所，按摩院1所。共有床位5952张，收养院民9340人。2000年全省新办福利企业34家，新安置残疾人345人。全省福利企业已达到1143家，安置残疾人15145人，完成产值24.98亿元，实现利税1.49亿元。省政府召开了全省老龄工作暨社会福利社会化工作会议，动员社会力量平等参与，大力兴办各类社会福利事业。省政府下发了关于加快实现社会福利社会化实施意见的通知，要求在今后5年，全省基本建成以国家兴办社会福利机构为示范，其他多种所有制形式的社会福利机构为骨干、社区福利服务机构为依托，居家供养为基础的社会福利服务网络。各类社会福利机构的数量和集中收养人员的数量每年以10%左右的速度增长，尤其是老年人社会福利机构的数量要有较大增长。（撰稿：林珍瑞）

【社区服务】 随着社会的进步，特别是随着社会主义市场经济体制的建立，城市居民群众对社区服务的需求越来越多。2000年，福建省积极引导广大城市居民努力开拓社区服务领域，以满足广大居民日益增多的各种需求。一是扩展社区服务领域。各地积极筹集资金，增设服务设施，扩大服务范围和服务内容。许多地方已从传统的纯民政对象扩展到社区内的居民群众和机关、企事业单位的职工；服务内容已从单一的分散服务，发展成为包含优抚、养老、助残、康复、抚幼、家务、婚姻、殡葬、娱乐等多层次、多方位的系列服务，形成了老有所养，幼有所托，孤有所抚，残有所助，贫有所济，难有所帮的新格局。继厦门市思明区之后，厦门市开元区被国家民政部命名为“全国社区建设示范城区”。福州市鼓楼区采取多种渠道，筹集资金，修建了设备齐全、环境优雅的老人公寓，受到广泛好评。据统计，截止2000年底，全省市、区、街道已创办社区服务中心116个，居委会普遍建立了社区服务站；全省共有老年人服务设施913个，优抚服务设施528个，残疾人服务设施301个，婚姻殡葬服务设施458个，便民利民服务设施3721个，全省种类服务设施总量达8467个，平均每个街道68个，每个居委会5个。近几年来，全省共投入社区服务资金2.3亿元，基本上形成了以社区服务中心为骨干，以老年人、残疾人、优抚对象为主要服务对象，以设施服务和社会互助为主要服务形式，以街道、居委会为依托的社区服务新格局。二是不断扩大社区服务队伍。各地广泛发动群众，提倡社会互助，挖掘人力资源，建立了一支专兼职和志愿者相结合的社区服务队伍，全省有社区服务志愿者组织1069个，社区服务志愿者达4.4万人。

（撰稿：林厚裕）

【收养登记】 2000年全省办理收养登记1773件，比上年增加22.6%。其中，国内公民收养登记1570件；涉外、华侨、港、澳、台居民收养登记203件。

（撰稿：毛维珍）

【殡葬改革】 2000年，在省委、省政府的重视和督促下，全省殡葬改革工作力度进一步加大。据统计，全年全省30个殡仪馆共火化遗体81447具，比1999年提高5.8个百分点，首次达到全国平均水平。火化率居全省前三名的依次为厦门市、南平市、莆田市。火化率比上年提高6个百分点以上的城市依次为龙岩市、莆田市、泉州市。全年较好地完成了省政府下达的新建殡仪馆的任务，建成投入使用的有泉州市泉港区、惠安县、南安市、连城县、宁化县、泰宁县等6所殡仪馆；漳浦、霞浦两县殡仪馆已基本建成，近期可投入使用；尤溪、永定两县目前也已完成殡仪馆的主体工程。殡葬改革的发展，对推动本省农村两个文明建设、保护土地资源和生态环境、实施可持续发展战略，都起到了积极的促进作用。（撰稿：彭华）

民族与宗教事务

【民族事务】 民族经济社会事业持续发展，继续深入贯彻省委、省政府关于“举全省之力，动员全社会力量，加快少数民族地区经济社会发展”的重要决策，进一步发挥省民族工作协调委员会的作用，动员社会各方面力量，大力推动本省民族地区经济社会事业的发展。据统计，2000年全省18个民族乡完成乡镇企业总产值52.5亿元，比上年增长15.2%；农林牧渔业总产值13.5亿元，增长1.6%。乡财收入5827.9万元，农民人均纯收入2910元。大多数少数民族群众已脱贫，有些迈入小康行列。基础设施进一步改善，民族行政村的所在村基本实现了“五通”。教育事业继续发展，全省民族小学和民族中学在校生分别为5.1万人和2.46万人，少数民族学龄儿童入学率达到98%以上，巩固率、毕业率和升学率有了较大提高，“两基”教育基本达标，在少数民族人口万人以上的县（市）达标中学开办民族高中班。2000年高校招生共录取地专以上的少数民族本科生、大专生420人。卫生状况有所改善，一些少数民族村建起了医疗站（室），初步缓解了少数民族群众看病难的问题。对口帮扶工作取得了阶段性的成果。继续认真贯彻闽委发［1998］15号文件精神，省民族工作协调委员会成员单位和沿海经济发达的县（市、区）和有关重点中学，对口帮扶18个民族乡和民族中学，做了大量卓有成效的工作。据统计，截至2000年，累计投入资金1250万元，赠送电脑47部，电影机1部，多媒体教学设备2套，以及体育设施和图书资料等，改善了民族乡村基础设施和民族乡中小学办学条件，促进了民族乡村经济社会的发展。为推动新一轮对口帮扶工作的开展，省委办公厅、省政府办公厅分别下发了《关于实施第二批挂钩扶持、对口帮扶支援民族乡的通知》（闽委办［2000］89号）和《福建省人民政府关于调整福建省民族工作协调委员会成员的通知》（闽政［2000］235号），并召开全省少数民族和民族地区对口帮扶工作会议，有力地促进了对口帮扶工作的开展。

贯彻西部大开发战略决策，参与“兴边富民行动”。“兴边富民行动”是国家民委认真贯彻中央关于西部大开发战略决策的重要举措。省民宗厅把这项工作作为2000年的一项重要内容，积极动员全省民族宗教界为富民、兴边、强国、睦邻办实事、做贡献，得到了全省民族宗教界的热烈响应，在广泛宣传发动的同时，召开了“兴边富民行动”动员大会，全省宗教界、民族乡、省民宗厅机关干部和各市民族宗教工作部门当场为援建西部地区民族小学捐资160多万元，受到众多新闻媒体和社会各界的广泛关注，得到了国家民委和国家宗教局的高度评价，国家民委还将此次大会发出的“兴边富民行动”的倡议书印发全国。省民宗厅确定用所捐款项扶持宁夏高原地区海原县等地兴建和改扩建7所民族小学，还着手与国家民委联合在福建农林大学建立面向全国少数民族和民族地区的菌草技术培训基地，以科技扶贫的形式进一步参与“兴边富民行动”。

认真贯彻《福建省少数民族权益保障条例》，继续落实培养选拔少数民族干部《工作规划》。省民宗厅与省人大农经委通过联合召开学习贯彻《条例》座谈会、举办培训班、积极协调落实《条例》的有关条款等形式，推动了全省各地对《条例》的学习、宣传和贯彻落实。根据《条例》规定，省政府于5月批准设立了三明市宁化县治平畲族乡，一些县、市、区批准设立了10多个民族村，目前，全省共有18个民族乡、468个民族村；与省教委联文下发通知（闽教［2000］中25号），实行给全省少数民族中考考生总分加分2%的录取照顾，并在原规定对“散居在汉族地区的少数民族考生在同等条件下优先录取”的基础上，2000年实行对部分地区少数民族高考学生增加20分的照顾；部分地、市、县落实了民族补助款，并列入当地财政预算。2000年是《福建省1995～2000年培养选拔少数民族干部工作规划》执行的最后一年，省民宗厅积极配合省委组织部继续落实《工作规划》的有关计划，在省委党校举办了第三期少数民族干部培训班，9地市32名少数民族干部参加了为期3个月的培训；选送第六批共6名少数民族和民族地区干部到中央国家机关挂职锻炼。目前，全省共有少数民族干部8700多人，其中地厅级22人，县处级183人，乡科级近千人，少数民族干部总量有所增长。

组团参加“首届中国民族服装服饰博览会”，成功举办了第三届福建省少数民族文艺调演。首届中国民族服装服饰博览会于7月在云南昆明举行。福建代表团征集畲族、高山族和惠安女服装服饰50多套200多件，组织“畲家春早”、“惠女情深”等表演项目赴会并取得优异成绩，共获得首届中国民族服装服饰博览会最佳组织奖、贡献奖；民族服装服饰展最佳陈列奖、优秀设计奖、优秀展品奖；民族服装服饰表演优秀组织奖、最佳表演奖等7项大奖。11月，省民宗厅与省文化厅联合主办第三届福建省少数民族文艺调演，共演出舞蹈、声乐、器乐、小品、时装表演等28个节目，来自本省9地市和省直单位的近300名汉、畲、回、满、蒙古、高山、藏、白、维吾尔等民族的演员参加了演，本届文艺调演共评出37个奖项，其中组织奖3个、演出金奖3个、演出银奖12个、演出铜奖11个，创作一等奖1个、创作二等奖2个、创作三等奖3个和参演奖2个。通过参加服博会和举办文艺调演，进一步挖掘、整理和弘扬了本省少数民族绚丽多姿的传统文艺和服装服饰文化。

【宗教事务】 贯彻落实宗教房产政策的力度进一步加大。继续认真贯彻省两办《转发省宗教事务局〈关于采取坚决措施，解决落实宗教房产政策遗留问题的意见〉的通知》（闽委办发［1999］12号文）精神，进一步推动各地加快落实宗教界房产政策的遗留问题，取得明显成效。全省宗教界反映比较强烈的，要求落实宗教房产政策方面的突出的17个问题，已有近半数获得解决或基本解决。许多地方在贯彻文件过程中，认真查摆落实政策的遗留问题，虚心听取宗教界的意见，采取切实办法予以落实，有效维护了宗教界的合法权益和社会的安定稳定。

继续加强宗教事务的依法规范管理。继续贯彻国务院1994年144号令、145号令，通过深入开展依法检查清理宗教活动场所和登记年检工作，推进了全省宗教活动场所的规范化、法制化管理进程。继续认真贯彻中办［1996］38号文件精神，配合各有关部门加大综合治理工作力度，有效地遏制了乱滥建庙宇教堂和露天佛神像出现回潮和反弹的问题。深入宣传贯彻并认真组织实施国家宗教局的《中华人民共和国境内外国人宗教活动管理实施细则》，依法规范宗教方面的国际友好交往。进一步规范了宗教经书、音像制品的审批制度和入境经书的管理。研究部署各地宗教工作部门根据当地实际，准确把握宗教政策，超前提出工作预案，及时调解矛盾，依法妥善处理宗教方面的有关热点、难点问题，维护了宗教领域的安定稳定。

积极开展宗教立法工作。在《福建省宗教事务条例(草案)》上报省政府立项的基础上，2000年省民宗厅与有关部门密切配合，先后联合赴泉州、莆田、南平等地进行宗教立法调研，广泛听取基层宗教工作干部和宗教界人士的意见，对《条例》草案进行了3次认真的研讨修改。针对福建省民间信仰活动人数多、种类杂、范围广、管理难的特点，省民宗厅组织有关专家会同省有关部门和地市开展调查研究和认真研讨，形成《福建省民间信仰活动场所管理暂行办法》(征求意见稿)。

推动宗教与社会主义社会相适应。继续引导各爱国宗教团体、省各宗教院校通过系列专题讲座、征文演讲、集中座谈、组织参观、辩论赛等形式，深入开展社会主义和爱国主义系列教育活动，激发宗教界爱国爱教的热情，进一步调动和发挥宗教界为祖国统一、民族团结、社会发展贡献力量的积极性。引导宗教界充分发挥各自宗教教义、教规和宗教道德中有利于社会安定稳定和社会健康发展的积极因素，动员广大信教群众高度警惕和防范邪教，积极参与反邪教的斗争。全省宗教界通过深入揭批“法轮功”反人类、反社会、反科学的邪教本质，进一步坚定了走与社会主义社会相适应的决心和信心。支持、鼓励宗教界在兴办各类企事业进行自养的同时，继续大力开展捐资助学、救灾扶贫；保护环境、敬老助残、施医赠药、保护文物等社会公益事业，积极投身社会主义两个文明建设。组织省宗教界人士积极参与“兴边富民行动”，组成考察团考察部分民族乡村基础设施建设项目，仅此两项即捐资227万元人民币。2000年4月，全省宗教局长会议表彰了近年来省宗教界为社会主义两个文明建设服务作出突出贡献的47个先进集体和56个先进个人，这既是对近年来宗教界积极走与社会主义社会相适应道路的充分肯定和褒扬，也是对宗教界坚持爱国爱教大方向的推动和促进。支持、推动省各宗教团体本着“互相尊重、互不隶属、互不干涉”的原则接待了多批境外宗教界的来访团组，协助宗教界组团到境外考察，密切了同境外宗教界的友好交往，宣传了我国宗教信仰自由政策，加强了同国外和港、澳、台宗教界的联谊和交流，有力地抵制了境外势力利用宗教进行的渗透。2000年3月底，省民宗厅成功地组织接待了即将参加联合国人权大会的挪威宗教人权代表团的来访，通过接触座谈，使该团对我国奉行的宗教信仰自由政策和宗教界的真实情况有了较为客观深入的了解。

配合有关部门做好天主教工作。2000来，在省委、省政府的正确领导下，省民宗厅与各有关部门密切配合，继续加强天主教各级爱国会的思想建设和组织建设，推进民主办教，努力做好新形势下的天主教工作。引导省天主教界抵制了罗马教廷企图借10月1日举行所谓的“封圣”活动乱我教会、乱我社会的罪恶图谋，取得了预期的成效。（撰稿：郭筱彦）

区域协作

【区域联合与协作】 2000年全省开展经济技术联合协作签订项目2400多项，总投资142亿元，其中执行1760多项，总投资51亿元；引进省外资金16亿元。在闽东北、闽西南两个省内经济协作区的推动下，跨省区的闽西南、粤东、赣东南经济协作区，闽浙赣皖福州经济协作区，闽浙赣皖九方经济区，闽粤赣边区经济技术协作区得到不断的发展。主要特点是：1. 区域经济联合步入了有规划、宽领域、多层次的科学、有序、健康、迅速发展的阶段。闽东北区域经济联合发展计划安排的16项(投资规模达331亿元)合作项目中，已执行14项。实现企业自主联合项目368项，涉及工业、交通、城建、商贸、建材、农业、种养殖等领域和行业。闽西南、闽粤赣协作区抓住基础设施建设的重点，加大了协调力度。至2000年底，梅坎铁路已全线竣工通车；赣龙铁路已经国务院批准立项；漳龙高速公路龙岩境内1、2期工程建成通车，漳州段完成投资2.65亿元；漳诏高速公路完成投资8.71亿元；赣龙高速公路龙岩段进入前期准备阶段；京福高速公路三明段一期工程全线初测完成，主线部分控制工程即将动工。另外，一批国道、省道的改造，断头路的连接工程也进展顺利或全面竣工。2. 联合招商、外引内联、开拓市场、招展办展已成为区域经济联合的一个重要手段和活动，全年区域内联合组织了7场较大型的商展会、洽谈会。福州、三明、南平、莆田、宁德5市联合组织270多家企业到长沙举办“福州暨闽东北4地市名优新特产品展销订货会”，共签约订货项目227项，总金额19多亿元，现场实物销售金额近500万元，设立办事处、销售网点1238个。厦门市在成都举办了厦门商品博览会，签订经济合作项目168个，投资总额13.6亿元，贸易成交额22亿元。泉州在沈阳举办了侨乡商品展洽会，达成订货合同总额14亿元，商品零售额274万元，新增网点20多个，签约投资项目14个，投资额6亿元，220多名高中级人才达成了应聘意向等等。3. 区域联合有力地推动了山海协作的联动发展。闽东北、闽东南经济协作区加大山海协作力度，先后召开了“厦门、龙岩山海协作对口帮扶联席会议”、“三明、厦门山海协作项目洽谈会”、“龙岩、漳州山海协作联席会”、“南平、泉州山海协作联席会”等。南平市签订区域及山海联合协作项目近200项，投资金额达10亿多元；龙岩市新签内联项目260项，总投资达25亿元；三明市新办、扩建、技改、续建内联项目324项，引进市外资金近10亿元。

【省际合作】 2000年，省、市党政领导率团互访空前活跃，把省际、区域间的经济技术联合推向更高层次。吉林、江西、云南、贵州、宁夏等省(区)的党政领导相继率团访问了福建省，相互建立了省际间的经济合作关系；省领导也率团参加了在西安、重庆等地举办的大型合作与投资贸易洽谈会，开展了积极的省、区间的经济外交活动。地市党政领导的区域间的互访活动也十分频繁。据不完全统计，全年福、厦两地新设立的各类办事处达105家，新增内联企业200多个。各地在厦设立的各类办事处累计达658家，其中政府部门389家，兴办内联企业4153个，注册资金达103亿元；在榕设立的各类办事机构累计达657家，其中政府部门116家，兴办内联企业2847家，注册资金达45亿元。对23家各省驻闽办事机构的统计表明，全年共组织省、区间的经济技术协作项目846项，双向引资82.79亿元，物资协作总金额13.76亿元，进出口物资金额2.83亿美元，举办或组织参加各种展销会43场。2000年福建省参与了“中国东西部合作与投资贸易洽谈”的主办省工作，组织了120多家单位和企业共200多人的政府和商贸代表团赴西安参会、办展。签订合作项目合同和意向14项，总金额2.7亿元；签订现货合同50多万元，内贸意向项目金额4200万元，内贸合同标的3770万元。省内企业与贵州、宁夏、新疆等省市自治区的30多家商贸企业也建

立了商贸合作关系。　（撰稿：杨一惠）

对口支援

【援藏】 1995年开始，福建省共选派48名援藏干部，援建了229个项目，投入资金约3.2亿元；无偿捐赠款物折合人民币3592万元；为当地培训各类人才2000多人次，有力地推动了西藏林芝地区社会经济的发展。1998年5月份，福建省开始了第二期援藏工作，各项工作进展顺利。1．转移援助重点，加快农牧区脱贫致富。近2年来，建成了4个小城镇、4个小康示范村，建设12所农牧区卫生院，68座电视差转台，开发了3片农业综合开发区，加快了农牧区脱贫致富奔小康步伐。2．引进先进技术，促进经济发展。朗县在全区最先引进索道开发铬铁矿，大大提高效率，仅此一项每年可增加财政收入200万元。米林县建立了良种试范片，引进越冬能力强的黑麦草大面积种植成功，年可增载牧畜5万头（只、匹），增加产值600万元。3．抓好基础设施建设。经多方筹资，在八一镇修建了防洪堤和相应的道路。朗县修建6条乡村公路，乡村通路率达92%；米林县以福建省第一期援助的南伊电站为依托，对全县农网进行改造和延伸，使全县用电覆盖率达90%，已被列为全自治区第一个农村初级电气化县。4．搞好人才培养，增强发展后劲。一是采用“请进来、走出去”的办法，组织省专家赴林芝地区给在职干部进行大规模的培训；二是采取“结对子、手拉手”的办法，把林芝地区乡镇、场、企业领导、教师、医生派到福建省有关部门单位跟班学习，挂职锻炼；三是援建希望学校，使朗县和米林县的适龄儿童入学率达到97%以上。福建省援建的地区职业学校成为林芝地区培养具有一技之长的专业人才基地。

【支援三峡库区】 福建省从1992年开始对口支援三峡库区移民工作，已实施的经济合作项目有18项，投资总额9460万元，我方计划投资7358万元，实际到位6798万元。并着重抓好了三方面工作：一是抓好重点合作项目落实。如：福建亚通塑胶有限公司与重庆市万州川东制鞋厂共同投资组建重庆（亚通）塑胶有限公司，第一期总投资为人民币1400万元、年产6000吨优质建材塑胶系列制品，年底已投入生产，该企业已被万州区政府列为重点扶持盘大盘强十大企业之一。福建闽福发股份有限公司出资1300万元重组重庆无线电厂，成立“重庆金美通讯有限公司”，生产军工通讯产品。改制后经济效益大幅度提高，军品有保障，公司得到快速发展。现国防科工委，重庆市委、市政府已将金美公司改制，管理与运作实现投资主体多元化的这种“金美模式”改革，在军工企业中进行推广。二是抓好农业综合开发。从1995年开始，福建省先后在推广名优果苗树种、毛竹、食用菌及淡水养殖等方面做了一些工作。目前，经过研究培育，获省科技进步一等奖的具有早熟、果大、优质、口感好的“早钟6号”枇杷树苗已在天城试种成功。三是抓好社会公益事业建设，至2000年底共无偿捐赠款物折合人民币4628.17万元，其中仅捐建教育工程达17次，资金已到位550万元。此外，福建省与三峡库区选派挂职交流干部共6批44人，培训库区各类干部892人（次）。已安置奉节县农村外迁移民602人。

【援疆】 1．选派援疆干部。1999年6月，按照中组部、人事部的统一部署，本省选派了20名较优秀干部到昌吉州挂职。2．对广播电视、教育事业给予资助。省财政拨出200万元用于公益性项目建设。省广电局拨22万元在昌吉州实施“乡乡村村通广播电视”工程。漳州市援助150万元兴建“玛纳斯县漳州牧民新村”。福州、泉州、龙岩、漳平、永泰等市（县）各捐建一所希望小学。3．加强人才、技术培训。省委组织部已确定每年分3批（县级干部、乡镇领导、厂长经理）在福建为昌吉州培训人才。4．注重文化交流。1999年11月，由援疆干部领队，昌吉州民族歌舞团到本省福州、莆田、泉州、漳州、龙岩、厦门6地市21个县进行为期50天的巡回演出，行程2800多公里，演出33场，为促进福建与昌吉州经济、技术、文化等方面的合作发挥了积极的作用。

【对口帮扶宁夏】 1996年9月，中央召开扶贫开发工作会议，决定组织沿海发达省、市对口帮扶中西部贫困省、区。根据中央部署，福建省对口帮扶宁夏回族自治区。从1996～2000年，福建无偿支援宁夏资金共1.4亿元，其中2000年无偿支援资金3224万元，签订协作项目333个，协议投资23亿元，实施项目154个，实际投资近7亿元，其中2000年签订协作项目20个，协议投资3.86亿元，实施项目18个，实际投资3.87亿元。截至2000年底，福建省共帮助宁夏建设坡改梯基本农田17.8万亩，打井窖1.5万眼；兴建希望小学94所（包括教学点、中学综合楼、农村培训中心、幼儿园等），资助失学儿童1.2万名；兴建移民开发区两个（闽宁村、同心县石狮镇），安置移民8000人，扶持2180个贫困户发展种养业项目；建设闽宁温饱示范村80个；吸收宁夏劳工6177人；帮助人才培训1467人；互派干部挂职交流127人。在闽宁双方共同努力，解决了30万宁夏贫困人口的温饱问题。5年来，闽宁对口扶贫协作主要工作如下：

一、确定对口帮扶机构，明确指导思想和主要任务。中央扶贫开发工作会议确定本省对口帮扶宁夏回族自治区后，省委、省政府十分重视，成立了福建省对口帮扶宁夏回族自治区领导小组，由习近平同志任组长，省委组织部、农办、计委、财政厅等19个省直部门作为成员单位。领导小组下设办公室，依托省脱贫办。

二、建立闽宁对口扶贫协作联席会议制度，引导帮扶工作有序开展。1996年11月，在福州召开闽宁对口扶贫协作首次联席会议，签订了福建省对口帮扶宁夏回族自治区协议书，正式建立两省区对口帮扶关系，使帮扶工作进入实际操作阶段。5年来，两省区共召开四次联席会议，确定了不同时期的帮扶工作重点，有效推动了帮扶工作的有序开展。2000年4月，两省区在福州举行第四次联席会议，深入探讨在国家实施西部大开发战略的新形势下，进一步全面加强合作的思路和途径。在两省区领导亲自带动下，福建省沿海5市8县（市、区）与宁夏贫困县积极开展互访考察，具体实施结对帮扶工作。两省区各有关部门也积极进行对口考察交流活动。省政协、统战部组织各民主党派、专家学者、企业家赴宁考察，达成多个项目意向协议。省委组织部、省外经贸委、福建农业大学等单位积极组织考察活动，进行经济、文化、科技等各方面的协作和交流活动。据不完全统计，到2000年底，两省区的互访考察达177批2867人次（其中2000年27批，217人次），促进闽宁对口扶贫协作有规模、有层次，热烈有序地开展起来。

三、帮扶工作有序推进项目合作全面展开。1．以扶贫攻坚为主要目标的工程项目得到全面落实。从1996～2000年省财政筹集的帮扶资金6600万元已全部汇到宁夏，并全部用于解决宁夏贫困人口温饱问题的帮扶项目上，即“井窖工程”、“坡改梯”、“移民吊庄”和建希望小学等项目。省沿海5市8县在与宁夏贫困县结对帮扶中，各尽所能，在人力财务方面都超过省级财政的帮扶力度。据不完全统计，5年来有关市县区和省直部门无偿捐赠达6200万元，为宁夏扶贫攻坚工作发挥了积极作用。2．企业合作项目全面展开。两省区经贸合作项目建成投产的已有18个，投资总额达13.17亿元，本省企业家投资占65%。目前，在宁夏注册的福建企业已有113家，其中相当部分企业投资得到良好的回报。3．科技协作取得成效。1997年以来福建农业大学菌草研究所在闽宁村和彭阳县建立菌草技术扶贫示范基地，并取得成功。2000年在前3年的基础上，扩大试点规模，在闽宁村、固原县、海源县、彭阳县等地推广，发展菇农1550户、种植蘑菇30万平方米（其中闽宁村1000户、种菇25万平方米），已创产值达740万元，平均每平方米可创产值25元，每户菇农收入可增收2000元。同时，针对宁夏南部山区生态恶化的情况，闽宁两省区的专家联合开展宁夏南部山区水土保持协作研究，已经分别在银川和福州举行两次研讨会，提出了具体实施方案，目前正在筹备实施。4. 组织干部交流和培训。根据两省区协议，先后选派两批17名干部在宁夏贫困县挂职扶贫，宁夏也选派32名县乡干部到福建对口县挂职锻炼。由省委组织部负责举行6期宁夏县乡干部培训班，共培训宁夏县乡干部156名。5. 扩大劳务输出。利用沿海经济发达优势，积极为宁夏开拓劳务市场，接收安排贫困地区的剩余劳力，仅莆田新威集团就接收宁夏劳工1836人。几年来共创劳务收入6111万元，对宁夏贫困地区的扶贫攻坚起了很大作用。6. 广泛动员社会各界参与扶贫协作。5年来，全省群众为宁夏捐赠衣物234万件套，捐资1216.56万元，其中：2000年捐赠314.56万元，社会力量的对口帮扶已经成为一支有力的方面军。

经过5年来的对口扶贫协作，两省区建立了各项帮扶制度，形成了帮扶机制，在新世纪西部大开发的战略指引下，将向更高层次和更宽领域发展。

【接收安置三峡移民】 按照国务院的统一部署和要求，福建省到2003年上半年要接收安置三峡库区奉节县农村外迁移民5500人，3年任务分别为：2000年安置试点150户、600人，2001年3000人、2002年1900人。省委、省政府对接收安置三峡移民安置工作高度重视，为认真做好三峡移民安置工作，确定了六条工作原则：1. 全省各地市原则上都要承担接受重庆库区农村移民的任务，但不搞绝对平均，根据各地市情况合理安排。2. 坚持以农为本，以土为本，使库区外迁移民搬得进，稳得住，逐步能致富。3. 本省贫困县或刚脱贫现又返贫的县及有本省库区移民任务的县暂时不考虑接收三峡库区农村移民。4. 除个别地市已建有农场或有成片新增土地能相对集中安置外，一般应采取大分散、小集中的安置方式。5. 在安置过程中，要妥善处理好外迁移民和迁入地群众之间的利益关系，促使他们融为一体，确保社会安定稳定。6. 各地市安置标准大体上要一致、并与本省库区移民安置水平相衔接。省政府正式下发了《福建省人民政府关于印发我省做好三峡库区农村外迁移民安置工作若干意见的通知》，进一步明确了工作要求与目标、措施与办法等，并指定省政府库区办负责该项工作。省库区办结合本省情况，出台了《三峡库区农村外迁移民安置规划大纲》、《福建省三峡移民安置资金管理实施细则》等相关政策。

2000年，本省接收三峡移民安置试点为邵武市、晋江市，两试点市共接收139户、603人，通过各级共同努力，三峡移民分别迁入了邵武市的城郊镇、水北镇和晋江市的西滨镇。两试点市对三峡移民采取了多种有效的帮扶措施，晋江市政府发出了《关于开展三峡库区移民帮扶的通知》，邵武市政府出台了《关于接收安置三峡库区外迁移民的配套政策》，建立帮扶联系卡，实行单位行业挂钩帮扶、干部、带头人结对子帮扶等措施。并对移民加强培训，采取“急用先学，学用结合”的办法，举办地方语言与风俗习惯、当地传统农业(水稻、水果、烟叶等)栽培技术、蔬菜及食用菌生产技术、畜禽养殖和特种水产养殖技术、制鞋与车工、驾驶技术、计划生育和健康知识、法律与乡规民约、劳动与安全等培训。两试点市共为移民建房14185平方米，完成土地承包121227平方米、完成道路建设3.15千米、水利配套设施80733平方米，完成生活供水管网4828米、输电线路5992米、通讯线路10492米。当前，三峡移民在迁入安置地后总体状况良好，生活上基本适应当地生活习惯和气候，生产上也逐步起步。安置在晋江市的三峡移民已有106人进“三资”企业务工；另有部分移民从事第三产业。三峡移民在安顿生活、启动生产的同时，市场意识也在发生变化，一种思进致富的观念正在形成。

(撰稿：李建一　林伯英　齐鸣)

老区建设

【“五通”建设】 2000年，全省老区各级领导从讲政治的高度和学习贯彻“三个代表”重要思想出发，落实省委、省政府2000年度为民办实事的“老区五通建设”项目。截止2000底，全省完成通路10条，占总任务的83.3%；通水1318个村，占总任务的99.2%；解决无电户19287户，占总任务的96.4%；通电话110个村，占总任务的100%；通广播电视300个自然村，占总任务的100%。2000年度完成老区“五通”建设省级下拨资金9055.45万元，地市级财政配套资金2138.05万元，县级配套资金843.80万元。实施老区“五通”建设等为民办实事项目，进一步密切了党群、干群的关系，促进了老区的精神文明建设，推动了老区的经济发展。

【新村建设】 2000年全省各地老区继续认真贯彻“全省老区建设西坑现场会”精神，大力开展“学西坑、建新村”活动，加大新村建设力度，全省老区涌现出了一批“西坑式”的新村。龙岩市1998年确定抓13个老区基点村作为新村建设试点，至2000年，已取得了显著的成绩，13个村的经济实力明显增强，13个村的人均收入从1998年的2521元增至2000年的3228元，平均每人收入增长707元。其中人均增收20%以上的有4个村；增长10～20%的有5个村，增长5～10%的有4个村。南平市有7个老区村村集体经济和农民年人均纯收入都有明显增加，新村建设步伐加快。寿宁县以“发展老区经济增加农民收入”为中心，以文明村竞赛活动为载体，组织了12个老区村参赛，按新村规划标准新建房屋32幢，9600平方米，铺设水泥路11条，4.8公里，改建搬迁猪圈、厕所160多个，铺设水泥厅堂186家，15000平方米，安装程控电话60多部，购买电视机70多部，使各项工作都有了突破性的进展。

【农业结构调整】 2000年，全省各地老区，围绕“农民增收、农村稳定”这个中心，积极探讨老区农业生产结构调整的新路子，在调整老区农业生产布局，发挥区域优势、优化品质、调整种植比例、发展优高农业、创汇农业等方面有所突破，取得了一定的成效。漳州市建立了老区科技示范场、奇兰茶苗圃、台湾木瓜示范场、枇杷繁育基地、毛豆出口基地等农业新技术试验基地、优良种苗繁育基地、实用技术培训基地。全市新种植青梅、香蕉、枇杷、白芽奇兰茶3.2万亩。扶持老区繁育青梅110万株、白芽奇兰茶苗100万株、高优枇杷苗2.5万株；培育蘑菇30万平方米、茶菇800万筒、香菇1.5万袋；推广高优果树4200亩，引导和带动了种植结构的调整。福州市连江县走产业化发展道路，扶持13个联办果场的生产和品种更新，2000年水果产量达1.5万担，创产值120多万元，纯利60多万元；罗源县西兰乡大胆引进台湾袖珍菇食用菌新品种、新技术获得成功，全乡共发展袖珍菇厂14家、年种植800万袋，产值4000万元，利润3000万元，带动了全县的食用菌生产；永泰县根据多山的特点，大力发展种植业，综合开发山地，全县6个老区果场种植青梅、李果、橄揽、柿子、板栗等名优水果1000多亩，增强了老区的发展后劲，培育了新的经济增长点。宁德市有计划地进行农业结构调整试点工作，全市共建了53个示范点，58个项目，初步建立了“现代农业示范基地”，“三高蔬菜基地”、“花卉基地”等，取得了较好的效果。霞浦县采取“农户＋基地”连片集中开发方式，发展了台湾大青枣、无籽西瓜、洋香瓜、大黄鱼、泥蚶等10个项目，形成规模特色，优化了产业结构，加快产业化进程；福鼎市三门里村调整出60%耕地种上福鼎芋和生姜，使全村人均增收近1000元；员当村发挥滩涂优势发展海带、紫菜2000亩，全村人均增收近2000元。

【老区群众科技文化素质】 2000年，全省各级老区办把提高老区人口的科技文化素质放在十分重要的位置，多形式、多层次、多渠道宣传普及科技知识、提高老区群众科技水平、培养农村实用技术人才，通过与省科协配合，2000年度完成农函大招生老区学员5875人，通过和福建农林大学、福建师范大学联系，招收了66名老区预科班学生，取得了新的成效。

漳州市共举办各类老区技术培训班72期，接受培训人员计11750人次。南平市老区办积极开展“百团下乡、千人传授、万户受益”和科技、文化、卫生“三下乡”活动，大力普及农村科学文化知识，推广农业新技术，全市共举办锥栗、毛竹、食用菌等实用技术培训班65期，受培人员2542人次，收到了良好的效果。

【扶建资金管理】 2000年，全省老区系统认真贯彻执行财政部下发的《财政扶贫资金管理办法》(试行)和《财政扶贫项目管理费管理办法》(试行)，主动配合财政部门加强对发展资金的管理工作。2000年度省办与财政厅联合行文，分3批下达资金共计3250万元，各地财政均设立专户，绝大部分能确保资金及时足额到位，专款专用，提高了使用效益。三明市老区办根据财政部有关周转金只收不贷的规定，对老区开发基金进行了清理，同时抓好催收工作，对已回收的周转金经与财政部门协商，改为无偿投放老区基础设施建设。并在自查的基础上，与财政部门共同组织对老区资金使用管理和扶建效益情况进行了抽查。漳州市老区办主动配合财政局加强对发展资金的管理工作。成立了资金检查小组，在各县做好自查自纠工作的同时，分别对4个重点老区县进行了抽查，发现问题，及时解决。确保老区资金及时到位，并发挥较好的使用效益。

【老区宣传工作】 2000年，各级老区办认真贯彻省委宣传部、省老区办《关于进一步做好老区宣传工作的意见》，把老区宣传工作摆在重要的议事日程，通过各种形式大力弘扬老区的光荣传统，讴歌老区革命先烈的英雄业绩，宣传老区干部群众的先进事迹、展示老区建设成就和精神风貌，探索加快老区发展的新思路，取得了明显的效果。省老区办与江西省上饶地委党史办、横峰县委共同编印纪念黄道诞辰100周年文集《坚忍不拔的革命家黄道》；举办了全省“老区之声”歌咏比赛，在省广播电台开辟了“老区之声”广播节目，与省电视台合作开辟了“八闽红土地”电视栏目，扩大了老区的影响，增加了老区的知名度。南平市老区办紧紧围绕“弘扬老区精神，发展老区经济”的宣传工作要求，通过举办老区建设图片展、开展“春满红土地”老区建设征文活动、编写老区县、乡、村革命简史，竖立村碑、设立宣传牌等各种方式全方位宣传老区，形成了全社会关心老区、支持老区、建设老区的良好氛围。泰宁县老区办在风景区开辟了一条老区旅游专线，使游客在领略了大自然的美好风光，同时接受老区革命传统教育；宁化县注重把老区宣传与打好客家祖地、天鹅洞群、革命老区三大旅游品牌融为一体，既扩大了老区的影响，又增加了老区的经济来源渠道。

(撰稿：吴文景)

计划生育

【综述】 2000年，全省上下以贯彻落实中共中央、国务院《关于加强人口与计划生育工作稳定低生育水平的决定》精神为主线，以实现“三为主”规划为重点，加快计生工作思路和方法的“两个转变”，继续加强对人口问题的综合治理，广泛开展婚育新风进万家活动，积极推行以技术服务为重点的计划生育优质服务，较好地完成了国家下达的年度人口计划，全省人口出生率为11.6‰，计划生育率达到92%，计划生育整体水平有了进一步提高。2000年全省计生工作的主要特点有：

一是领导重视，推动抓早抓紧计生工作。省委、省政府连续第四年在全省经济工作会议之前（1999年12月5日）召开了全省计划生育工作会议，省委书记、省长亲自总结部署工作。在元旦、春节期间，省委、省政府分管领导率领有关部门同志走村入户慰问二女户和计生困难户，宣传计生政策，掀起了元旦、春节期间计生宣传服务活动高潮，据统计，全省共慰问计生困难户132431户，其中二女户39570户，慰问资金860.37万元，取得良好的社会效应。省计生领导小组还在华安县召开现场会，习近平省长到会讲话，推广华安县坚持党政一把手亲自抓、负总责，坚持人口与经济社会发展综合决策，坚持两种生产一起抓、两种成果一起要的经验，推动全省各级党政领导自觉地、扎实地、持久地抓紧抓好计生工作。

二是认真贯彻落实中央《决定》精神。中共中央、国务院《关于加强人口与计划生育工作稳定低生育水平的决定》下发后，省委、省政府把学习、宣传、贯彻中央《决定》精神作为人口与计划生育工作的头等大事来抓。召开了省委常委专题会议、省委学习中心组专题学习会、省计生领导小组全体成员会、全省电视电话会议等，对中央《决定》进行学习、宣传和部署，下发了贯彻中央《决定》的《实施意见》和《福建省计划生育领导小组部分成员单位的职责规定》，明确各有关部门计划生育工作职责，采取综合措施治理人口问题。省委组织部、省计生委联合举办了全省县级计生分管领导学习中央《决定》培训班，提高其参谋助手能力。各级党委都把学习传达中央《决定》精神作为党委中心组学习的重要内容，列入正在开展的县级领导班子“三讲”教育的学习内容，开办了专题讲座。各地还充分发挥各种宣传阵地和媒体的作用，通过组织文艺演出、图片展览、咨询义诊、知识竞赛、出动宣传车等形式多样、内容丰富的宣传活动，广泛宣传中央《决定》精神，并结合纪念“9.25”中央《公开信》发表20周年，把中央《决定》精神贯穿其中，深入宣传，取得了良好的宣传效果。

三是深入调查研究，加强分类指导。为了进一步落实省委、省政府关于“抓大抓难”的要求，推动不同地区人口与计划生育工作的平衡发展，省计生委组织了对12个人口大县和单列管理县（市、区）的计生工作专项调查研究，通过召开乡镇党政领导、各有关部门、计生干部座谈会，查看镇、村两级台帐、报表和相关资料，实地走访计生服务所，进村入户核实计生工作情况等形式进行调查。主要领导还逐个到被调查的县（市），与当地党政领导、各有关部门同志和计生干部一起，面对面地分析问题，认真总结经验教训，研究对策，指导工作，有力地推进了当地计生工作的开展。

四是加强对人口问题的综合治理。省计生委加强协调，调动各有关部门加强人口与计划生育工作，努力形成综合治理人口问题的局面，联合有关部门发出了《关于进一步做好扶贫开发与计划生育相结合工作的意见》、《关于对违反计划生育政策的党员、干部和职工的处理意见》、《关于进一步做好省委、省政府有关计划生育工作若干问题规定的落实工作的通知》、《关于重视发挥共产党员和共青团员在计划生育工作中模范作用的通知》、《关于规范计划生育收费等有关问题的通知》、《关于认真做好收养登记工作有关问题的通知》等文件，加强综合治理，推动各有关部门齐抓共管计生工作。

五是加强基层协会的整建工作。各地按照抓两头带中间，巩固好的，提高中间，整顿后进的要求，加强基层协会的整建工作，使整建后的基层协会组织健全，活动规范，人员结构合理，文化程度有所提高，女会员比例有所上升。据统计，整建后，全省保留原会员2661532人，新发展会员461692人，调整、劝退722740人。目前，全省有17多万名女小组长（中心户长）活跃在农村计生工作第一线，组织群众进行自我教育、自我管理和自我服务，增强了村级计生协会的凝聚力和生命力，成为广大群众心目中可以信赖、可以依靠的组织和基层计生工作不可或缺的力量。

【驻村调查】 2000年9月1～6日，省计生委分赴省计生工作黄牌警告和单列管理的9个县（市、区）开展以“体察民情，了解民意”为主题的驻村调查活动，通过召开村两委干部、党员、中心户长和二女户等各种类型的座谈会，以及进村入户的宣传访视活动，全面了解所驻村社会经济发展的总体情况，大力宣传江泽民总书记“三个代表”的重要思想，驻村工作组发扬艰苦奋斗的优良传统，与群众同吃住、共甘苦，一起劳动，与群众交朋友，开展面对面的交谈，心贴心地交流，宣传党的政策，了解群众对计生工作的意见和建议，并对经济较为贫困的100多户计生户特别是二女户进行了慰问。习近平省长对省计生委开展的驻村活动给予了充分肯定，在省计生委《情况报告》上批示："省计生委机关干部开展驻村活动的做法，值得提倡，反映了作风深入，工作扎实。所了解的第一手资料，真实可靠，必需引起注意。建议将《情况报告》转发各市县及有关部门参阅"。

【新《福建省计划生育条例》出台】 2000年11月18日，省九届人大常委会第二十二次会议审议通过了《关于修改〈福建省计划生育条例〉的决定》，并于2001年1月1日起正式施行。本次《条例》修改历时二年半，在9个方面42处进行了调整和完善。主要有以下几个方面的特点：一是适应"两个转变"的需要，赋予"三为主"、"三结合"规定以法律效力。二是按照稳定低生育水平的要求，对现行生育政策进行微调，在不影响本省短期内生育水平的前提下，突出了对二女户、独生子女家庭的照顾和对计划外多孩户、超生户的限制。三是体现改革和以技术服务为重点的优质服务，规范计划生育技术服务机构和人员的管理。四是完善管理机制，落实城市"单位负责，条条保证，以块为主，条块结合"和农村"县领导，乡负责，村自治，组为基础，户抓落实"的要求，明确村民自治、属地管理和法定代表人工作责任制。五是与相关法律法规衔接，在收养、执法主体、村民委员会成员的罢免、法律责任等方面，与近年来颁布的法律法规的规定一致，维护法制统一，并借鉴了兄弟省的计划生育立法经验。

【计划生育工作改革措施】 根据计生工作发展的需要，各地加大了改革力度，在避孕节育方法、环情孕情跟踪、生殖保健服务等方面进行了一系列的改革。在避孕节育方法上，积极稳妥地推行知情选择；在查环查孕上，按照区别对待、分类指导的原则，对40岁以上的育妇以生殖保健为主，一年只进行一次查环查孕(部分地方结合查妇科病)；对连续5年以上的计生合格村，将定期集中"双查"改为入户访视；在生育证发放手续上，城区按政策生育，可以孕后补证，农村一孩发证只要具备身份证和结婚证即可，简化手续，禁止对符合生育政策但因无证怀孕对象进行人流引产；在微机信息管理上，运用微机反馈信息指导基层工作和服务育龄群众；在年度考核上，按照简便易行的原则，把年终考核与平时考核结合起来，按城区、农村、城乡结合部不同类型进行考核，实行党政领导、有关部门、计生部门三线考核。

【计划生育优质服务】 各地认真贯彻全国计划生育生殖保健工作经验交流会及国家计生委《关于全面推进计划生育优质服务工作的意见》精神，把转变思想观念，开展优质服务作为实现计划生育工作思路和工作方法"两个转变"的重要途径，不断加大投入，广泛深入地开展计划生育优质服务宣传，使广大计生工作者转变思想观念，增强服务意识，努力做到"用百分之九十的宣传和服务给予群众，用百分之十的希望和措施要求群众"，寓宣传教育于优质服务之中，营造浓厚的计划生育优质服务氛围，积极稳妥地开展计划生育优质服务工作。坚持"面向基层，深入乡村，服务上门，方便群众"的服务宗旨，依靠科技进步，努力拓宽服务领域，积极转变服务态度和服务方式，变被动服务为主动服务，变孕后管理为孕前服务、跟踪随访，变单纯以落实节育手术为主为开展以生殖健康为中心的系列服务和避孕节育全程服务，普遍开展了优生检测、妇科病查治、不孕症治疗和术后随访工作，既密切了干群关系，又提高了计生工作整体水平。同时，通过加强培训，扩展工作人员的知识面，提高服务能力和服务质量，使各级计生干部基本做到"懂得优质服务的事，会说优质服务的话，会干优质服务的活"，保证计划生育优质服务工作的健康开展。2000年，全省妇女病普查3623958人次，普查率达到53.78%，有66个县级计生服务站启动了孕前优生检测项目，共检测了161394人次，取得了明显的社会和经济效益。

【华安县计生工作三到位】 华安县始终坚持"两种生产一起抓、两个成果一起要"的方针，2000年，连续第五年保持了全省计划生育工作一类县的先进水平，被国家计生委和省计生委评为计划生育"三为主"先进县，得到了习近平省长的充分肯定。华安经验的核心在于党政一把手，坚持亲自抓、负总责，做到了责任、措施、投入三到位，自觉、扎实、持久地抓。历届县委、县政府主要领导站在全局高度，辩证处理好经济发展与计生工作之间的关系，把人口与计划生育作为事关宗旨、事关经济发展全局、事关可持续发展和改革发展稳定大局的工作抓紧抓好。做到计生工作与经济发展同部署，同检查，同落实。一任接一任，持之以恒地实施"一把手"工程，及时研究解决实际困难和问题。实现了"以乡镇为主"向"村民自治"，从"集中抓"向"经常扎实抓"，从"单一部门抓"向"党委政府领导下的综合治理"，从"要我抓"向"我要抓"，从"以管理为主"向"寓管理于服务之中"的转变。

【松溪县小额信贷帮扶】 松溪县把计划生育与农村扶贫开发和老区建设有机地结合起来，开展了计划生育"五户互助、小额信贷"帮扶工作，即由一户有技术特长、有经济担保能力和热心为群众服务的计生协会会员小康户与二至四户无技术、缺资金的计生贫困户或贫困母亲组成一个互助小组，立足于本地资源开发，确定了投资少、见效快、效益高、风险低的"竹、烟、菌"三大产业为主要发展项目，以小额贷款的形式向互助户发放扶贫周转金，每户2000～3000元，期限为一年。全县累计投入小额信贷资金423万元，被帮助的1625户中有1270户实现当年增收、当年脱贫的目标，人均增收700多元，使一些贫困户，在经济上找到了脱贫致富的路子，在观念上摆脱了"多子多福"的思想束缚，树立了先致富后生育的良好风尚，自觉实行计划生育。

(撰稿：周仁金)

婚姻家庭

【婚姻登记】 婚姻登记管理是一项法律性很强，涉及到社会成员家庭安定和社会主义精神文明建设的社会行政管理工作，特别是涉外婚姻登记，更是涉及到我国外交政策的问题。为了搞好婚姻登记管理，2000年我们主要抓了四项工作：一是加大宣传力度。通过多种媒体，广泛宣传《中华人民共和国婚姻法》和《婚姻登记管理条例》，让群众树立正确的恋爱观、婚姻观、家庭观和生育观，明确建立婚姻关系应具备的条件和必须履行的法定程序，从而提高群众的法制意识。二是建立健全婚姻登记管理制度，确保婚姻登记管理工作依法进行。为严格依法登记，堵塞管理漏洞，杜绝违法婚姻，使婚姻管理工作逐步走向规范化、制度化、科学化，我们根据国家《婚姻法》和《婚姻登记管理条件》，结合本省实际情况，制定了《福建省婚姻登记工作规范》，明确婚姻登记机关权限、婚姻登记员工作职责、婚姻登记管理和档案管理的具体要求，引导各级婚姻登记机关严格执行婚姻法规，规范登记程序，切实把好婚姻登记中的申请、审查、批准的每一道关口。特别是近几年来，涉外婚姻登记量急剧上升，各种复杂情况不断出现，为维护我国的国际信誉，保证涉外婚姻登记正常进行，我们依照有关法律、法规，不断地对全省性的问题进行统一规范。三是建立婚姻登记管理监督机制。一方面，努力搞好行政执法检查，发现问题，及时处理；另一方面，进一步健全举报反馈制度，设立举报箱，公布举报电话，认真受理群众来信来访案件。通过行政执法检查和社会监督，增强了全省婚姻登记机关的依法办事的自觉性，提高了行政执法水平，维护了当事人的合法权益。四是加强婚姻登记机关的自身建设。一方面，注重抓好婚姻登记管理人员的业务素质培养，经常举办婚姻登记员培训班，组织学习业务知识，提高业务能力；另一方面，结合行风建设和效能建设开展以便民为民、承诺服务、事务公开为主要内容的争创文明窗口活动。全省婚姻登记机关在这一活动中，进一步完善各项规章制度，如制定了服务质量标准、服务承诺制度，公开了办事程序、办事条件，而且还改善办公条件，方便群众办事，较好树立了婚姻登记机关的文明窗口形象。

【家庭教育研究】 为实现《福建省家庭教育“九五”计划》制定的目标任务，推进素质教育进家庭，省妇联与省教委联合组织了省家教讲师团到全省各地巡回宣讲家教知识60多场，培训家教骨干2000多人，有4.5万多名家长听了讲座。与省家庭教育研究会制定了《关于与周边学校共建示范家长学校的意见》，与周边6所幼儿园和小学共建了社区家长学校示范校，开展了家教知识讲座，亲子活动，家园运动会等活动，进一步活跃了家长学校的教育工作。积极探索社区儿童教育工作路子，在福州屏西小区建立了福建省社区儿童工作的试点，开展了《0～18岁儿童家庭状况调查》和《知识女性志愿者调查》。省和各级妇女儿童活动中心充分发挥教育、培训、服务功能，大力开展校外教育活动，在开展儿童素质教育方面发挥了积极作用。省妇联与省电视台联合制作的“六一”专题节目《献给明天的爱》，被国家广播电影电视总局评为第五届全国电视节目《金童奖》文艺节目三等奖。

【家庭美德建设】 结合“家庭文明工程”的实施，深入开展“五好文明家庭”创建活动，努力促进“三个进”家庭活动。一是思想道德教育进家庭。通过开展“家庭主妇看新闻议国事”、“致富思源、富而思进”家庭读书演讲等活动，促进了“家事、国事、天下事，事事关心”风气在广大家庭的形成。二是读书活动进家庭。全省各级妇联开展了“好书进家庭”、“家庭主妇读书七个一”、“爱心读书征文”、读书演讲比赛、评选“书香之家”等活动。省妇联编辑的《家庭美德格言》发行近30万册。福建省有10户家庭被文化部和全国妇联联合评为“优秀读书家庭”和“科技读书示范户”。三是文明新风进家庭。省妇联与省公安厅联合开展了“不让毒品进我家”活动，与省体育局联合开展了“八闽巾帼健身”活动，全省各地广泛开展了“婚育新风进家庭”、“积极禁赌淳清风”、“美在农家”、妇女健身、女性文化艺术节、创建“巾帼文明小区”、组织观看“崇尚科学，破除迷信”展览等活动，倡导了科学、文明、健康的生活方式。省文明办转发了省“五好文明家庭”创建活动协调小组制定的《福建省“五好文明家庭”创建活动管理办法》，进一步加强了对创建活动的领导。

（撰稿：林厚裕　赵彬）

社会人群

【妇女儿童】 对《90年代福建省儿童发展规划纲要》和《福建省妇女发展纲要（1996～2000年）》实施情况的监测评估表明，在省妇女儿童工作委员会各成员单位的共同努力下，《两纲》制定的目标任务基本完成。1. 妇女参政比例提高。截止2000年底，全省9个省辖市党政领导班子全部配有1名女干部，84个县（市、区）党政班子都配有1名以上女干部，全省986个乡镇党政班子女干部配备面达100%，女乡镇书记、乡镇长配备实现了省委提出的各县市都要配备1至2名的要求，从而实现了福建省省、市、县、乡四级党政领导班子女干部配备达100%的目标。2. 妇幼卫生工作进一步加强，妇女儿童身心健康水平不断提高。全省婚前医学检查率达67.9%，住院分娩率达88.4%，孕产妇和儿童系统保健管理率均达75%以上。婴儿死亡率、5岁以下儿童死亡率和孕产妇死亡率分别降至20‰、25.50‰和30.66/10万，基本达到纲要目标要求。3. 全力巩固“两基”达标成果，妇女儿童科学文化素质进一步提高。2000年，全省小学入学率达99.85%，其中女童入学率达99.73%，男女性别差下降到0.12个百分点；初中毛入学率达到105.5%。青壮年妇女文盲率降为1.76%。4. 妇女劳动权益得到进一步维护。2000年全省用于保障下岗女职工基本生活和促进再就业的资金达9841万元。全省共有25290名下岗女职工参加职业技能培训，培训率达60%，21202人实现了再就业，再就业率达60%。全省进一步加强了制鞋业女职工苯毒职业危害的特殊劳动保护工作。5. 特殊群体妇女儿童的权益得到更好的保护。2000年民政部门投入近400万元用于社会福利事业单位的修缮、改造和基础设施建设，有效改善了孤残妇女儿童的生存、生活条件。全省实施了“康复工程”，为310名7岁以下聋儿、308名7岁以下智残儿童、325名7岁以下肢残儿童进行了不同程度的功能康复训练；为9825名患白内障妇女实施了复明手术；为6518名残疾妇女进行了职业培训；帮助2940名残疾妇女就业。6. 侵犯妇女儿童人身权益的犯罪行为得到有效遏制。全省开展的“打击拐卖妇女儿童”专项斗争和严厉打击卖淫嫖娼、赌博，加强公共娱乐场所专项整治活动，取得了明显成效，破获强奸案件657起，查处卖淫嫖娼案件4402起，解救被拐妇女儿童15362人。开展了对中小学及周边治安秩序的专项整治工作，中小学生的合法权益得到进一步的保障。（撰稿：赵彬）

【老年人】 按照国际通行标准，60以上的老年人口占总人口的10%或65岁以上的老年人口占7%，即意味着人口达到了老龄化。福建省是全国第10个进入人口老龄型的省份，且人口老龄化发展速度迅猛，1953年，本省60岁以上的老年人口占总人口的5.57%，1982年占总人口的6.93%，1990则占总人口的8.02%。随着改革开放的不断深入，社会经济的发展，人民生活水平的提高和医疗条件的改善，人口预期寿命延长，特别是90年代以来计划生育政策的成功实施，生育率下降，人口老龄化进程明显加快。根据省统计局公布的数据，本省1996年60岁以上老年人口已达到331.64万，占全省3261万人口的10.17%；1999年本省老年人口增加到381.34万，占全省总人口3316万的11.5%，超过了10%的老龄化标准。其中60～64岁有116万，65～69岁有96万，70～74岁有79.5万，75～79岁有49.7万，80～100岁39.8万。目前，全省100岁以上的老人437位，其中年龄最大的是历经3个世纪的漳州市漳浦县旧镇的蔡松苍老人，2000年已112岁。据预测，福建省未来50年老年人口的比重将快速上升，老年人口数量将持续增加，到2040年，全省60岁以上的老年人将占总人口的25%，届时，每4个人中就有一个老年人，到2050年，老年人口将占总人口的28.1%，进入高龄化社会。福建省是我国人口相对密集的地区，老年人口基数较大。西方发达国家进入老年型社会一般经过50～100年时间，人口老龄化时间较短的德国和英国也用了45年时间，我国人口结构从成年型进入老年型只有18年时间。而福建省仅用14年左右时间就进入了人口老龄化。显而易见，本省的人口老龄化、高龄化形势十分严峻，务必引起高度重视。（撰稿：梅长青）

【残疾人】 2000年全省认真贯彻落实党的十五大精神和第三次全国残联代表大会精神，继续实行“讲求实效、打好基础”的方针，以加强基层建设为重点，着力解决好关系到残疾人基本需求的扶贫、就业、康复、教育等问题，积极探索社区残疾人工作和残疾人社会保障的工作思路，如期完成或超额完成了各项预定的目标任务。扶贫解困工作扎实开展，2000年全省各级政府及社会各界共投放扶贫资金1078万元（其中中央康复扶贫贷款560万元，省地县财政配套资金518万元），扶持贫困残疾人9877人（其中康复扶贫3706人），脱贫3810人。在抓扶贫开发同时，还积极配合政府有关部门把特困残疾人纳入政府社会保障，实施最低生活保障，广大贫困残疾人的生活状况有了明显改善。各级残联认真贯彻《关于进一步做好残疾人劳动就业工作的若干意见》（国办发［1999］84号）文件精神，采取多种形式推进残疾人就业，全省组织残疾人参加各种技能培训14035人次，共安置残疾人就业6967人，其中集中就业1997人，分散按比例就业1550人，个体就业3420人，收缴就业保障金3879.76万元。根据中央关于“进一步加强残疾人工作与残联建设”的要求，在省、市残联共同努力下，不失时机地协调解决了地、市、县残联组织机构升格问题。9个市级残联、9个县级残联调整了机构规格和管理关系。

乡镇残疾人工作"一体化"建设得到加强。新建残疾人服务分社274个，助残志愿者联络站188个，行政村新建残疾人协会345个。基层残疾人工作网络初步形成。2000年省委、省政府又把建设10个县级残疾人综合服务设施列入为民办实事项目，并拨专款100万元，结合实施中国残联开展的县级残疾人综合服务设施的建设，全年共建设县残疾人综合服务设施14个。康复工作成效显著，全面完成省委、省政府为民办实事项目"残疾人三项康复"工程。全省施行白内障复明手术13638例；为329名低视力患者配用助视器；实行肢残训练907例；语训聋儿507名，聋儿家长培训342名；智残儿童康复训练668名；新建精神病家庭病床1830张，工疗站57个，培训技术骨干2797人，精神病患者的肇事率下降到0.085%；新建残疾人用品用具站6个，完成用品用具供应品种80种17321件。在省法援中心的帮助下，省司法部门批准成立了省法援中心残疾人法援部，全省有6个市、9个县成立了残疾人法律援助站，为残疾人提供法律援助。各级残联干部有230名参加了省政府法制办举办的执法骨干培训班，并通过考核取得行政执法资格，有力地保障了残疾人法律、法规的贯彻落实。围绕残联中心工作和"全国助残日"、第十一届残奥会等重大活动及邓朴方主席来闽考察之机，组织新闻媒体、广泛开展宣传残疾人自强模范、扶残助残及"九五"残疾人事业成就的宣传活动，取得较大的社会反响。本省选送3名残疾人运动员在第十一届残奥会上获3金1铜的优异成绩。

（撰稿：林幼健）

编审：章文恕　　　责校：郑棻

福州市

综述

【"九五"概述】 经济运行质量不断提高。"九五"期间，全市国内生产总值年均增长16.7%，2000年达到1003.27亿元，福州成为国内生产总值超千亿元的第6个省会城市；财政总收入年均增长14.6%，2000年达到74.88亿元。产业结构不断优化，水产业和特色种养业等农业主导产业逐步壮大，电子、机械、轻纺等工业支柱产业初具规模，旅游、会展、房地产等新兴第三产业蓬勃发展，高新技术产业迅速崛起，全市三次产业结构比例由1995年的19.78：38.66：41.56调整为2000年的13.49：46.71：39.8。县域经济日益壮大，福清市名列"全国百强县"第14位，长乐、闽侯、连江、罗源、闽清等县（市）跻身全省经济实力十强县（市）、全省经济发展十佳县（市）行列。

市场经济体制初步确立。"九五"期间，农村土地延包政策全面落实，粮食流通和价格体制改革不断深化；国有企业改革和脱困3年目标如期基本实现，非公有制经济健康发展；以养老、失业、工伤、生育保险和居民最低生活保障为主要内容的社会保障制度日益完善，住房制度改革基本到位；政府采购制度和会计委派制度初步建立，投融资体制改革有序推进；市场体系不断完善，在资源配置中的基础性作用日益增强。

开放型经济迅速发展。"九五"期间，成功举办了五届福州国际招商月、两届海峡两岸科技成果交易会等大型招商、经贸活动，沉着应对并有效化解了亚洲金融危机造成的困难，各类开发区、投资区等重点开放区域蓬勃发展，外贸出口不断扩大，利用外资质量逐步提高，对外承包工程、劳务合作取得成效，投资软环境进一步优化；全市外贸出口总值年均增长15.8%，实际利用外资5年累计达48.33亿美元，比"八五"时期增长55.7%。

城乡面貌明显改观。"九五"期间，建成或基本建成长乐国际机场、福泉高速公路福州段、江滨大道等一批重点项目，新建扩建了38条市区交通干道，拓宽改造了170条支路、街巷，形成了比较完善的交通、通信以及供水、供电、供气网络，城市规模进一步扩大，基础设施逐步由制约型向适应型转变。《福州城市总体规划》获得国务院批复并付诸实施，分区规划、控制性详规以及专业规划不断完善。加大市容环境整治和建设力度，荣获"国家卫生城市"称号。基本实现村村通电、通水、通路、通电话、通广播电视，社会主义新农村建设迈出新的步伐。

社会事业全面进步。"九五"期间，连续两次获得"全国科教兴市先进市"称号，11个县（市）区荣获"全国科技工作先进县（市）"称号。实现了教育"两基"达标，市区基本普及了高中阶段教育。建成或基本建成了市电视中心等32个大型社会事业基础设施项目。人口自然增长率持续多年低于全省平均水平，国土资源得到有效保护，城市环境质量明显提高。社会主义精神文明建设与民主法制建设进一步加强，"三五"普法任务基本完成，连续两次被评为"全国双拥模范城"，并荣获"全国创建文明城市工作先进城市"称号。

人民生活基本实现小康。"九五"期间，完成了消除绝对贫困、基本实现小康、"造福工程"搬迁3项历史性任务，全市城镇居民人均可支配收入年均增长10.2%，2000年达7944元；农民人均纯收入年均增长10.9%，2000年达3860元。到2000年底，城市居民人均居住面积达11.2平方米，农村居民人均使用生活用房面积达34.25平方米。2000年末，全市城乡居民储蓄存款余额达484.47亿元，比1996年增加了164.73亿元。城镇登记失业率控制在2%以内。坚持每年为城乡人民兴办20件实事，改善了城乡人民生产、生活条件。

【2000年经济发展概况】 2000年全市实现国内生产总值1003.27亿元，比上年增长10.2%；其中，第一产业增加值135.18亿元，增长1.8%；第二产业增加值466.73亿元，增长12.4%；第三产业增加值401.36亿元，增长9.2%。全年农林牧渔业总产值217.42万元，增长3.3%；实现全部工业总产值1334.02亿元，增长13.4%；全市社会消费品零售总额351.77亿元，增长11.6%。全年全市财政总收入（含中央"两税"收入）74.89亿元，增长11.4%；其中，全市地方财政总收入55.35亿元，增长10.5%。2000年全市城镇居民人均可支配收入7944元，增长11.9%；农民人均纯收入3860元，增长5%。

【经济结构调整】 2000年，福州主要从以下4个方面来进行经济结构调整优化：一是大力提高三次产业发展水平，促进产业结构进一步优化。水产业和特色种养业等农业主导产业逐步壮大，电子、机械、轻纺等工业支柱产业初具规模，旅游、会展、房地产等新兴第三产业蓬勃发展。高新技术产业迅速崛起。二是合理调整市级经济与县域经济布局，促进地区经济协调发展。启动建设金山市级工业区、中国（福州）食品工业园等工业基地；扶持发展高新技术企业、重点技改项目、产学研合作项目等；大力实施名牌产品战略，推进ISO9000质量体系认证工作；建立土地统征制度和土地储备制度，实现政府对土地一级市场的垄断。在壮大市级经济实力的同时，深化县域经济内部分工协作，初步形成了电子信息、汽车制造及配件生产、纺织、新型建材、海洋水产和畜牧业、山海旅游等特色产业基地；县域经济发展质量和效益稳步提高。三是积极推进城镇化，实现城乡经济良性互动。大力实施"小城镇、大战略"，重点建设全市的8县（市）城关、12个次中心镇、18个特色镇，目前大部分已完成规划调整工作；制定出台了建设"经济强镇、发展小城镇"等政策措施，乡镇经济实力有所增强。启动旧村改造、新村建设工作，160个试点村已基本完成规划编制、调整工作；通过努力，城镇化步伐明显加快，促进农村的商流、物流、人流向城镇汇聚，进一步拓展了全市经济发展的腹地。四是改善基础设施和生态环境，促进经济可持续发展。认真实施"东扩南进"战略，金山、鼓山、新店等新区已成为城市建设的新热点。拓宽改造了9条道路，建成了金山大桥等项目，修建、改造了城区7个地下通道和3个过街天桥，新增城市道路面积16.81万平方米。大力巩固提高创建"国家卫生城市"工作成果，建立健全"两级政府、三级管理、四级责任"的城市长效管理机制；加大对城市污水、废气、噪声综合治理力度，提前完成“一控双达标”各项任务，市区空气质量甚本稳定在一级水平。日臻完善的城市基础设施和生态环境，为福州市实现可持续发展奠定了基础。

【拓展内需】 2000年，福州市坚持扩大内需的工作方针，加大固定资产投资力度，积极拓展国内消费市场，2000年全市社会消费品零售额达351.77亿元，增长11.6%。一是抓好重点项目建设。加强国债资金使用管理，积极引导金融机构增加信贷投入，2000年全市重点工程进展顺利，23项在建重点项目计划总投资102.67亿元，已累计完成建设投资40.1亿元，其中本年度完成建设投资23.66亿元。金山大桥、中华映管、平潭风电3个项目已竣工投入使用，林产品交易市场、11万伏上三变、T—ACA头孢菌素等项目已基本建成。二是进一步壮大住房市场。目前金山工业区一期工程正在实施，占地1062亩的金山生活区前期规划选址、用地手续工作已经完成，并已动迁，年内完成投资1.7亿元；占地2024亩的鼓山新区第一期拆迁已完成，年内完成投资2.4亿元。以苍霞、上渡、安平棚屋区为突破口，加快棚屋区改造，争取用3～5年时间，全面完成市区内主要棚屋区改造。上述3片棚屋区全年完成投资约2.75亿元，占总投资的24%。同时着手义洲、帮洲、菖蒲等棚屋区改造的前期工作。在住房分配货币化和开放住房二级市场、提供个人住房抵押贷款等住房消费政策的推动下，住房市场逐渐升温。2000年全市房地产开发投资额70.02亿元，增长22.5%；销售面积227.1万平方米，比增29.8%；全市房地产税收超过8亿元，成为福州市地方财政收入最主要的收入来源之一。三是大力提高市场建设发展水平。按照“建设大市场、发展大商贸、搞活大流通”的商贸工作思路和“东繁西雅、南杂北专”的市场规划思路，继续完善鳌峰路生活资料批发市场走廊和连江路生产资料批发市场走廊，重点建设了水产品批发市场（二期）、林产品交易市场（二期）、糖酒副食品批发市场、南方建材市场、化工批发市场、日用百货批发市场、文化体育用品交易市场、日杂五金批发市场、福州轻纺城以及家禽批发市场等大中型专业批发市场。目前，市区共有大中型批发市场61个，总经营面积89万平方米，年销售额130多亿元。同时加大市场统一规划和盘整力度，重点对台江集贸市场进行了分类盘整，为福州市建成一批在全省乃至全国具有广泛辐射力的批发市场打好基础。以规范化和规模化为导向，积极引进发展大型仓储式超市，麦德龙、沃尔玛、新华都、好又多、大华都、好佳家、和信家等争相落户榕城，家乐福也已签约福州，掀起了福州零售业的新一轮激烈竞争。大力发展特许经营店、加盟店、专卖店、购物中心等，建成了一些相对集中的商业街区，逐步实现了商流、物流、信息流的集中化和经营行为的规范化。四是积极促进会展业蓬勃发展。大力培育本地特色品牌展，争取全国性和区域性展会在榕举办，全年全市共举办各类全国性、区域性会展52场（其中大型会展20余场），签订销售合同184.28亿元、外资19.87亿美元，现场实物销售1亿元，有力地带动了福州市旅游、餐饮、购物、娱乐、交通运输等行业的发展。积极组织福州名优新特产品赴长沙、兰州、南昌等省外城市办展参展，签订销售合同36.09亿元，现场销售753万元；组织“大篷车”远赴中西部地区开展促销活动，一些具有福州传统特色的产品颇受欢迎，较好地拓展了中西部市场，提高了“榕货”的市场占有率。五是搞活旅游经济。在2000年福州国际招商月期间，成功举办了中国百城大串游活动。推出10多条精选旅游线路，吸引旅客来榕旅游。大力强化旅游设施建设和行业管理，全面提高旅游产业综合素质，荣获了“中国优秀旅游城市”称号，促进旅游经济健康、快速发展。全年共接待国内外旅客564.54万人次，总收入98.74亿元人民币，占全市GDP的8%，高于福建省平均水平0.4个百分点。在旅游经济快速发展的同时，全市餐饮、旅馆、运输等相关产业的消费需求也随之呈较大幅度增长。

占地218亩的福州台江苍霞棚屋区改造工程是2000年福州市委、市政府为民办实事项目之一。图为子弟兵为群众义务搬家。 （谢英 摄）

【深化改革】 1. 加快国有经济布局战略性调整。以多种形式深化国有企业改革，大中型国有企业和国有控股企业改制面、脱困面均超过80%，放开搞活了50家国有中小企业。2. 扎实推进农电“两改”工作，完成了农村合作基金会的整体关闭，积极探索小城镇建设的多元投入机制，加快小城镇户籍制度改革，农村经济发展环境得到改善。3. 积极探索推进市政公用事业、文化事业体制改革。以“台网分离、政企分开”为目标，组建了广电集团；研究制定了26家市属科研所转制方案；福州师专、闽江大学等市属高等学院正准备合并组建成福州闽江职业大学。4. 加强机关效能建设，设立了市、县(市)区两级机关效能投诉中心，加大了对公务员违规、违纪行为的查处、纠正。5. 实施政府审批、审核制度改革，已公布两批审批、审核项目。同时清理废止了一批地方性法规规章。6. 出台了《关于促进我市个体私营经济健康快速发展的若干意见》和《关于进一步改善投资软环境的若干意见》，强调个私企业与其他所有制企业在登记申报、税负规费标准、金融贷款、市场准入等领域广泛享受同等的国民待遇，全面实施投资项目申报代办制度，非公有制经济发展环境进一步改善。7. 深化干部人事制度改革，按照公正、公平、公开的原则，面向全国招考了一批副处级领导干部。

【对外经贸】 2000年福州市对外经贸工作克服困难，抢抓机遇，出现了积极的变化和发展，全面完成年度及“九五”外经贸工作目标任务。全市出口总值达27.03亿美元，比增33.4%；实际利用外资达8.01亿美元，比增9.6%。一是突出抓好对跨国公司的招商工作。调整后的市跨国公司协调工作小组，本着主动推介、主动服务的原则，通过上门走访、现场办公等形式，积极接触跨国公司在华企业和代表处，争取其来榕投资兴业。同时拓展对跨国公司和国家放宽限制条件的“十大领域”的招商工作，引进了华科等一批实力强、产业发展水平高的外资企业，香港卓黄记律师事务所、恒生银行已先后在榕设立分支机构。二是努力扶持扩大出口。抓好扶持外经贸发展各项政策的兑现工作，2000年中央、省、市3级财政对福州市700多家出口企业共贴息3700万元；积极协调海关、外管、税务等部门，切实做好出口退税工作。大力引导外商投资企业推进ISO9000质量体系认证工作，2000年全市新通过ISO9000质量体系认证的外资企业34家。全年新批内资自营进出口权企业20家，其中私营企业13家，截至2000年止全市拥有各类进出口权的内资企业达97家，其中私营企业18家。三是切实改进保税区和各类开发区、投资区的管理和服务。保税区基础设施建设和项目引进取得新进展；通过进一步健全开发区管理机构、实行经济目标管理责任制、全面落实代办制服务等措施，各开发区、投资区规范化建设水平得到新提高。四是着力改善投资软环境。全面推行投资项目申报代办制和审批督查制，青口投资区、福兴投资区、福州软件园、保税区等还将代办服务内容进一步延伸到企业产前、产后等环节。

【科技进步与创新】 坚持实施科教兴市战略，着力提升全市科技综合实力。市里出台了《关于鼓励科技人员在榕创业和建立人才资源高地的决定》，建立了市、区两级人才储备中心和福州市研究生工作总站。加大对科技型企业特别是上规模的高新技术企业的扶持力度，2000年有7家高新技术产业化项目获得市产业扶持资金3250万元的支持，8个科技项目获得国家科技部中小型科技企业技术创新基金567万元的支持；全市共实施各级火炬计划项目19项，其中国家级9项。有14家高新技术企业通过省级认定，至2000年底全市高新技术企业达160家，高新技术产业产值达275亿元，比增23.8%，占全市工业总产值的20.1%。福州软件园、光电园区、丰泉环保科技园、长乐科技工业园等高新技术产业基地建设进展顺利。全市安排实施省、市级工业科技攻关项目13项，实施市级以上农业科研攻关项目14项，实施各级星火计划项目114项。深入开展农业先进适用技术的示范推广，新建成26家农业科技示范基地，全市有24个乡镇（街道）荣获"福建省第三批科技示范乡镇（街道）"称号。组织开展"跨越千禧年"科技下乡活动，接受咨询和指导的农民达3.6万人次。大力发展科技中介服务机构，福州市生产力促进中心、福州市产学研投诉中心正式挂牌办公。民营科技企业持续健康发展，2000年已达603家，全年技工贸总收入突破50亿元，出口创汇3500万美元，获得科技成果及专利项目116项。积极促进科技交流与合作。成功举办海峡两岸高新技术成果交易会，全市共签约科技项目330项。成功举办"全国重点高校科技项目推介会暨科技成果签约仪式"，会上国防科工委科技成果转化研究中心与福州市科委签订了"科技合作协议书"。积极培育技术市场。全市共登记科技成果41项，有35项获市科技进步奖。全市专利申请量和授权量保持增长势头，全年共有823项专利申请获国家知识产权局专利公告。技术交易日趋活跃，全市共登记技术合同2864项，合同成交额3.14亿元。闽清县被授予"福建省农村技术市场示范县"荣誉称号，闽侯县被列入第二批省级试点县。

【人民生活】 2000年全市城市供水普及率达99.8%，城市气化率达93%以上，每万人拥有公交车辆12.5辆。全市全面完成"造福工程"搬迁和149个老区基点村、59个少数民族村"通水"任务。至2000年底，养老、失业、工伤、生育保险覆盖面分别达85%、80.9%、85%和85%。建成了九日台音乐厅等一批社会事业项目，组织实施了"百镇千村万场文化下乡"、"走进美的小区"等群众性文化活动，较好地丰富了居民的文化生活。（撰稿：林秀燕）

鼓楼区

【社会经济概况】 2000年，全区完成国内生产总值25.63亿元，比上年增长13.5%；地方财政收入1.766亿元，比上年增长16.9%；工业总产值44.01亿元，比上年增长17.9%；乡镇企业总产值59.5亿元，比上年增长15%；社会消费品零售总额39.52亿元，比上年增长12.6%。全年累计签订外资项目64项，总投资3.21亿美元，实际利用外资4503万美元，新批合同外资8906万美元，出口总值4601万美元。全面超额完成各项指标任务。

两大产业带建设取得成效。坚持把高新技术和商贸两大产业带的建设作为经济结构调整的重点和经济发展的驱动力。高新技术产业快速发展，被列为省、市重点项目的福州软件园产业基地建设速度加快，6.5万平方米的研发楼和管理中心相继竣工，已有92家企业入园，全年软件产值达12亿元；洪山科技园在企业调整和项目引进方面取得新进展，新引进一批高新技术企业，入园企业共有65家；福建留学人员创业园被列为国家留学人员创业园示范建设试点单位，入园企业已有46家。全区电子信息等高新技术产值已达38.75亿元，占全区工业总产值（不变价）的68.2%。积极开拓内需市场，大力引进新型商业业态，先后有沃尔玛、和信家、新华都、永辉等一大批大型超市、连锁商场落户鼓楼区，促进了布局调整，提高了商贸业档次，活跃了消费市场；沃尔玛山姆会员店已完成主体工程，利嘉购物广场建成开业；八一七北路、津泰路、东街路、五四路等商贸旺街逐步形成；建成福州文化体育用品专业市场、黎明建材市场三、四期工程和福屿、东水路等农贸市场。有6家企业通过ISO9000质量认证。

区域经济发展领域不断拓宽。坚持以区域经济为基础，以优质服务为手段，以税源经济为目标，制定发展区域经济的优惠政策和配套措施。发动各街镇走访辖区内的科技企业，帮助具有高科技含量、高附加值的80家高新技术企业到洪山科技园、福州软件园落户；并对辖区闲置资源进行全面调查摸底，充实招商项目储备，盘活辖区资源。加强发展区域经济的软环境建设，主动上门为辖区企业提供全方位的优质服务。积极开拓省内外市场，先后组织50多家企业赴省外参加展销订货会，广泛开展地方产品与大型超市的对接工作，已有4000多种产品进入各大型超市。发挥辖区优势，发展社区服务业。建立全省首家面向个体私营企业的商务网站，已有1039家企业上网。实行企业收费明白卡制度，组建各类商会、协会，制定区域商贸发展布局规划，开展打假维权、创建消费者满意街区活动。项目引进与税源建设紧密结合，区级财力不断增强。积极配合税务部门加强护税协税工作，促进了财税增收。

社会各项事业明显进步。科技投入比上年增长28.6%，全年投入新产品开发资金达1110多万元，其中有5个项目列入省市计划；全国科技工作先进区通过省、市复检，建立了区级人才储备中心。全面实施素质教育，大力推进教育现代化工程，德育工作和学生参加综合竞赛成绩继续走在省市前列；小学教师大专率达34.6%，学校布局调整开始启动。坚持组织文化、体育进社区活动，促进了群众性文体活动的繁荣。卫生工作在社区医疗服务、妇幼保健、执法监督等方面取得新的进展，医政、药政管理进一步加强。扎实推进计生工作综合治理和优质服务，人口自然增长率控制在4.32‰，各项指标均达到省级一类区标准。实行配套改革，住房制度改革基本到位，城镇职工医疗体制改革全面展开，区属企业离退休人员养老金全面实现社会化发放。拓展就业渠道，增加就业岗位，全年安置下岗职工2128人。全面完成村居换届选举工作，通过公开招聘，基层班子整体素质有了明显提高。完成第五次人口普查登记工作，顺利通过省市质量验收。

城市建设与管理不断加强。洪山客运西站全面建成并投入使用，洪山防洪堤拆迁户已全面回迁安置，修建小街巷11条，新增绿地83亩，辖区绿化覆盖率达30.5%。创建的长富宫等10个环保示范小区和"一控双达标"工作通过市级检查验收。

【福州软件园建设】 2000年，列为省、市重点建设项目的福州软件园进入全面建设阶段，全年完成投资额5000万元。上半年产业基地基本完成基础设施建设，改造装修后的创业楼，有17家软件企业入住。下半年，开始研发楼等主体建筑及软件园公寓建设，建筑面积6.5万平方米，其中服务中心及5幢研发楼如期封顶，公寓楼完成桩基工程。加大招商工作力度，建立福州软件园网站并开展了网上招商，扩大在海内外的知名度和影响力。强化管理服务，产业基地管委会实行“代办制”，企业在投资兴业过程所必须办理的工商注册、税务登记、施工建审、项目报批等需要向政府有关部门办理的手续，均指定专人负责，无偿代办，提供全方位的服务；加强与高校联合培养人才，建立计算机软件人才实践基地，为软件园建设与发展创造良好的人文环境。清华大学工程硕士福州软件园培养工作站正式运作，首期有40名学员参加学习并进行课题研究。已有北京航天航空大学计算机系、创识集团、富士通公司、华融集团、顶点软件等92家软件企业注册福州软件园。全年完成工业总产值5.29亿元，出口创汇913万美元，实现软件产值12亿元，净利润1.8亿元，净利润率达14.2%，上缴税费6887万元。（撰稿：陈汉强）

台江区

【经济概况】 2000年，全区区属国内生产总值完成17.35亿元，为年计划101.7%，比上年增长13.6%，其中第二产业增加值完成6.07亿元，第三产业增加值完成11.28亿元。工业总产值完成18.44亿元，比上年增长17.6%；年产值千万元以上的企业达27家。新批三资企业33家；实际利用外资完成3010万美元，为年计划100.3%，比上年增长0.1%；出口总值完成3432万美元，为年计划129.5%，比上年增长36.7%。全区各类专业批零市场达55个，社会消费品零售总额完成54.40亿元，比上年增长12.2%；商业营业额完成81.03亿元，为年计划100.0%，比上年增长13.9%。财政总收入完成2.26亿元；一般预算收入完成1.39亿元，为年计划100.2%，比上年增长17.5%。

市场商贸优势不断提升。在台江中部，建成了福州步行街、榕城美食街、福州轻纺城、元洪城大酒楼、元洪美食大世界、五金日杂批发市场、英惠电脑资讯广场、福州维修街和家电维修中心、台江服装一条街、台江小商品一条街、东辉图书批发城以及嘉福、和平、南台商都农贸市场等，同时积极引进新型商业营销业态，台湾好又多量贩超市、美国沃尔玛（利嘉）购物广场建成开业，法国家乐福超市、韩国商品城与台江区签定入驻协议，日本伊势丹、法国巴黎春天等项目招商取得新进展；在台江东部，糖酒、农副干杂、食用菌、食用油脂、家禽等批发市场年内相继建成开业，水产（二期）、糖酒（二期）和果品（二期）续建工程进展顺利，扩大了鳌峰副食品批发走廊的辐射力和吞吐量，福州水产批发市场年成交量和营业额居全国同行业第一，水果、蔬菜、糖酒等已成为全省最大的专业批发市场；在台江西部，以省政府正式批准的台西科技园为载体，着力开辟科工贸市场。此外，开通中国台江商贸网对外发布台江各类商贸讯息，选送3批24家企业的产品进入大型超市销售网络，“科技兴贸”工作走在全市前列。

重点建设进展顺利。由台江区负责的总投资5.4亿元的江滨大道台江段，通过土地置换资金运作，基本完成信贷资金融资；全长5.5公里、总面积700多亩、投资约1亿元的江滨公园，也已动工兴建；总投资16.8亿元、总建筑面积66万平方米、营业面积25万平方米的新中亭街建设进度加快；占地70亩、总建筑面积近9万平方米、总投资1.3亿元的碧水芳洲一、二期工程如期开盘；占地面积150亩、总建筑面积11万平方米的鳌峰苑安置房完成场地填方工程，亚峰新区西侧40亩地块过渡房一期工程已交付使用。占地面积218亩的苍霞棚屋区改造，仅一个月时间就完成3441户9511人的搬迁任务，拆除建筑面积21.5万平方米，创造了“苍霞速度”和“苍霞效应”；地处商贸黄金地带的安平棚屋区改造，克服了时间紧、任务重、社情复杂等困难，20天时间完成了1469户4149人的搬迁任务，不出一个月完成三通一平和砌建围墙工作，创造了更新更快的“安平速度”；义洲、帮洲和江九、江十棚屋区已完成拆迁摸底、丈量测算等各项前期工作；瀛光地块10亩棚屋区和广达地块16亩棚屋区动迁及地上物拆除工作全面完成。

外经贸工作不断拓展。成功地举办了香港招商会、福州国际招商月台江招商会，积极参加泉州专场招商会、厦门9·8贸易洽谈会，其中台江招商会、厦门贸易洽谈会签约项目、总投资额、协议外资等各项指标均超过历届水平，增幅居五区八县（市）前列；2000年有19家企业动工，23家企业投产，5家三资企业通过了ISO9000质量认证；继续实行对外工作“承诺制”、“代办制”，对项目实行“一条龙”服务，制定了对三资企业检查的“报批制”，及时兑现招商引资奖励，投资软环境不断优化；福州维修街和家电维修中心（一期）如期开业，吸引了18家国内外著名品牌的售后维修机构入驻，涵括36个国内外著名品牌。

【“两街”效应不断凸显】 2000年，台江区仅用100天时间就完成了福州步行街、榕城美食街的建设工作，为福州市创建“中国优秀旅游城市”作出贡献。从开业至国庆旅游黄金周10天时间内，“两街”的日均人流量达15万人次，之后仍然人潮如涌，成为旅游、购物、美食、休闲、文化的中心。元洪城10万平方米全部招商成功，特别是五楼8000平方米的元洪城大酒楼、元洪美食大世界，汇集了北京东来顺、上海城隍庙、南京夫子庙、台湾艾德莱、闽粤招牌菜等国内品牌餐饮及韩国烧烤、日本料理等世界各地风味小吃45家，经营品种达1000余种。同时，“两街”的建成有力带动了周边路网建设和棚屋区改造，促使台江区打通环河路和竹排后路，建设瀛新桥，构筑新的交通路网，带动周边经济持续繁荣。

【社会事业】 台西科技园被正式批准为省级科技园区，福州高校科技孵化园、联合国南南合作网示范基地等项目建设正在实施，区人才储备中心已成立，光动力、状元高科技等15家高新技术企业已入驻；重点扶持优势产品，总投资2700万元的多功能光催化空气净化器项目，产品已转入试生产；该区与西北纺织工学院、闽江大学合作创办的西纺台江服装学院已如期开学；运用高新技术改造传统企业步伐加快，完成技改项目5项，开发新产品31项，新增产值1.18亿元。大力开展教改试验，减负工作取得较大进展；区属学校配置了现代化办公设备，建成网络办公系统；37中教学综合楼已封顶；台江区第10次荣获福州市暑期工作红旗区称号，台六小荣获全国科技教育突出贡献奖，台五小顺利通过省级示范校的评估。进一步活跃群众文化娱乐生活，积极开展“百个小区百场文化”活动，在步行街和美食街成功举办近百场文艺演出。积极推进医疗管理体制、卫生服务体系和医疗保障制度改革；社区卫生服务覆盖面达70%以上；加强社区卫生监督执法力度，取缔非法行医32家。竞技体育成绩斐然，在福州市第二十届运动会上蝉联金牌数、奖牌数、团体总分、体育道德风尚的4个第一。

（撰稿：林立清）

仓山区

【经济社会概况】 全区实现国内生产总值达64.64亿元，完成工业总产值153.22亿元，实际利用外资5047.7万美元，实现出口交货总值26000万美元，实现社会消费品零售总额17.14亿元，实现财政总收入22182万元，其中地方财政收入13767万元。社会经济结构发生较大变化，产业结构进一步调整，2000年全区三个产业结构比例为7.0∶62.1∶30.9。

人民生活水平不断提高。实施“农村奔小康”工程，全区112个行政村达到了小康标准并向宽裕型小康迈进。大力实施“再就业”工程，提高“三条保障线”标准，做好贫困居民生活救助和灾民安置工作。出台并落实了《关于居委会正、副主任领取退岗补贴金的暂行办法》和《关于提高居委会正、副主任各项津贴的决定》，提高了居委会干部的福利待遇，充分调动了他们的工作积极性。积极稳妥推进住房制度改革，落实了住房公积金，推动住房消费，开辟了金浦小区、东升小区等10多个住宅新区，制定了全区棚屋区改造计划，启动了上渡棚屋区改造工程。2000年城镇居民人均可支配收入和农民人均纯收入分别为6550元和4630元。

工业经济不断壮大。2000年全区完成乡镇企业总产值169.2亿元，比1996年底增长220.4%，年平均增长21.48%。注重企业基础管理和产品质量管理，有6家企业通过ISO9000国际质量体系认证，培植了西瓜太郎文具、万年青健身器、葛罗耐西服等名牌产品。2000年全区加快企业体制创新和改组改制步伐，采取租赁、嫁接、抵押、改制、拍卖等办法，对福州五金实验厂、福州石棉厂、运动鞋二厂等企业进行改革，对11家企业进行了股份制改造，进一步盘活了企业资产，增强了企业的竞争力和发展后劲。积极鼓励企业技术创新和技术改造，全年完成新产品开发26项，技改项目42项。

第三产业取得突破性进展。区委、区政府把发展第三产业作为扩大内需、拉动经济增长的重要工作来抓，采取多种形式，以六一南路、福厦路仓山段和三高路、上山路为重点，开发专业批发市场，发展大商贸。成功举办了2000年“11.12”中国（福州）林产品交易会。麦德龙仓储式超市于7月份建成开业，形成“麦德龙效应”，促进了三高路周边的繁荣；华夏汽车城、化工产品交易市场、建新花卉交易市场已经开业，汽车考验中心已投入使用；太平巷农贸市场即将竣工，旧车交易市场已进入施工阶段，拓福建材超市即将动工建设；海峡特产城、交电批发市场、汽配市场及程埔农贸市场二期等项目已经落实，并将相继动工建设。同时，加快发展房地产、高校后勤服务、信息、中介、交通运输和社区服务等产业，提高了第三产业在国民经济中的比重。2000年全区商贸业产值达17.84亿元，比1996年增长147.5%，年平均增长25.4%。

【城市化进程加快】 通过了《仓山区土地利用总体规划》和《仓山区城市中心区的总体规划》，《福州市南台岛环境规划》通过专家评审；仓山中心区的控制性详细规划也已经通过了市规划局的评审，正积极筹备开发的前期各项准备工作。实施旧村改造、新农村建设规划，城门镇白云、敖峰、清富、城门、胪厦、浚边等6个行政村的总平方案已通过审批，进入具体实施阶段，其余4个镇共17个地块的总平方案已经市规划局原则通过。认真开展土地整理工作，对盖山镇浦口村、竹榄村连片的2300多亩荒废园地进行了实地调查、测绘，完成了可行性论证等各项前期准备工作。重点工程、房地产项目建设进展顺利，10月11日起正式实施福州市历史上影响最大、改造面积最广、涉及人数最多的上渡路棚屋区改造工程，并于10月28日全面完成了总占地365.1亩、3531户、11144人的一期工程的居民户搬迁任务。金山新区一期工程建设，已基本完成了农民的搬迁工作，金洲北路、龙洲路和标准厂房建设进展顺利。桔园洲、建华洲的围堤工程已经动工。市政基础设施和管理工作不断完善，以闽江六桥的竣工通车为契机，积极创造条件，开工建设上渡路。环境保护工作不断加强，顺利完成了“一控双达标”任务，城区空气质量、饮用水达标率及污染源治理均达到国家规定标准，实现建成区绿化率达35.3%，人均公共绿地达7.65平方米。

【对外开放】 2000年，对外开放的范围和领域不断扩大，外向型经济成为仓山区经济重要组成部分。全年实现新批协议外资8000万美元，占计划的114.3%；实到外资5010万美元，占计划的100.2%；自营出口交货额26000万美元，占计划的111.5%。推行了创意招商、以商招商、网上招商等办法，招商引资工作成绩显著。“5·30”招商月共新签外资项目42项，协议外资2.35亿美元，其中合同项目28项，已报批落地23项；“9·8”贸易洽谈会新签外资项目21项，协议外资1.15亿元，其中合同项目18项，已报批落地12项。引进了威示茂机电、海鹏电子、兴发木业等项目，仓山科技园、盖山投资区、城门投资区及金山投资区的三资企业总产值占全区工业总产值的60%以上。

（撰稿：郑治平）

晋安区

【经济社会概述】 2000年，晋安区实现国内生产总值52.97亿元，比上年增长12.6%；工业总产值101.02亿元，比上年增长10.2%；农业总产值2.24亿元，比上年增长7.2%；财政总收入2.43亿元，比上年增长12.3%，其中区级财政收入1.45亿元，比上年增长16%；出口海关口径3.13亿美元，实际利用外资7510万美元，审批合同外资1.06亿美元；农民人均纯收入4946元，比上年增长5.2%。全区国民经济继续保持健康发展的态势。

加强农业农村工作，农村经济进一步发展。农村合作基金会清盘关闭工作顺利完成，北峰万亩蔬菜基地产业化水平进一步提高，无公害蔬菜重点专业村发展到20个，北岭夏萝卜被评为福州市品牌蔬菜。月洋水库技改工程顺利完成，华林溪路口水库将投入使用。完成春季造林3300亩、生物防火带25公里，规划建设生态林区40万亩。宦溪万亩绿色食品生产基地启动项目——北苑绿色食品公司投入运作，鼓岭嘉湖闽台合作农业科技示范园区初具规模。

工业进一步巩固和发展，外经工作任务提前完成。组织区有关企业赴长沙、兰州、南昌等地举办展销会，拓展了省外销售市场。招商活动取得丰硕成果，共签约外商投资项目71项，总投资4.27亿美元。全年共新批“三资”企业27家，审批企业增资15家，新投产竣工企业18家，新动工企业17家。合同项目审批率、动工率、投产率均超过80%。全区三资企业年产值已占区工业总产值的70%以上，上缴税收占区财政收入的25%。金城民营科技工业园区已有10多家科技含量较高、规模较大的企业落户该园区；福州光电园区前期工作进展顺利，逐步形成以华科光电为龙头，康顺通信、扬帆空调、成和光学、矩全活塞等科技企业竞相发展的良好势头。企业管理和创品牌工作进展顺利，消灭无标生产工作顺利通过省级验收，全区现有14家企业获得农业部颁发的“全面质量管理”达标称号，2家企业被农业部授予创名牌企业称号，有2家企业产品荣获“市名牌产品”称号，15家企业通过ISO9000质量认证。

第三产业发展迅速。福州国际家具城一期工程和中国寿山石交易中心等项目相继建成。南方建材市场扩建改造工程取得重大进展，一期工程已全面动工。火车站地区跨入福州市较为繁华的商贸、餐饮、娱乐中心区行列，福新中路、福马路、长乐路和晋安河沿岸发展成为福州市规模较大的餐饮、娱乐业走廊。山区旅游景区景点建设日趋完善，寿山石文化村建设稳步推进，完成了下坂田黄石保护区、原石展销市场等项目建设，中国寿山石馆项目即将动工。岭头溪下漂流、日溪桃源溪漂流、北湖山水观光等项目相继建成，开通了北峰一日游、两日游旅游线路。房地产业、社区服务型经济发展步伐加快，金融、保险、矿山、交通运输、服务等行业继续发展，全区第三产业在国民经济中的比例上升到34.8%。

【城乡建设和城市管理】 加大重点项目建设力度，全区38个重点项目建设进展顺利，80%完成年度计划任务，其中13个项目已竣工或开业，25个项目正在抓紧建设或进行前期工作，完成固定资产投资3.3亿元。晋安广场、福州光电园区、南方建材市场改造、寿山石文化村等十大重点项目建设抓紧落实。农村基础设施和生态环境建设进一步改善，桂湖公路、梓山公路、鼓岭至宦溪公路、30个革命基点村和少数民族行政村通水工作等一批基础设施建设全面竣工。市政建设水平不断提高，鼓山新区开发建设全面启动，第一期拆迁工作已顺利完成，第二期拆迁正抓紧实施；投入380万元修建改造了19条道路、街巷、人行道等城市基础设施。金鸡山公园建设日趋完善，全区新增各类园林绿地160.44亩，绿化覆盖率达35.17%，通过了“省级园林城市”考核验收。加强环境和生态保护，全面完成了“一控双达标”任务，通过市政府验收，全区环境质量有了明显提高。山区集镇建设有了新的进展，山区乡镇5个村列入市旧村改造、新村建设试点，桂湖老区集镇建设全面启动，桂湖商贸一条街、村镇建设等一期工程完工。落实城市长效管理，成立了区城建监察规划中队，拆除违法占地、违章建筑2.5万平方米；“创卫”工作成果得到巩固，顺利通过国家爱卫会复检。

【社会事业】 精神文明建设实现“三级跳”，进入全省一级达标文明城区行列。“科教兴区”取得新进展，区“科技创先”工作通过了全国科技工作先进区复查验收；“福州光电园区”规划列入市“十五”计划和科技发展“十五”计划，区办公信息自动化系统建设基本完成，星火技术密集区和示范乡镇建设进一步巩固。完成新建校舍面积8770平方米，32中教学主楼工程顺利竣工。全面推进素质教育，启动“曙光工程”教育大型网站，社会办学、“两基”工程日臻完善，教育体制改革进一步深化。初级卫生保健工作顺利通过省级复核审评，三级医疗网络进一步健全。王庄、象园、岳峰相继建成社区服务中心。成功举办了首届寿山石文化博览会，荣获“福建省寿山石民间艺术之乡”、“中国寿山石民间艺术之乡”称号。组织创作了一批文化精品，文艺创作进一步繁荣。计划生育工作各项指标全面完成，计划生育率达到98.4%，连续6年保持在97%以上。

【加强社会治安综合治理】 不断强化治安管理和防范工作，依法加强对宗教事务的管理，天主教专项工作顺利完成。组建了985个群防群治组织，深入开展治安整治、禁毒、扫黄打丑和反盗劫机动车等专项斗争，严厉打击各种经济犯罪和刑事犯罪活动。文明安全小区创建面、达标率不断扩大，福兴投资区治安防范和火车站地区文明窗口建设进一步加强，社会治安明显好转。落实重点信访件挂牌督办、区领导接待日等制度，信访办结率达97.9%，各种不安定因素得到化解。认真落实安全生产责任制，安全工作顺利通过了市政府年度考核验收。

【党风廉政建设】 扎实开展“三讲”教育及“回头看”活动，努力实践“三个代表”的要求。大力纠正行业不正之风，党风廉政建设走上规范化、制度化轨道。机关效能建设取得成效，组建区机关效能建设领导小组办公室和机关效能投诉中心、外商投资服务中心，营造机关效能建设的良好氛围，服务意识不断提高，干群关系更加密切。大力推行政务公开、村（居）务公开、厂务公开、校务公开、院务公开，接受社会与群众的监督。自觉接受人大监督，充分发挥政协的参政议政作用，不断提高决策的民主性和科学性。全年共办理省、市、区人大代表、政协委员建议和提案171件，《市民意见与建议》54件，反馈落实率均达100%；受理市（区）长公开电话194件（次），办结率达98%。社会主义民主法制建设进一步加强，“三五普法”通过市验收。村（居）换届选举工作全面展开，完成了120个村委会、91个居委会的换届工作。 （撰稿：林宏新）

马尾区

【经济社会概况】 2000年马尾区完成国内生产总值71.29亿元，比上年增长13.5%；财政总收入6.2亿元，地方级财政收入4.29亿元，分别比上年增长12%和5.5%。

三次产业协调发展。全年实现工业生产总值136.73亿元，比上年增长19.0%。国有及年销售收入500万元以上非国有企业完成工业增加值42.3亿元，实现利润5.93亿元，比上年增加3.59亿元，分别比上年增长18.1%和150%。工业产品销售率达96.9%，同比提高1.8个百分点；旅游、金融、交通运输、房地产、餐饮等第三产业发展较快，全年实现增加值24.9亿元，比上年增长10.5%；全年实现农业总产值1.23亿元，比上年增长3.3%。完成乡镇企业总产值10.7亿元，比上年增长19.8%。

对外经贸稳中有进。新批外资企业33家，合同利用外资1.38亿美元，实际利用外资1.5亿美元，占全市实际利用外资的19.2%。全年外资企业实现工业产值117.77亿元，比上年增长19.1%。实现出口4.47亿美元，比上年增长38.2%。闽台经贸合作进一步密切，马尾、马祖“两马先行”开始启动，“两岸试点直航”有了新进展。

社会需求有效启动。全社会固定资产投资18.27亿元，比上年增长24.9%。全年社会消费品零售总额达9.4亿元，比上年增长10.1%；城市居民人均可支配收入9070元，比上年增长3.5%，人均消费性支出6988元；农民人均纯收入4806元，比上年增长7.5%，生活消费支出4075元，比上年增长20%。城乡居民储蓄余额比上年增长1.7%，保险费收入比上年增长19.0%；实现房地产交易额9.21亿元，新开工房屋面积13.3万平方米，比上年增长56.7%。

重点基础设施项目建设加速。马尾二水源——白眉水库、自来水厂二期、青洲大桥等项目基本建成，罗长高速公路完成拆迁并进入安置房建设阶段，快安儒江大道、长安标准厂房和保税区经贸广场全面启动，金海商贸、邦辉大酒店、光国商贸、三木聚英花园、福益小区等项目全面动工兴建。

城市形象明显改观。调整和完善了罗星中心城区和快安、长安两个新区及亭江商贸旺镇规划，对中心城区商贸中心广场方案进行了论证；全区新增绿地11.4万平方米，完成绿化改造1510平方米。成立了“区联合执法队”，实现城市长效管理；全面整治工业废水废气排放，强化饮食业油烟、噪声防治，提前完成“一控双达标”任务，全年空气质量基本稳定在一级标准。

科技创新能力进一步增强。全年开发新技术产品42项，有2项科研成果列入国家级火炬项目，有8项列入省级重点火炬项目，4项有自主知识产权项目列入国家科技部中小企业创新基金。获省级科技进步奖6项，市科技进步一等奖1项。有9项新产品通过省、部级鉴定，有3项达到国际水平。新大陆、南海岸成立了技术创新中心；科技“创先”顺利通过复检；科技进步因素对经济增长的贡献率为53%。

【投资软环境建设】 为改善投资软环境，加快外向型经济发展，区政府出台了引荐项目奖励制、项目登记制、“红灯”呈报制、项目代办制、服务承诺制、检查审批制、失职追究制、办事限时制等8项制度，一是实行招商引资奖励制。对成功引荐项目的社会各界人士给予该项目实际到资额1‰～3‰的奖励。二是减少审批环节，简化办事程序。完善了项目登记制，取消投资项目的立项和可行性报告审批，投资者可先领取营业执照，后办理企业批准证书。三是公开办事程序，提高服务水平。区职能部门必须召开办事程序和需提交的资料，把服务承诺内容“挂牌”、“上墙”，投资者和企业在其提供的文件资料齐备、程序合法前提下，区职能部门必须自受理之日起，按规定时间予以办结。指定区外商投资服务中心实行无偿代理服务，无偿代办企业设立、变更和有关申报手续。四是防止“三乱”行为回潮。杜绝借检查、收费、罚款之名行“吃、拿、卡、要”之实。五是实行机关效能失职追究。机关工作人员不能轻易对投资者和企业说“不”，确需说“不”即遇“红灯”时应逐级上报，有失职渎职等行为的，将进行诫勉教育、效能告诫直至纪律处分，触犯纪律的，移送司法机关追究法律责任。

【建立区域ISO14001环境管理体系】 区委、区政府十分重视环境保护工作，区内已有中华映管公司在福州市首家获得ISO14001论证，爱普生公司已通过论证机构的审核，同时，福州开发区投巨资进行环境综合治理和环境基础建设，完成了城市污水厂、园林绿化、城市垃圾处理、城市燃气、开辟第二水源等一批重点环境基础设施建设，保证了区域空气质量保持在国家一级水平，环境质量达到国家三类水平要求，环境噪声符合各功能区相应的标准要求，绿化覆盖率保持在40%以上。从2000年开始在全区建立和实施ISO14001环境管理体系，争取2001年投

入试运行并通过论证。（撰稿：徐荔敏）

福清市

【经济社会概述】 2000年，全市国内生产总值196.59亿元，比上年增长11.9%；工业总产值344.24亿元，比上年增长14.1%；农业总产值51.5亿元，比上年增长5.1%；全市社会消费品零售总额54亿元，比上年增长11.0%；农民人均纯收入4719元，比上年增长5.7%；城镇居民人均可支配收入8511元，比上年增长6.9%。

农业和农村经济全面发展。以加快农业和农村经济结构调整和增加农民收入为主线，突出重点，全面发展，粮食生产通过调整种植结构，效益得到提高。水产业名特优新品种增多，养殖技术更加成熟，居全省水产生产十强县（市）前列。畜牧业规模化、集约化水平不断提高，生产稳步发展。农产品加工业逐步发展壮大，门类更为齐全。农业基础设施建设与管理力度加大，农业对外开放再上新台阶，农业现代化示范园区建设扎实推进。农电“两改”工作进展顺利，减轻农民负担工作成果得到巩固，宽裕型小康建设取得新成效，有3个镇（街）实现宽裕型小康目标。连续3年的农村合作基金会清理整顿取得重大的阶段性成果，全市基金会实现了整体关闭。

工业经济活力增强。乡镇企业在加强招商引资的同时，大力推进产业及产品结构调整，积极引导企业提高技术含量，壮大产业规模，提高运行质量与经营效益，全年新增投资17.4亿元，年总产值达356.56亿元。比上年增长16.1%，其中工业产值230.3亿元，比上年增长16.5%。三资工业摆脱东南亚金融危机的影响，继续保持强劲的发展势头，三资工业产值达到188.65亿元，在经济增长中发挥重要的拉动作用。

国内需求稳步增长。开展了“旅游文化发展年”活动，完成了一些新的旅游风景区规划编制，启动了一批旅游基础设施建设项目，逐步构成大旅游网络。全年共接待中外游客近50万人次，旅游收入1.81亿元。房地产业、建筑业回升较快，建筑施工企业实现产值5.85亿元。农村消费市场继续拓展，新办了好又多等大型仓储超市。全社会固定资产投资稳步回升，全年完成固定资产投资总额52.46亿元，一批重点项目和为民办实事项目的实施，有效拉动经济发展。

对外开放进一步扩大。成功组织第三次世界福清同乡联谊会、福州国际招商月福清专场以及龙田、城头、镜洋、海口等乡镇招商专场活动。全年共签约93个外商投资新项目，总投资5.65亿美元，其中合同项目61项，总投资3.7亿美元；新批合同外资1.24亿美元，实际利用外资1.1亿美元，外贸出口9.4亿美元。重点对外开放区域开发建设形势喜人，融侨经济技术开发区实现产值147亿元。

财政金融运行平稳有序。全年财政总收入8.6亿元（不含基金收入），比上年增长18.1%，其中地方级财政收入4.92亿元超额完成全年计划。强化财政支出管理，大力压缩“人、车、话、会”等非生产性支出，实行了政府采购制度和国库统一支付工资制度。金融形势良好，年末全市各金融机构本外币存款余额136.35亿元，本外币各项贷款余额68.76亿元，现金累计净投放14.88亿元。

城镇规划建设和管理力度加大。修编调整了《福清市总体规划》、《福清市市域体系规划》，宏路片区10平方公里控制性详细规划和13平方公里玉融新城总体规划编制工作有序开展。市级财政投入资金1663万元，建设以水、路、厕和“三场一园”为重点的市政基础设施。扎实推进城市新区开发与小城镇建设，全市共投入6800多万元，完成了250个村的村容村貌整治，荣获国家建设部授予“全国村镇建设先进县（市）”称号。城市环境空气质量接近国家一级标准。“一控双达标”工作通过验收，建设项目环境影响评价执行率达100%。龙江流域污染综合整治取得阶段性成果，流域中主要污染源大部分已完成治理任务。

精神文明建设深入推进。扎实开展各项群众性创建活动，双旌、锦云和凤山小区分别通过了省文明安全小区和福州市文明安全小区考核验收。培育和树立了融城、宏路、龙田等5个精品文明集镇和溪头、岑斗等10个精品文明村，涌现出一大批文明示范户。

科教文卫等社会事业继续发展。组织实施“星火计划”项目59项，新创产值84.4亿元；高中招生数比上年增加10%，高考录取率达58%。闽剧《灞陵伤别》获曹禺剧本奖提名奖。大力发展竞技体育和群众体育活动，在福州市第二十届运动会上夺取金牌总数第一。计划生育工作完成省、福州市下达的各项控制指标，全年人口自然增长率控制在8‰以内。组织开展第五次全国人口普查工作，普查现场登记顺利通过省级验收。全年共征收城镇企业职工养老基金4228.2万元。住房制度改革逐步深化，全年归集住房公积金3150万元。

【世界福清同乡联谊会第三次代表大会】 2月19～21日，世界福清同乡联谊会第三次代表大会在福清召开，大会共邀请了来自五大洲20多个国家地区近700名旅外乡亲和100余名国内各地融籍实业家、著名专家学者莅会，国务院侨办主任郭东坡、全国侨联主席林兆枢以及省、福州市主要领导、各相关部门负责人均出席了大会。会议推选产生新一届世联主席、常务副主席、副主席和各部委负责人。会议期间，还举行了五马宝阁揭彩仪式、福清市海外联谊会成立大会，闽江调水工程通水庆典以及福州市、福清市招商项目洽谈会及其项目签约仪式等一系列活动。在项目签约仪式上，福清市共签订合同项目41个，主要有浮法玻璃、江阴3万吨级通用码头建设、玉融新城建设、冠捷电子增资、目屿岛旅游开发、精米加工、热缩套管生产线、南方铝业二期等，其中外资项目22个，总投资26660万美元，乡镇企业、内联项目19个，总投资33300万元。

（撰稿：陈荔莉）

长乐市

【经济社会概述】 2000年，全市完成国内生产总值83.48亿元，比上年增长10.5%；工业总产值151.4亿元，增长15.7%；乡镇企业总产值183.23亿元，增长14.1%；财政总收入3.91亿元，增长11.7%；其中地方级财政收入2.7亿元，增长5.9%；农民人均纯收入4650元，增长4.6%。

农村经济进一步发展。全年粮食总产量19.29万吨，水产品总产量14.5万吨，肉类总产量2.58万吨，蔬菜总产量29.3万吨，新植果树4202亩，改造低产果园1万亩。农业招商工作取得新进展，共签约农业项目15项，总投资4480万美元，协议外资3900万美元。农业综合开发步伐加快，健友芦荟、海星冷冻、晦翁种养等25家农业产业化企业的辐射带动作用不断增强。农业基础设施建设得到加强，外文武围垦工程开工建设，莲柄港清淤工程进展顺利，新建节水灌溉面积1.8万亩。农电“两改一同价”工作稳步推进，11个老区基点村、少数民族村的通水工程全面完成。

工业经济总量不断壮大。制定出台了新扩建上规模工业项目水、电增容费优惠政策，加大项目引进力度，全年新上投资千万元以上的工业项目13项。垒大支柱产业，成立了市纺织技术信息研究中心和纺织高新技术项目发展基金，全年纺织业产值突破50亿元。积极推进企业技术创新，全年共实施吴航钢铁、山力化纤等技改项目10项，投入资金2.5亿元。集中精力抓好工业区建设，两港工业区初具规模，共签约18个项目，漳兴工业区二期工程开始启动，营前工业区冶金城基地初具雏形。

招商引资取得新成效。编制《长乐招商项目册》，精心组织和参加各种招商引资活动，着力引导外资投向工农业、基础设施、商贸旅游等领域，福州国际招商月签约外资项目26项，总投资2.28亿美元；“9·8”贸易洽谈会签约外资项目19

项，总投资额1.54亿美元。全年新签三资企业合同8项，实际利用外资7191万美元，出口总值（海关口径）2789万美元，三资企业实现工业总产值28.2亿元。

第三产业持续拓展。商贸设施进一步完善，金峰、漳港两个福州市级商贸旺镇建设继续推进，航城、金峰建材专业市场和南区、鹤上农贸市场相继建成投入使用，大型仓储超市惠而多量贩超市在金峰落户。大力开拓省内外市场，在本市举办3场大型商品展销会，组织企业到长沙、兰州、南昌等地参加产品展销会。制订并实施旅游发展规划纲要，旅游资源的保护和开发工作得到加强。鼓励农村人口进城，拉动了城区房地产、商贸、服务等第三产业的发展。全年社会消费品零售额25.53亿元，比增9.9%。

城乡面貌进一步改观。基础设施配套不断完善，全年完成固定资产投资额15.3亿元，比上年增长2.8%。西泽线公路全线通车，湖文线公路完成拓宽改造，旗山至洞头11万伏一期工程、金峰至文岭3.5万伏双回线路架设完毕，213个村完成农电整改任务，电信大楼主楼工程基本竣工，程控电话突破16万门。城区建设坚持旧城改造与新区开发并举，建成郑和公园西山门，完成西关垃圾中转站建设和汾阳南段裁弯取直工程，新建郑和西路，完成广场路沥青路面和地下管道建设，朝阳路、会堂路、吴航路两侧开发项目建设步伐进一步加快。村镇建设得到加强，组织村镇总体规划第二次修编，完成15个镇乡和40%的中心村控制性详细规划，20个旧村改造、新村建设试点村启动建设。强化以“五通”、“五改”和绿化美化为重点的村容村貌整治，农村环境明显改善。

财政金融运行平稳。认真组织财政收入，加强税收征管工作，对财政周转金、土地转让金、城市配套费进行全面清欠。严格按照“收支两条线”的要求，加强财政和审计监督，抓好预算外资金缴存财政专户和统筹使用工作，财政支出结构进一步优化，确保了工资发放、法定支出和社会保障。加强金融监管，大力治理金融“三乱”，依法维护金融债权，农村合作基金会清理整顿完成整体关闭任务。年末金融系统存款余额36.52亿元，比上年增长8.5%；贷款余额20.98亿元，增长9.8%；城乡居民储蓄存款余额27.38亿元，增长8.6%。

【社会事业】 实施科教兴市战略，加大科技招商和项目推介力度，全年组织实施科技项目46项，通过了“全国科技工作先进县（市）”验收。大力推进素质教育，巩固“两基”达标成果，积极开展创建“实验教学普及县（市）”活动，办学水平不断提高；学校配套设施进一步完善，全年多渠道集资2600万元，新扩建校舍面积2.3万平方米。加强文物保护工作，漳港显应宫等3处文物点被列为省级文物保护单位。净化文化市场，建立健全镇村文化阵地，组建业余艺术团，举办走进新世纪广场文化系列活动。卫生事业不断发展，市医院病房大楼投入使用。广泛开展全民健身活动，通过全国体育先进县（市）复查验收。建成广播电视信息传输网络，97%的行政村实现全市联网。认真开展计生“三结合”工作，全市人口出生率8.3‰，计划生育率92.5%。第五次人口普查工作取得阶段性成果。广泛开展群众性精神文明创建活动，市民的文明素质逐步提高。巩固“全国双拥模范城”成果，认真做好拥军优属工作。（撰稿：董春雷）

闽侯县

【经济社会概述】 2000年全县国内生产总值67.43亿元，比1999年增长13.9%，一、二、三产业比例由1999年的24.5∶50∶25.5，调整为19.9∶54.7∶25.4，实现了从农业县向工业县的转变，综合实力连续第三年保持全省十强县（市）第九位。

工业总量突破百亿。闽侯县围绕汽车、工艺品两大产业，重点扶持年产值2000万元以上的35家重点企业，大力扶持甘蔗新区、鸿尾牛头山、南通陈厝等10个县乡工业小区建设；以推进企业质量体系认证为重点，加快企业技术进步和创新步伐，不断提高工业发展水平。全年实现工业总产值118亿元，比增35.7%，首次突破百亿大关。

农业结构调整加快。全年缩减种粮6万亩，增加经济作物面积7.5万亩，实现农业总产值20.8亿元，除粮食比上年减产2.5万吨外，主要农副产品均有不同程度增产。其中，蔬菜总产65万吨，比增8.3%；肉蛋奶总产6.55万吨，比增3.1%；水产品总产3.11万吨，比增3.8%。新引进和创办了富水果蔬、苦味果蔬、雪峰净菜等15个农业产业化项目，有力带动了农业结构调整，提高了农业和农村经济的素质与效益。

三产质量明显提高。继续加快房地产、旅游和商贸业发展，通过整体促销，闽江两岸房地产开发进入良性发展轨道。闽都大庄园、绿洲家园、金桥花园等房产购销火爆。以全市旅游创优迎检为契机，加快旗山、坛石山、金水湖等景点的开发建设与管理，推出闽江风光游、雪峰寺宗教文化主题游等旅游项目，进一步提高了闽侯旅游的知名度。全年共接待境内外游客71万人次，实现旅游营业额1.1亿元，分别比上年增长18.4%和19.3%。商贸方面，突出抓好建材、粮食、汽车、蔬菜、家具等各类专业市场和城乡集贸市场的建设、完善与管理。全年实现社会消费品零售总额22.6亿元，比增10.9%。

外经指标全面完成。成功举办“双福工业走廊招商会”、“福州国际招商月闽侯招商会”、“中国（福州）食品工业园北京招商推介会”等活动。全年共签约外资项目69个（其中合同项目53个），合同利用外资1.11亿美元，实际利用外资5727万美元，出口总值（海关口径）1.22亿美元。

财政收入高速增长。调增乡镇财政支出基数，提高出口退税乡镇共享比例，继续加强屠宰税、房产税、个人建房营业税等零散收入的组织。全年实现财政总收入4.443亿元。比增42.9%，其中，地方财政收入2.3亿元。

重点项目取得进展。全年完成全社会固定资产投资12.5亿元，占年计划104%。其中，131个重点建设项目已开工61个、投产24个，预计完成投资6.24亿元。十大为民办实事项目顺利推进，全面完成计划进度。农村电网改造、城关防洪堤、县城新区、旗山森林公园、闽江两岸房地产开发、江口新村等一批项目的建设或建成，使城乡面貌进一步得到改观。积极因应福州城市东扩南移，着力对接福州，建设“三城一镇”即青口汽车城、上街大学城、甘蔗新县城和白沙新镇，农村城市化迈出新步伐。

人民生活稳步提高。努力扩大社保覆盖面，确保教师、干部工资，离退休干部退休金，企业下岗职工养老保险金按时足额发放。完成33个老区基点村和少数民族村卫生饮用水工程，完成连家船上岸定居27户71人和造福工程搬迁32户170人。加强监督管理，减轻农民负担工作通过国务院组织的专项检查。狠抓“严打”斗争和安全生产管理。全年城镇居民人均可支配收入达7973元，比增14.8%；农民人均纯收入达3521元，比增4.3%；

各项事业全面进步。推进科技示范基地建设，甘蔗、南屿、白沙三镇荣获省级科技示范镇称号。动工建设新城关中学，大力普及高中阶段教育，完成扩招高中生800人；加强县乡医院硬件建设，基本完成县新医院装修工程和上街卫生院新大楼基础工程建设。卫生县城和创建“全省群众文化先进县”分别通过省级复查和检查考评。成功举办闽侯县首届运动会。第五次人口普查取得阶段性成果，人口自然增长率控制在7‰以内；“一控双达标”任务如期完成；完成县乡土地利用总体规划和城镇国有土地基准地价编制并通过验收。

【中国（福州）食品工业园】 中国（福州）食品工业园是我国东南沿海首家以“中国”冠名的全国性食品工业园。园区位于福州西郊闽侯县荆溪镇、甘蔗镇交汇处，紧邻福州铁路西站，距福州市中心8公里。园区以“立足福州、辐射全国、影响亚太、面向世界”为目标，鼓励发展绿色食品、海洋食品、休闲食品、罐装饮料等技术含量高、低污染项目。计划在“十五”期间发展成为年产值50亿元，税利

10亿元的全国一流食品工业园。目前，园区已完成500亩用地总体规划及首期200亩（中央粮库周边）开发用地控制性详细规划，征地、拆迁及“三通一平”准备工作基本就绪。除已入驻园区的中央直属粮库、美国百事可乐公司、福州富水食品等10多家大企业、大项目外，12月21日，园区在北京成功举办了食品园专场招商推介会，吸引了国内外50多家食品企业代表参加，共签约10个项目，总投资3.67亿元，其中外资5项，总投3307万美元，内资5项，总投9180万元。

【甘蔗工业小区】 甘蔗工业小区位于甘蔗新区墩园洲西部，东至长江小堤二建横坝，南至新堤，西至青岐马歇岭，北至101省道，总占地590亩。主要吸引皮件、工艺品、竹木铁藤制品、服装、电子等轻纺企业入区发展。项目于8月份策划实施后，即展开征地安置、规划造地、招商引资等前期工作。目前，已完成小区总体规划及首期350亩用地审批，喷沙35万立方米，完成总工程量40%；已有15家企业落户小区，总投资2400万元，已动工建设6个项目。其中东升包装材料有限公司、盛达工艺品厂、欧亚立工艺品有限公司可望于2001年上半年建成投产。

（撰稿：谢能潮）

平潭县

【经济社会概况】 2000年，平潭县国内生产总值30.98亿元，比增7.5%；财政总收入10293万元，比增1.8%；地方财政总收入8662万元，农业总产值19.88亿元，比降4.3%；工业总产值4.60亿元，比增16.4%；乡镇企业总产值14.7亿元，比增5.6%；实际利用外资576万美元，完成年计划的101.1%；粮食总产量3.08万吨，比增0.2%；水产品总产量30.4万吨，完成年计划的105%；出口总值210万美元，比降3.1%；固定资产投资完成4.86亿元，比增0.2%；社会消费品零售总额11.5亿元，比增9.7%；农民人均纯收入3390元，比增5.6%；人口自然增长率控制在9.06‰以内。

农业生产取得实效，农村工作稳步推进。坚持以稳渔增收为主线，积极调整优化农业产业结构，促进农村经济持续发展。种植业生产稳定增长。春、夏收粮食作物，花生，蔬菜，甘薯的种植面积和产量保持稳定。水仙花种植面积达到1500亩，比上年增加近一倍。畜牧业生产健康发展。引进瘦肉型良种猪2358头，良种禽93万只，良种率达90%以上。水利水电工作扎实有效。投资2284万元，投劳278万工日，动工水利工程128处，已完成105处。改造中低产田1.2万亩，基本完成了省、市下达的任务。投资177.3万元，解决了1.5万人饮水难问题。林业工作取得新成效。积极开展国债海防林体系重点工程建设，全年共完成造林6842亩，投入20万工日，完成义务植树80万株。

产业结构逐步调整，海洋经济持续发展。积极拓展浅海养殖，推广高优品种，发展远洋渔业，深化水产品加工，不断垒大水产支柱产业。海水养殖稳步发展。新建鱼、贝育苗场4座，培育大黄鱼苗1380万尾，红鱼苗50万尾，鲍鱼苗200万粒。全县8座鲍鱼养殖场陆上精养、海区吊养鲍鱼450万粒，浅海网箱养殖比上年净增9000多个网箱。海洋捕捞结构得到调整。全年有80条蟹笼、25条单拖分别赴海南、浙江舟山发展生产，产量达1150吨，实现产值1600万元。全县远洋渔船投产30艘，产量达3.5万吨，产值达2.45亿元。

企业改革稳步推进，体制改革不断深化。福州市内配厂实行股份制改革方案已成熟；对于扭亏无望、无发展前景的一些企业，根据实际情况，进行清产核资、拍卖、转让，使职工得到较妥善的安置。加大技改力度，年产3000吨的乳化炸药生产线试生产成功；金富琳食品有限公司投资780万元引进日本新含气保鲜加工生产线技改项目正抓紧进行前期工作；县盐场投资216万元新建年产500吨沐浴盐生产线，拓宽企业增效路子。全年新上马的乡镇企业6家，总投资达2135万元，投产后可新增产值2126万元。

外经工作稳中有进，招商引资领域扩大。全年共签订各类利用外资合同、协议16项，协议外资4692万美元，新批外资企业4家，合同外资655.46万美元，实际利用外资576万美元，占年计划的101.1%；三资企业自营出口210万美元；对台输出渔工2500人次，收取劳务外汇155.7万美元。总投资3000万元的福建省水上运动中心帆船比赛训练基地项目、福州榕乐公司与平潭县合资兴建殡仪馆和陵园建设项目均已签约。外商投资结构由过去主要投资房地产业为主转向投资旅游、基础设施、水产养殖、高优农业等领域。

旅游开发力度加大，第三产业发展迅速。完成了“平潭县旅游发展总体规划”等3大规划及4大景区详细规划的编制工作。年末全县有旅游宾馆25家，床位2500个，全年接待游客30万人次。

基础设施建设步伐加快，投资环境进一步改善。1.道路建设：娘宫至城关先行工程建设基本结束，龙里路改造工程全面竣工，大练和屿头环岛公路初步建成，东庠环岛公路前期准备工作就绪。建成4条县乡水泥路和18.8公里的少数民族、老区基点村公路。县交通战备公路项目已争取到国家军委、交通部的补助款1400万元，目前正加紧前期工作。2.码头建设：东澳千吨级陆岛码头一期工程已建成，苏澳200吨级陆岛交通码头进入扫尾阶段，东金200吨级和小练100吨级陆岛交通码头正在动工兴建。3.水电建设：龙凤头堤防工程已完成投资额750万元，全县120个行政村实施了电网改造，长江澳风力发电一期工程并网成功，海岛风能资源得到利用。4.通讯建设：全年共增加城乡电话1.46万部。5.城市建设：东大街东段改造工程全面完成，龙山新区详细规划已完成，坛南湾新区和城区几条道路的建设正在抓紧前期工作。6.渔港建设：东澳一级渔港全面竣工并通过初验，敖东下湖澳二级渔港工程基本完成，其他在建渔港项目进展顺利。

【社会事业】 努力实施科教兴县战略，“长竹蛏室内人工育苗技术研究”和“水仙花原种繁育及资源开发”两个项目分别获得福州市2000年度科技进步二等奖和三等奖。大力推进素质教育，“两基”工作通过福州市第二轮跟踪检查。全县中小学办学条件进一步得到改善，投入1051.2万元，新、扩建校舍2.23万平方米。全民健身运动持续开展，平潭县代表队参加福州市第二十届运动会获得6金10银5铜的好成绩，成功承办了2000年福建省OP帆船帆板锦标赛。“初保”工作通过省级验收，建成县医院中心血库。

综治工作成效明显。通过开展“闽江行动”、“冬季治安统一行动”及“严打欺行霸市”等一系列专项整治，促进了社会的安定稳定。

（撰稿：杨熙康）

永泰县

【经济社会概述】 2000年，全县国内生产总值完成23.44亿元，增长10.36%，农业总产值15.42亿元，增长2.5%，乡镇企业总产值28.54亿元，增长3.4%；财政总收入9271万元，完成指标的101.8%，其中税性收入增长11%。粮食总产量12.45万吨；全社会固定资产投资达3.72亿元。

农村经济稳步发展。全县农业总产值达15.42亿元，比增3.2%。农业结构调整取得进展，经济作物和特色养殖业比重加大。李果、青梅大面积发展，新植面积超过3万亩。三洋制茶公司生产的茉莉花茶获得“国际农业博览会金奖”，加蜜佳蜜饯、亚泰金针菇和方广蛇酒获省农业精品展销会金奖，白云槟榔芋被评为福州市“绿色食品”。养鳗业得到恢复。大洋镇试养棘胸蛙、白云乡试养特禽和鲟鱼获得成功。初步建立无规定动物疫病区。25个老区基点村和少数民族村“五通”工作全面完成。农民人均纯收入达到3165元，比增6.5%；城镇居民人均可支配收入5871元，比增7.6%。“减负”工作扎实推进，农民负担没有超过规定限额。全面清理整顿关闭农村合作基金会，完成资金兑付。

旅游商贸业发展快速。2000年，新景点开业3个，开放景点10个，还有8个旅游项目正在建设中，全年接待游客31.6万人次，比增43.6%。市场开拓取得较大进展，县内扩大和完善了14个农贸市场、6个专业批发市场；在北京、上海、天津、南京、青岛、厦门等10多个城市建立了批发直销点、专卖店，一些企业主动与大型超市对接，已有20多个产品对接成功。全县社会消费品零售总额达7.6亿元，比增15%。

为推动大城关战略的实施，改变永泰基础设施落后状况。2000年，县政府投资1080万元，改造了环城路一中至党校路段。该路段全长920米，宽30米，混凝土路面。该项目是永泰县目前为止投资最大的市政设施项目。小城镇建设。按照"立足当前，着眼长远，适度超前"的原则，各乡镇先着手1～2个试点，然后全面推广。2000年重点抓好县城南城区控制性详细规划和建成区道路、管网红线规划，市定次中心镇——嵩口、特色镇——梧桐的规划重修工作，以及市定10个新村建设、旧村改造试点村的规划、建设管理工作。目前，规划工作已基本完成，10个试点村建设工作已开始启动。

【永泰芙蓉李·李干】 李干是永泰特产，系选择成熟的芙蓉李鲜果，采用传统工艺精工制作而成。利用优质永泰李干加工的蜜饯系列产品，在国内及东南亚一带久负盛名，多种李干、蜜饯产品荣获省市级优质产品称号。李干、蜜饯加工销售已成为永泰农业产业化的"重中之重"。2000年，永泰芙蓉李·李干荣获福建省名牌农产品称号，并制定了产品质量标准（福建省地方标准DB/372～373—1999），建立完善了产品检测体系。

【永泰旅游经济开发区】 永泰旅游经济开发区位于永泰县葛岭镇，1999年4月经福建省人民政府批准设立的，是福州市目前唯一的旅游经济开发区。开发区总面积为6平方公里，离福州40公里，距长乐国际机场86公里，到马尾港80公里。区内交通便利，水电充足，通信便捷。开发区基础设施、配套生活设施日臻完善，基本适应开发需要。开发区现有福州市乐峰赤壁风景区有限公司，福州乐峰赤壁农业观光有限公司、福建九老温泉度假山庄、永泰弥勒之里温泉理疗中心、桃花洲度假村、大樟溪漂流俱乐部、欣泰绿色食品有限公司、方广岩矿泉水有限公司、葛岭木画厂、云山蛇酒厂等企业，其产品木画、竹草编、蜜饯等远销东南亚。开发区充分利用省政府赋予的优惠政策，切实做好整体规划和区内生态环境的保护工作，以旅游项目为先导，滚动发展，逐步建成一个管理先进、体制灵活、环境优美、效益显著的旅游经济开发区。

（撰稿：王勇）

闽清县

【经济社会概述】 2000年，全县完成国内生产总值34.92亿元，比上年增长10.8%；工农业总产值63.7亿元，比增9.8%；地方财政收入13976万元；社会消费品零售总额8.5亿元，比增9%；农民人均纯收入3401元，比增5.4%；城镇居民人均可支配收入6421元，比增5.1%，综合经济实力进一步增强。

一、高优农业迅速发展。狠抓优质稻的推广和扩大良种覆盖率工作，全县良种覆盖率达96.4%，省璜镇山边村率先推行"订单农业"，向粮食生产供种、生产、销售一体化迈出了一大步。反季节蔬菜、珍稀食用菌、淡水养殖生产规模进一步扩大，安仁溪流域无公害蔬菜基地增加到2000亩，库区网箱规模扩大2000箱，建成了东桥山珍食用菌基地。实施果园改造和高接换种1.28万亩，完成植树造林1.56万亩，垦复毛竹1.96万亩，新封山育林6.36万亩。农业产业化步伐积极推进，新农星等龙头企业得到培植壮大。云龙乡成立了福州市万亩蔬菜基地项目。茶口粉干和老山精食品分别列为省市级重点龙头企业，茶口粉干还获得省首批优质农产品称号。全县农业总产值11.8亿元，高优农业和产业化经营对农业总产出的贡献率进一步提高。

二、产业结构调整步伐加快。陶瓷业通过政策扶持和技改创新重现生机。前程等10家企业10条先进生产线建成投产，一批龙头企业率先调整燃料结构，并成功开发一次烧成技术和仿古墙外砖等新产品，福顺陶瓷集团成为全县首家亿元企业。电瓷行业产销衔接良好，实现了电瓷生产许可证零的突破。坜埔、宝新两个工业新区初具规模，全省电瓷一条街正在积极启动，20多家陶瓷企业进驻溪口商贸街。国企改革全面推进，县水力设备厂、纺织厂等一批企业实现资产转让和盘活，县二瓷、水泥厂等企业解除职工劳动关系试点工作基本完成。金盛钢业、森尼味精、纸业公司、老山精公司等已转制重点企业运营良好。全县工业总产值和乡镇企业总产值均达53亿元，分别比增16.7%和16%，其中规模以上工业实现产值17亿元，比增16.8%。

三、财贸金融平稳运行。全年地方财政收入与上年持平略增，财政支出比增11.2%。全面清盘关闭了36家农村合作基金会，维护了正常金融市场秩序。年终全县各金融机构存款余额14.2亿元，比增2.9%；贷款余额10亿元，比增4.7%。县内市场物丰价稳，商品零售价格指数和居民消费价格指数分别为97.7%和100%。

四、对外交流进一步扩大。成功筹办了"十八坂商品交易会暨首届古民居文化旅游节"、"马来西亚福州十邑巡访团闽清招商会"等活动，积极参加广东、厦门、泉州的招商洽谈会和南昌、兰州、长沙、宁德等地的产品推介会，与海内外客商进行广泛洽谈接触。顺源食品等一批外引内联项目相继落地，白岩矿泉水、荣清橡胶等"三资"企业实现增资扩产。全年签约外资项目45项，总投资4872.6万美元；新批外资企业11家。实际利用外资570.5万美元；完成外贸出口810万美元，比增16.2%。旅游产业积极推进，全国最大古民居"宏琳厝"的品牌进一步确立。全年

水口水电站是华东地区最大的水电站，位于闽江干流中段的闽清县境内，气势恢宏的拦河大坝，蔚为壮观的发电厂房、船闸、升船机等，组成一道亮丽的风景线。

（闽清县政府 供稿）

接待旅游人数15.3万人次，比增68%，旅游直接收入达1800多万元。

五、城乡生产生活环境继续得到改善。全面完成城区防洪堤一期工程、进城路二期工程、解放大街中段改造和316国道雄江段水泥路面铺设；基本完成天儒中学教学楼、宿舍楼等基础设施建设；争取确定了高速公路云龙互通口，并做好高速路连接线建设的前期准备；新世纪大厦工程、城区北大街改造、防洪堤新区开发以及城区路网改造等项目积极推进；省璜乡顺利撤乡建镇；完成东桥镇高港村造福搬迁工程和3个老区基点村“五通”工程。

六、社会各项事业协调发展。全年实施科技星火项目10项，开发新技术、新产品5项，完成高新试验项目3项。完成首批86所小学和大安初中的关停合并，通过了“两基”复查和“普实”验收，高考上线率和中考综合比率居全市前茅。县医院、六都医院分别通过二甲和二乙医院评审。计划生育率达93.1%。造纸、生化、啤酒等重点行业污染治理取得明显成效，通过了省政府“一控双达标”验收。全年安排再就业职工523人。

【闽清“十八坂”商品交易会暨首届古民居文化旅游节】 坂东“十八坂”是福州地区久负盛名的传统“墟市”，约有170年的历史。“十八坂”交易会以“政府搭台、民间参与、经贸唱戏、旅游伴舞”的形式，推出商品展销、贸易订货、招商引资、文化旅游等系列活动，提高了活动的规格和档次，增添了“十八坂”的现代商贸气息和文化氛围。本届“十八坂”活动吸引了约20万人次的人流量，创造了2000多万元交易额。

坂东古民居是中国南方古民居建筑的璀灿明珠，大多兴建于前清时期，集中分布于坂东地区，形成了鲜明的时代特征和独特的集聚现象。各古民居规模宏大、结构完善、工艺精湛、风格迥异、内涵丰富，具有极高的研究价值和观赏价值，坂东古民居与“华东第一坝”水口水电站、“八闽岳祖”白岩山交相辉映，构成了独具特色的“名山碧水古民居”黄金旅游热线。

【完成县属国企改制】 闽清“五小”企业较多，近年来，为进一步放开搞活国有企业，采取“一厂一策”、“三改一加强”等措施，至2000年，县属15家企业已全部完成改制。其中改制为国有控股有限责任公司的10家，股份合作制企业1家，企业资产全部出让4家，租赁承包经营8家。顺利完成县二瓷、一瓷等企业部分土地、厂房出让和水力发电设备厂、纺织厂的全部资产出让与职工分流安置。原日信公司铁合金厂土地、厂房招租成功。把县二瓷、水泥厂做为调整处理职工劳动关系的试点，基本完成了试点企业职工劳动关系解除工作。国有企业在放开搞活方面取得突破性进展。 （撰稿：林立炯）

连江县

【经济发展概述】 2000年全县国内生产总值70.77亿元，比上年增长10.8%，三次产业的比例由1999年的39.1∶25.8∶35.1调整为37.1∶26.4∶36.5；工业总产值46.11亿元，比上年增长14.6%，农林牧渔业总产值40.07亿元，比上年增长8.2%；乡镇企业总产值125.14亿元，比上年增长16.9%；农民人均纯收入3819元，比上年增长3.4%，城镇居民人均可支配收入7558元，比上年增长11.1%。2000年连江县再次被评为全省经济实力“十强”县和经济发展“十佳”县。

农村经济稳健发展。2000年粮食种植面积44.5万亩，良种覆盖率96.7%，产量达16.5万吨，被列为全省生态农业试点县。引进高优品种养殖，浅海养殖面积达13.3万亩，产量从8.8万吨增加到27.5万吨，初步建立了“八大水产养殖地”。海域布局调整顺利推进，浅海深度开发和立体养殖等工作走在全省前列。2000年水产品总量达57.7万吨，产量由全国县级第三位提升到第二位。

中小企业快速发展。把水产加工作为工业发展的主攻方向，投资3167万元新办水产加工企业49家，加工水产品17万吨，比增30%，实现产值14亿元。建立中小企业信用担保制度，为中小企业提供贷款担保2420万元，扶持中小资金3430万元。加强有形市场和无形市场建设，成立县水产加工与流通协会和营销事务所，注册“连江水产”、“罗源湾”两区域标志性商标，组建“中华水产商城”电子商务网站，建立北京大钟寺连江水产批发市场。依靠誉为“建筑之乡”的优势，壮大建筑队伍，“九五”期间创部优、省优、市优工程61项。2000年社会消费品零售总额达24.96亿元，比上年增长12.1%。

吸引外资成果颇丰。2000年三资企业产值达5.18亿元。琯头投资区和敖江投资区初具规模，并在江南设立福州市首家民营经济开发区；落地内联项目34项，总投资2.23亿元，实际投入4955万元；出口总值（海关口径）1087万美元，比增24.1%。

财政金融运行平稳。金融部门适时根据国家宏观调控政策，加大金融业务创新力度，拓宽服务领域，信贷结构日趋合理，年末各项存款余额20.16亿元，比上年增长8.6%，各项贷款余额11.20亿元，比上年增长10.0%，民间标会问题得到有效遏制，农村合作基金会已在年底前全部清盘关闭，形成良好的社会金融环境。

各项社会事业实现新突破。组织实施“星火计划”147项，黄岐半岛海洋科技开发试验区通过省级验收，财政支持农业科技成果应用示范项目运行良好，科技进步因素对国民经济增长的贡献率达56%以上，城乡人民医疗保健水平不断提高，通过了省级“初保”达标验收，县医院、中医院被评为“二级甲等医院”；实现行政村通有线电视；全县人口出生率9.7‰，计生率达96.7%，合格率达84.6%。

【基础设施】 “九五”期间完成固定资产投资45亿元，相继完成了104国道拓宽、黄岐半岛环岛公路、县乡公路路面硬化、黄岐一级渔港、下宫500吨客货码头、蓼沿3.5万伏变电站、凤尾农贸综合批发市场等基础设施项目建设，同三高速公路连江段、塘坂水电站、东北线公路拓宽、电讯大楼等重点工程正在紧张施工中。通过了全国第三批水电初级电气化县达标验收。程控电话容量达6万门，全县行政村全部通了电话，移动通讯覆盖面积90%以上。 （撰稿：杨小红）

罗源县

【经济社会概况】 2000年，全县国内生产总值31.55亿元，增长12.5%；工农业总产值63.58亿元，增长8.3%；乡镇企业总产值57.60亿元，增长16.9%；财政总收入1.92亿元，增长8.8%；外贸自营出口总值422万美元，增长13.8%；社会消费品零售总额7.20亿元，增长14.3%；农民人均纯收入3392元，增长5.4%。连续8年获得福建省经济发展“十佳”县（市）称号。

农村经济全面发展。稳定粮播面积，积极调整优化粮食结构，推广优质稻面积占粮播面积的60.3%，被农业部定为优质稻推广示范县。大力推进农业产业化进程，花卉、石材、食用菌、烤烟、水产、蔬菜、林竹果茶、水电开发等八大产业形成规模，创产值占全县工农业总产值的30%以上，覆盖农村面达80%以上。新增乡镇企业45家，总投资7740万元。加大老区、少数民族贫困地区发展扶持力度，完成36个老区村少数民族村“通水”、55个无电自然村2448户“通电”和239户1135人造福搬迁任务，小康建设水平不断提高。

国企改革顺利推进。畲山卷烟厂、罗源造纸有限公司取得ISO9002国际质量体系认证，产品销售率不断提高。对县电力公司实施厂网分离，新组建成立罗源县水力发电有限公司。县酒厂、开关厂、木工机床厂完成出售改革任务。不断探索国有资产管理和资本营运新途径、新方法，盘活各项资金2000多万元，实现国有资产保值增值。

第三产业不断壮大。福州花卉市场、

农副产品批发市场建成投入使用。大力开拓罗源品牌，成功举办罗源湾无公害农副产品福州推介会。发展壮大房地产业，城区住宅竣工面积22.65万平方米。以“畲风海韵山水游”为主旋律，初步建成岱江风情漂、禾山风景区、罗源湾海上观光、起步花卉市场等4大景区。推进商贸旺镇、边贸旺镇建设，城乡商业布局进一步优化。

对外经贸形势良好。大力宣传推介罗源湾，设立“开放的罗源湾”网站，组团赴日本、荷兰、香港、广东等地开展招商活动。成功举办中国福州首届民族风情旅游节暨中国福州罗源国际招商会，精心组织参加“9·8”厦门贸易洽谈会。全县共签订项目72个，项目总投资14205万美元，其中外资项目44个，项目总投资10830万美元，协议外资8558万美元。新批“三资”企业6家，合同投资额819万美元。

城乡建设步伐加快。全县累计完成固定资产投资7.13亿元，增长21.9%。重点工程白水围垦建设累计投资7000万元，年内可堵口合垅。完成公路改造20条78.20公里。实施城区“东扩西进，向海发展”战略，完成罗源湾城市总体规划，并通过市政府组织的专家审查论证；大力整治十里长街和五里长廊，建成南溪防洪堤，建设东外路，初步构成城区主干道“三横四纵”路网格局；实施城区“新亮绿”工程，新增绿地面积8.03万平方米，城区绿化覆盖率达26%，人均公共绿地8.2平方米，被建设部评为“全国城市环境综合整治先进县城”。同时加强村规划建设，完成14.65平方公里的集镇总体规划和179个村庄规划。

社会事业不断发展。组织实施24项科技项目，创建全国科技工作先进县顺利通过达标验收。新扩建中小学校舍11所，建筑面积1.56万平方米。进一步挖掘社区文化、旅游文化、民族文化，陈太尉宫等省级文物得到修缮，畲族舞蹈《情系凤凰》荣获福建省第三届少数民族文艺调演演出金奖、创作一等奖。创建省级灭鼠达标先进县顺利通过验收。成功举办“罗源湾杯”全省拳击锦标赛。新发展村级有线电视网络39个村，入户2000户。城区有线电视光纤环形干网和城乡光缆联网建设取得进展。计生工作达到省二类先进水平。完成第五次人口普查阶段性任务。

【罗源湾开放开发取得新突破】 罗源湾濒临东海，湾内港阔水深，避风浪小，常年不冻不淤，海岸线长，是全省6大深水良港之一。海上已开辟直抵香港、日本、新加坡的国际航线，国道104线及在建的黑龙江同江至海南三亚高速公路和规划建设的福温铁路贯穿境内，毗邻长乐国际空港，交通十分便捷。1997年罗源湾被批准设立台轮停泊点及对台贸易点；1998年罗源湾开发区升格为省级经济开发区；1999年国家五部委在此设立“全国科技兴海”示范基地；罗源湾顶部的松山、白水两大垦区造地近5万亩，1999年经国土资源部批准在此建立全国首个土地综合开发整理示范区；2000年确立为福州外港，对外开放领域逐步扩大，投资环境进一步改善。罗源湾全国科技兴海示范基地建设取得成效，实施“863”计划科技攻关课题——太平洋牡蛎三倍体育苗与养成项目，2000年成功培育太平洋牡蛎种苗3000亩，成为我国南方最大的太平洋牡蛎三倍体育苗生产基地。

（撰稿：雷霹　任允俊）

编校：林丹英

厦门市

综　述

【“九五”概况】　经过5年努力，厦门市“九五”奋斗目标已基本实现，全市国内生产总值由250亿元增加到501亿元，年均增长15.7%；工业总产值由361亿元增加到776亿元，年均增长22.6%；财政总收入由34.5亿元增加到91.5亿元，年均增长21.5%；经济和社会发生了深刻变化，现代化国际性港口风景城市雏形初步形成，为基本实现现代化奠定了坚实的基础。

一、国民经济整体素质显著提高，经济增长方式出现重大变化。依靠科技进步，加快经济结构调整，培植了电子、化工、机械等工业支柱产业，形成一批以高新技术为依托的骨干企业群体。引进柯达、戴尔、ABB、林德等国际知名品牌，培育了厦华、厦新等国内知名品牌。高新技术企业总产值由40亿元提高到300亿元，科技对国民经济增长的贡献率提高5个百分点。经济效益明显好转，财政收入增长高于国内生产总值增长。

二、参与国际分工与合作的开放型经济格局初步形成。5年来，加快海沧等开发区的建设，不断完善投资环境，加大招商引资力度，拓宽招商领域，优化招商结构，积极开拓国际市场，对外开放的层次和水平明显提高。5年实际直接利用外资64.8亿美元，引进了一批跨国公司和高新技术企业。三资工业产值占全市规模以上工业总产值的84.8%。出口市场不断扩展，出口总额由34.8亿美元增加到58.8亿美元。

三、社会主义市场经济体制基本建立。不断深化国有企业改革，通过实行政企分开，建立国有资产管理、监督、营运体系，优化企业资本结构，转换经营机制，逐步建立现代企业制度。国有企业总体经济效益提高，资本负债率下降。培育和规范要素市场，发展市场中介组织，逐步健全市场法规和监管体系，推进各项配套改革，初步形成了开放、竞争、有序的市场机制。

四、社会事业协调发展。5年来，厦门市不断加大社会事业的投入，经济与社会保持协调发展。“九五”期间财政对科技、教育的投入年均分别增长25.9%和21.7%，医疗、文化、体育等事业不断进步，城市文明程度显著提高，先后获得国家卫生城市、国家园林城市、国家环境保护模范城市和中国优秀旅游城市等称号，连续被评为全国双拥模范城。

五、城市现代化水平提高，区域性中心城市地位初步显现。5年累计完成固定资产投资852亿元，年均递增5.2%。全面加强交通、能源、通讯、市政等基础设施建设，建成了高崎国际机场二期、10万吨航道一期工程、海沧港区部分码头、嵩屿电厂、电信宽带网、海沧大桥、人民会堂、会展中心等一批重要基础设施和城市公共建筑，基本解决制约经济发展的瓶颈问题，城市生态环境不断改善。金融、旅游、会展、商贸、运输、通讯、信息等行业对内地和周边城市的辐射和带动能力明显增强。

六、人民生活全面跨入小康。5年来，全市居民生活质量有较大提高，城镇居民人均可支配收入年均递增11.2%，农民人均纯收入年均递增8.6%。兴建统建房、经济适用房18000套，人均居住面积达13平方米。城镇居民消费结构发生了显著变化，居民在住房消费、医疗保健、交通通讯、文教娱乐、旅游等方面的消费成倍增长。初步建立社会保障体系，居民医疗、养老、工伤、失业保险和最低生活保障居全国领先水平。群众安全感明显增强，人民安居乐业。

七、存在的问题与不足。一是部分指标未能完成“九五”计划。由于对经济发展态势判断不够准确，特别是对亚洲金融危机的冲击估计不足，对外贸易、固定资产投资、社会消费品零售总额3项经济指标未能完成预期目标。二是治政不够严。一些公务员涉及特大走私案，有些领导干部出现严重腐败问题。三是政府机关效能建设进展不快，部分公务员精神状态不佳，办事效率不高。四是体制创新和科技创新力度不够。科技投入还未形成多元化格局，企业还未能成为技术创新的主体，研发力量不足。五是经济增长后劲不足。第三产业发展相对滞后。六是城乡发展差距较大。

【国民经济】　综合经济实力明显增强。2000年全市国内生产总值达501.87亿元，同比增长15.2%。其中，第一产业增加值21.24亿元，下降4.5%；第二产业增加值265.02亿元，增长18.1%；第三产业增加值215.61亿元，增长12.1%。三次产业结构由上年的4.6∶53.7∶41.7调整为4.2∶52.8∶43.0。全年实现财政总收入91.5亿元，增长38.1%，其中地方级财政收入50.19亿元，增长23.5%。全年财政支出56.58亿元，增长23.0%。

工业经济快速发展。厦门市认真做好工业企业扶持服务工作，支持帮助重点企业解决困难、扩大规模。继续清理“三乱”，落实减负政策，为企业发展创造良好经营环境。全年实现工业总产值776.36亿元，增长23.0%。其中规模以上工业（指国有工业企业和年产品销售收入500万元以上的非国有工业企业）总产值达699.68亿元，增长23.4%。规模以上工业“三资”企业完成产值593.03亿元，增长24.2%，占同口径工业产值的84.8%。大力扶持高新技术企业发展，努力为柯达、戴尔、翔鹭等工业企业创造良好的发展环境。全年高新技术产业产值300亿元，比上年增长9.7%，占全市工业总产值的39.5%。工业经济效益稳步提高，全年规模以上工业实现销售产值687.41亿元，增长23.3%，产销率为98.3%；完成工业品出口交货值313.42亿元，增长33.7%，工业品出口交货值率为45.6%。全市745家独立核算工业企业，经济效益综合指数达149.79%，比上年上升1.93个百分点。实现利润35.98亿元，利税总额63.79亿元，分别增长7.6%和9.1%。劳动生产率81393元/人，增长9.9%；企业亏损面32%，比上年下降1.65个百分点。

农村经济缓慢发展。厦门市紧紧围绕减轻农民负担，增加农民收入和保持农村稳定的任务，大力调整农村、农业经济结构，努力克服自然灾害的影响，把灾害损失降到最低程度，灾后采取的减免重灾户农特产税、列入同发展共富裕工程、结合灾后管理调整种植业产业和品种结构等措施，使灾后农业生产得到恢复发展，农民收入显著增加。全年实现农业总产值33.84亿元，比上年下降5.8%，农民人均可支配收入达4030元，比上年增长9.2%。农村二、三产业发展步伐加快，农民人均可支配收入中，来自二、三产业（包括乡镇企业）的收入占近70%；乡镇企业发展势头强劲，全年实现总产值211.70亿元，比上年增长12.4%。农业生产因受台风、霜冻、干旱、暴雨危害，龙眼、粮豆等均减产，其他水果受灾后虽有增产也无法弥补龙眼减产3万吨的损失，全年粮食总产量18.96万吨，下降

2.0%；水果总产量2.88万吨，减产53.9%；蔬菜总产量45.27万吨，比增3.0%。畜牧业有所增长。全年肉蛋总产量7.09万吨，比增3.1%。其中肉类5.52万吨，比增7.7%；蛋品1.41万吨，下降13.0%；乳品1577吨，比增20.6%。全年生猪出栏68.08万头，比增7.9%；家畜出栏748万只，比增6.4%。水产品总产18.41万吨，增长9.8%。其中海洋捕捞产量2.32万吨，减产15.8%；海水养殖14.03万吨，增长16.6%；淡水养殖2.06万吨，增长4.3%。

固定资产投资下降。全社会固定资产投资175.02亿元，下降9.1%。其中，基本建设投资60.49亿元，下降22.2%；更新改造完成投资22.96亿元，增长14.8%；房地产开发投资62.12亿元，下降10.4%。全市42个重点项目投资39.69亿元，"四个一批"项目进度基本正常，"9.8"前建成的5个项目除鼓浪屿环岛路外均已如期基本建成。商品房施工面积保持较大规模，竣工面积大幅增长，全年商品房竣工面积297.41万平方米，增长28.2%；商品房销售态势良好，全年实际销售249.84万平方米，增长44.6%。

社会消费品零售增幅趋缓。全社会消费品零售总额169.64亿元，增长5.3%，但呈逐月趋缓之势，主要是受上年鼓励扩大内需等政策影响造成基数较大，以及新学期学费增加、住房消费增加、住房分配货币化等因素，居民即期支出增加，并对预期消费心理制约较大，消费品市场回落。居民消费价格指数由于房租、学杂费和自来水提价的滞后影响上升至106.3%，商品零售物价指数持续低价位运行，为98.5%。旅游经济总量稳步增长。全市接待境外游客55.88万人次，国内游客735.04万人次，分别比上年增长11.7%和15.1%。

外商直接投资减少，引资质量继续提高。全年实际利用外商直接投资103.2亿美元，下降23.1%。直接利用外资259项，增长23.9%，其中台资105项，增长40%。协议利用外资总额为10.04亿美元，下降22.0%，其中台资1.48亿美元，下降27%。第四届"投洽会"招商成果丰硕，签约项目履约率高，跨国公司仍然保持较好投资势头，新增通士达照明、柯达一次性相机两个项目，增资富士电气化学、厦芝科技工具、TDK、林德叉车、太古飞机维修5个项目。外贸出口保持强劲增长。外贸进出口总额突破100亿美元，达100.5亿美元，比增26.1%。其中出口贸易额58.8亿美元，增长32.5%。进口贸易额41.7亿美元，增长18.1%。各类经济型企业出口增长迅速，"三资"企业出口36.26亿美元，增长38.1%；机电产品出口25.07亿美元，增长39.3%，占出口总额的42.6%；高新技术产品出口8.68亿美元，增长58.2%，占出口总额的14.8%；各类出口贸易呈较快增长势头，其中一般贸易出口23.83亿美元，增长35.80%；加工贸易出口30.6亿美元，增长31.4%。

交通邮电快速发展。2000年，厦门市加强交通基础设施建设，确保重点工程的顺利施工，海、陆、空交通配套衔接水平有了进一步提高，厦门作为区域性交通口岸枢纽中心的优势凸显。海港增辟了厦门至地中海、欧洲和美西国际远洋干线班轮航线3条。海上高速公路建设取得新进展，海沧港区、东渡三期和10万吨级航道后续工程建设步伐加快。空港开辟了厦门至曼谷的国际航线，启用高速公路快速运输系统，海沧铁路工程投入试运行使交通系统运输生产能力更高。全年完成港口货物吞吐量1965.3万吨，同比增长10.8%，集装箱吞吐量高达108.5万标箱，同比增长27.8%。邮电通信事业持续快速发展，全新的经营管理体制得到完善，全年电信业务收入总额为10.37亿元，比增12.9%；全年邮政业务总量完成1.14亿元，比增29.0%。

金融运行态势平稳。全市中资金融机构信贷存款余额544.9亿元，比上年增长9.6%。其中城乡居民储蓄存款余额218.46亿元，比增3.6%。全市中资金融机构各项贷款余额452.84亿元，同比增长13.3%；其中个人住房按揭贷款、耐用消费品等个人消费信贷在新增贷款中较为活跃，个人住房按揭贷款余额为63亿元，比上年增长30.9亿元。全年全市银行现金收入1158.3亿元，支出1171.9亿元，现金净投放13.56亿元。全年全市证券经营机构股票交易额977.41亿元，比上年增长80.8%。

【社会事业】 科技事业进步显著。2000年组织认定高新技术企业17家，认定高新技术项目4项，编制和组织实施了国家级攻关计划4项，国家级火炬计划10项，国家级星火计划6项。4家企业获得省级技术创新示范企业，火炬开发区"一区多园"建设进展较快。全市办理登记科技成果项目86项，其中达到国际先进水平的9项，达到国内领先、国内先进水平的68项；组织科技成果鉴定80项，评审软科学研究成果10项，其中技术水平达到国际先进的有7项，国内领先36项，国内先进37项，评出1999年度市科技进步奖44项，获奖科技人员296人。同安区荣获"全国科技工作先进区"称号。继续做好对外科技交流与合作工作。积极开展对台科技交流。

经济体制改革继续深化，市场运行机制逐步形成。1.国企3年改制与脱困目标基本实现。积极推进现代企业制度试点工作，一批企业完成股份制或公司制改造。出台深化国企改革的措施，完善国有资产运营管理，推进国企工资与人事制度改革，试行经营者年薪制和期权期股制。建立企业经营者人才市场，加强国企领导班子建设。强化财务监督，完善内部管理，国企扭亏工作取得明显成效。2.扩大社会保险覆盖面，实现基本医疗保险与商业医疗保险的有机结合。下岗职工基本生活保障金、企业离退休人员养老金按时足额发放，城镇居民最低生活保障制度进一步完善。3.行政审批制度改革取得阶段性成果，推进投融资体制改革，加快中小企业服务体系建设，加强投资项目监督管理。完善工程招投标制度，加快要素市场建设。大力整顿经济秩序。

环境保护成效显著。2000年，突出抓好环保"一控双达标"，加强生态环境保护。全市环境空气质量保持优良状态，空气污染指数为42。饮用水源水质达标率为98.2%。筼筜湖、西港的COD和DO符合海水GB3097—1997Ⅲ类标准，全市区域噪音声值为56.3分贝。完成厦门珍稀

大宝杯2000的炎黄世界龙舟、龙狮系列赛10月8日在厦门举行，来自美、英、比、澳、新、马、菲、南非及祖国大陆和港、澳、台地区的50多名选手共25支代表队参加比赛。图为厦门筼筜湖上龙舟竞逐场面。

（林辉龙　摄）

海洋物种国家级自然保护区申报工作，抓好九龙江流域的综合整治，基本落实湖边水库限期治理工作。“1998～1999年度市长环保目标责任制”考核获全省第一名；荣获“1999年度城市环境综合整治定量考核”第一名，在全国46个重点城市考核中，作为国家环保模范城优于其他城市。

教育事业加快发展。2000年，厦门市继续加大教育投入，推进素质教育，加快教育现代化步伐。进一步扩大高中阶段教育和地方高等教育的招生规模，初中毕业生升学率为81.7%，比上年增长5.7%。实际招收18597人。高考全市文、理科本科、专科一批线和万人口上线数连续第二次居全省第一。推进素质教育，积极鼓励社会力量办学。

文卫体事业健康发展。厦门戏曲舞蹈学校群舞《剽牛》获中国青少年艺术大赛第六届“桃李杯”表演二等奖；鼓浪屿合唱团获第五届中国国际合唱节比赛银奖；思明区少年宫童话剧《公鸡生蛋》获全国首届“蒲公英”决赛编制、表演两项金奖。

全市各区普遍建立了卫生服务中心(站)，各区的“基线”调查也全部完成。羽毛球运动员吉新鹏在第27届奥运会上为国家夺得第一枚男子羽毛球单打金牌，也是我省、厦门市运动员夺得的首枚奥运会个人项目金牌。在世界重大比赛中，获个人单项冠、亚、季军各1个，在全国比赛中，共有5人4项获得6个第一名。

2000年，全市计划生育工作各项指标均完成得较好，人口出生率为9.37‰，计划生育率99.1%，计划生育合格和基本合格村居率为88.9%。居民生活水平显著提高。全市城镇居民人均可支配收入10813元，同比增长12.3%；人均消费性支出9047元，比上年增长14.7%；恩格尔系数为41.9%，比上年下降6.3个百分点。城镇登记失业率为3.3%，就业形势比较稳定。（撰稿：沈灿煌　邹金芳）

开元区

【国民经济】 2000年全区国内生产总值30.24亿元，比上年增长19.3%；工业总产值39.26亿元，比上年增长10.1%；乡镇企业总产值23.95亿元，比上年增长9.8%；建筑业产值3.32亿元，比上年增长3.7%；商业营业额37.33亿元，比上年增长0.9%；社会服务业收入10.68亿元，比上年增长23.7%；财政收入5.44亿元，比上年增长47.7%；农民人均纯收入7339元，比上年增长5.6%；引进外资5380万美元，下降60.4%。

结构调整取得进展。三次产业结构比例为0.6：44.5：54.9，三产比重进一步提高，比上年增长29.1%，拉动经济增长14.6个百分点。二产中骨干企业地位日显突出，1000万元以上工业企业总产值占全区的59.2%。非公有制经济已居二、三产业的主导地位，三资企业工业产值占全区规模以上工业总产值80%。超高亮度发光二极管项目列入国家“863”计划。

体制改革不断深化。制定区属企业改制总体方案，成立企业改革协调领导小组，一批企业通过改制、租赁、资产重组等形式，转换经营机制，焕发新的活力。财政信用资金等历史遗留问题得到解决。进行区对街的财政分税制改革。全面推行政府采购，规范建设工程审核及招投标行为，资金节约率达12.5%。加强社会保险费的统一征缴，扩大农村社会养老保险覆盖面。出台下岗职工生活保障及再就业意见和扶持农民转岗创业规定。

【社会事业】 深化教育管理体制改革，实行新一轮校、园长竞聘上岗，试行教师聘任制。推广公办民助办学模式，发动和规范社会力量办学。完善文化市场管理网络，开展娱乐服务场所及电子游戏经营场所专项治理。开展全民健身活动，成功举办区第六届运动会暨第一届社区运动会。人口出生率10.1‰以内，计生率达99.5%，继续保持省一类先进区水平，顺利完成村（居）委会换届选举、第五次人口普查。建立全省第一支海上信息联络员队伍，建立重大信访件领导挂牌督办制度，强化“148”法律服务，化解矛盾。创建一批“精品”文明村、高标准文明安全小区和无吸毒现象示范小区。

【社区建设】 被民政部确定为“全国社区建设实验区”后，深入开展“社区建设起步年”活动，成效显著。以地域性为特征、认同感为纽带，调整街道布局，合并鹭江、厦禾街道，新设立嘉莲街道；整合社区规模，172个居委会调整为146个。进行体制创新，卫生院下放社区，改制为社区卫生服务中心；部分居委会改为社区居委会。加大社区硬件建设，建成区社会福利中心大楼和医院综合大楼，扩建区妇幼保健所并增加科室功能。建成一批多功能的社区活动中心和一批社区服务、文化、卫生和治安示范点，形成区有网络、街有“中心”、居有示范点的社区建设格局。拓展服务项目和内容，建立社区服务资源库和社区居民健康档案，推行多项上门服务，成立社区事务受理中心，开展社区志愿者服务，社区居民和单位的认同感进一步提高，参与社区活动的积极性进一步增强。（撰稿：章高祥　陈子能）

思明区

【国民经济】 2000年，思明区实现(区属)国内生产总值12.20亿元，比上年增长15.0%。农业产值800万元，与上年持平。工业总产值16.67亿元，比增16.2%。工业产品销售产值15.84亿元，比增16.1%。商贸服务业营业额35.14亿元，比增9.7%，其中商品零售额4.74亿元，比增35.7%。区属建安企业建安产值2.48亿元，比增35.8%。财政收入2.57亿元，比增12.7%。其中地方级财政收入首破2亿元大关，比增12.4%。街道工业产值、商贸服务业营业额、财政收入分别占全区经济总量的70.5%、68.7%、64.3%。非公有制企业税收占全区的80%。全年批准外资项目18个，投资总额700万美元。

【各项改革】 离退休人员养老金按时足额发放，居民最低生活标准和下岗职工基本生活费发放面均为100%，区属再就业安置率达73.20%；中华、文安、思明卫生院合并成立思明区社区卫生服务中心；全面推行小学、幼儿园校（园）长职务的聘任。实行政府采购制度，全年节约财政资金45.50万元。成立工程预决算审核所，全年共核减工程款222万元。

【基本建设】 全年固定资产投资2.6亿元。购置原大中华食品厂作为区机关办公用房。曾厝垵机关统建房动工兴建。厦大学生公寓开工建设。曾厝垵农民的拆迁安置房已完成28个宅基地建设任务。全年新办审批环保项目31项，环保投资52.21万元。

【科教兴区】 全年安排科技三项费用343万元，占财政预算的2%。认真清理历年科技三项费用逾期资金。思明区科技创业园首期已投入使用。完成技工贸总收入4067万元。全年投入教育事业3520万元，占财政预算的20.3%。加强素质教育，获得国家级和省级奖励分别为62人、67人。积极采用现代教育方式和技术，1所小学被国家教育部授予第二批“全国中小学现代教育技术实验学校”。加强学校图书馆建设，被评为全省唯一的“福建省达标小学图书馆普及区”。

【基层基础工作】 继续开展居委会达标升级活动，社区服务网点229个，提供各类服务项目565项。实行保障金领取证和保障对象就业推荐函的做法，发放保障金190.8万多元。辖区各调委会依法、公正地调处了各类民间纠纷83件；制定《处理重要疑难信访件暂行办法》。全区创建市级“文明安全片区”44个，“无毒害小区”16个，辖区治安满意率在97.8%以上。

【社会事业】 编制思明区“十五”计划。计生工作连续3年实现人口自然增长率负增长，被评为“全国计划生育协会先进单位”和“全国儿童工作先进市（区）县标兵”。分别获全国首届少年宫舞蹈节演出金奖、全国“蒲公英”大赛创作金奖和表演金奖、第九届福建省音乐舞蹈节演出金奖、少儿组合唱金奖。被评为“省城市体育先进社区”和“省双拥工作先进单位”。（撰稿：吴进法）

鼓浪屿区

【经济概况】 2000年，鼓浪屿区实现区属国内生产总值1.46亿元，比上年下降3.5%；社会服务业收入7665万元，比上年增长5.0%，其中旅游业收入7393万元，比上年增长6.0%；工业总产值完成1.09亿元，比上年下降36.3%，商贸营业额2.07亿元，比上年增长32.6%；财政总收入4190元，比上年增长5.3%。其中本级财政收入2869万元，比上年增长8.3%。较好完成“九五”计划

【经济体制改革】 提出景点经营管理体制改革方案，启动旅游公司改制工作；妥善处理无线电厂的改制工作，完成人员分流安置；关闭因旧城改造不能继续经营的龙光、贸易两家商贸企业，转制为民营经济实体；出台《鼓浪屿区促进外资、民营企业发展的服务措施》，优化非公制企业投资环境；扶持发展高新技术产业，新引进2家科技型民营企业、1家民营科研所；加大财政周转金清理力度，已清理557万元。

【旅游建设】 完成日光岩立体电影院建设；海底世界增建海豚馆，制作展示抹香鲸标本；编制音乐旅游线路，完成首届国际钢琴艺术节策划方案，拓展音乐文化旅游内涵；应对“三通”大势，制定海上旅游方案，带动开发海上观光旅游；制定《鼓浪屿区假日旅游工作实施方案》，扶持引导有条件的居民、单位推出家庭旅馆；广泛开展“讲文明、树新风”、争创“青年文明号”、“文明示范窗口”和“百城万店无假货”等活动，提高城区精神文明水平；加强旅游市场管理，认真处理游客投诉，为消费者挽回经济损失7.8万元。荣获“第三批全国文明风景旅游区示范点”称号，顺利通过国家旅游局最高质量等级4A级旅游区考核验收。

【城市建设和管理】 加快西北段环鼓路工程建设步伐，基本完成沿线拆迁工作；利用筑堤围堰及环鼓路建设，初步解决了建筑废土出路问题；进行岛上的污水膜技术处理选点、试点工作；在全岛全面启动实施ISO14001环境管理体系工程，顺利通过国家环境管理体系认证中心的现场审核，成为全国首家通过ISO14001标准认证的国家级重点风景名胜区和行政区。加快鼓浪屿历史风貌建筑保护修缮工作，首批推荐认定48幢风貌建筑；完成全区公共绿地补、种植任务，提高绿地机械化管理水平；加强环境卫生和市容市貌管理，开展城市管理专项整治活动；在区机关、旅游主干道及3个景点试行垃圾分类处理。

【社会事业】 完成《鼓浪屿区“十五”期间科学技术发展计划》编制工作，科技三项费用比上年增长27.7%；为建立ISO14001环境管理体系提供技术支持，与厦门大学合作开发智能化信息管理和决策支持系统；完成农业部指定的“中华白海豚人工驯养繁殖基地可行性研究”课题；科普工作新辟科技和社会实践基地两处。全面推进素质教育，市创新教育实验区工作初见成效；教育事业经费投入494万元，比上年增长9.3%；“两基”普及率多项指标均达省双高标准；人民小学以全省最高分成为省示范小学；启动全国社区教育实验区工作。文化工作围绕“世纪文化园”活动，与厦门大学音乐系共建，推出一系列文化活动；举办、承办省少儿电子琴比赛、省音乐舞蹈节手风琴、钢琴比赛；区合唱团赴京参加中国国际合唱节比赛获银奖，区艺术团在省、市多次比赛中屡获殊荣；与省音乐家协会共建鼓浪屿创作基地，为“音乐之乡”注入新的时代内涵。卫生工作围绕加强医德医风建设，进一步完善各项规章制度，制定社区卫生服务工作计划和考核细则；完成第五次全国人口普查工作。民政工作完成11个居委会换届选举，进一步深化“民政干部走百家”、“理论、政策、法律三入户”及“公仆楼”、“拥军楼”等创建特色文明安全小区活动。实施主干道有线电视电缆地化工程，完成主干道6处路段地下管道施工，开通光纤数字信号传输，改善近一半有线电视用户收视质量。（撰稿：许飞鹏）

位于厦门环岛路的“鼓浪屿之波”音乐雕塑，直线长度为247.6米，曲线长度为248.7米，宽度为3.7米，成为环岛路上一道亮丽的风景线。2000年11月该雕塑被列入吉尼斯世界纪录，是全球最长的五线谱音乐雕塑。（林辉龙 摄）

湖里区

【经济概况】 2000年完成区属国内生产总值25.98亿元，比上年增长20.4%；工农业总产值55.1亿元，增长17.8%；财政总收入31762万元，增长42%，其中地方级财政收入20789万元，增长32.3%，完成年预算的114.8%，较好完成“九五”预定目标。第二产业快速增长，全年实现增加值14.56亿元，增长21.1%。工业继续保持快速增长态势，全年完成工业总产值54.2亿元，增长17.9%，其中三资企业工业总产值47.62亿元，增长31.3%，占工业总产值87.9%；建筑业施工总产值5.5亿元，增长22.3%。全年实现第三产业增加值10.98亿元，增长19.6%。房地产业平稳发展，完成开发量6亿元；商贸业发展步伐加快，实现商贸营业额20.81亿元，增长23.9%；交通运输营运额1.54亿元，增长13.2%。第一产业平稳发展，全年实现第一产业增加值0.44亿元，增长15.8%，完成农业总产值9123万元，增长15.6%；乡镇企业总产值37.36亿元，增长12.8%。招商引资在难度加大情况下，实现引资1.96亿美元，其中外资9438万美元，引资额名列各区首位。鸿佳、进雄等重点企业增资扩产势头良好，与中科院上海有机研究所合作兴办华东生物药业

技术有限公司。

【社会事业】 完成区第二届科技进步奖评选活动。启动生产力促进中心，实施两批科技计划项目，下拨科技三项费用281万元。改善办学条件，开办东渡二小，动工建设康乐二小。强化教育督导，认真抓好辍学生复学工作。顺利通过省、市计生考核。建成湖里街道社区服务中心，康乐、金尚、兴隆3个社区试点取得初步成效。被评为全国爱心献功臣先进区。第五次人口普查工作顺利通过省、市验收。全面推行农村社会养老保险和合作医疗制度，出台《湖里区城乡居民最低生活保障若干实施办法》。深化教育体制改革，将2所幼儿园实行国有民营办学体制。改造和新建了一批清洁楼、公厕。建成了6条村间道路，改善了农村的居住环境。大力推进城乡绿化美化建设，共植树15.52万株，新增园林绿地6.1公顷。2000年城镇居民人均可支配收入10813元，增长12.3%；农民人均纯收入7502元，增长7.3%。继续解决禾山镇一批特困户安居问题、建成环卫工人宿舍、建立社区卫生服务体系和全面推行农村合作医疗、成立区妇幼保健院、修缮区影剧院、修复加固湖边水库大坝护坡和2.5公里海堤以及设立湖里儿童乐园等7件实事基本完成。

（撰稿：魏向　曾以勤）

集 美 区

【经济概况】 国内生产总值、工业总产值、财政收入等主要经济指标增幅名列全市榜首，完成或超额完成“九五”预期目标。全年实现国内生产总值28.27亿元，财政总收入2.76亿元，农民人均纯收入4313元，城镇居民人均可支配收入9005元，分别比上年增长33.0%、71.9%、6.1%和8.2%，与1995年相比，年递增分别为38.4%、39.1%、7.1%和6.1%；三次产业结构比重由1995年12.27∶56.39∶31.34调整为2000年5∶66.56∶28.44。

【工业】 2000年，全区实现工业总产值77亿元，比上年同期增长50.7%，比1995年增长5.1倍，年递增54.4%，保持快速增长态势，突出表现在：一是规模以上企业增幅拉大。规模以上工业企业完成产值73.96亿元，占全区工业总产值的96.1%，比上年同期增长51.8%。其中电子行业完成产值50.48亿元，占全区的65.1%，比上年同期增长70.0%，拉动全区工业42.9个百分点，成为工业经济的增长点和支柱行业。戴尔电脑全年实现工业产值达38.65亿元，占电子行业的76.6%，占全区工业产值的50.2%，对全区工业经济起着举足轻重的作用。二是工业产销衔接水平持续提高。全年实现工业销售值76.97亿元，产销率为100.0%，比上年同期提高2.5个百分点。累计完成出口交货值38.35亿元，比上年同期增长63.0%，其中电子产品出口20.23亿元，占全区出口额的52.8%。三是工业经济运行质量不断提高。规模以上工业企业盈亏相抵累计实现利润4.76亿元，比去年同期增长2.24倍。其中，净增利润在500万元以上的企业有戴尔电脑、现代时装、TDK、太平货柜、虹鹭钨钼等企业；扭亏为盈的企业有9家，如聚和纸品、集胜金属、西华家具、永隆制衣、力太纸品等企业。

【农业】 受上年台风、霜冻和上半年旱灾、暴雨影响，农业生产出现负增长，全年实现农业总产值3.01亿元，比上年同期下降9.3%。主要原因是种植业受自然灾害影响较大，特别是水果生产受灾后持续影响较为严重，水果产量大幅度下降，降幅达46.7%，是造成农业产量下降的主要原因。从总体看，农业农村经济运行总体是比较平稳的，2000年除水果和禽蛋产量下降外，其他种养业都有不同程度增产，特别是畜牧业生产保持良好发展态势，生猪生产持续增势强劲，出栏数同比增长32.9%；奶类产量同比增长32.6%，水产品产量、肉类产量分别增长16.0%和26.2%。乡镇企业营业收入9.97亿元，同比增长21.2%，其中市、区重点乡镇企业营业收入3.78亿元，同比增长30%。实施龙眼荔枝高接换种，更新品种3000多亩。“九五”期间农业产值年递增2.8%，畜牧业和渔业发展较快，分别递增9.4%和8.4%，农民人均纯收入4313元，年递增7.1%。

【招商引资】 2000年，全区共批准外商直接投资项目35项，其中增资扩产8项，投资总额12951万美元，合同利用外资11536万美元，完成年计划的144.2%，超额完成市下达年度计划。招商引资呈现几个特点：一是台商投资仍为招商引资的主要来源。全年引进台资项目17项，投资总额3657万美元。项目数和投资额分别为全区的48.6%和28.2%，台商投资区的优势日益明显。二是企业增资扩产呈上升趋势。全年增资扩产项目8个，增资金额4384万美元，占全区同期引资的33.9%。三是大项目引进有力地推动全区利用外资增长。全年批准上千万美元以上的项目4个，合同利用外资7075万美元，占全部引进外资的61.3%。四是加大第三产业项目引进力度，引进（集美）野生动物园、南顺鳄鱼园等旅游项目；引进大唐世家等房地产项目。

【固定资产投资】 2000年，完成全社会固定资产投资6.09亿元，比上年同期增长8.7%。其中基本建设投资1.46亿元，同比增长9.1%，房地产开发投资0.49亿元，同比增长119.7%。其他固定资产投资3.67亿元，同比增长3.7%。在建的涌泉工业园、飞鹏高科技铝业、TDK三期等19个固定资产投资项目均进展顺利，涌泉工业园已于9月正式开园。市政工程建设按计划推进。同集路集美大学至厦门大桥段西侧拓展改造工程于“9.8”投洽会前竣工；北部工业区三期道路按计划建成；完成县乡公路港岩段（6.4公里）和三后线东龙至洪茂段（1.8公里）改造工程。完成全区87个自然村规划编制，灌口凤泉小区和灌南工业区规划通过评审，后溪旧村改造试点开始启动。

与泰国北榄鳄鱼湖合作新办的厦门南顺鳄鱼园，成了集美旅游风景区内又一亮丽的景点，自2000年元旦试营业以来，已接待海内外游客5万多人次。鳄鱼园占地7000平方米，现有泰国鳄、非洲尼罗河鳄、中国扬子鳄等200多只。（林辉龙　摄）

【财政金融】 地方级财政收入提前1年完成“九五”目标，2000年实现财政总收入2.77亿元，同比增长71.9%。剔除不可比因素，完成年预算的103.9%。其中地方级财政收入1.38亿元，完成年预算103.6%，同比增长36.5%，是“九五”期间完成最好的一年。财政支出2.01亿元，完成年度预算的91.8%，比上年同期增长30.8%。金融机构存款余额16.69亿元，比年初增长6.1%；城乡居民储蓄存款余额7.27亿元，比年初增长1.4%；金融机构贷款11.08亿元，比年初增长1.5%。

【旅游服务业和居民生活】 消费市场呈回升态势，居民消费价格指数为106.3%，其中服务项目增幅最大，达144.5%。商品零售价格总指数为98.5%，其中粮食、肉禽蛋继续下降，水产品、鲜菜上升，价格指数分别为102.9%和103.2%。社会消费品零售总额8.29亿元，同比增长9.2%。交通运输量和货物周转量分别比上年增长10.9%和17.7%。全年共接待海内外游客达86.62万人，同比增长3.9%。城乡居民生活水平不断提高，在岗职工月平均工资1170元，同比增长5.0%，农民人均纯收入4313元，同比增长6.1%，城镇居民可支配收入9005元，同比增长8.2%。

【社会事业】 增加科技投入，成立了集美区科技创业中心；优化教育资源，4所小学合并为2所；筹集资金1300多万元，建设校舍12个、面积16000多平方米。成功举办首届夏季广场音乐会和第二届区运会。第五次全国人口普查工作顺利通过省、市验收，完成国民经济和社会发展第十个五年计划（纲要）编制任务。荣获省级精神文明建设一级达标城区称号。

（撰稿：林金煌）

杏林区

【经济概况】 2000年实现区属国内生产总值38.50亿元，增长16.0%。全年完成预算内财政总收入4.94亿元，比增34.6%，其中地方级财政收入15173万元，比增19.2%。城镇居民人均可支配收入9950元，农民人均纯收入4550元，分别增长5.9%和8.3%。工业经济呈现总量、速度、效益“三增长”，区属工业总产值95.00亿元，增长20.0%；规模以上企业工业品产销率99.5%，比上年提高1.56个百分点，利润增长15.6%，亏损面下降2.5个百分点。出口交货值7.12亿美元，增长20.1%。三资工业产值92.00亿元，比增20.6%，占全区工业总产值的82.14%。新引进台外资项目27项、增资项目17项，合同投资总额14931万美元，增长28.3%，其中协议外资金额14067万美元，比增23.7%，超额完成市政府下达的招商引资任务。全区农村社会总产值22.50亿元，比增16.6%；乡镇企业总产值21.00亿元，比增20.0%，其中私营企业产值13.15亿元，比增82.0%。农村产业结构调整步伐加快。农业综合开发经过3年努力，通过国家农开办总验收。推进厦门海峡两岸花卉中心一期、闽台高优农业良种繁育基地、特色观光水果母本园、东孚5000亩低产海田改造、马銮湾综合治理等农业重点项目建设。调减粮油作物，新增蔬菜、花卉、水产养殖面积3500亩。东孚农村合作基金会清理整顿工作达到上级要求，已清盘关闭。城乡建设管理力度加大。完成杏滨路一期改造、建南路北段、杏北路拓宽、百佳路北段、区府路南段路基、三南路东段路基等市政道路建设，高浦海堤防洪工程涵闸和旧堤段改造已完成工程量的50%。进一步完善工业小区各项配套，较好地满足企业投产、投建需要。建成宁宝省级住宅试点小区一期，进一步完善了道路路灯、清洁楼等市政设施建设。基本完成农村电网改造和村容村貌整治。加强裸露山体造林护林，荣获“全国林业生态建设先进县（区）”称号。

【各项改革】 政府自身建设取得新成效。在区政府领导班子和政府各部门领导干部中开展“三讲”教育和“回头看”活动，解决了一批群众反映强烈的热点、难点问题，全面推行区务公开，建立政情通报制度，积极推进依法行政，政府工作科学化、民主化上新水平。顺利完成海沧镇和杏林镇新安、霞阳、东孚镇祥露3村行政管理体制调整。基本完成区属国有企业改革、改制工作，对8家区属国有企业分别采取关闭注销、股份合作制等形式进行改革改制，积极为个体私营经济发展创造条件，重新调整设立了纺织工业小区，解决私营纺织企业发展用地问题，共引进企业12家，总投资9000万元。最低生活保障制度、社会保险、巩固两个确保等各项配套改革工作也取得新进展。积极推行财政管理体制改革，规范财政资金管理，相继实行了预算外资金银行代收制、国库统一支付工资制度和政府采购制度。人事制度改革不断深入，试行机关科级干部竞争上岗和事业单位工作人员公开招考制度。调整新增4个居委会。

【社会事业】 广泛深入开展各种形式的群众性精神文明创建活动，被评为省精神文明一级达标城区。社会各项事业都有新进步。进一步加大教育投入，努力改善中小学办学条件；全面开展“减负”工作，推进素质教育，加强了教师队伍建设；学前教育、职业教育和成人教育也有新发展。杏林镇通过国家级“杏林星火技术密集区”验收。动工兴建区文化中心子项目青少年宫，实现村村建有图书室，各种群众性文化体育活动广泛开展。设立了4个社区卫生服务站，启动实施农村合作医疗。计划生育工作保持较好水平，全区计划生育率达99.3%，合格村率达92.5%。第五次人口普查、“三五”普法教育通过市考评验收。认真落实社会治安综合治理责任制，确保了辖区社会稳定。

（撰稿：唐明娟）

同安区

【经济概况】 2000年，完成国内生产总值65.02亿元，比上年增长12.5%；工农业总产值116.02亿元，比增16.5%；预算内财政收入4.23亿元，比增21.4%，其中地方级财政收入2.73亿元。

工业经济日益凸显，运行质量明显提高。积极实施工业强区战略，完成工业总产值96.12亿元，比增19.4%。外向型经济得到进一步发展，全年批准外商企业41家，增资扩产项目23个，协议利用外资1.63亿美元。工业经济运行主要特点：一是规模以上工业企业133家增速强劲，完成产值68.62亿元，比增23.3%，占全区工业产值的71.4%；二是三资企业占据工业主导地位，完成工业产值66亿元，占全区工业产值的68.6%。共有13家重点企业年产值净增达千万元以上。三是乡镇企业继续保持发展态势，私营企业发展较快。乡企重点骨干企业支柱作用明显。四是工业增长带动第三产业发展，全区社会商品零售总额24亿元，比增11.6%。

农村经济稳步发展，结构调整初见成效。完成农业总产值19.9亿元，比上年下降3.2%，农民人均纯收入3553元，比增7.8%。组织新店镇前线海堤、马巷镇赵厝海堤达标建设，完成新店镇欧厝中心渔港修复工程。积极实施国家农业综合开发项目、省粮食自给工程、土地整理工程项目。完成造林绿化更新面积9707亩，治理山地1542亩。农村同发展、共富裕工程完成投资总额1亿多元，新圩水厂二期扩建工程、小坪公路工程等项目陆续完工，城南外口公寓、新店胡萝卜节水灌溉工程、同南公路等项目进展顺利，呈现出良好的经济和社会效益。农村合作基金会如期整体清盘关闭。

固定资产投资加大，城乡面貌显著改善。全社会固定资产投资总额完成12.68亿元，有力拉动了经济增长。重点工程建设进展顺利。东西溪防洪工程按期竣工，累计投资1.52亿元，建成防洪堤27.65公里，防汛道路2.7公里；新行政中心会堂和配套设施全部完成，银湖桥、污水处理厂等项目前期工作全面展开。投资9902万元新建、改建各类公路46.13公里。农电“两改”工作进入扫尾攻坚阶段，16个镇场全面完成农电改制工作，进行网改的194个村已竣工155个村，完成投

厦门同安区大嶝镇投资1000多万元建成的英雄三岛战地观光园2000年4月投入试营业。这是全国惟一以祖国统一大业为主题、以战地观光为内容、融爱国教育、国防教育和休闲娱乐为一体的多功能旅游胜地。图为退役的飞机、大炮、坦克陈列场。（林辉龙 摄）

资1.1亿元。新建、改建西环路等11条（段）长7.08公里的市政道路，完成城区夜景工程及市政中心绿化等工程。

【科教兴区和社会事业】 增加科技开发资金投入，组织实施各类科技计划32项，一批科技成果达国内领先水平，民营科技企业有较大发展，分别荣获“全国科技工作先进区”、省、市“第三届技术市场金桥奖”、“省农村技术市场示范县（区）”、“市专利工作先进单位”等光荣称号。加大普及高中阶段教育力度，多渠道筹措7000多万元，扶持农村薄弱校建设，改善办学条件；办学效益显著提高，全区高考录取率达77.8%。荣获“全国文化先进区”称号。实现全区区镇间有线电视光缆大联网。基本达到人人享有初级卫生保健，消除碘缺乏病工作通过省级阶段性评估验收。较好地完成市计划生育工作责任指标和省、市优质服务试点工作任务，荣获省、市计生“三为主”先进区称号。顺利完成第五次人口普查入户调查工作。

【第四届世界同安联谊大会】 2000年12月2日，第四届世界同安联谊大会在厦门会堂隆重开幕，来自26个国家和地区、54个团体的海外乡亲1500多人出席了会议。大会期间，组织海内外乡亲参加了厦门投资环境介绍会、同安区第八届体育运动会、民俗踩街、广场文化等活动，参观了厦门、同安新貌，组织部分乡亲寻根谒祖，并成功举办了一系列经贸洽谈活动，签约项目11个，协议利用外资1.04亿多美元。

（撰稿：许珠明）

编校：章卓如

漳　州　市

综　述

【"九五"概况】　"九五"期间，全市国内生产总值年均增长18.0%，经济总量占全省比重从10.6%提高到13.7%。人均国内生产总值达10607元。2000年，财政收入达31.6亿元，年均增长15.5%。农业总产值年均增长11.3%；工业总产值年均增长20.7%；第三产业增加值年均增长18.0%；金融机构各项存款、贷款余额年均增长18.1%和18.2%。实际利用外资累计33亿美元，比"八五"时期增长2.1倍；实际利用台资累计23亿美元。外贸出口总值累计23亿美元。全社会固定资产投资累计503亿元，是"八五"时期的2.6倍，年均增长24.1%。旧城改造累计拆迁面积126.6万平方米，新建238万平方米。城镇居民人均可支配收入年均增长10.4%；农民人均纯收入年均增长10.3%；城乡居民储蓄存款余额年均增长19.2%。与"八五"时期相比，城镇居民人均居住面积增加13.9平方米，达22.8平方米；农村居民人均居住面积增加5.4平方米，达24.3平方米；计生率从81.3%提高到93.0%。

【国民经济概况】　2000年，全市国内生产总值477.36亿元，比上年增长11.8%。三次产业结构由1995年的30.3∶39.4∶30.3调整到目前的23.8∶39.5∶36.7，结构进一步优化，综合经济实力有较大增强。其中一、二、三产业分别增长8.0%、12.8%和13.3%。

【农村经济】　全年农林牧渔业总产值196.17亿元，比上年增长6.9%。乡镇企业总产值1114.8亿元，增长15.2%。粮食生产由于受农业结构调整和自然灾害影响，全年总产量123.70万吨，减少21.33万吨。甘蔗种植面积锐减，由上年的18.12万亩减少到10.15万亩，总产量53.06万吨，比上年减少38.71万吨。水果受霜冻影响，总产量为167.03万吨，减少1.9万吨。蔬菜等经济作物保持较快增长，其中，蔬菜产量201.82万吨，增长17.5%；肉蛋奶总产量27.42万吨，增长9.4%；水产品总量125.5万吨，增长8.3%。农业产业化经营拓展新局面，龙海东园等4个省部级和11个市级现代农业示范区建设扎实推进，锦溪集团等17个国家级、省级农业产业化龙头企业加快发展。农业新增合同利用台资1.76亿美元。全年完成造林4.08万亩。全市农业机械总动力128.85万千瓦，比上年增长4.2%。

【工业生产】　全市工业总产值679.00亿元，增长13.2%；其中规模以上工业企业总产值167.97亿元，下降0.4%；国有企业17.24亿元，下降30.2%；集体企业9.84亿元，下降15.1%；股份制企业21.78亿元，增长49.2%。股份合作企业2.59亿元，增长16.9%；外商投资企业111.04亿元，下降2.4%；其他经济类型企业5.51亿元，增长67.7%。规模以下工业企业产值511.03亿元，增长17.3%。其中规模工业产值增长5.9%。东山海魁水产集团等8家企业、冠心2号等6个重点项目和万利达数字光盘录像机等6个高新技术产业化项目，列入全省"双九一高"重点企业和重点项目；食品、机械、电子、电力和建材产值占规模工业产值的53.9%。全市发电量41.46亿千瓦时，增长1.76倍，全社会用电量28.5亿千瓦时，增长7.6%。国有及国有控股企业利税总额增长17.3%，国有企业三年改革与脱困目标基本实现，各项配套改革逐步推进。

【邮电交通】　全市邮电业新增局用交换机45.09万门，总容量达136万门，电话普及率达17.1%。计算机网络用户在上年增长6.4倍基础上又增长6.7倍，达12.25万户。全市运输货运量5054万吨，比上年增长4.5%。其中，公路4758万吨。增长2.2%。全年货物周转量347917万吨公里，增长2.8%。其中，公路230674万吨公里，增长9.9%；铁路315万吨公里，增长1.7%。沿海港口货物吞吐量419万吨，增长118.2%。全年交通运输和邮电通信仓储业共完成增加值57.35亿元，增长16.6%。

【财税金融】　财政收入超额完成年初确定的目标，实现连续12年财政收支平衡。全市实现财政总收入31.6亿元，比上年增长13.4%。增值税、国有资产经营收益和其他收入增长较快，分别增长15.5%、95.5%和20.7%。财政总支出26.40亿元，增长10.4%。全市金融机构各项存款余额209.22亿元，比年初增长5.7%；各项贷款余额180.65亿元，增长11.9%。全年保险费收入3.67亿元，增长

图为漳州市立交桥。　　（庄宏　摄）

11.1%。

【对外经贸】 外贸出口总值5.75亿美元，比上年增长19.8%。出口商品结构进一步优化，出口工业品尤其是机电类等高附加值产品比重不断提高。全市对外承包工程新签合同1972万美元，增长1.1%；完成营业额2468万美元，增长9.6%。全年新批三资企业257家，合同外资额9.44亿美元，分别增长10.8%和4.7%；实际利用外资7.10亿美元，下降11.3%，形势较为严峻。新注册上千万美元外商投资企业14户，新增三资企业109家。三资企业工业产值占规模以上工业产值66.6%。全市接待游客57.12万人次，增长1.2%，其中境外游客4.24万人次，增长2.4%。

【社会事业】 全市财政"科技三项费用"投入2813万元。获省级科技进步奖6项，技术交易额1318万元。高新技术企业21家，年创产值48亿元。教育"两基"已全部通过教育部达标验收，漳州卫校列入国家级重点中等专业学校。厦大漳州校区2000年4月6日正式奠基。全市小学入学率99.5%，初中入学率97.2%。全市共有专业艺术表演团体11个、文化馆10个、群艺馆1个、博物馆11个、文化站102个、公共图书馆10个；设有县级广播电视台7座，乡（镇）级广播电视台站113座，广播、电视人口覆盖率97.3%，实现全市行政村村村通广播电视。木偶剧《少年岳飞》等优秀剧目获国家奖励。全市拥有卫生防疫、医疗机构14个、妇幼保健机构12个，初级卫生保健达标，急救网络体系基本形成。承办2次全国性体育项目比赛、4次全省性体育项目比赛和40次全市性体育项目比赛。吴燕聪获第11届残奥会F46级男子跳高金牌；南靖县荣获"全国体育先进县"称号；芗城区东铺头街道荣膺"全国先进体育社区"称号。

【人民生活】 全市社会消费品零售总额149.63亿元，比上年增长11.2%；商品零售物价指数97.1，下降0.4%。城镇居民人均可支配收入7059元，增长8.5%；农民人均纯收入3530元，增长4.5%。全市国有企业下岗职工全部进入再就业服务中心，并领到基本生活保障金；养老金实现100%社会发放。参加医疗保险人员10.9万人。城镇登记失业率为2.7%，再就业率达65.4%。全市建立城乡基本生活保障制度，发放保障金610万元，比上年增长18%；下发救灾款2400万元。人口自然增长率为10.6‰。全市环境污染限期治理项目286个，比上年增加127个；工业废水排放达标率95.4%，工业废气净化率93.5%，环保"一控双达标"任务基本完成，城市环境质量由全省第六位上升到第四位。

【固定资产投资】 全年全社会固定资产投资完成135.5亿元，比上年增长13.1%。其中，基本建设投资35.88亿元，增长7.5%；更新改造投资17.67亿元，增长51.4%；房地产投资17.93亿元，增长55.1%。全市完成重点项目投资50.45亿元，增长6.6%，10个"重中之重"项目共完成投资36.67亿元，占重点项目年度投资72.0%。其中后石电厂一期工程、垃圾无害化综合处理厂建成投产；九龙江防洪堤三期加固工程和北岸4个堤段已竣工验收；漳诏高速公路、漳龙高速公路、招商局中银港区4#、5#码头水工主体工程完成；城乡电网改造完成主干线改造83条，完成改造工程量70.7%；市区江滨大道两段拆迁任务完成95%。漳州滨海火山地貌地质公园列入首批国家地质公园，南靖土楼基础设施配套建设列为国债项目。

【"1·8"商品展销会和"4·9"漳台经贸恳谈会】 自1997年举办以来，越来越受到重视。2000年漳州"1·8"商品展销会由省供销社和漳州市政府联合主办，来自上海、江西、厦门等全国20多个城市600多家企业参展，现金交易和签订合同额1500多万元。第四届"4·9"漳台经贸恳谈会有台湾、香港、澳门、东南亚、日本、美国、澳大利亚等境外地区和国家的客商428人前来参加，台湾客商325人，占到会客户76%。恳谈会共签约67个项目，总投资额3.16亿美元，外资额2.94亿美元。 （撰稿：何时文）

芗城区

【经济社会概况】 2000年，全区紧紧抓住经济建设这一中心，努力克服不利因素影响，扎实有效地推进国民经济和各项社会事业全面发展，年初确定的目标任务胜利实现，"九五"计划全面完成。

国民经济保持持续增长好势头。全年实现国内生产总值33亿元，比增14.8%，完成计划100%。第一产业增加值2.37亿元，比增4.9%，完成计划104.9%，第二产业增加值17.9亿元，比增14.2%，完成计划100%，第三产业增加值12.73亿元，比增17.7%，完成计划99.1%。产业结构优化，三次产业的结构比为7.2∶54.2∶38.6。全年实现财政收入32009.8万元，比增13.3%，完成计划100%，财政收支继续保持平衡。

工业经济运行情况良好。实现工业总产值87.17亿元，比增15.1%，完成计划100.2%。全区规模工业企业89家，增加5家，产值占工业总产值31.2%，比增7.8%。"四大支柱"产业产值占工业总产值比重52.3%，比增0.9%。新办工业企业68家，注册资金14730.13万元，全区企业完成技改项目29项，总投资4294.2万元，当年实现纳税365.47万元。全年共引进"五新"产品项目10项，5家企业获ISO—9000国际质量体系认证，5家企业通过TQC达标验收，新注册企业产品商标54件，产品生产标准覆盖率从70.3%提高到97.1%。

对外开放取得新业绩。全年共新批三资企业14家（其中生产性企业10家），合同外资额完成6389.1万美元，完成计划106.5%，实际利用外资3025万美元，比增30%，完成计划121%。三资企业总产值17.15亿元，比增14.8%，出口7223.31万美元，比增20.9%。

城乡建设步伐加快。全社会固定资产投资完成6.99亿元，比增20.7%，完成计划107.5%。年初确定的32个重点项目完成投资5亿元。旧城改造和新区建设共完成投资3.9亿元，总建筑面积33.2万平方米。

人民生活水平不断提高。城镇居民人均可支配收入7564元，比增8.5%，完成计划105.4%；农民人均纯收入3685元，比增3.4%，完成计划105.29%。社会消费品零售总额30.37亿元，比增10.7%，居民消费品价格指数101.5%，人民生活水平和生活质量明显提高。

【农业和农村工作】 全年实现农业总产值4.25亿元，比增6.2%，完成计划106.3%。农业结构调整迈出新步伐。通过改造低产果园，新种荔枝、龙眼等优良品种，大力推广香蕉试管苗，全区水果良种覆盖率98%以上，天宝香蕉被省政府评为"福建名牌农产品"。积极发展畜牧业，总产值1.6亿元，比增15.6%。引进蘑菇优良品种，建立3个食用菌生产基地，年产量比增15%。农业科技项目顺利实施。东南沿海无规定动物疫病区建设项目已见成效，有效控制了国际畜牧兽医局规定的19种畜禽传染病发病率，保护了畜牧业健康发展。闽南奶水牛项目通过农业部鉴定验收。林业发展和资源保护通过省委、省政府"九五"期末考核，总分位居全省前列。全国生态农业示范县建设已圆满完成《芗城区生态农业十年规划》，并建立了3个牧沼果生态农业示范点。农业基础设施建设力度加大。埔里洋现代农业示范园区首期300亩土地整理工作基本完成，二期工作着手进行。1999年确定的57个水利项目完成48个，完成投资2055万元，占计划83.3%。基本完成农村电网改造工程，平均到户电价从每度0.70元降到0.56元，降幅20%，年减轻农民电费负担360万元，居全省前列。农村减负等工作落到实处。针对1999年"14号台风"、"12.21寒潮"等自然灾害对农业的影响，调减全区农业税及农业特产税，投入200多万元支持恢复灾后生产。清理有税无地，减轻电费负担，全年直接减轻农民负担1357万元，人均86.9元。农村土地承包合同的签订鉴证工作基本完成。全区9个农村合作基金会全部清盘关闭,促进了农村经济的健康发展。

【社会保障体系】 2000年,全区参加养老保险企业综合覆盖率75.1%,基金征缴率94.6%,同比分别提高6.85个百分点和1.27个百分点。全年征收养老保险金4448.66万元,比增8.5%,发放养老保险金4329.31万元,比增17.4%,纳入统筹的离退休人员全部按时足额领取养老金,社会化发放达100%。全区参加失业保险综合覆盖率75%,基金征缴率95%,发放失业金67.33万元,比增13.7%,纳入统筹的失业人员全部按时足额领取失业金。全区机关事业单位参加统筹医疗保险。城市低保标准由原来的家庭月人均纯收入130元提高到160元,全年发放城镇居民最低生活保障金122.27万元,同比增长50.1%。农村三级负担比例由原来的区、镇、村分别负担5∶3∶2调整为6∶2∶2,确保了农村最低生活保障金发放。2000年,区劳动局被国家劳动和社会保障部授予"全国劳动和社会保障系统集体一等功"光荣称号。

(撰稿:沈振德)

龙文区

【经济社会概况】 "九五"计划全面完成。经济保持较快增长。国内生产总值年递增21.9%,较建区前翻一番,人均GDP13834.8元,增长1.5倍多,进入全省中等水平;三次产业增加值现价比例由1995年的17.2∶59.3∶23.5调整为2000年的11.4∶56.0∶32.6,三次产业增加值年递增分别为12.2%、21.1%、31.4%;财政收入年递增19.3%,较1995年增长1.5倍。累计完成固定资产投资15.18亿元,其中城建基础设施投入占80%以上。新区城市发展轮廓逐渐清晰,有力推进了漳州市"市区东移"。特色产业活力增强。城郊型现代农业稳步发展,农业总产值年均增长11.8%,乡镇企业总产值年均增长21.6%。工业总产值年均增长22.4%,工业对GDP的贡献率达60%左右,民营工业占全部工业产值85%。社会消费品零售总额年均增长14.6%。实际利用外资累计3227万美元,年递增21.7%。2000年国内生产总值16.09亿元,比上年增长18.7%;工农业总产值37.36亿元,比增24.5%;全社会固定资产投资4.17亿元,比增14.8%;实际利用外资1000万美元,比增36.1%;财政收入5518万元,比增22.2%;农民人均纯收入3747元,比增5.2%。国民经济继续保持快速健康发展态势。城郊型现代农业取得新进展。全年完成农业总产值3.30亿元,比增9.4%。加大种养结构调整力度,积极发展为城市配套的优质农产品,农业比较效益明显提高。全年水利建设完成投资711.6万元。工业经济整体素质有所提高。民营工业继续保持良好发展势头,全年实现乡镇企业总产值45.65亿元,比增17.0%,新增工业企业32家。龙文经济开发区基础设施投资800万元,累计引进企业35家,实现工业产值4亿元。新增投资8200万元,续建或动工兴建一批大型专业批发市场,沿市区东环城路、郊柏线链状市场群初步形成。继续加强省级风景名胜区云洞岩等景区综合开发力度,全年实现旅游收入250万元,比增6%。全区新批三资企业11家,合同利用外资2515万美元,实际利用外资1000万美元,比增36.1%;三资企业自营出口值1425万美元,比增47%,涉外税收773万元,比增91%。财政金融运行良好。财政收入提前两个月完成全年任务,同比增收1002万元,增长22.2%。农村合作基金会完成清欠任务的81%。

【重点建设】 全年完成固定资产投资4.17亿元,比增14.8%。34个重点项目累计完成投资9500万元。其中重中之重的"三路八场一区"进展顺利。配合市政府抓好浦头港、体育中心、汽车客运总站、漳龙高速公路等省、市重点项目建设的征地拆迁和协调保障任务。小城镇建设步伐加快,全面启动9个建设项目;朝阳镇完成集镇总体规划,新建行政大楼,镇区中心初步确定。

【精神文明和社会事业】 全区共有44个单位被评为省、市文明单位。计划生育率保持在96%以上,人口出生率11‰以内,人口自然增长率5.5‰以下,计生工作基本实现创省二类先进区目标。城区环境空气质量和主要污染物总量均达国家规定标准,"一控双达标"工作通过省验收。区镇两级土地利用总体规划编制工作全面完成。全区共有9人次在省以上的学科竞赛中获奖,高考专科第一批上线率居全市一般完中第二名。初级卫生保健工作通过省验收。认真编制"十五"计划,圆满完成第五次全国人口普查的各项工作,顺利完成村(居)委会换届选举工作。各类案件发生数均比上年下降。全年无群死群伤事故、重大安全事故发生。全区社会安定稳定。群众生活进一步改善。社会消费品零售总额2.59亿元,增长21.8%。足额发放下岗职工基本生活费、企业离退休人员基本养老金,城乡居民最低生活保障金。

【国有企业三年改革与脱困目标顺利实现】 1998～2000年,全区国有企业完成工业总产值1.65亿元,上缴税收510万元,年均增长22%;粮食企业在粮改第一年即1998年实现扭亏为盈,1999年创税利17万元。围绕实现国企三年脱困目标,把国企转机建制与国有经济战略调整结合起来,积极探索国企改革与发展的路子。一是以产权主体多元化和发展混合经济为出路,建立顺畅的国有资产退出通道,加快企业改制步伐。拥有全省唯一一套磷铵生产线的磷肥厂积极完善承包经营责任制;原农业部农药生产定点单位农药厂配合城市规划,动迁重组为农化有限公司;合成氨厂主动参与全省小化肥行业结构调整,实现国企在战略调整中的有序退出。二是完善承包服务,引导租赁承包方增加技改投入。磷肥厂资产负债率由1994年的117%降至2000年的87.2%。三是加大技术引进和招商引资力度。开发生产磷酸二铵等系列专用复合肥,使产品结构更趋合理。推行采标生产,提高农化产品市场竞争力。四是率先在全市粮食系统采取竞聘上岗,减员增效;以购销企业与附营企业分设为突破口,成立粮食购销公司。设立国企改革和发展专项资金,培育劳动力市场,做好下岗职业再就业和社会保障工作。

(撰稿:张德明)

龙海市

【国民经济】 主要经济指标实现两位数增长,基本完成"九五"计划。2000年,全市国内生产总值94.08亿元,比上年增长13.2%;工农业总产值213.3亿元,增长18%;乡镇企业总产值240亿元(新口径),增长11.9%;财政收入4.35亿元,增长3.7%。拉动经济增长的投资、出口、消费"三驾马车",保持较快增长速度。民间投资、生产性投资为主,进一步增强经济发展后劲。全市固定资产投资(剔除后石电厂因素)完成9.6亿元,下降3.4%。其中更新改造投资1.62亿元,增长44.6%;房地产投资1.35亿元,增长21.6%;农村集体和城乡私人投资3.02亿元,增长17.9%。全年出口创汇1.4亿美元,增长19.4%,有力拉动加工业发展,促进了相关产业增长。全市社会消费品零售总额29.7亿元,增长11.2%;供电量4.05亿千瓦小时,增长9.5%,成为经济增长的重要拉动力。经济结构日益优化,三次产业比重为20.3∶48.2∶31.5。冬种面积增加3.2万亩,花卉增加1万亩,蔬菜增加4万亩,水产养殖增加6840亩,种养比重由45.5∶54.5变为43∶57。全年完成农业总产值32.6亿元,增长6%。工业朝规模化发展,工业总产值187亿元,增长14.8%。规模工业总产值49.7亿元,增长23%,占全市工业总产值的27.5%。全年新办工业企业127家,其中投资百万元以上81家；实施技术改造48家，引进20条生产线。14家企业通过农业部全面质量管理达标，4家企业获国际质量认证。外向型经济持续发展，全年新批外资项目58个，总投资1.68亿美元；实际利用外资1亿美元（不含后石电厂，下同），增长94.6%；三资企业总产值46亿元，上缴税收8997万元。后石电厂投产，创造产值10.43亿元，新增税收9333万元，成为经济主要增长点。

【城乡建设】 漳诏高速公路龙海段完成路基8公里，在建12公里，坂头至碑头路段正式投用；角江公路铺设水泥路面13公里；农村电网改造118个村，港尾110KV输变电工程进入线路架设；海堤二期加固完成21.6公里。投入房地产资金1.35亿元，竣工面积27.4万平方米，瑞鑫花园、登龙苑、吉鸿楼相继投用。投入资金2.1亿元，其中住宅建设8000万元，基础性设施5000万元，工业区及公共建筑7000万元。15个新村示范点已建别墅式住宅487套，建筑面积10平方米。角美镇连续7届蝉联全省文明乡镇称号。

【社会事业】 新引进开发科技成果30项、良种60个，申报科技计划项目28个，获省重大科技项目立项1个，九龙江口星火密集区顺利通过验收，福建龙海持续高效农业示范区通过专家验收，科技对经济贡献率54.5%。精神文明创建活动蓬勃发展，已创建251个安全文明片区，其中3个省级示范点、5个漳州市先进单位，程溪镇获省"双拥模范镇"称号。全市计生率达98.7%，荣获"三为主"先进市和全省一类先进市。环保"一控双达标"完成治理污染企业127家，达标率98.4%，通过漳州市验收。土地开发整理重点抓好东园示范区和隆教径内、流会、海澄罗坑三个村，开发土地2000亩，上报验收1800亩。高考上省专线934人，评为全国尝试教学理论研究先进单位。卫生防疫水平进一步提高，消灭丝虫病和麻风病通过省审评。组织开展矛盾纠纷和信访积案排查调处活动，化解一大批难点热点问题。精心组织第五次人口普查入户登记。

人民生活不断改善。城镇居民人均可支配收入6752元，农民人均纯收入3656元，分别增长8%和4.3%；城乡居民储蓄存款余额24.8亿元，增长7.5%；商品零售价格总指数下降1.1个百分点。农村合作基金会清理整顿初见成效，处置群众存款3.88亿元。认真落实"三项承诺"，下岗职工、企业离退休人员和城镇居民基本生活得到保障，全年社会保障支出311万元。帮助受灾群众恢复生产、保障生活，下拨救灾补助粮33.3万斤，救济金97万元。城镇居民和农民人均住房面积分别达23.7平方米和30平方米，分别增长45.3%和20%。邮电通讯继续发展，城乡电话用户14.9万户，移动电话累计7.7万部。 （撰稿：周福展）

漳浦县

【经济社会概况】 "九五"期间成绩斐然。国内生产总值年均增长20%，人均国内生产总值年均增长19.7%，提前于1996年实现比1980年翻三番的目标；财政收入年均增长16.5%。5年累计实际利用外资3亿美元，出口创汇3.6亿美元，分别比"八五"期间增长93.5%和152%，实现外税收入6300万元，是"八五"期间的6倍。完成固定资产投资41.9亿元，比"八五"期间增长148%。完成国道324线漳浦路段拓宽改造，建成5000吨级古雷码头。实现村村通电、村村通有线广播电视。农民人均纯收入年均实际增长8.9%，城镇居民人均可支配收入年均实际增长7.4%。教育"两基"通过国家验收。相继荣获全国广播电视先进县、全国科技工作先进县、全国城市环境综合整治优秀县城。

2000年，国民经济保持较快增长。全年完成国内生产总值67.1亿元，比增10.4%；工农业总产值179.6亿元，比增12.4%，其中工业总产值146亿元，比增12.9%；农林牧渔业总产值32.5亿元，比增7.8%。财政收入3亿元，比增10.7%。农民人均纯收入3520元，比增6%；城镇居民人均可支配收入6790元，比增9.2%。被评为"全国经济百强县"。

农业结构调整步伐加快。全面实施水果"221"工程和水产"双亿"增收计划。完成水果总量29万吨；水产总量30万吨，比增9.1%，被评为全省"渔业十强县"。建成百里千家万亩花卉走廊，完成花卉产值3.07亿元，增长1.6倍，荣获"中国花木之乡"、"中国榕树盆景之乡"称号，在马口召开第三届海峡两岸花博会。蔬菜生产32.3万吨，比增17.5%，肉蛋奶品总量4.2万吨，食用菌200万平方米。新引进闽台农业项目12个，合同外资814万美元。沙（西）杜（浔）片等6个现代农业园区建设初具规模。完成溪海堤坝除险加固33公里，改造中低产田2.3万亩，新增节水灌溉4万亩，节水灌溉示范县通过国家验收，冬春修水利获全省三等奖。国家级沿海防护林建设项目造林1.8万亩。

个私经济继续发展。开展"个私经济发展年"活动。在赤湖工业区率先实行"无费区"管理，设立厦门、漳州唯一污染集中控制区。大力扶持30家重点私营企业。全县新办个体工商户1122户，新办私营企业157家，比增42.7%。

对外经贸不断扩大。全年新批外资项目41个，合同外资1.2亿美元，比增8.2%，实际到资7058万美元。新开工三资工业企业12家，完成产值24亿元。出口创汇6010万美元，比增28.3%。涉外税收2310万元，比增50.4%。

各项改革扎实推进。国有企业改革和脱困目标基本实现。鹿溪糖厂实施破产，国有企业下岗职工基本生活费、离退休人员养老金按时足额发放。

重点建设力度加大。完成全社会固定资产投资13.6亿元，比上年增加3.1亿元，比增35.2%。滚动实施的"三个十"重点建设工程，完成投资5.9亿元，"城镇建设年"活动富有成效，城区建设完成投资1.24亿元，小城镇建设完成投资2.47亿元。县定14个新村建设示范点投资7550万元。农网改造投资9000万元，有226个村完成改造任务。漳诏高速公路漳浦路段全线动工兴建。全社会商品零售总额18.5亿元，比增12.9%。

社会事业全面进步。出台科技进步奖励规定，全国科普示范县通过省级验收，科技大楼投入使用。高考上省专线734人，超市定目标189人。漳浦二中、达志中学成为省级重点中学，漳浦电大撤站建校。全省文化工作先进县通过验收，锦江楼等4处古迹列为省级重点文物保护单位，赵家堡、诒安堡已申报全国重点文物保护单位。卫生三项改革全面启动，农村卫生初保如期达标，杜浔、佛昙医院被评为二级乙医院。滨海火山地质地貌被评为市级风景名胜区，列为国家地质公园。金浦旅行社投入运营。建成全市第一条跨海广播电视光缆，计生工作跨入省级一类先进县。完成第五次全国人口普查现场登记工作。环保"一控双达标"通过省级验收。

【山海资源优势兼备】 漳浦素有"金漳浦"美称。水果面积68万亩，水产养殖面积30万亩，总量分别居全国水果百强县第15位和全国水产百强县第24位，形成水果、水产、花卉、蔬菜、畜牧、食用菌等六大支柱产业，有14个绿色食品和20多个名牌农产品，建成22个品种38个万亩片农业生产基地，先后评为"中国荔枝之乡"、"中国龙眼之乡"、"中国芦笋之乡"、"中国花木之乡"和"中国榕树盆景之乡"。2000年全县水果产量38万吨，建成"百里千家万顷亩"花卉走廊，以沙西镇为主，建成全省最大榕树盆景基地，其人参榕盆景，远销西欧，被欧盟誉称"中国根"。全县花卉业发展到榕树盆景、棕榈科植物、多肉植物和鲜切花等四大类、300多个品种，远销荷兰、德国、日本、韩国及东南亚各国。花卉走廊兴办企业180多家，参与花卉生产专业户7000多户，花卉种植面积达2.8万亩。2000年花卉产值达4亿元。自1999年起连续3年在漳浦马口成功举办三届海峡两岸花卉博览会。漳浦是省"渔业十强县"、长江以南最大的对虾养殖县、全省最大水产育苗基地和全省唯一扇贝养殖基地，已建成十大高优水产和6个名优水产养殖基地。

牡蛎是漳浦浅海开发力度最大的传统品种，面积6万多亩，年产9.2万吨，是福建省最大的牡蛎产地和集散地。2000年水产品总量达30万吨。

【闽台农业】 漳浦是福建省闽台农业合作的重点县和示范县，至今共引进台资农业企业126家，总投资2.48亿元，先后引进台湾水果、水产、花卉等农业优良品种100多个，先进种养技术30多项，推广面积15万亩，已形成"台"字号水产业、水果业、花卉业、畜牧业、农副产品加工业等五大支柱产业，2000年台资农业企业产值6亿元。全县已规划创建了旧镇、古雷、大南坂、万安四个"闽台农业合作示范区"；下蔡林场"台湾优良品种引进、隔离、繁殖、推广示范功能区"；海峡两岸（福建·漳州）农业实验合作区长桥农业园区。（撰稿：黄文海）

华安县

【经济社会概况】 2000年，华安县围绕"发展绿色工业，加强绿色农业，繁荣绿色旅游业，努力建设可持续发展的绿色经济强县"的发展思路，取得明显成效。

国民经济保持较快增长。2000年国内生产总值实现12.76亿元，比增14.6%。其中，第一产业增加值5.05亿元，比增7.1%；第二产业增加值3.58亿元，比增25.7%；第三产业增加值4.13亿元，比增12.2%。农林牧渔业产值实现8.56亿元，比增7.0%；乡镇企业保持快速发展，实现总产值24.8亿元，比增23.9%；工业产值实现14.2亿元，比增27.2%，超过年初预定增长25.4%的目标。其中，规模工业产值实现2.28亿元，比增39%。全社会消费品零售总额实现3.7亿元，比增14.1%，超过年初预定增长12.8%的目标；居民消费价格指数为102%。全县财政收入8256万元，比1999年增加967万元，增长13.3%；财政支出9649万元，增长13.7%。年末各项存款余额为4.42亿元，比年初增长7.4%；各项贷款余额为4.7亿元，比年初增长5.4%；农村合作基金会按期关闭。

三次产业结构比例为39.6：28.1：32.3。粮经比例由上年的57.6：42.4调整为54.7：45.3。沙建、仙都现代农业示范园区建设进展顺利，闽台农业开发区被确定为联合国南南合作网示范基地成员单位；大力扶持农业龙头企业，加强农业产业链建设，培育了竹木、水果、食用菌、茶叶、养殖业、花卉等农业产业。2000年被评为全国营造林先进单位和全国经济林建设示范县。形成"以电兴工、资源加工，发挥优势、放开发展"的工业发展思路，大力推进工业化进程，资源产业发展初具规模。竹凉席产量比增50%，销售额近3亿元。华安玉产业发展迅猛，产值1亿。全县新建、在建小水电22家，装机容量1.2万千瓦。蘑菇罐头4000多吨，创产值3000万元。冶金产值1.76亿元，比增38%。获绿色食品使用标志的食品12种，产值9300万元，比增15.4%。华安县被命名为国家森林公园，接待境内外游客6万人次，旅游收入1200万元，比增50%。

完成3家国有企业改制工作。2000年新批三资企业5家，增资1家，合同利用外资870万美元，比增10%；实际利用外资606万美元，完成预定目标。全年完成固定资产投资3.5亿元，比增21%。完成县乡公路拓宽改造建设总里程104.6公里，公路工程建设基本实现年初计划投资目标。城乡电网改造取得较大进展，全县电话用户新增1.3万部，总数2.5万部，仙都镇成为电话富裕镇，上苑等5个村成为电话明星村。旧城改造进展顺利。投资近50万元的城区防洪堤已基本完成。仙都镇、沙建镇总体规划编制完成，仙都镇路网骨架已基本形成，并建成一片新区；岭头新村确定为全省第三批村镇建设省级试点小区。

城乡人民生活水平进一步提高。做好村级财务规范管理和乡村债务清理工作，共减轻农民负担386万元；扶贫开发力度加大，造福工程和"五通"工程建设预定任务基本完成，全县实现134户450人脱贫；乡镇企业的发展和劳务输出，给农民带来的劳动报酬人均400多元，比增4倍。农民人均纯收入达2990元，比增6.4%。

社会事业全面发展。被评为全国科技工作先进县。全县高考上线率连续5年居全市第一，两所实验幼儿园通过省级达标园验收；270名特困生获扶贫助学继续接受9年义务教育。连续5年达全省计划生育工作一类先进县标准，被评为全国计划生育"三为主"先进县。完成县、乡（镇）土地综合利用总体规划，顺利通过全省土地执法模范县复查验收。完成环保"一控双达标"任务。以全国重点保护单位二宜楼为主的大地土楼群列入世界文化遗产名录的各项申报工作顺利开展。县医院、中医院被评为二等乙级医院，获消灭丝虫病达标县，卫生初保通过省级复核审评。举办县第五届运动会，县人武部连续5次荣获全省全面建设先进单位。顺利完成村级换届选举。荣获全国"爱心献功臣"先进县，评为全省依法治理先进县。

【华安玉】 2000年2月29日，在福州举办的福建候选"国石"精品迎春展上，美国ABA国际联营集团与华安县和发玉石实业有限公司签订了200万元的贸易合同。贸易总额超过300万元。成功举办首届中国华安玉奇石节，16个外引内联项目签约，引资1.04亿元。华安是福建玉雕艺术之乡，华安玉是该县的一种特有矿产资源，储量达10亿立方米以上。质地细腻、硬度高，神韵超然、块度大，早在明清时代就作为贡品珍藏于故宫博物馆。目前已开发出雕刻工艺品、高级板材、建筑装饰品、保健日用品和观赏石五大系列200多种，有华安玉加工企业200多家，从业人员4000多人，年创产值1亿多元。产品远销欧州及日本、新加坡等国和港台地区。

【科技工作】 认真贯彻全国技术创新会议精神，精心组织实施"科教兴县"战略，几年来，大力开展科技兴农、科技兴工、科技兴林、科技兴电、人才教育、社会科技发展等"六大"科技工程，共组织实施重点科技项目96项，其中国家级4项、省级10项、市级20项；开发中国藤茶、脱水苦菜、着色拼花竹凉席、华安玉保健木屐等新产品26个；技改项目56个。其中，科技项目（新产品）获国家级奖3项、省部级科技进步奖5项、市级科技进步奖11项，获各种金银奖牌19枚，12项产品取得中国绿色食品标志使用权，11项产品获国家专利。科技计划项目的实施，每年可新增产值5亿元以上，有力推动华安县资源优势向产业优势转化。2000年3月，华安县科技"创先"工作顺利通过国家验收，被国家科技部授予"全国科技工作先进县"荣誉称号，科技工作步入全国先进行列。

【批准建立"华安国家森林公园"】 2000年2月，经中国森林风景资源评价委员会审议，国家林业局审核同意，以林场发[2000]74号文件正式批准建立华安国家森林公园。这是全国继张家界国家森林公园之后第二个以县名命名的国家级森林公园，在福建是首家范围涵盖全县的国家森林公园。该园位于福建南部闽南"金三角"北端的华安县境内，地处南亚热带和中亚热带过渡区，夏无酷热，冬无严寒，气候温和，生态环境良好，大气、水质均达国家一级。公园总面积6445.3公顷，园内森林覆盖率为70.7%。森林景观资源丰富多彩，以"林茂、山雄、水秀、树怪、石奇、峡险、物古"的景观特点而著称，是开展森林生态旅游的理想去处。

【全省计划生育华安现场会】 2000年11月9～10日，全省计划生育工作现场会在华安县召开，省长习近平、省计生协会会长张渝民、省计生委主任张学梅分别作重要讲话。会议充分肯定华安县计划生育成效，华安县连续5年达全省计划生育一类先进县水平；2000年，华安县被国家计生委、省计生委评为"县级计划生育三为主先进单位"。

【国家文物局及美、澳专家考察"土楼之王"二宜楼】 2000年11月16

日，美国盖蒂保护所副所长阿格纽先生、澳大利亚遗产委员会前执行主任莎伦·萨丽雯一行5人，在国家文物局文物保护司副司长晋宏逵和漳州市等领导的陪同下来到仙都镇，考察国家级文物保护单位、民居瑰宝二宜楼。

考察组对二宜楼进行全面考察。专家们指出，二宜楼非常漂亮，建筑完整，是一种独特的艺术成就和创造性天才的杰作，是传统的人类居住地的杰出典范，代表一种文化，不仅是中国之宝，而且是世界之宝，已具备世界文化遗产的条件。其匠心独运的建筑构造、精湛的工艺、丰富的文化内涵，凝聚着中国人民的智慧，完全可以接受世界文化遗产委员会的评估，被列入保护对象，能为一种现存的已消逝的文明或文化传统提供一种独特的见证。通过这次参观可以看到中国各级政府对二宜楼这一重要文物的保护工作是做得非常的好，所采取的措施适合保护这种土楼建筑，在申报世界文化遗产的时候，要把所有的价值，即自然价值、人文价值、遗产价值一起体现出来。（撰稿：黄俊勇）

东 山 县

【经济发展概况】 2000年，全县国内生产总值34.22亿元，比上年增长12.9%；农林牧渔业总产值17.85亿元，比增12.4%；工业总产值60.6亿元，比增14.5%；财政收入1.58亿元，比增12%；商品零售价格指数为99.4%；农民人均收入4170元，比增4.0%；城镇居民人均可支配收入6828元，比增8%。城乡居民生活质量明显提高。

农村经济质量明显提高。一是海洋捕捞通过扩大外海，发展流刺钓、笼捕等轻型节能作业类型，全年海洋捕捞产量15.71万吨，优质鱼类占30%；二是养殖业积极培育抗病能力强的鲍鱼新品种，建立牙鲆鱼等新品种生产与苗种培育基地，推广生态混养新模式。开发贝藻类养殖2.4万亩，水产品总产量28万吨，比增6.2%；三是以芦笋为主的种植业，实施轮作更新和高产栽培示范，荷兰4号良种逐步推广，绿芦笋栽培试种已获较好经济效益。水果种植产业化、高优化，一批名优特水果新品种落户东山。白芦笋和九孔鲍鱼标准化通过省审批论证，获省名牌称号。

工业生产发展态势良好。推进东山工业化进程，以开发区为载体、工贸小区为补充的工业区域布局日趋合理。全县目前已有56家规模工业，比上年增加11家，年产值首次突破10亿元，产销率达96%。非公有制工业继续保持较快发展，累计投资4760万元，当年投产项目新增产值2亿多元。海魁水产集团产品获得HACCP国际质量体系认证，县硅砂矿成功开发ISO国际标准砂细砂产品，提高了东山石英砂利用水平，万年青牌PVC系列装饰板被列入2000年漳州名牌产品规划项目。

三大需求对经济拉动力增强。外贸出口开拓斐济、毛里求斯等新市场。东山海魁水产集团公司获准自营进出口，全年外贸出口（海关口径）6000万美元，比增3.8%，合同外资额逾1亿美元。全县社会消费品零售总额10.2亿元，比增13.1%。全年接待境内外游客75.6万人次，比增5%，实现旅游收入2.77亿元，比增8.3%。全年固定资产投资7.75亿元，比增3%，其中城乡私人建房等民间投资占60%，扭转固定资产投资主要依赖基础设施建设投入的格局。风力发电、冬古滚装码头等重点项目建设取得良好成效。

各项改革进展顺利。以产权制度改革为重点，努力推进国有企业改革，全县有32家完成或接近完成改革任务，正在运作的17家。成立国有资产经营公司，为深化企业改革发挥作用。再就业和社会保障体系工作取得新成效，三条社会保障线政策得到落实，养老保险、失业保险社会化发放率均为100%。省定农村税费改革试点县改革已形成初步方案。

【社会事业】 人口出生率稳定在低生育水平，被评为全省计生“三为主”先进县。环保工作实现“一控双达标”。顺利完成第五次全国人口普查工作。国家级“东山水产品精深加工示范基地”工作扎实推进，杏陈、西埔两个省级科技示范镇顺利通过省市验收。广电局被授予“全国广播影视先进集体”称号。

【东山县建成风力发电厂】 全年东山岛风力6级以上天数达143天，风力资源丰富。东山县充分发挥这一优势，发展清洁能源生产，通过国际合作，利用西班牙混合贷款408万美元，引进西班牙与丹麦合资生产的先进设备，建设东山澳仔山风力发电厂，一期工程装机容量6000千瓦，2000年10月正式并网发电。

【牙鲆鱼人工育苗成功】 牙鲆鱼俗称左口鱼，营养丰富，经济价值高，国内外市场潜力大，牙鲆鱼人工育苗及工厂化养殖属国家“863”计划项目。东山县积极转化这一成果，引进育苗及养殖技术，建成1座1.8万平方米的集约化育苗及养殖场，全年共培育出体长5公分的牙鲆幼苗400多万尾，育苗成活率达70～80%，培育体重800克以上成品鱼12万尾，这一成果填补了我国南方牙鲆鱼人工育苗与养成的空白，具有良好发展前景，可望成为东山县水产业中又一支柱。

（撰稿：杨一凡）

长 泰 县

【经济概况】 2000年，全县国内生产总值24.87亿元比上年增长11.8%；财政收入1.2亿元，增长3.8%；实际利用外资2806万美元，增长7.5%；全年实现外贸出口3000万美元，增长24%。荣获省级“文明县城”称号，成为全省第一个山区电话县。

巩固和加强农业基础地位。狠抓农业结构调整，扩种香蕉1.4万亩，蘑菇种植面积278万平方米，良种菌株覆盖率90%以上。生猪出栏增加1万头，淡水养殖面积扩大1000亩。农村劳动力已有2.2万人转移到二、三产业，占农村总劳动力28%。农业基础设施建设再上新水平，城区12.8公里防洪堤已有9.1公里达到20年一遇标准，岩溪镇防洪堤建设达20年一遇标准，名列全市前列。新扩建排涝站5处，全县26座水库除险加固基本完成，冬春修水利被评为全省第二名。雪美洋现代农业园区被列为全省“十五”期间30个现代农业园区之一。拓宽改造16条乡村公路，总长33.6公里，60%行政村实现路面硬化。

优化投资环境，推动外向型经济快速发展。农村电网改造完成投资1607万元；扩大电信网络规模，完成固定资产投资6555万元，净增城乡电话1.5万部，比上年增长1倍。成立投资服务中心，为县内外投资者提供一条龙服务。全年合同利用

长泰县枋洋镇赤岭村，调整农业产业结构，引进日本高优“玉葱”新品种，已试种50亩，预计亩产值可达3000元。

（林辉龙 摄）

外资 7028 万美元，增长 13.2%，实际利用外资 2806 万美元，增长 7.5%。新办三资企业 18 家，办理增资的外商投资企业 5 家。长泰漂流成为我省旅游新品牌，天柱山森林公园进入试营业，旅游业已成为新投资热点。

努力提高财政金融运行质量。实现财政收入 1.2 亿元，增长 3.8%；财政支出 1.03 亿元，下降 1.2%。全年工商税收入库 5627 万元，增长 23.9%，占财政收入 46.7%，比上年提高 7.6 个百分点。涉外税收 1689 万元，增长 79%。鉴于 1999 年特大自然灾害影响，为减轻农民负担，当年调减农业特产税 430 万元，下调 30.7%，农业税代金由百斤 70 元下调为 60 元，减免芦柑、香蕉、蘑菇等大宗农特产品交易税费 200 多万元。年末金融机构存款余额 5.7 亿元、贷款余额 5.1 亿元。全面整顿农村合作基金会，33 家基金会于年底实现整体关闭，兑付股金 6864 万元，占总额 91.3%，保障了广大群众利益，促进社会稳定。

各项改革不断深化。加强财政收支监管，推行政府采购制度，行政事业性收费、罚没收入全面实行“收支两条线”管理规定和“票款分离”工作制度，实施石板材行业“以电计税”管理办法。离退休人员养老金实现 100%社会化发放，古农农场 1273 名农工纳入全省基本养老保险社会统筹。成立医疗保险管理中心，启动城镇职工医疗保险。教育系统试行会计委派制，在 4 所学校试行校长负责制、教师聘用制、工资总额包干制、校内结构工资制等 4 项综合配套改革。

【社会事业】 实现校校有电脑室，长泰一中、三中在全市率先开通校园网，职业中学升格为职业中专。通过全国科技先进县复查验收和全国科普示范县验收。新建县医院门诊楼投入使用。鸣珂陂全国皮划艇训练和比赛基地建设再上新水平。建立计划生育“三结合”帮扶专项基金，获全省计生工作“三为主”先进县称号。列入省、市环保“一控双达标”治理的 30 家企业已全部完成。顺利完成村（居委会）的换届选举工作，选举一次性成功率 92.2%。县界勘界工作顺利完成，全县与周边 8 条县级行政区域界线全部贯通，总长度 187.8 公里。与江苏省灌云县结为友好县。

【国有企业改制】 高层水电站以 3200 万元转让县泰龙电力有限公司；上存二、三级水电站以 1200 万元为底价向社会公开拍卖，最后以 1820 万元出售给县厦广股份有限公司；第二糖厂进行股份制改革，职工以工龄置换企业股份，400 多位职工与原企业顺利解除了劳动关系。当年共安置国有企业下岗职工 1326 人，完成国有企业改制 40 家，占总数 91%。

【机关效能和政法工作】 以加强勤政申诉中心建设、规范政务公开、强化监督检查为工作重点，全面深化机关效能建设，使机关工作作风进一步改进，工作效率和服务质量进一步提高。修订完善了机关事业单位工作实绩考核办法。2000 年，长泰县效能建设经验在全省推广，前来参观学习的有 120 批 600 多人次。县法院荣获“全国百家人民满意的好法院”称号；县公安局荣获“全省优秀公安局”称号，林惠德同志被公安部追授为“一级英模”称号；县检察局被授予全省“五好检察院”称号。

（撰稿：戴振文　杨建鹏）

云霄县

【经济概况】 “九五”期间，国内生产总值年均增长 17.1%，达 28.81 亿元，三次产业构成由 27.3∶46.6∶26.1 调整为 22.3∶46.0∶31.7，预算内财政总收入年均增长 11.4%，达到 2.408 亿元。农民人均纯收入由 2060 元提高到 3499 元，年均递增 11%，城乡居民人均储蓄由 1262 元增加到 2877 元，居民消费水平（扣除物价因素）由人均 1724 元提高到 2800 元。2000 年，全县国内生产总值 32.54 亿元，比上年增长 6.8%，人均 GDP7998 元；工业总产值 39.18 亿元，比增 13.5%；农林牧渔业总产值 15.35 亿元，比增 6.8%；全社会固定资产投资 7.0 亿元，增长 12%；财政收入 2.408 亿元，增长 3.1%；三次产业比例为 28.5∶33.2∶38.3。

【农村经济结构调整】 大力实施品牌开发战略，建设两个万亩优质枇杷产业化基地，优质枇杷“早钟 6 号”达 6 万亩。全县水果总产量 11.8 万吨，增长 6.3%；泥蚶、巴非蛤、太平洋牡蛎三大贝类养殖规模和产量均居全省前列，水产总产量 15 万吨，增长 10%；枇杷和泥蚶获得臣果牌、海塔牌商标注册和国家绿标产品认定。推广优质稻，实现粮食总产量 13.83 万吨。引进水仙花等名优特新品种 70 多个，示范推广新技术 10 多项。共投入资金 2501 万元，完成城区防洪堤 4 公里达标建设、粮食自给工程、节水灌溉示范项目 11 个。引进创办“绿野”、“东洲”等一批科技型种养加工企业。农电改造完成 80%，通过省级达标验收。

【工业化进程】 启动“工业立县”战略，出台《关于加快工业化进程的若干意见》，从税费、用地、人才等方面实行优惠倾斜。投资 1800 万元开发御史岭工业区一期工程 400 亩，7 个内外资项目入区投建；下坂工业区 1000 亩开发施工，带动了东厦等乡镇工业小区发展。省市确认的高新技术企业 2 家、省市重点支持的技术创新项目 4 个、开发新产品 5 项、推广新技术新工业项目 12 项。易拉盖产品研制获国家专利和国际奖项。

【财政金融】 财政总收入 2.408 亿元，完成预算 100.33%，增长 3.1%。加强预算外资金管理，实行“票款分离”，全县纳入“收支两条线”管理单位 116 个，资金 6130 万元。优化支出结构，推行“零基预算”制度，实行工资国库统一支付，改革医院经费按病床位定额包干。扎实开展城信社整顿和农村基金会清理，置换兑付储蓄存款 1.57 亿元，26 家农村基金会清收欠款 7166 万元，偿还群众存款 9369 万元，并整体关闭。

【各项改革】 加大国企改革脱困力度，云霄糖厂依法破产，848 名职工安置完毕；粮食流通体制改革基本到位，4 家粮储公司运作有序；全县下岗分流职工近 5000 名。“三条社会保障线”进一步落实，城镇职工基本医疗保险制度改革方案出台实施；政府采购制度逐步推开。

【对外经贸】 漳台恳谈会和“9·8”贸洽会签约 11 个项目，合同外资 6086 万美元，协议外资额 3150 万美元。外资投向涉及高新技术产业和社会福利项目。全县新批三资企业 7 家；合同外资额 5598 万美元，增长 80.3%，实际到资额 3100 万美元，增长 75.6%。规模以上三资工业产值 11035 万元，增长 14%；三资企业出口值 557 万美元，增长 11.6%；对台小额贸易额 628 万美元，增长 39.5%。

【重点建设】 全社会固定资产投资完成 7.0 亿元，增长 12%。投建 32 个重点建设和为民办实事项目累计完成投资 6189 万元，聘请省规划院对县城规划区进行总体规划，完成御史岭开发区、下坂工业区和凌城商业中心小区规划。全县投入市政建设资金 8000 万元，城市功能更加完善，城区绿化覆盖率达 32%，人均绿化面积达 6.8 平方米，荣获全国城市环境综合整治先进县称号。

【经济社会协调发展】 科技创先工作进入“全国科技工作先进县”行列。计生率提高 6.8 个百分点。“一控双达标”和环保责任制如期完成，各项指标居全市前列。药品实行集中招标采购。全县 9 个乡镇宣传文化中心全部建成启用。《云霄县志》编纂出版。第五次全国人口普查登记工作全面完成。

【营造“海底森林”】 云霄漳江入海口由于独特的气候、土壤、地形等生态条件，两岸分布大片天然红树林，远望海区，郁郁葱葱，潮涨潮落，呈现出一派独特迷人的“海底森林”景观。红树林作为当今海岸湿地生态系统惟一的木本植物，是最重要的湿地资源，具有造陆、护岸、扩堤等功能，是一种罕见的“海底森林”。至1989年，仅存390亩。90年代，云霄县着手开展保护、管造和发展红树林，漳江口红树林猛增，1997年经省政府批准为省级自然保护区，核心区2500亩，保护面积1300公倾，目前正积极申报国家级自然保护区，规划控制保护面积2600多公顷。据统计，红树林周围及林下滩涂每亩产值近10万元，超过其他地方3～7倍。有效的保护和发展措施，使云霄红树林区成为北回归线北侧种类最多、生长最好的红树林天然群落。 （撰稿：蔡路生）

南靖县

【经济概况】 全年国内生产总值40.92亿元，比增10.0%；全县预算内财政总收入26336万元，增长12.6%，与GDP基本保持同步增长。金融运行平稳，年末各项存款余额123624万元，比年初增加8906万元，各项贷款余额104673万元，增加21483万元。人民生活水平进一步提高，城镇居民人均可支配收入6909元，增长7.7%；农民人均纯收入3520元，增长2.7%。经济结构调整步伐加快，三次产业结构比例达到29.9∶39.1∶31.0。

【工业】 确立“工业立县”发展战略，积极推进工业化进程。全部工业总产值78亿元，比增13.5%，初步形成电子、食品、建材三大支柱产业。建立省级南靖高科技工业园区、省级丰田华侨经济区、市级和溪旅游经济开发区，完善奎洋、金山、龙山工业小区基础设施建设。出台扶持奖励措施，鼓励企业壮大规模、争创品牌。万利达依靠科技创新，不断开发新产品，进入新的发展时期；中达集团通过ISO9002质量体系认证，组建双赢化肥集团，规模工业企业78家。招商引资再上台阶、全年合同利用外资10543万美元，实际到资5236万美元，分别完成市下达任务的175%和145%。全年新办乡镇企业222家，新增投资2.9亿元，乡镇企业总产值102.7亿元，比增21.3%。

【农业】 筹集、发放小额支农贷款4200多万元、救灾款329万元和农产品营销贷款1000万元，帮助农民恢复灾后生产，扶持香蕉、柑桔等大宗农产品营销；扩种名优水果3000亩；争创农产品名牌，南靖香蕉获得国家绿色食品使用权；加强靖台农业合作，建立现代农业示范基地，积极引进台湾先进技术和名优新品种，完善“农技服务110”等农业服务体系，大力发展农产品加工企业和农村第三产业，提高农业后续效益。努力减轻农民负担，加大农村“三乱”治理力度，取消村组接待费和各种不合理收费。2次调低部分农特产品计税价格，农村合作基金会实现整体关闭。

【旅游业】 全力以赴抓好土楼申报“世界文化遗产”和南亚热带雨林升级为国家级自然保护区工作。土楼申报已列入国家文物局和省政府议事日程，南亚热带雨林申报已通过国家专家组验收和国家评审委员会审定，并争取到旅游开发国债资金400万元和无偿补贴100万元。旅游基础设施建设进一步完善，特色旅游路线正在形成。全年旅游人数19万人次，旅游总收入3000多万元，分别比增24.2%和30.4%。

【城镇化进程】 荣获“全国村镇建设先进县”和“第三次全国城市环境综合整治先进县城”称号。走经营城市和“小县大城关”的发展路子，全年共完成拆迁5.5万平方米，新建房屋7.6万平方米，拓宽、新建县城主干道2公里，建成城区拦河闸，县城面貌焕然一新。各镇区和一批新村示范点建设日臻完善，靖城、奎洋重点（卫星）城镇建设步伐加快，书洋、梅林撤乡建镇。

【基础设施建设】 加快实施“村村通油路”工程，投入1818万元铺筑34个村120公里柏油路。完成漳龙高速公路南靖和溪路段80%工程量。多渠道投入2650万元，兴修水利项目105个，改善农田灌溉面积2万亩，发展节水灌溉面积1.2万亩，加固堤防34公里。农村电网改造全年投入5000多万元，完成123个村和17条主干线的电网改造任务。

【各项改革】 国企改革攻坚目标如期完成，国有工业、水电、粮食、商贸、森工企业顺利转制盘活。全年共筹集资金3211万元，以一次性安置方式解除职工劳动关系2762人，实现再就业1961人，再就业率71%。初步建立国有企业下岗职工基本生活保障、失业保障和城乡居民最低生活保障制度。医疗保险制度改革和机关事业单位工作人员退休养老保险制度全面实行。

【社会事业】 加速科技进步，优先发展教育。完成第二实小二期工程、一中学生公寓、进修学校培训大楼、教育局综合楼等一批社会事业建设项目；顺利通过全国体育先进县和省级卫生县城、省级文明县城验收；成功举办全省农村精神文明建设工作会。计生工作继续保持全省先进。“一控双达标”工作和科技兴林示范县建设通过省级验收，人口普查工作顺利开展，人武工作被评为全军、全省先进，被国务院授予“全国残疾人工作先进县”荣誉称号。49个老区村全部实现“五通”，8个镇完成有线电视县镇联网。

【南靖土楼申报“世遗”】 南靖素有“土楼王国”美称，现有土楼具有“八最”特征。最多：全县土楼总数15000多座；最大：顺裕楼外围直径86米，楼内房间368间；最小：翠林楼内直径5.2米，单层12间；最高：和贵楼高21.5米；最古老：裕昌楼迄今近700年历史；最壮观：田螺坑土楼群由一方四环圆绕座落于半山腰，最精美：怀远楼弥漫浓厚的书香气息；最密集：南欧土楼群面积不到0.4平方公里，却有25座造型各异的土楼。为保护开发这一人类共有遗产，作为“福建土楼”的重要组成部分；南靖县累计投入数千万元，按“世遗”申报标准，完成和基本完成了土楼规划、环境整治、景区配套建设等基础工作，全力以赴开展申报活动。

（撰稿：刘郭端）

平和县

【经济概况】 2000年，全县完成国内生产总值34.24亿元，比增13.0%；农林牧渔业总产值24.23亿元，比增8.5%；工业总产值37.2亿元，比增18.6%；乡镇企业总产值68.8亿元，比增18%；旅游直接收入3512万元，比增20.9%；财政收入2亿元，比增17.6%；农民人均纯收入3236元，比增5.8%；社会消费品零售总额12亿元，比增11%。金融各项存款余额11亿元，比增5.7%；贷款余额8.5亿元，比增3.9%。

【农业产业化】 抓住灾后恢复生产契机，大力调整优化种养结构，引进和培育台湾长茄、芭乐、大青枣等名优品种56个，新开发山地种果3.4万亩，白芽奇兰茶0.6万亩；扩种香蕉2.4万亩，蔬菜2.9万亩；发展蘑菇等食用菌11万平方米，高优经济作物种植规模不断扩大。创办“平和南方畜牧开发有限公司”，完善4大畜牧生产基地，建立5个中华倒刺鲃繁育生产基地和3大食用菌生产基地，弱势产业得到长足发展。大力扶持锦溪集团、南胜果蔬速冻厂、平和罐头厂和崎岭阳山、天用茶厂等一批骨干企业，推广使用琯溪蜜柚、坂仔香蕉新包装，促进农产品增值。锦溪集团被评为福建省6家全国农业产业化重点龙头企业之一，平和罐头厂成为全省最大笋类生产出口基地；平和香蕉首次进入东北市场，琯溪蜜柚新开拓菲律宾市场。

【工业】 实施罐头原料公司、机械铸造厂、水轮机厂、小溪米厂和3家糖厂等企业的改制工作，基本完成国企改革目标；

各项配套改革扎实推进，解除企业与职工劳动关系1744人，扩大养老、失业保险2263人，筹集发放养老基金和再就业基金1660万元，实现“两个确保”。新办工业企业61家，比增142%；完成投资757万元，比增235%。文峰、高田、霞寨等工业小区建设步伐加快，配套设施日臻完善。

【对外开放】 新办三资企业33家，比增26.9%；合同外资额3462万美元，比增9.8%；实际利用外资1303万美元，比增26.5%，创招商项目和引资数的最高记录。出口值450万美元，比增42.8%。

【固定资产投资】 完成全社会固定资产投资6.5亿元，比增16.1%。年初安排的36个重点项目完成投资5.2亿元，其中县城防洪堤工程、琯溪商贸城、西部白芽奇兰茶开发带工程、锦溪农业科技示范区、良坝电站等10个工程建设进展顺利，效果好。

【社会事业】 科技“创先”顺利通过跟踪验收，科技进步对经济增长贡献率达49%。教育“两基”通过省政府第二轮核查验收，高考上省专线达582名，名列漳州市第三，创历史最好水平。芦溪绳武楼、南胜和五寨古陶瓷窑址、九峰文庙和城隍庙等被批准为省级重点文物保护单位。计生工作整体水平进一步提高，出生率为12.61‰，计生率达93.7%。环保实现“一控双达标”目标。依法治县《决定》全面实施，“三五”普法顺利通过省、市验收。社会治安综合治理力度加大，侦破刑事案件677起，其中重特大案件297起；查处治安案件1433起。农村合作基金会清理整顿成效显著，兑付全部股金9495万元。完成全县18家农村合作基金会的清产核资、财务审计和债权债务移交，实现整体清盘关闭。“创卫”工作被漳州市委、市政府评为“文明县城创建工作进步奖”。

（撰稿：陈超文）

诏安县

【经济概况】 2000年全县国内生产总值43.5亿元，比上年同期增长13.2%；工农业总产值51.2亿元，增长13.2%；全社会固定资产投资额8.59亿元，增长20%；财政收入1.75亿元，增长9.6%；农民人均纯收入3298元，增长4.7%；乡镇企业总产值127亿元，增长16.51%；三次产业结构比例为37.0%：35.2：27.8；人口自然增长率为9.9‰，年末人口总数为56.74万。

【农业】 农林牧渔业总产值26.02元，增长2.8%，粮食总产量17万吨。扩大水果种植面积，新种水果4.8万亩，总面积达39万亩，总产量9.6万吨。粮食与经济作物比例从1999年的43：57调整为38：62。大力发展水产养殖业，新增水产养殖5030亩，总产量达22.75万吨。积极发展诏安灰鹅等特色畜禽养殖，产值上亿元。大力推进农业产业化进程，推广“公司＋客户”和“订单农业”的经营模式，成立农副产品开发营销公司和营销协会，设立农副产品网页，举办农副产品促销会，探索农副产品营销新途径。红星青梅获得省级标准认证，为创建“中国青梅之乡”打下坚实基础。加大农业基础设施建设，投入3500万元，投劳104万工日，兴修水利、海堤、城防工程。认真落实减负政策，发放农民负担监督卡11.4万份，实行村务公开，取消村级接待费。全面启动农村电网改造工程，已投入6500万元，完成11个乡镇177个村的低压线路改造，为城乡同网同价创造条件。

【工业】 基本完成全县国有企业改制工作，分流安置职工785人。确立工业兴县经济发展战略，成立工业发展领导小组，出台《关于加快工业化进程的若干意见》；充分利用闽粤边界加工区和边贸旅游区的优惠政策，发挥“两区”示范辐射作用，全年实现工业总产值37.24亿元，增长17.6%；非公有制经济增势强劲，全县新办乡镇企业和个私企业450家，乡镇工业产值68.1亿元，增长20.4%。规模工业，从1999年的25家增加到38家，产值达3.1亿元，增长41.6%，产值增幅居全市首位。

【财政金融】 完善乡镇财政管理体制，推行办税公开制度，强化税种征管，特别是水果税费实行捆绑征收，堵塞了漏洞。加强预算外资金管理，执行“收支两条线”和“票款分离制度”，推行财政预算硬约束和政府采购制度，严格控制行政事业性开支。全年预算内财政收入1.75亿元，增长9.6%；预算内财政支出1.78亿元增长6.6%。金融运行平稳，年末各项存款余额为11.4亿元，增长8.7%；各项贷款余额8.11亿元，增长6%。开展农村合作基金会清理整顿工作，实施清盘关闭。

【社会事业】 实施“科教兴县”战略，科技创先巩固工作通过省政府验收；设立诏安教育发展基金，制定优惠政策鼓励社会力量筹资办学，出台《中小学教师流动实施细则》，改革初中招生制度。成功举办建县470周年纪念活动暨首届书画艺术节，设立书画艺术发展基金，开拓书画市场。制定《加快旅游产业发展实施意见》，推动旅游业发展，引资开发九侯山风景区。计生率达91.89%，比上年同期提高7.79个百分点，计生社会抚养费征收实行“收支两条线”和“票款分离”经验在全国计生专题会上介绍。农村卫生保健通过省级“初保”验收。全面实施殡葬改革。加大打假力度，查处制售假冒香烟及商标标识179起，案值2000多万元，维护了市场经济秩序。

【开展三个“主题年”活动】 扎实有效地组织实施“项目年”、“城建年”、“边贸年”三个主题年活动，培育新的经济增长点。“项目年”活动富有成效。龙潭水利枢纽工程和闽粤农副产品专业批发市场被列为全省“十五”期间重点建设项目；赤石湾一级渔港被列入全省“十五”期间前期工作项目；诏平线水泥路面改造工程被省交战办纳入“十五”计划盘子；3个项目列入全市重点建设项目。全县21个

2000年，诏安县举办纪念建县470周年暨首届书画节。图为开幕式。

（福建画报社供稿）

重点项目完成投资1.5亿元，建立项目储备28个；列入快报的固定资产投资4亿元，增幅80%。15件为民办实事项目完成13件，落实率86.7%。“城建年”活动有声有色。重新论证编修县城总体规划，出台《诏安县城市规划建设与市容管理暂行规定》，成立市政建设投资有限公司，初步形成建设部门投融资新机制。旧城改造和新区建设联动发展，构筑了夜景工程，全面清理城区排污系统，城区面积有明显改善。小城镇建设有较大进展，梅岭、四都、桥东3个重点（卫星）城镇“六个一”工程建设共投入资金8606万元，集镇功能进一步完善。“边贸年”活动成效显著。积极参与各类大型招商活动，组织有关部门到发达地区招商，举办建县470周年纪念活动暨首届书画艺术节，招商引资取得明显成效。全年新批外商投资企业25家，实际利用外资4400万美元，增长15.5%；出口总额1800万美元，增长38.5%；引进内联项目78个，实际到资1.1亿元。

【吴燕聪获第十一届悉尼残奥会跳高金牌】 吴燕聪，1973年8月出生于诏安县西潭乡新厝村，毕业于福州大学，现为漳州市残联干事。吴燕聪先后获全国“五一”劳动奖章、“五四”杰出贡献奖和省“五一”劳动奖章、“新长征突击手”等称号。2000年10月26日，吴燕聪在第十一届残奥会上，以1.93米的优异成绩获男子F46级跳高金牌，并破该级别世界纪录。此前，吴燕聪曾在第六、第七届“远南运动会”上获跳远、跳高3银1铜，并破三级跳远世界纪录。（撰稿：陈辉武）

编校：章卓如

泉 州 市

综 述

【"九五"概况】 "九五"时期，泉州人民致力于发展大泉州经济，弘扬大泉州文化，建设大泉州城市，胜利完成了"九五"计划主要任务。

综合经济实力显著增强，成为全省、全国经济强市。经济总量跃居全省首位，在全国地级市中（不含计划单列市）名列第三；晋江、南安、惠安、石狮GDP和财政收入进入全国百强县（市）；所辖县（市）全部进入省经济实力十强或经济发展十佳。经济结构进一步优化，三次产业比例为8∶53.3∶38.7。

工业化进程明显加快，质量效益稳步上升。工业总产值比1995年增长1.23倍。国有工业企业经济效益综合指数逐年增长，非公有制经济迅速发展。石油化工、纺织鞋服、建材陶瓷等支柱产业地位凸显。涌现福炼、惠泉、恒安等一批大中型知名企业，年产值亿元以上工业企业58家，各类企业集团163家。通过ISO9000质量认证企业198家，获中国驰名商标2个、省著名商标54个、市知名商标82个，省名牌产品和农产品52个。156个各级各类工业小区发展势头良好。

城市化水平显著提高，城乡面貌日新月异。顺利完成行政区划调整，新设立丰泽、洛江、泉港3个区。全市城市化水平39%，"半小时城市群"已具雏形，市政基础设施得到较大改善。中心城市建成区面积从14.8平方公里增至43.85平方公里。完成坪山路、迎宾路、通港路及涂门街、东街、津淮街、南俊巷、温陵路北拓、新门街一期等市区道路拓宽改造项目和中山路立面整修，中山公园人防工程、芳草园，刺桐大桥、顺济新桥、笱江大桥等市政项目建设。各地认真实施城镇总体规划，市政设施不断改善，小城镇建设步伐加快，旧村改造、新村建设积极推进，城乡差别逐步缩小。

城乡居民生活质量继续提高，人民生活向宽裕型小康迈进。农业基础地位进一步巩固，五大防御体系建设取得新成效，扶贫攻坚、山海协作和实施"造福工程"成绩斐然，农村环境、农民生产生活条件得到改善。农业总产值比1995年增长34.2%，乡镇企业总产值年均增长20.2%。全市于1996年提前4年实现奔小康第二步战略目标，在全国率先迈开了宽裕型小康建设步伐。2000年城镇居民人均可支配收入8320元，农民人均纯收入4440元，比1995年增长73.7%和60.4%，分别居全省第二和第一。城镇和农村居民恩格尔系数由61.6%和54%下降到43.5%和46.9%。全市有35个乡（镇、街道）665个村（居委会）基本实现宽裕型小康。

社会主义市场经济体制初步建立，综合配套改革取得新进展。99%的国企实施改制。统一、开放、竞争、有序的市场体系和按劳分配为主、多种分配方式并存的分配机制不断完善。社会保障体系和国有资产管理、运营、监督体系基本建立。对社会事业管理体制和运行机制改革进行了有益探索。市政府取消520项审核审批事项，废止333份规范性文件。

对外开放不断深化，宽领域、多层次格局基本形成。适时调整对外经贸格局，沉着化解亚洲金融危机冲击；认真组织研讨培训，规范行政管理，未雨绸缪应对"入世"。对外贸易在困难中稳步上升。贸易往来国家和地区由35个增至148个；培育了服装、鞋业、机电、纺织、陶瓷等拳头出口产品。利用外资水平有较大提高，实际利用外资34.53亿美元，比"八五"增长40%；外资企业历年累计开业投产5249家。

基础设施建设适度超前，投资环境日臻完善。固定资产投资完成887亿元，比"八五"增加437亿元。实施重点、大中型项目130多个，完成清濛科技工业区一期、泉港中心工业区，泉厦和福泉高速公路泉州段、漳泉肖铁路，泉州展览城、泉州商城，官桥50万伏变电站及晋南、城东、清濛22万伏变电站，肖厝5万吨煤炭多用途码头、后渚集装箱码头及石湖、深沪、围头、石井、梅林等万吨级和五千吨级码头，湄洲湾南岸供水工程等骨干项目。公路通车里程增加2100公里，港口吞吐量增加512万吨，泉州晋江机场建成并先后开通24条国际、国内航线。电力事业快速发展，2000年全社会用电量居全省首位。程控电话、移动电话、无线寻呼容量及互联网用户总量名列全国地级市前茅。

科教兴市步伐加快，社会事业蓬勃发展。实施全国技术创新工程试点城市工作方案，连续两次被评为全国科教兴市先进城市，实施25项国家级、146项省级高新

新建的泉州西湖住宅小区，坐落在西湖公园湖畔，园林化住宅，展现了侨乡现代文明的氛围。

（林辉龙　摄）

技术火炬项目。提前两年实现教育"两基"达标，实施素质教育，全面改革小学升初中招生制度；泉州师院组建并开始招收首届本科生，华侨大学、仰恩大学、黎明大学、泉州电大办学规模不断扩大，新创办的泉州光电信息职业学院、育青职业技术学院等100多所民办院校健康成长。建成市文化艺术、侨乡体育、广播电视、抗震救灾指挥、老年活动、妇女儿童活动中心等一批社会事业基础设施。《玉珠串》、《皂隶与女贼》、《素馨花》、《偶趣》等12个剧(节)目获"五个一工程奖"、文华奖、曹禺戏剧文学奖、群星奖金奖。成功举办'98中国国内旅游交易会、第十一届省运动会、第三届国际木偶节等20多场大型文化经贸活动。积极支持第二届世界民俗摄影"人类贡献奖"年赛，市政府获联合国教科文组织"特别贡献奖"。完成妇女儿童"九五"发展纲要各项任务，实现老年教育强市目标。修纂出版《泉州市志》、《泉州传统戏剧丛书》。建成"120"急救网络，完善农村三级医疗预防保健体系，各项健康指标居全省前列。全部行政村及410个百人以上自然村通广播电视。完成全民健身计划纲要一期工程，竞技体育取得好成绩。

三项基本国策得到贯彻落实，可持续发展战略全面实施。计生工作达到新水平，实现"九五"总人口调控目标。环境保护工作以治理建陶业污染、晋江流域水环境、制鞋业"三苯"废气和水泥业粉尘污染为重点，"一控双达标"通过省级验收。构筑城乡生态体系，保护"四山两江"，封山育林，美化家园。土地利用集约化程度提高，耕地保护区面积保持稳定。精神文明建设成果丰硕，获全国双拥模范城四连冠、全国民族团结进步模范集体等称号。

社会治安综合治理工作切实加强，安定稳定局面得到巩固。综治领导责任制全面落实，涵盖社会治安、医疗等25个部门的110联动服务体系建立并不断完善，创建基层文明安全小区，依法做好信访工作。1999年、2000年获全省安全生产目标管理责任制考核第一名。依法治市步伐加快，"三五"普法通过省级验收。勤政效能建设成效明显，公开办事、反腐倡廉向纵深推进。查禁取缔"法轮功"等邪教组织斗争深入开展。

【2000年概况】 2000年，泉州市着力深化"市场开拓年、科教兴市年、城市管理年"活动，创建"全国文明城市、国家级卫生城市、中国优秀旅游城市、山水园林城市"，突出抓好市场开拓、科教兴市、城市管理、可持续发展和队伍建设五项工作。全市实现国内生产总值1045亿元，突破千亿元大关，比增11.8%。荣膺"全国卫生先进城市"、"中国优秀旅游城市"称号，在全省率先实现全国科技先进县(市、区)"满堂红"。

农业结构调整迈出新步伐，农村经济稳步发展。全年农林牧渔业总产值135.4亿元，增长1.7%。乡镇企业总产值1913亿元，增长12.4%。全市造林更新面积11.82万亩。农田改造和农业综合开发稳步推进，现代农业示范点(片)初具规模。老区、少数民族贫困地区"五通"建设通过省验收。农村环境进一步改善，农民收入得到提高。150个试点村改旧建新进展顺利。

工业生产保持较快增长，结构和效益继续改善。全年工业总产值1638.4亿元，增长13.5%。组织实施工业技改项目400项，完成投资35亿元，开发新产品105项，创省名牌产品10个。工业经济效益进一步好转，全市规模以上工业经济效益综合指数115%，产品销售率达96.9%。

固定资产投资增加，重点项目建设成效显著。全社会固定资产投资211.36亿元，增长6.2%。宝洲污水处理厂、室仔前垃圾填埋场、惠泉啤酒异地迁建技改、深沪港区二期、泉州晚报大厦等竣工投入使用。至年底，全市公路通车里程达9450公里，其中二级以上公路1500公里；港口吞吐量达1712万吨，其中集装箱15.9万标箱；总变电能力144万千伏安，程控电话容量182万门、移动电话容量160万门，互联网用户11万户。

外贸出口平稳增长，利用外资质量提高。全年出口商品总值(海关口径)11.81亿美元，增长10.6%，全社会出口交货值351亿元。全年合同外资8.74亿美元，实际利用外资6.23亿美元，增长9.5%。

以创建"四城"为载体，推动城市规划、建设和管理上新水平。城市规划工作加强，中心城市8个组团分区规划编制工作完成。市政基础设施不断完善。市区排洪排涝工程基本建成，朋山岭隧道、市民广场一期和市区新门、龙宫、温陵市场等建成使用，北门街、新门街二期等一批道路拓改工程竣工通车。新增园林绿地面积419公顷。次中心城市、县城建成一大批市政基础设施、街巷改造和居住小区等项目。小城镇建设取得新突破。

金融运行平稳，财政收入增长较快。年末金融系统存款余额比年初增加36.52亿元，城乡储蓄存款余额增加17.49亿元，消费市场、证券市场分流储蓄作用明显，贷款余额增加34.7亿元，现金累计净投放59.51亿元。财政总收入58.72亿元，比增21.5%；其中地方级财政收入38.28亿元，比增17.3%。

市场开拓成效明显，消费需求对经济拉动作用增大。全市新增通过ISO9000质量体系认证企业75家、省著名商标21个、省名牌农产品3个。新建、改扩建粮食、茶叶、建材、陶瓷、石雕等较大型市场15个。全年举办和参与国内外商展活动144场，新建经销网点450个。全市社会消费品零售总额347亿元，增长10%。消费价格、商品价格指数分别为101.3%和99.2%。

综合配套改革力度加大，市场配置资源的基础性作用日益增强。成立城建、外经两个国有资产投资经营公司，城镇职工基本医疗保险制度顺利实施，职工养老保险、失业保险覆盖面进一步扩大，"两个确保"得到巩固。房地产、人才、劳动力和技术市场等生产要素市场进一步发展。

科教兴市和可持续发展战略有力推进，各项社会事业取得长足进步。全市新确认技术创新示范企业19家，其中省级2家；新确认省级高新技术企业21家，其中国家级1家；5个项目被省确认为高科技产业化项目。教育"两基"达标成果得到巩固和提高，素质教育积极推进，泉州师院挂牌成立并正式招生，社会力量办学进一步发展。成功举办第二届泉州旅游节、第六届国际南音大会唱等大型活动，涌现出一批文艺精品。发展社区和农村医疗服务，人民健康水平进一步提高。安溪、石狮、丰泽顺利通过全国体育先进县检查验收。市科技馆和市一院医技大楼等一批社会事业项目基本建成。全市人口出生率控制在10.6‰，计生率达91.5%。顺利完成第五次全国人口普查入户登记任务。发布一系列市政府令，大规模治山治水治田治路治矿活动初见成效，环境保护和生态建设取得新进展，晋江、洛阳江流域水资源及列入考核的938家工业污染源全部完成治理达标，市区环境空气质量达到国家二级标准。实行土地用途管制，实现年度耕地占补平衡。(撰稿：吴忠溪　翁哲伟)

鲤城区

【经济概况】 2000年，全区实现工农业总产值120.28亿元，比增9.3%；财政总收入3.877亿元，比增14.8%，其中本级财政收入2.41亿元。

农业生产条件继续改善，结构调整迈出重要步伐。全年农林牧渔业总产值完成9370万元，粮豆总产量5002吨，新增造林550亩。优良品种和先进适用技术推广面积不断扩大，蔬菜、花卉、水果三大基地进一步巩固发展。新建蔬菜基地500亩，观赏水果园55亩，引进8个名优品种，建立无公害蔬菜栽培示范基地200亩。全年水果产量1624吨，蔬菜总产量34190吨，肉蛋奶总产量3278吨，水产品产量314吨。

工业经济效益稳步提高，利用外资和外贸出口平稳增长。工业总产值完成119.3亿元，比增9.5%。全年产值上千万元企业205家，其中5家企业产值超亿元；新增纳税200万元以上企业7家，纳税100～200万元企业21家。江南、火炬等工业园区新增产值15亿元以上，税收超过2000万元。江南工业园区被农业部命名为"全国第三批乡镇企业发展示范区"。全面实现国企改革脱困目标，国有企业保值增值率104%。实施24项重点技改项目，开发27项新产品，新增产值6.28亿元，利税1.6亿元。实施企业上网工程。支持13家企业通过ISO9000质量体系认证。组织推广标准化生产，成为全国率先消灭无标准生产的县（市、区）之一。新办“三资”企业34家，投资总额3.65亿元，合同利用外资4380万美元，实际利用外资4175万美元，出口交货值达47.8亿元。

商贸旺区加快形成，人民生活水平继续提高。继续大力推进“小城区、大商贸”发展战略，拓展商贸服务业。配合市政府建设温陵、新门、龙宫市场，加快江南、浮桥城市次中心批发市场走廊建设，扩建汽车、建材、蔬菜三大专业市场，新建九一街电脑市场、侨乡小商品街电子电讯设备市场、临江新桥头日用品批发市场，进一步巩固和繁荣特色专业街市，加快形成商贸旺区。商贸服务业营业额超1000万元的达14家。物价形势好转，零售价格指数和消费价格指数分别为99.7和102.01，同比分别上升4.1和5.31个百分点。城镇居民人均可支配收入9668.1元，农村人均纯收入5542元。新增宽裕型小康村9个。

城市建设步伐加快，市容区貌日新月异。配合市政府抓好新门街二期、北门街道路拓宽改造工程。江滨北岸防洪大堤建设、省道306线鲤城段拓宽改造、八卦沟整治、内涝片区整治、水关泵站建设等排洪排涝工程、中山公园的一期绿化、涂门街、温陵路、美食街等夜景工程建设顺利完工。绿化美化工作得到加强，环境质量有了明显提高，荣获“全国造林绿化百佳县（市）”荣誉称号。扎实推进城市创卫工作，荣获“全国卫生先进城市”、“全国优秀旅游城市”称号。新翻建10条小街巷，改建4座、新建1座旅游公厕。农村面貌进一步改观。完成改旧建新12个试点村的规划建设，铺设水泥路35180平方米，绿化9600平方米。农村改水改厕步伐加快，全区农村使用卫生厕达90%，改水率达80%以上。

【社会事业】 实施省级火炬计划项目27项，区级科技项目26项，新产品开发3项，技改项目13项。实施鲤城信息港工程，《鲤城指南》网站访问量超过18万人次。筹建福建省科技成果转化推广基地和福建泉州江南高新技术电子信息产业园区。巩固发展民营科技企业。教育“两基”顺利通过国检及省政府第四次跟踪复查，首家接受泉州市素质教育督导评估，普及高中教育成果继续巩固，高中阶段入学率达86.3%。区文化馆创作的《偶趣》（舞蹈）荣获“全国第十届群星奖”金奖。制定实施《2000～2004年生态环境建设规划》。海滨街道荣获全国“城市体育先进社区”称号。妇女儿童事业进一步发展，荣获“全国儿童工作先进市（区）县”荣誉称号，儿童计划免疫全程接种率达90%以上。浮桥镇通过省级卫生镇考核验收。全区计划生育率达99.6%，荣获福建省计划生育“三为主”先进县（区、市）。安全生产专项整治、反走私联合行动和专项斗争以及打击制假售假活动取得新的成果。区公安分局荣获“全国优秀公安局”称号。荣获省“双拥模范区”称号，实现“两连冠”目标。第五次全国人普工作顺利通过国家、省、市三级验收。深化住房制度改革，劳动预备制度全面实施。全面深化以医疗、养老、失业保险为重点的社会保障制度改革。全面推进区、镇（街）、村（居）三级老年人活动场所建设，全区新增老年人活动场所12266平方米。全区社会各项事业得到全面发展。

（撰稿：蔡旭嵘）

丰泽区

【经济社会概况】 2000年，丰泽区实现工农业总产值65亿元，比增16%；城乡企业总产值73.4亿元，比增16.7%；财政总收入2.96亿元，其中地方级财政收入1.92亿元，分别比增29.2%和26%；农民人均纯收入5410元，比增5%，成为泉州市首批农民人均纯收入突破5000元大关的县（区、市）；城镇居民人均可支配收入10045元，比增6%。

农业农村工作有新的发展。继续推进以“521”工程为重点的特色农业基地建设，水产、果蔬、禽畜、花卉等四大产业群体进一步发展壮大。全区拥有名特优水产品养殖面积4500多亩，新增花卉种植面积200多亩，成功举办第一届花卉展销会；完成北峰普贤路两侧现代农业示范区规划及首期工程建设。制定《丰泽区生态环境建设实施意见》，落实好年度任务。抓好农田水利建设，累计投资200多万元，组织对全区9座小（二）型以上水库、4处百亩以上海堤进行除险加固。晋江下游堤防整治丰泽段建设进展顺利，累计完成投资1550万元。农村城市化进程明显加快，顺利完成首批8个行政村改居委会工作，扎实推进旧村改造、新村建设，累计投入资金4800多万元，拆除旧房16280平方米，新建房屋110900平方米。农村电网改造全面完成；积极稳妥地开展农村合作基金会清理整顿，实现全面清盘关闭。

城乡企业素质明显提高。5家企业被评为“福建省乡镇企业系统质量管理先进单位”，4家企业被列为泉州市重点企业。科技兴企步伐加快，先后有18家企业共投资1.72亿元完成30项技术改造项目。工业小区管理进一步规范，北峰工业小区被评为“全国乡镇企业示范工业小区”。创名牌工作取得新进展，“三盛”、“旗牌王”、“桑莲”等3种产品被认定为“泉州市知名商标”，“匹克”牌运动鞋通过“福建省名牌产品”复核评审。全区又有13家企业通过ISO9000质量体系认证，有800多家企业进入“泉州市万家企业上网工程”，110多家企业参加“第二届泉州名特新产品网上博览会，200多家企业通过各类网站开展网络营销活动。引进专业技术人才424人，企业生产经营者素质进一步提高。

招商引资工作扎实开展。先后成功举办泉州市第二届旅游节丰泽招商洽谈会和珠海招商恳谈会、建区3周年招商项目签约仪式，共签订外资项目39个，总投资1.66亿美元。全年合同利用外资7064万美元，实际到资6576万美元。切实抓好载体建设，加快东海滨城区级工业园建设步伐，完成招商引资，已有37家企业投建投产。积极启动浔美区级工业小区建设并取得实质性进展。同时，进一步完善各镇（街道）工业小区配套设施建设，努力拓展发展空间。扎实抓好对外贸易，鼓励、帮助有条件的企业开展自营出口，外贸增长势头良好，全年出口商品总值18.5亿元，比增17.09%。

第三产业发展步伐加快。把发展第三产业作为培育新经济增长点的重要举措之一，积极鼓励和支持商贸、房地产、中介服务等行业的发展，有效推动全区经济增长。先后建成3个批发市场和5个农贸市场，设立泉州市“早餐工程”直销点50个。房地产业发展迅猛。社区服务网络不断完善。旅游工作力度加大，为泉州市高分入围中国优秀旅游城市作出了积极贡献。承接高校后勤管理社会化服务辐射工作取得突破。

财税增收势头强劲。财政收入任务完成年计划的106.98%，超收1930万元。发挥财政资金导向作用，适度涵养财源，培植新的财源增长点，优化支出结构，加强支出管理，提高资金使用效益，全面推行政府采购制度，取得明显的节支效果。

“两类项目”建设顺利推进。确定并扎实推进21个区级重点项目和11个为民办实事项目建设。累计筹措资金6771.18万元，积极参与浦西滞洪区、西北洋滞洪区、晋江下游堤防建设、朋山岭隧道、室仔前垃圾填埋场、宝洲污水处理中心、温陵路北拓、北门街改造等市定重点建设项目。精心组织市区排洪排涝“百日会战”，如期完成董埭沟、东环城河整治任务。

社会事业全面协调发展。以创建文明安全小区为载体的群众性精神文明建设深入开展，荣获“全省一级达标文明区”称号。强化技术创新，全年组织实施各类科技项目15个，建立丰泽科技信息培训中心和科技信息项目库。巩固提高教育“两基”达标成果，基础教育进一步加强，教育资源不断优化，办学条件明显改善，教育质量逐步提高，城东中学和灯星、东湖中心小学以及区实验幼儿园、东湖中心幼儿园等首批创达标中小学、幼儿园顺利通过省级考核验收。积极开展全民健身活动，以较高质量和水平通过“全国体育先进区”考评验收。计生工作再上新台阶，各项主要指标基本达到全省一流水平。建立健全医疗机构内部管理和运行机构，提高医疗服务水平。认真落实城乡居民最低生活保障工作，社会福利事业建设步伐加快，完成区社会福利中心首期工程。加强基层政权建设，顺利完成全区48个村委会、38个居委会换届选举。认真做好第五次人口普查工作，顺利通过省、市验收。进一步加强老干老龄和侨台工作。认真处理群众关注的热点、难点问题，来信来访办结率达95%，“区长信箱”办复率达100%。狠抓流动人口管理，坚持严厉打击各种刑事犯罪活动，切实做好矛盾纠纷排查工作，确保社会安定稳定。

【投资软环境】 坚持把优化投资软环境作为一项重要工作切实抓紧抓好，及时修订完善建区之初出台的《关于鼓励外引内联的若干规定》等一系列优惠政策，认真执行“一个窗口”办理外来人员“三证”和企业收费“一张卡”制度。重新筛选确定50家区级重点企业予以重点倾斜扶持。坚持区五套班子领导挂钩联系重点企业制度，成立专门领导小组，积极协助企业办理土地、房产“两证”千方百计帮助企业拓宽融资渠道，为其增资扩股创造有利条件。狠抓企业人才队伍建设，努力提高企业生产经营者综合素质。加强质量监督管理，坚决打击假冒伪劣商品，全区消灭无标生产工作顺利通过省级验收。以改革审核审批制度和清理规范性文件为重点，扎实推进机关效能建设，并在全市各县（区、市）率先实行区、镇（街道）机关窗口单位双休日便民办公制度。认真扎实开展区政府领导班子“三讲”教育整改和“回头看”活动，进一步加强政府自身建设，狠抓公务员队伍的教育、监督和管理，强化公仆意识，转变工作作风，提高办事效率，努力增强投资环境吸引力。

（撰稿：李水才）

洛 江 区

【经济概况】 2000年洛江区实现国内生产总值14.5亿元，比增20.5%；工农业总产值27.9亿元，比增21.3%。其中农业总产值3.53亿元，比增5.1%，工业总产值25.5亿元，比增21.6%；全区财政总收入7981万元，比增54.7%，其中区级财政收入4855万元，比增37.3%；全社会出口商品交货值7.34亿元，比增15.3%；社会消费品零售总额3.36亿元，比增17.0%；全年固定资产投资完成3.65亿元，比增21.7%。农民人均纯收入3573元。

【“三大年”活动】 继续实施“特色农业年”活动。农业结构调整及农业综合开发步伐加快，区农业综合开发项目获国家正式立项并开始组织实施，水果、蔬菜、禽畜、淡水养殖等基地规模和种养水平进一步提高，完成龙眼高接换种5003亩，低产园改造1000亩，龙眼花期调节新技术试验取得初步成功，总投资2000万美元，集培育、生产、销售、信息、科研为一体的泉美花卉项目已启动建设，引进中绿、超大等较具实力的农业产业化企业。扶持发展农业企业，光大食品、阳江蔬菜等8家农产品加工企业被列为市百家产业化龙头企业。加大农田水利设施建设投入，完成7个病险水库除险加固工程。基本完成农村合作基金会清理和清盘关闭工作。

扎实开展“企业发展年”活动。工业发展空间不断拓展，万安科技工业园区已建成并引进14个项目，部分企业已入区投建；双阳华侨经济开发区工业园和万安开发区塘西工业园完成规划设计，双阳工业园已启动基础设施建设并引进部分企业；马甲工业区首期用地已平整，正积极招商入区投建。万安高新技术产业开发区完成6.91平方公里的初步规划方案并通过省级考核。企业引进与发展步伐加快，全年新批注册资金50万元以上内资企业51家，投资总额6362万元；新批外商投资企业13家，增资企业5家，合同利用外资和实际利用外资分别为2642万美元和1610万美元；全社会出口商品交货值7.34亿元，比增15.3%；城乡企业总产值27.9亿元，比增21.3%。一批新引进企业和增资扩建项目陆续建成并发挥效益，艺品、机电、食品等重点行业不断发展壮大。4家企业通过ISO9000质量体系认证，双阳金刚石工具有限公司“飞雁牌”金刚石磨具被评为泉州市知名商标。加大市场开拓力度，组织参加各种商品交易会、经贸洽谈活动，扩大产品市场知名度。

大力推进“城镇建设年”活动。一批道路建设项目取得较好进展，朋山岭隧道及其接线工程已全线建成通车，公园南街东段工程、安吉大道延伸工程、万虹公路万安至马甲段拓改工程进展顺利。中心区城市功能进一步完善，吉源花苑居住小区一期工程以高标准、高品位完成建设，汉唐房地产、首富商城抓紧实施；泉州第十一中学、区计生服务大楼、防疫妇幼保健大楼、社会福利中心、交通综合大楼等一批公建项目相继投建与建成，中心区面貌进一步改观。各乡镇加大镇区基础设施和商住楼开发建设力度，继续推进旧村改造、新村建设，共投入资金3655万元，拆旧2.7万平方米，建新3.26万平方米。加快乡村道路硬化建设，全区81%的行政村实现通村道路水泥化，其中虹山乡、罗溪镇、双阳镇实现村村通水泥路。结合城镇建设，着力推动第三产业发展。加大旅游发展力度，积极申报马甲仙公山为省级风景区，马甲动植物观赏园、闽侨航空旅游城等项目加快配套建设。

【社会事业】 贯彻落实科教兴区战略，推进技术创新工程，1家企业被评为省高新技术企业，3家被评为市技术创新示范企业。推进素质教育，进一步改造薄弱学校，完成马甲中学教学楼和教师宿舍建设，泉州第十一中学秋季已招生，教育“两基”通过市跟踪督导检查。大力发展文体事业，成立区老年体育协会和区武术协会，广泛开展全民健身活动。加大计生“三结合”工作力度，逐步规范流动人口管理，全区人口出生率11.82‰，计划生育率98.9%。强化环境保护与监督管理，完成“一控双达标”任务并通过市级验收。精心编制并基本完成区“十五”计划纲要。抓好医疗保险制度改革实施前准备和失业保险扩面工作，完善城乡居民最低生活保障制度，做好救灾救济工作。深入开展精神文明创建活动，洛江区被评为省二级达标文明区，泉州市工商银行洛江支行、马甲仰恩村、泉州南少林武术学校分别被评为省级文明单位。认真贯彻依法治区方针，建立全区“148”法律服务热线电话系统。加强社会治安综合治理，严厉打击各种犯罪活动，社会安定稳定。

（撰稿人：谭毓雄　丁妮）

泉 港 区

【经济概况】 2000年，泉港区（原肖厝经济开发区）的经济社会和各项事业均取得快速增长。全区实现国内生产总值42.73亿元，比1999年增长15.2%；实现工农业总产值129.1亿元，比增20.6%；全区财政收入1.92亿元，比增23.4%，其中地方财政收入1.558亿元，比增18.1%。全区农民人均年收入3862元，比增6.1%；社会商品零售总额8.52亿元，比增20.1%。

农业基础地位进一步加强，农村经济稳定增长。全年实现农林牧渔业产值9.68亿元，比增3.8%。粮食总产量4.57万吨，比1999年略有所下降。肉蛋奶总产量1.52万吨，比增0.7%。水产品产量10.1万吨，比增3.1%。农业基础设施建设进一步加强，累计投入2800万元，完成郭厝溪等10多条溪流整治，加固海堤22.6公里，修复水闸7座，加固水库、池塘10座，改造千亩中低产田2片，完成造林更新4100亩、水土流失强化治理1.4万亩。继续扶持壮大一批农业基地和龙头企业，培育了鑫盛海带等一批具有一定技术含量的名牌产品。乡镇企业发展态势良好，全年完成产值44.8亿元，比增26%。旧村改造、新村建设扎实推进，共完成投资2206万元，拆除旧房2.4227万平方米，新建房屋面积3.5176万平方米。

工业生产持续发展，新经济增长点作用明显。全年完成工业总产值119.45亿元，比增23%。全区用电27653万千瓦时，比增6.5%，其中区直工业用量增长

29.6%。炼化公司、华星公司因国内市场成品油和液化气价格上升产值分别增长32.4%、43.6%。工业片区发挥效益，累计进驻企业135家，其中投产企业70家，所创产值已占全区乡镇企业工业产值的30%以上。石材、针织等传统产业生产经营状况良好。石材加工企业产值增长80%，针织行业业务量也大幅增长。德和水泥制品厂等一批新办企业相继投产并陆续发挥效益，德和水泥制品厂、闽林石材分别通过ISO9002质量体系认证。区内骨干企业通过技改扩建，生产能力大幅提高。其中闽林石材、泉昱鞋业等企业的产值均比去年同期翻一番以上。

招商引资取得新进展，外经外贸成绩喜人。2000年，全区新批外资企业12家，投资总额2517万美元，协议外资额2295万美元，外商实际到资额1800万美元；"三资"企业总产值10.57亿元。对外贸易成绩喜人，外贸出口呈现强劲增长势头，出口交货总值6.2亿元，比增33.3%。投资1.35亿元的中心工业区基本建成，30幢标准厂房已建好，已有40多家企业进驻投产。

重点项目建设进展顺利，城区建设扎实推进。全年完成固定资产总投资7.1亿元。中央直属粮库基建安装和铁路专用线基本完工，开始粮食进仓压库；海洋集团10万吨聚苯树脂项目已完成投资1.07亿元，转入设备安装阶段；农村电网改造项目已投资5812万元，完成投资总额的87.1%；金山街累计完成投资9000多万元，已有11幢商住楼顺利封顶。重点项目融资工作取得新突破，中心工业区4000万元企业债券已顺利发行，福二化环氧丙烷项目已获得省兴业银行的1.6亿元贷款，海洋聚苯树脂项目1.8亿元贷款已获农行国家总行批准。城市建设扎实推进，湄丰水厂至起步区自来水管网建设已基本完成；城市中心区路网已基本形成，城区主干道的配套设施逐步完善，7个镇区规划会审以及各镇土地利用总体规划编制和评审工作。

市场开拓初见成效，消费需求稳中有升。采取"政府搭台，企业唱戏"的办法帮助企业拓展市场空间。成功举办首届农副产品展销会，实现商品零售金额90万元，签订销售合同金额850万元，签约农业合作项目12个，合同总额1.3亿元。积极组织企业参加各类展销会。其中，宁波展销会泉港区参展企业实现产品零售成交额18.7万元，达成订货协议400多万元，签订合作协议2个，协作资金总额1800万元；"9·9"商交会本区参展企业实现产品零售成交额50.39万元，达成订货合同金额389.6万元。

精神文明建设迈出新步伐，社会事业再上新台阶。结合新区的组建工作强化精神文明建设，使全区的精神文明建设迈出新的步伐。深入实施科教兴区战略，出台了《2000年泉港深化科教兴区年活动实施方案》。社会事业建设又有新进展。泉港一中已投入使用开始招生，泉港医院建设基本完工，卫生防疫站、妇幼保健所综合楼建设已封顶；殡仪馆已投入使用，永久墓园二期工程正在抓紧建设。"五普"工作按时序推进，"十五"计划编制工作进展顺利。环保工作取得新进展，初步完成区域环境影响评价与区域环境规划编制，顺利通过"一控双达标"检查验收。计生工作再上新台阶。全区出生率7.88‰，同比上升1.47个千分点；计生率达95.8%，同比提高0.75个百分点；年度出生人口性别比为109.02。强化社会治安综合治理。开展与"法轮功"邪教组织的斗争活动和重点工程周边治安整治活动，对农村合作基金会进行全面清理整顿，有效防范和化解金融风险；为开发建设营造了稳定的社会环境。

【泉港区成立】 国务院4月12日正式批准设立泉州市泉港区；10月28日～11月1日，泉州市泉港区第一次党代会胜利召开；11月27日～12月3日，泉州市泉港区一届人大一次会议、政协一届一次会议胜利召开；12月28日，成功地举行了泉港区成立庆典活动。泉港区的行政体制从此得到确立和理顺。

（撰稿：刘昭暄　陈金叶）

晋江市

【经济概况】 2000年，全市国内生产总值279.48亿元，比增8.4%；工农业总产值477.2亿元，比增9.0%；财政总收入13.02亿元，比增31.4%；本级财政收入7.39亿元；用电总量（不含泉州直供区）27.53亿度，比增18.7%。

一、农业和农村工作全面发展。修订《晋江市农业现代化发展规划》，推进土地适度规模经营和农业综合开发"123"计划，推广农业龙头企业建基地带农户模式，有4家企业被列为省级、2家企业被列为国家级农业产业化龙头企业。农业种植结构不断优化，畜牧业、水产业发展迅速，龙眼老果园改造取得突破。农业生态环境逐步改善，全年造林11925亩，治理水土流失2250亩。

二、工业生产持续发展。企业创新扎实推进，甄别企业经济性质784家，晋江机场、凤竹公司改制为股份公司，七匹狼、浔兴等一批骨干企业正抓紧进行股份制改造。全年乡镇企业增资211家，"三资"企业增资35家，增资总额分别达4.2亿元和7839万美元。五里科技工业园区累计引进企业41家，总投资30亿元。乡镇企业实施技改项目16项，总投资2.01亿元，实施科技开发项目4项，总投资9298万元。新增质量体系认证证书33张、产品质量认证证书6张。成功举办鞋业、食品、陶瓷三大国际国内展洽活动，开通"晋江企业网"和"中国磁灶陶瓷石材网"，全市1000多家企业上网交易。旅游发展规划顺利实施，启动建设政务信息网和ATM宽带多媒体网络，鞋材、食品、水产、车辆等一批专业市场效益显著。

三、港口效益逐步显现，对外经贸繁荣活跃。深沪港二期万吨级码头建成投运，围头港两台集装箱装卸桥投入使用。全年港口吞吐杂货195.6万吨，比增15.1%，其中，深沪港和安平码头分别完成51.6万吨和56万吨，比增7.5%和34.1%。围头港吞吐集装箱3.4万标箱，比增235%。泉州晋江机场运送旅客36.07万人次，货邮6547.9吨，分别比增0.3%和4.8%。全社会商品出口总值16.1亿美元，比增11.5%。新批"三资"企业116家，总投资3.7亿美元，合同利

第二届晋江国际鞋业博览会2000年4月19日在晋江市隆重举行。（刘鸣　摄）

用外资2.9亿美元，实际到资2.1亿美元。全市“三资”企业总产值239亿元，比增11%。

四、重点建设顺利推进，投资环境日臻完善。36个重点建设项目投入资金60852万元。市区20万吨自来水厂一期工程、市供水一期工程、深沪渔业码头二期工程等项目建成投运，内沟河整治、竹园小区、阳光广场、迎宾广场等市政工程相继竣工，晋江下游南岸整治、电力调度中心等项目进展顺利，文化广场、体育综合馆、博物馆、游泳馆、科技馆等工程开工建设。新一轮城镇总体规划修编进程加快，城市总体规划和各小区控制性详规以及市政综合管线、环卫、园林绿化等专业规划进一步细化完善。“城市管理年”、“创建文明平安大道”等活动深入开展，“畅通工程”顺利通过国家级验收，城市环境综合整治取得实效。

五、社会事业长足进步，精神文明建设力度加大。完成9年义务教育改革，三所一级达标中学完成高初中分设，安海中学、金山中学通过省级示范初中校验收，学校教学质量不断提高，荣获省“教育‘两基’先进市”称号。启动高科技园区博士后科研工作站，实施国家级新产品试制计划项目1项、省重点新产品试制计划项目2项、省级科技项目4项，引进各类人才1377名（其中中高级人才284名），通过“福建省农村技术市场试点市”考核验收。木偶神话剧《五里长虹》荣获文化部第九届“文华新节目奖”，磁灶钱坡村被文化部命名为“中国民间特色艺术之乡”。成功举办晋江市第九届运动会，农民男子篮球队蝉联全国农运会三连冠。有线电视进村入户扎实推进，入户率61.4%。预防保健、医疗服务、卫生执法、爱国卫生等工作明显加强，荣获“第四次全国城市卫生检查先进城市”称号。加强计生队伍建设，推进“三为主”，全市年度计生率96.3%，合格村（含基本合格村）率89.8%，人口自然增长率5.07‰。加大环境监测监理力度，强化“两大重点”、“四大行业”污染等专项整治，完成127家企业的排污口规范化建设，关闭62家“15小”企业，完成“一控双达标”工作任务。推进生态建设“五大绿色系列”工程，强化土地、山体和矿产资源保护，重新核查划定农田保护区，完成市级土地利用总体规划修编。“扫黄打非”等专项整治取得实效，认真落实老龄、老干政策，关工委被授予“全国先进集体”称号。全年侨捐公益事业资金10020.37万元。双拥、社会保障、地方志、档案、残疾人等各项事业也取得新进展。

六、民主法制不断健全，社会政治比较稳定。全面清理规范性文件，加强行政复议工作，深入开展法制宣讲活动，开通“148”法律服务专线，完善干部学法制度，“三五”普法教育通过泉州市验收。强化社会治安综合治理，完善矛盾纠纷排查调处工作制度，健全治安防范机制和群防群治网络，依法从重从快打击违法犯罪活动。公安机关共立刑事案件9508起，破获5560起。加强隐蔽战线斗争，加大打假维权力度，严厉打击走私、出口骗税等经济犯罪活动，抓好与“法轮功”邪教组织的斗争。组织开展公共娱乐场所、“三合一”厂房、烟花爆竹等一系列安全专项整治，努力消除安全隐患。

【机关效能建设】 市委、市府以“三讲”集中教育为契机，认真贯彻“三个代表”重要思想，落实3批、50项边整边改项目和市政府“三讲”教育整改方案中的62项整改项目，推行便民服务，开展“警示”教育和“争当人民满意公务员”活动，强化机关效能建设，为民办实事项目得到落实。加大反腐倡廉力度，改革政府审批审核制度，清理规范性文件，推行行政事业性收费票款分离、罚没款罚缴分离和政府采购制度，加强建设工程招投标管理，完成国库统发工资改革。开展行风评议，严肃查处违法违纪案件，全年立案查处监察对象36人，其中政纪处分24人、党纪处分18人。 （撰稿：黄劲松）

南安市

【经济社会概况】 国民经济继续保持较快增长速度。全市实现国内生产总值183.17亿元，比增10%；工农业总产值326.2亿元，比增11.7%；财政总收入7.5亿元，比增15.4%，其中，地方级财政收入5亿元。国内生产总值和地方级财政收入分别居全国“百强”县（市）第19位和第32位。全年对外出口商品总值35.1亿元，比增8.2%；“三资”企业增资额达12.38亿元，新批外商投资项目总额4.51亿元；“三资”企业总产值54.1亿元，比增11.2%。城镇居民人均可支配收入7850元，比增6.3%，农民人均纯收入4335元，比增4.2%。

一、农业和农村工作全面加强。南安市被省政府确定为农业现代化示范县（市）和冬春水利建设样板县（市），码头、诗山等国家级农业综合开发项目顺利实施并通过验收，“绿喜牌”桂圆干通过“绿色食品”标志认定。

二、工业经济明显增强。组建2家企业集团公司，设立2家股份有限公司，85家企业改制为股份合作或有限责任公司；36家企业通过ISO9000系列认证，4家企业产品荣获国家级新产品称号，4家企业产品通过省名牌产品评定，4家企业被确认为省级高新技术企业；有18家企业增资扩营投资额超千万以上，年纳税超百万的企业已突破100家。高起点规划建设市级民营科技工业园，带动形成多层次、多种投资主体的工业区群体。

南安市大湖山农牧果有限公司，与福建农科院、福建农大、北京农大合作，为非牧区闯出了“引进牧草—养殖肉牛—牛粪种菇—肥田、改良土壤”等治穷致富之路。 （林辉龙 摄）

三、基础设施建设进展顺利。闽南建材第一市场、官桥粮食批发交易市场、闽南国际家私广场、泉州花卉城等大型专业市场加快建设；成功举办第二届南安（全国）建材贸洽会、2001年全国粮食主产区（官桥）粮油订货会、第二届科技成果信息发布展示交易会、世界南安同乡联谊会香港投资贸洽会等大型经贸活动；新增驻外营销网点超过2800个，有1000多家企业加入互联网。

四、各项改革逐步深化。全市国有企业基本完成转机建制，5家国投公司融资能力进一步增强。社会保障体系逐步建立，“三条保障线”有效落实。财政体制改革步伐加快，制定实施了扶贫性和奖励性财政转移支付办法，进一步加强乡镇财源建设力度；全面实行部门预算和综合零基预算，加强预算外资金收支两条线管理，预算外资金缴入专户同比增长1.3倍；全年节约财政资金2022万元。城乡建设力度加大，中心城区建改并举，小城镇建设成效明显，农村改旧建新扎实推进。

五、社会事业全面进步。“全国科技工作先进市”顺利通过复查，丰（州）霞（美）星火技术密集区通过省级验收；教育“两基”工作通过国家复查，被确定为“全国中小学信息技术教育实验区”。土地执法被列为全国试点单位，环保“一控双达标”任务如期完成。广电事业加快发展，实现市区与19个乡镇广电光纤联网，完成78个村通广播电视工程建设任务。机关效能建设全面加强，进一步完善和推行“七公开”办事制度。精神文明建设力度加大，荣获省“一级达标文明城市”和“双拥模范城”三连冠称号。社会治安综合治理深入开展，“扫黄打丑”、“打黑除恶”专项斗争成效显著，有力地维护了全市社会安定稳定。

【确定为全国土地执法试点单位】 南安市努力实践“预防为主，事前防范与事后查处相结合”的土地执法监察新路子，进一步加强组织领导和执法队伍建设，建立健全土地监察网络制度、土地巡逻检查制度、信访查办制度和执法监察责任制，完善执法监察体系和监察机制；强化土地管理法律法规宣传教育手段；严厉查处土地违法案件，严格依法管地，促进了土地管理秩序的根本好转，2000 年 5 月被国土资源部确定为“土地执法监察动态巡查责任制试点单位”，是福建省唯一的试点单位。

【评为省“一级达标文明城市”】 近年来，南安市重点针对市区原有规模小、城市建设管理基础差、市民文明卫生意识淡薄等突出问题，进一步加大城市规划建设力度，不断完善市政配套设施体系，建立健全城市管理运行机制，增强城市配套功能；注重通过城市综合管理和舆论宣传引导，强化对城区群众的文明素质教育，使城区群众文明卫生观念逐步转变和提高。努力营造整洁、有序的城市环境，树立文明、繁荣的城市形象。2000 年 3 月，通过省“一级达标文明城市”验收。

【成功科技工业区】 南安市 2000 年重点建设项目之一成功科技工业区，座落在市区西郊，毗邻火车站，具有优越的区位优势。工业区坚持“高标准规划，高质量建设”，分三期实施。远景规划面积 1.2 平方公里，居民 2 万人，工业产值 50 亿元。至 2000 年底，首期开发 600 亩土地已完成“六通一平”的配套工程；二期开发 700 亩的前期工作已基本完成；三期开发 700 亩准备工作也在进行中。

（撰稿人：庄伟钦）

石 狮 市

【国民经济】 2000 年全市实现国内生产总值 94.19 亿元，比上年同期增长 9.9%，工业产值 140.32 亿元，比上年同期增长 13.7%；财政总收入 5.47 亿元，增长 12.9%，完成计划的 100.6%，其中地方级财政收入 3.65 亿元，完成计划的 100.1%；城镇居民人均生活费收入 9360 元，增长 5.2%，农民人均纯收入 6366 元，增长 6%；社会消费品零售总额 76.6 亿元，比上年同期增长 6.5%，完成计划的 100.7%。继续保持全省县级经济实力第二位，荣获了全国体育先进市、全省文化先进市、全省精神文明建设一级达标城市等荣誉称号。

【“三个年”活动】 2000 年扎实开展“市场开拓年”、“技术创新年”、“环境旅游年”活动。市场开拓主要工作：成功举办了第三届海峡两岸纺织服装博览会。组织一批企业参加了中国国际服装服饰博览会、华交会、广交会等一系列展会，不断扩大石狮产品的影响力和辐射力。组织有关部门赴台湾招商并参加“台北国际纺织成衣暨服饰展”，首开了国内组团上岛参展的先例。强化了对本地市场的规范管理，其中鸳鸯池布料市场跃居全国十大纺织品市场之一，金源小商品市场成功启动并日渐繁荣。引导企业开展电子商务，近 1000 家企业通过“东方醒狮”网站发布信息。技术创新主要工作：成立了经济发展顾问团，举办了中高级技术、管理人员招聘会，新申报、开发、引进高新技术项目 20 余项，其中有 4 个项目入选国家级星火计划项目。石狮市可持续发展实验区和祥鸿锦星火密集区通过省级验收，宝盖、彭田科技园区基础设施建设日臻完善。信息市建设步伐加快，全面实施政府、企业、学校、个人四大“上网工程”，开通“石狮市人民政府公众信息网”，建成石狮市第一个信息化住宅小区—长福邮电新村住宅小区，成立了石狮市信息俱乐部。“环境旅游年”主要工作：城市管理继续加强，城市卫生和市容市貌有所改观，荣获了“第三次全国城市环境整治优秀城市”称号。“一控双达标”工作全面推进，列入市级达标验收和泉州市重点治理的企业已基本完成整改工作。加强了市区道路绿化，完成东西二路绿化带改造工程，实施宝盖山封山绿化。以承办第三届泉州旅游节为契机，加快黄金海岸等一批旅游项目的开发、建设，沿海繁荣大道的建设开始启动。充实完善“东方醒狮”旅游网页，加大旅游景点推介力度，促进旅游消费热点形成，一年来，共接待国内外游客 200 多万人次。

【新经济增长点】 一是提高工业企业运行质量和经济效益。新建投资额 1000 万元以上的工业企业 20 多个。企业的质量意识、品牌意识明显增强，有 30 家企业通过 ISO9000 质量体系认证，11 家企业获泉州市知名商标称号。许多产品远销欧美日等发达国家，其中体育用品企业外贸出口增幅超过 50%。二是建立工业园区。联邦工业园成功启动，已有 100 多家中小型企业入驻。石湖港口工业区发展迅速，多家大型工业企业先后投资设厂，投资总额 7.23 亿元。宝盖高科技园区新引进 12 家企业，投资规模均在千万元以上。灵秀科技园区已有 4 家较大规模企业入园。三是发展港口运输。石湖港区已具备集装箱、散杂货、油轮等万吨级船舶安全靠泊及装卸条件，开通至国内沿海各大港口及香港、菲律宾等地港口的航线，全年货物吞吐量高达 113 万吨，大大超过原设计吞吐量（40 万吨）。石湖港 3 万吨泊位扩建工程已动工建设，梅林港货运量也大幅度上升。港口日渐繁荣，有力地带动相关运输业、仓储业及港口工业区的发展。四是发展房地产市场。全年共盘活存量土地 726 亩，盘活沉淀房产约 2.5 万平方米。房地产市场呈回升趋势，全年房地产交易额 2.1 亿元，比去年翻了一番。五是推进外经外贸工作。全年共批准外商投资项目 54 个，比上年同期增长 15%，协议利用外资 1.2 亿美元，完成计划的 101.3%，外商实际到资 9000 多万美元，完成计划的 102.1%。外资企业整体运行平稳，上规模、出口型企业生产形势较好，成为石狮市外经贸工作的新亮点。自营出口 7255 万美元，完成年计划的 95.9%，比上年同期增长 3.6%；外资企业工业产值 78.4 亿元，比上年同期增长 12.8%。六是完善财税金融管理。全年实现地方级财政收入 3.65 亿元，增长 11.1%。做好农村基金会和城市信用社的清理整顿工作，金融平稳运行，至 2000 年年底全市银行存款余额 79.83 亿元，贷款余额 49.84 亿元，分别比上年同期增长 8.4%和 2.9%。

【宽裕型小康建设】 首先是稳住农业经济。全年实现农林牧渔业总产值 10.58 亿元，增长 8.3%。由于农业产业结构调整和受 10 号台风影响，粮食总产量 2.5 万吨，比去年下降 4.3%。加强水利基础设施建设，新建蚶江海堤、改建西岑海堤，完成了容卿水库除险加固等一批水利设施建设。加快农业产业化进程，进一步巩固和充实“6610”工程，祥芝省级农业现代化示范点建设初具规模，市级农业现代化示范园区——种子科技试验场建设项目逐渐完善，并成为“国家级水稻新品种展示中心”。不断发展蓝色产业，全市水产品产量 24.6 万吨，增长 5.8%，水产养殖发展势头良好，一批水产品深加工企业群逐步形成。全市畜禽产品总量达到 8491.5 吨，比增 5.8%，生猪存栏 39856 头，比增 8.9%，羊存栏 4358 头，比增 5.3%，家禽存栏 74.8 万羽，比增 10.8%。全市共有规模畜牧养殖场 51 个，牛羊养殖有了新的发展。其次是加强改旧建新新型农村建设。加强对宽裕型小康尚未达标的 4 个镇和 30 个村进行攻坚，全市基本实现宽裕型小康。扎实推进旧村改造、新村建设，全市村（居）已全部完成了控制性详规编制，共投入改旧建新资金 1.53 亿元，涌现出蚶江村、厝仔村、前埔村等一批具有侨乡特色的社会主义新型农村。蚶江镇小城镇建设项目被国家计委确定为全国示范项目之一。

【城市建设】 重点项目建设。11 件重点建设项目中，九二路东段道路改造、大堡污水处理厂一期整改、二期建设、蚶江小城镇经济综合开发示范项目等项目已经完成；其余项目均按计划推进，其中引水工程已投入1.82亿元，占总投资的92%，石狮市沿海繁荣大道工程示范路段建设基本完工，海堤路部分已完成4.7公里的建设；黄金海岸风景区的海豚表演馆、洛伽寺等项目已完成主体工程；石泉二路（一期）投入150万元，完成工程量50%；宝盖变电站已完成一期工程。沿海防潮防洪工程前期工作基本完成，争取到1000多万元的国债资金；有线电视网络改造、农村电网改造工程均较好完成投资计划。

【社会事业】 精神文明建设。以“三大创建”为载体，深入开展“倡导文明新风、共建美好家园”活动，不断提高市民思想道德水平。深入开展移风易俗工作，巩固殡葬改革成果，出台了《禁止党员、干部大操大办婚丧喜庆事暂行规定》，各种封建迷信活动和铺张浪费的陋习得到有效制止。教育事业。“两基”成果得以巩固和提高，通过了省、泉州市第四次跟踪验收。素质教育扎实推进，顺利完成第一轮素质教育督导评估。教育结构战略性调整取得突破，市区及周边地区小学学校资源配置更趋合理，中等教育学校布局调整步伐加快，华侨职业中专与鹏山工业中专学校成功合并。长兴和育青两所民办职业技术学校正式招生，势头良好。教育信息化进程快速推进，以教育网站为中心，联通各中小学的信息网络即将形成。教育质量进一步提高，高考创造历史最好成绩。社会稳定工作。加大“严打”斗争力度，开展反盗抢机动车、反抢夺、打击拐卖妇女儿童等专项斗争，在全市开展严厉打击卖淫嫖娼、赌博、吸毒贩毒等社会丑恶现象专项治理工作，社会治安有所好转。能坚决按照中央精神，取缔“法轮功”非法组织，并做好一般练习者的教育、转化和解脱工作。加大反走私斗争力度，加强渔民、船只、海面、海岸线的管理，取得一定成效。

社会各项事业。切实加强计生工作，计划生育目标得以较好落实，全市计划生育率达98.5%，合格村和基本合格村率为93.4%。认真组织好第五次人口普查工作。做好海外华侨在家乡兴办企业和捐资项目的服务，海外侨亲捐资3000多万元。群众性文化体育活动蓬勃开展，蚶江镇溪前村民舞狮队荣获全国“北狮王”争霸赛金奖、全国农运会舞狮冠军和世界龙狮比赛冠军。做好城镇职工医疗保险制度改革的各项前期准备工作，健全和巩固农村三级医疗预防保健网络，加大卫生监督执法力度，社会医药市场进一步净化。各项社会工作也取得了新的成绩。

社会主义民主法制建设。认真贯彻依法治市方针，建立了与市政协定期联系的工作机制。自觉接受人大及其常委会的依法监督，接受政协及各民主党派的民主监督，进一步加强和健全政府与各民主党派和党外人士的联系制度，认真处理人大、政协代表提出的意见和建议，认真办理人大代表的议案和政协委员的提案。机关效能建设。认真扎实开展“三讲”教育活动，坚持群众路线，深入开展批评和自我批评，狠抓整改措施的落实，出台了《石狮市机关效能建设暂行规定》，进一步转变机关的作风。

（撰稿：林秀钦）

惠安县

【经济概况】 2000年全县实现国内生产总值124.13亿元，比增22.5%；财政总收入63902万元，比增33.6%，净增15846万元，其中县级收入39338万元，增幅居全市前列。国内生产总值和县级财政收入分别跻身“全国百强县”第55位和第70位，连续7年蝉联“全省经济实力十强县”，名列第五位，并居“全省经济发展十佳县”首位。

一、现代农业发展迅速，结构调整扎实有效。坚持以产业化为方向、“两高一优”为目标，抓基地，抓龙头，抓投入，农业结构调整初见成效。涌现了一批新的生产基地和农产品加工龙头企业。2000年农业总产值27.88亿元，增长7.0%；乡镇企业总产值289.05亿元，增长25.9%；粮食总产量14.4万吨，增长1%；连片蔬菜基地58819亩，增长14.1%；水果总产量8286吨，增长7.1%；肉蛋奶总产量44936吨，增长8.3%；水产品总产量28万吨，增长7.5%，首次获“全省水产十强县”称号。

二、工业产值持续增长，质量效益明显提高。出台《惠安县扶持重点企业和重点项目发展的若干优惠政策》，支持一批重点企业通过技术改造和增资扩营，壮大规模，提高效益。啤酒、石雕石材、食品、服装包装等支柱产业增长强劲。2000年全县完成工业总产值209.12亿元，增长22.8%。年产值超亿元的企业已达11家、5000万元至1亿元的13家、新增产值上亿元的1家、5000万元至1亿元的11家、纳税超500万元的企业已达7家、200万元至500万元的14家。2000年新增纳税超500万元的企业2家、200万元至500万元的6家。规模以上工业企业实现利税总额63754万元，工业经济效益综合指数达159%，比1999年提高7个百分点。

三、招商引资成效显著，工业小区建设加快。共签订内联外引项目101个，投资总额达157685万元，比增15.5%，资金到位52939万元，比增166.1%，其中签订外资协议项目54个，协议投资总额1.07亿美元，已批准项目41个，合同利用外资4282万美元，比增7.9%，实际到资3690万美元，比增10.1%。在引进国内外集团资本和旅游设施项目上有新的突破，如日本丸和株式会社、新加坡三德集团、菲律宾华美公司、台湾大舟企业有限公司以及香港伟华公司与南益集团、菲律宾华俞集团与温州康乐集团等。县委、县政府大力推动工业小区建设，努力营造招商引资环境。全县已完成22个工业小区的规划和立项，其中9个已批准，有的已投入建设和招商，城南工业区全年完成招商和投建项目13个，合同总投资额1.88亿元，实现产值2.2亿元，已初具规模，取得明显成效。

四、市场开拓力度加大、外贸出口增长较快。2000年共组织68批158人次参加港澳、东南亚、欧洲和日本、美国、阿联酋等国际性展销会、交易会，交易额达5600万美元；组织100多家企业先后参加广交会、华交会和福州等地举办的全国性推介、展销会共240场次，有300多家企业在国内各大中城市建立了连锁店、专卖店及配送点、经销点，还成功地举办了中国雕刻艺术节和惠泉（福建）啤酒节商品展销会和国际石材展示会，共有日本等国700多名外商和国内2000多名客商参加了展示会，销售及订货达700多万美元。通过落实各种措施，有效地扩大了本县产品的影响力，提高了市场占有率。全县外贸出口2.55亿美元，比增29.7%，总额居全市第二位，增幅居全省、全市前列。

五、重点建设进展顺利。固定资产投入增加。54个重点项目开工49个，完成投资12亿元，开工率90.7%，比1999年增加12.2个百分点。固定资产投资完成28.4亿元。增长28.5%。惠泉啤酒异地技改扩建等一批生产性项目先后建成投产，一批等级公路、崇武供水工程及年度农电改造计划等项目已竣工；体育馆等一批社会事业项目相继投建；外走马埭围垦等12个国家、省级重点项目前期工作获突破性进展；中新花园等一批县城改建项目陆续投建，改建力度为历年最大。呈现出基本建设加快、城镇村改旧建新强劲、房地产开发升温的良好态势。

六、社会事业全面发展，精神文明建设上新水平。认真组织实施科教兴县战略，科技工作取得新进展。2000年执行各类科技计划项目193项，实施国家、省、市科委科技计划67项，科技兴企、兴农力度加大，科技进步贡献率提高1个百分点。教育“两基”顺利通过省、市的年度跟踪检查，加快发展高中教育，高中入学率提高5个百分点，完成校舍改建投资6500万元，师资队伍建设得到加强，素质教育扎实推进、计划生育保持全省“三为主”先进县，计生率99.3%，出生率10.12‰，总体水平有所提高。环保工作加大监督治理力度，顺利通过市“一控双达标”验收，土地管理进一步加强，耕地保护、整理、开发、使用取得新成效，卫生工作实现了2000年人人享有初级卫生保健目标。文体工作有新起色，惠泉艺术团获得全国第十届“群星奖”舞蹈比赛的金、银奖，女篮代表福建省参加全国农运会获第三名，群众性文体活动广泛开展。创建文明县城、卫生县城、双拥模范县城取得新成果，社会治安综合治理、“三五”普法、安全生产及殡改、勘界等工作也取得新的成效。

中国雕刻艺术节、惠泉(福建)啤酒节2000年8月25日在惠安县举行。来自澳大利亚、德国等国家和国内及台湾的105名雕刻名家参赛。(吴宝光 摄)

【成功举办"双节"】 2000年8月25日至9月7日,"中国雕刻艺术节"和"惠泉(福建)啤酒节"在惠安县隆重举办,取得圆满成功。中国雕刻艺术节活动内容有石木雕大奖赛、中国当代雕塑家作品展、中国雕塑论坛,惠安建筑雕艺摄影展等。来自全国27个省、市、自治区和澳大利亚、德国、瑞士、波兰等国家的102名艺术家参加雕刻大奖赛,有36件作品获奖,包括一等奖4名,二等奖7名,三等奖25名。惠安选手获一等奖2个,三等奖5个。影雕大师刘碧兰应邀参加表演赛,被授予特别荣誉奖。"惠泉(福建)啤酒节"活动丰富多彩,异彩纷呈,举行了惠啤营销报告会,惠泉啤酒竞饮比赛和新产品品尝会,还举行惠女风采和惠安民俗表演活动,以及惠泉年产50万吨纯生啤酒首期主体工程竣工仪式和金麦啤酒原料公司扩建技改工程竣工仪式。"两节"期间,举办招商项目签约仪式,共签项目53个,合同协议总金额10.5亿元,其中引进外资项目23个。(撰稿人:卢谦辉)

安溪县

【国民经济】 2000年,安溪县国民经济继续持续快速健康发展,连续4年被评为全省经济发展十佳县。全县国内生产总值实现77.48亿元,比上年增长16.4%。农村经济全面发展,全县农业总产值16.68亿元,比上年增长4.1%。工业生产增长较快,结构和效益得到改善。全县工业总产值92.86亿元,比上年增长21.6%;乡镇企业总产值133.14亿元,增长23.9%;国有工业企业总产值3.74亿元,实现税利5900万元,分别增长12.7%和18.7%;"三资"企业总产值12.45亿元,增长24.3%。龙头骨干企业加快成长,有6家企业年产值上亿元,11家上5000万元,3家企业获市"知名商标"称号,11家企业通过ISO9000质量体系认证。第三产业加快发展,4条茶文化黄金旅游线初具雏型,旅游业初步展示了广阔的发展前景。财政预算执行良好,全县财政总收入达到32592万元,其中县级预算内财政收入22860万元,分别比上年增长18.9%和16.3%,财政支出控制在预算盘子之内,继续实现收支平衡。金融运行平稳,年末金融系统各项存款余额29.53亿元,各项贷款余额21.24亿元,分别比年初增长5.9%和13.7%。

改革开放迈出新步伐。国有企业改革和脱困3年目标如期实现。完成安溪茶厂、水泥厂、酒厂和3家发电厂改制工作,对经营困难的县化肥厂、农械厂实施关闭。"再就业工程"扎实实施,社会保障制度改革稳步推进,社会养老保险、失业保险、医疗保险覆盖不断扩大,三条社会保障线进一步健全。机关事业单位医改工作全面铺开。2万多名干部职工纳入医保中心管理。土地延包政策全面落实。对外开放进一步扩大,招商引资和对外经贸取得较大发展。全年引办乡镇企业311家,注册资金3.97亿元;新批外商投资企业21家,增资扩股6家;合同利用外资5967万美元,实际利用外资2437万美元,分别比上年增长172%和6.9%;对外贸易商品总额12685万美元,增长25.7%。侨台工作得到加强,与台、港、澳地区及华侨(台)亲捐赠公益事业金额8500万元,创历史新高。

行业发展战略全面推进。至2000年底,先后组建了竹藤工艺、茶叶、水泥、石材、服装鞋帽和包装印刷同业公会,较好地发挥了中介组织的协调作用。实施茶业"三步走"战略成效显著,建成了中国茶都——安溪全国茶叶批发市场和茶叶大观园、茶叶公园、铁观音探源等系列茶文化旅游景点、景区,组建了以安溪茶厂为核心的福建安溪铁观音集团。茶叶绿色食品基地已完成前三批5.45万亩的建设任务,有5家企业获得绿色食品基地标志使用权。实施竹藤工艺"百亿工程"战略初见成效,先后成立安溪县竹藤工艺、特种工艺、木制工艺、陶瓷工艺研究所,开办陈利竹藤工艺美术学校,引办竹藤工艺企业33家,增设竹藤工艺加工点142个。

基础设施和城乡面貌继续改善。全县

中国茶都(安溪)文化旅游节暨首届中国安溪铁观音乌龙茶节,2000年12月18日在安溪县举行。安溪是世界名茶铁观音的发源地,全国最大的乌龙茶主产区,茶叶年产值4亿多元。图为开幕式。(林辉龙 摄)

固定资产投资总额10.85亿元，比上年增长19.2%。交通公路建设取得新进展，元尚公路拓建基本完成，剑横公路完工，当年完成乡村道路硬化120公里。供送电能力进一步增强，新增水电装机8925千瓦。在建装机4.5万千瓦，新建4座输变电站。农电“两改”已规划304个村、开工在建256个村、完成投资8174万元。通信网络建设继续推进，新增程控电话交换容量3万门。工业小区开发建设加快，已有324家企业在工业小区落户。德苑高科技园区建设启动，配套政策措施出台实施，已引进一批项目。投资2亿多元用于城区配套设施建设，完成3公里城区防洪堤建设，实施城区主干街道的绿化、美化、亮化工程和地热扩容工程，新开4条公交营远线。完成城区总体规划修编。农村改旧建新继续推进，71个市、县、乡镇试点村的规划建设全面展开，并树立了一批典型，同时完成了25个村的“六图一书”规划编制。

人民收入和生活水平进一步提高。城镇居民人均可支配收入达到5634元，农民人均纯收入达到3344元，分别比上年增长3.2%和5%。社会消费品零售总额22亿元，比上年增长17.4%。为民兴办10件实事项目基本完成。认真落实农民“减负”三项制度，全年减轻农民负担635万元。市、县重点帮扶的33个经济薄弱村全年共落实帮扶资金1420万元，完成“造福工程”搬迁156户、708人。

社会事业全面发展。科技创先成果得到巩固，组织实施省、市、县科技计划项目43项、农业科技项目11项、企业技改项目95项。慈山农中农科教示范基地已建成粮食作物、蔬菜、花卉、名优水果、食用菌等5个示范基地。教育“两基”通过省、市第二轮跟踪检查，一批中学、小学、幼儿园分别通过省、市级达标验收。素质教育全面推进，教学质量继续提高，全县高考上本科线考生643人，比上年增长37%，比全市增幅高出19个百分点。农村初级卫生保健经省复核评审达到合格县标准，已有7个乡镇184个村实行农村合作医疗制度。文化事业繁荣发展，高甲戏选段入选中央电视台2001年春节联欢晚会。广播电视事业加快发展，开辟《龙腾凤起》专栏，新解决87个边远山村看电视难问题。群众性体育活动蓬勃开展，荣获“全国体育工作先进县”称号。计划生育工作整体水平有新的提高，人口出生率9.4‰，计划生育率95.26%，分别比上年提高1.02个千分点和2.18个百分点。第五次全国人口普查工作通过省、审验收。开通“148”法律服务专用电话和“121”气象台，较好地服务了人民群众。民兵预备役建设有新的发展，县人武部被省委、省政府、省军区评为全面建设先进单位。

【精神文明和民主法制建设】 群众性精神文明创建活动取得新成果，被评为省一级达标文明县城，获得12个省级文明单位、1个文明村镇、1个文明安全小区、1个文明行业命名表彰。加快依法治县步伐，实施依法行政规划，加大行政执法、执法监督力度，完成“三五”普法。加强民主法制建设，顺利完成村级换届选举。全面开展机关效能建设，行政审批制度改革和清理规范性文件工作如期进展，已取消县级政府审批事项76项，废止县政府规范性文件154份。全面推行和完善政务、村务、厂务、校务、医（院）务、警务“六公开”制度和工程建设公开招投标、药品采购公开投标、政府采购等制度。安溪县政务公开工作被中纪委确定为全国重点联系县之一。组建“安溪县经济发展顾问组”，努力提高决策民主化、科学化水平。加强社会治安综合治理，依法严厉打击各种犯罪，组织“扫黄打丑”、“打黑除恶”专项斗争和打击“六合彩”赌博活动。狠抓安全生产。认真做好信访工作。基本完成农村合作基金会清盘关闭。全县没有发生重大群体性治安案件，社会安定稳定。

【茶“两节”活动】 由泉州市人民政府和福建省旅游局主办，安溪县人民政府承办的中国茶都（安溪）茶文化旅游节，以及由安溪县人民政府主办的首届中国安溪铁观音乌龙茶节于12月17～19日隆重举办，获得了圆满成功。来自16个国家和地区的乡贤、嘉宾以及新闻界、旅游界、茶叶界、文化界、工商界等各界朋友3000多人参加了盛会。茶“两节”活动期间，举办了世纪茶王赛、万人烛光品茗会、国际茶道表演、中国茶都文艺踩街活动、安溪茶宴品尝、闽南风情表演及休闲渡假、古迹旅游、茶都观光和生态探幽旅游等八大活动。同时还举办了一系列经贸活动，共洽谈投资项目47个，协议投资总额16.3亿元，利用外资10368万美元，洽谈茶叶订货项目59个，合同金额1.65亿元；与国内60多个旅行社和旅游公司建立旅游组团合作项目。（撰稿：林雨森）

德 化 县

【经济社会概况】 国民经济与社会事业持续快速健康发展，连续4年被评为“福建省经济发展十佳县”，综合经济实力居全省各县（市）第13位。全县国内生产总值34.52亿元，比上年增长16.1%，人均国内生产总值首次突破万元大关。工农业总产值54.76亿元，增长18.6%。乡镇企业总产值67.49亿元，增长23.9%。财政总收入2.557亿元，增长19.7%，其中地方级财政收入1.627亿元，增长15.6%。农民人均纯收入3381元，增长5.4%。年底金融系统各项存款余额12.73亿元，比上年末增长12.1%；各项贷款余额10.5259亿元，比上年末增长2.2%。商品零售价格指数98.1%。经济结构调整初见成效。三次产业结构由1995年的26∶42.8∶31.2调整为2000年的14.2∶53.2∶32.6，工业主导型的经济发展格局基本形成。

工业经济保持快速增长。通过开展“产品创新年”和“环境优化年”活动，实施“扶优扶壮”工程，着力培育发展陶瓷、矿产、电力、化工、竹木加工等支柱、重点产业，推进结构调整，促进产业升级。全县工业总产值46亿元，比增21.7%，其中陶瓷产值32亿元，比增25.5%。

农村经济稳步发展。通过推广普及杂优水稻，提高笋用竹比例，扩大毛竹、德化梨、反季节蔬菜、珍稀食用菌种植面积，扶持发展“南戴”杂交羊、波尔山羊、刺鲃鱼、棘胸蛙、美蛙等特种养殖，使农业产业结构不断得到有效的调整。全县粮食总产量9.8万吨，农林牧渔业总产值7.76亿元，与上年基本持平。

第三产业发展步伐加快。假日经济效应显现，餐饮、娱乐、旅游等服务行业发展势头良好。成功举办了中国瓷都德化旅游推介会，开辟了桃仙溪、凤霞溪竹筏漂流、石龙溪皮划艇漂流、龙门滩水上乐园等旅游项目和陶瓷文化旅游专线，九仙山、石牛山、岱仙瀑布等景区（点）的配套设施逐步完善，旅游业逐渐成为经济发展的新亮。

对外经贸保持良好发展势头。外贸出口保持稳步增长，全县出口交货值26.7亿元，增长27.1%，其中自营出口6500万美元，增长20.0%。新批准外商投资企业7家，合同利用外资651.8万美元。全县“三资”企业产值4.25亿元，增长10.4%。

综合配套改革力度加大。国有企业深化改革全面推进，完成了3家企业的深化改革工作；粮改工作取得重大进展。全县已分流安置职工4780人，占应分流安置总数的97.9%。农电“两改一同价”进展顺利，农网改造工程已开工111个村、完工60个村。养老、医疗、失业等社会保障制度改革顺利实施。完善了行政事业单位核编制度，为新一轮机构改革奠定了基础。

社会事业长足进步。教育质量显著提高，中考优秀率达31.1%，比上年提高18.1个百分点；高考上省专线考生达525人，增长1.38倍，每万人上省专线人数达17.1，居泉州市首位。陶瓷职业技术学院建设进展顺利。卫生事业不断进步，已有15个乡镇的初保工作达标。全县计划生育率达99.4%，人口出生率为9.8‰。“一控双达标”任务全面完成，晋江流域水环境综合整治成效明显，地面水和饮用水源水质达标率95.5%。殡葬改革取得突破，鹤仙山陵园正式启用。精神文明建设不断加强，分别通过了省级卫生县城复查和文明县城考评。综治领导责任制全面落实，“严打”专项斗争和“万民评警”活动深入开展，社会安定稳定。

【“两个年”活动】 “产品创新年”活

动富有成效。实施各类科技开发项目79项，其中国家级4项、省级8项。引进了纳米不粘耐热煲等5项科研成果。万顺捷陶瓷有限公司引进的“95陶瓷阀片”项目填补了本县特种陶瓷生产的空白。成立了生产力促进中心，帮助企业申报专利21项，已获批准14项。推广农业先进技术54项、优良品种27个，农作物良种覆盖率达18%。“环境优化年”活动深入开展。硬环境日益改善。新铺设乡村水泥路60公里、柏油路31.5公里，省道305线土坂至石山路段提级改造工程进展顺利。完成95个百人以上自然村通广播、电视任务。新增城乡电话7200部、移动电话9700部，电话普及率13.5%。数字移动电话信号覆盖面达50%，分别比上年提高2.4和20个百分点。瓷都大道正式通车，城区交通网络日益完善。县城建成区面积达4.5平方公里，人均公共绿地面积5.63平方米，绿化覆盖率达32.4%。新增水电装机1.36万千瓦，东固电站工程进展顺利。软环境不断优化。机关效能建设活动深入开展，相继成立了农业咨询服务台、企业服务中心、劳动就业管理服务中心、机动车报牌办证服务中心。

【德化县第七届运动会】 德化县第七届运动会于10月1日在县体育场隆重开幕。本届运动会是德化有史以来规模最大、规格最高、参加人数最多的一次体育盛会。共有8个系统、18个乡镇的2000多名运动员参加，角逐10个比赛大项的745块金牌。运动会于8月5日拉开帷幕，10月4日胜利闭幕，共有6人（次）打破6个比赛项目的全县纪录。

（撰稿：许全标）

永 春 县

【经济社会概况】 2000年，全县实现国内生产总值53.56亿元，按可比价格计算，比增16%，经济结构日趋合理，经济运行质量明显提高，第五次被评为全省经济发展十佳县。

农业产业结构调整不断优化，农村经济全面发展。全县农林牧渔业总产值13.96亿元，比增4.8%；粮食产量15.55万吨；蔬菜产量10.07万吨，比增20.9%；肉蛋奶产量2.98万吨，比增4.6%；茶叶产量3973吨，比增2.5%。水果产量21.64万吨，比增2.2%，其中柑桔产量20.06万吨，比增3.1%。

工业生产稳步增长，企业发展后劲增强。全县工业总产值47.37亿元，比增21%，其中国有工业及年产品销售收入500万元以上的非国有工业企业总产值10.39亿元，比增20.0%，工业品销售率98.6%，比上年提高1.2个百分点，预算内工业企业销售收入14576万元，创税利1808万元，分别比增12%和6.7%，乡镇企业总产值79.28亿元，比增18.3%。

招商引资取得成效，对外经贸大幅回升。全县新批准“三资”企业10家，总投资6695万元，比增1.1倍；合同利用外资787万美元，比增1.3倍；实际利用外资536万美元，增长4倍。“三资”企业产值7亿元，比增11%；出口创汇1685万美元，比增37%；全年出口商品总值9.56亿元，比增14%。全年接待海外三胞2万多人次，其中重点社团60个，接受三胞捐资2439万元。

财政收支保持平衡，金融运行态势平稳。全年财政总收入2.64亿元，比增16%，其中县级财政收入2.12亿元，财政支出2.33亿元，比增15.8%，实现财政收支平衡。全县金融系统各项存款余额26.44亿元，各项贷款余额15.56亿元，分别比年初增加1733万元和2626万元。

消费品市场活跃，城乡居民收入增加。全社会消费品零售总额12.97亿元，比增11.0%；商品零售价格指数、居民消费价格指数分别为99.6、101.7，消费价格水平提高1.7个百分点，物价指数逐渐走出低谷。城镇居民人均可支配收入6600元，比增8.7%；农民人均纯收入3565元，比增5%。

社会事业全面发展，精神文明上新水平。全县科技进步对经济的贡献率达48%，比上年提高3个百分点；学龄儿童入学率、初中阶段入学率和青壮年非盲率分别为99.8%、98.1%和99.4%。计划生育率98.5%，人口自然增长率11.43‰；创建全国科技工作先进县、省级农村技术市场试点县顺利通过验收；荣获国家卫生县城、全国城市环境综合治理优秀县城称号；被国家科技部授予全国科技工作先进县；被文化部授予“中国纸织画之乡”。

【闽南西双版纳——永春牛姆林】 永春牛姆林，省级自然保护区，位于福建省东南部，泉州市西部，风光秀丽，景观独特，魅力无穷，被誉为闽南西双版纳。牛姆林是生态旅游胜地。牛姆林是泉州唯一的森林生态旅游区，海拔490～1105米，属亚热带季风山地气候，年平均气温17～18℃，夏季月平均气温25～28℃。1998年以来，永春县高度重视牛姆林生态旅游区建设，完善了水、电、路、通讯等基础设施，建设了孔雀园、鸵鸟园、猴子山等，避暑山庄、休闲度假屋等，正在建设牛姆林生态陈列馆，开发百草园、杜鹃坞、兰花圃、百鸟亭和各种珍奇稀有动植物标本馆，使之成为一个兼有避暑、度假、休闲、娱乐、科普、科研、教育于一体的生态型森林旅游区。

【永春纸织画】 永春纸织画有着悠久的历史，早在隋唐初，就有纸织画的制作，与杭州丝织画、苏州刺绣、四川竹帘画齐名，被称为中国的四大家织。

改革开放以来，永春纸织画多次参加国内各种博览会，并频频获奖。《迎台归》荣获首届中国农民书画大展赛优秀奖；《寿星图》荣获中国民间艺术博览会创作奖，并被上海美术馆收藏；《百米百虎长卷》被中央军事博物馆收藏，并获得“大世界吉尼斯之最”；《攫身侧目〈鹰〉》被评为省政府福州首展优秀奖，并为省群众博物馆收藏；《留安塔》获中国《王羲之》奖，中国书画艺术大赛一等奖；《山水》荣获中国当代诗画人才作品展铜奖。永春纸织画还走出国门，先后选送到40多个国家展出，并作为礼品赠送国际友人，成为“友谊使者”。

（撰稿：郑维良　张延年）

清濛工业区

【经济社会概况】 全区完成工业产值9.2亿元，比增300%；税收规费3831万元，比增200%。一是招商引资势头强劲。工业区全年签订合同项目30个，总投资6.6亿元，用地规模550亩；其中外资项目8个，总投资6250万美元，利用外资4100万美元。诺林房地产项目、宏远纺织项目分别投资3000万美元和2000万美元。二是企业运作状况良好。今年新投产项目30家，累计投产企业达93家，投产企业中产值超5000万元的有5家，大部分企业产销两旺，资金运作充裕，许多企业积极增资扩建。三是对外贸易持续增长。全年出口交货值3.8亿元，同比增长50%，出口产品不只局限在传统的服装鞋类、工艺品，高技术含量、高附加值的耐磨汽缸套等产品也逐步打入国际市场。四是科技含量不断提高。今年被批准确认的高新技术企业4家，市创新示范企业2家，省CAD技术应用示范企业1家，国家级火炬计划项目2个和12个“五新”项目，其中经省立项的“五新”项目7个，企业自主知识产权且具有一定技术含量的产品数达42个。五是城市建设进展顺利。城市配套项目占地40亩的仙公山公园已竣工，重点服务机构海关报验中心已建成投入使用，高科技园区智能工业大厦已完成土建工程部分，清濛商贸小区已完成施工图设计。

【会展活动】 今年共组织企业参加泉州（宁波、沈阳）侨乡商品展销会、广交会、“9·8”贸洽会、“9·9”商交会等展销活动25场，先后组织210家次企业参加，区内企业在国内市场的占有率比较大的提高，艺达车用电器公司生产的气喇叭在国内市场占有率达60%，三兴等企业知名度迅速提高，签订商品合同意向近2亿元，管委会签订投资项目15个。帮助区内企业独自举办专场展销会，三兴鞋业公司在美国举办展销会，签订合同额达300万美元，并独家赞助在长沙举行的中国体育用品博览会开幕式。充分发挥“清濛之窗”网站的优势，定期修改精心设计，重点介绍工业区投资环境及区内企业，并将其链接到知名网站，使清濛网站的点击率大大提高，2000年已被登录达5000次。

【效能建设】 管委会以6月1日全市机关效能建设经验交流会在清濛召开为契机，大力加强效能建设，提出“拓宽服务领域，深化服务层次，规范服务行为，提高服务质量”的口号，通过强化违规追究制，首问责任制、否定报备制等一系列制度，全面推行政务公开，把“一个窗口”服务推上一个新的水平。目前，企业的各项证照手续办理顺利；为区内企业引进各类人才50余名；为企业担保办理按揭贷款500万元；解决12家企业子女就学问题。

【环境建设】 重点建设了仙公山公园，建筑面积近9000平方米的高科园创业楼、海关报验中心；高科园的其他配套宿舍楼已完成桩基工程，区内道路已完成招投标工作，进入施工阶段；商贸小区已完成施工图设计，正在进行地质堪探，清濛西区的规划设计已完成。同时，工业区坚决实行规划审批跟踪管理，整个工业区的植树造林、植被绿化、污染整治、养护管理做到整体规划、合理布局。

【科教之区】 共申报高新技术企业5家，省“五新”项目10个，市技术创新示范企业1家；开展ISO9000质量体系认证咨询工作有4家；协调落实“五新”项目省财政专项拨款80万元；举办32家企业厂长经理参加的世贸组织培训班和60多人参加的计算机培训班，提高企业管理人员的综合素质；邀请清华大学等学校的教授组成的专家顾问团为8家企业进行现场指导，并建立长期的合作关系；积极做好博士后工作站的各项前期准备工作，高科技园区的优惠政策即将出台，这将有力推动高科技企业的进驻。

【融通建设资金】 国家开发银行1亿元建设资金贷款已经到位。同时，工业区出台加强工程建设管理有关规定，并对工业区的各项管理费用、日常开支进行比较严格的控制，将资金集中优先保证重点项目高科园等项目的建设，整体财务状况运作紧张平衡、滚动发展、基本能满足开发的需求。

【社会事业】 以企业文化为构架加强精神文明建设。有60%以上的企业建立职工活动中心，体育活动场所，职工数超过1000人的企业都设立医疗室，有的企业还探索成立医疗互助基金会，消除职工求医问药的后顾之忧。工业区中心医院已由上级有关部门批准建设。此外，工业区还认真做好第五次全国人口普查工作，并通过了市级验收。精心编制“十五”规划。专门成立领导小组，并设立办公室指定工作人员，聘请厦门大学经济学院专家，广泛调查、深入研究，根据工业区特点，认真科学地进行编写，目前已完成《清濛科技工业区经济社会发展“十五”规划（纲要）》初稿。以安定稳定为目标强化综合治理。坚持每月进行一次安全生产检查工作，在5、6月份，集中开展“拉网式”、“地毯式”的安全生产大检查，举办一期由约60家企业安全人员参加的消防知识培训班，进一步督促落实安全生产责任制。完善工业区安全文明片区建设。进一步完善组织机构和工作制度，扩大片区覆盖面，及时表彰了文明安全工作先进单位，在全区形成以政府牵头，企业共同参与建设文明安全片区的良好氛围。落实综治责任制，加大社会治安综合治理力度，深入开展严打整治行动，开展打击“两抢”犯罪专项整治活动，加强扫黄打非和排查“法轮功”活动情况工作，破获了抢劫和系列盗窃等大案、有效地维护工业区社会安全稳定局面。 （撰稿：廖小珍）

编校：郑蓁

三　明　市

综　述

【“九五”概况】　一是综合实力明显增强。2000年全市国内生产总值比1995年增长68.6%，年均增长11%。财政总收入比1995年增长65.6%，年均增长10.6%。社会消费品零售总额比1995年增长86.8%，年均增长13.3%。在保持国民经济平稳快速增长的同时，有效抑制了通货膨胀。国民经济进入较快增长和相对平稳的发展轨道。二是产业结构得到初步调整。三次产业比重由1995年的31.2∶40.5∶28.3调整为27.7∶39.6∶32.7。农业结构调整步伐加快，烟叶、莲子、食用菌和绿色食品等优质农产品比重进一步提高，农业产业化发展壮大，全市已建成各类龙头企业109家，其中省市级龙头37家，初步形成烟叶、林竹制品、畜禽、食（药）用菌、莲子、果蔬等8条产加销、贸工农一体化的产业链，农产品加工比重上升。工业结构调整取得实质性进展。完成技改投资64.24亿元，比“八五”期间增长65.6%，开发了699项新产品，传统工业得到调整和改造。纺织业压锭5.43万锭，压缩淘汰了一批小企业。“九五”期间第三产业对新增国内生产总值的贡献率年均达33.7%，成为吸引就业的主渠道。三是社会主义市场经济体制逐步建立。112户国有企业进行规范化公司制改造，初步建立国有资产管理监督营运体系。农村全面完成土地延包工作，基本完成集体林经营体制改革。四是开放型经济有较大发展。5年累计引进外资3.37亿美元，比“八五”时期增长1.1倍。对外贸易规模不断扩大，出口商品结构进一步优化，工业制成品出口额占全市出口总值92.6%。5年累计输出境外劳务2600人。五是基本建设投资有新突破。全社会固定资产投资5年累计完成261.1亿元。全市公路通车总里程达到11473公里，新增二级公路475公里；电力装机容量达到157万千瓦，新增40万千瓦；城乡电话交换机容量达到53万门，新增22万门；移动电话容量达到22.5万户，新增20.93万户。六是人民生活不断改善。农民人均纯收入年均增长9.8%，城镇居民可支配收入年均增长4.2%。市区居民的恩格尔系数从59.8%下降到40.5%，农村居民的恩格尔系数从58.4%下降到48.2%。城市基础设施日益完善。七是各项社会事业全面进步。科技进步对经济增长的贡献率进一步提高。全市12个县（市、区）全部实现“两基”目标，率先在全省实行义务教育阶段划片招生、免试入学，5年共向高等院校输送新生2.08万人。卫生条件继续改善，农村初级卫生保健工作合格或基本合格。实现全部中心村通广播电视，广播电视人口覆盖率达到93%以上。计划生育成效明显，人口自然增长率从1995年的11.3‰下降到8.22‰。八是精神文明建设迈出新步伐。进入“全国创建文明城市工作先进城市”行列，荣获国家园林城市称号，巩固了国家卫生城市称号，实现全国双拥模范城“三连冠”。

近年三明市投入1000多万元，在保护区边缘地带建成了独具格氏栲地方特色、自然景观与人文景观相映成趣的人工湖、茶亭、森林舞厅、竹楼、了望塔等17处景点的森林公园，每年接待境内外游客逾10万人次。　（林辉龙　摄）

【经济社会概况】　2000年，三明市国民经济和社会事业保持良好发展态势。全市完成国内生产总值254.98亿元，比上年增长7.6%。全市农林牧渔业总产值104.9亿元，增长4.2%；乡镇企业实现总产值242.6亿元，增长12.2%。全部工业总产值263.3亿元，增长10.2%，其中规模以上工业总产值163.01亿元，增长9.4%。规模以上工业企业经济效益综合指数105.0%，比上年提高11.91个百分点。第三产业增加值83.53亿元，增长8.9%。全市固定资产投资完成40.56亿元，增长8.9%；16个项目列入省重点项目盘子，比上年增加7项。京福国道主干线福建三明段高速公路已正式开工。20个千万元以上重点技改项目已投产10个，在建7个。市场流通和居民消费得到有效拓展，全市社会消费品零售总额91.84亿元，增长9.6%。零售商品价格和居民消费价格基本稳定。市区10个重点专业市场中已有9个建成投入使用，全市各类商品市场总数达184个。全市用电量49.5亿千瓦时，增长10.4%。全市商品房销售额5.58亿元，增长1.6倍。接待旅游总人数283万人次，旅游经济总收入11.8亿元，分别比上年增长14.1%和15.7%。对外开放进一步扩大。完成进出口总额1.48亿美元，增长29%，其中出口总值1.07亿美元，首次突破亿美元大关，增长47.5%。合同外资6596万美元，实际到资6019万美元，分别比增9.6%和7.4%。输出劳务875人，增长97.5%。山海协作与内联项目342项，客方投资14.8亿元。财政金融形势基本稳定。全市财政总收入19.33亿元，增长7.3%。其中地方级一般预算收入11.55亿元，增长

8.3%；财政一般预算支出16.26亿元，增长7.04%，财政收支基本平衡。年末全市金融机构各项存款余额161.34亿元，比年初增加3.79亿元；各项贷款余额129.22亿元，比年初增加4.24亿元。全市城镇居民人均可支配收入6551元，增长6%；农民人均纯收入3182元，增长4.9%。市委、市政府年初确定的11件为民办实事项目已基本完成年度任务。"造福工程"完成2500人搬迁任务。老区和少数民族行政村"五通"工作基本完成。城镇登记失业率为4.5%。

【京福国道主干线福建三明段高速公路一期工程开工】 京福国道主干线是我国国道主干线"五纵七横"中的一纵，南北贯通9个省市，其中三明境内198公里，占福建段57%。全线采用双向四车道高速公路标准，是福建省跨世纪建设"一纵两横"高速公路主骨架的重要组成部分。一期工程为三明际口至福州兰圃，主线全长216公里，投资约115亿元，三明境内里程112公里，投资约50亿元。京福国道主干线福建三明段高速公路是三明市投资最大、工期最长、影响最广的重点工程建设项目。按照省委、省政府要求，一期工程三明段要确保在2004年底前建成通车。

【外贸自营出口首破1亿美元】 三明市从出口主体、出口市场、出口商品三方面加大调整力度，扩大出口总量，出现三钢、三明外贸、双轮化机等一批新出口大户。10家企业新获进出口经营权，全市已有出口企业48家（不含三资企业）。改变了过去以港澳台、东南亚为主的单一市场格局，欧美日等发达国家市场份额已提高到40%，多元化的市场格局已初步形成。在出口商品结构上，充分发挥工业基础优势，积极促进工业制成品和机电产品出口；充分利用国际与国内市场，推出新产品出口，全市外贸出口品种已达150余种。

【农业产业化】 实施农业产业化，大力培育具地方优势的主导产业，实行区域化布局，专业化生产，带动区域经济发展和农民增收致富。一是壮大主导产业，全市烟叶、林竹、食用菌、果茶、畜禽等五大主导产业总产值达59.39亿元，占农林牧渔业总产值的56.4%。二是不断延伸产业链，全市现已初步形成烟叶、林木开发、竹业、粮食加工转化、食用菌、莲业、禽业、水果8条产业链，总产值达41.78亿元，比上年增长10.3%。三是培植发展龙头企业，通过扩建、新建、联合和嫁接，现有县级以上龙头企业109家（省级10家、市级36家），其中新发展省级龙头企业1家、市级龙头企业11家，实现产值34亿元，销售额31.5亿元，分别比增7.9%和6.4%。四是加强农产品基地建设。全市已初步建立优质稻、烟叶、莲子、食用菌、药材、优质果茶、蔬菜、畜禽、水产、林竹等10大商品生产基地。

【实现"一控双达标"目标】 三明市严格执行污染物排放总量控制，加强对企业和项目的跟踪，将列入"一控双达标"考核的534家工业企业分类实行目标动态管理。年末，全市列入考核的534家企业均实现达标排放；列入总量控制的12种污染物，都控制在省下达的排放总量指标内，尤其是废水中的砷和工业固体废物、工业粉尘排放量比上年度分别削减了72.8%、58.9%、51.8%；辖区环境质量总体上有较大改善，地表水质达到国家Ⅲ类水质标准。市区空气环境污染指数控制在二级水平内，主要污染物总悬浮微粒年均值达国家环境空气质量二级标准。

【三明高等专科学校挂牌】 三明高等专科学校是在三明师专、三明大学、三明师范和三明教师进修学院的基础上合并组建而成，经国家教育部批准，于2000年10月15日正式挂牌成立。新成立的三明高专是一所集师范教育、职业技术教育和成人教育于一体的多学科地方高校。

（撰稿：巫少鹏）

三 元 区

【经济概况】 2000年，基本实现"九五"计划制定的奋斗目标，全年工农业总产值实现10.5亿元，社会固定资产投资达2.8亿元，地方级财政收入连续5年实现收支平衡。大力发展城郊型现代农业，推进宽裕型小康建设。围绕农民增收目标，以科技为先导，引导农民面向市场积极调优农业种养结构，进一步加强农业基础地位，努力建设莘口星火技术密集区、吉口现代农业示范园区两个省级示范区和竹、果、菜、菌等10大生产基地，扎实推进农业产业化进程。2000年全区农林牧渔业总产值达2.21亿元，农民人均纯收入达3514元（农调数），全力实施国企改革，提高工业经济运行质量。努力实现企业产权和职工身份"两个转变"，重点实施冷气机厂、轧钢厂和五交化公司3家国企实施改革，从而带动全区国企改革的展开。积极实施技改项目，提高工业运行质量，各项经济效益指标均处良性态势，预算内国有企业全面实现扭亏。全区有1000多名国企职工变更劳动合同关系。社会保障体系逐步健全，做到"两金"按时足额发放，再就业率达83%。积极培育市场体系，带动第三产业繁荣发展。建成蔬菜批发市场、大三元商厦等9个综合批发市场、12个不同类型的专业、零售批发街和32个产地商品交易市场，构建城乡多层次的市场流通网络和商业城框架，使市区主要市场和商业街成为土特产外运和工业品进出的纽带。2000年全区社会消费品零售总额达5.05亿元，"九五"期间年均增长10.8%。着力开拓旅游市场，重点抓好三元国家森林公园建设项目，加快建设旅游景点，格氏栲景区和横坑温泉度假村初具规模，吸引着越来越多的游客前来观光，全区旅游收入从1999年30多万元增至600多万元。加大招商引资力度，发展非公有制经济。改善投资软、硬环境，广泛开展外引内联和形式多样的招商活动。"九五"期间实际利用外资累计2360万美元，山海协作稳步发展，"九五"期间共新批办内联项目186项，累计引进区外资金6.127亿元。个私经济已成为全区国民经济发展的重要增长点，年上缴税收占全区财政收入的60%以上，"九五"期间个私经济总量年均递增10%以上。

【社会事业】 大力推进精神文明建设，"创四城"活动取得可喜成果。民主法制建设进一步加强，认真推行依法治区，有效维护社会稳定。积极贯彻科教兴区战略，"九五"期间共实施科技（星火）项目119项，其中省级12项、市级16项，推广新技术、新品种93项，有力促进科技向生产力转化。人口出生率、自然增长率名列全市前列。进一步落实东牙溪水资源保护措施，努力完成省、市下达排放物"一控双达标"的治理任务，4个烟尘控制达标区和噪声达标区得到巩固。

【三元国家森林公园】 三元区根据境内独特的自然生态和人文景观，把旅游业作为新兴产业和新经济增长点来抓，重点以格氏栲自然森林保护区为依托，开发周边横坑温泉、万寿岩文化遗址、忠山民俗村等旅游资源，计划在10年内建成城郊型森林生态旅游园区。三元森林公园继2000年4月被省林业厅列为省级森林公园之后，又于当年底被国家林业局正式批准列为国家森林公园建设项目。岩前万寿岩旧石器时代文化遗址和忠山民俗村等文物古迹，将实行保护与开发并举，使生态旅游和文化观光有机结合起来，推动旅游经济快速发展。

【三明竹洲水电站首台机组并网发电】 2000年12月19日，省重点建设项目三明竹洲水电站首台机组并网发电成功。该电站是由福建电力发展公司和三元区人民政府合资兴建，总投资3.98亿元，设计安装3台发电机组，总装机容量5.4万千瓦，是沙溪河规划梯级开发7座电站中最大的一座。经过两年的建设，电站的大坝、开关站、配套输变电工程都已完工并投入使用，厂房和转流工程基本完成。预计该电站3台机组于2001年全部投产后，年发电量可达1.89亿千瓦时，可为国家和地方年增税利2000万元。

（撰稿：庄建锋）

梅列区

【经济概况】 2000年，全区工农业总产值达7.87亿元，比上年增长10.7%，其中：农林牧渔业总产值1.05亿元，比增4.0%；工业总产值6.82亿元，比增11.8%。乡镇企业总产值8.52亿元，全社会固定资产投资2.26亿元。地方级一般预算收入4263万元，增长10.6%。农村居民人均可支配收入达3676元，比上年净增220元。

农业农村工作稳步发展。全年粮食总产量10838吨，基地蔬菜上市量26059吨，肉禽蛋奶产量8610吨，分别比上年增长1.4%、1.8%和41.8%。全区农村电网改造基本完成，新铺设村级水泥路13.5公里，86%以上中心村通了水泥路，投资32万元的洪水预警报系统投入运行，建毛竹丰产示范片5000亩，被列为全省3个封山育林技术规程示范县（区）之一，实现连续10年无森林火灾，基本完成集体林经营体制改革。

工业经济运行质量有较大提高。全区国有工业企业及年销售收入500万元以上的非国有工业企业实现工业总产值1.64亿元，比上年增长21.3%；经济效益综合指数达108.2%，比上年同期增长5.7个百分点；工业产品产销率达98.0%，比上年同期提高0.6个百分点；产品销售收入达1.59亿元，比增20.6%；利税总额达1134万元，比增37.6%。

第三产业发展加快。全年新建和培育了5个市场和2条专业街，连锁经营、直销网络、仓储式物流等新型流通业态快速发展，抓好列东饭店、安顺小区等房地产项目建设，全年施工面积11.26万平方米，新开工面积5.35万平方米，竣工面积4.27万平方米。

外引内联取得新进展。全年出口创汇62万美元，新批办"三资企业"4家，增资2家，合同利用外资902万美元，实现利用外资856万美元。新上内联项目30项，引进区外资金4963万元，完成年计划141.8%。争取山海协作贴息贷款资金总额850万元。

【社会事业】 荣获"全省创建文明城市活动一级达标城区"称号；全面启动沙溪沿岸星火产业带梅列段建设，完成科技推广项目10项；投入教育经费1862万元，按可比价格计算比上年增长15.6%，小学适龄儿童入学率达99.8%，初级中等教育阶段适龄少年入学率达96.5%；建立健全农村三级医疗预防保健网，投资150万元建成陈大卫生院综合楼，实行医药分开核算和药品公开集中采购；列西街道荣获"全民健身省级先进社区"称号；全区人口出生率为9.32‰，计生率98.2%，全区计划生育合格（基本合格）村（居）率达86.6%；实施区长环境保护目标责任制，顺利实现2000年"一控双达标"工作目标并通过省、市验收。

【三大园区建设】 全面启动"三大园区"建设，"三大园区"建设取得较大进展：瑞云旅游观光园区全年完成投资760万元，建成彩蝶山庄、瑞云烧烤、马林桥生态园；洋溪现代农业示范园区投入资金560万元，重点发展300亩无公害蔬菜基地，新建无土栽培大棚20座，引种一批市场稀缺品种；徐碧工业园区进一步完善园区路网基础设施建设，新引进4家企业，2000年园区工业产值达5468万元。

【非公有制经济商品展销会】 坚持发展个私经济，坚持区领导挂点重点个私企业责任制，成立经济发展投拆中心，严格执行收费一本证制度、行政执法承诺服务制度、区直各部门检查申报制度等，每年"3.18"表彰一批为梅列区经济社会发展作出突出贡献的私营企业业主，兑现落实鼓励发展非公有制经济的各项政策措施，在3月18日举办第二届梅列区非公有制经济商品展销会，梅列区"3.18"非公有制经济品牌逐渐打响。全年新发展个体工商户1025户，私营企业249家，从业人员8673人，注册资金1.16亿元，全区非公有制经济已占全区经济总量的75%，工商税收3731万元，占全区工商税收总额的64.8%。

【旅游业】 把旅游业作为主导产业培育发展，加快瑞云旅游总体规划和项目开发，建成瑞云野战、马林桥生态旅游、瑞云烧烤、彩蝶山庄等一批旅游娱乐项目。同时，依托城郊现代农业成果，着力构筑洋溪现代农业观光带；立足沙溪河十里平湖和现有合福水上娱乐资源，着力构筑沙溪水上观光带；推出虎头山、黄坑森林氧吧、饱饭坑竹林漫步、真仙山4条健身旅游线路。全年接待游客人数19.6万人次，旅游经济直接收入961万元，比上年增长23%。

（撰稿：林建忠）

永安市

【经济概况】 2000年，全市国内生产总值51.62亿元，比上年增长10.3%，其中第一产业增加值7.23亿元，增长4.4%；第二产业增加值24.12亿元，增长11.7%；第三产业增加值20.27亿元，增长10.4%。经济实力继续保持全省十强。

农村经济健康发展。全年农林牧渔业总产值10.38亿元，增长4.9%。精心培育壮大林竹、畜禽、食用菌、茶果、蔬菜和烟叶六大农业主导产品，农业结构调整初具成效。除粮食产量12.66万吨，与上年基本持平外，烟叶、食用菌、肉蛋奶、蔬菜等主要农产品产量均有较大增长。新发展龙头企业13家，总数44家，固定资产9.8亿元，带动农户2.65万户；初步建成了千万只山地鸡、万亩脐橙、万亩水蜜桃等一批上规模产业化基地；创贡鸡、莴苣、笋干等一批农产品品牌，被农业部授予"中国笋竹之乡"，贡川镇被授予"中国贡鸡第一镇"。乡镇企业保持较快增长，总产值41.14亿元，增长14.3%。小陶、安砂、贡川、大湖4个试点小城镇建设取得初步成效。

工业经济稳定增长。深化企业改革，加强企业生产经营管理，工业经济运行质量和效益稳步提高，全市工业总产值57.82亿元，增长13.3%，规模以上工业总产值37.77亿元，增长16.8%，市属工业经济效益综合指数100.9%，基本实现市属工业改革脱困和整体不亏损两大目标。大力组织实施名牌战略，17家企业通过质量体系或产品质量认证，新创企鹅牌和永林牌省级著名商标。

重点建设取得新进展。深化项目年活动，突出抓好重点项目，市属固定资产投资快速增长。全社会固定资产投资8.93亿元，其中市属固定资产投资完成7.35亿元，增长52.8%。北大桥及接线工程、永大公路改建工程、城乡电网改造、贡川水电站、高效复合肥、溪南电站、污水处理厂等一批重点续建、新开工项目建设进展顺利。永漳公路、丰海电站等一批重点前期项目取得实质性进展。

消费品市场趋旺。组织开展"让市场活起来"活动，加大市场建设和培育力度。巴溪市场、新桥市场改造工程建成并投入使用，新开工建设后溪市场。大力培育市场中介组织，成功举办永安美食节和第四届农副产品订货会，努力开拓地产销售市场。全年社会消费品零售总额20.58亿元，增长12.1%。个私经济发展较快，全市个私经济总产值（营业额）11.46亿元，上缴税收6042.9万元，分别增长39.6%和26.7%。

对外经贸势头良好。狠抓出口商品结构调整，积极支持重点出口企业开拓国际市场，鼓励有条件企业申报自营进出口经营权，努力扩大外贸出口。全市出口总值1360万美元，增长70%，其中市属出口982万美元，增长96%。加大招商引资工作力度，积极参加中国投资贸易洽谈会等重大招商活动。全年实际利用外资381万美元，增长12.4%，引进市外资金1.94亿元。

财政金融态势平稳。全市财政收入40046万元，增长8.2%，其中地方级一般预算收入24493万元，财政支出23857万元，增长10.0%，实现收支基本平衡。年末银行各项存款余额28.44亿元，比年初增加0.12亿元；各项贷款余额23.31亿元，比年初增加3.5亿元。

城乡居民生活水平进一步提高。城镇居民人均可支配收入7283元，增长2.9%，农民人均纯收入3538元，增长5.1%。居民消费价格指数103.1%。年初确定的劳动力市场、新六中建设等6项为民办实事项目按计划实施。老区村、少数民族村"五通"任务基本完成。

【社会事业】 再次荣获全省创建文明城市活动一级达标城市称号。通过"全国科技先进市"复查验收。扎实推进素质教育，"两基"工作通过省复查验收。认真落实环保责任，基本实现"一控双达标"目标。加强计划生育综合治理，稳定低生育水平。第五次人口普查调查登记工作顺利完成。初级卫生保健通过省级验收，初步建立农村合作医疗制度。步行街基本形成，城市畅通工程通过国家验收。荣获全省山区首批电话市称号。

【企业改革】 在抓好市纺织总厂压锭破产扫尾工作和上年推开的12家国有特困工业企业改革的同时，继续采取"破产、关停、转让、股份制改造"等措施，推进22家国有及国有控股企业和38家规模以上乡镇集体企业的改革。截止年底，国有工业企业改制面达96%；国有内贸企业改制面达73%；二轻集体企业和乡镇企业基本放开搞活。同时，稳步推进各项配套改革，健全完善中小企业扶持体系，依法扩大养老、失业保险覆盖面，实现全市国有和集体企业养老、失业保险全覆盖，企业离退休人员养老金全面实行社会化发放，做到"两个确保"，率先将改制企业离退休人员移交街居管理，改制国有企业下岗职工基本实现再就业。

【永安荣获中国优秀旅游城市称号】 以创建中国优秀旅游城市为载体，加大旅游开发建设投入，逐步完善旅游基础设施，旅游景点开发初具规模，形成了以自然景观为主体、人文景观为辅的旅游产品结构。同时，积极开展旅游景区质量等级评定申报工作，桃源洞景区被国家旅游局评为4A级旅游景区。完善城市旅游功能，健全城市旅游服务网络，现有旅行社7家、星级饭店5家。兴建商业步行街、美食一条街、旅行社一条街，设立旅游咨询服务中心。与连城县结为旅游促销联合体，通过参加国内旅游交易会、召开旅游推介会，积极推介永安旅游产品，提高永安旅游知名度。全年共接待国内外游客63.7万人次，旅游总收入2.3亿元，分别增长16.3%和18.6%。2000年通过中国优秀旅游城市验收。

（撰稿：唐巧燕　陈扬明）

清流县

【经济社会概况】 2000年，全年实现国内生产总值8.76亿元，比增6.1%，其中第一产业3.89亿元，比增3.4%；第二产业2.05亿元，比增9.5%；第三产业2.83亿元，比增7.0%；工农业总产值105097万元，比增6.0%；乡镇企业总产值130302万元，比增10.1%，实现经济和社会事业协调发展。

农村经济持续发展。按照农业增效、农民增收要求，调整农业结构，发展效益农业。全年实现农林牧渔业总产值56834万元，比增4.1%。农业产业化经营有新进展，烟叶、豆腐皮、淮山、"三蜜"（蜜雪梨、早温蜜、水蜜桃）水果等主导产业规模进一步壮大。扩大推广优质稻，早稻优质率达32%。粮经比例由上年的71：29调整为62：38。粮食总产量90721吨，烟叶收购6.36万担，完成人工造林7748亩，竹林垦复2.36万亩，封山育林35.16万亩。

工业生产平稳运行。实现工业总产值64899万元，比增7.1%。乡及乡以上工业总产值40225万元，比增2.1%；规模工业总产值19603万元，比增5.1%；实现利税总额1497万元，同比减少13.0%；产品产销率为93.6%，上升0.9个百分点；经济效益综合指数为83.6%，上升7个百分点。全县完成企业技改投资2565万元，比增22%。通过抓矿产、林木资源深加工、结晶硅炉改造等21个项目技改，产品科技含量提高，竞争力增强。

项目建设取得新成果。全社会固定资产投资完成15290万元，比增8%。21个重点建设项目全部动工建设。细木工板厂、华腾、金山萤石选矿厂建成投产；大灵线拓改二期油路铺设工程、白塔至沙芜油路、城区至俞坊油路竣工通车；嵩口夜滩温泉、凤翔街口文化广场、街心公园四周路面改造完工交付使用；城区防洪堤、长兴中路拓改完成年度建设任务。

对外开放上新水平。利用资源优势，加大吸引外资力度，盘活闲置资产。合同利用外资205万美元，比增10.5%；实际到资251万美元，比增16.3%；出口创汇135万美元，比增110%。创办内联企业29家，客商投资6417万元，比增8.5%。

财金运行基本平稳。全县财政总收入5931万元，比增6.4%。其中县级一般预算收入3458万元，中央级收入1492万元。县级财政一般预算支出7071万元，比增13.3%。通过调入预算外资金等，保持当年财政收支平衡。年末全县金融机构各项存款余额49978万元，比增3.1%；各项贷款余额29751万元，比增3.5%。现金净投放1240万元，比上年减少1697万元。保险业务收入1281万元，比增2.1%。城乡居民储蓄存款39778万元，比增2.5%。

居民生活水平提高。城镇居民人均可支配收入6219元，比增6.7%；农民人均纯收入3142元，增长2.8%。社会商品零售总额30698万元，比增10.4%。商品零售价格指数下降1.6%，居民消费价格指数下降1.2%。

社会事业加快发展。深入开展各种技术创新和科普宣传活动。教育"两基"成果继续巩固，高考上省专线258人，增加105人，万人上线率居全市第三位。计划生育率95.0%，人口出生率10.61‰。县中医院综合楼、文化馆大楼投入使用。一批文艺作品、舞蹈节目获省、市奖励；长跑、举重、排球等项目在国际、国家级体育比赛获得好成绩。老区和少数民族行政村"五通"工作顺利通过省、市检查验收。完成排污"一控双达标"任务，环境保护和污染治理成效明显。土地管理进一步加强，耕地总量占补平衡。农村劳动力培训工作被列为全国试点县。

【企业改革】 帅风水泥公司破产重组；嵩口坪电站整体出售；化工厂、罗口煤矿、印刷厂、燃料公司承债式整体转让；自来水厂、医药公司分别加盟市公司；汽车运输公司由市明运公司兼并；县人造板厂租赁经营；供销、粮食、商业等盘活闲置资产、置换职工身份。全县完成改制19家，改制面86%。安置或置换职工身份1176人，发放补偿金900多万元。

（撰稿：王兴炳）

宁化县

【经济概况】 2000年全县国内生产总值完成15.1亿元，比增6.0%，其中第一、二、三产业增加值分别比增4.4%、7.1%、7.2%。工农业总产值16.1亿元，比增6.1%；财政收入9080万元，比增5.0%，实现财政收支平衡，其中地方级收入5918万元。城乡居民储蓄存款余额6.8亿元，比增9.1%；社会消费品零售总额7亿元，比增8.3%；城镇居民人均可支配收入5903元，比增6.9%；农民人均纯收入2723元，比增4.2%。

强化农业基础，加快结构调整，农业和农村经济发展势头良好。县委、县政府坚持把农业农村工作放在首位，粮食播种面积基本稳定，合同农业、订单农业种植面积达5万亩。粮、经、饲结构渐趋优化，由上年的68.3：28.5：3.2调整到53：43：4。全年粮食总产量22.5万吨；烤烟种植13.1万亩，收购烤烟24.3万担；水果总产量24505吨，比增8.9%；水产品产量10053吨，比增3.5%；肉禽蛋奶产量15980吨，比增6.4%；食用菌产量1215吨，比增15.3%。全县农林牧渔业总产量10.3亿元，比增4.9%；乡镇企业总产值20.66亿元，比增13%。省级龙头企业农星农牧公司销售商品鸡126万只，并带动养鸡专业户600多户；创立农业品牌11项，客源酒娘、淮土茶油等产品获省市5项金奖。制定出台了水果、竹业、畜牧、以草代木食用菌和油茶5个产业的发展规划和配套政策。农民人均负担下降，控制在国务院《条例》限额比例之内。

工业生产平稳增长。全县企业限额以上项目完成技改投资1050万元，比增5%。全年工业总产值完成5.8亿元，比增10%，其中规模以上工业产值1.4亿元，比增9.2%，产销率达91.7%。深化改革，县汽车运输公司整体并入三明运输公司、医药公司全资入股三明医药集体，县染织厂完成资产转让，华侨农场完成管理体制下放改革。

成功举办世界客属第十六届恳亲大会石壁祖地祭祖大典活动；全年接待海内外游客7.6万人次，旅游总收入823万元，比增25%。外联内联，实施山海协作项目33个，客方到资6301万元，实际利用外资200万美元。大力扶持非公有制经济发展，重点帮扶私营企业发展壮大，新发展个私经济实体1528户，从业人员2040人，上缴税收1554万元，比增35.5%。全县累计个私经济4385户，从业人员5550人，注册资金8178万元。

【社会事业】 组织实施《关于加快实施科教兴县战略的决议》，适龄儿童入学率99.9%，初级义务教育人口覆盖率100%；高考成绩上地专线以上859人，小学学制改革顺利完成，县师范学校更名组建为三明市工贸学校。全县人口出生率9.33‰，计划生育率为97.7%，计生合格率84.5%。群众性文化体育活动丰富多彩，舞蹈《油坊汉子》参加省第九届音乐舞蹈节比赛获表演银奖、创作铜奖。完成12个基点村通广播电视，新发展有线电视用户1400多户。环境保护和生态建设工作“一控双达标”任务得到落实。怡平乡顺利改设为畲族乡。

【项目建设】 全年安排54个重点建设项目，完成投资1.7亿元；其中26个重点续建项目完成投资1.1亿元，28个重点新开工项目完成0.6亿元。项目进展较快，经济社会效益明显，带动民间投资的扩大，当年全社会固定资产投资2.4亿元，比增15.2%。完成国家立项农业综合开发区工程建设3处，完成省商品粮基地项目和省扶持粮食生产项目工程建设2处；完成桃溪小流域水土流失治理项目工程，堤防工程投资1700多万元，6座水库除险加固，新建小型水库1座；“造福工程”完成搬迁500多人；湖村等乡镇沼气示范工程全面启动。

客家祖地、边界和老区开发获新突破。成功举办世界客属第十六届恳亲大会石壁祖地祭祖大典活动；全年接待海内外游客7.6万人次，旅游总收入823万元，比增25%。新建经营面积9000平方米的客家边贸城。江滨花园、城东小区等住宅工程相继开工，年内竣工3.56万平方米，比增近20倍，商品房预售率98.6%。新铺或续铺油路22公里，完成34个村通电、26个村通水、25个村通电话、12个村通电视的年度“五通”工作任务。以改善办学条件为重点的13个“普九”跟踪建设项目基本完工，新建一中教学楼等8项教育设施；广播电视二级光纤干线及城区境内光缆敷设工程基本完工；县殡仪馆已竣工并投入使用；县医院急救中心完成主体工程，城区“亮丽”工程基本完成，城市面貌大为改观。 （撰稿：李水钿）

建宁县

【经济社会概况】 2000年，全县国内生产总值完成10.57亿元，比上年增产8.2%，一、二、三产业增加值分别比上年增长4.9%、15.4%和8.7%。

经济结构调整步伐加快。三次产业结构比例调整到43.3∶18.7∶38，基本实现年初确定的结构调整目标。特色的5个主导产业产值占农业总产值比重达51%，粮经结构比例调整到4.5∶5.5；工业企业产业、产品结构进一步优化，工业技改投入1490万元，比增32.2%，完成铙山纸业集团着色薄页纸生产线、鑫达公司茶饮料生产线等技改项目，开发形成了莲系列、笋系列等产品，农产品加工企业发展到57家，其中龙头企业省级1家、市级3家、县级10家；全县新发展个体工商户357户，私营企业20户，新增从业人员952人，新增注册资金1187万元。

农村经济稳步发展。农林牧渔业总产值完成69345万元，比增5.2%，其中，农业产值增长4.2%，林业产值增长8.7%，牧业产值增长1.1%，渔业产值增长5.7%；乡镇企业完成总产值13.88亿元，比增15.8%。工业生产继续增长。全县规模以上工业总产值达21493万元，比增29.5%，其中，国有工业企业实现总产值13280万元，比增19.3%；工业产品产销率达99.4%，工业经济效益指数达96.5%。固定资产投资保持增长。全社会固定资产投资完成24384万元，比增5.8%，其中，基本建设投资完成6931万元，比增4.8%，更新改造投资完成1490万元，比增32.2%。商贸流通繁荣活跃。全社会消费品零售额39180万元，增长8.9%；举办了黄花梨促销会和“11.28”边贸商品交易会，实现商品成交额2801.48万元；全年边贸成交额5.6亿元，比增10.7%。山海协作和对外开放取得新成效。全县累计实现出口总值407万美元，比增62.8%，实际利用外资110万美元。引进山海协作与内联项目25个，实际利用区外资金4550万元。财政金融形势平稳。财政总收入完成4615万元，比增8.2%，其中地方级一般预算收入完成2723万元；年末金融机构各项存款余额44375.59万元，比年初增加263.59万元，各项贷款余额23305.9万元，比年初下降6576.1万元。人民生活继续改善。全年城镇居民人均可支配收入6042元，比增0.3%；农民人均纯收入2952元，比增2.9%。

【项目发展】 广泛进行内联引资，组团赴厦门、泉州、莆田、福州等地开展山海协作和招商引资活动，与厦门杏林区联手招商。年内达成山海协作和内联引资项目18项，总投资3615万元。全县共有45个项目建成投产或投入使用，新增储备项目60项。速生丰产林建设、林业优质种苗基地和林业山地综合开发3个项目，列入国家林业局扶持发展计划。

【特色农业】 结构优化创新。全县建立4.3万亩莲子、10.5万亩水果、2万亩水稻杂交种子、23万亩毛竹、2000万袋食用菌五大特色农业基地，兴办57家农产品加工企业。品种创新。引进、推广梨新品种60个，猕猴桃优良品种28个，莲子新品种5个，杂交水稻新组合20个，食用菌新品种10个，建立5个新品种示范园区。引进、推广两系法杂交制种、莲田养蜂授粉、果树高接换种、果实套袋等新技术；与省农大、轻工食品研究所等部门合作，开展太空莲育种、鲜莲保鲜与加工等重大课题攻关，选育出太空莲3号、20号和36号新品种，开发鲜莲子汁、莲芯雪茶等系列产品。营销机制创新。加大农产品宣传力度，培育5个流通典型村、500个流通大户、5000人的流通大军，在上海、广州、福州、厦门等大中城市设立销售点，举办地产品促销会；建立特色农产品销售网站。 （撰稿：黄允健）

泰宁县

【经济概况】 2000年，全县国内生产总值13.93亿元，比上年增长9.1%，基本实现比1980年翻三番的目标。城镇居民人均可支配收入6417元，农民人均纯收入3173元，分别增长4.1%和5.2%，城乡居民生活总体实现小康。“九五”后期，经济增长跻身全市前三位。

农村经济稳步发展。农村牧渔业总产值7.28亿元，比上年增长5.8%。结构调整初见成效。全县建立优质稻基地2万亩，比上年增长185%，早籼稻种植面积调减幅度达40.8%；烟叶种植3.07万亩，收购量5.8万担，烟叶质量及斤价连续3年位居省市前列；水产品总量9506吨，增长5.4%，荣获省淡水渔业先进县称号；食用菌增长42%；竹林面积新增4.81万亩，锥栗开发6050亩。县种子公司和水产公司被列为市级农业产业化龙头企业。乡镇企业总产值13.84亿元，增长14.5%。

工业经济持续增长。工业总产值11.58亿元，比上年增长9.9%，其中全部国有及年销售收入500万元以上非国有企业29家，比上年增加6家，总产值5.62亿元，增长13%，实现利税总额5649万元，增长4%；产品产销率98.3%，工业经济效益综合指数126.1%，继续名列全市第一。技改投资3828万元，比上年增长17.2%，完工投产技改项目12项。消灭无标生产县通过省级验收。"大金湖"、"芦峰"和"陶金峰"等品牌被认定为市知名商标。

第三产业日趋兴旺。金湖旅游的市场知名度进一步提高，全年游客接待量82.1万人次，增长21.7%，旅游总收入1.77亿元，增长39.9%，占全县国内生产总值12.6%。金湖景区被国家旅游局授予4A级旅游区称号。旅游业的发展拉动了第三产业，全县社会消费品零售总额50006万元，增长11%。非公有制经济加快发展，年末，全县个体工商户和私营企业数分别达2879户、110家，全年上缴税收912.3万元，增长21.6%。

重点建设成效明显。组织开展深化项目年活动，全社会固定资产投资3.13亿元，增长10.2%。在建20个重点建设项目完成投资1.39亿元，角溪一级水电站、经济适用住宅开发等7个项目建成投产或完成年度投资计划。24个重点前期工作项目进展顺利，4个项目已正式开工，其中金湖景区开发项目被国家计委、国家旅游局列为2000年国家重点项目，获600万元国债支持。

对外开放不断扩大。新批外资企业4家，实际利用外资355万美元，境外及国外援助项目2个。全年出口创汇50.3万美元，比上年增长39.7%，出口供货1.18亿元，增长68，6%。实施山海协作与内联项目34个，引进县外资金8323万元，比上年增长38.5%。

财政金融保持稳定。财政总收入7851万元，增长4.9%，实现财政收支滚存平衡。年末金融机构各项存款余额6.15亿元，比年初增加4590万元，各项贷款余额3.95亿元，比年初增加6561万元。农村合作基金会实现整体关闭，城市信用社顺利并入农村合作信用联社。

社会事业长足进步。组织实施国家星火计划1项、省市县科研项目20项，建立4个省级科技示范乡镇和3家市级科技示范企业。金湖旅游职业中专学校正式挂牌招生，教育"两基"工作顺利通过市第二轮跟踪检查。县图书馆被文化部命名为"国家三级图书馆"，县博物馆荣获"全省一级达标博物馆"称号。全面完成"九五"期末人口和计划生育责任目标，按时完成环保"一控双达标"任务，土地管理实现耕地总量占补平衡。顺利通过省级卫生县城复查验收。会议电视及数据传输系统并投入使用。全面完成第五次人口普查外业普查任务。

泰宁金湖被列为国家重点风景名胜区后，泰宁县把旅游作为支柱产业来抓，相继开发上清溪漂流、猫儿山森林公园、状元岩等景区，逐步构筑了大金湖旅游新格局。图为游客漂流上清溪。（林辉龙 摄）

【国企改革】 以产权变革为中心，加快建立国有资本退出机制，全县国有企业改制面达90%，改制企业基本转制为非公有制或混合所有制经济，盘活国有资产近亿元。对供销企业、金湖酒厂等企业进行清产核资，由企业职工和自然人出资买断净资产，重组成非公有制企业。引导促成大有、三晶、泰峰等10余家客商和私营企业租赁、承包、收购综合制材厂、造纸厂、宏达硅业公司等长期停产或经营困难企业，产生良好经济效益。对汽车运输公司、纺织器材厂、五交化公司等严重资不抵债企业，通过破产、转让、拍卖等方式进行重组，盘活存量资产。鼓励金湖物资公司、林业建设投资公司等有一定规模的优势企业，与福建明禾公司、青山纸业公司进行资产联合重组，使优势资产变强变活变大。筹集到各项改制费用1500多万元，置换国企下岗职工身份1417人。建立市场化就业机制，下岗职工再就业率达64.6%。国有集体企业失业保险覆盖面和企业离退休人员养老金发放率达100%。

【居民住房投资】 泰宁把启动居民住房投资消费作为拉动经济增长的重点，县政府先后出台鼓励发展经济适用房、合作建房、旧城改造和小城镇建设等优惠政策，极大调动了广大居民投资建房积极性。2000年，全县住房信贷达2950万元，比上年增加2100万元，增长350%，开工建筑面积16万多平方米，总投资1.01亿元，竣工2.83万平方米，投资规模超过前3年住房建设投入资金总和，居民住房投资在拉动相关产业、活跃市场等方面发挥重要作用，成为经济新增长点。

（撰稿：江茂求 吴钟民）

明溪县

【经济社会概况】 2000年，全县国内生产总值完成9.25亿元，增长7.6%，其中一、二、三产业增加值分别为3.4亿元、2.48亿元和3.36亿元，分别增长3.7%、12.5%和7.8%。工业总产值6.47亿元，增长11.8%；农业总产值5.15亿元，增长5.3%。乡镇企业总产值10.56亿元，增长14.8%。

一、巩固农业基础地位。全县粮食总产9.23万吨。收购烟叶5万担，淮山产量1.35吨，栽培各类食用菌产量达2954吨，蔬菜、花生、西瓜等其他经济作物产量均比上年有较大增长；水果总产2.24万吨，减少17.6%；肉蛋奶总产4922吨，比增13.9%；水产品总产4452吨，比增4.87%。依托中药材、淮山、笋竹、果蔬、林木等产业，大力扶持发展农业产业化龙头企业。成立大丰药材开发公司，与三明医药集团签订厚朴购销合同，与上海复旦大学联合开发紫杉醇产品，继续扶持绿鑫淮山开发公司，创办万隆食品开发公司，与省农大合作生产莲藕汁；创办昌麟食品开发公司，开发笋制品加工，积极扶持市级龙头企业华峰公司开发西洋芹等蔬菜产品。建立良种山羊繁育基地，引进推广一批农业新品种；建立金明烟叶生产高新技术园区、现代农业示范园区、瑶奢至狮窠大田种植结构调整示范带等一批科技示范基地。

二、经济结构调整进一步优化。粮食占种植业产值比重由上年44.2%调整为42.7%，林牧渔业占农业总产值比重由上年48.8%上升到51.3%。非公有制经济发展加快，有80%以上的国有和集体企业由个私业主参与改组改制，个体工商户和私营企业分别新增478个、24个，注册资金分别新增480万元和2121万元，全县个体工商户、私营企业全年税收1229万元。

三、各项改革稳步推进。全县国有集体企业改制工作基本完成，国有企业改制面达91.2%；集体企业改制面达82.4%，国有集体企业逐步摆脱困境，实现扭亏增盈。集体林经营体制改革全面铺开。全县解除国有、集体企业职工劳动关系 2328 人，一次性发放经济补偿金 2600 万元；下岗职工再就业率达 65.4%。完成企业养老金、失业保险基金由地税部门征收交接工作。

四、大力发展第三产业。以商贸流通业为重点，加快商品市场体系建设，建成了占地 2.3 万平方米的明溪综合市场；组建惠民百货、惠利食品集团，大力推行新型营销业态，搞活区内市场。组织宝石厂、宝剑厂、肉脯干等 8 家企业开拓区外市场。全县社会消费品和零售总额 4.02 亿元，比增 9.8%；商品零售价格指数和居民消费价格指数分别为 99.8%和 102%。

五、深化项目年活动取得初步成效。全县储备项目 180 项，其中重点项目 40 项，总投资 9.6 亿元，列入市级重点建设计划项目 3 项。在重点项目中，重点前期工作项目 10 项，总投资 3.5 亿元，已升级转入开工建设 3 项，完成项目建议书和预可研报告 2 项，进一步进行项目前期调研 3 项。全县完成固定资产投资 2.42 亿元，增长 10%。年初确定的 16 个重点续建项目、14 个重点新建项目基本达到预期目标，昌麟、大平、万隆、华峰等一批生产性项目相继建成投产或基本完工，明溪综合市场建成交付使用。

六、外引内联工作不断加强。全县新批办“三资”企业 3 家，实际利用外资 295 万美元，比增 17%；新办、扩建、技改续建山海协作和内联项目 23 项，引进区外资金 1.15 亿元。大力组织结晶硅、松香、竹笋、竹木制品出口。全县外贸出口总值 62 万美元，增长 17%。鼓励和引导公民出国务工，全县受理出国办照申请 2523 件，实际出国 1204 人，为历史之最，全县在外人员已达 4274 人，占总人口 4%。

七、财税金融运行平稳。全县财政总收入 5308 万元，其中地方级一般预算收入 3328 万元。全县财政支出 6790 万元，比增 12.9%。年末全县金融机构各项存款余额 5.99 亿元、贷款余额 3.96 亿元，分别比年初净增 1248 万元和 3000 万元。完成城市信用社整顿工作。

八、社会事业进一步发展。全年实施“星火”和“丰收”计划项目 5 项，推广农业新技术 6 项，新品种引进试验 15 项，实施林业科研项目 5 项，争取省、市科技项目 4 项。顺利完成计划生育责任目标。环境保护和污染治理取得新成效，按时完成市下达的“一控双达标”任务。耕地总量占补平衡。广播电视二级光纤干线网实现全程畅通。

【明溪肉脯干】 明溪特产肉脯干，具有 100 多年悠久历史，以其独特客家风味、香甜的口感、丰富的营养，被誉为“闽西八大干”之首。产品系精选鲜猪后腿精肉，以传统工艺，配以多味名贵中药，精心烤制而成，多次荣获福建省名、特、优产品奖。产品畅销国内，远销东南亚。现有各类肉脯干厂 40 多家，年产 400 吨。

【天然莲藕汁绿色产业】 2000 年成立万隆食品开发公司，引进福建农业大学新配方，投资 300 多万元恢复年产 2000 吨莲藕汁生产线，月产 65 吨，年产规模扩大到 2500 吨，产值 2500 多万元。在王陂、大焦、小眉溪等村采取“公司＋农户”模式建立 1000 多亩高优莲藕基地。先后在省、市电视台播出三强牌天然莲藕汁广告，与厦航公司、省邮政连锁超市签订 2000 吨包销合同，产品远销上海、深圳、浙江等地。开发第二期生产线，年产 500 吨莲藕汁和 1500 吨淮山全粉、淮山饼干及淮山八宝粥等淮山系列食品。

（撰稿：崔毅）

将乐县

【国民经济】 全县国内生产总值 15.76 亿元，比上年增长 7.2%。其中第一产业增加值 5.09 亿元，比增 5.3%；第二产业增加值 6.15 亿元，比增 8.3%；第三产业增加值 4.51 亿元，比增 8.0%。一是农村经济全面发展。全县农林牧渔业总产值 7.74 亿元，比增 5.3%。农业结构调整力度加大，粮经比调整为 52.11∶47.89，烟、菌、林、竹、果等 5 个主导产业产值占农业总产值的比重提高到 56.1%。粮食总产 10.4 万吨，粮食优质品率提高；收购烟叶 6.36 万担，比增 4.8%；水果、水产品、肉蛋奶和食用菌四大类非粮食物除水果受冻害影响减产外，其他分别比增 12.0%、9.8%和 13.0%。乡镇企业实现总产值 22.75 亿元，比增 15.5%。二是工业经济持续增长。全县全部工业总产值 11.48 亿元，比增 13.3%，其中规模以上工业总产值 5.27 亿元，比增 16.5%；规模以上企业实现销售收入 3.97 亿元，比增 5.2%；实现利税总额 7266 万元，比增 30.0%，其中利润 2563 万元，比增 71.4%；工业经济效益综合指数达 111.95%，比增 16.25 个百分点；年初确定的 19 个投资 100 万元以上的技改项目有 17 个项目开始实施，全年完成技改投资 5723 万元，比增 15%。三是第三产业繁荣发展。玉华洞游客趋旺，龙栖山旅游崭露头角，旅游带三产的作用更加明显。全社会与旅游相关的总收入 1.2 亿元，比增 33%。新发展个体工商户 348 户、私营企业 43 家，个私经济纳税总额达 2115.2 万元，占县财政一般预算收入的 22.2%。全社会消费品零售总额 5.27 亿元，比增 10%。社会商品零售价格指数为 99.7%，居民消费价格指数为 101.4%。四是财政金融运行态势平稳。全县完成财政总收入 10496 万元，其中地方级一般预算财政收入 6262 万元。收入结构逐步改善，税性收入占财政收入比重比上年提高 1.59 个百分点，达 79.9%。财政支出 8446 万元，下降 8.2%。年末全县金融机构各项存款余额 7.53 亿元，比年初增加 493 万元；各项贷款余额 5.77 亿元，剔除剥离不良贷款因素，实际增投贷款 6988 万元。五是人民生活水平不断提高。大力开展扶贫攻坚，认真做好减轻农民负担工作，城乡居民收入持续增长。全县城镇居民人均可支配收入 6141 元，比增 9.4%；农民人均纯收入 3173 元，比增 6.1%；城乡居民储蓄存款余额 5.74 亿元，比增 8.0%。老区基点村“五通”工作完成预定计划。

【基础设施建设】 全社会固定资产投资额完成 3.67 亿元，其中固定资产投资额完成 2.17 亿元。一是重点项目建设进展顺利。年初确定的 18 项重中之重建设项目中乐明制浆有限公司资产转让正式移交腾荣莲制浆有限公司；城关至黄坑口公路路面改造工程建成通车；农村电网改造项目基本达到验收县目标，新增网改项目肖公洞变电站开工建设；金溪农贸市场正式投入使用；新煌晶体全年累计完成投资 2072 万元。二是为民办实事项目基本完成。年初确定的 10 项为民办实事项目已有 6 项全面完成，即：续建残疾人康复中心、为县医院配备彩超、建设 35 个老区基点村饮水工程、修建华山柏油路、为消防大队购置一辆消防车和建设城区停车场。广电大楼和文体“三馆”建设、城区中学布局调整配套工程、修缮老干部活动中心、建立县级三里牌公墓区等项目按计划要求进行。

【改革和外引内联】 一是改革取得明显成效。国有企业产权制度改革取得实质性突破，全县列入市考核企业改制面达 64.3%，置换国有职工身份 1438 人，发放职工经济补偿金 1041 万元，国有企业下岗职工再就业率达 60%。完成企业养老金、失业保险金由地税部门征收的交接工作，城镇职工基本医疗保险体制初步建立。基本完成集体林经营体制改革。二是外引内联取得突破。全县新批办外商投资企业 4 家，实际利用外资 615.5 万美元，比增 65.9%；外贸出口 609 万美元，比增 73%；新办内联企业 45 家，实际利用市外资金 8197 万元，比增 20.7%。

【精神文明和社会事业】 一是群众性精神文明创建活动不断深化。深入开展“两思”和“三个代表”教育活动，提高广大干部群众的思想道德素质。扎实开展以“倡导文明新风、共建美好家园”为主题的文明县城、文明行业、文明村镇三大创建活动，不断赋予创建活动新内容，提高创建水平。二是各项社会事业取得新进步。全县实施各类科技项目 17 项，其中省级 1 项。农科教、产学研结合力度加大，与省内外 10 多家科研机构建立了合作关系。全面推进素质教育，“两基”遗留工程全部完工投入使用，顺利通过了省政府教育“两基”年度跟踪督查。通过省级卫生县城复评验收。城区广电综合业务网基本建成，如期完成村村通广播电视任务。完成全国第五次人口普查登记工作。三是人口、资源、环境协调发展。全县计划生育率97.2%，比上年提高1.08个百分点，人口出生率9.66‰，控制在年度计划内。严格执行建设项目环境影响评价制度，县属建设项目环评执行率达100%，乡镇达82%，加大污染治理力度，列入考核的38家企业中，治理达标21家，责令停产治理13家，关停4家，较好地完成“一控双达标”任务。认真实施土地用途管制，实现耕地总量占补平衡。

【将顺公路竣工通车】 省道309线黄坑口至将乐城关段公路是将乐县通往316国道与沿海对接的重要通道，全程25公里，被省交通厅列为县通地市路网改造项目，也是将乐县1999～2000年的重点建设项目。该工程于1999年6月5日开工，2000年11月30日竣工。12月28日通过省交通和公路管理部门验收，确定为优良工程，实现全线竣工通车。

（撰稿：罗爱恢）

沙 县

【经济概况】 2000年，全县国内生产总值25.07亿元，比上年增长10.1%，其中第一产业增加值7.34亿元，增长0.8%；第二产业增加值10.12亿元，增长14.2%；第三产业增加值7.61亿元，增长11.3%。

农业稳步发展。农林牧渔业总产值11.51亿元，增长1.2%；乡镇企业总产值26.70亿元，增长16.7%。农业种植结构进一步优化，早稻优质率由上年的12%提高到27%，水果优质率由45%提高到49%。农业产业化水平进一步提高，年加工销售竹凉席150万床，新建年产100万床的“天河”竹凉席加工区；全年加工各类板鸭300多万只，建成凤岗、虬江、琅口3个百万只养鸭示范基地；全县经营沙县小吃累计达5500多家，从业人员2.2万多人，分别比上年增加560家、2200多人。

工业化步伐明显加快。县属规模以上工业总产值完成9.22亿元，增长24.5%，工业经济效益综合指数达109.8%，同比提高1.06个百分点。全县城乡工业实施技改项目67项，完成投资1.31亿元。民营经济快速发展，个体工商户4076户，民营企业451家，总产值占全县经济总量69.8%，上缴税收占全县财政总收入的44.5%。

城镇化顺利推进。全县城乡建设完成建筑面积52.3万平方米。西山路步行街、水南公园等14个城镇化重点项目进展顺利，夏茂、青州两个集镇和长阜新村、青河小区两个精品村建设取得新进展。完成了际口乡和琅口镇古县村并入凤岗镇工作，城区和集镇新增人口3520人。城市管理水平进一步提高，荣获“全国第三次环境综合整治优秀县城”称号。

项目年活动不断深化。全社会固定资产完成投资6.46亿元，其中基本建设投资2.08亿元，更新改造投资2.25亿元。城关水电站、农村电网改造、侨丹二期技改等市重点项目已基本完工，官蟹电站、沙阳春酒业异地技改、高分子益胶泥技改等县重点建设项目已建成投产，京福高速公路主干线沙县段等重点前期项目已开工建设，金沙高新技术园区等前期项目工作进展顺利。

改革开放取得新成效。完成县制药厂、林化厂、侨丹公司等国有及国有控股企业体制改革，实现国有工业资本基本退出一般性竞争领域；完成商贸中心等17家内贸企业改制和162个村的集体林经营体制改革。大力扶持出口创汇骨干企业，全年出口创汇589万美元，增长2.85倍；加强与沿海地区联系，全年完成山海协作内联项目29项，实际到资1.65亿元。

财政金融运行平稳。全县财政总收入1.79亿元，同口径增长11.5%，其中地方级财政收入1.14亿元；财政支出1.36亿元，增长3.8%，实现财政收支平衡。年末各项贷款余额17.21亿元，增加1.14亿元。农村合作基金会全面实现清盘关闭。

城乡人民生活水平得到提高。城镇居民人均可支配收入达6285元，净增195元；农民人均纯收入达3292元，净增71元；社会消费品零售总额达9.27亿元，增长9.8%；城乡储蓄存款余额9.82亿元，增加5860万元。县委、县政府确定的改造大洲马道公路、完善离休干部活动中心、创建“五个高标准”文明安全小区、扶持边远困难村等7项为民办实事项目已基本完成。

【社会事业】 深化创建文明县城、文明村镇、文明行业活动，群众性精神文明创建活动取得新成果，荣获省一级达标文明县城、双拥模范县城称号。全面实施科教兴县战略，技术创新工作取得新突破，列入省级科技项目2项，列入市级科技项目4项，列入县级科技项目23项。教育两基得到巩固，中小学内部管理体制综合改革取得进展，调整撤并了20所农村学校。荣获省卫生县城、农村卫生初级保健达标县称号。群众文化体育活动深入开展，荣获省文化先进县称号。完成13个乡镇有线电视联网线路工程。荣获省计划生育“三为主”先进县称号，实现“一控双达标”目标，保持耕地总量动态平衡。破获各类刑事案件688起，维护了社会安定稳定。

【撤乡并镇】 2000年12月9日，经省民政厅批准，沙县际口乡和琅口镇古县村正式并入凤岗镇。际口乡地处城乡结合部，全乡总人口5323人，共5个行政村，总面积88.88平方公里，工农业总产值7100万元。凤岗镇地处县城区，全镇总人口54365人，辖7个农业村、8个居委会，总面积47.4平方公里。为促进生产要素优化配置，实现区域经济优势互补，提高城镇化水平，撤乡并镇后，凤岗镇辖区总面积增加到143.8平方公里，人口增加到60327人，村居委会增加到21个，全镇工农业总产值达39236万元。

【京福高速公路三明连接线沙县段开工】 2000年11月9日，京福高速公路三明连接线沙县段正式开工，原中央政治局委员、空军司令员张廷发、省委书记陈明义及省、市、县领导参加开工典礼。京福高速公路三明连接线起始于三明市梅列区徐碧，在沙县凤岗镇际口村与主干线相连接，总长16.8公里，计划工期27个月。

（撰稿：邹阿松 夏平）

尤 溪 县

【经济社会概况】 2000年，全县国内生产总值30.12亿元，比上年增长5.3%，其中第一产业增长1.3%，第二产业增长7.5%，第三产业增长10%。

一、农村经济稳步增长。全县农林牧渔业总产值达21.77亿元，增长3.2%。完成年计划96.7%。粮食总产量22.12万吨；食用菌产量19822吨，增长12.3%；水果产量69247吨；茶叶产量4690吨，增长1.8%；烟叶产量3631吨；肉蛋奶产量20485吨，增长4.8%；水产品产量7209吨，增长5%。完成更新造林8.56万亩，中幼林抚育间伐6.3万亩，生产商品材20.6万立方米。乡镇企业总产值31.8亿元。增长13.6%。

二、工业经济效益回升。全县工业总产值21.89亿元，增长6.16%。规模以上工业企业完成产值8.01亿元，增长9.6%，经济效益综合指数达105.6%，比上年提高11.5个百分点；实现利税总额9620万元，增长33.8%。全县完成技改投资5378万元，完成新产品开发10项。

三、对外经贸日益加强。全县新办外商投资企业4家、增资3家，实际到资506万美元，增长16.6%；自营出口创汇115万美元。增长12倍。加大山海协作和内联工作力度，引进内联项目75个，客方到资10034万元。

个私经济快速发展。新发展个体工商

户864户，注册资金878.8万元；新发展私营企业47家，注册资金2665万元；全县个私经济上缴工商税收4100多万元，占工商税收的33%。

重点建设成效明显。城区玉带桥、前进路一期改造玉带桥水南桥头房地产综合开发、尤溪口火车站、南溪水库等重点建设项目已经建成，农网改造、县通乡油路、电信设施和初级水利化县建设任务基本完成；开通梅仙、西滨等12个乡镇广播电视光纤联网工程。26个重点项目累计完成投资3.13亿元，到位资金2.63亿元。

商贸流通日渐活跃。新建联合边贸和洋中农贸市场，结合旧城改造抓好“七五”商场、城区副食品商场、饮服商场、医药网点和基层供销社500平方米以上营业网点改造，以及玉带桥集贸市场建设。成功举办2000年尤溪县特色产品展销会，贸易额4221万元。蓬莱银螺茶荣获北京2000年中国茶文化国际研讨会暨展示会银奖，东岩云雾茶荣获第二届国际名茶博览会优质奖。

财政金融平稳运行。全县财政预算收入14100万元，增长6.3%，其中一般预算收入11166万元；县级财政支出16206万元。年末全县金融机构各项存款余额9.96亿元，增长4.4%；各项贷款余额10.84亿元，比增12.2%。

社会各项事业协调发展。荣获“全省第七届创建文明县城活动一级达标县城”称号。深入开展群众性精神文明创建活动，成功推出“农家155”的先进经验。实施一批技术创新项目，全年经评审、验收、鉴定的科技成果11项，其中达国内领先水平1项、省内先进水平2项。计划生育工作整体水平稳步提高，文化、广电、体育等社会事业发展都取得新的成效。

【矿业成为经济新增长点】 尤溪县矿产资源丰富，已发现境内有铁矿、钨矿、铅锌矿、黄金矿、稀土矿、石灰石、大理岩、白云岩、石英岩、高岭土等28个矿种，全县有矿床31处、矿点矿化点300多处。其中目前已发现大理岩矿产地25处，可利用资源量达1亿吨；铅锌矿已发现有24处，仅梅仙区域铅锌D+E级金属量初步查明达200万吨以上，是华东地区目前地质储量最大的有色金属矿床。据地质部门预测，黄金矿仅坂面的肖坂、后坑、官田地区有20吨储量。全县目前办有各类采矿矿山企业（开采点）130多个，以矿产品为原料的工业加工业124家，有金鑫金矿、浩泽锌冶炼和金东三鑫、梅恒铅锌选矿等一批重点企业。2000年原矿产值达9600万元，矿产品深加工产值4.2亿元。

（撰稿：林海）

大田县

【经济概况】 国民经济稳步发展。全县完成国内生产总值20.56亿元，比上年增长7.8%。全县农林牧渔业总产值12.14亿元，增长4.1%。全部工业总产值16.85亿元，增长9.2%，其中规模以上工业产值7.17亿元，增长9.1%。规模以上工业企业经济效益综合指数67.8%，比上年提高15个百分点，国有及国有控股工业企业扭转了上年总体亏损的局面。

各项改革深入推进。全县国有工业企业累计完成或基本完成19家改制任务，改制面达82.7%；国有内贸企业改制有较大进展；乡镇集体企业已完成改制62家，改制面60.1%。企业资产重组获得重大突破，县水泥厂、火电厂先后实现“债转股”县六角宫水库电站3000万元债券顺利上市发行。

对外开放继续扩大。全年新引进三资企业4家、批办2家，总投资727万美元，合同外资701.8万美元，增长95.4%；外商实际到资620万美元，增长2.3%。新批办内联项目9个，吸纳区外资金10131万元。全县三资企业完成出口创汇（海关口径）61.5万美元，增长39%。

重点项目建设加快。全社会固定资产投资完成4.13亿元，增长10.9%。农网改造、赤岩小区解困房、电信大楼、六角宫水库电站等11个重点建设项目已完成投资7000万元，比上年增长75%，基本扭转近两年持续下降的被动局面；商贸中心二期、国家立项农业综合开发、县法院审判庭综合楼、石牌地热供水工程等13个重点项目前期工作基本完成。确定“十五”期间重点建设项目68项，总投资40.5亿元。

个私经济不断发展壮大。全县新批办个体工商户1235户，私营企业36家，个私经济累计上缴税收3142万元，占县级一般预算收入29.4%。

财政金融形势基本稳定。全县地方级财政收入8518.66万元，增长3.9%，其中地方级一般预算收入7660.2万元；财政支出12528万元，增长15.7%。年末全县金融机构各项存款余额82888万元，比年初增加7621万元；各项贷款余额59614万元，比年初减少15214万元。农村合作基金会实现整体关闭。

城乡居民生活水平进一步提高。全县社会消费品零售总额6.79亿元，增长5.2%。零售商品价格和居民消费价格基本稳定。全县城镇居民可支配收入5986.44元，增长5.5%；农民人均纯收入2948元，增长5.7%。国有企业下岗职工基本生活费和企业离退休人员基本养老金按时足额发放，城镇登记失业率和国有企业下岗职工再就业率分别为4.7%和60.2%。“造福工程”继续实施，老区“五通”工作基本完成任务。“212”公路破损路面修复和危桥除险加固、河滨路建设、城区下水道改造、办学条件和医疗设施改善等一批历年为民办实事扫尾项目和一些与群众生产生活密切相关的问题得到较好解决。

【农业】 2000年全县农林牧渔总产值121371万元，按可比价格计算，比1995年增长39.0%，平均年增长6.8%。其中，农业产值平均年增长6.1%，林业平均年增长10.5%，牧业平均年增长3.8%，渔业平均年增长11.9%。粮食生产保持稳定，产量13.93万吨，比1995年增长1.7%；油料、甘蔗、烟叶、蔬菜规模不断扩大，产量分别比1995年增长40.4%、167.9%、115.0%和39.8%；水果产量49903吨，平均年增长15.5%；肉蛋奶总产量20169吨，平均年增长8.0%；水产品产量3159吨，平均年增长12.0%。

【社会事业】 顺利通过省级卫生县城复检，大田一中、大田五中分别通过省“一级达标”和“三级达标”学校评估验收，计生工作获全市明显进步第一名，第五次人口普查通过省级质量验收，完成环保“一控双达标”任务，加强耕地保护和土地收储管理。

【民营科技】 民营科技企业成为科研开发的生力军。大田县目前拥有各类民营科技企业25家，行业涉及农业、医学、机械、建筑、建材、轻工、陶瓷、瓷土加工等，从业人员546人，拥有固定资产2060多万元，年创产值3200多万元，利税800多万元。共投入研究开发经费230多万元，开发出新技术、新产品30多项，有16项产品获得国家专利，其中30层单板热压干煤机属国内首创，有菌简易开放式（生料）栽培技术和无粮无糖栽培技术攻克了国际食用菌界两大难题。

（撰稿：涂育严）

编校：章卓如

莆　田　市

综　述

【"九五"回顾】　莆田市通过认真组织实施"九五"计划，摆脱了亚洲金融危机的消极影响，克服了通货紧缩内需不足的矛盾，战胜了9914号台风暴雨的重大袭击，国民经济和社会事业取得长足发展。

综合实力明显增强。"九五"期间，国民经济保持持续、快速、健康发展，综合经济实力明显增强，生产力发展水平跃上新台阶。1998年经济总量比1980年翻三番，"九五"时期国内生产总值年均增长12.1%，其中，第一产业增加值年均增长3.1%，第二产业增加值年均增长14.7%，第三产业增加值年均增长15.4%。1999年人均国内生产总值实现比1980年翻三番的目标（即提前一年）；2000年人均国内生产总值达6670元，"九五"时期年均增长11.2%。经济增长逐步由外延型向内涵型转变，经济运行质量逐渐提高，财政总收入年均增长14.4%，占GDP的比重由1995年的5.8%提高到2000年的7.2%。

结构调整取得成效。"九五"期间，积极调整优化经济结构，重点提升以电子、机械、食品、制鞋、服装、建材等为代表的传统产业，大力发展以海洋、航运、石化、能源等为代表的新兴产业，积极培育以电子信息、生物制药、新能源、新材料等为代表的高新技术产业。三大产业结构由1995年的25.4∶50.7∶23.9调整为2000年的18.5∶48.7∶32.8。农业产业化进程加快，水产、水果、畜牧、蔬菜、食用菌5个主导产业产值占农业总产值的比重达到79.9%，农业开始朝着效益农业的方向发展。工业企业规模不断壮大，年产值超亿元的企业由26家发展到30家，国有工业及年销售收入在500万元以上的非国有工业不断发展，其产值占全部工业总产值的44.0%，成为工业发展的主导力量。第三产业中新兴产业发展较快，旅游业得到快速发展，湄洲岛、南少林、九鲤湖等成为旅游品牌，第三产业增长速度高于同期GDP增长的速度。产业结构与经济发展水平基本协调。

重点建设成绩显著。"九五"时期，莆田市实施"追赶战略"，扩大投资规模，投资成为拉动经济增长的主力军。"九五"期间累计完成全社会固定资产投资229.9亿元，年均增长18.9%。重点建设投产的项目主要有佳通轮胎厂，湄洲湾火电厂，秀屿国家粮食储备库，雪津啤酒厂四、五期技改扩建，湄洲湾北岸供水一期工程，闽中脱水蔬菜厂，九仙溪水电一、二期工程等。这些大项目的投产对增强后劲、促进经济和社会发展起着举足轻重的作用。公路建设得到加强，全市已基本实现村村通公路。总投资近12亿元的福泉高速公路莆田段建成通车，结束了无高速公路的历史。三郊、濑榜、枫秀等7条全长150多公里的公路建成通车。"九五"期间，新增公路通车里程310公里（其中高速公路46.62公里），公路通车里程达2986公里；建成沿海港口深水泊位9个和一批小型泊位。新增电力装机容量36万千伏安，城乡电网改造基本完成。城乡电话交换机增容41.0万门，总容量达54.05万门，移动电话系统增容29.80万门，长途电话交换机增容0.38万路端。

对外经济稳步发展，"九五"期间，积极应对亚洲金融危机的负面影响，对外经济稳步发展。5年累计批准外资企业506家，合同总投资额19.8亿美元，合同外资额16.8亿美元，累计实际利用外资12.38亿美元，相当于前12年总和的1.48倍，"九五"期间年均增长5.3%。全市外贸出口累计总额达31.6亿美元，居全省第4位，其中外资企业出口占73.3%，内资外贸出口占26.7%。全市有4家企业被评为全国进出口500强，全省首家台资企业——永恩国际集团跃居全国外资企业500强第27位。

居民生活水平逐步提高。城乡居民在1997年基本实现小康生活基础上，2000年全面达到小康水平，城乡居民收入稳步增长。城镇居民人均可支配收入年均增长11.0%，超过全省平均增幅2.0个百分点，城镇居民收入水平居全省第6位，比1995年提高2位。农民人均纯收入年均增长9.4%，高于全省平均水平，居全省第5位。城镇居民人均消费性支出年均增长7.8%；农民人均生活消费支出年均增长6.4%；社会消费品零售总额年均增长11.8%。居民消费结构逐步由生存型向发展型转变。城乡居民的恩格尔系数由1995年的66.1%、57.6%分别降到2000年的49.8%、52.4%。城乡居民人均居住面积分别为17.78平方米和41.76平方米，均高于全省平均水平。下岗职工再就业率达91.4%，比全省平均水平高29.4个百分点，"九五"时期城镇登记失业率均控制在3%下，连续多年低于全省、全国

由外商福建太平洋电力有限公司1998年投资7亿美元兴办的湄洲湾火电厂，首期工程为2×36.2万千瓦时机组组成。至2000年11月，已完成施工任务99%。图为第一台36.2万千瓦时机组已进入试运行。（林辉龙　摄）

平均水平。

科教兴市得到加强。"九五"期间，坚持"科教兴市"战略，把科技进步放在经济社会发展的关键地位，把教育作为优先发展的重点，推进教育事业的快速发展。1997年成为全省第二家实现"两基"达标市，建成高等专科学校——福建医大莆田分校。科技进步基础要素(包括人力要素、财物要素、科技意识)列全省第3位，科技活动产出（包括产品创新和科研成果）列全省第5位，科技推动社会进步列全省第4位。高新电子信息园区建设进展顺利。企业科技创新激励机制初步形成。科技进步对经济增长的贡献率达49.0%，5年间提高6.2个百分点。

经济社会协调发展。"九五"期间，全市人口自然增长率明显下降，均控制在10‰以内。加强土地保护与管理，严格审批建设用地，划出成片耕地保护区，土地利用效益提高。森林覆盖率达到54.8%，比1995年提高0.8个百分点。认真落实环保责任制，加大"三废"治理工作，全市设立了17个环境常规监测点，生产、生活环境有较大改善，获得了省级卫生城市称号。文化、卫生等其他各项社会事业全面发展，有一批文艺作品获国家、省级大奖，电视连续剧剧本《林则徐》获全国"五个一工程"奖，剧本《沧海争流》获专业艺术政府最高奖（文华剧作奖）和我国戏剧文学最高荣誉(曹禺戏剧文学奖)。莆田市被省政府批准为"省级历史文化名城"。加强卫生设施建设，整体医疗卫生水平得到提高，农村改厕任务已基本完成。推行全民健身计划，93%的中小学达《国家体育锻炼标准》。1998年，电视覆盖率达96.4%，提前两年实现"九五"计划目标；1999年，广播覆盖率达95.5%，提前一年实现"九五"计划目标。

【经济社会概况】 2000年，全市全年国内生产总值198.45亿元，比上年增长12.0%，增幅比全省水平高2.5个百分点。其中，第一产业增加值36.74亿元，增长2.5%；第二产业增加值96.68亿元，增长14.3%；第三产业增加值65.04亿元，增长14.8%。经济结构调整取得成效。一、二、三产业增加值的结构比例由上年的20.2∶47.8∶32.0调整为18.5∶48.7∶32.8，在农林牧渔业总产值中，农林牧渔业构成由上年的36.0∶2.6∶22.9∶38.5调整为34.8∶2.7∶23.4∶39.1。经济运行质量逐渐提高。全社会劳动生产率由上年的11824元/人提高到12780元/人，平均每个劳动者比上年多创增加值956元，实际增长7.4%。国有企业改革和脱困目标如期实现。全市39家国有控亏工业企业，全面完成省下达的扭亏任务，实现了中央提出的3年脱困目标。国有内贸企业改革完成改革面73.2%。社会保障体系不断完善，养老保险金实现百分之百社会化发放，成为全省先进典型。职工医疗保险被列为全国试点城市。

农村经济持续健康发展。全年农林牧渔业总产值59.01亿元，按可比价格计算比上年下降2.6%。乡镇企业总产值468.12亿元，比上年增长14.1%。种植业结构有所调整，全年粮食播种面积170.1万亩，比上年减少10.92万亩，下降6.1%；粮食总产量60.57万吨，下降4.7%；蔬菜产量70.29万吨，增长31.2%；食用菌产量3.69万吨，增长19.5%；水果产量5.95万吨，下降28.3%。全年肉蛋奶产量达14.08万吨，增长9.8%；渔业生产发展势头良好。全市水产品总产量60.65万吨，比上年增长5.3%。其中，海洋捕捞13.03万吨，增长2.1%；海水养殖44.3万吨，增长6.3%。水利水电建设步伐加快。木兰溪下游防洪一期工程、后溪水库、外度引水隧洞工程、九仙溪水电工程等一大批重点水利水电工程进展顺利。重新核定5个站点警戒、危险水位，木兰溪洪水预警报二期工程顺利建成，防汛抗旱水平进一步提高。全市新增有效灌溉面积7600亩，恢复灌溉面积5.96万亩，改善灌溉面积12.73万亩，推广节水灌溉面积7.23万亩。

工业生产持续快速增长。全年完成工业增加值78.54亿元，比上年增长14.7%，其中规模以上工业完成增加值34.91亿元，增长21.0%；规模以下工业完成增加值42.93亿元，增长9.6%。在规模以上工业中，国有及国有控股企业完成增加值5.96亿元，比上年下降15.4%；集体企业完成增加值4.00亿元，增长10.6%；外商及港澳台投资企业完成增加值20.08亿元，增长4.4%。全市国有及年产品销售收入500万以上非国有工业经济效益综合指数99.76%，比上年提高1.34个百分点；全年工业产品销售率为97.5%，提高0.04个百分点。资本保值增值率143.9%，比上年提高56.93个百分点，全员劳动生产率23662元/人，增长12.7%。全市39家国有控股工业企业实现利税总额18232万元，其中实现利润3758万元，增长3.7%，亏损额为2168万元，下降34.5%。国有大中型工业企业亏损面37.5%。建筑业生产稳定发展。全社会建筑业完成增加值18.03亿元，比上年增长11.9%。

消费品市场稳中趋活。全市实现社会消费品零售总额68.50亿元，比上年增长10.5%，扣除价格因素，实际增长11.1%。城市消费品零售额38.7亿元，增长10.5%；全市拥有各类贸易网点23917个，年末从业人员6.71万人。商品市场体系建设进一步完善。全市已建成投产各类市场72个，商品年成交额50亿元，比上年增长18.6%，有8个市场年成交额达亿元以上。

对外贸易平稳增长。全年外贸出口创汇额6.84亿美元，比上年增长8.5%，其中内资外贸出口额1.82亿美元，增长8.1%，三资企业出口额5.02亿美元，增长8.6%。利用外资取得新成效。全年新签利用外资合同项目57个，合同总投资额2.74亿美元，下降5.3%。实际利用外资额2.82亿美元，增长6.5%。全市新派出劳务人员4383人次，比上年增长8.0%，继续居全省各地市前列。全年完成劳务出口创汇额3005万美元。全年共接待境外游客89153人次，比上年下降2.1%。

财政金融平稳增长。全市财政总收入14.25亿元，按可比口径计算，比上年增长12.7%，其中地方财政收入8.57亿元，全市财政支出11.78亿元，增长7.9%。连续第六个年头实现当年度财政收支平衡。金融运行平稳。年末全市金融机构各项存款余额141.71亿元，比年初增加10.01亿元，增长7.6%，其中，城乡居民储蓄款余额109.33亿元，比年初增加5.89亿元，增长5.6%。年末全市金融机构各项贷款余额97.59亿元，比年初增加5.36亿元，增长6.4%，全年现金实现净回笼11.22亿元。

科教和社会事业不断发展。全市已累计培植高新技术企业10家，资金、技术密集型企业4家，审批培植民营科研与开发机构134家。全年共实施省、市科技项目53项，其中省重大项目3项。全年认定登记技术合同金额3240万元，比上年增长23.9%。全年申请专利已公开、公告的58次，取得科技成果20项。教育事业继续发展。全市拥有各类大专院校2所，中等专业学校4所，技校1所，各类职业中学25所，普通中学151所，小学954所，各类幼儿园984所，在校大专院校学生3965人、中专学生2065人。技工学校学生874人、职业中学学生17595人、普通中学学生22.55万人、小学学生34.32万人。青壮年中非文盲率98.6%。在省第九届音乐舞蹈比赛中，获得2个集体项目第一名，4个集体项目第二名，6个单项第一名，3个单项第二名。莆仙戏参加第21届戏导师调演获7项大奖。民乐3个节目获全国"群星奖"比赛银奖和铜奖。电视人口覆盖率97.4%，全市共有卫生机构病床位5997张，与上年持平。全年全市体育健儿在参加国际性体育比赛中共获金牌7枚；在参加全国性体育比赛中共获金牌12枚、银牌11枚、铜牌6枚；莆田市荣获"全国蓝球城市称号"。

环境保护实现"一控双达标"，饮用水源达标率达98.8%，达到环境功能区标准。加大木兰溪水环境综合整治力度，源头10万亩天然林保护处于森林复壮阶段。自然生态保护得到进一步加强，全市已建成四大饮用水源保护区。全市实现再就业2378人，再就业率达90.2%。城镇登记失业率为2.4%。年末全市从业人员达155.28万人，比上年末增加5.06万人。乡村实有劳动力125.41万人，增加5.10万人。

城乡居民生活水平继续提高，劳动就业工作进一步加强。乡村实有劳动力

125.41万人，增加5.10万人。全市城镇居民人均可支配收入6388元，比上年增长10.8%；农民人均纯收入3253元，比上年增长4.1%，全市有7.26万职工参加了失业保险；8.02万企业职工参加了社会养老保险。城镇有750人、农村有9357人进入贫困对象保障网，全年发放最低生活保障金658万元。莆田SOS儿童村正式开村，已建立14个家庭，收养106名健全孤儿，成为精神文明的一个重要窗口。

【固定资产投资】 全年全社会完成固定资产投资额67.24亿元，比上年增长14.6%(按同口径对比，下同)。在完成投资额中，基本建设投资34.0亿元，增长8.2%，更新改造投资12.27亿元，增长37.7%；房地产开发投资3.67亿元，增长28.3%；其他投资1.27亿元，增长39.5%。省级卫生城市和省级文明城市一级达标的目标如期实现。新增建成区园林绿化面积15.56公顷，人均公共绿地达6.6平方米。延伸公交营运里程9公里，改善了城区交通状况。安装供水管道17公里，供水普及率达93.0%。全市32个重点项目建设实现投资41.96亿元，顺利完成年度投资计划。其中：10个“重中之重”项目共实现投资32.98亿元，超额完成投资计划。佳通轮胎厂、湄洲岛跨海供水工程、莆田肥后溪水库、湄洲湾3.5万吨多用途码头等9个项目已完成或基本完工。湄洲湾火电厂、九仙溪水利水电开发工程、涵沧公路涵江段扩宽工程等12个项目已完成年度投资计划。

【交通运输业】 全年交通运输业完成增加值11.76亿元，比上年增长9.8%。交通系统的各种运输方式完成旅客周转量83636万人公里，下降13.2%，水运396万人公里，增长7.6%；货物周转量11547万吨公里，比上年下降8.4%。沿海港口货物吞吐量201.33万吨，比上年增长47.9%。全年邮电业完成增加值6.82亿元，比上年增长23.9%；邮电业务总量完成12.69亿元，比上年增长31.3%，全市年末城乡电话交换机总容量达58.17万门，比年初增加14.27万门，增长32.5%，年末城乡电话用户为36.6万部，移动电话用户达24.2万部。计算机互联网用户达23027户，增长380.0%。

（撰稿：陈宗良）

城厢区

【经济社会概况】 2000年，城厢区国内生产总值完成16亿元，比上年增长16.6%，农业产值2.26亿元，比上年增长0.5%；工业生产总值21.7亿元。比增19.4%；第三产业增加值6.6亿元，比增16.7%，三次产业结构比9.2：49.5：41.3。财政总收入10079万元，比上年增长21.9%，地市级财政收入6873万元。社会消费品零售总额14.5亿元，城乡居民收入继续增加。

农业保持稳定，大部分经济作物、农副产品稳产保质，水产品、肉禽蛋奶总量得到巩固。Ⅱ系超级稻试种成功并推广种植，农业产业化龙头企业闽中蔬菜食品工业总厂一期扩建完成，区副食品综合基地乌骨鸡生产线扩建项目顺利完工。乡镇企业实现总值51.78亿元，比增14.7%，农村实现“五通”工程。

工业生产持续增长，产值500万元规模以上企业增至38家，产值达7.2亿元，比增30.8%，泰盛集团、协龙鞋业产值达亿元。莆田传感器厂、闽中蔬菜食品工业总厂等一批企业通过ISO9000系列质量体系认证，全区262家企业步入标准化生产轨道。

城市体量扩大，城建成绩显著，先后打通了学园南路、胜利北路、荔城南路；新建了梅园路、东圳路、荔城北路；改建了东大路、旧环城路东段、北大路南段，拓宽了城笏路，城区面积扩大到18.8平方公里，新建天九湾集贸市场、梅峰市场、下磨市场、北磨市场、筱塘三期市场。完成木兰陂下游防洪一期工程的拆迁工作，国债项目下花垃圾处理场完成截污坝、截洪沟建设。

对外经贸趋好，2000年新审批外资项目10个，合同投资总额982万美元，实际利用外资926万美元，全区出口交货总值约3.76亿元，比增31.1%。

社会各项事业加快发展。公民的科普知识、计算机知识推广工作进一步展开，引进不锈钢冷湾成型技术、全自动通讯系统开发等一批科研推广项目，完成新溪学校、长寿实验幼儿园等一批教学楼建设，扩大高中办学规模，提高高中阶段教育入学率。荔城卫生院升格为城厢区医院，阶段消除碘缺乏病通过省级达标验收，消灭丝虫病、小儿麻痹症，农村初保工作通过市级达标验收。计生工作基本实现“三为主”的目标。环保工作通过省政府“一控双达标”的验收，实现省级卫生城市达标。再次荣获“双拥模范区”称号。

【下花垃圾处理场】 按照区政府制定的发展经济、环保先行的战略，引进国债项目下花垃圾处理场。该工程总投资3750万元，占地面积为212亩，设计规模为日处理垃圾2500吨，总库容量14万立方米，于10月1日开工兴建，至2000年底已累计投资2429万元，完成2.6公里的进场道路、场内临时道路、围墙、管理房、垃圾填埋库区的土方平整，完成截污坝、垃圾坝、洪沟和一期场区防渗膜、管道的铺设等主要项目建设。下花垃圾处理场建成后将解决城区今后15年的垃圾出路问题，预计2001年竣工交付使用。

（撰稿：林建如）

涵江区

【经济社会概况】 2000年全区国内生产总值24.56亿元，按可比价格计算，比上年同期增长10.9%。其中第一产业增加值2.22亿元，增长2.3%；第二产业增加值13.55亿元，增长11.5%；第三产业增加值8.79亿元，增长12%。工农业总产值46.5亿元，比上年同期增长12.3%。

农村经济稳步发展，农业内部结构不断优化。全年农牧渔业总产值3.4亿元，传统种植业比重趋降，其他种植业发展加快。其中农业生产产值7760万元、畜牧业产值8883万元，均与上年持平，渔业产值17691万元，比增18.9%。引进的种子包衣剂等多项新技术得以推广。水利设施建设和中低产田改造进展顺利。农民增收增效渠道不断拓展，全年农民人均纯收入3742元，比增2.9%。乡镇企业总产值80.04亿元，比增17.2%

工业经济效益逐渐提升。全年工业总产值43.07亿元，比增13%，对全区经济增长贡献率达68.3个百分点。其中年销售收入500万元以上的规模工业企业49家，实现产值15.05亿元，比增20.8%，所创产值的比重占全区工业总产值的1/3以上。食品、服装和工艺品加工行业增势迅猛，高新技术行业份额逐年提高，综合经济效益指数大幅度提高，工业产品产销率达99.9%。三江口港货物吞吐量达22万吨，比增高达41%。

固定资产投资幅度增加，重点项目建设扎实推进。全年完成全社会固定资产投资3.03亿元，比增18%，重点实施12个重点项目和8个为民办实事项目。其中4个被列为市重点建设的项目年度投资6150万元，涵江旧城东区改造工程、涵江垃圾无害化综合处理厂、涵黄公路涵江段拓改工程建设顺利完成年度计划；涵江小商品批发中心二期工程已经省计委审批立项加紧后续工作。涵江职业中专学校、小商品仓储建设如期完成年度任务，人民街已全线通车，农村电网改造全面完成顺利通过省级验收。8个为民办实事项目实现投资1400万元，完成涵江医院绿色生命通道建设、城区环卫设施配套工程和新增1万平方米休闲绿地。

外贸出口增势强劲，利用外资稳步上升。全区完成出口创汇总值1.18亿美元，比增17%；实际利用外资1450万美元；签订合同数5个，增资2家，合同总投资额1757万美元，比增91%，其中合同外资额1176万美元，比增27.8%；实际利用外资1450万美元，与上年持平；出口创汇总额1.18亿美元，比增17.1%；出口

地县采风

泉州市

深化科教兴市 增强发展后劲

深化『科教兴市年』活动动员大会现场

以生产力促进中心为龙头的技术创新服务体系已经形成，被确定为"全国生产力中心建设重点市"。图为规划建设中的清濛科技工业园区创业楼

发展高新技术产业，推动结构调整

注重成果转化，提高科技含量，改造传统产业。图为福建省四大海洋综合试验之一——惠安大港湾高科技养殖基地

“举全市之力，办泉州师院”——建设中的泉州师范学院东海校区

社会力量办学蓬勃发展，目前全市社会力量办的各级各类学校达278所。图为泉州市社会力量办学经验交流暨表彰大会现场

以“减负”为突破口，素质教育全面推进。图为2000年12月中国教育电视台《走进明天》栏目拍摄泉州素质教育专题节目现场

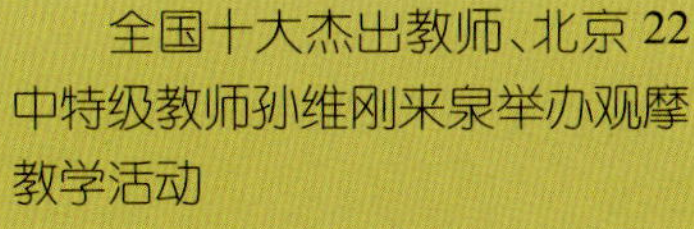

全国十大杰出教师、北京22中特级教师孙维刚来泉举办观摩教学活动

优化城市管理 营造投资环境

泉州市

整洁有序的市容市貌

名城保护建设取得新进展

城市管理综合执法成效显著

FUJIANYEARBOOK

加强交通秩序整治，深化“城市管理年”活动

拆除违章建筑，维持古城风貌

夜景工程添异彩

泉州市

完善基础设施 促进市场开拓

石狮海峡两岸纺织服装博览会现场

引导企业树立新型市场营销理念，市场营销水平不断提高。图为全省规模较大的物流配送中心——泉州奇龙物流有限公司

健全市场功能，完善市场体系，形成一批规模较大的区域属于批发市场。图为南安水头闽南建材第一市场全貌

第四届泉州 9·9 商品交易会开幕

营造良好市场环境，完善政策服务体系。图为市委书记刘德章和市长施永康在第三届台资协会理事联谊会上倾听台商意见

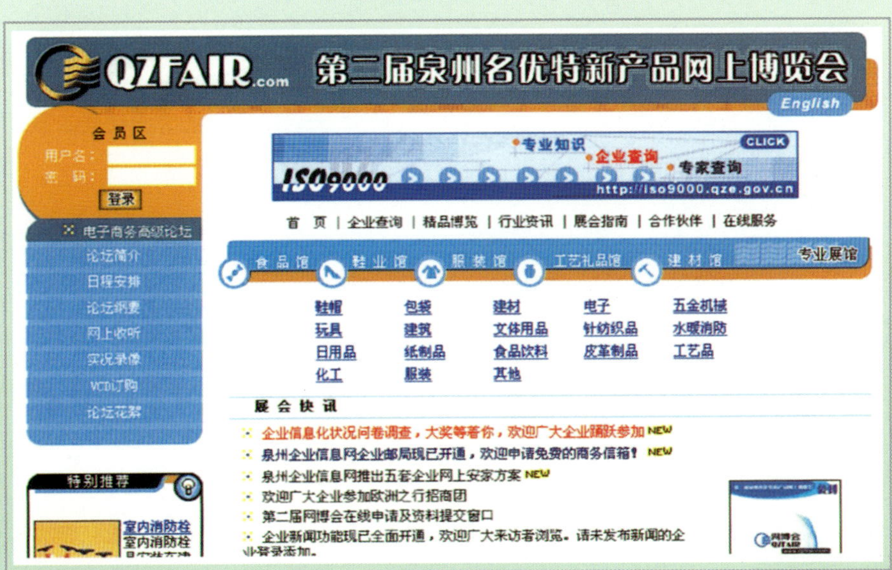

电子商务异军突起，全市已成立 20 多个信息专业网，一万多家企业拥有产品主页。图为第二届泉州名优特新产品网上博览会主页

泉州市

建设基础设施 创建卫生城市

整洁优雅的居住小区

整治后的破腹沟

日处理垃圾 610 吨的泉州室仔前垃圾卫生填埋场

处理污水总规模达 15 万吨的泉州水质净化中心

泉州市

依托景观优势 打造旅游品牌

FUJIANYEARBOOK

第二届泉州旅游节开幕式万头攒动的盛况

摄化群蒙，重振南山——与泉州渊源深厚的弘一法师诞辰120周年，泉州为此举行了隆重的纪念活动

清源老君脚下的日本游客

骑楼列柱，飞瓦重檐——极富闽南特色的泉州街景

泉州市

着力园林建设 优化生存环境

古朴典雅的东湖公园大门

蔡襄题字——“三洲芳草”

繁华之处洗尘器——市区中心绿地

园林庭院式工厂——泉州水质净化中心

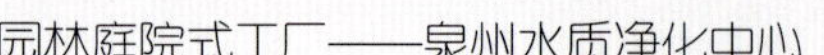

首期面积达 10 公顷的市民绿化广场

泉州市

FUJIANYEARBOOK

挖掘文化积淀 光大历史名城

群众性文娱活动基地——威远楼

文博事业硕果累累。图为泉州南少林博物馆揭牌仪式

整修后的清源山南台岩寺

石 狮

建设中的城市新区

市委书记、市长:郑栋梁

快速发展的石湖码头工业区

崛起于闽东南沿海的新兴城市石狮，位于历史名城泉州和经济特区厦门之间，与台湾隔海相望。踏改革开放的大潮，承爱拼敢赢的的天性，石狮从昔日的海隅小镇变成为实具规模、充满活力的现代化工贸港口旅游城市。

这里是著名侨乡和对台窗口。全市旅外华侨和港澳台胞近60万人，石狮充分发挥侨台优势，大力发展外向型经济，做好对台经贸文章。至2000年底，全市批准外商投资企业1496家，投资总额23.5亿元，2000年三资企业总产值78.4亿元，成为石狮经济发展的主力军。

这里是购物天堂、旅游胜地。石狮素以“有街无处不经商，铺天盖地万式装”闻名遐迩，全市10条商业街、8个专业市场、10座商业城，在全国设立近3000个营销网点，奏响了一曲“全国跑石狮，石狮跑全国”的大流通交响乐。石狮胜景众多，人文荟萃，滨海自然资源丰富，已形成购物旅游、名胜旅游、滨海旅游为重点的旅游体系，全市较具规模的旅游酒店20多家，旅行社7家，是旅游观光的绝妙去处，2000年共接待国内外游客250万人次，旅游总收入125亿元。

这里是一片投资热土。水、电、路、港口、通信等基础设施适度超前，投资环境日臻完善。人均供水量、供电量全省第一，邮电综合实力居全国县（市）第一名。石湖万吨级码头、梅林五千吨级对台专用码头的建成，更为港口经济的腾飞插上双翅。

这是一个初具现代文明气息的侨乡新城。先后荣获了全国科技百台、全国文化百强县（市）、全国卫生先进城市、全国双拥模范城和福建省教育先进城市、精神文明建设先进城市等荣誉称号。

改建后的人民广场夜景

社会集资兴建的侨乡体育馆

强劲发展的染整业

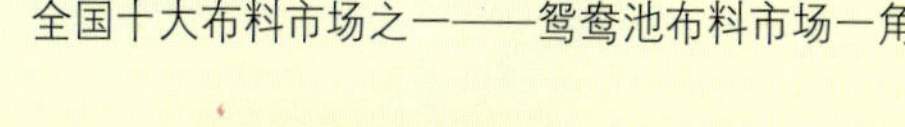

全国十大布料市场之一——鸳鸯池布料市场一角

全国唯一以对台为主题的大型服装博览会

FUJIANYEARBOOK

泉州市委刘德章书记等领导视察泉州国税

泉州市国家税务局

谢燕南局长深入企业进行税收调研

泉州市国税局坚持依法治税，从严治队，认真贯彻落实“加强征管，堵塞漏洞，惩治腐败，清缴欠税”的十六字税收工作方针。严格执行各项税收法规政策，不断强化税收管征，积极实施科技兴税战略，努力推进税收征管改革和金税工程建设。另一方面，下大力气加强税务队伍建设，班子建设、基层建设、党风廉政建设“三项建设”齐抓共管，税收执法权、行政管理权“两权”监督长抓不懈，有效促进全市国税系统两个文明建设齐头并进。全市国税系统共组织入库各项税收收入32.04亿元，同比增收6.94亿，增长28.8%，完成年度计划117.5%。自1994年税务机构分设以来，已连续7年超额完成税收收入任务。随着征管改革的不断深化，全市建成办税服务厅81个，纳税人自动申报率达到98%。2000年6月，在全省国税系统征管质量考核中，泉州市国税局获取综合评比第一名。

与此同时，泉州市国税局深入开展以党风廉政建设、机关工作作风建设和基层窗口单位行风建设为主题的“三风”建设，切实强化干部思想政治和业务教育，大力加强廉政建设，全面实施文明服务窗口竞赛，促进整个系统精神文明建设全面发展，处处开花。涌现出全国税务系统文明单位南安市国税局、惠安县国税局洛阳分局等一大批先进典型。市局获得1999~2000年度省级文明单位称号。

市国税干部在军营进行封闭式军训

国税干部深入企业帮助健全财务核算

总局、省局、市局领导莅临指导

文明之师 依法治税

石狮市国家税务局，始终坚持税收工作服从服务于改革开放和经济建设大局，本着继往开来，艰苦创业、团结一致、开拓进取的精神，紧密依靠上级局和地方党政的正确领导，围绕组织收入中心，坚持依法治税，全面加强税收管理，勤征细管，汇集涓涓细流，八年来为国聚财 17.8 亿元，年年超额完成各项国税收入任务，人均税收收入居全省第一、全国第六，有力地促进石狮经济的发展。在抓好组织收入的同时，强化干部队伍建设，内强素质，外树形象，使石狮国税成为一支侨乡赫赫有名的文明之师，2000 年被中共福建省委评为“文明单位”，局党总支和下属 3 个支部均为党建工作达标先进单位，基层单位有省级文明示范窗口 1 个、省级文明单位 2 个、地市级文明单位 4 个、县级文明单位 4 个。

局领导深入企业调研

石狮国税办公楼

省级最佳办税服务厅

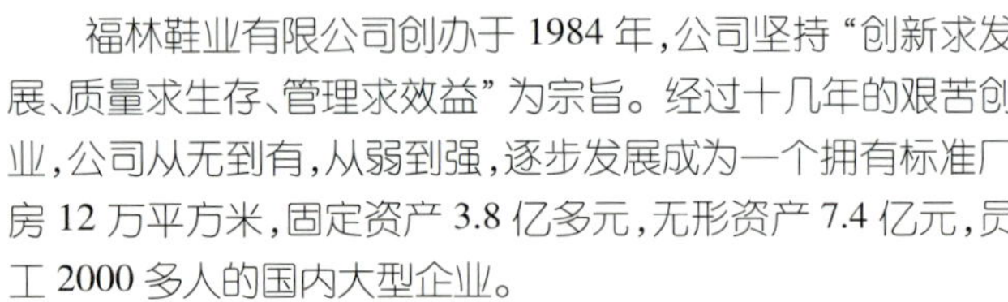

福林鞋业有限公司创办于1984年，公司坚持“创新求发展、质量求生存、管理求效益”为宗旨。经过十几年的艰苦创业，公司从无到有，从弱到强，逐步发展成为一个拥有标准厂房12万平方米，固定资产3.8亿多元，无形资产7.4亿元，员工2000多人的国内大型企业。

公司生产的主导产品“宝贵鸟”牌真皮产品现已形成四大系列（男、女休闲鞋系列、时装鞋系列、童鞋系列、皮具系列）。产品以优质、高雅、舒适、新潮等优点和优良的售后服务畅销国内及东南亚市场，并先后荣获“农业部优质产品”、“中国消费者协会信得过产品”、“中国鞋王”、“2000年中国真皮鞋王”等一百多项荣誉称号。1999年，“富贵鸟”商标被国家商标局认定为“中国驰名商标”。

“富贵鸟”是一名友谊的使者，她将带给您无限的温馨和自信，福林鞋业有限公司竭诚欢迎海内外客商前来洽谈、合作。

中国驰名商标

富貴鳥

FUGUINIAO

INTERNET：http://www.fuguiniao.com
E-mail：fulin@public.qz.fj.cn
地址：福建省石狮市长福工业区
邮编：362700
董事长：林和平 电话：(0595)8708888
传真：(0595)8708559
总经理：林荣河 电话：(0595)870999
传真：(0595)8709438
副董事长：林国强 电话：(0595)870888
传真：(0595)8708438
副董事长：林和狮 电话：(0595)870899
传真：(0595)8706539

省级青年文明号

中国人寿南安市支公司

中国人寿总公司苗复春副总经理（中）、福建省分公司总经理杨大祖（右三）一行莅临南安公司视察指导工作。图为各位领导在南安公司"青年文明号"成果展示窗前留影（左二泉州分公司曾呈彬总经理、右二南安公司黄胤立总经理）

市金融系统率先举行服务承诺新闻发布会

中国人寿南安支公司发扬"创新、奋进、务实、高效"的中国人寿企业精神，高唱发展主旋律，以争创全国级"青年文明号"为契机，为把企业建成"一流管理、一流服务、一流队伍、一流业绩"的现代化商业寿险公司而奋斗。两个文明建设取得丰硕成果，充分展示了闽南人"爱拼才会赢"的豪迈气概。公司各项保费收入从分设时的1270万元增长到2000年的7530万元。业务总量保持全省前列。连续四年保持省级"青年文明号"称号，多次荣获"全省系统优质文明服务先进单位"、"全省系统双文明建设优胜单位"。原公司经理陈守练荣获1999年度全国金融系统优秀共产党员，现公司经理黄胤立荣获2000年全省系统"双文明建设标兵"、2000年福建省"创文明行业，建满意窗口"竞赛活动满意服务先进个人。

原任公司经理陈守练（左一）亲自送赔款到客户家。图为客户向公司赠送锦旗

向老年人"送温暖、献爱心"。图为参加南安市"人寿杯"老年人"三球"邀请赛活动的游行队伍

南安公司注重企业文化建设，以此增强企业的凝聚力和向心力。图为联欢会上"寿险"娘子军表演舞蹈《情深意长》

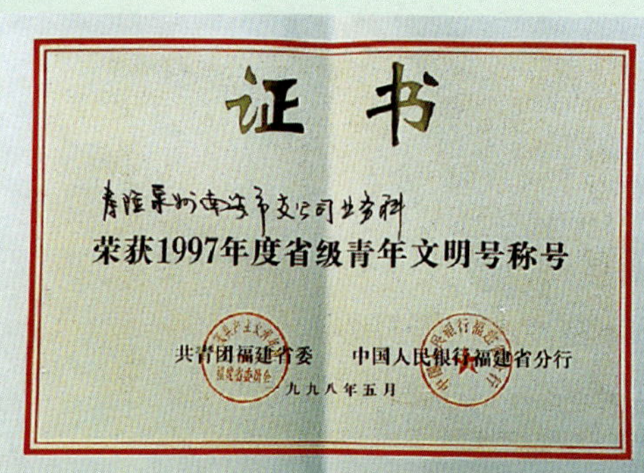
证书

荣获1997年度省级青年文明号称号

共青团福建省委　中国人民银行福建省分行

一九九八年五月

公司业务科荣获省级青年文明号称号

千年文明古郡

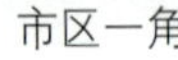

市区一角

南安位于闽南金三角中心地带，与台湾、金门仅一水之隔，是我国著名民族英雄郑成功的故乡，历史上曾一度是闽南地区的政治、经济、文化中心，素有“海滨邹鲁”之称。全市面积2036平方公里，人口148万，海外华侨和港澳台同胞300多万，管辖21个镇、2个乡、3个街道办事处和1个省级经济开发区。改革开放以来，南安经济综合实力一直保持在全省十强县市前列和全国百强县市行列，先后荣获“中国龙眼之乡”和“中国建材之乡”称号。随着国内旅游业的不断发展，南安市委、市政府审时度势，依托境内丰富的人文资源和自然风光，以及日益完善的基础设施，不断加快旅游业的发展速度，并把创建中国优秀旅游城市和建设旅游之乡作为新一轮创业的工作重心来抓，使南安的旅游业呈现出一派欣欣向荣的景象。

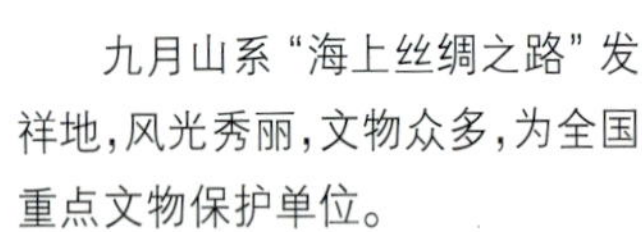

九月山系“海上丝绸之路”发祥地，风光秀丽，文物众多，为全国重点文物保护单位。

黄巢自然风景区位于南安市东田镇，风光秀丽，气候宜人，为闽南地区新辟的旅游避暑胜地。

黄巢飞瀑

黄巢幽谷

原始森林

新兴旅游城市

南安

郑成功史迹游览区

郑成功陵园座落于水头镇覆船山麓，系全国重点文物保护单位

郑成功焚青衣处

郑成功碑林座落于石井镇鳌峰山麓，登高远望，可见金门岛，内存书法墨宝 365 件

郑成功纪念馆系全国爱国主义教育基地之一

闽南大观园——南安蔡氏古民居

蔡氏古民居建筑群位于福建南安官桥漳里村，主要由蔡启昌及其子蔡资深于清同治年间(1862)至宣统三年(1911)兴建。现存较为完整的宅第共16座，古民居门前墙、砖、石浮雕，窗棱镌花刻鸟，其精美雕饰，不仅集中表现了闽南成熟的雕塑艺术，而且反映了受印度佛教、伊斯兰教及南洋文化和西方建筑艺术的影响，被誉为闽南建筑的大观园。

全国小城镇建设示范镇

水头镇

图为省委书记宋德福、省长习近平在省委常委、秘书长黄瑞霖，泉州市委书记刘德章、市长施永康，南安市委书记李建国（现任泉州市委常委、政法委书记）和南安市水头镇党委书记郑进发陪同下视察水头镇福兴商贸区。

水头镇按照“三步曲”（即第一步以旧区改造为主，抓好福兴商贸区建设；第二步完善镇区道路、排污等市政设施；第三步完成镇区绿化、光化、美化），扎实推进小城镇建设。福兴商贸区改建工程胜利竣工，该区域按照“高起点、高标准、快速度”的要求进行改造，始终以“狠抓质量不放松，确保安全不出事，加快进度不失言”为工作准则，坚决做到公正、公平、公开、廉洁。该区域总投资1.2亿元，占地165亩，绿化率达36%，独具时代气息和侨乡特色，其质量之优良，规格品位之高雅，堪称20世纪商住小区的精品。“镇长工程”（即对镇区主干道进行全面绿化、光化、美化整洁）的顺利实施，使水头街区面貌焕然一新，为水头建设现代化滨海小城市迈出了坚实的一步。

图为水头镇区中心福兴商贸区一角

水头镇以“立足福建、面向全国、辐射亚太、走向世界”定位而建设的闽南建材第一市场，由石材城、陶瓷装饰城、荒料市场和加工区等配套组成，总投资2亿多元，占地700亩，日交易额达460多万元，是一个集生产、加工、销售、信息服务等为一主体的大型综合市场，是全国十大规范化市场之一。全国人大副委员长王光英、程思远分别为之挥毫题词——中国石材城。每年5月18日在此举办全国建材经贸洽谈会更是万贾云集，商机无限，为水头经济和社会事业的发展提供了广阔的舞台。该镇还扎实推进科学兴镇和加强精神文明建设，各项事业全面发展，使水头镇先后获得“全国小城镇建设示范镇”、“福建省第七届文明镇”、“福建省先进基层党委”、“福建省科技示范镇”和“福建省体育先进镇”等光荣称号。

图为美丽、整洁、有序、文明的水头镇街区，该镇2001年元旦开通公交车，实现村村通公交，成为全省乡镇首例。

图为雄伟壮观的闽南建材第一市场

FUJIANYEARBOOK

省级新村建设示范村

霞溪村

霞溪村位于南安市英都镇镇区西北部。东有英溪潺潺流水绕过，西靠灵脉翁山怀抱，南与繁荣的镇区接壤，北邻安溪县墩坂村。全村人口近万人，分为32个村民小组，良田耕地2000多亩，果山茂林近万亩。产业以农业为基础，水暖、建材等私营股份企业近30家；有外出经商人口近4000人。几年来，该村经济发展突飞猛进，工农业总产值现年15800万元，人均收入4500元；村财收入近百万，每年上交工商、税费350多万元。

几年来，该村以抓经济建设为目标，以"爱我英都，建我霞溪"为理想，积极抓好新村建设和旧村改造，并大力改变"计划生育"观念，破旧习，立新风，树立学科学、学文化知识，营造了人人讲法纪，人人讲文明的文明氛围，促进各项事业的发展。至2000年底，全村新村建设、旧村改造拆旧房7万平方，建新房15万平方，改造路网30公里，每人平均绿化面积8~10平方，环境设施布局优美。塔美新村建设，1999年度被评为"省级"精品合格村；中心区域改造初见成效；溪益农村居住别墅小区规模形成，被省建委定为新村建设模式试点。

实施农业综合开发规划，水利设施改造，各种路网改造为农业生产逐步实现机械化奠定基础；万亩果林郁郁葱葱，成为村财的绿色银行。教育事业蓬勃发展，设施完善的"霞溪中心小学""坪峰小学"，素质教育、质量名列前茅。该村每年被各大、中专学校录取的学生有四十多位。

新世纪的跨入，该村"思源思进"，将在建设社会主义新农村上取得更大的成绩。

市、镇领导指导新村建设

村公园

村委会办公楼

别墅区一角

农家别墅

FUJIANYEARBOOK

迅速崛起的现代化科技工业新城区

——清濛科技工业区

工业区领导与专家顾问团共商发展大计

工业区一隅

企业新貌

骆国清书记（右四）深入企业调研党建工作

文化下企业活动

仙公山公园

清濛科技工业区是泉州市委、市政府为培植高新技术开发区、新的经济管理体制的示范区和泉州跨世纪发展的新增长点而开发建设的城市工业区，工业区首期开发面积为5.5平方公里，远期规划12.5平方公里。计划以工业项目为先导，以商贸商住为配套，建成拥有城市人口10万人以上，就业人口5万人，工业产值超百亿元的现代化、城市化、园林化的工业新区。

自开发以来，工业区已投入建设资金5亿元，按照现代化城市新区标准高起点投建区内基础设施和功能工程，目前工业区“六通一平”配套到位；工业区高度重视软环境建设，推行“一个窗口”服务管理体制，为企业提供高效优质服务。工业区目前已签订投资项目合同238家，合同投资总额28亿元，预计投产后可实现年工业产值36亿元，利税8.5亿元，目前，区内已有95家企业建成投产，2000年实现产值10亿元，税费收入4000万元，工业区初步形成纺织服装、包装印刷、工艺礼品、机电电子、食品、五金汽配等六大支柱产业，涌现出一批实力强、后劲足的优秀企业，创出名优特新产品。清濛工业区作为泉州经济新增长点的作用正日渐显现。为提高工业区的可持续发展能力，工业区大力推进科教兴区战略，目前，区内被列入国家火炬计划项目2家，省高新技术企业7家，省“五新”项目28项。工业区还规划建设高科技园区、高校创业区和博士后科研工作站，建立高科技项目孵化基地。

FUJIANYEARBOOK

各项基础设施配套完善。图为清濛220千伏变电站

举行座谈会

邮电模块局

高技术企业

举行国庆歌咏比赛

泉州市人大副主任、永春县委书记张贻伦；永春县县长潘燕燕陪同泉州市市长施永康考察永春汉口神香生产基地

县长潘燕燕（左三）向参加芦柑贸洽会的海外客商介绍情况

工贸旅游齐头并进 经济发展后劲十足

福建省永春县

2000年，永春县大力是改革开放和各项建设事业，促进了国民经济持续、快速、健康发展。全县实现国内生产总值54.3亿元，比增16%，人均国内生产总值首次突破1万元，财政总收入2.64亿元，比增16%，县本级财政收入再创新高，继1996年突破亿元大关后，去年达2.12亿元，实现五年翻一番的目标，收支结构不断完善，农民人均纯收入3565元，比增5%。第四度被评为福建省经济发展十佳县。

该县大力加快工业企业发展步伐，从1999年开始，高起点、高标准在附城建设探花山—榜头工业区，投入1000多万元完善水、电、路、通讯、绿化等配套设施建设，完成首期开发600亩，并引进工业企业35家。同时，工业区向东扩展，与正在开发建设的榜头工业区相连，使工业区的规模达到3500亩，为工业的发展提供更广阔的空间。积极进行招商引资活动，在土地、用水、用电、退税等方面都以最优惠的政策来吸引外地企业到永春投资，2000年全县新办企业238家，总投资3.71亿元，新批三资企业10家，总投资6695万元；工业总产值由1998年的34.44亿元上升至2000年的49.26亿元，年平均增长率为19.2%。成功举办了“世永联”第四届代表大会暨2000年中国（永春）芦柑贸洽会、秋季茶王赛活动，组团到深圳招商，签约项目36个，总投资额3亿多元，还分别建立了中小企业贷款担保基金、工业企业技术创新风险基金，进一步解决企业贷款担保难、周转金不足状况、工业企业技术创新速度慢等问题，对确立的71家重点企业采取现场办公、协调银行支持资金贷款等方式进行扶持，较好地保证企业的正常运行。目前，全县拥有全民、集体、个体、外贸企业4500多家，初步建成了以化工、煤炭、陶瓷、建材、食品为主的工业体系。

同时大力发展旅游业，以西部牛姆林生态旅游区为龙头，以中部蓬壶宗教朝圣、休闲度假区为策应，以东部县城旅游区为依托，形成沿三郊线拓展的点轴开发旅游格局，开辟七条旅游线路。2000年全县各旅游景点共接待海外游客1.8万人次，国内游客30万人，旅游总收入1.9亿元。重点开发了牛姆林，多方筹资1000多万元投入各项基础设施建设，目前，旅游区水、电、路、通讯等基础设施以及青钱柳山庄等旅游项目配套齐全。

永春县县城一角

永春县于 2001 年 4 月 6~9 日在深圳市成功举办福建省永春县招商项目暨产品展示会。图为开幕典礼现场在深圳市举办的福建省永春县招商项目暨产品展示会上共签约项目 36 个，总投资额 3 亿多元。图为签约现场

牛姆林生态旅游区景观——丁香园

中国永春牛姆林生态旅游推介会于 2001 年 5 月 3~5 日在牛姆林生态旅游区隆重举行。图为开幕典礼现场

牛姆林生态旅游区被誉为 “闽南西双版纳”。图为牛姆林百年松涛

县城新貌

抛掉贫困帽 走上富裕道

惠安县

惠安县位于福建省东南沿海，与台湾省一水之隔。全县土地面积668平方公里，海域面积1200平方公里，海岸线141公里，耕地29.8万亩。辖16个乡镇，294个行政村，人口91.8万人。改革开放以来，该县充分发挥区位、资源、人文、侨台、基础设施等优势，抢抓机遇，加快发展，国民经济和社会事业取得了长足进步，人民生活水平明显提高，社会安定，政治稳定。昔日以贫困闻名的“地瓜县”，如今已呈现出蓬勃发展的景象，成为福建省经济比较活跃、外向度较高、发展后劲较强的沿海开放县。

2000年全县国内生产总值125亿元，财政总收入6.3亿元（其中县级财政收入3.8亿元），分别位居全国百强县第55位和第70位。

该县先后获全国科技工作先进县、全国农村电气化先进县、福建省经济发展十佳县和经济实力十强县、福建省水产十强县、福建省卫生县城、福建省文明县城、福建省双拥模范县等多项殊荣。

该县是福建省著名侨乡，目前，旅居世界各地的华侨和惠籍港澳台胞近200万人。也是福建省建筑之乡，全县有一级资质的建筑企业1家，二级资质的建筑企业11家，三、四级资质的建筑企业14家，建筑行业从业人员15万人，足迹遍布祖国大江南北。该县正是福建省投资热点县份，“九五”期间，全县共引进外资项目175个，实际利用外资1.64亿美元。5年累计完成三资企业产值116亿元，年均增长25%；累计完成出口交货值8.68亿美元，年均增长20.6%。5年全县固定资产投资累计115亿元，开工建设重点项目90个。现列入国家部、委计划的重点建设项目有10个。

惠安石雕

惠安女风情

惠安第一中学

新校大门

办公楼

尊师亭

惠安第一中学是一所创办80多年历史的省重点中学，现已通过省一级达标学校验收。八十多年来，学校向社会输送了35000多名毕业生，其中有许多是饮誉海内外的优秀人才。现在学校有一支由3名特级教师、110多名中级以上职称的水平较高的师资队伍，校园环境优美，教学设备齐全；尤其引人注目的是：由香港实业家曾纪华先生捐建的“曾纪华科学楼”雄伟壮观，集电脑室、语言室、电子备课室、多媒体教室等现代化教学设备，是目前全省一流的教学科学实验大楼。

学校重视德育工作，致力于加强科学管理，提高办学水平，确立了“依法治校，素质立校，科研强校，特色兴校”的办学思想和“重素质，重示范，创特色，创一流”的办学目标。近十年来，学校多次被省、市、县授予“教育先进单位”、“文明学校”光荣称号。1994年以来，学校连续三届被省委、省府授予学校“文明单位”或“文明学校”荣誉称号，1997年10月被国家体育总局、教育部授予“全国群众体育先进集体”。

现在，全校师生正满怀新世纪的豪情，为创建全国示范性学校而努力奋斗。

设施先进的曾纪华科学楼

校长：何景明

电话：0595-7382255　传真：0595-7373001

E-mail：hyz22@public.qz.fj.cn.

地址：惠安县螺城镇建设南街294号　邮编：362100

FUJIANYEARBOOK

惠泉啤酒
HUIQUAN

跨越新世纪，再创新辉煌！

福建惠泉啤酒集团股份有限公司，始创于1983年，是一家生产规模达到50万吨的国家大型企业，拥有一流的啤酒生产设备和雄厚的科技力量。2000年各项经济指标皆遥遥领先，跃居全国啤酒行业十强，其中利税总额位居全国行业第五位，人均实现利税居全国同行业第二位，荣获中华全国总工会颁发的"全国五一劳动奖状"，并被国家质量技术监督局授予"全国质量管理先进企业"的称号。

公司主导产品——惠泉啤酒是消费者信得过产品，先后被授予"全国啤酒行业优质产品"、"中国食品工业名牌产品"、"福建省名牌产品"，惠泉牌商标被确认为"福建省著名商标"，在全国行业树立了良好的品牌形象。惠泉集团立足福建市场，成功地在北京、上海、广东、湖南、浙江、江西、西藏等全国各地市场建立起完善的销售网络体系，惠泉啤酒畅销全国各地市场，连续十七年实现"零库存，无淡季"生产。

而今，惠泉正积极地筹备股票上市，将以产品和品牌优势为依托，进一步壮大规模优势，以不可争辩的实力和无法比拟的魅力迈进全国啤酒行业的领先地位。

作为福建省啤酒行业的龙头企业，惠泉始终秉承"敢为人先求发展"的企业精神，坚持以科技为先导，注重技术改造和新产品开发，密切注视着世界啤酒的发展方向。所以，在市场竞争日愈激烈的格局中，惠泉高瞻远瞩地掀起跨世纪发展创业高潮——惠泉北厂的建设。

在这项跨世纪的工程中，惠泉坚持高起点、高标准，投资4.6亿元，根据国家"十五"计划提出的"清洁生产"要求，严格按照现代化环保型企业模式进行建设，并以国际最新无菌处理技术为标准，进行总体构思和计划，将惠泉北厂建设成为一个年产80万吨、国内一流的现代化啤酒生产企业，并按照城市规划要求，结合厂址周围环境，使之成为具有地方和行业特色的园林式城市旅游工业景点。

整个工程工艺不但布局科学合理，并且全套引进德国STEINECKER公司的糖化自控系统，德国GEA公司发酵罐配件、自控系统和酵母扩培系统，瑞士FILTROX公司啤酒过滤系统，SARTORIUS低温膜过滤系统，德国KRONES的4万瓶/小时纯生啤酒灌装线和国内第一台微生物快速检测仪，完全满足以无菌化处理技术生产高质量啤酒的要求，堪称国内啤酒生产的典范。

永无止境的创新，是惠泉企业的一贯的追求，尤其是技术和产品的创新，使惠泉能在激烈的竞争中抓住发展的机遇。

- 1992年，惠泉引进国家"七五"期间重点科研项目——新型菌种，开发了10度惠泉啤酒，先后荣获多项"科技进步奖"。
- 1993年，惠泉在全省首家引进易拉罐生产线，并一直保持市场垄断地位。
- 1994年，福建省科委给惠泉啤酒集团股份有限公司下达了重点科研项目——研制生产小麦啤酒，惠泉人历经三年潜心钻研，克服了小麦啤酒工艺难度较大等困难，惠泉小麦啤酒于1997年通过了科技成果鉴定，其酿造技术和产品质量达到国内领先水平，填补了省内空白。惠泉集团是至今为止全国仅有的成功实现小麦啤酒批量生产的啤酒生产商。
- 1998年，惠泉成功研制开发了全麦芽啤酒，以其清爽而不寡淡的口感成为市场销售热点。
- 1999年，惠泉又在全省首家引进500ml国际流行新包装生产线，推出气质典雅、形象高贵的500ml装系列产品，掀起了啤酒包装的新革命。
- 2000年，惠泉准确把握市场动态及潮流走向，先后开发出时尚型的千禧白瓶啤酒、保健型的螺旋藻啤酒和营养型的葡萄红啤酒，领导市场消费的新潮流。
- 2001年，惠泉严格按照国际纯生啤酒生产标准，引进纯生啤酒生产线，酿造出惠泉纯生啤酒，并以其彻底的纯生品质被指定为人民大会堂国宴特供酒，掀起了一场纯生啤酒的新鲜革命。

新千年给惠泉带来崭新的机遇和挑战，惠泉将在壮大生产规模，保持持续、快速、健康发展的同时，加快品牌全国化进程的步伐，主动转换角色，参与全国性全方位的市场竞争，实现新跨越，再创新辉煌。

露天发酵罐

惠泉技改工程竣工庆典

全自动糖化设备

总经理:张柏雄

总投资6000多万元的惠安城南供水公司

惠安建设监理有限公司

惠安建设监理有限公司(原惠安建设监理事务所)成立于1997年5月具有法人资格的经济实体,公司现有工程技术经济人员42员,其中监理工程师3名,高级职称3名,中初级职称36名,具备科学化、规范化的监理程序以及相应的工程测试设备。具有承担三等一般工业与民用建筑工程、市政道路及给水排水工程的监理。该公司技术力量雄厚,企业规章制度完善,经营作风端正,重合同信誉。坚持"守法、诚信、公正、科学"的原则。经公司员工的共同努力,取得较好的成绩,在规范建筑市场秩序、工程质量、安全等较好地发挥了监理的作用,并在2000年9月开展ISO9002质量体系贯标活动。其工作得到了各级政府的肯定,被市建委评为1998年度泉州市建筑工程质量管理先进单位,1999、2000年度泉州市建筑工程质量工作先进单位。

该公司重视监理质量,遵守监理行规,信守监理合同,继续以严格的自我要求,严谨的科学态度、高度的负责精神,优良的服务质量为业主提供全过程、全方位的高智能技术服务。

地址:螺城镇城堡巷建兴商住区3号楼2层
电话:(0595)7385108　7392108
传真:(0595)7383108　邮编:362100

总投资2亿多元的中新花园建设项目监理

螺阳科技楼、教学楼

福建省惠安中择建设有限公司

经理:张敬明

惠安中择建设有限公司,成立于1996年7月,公司性质为责任(股份)有限公司,主管部门县建筑管理局。属工民建三级施工企业,注册资本金520万元。主要经营:建筑施工、二级标准以下公路工程的施工、室内外装饰、水电安装、建筑材料、金属材料、建筑技术咨询。

公司技术力量雄厚,管理体系完善,经营作风良好,建筑机构装备强大。

公司一贯坚持"重合同、守信誉、用户至上"的经营宗旨。为泉州地区建设作出贡献。

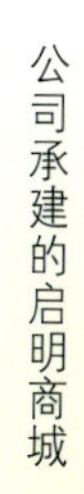

公司承建的启明商城

地址:惠安螺城镇保巷建兴商住区3号-1F　邮编:362100
电话:0595-7395108　传真:0595-7389108

莆田市
福泉高速公路有限公司

习近平省长在莆田高速公路监控分中心兴致勃勃地了解监控管理情况

一流的管理 辉煌的业绩

2001年全省交通系统效能建设现场会在该公司召开

福泉高速公路莆田市境段全长46.62公里，其中软基路段长22公里，设涵江、莆田、仙游互通立交3个，概算总投资11.93亿元。该工程于1996年9月开工，于1999年国庆前建成试通车。全线37个单位工程质量等级评定为优良，优良率100%。整个工程工期短、造价低、质量好、形象美，特别是软基处理、路面排水和桥梁伸缩缝安装等方面取得明显成效，受到国内外专家的好评，为福泉高速公路获得交通部1999年10个质量管理优秀在建项目作出了贡献。

进入运营管理期后，公司全体员工按照"抓管理、重服务、求发展、增效益"的工作思路，团结拼搏，勇于争先，取得了物质文明和精神文明建设双丰收，经济效益在全省名列前茅，征费、路政、养护、开发经营等工作走在全省的前列，公司被省高速公路系统评为军警民共建先进单位，被市委、市政府评为抗洪救灾先进单位，100%的基层单位被评为青年文明号（其中2个为县区级，2个为市级文明单位），3个单位被省高速公路系统评为军警民共建先进单位，还有3名平安卫士和2名见义勇为先进个人受到表彰。

身先士卒。图为常务副总指挥刘振堂、副总指挥张美宣、刘金泉、陈国霖在施工一线指挥协调工作

实行军事化管理建设一支高素质的队伍

加强岗位技能训练

团结拼搏　开拓进取

·莆田市土地局·

开展民主评议行风，增强服务意识，提高服务水平受到社会各界好评。

莆田市土地管理局成立于1986年10月，是主管全市土地、城乡地政工作的职能部门，下辖6个县区（管委会）土地管理局、分局；内设6个行政科室，6个事业单位。全系统干部职工800多人。近两年来，在局党组班子带领下，紧紧围绕全市经济工作的中心任务，加大土地管理改革力度，全面推进依法行政，加强耕地保护，开展优质服务，重点工作取得了较大突破。

2000年，全市各类建设占用耕地6504亩，补充耕地8494亩，划定基本农田保护区面积103.8万亩，首次实现年度耕地占补平衡目标。一年来共审查报批新增建设用地225.5公顷，涉及农用地转用201.1公顷。其中重点建设项目用地24个，面积101.2公顷，城镇用地9个，面积124.3公顷，有力地促进了莆田市经济发展和城镇建设。结合"4.22"世界地球日、"6.25"全国土地日和土地管理法律法规颁布日，大力开展土地法制宣传，增强了各级领导和广大群众的法律意识。加大执法力度，全年共查处土地违法现象、案件105宗，受理群众来信来访344件，办结率100%。全市市县两级土地利用总体规划均被省政府批准实施，乡级规划正在审批报备并完成了西藏朗县土地利用总体规划编制援建任务。对经营性房地产项目用地实行招标、拍卖，一年来共推出88幅地块招标拍卖，收土地出让金12388.3万元。全年年检证书11369宗，颁发单位、个人、集体国有土地证11312本，土地变更登记2788宗。

土地部门既是政府的行政执法机关，又是窗口行业，为搞好优质服务，该局认真抓好机关效能建设和民主评议行风活动，推行服务承诺、政务分开，一条龙服务，受理各项审批、登记、办证业务实行一个窗口进出，公开办事程序、条件、标准以及办事期限，不断改进行业作风，赢得了社会各界的一致好评。

开展土地整治，实行旧村改造，改旧建新，折旧还耕，实现土地占补平衡。图为湄洲湾北岸开发区塔林新村

切实保护耕地，全市划定基本农田保护区面积103.8万亩。图为城厢区城郊基本农田保护区

千年古堤守苍海 海岸长城卫民生

莆田镇海堤

镇海堤位于莆田县黄石镇木兰溪入海口南岸，创建于唐元和年间，1200 年来保护着南洋平原 20 多万亩良田和数 10 万人民的安全，至今仍是全省最大最早的围海工程。为第五批省级文物保护单位，主堤全长 3.4 公里，经历代重修，现已全部石砌加固。

清道光年间闽浙总督孙尔准题写的“镇海堤”石碑

1945 年 12 月 7 日莆田县县长苏儒善题写的“重修镇海堤开工纪念”石碑

1996 年福建省委书记陈明义题写的“海岸长城”碑

苏儒善次子苏林华（美籍华人）、女苏寄漳、苏寄航、苏寄平等在镇海堤上

苏儒善次子苏林华、孙苏中强、曾孙苏晨光在重修镇海堤开工纪念碑前

重塑的苏儒善塑像

推进城市建设 创建卫生城市

莆田城厢区

建设中的莆田首座现代化商住楼——三信花园

横贯市区东西的主干道——梅园路

近年来，莆田市城厢区大力推动城市建设工作，通过改旧城，联路网，拓新区，建新村，大大改变了城乡面貌，改善了居民居住条件，该区实施了三批 52 个重点城建项目，先后进行了梅园路、兴安小区、东大路片区、护城河片区旧城改造，拓展了北磨、龙桥、拱辰、镇海、沟头、下林、阔口等新区建设，建成区面积扩大到 18.8 平方公里。共拆迁旧房 60 多万平方米，新建房屋 150 多万平方米。居民居住条件明显改善，城镇居民人均住房面积提高到 18.95 平方米，比全省、全市平均水平分别多出 5.95 平方米和 2 平方米。打通了学园南路、胜利北路、荔城南路，新建了梅园路、荔城北路、东圳路，拓宽了城笏公路，改建了旧环城路东段、北大路南段、东大路、迎宾路，新改建道路共计 14 条 15.9 公里，道路总面积增加到 161.1 万平方米。正在建设的垃圾无害化处理场，占地 216 亩，总投资约 5600 万元，运营后日可处理垃圾 250 吨，将使市区卫生水平显著提高。城市园林绿地、街心绿地、中心绿地、庭院绿化面积扩大，城区绿化覆盖面积增加 126 公顷，建成区绿化覆盖率达 39.8%。还规划建设了坂头、畅林、肖厝 3 个 9914 号强台风灾后重建新村和下黄、新溪、埭里 3 个木兰溪防洪工程拆迁安置新村。实施了龙桥石顶旧村改造项目，为推进城乡一体化，农村城区化奠定了基础。

独具特色的荔枝公园

水清、岸绿、屋美，另具一格的护城河旧城改造小区

经过整治的市区南大门——迎宾路

坚持“东进南移，推进市区建设”——南门新区

生活乐园 创业福地

福州经济技术开发区

福州经济技术开发区是1985年1月经中国政府批准的首批十四个沿海开放城市经济技术开发区之一，工业面积10平方公里。经过15年的建设与发展，已成为目前中国惟一集国家级经济技术开发区、保税区、台商投资区和科技园区于一体的对外开放区域，是福建省实行新型管理体制享有优惠政策最多、外商投资最密集、经济发展最具潜力的对外开放区域之一。2000年实现国内生产总值80.58亿元，工业总产值164.61亿元，财政收入6.2亿元，出口总值4.47亿美元；各项经济指标分别列首批十四个沿海开放城市经济技术开发区第4-6位。

福州经济技术开发区地处闽江下游的福州马尾港区，与台湾一水之隔，是珠江三角洲与长江三角洲经济发达地区的中国连接点。1996年8月，福州港被国家交通部、外经贸部确定为海峡两岸货运定点直航的两个试点口岸之一后，福州经济技术开发区成为台商在祖国大陆投资以及海内外华人华侨拓展海峡两岸经贸交流与合作的首选区域，其所依托的母城福州市及周边地区是一个人口密集、经济繁荣、交通便利、工商业发达、市场容量大、购买力强的极具发展潜力的黄金地带，对海峡两岸市场都具有很强的影响力和传导性，其辐射范围达闽、台、浙、赣、湘数省，陆域面积50万平方公里，人口近2亿，成为我国对外开放最早、经济最繁荣、市场发育最完善的地区之一。

福州经济技术开发区设立15年来，坚持“以工业项目为主，以吸引外资为主，以出口创汇为主，致力于发展高新技术产业”的办区方针，着力营造国际化投资环境，投放大量资金进行基础设施建设，已开发具备了包括工业气体在内的现代工业项目条件的土地10平方公里，引进了美国、日本、德国、英国、法国、意大利、加拿大、荷兰、阿根廷、澳大利亚、新西兰、巴西、韩国、新加坡、马来西亚、菲律宾、印度尼西亚、泰国及台湾和香港等33个国家和地区的跨国公司或知名企业来区投资。截止2000年底，累计批准外商投资项目794项，总投资逾36.7亿美元，合同利用外资17亿美元，实际利用外资11亿美元，形成了信息技术、软件开发、生物医药、机械冶金、轻纺食品等门类为主的工业体系，并向贸易、旅游、航运、金融等第三产业拓展，呈现出强劲的发展态势。

福州市人民政府设立福州经济技术开发区管理委员会，作为福州市人民政府的派出机构，享有省一级的外商投资项目审批管理权限，其赋予投资者的各项优惠政策均得到了国家和地方法律、法规的保障。福州经济技术开发区奉行“为投资者提供服务，让投资者依法赢利”的宗旨，为投资者创造了高效、便捷的经济环境，其独特的人文地理优势和良好的投资环境吸引了众多投资者在此创业并获得成功。

江滨大道

马尾青洲大桥

马尾卧龙山庄

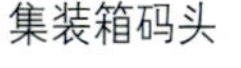

集装箱码头

中华映管(福州)有限公司

您好！ 您好！ 您好！

用户至上 用心服务

福清市电信局

17909

IP 电话主叫直拨业务

免购卡、免拨号、免开户

福建省电信公司福清市电信局现有员工 370 人，下设综合办公室、财务部、建设维护部、市场经营部四个职能部室和 16 个生产班组及 18 个支局所。

近几年来，福清电信事业在省、市电信公司的领导下，在地方政府的关心和支持下，经过全体干部职工的积极开拓，努力进取，奋勇拼搏，各项工作得到了蓬勃发展，取得巨大成就，为地方经济发展做出了应有贡献。该局连续三届被评为“省级文明单位”，1998 年局工会被评为“全国模范职工之家”1999 年被评为“行风民主评议优良单位”。

福清市电信局主要为社会提供固定长途通信，固定本地电话、公众电报和用户电报，传真及计算机互联网等数据通信业务，截止到今年 6 月份，福清市固定电话用户数达 23 万户；分组交换用户达 185 户；数据帧中继达 21 户；数字数据用户数达 436 户；上网用户达 9065 户。

几年来，该局在全局范围深入开展了“创文明行业、建满意窗口”活动，以满足市场需求和提供优质服务为目标，推行承诺服务和规范化服务；以行风民主评议中发现的薄弱环节为切入点，切实解决用户反映的热点难点问题，狠抓内部规范管理；以坚持“内增员工素质，外塑窗口形象”为动力，积极推行“首问负责制”，有效地提高了电信通信服务质量和服务水平，使服务工作取得显著成效。2000 年 5 月份，局客户营业处综合电信营业厅被团中央和信息产业部授予全国“青年文明号”光荣称号。

局长：陈展强
地址：福清市一拂街 21 号
邮政编码：350300
电话：0591-5212234
传真：0591-5214194

《侨隆花园 A 区》商住楼，位于连江县城商业最中心的玉荷东路南侧，占地面积 7.35 亩，建筑八层，一层为商店和农贸市场，二层以上分建 A、B、C 三幢住宅楼，总建筑面积 19125 平方米，总投资 215 万美元。于 1999 年 3 月动工兴建，2000 年 1 月竣工交付使用。

法人代表：陈阿明

信誉第一 质量第一

福州侨隆房地产开发有限公司

福州侨隆房地产开发有限公司是由印尼陈齐忠先生独资开办。该公司目前经营的项目是连江县凤城镇玉荷东路，县政府东侧，官头镇开放路西侧，规划部门划定的红线内开发经营商住楼；在永泰县城关开发"吉祥温泉小区"。已开发项目：凤城玉荷东路"侨隆花园 A 区"商住楼、连江县政府东侧"侨隆花园 D 区"商住楼。正在开发项目：官头镇开放路西侧"侨隆花园 I 区"商住楼、永泰县城关开发"吉祥温泉小区"。

公司以"信誉第一，质量第一"为宗旨，赢得广大客户的好评。

法人代表：陈阿明
电话：6237026　4852206
传真：6237026　邮编：350500

《侨隆花园 D 区》商住楼，位于连江县政府东侧，占地面积 6.4 亩，建 A、B 二幢楼，建筑八层，邻街一层为商店，二层以上为住宅，总建筑面积 12783 平方米，总投资 109 万美元。于 2000 年 8 月动工兴建，2001 年 5 月竣工。

《侨隆花园 I 区》商住楼，位于连江县官头镇开放路西侧，占地面积 10.15 亩，建四幢楼，建筑八层，邻街一层为商店，二层以上为住宅，总建筑面积 27132 平方米，总投资 191 万美元，现正在建设中。

福建闽清福顺陶瓷集团董事长朱祥豪（左）、副董事长高理灯（中）、吴仁希（右）

质量第一 用户至上

福建闽清 福顺陶瓷集团

福顺陶瓷集团于1999年12月成立，由豪业、大世界和旭日三家陶瓷有限公司组成，拥有6条全自动宽体明焰窑，并引进意大利萨克米（2800T）压力机等先进设备，企业全面推行ISO9001国际体系认证。公司员工657人，其中科技人员145人。年产墙地砖900万平方米，产值1.5亿元，税利2500万元。

集团公司产品规格齐全、花色品种繁多，质量达到GB/T4100.5—1999标准。豪业公司主要生产500×500mm水晶砖、仿古砖、布纹砖、防滑砖、耐磨亚光砖等系列产品，大世界公司主要生产50×200mm、60×240mm瓷质外墙砖、100×200mm凹凸砖、200×400mm仿古砖等系列产品，旭日公司主要生产200×200mm、250×330mm等系列亚光水晶砖、布纹砖、仿古砖以及地爬壁系列产品。公司在北京、上海、大连、沈阳、济南、南昌等地设立100多个经销点，产品呈供不应求态势。

2000年度三家企业均评为“省级先进乡镇企业”和“福州市重点乡镇企业”。豪业公司还被授予“省乡镇企业质量管理先进单位”和“省科技创新先进单位”，并通过国家农业部“全面质量管理达标”验收。

迈入新世纪的福顺集团以“质量第一，用户至上”为原则，开拓奋进，再创辉煌！

闽清大世界陶瓷有限公司董事长吴仁希（左）、总经理吴仁忠（右）陪同县委书记吴依殿（中）视察公司产品展厅

董事长：朱祥豪　　副董事长：吴仁希、高理灯
地　址：闽清溪口商贸城（316国道旁）
电　话：0591-2377399
邮　编：350800

中共福州市委书记何立峰（右一）、闽清县县长陈大强（中）在豪业公司董事长朱祥豪（左）陪同下，视察公司生产线

闽清旭日陶瓷有限公司高理灯董事长与公司领导班子企划公司营销策略

FUJIANYEARBOOK

全国人大常委会委员长李鹏在省电力局原局长王根和、闽侯县委书记郑有光等领导陪同下，来到闽侯南通镇考察农村电网建设

闽侯县供电有限责任公司作为福建省电力有限公司的全资子公司，担负着闽侯县境内近16万客户的供电任务。拥有10座35-110千伏变电站，形成了甘蔗、上街、祥谦三个区域性网架并向多电源供电方向发展，年供电能力已达9亿千瓦时以上（目前尚富余约三分之二），供电的电压质量和安全可靠性已得到大幅度提高。全县基本实现了直供到户的电力管理模式。

近十年来，经过全体员工的艰苦拼搏，先后通过了“电力为农业、为农民、为农村经济发展服务“达标企业，安全、文明生产达标企业的考核验收，荣获第六、七届福建省“文明单位”，福建省“模范职工之家”称号。目前，正发扬“学习、创新、务实、诚信”的企业精神和“严、细、实、高”的工作作风，向着国家一流县级供电企业的目标奋进！

国家电力公司农电示范窗口——荆溪供电所

电网改造，造福万家

农村电气化小区——绿洲家园

供货总值10.09亿元，比增10.1%。

居民收入继续提高，市场消费稳中有升。全年社会消费品零售总额21.45亿元，比增7.6%，物价水平在连续3年持续低迷的情况下，出现明显的止跌止稳。商品零售价格总指数99.7%，增幅比上年提高3.2个百分点。居民消费价格总指数102.5%，增幅比上年提高5.1个百分点。全年城镇居民人均支配收入达7052元，比增11.4%。

财政收支平衡，金融运行基本平稳。全年财政总收入1.6169亿元，比增17%，超计划增收540万元。其中地方级财政收入1.02亿元，比增8.5%，克服增支减收的压力，实现财政收支平衡。金融运行总体态势良好，信贷投向结构进一步优化，对农业贷款、个人住房贷款、基建项目的贷款投放量有所增加。城乡各类基金会清理整顿工作平稳推进，全区38家农村基金会，已清理34家；城区各类合作基金会、互助会43家，已清理完成36家。3家城市信用社停业整顿工作稳步进行。

【人民街全线通车】 人民街北起荔涵大道，经人民公园，南与涵华东路相接，穿越涵东街道办事处卓坡村，是连结北内环城路和324线国道的主要通道，是城区第五条南北走向街道。它的建成进一步完善城区路网结构，既有利于人民公园周边土地开发建设，也推动了卓坡村现代小康新村发展。该衔于1999年7月1日动工，至2000年底已全线贯通。道路全长1.69公里，路幅宽42米，工程总投资约3000万元。

【旧城东区改造】 旧城东区改造范围东起涵三路，西连镗前街，南临官口河，北靠顶铺街，项目涉及拆迁户近2000户，拆迁总面积35.3万 m^2，总投资1.9亿多元，其拆迁面之广、拆迁户数之多、拆迁安置任务之艰巨居建区以来实施的4期旧城改造之首。改造后总建筑面积31.9万 m^2，户均建筑面积107.6 m^2，建筑密度31.1%，绿地率32.6%。将改造建成充分体现涵江历史文化名城风貌，地方特色和现代风格相融合，设施齐全、环境优美、功能优化的小康型住宅小区。

旧城改造工作于1999年启动，石坊巷片区于1999年8月进入拆迁改造阶段，至2000年已有15幢安置房封顶，完成基建面积约4万 m^2，工程投资3400万元，其中11幢已验收交付使用。宫下片区已完成95%拆迁户的协议签订和4.8万 m^2 的旧房拆除，现已着手进行道路和安置房建设的前期准备工作。

（撰稿：黄凌）

莆田县

【经济社会概况】 2000年，全县国内生产总值69.28亿元，比上年增长10.5%；农林牧渔业总产值26.97亿元，下降3.6%；工业总产值108.3亿元，增长15.9%；乡镇企业产值165亿元，增长14%；财政收入4.63亿元，增长12.8%；农民人均纯收入3318元，增长4.0%。

一、农业。主要产品产量：粮食26.1万吨，蔬菜25万吨，水产品33万吨，肉蛋奶6.56万吨，食用菌2.49万吨，水果2.5万吨。造林1.6万亩，成活率居全省沿海9个中央国债扶持造林县市首位。外度引水隧洞完成进度8.79公里；获全省冬春修水利建设一等奖、全省海堤加固先进县；后溪水库建成发电；小水电站发电6072万度；汀港围垦完成海堤工程。在北京举办第二届莆田枇杷节。与福建农林大学、集美大学合作38个农业技术项目。

二、工业。主要工业品产量：啤酒20.07万吨，鞋6575万双，罐头1.26万吨，盐10.83万吨，刹车蹄块581万块，供电6.02亿度。500万元以上规模工业企业108家，产值58.08亿元。实施企业技改项目16个，完成投资2.3亿元；开发生产纯生啤酒；皇城微型高品质石英晶片被科技部认定为高新技术产品。国有企业加快股份制和租赁承包体制改革；铸锻集团公司进行股份制登记注册；莆田糖厂实施破产、核酸生物公司转让给大连珍奥核酸科技发展有限公司；合成氨厂关闭停产；盐场、罐头厂的派出所和盐场医院剥离企业，归口行业管理。

三、基建交通。完成社会固定资产投资7.45亿元，其中，列入县政府38个重点项目完成投资7.31亿元。村镇建设完成投资1.8亿元；农村电网改造完成314个行政村，投资1.7亿元；雪津纯生啤酒、台湾通信、德信电子、协丰鞋业扩建和模具工程、新盈显示器、平海二级和石井三级渔港码头等重点项目建成投产。江口赤港华侨经济开发区的莆田电子信息高新技术产业园区挂牌运作。全年货运周转量9260万吨公里、客运周转量3257万人公里；完成公路建设投资3380万元。被建设部评为“全国村镇建设先进县”。

四、财贸金融。县级一般预算收入2.40亿元；社会消费品零售总额9.97亿元，农村集市贸易额3.97亿元。金融系统年末存款余额29.3亿元，贷款余额22.9亿元。居民消费物价指数上升4%。全县177家基金会全部清盘关闭，进入清偿阶段；融达城市信用社归口农村信用社行业管理；荔工城市信用社开展整顿，清理债权债务。推行政府采购、国库统发工资、会计委派制度。

五、外经外贸。新批外资项目27个，合同总投资额1.37亿美元，外资额1.08亿美元，实际利用外资6000万美元，新盈显示器项目总投资7792万美元，兴安药业项目总投资3000万美元。在厦门“9·8”贸洽会上签约29个，投资总额2.54亿美元，创历届最高记录。年末在海外劳力1075人。

六、社会事业。科技对经济增长的贡献率为51%；获农业部丰收奖2项、省科技奖1项；被评为省农村技术市场示范县；通过全国科技工作先进县复查验收。全面推行万名中小学教师全员聘用合同制；调整29所小学布局，五年制改为六年制；高中生扩增至1.3万人；输送高等院校新生1862人；华侨中学通过二级中学达标验收；二中被教育部评为“现代教育技术实验学校”；四中举行百年校庆活动。接待台胞返乡1065人次，台属赴台458人次；2000名台湾大甲镇澜宫香客来莆田集体朝拜妈祖，14名艺术家赴台湾雕塑26尊铜佛像。举办第十四届县运动会；获全国“田径之乡”少年田径锦标赛团体总分第一名。获“全国民间艺术之乡”称号；参加省九届音乐舞蹈节获14个奖，居全省首位；全国重点文物保护单位三清殿全面重修；镇海堤、永兴岩寺、兴化府城隍庙、浦口宫升级为省级文物保护单位。防治碘缺乏病通过省级验收；建成秋芦、白沙、常太莒溪卫生院门诊楼。有线电视入村率67.8%，入户率22%；2件作品获省广播电视优秀节目奖。发行福利彩票500万元；完成县界勘定5条535公里；首次实现耕地占补平衡。36家重点企业全部实现污染达标排放。完成第五次全国人口普查任务；人口出生率11.5‰；全县失业率在2.5%以内。审理各类案件7168件，审结6765件；县检察院被评为全国检察宣传先进单位。对宁夏自治区西吉县、西藏自治区朗县、重庆市万州区开展对口支援活动。获全国爱心献功臣工作先进县、省拥军优属拥政爱民模范县、省残疾人工作先进县称号。

【第五批县级文物保护单位】 2000年11月，县政府公布第五批县级文物保护单位24处，华亭镇的仁和都城隍庙，西天尾镇的陈国柱、陈国桢故居、三山通济越王宫、溪白祥应庙、龙山澄渚桥，黄石镇的东甲流憩殿、五龙通天寺、瑶台中一堂、西洪玉溪祠、西利李氏宗祠，新度镇的厝柄龙津庙、蒲坂戴氏宗祠，江口镇的清民居百廿间、西刘新灵宫，东峤镇的魏厝东云寺、汀塘明山宫，北高镇的呈洋灵慈庙，埭头镇的武盛环水亭，秋芦镇的江春霖故居及墓，白沙镇的古院山越王台及九经山玉皇殿、白沙祖宫、宝阳灵惠祖宫、狮亭昭惠新宫，大洋乡的善扬宫。

（撰稿：陈容明）

仙游县

【经济社会概况】 2000年，坚持“农业稳县、工业富县、项目兴县”经济发展战略，经济建设和社会事业稳步发展。全年完成国内生产总值45亿元，比增

11.4%。三次产业结构由1995年的34.6：39.4：26调整为20.2：43.6：36.2。

农业和农村经济稳步发展。粮食品种结构继续优化，良种覆盖率达95%以上。农业综合开发取得成效，新植水果2.03万亩，新开果园2万亩，改造低产果园2万亩；水产品总产量1.35万吨，比增38%；食用菌总产量6.08万吨，比增21%；蔬菜产量达17.5万吨，比增10%；肉蛋奶产量7.12吨，比增7.9%；造林更新2.1万亩，封山育林6万亩。农业对外合作有新成效，日本星隆等15家外资企业先后投资兴农。投资1.3亿元，建设城防工程，修复水毁工程，改造旱片，新增和改善灌溉农田3.59万亩，节水增产县建设顺利通过验收。无铅松花皮蛋、“绿冠”牌姬松茸获省级名牌称号，文旦柚获国家农业部优质水果称号，书峰枇杷获国家绿色食品标志使用权。

工业体量不断壮大。工业总产值61.7亿元，比增10.2%。其中500万元以上规模工业产值14.7亿元，比增16.7%。县电机总厂等6家国有企业改革基本结束。民营企业在巩固中发展，实现总产值127.9亿元，比增15%。

项目建设进展顺利。县级10个重点建设项目投资3.4亿元。九仙溪水电工程一级电站二期工程竣工发电；九鲤湖风景区瀑布水源调节库建成使用；城南新区经济适用房3.6万平方米建成交付使用，无铅皮蛋、无刷电机、新工艺炭黑等项目列入省“双九一高”目录，金威西服、南亚建材等15个技改项目投资1.28亿元，进展顺利。重点项目前期工作取得新突破，金钟水利枢纽工程通过国家水利部规划设计院审查，上报国家水利部、计委批准立项；枫亭工业园区建设开始启动。项目资料库逐步完备，储备各类项目200多个。

对外经贸继续增长。建立县政府与外商的季谈会制度，对29家重点三资企业实行重点治安挂牌保护。全年共签约外资项目14个，履约率92%，开工率100%。合同利用外资1395.5万美元，实际利用外资1010.6万美元。直接出口供货总值11770万美元，比增18.1%；其中，禽蛋食品加工出口超5000万美元，比上年翻一番。

财税金融运行平稳。全县财政总收入23258万元，同口径比1995年增长61.5%，从1998年起实现当年度财政收支平衡，同时共消灭赤字1470万元，偿还历史债务2292万元。税性比重明显提高，地方级收入中税性比重为72.3%。全县金融各项存款余额25.65亿元，剥离不良资产9134万元，贷款余额15.98亿元，实际贷款比年初增加1.48亿元。

基础设施建设成效显著。农村电网改造投资1.3亿元，完成238个行政村的改造任务，进度居全省首位。完成一中路拆迁、解放中路和迎薰南路砼路面铺设，城区面积从8平方公里扩展到10.3平方公里。公路建设投资7370万元，完成高速路枫亭连接线路基工程。老、少、边地区11条通村公路基本开通。全县程控电话装机容量达15万门，用户10.5万门，移动电话达4万部。

人民生活水平继续提高。城镇居民人均可支配收入5525元，农民人均纯收入2948元，年均分别增长7.6%和2.4%，城镇居民人均消费支出4161元，比1995年增加1107元，年均增长6.5%。

社会各项事业协调发展。科技工作获全国先进县称号，科技示范基地建设有新突破，被列入国家级星火计划项目2个，省重点科技项目1个，科技进步对经济的贡献率达52%。素质教育不断推进，全县考进大专以上院校新生3053人，占全市录取率的55.0%；仙游一中被确定为省一级达标学校，获得国家级“绿色学校”称号。文化事业繁荣，荣获“全国民间艺术(戏剧)之乡”称号，鲤声剧团演员王少媛获得第十七届中国戏剧“梅花奖”。体育竞技水平不断提高，仙游籍运动员陈帅荣获第五届亚洲武术锦标赛冠军和2000年全国武术比赛南拳冠军，成功承办了全国青少年武术套路比赛。城乡医疗卫生条件不断改善，实行“乡村一体化管理”的农村合作医疗所达95%。计划生育工作上新水平，人口自然增长率为6.44‰，计划生育率达92.8%。建立基础农田保护区38.64万亩，保护率达88.3%。公民环保意识不断增强，环保实现“一控双达标”。完成与周边7个县（市、区）351公里的行政区域界线勘定工作，居全省前列。

【中华鲟在仙游繁育成功】 中华鲟(ACIPEMSER SINENSIS GRAY)是暖温性中国特有大型湖河性名贵珍稀鱼类。1997年10月，仙游度尾金贵实业有限公司与莆田市水产科学研究所合作从长江水产研究所引进中华鲟受精卵并成功地孵化了3000多尾幼鲟，随后开始人工试养。1998年5月，经国家农业部渔业局批准，建立了长江水产研究所福建莆田中华鲟繁育保护基地，对中华鲟养殖进行研究开发并获得成功，成活率高达76%，居国内领先水平。1998年12月，该基地提供400尾大规格幼鲟，在闽江白沙段进行了科学试验的标志放流增殖，从后来的情况分析表明，这次放流是十分成功的，在国内外引起极大的反响。目前，该基地水面养殖面积7亩，存有体重50公斤左右的中华鲟900多条，并掌握了一套完整的孵化和人工饲养技术，有效地促进了中华鲟资源的保护和可持续发展。

【荣获“中国民间艺术（戏剧）之乡”称号】 仙游民间戏剧源远流长。仙游的莆仙戏作为我国现存最古老的戏曲剧种之一，以其拥有“大题三百六、小题七百二”的唱腔曲牌、表演艺术，至今尚保留宋元南戏的鲜明特点，而被誉为宋元南戏的“活化石”。建国后，仙游县抢救了一批世人瞩目和专家关注的莆仙戏传统剧目，共有剧目5000多个，手抄本8000多本，除“文革”期间被毁外，至今仍保存1000多本，与南宋元戏基本相似、有剧本可对照的有30多个。目前，全县有戏剧创作队伍30多人，专业剧团3个，民间职业剧团18个，从业人员1000多人。鲤声剧团曾四度晋京献演和赴台交流演出，均获圆满成功。被誉为全国剧坛“三架马车”之一、获’99曹禺戏剧提名奖的剧作家郑怀兴和中国第十七届戏剧“梅花奖”的演员王少媛是其中的杰出代表。在全省民间剧团六届会演中共获得剧本创作一等奖2个，二等奖5个，三等奖5个，优秀演出奖5个，演出奖8个；最佳导演奖1人，优秀导演奖2人，优秀演员奖14人，演员奖31人。2000年8月仙游县被国家文化部授予“中国民间艺术(戏剧)之乡”称号。（撰稿：陈志廉）

湄洲湾北岸经济开发区

【经济社会概况】 2000年，全区国内生产总值达26.72亿元，比增16.2%，三次产业比例渐趋合理，500万元以上规模工业企业产值14.7亿元，比增68.7%，占全部工业总产值的55%，增幅居全市首位；实际利用外资达2亿美元；固定资产投资完成30.58亿元，比增22.1%；财政总收入全年达1.3亿元，比增30%，收入结构趋于合理，且比较稳定；工业产销两旺，销售率达97.5%；农民人均纯收人全年达3356元，比增7%。

基础设施日臻完善。几年来，累计投入基础设施建设资金近30亿元，福厦高速公路横贯境内，3条总长60多公里的高等级主干公路，配套完善；开通万门程控电话及移动电话基地站，通讯快捷；建有3座共44万伏变电站，供电充足；供水工程设计能力3立方米/秒，用水保证已建成3.5万吨多功能码头，且秀屿港被辟为国家一类口岸，正式对外籍船舶开放，港口实际吞吐量达200万吨。水、电、路、通讯、码头等设施的适度超前建设，可满足未来一段时期临海工业发展的需求。

重点项目进展顺利。湄洲湾火电厂总投资55亿元，全年完成投资24.71亿元；1号机组于2000年9月15日并网发电；湄洲湾3.5万吨多用途码头已全部竣工并交付使用；佳通轮胎厂全年完成投资2.42亿元，现斜胶胎日产量2000条，子午胎1200条；湄洲湾北岸市政中心一期工程总投资1.45亿元。目前全区已有11个项目列入省“十五”计划，总投资106.23亿元；即将陆续上马的项目有湄洲湾火电厂扩容及佳通轮胎厂二期工程、液化天然气（LNG）项目、粮库扩容等，贝斯康LCD项目即将投产，将为北岸经济的进一步发展注入强劲的活力。

民管经济发展迅速。民间资本投人生产性项目年产值百万元以上的212个，产值亿元以上7家，5家企业获得自营进出口权，乡镇企业总产值全年完成47亿元，其中工业产值达27.6亿元，出口交货值6亿元，分别比增19.9%、28.4%、20%。同时，企业订单充足，产品销路看好，促进了经济开发建设多元化投资格局的形成。

农业结构调整渐趋合理。种植业更新品种8个，良种覆盖率达94%，良种对农业增长的贡献率达46%；农业实用技术到位率达68%。共落实特种蔬菜、无公害蔬菜等合同种植面积8000亩；新植果树1200亩，改造低产果园1200亩，畜牧生产以万头猪场、“温氏”养鸡为龙头，采取“公司＋农户”的生产经营模式，在不断推广中扩大生产规模，已发展“温氏”养鸡专业村17个、915户，年出栏肉鸡720万羽，比增46%，农民增收897万元。小产业立足港口和海洋资源优势，大力发展以浅海开发名特优品种养殖为主的海水养殖业，水产总产量达21.43万吨，比增6.2%；渔业总产值达5.05亿元，比增7%，水产养殖面积达9万亩，其中新增养殖面积5610亩。

【社会事业】 科技方面加快高新技术成果的引进和转化，大力发展高新技术产业。2000年共选择了有利于产业结构优化和经济增长质量的高科技项目8个，其中1项被列为国家星火计划项目。科技成果的转化方面有新的突破，培育了培体克隆裙带菜和杂交鲍鱼等一批科技成果项目；灵川镇为省定科技示范乡镇；东庄中学、灵川中学、忠门一中在秋季正式复办高中并开始招生，2所小学通过了“省级农村示范小学”评估验收，100%职专学生通过毕业前技能考核，一名教师荣获全国第四届苏步青数学教育奖；人口出生率为10.1‰，计划生育率达92.0%；卫生事业初保达标，通过了省级消除碘缺乏病、消灭丝虫病的评估验收，在卫生院中全面推行药品采购招投标制度，对卫生院领导班子实行公开竞聘；湄洲湾北岸设置“秀屿县”的准备工作基本就绪，已上报国家民政部审批。

【市政中心和村镇建设】 市政中心选择在莆田市沿海交通枢纽、商业人流集中、第三产业发展基础较好的笏石镇，一期征地384亩工程于6月动工，总投资1700万元的综合办公大楼已开工建设，预计2001年底交付使用；村镇建设以抓试点建设促全面规划，共完成38个行政村的总体规划及中心地段详细规划，完成市区总体规划及中心区2.3平方公里控制性详细规划并上报审批，16个旧村改造、新村建设试点村均完成规划编制及部分土建工程；各镇区街道路面水泥化达100%，70%的村实现村道水泥化；农电改造已投资4258万元，改造完工106个村，每年可为企业、农民减负700多万元。

（撰稿：黄福泉）

编校：林丹英

南平市

综述

【"九五"概况】 "九五"时期是南平市国民经济和社会发展承前启后的重要时期，闽北人民以邓小平理论和党的十五大精神为指导，努力克服前进中的各种困难，认真组织实施"九五"计划，战胜了1998年百年不遇的特大洪灾，克服了亚洲金融危机的影响和有效需求不足的困难，以伟大的抗洪精神重建家园，推动新一轮创业，经济和社会发展迈上了一个新台阶。

一、综合经济实力进一步增强。全市国内生产总值由1996年的188.07亿元增长到2000年的222.78亿元，"九五"期间年均增长7.7%。三次产业结构比例由1995年的32.6：38.5：28.9调整为27.5：34.8：37.7。财政总收入16.06亿元，年均增长7.5%。农村经济稳步发展，累计完成农林牧渔业总产值92.69亿元，年均增长5.3%；畜牧、笋竹、食用菌、蔬菜、茶果业在农业结构调整中逐步形成规模，延平长富和大乘乳品、建瓯锥栗、光泽圣农、邵武优质米等一批龙头企业初具规模；大横优高农业园区、闽北星火技术产业带等一批现代农业项目开始起步；建立农村科技特派员制度，促进了农业适用技术的普及和应用，农产品品质和农业效益有所改善，粮食等主要农产品的优质率有较大幅度提高。工业实施"三步走"发展战略，扎实推进"做大、创新、解困"工作，结构调整步伐加快，工业经济效益有所改善，南纸、南孚、南纺、南缆、亚明电器、浦城正大、建阳味精等一批优势企业不断发展壮大；累计完成工业产值205.8亿元，年均增长6.2%。第三产业特别是旅游业发展迅速，武夷山申报世界文化与自然遗产获得成功。非公有制经济特别是私营经济发展势头良好，2000年全市私营经济上交税金5.6亿元，占全部税金的40.67%。市场开拓迈出较大步伐，全市营销队伍达24.38万人，建立营销窗口1183个，在互联网上开通了"南平信息港"网站，率先在全省建立了市、县、乡三级农副产品信息网络系统。

二、重点建设取得新进展。5年累计完成全社会固定资产投资241.4亿元，年均增长6%。在基础设施建设上，先后建成公路先行工程、横南铁路、邵武火电厂、闽江洪水预警报系统等一批重点项目，正在加紧建设农村电网改造、武夷山景区建设、城区防洪堤、京福高速公路南平段等重点项目；海关、检验检疫等口岸机构建设取得突破；光纤通讯、信息网络等发展迅速，覆盖面不断扩大。在生产性项目建设上，南纸、南孚、南纺、浦城正大、邵武草酸等企业的多期技改和扩建，以及南平钽铌矿等重点项目相继建成投产，成为全市经济的新增长点。在城乡建设上，城市基础设施、市容市貌整治、村镇建设力度加大，城乡面貌有了明显变化。全市城区规划面积由1994年的368平方公里扩大到688平方公里，城镇化水平从25.4%提高到29.1%，南平市区和各县（市、区）城区规模逐步扩大。

三、经济体制及配套改革深入推进。抓住列入全国优化资本结构、全省"两促进"试点城市的机遇，加快"抓大放小"步伐，国有企业改革和脱困取得阶段性成果，省定三种类型企业改制面为71%，大中型国有企业脱困3年目标基本实现，剥离企业办社会工作走在全省前列，建立了"两线三层"大工业管理体制。林业加工和储运企业改制面达60%。农村改革继续深入，土地延包30年政策基本落实，探索了多种形式的集体林改革，农村税费改革试点开始实施。国有粮食企业"两全一建"改革取得成效，粮食流通和价格体制改革不断深化。加强财政预算内外资金管理、落实"收支两条线"、推行政府采购、建立财务核算中心等财政管理体制改革有了新进展。住房制度改革基本到位。投融资体制改革继续推进，农村合作基金会基本实现整体关闭，金融对经济发展的支持力度加大。市场体系和市场机制逐步健全，市场配置资源的基础性作用日益明显，社会主义市场经济体制初步建立。

四、对外开放迈出新的步伐。实施外向带动战略，开放型经济持续发展。6年累计外贸出口总额、实际利用外资分别达3.94亿美元和10.04亿美元，国际劳务输出累计7481人次，对外技术合作、市场开拓有效展开。与台、港、澳地区的经贸合作和交流更加密切。在继续巩固发展闽浙赣皖4省9市、闽东北5市经济协作的同时，新一轮山海协作顺利推进，先后与泉州、莆田、上海静安区等城市建立了友好协作关系。

五、经济发展软环境逐步改善。认真治理"乱收费、乱集资、乱摊派"，清理了涉及外商投资企业税外收费项目，狠抓政令畅通督查工作，政府公共服务逐步规范，服务水平不断提高。特别是2000年以政府审批制度改革为突破口的环境建设成效明显，市本级审批制度改革先后分三批公布取消、改变和下放了415项审批项目，占原审批事项的48.4%；全面清理了1980～1999年地区行署和市政府出台的规范性文件203件，其中废止88件，修改20件。各县（市、区）审批制度改革和规范性文件清理工作也扎实推进。政务公开、村务公开、厂务公开工作深入开展。通过开展机关效能建设和绩效考评，机关工作作风进一步转变，工作效率进一步提高。为激活经济细胞、调动基层生产积极性，规范了笋竹、木材税费征收项目和标准，制定了扶持农产品加工流通龙头企业的政策，建立中小企业贷款担保中心，推行工业小区建设一个窗口对外承诺服务的办法。

六、社会事业进一步繁荣发展。加强科研成果的引进、推广和开发，与一批高等院校和科研院所建立了实质性的合作关系，科农携手、科工结合、科科协作取得初步成效，"九五"期间南平市共实施国家、省、市各类科技项目445项，企业科研开发能力有所提高。全市教育"两基"工作通过国家评估验收和复查，比全国提前了3年实现目标，各类教育有较大发展，教育体制改革步伐加快，办学条件得到改善，素质教育全面推进，办学质量逐步提高。社区"文化之家"、农村"文化中心户"等群众性文化活动更加活跃，创建文化先进县和先进乡镇活动深入开展，成功举办了南平市首届文化艺术节。10个县（市、区）和66.4%的乡镇实现农村初级卫生保健目标，社区卫生服务试点工作进展顺利，创建省级卫生城市取得成效。建成南平至各（县）广播电视干线。全民健身活动深入开展，竞技体育水平不断提高。基本完成了第五次人口普查工作。计划生育连续10年完成省上下达的人口计划。国土资源管理力度加大，实现了耕地占补平衡，实施了天然林保护工程。环保工作进一步加强，"一控双达标"基本完成省下达的目标任务。

七、人民生活水平明显提高。加快推进农村扶贫开发与小康建设，"造福工程”、老区和少数民族行政村“五通”建设成效明显，贫困人口温饱问题基本得到解决。农民人均纯收入2735元，年均实际增长8.4%；城镇居民人均可支配收入6293元，年均实际增长9.4%。组织实施“再就业工程”，77.8%的下岗职工实现了再就业，市场导向的就业机制初步形成。逐步建立了城镇企业职工养老保险、失业保险、医疗保险和城市居民最低生活保障制度。居民消费水平继续提高，生活质量逐步改善，广播和电视的综合人口覆盖率分别达到94%和96%，人口平均期望寿命为71.9岁，城区和农村人均居住面积分别增加到12.4平方米和18.8平方米。

【经济社会概况】 2000年是“九五”计划的最后一年。南平市按照“激活经济细胞、夯实发展基础、营造创业环境、构筑起飞平台”的总体工作思路，狠抓基层、基础和机制建设，取得改革和发展的新成效。全年国内生产总值222.78亿元，比上年增长6.7%；农林牧渔业总产值92.6亿元，增长1.1%；规模以上工业产值99.6亿元，增长15.1%；固定资产投资40.63亿元，比上年下降8.1%；实际利用外资2亿美元，增长8.2%；外贸出口1.13亿美元，增长57.7%；全市财政收入16.06亿元，增长7.5%，其中地方级一般预算收入10.95亿元，市本级财政收入4.65亿元，增长10.6%；社会消费品零售总额69.37亿元，增长8.5%；商品零售价格和居民消费品价格基本与上年持平；旅游接待人数348.88万人次，增长4.3%；城镇居民人均可支配收入6293元，增长6.7%；农民人均纯收入2735元，增长2.7%；城镇登记失业率2.8%；人口出生率稳定在低生育水平。

【政府审批制度改革】 为激活基层经济细胞，营造创业良好环境，2000年南平市全面开展政府审批制度改革，通过对市直63个有审批职能的单位申报的881项审批事项进行审查、论证，对其中的457项进行了改革，占全部审批事项的51.87%；取消326项（含下放90项），占全部审批事项的37%；改变审批类型131项，审改工作取得了阶段性成果。通过改革，简化办事程序，逐步建立适应社会主义市场经济发展的政府审批制度。

【开工建设京福高速公路南平段】 京福高速公路南平段是京福国道主干线福建段的重要组成部分，也是南平第一条高速公路，境内总里程为70.06公里，其中主线51.55公里，南平连接线18.51公里，总投资34.16公里，工程分两期建设，一期工程总投资23.26亿元，计划于2004年竣工。二期工程总投资估算10.9亿元，将于2005年竣工。京福高速公路南平段的建设与开通，对于促进“五纵七横”国道干线网络的实现，进一步完善福建公路网布局，使福建公路网布局更为合理科学，提高南平公路等级，促进南平经济发展等具有很重要的意义。

【下派“村官和乡官”，激活经济细胞】 南平市坚持把工作重心下移，促进人才向基层回流，大力构筑基层高素质人才群体。在前两年向农村派出629名科技特派员的基础上，2000年又从市县两级抽调优秀干部624名、优秀处级干部25名分别下派到行政村和乡镇，担任村党支部书记和乡镇党委书记，大大强化了基层政权建设，有效地激发了基层经济细胞，为全市经济发展注入新的活力。

（撰稿：*杨新强　严瑞兴*）

延平区

【经济社会概况】 2000年，全区国内生产总值54.79亿元，比上年增长10.6%，全年财政总收入完成1.255亿元，占年计划的100.8%，比增9.8%，其中一般预算收入8729万元，占年计划的101.8%。城镇居民人均可支配收入7430元，农民人均纯收入2870元，分别比增14.8%、2.3%。

一、结构调整步伐加快。农业结构调整和农业产业化步伐加快，全年农林牧渔业总产值12.62亿元，占年计划的98.43%，比增1.5%。调整种植蔬菜、烟叶、花卉、食用菌、名优杂果等经济作物3.78万亩，调整幅度达40%。生猪存栏23.6万头，肉类总产量3.11万吨；奶牛存栏6894头，奶类产量1.9万吨，分别比增73.3%和74.6%。林产加工业进一步发展，木材销售收入5306万元，竹木加工企业380多家，年销售收入2.62亿元。工业生产形势好转。全年工业总产值24.82亿元，占年计划的93.6%，比增6.1%。其中规模以上工业总产值7.9亿元，比增20%，产品销售率98%。工商税收完成9493万元，占财政总收入的75.6%，比增14.5%。企业技改投资完成9100万元，比增11.5%。矿业成为重要的经济增长点，全年新上矿山企业、个体采矿点24家，矿产品加工企业3家，矿业总产值1.35亿元。第三产业实现增加值19.08亿元，比增12.5%，提供税收6700多万元。

二、改革开放实现新突破。国有企业积极参与“两促进”改革，2家企业实施破产，20家企业通过出售、租赁等形式，盘活了资产，解除职工劳动关系1352名。认真落实“三条社会保障线”政策，通过各种渠道安置下岗职工800多人。乡镇街道企业按照“一厂一策”的原则进行改组改造，汽车缸套厂等10家企业改制完成资产评估，组建了透灰石协会，行业管理得到加强。农村土地延包1667个村民小组发放了土地经营权证，1623个村民小组完成土地承包合同书签订，分别占总数的99%和96.8%。林业企业改革全面铺开，特困企业经济性裁员与采育场、采购站减员增效同步进行，解除职工劳动关系904名。住房公积金制度不断完善，累计缴纳住房公积金1067万元，发放住房公积金贷款380万元。

三、城乡建设迈出新步伐。完成大垅至仲溪、赤门至巨口等公路新建或油路改造任务45公里，实现了所有行政村通公路的目标。完成11个老区村、自然村有线电视网建设，全区通有线电视行政村223个，占行政村总数的94.8%。完成来舟镇供水工程和巨口上埔村、洋后坑门村人饮工程，受益人口5500人。农村电网改造197个行政村，更新改造高低压线路1833.4公里。西芹西岩、跃村等4个电站投改工程竣工，增加装机容量745千瓦。村镇规划建设步伐加快，村镇道路、绿化、供水等基础设施不断完善，峡阳西隅小区和王台井窠新村被列入省级试点小区，西芹村、芹山村精品新村和水南武夷小区建设通过省上验收。老区“五通两有”建设成效显著，51个老区行政村已通电、通广播电视、通程控电话，28个村通安全卫生饮用水，50个村有医疗所。库周险情治理投资1600万元，夏道小鸠、炉下斜溪、樟湖武步等8项库周防护工程和樟湖长安路2巷、西芹水溪后边坡等9项移民安置区险情治理全面完成。

四、社会事业取得新发展。精神文明建设成果丰硕，涌现出2个全国精神文明先进单位、36个省级文明单位、128个市级文明单位、235个区级文明单位，再次获得全省“文明城区一级达标”称号。强化科学技术是第一生产力的思想，成立生产力促进中心，开通《延平之窗》科技信息网页，建立乡镇、街道信息网络22个，引进推广科技成果22项，民营科技企业发展到36家，炉下、樟湖两镇被评为省科技示范乡镇。素质教育纵深推进，完成教育投资640.7万元。计划生育率96.3%，比上年提高0.9%，计生合格村率91.2%，比上年提高5.6%。第五次人口普查经市上验收达标。积极推进卫生管理体制、卫生服务体系和医疗保险制度改革，14个乡镇初级卫生保健经市上复核审评达标，5个乡镇、24个村建立了农村合作医疗制度。城镇职工医疗保险覆盖面进一步扩大，参加养老保险企业增加到306家、1.786万人。

【项目开发】 2000年，延平区始终把项目开发作为经济工作的主旋律，把“三资”企业、个体私营企业等非公有制经济作为项目开发的主导力量，积极改善投资环境，出台了促进非公有制经济发展的优惠政策，在用地、资金、人才、税费、服务等方面倾斜扶持，固定资产投资和利用外资持续增长。全年固定资产投资2.99亿元，占年计划的112%，比增9.4%，其中长富集团、大乘乳品、大展集团、三山钢铁、佳成竹木、富美铝塑管等22项重点项目完成投资1.56亿元，比增23.7%。全年实际利用外资1956万美元，占年计划的103%，比增4.7%；外贸出口684万美元，比增24.4%。发展山海协作项目13个，涉及工业、农业、商业、能源、旅游等领域，利用区外资金5600万元。

（撰稿：余群）

邵武市

【经济社会概况】 2000年全市完成国内生产总值32.31亿元，比上年增长7.5%；工业总产值29.32亿元，比上年增长12%；农林牧渔业总产值12.3亿元，比上年增长2.3%；财政收入2.34亿元，比上年增长8.2%；固定资产投资6.92亿元，比上年下降20.4%；全社会消费品零售总额8.51亿元，比上年增长10.5%。

一、农业和农村工作全面发展。优化农业内部结构，发展特色产业，优质稻、烟叶、淡水养殖和食用菌等已初具规模。全市优质稻播种面积26万亩，占粮食播种面积的49.2%；烟叶种植4.26万亩，收购12.89万担，分别增长2%和11%；淡水养殖1.97万亩，产量1.3万吨，产值1.35亿元，占农业总产值的17.1%；食用菌产量0.32万吨，产值5846.5万元，分别增长3.9%和13.3%：茶叶、水果、花卉、中药材、大棚蔬菜等也有较大发展，全市经济作物种植面积比上年增长67%。乡镇企业总产值34.13亿元，比上年增长6%。农村工作进一步加强。土地延包合同签订率和鉴证率都达100%。全市91%的行政村开展了集体林改革，提高了林农造林积极性，个人投资造林面积0.53万亩。取消了乡镇木制品加工指标限额，实行林业经费源头预收办法，规范了笋竹税费征收，减轻了林农负担。对农村合作基金会进行全面清产核资和清盘，筹措资金及时兑现群众存款。全市农村电网改造已竣工验收，农村电价平均降至0.58元/度，降幅为17.3%。农田水利建设投资2266万元，新增灌溉面积1300亩，改善灌溉面积2.35万亩。三峡库区移民安置试点工作进展顺利，8月底重庆市奉节县285名外迁移民已落户本市水北、城郊两镇。

二、工业和国企改革扎实推进。工业经济运行质量继续提高，全市共完成各类技改投资1.06亿元，技术开发资金765万元，开发并投入生产的新产品、新技术20项。通过技术创新，结构不断优化，竹浆厂、精细化工厂、氟化厂3家企业实现产值3.71亿元，拉动全市工业增长20%。工业产品质量也上了一个新台阶，“福莲”牌洗洁市、永飞牌氢氟酸等9项产品被评为闽北知名商标。经济效益有所提高，全市规模以上工业企业完成产值15.18亿元，增长12%，产销率达100.9%，经济效益综合指数为76.6%。按照“有进有退，有所为有所不为”的原则，对国企实行多元化改革，并制定了两年三步走的方案。已完成二化厂、粮食加工厂、酿造厂等企业职工全员买断国有身份，企业清场退出，刨花板厂实现了合资重组，千岭电厂、棉纺厂等5家企业实施收购，租赁办法。完成国有企业不良贷款剥离1.51亿元。

三、财政和金融平稳运行。强化财政征管，进一步完善了财政收入考核体系，在层层签订收入责任状的基础上，按序时进度分解落实入库数，使财政入库进度始终保持平稳、均衡。强化支出预算管理，出台了《关于改革邵武市财政支出预算编制办法》，逐步试行了综合预算和零基预算。推行会计委派制，已在市直18个单位进行试点。政府采购制全面启动，全年政府采购资金总量约220万元。进一步完善市乡分税制财政体制，建立了乡镇工资发放保障机制，确保了乡镇干部工资正常发放。城乡各项存款余额达22.76亿元，比年初增加1亿元；各项贷款余额15.36亿元，比年初增加8177万元。

四、第三产业和对外经贸继续拓展。新建成的5个大型商贸市场投资总额达1亿元，占地面积5.8万平方米，建筑面积6.27万平方米。其中东南商业城占地近4万平方米，营业面积5万平方米，为闽西北最大的商贸城。2000年还成功地举办了夏季商品展销会、雪力啤酒节等大型商贸促销活动，促进了市场繁荣。建成天成岩旅游等级公路，方便了游客。规范小区试点建设进展顺利，社区服务型经济开始起步。房地产开发继续保持强劲势头，全年完成投资2.3亿元，比上年增长153%；建筑面积48万平方米，竣工面积32万平方米，分别比上年增长7.7%和27.8%。外经贸工作排难而进，全年新批外资企业12家，扩产增资3家，合同利用外资3060万美元，实际利用外资3096万美元，比上年增长10.2%；外贸自营出口500万美元，比上年增长160.4%；外派劳务110人，比上年增长83.3%。

五、人民生活不断改善。全市城镇居民人均可支配收入6602元，农民人均纯收入2905元，分别增长2.4%和3.5%。城镇居民人均消费支出5810.03元，比上年增长19.9%。社会保障体系逐步健全，确保了国有企业下岗职工基本生活费，企业离退休人员基本养老金和城镇居民最低生活保障金按时足额发放。全年发放失业救济金249.8万元，离退休人员基本养老金4248万元，筹措下岗职工再就业基金391.9万元，其中发放国企下岗职工基本生活保障金186.69万元。

六、社会事业全面进步。顺利通过了全国教育“两基”复查验收，高考万人上线率13.4%，比增2.9%。加强与高等院校科研院所合作，促进科技成果转化，完成转化项目26项。全市15个乡镇通过南平市级卫生保健复查审评验收。计生工作开展了瞒报漏报专项治理，全市计划生育率96.74%，比上年下降0.66个百分点；人口出生率为9.5‰，比上年提高0.25个千分点。邵武籍运动员在省级以上比赛中，荣获奖牌28枚。由本市少年运动员组成的中国少年男子举重代表队参加在韩国举办的第二届亚州少年男子举重锦标赛夺得团体总分第三名的优异成绩。2000年，邵武市荣获全省创文明城市竞赛评比活动县级市第一名及全国城市环境综合整治优秀城市、全省党建工作先进市等荣誉称号，并巩固和保持了全国卫生城市、全国体育先进市、全国科技工作先进市、全国社会治安综合治理先进市等十多项全国及全省荣誉称号。

【建设农村文化中心户】 全市现已建立农村文化中心户465户，覆盖农村自然村的67.3%、农村人口的75%。在建设农村文化中心户过程中，本市注重发展六种类型中心户，即科技推广型、计生服务型、党员电教型、医疗卫生型、普法综合型、文化娱乐型。着力夯实中心户基础，抓住选户、培训、帮扶三个环节。选户按照热爱公益事业，有一定文化程度和经济基础等条件，在“十星级文明户”、“经济能人”中选准中心户。加强培训，由市、乡两级办班，组织有关部门专业干部科技人员授课，已培训户长800多人次。市各级各部门实行挂户扶助制度，市里70多个省、地级文明单位与103个中心户开展“带帮”活动，市政府还拨专款扶助中心户配置必要的设施。经过一年多实践，文化中心户的多种功能已初步显现，已成为农村党的政策和法制宣传阵地，科学技术推广的中心，民情民意沟通反馈的网络，群众文化娱乐的场所。（撰稿：杨启德）

武夷山市

【经济社会概况】 2000年武夷山市抓住申报列入《世界自然与文化遗产名录》成功的有利契机，坚持“旅游兴市”战略，国民经济和社会事业持续健康协调发展，全年国内生产总值17.35亿元，比增8.0%，其中，第一产业增加值4.37亿元，第二产业增加值4.52亿元，第三产业增加值8.47亿元，分别比增2.0%、4.7%、13.6%。三项产业结构比例25.1：26.1：48.8。全年工业总产值7.95亿元，比增7.8%，农林牧渔业总产值6.72亿元，比增2.2%，乡镇企业总产值10.6亿元，比增10.4%。全年财政总收入10604.8万元，比增16.3%，其中市本级财政收入8684万元。年末各项存款余额11.8亿元，比增6.0%，各项贷款余额7.67亿元，比上年下降 0.9%；15 个农村合作基金会全部完成了清盘关闭工作。城镇居民人均可支配收入 6049.2 元，比增 5.7%，农民人均纯收入 2950 元，比增 3.2%。消费品零售总额 4.8 亿元，比增 7.6%。

旅游支柱产业不断壮大。强化旅游宣传促销，重点选择中央电视台、东南电视台等国内、省内一流媒体集中进行宣传，精心组织在北京、深圳等 15 个大中城市、地区和菲律宾等地开展了多种形式的宣传促销活动。邀请国家极地科考队前来考察并签订精神文明共建协议。成立了市旅游工作委员会和旅游监管调控中心，开展了整顿宾馆酒店、旅行社、定点购物市场的“三大战役”，在“五一”、“十一”旅游“黄金周”期间，武夷山市成为全国少数几个无重大投诉的旅游区之一。加强世界遗产的保护，建立了景区世界遗产监测中心。推出了景区山北莲花峰、遇林亭窑址线路、下梅清代建筑及民俗旅游线、莲花山生态公园、保护区漂流等新线路、新产品。全年共接待旅游人数 220 万人次，比增 14.6%，其中境外游客 13.8 万人次，比增 14.6%；武夷山机场运送旅客 25.26 万人次，比增 22%，达到历史最高水平。

经济结构调整步伐加快。农业重点抓好增加烤烟种植、增加粮经轮作、增加优质稻种植，减少劣质早稻面积的“三增一减”工作，共种植烤烟 6300 亩，烟叶收入 700 万元，烟叶产业化基本形成。新上了“武夷飘香”优质米加工生产项目，推广优质稻 10 万亩，粮食与经济作物的种植结构比例由上年的 74：26 调整为 70：30。完成竹山垦复示范面积 3.15 万亩，引进和发展了佳宏竹业、绿州竹业等一批毛竹加工企业，基本上解决毛竹加工“瓶颈”制约。改造低产茶园 1 万亩，建立绿色食品、有机茶基地面积达到 3 万亩。引进并启动了凯捷岩茶城、自然博物园、欣福农业等项目，农业科技推广示范园区已累计完成投资 1612 万元，完成了总投资 525.1 万元的国家农业综合开发土地治理项目，共改造中低产田 1.65 万亩，建设和发展了白鹅、良种羊、肉兔养殖、鸽场等一批特色农业养殖基地；工业突出培育加工业项目，先后完成超细粉碎保健品、细木工板生产线、啤酒生产线等 14 个生产项目；所有制结构调整大力推动国有、集体企业向民营化转变，全力扶持外资、个体私营企业发展。全年新发展个体工商户 1001 户，私营企业 72 户，分别比增 5.0%、30.9%，非公有制经济税收占财政总收入的 33.5%，比上年提高 4.4 个百分点。

外经外贸保持较快发展。成功承办和举办了“7.28”武夷投资贸易洽谈会、凯捷杯茶王赛暨经贸洽谈会等重大经贸活动并取得较好成效。全年实际利用外资 3007 万美元，突破预期目标。充分发挥口岸优势和外贸出口自营权，积极组织周边地区从武夷山市出口商品，外贸出口大幅增长，全年完成外贸出口 1586.3 万美元，比增 30.4%，完成年计划的 149.6%。

各项改革不断深化推进。按照抓大放小、全面放开国有中小企业的方针，全面推进国有、集体企业向民营化转变，完成了航空宾馆、茶劳山垦殖场等单位全员置换身份，全年共分流企业职工 1128 人。坚持和巩固“两个确保”，再就业和社会保障体系建设不断加强，启动了城镇职工基本医疗保险制度改革；继续开展机关、事业单位“两清理”活动，共清理自聘和借用人员 981 人，一批行政事业单位实行了竞聘上岗，组织实施了公开招聘重点项目负责人和向部分民营企业下派挂职干部的工作。在农村改革上，完善了竹山承包经营，完成了 15 个村、26.69 万亩的集体林改革。

社会事业同步协调发展。共推广科技项目 35 项，下派 65 名科技特派员驻村挂项目，科技对经济和社会发展的贡献率比上年提高 3.5 个百分点；巩固教育“两基”达标成果，深化教育用人制度改革，全面推进素质教育，教育质量进一步提高；积极宣传、保护与合理开发武夷特色文化，开展了农村文化中心户建设，通过了省级文化先进市的考评，创办了度假区古玩市场；积极推进城镇医疗卫生体制改革，开展结核病防治和无偿献血活动，全市 10 个乡镇全部实现卫生初保达标；进一步巩固提高计划生育工作成果，人口自然增长率为 4.7‰，计划生育率达 95.3%，第五次人口普查工作基本完成；积极吸引全国、全省性体育赛事在武夷山市举办，体育旅游初步形成；加强“环保立市”战略的实施，完成了环保“一控双达标”任务。

【优化发展环境】 2000 年，全市开展了政府审批制度改革，共取消审批、收费项目 531 项；清理了 1980 年以来的规范性文件；强化了机关效能建设，建立了绩效考评制度，成立了效能投诉中心；全面推行政务公开，建立了新闻发布会制度、公示制、岗位责任制等一系列相关制度；制定出台了城区人口准入、扶持加工企业发展优惠政策，认真开展警示教育，领导干部廉洁从政意识增强，坚决查处违纪违法案件，严惩腐败分子。健全完善“110”社会联动服务制度，加强社会治安综合治理，依法严厉打击各种犯罪活动，深入揭批“法轮功”，认真做好群众来信来访工作，维护了社会安定稳定。

（撰稿：江杨）

建 瓯 市

【经济社会概况】 2000 年，建瓯市全年国内生产总值 35.58 亿元，按可比价计算，比上年增长 7.2%。财政实现收支平衡，财政总收入 1.82 亿元，比增 8.1%。人民生活水平进一步提高，城镇居民人均可支配收入 5767 元，比增 5.8%；农民人均纯收入 3204 元，比增 3.4%。

一、经济结构调整步伐加快，经济增长质量稳步上升。调整种植业结构，调减粮食面积 15.4 万亩；发展优质稻 18 万亩；粮经比例由 1999 年的 3：1 调整为 2.1：1。实施“种子工程”，农作物良种覆盖率达 85%。林业生产稳步发展，造林更新 4.5 万亩。竹业开发再次掀起高潮，竹种结构不断优化，新植小径竹 3600 亩。银杏、食用菌有了新的发展。奶牛、兔、羊和水产品产量都有较大幅度增长，被省政府授予“淡水渔业先进市”。农业产业化进一步推进，兴办 16 个带动力较强的农副产品加工企业，其中产值上千万元的企业 14 个。加大扶贫攻坚力度，继续实施“造

建瓯市新区一角。 （建瓯市政供稿）

福工程”，加快“五通”建设。实施“工业富市”发展战略，开展“工业振兴年”活动，全市完成工业总产值28亿元，比增8.3%，特别是规模以上工业发展势头良好，增长幅度比全市工业高一倍，工业经济效益综合指数77.9%，比上年提高10.4个百分点。第三产业发展加快，旅游事业迈出新的步伐。乡镇企业稳步发展，完成乡镇企业总产值44.1亿元，比增15.4%。大力发展非公有制经济，个体私营企业上交税收2293万元，比增15%，完成涉外税收537万元，比增35%。

二、各项改革扎实推进，国企改革取得突破。至2000年底已有25家国有企业改革基本结束，有3320人置换国有企业职工身份。农村改革进一步推进，完成了土地延包扫尾工作，做好农村电网“两改一同价”工作，切实减轻农民负担。巩固“两个确保”，再就业和社会保障体系建设继续加强。城镇职工基本医疗保险制度改革已启动，参保人数已达1.3万人。财政体制改革继续深化，金融保持相对稳定，农村合作基金会整体清盘关闭。政府审批制度、人事制度、住房制度等各项改革有了新的进展。

三、项目开发成效显著，利用外资持续增长。全市实际实施固定资产投资项目78个，新开工项目34个，竣工项目29个。全社会固定资产投资5.5亿元，比增18.9%。重点项目建设加快，小松现代农业示范园区、天香建瓯绿色食品工程公司、颖食物产公司、万木林集团源建木业公司的细木工板项目、玉发竹胶板公司的竹胶板项目、溪屯溪流域梯级开发等项目进展顺利。基础设施进一步完善，农田水利基本建设得到加强，节水灌溉通过全国重点县（市）验收。开展多种形式的招商引资活动，取得了较大成效。全市新批利用外资项目16项，合同利用外资3092万美元，实际利用外资2300万美元，比增11.2%；山海协作新上项目32项，实际引进区外资金5806万元，比增25.2%。

四、内需市场有效扩大，外销市场不断拓展。全市社会消费品零售总额10.8亿元，比增9.7%。加快市场建设，新增市场面积5.5万平方米。闽北农副产品批发市场投入使用，闽北建筑装饰材料批发市场即将竣工。开拓区外市场12个，新增驻外（地）窗口25个，多渠道引导流通大户把产品推向区外。外贸出口保持较好的发展势头，新增出口商品8种；新开辟国外营销渠道5个。

五、城镇建设力度加大，市容市貌明显改观。新区开发步伐加快，体育馆、电力大厦、交通大厦、七里街综合楼等进入装饰阶段，商业干道基本完成。旧城改造稳步推进，南门和通济门片区开发有序进行。城市的夜景工程、绿化工程、防洪工程、城市管理等方面都取得长足进步，城市面貌焕然一新，顺利通过省一级文明城市的检查验收。与此同时，村镇建设扎实推进。

六、社会事业全面进步，经济社会协调发展。实施科教兴市战略，全年推广科技成果30项，开发新产品30项。进一步巩固教育“两基”成果，素质教育全面推进。初级卫生保健进一步巩固，社区卫生服务不断加强。全民健身活动蓬勃开展，通过了全国体育先进市复查验收。广播电视网络继续改善。计划生育工作水平有了新提高，被授予全国计划生育“三为主”先进市。第五次人口普查通过省上验收。环保“一控双达标”任务如期完成。土地管理、资源保护得到加强。

中华一绝——建瓯“挑幡”
（建瓯市政府办供稿）

【企业改革】 市委、市政府先后出台了《关于实施“工业富市”战略加快工业发展的决定》和《关于深化国有企业改革的实施意见》等文件，对全市列入改制的国有和市直集体企业，按照产权制度多元化，经营机制民营化的目标进行的改革。全市已有经委、供销社、二轻局、林委、商业局、粮食局、外经委、农机总站、乡镇企业局等9个系统企业的改革方案由市政府批准实施，至2000年底，已有31家企业基本完成改革任务，其中，25家为国有企业，共有3664人置换企业职工身份，其中国有企业职工3320人。

【全国唯一的“锥栗之乡”】 市委、市政府把锥栗作为农村经济结构调整的支柱产业来抓，提出以锥栗丰产栽培为重点，科技兴榛、主攻单产、搞活流通、大兴加工，确保锥栗产业经营规模、管理水平和经济效益。2000年，锥栗栽培面积41.26万亩，占全市经济林果树面积47.4%，总产量5000吨，年产值3300万元，产区榛农人均锥栗收入700元。2000年3月，建瓯市被国家林业局命名为首批88个“中国名特优经济林之乡”中唯一的“锥栗之乡”，获得“中华名果”标志使用权。 （撰稿：包小丽）

建阳市

【经济社会概况】 2000年实现国内生产总值22.95亿元，比上年增长4.1%。农林牧渔业总产值13.3亿元，比增1.3%，工业总产值15.72亿元，比增7.2%，第三产业增加值8.74亿元，比增6.2%。财政收入1.29亿元，比增3%，全社会固定资产投资3.72亿元，比增14.4%，城镇居民可支配收入5668元，比增2.1%，农民人均收入2685元，比增1.3%。

一、农村经济。农业结构调整向优质高效方向发展，全市粮食种植面积比上年调减25%，粮食总产量为18.7万吨，比上年减少4.9万吨，优质稻比重增加到50%。经济作物种植、养殖业得到进一步发展。全市食用菌生产9834万元袋，总产量达8162吨，莲子3.2万亩，总产量达1362吨，烤烟4778亩，总产量达528吨，淮山、药材种植1.2万亩，蔬菜总产量达17.24万吨。新植茶叶2280亩，果树2000亩，毛竹1500亩。农村全面推行集体林经营体制改革，全市造林更新23196亩，幼林抚育88771亩，垦复毛竹47857亩。肉类产量1.1万吨，蛋产品1.42万吨，水产品8195吨。实现农业特产税1733万元。乡镇企业以引进绿色产品加工企业为重点，引进项目135项，总投资达6843万元。农业基础设施不断完善，农田水利设施建设投资增加。59个村进行农村电网改造，完成投资1600万元。

二、工业经济。工业企业所有制结构、产业结构、技术结构和产品结构调整有了新的突破，工业经济发展后劲增强。2000年全市工业综合效益大幅提高，完成税利2963万元，工业整体扭亏为盈，实现赢利248万元。以产权制度改革为核心，有5家国有企业引进市内外资金进行资产重组获得成功，不仅使传统工业获得新生，而且使职工重新再就业。武夷味精厂、工业硅厂等优势企业实施技改项目，投入资金1840万元，扩大生产规模，获得较好经济效益。全市先后从省内外引进30万吨水泥粉磨站、5万立方米中密度纤维板、5万吨甲醛、GMP制药技改等一批城市工业项目，增强了本市工业发展后劲。全面下调竹、木税费征收标准，推动了竹、木加工企业的发展壮大。

三、内外经贸。2000年全社会消费品零售总额为8.45亿元，比上年增长8.0%。市场繁荣、个体商户发展迅速，消费品零售额达6.15亿元，比上年增长10.6%。新发展个体工商户780户，私营企业40户，上缴工商税收3265万元。全市新批外资投资企业5家，实际利用外资394万美元，比上年锐减515万美元。全社会出口供货总值5.21亿元，比上年增长16.1%。全市达到预可研深度储备项目100项，引进省内外资金新建工业企业项目5项。

四、基础设施建设。全市固定资产投资3.72亿元，比上年增长14.44%。童游江滨路首期开发工程、中山广场、家电城、广播电视中心、110报警中心等一批形象工程基本建成。全市结合创建省级卫生城市，对城区路网及排水设施进行改造，完成垃圾处理场、中转站和公交站点等8个项目建设。贯通北门路口，改造西入城口，全面完成205国道扫尾工程。

五、社会事业。全市实施农村科技特派员制度，下派21名特派员驻村帮助农民搞好生产。推广应用一批科技成果和开发新产品项目，建立马伏现代农业示范园区。实施天然林保护工程，建立保护区125万亩。3个乡（镇）实行学区与中心校合并改革试点获得成功，实现教育资源的合理配置，全面推进了素质教育。社区医疗服务全面铺开。又有8个乡镇通过卫生初保达标验收。计划生育率达95.4%。计生合格村达83.3%，人口自然增长率控制在5.19‰以内。顺利实施并完成全国第五次人口普查。成功举办了朱子逝世800周年纪念活动。

【城镇居民消费结构发生变化】 从2000年本市城镇居民收支及构成变动情况看，城镇居民消费结构发生明显变化，食品类支出呈负增长，比去年下降了17.4%。恩格尔系数为43.9%，低于全省平均水平。其主要特点是：食品类消费价格低位运行。2000年居民食品类消费价格比上年下降4.2个百分点，粮食价格下跌15.3%，花较少钱获得同样多食品，居民得到实惠。娱乐、教育、文化服务消费增加。该项支出费用比上年增长4.1%，其中教育支出增长最快，人均支出392.64元，比“八五”末期增189.2%。成人教育费用也不断提高，城镇居民注重子女未来的竞争力和自身素质的投资。医疗保健意识增强，人均医疗保健支出168元，比去年增长169.6%，各类医疗保健器材及医疗服务人均支出32.39元，随着医疗保险制度改革的全面推行，医疗保健及医疗保险等支出将继续增长。住房及居住消费增长明显。城镇居民家庭住房自有率达88%。家庭设备用品及服务比上年增长165.5%，居住支出比增44.1%。

【创建“省级卫生城市”】 经过5年的努力，2000年1月18日，建阳市顺利通过省级卫生城市考评验收，实现省级卫生城市的奋斗目标。全市实行“政府组织，地方负责，部门协调，群众动手，科学治理，社会监督”的创卫工作方针，扎实开展创省级卫生城市活动，做到领导、精力、措施“三到位”，人力、财力、效果“三落实”。5年来投入创建卫生城市经费达4.09亿元。城市环境质量、城市面貌发生变化，城市综合服务功能显著提高。此外，为突出“整改、巩固、提高”建立扎实长效管理机制，还先后制定或修改了10余份城市管理规范性文件，使城市卫生管理纳入法制管理轨道，从而改善了投资环境，促进了经济发展。（撰稿：杨荣坤）

顺昌县

【经济社会概况】 顺昌县全年完成国内生产总值18.18亿元，比增5.2%，其中，第一、第二、第三产业分别增长0.1%、6.8%、8.5%；完成农林牧渔产值7.08亿元，比增0.2%；粮食总产量9.88吨，比上年下降9.2%；全县工业总产值17.75亿元，比增1.4%；固定资产投资完成3.85亿元，比增20.5%；社会消费品零售总额6.01亿元，比增6.5%；财政收入1.329亿元，比增1.0%，其中县级收入0.977亿元。

一、各项改革全面深化。国有企业重组资产、转机建制再现生机。经委、林委等系统实施并推进县造纸厂、轴承厂、竹胶板厂、林机厂等一批企业资产重组、整体改革，解决职工1700多人置换身份、安置补偿。粮食系统实施“企业全面转制，职工全面置换身份、规范组建购销公司”改革，基本按照置换身份“放人”、解除劳动关系补偿、重新择业竞聘等方式解决730多人的出路问题。农村改革不断完善，在继续完成土地延包和竹山责任制扫尾工作的基础上，抓紧清理乡村两级不良债务，全面开展农村合作基金会清理整顿工作，全县实现投放资金收回率达66.9%，资金兑付率达95.7%；制定出台集体林经营管理新办法。社会配套各项改革积极推进。

二、结构调整进一步展开。全县落实粮改经面积5.73万亩，粮经结构比例调整为6：4。烟叶种植面积达2550亩；蔬菜建立百亩基地25个、蔬菜专业村18个；果业生产以54个柑桔村为重点，新植果园7000多亩，改造和高接换种3000亩；畜禽养殖面积同比增长6.2%，全年水产品产量5530吨，比增5.7%；完成食用菌栽培7800万袋；全面开展竹业开发“第三战役”。加快企业、产品结构调整，一批困难弱小企业关闭并退出市场，优势、骨干企业得到扩张、提高；全县385个不同类型的木竹加工得到全面清理整顿。全年新增个体工商户、私营企业434家，新增注册资金1808万元。

三、对外开放保持良好势头。全县共新批外商投资项目12项，总投资2408万美元，合同利用外资1925万美元，实际到资1502万美元，分别比增12.2%和8.8%；全县外贸自营出口150万美元，比增12.8%。

四、项目开发与重点建设力度加大。全县共实施开发项目97项，完工70项，完成固定资产投资3.74亿元，占年度投资计划100.1%。年初县委、县政府确定的14项重点项目已完工10项，为民办实事10个项目总体进展情况良好，累计投资达7670万元以上。

五、经济发展环境进一步优化。全面启动政府审批制度改革，清理县、乡（镇）政府和县直行政部门的规范性文件1万多份。制定和出台统一规范笋竹、木材税费征收项目和标准的政策，实现让利于农民和企业目标。实施“三税合一、定收定支”的县乡财政新体制，激活了基层招商引资办项目、增加财源促发展的积极性。

六、社会事业全面发展。教育体制改革进一步深化，农村撤点并校工作已开始启动实施。教育“两基”成果得到巩固和提高，顺利通过国家级验收。文化工作取得新成效，体育事业蓬勃发展，成功举办了县第五届全运会。广播电视事业得到新发展，城乡广播电视光缆联网改造工程开始实施。城区、水南基层居委会得到充实加强，社区管理建设、城市服务功能得到进一步完善。全县14个乡镇初级卫生保健工作通过市级审核复查，达到合格标准。全国第五次人口普查得到全面顺利展开。城乡建设步伐进一步加快，旧城改造力度不断加大。全年完成2个乡镇、20个村、4个小区的村镇规划工作，省级试点洋墩洪地山庄建设进展顺利。计生、环保、土地三项国策得到继续落实，主要计划生育工作指标全面达到市里要求，环保“一控双达标”工作任务全面完成并通过省市验收，全县5个乡（镇）土地利用规划完成编制并通过市级考核验收。

七、人民生活水平和质量稳步提高。2000年城镇居民人均可支配收入和农民人均纯收入分别为5997元和2899元，分别增长3.8%和2.3%。全县房地产开发投资增长31.9%，城乡人民居住条件进一步改善；城市人均道路面积8.4平方米，城区自来水普及率达99%以上，绿化覆盖率达26%，垃圾无害化处理率达65%。

【三大园区建设】 县委、县政府确定全县重点建设富文工矿区、富洲经济开发区、建西竹木加工区“三大园区”，形成集中连片的规模优势，带动以民营经济为主体的中小企业群发展。2000年，富文工矿区已有各类工业企业18家，从业人员2300多人，完成工业总产值3.1亿元，税收1100万元；建西竹木加工区已有竹木加工企业20家，从业人员640人，实现工业总产值3057万元，税利249.5万元；富洲经济开发区总面积2平方公里已列入县城规划区内，首期开发60公顷土地已进行征地和“三通一平”。

【国企改革】 县经委、林委、财委等系统企业实施“切块承包、分块搞活、带动整体”和“退二进三”、“一厂一策”等一系列措施，取得较好的成效。截至2000年底，县造纸厂、轴承厂、竹胶板厂、林机厂、顺昌贮木场等一批企业通过实行资产重组、整体改革，完成2450名职工置换身份、安置补偿；新上了万吨涂布白板纸、泡沫拖鞋、白酒、光学仪器等项目，救活了一批企业；建成投产富宝公司尿素、榕昌公司烧碱和双氧水技改、纸板厂高强度瓦楞纸、埔上萤石矿等一批工业项目；实施筹建炼石水泥第二条年产62万吨生产线、富宝公司尿素“6扩10”和10万吨高浓度复合肥、榕昌公司联二脲、三乐钢琴1万台套等一批后劲项目。

（撰稿：高世永）

浦城县

【经济社会概况】 2000年，全县国内生产总值完成15.21亿元，增长4.7%，其中，第一产业增加值6.7亿元、第二产业增加值4.32亿元、第三产业增加值4.20亿元，分别下降0.2%、增长8.1%和8.5%。财政收入完成1.116亿元、增长3.2%；城镇居民人均可支配收入达5721元，增长3.8%；农民人均纯收入达2836元，增长3.7%。

一、经济结构调整力度加大。全县完成农林牧渔业总产值9.84亿元，增长1.6%。种植结构进一步优化，发展优质稻15万亩，增长50%，优质稻比重提高20%；大田种植经作面积14.6万亩，增长46%。畜牧水产养殖荣获全省“淡水渔业先进县”称号。农业龙头企业进一步发展，新上“福红”柰果酒业、武夷精炼山茶油、三叶果品、科园兴农业科技开发有限公司和武夷白鹅交易市场。全县工业大力实施战略性重组，初步形成了以化学工业为主体，林产工业、矿产工业、食品工业同步发展的产业格局。全年完成总产值1428亿元，增长8%。规模工业增势强劲，完成产值5.45亿元，比增31.7%；销售产值7.79亿元，产销率达97.77%；实现利税6251万元，比增78.4%，其中利润3174万元，比增252.1%；市考评八项指标综合指数达134.71%，居南平市首位。

二、各项改革纵深推进。进一步加大国有企业改革力度，出台了《关于深化国有企业改革的实施意见》。县经委、二轻、商业、供销等所属企业全面开展以产权制度改革为核心、全员置换为重点的改革。林业系统政企分开改革基本完成，企业办社会剥离工作进展顺利。粮食流通体制改革进一步深化。南汽运浦城分公司、县公交公司和县交运公司3家客运企业并站搬迁和重组顺利完成，规范了全县客运秩序，促进了旧城改造，带动了客运企业、县二轻制革机械设备厂的整体改制，产生了很好的联动效应。城镇职工医疗保险制度改革正式启动，全面完成省、市下达的参保任务。

三、对外经贸势头良好。利用外资继续保持增长，全年完成新批外资项目6个，增长50%，合同外资1593.6万美元，增长45.6%；实际到资1203万美元，增长5.2%。全县外贸出口持续快速增长，完成外贸出口2003万美元，增长45.2%，居南平市首位。

四、项目开发成效显著。全社会固定资产完成投资4.44亿元，增长3%。工业技改投资完成1.19亿元，新上工业项目75个。靛蓝染料、二氯四硝基苯胺、二氢月桂烯等工业投改项目相继建成投产。烤烟、食用菌、木材、笋竹、茶叶、水果和特种养殖等农业创税项目也有新发展。新上一批石材开采加工、竹木制品加工企业，其中投资3500万元的丽浦中纤维板项目正抓紧建设。城区房地产开发建设力度加大，江滨广场、浦林广场、福鑫园、安华世纪广场、新源花园等成片开发项目进展顺利。基础设施进一步完善，两条出省通道和“两馆”建设已完成前期工作，县医院综合大楼建设步伐加快，邮政大楼竣工并交付使用，城区防洪堤、上青岭路段改造和农网改造建设稳步实施。

五、社会事业不断进步。全年完成推广应用科技成果、开发新产品40项，列入国家“星火计划”的油茶低改项目通过省级鉴定。教育“两基”工作通过南平市政府跟踪复查，计生工作被评为全省“三为主”先进县、全国计生协会先进单位称号，广播电视事业全面完成“村村通”任务，环境保护“一控双达标”任务基本完成并通过省、市验收。群众性精神文明创建活动取得新成效，荣获新一届全省一级达标文明县城称号。

【“化工新城”建设】 近年来，浦城县工业大力实施“化工新城”战略，坚持走“以资源换技术、以产权换资金，以市场带项目、以存量带增量”的对外开放路子，借助外力深化国企改革，调整产业结构，加强企业管理，着力发展化学工业。“九五”期间，全县工业投改总投资完成42711万元，是“八五”期间11034万元的3.87倍，其中化学工业技改投资18510万元，占全县投改总投入的43%。浦城正大生化有限公司、化学工业总公司、绿安生物农药有限公司等一批投改项目相继竣工投产，企业技术装备水平、新产品开发水平、规模效益水平都有明显的提高，成为本县工业增长后劲较强的骨干企业；饲料金霉素、无公害生物农药、染料及染料中间体、活性炭等生物化工和精细化工产品开发力度逐年加大，生产能力不断提高，初步实现了“化工新城”战略目标。1997年，浦城县被省化工厅列为全省精细化工基地县。2000年，全县化学工业产值完成4.25亿元，占全县工业总产值的30%，占规模以上工业企业完成产值的78%。（撰稿人：季文武 俞纪华）

光泽县

【经济社会概况】 2000年，光泽县国内生产总值达9.42亿元，按可比价格计算，比上年增长5.4%。农林牧渔业总产值5.08亿元，比上年增长7.3%。工业总产值7.73亿元，比上年增长10.3%；2000年工业经济综合指数达120.1%，位居全市第二。财政收入4542万元，比上年减少2.6%，其中地方级收入3554万元，财政支出7356万元，比上年增长5.9%。全县金融机构各项存款余额5.8亿元，比上年增长16.9%；各项贷款余额3.6亿元，比上年减少24.7%。

一、经济结构调整步伐加快，特色产业不断壮大。初步规划了大陂、寨里、崇仁等现代农业示范园区。2000年，工业开发五新产品20项，新增产值7100万元，占全部工业新增产值的98.3%；新办民营企业34家，民营经济实现产值5.78亿元，上缴税收2680万元，占全县财政总收入的59%。特色产业保持较快增长，到2000年，鸡业、矿业、木竹业、烟叶等特色产业增加值占全县GDP的45%，实现税收占财政总收入的36%。

二、各项改革稳步推进，改善经济发展环境。以盘活资产、转换机制为切入点，大胆推进国企改革。到2000年，全县85家国有、集体企业已改制46家，盘活闲置资产7400多万元，妥善安置职工4658人。粮食流通体制按照“三项政策、一项改革”的要求，组建了粮食购销公司，实现了粮食购销业务与附营业务的分离，职工实行竞聘上岗。林业改革进一步深化，林业加工和采育企业全面改制，集体林经营体制改革稳步推进，全面放开竹木经营市场。配套改革不断完善，认真实施“三条保障线”制度，组织再就业转岗培训3427人次。城镇职工医疗保险制度改革已启动实施。从创新政府运行机制入手，加快政府职能转变，改革人事制度，实行竞争上岗、简政放权。全面开展机关效能建设，积极推进政府审批制度改革和清理地方规范性文件工作，已取消县政府审批事项139项，全面清理1980～1999年县政府出台的规范性文件，废止149件。

三、对外开放继续扩大，外向型经济发展势头良好。2000年，新批外资企业7家，合同利用外资1303万美元，比上年增长159.2%，实际利用外资900万美元，比上年增长43.2%；引进山海协作项目9个，新增投资3165万元。

四、固定资产投资加大，基础设施日

臻完善。2000年，全县完成固定资产投资1.63亿元，比上年增长38.1%，增幅位居全市第一。其中基本建设完成投资5800万元，更新改造投资2100万元，比增40%。新开通和改造6个行政村程控电话；新铺设2条县乡油路；城市建设新增住房建筑面积8.8万平方米；新建城区防洪堤2.6公里；基本完成了农村电网改造，提高了全县城乡供电质量。

五、城乡市场日益繁荣，人民生活水平逐步提高。2000年，全县社会消费品零售总额达到3.53亿元，比上年增长5.6%。市场物价始终低位运行，商品零售物价指数连续负增长。农民人均纯收入达2477元，增长3.3%。居民家庭耐用消费品拥有量不断增加，洗衣机、电冰箱、彩电“三大件”已由城镇向农村普及。住房面积普遍扩大，城镇居民和农民人均居住面积分别达12.7平方米和15.9平方米。

六、社会事业全面推进，两个文明建设协调发展。大力实施“科教兴县”战略，建立了科技特派员下乡制度，充分发挥科技部门和科技人员的作用。2000年，共组织实施科研、星火计划项目20项，选派了15名科技特派员驻村科技帮扶。教育改革不断深化，压缩教师编制276个，教育质量得到提高。卫生事业进一步发展，县、乡、村三级医疗卫生设施不断完善，预防、保健和医疗技术水平明显提高，全县初保工作经省级验收合格。计划生育工作进一步加强，甩掉了计生单列县帽子，人口增长得到有效控制，2000年末全县总人口为15.5万人，年平均增长5.76‰。文化体育事业继续发展，群众性文娱、体育活动更加活跃，进一步挖掘了历史文化，筹办了商周时期文物展馆。广播电视实施了闭路联网工程，基本实现了全县“村村通”。

【建成现代科普农庄】 2000年1月动工兴建的鸿建（科普）庄园第一期占地面积200亩，总投资1100万元，现已完成100亩生态养鳖示范园并建成投产，100亩农业观光园也即将建成。该庄园把发展特种水产养殖作为企业效益主体，是集生态种养、科技示范、休闲观光、科普宣传、健康食宿等5种功能为一体的庄园。充分利用自身和当地自然优势，不断引进、研制、开发太空莲等新项目10多项，其中引进国家二级保护动物“虎纹蛙”进行试养、示范获得较大成功，全国首创“稻萍鱼鳖蛙”立体种养模式为全国首创，亩均获利1万元以上。该庄园通过“科普基地+农户”的形式，与农户建成利益共同体，辐射带动全县5乡2镇千家万户农民致富，企业自身也得到发展壮大。2000年该园区已被列为福建省科普教育基地之一，力争在2～3年内，建成闽北规模最大、科技含量最高的集“产学研、农科教”为一体的现代农业科普示范基地。

（撰稿：曾明　寇贤华）

松溪县

【经济社会概况】 2000年，松溪县积极推进新一轮创业，经济综合实力得到加强，社会各项事业持续发展。

一、国民经济稳步发展。全年实现国内生产总值9.34亿元，增长3.6%。农村经济继续发展，实现粮食总产6.3万吨，烤烟0.24万吨，食用菌0.26万吨，茶叶0.2万吨，水果1.52万吨，蔬菜5.57万吨，肉类0.55万吨，水产0.31万吨，更新造林0.75万亩，发展速生菌用林0.26万亩，新开、低改茶园1.31万亩，落实竹山经营责任制20万亩，茶山经营责任制1.7万亩，完成农林牧渔业总产值5.21亿元，农民人均纯收入2065元。工业效益有所提高，实现工业总产值4.35亿元，增长13%；乡（镇）企业总产值8.75亿元，增长14.1%。全社会固定资产投资完成1.18亿元，增长20.4%。市场流通逐步改善，实现全社会消费品零售总额2.12亿元，增长7.4%。山海协作扎实推进，完成山海协作项目28个，引进县外资金3069万元，创办外引内联企业10家。对外经贸有所回升，新批“三资”企业4家，合同利用外资382万美元，实际利用外资352万美元，增长25.7%，直接自营出口23.7万美元。个体工商户、私营企业发展到1591户，注册资金4056万元，从业人员达3551人。调整后的财政预算执行情况良好，全年财政收入3900万元，增长4.0%，其中县级收入3052万元；财政支出7653万元，增长8.4%。金融运行基本稳定，年末各项存款余额5.63亿元，增长8%；各项贷款余额3.36亿元，基本与上年持平。农村合作基金会清理整顿工作取得成效，追回欠款3500万元，实现清盘关闭目标。

二、各项改革不断深化。采取引导支持非公有制经济参与国有、集体企业改革等措施，盘活原茶叶精制厂、葡萄糖厂等破产或停产、半停产企业7家，其中“松茗”民营工业小区进驻9家私营企业，已全部投产。商业、粮食、供销减员增效工作有新进展，分流安置职工208人，国有企业下岗职工再就业率达60%以上。在全市率先启动城镇职工基本医疗保险制度改革，全县参保单位129个，参保人员6254人，较好地满足了广大干部职工的医疗需求。全面开展机关效能建设，取消或减半征收县级收费项目76项；受理群众机关效能建设的投诉349件，办结率97.7%；清理规范性文件246份，拟废止197份，修改14份。

三、项目开发扎实推进。共储备开发项目151个，其中有46个达到预可研程度，44个项目列入市级以上项目储备库，13万亩九龙山牌科技茶叶基地及深加工项目列入省“十五”计划重点项目。完成瓯政松线松溪段公路改造、城六线公路改造、110千伏输变电工程、解放街中段改造，建成县残疾人康复就业培训中心，基本完成农村电网改造、县医院门诊大楼主体工程、县田径场一期工程，启动红旗街开发改造、花岩溪综合治理及湛卢现代农业园区、东门优高农业园区、来龙山生态林业园区等工程。

四、社会事业协调发展。科技兴农工作深入开展，年初确定的10个重点科技项目全面推广普及。教育教学质量巩固提高，教育“两基”顺利通过省、市第三年跟踪核查，继续保持高考上省专线人数万人比率全市第一。以弘扬和发展湛卢文化为主题的群文活动广泛开展，荣获“中国版画艺术之乡”荣誉称号。各乡（镇）50%以上农业人口参加农村合作医疗，县妇幼保健院成为全市首家县级一级甲等妇幼保健院。全民健身活动持续开展，学校体育保持全省先进县水平。广播电视事业发展迈大步，在全市率先完成县乡光纤联网工程，广播电视综合覆盖率达95%以上。稳定低生育水平，计生率达97.33%，实现环保“一控双达标”目标，基本保持耕地总量动态平衡。殡葬改革取得阶段性成果，火化区内火化率达100%。

【扶贫开发】 把抓好老区村“五通”建设（即路通、电通、水通、讯通、视通）做为为老区人民办实事的一件大事来抓，唯一未通公路的旧县乡大黄沙中心村已实现通车，10个未通电的老区自然村实现通电，5个省上立项的老区村用上了卫生安全饮用水，提前完成老区中心村的通电话、通电视任务。“造福工程”搬迁人口500人任务超额完成，全县18个中心村127户550人全部搬入新居。继续采取“以口包乡、以局包村”、党员干部联系贫困户等挂钩帮扶措施，帮助贫困户实现早日脱贫。用好用活“五户联保、小额信贷”资金，全县累计发放小额信贷资金200万元，扶持65村226个联保小组1130个贫困户，4000贫困人口脱贫和1.8万低收入人口步入小康行列。

【交通建设】 积极筹集资金和精心组织设计、施工，完成总投资1700万元的瓯政松线松溪段14公里公路改造，完成总投资357万元11.9公里的城六线公路改造，完成总投资108万元水南至林屯3公里公路改造，完成祖墩至山源3公里公路改造，完成郑墩至双源1.7公里和渭田至源头4公里公路改造，完成夙屯大桥上部T型梁的预制工作，全年累计完成投资2418万元。同时，狠抓县乡公路的养护工作，连续12年获全市县乡公路好路率评比第一名。全县目前已有达到等级标准的公路306.6公里，等外公路140.6公里，平均每百平方公里有公路42.99公里，每百平方公里公路密度在南平市居首位。

（撰稿：刘美娟）

政和县

【经济社会概况】 全县国内生产总值7.64亿元，按可比价计算比减6.7%；工农业总产值103738万元，比减11%，其中农林牧渔业总产值45951万元，比减10.1%，工业总产值57787万元，比减12.2%；财政收入3501万元，占调整预算指标的102.7%，比减7.4%；外贸自营出口56.9万美元，利用外资400万美元，比减28.6%；全社会消费品零售总额36319万元，比增3.6%；全社会固定资产投资18436万元，实际比增76.2%；农民人均纯收入2297元，比增3.1%。

一、农村经济稳步发展。农业以“优高”为方向，加大农业结构的调整步伐。全县调减早籼稻面积1万亩，扩种烟叶、蔬菜、药材等经济作物，扩大优质粮种植面积。加大传统产业的改造力度，困扰茶叶发展的农残超标问题初步得到控制；借鉴浙江安吉、临安先进经验，制定小径竹发展规划，建立石屯、东平、外屯中小径竹示范基地800亩，岭腰高产毛竹林700亩。继续巩固发展特色产业，食用菌栽培7200万袋，其中茶薪菇、血茸等珍稀品种1000万袋，建立锥栗产业服务中心，加强产业规划与战略研究，初步形成技术培训、苗木供应、品种引进推广、信息指导服务体系，建成星溪地坪、东平苏地等锥栗高产示范片2000亩，新种锥栗1.3万亩。下派市县科技特派员59名，与农户建立利益共同体11个，与科研院校合作项目11项。龙头企业富士岛公司投产运营，日产干成品2吨，日处理鲜萝卜60吨，鲜菇20吨；鑫奎增资扩建新厂房完成年度投资计划；卓龙公司租赁铁山罐头厂完成前期投资，新建东平苏地锥栗等产地批发市场，大力扶持培育星溪地坪、东平凤头、铁山高林、岭腰西坑等一批示范典型，带动了农业结构调整。完成“造福工程”39个点259户1186人，解决“五通”通讯10个行政村，开通茶溪老区公路，实现村村通公路目标。

二、各项改革力度加大。全面展开了以产权制度改革为核心，全员置换身份为重点的企业改革，全县参与改革企业58家，改制面100%，基本完成改革任务企业26家。林业企业改革迈出实质性步伐，置换职工身份391人，占职工总数的92.5%，80%的职工得到再就业安置，林业改革的经验得到市里肯定。粮食企业置换职工身份325人，占职工总数82%。供销商贸企业完成改革7家，占总数32%。化工公司实行结构调整，硫酸车间吸纳民营资金租赁经营。特困企业铅锌矿实行新一轮租赁承包，解决了大部分职工就业问题。困难企业东平酒厂引资租赁，推出“日正”特曲和东平高粱系列，老产品焕发出新活力，在吸引民营资金、外资参与国企改革方面取得良好开端。继续推进各项配套改革，城镇职工医疗保险制度改革启动实施，社会保险制度体系进一步完善，社保覆盖面、基金征缴率分别比上年提高25.4%、67。5%。

三、项目开发迈出新步。全县17项重点建设项目在建15项，基本完成13项，10件为民办实事项目实施9项，基本完成7项。富士岛萝卜加工、中药材、毛竹、烟叶等基地建设、生态林工程、茶园低改、茶叶精加工、上山岗金矿等8个生产性项目建成投产，适应了农村经济结构战略性调整新形势的需要，为传统产业注入新的活力，有效促进了生态优高农业县建设。基础设施项目瓯政松线公路改造完成投资3685万元，基本竣工通车；新建了垃圾中转站等一批市政环卫设施，城镇“脏、乱、差”状况有所改善；江滨路一期改造到位，城区功能、品位有所提高。重点建设项目农网改造第一批工程已全面完成，基础设施“瓶颈”制约得到缓解。县一中、二中改造完成投资1000多万元，有力推动了科教兴县战略的实施。

四、社会事业稳中有进。根据生态优高农业县建设要求，研究、储备、开发、上报审批和推广运用了一批科技项目。“十百千”科技示范工程启动实施，“萝卜周年丰产栽培技术开发”等生产性科研项目，满足了农业结构调整的需要；教育“两基”继续巩固提高，素质教育全面推进，顺利通过省政府“两基”跟踪复查验收。启动建设二中、星小等一批扩容工程，扩容压力有所缓解。高考创历史最好成绩；人口发展继续保持低生育水平，出生率8.94‰，计划生育率95.4%；“123健康工程”扎实推进，县医院综合楼完成主体结构建设，医疗卫生设施条件得到改善；成功举办建县千年系列活动，广播电视工作提前超额完成省定村村通广播电视任务，实现省至县光纤联网互通；环保工作通过全市“一控双达标”合格县验收，全面编制乡镇土地利用总体规划，基本实现耕地占补平衡，按时完成第五次人口普查工作。

【基本完成老区“五通”建设】 超额完成省定13个80户以上的老区及少数民族自然村通广播电视和9个村（元山、溪头、黄岭、西门、茶溪、横坑头、南坑、坂头、楼下）通电话任务，实现通水5个村（黄岭、西门、横坑头、坂头、元山），通电7个自然村247户1187人；“五通”工程之一的茶溪公路，已完工通车；基本完成年初省市下达的任务。

【农网改造工程通过验收】 全县农网改造工程共完成投资3500万元，新建和改造10kv线路192.49公里，0.4kv线路1078.114公里（单线），直接受益3.5653万户，受益人口约15万人。日前，顺利通过省上评审验收。

（撰稿：范成功）

编校：郑棻

龙岩市

综述

【"九五"综述】 "九五"时期，龙岩市国民经济保持较快增长，综合实力跨上一个新台阶。到2000年，全市国内生产总值226.68亿元，是1995年的1.8倍，年均增长12.1%，人均国内生产总值达7922元。"九五"期间财政总收入累计达107.2亿元，比"八五"时期增长130.9%，年均增长16.7%。

结构调整初显成效。烤烟、畜牧、水果、林竹、蔬菜、食用菌、花卉等7大主导产业和瘦肉型猪、河田鸡、红心地瓜干、咸酥花生、白鹜鸭等5大拳头产品基地迅速扩大，特色农业初具规模。涌现出森宝（龙岩）公司等一批具有较强带动力的龙头企业。工业围绕"调大、调高、调外、调优"这一目标，加大资产重组、联合兼并和股份制改造力度。工业企业规模明显扩大，全市现有27家大中型工业企业，比1995年增加10家；形成了30家工业企业集团，比"八五"末增加15家。工业所有制结构进一步调整，非国有工业产值比重达74%，比1995年提高了15.3个百分点。涌现出七匹狼香烟、佳丽斯床上用品、喜鹊毛巾系列、龙净牌BE型电除尘器等13个省级名牌产品。以旅游为龙头的第三产业蓬勃发展。旅游设施进一步完善，旅游项目逐渐增多，服务质量不断提高。全市拥有旅行社25家，涉外宾馆20家，其中三星级酒店2家，初步形成了一个能够满足旅游者"食、住、行、游、购、娱"的旅游接待体系。邮电通讯业、房地产业、居民服务业、娱乐服务业、计算机应用及信息咨询业等新兴产业也得到发展。三次产业结构由1995年的30.2：39：30.8调整为2000年的24.5：41.2：34.3。

投资大幅增长，基础设施日趋完善。"九五"期间全市累计完成固定资产投资238亿元，是"八五"时期的2.3倍；用于交通、邮电、电力、自来水供应等基础设施的投资95.24亿元，比"八五"时期增长3.2倍。梅坎铁路、上杭金山电站、龙岩污水处理厂等一批工程相继竣工。漳龙高速公路（龙岩段）、棉花滩水电站正在紧锣密鼓建设中。邮电通信建设取得长足发展，每百人拥有电话数由"八五"末期的3.7部增加到现在15.4部。撤地设市后，中心城市建设步伐加快，新建成了人民广场、体育中心等一批大型城市设施，公园、绿地及城市路网改造成绩斐然，城市面貌焕然一新。

全方位、多层次的对外开放格局逐步形成。"九五"期间全市实际利用外资3.7亿美元，比"八五"时期增长53.5%。投资领域由工业向农业、建筑业、批发零售贸易业、餐饮业、旅游业等领域拓展。外贸出口贸易达54个国家和地区，比"九五"初期增加19个。出口产品档次也有了明显提高，工业制成品出口比重由1995年72.9%上升至2000年的88.5%。

体制改革不断深化。"九五"期间，全市93.5%的国有工业企业实施了各类改革，73%的企业实施了产权制度改革。建立了国有企业下岗职工基本生活保障、失业保险、城市居民最低生活保障机制，医疗保险制度改革也在积极推进。政府机构改革各项工作已经迈出重大步伐，行政管理职能转变加快。住房、教育、科技、财政金融、投资、流通等领域的改革均取得重大突破。宏观调控体系进一步完善，社会主义市场经济体制初步形成。

市场繁荣、物价平稳。"九五"期间，全市的消费品市场实现了从卖方市场向买方市场的转变。商品短缺现象已不复存在。2000年全市社会消费品零售总额达53.3亿元，比1995年增长64%，年均递增10.4%。"九五"时期全市居民消费价格总水平年均上升0.8%，商品零售价格总水平年均增幅为零。

社会事业全面发展。投资1.54亿元启动实施了科技10大工程，使科学研究和技术创新不断取得新成果。"九五"期间全市共有5项成果达到国际先进水平，97项成果达国内先进水平，全市拥有高新技术企业6家，产值达13.12亿元。在市、县两级全面实施教育"两基"的基础上，素质教育进程加快。文化、卫生基础设施进一步改善，提前两年实现了初级卫生保健。广播电视综合覆盖率达95%。人口、环保、土地三大国策进一步落实，基本实现了经济、社会、环境的协调发展。

人民生活水平迈向小康，2000年全市城镇居民人均可支配收入6048元，比1995年增长65.5%，年均递增10.6%；农民人均纯收入2959元，比1995年增长77.1%，年均递增12.1%。"九五"期间，全市共有贫困户4.9万户22.1万人实现脱贫。"造福工程"搬迁6044户2.7万人，革命老区"五通"建设基本完成，顺利完成"八七"扶贫攻坚计划任务。

【经济社会概况】 2000年，全市国内生产总值226.68亿元，按可比价格计算，比上年增长9.6%。农林牧渔总产值88.26亿元，增长4.8%。乡镇企业总产值303.1亿元，增长14.8%。全社会工业总产值215.71亿元，增长11.9%。财政总收入29.3亿元，增长23.1%；其中地方级收入10.9亿元。全市国内生产总值位居全省第六位，比1999年前进了1位。

经济结构调整有新起色。三次产业比例中，第一产业比重比上年下降0.9个百分点，二、三产业比重相应提高。全市大田经作面积比上年增加26万亩，粮经比例由1999年的71：29调整为2000年的66：34。花卉、地瓜干、瘦肉型猪、河田鸡、白鹜鸭等特色产品规模不断扩大。新投产森宝（龙岩）有限公司等一批规模较大的加工企业，全市农业产业化龙头企业发展到90家，比增8家。工业技改投入大幅增长，国有企业技改投入增长103.4%，一批"五新"项目相继投产，规模以上工业企业实现利税总额22.9亿元，增长16.1%。第三产业增幅较大，旅游业蓬勃发展。全市共接待境外游客3.25万人次，比增227.5%；接待境内游客172.74万人次，比增208.5%；旅游总收入6.63亿元，比增129.4%；旅游创汇765万美元，比增218.8%。

对外开放和外向型经济稳步发展。成功举办了世界客属第16届恳亲大会，大大提高了龙岩在海内外的知名度。全年外贸出口总值4852万美元，增长69.4%；实际利用外资4015万美元，下降27%。对内经济协作势头较好，全年共签订内联协作项目260项，客方实际到资12.2亿元，增长79.6%。

社会事业全面发展。科技体制改革步伐加快，较好地调动了各类科技人才的积极性。素质教育稳步推进，办学体制进一步完善，办学水平进一步提高。建成闽西文化艺术中心，乡镇文化站新、改、扩建62个。文艺创作更加繁荣、文化交流进一步加强。卫生体制改革和农村卫生3项建设取得成效。文化、卫生、科技"三下乡"活动深受农民欢迎。新建成市体育中心，全民健身活动深入开展，龙岩市运动员在悉尼奥运会上实现奖牌零的突破。全市人口出生率10.5‰、计划生育率91%，连续10年完成省下达的人口控制计划。

第五次人口普查工作进展顺利。环境保护实现"一控双达标",龙津河综合治理取得较大成效。耕地总量实现动态平衡。

人民生活水平进一步提高。全市城镇居民人均可支配收入6048元,增长11.7%;农民人均纯收入2959元,增长4.5%。全年社会消费品零售总额53.2亿元,增长9.8%;居民消费价格总水平上涨1.9%。劳动就业渠道拓宽,城乡居民住房条件有较大改善,文化生活进一步丰富,生活质量不断提高,人民生活总体水平进入基本小康阶段。

【体制创新】 全市38家国有工业企业因企制宜实施了各项改革,其中22家实施了产权制度改革。龙净公司12月份在上海证券交易所成功上市,为加快发展奠定了良好基础。市造纸实业公司债转股成效显著。组建了综合、交通两家市级国有资产营运公司,初步建立了国有资产管理、营运、监督体系。组建了中小企业信用担保中心,并进入实质性运作。同时积极稳妥地推进各项配套改革。全市共建立国有企业再就业服务中心151家,全年实现再就业8742人,全市下岗职工再就业率达到61.2%,全市实现了工伤医疗、生育医疗和津贴费用收支平衡,略有节余。全市城镇职工基本医疗保险在漳平市进行了成功试点并于年底启动。市本级及县(区)原享受公费医疗的机关事业单位人员首批参加医疗保险,覆盖人数11万人。进一步加快政府运行机制的创新,新取消、简化、下放市级政府部门审批权限28项。深化财政体制改革,成立了全省首家市级行政机关会计核算中心,大力推行政府采购,有效地提高了财政资金使用效益。努力构建乡镇财源稳定增长的机制,千方百计缓解乡镇财政困难。

【重点建设项目】 2000年,全市在建重点基建项目累计完成投资20.75亿元,完成年度计划101.4%,其中,棉花滩水电站(电站部分)于2000年12月18日提前45天完成下闸蓄水。梅坎铁路(福建段)工程全部建成通车。漳龙高速公路(龙岩段)三期工程路基基本完成,进入路面铺设阶段。龙净环保股份有限公司引进湿法脱硫技术国产化项目完成部分脱硫车间封顶及3000平方米露天堆场建设。汀江流域防洪整治一期工程基本完成。龙岩市体育场建成使用,龙岩市第一医院综合病房大楼主体完工。武平东留水库电站1#机组完成安装调试运行发电。中心城市建设取得新突破。2000年城市基础设施建设总投入达4.1亿元,实施人民路三期、龙腾路三期、莲龙路、罗龙路及北环路一期改造。中心城市建成区面积扩展至25平方公里,人口23.7万人,城市化水平达54.3%。

【举办世界客属第16届恳亲大会】 11月19日~21日,来自世界各地和本国大陆22个国家和地区、124个社团,共3500多人出席了在龙岩举行的世界客属第16届恳亲大会,其中海外和港澳台代表1700多人、本国大陆代表和特邀嘉宾1800多人。台湾客属总会会长、国民党副主席吴伯雄和民进党前主席许信良等一批台湾上层人士也应邀到会,这是新中国成立后龙岩市接待批量最大和层次最高的台湾团组。大会主要活动有:主席团会议、开幕式、乡情报告大会、国际客家学研讨会、族谱展、客家风情书画摄影展、客家图书音像制品展销、集邮展、商品展示(销)、经贸项目洽谈签字、参观永定土楼、公祭石壁客家公祠,以及龙岩市与澳大利亚伍龙岗市缔结友好城市签字仪式等。会议提高了闽西的知名度,为闽西扩大与世界各国各地区的交往提供了良机。这次活动期间,全市共签约外资项目7项,总投资1593万美元,协议外资1013万美元;签约内联项目26项,总投资8.86亿元,市外资金7.36亿元。

(撰稿:张亮春　傅藏荣　廖卓文)

新　罗　区

【经济社会概况】 2000年,全区完成国内生产总值81.2亿元,比上年增长11.4%。农林牧渔业总产值完成14.4亿元,比增8.9%;工业总产值完成55.4亿元,比增17.3%;乡镇企业总产值完成95亿元,比增16.4%,其中乡镇工业产值完成46亿元,比增14.4%,顺利实现了"九五"计划提出的各项目标任务。

一、经济结构调整有新的突破。三次产业结构调整力度加大,一、二、三产业比重由上年17.3:44.7:38调整为16.3:45:38.7。农业粮经比由年初70:30调整为63:37。花生、生猪、果蔬、毛竹4大产业发展势头良好,产值占农业总产值的比重达64%。畜牧业成为农村经济发展和农民增收的主要增长点,产值7.3亿元,比增17%,全年肉类总产值6.1万吨,比增18.6%,生猪出栏76.5万头,比增21.4%,实现生猪产值5.8亿元,增长15.2%,占农业总产值比重的40%。果蔬产量23.4万吨,比增22.3%,完成果园低产改造1.5万亩;花生产量8067吨,比增31.5%,加工龙岩咸酥花生2.56万吨,产品远销澳大利亚、新西兰、马来西亚等地,全年产值2.3亿元;新植竹林2.67万亩,外销毛竹149.4万支,加工竹凉席82万床。森宝禽产品加工、东肖花生生产销售中心、果蔬冷冻中心等农业龙头企业建设进展顺利。加大对工业优势产业、优势企业和优势产品培育的力度,规模以上工业企业产值14.2亿元,比增13%,占工业产值的36%,工业产品产销率达96%,全年完成企业技改投资1.3亿元,比增86.4%。一批优势企业和企业集团对经济增长的支撑作用不断增强,森宝禽产品加工厂、龙工集团被列为全省90家结构调整重点企业之一。水泥行业上大改小,新建扩改工程进展顺利,矿业经济通过治理整顿和煤炭并矿产,生产布局和结构趋于合理。旅游业和房地产业成为第三产业的重要增长点,全区旅游产业总体规划编制完成并通过省级评审,龙岩国家森林公园已经国家林业局正式批准,全年接待游客23.9万人次,比增45.2%,国外游客3802人次,比增132%,旅游总收入8562万元,比增39.1%。

二、项目开发和基础设施建设有新的进展。铁山个私开发区二、三期建设顺利进行,新罗民营科技园区开发前期工作全面铺开,引进外资有新的进展,新批三资企业10家,实际利用外资1650万美元,外贸出口总值603万美元。全社会固定资产投资完成5.8亿元,比增16%。新罗区局域网一期工程已完成;全国节水增产重点县建设顺利通过达标验收;建成城区防洪堤3.1公里、标准化渠道103公里;中低产田改造5000亩;完成23个老区基点行政村通水、6个乡镇82个村的农村电网改造和8个无电自然村的通电工程;组织实施5座水电站的建设,建成投产2座,新增装机容量1300千瓦。全面完成老区"五通"工程建设任务,雁石至龙崆洞旅游公路、万苏公路、抚适公路的建设和5个自然村的通路工程建成通车;福三线扩改全面完成并通过验收。小城镇建设步伐加快,适中镇被列为全省示范镇,洋畲、黄坂、中颜等新村先后被列入省级示范村。

三、经济体制改革取得新的成果。农村经济体制改革继续深化,土地承包合同签订扫尾工作已基本完成,农村合作基金会清理整顿工作全面完成清盘关闭,进入清偿阶段。林业体制改革进展顺利,初步建立了适应木材市场放开新机制的管理体系。国有资产营运、监督和管理体系框架进一步完善,基本实现了国企改革3年脱困目标,完成了雁石水泥厂、东宝山水泥厂和天宇集团坂尾发运站等一批企业的承包经营改革,对授权国资公司经营的合成氨厂等8家企业经营者实行年薪制,并向龙化集团等6家企业委派财务总监,对国有参股和控股企业委派国有监事。国有资产营运公司所属企业实现产值3.42亿元,比增19.2%,同期可比利润实现353万元,增盈332.5万元。

四、财政运行质量有较大改善。财政收入增幅首次超过GDP增幅。地方财政收入5.79亿元,比增26.4%;完成财政支出7.65亿元,比增7.5%。继续推行和完善政府采购制度,累计节约资金98.5万元。

五、人民生活水平有新的提高。全区区属消费品零售总额12.4亿元,增长15.1%,居民消费价格总指数102.4%。城镇居民人均可支配收入7962元,农民人均纯收入3934元,分别增长18.3%和6.1%。机关事业单位在职职工工资和离退休人员的离退休费有较大幅度提高。村容村貌整治、扶贫攻坚和宽裕型小康建设进展顺利，“五通”建设任务全面完成。2000年小康综合分值达68.8分，城乡居民生活水平和质量有较大改善。

六、社会事业发展迈出新步伐。科教兴区工程全面实施，全年科技3项经费投入110万元，实施科技项目29个。成立了区生产力促进中心，建立省级科技示范乡镇8个，素质教育全面推进，撤点并校工作顺利进行；文化事业健康发展，全年共创作各类作品4151件，其中获国家级奖励的3件；体育工作顺利通过全国先进县区的复查；计划生育工作被国家计生委评为“全国100个县级计划生育‘三为主’先进单位”，全年计生率达99.4%；环保全面完成“一控双达标”任务，顺利通过了省、市政府的验收，龙津河综合整治取得明显成效，社区卫生服务工作方案已制定出台；精神文明建设方面顺利通过了第七届全省创建文明城市检查。

【获“全国100个县级计生‘三为主’先进单位”称号】 新罗区计划生育工作坚持“现行计生政策不变，人口控制计划指标不变、党政一把手亲自抓负总责”的“三不变”政策，落实宣传教育为主、避孕为主、经常性工作为主”的“三为主”方针，广泛开展了“少生快富创文明幸福家庭”活动，促进了全区人口、经济、社会各项事业的协调发展。1991年以来，新罗区计生工作连续10年在全市计生目标管理考核中名列前茅，1996～1998年连续3年被省政府评为“全省计划生育工作先进一类区”，2000年，新罗区计生工作被国家计生委授予“全国100个县级计划生育‘三为主’先进单位”的荣誉称号。目前，新罗区广大群众的婚育观念发生了深刻变化，人口增长基本实现了“低出生、低死亡、低增长”的良性循环，计生率、晚婚率、一孩率、独生子女领证率等主要计生工作指标均处在全省的领先地位。

【龙岩国家森林公园挂牌】 龙岩国家森林公园于2000年12月28日经国家林业局批准建立，地处南亚热带中低山区的龙岩市新罗区境内，总面积2200公顷。分龙康景区和江山景区两个景区，主要包括“一洞一园一山”。“一洞”即龙崆洞，有华东第一洞之美称，以喀斯特溶洞和亚热带常绿阔叶林为主要特征；“一园”即江山的石山园，是森林浴、竹类观赏、农业果园、奇山异石、千米屏障观赏、林闲渡假的好去处；“一山”即江山睡美人山景，山峦线条清晰。山上天然林保护完好，生物多样性十分突出，山下山塘村、铜钵村为革命基点村，红军兵工厂遗址、宋代的耸池园、古城墙等革命历史文物保存完好。公园内植被茂密，自然、人文景观奇特，是森林生态旅游的理想胜地。

（撰稿：谒锦洲　陈天琦）

漳平市

【经济社会概况】 2000年，全市国内生产总值29.63亿元，比上年增长9.1%，其中：第一产业增加值6.16亿元，比增6.2%，第二产业增加值11.02亿元，比增8.7%，第三产业增加值12.46亿元，比增11.4%；全市工农业总产值30.71亿元，比增9.0%；财政总收入1.98亿元，比增20.8%，其中地方级收入1.11亿元；固定资产投资2.9亿元；城镇居民人均可支配收入6048元，比增5.9%；农民人均纯收入3093元，比增3.7%；计生率97.31%，全社会消费品零售总额7.83亿元，比增11.0%；居民消费价格指数101.6%。

一、抓好结构调整优化，扎实推进产业发展。三次产业结构由1999年的22.1∶38.7∶39.2调整为20.8∶37.2∶42.0。优化农业内部结构，特色、主导产业规模效益进一步显现。按照“打响花牌、念好花经、建设花城”的花卉产业发展思路，制定发展规划，出台优惠政策，促进了花卉产业健康、快速发展。全市花卉面积扩大到1万多亩，成为全国最大的杜鹃花生产基地。粮食播种面积27万亩，总产量10.4万吨；烤烟产量1822吨；食用菌、蔬菜产量分别比增21.6%、14.2%；粮经面积比例由1999年的70∶30调整为65∶35；建成全省最大的中华绒螯蟹养殖基地，肉、蛋、水产品产量有较大幅度提高。全年实现农业总产值9.55亿元，比增6.4%；农、林、牧、渔业产值分别比增5.8%、14.0%、3.8%、2.4%，主导产业和特色产业产值占农业总产值的62.5%。全市工业总产值21.16亿元，比增10.8%，其中规模以上工业产值9.94亿元，比增6.4%。规模工业中本市工业企业不变价产值、销售收入、税收分别增长23.6%、7.8%、12.0%，在全市工业中比重明显加大。完成新产品开发8项，其中省级以上3项；185家企业193类产品制定了标准。第三产业占GDP比重由1999年的39.2%上升为42.0%。年末银行各项存款余额13.06亿元，各项贷款余额8.94亿元，城乡居民储蓄存款余额9.84亿元，分别比年初增长2.6%、7.0%、2.3%。重点项目建设完成投资5164万元，其中：永漳公路完成前期工作，解放南路续建工程完成一中门口路段和漳平大桥引线工程，农村电网改造基本完成142个村；20万头瘦肉型猪基地已建猪舍3.5万平方米；溪河增殖中华绒螯蟹投放蟹苗500万只，产量达100吨；南洋九鹏溪鸳鸯湖景区投入使用。

二、完善流通体系，开拓产品市场。建成并抓紧完善东环果蔬批发市场、桂林综合市场、永福“十里花街”及花卉交易市场、漳平花卉厦门展销中心等专业市场，开辟网上营销新渠道。新注册“仙寨山”即食木耳、“厚德”萝卜、“得安”水蜜桃等23件特色产品商标，永福杜鹃花通过福建省地方标准。全年新批办三资企业3家，增资扩建1家；合同利用外资211万美元，实际利用外资540万美元；三资企业实现工业产值5.2亿元，比增2.0%；出口总值361万美元，比增24.5%，木村公司成为龙岩市直接出口量最大的企业。

三、推进体制创新，加快各项改革步伐。国有企业完成股份合作制改革2家，停产关闭5家，租赁承包12家，以资抵贷4家，有1310万元资产抵偿银行贷款，减轻了企业负担。国有企业职工终止或解除劳动关系917人，支付职工安置补偿金近千万元。发放失业救济金107.6万元；筹集养老金1083万元，发放1360万元。成立市直机关会计核算中心，对市直81家行政事业单位实行统一会计核算。在龙岩市率先建立教师工资基金专户，并在38家单位实行国库集中统一支付工资。

四、实施科教兴市战略，全面落实三大国策。组建市花卉科研中心和生产力促进中心，引进推广溶液结晶法生产五水偏硅酸钠、杜鹃花无土栽培及花期调控等新技术和日本网纹甜瓜、三黄鸡等新品种。和平、新桥通过省定科技示范乡镇验收，《花卉产业化科技开发基地》列入国家星火计划项目。“两基”通过省政府跟踪督查，高考与考生上线率和万人口上线率均居龙岩市前列。市中医院成为二级乙等院，市妇幼保健院成为一级甲等院。做好龙岩市城镇职工基本医疗保险制度改革试点工作，有364个单位19876人参保。广播电视新闻在上级台播出的数量居全省县级台前列，率先在全省实现村村通广播电视工程。成功承办福建省“盛菁杯”少年儿童暨重点传统校男子举重比赛，连续10年完成省、龙岩市下达的人口计划。国土资源、地矿执法列入全国国土资源执法监察综合试点。环保“一控双达标”工作通过省政府验收。

五、全力为群众办实事，提高人民生活水平。加强水利基本建设，修复水毁工程350处，渠道标准化建设60公里，城区防洪堤建设累计完成5.38公里；新增有效灌溉面积1000亩，改善灌溉面积3.1万亩。加快“五通”工程建设，其中实施通水工程9个村、通电话工程2个村、通路工程11个村103公里，通广播电视工程3个村。完成投资2065万元，占年计划的59.5%。其中：三中教学综合楼交付使用；广播电视光缆“村村通”工程有80个村投入使用；殡仪馆建设完成土方量2.7万立方米；自然村通电工程完成15个村通电线路建设；实现再就业756人，再就业率62.5%。

六、加强精神文明和法制建设，促进社会繁荣稳定。深化文明创建活动，该市连续两届通过创建文明城市达标验收，进入省二级达标文明城市前列，漳平电厂在龙岩市率先成为国家级文明单位。全年承办人大代表建议80件，办理答复政协提案42件。成立法律援助中心，全面开通“148”法律服务专线电话。进一步扩大基层民主，全面推行政务、村务公开，基本完成村委会换届选举，群众性自治组织建设得到加强。建立健全社会治安综合治理目标责任制，落实可防性案件发生的措施，加强流动人口管理，开展农村治安重点整治、林政管理及校园治安整治等创安活动，新桥首创“农村110”做法在龙岩市推广。城乡社会治安状况明显好转，人民群众生活井然有序。

【获“中国花木之乡”荣誉称号】 漳平市将花卉业列入全市发展农业产业化的三大主导产业之首，进行重点扶持和培育，制定了产业发展规划，注册“永福牌”花卉商标。组织养花专业户到广州、上海、深圳等城市进行市场考察，并在北京、广州、上海、深圳、昆明、重庆、福州、厦门等大中城市建立了销售窗口和生产基地，提高产品市场适应能力。同时加大花卉技术人才的培养和先进技术的推广力度，花卉生产科技含量不断提高，产业发展空间和领域得到进一步延伸，花卉产业发展的框架初步形成。2000年全市花卉种植面积达1万亩，产值3亿元。2000年6月1日，漳平市和该市永福镇被国家林业局和中国花卉协会分别授予“中国花木之乡”和“中国杜鹃花之乡”荣誉称号。

（撰稿：高日星 卢 海）

永定县

【国民经济】 2000年，实现国内生产总值30.99亿元，比上年增长9.7%。其中第一产业增加值8.04亿元，第二产业增加值12.28亿元，第三产业增加值10.66亿元，分别比增1.9%、12.9%和10.3%。

经济结构调整取得新进展。第一产业，实现粮食总产19.29万吨，粮食优质率达81%；进一步稳定烤烟生产，实现烤烟总产6951吨，收购3063吨。建立古竹200亩红柿标准化生产示范片和培丰、湖雷200亩金苹枣示范片。建立200亩马来西亚红香蕉生产示范园，全年水果总产41万吨，比增6.7%；建立3000多亩“六月红”早熟芋和1500亩反季节蔬菜基地；加快瘦肉型猪养殖推广，全县瘦肉型猪养殖比例达41%，提高11个百分点；维科农牧有限公司年产90万只肉鸡养殖项目已经投产；扎实推进农产品加工，组建天鹏农业发展公司，带动全县150户加工大户，全年加工红柿产品1500吨，创产值1500万元。全年实现农林牧渔业总产值12.78亿元，比增1.6%。第二产业，成立煤炭工业集团公司，实现联合办矿发展目标；完成60万吨新型干法水泥生产线的项目报批；石材生产加工能力进一步扩大，板材加工能力提高到150万平方米，新上西溪秀山玉工艺制品有限公司，拓宽石材销售市场。重点做好关停小煤炭、小水泥工作，关闭矿井24处、井口166个，关停窑径2.2米以下的小水泥企业8家。全年实现全社会工业总产值15.29亿元，比增10.2%；其中县地方工业企业完成产值14.7亿元，比增9.6%。第三产业，加快发展旅游产业，全面实施旅游兴县战略，对土楼、龙湖旅游资源的开发和保护进行全面规划，重点实施土楼民俗文化村和旅游基础设施建设，兴建一批旅游配套设施。全年共接待国内外游客25.6万人次，比增52.6%。进一步优化投资环境，以项目开发拉动招商引资，加快外引内联步伐，全年签约外资项目22项；新批注册三资企业6家，比增20%；实际利用外资723.2万美元，完成外贸出口512.5万美元，签约内联项目70个，实际到资1.72亿元。全中新批个体工商户和私营企业956家，总投资1.3亿元。

财政金融平稳运行。全年实现财政收入19810万元，比增10.8%；完成财政支出21049万元，比增19.8%。加大信贷投入，有力地支持了地方经济发展，年末全县金融机构各项存款余额15亿元，比年初增加1.28亿元；各项贷款余额7.82亿元，比年初增加7079万元。

人民生活水平稳步提高。全年实现社会消费品零售总额7.29亿元，比增10.2%，商品零售价格总指数98.9%。城镇居民年人均可支配收入6961元，比增16.8%；农民人均纯收入3127元，比增4.6%。

【国有企业改革】 以产权制度改革为核心，加大国有企业改革攻坚力度，完成水电建发公司、沿江电厂和水轮机厂的股份制改革；理顺自来水厂与龙寨水厂的关系，合并成立永定县供水公司；实施采善堂制药厂整体出售改革；推进万成公司的分立改制，并完成其下属化肥厂的租赁承包；实施林化厂及坎市、城关两个粮油加工厂的关闭工作，完善永富水泥集团公司的法人治理结构；国有商业和粮食企业的改革顺利实施。2000年，全县国有企业解除职工劳动关系2165人。

【基础设施建设】 继续把基础设施建设当作夯实发展后劲的基础工作来抓，多方筹资，狠抓质量，确保进度，加快重点项目和城乡建设步伐。两大工程建设扎实推进，棉花滩电站大坝提前实现下闸蓄水，梅坎铁路4月份建成通车。公路建设进展顺利，全面完成先行工程竣工验收，基本完成棉花滩环库公路40公里水泥路面改造，打通峰市寨头至广东松东10公里省际断头路；城关至西溪、湖雷溪口至合溪公路黑色化改造正在实施；完成15个革命基点村59.3公里和5个300人以上自然村37公里通路工程。通讯电力建设步伐加快，全面完成全县266个行政村通电话工程，全县行政村通电话率达97%；完成第二期172个行政村电网改造任务。城区面貌有新的改观，建成下坑中心广场、沿河南路、游泳池、城南农贸市场，电信、人保、农行等大楼基本竣工；加快李子塘坝小区开发，建成小区防洪堤和大桥；基本完成城区2.31公里防洪堤建设任务。村镇建设力度加大，基本完成全年村镇建设任务。

（撰稿：赖万良）

上杭县

【经济社会概况】 2000年，全县国内生产总值25.1亿元，比上年增长10.2%。农林牧渔业总产值15.26亿元，比增2.7%；粮食总产23.48万吨，因灾害影响和结构调整减产6169吨；乡镇企业总产值53.5亿元，比增15.3%；工业总产值20.66亿元，比增11.6%，其中国有及年销售收入500万元以上非国有工业企业完成产值6.2亿元，比增10.2%；实现财政收入1.34亿元，比增10.8%，其中地方级收入1.02亿元，首次突破亿元大关。

结构调整稳步推进。三次产业结构由上年的42.6∶28.8∶28.6调整为40.3∶30.5∶29.2，大田粮经比例由上年的72∶28调整为70∶30，种养殖品种结构不断改善。优势产业进一步壮大，畜牧水产、矿产、建筑、旅游业4大产业总产值、增加值和占国民经济比例分别达15.7亿元、7.3亿元和29%。其中紫金矿业股份有限公司生产黄金4018公斤，实现利润8500万元，比增64.1%。

各项改革继续深化。建立了国有企业结构调整基金；组建了紫金矿业股份有限公司；油咀油泵厂、金鑫公司、五交化公司、林化厂4家关停企业职工安置工作稳步推进。国有企业改制面占国企总数的78%。实行政府采购制度及预算编制和预算外资金管理改革，逐步实行国库统一支付工资。基本完成土地承包合同签订和18个乡镇农电“两改一同价”工作，首批15个乡镇殡葬改革顺利推进。农业局、临城镇等8个试点单位110个股级职位实行了竞争上岗，教育局等单位对人事调配实行公开选拔。卫生部门药品集中采购改革取得初步成效。

对外开放不断扩大。全年开发项目158项。新批外资企业5家，外商实际到资315万美元；外资企业总产值2.3亿元，比增15%；外贸出口总值236万美元，比增66%。引进县外投资项目80项，实际到资1.4亿元。

各项建设取得进展。固定资产投资完成4.1亿元，比增3.8%。16项在建重点建设项目有13项已建成或基本完成年度建设任务，6项加快前期工作重点项目进展顺利。10项为民办实事项目有7项已建成。其中棉花滩库区移民生活安置已基本完成；杭永公路改造完成全线图纸设计并实施部分路段工程；第二水源建设确定旧县铁东岩下山溪为取水点并已开工建设；占地2.09万平方米的江滨广场已建成投入使用。10号台风“碧利斯”损毁的县乡道路、通信、广播电视和农田水利设施基本得到修复。

人民生活不断改善。城镇居民人均可支配收入5720元，比增5.5%，农民人均纯收入2702元，比增4%。国有企业下岗职工基本生活费、离退休人员基本养老金和城镇居民最低生活保障金按时足额发放。

社会事业全面推进。科技进步对全县经济增长的贡献率达36.2%。普高教育迅速发展，高考取得历史最佳成绩，上杭一中实现一级达标。计划生育被省计生委评为“三为主”先进县。35家工业企业完成“一控双达标”治理，并通过市级验收；“10·24”液体氰化钠污染事故得到及时有效处理，未造成人员因中毒死亡。全县38.37万亩基本农田得到有效保护。创建全省文化先进县通过省政府验收。

【建设现代农业示范园区】 为推进农业结构调整，加快发展现代农业，上杭县从2000年开始在庐丰乡上坊村建设规划面积5000亩的现代农业示范园，总投资500万元。其中精品园100亩，分高优高效农业、优质水果繁殖和优质蔬菜、名优花卉、粮油作物引种5个示范区，计划引进新品种235个，建成集高新技术推广应用、优良品种引进繁育、产品贸易、信息交流、种苗服务、观光旅游于一体的现代农业高科技园现已完成首期1000亩示范区和精品园基础设施建设。

【南岗工业开发区完成一期开发】 开发区创办于1997年，总规划面积150万平方米，分3期开发。到2000年底基本完成第一期开发，共开发土地50万平方米，出让工业用地13万平方米，出租闲置厂房10.2万平方米，落户企业25家，总投资7000万元，初步形成农副产品加工、机械、生化、电子、冶炼等行业。2000年区内企业完成产值3.67亿元，税收1000万元，提供4000个就业岗位，成为上杭县工业重要新增点。目前正组织实施第二期开发。（撰稿：郭建强　丁焱志）

2000年10月24日，一辆载有10.78吨易燃剧毒氰化钠的槽车坠落于上杭紫金山矿区山涧，部分毒品泄漏。省、市、县通力抢险，成功处置，避免了重大污染发生。图为消防队员正在进行“10·24”氰化钠毒品泄漏抢险。（省消防总队供稿）

武　平　县

【经济社会概况】 2000年全县实现国内生产总值19.36亿元，比上年增长9.9%。其中，第一产业增加值7.01亿元，比增6.5%；第二产业增加值6.73亿元，比增13.1%；第三产业增加值5.63亿元，比增10.1%。全县实现农林牧渔业总产值11.31亿元，比增6.5%；实现工业总产值11.78亿元，比增14.8%；实现财政收入1.12亿元，比增5.2%；社会消费品零售总额达5.15亿元，比增12.6%。

改革创新取得重大进展。财政管理体制方面，扩大“收支两条线”的管理范围，把行政事业性收费“票款分离、银行代收”的办法延伸到行政性公司和乡镇一级；进一步完善县乡财政管理体制，提高了乡镇财政收入的分成比例；强化财政支出管理，制定出台了县直机关单位招待费限额管理办法，推行了会计管理体制改革和县级支出预算编制改革。国企改革方面，县汽配厂的嫁接改造，工业供销公司的托管，矿产公司、油漆化工厂的停产关闭，县梁峰酒业公司的第二次改制均已全面完成，实现了资源的重新配置，增强了企业发展活力；与此同时，千方百计筹集资金，实施国有企业的减员增效，并以经济补偿方式裁减国有企业职工726人，有效缓解了国有企业人员负担过重的问题。社会事业管理方面，全面推行了以“校长负责制、教职工聘任制、岗位责任制、结构工资制和工资总额包干制”为主要内容的教育管理体制改革；完成了4个乡镇的卫生院、计生服务所合署办公的改革试点工作；实施了文化馆、汉剧团“馆团合作”和电影院、影剧院“两院合并”。

基础设施进一步完善。全年完成固定资产投资5.48亿元，比增11.5%。电力建设取得重大进展，市重点工程建设项目东留水库电站比原计划提前半年建成发电；全面完成了第二期农电改造任务。公路建设力度不减，中山至下坝、三角埔至中赤等主要通乡公路进行了大面积改造，省道206线永平至湘店店下、高林公路改造工程已全线贯通，省道206线县城至永平段改建工程正在紧张有序地实施。城市建设步伐加快，在完善第四期旧城改造的基础上，第五期旧城改造正在加快组织实施；电力大厦主体工程已基本完工，农行大楼和电信大楼已开工建设。小城镇和新村建设继续推进，先后完成了东留新中、黄坊、平川镇七坊、万安乡贤溪等15个示范新村的规划建设。

人民生活水平进一步提高。造福工程完成了1340人的搬迁任务，开通了9个330人以上自然村的机耕路，解决了27个自然村通电问题。继续抓好老区“五通”建设工作，完成了4个基点村的通路工程，10个基点村的通广播电视工程，3个基点村的通话、通电工程，4个基点村的通水工程。社会保障体制进一步完善，城镇居民人均可支配收入和农民人均纯收入分别达6109元和2733元，比增16.9%和5.0%。

社会事业协调发展。加快科技创新步伐，加速科技成果转化，大力推广新品种、新技术、新工艺。素质教育稳步推进，进一步巩固提高教育“两基”成果，改善办学条件，教学质量和办学成效有新的提高，2000年高考万人上线率居全市第一。群众文化活动丰富，各项文化事业繁荣发展。全民健身活动进一步普及，竞技体育水平不断提高。广播电视综合覆盖面不断扩大，完成了10个乡镇的电视光缆铺设。计生工作连续第10年完成上级下达的人口出生控制计划，全县人口出生率已稳定在10‰以下，卫生事业进一步发展，乡镇卫生院建设得到加强，医疗技术和服务水平进一步提高。环保工作取得新成果，基本完成了“一控双达标”任务。国土资源的保护和开发利用水平不断提高。

【经济结构调整】 一是以大田种植结

构为主的农业产业结构调整迈出了实质性步伐。在稳定发展粮食生产的同时，着力推进以蔬菜瓜果、烤烟为重点的大田种植结构调整，大力发展优质高效农业。全县大田经作种植面积22.41万亩，其中蔬菜瓜果15.05万亩、烤烟3.53万亩，产值达1.59亿元。同时，大力发展三元杂交瘦肉型猪养殖，全县瘦肉型猪占生猪存栏比重达38.2%，年出栏千头以上的规模养猪场达21个。二是以培植优势产业为重点的工业经济结构调整有新的突破。以培植两个亿元企业为目标，加强县林化厂、白水泥公司两个骨干企业建设，进一步加大了中堡银多金属矿、白云石矿、石灰石矿等矿产资源的开发力度，矿产业的主导产业地位日益显现。同时，加大了新产品开发和工业技改力度，全县完成工业技改投资6500万元，新上了金港联不锈钢、兴岩金刚石锯片等一批工业项目，增强了工业经济发展后劲。三是以边贸经济为龙头的第三产业有新的发展。相继兴建了十方粮油批发市场、十方蔬菜批发市场。进一步壮大流通队伍，健全市场信息网络和营销服务网络，促进了边贸经济的快速发展。全年实现边界贸易总额6.53亿元，比增25.6%。四是以非公有制经济为主的所有制结构得到进一步优化。坚持把发展非公有制经济作为壮大经济总量的一项重要举措来抓，在落实政策、优化环境、项目开发、招商引资等方面加大了工作力度，重点抓好平川、城厢、十方、岩前4个工贸小区建设，相继引进20余家企业在小区内投资兴业，总投资达7200万元，建成后可新增产值2.3亿元，以此带动了全县乡镇企业的发展。乡镇企业新增投入1.55亿元，实现乡镇企业总产值30.47亿元，比增16.13%。全县非公有制经济的总产值达18.8亿元，比增14.5%，占全县经济总量的42.3%，同比提高了3.5个百分点。

【抗洪救灾】 2000年8月25日，武平遭受了超50年一遇的特大洪涝灾害，据不完全统计，全县17个乡镇、202个村不同程度受灾，受灾人口达16.75万人，1.25万人无家可归。受淹房屋11876户、45458间，倒塌房屋4544户、18176间（其中全倒户1067户），直接经济损失达4.75亿元。灾情发生后，县委县政府迅速组织各级各部门和全县人民开展生产自救和重建家园工作，制定出台了一系列扶持受灾群众恢复生产、重建家园的政策措施，通过努力，春节前受灾无房户全部入住新居；工农业生产全面恢复，基本实现大灾之年农业不减收、工业不减产，确保了年度目标任务的顺利完成。全县恢复大田作物面积17.9万亩，占受灾面积的99.7%；恢复果茶园面积5807亩，占受灾面积的100%；东留黄坊、万安贤溪、平川七坊、下坝乡下坝村等9个集中重建的新村建设点，339户重建户全部已建一层以上，100%的受灾无房户已搬入新居。

（撰稿：洪炳东）

长汀县

【经济社会概况】 2000年全县国内生产总值完成20.85亿元，比增4.8%；固定资产投资完成2.8亿元，比增3%；利用县外资金8269万元，比增9.3%；财政收入完成8866万元，地方级收入完成5634万元农民人均纯收入完成2486元，比增2.3%；城镇居民人均可支配收入完成4767元，比增11.7%；人口自然增长率5.27‰。

一、调优经济结构，主导产业竞相发展。把培育壮大主导产业作为经济工作的重点，对原有的工农业主导产业进行筛选和重新定位，确定了河田鸡、针纺等为重点产业，果、竹、烤烟、旅游等为基础产业，以稀土为主的矿产资源开发、土池养鳗为主的水产养殖和以汀州美食开发为主的食品加工为开发性产业，在完善河田鸡开发有限公司的基础上，组建了针织、鳗业、稀土、果业等一批龙头企业。至2000年底，产业框架基本形成，河田鸡标准综合体通过省级验收，河田鸡系列产品被评为省名牌农产品，全年河田鸡存笼329.6万羽、出笼402.3万羽、加工80万羽、产值1.25亿元。全县针织机总数达3836台，针织企业达25家，解决就业3700余人。稀土产业迈出了实质性步伐，县金龙稀土有限公司租赁县稀土材料厂的闲置厂房和设备，年分离360吨的混合氧化稀土生产线已建成并投入生产，成为全省唯一的稀土开发龙头企业，产业优势逐步显现。果业开发结合水土流失综合治理，新植果园1.65万亩，成活率达96%以上；烤烟产业收购烟叶14.75万担，比上年增收3.8万担，超额完成了市政府下达的收购任务。成功举办了"第二届客家文化旅游节"活动。汀州烧大块、豆腐干、汀州小吃等汀州美食开发取得实效。全县土池养鳗达342亩、网箱养鳗38个、面积760平方米，精养池面积80亩，预计产量600吨，实现了历史性的突破。

二、锐意改革创新，新体制凸显新优势。围绕3年完成国有集体企业改制目标，顺利实施以整体出让、股份合作、租赁承包为主要形式的国有集体企业产权制度改革，国有企业改制面达86.4%，乡镇集体企业改制面达83.9%，二轻集体企业改制面达84%，建筑、林业、商业、供销、粮食、物资等企业改制全面展开，全县企业改制工作居全市乃至全省的前列。进一步完善了以"划分收支、核定基数、收支挂钩、自求平衡、一定5年"为主要内容的新一轮县对乡财政管理体制，推行会计委派制度和政府采购制度，实行预算外收入"票款分离"和预算外资金"收支两条线"管理，增强财政宏观调控能力。县、乡农电体制改革基本完成。加大社会保障体制改革力度，建立健全了3条保障线制度。加快医疗保险制度改革进程，组建了县医疗保险管理中心。对妇幼保健院进行股份合作制改革属全省首例，在卫生领域探索出创办社会公益事业的新经验。

三、不断改善群众生产生活环境，城乡居民生活质量明显提高。小额信贷全年共组建678个联保小组，参与农户3900户，发放贷款516万元，扶持贫困户和低收入农户发展生产。实施"造福工程"909人。全面完成省、市下达的"五通工程"任务，新增建制村通路3条33公里，自然村通路9条59.2公里；解决了8个老区基点村和少数民族村4593人的饮水问题；完成了18个自然村754户无电户的用电；在实现所有建制村通电视的基础上，解决了11个老区基点村和少数民族村的通广播电视问题，完成了16个乡镇光纤联网有线电视的杆路工程；开通了3个边远山区村、少数民族村的程控电话；移动通讯事业得到迅猛发展，投资3500万元，新建基站25个，架设光缆228公里，实现了国道319线全线无缝覆盖和3000人以上建制村的信号覆盖，切实改善了群众的生产生活条件。逐步完善城市基础设施建设，投入资金近200万元，完成了南大街、党校路、江滨花园沿河路、三官巷等道路和排水、排污沟的建设和改造；改建了3座公厕和2座垃圾中转站；新建了三元阁绿地和江滨花园小区沿河绿地；国道319线城关过境线改建控制工程—汀江大桥即将动工兴建。汀江防洪堤建设完成投资1170万元、5公里的建设任务。农电"两改一同价"投资5500万元，完成了211个建制村的改造任务，年可减轻农民负担349万元。

四、加大精神文明建设力度，社会事业全面发展。坚持贯彻整风精神，认真扎实地开展"三讲"集中教育工作。重视人民群众来信来访工作，确定每月15日为县政府领导集体接访日和每周一县政府领导固定办公日，解决群众反映的热点、难点问题。加大机关效能建设力度，在县、乡（镇）政府机关全面建立首问负责、岗位责任、限时办理、政务公开、失职追究等效能工作制度，对违反机关效能的人和事加大监督和查处力度。教育工作"两基"指标稳中有升，以校长负责制、教师聘任制为重点的学校管理体制改革试点工作进展顺利，教师职务评聘分开、竞聘上岗的工作全面实行。2000年度全县人口出生4958人，出生率10.15‰，计生率92.8%，比上年提高了1.4个百分点。环保工作全面完成省、市"一控双达标"任务，重点工业污染源治理项目实现达标排放。

【综合治理水土流失】 长汀是全国南方花岗岩地区水土流失最为严重的县，属国家级水土保持重点治理区。2000年省委、省政府将长汀县李田河、朱溪河、南安溪小流域水土流失综合治理列为为民办实事项目后，全县全面推行禁烧柴片，大力推广烧煤、烧沼气；采取植物措施与工程措施相结合，强化保水保土技术措施；推广"果园生草法—百喜草"、崩岗综合治理和"山边沟"等新技术。到年底全面完成李田河、朱溪河、南安溪3条小流域水土保持各项工作任务。据统计，全年共投入资金2244万元，治理水土流失面积10.8万亩，其中种树种草6508亩，占任务100.9%，种果5277亩，占任务117.3%；果园改造3166.5亩，占任务100%；封禁治理9.37万亩，占任务208.3%。水保配套措施方面，改造乡村道路、果园道路90公里，占任务100%；兴建蓄水池395个，占任务123.4%；修建防洪沟64.6公里，沼气池2013个，建水保监测站一个，供煤5294户。

【长汀棉纺厂成功改制】 长汀棉纺织厂是长汀县最大的国有企业，被省、市确定为2000年要完成改制的重点企业之一。2000年11月该厂通过公开招投标的方式，以净资产出让金为4088万元价格和转让后第一年新增投入技术改造资金不低于4000万元的条件，整体转让给石狮市祥鸿织造漂染有限公司等3家外商，组建"福建省汇鑫（长汀）棉纺织实业有限公司"，实现了产权及职工身份两个"彻底置换"，原棉纺织厂2692名职工依法得到合理的经济补偿。公司组建后，生产经营衔接良好，成功实现生产经营平稳过渡，尤其是技术改造以后，企业发展后劲明显增强。改制达到了真正意义上的盘活存量、引进增量、增加总量的目的。

（撰稿：王玉燕）

连 城 县

【经济社会概况】 2000年，全县国内生产总值完成19.53亿元，按可比价格计算，比上年增长7.3%，其中第一产业增长2.2%、第二产业增长7.6%、第三产业增长13.1%；全社会固定资产投资完成2.7亿元，比增4.2%；城镇居民人均可支配收入4761元，比增11.6%；农民人均纯收入2741元，比增3.6%；全年消费品零售总额5.21亿元，比增11.0%，商品零售价格总指数100.3%，比年初上升0.3个百分点。

农村经济全面发展。全年农林牧渔业总产值实现10.68亿元，比增4.5%。全县种植地瓜10.1万亩，比增25.5%，全年加工地瓜干8万吨，实现产值4亿元，"冠豸牌"红心地瓜干被省政府确定为第一批名牌农产品。白鹜鸭被农业部列为国家畜禽资源保护品种，被省政府确定为名牌农产品，全年出栏110万只。烤烟生产稳步发展，全年种植烤烟3.2万亩，收购烟叶4.46万担；新植各类果树9187亩，全年果品产量达3.21万吨。种植高山反季节蔬菜5.65万亩，高优蔬菜1.5万亩，引进外资创建旭鸿食品有限公司。森林资源得到有效保护和利用，全年更新造林2.95万亩，完成计划的103.1%，垦复毛竹8.51万亩，新植高产笋用竹3000亩，生产木材8.74万立方米，实现税利1400万元。

工业生产稳步增长。全年工业总产值实现18.25亿元，比增9.5%；全县规模以上工业企业实现产值3.72亿元，比增4.6%。全年实施技改项目15项，其中林产化工厂松香三元酸酐、绍同川食品有限公司食品烘焙加工生产线、白鹜鸭技术开发公司单体冷藏保鲜生产线、百花公司聚酰胺树脂技改扩建及油脂厂废水治理工程等5个项目顺利完成，其余10个项目正在实施。全年完成技改投资7354万元，完成计划的113.1%，比增15.3%。

非公有制经济不断壮大。乡镇骨干企业生产经营保持稳定的发展态势，竹木加工、石板材开发和根雕发展形势喜人，乡镇企业实现产值28.61亿元，比增14.7%，个体私营企业实现产值23.71亿元，比增17.7%。对外经济主要指标呈现较大幅度的恢复性增长，全年共签约利用外资项目9项，利用外资总额1616万美元，比增62.6%。其中合同项目3项，利用外资776万美元，比增120.3%，实际利用外资290万美元，比增150.6%。外贸出口总值157.5万美元，"三资"企业完成产值1.52亿元，比增6.1%，出口创汇额完成145.1万美元。

财税金融有退有进。全年财政收入7819万元，比减9.3%，其中地方收入5278万元，财政总支出14235万元，其中本级支出12518万元，分别比增6.8%和15.2%。全县金融系统各项存款余额72824万元，比年初增加4953万元，增长7.3%；各项贷款余额49736万元，比年初增加6016万元，增长13.8%；金融机构储蓄存款余额54606万元，比年初增加3161万元，增长6.1%。

基础设施建设进展顺利。公路建设方面，西环路正式建成通车。东环路完成路基工程2.9公里，省道建文线隔川集镇路段路面硬化和北团无祀台至李家公路改造基本完成。城建方面，引资建设了中山广场，垃圾处理场一期工程交付使用，新建简易垃圾中转场一座；完成南门小区、西台小区旧城改造和黄九垄新村建设，基本完成凤凰新村、鹧鸪新村和明光新村二期工程，连宁路改造基本完成。水利水电建设方面，城区防洪堤建设全面竣工；龙潭水库项目进入坝体砌筑阶段；河祠、丰图、池家山3个革命基点村通水工程、11个无电自然村通电工程全面完成；农网改造实施180个行政村，超额完成年度任务。重点建设项目方面，国务院、中央军委已批准空军连城机场为军民合用机场，项目可行性研究报告通过省计委审查；赣龙铁路项目已经国家计委批准立项，测定任务全面完成，铁路将在朋口设立县级冠豸山站。

国际悬崖跳水邀请赛2000年5月在连城冠豸山举行。 （赖小兵 摄）

社会事业全面进步。确定为人民群众办好的9件实事基本完成。教育教学质量又上新台阶，高考万人本科上线率居全市第一，连城一中顺利实行初高中分离，县劳动教育基地被国家教育部授予"全国中小学德育工作先进集体"荣誉称号。策划出版了第二套冠豸文丛，百米长卷《客家风情图》创作成功，"木偶书法"入选吉尼斯世界纪录，成功举办福建省冠豸山杯少儿棋类锦标赛。连城县残疾人运动员罗福群在悉尼残奥会上夺得一金一铜两块奖牌，为祖国争得了荣誉。环保"一控双达标"通过省验收。计划生育工作继续坚持"三为主"方针，较好地完成省市下达的各项指标，全县年度出生2707人，人口出生率为8.17‰，其中计划内出生2563人，计生率为94.8%，创合格村169个，合格村率为71%。

【旅游业】 冠豸山风景区先后被评为省级文明风景旅游区和国家4A级旅游区。培田古民居、四堡古雕版书坊、璧州永隆桥和文昌阁被确认为省级文物保护单位。成功举办全国飞机定点跳伞冠军赛、首届中国国际悬崖跳水大奖赛。旅游配套设施进一步完善，旅游服务水平进一步提高，全县酒店宾馆达20余家，旅行社发展到5家，假日、家庭旅馆开始起步，成功推出具有连城特色的新泉美食，红心地瓜干、宣纸、根雕等旅游系列商品生产销售呈现良好势头。全年接待游客57万人次，比增39%，旅游总收入1.71亿元，比增44.5%。

（撰稿：吴雄）

编校：林丹英

宁 德 市

综 述

【"九五"概况】 "九五"时期，宁德市经济建设、脱贫致富奔小康、基础设施建设、城市建设、精神文明建设和党的建设等各方面都取得新的突破，实现了撤地建市目标。国内生产总值实现提前3年翻三番的奋斗目标，2000年达219.84亿元，比1995年增长77.9%，年均递增12.2%；工业总产值226亿元，年均递增18.0%；财政实力不断增强，"九五"期间累计完成财政收入49.63亿元，是"八五"时期的19.8倍；基础设施建设取得重大突破，"九五"期间，全社会共完成固定资产投资179亿元。是"八五"时期的2.6倍。经济结构调整取得新进展。三次产业的比例由1995年的41.4∶27.7∶30.9调整为2000年的30.7∶33.9∶35.4。2000年全市个体私营企业工业产值占全部工业总产值的70%。积极引进外资，5年累计批准外商投资企业220家，实际利用外资4.35亿美元，外贸自营出口4.11亿美元。

经济和社会生活的方面发生显著变化：一是社会供求关系实现了由供给主导型向需求主导型的转变。"九五"初期，宁德市经济在总体上处短缺经济阶段。随着宁德市社会生产力的提高和经济增长方式的逐步转变，市场供求关系由短缺变为供求平衡，买方市场基本形成。二是基础设施建设实现了由制约型向初步适应型的转变。随着福宁高速公路等"六大工程"和一批重点项目开工建设和竣工投入使用，显著改善了基础设施条件，大大缓解了基础设施建设滞后对经济发展造成的制约。三是城市面貌实现了由城镇型向城市型转变。5年新增建成区面积10平方公里，城区路网建设取得实质性进展，东侨新区建设初具规模，城市夜景工程、园林绿化、市容市貌、环境卫生和交通秩序有明显改观。四是体制改革实现了由计划经济向初步建立社会主义市场经济体制的转变。市场体系和市场机构逐步健全，市场配置资源的基础性作用日益明显。农村改革继续深入，土地延包政策全面落实。国有企业改革向纵深层次推进，放开搞活小企业得到中央和省里的肯定。社会保障、投融资、财税、金融、粮食、住房等各项配套改革全面推进。五是人民生活实现了由温饱向基本小康的历史性转变。2000年农民人均纯收入、城镇居民人均可支配收入分别比1995年增长59.8%和49.9%。居民居住条件明显改善，生活质量逐步提高。2000年贫困人口减少到3.21万人，占总人口的比重下降到1%，5年共有54.69万农户基本实现小康。

【2000年经济社会概况】 2000年全市人民以撤地设市为契机，紧扣发展主题，抢抓发展机遇，扎实工作，开拓进取，促进了经济发展和社会进步。

一、国民经济保持较快增长，经济运行质量明显好转。全年国内生产总值219.84亿元，比上年增长9%。三次产业的比例调整为30.7∶33.9∶35.4。农业和农村经济稳步发展，农林牧渔业总产值109.55亿元，比增2.7%；粮食总产量97.7万吨，比上年下降5.5%。工业生产增长较快，工业总产值226亿元，比增11.5%，工业企业经济效益综合指数达134.49，比上年提高11.78个百分点。社会消费品零售总额达71.8亿元，比增7.0%。财政总收入完成11.24亿元，比增15.8%。财政支出15.84亿元，比增10.3%。八大市场建设进展顺利，金融形势稳定。

二、脱贫致富奔小康取得新成效，城乡人民生活水平所提高。全市有2.95万贫困人口解决温饱；有0.71万农户基本实现小康；完成"造福工程"搬迁2616户11524人；少数民族行政村"五通"工程、乡乡通油路工程基本完成；小康综合分值达到95分。城镇居民人均可支配收入达5780元，比增2.5%；农民人均纯收入2850元，比增3.6%。

三、固定资产投资快速增长，重点建设成绩突出。全年全社会固定资产投资完成53.6亿元，比增36.6%。其中，基本建设完成投资21.14亿元，比增53.8%。福宁高速公路全线动工，全年完成投资12.2亿元；芹山电站两台机组已投产；飞鸾岭隧道左洞工程建成通车；城澳万吨码头主体工程基本完成；宁德广电大厦一期、体育中心一期工程已完成；福宁高速公路福安连接线、山区道路发展工程等项目正在加紧建设；农村电网改造项目步入实施阶段。重点建设前期工作项目顺利推进，温福铁路前期工作取得重大进展，已列入国家"十五"计划开工项目。

四、经济体制改革深入推进，外经外贸形势全面回升。10家国有企业全面实行改制；20家以产权改造为目标的企业，已有12家完成了产权改造重组。国有企业下岗职工的基本生活费和企业离退休人员基本养老金按时发放，60%的下岗职工实现了再就业。医疗保险制度改革已启动实施。资本运作取得突破，闽东电力股份有限公司股票成功上市。投资软环境有所改善，全年外贸自营出口7402万美元，比增82.5%；实际利用外资9701万美元，比增7.2%；外派短期劳务8323人次，创汇达255万美元。

五、中心城市建设成效显著，城乡面貌明显改善。大力加快4个滨海城市建设步伐，特别是宁德市蕉城东侨新区建设已经初具规模。文明先锋广场、城东路、闽东路、平塔路及蕉城南路人行立交桥等相继建成。开展"新、绿、亮、洁、美"、城市文明先锋行动和创建卫生城市等活动，城乡面貌发生了很大变化，新增园林绿地面积25.26公顷，公共绿地7.57公顷。撤地设市庆典隆重举行，掀开了宁德发展史上新的一页。

六、精神文明和民主法制建设继续加强，各项社会事业稳步发展。群众性精神文明建设创建活动广泛开展，城乡文明程度和人的文明素质得到进一步提高。大力推进技术创新，科技进步对经济增长的贡献率继续提高。"两基"成果得到巩固，素质教育扎实推进，各类教育事业稳步发展。卫生工作取得新成效，农村初级卫生保健以县（市、区）为单位通过省级评审。文化、广播电视、体育工作得到新发展，相继建成了一批社会事业形象工程。"五普"工作取得阶段性成果。计划生育率达89%，比上年升6个百分点。"一控双达标"任务基本完成，环境保护得以加强。实行土地用途管制，耕地总量基本平衡。行政执法、监督力度加大，全面清理规范性文件，"三五"普法任务基本完成。认真开展"三讲"集中教育，政府自身建设得到加强。开展警示教育，坚决查处违法违纪案件，纠风工作向纵深发展。加强社会治安综合治理，依法严厉打击各种违法犯罪活动和"法轮功"等邪教活动。认真做好群众来信来访和安全生产工作，保持了社会安定稳定。各项社会事业取得新成绩。

（撰稿：*颜序斌*）

蕉城区

【经济社会概况】 2000年，蕉城区实现国内生产总值38亿元，比上年增长10.2%；财政收入1.16亿元，比增10.8%；城镇居民人均可支配收入5594元，农民人均可支配收入2853元，分别比上年增加326元和111元。

一、农业经济稳步发展。全区实现农林牧渔业产值16.1亿元，比增8.4%。粮播面积35.3万亩，粮食总产量10.32万吨。水产、茶果、食用菌、蔬菜、畜牧等产业发展较快，特别是水产养殖继续保持稳步发展势头。以大黄鱼为龙头的网箱养殖新增4.8万箱，全区网箱养殖总数达到12万箱，成为全国最大的大黄鱼养殖基地；全区260多家育苗场（室）共培育大黄鱼等鱼类苗种6亿多尾，成为全省最大的水产种苗基地。全年累计减轻农民负担869万元。提高了“五老”人员生活补助标准。在抓好老区“五通”扫尾工程的基础上，基本完成少数民族村“五通”任务；扎实开展副科级以上领导干部挂钩帮扶贫困户活动，共筹资860.5万元，帮助700多户3100多贫困人口实现脱贫，“造福工程”春节前已迁入225户1042人。

二、工业经济取得新成效。全区完成工业产值25.86亿元，比增11.9%，其中国有企业和年销售收入500万元以上的非国有企业完成工业产值4亿元，比增25.2%。民营经济发展活跃。全区个体工商户累计6018户，私营企业232户，民营企业上缴国家税收占全区工商税收的1/3。加大国有企业改革力度。罐头厂、茶厂和瓷厂等国有企业改革取得新的突破，全年共安置职工309人。加大了对技术改造项目的投入，全区在建技改项目18项，已完成技改投资1.28亿元，比上年增长4.3%。民营工业园区建设进展顺利，第一期400亩的民营经济试验区完成土地“三通一平”工程，出台了《关于加快发展民营经济发展的若干决定》。

三、基础设施和城市建设取得重大进展。全年全社会固定资产投资达13.5亿元，比增12.8%。罗宁高速公路蕉城段建成通车，福宁高速公路蕉城段完成投资1.85亿元，占总投资的47%；完成了天浙线虎贝至界首岔柏油路面铺设；乡村道路建设进程加快，洪口—白玉公路开工建设，完成洋中章后、霍童梅溪至后洋等乡村道路建设。城澳万吨码头第一期工程完成总投资的84%。陈家洋电站、10千伏城网改造基本完成；洪口电站完成“流域规划”和“预可研报告”，进入国家计委批准立项阶段。城市基础设施配套建设步伐加快，共投资8000多万元，完成了城东路二期工程、北大路拓宽改造工程、停车场建设及城区交通配套设施建设等13个项目；投入绿化资金850万元、新增园林绿地13.65公顷，城市绿化覆盖率达31.25%。人均公共绿地6.1平方米。

四、第三产业发展加快。全区社会消费品零售总额10.9亿元，比增7.1%。闽东蔬果批发市场、东湖商业城、蔬菜综合大楼动工兴建，生猪批发市场建成投入使用。金涵农副产品综合市场、三都澳城澳建材批发市场项目前期工作进展顺利。旅游业发展加快，“三都澳海上旅游”、“霍童溪生态旅游”、“畲族民俗风情旅游”和“支提山宗教旅游”开发全面启动。房地产业进一步繁荣、成为全区新的经济增长点。金融稳健发展，年末各项存款余额20.12亿元。各项贷款余额24.58亿元，分别比年初增加1.95亿元和3.27亿元。

五、外经工作得到进一步巩固。全年新批外商投资企业6家，合同外资额665.8万美元，实际利用外资1334.2万美元，“三资”企业总产值14385.4万元，企业自营出口702.6万美元。

【精神文明建设和社会事业】 以撤地设市为契机，开展城市文明先锋行动，突出整治了鹤峰路、护城河、摊外摊、店外店和户外广告及临时市场，健全完善了城市管理规章制度，强化市区交通管理，采取了违章停车拖曳等措施，“脏乱差堵”现象得到有效整治，大大改善了城市形象。文明安全小区创建取得明显成效，继光花苑、南际花园等小区建设初见成效。全区有93个单位分别被省、市、区评为文明单位，9户分别获得省、市“五好家庭”。加强了对科技工作的领导，出台了《关于加快宁德市蕉城区科技进步的决定》，成功举办了“博士创业宁德项目推介会”，促进了科技进步。省级七都星火科技密集区通过了省科委组织的中期验收，洋中、七都镇被省政府授予全省第三批科技示范乡镇。教育“两基”成果继续得到巩固和提高，全区投入842万多元建设资金，进一步改善了办学条件。全区群众性的文化活动开展得有声有色，举办了“红五月文艺活动”、撤地设市庆典等大型活动，丰富了城乡群众生活。加强文物保护和文化市场管理，进一步净化社会文化环境。积极推进医疗保障制度和医药卫生体制改革，抓好城市社区卫生服务和农村初保各项任务的落实，强化预防保健和防病工作，加强医疗、药品市场整顿管理。计划生育整建“回头看”工作扎实开展，基本实现了计生“三为主”的工作目标，计生工作继续保持全市前列。

【中华畲族宫】 闽东是我国畲族的主要集居地。畲族有自己独特的民族语言、服饰、习俗，崇拜龙凤图腾。1995年以来，全区为弘扬畲族文化，增进民族团结，在金涵畲族乡亭坪畲村投资1000多万元，建成占地80多亩的中华畲族宫（一二期工程）和畲家寨，费孝通副委员长为中华畲族宫题写了宫名。举办了畲族风情旅游节、跨世纪中国畲族社区研讨会、庆祝撤地设市畲族文化汇演、第二届闽东“三月三”畲族歌会等活动。李鹏、田纪云等国家领导人先后到此视察。目前，中华畲族宫已经成为弘扬畲族文化，促进畲汉团结的重要载体，同时也是畲族群众纪念祖先的圣地和“中国民俗民情、畲族风情旅游”专线，来此朝拜的畲族群众和各地游客络绎不绝。

【中心城市框架基本形成】 “九五”期间，全区共实施旧城改造项目11个，拆迁旧城区房屋7.36万平方米，新建房屋12.7万平方米，建成了城东路、站前路、闽东路等城区主干道和先锋广场，拓宽改造了蕉城南北路、鹤峰路、单石碑路、南环路，并与东侨开发区相连接，基本构成了闽东中心城市的总体框架。同时，加强了城市管理，加大了公园、绿地建设和灯箱广告、夜景工程等建设步伐，有效地提高了城市品味。（撰稿：林昌明）

福安市

【经济社会概况】 一、国民经济持续增长。全市完成国内生产总值45.04亿元，比上年增长10.5%。农村经济稳步发展，农林牧渔业完成总产值18.43亿元，比增3.40%。粮食产量17.91万吨，茶叶、水果、蔬菜、太子参、水产、畜牧业、林业生产等全面增产，总量继续增加。农业结构调整取得阶段性成效，粮食优质品比重由38%提高到46.6%。农产品生产流通、加工和服务体系建设有较大突破，一批大宗农产品产地专业市场和农产品加工营销龙头企业初步形成。先后在北京、漳州、宁德、香港举办了福安现代农业产品展销会、推介会，农业特色品牌产品在省内外的知名度进一步提高。工业完成总产值68亿元，比增17.2%，产品销售率97.5%。两大支柱产业继续壮大，电机电器行业完成产值26亿元，比增18.2%，船舶行业完成产值12亿元，比增25.5%。坂中工业区荣获“全国第三批乡镇企业示范区”称号，秦溪洋工业园区建设取得新进展。企业科技进步加快，在建技改项目18项，累计投资1.7亿元，比增46.7%，开发新产品31项，“亚南”牌电机获省级名牌称号。财政一般预算收入2.2亿元，比增10%，一般预算支出2.43亿元，比增3.5%。全市金融机构各项贷款余额14.72亿元，比年初减0.38亿元，各项存款余额19.4亿元，比年初增3.92亿元，居民储蓄存款余额12.2亿元，比年初增681万元。消费市场逐步回暖，全市消费品零售总额16.2亿元，比增7.0%，消费价格总指数104.4%，商品零售价格指数100.7%，私人住宅、车辆、个人电脑、移动通讯工具等消费比重明显提高。完成全社会出口6.49亿元，占年计划的121.3%，比增33.5%，其中自营出口2659万美元，占年计划266%，比增204%。新批“三资”企业10家，实际利用外资2653万美元，比增8.8%，两项指标均为宁德市第一名。

二、城乡建设明显改善。完成全社会固定资产投资10亿元，比增25%，其中国有固定资产投资4.14亿元，比增66.93%。全市38个重点项目累计完成投资4.16亿元，村委楼、海洋水产示范区、山区道路发展工程、穿山路、湾坞3万吨级船坞、赛江堤防一期工程等9个项目完成或超额完成年度投资任务；秦溪洋开发区、市水产品批发市场等8个项目完成进度较好。重中之重的福宁高速公路福安连接线项目正式动工建设。交溪水利枢纽工程等8个重点项目前期工作扎实推进，下白石5000吨级通用码头通过初设评审。贯彻省委、省政府“一个决议两个决定”的69个中小型项目在建60个，完成投资9308万元。为民办实事项目取得较好成效，乡村道路工程、甘下线二期路面铺设、福穆公路柏油路面铺设完成或超额完成年度任务。全年重点项目争取国债资金4500万，省级补助资金1100万元。实施“新绿亮洁美”工程，全市32个重点城建项目完成投资1.83亿元，电信大楼、法院综合审判楼、安居工程8幢住宅楼、穿山路新街等相继峻工投入使用；总投资3100万元的垃圾无害化填埋场已动工建设，进展顺利；完成了莲池广场、人民广场建设，新建和改建了东大路、金山街、广场路、福新路、街尾路等市区道路5条。完成村容村貌整治350个村，面积130万平方米，铺设村水泥干道439公里。小城镇建设加快推进，赛岐镇和顶头村分别被列为全国小城镇建设试点和全省新村建设试点。扶贫攻坚成效显著，累计投入扶贫资金3000万元，投放小额信贷资金650万元，全市新脱贫1424户6285人，贫困人口占农业总人口的比重下降到0.95%以下。“造福工程”搬迁和连家船民上岸定居乐业工作深入开展，“八七”扶贫攻坚任务基本完成。“两区一港”开放开发步伐加大，闽东赛岐开发区、江滨大道等23个项目相继启动，畲族开发区总体规划设计通过初审，白马港经国家交通部同意正式向外籍船舶开放。

三、综合改革不断深化。工业企业改制工作取得实质性进展，生产经营形势良好，效益回升；11家纳入国有资产营运的国有控股企业实现产值2.02亿元，比增11.7%，资产总额1.02亿元，比增7.03%。投融资渠道进一步拓宽，国有资产投资营运公司、大华股份公司、市政开发公司多渠道为重点项目融资8000万元，恒实担保公司为民营企业担保融资1.13亿元。农村土地承包延期政策进一步落实，全市已签订承包合同的村民小组3236个，占总数的99.5%，顺利通过宁德市验收。社会保障和扶贫工作力度加大。全年为进入再就业服务中心的下岗职工发放基本生活费301.18万元，帮助1516名下岗职工实现再就业。社会保险工作全年征收养老保险费2689.5万元，超年任务34.5%，发放养老金2125.8万元，首次出现收大于支的良好局面。城镇职工基本医疗保险制度正式实施。城市和农村居民最低生活保障制度逐步落实，383户1259名城市贫困居民和2633户3708名农村最贫困群众基本生活得到保障，农村“五保户”统筹工作和优抚对象优抚安置工作得到加强。软环境建设得到加强，优惠政策进一步落实，在全区率先实施外商投资服务代理制，为外商投资提供“一条龙”代理服务。

【社会事业】 广泛开展“科技兴农”、“科技兴工”活动，推广先进技术和引进新品种30多个，下白石省级先进科技示范乡镇通过审评验收，22个科技兴村试点示范工作全面展开。教育事业进一步发展，通过省政府“两基”年检，社会力量办学迈出步伐，民办学校在校学生达3000多人。出台实施《卫生改革与发展的决定》，通过省政府卫生“初保”验收。完成市区广电网络升级改造管道落地工程，以及上白石、社口、潭头、坂中等10个乡镇65个行政村和35个老区基点自然村、少数民族村的光纤联网。文化创作繁荣，音乐、书画等作品获国家、省、地奖达50多项，完成了《福安市志》编撰，并正式出版。全民体育健身运动蓬勃开展，成功举办了第四届全市运动会，城北街道、潭头镇创“全国体育先进社区”、“亿万农民健身活动先进乡镇”通过省级验收。计生工作水平进一步提高，“三为主”典型经验在全省交流推广。环境保护和土地管理取得成效，完成“一控双达标”工作任务，荣获全国水土保持生态环境建设示范县称号。政府自身建设得到加强。认真执行依法治市实施规划，加强普法宣传教育，加强行政执法监督，积极配合人大代表和政协委员开展各项视察工作，认真办理人大代表议案和政协委员提案。积极落实社会治安综合治理和安全生产各项措施，坚决打击“法轮功”邪教活动，开展“打拐”、“追逃”和打击黄、赌、毒等社会丑恶现象专项活动，依法加强对宗教工作的管理，及时处理了各类群体性事件，努力排除不稳定因素，维护了社会稳定。

（撰稿：马培华）

福鼎市

【经济社会概况】 2000年，全市国民经济克服国内有效需求不足和经济结构深层矛盾等影响，继续保持平稳发展。全年国内生产总值完成36.98亿元，比上年增长8.3%，其中：第一、二、三产业增加值分别为10.5亿元、13.93亿元、12.55亿元，比增2.6%、10.5%、10.1%。

一、农业生产增少减多。全年完成农林牧渔业总产值17.36亿元，增长2.1%。渔业总产量21.34万吨，增长1.2%，总产值11.42万元，增长12.9%；福鼎芋8410吨，增长16.7%；蔬菜9.39万吨，增长0.2%；药材7291亩，增长29.2%。由于其他农业经济受种植结构调整、高速公路征地和冻害影响发展乏力，农业产值4.44亿元，下降10.2%，全市粮播面积42.71万亩，减少3.66万亩，减幅7.9%；粮食总产量12.11万吨，减少1.56万吨，减幅8.7%；经济作物18.22万亩，减少3093亩，减幅1.7%。乡镇企业总产值58.3亿元，增长10.1%。农村脱贫采取领导、单位挂村帮扶措施，投入无偿扶贫资金100万元和贷款89万元；“造福工程”共帮扶脱贫900户、4500人，完成1500人搬迁，农民人均纯收入2854元，增长2%。

二、工业生产逐季增长。全市工业总产值完成41.79万元，增长8.8%，国有及年产品销售收入500万元以上的规模工业企业完成产值10.57亿元，增长28.2%。主要原因：一是股份制工业快速增长，产值1.12亿元，增长50.5%；二是石板材行业成为重要增长点，产值3.42亿元，增长39.7%；三是工业品出口增势强劲，完成工业出口交货值1.55亿元，增长15.6%；四是工业产品销售率逐季上升，全年为98.5%。全年累计实现产品销售收入10.39亿元，增长29%；利润5455万元，增长51.7%；亏损面缩小到9.2%。有9家企业9个新产品列入省“五新”产品项目开发计划，市电力公司等4家企业通过ISO9002国际质量体系认证，全年客运量增长6.5%，城乡电话交换机总容量9.9万门，电话普及率13部/百人。

三、财贸金融平稳运行。全年财政收入2.255亿元，增长11.3%；财政支出2.15亿元，增长16.9%，财政收支基本平衡。边贸总额33.47亿元，增长10.61%；全社会消费品零售总额12.98亿元，增长7%，居民消费价格水平与上年持平，城镇居民人均可支配收入5956元，下降4.1%。新批外商投资企业2家，合同外资1930美元，全社会出口商品收购总值1.8亿元。金融机构年末存、贷款余额分别为12.92亿元和10.65亿元，比年初增长1.33亿元和1.08亿元，现金累计投放4.49亿元，主要用于高速公路征地赔偿款。

四、基础建设进展不一。全年固定资产投资完成5.94亿元（不含高速公路），增长14.6%，全市20项重点建设项目仅开工10项，完成投资1.13亿元（不含高速公路）。基本建设投资增幅趋缓，全年完成投资1.6亿元，增长4.7%；更新改造投资快速增长，完成1.51亿元，增长28.1%；房地产投资高速增长，完成1.23亿元，增长62.8%，非国有单位投资比重提高，完成3.28亿元，增长21.6%，占全社会固定资产投资比重由上年的52%上升到55.2%。高速公路福鼎段全线动工，完成投资5.7亿元，星火工业园区基本完成一期配套工程，山前大桥竣工，石湖小区经济适用房和华福安居大厦开工建设，秦屿至太姥山公路改造全线铺开。

五、社会事业全面进步。全年完成教育投入1380万元，校舍竣工面积1.32万平方米；科技对经济增长贡献率逐年提高，启动了政府信息港工程；加强医疗卫生三级网络建设，开工建设硖门、嵛山、前岐3个乡镇文化站；坚持计生“三为主”，人口自然增长率控制在7.7‰以内；开展了全国人口普查，年末人口总数55.85万人。

【“海上福鼎”】 2000年，全市发挥沿海优势，大力“耕海牧渔”，“蓝色产业”——海洋水产业成为福鼎经济的新亮点。全年水产品产量21.34万吨，其中海洋捕捞16.2万吨，水产养殖5.1万吨，渔业总产值11.4亿元，占大农业的65.7%，渔区人均年收入3850元。市政府采取多项措施，一是制定了优惠措施。设立水产开发基金，市财政从每年水产特产税中提取5%作为水产业开发项目的补助，特产税征收按低限统一税赋；争取世界银行贷款171万元，建成8个网箱养殖示范单位；帮助渔民解决在伏季休渔期遇到的难题。二是发展与保护并举，加快渔业结构调整。养殖产量、产值占渔业总产、总值比例从1999年的23%和45%提高到24%和52%。全市投入2亿多元，网箱从1999年的3万口增至7万口，涌现了一批养殖专业村。全市1.7万亩虾塘采取鱼、虾、贝、蟹等轮套养精养，经济效益明显。调整捕捞生产和作业方式，实施网具技术改革，保护近海鱼类资源。三是水产品流通、加工两手抓，推进产业化进程。建成闽东首家的城东水产品批发市场，全年各类水产品加工量达4万多吨，产值3亿元。四是科技兴渔，服务生产。组织科技人员下乡，传授科技养殖技术，成立鱼病防治中心。

【全面启动“旅游兴市”战略】 围绕建设闽浙边界滨海旅游文明城市目标，以国家级风景名胜区太姥山为龙头，大力开发“山、海、川、岛”的旅游资源，成立了太姥山管理委员会和太姥山经济开发总公司，全年接待国内外游客38.5万人次，回笼货币8500万元。举办了首届太姥旅游文化节，组团参加国内各种旅游交易会。加快基础设施建设，完善旅游环境。搞好太姥山岳区详细规划、旅游发展规划的编制和资源保护，实行景区“全日保洁”。全方位发展旅游业，全市标准的饭店40多家、床位5000多张和一批旅游公寓。建立了融旅游、海洋、边贸、生态经济于一体的太姥山旅游经济体系。

【“福鼎黑”玄武岩板材】 福鼎白琳太峰山拥有5000万立方米的玄武岩储矿，可开采量3800万立方米，已成为全国十大石材出口基地之一。全市现有石材加工企业485家，从业人员1.1万人。市政府对22家石材规模企业，实行扶大措施，促进企业组织结构向规模化方向调整，产品结构向系列化高质量方向调整，市场结构向外向型方向调整。2000年石材加工量630万平方米，占全国黑色石材的80%，在全国20多个省份有1000多个经营网点，产品远销欧、美及东南亚各国。总产值3.42亿元，增长39.7%，创税利5500万元，成为福鼎经济的最大增长点。

（撰稿：陈德旺　王日贵）

霞浦县

【经济社会概况】 2000年，全县国内生产总值34.01亿元，比上年增长10.4%；工农业总产值50.01亿元，增长7.1%；财政收入1.11亿元，增长9.0%，农民人均纯收入2964元，增长3.5%。

一、农村经济稳步发展。农林牧渔业总产值23.83亿元，增长4.9%。粮食产量14.43万吨。水产业发展势头良好，总产量29.74万吨，增长2.6%，新增网箱养鱼8.17万箱，鲍鱼养殖1200万粒，新发展了泥蚶、大弹涂鱼等特种优质水产养殖。林果茶各业生产稳步发展，蔬菜、水果、优质茶叶产量分别达15.92万吨、2.1万吨和283万吨；完成生态林建设工程造林1.41万亩，完成封山育林5.5万亩；完成农田水利基本设施投资1840万元，建成城区防洪堤3.84公里、水渠7.8公里，除险加固海堤10条、水闸17座；投资900多万元基本完成了少数民族行政村和部分老区基点自然村“五通”工程，解决了951户无电户的通电问题，脱贫致富奔小康取得新进展。

二、工业生产平稳增长。全县工业总产值26.18亿元，增长8.6%。其中年产值规模500万元以上的工业企业产值2.79亿元，增长61.2%；实现税利1959万元，增长48.4%。乡镇企业产值32.94亿元。三车配件、竹木加工、羽绒服装等重点产业产销两旺，工业企业经济效益明显增加。华美、科士达等非公有制企业进一步发展壮大，成为全县工业经济的主要力量。企业技改工作取得新成效，完成技改投入4000万元，实施省、市下达的技改项目8项，其中投资额500万元以上项目4个，开发了汽车减振器等8个新产品。

三、重点工程建设扎实推进。全社会完成固定资产投资5.5亿元，增长1.5倍。福宁高速公路霞浦段上半年全线动工，工程建设进展顺利，至年底已累计完成投资3.8亿元。霞浦机场、福温铁路等大型基础设施项目的前期准备工作取得重要进展，机场可望于今年年内动工建设；福温铁路列入国家“十五”建议规划，不久将开始勘察设计。沙头围垦工程建设取得重大进展，即将动工建设主体工程。县城至东冲二级公路、三沙至牙城二级海滨公路、茶亭商贸城、三沙供水工程、垃圾无害化填理处理场等项目前期工作取得进展。市政建设稳步展开，完成县城区建设总体规划修编，打通了城西路南端路口，完成六一七路路面改造和城东路路面铺设，初步形成了新的路网格局。小城镇建设步伐加快，三沙小城镇建设和牙城龙祥小区建设取得较好成效。

四、外经外贸稳中有升。全年共签约外资项目11个，总投资6.5亿元，合同外资5256万美元。新批“三资”企业5家，总投资2.11亿元，合同外资1289万美元，增长64倍；全年实际利用外资900万美元，增长16倍。外商独资企业完成工业产值5100万元，出口交货值3.4亿元；外贸自营出口380万美元，增长72.7%；全社会出口商品收购总值2.13亿元。同兴专营公司获准自营进出口权，对台鱼钞交易额130万美元，增长10%；对台渔工劳务输出3400人次，增长7.4%；创汇190万美元，增长9.7%。

五、财政金融运行平稳，城乡市场繁荣稳定。全县财政一般预算收入1.11亿元，增长9.0%，其中中央级收入2626万元，增长2.5%；地方级收入8501万元，财政调控能力有所增强。年末金融机构各项存款余额7.32亿元，贷款余额6.63亿元，分别增长9.8%和10%。全社会消费品零售总额10亿元，增长6.2%。集市贸易成交额6.35亿元，增长8.4%；消费价格指数99.9%，物价水平有所回升。

六、社会事业协调发展。深入实施“科教兴海”战略，科技兴海成功技术和经验得到推广应用，科技对经济增长的贡献率进一步提高。新、扩建中小学校舍9510平方米，中小学在校生巩固率分别达97.66%和99%以上，教育“两基”得到巩固和提高。职业教育和成人教育事业进一步发展，较好地满足人民群众受教育的需要。计生工作取得新的成绩，人口自然增长率7.46‰，计划生育率达91.54%。城乡医疗保健条件进一步改善，县乡村三级卫生保健水平逐步提高，实现了以乡镇为单位的初保达标。建成使用文化中心和县影剧院，文化基础设施进一步改善。新编《霞浦县志》正式出版发行，各项社会事业都取得了新的成绩。

七、社会和经济管理进一步加强。规范完善了有形建筑市场，建设工程项目全面实行招投标。破获各类刑事案件755起，进一步打击了“法轮功”等非法活动，切实维护社会的安定和稳定。市场监管力度加大，查处假冒伪劣商品货值 210 万元，查处价格违法违纪行为和案件 86 起、金额 119 万元，有力维护了市场经济秩序和消费者权益。环境宣传、教育和监察执法进一步加强，基本完成"一控双达标"任务，有效地落实了环境保护责任制。推行公开招考事业单位工作人员制度。完成第五次人口普查工作。全县政府机关深入开展机关效能建设和民主评议行风活动，认真搞好"三讲"教育和警示教育，大力整顿机关作风取得成效。坚持依法治县、依法行政，民主法制建设进一步加强，政府的廉政勤政水平得到提高。

【荣获全省渔业十强县】 霞浦县地处闽东北沿海，海岸线长 404 公里，居全省首位；浅海滩涂面积48.68万亩，拥有独特的气候条件和良好的生态环境，是海水养殖的重要生产基地。官井洋和东吾洋还是全国著名的大黄鱼和长毛对虾的天然越冬场和产卵场。县委、县政府大力实施"内海转外海"、"近海转深海"的战略调整，向外海、深海区拓展养殖空间，狠抓渔业综合开发，发展优高养殖品种，保持了水产养殖业持续、快速、健康发展的良好势头。2000 年全县水产品总产量达29.74万吨，增长2.6%，其中海水养殖产量17.81万吨，增长 3%，海洋捕捞产量11.83万吨，增长1.8%；渔业总产值15.63亿元，增长10.3%；渔民纯收入 3551 元，增长1.3%。全县网箱养鱼9.5万箱，新增黄鱼育苗室 63 家；发展鲍鱼养殖 800 多万粒，新增鲍鱼育苗场 15 家；利用滩涂养殖泥蚶 2000 多亩。推进了水产养殖业的可持续发展，被省政府授予 2000 年度全省渔业十强县称号。

【福宁高速公路霞浦段建设】 福宁高速公路霞浦段全线工程自 1999 年 10 月开工建设以来，各标段工程建设进展顺利，截至目前已累计完成投资5.2亿元人民币。后港特大桥全长 4320 米，需打桩基 689 根，已完成 663 根，占计划 96%；长梁 318 个，完成 284 个，占计划 84%；墩柱 687 根，完成 574 根，占计划 84%。T 梁预制、安装等工程累计完成总工程量 60%。赤岭隧道总长 6745 米，其中右线 3425 米，左线 3320 米，已累计完成洞身开挖 4188 米，洞身衬砌 2758 米，分别占工程量的 62%和 41%，折合成洞长 3768 米，占工程量 56%。霞浦段计划于 2002 年底建成通车。

【少数民族行政村"五通"建设】 霞浦县是福建省主要的少数民族聚居县，共有畲、回、壮、满、瑶、藏等 6 个少数民族，少数民族人口4.7万人，占全县总人口的9.6%，居全省第二位。其中畲族人口4.4万人，分布在全县 13 个乡镇（除海岛乡外）的 154 个行政村 505 个自然村。少数民族人口在千人以上的乡镇有 13 个，畲族乡 3 个，民族村 49 个，少数民族人口占全村总人口 90%以上的行政村有 10 个。县委、县政府高度重视民族工作，把少数民族行政村"五通"工程列为为民办实事之一，采取强有力措施，层层落实责任制，多方筹措资金，狠抓工程质量，基本完成了少数民族行政村"五通"建设任务。通路工程完成 3 条总长15.5公里的公路建设；通水工程完成 33 个民族村管长 75410 米的自来水铺设；通话工程完成 8 个民族村程控电话安装；通电视工程改善了 16 个村收视条件，基本上能收看 3 套以上电视节目，并覆盖周围 26 个自然村；通电工程完成 15 个少数民族自然村线路架设，实现全县民族自然村村村通电。少数民族行政村"五通"工程投入资金443.8万元，受益户数 4648 户、人口 21692 人。全县 49 个民族行政村基本实现村村通电、通路、通水、通电话、通电视，加快了少数民族脱贫致富奔小康进程。

（撰稿人：王昌清　黄春坚）

寿宁县

【国民经济】 2000 年全县完成国内生产总值12.35亿元，比增 9%。实现农林牧渔业总产值7.89亿元，下降22.4%。稳定粮播面积25.7万亩，实现粮食产量7.86万吨。菇茶产业化扎实推进，实现茶叶总量 7443 吨，产值 9000 万元，花菇种植 5400 万袋，梦龙公司的龙头牵引作用日益显现。农业种植结构调整步伐加快，推广种植优质稻1.4万亩，夏菇 80 万袋，新增反季节蔬菜示范基地 2100 亩，中药材 6600 亩，御豆 1000 亩。乡镇企业实现产值14.07亿元，下降15.5%，工业经济呈现出"九五"以来最强劲的发展势头。全县完成工业产值8.55亿元，比增21.5%，其中国有企业及规模以上的非公有制企业产值首次突破亿元大关，实现产值1.1亿元，比增18.8%。完成财政收入 4030 万元，比增 3.3%。年末金融机构各项存款余额 4 亿元，各项贷款余额2.78亿元，分别比上半年末增 6275 万元和 4647 万元。全社会消费品零售总额3.95亿元，比增6.2%。外贸出口总值 2200 万美元，比增 15%。农民人均纯收入 2714 元，比增2.6%。经济总量有了新的扩张，综合实力进一步增强。

【项目开发】 立足冶金人才、技术、市场优势和水电资源优势，认真实施了标志寿宁冶金行业上水平上规模的电冶基地建设，其中氧化锆、电熔铝、高纯度碳化硅和杨梅州电站电冶项目得以落实。该项目建成后可实现产值1.6亿元，税收 1600 万元。闽津钛白粉、宏兴工艺、棉纺等 13 个产值 500 万元以上项目的开发实施，取得初步成效。际武工业小区和托溪石材开发建设扎实推进，永盛石材厂、宁森玩具厂等一批效益型、增长型企业相继投产，并取得显著成效。际武工业小区年产值近 3000 万元，税收 232 万元。通过实施项目开发，经济运行的质量和效益有了新的提高。

【双湖二级公路建设】 双湖二级公路南起 104 国道湖塘坂，北接 330 国道支线寿泰交界的双港桥，全长 70 公里，全线按山岭重丘区二级公路标准测设，总投资3.6亿元，是寿宁历史上投资最大的基础设施项目。双湖二级公路横贯寿宁南半区，辐射经济相对落后的闽东北、浙西南山区，是闽浙两省毗邻贫困山区的扶贫大通道，被列入国家交通战备项目和省重点建设项目。工程于 1999 年 12 月 28 日正式动工兴建。目前，一期工程已完成 50%的工程量，控制性工程布罗林隧道掘进 1100 米，一期工程 2001 年国庆可实现试通车，2002 年全线将建成投入使用。该路建成后，寿宁县将成为连接闽东南沿海和浙西南腹地的交通必经之路，促进寿宁经济跨越式发展。

【经济建设软环境改善】 认真开展"三讲"教育和警示教育，党性党风方面存在的突出问题得到一定程度解决，领导干部廉洁从政意识增强。出台了关于促进软环境建设的"一个决定、两个规定"，全面推行机关效能建设，机关工作作风进一步改善，办事效率进一步提高。认真落实已出台的关于促进外商投资、工业小区开发建设、非公有制经济发展等各项优惠政策和措施，进一步严格税外收费管理，取消了 5 项行政性收费项目，减轻企业负担 110 万元。成立企业"110"服务中心，及时协调解决企业生产经营中遇到的困难和问题，投诉案件理结率达 100%。积极稳妥地做好农村基金会、城市信用社、民间标会的清理整顿工作，并取得了明显成效。同时，认真做好群众来信来访工作，积极整顿市场秩序，强化社会治安综合治理，严厉打击刑事犯罪和邪教活动，有力地改善了投资软环境。

【社会事业】 大力实施"科教兴县"战略，科技进步对经济增长的贡献率达 45%。继续巩固"两基"达标成果，农村教育教学条件进一步改善。认真实施"新、绿、亮、洁、美"工程，加大对县城、乡镇和公路两旁"脏、乱、差"现象的治理力度，取得了明显成效。计生基层基础工作进一步得到巩固，计生水平进一步提高。完成第五次全国人口普查现场登记工作，实现县乡有线电视光纤联网和县城有线电视网络升级改造。卫生工作进一步加强，医疗条件得到改善。环保"一控双达标"任务基本完成。实行土地用途管理制，耕地总量基本平衡。认真做好"双拥"和民兵预备役工作，全民国防意识明显增强。各级政府的社会保障职能初步发挥，社会保险基金征收创历史最高水平，企业

保险扩面取得新进展，社会保障机制作用日益显现。 （撰稿：蔡万平）

周 宁 县

【经济社会概况】 2000年周宁县完成国内生产总值8.8亿元，比上年增长6.6%，工农业总产值15.4亿元，增长9.6%，财政收入4016万元，同口径增长10.1%，农民人均纯收入2696元，增长2.8%，全年实际利用外资266万美元，增长90%，外贸出口总值480万元，增长14%，年末总人口19.6万人。

农村经济平稳发展。全县农林牧渔业总产值3.6亿元，增长5%，粮食总产6.6万吨，比上年略有下降，家庭养殖业得到较快发展，肉类总产量达4100吨，淡水养殖达1.4万亩。狠抓茶叶降残和精深加工，新开发了紫云红毫、紫云银针、人参乌龙、桂花乌龙等产品，全年茶叶出口总值达1350万元，占全省花茶出口总量1/3。乡镇企业健康发展，总产值达15.3亿元，增长8.4%。脱贫致富奔小康步伐加快，认真实施领导、单位挂村帮扶责任制，全年消除贫困人口2100人，“造福工程”投入资金211万元，落实搬迁167户829人，至年底，全县有7个乡镇、129个行政村、3.2万农户基本实现小康。

工业生产持续增长。认真实施“工业富县”战略，全县工业总产值达11.8亿元，增长10.4%，其中国有工业及年销售收入500万元以上非国有独立核算工业完成产值9018万元，产品销售率96.2%。县工业小区坚持招商引资和规模效益并举，完成产值1.4亿元，比增10%，实现入库税收330万元，比增47%。县铁合金厂、电力公司、水晶厂3家企业合计完成产值6000万元，实现税收652万元，全县投入技改资金8000万元，增长14%。

财贸金融成效明显。全社会消费品零售总额3.1亿元，市场价格总水平合理适度回升。全年集市贸易成效1.9万吨，比增11.3%；成交金额1.1亿元，比增5.8%，金融运行平稳，年末全县金融机构发放贷款余额3.6亿元，城乡居民储蓄存款达4.5亿元。社会保险覆盖面进一步扩大，各项保费收入1026万元。个体私营企业发展较快，全县个体工商户2350户，注册资金1835万元，分别比去年同期增长22%、23%。加强依法治税，全年清缴欠税300多万元，实现工商税收收入1591万元，财税收入任务如期完成。

各项改革顺利进展。全县90%的国有工业企业已完成改制，通过变现存量资产、出让产权，一次性安置下岗职工241人。实施再就业工程，多渠道安置下岗职工再就业780人。粮食流通体制改革顺利，全年粮食风险基金158万元全部到位，完成县级粮食储备1100吨。社会医疗保险改革全面实施，住房制度改革顺利进展，全县已有178个单位实行公积金制度，年累计缴纳公积金1380万元，投资1500万元兴建经济适用房2.2万平方米。电力投融资体制和财税制度改革进一步深入。

基础设施不断完善。九龙电站竣工投产，黄旗岭电站顺利动工，全县装机容量达3.86万千瓦，电网日趋完善，99%的人口用上了电，全县通车行政村140个，通车率达98%，乡村公路黑色化步伐加快，投资600多万元先后完成了阮家洞到际会、七步至坑门底、高际头、溪坪水泥路和灵凤山至方广寺、纯池至桃坑油路的铺设，新完成14个行政村的饮水工程，90%以上的行政村饮上卫生安全水。城区环卫面积扩大达43万平方米，保洁面积达20万平方米，绿化率达31%，绿地率达30.6%。强化城区管理，取缔违章占道经营，有效的整顿了街道秩序，县城被国家建设部授予“第三次全国城市综合治理先进县城”称号。

社会事业健康发展。优先保证教育投入“三增长”，多渠道筹措教育经费1000万元，新扩建校舍面积4826平方米、完成职业中学的搬迁和升格，全县中小学生人均校园、校舍面积基本达到“普九”的要求。教育质量进一步提高，周宁一中2000年高考综合比率名列全市第二名。全年投入300多万元，加强医疗条件，全面实施健康工程。计生工作取得成效，综合节育率达90.52%，计划生育率达86.58%，创建计划生育合格村36个，基本合格村74个。精神文明建设成绩斐然，新涌现省级文明单位6个，市级文明单位27个。

【茶叶荣获国际名茶金、银奖】 2000年县政府高度重视培育无公害高标准茶园，并引进设备对茶叶进行精深加工，取得可喜成绩，在杭州举行的国际茶博交易会上周宁的“官思毛尖”、“官思绿茶”分别获国际名茶金奖、银奖，在北京2000年中国茶文化研讨会暨展示会上，周宁“紫云高山银针茶”荣获第二届国际名茶评比金奖，“官思一级绿茶”、“紫云高山乌龙茶”荣获优质奖。

（撰稿：郑仕强）

柘 荣 县

【经济社会概况】 2000年，柘荣县国内生产总值7.29亿元，比增8.1%，其中第一产业2.13亿元、第二产业2.74亿元、第三产业2.41亿元，分别比增4.9%、9.6%、8.7%，实现了国民经济和社会事业健康协调发展。

一、农村经济稳定发展。农林牧渔业生产总值3.4亿元，比增4.9%；粮食总产3.75万吨，农民人均纯收入2713元，比增4.3%。农业结构调整力度加大，全县推广优质稻3万多亩，种植中药材3万亩（其中太子参2万亩）、蔬菜4万亩，发展食用菌500万平方尺（其中早季蘑菇200万平方尺）、无公害茶园2300亩，经济作物面积增长32%，中药材、茶叶、食用菌、小径竹四大主导产业已初具规模。创名牌工作取得成效，“柘荣太子参”综合标准通过省质量监督局审批，证明商标通过国家商标认证，即将获得使用权，并入选全国名优农副产品名册；仙岩雪峰和白毛猴茶获得国家绿色食品标志，其中仙岩雪峰荣获全国“中茶杯”评比一等奖，省农业名优产品展销会金奖。扶贫攻坚奔小康工作扎实推进，完成“造福工程”搬迁200户800人，75%农户现金收入逾万元，110个行政村18796户基本达到小康标准。

二、工业经济持续回升。完成工业总产值7.53亿元，比增5.5%，工业税收占财政税性收入比重42.8%，工业主要经济指标综合考评名列全市第三名。年产值500万元以上规模的18家企业，完成产值2.4亿元，比增32.6%，占全县工业总产值的29.3%。投资3000万元完成闽东力捷迅药业有限公司GMP异地扩建项目一期工程。富源工业小区完成征地、水、电等前期工作。加强对引进项目前期筛选和后期跟踪服务，全县引进企业12家，资金1116万元。

三、财政金融运行平稳。全年财政收入3306万元，同口径比增8.5%，实有财力5236万元，连续5年实现当年收支平衡。从1999年起3年内县本级对乡镇增加年度财政体制补助291万元，总财力补助711万元，有力促进乡镇一线正常运转。全县金融各项存、贷款余额分别为3.5亿元和2.71亿元，分别比增16%和15%。三行一社不良贷款余额4309万元，比上下减少14.4个百分点。城乡集贸市场持续繁荣，社会消费品零售总额1.97亿元，比增7%。全县物价指数为101%。

四、基础设施不断完善。全社会固定资产投资2.08亿元，比增50%。龙溪二级电站顺利投产发电，续建、新建水电项目14处，新增投产装机1.7万千瓦，全县水电装机容量扩大到4.2万千瓦。为民办十件实事项目基本完成。龙溪二期综合治理工程完成防洪堤建设，安装排污管道1200米；城关西面出入口完成道路拓宽、绿化工程；投资560多万元铺设柘霞、柘泰柏油路29公里；二中实验楼、三中综合楼峻工并投入使用；仙屿公园、安居工程完成征地、设计工作，进入施工阶段；完成农村电网体制改革，农村电网改造进入勘测设计阶段；山区节水工程完成U型槽建设35公里。实现村村通电、通电话、通广播电视，有线电视覆盖率、通自来水率、通公路率分别达88.8%、91.4%、94.8%。柘霞二级公路完成工程可行性研究报告。县城生活垃圾无害化处理场可研报告通过省计委审批，“十五”规划编制完成，收集储备项目 217 个，总投资 21 亿元。县城总体规划及路网控制性详规已报省政府审批。

【社会事业】 教育“两基”工作顺利通过省地第二次跟踪督查，并被省、市推荐参加全国两基工作先进单位评选；干部联系学校制度进一步推行，为教育筹资 160 多万元；教育质量稳中有升，上省专一线 126 人，万人比率名列全区第四。计生工作积极推行“三位一体、同奖同罚”责任制，计生率达91.3%。农村初级卫生保健工作通过省、市复查。文化工作成效显著，被国家文化部命名为“中国民间艺术之乡”（剪纸、评话、灯谜），县柳乐合唱团荣获省第九届音乐舞蹈节合唱比赛银奖。社会保障体系不断完善，离退休人员养老金、下岗进中心人员基本生活费 100%发放，全县再就业 843 人，再就业率 72%。村（居）委会换届选举圆满完成。技术监督工作顺利通过省技术监督局消灭无标准生产县验收。民兵武器装备仓库被总参谋部、总装备部评为规范化建设先进单位。档案工作在全市考评中以949.5分的成绩名列第一，在全省作典型经验交流，成为全省唯一各个乡镇全部通过省级先进档案室标准认定县。

【实行干部考核末位淘汰制】 1997 年以来，柘荣县委、县政府在调查研究、多方认证的基础上，制定了干部考核末位淘汰制实施方案，并成立专门考核委员会负责组织实施。其主要做法是实行科学量化考评，即对每个干部的德、能、勤、绩 4 个方面进行民主测评。科级干部考评分数比例构成是县分管领导占 15%，主管领导占 15%，全体干部占 70%；一般干部由主管领导或分管领导占 15%，单位民主测评占 85%的比例构成。末位人员是根据测评的最后得分，并结合平时的工作表现，实行逐级上报，层层把关，最后上报县考核办，由县考核委员会抽调纪检、组织、人事等部门人员组成监督组，对其工作表现进行调查复核，提出初步处理意见，由县委常委会研究确定。对末位者给予黄牌警告，确定告诫期、不称职（不合格）等次，以及给予降职、通报批评等，连续两年末位并被定为不称职、不合格的给予降职、辞退处理。4 年来，全县共上报末位 165 人，经多方调查核定后产生县末位 47 人，基本上做到群众公认、本人服气。 （撰稿人：郑廷芳）

古田县

【经济社会概况】 2000 年，全县国内生产总值26.19亿元，比上年增7.6%；三次产业比重为33.5∶31.9∶34.6；工农业总产值41.43亿元，其中农业总产值13.5亿元，比增7.3%；工业总产值27.93亿元，比增6.6%；财政收入1.205亿元，同口径比增10.2%。

一、经济结构不断优化。全年第一产业增加值8.7亿元，比增7.3%。粮食总产量16.27万吨，水果总产量4.67万吨；水产品总产量1.28万吨，比增10.6%，被省政府评为“淡水渔业先进县”。食用菌总产量2.09万吨，比增21.9%，古田银耳荣获全省第一批名牌农产品称号，古田银耳证明商标申报工作取得实质性进展，产业化综合标准体系通过省级评审。乡镇企业成为国民经济的重要组成部分，完成产值23.31亿元，比增9.3%。第二产业增加值8.5亿元，比增6.8%。房地产业成为国民经济新的增长点。第三产业增加值8.9亿元，比增9.0%。非公有制经济快速发展，个体私营企业产值占全县工业总产值的71.5%。经济增长质量和效益明显提高，财政税性收入比重达到82.2%。

二、体制改革扎实推进。国企改革向纵深层次推进，顺利完成了农械厂破产安置和二轻机械厂的职工安置工作；县化肥厂参与全省小化肥结构调整，筹措资金 852 万元，提前解决了原定分 3 年完成的职工安置工作；县纸业公司依法进入破产程序，并先期筹资 200 万元对 350 名工人发放了安置补偿金。内贸企业改革取得新进展，县物资公司在全市首家实行并顺利完成职工身份置换工作。食用菌特产税征管体制改革取得重大成果，流通领域特产税同比增收 184 万元，增值税同比增收 170 万元。医疗保险制度改革全面启动实施，社会养老、失业保险制度、粮食流通体制、住房等各项改革继续推进。

三、重点建设成效突出。全年全社会固定资产投资2.72亿元，比增15.3%，其中国有单位完成投资1.3亿元。局下至谷口公路拓宽改造工程投入 2500 万元，完成无名桥至谷口桥头 10 公里二级油路改造和无名桥至局下叉路口路基工程改建；解放路西段和建设路拓宽改造完成复建任务 95%以上，投入 1200 万元基本完成两路市政工程；城关防洪堤三期工程、经营性公墓一期工程、戒毒所建设、城区大环岛及东小区水泥路加宽、绿化、路灯等配套工程顺利竣工，城关至局下段改建改造工程完成前期准备工作，老干部活动中心、203 省道永安段 3 公里动工兴建，古田药业有限公司 GMP 异地搬迁技改、文安片区商品房建设进入扫尾攻坚。

四、外贸金融取得新进展。完善了软环境建设的一系列措施，组织参加了福州招商月、香港农业招商会、“9.8”洽谈会和第二届闽东大黄鱼节等大型招商活动，共与外商签约项目 8 个，全年新批成立“三资”企业 4 家，实际利用外资 431 万美元，比增26.7%，是“九五’’期间利用外资最多的一年。全年外贸出口 501 万美元，“三资”企业完成总产值1.07亿元。金融业运行平稳，年末各项存款余额13.8亿元，比上年末净增 1.2亿元；各项贷款余额6.15亿元，增贷0.76亿元。

五、人民生活继续改善。2000 年农民人均纯收入低于 1900 元的贫困人口减少到 860 户 3641 人，占农业总人口的比重 1%，基本解决了农村贫困人口的温饱问题。有 76540 户农户初步达到小康，小康综合分值95.1分。贫困村数量降至 27 个，占村总数的 10%。老少边贫困村基础设施建设进一步完善，老区基点行政村和少数民族行政村“五通”任务基本完成。全年完成“造福工程”搬迁 148 户 700 多人。农民人均纯收入达到 2950 元，比增 4%。全年为 3075 名企业离退休人员发放养老保险金1181.3万元，为 338 名进中心下岗职工发放基本生活保障金60.25万元，为 2337 人（次）发放失业金54.52万元。城镇居民人均可支配收入 5604 元，增长 5.7%。全县社会消费品零售总额9.4亿元，比增7.8%，城乡市场繁荣活跃。

六、社会事业协调发展。城乡文明程度和人的文明素质得到进一步提高。科技进步对经济增长的贡献率达到 49%。筹措 430 万元完成了省定 26 个“两基”跟踪项目，巩固了教育“两基”成果。全面实现农村初级卫生保健达标，县医院污水处理和病房大楼搬迁工程如期竣工。县少体校被国家体育总局命名为“青少年体育俱乐部”。广播电视事业再上台阶，荣获“全国广播电视先进县”称号。计生工作水平不断提高，人口出生率控制在 12‰以内。第五次人口普查调查登记工作顺利完成。耕地总量基本平衡，生态环境进一步改善。“三五”普法任务基本完成。加强机关效能建设，改革政府审批审核及清理规范性文件工作扎实开展。依法进行了村委会换届选举，积极稳妥地处理了农村合作基金会问题，保持了社会安定稳定。

【城市环境综合整治】 由省城乡规划设计院承担街景规划设计的城区解放路西段、建设路和文安片区改造开发，共拆迁总长 8000 米，道路红线宽 24 米，总拆迁占地1.1万平方米，拆除旧房建筑面积3.8万平方米，规划复建用地1.2万平方米、建筑面积 9 万平方米。整个工程自 1999 年 6 月动迁，总投入建设资金 5000 多万元，其中房屋改复建 4230 万元，市政工程投入 1200 万元，至 2000 年底完成房屋拆迁 98%，房屋复建 95%以上，市政工程铺设混凝土路面 6760 平方米，沿线电力、电讯、广电线路实现地下电缆化。两路的拓宽改造带动沿线片区房地产综合开发，其中文安片区位于建设路南段，由外商投资开发建设“兴隆花园”商住楼，开发总用地 10 亩，工程总投资 2000 万元，拆迁房屋面积 7500 平方米，搬迁安置拆迁户 200 户，现工程建设已完成土建 90%，整个“花园”竣工后，可新增商住房2.2万平方米。旧城改造的实施推动了

“新绿亮洁美”工程和创卫工作不断上新台阶，使城区市容市貌得到很大改观，居民生活环境明显改善，城市服务功能更加齐全。（撰稿：曾香钦）

屏南县

【经济社会概况】 2000年，屏南县国内生产总值9.74亿元，比上年增长5.5%，工农业总产值13.63亿元，增长6.3%，财政收入4625万元，同口径相比增长8.8%。农民人均纯收入2635元，增长3.1%。

一、农村经济结构明显改善。全年农林牧渔业总产值5.41亿元，比上年增长3.0%。粮食品种结构朝优质化方向发展。食用菌、水果、木材、畜牧、水产、反季节蔬菜等农村主导产业进一步发展壮大，粮食与经济作物的种植结构由1999年的4.9：1调整为2.6：1。

二、工业经济适度增长。全年实现工业总产值8.22亿元，增长7.8%，其中独立核算工业企业利润增长24.1%。注重发展非公有制成份经济，大力扶持食用菌保鲜、竹木加工、淡水养殖等龙头企业和乡镇企业，鼓励经商办企业，全县个体工商户、私营企业户总数达5463户，成为全县经济发展新的增长点。

三、重点建设进展顺利。完成全社会固定资产投资7600万元。装机6400千瓦的龙虎岔水电站投产发电，实现两年半工期一年半完成。城建力度加大，翠屏路中段、文化路中段拓改工程全面展开，投资额上百万元以上的中心农贸市场、供销大厦、商业大厦、大创实业楼、宏福大楼等沿街建设项目竣工投入使用，电信综合大楼，福建东南网络公司屏南基站大楼、县医院血库大楼完成主体部分建设，城区3公里防洪堤建设任务已完成，农村电网改造全面启动。

四、商贸金融再创业绩。全年社会消费品零售总额3.30亿元，增长7.8%，市场货源充足，物价平稳。全社会消费品零售价格总指数为99.6%。金融形势保持良好态势，年底全县金融系统存款余额4.20亿元，比上年同期增加1043万元，贷款余额5.8亿元，比上年同期增加566万元。

五、对外经贸取得新进展。积极参加香港、北京、上海、厦门、福州等大中城市的招商引资活动、产品展销会、博览会及第二届闽东大黄鱼节等招商活动，有效推进全县的对外开放。全年实际利用外资420万美元，增长2.2倍；外贸自营出口总额421万美元。

六、社会事业协调发展。大力实施“科教兴县”战略，加大科技试验、引进、推广、示范力度，科技进步对经济的贡献率达到38%。顺利通过省政府教育“两基”验收跟踪检查和农村初级卫生保健工作复核验收。围绕全面实现“三为主”目标，加快计划生育工作思路与方法的转变，人口出生率8.6‰，稳定在较低生育水平。第五次人口普查工作全面完成。“一控双达标”成果得到巩固提高，土地管理和环境保护工作进一步加强。广播电视工作得到新发展。体育竞技取得历史性突破，跆拳道项目获全省比赛三金二银的好成绩。文学艺术创作水平有所提高，文化市场和文化基础设施得到改善。

【水电新增装机逾5万千瓦】 屏南县水能资源极为丰富，全县拥有水能资源理论蕴藏量46.78万千瓦，可开发装机34.93万千瓦，“九五”以来，全县采取企业开发，社会集资开发等多种形式，多方筹措建设资金，加大水能资源的开发力度。“九五”期间累计投资2.75亿元，新建成水电站9座，新增水电装机容量5.17万千瓦，新增年电能3.32亿千瓦·时。至此，全县累计开发水电装机容量达7.71万千瓦，设计年电能达3.69亿千瓦·时。县水电局被国家水利部评为1999年全国水利系统水电先进集体。

【中国食用菌商品基地县】 全县以夏香菇为龙头，花菇为重点，草菇、蘑菇、竹荪、猴头、银耳、毛木耳、姬松茸等多菌类系列开发，周年栽培，产品干鲜并重的格局。全县有100多个经考核合格的菌种站，300多个原材料加工厂，60多个辅料供应点，80%农户从事食用菌生产，有数千名营销人员。有香菇保鲜厂23家，冷藏车40辆，与香菇保鲜相配套的泡沫箱厂、纸箱厂5家，成为全国最大的鲜香菇出口基地，有大小香菇脱水厂1000多家，产品在国内外市场享有较高的知名度。2000年食用菌产量5183吨，创产值1.21亿元（90年不变价）占农业总产值40.8%，其中香菇4319吨（干品），保鲜香菇出口1万多吨，占全国同类产品出口量的1/3，产生较好的经济和社会效益。2000年10月被中国食用菌协会评为“中国食用菌商品基地县”。（撰稿：陆享沙）

编校：郑 棻

光 荣 榜

中央军委通令嘉奖二等功获得者 朱忠勇
公安部一级英雄模范 丁榕
第二届中国武警10大忠诚卫士 龚时荣
全国农村优秀人才一等功获得者 兰帝明
第四届中国青年科技创新奖10杰 陈顺利

2000年全国劳动模范和先进工作者（78名）

郭仁宪 李丹青* 林建顺 林欣欣* 郑碧华* 郭福生 翁秀英* 刘依妹 林钟春 林哲龙 章伟望 郑 捷*
陈贞顺 吴 熙 蒋木仁 王国梁 洪连珍* 罗碧珍* 陈永祥 黄文传 陈昌生 白鸿辉 庄水淡 黄全和
陈福胜 庄振生 陈惠海 吴建平 郭韶翔 林子淳 林惠敏* 程汉川 陈文化 王恒山 吴海水 苏尧棠
叶根元 陈振欣 施维雄 吕忠文 欧阳元和 冯真恩 李寿光 黎昌泉 帅金高 王源楠 张思流 林金亮
王秀芳* 龚哲清 陈锦煌 许金和 王少媛* 周春霖 邹志强 陈来茂 邱福万 郑发祥 王邬金 葛兰妹*
张新明 刘宝文 汤杨生 赖桂香* 卢金来 章联生 赖木生 饶才富 曹水金 黄振裕 喻方兴 曾育湘*
潘鸿华 陈永加 黄锦顺 林丽香* 魏可镁 王伟宏

省政府一等功获得者 林占熺

2000年福建省劳动模范和先进工作者（288名）

福州市

劳动模范

余 强 陈国华 王炳榕 林金文 黄慈麟 陈 昆 蒋 华 邹一平 黄 坚 孙崇彬 叶枝榕 林 韩
王金定 林孔祥 杨金华 林桂荣 郭 志 陈 明 陈冬梅 郑 岚* 陈国忠 胡锦标 陈晓萍* 左典强
魏云和 潘君亮 程文金 罗功新 黄发光 许克芳 吴金木 吴仁初 木文云 郑永生 林成金

先进工作者

郭福濂 王芬珍* 陈雪金* 董锦菁* 余德生 刘德润 俞德国 谢树森 梁金焰 唐超英* 黄国华* 陈元仲
林少玲* 林占熺 饶平凡 林善流 林化梗 腾忠华 陈金明 陈 敏* 林 风 黄爱玉* 刘依明

厦门市

劳动模范

黄光明 洪川配* 陈全志 徐 萍* 郭静芬* 张锡明 郭芳杨 康凉水 李安秋 赖桂勇 郭清池 白巨耀
吴伯超 施和平

先进工作者

林志坚 庄 岩 庄小荣 刘晓玲* 张金华 程素香* 张 嵘 王爱娥* 翁吉朝 关瑞章 黄慧玲* 田中群
彭建立 纪乌翻 吉新鹏

漳州市

劳动模范

陈成辉 汪继承 黄宝珠* 何建文 王德仁 陈建南 陈丽蓉* 李传成 谢德志 林桂莲* 曾荣火 王晋江
吴清华 林荣坤 杨荣国 林树森

先进工作者

林娜娜* 许闽杭 何艺升 郑仲义 方怡海 李庄生 苏德辉 罗 鸣 阮文发 李粤闽 林合法 陈金庆
孙建娜* 林培琼* 杨爱珠* 郭雨声 林镇权 李金硕 陈目才 蔡建成

泉州市

劳动模范

林 凡 蔡永鑫 范柳青* 庄炳奎 杨春柳 王 鼎 郑金腾 吴敏达* 吴助仁 曾 璟* 李丝绵* 黄天火 陈澄清 张儒德 林太极 郭湖海 王山井 黄碧山 陈丽红* 林生伟 苏建堆 郭振辉 康庆山

先进工作者

蒋亚龙 刘锡杰 黄衍宝 李维义 卢天民 张文土 谢希鹏 林培华* 吴珊红* 李奕亭 张晚金 洪月琼* 许成金 刘清珠* 刘亚立 谢彤芬* 李实魁

三明市

劳动模范

黎立璋 陈国斌 马宗旺 黄甘治* 刘文志 郑武杰 虞建华 林能清 林宇光 黄晓明 黄金土 陈福金 彭其雨 邱久长 巫培云 余克裕 郑永贤 高发禄 陈尚松 丰荣华

先进工作者

傅树朝 刘忠孝 王 真 林先雄 蔡仁义 李锦华 刘太寿 吴春生 洪养养*

莆田市

劳动模范

陈志华 陈 宪 颜文雄 余金鑫 许金星 林玉书

先进工作者

梁伟丽* 郑金通 张振宣 许淑英* 朱仙考 黄加庆 郭丽香* 柯益刚 陈建霞* 林素贞*

南平市

劳动模范

邱金锦 郭林木 谢巧云* 张达贤 卢晓芹* 郑振平 徐则东 黄其天 张华坚 蔡梓生 何友栋 李建春 兰成发 范恒盛 周宝兴 曾雅珠* 曾衍祥 伍东华

先进工作者

邓道华 杨祖勋 葛华兴 吴永尧 卢小标 饶道祥 张泉文 陈传勇 宋金萍* 詹夷生

龙岩市

劳动模范

练荣木 王业志 陈景河 朱有凤 李金秀* 李棠春 陈胜利 曹 峰 杨天钿 廖艳霞* 陈 刚 张辉荣 李虎春

先进工作者

李惠卿* 唐日平 叶青柏 黄锦芳 陈文生 练交泰 袁秋水 李如珍* 李双盛 袁如香*

宁德市

劳动模范

彭云平 吴泽炎 蔡世甸 乐玉海 谢传恭 钟春锦 刘 杰

先进工作者

陈常年 张发建 陈建斌 汤佛喜 陶学海 陈宝桐 郑梅庄* 江 蓉*

省直

劳动模范

苏渊纯 杨炯华 王 鹏

先进工作者

杨聚宝 潘宝骏 孙建林 何孝明 张 帆 张敏燕* 杨尚海 蔡春庭 李鸿泉 黄建国 汤仙虎

2000年福建省五一奖章获得者（27名）

郑志贵 李丝绵* 李小云* 苏咏红* 黄振顺 姜洪儒 顾昌鑫 陈起舜 吉新鹏 汤仙虎 张湘祥 陈文斌 林新顺 严 丞 陈辉跃 李诗英* 蔡淑华* 戴建平* 黄并英* 黄伯霖 倪美珍* 凌秀梅* 罗福群* 侯 斌 吴燕聪 林秀炳 许 星

2000年福建省五一奖状获得单位

福州市烟台山地区退管会 泉州市鲤城区浮桥退离休职工之家

中国十大杰出女税务工作者

郭爱莲 福州市台江区国家税务局征收分局副局长

全国“三八”红旗手　福建省“三八”红旗手

罗福群　连城县残疾运动员

全国优秀儿童工作者

杨娇英　南平市妇联主席
游婉玲　漳州市芗城区区委书记
林少聪　福建省公安厅治安处副科长
何　明　福建省卫生厅巡视员
王克让　福建省统计局社科处主任科员

全国儿童工作先进市（区）、县标兵

厦门市思明区

全国儿童工作先进市（区）、县

福州市　泉州市鲤城区　龙海市　永安市　宁德市蕉城区

第三届“全国百名优秀春蕾女童”

叶丽娇　王林霞　邹燕丽

福建省第二届十佳“廉内助”

（省纪检委　省委组织部　省委宣传部　省直机关党工委　省人事厅　省监察厅　省妇联联合表彰）

杨　婉*　民盟福州市委社会事务部部长（省审计厅党组书记、厅长冯声康同志的配偶）
游　珍*　省政府水电站库区工作办公室科员（中共福州市晋安区委书记叶康勇同志的配偶）
叶亚莲*　厦门市邮电局杏林分局职工（厦门市公安局集美分局局长林建发同志的配偶）
李美藤*　漳州市芗城区人民法院职工（漳州市中级人民法院党组副书记、副院长胡寿春同志的配偶）
李桂清*　永春县交通局运管所职工（中共永春县委常委、副县长林金星同志的配偶）
吴励卿*　莆田市气象局纪检组长（中共莆田县委副书记、县长吴元珍同志的配偶）
林柳枝*　龙岩市国家税务局科员（龙岩市人民检察院检察长何小敏同志的配偶）
余霞英*　尤溪县环卫站工人（中共尤溪县委副书记陈绍梅同志的配偶）
刘晓玲*　南平市实验幼儿园教师（邵武市人民法院院长罗辉同志的配偶）
李瑞英*　福鼎市工商银行信贷计划科、会计出纳科科长（福鼎市政协副主席、福建玄武石材集团有限公司董事长、总经理朱小同同志的配偶）

福建省地税系统“十大杰出女税务工作者”　福建省“三八”红旗手

洪清清　南安市地方税务局征收分局局长
陈秀榕　福州市地方税务局副局长
刘晓玲　厦门市集美区地方税务局局长
张　茹　漳州市龙文区地方税务局局长
郑永仁　莆田市城厢区地方税务局局长
王巧云　永安市地方税务局办税服务厅主任
林　青　邵武市地方税务局办公室主任
蔡　玲　漳平市地方税务局城区分局局长
黄惠萍　福安市地方税务局城关分局综合股股长
黄林英　福建省地方税务局直征分局计征科科长

福建省“三八”红旗手

毛淑和　林宝玉　葛霞虹　陈树如　陈疏雨　黄锦江　刘　琳　林　枫　孙惠玉　王　晶　刘梅惠　张　苏
王少霞　张　晰　白玲玲　吴鹰菊　吴小敏　翁丽丽　戴丽萍　沈怡蓉　林学红　侯淑华　傅丽芬　蔡　芬
何素慈　陈芳儿　沈绿英　韩小玲　江翠珍　陈红美　罗碧玉　苏子卿　吴冬冬　陈丽雪　陈淑玲　黄秀宝
陈美美　朱雅宣　魏丽珍　谢翠菊　陈雪玉　郭琴珍　苏淑勉　郭荔花　陈春姐　林伟端　郑瑞珍　张跃星
宋慧红　王招凤　廖宝珍　黄丽英　王秋芳　罗燕清　潘建珍　何新桃　黄容英　黄唯兰　王　毅　嵇宝萍
杨凤珠　杨冬娥　余玉兰　李桂凤　张美英　曾雅珠　何亚平　何雪芬　杨慧英　熊潭英　李资莲　邓菊芳
王秋凤　温晓玲　孙永霞　张菊兰　袁秀英　李红莲　修金华　阮春菊　卢锦景　王仪贤　范正皎　郑瑞招
黄开英　林甘容　赵光艳　叶雀萍　黄义英　江宝英　何洪英　顾越利　王美珍　胡如英　王光瑛　王晓玲
王黎凡　吴月花　张梅屏　尤慧珍　李小云　苏咏红

福建省“三八”红旗集体

福州市公交总公司第三公司51路322车组
福州市仓山区国税局征收分局
厦门市邮政局工会女职工委员会
厦门航空有限公司客舱服务部乘务队
漳浦县妇女联合会
平和县社会劳动保险公司
泉州晚报印刷厂
石狮市妇女联合会
莆田市秀屿农村信用合作社联合社
将乐县玉华宾馆
泰宁县梅林戏剧团
南平市妇幼保健院
建瓯市人民法院城区人民法庭
龙岩市公安局收容教育所
连城县宣和乡妇女联合会
福鼎市运输站服务台行车组
周宁县直机关幼儿园
福州机场边防检查站女子旅检科
福州铁路分局福州站贵宾室
福建省肿瘤医院六病区护理组

第五届“福建省十大杰出青年”（按姓氏笔画排列）

于宁杰	福建昊泽律师事务所主任	陈顺利	和顺控股有限公司董事长、总经理
王少媛	仙游县鲤声剧团团长、党支部书记	林　琛	泉州刺桐律师事务所主任
王玉珍	龙岩喜鹊纺织有限公司织造分厂挡车工	林家忠	福州市地税局外税征收局税政征管科科长
吉新鹏	福建省羽毛球运动员	林瑞班	三明市交通建设公司机关党支部书记 三明市无偿献血志愿者协会会长
沈艺峰	厦门大学管理学院副院长、博士生导师		
张锦贵	海峡都市报社社长、总编辑		

首届福建省杰出青年律师（10名）

于宁杰	福建昊泽律师事务所	郑新平	福建莆田众益律师事务所
王　平	福建厦门联合信实律师事务所	郑新芝	福建建达律师事务所
许金利	福建大中律师事务所	洪　波	福建世通律师事务所
李玉珍*	福建泉州君宇律师事务所	郭小东	福建厦门大道之行律师事务所
邱宁江	福建三明邱宁江律师事务所	蒋方斌	福州至理律师事务所

第四届福建省新长征突击手标兵

陈少华	福建省农资集团公司	郭志刚	福建省三明钢铁集团公司炼铁厂
郭爱莲	福州市台江区国税局征收分局	黄　晓	南平市武夷山公安局交警大队
彭能云	厦门市人民检察院批捕处	王秋洪	莆田市信息中心
余孙曙	泉州市永春县环卫所	张焕春	宁德市福安公安局刑警大队
张茂狮	漳州市中医院	郑仕标	福州大学电子科学与应用物理系

第二届福建省杰出青年岗位能手

陈体旺	福建省工业设备安装有限公司设备厂	林秀芳	中国工商银行南平市分行
林育红	中国人民保险公司泉州分公司营业部	应朝阳	福建省农科院红萍研究中心
李　东	南平市顺昌县地方税务局	林妙霞	中国银行泉州市肖厝支行
张　丰	福州电业局南郊变电站	李汉祥	福建省永定矿务局

第四届福建省十大杰出青年农民（按姓氏笔画为序）

王永平	龙海市九湖镇新塘村	吴国雄	古田县湖滨乡新丰村
纪世贤	石狮市蚶江镇石渔村	范贵茂	建瓯市东峰镇井岐村
许代福	政和县外屯乡湖屯村	练庆祥	三明市三元区莘口镇炉洋村
李浩然	南靖县书洋镇下坂村	杨重要	晋江市罗山镇后洋村
汤子文	莆田县新度镇新度村	饶春荣	连城县朋口镇桂花村

注：“*”者为女同志

（省总工会、省妇联、团省委等供稿）

编校：林丹英

八闽人物

杰出人物

【中央军委通令嘉奖二等功获得者 朱忠勇】 朱忠勇，男，解放军医学检验中心主任、南京军区福州总医院检验科主任技师。在抗日战争烽火中投身革命和我国医学检验事业的朱忠勇，是我党培养的第一代医学检验专家。早在1958年，只有初中学历的朱忠勇就通过自学，取得2项填补国内空白的重大成果，获卫生部“技术革命先锋”奖章。1978年他主编的《临床医学检验》获全国科学大会奖，1992年他主编的《实用医学检验学》获中国图书奖。1983年起，他开始研究中国人遗传性高铁血红蛋白血症，建立独特的分子生物、免疫学检验方法，阐明该病的分子机理，首次发现中国人的两个遗传基因突变位点，其“中国人遗传性高铁血红蛋白血症基因诊断和分子机理”课题成果，获2000年度国家科技进步二等奖，1999年度全军科技进步一等奖。2000年8月20日，朱忠勇第三次受到江泽民主席接见；2000年8月29日，江泽民主席签署中央军委通令，为朱忠勇记二等功。

【公安部一级英雄模范 丁榕】 丁榕，女，中共党员，上海铁路公安局福州站派出所民警。1987年从福州乘警大队调到福州站派出所担任客运值勤民警。12年来，她在打击犯罪、维护治安的斗争中屡建奇功，先后抓获违法犯罪嫌疑人2200名，破获刑事案件145起、治安案件320起，查缴走私物品黄金57公斤、鳗鱼苗16公斤、手表17000只、银元226公斤、玉器253件，查获毒品925克，收缴淫秽物品1345件及价值810多万元走私违禁物品。丁榕先后获铁道部公安局“廉政爱民先进个人”、铁道部“新长突击手”、“全国先进女职工”称号；1997年公安部授予“全国特级优秀人民警察”称号，省公安厅、团省委授予“10杰青年民警”；1998年被评为铁道部劳动模范，并被省总工会授予“五一劳动奖章”。2000年4月，丁榕被中宣部、团中央等单位授予“全国优秀青年卫士”称号，2000年6月，被公安部授予“一级英雄模范”称号。

【第三届中国武警10大忠诚卫士 龚时荣】 龚时荣，男，中共党员，驻闽武警某部连长。入伍10年来，龚时荣参加各种抢险救灾近百次，次次出色完成任务，18次夺得部队比武第一。1999年，龚时荣抽调到广东关区，执行一线监管任务，经受了特殊任务和复杂环境的严峻考验。他在特殊战场上不怕牺牲、英勇善战，查获各种违法犯罪活动42起，案值7000多万元，用忠诚和生命捍卫了国家利益。他先后被评为“优秀警官”、学雷锋先进个人，荣立二等功1次、三等功2次，12次受嘉奖，4次被评为“优秀共产党员”。2000年7月，龚时荣被授予第三届“中国武警10大忠诚卫士”光荣称号。

【全国10大杰出女税务工作者 郭爱莲】 郭爱莲，女，36岁，中共党员，福州市台江区国家税务局征收分局副局长。她1985年参加工作，15年来从事多个岗位工作，都能创出一流业绩。她摸索出的“三心”（真心、细心、热心）和“五满意”（精神风貌、工作质量、业务素质、信息咨询、方便服务）服务模式，成为全省行业服务规范。在征收分局期间，郭爱莲开出税单2万多份，收税2亿多元，实现零差错和零投诉，月欠税率保持1%以下，在同行业中创出一流业绩。3000多家企业、上万名纳税人自发推举她为“最佳纳税员”。郭爱莲先后获省、市“三八红旗手”、国税先进工作者、福州市10大杰出青年等称号。2000年12月，郭爱莲获“全国10大杰出女税务工作者”称号，省国税局和省妇联联合下发向郭爱莲学习的决定。

【全国农村优秀人才一等功获得者 兰帝明】 兰帝明，男，41岁，畲族，南平市闽丰蜜蜂研究所所长。他自1977年高考落榜后，刻苦钻研，自学养蜂学。从初步掌握人工培育蜂王技术，到逐渐掌握了防治蜜蜂各种疑难杂症技术。1993年，兰帝明办起全省首家农民蜜蜂研究所。他悉心经营，不断突破，使研究所很快发展成集科研、培训、生产、检验、供种、销售为一体的闽北最大的养蜂基地，并以此为依托，先后在省内外建立17个养蜂分场。实践中，兰帝明完成了3个科委立项的科研项目和2个自选课题，其中“双王群和多王群高产技术研究”、“程控养蜂高产技术研究”及“杂交新王采蜜高产技术研究”，通过专家鉴定，达到国内先进水平。经营的蜂产品年产值120多万元。他在省内外先后举办20期养蜂高产技术培训班，培养了430多个养蜂能手。2000年10月，兰帝明被国家人事部、农业部荣记“全国农村优秀人才一等功”。

【全国高校党建和思想政治教育先进工作者 王豪杰】 王豪杰，男，厦门同安人，1969年厦门大学化学系毕业留校，长期从事大学生思想政治教育和高校党政管理研究工作，1999年4月任厦门大学党委书记。历史让王豪杰选择从事了思想政治工作，在30多年的大学思想政治教育工作中，他讲真话，远离空洞的说教，在艰苦细致的实际工作中去探索解决各种思想问题和工作问题的途径，去办实实在在的实事，在思想政治工作过程中注重内容与方法创新，取得了突出的成绩，开拓了新的历史时期思想政治工作新思路。2000年7月7日，王豪杰获中组部、中宣部和教育部联合表彰，被授予“全国普通高校党建和思想政治教育先进工作者”称号。

【福建省首获奥运会个人项目金牌者 吉新鹏】 吉新鹏，男，23岁，共青团员，福建羽毛球队运动员，国际健将。他8岁开始练球，12岁进入厦门市羽毛球队，1997年正式进入国家羽毛球队训练。2000年9月23日，在第七届悉尼奥运会上，吉新鹏奋力拼搏，不畏强手，发挥出色，连克世界排名前三的高手陶菲克、盖德和叶诚万，为祖国赢得第16枚金牌，为我省体育史上赢得了第一枚奥运个人项目金牌。他的夺冠是福建体育史上一个光辉的里程碑。吉新鹏获福建省“五一”劳动奖章和第五届“福建省10大杰出青年”称号。

【全国“三八红旗手” 罗福群】 罗福群，女，福建连城人，连城县残联副理事长。1993年，首次参加全国残疾人乒乓球选拔赛并获第三名的罗福群入选国家队。训练中，她克服常人无法忍受的痛苦，刻苦训练，立志为国争光，罗福群很快成为国家队中一名主力队员。在重大国际比赛中，罗福群先后夺得3枚残奥会金牌、3枚远南运动会金牌。先后获得省“三八红旗手”、“新长征突击手”、省“五一”劳动奖章、“国家优秀运动员”等称号。2000年，她获全国“三八红旗手”、全国“五一”劳动奖章、全国“五四”杰出青年奖章。

【省政府一等功获得者 林占熺】 林占熺，男，福建农大菌草研究所所长，高级农艺师。林占熺多年致力于菌草研究开发，长期在宁夏、四川、湖北、江西、山东、安徽及我省闽西等地开展菌草科技扶贫，他开发的菌草在全国326个县市推广，创造直接经济效益10亿元。1994年其菌草技术被国家列入多边援外项目，1995年联合国开发署把菌草技术列为中国与发展中国家优先合作项目。林占熺先后为45个发展中国家培训菌草技术并获成功。林占熺先后获得“全国10大扶贫状元”、“全国星火标兵”、省优秀专家、省“有突出贡献的农业科技工作者”称号。2000年7月，省长习近平向林占熺颁发省政府表彰证书，为他荣记一等功。

【第四届中国青年科技创新奖10杰 陈顺利】 陈顺利，男，38岁，高级经济师，和顺控股有限公司、和顺（中国）实业集团有限公司总裁、总经理。陈顺利在集团公司内成立化纤研究所，成功开发10多种具自主知识产权的高新技术产品，其“细旦TCS”、“30D/68F超细旦”为国内首创、国际领先水平，并评为国家重点新产品；集团公司通过科研创新，成为中国化纤行业著名企业和最佳效益民营企业，列入2000年国家火炬计划全国重点高新技术企业。陈顺利先后获省优秀企业家、省10大青年企业家称号。2000年4月，获中国10大杰出青年科技创新奖。

闽籍和在闽工作的两院院士（续）

【中国科学院院士】

（以姓氏笔画为序，下同）

吴新涛 1939年生，福建晋江人，著名化学家，1999年当选为中国科学院院士，现任中国科学院福建物质结构研究所副所长。长期从事硫化学前沿领域基础研究，成果丰硕。

林惠民 1947年生，福建福州人，著名计算机专家，1999年当选为中国科学院院士，现任中国科学院软件研究所研究员。在通讯并发系统的理论及验证方法、进程代数、模型检查、形式化方法、程序规约、软件模块化诸多领域取得重要研究成果。

蔡诗东 1938～1996，福建东山人，等离子体物理学家，先后任美国加州大学圣地亚哥分校讲师、助理物理学家和马里兰大学助理教授，1995年当选为中科院院士。在等离子体物理理论研究前沿领域作出系统性、创造性贡献，其在推广回旋动力论方程、空间微观不稳定性和非线性理论等一系列研究成果，受到国际同行高度评价。1983年提出等离子体加入高能分子量粒子后能使托尔马克等离子体直接运行在第二稳定区的新概念，对受控热核聚变的研究有重要意义。

【中国工程院院士】

陈一坚 1931年生，福建福州人，著名飞机设计专家，1999年当选为中国工程院院士，现任航空工业总公司六〇三研究所总设计师。长期从事飞机设计研究工作，被誉为“飞豹之父”，为我国航空和国防事业发展作出杰出贡献。

李幼平 1935年生，福建泉州人，著名通信技术专家，1999年当选为中国工程院院士，现任中国工程物理研究院研究员。长期从事核武器电子系统技术研究，为我国核武器研究和发展作出突出贡献。

陈良惠 1930年生，福建福州人，著名半导体光电子专家，1999年当选为中国工程院院士，现任中国科学院半导体研究所研究员，是我国光电子器件研究的开拓者之一。研制成功我国首台具有国防先进水平的量子阱激光器，以及量子阱激光器系列，在光通信、光存储和激光医疗等应用中发挥重要作用。

徐洵 女，1935年生，福建建瓯人，著名海洋环境专家，1999年当选为中国工程院院士，现任国家海洋局第三海洋研究所研究员。专门从事海洋生物基因工程研究，构建了我国第一个具有知识产权的海洋基因工程菌，率先将先进的生物技术引入海洋环境污染检测，完成对虾白斑杆状病毒基因组全序列测定，使该研究居世界领先地位。

注：本栏目为1998卷“八闽人物”篇“闽籍和在闽工作的两院院士”之续篇，收录了1999年当选院士6位，补录1位。至本篇，《福建年鉴》已收录闽籍和在闽工作的两院院士99位。资料截至2001年3月。本栏目得到省科技馆大力支持，在此谨致谢忱。

逝世人物

【廖志高】 四川冕宁县人，原中共中央顾问委员会委员、西南局书记处书记、四川省委第一书记、福建省委第一书记。因病于2000年8月28日逝世，享年88岁。廖志高同志1934年4月加入中国共产党，先后任红军总政治部地方工作部、中央粮委、长征先遣工作团干事，中央直属警卫营地方工作组组长、党总支委员等职。长征抵达陕北后，历任中央宣传部干事、中央少数民族工委秘书长，中央党校班主任、党总支书记。1937年后任四川省工委副书记、川东特委书记。1945年8月，任中组部干部处副处长、代理处长。1947年3月任陕北中央支队政治部主任。新中国成立后，历任中共西康区党委、西康省委书记，西康省人民政府主席、省长、西康军区政委，西南局委员等职。1955～1966年，历任中共四川省委书记处书记、第三书记、西南局书记处书记、四川省委第一书记、成都军区第二政委、四川省政协主席等职。1974年12月至1982年，任中共福建省委第一书记、省革委会主任、福州军区政委、省军区第一政委、党委第一书记，还先后兼任福建省政协主席、省人大常委会主任等职。1982年任中央组织部顾问。在党的“十二大”、“十三大”上，被选为中顾委委员。中国共产党第八、第十届候补中央委员，第十一届中央委员，第一至第五届全国人大代表。

【金昭典】 湖北黄安县（今红安）人，原福建省委书记、中央纪律检查委员会委员、中央组织部正部级离休干部。因病于2000年12月11日逝世，享年88岁。金昭典同志1928年加入中国共产主义青年团，1929年参加鄂豫皖中国工农红军，1935年加入中国共产党，历任班长、排长、红四方面军总医院和分医院出纳、总务科长，参加了二万五千里长征。1937年后，历任支队政委、兴县县委军事部长、代理县委书记、晋绥公安总局侦察科科长、干部科科长、一室主任，山西临县土改工作团团长兼临县县委书记，晋西北和晋南行署公安处处长等职。新中国成立后，历任中共西康省委常委、省公安厅厅长、省政协副主席，1952年任赴越南顾问团公安顾问组组长，1956年调中央监察委员会工作，先后任财经贸易监察处处长、办公厅主任、秘书长。1972年任北京钢铁学院党委书记。1975年后，任福建省委书记处书记、省革委会副主任，福建省委书记、副省长，福建省委顾问，1990年12月离休。

【汪德耀】 江苏省灌云县人。原福建省政协常委、厦门市政协副主席、农工党中央咨监委常委、我国细胞学生物学奠基者之一，厦门大学原校长、博士生导师。因病于2000年10月12日逝世，积润享年100岁。汪德耀1919年参加“五四”爱国运动，1921年赴法国留学，1931年获法国国家博士学位，是我国第一位细胞学生物学博士。他学成后毅然回国，先后在国立北平大学、北平研究院、西北联合大学、国立湖南师范学院、福建研究院等院校从事教育和科研工作，曾任福建研究院院长。1943年到厦门大学任教，历任厦门大学生物系教授、系主任、理学院院长、代校长、校长等职。半个多世纪来，主要从事细胞学及细胞生物学的教学和科研工作，在动植物细胞质细胞器（尤其高尔基体）结构与功能研究方面贡献卓著，在动植物细胞液泡系的演进规律、液泡系的动物细胞非有丝分裂等方面的研究取得突破性进展。完成的北京鸭精子发生过程中细胞骨架和核孔复合体的研究达到了国际先进水平，领导开展的癌细胞诱导分化问题的研究填补了国内空白。汪德耀教授一生共发表论文150多篇，专著6部，主编的《普通细胞生物学》获得国家教委优秀教材一等奖，合著的《膜分子生物学》获“中国图书奖”，获得省级以上奖励10多项。曾任厦大细胞生物学研究室主任、抗癌研究中心主任、中国动物学会副理事长、中国细胞生物学会副理事长等职，是厦大首批博士生导师之一，为国家培养了一批细胞生物学博士。

编审：陈杰明　　编校：章卓如

地方文献、法规、规章选登

关于福建省 2000 年国民经济和社会发展计划执行情况及 2001 年计划草案的报告

2001 年 2 月 7 日在福建省第九届人民代表大会第四次会议上

福建省发展计划委员会主任　郑立中

各位代表：

我受省人民政府委托，向大会报告福建省 2000 年国民经济和社会发展计划执行情况与 2001 年计划草案，请予审议，并请省政协委员和其他列席人员提出意见。

一、2000 年国民经济和社会发展计划执行情况

2000 年是我省实施“九五”计划的最后一年。在省委的正确领导下，在省人大及其常委会的监督下，全省上下认真贯彻中央关于推动改革和发展的一系列方针政策，采取积极有效措施，克服国内有效需求不足和经济结构存在的深层次矛盾等不利因素的影响，扎实推进改革开放和经济建设，经济发展出现了一系列积极变化，增长质量明显改善，社会事业全面进步，人民生活水平进一步提高。全年计划执行情况是好的，省九届人大三次会议审议通过的预期目标基本完成，并胜利完成了“九五”计划。

国民经济保持较快增长，人民生活总体达到小康。根据统计快报，全年国内生产总值 3920 亿元，比上年增长 9.5%，超过计划目标 0.5 个百分点。其中，一、二、三产业分别增长 2.2%、11.2%和 10.5%。全员劳动生产率 2.4 万元/人，增长 8.9%。城镇居民人均可支配收入和农民人均纯收入分别达到 7432 元和 3230 元，分别比上年增长 8.3%和 4.5%，扣除物价因素，分别实际增长 4.9%和 3.8%，在 1997 年基本实现小康的基础上，总体达到小康水平。

农业综合生产能力增强，农村经济平稳发展。全省新建、续建了一批农业水利和农村基础设施项目，农业生产条件有所改善。初步统计，全年农林牧渔业总产值 1029.2 亿元，增长 3.0%；乡镇企业总产值增长 13%。粮食与经济作物种植面积比调整为 65∶35，粮食总产量 854 万吨，比上年减产 87 万吨，粮食优质品率 48%，比上年提高 25 个百分点；非粮食物和蔬菜产量分别达到 1101 万吨和 1066 万吨；水产品总产量增长 5.1%，森林覆盖率 60.5%。

工业结构调整力度加大，高新技术产业成为新的经济增长点。全年工业增加值增长 12.5%，完成计划目标。高技术产业中，电子信息行业工业产值达到 707 亿元，增长 31%，其中电子及通讯设备制造业生产增长 18.2%，微型电子计算机、半导体集成电路等高技术产品分别增长 71%和 1.5 倍。全年发电量增长 13.4%。工业经济效益明显好转，规模以上工业经济效益综合指数达到 120.56%，产品销售率达到 97.39%，实现利润增长 18.0%。压缩淘汰落后生产能力成效显著。

第三产业取得新的发展，城镇就业保持较高水平。批发零售贸易和餐饮业、房地产业、运输邮电仓储业实现增加值分别增长 9.8%、13.4%和 10.0%。旅游业发展又上新台阶，旅游总收入达到 304.77 亿元，增长 21.9%。金融保险、信息咨询、社会服务等其他服务业也有长足的进步。第三产业的较快发展对提高就业水平作出了积极的贡献，城镇登记失业率 2.6%，国有企业下岗职工再就业率达到 66%。

投资结构继续改善，重点建设取得新成就。全年完成全社会固定资产投资 1110.10 亿元，比上年增长 2.3%。其中，电子通信设备制造业和科研综合技术服务业投资分别增长 90.9%和 11.7%，投资的技术含量进一步提高。按投资类型分，基本建设投资下降 8.0%，技术改造投资增长 2.3%，房地产开发投资增长 11.3%，集体、个体及其他投资增长 8.2%。重点建设完成年度计划任务的 96.5%，完成情况达到近三年来最好水平，资金到位基本满足工程建设需要，工程质量管理进一步加强，投资超概算现象得到有效控制。梅坎铁路、外福电气化改造、泉州市宝洲污水处理厂、三明华茂化工有限公司三聚氢胺技改项目、厦门国际会展中心一期工程等 15 个项目实现年内建成投产或部分投产，福宁、漳诏高速公路，棉花滩水电站等一批在建重点项目顺利推进，京福高速公路福建段一期工程实现部分路段开工，漳龙高速公路漳州段、赣龙铁路已获准立项，温福铁路、京福高速公路福建段二期、尤溪街面水电站等一批重大项目前期工作取得新进展，项目储备增加。

外贸出口增长较快，利用外资平稳发展。全省外贸出口 129.09 亿美元，增长 24.7%。贸易方式结构和出口商品结构继续优化，一般贸易出口增长 34.3%，机电产品出口增长 34.8%。全省吸收外商直接投资 38.04 亿美元，继续居全国第三位，新签合同外资 43.14 亿美元。外商增资仍较为踊跃，增资总额占全省新签合同金额的 31%。

市场消费稳中见旺，物价水平止跌回稳。全省实现社会消费品零售总额 1372.79 亿元，增长 10.2%，扣除物价因素，实际增长 11.4%。消费结构趋于多元化，城、乡居民恩格尔系数分别为 44.7%和 49.0%，分别比上年下降 6.7 个百分点和

3.0个百分点。新的消费热点逐步形成，家庭设备用品及服务、娱乐教育文化服务分别增长45.1%和26.7%。全省居民消费价格水平比上年上涨2.1%。

财政收入增长较快，金融运行基本平稳。全省财政总收入369.53亿元。增长20.9%，其中地方级收入234.03亿元，增长15.8%。财政支出结构进一步优化，农业、教育、科学、卫生、社会保障等重点支出保持较高增幅。货币政策效应进一步显现，城乡居民储蓄存款比上年少增145.39亿元，消费市场、证券市场的储蓄分流作用明显；信贷增量体现贷大于存127.3亿元，对农业贷款、个人住房贷款以及部分大中型国有企业技改项目的贷款投放量有较大幅度增长。外汇收支净结汇44.41亿美元。

体制改革稳步推进，市场配置资源的基础性作用日益增强。经济市场化程度进一步提高，社会商品零售的市场调节价比重达到99%。国有企业改革和脱困三年目标如期实现。科技体制改革迈出实质性步伐。13家省属开发科研机构已基本完成向科技型企业转制。投融资体制改革取得新的进展，投资责任和风险约束机制进一步强化。城镇企业职工基本养老保险和失业保险改革继续深化，养老金发放率达到100%。医疗保障制度、医药卫生体制和药品流通体制三项改革逐步推进。政府机构改革顺利实施，宏观调控职能得到加强。

科教兴省和可持续发展战略加快实施，各项社会事业全面发展。全社会科技活动经费投入的新格局已逐步形成，非政府资金投入所占比重超过3/4。全省拥有经省级认定的高新技术企业425家，其中30家为国家火炬计划重点高新技术企业。科技进步综合评价位居全国第七。素质教育不断加强，"两基"达标成果进一步巩固，高中阶段教育、职业技术教育规模继续扩大，省属高校招生扩招32%，人均受教育年限达到8.6年。计生工作继续得到加强，人口出生率控制在11.6‰。基本农田得到有效保护，实现年度耕地占补平衡。生态建设取得新进展，环境保护"一控双达标"任务完成。扶贫攻坚进一步推进，"造福工程"按计划实施，老区、少数民族贫困地区"五通"建设预定任务基本完成。文化、卫生、体育、广播电视、新闻出版等各项事业均保持良好发展势头。

各位代表！2000年国民经济和社会发展年度计划任务的顺利完成，是全省上下共同奋斗的可喜成果。在充分肯定成绩的同时，我们也清醒地认识到，当前还存在一些影响和制约经济加快发展的结构性矛盾和深层次问题，主要表现在：农产品价格低、非农产业发展速度低影响了农民收入增长；企业创新能力不强，部分工业企业生产经营仍比较困难；基本建设投资出现负增长，社会投资意愿仍然较弱；新签合同外资下滑，发展闽台高新技术产业合作还很薄弱；就业压力加大；生态环境建设有待加强；社会事业发展的某些领域相对滞后。对以上问题，在安排2001年计划时要予以高度重视，努力加以解决。

二、2001年国民经济和社会发展预期目标

今年是实施"十五"计划的第一年，也是保持经济增长良好势头、乘势前进的开局年。从总体上看，宏观经济环境将继续朝着好的方向发展。世界经济仍将保持较快增长的格局。国内经济发展已经形成重大转机，特别是实施西部大开发战略、继续实施积极的财政政策和即将加入世贸组织，对推动我省经济持续稳定增长提供了良好的条件。此外，去年以来我省经济运行中出现的一系列"亮点"和新的经济增长点，还将继续成为今年经济发展的主要支撑力量。但是，也要看到我们面临的严峻挑战，国际局势中不稳定、不确定因素依然存在，国内经济回升的基础还不稳固，扩大内需拉动经济增长还要作艰苦的努力。我们要充分认清有利条件和不利因素，以坚定不移的信心迎接新挑战，以奋发进取的精神增创新优势，积极解决发展中的困难和问题，促进国民经济的持续发展和社会事业的全面进步。

根据省委提出的2001年经济工作的总体要求，并与我省国民经济和社会发展"十五"计划相衔接，综合考虑各方面因素，2001年我省国内生产总值预期增长目标为9%，力争更快更好些。国民经济和社会发展的其他主要预期目标是：

——全社会固定资产投资增长5%；

——社会消费品零售总额增长11%；

——外贸出口总额增长8%～10%；

——利用外商直接投资38亿美元左右；

——地方级财政收入增长9%；

——居民消费价格涨幅3%左右；

——城镇居民人均可支配收入和农民人均纯收入实际增长4%～6%；

——城镇登记失业率控制在3.5%以内；

——人口自然增长率控制在8‰以内。

三、2001年国民经济和社会发展计划的主要任务和措施

实现今年的预期目标，要坚持把加快发展作为主题，结构调整作为主线，改革开放和科技进步为动力，提高人民生活为根本出发点，努力实现经济和社会的协调发展。

（一）加强农业基础地位，努力增加农民收入

保护和提高粮食生产能力。严格执行基本农田保护制度，基本农田保护区面积达到1830万亩，粮食播种面积稳定在2800万亩以上，粮食产量稳定在900万吨以上。在保持粮食生产能力的基础上，着力提高农产品质量，合理调整品种结构。要适当压缩与市场需求不相适应的低质早籼稻，稳定中稻、一季稻和晚稻面积，发展优质甘薯、马铃薯及其加工产品，防止粮食种植面积调减过多过快。进一步加强商品粮基地建设，继续抓好中低产田改造、旱片治理和农业生产节水工程，搞好农业综合开发园区和项目。精心组织推广粮食作物优良品种和关键性的增产增效技术，提高单产和品质。深化粮食流通体制改革，落实按保护价敞开收购农民余粮政策，按市场规律引导形成优质优价机制。建立粮食安全体系，抓好中央和省级粮食储备库项目建设。

千方百计增加农民收入。要加强信息引导和技术服务，大力开发名特优新产品。加强农副产品批发市场规划与建设，促进农产品市场开拓。积极推进"公司加农户"、订单农业等经营形式，提高农产品加工水平，增加农产品后续效益。引导乡镇企业加快结构调整、技术进步和体制创新，重点扶持一批大型乡镇企业，大力发展农村第三产业，拓展农民就业空间和增收渠道。认真落实增收减负的各项政策，积极推进农村税费改革，开展涉农收费检查，坚决贯彻中央明令的"八个禁止"，防止农民负担反弹。改革完善农村信用社经营机制，防范农村金融风险，逐步解决农户贷款难问题。继续搞好扶贫开发，帮助低收入农户和财政困难乡镇发展种养业，增加农户收入和乡财政与村集体收入。

大力推进农业结构调整和产业化经营。着力提高农产品质量，扩大优质蔬菜、水果、茶叶、花卉、食用菌生产，稳定烤烟种植面积。加快发展畜牧业，大力改良畜禽品种，提高调养技术和疫病防治水平。继续抓好林业生态和林业产业两大体系，重点加强速生丰产工业原料林基地、江河流域生态林保护和沿海防护林等工程的建设。适应市场需求，大力发展优质水产养殖业和水产品的精深加工，提高水产品质量和附加值。积极发展农业产业化经营，重点扶持国家八部委公布的6家和省政府公布的100家龙头企业的建设。继续抓好农业结构调整重点企业和重点项目建设，发挥龙头企业在产、加、销各环节的龙头带动作用。建设一批现代农业示范县（市）和示范园（区），在资金、政策、服务上予以重点扶持。

加强以水利为重点的农业基础设施建设。继续加强水利基础设施建设，建立安全有效的防洪减灾体系。突出抓好"五江一溪"重点防洪工程等一批利用国债的大中型水利项目，完成千里江堤建设工程。抓好蓄水工程、洪水预警工程和除险保安工程，加快推进主要江河中上游重点调洪水库前期工作。加强围垦建设，为实现耕地占补平衡创造条件。建设农业保障和

支撑体系，重点抓好农业科技、良种工程、疫病防治体系、渔港避风港、中尺度灾害性天气预警报系统三期工程等项目建设。

（二）加快科技进步和创新，促进产业结构优化升级

大力推进技术创新。加大科技投入，完善技术创新的政策措施，加强国家和省级高新技术园、福州和厦门软件园、留学人员创业园、省高新技术创业服务中心等技术创新基地建设，加快病毒研究开发中心等工程研究中心建设，发挥其在技术创新中的先导作用，引导和推动产学研、农科教等成果转化机制的建立，鼓励自主知识产权成果转化，积极引导大中型企业、高新技术企业建设成果转化基地和技术开发中心，推动科技成果产业化。

加快工业改组改造和结构优化升级。坚持以市场为导向、以企业为主体、以技术进步为支撑，重点突破、有进有退，努力提高工业整体素质和综合竞争力。加快发展电子信息、机械装备、石油化工三大产业，着力抓好以电子信息技术开发应用为基础的数字视听、通信终端以及软件产品为主的信息产品，在继续抓好原来四大电子基地建设的基础上，加快建设漳州、泉州和莆田三个新的电子基地，提高数控技术在汽车、装载机、路面机械的制造上的应用水平，继续推进石化一体化项目的前期工作。积极发展生物技术、新材料及环保技术等高新技术产业，重点推进饲料酶、氮化镓发光材料、高密度陶瓷封装及光催化环保技术等高新技术产业化。采用高新技术和先进适用技术改造传统产业，重点改造提升森工造纸、食品饮料、纺织面料及服装、建筑材料等传统产业。加快组织实施“双九一高”项目。继续淘汰落后和过剩的生产能力，制止新的低水平重复建设。

推进国民经济和社会信息化。以建设“数字福建”为核心，加强现代信息基础设施建设和管理，基本建成省直机关宽带网。加快电信宽带网、电视网双向传输改造以及多种形式的用户接入网的建设。大力开发各类信息资源，加快省公用信息平台以及信息技术应用系统的建设。组织实施以“三网一库”为基本架构的政府信息系统、空间信息工程研究中心和公用信息资源库建设。坚持以信息化带动工业化，通过微电子、计算机、网络技术的应用，推动传统产业研究开发、设计、制造及工艺技术的变革；通过电子商务特别是企业间电子商务的应用，推动营销、运输和服务方式的变革；通过促进信息产品与传统产品的融合以及信息技术在新产品中的广泛应用，增加产品的信息技术附加值。支持企业网络建设，加快企业生产和经营管理的信息化进程。

大力发展服务业。加快发展信息、金融、会计、咨询、法律服务等技术含量较高的现代服务业，带动服务业整体水平提高。运用现代经营方式和服务技术改造商贸流通和交通运输业。加快发展社区服务，把社区服务业培育成重要的新兴产业。

（三）努力扩大固定资产投资规模，促进投资加快增长

积极争取和用好国债资金，推动项目建设。根据国家新增国债资金投向要求，重点抓好水利、交通、农村电网、城市基础设施、技术改造、高技术产业化、高校扩招等一批在建国债项目，进一步做好汇报争取工作，争取更多的项目获得国债资金或国家其他资金的支持。切实加强对国债项目建设的管理和监督，及时协调处理项目建设过程中遇到的影响工程进度和质量的问题，确保项目按照国家计划如期建成发挥效益。

改进省级预算内基建资金的安排，鼓励社会各方面增加投资。今年省级预算内基建投资的安排，将进一步突出重点，兼顾一般，充分发挥政府投资导向功能，以带动社会投资增长。安排中体现的主要原则是，提高年初安排到具体项目的比例，增加透明度；提高安排给农业、产业结构调整、科教和信息化等重点领域的投资和前期费用的比例，优先安排重点项目，并对山区项目给予适当倾斜。加快投融资体制改革，拓宽筹融资渠道，大力支持符合条件的企业进入资本市场，提高直接融资比重，同时研究制定鼓励社会资金投向基础设施和公共事业建设的政策措施，适时推出一批项目，鼓励社会资金以独资、合作、联营、特许经营等方式进行投资，扩大社会投资规模。继续鼓励民营企业、外资企业通过兼并、租赁、参股等形式参与国有企业战略性调整。

加强重点建设管理，抓好重大项目前期工作。今年计划安排省重点建设项目35个，省预备重点建设项目16个。要进一步加强对重点项目建设的指导、协调、监督和服务，落实责任，确保工程进度和质量，按照目标要求如期完成。大力加强项目前期工作，将省级预算内基建投资安排用于项目前期工作的费用由上年的2800万元提高到1亿元以上，力争多开工一批项目，储备好一批项目。突出重点，争取开工建设赣龙铁路（福建段）等20个重大项目，保持重点建设投资强度的连续性。

切实加强建设项目管理，保证工程质量。认真贯彻招标投标法，抓紧出台我省招标投标法实施办法及配套规章，规范招标投标行为。加强工程管理，落实项目法人责任制、建设监理制、合同管理制和竣工验收制度。进一步建立健全质量保证体系，加强工程质量的监督检查，抓好工程质量、工期、投资三大控制。加强重大项目的稽察工作，对建设中出现的违法违规问题，要严肃查处，责令整改。

（四）进一步扩大消费需求，保持消费稳定增长

积极培育新兴消费领域。着力搞好全省重点旅游景区、景点的基础设施建设，提高服务质量和管理水平，促进旅游产业发展。进一步开放住宅二级市场，促进已售公房和商品房上市流通，规范发展物业管理业。优化电信消费环境，降低电信消费成本。研究制定扩大教育消费、汽车消费的有关政策。积极引导居民转变消费观念，发展信用消费。

整顿市场秩序，改善消费环境。针对当前经济生活中出现的制售假烟、走私组装汽车、逃废债务、不履行合约、价格垄断、价格欺诈、逃汇套汇、出口骗税以及假种子、假化肥的坑农损农等焦点问题，按照中央统一部署，深入开展专项斗争，进一步规范市场主体行为，维护市场秩序。继续抓好城乡电网改造，争取80%县（市、区）年内竣工，加快城乡用电同价工作。加强市场流通设施建设，加快农村道路、通信等基础设施建设。运用现代经营方式发展商贸流通，推行连锁经营、物流配送、多式联运、网上销售等组织形式和服务方式，发展大型综合超市、便利店、专卖店、专业店、仓储商场、购物中心等新型业态。

加大对省外市场的拓展力度。积极发挥政府服务经济建设的职能，通过举办和组织企业参加各种商品展销会、博览会，扩大省外市场份额。继续加快边界县边贸开发，扶持省级边贸开发区建设，加强闽粤赣边区经济技术协作区和地市经济协作区、闽浙赣皖经济协作区协作关系，促进跨省经贸合作。

（五）努力扩大外贸出口，积极有效地利用外资

做好加入世贸组织的应对工作。深入分析加入世贸组织对我省经济带来的影响，制定应对措施。加快清理和修改不适应世贸组织规则的政策法规，进一步放宽外商投资领域限制，推进审批制度改革。研究和利用好过渡时期条款，保护企业利益。加快培养熟悉世贸组织规则的各类人才。推进服务贸易领域的对外开放。

努力扩大出口规模，优化对外贸易结构。充分发挥传统商品出口潜力，加快纺织、服装、轻工等出口商品的升级换代，继续扩大机电产品出口，提高高新技术产品的出口比重。积极推进进出口企业加入国际连锁网络，扩大对境外连锁企业和超市的出口，减少进入国际采购系统的中间环节，进一步降低出口创汇成本。增加高新技术设备和资源短缺产品进口，提高技术引进效益。

进一步改善对外经贸环境，稳定利用外资规模。认真贯彻落实国家和我省鼓励外商投资的有关政策法规。做好对重点外资项目的跟踪服务，办好现有外资企业，促进增资扩股，推动7个重大外资项目的进展。强化对外招商项目筛选储备工作，加强产业引导，提高项目质量。加大对欧美等发达国家跨国公司及台港澳的引资力度。鼓励国有大中型企业通过资产重组、股份转让、并购等多种方式吸引跨国资本，推进服务贸易、高新技术利用外资工作，办好第五届中国投资贸易洽谈会等一系列招商引资活动，提高招商效果。进一步合理利用国际金融组织和国外政府贷款。

积极贯彻实施“走出去”战略。抓紧制定规划和配套措施，重点扶持和鼓励具有比较优势的企业以加工贸易、境外投资办厂、控股参股、合作开发、技术转让等形式开展境外投资，带动省内产品、设备、技术和劳务出口。

（六）加快推进城市发展和城镇化，着力改善城乡结构

加强城市规划、设计、建设及综合管理。加快城市道路、公共交通、给排水、供气、污水垃圾处理、园林绿化、公共消防和人防工程等基础设施和环境建设，强化城市居住、社会公共服务和社区服务等功能，改善城市环境。进一步发展壮大城市经济，增加更多的就业岗位，促进国有企业下岗职工的再就业和农村剩余劳动力的转移。加强城市信息化工程建设和科教文卫等社会事业建设，增强城市的集聚能力和经济辐射能力。

积极稳妥地发展小城镇。认真做好小城镇发展规划，加快小城镇基础设施和环境建设，搞好小城镇经济综合开发示范项目建设，发展各具特色的小城镇经济。积极探索建立有利于小城镇发展的投融资体制，引导社会资金投入小城镇建设。突出重点，对“十五”计划确定重点推进发展的县城和20个中心小城镇实行政策和资金上的集中扶持。加快改革户籍制度，妥善解决小城镇发展中的建设用地及土地流转等问题，促进农村人口向小城镇的有序转移。

（七）加快山区发展步伐，促进区域经济协调发展

加强山区基础设施建设和优势资源开发。进一步巩固山区“五通”建设已经取得的成绩，加强路面维修等各项工作。加快山区铁路、高速公路和沟通区际联系的交通骨干工程项目建设，加强山区县乡公路建设，提高公路建设等级。积极争取国家以工代赈资金。增加扶贫资金投放力度，促进山区特别是经济欠发达的原中央苏区、老区的经济发展。大力加强山区防洪工程、农田基本建设、小流域综合治理和水土保持等工程建设。大力开发农业、林业、水电、旅游、矿产等山区优势资源，发展优势农副产品的深度加工，延伸特色产业链，促进山区特色经济发展。

加大山海协作和财政转移支付的工作力度。广泛开展山海经贸协作和劳务合作，鼓励山区与沿海通过共创协作区、结对帮扶、互设窗口、联办企业等多种形式，建立利益共同体。引导沿海企业到山区投资兴办内联企业或建设基地，带动山区资源开发。深入开展定点挂钩和对口帮扶工作。精心组织实施“民族乡教育结对子工程”和“对口扶贫支教工程”，建立沿海和山区教育协作制度。继续加大对山区教育的扶持力度，改善山区办学条件。加大对山区县市特别是财政困难县的财政转移支付力度。

（八）搞好生态建设和环境保护，促进经济可持续发展

加强资源管理和环境保护。合理安排年度农用地转用指标特别是耕地转为建设用地指标，将建设占用耕地指标控制在4020公顷以内。积极开展耕地开发和土地整理工作，加强对中低产田的改造和水土流失区域的综合治理，改善土地利用的生态环境，促进土地资源的可持续利用。加强地质灾害防治规划与治理，重视矿山地质环境的管理和保护。高度重视水资源的可持续能力，加大水资源保护力度，在巩固和提高闽江流域水环境综合整治成果的基础上，重点加强九龙江、鳌江等流域的水环境综合整治，抓好流域水污染防治、水土流失治理和生态环境建设，重视农村水源污染防治。改革水的管理体制，建立合理的水价形成机制，强化城市节水工作，加快建设节水型社会。加强海洋生态环境保护。严格执行主要污染物排放总量控制，巩固和扩大“一控双达标”成果。积极探索污水、垃圾处理的产业化途径，加快建设一批城市污水处理厂和垃圾无害化处理场。

加强生态建设。继续开展生态环境保护示范工作，实施特殊生态功能区、重点资源开发区和生态良好区的“三区”保护战略，重点建设7个国家级、省级生态示范县和15个国家级、省级生态农业示范县，实施江河流域生态林保护一期工程、沿海防护林体系四期工程、城乡绿化工程、生物多样性保护工程以及列入国家“十百千”水土保持治理工程等项目，促进全省生态环境实现良性循环。加快水口库区可持续发展实验区建设，探索可持续发展生态经济区的建设模式。积极争取国际合作，推进可持续发展优先项目的实施。

（九）切实增加人民收入，关心和解决好人民生活问题

进一步提高城乡居民收入。把人民生活放在优先位置，不断增加居民收入，特别是广大农民和城镇低收入者的收入。坚持“一要吃饭，二要建设”，加快建立工资逐步稳定增长和兑现的财力保障机制，保证按时足额发放机关事业单位职工工资。完善工资政策，在不同行业及企业中试行年薪制和最低小时工资制。保护合法收入，整顿不合理收入，调节过高收入，取缔非法收入，防止收入分配差距过分扩大。继续为民办实事，切实解决人民群众生活中的困难。

多渠道扩大就业。在大力发展高新技术产业的同时，制定和落实优惠政策，进一步发展具有市场前景的劳动密集型产业，大力发展就业容量大的服务企业、中小企业和非公有制企业。采取灵活的就业方式，发展弹性就业和阶段性就业。进一步完善和落实下岗职工、失业人员再就业和自谋职业的优惠政策，积极开展多种形式的职工培训，加强劳动力市场建设，提高再就业水平。

建立健全社会保障体系。加快建立以养老保险、失业保险、医疗保险为重点的独立于企事业单位之外的社会保障体系。完善省级统筹的企业基本养老保险制度，加快推进国有企业下岗职工基本生活保障向失业保险制度的并轨。确保国有企业下岗职工基本生活费和企业离退休人员养老金按时足额发放。继续推进医疗保险制度、医药卫生体制和药品流通体制三项改革，逐步扩大医疗保险覆盖面，进一步扩大城市居民最低生活保障制度的覆盖范围和建立健全社会福利和救济制度。抓紧建立可靠、稳定的社会保障资金筹措机制，充实社会保障资金。

（十）积极发展各项社会事业，促进社会与经济协调发展

坚持优先发展教育。继续增加教育投入，巩固和提高“两基”教育成果，加快发展高中阶段教育，扩大高等教育规模。加快启动福建农林大学合并扩建工程、福州大学城一期和厦门大学漳州校区、华侨大学新校区建设，切实加强“211工程”和重点学科的二期建设，抓紧做好再设置2～3所本科高等学校的规划、组建和报批工作。逐步剥离高校后勤系统，推进后勤社会化。深化教育改革，鼓励社会力量办学，加快发展职业教育、社区教育和远程教育。

加快文化、卫生、体育、广电等社会事业发展步伐。推进社会事业领域产业化、社会化、市场化改革，拓展投融资渠道，加快社会事业发展。抓紧省博物馆、省体育馆、省立医院改扩建以及省广电中心、福建大剧院等项目建设。繁荣文学艺术、新闻出版、广播影视等各项事业，促进文化产业发展。进一步提高全省广播电视覆盖率。全面发展体育事业，大力开展全民健身活动，发展竞技体育，增强全民体质。按照新的卫生资源配置标准，通过区域卫生规划进行合理的卫生结构调整，实现卫生资源的优化配置。加大对疾病控制、预防保健体系等公共卫生项目建设的投入。继续安排一定的专项资金，扶持贫困地区、革命老区、少数民族地区社会事业的发展。搞好计划生育，提高人口素质，重视人口老龄化问题。

实现今年国民经济和社会发展计划的各项预期目标，计划部门肩负重任。我们要进一步巩固“三讲”教育成果，努力实践“三个代表”的重要思想。要按照先进生产力发展的要求，解放思想，拓宽视野，多提发展的新思路、新举措、新办法，促进经济加快发展。按照先进文化的前进方向，高度重视代表先进文化的社会发展工作，加大对社会事业投入力度，促进社会事业全面进步。按照广大人民利益的根本要求，全心全意为人民谋利益，为基层办实事办好事，不断提高工作质量和水平。切实加强党风廉政建设，强化部门内部监督机制，自觉接受各个方面和人民群众的监督。同时，要强化理论学习，深入基层、加强调研，密切跟踪国内外经济形势，把握经济运行规律，加强对计划执行情况的检查、监督，及时提出对策建议，发挥党委和政府参谋助手的重要作用，保证省人大通过的计划更加顺利实施。

各位代表，从新世纪开始，我省将进入加快推进社会主义现代化建设的新的历史阶段。我们要在党中央、国务院和省委的正确领导下，在省人大的依法监督下，在省政协及各民主党派的积极参与下，依靠全省人民的共同努力，同心同德，开拓进取，努力实现今年国民经济和社会发展的各项任务，使“十五”计划有个良好的开局。

关于福建省2000年预算执行情况及2001年预算草案的报告

2001年2月7日在福建省第九届人民代表大会第四次会议上

福建省财政厅厅长　马路生

各位代表：

我受省人民政府委托，向大会提出2000年预算执行情况和2001年预算草案的报告，请予审议，并请省政协各位委员和其他列席人员提出意见。

一、2000年预算执行情况

2000年，在党中央、国务院和省委、省政府的领导下，在省人大及其常委会的依法监督下，全省上下齐心协力，财政工作取得了可喜的成绩，地方级财政收入较好地完成了预算，保持了与经济增长相适应的态势。财政支出基本保证了工资发放、社会保障和稳定的需要，加大了对农业、科技、教育以及省委、省政府确定的其他重点项目的投入。

省九届人大三次会议通过的2000年全省财政收入预算为333.86亿元，其中中央级收入114.6亿元，地方级收入219.26亿元。地方级收入加上中央税收返还等收入59亿元，全省总财力278.26亿元。按照收支平衡原则，相应安排支出278.26亿元。据快报统计，2000年，全省财政总收入369.53亿元，占年初预算的110.7%，比上年增收63.79亿元，增长20.9%。其中地方级收入234.03亿元，占年初预算的106.7%，比上年增收31.95亿元，增长15.8%。全省财政收入继续保持了略高于经济的增长。加上中央税收返还59亿元，全省实际总财力为293.03亿元。全省财政支出322.77亿元（包括中央补助收入和上年结转安排的支出），比上年增支46.18亿元，增长16.7%。

2000年政府性基金收入34.21亿元，基金支出30.79亿元。

省九届人大常委会22次会议批准2000年省本级预算收入为22.17亿元，支出预算为67.09亿元。据快报统计，2000年，省本级收入23.05亿元，占预算104%，比上年增收3.5亿元，增长17.9%；省本级支出78.72亿元（包括中央专款和上年结转支出），比上年增支18.98亿元，增长31.8%。

2000年省本级政府性基金收入20.17亿元，基金支出18.41亿元。

2000年财政决算还在编制中，以上预算执行数在决算编成后还会有些变化。省本级财政收支待决算编成后再报请省人大常委会审批。

各位代表，一年来，我省各级财政部门认真实践江泽民总书记关于“三个代表”的重要思想和在省部级主要领导干部财税专题研讨班上的讲话精神，紧紧围绕全省改革、发展、稳定的大局，执行中央的积极财政政策，大力推进财政制度创新，狠抓财政管理，通过依法组织收入和调整支出结构，科学运筹资金，充分发挥财政职能，较好地支持了全省经济发展和社会事业进步。

（一）认真落实积极的财政政策，支持经济结构调整和山区发展。一是支持基础设施建设，全省基本建设支出29.26亿元，并争取中央国债资金13.91亿元，重点加强公路、铁路、电力等基础设施和防洪工程建设。同时，提款使用世行、亚行贷款0.54亿美元，用于支持我省高速公路、城市供水和卫生项目的建设。二是加大技术改造投入力度，支持企业发展。全省预算内企业挖潜改造资金支出11.12亿元，增长15.4%。各级财政还认真落实省政府有关鼓励出口的财税政策，建立外贸发展专项资金，支持外贸出口。三是按照省委、省政府加快山区发展和建设海洋大省的决定，增加对山海协作的资金投入，省级财政在预算内安排1.56亿元的基础上，还从省级预算外资金中筹集1.2亿元用于支持山区发展。同时，省财政还加大对困难地区的转移支付力度，试行基本公共服务保障办法，2000年省级对下转移支付为7.5亿元，比上年增加2亿元。

（二）突出重点，支持农业和科技教育事业发展。2000年，全省支农支出21.51亿元，增长9.8%，有力地促进了农民增收和农业的发展。全省科技支出8.24亿元，增长17.5%，同时建立了“高科技风险投资基金”，落实中央出台的软件开发企业等税收优惠政策，进一步支持我省高新技术产业发展。全省教育事业费支出61.83亿元，增长17%，重点支持了高等院校、师范院校布局调整、管理体制改革以及重点学科建设。此外，文化、卫生、体育、广播等事业支出也都实现了较大幅度的增长。

（三）加强预算管理，推进预算制度改革。一是在2000年试编部门预算的基础上，全面编制2001年部门预算，实行部门综合预算和零基预算以及定员定额编制办法，统筹安排预算内外财力。二是试行国库统一支付工资制度。至2000年底，全省各级党政群机关、学校实行国库统一支付工资单位达8154个、人数30.2万人，约占财政供养人数的35%。三是制定了福建省政府采购管理暂行办法，从试行情况看，采购资金平均节约率在10%以上。四是开展农村税费改革试点，在充分调研的基础上，研究起草了我省农村税费改革工作方案以及有关配套措施。

（四）支持社会保障制度建设，维护社会稳定。2000年全省用于社会保障方面的支出28.46亿元，占全省财政支出的8.8%，比上年增长51.22%，其中：国有企业下岗职工基本生活保障、再就业资金和补充养老保险资金3.5亿元。同时，积极开展养老保险金、失业保险金的征缴工作，2000年全省征收“两金”36.41亿元，保证了国有企业下岗职工基本生活和企业离退休人员养老金的及时足额发放。在稳步推进城镇职工基本医疗保险制度改革方面，进一步完善了企业基本养老保险制度、失业保险制度和城市居民最低生活保障制度，改革社会保险费的征管模式，研究制定社会保险费改由税务部门征收的配套政策。同时，加大对公检法司的投入，全省公检法司支出20.97亿元，比上年增长11.8%，较好地保证了政法部门维护社会稳定的资金需要。

（五）加强财政监督，依法理财取得进展。一是开展财政收入级次专项检查，同时，对税务统计、社保、救灾、水利防洪等专项资金进行重点检查，加强了专项资金的管理。二是认真贯彻实施《会计法》，加强会计基础工作，强化会计监督，组织开展对50家国有企业、股份制企业、民营企业会计信息质量和相关的社会审计机构执业质量进行抽查，对查出的问题，按法定程序处理，严厉打击了财会工作中的虚假行为。三是抓好注册会计师协会、资产评估协会、注册税务师管理中心“三会合并”工作，并开展经济鉴证类中介机构和执业人员清理整顿工作。四是加强对财政性资金投融资工程建设项目概算和预决算的审核，2000年全省送审投资38.72亿元，通过审核核减投资4.79亿元，核减率达12.38%，取得初步成效。

各位代表，2000年是“九五”计划的最后一年，2000年财政任务的完成，标志着财政“九五”计划的顺利实现，为实现“十五”财政新发展奠定了良好的基础，“九五”期间，针对复杂多变的国内外环境，按照中央和省委、省政府的统一部署，适时将前期的适度从紧财政政策调整为积极财政政策，刺激有效需求，有力地拉动了经济的增长，从而保持了财政收入的稳步增长。“九五”期间，我省财政收入完成1431.4亿元，平均每年增收37亿元，年均增长14.9%，财政收入占GDP的比重由1995年的8.5%上升到2000年的9.3%，扭转了财政收入占GDP比重下滑的趋势，为各项事业的发展奠定了可靠的财力基础。“九五”期间，我省财政支出完成1281.53亿元，比“八五”期间增长1.2倍，年均增长13.47%，其中，我省财政直接用于社会保障方面的支出占财政支出的比重由1995年6.9%上升到2000年的8.8%，增加了1.9个百分点；用于农业、科技和教育的支出占财政支出的比重由1995年的25.7%上升到2000年的34.2%，确保了重点支出和社会事业的发展。同时，积极推进财政改革，建立转移支付制度，完善财政体制，实行零基预算和部门预算，加强预算外资金的管理，强化了行政性收费和罚没收入“收支两条线”管理，初步建立了预算内外资金监督管理的新机制。

“九五”期间财政工作虽然取得了一定的成绩，但我们也清醒地看到，当前我省财政运行中还存在一些深层次的困难和问题，主要是：财政发展后劲不足，新的财政收入增长点少；地区间财政发展的不平衡问题突出，一些县市财政收入中税性收入比重偏低，影响了收入的稳定性；财政供养负担过重、包揽过多，财力分散，一些县市出现欠发工资现象；有的地方政府负债过重，财政风险加大；财政管理特别是预算外资金管理还不够到位，财政监督还不够有力等。对于这些困难和问题，必须通过全面深化财政改革，整顿财经秩序，加强财税管理，逐步加以防范和解决。

二、2001年预算草案

2001年省代编的全省财政地方级收入计划为255亿元，增加20.97亿元，增长9%（加上上划中央“两税”收入151.41亿元，财政总收入为406.41亿元）。地方级收入加上中央税收返还63.81亿元，全省总财力318.81亿元，比上年实际增加25.78亿元，增长8.8%。相应安排支出318.81亿元，增长8.8%。其中，支农支出20.55亿元，增长8.9%，略高于财力增长。科技支出9.51亿元，增长10%，高于财力增长1.2个百分点。教育事业费67.83亿元，增长9.9%，高于财力增长1.1个百分点。用于社会保障的支出27.64亿元，增长11.2%。

2001年代编的全省纳入预算管理的基金收入为35.29亿元，相应安排基金支出35.29亿元。

以上提交审议的2001年预算是省代编预算，待各地人大通过的预算汇总后再报省人大常委会。

2001年省本级收入安排27.24亿元，扣除工商行政性收费收入纳入预算以及体制变动等不可比增收2亿元后，可比增长9.2%。省本级收入加上中央体制补助收入55.17亿元和地市体制上缴收入33.65亿元，减补助地市支出43.06亿元，省本级财力为73亿元，增加5.33亿元，增长7.9%。相应安排省本级支出73亿元。

2001年省本级政府性基金收入预计21.57亿元，相应安排基金支出21.57亿元。

这里需要说明的是，根据《预算法》和《预算法实施条例》有关规定，地方预算由本级政府预算和汇总的下一级总预算组成。鉴于中央级收入属于中央预算，因此从2001年起，全省代编预算不再包括中央级收入。为便于人大代表了解上划中央“两税”的情况，拟采取加括号说明的方式予以反映。

为确保预算收支平衡，2001年预算安排坚持了以下几条原则：

（一）财政收入的增长与经济增长相适应，逐步提高财政收入占国内生产总值的比重。进一步优化收入结构，提高税性收入占整个财政收入的比重。

（二）坚持“有所为、有所不为”的原则，逐步减少竞争性、经营性领域的财政投入和清理压缩一般性专项补助，规范财政支出范围，逐步建立公共财政框架。

（三）调整和优化支出结构，集中财力保证重点。支出安排要体现“一是吃饭、二要建设”的原则，保工资、保稳定，增加对农业、科技和教育的投入，着力解决事关全省经济发展和社会进步与稳定的急迫问题。

（四）坚持收支平衡，统筹预算内外财力，强化对各项资金的收支管理和集中捆绑使用，提高财政资金使用的合力和效率。

为确保中央和省委、省政府确定的工作重点，2001年省本级支出预算安排突出了以下几个方面：

（一）加大基础设施投入，支持经济结构调整。今年在继续争取中央新增国债资金的同时，省本级增加了基本建设和基础设施投入，共安排9.66亿元，用于支持铁路、高速公路等基建和基础设施建设，重点保证在建项目尽快建成并发挥效益。还安排企业挖潜改造资金2.78亿元，用于支持重点行业、重点企业、重点产品的技术改造和外贸出口，促进国有企业结构调整。另外，为支持山区发展，省本级安排支援不发达地区资金以及从预算外资金中安排山区发展资金共2.61亿元。

（二）增加社会保障资金，确保调资政策兑现。2001年省本级预算安排各种社会保障支出共8.26亿元，比上年增加1.78亿元，增长27.4%。其中：行政事业单位离退休经费4.34亿元，抚恤和社会救济费1.09亿元，社会保障补助支出2.83亿元。同时，省本级增加调资经费1.5亿元，确保调资政策兑现。

（三）增加农业、科技、教育经费，推进各项事业发展。省本级支农支出安排6.78亿元，增长8%；科技支出安排2.91亿元，增长10.4%；教育经费安排7.94亿元，比上年增加1.76亿元，增长28.5%。

（四）加大财政转移支付力度，支持农村税费改革。2001年省本级安排对困难地区的转移交付补助11亿元，比上年增加3.5亿元，其中，预安排农村税费改革补助2亿元，以支持农村税费改革试点，同时安排困难县调资补助1.5亿元。

三、深化财政改革，规范收支管理，推进依法理财，努力完成2001年的预算任务

根据中央、省委关于制定国民经济和社会发展第十个五年计划的建议，“十五”期间，我省财政改革与发展的指导思想是：以江泽民总书记“三个代表”的重要思想为指导，认真贯彻省委六届十二次会议精神，综合运用财政政策手段，继续实施积极财政政策，发挥财政在宏观经济调控中的职能作用；

加强收入征管，调整和优化支出结构；推进财政支出管理制度改革，按照“比例适当、集散有度、收支合理、使用得当”的要求，努力构建公共财政框架；坚持依法行政，严格财政监督管理，规范财经秩序，提高财政调控能力、保障能力和抗风险能力，更好地服务于我省改革、发展和稳定的大局。

根据上述指导思想和当前的财政经济形势，为实现今年财政预算，各级财政部门将重点抓好以下几方面工作：

（一）发挥财政宏观调控作用，促进经济持续发展。

围绕经济工作主线，继续贯彻落实积极财政政策，运用好国债投资，支持基础设施建设。认真落实鼓励投资、刺激消费、支持出口等一系列政策措施，拉动社会需求，促进经济发展。加快科技教育发展和人才培养开发。积极支持高新技术产业发展，建立发展高新技术产业的风险投资机制和科技创新机制，支持高新技术产业开发区建设，形成新的经济增长点和生财点，并支持改造传统产业，促进产业结构调整。认真研究企业重组改制中的财税政策，按照“国家所有、分级管理、授权经营、分工监管”的原则，建立以资本金预算管理和绩效评价为手段的国有资产管理体系，在加强已授权公司管理监督的同时，重点做好省定的十大集团公司的改制和授权经营工作。通过加强企业财务与资产的管理，建立责任明确的资本金出资人制度，推动国有资产的合理流动与重组，促进国有企业的战略性改组。

认真落实支持山海协作、扶持山区发展的各项财税优惠政策。在加大对老、少、边、岛地区财政转移支付的同时，集中捆绑使用各种山区发展资金，加大对山区的扶持力度。加大对农业的投入，重点支持农田水利等基础设施、农业综合开发、科技推广应用和生态环境以及农村城镇化建设，促进农业和农村经济结构调整。

（二）努力做好增收节支工作，确保财政收支平衡。

大力组织收入，建立和完善科学的征管体系，严格依法征税，加大对偷税、逃税、骗税行为的查处力度，严禁各地区、各部门擅自减税、免税、缓税，做到应收尽收，均衡入库，扎实收入，确保全省财政收入稳步增长。同时。积极开辟新的财政收入渠道，挖掘财政收入潜力，推行土地、海域、矿产资源等有偿使用管理制度改革，促进旅游等第三产业的发展，培植财政收入的新增长点。在促进国有经济税收稳步增长的同时，逐步提高非公有制经济和第三产业税收的比重。

大力调整支出结构，合理界定财政资金供给范围。切实解决财政供养人口过多、包揽过宽的问题，特别是要抓住即将开始的市县机构改革有利时机，做好定编定岗定员工作，清理超编人员，严格控制人员经费。同时，切实做好各项支出内部结构的调整。对农业、科技、教育事业等大项支出要集中资金用于重点领域、重点项目的投入。对基本建设、挖潜改造等生产建设性资金，要有进有退，进而有为，退而有序，调整支持的方式和方法，通过逐步退出一般竞争性、经营性领域的直接投资，集中资金重点用于支持基础设施建设、支柱产业和高新技术产业的发展。要加强财政支出管理，牢固树立勤俭节约的观念，反对铺张浪费，提高资金使用效益。同时，坚持收支平衡的原则，在加强预算外资金管理的基础上，综合预算内外资金统筹安排，做到有保有压，确保重点，不允许打赤字预算，不能搞虚假平衡，在预算执行中不再开新的减收增支口子，确保预算的法定性和严肃性。

（三）以建立公共财政框架为目标。全面推进财政改革和制度创新。

各级财政要坚持以支出管理制度改革为重点，全面推进财政改革。一是加快实行部门预算改革步伐。在省级全面推行部门预算的基础上，加快市县部门预算改革步伐，细化部门预算编制，实行综合预算和零基预算，制定科学合理的定员定额标准和试行项目预算。对行政事业性专项支出和建设性支出，通过建立项目库，择优安排，逐步实现项目预算的滚动管理。实行部门预算后，要取消各项拨款留机动的做法。对确需预留的资金，通过增列预备费，实行集中、统一管理。逐步减少各种专项拨款，增加规范的转移支付资金；二是试行国库集中收付制度。今年争取做到对全省县市以上党政群机关以及财政拨款的事业单位人员实行国库统一支付工资制度。同时，配合中央实行国库单一账户制度改革的试点，逐步取消收入过渡户，支出由国库直接支付，加强财政资金的统一调度和管理。三是积极推行政府采购制度。扩大政府采购范围，制定代理机构、供应商准入规则，建立政府采购项目专家评审制度，规范政府采购的运作程序，按照竞争、择优、公正、公平、公开的原则实行政府采购，优化资源配置，提高采购资金使用效益。

支持社会保障体系建设。要继续做好“两个确保”工作，切实保证国有企业下岗职工基本生活费和离退休人员养老金及时足额发放，维护社会稳定。并逐步将目前的“三条保障线”转化为失业保险和城市居民最低生活保障“两条保障线”。推动社会保障管理和服务的社会化；强化社会保险费的征缴，提高征缴率，扩大覆盖面；全面实施城镇职工基本医疗保险制度，加快医药卫生体制改革步伐，实行药品收支结余两条线管理；同时，积极会同有关部门研究和建立社会保障筹资机制，在适当提高社会保障支出占整个预算支出比重的基础上，拓宽筹资渠道，通过资本市场规范运作、扩大彩票发行规模等方式，多方筹集社会保障资金，支持社会保障体系建设。

2001年要积极稳妥地推进农村税费改革试点。通过农村税费改革，精简基层机构和人员，压缩财政供养人数，规范国家、集体、农民三者的分配关系，切实减轻农民负担；增加农民收入。今年每个地市选择1～3个县进行试点，在总结试点经验的基础上，明年全省全面实施农村税费改革制度试点。

（四）健全财政监督检查机制，推进依法理财。

财政监督检查是依法理财的重要手段，必须通过深化改革，逐步建立健全内外监督相结合，行政监督和社会监督相结合的多层次、全过程的财政监督检查体系。要加大对机关事业单位工资发放的监督检查力度，及时反映和掌握工资发放动态，督促解决工资拖欠问题。严格按照有关规定，对当年存在欠发职工工资的地方，领导干部不准出国、不准购买小汽车、不得盖楼堂馆所、不得用财政资金搞基本建设。规范政府收费行为。加大清理乱收费力度，对确需保留的行政事业性收费，严格实行“收支两条线”管理。同时，进一步加强财政内部监督，在财政部门内部形成预算编制与执行相分离，寓监督于预算管理全过程的预算运行机制，从制度上保证内部监督检查的经常化、规范化。

认真贯彻《会计法》，严厉打击会计工作中的造假行为。试行会计委派制度，并将会计委派工作同实行部门预算、推行政府采购和国库集中收付制度等财政管理制度改革衔接起来，加强全社会的会计监督。继续清理整顿经济鉴证类社会中介机构，建立起与社会主义市场经济体制相适应的经济鉴证类中介机构管理体制。

要加强财政对政府直接投资的基建工程项目的监控，建立追踪问效和反馈机制。从项目的论证阶段开始，对其建设全过程的资金使用情况实施监控。要加强政府负债管理，防范财政风险。严格界定政府举债权限和范围，实行借、用、还统一管理。各级财政要根据负债情况，建立相应的偿债基金和还贷准备金，特别是对利用世行、亚行和外国政府贷款等主权外债所实施的非经营性项目，应根据还款进度从财政预算中足额安排还贷资金，以确保到期债务及时归还。同时加大财政对政府债务集中管理的力度，建立风险预警体系，确保财政安全运行。

（五）转变职能，改进作风，提高理财水平。

各级财政部门要按照江泽民总书记提出的“三个代表”的要求，增强公仆意识和服务意识，坚持为人民理财正确对待和使用权力；转变财政职能，从原来注重对微观事项的管理，转向对政府收支行为的规范化管理。深入开展调查研究，着力解决当前财政改革中的热点、难点问题，进一步强化内部管理，规范工作制度，减少行政审批，提高办事效率，努力形成运转协调、行为规范的工作机制，切实提高依法行政、依法理财的水平。

各位代表，2001年财政工作任务十分繁重，我们一定要在省委、省政府的领导下，在人大依法监督下、统一思想，坚定信心，齐心协力，扎实工作，确保圆满完成预算任务，以优异成绩为新世纪开好局，起好步！

福建省国民经济和社会发展第十个五年计划纲要

2001年2月13日

目　录

序　言

从新世纪开始，福建进入了加快推进社会主义现代化的新阶段。今后5～10年，是我省开始实施现代化建设第三步战略部署的重要时期，是进行经济结构战略性调整的重要时期，也是完善社会主义市场经济体制和扩大对外开放的重要时期。

回顾改革开放以来的发展历程，我省贯彻执行党的路线方针政策，坚持用发展的办法解决前进中的问题，坚持改革开放和加快经济结构调整，坚持“两个文明”建设一起抓，坚持走符合福建实际的发展道路，经过全省人民的共同努力，国民经济和社会发展取得巨大成就。随着“九五”计划的胜利完成，现代化建设的前两步战略目标全面实现。国民经济跨越式发展，综合实力显著增强。20多年来国内生产总值年均增长超过13%，“九五”期间国内生产总值和人均国内生产总值先后实现比1980年翻三番以上。经济结构调整积极推进，经济增长的质量和效益逐步提高。改革开放取得重大成果，社会主义市场经济体制初步建立，对外开放向高层次、宽领域、纵深化发展。基础设施建设成绩突出，实现了由制约型向初步适应型的转变。商品短缺状况基本结束。人民生活总体上达到小康水平。各项社会事业全面进步，精神文明建设和民主法制建设进一步加强。同时，当前经济社会发展仍然存在一些矛盾和问题，必须在今后努力加以解决。主要是：产业结构不合理，区域经济发展不协调，城镇化水平低；国民经济整体素质不高，有效需求和发展后劲不足，阻碍生产力发展的体制性因素仍然存在；科技创新能力弱，教育发展比较落后，人才资源与发展需求存在差距；农民和城镇部分居民收入增长缓慢，人口、资源、环境和就业的压力较大，社会事业某些方面发展相对滞后；腐败现象还不同程度地存在，一些地方社会治安和安全生产状况较差，市场秩序亟待进一步整顿等。

国民经济和社会发展“十五”计划，是我国进入新世纪的第一个五年计划，是开始实施现代化建设第三步战略部署的第一个五年计划，是社会主义市场经济体制初步建立后的第一个五年计划，也是我省加快建设海峡西岸繁荣带，有条件的地方率先基本实现现代化的一个关键的五年计划。全省“十五”计划是由本纲要和重点专项规划、行业规划和地区规划等组成的体系。本纲要根据《中共福建省委关于制定国民经济和社会发展第十个五年计划的建议》编制，是“十五”期间（2001～2005年）我省经济社会发展的宏伟蓝图和行动纲领，主要阐述政府战略意图，明确政府工作重点，引导市场主体行为方向，是战略性、宏观性、政策性的规划。

一、发展战略与目标

（一）指导思想

当前，经济全球化趋势增强，科技革命迅猛发展，产业结构调整步伐加快，国际竞争更加激烈。经过20多年的改革开放和发展，我国社会生产力水平和人民生活水平迈上了一个大台阶，商品市场供求关系、经济发展的体制环境和对外经济关系发生了重大变化。我国即将加入世界贸易组织，国家实施西部大开发战略和“走出去”战略，中央对东部沿海地区加快发展提出更高要求，先进省市都力争在新世纪的竞争中抢占领先位置。国内外形势的深刻变化和发展趋势，给我省带来了新的发展机遇和严峻挑战。

面对改革开放和现代化建设新阶段的形势和任务，必须坚持党的基本理论、基本路线和基本纲领，遵循“三个代表”的重要思想和中央对东部沿海地区的要求，进一步解放思想，实事求是，正确处理改革、发展和稳定的关系，全面实施富民强省战略，着力增强发展后劲，推动经济发展和社会全面进步，加快建设经济繁荣、社会稳定、生活宽裕、科教先进、环境优美、政治民主、法制健全、文明开放的省份，为服务全国大局和祖国统一大业作出贡献。“十五”期间要突出贯彻以下指导思想：

——把加快发展作为主题。正确理解和全面贯彻发展是硬道理的思想，坚持以经济建设为中心不动摇，抓住机遇，保持较快的发展速度，树立科学的发展观，注重发展速度和效益的有机统一，注重生态建设和环境保护，注重人的全面发展。

——把结构调整作为主线。以提高经济效益为中心，以提高经济的整体素质和国际竞争力、实现可持续发展为目标，积极主动、全方位地对经济结构进行战略性调整，着力调整优化产业结构、地区结构和城乡结构，改善基础设施和生态环境。坚持在发展中推进经济结构调整，在经济结构调整中保持快速发展。

——把改革开放和科技进步作为动力。勇于突破束缚生产力发展的体制性障碍，深化市场取向的改革。全面估量加入世界贸易组织后的新形势，积极参与国际经济合作与竞争，扩大开放。切实推进科教兴省战略的实施，努力振兴科技，加快发展教育，大力开发人才资源。

——把提高人民生活水平作为根本出发点。积极扩大就业，努力增加城乡居民尤其是广大农民和城镇低收入者的收入。加快健全社会保障制度，发展社会福利事业，提高社会公共服务水平。在改善物质生活的同时，充实精神生活，美化生活环境，提高生活质量。

——坚持经济社会协调发展。把物质文明建设和精神文明建设作为统一的奋斗目标，坚持两手抓、两手都要硬的方针，把精神文明和民主法制建设推向新水平，确保社会稳定。正确处理经济发展与人口、资源、环境的关系，促进经济社会可持续发展。

在新的体制和形势下，实现国民经济持续快速健康发展，关键在于提高综合竞争力，增强环境吸引力。继续完成工业化是我省现代化进程中的艰巨的历史性任务，大力推进国民经济和社会信息化是覆盖现代化建设全局的战略举措。要以信息化带动工业化，实现社会生产力的跨越式发展。

（二）发展目标

“十五”时期我省国民经济和社会发展的主要奋斗目标是：国民经济保持较快发展速度。经济结构战略性调整取得明显成效，经济增长质量和效益显著提高，为到2010年人均国内生产总值比2000年翻一番奠定坚实基础；国有企业建立和完善现代企业制度，非国有经济的发展环境明显改善，社会主义市场经济体制初步完善；在更大范围内和更深程度上参与国际国内经济合作与竞争，与台港澳侨合作和交流更加密切，开放型经济发展迈上新的台阶；社会保障制度比较健全，就业渠道拓宽，城乡居民收入不断增加，小康生活逐步宽裕；科技教育加快发展，文化事业更加繁荣，生态建设和环境保护得到加强，国民素质不断提高，精神文明、民主法制和国防建设进一步加强。到2005年，经济发展后劲显著增强，海峡西岸繁荣带建设取得重大进展，厦门经济特区和其他有条件的地方率先基本实现现代化。

“十五”期间我省国民经济和社会发展的主要预期目标是：

——综合经济实力进一步增强。2005年全省国内生产总值达到6030亿元（2000年价格，下同），5年平均增长9%，争取在实际执行中更快更好些；人均国内生产总值达到17500元。全省财政收入增长与国内生产总值增长相适应，财政实力显著提高。全社会固定资产投资适度快速增长，投资率保持30%左右。

——经济结构调整取得明显成效。2005年三次产业增加值的比重调整为12：46：42，就业比重调整为39：24：37。基础设施更加完善配套。国民经济和社会信息化程度显著提高。地区经济布局趋向合理。城乡结构初步改善，2005年全省城镇化水平达到42%。

——科技教育加快发展。2005年全社会研究与开发经费占国内生产总值的比例提高到1.5%，科技创新能力增强，高新技术产业化步伐加快，高技术产业增加值占国内生产总值比重达8%。在普及九年制义务教育基础上，加快普及高中阶段教育，2005年高中阶段教育和高等教育毛入学率分别达到60%和13%以上，高等教育实现大众化初级水平。

——可持续发展能力显著提高。人口自然增长率控制在9‰以内，2005年全省总人口控制在3520万人以内；全省森林覆盖率继续保持在60%以上，城市建成区绿化覆盖率35%；城乡环境改善，主要污染物排放总量控制在国家规定的目标值以下，自然资源利用趋于合理。

——人民生活质量进一步改善。城镇和农村居民人均可支配收入年均增长5%。就业渠道拓宽，城镇登记失业率控制在4%以内，5年新增城镇就业200万人以上。2005年城镇职工基本养老保险、失业保险、基本医疗保险参保率分别达到100%、90%和80%。城镇居民人均住宅建筑面积29平方米，有线电视入户率为80%，城乡医疗卫生服务设施进一步改善，文化、体育设施增加，社会公共服务水平和覆盖面提高。社会风气、社会信用和社会秩序明显好转。

——体制改革和对外开放迈上新台阶。国有企业、金融体制、财税体制、投融资体制、市场体系、收入分配和政府机构等方面改革取得新的进展。建立健全符合国际规范和国情的对外经济贸易体制。实际利用外资年均40亿美元，进出口总额年均增长8%。出口贸易和利用外资结构更加合理。

——有条件的地方率先基本实现现代化。厦门经济特区等有条件的地方经济社会发展的重要领域的主要指标达到上中等收入国家和地区的水平，其中人均国内生产总值达5000美元以上，率先基本实现现代化，为全省加快社会主义现代化建设发挥示范、辐射和带动作用。

经过未来5～10年的发展，我省要进一步成为与珠江三角洲和长江三角洲紧密联结的东南沿海经济发展活跃地区，成为社会主义市场经济体制比较完善的充满生机和活力的地区，成为在祖国统一大业中发挥特殊作用的重要地区，成为积极参与国际竞争与合作的开放地区，成为经济和社会相互协调、人和自然相互和谐的可持续发展地区。

（三）重点建设

“十五”期间，政府将围绕国民经济和社会发展的重大战略思路，在关系发展全局的战略性领域，集中力量，组织推动或直接投资建设一批骨干工程。

——着眼于推进国民经济和社会信息化，加快建设“数字福建”工程，初步建立较为完备和先进的国民经济和社会信息化体系；

——着眼于扩大发展腹地和增强国防交通保障能力，加快建设进出省铁路、公路和以福州、厦门两个主枢纽港为龙头的综合港口；

——着眼于建立稳定可靠的能源保障体系，建成一批骨干电源工程和与省外联网工程，优化电源结构，完成城乡电网建设与改造，开发利用洁净及可再生能源；

——增强抵御自然灾害能力，建设以水利为重点的十大防灾减灾体系和粮食安全体系；

——加快工业化进程，建设一批重大工业骨干项目，推进工业改组改造和结构优化升级，提升产业竞争力；

——加快科教兴省步伐和大力开发人才资源，建设一批重大科技、教育项目，增强科技教育综合实力；

——进一步繁荣社会主义文化和提高社会公共服务水平，建设一批重大文化、卫生和体育设施；

——加强污染防治和生态环境保护，重点整治流域性、区域性和行业性污染，解决水、大气等环境污染问题，建设一批污水垃圾处理等环保基础设施。

二、发展方向和重点

（一）农业和农村经济

继续把农业和农村工作放在经济工作的首位，积极探索新形势下农业和农村经济发展的新途径，确保农业发展、农民增收和农村稳定。坚持面向市场，依靠科技进步，大力调整农业和农村经济结构，以农业产业化经营为主要途径加快发展现代农业，保证农业在提高整体素质和效益的基础上持续、稳定发展，实现农民收入持续增长，全面推进宽裕型小康建设，争取有条件的地区率先基本实现农业现代化。

保护和提高粮食生产能力。严格执行基本农田保护区制度，保持全省耕地总量动态平衡。实施“种子工程”，加强国家级、省级商品粮基地建设，广泛开展群众性农田基本建设。着力调整粮食品种结构，改善粮食品质，提高粮食加工转化能力。建立符合省情和社会主义市场经济要求的粮食安全体系，通过多种途径确保粮食市场供求基本平衡。

拓宽农民增收领域。引导农户调整农产品生产结构，发展多种经营，扩大生产高附加值的产品。实行适度规模经营，提高劳动生产率。大力促进农村富余劳动力向非农产业和城镇转移。积极发展有利于农民增收的各项事业，扩大农民劳务收入。加大对农业、农民的支持和保护力度，保护农民生产积极性。

调整农业和农村经济结构。以农户和企业为主体，全面调整种植业作物结构、品种结构和品质结构，发展优质高产高效种植业。加快发展畜牧业，在稳定生猪生产的基础上，推进地方名特优畜禽品种系列开发。发展奶牛业，推进牧工商一体化。充分开发利用山海资源，发展壮大林业和水产业。提高森林资源质量，实施林业分类经营，重点发展商品林尤其是速生丰产工业原料林基地生产。优化水产养殖结构，发展浅海养殖，提倡耕海牧渔，积极发展远洋捕捞业，加快发展水产加工业。发挥各地比较优势，发展特色农业，着力培植水果、蔬菜、茶叶、食用菌、花卉等主导产品。促进大宗农产品生产的专业化、基地化、规模化，提高农产品商品率。发展生态农业、订单农业和创汇农业。尊重农民意愿，积极发展农业产业化经营，支持与农民形成利益共同体的“龙头”企业加快发展。发展农产品加工、销售、储运、保鲜等产业。鼓励农业服务组织创新，培育农业经纪人队伍，增加服务内容，全面发展农村社会化服务。引导乡镇企业推进结构调整、技术进步和体制创新，促进乡镇企业向城镇集中布局、健康发展。扶持10个现代农业示范县（市）、30个示范园和一批省级乡镇企业示范工业小区、乡镇企业专业市场和信息网络体系建设。扩大农业对外开放，发展外向型农业，加强闽台农业合作。

扶持农村基础设施建设。多渠道增加对农业和农村的投入，坚持群众性农田基本建设，加强农村道路、供电、供水、通信等基础设施建设，推进农业机械化、水利化和农村电气化，改善农村生产、生活和市场条件。搞好农田灌溉等农村中小型水利工程维护和建设，对大中型灌区进行以节水为中心的灌区配套建设及改造，实施节水增效示范工程和节水增产重点县工程，新增节水灌溉面积16.7万公顷。加强农村能源建设，发展沼气，继续实施农网改造工程，实现城乡用电同价。加强农村通信基础设施建设，降低农话成本，实现城乡通话费同价。继续建设广播电视覆盖工程，到2005年全省广播电视人口覆盖率达98%。加强以产地批发市场为重点的农产品市场基础设施建设。

加强农业技术研究与推广，推动农业科技进步。加大农业科技投入，支持农业科技创新，加强以农业科技成果推广为重点的科技服务体系建设。实施以种子种苗工程为核心的农业科技工程，建设若干农业重点实验室和一批国家级、省级星火技术密集区以及农科教结合的高新技术示范园区。稳定农技推广队伍，加强科技服务和信息服务。加快建立农产品市场信息、食品安全和质量标准体系。

深化农村改革，加强政策支持。长期稳定以家庭承包经营为基础、统分结合的双层经营体制。在有条件的地方，根据群众意愿，引导土地使用权流转。全面推进农村税费改革，适度合并乡镇，改革乡镇机构，精简工作人员，切实减轻农民负担。加快发展市场中介服务组织和专业合作经济组织，引导和扶持农村专业协会、各种形式的农民流通组织和农民经纪人队伍。深化农产品流通体制市场取向的改革，发挥各类中介组织在搞活农产品流通中的积极作用。继续深化农村供销合作社改革，充分发挥其在引导农户进入市场、推动农业产业化经营、搞活农产品流通中的作用。完善粮食收购保护价、粮食储备和风险基金制度，坚持按保护价敞开收购农民余粮，实行优质优价。建立健全适应市场经济要求，国家、集体、农民投入及其他社会投入相结合的农业投入体系。改革农村金融体制，改善金融服务，增加对农业的信贷投放，充分发挥农村信用社支持农户生产经营的作用。完善对农业的综合支持，增加对农田水利建设、病虫害防治、良种繁育、农产品检疫等方面的投入。

（二）工业与建筑业

以市场为导向，以企业为主体，以技术进步为支撑，突出重点，有进有退，加快优势行业和主导行业向规模化、集约化发展，加快形成具有自主知识产权和技术优势的新兴产业，促进结构优化升级，增强产业的整体素质和竞争力。

改造提高传统产业。围绕开发新产品、改善质量、节能降耗、防治污染和提高劳动生产率，积极运用高新技术和先进适用技术，加快传统产业的技术改造和产业重组，重点改造一批骨干企业，提高工艺技术和装备水平。轻纺工业要加强新产品、新技术的研究开发，提高设计和制造水平，实现产品升级换代，重点发展浆纸、绿色食品和纺织服装等市场潜力大的产品。建材工业要重点发展优质浮法玻璃生产及深加工、新型干法水泥、中高档建筑陶瓷和新型建材及制品。林产工业要实行林纸、林板结合，重点发展高档纸、新板种和林化产品的深加工系列产品。冶金工业要增加优质钢材，铝和钨深加工产品，综合利用锰、稀土和黄金等矿产。医药工业要以现代技术改造传统医药产品，大力发展生物技术药物、现代中药和海洋药物。

加快发展壮大电子信息、机械和石化三大产业。电子信息产业要重点开发应用微电子、数字技术、软件技术和网络技术等，加快发展具有自主知识产权和竞争优势的技术和产品。硬件制造业重点发展为国民经济和社会信息化配套的投资类产品，软件业优先发展在国民经济中起重要作用和市场需求量大的应用和支撑软件，集成电路产业重点发展设计业和提高后道加工能力，并利用对台优势引进生产线。机械工业要培育壮大以交通运输设备、工程机械、电气机械制造为重点的机械装备工业，巩固发展汽车、电工电器、船舶修造和航空修理等主导产品，同时发展机电一体化、精密加工机械等高技术产品以及环保设备、农业机械、基础机械和机械基础件等若干特色产品。石化工业要以扩建炼油、新建乙烯为龙头，促进“炼化一体化”工程建设，以此带动石化中下游深加工系列开发，以上游开发促下游发展，不断延伸产业链；改造无机化工，重点发展石油化工、三大合成材料及其深加工、精细化工等三大类产品。

发展高新技术产业。围绕“三个一批”（自主开发一批、消化国内一批、引进国外一批），在发展壮大电子信息产业的同时，大力培育和扶持生物工程、新材料、新能源、新医药、海洋开发和环保等发展潜力大但目前较弱小的高新技术产业，支持各行业发展高新技术产品。继续实施高技术产业化重点专项，特别是要在农业生物技术和医药生物技术及产业化上实现新突破。重点抓好基因工程、细胞工程的动植物良种培育和推广以及农副产品的精深加工。以重大项目为龙头，培育一批具有国内外竞争力的高新技术企业和企业集团，形成经济发展新的增长点。

加快发展建筑业。改革建筑市场管理体制和运行机制，提高设计、施工、监理水平，确保工程质量，增强本省企业的市场竞争力。建立健全符合社会主义市场经济要求的市场准入、招标投标、工程监理、质量监督制度，推行以承包商履约担保和业主支付担保为核心的工程风险管理制度，规范市场秩序。大力发展和广泛采用新型建筑材料，积极推广应用先进建筑工程技术，提高经济效益和建筑业整体水平。

淘汰落后生产能力。综合运用经济、法律和必要的行政手段，依法关闭产品质量低劣、浪费资源、污染严重、不具备安全生产条件的厂矿；淘汰落后设备、技术和工艺，压缩部分行业过剩生产能力。通过主动退出和积极调整，提高资源配置效益。

优化企业组织结构。按照专业化分工协作和规模经济原则，依靠优胜劣汰的市场机制和必要的宏观调控，形成产业内适度集中、企业间充分竞争，大中小企业协调发展的格局。通过兼并、联合、重组等形式，形成一批拥有自主知识产权、主业突出、核心能力强、具有竞争力的大公司和企业集团，提高产业集中度和产品开发能力。实行鼓励中小企业特别是科技型企业发展的政策，加强职业培训、技术开发等方面的服务，促进中小企业向“专、精、特、新”的方向发展，提高与大企业配套的能力。

以信息化带动工业化。通过微电子、计算机、网络技术的应用，推动传统产业研究开发、设计、制造及工艺技术的变革；通过电子商务特别是企业间电子商务的应用，推动营销、运输和服务方式的变革，降低成本，扩大工业品市场规模；通过促进信息产品与传统产品的融合，以及信息技术在新产品中的广泛应用，增加产品的信息技术附加值。支持企业内联网及外联网建设，加速企业生产、经营管理的信息化进程。

（三）服务业

要以市场化、产业化、社会化为方向，增加供给，优化结构，拓宽领域，扩大就业，提高服务水平，加快发展服务业。

发展壮大旅游业。发挥区位优势和丰富的旅游资源优势，合理开发山海旅游资源，加强重点旅游风景区、旅游基础设施和配套设施建设，加快旅游产品开发，提高旅游的服务质量和水平，使旅游业成为带动经济增长和扩大就业的重要增长点。突出打好以武夷山“世界文化与自然遗产”和各地区在国内外有影响的特色旅游品牌。鼓励多种经济成分参与旅游开发建设和各类旅游企业经营。积极开拓国内外旅游市场。促进假日旅游经济发展。

运用现代营销方式和服务技术改造传统流通业、运输业和邮政服务业。培育和发展现代化大型商品市场，积极推行连锁经营、物流配送、电子商务、信用消费等现代营销方式，大力发展便民利民的社区超市、便利店、专业店和专卖店，适度发展仓储式商场（批发）、大中型综合超市、购物中心等新型业态，培育发展规范有序的租赁、拍卖与会展业等新型流通产业。积极推进商业、粮食等流通体制改革和企业改组改造。加大流通业的对外开放。加快发展综合运输业务。提高运输业和邮政服务业的技术水平和服务质量。

加快发展社区服务业，提供便民利民服务。强化社区组织的服务功能，加快建立面向社区居民、社会特殊群体以及社区企事业单位的多层次社区服务体系。运用市场机制鼓励个体、私营企业创办各种社区服务企业，把社区服务业培育成重要的新兴产业。重点开拓家庭服务、养老服务、托幼服务、接送服务、维修服务、保健服务以及餐饮和零售业。发展健康有益、大众化的娱乐和健身项目，发展文化和体育产业。

进一步发展房地产业。积极发展商品住宅，建立完善满足多层次需求的住房供应体系。提高设计水平，优化住宅功能，切实提高住房的工程质量、环境质量和服务质量，扩大住房消费。加快发展装饰装修服务业。规范发展物业管理业。

积极发展金融保险业。完善金融组织体系，积极发展和规范地方性金融机构，加快建立现代金融制度，推进地方商业银行向资本市场筹措资本金，并向全国重点城市发展分支机构，进一步发展壮大城市商业银行，提高市场竞争能力，发展非国有金融机构。大力引进省外及境外银行、证券和保险机构到我省设立分支机构，加快金融对外开放。充分重视和积极利用国内外证券市场的作用，积极培育上市后备企业，努力提升上市公司资本运营能力，推动其增发新股和配股，加快组建各类投资基金。建立风险投资机制，重点发展一批支持高新技术开发和科技成果产业化的风险投资机构。发展多形式的保险公司，拓宽保险资金运用渠道，加快形成保险市场经营主体多元化的格局。加大金融业务创新和信息化力度，建设现代化的金融服务系统。完善银行监管体系，加强和改进金融监管，防范和化解金融风险。

加快发展信息、会计、咨询和法律服务等行业。加快信息服务业的市场开放，改善服务质量和水平，优化行业结构，组建大型服务企业。推动会计、法律服务和工程咨询等中介机构与行政部门脱钩，规范对中介机构的管理，强化行业自律，促进中介机构独立、客观、公正地执业，提高服务整体水平。

（四）信息化

按照统筹规划，政府主导，统一标准，联合建设，互联互通，资源共享的发展方针，大力开发利用全省信息技术和资源，建设以实现国民经济和社会信息化为目标，以信息资源数字化、网络化和信息共享为主要内容的“数字福建”，实现信息产业的跨越式发展。

大力推进信息资源开发和利用。采取政府引导、市场运作的方式，集中开发一批有关政府决策及国民经济发展急需的基础性、综合性省级信息库和其他各类数据库。鼓励各类公共信息资源通过公用信息平台上网，实现信息资源共享。加强信息资源的分类管理，注意保护国家机密，增强信息网络安全保障能力。

加强信息技术的开发与引进。组织全省科技力量开展信息技术攻关，力争在网络数字化、智能化、多媒体化以及密集波分复用传输等技术上有所突破，研究开发一批具有自主知识产权的软件技术和信息安全技术。

加快建设和完善信息传输网。推进电信、广播电视、计算机三网融合和综合管理。建立高速宽带多媒体传输网络，实现信息网络宽带化和高速互联。电信网，建设以光缆为主、微波为辅，覆盖全省城乡的高速、灵活、可靠的智能化的长途传送网；发展以异步传输模式（ATM）为核心的宽带、智能、覆盖全省各市的多媒体通信网；加快用户接入网的建设；优化基础传输网络结构，扩大网络规模和服务范围；加快发展移动互联网，适时建设第三代数字移动通信系统；努力提高应急机动通信保障能力。广播电视网，重点建设微波数字化改造工程、市县光纤联网和市县城区接入网的同轴光纤混合网（HFC）改造工程等项目，推进广播电视的数字化和宽带化，加快卫星直播广播电视网的建设。

积极推广应用信息技术。加快普及计算机及网络知识，各级各类学校要积极推广计算机及网络教育，推动信息技术在国民经济和社会发展各领域的广泛应用。重点推进政务、金融、外贸、教育、邮政、医疗卫生、社会保障、社区服务等领域信息化建设。建立商贸、金融、交通、税务、海关和工商管理等部门连接的网络系统。加快电子认证体系、现代支付系统、物流配送体系和信用制度建设，大力发展电子商务。运用电子信息技术改造提高传统产业，加快发展信息服务业特别是网络服务业，进一步提高农业、制造业和服务业的信息化水平。支持计算机和网络进入居民家庭，建设示范性信息化小区。

重点建设“数字福建”工程。统一规划、突出重点、分步实施，由点到面推进“数字福建”工程建设。2001～2003年，初步建成省公用信息平台以及“数字福建”的若干示范工程。2003年后，在示范工程的基础上，加大推广应用力度，初步建立起较为完善的国民经济和社会信息化体系。

（五）基础设施

继续优化结构，调整布局，提高工程质量，拓宽投资渠道，注重投资效益，进一步加强水利、交通、能源等基础设施建设，把基础设施建设提高到一个新的水平。

水利建设要全面规划，统筹兼顾，标本兼治，综合治理。坚持兴利除害结合，防洪抗旱并举。加快“五江一溪”治理，建立较为完善的防洪减灾体系，积极治理水患。加强市、县城区防洪排涝工程建设、重点海堤工程建设和病险水库加固。在主要江河上游规划新建和续建若干具有调洪、供水、灌溉、发电等综合功能的蓄水骨干工程。加快大中型灌区改造，搞好水利设施配套建设和经营管理。根据水资源分配规划，加强水源工程和跨流域引水工程建设，采取多种方式缓解闽东南地区水资源不足问题。

交通建设要统筹规划，合理安排，重点加强进出省铁路、高速公路、经济干线公路、国防公路和沿海枢纽港等建设，初步建成畅通、安全、便捷的现代化综合运输体系。铁路要重点建设赣龙铁路、温福铁路两条出省通道，争取开工建设福厦铁路，积极推进龙厦铁路、漳潮铁路（福建段）的前期工作，强化与全国铁路主干网的联系，进一步完善铁路网络，提高铁路网的运行能力和自迁能力。公路要以进出省高速公路和10条入闽普通公路建设为重点，兼顾机动战备公路和路网改造，支持农村公路建设。重点建设福宁高速公路、罗长高速公路、漳诏高速公路、京福高速公路（福建段）、漳龙高速公路（漳州段），争取开工建设龙岩至长汀高速公路，加快衢州至南平（福建段）、三明至泉州、福州北外环（含贵新隧道）等高速公路的前期工作。新增高速公路900公里，实现全省各地市通高速公路，通各县（市）公路达到二级以上或路面等级达到次高级以上，通乡镇公路上等级，以及村村（行政村）公路逐步实现等级化。加快完善城市道路交通网络，重点抓好大城市快速路和大中城市主次干路、立交桥、地下过道、停车场建设。港航要不断完善港口布局和功能分工，加强航道整治。重点建设福州罗源湾港区工程、厦门东渡港区三期工程、厦门海沧港区一期工程、漳州招银港区二期工程，加强重要装卸载区域滚装码头和装卸设备以及疏港公路建设。新增沿海港口深水泊位15个，并建设与之相配套的深水航道。民航机场要进一步完善提高现有机场的基础配套设施，重点抓好武夷山机场二期等机场扩建、新建工程。

能源建设要坚持开发与节约并举，与环境协调发展，优化能源结构，合理调整布局。调整煤炭生产结构，大力推广洁净煤技术、煤炭综合利用技术和深加工技术。调整电源结构，优化电力布局，保障供应安全。重点建设后石电厂二期、棉花滩水电站，开工建设街面水电站、穆阳溪梯级水电站二三级，以及争取开工建设福建液化天然气（LNG）接收终端站、燃气电厂，继续做好福建核电站、抽水蓄能电站和洪口水电站等项目前期工作，并创造条件争取尽早开工建设。到2005年，全省发电量达600亿千瓦时，年均增长8%。合理调整发、输、配电的投资结构，保持发、供电能力的协调发展。积极推进跨区送电，实现与华东联网，并开展与其他省区联网的前期研究工作。进一步完善省内主干电网建设，完成城乡电网建设和改造。进一步开拓电力市场，努力实现电力供需平衡。按照国家电力体制改革要求，逐步实行厂网分开、竞价上网，健全电价形成机制。积极开发风能、太阳能、潮汐能等新能源和可再生能源，大力推广能源节约和综合利用技术。

构建安全的防灾减灾体系。重点建设堤防排涝工程体系，蓄水防旱工程体系，洪水预警预报体系，水利工程除险保安体系，沿海防护林工程体系，主要江河生态林保护体系，中尺度灾害性天气预警系统，渔港（避风港）防御体系，农林水产病虫害、疫情防治体系，防震体系等十大防灾减灾体系。

（六）山区开发与区域发展

促进区域经济协调发展，是加快我省现代化建设的重大举措。继续实施“以厦门经济特区为龙头，加快闽东南开放与开发，内地山区迅速崛起，山海协作联动发展，建成海峡西岸繁荣地带，积极参与全国分工，加速与国际经济接轨”的区域发展战略，大力培植和增强各区域中心的带动作用。加大支持和促进山区实现大发展的力度，发挥闽东南地区的带头作用，加强区域间经济的联合与协作，合理调整地区经济布局，逐步优化区域经济结构。

加快内地山区的开发与发展。山区开发要从实际出发，统筹规划，量力而行，突出重点，分步实施。内地山区要积极进取，开拓新思路，采用新机制，加强基础设施和生态环境建设，着力改善投资环境，增强自我发展能力，不断壮大经济实力，努力在经济发展的人均水平上缩小与沿海发达地区的差距，进一步夯实发展基础。加强交通干线建设，基本形成山海联系快速便捷的“四小时交通网”。加快以水利为重点的农业基本建设和乡村水电路通信建设。充分发挥自然资源整体优势，加强农业综合开发，发展有特色、效益高的经济作物和名特优产品，推进农业、林业、水电、旅游、矿产等优势资源的合理开发及其产品的深度加工，促进资源优势转化为经济优势，形成以特色资源加工、绿色产品开发、旅游生态经济为主导的产业特色。大力发展劳动密集型产业。积极推广应用高新技术和先进适用技术，有重点地发展高新技术产业。加大山区科技成果和农村新技术推广力度。加快以高新技术改造老工业基地，推进老工业基地结构调整。以线串点，以点带面，依托交通干线和中心城市，重点培植和发展沿铁路、高速公路的若干经济增长极。扶持城乡集贸市场、边贸市场和各具特色的商品市场建设，培育和发展资金、技术、劳动力、信息、房地产市场，逐步完善市场体系。大力支持和促进山区加快发展非公有制经济。进一步加大山区对外开放力度。加快发展山区教育文化事业，在全面实现普及九年制义务教育的基础上，大力发展职业教育和成人教育，做好人才培养、使用和引进工作，全面提高劳动者素质。加强山区生态工程建设。加大对山区的财政转移支付力度，切实增加对山区发展的资金投入。在基础设施项目布点方面向山区倾斜，并在对外开放、税收、建设用地、吸引人才等方面制定优惠政策。

提升闽东南地区的发展水平。闽东南地区要充分利用有利条件，发挥面对台湾、毗邻港澳的区位优势，继续加强结构调整、体制创新、科技创新和对外开放工作，增创新优势，更好地发挥在经济社会发展中的示范、辐射和带动作用，有条件的地方争取率先基本实现现代化。进一步发挥闽江口、湄洲湾、晋江口和厦门湾等区域经济增长极对全省经济增长的带动作用，培育和发展厦门同集经济带、漳州南太武经济区等新的区域经济增长极。增强厦门经济特区的龙头作用，提高经济技术开发区、高新技术园区、保税区、出口加工区、台商投资区、对台农业合作实验区、两岸直航试点口岸的开放开发水平。优先发展高技术产业、现代服务业和出口产业。进一步发展外向型经济，着力提高国际竞争力。

进一步加强山海协作。坚持优势互补、互惠互利、长期合作、共同发展，充分发挥市场机制的基础性调节作用和政府的导向作用，拓展山海协作领域，提高协作的整体效益。重点抓好沿海与山区在基础设施建设、产业发展、对外开放、科技教育、人才开发、生态建设和环境保护等方面的协作。进一步加强定点挂钩和对口帮扶工作，建立更加可行有效的帮扶机制。巩固和提高闽东北、闽西南两大经济协作区的协作层次。

加快发展海洋经济。强化海洋国土意识和海洋经济意识，坚持科技兴海，全面开发海洋资源，形成海洋产业组合优势，加快把我省建设成为海洋经济强省。大力发展海洋渔业，合理布局临海工业，努力培育海洋药物、海洋能源开发及海洋资源综合利用等新兴产业，积极发展海洋运输业。加强典型海洋生态、典型海洋景观、历史遗迹等滨海旅游自然资源的保护，开发海洋旅游资源。重视海洋资源的合理开发和保护，合理分配海洋环境容量，加强各类海洋自然保护区建设。

（七）城市发展与城镇化

从实际出发，遵循规律，因势利导，大力推进生产要素向城镇合理集聚，转移农村人口，加快提高城镇化水平，优化城乡经济结构，促进城乡共同发展，逐步缩小城乡差别。突出抓好中心城市和中心城镇的功能培育和发展壮大，加强城镇建设和经营管理，积极稳妥推进城镇化，逐步形成中心城市辐射带动作用较强，大中小城市和小城镇共同发展、分工有序、功能互补、布局合理、结构协调的城镇体系。

加快发展中心城市。中心城市要进一步发展成为全省或区域经济和文化中心，成为我省推进工业化、现代化的主导力量。以增强综合能力和经济辐射带动能力为发展方向，坚持高起点规划、高标准建设、高效能管理，加快完善城市基础设施体系，强化城市人防、交通、能源、信息、垃圾、污水处理、供排水、防灾减灾等基础设施和环境建设；大力发展附加值高、占地少、污染轻、耗能少的制造业和高技术产业以及金融、信息、贸易等服务业，提高服务业在城市经济中的比重，推进信息化，加强科技、教育和文化、卫生等社会事业建设。逐步把有条件的中心城市建成具有国际性功能、跨省域影响力和较强创新能力的特大城市和大城市。

培植壮大县级市。县级城市要以挖掘潜力、夯实基础、扩大规模为发展方向，不断壮大经济实力，加快发展步伐，增强对周边地区产业、人口的吸纳能力和小城镇发展的带动作用，逐步成为设施配套、具有一定辐射力的城市。努力将区位优势明显、基础较好、潜力较大的若干小城市培植成为中等城市。

积极稳妥发展小城镇。小城镇建设要合理布局，科学规划，体现特色，规模适度，注重实效，把发展的重点放到县城和部分基础条件好、发展潜力大的中心城镇。关键在于把引导乡镇企业合理集聚、完善农村市场体系、发展农业产业化经营和社会化服务与小城镇建设结合起来。努力将一批产业基础较好、发展潜力较大的县城和中心小城镇建设成为功能健全、环境整洁、具有较强辐射能力的农村区域性经济文化中心，区位优势和经济优势比较明显的要发展成为辐射带动能力更强的小城市或大中城市的新城区。因地制宜，搞好农村新村建设。

着力解决阻碍城市发展和城镇化的体制和政策障碍。加快户籍制度改革，积极引导农村富余劳动力在城乡、地区间的有序流动，取消对农村劳动力进入城镇就业和农村人口到城镇落户的不合理限制。切实加强城镇建设的规划管理，提高规划的科学性和严肃性。改革完善城镇用地制度，调整土地利用结构，盘活土地存量，在保护耕地和保障农民合法权益的前提下，妥善解决城镇建设用地。深化城镇建设投融资体制改革，形成城镇建设投资主体多元化格局。适度推动连片发展的乡镇合并，提高中心城市和中心城镇的集聚力。尽快形成符合小城镇经济社会特点的行政管理体制，积极探索与城镇密集地区特点相适应的行政区划体制。

（八）科技进步与创新

面向经济建设，围绕结构调整，按照有所为、有所不为的方针，突出重点，发展高科技，提高科技持续创新能力，实现技术跨越式发展。

提高企业技术升级能力。强化企业的技术创新主体地位，推进传统产业技术升级，开发能够推动结构升级的共性技术、关键技术和配套技术，重点在农产品加工及转化、节水农业、农作物新品种选育、装备制造、污水治理、空气净化等技术和产业方面取得进展。建立一批重点企业技术中心、工程研究中心、高新技术创业服务中心和生产力促进中心。加强产学研相结合，充分发挥高等院校、科研机构人才聚集、知识密集的优势，为技术创新提供知识和技术支持。优化重组一批重点实验室和中试基地，面向社会开放，提高科技持续创新能力，为产业结构调整优化提供支撑。

推进高技术研究。积极推进具有战略意义的高技术研究，集中力量在软件、新型电子元器件等信息技术，生物芯片、基因工程药物和疫苗等生物技术，纳米材料、高性能结构材料等新材料技术，以及环保技术和海洋开发技术等关键领域取得突破，提高自主创新能力，促进高技术成果的转化和产业化。

突出应用基础研究，有重点地加强基础研究。瞄准国内外科学技术发展前沿，选择我省具有一定优势、对国民经济和社会发展有重大意义的研究领域，集中力量，重点突破，力争在信息科学、生物科学、材料科学和海洋科学等方面取得进展。发展新兴学科、边缘学科和交叉学科。重视发展哲学社会科学，调整学科布局，加强对理论和实践重大问题的研究，推进学科建设和理论创新。

办好高新技术产业开发区。以福州、厦门两个国家级高新技术产业开发区为龙头，加快省级高新技术产业开发区、福州软件园、厦门软件园、厦门生物技术园、留学人员创业园等各类高科技园区和省高新技术创业服务中心建设，促进闽东南高新技术产业带的发展。积极发展大学科技园和民营科技园区，重点建设厦门大学科技园。进一步抓好泉州、三明等国家级技术创新试点城市和福州、厦门和泉州等全国科教先进城市建设。

深化科技体制改革。加快建立适应市场经济要求和科技自身发展规律的新体制和机制，优化科技资源配置，进一步解决科技与经济脱节问题。推进创新体系建设，鼓励大企业建立研发中心，加快应用开发型科研院所进入企业或转制为科技型企业，加强产学研结合。建立服务功能社会化、网络化的科技中介服务体系，推进风险投资业发展，鼓励引导国内外大公司（集团）在我省建立风险投资基金和开展风险投资活动，促进科技成果进入市场。加大国家和全社会的科技投入，积极鼓励企业增加研究开发资金。扩大国际科技交流与合作，鼓励外商来闽兴办高新技术企业或设立研究开发机构，支持我省高新技术企业到国外设立研究开发机构。加强知识产权的保护。

（九）教育发展和人才开发

人才是最宝贵的资源，教育是培养人才的基础，对经济和社会发展具有先导性、全局性的作用。要把教育摆在优先发展的战略位置，坚持面向现代化、面向世界、面向未来，适度超前发展，着力推进素质教育，促进教育与经济、科技的紧密结合。加快培育壮大人才队伍，优化队伍结构，提高队伍整体素质。

巩固提高“两基”教育成果。加大对农村特别是贫困地区、少数民族地区义务教育的扶持力度，调整农村中、小学布局，改善办学条件。进一步规范义务教育阶段的办学行为，依法保障适龄儿童少年受教育的基本权利。实施“农民教育工程”，把扫盲与农村实用技术培训结合起来，提高扫盲成效。

大力发展高中阶段教育。采取多种形式，扩大高中阶段教育规模，调整中等职业教育布局，优化资源配置。全省调整新增一批普通高中和一批省级以上示范性中等职业学校，力争一批普通高中进入国家示范性行列。分区规划、分类指导，加快推进普及高中阶段教育。2002年，城市市区基本普及高中阶段教育；2005年，经济较发达的县市基本实现普及高中阶段教育的目标。

实现高等教育的跨越发展。挖掘现有高校办学潜力，调整优化资源配置，统筹规划，合理布局，多渠道投入，扩大高等院校办学自主权，支持办学基础和条件较好的高校扩大办学规模。鼓励支持有条件的地市建设本科院校。加快厦门大学漳州校区、华侨大学新校区和福州地区大学城建设，抓好农林大学的合并扩建工作。搞好福建省政府、厦门市政府与教育部共建厦门大学工作，进一步加大省部市高校共建。切实加强“211工程”和重点学科建设，重点建设一批能够达到国际先进水平的重点学科和人才培养基地。调整高等教育结构，提高办学层次和办学效益。加快本科教育和研究生教育发展，尤其要扩大工科类本科和研究生教育，争取到2005年，研究生教育规模翻一番，工科类本科教育有较大发展。

加快教育信息化建设，构建终身学习体系。大力提高教育技术手段的现代化水平和信息化程度。充分利用现代信息与通信技术，构建现代远程教育网络，扩大网上办学规模。积极发展职业技术岗位培训教育和其它继续教育，鼓励自学成才。逐步形成大众化、社会化、开放式的终身学习体系。

深化教育体制改革。加大教育结构、布局调整的力度，促进各级各类教育协调发展。调整学科和专业结构。更新教材内容，改进教学方法和考试制度，重视培养创新精神和实践能力，促进学生德智体美全面发展，提高人才培养质量。实施教师资格制度，优化教师结构，努力建设高质量的教师队伍，切实改善教师的工作学习和生活条件。深化教育管理体制和办学体制改革，积极鼓励社会力量办学，引进外资、外智办学和省外名牌院校来闽办学，逐步形成办学投入多元化、办学主体多样化的办学格局。切实增加各级政府对教育的投入。深化与毕业生就业相关的劳动人事制度改革。健全奖学金、助学金和助学贷款、委托出资培养等制度。加快推进高校后勤服务社会化改革。

加强人才队伍建设。加大实施“541人才工程”和“百千万人才工程”的力度，重点培养一批急需的信息、金融、财会、外贸、法律和现代管理等高层次人才。支持高校和企业、科技园区设立博士后科研流动站、工作站。努力营造吸引、发挥人才作用的良好环境，形成尊重知识、尊重人才、鼓励创业的社会氛围。充分发挥现有人才作用，加快建立有利于各类优秀人才脱颖而出、人尽其才的机制。大力引进国内外高级人才，鼓励留学人员回省工作或以适当方式为我省服务。高度重视青年人才的培养和使用。优化人才的专业、年龄结构，促进人才在产业、地区的合理分布，鼓励支持人才到艰苦行业和山区服务。建立和完善机制健全、运作规范、服务周到、指导监督有力的人才市场体系，促进人才合理流动。

充分认识领导人才建设工作的重要性和紧迫性。抓紧培养和造就一支坚持走有中国特色社会主义道路，有较高政治理论素养和开拓精神，掌握现代科学文化和管理知识，并经过实践考验的各级各类高素质领导人才队伍。加强各级领导干部特别是年轻干部队伍建设。充分发挥各级党校在培养领导人才方面的作用。加大干部人事制度改革的力度，更新用人观念，广开渠道，为年轻优秀领导人才的成长、选拔和任用创造条件。

（十）人口、资源和环境

坚持可持续发展战略，切实做好计划生育、资源管理和生态建设、环境保护的工作。逐步形成以法律为基础，政府、企业和社会各界共同参与的可持续发展机制，营造人与自然和谐的生态环境。

坚持计划生育的基本国策。继续严格控制人口数量，努力提高出生人口素质。鼓励晚婚晚育，搞好优生优育，保持低生育水平。重点做好农村和流动人口计划生育的管理。积极应对人口老龄化问题，建立和发展老龄人社会保障机制和服务体系，通过多种渠道大力发展老龄事业和产业。

重视水资源的可持续利用。坚持开源节流并重，把节水放在突出位置，提高用水效率，改进水资源利用方式，发展节水型产业，建立节水型社会。加强水资源统一规划与管理，协调生活、生产、生态用水。城市建设和工农业布局要充分考虑水资源的承受能力。强化城市节水工作，强制淘汰浪费水的器具和设备，推行节水器具和设备。加大农业节水灌溉和工业循环用水力度。2005年农业灌溉水有效利用系数达到0.5，一般工业用水重复利用率达到58%。改革水的管理体制，建立合理的水价形成机制，加强节水技术、设备的研究开发和节水设施建设。积极开展污水处理回用，严格控制城市地下水超采。

合理开发利用土地资源。坚持保护耕地的基本国策，全面实施土地利用总体规划，统筹安排各类建设用地，合理控制新增建设用地规模。重点保证全省重点、大中型建设项目和中心城镇发展的用地需求。适度开发耕地后备资源，建立土地整理新增耕地指标折抵、置换和耕地异地开发的机制，通过土地整理、复垦、开垦宜耕荒地、围垦等补充耕地，基本实现耕地占补平衡，2005年全省基本农田保护区面积保持在121.9万公顷。盘活存量土地，建立土地储备制度，健全土地的收购储备、出让机制，规范土地市场、盘活国有存量土地资产。引导农村居民点向集镇集中，乡镇企业向工业小区和小城镇集中，提高土地利用率。

加强矿产资源开发利用和保护。加强资源勘探和开发利用的监督管理，建立健全资源有偿使用制度，防止对资源的破坏和浪费。建设若干个适应市场需要的大中型矿产资源开发基地，建成闽中综合矿业经济带和沿海建材非金属矿业经济带。鼓励开发国内急需的矿产资源。抓好重点矿业开发项目。积极采用新技术、新工艺和新方法，积极推进资源的深加工和综合利用，努力提高矿产资源回收率。

加强生态建设保护。重点实施特殊生态功能区、重点资源开发区和生态良好区的三区保护战略。在面临严重退化威胁的重要生态功能区和物种丰富区抢救性地建设一批特殊生态功能区。实施江河流域生态林保护、城乡绿化一体化及绿色通道等工程，建立比较完备的林业生态体系。大力开展城市绿化美化工作，努力开辟城市中心绿地，建成点、线、面和树、花、草有机结合的城市绿地系统。建立并扩大各种类型的自然保护区，实施生物多样性保护工程。对重点资源开发区的生态环境实施强制性保护，加大生态破坏的恢复治理力度，遏制重点资源开发区生态破坏加剧的趋势。开展生态良好区的生态环境保护与示范，突出抓好国家级、省级生态农业示范县建设，加快列入国家计划水土保持示范工程和水土保持与乡村发展项目建设，治理水土流失面积53.3万公顷。

加强环境保护和污染治理。巩固和扩大“一控双达标”成果，强化对城市大气污染、水污染、固体废物污染、声光污染和陆域排海污染的综合治理，突出加强中心城市、经济开发区和重点旅游景区景点的污染治理，使大中城市环境质量得到明显改善，经济开发区和重点旅游景区景点的环境优化。加强水资源保护，抓紧治理水污染源。巩固和提高闽江水污染治理成果，加快主要江河流域水污染综合治理。主要水系的国家级、省级控制断面90%达到或优于地表水三类水质标准，近岸海域的水质达到海洋功能区划规定的海水水质标准。保护农村饮用水源。加快城市污水处理设施建设，推进污水集中处理，2005年全省城市污水集中处理率达到45%以上，50万以上人口的城市污水集中处理率达到60%以上，所有设市城市均有污水处理设施建成或在建。建立重点供水水源保护区。加强大气污染防治，实施酸雨控制区和中心城市、旅游城市大气污染控制工程。推行垃圾无害化与危险废物集中处理，2005年全省城市生活垃圾无害化处理率达到90%，建成省危险废物综合处置场。加快推广清洁生产技术，抓好重点行业的污染防治，新建、扩建或技术改造项目，严格执行环境保护“三同时”制度。健全完善全省环境监测体系，增强对突发性污染事故的应急处置能力。开展农业环境监测，防止不合理使用化肥、农药、农膜等带来的农村环境污染。加强环境保护关键技术和工艺设备研制，大力发展环保产业。加强环境保护的执法和监督。全面推行污水和垃圾处理收费制度，推进污水和垃圾处理产业化。开展环保宣传教育，提高公众参与环保意识。引导和鼓励绿色消费方式。推行ISO14000环境管理体系和环境标志产品认证。

（十一）开放型经济

随着我国加入世界贸易组织，要以更加积极的姿态，抓住机遇，趋利避害，不断提高国际竞争能力，进一步推动全方位、多层次、宽领域的对外开放。

继续坚持积极、合理、有效利用外资的方针，提高利用外资质量，扩大利用外资规模。进一步拓宽对外开放领域，有步骤地推进金融、保险、电信、外贸、内贸、旅游等服务贸易领域的对外开放。逐步对外商投资企业实行国民待遇，除关系国家安全和经济命脉的企业外，取消对外商持股比例的限制。积极采用收购、兼并、投资基金和证券投资等多种新的方式利用国外中长期投资，扩大外商以项目融资、基础设施经营权转让等方式在基础设施领域的投资，鼓励有条件的企业到境外上市融资。加大吸收欧美等发达国家和地区的外商投资的工作力度。继续鼓励外资投向农业、高新技术产业、基础工业、基础设施、环保产业和创汇型产业。重点鼓励外商特别是跨国公司参与国有企业的改组改造、投资设立研究开发机构、高新技术企业和出口型企业，发展与龙头骨干企业相配套的产业。继续推进开发区的建设和发展。积极创造条件吸引外商到山区投资。鼓励民营企业嫁接外资。改善投资环境，完善利用外资政策，提高办事效率。强化招商项目的前期工作，办好中国投资贸易洽谈会等多种形式的招商引资活动，抓好外资项目的跟踪落实。合理利用国际金融组织和外国政府贷款，严格监督外债融资，防范债务风险，建立责权利统一的借、用、管、还机制。

积极开拓国际市场，优化外贸结构，努力扩大外贸出口。进一步实施市场多元化战略，在巩固原有出口市场的基础上，努力开拓非洲、拉美、中东、独联体国家等新兴市场。实施科技兴贸，不断提高出口产品的技术含量和附加值，促进出口商品优化升级，增加高新技术产品和机电产品出口，到2005年，高新技术产品出口和机电产品出口占出口总值比重分别达18%和40%。增加产业升级所需的关键设备、先进技术和重要资源的进口。大力拓展服务贸易。继续深化外贸体制改革，建立符合世界贸易组织规则、适应社会主义市场经济体制的外贸经营制度和对外经贸支持与服务体系。坚持多元化贸易主体的改革方向，积极扶持新兴外贸经营主体。严厉打击走私、套汇、骗取出口退税等不法行为，维护正常的对外经济贸易秩序。

积极实施“走出去”战略。鼓励轻纺、机电、建材、农业等我省具有比较优势的行业对外投资。支持有竞争力的企业到有市场潜力的国家和地区开展加工贸易或开发利用当地资源，扩大经济技术合作的领域、途径和方式。进一步推动对外承包工程和劳务合作。健全对境外投资的服务体系，在金融、保险、外汇、财税、人才培养、法律、信息服务及出入境管理等方面为实施“走出去”战略创造条件。完善境外投资企业的内部约束机制，规范对境外投资的监管，保全国有资产并努力实现增值。

积极参与西部大开发，加强省际交流合作。切实做好与西部对口支援地区的产业、资金、科教、人才等方面的帮扶和合作，鼓励我省企业参与西部基础设施建设，资源开发和市场开拓。采取多种形式组织“闽货”出省，有计划、有目标地组织企业到省外举办或参加各类展销会、订货会，提高省外消费者对闽货的认同度，逐步建立闽货进入当地市场的长期营销网点。加强与重要资源省份及周边省份的省际合作。开拓与江西等省的经贸合作，拓展我省发展腹地。加强内联，积极吸引国内企业到我省投资设厂，设立分支机构，开展经济技术合作。

（十二）闽台港澳合作与侨务工作

充分发挥我省的区位优势，拓展闽台港澳经贸合作、科技文化交流的领域和方式，提高合作层次和水平。抓住台湾岛内产业转移的新机遇，积极营造我省产业配套优势。完善马尾、海沧、杏林、集美四个台商投资区的功能，增强招商引资能力。建设好福州、漳州两个海峡两岸农业合作实验区，推进闽台农业合作加快向闽东南其它地区和山区延伸。抓好福州、厦门高科技园区与台湾高科技园的交流与合作，争取高新技术产业吸引台资有较大突破。联合开展中医药、气象、环保、地震、矿产、海洋等领域的合作研究。吸引台资发展服务业。加强和完善对台贸易重点区域规划建设，扩大对台贸易规模和层次。推进闽台文化、教育、信息和旅游等方面的交流与合作。在一个中国的原则下，积极做好两岸直接“三通”的各项准备工作。鼓励更多港澳企业家来闽投资办厂。充分发挥闽港、闽澳经贸合作促进委员会和港澳各闽籍社团等组织的作用，更加广泛地联系港澳各界人士，拓展交流合作领域，特别是在金融、服务贸易业、科技和旅游业等方面的合作。采取多层次的合作形式，与港澳联手开拓欧美等国际市场。

继续做好侨务工作，努力发挥华侨华人在促进祖国和平统一和我省经济社会建设中的作用。认真执行侨务政策，全面推进各项侨务工作，充分调动华侨华人和归侨侨眷的积极性，了解侨情，理解侨心，维护侨益，发挥侨力。继续帮助归难侨解决生活困难。在做好老一辈华侨华人工作的同时，加大对新生代、新区域的工作力度。在鼓励和支持华侨华人直接投资的同时，充分发挥其特有的海外关系作用，以侨引外、以侨引台。积极开展多种形式的引智工作。

（十三）劳动就业和社会保障

扩大就业是促进经济发展和维护社会稳定的重要保证，也是宏观调控的一项重要内容，要努力开拓就业渠道，扩大就业。社会保障制度是社会主义市场经济体制的重要支柱，也是体制改革和社会稳定的基本保证，“十五”期间要基本建成独立于企业事业单位之外、资金来源多元化、保障制度规范化、管理服务社会化的社会保障体系。

积极扩大就业。保持较快的经济增长速度，努力创造更多的就业岗位。制定和落实优惠政策，进一步发展具有市场前景的劳动密集型产业，大力发展就业容量大的服务企业、中小企业和非公有制企业。加强在职和再就业培训力度，大力推行职业资格证书制度，提高职工技能和适应职业变化的能力，提高失业人员的就业和创业能力。引导劳动者转变就业观念，实行灵活的弹性就业形式，提倡自主就业、家庭就业、非全日制就业、季节性就业等就业方式。努力开拓国际劳务市场，扩大劳务输出。积极引导农村富余劳动力向非农产业转移。全面推行劳动预备制度，严格执行离退休制度，建立阶段性就业制度，缓解就业压力。加强劳动力市场建设，完善就业服务体系，促进劳动力合理流动。高度重视安全生产，切实保障劳动者生命安全。

健全社会保障制度。依法扩大养老保险实施范围，继续完善社会统筹与个人账户相结合的城镇职工基本养老保险制度，在保证离退休人员基本养老金支付的基础上，实现社会统筹基金与个人账户基金的分账管理，确保个人账户的有效积累。按社会统筹和个人账户相结合的模式，全面推行城镇职工基本医疗保险制度，促进医药卫生体制改革，健全医疗保险费用分担机制，改进支付方式，保障职工基本医疗需求。进一步完善失业保险制度，逐步把国有企业下岗职工基本生活保障纳入失业保险，扩大失业保险覆盖范围。建立和完善工伤、生育保险制度，逐步扩大覆盖面。鼓励有条件的用人单位为职工建立补充养老和医疗保险，同时发挥商业保险对社会保障体系的补充作用。健全农村初级卫生保健服务体系。建立可靠、稳定的社会保障资金筹措、有效运营和严格管理的机制。通过加大社会保险费征缴力度、调整财政支出结构、变现部分国有资产、扩大彩票发行规模等方式多渠道筹集社会保障资金，切实解决社会保障资金供需矛盾。健全社会保障基金监管制度和有效的运行机制，采取安全、灵活的投资组合，实现保值增值。严格落实省级基金统筹体制，健全社会保障基金收、支、管、投的各环节监督制约机制。推进社会保障对象管理和服务的社会化改革，离退休和失业人员由社区管理，全面实行社会保险金社会化发放。

发展社会福利事业。发展社会福利、社会救济、优抚安置和社会互助等社会保障事业。充分发挥社区的作用，推进社会福利社会化进程。加强和完善城市居民最低生活保障制度，根据经济社会发展水平和财政承受能力，逐步提高城市贫困人口救济补助标准。发展慈善事业，加强对捐助资金使用的监管。切实保障妇女、未成年人、老年人、残疾人的合法权益。支持残疾人事业发展，帮助残疾人康复、就学和就业，创造残疾人平等参与社会生活的条件。

（十四）精神文明

坚持两手抓、两手都要硬，把依法治省与以德治省结合起来，切实加强社会主义精神文明建设，满足人民群众日益增长的多方面的精神文化需求，全面提高国民素质，为改革开放和现代化建设提供强大的思想保证、精神动力和智力支持。

加强思想道德建设。坚持不懈地进行党的基本理论和基本路线教育，巩固和加强马克思主义的指导地位，弘扬爱国主义、集体主义和社会主义精神，在全社会形成共同理想和精神支柱。努力建立适应社会主义市场经济发展的思想道德体系。提倡自力更生、艰苦奋斗的创业精神，形成全省人民奋发向上的强大动力。大力倡导社会公德、家庭美德和职业道德，特别是加强青少年思想政治和道德品质教育。重视对社会思潮及其表现形式的研究和引导。加强对新闻舆论、国民教育、社会文化、休闲娱乐等各种思想文化阵地尤其是新闻网站的建设和管理。切实加强和改进基层思想政治工作。加强科普宣传教育，建立多层次多渠道的新型科普投入体系，壮大科普队伍，加强科普设施和科教基地建设。弘扬科学精神，传播科学方法，反对封建迷信活动。大力开展群众性精神文明创建活动，加强各行业文明示范窗口、文明社区和文明新村建设，倡导科学文明健康的生活方式。

繁荣社会主义文化。坚持为人民服务、为社会主义服务的方向和百花齐放、百家争鸣的方针，以繁荣社会主义文化为中心，弘扬民族优秀文化，吸收外国文化有益成果，抵制不良文化，提高全社会的文化生活质量。坚持新闻舆论的正确导向，发展新闻出版、广播影视等事业。大力发展以村镇和城市社区为基础的群众性社会文化事业。加强对文物和无形文化遗产的保护与利用。创作生产一批具有鲜明时代特征和地方特色的文艺精品。加快省属院团建设，扶持和发展有地方特色的剧种。深化文化体制改革，建立科学合理、灵活高效的管理体制和文化产品生产经营机制。完善文化产业政策，加强文化市场建设和管理，推动有关文化产业发展。继续实行支持文化事业发展的有关政策，增加对重要新闻媒体和公益文化事业的投入。加强科技馆、文化馆、博物馆、档案馆、图书馆以及老年、青少年和妇女儿童活动场所等文化设施建设，建成福建省博物馆、福建大剧院和新广播电视中心等一批重点文化基础设施。

（十五）人民生活

在加快经济发展的同时，不断增加城乡居民收入，特别是广大农民和城市低收入者的收入。进一步提高消费水平，拓宽消费领域，优化消费结构。增加并改善社会公共服务，建立良好的社会秩序，保障人民安居乐业。

增加居民收入，改革收入分配制度。建立健全与经济增长相适应的最低工资保障制度和最低工资标准调整机制。改善国家公职人员工资待遇。深化收入分配制度改革，坚持效率优先、兼顾公平的原则，实行按劳分配为主体、多种分配方式并存的分配制度，把按劳分配与按生产要素分配结合起来。健全劳动力价格的市场形成机制，逐步推行职工工资集体协商制度。鼓励资本、技术等生产要素参与收益分配，充分体现科学技术工作和经营管理的劳动价值。建立健全收入分配的激励机制和约束机制。规范社会分配秩序，加强对垄断行业收入分配的监管，规范全社会的用工和工资支付行为。强化税收对收入分配的调节功能。保护合法收入，整顿不合理收入，调节过高收入，取缔非法收入，防止收入分配差距过分扩大。

改善居民生活质量。在进一步提高居民吃穿用等基本消费的基础上，重点改善居民居住和出行条件。继续建设经济适用房，发展廉租房，改善城镇中低收入群体的居住条件。加强城乡供水、交通、信息、能源、环境等基础设施建设，创造提高居民生活质量的物质条件。增强城乡生活用水保障能力，改善供水质量，提高农村居民自来水普及率。发展城镇公共交通，形成便捷的公共交通网络，2005年城市万人拥有公共交通车辆12.5标台。鼓励轿车进入家庭。加强农村交通建设。城乡新建住宅区要配套建设信息网络设施，促进光纤入户，2005年全省电话普及率达38%，计算机普及率达5%以上。提高城乡供电质量。提高燃气普及率，2005年城市燃气普及率达到95%。大力开展植树种草，增加城镇绿地面积，2005年城市人均公共绿地面积达到8平方米。

提高社会公共服务水平。进一步发展基本医疗、预防保健、卫生监督、义务教育、公共文化、公共安全等基本公共服务，为实现人人享有基本公共服务创造条件。完善医疗服务、预防保健、卫生监督服务体系，实现人人享有卫生保健，进一步提高人民的健康水平。加强重点疾病的预防和控制。实施区域卫生规划，优化卫生资源配置。加强和改善城乡特别是农村卫生服务设施建设，积极发展农村合作医疗，努力解决农民基本医疗问题。加强职业病防治。大力促进中医药发展。鼓励社会力量办医，引入竞争机制，提高医疗机构供给能力和服务质量。重点抓好省立医院改扩建、省医大附属第一医院门诊综合楼和协和医院改扩建工程等重点项目建设，加强各地市属综合医院和县医院、专科医院、乡镇中心卫生院建设，健全和完善社会医疗救护系统。加强公共体育设施建设，建成新省体育馆。开展全民健身运动，建立健全国民体质监测系统。发展竞技体育。到2005年，我省青少年、儿童体质达全国中等水平，初步建立社会化全民健身体系。加强社区功能建设，强化社区服务。发展气象、地震和测绘事业。加强防御各种自然灾害安全网的建设。建立灾情监测预报、灾害预防和紧急救援体系，完善重要商品、物资储备制度。

继续做好扶贫工作。重点加强对欠发达地区特别是革命老区、少数民族地区和沿海岛屿突出部发展的支持。坚持开发式扶贫和科技扶贫，增加扶贫投入，继续实施国家以工代赈政策，搞好欠发达地区的乡村道路、人畜饮水和小型水利设施以及教育、文化和卫生事业建设，提高扶贫资金使用效益，从根本上改善基本的生产和生活条件。扶持低收入农户发展生产。对少数生存环境恶劣的地区，要创造条件，实行异地开发、人口迁移。

三、发展保障

为了实现上述国民经济和社会发展的各项目标任务，必须深化改革，加快体制创新，强化政策引导，加强民主法制和国防建设，为经济和社会发展提供可靠保障。

（一）体制创新

经济发展和结构调整归根到底要靠改革。要坚持把改革放在统揽全局的位置，大胆探索，勇于创新，逐步完善社会主义市场经济体制，增创体制新优势，以改革促发展，以改革促开放，以改革求稳定。

深化国有企业改革。把国有资本调整到重点行业和关键性领域，基本完成国有经济结构调整和企业战略性重组，建立起国有经济布局的新架构。继续推进国有大中型企业的公司制改造，建立和完善产权清晰、权责明确、政企分开、管理科学的现代企业制度，健全企业法人治理结构，成为市场竞争的主体。建立健全权责明确、运转协调的国有资产管理、监督、营运体系，确保国有资产保值增值。用三年左右时间，使全省80%以上的经营性国有资产纳入新的营运体系。深化国有企业人事管理制度的改革，建立健全选拔任用、激励、监督机制。加快推行经营者年薪制、期权期股制等多种分配形式。鼓励大中型企业通过规范上市、中外合资和相互参股等形式，实行股份制。继续采取多种形式放开搞活国有中小企业。全面加强和改善企业管理，大力推进管理制度创新。

营造非公有制经济发展的良好环境。切实解决非公有制经济市场准入和投融资的障碍。进一步放开非公有制经济的投资经营领域。对符合条件的各种类型的所有制企业，在资本市场融资上一视同仁。允许民间资本筹建风险投资基金。加快建立扶持中小企业发展的信用担保体系和社会化服务体系。支持和引导非公有制企业进行改革创新、结构调整和产业升级、开展对外贸易和对外投资。

加快建立和完善开放的市场体系。进一步开放市场，放开价格，继续发展商品市场，重点培育和发展要素市场，建立和完善公平竞争、规范有序、与国内外市场衔接的市场体系。破除地方封锁，废除阻碍统一市场形成的各种规定。培育发展资本市场，疏通储蓄转化为投资的渠道，积极稳妥地发展多种融资方式。坚持城乡统筹就业的改革方向，逐步实现城乡劳动力市场一体化。深化土地使用制度改革，全面推行经营性用地招标拍卖制度，规范土地一级市场，活跃房地产二级市场。大力整治市场秩序。完善维护市场秩序的法规，规范市场行为。强化诚信观念，整肃信用秩序，建立健全企业、个人信用认证机制，依法惩处逃废债务、不履行合约等破坏市场秩序的行为。严厉打击假冒伪劣行为，保护消费者的合法权益。反垄断和反不正当竞争，保证市场竞争机制的有效运行。

积极推进财税体制改革。财政资金逐步退出一般竞争性、经营性领域，减少财政直接对企业的投资，集中资金保证社会公共服务和社会保障的需要。加快财政预算制度改革，实行部门预算，推行国库集中收付和政府采购制度，完善财政转移支付制度，逐步建立适应社会主义市场经济要求的公共财政框架。积极稳妥地推进税费改革，根本解决农村中的乱收费、乱集资、乱罚款和各种摊派；完善地方税制，增加地方财政收入。健全税收制度，强化税收征管。逐步提高财政收入占国内生产总值的比重，提高财政保障能力，注意防范财政风险。严格财政监督管理。

推进投融资体制改革。缩小政府投资领域，确立企业在竞争性领域的投资主体地位，基本形成企业自主决策、自担风险、银行独立审贷、政府宏观调控的机制。改革投资管理方式，对企业出资建设国家非限制和非禁止类项目，实行登记备案制。建立以政策引导、信息发布等间接调控为主的投资宏观调控体系。全面实行建设项目法人责任制、招标投标制、工程监理制和合同管理制，建立严格的政府投资项目管理机制，完善省重大投资项目稽察制度。推动投资中介组织市场化改革。

继续推进行政管理体制改革和机构改革。按照发展社会主义市场经济的要求，实现政企分开。政府要集中精力搞好宏观经济调节和创造良好的市场环境，不直接干预企业经营活动，减少对经济事务的行政性审批。加强公务员队伍建设，建立有效的激励和约束机制，提高为人民服务的质量。继续改革和精简政府机构，加强机关效能建设，建立廉洁高效、运转协调、行为规范的行政管理体制，加快建立社会服务体系。

（二）政策取向

适应社会主义市场经济发展的要求，政府要更多地依靠和发挥经济政策的效用，引导市场配置资源的方向，加强和改善省级经济调节。总的要求是：执行中央宏观调控政策，综合运用计划、财政、金融等手段，发挥价格、税收等经济杠杆的作用，把扩大内需作为经济发展的基本立足点和长期的战略方针，努力扩大对外贸易，保持经济总量平衡，引导和促进经济结构优化升级，实现经济稳定增长，扩大就业规模，保持物价总水平基本稳定，促进社会全面进步。基本取向是：

——近期要贯彻执行积极的财政政策，促进固定资产投资特别是企业和社会投资的适度快速增长。

——实行积极的消费政策，取消限制居民消费的各种不合理规定，优化消费结构和消费环境，增强消费者信心，改善消费预期，发展消费信贷，提倡和推广分期付款等大众信用消费，积极培育需求巨大的住房、汽车、电信、旅游和教育等领域的消费热点，增加服务性消费，促进消费需求较快增长。

——实行稳定物价总水平的价格政策，适时调整价格政策，进一步理顺价格关系。

——制定和实施产业发展政策，巩固和加强农业，加快工业改组改造和结构优化升级，大力发展高新技术产业，加快发展服务业，加强政府对信息化发展的支持。

——制定和实施地区经济政策，对区域经济活动进行合理引导和调控，鼓励资源在大区域范围内的自由合理流动和有效配置，完善和实施加强山海协作、扶持山区加快发展的政策。

——制定和实施城镇化发展政策，加强规划、用地、人口和配套服务等方面的政策引导和政策协调。

——制定和实施收入分配政策，调整国民收入分配格局，正确处理国家、企业、个人三者利益关系，理顺收入分配关系。

——制定和实施对外经济政策，积极应对加入世界贸易组织后的新形势，根据承诺抓紧对外经贸体制和政策的改革与调整，提高利用外资水平，鼓励扩大出口，推进“走出去”战略的实施。

——制定和实施公共服务政策，强化政府提供公共服务的职能，增加公共服务投入，逐步实现政府配置资源的重点转向为全社会提供充足优质的公共产品和服务。

（三）民主法制

发展社会主义民主政治，依法治省，建设法制社会是社会主义现代化的重要目标。要适应经济体制改革和现代化建设的要求，继续推进政治体制改革，加强民主法制建设，为改革开放和经济建设创造良好的民主法制环境。

加强社会主义民主政治建设。坚持和完善人民代表大会制度和共产党领导的多党合作、政治协商制度。进一步改进政府工作，推进决策科学化、民主化。实行民主选举、民主决策、民主管理和民主监督，保证人民依法享有广泛的权利和自由，尊重和保障人权。加强城乡基层政权和群众性自治组织建设，扩大公民有序的政治参与，引导人民群众依法管理自己的事情。完善村民自治，加强社区民主建设，坚持和完善以职工代表大会为基本形式的企业民主管理制度。发挥工会、共青团、妇联等群众团体的民主参与和民主监督作用。扩大基层民主，实行政务、厂务、村务公开。

加强社会主义法制建设。加强地方立法，重点建立和完善适应社会主义市场经济体制的地方法规规章体系，规范市场经济条件下的财产关系、信用关系和契约关系，维护市场秩序，保护公平竞争。推进政府工作法制化，从严治政，依法行政。加快推行执法责任制、评议考核制，提高行政执法水平。推进司法改革，完善司法保障，强化司法监督，依法独立行使审判权和检察权，严格执法，公正司法。健全依法行使权力的制约机制，加强对权力运行的监督，把廉政建设纳入法制化轨道。深入开展社会主义法制教育，提高全体人民首先是各级领导干部的法制观念。建立健全法律服务机制与网络。健全法律援助制度。加强对法律实施的监督，健全法律监督和制约机制。构建和完善以县市区依法治理为重点，以基层依法治理为基础，以行业依法治理为支柱，各个层次纵横结合的依法治理网络。

确保社会稳定。认真研究社会稳定面临的新情况新问题，正确处理新时期人民内部矛盾，及时妥善化解人民内部矛盾，防止矛盾激化。进一步落实党的民族政策。全面贯彻党的宗教政策，保障公民宗教信仰自由，依法管理宗教事务，积极引导宗教与社会主义社会相适应。严格查禁邪教和利用宗教进行非法活动。加强国家安全意识教育。切实把社会治安综合治理措施落实到基层，深入开展基层安全创建活动。加强流动人口综合管理。依法严厉惩处刑事犯罪和各种恶势力，坚决扫除黄赌毒等社会丑恶现象，净化社会环境。严厉打击偷私渡活动。

加强党风廉政建设，深入开展反腐败斗争，健全管理和监督制度，加大标本兼治力度，努力从源头上遏制腐败现象的滋生蔓延。

（四）国防建设

我省在早日完成祖国统一大业中居于重要的战略地位，在集中力量发展国民经济的同时，要积极推进国防建设，增强国防实力。坚决贯彻执行党中央“和平统一、一国两制”的基本方针和江泽民总书记的八项主张，坚决反对“台独”，从国家战略全局出发，深入贯彻平战结合、军民结合、寓军于民的方针，正确处理好经济建设与国防建设的关系，使二者协调发展。加强以领导干部和青少年为重点、以爱国主义和国防科学知识为主要内容的国防教育，增强全民国防观念和民族忧患意识。深入持久地开展拥政爱民、拥军优属工作，进一步密切军政军民关系。加强民兵、预备役部队和人防队伍、交通战备专业保障队伍建设，进一步完善国防动员体制。经济建设要充分重视和考虑国防需要，贯彻国防要求，实现平战结合。根据统筹规划、确保重点、分类处理、分期实施的原则，加大国防动员投入，进一步夯实国民经济动员、人民防空、交通战备工作基础，提高战时国民经济快速反应能力、重点经济目标防护能力、交通保障能力和支前动员保障能力。加快地方性国防动员法规的建设步伐，建立和完善具有我省特色的国防动员法规体系，增强平战转换能力。

四、规划实施

本纲要是经省人民代表大会审议通过的具有法律效力的经济社会发展的纲领性规划，是制定其它各类规划、年度计划，以及省级财政金融政策、专项产业政策等经济政策的重要依据，是全省经济社会工作的行动准则。

政府有关部门要面向社会、面向群众，利用各种媒体，采取多种形式，广泛宣传“十五”计划，利用多种方式引导企业参与规划实施，在全社会形成关心规划，自觉参与规划实施的氛围。

充分发挥企业的主体作用。企业特别是国有企业，要充分理解和把握政府战略意图，把规划目标与企业行为结合起来，把追求企业经济利益与社会效益结合起来，积极主动地参与规划实施。

省政府在制定和实施年度计划时，提出分年度落实本纲要的目标和任务。有关部门要根据本纲要，针对所负责领域的任务，制定具体措施。各级地方政府在经济工作中，要从实际出发，贯彻好本纲要的精神。有关部门要加强对规划实施情况的跟踪分析，特别要加强对经济增长、就业、价格等宏观调控目标的监测预警，自觉接受人民代表大会及其常务委员会对规划实施情况的监督检查。

集中力量办大事。省政府要组织或协调实施若干个重点专项规划，并在关系经济社会发展全局的关键领域和薄弱环节，组织推动或直接投资建设一批重大工程。确需政府投资的项目，建设资金纳入财政预算。

本纲要提出的产业发展方向和重点，是对市场主体的指导性意见，政府将运用经济政策加以引导。本纲要在社会保障、公共服务、科技教育、资源环境及部分基础设施等领域提出的任务，是政府向人民作出的承诺，政府将切实履行职责，努力完成。规划实施期间，当遇到国内外环境发生重大变化，或由于其它不可预见因素，使实际经济运行严重偏离规划目标时，省政府要及时提出调整方案的议案，报请省人大常委会审议批准实施。

福建省人民政府贯彻实施国务院关于全面推进依法行政的决定的通知

（2000 年 1 月 7 日　闽政［2000］文 8 号）

宁德地区行政公署，各市、县（区）人民政府，省政府各部门，各直属机构，各大企业，各高等院校：

党的十五大确立依法治国的基本方略，明确提出一切行政机关必须依法行政。在世纪之交，改革进入攻坚阶段，国务院作出全面推进依法行政的决定，对新形势下各级政府和政府各部门依法行政提出了新任务和新要求。根据国务院依法行政决定的精神，结合我省依法治省工作的实际情况，现提出具体贯彻意见，请遵照执行。

一、提高认识，更新观念，自觉依法行政

依法行政作为依法治国基本方略的重要组成部分，反映了行政机关运作方式的基本特征，是从全局上、长远上统管各级政府和政府各部门的各项工作。依法行政，责任在政府，关键在领导。各级政府和政府各部门的领导都要认清自己的历史责任，高度重视政府法制建设，要结合学习省委《依法治省决定》、省人大常委会《依法治省决议》、省政府《依法行政规划》及国务院《关于全面推进依法行政的决定》，从讲政治的高度认识依法治省、依法行政的重要性、紧迫性。要从根本上转变那些已经不适应依法治国、依法行政的传统观念、工作习惯、工作方法，认真学习、掌握宪法和法律、法规，不断增强法律意识和法制观念，不断提高依法行政能力和水平，依法决策、依法处理问题，切实领导、督促、支持本地区、本部门严格依法办事。各级人民政府和政府各部门务必高度重视依法行政工作，要结合本地区、本部门的实际，拟定具体实施方案，并加强对依法行政工作的贯彻落实情况的监督检查工作，确保各项工作落到实处。

二、切实建立和完善行政机关工作人员经常性学法制度

各级政府和政府各部门要通过举办法律讲座等形式，认真学习宪法和法律，在全社会提倡学法、懂法、守法的风气。要建立和完善行政机关工作人员学法考核登记制度，切实把经常性学法制度落到实处。各级政府组成人员每年必须参加2～4次法制讲座，行政执法人员每年至少参加 40 小时的法律知识学习。各级政府公务员的法制知识教育要纳入各级政府公务员继续教育中，要把法制观念的强弱、依法决策和依法管理水平的高低作为行政工作机关年度考核的一项重要内容。

三、加强政府立法工作，切实提高政府立法质量

政府立法工作要根据“改革和发展的重大决策与立法相结合”和建立社会主义市场经济体制的要求，按照国务院依法行政决定中提出的立法六项基本原则，结合我省经济、文化、社会发展的实际，突出涉台、涉侨、涉外特点，科学编制立法中长期和年度计划，抓紧出台当前经济和社会生活急需的法规、规章；要进一步完善立法程序，试行专家立法或委托专门机构起草制度，加强政府立法项目的调查研究和科学论证，克服起草法规、规章中的地方保护主义和部门保护主义；必须坚持立法走群众路线，增大立法的透明度，涉及到广大群众切身利益的重要法规、规章、规范性文件草案必要时通过报刊向社会公布，广泛征求社会各界人士意见，切实提高立法质量。各级政府和政府各部门对规范性文件的起草、审核、公布必须严格审查把关，从源头上、制度上解决“依法打架”的问题，重要的规范性文件出台时要通过一定的形式向社会公布。今年省政府将组织全省开展行政规章、规范性文件的清理工作，各级政府和政府各部门要对本地区、本部门的规章、规范性文件进行全面检查、清理，及时废止或修订那些不符合经济改革和政府机构改革精神的规章和其他规范性文件。

四、建立并实施以行政执法责任制为核心的行政执法制度体系

各级政府和政府各部门要在总结试点经验的基础上，全面推行行政执法责任制。要以新一轮政府机构改革为契机，进一步理顺行政执法体制，避免机构职能重叠，提高行政效能；建立以本单位主要领导为依法行政责任人的行政执法责任制，将主管执行和协助执行的法律、法规、规章的职能进一步分解后，落实到具体执法机关和执法岗位，使执法主体、执法范围、执法权限、执法程序、执法标准明确规范，并明确执法责任人及其职责，把执法行为、执法效果和奖惩措施统一起来。与此同时，要建立并实施与行政执法责任制相配套的行政执法公示制度、行政执法评议考核制、行政执法错案追究制，保证行政执法机关合法、公开、公正、高效执法。

五、强化行政执法监督，保障依法行政

各级政府和政府各部门要自觉接受人大及其常委会的监督、接受政协及民主党派的民主监督，接受司法机关依据行政诉讼法实施的监督，接受新闻舆论的监督，接受人民群众的监督。同时，要强化政府系统内部层级监督。一是进一步完善规范性文件备案制度。各有权制定规范性文件的行政机关应将出台的规范性文件报上一级行政机关备案、审查。各级政府和政府各部门的法制工作机构要认真履行规范性文件备案制度

的职责，审查并纠正违法或不当的规范性文件，确保抽象行政行为的合法；二是继续坚持不懈地开展行政执法检查，加强对影响重大、涉及收费、处罚的法律、法规和规章的实施情况进行监督检查，确保法律、法规全面、正确、有效的实施；三是继续贯彻《福建省行政执法资格和执法证件管理办法》，以1999年行政执法人员资格考试为基础，强化对执法队伍的整顿和行政执法证件的管理。清退从事行政执法合同工、临时工；四是建立和完善重大行政处罚决定备案制、违法行政行为举报制，行政执法情况内部通报及警示试勉等制度，及时纠正和查处各种违法或不当的行政行为；五是要全面落实国务院关于"收支两条线"、"罚缴分离"等措施，任何机关不得设"小金库"，不得向行政机关和行政执法人员下达收费罚款指标；六是加强政纪、审计、财政等专项监督。各级监察部门要履行《中华人民共和国行政监察法》所赋予的职责，加强对公务员行政纪律的监察。各级审计、财政部门要履行职责，恪尽职守，坚持原则，及时纠正违反财政法规、财经纪律的行为。七是试行建立以各级法制工作机构人员为主的行政执法监督队伍。并相应制定行政执法监督制度，保证行政执法合法性。

六、以《行政复议法》的实施为契机，推进依法行政

《行政复议法》是行政系统自我纠错的一种重要监督制度，其所确立的新制度，与行政机关行政行为关系重大，正确实施行政复议法是各级政府和政府各部门的一项重要职责。县级以上的人民政府和政府各部门领导要带头学习《行政复议法》，深刻领会它的精神实质，并认真贯彻实施。各复议机关及其法制工作机构要正确履行行政复议职责，对依法提起的行政复议申请，要依法办理；对违法不当的行政行为，坚决予以撤销、变更，决不能"官官相护"。

七、加强全省政府法制工作机构的建设

在依法行政工作中政府法制工作机构承担着繁重的任务，特别是《行政复议法》规定，行政复议机关负责法制工作的机构具体办理行政复议事项，对不依法办理行政复议的还规定了严格的法律责任。各级政府和政府各部门要按照国务院新一轮机构改革加强政府法制工作的精神，切实加强本地区、本部门政府法制工作机构的建设，配备法律知识扎实、工作能力强的人员，使其规格、编制、设施与其在依法行政中的作用和所承担的繁重任务相适应。努力建立一支政治强、作风硬、业务精的政府法制队伍。各级政府和政府各部门的法制工作机构工作人员要大力提高自身素质，以适应推进依法行政工作的需要。

各设区的市人民政府、各部门要结合本地区、本部门的实际情况，认真贯彻落实本通知。贯彻情况可迳向省政府法制局反馈，由省政府法制局汇总后向省政府报告。

中共福建省委　福建省人民政府
关于引进高层次人才和青年专业人才的若干规定

（2000 年 5 月 20 日闽委发〔2000〕10 号）

第一条　为大力吸引我省经济建设、社会发展急需的高层次人才和青年专业人才，为新一轮创业提供有力的人才保证和人才储备，根据《中共福建省委、福建省人民政府关于加快实施科教兴省战略的决定》（闽委发［1999］10 号），特制定本规定。

第二条　引进高层次人才的学科、技术的主要专业领域是我省急需的高新技术产业、支柱产业、新兴产业、重点工程，重点是生物工程、海洋技术、农业新技术、环保技术、新医药技术、新材料技术、光机电一体化、电子信息、金融管理、外经外贸等。凡我省急需紧缺的青年专业人才，不受专业限制均可引进。

第三条　本规定所称高层次人才是指具有高级职称或博士学位，在学术、技术领域具有较高造诣和较突出成果的专业人才。重点对象是：学术技术水平处于国内外领先的学术技术带头人和优秀拔尖人才，年龄一般在 60 岁以下；博士学位获得者，年龄一般在 45 岁以下；懂技术、善管理的高级企业经营管理人才，年龄在 55 岁以下；拥有专利、发明或专有技术并属国内先进水平的人才；其他具有特殊才能或重大贡献的人才，青年专业人才主要指我省急需紧缺的具有本科（含本科）以上学历的重点大学应届毕业生、35 岁以下具有本科（含本科）以上学历且有中级职称或 40 岁以下具有高级职称的专业人才。

第四条　本规定所称用人单位，是指我省具有用人自主权和独立法人资格的各类单位及具有用人自主权的中央及外省市单位在闽分支机构。引进人才的主体是用人单位，用人单位承担人才引进的主要责任，政府及各职能部门主要是提供政策支持、经费资助和相关服务。用人单位同意录用或聘用的，由用人单位到政府人事部门办理有关引进手续。

第五条　高层次人才和青年专业人才按"双向选择"的原则，自愿选择适合自己专业特长的单位。可以调动、兼职、讲学、从事科研和技术合作、技术入股、投资兴办企业、担任顾问或咨询专家等形式，来我省长期工作或短期服务。

第六条　财政拨款的事业单位引进高层次人才，可不受编制、增人计划和工资总额的限制。具有硕士（含硕士）以上学位的专业人才可通过特殊考试办法录用为国家公务员或党群机关工作人员。

第七条　引进到企业、事业单位的高层次人才和青年专业人才，工资待遇由用人单位与本人协商确定，可实行年薪制。可以专利、发明、专有技术等要素参与分配或技术转让，分配比例或转让费由受益单位和引进人才协商确定。

（一）引进的高层次人才和青年专业人才运用其专利、技术、管理等知识为单位创造的经济效益，3 年内按其新增税后留利的 10～30％提成给予奖励。

（二）引进人才科研成果成功投产后，受益单位 3 年至 5 年，从该科技成果的年净收入中，提取不低于 10％的比例奖给引进人才。

（三）对为我省高新技术企业做出突出贡献的科技人员实行重奖，允许企业按实际创造的效益（税后利润）提取 3～10％作为奖励。

引进人才携带的高新技术成果可作价入股，其技术成果价值占注册资金的比例可达 35％，成果完成人和成果转化的主要实施者根据其实际贡献，可获得与之相当的股权收益。属于非职务发明的，所占比例不受限制；属于职务发明的，从项目实施起，成果完成人享有的该成果股权收益最高可达 50％。成果转让时，成果完成人可享有不低于 20％的转让净收入；获奖人在取得股份、出资比例时，不缴纳个人所得税，取得按股份、出资比例分红或转让股权、出资比例所得时，相关政策按照中央和省政府有关文件执行。

第八条 引进的高层次人才和青年专业人才从事技术转让收入以及与技术转让、技术开发相关的技术咨询、技术服务收入免征营业税。

第九条 积极扶持福州、厦门等有条件的中心城市创办留学人员创业园，鼓励留学人员携带科技成果来闽从事高新技术产品开发和生产。简化留学人员来闽创办企业审批手续。凡获得国外长期（永久）居留权或已在国外开办公司（企业）的来闽创办企业，经省人事厅进行身份认定并经省外经贸委批准，按外商投资企业登记注册，注册资金额可按《公司法》规定的最低限额，注册后可享受本省外商投资企业的优惠政策；其他留学人员经省人事厅进行身份认定，按内资企业登记注册，属高新技术企业的可享受本省有关优惠政策。政府在项目扶持、实验设备、技术入股、土地使用等方面提供优惠条件。留学人员在本省兴办高新技术企业可享受项目立项、贴息贷款、风险投资和融资担保等优惠待遇；鼓励留学人员来闽承包、租赁各种经济实体和研究开发机构。

第十条 引进人才的科研、技术开发等经费原则上由用人单位支付，并进入成本。高层次人才来闽进行科研和从事新产品、新技术开发的，用人单位应提供优惠的工作和生活条件，视其学科领域研究项目的情况，提供与之相适应的工作条件，每年资助一定数额的资料费，配备助手，提供工作用车，提供参加国际学术技术交流与合作的差旅费。引进的高层次人才进行科学研究和从事新产品、新技术开发等。属于填补国内空白或本省急需的科研项目、课题、高新技术，可按有关规定优先予以立项并申请科研项目择优资助经费和课题经费。

建立人才引进专项资金，重点资助国有企业和科研、教学及医疗卫生单位引进高层次人才。每引进一名中国科学院院士、中国工程院院士，从专项资金中提供不少于200万元支持其从事发明创造、技术创新，支持其在省内高校兼职并带博士生，培养学科带头人；每引进一名国家重点学科带头人，提供50万元科研启动费；每引进一名省部级重点学科带头人，提供20万元科研启动费；每引进一名获得博士学位的优秀留学人员，提供10万元科研启动费。引进人才及有关部门要加强对科研启动费的管理，提高经费使用效益。

第十一条 调入我省工作的高层次人才和青年专业人才，其本人及其配偶、未成年人子女需迁移户口的，公安、粮食部门依据当地政府人事部门认定的证明文件办理有关户口、粮食迁移落户手续，不受任何指标限制，各地一律不得收取城市增容费或类似的费用。高层次人才和青年专业人才的配偶、未参加工作的子女可随调或随迁，人事、劳动、教育等部门应及时帮助办理其配偶、子女的调动安置、入学、就业及“农转非”。引进人才的子女入托及其义务教育阶段的入学，当地教育部门应根据就近原则和家长意愿安排。并不得收取以赞助为名的各种费用。

第十二条 国有企业、事业单位引进的高层次人才可享受购买、租赁微利房待遇。引进高层次人才根据同类人员的住房标准，按当地政府、用人单位、个人各出资1/3的比例进行一次性购房或租赁，如属购房，引进人才工作满五年后产权归其所有。对来闽工作的两院院士，由当地政府提供一套不少于150平方米的住房。各地、各部门要多方筹措资金，建设人才公寓，或视需要拨款购置，供短期来闽服务的高层次人才租住以及为引进的高层次人才提供周转用房。引进的青年专业人才享受我省同类人员住房的同等待遇。

第十三条 对来闽定居的高层次人才，用人单位一次性发给3～5的万元的安家费，并帮助解决本人及随迁家属子女的来闽单程旅费。对来闽定居的具有本科（含本科）以上学历且有中级职称的青年专业人才，用人单位发给一定数额的生活补助费。

第十四条 引进到国有企、事业单位和政府部门的两院院士可享受副省级领导干部的医疗保健待遇。

第十五条 对引进到国有企业、事业单位的两院院士，国家人事部“杰出专业技术人才奖章”和一等功奖励获得者，国家人事部表彰的有突出贡献中青年专家以及进入国家“百千万人才工程”的第一、第二层次者，省政府每月分别发给5000元、4000元、2000元、1000元生活津贴。省内产生的上述高层次人才享受与引进人才同等的津贴待遇。对其他引进到国有企业、事业单位的高层次人才和具有博士学位的留学回国人员，省政府每月发给500元生活津贴。

第十六条 对辞职来闽工作的高层次人才和青年专业人才，按引进人员办理户粮迁入手续，承认其原身份、行政职务级别和专业技术职务任职资格，工龄连续计算。对保留当地户口和人事关系来闽工作的高层次人才和青年专业人才，享受与调进我省的高层次人才和青年专业人才的同等待遇。获得硕士、博士学位的引进人才，其攻读硕士、博士学位的时间可计算为连续工龄。

第十七条 对来闽、回闽工作的留学人员，公安、外事部门应简化环节，优先办理出入国（境）手续，保证其来去自由；出国（境）留学人员在闽创办高新技术企业，经省科委认定并颁发了高新技术企业证书的，其企业有关人员可向外事部门办理1～3名香港多次往返签证；需要经常出国（境）人员，可根据有关文件办理一次审批、一年内多次有效的出国（赴港澳）审批手续（属因公证明办理）。引进人才需要出国（境）接受培训、参加学术交流、从事经贸活动等，外事部门根据有关规定及时办理手续。

第十八条 对引进的高层次人才和青年专业人才，专业技术职务可由用人单位自主聘任，不受岗位职数限制。有突出贡献的，可破格晋升专业技术职务。出国留学的高层次人才，可不受来闽工作时间、出国前职称和任职时间的限制，按本人实际专业技术水平和我省专业技术职务评聘有关文件的精神，申报评聘相应的专业技术职务，用人单位可先聘相应的专业技术职务，一年内如按评审程序通过专业技术职务任职资格评定，任职时间可从单位聘任时间算起，评定职称时外语可免试。

第十九条 省政府根据我省经济社会发展和现代化建设的需要，面向国内外大学和科研单位，选聘包括两院院士、重点学科带头人、海外著名专家与学者、博士生导师等高层次人才为我省客座专家，聘期内签订工作目标责任书，每月分别发给1500元、1000元、500元生活津贴。

第二十条 省政府建立专业技术人才专项奖励资金，完善奖励制度，定期对我省经济建设和社会发展作出重要贡献的引进人才和用人单位予以表彰，颁发有突出贡献的引进人才证书，发给一次性奖金，奖金免征个人所得税。

第二十一条 建立国内外高层次人才信息库和联系网络。在国际互联网上发布我省企业技术难题、岗位需求、我省高新技术和支柱产业的攻关项目以及有关人才政策，向海内外人才提供信息服务。加强与国内外大学、科研机构、人才中介机构、留学生组织、海外华人社团以及我驻外机构的联系，建立工作网络，掌握人才信息。

第二十二条 引进华侨、华裔专家和港、澳、台专家，参照引进高层次留学人员的有关优惠政策办理。

第二十三条 经同级人民政府侨务办公室依法认定华侨华人身份的海外高层次人才，视同归侨享受有关法律法规和政策所赋予的权利和待遇，依法维护其合法权益；来本省创业期间，受《福建省保护华侨投资权益的若干规定》等法律、法规的保护。

第二十四条 福建省人事厅是我省引进人才工作归口管理部门，负责制定高层次人才和青年专业人才资格的认定办法并负责组织实施。各地市、各部门可根据本规定制定更加优惠的实施办法，为高层次人才和青年专业人才来闽工作提供最大的方便和最优质的服务。

第二十五条 本规定由福建省人事厅负责解释。

第二十六条 本规定自发布之日起施行。

福建省浅海滩涂水产增养殖管理条例

（2000 年 4 月 1 日福建省第九届人民代表大会常务委员会第十八次会议通过）

第一章　总　则

第一条　为合理开发利用浅海、滩涂资源，保护渔业生态环境，保障水产增养殖投资者和生产者的合法权益，促进水产增养殖业的可持续发展，依据国家有关法律法规，结合本省实际，制定本条例。

第二条　在本省从事浅海、滩涂水产增养殖的单位和个人，应当遵守本条例。

本条例所称浅海，是指可规划用于增养殖的近海海域。

本条例所称的滩涂，是指海洋潮间带以及与其相连的陆域（围垦除外）海水养殖区域。

第三条　沿海地方各级人民政府应当将水产增养殖事业纳入国民经济和社会发展规划，采取有效措施，鼓励水产增养殖科学技术研究和推广。

第四条　鼓励发展和引进高新水产养殖技术，开发名特优养殖新品种和出口创汇产品；加强闽台水产增养殖技术的合作与交流。

第五条　沿海县级以上人民政府渔业行政主管部门负责浅海、滩涂水产增养殖的监督管理工作。

第二章　规　划

第六条　沿海县级以上人民政府应当根据国民经济和社会发展规划以及海域功能区划，组织渔业行政等有关主管部门制定当地浅海、滩涂水产增养殖发展规划。

海域功能区划由县级以上人民政府海洋行政主管部门会同渔业、计划、交通、环保、水利等有关主管部门拟定，报同级人民政府批准。

国家、省确定的航道、锚地、港区等不得划作养殖区。

第七条　沿海县级以上渔业行政主管部门应当加强浅海、滩涂水产增养殖容量的调查评估工作；根据水产增养殖发展规划和增养殖容量的要求，编制浅海、滩涂水产增养殖布局规划，并报同级人民政府批准后公布实施。

相邻市（地）、县（市、区）有争议的浅海、滩涂，其水产增养殖布局规划由争议各方县级以上人民政府渔业行政主管部门协商编制；协商不成的，由其共同上一级人民政府渔业行政主管部门编制，报同级人民政府批准后公布实施。

第八条　沿海乡（镇）人民政府应当根据浅海、滩涂水产增养殖布局规划，制定浅海、滩涂水产增养殖实施方案，报县级人民政府渔业行政主管部门备案。

第九条　浅海、滩涂水产增养殖布局规划和实施方案应当严格执行。对已公布实施的布局规划确需作调整或者修改的，应当经原批准机关批准后，方可调整或者修改。经调整或者修改后的布局规划应当及时公布实施。

第三章　使用权

第十条　沿海县级以上人民政府应当本着尊重历史、照顾现实、合理开发、有利于发展生产的原则，将规划用于水产增养殖的浅海、滩涂，依法确定给单位和个人从事水产增养殖生产，确认使用权。

养殖使用权依法确认给农村集体经济组织或者村民委员会使用的滩涂，可以由单位或者个人承包，从事水产养殖生产。

第十一条　申请滩涂水产养殖使用证的，应当向所在地的乡（镇）人民政府提出申请，经乡（镇）人民政府审核，报县级人民政府批准后，由县级人民政府渔业行政主管部门核发水产养殖使用证。

申请浅海水产养殖使用证的，应当向所在地的乡（镇）人民政府提出申请，由乡（镇）人民政府签署意见，经县级人民政府渔业行政主管部门审核，报县级人民政府批准后，由县级人民政府渔业行政主管部门核发水产养殖使用证。

第十二条　单位和个人申请办理浅海、滩涂水产养殖使用证时，应当提交下列申请材料：

（一）书面申请书；

（二）申请人身份证明材料；

（三）申请使用的浅海、滩涂的位置、面积、使用年限和用途；

（四）与所申请使用的浅海、滩涂的面积、使用年限和水产养殖品种相应的投资资金的来源和技术条件的说明。

第十三条　本条例公布施行前已经用于水产增养殖的浅海、滩涂有下列情形之一的，其使用者应当在本条例公布施行之日起 6 个月内向县级人民政府渔业行政主管部门申请办理水产养殖使用证，经县级渔业行政主管部门核实并报县级人民政府批准后，发给水产养殖使用证：

（一）长期归村集体使用、界限清楚的滩涂；

（二）已经确定给村集体或者其他单位和个人使用的滩涂；

（三）已经用于增养殖并符合布局规划的浅海。

第十四条　对具备水产增养殖生产条件的浅海及其海底、岛礁，县级以上人民政府可以采取向社会公开招标的方式，确认使用权，核发水产养殖使用证。水产增养殖招标方案由同级人民政府渔业行政主管部门编制。

第十五条　滩涂水产养殖使用权可以依法转让、出租；浅海水产养殖使用权可以依法转让，但不得出租。

水产养殖使用权依法转让的，应当向县级人民政府渔业行政主管部门申请办理变更登记手续。

第十六条　浅海水产养殖使用证的有效期限最高为 5 年，每年审核 1 次；滩涂水产养殖使用证的有效期限最高为 10 年。浅海、滩涂水产养殖使用证有效期满，需要继续养殖的，应当在期满前 60 日向原发证机关申请办理续期手续。

水产养殖使用证不得涂改、买卖。

水产养殖使用证由省人民政府渔业行政主管部门统一印制。

第十七条　鼓励单位和个人依法开发、整理荒废滩涂。开发、整理荒废滩涂从事水产养殖的，享有下列权益：

（一）获得不低于10年的滩涂水产养殖使用权，在滩涂水产养殖使用期内允许继承、发包；

（二）按国家有关规定减免农业特产税；

（三）使用期满，在同等条件下可优先取得该滩涂的养殖使用权。

第十八条　浅海、滩涂水产增养殖使用权发生争议的，由争议当事人协商解决。协商不成的，由县级以上人民政府处理。当事人对人民政府处理决定不服的，可以依法向上一级人民政府申请复议或者向人民法院提起诉讼。

相邻市（地）、县（市、区）浅海、滩涂水产增养殖使用权有争议的，各方共同的上一级人民政府可以采取划定临时水产增养殖生产管理线的办法予以解决。

在争议解决之前，应当维持现状，任何单位和个人不得干扰、破坏水产增养殖生产。

第十九条 依法取得的浅海、滩涂水产增养殖使用权受法律保护，任何单位和个人不得侵犯。

在水产养殖使用证核定的使用期限内，国家因建设需要收回已经确认使用权的浅海、滩涂，应当给予水产养殖者合理的补偿。政府因调整或者修改水产增养殖布局规划，给水产养殖者造成经济损失的，应当根据损失程度给予合理补偿。

第四章 管理与监督

第二十条 从事浅海、滩涂水产增养殖活动应当遵守下列规定：

（一）按照水产养殖使用证核定的用途、范围、面积、期限进行生产；

（二）增养殖密度和种类应当符合布局规划的要求；

（三）不得向养殖海域投放剧毒的化学药品；

（四）不得向养殖海域倾倒生产、生活垃圾；

（五）不得将废弃的养殖设施弃置于养殖海域；

（六）病、死鱼体和贝体应当及时处理，不得污染环境。

严格控制直接向养殖场所投喂鱼糜制品，推广使用浮性配合饲料，防止海水水质富营养化。

第二十一条 沿海各级人民政府应当根据浅海、滩涂自然资源和生态环境状况，采取工程或者非工程措施，改善浅海、滩涂水产增养殖生产条件，增强抗御自然灾害能力，提高水产增养殖效益。

第二十二条 沿海县级以上人民政府渔业行政主管部门应当加强渔业病虫害防治工作，做好渔业病虫害的监测、防治研究，建立渔业病虫害预报、预警系统，及时、准确地制作和发布疫情预报、灾害警报。

第二十三条 从事浅海、滩涂水产增养殖的单位和个人，对增养殖场所内发生的疫病，应当及时向渔业行政主管部门报告，并采取措施，防止疫病扩散。

第二十四条 有下列情形之一的，由所在地县级以上人民政府渔业行政主管部门报经同级人民政府批准，收回浅海、滩涂水产养殖使用权，注销浅海、滩涂水产养殖使用证：

（一）无正当理由使浅海、滩涂荒芜满1年，经当地县级以上人民政府渔业行政主管部门责令限期开发，逾期仍未开发利用的；

（二）未经批准擅自改变水产养殖用途的。

第二十五条 对申请在浅海、滩涂水产增养殖规划区内采矿、筑坝、围垦、兴建海港工程的，有关主管部门在审批时，应当事先听取同级渔业行政主管部门意见。

第二十六条 县级以上人民政府渔业行政主管部门及其所属的渔政监督管理机构在进行渔业行政执法活动时，有权采取下列措施：

（一）要求被检查的单位和个人提供有关浅海、滩涂水产增养殖权利的文件和资料，进行查阅或者复制；

（二）要求被检查的单位和个人就有关浅海、滩涂水产增养殖权利的问题作出说明；

（三）对被非法占用的浅海、滩涂水产增养殖现场进行勘测；

（四）责令当事人停止正在进行的违法的浅海、滩涂水产增养殖行为。

第二十七条 从事浅海、滩涂水产增养殖执法活动的渔业行政执法人员必须具有行政执法资格，取得行政执法驻书。未取得行政执法证书的，不得从事渔业行政执法活动。

渔业行政执法人员依法从事执法活动时，应当出示行政执法证件；未出示行政执法证件的，当事人有权予以拒绝。

第二十八条 县级以上人民政府渔业行政主管部门对其所属的渔政监督管理机构和下级渔业行政主管部门违法或者不当的行政执法行为，应当责令其限期改正。

第五章 法律责任

第二十九条 无水产养殖使用证擅自使用浅海、滩涂从事水产增养殖的，由县级以上人民政府渔业行政主管部门或者其所属的渔政监督管理机构责令限期改正，逾期不改正的，对其养殖设施予以拆除，并处以2000元以上2万元以下罚款。

第三十条 涂改、买卖浅海、滩涂水产养殖使用证的，由县级以上人民政府渔业行政主管部门或者其所属的渔政监督管理机构没收违法所得，并处以500元以上3000元以下罚款。

第三十一条 侵犯浅海、滩涂水产增养殖使用权或者承包经营权的，由县级以上人民政府渔业行政主管部门或者其所属的渔政监督管理机构责令停止违法行为，可以并处5000元以上2万元以下罚款；造成水产养殖者损失的，应当赔偿损失；构成犯罪的，依法追究刑事责任。

第三十二条 违反本条例第二十条第一款规定的，由县级以上人民政府渔业行政主管部门或者其所属的渔政监督管理机构责令限期改正，情节严重的处以1000元以上1万元以下罚款。

第三十三条 因经济或者其他活动，引起海洋生态环境污染，造成水产养殖者损失的，由有关部门依法处理。

第三十四条 渔业行政执法人员滥用职权、徇私舞弊、玩忽职守的，由其所在单位或者上级机关给予行政处分；造成水产养殖者损失的，应当赔偿损失；构成犯罪的，依法追究刑事责任。

第六章 附则

第三十五条 本条例自公布之日起施行。

福建省公民献血条例

（2000年5月26日福建省第九届人民代表大会常务委员会第十九次会议通过）

第一条 为保证医疗机构临床用血需要和安全，保障献血者和用血者的身体健康，根据《中华人民共和国献血法》，结合本省实际，制定本条例。

第二条 提倡18周岁至55周岁身体健康的公民自愿无偿献血。

鼓励国家工作人员、现役军人和高等学校在校学生率先献血，为树立社会新风尚作表率。

第三条 各级人民政府领导本行政区域内的公民献血工作，负责统一规划、组织、协调并推动公民献血工作的开展。

第四条 县级以上人民政府根据医疗用血的实际需要制定年度献血指导性计划。

县级以上人民政府卫生行政部门或者献血管理机构负责安排、指导、督促实施本区域年度献血指导性计划。

国家机关、社会团体、企业事业组织、居民委员会、村民委员会应当根据安排的献血指导性计划，动员、组织本单位或者本居住区的健康适龄公民自愿参加献血。

第五条 出现自然灾害、重大伤亡事故或者其他紧急情况临床用血不能满足需要时，县级以上人民政府应当临时指定单位组织公民自愿参加献血。

第六条 各级人民政府及宣传、教育、卫生等部门应当采取措施广泛宣传无偿献血的意义，普及献血的科学知识，开展预防和控制经血液途径传播的疾病的教育。

广播、电影、电视、报刊等新闻媒介应当采取多种形式，开展经常性的献血社会公益性宣传。

各级各类学校应当开展血液科学知识的教育。

第七条 各级红十字会配合当地人民政府和卫生行政部门做好无偿献血的宣传动员工作，推动无偿献血工作的开展。

鼓励依法成立的无偿献血者协会协助当地人民政府卫生行政部门及血站参与公民献血工作。

第八条 血站应当合理设置采血点或者使用采血车，便利献血者献血。

血站在街道、广场、公园及其他公共场所设置临时采血点或者使用采血车，依法采集血液时，公安机关、工商行政管理、城建监察等部门及有关单位应当予以配合和提供方便。

第九条 血站采血前必须对献血者进行献血知识的宣讲和解释，免费进行必要的健康检查。采血时必须严格遵守国家有关操作规程和制度。

血站对采集的血液经检测不合格的，应当及时通知献血者，指导献血者作进一步检查和诊断，并对其病情保密。

第十条 边远地区或者所在地无血站（中心血库），在临床急救需要输血而血站（中心血库）又无法及时提供时，具备国家规定采血条件的医疗机构可以临时采集血液。

医疗机构临时采集血液的，应当负责为献血者补办《无偿献血证》或者填写献血记录。

第十一条 公民首次献血的，由血站发给国务院卫生行政部门统一制作的《无偿献血证》；多次献血的，由血站负责在《无偿献血证》上填写献血记录。

各级血站对无偿献血者应当进行登记，并建立详尽档案。

第十二条 鼓励公民持身份证直接到依法设立的血站或者由血站设置的采血点献血。献血量计入本单位或者本区域的年度献血指导性计划完成数。

第十三条 献血者本人临床用血时，按下列规定享受用血优惠：

（一）献血者累计献血 800 毫升以下的，自献血之日起 5 年内临床用血，可以累计按其献血量的 3 倍免费用血；自献血之日起 5 年后临床用血，可以累计按其献血量等量免费用血。

（二）献血者累计献血 800 毫升以上的，可以终生免费临床用血。

除献血者本人按上款规定享受的用血优惠外，献血者的配偶和直系亲属临床用血时，可以累计按献血者的献血量等量免费用血。

本条例所称的免费用血，是指免交公民临床用血时依法需交付的用于血液的采集、储存、分离、检验等费用。

第十四条 献血者及其配偶、直系亲属根据第十三条规定享受免费用血的，医疗机构或者县级以上人民政府卫生行政部门指定的机构，应当在规定的时限内给予办理免费手续。具体办法由省人民政府卫生行政部门作出规定。

第十五条 各级人民政府和红十字会制定具体奖励办法，对积极参加献血和在献血工作中做出显著成绩的单位和个人，给予奖励。

第十六条 禁止任何单位和个人非法向公民采集血液。非法设置、开办血站（采血点），采集、供应血液的，由县级以上人民政府卫生行政部门予以取缔，没收非法设置、开办血站（采血点）的采供血设备和非法所得，并处以 5 万元以上 10 万元以下的罚款。造成经血液途径传播疾病或者有传播严重危险构成犯罪的，依法追究刑事责任。

血站违反有关操作规程和制度采集血液，由县级以上人民政府卫生行政部门责令改正；给献血者健康造成损害的，应当依法赔偿，对直接负责的主管人员和其他直接责任人员，依法给予行政处分；构成犯罪的，依法追究刑事责任。

第十七条 伪造、涂改、出租、买卖、转借《无偿献血证》和冒用用血凭证的，由县级以上人民政府卫生行政部门没收该证件，可以并处 100 元以上 1000 元以下罚款；冒名免费用血的，由县级以上人民政府卫生行政部门负责追回该款项，并处以该款项 5～10 倍罚款。

第十八条 违反本条例第十四条规定，负责办理免费手续的机构未在规定的时限内给予办理的，由县级以上人民政府卫生行政部门责令限期改正；逾期不改正的，从逾期之日起每日加付免费款项 3‰的滞纳金；情节严重的，对直接负责的主管人员和其他直接责任人员给予行政处分。

第十九条 本条例自 2000 年 8 月 1 日起施行。

福建省实施《中华人民共和国村民委员会组织法》办法

（2000 年 7 月 28 日福建省第九届人民代表大会常务委员会第二十次会议通过）

第一条 为发展农村基层民主，保障农村依法实行村民自治，根据《中华人民共和国村民委员会组织法》，制定本办法。

第二条 中国共产党在农村的基层组织，按照中国共产党章程进行工作，发挥领导核心作用；依照宪法和法律，支持和保障村民开展自治活动，直接行使民主权利。

第三条 村民委员会应当承担本村生产的服务和协调工作，支持和组织村民依法发展经济，尊重集体经济组织依法独立进行经济活动的自主权，促进本村经济和社会事业的发展。

村民委员会应当维护以家庭承包经营为基础、统分结合的双层经营体制，保障集体经济组织和村民、承包经营户、联户或者合伙的合法的财产权和其他合法的权利和利益。

第四条 乡、民族乡、镇人民政府对村民委员会工作给予指导、支持和帮助，但不得干预依法属于村民自治范围内的事项。

村民委员会协助乡、民族乡、镇人民政府开展工作，可以接受乡、民族乡、镇人民政府的委托办理有关行政管理事务。乡、民族乡、镇人民政府应当给予业务上的指导，并对委托的事务依法承担责任。

第五条 村民委员会的主要职责：

（一）召集村民会议和村民代表会议，并报告工作；

（二）执行村民会议和村民代表会议的决定、决议；

（三）建立、健全开展自治活动的各项制度；

（四）编制并组织实施本村经济和社会发展规划以及年度

计划；

（五）依法管理本村属于村农民集体所有的土地、河滩、水面、山林、水利设施和其他财产，管理本村财务；

（六）教育村民合理利用自然资源，保护和改善生态环境；

（七）办理本村的公共事务和公益事业；

（八）宣传宪法、法律、法规和国家的政策，维护村民的合法权利和利益，教育和推动村民履行法律规定的义务，督促村民遵守村民自治章程和村规民约；

（九）开展社会主义精神文明建设活动，普及文化科学知识，组织健康的文化体育活动，提高村民思想道德素质和科学文化水平，移风易俗，树立社会主义新风尚；

（十）依法调解民间纠纷，促进村际、村民、民族团结和家庭和睦；

（十一）协助人民政府搞好社会治安，维护良好的社会秩序、生产秩序和生活秩序；

（十二）向人民政府反映村民意见、要求和提出建议。

第六条 村民委员会根据村民居住状况、历史习惯、人口多少、经济状况，按照便于自治的原则设立。

村民委员会建制需要调整的，应当充分尊重群众意愿并依法办理。

第七条 村民委员会由主任、副主任和委员共3～7人组成，具体名额由村民会议或者村民代表会议讨论决定。

村民委员会成员由本村遵纪守法、办事公道、有一定科学文化知识，热心为群众服务的村民担任。村民委员会成员中，妇女应当有适当的名额，多民族村民居住的村应当有人数较少的民族的成员，归侨侨眷多的村应当有归侨侨眷的成员。

第八条 村民委员会主任、副主任和委员，由村民依照《福建省村民委员会选举办法》选举产生。任何组织和个人不得指定、委派或者撤换村民委员会成员。

换届选举前，村民选举委员会应当将评议村民委员会及其成员工作情况和审计村级财务的结果向村民公布。

第九条 村民委员会成员受村民监督。本村1/5以上有选举权的村民联名，可以要求罢免村民委员会成员。罢免村民委员会成员须经有选举权的村民过半数通过。

第十条 村民委员会成员被依法追究刑事责任、计划外超生或者连续6个月以上不参加村民委员会工作的，经县级有关部门或者乡、民族乡、镇人民政府确认，由村民会议予以罢免。

村民委员会成员要求辞职的，应当书面向村民委员会提出，村民委员会应当在1个月内召集村民会议或者村民代表会议讨论决定。

第十一条 村民委员会成员不脱离生产，对于坚持常年工作的给予固定补贴，其他的给予适当的误工补贴。

村民委员会成员中享受补贴的人数、标准和办法，由村民会议或者村民代表会议决定，报乡、民族乡、镇人民政府备案。经费来源，除财政补贴外，由乡、民族乡、镇、村自有资金开支。

第十二条 村民委员会可以分设若干村民小组。村民小组设组长1人，根据工作需要，也可以设副组长1～2人。村民小组长由村民小组会议推选或者直接选举产生，任期与村民委员会相同，可以连选连任。本小组1/5以上有选举权的村民对小组长工作不满意的，可以提出更换要求。更换小组长的村民小组会议由村民委员会召集，以本小组有选举权村民的过半数或者2/3以上户代表同意始得更换。补选村民小组长，按原产生方式进行。

村民小组长的主要职责：

（一）组织本小组村民开展各种生产、生活服务，管理本小组财务；

（二）传达村民委员会作出的有关规定，组织完成村民委员会下达的各项工作任务；

（三）听取并反映本小组村民的意见、建议；

（四）召集村民小组会议讨论决定本小组的有关事项。

第十三条 村民委员会根据需要可以设人民调解、治安保卫、公共卫生等委员会，归侨侨眷多的村可以设归侨侨眷委员会，林区可以设护林委员会。

村民委员会下属委员会的成员由村民委员会提名，经村民会议或者村民代表会议表决通过。村民委员会成员可以兼任下属委员会成员。

人口少的村村民委员会可以不设下属委员会，由村民委员会成员分工负责有关工作。

第十四条 村民委员会办理有益于本村村民的公共事务和公共事业所需的费用，经村民会议或者村民代表会议讨论决定，可以向本村村民筹集，但不得巧立名目，随意摊派。

第十五条 村民会议由本村18周岁以上的村民组成。

召开村民会议，应当有本村18周岁以上村民的过半数参加，或者有本村2/3以上的户的代表参加，所作决定应当经到会人员的过半数通过。讨论具体事项，也可以将方案印发全体村民征求意见，由村民投票决定。

村民会议每年至少举行一次，人口较多或者居住分散的村可以分片召开。有1/10以上的村民提议，应当召集村民会议。

第十六条 村民会议讨论决定涉及村民利益的下列事项：

（一）审议决定本村发展规划和年度计划；

（二）听取并审议村民委员会的工作报告，村财务收支计划和执行情况报告，评议村民委员会和村民委员会成员的工作；

（三）制定和修改村民自治章程、村规民约；

（四）罢免和补选村民委员会成员，审议批准村民委员会成员的辞职申请；

（五）撤消或者改变村民代表会议、村民委员会不适当的决定；

（六）《中华人民共和国村民委员会组织法》规定应由村民会议讨论决定的事项。

第十七条 村民会议根据需要，可以设立村民代表会议，授权村民代表会议讨论决定属于村民会议讨论决定的事项，但罢免、补选村民委员会成员和制定村民自治章程、村规民约的事项除外。

第十八条 村民代表会议由村民代表组成。具体数额由村民选举委员会按下列规定确定：

（一）600户以上的村不得少于45人；

（二）300户以上不足600户的村不得少于35人；

（三）100户以上不足300户的村不得少于25人；

（四）不足100户且居住比较分散的村不得少于20人，也可以不选村民代表。

第十九条 村民代表以村民小组为单位推选或者直接选举产生，任期与村民委员会成员相同，可以连选连任。

本村民小组1/5以上有选举权的村民认为村民代表不称职的，可以提出更换要求。更换村民代表的村民小组会议由村民小组长或者村民委员会召集，以本小组有选举权的村民过半数或者2/3以上户代表同意始得更换。补选村民代表，按原产生方式进行。其他任何组织、个人不得指定、委派或者更换村民代表。

第二十条 村民代表会议至少每3个月举行一次，特殊情况或者有1/3以上村民代表提议，应当召集村民代表会议。

召开村民代表会议，应当有2/3以上的村民代表参加，所作出的决定应当经全体村民代表的过半数通过。

第二十一条 村民会议、村民代表会议讨论决定的事项以及村民自治章程、村规民约应当符合法律、法规和国家政策，不得有侵犯村民的人身权利、民主权利和合法财产权利的内容。

村民会议、村民代表会议讨论决定的事项涉及村镇规划、土地使用、农民负担的，村民委员会应当报乡、民族乡、镇人民政府备案。

第二十二条　村民会议可以设立由3～5人组成的村务监督小组。成员由村民会议或者村民代表会议推选产生，小组长由小组成员推选产生。小组成员中应当有具备一定文化和财会知识的村民。村民委员会成员及其配偶和直系亲属、村财会人员不得担任村务监督小组成员。村务监督小组的任期与村民委员会的任期相同，可以连选连任。

本村1/5以上有选举权的村民对村务监督小组成员的工作不满意的，可以提出更换要求。村务监督小组成员的更换须经本村有选举权村民过半数或者2/3以上村民代表通过。补选村务监督小组成员按原推选方式进行。

第二十三条　村务监督小组的主要职责：

（一）督促村民委员会建立、健全村民自治的各项制度；

（二）检查、督促村民委员会落实村民会议或者村民代表会议决定的事项；

（三）检查、监督村民委员会的村务公开以及财务收支情况，协助开展村集体财务审计；

（四）反映村民的合理意见、建议，督促村民委员会及时办理。

村务监督小组决定问题，采取少数服从多数的原则，每年至少两次向村民会议或者村民代表会议报告工作。

第二十四条　村民委员会依法实行村务公开制度。《中华人民共和国村民委员会组织法》第二十二条规定的事项和村民会议或者村民代表会议决定公开的其他事项，村民委员会应当及时公布，接受村民监督。涉及财务的事项至少每3个月公布1次。

村民委员会应当在便于村民观看的地点设置固定的村务公开栏公开村务，接受村民的查询和村务监督小组的监督、检查。

村民委员会应当建立村务公开档案，将村务公开的时间、内容、村务监督小组的意见以及答复村民询问等情况存档备查。村务公开档案应当妥善保管，保存期限不得少于4年。

第二十五条　村民对公布的村务内容有疑问的，可以直接向村民委员会询问或者提出意见，也可以通过村务监督小组要求村民委员会作出解答。村民委员会应当在15日内作出解答。

第二十六条　村民委员会不及时公布应当公布的事项或者公布的事项不真实的，村民有权向乡、民族乡、镇人民政府或者县级人民政府及其有关主管部门反映，有关政府机关应当负责调查核实，责令公布或者纠正；经查证确有违法行为的，有关人员应当依法承担责任。

第二十七条　《中华人民共和国村民委员会组织法》和本实施办法，由各级人民政府组织实施，民政部门负责日常工作。

县级人民政府应当根据当地实际情况，制定规划，指导村民开展自治活动，提高村民自治水平。

第二十八条　地方各级人民代表大会和县级以上地方各级人民代表大会常务委员会在本行政区域内保证《中华人民共和国村民委员会组织法》和本办法的实施，保障村民依法行使自治权利。

地方各级人民政府应当及时将换届选举和村民自治的其他重大问题向同级人民代表大会常务委员会报告。

第二十九条　本实施办法自公布之日起施行。《福建省实施〈中华人民共和国村民委员会组织法（试行）〉办法》同时废止。

福建省保障企业职工民主参与权利规定

（2000年7月28日福建省第九届人民代表大会常务委员会第二十次会议通过）

第一条　本规定所称企业职工民主参与权利，是指职工依照宪法、法律、法规规定，对所在企业涉及职工权益的有关事项，提出意见，参与管理，进行监督的权利。

第二条　企业职工通过法定的或者与企业商定的形式，行使民主参与权利。企业应当推行平等协商、集体合同制度，保障职工民主参与权利的实现，促进企业发展。

职工（代表）大会、职工股东（代表）大会、工会会员（代表）大会，是职工直接行使民主参与权利的主要形式。

第三条　工会依法代表职工行使民主参与权利，向职工负责，受职工监督。

地方工会负责本行政区域内企业职工民主参与工作的组织、指导和监督。

第四条　国有企业（包括国有独资公司、国有控股公司）和集体所有制企业应当按照规定的期限和程序召开职工（代表）大会，依法实行民主决策、民主管理、民主监督。

国有企业、集体所有制企业应当实行厂务公开等民主监督制度。凡是与企业生产、经营、管理密切相关和直接涉及职工切身利益的事项，除国家机密和商业秘密外，都应当公开，听取职工意见。

国有企业转制、售让、兼并、破产以及职工的社会保障等，必须听取职工（代表）大会的意见。集体所有制企业转制、售让、兼并以及职工的社会保障等，必须依法由职工（代表）大会决定。

第五条　非公有制企业订立集体合同时，应当依法将集体合同草案提交职工大会或者职工代表会议讨论通过，不得以其他形式取代；制定涉及职工权益的劳动规章制度时，应当与职工代表或者工会平等协商。

第六条　职工对本企业裁减人员、解除劳动合同、延长劳动时间、支付工资等事项有法定知情权，企业对上述事项应当作出说明。

第七条　地方各级人民政府设立的保护职工权益的劳动争议仲裁委员会、社会保险监督委员会、劳动安全生产委员会等机构，应当有同级地方工会参加。

第八条　工会提出的涉及职工权益的意见和建议，有关单位应当及时研究，采纳的应当落实；不予采纳或者暂时无法采纳的，应当说明理由。工会认为理由不当的，可以要求再研究，有关单位应当在7日内作出说明。

第九条　制定涉及职工权益的地方性法规、政府规章和规范性文件时，必须征求同级工会意见。

第十条　法律、法规规定应当听取职工代表意见、应当由职工（代表）大会审议或者必须与工会协商的事项，有关单位应当依法执行，否则作出的决定无效。

第十一条　违反本规定第四条规定的，由主管部门责令限期改正，逾期不改的，对负责人或者直接责任人予以行政处分。

违反本规定第五条或者第六条规定的，职工或者工会可以向劳动行政部门申诉，劳动行政部门应当依法处理。

第十二条　本规定自公布之日起施行。

福建省促进科技成果转化条例

（2000 年 9 月 21 日福建省第九届人民代表大会常务委员会第二十一次会议通过）

第一章 总 则

第一条 为促进科技成果转化为现实生产力，推动经济建设和社会发展，根据《中华人民共和国促进科技成果转化法》及有关法律、法规，结合本省实际，制定本条例。

第二条 企业应当成为科技成果转化的主体。鼓励研究开发机构、高等院校、科技人员与企业联合，实施科技成果转化。

鼓励境外省外企业、科技成果持有者，以及其他组织和个人来本省实施科技成果转化，依法保护其权益。

第三条 县级以上地方人民政府科学技术行政部门依照职责，管理、指导和协调本行政区域内的科技成果转化工作。

第四条 在科技成果转化活动中应当遵守国家科技保密和知识产权保护的有关法律法规。

第二章 组织实施

第五条 县级以上地方人民政府应当将科技成果转化工作纳入国民经济和社会发展计划。

省人民政府根据经济建设、社会发展的需要，制定规划，多渠道筹集资金，建设中间试验基地、工程技术研究中心、技术信息网络、技术交易场所等促进科技成果转化基础设施。

第六条 县级以上地方人民政府应当定期公布科技成果目录和重点科技成果转化项目指南，并优先安排支持下列科技成果转化项目：

（一）有利于发展高新技术产业的；

（二）有利于提高重点产业技术水平的；

（三）有利于加速传统产业的技术升级的；

（四）有利于发展高产、优质、高效农业，推进现代农业和农村经济发展的；

（五）有利于合理开发和利用资源、保护和改善生态环境、防灾减灾的。

第七条 实行重大科技成果转化项目认定制度。对重大科技成果转化项目，政府给予资助的，可以采取公开招投标方式确定承担单位。

县级以上地方人民政府科学技术等行政部门应当为项目认定、技术产权交易，以及成果转化等提供系列服务。

第八条 加强技术中介服务机构建设，地方各级人民政府应当在政策和资金等方面给予扶持。技术中介服务机构应当依法开展科技成果推介、提供科技信息、技术贸易和咨询服务等促进科技成果转化活动。

第九条 鼓励创办生产力促进中心、高新技术创业服务中心、留学人员创业园等科技成果转化服务机构。

鼓励大中型企业和有条件的小型企业建立企业技术开发机构，加强技术研究开发和实施科技成果转化。

第十条 在科技成果转化活动中，需要对科技成果进行检测、价值评估的，应当由具有法定资格的机构检测、评估。

对科技成果进行检测、评估，必须遵循公正、客观的原则，不得提供虚假不实的检测结果或者评估证明。

第十一条 民营科技企业在开展科技成果转化活动，以及申请政府设立的各类科技发展基金（资金）时，享有与其他各类科技企业同等待遇。具体办法由省人民政府制定。

第十二条 国家举办的高等院校、国有研究开发机构的教师和科技人员经批准可以离岗或者兼职开展科技成果转化活动。离岗创业 2 年，或者经单位批准延长期限的，可以回原单位重新竞争上岗。

高等院校、职业技术学校在读学生经所在学校批准可以休学保留学籍开展科技成果转化活动。

第三章 保障措施

第十三条 县级以上地方人民政府应当逐年增加对科技成果转化的投入，每年财政安排的基本建设投资、科技 3 项费用、技术改造经费和农业发展专项资金等，应当有一定比例用于科技成果转化。具体比例由县级以上地方人民政府规定。

第十四条 省和有条件的市人民政府应当设立科技成果转化资金，用于科技成果转化项目的资助、科技成果转化基础设施建设和设备购置，扶持技术中介服务机构，以及奖励等。

第十五条 省和有条件的市人民政府应当投入一定的资本金，引导风险投资机构的创立和运行。鼓励社会力量运用市场机制，设立科技风险投资公司和科技担保公司。

风险投资公司投资高新技术成果转化项目，其投资额达到一定比例的，该风险投资公司可以享受高新技术企业优惠待遇。具体办法由省人民政府制定。

第十六条 金融机构应当根据国家有关规定，积极支持科技成果转化，增加用于科技成果转化的贷款。企业在开展科技成果转化活动中，可以将专利等知识产权中的财产权作为申请贷款的质押。

保险机构可以依法开展科技成果转化的保险业务。

第十七条 高新技术成果作价出资的金额，作为成立科技企业注册资本的，所占注册资本的比例可以达到 35%。国家和木省另有规定超过这一比例的，从其规定。这类科技企业注册时，注册资本可以分步到位。

第十八条 科技企业、研究开发机构、科技人员等在转化科技成果活动中，依照国家和本省的有关规定，享受税收优惠政策。

第十九条 对高新技术成果转化项目，在用地和生产经营用房方面给予以下优惠：

（一）市、县人民政府可以采取协议、作价入股等有偿出让方式提供国有土地使用权，并减免土地出让金，或者采取优惠价格租赁方式提供国有土地使用权；

（二）在土地使用期限内免收土地使用费；

（三）经批准征用耕地的，可以按省人民政府规定标准的 70%收取耕地开垦费；

（四）免收生产经营用房的交易手续费。

第二十条 高新技术成果转化项目成果持有者申请专利资金困难的，可以向地方各级人民政府设立的科技成果转化资金申请资助，用于专利申请费、维持费和年费。

第二十一条 地方各级人民政府对农业科研、技术推广和农业教学等单位用于农业科技成果试验示范的土地和设施，应当予以保障，并在资金等方面给予支持。

农业研究开发和技术推广机构、学校、科技人员可以依法经营销售包括种子在内的自行或合作研究开发的产品。

经省级主管部门批准，对国家拥有的农业科技成果及与国计民生密切相关的社会公益性科技成果，有条件的单位可以无偿使用。

第二十二条 国家举办的高等院校、国有研究开发机构所持有的非专利科技成果在完成后 1 年未实施转化的，在不变更职务科技成果权属的前提下，科技成果完成人可以与单位签定协议进行该成果的转化，科技成果完成人和单位享有协议约定的权益。

科技成果完成人与单位协议不成，可以提请省或者设区的市人民政府科技行政部门会同其主管部门协调或者批准。经批准由科技成果完成人进行转化的，从转化获利之日起，连续3年提取10%～20%的净收入返还单位

第二十三条　留学人员和省外科技人员来本省实施科技成果转化，地方各级人民政府应当在立项、资金支持、实验设备、技术入股、土地使用等方面提供优惠政策。留学人员来本省创办科技型企业的，享受本省外商投资企业的优惠政策。

第四章　技术权益与奖励

第二十四条　县级以上地方人民政府对在科技成果转化中作出重要贡献的单位和个人应当给予表彰和奖励。

第二十五条　国有企业、事业单位独立研究开发或者合作研究开发的科技成果转化取得经济效益的，可以连续3～5年提取不低于10%的净收入，用于对做出重要贡献人员的奖励与报酬。

国有企业、事业单位转让其职务科技成果的，单位可以提取不低于25%的净收入，用于对做出重要贡献人员的奖励与报酬。

上述国有企业、事业单位从事研究开发和成果转化主要完成人，所得奖励份额和报酬应当不低于总额的50%。

第二十六条　采用股份制形式的企业实施科技成果转化的，可以提取不低于科技成果入股时作价金额的20%的股份，用于对做出重要贡献人员的奖励与报酬。

第二十七条　允许和鼓励技术、管理等生产要素参与收益分配，连续2年赢利的高新技术企业，可以依法将其国有净资产增值部分的20%作为股份，用于对作出重要贡献人员的奖励与报酬。

第五章　法律责任

第二十八条　在科技成果转化活动中骗取奖励、荣誉称号的，由授予机关取消该奖励、荣誉称号。

骗取科技成果转化项目经费的，由资助单位收回该项目经费。

科技成果转化行政管理人员挪用、克扣或者截留科技成果转化经费的，由所在单位或者上级主管部门给予行政处分。

第二十九条　依照《中华人民共和国促进科技成果转化法》第三十二、三十四、三十六条规定对违法行为的处罚，由科学技术行政部门、工商行政部门等在各自职权范围内决定。其中给予罚款处罚的，罚款额为违法所得2倍以上5倍以下；无违法所得的，罚款额为5000以上1万元以下。

第六章　附　则

第三十条　本条例自2000年11月1日起施行。

福建省村集体财务管理条例

（2000年9月21日福建省第九届人民代表大会常务委员会第二十一次会议通过）

第一章　总　则

第一条　为规范和加强村集体财务管理，维护村民合法权益，促进农村经济发展，根据有关法律、法规，结合本省实际，制定本条例。

第二条　本条例所称村集体是指本省辖区内的村民委员会、村集体经济组织。

独立核算的村民小组、乡（镇）所在地的居民委员会的财务管理活动参照本条例规定执行。

第三条　村集体依法履行财务管理职能，实行财务公开、民主理财制度。

第四条　村集体资产受法律保护，任何单位和个人不得平调、侵占、截留、挪用、私分。

第五条　县级以上地方人民政府农业行政主管部门和乡（镇）人民政府负责本辖区内村集体财务管理工作的指导、监督，具体工作由其所属的农村经营管理机构承担。

第二章　财务计划管理

第六条　村集体应当根据收支平衡的原则，编制年度财务计划。财务计划主要包括：财务收支、资金管理、生产经营、基本建设、固定资产购置、收益分配等。

第七条　财务计划须经村民会议或者村民代表会议通过后执行。

会计年度结束后，村集体应当在次年的2月底前将财务计划执行情况向村民会议或者村民代表会议报告。

第八条　村集体应当依法、合理组织资金收入。资金收入主要包括集体统一经营收入、发包及上交收入、投资收入、农民法定承担费用的收入和其他收入。

第九条　村集体管理费支出实行限额管理。具体限额标准由村集体拟订，经村民会议或者村民代表会议通过，并报县级农业行政主管部门和乡（镇）人民政府备案。

乡（镇）人民政府应当对村集体管理费支出限额标准的拟订予以指导。

第十条　村集体进行收益分配前，应当核算全年的收入和支出，清理财产和债权债务，做好承包合同的结算和兑现

收益分配应当正确处理国家、集体、个人三者之间的利益关系，坚持以丰补欠、适当积累、壮大集体经济实力。收益分配方案须经村民会议或者村民代表会议通过后方可执行。

第三章　流动资产管理

第十一条　村集体应当依照有关规定，加强资金管理。账和款、物，支票和印鉴应当分别管理。每月与银行或者信用社核对账目，盘点库存现金，做到账款、账实、账证、账账、账表相互符合。禁止公款私存或者私款公存。禁止出租或者转借账户。

村集体应当建立财务开支审批制度，并经村民会议或者村民代表会议通过。财务开支审批制度应当对村集体主管财务负责人的审批权限作出明确规定。

资金收付应当取得合法的原始凭据，并有经手人、验收人（证明人）、批准人的签名。禁止无据收付款。

非出纳人员不得保管现金。因工作需要委托他人代收款项的，代收人应当自收到代收款之日起10日内如数交给出纳员。

第十二条　村集体对各级财政或者有关部门下拨的款物以及接受社会捐赠、赞助的其他款物，应当入账核算。资金应当专款专用，不得挪作他用。

村集体接受乡（镇）人民政府和有关部门委托收取的款物，应当登记造册、及时上缴、张榜公布。代收款物不得截留、挪用。

村集体购买的有价证券，应当入账核算。

第十三条 村集体应当设立专户依法管理土地补偿费。土地补偿费计入公积金，用于发展生产。但法律法规另有规定应当支付给被征地农民的除外。禁止任何单位和个人截留、挪用、侵占或者以其他形式非法使用土地补偿费。

第十四条 村集体因发展生产需要借贷资金的，应当先提出方案，并经村民会议或者村民代表会议通过，报县级农业行政主管部门和乡（镇）人民政府备案。所借款项必须专款专用，不得挪作他用。

第十五条 村集体应当及时催收、清理各项应收款项。对村民因丧失劳动能力又无经济来源造成无力偿还的款项，由村集体研究决定予以缓交或者减免，并张榜公布。

村民困难补助款的发放，由村集体研究决定，并张榜公布。

第四章 固定资产与投资管理

第十六条 村集体应当依照有关规定，建立固定资产管理制度。固定资产的存量、增减变动情况，应当及时准确登记，并建立健全明细账册，定期盘点，做到账实相符。

第十七条 村集体应当依照有关规定，提取固定资产折旧。折旧费提取的比例应当保证对固定资产损耗价值的补偿。对承包给单位或者个人使用、管理的固定资产，应当在承包合同中确定折旧费的提取比例和提取方式。

第十八条 村集体固定资产的拍卖、转让、入股，应当由依法取得相应资质的资产评估机构评估；无资产评估机构评估的，可由村集体组织评估小组按照国家有关规定进行评估，评估结果须经村民会议或者村民代表会议确认。

将村集体资产用于投资的，应当编制投资方案，并经村民会议或者村民代表会议通过后，方可实施。

第十九条 村集体建设项目的施工，应当实行招标。招标方案由村集体拟定，经村民会议或者村民代表会议通过。具体招标办法由县级人民政府制定。

村集体生产经营项目发包依照有关法律法规的规定执行。

第二十条 村集体应当依法管理土地、林木以及无形资产、递延资产，确保集体资产的保值增值。

第五章 财会人员

第二十一条 村集体应当配备会计和出纳人员，并可根据实际需要配备保管员。会计人员与出纳人员不得相互兼职。

村集体会计人员由农业行政主管部门依照有关法律、行政法规和本条例进行管理，接受财政部门指导、监督。

第二十二条 村集体提名聘用的会计人员，应当经乡（镇）农村经营管理机构业务考核合格，村民会议或者村民代表会议通过，并报县级农业行政主管部门、乡（镇）人民政府和县级财政部门备案。

聘用会计应当优先选用持有会计从业资格证书的村民或者其他人员；对未持有会计从业资格证书的，必须取得省农业行政主管部门发给的《农村财会任用证》后，方可聘任。

村集体主要负责人及其近亲属不得担任本村集体的财会人员。

在本条例施行之日起1年内，村集体会计人员应当取得会计从业资格证书或者《农村财会任用证》。

第二十三条 财会人员应当保持相对稳定，确需更换的，由村集体或者村务监督小组提出，经村民会议或者村民代表会议通过。被更换的会计人员有权陈述意见。

村集体财会人员应当定期接受业务培训和考核。

第二十四条 财会人员行使下列职权：

（一）执行国家财务制度，遵守财经纪律；

（二）参加财务计划的编制和有关生产、经营管理会议；

（三）承担资金筹措和使用的财务监督以及资产保管工作；

（四）检查指导村集体所属单位的财务工作；

（五）拒绝办理违反财务制度的收支，抵制侵犯村集体财产所有权的行为；

（六）真实、准确、及时填写会计账目，填报农村经济报表，保管会计档案；

（七）向农业行政主管部门和乡（镇）人民政府反映违反财务制度的问题。

第二十五条 财会人员离职，应当办理交接手续，编制交接清单。交接清单需经移交人、接交人、监交人签字后存档。未办妥交接手续的不得离职。

前款所指监交人包括村集体负责人、村务监督小组成员。

农村经营管理机构应当对村集体财会人员离职交接工作予以指导、监督。

第六章 财务监督

第二十六条 村集体财务应当统一建账，禁止设账外账。

村集体应当按照国家统一的会计制度，设置会计科目，使用借贷记账方法。登记会计账簿，填写会计凭证，编制财务会计报告，应当统一使用省农业行政主管部门规定的账、表、簿、据。

不符合财务制度和未经村务监督小组审核的会计凭证不得入账归档。

第二十七条 村集体财务活动应当接受村务监督小组监督。村务监督小组对村集体财务活动的监督职责：

（一）审查各项财务收支；

（二）检查监督村集体负责人和财会人员执行财务制度、遵守财经纪律的情况；

（三）检查监督财务公开情况；

（四）协助对村集体财务进行审计；

（五）听取和反映村民对村集体财务工作的意见和建议。

村务监督小组在履行职责中发现有违反财务制度行为的，应当提出处理意见，有关人员应当及时纠正。情节严重的，应当向村民会议或者村民代表会议报告，并向农业行政主管部门、乡（镇）人民政府或者其他有关部门反映，有关单位应当及时处理。

第二十八条 村集体财务收支情况必须定期向村民公开。每月或者每季终了之日起10日内和会计年度终结之日起15日内，财会人员必须将经过村务监督小组审查后的账目，在村务公开栏上逐项或者逐户张榜公布。

对1/5以上村民或者2/3以上村务监督小组成员要求公开的专项或者重要的财务活动，村集体应当单独公布，并附具说明。

第二十九条 村民对公布的财务内容有异议的，可以直接向村集体询问或者提出意见，也可以通过村务监督小组要求村集体作出解答，村集体应当在15日内作出解答。

对有违反财务制度的，村民有权向村务监督小组反映，也可以向乡（镇）农村经营管理机构或者有关部门反映；村务监督小组、乡（镇）农村经营管理机构或者有关部门应当及时处理。

第七章 财务审计

第三十条 县级以上地方人民政府农业行政主管部门，负责本辖区内的村集体财务的审计工作。具体审计事项由乡（镇）以上农村经营管理机构承担。

村集体财务审计工作接受国家审计机关的指导、监督。

第三十一条 农村经营管理机构应当配备专职审计人员，经培训、考核合格后，持证上岗。具体办法由省人民政府农业行政主管部门规定。

农村经营管理机构在履行法定审计职权时，不得向村集体收取审计费用。审计经费列入农业部门行政管理经费，由同级财政安排。

第三十二条 审计事项主要包括：

（一）年度财务收支计划及其执行情况；

（二）村集体资产的管理、使用和债权、债务、损益情况；

（三）财务会计报表、凭证、账簿的完整性、真实性和合法性；

（四）政府、部门所拨资金、物资的管理和使用情况；

（五）接受捐赠、赞助资金、物资的管理和使用情况；

（六）有价证券收益、承包金、租金等收入及其使用情况；

（七）土地补偿费、土地作价入股金的收支和建设项目的预算、决算情况；

（八）村集体投资项目的账目和损益情况；

（九）村集体主要负责人任期经济责任的履行情况；

（十）其他需要审计的事项。

第三十三条　县级农村经营管理机构应当根据上级业务主管部门和乡（镇）人民政府的要求，编制年度审计工作计划，并结合下列情况确定专项审计任务：

（一）因村集体经济管理问题引起群众不满，需要审计的；

（二）需要进行重点审计调查的。

第三十四条　农村经营管理机构审计村集体财务，可以行使下列职权：

（一）要求被审计单位如实提供财务收支计划及其执行情况、会计报表、经济合同以及其他有关资料；

（二）检查被审计单位的有关账目，查阅有关文件资料，参加被审计单位的有关活动；

（三）向有关单位和人员调查与审计事项有关的问题，被调查的单位和人员应当如实提供有关资料，并出具相关的证明材料；

（四）发现被审计单位转移、隐匿、篡改、毁弃会计报表、凭证、账簿以及其他有关资料的，可以登记保存与被审计事项有关的账册资料。

第三十五条　实施村集体财务审计，应当提前3日将书面通知送达被审计单位，并指派至少2名审计人员按下列规定进行：

（一）编制审计工作底稿，对审计中发现的问题，作出详细、准确的记录，并注明资料来源；

（二）搜集能够证明审计事项的原始资料、有关文件、会议记录和实物等，对不能或者不宜提取的，进行复制、拍照或者制作书面说明；

（三）向有关单位和个人调查取证，所作的记录或者提供的证明材料，由提供者签名或者盖章，不能取得提供者签名或者盖章的，审计人员应当注明原因；

（四）审计终结应当提出审计报告，并征求被审计单位意见，被审计单位应当在收到审计报告之日起10日内提出书面意见，逾期未提出的，视为无异议；

（五）被审计单位对审计报告有异议的，审计人员应当进一步核实情况，根据所核实的情况对审计报告作必要的修改，并将审计报告和被审计单位的书面意见一并报送县级农业行政主管部门。

第三十六条　县级农业行政主管部门审定审计报告后，应当对审计事项作出评价，出具审计结论。对违反财务收支规定的，同时应当作出审计意见书；对有关责任人员需要由有关部门和单位处理的，应当作出审计建议书，及时送达有关部门或者单位。

有关部门或者单位收到审计建议书后，应当在60日内将处理结果向县级农业行政主管部门反馈。

县级农业行政主管部门应当自收到审计报告之日起30日内作出审计结论或者审计结论和审计意见书。

第三十七条　被审计单位对审计结论和意见书有异议的，可以在收到审计结论和意见书之日起60日内，向作出审计结论和意见书的上一级农业行政主管部门或者同级人民政府申请复议；也可以依法直接向人民法院提起诉讼。

上一级农业行政主管部门或者同级人民政府应当在接到申请之日起60日内作出复议决定。遇有特殊情况，作出复议决定的期限可以适当延长，但延长的期限不得超过30日，并应当将延长的期限和理由及时通知申请人。

复议期间，原审计结论和意见书不停止执行。

第八章　法律责任

第三十八条　违反本条例规定，有下列行为之一的，由县级以上地方人民政府农业行政主管部门责令限期改正；逾期未改正的，对直接负责的主管人员和其他直接责任人员予以通报批评，并处以500元以上1000元以下的罚款；给村集体经济造成损失的，应当赔偿损失：

（一）不按规定编制财务计划或者财务计划未经村民会议或者村民代表会议通过而执行的；

（二）不按规定定期公开财务账目或者报告财务计划执行情况的；

（三）不按规定及时入账核算政府下拨和社会捐赠、赞助的款物或者以村集体名义购买的有价证券的；

（四）不按规定建立固定资产登记保管制度或者提取折旧费的；

（五）不按规定实行账和款、物，支票和印鉴分别管理的；

（六）会计凭证未经村务监督小组审核擅自入账归档的。

第三十九条　违反本条例规定，有下列行为之一的，由县级以上地方人民政府农业行政主管部门责令其限期改正，通报批评或者给予警告；逾期未改正的，可以对直接负责的主管人员和其他直接责任人员处以1000元以上2000元以下的罚款；给村集体经济造成损失的，应当赔偿损失：

（一）违反财务开支审批制度擅自批准现金支出的；

（二）不按规定程序更换村集体财会人员的；

（三）财会人员不按规定办理离职交接手续，编制交接清单的；

（四）不按规定程序擅自以村集体名义投资或者借贷资金的；

（五）不按规定程序擅自拍卖、转让、入股集体资产的；

（六）在审计工作中不如实提供财务账目及其有关资料或者对审计意见书无异议又拒不改正的。

第四十条　平调村集体或者村民小组集体资产或者截留上级下拨和社会捐赠、赞助款物的，由县级以上地方人民政府农业行政主管部门责令责任人限期退还，原物不能退还的应当作价赔偿；构成犯罪的，依法追究刑事责任。

挪用村集体生产性资金用于非生产性支出，将上级下拨专项资金和接受社会捐赠、赞助的其他资金挪作他用，或者个人挪用村集体资金的，由县级以上地方人民政府农业行政主管部门责令责任人限期改正；构成犯罪的，依法追究刑事责任。

侵占、私分村集体资产的，由县级以上地方人民政府农业行政主管部门责令责任人限期退还；原物不能退还的应当作价赔偿；构成犯罪的，依法追究刑事责任。

第四十一条　对取得《农村财会任用证》的财会人员有第三十八条、第三十九条、第四十条所列行为之一，情节严重的，由县级以上地方人民政府农业行政主管部门吊销《农村财会任用证》。

对取得会计从业资格证书的财会人员的违法行为，由县级以上地方人民政府财政部门依法追究其责任。

有关法律、行政法规对本条例第三十八条、第三十九条、第四十条所列行为的处罚另有规定的，从其规定。

第四十二条　不按规定程序聘用会计、聘用未取得会计从业资格证书或者《农村财会任用证》人员从事村集体会计工作的，由县级以上地方人民政府农业行政主管部门责令限期改正；逾期未改正的，对村集体负责人和其他直接责任人员处以500元以上1000元以下的罚款。

第四十三条　村务监督小组成员不依法履行财务监督职责或者滥用职权、弄虚作假的，由乡（镇）人民政府责令改正；拒不改正的，建议村民会议或者村民代表会议依照法定程序予以更换。

第四十四条 国家工作人员玩忽职守、滥用职权、徇私舞弊的，由其所在单位或者上级机关给予行政处分；给村集体造成损失的，应当依法赔偿损失；构成犯罪的，依法追究刑事责任。

第四十五条 当事人对行政处罚不服的，可以依法向作出行政处罚决定的上一级主管机关或者同级人民政府申请复议，也可以依法直接向人民法院提起诉讼；当事人逾期不申请复议也不提起诉讼，又不履行行政处罚决定的，作出行政处罚决定的机关可以依法强制执行或者依法申请人民法院强制执行。

第九章 附 则

第四十六条 对村集体直接负责的主管人员或者其他责任人员处以罚款的，不得在村集体财务中列支或者变相列支。

第四十七条 本条例自 2001 年 3 月 1 日起施行。

福建省房屋消费者权益保护条例

（2000 年 11 月 18 日福建省第九届人民代表大会常务委员会第二十二次会议通过）

第一条 为保护房屋消费者的合法权益，维护房地产市场秩序，促进房地产业的健康发展，根据《中华人民共和国消费者权益保护法》及其他有关法律、法规，结合本省实际，制定本条例。

第二条 在本省行政区域内向房屋开发者、销售者购买房屋的消费者，因旧房被拆迁与拆迁人调换房屋产权的消费者，其合法权益受国家法律、法规和本条例保护。

房屋开发者、销售者和拆迁人，以下统称经营者。

第三条 经营者与消费者之间买卖房屋、调换房屋产权，应当遵循自愿、平等、公平、诚实信用的原则。

第四条 地方各级人民政府建设、房地产行政主管部门、工商行政管理部门和其他有关行政管理部门应当在各自的职责范围内，维护房屋消费者的合法权益。

第五条 各级消费者委员会、大众传播媒介、其他组织和个人有权对损害房屋消费者合法权益的行为进行监督。

第六条 消费者在获得房屋前，有权知悉房屋及其相关物业的真实情况。

经营者向消费者销售（预售）房屋时，应当告知消费者或者明示房屋的下列情况：

（一）房屋的座落位置、设计环境、建筑结构、质量、用地性质及使用年限；

（二）期房的预售许可证明或者现房的合格证明，受托销售的书面委托书；

（三）房屋的面积构成、计价内容及与房屋有关费用的承担情况；

（四）房屋设定抵押或者其他使房屋权利受限制的情形；

（五）房屋交付使用时的装修标准、设施配套和物业服务情况。

第七条 经营者不得以售楼广告、设计说明、实物样楼或者其他方式对房屋质量、售后服务、环境状况作不实表示，不得误导和欺诈消费者。

第八条 买卖房屋、与经营者调换房屋产权应当签订书面合同。房屋买卖应当使用建设部和国家工商行政管理局制定的商品房买卖合同示范文本，并附有房屋建筑的平面图。

消费者可以与经营者约定以房屋套内建筑面积或者以套内使用面积作为交易计价结算的依据。

消费者要求在合同中明确房屋的层高、配套设施以及公共配套项目和其他事项的，合同应当作补充约定。

经营者不得以格式合同、通知、声明、告示或者其他方式对房屋消费者作不公平、不合理的规定，或者作减轻、免除其承担民事责任的规定。

第九条 经营者应当依法律、法规的规定和合同的约定履行合同，不得在合同签订前收取定金，不得在合同外收取费用；经营者获准变更规划设计和建筑设计的，应当在获准变更之日起 10 日内书面通知消费者，与消费者协商变更或者解除合同。

第十条 经营者应当保证其交付消费者使用的房屋符合安全要求和约定的质量标准，并向消费者提供下列文件：

（一）房屋的质量保证书、使用说明书；

（二）房屋面积测量的证明文件（附件）；

（三）房屋权属登记的证明文件；

（四）其他与房屋有关的凭证。

经营者应当按质量保证书列明的保修范围、保修期和保修单位，承担对房屋的保修责任；经营者与消费者未约定保修期的，保修期不得低于法定年限，自房屋交付消费者使用之日起计算。因保修影响房屋使用，给消费者造成损失的，经营者应当依法承担赔偿责任。

第十一条 房屋预售合同签订后，应当办理预售合同的备案登记；房屋交付消费者使用后，应当依法办理房地产权属登记手续。因房屋权利受限制或者其他原因，致使房屋权属在一年内无法登记确认的，除房屋买卖合同中另有规定者外，消费者可以要求经营者予以退房或者换房，并可以要求经营者赔偿损失。

第十二条 消费者以预付款方式购买房屋，或者与经营者调换房屋产权的，经营者未能按照约定期限提供房屋的，消费者可以要求经营者限期履行约定，并按约定支付违约金；未约定违约金的，自逾期之日起按预付款的日万分之三至万分之五计付违约金，并承担消费者应当支付的其他合理费用；逾期满一年未能交付使用的，消费者有权要求经营者退还预付款，并赔偿消费者受到的损失。

第十三条 经营者提供的房屋经法定的工程质量检测机构检验测定，地基基础或者主体结构质量不合格，消费者要求退房或者换房的，经营者必须予以退房或者换房，并承担消费者装修、搬迁、检测等费用。

在保修期内，因房屋出现渗漏、开裂等质量缺陷（除因消费者装修或使用不当造成外），或者房屋设施不符合法律法规规定、合同约定的，消费者可以要求经营者承担修理、重作、更换或者赔偿损失的责任；经营者不予修理，或者连续修理、重作、更换两次仍不合格或者不合约定的，消费者有权要求经营者退房或者换房。

第十四条 消费者认为房屋面积不足、分摊的共有面积不合理时，可以委托房屋测量机构检验测定；房屋面积允许误差未约定，不足部分超过 6‰的，经营者应当加倍予以补偿，并承担房屋面积的测量费用和消费者因此而受到的其他损失。

第十五条 经营者有下列欺诈行为之一的，消费者有权请求人民法院或者仲裁机构变更或者撤销合同，并可以要求经营者加倍赔偿损失：

（一）将违法建设的房屋销售给不知情的消费者的；

（二）将同一房屋销售给不同消费者的；

（三）故意隐瞒房屋权利受限制的情况，诱使消费者购买的；

（四）以虚假承诺诱骗消费者签订购房合同的；

（五）其他欺诈消费者的行为。

第十六条　消费者在购买、使用房屋时，因房屋质量原因使其合法权益受到损害的，可以要求经营者赔偿。损害的发生是由于施工或者其他非经营者原因造成的，经营者与责任单位或者个人应当承担连带责任。

第十七条　房屋消费者与经营者发生消费权益争议的，可以协商和解，消费者也可以通过下列途径解决：

（一）请求当地的消费者委员会调解处理；

（二）向工商行政管理和建设、房地产行政管理部门申诉；

（三）根据与经营者达成的仲裁协议提请仲裁机构仲裁；

（四）向人民法院提起诉讼。

第十八条　县级以上人民政府有关行政管理部门接到房屋消费者的投诉后，应当在规定期限内进行处理。不属于本部门职责范围的，应当在接到投诉后7日内移送其他有关部门处理。行政管理部门及其工作人员对经营者侵害房屋消费者权益的违法行为不依法予以处理的，消费者委员会可以应消费者的书面要求质询该行政管理部门。行政管理部门对消费者委员会的质询事项应当组织听证、作出处理决定。

第十九条　经营者有下列情形之一的，由相关的行政管理部门依法予以处罚：

（一）经营的房屋不符合质量和安全要求的，由建设、房地产行政管理部门予以处罚；

（二）以房屋、售后服务作虚假宣传或者不实表示的，由工商行政管理部门予以处罚；

（三）采用欺诈或者其他方式侵害消费者权益的，由工商行政管理部门予以处罚。

第二十条　国家机关工作人员玩忽职守或者包庇经营者侵害消费者合法权益的，其所在单位或者上级机关应当给予行政处分；构成犯罪的，依法追究刑事责任。

第二十一条　本条例自2001年1月1日起施行。

福州市城市房屋拆迁管理方法

（1998年8月31日福州市第十一届人民代表大会常务委员会第五次会议通过，2000年7月28日福建省第九届人民代表大会常务委员会第二十次会议批准）

第一章　总　则

第一条　为了加强城市房屋拆迁管理，保护拆迁人和被拆迁人的合法权益，保障城市建设顺利进行，根据国务院《城市房屋拆迁管理条例》的规定，结合本市实际，制定本方法。

第二条　凡在本市规划区范围内，按照建设程序取得批准，在国有土地上进行建设，必须拆除原有房屋及其附属物的，适用本办法。

第三条　本办法所称拆迁人，是指依法取得房屋拆迁许可证件的单位或者个人。

本办法所称被拆迁人，是指被拆除的房屋及其附属物的所有人（包括代管人、国家授权的国有房屋管理人）和使用人。

第四条　城市房屋拆迁必须符合城市规划和有利于城市旧区改建。

第五条　房屋拆迁应当遵循妥善安置、合理补偿和先安置、后拆除的原则。

拆迁人应当按照本办法的规定，对被拆迁人进行安置和补偿，不得损害被拆迁人的合法权益。被拆迁人应当服从城市建设需要，按期搬迁，不得借故拖延，不得索取本办法规定以外的安置和补偿。

第六条　房屋拆迁实行货币安置或一次性房屋安置。鼓励货币安置。

房屋拆迁安置方式，按照被拆迁人的意愿和拆迁人的资金、房源状况，经双方协商，由被拆迁人自行选择。

第七条　福州市房地产管理局是本市城市房屋拆迁工作的主管部门（以下简称拆迁主管部门），负责组织实施本办法。其主要职责是：

（一）拟定拆迁安置的政策和实施性规定，报市人民政府批准后组织实施；

（二）依法审查批准拆迁申请，审定安置方式、安置地点，核发《房屋拆迁许可证》，发布房屋拆迁公告；

（三）依法管理实施拆迁单位的资质；

（四）监督管理拆迁安置用房和安置资金的使用；

（五）检查监督拆迁安置情况，督促办理拆迁房屋的产权登记手续；

（六）裁决拆迁纠纷，处理违反本办法的行为。

拆迁主管部门不得接受拆迁委托。

第八条　各级人民政府应当加强对房屋拆迁安置工作的领导。城市规划、土地、建设、公安、工商行政管理、市容、文化教育等有关部门和单位，应当各负其责，共同保证本办法的实施。

第二章　拆迁管理

第九条　拆迁范围确定后，由拆迁主管部门公布拟拆迁的范围，并书面通知有关部门暂停办理拆迁范围内的工商登记、建房审批、产权和使用权转让、变更、户口迁入、分户等手续。因出生、军人复转退、婚嫁等确需入户或迁出的除外。正在施工的工程应立即停止施工。房屋产权管理部门应对拆迁范围内的房屋进行产权审查。

暂停办理有关手续的期限为自拆迁主管部门通知之日起6个月。逾期未另行通知的，暂停措施自行解除。在暂停期限内擅自办理的有关手续，一律不作为拆迁安置补偿的依据。

第十条　单位或个人需要拆迁房屋及其附属物的，均须向拆迁主管部门提出申请，并提交国家规定的批准文件和拆迁计划、安置方案、产权审查说明、安置用房或安置资金到位证明等。

拆迁主管部门在受理拆迁申请之日起15日内，应当作出批准或不予批准的决定。批准拆迁的，发给《房屋拆迁许可证》，同时发布房屋拆迁公告。

第十一条　实施拆迁应当取得《房屋拆迁资格证书》；拆迁人无拆迁资格证书的，必须委托有拆迁资格证书的单位实施拆迁，但因建设需要自行拆迁自有产权的房屋及其附属物的除外。

拆迁工作人员必须持有拆迁主管部门核发的拆迁工作证件，方可从事拆迁工作。对未持有拆迁工作证件的人员，被拆迁人有权拒绝与之商议拆迁安置有关事宜。

房屋拆除应当由具备保证安全条件的建筑施工单位承担，由建筑施工单位负责人对安全负责。

第十二条　拆迁人为实施拆迁而成立的拆迁组织，不得行使拆迁行政管理职权。

第十三条　拆迁人在实施拆迁以前，必须根据房屋拆迁公告，将拆迁安置有关事宜书面通知被拆迁人，并做好拆迁区域内房屋的丈量评估、调查登记工作。

第十四条 拆迁人和被拆迁人应当按照本办法规定，在房屋拆除前就拆迁安置补偿事宜签订书面协议。拆迁协议应当规定安置方式、安置地点、安置面积、补偿金额、支付方式和期限、违约责任以及当事人认为需要订立的其他条款。

拆迁人应当将拆迁安置补偿情况张榜公布，接受群众监督。

第十五条 拆迁人必须严格按照规划部门批准的拆迁范围实施拆迁，不得扩大或缩小拆迁范围，不得超过房屋拆迁公告规定的拆迁期限。

第十六条 拆迁人和被拆迁人应在拆迁协议履行完毕之日起3个月内，分别向房屋产权管理部门、土地管理部门办理房屋产权和土地使用权的注销、变更、转移登记手续。拆迁人应当及时、完整、准确地填报拆迁安置补偿表，做好拆迁安置补偿资料档案工作。在安置结束后6个月内，应将拆迁安置资料档案报送拆迁主管部门。

拆迁主管部门应当建立、健全拆迁档案制度。

第十七条 法律、法规对拆迁社会事业设施、市政公共设施、军事设施、华侨和归侨侨眷房屋、教堂、寺庙、文物古迹，砍伐树木、搬迁古树名木等另有规定的，依照有关法律、法规的规定执行。

第十八条 拆迁主管部门应当对房屋拆迁活动进行检查。被检查者应当如实提供情况和资料；检查者有责任为被检查者保守技术和业务秘密。

第三章 拆迁安置

第一节 货币安置

第十九条 货币安置是指将被拆迁房屋折算成货币，由被拆迁人自行安置。

第二十条 货币安置款的计算公式为：货币安置款＝被拆迁地段不同区位普通商品房屋的基本价格×被拆迁房屋建筑面积－被拆迁人应支付的差价款。

被拆迁地段不同区位普通商品房屋的基本价格，由市人民政府核定，并在每年第一季度末予以公布。

第二十一条 下列情形不适用货币安置：

（一）被拆迁私有房屋的共有人或被拆迁公有房屋各使用人，对安置方式的选择达不成一致意见的；

（二）房屋产权有纠纷、权属不清或产权人下落不明的；

（三）被拆迁私有房屋的产权人和使用人对安置达不成一致意见的；

（四）拆除有抵押权的房屋，抵押权人和抵押人未重新设立抵押权或抵押人未清偿债务的。

第二十二条 公有房屋拆迁的货币安置协议签订后10日内，拆迁人应当将货币安置款以房屋所有权人的名义，存入市住房资金管理中心银行专户。

第二十三条 公有房屋拆迁，以货币安置款购买房屋的，应当向市住房资金管理中心提交房屋拆迁货币安置协议、购房合同和存款凭据。市住房资金管理中心应当按照购房合同的约定，在存款限额内支付购房款。

第二十四条 私有房屋拆迁的货币安置签订后10日内，拆迁人应将货币安置款支付给原房所有权人。

第二十五条 以货币安置款在本市购买房屋的，视同房屋安置。

第二节 房屋安置

第二十六条 一次性房屋安置是指不采取过渡、回迁的方式而一次到位的房屋安置。

第二十七条 拆除被拆迁人的住宅房屋，应当以原建筑面积为基础进行安置，并按下列规定办理：

（一）以被拆除房屋的房屋所有权证或合法租赁凭证为计户依据；

（二）标准房型的建筑面积分别为45、60、75、90、105平方米。安置建筑面积超过105平方米的，可以分房型安置；

（三）安置用房的标准房型应符合国家规定的建筑规范；

（四）一次性安置应当根据不同的房屋拆迁地段等级，在市人民政府核定的幅度内增加安置面积后，就近上靠标准房型安置；

（五）上靠标准房型后，被拆迁人实际增加的建筑面积不满7平方米的，可上调一个房型安置。

第二十八条 拆迁出租的住宅房屋，所有权人要求产权调换的，原租赁关系应继续保持，但合同规定不保持的除外。所有权人不要求产权调换，也不要求货币安置的，拆迁人应按规定对承租人进行安置，对所有权人进行补偿。

第二十九条 拆迁经营性用房按下列规定位置：

（一）拆迁商业、服务业经营性用房，一般实行一次性安置，并在规定幅度内增加安置面积。但拆迁人建设经营性用房，其使用功能、布局结构、经营项目和档次适宜安置被拆迁人的，拆迁人应当对被拆迁人实行就地安置；

（二）安置经营性用房的，被拆迁人应服从安置用房的建设布局及经营性质；

（三）在敞开式经营性用房中安置的，应安置的经营性用房建筑面积不足20平方米的，实行货币安置，但被拆迁人愿意以商品房价补足面积的除外；

（四）未经市城市规划管理局批准，市房地产管理局确认，将非经营性用房改作经营性用房的，不予安置经营性用房。

拆迁非住宅的非经营性用房，拆迁人应按原房屋的用途和应安置地段的建筑面积给予安置。

第三十条 因国家重点建设、政府统一组织实施拆迁的工程项目和专项市政公共设施建设需要拆迁房屋的，其安置方式、安置地点和补偿标准等由市人民政府根据建设项目的性质、工期要求另行规定。

第三十一条 有产权纠纷、权属不清或产权人下落不明的房屋，在房屋拆迁公告规定的搬迁期限内未能解决的，由拆迁主管部门组织拆迁当事人对被拆除房屋作勘察记录，向公证机关办理证据保全，并由拆迁人提出补偿安置方案，经拆迁主管部门批准后，可以先行拆除。

第三十二条 对拆迁设有抵押权、典权的房屋实行产权调换的，由当事人重新签订抵押或典当协议。在拆迁主管部门公布的规定期限内达不成协议的，由拆迁人参照本办法第三十一条规定实施拆迁。

第三十三条 拆除城郊结合地和规划近期开发区范围内的农民住宅房屋，应当按照城市规划实行统一拆建、安置。

被拆迁人已经另行划地建房，并且达到规定标准的，只给补偿，不予安置。

第三十四条 安置用房按下列规定计价：

（一）拥有住宅产权的被拆迁人，实行产权调换的，相等建筑面积部分和一次性安置应增加的建筑面积部分，按安置用房建筑安装造价计价；因就近上靠标准房型增加的建筑面积按成本价80%计价；因上调一个房型安置增加的建筑面积按成本价计价；因分房型及其他原因增加的建筑面积按商品房价计价。

（二）私房所有权与使用权同属一人时，被拆迁人不实行产权调换和货币安置，但要求租住安置用房的和公房承租户继续承租安置用房的，相等建筑面积和一次性安置应增加的建筑面积部分不收取分配费；超出部分按安置用房建筑安装造价25%收取分配费。私房所有权人不实行产权调换的私房承租户相等面积和一次性房屋安置应增加的建筑面积部分，收取安置用房建筑面积建筑安装造价15%的分配费，超过部分收取25%分配费。

（三）以产权调换形式偿还的非住宅房屋，偿还建筑面积与应安置建筑面积相等部分，按照重置价格结算结构差价；偿还建筑面积超过应安置建筑面积的部分，按照商品房价格结算。

第三十五条 拆除违章建筑或超过使用期限的临时建筑不予安置和补偿，并由所有人或使用人自行拆除。逾期拒不拆除的，依法拆除。拆除未超过批准使用期限的临时建筑，给予适当补偿，不予安置。

第三十六条 因国家重点建设或市政公共设施建设，拆迁住房实行一次性房屋安置确有困难的，经拆迁主管部门批准，可以实行临时周转过渡安置。

过渡房由拆迁人负责提供；被拆迁人自行过渡的，应当允许。

临时周转过渡安置期间，除国家政策调整和不可抗力外，不得超过2年；安置用房属高层建筑的，不得超过3年。

第三十七条 安置用房建设配套齐全，并经竣工综合验收合格后，方可投入使用。

拆迁人在安置用房交付使用时，应向被拆迁人提供房屋质量保证书和房屋使用说明书。

第四章 拆迁补偿

第三十八条 拆迁补偿价格按房屋及其附属物的类别、等级、项目和标准，由市人民政府本着公平合理、等价有偿的原则，结合本市具体情况制定。

第三十九条 房屋拆迁补偿按下列规定计价：

(一)拥有住宅房屋产权的被拆迁人，实行产权调换的，安置用房建筑面积与原房建筑面积等量部分，按原房重置价格结合成新计价。

(二)被拆迁住宅所有权与使用权同属一人时，被拆迁人不要求产权调换和货币安置，但要求租住安置用房的，按原房建筑面积的重置价格结合成新补偿。所有权与使用权分属二人时，不实行产权调换的，按原房建筑面积的重置价格结合成新计价。

(三)拆迁国家机关、房地产管理局管理的国有房屋，按原房建筑面积和一次性房屋安置应增加的建筑面积归还产权，互不计价。

第四十条 被拆迁人自行过渡，在规定的过渡期内，拆迁人应付给临时安置补助费。逾期未给予房屋安置的，从逾期之月起，每月应付给3倍的临时安置补助费；超过半年的，每月应付给6倍的临时安置补助费。由拆迁人提供周转房过渡，逾期未给予房屋安置的，从逾期之月起拆迁人应按月标准付给临时安置补助费。

被拆迁人实行一次性房屋安置的，拆迁人应付给搬家补助费；临时安置的，加倍发给搬家补助费。

第四十一条 因拆迁造成停产、停业的，停产、停业期间，拆迁人应对被拆迁单位的在册职工按本市最低工资标准、社会保险金额及国家规定的物价补贴给予补偿；对离退休人员给付规定的医疗保险费用；对个体工商户按本市最低工资标准实行经济补助。对上述被拆迁人均应发给搬迁费用。

被拆迁人因参加拆迁或搬迁的，由拆迁人给予3～5日误工补助。

第五章 纠纷处理和法律责任

第四十二条 拆迁人与被拆迁人对补偿形式、补偿金额、安置用房面积、安置地点，搬迁过渡方式和过渡期限，经协商达不成协议的，可以直接向人民法院提起诉讼，也可以由拆迁主管部门裁决。被拆迁人是拆迁主管部门的，由市人民政府裁决。

当事人对裁决不服的，可以在接到裁决书之日起15日内向人民法院起诉。在诉讼期间如拆迁人已给被拆迁人作了安置或者提供了周转房的，不停止拆迁的执行。

因履行拆迁安置补偿协议发生纠纷的，可依法向人民法院提起诉讼。

第四十三条 在房屋拆迁公告规定的或者本办法第四十二条第一款规定的裁决作出的拆迁期限内，被拆迁人无正当理由拒绝拆迁的，市人民政府可以作出责令限期拆迁的决定；逾期不拆迁的，由拆迁主管部门申请人民法院强制拆迁；属市政建设项目，经市人民政府批准，拆迁主管部门可予以强制拆迁。

第四十四条 有下列行为之一的，由拆迁主管部门根据情节予以警告、责令停止拆迁、吊销有关拆迁证件，没收非法所得，并可按拆迁安置补偿总费用的1%～5%处以罚款：

(一)未取得《房屋拆迁许可证》，或者未按《房屋拆迁许可证》的规定擅自拆迁的；

(二)委托无《房屋拆迁资格证书》单位拆迁的，或者无《房屋拆迁资格证书》擅自拆迁的；

(三)未对被拆迁人妥善安置，强行拆迁，或者超越、缩小批准范围拆迁的；

(四)擅自提高或降低补偿标准，扩大或缩小补偿、安置范围的；

(五)逃避监管，擅自变卖安置用房或转移、挪用安置资金的；

(六)安置用房质量不合格或配套设施不齐全，造成被拆迁人逾期安置的；

(七)拒不按照规定报送拆迁安置报表或拆迁资料档案的。

第四十五条 拆迁人无正当理由超过拆迁期限或者擅自延长过渡期限的，由拆迁主管部门责令其限期改正，并可对拆迁人予以警告，或处以30000～50000元罚款。由于拆迁人的过失造成被拆迁人经济损失的，拆迁人应承担赔偿责任。

第四十六条 拆迁人在房屋交付使用时，未及时提供房屋质量保证书和房屋使用说明书而造成被拆迁人损失的，应承担赔偿责任。

第四十七条 因拆迁损坏四邻建筑物、构筑物和其它设施的，由拆迁人负责修复或给予相应赔偿。

第四十八条 被拆迁人违反协议，擅自拆除房屋及其附属物，获取建筑材料，或者拒绝腾退周转房的，由拆迁主管部门责令其停止违法行为，归还所得的建筑材料，限期退还周转房，并可对被拆迁人予以警告或处以300～1000元罚款。

第四十九条 被处罚的当事人对行政处罚决定不服的，可以在接到处罚通知书之日起60日内向作出处罚决定的上一级行政机关申请复议。当事人对复议决定不服的，可以在接到复议决定书之日起15日内向人民法院起诉。当事人也可直接向人民法院起诉。当事人逾期不申请复议，也不向人民法院起诉，又不履行处罚决定的，由作出处罚决定的机关申请人民法院强制执行。

第五十条 扰乱拆迁工作秩序，煽动闹事，损坏或哄抢财物，强占房屋，阻碍拆迁主管部门工作人员依法执行公务的，按治安管理处罚条例规定给予处罚；构成犯罪的，依法追究刑事责任。

第五十一条 拆迁主管部门及其工作人员、实施拆迁单位的工作人员玩忽职守、滥用职权、收受贿赂、敲诈勒索、徇私舞弊的，依法给予行政处分；构成犯罪的，依法追究刑事责任。

第六章 附 则

第五十二条 一次性安置应增加的面积、拆迁补偿价格、临时安置补助费、搬家补助费标准经省人民政府授权，由福州市人民政府批准。

第五十三条 本办法的应用解释权属福州市人民政府。

第五十四条 市辖各县(市)的城镇房屋拆迁管理，可参照本办法施行。

第五十五条 本办法自公布之日起施行。1991年9月15日福州市人大常委会颁布施行的《福州市城市房屋拆迁管理办法》同时废止。

本办法生效前已发布拆迁公告的，拆迁安置、补偿按原办法执行。

福州市城市供水管理办法

（1999 年 8 月 25 日福州市第十一届人民代表大会常务委员会第十一次会议通过，
2000 年 7 月 28 日福建省第九届人民代表大会常务委员会第二十次会议批准）

第一章 总 则

第一条 为了加强城市供水管理，发展城市供水事业，保障城市正常供、用水，根据《中华人民共和国水法》、《城市供水条例》等法律、法规，结合本市实际，制定本方法。

第二条 凡在本市行政区域内从事城市供水工作和使用城市供水，必须遵守本办法。

本办法所称城市供水，是指城市公共供水、自建设施供水和二次供水。

第三条 城市供水实行合理开发利用水源和计划用水、节约用水相结合的原则，优先保障居民生活用水，统筹安排工业用水和其他用水。

各级人民政府应当加强节约用水的科学技术研究和管理，对节约用水成绩显著的单位和个人，应给予奖励。

第四条 福州市建设行政主管部门是本市城市供水行政主管部门，负责组织本办法的实施。

各县（市）、马尾区建设行政主管部门主管本行政区域内的城市供水工作。

规划、水利、环保、公安、卫生等有关部门应当按照各自职责协同实施本办法。

第二章 供水工程建设

第五条 城市供水行政主管部门应当根据城市供水发展规划，制定年度建设计划，报同级人民政府批准后实施。

第六条 城市供水工程建设实行业主负责制。新建、改建、扩建供水工程必须报城市供水行政主管部门批准后，按基本建设程序组织建设。

第七条 从事城市供水工程、设计、施工及监理的单位，必须具有相应的资质，并遵守国家规定的技术标准和规范。

第八条 进户总水表以外的供水管道及附属设施（含进户总水表），由供水企业负责建设、管理和维护。

进户总水表以内的供水管道及附属设施，由用户负责管理和维护。

第九条 公共消防栓的设置必须符合城市消防专业规划和有关的技术规范。与道路建设配套的公共消防栓由供水企业统一建设，费用由公共消防栓建设专项资金列支。

用户需增设消防旁通管的，应向供水企业提出申请，建设和维护费用由用户承担。

第三章 供水和用水

第十条 从事供水经营的企业，必须取得城市供水行政主管部门核发的《城市供水企业资质证书》和卫生行政主管部门核发的《卫生许可证》。

第十一条 供水企业应当建立健全水质管理和检测制度，确保供水水质符合国家规定的标准。检测手段不完备的，应委托经技术监督部门认证的水质检验机构检测。

卫生行政主管部门应加强对水质的监督，定期抽检并向社会公布。

第十二条 供水企业应当按照国家有关规定设置供水管网测压点。供水管网的服务压力应符合国家标准。

第十三条 禁止擅自将自建供水设施的供水管网系统与城市公共供水管网系统连接。因特殊情况确需连接的，必须经供水企业同意后报城市供水行政主管部门和卫生行政主管部门批准，并在管道连接处采取必要的防护措施。

禁止产生或使用有毒、有害物质的单位将其生产用水管网系统与城市公共供水管网系统直接连接。

第十四条 禁止在城市公共供水管道上直接装泵抽水或安装影响正常供水的其他设施。

禁止盗用或转供城市供水。

第十五条 二次供水设施的产权人或其委托的管理单位必须建立水质管理制度，防止水质污染。各类储水设施每半年至少清洗、消毒一次。

从事二次供水设施清洗、消毒的单位，必须经卫生行政主管部门审查批准。清洗、消毒的结果应按国家规定报检并向用户公布，确保水质符合国家标准。

二次供水的具体管理办法，由福州市人民政府制定。

第十六条 供水企业应保持不间断供水。因工程施工或设备检修等原因确需停止供水的，应当经城市供水行政主管部门批准，并提前二十四小时通知用户；因发生灾害或紧急事故不能提前通知的，应当在抢修的同时通知用户，尽快恢复正常供水，并报告城市供水行政主管部门。

抢修供水设施确需拆除地上建（构）筑物的，应当及时通知所有权人或使用人。抢修结束后，除违章建（构）筑物外应予以修复或相应补偿。

第十七条 城市供水价格应当按照国家规定的原则确定，并实行听证制度，报有权机关批准。

使用城市公共供水的单位用户列入城市计划供水管理，按国家规定经有权机关批准，核定用水计划。超计划用水部分实行累进加价计费。

第十八条 工业用水要采取循环用水、一水多用、废水处理综合利用等措施，不断提高工业用水的重复利用率。

第十九条 开户使用城市公共供水、增加用水容量、改变用水性质、停止用水、恢复用水以及更名过户的，用户必须提出书面申请，供水企业应当在接到申请之日起 7 日内作出书面答复；逾期不答复的，视为同意。申请人对答复有异议的，可以书面向城市供水行政主管部门提出。城市供水行政主管部门应当在接到书面异议之日起 7 日内告知审查结果。

开户使用城市公共供水或增加用水容量的用户，应当按国家规定缴纳城市公共供水增容费和相应的工程费用。对长期超负荷用水拒不增容的，供水企业有权采取限量用水措施。

第二十条 单位用户应当与供水企业签订供用水合同；原有未签订合同的，应补签供用水合同。供用水合同的示范文本由城市供水行政主管部门提供。

第二十一条 生活用水、生产经营用水，应分别装表计量。未分别装表计量的，应从高适用水价。

用户的月用水基数及收费方式、水表的计量检定、故障表的计量收费等具体标准，由福州市人民政府规定。

第二十二条 用户应在接到水费通知单 15 日内缴纳水费；逾期不缴纳的，按应缴纳水费额每日加收 5‰的滞纳金。没有正当理由或特殊原因连续两个月不缴纳水费的，供水企业可以按国家规定暂停供水。因供水企业责任造成多收费的，应当退还用户，并按多收费部分每日 5‰的金额补偿损失。

第二十三条 任何单位和个人不得擅自从公共消防栓和消防旁通管取水用于与灭火无关的用途。

消防部门在灭火或演习用水结束后，应及时关闭公共消防栓。消防部门应按月向供水企业函报当月消防用水量。

用户消防旁通管由供水企业铅封。火警时用户可自行破封取水，在火警用水结束后 24 小时内报供水企业加封。

第二十四条 环卫、园林绿化、市政等部门需从城市公共供水管道取用自来水的，应向供水企业申请专用取水点，并承担工程建设费用和用水费用。

第四章 供水设施维护

第二十五条 禁止在下列供水设施的安全保护范围内挖坑、取土、修建建（构）筑物、堆放物品及从事其他危害供水设施安全的活动：

（一）水源输水管及其附属设施两侧各10米，规划部门认定的不具备条件的地区两侧各6米；

（二）市区配水主干管及其附属设施两侧各5米，规划部门认定的不具备条件的地区两侧各3米。

禁止在供水管道及其附属设施的地面上种植树木、埋设线杆。

第二十六条 用户有责任保护计量总表和表箱（井）的完好，不得堆压淹埋。

任何单位和个人不得擅自开关城市公共供水闸门；禁止使用不正当手段使进户总水表停滞、失灵或逆行。

禁止任何单位和个人利用城市公共供水管道作避雷装置和电器接零、接地。

第二十七条 涉及到城市公共供水设施的建设工程开工前，建设单位应当向供水企业查明地下供水管网情况。施工影响城市公共供水设施安全的，建设单位或施工单位应当与供水企业商定保护措施，由施工单位负责实施。

因工程建设确需改装、拆除或迁移城市公共供水设施的，建设单位必须持规划批准文件报城市供水行政主管部门批准，移动公共消防栓的，还需经消防部门批准，由供水企业负责施工，所需费用由建设单位承担。

第二十八条 公共消防栓由供水企业负责维修，维修经费每年按计划从公共消防栓维护专项资金中列支。

第五章 法律责任

第二十九条 供水企业有下列行为之一的，由城市供水行政主管部门责令改正并可处以罚款：

（一）未取得《城市供水企业资质证书》对外供水的，处以5万元以上10万元以下的罚款；

（二）因供水企业的责任造成供水水压不符合国家标准的，处以1万元以上3万元以下的罚款；

（三）因供水企业的责任造成供水水质不符合国家标准的，处以1万元以上5万元以下的罚款；

（四）擅自停止供水或者未履行停水通知义务的，处以3000元以上1万元以下的罚款；

（五）未按照规定检修供水设施或者在供水设施发生故障后未及时抢修的，处以3000元以上1万元以下的罚款。

前款违法行为，情节严重的，报经县级以上人民政府批准，可以责令停业整顿；造成他人损失的，应承担相应的赔偿责任。对负有直接责任的主管人员和其他直接责任人员，其所在单位或者上级机关可以给予行政处分。

第三十条 违反城市供水发展规划及其年度建设计划兴建供水工程的，由城市供水行政主管部门责令停止违法行为，并可处以5万元以上10万元以下的罚款；对负有直接责任的主管人员和其他直接责任人员，其所在单位或者上级机关可以给予行政处分。

第三十一条 违反本办法规定，有下列行为之一的，由城市供水行政主管部门责令改正；属单位用户的，可处以1万元以上5万元以下的罚款；属个人用户的，可处以1000元以上1万元以下的罚款；造成损失的，依法承担赔偿责任；情节严重的，应承担相应的法律责任：

（一）使用不正当手段使进户总水表停滞、失灵或逆行的；

（二）盗用或转供城市公共供水的；

（三）在城市公共供水管道及其附属设施的安全保护范围内从事危害供水设施安全活动的；

（四）擅自将自建设施供水管网系统与城市公共供水管网系统连接的；

（五）产生或使用有毒有害物质的单位将其生产用水管网系统与城市公共供水管网系统直接连接的；

（六）在城市公共供水管道上直接装泵抽水的；

（七）擅自拆除、改装、迁移城市公共供水设施的；

（八）擅自开启消防栓或破封消防旁通管用于与消防无关活动的；

（九）擅自改变用水性质的；

（十）利用城市公共供水管道作避雷装置或电器接零、接地的；

（十一）施工时未对供水管道采取保护措施或保护措施不当影响正常供水的。

有前款第一项、第二项、第四项、第五项、第六项、第七项所列行为之一，情节严重的，经县级以上人民政府批准，还可以在一定时间内停止供水。

第三十二条 用户在被停止供水期间擅开闸门、塞头用水的，由城市供水行政主管部门责令改正，并处以3000元以上3万元以下的罚款。

第三十三条 违反本办法规定，未定期清洗、消毒二次供水储水设施的，未经批准从事二次供水设施清洗、消毒或清洗、消毒的结果未按国家规定报检并向用户公布，以及水质不符合国家标准的，由卫生行政主管部门责令其改正，并处以500元以上3000元以下罚款；造成损害的，应承担相应的法律责任。

第三十四条 违反卫生、规划、环保、公安消防等法律、法规的，由有关行政部门依法处罚。但对同一违法行为不得重复处以罚款。

第三十五条 城市供水行政主管部门工作人员玩忽职守、滥用职权、徇私舞弊的，由其所在单位或上级机关予以行政处分；构成犯罪的，依法追究刑事责任。

第三十六条 妨碍行政执法人员依法执行供水法规的，由公安机关依照《中华人民共和国治安管理处罚条例》的规定予以处罚；构成犯罪的，依法追究刑事责任。

第六章 附　　则

第三十七条 本办法所称二次供水，是指用水单位或居民将城市公共供水或自建设施供水经储存、加压后向本单位或居民提供生活用水。

第三十八条 本办法自公布之日起施行。

福州市城市道路建设与管理办法

（1999年11月5日福州市第十一届人民代表大会常务委员会第十二次会议通过，2000年7月28日福建省第九届人民代表大会常务委员会第二十次会议批准）

第一章 总　　则

第一条 为了加强城市道路的建设与管理，充分发挥城市道路功能，根据国务院《城市道路管理条例》和其他有关法律、法规，结合本市实际，制定本办法。

第二条 本办法适用于本市行政区域内城市道路的规划、建设、养护、维修和路政管理。

第三条 本办法所称城市道路，包括市区和城镇范围内的城市道路设施、桥涵设施和道路照明设施。

第四条 福州市建设行政主管部门是本市城市道路的行政主管部门，负责组织实施本办法。

福州市市政管理部门和各区建设行政主管部门按职责分

工，负责由政府投资或移交给政府管理的城市道路的养护、维修和路政管理。

各县（市）建设行政主管部门负责辖区内由政府投资或移交给政府管理的城市道路的建设、养护、维修和路政管理。

单位自行投资建设和城市综合开发建设单位按城市规划要求配套建设的城市道路，由该工程的产权单位负责养护、维修和管理。

城市规划、公安交通、市容、园林、供电、通信、工商等部门按照各自职责，密切配合，共同保证本办法的实施。

第五条 城市道路的养护、维修资金，应当按照城市道路等级标准予以安排。

第六条 任何单位和个人都有依法使用、保护城市道路的权利和义务，并有权对违反本办法的行为进行规劝和举报。

第二章 规划和建设

第七条 城市人民政府应当组织建设、规划、公安交通等部门根据城市总体规划，编制城市道路发展规划。

城市道路行政主管部门根据城市道路发展规划，制定年度建设计划，报同级人民政府批准后实施。

第八条 城市道路应当纳入城市旧区改建、新区建设、住宅小区和开发区的综合开发建设计划，配套建设。

城市各种管线、杆线、绿地、行道树等布置要与城市道路统一规划、统筹安排、同步建设。

第九条 城市道路的建设资金采取政府投资、国内外贷款、集资、发行债券、受益者出资及其他方式筹措。

第十条 新建、扩建、改建城市道路，实行工程招投标、质量监督、监理和保修制度。

从事城市道路勘察、设计、施工、监理的单位应当具备相应的资质，并执行国家和地方规定的技术规范和标准。

第十一条 建设单位在城市道路开工前，应当持规划批准文件等向城市道路行政主管部门申请施工许可证。城市道路行政主管部门应当自收到申请之日起15日内，对符合条件的发给施工许可证；不符合条件的，给予书面答复。

未取得施工许可证的城市道路建设工程不得开工，施工单位不得施工。

第十二条 城市道路工程竣工后，建设单位应向城市道路行政主管部门申请验收。验收合格的，方可办理竣工决算，交付使用。未经验收或验收不合格的，不得交付使用。

第十三条 利用贷款或者集资建设的大型桥梁，按照国务院的规定收取通行费。依法转让大型桥梁等经营管理权的，由受让方按批准的办法、期限和收费标准收取通行费。

第三章 道路设施管理

第十四条 承担城市道路设施养护、维修的责任单位，应当严格执行有关技术标准和规范，定期进行养护、维修，确保工程质量。

城市道路行政主管部门负责对养护、维修工程的质量进行监督检查，保障城市道路设施完好。

第十五条 禁止在城市道路上冲洗机动车辆、倾倒垃圾污物和焚烧物品等。

禁止占用下列范围的城市道路：

（一）主干道的车行道；

（二）宽度不足3米的人行道；

（三）广场、主次干道交叉口和铁路道口周围50米范围内；

（四）公交车站周围10米范围内；

（五）测量标志、消防栓、进水井、各类检查井、路灯线杆以及闸阀设施周围3米范围内。

第十六条 禁止擅自占用第十五条第二款规定外的城市道路。因特殊情况确需临时占用作为集贸市场的，应当经市、县（市）人民政府批准；作为其他用途的，须经福州市市政管理部门和公安交通管理部门或县（市）区城市道路行政主管部门和公安交通管理部门批准。

经批准临时占用城市道路的，不得损坏城市道路。占用期满后，应当及时清理占用现场，恢复城市道路原状；损坏城市道路的，应当修复或者给予赔偿。

第十七条 除日常养护、维修外，禁止擅自挖掘城市道路。确需挖掘的，应当持规划部门核发的建设工程规划许可证，报福州市市政管理部门和公安交通管理部门或县（市）区城市道路行政主管部门和公安交通管理部门批准后，方可挖掘。

新建、扩建、改建的城市道路交付使用后5年内、大修的城市道路竣工后3年内不得挖掘。因特殊情况需要挖掘的，须经市、县（市）人民政府批准。

埋设在城市道路下的管线发生故障需要紧急抢修的，可以先行破路抢修，并同时通知福州市市政管理部门和公安交通管理部门或县（市）区城市道路行政主管部门和公安交通管理部门，在24小时内按照规定补办批准手续。

第十八条 经批准挖掘城市道路的，应严格遵守下列规定：

（一）按规定的时间、地点和要求施工，对较长路段应分段施工；

（二）施工现场应设置安全标志和防护措施；

（三）按指定地点堆放材料，及时清运渣土；

（四）施工中遇到管线冲突时，应经城市规划部门协调处理后，再行施工；

（五）施工沟槽要按技术规范要求及时回填，并与原路面持平，不得混入垃圾及其他杂物。

回填施工结束后，应立即报福州市市政管理部门或县（市）区城市道路行政主管部门验收。验收合格后，承担城市道路养护、维修的责任单位应及时组织路面修复。横穿道、主干道、次干道和小街巷的路面修复应分别在1日、3日、5日内完成。

第十九条 经批准临时占用或者挖掘城市道路的，应按规定交纳城市道路占用费或者城市道路挖掘修复费。

第四章 桥涵设施管理

第二十条 承担桥涵设施养护、维修的责任单位，应当按规范观测、检查城市桥涵结构变化情况，随时记录，积累资料，防止意外事故发生，保持桥涵设施牢固、整洁、完好，保证桥涵设施的结构稳定和安全使用。

第二十一条 城市桥涵应当设置限载、限高、限速标志。机动车辆通过城市桥涵，应当遵守标志牌的规定。超过桥梁限定荷载的，应当经福州市市政管理部门或县（市）城市道路行政主管部门同意，采取安全防范措施后，按公安交通管理部门限定的时间和速度通过。

第二十二条 禁止擅自在城市桥涵设施上挖孔打眼、装管布线，装置有碍桥涵正常使用的设施。借用桥涵架设各种管线及附属设施的，应当经城市道路行政主管部门同意，报城市规划部门批准。

禁止在城市桥涵设施的安全保护范围内从事爆破、挖坑取土等有碍桥涵安全的作业。

第二十三条 机动车辆通过经批准收费的桥梁，应当按规定交纳通行费，并服从路政管理人员的指挥和稽查。

第五章 道路照明设施管理

第二十四条 承担道路照明设施养护、维修的责任单位，应当严格执行各项规章制度，保证道路照明设施完好和正常运行。

供电部门应当保证道路照明设施正常供电。

第二十五条 新建、扩建、改建城市道路，照明设施必须与主体工程同时设计、同时施工、同时交付使用。

第二十六条 禁止损坏、擅自拆卸道路照明设施及其他有碍道路照明设施安全的行为。

禁止接用路灯电源线路，不得擅自占用路灯线杆。

第二十七条　拟建架空线路与已建的路灯专用线路交叉跨越时，应当按有关规定保持安全距离。需升降路灯专用线路、动迁路灯线杆及其他设施的，应当报福州市市政管理部门或县（市）城市道路行政主管部门批准。

第六章　法律责任

第二十八条　新建、扩建、改建城市道路，不实行工程招投标、质量监督、监理和保修制度的，按有关法律、法规给予处罚。

由于勘察、设计、施工、监理等原因造成城市道路工程质量事故的，城市道路行政主管部门应组织有关部门调查事故原因，事故责任人员应承担相应法律责任。

第二十九条　违反本办法规定，有下列行为之一的，由福州市市政管理部门或县（市）区城市道路行政主管部门责令限期改正，并按下列规定给予处罚；造成损坏的，应承担赔偿责任：

（一）未经批准占用或者超面积、超期限占用城市道路的，按每天每平方米处以10元以上30元以下的罚款，但最高不得超过2万元；

（二）未经批准挖掘城市道路的，处以挖掘修复费3倍以上5倍以下的罚款，但最高不得超过2万元；

（三）经批准但不按规定挖掘城市道路的，处以1000元以上5000元以下的罚款；

（四）妨碍桥涵设施和道路照明设施正常使用的，处以5000元以上1万元以下的罚款；危及安全的，处以3万元以上5万元以下的罚款；

（五）未交车辆通行费强行通过收费站的，责令补交通行费，并处以应交通行费5倍的罚款。

第三十条　违反本办法规定，承担城市道路养护、维修的责任单位，未按技术标准和规范要求对城市道路进行养护、维修或者未按照规定的期限修复竣工的，由城市道路行政主管部门责令限期改正，逾期不改正的，处以5000元以上1万元以下的罚款；以负有直接责任的主管人员和其他直接责任人员，依法给予行政处分。

第三十一条　违法审批占用、挖掘城市道路的，其批准文件无效，退回审批所收取的费用；对审批的责任单位和有关责任人员，给予行政处分。

第三十二条　城市道路行政主管部门或市政管理部门工作人员应严格依法行政、提供良好的服务。对玩忽职守、滥用职权、徇私舞弊的，由其所在单位或上级机关予以行政处分；构成犯罪的，依法追究刑事责任。

第七章　附　则

第三十三条　本办法所称道路设施，是指车行道、人行道、路肩、边坡、边沟、各类检查井、公共广场、隔离带、路名牌、人行道护栏、车行道隔离栏、安全岛等。

桥涵设施，是指跨河桥、立体交叉桥、高架桥、隧道、涵洞、人行天桥、人行地下通道、挡土墙、桥名牌、限载牌、收费亭等以及桥涵安全保护区范围，即大中型桥梁基础周围60米，小型桥梁和涵洞基础周围30米。

道路照明设施，是指道路设施照明和桥涵设施照明等。

第三十四条　本办法自公布之日起施行。

福州市私营企业权益保护条例

（1999年11月5日福州市第十一届人民代表大会常务委员会第十二次会议通过，2000年7月28日福建省第九届人民代表大会常务委员会第二十次会议批准）

第一条　为维护私营企业的合法权益，促进私营企业健康发展，根据《中华人民共和国宪法》、《中华人民共和国公司法》、《中华人民共和国合伙企业法》和《中华人民共和国个人独资企业法》及其他有关法律、法规，结合本市实际，制定本条例。

第二条　本条例所称私营企业，是指企业全部资产属于公民个人所有，依法登记注册，并按法律规定对企业债务承担有限或无限责任的营利性经济组织。

私营企业的组织形式包括个人独资企业、合伙企业、有限责任公司、股份有限公司以及法律规定的其他形式。

第三条　各级人民政府应当鼓励和引导私营企业健康发展，把私营企业的发展纳入地方经济和社会发展的总体规划，为私营企业参与公平竞争创造良好环境。

各级人民政府及有关行政管理部门、司法机关，应当依照法律、法规的规定，在各自的职责范围内，维护私营企业的合法权益。

第四条　私营企业应当履行法律、法规规定的义务，守法经营、依法纳税，不得损害国家、社会公共利益和消费者的合法权益，接受政府有关行政管理部门的依法监督和管理。

第五条　私营企业申请登记注册，任何部门不得设置法律、法规规定外的前置条件。

第六条　私营企业依法取得的营业执照，是从事生产经营活动的合法凭证，除工商行政管理机关依照法定程序可以扣缴或者吊销外，任何组织和个人无权扣缴或吊销。

第七条　私营企业有权依法申请使用国有土地，对依法取得的国有土地使用权，任何组织和个人不得侵犯。

因建设需要，经批准拆除私营企业合法生产经营场所的，建设单位应当依法给予安置、补偿。

第八条　私营企业对其合法财产（包括有形资产、无形资产）享有占有、使用、收益和处分的权利。

任何组织和个人不得侵占、哄抢、破坏或者非法查封、扣押、冻结、没收私营企业的合法财产。

第九条　任何组织和个人不得非法改变私营企业财产的权属关系。

以集体所有制性质注册登记的私营企业向登记机关申请办理企业经济性质变更登记手续，有关主管部门和单位不得阻挠。

第十条　私营企业经核准登记注册的企业名称，在规定的范围内享有专用权，并可以依法转让。

私营企业的商标专用权、专利权及其他知识产权，受法律保护。

政府鼓励和扶持私营企业创造、培育和发展名牌产品，私营企业有权参加名牌产品和著名、驰名商标的评选和认定。

第十一条　私营企业依法享有自主决定企业的生产销售方式、利润分配方法、企业机构设置和管理制度等权利。

第十二条　鼓励私营企业技术创新，发展高科技，参与政府科技计划项目的竞标；私营企业可以申请或者接受委托，承担政府有关部门的科研项目和新产品开发项目，并按规定获得相应的科研经费。

私营企业取得的科研成果和开发的新产品，可以申请评审鉴定，参加成果评奖。

私营企业经有权部门认定为高新技术企业的，可以按规定享受优惠政策。

第十三条　私营企业可以向银行申请贷款，符合条件的，银行应当给予办理贷款手续。中小私营企业可以按规定加入市中小企业贷款担保服务中心，并享受有关优惠政策。

私营企业可以向银行申请使用银行承兑汇票，符合条件的，银行应当给予办理承兑和贴现业务。

私营企业符合规定条件的，可以申请发行企业债券和发行股票并上市。

第十四条 符合自营进出口条件的生产性私营企业，可以按规定向外经贸主管部门申请自营进出口权，经批准可以直接从事自营进出口业务。

第十五条 私营企业可以依法参股、收购、兼并、租赁、承包其他企业，参与建设项目的招投标；可以与不同地区、行业、所有制的经济组织或个人进行联合经营，任何组织和个人不得强迫或阻挠。

鼓励私营企业参与能源、交通、水利等基础设施的投资，参加公益事业建设和公益活动；鼓励投资支柱产业、基础产业、农业开发领域和边远、贫困山区建设，并享受有关优惠政策。

第十六条 私营企业可以依法与外国、香港特别行政区、澳门特别行政区、台湾地区的公司、企业及其他经济组织或个人开办合资经营企业、合作经营企业；可以依法到境外投资兴办企业。

第十七条 私营企业可以依法聘用和辞退从业人员，确定分配方式和工资水平。私营企业应当依法与从业人员签订劳动合同，并按规定为从业人员办理社会保险。

私营企业应当依法建立工会，工会有权代表从业人员与企业平等协商签订集体合同，保护从业人员合法权益。

第十八条 私营企业从业人员可以按规定参加荣誉称号的评选。

第十九条 私营企业的专业技术人员和技术工人，可以按有关规定参加专业技术职称、技术等级评定。专业技术资格（职称）、技术等级评定由市工商业联合会或市私营企业协会组织申报，市人事、劳动部门统一安排组织评定。其专业技术职务的聘任和待遇由所在企业自主确定。

第二十条 私营企业引进的科技人员符合人才引进条件的经企业所在地市、县（市）工商业联合会或私营企业协会审核并报同级人民政府批准，可以申报所在地常住户口，并享受国家有关优惠政策。

私营企业在本市市区申报纳税额达到规定标准的，经市税务部门出具证明，市工商业联合会或私营企业协会审核后报市人民政府批准，可以为本企业的从业人员申报若干名本市市区常住户口。具体办法由市人民政府制定。

第二十一条 私营企业人员出国（境）考察或从事对外经贸活动，由市工商业联合会或市私营企业协会出具证明，由公安部门按有关规定办理审批手续；参加政府部门组团出国（境）进行商务活动的，由外事部门办理审批手续；私营企业邀请国（境）外客商来本市进行商务活动的，可以向市外经贸主管部门申请办理有关手续。

第二十二条 私营企业有权拒绝下列行为：

（一）摊派、非法集资及省级以上物价、财政部门核准的项目和标准以外的行政事业性收费，未出示行政事业收费许可证或未使用财政部门统一印制的收费票据的收费；

（二）向企业强行推销或强制购买指定商品，强制征订报刊；

（三）没有法律、法规、规章依据的检查和处罚；

（四）未经法定程序批准或备案的统计；

（五）影响企业正常生产经营的采访、参观和企业认为不必要参加的评比、表彰活动；

（六）其他损害企业合法权益的行为。

第二十三条 私营企业的股东或合伙人，不得有下列侵犯企业合法权益的行为：

（一）不按股东协议、公司章程或者合伙协议规定缴交各自应交的出资额；

（二）股东以实物、工业产权、非专利技术、土地使用权作价出资时，未转移财产权，虚假出资。

（三）在企业登记注册成立后抽逃出资；

（四）未经股东会或者其他合伙人同意向外转让出资；

（五）其他侵犯企业合法权益的行为。

第二十四条 私营企业的董事、监事、聘用的管理人员和职工不得有下列侵犯企业合法权益的行为：

（一）利用职务上的便利，索取或收受财物；

（二）利用职务或工作上的便利，侵占企业财物；

（三）利用职务上的便利，挪用企业资金归个人使用或者借贷给他人；

（四）将企业资金以任何个人的名义开立帐户存储；

（五）擅自以企业资产为任何个人的债务提供担保；

（六）擅自自营或为他人经营与其所任职企业同类的营业或者从事损害本企业利益的活动；

（七）泄露企业尚未公开的技术、生产工艺流程、经营策略等商业秘密；

（八）损毁企业设备、工具、设施等财物；

（九）其他侵犯企业合法权益的行为。

第二十五条 各级人民政府及其管理部门按照各自职责负责处理私营企业合法权益受侵犯的投诉事宜。受理投诉后，应当在30日内将处理结果答复投诉人，因投诉事项复杂，不能按时处理完结的，应当向投诉人说明情况。

第二十六条 各级工商业联合会、私营企业协会应当维护私营企业的合法权益，接受私营企业的投诉、咨询，协调有关投诉、咨询事项的处理。

第二十七条 有关行政管理部门违反本条例规定，有下列行为之一的，由上级主管部门或同级人民政府责令其改正；情节严重的，对其主管人员或直接责任人给予行政处分：

（一）行使行政审批权时，附加法定外的条件或推诿、拖延以及其他歧视性做法的；

（二）违法改变私营企业财产权属关系的；

（三）向私营企业摊派，违法向私营企业收费、集资的；

（四）其他侵犯私营企业合法权益的。

第二十八条 违反本条例第二十三条、第二十四条规定的，由工商行政管理部门或有关行政管理部门依法处理；构成犯罪的，依法追究刑事责任。

第二十九条 私营企业对行政机关作出的行政处罚不服的，可以依法申请行政复议或向人民法院提起行政诉讼；因行政机关、司法机关及其工作人员违法行使职权造成损害的，可以依法请求国家赔偿。

第三十条 本条例自公布之日起施行。

福州市城市古树名木保护管理办法

（2000年8月31日福州市第十一届人民代表大会常务委员会第十八次会议通过，
2000年9月21日福建省第九届人民代表大会常务委员会第二十一次会议批准）

第一条 为加强古树名木的保护管理，维护历史文化名城的风貌，根据《中华人民共和国森林法》、《城市绿化条例》等有关法律、法规，结合本市实际，制定本办法。

第二条 本办法所称古树，是指树龄在百年以上的树木；名木是指树种珍贵稀有、树形奇特、国内外罕见以及具有历史纪念意义、重要科研价值或者在风景点、城市景观中起重要点缀作用的树木。

第三条 本办法适用于福州市城市规划区内古树名木的保护管理。

第四条 福州市园林绿化主管部门负责城市古树名木的

保护管理工作。

区园林绿化主管部门按职责分工负责辖区范围内古树名木的保护管理工作。

城市规划、建设、环境保护、林业、文物管理、旅游、公安、城建监察等有关部门，协同园林绿化主管部门实施本办法。

第五条　任何单位和个人都有保护古树名木的义务，对于损害、损坏古树名木的行为有权劝阻和举报。

保护古树名木成绩显著的单位或者个人，由市人民政府给予表彰或奖励。

第六条　古树名木保护管理经费以财政拨款为主，其他渠道筹集为辅，并鼓励单位和个人资助。

古树名木保护管理经费专项用于古树名木的抢救、复壮和养护，不得挪作他用。

第七条　树龄在300年以上或者特别珍贵稀有、具有特别重要历史价值、纪念意义的古树名木，定为一级；其余的定为二级。

市园林绿化主管部门应当组织有关专家对古树名木进行鉴定分级和价值评估，并报市人民政府公布。

第八条　市园林绿化主管部门应当组织有关部门对古树名木进行调查登记、建立档案、设置标志，并加强管护技术指导和监督，每半年至少一次对古树名木生长和管护情况进行检查。

第九条　园林绿化主管部门应当加强对古树名木保护的宣传和科学研究，推广应用科学研究成果，提高保护管理水平，促进古树名木资源的开发利用。

第十条　市园林绿化主管部门应当会同城市规划等主管部门制定古树名木的保护规划，确定相应的保护措施，做到树体、生长环境、景观同步保护。

第十一条　一级古树名木由市园林绿化主管部门指定专业队伍负责管护。

二级古树名木的管护责任，按下列原则划分：

(一) 机关、学校、团体、企事业单位和公园、风景名胜区、寺庙等用地范围内的古树名木，由所在单位负责；

(二) 铁路、公路、水库、河道管理范围内的古树名木，分别由铁路、公路、水库和河道管理单位负责；

(三) 居民院落、住宅小区内的古树名木，由所在地的街道办事处、乡（镇）人民政府负责；

(四) 城市公共地段的古树名木，由所在地的区园林绿化主管部门负责；

(五) 单户住宅院内的古树名木，由房屋所有人或使用人负责。

古树名木管护责任单位应当确定专人管护。

古树名木管护责任单位发生变更，原管护责任单位应当在十日内向园林绿化主管部门报告。

第十二条　管护责任单位发现古树名木受损害、衰萎，应当及时报告园林绿化主管部门，并配合园林绿化主管部门进行复壮和养护。古树名木死亡的，应报告园林绿化主管部门，由市园林绿化主管部门查明原因和责任后作出处理；其保护范围内的绿化用地不得擅自占用。

第十三条　对损害严重或者濒危的古树名木，由市园林绿化主管部门制定抢救、复壮和养护的计划和方案，报市人民政府批准后组织实施。

对现有围困古树名木或者破坏古树名木景观的建筑物、构筑物及污染源，市人民政府应当组织城市规划、建设、园林绿化、环境保护等部门进行清理，限期拆除或者搬迁。

第十四条　古树名木树冠垂直投影外侧5米以内的空间范围为古树名木保护范围。树冠偏斜的，还应按根系生长的实际，设置相应的保护范围。

禁止在古树名木保护范围内新建、改建、扩建建筑物、构筑物和有碍树木正常生长的其他设施。

第十五条　禁止下列损害古树名木的行为：

(一) 在保护范围内设架空线、堆物、倾倒污水废渣、排放废气、动用明火；

(二) 在保护范围内封砌、封固和开挖地面，损坏表土层和改变地表高度；

(三) 折枝摘叶、剥损树皮、损伤枝干树根和刻划树干；

(四) 借树木搭盖、作业、拴绳挂物；

(五) 栽植缠绕树体的藤本植物；

(六) 损坏古树名木附属设施；

(七) 其他损害行为。

第十六条　建设项目选址定点涉及古树名木的，建设单位必须提出保护方案，经市园林绿化主管部门批准后，城市规划主管部门方可办理有关规划手续。

建设单位和施工单位必须按照批准的保护方案施工；市园林绿化主管部门应当主动监督检查和管理。

第十七条　严禁砍伐、毁坏或者擅自移植古树名木。

因国家重点工程建设无法避让确需移植的，建设单位必须提出申请，经市园林绿化主管部门组织专家论证审查；同意移植（移植后能够保活）的，报市人民政府决定。

因市级以上重点工程确需修剪的，建设单位必须提出申请，市园林绿化主管部门应当在10日内作出批准或者不批准的答复。

古树名木正常生长过程中为避免损害需要修剪的，管护责任单位应当及时向园林绿化主管部门报告，园林绿化主管部门应当及时予以处置。

经批准移植或者修剪的，由具有相应资质的绿化施工单位按照批准的方案和时限实施，其施工费用、树木损失费、3年内的管护费及其他与移植、修剪有关的费用由建设单位承担。

第十八条　违反本办法规定，有下列行为之一的，由园林绿化主管部门责令改正，并处以200元以下罚款：

(一) 管护责任单位变更，原管护责任单位未向园林绿化主管部门报告的；

(二) 树木受损害或衰萎、死亡，管护责任单位未向园林绿化主管部门报告的。

第十九条　违反本办法规定，擅自处理死亡古树名木的，由园林绿化主管部门没收非法所得，并处以3000元的罚款；擅自占用死亡古树名木原保护范围内绿化用地的，由园林绿化主管部门责令限期恢复，并按每日每平方米30元处以罚款。

第二十条　违反本办法规定，在古树名木保护范围内新建、改建、扩建建筑物、构筑物和有碍树木正常生长的其他设施的，由城市规划主管部门责令限期拆除。属二级古树名木的，由市园林绿化主管部门处以5000～7000元罚款，属一级古树名木的，处以8000至一万元罚款；造成损失的，应当负责赔偿。

第二十一条　违反本办法第十五条规定之一的，由园林绿化主管部门责令改正，并处以500元以下罚款；情节严重的，处以1000～5000元罚款；造成损失的，应当负责赔偿。

第二十二条　违反本办法第十六条第一款规定的，规划审批文件无效；造成损失的，由审批单位负责赔偿；对主管人员和直接责任人员，有关部门应当予以行政处分；构成犯罪的，依法追究刑事责任。

建设单位和施工单位未按保护方案和时限进行施工的，由园林绿化主管部门责令限期整改，属二级古树名木的，处以5万至7万元罚款，属一级古树名木的，处以8万至10万元罚款；造成损失的，应当负责赔偿。

第二十三条　违反本办法规定，砍伐、毁坏或者擅自移植古树名木，或者因损害造成古树名木死亡的，应当按其价值赔偿损失，园林绿化主管部门可以处以等额罚款；构成犯罪的，依法追究刑事责任。

第二十四条　园林绿化主管部门工作人员因保护、整治措施不力，不按时检查指导，或者玩忽职守，致使古树名木损害严重或者死亡的，同级人民政府或者上级主管部门除对该管理部门主管领导及直接责任人员给予经济处罚外，可同时给予行政处分；情节严重，构成犯罪的，依法追究刑事责任。

第二十五条 当事人对行政处罚决定不服的，可以依法申请复议或提起行政诉讼。当事人逾期不履行行政处罚决定，又不申请复议或起诉的，由作出处理决定的机关申请人民法院强制执行。

第二十六条 本办法自颁布之日起施行。

厦门市港口管理条例

（2000年1月13日厦门市第十一届人民代表大会常务委员会第二十二次会议通过）

第一章 总 则

第一条 为加强厦门市港口管理，促进港口事业发展，推进本市社会主义现代化国际性港口风景城市建设，遵循有关法律、行政法规的基本原则，结合本市实际，制定本条例。

第二条 本条例适用于本市港口的规划、建设、经营、保护及其他与港口管理有关的活动。

第三条 本条例所称港口是指本市供通商船舶进出的港区和规划港区。

港区是指为保证港口生产、经营需要，按照厦门港总体布局规划，经批准而划定的水域和陆域。

规划港区是指根据厦门港总体布局规划，为进一步开发、建设港口而划定的具有明确界线的预留水域和陆域。

第四条 市人民政府应将港口事业纳入国民经济和社会发展计划，并组织实施。

市人民政府对港口发展进行宏观调控，港口发展实行政府投资和社会投资相结合。

第五条 市港口行政管理部门依法对本市港口行业进行管理，组织本条例的具体实施。

有关行政管理部门和法律、法规授权的组织依法按各自职责做好港口管理工作。

第二章 港口规划

第六条 厦门港总体布局规划应当符合国家和福建省的港口布局规划以及本市城市总体规划和海域功能区划。

厦门港总体布局规划包括：港口规模、性质、功能、吞吐量发展水平、港界、规划港区划分、港区范围、水域布局、陆域布局、水陆域利用、岸线利用、环境保护、各类设施建设用地配置及分期建设计划等内容。

第七条 厦门港总体布局规划，由市港口行政管理部门负责组织编制，经市规划部门综合平衡并报市人民政府审定后，按国家有关规定上报审批。

第八条 厦门港各港区规划由市港口行政管理部门依据厦门港总体布局规划组织编制，经市规划部门审查，报市人民政府批准。

港区规划的主要内容包括：港区的经营范围和规模、水陆域的功能区布置、辅助生产设施的配套、环境保护和分期建设计划等。

第九条 厦门港总体布局规划和港区规划的调整、修改，必须报原审批部门审批。

第十条 厦门港总体布局规划和港区规划由市港口行政管理部门组织实施。

第三章 港口建设

第十一条 市港口行政管理部门根据厦门港总体布局规划有计划地组织、协调建设港口基础设施及相关配套设施，合理利用港口资源。

第十二条 港口建设项目应当符合厦门港总体布局规划和港区规划，其设计、施工、验收应符合国家和行业规定的技术标准和要求。

港口建设项目应当实行项目法人责任制。

第十三条 在港区和规划港区内新建、改建、扩建港口设施和其他工程，应当经市港口行政管理部门审核同意，按照基本建设程序办理有关审批手续。

第十四条 港口基础设施工程的设计、施工、监理的招标投标，由市港口行政管理部门依法在职责范围内进行监督，并接受市建设行政主管部门的监督管理。

第十五条 港口设施建设工程质量监督按照国家有关规定由港口工程质量监督机构负责。

第十六条 港口设施建设工程竣工验收，由市港口行政管理部门依法定程序组织或参与。

第四章 港务管理

第十七条 在港区范围内经营码头装卸、储存、船舶理货、拖驳船业的，应符合国家规定的条件，经市港口行政管理部门审核同意后，依法向有关部门办理手续。

在港区范围内，申请设立从事水路运输或者道路运输业务的企业，应按规定向有关行政主管部门办理手续。

第十八条 通商船舶的经营人或代理人，在船舶到港前应按规定向市港口行政管理部门报告船舶动态、靠离泊计划以及申请引航，并服从市港口行政管理部门的管理和监督。

对国家需要优先运输的物资和货物、船舶阻塞港口以及抢险救灾，市港口行政管理部门可实行统一部署，组织优先作业，采取必要的调度措施，从事港口业务的企业、单位、个人及船舶、车辆应当服从管理。

第十九条 市港口行政管理部门负责对港口的生产、经营进行监督和检查，对港口作业的安全、质量以及卫生进行监督，维护港口公共生产、经营秩序。

第二十条 港口特种作业人员实行持证上岗制度。市港口行政管理部门配合市安全生产综合管理部门对港口特种作业人员进行培训，并由市安全生产综合管理部门进行考核、发证。

第二十一条 市港口行政管理部门应当收集和定期发布国内外港口信息，并为从事港口业务的企业提供必要的国内外港口生产经营信息咨询服务。

从事港口业务的企业应按有关规定向市港口行政管理部门报送统计报表和资料。

第二十二条 港口行政规费和事业性收费应按国家有关规定执行。

港口经营性收费项目和标准，按法律、法规和价格管理权限的规定，由市价格行政管理部门会同市港口行政管理部门进行监督管理。

第二十三条 企业、单位、个人从事港口业务，其合法权益受国家法律保护，任何单位不得向其滥收、乱收、摊派各种费用。

第二十四条 港口业务经营者应按设计用途使用码头和其他港口设施，不得擅自变更其用途。

港口码头对航行国际航线或港、澳、台航线船舶开放的，码头经营者应按国家规定报批。

第二十五条 未经市港口行政管理部门批准，货主自有专用码头不得对外经营。

第五章 港口保护

第二十六条 任何单位及个人有保护港口和港口设施的

义务，禁止破坏港口环境、港口资源、港口设施，禁止扰乱港口公共生产经营秩序。

第二十七条 港口设施的所有者或经营者，应负责港口设施的维护，保证港口设施的正常、安全使用。

公用性港口基础设施由市港口行政管理部门组织维护。

第二十八条 在港口泊位装卸危险货物以及在港区内的仓库、堆场储存危险货物的，应当经市港口行政管理部门批准，并严格按国家有关法律、法规的规定执行。

第二十九条 港区内禁止下列行为：

（一）倾倒废弃物或排放有毒、有害物质；

（二）从事水产养殖、捕捞；

（三）擅自采掘、倾倒泥土砂石或进行爆破作业；

（四）其他妨碍港区安全和污染港区的行为。

第三十条 严格控制在港区、规划港区水域填海、造地。确需在港区、规划港区水域填海、造地的，应当符合厦门市土地利用总体规划和厦门港总体布局规划、港区规划和海域功能区划，并经市港口行政管理部门会同规划、土地、环境保护、海事、海洋事务综合管理等有关部门审核同意后，报市人民政府批准。

第三十一条 规划港区开发建设时，市港口行政管理部门应当会同规划、环境保护、海事等有关部门进行陆域和水域环境保护管理。

第三十二条 港区、规划港区内不得建设违反厦门港总体布局规划和港区规划的永久性建筑物和构筑物。

在港区、规划港区内建设临时性建筑物或构筑物的，应当经市港口行政管理部门审核同意后，依法向相关行政主管部门申请办理有关手续。

第三十三条 在港区和规划港区以外进行工程建设或其他开发项目，可能影响港区、规划港区功能或改变通航水域及锚地的水文、地质、地形、地貌等，或有碍港口建设、生产和安全的，市规划部门在办理有关审批手续时应征求市港口行政管理、海事、航道主管部门的意见。

第三十四条 发生险情、灾情危及人身和港口设施安全或者影响港口公共生产、经营秩序时，市港口行政管理部门应当协同海事、公安消防、环境保护等有关部门采取有效措施实施救助，消除危害，保障人身和财产安全，维护正常秩序，并依法调查处理。

第六章 港口引航

第三十五条 外国籍船舶进出厦门港、在港内移泊，必须依国家有关规定申请引航。

中国籍船舶进出厦门港或者在港内移泊可以申请引航；按规定必须引航的，应当申请引航。

第三十六条 市港口行政管理部门对厦门港的引航工作进行管理。

厦门港引航机构负责组织实施厦门港引航工作，提供全天二十四小时引航服务。

第三十七条 引航员应当持有有效的适任证书，经厦门港引航机构聘用，方可从事相应的引航工作。

引航员应当接受厦门港引航机构的统一调度，认真、谨慎地引领船舶，为船舶提供及时、安全的引航服务。

第三十八条 厦门港引航机构安排引航计划和引航员引领船舶时，对需要拖轮协助的，应按被引领船舶的类型和吨位使用相应数量、马力的适航拖轮。

第三十九条 港口设施的所有者或经营者，应当为被引领船舶提供安全靠离、移泊条件。

第七章 法律责任

第四十条 违反本条例第二十八条规定，未经批准在港口泊位装卸危险货物及在港区内的仓库、堆场储存危险货物的，由市港口行政管理部门责令改正，并处以3000元以上3万元以下的罚款。

第四十一条 违反本条例第二十九条第（二）、（三）项规定，在港区内从事水产养殖、捕捞，擅自在港区陆域和码头沿岸采掘、倾倒泥土砂石。擅自进行爆破作业的，由市港口行政管理部门责令停止违法行为，限期恢复原状，并可根据情节轻重处以1000元以上3万元以下的罚款。

第四十二条 违反本条例第三十条规定，未经批准在港区、规划港区水域填海、造地的，由市港口行政管理部门责令停止违法行为，限期恢复原状。

第四十三条 违反本条例第三十七条第二款规定，引航员未经厦门港引航机构统一调度而从事引航工作的，由市港口行政管理部门责令停止违法行为，并可处1000元以上5000元以下的罚款。

第四十四条 违反本条例规定，其行为同时违反其他法律、法规规定应由相关行政管理部门处罚的，市港口行政管理部门应制止违法行为，并交市相关行政管理部门依法处罚。

第四十五条 当事人对行政处罚决定或其他具体行政行为不服的，可以依法申请行政复议或提起行政诉讼。

当事人逾期不申请复议，也不起诉，又不履行处罚决定的，作出处罚决定的机关可依法申请人民法院强制执行。

第四十六条 市港口行政管理部门的工作人员玩忽职守、滥用职权、徇私舞弊的，由所在单位或其上级主管部门给予行政处分；构成犯罪的，依法追究刑事责任。

第八章 附 则

第四十七条 本条例下列用语的含义是：

港口设施是指港区和规划港区内为港口生产、经营而建造的建筑物、构筑物及设置的有关设备，包括港口基础设施、港口经营性设施和其他设施。

港口特种作业人员包括：运输、起重机械司机；电工、焊工；起重吊运指挥人员；从事危险货物作业人员等。

港口业务是指在港口内为船舶提供港口设施、引航、拖带、补给、货物装卸、储存、驳运、理货以及为旅客候船和上下船舶提供的服务。

第四十八条 渔港有通商船舶靠泊并从事港口经营性业务的，其经营性业务适用本条例有关规定。

第四十九条 本条例的具体应用问题由市人民政府负责解释。

第五十条 本条例自2000年3月1日起施行。

厦门市国民经济和社会发展计划审查批准监督条例

（2000年2月20日厦门市第十一届人民代表大会第三次会议通过）

第一章 总 则

第一条 为加强和规范厦门市国民经济和社会发展计划（以下简称计划）的审查、批准和监督，促进我市国民经济和各项社会事业持续、健康发展，根据《中华人民共和国宪法》的规定，遵循有关法律、行政法规的基本原则，结合本市实际，制定本条例。

第二条 本条例适用于厦门市人民代表大会及其常务委员会对本市的5年计划、年度计划的审查、批准和监督。

第三条 厦门市人民代表大会（以下简称市人民代表大

会）审查和批准本市5年计划、年度计划及其执行情况的报告。

厦门市人民代表大会常务委员会（以下简称市人大常委会）监督本市计划的执行，审查和批准计划的调整方案。

厦门市人民代表大会财政经济委员会（以下简称市人大财经委员会）负责对计划及其调整方案的初步审查和计划执行情况监督的具体工作。

第四条 厦门市人民政府（以下简称市人民政府）负责计划的编制、执行。市人民政府的计划部门（以下简称市计划部门）具体组织计划的编制、执行。

市人民政府应在每个计划年度或5年计划终结前完成下年度或下个5年计划的编制工作。

第五条 经批准的计划和计划调整方案，非经法定程序，不得调整。

第二章 计划草案的初步审查

第六条 市计划部门在计划编制过程中，应通知市人大财经委员会参加计划编制的主要会议，并于计划草案主要内容送市人大财经委员会前，就计划编制的有关情况，向市人大财经委员会作专题汇报。

第七条 市计划部门应在市人民代表大会举行的1个月前，将计划草案的主要内容，提交市人大财经委员会进行初步审查。计划草案的主要内容包括：

（一）上年度或上个5年计划的执行情况；

（二）编制计划的依据及说明；

（三）国民经济与社会发展的预测目标和完成目标的措施。

市计划部门还应同时提供：

（一）主要投资、建设项目概况；

（二）对本市经济社会发展、生态环境有重大影响的或项目总投资额相当于市本级当年可支配财力5%以上的重点建设项目的可行性论证材料；

（三）初步审查所必须的其他材料。

第八条 市人大财经委员会进行初步审查时，应当听取市人民政府有关部门、单位的情况介绍，征求市人大有关专门委员会和部分市人大代表的意见；可组织对有关问题进行视察或专题调查；邀请有关专家学者论证。

第九条 市人大财经委员会根据调查研究情况，向市计划部门通报对计划执行和草案编制的意见或建议。市计划部门应进行认真研究，并于计划草案提交市人民政府审定之前，向市人大财经委员会报告意见、建议的采纳情况。

第十条 市人大财经委员会应当召开全体会议，对计划草案进行审议。必要时，市人民政府计划、统计等有关部门的主要负责人应列席会议，对计划草案作出说明，回答询问。市人大财经委员会初审会议应形成审查报告，内容包括：

（一）对上年度或上个5年计划执行情况和本年度或本5年计划安排的总体评价；

（二）对计划草案的意见和实现计划的建议；

（三）对计划草案提出是否批准的建议；

（四）其他应予报告的内容。

第十一条 市人大财经委员会的审查报告，应于市人民代表大会举行前报送市人大常委会，由市人大常委会送发给全体代表。

第三章 计划草案的审查和批准

第十二条 市人民政府应当将上年度计划执行情况和本年度计划草案的报告于市人民代表大会会议举行的10日前，5年计划草案应于会议举行的20日前提交市人大常委会，由市人大常委会送发给全体代表。

第十三条 市人民代表大会听取并审议市人民政府关于上年度或上个5年计划执行情况和本年度或本5年计划草案的报告，同时审议市人大财经委员会的审查报告。

审议可以采用分组审议、专题审议、代表团审议和大会审议等方式进行。

第十四条 市人民代表大会在全面审查计划草案时，重点审查如下内容：

（一）计划的编制是否符合国家的法律规定和宏观经济政策，是否有利于发挥市场配置资源基础作用，是否适应本市经济生活和社会发展的实际要求；

（二）计划草案提出的国内生产总值增长目标、物价水平、就业水平、城乡居民收入水平、进出口总额等主要预测指标的依据是否充分；

（三）计划草案提出的科教文卫体和其他公益事业等方面的发展目标是否符合本市经济、社会发展的需要和可持续发展战略的要求；

（四）对计划草案中人民群众普遍关心的热点问题的解决措施是否可行；

（五）本条例第七条第二款第（二）项所列建设项目是否可行；

（六）年度计划安排与5年计划是否相衔接。

第十五条 市人民代表大会审查上年度或上个5年计划执行情况和计划草案时，提出的询问、质询案和修正案，依照有关法律、法规的规定执行。

第十六条 大会主席团在听取各代表团对上年度或上个5年计划执行情况和计划草案审议意见，审议、通过市人大财经委员会关于计划的审查报告后，提出是否批准上年度或上个5年计划执行情况报告和本年度或本5年计划草案的决议草案，决议草案经全体代表讨论修改后，提交大会表决。

第十七条 计划年度开始后，计划草案在市人民代表大会批准前，市人民政府可以根据需要提出政府投资项目的预安排方案，并报市人大常委会备案。预安排的项目，原则上为续建项目。

预安排方案在年度计划被批准后失效，预安排投资项目的计划以经市人民代表大会批准的计划为准。

第四章 计划的调整

第十八条 在计划的执行过程中，由于国家宏观经济政策或环境重大变化或自然灾害、战争等不可抗力情形的发生，致使原定计划在执行中出现重大偏差时，可以进行计划部分调整。

国内生产总值出现与经批准的计划目标偏差幅度在3%以上时，应进行部分调整。

计划需作调整时，市人民政府应提出计划调整方案及说明。

年度计划调整方案的提出不得迟于当年第3季度，5年计划调整方案的提出不得迟于第4年的第一季度。

第十九条 计划调整方案的初步审查，适用本条例第二章的规定。

第二十条 市人大常委会应听取市人民政府的计划调整方案和市人大财经委员会的审查报告，经过审议后，作出是否批准调整方案的决定。计划的调整自市人大常委会批准之日起生效。

经批准的计划调整方案及批准决定应报市人民代表大会会议备案。

第二十一条 市人大常委会在审查计划调整方案时，提出的询问、质询案和修正案，依照有关法律、法规的规定执行。

第五章 计划执行的监督

第二十二条 计划执行情况的监督重点是：

（一）国民经济主要预期目标的实现情况；

（二）对本市经济社会发展、生态环境有重大影响的或投资额较大的重点项目完成情况；

（三）农业、教育、科技及社会保障事业的发展情况；

（四）人民群众关心的重大项目完成情况；

（五）市人民代表大会批准决议的落实情况；

（六）市人大常委会认为其它应该监督的事项。

第二十三条 市人民政府应在每年第3季度或5年计划第四年的第一季度，向市人大常委会报告年度计划的半年执行情况或5年计划前3年的执行情况和对完成全年计划或5年计划的预测。

市人民政府有关部门应按月将经济运行情况分析和月报表及相关资料及时报送市人大财经委员会。对计划执行过程中出现的重大情况和问题应及时向市人大常委会报告。

第二十四条 市人大财经委员会应对年度计划的半年执行情况或5年计划前3年的执行情况进行审查，并向市人大常委会提出审查报告。

市人大财经委员会应当听取市人民政府有关经济部门关于计划执行和经济运行情况的汇报，并就可能影响计划执行的有关问题进行专题调研，提出意见和建议，向市人大常委会主任会议或市人大常委会报告。

市人大财经委员会根据需要可对计划执行情况进行视察、专项调查。对计划执行中的突出问题可以向市计划部门发出监督意见书，监督意见书同时报送市人大常委会。

第二十五条 市人大财经委员会对计划执行情况进行监督时应征求市人大有关专门委员会的意见。

第二十六条 市人大常委会应举行会议听取并审议年度计划的半年执行情况或5年计划前3年的执行情况报告，市人民政府有关部门负责人应到会听取审议意见，回答询问。

市人大常委会可根据需要对计划的执行情况进行视察、执法检查、提出质询案、组织专项调查。

第二十七条 市人民政府及其有关部门对市人民代表大会及其常委会有关计划的决议、决定和市人大常委会、市人大财经委员会的监督意见，应积极采取措施予以落实，并及时将落实情况向市人大常委会和市人大财经委员会报告。

第六章 附 则

第二十八条 厦门市各区国民经济和社会发展计划的审查、批准、监督可参照本条例执行。

第二十九条 本条例由市人大常委会负责解释。

第三十条 本条例自颁布之日起施行。

厦门市预算审查批准监督条例

（2000年2月20日厦门市第十一届人民代表大会第三次会议通过）

第一章 总 则

第一条 为了加强和规范厦门市预算的审查、批准和监督，促进厦门市国民经济和社会事业健康发展，根据《中华人民共和国宪法》的规定，遵循有关法律和行政法规的基本原则，结合本市实际，制定本条例。

第二条 厦门市人民代表大会（以下简称市人民代表大会）审查全市总预算草案及全市总预算执行情况的报告；批准市本级政府预算（以下简称市本级预算）及本级预算执行情况的报告；改变或撤销厦门市人民代表大会常务委员会（以下简称市人大常委会）关于预算、决算的不适当的决议；撤销厦门市人民政府（以下简称市人民政府）关于预算、决算的不适当的决定、命令。

市人大常委会监督全市总预算的执行；审查和批准市本级预算变更草案；审查和批准市本级政府决算（以下简称市本级决算）；撤销市人民政府和区级人民代表大会及其常务委员会关于预算、决算的不适当的决定、命令和决议。

厦门市人民代表大会财政经济委员会（以下简称市人大财经委员会）负责预算、决算和预算变更草案的初步审查和预算执行情况监督的具体工作。

第三条 市人民政府负责编制市本级预算、决算草案；向市人民代表大会作关于全市总预算草案的报告；将区级政府报送备案的预算汇总后报市人大常委会备案；组织本级总预算的执行；决定市本级预算预备费的动用；编制市本级预算变更草案；监督市人民政府各部门和区级政府的预算执行；改变或撤销市人民政府各部门和区级政府关于预算、决算的不适当的决定、命令；向市人民代表大会、市人大常委会报告全市总预算的执行情况。

市人民政府应在每个预算年度终结前完成下一年度预算草案的编制工作。

第四条 全市总预算由市本级预算和汇总的区级总预算组成。

市本级预算由市政府各部门的预算（含直属单位，下同）组成；市本级预算包括区级政府上解的收入数额和上级政府的返还或者给予补助的数额。

各部门的预算由本部门所属各单位预算组成。

单位预算是指列入部门预算的国家机关、社会团体和其他单位的收支预算。

第五条 经批准的预算和预算变更方案，非经法定程序，不得改变。

第二章 预算草案的初步审查

第六条 在预算编制过程中，市人民政府财政部门（以下简称市财政部门）应通知市人大财经委员会参加预算编制的主要会议，提供相关资料，并于预算的初步方案送市人大财经委员会前，就预算编制的有关情况，向市人大财经委员会作专题汇报。

第七条 市财政部门应在市人民代表大会会议举行的1个月前，将市本级预算的初步方案提交市人大财经委员会进行初步审查。提交的预算初步方案的主要内容应当包括：

（一）预算编制的依据及说明；

（二）国家规定的应当编制的各项收支内容；

（三）科目列到类，重要的列到款的一般收支预算总表、政府性基金预算表；

（四）政府主要部门预算；

（五）市本级预算对农业、教育、科技、社会保障支出表及说明。

市财政部门还应当同时提供：

（一）主要建设项目预算表；

（二）初步审查所需要的与预算有关的其他材料。

第八条 市人大财经委员会进行初步审查时，应当听取市人民政府有关部门、单位的情况介绍，征求市人大有关专门委员会和部分市人大代表的意见；必要时，可组织对有关问题进行视察或专题调查，征求审计机关和有关专家学者的意见。

第九条 市人大财经委员会根据调查研究的情况，向市财政部门通报对预算草案编制及执行预算的意见、建议。市财政部门应进行认真研究，并于预算草案送市人民政府审定前，向市人大财经委员会报告意见、建议的采纳情况。

第十条 市人大财经委员会应召开全体会议，按照真实、合法、效益和具有预测性的原则对预算草案进行审议。必要时，市财政部门及有关部门负责人应列席会议，作预算编制说明，回答询问。

市人大财经委员会初审会议应形成审查报告，内容包括：

（一）对上年预算执行情况的评价；

（二）对市本级预算草案的意见和执行预算的建议；

（三）对市本级预算草案提出是否批准的建议；

（四）其他应予报告的内容。

第十一条 市人大财经委员会对预算草案的审查报告应于市人民代表大会举行前报送市人大常委会，由市人大常委会送发全体代表。

第三章 预算草案的审查和批准

第十二条 市人民政府应于市人民代表大会举行会议的10日前向市人大常委会提交上年度预算执行情况和本年度预算草案的报告及预算草案等相关资料，由市人大常委会送发全体代表。

第十三条 市人民代表大会听取并审议市人民政府关于上年度预算执行情况和本年度预算草案的报告，同时审议市人大财经委员会的审查报告。

审议可采取分组审议、专题审议、代表团审议和大会审议等方式进行。

第十四条 市人民代表大会审议上年度预算执行情况和本年度预算草案报告时，重点审查：

（一）是否符合有关法律、行政法规的规定；

（二）是否符合国家宏观经济政策；

（三）是否与本市国民经济和社会发展相适应；

（四）是否有利于本市经济与社会的可持续发展；

（五）是否体现量入为出、收支平衡的原则；

（六）支出结构是否合理，确保预算完成的措施是否得当；

（七）大会主席团提出的其他问题。

第十五条 市人民代表大会审查预算草案时，提出询问、质询案、修正案，依照有关法律、法规的规定执行。

第十六条 大会主席团在听取各代表团关于预算草案的审议意见，审议、通过市人大财经委员会关于预算草案的审查报告后，提出是否批准上年度预算执行情况和本年度预算草案报告的决议草案，并将决议草案送发全体代表讨论修改后，提交大会表决。市人民代表大会关于预算的决议，市人民政府应当贯彻执行。

第十七条 预算年度开始后，预算草案在市人民代表大会批准前，市人民政府可以按照上一年同期的预算支出数额安排支出并报市人大常委会备案。预算经市人民代表大会批准后，按照批准的预算执行。

第四章 预算变更的审查和批准

第十八条 市人民政府在预算年度内遇有重大事件发生、国家重大方针政策的调整，对预算执行产生较大影响时，可以对预算作出部分改变；但追加支出必须有相应的收入来源进行弥补，调减收入必须有相应的压缩支出措施。

第十九条 有下列情形之一的属于本条例所称的预算变更，市人民政府应编制预算变更草案，报市人大常委会审查、批准：

（一）市本级预算收支增、减总额超过原批准预算收支总额3%的；

（二）市本级预算安排的农业、教育、科技、社会保障有关科目预算资金需要调减的；

（三）类级预算支出科目资金增、减超过年初本类预算10%的。

预算改变没有达到上述情形的，由市财政部门及时向市人大财经委员会通报有关情况。需要动用超收收入追加支出时，应当编制超收收入使用方案并及时向市人大财经委员会通报。市人民政府应向市人大常委会作预计超收收入安排使用情况的报告。

市人民政府的预算变更草案原则上应在每个预算年度的第三季度提出。

第二十条 在预算执行过程中，因上级返还、补助及国家政策调整、动用预备费而引起的预算收支变化不需编制预算变更草案，但市人民政府应及时向市人大常委会报告有关情况。

第二十一条 市财政部门编制的预算变更草案，应于市人大常委会举行会议的20日前，将预算变更草案送市人大财经委员会进行初步审查，并向市人大财经委员会作专题汇报。

市人大财经委员会应就预算变更草案，征求市人大有关专门委员会、市人民政府相关部门和单位的意见，并向市财政部门通报有关预算变更初步审查的意见、建议。

市人大财经委员会应举行全体会议对预算变更草案进行审议，提出审查报告，于市人大常委会举行会议前报送市人大常委会，由市人大常委会送发市人大常委会组成人员。

第二十二条 市人民政府应在市人大常委会举行会议的十日前，将预算变更草案及报告送市人大常委会，由市人大常委会送发市人大常委会组成人员。

第二十三条 市人大常委会举行会议听取和审议市人民政府的预算变更草案和市人大财经委员会关于预算变更草案的审查报告，并作出是否批准预算变更草案的决议。

第二十四条 市人大常委会审议预算变更草案时，提出询问、质询案、修正案，依照有关法律、法规的规定执行。

第五章 决算的审查和批准

第二十五条 预算年度终结后，市人民政府应及时编制决算草案，报市人大常委会审查、批准。

第二十六条 市审计机关依法对本级预算执行情况、部门决算及其他财政收支进行审计，提出审计工作报告，并于市人大常委会举行会议的20日前向市人大财经委员会报告审计结果的主要内容。市人大财经委员会也可就决算中的有关问题，委托审计机关进行专项审计。

第二十七条 市财政部门应在市人大常委会举行会议的二十日前将决算草案提交市人大财经委员会，由市人大财经委员会结合审计工作报告进行初步审查。

市人大财经委员会对决算草案进行初步审查时，应征求市人大有关专门委员会、市人民政府相关部门和单位的意见。并于市人大常委会举行会议前将审查报告送市人大常委会，由市人大常委会送发市人大常委会组成人员。

第二十八条 市人民政府应于市人大常委会举行会议的十日前，将决算草案和审计工作报告送市人大常委会，由市人大常委会送发市人大常委会组成人员。

第二十九条 市人大常委会举行会议听取和审议市人民政府的决算草案、审计工作报告和市人大财经委员会关于决算草案的审查报告，并作出是否批准决算草案的决议。

对决算草案进行审查的重点是：

（一）是否符合有关法律、行政法规的规定；

（二）重点支出完成及收效情况；

（三）预算周转金和预备费使用情况；

（四）超收部分的收入来源和使用情况；

（五）类级科目超收超支、减收减支的原因。

第三十条 市人大常委会审议决算草案时，提出询问、质询案，依照有关法律、法规的规定执行。

第六章 预算执行的监督

第三十一条 市财政部门应依法履行职责，及时批复预算，拨付资金，积极组织预算收入，严格管理预算支出，认真履行对市本级各部门及所属单位执行预算的监督职责。

市财政部门应严格控制各部门及所属单位不同预算科目之间的资金调剂。各部门、各单位的预算支出，必须按照市财政部门批复的预算科目和数量执行，不得挪用，确需调剂使用的，应报经市财政部门批准。

各部门、各单位应当加强对预算支出的管理，严格执行预算和财政制度；严格按照预算规定的支出用途使用资金，建立健全财务制度和会计核算体系，提高资金使用效益。

第三十二条 市人民政府每年向市人民代表大会报告预算草案时，一并报告上年预算执行情况，并于当年第三季度向市人大常委会报告上半年预算执行情况。

各有关部门应及时向市人大财经委员会提交落实市人民代表大会关于预算决议的情况，对部门、单位批复的预算，预算收支执行情况，政府债务、社会保障基金等重点资金和预算外资金收支执行情况，有关经济、财政、金融、审计、税务等综合性统计报告、规章制度及有关资料。

第三十三条 市人大财经委员会应举行全体会议，听取市人民政府有关部门关于预算执行情况及其他财政收支的情况汇报，并就可能影响预算执行的有关问题进行专题调查或委托专项审计，提出意见和建议，向市人大常委会主任会议或市人大常委会报告。

第三十四条 市人大财经委员会应对上半年预算执行情况进行审查，并在征求市人大有关专门委员会、市人民政府相关部门和单位的意见后，向市人大常委会提出上半年预算执行情况的审查报告。

第三十五条 市人大常委会举行会议听取并审议上半年预算执行情况报告，市人民政府有关部门负责人应到会听取审议意见，回答询问。

市人大常委会可对预算执行情况报告作出决议。

第三十六条 市人大常委会可以就预算执行中的重大事项或特定问题组织专项调查或委托市人大财经委员会进行调查，有关部门、单位和个人应当如实反映情况，提供必要的材料。市人大财经委员会应将调查结果向市人大常委会主任会议或市人大常委会报告。

第三十七条 市人民政府及其有关部门对市人民代表大会及其常委会关于预算执行情况的决定或决议，市人民代表大会及其常委会和市人大财经委员会的监督意见，应积极采取措施予以落实，并及时将落实情况向市人大常委会或市人大财经委员会报告。

第七章 法律责任

第三十八条 违反本条例规定，有下列行为之一的，应当依法追究有关机关或部门及个人的法律责任：

（一）不如实编报部门预算及预算草案、决算草案；

（二）未经法定程序，擅自变更预算的；

（三）不在规定期限内报送部门预算、审计工作报告、预算草案、决算草案、预算变更方案及相关资料的；

（四）无正当理由不到会听取意见，回答询问的；

（五）不向市人大常委会或市人大财经委员会提供情况，或者不如实提供情况，不协助进行调查工作的。

（六）其他违反法律法规的行为。

第三十九条 市人民代表大会及其常委会对前条所列行为，可以根据情节作如下处理：

（一）作出撤销预算变更的决定；

（二）作出监督意见书，责成有关机关或部门予以纠正或检讨；

（三）建议有关机关或部门追究责任人员和负有领导责任的人员的行政责任；

（四）对市人民代表大会及其常委会选举或任命的人员，情节严重的，可依法罢免或撤销其职务。

第八章 附则

第四十条 市人民政府及其各部门、各预算单位应加强对预算外资金的管理。预算外资金应逐步纳入预算管理，对暂时不能纳入预算的要编制收支计划和决算。

市人民政府每年应向市人大常委会作关于预算外资金收支情况的专项报告。市人大财经委员会应当协助市人大常委会监督本级预算外资金的收支情况。

第四十一条 厦门市各区预算的审查、批准和监督，可参照本条例执行。

第四十二条 本条例由市人大常委会负责解释。

第四十三条 本条例自颁布之日起施行。

福建省开发耕地管理办法

（2000 年 11 月 13 日省人民政府第 57 号令发布，2000 年 11 月 13 日起施行）

第一章 总 则

第一条 为合理开发利用耕地后备资源，实现耕地总量动态平衡目标，规范开发耕地行为，保障社会经济的可持续发展，根据《福建省实施〈中华人民共和国土地管理法〉办法》第十四条规定，制定本办法。

第二条 本办法所称开发耕地，是指在土地利用总体规划的指导下，根据年度土地开发利用计划，对耕地后备资源通过工程措施加以开发整治，使其成为可利用的耕地的过程。

第三条 开发耕地应符合土地利用总体规划或开发耕地专项规划，注意保护生态环境，防止土地沙化和水土流失。

第四条 县级以上地方人民政府应当履行开发耕地的法定职责，多渠道筹集资金，建立耕地开发专项资金，采取各种有效措施鼓励单位和个人以多种形式开发耕地。

第五条 县级以上地方人民政府国土资源行政主管部门按照本办法规定，负责本行政区域内开发耕地的组织管理工作。

第二章 规划与计划

第六条 县级以上地方人民政府国土资源行政主管部门应当根据土地利用总体规划、土地后备资源的分布状况，会同有关部门编制开发耕地专项规划。开发耕地专项规划经本级人民政府批准后实施，并报省人民政府国土资源行政主管部门备案。

第七条 市、县人民政府应当完成上级人民政府下达的年度开发耕地指标；未完成开发耕地指标的，上级人民政府可以相应核减其下一年度的非农业建设占用耕地指标。

第八条 县级以上地方人民政府国土资源行政主管部门对符合土地利用总体规划和开发耕地专项规划，集中连片 1 公顷以上的可供开发为耕地的后备资源，列入开发耕地项目储备库。储备库由省人民政府国土资源行政主管部门组织建立。

第三章 组织与实施

第九条 按照开发耕地项目计划，实施开发耕地 1 公顷以上的项目，实行项目业主负责制。

项目业主可以是依法批准成立或注册登记的企事业单位，也可以是农村集体经济组织和个人。

第十条 一次性开发国有或集体未利用地的审批权限为：

（一）开发10公顷以下的，由县级人民政府批准；

（二）开发10公顷以上20公顷以下的，由市（地）级人民政府批准；

（三）开发未利用地20公顷以上600公顷以下、集体未利用地600公顷以上的，由省人民政府批准。

第十一条 开发农民集体所有的土地，在办理报批手续前，应当取得该集体土地所有权单位的同意。

第十二条 开发耕地按年度计划组织实施。市、县人民政府国土资源行政主管部门依照省人民政府国土资源行政主管部门下达的年度计划，编制年度开发耕地实施方案，经同级人民政府同意后，报省人民政府国土资源行政主管部门批准实施。

开发耕地项目竣工后，属省、市（地）开发耕地项目计划的开发耕地项目，由县级人民政府国土资源行政主管部门提出申请，分别由省、市（地）国土资源行政主管部门会同同级农业行政主管部门按照验收标准进行验收；属县级开发耕地项目计划的开发耕地项目，由县级人民政府国土资源行政主管部门会同同级农业行政主管部门进行验收。验收合格的，发给新增耕地确认书。

第十三条 开发耕地面积10公顷以上的项目，在报批时应当提交下列材料：

（一）项目建议书（内容包括项目概况、开发的必要性、土地权属、土地利用现状、开发规划和投资效益等）；

（二）开发耕地项目申请审批表；

（三）资金来源证明；

（四）比例尺1：10000的土地利用现状图；

（五）比例尺1：2000或1：5000的开发耕地规划图；

（六）相关论证材料。

开发耕地面积10公顷以下的项目，只需报送前款规定的（二）、（四）、（五）项材料。

滩涂围垦开发耕地的，还应当附具项目可行性研究报告、项目初设意见书和项目会审纪要。可行性研究报告应当载明项目概况、投资概算、土地权属、土地利用现状、生态环境影响评价、水土保持方案、施工方案、开发规划和投资效益等项内容。

第十四条 县（市）人民政府国土资源行政主管部门应当根据新增耕地确认书，及时进行当年度土地变更调查，并调绘当年土地利用现状图，变更土地分类统计数据。

基本农田保护区划定面积不足的县（市），对集中连片2公顷以上、水利灌溉条件及土地肥力较好的新开发耕地，应当划入基本农田保护区加以补足。

第十五条 新开发耕地的土地所有权不变。开发者或项目业主对新开发的耕地可以自行经营，也可以发包给其他单位和个人按原批准用途经营。开发者或承包经营者享有下列权益：

（一）享有不超过50年的土地使用权，在使用期限内允许继承、转包；

（二）土地使用期满后，原承包经营者在同等条件下可优先承包。

第四章 资金管理

第十六条 县级以上地方人民政府应当设立耕地开发专项资金。耕地开发专项资金的来源为：

（一）耕地开垦费；

（二）新增建设用地土地有偿使用费的地方分成部分；

（三）耕地占用税地方财政分成部分的一定比例；

（四）财政预算安排的资金；

（五）按规定用于开发耕地的其他资金。

耕地开发专项资金按财政性资金管理，专项用于开发新耕地，任何单位和个人不得截留、私分或挪作他用。

第十七条 列入县级以上开发耕地项目计划的项目，开发补助资金根据净增耕地面积和耕地质量等级，按下列标准拨补：

（一）滩涂围垦开发为旱地的，每公顷45000元；

（二）滩涂围垦开发为水田的，每公顷90000元。属优质水田的，可适当增加拨补标准，但每公顷最高不超过120000元；

（三）荒草地及其他宜耕地开发为旱地的，每公顷30000元。

（四）荒草地及其他宜耕地开发为水田的，每公顷60000元。属优质水田的，可适当增加拨补标准，但每公顷最高不超过120000元。

前款所称优质水田，须由省国土资源行政主管部门与省农业行政主管部门共同认定。

经批准免交耕地开垦费的建设项目，其耕地补充方案实施时，不予资金补助。

第十八条 各级耕地开发专项资金的具体配套比例为：

（一）列入省级年度计划的开发耕地项目，由省级耕地开发专项资金拨补；

（二）列入市（地）级年度计划的开发耕地项目，按省级50%、市（地）级50%的比例配套拨补；

（三）列入县级年度计划的开发耕地项目，按省级50%、县级50%的比例配套拨补。

第十九条 列入县级以上开发耕地项目计划的项目，由各级国土资源行政主管部门根据本办法第十八条规定制定资金拨补计划，经同级财政部门审核同意后，由财政部门通过财政专户分期拨付，专项安排用于开发耕地。

面积在1公顷以下的零星开发耕地项目，从市、县开发耕地专项资金专户中给予适当补助。具体补助金额由市、县人民政府规定。

第二十条 在下拨开发耕地补助资金时，省国土资源行政主管部门与市、县国土资源行政主管部门应当签订《开发耕地责任状》。

第二十一条 列入开发耕地项目计划的项目，其补助资金按照下列规定拨付：

（一）签订开发合同后，在工程正式开工时预拨20%，涉及滩涂围垦的可预拨25%；

（二）工程开工后，根据工程进度分步拨付60%；

（三）工程竣工验收合格并种植农作物后，拨付20%。

面积在1公顷以下的零星开发耕地项目，其补助资金在项目竣工验收后一次性拨付。

第二十二条 市、县国土资源行政主管部门对上级拨付的开发耕地补助资金，应当专款用于开发耕地。

市、县财政部门在收到上级拨付的开发耕地补助资金后，应当在7日内将资金拨给国土资源行政主管部门；国土资源行政主管部门应当按照开发合同约定的期限，支付给项目业主或开发者。

市、县人民政府及其所属的部门截留、挪用上级拨付的开发耕地补助资金，省国土资源行政主管部门可报请省人民政府核减或冻结当地的土地利用年度计划指标。

第五章 罚 则

第二十三条 开发单位骗取、挪用开发耕地补助资金或在取得补助资金后不继续履行开发耕地义务的，由县级以上人民政府国土资源行政主管部门追回补助资金及孳息；构成犯罪的，由司法机关依法追究刑事责任。

第二十四条 擅自改变开发耕地合同规定的用途，将开发的耕地改作他用的，由县级以上人民政府国土资源行政主管部门责令其限期改正；拒不改正的，追回开发耕地补助资金及孳息。

第六章 附 则

第二十五条 本办法由福建省人民政府法制办公室负责解释。

第二十六条 本办法自发布之日起施行。省人民政府1993年6月24日发布的《福建省开发耕地管理办法》和1996年1月30日发布的《福建省开发耕地专用资金征收和使用管理办法》同时废止。

福建省社会保险费征缴办法

（2000年12月7日省人民政府第58号令发布，2000年12月7日起施行）

第一条 为加强和规范社会保险费的征缴管理，根据国务院《社会保险费征缴暂行条例》和《失业保险条例》以及《福建省城镇企业职工基本养老保险条例》和《福建省企业职工失业保险条例》，结合本省实际，制定本办法。

第二条 本办法所称社会保险费是指基本养老费和失业保险费，由各级地方税务机关按照属地管理原则负责征收。

社会保险费实行收支两条线管理。

第三条 基本养老保险费的征缴范围为：本省行政区域内的国有企业、城镇集体企业、外商投资企业、城镇私营企业和其他城镇企业及其职工，城镇个体工商户，实行企业化管理的事业单位及其职工，按国务院有关规定移交地方统筹的中央属行业及其职工。

第四条 缴费单位应按其全部职工月工资总额的19%缴纳基本养老保险费；从2002年起按18%缴纳。

缴费个人按其本人月工资总额的6%缴纳基本养老保险费；2002年至2003年按7%缴纳；从2004年起按8%缴纳。

城镇个体工商户本人按缴费基数的25%缴纳基本养老保险费。

中央所属行业基本养老保险费费率，按国家有关规定执行。

国有农垦企业的基本养老保险费费率，按省人民政府有关规定执行。

第五条 基本养老保险费的基数，不得低于省人民政府公布的当地职工最低工资标准；达到本省上一年度职工月平均工资300%以上的，按300%作为缴纳基本养老保险费的基数，300%以上部分不缴纳基本养老保险费。

外商投资企业、私营企业及职工，城镇个体工商业户缴纳基数难以确定的，由企业和城镇个体工商户申报，经所在地地方税务机关核准后予以确定。

工资总额的构成以国家统计局规定为准。

第六条 失业保险费的征缴范围为：本省行政区域内的国有企业（中央属行业）、城镇集体企业、外商投资企业、城镇私营企业和其他城镇企业及其职工，事业单位及其职工，社会团体及其专职人员、民办非企业单位及其职工、有雇工的城镇个体工商户及其雇工。

第七条 缴费单位、有雇工的城镇个体工商户，按照本单位工资总额的2%缴纳失业保险费。

缴费个人按照本人工资的1%缴纳失业保险费。

城镇个体工商户本人按缴费基数的3%缴纳失业保险费。

缴费单位招用的农民合同制工人本人不缴纳失业保险费。

第八条 自谋职业及流动就业者比照城镇个体工商户缴纳社会保险费。由县级以上劳动保障部门的就业服务机构负责代收代缴。

第九条 2000年底前，缴费单位欠缴的社会保险费和按政策规定应补缴的基本养老保险费，由所在地地方税务机关征收。

第十条 社会保险登记、申报以及相应的权限由劳动保障部门委托地方税务机关办理。

缴费单位应当自成立之日起30日内，持营业执照或登记证书所在地地方税务机关办理社会保险登记手续、填报《社会保险登记表》；本办法施行前已参加社会保险和尚未参加保险的缴费人，应当自本办法公布之日起30日内，持营业执照或登记证书到所在地地方税务机关办理社会保险登记手续、填报《社会保险登记表》。

申请办理社会保险登记时，应提供以下证件和资料：

（一）营业执照、批准成立证件或其他核准成立证件；

（二）国家质量技术监督部门颁发的组织机构统一代码证书；

（三）银行账号证明；

（四）法定代表人身份证明或居民身份证、护照、其他合法证件；

（五）地方税务机关要求提供的其他有关证件资料。地方税务机关自接到缴费单位填报《社会保险登记表》及提供有关证件、资料之日起10个工作日内，应审核完毕，符合条件的予以登记，并加盖社会保障部门公章后，发放社会保险登记证件。

第十一条 缴费单位的社会保险费登记事项发生变更或者依法终止的，应当自变更或者终止之日起30日内，由缴费单位向所在地地方税务机关办理变更或者注销社会保险费登记手续。缴费单位在办理注销登记前，应当向地方税务机关结清应缴费款、滞纳金、罚款并缴销有关证件。

缴费单位在办理社会保险登记、变更登记的同时，办理社会保险费费种登记，填报《社会保险费费种登记表》，并附参保人员花名册。

第十二条 缴费单位必须于每月10日前，向所在地地方税务机关办理社会保险费申报和缴费手续。填报《社会保险费申报表》以及地方税务机关根据实际需要要求报送的其他资料。经核定后，地方税务机关向缴费单位开出社会保险费征收凭证。

缴费个人应当缴纳的社会保险费，由所在单位从其本人工资中代扣代缴。

缴费单位的参保人员、缴费基数发生增减变化时，应在办理社会保险费申报时，填报发生增减变化情况，并附增减参保人员花名册。

缴费单位不按规定申报应缴纳的社会保险费数额的，由所在地地方税务机关暂按该缴费单位上月缴费数额的110%确定应缴费数额；没有上月缴费数额的，暂按该单位的经营状况、职工人数等有关情况确定应缴费数额。缴费单位补办申报手续并按核定数额缴纳社会保险费后，由地方税务机关按规定结算。

第十三条 征收凭证统一使用中华人民共和国税收通用缴款书或中华人民共和国税收通用完税证。

第十四条 缴费单位和缴费个人应以货币形式全额缴纳社会保险费；若以外国货币结算的，按照上月最后一日的国家外汇牌价折合成人民币缴纳社会保险费。

第十五条 缴费单位的开户银行将已经缴纳的社会保险费划入国库，由国库分别退至省级财政部门开设的基本养老保险基金专户和失业保险基金专户。

第十六条 社会保险费不得减免；但缴费单位有下列情形之一的，可向所在地地方税务机关申请缓缴社会保险费：

（一）濒临破产，在法定整顿期间的；

（二）经营发生严重困难，依法停产整顿3个月以上并且发不足或者发不出工资的；

（三）自然灾害造成严重损失，无法正常生产经营，经当地县级以上人民政府批准停产期间的；

（四）经县级以上人民政府工商行政管理部门批准办理停业、歇业的个体工商户。

缓缴期在6个月以内的，由所在地地方税务机关审批；超过6个月以上的，应逐级上报省地方税务局审批。经批准缓缴的，在缓缴期内免缴滞纳金。缓缴期满后，应当如数补缴社会保险费及按照同期城乡居民银行存款利率计息。缓缴期最长不超过12个月。企业申请缓缴，须经企业职工代表大会或工会委员会讨论通过，并提出补缴款计划。

第十七条 缴费单位未按规定缴纳和代扣代缴社会保险费的，由地方税务机关责令限期缴纳；逾期仍不缴纳的，除补缴欠缴数额外，从欠缴之日起，对滞纳费额按日加收2‰滞纳金。

滞纳金分别并入基本养老保险基金和失业保险基金。

第十八条 地方税务机关依法对缴费情况进行检查，检查时缴费单位应当提供与缴纳社会保险费有关的用人情况、工资表、财务报表等资料，如实反映情况，不得拒绝检查，不得谎报、瞒报。税务机关可以记录、录音、录像、照相和复制有关资料，并为缴费单位保密。

地方税务机关的工作人员在行使前款所列职权时，应当出示执行公务证件。

第十九条 地方税务机关调查社会保险费征缴违法案件时，有关部门、单位应给予支持、协助。

第二十条 任何组织和个人对有关社会保险费征缴的违法行为，有权举报。地方税务机关对举报应当及时调查，按规定处理，并为举报人保密。

第二十一条 对地方税务机关已责令限期缴纳，但逾期仍未按规定缴纳、代扣代缴或拒不缴纳社会保险费的缴费单位，县以上地方税务机关可以依法采取以下措施，直至申请人民法院依法强制征收：

（一）书面通知其开户银行或其他金融机构从其存款中扣缴；

（二）扣押、查封、拍卖其价值相当于应缴费额的商品、货物或者其他财产，以拍卖所得抵缴费款。

第二十二条 缴费单位未按规定办理社会保险登记、变更登记或者注销登记，或者未按规定申报应缴纳的社会保险费数额的，由受劳动保障行政部门委托的地方税务机关责令限期改正；情节严重的，对直接负责的主管人员和其他直接责任人可以处1000元以上5000元以下的罚款；情节特别严重的，对直接负责的主管人员和其他直接责任人员可以处5000元以上10000元以下的罚款。

第二十三条 缴费单位违反有关财务、会计、统计的法律、行政法规和国家有关规定，伪造、变造、故意毁灭有关账册、材料，或者不设账册，致使社会保险费基数无法确定的，除依照有关法律、行政法规的规定给予行政处罚、纪律处分、刑事处罚外，依照本办法第十二条的规定征收；迟延缴纳的，由所在地地方税务机关依照第十七条的规定决定加收滞纳金，并对直接负责的主管人员和其他直接责任人员处5000元以上20000元以下的罚款。

第二十四条 缴费单位有下列行为之一的，由所在地地方税务机关给予警告，处以1000元以上5000元以下的罚款：

（一）伪造、变造社会保险登记证的；

（二）未按规定从缴费个人工资中代扣代缴社会保险费的；

（三）未按规定向职工公布本单位社会保险费缴纳情况的。

上述行为同时违反其他法律、法规规定的，由有关主管机关依法追究法律责任。

第二十五条 缴费单位有下列行为之一的，由所在地地方税务机关给予警告、处以1000元以上、1万元以下的罚款：

（一）阻挠地方税务机关执行公务，拒绝检查的；

（二）隐瞒事实真相，谎报、瞒报，出具伪证，或者隐匿、毁灭证据的；

（三）拒绝提供与缴纳社会保险费有关的用人情况、工资表、财务报表等资料的；

（四）拒绝执行地方税务机关下达的限期改正通知书的；

（五）打击报复举报人员的；

（六）法律、法规及规章规定的其他情况。

上述行为同时违反其他法律、法规规定的，由有关主管机关依法追究法律责任。

第二十六条 本办法规定的行政处罚，由县以上地方税务机关决定。地方税务机关罚款必须出具中华人民共和国税收罚款收据。罚款全额上缴国库。

第二十七条 缴费单位和缴费个人对地方税务机关的处罚不服的，可以依法申请行政复议，对复议决定不服的，可以依法提起行政诉讼。

第二十八条 地方税务机关的工作人员滥用职权、徇私舞弊、玩忽职守，致使社会保险费流失的，由地方税务机关追回流失的社会保险费；构成犯罪的，依法追究刑事责任；尚不构成犯罪的，依法给予行政处分。

第二十九条 省地方税务局、省劳动和社会保障厅、省财政厅、中国人民银行福州中心支行可以根据本办法制定具体实施办法，并报省人民政府批准执行。

第三十条 厦门市社会保险费征缴办法由厦门市人民政府自行确定。

第三十一条 本办法的应用解释由省人民政府法制办公室负责。

第三十二条 本办法自2001年1月1日起施行。

福建省人民政府令
（第60号）

2000年12月4日，省人民政府第23次常务会议讨论同意省人民政府法制办公室提出的关于废止1980年至1999年省人民政府及省人民政府办公厅部分规范性文件的意见，决定自公布之日起对附件所列《下达〈关于财政预算管理体制的若干暂行规定〉的通知》等340件省人民政府规范性文件及《关于转发〈城镇个人建造住宅管理办法〉的通知》等109件省人民政府办公厅规范性文件予以废止。

省　长：习近平

2000年12月21日

附件1：

福建省人民政府
废止1980～1999年部分规范性文件目录（共340件）

（一）主要内容已被新颁布的法律、法规、规章或规范性文件所代替的（共198件）：

1. 下达《关于财政预算管理体制的若干暂行规定》的通知（闽政［1980］11号）

2. 关于颁发《福建省产品质量监督和检验管理实施办法》的通知（闽政［1980］24号）

3. 批转省科委关于贯彻执行《工程技术干部技术职称暂行规定》的意见的报告（闽政［1980］37号）

4. 关于发布《关于保护电力线路安全的通告》的通知（闽政［1980］49号）

5. 贯彻《国务院、中央军委关于加强民兵武器管理，防止枪支弹药被盗的通知》的意见（闽政［1980］50号）

6. 批转《福建省生产、修理计量器具管理办法（试行）》的通知（闽政［1980］73号）

7. 对外经济工作有关政策补充规定的通知（闽政［1980］111号）

8. 关于集体企业工商所得税实行比例税制规定的通知（闽政［1980］综1137号）

9. 关于认真贯彻执行新婚姻法的通知（闽政［1981］003号）

10. 福建省人民政府关于贯彻《国务院关于切实加强信贷管理，严格控制货币发行的决定》的通知（闽政［1981］014号）

11. 关于保护矿产资源的紧急通知（闽政［1981］030号）

12. 关于贯彻执行《会计干部技术职称暂行规定》的实施细则的通知（闽政［1981］46号）

13. 批转省商业厅《关于严禁石油产品自由买卖，切实加强管理工作的报告》（闽政［1981］55号）

14. 关于执行《中华人民共和国枪支管理办法》的通知（闽政［1981］64号）

15. 关于市场管理的暂行规定（闽政［1981］65号）

16. 关于加强防洪堤管理确保江河安全泄洪的通告（闽政［1981］68号）

17. 关于杀虫脒农药的使用规定和禁用限期的通知（闽政［1981］69号）

18. 批转省机关事务管理局《关于党政机关公务用车配备和使用的试行规定的报告》和《关于省直机关干部、职工住房标准的试行规定和住房管理办法的报告》的通知（闽政［1981］72号）

19. 关于认真整顿奖金，正确实行奖励制度坚决制止滥发奖金的若干规定（闽政［1981］89号）

20. 颁发《福建省农村工商税收征收办法》和《城镇集体企业工商税收的若干规定》的通知（闽政［1981］111号）

21. 关于印发《福建省对外经济贸易有关政策措施的补充规定》等六个文件的通知（闽政［1981］125号）

22. 关于抓紧处理好山林权纠纷的通知（闽政［1982］2号）

23. 关于野外地质队占用耕地、林地补偿标准的暂行规定（闽政［1982］7号）

24. 福建省农林特产税征收规定（闽政［1982］17号）

25. 关于加强查私罚没收入管理的暂行规定（闽政［1982］43号）

26. 关于批转省人事局《关于进一步加强退休干部管理工作的意见》的通知（闽政［1982］44号）

27. 关于印发《福建省地方外汇收支管理暂行规定》的通知（闽政［1982］51号）

28. 关于认真贯彻《国务院关于严格控制农村劳动力进城做工和农业人口转为非农业人口的通知》的通知（闽政［1982］60号）

29. 关于制止乱收费、整顿非商品收费的通知（闽政［1982］61号）

30. 颁发《关于贯彻执行〈统计干部技术职称暂行规定〉的实施细则》的通知（闽政［1982］62号）

31. 关于转发中国银行福州分行“关于审批《福建省地方短期周转外汇贷款暂行办法》的报告”的通知（闽政［1982］综69号）

32. 关于贯彻执行《外语翻译干部业务职称暂行规定》实施细则的通知（闽政［1982］70号）

33. 关于颁发“福建省个体开业行医管理暂行办法”的批复（闽政［1982］综72号）

34. 福建省人民政府关于计划生育几个具体政策的规定（试行）（闽政［1982］73号）

35. 颁发《福建省人民政府关于企业安全生产责任制的试行规定》的通知（闽政［1982］76号）

36. 关于贯彻执行《国务院关于严格制止企业滥发加班加点工资的通知》的意见（闽政［1982］79号）

37. 批转省财政厅《关于企业财务检查中各种违纪事项财务处理的具体规定》的通知（闽政［1982］82号）

38. 关于贯彻国务院发布的《企业职工奖惩条例》的实施意见（闽政［1982］93号）

39. 关于改进城镇集体企业征收工商所得税的规定（闽政［1982］105号）

40. 关于维护学校正当权益保障教师人身安全的布告（闽政［1982］108号）

41. 批转省公安厅《关于加强建筑防火设计管理意见的请示报告》的通知（闽政［1982］110号）

42. 关于发布《福建省贯彻国务院〈合理化建议和技术改进奖励条例〉的实施细则》的通知（闽政［1982］126号）

43. 批转省分行贯彻人民银行总行《关于加强金融管理打击走私贩私等经济犯罪活动的几项规定》报告的通知（闽政［1982］129号）

44. 关于贯彻国务院《工商企业登记管理条例》的通知（闽政［1982］130号）

45. 关于进一步加强华侨、港澳同胞进口物品和查缉没收物资管理的补充规定（闽政［1982］134号）

46. 关于严禁海上走私贩私活动的布告（闽政［1982］138号）

47. 关于批转省卫生厅、省农业厅《关于加强狂犬病预防工作的报告》的通知（闽政［1982］142号）

48. 转发《关于贯彻执行〈经济专业干部业务职称暂行规定〉的实施细则》的通知（闽政［1982］143号）

49. 关于贯彻执行国务院《关于解决企业社会负担过重问题的若干规定的通知》的通知（闽政［1982］144号）

50. 关于将全省市话附加费列入城市维护费使用的通知（闽政［1982］145号）

51. 关于从省外引进中高级专业技术人员有关待遇问题的暂行规定（闽政［1982］149号）

52. 关于城市规划审批工作的通知（闽政［1982］综305

号)

53. 关于贯彻执行《关于外国人在我国旅行管理的规定》的通知(闽政[1983]10号)

54. 关于贯彻执行《福建省实施〈科学技术保密条例〉试行细则》的通知(闽政[1983]13号)

55. 关于保护通信线路的布告(闽政[1983]22号)

56. 批转《关于华侨无偿捐资兴办企业、事业的财务管理试行规定的请示报告》的通知(闽政[1983]28号)

57. 转发财政部《关于加强集市贸易市场税收征收管理的规定》的通知(闽政[1983]35号)

58. 福建省人民政府关于坚决打击海上走私贩私活动的布告(闽政[1983]36号)

59. 批转省广播局《关于贯彻国务院批转的〈录音录像制品管理暂行规定〉的几点补充规定》的通知(闽政[1983]47号)

60. 关于认真贯彻实施《国营工业企业暂行条例》的通知(闽政[1983]60号)

61. 贯彻国务院《关于加强市场、物价管理的通知》的意见(闽政[1983]63号)

62. 关于执行《中华人民共和国对部分刀具实行管制的暂行规定》有关问题的通知(闽政[1983]66号)

63. 关于贯彻《中华人民共和国海洋环境保护法》的职责分工及有关要求的通知(闽政[1983]68号)

64. 关于印发《福建省档案专业干部业务职称实施细则》的通知(闽政[1983]69号)

65. 关于颁发《福建省福厦公路交通管理试行条例》的通知(闽政[1983]76号)

66. 贯彻《国务院关于制止乱涨生产资料价格的若干规定》的补充规定(闽政[1983]82号)

67. 关于认真贯彻执行《国务院、中央军委关于颁发〈中国人民解放军志愿兵退出现役安置暂行办法〉的通知》的通知(闽政[1983]87号)

68. 关于加强录像设备、制品管理的若干规定(闽政[1983]94号)

69. 关于国家机关工作人员任免必须按有关规定办理的通知(闽政[1983]102号)

70. 关于调整屠宰税税额的通知(闽政[1983]111号)

71. 关于加强农林特产税征收管理工作的补充通知(闽政[1983]综402号)

72. 关于指定办理涉外婚姻登记机关问题的批复(闽政[1983]综539号)

73. 关于企业调整工资若干具体政策问题的补充规定(闽政[1984]3号)

74. 关于恢复省财政集中一部分国营企业基本折旧基金的通知(闽政[1984]12号)

75. 关于颁发《福建省人民政府关于加强闽江管理,保护闽江水域资源的布告》的通知(闽政[1984]16号)

76. 关于发布《福建省劳动安全监察暂行规定》的通知(闽政[1984]28号)

77. 批转省人民银行《贯彻国务院〈关于国营企业流动资金改由人民银行统一管理决定〉的报告》的通知(闽政[1984]31号)

78. 批转省财政厅《关于征收缉私高额奖金个人所得税的报告》的通知(闽政[1984]32号)

79. 关于集中资金平衡财政预算的决定(闽政[1984]46号)

80. 关于商业企业放权"松绑"的若干规定(试行草案)(闽政[1984]53号)

81. 省人民政府批转省标准计量局《贯彻国务院〈关于在我国统一实行法定计量单位的命令〉的实施意见》的通知(闽政[1984]54号)

82. 转发国务院关于发布《国营企业奖金税暂行规定》的通知(闽政[1984]69号)

83. 批转省外事办《关于改进外国人到我省非开放地区旅行审批办法的意见》的通知(闽政[1984]70号)

84. 省人民政府关于颁发《福建省乡、村煤矿管理暂行条例》的通知(闽政[1984]88号)

85. 关于印发《福建省引进技术设备检验工作的试行办法》的通知(闽政[1984]95号)

86. 关于处理历史遗留的华侨房屋问题的补充规定和说明(闽政[1984]综400号)

87. 关于颁发中外合营企业批准证书有关事项的通知(闽政[1984]综600号)

88. 关于颁发《福建省电网试行高峰、低谷分时电价实施办法》的通知(闽政[1985]5号)

89. 福建省人民政府关于保护旅游资源,禁止任意开山取石的通告(闽政[1985]11号)

90. 批转省人事局《关于进一步做好部分专业技术干部的农村家属迁往城镇落户工作的意见》的通知(闽政[1985]12号)

91. 省人民政府转发上海铁路局《关于铁路道口设置及安全通行管理暂行办法》和《关于违反铁路治安管理经济处罚暂行办法》的通知(闽政[1985]14号)

92. 关于贯彻执行《国务院关于加强物价管理和监督检查的通知》的紧急通知(闽政[1985]26号)

93. 关于贯彻国务院《关于加强外汇管理的决定》的通知(闽政[1985]29号)

94. 批转省人事局、教育厅《关于改革毕业生调配工作的报告》的通知(闽政[1985]32号)

95. 福建省人民政府关于保护广播电视技术设施的布告(闽政[1985]44号)

96. 关于印发《国务院批转财政部关于农业税改为按粮食"倒三七"比例价折征代金问题请示的通知》的通知(闽政[1985]56号)

97. 关于批转省劳动局《关于改革企业职工病假、医疗、抚恤待遇的试行意见》的通知(闽政[1985]72号)

98. 转发全国水土保持工作协调小组《关于开矿、修路、建厂和其他基本建设必须做好水土保持的通知》的通知(闽政[1985]74号)

99. 关于公布官井洋大黄鱼繁殖保护区管理规定的通知(闽政[1985]80号)

100. 关于贯彻执行国务院《关于国营企业工资改革问题的通知》的通知(闽政[1985]100号)

101. 颁发《关于海蚌资源繁殖保护管理的若干规定》的通知(闽政[1985]综116号)

102. 关于派遣因公出国人员和邀请外国人来访的审批权限的补充通知(闽政[1985]综203号)

103. 批转省教育厅《关于试办全日制中等职业技术学校的暂行规定》(试行草案)的通知(闽政[1985]综222号)

104. 关于农药归口经营加强管理的通知(闽政[1985]综283号)

105. 关于扶持发展我省食品工业的补充通知(闽政[1985]综314号)

106. 关于加强废钢铁回收管理工作的通知(闽政[1985]综420号)

107. 转发交通部《关于进一步做好船员政审和海员证签发工作几项规定的通知》的通知(闽政[1985]综590号)

108. 福建省人民政府关于打击、取缔卖淫嫖娼活动的通告(闽政[1986]6号)

109. 关于发布《福建省无线电管理暂行规定》的通知(闽政[1986]10号)

110. 关于水利工程水费核定、计收和管理的若干规定(闽政[1986]11号)

111. 关于批转省安全生产委员会《关于重视安全生产控

制伤亡事故恶化的意见》的通知（闽政［1986］24号）

112. 批转省机关事务管理局《关于党政机关公务车辆配备标准和配车试行办法》的通知（闽政［1986］25号）

113. 关于批转省教育厅《〈福建省扫除文盲暂行条例〉实施办法》的通知（闽政［1986］36号）

114. 福建省人民政府关于严禁未经加碘的食盐流入地甲病区的通告（闽政［1986］42号）

115. 关于工作人员退休若干问题的暂行规定（闽政［1986］48号）

116. 关于贯彻国务院《关于扩大科学技术研究机构自主权的暂行规定》的具体实施办法（闽政［1986］56号）

117. 关于制止平调乡镇企业资产的通知（闽政［1986］68号）

118. 关于批转省财政厅、劳动局《关于企业离休、退休人员生活补贴费标准的报告》的通知（闽政［1986］77号）

119. 关于印发《外汇管理的暂行方案》的通知（闽政［1986］80号）

120. 福建省人民政府贯彻国务院《关于鼓励外商投资的规定》的补充规定（闽政［1986］84号）

121. 批转省建委、计委、建行《关于基本建设项目实行开工报告制度的暂行规定》的通知（闽政［1986］88号）

122. 关于驻闽办事处的暂行管理规定（闽政［1986］90号）

123. 关于《福建省农林特产税征收规定》的补充通知（闽政［1986］综224号）

124. 关于印发《福建省关于增强企业技术开发能力的若干规定》的通知（闽政［1987］15号）

125. 关于批转省人事局、省教委《福建省高等学校毕业生调配工作的暂行规定》的通知（闽政［1987］32号）

126. 批转省税务局《关于贯彻财政部〈关于认真执行国务院决定检查纠正超越权限减税免税的通知〉的意见》的通知（闽政［1987］36号）

127. 关于印发《福建省贯彻国务院〈节约能源管理暂行条例〉实施细则》的通知（闽政［1987］38号）

128. 关于木材指导价格管理办法及统一税收费用标准的通知（闽政［1987］43号）

129. 批转省人事局《关于退休干部管理工作有关问题的请示报告》的通知（闽政［1987］51号）

130. 关于印发《福建省工交内贸厂矿企业安全生产管理规定》的通知（闽政［1987］57号）

131. 关于宣传、贯彻《福建省保护消费者合法权益条例》的通知（闽政［1987］67号）

132. 批转省计委、建委、审计局、统计局、建设银行《关于控制计划外基本建设的暂行规定》的通知（闽政［1987］77号）

133. 关于发布《福建省鼓励开展对外来料加工装配业务的规定》的通知（闽政［1987］80号）

134. 批转省人事局、省教委《关于获得中师自学考试毕业文凭的教师家属"农转非"问题处理意见》的通知（闽政［1987］综217号）

135. 批转省农业厅关于《福建省乡（镇）畜牧兽医站管理试行办法》的报告的通知（闽政［1987］综256号）

136. 关于引进省外专业技术人员若干问题的暂行规定（闽政［1988］21号）

137. 福建省人民政府关于向境外客商让售全民所有制小型工业企业的暂行规定（闽政［1988］30号）

138. 批转省公安厅关于扩大办理多次往来港澳签注问题的请示的通知（闽政［1988］36号）

139. 关于印发《福建省技术出口管理暂行办法》的通知（闽政［1988］40号）

140. 关于颁布《福建省地名管理规定》的通知（闽政［1988］41号）

141，关于认真贯彻执行《现金管理暂行条例》的通知（闽政［1988］53号）

142. 颁发《关于建立福建省粮食发展基金若干问题的规定》的通知（闽政［1988］综115号）

143. 福建省人民政府贯彻国务院批转国家工商局关于公司年检和重新登记注册若干问题意见的通知（闽政［1989］14号）

144. 福建省人民政府关于整顿税收秩序强化税收工作的通知（闽政［1989］15号）

145. 福建省人民政府关于印发《福建省露天矿采石场安全生产管理暂行办法》的通知（闽政［1989］综21号）

146. 福建省人民政府关于深入贯彻实施《福建省计划生育条例》全面开展创"达标"活动的通知（闽政［1990］7号）

147. 福建省人民政府关于进一步完善化肥、农药、农膜实行专营办法的通知（闽政［1990］20号）

148. 福建省人民政府关于颁发《福建省全民所有制企业临时工管理实施细则》的通知（闽政［1990］32号）

149. 福建省人民政府批转省劳动局关于适当增加国营企业部分职工工资和提高离退休人员待遇意见的通知（闽政［1990］34号）

150. 福建省人民政府批转省人民银行、财政厅、经委关于重新核定企业流动资金定额试点工作意见的通知（闽政［1990］综189号）

151. 福建省人民政府关于颁发《福建省沿海船舶、港口边防治安管理暂行规定》的通知（闽政［1990］综248号）

152. 福建省人民政府批转省人事局关于福建省国家行政机关工作人员岗位培训实施意见的通知（闽政［1991］10号）

153. 福建省人民政府批转省税务局关于加强集体企业财务管理工作报告的通知（闽政［1991］34号）

154. 福建省人民政府关于保护和稳定耕地的几点规定（闽政［1991］42号）

155. 福建省人民政府关于贯彻实施《福建省统计工作管理办法》的通知（闽政［1991］综88号）

156. 福建省人民政府关于健全农村劳动积累制度的规定（闽政［1991］综180号）

157. 福建省人民政府关于进一步搞活粮食企业的若干规定（闽政［1991］综192号）

158. 福建省人民政府关于进一步搞好国营企业的补充通知（闽政［1991］综291号）

159. 福建省人民政府关于颁布《福建省个人收入调节税综合收入征税改为单项收入征税的试行办法》的通知（闽政［1992］31号）

160. 福建省人民政府关于印发《福建省城镇住房制度改革总体方案》的通知（闽政［1992］33号）

161. 福建省人民政府关于印发《福建省利用世界银行贷款管理暂行办法》的通知（闽政［1992］39号）

162. 福建省人民政府转发省旅游局关于贯彻国务院批转国家旅游局加强旅游行业管理若干问题请示意见的通知（闽政［1992］综40号）

163. 福建省人民政府批转省劳动局、财政厅《关于我省企业离退休人员增加离退休金问题的报告》的通知（闽政［1992］45号）

164. 福建省人民政府关于切实减轻农民负担的布告（闽政［1992］50号）

165. 福建省人民政府批转省体改委、土地局关于改革省重点建设项目征地办法若干规定的通知（闽政［1992］综54号）

166. 福建省人民政府贯彻国务院关于加强流转税管理的通知（闽政［1992］57号）

167. 福建省人民政府关于颁布《福建省推进高新技术产业发展的若干政策规定》的通知（闽政［1992］59号）

168. 福建省人民政府批转省体改委、计委、建委关于《福建省深化重点建设项目改革的若干规定》的通知（闽政［1992］综105号）

169. 福建省人民政府关于加强城镇土地管理的意见（闽政［1993］2号）

170. 福建省人民政府关于颁发《福建省专业技术人员继续教育规定》的通知（闽政［1993］5号）

171. 福建省人民政府关于建立粮食收购保护价格制度和粮食风险调节基金制度的通知（闽政［1993］6号）

172. 福建省人民政府关于改进粮食“三挂钩”兑现办法的通知（闽政［1993］7号）

173. 福建省人民政府关于利用国外贷款项目实行若干优惠政策的通知（闽政［1993］14号）

174. 福建省人民政府关于试行外商投资企业登记制的决定（闽政［1993］21号）

175. 福建省人民政府关于颁发《福建省鼓励外商建设经营港口码头的暂行规定》的通知（闽政［1993］22号）

176. 福建省人民政府印发国务院关于加强税收管理和严格控制减免税的通知（闽政［1993］30号）

177. 福建省人民政府关于颁发《福建省金融机构收缴罚款办法》的通知（闽政［1993］33号）

178. 福建省人民政府批转省劳动局等部门关于调整企业离退休人员养老待遇有关问题报告的通知（闽政［1993］36号）

179. 福建省人民政府批转省建委、计委、体改委关于重点建设项目实行业主责任制试点意见的通知（闽政［1993］42号）

180. 福建省人民政府关于加强和保护社会事业设施的通知（闽政［1993］43号）

181. 福建省人民政府批转省劳动局等部门关于《福建省国有企业职工基本养老金计发办法的改革方案》的通知（闽政［1994］9号）

182. 福建省人民政府批转省计委、经委、体改委关于对若干重要生产资料实行省级国家订货的暂行管理办法的通知（闽政［1994］14号）

183. 福建省人民政府关于批转省土地局关于在全省开展划定基本农田保护区工作报告的通知（闽政［1994］22号）

184. 福建省人民政府关于印发《福建省福厦漳公路交通管理暂行规定》的通知（闽政［1994］综121号）

185. 福建省人民政府关于坚决禁止未加碘食盐流入碘缺乏病地区的通告（闽政［1994］综177号）

186. 福建省人民政府关于外商投资企业比照税负退还营业税问题的通知（闽政［1994］综241号）

187. 福建省人民政府关于加强基本农田保护区外的耕地管理工作的通知（闽政［1995］综15号）

188. 福建省人民政府关于集体企业职工养老保险由人民保险公司移交给社会劳动保险机构统一管理的通知（闽政［1995］37号）

189. 福建省人民政府批转省物价委员会关于省电网电价改革实施意见的通知（闽政［1995］综251号）

190. 福建省人民政府关于印发《福建省开发耕地专用资金征收和使用管理办法》的通知（闽政［1996］6号）

191. 福建省人民政府关于印发福建省预算外资金调节费征收管理暂行规定的通知（闽政［1996］50号）

192. 福建省人民政府关于非农业建设用地清查处理若干规定的通知（闽政［1997］38号）

193. 福建省人民政府关于福建省预算外资金调节费征收管理暂行规定的补充通知（闽政［1997］39号）

194. 福建省人民政府批转福建省证券委员会关于企业申请公开发行股票工作程序的暂行规定的通知（闽政［1997］文52号）

195. 福建省人民政府关于非农业建设用地清查处理补充规定的通知（闽政［1998］4号）

196. 福建省人民政府关于印发《福建省促进住房二级市场发展的若干税费政策》的通知（闽政［1998］文463号）

197. 福建省人民政府关于在全省范围内实施福建省促进住房二级市场发展的若干税费政策的通知（闽政［1999］19号）

198. 福建省人民政府关于组织实施全省农村电网“两改一同价”的通知（闽政［1999］文40号）

（二）因规范的内容已失去现实适用意义的（共113件）：

199. 批转省经委、省财政局《关于提高我省国营工交企业固定资产基本折旧率和改进折旧费使用办法》的意见（闽政［1980］07号）

200. 关于印发《福建省地方外汇分成暂行办法》等五个文件的通知（闽政［1980］12号）

201. 批转省财政局、农机局关于试行农机修理亏损补贴的请示报告（闽政［1980］25号）

202. 批转省外贸局、公安局、工商行政管理局关于打击走私、投机倒把活动协作会议的“会议纪要”和“协作办法”的报告（闽政［1980］26号）

203. 关于转发省清产核资扭亏增盈领导小组两个文件的通知（闽政［1980］30号）

204. 关于贯彻执行《国务院批转国家经委中国人民银行等单位关于请批准轻工、纺织工业中短期专项贷款试行办法的报告》的通知（闽政［1980］32号）

205. 批转省财政局《关于去年农业税穷队减免执行情况和今年工作意见的报告》（闽政［1980］36号）

206. 福建省人民政府关于大力发展集体经济进一步做好城镇待业人员安置工作若干政策问题的暂行规定（闽政［1980］43号）

207. 关于印发《福建省地方外汇、外资财务管理暂行办法》的通知（闽政［1980］52号）

208. 省人民政府批转省劳动局、省财政局拟定的《关于国营企业实行经常性生产奖励制度的暂行规定》的通知（闽政［1980］64号）

209. 转发省建委、省侨办贯彻《国务院转发国家城市建设总局、国务院侨务办公室〈关于用侨汇购买和建设住宅的暂行办法〉的通知》的意见（闽政［1980］82号）

210. 关于放宽农村现金管理的通知（闽政［1980］95号）

211. 关于《贯彻执行国务院紧缩基本建设支出的紧急通知的意见》补充通知（闽政［1980］综1605号）

212. 关于加强渔场管理的紧急通知（闽政［1980］综1652号）

213. 关于打击走私活动取缔外货黑市交易的通知（闽政［1981］008号）

214. 批转省财政厅《关于从事外经商业活动财务管理和纳税问题的请示报告》的通知（闽政［1981］37号）

215. 批转省计委、经委、建委《请求批转〈关于加强基本建设及技措项目设备供应的实施办法〉的报告》（闽政［1981］50号）

216. 贯彻国务院《关于社队企业贯彻国民经济调整方针的若干规定》的通知（闽政［1981］63号）

217. 关于限期调回存放在境外外汇的通知（闽政［1981］综065号）

218. 批转省出版局《贯彻执行国家出版局〈关于加强年画、年历、挂历印制管理工作的通知〉的请示报告》（闽政［1981］88号）

219. 关于加强外货经营管理的通知（闽政［1981］124号）

220. 批转省公安厅、省物资厅、省国防工业局关于《全省爆炸物品管理工作会议纪要》的通知（闽政［1981］127号）

221. 关于批转《关于贯彻国家检定规程 JJG17—80〈杆秤〉的报告》的通知（闽政［1981］129号）

222. 关于我省出国和去港澳的专业技术人员回来安排工作问题的若干规定（闽政［1981］130号）

223. 关于加强基本建设管理的若干暂行规定（闽政［1981］137号）

224. 印发《关于进一步加强日用工业品购销管理的补充规定》等两个文件的通知（闽政［1981］142号）

225. 福建省人民政府关于对生产大队干部实行固定补贴的通知（闽政［1982］11号）

226. 福建省人民政府关于包产到户、包干到户若干政策问题的通知（闽政［1982］12号）

227. 关于认真贯彻《国务院关于坚决稳定市场物价的通知》的通知（闽政［1982］15号）

228. 批转省粮食厅《关于严格控制粮食部门增加人员和改变劳动计划管理办法的报告》的通知（闽政［1982］16号）

229. 关于邮寄外货的补充规定（闽政［1982］19号）

230. 关于保护集体财产清理社队财务的通知（闽政［1982］23号）

231. 批转省商业厅《关于南菜北调归口管理问题的报告》的通知（闽政［1982］综24号）

232. 关于转发省财政厅《关于改变地销盐税体制和加强盐税管征工作的报告》的通知（闽政［1982］28号）

233. 关于贯彻外经部、国务院港澳办公室《在香港、澳门地区承包工程和提供技术服务的暂行规定》的意见（闽政［1982］31号）

234. 关于电力建设勘测、施工有关问题的通知（闽政［1982］35号）

235. 印发《关于茶叶核定收购基数有关问题的规定》的通知（闽政［1982］36号）

236. 省政府批转省经委《关于贯彻国务院［1982］2号文件加速我省工业锅炉更新改造规划意见的报告》（闽政［1982］72号）

237. 关于颁发"大力发展名牌优质产品的几项规定"的通知（闽政［1982］77号）

238. 关于确保完成国家重要物资调拨计划的补充通知（闽政［1982］80号）

239. 批转《中国建筑工程公司福建省分公司承建华侨公益事业工程的实施细则》的通知（闽政［1982］87号）

240. 关于贯彻《国务院关于库存机电产品报废处理的决定》的实施意见（闽政［1982］94号）

241. 关于调整农村社队企业工商税收负担的补充规定（闽政［1982］106号）

242. 批转省物委《关于省、市人大物价检查中发现的几个主要问题和处理意见的报告》的通知（闽政［1982］109号）

243. 关于贯彻《国务院关于加强对广东、福建两省进口商品管理和制止私货内流的暂行规定》的意见（闽政［1982］128号）

244. 关于调整若干农副产品收购奖售办法的通知（闽政［1983］16号）

245. 福建省人民政府关于颁发《关于进一步搞活农村经济的十条规定》的通知（闽政［1983］20号）

246. 关于筹集省重点建设资金的通知（闽政［1983］23号）

247. 关于调整农副产品购销政策的通知（闽政［1983］41号）

248. 印发《关于国营企业利改税试行办法的补充规定》的通知（闽政［1983］57号）

249. 关于控制固定资产投资规模集中财力物力保证重点建设的紧急通知（闽政［1983］77号）

250. 福建省人民政府关于认真贯彻国务院《关于抓紧增收节支确保今年财政收支基本平衡的紧急通知》的通知（闽政［1983］92号）

251. 批转省交通厅《关于我省沿海港口部分费收问题处理意见的报告》的通知（闽政［1983］106号）

252. 关于对议价粮酿酒继续按原规定实行减税的通知（闽政［1983］114号）

253. 省人民政府批转省公安厅《关于户口管理几个问题的请示报告》的通知（闽政［1983］115号）

254. 批转省财政厅《关于行政事业和企业单位财务检查中处理财务问题的几点规定》的通知（闽政［1983］116号）

255. 批转省物委、省交通厅《关于调整福建省搬运装卸价格的报告》的通知（闽政［1983］121号）

256. 批转省打击走私领导小组办公室《关于贯彻中央领导同志对缉私奖金问题的批示的意见》的通知（闽政［1983］122号）

257. 关于贯彻国务院《批转国家物价局等部门关于对紧俏农副产品加强市场和价格管理的报告的通知》的紧急通知（闽政［1983］123号）

258. 关于批转省财政厅、煤炭工业总公司《关于改革燃料企业财务管理体制的报告》的通知（闽政［1983］128号）

259. 批转省公安厅《关于解决劳改工作干部随带家属问题的请示报告》的通知（闽政［1983］综431号）

260. 关于出口蘑菇罐头收购问题的通知（闽政［1983］综689号）

261. 关于转发《关于对外承包工程、劳务合作、技术服务等收费项目外汇留成和人民币利润留成的暂行规定的报告》的通知（闽政［1983］综691号）

262. 关于贯彻执行《国务院关于严格控制城镇住宅标准的规定》的实施规定（闽政［1984］14号）

263. 省人民政府批转省体改委、省劳动局、省财政厅《关于我省国营企业试行"联税浮动发奖制"的几项规定（试行草案）》的通知（闽政［1984］36号）

264. 福建省人民政府关于印发《福建省一九八四年计划外代理出口暂行办法》的通知（闽政［1984］56号）

265. 关于贯彻《国务院关于改革建筑业和基本建设管理体制若干问题的暂行规定》的意见（闽政［1984］98号）

266. 关于扩大福州市对外经济贸易权限的若干问题的通知（闽政［1984］综602号）

267. 关于对商办工业实行优惠政策的补充规定（闽政［1984］综859号）

268. 关于切实抓好当前财政工作的紧急通知（闽政［1985］34号）

269. 关于批转省工资制度改革领导小组、省人事局《贯彻〈国家机关和事业单位工作人员工资制度改革方案〉若干具体问题的补充规定》的通知（闽政［1985］62号）

270. 关于贯彻执行国务院《关于加强对广东、福建两省进口商品管理的通知》有关具体事项的通知（闽政［1986］15号）

271. 关于加强华侨、港澳同胞捐赠和经贸活动中外商赠送国家限制进口的机电产品管理的通知（闽政［1986］16号）

272. 关于印发《厦漳泉三角地区经济联合组织若干税收优惠的暂行规定》的通知（闽政［1986］81号）

273. 关于颁发《福建省电网峰谷分时电价及丰、枯水季节电价实施办法（试行）》的通知（闽政［1986］综495号）

274. 印发《关于推动"产、学、研"联合促进科研生产一体化的若干规定（试行）》的通知（闽政［1987］54号）

275. 关于批转省、市开放改革调查组关于进一步办好福州市外商投资企业的若干意见的通知（闽政［1987］综63号）

276. 关于颁发《福建省福马公路通行费征收规定》的通知（闽政［1987］64号）

277. 批转省物委等单位关于对外商投资企业收费项目的清理意见的通知（闽政［1987］综99号）

278. 关于批转省财政厅、省地矿局《福建省乡镇集体矿山企业和个体采矿缴纳矿产资源开发管理费办法》的通知（闽政[1987] 综 221 号）

279. 关于发布《福建省征收铁路货运和铁改海运补贴基金暂行办法》的通知（闽政[1987] 综 279 号）

280. 关于颁发《福建省渔港建设基金征收试行办法》的通知（闽政[1987] 综 282 号）

281. 关于批转省建委、省土地局、省水口水电站库区工作办公室制订的《福建省水口水电站库区移民拆迁安置补偿实施办法》的通知（闽政[1987] 综 301 号）

282. 批转省劳动局关于国营企业固定工制度改革试点工作的意见的通知（闽政[1988] 34 号）

283. 批转省侨办等单位关于继续处理六十年代初期精简的归侨职工及归侨华侨的直系亲属职工问题的补充意见的通知（闽政[1988] 48 号）

284. 关于印发粮油价格调整方案的通知（闽政[1988] 综 151 号）

285. 关于扶持蔗糖生产的政策规定（闽政[1988] 综 278 号）

286. 福建省人民政府批转省财政厅关于企业停止执行提取推销费业务活动费规定请示的通知（闽政[1989] 16 号）

287. 福建省人民政府关于出让和转让国有土地使用权试点工作的通知（闽政[1989] 37 号）

288. 福建省人民政府批转省邮电局关于加快我省农村电话通信发展报告的通知（闽政[1989] 41 号）

289. 福建省人民政府关于整顿各类公司职工工资、奖金、劳保福利待遇问题的暂行规定（闽政[1989] 综 130 号）

290. 福建省人民政府关于认真做好夏季粮油收购工作的通知（闽政[1989] 综 131 号）

291. 福建省人民政府批转省人事局关于我省国家机关、事业单位工作人员普调一级工资实施方案和提高国家机关、事业单位离退休人员待遇问题报告的通知（闽政[1990] 4 号）

292. 福建省人民政府批转省工改办劳动局、财政厅关于一九八九年国营企业工资工作和离退休人员待遇问题安排意见的通知（闽政[1990] 12 号）

293. 福建省人民政府批转省人事局关于贯彻国发[1989] 82 号文，解决我省国家机关、事业单位部分工作人员工资突出问题实施意见报告的通知（闽政[1990] 31 号）

294. 福建省人民政府关于采取切实措施保证工业生产持续稳定增长的通知（闽政[1990] 综 74 号）

295. 福建省人民政府批转省经委等部门关于清理整顿各类商业批发企业意见的通知（闽政[1990] 综 91 号）

296. 福建省人民政府关于印发我省清理整顿福厦公路两侧有关建筑物暂行规定的通知（闽政[1990] 综 97 号）

297. 福建省人民政府关于建立初级水利化县暂行实施办法的通知（闽政[1990] 综 129 号）

298. 福建省人民政府批转省经委、糖办关于进一步完善蔗糖政策有关规定的通知（闽政[1990] 综 238 号）

299. 福建省人民政府关于一九九一年烟叶生产收购有关规定的通知（闽政[1991] 综 8 号）

300. 福建省人民政府批转省土地局、体改委关于开展农村非农业建设用地有偿使用试点工作请示的通知（闽政[1991] 19 号）

301. 福建省人民政府批转省林业厅关于“八五”期间年森林采伐限额意见报告的通知（闽政[1991] 综 44 号）

302. 福建省人民政府批转省经委、省人民银行、省财政厅关于认真开展挖潜清欠提高资金使用效益报告的通知（闽政[1991] 综 96 号）

303. 福建省人民政府批转省邮电局关于加强农村电话建设和管理工作请示的通知（闽政[1991] 综 120 号）

304. 福建省人民政府关于征收计划外小煤开发基金的通知（闽政[1991] 综 138 号）

305. 福建省人民政府关于恢复一般性照明用电价格的批复（闽政[1992] 综 14 号）

306. 福建省人民政府批转省人事局、财政厅《关于适当调整我省国家机关和部分事业单位工作人员奖励工资标准的实施意见》（闽政[1992] 36 号）

307. 福建省人民政府批转省“纠风”办等单位关于加强全省出租汽车营运市场管理几点意见的通知（闽政[1992]综 111 号）

308. 福建省人民政府关于福厦漳高速公路泉厦段建设征地拆迁若干问题的通知（闽政[1992] 综 277 号）

309. 福建省人民政府关于房地产开发经营中存在问题处理意见的通知（闽政[1994] 4 号）

310. 福建省人民政府关于印发《福厦漳公路拓宽施工期间加强安全畅通管理的通告》的通知（闽政[1994] 综 196 号）

311. 福建省人民政府关于同意授权省土地管理局批准减免基本农田开发基金的批复（闽政[1995] 函 83 号）

（三）主要内容与新颁布的法律、法规、规章以及党和国家新的方针政策不相适应，或者不适应新形势发展需要的（共 29 件）：

312. 关于加强桂元干等产品市场管理工作的通知（闽政[1980] 74 号）

313. 关于贯彻国务院《关于认真贯彻棉纱、棉布及主要针棉织品统购统销政策的通知》的通知（闽政[1980] 96 号）

314. 批转省供销社《关于加强毛竹生产、经营的几点意见》（闽政[1980] 123 号）

315. 关于加强食糖计划管理的通知（闽政[1980] 125 号）

316. 关于加强渔业生产和购销工作的通知（闽政[1980] 综 1660 号）

317. 批转省邮电管理局、省工商局《关于对外货和部分土特产品实行限寄的报告》（闽政[1981] 021 号）

318. 关于加强农副产品收购、调拨和价格管理的暂行规定（闽政[1981] 022 号）

319. 关于工业品生产资料价格管理的暂行规定（闽政[1981] 026 号）

320. 关于日用工业品收购、调拨和价格管理的若干暂行规定（闽政[1981] 027 号）

321. 批转省教育厅贯彻教育部《关于分期分批办好重点中学的决定》的意见的通知（闽政[1981] 38 号）

322. 批转省建委《关于基本建设工程调用民工、承包工管理办法的暂行规定》的通知（闽政[1981] 99 号）

323. 关于国营华侨农场茶叶购销问题的批复（闽政[1982] 综 18 号）

324. 关于坚决实行木材统一经营管理的通知（闽政[1982] 39 号）

325. 福建省人民政府批转省计委、省经委、省工商局、省物资厅《关于进一步加强工业品生产资料市场管理的补充规定》的通知（闽政[1982] 78 号）

326. 批转省轻工业厅、社队企业管理局《关于整顿和改造我省小型纸厂的意见》的通知（闽政[1982] 122 号）

327. 批转省计委、经委、轻工业厅《关于贯彻执行自行车、缝纫机、钟的规划要，点及有关经济政策问题报告》的通知（闽政[1982] 综 434 号）

328. 福建省人民政府批转省水产厅《关于调整水产品购销政策的报告》的通知（闽政[1983] 29 号）

329. 批转省邮电局、工商局《关于重新修订农副产品邮寄限量的报告》的通知（闽政[1983] 42 号）

330. 关于城镇安置待业青年征免税问题的通知（闽政[1983] 45 号）

331. 福建省人民政府关于下放对外经济工作审批权限的若干规定（试行草案）的通知（闽政［1984］37号）

332. 关于鼓励和支持农村社（乡）队（村）群众集资建校办学的若干规定（闽政［1984］42号）

333. 关于贯彻执行《国务院矿山企业实行农民轮换工制度试行条例》的补充规定（闽政［1984］综851号）

334. 关于加强重要生产资料和紧俏耐用消费品管理的通知（闽政［1985］55号）

335. 关于批转省轻工业厅《关于调整我省盐业经营管理体制及分配政策的报告》的通知（闽政［1986］综20号）

336. 批转省计委、林业厅、财政厅、粮食厅《关于巩固提高油茶生产的意见报告》的通知（闽政［1986］67号）

337. 福建省人民政府关于境外企业（机构）不得经营证券投资业务和擅自经营房地产业务的通知（闽政［1989］综165号）

338. 福建省人民政府关于调整蔗糖政策的若干规定（闽政［1989］综213号）

339. 福建省人民政府批转省土地局、省乡镇企业局《福建省乡镇企业建设用地定额指标》的通知（闽政［1995］14号）

340. 福建省人民政府关于批转香港居民在福建省申办个体工商户、设立私营企业登记管理试行办法的通知（闽政［1997］24号）

附件2：

福建省人民政府办公厅废止1980～1999年部分规范性文件目录（共109件）

（一）主要内容已被新颁布的法律、法规、规章或规范性文件所代替的（68件）：

1. 关于转发《城镇个人建造住宅管理办法》的通知（闽政办［1983］93号）

2. 印发《关于中外合营企业税率和实行减免税规定的若干情况的说明》的通知（闽政办［1983］112号）

3. 关于因公临时出国人员若干问题的通知（闽政办［1983］116号）

4. 转发省卫生厅等《关于加强对性病防治工作的意见》的通知（闽政办［1984］138号）

5. 批转省工商行政管理局《关于个体工商业合法权益受侵犯，停业歇业情况日益严重的报告》的通知（闽政办［1984］177号）

6. 批转省农业厅《关于加强杂交水稻种子管理工作的报告》的通知（闽政办［1985］66号）

7. 关于农药经营管理问题的补充通知（闽政办［1985］184号）

8. 转发省旅游局、省财政厅《关于接待国外旅游者工作人员服装补助标准暂行规定的请示报告》的通知（闽政办［1985］220号）

9. 批转省护林防火委员会《关于做好防火期内护林防火工作的意见》的通知（闽政办［1985］275号）

10，关于印发国务院办公厅《转发中国人民保险公司关于发展涉外保险业务增加外汇收入报告的通知》的通知（闽政办［1986］6号）

11. 转发省工商局《关于冠省名企业审批问题的请示报告》的通知（闽政办［1986］21号）

12. 转发省农业厅《关于加强农作物种子管理工作的报告》的通知（闽政办［1986］89号）

13. 转发省公安厅、工商行政管理局、石油公司《关于加强福厦漳诏公路沿线石油市场管理的意见》的通知（闽政办［1986］106号）

14. 关于转发《福建投资企业公司担保业务暂行办法》的通知（闽政办［1986］133号）

15. 转发省林业厅《关于加强林木种子管理工作的报告》的通知（闽政办［1986］140号）

16. 关于转发省无委会《关于无线电发射设备研制、生产、进口、购置和销售的暂行管理办法》的通知（闽政办［1986］251号）

17. 印发中共中央书记处农村政策研究室、水电部《关于加强农村水利工作的意见》的通知（闽政办［1986］295号）

18. 关于印发《国营企业经济活动中的若干政策界限》的通知（闽政办［1986］303号）

19. 关于完善粮食合同定购办法的通知（闽政办［1987］87号）

20. 转发省农委、农业厅、水电厅、粮食厅、财政厅《关于加强发展粮食生产专项资金管理的若干补充规定的报告》的通知（闽政办［1987］141号）

21. 关于转发《城镇房屋所有权登记暂行办法》的通知（闽政办［1987］160号）

22. 转发省烟草专卖局《关于加强烤烟专卖管理工作的通知》的通知（闽政办［1987］173号）

23. 关于转发省建委《关于在我省城镇开展房屋所有权登记发证工作的安排意见》的通知（闽政办［1987］178号）

24. 关于简化中外合资、合作经营企业中方人员多次出国（赴港澳）审批手续实施办法的通知（闽政办［1987］260号）

25. 关于同意《福建省残疾人联合会募捐办法》的批复（闽政办［1987］303号）

26. 关于印发《福建省城镇义务兵家属优待试行办法》的通知（闽政办［1987］314号）

27. 转发中国人民银行《关于中国境内机构在境外发行债券的管理规定》的通知（闽政办［1987］325号）

28. 关于转发省广播电视厅《福建省有线电视管理暂行规定》的通知（闽政办［1988］51号）

29. 转发省财政厅、省教委关于切实加强农村教育事业费附加征收工作的意见的通知（闽政办［1988］69号）

30. 关于转发《福建省加强农村建筑企业管理的暂行办法》的通知（闽政办［1988］169号）

31. 关于转发省外汇管理局《福建省对外借款和对外担保管理暂行规定》的通知（闽政办［1988］294号）

32. 关于印发《福建省股份制企业所得税暂行规定》的通知（闽政办［1988］307号）

33. 福建省人民政府办公厅关于开展省直机关房屋所有权、土地使用权登记发证工作的通知（闽政办［1989］61号）

34. 福建省人民政府办公厅印发国家税务局关于外商投资企业代扣代缴零售环节营业税问题的规定的通知（闽政办［1989］71号）

35. 福建省人民政府办公厅关于印发《福建省外汇贷款抵押和担保管理暂行规定》的通知（闽政办［1989］93号）

36. 福建省人民政府办公厅转发省森林防火指挥部《关于处理重大森林火灾事故的预案》的通知（闽政办［1989］104号）

37. 福建省人民政府办公厅转发省建委关于强化建设工程施工招标投标管理请示的通知（闽政办［1989］119号）

38. 福建省人民政府办公厅关于加强废旧金属管理的通

知（闽政办［1989］204号）

39. 福建省人民政府办公厅印发公安部关于我国发现计算机病毒情况及今后工作意见的通知（闽政办［1989］206号）

40. 福建省人民政府办公厅转发省建委关于福建省城镇房屋所有权登记若干问题暂行规定的通知（闽政办［1990］39号）

41. 福建省人民政府办公厅转发省物委烟草专卖局关于贯彻执行国家调整烤烟收购价格和整顿烟叶生产扶持费的通知（闽政办［1990］50号）

42. 福建省人民政府办公厅印发国务院办公厅关于当前非法捕杀、收购倒卖珍稀野生动物情况通报的通知（闽政办［1990］83号）

43. 福建省人民政府办公厅印发《福建省关于向个人出售公有旧住宅价格问题的暂行规定》的通知（闽政办［1990］115号）

44. 福建省人民政府办公厅转发省卫生厅关于加强血吸虫病监测工作意见的通知（闽政办［1990］117号）

45. 福建省人民政府办公厅贯彻国务院办公厅关于派遣团组和人员赴国外培训规定的意见（闽政办［1990］151号）

46. 福建省人民政府办公厅关于印发《福建省人民政府驻外省、市办事处工作暂行规定》的通知（闽政办［1990］165号）

47. 福建省人民政府办公厅关于简化机电产品出口推销服务人员多次出国（含赴港澳）审批手续的通知（闽政办［1990］167号）

48. 福建省人民政府办公厅关于在上报省政府的公文上标引主题词的通知（闽政办［1990］205号）

49. 福建省人民政府办公厅关于转发《福建省境外企业从事风险业务经营的若干规定》的通知（闽政办［1991］193号）

50. 福建省人民政府办公厅转发省人民政府机关事务管理局《关于省直机关土地使用权登记发证工作的实施意见》的通知（闽政办［1991］241号）

51. 福建省人民政府办公厅关于省直机关建房若干规定的通知（闽政办［1992］101号）

52. 福建省人民政府办公厅关于转发《福建省行政事业性收费许可证管理办法》的通知（闽政办［1992］127号）

53. 福建省人民政府办公厅关于《福建省新菜地开发建设基金管理暂行办法》的补充通知（闽政办［1992］132号）

54. 福建省人民政府办公厅转发省水产厅关于加强斑节对虾亲虾进口管理请示的通知（闽政办［1993］10号）

55. 福建省人民政府办公厅关于认真贯彻《福建省金融机构收缴罚款办法》的通知（闽政办［1993］240号）

56. 福建省人民政府办公厅转发省商业厅关于《福建省生猪定点屠宰管理办法》执行情况和意见的报告的通知（闽政办［1993］249号）

57. 福建省人民政府办公厅关于转发省交通厅、省土地局、省财政厅、省物委修订的《福建省土地开发公路建设配套费征收管理规定》的通知（闽政办［1994］92号）

58. 福建省人民政府办公厅转发省财政厅、劳动局《关于调整全省社会养老保险基金财务管理体制的意见》的通知（闽政办［1994］99号）

59. 福建省人民政府办公厅转发省物委关于《福建省成本房、微利房价格管理暂行办法》的通知（闽政办［1994］235号）

60. 福建省人民政府办公厅转发省总工会、省劳动厅关于在企业建立平等协商签订集体合同制度意见的通知（闽政办［1995］211号）

61. 福建省人民政府办公厅关于转发《福建省初级卫生保健基金暂行管理办法》的通知（闽政办［1996］113号）

62. 福建省人民政府办公厅关于印发《福建省境外企业融资工作暂行办法》的通知（闽政办［1996］185号）

63. 福建省人民政府办公厅印发《关于进一步改善外贸经营软环境的暂行办法》的通知（闽政办［1996］224号）

64. 福建省人民政府办公厅关于进一步加强基本农田保护工作的通知（闽政办［1996］233号）

65. 福建省人民政府办公厅关于做好省机动车辆排气监督管理的通知（闽政办［1997］71号）

66. 福建省人民政府办公厅关于印发《福建省保护和发展森林资源责任制期中检查考核实施方案》的通知（闽政办［1998］207号）

67. 福建省人民政府办公厅转发省土地局关于当前建设用地管理有关问题意见的通知（闽政办［1999］101号）

68. 福建省人民政府办公厅转发省土地局、省财政厅关于福建省耕地开垦费征收和使用暂行规定的通知（闽政办［1999］171号）

（二）因规范的内容已失去现实适用意义的（34件）：

69. 转发省控制办《关于行政、企事业单位配车问题的报告》（闽政办［1981］31号）

70. 转发省控制社会集团购买力办公室《关于违章套购小汽车的检查情况和处理意见的报告》的通知（闽政办［1981］116号）

71. 关于省直机关处级和处以下干部住房若干问题的处理意见（闽政办［1983］109号）

72. 关于改进外国人入境审批工作的通知（闽政办［1983］187号）

73. 关于省直机关清理超标准住房中几个问题的处理意见（闽政办［1983］196号）

74. 转发省科委《关于加强全省大型精密仪器管理和组织协作共用的请示报告》的通知（闽政办［1984］17号）

75. 关于做好农村电气化试点验收工作的通知（闽政办［1985］237号）

76. 转发省绿化委员会等四个单位《关于闽江口两岸乱采山石的调查报告》的通知（闽政办［1986］18号）

77. 关于转发省清理整顿公司办公室《关于清理整顿公司中若干问题的意见》的通知（闽政办［1986］40号）

78. 转发省消费者委员会关于“福州市场食品卫生存在问题”的通知（闽政办［1986］110号）

79. 关于城市公交企业执行交通集资办法问题的会议纪要（闽政办［1986］138号）

80. 关于贯彻执行国务院《关于加强对广东、福建两省进口商品管理的通知》的补充通知（闽政办［1986］167号）

81. 关于转发中国农业银行福建省分行《关于利用世界银行第二个农村信贷项目资金管理试行办法》的通知（闽政办［1986］169号）

82. 关于转发省农业厅《关于加强农业合作经济经营管理机构和队伍建设问题的报告》的通知（闽政办［1986］256号）

83. 关于加强出口商品质量管理工作的通知（闽政办［1987］262号）

84. 关于调整一九八七年超计划出口收汇部分的企业留成比例及奖励办法的通知（闽政办［1987］358号）

85. 关于转发《福建省若干财政专项资金使用实行跟踪反馈责任制的暂行规定》的通知（闽政办［1988］210号）

86. 福建省人民政府办公厅关于转发省民政厅等部门制定的福建省残疾人三项康复工作规划的通知（闽政办［1989］54号）

87. 福建省人民政府办公厅转发省科委关于进一步做好大型精密仪器管理工作意见的通知（闽政办［1989］72号）

88. 福建省人民政府办公厅转发省水产厅关于对全省养鳗场进行清理整顿意见的通知（闽政办［1989］160号）

89. 福建省人民政府办公厅关于鼓励销售超储地产（商）

品的暂行规定（闽政办［1989］198号）

90. 福建省人民政府办公厅批转省农委关于《福建省乡（镇）农用柴油分配供应管理暂行办法》的通知（闽政办［1990］54号）

91. 福建省人民政府办公厅转发省林业厅关于限期完成全省国有山林定权发证工作意见的通知（闽政办［1990］109号）

92. 福建省人民政府办公厅印发国务院办公厅转发建设部关于进一步清理整顿房地产开发公司意见的通知（闽政办［1990］160号）

93. 福建省人民政府办公厅转发省民政厅关于今冬征兵执行预填“城镇义务兵退伍安置卡片”制度报告的通知（闽政办［1990］190号）

94. 福建省人民政府办公厅关于福厦公路两侧建筑物拆迁补偿经费有关问题的通知（闽政办［1990］211号）

95. 福建省人民政府办公厅转发省工商局、省烟草专卖局、福州海关、省公安厅关于打击香烟走私、整顿香烟市场意见的通知（闽政办［1991］114号）

96. 福建省人民政府办公厅转发省农委关于农用柴油调价后价差款返还农业规定的通知（闽政办［1991］224号）

97. 福建省人民政府办公厅关于印发《福建省表彰和奖励对外贸易企业管理干部暂行办法》的通知（闽政办［1992］156号）

98. 福建省人民政府办公厅转发省体改委等部门《关于综合改革试点县国家行政机关转变职能兴办经济实体的暂行办法》的通知（闽政办［1993］59号）

99. 福建省人民政府办公厅转发省计委、公安厅、粮食厅关于“农转非”计划指标卡使用管理暂行办法的通知（闽政办［1993］117号）

100. 福建省人民政府办公厅转发省政府机关事务管理局关于福建省直机关机构改革中加强国有资产管理的实施办法的通知（闽政办［1994］236号）

101. 福建省人民政府办公厅关于批转清理检查预算外资金工作中违纪违规问题处理意见的通知（闽政办［1997］115号）

102. 福建省人民政府办公厅关于印发全省非农业建设用地清查验收工作意见的通知（闽政办［1997］194号）

（三）主要内容与新颁布的法律、法规、规章以及党和国家新的方针政策不相适应，或者不适应新形势发展需要的（7件）：

103. 关于转发《福建省各级劳动服务公司组织管理试行办法》的通知（闽政办［1981］124号）

104. 转发省外经办制订的《对外承包工程项目合同（协议）管理试行办法》的通知（闽政办［1982］34号）

105. 转发省计委、省经委《关于加强我省罐头行业管理的报告》的通知（闽政办［1986］259号）

106. 关于转发省劳动局《福建省贯彻〈全民所有制单位技术工人合理流动暂行规定〉的实施办法》的通知（闽政办［1987］296号）

107. 福建省人民政府办公厅转发省经委贯彻省政府《关于调整蔗糖政策若干规定》意见的通知（闽政办［1989］207号）

108. 福建省人民政府办公厅关于鼓励销售超储地产（商）品暂行规定的补充规定（闽政办［1991］70号）

109. 福建省人民政府办公厅印发省建材工业总公司和省技术监督局关于加强入闽袋装水泥质量监督和征收散装水泥专项资金的管理意见的通知（闽政办［1998］204号）

2000年颁布的地方法规、规章（目录）

省　人　大

立　法：

《福建省浅海滩涂水产增养殖管理条例》（2000年4月1日福建省第九届人民代表大会常务委员会第十八次会议通过）

《福建省公民献血条例》（2000年5月26日福建省第九届人民代表大会常务委员会第十九次会议通过）

《福建省实施〈中华人民共和国村民委员会组织法〉办法》（2000年7月28日福建省第九届人民代表大会常务委员会第二十次会议通过）

《福建省保障企业职工民主参与权利规定》（2000年7月28日福建省第九届人民代表大会常务委员会第二十次会议通过）

《福建省促进科技成果转化条例》（2000年9月21日福建省第九届人民代表大会常务委员会第二十一次会议通过）

《福建省村集体财务管理条例》（2000年9月21日福建省第九届人民代表大会常务委员会第二十一次会议通过）

《福建省房屋消费者权益保护条例》（2000年11月18日福建省第九届人民代表大会常务委员会第二十二次会议通过）

批准的法规：

《福州市城市房屋拆迁管理办法》（1998年8月31日福州市第十一届人民代表大会常务委员会第五次会议通过、2000年7月28日福建省第九届人民代表大会常务委员会第二十次会议批准）

《福州市私营企业权益保护条例》（1999年11月5日福州市第十一届人民代表大会常务委员会第十二次会议通过、2000年7月28日福建省第九届人民代表大会常务委员会第二十次会议批准）

《福州市城市供水管理办法》（1999年8月25日福州市第十一届人民代表大会常务委员会第十一次会议通过、2000年7月28日福建省第九届人民代表大会常务委员会第二十次会议批准）

《福州市城市道路建设与管理办法》（1999年11月5日福州市第十一届人民代表大会常务委员会第十二次会议通过、2000年7月28日福建省第九届人民代表大会常务委员会第二十次会议批准）

《福州市城市古树名木保护管理办法》（2000年8月31日福州市第十一届人民代表大会常务委员会第十八次会议通过、2000年9月21日福建省第九届人民代表大会常务委员会第二十一次会议批准）

废止的法规：

《福建省人民代表大会常务委员会工作条例（试行）》（2000年5月26日福建省第九届人民代表大会常务委员会第十九次会议通过废止）

《福建省人民代表大会常务委员会组成人员守则》（2000年5月26日福建省第九届人民代表大会常务委员会第十九次会议通过废止）

《福建省保护妇女儿童合法权益的若干规定》(2000年5月26日福建省第九届人民代表大会常务委员会第十九次会议通过废止)

《福建省加强检察机关法律监督的若干规定》(2000年5月26日福建省第九届人民代表大会常务委员会第十九次会议通过废止)

《福建省八个基地建设纲要》(2000年7月28日福建省第九届人民代表大会常务委员会第二十次会议通过废止)

《福建省人民政府关于农业生产若干具体政策问题的规定》(2000年7月28日福建省第九届人民代表大会常务委员会第二十次会议通过废止)

《福建省人民政府关于进一步搞活农村经济的十条规定》(2000年7月28日福建省第九届人民代表大会常务委员会第二十次会议通过废止)

《福建省人民政府关于农业承包期的规定》(2000年7月28日福建省第九届人民代表大会常务委员会第二十次会议通过废止)

《福建省台湾同胞投资企业劳动管理规定》(2000年7月28日福建省第九届人民代表大会常务委员会第二十次会议通过废止)

《福建省加强改造罪犯工作的若干规定》(2000年7月28日福建省第九届人民代表大会常务委员会第二十次会议通过废止)

《福建省台湾同胞投资企业登记管理办法》(2000年7月28日福建省第九届人民代表大会常务委员会第二十次会议通过废止)

《福建省商用计量器具管理办法》(2000年7月28日福建省第九届人民代表大会常务委员会第二十次会议通过废止)

《福建省福建投资企业公司债券发行办法》(2000年7月28日福建省第九届人民代表大会常务委员会第二十次会议通过废止)

修改的法规:

《福建省村民委员会选举办法》(2000年7月28日福建省第九届人民代表大会常务委员会第二十次会议通过)

《福建省计划生育条例》(2000年11月18日福建省第九届人民代表大会常务委员会第二十二次会议通过)

《福建省各级人民代表大会常务委员会信访工作条例》(2000年11月18日福建省第九届人民代表大会常务委员会第二十二次会议通过)

《福建省保护华侨房屋租赁权益的若干规定》(2000年11月18日福建省第九届人民代表大会常务委员会第二十二次会议通过)

《福建省城镇企业职工基本养老保险条例》(2000年11月18日福建省第九届人民代表大会常务委员会第二十二次会议通过)

《福建省企业职工失业保险条例》(2000年11月18日福建省第九届人民代表大会常务委员会第二十二次会议通过)

《福州市城市内河管理办法》(1999年6月24日福州市第十一届人民代表大会常务委员会第十次会议通过、2000年9月21日福建省第九届人民代表大会常务委员会第二十一次会议批准)

厦门人大颁发

厦门市港口管理条例(2000年1月13日厦门市第十一届人大常委会第二十二次会议通过)

厦门市鼓浪屿历史风貌建筑保护条例(2000年1月13日厦门市第十一届人大常委会第二十二次会议通过)

厦门市宗教活动场所管理规定(2000年1月13日厦门市第十一届人大常委会第二十二次会议通过)

厦门市国民经济和社会发展计划审查批准监督条例(2000年2月20日厦门市第十一届人大第三次会议通过)

厦门市预算审查批准监督条例(2000年2月20日厦门市第十一届人大第三次会议通过)

厦门市职工基本养老保险条例(2000年6月21日厦门市第十一届人大常委会第二十六次会议通过)

厦门市失业保险条例(2000年6月22日厦门市第十一届人大常委会第二十六次会议通过)

厦门市土地管理若干规定(2000年9月21日厦门市第十一届人大常委会第二十八次会议通过)

厦门市促进民营科技企业发展条例(2000年11月27日厦门市第十一届人大常委会第三十次会议通过)

省政府颁发

福建省保安服务管理办法(福建省人民政府令54号)

福建省地图编制出版管理办法(福建省人民政府令55号)

福建省自然保护区管理办法(福建省人民政府令56号)

福建省开发耕地管理办法(福建省人民政府令57号)

福建省社会保险征缴办法(福建省人民政府令58号)

福建省标准化管理办法(福建省人民政府令59号)

关于废止1980年至1999年省人民政府及省人民政府办公厅部分规范性文件(福建省人民政府令60号)

敖江流域水源保护管理办法(福建省人民政府令61号)

编审:甘文应　　责校:林丹英

国民经济统计资料

福建省统计局关于2000年国民经济和社会发展的统计公报

（2001年3月10日）

2000年，全省人民在省委、省政府的领导下，坚持以邓小平理论为指导，认真贯彻落实党的十五大和十五届五中全会精神，按照江泽民总书记提出的“三个代表”的要求和党中央、国务院的一系列决策部署，采取有力措施，扩大内需，开拓市场，大力推进经济结构调整，加快国有企业改革及各项配套改革，经济运行出现了积极变化，全省国民经济和社会发展保持良好势头，“九五”计划的主要指标基本完成。

一、综合

国民经济继续保持较快增长。初步统计，全年国内生产总值3920亿元，比上年增长9.5%，其中，第一产业增加值638亿元，增长2.2%；第二产业增加值1711亿元，增长11.2%；第三产业增加值1571亿元，增长10.5%。“九五”期间，全省国内生产总值年均增长11.8%，高于原定的增长目标，其中，第一产业增加值年均增长6.2%，第二产业增加值年均增长13.4%，第三产业增加值年均增长12.4%。

市场价格总水平出现止降转稳势头。全年居民消费价格总水平上涨2.1%，扭转了前两年价格总水平持续下跌的局面。商品零售价格总水平比上年下降1.1%。

2000年各类价格比上年上涨幅度（%）

居民消费价格	2.1
其中：城市	3.2
农村	1.3
其中：食品	−1.4
粮食	−11.2
肉禽及其制品	−3.0
油脂类	−4.5
蛋类	−16.4
水产品	1.5
菜类	9.8
衣着	−1.6
家庭设备及用品	−2.3
医疗保健用品	1.1
交通和通讯工具	−8.3
娱乐教育文化用品	−5.6
居住商品	6.7
服务项目	29.9
商品零售价格	−1.1
其中：城市	−1.0
农村	−1.1
农业生产资料零售价格	−2.6
农产品收购价格	−5.2
工业企业能源、原材料购进价格	12.4
工业品出厂价格	0.5
固定资产投资价格	0.2

产业结构调整步伐加快。在国内生产总值中，第一产业比重下降，第二、三产业比重上升。一、二、三产业增加值占国内生产总值的比重由上年的17.7%、42.5%和39.8%调整为16.3%、43.6%和40.1%。全年全社会劳动生产率23818元，比上年增长8.2%。

各项改革取得新成果。列入国家考核和省定的国有企业改革和摆脱困境目标如期实现。列入国家520户国有重点企业名单的11户企业已有9户进行了规范化公司制改革；省定的27户国有企业已改制24户。列入国家脱困考核的69户重点企业，已有52户扭亏脱困；省定的251户国有及国有控股大中型工业企业亏损面降至20.7%，改制面和脱困面实现了“两个大多数”的目标。全省养老保险综合覆盖率为74.4%，基金征缴率为94.7%；失业保险综合覆盖率为46.2%，基金征缴率为85%；企业离退休人员养老金实现100%社会化发放。医疗保险、医疗机构和药品生产流通体制改革稳步推进。省级政府机构改革顺利完成，行政编制精简了47.4%，各部门内设处室精简了近20%。

劳动就业状况基本稳定。年末全省从业人员1660.81万人，比上年增加29.96万人，其中，城镇从业人员416.69万人，减少0.26万人。年末全省私营企业从业人员和个体劳动者161.87万人，减少15.14万人。年末全省有各类职业介绍机构932家。全年国有企业共有6.68万下岗职工实现再就业，再就业率为66%。劳动部门统计的年末全省城镇登记失业率为2.6%。

发展中存在的主要问题是：社会投资意愿不强，基建投资比上年下降；产业结构不合理，产品竞争力还不强，企业整体素质有待进一步提高；外贸出口增长基础不够稳固，新签合同外资下滑；粮食减产幅度较大，农村市场化程度不高，农民增收难度加大；社会就业压力较大，社会保障体系还不够完善等。

二、农业

种植业结构调整步伐加快。粮食与经济作物的种植结构由上年的69∶31调整为65∶35，粮食作物播种面积182.85万公顷，比上年减少18.10万公顷，下降9.0%；经济作物种植面积为96.48万公顷，增长6.5%。农作物主要产品产量有增有减。全年粮食总产量854.68万吨，比上年减产87.49万吨，下降9.3%；油料产量25.79万吨，下降0.1%；甘蔗产量82.71万吨，下降40.4%；水果产量356.44万吨，下降9.6%；烤烟产量9.14万吨，增长6.7%；食用菌产量46.25万吨，增长13.2%。受台风暴雨等灾害影响，全年农作物受灾面积86.31万公顷。

主要农产品产量

	2000 年	比上年增长％
粮　食	854.68万吨	－9.3
油　料	25.79万吨	－0.1
其中：花　生	23.82万吨	0.5
甘　蔗	82.71万吨	－40.4
烤　烟	9.14万吨	6.7
食用菌	46.25万吨	13.2
茶　叶	12.60万吨	2.0
水　果	356.44万吨	－9.6
猪牛羊肉	118.24万吨	4.4
其中：猪　肉	114.79万吨	4.3
牛　　奶	9.6万吨	25.3
禽　　蛋	40.69万吨	3.9
肉猪出栏数	1560.81万头	7.4
猪年末存栏数	1087.66万头	3.6
大牲畜年末存栏数	111.55万头	－2.7

林业生产稳步发展。全年完成造林更新总面积7.94万公顷，比上年增长7.8％，其中，荒山造林2.45万公顷。全年完成幼林抚育面积19.79万公顷，本年新封山育林面积20.77万公顷。森林防火和林木病虫害防治工作得到加强。全省森林覆盖率达60.5％。主要林产品产量油桐籽1.81万吨，比上年增长1.1％；油茶籽6.30万吨，增长7.1％；竹笋干12.10万吨，增长9.6％；棕片1.09万吨，增长5.8％；松脂7.29万吨，下降3.7％。

畜牧业生产平稳增长。全年肉蛋奶总产量达196.52万吨，增长5.7％。其中，肉类产量145.92万吨，增长5.1％；禽蛋40.69万吨，增长3.9％；奶类9.91万吨，增长24.7％。

渔业生产成效显著。全年水产品总产量527.89万吨，比上年增长5.1％。其中，海水产品产量470.50万吨，增长4.9％；淡水产品产量57.39万吨，增长6.7％。在海水产品中，海洋捕捞207.80万吨，增长0.6％；海水养殖262.70万吨，增长8.6％。

农业生产条件有所改善。年末全省拥有农业机械总动力达873.28万千瓦，比上年增长4.1％；农用拖拉机达15.51万台，增长1.4％；农用载重汽车1.82万辆，下降1.6％；全年农村用电量72.40亿千瓦小时，比上年增长11.2％。

三、工业和建筑业

工业生产保持较快增长。全年完成工业增加值1470亿元，比上年增长12.5％，“九五”时期全省工业增加值年均增长14.0％。在全省国有及年产品销售收入500万元以上非国有工业企业中，国有及国有控股企业完成增加值269.5亿元，增长12.6％；集体企业完成增加值43.02亿元，下降15.6％；股份制企业完成增加值142.84亿元，增长83.5％；外商及港澳台投资企业完成增加值363.69亿元，增长12.0％。轻工业增加值358.85亿元，比上年增长8.8％；重工业增加值372.37亿元，增长18.4％。

结构调整取得明显成效。高新技术行业高速增长，交通运输设备制造业、电子及通信设备制造业产值分别比上年增长58％和22.1％。电子信息产品：电话机、显示器、微机、打印机、半导体集成电路等产量分别增长60.8％、49.9％、71％、162.5％和148％。传统产业加快改造步伐。食品制造业、服装及其他纤维制品制造业、造纸及纸制品业产值分别比上年增长19.6％、22.3％和23.1％。传统优势产品如服装、机制纸、纸板、罐头产量分别增长63.2％、35.8％、38.7％和13.8％。列入国家总量控制的产品如煤、糖的产量分别下降11.6％和50.7％，化肥、钢仅微增1.9％和4.1％。全年发电量403.73亿千瓦小时，比上年增长13.4％。

主要工业产品产量

	2000 年	比上年增长％
原　　煤	375.03万吨	－11.6
纱	14.36万吨	18.1
布	5.59亿米	13.8
化学纤维	41.22万吨	11.8
糖	6.11万吨	－50.7
原　　盐	28.37万吨	11.6
卷　　烟	98.62万箱	20.6
啤　　酒	110.40万吨	1.3
罐　　头	26.78万吨	13.8
机制纸及纸板	85.07万吨	36.8
塑料制品	55.70万吨	10.2
微型电子计算机	88.77万部	71.0
彩色电视机	204.19万台	10.7
黑白电视机	71.22万台	145.9
发　电　量	403.73亿千瓦小时	13.4
汽　　油	102.22万吨	17.9
柴　　油	161.49万吨	16.5
生　　铁	149.37万吨	11.7
钢	124.94万吨	4.1
钢　　材	283.79万吨	8.0
木　　材	260.12万立方米	－13.1
水　　泥	1513.64万吨	1.4
平板玻璃	479.87万重量箱	0.6
硫　　酸	34.42万吨	－2.0
纯　　碱	9.21万吨	18.1
烧　　碱	15.64万吨	10.0
化　　肥	59.82万吨	1.9
化学农药	1.10万吨	－22.9
汽　　车	29606辆	136.0
农用运输机械	15749辆	－48.2

工业运行质量有所提高。全省国有及年产品销售收入500万元以上的非国有工业企业经济效益综合指数为120.56，比上年上升3.37个百分点；全年工业产品销售率为97.39％，上升0.25个百分点。企业资产负债结构继续改善。资产负债率为54.26％，降低0.64个百分点；资本保值增值率110.74％，其中，国有控股企业107.09％。全省国有及年产品销售收入500万元以上的非国有工业企业实现利润总额95.70亿元，比上年增长18.0％，其中，国有控股企业增长1.1％；企业亏损面为28.8％，下降1.5个百分点，亏损企业亏损额比上年增长26.4％。全年独立核算国有控股亏损企业亏损额11.78亿元，扣除中央属企业的亏损额后为10.83亿元，完成了全年控亏目标。

建筑业生产平稳发展。全社会建筑业增加值完成241亿元，比上年增长0.6％。建筑业招标投标面进一步扩大，全省四级及四级以上资质等级的建筑企业施工工程个数15128个，其中，实行招标投标的工程个数5240个，招标投标面达34.6％。全年房屋建筑施工面积3797.69万平方米，竣工面积

1305.29万平方米。建筑企业全员劳动生产率为71652万元，比上年增长13.1%。全省四级及四级以上资质等级的建筑企业实现利润总额2.54亿元，实现税金总额9.50亿元，与上年基本持平。建筑产品质量有所改善，工程质量优良品率为32.3%。

地质勘查工作取得新进展。全年新发现矿产地11处；新探明矿产储量中，铜40.95万吨，铅锌矿4.5万吨，金556公斤，银17.94吨；完成1：5万区域地质调查22320平方公里。

四、固定资产投资

固定资产投资低速增长。全年全社会完成固定资产投资1110.10亿元，比上年增长2.3%，其中，国有经济投资439.27亿元，增长14.0%；集体经济投资144.04亿元，增长19.5%；城乡居民个人投资152.67亿元，下降2.9%。在完成固定资产投资中，基本建设投资334.49亿元，下降8.0%；更新改造投资176.48亿元，增长2.3%；房地产开发投资198.76亿元，增长11.3%；其他投资102.10亿元，增长15.4%。全省基本建设和更新改造投资中，新开工项目2630个，比上年减少809个。年末在建的基本建设和更新改造项目计划投资为1795亿元，比上年下降0.1%。"九五"期间，全省累计完成全社会固定资产投资4931.75亿元，年均增长10.3%。

基础产业和基础设施建设有所发展。全年农林牧渔水利业完成投资9.92亿元，比上年下降7.5%；能源工业完成投资128.08亿元，增长20.7%，所占比重由13.2%上升到15.8%；原材料工业完成投资50.32亿元，下降21.7%，所占比重由8.0%下降到6.2%；运输邮电通信业完成投资180.31亿元，下降2.9%。

商品住宅建设产销两旺。全年商品住宅建设完成投资122.98亿元，比上年增长17.0%。全年商品房销售面积699.22万平方米，比上年增长16.6%，其中，住宅销售面积582.13万平方米，占83.3%，增长13.8%。

重点建设取得新的成就。全省46个在建重点建设项目年度计划投资规模达126.42亿元，全年累计到位资金105.36亿元，全年完成投资121.94亿元，完成年度计划的96.5%。10个"重中之重"项目完成投资84.6亿元。大部分在建重点建设项目形象进度基本按计划运行，其中，飞鸾岭隧道左洞、三明竹洲水电站、梅坎铁路、外福铁路电气化改造、厦门会展中心等15个项目已建成投产或部分投产，农村电网改造取得较大进展。京福国道主干线三明至福州段已部分开工建设。

全省基本建设新增加的主要生产能力有：输变电线路长度（22万伏以上）527公里，装机容量29.9万千瓦；市内电话自动交换机容量100万门；公路里程271公里，其中，高速公路52.6公里，铁路运营里程48.4公里。

五、交通和邮电业

交通运输和邮电通信业加快发展。全年完成交通运输和邮电通信业增加值438.23亿元，比上年增长10.4%。"九五"期间运输邮电增加值年均增长17.9%。

综合运输能力进一步提高。全年各种运输方式完成的货物周转量729.86亿吨公里，比上年下降2.4%，其中铁路152.5亿吨公里，增长5.8%；公路195亿吨公里，增长5.2%；水运358.6亿吨公里，下降13.9%；航空0.86亿吨公里，增长10.3%。旅客周转量完成439.62亿人公里，比上年增长13.1%。其中，铁路71.6亿人公里，增长7.8%；公路330亿人公里，增长14.5%；水运1.44亿人公里，与上年持平；航空36.11亿人公里，增长10.7%。沿海港口货物吞吐量6944万吨，比上年增长31.4%。沿海港口国际集装箱吞吐量166.74万标箱，增长31.5%。

邮电事业继续快速增长。全年完成邮电业务总量244.78亿元，增长36.1%。邮电业务结构调整步伐加快，邮政信函、电报等传统业务继续下降，电信业务持续增长。全年完成电信业务总量235.48亿元，比上年增长36.9%，占邮电业务总量96.2%。全省县以上城市全部实现电话交换程控化，城乡电话交换机总容量达到791.6万门。城乡电话用户达560.9万户，移动电话用户达441万户，分别比上年增长29.1%和45.5%。城乡电话普及率达到每百人16.77部，其中，城市电话普及率达到每百人42.94部；城乡移动电话普及率达每百人13.18部。数据通信业务高速发展，年末数据基本业务用户达2.57万户，比上年增长19.2%。计算机互联网络用户达73.9万户，增长4.6倍。

六、国内贸易

消费品市场稳中趋活。全年实现社会消费品零售总额1372.79亿元，比上年增长10.2%，扣除价格因素，实际增长11.4%。分城乡看，城市消费品零售额778.4亿元，增长10.2%；县及县以下消费品零售额594.78亿元，增长10.1%。分行业看，批发零售贸易业消费品零售额991.47亿元，增长10.5%；餐饮业157.23亿元，增长11.8%；制造业67.55亿元，增长14.9%。分经济类型看，公有制经济实现消费品零售额339.28亿元，非公有制经济实现1033.57亿元，分别增长7.2%和11.2%。个体经济在流通领域所占份额继续上升，全省个体经济实现零售额778.92亿元，增长15.4%，占社会消费品零售总额的比重由上年的54.2%上升到56.7%，显示出强劲的发展势头。"九五"期间，全省累计实现社会消费品零售总额5571.30亿元，年均增长15.8%。

贸易餐饮网点建设加快。全省拥有各类贸易网点44.99万个，其中，批发贸易业4.49万个，零售贸易业34.32万个，餐饮业6.18万个。年末从业人员117.53万人，其中，批发贸易业24.05万人，零售贸易业70.92万人，餐饮业22.56万人。

商品交易市场建设继续加强。据工商部门统计，全省共有商品交易市场1736个，年成交额582.6亿元。其中，专业批发市场173个，成交金额224.9亿元。全省年成交额超亿元市场81个，共成交353.57亿元。

批发零售贸易企业经营状况明显改善。全省大中型批发零售贸易业企业全年销售收入净额比上年增长12.3%；毛利率为8.7%，与上年基本持平；财务费用7.75亿元，下降2.7%；实现利润总额14.54亿元，增长73.3%；上缴税金1.36亿元，增长61.4%。

七、对外经济

对外贸易快速增长。据海关统计，全省进出口总值212.24亿美元，比上年增长20.5%，其中，出口总值129.09亿美元，增长24.7%；进口总值83.15亿美元，增长14.4%。外商投资企业出口增长较快，全年外商投资企业出口75.97亿美元，比上年增长29.01%，占全省出口总值的58.9%。厦门经济特区出口58.79亿美元，增长32.5%，占全省出口总值的45.5%。一般贸易出口增长快于加工贸易出口增长，贸易方式结构进一步优化。全省一般贸易出口60.98亿美元，增长34.3%，占全省出口总值的47.2%；加工贸易出口63.42亿美元，增长16.3%，占全省出口总值的49.1%。"九五"期间，全省进出口总值累计达895.02亿美元，年均增长8.0%，其中，出口累计518.86亿美元，年均增长10.3%，进口累计376.16亿美元，年均增长4.9%。

利用外资保持一定规模。全年新签外商直接投资合同项目1463项，比上年增长1.7%，合同金额43.14亿美元，下降12%；实际利用外商直接投资38.04亿美元，达到预期目标。外商直接投资新批项目平均合同外资规模为203万美元，比上年下降11.7%。在新签合同中，投向第一产业合同金额1.81亿美元，下降37.1%；投向第二产业合同金额32.00亿美元，下降12.1%；投向第三产业合同金额9.34亿美元，下降4.1%，其中，外商投向房地产项目的合同外资额为6.38亿美元，比上年增长1.2%。年末实有工商注册登记的外商投资企业16225家。"九五"期间，全省实际利用外资累计达203.15亿美元。

对外经济技术合作有新拓展。全年新签对外承包工程和劳务合作合同2253项，与上年基本持平；合同金额4.21亿美元，增长16.5%。完成营业额4.49亿美元，增长0.5%。年末在外人数5.38万人，比上年下降5.1%。

国际旅游业取得较快发展。全年共接待境外游客161.33万人次，比上年增长19%。其中，外国人42.89万人次，增长21.5%；港澳同胞56.80万人次，增长6.7%；台湾同胞47.79万人次，增长15.3%。国际旅游（外汇）收入8.94亿美元，比上年增长23.3%。

八、财税、金融和保险业

财政收支稳定增长。全年全省财政总收入369.53亿元，按可比口径计算，比上年增长20.9%，其中，地方财政收入234.03亿元，增长15.8%。全省财政支出322.77亿元，增长16.7%。税收收入稳定增长。税务部门组织各项收入359.41亿元，比上年增长24.9%。税务部门组织的收入中，地税部门组织收入143.48亿元，比上年增长13.0%，其中，税收收入129.54亿元，增长12.22%；国税部门组织各项收入215.93亿元（不含海关代征收入，下同），其中，税收收入212.90亿元，比上年增长35.2%。

金融运行基本稳定。年末全省金融机构各项存款余额3114.32亿元，比年初增加189.40亿元，增长6.5%；其中，城乡居民储蓄存款余额1767.59亿元，比年初增加28.58亿元，增长1.6%。年末全省金融机构各项贷款余额2438.82亿元（不含已剥离金融资产164.62亿元），按可比口径计算，比年初增加316.74亿元，增长14.2%。全年全省货币净投放38.21亿元，比上年少投放72.55亿元。全年银行结汇87.97亿美元，售汇43.56亿美元，净结汇44.41亿美元。

保险业稳健发展。全年实现保费收入52.47亿元，比上年增长11.2%，其中，财产险保费收入21.39亿元，占40.8%；人身险保费收入31.08亿元，占59.2%。当年保险深度（保费占GDP的比重）为1.3%。全年财产险赔款支出10.71亿元，赔付率为50.1%，比上年下降17.2个百分点；人身险年金给付2.34亿元，满期给付2.93亿元，死伤医疗给付0.6亿元。

证券市场继续发展。全年全省在上海、深圳证券交易所新发行A股3只，共发行1.96亿股，筹资20.98亿元。至年末，全省上市公司累计达41家，其中，发行A股40家，B股1家，通过股票发行和增资配股等筹集资金达140.7亿元。全年全省辖区内股票（含基金）成交量4273.2亿元，增长38.7%；年末股市投资者159万人，增长30.7%。全年发行凭证式国债28.81亿元。

九、科学技术和教育

科技队伍继续壮大，科研开发机构与上年基本持平。年末全省地方国有企事业单位共有专业技术人员61.48万人，比上年末增加2.2万人。全省县及县以上国有独立研究与开发机构123个，高等院校办科研机构218个，大中型工业企业办科研机构189个。

科技活动经费投入继续得到加强。全年全省科技机构、高等院校和大中型企业等单位用于科技活动的经费支出为20.24亿元，比上年增长15.0%，其中，研究与发展经费支出11.45亿元，增长18.0%。

科技转化生产力的步伐有所加快。全年颁布省科技进步奖229项，其中，一等奖的科技成果4项，有特早熟大果型的枇杷新品种早种6号、微秒强脉冲辉光放电及其在质普光普材料分析中的应用等。高新技术产业化取得新进展。至年末，全省认定高新技术企业家425家。全省已建成国家重点试验室2个，省级重点试验室12个，中试基地9个，共有各类高新技术开发区7个。

技术市场发展较快。全年共签订各类技术合同5597项，比上年减少909项；合同金额17.26亿元，增长113.3%。

技术监督、专利申请、测绘等工作取得新成绩。全年共有155家企业的275项产品采用国际标准，并经注册发证；有101家企业的104项产品使用采标标志，有150家企业通过质量体系认证，有43家企业的76项产品通过质量认证。全年技术监督部门监督检验产品0.79万批次，平均合格率为82.1%；监督检验商品1.47万批次，平均合格率为73.0%。全年实施强制检定计量器具152万台件。

全年共申请专利4211件，比上年增长24.6%；授权专利3003件，增长2.4%。测绘部门全年完成测绘工作总量13.69万工日，比上年增长6.2%；完成各种比例尺地图1698幅，其中，完成1：10000比例尺地形图3074平方公里，经济版地形图2300平方公里，公开出版地图21种。

教育事业继续发展。高等教育规模迅速扩大，全年招收研究生2179人，比上年增长39.5%；在校研究生5137人，增长31.4%。普通高等学校招收学生5.06万人，比上年增加1.19万人，增长30.6%；在校学生13.13万人，增加2.88万人，增长28.1%；毕业生2.19万人，比上年增加1200人，增长5.8%。普通高中在校生37.24万人，比上年增长21.0%；中等专业学校在校生12.90万人，增长0.1%。全省初中阶段在校生196.61万人，初中毕业生升学率为49.97%，比上年提高0.09个百分点。全省小学在校生369.10万人，学龄儿童入学率达到99.85%，比上年提高0.02个百分点。全省幼儿园在园人数78.64万人，3—6岁学龄前儿童入园率为76.48%，比上年提高3.25个百分点。全省有各级特殊教育学校76所，在校人数4.07万人，全省已基本普及了9年义务教育。

十、文化、卫生和体育

文化艺术事业日益繁荣。年末全省有各类艺术表演团体93个，剧场、影剧院81个，比上年增加1个；文化系统各类艺术表演团体艺术演出场次2万场，比上年增加0.2万场，观众达2038.8万人次；剧场、影剧院演（映）出场次3万场。全省现有公共图书馆82个，图书总藏量达1000多万册。文物业继续发展，博物馆81个，增加5个，文物保护管理机构39个，增加6个；年末全省有群众艺术馆10个，文化馆80个，文化站143个。

广播电视事业建设成绩显著。“村村通广播电视工程”的实施，使广播电视覆盖网得到进一步完善和扩大。全省基本形成了卫星、无线、有线等多种传输方式并存，卫星接收、多路微波、无线转播、有线接入等多种接收方式并用、相互补充的广播电视覆盖网络。年末全省有广播电台9座，中波发射台和转播台36座，调频广播发射台和转播台96座，每日播出节目58套，广播人口覆盖率为95.8%，比上年提高了0.5个百分点；电视台13座，1000瓦以上电视发射台和转播台16座，每日播出节目16套，电视人口覆盖率为97.1%，比上年提高了0.2个百分点。

新闻出版业繁荣发展，质量效益不断提高。全省进一步加强了对出版物质量的管理，出版物的合格率不断提高，新闻出版业得到了健康发展。全年报纸出版6.89亿张，各类杂志出版0.45亿册，分别比上年增长7.3%，12.8%，图书出版2.03亿份，比上年下降7.7%。

医疗卫生条件进一步改善。年末全省共有各类卫生事业机构9807个，其中，各类医院333个，卫生院990个，预防保健机构207个，药品检验机构51个，门诊部及诊所8069个；年末全省共有专业卫生技术人员9.76万人，其中，医生4.15万人，护师、护士2.87万人。年末全省共有卫生机构床位9.01万张，其中，医院（卫生院）8.24万张。农村有医疗点的村数占总村数的96.3%，乡村医生和卫生员3.08万人。

体育事业蓬勃发展，竞技体育实力继续上升，奥运金牌实现零的突破，在2000年悉尼奥运会上我省运动健儿取得了1金1铜的好成绩，在世界和全国重大体育比赛中，我省运动健儿取得了1项世界冠军，10项亚洲冠军，48项全国冠军。群众性体育活动蓬勃发展。全省成功举办了第一届亚洲皮划艇游泳回旋锦标赛、全国羽毛球双打冠军赛、全国排球联赛、全国武术套路冠军赛等体育赛事。

十一、环境保护

环境保护进一步加强。全省以“一控双达标”环保目标为工作重点，以区域性、流域性和行业性污染综合整治为突破口，加大可持续发展战略的实施力度，环境污染和生态破坏加剧的趋势得到了基本控制。

主要污染物排放总量得到基本控制，工业“三废”处理能力有所提高。全省完成环境污染限期治理项目1787个，投资5.67亿元，全年化学需氧量排放量、石油类排放量、工业废水中有毒污染物排放量、二氧化硫、烟尘、工业粉尘排放量和工业固体废物等7项主要污染物排放总量分别为33万吨、0.11万吨、60万吨、22万吨、11万吨、37万吨和24万吨。全省废水处理率达90.34%，较上年提高3.54个百分点，废水排放达标率达90.8%，提高23.7个百分点，废气处理率达92.41%，提高7.71个百分点，固体废物综合利用率达41.63%，减少26.47个百分点。

环境污染控制与管理工作力度加大。全省已有6.64万个企业办理了污染物申报登记；列入考核的4695家污染企业全部达标，列入城市环境功能考核的福州、厦门、莆田、泉州、漳州、武夷山等6个城市的环境空气和地面水环境达到功能要求；全省关停1093家（含搬迁32家）生产工艺陈旧、能耗物耗大、污染环境严重而在限期内整治不能达到环保要求的企业。环境综合整治成效明显。全省共建成烟尘控制区78个，面积达到424.56平方公里，环境噪音达标区61个，面积206.17平方公里。

自然保护和重点污染治理工程取得成效。全省共有64个自然保护区，面积达到247.78万公顷，其中国家级自然保护区7个；区域性、流域性和行业性污染综合整治取得成效，闽江流域上游水质得到较大程度改善，晋江一带建陶业烟尘污染治理取得阶段性成果，鞋业“三苯废气”和小水泥行业粉沙尘治理取得成果，局部环境状况恶化的趋势得到遏制。

十二、人民生活

城乡居民收支继续增长。全年城镇居民人均可支配收入7432元，比上年增长8.3%，考虑价格因素，实际增长4.9%；人均消费支出5639元，增长7.1%。农民人均纯收入3230元，比上年增长4.5%，考虑价格因素，实际增长3.8%；人均生活消费支出2410元，增长7.0%。城乡居民居住条件继续改善。年末城镇和农村的人均住房面积分别达15.3平方米、32.14平方米。“九五”期间，城镇居民人均可支配收入和农民人均纯收入年均实际增长率均为6.5%。

养老、失业保险逐步走上法制化、规范化轨道。全省有176.36万职工参加了失业保险；174.8万企业职工参加了社会养老保险。

福利事业稳步发展。省定“造福工程”2万人的搬迁任务全面完成。老区和少数民族村的“五通”建设基本完成。年末优抚医院、光荣院、国有福利单位、社会办福利单位床位数1.85万张。农村社会保障服务网络进一步完善。全省建立农村社会保障服务网络的乡镇数达670个，覆盖率达72%，全省所有城市和县政府所在地的镇及77个县（市、区）的农村建立了居民最低生活保障制度，积极推进社区建设工作，加快社区服务工作社会化步伐。

注：1. 本公报未包括金门县和连江县的马祖列岛。
2. 本公报所列数据为初步统计数。
3. 本公报国内生产总值、各产业增加值和劳动生产率按现价计算，增长速度按可比价格计算。
4. 人口数据待第五次全国人口普查公报正式公布。

2000年福建省第五次全国人口普查主要数据公报

福建省统计局　2001年4月28日

根据国务院的决定，我国于2000年11月进行了第五次全国人口普查。在国务院、省政府和地方各级政府的统一领导下，在全省人民的支持配合下，通过全省近20万普查工作人员的艰苦努力，圆满完成了人口普查的现场登记和复查任务。目前，普查的全部资料正在用电子计算机进行数据处理。主要数据的快速汇总工作已经结束，现公布如下：

一、全省总人口

全省总人口为3471万人（包括外来人口，不包括外出人口），与1990年7月1日零时第四次全国人口普查的3005万人相比，10年零4个月共增加了466万人，增长15.51%。平均每年增加45.11万人，年平均增长率为1.41%。

二、人口地区分布

全省人口地区分布如下：

福州市	639.42万人
厦门市	205.31万人
莆田市	272.87万人
三明市	257.28万人
泉州市	728.07万人
漳州市	458.25万人
南平市	281.57万人
龙岩市	268.31万人
宁德市	298.99万人

三、家庭户人口

全省共有家庭户885万户，家庭户人口为3124万人，平均家庭户规模为3.53人，比1990年第四次全国人口普查的4.43人减少了0.90人。

四、性别构成

全省人口中，男性为1789万人，占总人口的51.54%；女性为1682万人，占总人口的48.46%。性别比（以女性为100，男性对女性的比例）为106.36。

五、年龄构成

全省人口中，0～14岁的人口为799万人，占总人口的23.02%；15～64岁的人口为2445万人，占总人口的70.44%；

65岁及以上的人口为227万人，占总人口的6.54%。与1990年第四次全国人口普查相比，0～14岁人口的比重下降了8.44个百分点，65岁及以上人口的比重上升了1.47个百分点。

六、民族构成

全省人口中，汉族人口为3413万人，占总人口的98.33%；各少数民族人口为58万人，占总人口的1.67%。与1990年第四次全国人口普查相比，汉族人口增加了455万人，增长了15.38%；各少数民族人口增加了11万人，增长了23.40%。

七、各种受教育程度人口

全省人口中，接受大学（指大专以上）教育的为103万人；接受高中（含中专、职高）教育的为368万人；接受初中教育的为1170万人；接受小学教育的为1330万人（以上各种受教育程度的人，包括各类学校的毕业生、肄业生和在校生）。

与1990年第四次全国人口普查相比，每10万人中拥有各种受教育程度的人数有如下变化：具有大学受教育程度的由1228人上升为2967人；具有高中受教育程度的由6991人上升为10602人；具有初中受教育程度的由16891人上升为33708人；具有小学受教育程度的由43213人下降为38317人。

全省人口中，文盲人口（15岁及15岁以上不识字或识字很少的人）为250万人。与1990年第四次全国人口普查相比，粗文盲率（15岁及15岁以上文盲人口占总人口的比重）由15.87%下降为7.20%，下降了8.67个百分点。

八、城乡人口

全省人口中，居住在城镇的人口为1443万人，占总人口的41.57%；居住在乡村的人口为2028万人，占总人口的58.43%。

注：1. 本公报为初步汇总数。

2. 普查登记以2000年11月1日零时（北京时间）为标准时间，普查登记的对象是具有中华人民共和国国籍并在中华人民共和国境内大陆上常住的人。

3. 设区的市人口合计与全省总人口之差，为常住地待定的人口。

4. 家庭户人口不包括现役军人，也不包括相互之间没有家庭成员关系、集体居住的人。

5. 城乡人口是按国家统计局1999年发布的《关于统计上划分城乡的规定（试行）》计算的。

6. 我省的总人口中不包括金门、马祖等岛屿的人口数。

7. 2000年12月31日，我省的公安部门人口统计年报总人口为3305万人。

责校：郑菜

国民经济主要指标

项　　目	单　位	1952 年	1978 年	1980 年	1985 年
1. 国民生产总值	亿元	12.70	66.40	87.52	201.65
国内生产总值	亿元	12.73	66.37	87.06	200.48
第一产业	亿元	8.39	20.93	31.95	68.13
第二产业	亿元	2.42	28.19	35.68	72.56
第三产业	亿元	1.92	14.25	19.43	59.79
总产出	亿元	18.43	138.83	169.83	399.54
预算内财政总收入	亿元	2.20	15.13	15.33	25.08
预算内地方财政收入	亿元				
预算内地方财政支出	亿元	1.25	15.14	15.05	30.64
金融系统存款年末余额	亿元	1.22	25.95	38.79	100.39
金融系统贷款年末余额	亿元	0.27	31.43	44.65	130.36
银行现金收入	亿元	5.95	35.38	55.87	158.79
银行现金支出	亿元	6.16	35.70	58.07	160.91
2. 年末总人口	万人	1270	2446	2519	2769
3. 社会从业人员	万人	473.66	924.41	963.72	1152.09
#职工	万人	19.43	205.66	231.12	274.11
城镇个私劳动者	万人	32.83	1.88	2.77	13.78
4. 全社会固定资产投资	亿元	0.62	13.35	18.30	55.62
#国有经济	亿元	0.37	8.66	12.60	37.10
集体经济	亿元	0.12	2.22	3.13	8.89
个人投资	亿元	0.13	2.47	2.52	9.16
#基本建设	亿元	0.37	7.00	10.33	26.76
更新改造	亿元		1.66	2.27	8.49
房地产	亿元				
5. 物价指数（以上年价格为 100）					
商品零售价格指数		97.9	100.3	105.6	111.4
居民消费价格指数		98.0	100.2	105.3	111.3
#服务项目价格指数				102.5	110.1
农副产品收购价格指数		101.6	100.9	105.4	116.4
固定资产投资价格指数					
工业品出厂价格指数					
工业企业原料燃料动力购进价格指数					

注：1. 本表产值指标均按当年价计算。
2. 粮食产量 1988 年以后为抽样调查数，1987 年以前为各级上报数。
3. 1998 年起职工人数、职工工资总额、平均工资统计口径为在岗职工。

（续）

1990 年	1995 年	1996 年	1997 年	1998 年	1999 年	2000 年
528.64	2171.67	2604.71	3025.47	3341.89	3609.74	3988.49
522.28	2145.92	2560.05	2974.50	3286.56	3550.24	3920.07
147.01	464.82	537.38	576.63	610.04	628.86	640.57
174.47	910.56	1065.79	1267.64	1401.11	1507.29	1711.16
200.80	770.54	956.88	1130.23	1275.41	1414.09	1568.34
1175.79	5725.48	6751.68	7933.01	8880.67	9725.13	10954.30
57.06	184.58	215.11	251.30	281.42	312.57	369.67
	117.37	142.12	162.91	187.92	208.92	234.11
68.45	171.58	200.31	224.36	254.87	279.24	324.18
359.45	1451.68	1901.71	2192.73	2554.69	2924.92	3114.31
381.75	1176.63	1467.79	1750.38	1942.92	2257.99	2440.65
555.13	3531.20	4939.15	7901.91	10787.83	12661.88	14799.25
537.62	3540.42	4952.50	7917.35	10821.58	12772.64	14837.47
3037	3237	3261	3282	3299	3316	3410
1348.38	1567.39	1594.36	1613.41	1621.88	1630.85	1660.19
310.86	344.11	351.30	357.71	334.53	320.39	318.00
25.28	66.04	68.58	66.49	78.57	88.07	90.19
115.41	681.17	790.00	898.47	1048.52	1084.66	1112.21
69.49	306.70	323.20	368.64	429.57	450.63	436.49
12.17	61.10	84.23	94.27	113.25	56.26	43.33
31.69	132.33	145.28	159.48	181.87	204.05	190.49
38.18	213.96	241.19	274.18	343.63	363.65	334.59
16.57	80.47	92.52	137.31	168.34	172.55	175.42
13.47	151.37	151.69	148.33	165.63	178.62	207.37
98.6	114.4	104.5	99.8	98.5	96.5	98.9
99.3	115.2	105.9	101.7	99.7	99.1	102.1
105.7	118.2	108.5	119.0	105.3	123.4	129.9
93.8	124.8	102.6	93.4	93.1	89.4	94.8
	104.8	104.7	101.1	98.0	98.5	100.2
	115.7	101.8	100.3	95.7	96.6	100.5
	119.6	104.3	98.6	92.5	97.9	112.4

（续）

项　　目	单　位	1952 年	1978 年	1980 年	1985 年
6. 人民生活					
职工工资总额	亿元	0.72	11.17	15.44	27.96
职工平均工资	元	385	567	703	1059
城镇居民人均可支配收入	元	106	371	450	733
农民人均纯收入	元	70	138	172	396
居民储蓄存款年末余额	亿元	0.32	6.56	12.01	47.59
7. 农林牧渔业总产值	亿元	11.07	36.33	45.49	99.05
主要农产品产量					
粮　　食	万吨	372.00	744.89	801.90	794.40
油　　料	万吨	9.89	13.80	13.48	17.39
甘　　蔗	万吨	71.26	288.03	351.20	536.67
烤　　烟	万吨	0.10	1.23	1.30	3.40
黄红麻	万吨	1.27	2.53	1.61	1.56
茶　　叶	万吨	0.49	2.03	2.59	4.05
水　　果	万吨	6.01	10.10	11.66	29.41
猪牛羊肉	万吨	0.20	24.27	24.20	44.18
造林面积	千公顷	34.33	194.71	175.13	282.83
水产品	万吨	15.93	54.44	59.80	100.26
食用菌	万吨				
8. 工业总产值	亿元	4.20	63.14	81.45	173.13
主要工业品产量					
原　　煤	万吨	0.30	423.05	462.99	606.53
原　　盐	万吨	10.58	94.67	103.65	70.80
木　　材	万立方米	78.12	376.67	385.11	564.79
糖	万吨	4.79	28.92	37.27	47.94
罐　　头	万吨		4.10	6.47	13.33
卷　　烟	万箱	0.93	20.37	23.12	46.27
布	亿米	0.11	1.12	1.28	1.54
纱	万吨		1.84	2.39	4.32
服　　装	万件				1121
机制纸及纸板	万吨	0.11	20.08	23.06	36.84
农用化肥	万吨		16.40	24.32	32.88
烧　　碱	万吨		4.32	5.66	6.41
水　　泥	万吨		120.45	155.30	290.69
平板玻璃	万重量箱		43.59	79.95	105.31
生　　铁	万吨		26.57	32.03	37.99

（续）

1990 年	1995 年	1996 年	1997 年	1998 年	1999 年	2000 年
65.55	196.64	226.30	263.38	282.12	301.59	334.62
2162	5857	6683	7559	8531	9490	10584
1749	4853	5574	6144	6486	6860	7432
764	2049	2492	2786	2946	3091	3230
183.26	795.43	1106.33	1324.37	1565.04	1739.01	1767.59
227.12	738.63	850.67	925.56	973.37	1010.82	1037.27
879.64	919.93	952.20	961.78	958.11	942.17	854.68
17.66	23.28	22.99	24.36	24.62	25.81	25.79
344.28	248.60	253.94	249.90	219.33	138.76	82.71
4.26	5.72	7.56	12.32	7.18	8.57	9.14
0.30	0.13	0.08	0.13	0.08	0.06	0.05
5.82	9.45	10.18	10.99	11.89	12.35	12.60
75.78	239.33	283.81	334.34	343.04	394.10	356.44
61.65	82.04	87.03	102.20	110.51	113.27	118.24
303.91	41.74	34.45	29.99	25.12	23.93	24.51
145.59	317.56	358.23	429.31	475.92	502.32	527.89
18.24	38.24	38.31	35.44	36.38	40.84	46.25
531.49	2638.52	3129.68	3766.56	4331.35	4787.63	5296.13
925.37	1134.18	1167.97	776.04	727.18	577.14	375.03
67.21	72.28	75.45	30.07	50.35	41.51	28.37
465.15	557.05	494.97	479.64	459.65	436.44	260.12
32.68	17.42	16.68	17.44	16.84	18.75	6.11
14.41	45.64	49.07	44.77	29.67	36.89	26.78
76.41	81.35	79.41	81.44	86.15	85.14	98.62
2.26	3.86	3.60	7.84	7.28	8.18	5.59
5.48	8.08	7.66	11.57	10.85	13.61	14.36
11117	17710	106801	135301	32658	24799	39877
52.09	104.33	95.00	89.94	72.07	100.47	85.07
43.64	51.04	56.66	54.74	63.51	61.15	61.38
8.70	11.87	12.90	12.50	12.89	14.23	15.64
540.04	1511.17	1504.50	1522.42	1594.46	1825.81	1513.64
66.06	302.42	297.98	468.03	520.14	477.20	479.87
62.60	83.59	101.10	124.91	141.81	159.96	149.37

（续）

项目	单位	1952年	1978年	1980年	1985年
钢	万吨		16.16	24.16	31.75
钢材	万吨		13.82	20.08	26.32
电视机	万台		0.21	3.15	58.95
发电量	亿千瓦时	0.12	40.69	49.47	77.20
9. 交通邮电					
货运量	万吨	156	4861	7979	13317
货物周转量	亿吨公里	1.44	74.03	100.34	161.97
客运量	万人	251	7928	16676	33984
旅客周转量	亿人公里	1.72	35.73	62.37	130.33
主要港口货物吞吐量	万吨	56.68	408.13	685.40	1114.09
邮电业务总量（90年不变价）	万元	1342	10057	12216	20761
10. 社会消费品零售总额	亿元	5.54	30.56	45.47	96.04
11. 进出口总额（海关统计数）	亿美元			9.01	
出口总额	亿美元			5.57	
进口总额	亿美元			3.44	
外商直接投资合同数	项			15	395
外商直接投资合同金额	万美元			464	37681
实际利用外商直接投资金额	万美元			363	11782
12. 科技教育					
企事业单位专业技术人员	万人		8.41	15.42	30.89
专利授权数	项			1	
普通高等学校数	所	5	16	16	36
在校学生数	万人	0.47	2.05	3.86	4.41
专任教师数	人	611	4135	6106	8137
中等专业学校数	所	51	58	82	94
在校学生数	万人	1.91	2.63	3.84	4.34
专任教师数	人	1083	2184	3017	4721
13. 文化卫生					
图书出版量	万册	72	6818	8246	15603
杂志出版量	万份	109	388	960	3375
报纸出版量	万份	1916	14784	14913	35847
卫生机构数	个	633	3809	4191	4796
#医院	个	113	1111	1130	1154
卫生技术人员数	万人	1.73	5.49	5.88	7.42
#医生	万人	1.14	2.21	2.10	2.70
医疗床位数	万张	0.69	5.15	5.30	5.84

（续）

1990 年	1995 年	1996 年	1997 年	1998 年	1999 年	2000 年
51.66	55.49	80.49	89.34	113.32	128.98	124.94
56.28	91.32	115.97	148.47	213.18	247.76	283.79
135.52	149.24	104.22	158.96	165.37	204.62	275.41
136.65	261.55	284.10	310.18	322.70	356.00	403.73
20321	29198	30593	31332	31431	31714	35270
272.71	609.80	595.19	617.82	674.84	746.70	707.04
39495	49615	53556	57914	60364	65665	67545
175.40	297.67	307.29	327.91	351.39	388.67	440.55
1496.50	3460.80	3959	4485	4518	5285	6944
73208	527523	730210	995208	1318379	1799259	2463352
207.74	659.37	832.48	987.69	1132.09	1246.25	1372.79
43.39	144.46	155.20	179.53	171.61	176.20	212.23
24.49	79.08	83.83	102.56	99.64	103.52	129.08
18.90	65.38	71.37	76.97	71.97	72.68	83.15
1043	2728	1987	2298	2006	1439	1463
116183	890647	653572	453751	500150	489996	431373
29002	403881	407876	419666	421211	402403	380386
50.08	50.96	53.40	55.56	57.72	59.03	59.28
276	933	1196	1547	2318	2934	3003
36	30	30	30	30	30	28
5.56	7.17	7.34	7.81	8.51	10.26	13.13
8926	8354	8373	8646	8279	8853	9779
103	109	110	111	112	118	118
5.89	9.68	10.59	11.27	11.83	12.89	12.90
5969	6703	6739	6927	7149	7162	6920
16311	18448	21348	23282	21596	21875	20298
3157	4239	3891	3974	3899	3990	4463
41455	51526	53608	55027	59543	64195	68897
4885	4537	4543	10059	10159	10154	9807
1198	1257	1298	1306	1315	1313	1323
8.68	9.28	9.36	9.50	9.74	9.75	9.76
3.60	3.91	4.03	4.08	4.19	4.25	4.15
6.80	7.36	8.37	8.87	8.93	9.01	9.01

国民经济主要指标发展速度

(2000年为以下各年%)

项目	1952年	1978年	1980年	1985年	1990年	1995年	1999年
1. 国民生产总值	7156.1	1580.8	1258.8	677.3	423.0	175.8	109.6
国内生产总值	6917.3	1533.1	1226.7	660.4	415.3	174.7	109.5
第一产业	876.3	464.9	388.9	276.7	214.3	135.9	102.6
第二产业	33517.5	2776.7	2142.5	1129.2	640.5	187.8	111.2
第三产业	13610.4	1949.4	1567.3	616.5	376.4	179.0	110.2
预算内财政总收入	16803.2	2443.3	2411.4	1474.0	647.9	200.3	118.3
预算内地方财政支出	25934.4	2141.2	2154.0	1058.0	473.6	188.9	116.1
金融系统存款年末余额	255271.3	12001.2	8028.6	3102.2	866.4	214.5	106.5
金融系统贷款年末余额	903944.4	7765.4	5466.2	1872.2	639.3	207.4	108.1
银行现金收入	248726.9	41829.4	26488.7	9320.0	2665.9	419.1	116.9
银行现金支出	240868.0	41561.5	25551.0	9221.0	2759.8	419.1	116.2
2. 年末总人口	268.5	139.4	135.4	123.1	112.3	105.3	102.8
3. 社会从业人员	350.5	179.6	172.3	144.1	123.1	105.9	101.8
#职工	1636.6	154.6	137.6	116.0	102.3	92.4	99.3
城镇个私劳动者	274.7	4797.3	3256.0	654.5	356.8	136.6	102.4
4. 全社会固定资产投资	179388.7	8331.2	6077.7	1999.7	963.7	163.3	102.5
#国有经济	117970.3	5040.3	3464.2	1176.5	628.1	142.3	102.1
集体经济	36108.3	1951.8	1384.3	487.4	356.0	70.9	77.0
个人投资	146530.8	7712.1	7559.1	2079.6	601.1	144.0	93.4
#基本建设	90429.7	4779.9	3239.0	1250.3	876.3	156.4	92.0
更新改造		10567.5	7727.8	2066.2	1058.7	218.0	101.7
房地产					1539.5	137.0	116.1
5. 商品零售价格指数	470.3	397.9	365.7	297.4	171.1	98.4	98.9
居民消费价格指数	537.4	456.8	422.2	345.3	198.4	108.7	102.1
#服务项目价格指数		1089.9	1068.5	799.0	450.4	217.9	129.9
农副产品收购价格指数	788.9	487.9	362.8	252.4	142.2	75.6	94.8
6. 人民生活							
职工工资总额	46475.0	2995.7	2167.2	1196.8	510.5	170.2	111.0
职工平均工资	2749.1	1866.7	1505.5	999.4	489.5	180.7	111.5
城镇居民人均可支配收入	7011.3	2003.2	1651.6	1013.9	424.9	153.1	108.3

（续）

项　　目	1952年	1978年	1980年	1985年	1990年	1995年	1999年
农民人均纯收入	4614.3	2340.6	1877.9	815.7	422.8	157.6	104.5
居民储蓄存款年末余额	552371.9	26945.0	14717.7	3714.2	964.5	222.2	101.6
7. 农林牧渔业总产值	1167.6	537.3	478.5	323.8	243.8	144.7	103.1
主要农产品产量							
粮　　食	229.8	114.7	106.6	107.6	97.2	92.9	90.7
油　　料	260.8	186.9	191.3	148.3	146.0	110.8	99.9
甘　　蔗	116.1	28.7	23.6	15.4	24.0	33.3	59.6
烤　　烟	9140.0	743.1	703.1	268.8	214.6	159.8	106.7
茶　　叶	2571.4	620.7	486.5	311.1	216.5	133.3	102.0
水　　果	5930.8	3529.1	3056.9	1212.0	470.4	148.9	90.4
猪牛羊肉	59120.0	487.2	488.6	267.6	191.8	144.1	104.4
水产品	3313.8	968.8	882.8	526.5	362.6	166.2	105.1
食用菌					253.6	120.9	113.2
8. 工业总产值	91520.0	5595.8	4423.8	2205.8	896.8	219.4	114.1
主要工业品产量							
原　　煤	125010.0	88.6	81.0	61.8	40.5	33.1	65.0
原　　盐	268.1	30.0	27.4	40.1	42.2	39.3	68.3
木　　材	333.0	69.1	67.5	46.1	55.9	46.7	59.6
糖	127.6	21.1	16.4	12.7	18.7	35.1	32.6
罐　　头		653.2	413.9	200.9	185.8	58.7	72.6
卷　　烟	10604.3	484.1	426.6	213.1	129.1	121.2	115.8
布	5081.8	499.1	436.7	363.0	247.3	144.8	68.3
纱		780.4	600.8	332.4	262.0	177.7	105.5
服　　装				3557.3	358.7	225.2	160.8
机制纸及纸板	77336.4	423.7	368.9	230.9	163.3	81.5	84.7
农用化肥		374.3	252.4	186.7	140.7	120.3	100.4
烧　　碱		362.0	276.3	244.0	179.8	131.8	109.9
水　　泥		1256.7	974.7	520.7	280.3	100.2	82.9
平板玻璃		1100.9	600.2	455.7	726.4	158.7	100.6
生　　铁		562.2	466.3	393.2	238.6	178.7	93.4
钢		773.1	517.1	393.5	241.9	225.2	96.9
钢　　材		2053.5	1413.3	1078.2	504.2	310.8	114.5

（续）

项　　目	1952 年	1978 年	1980 年	1985 年	1990 年	1995 年	1999 年
电视机		131147.6	8743.2	467.2	203.2	184.5	134.6
发电量	336441.7	992.2	816.1	523.0	295.4	154.4	113.4
9. 交通邮电							
货运量	22609.0	725.6	442.0	264.8	173.6	120.8	111.2
货物周转量	49100.0	955.1	704.6	436.5	259.3	115.9	94.7
客运量	26910.4	852.0	405.0	198.8	171.0	136.1	102.9
旅客周转量	25613.4	1233.0	706.3	338.0	251.2	148.0	113.3
主要港口货物吞吐量	12251.2	1701.4	1013.1	623.3	464.0	200.6	131.4
邮电业务总量(90 年不变价)	183558.3	24493.9	20165.0	11865.3	3364.9	467.0	136.9
10. 社会消费品零售总额	24779.6	4492.1	3019.1	1429.4	660.8	208.2	110.2
11. 进出口总额				2355.5	489.1	146.9	120.5
出口总额				2317.4	527.1	163.2	124.7
进口总额				2417.2	439.9	127.2	114.4
实际利用外商直接投资额			104789.5	3228.5	1311.6	94.2	94.5
12. 科技教育							
企事业单位专业技术人员		704.9	384.4	191.9	118.4	116.3	100.4
专利授权数					1088.0	321.9	102.4
普通高等学校数	560.0	175.0	175.0	77.8	77.8	93.3	93.3
在校学生数	2793.6	640.5	340.2	297.7	236.2	183.1	128.0
专任教师数	2041.5	236.5	160.2	120.2	109.6	117.1	110.5
中等专业学校数	231.4	203.4	143.9	125.5	114.6	108.3	100.0
在校学生数	675.4	490.5	335.9	297.2	219.0	133.3	100.1
专任教师数	639.0	316.8	229.4	146.6	115.9	103.2	96.6
13. 文化卫生							
图书出版量	28191.7	297.7	246.2	130.1	124.4	110.0	92.8
杂志出版量	4094.5	1150.3	464.9	132.2	141.4	105.3	111.9
报纸出版量	3595.9	466.0	462.0	192.2	166.2	133.7	107.3
卫生机构数							96.6
#医　院	1170.8	119.1	117.1	114.6	110.4	105.3	100.8
卫生技术人员数	564.2	177.8	166.0	131.5	112.4	105.2	100.1
#医　生	364.0	187.8	197.6	153.7	115.3	106.1	97.6
医疗床位数	1305.8	175.0	170.0	154.3	132.5	122.4	100.0

国民经济主要比例关系

单位：%

项　目	1952 年	1978 年	1980 年	1985 年	1990 年	1995 年	2000 年
1. 国内生产总值	100.0	100.0	100.0	100.0	100.0	100.0	100.0
第一产业	65.9	36.0	36.7	34.0	28.1	21.7	16.3
第二产业	19.0	42.5	41.0	36.2	33.4	42.4	43.7
第三产业	15.1	21.5	22.3	29.8	38.5	35.9	40.0
2. 最终消费	93.2	79.9	78.0	72.2	71.9	53.7	52.7
资本形成总额	11.2	34.0	31.1	32.2	28.9	46.1	46.2
3. 工农林牧渔业总产值	100.0	100.0	100.0	100.0	100.0	100.0	100.0
农林牧渔业	72.5	36.5	35.8	36.4	29.9	21.9	16.4
工　业	27.5	63.5	64.2	63.6	70.1	78.1	83.6
4. 固定资产投资				100.0	100.0	100.0	100.0
国　有				66.7	60.2	45.0	39.2
集　体				16.0	10.6	9.0	3.9
其　他				17.3	29.2	46.0	56.9
5. 基本建设投资额中							
农　业	6.4	19.9	14.1	2.7	1.9	0.8	2.1
轻工业	7.5	8.3	15.1	11.9	8.7	7.7	4.1
重工业	12.7	41.9	28.4	28.4	44.3	29.1	33.5
6. 基本建设投资额中							
能源工业	11.4	20.4	12.7	20.4	35.9	23.8	24.5
交通运输邮电业	30.9	9.5	12.4	6.8	15.1	36.1	25.5
科教文卫事业	18.0	6.7	8.7	11.3	8.8	6.2	9.2
7. 财政支出总额中							
基本建设支出	27.3	32.1	22.5	19.7	11.7	11.2	9.0
文教卫生科学事业费	24.0	18.4	26.1	26.3	25.4	25.6	28.2
行政管理费	26.5	8.4	10.3	10.2	12.6	14.8	14.9
8. 农林牧渔业总产值	100.0	100.0	100.0	100.0	100.0	100.0	100.0
农　业	76.2	77.6	68.5	59.9	52.1	46.1	40.6

（续）

项目	1952年	1978年	1980年	1985年	1990年	1995年	2000年
林业	5.9	6.4	7.5	9.2	9.5	8.0	7.9
牧业	12.8	10.5	16.2	19.8	22.9	19.6	20.1
渔业	5.1	5.5	7.8	11.1	15.6	26.3	31.4
9. 货运量中：							
铁路		25.9	16.6	11.5	9.4	8.4	7.0
公路	25.0	55.0	69.5	79.1	82.2	81.2	81.4
水运	75.0	19.1	13.9	9.4	8.4	10.4	11.6
客运量中：							
铁路		9.1	7.7	4.0	3.1	3.4	2.1
公路	34.3	79.3	83.7	92.3	92.8	94.8	96.3
水运	65.7	11.6	8.6	3.7	4.0	1.3	1.1
10. 社会消费品零售总额		100.0	100.0	100.0	100.0	100.0	100.0
市		28.9	26.4	33.8	47.5	53.2	56.7
县		22.5	25.1	25.5	22.5	15.6	13.0
县以下		48.6	48.5	40.7	30.0	31.2	30.3
11. 社会消费品零售总额中：							
国有		54.1	50.7	38.5	31.2	20.9	12.6
集体		45.3	43.0	33.2	20.1	14.7	12.1
私营						1.2	6.3
个体		0.6	0.9	17.7	35.7	48.5	56.7
其他			5.4	10.6	13.0	14.7	12.3
12. 进出口总额				100.0	100.0	100.0	100.0
出口				61.9	56.4	54.7	60.8
进口				38.1	43.6	45.3	39.2

主要经济指标人均值

项目	单位	1952年	1978年	1980年	1985年	1990年	1995年	2000年
1. 国民生产总值	元	102	273	350	741	1785	6884	11804
国内生产总值	元	102	273	348	737	1763	6787	11601
2. 工农林牧渔业总产值	元	122	410	507	992	2520	10521	18832
农林牧渔业总产值	元	88	150	182	361	754	2301	3084
工业总产值	元	34	260	325	631	1765	8220	15748
3. 财政总收入	元	17.54	62.42	61.25	91.38	189.54	575.02	1099.23
城乡居民储蓄年末存款余额	元	2.55	27.06	47.98	173.40	608.74	2477.78	5255.99
4. 主要工农产品产量								
粮食	公斤	296.65	307.30	320.37	289.45	292.19	286.58	254.14
油料	公斤	7.89	5.69	5.39	6.34	5.87	7.25	7.67
水果	公斤	4.79	4.17	4.66	10.72	25.17	74.56	105.99
猪牛羊肉	公斤	0.16	10.01	9.67	16.10	20.48	25.56	35.16
水产品	公斤	12.70	22.48	23.89	36.53	48.36	98.93	156.97
机制纸及纸板	公斤	0.09	8.28	9.21	13.42	17.30	32.50	25.30
原煤	公斤	0.24	174.53	184.98	221.00	307.38	353.33	111.52
发电量	千瓦小时	0.96	167.86	197.64	281.29	453.91	814.80	1200.51
钢	公斤		6.67	9.65	11.57	17.16	17.29	37.15
钢材	公斤		5.70	8.02	9.59	18.69	28.45	84.39
生铁	公斤		10.96	12.80	13.84	20.79	26.04	44.42
水泥	公斤		49.69	62.05	105.92	179.38	470.77	450.09
木材	立方米	0.06	0.16	0.15	0.21	0.15	0.17	0.08
化肥	公斤		6.77	9.72	11.98	14.50	15.90	18.25
5. 社会消费品零售总额	元	44.18	126.07	181.70	349.93	690.05	2055.89	4082.04
6. 进出口总额	美元				32.82	144.13	450.02	631.08
#出口额	美元				20.30	81.35	246.36	383.83
7. 货物运输量	吨	0.12	1.74	1.74	1.51	1.45	9.10	10.49
主要港口货物吞吐量	吨	0.05	0.16	0.24	0.33	0.50	1.08	2.06

平均每天主要社会经济活动

项　　目	单　　位	1952年	1978年	1980年	1985年	1990年	1995年	2000年
1. 国民生产总值	万元	348	1810	2398	5524	14483	59498	109274
国内生产总值	万元	349	1818	2385	5493	14309	58792	107399
2. 工农林牧渔业总产值	万元	418	2725	3478	7457	20784	92525	173517
农林牧渔业总产值	万元	303	995	1246	2714	6222	20237	28418
工业总产值	万元	115	1730	2232	4743	14561	72288	145099
3. 财政总收入	万元	60	415	420	685	1563	5057	10128
地方财政支出	万元	34	415	412	839	1875	4701	8882
4. 主要工农产品产量								
原　　煤	吨	8	11590	12685	16617	25353	31073	10275
原　　盐	吨	290	2564	2840	1940	1841	1980	777
木　　材	立方米	2140	10320	10551	15474	12744	15262	7127
发电量	万千瓦时	3	1115	1355	2115	3744	7166	11061
钢	吨		443	662	870	1415	1520	3423
钢　　材	吨		379	550	721	1542	2502	7775
生　　铁	吨		728	878	1041	1715	2290	4092
水　　泥	吨		3300	4254	7964	14796	41402	41469
平板玻璃	重量箱		1194	2190	2885	1810	8285	13147
布	万米	3	31	35	42	62	106	153
纱	吨		50	65	118	150	221	393
服　　装	件				30712	304575	485205	1092521
机制纸及纸板	吨	3	550	632	1009	1427	2858	2331
农用化肥	吨		499	666	901	1196	1478	1682
烧　　碱	吨		118	155	176	238	325	428
电视机	台		6	86	1615	3713	4089	7545
糖	吨	131	792	1021	1313	894	477	167

注：本表价值量指标按当年价格计算。

（续）

项目	单位	1952年	1978年	1980年	1985年	1990年	1995年	2000年
卷烟	箱	25	558	633	1268	2093	2229	2702
罐头	吨		112	177	365	395	1250	734
粮食	吨	10192	20408	21970	21764	24100	25203	23416
油料	吨	271	378	369	476	484	638	707
甘蔗	吨	1952	7891	9622	14703	9432	6811	2266
茶叶	吨	13	56	71	111	159	259	345
水果	吨	165	277	320	806	2076	6557	9765
猪牛羊肉	吨	5	665	663	1210	1689	2248	3239
水产品	吨	436	1492	1638	2747	3989	9817	14463
食用菌	吨					500	1048	1267
5. 社会消费品零售总额	万元	152	837	1246	2618	5691	18080	37611
6. 进出口总额	万美元				247	1189	3958	5815
出口额	万美元				153	671	2167	3536
进口额	万美元				94	518	1791	2278
7. 其他经济活动								
旅客运输量	万人	1	22	35	93	108	136	185
货物运输量	万吨		13	22	36	56	80	97
主要港口货物吞吐量	吨	1553	11182	18778	30523	41000	94816	190247
邮电业务总量	万元	4	28	33	57	201	1445	6749
邮寄函件	万件		24	32	42	44	86	66
长途电话	万张		1	2	3	13	105	227
固定资产投资	万元		248	356	1151	2984	18662	30472
住宅竣工面积	平方米		1889	4782	39125	66042	100964	107686
出版图书	万册		19	23	43	45	51	56
出版杂志	万册		1	3	9	9	12	12
出版报纸	万份		41	41	98	114	141	189

主要社会经济效益指标

项　　目	单　位	1995 年	1997 年	1998 年	1999 年	2000 年
社会劳动生产率	元/人	13753	18546	20317	21829	23823
第一产业	元/人	5860	7339	7769	7974	8170
第二产业	元/人	24514	32405	35506	38598	42911
工　业	元/人	27953	36883	39876	43848	49576
建筑业	元/人	14903	19740	23040	23572	23581
第三产业	元/人	19477	26462	29133	31620	33894
#交通运输仓储邮电通讯业	元/人	35694	51557	60245	69821	80067
批发零售贸易餐饮业	元/人	18547	25387	27340	28378	29952
总产出中间投入率	%	62.5	62.5	63.0	63.5	64.2
第一产业	%	37.1	37.7	37.3	37.8	38.2
第二产业	%	72.6	72.7	73.1	73.6	73.9
工　业	%	73.5	73.7	74.2	74.7	74.8
建筑业	%	66.8	65.3	66.0	66.0	66.9
第三产业	%	53.8	52.2	52.6	52.8	53.4
#交通运输仓储邮电通讯业	%	50.3	49.8	50.0	49.9	51.0
批发零售贸易餐饮业	%	60.5	58.9	60.3	60.3	60.3
增加值率	%	37.5	37.5	37.0	36.5	35.8
第一产业	%	62.9	62.3	62.7	62.2	61.8
第二产业	%	27.4	27.3	26.9	26.4	26.1
工　业	%	26.5	26.3	25.8	25.3	25.2
建筑业	%	33.2	34.7	34.0	34.0	33.1
第三产业	%	46.2	47.8	47.4	47.2	46.6
#交通运输仓储邮电通讯业	%	49.7	50.2	50.0	50.1	49.0
批发零售贸易餐饮业	%	39.5	41.1	39.7	39.7	39.7

注：本表均按当年价格计算。

主要年份国民生产总值和国内生产总值

单位：亿元

年份	国民生产总值	国内生产总值	第一产业	第二产业	#建筑业	第三产业	#运输仓储邮电业	批发零售贸易餐饮业	人均国民生产总值（元）	人均国内生产总值（元）
1950	9.53	9.54	7.06	1.27	0.18	1.21	0.11	0.44		79
1952	12.70	12.73	8.39	2.42	0.25	1.92	0.27	1.00	102	102
1957	21.87	22.03	12.31	5.20	0.97	4.52	0.64	2.21	153	154
1962	22.03	22.12	10.26	5.12	1.12	6.74	0.88	2.29	136	137
1965	28.75	28.81	13.48	8.31	1.76	7.02	1.10	1.57	166	166
1970	34.68	34.70	15.34	10.64	2.08	8.72	1.47	2.23	172	173
1975	46.50	46.48	19.43	17.81	3.52	9.24	1.85	1.15	204	203
1978	66.40	66.37	23.93	28.19	4.34	14.25	3.35	3.47	273	273
1979	74.30	74.11	27.97	31.37	5.17	14.77	3.32	3.29	301	300
1980	87.52	87.06	31.95	35.68	6.13	19.43	4.40	5.08	350	348
1981	106.31	105.62	39.30	39.75	6.59	26.57	6.01	7.01	419	416
1982	118.29	117.81	44.24	42.92	7.67	30.65	6.85	8.12	458	457
1983	128.27	127.76	47.27	46.05	8.29	34.44	7.29	9.38	489	487
1984	158.16	157.06	55.72	56.39	11.92	44.95	9.69	11.82	595	591
1985	201.65	200.48	68.13	72.56	10.47	59.79	12.35	15.17	741	737
1986	224.01	222.54	72.24	82.19	15.13	68.11	14.54	16.53	814	809
1987	280.70	279.24	89.24	101.28	18.59	88.72	19.37	23.14	1004	999
1988	385.78	383.21	118.16	141.82	21.37	123.23	32.50	40.58	1358	1349
1989	461.46	458.40	135.77	163.82	21.37	158.81	42.60	41.31	1600	1589
1990	528.64	522.28	147.01	174.47	23.92	200.80	48.56	49.53	1785	1763
1991	630.27	619.87	168.64	217.74	29.45	233.49	55.05	60.46	2076	2041
1992	795.18	784.68	194.87	291.60	49.82	298.21	70.51	79.64	2591	2557
1993	1144.89	1128.29	254.36	463.93	76.01	410.00	101.91	116.81	3686	3633
1994	1696.74	1675.66	362.90	739.52	109.64	573.24	139.04	146.83	5423	5355
1995	2176.67	2145.92	464.82	910.56	145.92	770.54	196.53	201.42	6884	6787
1996	2604.71	2560.05	537.38	1065.79	169.89	956.88	245.68	253.23	8130	7990
1997	3025.47	2974.50	576.63	1267.64	201.35	1130.23	298.72	299.87	9336	9179
1998	3341.89	3286.56	610.04	1401.11	235.98	1275.41	347.25	332.59	10236	10066
1999	3609.74	3550.24	628.86	1507.29	238.34	1414.09	392.88	353.48	10978	10797
2000	3988.49	3920.07	640.57	1711.16	241.09	1568.34	444.13	384.17	11804	11601

主要年份国民生产总值及国内生产总值指数

（以上年为100）

年份	国民生产总值	国内生产总值	第一产业	第二产业	#建筑业	第三产业	#运输仓储邮电业	批发零售贸易餐饮业	人均国民生产总值	人均国内生产总值
1952	123.3	123.3	112.1	131.5	138.9	119.3	142.1	147.1	121.1	121.1
1957	106.2	106.7	109.5	95.3	50.4	117.3	107.3	105.4	103.0	103.0
1962	98.4	98.6	107.6	94.2	155.7	94.6	68.3	108.2	96.6	96.4
1965	111.0	110.9	111.5	120.3	101.2	100.4	112.4	81.0	109.0	107.5
1970	109.9	109.9	105.0	123.2	101.9	101.0	111.9	128.8	106.5	105.7
1975	102.9	102.9	100.5	106.6	98.2	101.1	104.0	77.0	100.5	100.5
1978	117.8	117.8	101.5	132.4	90.4	121.5	147.8	162.9	115.7	115.6
1979	105.7	105.5	104.9	109.7	137.4	99.0	93.8	86.8	104.3	103.9
1980	118.8	118.4	113.9	118.1	155.1	125.7	132.5	143.7	117.1	117.2
1981	115.6	115.5	108.5	110.3	91.0	136.3	136.4	136.4	114.2	114.0
1982	109.0	109.3	106.8	108.2	134.9	114.2	114.2	114.1	106.9	107.5
1983	106.1	106.2	104.7	107.3	106.7	106.5	106.4	106.4	104.6	104.4
1984	118.3	117.9	110.1	120.3	93.7	124.3	124.3	124.2	116.6	116.3
1985	117.5	117.6	105.3	123.3	115.8	123.5	123.5	123.5	114.8	114.9
1986	105.8	105.7	102.1	113.0	177.0	99.4	100.5	96.7	104.5	104.5
1987	113.4	113.6	110.5	110.0	75.4	121.9	120.4	125.2	111.7	111.8
1988	114.4	114.3	102.6	125.1	67.6	109.7	135.7	129.5	112.6	112.6
1989	107.7	107.8	109.7	104.9	51.2	110.7	110.2	90.8	106.0	106.1
1990	108.2	107.5	101.7	108.1	63.6	111.4	98.2	110.4	105.5	104.7
1991	114.8	114.2	109.1	122.0	111.2	111.5	107.2	116.7	112.0	111.4
1992	120.0	120.3	110.5	128.5	140.6	120.0	120.1	127.1	118.7	119.0
1993	124.6	124.1	109.4	138.3	116.1	120.1	119.7	122.6	123.1	122.6
1994	121.2	121.1	109.3	133.5	126.2	114.0	119.6	107.6	120.3	120.2
1995	115.7	115.1	109.5	117.9	128.5	114.8	118.1	119.9	114.5	113.9
1996	114.6	113.9	108.8	114.9	110.6	115.6	117.0	117.8	112.4	113.1
1997	114.6	114.6	108.0	116.6	116.0	115.4	117.0	117.2	113.3	113.3
1998	111.1	111.1	106.7	112.8	113.3	111.0	110.6	114.1	110.3	110.2
1999	109.9	110.0	105.7	111.6	102.0	109.8	111.5	110.5	109.2	109.1
2000	109.6	109.5	102.6	111.2	100.6	110.2	110.0	109.8	106.5	106.7

主要年份总人口和人口变动系数

单位：‰

年份	总人口（万人）	人口出生率	人口死亡率	人口自然增长率	人口密度（人/平方公里）
1952	1270	37.92	13.32	24.60	105
1957	1461	37.56	9.80	27.76	121
1962	1602	41.14	11.65	29.49	132
1965	1759	41.19	7.92	33.27	145
1970	2020	34.23	6.98	27.25	167
1975	2297	29.19	6.58	22.61	189
1978	2446	25.35	6.31	19.04	202
1979	2487	22.91	6.28	16.63	205
1980	2519	18.68	6.27	12.41	208
1981	2563	23.40	6.25	17.15	211
1982	2620	27.91	6.35	21.56	216
1983	2668	24.53	6.31	18.22	220
1984	2720	25.68	6.25	19.43	224
1985	2769	23.88	6.18	17.70	228
1986	2820	24.02	5.85	18.17	233
1987	2875	24.91	5.79	19.21	237
1988	2929	24.34	5.81	18.53	242
1989	2984	24.67	6.10	18.57	246
1990	3037	24.44	6.71	17.73	251
1991	3079	20.03	6.26	13.77	254
1992	3116	18.18	6.02	12.16	257
1993	3150	16.72	5.62	11.10	260
1994	3183	16.24	5.95	10.29	263
1995	3237	15.20	5.90	9.30	267
1996	3261	13.22	5.94	7.28	269
1997	3282	12.41	6.09	6.32	271
1998	3299	11.53	6.20	5.33	272
1999	3316	11.06	5.85	5.21	273
2000	3410	11.60	5.85	5.75	281

主要年份全社会从业人员数

（年底数）

单位：万人

年份	总计	职工	国有单位	城镇集体单位	其他单位	城镇个私劳动者	乡村劳动者	其他从业人员
1952	473.66	19.43	19.02	0.41		32.83	421.40	
1957	531.68	63.05	51.40	11.65		5.54	463.09	
1962	582.96	103.49	77.34	26.15		4.75	474.72	
1965	633.15	118.08	83.83	34.25		4.48	510.59	
1970	759.43	133.12	93.37	39.75		3.91	622.40	
1975	854.33	160.89	111.42	49.47		3.24	690.20	
1978	924.41	205.66	148.49	57.17		1.88	716.87	
1979	953.71	217.99	156.70	61.29		1.72	734.00	
1980	963.72	231.12	167.46	63.66		2.77	729.83	
1981	1001.74	242.44	176.35	66.09		3.22	756.08	
1982	1027.96	249.80	183.03	66.77		4.25	773.91	
1983	1056.72	254.02	187.30	66.72		7.65	795.05	
1984	1101.82	262.78	182.82	79.24	0.72	9.15	829.89	
1985	1152.09	274.11	191.37	80.93	1.81	13.78	864.20	
1986	1188.93	283.86	198.50	81.79	3.57	15.26	889.81	
1987	1237.74	293.34	205.34	82.26	5.74	19.33	925.07	
1988	1281.07	301.71	211.00	81.93	8.78	22.59	956.77	
1989	1301.81	302.50	211.16	78.49	12.85	25.15	974.16	
1990	1348.38	310.86	214.65	78.12	18.09	25.28	1012.24	
1991	1436.50	322.28	219.44	77.43	25.41	37.82	1076.40	
1992	1489.61	338.80	222.04	78.67	38.09	31.46	1119.35	
1993	1531.42	344.79	220.51	71.32	52.96	46.61	1131.33	8.69
1994	1553.57	352.60	218.77	66.25	67.58	59.82	1134.16	6.99
1995	1567.10	344.11	217.06	60.30	66.75	66.04	1148.47	8.48
1996	1594.36	351.30	217.97	57.47	75.86	68.58	1166.89	7.59
1997	1613.41	357.71	215.60	54.80	87.31	66.49	1181.39	7.82
1998	1621.87	334.53	187.80	41.36	105.37	78.57	1200.32	8.45
1999	1630.85	320.39	175.04	35.71	109.64	88.07	1213.90	8.49
2000	1660.19	318.00	166.78	33.15	118.07	90.19	1244.12	7.87

注：1998年起职工的统计口径为“在岗职工人数”；1998年以前国有单位统计口径为国有经济单位，集体单位统计口径为集体经济单位，其他单位统计口径为其他各种经济类型单位。

全社会固定资产投资额

单位：亿元

年份	全社会固定资产投资额	基本建设	更新改造	房地产投资	其他投资	城乡集体投资	城乡个人投资
1952	0.62	0.37				0.12	0.13
1957	2.42	1.73	0.08			0.45	0.16
1962	3.23	1.78	0.16			0.67	0.62
1965	4.94	2.72	0.37			0.93	0.92
1970	7.21	3.81	0.55			1.16	1.69
1975	10.26	4.75	1.33			1.96	2.22
1978	13.35	7.00	1.66			2.22	2.47
1979	15.30	8.72	1.79		0.01	2.62	2.16
1980	18.30	10.33	2.27		0.05	3.13	2.52
1981	18.47	8.69	3.58		0.03	3.36	2.81
1982	24.45	11.16	3.96		0.02	3.95	5.36
1983	26.97	11.83	4.50		0.63	4.76	5.25
1984	34.61	14.57	5.84		0.85	6.52	6.83
1985	55.62	26.76	8.49		2.32	8.89	9.16
1986	64.46	29.08	10.54	3.57	0.87	6.44	13.96
1987	81.60	35.60	12.07	3.25	1.49	10.71	18.48
1988	100.29	37.28	15.05	7.13	2.02	11.51	27.30
1989	101.65	33.77	15.43	11.02	3.54	11.30	26.59
1990	115.41	38.18	16.57	13.47	3.33	12.17	31.69
1991	145.62	48.19	19.98	21.07	6.43	15.59	34.36
1992	227.55	70.86	29.40	41.03	13.29	22.77	50.20
1993	368.45	118.25	47.95	60.93	26.82	38.76	75.74
1994	538.86	176.63	66.63	101.98	47.33	42.46	103.83
1995	681.17	213.96	80.47	151.37	53.91	50.03	131.43
1996	790.00	241.19	92.52	151.69	89.75	71.34	143.51
1997	898.47	274.18	137.31	148.33	98.69	82.71	157.25
1998	1048.52	343.63	168.34	165.63	103.18	97.85	169.89
1999	1084.66	363.65	172.55	178.62	92.20	120.49	157.15
2000	1112.21	334.59	175.42	207.37	104.20	147.85	142.78

注：1999～2000年农村集体系非农户投资。

按经济类型分全社会固定资产投资额

单位：亿元

年份	国有经济	集体经济	个人投资	其他经济	#股份制	联营	港澳台及外商独资
1952	0.37	0.12	0.13				
1957	1.81	0.45	0.16				
1962	1.94	0.67	0.62				
1965	3.09	0.93	0.92				
1970	4.36	1.16	1.69				
1975	6.08	1.96	2.22				
1978	8.66	2.22	2.47				
1979	10.51	2.62	2.16	0.01			
1980	12.60	3.13	2.52	0.05			
1981	12.27	3.36	2.81	0.03			
1982	15.12	3.95	5.36	0.02			
1983	16.91	4.77	5.25	0.04			
1984	21.07	6.52	6.83	0.19			
1985	37.10	8.89	9.16	0.47			
1986	43.74	6.44	13.96	0.32			
1987	52.14	9.75	19.44	0.27			
1988	60.82	11.51	27.30	0.66			
1989	61.65	11.30	26.59	2.11			
1990	69.49	12.17	31.69	2.06			
1991	91.11	15.59	34.36	4.56			
1992	124.36	25.65	50.20	27.34			
1993	195.26	43.09	75.74	54.36	5.07	1.50	46.49
1994	249.14	50.69	103.83	135.20	13.71	7.02	112.60
1995	306.70	61.10	132.33	181.04	14.40	5.26	154.86
1996	323.20	84.23	145.28	237.29	23.83	7.55	199.82
1997	368.64	94.27	159.48	276.08	37.15	7.75	220.10
1998	429.57	113.25	181.87	323.83	63.82	8.82	239.46
1999	450.63	56.26	204.05	373.72	99.12	18.11	239.67
2000	436.49	43.33	190.49	441.90	131.50	4.52	177.37

主要年份全社会新增固定资产

单位：亿元

年份	全社会新增固定资产	#基本建设	更新改造	年份	全社会新增固定资产	#基本建设	更新改造
1952	0.63	0.38		1987	64.24	23.60	9.43
1957	4.75	4.10	0.06	1988	84.66	33.17	9.46
1962	2.60	1.22	0.12	1989	78.55	21.74	11.96
1965	4.38	2.29	0.28	1990	98.86	30.00	14.51
1970	4.53	1.31	0.41	1991	112.01	29.02	17.29
1975	9.13	4.03	0.99	1992	157.43	32.81	24.21
1978	8.95	3.25	1.13	1993	229.81	51.98	35.26
1979	11.78	5.88	1.21	1994	349.41	96.16	52.57
1980	13.65	6.80	1.33	1995	438.61	99.49	55.41
1981	15.51	7.07	2.41	1996	546.08	143.83	72.27
1982	18.62	6.71	2.71	1997	786.86	252.51	116.81
1983	22.37	8.96	2.87	1998	783.01	231.43	143.87
1984	29.83	12.06	4.13	1999	885.86	262.67	143.39
1985	39.57	14.46	5.74	2000	895.51	204.63	160.17
1986	49.55	18.25	8.41				

按构成用途分固定资产投资额及房屋建筑面积

项目	单位	1995年	1997年	1998年	1999年	2000年
一、全社会固定资产投资	亿元	681.17	898.47	1048.52	1084.66	1112.21
按构成分						
建筑安装工程	亿元	487.45	584.09	683.24	681.87	694.70
设备工具器具购置	亿元	119.14	212.38	237.70	268.39	290.24
其他费用	亿元	74.58	102.00	127.58	134.40	127.27
按工程用途分						
第一产业	亿元	16.04	27.83	25.52	29.99	18.76
第二产业	亿元	188.00	261.76	320.35	349.06	403.29
第三产业	亿元	257.32	382.16	446.13	425.61	422.94
住宅	亿元	219.81	226.72	256.52	280.00	267.22
二、房屋建筑面积						
施工面积	万平方米	7589.31	8418.67	9546.30	9279.12	10651.18
#住宅	万平方米	5127.41	5282.36	6218.93	5468.70	6689.56
竣工面积	万平方米	4840.15	5161.38	5951.09	4702.24	5338.38
#住宅	万平方米	3685.20	3928.96	4628.66	3297.59	3930.54

全社会住宅投资额和住宅竣工面积

(1981～2000年)

年份	全社会住宅投资额(亿元)	#基本建设	房地产投资	城乡个人	城镇个人	农村个人
1981	5.20	2.04		2.46	0.51	1.95
1982	8.42	2.93		4.62	0.43	4.19
1983	8.32	3.11		4.27	0.68	3.59
1984	9.62	2.95		5.57	1.58	3.99
1985	13.59	4.82		7.42	2.15	5.26
1986	17.84	4.41	2.56	9.44	1.98	7.46
1987	19.55	3.28	2.36	12.75	3.44	9.31
1988	30.15	4.34	5.13	18.91	5.76	13.15
1989	32.70	3.53	8.02	19.21	4.80	14.41
1990	39.06	3.49	9.10	24.68	6.26	18.42
1991	46.92	4.80	14.35	25.46	5.49	19.97
1992	78.30	8.10	28.76	38.73	14.11	24.61
1993	112.78	13.98	39.99	54.68	23.83	30.85
1994	178.38	22.54	69.96	77.22	34.15	43.07
1995	219.81	14.78	88.51	106.85	41.07	65.78
1996	226.16	19.13	75.29	122.01	44.19	77.82
1997	226.72	20.10	72.49	123.63	44.27	79.35
1998	256.52	24.10	85.44	136.49	56.04	80.45
1999	280.00	26.26	105.08	128.05	60.82	67.23
2000	267.22	14.27	125.07	118.39	52.12	66.27

年份	全社会住宅竣工面积(万平方米)	#基本建设	房地产投资	城乡个人	城镇个人	农村个人
1981	1478.95	178.73		1215.12	68.55	1146.57
1982	1481.65	210.42		1053.12	68.03	985.09
1983	1254.20	236.20		861.96	98.04	763.92
1984	1324.08	235.47		944.18	201.59	742.59
1985	1428.30	242.22		1066.52	239.52	827.00
1986	2262.99	251.43	112.40	1770.52	212.21	1558.31
1987	1693.05	134.04	72.21	1394.48	260.75	1133.73
1988	2438.81	133.76	112.25	2106.62	328.71	1777.91
1989	1895.20	103.78	145.78	1578.25	243.42	1334.83
1990	2438.93	93.16	139.47	2093.88	290.35	1803.53
1991	2144.79	97.74	147.03	1815.51	240.51	1575.00
1992	2602.66	141.19	181.24	2192.19	522.19	1670.00
1993	2443.93	154.62	238.46	1957.67	601.67	1356.00
1994	3639.98	217.48	359.14	2952.73	860.17	2092.56
1995	3685.20	183.49	585.82	2814.57	1009.28	1805.29
1996	4017.69	237.82	419.56	3233.36	1044.95	2188.41
1997	3928.96	242.45	500.07	3012.71	1083.27	1929.44
1998	4628.66	231.51	450.90	3799.44	1175.60	2623.84
1999	3297.59	271.59	604.21	2139.81	1196.68	943.13
2000	3930.54	151.05	771.81	2874.62	944.62	1930.00

单位从业人员劳动报酬

（2000 年）

单位：万元

项目	单位从业人员劳动报酬	在岗职工工资总额	其他从业人员劳动报酬	#聘用离退休人员
合计	3450783	3346232	104551	13931
按企事业机关分				
企业	2360616	2266874	93742	11799
事业	771074	761846	9228	1791
机关	319093	317512	1581	341
按行业分				
农林牧渔业	53609	52380	1229	223
采掘业	42120	41380	740	178
制造业	1263060	1221621	41439	4812
电力、煤气及水的生产和供应业	103721	102798	923	260
建筑业	234376	224568	9808	1262
地质勘查业、水利管理业	12258	12190	68	31
交通运输、仓储及邮电通信业	222845	214870	7975	261
批发和零售贸易、餐饮业	176724	171817	4907	1076
金融、保险业	150858	135877	14981	187
房地产业	41208	36699	4509	1593
社会服务业	111411	106908	4503	1353
卫生、体育和社会福利业	129285	127003	2282	825
教育、文化艺术和广播电影电视业	496038	490326	5712	750
科学研究和综合技术服务业	40990	39301	1689	690
国家机关、政党机关和社会团体	334446	332780	1666	346
其他行业	37834	35714	2120	84
按三次产业分				
第一产业	38190	37169	1021	179
第二产业	1643276	1590367	52909	6514
第三产业	1769317	1718696	50621	7238

主要年份各行业职工平均工资

单位：元

行　　业	1980 年	1985 年	1990 年	1995 年	1999 年	2000 年
合　计	703	1059	2162	5857	9490	10584
农林牧渔业	530	719	1551	3483	5222	6065
采掘业		1168	2402	5181	6477	7437
制造业	691	1001	2154	5931	8854	9666
电力、煤气及水的生产和供应业		1059	2800	8571	13414	14518
建筑业	814	1324	2381	6781	9706	10632
地质勘查业、水利管理业	1028	1270	2486	5901	8790	9667
交通运输、仓储及邮电通信业	796	1203	2423	7530	12566	14335
批发和零售贸易、餐饮业	654	941	1832	4476	7587	8682
金融、保险业	700	1139	2269	8519	14173	15465
房地产业		1106	2640	8270	12109	13138
社会服务业	662	1055	2216	5882	9295	10380
卫生、体育和社会福利业	697	1081	2263	5724	10350	12043
教育、文化艺术和广播电影电视业	737	1190	2288	5364	9617	10893
科学研究和综合技术服务业	784	1195	2511	6431	12284	14603
国家机关、政党机关和社会团体	785	1119	2299	5589	10474	11652
其他行业				5717	12031	13555

注：本表1998年起统计口径为在岗职工平均工资。

按登记注册类型分职工平均工资

(1978～2000年)

单位：元

年　份	合　计	国有单位	城镇集体单位	其他单位
1978	567	594	500	
1979	610	642	530	
1980	703	737	613	1014
1981	716	746	637	687
1982	765	792	691	
1983	827	861	730	
1984	921	966	813	1742
1985	1059	1115	912	1855
1986	1243	1328	1027	1498
1987	1319	1402	1097	1571
1988	1644	1742	1342	2100
1989	1895	2009	1499	2532
1990	2162	2288	1704	2674
1991	2420	2502	1936	3217
1992	2780	2846	2192	3649
1993	3480	3506	2735	4420
1994	4890	5001	3644	5763
1995	5857	5790	4481	7305
1996	6683	6608	5078	8076
1997	7559	7621	5582	8636
1998	8531	8682	6662	8999
1999	9490	9867	7320	9587
2000	10584	11170	8140	10422

注：本表1998年起统计口径为在岗职工平均工资。1998年以前国有单位统计口径为国有统计单位，集体单位统计口径为集体经济单位，其他单位统计口径为其他各种经济类型单位。

主要年份城镇居民家庭基本情况

年份	平均每户家庭人口(人)	平均每户就业人数(人)	平均每户就业面(%)	平均每一就业者负担人数(人)	平均每人全年可支配收入(元)	平均每人全年实际收入(元)	平均每人消费性支出(元)	平均每人居住面积(平方米)
1952					106		96	
1957					165		131	
1959	4.72	1.40	29.7	3.37	206	206	190	
1962	5.46	1.72	31.5	3.17	203	203	186	
1963	5.40	1.50	27.8	3.60	207		189	
1964	5.33	1.53	28.8	3.48	211	211	194	
1965	5.13	1.65	32.2	3.12	217	217	201	
1966	5.00	1.40	28.0	3.40	223	223	186	
1975	4.97	2.05	41.3	2.42	333	333	297	
1978	3.87	2.40	62.0	1.61	371	371	285	
1980	4.53	2.32	51.2	1.95	450	450	392	5.7
1981	4.51	2.40	53.2	1.88	452	451	405	5.9
1982	4.44	2.48	55.9	1.79	520	519	466	6.1
1983	4.36	2.41	55.3	1.80	573	581	504	6.7
1984	4.27	2.37	55.5	1.80	582	591	494	7.2
1985	4.06	2.25	55.4	1.81	733	744	675	8.4
1986	4.00	2.23	55.8	1.79	929	940	790	8.4
1987	3.97	2.25	56.6	1.77	1021	1031	893	8.5
1988	3.77	2.10	55.7	1.79	1236	1248	1077	8.8
1989	3.70	2.09	56.5	1.77	1555	1572	1340	9.4
1990	3.64	2.09	57.4	1.74	1749	1770	1431	9.3
1991	3.43	2.00	58.3	1.72	1953	1974	1659	9.8
1992	3.39	2.03	59.9	1.67	2351	2353	1942	10.5
1993	3.35	2.01	60.0	1.67	2923	2928	2418	10.8
1994	3.29	1.92	58.4	1.71	3935	3937	3351	12.1
1995	3.27	1.93	59.0	1.69	4853	4856	4132	12.3
1996	3.25	1.94	59.7	1.68	5574	5577	4568	12.3
1997	3.28	1.96	59.8	1.67	6144	6201	4936	12.3
1998	3.23	1.90	58.8	1.70	6486	6545	5181	13.1
1999	3.22	1.90	59.0	1.69	6860	6914	5267	13.1
2000	3.23	1.80	55.7	1.79	7432	7486	5639	15.3

城镇居民家庭每百户耐用消费品拥有量

（年底数）

品　名	单　位	1995 年	1997 年	1998 年	1999 年	2000 年
毛皮大衣	件	35.12	41.36	36.17	41.90	57.07
组合家俱	套	41.20	44.08	47.09	49.00	55.80
毛　毯	条	143.28	130.72	127.42	118.30	135.20
大衣柜	个	89.76	77.84	78.92	72.20	81.60
写字台	张	104.88	93.28	95.20	90.40	82.60
沙发床	个	25.44	30.64	33.45	33.40	45.13
沙　发	个	179.04	172.24	162.77	150.00	175.67
摩托车	辆	11.68	22.88	25.23	27.50	36.60
自行车	辆	210.08	175.44	176.96	181.60	158.07
洗衣机	台	89.28	92.56	90.91	94.00	93.20
电风扇	台	250.48	227.12	235.12	240.50	235.13
电冰箱	台	76.72	84.48	83.38	84.80	87.80
彩色电视机	台	93.04	109.44	112.12	115.40	128.07
影碟机	台		14.00	22.90	32.10	58.33
录放相机	台	16.80	20.08	19.88	20.70	19.20
家用电脑	台		2.24	2.44	4.20	11.47
组合音响	套	14.24	19.44	21.08	23.40	24.87
收录机	台	68.32	54.88	56.34	54.80	33.67
钢　琴	架	0.96	1.20	1.34	1.80	1.60
其他中高档乐器	件	7.04	4.72	6.20	6.30	5.20
照相机	架	24.00	30.56	32.41	32.50	33.20
摄像机	台		0.32	0.60	0.30	1.47
空调器	台	5.12	20.24	24.25	25.90	43.53
电炊具	台	125.28	104.00	120.93	126.20	113.87
淋浴热水器	台	49.60	69.12	92.17	73.70	82.60
脱排油烟机	台	31.20	37.68	39.12	39.60	50.67
吸尘器	台	2.96	2.40	2.23	2.40	3.33
微波炉	台		5.68	9.28	13.60	27.53
健身器材	件		2.80	4.18	4.30	4.60
移动电话	台		4.16	9.11	17.10	50.40

主要年份农民家庭基本情况

年份	平均每户常住人口（人）	平均每户整半劳力（人）	平均每个劳力负担人口（人）	平均每人纯收入（元）	平均每人生活消费支出（元）	#平均每人生活消费品支出（元）	平均每人文化生活服务支出（元）	平均每人使用住房面积（平方米）
1952			2.20	69.97	67.52			
1957			2.39	112.13	101.60			
1962			2.38	154.57	131.36			
1965			2.87	128.74	114.15			
1970			2.71	120.70	107.87			
1978	6.50	2.22	2.92	137.54	112.73	106.74	2.99	
1979			2.88	142.20	132.57			
1980	6.25	2.06	3.03	171.75	157.67	152.34	5.33	
1981	6.23	2.10	2.97	231.65	199.25	193.52	5.73	8.30
1982	6.27	2.27	2.76	268.16	231.14	224.41	6.73	7.67
1983	6.29	2.60	4.42	301.84	261.86	225.18	6.68	10.44
1984	6.19	2.66	2.32	344.94	287.87	279.03	8.84	11.73
1985	5.74	2.95	1.94	396.45	350.57	337.21	13.36	14.47
1986	5.69	2.99	1.90	418.51	394.10	378.89	15.21	15.10
1987	5.51	3.08	1.82	484.88	442.83	416.32	26.51	15.86
1988	5.56	3.09	1.80	613.41	570.73	535.42	35.31	16.18
1989	5.54	3.09	1.79	697.34	652.58	606.63	45.95	16.65
1990	5.50	3.03	1.81	764.41	707.97	646.85	61.12	18.47
1991	5.37	3.03	1.77	850.05	746.99	679.05	67.94	19.14
1992	5.31	3.05	1.74	984.11	820.74	739.22	81.52	19.64
1993	5.24	3.10	1.69	1210.51	1069.79	937.22	132.57	22.38
1994	5.17	3.13	1.65	1577.74	1439.53	1248.98	190.55	24.62
1995	4.91	3.02	1.62	2048.59	1793.68	1507.46	286.22	22.88
1996	4.87	2.98	1.63	2492.49	2033.54	1622.53	293.04	23.37
1997	4.77	2.96	1.61	2785.67	2119.56	1740.50	296.65	23.74
1998	4.70	3.00	1.57	2946.37	2192.35	1853.11	339.24	24.87
1999	4.62	2.95	1.56	3091.39	2252.09	1891.53	360.56	26.40
2000	4.24	2.70	1.57	3230.49	2409.69	2074.58	335.11	32.14

主要物价总指数

（以上年价格为100）

年份	居民消费价格指数	城市	农村	商品零售价格指数	城市	农村
1951	106.6	107.8	105.8	107.3	108.4	106.2
1952	98.0	97.6	99.2	97.9	97.2	98.9
1957	100.5	100.8	100.3	100.5	100.7	100.2
1962	101.8	100.5	102.6	101.6	100.6	102.8
1965	95.2	94.4	95.7	95.0	94.1	95.6
1970	98.9	99.0	98.9	99.0	99.0	98.8
1975	100.1	100.1	100.1	100.2	100.2	100.1
1978	100.2	100.4	100.1	100.3	100.5	100.1
1979	102.8	102.7	102.9	103.0	102.9	103.1
1980	105.3	106.3	104.6	105.6	106.5	104.8
1981	102.7	104.0	101.9	103.6	104.4	102.1
1982	103.4	103.1	103.6	103.6	103.2	103.8
1983	101.3	102.0	100.9	101.3	101.6	100.6
1984	102.1	102.8	101.1	101.6	102.2	100.6
1985	111.3	114.0	107.5	111.4	114.4	107.1
1986	106.5	106.9	105.4	106.3	106.9	105.0
1987	109.4	110.6	107.9	109.7	111.0	108.1
1988	126.5	127.0	126.0	127.4	128.0	126.8
1989	118.9	118.8	118.9	118.6	118.8	118.5
1990	99.3	100.1	98.6	98.6	99.5	97.9
1991	103.5	104.6	102.4	103.3	104.2	102.3
1992	105.9	108.0	104.1	105.5	107.4	103.7
1993	115.4	116.8	114.2	113.8	115.7	112.0
1994	125.3	125.1	125.5	123.0	122.6	123.7
1995	115.2	116.4	114.4	114.4	114.3	114.7
1996	105.9	106.9	105.4	104.5	104.4	104.7
1997	101.7	102.5	101.3	99.8	99.6	100.1
1998	99.7	100.0	99.5	98.5	98.3	98.9
1999	99.1	98.7	99.2	96.5	96.2	96.9
2000	102.1	103.2	101.3	98.9	99.0	98.9

（续）

年份	服务项目价格指数	农业生产资料价格指数	农产品成交价格指数	农副产品收购价格指数	农村工业品零售价格指数
1951		102.9		99.1	107.0
1952		99.8		101.6	100.5
1957		98.8		104.2	99.0
1962		117.8		98.3	108.5
1965		93.4		99.0	95.8
1970		100.3		99.7	97.0
1975		100.3		100.1	100.0
1978		100.1		100.9	100.1
1979	99.5	100.4	94.6	127.6	100.1
1980	102.5	101.0	100.4	105.4	100.9
1981	102.1	103.3	115.5	107.4	102.3
1982	100.9	104.4	107.7	105.7	104.3
1983	106.0	103.0	103.4	104.2	101.6
1984	108.2	103.8	95.5	104.4	101.4
1985	110.1	105.6	116.0	116.4	103.9
1986	108.5	102.5	107.6	107.5	103.0
1987	106.1	106.8	116.3	114.0	104.9
1988	119.5	121.5	133.5	132.3	120.9
1989	122.0	119.5	116.7	116.7	117.2
1990	105.7	100.3	95.6	93.8	100.4
1991	105.2	105.1	96.7	99.5	104.3
1992	105.7	102.2	105.4	104.3	101.9
1993	126.7	111.4	116.4	113.4	110.3
1994	124.1	117.8	127.5	128.1	118.2
1995	118.2	120.2	117.4	124.8	114.1
1996	108.5	106.2	101.8	102.6	105.0
1997	119.0	99.5	94.1	93.4	100.2
1998	105.3	94.6	93.5	93.1	97.3
1999	123.4	96.1	90.5	89.4	97.5
2000	129.9	97.4	96.2	94.8	98.7

地方财政收支情况

单位：万元

项　　目	1995 年	1997 年	1998 年	1999 年	2000 年
地方财政收入	1173692	1629149	1879249	2089218	2341061
#工商税收	720392	1013838	1175342	1249453	1441451
增值税	180045	224375	245803	267097	353461
营业税	290573	409919	479930	524834	582053
城市维护税	57914	71098	79661	87284	97646
其他各项税收	191860	308446	369948	370238	408291
农业税收	91959	109717	104157	107080	99645
耕地占用税	16709	16080	15439	13617	13474
契税	12446	16234	30027	47066	55799
企业收入	124339	182881	147981	252515	361535
#工业	36082	47640	24881	29075	37483
罚没收入及行政性收费收入	81670	139051	155758	160171	176710
教育费附加收入	20484	45839	33782	35489	41508
地方财政支出	1715798	2243565	2548663	2792361	3241839
#基本建设支出	191628	214088	251028	260013	291301
企业挖潜改造资金	66176	73009	74942	97168	110869
科技三项费用	13793	27394	29907	43331	51227
各项行政事业经费	1300676	1933888	2154254	2360327	2742387
#支援农村支出	55496	63424	70458	78246	90951
农林水等部门事业费	57003	79047	88087	93622	99551
城市维护费	73629	92967	97421	94835	102382
环保补助支出	13634	16598	20120	20950	20303
文教卫生科学事业费	439864	628724	708045	797806	912787
抚恤和社会福利救济费	34310	39760	47973	57064	59513
行政管理费	167067	220606	236805	253643	270645
教育费附加支出	18268	40626	24903	29253	35174

注：本表行政管理费未包括公检法等部门支出。

金融系统年末存贷款余额

（1990～2000 年）

单位：亿元

年份	金融系统存款余额	#商业银行存款	金融系统贷款余额	#商业银行贷款
1990	359.45	278.03	381.75	318.14
1991	477.46	366.94	453.10	373.53
1992	667.01	521.63	589.74	466.19
1993	824.37	643.01	774.65	628.06
1994	1101.80	829.06	954.73	751.70
1995	1451.68	1087.92	1176.63	924.90
1996	1901.71	1439.78	1467.79	1152.92
1997	2192.73	1660.02	1750.38	1350.55
1998	2554.69	1967.12	1942.92	1609.98
1999	2924.92	2279.77	2257.99	1833.14
2000	3114.31	2524.80	2440.65	2035.34

注：商业银行包括“工、农、中、建、交、兴、发、投、光大”银行。

银行现金收入及支出

单位：亿元

项目	1990 年	1995 年	1997 年	1998 年	1999 年	2000 年
现金收入	555.13	3531.20	7901.91	10787.83	12661.88	14799.25
#商品销售收入	169.35	621.12	758.93	947.19	1021.31	1127.24
服务事业收入	34.39	201.32	273.54	400.46	443.60	527.30
税款收入	7.93	33.06	41.49	62.36	69.58	78.74
个体经营收入	5.80	69.46	153.87	324.65	306.17	310.64
储蓄存款收入	241.44	1837.80	5248.97	7824.42	9503.89	11275.47
其他金融机构收入	11.65	93.68	147.09	72.54	57.87	71.31
汇兑收入	17.53	165.80	293.27	341.40	400.54	468.89
现金支出	537.62	3540.42	7917.35	10821.58	12772.64	14837.47
#工资及对个人其他支出	107.98	374.78	491.36	562.99	582.65	604.27
农付产品收购支出	45.88	165.90	201.68	182.93	339.29	360.62
工矿产品收购支出	17.23	156.25	182.97	426.57	328.24	379.83
行政事业管理费支出	29.18	154.22	208.23	329.23	405.34	500.12
个体经营支出	8.77	85.99	159.82	456.82	473.56	374.34
储蓄存款支出	207.57	1799.48	5271.69	7783.83	9605.51	11438.26
其他金融机构支出	6.82	69.42	114.17	51.32	47.34	61.49
汇兑支出	16.11	135.62	227.30	244.27	231.39	275.52

注：1.1998 年起个体经营收入（支出）与往年口径不可比。
2.1998 年起现金收支含信用社现金收支。

主要年份农作物播种面积

单位：千公顷

年份	合计	粮食作物	#谷物	经济作物	其他作物	复种指数(%)
1952	2109.80	1938.87	1537.27	127.53	43.40	143.1
1957	2377.67	2148.73	1646.67	144.93	84.01	159.5
1962	2061.27	1897.60	1448.87	101.60	62.07	159.0
1965	1976.27	1726.13	1425.40	119.53	130.61	144.8
1970	2350.53	2000.47	1611.61	121.13	228.93	165.2
1975	2756.40	2290.87	1892.23	159.07	306.46	192.7
1978	2701.05	2213.13	1879.52	180.01	307.91	194.7
1979	2662.27	2149.54	1843.79	204.97	307.76	192.8
1980	2573.93	2175.55	1800.39	206.92	191.46	190.7
1981	2526.59	2137.51	1782.74	224.96	164.12	190.2
1982	2469.47	2083.54	1729.99	233.23	152.70	187.9
1983	2428.38	2008.99	1738.06	193.20	226.19	186.4
1984	2386.71	2017.04	1686.64	216.46	153.21	184.4
1985	2335.71	1888.49	1568.08	261.20	186.02	185.5
1986	2401.03	1897.72		235.77	267.54	187.7
1987	2543.93	1961.53		238.13	344.27	197.2
1988	2588.62	1961.95	1606.84	245.30	381.37	201.2
1989	2656.64	2045.34	1647.45	230.18	381.12	206.7
1990	2745.92	2080.57	1657.72	234.53	430.82	212.0
1991	2826.85	2087.23	1641.69	255.72	483.90	216.8
1992	2881.05	2085.05	1628.47	284.64	511.36	222.3
1993	2786.95	1967.21	1502.76	312.54	507.20	221.1
1994	2800.97	2002.25	1512.07	259.50	539.22	224.3
1995	2835.09	2017.35	1510.46	252.09	565.65	228.6
1996	2900.75	2031.85	1507.09	267.86	601.04	235.7
1997	2943.63	2041.29	1501.25	279.25	623.09	241.0
1998	2918.81	2028.64	1484.80	247.98	642.19	240.9
1999	2915.41	2009.52	1466.49	247.08	658.81	242.0
2000	2793.25	1828.51	1303.21	246.35	718.39	229.3

注：谷物面积具体包括稻谷、小麦、玉米、高粱、谷子等5种作物。

主要年份农林牧渔业总产值

单位：亿元

年 份	合 计	农 业	#种植业	林 业	牧 业	渔 业
1952	11.07	8.44	7.38	0.65	1.42	0.56
1957	17.05	11.32	9.41	2.16	2.35	1.22
1962	14.81	11.23	9.23	0.63	1.75	1.20
1965	18.80	13.50	11.84	1.23	2.84	1.23
1970	21.12	15.49	14.01	1.49	2.66	1.48
1975	27.06	20.45	18.57	1.86	3.24	1.51
1978	36.33	28.22	25.80	2.31	3.82	1.98
1979	43.11	29.29	27.39	3.27	7.00	3.55
1980	45.49	31.13	29.19	3.41	7.38	3.57
1981	56.11	37.93	34.50	4.62	8.75	4.81
1982	63.73	42.74	38.33	4.90	10.38	5.71
1983	68.08	44.11	38.69	5.57	11.48	6.92
1984	80.66	50.81	44.63	7.07	14.39	8.39
1985	99.05	59.34	50.14	9.13	19.62	10.96
1986	107.07	60.76	49.72	10.29	22.02	14.00
1987	132.97	72.08	60.03	13.57	27.75	19.57
1988	182.00	94.08	79.34	17.50	39.65	30.77
1989	209.92	108.10	93.29	18.41	51.95	31.46
1990	227.12	118.31	102.50	21.54	51.93	35.34
1991	253.51	133.34	117.74	25.40	54.36	40.40
1992	295.24	150.64	132.99	29.21	61.75	53.63
1993	386.34	190.28	169.55	36.39	74.86	84.82
1994	574.05	260.69	236.42	46.95	113.35	153.06
1995	738.63	340.48	310.30	59.24	144.44	194.47
1996	850.67	383.18	347.89	66.94	165.50	235.05
1997	925.56	391.30	353.03	75.80	193.66	264.80
1998	973.37	410.96	369.42	78.35	200.18	283.88
1999	1010.82	425.19	382.65	80.16	201.99	303.48
2000	1037.27	420.98	377.95	82.29	208.18	325.82

主要年份农林牧渔业总产值指数

（以上年为100）

年份	合计	农业	#种植业	林业	牧业	渔业
1957	113.5	102.0	98.4	208.0	133.8	115.2
1962	111.4	107.7	106.2	135.9	166.0	93.5
1965	113.1	112.6	112.3	107.9	117.8	115.6
1970	106.4	109.9	110.5	101.9	95.0	99.1
1975	101.2	100.2	100.6	101.7	107.3	102.1
1978	111.6	112.9	112.0	111.0	105.4	106.8
1979	106.7	105.0	106.3	107.4	118.6	107.5
1980	105.2	106.2	106.6	104.1	101.3	100.5
1981	105.8	105.1	103.0	116.8	106.2	102.1
1982	107.6	107.6	105.8	104.4	108.6	110.1
1983	105.1	100.9	98.5	117.1	113.2	117.5
1984	113.9	110.3	110.2	132.6	120.9	110.8
1985	108.4	105.7	101.0	108.6	116.5	115.2
1986	102.2	99.1	95.1	99.7	110.6	112.9
1987	109.1	108.1	108.9	109.4	104.5	124.1
1988	107.7	105.1	104.5	112.3	110.3	114.4
1989	106.5	105.8	109.2	105.7	106.1	112.1
1990	103.8	102.1	102.6	109.2	104.4	107.1
1991	108.1	108.2	110.1	106.9	106.9	109.9
1992	108.3	106.4	105.8	110.5	108.6	111.3
1993	110.9	107.0	107.2	113.4	106.9	122.2
1994	114.2	108.7	109.0	112.4	113.4	127.0
1995	113.6	111.0	110.7	110.2	111.8	121.2
1996	110.7	109.6	108.9	109.5	105.6	114.6
1997	112.3	107.6	108.2	110.0	113.0	120.1
1998	106.1	103.4	102.9	103.0	108.3	109.6
1999	106.4	108.9	110.3	103.1	103.5	105.9
2000	103.1	98.3	98.0	105.9	105.5	107.3

主要年份工业总产值和工业增加值

单位：亿元

年份	工业增加值			增加值率（%）	工业总产值	工业总产值指数（以上年为100）
	绝对数	指数（以上年为100）	指数（以1952年为100）			
1952	2.17	145.7	100.0	51.7	4.20	131.3
1957	4.23	124.2	200.7	49.4	8.57	117.2
1962	4.00	79.4	193.1	35.6	11.23	81.8
1965	6.55	126.2	319.7	38.0	17.24	124.2
1970	8.56	112.9	425.5	35.1	24.41	116.9
1975	14.29	108.7	723.4	33.0	43.37	109.4
1978	23.85	138.7	1197.8	37.8	63.14	119.7
1979	26.20	107.0	1282.1	36.1	72.01	111.9
1980	29.55	113.5	1455.1	36.3	81.45	113.0
1981	33.16	113.8	1655.8	37.8	87.76	109.3
1982	35.25	104.5	1731.0	36.8	95.77	107.3
1983	37.76	107.4	1858.8	36.3	103.97	108.8
1984	47.47	124.9	2321.9	36.2	131.11	125.3
1985	62.09	124.2	2884.7	35.9	173.13	125.4
1986	67.06	105.2	3033.9	32.7	205.10	115.4
1987	82.69	117.1	3554.0	31.1	265.87	123.1
1988	120.45	132.9	4716.4	31.0	388.85	133.2
1989	142.45	108.5	5118.2	29.1	488.96	115.2
1990	150.55	109.3	5595.3	28.3	531.48	112.8
1991	188.29	123.7	6919.7	28.6	658.86	122.4
1992	241.78	126.8	8776.3	26.4	915.51	137.3
1993	387.92	141.7	12690.1	25.1	1522.37	149.4
1994	629.88	134.4	17202.9	28.0	2128.61	136.3
1995	764.64	116.6	19490.9	26.5	2638.52	123.3
1996	895.90	115.4	22492.5	27.2	3129.68	120.9
1997	1066.29	116.7	26248.7	27.1	3766.56	120.8
1998	1165.13	112.5	29529.8	25.8	4331.35	115.2
1999	1268.95	113.1	33398.2	25.3	4787.63	114.3
2000	1470.07	112.5	37573.0	25.2	5296.12	114.1

各种资质等级建筑企业基本情况

(1995～2000 年)

项　　目	合　计	一　级	二　级	三　级	四　级
企业数（个）					
1995	1042	21	104	380	537
1996	1451	28	167	447	809
1997	1585	32	198	519	836
1998	1707	44	243	533	887
1999	1849	36	327	623	863
2000	1846	57	328	696	765
职工年末人数（人）					
1995	441989	85239	81378	174506	100866
1996	465603	86090	99267	146057	134189
1997	433204	79704	96641	155924	100935
1998	429035	85348	105366	124357	113964
1999	417511	86895	120838	123818	85960
2000	413677	92185	123008	132379	66105
总产值（万元）					
1995	1835146	498274	381874	502455	452543
1996	2099960	582883	493258	499095	524724
1997	2270026	582789	573117	840381	273739
1998	2446658	774492	678847	500528	492791
1999	2511667	764067	830763	544527	372310
2000	2711469	939965	806813	784754	179937
增加值（万元）					
1995	466678	149702	88220	129729	99027
1996	571441	186595	123160	137616	124070
1997	633173	197236	149349	209954	76634
1998	747354	222148	189963	168858	166385
1999	813864	262320	241229	187041	123274
2000	852593	313920	242214	234910	61549
工程结算收入（个）					
1995	1665330	504139	305698	431781	423712
1996	1930628	587134	419356	451988	472150
1997	2123985	603266	522170	764069	234480
1998	2488977	796480	647254	487042	558201
1999	2481897	760489	797224	542299	381885
2000	2679600	935494	791742	772841	179523
工程竣工个数（个）					
1995	8839	1141	1405	3524	2769
1996	11564	1653	1970	4368	3573
1997	12996	1014	2631	5925	3426
1998	13095	1530	4562	3812	3191
1999	12745	1457	5143	3084	3061
2000	11867	1669	4107	3508	2583
房屋竣工面积（万平方米）					
1995	1371.15	213.47	292.24	530.82	334.62
1996	1424.14	200.77	409.18	503.38	310.81
1997	1546.72	197.27	451.26	637.37	260.82
1998	1494.34	274.57	439.28	446.51	333.98
1999	1825.04	378.84	653.65	475.87	316.58
2000	1729.04	419.61	601.53	534.58	173.32
利税总额（万元）					
1995	85493	23946	15386	25089	21072
1996	98080	24287	22118	25285	26390
1997	110043	24946	26379	42291	16427
1998	129438	37756	36752	26269	28661
1999	120755	34980	42498	27481	15796
2000	141970	56419	40675	32129	12747

主要年份各类运输总量

年　份	客运量（万人）	旅客周转量（亿人公里）	货运量（万吨）	货物周转量（亿吨公里）
1952	251	1.72	156	1.44
1957	1966	8.81	1553	10.07
1962	2634	16.97	1845	21.65
1965	3226	16.22	2948	39.47
1970	3324	17.59	2862	40.92
1975	5887	28.36	3747	53.73
1978	7928	35.73	4861	74.03
1979	9996	43.71	5149	80.63
1980	16676	62.37	7979	100.34
1981	20013	73.45	8302	103.34
1982	22570	82.01	9077	120.39
1983	24620	91.50	10175	131.78
1984	29155	109.50	11479	151.61
1985	33984	130.33	13317	161.97
1986	34426	137.09	16931	195.48
1987	35693	159.38	18231	225.02
1988	37216	175.91	20131	242.02
1989	39622	173.66	19859	270.06
1990	39495	175.40	20321	272.71
1991	28797	155.74	14097	245.28
1992	36284	205.17	23786	355.38
1993	44110	244.59	25996	533.25
1994	45408	286.00	28691	581.56
1995	49615	297.67	29198	609.80
1996	53556	307.29	30593	595.19
1997	57914	327.91	31332	617.82
1998	60364	351.39	31431	674.84
1999	65665	388.67	31714	746.70
2000	67545	440.55	35270	707.04

主要年份沿海主要港口货物吞吐量

单位：万吨

年份	总计	#福州港	厦门港	泉州港	赛岐港	涵江港	漳州港	吞吐总量指数（以1950年=100）
1952	56.68	32.00	5.76	6.50	5.00	7.42		169.6
1957	165.96	85.87	54.87	9.60	8.38	7.24		496.7
1962	135.14	49.33	48.68	13.49	5.56	18.08		404.5
1965	239.87	57.75	110.53	34.10	10.20	27.29		718.0
1970	211.23	59.26	102.94	25.37	9.91	13.75		632.2
1975	284.26	120.00	104.27	23.26	20.33	16.40		850.8
1978	408.13	172.04	120.44	29.54	18.75	22.11		1174.5
1980	685.40	208.89	164.87	31.30	25.60	19.77		1802.2
1981	761.05	217.98	162.28	25.36	26.49	17.85		1841.8
1982	816.44	259.87	190.44	21.54	28.26	21.77		2110.7
1983	869.55	311.15	200.02	24.29	29.31	22.06		2294.2
1984	943.46	347.00	250.52	23.36	30.36	22.38		2623.7
1985	1114.09	357.15	290.97	26.02	51.53	31.60	61.84	2813.8
1986	1159.90	442.46	203.89	38.04	44.39	33.52	107.90	3241.8
1987	1303.36	439.61	417.01	42.24	46.36	40.79	105.63	3565.0
1988	1396.79	445.36	457.12	60.01	43.67	57.88	124.34	3785.0
1989	1614.99	597.90	499.45	59.78	47.71	59.58	135.90	4833.9
1990	1496.50	560.89	519.11	52.65	49.27	27.55	115.60	4479.2
1991	1706.38	725.07	581.87	125.28	97.64	41.26	130.04	5107.4
1992	1862.12	720.51	661.07	217.27	46.53	92.75	120.24	5573.5
1993	2679.09	939.66	940.39	469.54	111.53	57.23	153.47	8018.8
1994	3002.33	914.39	1166.50	558.06	139.68	82.12	125.47	8986.3
1995	3460.80	1098.89	1313.87	680.47	137.94	99.65	116.61	10358.6
1996	3959.00	1248.00	1553.00	804.00	138.00	86.00	130.00	11849.7
1997	4485.00	1371.00	1754.00	1006.00	124.00	78.00	151.00	13424.1
1998	4518.00	1288.00	1639.00	1111.00	183.00	108.00	189.00	13522.9
1999	5285.00	1481.00	1773.00	1521.00	182.00	136.00	192.00	15818.9
2000	6944.17	2425.48	1965.26	1712.18	221.19	201.34	418.72	20785.1

按行业分社会消费品零售总额

单位：亿元

年 份	社会消费品零售总额	批发零售贸易业	餐饮业	制造业	其他行业	#农对非零售额
1952	5.54	4.77	0.23	0.50	0.04	
1957	10.70	9.21	0.57	0.84	0.08	
1962	13.96	12.19	0.99	0.74	0.04	
1965	16.03	14.36	0.76	0.75	0.16	
1970	16.91	15.23	0.54	0.79	0.35	
1975	23.68	20.78	0.86	1.22	0.82	
1978	30.56	27.14	0.97	1.45	1.00	
1979	35.92	32.11	1.31	1.80	0.70	
1980	45.47	37.00	1.54	2.59	4.34	2.44
1981	51.47	42.22	1.65	3.24	4.36	3.22
1982	56.77	45.09	1.76	3.85	6.07	4.20
1983	62.59	48.81	1.98	4.48	7.32	6.35
1984	74.50	57.47	2.47	5.60	8.96	6.47
1985	96.04	71.84	3.13	7.57	13.50	9.26
1986	109.07	81.03	3.87	8.34	15.83	10.75
1987	126.06	93.73	5.06	8.86	18.41	12.00
1988	173.74	131.87	7.35	12.15	22.37	15.88
1989	202.30	147.36	9.67	15.51	29.76	21.43
1990	207.74	148.80	9.25	16.80	32.89	22.47
1991	230.99	164.77	10.66	19.18	36.38	25.14
1992	289.38	204.31	16.32	22.37	46.38	28.20
1993	388.32	266.68	24.12	27.15	70.37	36.23
1994	523.97	367.46	38.53	31.23	86.75	53.02
1995	659.37	464.92	54.31	33.64	106.50	62.57
1996	832.48	590.06	73.24	40.78	128.40	80.55
1997	987.69	704.08	96.00	46.19	141.42	90.38
1998	1132.09	805.80	123.70	54.89	147.70	89.34
1999	1246.25	896.96	140.63	58.77	149.89	90.07
2000	1372.79	991.47	157.23	67.55	156.54	93.31

商品交易市场数及成交额

（1980～2000年）

年份	市场数（个）			成交额（亿元）		
	合计	城市	农村	合计	城市	农村
1980	990	141	849	8.75	0.83	7.92
1981	1041	146	895	10.20	1.05	9.15
1982	1135	191	944	12.06	1.45	10.61
1983	1147	191	956	13.46	1.69	11.77
1984	1306	241	1065	15.71	2.53	13.18
1985	1359	164	1195	21.18	4.30	16.88
1986	1494	205	1289	30.38	7.12	23.26
1987	1530	233	1297	38.69	9.85	28.84
1988	1596	247	1349	55.43	14.58	40.85
1989	1657	290	1367	74.39	24.84	49.55
1990	1705	320	1385	78.73	27.90	50.83
1991	1748	326	1422	97.08	35.86	61.23
1992	1823	327	1496	119.04	50.50	68.54
1993	1890	362	1528	168.56	77.89	90.67
1994	1953	402	1551	247.90	119.63	128.27
1995	1908	444	1464	386.30	191.02	195.28
1996	1931	475	1456	411.72	237.54	174.18
1997	1946	496	1450	507.66	316.66	191.00
1998	1884	543	1341	583.93	380.33	203.60
1999	1790	578	1212	610.29	433.74	176.55
2000	1885	750	1135	657.73	492.21	165.52

集市贸易商品分类成交额

单位：亿元

项目	1990年	1995年	1999年	2000年
总计	78.73	389.30	610.29	657.73
一、消费品		294.58	525.16	568.37
粮食类	5.68	35.75	41.15	45.79
油脂油料类	1.81	7.80	13.43	12.87
棉烟麻类	0.88	2.95	4.32	4.08
肉食禽蛋类	28.36	91.66	115.11	114.57
水产品类	12.77	54.17	94.96	113.38
蔬菜类	8.70	31.36	58.13	47.04
干鲜果类	5.48	24.13	27.45	26.52
大牲畜类	0.44	0.78	0.72	0.58
家禽幼禽类	2.20	4.01	2.92	4.01
工业品类	9.62	35.78	153.97	190.72
其他类	0.83	6.20	13.00	8.81
二、生产资料		91.72	85.13	89.36

进出口总额

（1981～2000 年）

年份	进出口总额（万美元）	出口	进口	进出口总额（万元）	出口	进口
1981	60827	40127	20700	108272	71426	36846
1982	55067	18044	37023	106279	34825	71454
1983	56366	19371	36995	110477	37967	72510
1984	66472	39167	27305	185457	109276	76181
1985	90084	55718	34366	263946	163254	100692
1986	134771	68647	66124	501348	255367	245981
1987	184500	90400	94100	686340	336288	350052
1988	284300	141600	142700	1057596	526752	530844
1989	342200	182800	159400	1611762	860988	750774
1990	433908	244906	189002	2265000	1278409	986591
1991	574776	314746	260030	3115286	1709071	1406215
1992	805873	438666	367207	4633770	2522330	2111440
1993	1004181	515874	488307	5814208	2986911	2827297
1994	1218953	643020	575933	10397669	5484961	4912708
1995	1444569	790806	653763	12105488	6626954	5478534
1996	1551972	838239	713733	12881368	6957384	5923984
1997	1795280	1025560	769720	14861328	8489586	6371742
1998	1716065	996387	719678	14205586	8248092	5957494
1999	1761956	1035193	726763	14585472	8569328	6016144
2000	2122332	1290828	831504	17568664	10685474	6883190

实际利用外商直接投资金额

(1979～2000年)

单位：万美元

年份	合计	#合资企业	合作企业	独资企业
1979	83	15	68	
1980	363	288	75	
1981	150	40	110	
1982	121	5	16	100
1983	1438	1026	158	254
1984	4828	3526	1179	123
1985	11782	8566	2950	266
1986	6149	4121	1913	115
1987	5139	3097	1479	563
1988	13017	9273	2369	1375
1989	32880	13814	6384	12682
1990	29002	12617	2780	13605
1991	64449	22682	14775	26992
1992	141633	48528	26132	66973
1993	286745	98484	33498	154763
1994	371200	145518	34469	191213
1995	403881	124872	54073	224936
1996	407876	129778	50497	227601
1997	419666	111994	60175	247198
1998	421211	90295	50778	280138
1999	402403	99542	42121	260180
2000	380386	74548	13263	291365

接待海外旅游人数

(1979～2000年)

单位：人次

年 份	合 计	外国人	华 侨	港澳同胞	台湾同胞
1979	115214	21020	16502	77633	59
1980	135059	25498	18226	91216	119
1981	173351	27208	23290	121979	874
1982	177835	27352	24778	124035	1670
1983	211529	41521	28107	135069	6832
1984	270443	53831	29165	180793	6654
1985	355748	76719	25471	244965	8593
1986	362320	89737	36446	227428	8709
1987	410821	98541	36947	259640	15693
1988	522082	93012	17326	265906	145838
1989	504594	71561	10173	213369	209491
1990	707903	87751	17623	239714	362815
1991	686023	122162	18975	262883	282003
1992	816076	159043	23209	300534	333290
1993	880344	192997	18922	320388	348037
1994	844503	199394	29010	343905	272194
1995	906406	224110	32830	397957	251509
1996	1045658	275710	36151	461999	271798
1997	1173932	322693	37398	501074	312767
1998	1217795	326787	47097	488285	355626
1999	1356042	353045	55990	532385	414622
2000	1613349	428946	68520	567989	477894

注：2000年含接待海外一日游游客7万人次。

接待国内旅游人数及旅游收入

(1997～2000年)

项 目	单 位	1997年	1998年	1999年	2000年
一、国内旅游者人数	万人次	1900	2100	2513	2942
住宿设施接待人数	万人次	1632	1718	1877	2010
居民家庭接待人数	万人次	38	61	183	262
一日游游客人数	万人次	230	321	453	670
二、国内旅游收入	亿元	110	146	190	231
外省游客消费	亿元	62	82	101	144
本省多日游游客消费	亿元	46	61	82	77
一日游游客消费	亿元	2	3	7	10

企事业单位专业技术人员数

（1978～2000年）

单位：人

年份	合计	#工程技术人员	农业技术人员	卫生技术人员	科学研究人员	教学人员
1978	84117	30363	9290	24326	2789	17349
1979	89501	33507	10019	23181	3281	19513
1980	154241	39546	8292	25713	3186	49666
1981	168096	43823	9501	27664	3000	55607
1982	185383	51431	10602	30376	3232	59759
1983	291400	57852	13158	32492	2553	153274
1984	291913	52345	13670	32085	3663	158318
1985	308855	57986	15642	32697	3719	159859
1986	326646	65826	15351	35670	2711	169990
1987	363237	76424	15746	37189	2969	185971
1988	429162	78854	15800	40134	3005	201603
1989	470772	82248	16316	41377	3369	225623
1990	500783	88457	16211	44560	3571	240899
1991	478923	81500	13244	46346	2737	247627
1992	487634	83165	13290	45895	2695	255783
1993	484192	82631	12852	44972	2733	262393
1994	499806	84673	12854	46851	2519	269232
1995	509638	86132	12868	46421	3073	282294
1996	534016	87619	13500	50092	3179	300406
1997	555600	88338	14425	52211	3397	315846
1998	577184	88184	14517	54153	3652	337086
1999	590289	89012	14462	55498	3758	349978
2000	592765	86683	14495	56703	3798	354760

各类型专利申请 授权情况

(1985～2000年)

单位：项

年份	专利申请数	发明	实用新型	外观设计	专利授权数	发明	实用新型	外观设计
1985	137	74	63		1	1		
1986	195	67	125	3	23		23	
1987	305	84	206	15	78	3	73	2
1988	420	90	320	10	132	13	114	5
1989	445	90	318	37	203	20	176	7
1990	540	95	374	71	276	25	239	12
1991	672	102	512	58	277	21	206	50
1992	928	171	661	96	352	17	295	40
1993	1271	199	729	343	850	36	697	117
1994	1510	202	725	583	733	22	455	256
1995	1979	200	816	963	933	17	489	477
1996	2626	224	971	1431	1196	15	468	713
1997	3018	226	1113	1679	1547	24	468	1055
1998	3393	201	1071	2121	2318	20	689	1609
1999	3381	240	1099	2042	2934	32	1089	1813
2000	4211	377	1516	2318	3003	93	1074	1836

分科研究生数

(2000年)

单位：人

项目	在校生数	招生数	毕业生数	博士生			硕士生		
				在校生数	招生数	毕业生数	在校生数	招生数	毕业生数
总计	5134	2179	929	812	314	97	4322	1865	832
#女	1903	920	300	217	87	29	1686	833	271
哲学	85	35	10				85	35	10
经济学	1416	519	299	281	99	42	1135	420	257
法学	481	231	65	25	7	1	456	224	64
教育学	101	47	16	24	12	5	77	35	11
#体育学	11	6	3				11	6	3
文学	437	203	97	49	24	3	388	179	94
#艺术学	71	39	12	10	3	1	61	36	11
历史学	179	76	35	65	27	9	114	49	26
理学	1067	475	160	243	99	25	824	376	135
工学	663	287	106	21	6	1	642	281	105
#力学	7	4	3				7	4	3
农林学	294	117	65	77	27	7	217	90	58
#林学	66	29	15				66	29	15
医学	411	189	76	27	13	4	384	176	72

各类学校在校生数

单位：万人

年份	普通高等学校	中等专业学校	普通中学	#高中	职业中学	技工学校	小学	幼儿园
1952	0.47	1.91	9.64	1.46			102.59	2.26
1957	0.75	1.91	16.78	3.88			137.61	7.11
1962	1.91	1.56	21.74	4.79	0.51		157.81	9.94
1965	1.52	2.00	27.54	5.18	5.66	0.14	290.11	12.52
1970	0.07	0.01	38.67	2.23			238.19	
1975	1.03	1.10	79.34	20.76		0.05	398.32	12.38
1978	2.05	2.63	116.70	37.60	0.29	0.36	370.23	19.17
1979	3.01	3.78	104.08	34.52	0.21	0.78	379.02	29.46
1980	3.86	3.84	109.41	20.58	0.21	1.27	376.42	41.88
1981	3.04	3.52	95.41	12.79	1.80	1.55	367.08	39.90
1982	2.67	3.17	94.66	16.53	2.58	1.24	360.97	44.70
1983	2.93	3.15	94.82	15.70	2.89	1.09	360.67	47.63
1984	3.40	3.62	101.97	17.83	3.91	1.33	368.68	49.01
1985	4.41	4.34	109.92	19.90	5.52	1.61	372.40	52.03
1986	5.12	4.86	115.67	21.04	6.47	1.85	361.40	55.82
1987	5.41	4.91	118.32	20.65	7.05	2.15	344.50	67.43
1988	5.71	5.40	107.47	18.00	7.24	2.57	333.99	69.32
1989	5.68	5.65	100.64	15.77	6.90	2.80	336.77	69.77
1990	5.56	5.89	104.85	15.47	7.12	2.83	337.08	74.32
1991	5.42	5.94	113.13	16.62	7.97	2.99	342.61	80.47
1992	5.72	6.53	123.36	17.89	9.73	3.31	353.90	88.24
1993	6.41	7.47	127.97	17.33	12.48	3.94	363.85	97.49
1994	6.93	8.61	136.21	16.54	14.45	4.42	371.98	100.89
1995	7.17	9.68	155.25	16.52	16.34	4.55	379.96	103.24
1996	7.34	10.59	181.85	18.16	16.04	4.43	392.01	102.63
1997	7.81	11.27	207.36	21.38	17.10	4.73	404.91	92.11
1998	8.51	11.83	220.05	25.37	16.85	4.69	401.97	83.78
1999	10.26	12.89	228.14	30.78	18.06	5.02	386.85	81.91
2000	13.13	12.90	233.50	37.24	18.49	4.57	369.10	78.64

每万人口拥有在校学生数

年份	每万人口拥有在校生（人）				初中毕业生升学率（%）	小学毕业生升学率（%）	学龄儿童入学率（%）
	合计	大学生	中学生	小学生			
1952	902.48	3.74	90.96	807.78			50.73
1957	1074.99	5.16	127.93	941.90		48.47	65.96
1962	1145.66	11.94	148.66	985.06		59.24	53.67
1965	1858.88	8.64	200.94	1649.30		56.72	86.53
1970	1370.96	0.36	191.46	1179.14		39.44	
1975	2089.04	4.50	350.44	1734.10		84.95	97.11
1978	2016.86	12.72	490.52	1513.61		75.84	92.17
1980	1965.10	15.31	455.47	1494.32		67.46	94.55
1985	1799.17	15.92	438.37	1344.89		60.88	97.30
1990	1525.63	18.32	397.40	1109.91		69.00	99.10
1995	1770.01	22.15	574.07	1173.80		91.89	99.70
1996	1877.51	22.51	652.89	1202.12	55.32	97.51	99.75
1997	1990.18	23.79	732.66	1233.73	53.81	98.67	99.77
1998	2012.42	25.81	768.15	1218.46	47.62	97.84	99.80
1999	1993.98	30.94	796.43	1166.61	49.88	97.02	99.83
2000	1911.54	38.50	790.24	1082.40	49.98	97.27	99.85

主要年份各类文化事业机构数

单位：个

年份	艺术事业		公共图书馆	博物馆	群众文化事业		
	表演团体	表演场所			艺术馆	文化馆	文化站
1952	62	32	2			72	152
1957	113	74	10	1		69	149
1962	119	48	10	9	8	72	47
1965	115	52	12	13	8	73	40
1970	66	31	10	6	1	55	34
1975	77	31	14	10	2	72	37
1978	101		23	13	6	76	35
1980	107	26	26	15	9	76	55
1985	104	55	65	24	10	78	134
1990	91	75	74	58	10	80	145
1995	91	78	78	64	10	80	159
1996	91	79	79	70	10	80	146
1997	92	78	78	76	10	80	149
1998	94	79	80	76	10	80	142
1999	93	79	82	77	10	80	143
2000	96	80	81	81	10	80	143

广播电视基本情况

年份	广播事业				
	电台（座）	节目（套）	每日播音时间（时：分）	每日制作节目（时：分）	覆盖率（%）
1978	3	4	60：25		
1980	3	4	63：50		40
1985	3	4	61：20	17：36	55
1986	3	5	65：34	19：02	63
1987	4	6	70：47	12：53	63
1988	5	7	75：52	23：25	63
1989	9	12	105：02	27：46	63
1990	9	12	110：42	29：52	67
1991	9	12	114：34	28：12	71
1992	16	19	169：23	32：20	73
1993	33	35	311：03	76：34	76
1994	43	44	565：35	115：21	82
1995	47	50	701：57	194：09	86
1996	48	54	765：08	211：45	90
1997	48	54	764：27	243：34	91
1998	9	58	752：54	297：09	93
1999	9	58	869：59	319：43	95
2000	9	72	1035：07	355：05	96

年份	电视事业				
	电视台（座）	节目（套）	每周播出时间（时：分）	每日制作节目（时：分）	覆盖率（%）
1978	1	1	15：41		
1980	1	1	27：00		60
1985	3	4	230：00	3：16	65
1986	6	7	471：14	2：00	76
1987	6	7	409：11	2：20	80
1988	8	9	381：86	2：26	80
1989	8	9	394：54	3：35	80
1990	9	10	367：53	3：34	82
1991	11	12	432：29	4：29	84
1992	11	12	463：42	5：35	87
1993	12	14	664：06	9：30	88
1994	13	15	698：20	13：03	89
1995	13	15	909：09	17：07	90
1996	14	15	920：39	18：26	91
1997	14	15	1208：05	25：46	94
1998	10	15	1384：09	24：57	95
1999	10	16	1596：39	39：54	97
2000	10	16	1612：15	45：15	97

书刊报纸出版情况

年份	出版社（个）	出版种数（种）			总印数（万册、万份）		
		图书	杂志	报纸	图书	杂志	报纸
1978	1	180	8	4	6818	388	14784
1980	4	224	28	6	8246	960	14913
1985	9	976	114	32	15603	3375	35847
1986	9	1119	119	31	12465	3450	39596
1987	9	1207	124	38	17101	4177	44858
1988	10	1183	126	31	17047	3429	44135
1989	10	1449	128	31	15859	2765	36961
1990	10	1518	123	31	16311	3157	41455
1991	10	1709	126	32	17667	3688	44176
1992	10	1939	134	35	19399	4258	45021
1993	10	1988	139	41	17044	4350	45845
1994	11	2379	150	43	19745	4004	49208
1995	11	2347	159	47	18448	4239	51526
1996	11	2765	159	47	21348	3891	53608
1997	11	2713	157	48	23282	3974	55027
1998	11	2864	159	48	21596	3899	59543
1999	11	3250	134	49	21875	3990	64195
2000	11	2879	187	61	20298	4463	68897

注：1995年及以后年份图书出版种数包括租型。

主要年份卫生事业基本情况

年份	卫生机构（个）	#医院	卫生技术人员（人）	#医生	护师、士	医疗床位（张）	#医院
1952	633	113	17281	11416	1956	6933	5902
1957	2068	132	26076	15022	3484	10898	9902
1962	7434	211	40560	18011	5385	27058	16958
1965	6757	420	42692	20437	6350	28246	21818
1970	4297	922	34876	15795	9373	31520	25322
1975	3403	1070	47059	20404	9619	44095	38746
1978	3809	1111	54855	22097	9866	51505	45331
1979	4118	1117	56913	21393	9706	52779	46121
1980	4191	1130	58764	21033	9925	53001	46772
1981	4320	1139	61749	22563	9702	54110	48913
1982	4533	1141	65684	24075	11320	54809	48632
1983	4654	1149	69312	25202	12487	56501	50266
1984	4681	1159	71550	26406	13280	57306	50957
1985	4796	1154	74204	26992	13600	58408	52041
1986	4822	1132	76339	27487	14371	59764	53165
1987	4847	1158	79528	28551	15342	62611	55168
1988	4876	1175	81862	32207	13193	64314	56920
1989	5059	1191	84431	34850	14365	66700	59252
1990	4885	1198	86772	35696	15302	68073	60664
1991	4867	1206	88607	36448	23073	68985	61674
1992	4914	1218	90730	37623	23637	70554	63005
1993	4522	1189	90424	38274	23367	71290	63488
1994	4537	1260	91209	38037	24091	72824	64791
1995	4537	1257	92811	39130	25107	73644	65919
1996	4543	1298	93614	40253	25994	83684	75676
1997	10059	1306	94993	40775	26914	88710	80935
1998	10159	1315	97361	41924	27832	89280	81759
1999	10154	1313	97548	42471	28396	90091	82259
2000	9807	1323	97569	41461	28719	90091	82389

注：1997 年起卫生机构数含个体办诊所。

(续)

年份	每千人拥有卫生技术人员数（人/千人）	#医生	护师、士	每千人拥有医疗床位数（人/千人）	#医院床位数
1952	1.36	0.90	0.15	0.55	0.46
1957	1.78	1.03	0.24	0.75	0.68
1962	2.53	1.12	0.34	1.69	1.06
1965	2.43	1.16	0.36	1.61	1.24
1970	1.73	0.78	0.46	1.56	1.25
1975	2.05	0.89	0.42	1.92	1.69
1978	2.24	0.90	0.40	2.11	1.85
1979	2.29	0.86	0.39	2.12	1.85
1980	2.33	0.83	0.39	2.10	1.86
1981	2.41	0.88	0.38	2.11	1.91
1982	2.51	0.92	0.43	2.09	1.86
1983	2.60	0.94	0.47	2.12	1.88
1984	2.63	0.97	0.49	2.11	1.87
1985	2.68	0.97	0.49	2.11	1.88
1986	2.71	0.97	0.51	2.12	1.89
1987	2.77	0.99	0.53	2.18	1.92
1988	2.79	1.10	0.45	2.20	1.94
1989	2.83	1.17	0.48	2.24	1.99
1990	2.86	1.18	0.50	2.24	2.00
1991	2.88	1.18	0.75	2.24	2.00
1992	2.91	1.21	0.76	2.26	2.02
1993	2.87	1.22	0.74	2.26	2.02
1994	2.87	1.20	0.76	2.29	2.04
1995	2.87	1.21	0.78	2.28	2.04
1996	2.87	1.23	0.80	2.57	2.32
1997	2.89	1.24	0.82	2.70	2.47
1998	2.95	1.27	0.84	2.71	2.48
1999	2.97	1.29	0.86	2.74	2.51
2000	2.95	1.25	0.87	2.73	2.49

国内生产总值

(2000年)

单位：亿元

地区	国内生产总值	第一产业	第二产业	工业	建筑业	第三产业	人均国内生产总值(元)
福州市	1003.27	135.18	466.73	390.55	76.19	401.36	16990
福州市辖区	464.10	9.77	212.14	176.69	35.44	242.19	31456
福清市	196.59	31.23	111.88	92.78	19.10	53.48	16453
长乐市	83.48	15.51	44.75	41.21	3.55	23.22	12088
闽侯县	67.43	12.79	37.50	33.39	4.11	17.15	10903
连江县	70.77	26.25	18.66	12.42	6.24	25.87	11351
罗源县	31.55	10.02	15.24	12.84	2.40	6.29	12415
闽清县	34.92	7.09	17.95	16.51	1.44	9.89	11477
永泰县	23.44	9.97	4.64	3.12	1.53	8.83	6592
平潭县	30.98	12.56	3.97	1.59	2.39	14.45	7977
厦门市	501.87	21.24	265.02	232.99	32.03	215.61	38021
莆田市	198.45	36.74	96.68	78.54	18.13	65.04	6670
莆田市辖区	84.16	10.50	43.25	30.72	12.53	30.42	9618
莆田县	69.28	17.05	33.99	31.37	2.63	18.24	6237
仙游县	45.00	9.19	19.43	16.46	2.97	16.38	4548
三明市	254.98	70.29	101.17	84.81	16.36	83.53	9546
三明市辖区	54.24	4.17	30.01	26.07	3.94	20.06	19660
永安市	51.62	7.23	24.12	22.50	1.62	20.27	16147
明溪县	9.25	3.40	2.48	1.68	0.80	3.36	7980
清流县	8.76	3.89	2.05	1.51	0.53	2.83	6014
宁化县	15.10	6.54	3.67	2.15	1.53	4.89	4347
大田县	20.56	7.85	7.48	6.31	1.17	5.23	5610
尤溪县	30.12	15.02	8.21	6.28	1.93	6.89	7179
沙县	25.07	7.34	10.12	8.60	1.52	7.61	10546
将乐县	15.76	5.09	6.15	4.36	1.79	4.51	9329
泰宁县	13.93	5.02	4.87	3.93	0.95	4.04	11042
建宁县	10.57	4.72	2.01	1.42	0.59	3.84	7155
泉州市	1045.08	80.69	559.62	503.02	56.59	404.77	15907
泉州市辖区	205.54	9.91	109.20	93.96	15.23	86.43	21086
石狮市	94.19	5.18	50.52	46.39	4.13	38.50	31843
晋江市	279.49	10.69	153.60	147.58	6.02	115.19	27358
南安市	183.17	14.48	101.53	90.83	10.70	67.16	12408
惠安县	124.13	15.87	69.20	63.24	5.96	39.07	13665
安溪县	77.48	10.33	39.73	29.73	9.99	27.42	7401
永春县	53.56	9.33	22.49	20.23	2.26	21.74	9843
德化县	34.52	4.90	18.36	16.07	2.29	11.26	11423

（续）

地　区	国内生产总值	第一产业	第二产业	工业	建筑业	第三产业	人均国内生产总值（元）
漳州市	477.36	113.66	188.57	154.46	34.11	175.13	10607
漳州市辖区	93.12	4.98	40.60	32.12	8.49	47.54	18583
龙海市	94.08	19.13	45.37	35.91	9.46	29.57	11887
云霄县	32.54	9.29	10.81	8.90	1.91	12.44	7998
漳浦县	67.10	17.21	25.27	21.76	3.51	24.62	8393
诏安县	43.50	16.11	15.30	13.85	1.45	12.09	7704
长泰县	24.87	5.79	10.28	8.26	2.02	8.79	13102
东山县	34.22	10.36	12.28	10.48	1.80	11.59	16818
南靖县	40.92	12.24	16.01	13.26	2.76	12.67	12000
平和县	34.24	13.50	9.07	7.23	1.83	11.68	6318
华安县	12.76	5.05	3.58	2.69	0.88	4.13	7952
南平市	222.78	61.28	77.51	64.28	13.22	84.00	7344
南平市辖区	54.79	8.47	27.24	23.91	3.33	19.08	11083
邵武市	32.31	8.24	11.49	9.91	1.58	12.58	10734
武夷山市	17.35	4.37	4.52	2.38	2.14	8.47	8109
建瓯市	35.58	10.22	10.71	8.61	2.10	14.65	6932
建阳市	22.95	8.77	5.44	4.25	1.19	8.74	6762
顺昌县	18.18	4.66	6.65	5.73	0.92	6.87	7508
浦城县	15.21	6.70	4.32	3.71	0.61	4.20	3799
光泽县	9.42	3.24	2.57	2.21	0.36	3.61	6110
松溪县	9.34	3.54	2.56	1.86	0.70	3.24	5920
政和县	7.64	3.06	2.01	1.72	0.29	2.57	3521
龙岩市	226.68	55.59	93.47	76.93	16.54	77.63	7922
龙岩市辖区	81.20	8.76	44.61	39.14	5.48	27.82	17417
漳平市	29.63	6.16	11.02	8.97	2.04	12.46	10839
长汀县	20.85	8.84	5.28	4.44	0.84	6.74	4296
永定县	30.99	8.04	12.28	8.15	4.13	10.66	6676
上杭县	25.12	9.95	7.51	5.87	1.65	7.66	5233
武平县	19.36	7.01	6.73	5.17	1.56	5.63	5331
连城县	19.53	6.83	6.04	5.19	0.84	6.66	5937
宁德市	218.73	65.91	75.87	62.16	13.70	76.95	6756
宁德市辖区	37.97	8.69	10.91	7.00	3.91	18.38	9157
福安市	45.52	11.17	20.53	18.65	1.88	13.82	7587
福鼎市	36.88	10.50	14.30	12.31	1.98	12.08	6596
霞浦县	34.01	14.01	8.22	6.17	2.05	11.79	6667
古田县	26.19	8.73	8.54	7.88	0.66	8.92	6117
屏南县	9.74	3.40	2.83	2.30	0.53	3.50	5367
寿宁县	12.35	4.88	4.21	2.90	1.32	3.25	4899
周宁县	8.78	2.40	3.59	2.99	0.59	2.80	4591
柘荣县	7.29	2.13	2.74	1.96	0.78	2.41	7251

国内生产总值指数

(2000 年，以上年为 100)

地 区	国内生产总值	第一产业	第二产业	工业	建筑业	第三产业	人均国内生产总值
福 州 市	110.2	101.8	112.4	115.0	93.5	109.2	109.2
福州市辖区	108.5	100.4	110.1	113.5	86.4	106.4	106.7
福 清 市	111.9	102.4	113.2	114.7	101.0	113.6	111.5
长 乐 市	110.5	103.9	112.1	114.2	87.0	110.1	108.8
闽 侯 县	116.4	91.0	124.6	128.5	89.7	114.2	116.0
连 江 县	110.8	105.9	112.7	114.5	108.0	113.5	110.3
罗 源 县	112.5	107.4	115.5	114.8	121.4	111.7	112.4
闽 清 县	110.8	100.7	113.5	115.7	88.6	112.5	110.3
永 泰 县	110.4	102.5	113.4	113.9	112.1	115.1	109.1
平 潭 县	107.5	95.8	107.0	112.2	101.6	116.2	106.5
厦 门 市	115.2	95.5	118.1	120.9	93.2	112.1	115.2
莆 田 市	112.0	102.5	114.3	114.7	111.9	114.8	110.7
莆田市辖区	113.6	104.2	115.3	114.8	117.4	115.2	111.8
莆 田 县	110.5	101.4	113.0	113.7	102.4	116.8	109.9
仙 游 县	111.4	102.5	114.6	116.4	101.0	112.1	109.8
三 明 市	107.6	103.4	109.0	109.1	108.5	108.9	107.2
三明市辖区	105.3	104.6	104.7	103.5	117.2	106.5	104.1
永 安 市	110.3	104.4	111.7	112.4	96.9	110.4	109.5
明 溪 县	107.6	103.7	112.5	108.2	131.8	107.8	107.0
清 流 县	106.1	103.4	109.5	106.8	124.1	107.0	105.6
宁 化 县	106.0	104.4	107.1	106.3	108.5	107.2	106.3
大 田 县	107.8	103.2	109.8	107.7	131.8	109.9	106.6
尤 溪 县	105.3	101.3	107.5	110.1	94.6	110.0	104.8
沙 县	110.1	100.8	114.2	117.5	95.0	111.3	109.7
将 乐 县	107.2	105.3	108.3	110.0	102.3	108.0	107.9
泰 宁 县	109.1	105.0	110.1	107.6	127.8	111.9	108.7
建 宁 县	108.2	104.9	115.4	117.9	108.1	108.7	110.0
泉 州 市	111.8	101.4	112.9	113.1	110.8	111.6	111.8
泉州市辖区	112.5	102.9	113.2	114.1	104.7	112.1	116.2
石 狮 市	109.9	101.0	111.2	111.2	110.9	109.1	109.3
晋 江 市	108.4	97.2	109.3	109.5	102.0	107.7	107.3
南 安 市	110.0	95.5	110.7	110.6	111.9	111.3	110.0
惠 安 县	122.5	107.5	123.1	122.8	129.1	127.7	121.7
安 溪 县	116.4	103.4	119.8	119.8	119.9	115.8	115.6
永 春 县	116.0	105.1	116.9	118.7	101.2	120.4	114.8
德 化 县	116.1	100.2	120.5	122.0	110.9	116.1	115.6

（续）

地　　区	国内生产总　值	第一产业	第二产业			第三产业	人均国内生产总值
				工业	建筑业		
漳州市	111.8	108.0	112.8	111.9	120.0	113.3	110.7
漳州市辖区	112.2	107.5	111.0	109.1	124.0	114.0	111.0
龙海市	113.2	107.0	115.6	118.4	101.4	113.4	112.5
云霄县	106.8	108.7	101.6	97.6	146.0	110.9	105.5
漳浦县	110.4	109.8	109.0	106.9	136.0	112.9	109.2
诏安县	113.2	103.5	119.9	119.4	128.4	116.0	111.8
长泰县	111.8	104.6	115.7	113.7	130.0	112.5	111.6
东山县	112.9	111.6	113.1	112.8	116.4	113.9	111.6
南靖县	110.0	107.9	109.6	107.0	140.0	113.0	109.3
平和县	113.0	110.0	119.0	117.6	128.0	112.3	111.7
华安县	114.6	107.1	125.7	126.7	120.0	112.2	113.5
南平市	106.7	100.8	108.6	109.5	102.5	110.0	106.0
南平市辖区	110.6	101.0	112.8	112.9	111.8	112.5	109.7
邵武市	107.5	102.3	108.0	112.0	79.1	111.5	107.2
武夷山市	108.0	102.0	104.7	105.2	103.9	113.6	107.2
建瓯市	107.2	104.1	109.2	108.2	117.1	108.3	106.6
建阳市	104.1	100.5	106.6	106.8	105.3	106.2	103.9
顺昌县	105.2	100.1	106.8	106.5	109.2	108.5	104.9
浦城县	104.7	99.8	108.1	108.8	102.7	108.5	103.7
光泽县	105.4	104.5	104.6	106.0	90.9	107.4	104.4
松溪县	103.6	95.9	111.0	110.9	111.7	107.7	103.3
政和县	93.3	91.4	84.8	88.1	66.3	107.0	92.4
龙岩市	109.6	104.1	110.8	110.5	112.5	111.6	108.6
龙岩市辖区	111.4	106.5	111.1	111.3	109.5	113.5	108.8
漳平市	109.1	106.2	108.7	109.9	102.2	111.4	108.6
长汀县	104.8	102.6	105.9	106.3	103.0	106.1	103.7
永定县	109.7	101.9	112.9	109.5	123.3	110.3	109.1
上杭县	110.2	102.6	114.2	111.8	123.6	113.0	109.6
武平县	109.9	106.5	113.1	114.7	107.0	110.1	109.4
连城县	107.3	102.2	107.6	107.5	108.4	113.1	107.0
宁德市	108.6	102.1	112.7	110.0	135.9	109.5	107.8
宁德市辖区	110.2	104.5	113.9	112.6	117.6	110.9	109.2
福安市	110.5	103.0	114.5	113.3	144.9	109.4	109.7
福鼎市	108.3	101.9	112.1	108.3	171.3	108.3	107.3
霞浦县	110.4	104.8	123.1	106.4	302.3	109.7	109.8
古田县	107.6	107.3	106.8	106.6	109.8	109.0	107.7
屏南县	105.5	103.0	104.6	109.5	81.2	109.0	105.3
寿宁县	98.3	80.5	112.7	111.0	117.9	108.5	96.8
周宁县	106.6	103.6	106.9	109.3	93.1	108.3	105.4
柘荣县	108.1	104.9	109.6	105.5	143.2	108.7	107.9

年末总人口数

（2000 年）

单位：人

地区	年末总人口	按户口性质分		按城乡分		按男女分	
		农业人口	非农业人口	市镇人口	乡村人口	男	女
福州市	5892348	4240391	1651957	5205740	686608	3057124	2835224
福州市辖区	1484931	369101	1115830	1484931		759622	725309
福清市	1195770	1037870	157900	1195770		614132	581638
长乐市	672893	587363	85530	672893		355082	317811
闽侯县	619529	543521	76008	438227	181302	327750	291779
连江县	617499	557404	60095	510208	107291	319154	298345
罗源县	252771	222153	30618	162415	90356	133395	119376
闽清县	304132	254179	49953	242213	61919	160861	143271
永泰县	358699	321538	37161	233676	125023	189864	168835
平潭县	386124	347262	38862	265407	120717	197264	188860
厦门市	1312670	650511	662159	1312670		667793	644877
莆田市	2989693	2651888	337805	2753587	236106	1489632	1500061
莆田市辖区	362950	203801	159149	362950		180285	182665
莆田县	1627289	1531408	95881	1465340	161949	798668	828621
仙游县	999454	916679	82775	925297	74157	510679	488775
三明市	2667210	1998681	668529	1743634	923576	1396900	1270310
三明市辖区	276126	70308	205818	276126		143873	132253
永安市	318795	182039	136756	318795		169683	149112
明溪县	115851	91236	24615	68971	46880	59748	56103
清流县	146293	121678	24656	74471	71822	76664	69629
宁化县	346408	321752	40642	111295	235113	179364	167044
大田县	366518	325876	42709	232594	133924	193134	173384
尤溪县	420860	378151	58300	241927	178933	223493	197367
沙县	238263	179963	62172	178641	59622	124577	113686
将乐县	166622	104450	30921	95129	71493	86606	80016
泰宁县	126399	95478	20837	65648	60751	65508	60891
建宁县	145075	124238	21103	80037	65038	74250	70825
泉州市	6546226	5636093	910133	6011604	534622	3331550	3214676
泉州市辖区	941992	626946	315046	941992		480103	461889
石狮市	296524	202842	93682	296524		151904	144620
晋江市	1019183	884879	134304	1019183		518360	500823
南安市	1474523	1361989	112534	1474523		752616	721907
惠安县	914032	840187	73845	900420	13612	451264	462768
安溪县	1050291	967463	82828	705139	345152	536616	513675
永春县	547178	487866	59312	500210	46968	283094	264084
德化县	302503	263921	38582	173613	128890	157593	144910

注：本表为户籍统计数。

（续）

地区	年末总人口	按户口性质分		按城乡分		按男女分	
		农业人口	非农业人口	市镇人口	乡村人口	男	女
漳州市	4502746	3733962	768784	3971830	530916	2309345	2193401
漳州市辖区	505265	260520	244745	505265		256827	248438
龙海市	779107	671298	107809	779107		394187	384920
云霄县	409691	346974	62717	278423	131268	212790	196901
漳浦县	804104	729217	74887	711094	93010	410264	393840
诏安县	567385	504382	63003	450798	116587	292256	275129
长泰县	187712	165015	22697	162398	25314	96104	91608
东山县	202404	132878	69526	202404		101439	100965
南靖县	341004	291870	49134	303402	37602	175412	165592
平和县	545594	492482	53112	447132	98462	286715	258879
华安县	160480	139326	21154	131807	28673	83351	77129
南平市	3040799	2236375	804424	2607300	433499	1584918	1455881
南平市辖区	494576	257092	237484	494576		259158	235418
邵武市	301847	199684	102163	301847		156294	145553
武夷山市	215272	157072	58200	215272		110685	104587
建瓯市	514539	415025	99514	514539		266551	247988
建阳市	338967	252956	86011	338967		176969	161998
顺昌县	242468	174019	68449	164178	78290	124901	117567
浦城县	402164	334958	67206	297203	104961	210324	191840
光泽县	155019	120257	34762	74894	80125	80921	74098
松溪县	157799	133710	24089	77489	80310	82114	75685
政和县	218148	191602	26546	128335	89813	117001	101147
龙岩市	2858920	2342455	516465	2068216	790704	1469363	1389557
龙岩市辖区	457520	268696	188824	457520		238225	219295
漳平市	274174	220197	53977	274174		144378	129796
长汀县	488319	417526	70793	401210	87109	247823	240496
永定县	465269	399587	65682	293867	171402	240208	225061
上杭县	481445	428050	53395	249882	231563	243625	237820
武平县	364130	326924	37206	183714	180416	186314	177816
连城县	328063	281475	46588	207849	120214	168790	159273
宁德市	3235705	2746548	489157	2567319	668386	1717468	1518237
宁德市辖区	412973	323686	89287	412973		217042	195931
福安市	599488	491372	108116	599488		319030	280458
福鼎市	558508	471114	87394	558508		294484	264024
霞浦县	510004	443881	66123	367452	142552	272425	237579
古田县	426826	361392	65434	272149	154677	225370	201456
屏南县	181745	160008	21737	85144	96601	97650	84095
寿宁县	253832	234144	19688	91594	162238	134292	119540
周宁县	192199	172940	19259	147428	44771	103531	88668
柘荣县	100130	88011	12119	32583	67547	53644	46486

国有固定资产投资

（2000 年）

单位：万元

地区	国有固定资产投资	按工程用途分					本年新增固定资产	本年住宅竣工面积（平方米）
		农林牧渔业	工业建筑业	商业运输邮电业	住宅	其他		
福州市	750997	2730	185925	182529	148552	231261	534010	1026256
福州市辖区	496906	568	103994	115083	116072	161189	335356	698866
福清市	85146		22078	19004	10873	33191	50670	140153
长乐市	33183	130	11348	16975	1306	3424	48589	32017
闽侯县	30105		7160	6089	7577	9279	17971	10675
连江县	17710	382	5238	7703	1978	2409	15951	18300
罗源县	25473	1560	6650	3267	6268	7728	17782	85458
闽清县	10716		2637	3340	2235	2504	8311	27591
永泰县	28292	90	16630	6278	2243	3051	13165	13196
平潭县	23466		10190	4790		8486	26215	
厦门市	669483	5972	96182	195553	120498	251278	505795	900438
莆田市	184830	349	51573	67600	18728	46580	166726	145889
莆田市辖区	125010		17654	62693	8811	35852	115323	45856
莆田县	27541		15296	3345	6261	2639	25863	77063
仙游县	32279	349	18623	1562	3656	8089	25540	22970
三明市	252154	2305	121286	56437	31610	40516	271774	461717
三明市辖区	96743	157	57630	21633	8198	9125	90123	118872
永安市	45776		26050	6506	5692	7528	59983	87204
明溪县	11565	481	4827	1961	1718	2578	10108	22445
清流县	6273		3052	1130	749	1342	3940	11592
宁化县	11490	39	4136	3349	599	3367	10539	15604
大田县	14458	230	6985	5645	799	799	14231	11557
尤溪县	20739		5385	7789	4710	2855	40929	88464
沙县	11035	340	3984	2584	601	3526	17826	20801
将乐县	10253	50	2829	3163	1351	2860	10257	7120
泰宁县	16801	1008	4198	759	6943	3893	9955	73704
建宁县	7021		2210	1918	250	2643	3883	4354
泉州市	556549	359	185124	139329	21887	209850	516904	180558
泉州市辖区	291998	130	72393	78685	10155	130635	291898	60667
石狮市	15019		7673	5008	61	2277	8768	
晋江市	65232		23456	6671	626	34479	60703	9241
南安市	55771		15958	23444	4803	11566	39379	32333
惠安县	78192	95	55373	5551	2120	15053	70516	31712
安溪县	24766		3900	16260	1263	3343	28554	17836
永春县	13180	134	2501	3450	752	6343	10096	22959
德化县	12391		3870	260	2107	6154	6990	5810

（续）

地区	国有固定资产投资	按工程用途分					本年新增固定资产	本年住宅竣工面积（平方米）
		农林牧渔业	工业建筑业	商业运输邮电业	住宅	其他		
漳州市	411656	2096	80403	169502	52404	107251	284813	399904
漳州市辖区	209437		37018	84386	32055	55978	124403	207764
龙海市	41156		7610	20591	6601	6354	29137	39690
云霄县	18909	246	5422	6297	1762	5182	8085	11150
漳浦县	30142	1430	9000	6639	3232	9841	23881	25072
诏安县	22225		6648	11138	1060	3379	18248	11700
长泰县	14072	197	1689	8305	763	3118	11021	7427
东山县	15544		1909	6752	1314	5569	16844	8980
南靖县	18197		7651	6001	2108	2437	18765	46597
平和县	27162		3456	13194	1906	8606	21603	16920
华安县	14812	223		6199	1603	6787	12826	24604
南平市	212827	3399	67537	39866	32105	69920	142470	334924
南平市辖区	60269	282	18592	7969	12119	21307	42015	116230
邵武市	23418	1808	9413	1191	2097	8909	16064	40492
武夷山市	28105	1278	4631	8129	2885	11182	21171	28297
建瓯市	18521		2008	7570	2370	6573	10969	13081
建阳市	25532		3703	3519	8762	9548	18234	73143
顺昌县	18902		12530	2678	1325	2369	12736	26498
浦城县	12109	31	3668	2807	507	5096	11644	16661
光泽县	8248		5068	569	898	1713	6293	3136
松溪县	7979		4225	1260	150	2344	510	2000
政和县	9744		3699	4174	992	879	2834	15386
龙岩市	339663	532	188212	65311	12626	72982	152361	148807
龙岩市辖区	143398	285	47480	44206	8741	42686	67505	99970
漳平市	18932	70	3526	1870	870	12596	17161	7443
长汀县	16206		8711	2171	941	4383	14411	9964
永定县	107227		96697	6776	605	3149	13718	9210
上杭县	18394		12699	1295	160	4240	21150	3000
武平县	22990		14252	5579	346	2813	11306	7440
连城县	12516	177	4847	3414	963	3115	7110	11780
宁德市	139548	1946	26036	51121	7423	53022	102556	74105
宁德市辖区	33494		1511	7410	2387	22186	23407	14835
福安市	30276	120	2722	16061	550	10823	14434	7645
福鼎市	23168	188	1879	6548	878	13675	20244	7075
霞浦县	4271		1371	910	1029	961	1733	7698
古田县	12291	1638	2779	5333	755	1786	10788	14720
屏南县	3553		1043	958	614	938	8014	9698
寿宁县	12541		3365	7580	135	1461	5871	5450
周宁县	10164		5150	3770	940	304	8916	5200
柘荣县	9790		6216	2551	135	888	9149	1784

在岗职工平均工资

（2000 年）

单位：元

地区	在岗职工平均工资	国有单位	城镇集体单位	其他单位	在岗职工平均工资比上年增长（%）
福州市	11199	11958	7314	11196	14.5
福州市辖区	11660	12615	7536	11320	13.5
福清市	11267	11305	7194	11774	24.3
长乐市	11739	13016	8680	11002	18.4
闽侯县	9985	10442	7015	10268	13.3
连江县	9197	9863	7587	7217	7.4
罗源县	9857	10967	6493	8600	13.2
闽清县	9086	10165	6289	6987	10.0
永泰县	8478	9051	5755	6100	12.4
平潭县	7764	8325	5365	7923	5.0
厦门市	15279	18520	12482	13763	9.1
莆田市	9144	10099	7427	8552	9.9
莆田市辖区	10818	7237	8752	9457	24.1
莆田县	9393	10111	8082	9019	13.0
仙游县	8014	8936	6838	6660	6.4
三明市	9390	9464	6883	10193	10.1
三明市辖区	10684	10485	7615	11790	9.5
永安市	9799	9706	8000	10467	9.7
明溪县	8330	8827	5100	3849	12.6
清流县	8469	9216	6754	6443	12.4
宁化县	7376	7764	5543	3163	4.5
大田县	7796	7930	6680	7614	13.0
尤溪县	8682	9516	6015	5163	12.3
沙县	9257	10567	6508	8019	11.0
将乐县	8999	9952	5479	7106	20.1
泰宁县	8148	9198	4504	6068	-1.6
建宁县	8615	8873	6674	7674	9.6
泉州市	9709	11791	8923	8533	7.4
泉州市辖区	13014	9091	8783	10568	29.3
石狮市	9142	12285	11575	7983	6.4
晋江市	9012	12620	9705	8150	9.9
南安市	9262	11768	7739	7051	4.9
惠安县	10474	11160	9135	10362	12.4
安溪县	9275	9910	7843	8854	11.3
永春县	8756	9621	5710	6234	8.1
德化县	8765	10187	7813	7490	5.8

（续）

地　区	在岗职工平均工资	国有单位	城镇集体单位	其他单位	在岗职工平均工资比上年增长（%）
漳州市	8235	8628	6858	7862	9.7
漳州市辖区	9388	10117	8368	8574	11.2
龙海市	8802	9073	7293	8769	2.5
云霄县	7823	8256	5810	5503	19.6
漳浦县	6644	6617	6674	6732	13.5
诏安县	7133	7675	5334	5645	10.6
长泰县	7057	7537	6364	6504	6.7
东山县	8568	9469	4448	7241	8.5
南靖县	7911	8922	5873	6679	7.1
平和县	7576	7971	4516	7584	9.4
华安县	8498	9579	5423	6820	5.1
南平市	8503	8649	6457	9272	18.0
南平市辖区	10470	10517	8583	11117	21.3
邵武市	7467	7887	5825	6156	10.8
武夷山市	7978	8313	5189	7912	26.9
建瓯市	7458	8012	5285	5377	11.6
建阳市	7095	7553	6121	4401	16.3
顺昌县	8498	8647	5574	9293	19.3
浦城县	7972	8348	5576	8719	17.6
光泽县	7317	7010	3669	4756	17.0
松溪县	8218	8469	6550	4114	15.7
政和县	7150	7598	5337	5070	11.1
龙岩市	9177	9420	6573	9520	12.0
龙岩市辖区	11067	7870	9527	10533	15.3
漳平市	9282	9195	5993	12411	10.3
长汀县	7312	7829	4556	4447	19.6
永定县	8702	8797	7201	9073	15.0
上杭县	8256	8179	6216	10116	11.3
武平县	8289	8804	6590	5042	16.1
连城县	7236	7492	5363	6324	5.5
宁德市	8692	9035	6031	8539	14.1
宁德市辖区	9047	9281	6034	8293	22.0
福安市	8785	8675	6225	11520	16.7
福鼎市	8807	9037	6689	8722	13.2
霞浦县	8365	9065	7033	6228	6.7
古田县	8475	9231	5900	6552	12.0
屏南县	8472	8563	5430	12674	11.6
寿宁县	8139	8768	2023	8001	10.6
周宁县	8668	8852	6848	8954	5.8
柘荣县	8761	9491	5139	6509	9.8

农民人均纯收入

(2000 年)

单位：元

地区	农民人均纯收入	人均生活消费支出	#食品	衣着	居住	农民人均纯收入比上年增长(%)
福州市	3860	2920.65	1336.11	159.39	566.70	5.0
福州市辖区	4782	2814.76	1557.67	116.82	391.19	4.3
福清市	4719	4374.55	1300.90	246.62	1571.76	5.7
长乐市	4650	3657.24	1664.91	324.69	604.24	4.6
闽侯县	3521	2336.65	1324.72	125.40	301.13	4.3
连江县	3819	2664.05	1390.05	115.60	455.10	3.4
罗源县	3392	3106.32	1520.20	215.73	539.07	5.4
闽清县	3401	2191.23	1137.44	88.30	217.04	5.4
永泰县	3165	2454.18	1258.43	97.26	514.22	6.5
平潭县	3397	2417.95	924.92	115.30	230.65	5.8
厦门市	4030	2693.22	1396.81	106.45	285.32	9.2
莆田市	3253	2418.45	1124.48	102.61	376.30	4.1
莆田市辖区	3742	2644.32	1468.10	97.44	364.14	2.9
莆田县	3318	2437.35	1169.42	86.90	391.34	4.0
仙游县	2948	1997.75	794.40	99.56	382.98	2.4
三明市	3182	2077.38	1001.57	105.37	238.03	4.9
三明市辖区	3743	2103.38	960.18	116.74	175.28	7.4
永安市	3538	2798.09	1095.72	130.80	708.11	5.1
明溪县	3159	1889.31	989.22	90.95	62.96	5.8
清流县	3142	1849.90	913.77	114.31	188.46	2.8
宁化县	2723	1883.89	892.42	99.14	331.79	4.2
大田县	2948	1960.63	1067.18	101.76	110.43	5.7
尤溪县	3225	2497.37	1159.18	125.81	354.53	4.2
沙县	3292	2401.44	1160.42	134.23	248.05	2.2
将乐县	3173	1438.92	792.79	70.07	123.22	6.1
泰宁县	3173	2338.33	1118.08	67.16	294.53	5.2
建宁县	2952	1636.20	763.46	100.01	171.72	2.9
泉州市	4440	2726.79	1295.00	141.06	357.87	5.0
泉州市辖区	4440	3085.31	1444.05	146.59	433.20	5.4
石狮市						
晋江市	5972	4077.01	1807.56	291.77	572.99	3.5
南安市	4335	2425.04	1029.49	114.82	261.56	4.2
惠安县	4452	2367.82	1184.73	131.37	246.93	5.3
安溪县	3345	2566.39	1221.11	101.39	378.35	5.0
永春县	3565	2387.11	1072.78	128.93	376.67	5.0
德化县	3381	2972.59	1474.80	155.99	351.68	5.4

（续）

地　区	农民人均纯收入	人均生活消费支出	#食　品	衣　着	居　住	农民人均纯收入比上年增长(%)
漳州市	3530	2834.78	1307.35	78.52	723.80	4.5
漳州市辖区	3677	2313.36	1204.42	108.10	323.75	3.2
龙海市	3656	3258.25	1427.09	121.10	807.32	4.3
云霄县	3499	1572.92	1017.26	63.74	74.81	3.0
漳浦县	3520	2726.76	1507.95	67.00	470.84	6.0
诏安县	3298	1934.65	1124.52	52.24	201.21	4.7
长泰县	3617	2754.82	1322.29	75.52	366.14	2.3
东山县	4170	4824.46	2377.20	67.90	1702.13	4.0
南靖县	3520	2673.41	1177.05	98.11	413.13	2.7
平和县	3236	2335.04	903.36	72.34	620.88	5.8
华安县	2990	1915.97	898.51	74.39	217.25	6.4
南平市	2735	2157.66	1142.80	110.68	272.73	2.7
南平市辖区	2870	2141.11	1061.66	105.31	324.97	2.3
邵武市	2905	2389.33	1144.19	99.40	414.69	3.5
武夷山市	2950	2418.78	1384.36	110.05	283.47	3.2
建瓯市	3204	2284.77	1134.67	119.72	426.82	3.4
建阳市	2685	2002.61	1007.01	123.55	260.27	1.3
顺昌县	2899	2014.49	1099.48	105.67	139.77	2.3
浦城县	2836	2410.06	1271.51	123.30	338.51	3.7
光泽县	2477	1869.06	1109.05	101.24	235.30	3.3
松溪县	2065	1621.90	828.10	102.46	97.21	—2.1
政和县	2297	2103.21	1198.22	99.88	195.50	3.1
龙岩市	2959	2195.98	1044.79	107.97	246.11	4.5
龙岩市辖区	3934	2531.60	1144.73	162.38	267.21	6.1
漳平市	3093	2013.87	833.62	120.24	186.43	3.7
长汀县	2486	1840.87	919.50	67.24	283.09	2.3
永定县	3127	2457.01	1161.76	118.43	230.81	4.6
上杭县	2702	2389.43	1124.09	92.41	273.24	4.0
武平县	2733	2120.71	1085.16	67.55	257.81	5.0
连城县	2741	2016.31	1010.11	130.51	232.84	3.6
宁德市	2850	1855.60	994.84	109.73	224.58	3.6
宁德市辖区	2853	1651.90	1095.34	79.33	167.11	4.0
福安市	3035	2611.36	1250.00	223.58	228.13	5.3
福鼎市	2854	2286.15	1056.43	153.64	233.18	2.0
霞浦县	2964	1474.52	1007.30	62.47	155.50	3.5
古田县	2950	2066.42	1000.52	97.45	411.76	4.0
屏南县	2635	1524.40	819.55	80.75	234.98	3.1
寿宁县	2714	1724.42	983.52	55.54	273.98	2.6
周宁县	2696	1767.25	932.77	126.35	173.40	2.8
柘荣县	2713	1419.36	683.97	93.09	204.22	4.3

地方财政收入

（2000 年）

单位：万元

地区	地方财政收入	#增值税	营业税	农业税	企业收入
福州市	492577	60136	134854	28354	83335
福州市辖区	341063	37682	105618	14095	53429
福清市	49178	10173	8155	4202	11161
长乐市	27032	2417	6120	2322	6334
闽侯县	19757	4453	4532	1394	3255
连江县	20053	1380	4411	2723	2401
罗源县	9377	1319	1832	1113	944
闽清县	12908	1553	1425	645	4028
永泰县	6413	621	1132	781	1173
平潭县	6796	538	1629	1079	610
厦门市	501865	92830	161226	18241	88456
莆田市	85706	14712	17921	7645	9792
莆田市辖区	45081	7087	12629	2333	5295
莆田县	23997	5409	2872	2607	2618
仙游县	16628	2216	2420	2705	1879
三明市	115451	20098	19026	18276	12374
三明市辖区	34299	6832	7473	1522	2861
永安市	24493	4389	4405	2649	2968
明溪县	3328	461	375	1268	151
清流县	3458	497	220	1202	225
宁化县	5918	875	551	2650	45
大田县	7660	1547	802	1028	711
尤溪县	11166	1584	1468	2789	1414
沙县	11416	1775	1471	1719	1907
将乐县	6262	1089	1076	1551	845
泰宁县	4728	728	703	797	1003
建宁县	2723	321	482	1101	244
泉州市	370265	65007	64213	16878	66027
泉州市辖区	117608	17978	30144	3521	18031
石狮市	36498	6040	7124	1296	5653
晋江市	73860	18910	7623	1816	10771
南安市	44677	8245	6264	2669	9177
惠安县	38459	5777	5981	964	11329
安溪县	22628	3239	2766	3237	3641
永春县	20470	1723	2435	2450	3989
德化县	16065	3095	1876	925	3436

（续）

地　区	地方财政收入	#增值税	营业税	农业税	企业收入
漳州市	244246	22398	37974	26444	36430
漳州市辖区	85527	11010	20564	3396	17998
龙海市	33092	3295	4861	2672	3628
云霄县	16904	1025	1630	2348	3503
漳浦县	26038	1301	2080	4680	715
诏安县	14672	952	1906	1869	432
长泰县	9267	922	567	1446	282
东山县	11840	1331	1822	1932	956
南靖县	22279	1351	2620	2874	7218
平和县	18075	643	1226	3615	1415
华安县	6552	568	698	1612	283
南平市	109510	16501	19774	19199	12632
南平市辖区	35739	7683	7948	1903	4795
邵武市	14984	2716	3249	3065	1084
武夷山市	8684	639	2011	1354	2081
建瓯市	14154	1268	1404	4919	524
建阳市	9172	1145	1490	2086	352
顺昌县	9772	1049	1293	2001	1268
浦城县	7733	1118	923	1643	1441
光泽县	3554	322	343	724	491
松溪县	3052	283	628	953	283
政和县	2666	278	485	551	313
龙岩市	109082	25623	16008	10631	11159
龙岩市辖区	57948	17266	9700	2047	2034
漳平市	11118	2798	1003	1361	1759
长汀县	5634	809	821	1689	436
永定县	11789	2122	1585	1298	2099
上杭县	10236	1042	1305	1417	3107
武平县	7079	824	758	1532	1272
连城县	5278	762	836	1287	452
宁德市	81875	8957	19863	14642	8975
宁德市辖区	21878	1369	9026	2530	2407
福安市	15734	2093	3112	2902	1497
福鼎市	15376	2142	2922	2052	1871
霞浦县	8501	834	1557	2351	806
古田县	8912	1032	1207	2119	999
屏南县	3365	420	519	622	639
寿宁县	2888	380	474	1055	181
周宁县	3011	335	412	757	552
柘荣县	2210	352	634	254	23

地方财政支出

（2000 年）

单位：万元

地区	地方财政支出	#基本建设支出	支援农村生产支出	农林水气象事业费	教育事业费
福州市	488617	12035	9848	11637	106892
福州市辖区	307143	11724	3295	3231	45760
福清市	45619		611	1302	18339
长乐市	28065	15	1176	1255	9739
闽侯县	21873	50	647	875	8287
连江县	22226	50	1166	1530	6747
罗源县	16044	60	920	925	3290
闽清县	17516	136	708	812	5569
永泰县	14683		699	877	4354
平潭县	15448		626	830	4807
厦门市	565774	75748	18891	6180	77614
莆田市	117844	680	2870	7083	44202
莆田市辖区	52868	680	1205	2962	15086
莆田县	39896		993	2945	16955
仙游县	25080		672	1176	12161
三明市	162561	1012	7994	8389	39492
三明市辖区	46443	656	1752	1747	6219
永安市	23857		1187	764	4712
明溪县	6790		339	366	1970
清流县	7071		465	376	1823
宁化县	12040		1182	528	4022
大田县	12528		221	720	4307
尤溪县	16206	306	812	1054	5468
沙县	13625	50	770	935	3964
将乐县	8446		285	513	2538
泰宁县	7751		420	641	2459
建宁县	7804		561	745	2010
泉州市	370569	18376	10648	13444	104459
泉州市辖区	120927	9192	1278	4438	24080
石狮市	33135	3800	578	1041	5207
晋江市	59150	1000	4135	1299	15464
南安市	40593	100	2158	1189	13599
惠安县	43227	3379	719	1600	15206
安溪县	31058		665	1435	13167
永春县	23334		676	998	11421
德化县	19145	905	439	1444	6315

（续）

地　区	地方财政支出	#基本建设支出	支援农村生产支出	农林水气象事业费	教育事业费
漳州市	263957	5172	6550	10453	56991
漳州市辖区	85753	3444	3689	3952	10493
龙海市	29891	89	557	1400	6792
云霄县	19322		108	507	5102
漳浦县	29767	1550	410	939	7541
诏安县	17756	39	175	635	5592
长泰县	10325		233	616	3054
东山县	13995	50	160	501	3175
南靖县	23277		739	733	5855
平和县	24222		218	743	6999
华安县	9649		261	427	2388
南平市	153486	1044	5657	7546	39487
南平市辖区	46525	836	1054	2041	7680
邵武市	16302		1258	544	4385
武夷山市	12149	10	294	570	2859
建瓯市	17587		735	1100	6217
建阳市	11667		468	566	3425
顺昌县	11860	198	193	768	3520
浦城县	14545		502	825	5162
光泽县	7356		320	482	1736
松溪县	7653		380	331	2202
政和县	7842		453	319	2301
龙岩市	176268	3303	6920	8875	42927
龙岩市辖区	76513	3200	3384	3095	9620
漳平市	13608		641	1186	4956
长汀县	16296	8	972	759	4724
永定县	21049	15	420	1154	7314
上杭县	18976	70	651	975	7051
武平县	15591		467	1032	5101
连城县	14235	10	385	674	4161
宁德市	156534	2263	4270	6964	43051
宁德市辖区	39013	2179	751	1519	7963
福安市	25449	18	1151	1144	6849
福鼎市	21548		665	930	6288
霞浦县	16597		114	575	4837
古田县	17727	65	451	675	6380
屏南县	9838		217	608	3320
寿宁县	10452		415	594	3508
周宁县	8646		101	515	2453
柘荣县	7264	1	405	404	1453

农林牧渔业总产值

（2000 年）

单位：万元

地区	农林牧渔业总产值	农业	林业	牧业	渔业	农林牧渔业总产值比上年增长（%）
福州市	2174223	618323	69349	394532	1092019	3.3
福州市辖区	166468	62516	1089	72590	30273	0.6
福清市	516197	121523	4472	136466	253736	5.0
长乐市	246005	67145	450	50125	128285	4.6
闽侯县	200831	116505	6597	55253	22476	—6.7
连江县	400707	50257	3179	21968	325303	8.2
罗源县	164634	34432	10994	12410	106798	8.3
闽清县	117726	64506	24087	15196	13937	0.7
永泰县	154157	87263	18228	21374	27292	3.2
平潭县	207498	14176	253	9150	183919	—4.1
厦门市	338345	101650	1751	75550	159394	—5.8
莆田市	590114	205532	16169	137954	230459	—2.6
莆田市辖区	165529	41948	134	45866	77581	—4.1
莆田县	269726	84732	5515	58685	120794	—3.6
仙游县	154859	78852	10520	33403	32084	2.0
三明市	1048987	558276	230749	175892	84070	4.2
三明市辖区	59943	26511	13084	13218	7130	5.3
永安市	103816	41000	24085	32433	6298	4.9
明溪县	51501	30219	15363	3399	2520	5.3
清流县	56834	32236	9482	10385	4731	4.1
宁化县	103105	60885	14371	18437	9412	4.9
大田县	121371	65459	23085	26982	5845	4.1
尤溪县	217736	126803	50543	26817	13573	3.2
沙县	115065	61706	26771	20176	6412	1.2
将乐县	77493	33044	24291	11854	8304	5.3
泰宁县	72778	36433	16386	7132	12827	5.8
建宁县	69345	43980	13288	5059	7018	5.2
泉州市	1354307	489142	35380	392050	437735	1.7
泉州市辖区	177603	41749	798	47338	87718	0.2
石狮市	105802	11005	177	7302	87318	8.3
晋江市	181536	56900	361	59100	65175	—1.4
南安市	226497	114758	6339	81319	24081	—4.3
惠安县	278803	45032	378	65069	168324	7.0
安溪县	166828	94690	9013	61873	1252	4.1
永春县	139638	88967	7932	40408	2331	4.8
德化县	77600	36041	10382	29641	1536	—2.1

（续）

地区	农林牧渔业总产值	农业	林业	牧业	渔业	农林牧渔业总产值比上年增长（%）
漳州市	1961735	955342	60046	304169	642178	6.9
漳州市辖区	91273	36429	2524	42705	9615	7.2
龙海市	324254	139518	4127	53918	126691	5.8
云霄县	153546	67214	1619	22545	62168	6.8
漳浦县	325002	152304	870	40034	131794	7.8
诏安县	260243	93595	2145	33307	131196	2.8
长泰县	91423	64460	6575	18521	1867	4.6
东山县	178493	12154	148	6011	160180	12.4
南靖县	209617	142087	25020	37317	5193	5.8
平和县	242281	195898	6985	32641	6757	8.5
华安县	85603	51683	10033	17170	6717	7.0
南平市	926897	459967	184504	180600	101826	1.1
南平市辖区	126247	49071	27727	39395	10054	1.5
邵武市	123121	67922	17879	17497	19823	2.3
武夷山市	67185	36431	11030	13795	5929	2.2
建瓯市	159192	80964	39092	24874	14262	3.3
建阳市	133014	64182	32839	24587	11406	1.3
顺昌县	70820	31214	12341	11075	16190	0.2
浦城县	98429	57478	12683	18104	10164	1.6
光泽县	50832	21922	4105	17353	7452	7.3
松溪县	52106	28421	13725	7242	2718	—3.7
政和县	45951	22362	13083	6678	3828	—10.1
龙岩市	882554	425814	83060	315282	58398	4.8
龙岩市辖区	144095	51272	10657	72798	9368	8.9
漳平市	95545	48231	14600	20071	12643	6.4
长汀县	142682	63558	13845	56738	8541	3.0
永定县	127797	71222	6484	44322	5769	1.6
上杭县	152597	75084	10305	57569	9639	2.7
武平县	113004	61136	15211	31297	5360	6.5
连城县	106834	55311	11958	32487	7078	4.5
宁德市	1095513	395729	141924	105761	452099	2.7
宁德市辖区	161342	37968	8034	11022	104318	8.4
福安市	184250	95217	8744	31173	49116	4.0
福鼎市	173599	44357	6664	8363	114215	2.1
霞浦县	238373	59479	6664	14708	157522	4.9
古田县	134976	54742	49852	14678	15704	7.3
屏南县	54089	22463	17336	7540	6750	3.0
寿宁县	78914	35616	35954	6262	1082	—22.4
周宁县	36066	23467	4172	6325	2102	5.0
柘荣县	33904	22420	4504	5690	1290	4.9

主要农产品产量

(2000年)

单位：吨

地区	粮食	油料	甘蔗	茶叶	水果	肉类	水产品
福州市	1252223	32992	33792	7908	250515	245787	1462961
福州市辖区	49264	51	50	321	30736	43703	43342
福清市	364612	18172	1689	114	48040	83977	217477
长乐市	170227	1488	423	62	16840	25772	145107
闽侯县	187012	1433	11758	274	33846	39071	31085
连江县	141951	1515	7522	1514	31447	14119	576622
罗源县	92430	187	222	3293	8864	8103	135311
闽清县	112377	1069	6919	866	37156	9024	5572
永泰县	103453	1246	5209	1464	43002	15291	4300
平潭县	30897	7831			584	6727	304145
厦门市	188547	27080	5709	764	28768	55170	184055
莆田市	574073	25928	18083	785	59505	90680	606527
莆田市辖区	114525	7775	2047		3322	29975	262391
莆田县	242557	10331	662	85	25026	38800	330451
仙游县	216991	7822	15374	700	31157	21905	13685
三明市	1205246	19403	38921	12636	452940	117845	71296
三明市辖区	33663	425	428	130	50454	7733	2914
永安市	112592	1119	2266	798	60400	22923	6828
明溪县	85269	1497	2878	1247	22463	3912	4452
清流县	78985	1842	3875	330	18815	6463	5018
宁化县	190671	4008	1085	859	24505	14000	10053
大田县	120011	1666	8587	1522	49903	16842	3159
尤溪县	197901	2660	10326	4690	69151	15346	7209
沙县	118357	1458	6873	1808	68304	11593	7455
将乐县	82251	938	1494	411	29806	8372	7000
泰宁县	77582	2028		371	15943	6270	9506
建宁县	107964	1762	1109	470	43196	4391	7702
泉州市	1072040	55056	17691	19640	373497	254945	884421
泉州市辖区	100767	5167	1304	201	12121	30298	132300
石狮市	25011	2316			1365	4487	245830
晋江市	134064	14006	6599	26	7121	36092	155553
南安市	250091	15214	8292	585	71416	56498	66061
惠安县	140513	16897		5	8286	40132	280386
安溪县	193352	1241	1496	14398	22730	39324	1520
永春县	133821	182		3973	216440	25313	1665
德化县	94421	33		452	34018	22801	1106

（续）

地区	粮食	油料	甘蔗	茶叶	水果	肉类	水产品
漳州市	1116666	48531	530569	12138	1670335	238652	1254565
漳州市辖区	22858	2959	152209	146	64718	40919	15520
龙海市	159244	2418	18959	136	70865	38691	260196
云霄县	136210	6479	20175	507	117629	19951	149886
漳浦县	217338	14871	48519	242	291217	38705	300370
诏安县	166944	6899	5728	2459	95872	19939	227535
长泰县	75053	4247	147664	921	102264	15706	5000
东山县	10029	2568			4115	4319	279678
南靖县	110981	2628	3017	2244	326131	25849	6010
平和县	161220	3116	673	3404	523935	21959	7500
华安县	56789	2346	133625	2079	73589	12614	2870
南平市	1244953	18257	89300	24266	346954	136457	76920
南平市辖区	110945	612	2840	906	53730	31096	7134
邵武市	140152	2468	8455	2939	29965	11765	12935
武夷山市	122595	1305	6266	4482	16827	10223	7470
建瓯市	202689	1245	19634	6721	122991	20515	11671
建阳市	176689	1381	22313	1562	37783	11058	8195
顺昌县	91501	922	5724	233	44704	9919	5703
浦城县	172808	7875	13913	1151	10537	16068	14217
光泽县	92573	1571	2205	476	3070	14726	4239
松溪县	58050	576	2830	2040	17190	5399	3100
政和县	76951	302	5120	3756	10157	5688	2256
龙岩市	1105534	24654	22147	4908	215995	249774	39484
龙岩市辖区	110899	8067	2724	506	45493	60633	5426
漳平市	103794	512	2488	713	37092	14679	5852
长汀县	158147	6328	4990	831	24746	38110	6579
永定县	172621	1136	4121	1066	41000	36287	4681
上杭县	220587	2964	1017	509	14231	40836	6626
武平县	183851	3724	3883	1138	21373	32180	3803
连城县	155635	1923	2924	145	32060	27049	6517
宁德市	940940	5986	70887	42924	165849	69914	698705
宁德市辖区	104579	572	10403	4333	14774	6771	108627
福安市	173936	989	43118	12827	64594	19872	62314
福鼎市	118721	1627	9546	8208	9460	8357	213438
霞浦县	136163	2253	6513	2318	19967	8825	297406
古田县	163015	194	1057	1403	46671	8423	12829
屏南县	83062			923	5487	5523	1506
寿宁县	67350			7443	2530	4516	1300
周宁县	57493	169	250	3789	2041	3502	925
柘荣县	36620	182		1680	325	4125	360

注：本表粮食产量为抽样调查定案数。

“规模以上”工业总产值

（2000年）

单位：万元

地区	“规模以上”工业总产值	轻工业	重工业	工业总产值指数（上年=100）
福州市	7501107	3291578	4209528	116.3
福州市辖区	3685660	1807451	1878209	104.8
福清市	1990774	780087	1210686	115.0
长乐市	802405	420895	381510	133.4
闽侯县	571240	151897	419343	212.9
连江县	53720	30959	22762	116.8
罗源县	84618	56421	28198	116.1
闽清县	251512	19816	231696	197.1
永泰县	49485	21788	27697	180.9
平潭县	11693	2264	9429	140.1
厦门市	6996757	4109832	2886926	123.4
莆田市	1167037	1019648	147389	120.9
莆田市辖区	437143	376672	60471	131.3
莆田县	580796	525905	54891	114.5
仙游县	149097	117071	32027	117.8
三明市	1648070	501717	1146353	112.7
三明市辖区	709621	145300	564321	102.6
永安市	379631	118474	261157	125.8
明溪县	22290	4171	18119	116.2
清流县	20505	162	20343	106.1
宁化县	13967	1652	12315	109.2
大田县	87525	14473	73052	108.1
尤溪县	81863	27587	54276	114.5
沙县	207219	160002	47217	126.3
将乐县	45360	5428	39932	114.7
泰宁县	56249	5621	50629	114.8
建宁县	23841	18848	4993	139.0
泉州市	4662260	2689320	1972940	131.6
泉州市辖区	1772658	719553	1053105	141.3
石狮市	300892	264156	36737	116.6
晋江市	1130247	867186	263062	130.5
南安市	497430	175441	321989	137.8
惠安县	463629	404466	59162	125.3
安溪县	235638	100411	135227	112.5
永春县	103910	40645	63265	144.3
德化县	157856	117463	40394	120.3

（续）

地　　区	“规模以上”工业总产值	轻工业	重工业	工业总产值指数（上年＝100）
漳州市	1679673	1085640	594033	99.6
漳州市辖区	434064	301349	132715	100.0
龙海市	510476	233820	276655	125.6
云霄县	22009	13713	8296	24.7
漳浦县	240385	209510	30875	96.1
诏安县	39317	30527	8790	141.6
长泰县	91767	77156	14612	105.9
东山县	108428	85187	23240	101.8
南靖县	182263	115309	66954	89.0
平和县	29284	12833	16451	120.5
华安县	21680	6236	15444	133.4
南平市	1027911	426266	601644	117.6
南平市辖区	573590	275513	298078	82.6
邵武市	151815	60946	90869	112.0
武夷山市	17077	2785	14292	103.6
建瓯市	59429	13874	45555	126.1
建阳市	51452	26665	24787	118.3
顺昌县	81577	7357	74220	145.4
浦城县	47380	24179	23201	133.8
光泽县	27498	13148	14350	121.5
松溪县	6568	1253	5315	95.2
政和县	11524	547	10978	94.3
龙岩市	1009200	381843	627357	109.9
龙岩市辖区	686038	324654	361384	112.4
漳平市	99396	4736	94660	103.5
长汀县	33765	14617	19148	94.8
永定县	60564	16032	44532	117.9
上杭县	56573	8123	48450	101.6
武平县	35766	2336	33431	114.1
连城县	37098	11345	25753	100.2
宁德市	469210	143893	325317	133.1
宁德市辖区	30413	10572	19841	102.3
福安市	218644	23828	194815	113.7
福鼎市	98312	42639	55673	214.1
霞浦县	22043	17901	4143	175.3
古田县	43026	20848	22178	94.5
屏南县	14492	5938	8554	119.4
寿宁县	10184	1954	8230	146.2
周宁县	8597	1914	6683	140.1
柘荣县	23500	18299	5201	116.9

消费品零售总额

（2000年）

单位：万元

地　区	消费品零售总额	按行业分				按城乡分		
		批发零售贸易业	餐饮业	制造业	其他	市	县	县以下
福州市	3517653	2833874	418509	68855	196414	2256320	354574	906759
福州市辖区	1902024	1605277	214347	15294	67106	1902024		
福清市	536112	426423	54728	16122	38838	267854		268258
长乐市	255271	196910	28498	11680	18183	86442		168829
闽侯县	226142	182941	26524	5007	11670		36108	190034
连江县	249540	183637	40314	7585	18004		115735	133805
罗源县	72005	50569	9115	4706	7616		49750	22255
闽清县	85088	74292	5368	464	4963		49523	35565
永泰县	76103	48856	11244	3724	12279		38197	37906
平潭县	115368	64969	28371	4273	17755		65261	50107
厦门市	1696364	1174265	279391	41814	200895	1696364		
莆田市	685009	445067	85875	25766	128301	386558	107265	191186
莆田市辖区	424455	278528	54988	12284	78655	386558		37896
莆田县	99687	63731	10716	3770	21471		10102	89586
仙游县	160867	102808	20171	9713	28175		97163	63704
三明市	918427	588716	107338	69142	153228	294858	294834	328735
三明市辖区	181907	140610	15392	3339	22565	170547		11360
永安市	205825	136725	28950	21237	18913	124311		81514
明溪县	40162	22554	3377	889	13342		21949	18213
清流县	30698	19815	3502	2379	5002		17196	13502
宁化县	70445	33720	6409	8601	21715		42648	27797
大田县	67890	43501	9404	5876	9108		31825	36065
尤溪县	86879	49571	8261	14197	14849		38763	48116
沙县	92714	50749	13524	7376	21065		59089	33625
将乐县	52721	31122	8998	1051	11550		30887	21834
泰宁县	50006	38328	4078	560	7045		29659	20347
建宁县	39180	22026	5443	3637	8074		22818	16362
泉州市	3470191	2380582	310847	320099	458663	1740959	224364	1494868
泉州市辖区	706973	507745	55022	23735	120471	621798		85175
石狮市	765981	423339	64456	146721	132465	765981		
晋江市	784960	539149	104260	103332	38219	174620		610340
南安市	490315	381566	31554	14847	62348	178560		311755
惠安县	256613	195049	19318	13872	28374		77576	179037
安溪县	219981	162637	23437	3534	30373		61827	158154
永春县	129741	108791	7511	299	13140		33099	86642
德化县	115627	62306	6289	13759	33273		51862	63765

（续）

地区	消费品零售总额	按行业分				按城乡分		
		批发零售贸易业	餐饮业	制造业	其他	市	县	县以下
漳州市	1496255	1093951	144113	63645	194547	538263	359985	598007
漳州市辖区	401367	289658	32159	9730	69820	401367		
龙海市	297364	202682	27637	14961	52084	136896		160468
云霄县	102714	67710	8989	9264	16751		62111	40603
漳浦县	185128	153132	15172	6186	10638		59640	125488
诏安县	103481	76240	12898	3712	10631		55424	48057
长泰县	47201	35578	4692	1094	5838		29975	17226
东山县	101956	78078	15904	2556	5418		41370	60586
南靖县	100053	64078	12345	13727	9903		43636	56417
平和县	119670	99253	11764	1091	7562		48188	71482
华安县	37321	27543	2553	1324	5902		19641	17680
南平市	693614	485809	82590	38139	87119	343084	141671	208902
南平市辖区	159015	117490	17301	10864	13360	159015		
邵武市	85119	62343	12176	1460	9140	59685		25434
武夷山市	48151	34792	5135	2170	6053	22659		25491
建瓯市	107929	70226	15661	2927	19115	60538		47391
建阳市	84488	52775	7477	10810	13426	41187		43301
顺昌县	60123	34779	10426	2313	12605		37217	22906
浦城县	55973	48201	5108	1842	822		49916	6057
光泽县	35308	29041	2170	786	3310		22635	12673
松溪县	21233	16624	1254	600	2755		11709	9524
政和县	36319	19538	5882	4366	6532		20194	16125
龙岩市	532396	375779	38739	20986	96892	199809	149747	182860
龙岩市辖区	152868	123630	8048	3310	17880	152868		
漳平市	78340	49198	6959	5479	16704	46544		31796
长汀县	52455	35991	3865	608	11991		36526	15929
永定县	72927	46061	5010	5655	16201		33279	39618
上杭县	71805	55855	3320	2447	10183		28853	42952
武平县	51504	37018	5510	2613	6363		22871	28633
连城县	52095	27625	6028	875	17568		28163	23932
宁德市	718007	547971	89723	16671	63642	265126	172116	280865
宁德市辖区	109249	85012	12488	602	11147	80623		28626
福安市	162237	120459	24541	8901	8336	100673		61564
福鼎市	129834	91956	23127	1889	12862	83830		46104
霞浦县	100039	85457	7570	489	6523		48402	51637
古田县	93590	77985	4861	749	9995		47380	46210
屏南县	32990	19546	5898	1945	5601		20166	12824
寿宁县	39468	31349	3352	204	4563		20547	18921
周宁县	30835	19766	5432	1382	4255		20551	10284
柘荣县	19765	16441	2454	510	360		15070	4695

普通教育教师及在校学生数

（2000 年）

单位：人

地区	专任教师数				在校生数			
	普通高中	普通初中	职业中学	小学	普通高中	普通初中	职业中学	小学
福州市	3946	16359	2114	29189	60473	317734	40179	602680
福州市辖区	1548	3994	1147	6555	19829	63715	23774	132350
福清市	653	3050	284	5683	12462	74836	5433	142262
长乐市	383	1728	102	3366	6722	40359	1470	75558
闽侯县	289	1739	149	2755	4445	26653	1295	48857
连江县	349	1838	109	2973	5450	36613	2962	53798
罗源县	91	679	49	1525	1590	13931	818	27198
闽清县	211	1006	100	2257	3026	16824	1369	31455
永泰县	209	1216	118	1822	3275	22869	2055	35229
平潭县	213	1109	56	2253	3674	21934	1003	55973
厦门市	1527	4029	670	7095	24435	65019	8890	144476
莆田市	2397	8693	1200	14501	37892	187644	17595	343211
莆田市辖区	573	1377	271	1902	6568	19901	3220	34507
莆田县	928	4531	362	7681	17481	115171	6417	194089
仙游县	896	2785	567	4918	13843	52572	7958	114615
三明市	2013	8669	963	17250	29966	159529	13021	310624
三明市辖区	347	844	248	1664	4415	12872	2769	25352
永安市	252	988	219	1954	3301	16811	3241	31879
明溪县	60	384	44	829	1096	6683	369	11705
清流县	91	527	40	877	1316	8571	484	13872
宁化县	238	995	34	2051	3919	25239	948	36236
大田县	243	1230	36	2292	4060	25846	279	62005
尤溪县	328	1427	124	2887	4858	25891	1513	66157
沙县	169	764	119	1713	2410	10303	1621	23369
将乐县	115	600	37	1053	1798	10048	614	15069
泰宁县	83	412	48	958	1305	7342	642	12331
建宁县	87	498	14	972	1488	9923	541	12649
泉州市	4399	18664	1779	34091	78833	464915	41316	790555
泉州市辖区	1005	2753	479	5857	16477	61172	13138	106164
石狮市	206	916	94	1616	4169	18669	1578	33279
晋江市	695	2603	267	4850	13033	63515	7300	126912
南安市	793	3738	381	7053	14832	110221	7264	173740
惠安县	604	2713	190	3595	9725	67714	3459	107311
安溪县	519	3040	225	6072	9873	83896	4788	146009
永春县	354	1727	84	3094	6625	37545	1843	60228
德化县	223	1174	59	1954	4099	22183	1946	36912

（续）

地区	专任教师数				在校生数			
	普通高中	普通初中	职业中学	小学	普通高中	普通初中	职业中学	小学
漳州市	2398	12751	1054	24519	35201	262331	20973	495739
漳州市辖区	349	1398	401	2191	5564	24102	8902	43587
龙海市	403	2066	79	4142	7220	44900	1453	89024
云霄县	199	1121	105	2573	2261	23185	1641	48368
漳浦县	459	2433	82	3965	6203	49948	1784	99477
诏安县	206	1264	45	2828	3455	35750	1488	61967
长泰县	99	709	61	1169	1589	11565	1255	20896
东山县	147	554	88	1004	1953	10649	933	23500
南靖县	197	1092	65	2147	2522	19188	1324	33427
平和县	259	1599	66	3477	3373	33084	1306	57940
华安县	80	515	62	1023	1061	9960	887	17553
南平市	1913	8401	780	19869	31624	150022	13041	300295
南平市辖区	374	1326	220	3074	5293	21184	4768	42800
邵武市	193	851	62	2025	3753	14460	1824	30391
武夷山市	162	639	78	1657	2456	10702	1392	22990
建瓯市	277	1457	192	3140	5271	29271	1894	49359
建阳市	202	869	90	2028	3264	16641	1245	29384
顺昌县	174	755	28	1833	2935	12238	491	25899
浦城县	231	1093	61	2608	3628	14586	833	29317
光泽县	95	389	15	995	1463	7377	21	17524
松溪县	103	495	14	1139	1770	9875	274	20287
政和县	102	527	20	1370	1791	13688	299	32344
龙岩市	2637	10412	989	19132	42254	165301	14282	362426
龙岩市辖区	500	1632	335	2583	8133	25083	5442	44873
漳平市	219	1102	119	2078	4099	17932	1668	33791
长汀县	354	1386	78	3150	5661	21663	1955	69253
永定县	528	1937	116	3355	8643	30383	1470	56353
上杭县	395	1789	127	3192	5664	30061	1656	64664
武平县	354	1366	99	2561	5697	23406	1005	45567
连城县	287	1200	115	2213	4357	16773	1086	47925
宁德市	1940	9519	833	17901	31722	190137	15605	340997
宁德市辖区	244	1300	176	2251	3643	25212	3782	43307
福安市	392	1625	173	3382	6393	36433	2279	66317
福鼎市	303	1492	133	3020	5052	32209	2187	60183
霞浦县	247	1474	92	2359	4227	28741	1960	50852
古田县	289	1327	79	2360	5188	24362	1493	41185
屏南县	149	703	48	1292	2261	11687	1205	20972
寿宁县	120	692	72	1441	2016	14011	1259	25739
周宁县	135	612	46	1138	1908	12066	1188	21458
柘荣县	61	294	14	658	1034	5416	252	10984

省统计局供稿　　编审：郭华生　　责校：郑棻　章卓如

福建省科技进步奖项目（选介）

（2000 年度）

一等奖

特早熟、大果型的枇杷新品种—早钟 6 号

主持单位：福建省农业科学院果树研究所　地址：福州市晋安区埔垱　邮编：350013
主要完成人员：黄金松　郑少泉　许秀淡　方金强　许家辉　刘惠玉

早钟 6 号以超大果形的品种“解放钟”为母本，以日本的早熟良种“森尾早生”作父本进行有性杂交育成。具有投产快、特早熟（比一般品种早上市 15～20 天以上）、果大（下均果重 52.7 克）、品质优、抗性强、丰产稳产、外观美、耐贮运等特点，是一个具有国内外领先水平的早熟枇杷新品种。据不完全统计，至 1999 年春，已在省内外推广种植 5.47 万亩，创经济效益 8300 多万元，并已形成产业化生产。预计它将发展成为华南和西南枇杷产区最受欢迎、效益最好的主栽品种之一。

二等奖

早熟抗病广谱恢复系明恢 77 选育与应用

主持单位：三明市农业科学研究所　地址：沙县琅口　邮编：365509
主要完成人员：郑家团　谢华安　姜兆华　张受刚　林美娟　张建新

该项目是省科委和国家“八五”水稻育种攻关项目。明灰 77 是用“强恢×强恢”早晚交人工制恢方法育成的恢复力强、配合力好、抗稻瘟病、米质优、恢复谱广、易制种的恢复系。其广泛被应用于配制杂交水稻新组合，其中有 7 个组合通过省级以上审定。以威优 77 和汕优 77 为代表在生产上应用的组合达 14 个，在全国 12 个省区累计推广 6776 万亩，增产稻谷 22.88 亿公斤，增值 27.45 亿元，成为我国南方稻区当家早熟恢复系。威优 77 被国家科委列为“国家级科研成果重点推广项目”，先后两次被国家科委、农业部评为最高后补助奖。明恢 77 选育与应用改变了我国恢复系较为单一的局面，为发展杂交水稻和粮食增产发挥巨大作用。该成果专家鉴定达国际先进水平。

岩薯 5 号新品种选育推广及其利用

主持单位：龙岩市农科所　地址：龙岩市小洋保竹路 62 号　邮编：364000
主要完成人员：杨立明　陈赐民　黄光伟　朱天文　郭其茂

甘薯新品种岩薯 5 号是福建省龙岩市农科所于 1991 年以岩齿红为母本，岩 94—1 为父本，通过有性杂交选育而成。经专家评审，该品种的选育达国内先进水平。先后通过福建省、江西省农作物品种审定委员会审定。1999 年获国家“九五”第二批农作物新品种二等后补助。岩薯 5 号具有高稳产（鲜薯亩产 2524～2713 公斤，比对照金山 57 等增产 21.6～34.3%；薯干亩产 636～709 公斤，比对照增产 17.6～31.1%）、品质优（薯块晒干率 26%左右，薯干淀粉含量 51.6%，100 克鲜薯中含胡萝卜素 7.7 毫克、维生素 C25.9 毫克，食味软甜，口感好）、高抗蔓割病和抗逆性强、商品性好等特性。到目前为止，已有 18 个省（市）引种推广，1995～2000 年净增社会经济效益 6.36 亿元。

高香型优质乌龙茶新品种—丹桂的选育与推广

主持单位：福建省农科院茶叶研究所　地址：福安社口　邮编：355015
主要完成人员：陈荣冰　黄福平　郭元超　杨燕清　邬龄盛　陈广群

丹桂是从该所品种园武夷肉桂的天然杂交后代中经系统选择而育成的一个高香、早生、高产的乌龙茶新品种。植株较高大，树姿半开展，分枝较密，灌木型，中叶类，叶形椭圆，叶身内折。叶片呈上斜状着生，嫩梢叶色稳黄绿，茸毛少。茶树生长势旺盛，育芽能力强，持嫩性好。在福安常年 4 月 20 日前后开采，与黄旦相近，分别比铁观音、肉桂早 7 天和 12 天左右。制乌龙茶品质优异，有特殊花香，滋味醇厚甘韵。制优率高于肉桂、铁观音。丹桂乌龙茶已获省名茶奖，“中茶杯”一等奖，国际金奖等。产量高，年均每 667m^2 产量比肉桂、黄旦、铁观音高 20%以上。扦插成活率 70%以上，定植成活率 90%以上。适宜在乌龙茶区大面积推广。

危害热带植物的黄瓜花叶病毒分离物特性比较研究

主持单位：厦门华侨亚热带植物引种园　　地址：厦门鼓浪屿鼓声路4号　　邮编：361002

主要完成人员：徐平东　李梅　林奇英　谢联辉

黄瓜花叶病毒是寄主植物最多，分布最广，最具经济重要性的植物病毒之一，由其引起的病害对热带、亚热带植物危害严重。该研究通过对我国热带植物上分离的16个CMV分离物与4个对照CMV株系，在同一水平下进行寄主反应、血清学性质、理化性质及分子生物学性质比较，从中选出能有效区分CMV两个亚组的综合鉴定标准，明确了3个鉴别寄主；测定了CMV亚组ⅡCP基因序列；建立了多种ELISA检测CMV的方法。该项成果对研究CMV引致病害的流行、检疫和防治，具有重要意义，对植物抗病育种特别是转CMVCP基因的转基因材料的推广应用，具有重要的理论价值。可在植物种苗繁育和检验检疫部门推广。该研究属国内领先，并达到国际先进水平。

苏铁生理生物学特性及栽培繁育技术研究

主持单位：三明市林科所花卉苗木试验场　　地址：三明市列东绿岩新村1栋　　邮编：365000

主要完成人员：傅瑞树　叶振环　连标勇　陈水龙　董建文

苏铁是地球上现存的最原始的种子植物，是我国的一级保护植物。该成果主要对苏铁的播种育苗生物学、生理生化特性及栽培、繁育技术中的一系列问题进行了系统研究。研究了苏铁白化苗与正常苗的解剖学与生理生化特性差异，揭示了苏铁展叶规律，提出苏铁新叶生长的相关因子，对苏铁新叶生长过程的分期控水措施研究，提出控水的量化指标及叶形控制技术措施；通过对苏铁生殖生物学研究，采用一系列高产栽培技术，如母树选择及优化配置、人工授粉以及种子高产配套管理措施等，探索出一套苏铁种子高产繁育的先进技术。创下单株结籽912粒、重量16.5公斤，播种成苗率达60%以上。该技术对苏铁资源保护和开发具有重要的指导意义。

毛竹种源试验及选择的研究

主持单位：福建林学院　　地址：南平市福建农林大学林学院　　邮编：353001

主要完成人员：陈存及　范辉华　梁一池　邱尔发　邹跃国　谢建成　陈东海　李少荣　黄勇来　陈国兴

收集全国8省16个毛竹种源在建瓯、华安营造种源试验林二片，经连续5年观测，收集大量数据，应用数量遗传原理和方法，经过回归分析、相关分析和趋势面分析，计算出不同种源毛竹的遗传方差、环境方差、表型方差、重复力等遗传参数，揭示毛竹种源存在明显的地理变异趋势，南部种源发笋量较大，西北部种源的新竹胸径较大。通过多性状综合评价，初步选出福建武夷山、建瓯、沙县、江西上饶4个优良种源，均分布在武夷山脉南山坡。经权威专家鉴定，成果填补了毛竹遗传育种领域的空白，达到国际先进水平。一旦推广应用将可产生巨大的经济效益。

猕猴白内障系列研究

主持单位：福建中医学院　　地址：福州市五四路282号　　邮编：350003

主要完成人员：黄秀榕　祁明信　李志雄　吴翊钦

猕猴白内障系列研究是在高等动物中探寻人类白内障的理想动物模型。采用晶体混浊分类系统Ⅲ（Lens Opacities Classification System Ⅲ）和变焦摄影裂隙灯显微镜检查204只猕猴眼，发现猕猴白内障发病率为25%，并探讨其形态特点、严重程度、发病规律；采用电子显微镜观察晶体上皮细胞超微结构，发现与人类十分相似；对46只猕猴眼晶体等屈光间质参数作微测量提高了研究的实用性。该模型可作为人类白内障的病因、发病机理、药物研制、手术改进等研究的理想动物模型。成果已被天津医科大学博士论文应用并获全国2000年优秀博士论文奖，西班牙学者将应用该成果进行协作。该成果达国际先进水平。

抗脑血栓新药蕲蛇酶的基础和临床研究

主持单位：福建医科大学蛇毒研究所　　地址：福州市交通路88号　　邮编：350004

主要完成人员：王晴川　刘广芬　许云禄　陈清澄　魏京娜　薛玲　王秀敏　汪效英　刘必雄

蕲蛇酶是从尖吻蝮蛇（亦称蕲蛇）蛇毒中分离纯化的抗脑血栓新药，经国家药品监督管理局审批为化学药品二类。分子量27±3KD。动物实验证明能降低血浆纤维蛋白原浓度，抑制血小板聚集和促使血管内皮细胞释放t—PA。在动物血栓模型上，能防栓、溶栓和减少脑梗塞再通后的脑损害。动物急、慢毒性均低。动物和人药代动力学研究，一天一次给药无蓄积性，主由肾脏排出。Ⅰ期临床研究在有效剂量下，无明显异常反应，Ⅱ期双盲试验对200例和Ⅲ期对全国40个医院1346例急性脑血栓病人的研究总有效率分别为94.8%和94.2%，主要不良反应为一过性血小板减少（7.7%），证明安全有效。有较好的经济和社会效益。是我国按新药审批程序由国家批准的第一个蛇毒制剂。

水泉500kV工程系统调试关键技术研究及工程实践

主持单位：福建省电力试验研究所　　地址：福州市仓山区复园支路48号　　邮编：350007

主要完成人员：王大光　郑长明　施春耿　鄢庆锰　王庆儒　阮实　吴丹岳　吴虹　朱宗毅　张榕林

该研究项目解决了500kV工程系统调试关键技术，特别是500kV网架配置不对称的运行特性和调试技术，包括零升电源的优化选择，防止试验中的投切过电压超标，特殊的过电压测试方法、解合环过程防止网架断面的过载，人工接地及潜供电流测试技术；设计并实施了全部系统试验、试验过程安全，试验结果为500kV水泉工程提供了重要依据。运行单位根据本项成果安全运行，使水泉500kV输变电工程（我省首项500kV工程）成为水口电厂南送功率的主要通道，占电厂发电量60%以上，最大输送功率达650MW以上，避免了窝电和弃水，改善了电网电压质量，降低了网损，提高了电网运行稳定性。

嵩屿电厂接入系统安全稳定研究

主持单位：福建省电力试验研究院 地址：福州市仓山区复园支路48号 邮编：350007

主要完成人员：王大光 林因 冉启仁 鄢庆锰 林冶

该研究成果弄清了处在福建电力系统重要负荷中心的厦门嵩屿电厂2台300MW大机组失磁、切机、出线短路故障对大机组和电力系统及受端电网安全稳定性影响的机理，提出并实施了大机组和电力系统安全稳定的综合措施，这些措施包括失磁失步前切机，受端无功补偿配置，大机组轴系寿命管理，以及在厦门、泉州电网配置新型的低周、低压减载装置，并使其可能成为福建电力系统进一步发展过程适时设置集中型电力系统安全稳定系统的组成部门。这些成果的应用，防止了大机组窝电和系统大面积停电，嵩屿电厂年运行达到6000小时以上，为厦门地区和福建省国民经济持续发展提供安全优质的电能。

亭江变电站多媒体综合自动化系统

主持单位：福建省电力试验研究院 地址：福州市仓山区复园支路48号 邮编：350007

主要完成人员：林韩 阮实 曾天发 陈长征 魏茜

亭江变电站多媒体综合自动化系统是利用现今微机、通讯和数据库等技术，采用多CPU分层分布式结构，在保证继电保护可靠运行的基础上综合测量、控制、信号通讯等功能，保护、监控不相互独立，充分发挥综合效益。该系统设计简明、构思合理，下位机具有自检、自复位及互为监视功能，确保系统安全可靠运行。上位机的人机界面友好、操作简便、信息、显示直观，便于运行人员准确快速地掌握设备的运行情况，提高变电站运行管理水平。该系统综合继电保护、监视控制等功能，实现硬件资源共享，减少占地面积，使变电站总体投资最省，充分发挥社会和经济效益。

福州东郊变电站调相机远方监控系统

主持单位：福建省电力试验研究院 地址：福州市仓山区复园支路48号 邮编：350007

主要完成人员：陈光捷 王大光 鄢庆锰 林敦敏 黄旭明

该项目实现了福州东郊220kV变电站二台30MVar调相机房无人值守和远方监控的计算机系统。监控系统包括多媒体技术对各电气量、压力量、温度量的远方监测，对无功出力的手工或自动调节，具备远方紧急停机功能。监控系统多媒体主机作为监控主机的热备用、软硬件设计中采用了人工智能技术，达到了减人增效的目的，对国内其他调相机及中小水电厂发电机组远方监控有推广应用和借鉴意义。

基于固结金刚石磨料的特种陶瓷高效超精密磨削技术

主持单位：华侨大学石材加工研究福建省高校重点（开放）实验室 地址：泉州市华侨大学 邮编：362011

主要完成人员：徐西鹏 沈剑云

特种陶瓷必须经过精密加工才可应用到许多高科技领域，但陶瓷硬度高，采用传统的“磨削—研磨—抛光”工艺，加工效率低、成本高、加工质量很难保证。本项目立足于我国陶瓷加工的现状，探讨并揭示在研磨机上用固着金刚石磨料进行研磨式磨削高纯度氧化铝陶瓷过程中材料去除机理和磨具失效机理。在此基础上，着重解决了超细粒度磨具中金刚石分布不均匀、结合剂致密度差及磨损不均匀等关键技术难题，研制出一系列粒度和形状的金刚石磨具，并采用磨料水射流技术解决磨具堵塞问题。综合运用该技术加工陶瓷，表面粗糙度稳定，总加工效率高且操作简单。成果已在相关企业中应用，并可推广到玻璃、石材等硬脆材料的高效、高质量、无污染、低成本加工。

基于PDR300视频服务器的多频道播出系统研究与开发

主持单位：福建电视台 地址：福州市古田路2号 邮编：350001

主要完成人员：武卫平 吴皖霞 卞德森 陈学敏 时守斌

该项目是为满足福建电视台新建新闻频道、体育频道和公共频道的播出需要，首创以视频服务器为核心研建的多频道自动播出系统，适用于国内外各类电视台。由于采用了许多关键技术，系统达到国际先进、国内领先水平，具备先进性、合理性、实用性和可靠性，并填补了国内基于视频服务器多频道播出系统的空白。该系统投入应用以来，明显提升我省的电视播出技术质量和宣传效果，促进了我省两个文明的建设；十分显著地节省投资、节约人力和减轻工作强度。作为我国电视播出史上一个重要的标志性研建项目，其关键技术在各级电视台推广应用，极大地推动了我国新一代电视播控系统的发展，使用和推广该技术有明显的社会效益和经济效益。

HDPE自润滑光纤护套管

主持单位：福建省二轻工业研究所、福建亚通塑胶有限公司 地址：福州市杨桥中路50号 邮编：350001

主要完成人员：叶盛京 陈鹤 顾正 林文豪 林岩 柯奕 林宗忠

HDPE自润滑光纤护套管是以高密度聚乙烯和自润滑塑料合金材料为主要原料，通过复合共挤方式加工而成的。它具有优良的特性和经济实用价值，可广泛应用于邮电通讯光纤电缆系统，并在国内市场具有巨大的潜力。该产品的主要技术性能指标与同类产品对比具有一定的独创性和先进性，并在实际推广过程中可带来巨大的经济效益和社会效益。该项目已在全国各主要通讯部门得到具体的应用，产品的各项性能居国内领先水平，2000年创产值1亿五千多万元，税利数千万元。

高炉喷煤系统设备与生产的技术研究

主持单位：三钢（集团）有限责任公司　　地址：三明市列西　　邮编：365000

主要完成人员：陈军伟　郭志刚　李上羡　林滨　庄剑杰　林金贵　王健

该技术是先进工艺、装备技术与计算机自动化控制技术、图文显示技术等多项技术高度集成化的高新技术。设计合理，新技术集成高，使得系统在投产后半月内迅速达产。高炉利用系数从1996年的1.837t/m³·d上升到1998年的2.847t/m³·d，入炉焦比由551kg/tFe下降到448kg/tFe，列1998年全国300m³高炉第一名。随着生产发展，高炉喷煤技术不断完善，2000年底其高炉利用系数已达3.238t/m³·d，入炉焦比为409kg/tFe，高炉各项生产技术经济指标均列于国内先进行列。三钢高炉喷煤系统的研究、开发和应用至今，为企业新增经济效益7130万元，突出了增产、节能、降耗的极大效果，开创了国内300m³级高炉喷煤应用的新途径。

LR—高纯石墨工业性试验和LR—膨胀石墨开发、中试研究

主持单位：邵武科踏高纯石墨厂　　地址：邵武市溪北路68号　　邮编：354000

主要完成人员：苏立小　程预江　叶厚理　李秋荣　吴章标

LR—高纯石墨质量国内领先国际先进，替代进口，已规模生产并成为国内碱锰电池用的石墨导电材料的名优产品。年产值以30%速度增长，经济社会效益好，发展前景广阔，LR—膨胀石墨质量达国际同类产品先进水平。项目自行研制的《工业全塑真空抽滤洗涤机》属国内首创，自行设计的《石墨精细化学提纯工艺》高效先进新颖。

高应变动力试桩FJWAPC程序及其在桩基检测中应用

主持单位：福建省建筑科学研究院　　地址：福州市杨桥中路162号　　邮编：350002

主要完成人员：林清意　施峰　梁曦　柳春

该项目在国内外首次系统完整地对具有桩周分层摩阻和端阻的动静对比资料运用反分析思想进行研究，对桩侧阻力增设了软硬化等模型，通过实测贯入度和桩的入土深度来修正土阻力，编制了FJWAPC程序。该程序可以用来确定桩周分层摩阻和端阻，计算桩身阻抗判定桩身结构完整性，给出模拟静载的Q—S曲线，提高了高应变动力检测的准确性和可靠性，为推动高应变动力检测技术的发展作出了贡献。该研究成果总体达到国内领先水平，其中关于桩周分层摩阻力和端阻力的研究成果达到国际先进水平。在确保工程质量、加快工程进度，节省检测费用等方面具有较好的社会效益和经济效益，值得推广应用。

水域全自动大能量连续冲击震源

主持单位：福建省建筑设计研究院　　地址：福州市通湖路188号　　邮编：350001

主要完成人员：李哲生　林榕　戴一鸣　颜志宏　刘宏岳　陈光灿

水域浅层地震法工程物探是桥梁、码头、大坝及水上线路等大型水域工程勘察的一种重要手段，能够快速、经济、准确地辅助解决上述工程的地质问题，而震源又是该种技术是否奏效的一个关键环节。该项技术利用冲击产生大能量宽频冲击应力波的原理，设计制造了震源船装置，并通过对震源船的外形、结构、材料、减震措施、机械装置、应力波的激发方式及定向传播方式进行了深入研究探索，克服了传统震源难以解决的气泡效应难题。同时具有激发能量大，中心频率低，可穿透深度较大土层的优点，完全能解决风靡世界的浅层剖面仪不能解决的较深基岩面、粗砂、卵石等强反射面以下由于反射信号太微弱而接收不到的问题，使勘探精度、深度及效率大为提高。该技术居国内领先地位，达到国际先进水平。

生物组织光学特性测量理论及其应用

主持单位：福建师范大学

主要完成人员：谢树森　李晖　郑蔚

该项目首开我国新兴的"组织光学"研究先河，在国内率先开展生物组织光学特性理论与应用的专题研究，主要成果由百篇学术论文组成。该研究专题已编入国家自然科学基金指南中鼓励申请领域和学科分类目录；开发出新型"光纤探针深度计"，首次使精确测定光能分布成为可能，并提出生物组织光学特性测量新方法。首次获得肺组织光穿透深度等数据；首次提出几种测量生物组织折射率实用方法，填补了该领域的空白；提出生物组织光散射特性新理论模型，已获实验验证。已取得了达到国际先进或领先水平，且标志我国该领域研究水平的系列成果。论文被SCI、EI等收录36篇次，被引用25次，申请发明专利2项。它将指导和推进医学光子技术和激光生命科学向前发展。

三等奖

土壤钾素肥力稳定性研究及其在花生平衡施肥中的应用

主持单位：福建省农科院土壤肥料研究所　　地址：福州埔垱　　邮编：350013

主要完成人员：章明清　彭嘉桂　杨杰　林琼　魏峰

该课题在土壤—作物系统中，将作物吸收与土壤钾素动态相结合，吸收现代生态学和系统论的科学思想开展盆栽试验，首先提出土壤钾素肥力稳定性概念和评价指标，建立了新的土壤钾素动力学模型以及土壤不同形态钾释放速率常数的计算方法，

为评价土壤钾素肥力提供了新依据。在此基础上开展国际科技合作，从加拿大引进“土壤养分状况系统研究法”新技术，在花生上开展平衡施肥田间试验，取得较好的结果。该成果具有重要的理论价值和应用价值，达到国内领先水平。该成果已在闽东南花生主产区推广平衡施肥3.4万公顷，每公顷增产370.5公斤，增产14.3%，每公顷净增收1216.5元，取得良好的社会经济效益。该成果可为生产花生专用肥提供科学依据。

红麻新品种闽红298的选育与推广

主持单位：福建省农科院甘蔗研究所　地址：漳州市龙文区朝阳镇　邮编：363005

主要完成人员：洪建基　甘勇辉　林娜　陈福寿　李美珍

闽红298系红麻722×青皮三号杂交选育而成，茎绿色、裂叶型、晚熟，全生育期210～220天。该品种高产、稳产、优质、抗病、适应性广。一般亩产原麻400～500kg，高产者500～600kg。1989～1997年省内外与青皮三号及粤74—3对比试验，比青皮三号增产16.13%，比粤74—3增产12.74%，达极显著。1995～1998年省内外生产示范效果显著，比青皮三号增产1.5—2成，比粤74—3增产1—1.5成。株高390cm以上，茎粗2cm左右，皮厚1.2mm，纤维强力43.5kg/g，纤维支数265支，抗炭疽病力强于粤74—3，达国内先进水平，适于华南、长江及黄淮河流域与华北麻区种植。至1999年累计生产示范10.905万亩。今后每年繁种100万kg，供北方种植66.7万亩，年增产值1亿多元。

柰果肉褐变机理及克服途径研究

主持单位：福建农林大学园艺系　邮编：350002

主要完成人员：刘星辉　邱栋梁　黄林生　丁学义　汤木秀

该项目观察了柰果肉褐变的症状及其形成过程，首次探明了柰果肉发生酶促褐变的机理。提高果实含钙量可降低细胞膜透性，减少酚、酶、氧三者接触的机会，阻止褐变发生。提出了土壤施钙、幼果期喷钙是提高柰果实含钙量、防止果肉褐变的行之有效的措施，且成本低，实用性、可操作性强，对生产有重要的指导意义。在主产区已示范推广16000多亩，取得了显著的经济效益和社会效益，果实采后浸钙也有明显效果。该研究有理论意义和很高的实用性，研究成果居同类研究国内先进水平。

茶树病虫害科学治理及其多媒体数据库的研制

主持单位：农工党福建省委会　地址：福州湖东路　邮编：350001

主要完成人员：林乃铨　郭剑雄　苏锋　林学茂　王水金　陈成基　郑其春　朱其亮　钟兴松　梁丽琪　陈承沐

针对茶叶农药残留问题，以闽东绿茶区为试点，采取田间调查和室内研究相结合，进行了害虫普查、系统测报、制订防治指标、筛选农药和多媒体数据库开发研制等工作，探明闽东茶虫发生规律，建立测报网点；提出“冬季清园、适时嫩采、科学管理水肥和无公害防治”的科学治理策略；分期制订防治指标，明确最佳防治时期；优先采用无公害防治措施，必要时辅以高效低毒低残留化学农药。首次应用多媒体技术，研制“茶树病虫害多媒体数据库”，集茶树主要病虫的形态鉴别、发生规律、预测预报和防治措施等知识于一体，图文并茂、查询简便、计算快捷，适用性广，可操作性强。已在闽东茶区大面积示范推广，取得显著经济、生态和社会效益。

木麻黄防护林优化培育和提高防护效能的研究

主持单位：福建省林业科学研究院　地址：福州市新店八一水库　邮编：350012

主要完成人员：叶功富　徐俊森　林武星　曾国强　陈洪

该项目属国家“八五”重点科技攻关林业成果，以闽南沿海防护林长期的大面积试验为基础，应用生态育林学的原理与方法，通过林带防风效应测定、结构调控和林地土壤管理等技术途径，开展木麻黄混交造林、树种轮栽、复层林培育、密度管理、林下整枝和套种绿肥等系列试验，揭示木麻黄在不同试验条件下的生长量、林带结构、防风效能和土壤肥力的变化规律，分析评价不同木麻黄林培育方式的生产力和生态效应，确定影响防护林带结构的技术参数。同时以林带结构、林地土壤和防风效应作为木麻黄林经营管理的基点，以提高木麻黄林的防护效能为目标，通过系列化培育试验和生态效益评估，提出滨海基干林带和沙地后沿木麻黄防护林经营的优化配置模式，已在沿海地区推广2000多公顷，对于沿海防护林体系工程建设具有良好的指导应用价值。

福建省苏铁类植物自然分布调查及引种繁育技术研究

主持单位：福州树木园管理处　地址：福州新店上赤桥　邮编：350012

主要完成人员：郑芳勤　张晓萍　潘爱芳　罗建明　张芳平

苏铁类植物是地球上现存植物中最原始的种子植物之一，也是珍贵稀有的孑遗植物。苏铁不仅是古老的园林观赏植物，还有药用价值。开展苏铁引种繁育试验不仅有利于生物多样性保护和生物基因资源保存，也利于苏铁类植物的开发利用。该项目1998年立项，1999年底鉴定。通过大量的调查研究及生物学特性的观察比较确定了苏铁和四川苏铁在福建的野生分布，认为福建是四川苏铁的原产地之一，有创新之处。成功地获得苏铁×元江苏铁、叉叶苏铁×多歧苏铁、单羽苏铁×四川苏铁等种间杂交后代，有利于生物多样性保护及苏铁类植物开发。完成5种苏铁类植物的核型分析对苏铁的宏观系统演化和微观分子探秘有重要科学价值。

印尼东海域过洋拖网渔具改革和研究

主持单位：福建省水产研究所　地址：厦门市东渡海山路7号　邮编：361012
主要完成人员：冯森　沈长春　郑海鹰　林金群　谢重庆

近年来国内渔场鱼类资源严重衰竭，开辟远洋渔场是海洋捕捞业发展方向。印尼东海域近海渔场资源丰富，福建省远洋渔船九十年代初率先进入该场生产，虽然网头大产量高，但小鱼多、弃鱼严重，不利渔场长期利用，且暴网事故频，劳动强度大，网具不能适应。该项目就是针对该渔场捕捞对象和渔场特点通过网具模型试验、实船应用、研究出96目×3.00米园筒疏目型网具，该网具有大口、快拖、疏目的特点。既能增产又能释放小幼鱼，减轻劳力、减少事故，创造了良好的经济和社会效益。推广到本省所有转场到该渔场的远洋渔船上，同比外省来的渔船增产50%以上，深受远洋渔民好评。该项目经国内同行专家鉴定，技术水平居国内领先。

直肠超声对直肠癌分期与淋巴结转移研究

主持单位：福建医科大学附属协和医院　地址：福州市新权路29号　邮编：350001
主要完成人员：林礼务　叶真　薛恩生　高上达　何以敉　俞丽云　林晓东　叶琴

该研究于国内首次采用直肠超声对直肠癌分期及其淋巴结转移进行研究，其主要特点是大组病例研究，最后与病理分期对照，其技术关键是详细研究了直肠壁的超声解剖，为准确分期提供重要的超声解剖基础。于国内首先提出直肠癌的分期报告与分期标准，这为临床提供一个简便、有效、无创伤分期方法，对临床制定治疗方案提高直肠癌的治愈率与减少癌的转移和复发有十分重要的应用价值，有广泛推广前景，研究内容已被多次引用，并被卫生部批准为全国医学教育项目，举办全国学习班推广应用，并于省内举办多期学习班推广应用。

福建省常见恶性肿瘤的分布特征与地球化学元素相关性研究

主持单位：福建省肿瘤医院　地址：福州市福马路凤坂　邮编：350014
主要完成人员：郑天荣　陈增春　张其忠　陈琳　蔡以评

该项目应用我省七、八十年代恶性肿瘤死亡资料进行分析研究，描述我省恶性肿瘤分布特征及流行趋势，同时应用我省地球化学元素的调查资料进行与恶性肿瘤死亡率相关性研究。其目的是为撰写我省的恶性肿瘤死亡分布与自然条件相关，福建省恶性肿瘤流行趋势、福建省常见恶性肿瘤死亡率与地球化学元素相关性等关系的“福建省恶性肿瘤地图集”著作出版。它为我省各级行政领导制定肿瘤防治工作和教学、科研等提供科学依据。本著作国内外至今尚未见有报道，处于领先地位。并对我省的肿瘤防治提供切实有效的应用价值，取得一定的经济和社会效益。

U型棒椎弓根钉的设计与临床运用

主持单位：宁德地区第一医院　地址：福安市鹤山路97号　邮编：355000
主要完成人员：王春　郭卫中　刘成招　王以进

U型棒椎弓根钉主要由带螺纹的棒通过杆桥与椎弓根钉连接而成。在治疗腰椎滑脱的手术中，在完成椎板减压、神经松解、椎间植骨融合的同时，通过椎弓根钉将滑脱的椎体复位，通过椎板下穿钢丝，将滑脱的椎体的上下位脊椎固定到U型棒上。经过生物力学试验表明，它的轴向刚度、弯曲刚度、以及扭曲刚度较steffee钢板强，稳定性能好。自1992年治疗腰椎滑脱症40例，随访32例，结果优良率91%，滑脱纠正率85.8%，它操作方法简单、创伤小，达到国内先进水平，有关研究论文在全国第二届中青年优秀论文交流会上获优秀论文奖。并发表在《颈腰痛杂志》与《美国中华骨科杂志》上。

人类异常染色体世界首报核型

主持单位：莆田县医院妇产科遗传室　地址：莆田县城厢区桃巷1号　邮编：351100
主要完成人员：施丽华　陈进珍　曾文寿　孙树芬

进行本项目研究的主要过程是：采血、标本制作及镜检。人体染色体的数目和结构是恒定的，若发生改变，便引起疾病，甚至死亡。染色体检查的适应症是：闭经、不孕、流产、先天畸形、性别不明、智力低下、血液病、恶性肿瘤等。该项目达到国际领先水平。在临床上，给医生提供治疗方案；用于婚前、产前或病、残儿家系检查，以减少染色体病儿出生，利于优生优育，提高民族素质；用于基因研究，进行基因定位、基因克隆及遗传病、恶性肿瘤等研究。该成果具有极大的经济和社会效益。

超声导向经皮肝穿注射无水酒精治疗肝脓肿的研究

主持单位：福建医大附属协和医院　邮编：350001
主要完成人员：叶真　林礼务　薛恩生　黄长玉　何以敉

该成果是利用超声导向经皮介入治疗方法的优点及无水酒精使组织脱水，蛋白凝固等机理所产生的超声导向经皮肝穿无水酒精注射治疗肝脓肿的新方法。本方法与肝脓肿传统治疗方法相比具有①疗效确切且作用快，适用于各型各期肝脓肿；②操作简便；③安全、病人损伤小（对糖尿病病人及身体虚弱不能耐受其它治疗方法的病人尤为重要）；④缩短病人治疗时间、减低病人经济负担；⑤随B超仪的普及，易于推广等优点。为临床上提供一种行之有效的治疗肝脓肿的新方法。此外无水酒精注入病灶局部的声像特征有助于提高一部分难鉴别的肝癌与肝脓肿病例的超声鉴别诊断的准确性。

提高小肝癌手术疗效的研究

主持单位：福建医科大学附属协和医院　地址：福州市新权路29号　邮编：350001
主要完成人员：黄建富　叶真　黄长玉　沈娟　杨发端

该研究通过术中应用B超快速、准确地发现肝内小癌灶，指导小肝癌手术切除，提出了小肝癌术中B超定位的有效方法；同时辅以无血切肝，联合脏器切除的技术，显著提高了手术疗效、降低了手术风险。该研究已在省内多家医院和多届普外科中高级进修班及进修医师中推广应用，效果良好，该项研究达到省内领先水平，接近国内先进水平，使许多肝癌患者得以长期生存。

原发性肝癌侵人肝胆管引起阻塞性黄疸的临床诊治研究

主持单位：福建医科大学协和医院　地址：福州市新权路29号　邮编：350001
主要完成人员：黄长玉　黄建富　高上达　沈娟　殷凤峙

该研究重点探索肝癌引起胆管阻塞性黄疸的诊断与外科治疗。分析研究肝癌出现黄疸病人的B超、CT、MR等影像特点，发现肝癌引起的阻塞性黄疸，尚存在一种未引起临床医生注意和认识，即癌组织直接侵入胆管壁，并向胆管腔内生长形成癌栓阻塞，病情将迅速恶化，若合并胆道感染，随时可危及患者生命。以往文献资料认为不宜外科治疗，经临床实践，外科手术是唯一有效治疗手段。80%病人术后病情明显好转好、提高生活质量、延长生存期，部分病人可达到根治性治疗。

肾脏损伤的临床早期诊断

主持单位：福建中医学院附属人民医院　邮编：350004
主要完成人员：林青　阮诗玮　许少锋　郑京　林丽婷

肾脏损伤的早期诊断是检验医学的重要课题。作者采用国产试剂盒检测尿液转铁蛋白（TF），微量白蛋白（mALB），N—乙酰—β—D—氨基葡萄糖（NAG）和肌肝（Cr）。并联合TF/Cr，mALB/Cr，NAG/Cr3项指标对健康对照组、尿蛋白定性检测阴性的糖尿病、高血压、系统性红斑狼疮及尿路感染患者的随机尿液进行检测。结果表明联合检测这3项指标能早期发现肾脏的轻微病变，是诊断肾脏早期损伤灵敏、可靠的实验室指标，而且能够监测疾病的发生、发展过程，为临床诊疗提供依据。实验方法简便、快速，采样方便，无创伤性。此项研究成果具有先进性和创新性，具有推广应用的价值。

彩色多普勒超声对房间隔瘤等4种少见心脏病变的系列研究

主持单位：福建医科大学附属第二医院　地址：泉州市中山北路　邮编：362000
主要完成人员：黄子扬　林玲　郭静茜　陈国瑞　许有容

房间隔瘤、心房粘液瘤、三尖瓣狭窄和直背综合征均系容易被误漏诊的较少见的心脏病变。该项目应用彩色多普勒超声心动图对上述病变进行系统全面的观察研究，详细描述其彩色血流显像特征，改进或完善了诊断方法和诊断标准。该研究还首次报道了房间隔瘤在慢性风湿性心脏病中的发生率并探讨其临床意义；对大型心房粘液瘤的房室瓣口梗阻程度进行了定量检测；对直背综合征容易合并二、三尖瓣脱垂的机制进行探讨并提出了应用骨盆测量器代替X线胸片测量诊断直背综合征的简易可靠的新方法。该研究成果对规范上述心脏病变的超声心动图及临床诊断、减少误漏诊，对相关手术或介入性治疗决策的选择及预后的评估均有较大的临床应用价值。研究成果达国内先进水平。

整体护理相关因素在临床实施的系列研究

主持单位：福建医科大学附属协和医院　地址：福州市新权路29号　邮编：350001
主要完成人员：许乐　林碧　刘月芬　陈丽芬　吴航洲　陈宪

该研究在临床实施全过程应用科学严谨的态度，从整体护理的基础理论、临床实践及临床实施效果评价三个方面进行深入探讨与研究。其目的在于提高护理质量、合理利用护理人力资源，提高护理工作的系统性和科学性，促进学科水平。省医科大学附属协和医院作为福建省率先开展整体护理并首家被纳入国家卫生部"整体护理协作网"，为全省各医院参观进修学习的主要基地，受到广泛好评。截至1999年底全院普及整体护理，护理纠纷基本杜绝、缩短住院天数、增加病床周转率；实现了病人、护士、医院领导的三满意，促进了全省不同等级医院的整体护理的开展。该研究起步早、内容丰富、涉及面广，并取得较大的社会和经济效益，达到国内同等研究的先进水平。

《经眶鼻外筛蝶窦或上颌窦进路视神经管及视神经减压术》

主持单位：南平市第一医院　南平市耳鼻咽喉研究所　地址：南平市中山路317号　邮编：353000
主要完成人员：陈著声　吴健　陈钊　叶莲妹　张友胜

颅脑外伤合并视神经管骨折发病率约6～8%，伤后迅速发生视力锐减甚至永久性失明。由于视神经在眼球后方，位置深而隐蔽，视野小又难以显露，故既往对本病多无良策。本病并非罕见，但由于（1）头颅骨质重叠，投照体位不当，摄影技术水平等因素致X光拍片能提示视神经管骨折的阳性率并不高。（2）脑外科对颅脑外伤治疗以抢救生命为主，伤后患者眼睑肿胀无法睁开，对视力障碍未引起重视。（3）眼科：从眼眶外侧进路难以显露视神经，内侧进路又不熟悉筛、蝶窦解剖，在治疗上亦无良策。（4）耳鼻喉科：认为视力障碍非本专业范围，未主动承担其治疗责任。故误诊、漏诊率高，新近由于CT、MRI、鼻窦内窥镜的发明及在临床上广泛应用，鼻眼、鼻颅相关外科的兴起，以及颅脑外科、眼科、耳鼻喉科医师对本病的认识水平的提高和通力协作，检查技术的进步，本病日见增多，所以X光拍片、CT扫描阴性不能排除视神经管无骨折。诊断依据、手术指征，主要以临床症状、体征为主，凡有闭合性额部、眉弓钝挫伤，患侧眼球虽未受伤但视力锐减甚至失明，瞳孔散大，对光反射直接消失、间接反射存在即可诊断为视神经管骨折。正确治疗应尽早手术清除血块、碎骨片，全程开放视神经管并行视神经减压术。由于视神经管位置深而隐蔽，解剖关系复杂，减压手术难度高，采用眶鼻外筛蝶窦或上颌窦进路的视神经减压术，可挽救了部分患者视力。（南平市第一医院7例成功）该项成果技术成熟，方法上有所创新，有显著的社会、经济效益，在临床上有推广应用价值。在手术名称上也提出更确切达义的见解。

超声乳化白内障手术临床应用的系列研究

主持单位：厦门眼科中心　　地址：厦门市厦禾路336号　　邮编：361001

主要完成人员：洪荣照　吴护平　吴国基　陈珊娜　杨晖

项目研究以洪荣照主任医师为组长，挑选有经验的业务骨干，建立眼科显微手术培训基地，引进先进超声乳化仪。通过选择合适的病例，采取循序渐进原则扩大手术适应症，建立严格随访制度进行术后疗效评价，临床实践结合理论研究，编写了《超声乳化白内障手术学》，该项目填补福建省、厦门市项目研究空白，适用于各种类型的白内障患者的手术治疗，尤其是核硬度小于四级者。该手术切口小，痛苦小，术后恢复快，散光小，可大大减少手术并发症和提高术后视力。该研究项目处于国内领先水平，积极稳妥地推广应用将产生良好的社会和经济效益。

武夷山特大暴雨洪水防洪减灾分析

主持单位：武夷山市水电局　　地址：武夷山市和平路204号　　邮编：354300

主要完成人员：颜传炳　李容物　叶道良　颜斌　林振龙

武夷山特大暴雨洪水防洪减灾分析系对闽浙赣相邻梅雨地区1992～1998年的暴雨洪水跨省跨河流流域的专项研究。研究包括1992、1998年两次特大暴雨，既有短历时高强暴雨，又有长历时大面积暴雨，部分雨量极值接近或达到了梅雨地区乃至全国实测的最高记录；取得了暴雨点、面雨量分布，暴雨范围及相应洪水分析结果。为这一地区防洪减灾及工程建设提供了实用的资料，达到国内领先、国际先进水平。有一定理论意义和实用价值，具有较重大的科学价值。综合研究成果对1998年特大暴雨洪水的预报和水库调度起到减灾效益显著；还对1988～1998年以来发生的各次暴雨洪水分析比较，加强对武夷山暴雨洪水特性和防洪减灾研究；整理编辑出版《武夷山大暴雨洪水》一书，为防洪减灾服务。

丘陵区自流地下低压管灌技术

主持单位：省水利厅水利技术服务中心　　地址：福州市东大路229号水利中心　　邮编：350001

主要完成人员：陈文清　陈世钦　黄柳青　林利群　阮金贵

该项目通过分析丘陵区特定地形条件下管灌技术的特点，提出丘陵区管灌系统布置原则，防护措施及管径、管材选择等主要设计要点，对如何充分利用自然水头实现自流管灌，实现田间自来水化，并采取调压池、节制闸、变径等技术措施解决因地形起伏而引起管网中水压不均匀、不稳定等问题，提出了独到见解，达到省内领先水平，为我省有条件的丘陵区，因地制宜地发展自流管灌提供可靠的技术依据。同时，通过具体工程实施和观测来校正技术指标，取得较好的经济效益（节水38.4%、省工45%、省地1.4%、增产22.0%、省时65.2%），对丘陵区发展地下低压管灌技术具有良好的示范和指导作用，促进丘陵区节水灌溉技术的全面发展，具有显著的社会经济效益。

LFW—125型工业垃圾焚烧炉

主持单位：福建丰泉集团有限公司　　地址：福州市五四路国际大厦19层　　邮编：350003

主要完成人员：陈泽峰　杨斌　郑文远　林从钦　薛谋忠

福建丰泉集团有限公司研制开发的LFW—125型工业垃圾焚烧炉，获得福建省2000年度科学技术进步三等奖。该项目1999年已获得国家环保总局“环境保护产品认定证书”。LFW系列垃圾焚烧炉设备也已被列为1999年度国家计委重点环保装备国产化国债项目。LFW系列智能型垃圾焚烧炉广泛应用于中小城镇工业、生活垃圾焚烧，尤其适用于工业区和城乡结合部的制鞋、服务、橡胶、建筑和家私等行业的废弃物焚烧，也可焚烧医疗废弃物。它具有喷风助燃、节约能源；水墙结构、设计新颖；变频控温、燃烧充分；热能利用、经济实惠；消除污染、达标排放和节约投资、分散处理的技术经济优势，对于切实解决城镇垃圾处理问题具有重大的生态环境保护意义。

厦门地方税务征收管理信息系统

主持单位：厦门市地方税务局　　地址：厦门市湖滨北路70号7层　　邮编：361012

主要完成人员：陈海涛　刘建伟　林立松　温卫华　吕希财　吕春华　李龙华　陈志萍　刘建华

《厦门地方税务征收管理信息系统》是计算机广域网络环境下的大型税务业务系统。该系统以小型机和大型数据库为运行平台，采用Intranet/Internet、Web数据库等先进技术，采用PB5.0等开发工具，构造C/S应用体系结构。系统的流程规范，功能齐全，界面友好，运行效率高，具有较大的创新性和完善的授权机制，安全可靠性好，处国内同类系统的领先水平。系统的投入使用，大大地提高了税务人员的工作效率，强化了税收执法力度，加强了税源监控，节约了税收成本，强化了服务，方便了纳税人，丰富了厦门市信息港的建设，促进了厦门市经济和社会的发展。

台湾系列数据库

主持单位：福建省科技信息所　　地址：福州市湖东路11号　　邮编：350003

主要完成人员：汪仁庆　林端宜　雷乃旺　郑丹永　林升

《台湾系列数据库》是一个涵盖台湾理工农医法诸领域的由15个子库组成的集约型数据库。研究成果包括数据库本身和数据库管理检索系统两部分。这15个子库中文献型数据库6个，即农业、标准、医药卫生、信息产业、地质矿产和法律法规，非文献型数据库9个，即企业名录、机电产品、研究机构、名人、中医药分析咨询、制药产业、医疗机构、野生植物、中医药出版等。数据库管理系统包括管理维护工具和检索系统两部分，方便管理，全文检索。该数据库建成后在全国图书情报界产生了很大影响，被认为是目前祖国大陆唯一的综合性台湾信息数据库，在大陆台湾信息库中居领先水平，对促进海峡两岸间的交流与合作具有积极的社会意义。

城镇职工医疗保险信息管理网络系统

主持单位：厦门市职工医疗保险管理中心
厦门市巨龙软件工程有限公司　　地址：厦门火炬园中桥大厦六层　　邮编：361006

主要完成人员：李钦辉　吴克西　黄文灿　连真鸿　苏旭晖

城镇职工医疗保险信息管理网络系统（以下简称系统）是我国医疗保险制度改革的重大工程。系统包括5大部分：投保管理、医保中心管理、医院收费管理及公共查询模块。涵盖了包括投保人基本数据库建立、IC卡管理、经费划拨、医院收费管理、整个医保结算，各类报表打印及日常办公管理等上百项功能。系统安全体制严谨，且模块化可拆卸；所有牵涉到计算的参数公式都可由用户定义，可随时修改；系统模拟银行模式，采用专用诱导输入法和编码，操作更简便。该系统率先在厦门使用，运行情况良好，产生很大社会和经济效益。目前该系统已成功应用于福建、江西、湖南、山西、内蒙等省，推广前景良好。

《运行控制系统》FLIGHT OPERATIONS CONTRAL

主持单位：厦门航空有限公司　　地址：厦门市埭辽路22号　　邮编：361006

主要完成人员：陈维嘉　陈鹰　王洪建　苏忠东　吴庭辉

航空公司的航班运行控制直接关系到飞行安全和企业效益，厦航《运行控制系统》是实现运营管理信息化的核心系统。它是厦航与北京长天计算机公司共同合作，建立在追踪国外先进应用系统水平，结合厦航运行控制管理模式，历时1年开发成功的，其功能涵盖了从航班计划开始到飞行组织实施的整个生产过程，符合中国民航CCAR—121FS部规定。系统运行以来，先后有中国国际、南方、北方、西南等10多家航空公司以及民航总局的领导参观指导，投入运行以来累计节省资金2000万元。成果鉴定委员会专家一致认为，该系统在功能实现上具有独创性和先进性，综合性能在民用航空运行控制领域处于国内领先水平。现已在上海、山东等航空公司得到推广使用。

丁苯改性沥青在高等级道路上的应用研究

主持单位：泉州市公路局　　地址：泉州望门街公路大厦　　邮编：362000

主要完成人员：林建筑　丁永灿　方德铭　卢帮莺　刘国才

国产沥青在质量上较难满足高等级公路沥青技术要求，以致花费大量外汇进口优质沥青修建高等级路面。该局1997年6月进行丁苯胶乳改性沥青在高等级道路上的应用研究，共铺设10.2公里试验路，采用国产胜利100#沥青掺配山东齐鲁石化公司生产的SBR胶乳〈丁苯胶乳〉进行改性，同时对泉州市公路局筑机厂生产的SLB—14型热拌机改造，解决丁苯胶乳定量加入问题，并对施工工艺及质量检测进行测试。得出掺加2%丁苯胶乳国产胜利沥青100#达到或超过进口优质沥青性能，且施工工艺简单易行，造价比进口沥青低150元/吨，经过省有关部门组织专家组鉴定，该项目达到省内领先水平。对沥青技术指标有明显改善，温度稳定性和水稳定性有明显提高，工艺简单可以用于铺筑沥青砼高段路面。

旧水泥砼路面沥青罩面技术应用研究

主持单位：泉州市公路局　　地址：泉州涂门街公路大厦　　邮编：362000

主要完成人员：林建筑　丁永灿　方德铭　卢帮莺　刘国才

1998年4月开始本项研究。主要内容为：在稳定处理好破损旧水泥路面，喷洒南京大学及扬中研制JY型沥青抗剥落剂0.3%，于裂缝处铺设德国特雷维拉TREViRA TYPE 010/140±土工布防止裂缝反射，增加抗拉性，再铺4cm沥青混合料面层。该研究获得成功，且造价为原来修补法1/3，有着显著的经济效益，且施工简单，阻车少，社会效益显著，经省有关部门组织专家鉴定：该项目研究成果填补了省内空白，达到国内先进水平。

乳化沥青砼应用试验研究

主持单位：福州市公路局　　地址：福州市杨桥中路228号　　邮编：350002

主要完成人员：施向文　曾继平　陈思明　何天健　任恢国

对于交通繁忙路段、路面病害发生频繁、坑槽分散零碎等情况，采用热拌沥青修补存在较多麻烦和问题。由省交通厅立题对此项目进行应用试验研究。乳化沥青具有良好流动性，拌和时与骨料表面具有良好工作度与粘附性。配制成乳化沥青砼混合料的材料结构组成，油石比、实际密实度、空隙率、饱和度、稳定度、流值等6项关键技术指标达到并超过国内规范要求。乳化沥青砼可用于各种路面、公园、厂矿、人行道、居民区、庭院等场地的修建铺筑。袋装乳化沥青混合料特别适用于交通繁忙路段的坑槽突击修补和日常养护，具有良好的应用前景和推广价值。就全省而言，每年可节约经费1000万元，节约沥青3000吨以上。该项目整体技术达到国内先进水平。

植物纤维绿色环保型餐具

主持单位：福建农林大学 地址：南平市福建农林大学（南平校区） 邮编：353001

主要完成人员：黄祖泰 谢拥群 陈学榕 聂少凡 陈礼辉 李正红 魏起华 林修凤 蔡为茂 邱仁辉 缪宗华

该项目以农、林加工剩余物植物纤维为原料，制造一次性餐具，开发出独具特色的生产工艺、助剂和成套生产设备，获绿色产品认证和两项专利及1999年省青年科技博览会金奖、昆明世博会金奖、省科技进步三等奖。项目创新点在于采用机械浆使生产使用过程无污染；高效防水防油剂比国内同类的低50%；采用独特模具结构和高效加热方式，节能50%；开发出的高效稳定的生产线使餐具成本显著降低。全套技术现已转让给企业，年生产规模达1亿只，经济、社会效益显著。我国目前一次性餐具年需求量约300亿只，并以每年6%的速度递增，因此该项目的市场应用前景极为广阔。

福建会堂大跨度预应力钢大梁整体提升及其他新技术的应用和研究

主持单位：福建二建建设集团公司 地址：福州市冶山路105号 邮编：350003

主要完成人员：刘忠群 陈世昌 李维鸿 王永义 黄跃森

该课题项目完成了"大跨度钢大梁整体提升和空中平移技术及建筑业10项新技术的应用和研究"，共推广应用13项新技术，其中10项为建设部建筑业重点推广的项目，应用数量大，科技含量高，施工技术先进。成功地解决了工业与民用建筑中大型钢结构构件的整体提升技术难题，而且在工艺技术上有所创新与突破，整体水平达到国内领先水平，其各项新技术的推广和应用在省内起到积极的示范作用。通过课题项目的研究和工程实践，使科技成果直接转化为生产力，工程总节约成本289.5万元，技术进步效益达1.93%，给企业带来显著的经济效益和社会效益，有积极的推广应用价值。

大口径灌注桩桩端压力注浆工艺及应用研究

主持单位：福建省建筑科学研究院 地址：杨桥中路162号 邮编：350002

主要完成人员：庄平辉 郑桂心 刘锡安 张耀年 朱春森 龚一鸣

大口径灌注桩的桩端压力注浆工艺是针对其桩端承载力比例低而进行研究开发的。该工艺可保留大口径灌注桩承载力大、适应性强等优点，同时可解决施工中存在沉渣过厚、桩身离析、断桩和桩端没到达持力层等问题。通过数十个工程试验，对注浆桩的荷载传递机理进行了研究，提出其参数设计和承载力计算方法。该成果成功应用于60多项工程中，创造经济效益近亿元。由全国著名专家组成鉴定委员会一致认为"课题组提出的桩端压力注浆工艺设计先进；提出按挤土桩力学参数取值计算注浆桩承载力具有创新性。研究成果总体达到国内领先水平，其中对大面积高承载力桩事故处理的技术达到国际先进水平"。

钢索液压抓斗现浇钢筋砼地下连续墙施工工法

主持单位：福建地矿建设集团公司 地址：福州市五四路285号 邮编：350003

主要完成人员：林仕学 张蛮庆 唐兰远 游维忽 邱文权 郑开华

该工法是以德国宝峨BS640挖掘机为主要施工设备，并在实践基础上总结出来的现浇钢筋砼地下连续墙施工综合方法，工法系统详细地论述了导墙制作，单元槽段成槽护壁优质泥浆配制与维护，钢筋笼制作，运输和安装，水下砼灌注，接头防渗、防漏处理等施工技术方法，并探讨了施工组织措施，提出了安全注意事项及质量标准。工法经过在上海、天津、北京、江苏等等城市不同地层，不同用途的9个地下连续墙工程项目（共467个槽段，延长2324m，砼方量43296m³）的施工中实际应用，结果表明：所提供的技术可靠，方案可行，施工质量达到设计要求，可以达到最大限度利用建设用地，并满足逆作法施工需要，现浇钢筋砼地下连续墙施工工法所研究、总结的地下连续墙综合配套技术应用方法，填补了福建省建筑施工技术的空白，不仅适用于建（构）筑物的地下结构的围护，也可用于江河堤坝、护岸、地下隧道、地铁车站等防渗结构墙，为地下工程向更深、更广空间发展提供了技术保障，同时，工法所研究提出的各种防渗水接头形式，钢筋预埋件安设方法、防砼浇流措施及质量标准，对设计部门也有较好的借鉴价值。

超长钻孔灌注桩施工工法

主持单位：福建地矿建设集团公司 地址：福州市五四路285号 邮编：350003

主要完成人员：林仕学 张荫山 陈木炎 张蛮庆 陈和 李粤南

该工法采用常规的钻孔灌注桩施工设备，通过控制泥浆性能和合理选择钻进技术参数，在成孔过程中始终采取有效的防斜技术措施；改进常规清孔工艺和水下砼灌注工艺等措施，不仅提高了成孔速度，保证了桩孔垂直度，而且有效地控制桩孔形态，确保桩身质量和桩的承载力，全面地解决了超长桩的施工技术难题。自1993年起，该技术在上海、福州等地10个超长桩基工程项目中应用，共完成Φ800—1200mm超长桩4769根，灌注水下砼185186m³，除2个项目尚未验收外，其余8个项目经建设工程质量监督站核验，优良工程7个，合格工程1个，超长钻孔灌注桩施工工法的开发应用并取得成功，填补了我国超长桩施工技术的空白，为建（构）筑物超深桩基的发展提供了条件。同时，该项技术对桩距密度大的基础工程设计与施工也有重大的指导意义和借鉴价值。

高速公路软弱地基上花岗岩填石路堤修筑技术研究

主持单位：福建省高速公路建设总指挥部　地址：福州市杨桥东路118号　邮编：350001
主要完成人员：漆光荣　郑治　陈礼标　邓卫东　姚国芳

福泉高速公路在施工期间遇到大量的石质控方路基，如何利用大粒径石料在软弱地基上填筑高速公路路堤成为亟待解决的一个重要问题。福建省高速公路建设总指挥部与交通部重庆公路所合作对高速公路软基上填石路堤修筑技术进行研究，通过现场试验摸索出切实可行的填石路堤施工工艺和质量检测方法制定填石路堤的质量检测标准，并通过室内试验和理论研究，对软基上填石路堤的变形和稳定进行评价。该课题完成后，将直接指导全省高速公路填石路堤的施工。研究成果将是对现行规范的深化和补充完善对我国修定新的公路设计施工规范具有较好的参考价值。该课题提出的方法优于借土填筑路堤和弃方用耕地方案。具有直接经济效益和无法估量的长期效益（包括环境效益）。

武夷山自然保护区叶甲科昆虫多样性研究

主持单位：武夷山国家级自然保护区管理局　地址：武夷山市星村镇桐木　邮编：354315
主要完成人员：汪家社　杨星科　王书永　吴焰玉　姚建　李文柱

课题以叶甲科昆虫为研究对象，首次系统总结了本地区自1888年至今110年以来的叶甲研究历史，是历史研究的总结和重大成果；探讨了武夷山叶甲科昆虫的区系渊源；同时对叶甲科昆虫的群落结构与多样性特征进行了深入的研究，提出了保护好原生性自然植被、控制毛竹纯林化发展的保护对策；研究并发表了叶甲科4个新种；出版了《武夷山保护区叶甲科昆虫志》；提出了武夷山区是我国第三级物种分化和分布中心的思想，大大提高了武夷山在我国昆虫区系研究中的地位和意义。研究成果达到国内领先水平。该成果为研究我国亚热带昆虫区系起源及分布规划提供了可贵的资料，为其他昆虫类群的研究和我国保护区的持续发展及生物资源的保护提供了重要的信息和指导。

编审：甘文应　责校：林丹英

局长：李良顺

厦门国际机场工程

得地域之势 扬闽江雄风

● 中国水利水电闽江工程局 ●

福建棉花滩水电工程

杭州——宁波高速公路第七合同段工程

中国水利水电闽江工程局始建于1957年，是新中国成立之后组建最早的国家级大型水利水电施工企业，是福建省水利水电建设的主力军。企业立足福建40余年，先后建成古田溪梯级、池潭、安砂、清流、金山、水东、濛武、范厝、孔头、雍口、高沙、沙溪口、水口等大中型水电站近30座，总装机容量300万千瓦；安装小型水轮发电机组150余台。正在建设施工中的工程主要有国家重点工程棉花滩水电站、福建省重点工程沙县城关电站、周宁芹山电站、福州塘坂电站等。

闽江工程局具有国家建设部颁发的工程施工总承包一级企业资质，是全国水电系统首批通过ISO9000质量体系国家认证的企业之一。现有职工5000余人，其中具有高级技术职称的223人，教授级高工17人，中级技术职称600余人。拥有价值1.6亿元的大中型先进的施工机械设备3605台（套），主要年生产能力为：土石方挖填300万立方米，砼浇筑120万立方米，金属结构制作3000吨，金属结构安装5000吨。在立足水电项目建设的同时，向产业结构多元化方向发展，在机场、高速公路、围海、桥梁、污水处理、市政施工等领域均取得骄人的成绩。

闽江工程局奉行科技为先、管理为重、质量为首、信誉为上，坚持科学管理、规范施工、全面履约、质量一流的质量方针。重视科技进步，在碾压混凝土筑坝，岩基控制爆破、钢筋气压焊、砼双掺技术、土工膜、塑性砼防渗技术、脂脂预应力锚杆技术、大型模板技术、电磁波测距及微机处理测量技术等工新工艺、新技术的运用方面均达到国内先进水平，其中获国家科技进步一等奖1项、三等奖1项；获省部科技进步一等奖1项、二等奖1项、三等奖5项；部科技情报二等奖2项。承建的工程获奖项目主要有：池潭水电站获水电部优秀工程奖；厦门国际机场获国家银质奖；沙溪口水电站获福建省重点项目建设优胜奖；水口水电站获优质工程奖。先后获得国家计委授予的全国重点工程A级信誉单位、原国家能源部授予的电力科技进步优秀企业和连续多年被福建省评为福建省重点工程建设先进单位、福建省建委授予工程质量创优先进企业、施工企业规模评价排名前企业等百余项殊荣。

龙岩市财政工作

龙岩市政协副主席、市财政局党组书记、局长：苏振旺

全市财政收入从1978年的0.88亿元发展到2000年的29.27亿元，财力达14.96亿元。理财领域不断拓宽，财政职能日益健全，财政监督和管理进一步规范化。同时，财政系统精神文明建设也取得了丰硕的成果，市财政局主办的《闽西财会》已坚持20年，发行量达5000余份；先后组织编写了《财会理论与实务》、《闽西财政史》、《财源建设纵横谈》等书，其中《闽西财政史》填补了国内地（市）级地方财政史的空白；编、演的小品剧《老崔进山》被改编成电视剧《沃土情深》，并获全国财税系统文艺作品二等奖；摄制的电视剧《女所长》，先后在省和中央电视台播放；中华会计函授学校龙岩分校先后获得总校和省校先进办学单位"十三连冠"的荣誉。龙岩市财政局行风建设得到省财政厅表彰并被推荐到《中国财经报》宣传报道。近年来，市财政局先后获得省级"文明单位"、"纠风专项治理先进单位"、"二五普法先进单位"和市级"先进基层党组织"、"抗洪救灾先进单位"等荣誉称号，全局有多名干部获省（部）、市（厅）级表彰。

"两个文明"建设成效显著

局领导在企业开展调查研究

泉州东湖公园

规划建设 美化城市

泉州建设委员会

泉州市建设委员会成立于1983年6月，全系统现有干部职工4500多人，担负着全市城乡规划、建设、管理的重要职能。泉州市建委在市委、市政府的正确领导下，以创建国家级卫生城市、中国优秀旅游城市和山水园林城市、全国文明城市为契机，以经济建设为中心，全面推行政务公开、社会服务承诺制，积极开展群众性精神文明创建活动，不断深化机关效能建设，两个文明建设硕果累累。全市城乡规划编制进一步加快，控制性详细规划覆盖面积67.64平方公里，占规划用地面积的84%；市区建成区面积扩大到39.18km²，全市城市化水平达到33.65%，其中中心城市达61.5%；2000年全市36个在建重点项目建设完成投资20.15亿元，完成建筑业总产值26亿元，年增加值7.2亿元，累计完成施工面积531.4万m²，竣工面积254.8万m²；建设工程有形市场管理进一步规范，2000年应招标工程557个，总投资15.9亿元，招标率达100%，节约投资7720万元，缩短工期9.14%；完成房地产投资额21亿元，比1999年增长10.5%，施工面积250万m²，新开工面积75万m²，其中经济适用房完成投资5亿元，比1999年增长133%；建材工业持续发展，总产值(当年价)达260亿元，比增10%；投入改旧建新资金10.8亿元，小城镇建设跃上新台阶，全市建制镇全部完成城镇总体规划，晋江英林镇、南安水头镇被列入国家建设部小城镇建设试点镇。1997年以来，该单位先后被评为建设部第二届精神文明建设先进单位、建设部“三五”普法依法治理先进单位、福建省第七届文明单位、泉州市1999~2000年度建设工作先进单位等各种荣誉称号50多项。

古城保护与新区建设并举

火树银花绽侨乡

山水园林城市的格局正逐步形成

崛起的市区东片区

歌颂时代 传播文明

●莆田电视台

台领导班子正在集体研究、民主决策台重大事项

正在建设中的广电中心大楼

莆田电视台1987年8月经广电部批准建台。1989年9月正式开播。1999年4月与莆田市有线电视台合并，为莆田市的综合性城市电视台。全台现有干部职工168人。内设总编室、新闻中心、经济部、微波机房等18个部门。宣传系列自办栏目有《莆田新闻联播》、《莆田有线报道》、《财经信息八分钟》、《社会纵横》、《莆视讲台》、《湄洲潮》、《莆仙仙剧场》、《友邻采风》、《欢乐时光》、《点歌台》等。近几年，每年都有一批电视新闻或专题节目在全国、全省获一、二等奖。无线发射功率为3千瓦，信号覆盖全市各县区和周边地区福清、平潭、长乐、惠安、石狮等部分地区，收视人口在400万以上。黄金时段收视率稳定在20-30万，有线用户18万户，传输25套节目。2000年各项经营创收突破2000万元。

电视台坚持以邓小平理论和江泽民三个代表重要思想为指导，坚持“两手抓，两手都要硬”的方针，坚持以宣传为中心，以事业发展为基础，以经营创收为后盾，以科学管理作保证，以创建活动为动力，以改革创新促发展。走出一条立足自我、不断完善的发展之路，各项工作取得令人瞩目的成绩。先后被省委、省政府等上级机关评为省级文明单位，省广电系统“先进集体”、全省“创文明行业、建满意窗口”示范先进单位、市“九五”期间先进新闻单位。

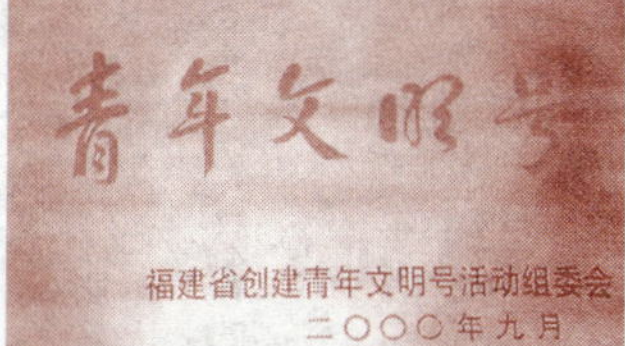

获得荣誉称号的部分奖牌

省市工商局领导视察古田县商业大世界市场

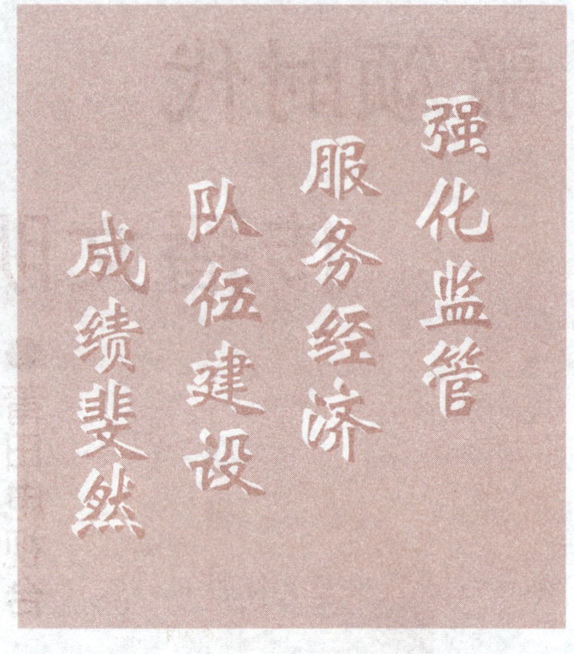

古田县工商局

局长 余新文

古田县工商局现有干部职工108人，下设11个股室、4个分局、3个工商所。近年来，在服务国企改革，促进个私经济发展，强化市场监管，严格行政执法，改革监管模式，加强队伍建设等方面都取得显著成绩，为地方经济发展及两个文明建设做出了积极的贡献。

该局近年来先后被国家工商局、人事部联合授予"全国工商系统先进集体"称号，国家工商局评为"粮食市场监管工作先进单位"，省委、省政府授予省级"文明单位"称号，省工商局评为"行风建设先进单位"。同时，连续多年在全市工商系统岗位目标责任制考评中名列前茅；多次被市工商局及县委、县政府评为精神文明建设满意服务、社会综治、计生综治、食用菌工作、党建工作等多项先进；下属7个工商所（分局）全部为县级以上"文明单位"和"青年文明号"；自1992年以来有88人次被市级以上部门评为先进个人，局长余新文被授予"全国工商系统优秀工商行政管理人员"、"全省工商系统精神文明建设先进工作者"称号。

团结务实的县局领导班子

新落成的古田县工商局办公大楼

第七届（1998－1999年度）

文明单位

中共福建省委员会
福建省人民政府
二〇〇〇年十二月

财政局
2000年度经济工作

先进单位

中共政和县委
政和县人民政府
二〇〇一年三月

局长：吴海舰

政和县财政局

政和县财政局是县政府综合管理全县财政收支，执行财政政策的职能部门，现有14个股室，6个事业性下属单位，在职干部职工48人。近几年来，该局把精神文明建设摆在突出位置，在资金批拨，经费管理，后勤保障，效能建设等方面建立起一系列较为完善的规章制度，全面加强文化、道德、廉政、环境等方面建设，有效地促进了业务工作的开展，保证了各项收入和改革目标的实现。2000年获得第七届"省级文明单位"称号。

新的世纪，新的征程，政和县财政局全体干部职工将以"开源节流，勤廉理财"的精神，努力开创工作新局面。

办公大楼

法治　公平　文明　效率

安溪县地方税务局

安溪县地方税务局成立于1994年9月，现有4个分局、12个税务所，干部、职工99人，其中党员68人，大专以上学历占52%。担负着全县的地方税收征收任务。铁肩挑重担，豪气薄云天，安溪地税人以前所未有的勇气，开拓进取的精神，本着"带好队、收好税、上台阶"的原则，坚持"法治、公平、文明、效率"的治税方针，自觉服务于安溪经济建设的大局，认真组织收入，深化征管改革，规范税收管理，加强队伍建设取得了物质文明和精神文明双丰收。2000年组织各项收入1.2亿元，行风、廉政建设、效能建设都取得了新的成效，被省委、省政府评为第七届文明单位，连年获得县级文明单位满堂红。

刚刚落成启用的新办公综合大楼

省地税局局长张学清（右三）在原市局洪和平局长的陪同下视察该局

扶贫攻坚，爱心永载。图为节假日，张尚明局长慰问挂钩贫困户

学习"三个代表"

雄伟壮观的电信大楼

永安电信局

永安电信局成立于1998年邮电分营之际，现有职工152人，拥有68名科技人员，是技术密集型骨干企业。拥有固定资产两亿多元，目前主要经营固定电话网络及设施(含本地无限环路)，电信网络的话音、数据、图像及多媒体通信与信息服务，与通信及信息业务的系统集成，可为用户提供程控电话、无绳电话、数据通信、多媒体通信等具有国际先进水平的多种现代化通信服务。目前，该局程控电话容量达11.2万门，实装7.5万部，拥有无绳电话用户5100户，城乡电话普及率达到24.44线/百人，建成了福建省山区地市中的首个“电话市”。

多年来，永安电信局坚持两个文明建设一起抓，取得了较好的成绩：1995年以来连续获得和保持了省级文明单位的称号，还先后荣获和保持了省级先进企业、福建省质量管理奖、省级民主管理先进企业及省、地、市各种荣誉称号。涌现出以全国劳动模范冯真恩为代表的一批先进个人和先进集体。企业连续二年被原福建省电信管理局授予经营管理二等奖，1997年被授予经营管理一等奖，成为福建省山区县市局第一个获得省局最高经营管理奖的县(市)局。

永安电信将以发展、服务、管理、效益为主题，坚持“用户至上、用心服务”，推进机制、技术、市场、服务、管理、观念六个创新，加强管理建队伍，开创永安电信两个文明建设的新局面，为永安的经济腾飞作出更大的贡献！

宽敞明亮的电信营业大厅

团结有力的领导班子(左起总支书记赵支授、局长殷银山、副局长王景州)

业务宣传现场

创文明行业 建满意窗口

南靖县邮政局

局长 党支部书记 綦漳闽

南靖县邮政局独立运营于1998年9月28日，现有正式职工61人，招聘工、劳务工等临时工79人，下辖2个职能部室，1个储汇分局，11个邮电支局，5个专业公司（特快、集邮、收投、商函、图书报刊零售）。2000年按照省、市邮政工作会议的总体部署，以经营工作为中心，积极开拓市场，以建立现代化邮政企业为目标，深入探索改革，扎实抓好企业管理，不断推进企业精神文明建设，使企业效益与社会效益同步增长。通过全局职工共同努力，完成邮政业务收入940万元，完成年计划100%，比增21.8%，收支差额完成22万元，比去年同期减少亏损100万元，初步实现收支平衡。在搞好邮政通信经营生产、服务和管理的同时，还深入开展"创文明行业，建满意窗口"等精神文明建设活动，各项工作在全市处于较好水平。两个文明建设成效显著，硕果累累，局先后被市局评为基础管理一等奖，新闻、信息报导工作先进单位，被省、市局评为经营管理三等奖和一等奖，荣获第七届省级文明单位称号。

省邮政局调研组郑武局长一行，在市、县局长谢松龙、綦漳闽局长和万利达集团公司吴副总的陪同下，莅临万利达邮政支局检查指导。

千年更始，盖戳纪念

县邮政局与县文化局、文化馆联合举办迎春游园活动

改革市内投递，组建一支女子亲投到户服务队，既能投递，又能上门搞营销。

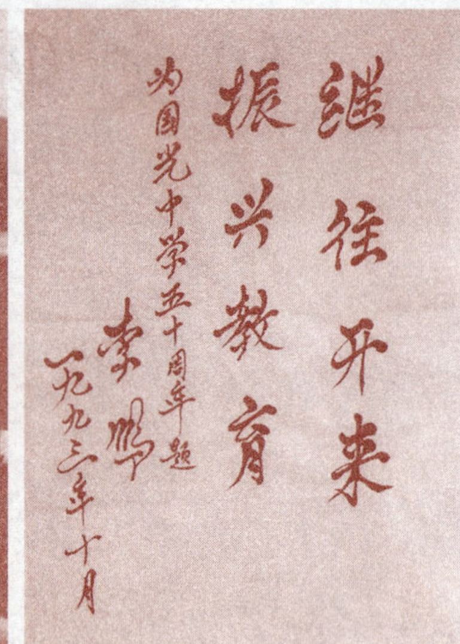

1965年4月，周恩来总理亲切接见李光前夫妇一行

福建省南安国光中学

国光中学由著名侨领李光前先生独资创办于1943年，校址位于福建省南安东北隅的梅山镇。1956年被福建省教育厅确定为省重点中学。1961年元旦，尊重创办人的意愿，学校由国家接办。1982年重新定为省重点中学，1996年初晋升为福建省普通中学一级达标学校。是全省第一所一级达标的农村中学，被《福建日报》誉为"侨乡第一校"。学校重视两个文明建设，至今已连续获得历届文明单位(学校)荣誉称号。

国光中学原为完全中学，1999年秋根据南安市人民政府的决定，在市教委的指导下，在全市率先完成高初中完全分开办学的改革，成为一所农村独立高中。现有三个年级35个班，在校学生1775名，有教职工130名，其中专任教师100名，有高级教师29名。学校占地约120亩，校舍总建筑面积3.5万平方米，校园景色优美怡人，是一所花园式学校。

国光中学自创办以来，已为社会培养2万余名高初中毕业生，校友遍及五大洲。有党政领导干部、有两院院士、博士生导师，有世界羽坛冠军，有全国劳模，有著名的企业家和各行各业的骨干，一批批后起之秀又纷纷崭露头角。现在，国光人正在发扬"砺志有为，聚力育人"的南安教育精神，以昂扬的斗志，百倍的信心，争取在新世纪初进入国家级示范性高中的行列。

多媒体教学控制中心

校园全景

俯瞰美丽的校园

福清市实验小学

市委书记宋克宁(左一)多次率团到校视察指导工作

福清市实验小学创办于1904年仲秋。该校现有教职员工105人,其中中学教师1人;小学高级教师33人,一级教师53人。全校拥有大专毕业30人,中师毕业68人。小学部30个班,学生1681人;幼儿园12个班,学生664人。

该校系“福建省示范小学”,建立了“福建省达标图书馆”。九十年代以来,学校曾获少先队全国红旗大队、少先队工作福建省金奖学校、福建省德育特色学校、福建省“五无”学校、福建省传统学校、福建省实施《体锻》先进单位、福建省实验写字教育先进单位、中国教育学会书法教育专业委员会实验小学、福建省绿化工作红旗单位、福州市军民共建先进单位等先进称号,还保持着“福建省小学名校”、“福建省文明学校(单位)”殊荣。

校少儿艺术团彩排场面

第三十届校田径运动会。图为千人团体操表演

举行升国旗仪式

小科星进行小发明、小制作

福州市台江第六中心小学

福州市台江第六中心小学(原名义洲小学)创办于四十年代,位于福州市白马南路西侧义洲夺锦标弄内,校园占地4126平方米,现有24个教学班,学生1180人,教师51人,其中大专学历22人,校长兼党支部书记易人森。

学校坚持社会主义办学方向,全面发展贯彻教育方针,继续深化以课堂教学为中心的教育改革,在实施教育的过程中把科技教育作为学校的办学特色,把全面育人,从小培养学生的创新精神和创造实践能力作为学校工作的重点。学生科技活动领域不断扩大,科技教育硕果累累,科技小发明和小论文在国内外竞赛中,获奖作品近千件,其中获国际级7项,全国级116项,省级112项,24项获得国家专利。“可调窥视镜”2000年又获“首届香港中华专利技术博览会”金奖。学校曾先后被评为全国、省、市科技活动先进单位,2000年元月被中共福建省委、省人民政府授予“省文明学校”。5月份又被评为福建省首届青少年科技教育突出贡献单位。学校还是世界体操技巧冠军陈宝煌的母校,被福州市委、市政府授予“世界冠军摇篮”的光荣称号,中央电视台、《中国教育报》等对学校分别作过采访与报道。

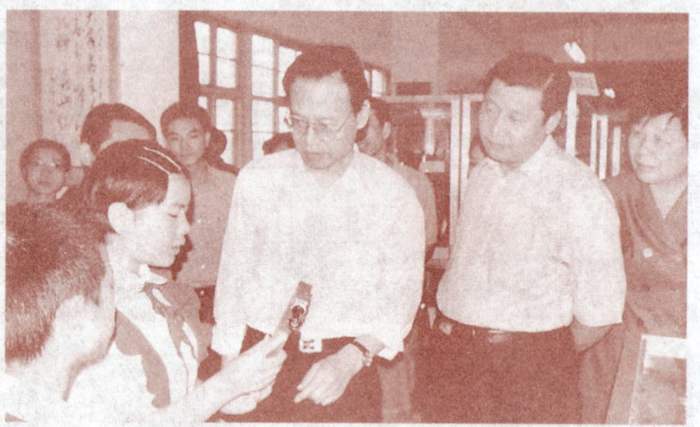
省委书记宋德福、省长习近平与小发明家交谈

校长易人森(右起二)陪同省、市领导视察学校

大胆创新有生机 强化管理出效益

——福州人造板厂

厂址外景

投资1655万元引进的废料炉

福州人造板厂是由林业部和福建省合资兴建的国有大型木材综合利用企业,是520户国家重点企业、福建省90家重点扶持企业和27家国有及国有控股大中型骨干企业之一。企业占地28.8万平方米,总资产5亿多元。拥有国外引进的年产5万立方米中纤板现代化生产线两条和年产600万平方米连续辊压法贴面生产线、年产600万平方米三聚氰胺浸渍纸生产线、年产400万平方米短周期贴面生产线、年产260万平方米强化木地板生产线各一条。现有职工738人,其中大中专毕业生占38.7%;各类专业技术人员占29.7%。

该厂1986年投产以来,累积为国家创利税5.13亿元,为建厂初期总投资的5.1倍。自1989年起,连续12年经济效益居全国同行业首位,3次跻身中国500家最佳经济效益工业企业行列。荣获全国优秀企业(金马奖)、全国五一劳动奖状、全国环保先进单位、全国用户满意企业和满意产品、全国质量效益型先进企业、省级文明单位等省、部级以上各种荣誉79项,是全国林业行业和福建省的标兵企业。

2000年,工厂坚持以销售为龙头,以调整经济结构为主线,以提高经济效益为中心,大胆创新,强化管理,保证了企业生产经营的平稳发展。全年共生产中纤板14.15万立方米,销售中纤板13.98万立方米,分别占年计划的141.5%和139.8%,产销率达98.8%;实现利税6003万元,其中利润3426万元,分别比增19.7%和31.2%;销售收入2.16亿元,比增3.8%;销售利润率16.0%,比增4个百分点;企业总资产达4.97亿元,净资产2.83亿元,比增11%,资产负债率为43.0%。

适

龙岩市新罗区适中镇地处闽西的南端，素有“南大门”之称，为新罗、漳平、永定、南靖四县市的结合部。全镇面积303平方公里，集镇规划面积7.2平方公里，下辖22个行政村，总人口3.67万人；海拔650米，气候宜人，雨量充沛，矿产丰富，交通便利，基础设施完善，地理位置优越；漳龙高速公路横贯其中，319国道贯穿全镇。

改革开放以来，适中镇历届党委、政府把握机遇，发挥优势，真抓实干，艰苦创业，促进经济的飞跃发展。辖区内现有乡镇企业产值100万元以上的40家，其中产值1000万元以上的25家，拥有1000多部汽车和农用运输车辆，是闽西农村运输业最发达的一个乡镇。

经过农业结构调整后，该镇现已形成烤烟，反季节蔬菜、毛竹、水果、生猪、茶叶、薏米、生姜等“八大”种养基地。

2000年全镇社会总产值达13.55亿元，其中乡镇企业产值12.53亿元，农业总产值1.02亿元，财政总收入2444万元，农业人均纯收入4710元；曾被评为“福建省百强乡镇”、“省级先进基层党组织”、“全省乡镇干部教育示范点先进单位”、“省级园林式镇”、“十好文明集镇”等荣誉称号；2000年获“福建省第七届文明村镇”的荣誉称号，还成为国家建设部选定的小城镇建设重点示范镇。

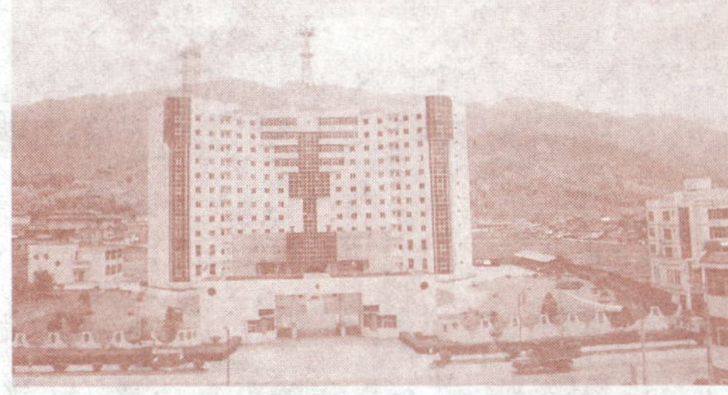
适中镇人民政府办公大楼

春驰集团福龙水泥厂30万吨旋转窑生产线

漳龙高速公路适中入口处

卷烟有限公司

卷接包装车间

公司外景

公司1986年7月成立，1988年10月投产，是中国第一家中外合资卷烟企业。公司投资总额为3100万美元，年生产5万大箱混合型“金桥”、“骆驼”牌滤嘴卷烟。日本烟草(中国)有限公司拥有50%的股权；厦门卷烟厂、厦门联合发展(集团)有限公司各拥有25%的股权。截止2000年12月31日，公司投产12年共创产值43.25亿元，销售收入39.05亿元，上缴税收19.53亿元。

公司的工业企业综合经济指数在年产10万箱以下规模的国内卷烟企业中，目前仍位居第一。公司已经通过了ISO9002质量体系的认证工作。发挥技术优势，生产低焦油卷烟是公司未来的发展方向。

公司产品经日烟国际部检测，质量达到国际同类产品标准。主要产品软包“金桥”牌香烟获国家烟草专卖局“1989年全国最畅销牌号”，“1994、1997~1998年全国优等品卷烟牌号”。低焦油蓝色硬盒包装高档“骆驼”牌香烟已于1999年投放国内市场，受到消费者的普遍欢迎。

公司曾荣获全国“环境保护先进单位”，7次被评为“全国‘双优’外商投资企业”，并3次荣获福建省委、省政府授予的“文明单位”称号，1998~2000年连续受到厦门市政府“纳税大户”的表彰。

制丝车间

看永定土楼 住永定宾馆

接待省长习近平等领导

接待世界客属第16届恳亲会代表

常为住宿客人表演节目。图为宾馆员工合唱队

接待著名女指挥家郑小瑛

永定宾馆员工欢迎您

宾馆设施

永定宾馆是福建省县级党政机关首家三星级宾馆，第六、七届省级文明单位。她座落在县城凤山南怀抱，绿树成荫，花香鸟语，冬暖夏凉，幽雅洁静。

宾馆各种设施设备齐全，现有260个床位，700余座餐位，可提供吃、住、行、游、购、娱乐一条龙服务。

三星级主楼贵宾楼，回廊走马宽敞明亮；大堂不锈钢玻璃、水晶吊灯、满天星灯饰等映照在殷红油亮的印度大理石地板上更显富丽堂皇。厅中存放的直径3米、获中国竹制品金奖的土楼模型在鲜花丛中放射着神秘的光芒；厅后石山，飞瀑溅浪，奇花异草，青翠欲滴，水帘洞口水车悠转，彩灯闪烁，五光十色。整幅美景之高大，堪称全国宾馆人工景点一绝；厅上200余幅名人字画中，土楼国画长卷实属土楼长画之最；四层休闲大厅脚下绿毯如茵，头顶玻璃屋盖可见蓝天白云，既成楼中楼，又有天外天；楼顶盆景园精品荟萃，形态迥异，争奇斗艳，三五知己围坐九龙茶几，欣赏红颜茶艺，评品红楼香茗，远眺凤城美景，欲乘金凤升腾之感甚烈。

实实在在办事
稳稳当当发展

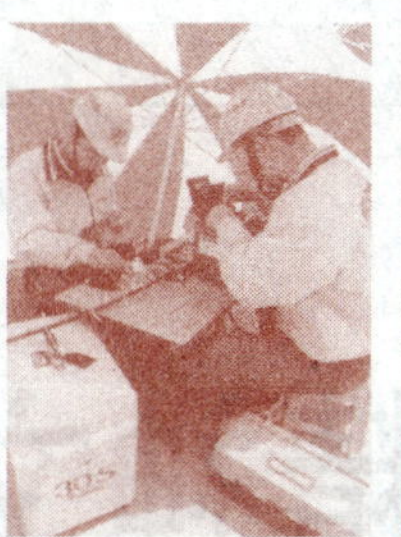

◆厦门邮电纵横集团建设开发有限公司

厦门邮电纵横集团建设开发有限公司是经原邮电部、建设部批准的邮电工程建设二级施工企业。公司自成立以来不断完善企业建设，并取得了一定的成绩。1997年至1999年被福建省工商行政管理局、厦门市政府评为重合同守信用单位；1998年至1999年获福建省企业评价中心、评价协会颁发的最大施工企业；1999年获福建省企业评价中心、评价协会联合颁发的最佳施工效益企业、利税300强企业、最佳形象企业称号。

公司下属有4个分公司(开发公司同安分公司、汽车维修有限公司、通信实业有限公司、厦鸿通信器材有限公司)，固定资产3946万元，资产总额1.72亿元；拥有各类施工车辆60余部，各种大型机械设备20余部，各类专业测试仪表20台(套)，系一支机械化、自动化的大型专业施工企业。随着中国通信行业的发展、自1996年以来，公司也以25.5%的平均年增长率高速发展。

公司现有9个部门，员工近300人。其中有高级职称员工4人，中级职称员工15人，助师级职称员工40余人；施工企业项目经理12人；监理工程师6人，具有丰富的建设、维护经验，技术力量雄厚。主要从事程控电话本地网、移动通信网、数字数据网、光纤传输网的设备安装调试、管线工程的施工工作。范围遍及厦门电信、漳州电信、厦门移动、漳州移动、莆田移动、福建联通、东方通信、NOKIA公司、MOTOROLA公司等电信运营商和电信产品制造商。还先后取得了朗讯公司、奇胜公司、阿尔卡特公司的中国分销商资格。

公司坚持“实实在在干活，实实在在管理，实实在在办事，实实在在发展”的企业精神，坚持“以客户为中心”的服务宗旨，竭诚为用户服务，不断提高服务质量，努力为中国通信产业作贡献。

莆田县文物保护单位集锦

莆田母亲河木兰溪入海口的塔仔塔是兴化湾的重要航标，建于明嘉靖年间，石构、四方、五层，抗战中遭日机炸毁一角

黄石镇徐厝村的流憩殿俗称东甲庙，三进，分祀玄天上帝、妈祖、释迦牟尼

位于省级文物保护单位镇海堤畔的佛子厝

福建省第七届精神文明创建活动先进单位、先进工作者（选介）

文明单位

福建省邮政储汇局

法　人：翁鸿年
地　址：福州乌山路 59 号
邮　编：350001
电　话：0591—3374139

福建省邮政储汇局成立于 1986 年 7 月，担负着邮政金融业务的经营管理、检查指导、运行维护和汇兑稽核生产等职能。目前，福建邮储已成为全省金融行业中颇具实力的储蓄部门之一，开办了整存整取，零存整取，活期储蓄以及各类代收付业务与中间业务，并于 1997 年在全国同行中率先实现全省联网，共设有窗口终端 2952 个，ATM242 台，POS168 台，与全国 31 个省（市、区）的 2000 多个市，县实现了邮政储蓄卡通存通取，与 100 多个国家及地区建立了国际邮政汇兑关系。2000 年 12 月福建邮储加入了银行卡信息交换总中心，实现了与 30 多种银行卡的互联互通。多年来该局存款余额、平均利率、市场占有率等主要业务指标均名列全国同行先进水平。企业先后获第六、七届省级文明单位、省思想政治工作优秀企业和省总工会授予的“经济技术创新先进单位”；以及信息产业部授予的“解决计算机 2000 年问题先进集体”等荣誉称号。

福州市人民政府农业办公室

法　人：吴三八
地　址：福州市西洋路 8 号
邮　编：350005
电　话：0591—3374864

福州市委农村工作领导小组办公室和福州市人民政府农业办公室是市委、市政府主管农业和农村工作的办事机构，负责农业、农村和农口的综合协调工作，隶属市委序列，为正处级机构，其主要职责是组织贯彻实施党和政府、关于农业和农村工作的路线、方针、政策和国家有关法律、法规，并督促检查。研究制订农业和农村经济发展战略及重大的经济、技术、产业政策和法规；负责检查各县、各有关部门农业、农村政策法规的贯彻执行情况。组织实施农村“奔小康、建新村”规划，牵头制订食物结合改革与发展纲要，配合有关部门搞好农村思想政治工作，精神文明建设、社会治安综合治理工作和计划生育工作。福州市人民政府农业办公室积极抓好农业和农村经济的各项工作，确保完成市委、市政府每年下达的各项任务，为福州市的两个文明建设作出了应有贡献。1998 年被市委、市政府授予福州市第八届（1996～1997 年）文明单位以及被省委、省政府授予双拥工作先进单位；又于 2000 年 12 月底分别被省委、省政府授予（1998～1999）年第七届文明单位和被市委、市政府第八届（1998～1999 年度）军警民建社会主义精神文明先进单位。

福州市社会科学院

法　人：陈章礼
地　址：福州市乌山路 92 号 25 号楼
邮　编：350001
电　话：0591—3317244

福州市社科院（社科联）成立于 1983 年，系一套班子两块牌子合署办公的正处级事业单位。共有编制 20 名。10 多年来，市社科院（联）坚持马列主义、毛泽东思想和邓小平理论为根本指导，紧紧围绕市委、市政府中心工作，牢牢把握正确的舆论导向，以福州市改革开放实践中的热点难点问题为主要研究对象，积极开展学术研讨活动，取得了丰硕的成果。先后出版了《福州历史人物》11 辑，比较系统地推介 500 余名福州历史人物，产生了很大影响；编辑出版《沧桑巨变结硕果》、《50 年光辉历程新中国壮丽颂歌》等优秀论文集 13 部（本）；编撰《新世纪初福州建设省会中心城市战略研究》专著；定期刊印《福州社会科学》学术理论季刊（共 76 期）等。同时组织开展了四届优秀社科成果评选，有力地促进了省会城市哲学社会科学的繁荣与发展。被评为 1997～1998 年度市级文明单位，1998～1999 年度省级文明单位，1995～1997 和 1998～1999 年度两届全省先进社科联，1997～1998 年度全国先进社科联。

福建省盐业公司福州分公司

法　人：何邦安
地　址：福州市仓前路 171 号
邮　编：350007
电　话：0591—3474685

该公司成立于 1955 年，在福州辖区各县（市）设有分支机构，担负着食盐加碘生产、储运和销售的专营工作。保障市场的合格碘盐供应，为消除碘缺乏病，保护人民健康发挥了积极作用。该公司每年都能完成和超额完成上级下达的各项经济指标，利润逐年递增。福建福州盐务局成立于 1997 年，与分公司合署办公，并在所辖区、县（市）设盐务局，依照国务院《盐业管理条例》等法规，主管本区域的盐业市场管理和盐政执法工作，制止和纠正盐业违法行为。公司（局）的党建、思想政治工作、文明建设成绩显著，连年受到上级党委表彰，先后被评上“福州市第八届文明单位”和“福建省第七届文明单位”。

福州烟草分公司（福州市烟草专卖局）

法　人：叶枝榕
地　址：福州市华林路 380 号
邮　编：350013
电　话：0591—7591268

福州烟草分公司（福州市烟草专卖局）组建于 1984 年 4 月，下辖 8 县（市）公司，现有资产总额达 4.37 亿元，职工 555 人，主要从事卷烟批发业务，并行使卷烟市场专卖行政执法管理权。

2000 年全地区卷烟销售 15.6 万箱，比增 33.3%，实现利税 2.01 亿元；查处各类违法违纪案件 4670 起，查获假烟，走私烟共 46701 件，共上缴财政罚没款 672.2 万元。公司（局）紧紧围绕“一要规范，二要改革，三要创新”的行业工作重点，狠抓规范经营和销售网络建设，强化专管工作，大力清理整顿卷烟市场和流通秩序。同时加强思想政治工作，抓好精神文明建设，取得两个文明建设双丰收，被省委、省政府授予“省级文明单位”称号。

福州市晋安区地方税务局

法　人：叶　鸿
地　址：福州市福马路241号
邮　编：350011
电　话：0591—3630346

福州市晋安区地方税务局原名福州市郊区地方税务局，组建于1994年9月，1996年1月福州市行政区划调整后更为现名。该局现有正式干部职工132人，内设7个科室、1个稽查局、3个分局、2个税务所。2000年该局组织税收收入首超2亿元，完成年度计划100.9%，比1999年增长15.8%，连续7年实现税收“满堂红”。该局坚持两手抓，始终以人为本抓好队伍建设，以计算机网络为依托抓好税收征管改革，以文明建设为载体抓好优质服务。2000年，该局荣获第七届省级“文明单位”，与所属稽查局等4个单位均被评为第九届市级“文明单位”，北峰所评为第三届区级“文明单位”，计财科评为市级“巾帼文明示范岗”；叶鸿局长、唐敏耕副局长分获第七届福建省“精神文明建设先进工作者”、第九届福州市“文明市民标兵”称号。

福清市地方税务局

法　人：林　菱
地　址：福清市城关
邮　编：350300
电　话：0591—5272236

福清市地税局成立于1994年9月28日，该局负责全市21个镇（街）共8000多户各类性质的固定纳税户和几万个临时纳税户的地方税收管理。局机关内设7个科室，下辖18个征收单位和1个稽查局，全局干职153人（其中：党员100人，占65.36%；中专以上文化程度111人，占72.55%），平均年龄34.5岁。

该局自组建以来，坚持以组织收入为中心，以队伍建设为重点，以科技兴税为手段，以文明建设为载体，以推进依法治税为目标，出色完成各项税收任务，赢得两个文明建设的丰硕成果。2000年共组织入库地方税费24339万元，比1994年翻了两番多，人均征税费159万元；连续3届（第五、六、七届）荣获省级“文明单位”称号；1994～2000年6年时间，该市地税系统共获得县（市）级以上表彰奖励的单位有110多个（次），先进个人120多人（次），切实树立严格执法、优质服务的文明窗口形象。

建行连江县支行

法　人：陈文胜
地　址：连江县凤城镇玉荷西路
邮　编：350500
电　话：0591—6231471

中国建设银行连江县支行成立于1976年1月，现有员工108人。该行坚持以中长期信用为特色，服务重点建设，服务企业发展，服务大众生活，功能齐全，经营稳健，开办了商业银行的各项基本业务；不断创新金融服务品种，提高服务水平，拓展市场领域，实现了个人银行业务、公司业务、房地产金融、中间业务等全方位的发展，积极培育富有自身特色的企业文化，树立了良好的社会形象。截止2000年底，全行各项存款余额达33842万元，贷款余额达17178万元，发展速度、资产质量和经营效益均居当地同行业前列；自1995年起，连续3届被省委、省政府授予省级“文明单位”称号，实现了两个文明建设的双丰收。

福建水口发电有限公司

法　人：刘顺达
地　址：闽清县闽江路梅花新村
邮　编：350800
电　话：0591—2323370

福建水口发电有限公司原为福建水口水电厂，于1992年5月建厂，2000年8月正式成立水口发电公司。该公司是国有特大型企业，是华东地区最大的常规水电厂，总装机容量140万千瓦，设计年发电量为49.5亿千瓦时。承担省网的调峰、调频和事故备用，是福建省电网主力发电厂之一。水口发电公司自2000年进入公司化改组以后，不断强化内部管理使企业取得优异的经济效益和社会效益，完成年度发电量53亿千瓦时。水口发电公司开拓进取，勇攀一流，取得经济效益和精神文明建设双丰收，连续几届获得“福建省文明单位”和“国家电力公司双文明单位”，并于2000年7月被国电公司命名为华东地区首家“一流水力发电厂”。

建行永泰县支行

法　人：温长涨
地　址：永泰县樟城镇上马路68号
邮　编：350700
电　话：0591—4832401

建设银行永泰县支行成立于1975年，主要办理筹资、信贷、房地产、代客理财等金融业务。永泰支行把服务当地经济建设、服务大众，让群众满意作为出发点，把内强素质增创效益，外树形象扩大影响作为落脚点，走出了一条以精神文明建设，促进改革，带动业务发展的新路子，取得了良好的工作成效。受到了各级党委、政府及社会群众的普遍赞誉和好评。近年来，继获市委、市政府授予“文明单位”、市级“安全先进单位”、“省级文明单位”称号后，2000年再获“七届省级文明单位”殊荣。所属龙峰、青峰储蓄所、行专柜分别获市级“青年文明号”、“文明号三连冠”等称号，全行有30多人次获市、县级“十佳标兵”、“先进个人”等荣誉称号。

厦门市开元区梧村街道办事处

法　人：陈添友
地　址：厦门市东浦路22号
邮　编：361004
电　话：0592—5983268

厦门市开元区梧村街道地处特区繁华地带、以火车站为中心，辖区面积6.22平方公里。常住人口4.7万人、暂住人口3万多人。是厦门市工业、交通、商业、金融、旅游、房地产等较为发达的社区之一、也是开元区人民政府机关所在地。梧村街道自1979年成立以来，街道党委坚持以经济建设为中心，以加快发展为主题，促进社会各项事业全面进步。2000年街道工业总产值达4.66亿元，比增13.5%，占全区11.9%；财政收入5616万元，比增54%，占全区11%。街道先后获得厦门市“先进街道办事处”、福建省“街道之星”、福建省“文明单位”等光荣称号。

厦门市土地房产管理局鼓浪屿房屋管理所

法　人：陈永忠
地　址：厦门市鼓浪屿龙头路75号
邮　编：361002
电　话：0592—2069316—182

鼓浪屿房屋管理所是厦门市土地房产管理局派出的正处级机构，又是直接面向群众的窗口单位，负责鼓浪屿岛上公房的管理、维修工作。该所有一支高素质的党员、职工队伍。他们“忧住户之忧，乐住户之乐”，树立“以服务对象为中心”的职业观。以群众最关心的“热点”为重点，以群众满意为标准。重视抓建章立制、规范服务，逐步实现优质服务。几年来，两个文明建设尤其是精神文明建设取得显著成绩。先后被评为省第七届“文明单位”和第二届“创文明行业、建满意窗口竞赛活动先进单位”、建设部“全国房地产行业精神文明建设先进单位”、厦门市“1997～2000年度纠风工作先进集体”、“先进基层党组织”和“先进职工之家”等。

厦门市烟草专卖局（厦门烟草分公司）

法　人：陈全志
地　址：厦门市槟榔路1号联谊广场
邮　编：361004
电　话：0592—5062898

厦门市烟草专卖局、厦门烟草分公司主管厦门地区卷烟市场管理和卷烟销售，下辖同安区烟草专卖局（公司）和五福贸易有限公司，全区共设15个卷烟批发网点、7个烟草专卖管理所、共有员工近200人。2000年共销售5.4561万箱，实现销售收入4.2亿元，利润2000万元。全年共查处各类案件1259起，查获假烟、走私烟、乱渠道卷烟4555件，捣毁制假窝点8个，上缴罚没收入279万元。2000年4月，厦门市烟草专卖局（分公司）与厦门卷烟厂实施机构分设。分设后，专卖局（分公司）加强了专卖管理力度，大力推进卷烟销售网络建设，基本建立了"全面访销、全面配送、访送分离、专销结合"的卷烟访送体系，月销售平均增长60%以上。专卖工作转变了观念，健全户籍式管理模式，净化了市场，为销售提供了空间。厦门市烟草专卖局（分公司）以"做实事、讲诚信、求实效"为企业精神，在改革的征程不断发展，不断前进。

厦门鹭江宾馆

法　人：郑全龙
地　址：厦门鹭江道54号
邮　编：361001
电　话：0592—2022922—618

厦门鹭江宾馆是厦门旅游集团、中国银行厦门分行和香港华侨商业银行、香港恒兴基立有限公司合作投资经营的企业，是福建省第一家中外合作经营的涉外宾馆，于1985年1月8日正式开业，宾馆注册资本360万美元，投资总额为675万2仟美元。宾馆从事客房、餐厅、咖啡厅、歌舞厅、美容厅、零售商场经营服务。"宾客至上，宾至如归"，是鹭江宾馆的服务宗旨。宾馆客房尽览厦鼓美景，宾馆的茶点是厦门最具影响之一，"仿古药膳"是名扬海外，有"每到厦门必住鹭江，必食于鹭江"之誉。宾馆信守顾客是上帝，不断强化优质服务，致力拓展个性化服务和细微服务。几年来的经济效益在全省、全市同类饭店中居领先地位。宾馆多次荣膺全国外商投资双优企业、连续多年获得省市政府授予的"文明单位"、"文明窗口"称号。

厦门市鼓浪屿干部疗养院

法　人：宁金斋
地　址：厦门市鼓浪屿田尾路18号
邮　编：361002
电　话：0592—2063480—1103

厦门市鼓浪屿干部疗养院前身为福建省鼓浪屿干部休养所，成立于1952年，原隶属于福建省人事厅。1982年为适应厦门特区建设，移交厦门市委老干部局管辖。1997年厦门市政府投资近4000万元对该院进行全面改建。现占地面积为1.6万平方米，建筑面积为9000平方米，拥有各种档次的疗养床位180余张；配有大小餐厅、会议厅及舞厅、棋牌室、台球室、乒乓球室、网球场、健身房等配套设施；配有各种医疗设备及高、中和初级医务人员。主要为厦门市及全国各地的干部、劳模、拔尖人才提供康复健康疗养服务，同时承接各种会议、培训班，团体旅游。疗养院注重精神文明建设，树立良好的职业道德，于1996～1998年，1998～1999年连续两届被省委省政府授予"文明单位"称号。

漳州市工商行政管理局

法　人：魏郑池
地　址：漳州市胜利东路工商综合楼
邮　编：363000
电　话：0596—2921399

漳州市工商行政管理局是政府主管市场监督管理和行政执法工作的职能部门。近年来，该局高举邓小平理论伟大旗帜，紧密围绕经济中心，立足工商职能，勇于开拓进取，努力转变监管方式，积极服务改革开放和经济建设，在全国工商系统率先开创"漳州315"消费者投诉服务台，把行政执法与服务工作有机地结合起来，有效地解决了群众购假受骗投诉难问题；率先开展了以提高工作效能为内容的效能建设，使服务工作实现了"三个转变"，即由热情服务向有效服务转变，由坐等服务向上门服务转变，由单项服务向全过程、全方位服务转变；大力实施名牌战略，培育了"漳州片仔癀"、"万利达"等全国驰名商标和一批名牌产品；打私打假、查处合同欺诈等项工作均走在全省工商系统前列，为净化市场经济环境、促进经济发展作出了积极贡献。2000年，漳州市工商局荣获由国家人事部、国家工商总局联合表彰的全国工商行政管理系统先进集体称号，并获得第七届福建省文明单位、漳州市文明系统等殊荣。

漳州出入境检验检疫局

法　人：陈佳木
地　址：漳州市胜利路14号
邮　编：363000
电　话：0596—2021910

漳州出入境检验检疫局于1999年11月23日由原漳州进出口商品检验局、龙海动植物检疫局和漳州卫生检疫局"三检合一"组建成立。正处级机构，系国家出入境检验检疫派设地方的分支机构，隶属福建出入境检验检疫局垂直领导。负责漳州市芗城区、龙文区、龙海市、漳浦县、长泰县、平和县、南靖县、华安县所辖区域出入境卫生检疫、动检物检疫、进出口商品法定检验业务，执行出入境卫生检疫、动植物检疫和进出口商品检验法律法规和政策规定的实施，负责所辖区域的出入境检验检疫，鉴定、认证和监督管理等行政执法工作。曾荣获漳州市第一届至第七届"文明单位"和第一届至第二届"创文明行业，建满意窗口"先进单位，福建省第四届至第七届"文明单位"和第一届至第二届"创文明行业建满意窗口"先进单位，共青团福建省"青年文明号"，福建省"爱心献功臣"先进单位，福建省口岸系统"共建文明"先进单位，全国口岸系统"结对共建"先进单位等荣誉称号。

漳州渔港监督处

法　人：曾金辉
地　址：漳州市元光南路13号
邮　编：363000
电　话：0596—2872767

漳州渔港监督处、福建渔船检验局漳州检验处属两块牌子、一套人马、合署办公的行政执法和技术监督机关。经法律授权，代表国家对内对外行使渔港、渔业船舶的监督管理权，对渔港及渔港水域、渔业船舶、渔业船舶船员以及重要船用产品依法实施监督管理。全系统现已初步建成以渔业海上安全监管和法定检验为主体，其他监督检验手段为辅的服务管理体系，配有"中国渔监813"监督艇及执法检查快艇，设有通讯岸台，建有"漳州船舶之窗"（www.zzship.com）网站，全系统计算机业务管理系统已实现联网。近3年来，先后被国家有关部门和省委、省政府授予"全国渔业船舶检验机构文明单位"、"全国渔港监督文明执法单位"和"福建省文明单位"称号。

龙海市电力公司

法　人：周昭平
地　址：龙海市石码镇人民东路
邮　编：363100
电　话：0596—6522309

龙海市电力公司成立于1960年。企业主营供电，兼营输变电工程设计施工和电力配件生产。市电网拥有110千伏变电站3座，35千伏变电站6座，变电总容量224150千伏安，10～110千伏电力线路826公里。该公司在2000年经营管理中，深化改革，加强管理，狠抓安全生产、电力营销和重点项目建设。全年完成供电量4.05亿千瓦时，实现销售总额1.82亿元、利税总额3020.6万元、上缴税利2547.8万元，分别比1999年增长9.45%、8.33%、3.99%、4.21%；同时完成了119个行政村的农网改造，实现了农电"四到户"管理，被评为第七届"福建省文明单位"，并被省评价中心列入"福建省300家最大企业"和"福建省利税300强"。

漳浦天福食品开发有限公司

法　人：李世伟
地　址：漳浦县盘陀工业区
邮　编：363202
电　话：0596—3822198

天福茶庄（天福食品开发有限公司）地处漳州市漳浦县盘陀工业区，占地170余亩。庄内除设有茶厂和茶食品厂外，还设有全国最大的茶叶博物馆（占地80亩），并以休息站的形式，设有茶庄、餐厅、加油站、温泉澡堂、旅游公厕等设施，配以茶文化园林造景，创造出具有浓厚"茶文化"气氛的环境，供南来北往的旅客歇息、参观。1995年被省旅游局授予"旅游涉外定点单位"，并连续4年被评为福建省省级"文明单位"，"天福"商标也于2000年被评为福建省著名商标。

公司生产的"813西洋参乌龙茶王"被亚太经合会选定作为大会用茶并送给18个国家和地区元首作为纪念品，把中国的乌龙茶推上国际舞台，实现了天福集团"根植福建、香传全国、茗扬世界"的宏伟目标。天福集团迄今已在全国设立了8家公司、5家茶叶、茶食品加工厂，以及250多家天福茗茶直营连锁店，形成规模宏大的茶业产供销一条龙企业集团。

云霄县地方税务局

法　人：曾松生
地　址：云霄县莆美镇莆政路
邮　编：363300
电　话：0596—8551016

云霄县地税局于1994年9月28日成立。现有干部职工87人，其中：大中专以上学历69人，占总人数的80%，中共党员53人，占总人数的61%。县局下设办公室、监察室、人教股、税管股、征管股、计财股、信息技术股等7个股（室）和稽查局、云陵分局、莆美分局、陈岱所、列屿所、东厦所、火田所、和平所、下河所、马铺所、涉外所等11个基层征收单位。2000年，该局共组织各项收入4015万元，自机构分设以来累计征收2.2亿元，年均增长11%，为云霄经济建设提供有力资金保障。涌现了1个省级、3个市级、12个县级文明单位和6个市级、11个县级青年文明号，云陵分局获得全省首届“创文明单位，建满意窗口”先进单位，县局连续3届被县委、县政府评为“十佳文明行业”，实现了文明创建“满堂红”。

诏安县邮政局

法　人：林立忠
地　址：诏安南诏镇西门街环城西路
邮　编：363500
电　话：0596—3323829

诏安县邮政局于1998年邮电分营后成立，现有资产4324万元，18个营业网点遍布全县城乡，为人民群众和驻军提供方便快捷的邮政通信、报刊、集邮和储蓄等服务。该局始终坚持两手抓、两手都要硬的方针，以创建文明单位和加强机关效能建设为契机，大胆开拓创新，扎实推进“三项制度”改革，树邮政形象，创优质服务，使邮政的综合运营能力和市场竞争力显著增强。2000年业务总收入1010万元，比增26.09%，首次实现扭亏增盈60.7万元，各项指标均居全市前列，取得漳州市邮政优秀经营一等奖和省邮政经营管理二等奖。先后被授予市级“诚信单位”、“先进职工之家”、“第七届省级文明单位”和“宣传思想工作先进单位”。局长林立忠荣获福建省“五一奖章”、“厂务公开先进个人”和“漳州市文明市民”。

中国人民保险公司南靖县支公司

法　人：庄朱雄
地　址：南靖山城镇荆江路24号
邮　编：363600
电　话：0596—7825565

中国人民保险公司南靖县支公司，恢复成立于1981年3月，该公司始终坚持“服务人民，奉献社会”“忠诚服务，笃守信誉”的原则，以客户为中心，以市场为导向，以“建设优美工作环境保持优良工作秩序，培养优秀员工队伍，实现优质保险服务，创造优异工作业绩”为总体目标，深入开展“两个文明”建设，取得丰硕成果。自1996年以来，公司被省市县各级有关部门评为“省级文明单位”、“省级双文明建设先进单位”、“省级先进基层党组织”、“省级青年文明号”、“省级先进档案室”，“省级先进职工之家”等多项荣誉，职工有50人次评先受表彰。5年累计承担社会风险保障金70.75亿元，上缴税收426万元，实现利润1000万元，稳健实现经营目标。业务规模、人均保费、人均利润百元保费利润率等各项指标均名列全省系统前列。

长泰县财政局

法　人：王福祥
地　址：长泰县武安镇解放路
邮　编：363900
电　话：0596—8322069

长泰县财政局坚持“两手抓、两手硬”的方针，以加强两个文明建设为核心，积极深化财政体制改革，大力支持经济发展，培植财源，强化税收管征，加强财政监督管理，落实增收节支保平衡措施；积极推进精神文明建设，以创建“文明单位”为目标，抓好队伍建设，倡导“务实、高效、廉洁”的工作作风，树立财政队伍的良好形象，有力地促进“两个文明建设”的协调发展。2000年全县财政总收入12063万元，比分税制前1993年增长2.95倍。县财政局先后获第五、六、七届“省级文明单位”的称号。

华安县广播电视事业局

法　人：邹和平
地　址：华安县城关
邮　编：363800
电　话：0596—7358468

华安县广电局成立于1991年，实行局台合一管理体系。下辖1个广播电视台，10个乡镇广电站；现有干部职工73人，其中党员33人，占职工总数的45.4%。1993年开始筹建城关有线电视网，1998年6月，全县农村28个集体个人承包承建的有线电视网络及10个乡镇广电站的人，财、物全部收归县广电局管理；同年底，实现8个乡镇有线电视信号光纤联网。现全县有线电视用户13000多户，占全县总户数的36%，1999年实现村村通，目前，全县广播电视信号覆盖率达95%。该局曾被评为省级文明单位，并授予省级“先进基层党组织”光荣称号，该局已连续8年被华安县委授予“先进党支部”称号。2000年被漳州市委、市政府授予“文明单位”，被漳州市人事局、广电局评为市广电系统“先进单位”。

华安县国家、地方税务局

法　人：邹灿辉
地　址：华安县城关大同路31号
邮　编：363800
电　话：0596—7362015

华安县国家、地方税务局是全省9个税务机构未分设的县局之一，现有干部职工80人，设两个分局、7个税务所，担负着全县10个乡镇，91个行政村，1739个纳税户的税收征收任务。该局以“三个代表”为指导，认真贯彻“法治、公平、文明、效率”的治税思想和“加强征管、堵塞漏洞、惩治腐败、清缴欠税”的治税方针。坚持“两手抓，两手都要硬”，做到依法治税，文明服务，取得物质文明和精神文明的双丰收。连续4届被省委、省政府授予文明单位，2000年共组织税收收入4633万元，比1994年的1708万元增加2853万元，增长167.04%。

华安水力发电厂

法　人：邓平强
地　址：华安县平湖路1号
邮　编：363800
电　话：0596—7365670

华安水电厂位于九龙江北溪中游华安县境内，于1979年10月1日并网发电。总装机容量6万千瓦时，多年平均发电量3.6亿千瓦时。2000年发电量4.117亿千瓦时，完成年度计划的114.4%，实现销售收入2945.62万元。内部利润955.88万元。截至2000年12月31日，实现连续安全生产3290天，创省公司水电系统最高水平。

主业机构设置厂长工作部、人力资源部、安全监察部、财务与资产管理部、生产技术部、思想政治工作部、发电部、检修部、多种产业部、计算机信息中心等10个部室；多种产业拥有电力发展公司（下设发电、供电、物业等6个分公司）、红旗山股份公司、亿力铁合金厂、华成电力有限公司、漳平乌坑二级电站5个企业。全厂定编337人，现有职工332人。建厂以来，先后被授予福建省文明单位、省级先进企业、电力部安全文明生产达标单位、省模范职工之家和省电力系统双文明单位等荣誉称号。

福建省盐业公司泉州分公司

法　人：黄俊彪
地　址：泉州鲤城聚宝新城D座
邮　编：362000
电　话：0595—2590302

福建省盐业公司泉州分公司，地处闽南金三角，系政府授权的盐业主管机构，负责管理泉州市区域内的食盐专营工作，主要经营各种海盐的批发调拨业务，负责供应泉州市辖的军工民食用盐及调运供销上海工食用盐，部分畅销海外。现有职工46人，党员17人，具有一批经济、工程、财会、统计等专业技术人才。历年来，公司坚持物质文明、精神文明两手抓，两手都要硬的方针，强化经营管理，经济工作、思想政治工作成绩显著，凭着良好的企业素质、信誉和经济实力同海内外新老客户建立了友好互惠的至诚合作关系，在海内外享有一定知名度。食盐专营工作年年超额完成各项主要指标。多次被省政府授予“企业民主管理先进单位”、连续三届“省级文明单位”、“思想政治工作先进单位”、“双文明劳动竞赛先进单位”、“廉政勤政先进单位”、“模范职工之家”等，被泉州市授予“先进基层党组织”、“打假先进单位”、“五好达标党支部”等荣誉称号。

泉州晚报社

法 人：施能泉
地 址：泉州市刺桐东路南侧
邮 编：362000
电 话：0595—2500055

泉州晚报社于1985年4月1日创建。福建省文明单位，福建省“建精神文明，创满意窗口”示范单位。1997年、1999年两度被新闻出版署评为全国地方报社管理先进单位，在第二届全国晚报编校质量评比中获得第一名。《泉州晚报》属中共泉州市委机关报，1985年4月1日创刊，泉州晚报社的核心媒体。对开12版，彩色印刷。发行数居全省地市报首位。《泉州晚报·海外版》1997年9月8日创刊，对开4版，周三刊。是国内首家地市报海外版，国内外发行，菲律宾同时印刷，随菲律宾《商报》发行。《东南早报》吸纳《福建商报》后创办的新市民生活报，4开16版，彩色印刷。《泉南文化》新闻性文化生活月刊。《泉州晚报网站》全省新闻界首家网站，访问量居全省网站前列、全省新闻网站首位。

泉州市档案局

法 人：王仁山
地 址：泉州市庄府巷24号
邮 编：362000
电 话：0595—2193127

泉州市档案局、馆分别成立于1959年6月和1985年4月。1996年12月，局(馆)机构改革“三定方案”确定，实行一个机构、两块牌子；规格为正处级，核编25人；履行本行政区域内档案行政管理和市直机关及重点企事业单位档案保管利用两种职能。局（馆）始终坚持“两手抓，两手都要硬”的方针，有力推进局(馆)各项工作，取得突出成效。1998年，获泉州市委、市政府授予“市级文明单位”称号；2000年获省委、省政府授予第七届“省级文明单位”称号；1999年被泉州市直党工委评为“先进达标‘五好’党支部”；1999年和2000年相继被省总工会评为“福建省工会职工思想道德建设先进集体”和“福建省模范职工之家”；1996～2000年连续5年获全省地市档案工作目标管理年度考核第一名，1998年，泉州市档案馆通过“省一级档案馆”验收；1999年，泉州市档案局获国家人事部、国家档案局授予“全国档案系统先进集体”荣誉称号。

农行泉州市分行

法 人：黄宝法
地 址：泉州泉秀路农行大厦
邮 编：362000
电 话：0595—2182684

中国农业银行泉州市分行是泉州市四大国有商业银行之一，下辖10个支行、100个分理处、116个储蓄所，共辖员工2660人。泉州农行于1980年1月1日恢复成立，1996年农村信用社脱钩、农业发展银行分设后，开始进入全面向商业化经营转轨的新时期。

泉州农行始终把支持服务泉州经济发展作为责无旁贷的义务，大力筹措资金，大力改进金融服务，结合泉州经济特色，突出重点支持泉州支柱产业的发展，促使泉州一大批企业由小变大、由弱变强，泉州基础设施建设、投资环境、人民生活也由此得到不断改善。2000年底，泉州农行各项存款98.8亿元，各项贷款72.2亿元，实现利润10080万元。先后被评为：全国农行“四讲一服务”先进单位、福建省文明单位和全国农行“青年文明号”创建活动先进组织单位。

建行泉州市滨城支行

法 人：胡丽雅
地 址：泉州市田安路中段
邮 编：362000
电 话：0595—2281285

中国建设银行泉州市滨城支行成立于1998年10月，现有员工130人，内设4个科室，下辖5个分理处、3个储蓄所；主要经营人民币结算、信贷、外币储蓄、票据业务，房地产金融业务及中间业务等。几年来该行始终坚持“以存款为基础，以管理为中心，以效益为目的”的经营思想。各项业务稳步发展，目前，全行全口径存款达13亿元，一般性存款达10.5亿元，各项贷款8.23亿元，实现利润1600万元，资产质量优良，不良率仅1%。该行始终坚持“两手抓”，两个文明建设取得了双丰收，系泉州市第一个荣获省级“文明单位”，至今已连续三届荣获；实现省级“青年文明号”五连冠；1999年和2000年获省、市建行“先进单位”；几年来有7人次和6个下属单位获市分行“先进工作者”和“先进单位”荣誉。

泉州市泉港区地方税务局

法 人：庄荣辉
地 址：泉州市泉港区南埔镇
邮 编：362114
电 话：0595—7788231

泉州市泉港区地方税务局，于2000年12月28日挂牌成立，其前身是泉州市地税局肖厝分局，现有干部职工41人。下辖4个分局，2个税务所，负责管辖区域内7镇1场地方税收征收管理工作。建局以来，该局始终坚持“带好队、收好税、造环境、上台阶”的指导思想，以组织收入为中心，坚持依法治税，强化税收征管，确保完成各项收入任务。4年来累计组织各项收入45338万元，其中税收收入33176万元，平均年增长在20%以上，2000年地税各项收入14009万元、税收收入首次突破亿元大关，地税收入占本级财政总收入近80%、为泉港区经济建设作出贡献。同时，不断加强地税队伍建设、加大文明创建力度，推进效能建设，营造良好的税收环境，取得两个文明建设的双丰收，区局先后荣获“党建工作先进单位”、“福建省地税系统先进单位”、“福建省新长征突击队”、福建省第六、七届省级“文明单位”，全局文明创建工作实现“满堂红”，区局党支部被泉州市委授予“先进基层党组织”等荣誉称号。

泉州市泉港区工商行政管理局

法 人：张荣桂
地 址：泉州市泉港区涂岭镇下炉
邮 编：362115
电 话：0595—7705660

泉港区工商局成立于1996年9月，下辖5个工商所，现有干部职工59人。该局充分发挥工商行政管理职能，认真履行登记注册、商标、广告、合同等管理职责，促进经济健康发展。已发展内资企业1236家，外资企业84家，个体工商户2185户。同时切实加强综合执法，强化打假打私和反仿冒反误导工作，严厉查处合同欺诈、商标侵权、虚假广告案件，严格规范市场主体行为，查处不正当竞争，扎实做好消保维权工作，查处案件775件、案值500多万元，切实维护良好的市场经济秩序。两个文明建设取得双丰收，先后荣获全市工商系统“文明示范窗口”先进集体，全省工商系统“行风建设”先进单位、第六届市级文明单位和第七届省级文明单位。

工商行泉州市洛江支行

法 人：王维贤
地 址：泉州市万安开发区万荣街
邮 编：362011
电 话：0595—2631536

该行于1998年9月28日正式开业。所辖华城分理处于2000年9月8日开业。支行成立伊始便确立了“团结、拼搏、务实、创业、廉洁”的洛江工行精神，实行“二科一室”及“综柜制”的全新经营管理模式，制定了“以优质文明服务于客户，向精神文明建设要效益”的经营理念和“立足洛江打基础，眼光向外求发展、艰苦创业造一流”的经营决策，坚持实施“两个文明建设一起抓、两个文明成果一起要”的工作要求。跨入新世纪，洛江支行以“改革、发展、创新”为手段，以“效益、市场、管理”为目标，资产讲效益、负债讲成本，管理讲节约，奋力拼搏，加快发展步伐，支行各项业务发展蒸蒸日上，取得了明显的经济效益和社会效益，受到了社会各阶层的广泛好评。洛江支行先后荣获区级文明单位、“青年文明号”和泉州市级文明单位、“市级青年文明号”等荣誉称号，同时还被市总工会评为“先进职工之家”，2000年又被省委、省政府授予省级“文明单位”光荣称号。

石狮电力联营公司

法　人：傅宗涛
地　址：石狮市九二路狮标南侧
邮　编：362700
电　话：0595—8555766

省文明单位石狮电力联营公司，以其“学习、创新、务实、诚信”的精神，在成立短短10余年时间里，实现企业资产增百倍、售电量翻四番好成绩，进入省工业规模300大、经济效益300强、利税300强企业，成为本省县级供电单位中第一个电力部颁发的农村电气化达标县(市)、第一个电力部颁发的“三为”服务达标单位、第一个国家电力公司双文明单位(县级)、第一个实现安全文明生产达标企业。公司领导班子提出了“树电业新风，创文明单位”的口号，扎扎实实开展供电服务“双满意”工程和农电“两改一同价”工作，降本增效，努力降低电价水平，致力减轻农民电费负担，为群众办实事，连续3年在当地民主评议行风活动中获优秀单位称号。

晋江市财政局

法　人：庄铭理
地　址：晋江市广电大楼
邮　编：362200
电　话：0595—5681366

晋江市财政局是市政府综合管理财政收支、实施财政监督的职能部门。改革开放以来，在市委、市府的领导和上级财政部门的关心支持下，创造出喜人业绩。1989年成为全省第一个财政收入亿元县，1992～1999年财政收入每年增加1亿，1999年地方本级收入位居全国第十三位，2000年9月20日，财政收入突破10亿元大关，福建省省长习近平特地致信祝贺，全年财政总收入达130233万元；财税管理机制改革不断取得突破性进展，在全省率先出台《晋江市预算外资金管理暂行规定》，推行部门综合零基预算，实现预算内外资金捆绑使用，开展清理单位银行帐户、公费通讯工具、执法部门罚缴分离、市镇二级行政事业性收费票款分离等专项清理工作，推行国库统一支付工资和政府采购等创新举措，在国企改革、社会保障体制等财政综合配套改革方面也进行了大胆尝试，财政宏观管理调控职能得到显著加强；坚持以党建带工(会)建、团建，凝聚合力，弘扬正气，深入开展精神文明创建活动。多次发动捐助灾区、贫困地区和失学儿童。举办军嫂会计证培训班，踊跃参加公民无偿献血活动。各项工作得到各级领导充分肯定，1998年以来先后获得福建省首届“人民满意的公务员集体”、“全省财政系统先进集体”、“第七届省级文明单位”、“全国城镇集体企业清产核资工作先进集体”、“全省无偿献血先进单位”等多项荣誉。庄铭理局长被评为“全国财政系统先进工作者”，荣获“全国五一劳动奖章”、“全省五一劳动奖章”。福建省省委常委、副省长张家坤视察财政局，欣然题词“全省县级财政第一局”予以勉励。

泉州晋江机场股份有限公司

法　人：陈贻萍
地　址：晋江市
邮　编：362200
电　话：0595—5628602

泉州晋江机场始建于1955年8月，1993年12月由地方政府自筹资金2.9亿元人民币进行扩建改造。1996年9月竣工，同年12月12日正式开通民航班机航线。机场飞行区等级为4D级，能满足波音767及同类机型飞机的起降要求。航站区按年旅客吞吐量134万人次设计，候机楼面积1.5万平方米，设有国内、国际候机厅，站坪面积27500平方米，可停靠4架大中型飞机。通航以来，先后开通了20条国内航线及香港、马尼拉和日本冲绳临时国际包机航班。旅客吞吐量从1997年23.7万人次上升到2000年36万人次，在全国139个机场中排名第47位。2000年，泉州晋江机场被省委、省政府评为“福建省文明单位”；机场安检站被民航总局评为“全国先进安检站”。

晋江市电信局

法　人：潘清艺
地　址：晋江青阳镇曾井迎宾路东段
邮　编：362200
电　话：0595—5677999

福建省电信公司晋江市电信局于1998年10月26日正式挂牌，现有职工370名，下设1室3部，辖13个电信分局和1个专业分局，担负着为晋江市党政军、企事业单位和100万人民群众提供电信通信服务的任务。晋江局坚持“适度超前”的建设方针和“用户至上，用心服务”的经营服务方针，积极为推进地方的通信信息化建设提供优质的服务，创建有省部级文明服务示范窗口1个、地市级3个、县市级3个，多年保持全国邮电模范职工之家、省级文明单位、省级思想政治工作先进单位等荣誉称号，下属英林电信分局被评为“全国精神文明创建活动示范点”、“全国创建文明行业工作先进单位”。目前，全市城乡电话用户超过32万户，电话普及率达32部/百人，数据基本用户1076户，已有8万多用户上网。共建成电话3万户镇2个、2万户镇5个、万户镇6个，全市374个行政村实现村村电话超百户。

晋江市地方税务局磁灶分局

法　人：施明碳
地　址：晋江磁灶镇大埔牡丹花园城
邮　编：362214
电　话：0595—5886788

晋江市地方税务局磁灶分局组建于1994年9月，现有干部职工16人，负责全镇29个村(居)、634户企业、45户行政事业单位、850余户个体商贩和450余户市场临时户的税收征收管理工作。分局坚持“以人为本、依法治税”、“税务公开、公平公正”的方针，立足本职，艰苦创业；廉洁奉公，勤政为民；挖潜堵漏，促产增收；关心社会，奉献爱心，以一流的管理带一流的队伍，用一流的服务创一流的业绩：1994～2000年累计组织各项收入达2.7亿余元，选续5年被授予全国级“青年文明号”，荣获福建省第六、七届“文明单位”、省“十佳职业道德先进单位”、省首届“十佳青年文明号”、全省地税系统先进集体、省“五一”奖状和“模范职工之家”等荣誉称号，被省地税局荣记“集体三等功”一次，党支部被中共泉州市委评为先进基层党组织。局长施明碳被省地税局记“三等功”两次，荣获省“新长征突击手”、省“十佳税务分局长”、泉州市十佳“职业道德标兵”等荣誉称号。

南安市李成智公众图书馆

法　人：李少芳
地　址：南安市梅山镇
邮　编：362321
电　话：0595—6586885

李成智公众图书馆是旅居新加坡爱国侨胞李成智先生独资捐建的南安市属公共图书馆。创建于1995年11月，总投资360万港元。位于梅山镇芙蓉溪畔，建筑面积3047平方米，总藏书量7万册，藏书以地方文献和华侨资料为特色。该馆设有服务窗口7个，开展图书外借、阅览；电子读物阅读和检索；图书宣传和阅读指导；报导、咨询、复制等服务。图书采编、流通采用计算机管理。开馆以来，坚持“读者第一，服务之上”宗旨，积极开展“树文明窗口，创优质服务”活动，通过敞开办证、延长服务时间、开架借阅等各种便民服务措施，以及每年举办图书馆服务宣传周、开展演讲、征文、讲座、灯谜、知识竞赛、专题书展等形式多样的读书活动，增进全社会的图书馆意识，吸引广大群众走进、利用图书馆，取得了良好的社会效益。曾被授予南安市文体工作先进单位，泉州市先进图书馆，县、市、省级文明单位光荣称号。

安溪县审计局

法　人：林泗川
地　址：安溪县凤城镇新华路442号
邮　编：362400
电　话：0595—3232437

安溪县审计局成立于1984年5月，2000年在编干部职工24人，其中大专以上文化程度12人，会计师(审计师)13人。领导班子团结一致，坚持以邓小平理论为指导，认真实践“三个代表”思想，坚持一手抓精神文明建设，一手抓审计业务质量。党建创先、廉政建设和效能建设走在县直机关前列，党支部在1999年6月被中共泉州市委评为先进基层党组织。1998～2000年共审计256个单位(项目)，查出违规行为金额11925万元，其中处理上缴财政757万元，移送执纪执法机关经济案件5起。1998、1999年度被县委、县政府评为支援农业服务农业先进单位，被泉州市审计局评为审计业务工作先进单位。2000年12月省委、省政府授予“第七届文明单位”称号。

德化县地方税务局

法 人：李天辉
地 址：德化县龙浔镇湖前53幢
邮 编：362500
电 话：0595—3589272

德化县地方税务局共有干部职工71人，内设6个职能科室，下辖5个分局和2个税务所，2000年共组织各项收入10705.85万元，其中税收收入10238.82万元，首次双双突破亿元大关，分别是“九五”末期的1995年的3.49倍和3.72倍。该局广泛开展“满意在地税、情暖纳税人”、“创文明行业、建满意窗口”和“青春献税收、文明建功业”等为载体的精神文明创建活动，通过抓教育、抓规范、抓监督、抓窗口、抓服务等措施，把文明创建活动不断引向深入，取得良好成效。在1996～1998年县里组织的三次行风评议及2000年的行风“回头看”中，群众综合满意率均名列前茅；在全县百名政协委员评机关行风和百家企业评机关效能活动中均被评为“最佳单位”；县局蝉联第五、六、七届省级文明单位，被评为泉州市职业道德建设“十佳先进单位”和1995～1998年度“全省地税系统先进集体”，所属各分局（所）都被评为县级以上“文明单位”和“青年文明号”，实现文明创建“满堂红”。

泉州市公路局惠安分局

法 人：庄秀法
地 址：惠安县螺城建设街36#
邮 编：362100
电 话：0595—7382269

惠安公路分局组建于1951年6月，前身是惠安养路工区，隶属于泉州市公路局，现有在职工175人，担负着境内12条专养公路计181公里的养护管理任务。该局组建以来，一代代养路员工以路为业，以苦为荣，发扬了“团结、务实、开拓、奉献”的精神，创造出辉煌的业绩。曾获交通部授予的“大庆式”单位称号，连续5年被省委、省政府评为“文明单位”，连续三届被省委、省政府评为“文明单位”，被省政府评为“全省公路先行工程建设先进单位”。还连续6次获得省公路局“福厦漳油路联赛”第一名。近几年来，该分局在荣誉面前找差距，强化改革增素质，两个文明齐抓，养路育人并举，率先实现专养公路路面高级化。

惠安县崇武镇人民政府

党委书记：陈新兴
镇 长：辜惠钦
地 址：惠安县崇武镇政府大院
邮 编：362131
电 话：0595—7681326

惠安县崇武镇位于福建东南沿海突出部。东距台湾97海里，为海峡两岸距离最近点之一。面积19.6平方公里，辖12个行政村，人口71407人。有石雕石材工艺、海洋捕捞、海水养殖、滨海旅游、对台贸易、水产品冷冻加工、建筑建材、运输和商贸、饮食服务等业。2000年全镇社会总产值60.7亿元，出口交货值26.61亿元，上缴国家税收5087万元，镇财政收入2242万元，群众人均纯收入6060元。被授予“中国石雕之乡”，已建成名闻中外的石雕石材加工基地。建于明朝的崇武古城为国内仅存为数不多的最大石头城之一，是全国重点文物保护单位。惠安女独特民俗成为福建五大旅游品牌之一。该镇近年精神文明建设取得成效，获“全国创建文明村镇工作先进单位”。

莆田市地方税务局

法 人：康桂美
地 址：莆田市荔城路87号
邮 编：351100

莆田市地税局自成立以来，始终坚持“两手抓、两手都要硬”的方针，两个文明建设取得“双丰收”，税收收入连年高基数、高增长，年均递增21.55%，收入进度和比增幅度位于全省同行前列；文明创建成效喜人，市局机关和8个县级局实现第七届省级“文明单位”满堂红；征管改革稳步推进，初步建立了“以纳税申报和优质服务为基础、以计算机网络为依托、集中征收、重点稽查”的新征管模式；效能建设受到市政府表彰；纠正行业不正之风工作被省政府授予“先进单位”。

莆田市地方税务局稽查局

法 人：郑启游
地 址：莆田市城厢区荔城路87号
邮 编：351100
电 话：0594—2692585

莆田市地方税务局稽查局成立于1996年1月，现有人员12人，主要负责全市地税稽查管理和地方税收稽查工作。该局成立以来，始终坚持“带好队，收好税，办好案，执好法”。紧紧围绕税收收入中心，严格执法，文明稽查，优质服务，提高队伍素质，狠抓廉政建设，取得两个文明建设的双丰收。几年来，共查补回各税金费4000多万元，为莆田市的财政收支平衡作出积极的贡献。该局曾连续两届被评为市级“文明单位”和市级“青年文明号”；还被评为省级“先进档案室”；2000年被评为第七届省级“文明单位”。局长郑启游同志也先后被莆田市直机关党工委授予“优秀共产党员”荣誉称号和被省地税局、省人事厅评为“先进工作者”。纪检员陈光贤同志曾被莆田市财贸系统党委授予“优秀共产党员”荣誉称号。

农行莆田市分行

法 人：林启飞
地 址：莆田市城厢区文献路442号
邮 编：351100
电 话：0594—2292874

中国农业银行莆田市分行于1979年恢复成立，主要办理本外币存贷款、结算及中间代理业务。该行现辖6个县级支行、35个营业所、41个储蓄所，至2000年底，全行本外币存款余额分别达25.4亿元和929万美元，贷款余额分别达18.3亿元和938万美元。20多年来，该行始终认真贯彻落实国家经济金融方针政策，围绕地方党委政府的经济发展战略，加大科技投入，创新业务品种，为城乡居民提供文明优质高效的金融服务，不断壮大资金实力；积极调整信贷结构，实施信贷“双优”战略，全力支持地方经济快速持续健康发展；加强党建和精神文明建设，促进“两个文明”协调发展，荣获第五、六、七届省级文明单位荣誉称号。

福建兴业银行莆田分行

法 人：吴瑞忠
地 址：莆田市城厢区学园路416号
邮 编：351100
电 话：0594—2280727

福建兴业银行莆田分行于1990年9月25日挂牌营业。10年来分行贯彻“依法经营、稳健经营、文明经营”的经营方针和“以市场为导向，以客户为中心，以经济效益为目标。以风险控制为保证”的经营理念，致力于建设现代商业银行的发展目标，积极支持地方经济发展，各项业务得到了持续、快速、健康发展。各项存款余额年均增长63.6%，各项贷款余额年均增长64.8%，具有良好的资产结构和信贷质量，累计创交税利7500多万元，形成固定资产2000多万元，人均利润居当地金融机构前列。2000年度莆田市商业银行创建金融安全区综合考评第一名。在兴业银行系统内，综合经营计划考核居全行前列。连续4年被市政府评为“重合同守信用”企业和纳税大户。分行在抓物质文明建设的同时，注重加强企业文化建设，积极开展创建精神文明活动。取得可喜成绩。分行被评为第六届市级文明单位，第七届省级文明单位，分行国业部被评为省级青年文明号和莆田市首届十佳青年文明号，分行储蓄专柜被评为省级巾帼文明示范岗。有78个集体次，83人次受省级、市级有关部门表彰。

中国人民保险公司莆田分公司

法 人：黄平治
地 址：莆田市城厢区文献路570号
邮 编：351100
电 话：0594—2696474

中国人民保险公司莆田分公司是经营财产保险业务的商业性国有企业。公司高度重视两个文明建设，连续多年被授予市级文明单位和“重合同、守信用”称号；被省委省政府授予第六、七届文明单位荣誉称号；在全市行业评比中，多次被评为先进文明行业。公司坚持“忠诚服务、笃守信誉”的经营理念，根据企业和群众需要，推出60多个险种和多种服务，构筑适应市场需要的运行格局。公司每年支付赔款二、三千万的实力，以雄厚的偿付能力显示出公司在为经济建设和群众生活以及稳定社会方面发挥的重要作用。面向新世纪，公司将以改革为动力，以市场为导向，以品牌为效应，开创公司发展新局面。

莆田县财政局

法　人：郑宝硕
地　址：莆田市城厢区马巷13号
邮　编：351100
电　话：0594—2296114

莆田县财政局于1959年2月成立，下设办公室、监察室、预算股、综合股、农税股、稽查队等15个股室。现有干部43人，职工5人，大专以上学历29人，中专学历9人，会计师16人，助理会计师12人，中共党员34人。近年来，在局党支部领导下，各项工作都取得丰硕成果；2000年被省委省政府授予第七届“文明单位”；此前还先后被人事厅、财政厅授予“先进集体”；省地税局授予“协税护税先进单位”；莆田市委市政府授予第六届“文明单位”；“先进基层党组织”；县委授予“先进党支部”；多人多次被省市县各级政府授予“先进工作者”、“先进个人”称号。

莆田市湄洲湾北岸地方税务局

法　人：许丽娟
地　址：莆田市湄洲湾北岸笏石镇
邮　编：351146
电　话：0594—5851068

湄洲湾北岸地税局成立于1996年12月，现有干部职工45人，机关内设8个股室，下辖3个分局、1个税务所，负责北岸8个乡镇、2680多家企业及个体户的地方税收管征工作。该局围绕收入中心工程，走出涵养税源新路子；紧抓队伍建设工程，创立思想教育新路子；推进征管改革工程，实现信息管理新路子；营造文明创建工程，推动依法治税新路子。工作扎实、贡献突出。2000年该局分别组织税收收入4821万元，比1996年翻了两番多，收入进度和增长幅度均居全市同行业首位、全省前列。该局先后获得第六届市级“文明单位”、第七届省级“文明单位”；莆田市“十佳职业道德建设先进集体”；以及北岸行风评议第一名。下属4个分局所，3个分别获得市级“文明单位”，1个获得区级“文明单位”。

福建省闽西地质大队

法　人：陶建华
地　址：三明市三元区
邮　编：365001
电　话：0598—8322176

福建省闽西地质大队是集地质找矿、科研与矿业开发于一体的综合性地勘单位。该队员工以为祖国找矿立功为荣，艰苦创业，在福建境内共探明48种矿产储量和近300处大、中、小型矿产地，先后获得“全国地质勘查功勋单位”和“国家科技进步一等奖”等荣誉。在市场经济新形势下，该队发挥自身优势，坚持以地质找矿和矿业开发为主业，拓展工程勘察、水文勘察施工、测量、测试和地质灾害评估防治等延伸产业，增强了队伍活力。“九五”期间该队地勘经济总量以12.9%的年均速度增长，两个文明取得优异成绩，连续4年均评为优秀，先后被评为“福建省职工思想政治工作优秀企业”、“省十佳职业道德建设先进集体”和“福建省第五、六、七届文明单位”。

福建省公路稽征局三明稽征处

法　人：刘忠孝
地　址：三明市三元富兴路48号
邮　编：365001
电　话：0598—8338655

福建省公路稽征局三明稽征处，1993年1月成立，下辖11个公路稽征所，承担着三明辖区内的公路汽车养路费、客货运附加费的征收任务，全处共165名稽征员。稽征处以“带好队伍征好费”为首要，积极开展“征收规范化达标管理”、“文明优质服务示范窗口”活动，连续8年超额完成任务，累计征费近8亿元，并涌现了拾金不昧、抚养孤儿、捐资助学、抢救车祸等大量新人新事，被评为市职业道德建设十佳先进集体和连续两届省级文明单位，处党委被评为省级“先进基层党组织”。党委书记兼处长刘忠孝被评为省劳模，还涌现出省“五一”劳动奖章获得者陈金木、郑春根等一大批先进模范人物。

宁化县烟草专卖局（公司）

法　人：邱久长
地　址：宁化县城关中山路35号
邮　编：365400
电　话：0598—6823430

宁化县烟草专卖局（公司）成立于1984年，现有职工512人，下辖15个烟草站、16个卷烟批发点，一家复烤厂、一家酒店，拥有固定资产4500多万元，主营烟叶收购、调拨和卷烟批发，年收购烟叶在22～25万担左右，销售卷烟约7500大箱。局（公司）曾先后7次被国家局、总公司评为全国烟叶收购先进单位，3次受到国家局、省局表彰。2000年，局（公司）完成销售额2.7亿元，实现税利7000多万元，多次被省企业评估中心评为福建省利税300强企业之一。该局（公司）紧紧围绕国家局“一要规范、二要改革、三要创新”的工作重点，把狠抓规范作为当前和今后工作的突出重点，提出了“规范、改革、管理、增效”的指导思想，“科技兴烟、建网扩销、严管兴企”的工作思路和“夯实基础、依靠科技、实现由大县向强县转化”的战略目标。各项工作走上稳步发展的轨道。

尤溪县国家税务局

法　人：黎建明
邮　编：365100
电　话：0598—6327041

尤溪县国家税务局于1994成立，所辖15个乡镇，内设6个职能科室和6个征收、管理分局。多年来，该局始终坚持“两手抓，两手都要硬”的方针，以组织收入为中心，深入开展文明单位的创建活动，多次受到省委、省政府和市、县各级人民政府的表彰。2000年实现税收收入7646万元，是1994年成立时的1.2倍；获得省委、省政府授予的第六、七届省级文明单位；被评为三明市“十佳职业道德先进集体”；连续5年被县委、县政府评为“先进党支部”和“服务地方经济建设先进单位”等荣誉。在创建过程中，该局把抓党建、讲“三讲”、树形象和提高全体干部素质紧密结合起来，营造“法治、公平、文明、竞争”的纳税环境，多次在全县民主评议行风中名列第一。

福建铙山纸业集团有限公司

法　人：胡国龙
地　址：建宁县塔下路20号
邮　编：354500
电　话：0598—3982712

福建铙山纸业集团有限公司前身系建宁县第二造纸厂，于1978年成立建厂。经过22年的发展，公司现已成为中国拷贝纸产量、销量及出口量最大的薄型纸生产企业。公司现有员工800余人；主产品为铙山牌17克拷贝纸、14克薄页纸、着色薄页纸，拷贝纸30%出口、薄页纸60%出口，产品的国内市场占有率为35%。公司拥有11条生产线，具备了年产2.1万吨机制纸的生产能力，年创产值可达2亿元，利税2000万元，销售收入2亿元。造纸所需原料全部采用进口漂白木浆。公司现已获得了自营进出口权，通过ISO9002质量保证体系认证，并取得证书。铙山牌拷贝纸获得“福建名牌产品”称号，铙山牌商标被评为“福建省著名商标”。

南平市人民政府机关事务管理局

法　人：饶勤锋
地　址：南平市城关
邮　编：353000
电　话：0599—8831329

南平市政府机关事务管理局是负责政府机关行政事务管理、生活服务、保障政府机关各职能部门顺畅运作和政令畅通的职能部门。成立于1982年4月，其前身为“中国共产党建阳地委秘书处行政科”。1994年10月改为现名。管理局认真贯彻“三个代表”重要思想，紧紧围绕后勤保障和服务的主线，结合“服务好、态度好、廉政好”的行业要求，扎实开展文明单位创建活动。历年来，以创“三优一满意”文明机关为核心，按照总体规划，分步实施，每年突出一个主题的思路，加强了机关房产、物业、财务、精神文明、综治等事务管理，为机关创造了舒适优美的工作和生活环境，推进了后勤管理的规范化、科学化、法制化。业务工作业绩突出，被评为“福建省机关后勤系统先进工作单位”、“省级文明单位”。

南平市公安局交警支队

法 人：黄以西
地 址：南平市滨江中路823号
邮 编：353000
电 话：0599—8820500

南平市公安局交警支队组建于1988年，现有民警538人，其中党员322人，大中专以上文化408人。近年来，支队党委带领全队民警认真学习和实践“三个代表”重要思想，始终锁定“让人民满意”这一崇高目标，在两个文明建设中做出突出成绩，成为闽北精神文明建设的“排头兵”和全省交警系统的先进楷模。所辖的10个交警大队全部跻身当地效能建设前列，有9个被评为“人民满意交警队”、有8个跨入省级文明单位。1999年9月，支队被中央文明委评为“全国精神文明建设先进单位”。

福建省南纸股份有限公司

董事长：黄国英
总经理：陈守勤
地 址：南平市滨江路177号
邮 编：353000
电 话：0599—8808309

福建省南纸股份有限公司前身是南平造纸厂，1998年6月改制为上市股份公司，年产新闻纸25万吨，是国家重点520家企业之一。主产品有新闻纸、硫酸盐商品木浆、人纤浆粕。星光牌新闻纸是率先填补国内空白的部优产品，供应全国200多家报社和新闻出版单位，部分出口东南亚国家。10年来，每年税利均超亿元。1999年底公司年增产18万吨新闻纸技改工程建成投产，使南纸的新闻纸产量显著提高，质量达到了国际先进水平，公司的生产经营、经济效益发生了巨大变化。2000年南纸顺利完成了日处理3万吨污水技改工程，实现了“一控双达标”，达到了增产减污的目标。同时，顺利通过了ISO9002质量体系和产品认证，把企业管理纳入标准化、科学化、规范化轨道。近年企业先后获得国家授予的“五一劳动奖状”、“全国新闻纸用户满意单位”、“全国设备管理先进单位”、国家和省经贸委授予的“‘九五’技改优秀项目”、省“文明单位”等荣誉称号。

福建省电信公司武夷山市电信局

法 人：徐福生
地 址：武夷山市城关
邮 编：354300

武夷山市电信局坚持“立足地方经济建设，服务旅游经济发展”的主题，始终将电信经营、发展、服务与精神文明建设紧密结合，取得了令人瞩目的成绩。1998～2000年度发展城乡电话16282部，占武夷山市固定电话总数的60%，超过了原邮电局25年的发展总和；业务收入以每年28%的速度递增，并且荣获省邮电管理局优胜经营管理单位一等奖，该奖项实现了南平电信系统零的突破。1999年在武夷山申报世界遗产工作中，因成绩突出被市委、市政府授予了“世遗工作特别贡献奖”，2000年实现了武夷山市所有115个村村村通电话，再次受到武夷山市委、市政府的通报嘉奖。2000年还被武夷山市委、市政府授予“社会治安综合治理先进单位”、“党建工作先进单位”、“消防安全工作先进单位”、“安全生产工作先进单位”、“防汛工作先进单位”；被省总工会确认为“省级模范职工之家”；被省委、省政府命名为“第七届省级文明单位”。

浦城县公安局交通警察大队

法 人：魏建忠
地 址：浦城县兴浦路389号
邮 编：353400
电 话：0599—2822255

浦城县公安局交警大队组建于1987年5月，现有正式民警44人，党员28人，担负98.9公里国道以及1407公里省道、县道及乡间林区小道交通秩序维护和2万余名驾驶员、1.8万多辆机动车、10万余辆非机动车的安全管理任务。大队自1998年被县人大授予“人民满意交警队”后，又先后荣获省级文明单位、省级绿化单位，省人事厅、省公安厅授予的“人民满意科所队”等荣誉。1997～1999年，在南平市10个交警大队年终全面工作总评中实现“三连冠”。1998和1999年全县23个窗口行风测评名列第一。在开展机关效能建设工作评比中，全县58个参评单位，大队又名列榜首。

顺昌县电力公司

法 人：叶步钦
地 址：顺昌县城关中山路139号
邮 编：353200
电 话：0599—7825558

该公司是发供合一的地方电力企业，拥有资产1.8亿元，发电装机容量20440千瓦，供电容量80600千伏安。近几年来，公司坚持以邓小平理论为指导，遵循“人民电业为人民”的服务宗旨，内强素质，外树形象，以经济效益为中心，确保安全发供电；加速电网建筑，增强企业后劲；注重行业窗口建设，增强服务意识；抓住机遇，推进农电“两改一同价及城网“一户一表制”改造进程；树立“客户至上”服务理念，加大文明工作创建力度，推动两个文明建设协调发展。2000年供电量突破3亿千瓦时，发电量9439千瓦时，实现税利突破千万元大关，全县129个行政村农网改造工程全面完成并顺利通过省级预验收。继获得第六届省级文明单位后，又荣获第七届省级文明单位称号。

龙岩卷烟厂

法 人：卢金来
地 址：龙岩市西安南路24号
邮 编：364000
电 话：0597—2213588

2000年，龙岩卷烟厂认真开展“两思”教育，学习“三个代表”的重要思想，以十五届四中、五中全会精神为指导，围绕“抓创新、拓市场、争一流”的生产经营方针，以市场营销、技术创新、易地技改、日常管理“四项工程”为重点，取得较好的成绩。全年实现产量48.5万箱，调拨销售收入30.5亿元，税利18.1亿元，其中利润3.8亿元，同比分别增长21%、26%、42%、112%；企业易地技改工程奠基，工程进入全面实施阶段，动力中心、CO_2膨胀烟丝工房顺利封顶，二期项目三通一平工程全部完工；通过了质量体系运行的监查，方针目标管理工作不断深入细化，企业管理水平得到逐步提高；企业的降焦工作、新产品开发取得显著进展，产品平均焦油含量降至15.95mg，比年初下降1.58mg。低焦油烤烟型“七匹狼”(11mg)、低焦油混合型“七匹狼”(9mg)成功投放市场。企业加强党风廉政建设和精神文明建设，规范办事程序，坚持和完善公开招投标制度，推行厂务公开，推进了企业廉政制度建设；企业被评为“福建省文明单位”。

工商行龙岩新罗支行

法 人：陈晋榕
地 址：龙岩市九一北路115号
邮 编：364000
电 话：0597—2297288

中国工商银行新罗支行(原龙岩市支行)成立于1984年，1996年机构分设后，秉承龙岩市支行主体业务，坚持以客户为中心，以市场为导向，以科技为动力，以质量为保障，以效益为目标的经营原则，大力拓展各项金融业务，逐步形成了本、外币并举，公司业务与个人金融业务并行的综合化、多功能的现代商业银行经营体系。至目前，拥有公司客户1300个、个人客户10.2万个，各项存、贷款余额分别达到9.3亿元、11.6亿元，为支持地方社会经济发展起到了积极的推动作用，被福建省委、省政府命名为第六、七届文明单位。

龙岩市汽车运输总公司连城公司

法 人：揭文和
地 址：连城县北大东路66号
邮 编：366200
电 话：0597—8923720

龙岩市汽车运输总公司连城公司，创建于1981年7月，现有职工200余人。拥有固定资产2664万元，客货营运车辆110辆，是担负闽西及毗邻省际公路客货运输的国有汽车运输骨干企业。几年来，公司坚持“两手抓，两手都要硬”的方针，大力实施《中共福建省委关于“八五”期间社会主义精神文明建设和实施意见》使企业两个文明建设朝着重素质、强管理、求实效的方向发展，取得显著成效。连续被省委、省政府授予第五、六、七届省级“文明单位”称号。公司以经营省内外公路客货运输业务为主，兼营国内旅游、各类汽车维修、轿车租赁、货运代理等业务。以运为主、综合经营、优质服务是企业经营的宗旨。

龙岩市卫生防疫站

法 人：兰天水
地 址：龙岩市陵园路92号
邮 编：364000
电 话：0597—2291696

龙岩市卫生防疫站创建于1958年，现有干部职工96人，其中中级职称以上的专业技术人员40人，是全市预防保健的业务技术指导中心、地（市）级一等防疫站、计量认证达标防疫站、省级文明单位。站内设有流行病学、卫生监测、检验等业务科室和挂靠本站的市妇幼保健所、市结核病防治所、市皮肤病防治所、市公共卫生监督所、市健康教育所。拥有气相色谱、液相色谱、原子吸收等仪器设备，主要业务是开展急慢性传染病、地方病、寄生虫病防治、卫生监督监测、妇女儿童保健、健康教育等。10多年来，先后在全省率先实现以地（市）为单位消灭或基本消灭（消除）丝虫病、疟疾病、麻风病、碘缺乏病等严重危害人民身体健康的疾病，地方病学科被省卫生厅确定为初级卫生保健特色项目，流行病学科进入省内先进行列，在公开杂志发表学术论文500多篇，获地（厅）以上科技进步奖30余项。

宁德电业局

法 人：谢志坚
地 址：宁德市蕉城区鹤峰路48号
邮 编：352100
电 话：0593—2825230

宁德电业局成立于1992年3月，隶属于福建省电力有限公司，现设有局长工作部、人力资源部等14个部门，有正式职工114人，临时工70人，其中35岁以下的职工占70%，担负着闽东9县市的供电任务；代管闽东老区水电开发总公司及蕉城、福安、福鼎等10个电力公司；管辖220千瓦甘棠变电站、红甘线、芹甘线和110千瓦东侨变电站等，是一个充满朝气的年轻企业。该局励精图治，各项事业均取得长足进步；多种经营也逐渐壮大发展，创立了银河宾馆、银河超市等“银河”品牌，并取得可喜的成绩；先后获得省文明单位、省模范职工之家、省思想政治工作优秀企业、省第三次工业普查先进单位、省级无吸烟单位、省第八次平安杯安全竞赛先进集体、省设备管理先进集体、省绿化红旗单位、省军民共建“三挂钩”先进集体、省军民共建社会主义精神文明先进单位等荣誉。

霞浦县财政局

法 人：雷玉耀
地 址：霞浦县城关
邮 编：355100
电 话：0593—8895478

霞浦县财政局于1958年成立，局内设17个股室。现有在职干部51人、职工3人。近年来，局领导班子团结协作，带领全体干部致力改革、广开财源、精心理财，圆满完成了财政各项任务。1995年被宁德地委、行署授予“文明单位”，2000年被省委、省政府授予第七届“文明单位”。自1986年以来，先后11次被省财政厅、宁德地委、行署授予文明单位。跨入新世纪，任重而道远，全体干部职工正以新的姿态，迎接新的挑战，再创新的辉煌。

福建省电信公司霞浦县电信局

负责人：王少清
地 址：霞浦县东街36号
邮 编：355100
电 话：0593—8892866

霞浦县电信局现有职工114人。下设3个部室，4个生产中心，11个乡镇电信站，固定资产1.2亿元。2000年，霞浦电信业务收入完成5245万元，增幅达33%，获宁德市综合经营一等奖。全县城乡程控交换机容量8.8万门，城乡电话用户达6.2万户，数据用户达6300户。霞浦电信局在抓业务发展的同时，始终加强精神文明建设，2000年被省政府授予第七届省级“文明单位”，被省总工会授予“模范职工之家”，1999年全县行风评议名列榜首，受到全县人民好评。

福安市人民政府办公室

法 人：池 浩
地 址：福安市人民政府办公室
邮 编：355000
电 话：0593—6382569

福安市人民政府办公室是福安市政府的综合办事机构，担负着“参谋、助手、协调、把关”的重要职能。办公室内设综合一科、综合二科、信息科、督查科、人秘科、法制科；挂靠单位有支前办，口岸办、人陪办、外事办、打私办等单位，现有干部24人。近年来，办公室作为市政府对外的形象“窗口”，以“建立一流队伍，提供一流服务，创造一流业绩”为目标，狠抓队伍建设，强化干部综合素质，改进工作作风，严格规范管理，认真履行参与政务、管理事务的职能，充分发挥参谋助手作用。1997年以来，办公室荣获省、地、市以上的表彰22项，个人荣获市级以上的表彰29人次，2000年被授予省级文明单位称号。

福安市工商局韩城分局

法 人：谢寿堂
地 址：福安市新华南路114号
邮 编：355000
电 话：0593—6383553

福安市工商局韩城工商分局成立于1996年12月，现有干部职工38人，设有综合股、公平交易股、注册登记股和城南、城北、阳头、坂中四个片区中队，工作与服务范围在城南、城北、阳头3个街道办事处和坂中、城阳2个乡，辖区有7个集贸市场，2个专业市场，共有工商企业1400多家，个体工商户4000多户。该局以创建党建工作先进单位为目标，以文明执法、优质服务、创建示范窗口为重点，加强党风廉政建设，开展“三讲”、“三个代表”教育。全面推行政务服务承诺制，注册登记实行“简化制”，纪检办案“交叉制”，财务收费“分离制”的制约机制，促进了队伍整体素质和文明管理优质服务水平的提高。分局党支部被省委授予“先进基层党组织”，荣获第六、七届省级文明单位，省“巾帼建功”先进集体，全省市场监督管理先进集体，全市“公仆杯”、“优质杯”先进单位，“十佳”文明窗口等18个荣誉称号。

宁德汽车运输集团公司福鼎汽车站

法 人：喻方兴
地 址：福鼎城关南大路176号
邮 编：355200
电 话：0593—7852511

福鼎车站是福鼎市唯一的国有客运站，是闽东地区最大的交通枢纽，下属中心站、北站、南站和经警队4个单位，共有职工90人，党员23人。目前总车辆数472台，11800座位，日发总班次682班，日运送旅客9600人，跨省班次156班，跨区15班，跨县65班，区内446班。该站地处闽浙交界，地理位置十分独特，现有跨省际客运长班线62条，营运线路北至北京、上海、济南，南至广州，西至广西、南宁等地，形成南、北中转四通八达的运输网络。产值从1995年800万元，利润10多万元，到2000年完成营收2800万元，利润100多万元。先后被省政府评为“创文明行业、建满意窗口”示范单位和首届“创文明行业，建满意窗口”先进单位，被宁德地委、行署授予文明单位和全区先进单位荣誉称号，被福鼎市政府评为文明单位和福鼎市“十佳”窗口单位，还被评为福建省职业道德十佳先进集体、授予“五一”奖状以及福建省文明单位、交通部文明单位。2000年再次被省政府授予第二届“创文明行业，建满意窗口”先进单位。站长喻方兴2000年被国务院授予“全国劳动模范”荣誉称号。

古田县邮政局

法 人：黄家钿
地 址：古田县城关
邮 编：352200
电 话：0593—3813789

古田县邮政局成立于1998年10月，现设4个职能部室、11个班组、15个支局所，其中邮储网点8个。全局在职职工

192人，其中正式工113人，退休职工44人，党员40人。经营业务范围有：函件、包件、特快、邮储、汇兑、报刊、集邮、邮购、代办电信等业务。近年来，该局一手抓经营，一手抓管理，以巩固传统业务为基础，以拓展新业务为突破口，寻找业务发展新增长点。2000年邮政业务总量达841.73万元，比上年增34.26%，邮政业务收入完成1302.03万元，比增15.68%，全员劳动生产率人均7.7万元，列全区第四名。古田县邮政局2000年被省委、省政府授予第七届省级文明单位，被省总工会授市"模范职工之家"，被省邮政局评为经营管理一等奖。

文明学校

福建师范大学

法　人：曾民勇
地　址：福州市仓山区
邮　编：350007
电　话：0591—3441079

福建师范大学创办于1907年，是一所文理科齐全的省属重点大学。现有教职工2233人(其中专任教师1036人，高职称教师占50.7%)，计划内在校学生20220人。设有13个学院，24个系，4个独立建制的研究所和研究中心，2个博士后科研流动站，8个博士点，48个硕士点，3个国家人才培养基地，1个全国职业教师培训基地，1个国家"实施跨世纪园丁工程"基地，1个全国普通高校人文社科省级重点研究基地，1个教育部基础课程研究中心，8个省"211工程"重点建设学科。学校高度重视"文明学校"的创建，全校上下齐心协力、开拓进取，全面推进教学、科研，素质教育和精神文明建设，先后获得全国、全省50多项集体奖，2000年被福建省委、省政府授予"文明学校"称号。

福建医科大学

法　人：陈丽英
地　址：福州市交通路88号
邮　编：350004
电　话：0591—3569821

福建医科大学创建于1937年，是福建省目前唯一的一所现代医学高等学府，现设有13个二级学院、系，10个本科专业，1个7年制临床医学专业，在校生8800多人。有博士、硕士点39个，1个博士后科研流动站。可招收外国留学生和港澳台学生。有3所综合性"三级甲等"附属医院和1所附属口腔医院，以及20所教学医院、4个专业教学基地、14所实习医院。现有教职医护员工4648人。在聘教师中，正副教授334人，正副主任医师420多人，博士生和硕士生导师324人。有国家、省有突出贡献专家16人，国家、省"百千万人才工程"人选39人，享受政府特殊津贴专家84人。还拥有国家药品临床研究基地等47个科研机构，2个福建省"211工程"重点建设学科，3个省教育厅重点学科，8个省科技厅优先发展学科，6个省医学重点专科，5个省领先医疗特色专业，4个省教育厅重点实验室。2001年3月，被授予"全省第七届省级文明校园"称号。

福建中医学院

法　人：杜　建
地　址：福州市五四路282号
邮　编：350003
电　话：0591—3570322

福建中医学院创办于1958年，是博士、硕士、学士学位授权单位。学校辖有海外教育、高等职业技术教育、成人教育3个二级学院，4家附属医院，1所省级中医药研究院，1家制药厂和国际中医药培训中心，在全省有20家教学医院。有国家药品临床研究基地、教育部信息管理中心(IT&AT)福建中医学院培训基地、国家中医药管理局中国中医药文献检索中心福建分中心等一批国家级基地(中心)。历年来共获省(部)级以上科研成果83项，并获4项省部级以上教学成果奖。现各类在校生近4000人，教职员工及医护人员2200人。学校设有9个系(部)和16个本专科专业，有2个博士点和14个硕士点。学院有高级专业技术人员350名，博士、硕士导师143名。1998年国家教育部批准学校对台湾实行单独招生。目前在校台湾学生200多人。1998年2月被省政府授予福建省第六届"文明校园"称号。

福建省警官学校

法　人：陈贞彬
地　址：福州市前横路127号
邮　编：350014
电　话：0591—364854

福建省警官学校是一所政法类实行军事化管理的国家级重点学校，是一所集高等职业、普通中专、职业中专和成人大中专教育于一体的多形式办学的人民警察学校。学校创办于1985年，座落于福州市鼓山镇，校园面积90亩，建筑面积5.8万平方米，教学、生活、技能训练等设备完备，师资力量雄厚，是习文练武的好场所。学校贯彻"从严治警，依法治校"的办学方针，实施军事化管理、文化素养和技能训练相结合有特色的职业教育模式。为提高综合办学实力，学校先后两次与福建省福马企业集团公司、厦门辰龙贸易发展有限公司和福州龙富贸易有限公司3家企业联合办学，开启了厂校联合办学的先河。学校1999年被国家教育部评为国家级重点中专，被省教委评为先进教工之家，被省绿化委员会评为"园林式"单位，2000年被省委省政府评为文明学校。

福州市第三中学

法　人：王天德
地　址：福州市湖东路43号
邮　编：350003
电　话：0591—7514284

福州第三中学座落于福州市鼓楼区风景秀丽的西湖之畔。创办于1942年，始名福州市立初级中学。1950年改名为福州市立第一中学，1952年合并黄花岗、中建和福华等私立中学之后定名为福州第三中学。1959年被列为省级重点中学，1963年被定为福建省首批办好的重点中学，1983年被选定为福州市对外交流的窗口单位。1994年被确定为福建省普通中学一级达标学校。1997年被国家教育部确定为首批挂牌的"现代教育技术实验学校"。福州三中还是省级优秀学生干部培训基地，并附设省中学生奥林匹克数学学校，是全国中学教科研联合体的副理事长单位。学校以："有稳定的高质量、有鲜明的办学特色"为办学目标，以"立德为先、教学为主、育人为本。"为办学原则，还确立了让学生"学会学习、学会做人、学会创造、学会发展"素质教育的总体目标。

福州屏东中学

法　人：游振平
地　址：福州市屏东路39号
邮　编：350003
电　话：0591—7841509

福州屏东中学创办于1982年，1983年秋季正式开始招生。现有初、高中40个班级，学生2000多人，教职工157名。全校占地面积2.25万平方米，建筑面积2.54万平方米，绿化面积5163平方米。屏东中学虽校龄较短，但以求真务实、治学严谨、校风良好、环境优美，办学效益高为社会所称誉。1996年1月被确认为普通中学三级达标学校。1992年起连续4届被评为省级文明学校。此外，还先后被评为市文明单位、市先进单位，荣获全国群众体育工作先进集体、全国学校体育卫生工作先进单位、省中小学"五无"学校、省中学生优秀道德试点校、市中学生行为规范示范校和王丹萍福州市教育奖等荣誉表彰。

福州市台江实验幼儿园

法　人：石爱琴
地　址：福州市茶亭下河里5号
邮　编：350005
电　话：0591—3333379

台江实验幼儿园是省优质实验幼儿园，前身是洋头幼儿园，1952年创办。现有9个班，41名教职工，360名幼儿。该园环境优美，设施齐全，有各种专用活动室，开阔的内容丰富的活动场所，是诱发幼儿各种兴趣、发展幼儿个性的场所。该园是一所以教科研为先导，促师资提高的研究型幼儿园，师资力量雄厚，管理规范。近年开展各专题研究，取得显著成果。有80%的教师评为教学新秀；有6篇论文在国家级获奖；有9篇论文在省级获奖。幼儿园被教委定为省《科学管理》实验基地，实验成果获市教育成果二等奖；作为全国《幼儿科技教育》实验基地被授予全国、省级优秀实验基地。该园还于1985年在全省率先成立家长委员会，构建了形式多样、功能齐全的家园联系网络。幼儿园先后被评为省、市文明学校；省先进幼儿园；省、市先进教工之家；省、市先进家长学校。

福州马尾实验小学

法　人：朱绍岳

地　址：福州马尾新村106号

邮　编：350015

福州市马尾实验小学，历史悠久，创建于1928年，迄今73周年。创建初期为私立马江小学，1933年，闽侯县政府接收为"马江示范中心国民学校"，解放后，更名为马江中心小学。1997年5月又更名为"福州市马尾实验小学"。现有26个教学班，学生1423人，教职工80名。办学70多年来，该校在教书育人，发展学生个性、培养学生特长、开展课外活动方面取得了优异成绩。1997年以来连续3届评为"福建省文明学校"，获全国、省、市80多个奖项。随着改革、开放和经济的飞速发展，学校办学规模和教师队伍的不断壮大，教学设备日臻完善，办学水平不断提高，领导群体素质优良，实行科学、规范、民主、管理学校。教师队伍年轻、现有大专文化占教师人数58%，教育、教学论文多篇在CN刊物发表。1999年12月评为"福建省示范小学"。

长乐师范学校
长乐高级中学

法　人：陈震旦

地　址：长乐市城关

邮　编：350200

该校座落于长乐市区东隅，是国务院备案的18所重点师范学校之一，曾受到原国家教委师范司、语委和国家科协青少年部等有关部门表彰，是福州市文明学校、福建省文明学校。现占地面积82亩，建筑面积16400平方米，学校教学基础设施完备，现代化设备齐全，学校师资雄厚，全校教职工具有高中级以上职称教师42位，专任教师97.3%是大学本科学历，并有多人获研究生入学资格。进入21世纪，学校顺应中师教育体制改革，适时转轨，于2000年11月经省教育厅批准改办为长乐高级中学。现在实行两块牌子、一套班子的领导体制。该校是两项国家级"九五"计划科学研究先进实验学校。

厦门第一中学

法　人：吴章樽

地　址：厦门市文园路93号

邮　编：361003

电　话：0592—2021908

该校创办于1906年，迄今已有95年历史，是一所全日制完全中学，系福建省首批办好的重点中学、福建省普通中学一级达标学校。现有教职工195人，其中特级教师6人，高级教师41人，一级教师80人。拥有13名福建省优秀青年教师，26名厦门市优秀青年教师，11位厦门市学科带头人，6位福建师大教育硕士研究生，3位青年教师参加教育部中学骨干教师国家级培训。近年来有9位教师获国家级奖励，32位教职工被评为省级先进。学校全面贯彻党的教育方针，树立普教发展的人才观、教育观、质量观，已形成"创新、务实、团结、奋进"的校风。"爱学生、善教导、高质量、当师表"的教风和"勤奋、严谨、多思、进取"的学风。学校围绕培养创新精神和实践能力的重点，深化学校整体改革，坚持科学管理和民主管理有机结合，在全市率先实施素质教育，积极推进教育现代化进程。先后制定了《厦门一中"九·五"发展规划》、《厦门一中"素质教育"实施方案》和《厦门一中创建国家级示范高中的规划》等一系列构建学校发展的蓝图和具体措施。1997年在全省率先开通校园网，为教学现代化创造了良好的环境，在国内外有较好影响。，该校学生参加各种学科竞赛取得很好成绩，99届高中毕业生洪毅颖同学在31届中学生国际奥林匹克竞赛中一举夺得金牌，开创了厦门市中学生参加国际学科大赛取得奖牌的先河，2001届高三学生吴薇同学获得全国中学生生物学竞赛一等奖，并被选拔进入国家队，将代表我国中学生参加在比利时举行的国际中学生生物奥林匹克竞赛。韩诗莹、蔡玮和吕天祥3位同学共同开展的科学实践项目"中国厦门文昌鱼保护"，通过中国科技青少年部组织的专家组严格挑选入选国家队，在美国硅谷圣荷举行的第52届英特尔国际科学与工程学大奖赛中获集体项目四等奖。这是福建省首次闯入这项国际性青少年科学研究项目竞赛并获奖。在首届"福建小科学家"评选中，又有6名学生获此殊荣。近年，共获国际级比赛大奖4人，国家级一等奖15人，二等奖8人，三等奖26人，获省级奖132人，市级奖数百人次。学校连续多年被评为省级文明单位、省、市文明学校。福建省"五一奖状先进单位"。还获省科技教育重点示范点、省青年教师创优评优先进单位、NOI2000年第六届全国青少年信息学（计算机）奥林匹克分区联赛优秀参赛学校、全国红旗团委、全省中学先进教务处、省学雷锋、学刘志珊活动先进集体、省先进教工之家、省模范职工之家、市民主管理先进单位、市文明学校、市科普工作先进单位、市中小学环境教育基地、市卫生学校、市五无学校、市档案工作先进集体、市先进基层党校、市环境教育先进单位、省先进基层党组织等一批荣誉。

厦门市湖里中心小学

法　人：吴　洁

地　址：厦门市湖里

邮　编：361006

电　话：0592—6032162

厦门市湖里中心小学创办于1988年，与湖里特区经济发展同步。学校占地面积近万平方米，校舍占地面积3200平方米，现有22个教学班，学生总数达1200人。学校坚持"以科研为先导，以实验为手段，以质量为根本"的办学指导思想，脚踏实地、锐意创新，形成独具一格的办学特色，教育教学质量名列全区首位，为特区培养了一批批德、智、体、美全面发展的高素质的人才。近年来，学校分别荣获"福建省精神文明学校"、"厦门市精神文明单位"、"厦门市学校艺术教育先进单位"、"市级关心下一代工作先进单位"、"厦门市先进职工小家"、"全国第五届绘画书法组织奖"。学校被授于"福建省《海峡语文世界》协办学校"、"集美大学实习基地"。

厦门市杏林区杏西小学

法　人：陈德亮

地　址：厦门市杏西路21号

邮　编：361022

电　话：0592—6211436

杏西小学创办于1982年，学校地处杏林台商投资区中心地带，现有19个教学班，学生900人，校园占地面积19943平方米，建筑面积4087平方米，拥有1幢教学楼和1幢综合楼，1个300米跑道、设施齐全的运动场。全校教职工49名，具有大专学历19名，中级职称17名。学校认真贯彻教育方针，积极实施素质教育，通过全体教职工的不懈努力，办学质量居于全区前列，1992年被评为市级文明学校，2000年被评为省级文明学校，还分别被评为省"执行国家体育锻炼标准实施办法"先进单位、省"社会健康教育工作"先进单位、省"少先队工作金奖学校"、市"艺术教育"先进单位，少先队被评为全国"红旗大队"、市"学雷锋活动"先进集体。

漳州市第一中学

法　人：郑逢年

地　址：漳州市胜利西路76号

邮　编：363000

电　话：0596—2022008

漳州一中创办于1902年，现为福建省一级达标校。校园占地面积95371平方米，建筑总面积达5万多平方米。现有班级39个教学班，学生总数2300多人，在职教职工178人，其中特级教师3人，高级教师48人，一级教师70人。在长期办学实践中，坚持贯彻党的教育方针，面向全体学生，继续和发扬近百年的优良传统，形成了"尊师、守纪、勤奋、进取"的学风和"敬业、爱生、严谨、创新"的教风。近年来，学校加大教改力度，不断提高办学效益，各项工作成绩斐然，先后获"省文明学校"，"省级绿化先进单位"等40多项省市表彰，中高考一直名列省、市前茅。面向新世纪，学校提出了争创国家级示范校的目标，决心加快教改，抓住机遇，为争创一流学校而努力奋斗。

泉州幼儿师范学校

法 人：陈雅芳
地 址：泉州市
邮 编：362000
电 话：0595—2382957

福建省泉州幼儿师范学校创办于1890年，其前身是培英女校，迄今已有111年的历史。1955年改名为福建省泉州幼儿师范学校(省属学校)，学校位于全国历史文化名城泉州，面向泉州、莆田、漳州、龙岩、厦门5地、市招生。学制分别为3年、4年、5年制高等职业专科。现有班级18个，学生近千人，教职工144人，其中高级讲师16人，讲师66人，助讲27人。目前已有72名教师进修研究生课程结业。50多年来，学校已为国家培养了近两万名幼教人才，培训幼儿园园长及骨干教师3000多人，为福建省幼教事业作出了积极的贡献。学校建筑面积3万平方米，其中有近年兴建的教学楼、艺术楼、图书馆、观摩厅、办公楼、食堂、礼堂以及学生公寓等现代化教学、科研以及后勤保障的硬件设施，同时也形成了独具特色的办学思路、办学模式以及配套的科学管理的软件系统。1998年被评为全国教育系统"巾帼建功"先进单位，自1989年以来连续5次被评为福建省文明学校。

泉州市培元中学

法 人：黄锦衣
地 址：泉州市新华北路
邮 编：362000
电 话：0595—2383362

泉州培元中学创办于1904年。1920年11月中国革命先行者孙中山先生亲笔为培元中学题词："共进大同"；1980年5月国家名誉主席宋庆龄亲笔为培元中学题词：为国树人"；1994年国务院副总理李岚清亲笔为培元中学90大庆题词："为振兴中华培养优秀人才作出更大的贡献。"学校占地面积35000平方米，建筑面积30000余平方米。拥有现代化的校园计算机网络、多媒体教室、网络电脑室、语言实验室、教师电子备课室和丰富的图书资料。现有46个教学班，师生总数近3000人。培元中学是福建省首批办好的重点侨校之一，校友遍布全国和世界各地，改革开放以来，培元校友以极大的热情支持母校的教育事业，兴建校舍，设立奖教奖学金，捐赠仪器图书教学设备，在各级政府的关心和海内外校友的大力支持下，学校的办学规模不断扩大，办学水平不断提高。1989年被选定为全国著名中学之一，载入《教育大辞典》，1992年被载入《中国名校》(中学卷)，1996年，被确认为福建省普通中学一级达标学校，1997年被评为福建省"军民共建先进集体"，1991—1999年，连续四届被评为福建省文明单位、文明学校，1999年，被评为福建省军民共建"三挂钩"先进集体，2000年，被评为"福建省军民共建精神文明先进单位"、泉州市"绿色学校"。培元中学积极实施素质教育，全面进行教育教学改革，1992年起，在高中部增设高师预备班。学校的教育教学质量不断提高，2000年高考，培元中学毕业生陈志东获全省理工类英语单科第一名，被清华大学录取。

泉州市盲聋哑学校

法 人：陈智才
地 址：泉州市丰泽区华大办事处
邮 编：362000
电 话：0595—2683903

泉州的特殊教育历史悠久，可追溯到1895年，至今已经历106年。在党和政府的关心重视下，泉州市聋哑学校复办于1972年，1992年初又把建设泉州市盲童学校与迁建泉州市聋哑学校分别列入省、市政府为民办实事之一，盲、聋两校实行"一套班子、两块牌子"的领导体制。1994年秋，盲童学校开始向泉州、厦门、漳州、莆田、龙岩、三明等地市招生。目前，学校占地71.3亩，新校舍16200平方米，所有建筑均按照现代特殊教育的标准和要求设计。学校现有24个教学班(其中聋校15个班，盲校9个班)，在校学生284名，学校目前设置学前部（含康复)、小学部、初中部、高中部、职教部和师资培训部，办学规模居全国前列，福建省首位。学校以福建省学校德育基地、泉州市中小学生劳动教育基地和泉州市青少年法制教育基地依托在我校为契机，构建和完善特教一体化教育体系。"九五"以来，学校办学硕果累累，先后荣获福建省"文明学校"、"绿色学校"、"学雷锋、学赖宁先进单位"、"先进基层工会"以及泉州市"'两基'工作先进单位"等十几项光荣称号。

石狮市第一中学

法 人：张瑞霖
地 址：石狮市城关
邮 编：362700
电 话：0595—8700790

石狮一中1992年建校，现占地面积90亩，在校学生2900名，教职工159人。学校一直坚持教育的三个面向，全面贯彻党的教育方针，积极推进素质教育。已成为一所"省二级达标中学"、"省级文明学校"。学校不仅重视师资队伍的建设，也重视校园文化及基础设施的建设。软、硬件建设都已具有相当的规模。教学环境、教学设备的改善，教学科技手段的提高，为石狮一中的腾飞插上了翅膀。学校开展多种教改试验，已形成一中自己的办学特色。目前，石狮一中正在调整、建立自己新的办学思想：坚持一个中心，两个全面，三个建设，五个面向。学校立足实际，强化目标管理，规范化管理，着眼于未来，把造就志向高远，素质全面，基础扎实，特长明显的一代新人作为的办学目标。

晋江市第一中学

法 人：黄东曦
地 址：晋江市城关
邮 编：362200
电 话：0595—5682458

晋江市第一中学创办于1952年春，1964年被省教育厅确定为省重点中学，1999年被省教委确认为一级达标学校。学校先后被团中央授予社会实践先进单位，被评为省文明学校、省先进教工之家、省施行《国家体育锻炼标准施行办法》先进单位、省绿色学校。学校占地面积7.7万平方米，建筑面积3.5万平方米，建有纯数字化的校园网络，按照国家示范性学校标准设置物理、化学、生物、劳技实验室。图书馆藏书12.7万册。43个教学班，在校生2202人。教职工183人，其中研究生1人，大学本科104人；特级教师1人，高级教师30人。确立国家级语文自学能力培养，省级物理教法改革5年跟踪实验、学校心理咨询研究等课题。

晋江养正中学

法 人：黄謦尘
地 址：晋江安海
邮 编：362261
电 话：0595—5790954

养正中学是福建省重点中学、重点华侨中学、省一级达标中学、省文明单位、省文明学校(连续4届)、省计算机教育研究与实验学校、全国现代教育技术实验学校、国家级培养体育人才试点学校、全国中小学德育工作先进集体。学校占地90亩，建筑面积3.5万平方米；在校学生2600人，专任教师142人，其中特级教师4人、高级教师40人；图书馆藏书14万册；教育实验设备达国家一级标准，拥有计算机校园网络中心、多媒体教学计算机管理中心、图书资料计算机管理中心。建校70多年来，共为国家培养了2万多名初中毕业生、9300多名高中毕业生。近10年来，向高等院校输送了2200多名合格新生。学校形成了"严、正、勤、实"的优良校风。几年来，学校先后9次获国家表彰，23次获省级表彰。高考录取率保持在98%以上；2000年高达98.15%，其中上重点大学人数135人，列泉州市达标中学第一名。教师中有15人次获国家级、省级表彰。教师先后有42部教学专著正式出版，290篇科研论文于省级国家级刊物发表。学生中共有500多人次获国家级省级竞赛奖。

晋江职业中专学校

法 人：苏长华
地 址：晋江市金井镇
邮 编：362251
电 话：0595—5384087

该校创办于1981年。位于晋江金井镇，学校占地70326.3平方米，建筑面积26661平方米，现有教职员工125人，其中高级教师27人。学校现有学生2077

人，编为39个教学班，先后开设电子技术应用、家用电器、现代通讯、动力机械、建筑、兽医、财务会计、会计电算化、计算机技术应用、办公现代化、经贸英语等11个专业，学制3年。学校专业实践教学设施、设备齐全，办学效益好，学校招生数逐年递增，成为泉州市唯一的连续3年超额完成招生任务的学校；在省、市职中生电子、电脑、财会等专业历次技能大赛和教师说课、技能比赛活动中，师生屡夺桂冠；办学以来累计向社会输送合格毕业生5131人，为社会培训各类专业中级技术人才10042名。1992年以来，学校连续3届荣获“福建省文明学校”称号，1992年评为省级重点职业中专，2000年5月被评为国家级重点中等职业学校。

安溪铭选中学

法　人：殷炳雄
地　址：安溪县城关
邮　编：362400

安溪铭选中学系旅外侨亲钟氏昆仲捐资957万元人民币兴建的一所完全中学。学校创办于1991年8月18日。现有教职员工141人，教学班36个，在校生2072人。2000年12月，学校通过省“二级达标”验收。铭选中学自创办开始，就明确确立：全面贯彻党的教育方针，坚持“团结，稳定，求实，进取”原则，倡导“勤奋，坚毅，严谨，创新”校风，树立“尊师，爱校，守纪，勤学”风尚，实行严格管理，坚持“三个面向”，培养“四有”新人的办学指导思想。根据这一办学思想，学校实行规范化管理，教育教学工作顺利开展，办学效益不断提高，被评为福建省第五届、第六届、第七届“文明单位”、“文明学校”，获得省“五无先进学校”、“职工思想道德教育先进单位”、“体卫工作先进单位”和泉州市“素质教育先进校”、“绿色学校”等100多个荣誉称号。

永春第三中学

法　人：邱进南
地　址：永春县蓬壶镇
邮　编：362609
电　话：0595—3802428

永春第三中学创办于1942年，现有65个教学班，学生3800多人，教职工221人。校园面积120多亩，总建筑面积3万多平方米。校园内花树掩映，楼亭错落有致。近几年来，在党支部书记、校长邱进南同志的带领下，学校飞速发展，从一所普通农村完中一跃成为泉州市的强校名校。1999年被省教委确认为“二级达标学校”。并先后荣膺“全国学校体育卫生工作先进单位”、“福建省文明学校”、“福建省绿化红旗单位”、“福建省图书馆工作先进单位”、“福建省高三会考先进考点”、“福建省农村学校体育工作先进单位”、“福建省中小学校园治安综合治理先进集体”等10多项国家、省、市级荣誉称号。

莆田第六中学

法　人：林培松
地　址：莆田市涵江区
邮　编：351111
电　话：0594—3597426

莆田第六中学坐落于莆田市涵江区青璜山麓，学校创建于1924年，1959年定为省重点中学，1996年确认为省二级达标学校。校园占地面积10.1万平方米，建筑面积39518.49平方米。现有教学班45个，学生数2337人；教职工198人，其中高级教师49人，师资力量雄厚。有300多篇教育教学论文和经验总结在全国、省、市级刊物和各种学术研讨会上发表或交流，有40多人获省级以上各种奖励。学校教学秩序井然。学风良好，环境优美，已成为闻名遐迩的重点中学。曾荣获“省文明学校”、“全国五四红旗团委创建单位”、“省民主管理先进单位”、“省基层‘党建带团建’工作先进单位”等30多项省级表彰。

莆田县麟峰小学

法　人：黄庆华
地　址：莆田县城关
邮　编：351100
电　话：0594—2290203

该校为省级示范学校，创办于1909年，现有44个教学班，学生2143人，教职工107人。学校以创特色名牌学校为目标，以科学、规范、民主的现代管理手段，深化教育改革，使教学与科研并重，课内与课外结合，时刻以学生发展为本，为学生提供个性发展的空间，使学生在德、智、体、美、劳等方面都得以和谐主动的发展。学校以“重师德、讲奉献、勤钻研”的优良校风赢得社会各界的赞誉。近年来，学校先后荣获“全国少先队红旗大队”、“省第五、七届文明单位”、“省王丹萍教育基金奖”、“省优秀教改实验校”、“省、市、县体育先进单位”、“市科技先进集体”、“市育人有功学校”、“市十佳学校”等光荣称号。

仙游师范学校

法　人：郑金山
地　址：仙游县城关
邮　编：351200
电　话：0594—8292221

仙游师范学校创建于1902年，是一所办学历史悠久、办学成绩显著、富有光荣革命传统的学校。学校座落在木兰溪畔、仙游县城东北隅。校园面积46亩，建筑面积4万多平方米，在校学生1000多人，教职工160多人。具有中、高级职称的教师占总数的80%以上。学校拥有现代教学手段的多媒体教室、电脑室、语言实验室、微格教室和标准的琴房、舞蹈厅、书法美术训练馆。学校通过深化教育改革，不断提高办学质量，形成了仙游师范的办学特色。受过国家教委表彰奖励，连续3次被福建省委、省政府评为省级“文明学校”；校工会被中华全国总工会授予“全国模范职工之家”的称号。

三明高等专科学校

法　人：赵　峰
地　址：三明市
邮　编：365004
电　话：0598—8399217

三明高等专科学校由三明师范高等专科学校、三明职业大学、三明师范学校、三明市教师进修学院合并组建，于2000年6月12日经教育部批准成立，是福建省办学规模最大的多科性高等专科学校。2000年被评为福建省高校文明校园。全校占地面积724亩，教学仪器设备总值1870万元，藏书50.3万册。现有教职员工590人，其中专任教师305人，各类高级职称118人（教授7人）。设13个系（部），37个专业，在校生5230人。学校坚持“以德立校、教研强校、依法治校、艰苦建校”的办学方针，崇尚“厚德博学”的校训精神，立足三明，面向全省，培养基础教育师资和各类高等职业技术人才，开展中小学师资培训及各类成人教育，直接为地方经济建设和基础教育事业发展服务。

三明第一中学

法　人：吴锦裕
地　址：三明市
邮　编：365001
电　话：0598—8337573

三明一中创办于1945年，是著名数学家陈景润的母校、省首批办好的重点中学、一级达标学校。先后获全国“五讲四美、为人师表先进单位”、“绿化红旗单位”、“诗教先进单位”、省“文明单位”、“文明学校”等40多项省级以上殊荣。现有教职工151人，学生1500人。特级教师2人，高级教师52人，一级教师51人。3位市拔尖人才，1位享受政府特殊津贴专家，6位省级以上劳模，12位省优秀青年教师，22位市优秀青年教师。“提高整体素质，发展个性特长”成为三明一中的办学特色，实施“分层次教学”和“学年学分制”的改革。继林诚同学1991年获国际化学奥赛金牌之后，连乔同学1997年又勇夺国际物理奥赛金牌。在高中各学科奥赛中，学校共有20多位同学获国家级奖，7人进国家奥赛集训队，200多位同学获省级以上奖。

三明师范附属小学

法　人：袁景林
地　址：三明市
邮　编：365000
电　话：0598—8222418

三明师范附属小学创建于1963年。现有校园面积7809平方米，校舍面积6360平方米，图书2.5万册，有教职工64人，其中有中学高级教师4人，获得大专以上学历的34人，占全校教师的53%，有24个教学班，在校生1200多人。学校先后被授予全国学校艺术教育先进单位、全国“双有”活动先进集体、全国学雷锋活动先进集体、全国少先队红旗大队、全国交通安全小卫士先进集体、省文明学校、省示范小学、省少先队工作金奖学校、省优秀家长学校、省综合治理先进单位、省交通安全先进单位等荣誉称号，2000年被确认为全国现代教育技术实验校。目前，总投资130万元的现代教学网络系统——“三明师范附属小学校园网系统”已正式开通，实现了教学管理现代化、办公自动化。

建宁县第一中学

法　人：喻茂林
地　址：建宁县濉城镇青源巷1号
邮　编：354500
电　话：0598—3982010

建宁一中系“省二级达标学校”。校园位于县城西北角，与闻名遐迩的建宁西门百口荷塘毗邻，占地面积29304平方米，校舍建筑面积为22572平方米，环境优美，拥有“花园式学校”的美誉。现有38个教学班，教职工160人，学生2200多人。良好的硬、软件设施为创办一流学校创造了有利条件。建宁一中走过了60年历程。经过几代人努力，学校形成了“文明、团结、勤奋、严谨”的优良校风。近年来，先后被省委、省政府以及各部门评为“省文明学校”、“省绿化红旗单位”、“省综合治理先进单位”、“省基层民主管理先进单位”、“省推行《国家体育锻炼标准施行办法》先进单位”等称号，并被评为三明市“十佳职业道德先进集体”等荣誉。

将乐县实验小学

法　人：黄腾顺
地　址：将乐县城关
邮　编：353300
电　话：0598—2322267

将乐县实验小学始创于1903年，学校现有31个教学班，学生1738人，教师89人，其中特级教师1人，小学高级教师31人，大专学历教师32人。校园总面积19亩，建筑面积13135平方米，32间普通教室，10间专用教室，1间多媒体室，配有586电脑37台，藏书2万余册。学校坚持提高全体学生素质为目的、以创“一流水平，办特色学校，育合格人才”为办学目标，以“文明、勤奋、向上、创新”为学校精神，深入开展教育教学课题研究，育人成果丰硕。教师论文在国家级获奖，CN刊物发表的有28篇，师生书画摄影作品获国家级奖励的有260余幅，少先队获全国红旗大队、全国双有活动优秀组织奖。教师获国家、省、市表彰的有45人次，学校连续两届被授予省级文明学校。

沙县第五中学（原青纸中学）

法　人：吴登龙
地　址：沙县青州造纸厂
邮　编：365506
电　话：0598—5658657

沙县五中（原青纸中学）创办于1969年，1998年8月由原厂办中学改制为县教育局直属中学，现更名为沙县第五中学，现有教职工67名，其中高级职称10人，中级职称21人，配备有16个教学班，在校生700多人。校园环境优雅，学风浓厚，文体科技活动活跃，中、高考屡创佳绩。该校1993年被确认为“福建省三级达标中学”，1995年、1999年荣获“省文明学校”称号。学校10年来荣获了省、市“中学学籍管理”先进单位、省校园治安综合治理工作和省“体育卫生”先进单位，省“五无”学校，市德育工作先进单位和市“花园式”学校等荣誉称号。目前，在推进素质教育中，学校校长吴登龙，支部书记池永礼正带领全体教职工为培养适应新世纪需要的高素质人才而不懈努力。

建阳商业学校

法　人：陈建生
地　址：建阳市童游曼头山29号
邮　编：354200
电　话：0599—5622404

建阳商业学校创建于1979年，是一所贸经类全日制中等专业学校。校址座落在建阳新区，毗邻武夷山景区，交通便利，校园环境优美。学校占地面积150亩，建筑面积达3万多平方米。拥有计算机培训中心、闭路电视传输中心、多媒体电教室、语音室等现代化教学设施，生活设施完善。学校现设置财经类、商贸与旅游类，信息技术类等三大类15个专业，现有在校生1500多人、教职工106人、其中高中级职称人数占57%。学校坚持“面向现代化、面向世界、面向未来”的办学方针，树立先进的办学理念，全面实施素质教育。学校始终重视校园精神文明建设，强化学生德育工作。1996年以来，学校被省委、省政府授予第六届、第七届“文明单位称号”。2000年3月，学校被省政府确定为省部级重点中专学校。

连城县第一中学

法　人：黄修桂
地　址：连城县城关
邮　编：366400
电　话：0597—8922843

连城一中1914年创办，现为省重点中学，二级达标校。校园座落在连城城关东台山上，与国家4A级旅游风景区冠豸山相望，占地60958平方米，建筑面积30965平方米。在校生2373人，45个教学班，教职工201人，中高级职称占70%多。学校坚持“德育为首，教学为主，全面发展，质量第一”的办学宗旨，加快实施素质教育的步伐，在德育、教学、后勤、文体等方面取得可喜的工作实绩。以“强化教育、深化活动、优化环境”为中心内容的精神文明建设格局日臻完善，教学质量稳步提高。学科竞赛捷报频传，学校被省奥校授予“数学尖子摇篮”称号。还先后被省教委授予“先进教工之家”称号、被省委、省政府授予第七届省“文明学校”称号。近年来学校共获省、市、县荣誉称号55次。

漳平市实验小学

法　人：郭华阳
地　址：漳平市城关
邮　编：364400
电　话：0597—7532706

漳平市实验小学前身为城关二小，1958年命名为漳平实验小学。现有29个教学班，在校学生1800名，教职工91人。学校以教育为中心，深化改革，积极实验，德育、智育、体育等方面协调发展。自1987年以来连续7届荣获省文明单位称号。学校十分重视文明单位的建设工作，并把创建工作与各项工作有机地结合。突出创建与领导班子的自身建设结合起来；突出创建与教师的职业道德教育结合起来；突出创建与学生的“规范”训练结合起来；突出创建与提高教师教育、教学能力结合起来。创建工作推进了教育、教研、教改工作的全面发展。长期的办学实践，学校形成了“求实、创新、活泼、上进”的校风，树立了“社会满意、家长满意、学生满意”的办学观念。目前，学校加大力度改善办学条件，实施新的一轮规划。

上杭县实验小学

法　人：黎华兴
地　址：上杭县临江镇人民路108号
邮　编：364200
电　话：0597—3846590

上杭县实验小学，原名崇正小学，始办于1906年，1952年改为现名。校园占地12000平方米，现有30个教学班，学生近2000人，教职工83人。学校环境优美，现代化教学设施齐全，师资力量雄厚，长期坚持“全面提高学生素质”的办学宗旨，校风正、教风良，学风好，所培养的毕业生潜力大，后劲足，综合素质高，深受高一级学校的欢迎和社会各界的赞誉。1995年以来获福建省少先队工作金奖学校、福建省先进家长学校、少先队全国红旗大队等荣誉称号，被评为福建省示范小学，福建省第六、第七届文明学校。

宁德职业中专学校

法　人：左亦兵
地　址：宁德蕉城区闽东西路5号
邮　编：352100
电　话：0593—2951267

宁德职业中专学校的前身是宁德第十中学职高部，1991年独立设校，1993年升格为职业中专学校，2000年5月被教育部评为首批国家级重点职业学校。校园占地51亩，拥有教学楼、综合楼、教工宿舍楼、生活服务楼、田径场和一套完善的现代化教学设施。开设9类专业，在校生1988名，教职工165人，其中高级职称教师占25%，中级职称教师占50%。建校至今，共培养毕业生4000多名，就业率达95%以上。办学成绩得到李鹏委员长、田纪云副委员长等党和国家领导人的高度称赞。学校先后获得省级文明学校、省先进教工之家、地区先进基层党组织、市办学先进单位等多项荣誉。

宁德第一中学

法　人：郑建安
地　址：宁德蕉城区蕉城南路36号
邮　编：352100
电　话：0593—2822408

宁德第一中学，创办于1940年，现为省普通中学二级达标学校，省级文明学校。学校占地面积5.5万平方米，建筑面积3.2万平方米，绿化面积1.6万平方米。校园环境优美，各项教学设施完善；学校现有教职工167人，其中高级职称60人。学校以“团结、守纪、勤奋、进取”为校训，全面贯彻教育方针，全面推进素质教育。学校强化内部管理，有良好的校风、教风和学风，教育教学质量稳定，教研教改成绩斐然，德育工作和精神文明建设硕果累累，成为一所学生向往、社会公认、远近闻名的中学。

福安师范学校

法　人：陈伯清
地　址：福安市
邮　编：355019
电　话：0593—6368731

福安师范创办于1939年7月，是一所专门培养小学师资的中等专业学校。学校位于闽东中部的福安市境内，占地面积53.6亩，建筑面积26000平方米，教育总投资达3500万元。在校教职工117名，其中高级讲师21名，中级职称35名，专任教师93.5%达到本科学历。从创办至今为闽东输送了1万多名小学教师。学校紧密结合中师办学特点，坚持“团结、敬业、求实、创新”的校训，不断深化教育改革；在两个文明建设中，狠抓师生的思想道德教育和科学文化教育，加强“德正、学高、严谨、奉献”的教风和“勤学、求真、立志、成才”的学风建设，使学校办学水平和整体效益不断迈向新的台阶。该校相继获得省级先进基层党组织、省级文明学校、省级党政工“共建教工”之家先进单位、省级绿化红旗单位、全国部门造林绿化400佳单位、全国绿化先进集体等10多项荣誉称号。

霞浦第一中学

法　人：胡屏辉
地　址：霞浦县六一七路22号
邮　编：355100
电　话：0593—8888886

霞浦一中创办于1902年，近年来以迎接百年校庆为契机，深挖潜力，苦练“内功”，谱写出创建省文明校的篇章。胡屏辉校长带领班子在实践中摸索出一条“坚持方针重德育，全面发展强素质，立足基础抓能力，发扬传统创特色”的办学思路，建立起党政工一体的责任落实、职责明晰、量化评估、依章办学的教育管理体系。学校注重精神文明建设，建立“三位一体”的德育网络，以活动促成效；深化教育教学改革，构建“三大板块”课程体系，促进学生个性发展；加强教师岗位培训和师德师风教育，建设一支高素质的师资队伍；加大教科研力度，广泛运用现代教育方法和手段提高教学质量。如今，霞浦一中正大力推进素质教育，向着“向质量、现代化、有特色、示范性”的目标奋进。

先进工作者

包小亭　省邮政储汇局党委书记、副局长、高级政工师　自1992年任职以来，坚持求真务实、改革创新的工作方法，为企业两个文明的协调发展做出了积极的努力。作为企业精神文明建设工作的领导者，包小亭把创建“党建工作先进单位”与精神文明单位创建工作结合起来，不断改进和深化局内的创建工作，为企业的改革与发展保驾护航。包小亭还重视把培养一支高素质的职工队伍作为精神文明建设工作的重点，坚持以人为本，塑造自尊自信、自强自立、文明得体的储汇人形象。目前，福建省邮政储汇局已保持了两届省级文明单位的称号，企业的主要业务、技术指标也名列全国同行先进水平。包小亭同志也先后被评为福建省企业思想政治工作优秀工作者、福建省省直机关优秀党务工作者、福建省精神文明建设先进工作者，撰写的《服务中心　求真务实——关于精神文明建设如何服务于企业经济工作的思考》获得了全国邮电职工思想政治工作研究会优秀成果一等奖。

林良云　中共福州市仓山区区委副书记、区委政法委书记　在分管精神文明建设和政法工作中，能从“讲政治”和实践“三个代表”的高度出发，坚持以实效为标准，以群众利益为着眼点，努力实现政法工作与精神文明建设有机结合。仓山区先后荣获“全国先进文化区”、“省计生工作一类区”等先进称号，“两个文明”建设齐头并进、协调发展。以旧城改造建设为契机，积极稳妥推进文明安全小区建设和服务型社区建设，创建覆盖面达到85%以上。以城市化建设和新区开发为重点，推广仓山镇精神文明建设先进典型经验，强化分类指导，联动发展，广泛开展移风易俗和“百、千、万”农村精神文明创建活动，不断建成一批规划科学、环境整洁优美、科教文化发达、社会风气良好、社会安定稳定、农民生活殷实的社会主义新村镇。在行业，结合机关效能建设，突出“快速、热情、方便、高效、文明”的服务宗旨，规范行业行为，树立行业新风。涌现出14个全国和省市“青年文明号”单位。近年来，林良云先后被评为省精神文明建设先进工作者、市为基层上党课领导标兵、市创建全国卫生城市先进工作者。撰写的论文《学习“三个代表”重要思想，搞好宣传思想政治工作》选入市基层优质党课教案。

刘纪平　中共福清市委市政府接待办主任　男，籍贯福清，1956年6月出生，1974年6月参加工作，大专文化，1979年8月加入中国共产党，现任福清市政府办公室副主任、市委市政府接待办公室主任兼党支部书记。刘纪平同志在平凡岗位上干出不平凡的业绩，年年评为先进，受到领导和机关干部及群众的好评。刘纪平努力实践江总书记“三个代表”重要思想，在政治上日趋成熟，思想观念不断更新，行动上更加自觉贯彻执行党的路线，方针、政策，与党中央保持高度一致。能够发扬敬业精神，开创机关后勤服务工作新局面。具有“俯首甘为孺子牛”的精神。他是个勤俭持家的好红管家。并做到廉洁自律，一身正气。先后获福清县委县政府抗击台风先进个人、连续多年被福州市公安局评为管车先进个人、获福州市第24、25、27届劳动模范、五好文明家庭、福州市第八届精神文明建设积极分子和福建省精神文明先进个人。

张天金　中共连江县委副书记，县委宣传部部长　男，1949年6月4日出生，闽侯县人，大学文化，中共党员，历任教师，乡党委、县委秘书、县委报道组组长等；福州市政府办公厅副科长、科长、办公厅副主任、市政府副秘书长；现任中共连江县委副书记、县委宣传部部长（正处级），分管政法口、宣教口、秘书口工作。张天金同志思想解放，作风扎实，廉洁奉公，忠于职守，公道正派；有较强的决策能力、组织指挥能力和综合协调管理能力以及做群众工作的能力；对于连江的精神文明建设，思路明晰，点子多，能够突出重点，创建特色，取得了突出成绩。在张天金同志分管精神文明工作以来，连江县先后被授予全国体育工作先进县、全国文化工作先进县称号；通过了福州市创建省级二级达标县城评比；县委宣传部也先后被评为省、市宣传系统先进集体和多个单项先进。计生工作为省二类先进县；卫生初保达标、教育“两基”达标都通过省级验收。张天金个人被省政府系统评为先进个人3次，被省委、省政府授予全省精神文明建设先进工作者。

张秋明　连江县丹阳镇党委宣传委员　认真学习宣传贯彻党的十五大和十五届三中、四中、五中全会精神和上级党委部署，为提高精神文明建设的整体水平尽职尽责。先后荣获全县报刊发行先进个人、福州市双拥工作先进个人和福建省精神文明建设先进工作者荣誉称号，并有多篇论文获奖。在具体工作中，做到认真贯彻邓小平理论和努力实践“三个代表”重要思想。撰写的《致富思源感谢党、富而思进求发展》荣获全县优质党课评选二等奖，《努力提高新形势下农村思想政治工作水平》荣获党教论文评选第二名。在精神文明创建活动中，精心组织以“共防事故案件、共治内外环境、共建文明村镇、共育‘四有’新人”为主要内容的军警民“三方四共”活动；以“奔小康、建新村”为主要内容的文明村（居）创建活动；以“文明、安全、舒适、向上”为主要内容的军民共建文明安全小区活动；强化监督、狠抓管理，全力促进宣传思想工作和精神文明创建落到实处。模范履行党章规定的党员义务，带头执行党的各项方针、政策，不断探索和充实完善管理机制，积极引导、强化监督、狠抓管理、努力创建。一方面坚持严格按照年度计划开展宣传思想工作和精神文明创建活动；另一方面坚持常年开展“扫黄打非”斗争，坚持先进文化的前进方向，以努力做到社会效益和经济效益的统一协调。平时做到自觉抵制各种腐朽思想的侵蚀，始终坚持党性原则，敢于同各种不良现象作坚决斗争。能够关心群众、乐于奉献，大力发扬社会主义新风尚。

吴三八　福州市政府农业办公室主任　女，现任福州市农办主任、党委副书记；兼任市小康办、扶贫办主任。认真贯彻、执行中央及省市委的农村工作会议精神，默默奉献，真抓实干，团结和带领全办干部、职工高标准，严要求，积极抓好农业和农村经济的各项工作。确保完成市委、市政府每年下达的各项指标和任务，为福州市的两个文明建设作出了突出贡献。市农办先后被市委、市政府授予福州市第八届文明单位，推荐为福建省1998—1999年文明单位。她本人也连续几年分别授予“全省小康建设先进个人”、“福州市先进女领导”、“福州市年度工作先进个人”；1998年被评为省第三届“家庭美德”金榜奖；1999年被评为福州市“五好文明家庭”。吴三八同志注重政治理论学习，两年来，共撰写心得体会、调研论文10多篇。为农业和农村经济发展、农村致富奔小康，她经常深入贫困乡村，调研农业农村工作以及走访贫困户等。在繁忙的工作之余，不断刻苦学习科学技术和业务知识。认真学习现代管理知识、农业经济知识和世贸组织的有关知识，撰写了许多高质量的调研论文，在各种相关刊物上发表，其《脱贫与扶贫的探索》一文还获中国社科院经济研究所举办的“农村热点问题高级研讨会”优秀论文奖。她坚持“两手抓”、“两手都要硬”在抓好农业和农村经济工作的同时，始终不放松抓精神文明创建活动，重视计生、创安、“创卫”等项工作，确保各项工作达标。

黄以木　永泰县联运公司执行董事、总经理、党支部书记　男，1945年5月出生，中共党员，现任福建省永泰县联运公司执行董事兼党支部书记。他先后被评为福州市先进工作者，福建省“五一”劳动奖章，福建省精神文明建设先进工作者。他就任现职之时，企业亏损33万元，濒临破产，上任后，带领职工艰苦创业，开创了走一业为主，发展多种经营的路子，强化企业内部管理，狠抓安全宣传教育工作，落实企业的精神文明建设工作，以服务承诺制为切入口，公开向社会推出《永泰县联运公司十项服务承诺条款》、《客运站服务承诺标准》，并积极地开展“三优三化”活动，不断地健全和完善了客、货运输管理服务体系。在企业中牢固树立了全心全意为旅客、车主服务的思想，促进了企业的发展和经验效益的提高，彻底扭转了亏损的局面。2000年公司主营收入556.55万元；企业的净资产增值为289万元，比1988年的41.8万元增值690%；年输送旅客达57.5万人次，分别比1988年增加410%和350%，货物联送达35万吨。公司连续四届被中共福州市委、市政府授予“文明单位”；两个年度被福州市人民政府授予“重合同、守信用”单位，使企业成为永泰县工交企业税利大户。

吕金山　中共同安区委常委、宣传部长、高级政工师　男，1946年出生，厦门市同安人，北京大学历史系毕业。现任厦门市同安区区委常委，宣传部部长兼区文明办主任。吕金山长期在基层工作。有较丰富的基层工作经验和一定的经济管理和思想政治工作能力，被有关部门评、聘为经济师和高级政工师。在各级报刊杂志上发表了一批政治性和经济管理类的著作。代表作有《评价历史是非切忌感情用事》、《坚决刹住乱摊成本的歪风》等。1993年调到同安区委宣传部后，同安城乡，特别是农村的精神文明建设有了明显进步。并为同安区跨入全国文化先进区行列作出贡献。先后获福建省党委宣传部先进工作者，福建省精神文明建设先进工作者。在理论探索上也取得进展，并在中央级和省、市级报刊杂志和书籍上发表一些独著或合著文章。

陈笃社　厦门同安工商局局长　男，1949年10月出生，现任厦门市工商局同安分局局长，中共厦门市工商局同安分局党总支副书记。陈笃社认真学习马列主义、毛泽东思想，邓小平理论，不断钻研工商行政管理业务。勤政廉政，锐意开拓，坚持“两手抓，两手都要硬”的方针，以“创文明机关、当人民公仆”，“优质服务，优良作风，优美环境”为目标，积极开展机关的两个文明建设。努力抓好队伍政治思想与职业道德教育，努力实践“三个代表”，大力加强机关效能建设，党风廉政建设，推行政务服务承诺制，积极培育市场主体，实施下岗再就业工程，发挥工商行政管理职能，打假维权为促进地方经济建设服务。几年来，分局先后开展“创全区无假冒伪劣商品活动”，“百城万店无假货活动”，“打假维权消费者满意街”等一系列讲文明树新风活动。1985年来，分局被授予区市，省级文明单位称号，“省工商系统文明执法先进单位”，“厦门市打假先进单位”，厦门市“三五”普法先进单位，区社会治安综合治理，计划生育工作先进单位，区先进基层党组织，第六届省级文明单位称号。陈笃社同志被授予省工商行政管理系统先进工作者，省工商系统行风建设先进个人，省精神文明建设先进工作者。

沈松波　中共厦门市直属机关工作委员会常务副书记　1996年初调入厦门市直机关党工委工作，先后任副书记、常务副书记，分管市直机关的精神文明建设等工作。几年来，努力探索市直机关精神文明建设的新路子，1997年底机关党工委被市委、市政府授予“文明系统”，2000年被省委、省政府评为省级文明单位，他被评为全省精神文明建设先进工作者。近几年来，组织举办了专职党务干部学习《邓小平党的建设理论学习纲要》和《建设有中国特色社会主义若干理论问题学习纲要》培训班先后培训230人次，举办了处级干部学习《纲要》培训班培训了1360人，还举办了邓小平理论知识竞赛和“两条例、一规定”知识竞赛等，推动了理论武装工作的扎实开展。为了使机关精神文明建设走向规范化、制度化，他根据省、市有关规定和市直机关的实际情况，组织制定了《厦门市直属机关文明单位标准》、《厦门市直属机关文明单位考核细则》、《厦门市直属机关文明单位建设管理实施细则》等文件，并认真组织检查落实。针对检查中发现的档案资料不规范、不齐全、不完整等问题，他又组织制定了《关于规范精神文明建设档案资料的意见》，并在市国税局召开了规范精神文明建设档案资料现场会，现在市直机关精神文明建设管理已步入规范化轨道。1997年提出开展“月评十件实事”活动，每月在基层报送的实事材料中，评出最突出的10件实事，年终在全年120件实事中评出最优秀的10件实事进行表彰，通过这项活动，有力地促进了机关精神文明建设。在市直机关开展的“创文明机关，做人民公仆”活动中，针对市直机关当时存在的“门难进、脸难看、话难听、事难办”等四难现象，他提出了以解决文明言行、办公环境、服务态度和办事效率四个方面存在的突出问题为主要内容，通过思想发动，明察暗访、现场观摩、检查评比等方式，把创文明机关活动引向深入，使市直机关的精神面貌发生了明显的变化。

陈定华　厦门嵩屿电厂党委书记　陈定

华同志，现任嵩屿电厂党委书记。陈定华坚持党委工作到位不越位的原则，对班子提出“同舟共济、加强纪律、励精图治、再创佳绩”的要求，积极支持厂长工作，使领导班子成为：“工作目标明确，有凝聚力、战斗力，工作业绩突出，整体功能发挥好，职工信任、满意”的好班子。紧紧围绕创一流电厂目标，有效地开展党建工作。先后制定了党委工作和基层党支部工作的40多项规章制度，使党建工作步入规范化、制度化的轨道。4年中连续二次被厦门市经发委评为先进党组织和先进纪检组织。不断探索思想政治工作新方法，建立了“思想教育、制度约束、奖惩激励”三位一体的思想政治工作机制，形成了党政工团齐抓共管的工作格局。积极开展企业文化建设和青年文明号等群众性创建活动，培育出“务实高效、追求卓越”嵩电精神和铸造了“创新、奉献、争优”嵩电人形象。军民共建硕果累累，成为福建省军民共建社会主义精神文明先进单位和双拥先进单位。企业迈入福建省和国家电力公司文明单位行列。

苏峰　厦新电子有限公司工会主席　热爱并熟悉党群、党务工作，具有较强的事业心和责任感，在贯彻上级党组织布置的各项工作中都能够圆满完成。在组织发展党员工作和积极分子队伍工作中成绩显著。把丰富职工精神文化生活放在重要地位来抓。大力开展企业两个文明建设活动，组织职工献血活动、为灾区捐款、捐物，开展公益事业，企业两个文明建设成绩显著，精神文明建设工作也取得了丰硕的成果，公司先后多年被评为市级、省级文明单位；他本人被公司党委评为优秀共产党员。苏峰把党的工作和工会工作有机的结合起来，能积极关心职工的疾苦，倾听职工的意见，维护职工的合法权利，落实工会的维权职能，使公司内部形成了一个良好的劳资关系；同时围绕企业的实际情况，开展各种形式的思想政治工作和企业的精神文明教育，多次受到市总工会和省电子系统的表彰。1999年被厦门市总工会授予优秀工会积极分子。组织开展“创安”活动，落实各项制度，做到安全工作层层落实，责任到人；同时抓好职工的队伍的消防安全教育、生产安全教育、法制教育、外来人口计生教育等等，使企业的财产安全、职工的人身安全得到了有力的保障。在省、市安全工作检查中深受好评。

黄乙毅　漳州市国税局团总支书记　男，大学文化，中共党员，1963年出生，1983年从地方大学中文系毕业后投笔从戎，任野战师秘书、陆军中心医院正营职协理员，1997年转业后在漳州市国家税务局人事教育科工作。黄乙毅组织协调全市国税系统的创建文明单位活动，有22个单位被市委、市府评为第七届文明单位，有11个单位被省委、省府评为第七届文明单位，表彰数为历届最多，市局首次跻身省级文明单位行列；组织协调开展“创文明行业、建满意窗口”活动，有2个省级示范窗口、16个市级示范窗口，有8个单位被市委、市府评为满意服务先进单位，国税系统首次被市委、市府评为“文明系统”；组织协调创建“青年文明号”活动，有市级青年文明号41个，有省级青年文明号6个，在历次创建组委会组织的年度复查中，国税系统的优秀率居全市各行业之首，个人被评为全省创建青年文明号活动先进工作者；认真履行党支部组织委员和团总支书记职责，市局团总支被评为“十佳红旗团总支”，个人被评为优秀党务工作者；撰写的思想政治工作研讨论文被省国税局评为一等奖；转业以来，参加公务员年度考核连续三年被评为优秀。

刘瑞明　漳州市龙文区国税局局长　男，1953年9月出生，中共党员，大专毕业。原为漳州军分区党委常委、后勤部部长（上校），1995年10月转业到漳州市国税局，任助理调研员兼龙文区国税局局长。该同志坚持四项基本原则，坚持改革开放，政治上始终同党中央保持高度一致，在本职岗位上坚决贯彻落实党的路线、方针、政策。工作兢兢业业、无私无畏、坚持原则，紧紧围绕“依法治税、从严治队”培养出一支爱岗敬业、艰苦创业、开拓进取、无私奉献的国税队伍。在他的带领下，新区国税局连续4年都提前超额完成各项税收任务，区局连续两届被市、区两级政府评为“文明单位”。他本人也先后被市委、区委两级授予“精神文明建设先进工作者”；被区委分别授予“优秀共产党员”和“优秀党务工作者”；2000年被漳州市委、政府评为“劳动模范”、被省委、省政府评为“精神文明建设先进工作者”。

张赞河　云霄县农村信用联社主任　男，1957年10月出生，汉族，云霄县人，大专文化，1979年10月参加工作，1996年起，任云霄县农村信用联社党委书记、主任。他以改革为动力、以服务“三农”为宗旨，不断强化内部管理，建立和完善科学的内部经营运作机制。规范贷款投向，坚持发放小额贷款，为千家万户的农民脱贫致富搭上“金桥”，促进信贷质量年年提高，经济效益显著，实现社社盈余，取得两个文明建设双丰收。全县实现储蓄存款通存通兑，各项业务以翻番速度增长。截至2000年底，各项存款已达到2.933亿元，各项贷款达1.926亿元，信贷质量名列全县金融机构及全市农信系统的前茅，为当地的经济发展作出了积极的贡献，受到县委、县政府和省、市农金体改办的赞扬和社会各界的好评，先后被市委、市政府授予文明单位称号，被县委、县政府授予文明行业、服务农业工作先进单位、服务个私经济发展先进单位等称号。

苏清良　泉州市洛江区审计局局长　男，汉族，46岁，仙游县人，大学文化，审计师。1996年10月从部队副团职岗位上转业，1998年5月担任泉州市洛江区审计局党支部书记、局长。该同志能够按照江泽民总书记提出的“坚持原则、把握全局、团结同志、加强修养”四句话要求，身先士卒、带领全局干部职工认真贯彻依法审计、服务大局、围绕中心、突出重点、求真务实的审计方针，抓好审计工作。3年来，共完成审计项目（单位）137个，为计划数的260%，审计核减基建投资1740万元（相当于2000年度区级财政收入的35.8%），查出违纪违规金额1182万元，处罚上缴财政92.3万元，应归还原资金渠道59.8万元。使审计工作在严肃财经纪律、打假治乱、规范经济行为，促进该地区社会经济健康发展发挥了积极的作用。由于成绩显著，该单位1999年被区委评为“先进基层党组织”。苏清良也被省委、省政府授予“全省第七届精神文明建设先进工作者”，连续两年被区政府评为优秀公务员。

李丽月　中共石狮市凤里街道党委书记　女，1957年11月出生，石狮人，1988年6月入党，1981年8月参加工作，大学文化程度，现任中共石狮市凤里街道委员会书记。结合凤里街道的实际情况，坚持“两手抓、两手都要硬”的方针，围绕上级党委、政府各时期的精神文明建设目标，亲自抓、负总责，狠抓精神文明建设，深化创建活动，强化思想教育，优化服务功能，净化社会风气。定期召集召开街道精神文明建设指导委员会全体成员会议，探索解决新时期精神文明建设的新情况、新问题的办法。扎实深入开展学习宣传邓小平理论、党的十五大、“三个代表”重要思想的教育活动，开拓性地开展“爱岗、敬业、奉献”和“读有益书、做文明人”活动，强化社会公德、职业道德、家庭美德等“三德”教育，能够树立“稳定压倒一切”的意识，正确处理改革、发展与稳定三者的关系，在全街道范围内开展“六提倡、六反对”的移风易俗活动和“文化家庭”、“双十佳”的评比活动，在全市引起强烈反响，受到社会各界的好评，《农民日报》、《泉州晚报》等报刊均作了详细报道。同时，结合中心工作，开展形式多样的文体活动，如征兵灯谜展猜、支持北京申奥登山比赛等，丰富群众业余生活，为全面提高市民素质形成文明健康的社会风尚发挥积极作用。在她的带领下，街道经济、计生、科教文卫、综合治理等经济社会各项事业协调全面发展，两个文明建设取得显著成效。街道先后获得第二批全国城市体育先进社区、泉州市文明单位、石狮市先进基层党委等荣誉称号。

周志望　南安市地税局局长　南安市人，1963年2月出生，大学文化，中共党员，现任南安市地方税务局局长。先后获1998～1999年度精神文明建设先进工作者、2000年度两个文明建设先进个人荣誉称号。在文明创建活动中，他把抓好精神文明建设作为抓好干部队伍建设，确保完成地税收入任务的切入口，根据南安市地税工作实际，提出了文明创建的整体思路、主要措施与奋斗目标，不断完善文明创建的领导机制、管理机制、导向机制、监督机制、投入机制、奖惩机制，推行服务承诺、一次性告知等制度、开展集中报、稽核、咨询于一体的一条龙办税优质服务，达到了服务道德、服务语言、服务态度、服务仪表、服务效率的5个规范，在社会中树立了良好的形象。南安地税局在被省委、省政府连续两届（第五、六届）评为文明单位、1998、1999年度先后荣膺全国“人民满意的公务员集体”、全国“五一劳动奖状”、省先进基层党组织的基础上，又被评为第七届省级文明单位，该局所属的溪美分局、水头分局、征收分局也分别被评为第七届省级文明单位，溪美分局荣获全国税务系统文明单位、征收分局荣获全国城镇妇女“巾帼文明示范岗”。

王劲松　南安市文明办副主任　1968年8月出生，大专文化。在创卫工作中表现突出，先后被评为泉州市爱卫先进工作者、南安市优秀党务工作者、南安市创卫先进工作者和福建省1998～1999年度精神文明建设先进工作者。王劲松忠于职守，积极协助领导负责抓好创卫办的日常事务工作，加强工作制度建设，充分调动同志们的工作积极性。通过创卫有线专栏、简讯、文件、督办件、开展专项整治等形式，加强了创卫工作宣传、组织、协调、指导、督查工作，促进南安城区创卫工作有计划、有步骤，扎实地开展。他经常深入城区开展调研工作，向领导提出：“理顺环卫体制”、加强“城区配套设施队伍建设”、“开展创卫专项整治”、“调整城区居委会区域、完善管理体制”、“推行单位和领导挂钩城区创卫工作制”等意见和建议，被领导采纳对推动城区创卫工作起到积极的作用。他主动放弃了200多个双休日和节假日的休息时间，经常利用晚上等休息时间深入城区角落了解情况，把存在问题及时反映，并得到妥善处理。两年多，共处理250多条群众反映的意见和问题。南安市城区创卫工作通过了省级卫生城市的达标验收，并获省一级达标文明城市称号。

许旭明　南安市计生委主任　南安市人，1960年出生，大学本科学历，中共党员。2000年被评为泉州市劳动模范、福建省精神文明建设先进工作者。该同志曾在南安眉山乡任党委书记期间，发动群众，争取资金，修建了通往山外、村村相通的水泥路36公里，并建成有线电视网络、程控电话和移动站，使山区经济社会发生了根本性变化。1998年，调任市计生委主任后针对全市人口基数大、计生工作起步晚、外流人口多情况，提出“实现一个目标、坚持三个立足、做到五个强化”工作思路，被市领导采纳实施。全市计生工作水平明显提高，2000年计生率达99.19%，比1998年提高17.11个百分点，同时计生宣传、非法抱养治理、流动人口管理、微机管理、计生“三结合”等工作富有特色，成效显著。两个计生文艺节目代表省晋京参加全国计生文艺节目调演分获金、银奖和第八届中华人口文化奖。许旭明注重机关的勤政廉政建设，提出“勤政廉政加公正，求真务实抓落实”，率先在全国计生系统推行“首问责任制”，并以身作则，树立了计生工作新形象，计生委行风评议满意率达99.2%，分别被评为南安市两个文明建设先进单位和福建省文明单位。许旭明同志的爱人也被南安市评为“十佳廉内助”。

黄彻成　中共安溪县委文明办主任　注重理论学习，有坚定理想信念，工作生活中做到廉洁自律，勤政为民。他立足县情，草拟的“十五”精神文明建设工作规划和考评机制，推进了精神文明建设。工作中他善于培养典型，有探索创新精神。

陈桂生　泉州市建设委员会副主任、系统党委书记　男，1952年10月出生，大学本科学历，1968年入伍，历任战士、班长、排长、连长、正营级参谋、参谋长、团长、师参谋长、副师长。现任泉州市建设委员会副主任（正处级）、系统党委书记，分管系统党务工作、精神文明建设、城市管理、城建档案等工作。陈桂生转业到地方工作后，继续发扬和保持部队的好传统、好作风，勤奋敬业，深入基层，工作扎实，率先垂范，卓有成效地抓好所分管的工作。自1997年以来，泉州市建委先后被建设部评为第二届精神文明建设先进单位、“三五”普法依法治理先进单位，福建省精神文明建设先进单位，建设部泉州市创建全国卫生城市先进单位、城市管理年活动先进单位、依法治市先进单位。陈桂生同志先后被评为全国建设系统精神文明建设先进工作者、福建省精神文明建设先进个人、福建省关心下一代工作先进工作者、泉州市社会治安综合治理先进个人。

王水坤　泉州市工商局局长、党组书记　主持开展的以“属地管辖、定期回访、打保结合、综合监管”为原则的基层监管模式改革取得成功，并在西安“全国工商系统基层建设工作会议”会上作经验介绍；福建省工商局还召集全省各地（市）、县（市、区）工商局长在泉州开现场会并观摩晋江、石狮市工商局改革基层监管模式的做法。王水坤任人唯贤、知人善任；他经历过13年的军旅生涯，铸就了一身铮铮铁骨，无私无畏。在他的领导下，泉州市工商事业得到了长足的发展，各项工作也得到上级有关部门的充分肯定。2000年度，泉州市工商局被国家人事部、国家工商总局评为“全国工商行政管理系统先进集体”，鲤城中区工商所被国家工商总局评为“全国工商系统先进工商所”，晋江、石狮市工商局各有一位同志被评为“全国优秀工商行政管理人员”；同时，全系统有9个单位被评为省级文明单位、18个单位被评为市级文明单位、78个单位被评为县（市）级文明单位，全系统再度进入泉州市“创文明行业、建满意窗口”行列。王水坤局长也被省委、省政府评为“精神文明建设先进工作者”和省工商局授予“全省工商行政管理系统精神文明建设先进工作者”等光荣称号。

朱学盛　泉州市公安局交警支队政委　朱学盛按照“抓班子带队伍、抓党建促队建、抓教育打基础、抓载体推工作、抓典型出精品”的工作思路，与支队长并肩作战，团结支队一班人。坚持政治建警，科技强警、依法管警、从优待警。牢记并实践全心全意为人民服务的宗旨，在维护稳定，打击车匪路霸、道路治安、交通管理、抢险救灾，服务群众等工作中，树立了新时期人民交通警察的良好形象，朱学盛注意学习，用正确理论武装头脑。积极参加各级党校理论培训班，撰写“加强基层组织建设，夯实党建基础工程”等论文。注意讲政治，用上级指示精神统一班子行动。都能注意从特定的政治背景思考问题，准确地理解党的路线、方针、政策，始终与以江泽民同志为核心的党中央保持高度一致。注意自身修养，保持一身正气。注意不断修正自己的世界观，树立正确人生观、价值观。重视自身的廉洁从政教育。该同志始终做到“三个坚持”：坚持调查研究，走群众路线；坚持顾大局；坚持实事求是，敢于开展批评和自我批评。该同志6次被泉州市公安局评为优秀党员和优秀党务工作者；1次被市直党工委评为优秀党务工作者；1次被市政法委评为优秀党务工作者；1次被市委市政府评为精神文明优秀组织者；1次被省委、省政府评为精神文明先进个人。

张建才　永春县公安局局长　自1996年12月调任泉州市局巡警直属大队大队长后，被民警誉为舍小家顾大家、锐意进取的“领头雁”。2000年6月，到山城永春县担任公安局局长，又因务实创新、扎实肯干被桔乡人民誉为“人民的好局长”。张建才同志对事业执着追求，对工作认真负责，以队为家，全身心地投入到工作中。刚到大队时，恰逢年近80高龄的老父亲患病住院开刀，都没能抽空到医院探望。他严于律己，以身作则地带好队伍。模范遵守法律法规和队里的规章制度，依法办案，不徇私情。经常参加一线战斗，鼓舞士气。张建才时刻不忘“讲学习、讲政治、讲正气”，精心组织好民警的政治学习，加强对民警的宗旨、职业道德的教育，使广大民警政治立场坚定，爱岗敬业，做到严格执法、热情服务，践行全心全意为人民服务的宗旨观念。定期组织召开民警思想动态分析会，经常与民警促膝畅谈，及时掌握思想动态，关心民警生活。还富有创新、开拓精神，探索公安工作新路子，推出了“醒酒室”、“施救一条龙”、“夜间报警点”、“女子巡警队”、“综合办证大厅”、“机关民警参加夜间巡逻”等爱民新举措，深受省、市、县领导的高度赞誉。尤其是建立“醒酒室”的做法，深受海内外的关注和好评。在他的带领下，组建不到两年的巡警直属大队各项工作开展得富有成效，赢得社会各界的广泛赞誉，先后荣获福建省文明单位、福建省首届“创文明行业，建满意窗口”竞赛活动先进单位、全省政法系统学习漳州“110”先进集体、全省公安系统“双学”先进集体、福建省优秀科所队等荣誉称号，并荣立集体二等功、集体三等功各1次。他本人在部队期间就荣立过三等功5次、嘉奖多次；到地方工作后，先后被评为福建省“五一奖章”、全省政法系统学习漳州“110”先进个人、第七届福建省精神文明建设先进个人、优秀党务工作者等荣誉称号，并荣立个人三等功二次。

林德荣　中共莆田市委市直机关工委常务副书记　自1996年从部队转业地方工作以来，以邓小平理论为指导，认真贯彻党的十五大精神，紧紧围绕市委市政府的中心工作，坚持“两手抓，两手都要硬”的方针，狠抓党的十四届六中全会《决议》的贯彻落实，组织市机关深入开展群众性的精神文明创建活动。在担任市建委副主任期间，分管精神文明建设，在他的精心组织协调下，使建委系统精神文明建设有组织、有领导、有计划地开展起来，取得了明显的成效。有6个单位被评为市级精神文明先进单位，改变了建委系统没有精神文明先进单位的落后面貌。他调任市直机关党工委常务副书记，兼任市直机关文明委副主任，后尽职尽责，把精神文明建设和党建工作作为统一的奋斗目标，一起部署，一起落实，一起检查，积极推进市直机关精神文明建设，开创了机关精神文明建设新局面。尤其是在创建省一级达标文明城市和创建省级卫生城市活动中，认真履行职责，对市机关办公秩序、环境卫生、卫生设施、绿化美化等进行全面整治；他经常加班加点，甚至节假日都没有休息，深入市直机关各单位检查、督促抓落实，发现问题及时协调解决。在创建文明、卫生城市活动中，成绩突出，受到市领导和机关干部职工的好评。同时其家庭被评为五好文明家庭。

傅冬阳　莆田市土地管理局局长　男，1962年出生，仙游县人，大学毕业。在任中共莆田市城厢区委副书记时，分管精神文明建设工作，始终强化“两手抓、两手都要硬”的意识，在深入调查研究，正确分析区情的基础上，创造性地开展工作，大胆提出“增文明形象、促经济发展”的思路，确定了“争创省级卫生、文明城市”的奋斗目标。在“争创”过程中，对每一个活动，每一项内容，都精心组织，周密安排，有的放矢。坚持以人为本，注重从宣传发动入手，应用大量的宣传阵地、媒体，广泛宣传创建的重要性，及时部署任务，要求各部门各司其职，营造了人人参与创建的浓厚氛围。注重从检查督促上下苦功，经常冒酷暑、顶风雨，穿小街、走狭巷检查工作，自己有时还积极挥锄提帚，参与清理卫生，以实际行动带动、感染身边的人们。注重虚功实做，结合建国50周年，组织开展大型踩街、文艺晚会等系列庆祝活动，结合文明安全小区创建，多次深入基层作讲座，规范市民“十不”行为，提高文明素质。选择典型经验，全面推广铺开，共同促进、提高。2000年上半年，组织在全省内首家进行的清理整顿相命、占卦等封建迷信活动，由于工作布置及时，落实到位，取得了显著成效。城厢区被省委、省政府评为第七届一级达标文明城区，2000年初被评为省级卫生城市。全区被评为省级文明单位的有8个，文明校2个，文明安全小区1个，创“文明行业建满意窗口”1个。自己也于2000年3月份被省委、省政府评为第七届精神文明建设先进个人。

吴田华　莆田市湄洲岛国家旅游度假区工委副书记、管委会主任　男，仙游县人，1949年2月出生，1969年4月参加工作，1980年11月入党，学历大专，经济师。现任中共湄洲岛国家旅度假区工委副书记、管委会主任。坚持“两手抓，两手都要硬”，围绕创建全国文明旅游风景区和“4A”景区目标，切实抓好精神文明建设工作。一是抓规划决策。提出“以弘扬妈祖文化为龙头，以优化旅游环境为载体，以机关单位学校形象为窗口，以提高岛民素质为基础”的精神文明建设思路，指导全区文明创建工作。二是抓组织部署。经常研究部署工作。在弘扬妈祖文化上，注重加快妈祖文化遗产保护工程建设，完善祖庙管理，加强妈祖文化研究，开展系列文明活动。在营造旅游环境上，加强对景区、交通、经营、治安、文化市场，岛容岛貌的管理整治。在机关单位学校形象建设上，积极推行政务、校务等公开，加强机关效能和行业职业道德建设，提高服务水平。在岛民素质提高上，通过宣传、教育和培训，开展群众喜闻乐见的各种活动，丰富文化生活。三是抓督查落实。经常下乡调研，检查督促，健全机制，确保工作落到实处。2000年他被评为全省精神文明建设先进工作者，湄洲岛也被评为省级文明旅游风景区示范点。

王林　仙游县卫生局局长　男，汉族，仙游县榜头镇人。1955年10月出生，中央党校函授学校本科班党政管理专业毕业，小学高级教师职称。系莆田市党建学会理事，莆田市第三次党代会代表，《湄洲论坛》、《湄洲日报》通讯员，中国历史唯物主义特约研究员，1997年7月被莆田市委评为优秀党务工作者，2000年12月被福建省委、省政府评为精神文明建设先进个人。自1985年就开始从事宣传、组织工作，任过县委组织部副部长、宣传部副部长兼文明办主任等职务。1998年成功地筹备全省第八届精神文明建设联谊会，受到各级领导及与会同志的好评，2000年组织创建省级卫生县城活动通过省里验收，县首次获省爱卫会命名“城区无鼠害先进单位”及“省级卫生县城”的光荣称号。

魏炽芬　中共三明市三元区委副书记、政法委书记　作为分管精神文明建设工作的副书记，能认真学习、宣传、贯彻党的十四届六中全会和党的十五大精神，用邓小平理论武装头脑，坚持两手抓、两手都要硬的方针，围绕经济建设中心，把精神文明建设摆在突出的位置。在精神文明创建活动中，围绕创“四城”（文明城、卫生城、园林城、双拥模范城），深化创建文明城区、文明行业、文明村镇三大创建活动，在党政机关组织开展了“创文明机关（科室），做人民满意公务员”活动；在行业组织开展了以“敬业、创优、树形象”为载体的“六讲六比”满意杯竞赛活动；在农村组织开展了以“七讲七比”为主要内容的文明村镇创建“明星杯”竞赛活动等。培育西际村、乌龙村进入全省100个文明村“精品”行列。至1999年底，全区创建文明安全小区（村）61个，省级文明单位（村镇、学校）22个，市级文明单位（村镇、学校）49个，区级文明单位218个，省、市级示范窗口19个，树立了如王源楠、林先雄、郭毅强等一批全国、全省的先进人物。各项创建工作在全市名列前茅。同时狠抓文明市民教育。围绕培育“四有”新人，把“巩固阵地、强化教育、提高素质”作为根本任务，利用“四栏三室两校”思想文化宣传阵地，从机关、社会、学校、社区和农村5个层面开展文明市（村）民教育，组织开展“共建美好家园，树立文明新风”为主题的活动，倡导“六提倡、六反对”，推进农村移风易俗，深化道德建设，形成良好社风、民风。组织和实施了城乡建设管理的“绿、安、美、亮、净”、“治安五个防范”、农村精神文明建设“抓五办六”等系列工程，促进城乡设施建设日趋完善，城乡绿化美化上新台阶，投资环境不断优化，物业管理逐步完善。积极开展“美在庭院”活动，全区建成“花园式”单位24个。芙蓉、东霞文明安全小区被命名为省级示范小区（其中芙蓉小区被列为省级100个高标准的小区之一）。魏炽芳做到严格遵守中共及省、市、区委的各项规定，认真执行党风廉政建设责任制，严以律己，保持了领导干部的良好形象。多次被市、区委授予优秀党员称号，两次记三等功，多次受嘉奖，并先后被评为全省综合治理先进个人和“严打”斗争先进个人。

潘瑞烺 福建省青山纸业股份有限公司党委工作部主任 潘瑞烺政治思想过硬，坚持实事求是原则，有较高的理论水平和丰富实践经验，扎实做好党委各项日常工作和企业精神文明建设，曾荣获省轻工思想政治工作研究会优秀干部、县优秀党员、十佳文明市民标兵等荣誉称号。由他多次组织修订的《精神文明考核条例和实施细则》，有效地推动了公司精神文明建设、他组织做好环境的整治工作，为职工创造了良好的生产、生活环境。也为企业树立了新形象。他积极倡导和组织开展职工学文化、学技术、岗位练兵、技术比武等活动为企业员工文明素质的提高做出积极的贡献。他还经常协助公司党政领导组织开展了多项大型系列活动，为营造良好的企业文化氛围付出了辛勤的劳动。

吴长树 中共尤溪县洋中镇党委书记 1999年1月调任中共尤溪县洋中镇委员会书记，在工作中，认真贯彻执行党的路线、方针、政策，坚持以邓小平理论和江总书记“三个代表”重要思想为指导，积极带领全镇广大党员、干部和全镇人民求真务实，奋力拼搏，开拓进取。在抓经济建设中，以农为本，进行产业结构大调整，实施农业产业化和个私经济两大战略，构筑种养两大龙头，形成高优农业和特色农业两大区域经济，建立茶果、食用菌、小径竹、烟叶、蔬菜、畜、禽和特种养殖等八大生产基地。2000年全镇社会总产值达到39374万元，粮食总产量达25564吨，实现镇财政收入630万元，农民人均纯收入达3490元。在抓精神文明建设时坚持把精神文明建设列入镇党委的重要议事日程，切实做到两个文明建设一起抓。注重抓好硬件建设，筹资600多万元，建设镇区自来水厂、柏油路、农贸市场、街心公园、中学科技楼、卫生院及其他基础设施。组建“家园共建理事会”，发挥老党员、老干部、老前辈的作用，开展“三德”教育，共建社会文明；发动社会捐资120多万元，投建各村的公益事业，共建美好家园，成立“流动技术学校”办班培训，为群众解决生产中的技术问题，提高群众的科技素质。同时抓好党的建设，围绕“六好”抓好党委自身建设。有效地推出并扎实开展好“我在农家”活动，宣传党的路线、方针、政策，帮助老百姓解决生产、生活中的实际困难和问题，转变工作作风，密切党群干群关系，推动农村经济的发展。

吴长贵 中共邵武市委宣传部副部长、文明办主任 1954年8月出生，1970年12月入伍，1976年3月入党，毕业于华东政法学院法律专业和中共福建省委党校党政管理本科专业，现任中共邵武市委宣传部副部长兼市委文明办主任。入伍以来，先后担任31军某部通讯班长，邵武县公安局派出所副指导员，市委组织部干部科副科长，市纪委常委和市水北镇镇长等职。吴长贵在省内外报刊、杂志发表调研报告、理论文章150多篇，为市委、市政府主要领导指导撰写工作报告、总结及经验材料50多万字；有较高的政策水平和较强的组织领导能力；能根据实际情况执行党的十一届三中全会以来的路线、方针、政策，认真实践、身体力行江总书记“三个代表”重要思想，工作能抓住重点，宏观管理和创新能力强。对全市精神文明建设事业发展有独到见解。具体负责组织、协调、指导、督查、落实创文明城市、文明单位、文明行业及文明社区建设等项工作。为全市多届连续荣获全省创建文明城市竞赛一级达标城市，乃至最终获得全省创文明城市竞赛一级达标城市第一名作出了杰出贡献；为邵武市荣获全国卫生城市、全国社会治安综合治理先进市作出了突出贡献。他先后二十几次被省、地、市委、政府授予优秀共产党员、先进工作者和精神文明建设先进个人荣誉称号。

刘晓植 中共建阳市委文明办创建科副科长 从事精神文明建设工作17年来，能认真学习马列主义、毛泽东思想、邓小平理论和江总书记关于社会主义精神文明建设的重要论述，认真贯彻执行党的路线、方针和政策，坚持“两手抓、两手都要硬”及精神文明重在建设的方针，在思想上政治上同党中央保持一致。能刻苦钻研业务知识，不断提高自己的业务水平和工作能力。能坚持以经济建设为中心，在工作上认真负责，积极肯干，兢兢业业，任劳任怨，从不计较个人得失，服从组织安排、保质保量地完成组织交给的各项工作任务。能坚持理论联系实际和实事求是的工作作风，经常深入实际、深入基层调查研究，指导群众性创建活动，为基层排忧解难、解决实际问题。及时认真地总结和推广各类先进的创建经验和做法。能坚持原则、严于律己、作风正派、组织纪律性强，能团结同志、平易近人、联系群众，起模范带头作用。

郑学青 政和县建设委员会主任科员 1949年8月出生在闽北山区政和县，1969年11月参加工作，他参过军，历任乡镇人武部干事、副部长、部长，乡镇党委副书记，县人武部办公室副主任、县土局副局长、县建委副主任等职务，现任政和县建委主任科员。他与建委党政班子一道先后组织完成暗桥新区、南庄梨坂小区、城区路网结构调整等规划，有力地指导了城市建设管理。积极参与旧城改造建设，通过多方筹资，拓宽改造了城区主次干道1.13万米，水泥硬化面积15.8万平方米。改造城区供水主管疲乏1万多米，使供水普及率达98%。新改建水冲式公厕14座，开通了城区公共交通。累计拆迁旧房6.4万平方米，规划新建14万平方米，投资总额达7100多万元。他身体力行地为群众排忧解难，有效地解决了群众议论最多的行路难、吃水难、上厕难、乘车难的“四难”问题，处处以一个共产党员的标准严格要求自己，身先士卒，忘我工作，长期带病坚持战斗在城市建设第一线，得到上级党委、政府的充分肯定，先后被县委、政府评为抗洪救灾积极分子，荣获市委、政府抗洪救灾先进工作者，被省委、政府授予精神文明建设先进工作者称号。

章彬银 中共龙岩市新罗区委副书记兼宣传部长 为促进全区精神文明建设上水平获“一级达标城区”称号做出积极贡献。对市委、市政府、区委、区政府部署的精神文明建设各项工作任务，始终坚持市区一体、齐抓共管的原则；对文明城市、卫生城市等检查评比，认真负责，一件一件抓落实；在旧城改造中，能够妥善处理各方关系，维护群众利益，推动了工作顺利进行；在全区农村开展“向不文明行为告别”活动，组织专项督查，开设电视专栏、设立《考评台》进行舆论监督。组织龙津河整治工作着重抓养猪业污染治理，使龙津河治理工作走上正常化轨道，目前水质已达四类水标准。在抓精神文明建设中，他还善于培育典型，全区先后涌现出“全国十大杰出职工”饶才富，全国精神文明创建先进单位西安村、区农行、120急救中心等全国先进典型。他还组织28个省市级文明单位与革命基点村开展共建，帮助基点村发展经济，完善文化设施，改善村容村貌，转变思想观念，探索出了一条具有老区特色的精神文明建设新路子。

钟冬桂 中共永定县委副书记、县政协主席 在工作中，认真贯彻执行党的“两手抓，两手硬”的战略方针，按照“虚功实做，软件硬抓，重在建设、注重实效”的思路，认真组织群众开展文明县城、文明村镇、文明行业、文明单位、文明安全片区的创建活动，精神文明建设取得了显著成绩。永定县城连续13年保持了“省精神文明建设先进县城”的称号，连续8年保持了“省级卫生红旗县城”的称号。经常组织精神文明建设职能部门，深入基层，调查研究，把现代文明意识的教育和培养寓于形式多样的活动中。组织开展了“爱我永定、建我家乡、美我家园”以及以“党风带民风、政德带三德、行业带社会”为主体的“公仆杯”、“公正杯”、“满意杯”、“十星杯”竞赛等活动。注重提高城市的总体功能，以规划为龙头，以“新亮绿净优”为突破，重抓精神文明的硬件设施建设。加强卫生硬件设施建设和推行袋装垃圾，实行全日制保洁等措施，突出治“脏”、治“乱”，开展创“文明安全片区”、“创文明机关，做人民公仆”、“创文明行业，建满意窗口”、“创文明街路”等活动，带动了文明县城创建活动的全面开展。农村精神文明建设方面，以重抓“十星级文明户”为突破口，以户为单位，以点带面，取得了明显成效，涌现出龙潭镇上寨村、下洋镇霞村等省、市样板文明村。农村群众的文明意识有很大提高。

刘银河　龙岩市公安局副局长　1986年从部队转业到龙岩市（县级市）纪委工作后，历任龙岩市纪委常委、副书记、319国道副总指挥、政法委副书记。1995年至今任龙岩地区公安处副处长（97年地改市后为正处级副局长）。2000年兼任龙岩市公安局机关党委书记，积极协助局长抓好各项工作。他高度重视党建工作、思想政治工作和精神文明建设，做到两手抓、两手都硬。坚持“抓班子、带队伍、促工作、保平安”的工作思路，积极带领全体公安民警励精图治、奋力拼搏，为闽西公安工作、公安队伍建设和精神文明建设上台阶上水平作出了贡献。龙岩市公安局领导抓队伍促工作的工作，在省公安厅的考评中，多次获得9地市优胜单位。他自己被省委、省政府授予1998～2000年度福建省第七届精神文明建设先进工作者。刘银河同志在具体工作中，他敢抓敢管，有强烈的事业心和责任感。清正廉洁，他心系人民群众，真情奉献公安事业。以一个共产党员的无私的品德，为闽西公安队伍建设和精神文明建设做了大量的工作。他率先垂范，以身作则。经常深入他所分管的政工、交警、森林、警卫等工作第一线，了解情况，解决问题，调动广大一线民警创造性地做好各项工作，并取得显著的成绩。到目前，龙岩市公安局交警支队和7个县（市）公安局交警大队分别被市人大常委会和7个县（市）人大常委会授予“人民满意交警队”称号。被龙岩市委、市政府授予先进个人。

江生尧　中国人民银行龙岩市中心支行党委书记、行长　多年来，他带领全市人行系统员工始终坚持“两手抓，两手都要硬”的方针，在认真履行中央银行职责，加强金融监管，改善金融服务，有效促进地方经济快速健康发展的同时，把精神文明建设作为“一把手”工程来抓，以辖区各级行“一把手”为组长，分级成立精神文明建设领导小组，制定精神文明建设规划，签订《精神文明建设责任书》，列入全辖各级行和各科室“一把手”政绩考核内容，与全系统的业务工作同布置、同检查、同考核。他积极探索新形势下精神文明建设的新路子、新方法，致力于抓好班子建设，树央行领导形象；抓好队伍建设，促员工素质提高；抓好制度建设，促作风转变；并把握工作生命主线，注重从抓好思想政治工作入手，精神文明建设取得显著成效，6个县（市）支行分别被评为市级和省级文明单位，2000年他也被省委省政府授予全省第七届精神文明建设先进工作者光荣称号。

陈国新　龙岩市燃料总公司党支部书记　在开展社会主义精神文明建设中，充分发挥党组织的政治核心作用，始终坚持“两手抓、两手都要硬”的方针，紧紧围绕企业的稳定、改革和发展，深入开展群众性创建精神文明活动。始终把两个文明建设有机地结合起来，共同协调发展，不断增强了精神文明建设的实效。他重视调动各级各部门的积极主动性，实行两个文明一起抓的“双岗制”，促进了一级抓一级，层层负责抓落实。他认真组织制定和实施精神文明建设规划、计划，充分发挥市民学校作用，广泛开展岗位学雷锋，行业树新风和争创文明科室、班组、楼院以及十星级文明家庭、文明职工活动，深入开展创文明安全小区、警民共建等活动。经常亲自上课辅导，开展专题讲座，组织知识竞赛，并结合工作实际撰写论文，多次在研讨会上获奖。积极鼓励支持职工参加业余自学、组织岗位练兵、继续教育等，努力提高职工的科学文化和专业知识水平。多年来，总公司职工思想稳定，文明素质得到不断提高，无发生治安案件，没人参加“法轮功”和违反计划生育，生产经营连续保持盈利，总公司连续两届被评为省级文明单位，陈国新同志1999年被评为新罗区文明市民标兵，2000年被福建省委、省政府评为精神文明建设先进工作者。

张小华　古田县副县长　女，1947年出生，籍贯福建省古田县，大学本科毕业，副主任医师。福建省九届人大代表。1994年至今任古田县人民政府副县长，分管计生、科技及文化、教育、卫生、广电、方志和体育等工作。张小华牢记为人民服务的宗旨，虽然不是中共党员但坚定共产主义理想信念，以共产党员的标准严格要求自己，讲学习、讲政治、讲正气，自觉执行党的路线方针政策，不断提高政治理论水平和思想素质涵养。她做到忠于职守，爱岗敬业，能以“俯首甘为孺子牛”、“小车不倒只管推”等先进模范人物的格言来激励自己；以“做人民公仆”、“为人民服务”的标准来要求自己，能以身作则，勤政廉政，并以勤奋踏实，积极肯干，任劳任怨，艰苦拼搏，吃苦在前不计报酬的工作作风，带动部门基层干群一起奋斗，所分管的工作都取得好成绩。文化、体育能继续保持全国先进县荣誉，2000年又获全国广播电视先进县称号，教育质量多年位居全市前茅，初级卫生保健、农村合作医疗、义务献血、创建省级卫生县城和精神文明县城等工作都走在全市前列并取得显著实效。张小华获福建省侨务先进工作者、福建省精神文明先进工作者荣誉等。

王正芳　霞浦县宣传部副部长、县文明办主任　1951年5月出生，原名王用忠，霞浦人。1972年2月加入中国共产党。该同志当过兵做过共青团工作，在乡镇任过职。在乡镇主持人大工作期间，坚持为人民群众办实事，受到当地群众的普遍赞扬，被宁德地委、行署表彰为“新村杯”建设先进工作者。1996年9月调任县委宣传部副部长、县委文明办主任的工作期间，认真贯彻落实省地精神文明建设工作会议精神，为霞浦县实施《九五精神文明建设规划》努力工作，被宁德地委、行署表彰为精神文明建设先进工作者，2000年被省委省政府表彰为福建省1998～1999年度精神文明建设先进工作者。在抓精神文明建设工作中，先后制定出台，霞浦县贯彻福建省各级领导班子精神文明建设工作目标工作机制考评原则的《实施意见》、《文明单位监督管理工作细则》、《关于加强文明安全片区创建工作的意见》、《创建文明乡镇竞赛评比方案》、《乡镇精神文明工作量化考评方案》等等，促进各级党政班子“两手抓，两手硬”；建立健全精神文明工作的网络，全县14乡镇和县直各部门都成立了精神文明工作领导小组，配齐配强了办事机构和专职干部。坚持以提高全区文明素质和县城文明程度为目标，创办霞浦县市区文明教育总校和14乡镇的分校，开展《市民文明公约》、《城区十不准行为规范》、“全民素质教育系列工程”的宣传教育活动，创建活动“抓机关树形象，抓窗口树新风，抓评议促行风、抓竞赛上水平”，推动了精神文明建设整体水平的提高。实施“新绿亮洁”五大工程的的建设。动员多方力量，加强城区环境综合整治，重点实施净化工程、路网工程、形象工程、夜景工程、绿化工程等五大工程建设，在洁上见成效、在绿上得拓展，突出特色，全面提高城市规划和建设水平。

编审：甘文应　责校：郑棻

省级社会团体

（选 介）

福建省华侨历史学会

法　人：张　琰
地　址：福州市鼓屏路192号10层
邮　编：350003
电　话：0591—7804654

该会是以研究福建华侨史的专家、学者及侨务工作者为主组成的学术团体。其宗旨是研究华侨华人的历史及现状，进一步促进本省与海外的友好往来，为国家改革开放和四化建设服务，为经济建设和社会发展服务。该会成立于1984年2月，已换届3次，现有会员118人。学会成立至今，先后联合举办过6次大型国际学术讨论会，对华侨出国史、华侨华人经济的发展和现状等诸多问题，进行了相当广泛的探讨，主要有：1991年10月同南洋研究院及东南亚学会共同举办“东南亚政治、经济、华人状况80年代回顾和90年代展望”学术研讨会；1994年与东南亚学会联合召开多次座谈会，审定了一批高质量、高水平的以“东南亚华人经济及企业集团”为主旨的论文，参加在香港大学举行的“世界华侨华人国际研讨会”；1996年同中国华侨史学会、香港世界华人研究会、厦门大学联合举办了国际学术讨论会。学会已编辑出版了8辑内部刊物《华侨历史论丛》，正式出版了《东南亚华人企业集团研究》专著、《改革开放与福建华侨华人》论著，推动和赞助会员出版了《当代华侨社团研究》、《陈嘉庚文集》、《印度尼西亚华侨史》等专著、论著10余册，此外还参与了省地方法的《华侨法》的编印出版工作。学会成立以来先后与法国、澳大利亚、日本、加拿大、丹麦、新加坡等国家以及台湾、香港等地区的有关华侨华人的研究学者进行过交流，学会会员还走出国门与国际学术界进行广泛接触和交流，受到海内外学者的好评。2000年，史学会参加省社科联开展的第四次评选先进学会活动，被评为先进学会。

福建省台湾研究会

法　人：严　正
地　址：福州市五四北路323号
　　　　安华苑5层
邮　编：350003
电　话：0591—7822174

该会于1988年2月成立。目前有会员200多人。该会宗旨是联系组织全省研究台湾问题的理论工作者和实际工作者，推动台湾问题的研究，开展境内外学术交流，为促进海峡两岸关系发展，最终实现祖国统一服务。自成立以来，该会积极组织会员开展有关学术研究与交流活动，承担了国家、省社科“八五”、“九五”重点课题“台湾问题综合研究”的多项课题；组织召开多次海峡两岸学者参加的学术研讨会，组织会员组团到台湾进行学术考察交流；出版了多本专著、专辑。

福建省闽台科技交流协会

法　人：罗　旋
地　址：福州市湖东路7号
邮　编：350003
电　话：0591—7547665

协会于1995年7月28日在福州成立，是由涉及闽台科技工作的部门、民间组织、企事业单位以及从事闽台科技交流与合作的人员自愿组成的联合性社会团体。

协会宗旨是组织开展闽台科学技术交流与合作，增进闽台各界人员的相互了解和友谊，促进两岸科技进步和经济繁荣，为祖国和平统一服务。遵守宪法、法律、法规和国家政策，遵守社会道德风尚。协会主要业务范围是组织开展闽台科技交流与合作领域的学术活动、软科学研究、组织协调两岸科技机构、团体和专家学者的互访，为闽台科技和经济的交流与合作提供信息咨询服务以及为闽台在科技产业领域的合作提供服务。该会成立7年来，先后多次组织福建省科技人员赴台交流考察，组织两岸学术研讨会，邀请台湾专家学者来闽交流访问，并根据两岸形势的走向举行专题座谈会，积极为闽台科技交流合作提供各项服务。

福建省闽台经济贸易协会

法　人：林昌丛
地　址：福州市六一北路92号
　　　　实发大厦13层
邮　编：350013
电　话：0591—7834437

该会1996年12月21日成立，宗旨是遵守宪法、法律、法规和国家政策，遵守社会道德风尚，积极开展闽台经贸交流活动，促进闽台的经济贸易合作不断发展，促进两岸经济繁荣、互利互惠。

该会自成立以来，积极组织开展闽台经贸双向交流活动，加强涉台经贸人士与部门间的联络、合作，开展对台经贸调研、培训、联谊等有关活动，与台湾经贸社团组织建立合作交流关系，组织经贸人士赴台进行考察访问，开展经贸合作，邀请台湾工商界人士到闽考察访问，为涉台管理部门提供咨询服务，为来闽开展经贸合作的台商提供咨询服务。

福建省国际友好联络会

法　人：任自瑜
地　址：福州市华林路97号8层
邮　编：350003
电　话：0591—7820149

该会成立于1998年10月，习近平、吴青田担任名誉会长。现有常务理事、理事120多人。联络会宗旨：努力推动福建的对外民间交往，加强本省与世界各个国家和地区的友好联络，增进人民之间的相互了解和友谊，开展经济、文化、教育、科技、体育和学术等方面的交流与合作，为促进福建的改革开放和经济建设作出贡献。友联会成立以来，先后组织多个经贸代表团赴美国、日本、朝鲜和汤加等国进行友好访问；参与接待汤加国王来厦门访问；邀请并接待汤加王国小公主两次来闽商务考察、朝鲜平壤学生艺术团来福州演出，以及美国前众议员来闽访问；组织部分会员参与西部大开发的经贸交流与合作。通过上述活动，进一步扩大福建的对外友好交往，并为本会员单位开展国内外的交流与合作提供新的渠道。

福建省海外妇女联谊会

法　人：林　琼
地　址：福州市华林163号
邮　编：350003
电　话：0591—7851945

该会成立于1993年9月，是由全省和港澳台、海外妇女知名人士自愿组成的联谊性组织。宗旨是高举爱国主义旗帜，密切与港澳台、海外妇女联系，增进彼此了解和友谊，为祖国繁荣和统一大业服务。

该会发挥福建独特地域人缘优势，广泛团结海内外妇女，大力宣传党的方针政策，宣传福建和福建妇女。配合省妇联接待港澳台和海外妇女53批556人次，提供信息60多条；引进外资4000多万美元；项目60多个，总投资额约4亿多美元；为妇儿事业捐款1200多万元。突出做好闽台妇女交流，配合省妇联组织了4批44名优秀妇女访台，邀请接待7批80余名台湾妇女访闽。与省妇联在福州成功举办“平等发展·携手同行——新世纪闽台港澳妇女论坛”及10多项系列活动，是福建有史以来闽港澳台知名女性最大的盛会。

福建省对外经济贸易学会

法　人：杨祖基
地　址：福州市五四路省外贸中心1208室
邮　编：350001
电　话：0591—7529909　7536127

该会成立于1981年7月，是福建省对外经济贸易系统企事业单位、科研机构和大专院校等研究对外经济贸易理论和实践问题的专家和从业人员自愿结成的学术性、非盈利性的社会组织。该学会以马列主义、毛泽东思想、邓小平理论为指导，坚持党的基本路线、改革开放总方针，团结和组织会员，开展学术交流，对有关理论与实践问题进行了研究探索。开展了对外经济贸易人才教育培训和咨询服务。加强与有关国内外学术团体、专家学者的联系交流，成功地组织了两届外经贸团组赴台湾进行交流与考察。为促进本省外向型经济发展做出了贡献。学会现任会长是中国（福建）对外贸易中心集团总裁杨祖基。

福建省对外经济技术合作协会

法　人：林心华
地　址：福州市华林路128号19层
邮　编：350003
电　话：0591—7804108

协会于1995年经福建省对外经济贸易委员会和省民政厅批准，1997年2月26日正式成立。现有会员单位75家，理事34名。该会宗旨：在国家和我省对外经济技术合作方针、政策指导下，维护国家利益，保护会员公司的利益，对会员公司进行指导、协调、服务，以促进福建对外经济技术合作事业的发展。在协会成立后即积极开展国际承包工程、劳务合作和海外投资等业务活动。除参加全国性的行业学术和业务研讨会外，积极举办6期急需的外经干部300余名，组织多次业务调研，形成专题向相关部门反馈会员单位意见，以获取支持力度。还编写会员单位急需了解的国内外重要信息55期，组织全省外派劳工培训中心统一编写适合几十个国家和地区的教材和试卷。此外还完成大量会员单位委托办理的服务工作。

福建省对外经济贸易教育协会

法　人：张　梁
地　址：福州市华林路128号17层
邮　编：350003
电　话：0591—7515185　7535538

该会是对外经贸管理部门、涉外企业以及相关院校在涉外经济人才培养上协作进行理论研究与实践探索的社团组织。成立于1995年。其业务主管单位为福建省对外贸易经济合作厅。该协会以促进福建省对外经贸人员素质的提高为宗旨，通过学术讨论、咨询研究、交流培训等活动，为全省外经贸事业的发展服务。协会成立以来，建立了与省内外及国外诸多教育机构的联系，协助外经贸管理部门开展专业培训，普及WTO知识，推进国际贸易高等自学考试，参与组织赴国外的专业培训，进行外经贸教育相关专题研讨，在促进福建省对外经贸行业队伍素质提高上发挥了有益的作用。

福建省教育国际交流协会

法　人：郭荣辉
地　址：福州市鼓屏路162号
邮　编：350003
电　话：0591—7091274

该会于1989年1月成立，原名为“中国教育国际交流协会福建分会”，1991年5月正式更改为现名。协会成立以来，充分发挥其民间社团组织的灵活性，根据其宗旨及业务范围，积极开展民间教育国际合作与交流。协会先后与英国、美国、日本、澳大利亚、菲律宾等10多个国家的200多个教育组织及机构建立了友好往来的联系，开展了许多实质性的交流活动，获得了良好的社会效益，在国内外享有较高的声誉。

福建省外商投资企业协会

法　人：陈祖武
地　址：福州市华林路128号16层
邮　编：350003
电　话：0591—7844039

该会成立于1988年9月，是由经国家和福建省各级政府批准后设立在福建省境内的中外合资经营企业、中外合作经营企业、外商独资经营企业、外商投资股份制企业和从事外商投资服务工作的机构和科研单位、以及经核准设立的外商在福建省境内从事投资企业的代表机构、有关社会人士自愿结成的行业性、非营利性的社会团体，其宗旨：以会员为基础、服务为根本。13年来，充分发挥自身对外联系广、紧密团结一批热心牵线搭桥投资者，主动配合政府和有关部门开展招商引资工作；广泛开展调查研究，了解会员企业遇到新问题，及时向政府有关部门反馈；认真受理企业投诉，为会员企业排忧解难，维护会员企业合法权益；努力做好投资咨询和有关政策法规及业务、WTO培训，提供各类商品信息，组织反倾销应诉服务工作；积极组织和参加展览拓销活动，帮助企业开拓市场；表彰先进，宣传典型，充分发挥示范效应，推动三资企业健康发展。

福建省老区建设促进会

法　人：伍洪祥
地　址：福州市五四路263号古田村12号楼
邮　编：350003
电　话：0591—7825750

该会于1994年1月正式成立。是由关心老区建设的离退休干部、老将军、老专家和有关社会人士组成的，是具有法人资格的社会团体。其宗旨是全心全意为老区人民服务。成立以来，通过调研，建言献策，在促进老区建设中发挥了不可替代的参谋和助手作用。通过着力宣传本省老区“又红又穷”的特色，增强了干群的老区意识，全省上下出现了重视、关心、支持老区建设的大好局面；贯彻党和政府扶贫开发政策，促进国家“八七扶贫攻关计划”的落实；协助省委、省政府实现老区行政村“五通”任务基本完成；促进有关部门和社会各界力量，加大科教扶持力度；推动政府多次提高革命“五老”生活定补标准。发挥老同志政治优势，拾遗补缺，牵线搭桥，为老区“两个文明”建设筹措资金，办了不少实事好事。

本会理事67人，其中常务理事28人。正、副会长16人。

福建省开发区协会

法　人：张　健
地　址：福州市华林路76号
邮　编：350003
电　话：0591—7802516

该会于1996年8月经省人民政府批准依法成立，现有会员58个，是一个由国家级和省级各类开发区自愿联合组成的社会团体。协会以坚持邓小平建设有中国特色的社会主义理论为指针，根据国家和省对开发区发展的方针、政策及有关规定，结合本省实际，深入研究开发区发展中的问题和对策，推动开发区扩大外引内联和体制创新，加快开发区建设和发展，努力把福建各类开发区建设成为改革开放的窗口、试验田和经济发展的重要增长点，为促进福建经济建设作出贡献。协会及时反映会员的要求和愿望、维护会员的合法权益，为广大会员服务，努力成为开发区与政府部门之间联系的桥梁和纽带，为促进经济建设作出应有贡献。2000年省开发区协会在政策协调、解决问题、政策宣传、理论研究、学习交流、拓展视野、深入调研、出谋划策方面做了大量工作，协会还编辑出版了《开发区导报》，较好地发挥了桥梁和纽带作用。

福建省见义勇为基金会

法　人：边　圻
地　址：福州市华林路12号
邮　编：350003

该会成立于1994年9月13日，其宗旨是发扬中华民族见义勇为传统美德，倡导见义勇为精神，弘扬社会正气、维护社会治安、推进社会治安综合治理，促进社会主义精神文明建设，为全省社会主义现代化建设创造良好的社会环境。本着这一宗旨，积极协助人民政府表彰奖励见义勇为人员，大力宣传见义勇为的好人好事，努力推动我省见义勇为事业健康发展。

福建省科教扶贫基金会

法　人：肖　健
地　址：福州市华林路69号
邮　编：350003
电　话：0591—7816961

该基金会成立于1993年5月1日，是对国内外社会团体和其他组织以及个人自愿捐赠资金进行管理的民间非营利性组织，是社会团体法人。其宗旨：遵守中华人民共和国宪法、法规和政策；为促进我省贫困地区的教育、文化、科技、卫生等事业的发展服务。基金会成立以来，先后接受各种捐款245万元，利息收入投入贫困地区的扶贫资金近80万元。基金会的主要工作：一是资助省农大到24个贫困村开展科技示范村活动；二是资助宁德市技校举办“宏志班”，为贫困地区培养土生土长的技术人才；三是力所能及地帮助贫困村小学解决饮水、改善办学条件等。

福建省儿童基金会

法　人：王美香
地　址：福州市华林路163号
邮　编：350003
电　话：0591—7830475

福建省儿童基金会成立于1981年，其宗旨是遵守国家法律、法规，遵守社会道德风尚；体现儿童是祖国的未来，民族的希望，体现全社会树立“爱护儿童、教育儿童，为儿童做表率，为儿童办实事”的公民意识。为促进我省儿童事业的发展服务。20多年来，福建省儿童基金会为改善儿童的生存环境，提高儿童的生活质量，尤其为贫困地区儿童完成9年义务教育，作出了应有的贡献。至目前为止，共资助67个市、县（市），新建、改建、扩建儿童活动中心、儿童乐园、儿童图书馆、更新部分幼儿园大型游乐设备。在贫困山区、革命老区新建11所春蕾小学，8个春蕾女童班，结对资助2.3万名失辍学女童。

王丹萍科学技术奖金福建基金会

法　人：高诚龙
地　址：福州市湖东路宏利大厦公寓楼15D
邮　编：350003
电　话：0591—7817967

该会系海外爱国侨胞王良英先生独资设立，成立于1990年8月23日。旨在对在福建从事自然科学技术研究中有重大发明发现，对振兴福建经济和推动科学技术进步作出优异成绩的科技人员给予物质奖励。截止2000年，已颁奖11届，获奖科学家51人（54人次），其中中国科学院院士6人、中国工程院院士1人。已出版获奖者先进事迹的报告文学集《科技闽星谱》两集。基金还聘请陈明义、王良溁、金能筹、王汉杰、谢联辉、魏可镁等为高级顾问。

胡文虎基金会

法　人：林铭侃
地　址：福州市康山路9号
邮　编：350011
电　话：0591—7333870

胡文虎基金会是全国政协委员胡仙博士继承胡文虎先生遗志、于1993年10月在福州市创办的以兴办社会公益事业为宗旨的机构。基金由胡仙提供。基金会成立之初，即出资修复胡文虎纪念馆，并将其捐赠永定县政府。基金会先后在福建省永泰县、永安市、厦门市同安区、宁化县、连城县、上杭县、永定县、霞浦县，广东省梅县、澄海县、阳山县、封开县，江苏省扬州中学、泗洪县等14市县兴建了胡文虎小学1所、“胡文虎基金会教学大楼”12幢、乡间平房校舍26处，捐资总额1839万元。为此，1998年福建省人民政府特给予胡仙博士立碑表彰。

南安市芙蓉基金会

法　人：李兆生
地　址：南安市梅山镇
邮　编：362321
电　话：0595—6585155

该会是依照国务院《社会团体登记管理条例》的规定，经中国人民银行福建省分行核准并由南安市民政局办理登记注册，于1991年11月正式成立。1999年10月重新登记换证时改由省民政厅直接管理。该会旨在遵照海外侨亲、港澳台胞捐赠者的意愿兴办芙蓉侨乡的公益事业，促进南安梅山文化教育、医疗卫生及其他社会公益事业的发展。基金会成立以来，在星马实业家、慈善家李氏基金主席李成义先生昆仲和马来西亚社会活动家、基金会名誉理事长李成枫先生、李织霞女士、吴定基先生等的竭力支持下，建设光前学村等中专、中小学、幼儿园15所；建设泉州市光前医院，南安市李成智公众图书馆、南安市美术馆等，建筑总面积达15万平方米；购置先进的医疗设备、教学设备、颁发奖教助学金2000多万元；建造耕俦大桥、铺设乡镇公路、村路15公里；向老年人发放敬老金50多万元等一批公益建设，总投入的捐赠资金达1.5亿元。为南安两个文明建设和侨乡公益事业发展作出积极的贡献。

福海文教基金会

法　人：方炳桂
地　址：福州市道山路第一山7号
邮　编：350001
电　话：0591—7506068

该会由程法望等9位旅台乡亲投资创办的非营利社会公益团体。于1994年8月获准注册登记为法人社会团体。其宗旨：弘扬家乡文化、发展家乡教育、服务福州十邑。成立至今已兴建4所希望小学；修缮4所小学校舍；救助200余名失学儿童；奖励包括参加国际学科竞赛得奖者、高考名列各县市前茅等优秀贫困大学生。奖励小学优秀教师、教育新秀、杰出妇女、优秀地方文艺工作者。资助具有乡土文化的作家出版28本专著，市社科联等召开林则徐学术研讨会等20多场。付出资金300万元以上，受惠者2000余人。

运盛（福建）青年基金会

法　人：郑永钦
地　址：福州市湖东路7号
邮　编：350003
电　话：0591—7854504

该会是由运盛（中国）投资集团陈泽盛先生向福建省科学技术协会捐资300万元人民币创办的非营利性的法人社团。旨在通过定期颁发“运盛青年科技奖”，对在福建从事自然科学研究有重大发明、发现，特别是对振兴福建省经济和推动科技进步做出突出贡献的青年科技工作者给予物资奖励，以激励福建青年科技工作者的积极性和创造性，为“四化”建设作出更大的贡献。运盛青年基金会自1993年5月成立以来，已成功地举办了7届颁奖活动，共有70名优秀青年科技工作者获得“运盛奖”，在社会上产生了积极影响。

厦门市教育基金会

法　人：庄亨浩
地　址：厦门励志路5号3层
邮　编：361003
电　话：0592—2038483

该会成立于1988年9月。旨在发动社会力量和境外人士为教育筹募基金，开展奖教奖学助教助学活动，弘扬陈嘉庚倾资兴学尊师重教传统美德，推动社会关心和支持教育，促进教育事业的改革和发展。已设立专项基金20多个，拥有基金3100多万，资产4000多万。12年来使用增值部分奖助教师29798人次，奖助学生9829人次，奖助金额共1222.132万元。此外还开展教师“园丁之家”活动；资助学术团体开展研究交流活动；开展对外及海峡两岸教育交流，组织赴港澳台及东南亚等地参观考察，定期接待台湾地区教师来访团体。教育基金会实行理事会制，现任理事80多名。

厦门市妇女发展基金会

法　人：戴丽芳
地　址：厦门市百家村路45号
邮　编：361003
电　话：0592—2033992

该会由厦门市妇联发起，于1990年成立。宗旨：遵守国家宪法和法律、法规；向社会筹集资金，通过开展各种活动，动员组织全市妇女积极参与特区两个文明建设，关心社会各界处于困难的女性和儿童，团结广大妇女为促进全市妇女事业发展共同努力。

基金会成立以来，为“中华女子学院”和市妇女活动中心的建立筹集资金；支援灾区妇女重建家园；资助特困妇女和家庭，节假日慰问下岗特困女工及生活困难家庭；设立“扶贫基金”，扶助全市21个贫困村2000多户特困家庭；资助20多名在厦学习的特困女大学生等等。2000年在全国妇联“情系西部·共享母爱”资助西部建水窖活动中，为厦门市争得“爱心城市”的荣誉称号。

福建宏利基金会

法　人：酒玉琳
地　址：福州市杨桥东路118号2号楼21层
邮　编：350001
电　话：0591—7565378

该会于2000年3月正式成立。其宗旨是，遵守国家法律、法规，积极开展社会公益事业，支持科教兴国的国策。以其兴办企业实体的收益，用于捐助希望工程；奖励从事老干部服务工作的先进工作者；支持离退休干部开展有益身心健康的各项活动；支持高新科技项目的研究与开发。基金会筹备期间及正式成立以后，已在贫困地区捐资兴建希望小学2所、中学1所；资助一批农村贫困生上大学；赞助老干部活动经费；以及出资支持福州大学开展新科技项目的研究开发，均已取得良好的效果。

福建省劳动模范协会

法　人：谢华安
地　址：福州市琴亭路33号
邮　编：350003
电　话：0591—7725243

该会成立于1993年9月，宗旨是：弘扬劳模精神，宣传劳模事迹，增强劳模之间的联系，开展自我管理，自我教育；发挥劳模在管理和技术等方面的专长和群体优势，为两个文明建设献计献策，开展为企业会诊、攻关、帮扶等活动；指导、协调地市劳模协会开展工作。协会成立以来，以“深化国有企业改革”、“帮助亏损企业扭亏增盈”、“加强精神文明建设”等为主题，开展各种形式的献计献策活动；编印《劳模通讯》64期，起到交流经验、互通信息、指导工作的作用。

福建省青年企业家协会

法　人：叶　龙
地　址：福州市东街花园里1号
邮　编：350001
电　话：0591—7510998

该会是全省性青年企业家的群众组织，是具有独立法人的社会团体，是由全省各条战线、各种所有制经济的企业界人士自愿结成、非营利性的社会组织。是中国青年企业家协会、省企业家协会的团体会员，是福建省青年组织联系青年企业的桥梁和纽带，是福建省最有影响协会之一。

自1985年成立以来，实行团体会员制和个人会员制，现有团体会员11个，个人会员650多名。多年来紧紧围绕省政府的工作中心，着眼经济建设大局，为青年企业家成长成才，发挥了积极作用。极力为青年企业家在企业转换经营机制、建立现代企业制度、提高企业经济效益等方面服务。同时，根据青年企业家在工作、学习、生活、娱乐等方面的实际需要，发挥青年企业家协会组织的优势，竭诚做好服务工作，大力开展评选表彰优秀青年企业家活动，为广大会员成长成才铺路搭桥。省青企协内设会员俱乐部、培训部、律师事务部、会计师事务部等机构。

福建省工人运动研究会

法　人：王少昆
地　址：福州市琴亭路33号
邮　编：350003
电　话：0591—7725242

该会于1988年6月1日成立，宗旨是以邓小平理论为指导，坚持四项基本原则，遵守宪法、法律、法规和国家政策，遵守社会道德风尚，为工会参政议政服务，为工会领导机关决策服务，为基层工会服务，为推进改革开放、经济建设和社会全面进步服务。研究会成立以来，致力于自身建设，下属13个分会。坚持每年出版一集《福建省工运理论政策研究文选》（已出版13集约300万字），每月编1期《福建工运》，每年坚持召开1次年会及多次小型研讨会。1994年和2000年两次被省社科界联合会评为“先进学会”。

福建省班组建设工作研究会

法　人：韩宝林
地　址：福州琴湖路33号18层1826室
邮　编：350003
电　话：0591—7724150

该会成立于1991年，是研究企业班组建设的学术性团体。该研究会吸收有一定班组建设理论研究基础的大中型企业为团体会员，现有单位会员45个。十多年来，研究会本着遵守国家法律法规、遵守社会道德风尚，以党的基本路线和邓小平理论为指导，遵循百花齐放、百家争鸣方针，实事求是，理论联系实际，探讨研究在社会主义市场经济条件下，企业班组建设工作如何继承传统和改革创新问题，开展企业间的经验交流等活动。通过研讨，先后已有50多篇研究成果在省级以上刊物发表。研究会还注重做好培训班组长、提供信息交流等服务。

福建省职工劳动保护技术协会

法　人：张枚藩
地　址：福州市琴亭路33号
邮　编：350003
电　话：0591—7723963—1821

该协会成立于1990年，为福建省总工会领导，由各行业从事和热心于劳动保护的专业人员，工程技术人员，能工巧匠自愿结合，开展劳动保护技术协作活动的科技群众团体。协会坚持“安全第一，预防为主，群防群治，”面向企业，为生产、为职工服务的宗旨，推广现代化安全生产管理和先进科技成果，开展劳动保护技术协作、技术攻关、技术咨询和合理化建议活动；开展劳动保技调研和培训，为提高企业安全管理水平，提高职工安全意识和安全操作技能服务。在全省开展了冲压设备安全防护技改试点和推广，企业安全评价和安全文化建设等工作。

福建省企业技术改造协会

法　人：薛全炼
地　址：福州市湖滨路110号
邮　编：350001
电　话：0591—7855554

该会于1993年8月成立，宗旨是以邓小平有中国特色社会主义理论为指导，坚持党的“一个中心、两个基本点”的基本路线。协助政府和经济管理部门搞好技改投资领域的管理，提高投资效益，为企业技术改造提供信息咨询、宣传舆论、政策研讨、经济交流等多种服务。发挥协会在企业与政府之间、企业与涉及技改工作的各有关单位之间的桥梁和纽带作用。为投资体制的深化改革配套服务，促进全省技术改造工作蓬勃、健康地向前发展。该会成立以来积极开展技改项目咨询、编制可行性研究报告，组织可行性报告论证审查工作。为企业技改工作提供信息、宣传、经济交流。进一步搞好《福建技改信息》编印和发行工作，及时传达国家和省的有关技术进步的方针政策，组织交流各部门、各地市、各企业推进技术进步的典型、好经验；协助经济主管部门和企业加强企业技术改造管理，接受委托搞好企业技改项目后评价工作；收集国内外有关经济信息资料，开展省内外企业发展趋势和市场动态的调查研究，向政策部门提供决策依据和开展对外经济技术交往组织材料；为技术改造工作服务，积极反映企业和有关部门对技改工作的建议和意见，保护企业合法权益和技术改造工作者的积极性。

福建省技术市场协会

法　人：王振生
地　址：福州市金鸡山路55号
邮　编：350011
电　话：0591—7314691

该会是由全省从事科技成果商品化、产业化管理与经营活动的单位与个人自愿组织成立的专业性社会团体，1994年12月成立。协会宗旨：认真贯彻“经济建设必须依靠科学技术，科学技术工作必须面向经济建设”的基本方针，推动技术贸易的发展，维护技术市场秩序。通过“技术开发、技术转让、技术咨询、技术服务、技术中介、技术培训、技术承包、技术入股”等形式，促进科技成果推广运用并尽快转化为现实生产力。

福建省职业技术教育学会

法　人：陈明非
地　址：福州庆城寺(福州十九中内)
邮　编：350001
电　话：0591—7605612

该会是以开展学校职业技术教育研究、探索其运行规律、推进福建职业技术教育改革与发展为宗旨的学术性、群众性的社会团体。于1992年11月10日在合并省职业教育研究会和普通中专教育研究会的基础上成立。学会成立以来，曾进行“以法治教”的研究，为有关部门草拟了《福建中等职业教育条例》，该条例于1994年11月经省人大常务委员会通过施行。比较了职教自身优势，对职教办学体制、结构调整、学校专业与课程设置、教学过程及质量评价作了全面探讨，推进了本省职教深化改革。学会还依据职教与经济建设的直接关系，着重研究其如何更好地与经济、科技的结合，举办论文评选活动计480多篇。论文中评选出有学术造诣的优秀论文近200篇，并汇编成《职业教育实践与思考》文集正式出版，为福建职教服务。

福建省电力职工教育研究会

法　人：林　野
地　址：福州市五四路264号
邮　编：350003
电　话：0591—7023204

该会是由全省电力教育工作者、热心电力教育事业的有关人士及学校、企事业单位等有关部门自愿组成的学术性社会团体，成立于1995年，有团体会员56个、个人会员826人，工作人员4人，主要任务是：组织学术研究；制定电力教育研究规划和课题研究计划，总结推广电力教育研究成果和经验，评选优秀论文，表彰电力教育研究工作的先进集体和个人；不定期编写印发刊物，开展信息交流活动；与相关的社团组织进行学术交流和组织各种形式的考察活动；举办电力教育干部研修班，培养研究骨干；为电力企业单位提供咨询和信息服务等。

福建省职工焊接技术协会

法　人：张　震
地　址：福州市六一中路115号
邮　编：350005
电　话：0591—3327748

该会1987年成立。协会宗旨：遵纪守法，坚持科学技术是第一生产力，组织会员，团结吸引广大职工开展多种形式的群众性科技活动，提高职工科技素质，推动企业科技进步，促进科技成果转化为生产力，发展社会主义市场经济。该协会主要面向社会进行焊接技术服务、咨询、培训等，创办了福州实创焊接技术开发有限公司，推广应用各种焊接新技术，并组织焊工比赛，选拔优秀焊工参加全国比赛，取得优异的成绩。

福建省二轻工业协会

法　人：郑礼阐
地　址：福州市五一北路31号
邮　编：350001
电　话：0591—7551196

该会成立于1985年，是全省二轻行业企事业单位、科技人员和有关专家、学者和领导自愿结合组成的行业性、学术性的社会团体。协会宗旨：坚持以邓小平理论为指导，围绕建立社会主义市场经济体制的需要，坚持实事求是的科学态度，遵纪守法。贯彻百花齐放、百家争鸣的方针，组织和团结会员，积极开展活动。以协调服务为手段，实现自主协调的行业管理，围绕国民经济的中心工作，推动企业质量管理，提高行业工业设计水平，培养人才，推动行业科技进步，促进企业产品质量、品种、效益的不断提高。

福建省印刷技术协会

法　人：武元敏
地　址：福州市东水路76号
邮　编：350001
电　话：0591—7534792

该会成立于1985年5月。是全省印刷行业的企事业单位和印刷科技工作者及与印刷相关的单位，自愿结成的专业性社会团体。协会接受福建省科学技术协会、福建省民政厅的业务指导和监督管理。挂靠单位为福建省新闻出版局。该协会宗旨是：广泛团结全省印刷科技、管理工作者，密切联系印刷行业，传播推广印刷新技术，普及印刷科技知识，开展印刷技术、管理交流、研讨和技术咨询、培训等活动。以促进本省印刷行业的技术进步，为印刷工业化服务。

协会设置科技教育工作、书报刊印刷专业和包装印刷专业3个委员会。

福建省包装装潢印刷行业协会

法　人：黄东升
地　址：福州市省府路1号
　　　　金皇大厦12层
邮　编：350001
电　话：0591—7534824

该会成立于1993年3月，由包装印刷行业（含装潢印刷、复合软包装、印铁制罐、纸制品等）的企事业单位、社会法人以及相关的设备器材、教育科研等单位自愿结合组成的具有法人资格的非营利性经济类社团组织，业务主管部门为福建省经贸委经济社团联合会。

协会以改革、开拓和创新的精神，不断探索适应社会主义市场经济条件下行业协会工作的路子，积极为政府、行业和企业服务，主动配合政府部门搞好许可证的发放工作，制定行规行约，加强自律管理，重视质量工作，推动技术进步，努力为行业健康有序发展做贡献。

福建省包装技术协会

法　人：王良璋
地　址：福州西洪路181号1座
　　　　21层
邮　编：350025
电　话：0591—3782678

该会于1983年4月2日成立，定编5人，为全额拨款的事业单位。协会立足双向服务，为政府提供规划及政策意见，在质量、标准、环保、守法及资质审核等方面接受行政委托配合相关部门对行业规范；为企业在技术、管理、市场、价格等方面提供咨询、协调、培训、交流等服务。

福建省造纸学会

法　人：张道沛
地　址：福州市六一北路204号
邮　编：350013
电　话：0591—7577134

该会1981年成立，是福建省造纸科技工作者的群众性学术团体、是福建省造纸工程师之家，是福建省科协的组成部份，是一个独立法人的省级学会。现有团体会员单位约83个，个人会员1005人。该学会有41名理事，理事会下设6个专业委员会（学术、技术咨询、编辑出版、科普教育、纸史研究、对外联络。）学会出版《福建造纸》（季刊）、《纸史研究》（半年刊），《福建造纸》至今已出版70期；《纸史研究》已出版16期。多年来为福建造纸企业提供各种技术服务，并多次获奖，1998年还在国内首次组团到台湾省考察造纸业，多次举办海峡两岸学术交流。

福建省造纸行业协会

法　人：黄国英
地　址：福州市府路1号11座3层
邮　编：350001
电　话：0591—7527664

福建省造纸行业协会成立于1995年7月12日。协会宗旨是宣传贯彻政府的行业政策和技术政策，加强有关单位之间联系协调，通过加强行业管理和推动科技进步来促进福建省造纸行业的发展，为振兴福建省造纸工业服务。该协会成立6年来，协助政府制定福建省“九五”和“十五”造纸行业发展计划，科学规划行业发展，帮助企业改革改组改造，协助政府做好造纸工业环境保护工作。协会机关刊物《福建纸业信息》半月刊每期都按时出版，为企业及时提供信息。协会每年都召开造纸工作会议和各种专业会议，并为造纸企业编写项目建议书、可研报告和产前后咨询，尤其是市场调查。

福建省食品和包装机械工业协会

法　人：韩家璋
地　址：福州市省府路1号
　　　　11号楼

邮　编：350001
电　话：0591—7556374

该会成立于1994年6月，宗旨是遵守国家宪法和政策，遵守社会道德，维护本行业的合法权益，为行业服务，在政府与行业间起桥梁和纽带作用。协会与国内同行业组织有广泛的联系与合作，为促进本省行业的发展作出贡献。协会下属的食品和包装机械专业委员会，是集企业、科研、大专院校的专业人才，为行业技术开发、技术咨询、采用"四新"服务。协会曾主办6届"福州食品、包装、塑胶、印刷机械展览会，均取得良好的效果，深受广大参展厂商及用户的好评，使展销活动真正成为供需双方沟通的桥梁。

福建省乡镇企业协会

地　址：福州市东大路88号9层
邮　编：350001
电　话：0591—7604051

该协会成立于1991年3月16日。其宗旨：以中华人民共和国宪法为根本准则，遵守党和国家的法律、法规，坚持四项基本原则，坚持改革开放的方针，坚持以经济建设为中心，按照党和国家的有关方针、政策，积极为本会会员和乡镇企业服务，促进乡镇企业的物质文明和精神文明建设，为振兴农村经济和实现社会主义现代化作出贡献。该会成立以来，发挥桥梁纽带作用，沟通政府与企业家的联系。发挥自我教育功能，努力提高会员素质。加强思想教育，提高企业家的政治思想素质；开展培训，提高企业家理论水平；组织参观、考察，促进企业家开阔视野、更新观念。发挥协会服务职能，为乡镇企业办实事。组织评选乡镇企业家；关心乡镇企业家的生活，为他们排忧解难；想方设法为会员提供各类信息服务。围绕"立足长远，探索前进，创造条件，打好基础"的要求，加强协会自身建设。

福建省乡镇企业总商会

法　人：陈建文
地　址：福州市湖东路191号7层
邮　编：350001
电　话：0591—7523516

该会成立于1991年8月4日，是我省乡镇企业自我教育、自我协调、自我服务、自我约束、自我发展、自我提高的互助组织。宗旨是：团结乡镇企业，在国家改革开放方针指导下，积极参加国家经济建设，维护会员的合法权益，开展对外经济联系合作和友好往来，促进乡镇企业发展，振兴农村经济，为实现社会主义现代化和促进祖国统一贡献力量。10年来，本会积极为乡镇企业引介人才、培训人才提供各种咨询培训服务，创办了《信息汇流》刊物，向乡镇企业传递国家政策、经济信息，组织乡镇企业赴外考察展销，开拓国际市场，引介外商进入内地、山区洽谈项目等。

福建省个体劳动者协会
福建省私营企业协会

法　人：吴用楚（个协）
　　　　陈乙熙（私协）
地　址：福州市五四路358号
邮　编：350003
电　话：0591—7727154

福建省个体劳动者协会（简称省个协)、福建省私营企业协会（简称省私协）是依法建立的全省性社团组织。省个协成立于1986年10月，省私协成立于1997年2月，两协会合署办公，内设经指部、组联部、宣教部和办公室。省个协、省私协以服务会员、引导个私经济发展为宗旨，组织会员开展"自我服务、自我教育、自我管理"活动。目前全省9个设区的市，89个县（市、区）建立了协会，735个乡镇建立了分会。拥有私营企业会员、个体劳动者会员100多万。为加强党建和思想工作，协会还设立了党、团、工会、妇女组织等。为实践为会员服务的宗旨，协会还设法律维权、信息服务机构、贷款担保组织、会员之家、培训基地、业余学校、医疗站、托儿所等为会员服务和会员活动场所。

福建省煤炭工业协会

法　人：郑松岩
地　址：福州市省府路1号煤炭大楼
邮　编：350001
电　话：0591—7515850

该会于1997年7月成立。会员不受部门、地区、所有制限制，由全省煤炭行业的企事业单位、社会团体及个人自愿联合结成，现有104个会员单位，理事158人。为非营利性社会组织。宗旨是遵守宪法、法律、法规和国家政策，遵守社会道德风尚，贯彻国家产业政策，参与实施行业管理，维护会员的合法权益，为煤炭企事业单位及经营管理者服务。协会成立以来，秘书处积极开展各项工作。向上级反映实质困难，为煤炭行业排忧解难；参与关井压产工作；为企业牵线搭桥，为企业与国外财团签署合作办厂的意向书；推荐评选优秀企业家、现代企业管理者和优秀矿长。

福建省煤炭学会

法　人：姜初炎
地　址：福州市省府路1号煤炭大楼
邮　编：350001
电　话：0591—7515850

该会1979年4月成立，是福建煤炭科技工作者的群众性学术团体。其宗旨是贯彻"科学技术是第一生产力"的方针，遵守宪法、法律、法规和国家政策，遵守社会道德风尚，积极开展学术上的讨论，团结广大煤炭科技工作者，为发展煤炭事业作出积极贡献。学会成立22年以来，秘书处与8个专业委员会、21个分会紧密围绕煤炭生产建设实际，积极开展各种形式的学术交流活动；经常组织科技项目和研究课题论证，新技术和有关专业知识的培训；优秀论文评选和科普活动。为活跃学术气氛，提高煤炭科技工作者的理论素质，推动煤炭工业科技进步做了卓有成效的工作。

福建省矿业协会

法　人：姜玉志
地　址：福州市五四北路285号
邮　编：350003
电　话：0591—7735074

该会成立于1992年2月，宗旨是：坚持以邓小平理论为指导，遵守国家宪法、法律、法规和国家政策，遵守社会道德风尚，充分发挥其联系政府与矿业单位之间的纽带和桥梁作用，根据政府主管部门授权或委托在矿业行业中起管理与协调作用，坚持为发展福建矿业服务，为政府部门决策服务，为会员及本省矿业单位服务，促进经济发展。主要工作成果有3个方面：一是开展矿业发展与战略研究，参与矿产资源开发利用保护规划的编制，为本省矿业的可持续发展服务；二是组织专家开展咨询，为矿山企业提供服务；三是积极拓展对外交流渠道，加强与海内外矿业界联系，促进矿业经贸合作与交流。

福建省电力行业协会

法　人：刘顺达
地　址：福州市五四北路264号
邮　编：350003
电　话：0591—7023156

该会于2000年11月7日以省民政厅闽民社［2001］379号文批复协会登记注册，依法成立。该会的宗旨是：坚持四项基本原则和解放思想、实事求是的思想路线，遵守宪法、法律、法规和国家政策，遵守社会道德风尚；组织开展国内外先进企业管理理论、体制、制度、机制、方法、手段和政策的探讨和研究、交流和推广本省电力有效的管理经验；努力发挥中介作用，为福建电力市场化、现代化和可持续发展服务，为企业、为行业、为政府、为社会服务。

福建省水力发电工程学会

法　人：任继忠
地　址：福州市五四路264号
邮　编：350003
电　话：0591—7023284

该会于1985年10月成立，宗旨是组织全省水力发电工程科技工作者，实施科教兴国和可持续发展战略，倡导创新，求实、协作的精神，开展学术交流活动、自由讨论，促进水力发电工程科技事业的繁荣和发展、普及和推广，促进科技与经济结合，为社会主义建设服务，为广大水力发电工程科技工作者服务。十几年来学会对国家的能源政策，水电科技经济政策及加快本省水电建设的措施提出建议，围绕本省水电开发、建设和生产管理中的问题，开展学术交流活动，提高科技水平，配合业务部门组织研究水电科技课题或攻关项目，开展咨询服务和厂会协作活动，同时普及水电科技知识，推广科技成果和先进生产技术经验等。

福建省软件行业协会

法　人：邵玉龙
地　址：福州市湖东路155号
邮　编：350003
电　话：0591—7553251

该会成立于2001年2月14日，是经省民政厅批准、具有独立法人资格的社团组织。上级业务主管部门为福建省信息产业厅。目前共有65家会员企业，会员为来自全省软件行业的国有、民营和三资企业。

协会的宗旨是：遵守宪法、法律、法规和国家政策，遵守社会道德风尚，在有关主管部门的领导下，加强福建地区软件行业管理，开展各种交流和协作活动，维护会员的合法权益，实现软件开发工程化、软件产品商品化、软件管理科学化和软件经营企业化，在政府和行业组织、企事业单位之间发挥桥梁纽带作用，为促进福建地区软件产业的快速发展做出贡献。

协会当前的主要工作范围是：协助政府制定软件产业发展规划、政策；协助主管部门加强福建地区的软件行业管理，制订行约行规，维护会员的合法权益；组织开展软件行业内外交流与协作活动；根据国务院有关文件精神开展软件企业认定、软件产品登记、计算机系统集成资质认证等相关工作；通过其他多种方式，为软件企业的发展与提高提供咨询、辅导、服务以及会员需要的服务；协助政府推动福建软件产业发展等。

福建省遥感学会

法　人：李昌泽
地　址：福州市东门塔头路2号
邮　编：350011
电　话：0591—7316826

该会成立于1991年5月，宗旨是遵守宪法，遵守社会公德，紧紧围绕本省经济和社会发展规划，团结广大遥感（RS）及地理信息系统（GIS）、全球定位系统（GPS）的科技人员，积极开展学术交流、技术服务、科普宣传，为国土资源环境调查和动态监测提供3S技术支撑，为政府和部门提供规划与决策的信息。成立以来，系统地总结了福建省遥感技术应用的成果，拍成“话高新技术遥感”录相带；会同省计委国土办组织专家撰写“遥感技术在国土整治中的应用研究”；1999年该会第二次会员代表大会上，国际欧亚科学院院士王钦敏副理事长作主题学术报告——“数字地球”，2000年，他在省计委信息化建设会上提出“数字福建”设想，被省政府采纳并已组织实施。

福建省超声医学工程学会

法　人：陈良龙
地　址：福州市新权路协和医院
邮　编：350001
电　话：0591—3357896—8459

该会成立于1987年2月，学会挂靠福建医科大学附属协和医院。学会的性质为全省超声医学及超声工程技术工作者自愿结合组成的全省学术性社会团体，学会的宗旨是发扬学术民主，开展学术活动，团结广大会员，为促进福建超声医学及超声工程技术的发展，为保障和提高人民群众健康水平作出贡献。学会创始人及首任会长为陈仁彬教授。陈仁彬教授为终身名誉会长。学会现有会员800余人，拥有陈仁彬、陈良龙等享受政府特殊津贴的专家。学会成立以来已举办学习班20余期，会员有近百项科研成果获得省政府奖励。

福建省电机工程学会

法　人：王朝旭
地　址：福州市五四路264号
邮　编：350003
电　话：0591—7023236

该会是全省电机工程工作者组成的学术性社会团体。成立于1964年。本会的宗旨是团结和组织全省电机工程科学技术工作者，高举邓小平理论伟大旗帜，以经济建设为中心，坚持和发扬实事求是的科学态度和优良学风，倡导献身、创新、求实、协作的精神，开展学术自由讨论，促进电机工程科学技术事业的繁荣和发展。为社会主义物质文明和精神文明建设服务。遵守国家宪法、法律、政策，遵守社会道德风尚。荣获中国科协学会部，学会杂志社全国省级学会1996—1997年“学会之星”、福建省科协1999年福建省省级“先进学会”、1998～1999年厂会协作优秀项目奖、优秀组织奖、2000年“学会之星”等荣誉称号。

福建省仪器仪表行业协会

法　人：陈文钊
地　址：福州市省府路1号
（省机械厅内）
邮　编：350001
电　话：0591—7537357

该会1988年11月成立，会员单位60家，是福建省仪器仪表生产企业为主体包括与仪器仪表有关的科研、设计院所、大专院校、公司组成的非营利性的行业社会组织，宗旨是为行业发展服务，遵守宪法、法律、法规，崇尚社会道德，贯彻党的方针、政策、法令，促进行业的技术进步、生产发展和经济效益的提高。在政府和企业之间起桥梁纽带作用，维护行业合法权益，反映企业的愿望要求，协助政府的行业管理工作，发挥助手作用，并积极开展与国内同行业相关组织的各项交往活动，推进我省高新技术仪器仪表新兴产业的发展。

该会主要开展行业经验信息交流，技术开发，技术咨询，质量咨询，决策服务，出口引进咨询，产品产需沟通，组织展销参展，行业规划前期的研究咨询论证，组织提报行业规划发展项目建议，协助制订行业技术发展政策，承办中国仪表行业协会与政府主管部门委托的行业工作等。

福建省仪器仪表学会

法　人：施今伟
地　址：福州市省府路1号
（省机械厅内）
邮　编：350001
电　话：0591—7549321

该会于1984年4月成立，系由从事仪器仪表的科技工作者和相关企事业单位自愿组成的非营利性的专业学术社会组织，现有会员538人。学会宗旨是团结广大仪器仪表科技工作者，为提高福建仪器仪表科技水平，加速高新技术仪器仪表新兴产业的发展作贡献。遵纪守法，崇尚社会道德，倡导辩证唯物主义实事求是的科学作风，贯彻“百花齐放，百家争鸣”的方针，开展学术上的自由研讨，在改革开放和科教兴国中，当政府部门的参谋和助手，为繁荣福建的科技事业、加速实现现代化做贡献。

业务范围：学术交流、信息传播，普及仪表科技知识，技术开发、技术咨询，技术培训、人才推荐，软课题、决策服务，组织产学研合作，科技成果转让，建议发展项目，规划咨询论证，承办中国仪表学会、省科协与政府行业部门委托的仪表专业有关事项。

福建省机械工业会计学会

法　人：汪祖铭
地　址：福州市省府路1号
邮　编：350001
电　话：0591—7521253

该会成立于1983年7月1日，为法人社团单位，挂靠省机械厅，业务主管是社科联，下设10个支会。学会旨在坚持“双百”方针，发挥学术民主，本着团结、研究、服务、积极促进会计事业发展，取得很好成绩，先后被评为优秀学会、先进学会。学会现有理事62名，常务理事14名，还有总会计师工作委员会设会长1名、副会长3名，与各级会计师结合，形成学术研究中心组。19年来共召开各种研讨会、经验交流会等150多场次，参加的约5500人次，其中包括全国性和大区性3次，研究内容重点是：会计职能转变问题，明确提出“会计管理”，又把国企改革十六字方针与企业财会职能改革、现代企业财会机制改革、经济增长方式转变联系起来；探讨责任会计转观变型一套实务，包括厂内经济核算、经济责任制、划小核算、核算电算化、帐务体系及处理流程、会计法制建设等；探讨多种所有制经营下资本运营与企业财务管理，强调会计工作要做好两个转变“会计模式转变”和“会计质量转变”等。该会创办《闽机财会》平均每季一刊，已发表论文600多篇，已评出优秀论文150多篇，其中有

18 篇选入全国性专刊，并列入有关文库。开展培训工作与沈阳工业大学合办《工业会计函授专修班》，学制 3 年，大专学历，统招统考，已办过 2 届 6 年，毕业生 176 人，现均为单位财会骨干。举办的专题短训班。已培训过 230 多人次。财会制度改革班，参加的已有 580 多人次。

福建省电子会计学会

法　人：黄来渊
地　址：福州市湖东路 155 号 606 室
邮　编：350003
电　话：0591—7604252、7533694

该会于 1983 年在福州成立。宗旨：在中共领导下，以马列主义、毛泽东思想、邓小平理论为指导，宣传贯彻党的基本路线和会计法，坚持四项基本原则和改革开放政策，遵纪守法和社会道德风尚，执行“双百”方针，发扬理论联系实际、创新、求实、协作精神，使本会成为会员学术研讨、经验交流之家。该会现有 12 个分会，共有单位会员 162 个，个人会员 968 人，其中：中共党员 318 人，共青团员 373 人；高级会计师 23 人、中级会计师 345 人、初级会计师 385 人，会计员 215 人。18 年来，共召开大型学术报告和经济交流会 286 次、小型研讨会 234 次，出席会议有 39000 人，提交论文 2756 篇，其中荣获优秀论文奖 325 篇；编辑出版《福建电子财会》期刊 112 期，共发行 257600 册，举办财务业务培训知识更新共 58 期 3023 人，普及财会电算化 100%，举办财会年检培训班及发放会计证书，多次下企事业进行咨询获得好评，荣获先进学会 13 次、先进个人 23 人。

福建省物资经济学会

法　人：张国桢
地　址：福州市五四路 239 号
邮　编：350003
电　话：0591—7828908

福建省物资经济学会成立于 1981 年 11 月，是研究生产资料流通领域经济理论和管理科学的群众性学术团体。学会宗旨：以马克思主义、毛泽东思想和邓小平理论为指导，广泛地团结和组织全省物资流通领域的理论研究、教学和实际工作者，贯彻“百花齐放、百家争鸣”的方针，坚持理论联系实际原则，积极研究探索社会主义物资流通的理论和实践问题，提高我省的物资流通经济理论、管理科学和技术水平，为实现我国社会主义现代化建设服务。本会现有团体会员 48 个，个人会员 317 人。现任理事长张国桢，秘书长林大燊。学会成立以来，举办过 17 次全省性物资经济理论研讨会，交流论文 627 篇；举办过多次学术报告会、专题研讨会、专题调查研究、讲座、咨询、培训、优秀论文评奖及多种学术交流活动。自省社科联开展“评先”活动以来，连续 4 次被评为“先进学会”。

福建省石油学会

法　人：马金魁
地　址：泉州市泉港炼化公司
邮　编：362117
电　话：0595—7799082

该会成立于 1995 年。福建炼化公司、省石油集团公司、省石油分公司、省地勘局、厦门大学、福州大学、华侨大学、省石化院为团体会员单位。省石油学会是由全省从事石化工作的具有工程师以上职称的科技工作者自愿组成的学术性社会团体。学会坚持党的基本路线、坚持科学技术是第一生产力的思想，团结广大科技工作者为促进科技与经济的有机结合，为社会主义的物质文明和精神文明建设服务。学会成立 6 年来积极发挥自身优势，广泛开展学术交流和科普活动，多次参与组织全国性的学术交流会议，组织省内外石化行业的专家为我省发展石油化工振兴福建经济献计献策，为把石化行业建设成为我省的支柱产业做出了有益的贡献。

福建省硅酸盐学会

法　人：陈信生
地　址：福州市北大路 242 号
邮　编：350001
电　话：0591—7844947
0591—7851540

该学会成立于 1978 年 7 月。宗旨：广泛团结全省硅酸盐科学技术工作者，以经济建设为中心，促进硅酸盐科学技术的繁荣和发展，促进科学技术的普及和推广，促进科学技术人才的成长，促进科技成果转化为生产力，为振兴经济和社会发展服务。该会现有团体会员 76 个，会员 700 人。下设机构秘书处，技术咨询中心并入股福州福星环保工程公司。本会上级领导为福建省科协、中国硅酸盐学会，挂靠单位为福建省建材（控股）有限公司。

福建省交通企业管理协会

法　人：唐汉清
地　址：福州市省府路 1 号
21 号楼
邮　编：350001
电　话：0591—7510802

该会于 1985 年成立，在邓小平理论和党的基本路线指导下，围绕各个时期交通企业深化改革的任务，面向全省交通行业，坚持为政府、为企业双向服务的宗旨，开展调研、评审、咨询和学术交流、举办培训、出版刊物等活动，有力地促进企业改革与发展。1989 年荣获省企业管理咨询先进集体，1994 和 1996 年先后荣获省先进社团荣誉称号。目前拥有全省水陆交通骨干企业和部分事业单位等 64 家会员单位，协会下设物资设备、现代化管理、轮渡、劳动研究等专业委员会及咨询部和秘书处。在全省社团清理整顿中，被确认为具有法人资格的社会团体。

福建省交通运输协会

法　人：郭正琮
地　址：福州杨桥路 118 号 2 座
10 层
邮　编：350001
电　话：0591—7556087

该会于 1984 年 9 月经省编委批准，核定为事业编制单位。同年 11 月在福州成立第一届理事会。现已成立五届。该会宗旨：坚持以邓小平理论为指导，贯彻执行党和国家方针、政策，团结和组织全省交通邮电企事业单位，围绕福建交通邮电的建设和管理，做好服务工作，协助政府部门为发展交通邮电事业起参谋作用，在政府与交通邮电企事业单位之间，起桥梁纽带作用。促进福建交通邮电事业的发展，为建设社会主义物质和精神文明服务，为广大交通邮电科技工作者服务。10 多年来，协会对交通邮电产业的发展进行咨询和调研，共完成 100 多次咨询、调研、评估，论证课题；努力开展对外交流，对闽台“三通”做了一些有益的调研工作；积极开展厂会协作，努力为交通企业排忧解难；编辑、出版有关交通邮电的书刊，开展信息交流服务。

福建省交通运输协作联合会

法　人：郑强平
地　址：福州市交通路 39 号 4 层
邮　编：350004
电　话：0591—3365378

联合会于 1994 年 3 月成立。由全省交通运输、联运和交通工业等 125 家企业自愿联合组成从事交通运输经济协作的群众团体。联合会以党的十五大提出“加快改革开放和现代化建设步伐”为总的指导思想，积极引导企业面向市场、以省会城市为中心，广泛联系本省市有关单位、广设服务网点，做好发展企业间、省市间运输经济的组织协调工作。同时推动企业努力开展以运为主、多种经营、互通信息、优势互补”等经营活动。1996 年曾被省经委主管部门评为先进社团单位，成员企业中也涌现出福州市出租汽车公司等 33 个运输协作先进集体。

福建省道路交通安全协会

法　人：姚义瑞
地　址：福州市杨桥路 120 号
邮　编：350002
电　话：0591—7099241

该会于 1990 年 9 月成立，宗旨是：以邓小平建设有中国特色的社会主义理论为指导，坚持党的“一个中心两个基本点”的基本路线，遵守宪法、法律和国家政策，遵守社会道德风尚，团结和组织全省道路交通安全管理专业人员和科技工作者以及热心交通安全事业的人员，面向社会，宣传普及交通安全知识，提高交通管理水平，促进交通管理科学化、社会化，为社会主义经济建设创建安全、畅通的交通环境服务。本协会成立以来，认真贯彻党和国家的一系列方针、政策和法令，严格遵循协会章程的宗旨与任务，紧紧围绕交通安全管理中心任务。协助交通安全管理部门，对交通法规、交通安全中的一些重要问题进行研究与探讨，提出治理对策和技术政策的建议；开展交通安全学术研究，提供交通安全法规等咨询服务；组织开展国内和国际学术交流活动，发展同港、澳等地区及国外交通安全组织和人士友好往来；编辑出版交通安全刊物，开展学术情报交流，宣传普及交通安全知识；开展安全科技研讨、讲学或业务培训；还向政府或有关部门反映交通安全人员、科技工作者、有本单位和交通安全有关人员的意见和要求，维护其合法权益，举办为会员服务的事业和活动。

福建省船东协会

法　人：刘启闽
地　址：福州台江中平路151号
邮　编：350009
电　话：0591—3256044

该会是福建省从事水上运输的商船所有人、经营人以及相关的服务单位组成的行业性社会团体。成立于1998年12月，其宗旨是贯彻国家有关法律和方针政策，维护会员的合法权益，在政府与船公司间发挥桥梁和纽带作用，为适应国家经济发展的需要，促进福建航运业的健康发展。主要任务是组织会员学习贯彻国家有关水运的法律、方针、政策；向政府有关部门反映本行业存在的问题和要求；监督行业自律、提倡公平竞争；向会员提供咨询服务；收集、整理水运资料，编辑会刊等。该会最高权力机构为会员大会，设理事会，常务理事会。现有单位会员38个、团体会员1个(厦门市船东协会)、个人会员98人。

福建省国际货物运输代理协会

法　人：王北辉
地　址：福州市湖东路79号
邮　编：350003
电　话：0591—7608978

协会成立于1997年。旨在推动各会员企业发展横向联系，交流信息、平等竞争，增进相互间的协作，保护会员正当权益，促进国际货代业务健康有序地发展，为对外经贸事业服务。主要任务是：协助政府业务主管部门搞好外贸运输的宏观调控，维护会员的合法权益，规范行业的行为准则，开展国内外货代协会交流，并接受和处理货主投诉。

福建省交通会计学会

法　人：陈国荣
地　址：福州市杨桥东路118号
　　　　宏杨新城2幢5层
邮　编：350001
电　话：0591—7544914

该会成立于1984年12月5日。是具有福建交通行业特点的研究和探索交通会计、审计理论和实践的学术性社会团体。该会是中国交通会计学会和福建省会计学会的团体会员单位，是首批获得福建省民政厅批准重新登记注册的省级具有法人资格的社会团体。17年来紧紧围绕服务交通中心工作，坚持开展形式多样的学术研究与交流、积极组织财会人员培训、认真进行会计法规宣传教育、努力办好学会会刊、配合行政开展多功能服务等方面都做了大量工作，取得了显著的成绩。1999年4月被中国交通会计学会授予“学会工作先进集体”，2000年12月被福建省会计学会授予“先进学会”。

福建省建筑业协会

法　人：池颂光
地　址：福州市北大路242号
邮　编：350001
电　话：0591—7831574

该会于1989年10月13日成立，是一个行业性和非营利性社会团体。协会有中小企业、水利水电、地矿、混凝土、装修工程、金属结构设备建材、建筑安装和建筑安全等9个分支机构。协会的宗旨是：高举邓小平理论伟大旗帜，坚持改革开放总方针、遵纪守法、团结全省广大会员，竭诚为建筑企业服务，协助政府有关部门推进行业管理，促进我省建筑业成为支柱产业做出积极贡献。协会的基本任务是：深入调查研究，组织经验交流，开展人员培训，搞好信息交流，办好协会会刊，组织评优活动，开展合作交流，维护会员合法权益，承担政府部门、社会团体委托的其他事项。

福建省勘察设计协会

地　址：福州市北大路242号
邮　编：350001
电　话：0591—7616844

该会是全省勘察设计行业性组织，会员主要是持有资质证书的勘察设计咨询和装饰设计单位。现有团体会员400多家，从业人员15000多，同时邀请热心勘察设计事业的管理人员和专家为个人会员。根据国务院批转国家计委《关于工程设计改革的几点意见》中指出的“各地区、各部门要逐步成立勘察设计协会，组织技术交流和行业协作，以推动设计技术工作的发展”的精神，协会于1988年3月经批准成立。挂靠福建省建设厅。协会的宗旨是在深化我省勘察设计体制改革，提高勘察设计质量、水平、效益，推动勘察设计事业的发展等方面发挥积极作用。协会的任务是开展行业活动，进行联系、指导、服务和咨询；开展有关专业技术培训和研讨活动；编辑出版协会刊物和资料，组织交流、宣传国家工程建设的方针、政策；协助政府搞好行业管理，制订行规行约，宣传职业道德等。

福建省建设监理协会

法　人：陈鲁生
地　址：福州市北大路天怡花园4座
　　　　201室
邮　编：350003
电　话：0591—7569904

该会成立于1996年10月27日。宗旨是：遵守国家法律、法规和现行政策，遵守社会道德风尚。坚持以邓小平建设有中国特色社会主义的理论为指导，为发展社会主义市场经济体制，完善建筑市场体系，开展工程建设监理规范化、程序化、制度化的研讨活动，沟通信息，交流经验，搞好建设项目的质量、投资进度的三控制，从而提高工程建设管理水平，促进建设事业的发展。该会近年来协助和配合政府主管部门做好行业管理工作。组织学习宣传贯彻《建筑法》、《建设工程质量管理条例》、《工程建设国家标准强制性条文》、《建设工程监理规范》，以及建设部和省建设厅的相关文件。协助做好监理单位资质审查、发证和年检工作。组织制定“福建省工程建设监理单位公约”和“福建省监理工程师职业道德准则”。协助政府调研调整工程监理取费标准。

积极开展监理培训，努力提高队伍素质。近年来，组织全省3951人报名参加《全国监理工程师执业资格考试》，考试通过率达41.6%，现已有542人取得了注册监理工程师证。举办16期监理工程师培训班共1828人取得了建设部核发的《监理工程师培训结业证》。举办两期全省总监理工程师培训班，共266人取得省建设厅核发的总监培训证。举办8期全省监理单位学习宣传贯彻《监理标准规定》、《监理规范》培训班，共有监理单位法人、技术负责人、总监、监理人员共939人参加培训取得省建设厅颁发培训证。同时开展监理信息服务。办好会刊，为监理单位提供信息服务，共出会刊38期。

福建省城镇住房制度改革研究会

法　人：陈丽娟
地　址：福州市北大路242号
邮　编：350001
电　话：0591—7546895

该会于1996年10月经省民政厅批准后设立，宗旨是：遵守国家和有关法律、法规，以邓小平理论为指导，坚持实事求是和理论联系实际，发挥学术民主，努力探讨、研究福建房改工作中的理论与实际问题，并推广应用研究成果，为顺利推进房改工作作出贡献。该会成立以来，在省民政厅和建设厅的指导下，通过全体会员的共同努力，在工作上取得了一定成绩。5年来编印43期房改简报，组织会员到新加坡和省内外考察学习，进行了十几项课题研究，出刊论文集，并积极参与制订全省房改政策。全体会员支持研究会工作，研究会有较强的凝聚力。

福建省房地产业协会

法　人：邹学栋
地　址：福州市卧湖路后曹巷45号

1 幢 105 室
邮 编：350001
电 话：0591—7543707

该会成立于 1988 年 12 月 1 日，是由全省各类房地产机构自愿结成的行业性非盈利社会团体组织。宗旨：高举邓小平理论伟大旗帜，以经济建设为中心，坚持四项基本原则和改革开放的总方针，宣传贯彻国家有关房地产业的方针，政策并结合我省实际情况，推进本省房地产业的改革，建立社会主义市场经济体制，促进房地产业健康发展，充分发挥房地产业在城市建设和国民经济中应有的作用。2000 年该会主要工作是搞好行业培训，提高行业队伍的综合素质和管理水平。先后举办了“房产测量规范”,“电子商务与房地产业发展”、房地产经营与管理，房地产价格与评估，物业管理、房地产经纪人等类型的培训班，培训各类专业人才 2100 人次，目前这些经过培训的学员都已成为房地产业的骨干力量；搞好房地产开发企业清理、年检的初审工作。按建设厅发出的《全面清理房地产开发企业、规范企业经营行为的通知》，对全省三级以上 910 家房地产开发企业逐个审查发证，经过清理整顿，企业素质得到全面提高；组织会员单位到外省学习取经。开展行业工作经验交流，促进会员单位互相沟通。办好会刊，搞好信息服务。组织纪念邓小平同志《关于建筑业和住宅问题的谈话》发表 20 周年宣传活动。召开座谈会，张挂了跨街横幅标语，并通过电视台、报刊等媒体进行系列宣传。

福建省建筑材料工业协会

法 人：丁仕达
地 址：福州市北大路 242 号
邮 编：350001
电 话：0591—7835045

该会成立于 1987 年，宗旨是为会员企事业单位服务，维护会员合法权益，推动我省建材工业的发展。协会成立 10 多年来积极为会员单位提供各种信息、咨询、组织对外交流合作、办展参展、加强企业与政府及企业与企业之间沟通、维护会员利益和合法权益等服务，多次被评为省先进社团。现有从事水泥及其制品、玻璃及制品、建筑卫生陶瓷、新型建材、非金属矿及制品、石材以及建材贸易、设计科研、地质、教育等 600 余家企事业会员，分布在建材、煤炭、化工、轻工、司法、农垦、铁路、外经贸、教育等系统。

福建省建设会计学会

法 人：林祥雹
地 址：福州市北大路 242 号
邮 编：350001
电 话：0591—7614129

该学会成立于 1984 年，是从事建设行业财务会计理论研究的学术团体，是中国建设会计学会和福建省会计学会的团体会员单位。自成立以来，坚持“服务”宗旨，在开展会计理论研究、完成主管部门委托工作、开展业务培训、推广会计电算化等方面做了大量而有益的工作，发挥了学会的桥梁和纽带作用。本着会计要改革，理论要先行的原则，适时地组织财务人员对经济运行中的有关财务问题进行深层次的研究，有 150 多篇学术论文在省级以上刊物发表。2500 多名会计人员参加了学会组织的业务培训。1995 年学会荣获中国建设会计学会“先进集体荣誉称号”。

福建省农业经济学会

法 人：姜安荣
地 址：福州市鼓屏路 183 号
邮 编：350003
电 话：0591—7858074

该会成立于 1982 年 9 月 3 日，由全省农经工作者、农业科研、农业院校三大部分的农业科技人员组成，是综合研究社会科学与自然科学的群众性学术团体。学会挂靠在福建省农业厅，秘书处设在农业厅经管处。学会的宗旨是以马列主义、毛泽东思想、邓小平理论为指导，坚持四项基本原则，严格遵守国家法律和国家政策，遵守社会道德风尚。组织和推动会员开展农经学术活动，探讨和研究农业经济及其理论和政策，为促进本省农业经济的发展，推动农业经济战线队伍的建设，提高农业经济管理水平，为全面开创社会主义农业现代化的新局面而奋斗。学会成立以来，先后召开了 24 次农经学术交流会和 3 次农村专题研讨会，共收到学术论文 683 篇，深入探讨了如何深化农村改革、稳定与完善农村经营体制、发展“高优农业”、加强农业基础地位，减轻农民负担、建立与发展社会主义市场经济以及厦门特区、开放区农业发展战略等农村热点、难点、焦点问题，并提出对策，多次被省委、省政府采纳。1994 年被省民政厅评为“省级先进社会团体”，至 2000 年 10 月，先后 4 次被福建省社科联评为“省级先进学会”。

福建省农村金融学会

法 人：陈良富
地 址：福州市华林路 177 号
邮 编：350003
电 话：0591—7846468

该会成立于 1982 年 6 月，是由全省农村金融系统理论研究和实际工作者自愿组成的学术性、非营利性社会组织。学会坚持以马克思列宁主义、毛泽东思想和邓小平理论为指导，按照“三个代表”重要思想的要求，组织和推动全省农村金融理论研究和学术交流活动，致力于提高农行员工的金融理论、政策和业务水平，为促进经济、金融体制改革，振兴城乡经济贡献力量。学会成立以来，先后编辑出版了《福建农村金融研究》、《福建农金报》、《农业银行集约化经营之路》、《学习与思考》等报刊书籍，较出色地完成了人总行、农总行、省委、省政府下达的重点课题研究任务，取得丰硕的学术研究成果。

福建省粮食行业协会

法 人：刘昌霖
地 址：福州市鼓屏路 60 号
邮 编：350001
电 话：0591—7555794

该会成立于 2000 年 12 月 16 日。协会宗旨是高举邓小平理论伟大旗帜，遵守我国宪法、法律、法规和国家政策，遵守我国社会主义道德风尚，受政府主管部门的委托，依据市场经济规则，在粮食行业中发挥服务、沟通、公证、仲裁、监督的作用。沟通行业与政府、企业与企业之间的联系，维护粮食企业合法权益，推动粮食行业深化改革和协调发展，发挥粮食行业的群体优势，加强行业管理，搞活粮食流通，提高企业的经济效益和社会效益，更好地为国家的宏观调控服务，为农业生产者、粮食经营者和城乡消费者服务。

福建省粮食经济学会

法 人：庄飞云
地 址：福州市鼓屏路 60 号
邮 编：350001
电 话：0591—7554768

该会成立于 1984 年。17 年来，在开展粮食经济理论研究，研讨转换粮食经营机制，搞活粮食流通等方面做了大量有益的工作。在办好《福建粮食经济》会刊和培养人才等方面也取得可喜的成就，曾先后三次被省社科联评为先进学会。

学会每年都针对粮食经济工作出现的新情况、新问题举行学术研讨会 2—3 次。《福建粮食经济》月刊至今已出版 162 期。为提高刊物质量，学会每 2 年评选 1 次优秀论文，已先后评选 8 次，评选各种优秀论文共 253 篇。会刊已取得社会承认并有一定影响。

福建省茶叶学会

法 人：林心炯
地 址：福州五四路省外贸中心 7 层
邮 编：350001
电 话：0591—7565272

该会成立于 1956 年 12 月 16 日，现有会员 567 人，团体会员 9 个。学会活动宗旨：团结全省会员和科技人员开展学术活动，探讨 21 世纪福建茶叶发展前景和对策，为振兴福建茶业做贡献。该会主办的《福建茶叶》季刊，被评为福建优秀科技期刊。1998 年加入国际互联网，从 2000 年第三期起，开通电子信箱，除海峡信息网外，并列入中国期刊网、中国学术期刊综合评价数据库来源期刊、中国学术期刊(光盘版)全文收录期刊、万方数据资源系统数字化期刊群等 5 个期刊群。1998 年经中国科协评定为全国“省级学会之星”。2000 年经省科协评定为“省级学会之星”和“先进学会”荣誉称号。

福建省工业原料作物学会

法　人：林敏和

地　址：福州冶山路省农业厅种植业管理局

邮　编：350003

电　话：0591—7817463

该学会成立于1963年。由全省工业原料作物的科技工作者、管理人员、有关领导干部自愿参加组成的学术性社会团体。坚持党的基本路线、坚持科学技术是第一生产力的思想，开展学术交流，培养科技人才，推动工业原料作物科技水平的提高和社会经济的发展。学会加强了农工商3个系统的教学、科研、生产、加工、经营6个产业化部门的联系与协作，成为福建工业原料作物产业建设与发展的纽带与智团的重要力量；多次开展与美国、台湾等国家与地区的学术交流、参与省内外重要专题调研，为政府宏观调控提供科学决策参考；多篇学术论文获省自然科学优秀论文奖；编写出版专业工具书2部。

福建省菌草开发工程协会

法　人：林占熺

地　址：福州金山福建农林大学菌草研究所

邮　编：350002

电　话：0591—3789223

协会成立于1996年3月。其宗旨是为促进本省菌草工业发展服务。组织技术交流，培训人才，咨询服务，编辑书刊。通过国家和省星火计划、科技扶贫等计划实施，除在8个地（市）的51个县（市）推广外，已传播到我国31个省（市）337个县市。举办81期菌草技术骨干培训班，培训学员4853人。为泰国、埃及、巴布亚新几内亚等50个国家举办菌草技术国际培训班9期，192名学员参加了培训。通过菌草技术扶贫开发，取得了显著的经济、生态和社会效益。新增产值231448万元，新增利税182523万元，增收（节支）总额30021万元。解决了菌业生产中的菌林矛盾，走向可持续发展。

福建省畜牧兽医学会

法　人：林溪东

地　址：福州市鼓屏路153号

邮　编：350003

电　话：0591—7856764

该会成立于1952年12月，到目前已发展成跨9个行业，拥有1300名会员、7个团体会员和养猪、家禽、奶牛、中兽医、草业、兽医外科、畜禽传染病防治、家畜寄生虫病防治、宠物和饲料牧草与动物营养等10个专业委员会，这些专业委员会在本会直接指导和挂靠单位的重视支持下，开展小型专业学术活动和咨询服务、科普宣传与人员培训等。该会还主办《福建畜牧兽医》杂志，近几年期刊文章质量、版面设计和发行量都有很大提高，深受专业人员和养殖户的欢迎。该会坚持改革，活跃学术活动，服务畜牧生产，成绩显著，曾多次被中国科协和省科协评为全国和省“学会之星”和先进学会。

福建省昆虫学会

法　人：尤民生

地　址：福州金山福建农林大学

邮　编：350002

电　话：0591—3741550

该会是福建省昆虫学科技工作者和科研、教学、生产等企事业单位自愿联合组成的学术性社会团体。成立于1951年，现有会员451人，宗旨：团结昆虫学工作者，促进昆虫学知识的普及与推广，促进人才的成长，促进科学技术的繁荣与发展，为科技强国作出贡献。业务范围为开展国内外学术交流，组织重点学术课题探讨和科学考察；编辑出版昆虫学有关书刊；普及昆虫学知识，传播推广先进技术；组织昆虫科技工作者为生产服务。学会正式学术刊物有《华东昆虫学报》（半年刊），内部交流刊物为《福建昆虫通讯》。下属专业分支机构有白蚁专业委员会。

福建省家禽业协会

法　人：郑鸿钧

地　址：福州市鼓屏路183号省农业厅畜牧兽医局

邮　编：350003

电　话：0591—7805130

该会于1993年9月8日成立。宗旨是：宣传贯彻国家及福建省发展家禽业的方针、政策、遵守宪法法律、法规、国家政策，遵守社会道德风尚，协助政府进行行业管理，在行业中发挥协调、咨询、服务的作用。维护会员和行业的合法权益，推动我省家禽业健康发展。协会已接收团体会员单位50多个。成立至今已多次组织全省家禽企业参加全国及华东地区家禽交易会和全国畜牧业暨饲料工业交易会。参加人数累计上千人，展位达70多个。为福建省家禽企业打开了宣传自己、了解市场的窗口。成为福建省畜牧行业组织参加全国及地区交易会人数最多、效果最好、影响面最宽的协会。协会还多次举办家禽生产及疫病防治专题培训班，由协会专家及国内著名教授授课，累计参加人数近千人。协会专家还经常深入基层为家禽生产提供业务技术咨询并为决策层领导提供项目可行性研究论证工作。

福建省供销合作经济学会

法　人：陈世泽

地　址：福州市中山路23号

邮　编：350003

电　话：0591—7834639

该会成立于1988年，宗旨是：以邓小平理论为指导，坚持以经济建设为中心，坚持改革开放，坚持实事求是，理论联系实际；坚持为农业、农村、农民服务，团结全省会员，开展调查研究和学术交流，开展咨询服务、业务培训，办好学会的《通讯》，宣传供销合作社改革和发展成果。学会自成立以来，认真按照章程的规定，积极开展活动，每年举办1次“合作杯”征文竞赛活动，参加一年一度全学会的合作论坛，办好会刊和内部参阅资料，当好省社的参谋和助手作用。

福建省商贸协会

法　人：张　华

地　址：福州市中山路23号

邮　编：350003

电　话：0591—7851264

该会是适应深化改革、扩大开放与形势发展要求，由原福建省商业经济学会更名成立。省商经学会是1983年12月由原省商业厅、粮食厅、供销社、工商局、社科院、医药总公司、烟草公司、石油公司联合组建，挂靠省经委，有专业和各市学会等团体会员40多个，曾多次被评为省先进学会。省商贸协会旨在组织商经理论研讨，宣传党和政府有关方针政策，结合社会主义市场经济宏观与微观实践，组织信息和经验交流，为会员、行业、企业和政府服务，起到相互沟通的桥梁作用，为搞好行业自律、促进商贸行业两个文明建设服务。

福建省果品协会

法　人：黄中流

地　址：福州市中山路23号

邮　编：350003

电　话：0591—7835301

该会成立于1988年8月22日，宗旨是：坚持邓小平建设有中国特色社会主义的理论为指导，坚持党的“一个中心，两个基本点”的基本路线，遵循党和国家的各项方针政策，遵守宪法、法律、法规和社会公德，团结组织福建果品生产、经营者和科研人员，开展调查研究，为果品行业的经营体制改革提供科学依据，向会员单位及时提供果品产销信息，提高果品生产、经营管理水平和经济效益，促进果品行业的发展。

福建省美发美容协会

法　人：林小龙

地　址：福州市中山路23号39幢1层

邮　编：350003

电　话：0591—7854272

该会成立于1995年7月，是一家具有法人主体资格的群众性民间组织，设有秘书处、技能培训中心、艺术形象设计专业测评工作专家指导委员会3个职能部门。协会以“推动行业技术创新，满足人民群众审美需求”为服务宗旨，积极为行业发展努力开展各项工作。2000年协会被省经贸委、省经社联评选为全省“先进社团”。协会成立后，相继帮助厦门、漳州、福州、泉州、莆田、晋江、福清、龙海、福安等地成立了地方性协会，会员已遍及全省各地。组织技术比赛和技术交流。协会每年精心筹办1场全省美发美容大赛和组织选手参加全国发型化妆大赛，6次率队赴京参赛，共有15位选手在全国大赛中获奖，其中还有3位选手在亚洲大赛中获奖。举办技术讲座，先后邀请香港、台湾、德国、北京、上海、成都、杭州等国内外美发美容专家来闽举办技术讲座。编辑《福建美容美发新姿》月刊，协会累计为行业培养了上千名中、高级美发美容师。

福建省写作学会

法　人：潘新和

地　址：福建师大文学院

邮　编：350007

电　话：0591—3474037

该会成立于1981年。下设青少年写作研究会和楹联研究会两个研究机构。程力夫、林可夫、孙绍振先生担任过会长。会员以省内各高校写作教师为主体，吸收各界有志于写作研究并取得一定成果者参加。宗旨是团结全省写作学界同仁，为振兴写作学科和写作教育事业而努力奋斗。召开7届学术年会，举行1届学术成果评奖，促进了写作教学与研究。还主办了福建省大学生作文竞赛等赛事，承担了国家教育部、国家社科基金项目，科研成果曾获教育部优秀教材一等奖、"五个一"工程奖、福建省社科优秀成果二、三等奖10余项，中国写作学会科研成果一等奖4项。著名文艺理论家、博士生导师孙绍振教授担任名誉会长。

福建省新闻学会

法　人：许一鸣

地　址：福州市华林路84号

邮　编：350003

电　话：0591—7852777

该会成立于1984年4月，宗旨是：团结和组织全省新闻工作者，在马克思主义新闻观的指导下，积极开展新闻学术研究和交流活动，探讨具有中国特色的社会主义新闻理论，反对资产阶级自由化，为提高新闻理论和业务水平，促进我省新闻事业的发展而奋斗。该学会是由福建省新闻界具有中级以上新闻专业技术职称的采编人员自愿组成的学术性团体。现有会员2000余人。十几年来，每年都与省记协一起举办福建新闻奖评选；先后与省委宣传部、省记协联合举办各类业务培训班30多期，有3000多人次参训；举办各类学术报告会、研讨会20多次，发表论文6000余篇。促进了新闻从业人员的思想业务水平的提高，推动了全省新闻改革和媒体事业的发展。

福建省新华社新闻信息协会

法　人：周俊祥

地　址：福州市鼓屏路116号

邮　编：350003

电　话：0591—7821402

该会成立于1995年，现有会员单位135个。该团体是由福建省从事新闻信息开发、管理、服务部门和新闻信息理论研究部门的领导、专家、学者以及热心于新闻信息事业发展的经济界、企业界有关单位的人士自愿组成的社会组织。该团体充分利用新华社的优势，帮助和促进会员单位重视新华社的新闻信息，能准确地把握国内外政治、经济动态和市场行情。同时，加强会员之间的联系和沟通，开展各种学术交流活动。协会成立以来，积极作好会员的发展和服务工作，建立会员单位信息数据库，并利用微机服务终端为会员单位提供新华社各类新闻信息服务，定期编发会刊，利用新华社的媒体为会员单位作好宣传报道服务工作。还帮助会员单位解决工作中存在的一些热点、难点问题。同时，开展新闻信息理论业务的专题研讨活动，组织信息管理和操作人员的业务培训工作等。

福建省信息协会

法　人：黄国敏

地　址：福州市湖东路78号

邮　编：350003

电　话：0591—7826460

该会于1992年11月14日成立，宗旨是：努力推动国民经济和社会信息化事业的发展，为政府、为企业、为社会、为会员提供信息服务，并在政府部门与信息企业之间发挥桥梁和纽带作用。几年来，本协会在挂靠单位省计委和省经济信息中心支持下，组织了19次信息与学术交流活动，17篇学术论文获得省科协奖励，组织兄弟省市协会8个团组共200多人对福建省沿海经济特区进行信息交流活动，组织信息技术培训工作，促进了信息技术知识的普及、应用。与省经济信息中心共同就"福建省经济动态信息开发"、"福建省对外招商项目信息资源开发与上网"、"福建经济动态信息开发与上网"项目承担课题开发研究工作。并协助编辑出版《经济强县·福建卷》、《今日福建》大型工具书；组织会员赴美国进行信息技术考察交流活动。

福建省档案学会

法　人：罗炳行

地　址：福州市华林路省府大院5号楼

邮　编：350003

电　话：0591—7804521

该会成立于1982年，现有团体会员13个、会员1630名。该会的主要任务是组织开展档案科技与学术研究、成果鉴定，发现推荐人才，组织出版会刊、论文集，普及档案科学知识，开展咨询活动。每年组织若干次讨论会、学术讲座。1991年以来组织了4次档案学优秀成果评奖活动，筹备设立了"福建省档案学优秀成果奖励基金"，评选表彰了本会的学会工作先进单位、先进工作者，组织参与档案法制宣传、咨询和科普、教材编写，优秀青年档案学术人才培养等活动。2000年被省科协评为"学会之星"及"先进学会"，被省社科联评为"先进学会"。

福建省图书馆学会

法　人：郑一仙

地　址：福州市湖东路227号

邮　编：350003

电　话：0591—7507036

该会成立于1979年11月，宗旨是充分发扬学术民主，坚持实事求是的科学态度和优良学风，倡导献身、创新、求实、协作精神，促进图书馆学研究和图书馆事业的发展繁荣，为两个文明建设服务。2000年，学会共组织会员撰写论文参加全国性学术研讨会7次，入选论文60多篇，其中10多篇论文获奖；举办全省性学术年会和专题学术研讨会3次，入选论文210余篇，出版论文集3种。还组织了省图学会第五届优秀论文评奖，共评出一等奖4篇，二等奖4篇，三等奖20篇，另有1篇被评为省科协优秀论文三等奖。学会会刊为《福建图书馆学刊》(季刊)。学会目前有个人会员1165人、团体会员30个。

福建省妇女理论研究会

法　人：林爱枝

地　址：福州市华林路163号

邮　编：350003

电　话：0591—7840610

该会成立于1989年，宗旨是以马列主义、毛泽东思想和邓小平理论为指导，坚持四项基本原则，团结有志于妇女理论研究的社会各界人士，探讨和研究在改革开放、社会主义市场经济体制下妇女运动出现的新情况、新问题，为促进两个文明建设和妇女发展作出贡献。研究会成立后，围绕着妇女参政、权益、就业，婚姻家庭，男女平等，家庭美德建设等妇女发展中存在的热点，难点问题以及妇女工作，先后8次召开理论研讨会，征集到社会各界热心人士及妇女工作者撰写的论文600多篇，经专家评选，评出优秀论文100多篇，其中，调查报告《加强党同人民群众联系发挥妇联桥梁纽带作用》获省重点课题三等奖；《女性人格价值的方法论研究》等4篇论文入选"中国妇女50年"理论研讨会；《福建省妇女理论研究优秀论文集》、《中国妇女社会地位调查福建分卷》已编辑出版，为有关方面制定相关的法律、法规、政策，为妇女工作的有效开展提供了依据。

福建省高等学校思想政治教育研究会

法　人：郭荣辉

地　址：福州市上三路8号福建师范大学

邮　编：350007

电　话：0591—3465337

福建省高等学校思想政治教育研究会成立于1985年，是一个以马列主义、毛泽东思想和邓小平理论为指导的群众性学术团体。拥有36名团体会员。研究会自成立以来，积极研究和探讨各时期高校思政教育的理论问题和实际问题，努力推进我省高校的思想政治教育工作。研究会积极组织编写教材及形势政策学习辅导材料、政工干部队伍培训、外出参观考察、评比优秀成果及工作积极分子，并编辑会刊《思想工作探索》。研究会每年组织1届年会。在福建省社会科学界联合会组织评选先进活动中，研究会多次被评为"先进学会"。

福建省党校教育研究会

法　人：曾国雄
地　址：福州市柳河路61号
　　　　1号楼3层
邮　编：350001
电　话：0591—3772820—632

该会是目前福建省唯一的关于党校教育研究的省级法人社团，成立于1993年1月，业务主管是省社科联。日常工作由省委党校指导。目前该会有近90个团体会员，10个地市级研究分会。主要业务是从事马克思列宁主义、毛泽东思想、邓小平理论的研究，定期或不定期开展党校教育及管理方面的学术理论交流，培训理论宣传方面的干部并定期总结干部教育方面的经验，研究干部成长规律，不定期开展党校系统教学观摩等活动。成立以来召开过8次年会和全省性学术研讨会，在报刊发表的文章有百余篇。

福建省孙中山研究会

法　人：杨春波
地　址：福州五四北路226号
　　　　工会大厦3层
邮　编：350003
电　话：0591—7826546

该会（FVJIAN SHUN ZHONG SHAN SEARCHING INSTITVTE，缩写FJSZSSI）成立于2000年3月25日，由福建省各界从事孙中山先生生平、思想及其领导的革命活动研究的专家学者及热心支持本项事业的人士组成。研究会以弘扬孙中山先生爱国、革命和不断进步精神，促进祖国统一、振兴中华为宗旨，是学术研究与海外联谊并重的非营利性社团。研究会于2000年11月12～14日孙中山先生诞辰134周年之际在福州举办"海峡两岸孙中山学术研讨会"，来自海内外的近百名专家学者出席了研讨会。会议收到80多篇论文，并汇编成45万多字的论文集。海内外报刊广泛报道了这次有较大影响的研讨会，研究会现有会员近百名。

福建省蔡襄学术研究会

法　人：蔡金发
地　址：福建省委党校文史室
邮　编：350001
电　话：0591—3737590

该会成立于1994年8月，宗旨是：弘扬中华优秀文化传统，团结海内外研究和乐于资助蔡襄及柯蔡文化的力量，为振兴福建经济和加强精神文明建设服务。主要成果：已出版著作：《蔡襄全集》（陈庆元教授等校注）、《蔡襄研究文选》（蔡庆发主编）、《蔡襄年谱》（蒋维锬编著）；筹款270万元，修建蔡襄陵园（仙游县枫亭镇）；加强与香港、菲律宾、台湾等地的柯蔡宗亲的联系，增进友谊。

福建省中国共产党党的建设学会

法　人：陈世谦
地　址：省组织部组织处
　　　　福建省委党校党建教研部
邮　编：350003　350001
电　话：0591—7846677、3772820

该会是全省党的建设理论工作者和党务工作者的群众性学术团体，成立于1983年3月，宗旨是：以马列主义、毛泽东思想、邓小平理论为指导，研究马克思主义关于党的学说和中国共产党建设的理论，特别是研究执政后党的建设的经验与在改革开放和社会主义现代化建设中党的建设面临的新情况、新问题，为加强省党的建设服务。18年来，该会紧紧围绕本会的宗旨，开展了一系列活动，组织广大会员学习邓小平理论、江泽民的"三个代表"的重要思想，组织广大会员深入实际进行党建理论调研，召开一系列党建理论研讨会，创办会刊《福建省党建学会通讯》。

福建省闽粤赣边区革命史研究会

法　人：杨　涛
地　址：福州市古田支路116号
邮　编：350005
电　话：0591—3334279

该会于1996年1月成立。其性质是由闽粤赣边区游击队老战士、老党员和热心研究闽粤赣边区革命史的专家、学者自愿结合的学术性非营利性社会组织。宗旨是组织原闽粤赣边区老同志积极参加闽粤赣边区党史、军史、革命史的研究，发扬革命光荣传统，开展联谊活动，增进革命友谊，在改革开放和社会主义建设中，继续做出贡献。研究会自成立以来，已举办过各种形式的纪念会、研究会、座谈会和专题报告会等，就边区历史的重大事件和活动，进行研究，并出版内部刊物《通讯》共11期，以交流研究心得，通报会员研究活动等。研究会还开展了"希望工程"等社会公益、援助捐款等活动。研究会由原边区老领导伍洪祥、熊兆仁、李德安、王汉杰、张连、谢毕真等10人任顾问。

福建省辞书学会

法　人：林玉山
地　址：福州市东水路76号10层
邮　编：350001
电　话：0591—7506149

该会成立于1989年8月，是福建辞书编纂、理论研究的同志在中共领导下自愿组成的群众性学术团体，系中国辞书学会团体会员。学会以马列主义、毛泽东思想、邓小平理论为指导思想，贯彻双百方针，团结和组织辞书工作者，提高辞书编著和研究水平，为促进社会主义精神文明建设做出了积极贡献。学会成立以来，举行了12次学术年会，并先后为"部首号码"、"三角号码"等近10种检字法进行鉴定；组织编纂出版了《辞书学概论》、《语言研究和应用》、《福州方言词典》、《八闽建筑大观》、《福州十邑名祠大观》等，均获得省级以上优秀图书奖。学会还为省社科志编纂了《辞书学》章节。1996、2000年，福建省社联两次授予该学会为省先进学会。

厦门大学福州校友会

法　人：黄金陵
地　址：福州市湖东路118号
邮　编：350003
电　话：7811378

该会于1984年6月成立。1999年10月25日重新登记。校友会宗旨：遵守宪法、法律和国家政策，遵守社会道德风尚，宏扬嘉庚精神，广泛联系海内外厦大校友，增进友谊，加强团结，为统一祖国、振兴中华，建设有中国特色的社会主义服务，为福建的经济发展和社会进步事业服务。

福建协和大学校友会

法　人：柯　冲
地　址：福州市五四北路246号
　　　　401室
邮　编：350003
电　话：0591—3732292

该会成立于1982年，1987年经福建省民政厅核准注册登记。该会宗旨：遵守宪法、法律、法令，遵守社会道德风尚。以加强国内外校友联系，增进友谊，相互砥砺，促进校友间文化、科教信息交流，为振兴中华、祖国的富强、进步及统一作出贡献。该会业务范围：举办培训或办学；联系团结海内外校友；定期出版〈协大校友〉，报道及交流各地校友信息；接待海内外校友中的专家、学者来闽考察、旅游、观光、探亲、讲学活动。该会现有校友会员1100余人，分布国内外各地。本届现有理事会理事51人。

福建省广播电视学会

法　人：张锦才
地　址：福州市白马北路253号
邮　编：350001
电　话：0591—7610095

该会成立于1987年10月，学会以马列主义、毛泽东思想和邓小平理论为指导，坚持党的基本路线，遵守宪法、法律、法规和国家政策，遵守社会道德风尚；团结全省广播电视工作者开展广播电视学术研究以促进我省广播电视工作的改革和广播电视工作者素质的提高，为发展具有中国特色的社会主义广播电视事业服务。

该会是福建广播电视系统的群众性学术研究机构。成立以来，紧紧围绕省广电局的中心工作，对广播电视宣传业务、事业发展、队伍建设等工作做了大量调查研究和理论研讨，同时还承担省广播电视各类节目政府奖的评奖工作，对促进广电事业发挥了积极的作用。

福建省越剧之友联谊会

法　人：袁荣生
地　址：福州市杨桥东路183号
邮　编：350001
电　话：0591—7556848

由越剧爱好者组成的福建省越剧之友联谊会成立于1989年8月。宗旨为发扬团结、改革、联谊的精神，扩大越剧艺术的影响，加强观众与演员的联系，丰富群众的业余文化生活，提高会员对越剧艺术的欣赏水平。该会成立后，先后于1990年、1999年举办两届全省越剧之友演唱大奖赛；参加第一届、第三届福建艺术节演出；1999年10月组队参加全国民间越剧节折子戏大赛，元芬兰获演员银奖，唐莉获演员铜奖，该会获优秀组织奖；主办一年一度的越友元宵联欢会；连续举办10期越剧培训班；组织观摩来榕的越剧演出。

福建省文化娱乐业协会

法　人：郭勋安
地　址：福州市杨桥东路183号
邮　编：350001
电　话：0591—7540754

该会成立于2000年12月21日，宗旨是高举邓小平理论伟大旗帜，坚持党的基本路线，坚决执行中央和省关于文化市场的有关规定，遵守宪法、法律、法规和国家政策，遵守社会道德风尚。团结全省文化娱乐市场管理者和经营者，开展信息交流，人才培养、学术研究等活动，倡导健康有益的文娱活动，丰富群众文化生活，为改革开放和发展社会主义市场经济制定良好的文化环境，促进两个文明建设。主要业务是在全省范围内开展本娱乐业的业务培训、人才管理、信息服务、经验交流等活动。

福建省武术协会

法　人：高芝瑞
地　址：福州市福飞路151号
邮　编：350003
电　话：0591—7726844

该会成立于1978年，其宗旨是团结全省武术工作者和爱好者，遵照国家有关政策、法规，普及武术运动，提高技术水平，发展武术事业，促进精神文明建设。协会成立20多年来，不断开展丰富多采的武术活动，武术人才辈出，竞技成绩显著，在全国以上重大比赛中获得130多枚金牌，努力挖掘整理南少林武术遗产，编纂出版了《福建南拳汇宗》、《太极拳入门功法》及24式、42式太极拳图解、录相带、VCD等，经常举办各项武术培训、竞赛及对外交流活动，为弘扬中华武术，推进福建武术运动的发展作出贡献，多次被国家体育总局、省体育总会授予先进社团组织。

福建省轻纺体育协会

法　人：魏德俊
地　址：福州市省府路1号
邮　编：350001
电　话：0591—7556673

本会成立于1987年，目前有团体会员38家，主要是福建轻纺系统的大中型骨干企业。协会自成立以来，始终把开展职工体育活动，为企业的改革、发展、稳定服务作为宗旨。几年来把大型比赛与平时小型活动有机地结合起来，做到组织不散、活动不停、创新不断，每年的“五一”、“十一”都举办全系统大型的乒乓球和游泳比赛，平时经常组织会员单位开展棋牌和各项球类比赛。1992年组织了一个212人代表团参加第十届省运会行业组的全部15个项目角逐，荣获6枚金牌、12枚银牌和14枚铜牌，取得总锦标400分的好成绩，名列行业组第四名。1998年又组团参加第十一届省运会行业组的桥牌和羽毛球比赛，获得1枚金牌和1枚银牌。1999年荣获“全省职工体育活动优秀组织奖。”

福建省优生优育协会

法　人：何明
地　址：福州市鼓屏路61号
邮　编：350003
电　话：0591—7821393

协会成立于1993年6月，其宗旨是团结和动员全省优生优育工作者和热心于优生优育事业的单位和个人，积极开展优生优育的宣传教育、人员培训、科学研究、社会服务、交流协作，为促进全省优生优育事业的发展，保护母婴健康、增进家庭幸福，提高人口素质作出贡献。协会成立以来开展宣传教育，普及优生优育科学知识。组织大型的宣传咨询活动、专题讲座、知识竞赛，编印宣传画、宣传小册子等，通过广泛深入的宣传教育，进一步提高群众的科学知识水平，举办各类培训班。举办优生遗传咨询、新生儿复苏技术，母婴安全适宜技术、婴幼儿智能开发等培训班，提高基层优生优育、妇幼保健人员业务技术水平和服务能力；开展学术交流，通过多次组织以优生优育为主题，以健康促进为目标，围绕婚前保健、围产保健、儿童保健、遗传咨询等内容的学术交流。开展对外合作与交流。1996年以来，在兄弟省市优生优育协会支持下，参加了“中英妇幼保健合作项目”，1998年开始与台湾妇幼卫生协会进行交流，每年互派参访团，互相学习优生优育、妇幼卫生领域的工作经验。

中华医学会福建分会

法　人：魏忠义
地　址：福州市鼓屏路61号
邮　编：350003
电　话：0591—7824683

中华医学会福建分会，又称福建省医学会。成立于1932年，现有会员9616名，团体会员单位161个。现为第四届理事会，共有理事166名，其中常务理事34名。学会主要工作任务是学术交流、人才培训和科技推广咨询。学会下设4个工作委员会、52个专科分会，9个设区市分会、65个县市分会。每年召开全省性学术会议30个左右，举办专业培训班约20期，并承担继续医学教育、新药临床验证、科技成果评定与推广及优秀人才推荐工作，编辑出版《福建医药杂志》、《福建医学》。先后多次荣获中国科协、中华医学会、福建省科协授予的先进单位称号，连续11年荣获“学会之星”称号。

福建省卫生经济学会

法　人：包章炎
地　址：福州市鼓屏路61号
邮　编：350003
电　话：0591—7553721

学会于1983年3月成立，宗旨是以邓小平建设有中国特色社会主义理论为指导，学习贯彻《中共中央、国务院关于卫生改革与发展的决定》中提出的卫生改革与发展的奋斗目标，宗旨在团结和组织广大会员在调查和研究基础上，把卫生经济的理论研究、应用研究和学科建设深入持久的开展下去，为发展福建卫生事业、促进人民健康做出贡献。成立以来，学术活动活跃，近3年来围绕以卫生改革与发展中的热点、难点为主题，开展各种学术活动17次，收到论文400多篇，有关论文和论文集发表100多篇，并与闽浙赣3省卫生经济学会联合编著出版《卫生经济与管理》丛书，学会还编写每月1期《福建卫生经济》简讯，现已刊行130期，为推广学术交流，沟通信息起到重要作用；经常组织课题调研，为政府决策服务，其中有的调研成果形成政府的决策，产生积极的社会效果。全省现有9个市卫生经济学会、省属11所医疗卫生单位团体会员，开展各种学术研究，表彰先进学会、优秀学会积极分子和优秀论文，使学会组织不断加强，学术活动更加活跃，学会工作更有生机和活力。

福建省预防医学会

法　人：曾昭鸿
地　址：福州市鼓屏路61号
邮　编：350003
电　话：0591—7854161

福建省预防医学会前身为中华预防医学会福建分会，成立于1988年5月。学会成立9个专业委员会，即流行病、寄生虫病、食品卫生、卫生专业、妇幼保健、劳动卫生职业病、消毒杀虫灭鼠、地方病、卫生防疫管理等专业委员会。有团体会员单位36个、会员4000多人。设区的9个市及部分县(市)成立了预防医学会,接受福建省预防医学会业务指导。学会宗旨:团结全省广大预防医学工作者,促进预防医学事业提高、繁荣和发展,普及推广预防保健知识,为增进人民身心健康服务。学会于1992年创办《福建省预防医学杂志》,1995年后经国家科委批准改为《海峡预防医学杂志》,成为国家级双月刊期刊。学会成立后,积极开展学术交流、卫生宣传、咨询活动、培训会员、编辑出版、推荐人才、成果审评及国际间的学术交流与合作等活动,近年来,先后4次组团参加健康教育、烟草与健康、麻风防治、公共卫生等国际学术会议。加强海峡两岸学术交流,先后两次组织赴台考察。组织编写专著、培训教材和科普作品为该学会特点。1998年先后出版有《血源性传染病》、《艾滋病预防与控制》、《新发现的传染病》等10多部,作为各有关专业的培训教材、参考书或科普读物,受到普遍的称赞。《血源性传染病》、《艾滋病的预防与控制》作为培训教材,为全省医务人员进行艾滋病知识培训,受到普遍的欢迎。《福建省人口健康水平》一书,汇总了省卫生厅历年来有关福建省人民健康状况的各类调研材料,为一本珍贵健康资料,该书一些内容被中国新闻社引用向国外发布,香港、新加坡、美国等5家报纸刊用。由于该学会成绩显著,被福建省科学技术协会授予2000年"先进学会"荣誉称号。

福建省农村卫生协会

法　人:何　明

地　址:福州鼓屏路61号

邮　编:350003

电　话:0591—7852602

该会于1987年4月成立,宗旨是以马列主义、毛泽东思想、邓小平理论为指导,团结全省农村卫生工作者,协助政府积极开展初级卫生保健工作,努力促进农村卫生事业发展,提高农村居民的健康水平,为农村的社会主义现代化建设服务。协会成立以来,加强协会基础建设,协助抓好农村初保工作,开展形式多样的学术活动,当好卫生行政部门的助手,积极协助对基层医疗卫生机构的监督管理及对乡医的培训考核,规范农村医疗市场等工作。

福建省控烟与健康协会

法　人:张新陆

地　址:福州市华林路福寿巷3号

邮　编:350003

电　话:0591—7841745

该协会成立于1994年6月。宗旨是遵守宪法、法律、法规和国家政策,遵守社会道德风尚,广泛团结有志于控烟工作的志愿者,为推动全省控烟工作,减少吸烟相关疾病,提高人民健康水平而努力。协会在每年世界无烟日前后组织开展多种形式的宣传活动。曾印发禁烟标志、控烟宣传墙报等宣传品20多万份。开展了评选省级无吸烟单位、控烟积极分子和推选全国无吸烟学校优秀校长、全国控烟积极分子、控烟宣传优秀新闻单位、中国控烟先进奖等工作。协会3次向机关单位、医疗机构、各类学校发出加强控烟5点倡议,接受倡议单位达1258个。还协同有关单位在福州市14所中小学实施以控烟为突破口的健康促进学校项目。

福建省健康教育协会

法　人:计克良

地　址:福州市华林路福寿巷3号

邮　编:350003

电　话:0591—7841745

该协会成立于1984年12月。宗旨是遵守宪法、法律、法规和国家政策,遵守社会道德风尚,团结全省各界的健康教育工作者,为发展全省健康教育事业,提高群众自我保健意识与能力,促进群众建立健康的生活方式而努力。协会每年与省健康教育所共同举办健康教育培训班和召开学术研讨会。1995年与省卫生厅疾控处、省经贸委安全处共同创办《健康促进和教育》杂志。近年来与有关单位共同举办冠心病、糖尿病、肿瘤等慢性病防治的科普讲座。1998年开展了评选先进的活动,评选出福建省健康教育先进工作者23名、关心健康教育的领导干部77名、社会健康教育先进单位152个。

福建省护理学会

法　人:何　明

地　址:福州市鼓屏路61号

邮　编:350003

电　话:0591—7822616

该会成立于1964年,是福建省护理科技工作者的群众性学术团体,由福建省科学技术协会直接领导,接受福建省卫生厅和中华护理学会的业务指导。学会的宗旨是团结广大护理工作者,为繁荣和发展福建护理科学事业,促进护理科学技术的普及、推广和进步,为保护人民健康服务。学会设有9个分会和10个专业委员会,共有团体会员单位90个,会员11700人。学会在开展学术交流、继续教育、科学普及和对外交流等方面做了大量工作,多次被省科协评为"先进学会"和"学会之星"。1997年获中华护理学会"护理科技进步奖组织奖"。前任理事长张瑾瑜于1993年被国际红十字会授予第34届南丁格尔奖。

福建省能源研究会

法　人:陈朝柱

地　址:福州市杨桥东路9号

　　　　中闽大厦A幢802室

邮　编:350001

电　话:0591—7553934

该会于1981年1月成立。其宗旨是:坚持以邓小平理论为指导,遵守宪法、法律、法规和国家政策,遵守社会道德风尚,贯彻开发与节约并举方针,组织和团结全省能源科技工作者和热心能源事业的各界人士,开展学术研究、科技创新、经验交流和咨询工作,为促进经济、能源、环境的持续协调发展做贡献。研究会设有煤炭开发、煤炭加工利用、电力开发、石油、地热、农村能源、新能源、节能与热电8个专业委员会和1个能源经济专业学组,1个《福建能源开发与节约》编辑部。20年来,研究会在本省能源领域,为领导当参谋,为企业当桥梁,开拓进取,扎实工作,较好地发挥了中介功能作用。

福建省资源利用协会

法　人:林本霖

地　址:福州市杨桥东路9号

　　　　中闽大厦A座02室

邮　编:350001

电　话:0591—7564514

该会于1993年1月在福州成立,同年10月经省社团办批准更名为福建省资源利用协会。协会宗旨是:坚持以邓小平理论为指导,遵守宪法、法律、法规和国家政策,遵守社会道德风尚,贯彻开发与节约并重的方针,组织和团结全省资源节约和综合利用工作者,面向基层,服务企业,开展学术研究、经验交流、技术培训和咨询工作,为促进本省资源节约和综合利用事业的发展做贡献。协会现有节能、节材、资源综合利用3个专业委员会,以企业为主的团体会员单位457个,遍布全省各地。8年来,协会在资源节约和综合利用工作领域为领导当参谋、为企业当桥梁,团结进取,踏实工作,较好地发挥了作用。

福建省天文学会

法　人:庄天山

地　址:福州市法海路41号

邮　编:350001

电　话:0591—7548070

该会于1992年12月在福州成立,现有180多名会员,以省内各大、中院校和科研所的教师、科技人员为主。本会以发展和繁荣福建省天文科教事业为宗旨。主要业务范围:组织并开展天文及相关学科的学术研究,从1993年至今已成功主办《全国日地关系和灾害学术研讨会》4届;编辑出版《福建天文》学术期刊;本学会在福州市格致中学校园内建有天文台,配置美制Mead－8″折反射式天文望远镜,并对公众开放,为开展中、小学天文科普活动、素质教育和传授星空观察方法等提供服务,竭诚欢迎广大群众团体与中、小学校集体组织参观;开展海峡两岸天文学术和天文观测活动交流;开办天文教学与天文活动辅导师资培训班。

福建省地理学会

法　人:郑达贤

地　址:福州市仓山区上三路8号

邮　编：350007
电　话：0591—3441543

该会是全省地理科教工作者组成的学术性群众团体。该会1964年召开第一届理事会以来已产生6届理事会。现有会员500人。其宗旨是团结全省会员开展地理科学研究和教学经验交流，促进地理科技的繁荣和地理教育及科普的发展，促进地理科技人才的成长与提高，为本省人口、资源、环境和经济可持续发展战略出谋献策，为推进两个文明建设做贡献。学会曾主持和参与全省多项重大项目的论证。历次学术活动皆以经济建设为中心，围绕一个主题（包括资源调查、国土整治、区域规划、土地利用、环境保护、产业结构调整等）进行实地考察，组织专题讨论，提出解决问题的办法，供领导决策参考。

福建省海洋学会

法　人：张金标
地　址：厦门市大学路178号
　　　　国家海洋三所内
邮　编：361005

该会成立于1979年10月，是福建省海洋科技工作者和相关企事业单位自愿组成的学术性群众社团。该会以提倡辩证唯物主义、坚持实事求是的科学精神和优良学风，发扬民主，团结和依靠广大海洋科技工作者，贯彻科技面向经济和百家争鸣方针，为繁荣海洋事业，促进科技进步出成果、出人才，振兴福建海洋经济为宗旨。本会积极开展国内外和两岸学术交流，主办或联办有关海洋科学、海洋开发战略研讨会10多次，编辑出版《台湾海峡》学报20卷68期，组织专家为制定福建省海洋科技发展规划、海洋产业技术政策和科技兴海计划等提供咨询，发动会员参加省市海洋科普活动。现有会员488人。

福建省地震学会（Seismological Society of Fujian，缩写SSF）

法　人：林思诚
地　址：福州市华林路203号
邮　编：350003
电　话：0591—7816423

该会成立于1980年11月，是由从事地震科研和防震减灾事业的科技工作者和有关单位自愿组成的专业性、学术性、公益性、全省性、非盈利性社会团体。宗旨是团结动员广大地震科技工作者，促进科技进步，为防震减灾事业做贡献。业务范围有学术交流、科普宣传、科技咨询、成果鉴定、项目评估、出版学术刊物，兴办符合学会宗旨的社会公益性事业，反映科技工作者的意见和要求，维护科技工作者的合法权益。学会紧紧围绕国家重点建设项目，结合福建综合防震减灾三大工程，发动会员献计献策，投身四化建设，取得丰硕成果。2000年该会获福建省省级学会之星称号。

福建省物理学会

法　人：曾民勇
地　址：福州市福州大学
邮　编：350002
电　话：0591—3712401

该会成立于1961年6月。学会宗旨是团结全省物理学工作者开展学术交流和合作，普及科学知识、组织科技咨询和青少年科技活动，及早发现人才，培育人才，促进物理学科的发展和教学质量的提高。学会设有学术、教学研究、普及与咨询、编辑出版、物理竞赛5个工作委员会和光学、电镜、核物理、中专物理4个分会。创办了《中学生物理园地》编辑部、应用技术培训学校和福州名豪电脑排版印刷公司3个经济实体。编辑、出版《中学生物理园地》杂志（月刊）和《物理学——从高考到奥赛》书1部。1999年被省科协评为“学会之星”和“优秀学会”；2000年评为“优秀学会”。

福建省山区资源开发利用研究会

法　人：戴永善
地　址：福州市铜盘路6号
邮　编：350003
电　话：0591—7832207

该会成立于1985年11月，宗旨是：团结全省有志于从事山区资源开发利用的科研、教学、生产和组织管理工作者，本着经济、社会、生态效益相统一的原则，探讨并研究如何科学地综合开发利用和保护治理山区资源，为振兴福建加速经济建设作出贡献。研究会的工作成果：参与本省11个贫困县考察活动，考察报告受到好评；开展“福建山海两线发展战略研究”，发表论文5篇；提交“90年代福建发展战略研究”论文17篇；承担国家计委国土局下达的“福建省平和、浦城国土综合开发利用试点研究”；参与省有关部门组织的科技三下乡活动；创办《资源与开发》季刊。

福建人才交流协会

法　人：骆烟良
地　址：福州市杨桥东路
　　　　建兴广厦9层
邮　编：350025
电　话：0591—7505978

该会是由从事人才研究的专家、学者和从事人才交流服务的单位和个人自愿组成的全省行业性非营利性组织。1999年10月25日正式成立，业务主管部门为省人事厅，中国海峡人才市场总经理骆烟良任会长。协会下设秘书处、咨询服务中心作为业务主办机构。协会宗旨：推动全省人才交流服务单位和个人之间的交流与合作；制定行业规范，规范市场行为，反对不正当竞争，维护行业利益和会员合法权益，促进全省人才市场健康发展。主要业务：开展行业理论研究和学术交流；加强行业横向联系，组织会员开展调研考察；提供就业政策、信息咨询和人才推荐服务；开展行业业务培训；开展国际（地区）间人才交流业务；筹集人才事业发展基金等。

福建省老年学学会

法　人：李宗时
地　址：福州市五四路263号
邮　编：350003
电　话：0591—7844420

该会于1995年2月28日成立。学会的宗旨是：服从中国共产党的领导，遵守宪法、法律、法规和国家政策，遵守社会道德风尚；组织和团结全省老年学专家、学者和老龄工作者，从本省的实际出发，进行老年学学术研究，发展老年科学事业，为党和政府制定解决老龄问题的方针、政策提供科学依据，发挥参谋和咨询作用。6年来，通过广大老年学研究工作者的共同努力，本省老年学研究工作取得了较好的成绩，先后4次召开全省性老年学学术研讨会，撰写论文700余篇，编辑出版了4册《老年学论文集》，积极参与国际、国内老年学学术交流，颇受好评。2000年被评为省级先进学会。

福建省工程师经济师协会

法　人：张志清
地　址：福州省府路1号20号楼1层
邮　编：350001
电　话：0591—7618160

该会成立于1994年6月18日，是全省工程师经济师组成的专业性群众团体，现有会员1830人。其宗旨是：团结全省工程技术和经济管理专业人员坚持科学技术是第一生产力的观点，以经济建设为中心，倡导“献身”、“创新”、“求实”、“协作”的精神，坚持改革开放，遵守宪法、法律、法规和国家政策，遵守社会道德风尚，充分发挥桥梁和纽带作用，积极开展学术交流活动，提高学术水平，培养工程技术和经济管理人才，积极为企事业提供咨询服务，维护工程技术和经济专业人员的合法权益，为福建省科学进步和经济发展作出积极的贡献。该会成立以来，曾举办多种学术讲座、学术研讨和技术咨询，开展跨学科、横向性的学术交流活动，举办各类培训班、进修班，组织并参与全省工程技术和经济专业人员申报专业技术职称的继续教育和培训工作。

福建省未来研究会

法　人：陈文钊
地　址：福州市湖东路78号208室
邮　编：350003
电　话：0591—7836369

该会成立于1984年1月，现有会员103人，研究会坚持以马列主义、毛泽东思想和邓小平理论为指导思想，发挥计量经济研究的优势，对国民经济与社会发展现状及趋势进行定量定性分析与预测，提交研究报告，为宏观调控与管理提供决策参考服务，推进福建省决策科学化和民主化进程。近年来，研究会举办学术研讨会20场，参加人员近千人次；组织会员开展经济计量模型、中长期规划、经济研究和问卷调查，并取得较好成绩；近百篇论文和研究成果获奖，多项研究报告得到省领导和宏观经济管理部门的批示与肯定。在新的世纪，研究会将遵循学会宗旨，把研究会办得更好、更有特色。

福建省领导科学研究会

法 人：林述舜
地 址：福州市柳河路61号
邮 编：350001
电 话：0591—3792032

该会是由从事领导科学研究的理论工作者、领导工作者自愿结合组成的非盈利的学术性社团组织。成立于1994年。研究会宗旨：以马列主义、毛泽东思想、邓小平理论以及“三个代表”重要思想作为指导思想，理论联系实际，开展领导科学领域的学术研究与经验交流，联合和团结我省广大领导科学工作者与领导工作者为发展与繁荣领导科学理论研究、学术交流和咨询服务，为领导工作科学化，为社会主义经济建设服务。几年来，该社团多次组织召开全国性大型学术研讨会，为领导科学理论研究的繁荣，起了积极的推动作用。目前本社团主办的《领导文萃》杂志，面向全国，月发行量12万。在该刊物出刊百期之时，习近平省长致贺并赞誉：领导文萃“倡导领导艺术，弘扬管理文化，为推动我省改革和经济建设作出了贡献。”

福建省老科学技术工作者协会

法 人：唐 华
地 址：福州市交通西路天诚公寓1座
邮 编：350005
电 话：0591—3729824

该协会成立于1983年。协会以邓小平理论为指导，坚持辩证唯物主义和历史唯物主义，团结和组织广大老科技工作者，遵纪守法、发挥专长，为促进科技进步、经济繁荣、社会发展和民族振兴再做贡献。协会成立18年来，在社会主义物质文明建设和精神文明建设中做了一些力所能及的工作，取得一定的经济效益和社会效益，购置两处房产约值百万元，多次被评为先进单位。协会下属有科联设计研究院二室、福州科闽经济开发部、福州闽辉工程技术勘测队及两所中等学校。

福建省邮电老经济技术工作者协会

法 人：吕康民
地 址：福州市沙帽井巷1号4号楼
邮 编：350001
电 话：0591—7557215

该会成立于1994年4月。其宗旨是：遵守宪法、法律、法规和国家政策，坚持以邓小平建设有中国特色社会主义理论为指导，坚持党的“一个中心、两个基本点”的基本路线，团结和组织广大邮电老经济技术工作者，发挥其技术专长和工作经验，为促进福建邮电通信建设和科技进步服务。几年来，协会在民政厅和业务主管单位福建省经济社团联合会的领导支持下，在全体成员积极热情参与下，取得了一些成绩。2001年3月，福建省经济社团联合会授予协会先进社团称号。

福建省监狱系统科技工作者协会

法 人：林云良
地 址：福州市杨桥中路146号
邮 编：350002
电 话：0591—7020030

该会成立于1995年7月15日，协会下设机电、建材、土建、质量、农林、医学、财会等7个专业委员会。协会宗旨：贯彻党的基本路线，坚持四项基本原则；遵守宪法、法律、法规和国家政策，遵守社会道德风尚；团结组织监狱系统科技工作者，围绕创建社会主义现代化文明监狱的任务，积极从事技术创新与“科技兴监”活动；促进监狱系统的科学技术的繁荣和发展；促进科技人才的成长与提高；为提高本系统劳动者素质作出贡献。

福建省系统工程学会

法 人：曾昭磐
地 址：厦门市厦门大学自动化系
邮 编：361005
电 话：0592—2183086

该会成立于1987年7月。宗旨是普及系统工程知识，开展系统工程及应用研究和学术交流，开展决策咨询。参加主办全国首届系统科学夏令营，主办福建省首届系统科学夏令营。承担并完成省级软科学研究课题6项，其中“福建省专门人才需求预测”获1992年省科技进步二等奖，4项成果通过省科委组织的鉴定(3项达国内先进水平)，1项获福建省科协“双千活动”十佳项目奖，1项建议获省科协优秀建议奖。举办全省性系统工程短训班5期，学员200多人；系统工程讲座60多次，听众达5000多人次。本学会获1991年度全国省级“学会之星”称号，被评为1994年度省科协先进集体。编印学会内部通讯与系统工程学刊、系统工程论坛共10期。

福建省标准化协会

法 人：刘厚仁
地 址：福州市省府路1号11号楼1层
邮 编：350001
电 话：0591—7553672

该会是在党和政府领导下的标准化科技工作者行业性和学术性团体，成立于1982年6月。宗旨：组织全省标准化工作者开展标准化学术活动，普及标准化科学知识，提高标准化技术水平；组织开展国内外和港、澳、台地区标准化组织的合作与交流，推进本省标准化事业发展，更好为经济建设服务。该会成立以来，广泛开展标准化知识培训教育，开办各种培训班、研究班和函授教育，教授工业标准化、农林水标准化、商业标准化和质量管理与质量认证系列标准，有万余名学员获得相关课程的结业证书。编辑出版《福建技术监督》杂志，全国发行。开展国内外标准化学术活动和标准化咨询服务。曾邀请台湾标准化秘书长吴先生、企业家周先生，台湾品质学会秘书长刘先生以及德国专家、美国专家来闽讲学交流。协会多次组织代表团到美国、日本、澳门以及台湾、香港考察。

福建省工程建设科学技术标准化协会

法 人：翁玉耀
地 址：福州市北大路242号
邮 编：350001
电 话：0591—7615904

该会原称为“福建省工程建设标准协会”，成立于1985年，1999年12月22日经省民政厅批准更名为“福建省工程建设科学技术标准化协会”。协会宗旨是：遵守宪法、法律、法规和国家政策，遵守社会道德风尚；反映建设科学技术和标准化工作者愿望和要求，维护本行业的合法权益；竭诚组织全省工程建设科学技术和标准化工作者，开展工程建设科学技术和标准化有关活动；为提高全省工程建设科学技术和标准化的水平，促进建筑业成为国民经济的支柱产业、加速福建社会主义现代化建设做出贡献。主要工作成果：组织编制工程建设地方标准60多项、标准设计45项、发行标准图书1125余万册。

福建省青年商会

法 人：李顺堤
地 址：福州市东街花园里1号
邮 编：350001
电 话：0591—7514240

该会是团省委主管、由全省各种所有制企业以及个体企业优秀青年厂长、经理、董事长和工商界中具有青年代表性的人士自愿结成联谊性、非营利性的社会组织。现有个人会员450人，团体会员10个。该会自1994年成立以来，本着为培养和造就优秀青年经济管理人才队伍服务，为会员及其企业的发展服务，为振兴福建经济贡献力量的办会宗旨，组织会员参加学习培训700多人次，连续3次联合有关部门评选表彰福建省优秀（杰出）青年企业家共150人次，组织多批会员赴东南亚、日本和欧美以及港澳台等国家和地区学习考察访问，发动会员参与公益事业捐款累计近1000万元，资助失学儿童就学1000多名，会员企业与贫困村“结对子”100多个，帮助贫困村创办企业60多家，投入资金100多万元。

福建省地方税收咨询协会

法 人：叶木凯

地　址：福州市铜盘路36号
邮　编：350003
电　话：0591—7839770

该会为2001年1月成立，业务主管单位为福建省地方税务局，现有单位会员186个、个人会员50人，协会宗旨是：严格遵守宪法、法律、法规和国家政策，遵守社会道德风尚，组织全省地税工作者，并团结全省有关学术团体和理论界、学术界、工商企业界及有关部门人士，在建设有中国特色社会主义理论指导下，坚持四项基本原则，贯彻“百家争鸣，百花齐放”的方针，理论联系实际，开展社会主义市场经济条件下的地方税收理论和实践研究，开展地方税收宣传和咨询服务，提高本省地方税收理论、政策和管理水平，为全省地方税务工作服务，为全省改革开放和社会主义现代化建设服务。

福建省消防协会

法　人：傅纪成
地　址：福州市北环西路196号
邮　编：350003
电　话：0591—7089412

该协会成立于1987年11月，是由福建省科技、专业工作者以及各界热心消防工作的人士、单位组成的学术性群众团体。协会下设秘书处和自动消防工程施工、装饰装修防火、消防产品技术、队伍建设和灭火战术、建筑防火、石油化工防火、电气防火、火灾原因调查鉴定、学术刊物编辑9个专业委员会，秘书处为协会日常工作机构。协会宗旨：遵守宪法、法律、法规和国家政策，遵守社会道德风尚。团结和组织消防科技工作者，开展消防科学技术研究，为预防火灾、保卫人民生命财产不遭损失，为促进福建省消防事业的发展做出贡献。主要工作成果：创办《消防时刊》，开展消防科普宣传教育活动；研究开发出水泡沫两用消火栓、自救式消防卷盘、旋转式消火栓、变压变量自动消防给水系统。

福建省保险学会

法　人：杨大祖
地　址：福州市五四路233号
邮　编：350003
电　话：0591—7092243

该会于1986年5月14日成立，拥有会员190多人，常务理事46人，正副会长9人，正副秘书长9人。福建省政府副省长张家坤任名誉会长。本会宗旨：在马克思主义、毛泽东思想和邓小平理论的指导下，拥护以江泽民同志为核心的党中央的正确领导。遵守宪法、法律、法规和国家政策，遵守社会道德风尚，认真贯彻执行《保险法》，坚持理论联系实际，贯彻“百花齐放、百家争鸣”的方针，团结和组织保险行业和社会有关方面，结合我国的国情开展保险理论研究和学术活动，努力提高我国保险理论水平和业务水平，为发展我国保险事业，繁荣社会主义市场经济而贡献力量。该会遵照“学会的生命力在活动，活动的重点在于理论调研”的指导思想开展各项工作。加强理论调研，组织撰写理论文章140多篇，发表70多篇，获奖15篇。召开“保险行业国际研讨会”、“普及保险知识”理论研讨会等。还8次组织130多人次参加各种理论研究会，广泛深入开展调研活动，不断提高理论队伍的水平。组织“保险知识宣传周”、“社会科学在您身边”以及“明明白白买保险”等活动，增强民众的保险意识。组织编纂“中国保险年鉴”、“福建金融年鉴”和“福建年鉴”等工作。开展有益身心健康的文化娱乐活动，为全体会员制作发送了会员证，增强大家的荣誉感。不定期召开秘书长或常务理事会，认真研究和部署工作，制定和修改学会有关制度，及时增补调整常务理事和吸收新会员，使学会活动充满生机和活力，更趋于正常化和规范化，为本学会成为全省第一批标准化的学会打下基础。

福建省金融法律工作者协会

法　人：晏露蓉
地　址：福州市五四路220号
邮　编：350003
电　话：0591—7846443

该会于1997年12月28日正式成立，为全省性社会团体法人资格的社会团体。协会的宗旨是：遵守宪法、法律、法规和国家政策，遵守社会道德规范，广泛团结我省金融法律工作者，加强金融法制建设，促进中央银行依法履行职责，商业银行依法经营业务，保障金融机构稳健运行，维护参与金融活动各方当事人的合法权益；积极开展金融法制工作研究和交流活动，及时传递金融法制信息，加强金融法制学习、宣传、培训，提高金融系统广大干部职工知法、守法、执法水平，促进本省金融事业健康发展。自协会成立以来，广泛团结和充分调动各方面的法制力量和工作积极性，充分发挥金融法律协会联系面广、凝聚力强的优势，以促进依法行政、依法经营为重点，以维护金融机构合法权益为主线，强化工作规范性、主动性、服务性，努力开创金融法律协会工作新局面。协会积极主动加强与省人大、省政府的法制机构和司法部门及各金融机构进行联系和沟通，经常组织金融机构法制干部并邀请人大、政府法制机构和司法机关的专家、领导，对金融法律的热点、难点问题进行专题探讨，并将研讨结果在协会内部刊物《金融法制园地》上刊登，为各有关金融机构提供了积极有效维护自身合法权益的措施和意见；坚持每年举办1～2期法律专题培训，围绕各时期不同主题开展了一系列宣传活动，大力开展金融法律宣传，培养和提高社会信用观念和法律意识。

福建省律师协会

法　人：薛育卿
地　址：福州市八一七北路190号
　　　　闽星楼4层
邮　编：350001
电　话：0591—7551410

1982年9月8日，福建省律师协会第一届理事会正式成立。内设办公室、业务研究部、会员部、《福建律师》编辑部，人员编制数为16人，为财政全额拨款的事业单位。该会的宗旨是：团结和教育会员自觉遵守宪法、法律、法规和国家政策，遵守社会道德风尚；维护宪法和法律的尊严，忠实于律师事业，恪守律师职业道德和执业纪律；维护会员的合法权益；提高会员的执业素质；加强行业自律，促进律师事业的健康发展，为依法治国、建设社会主义法治国家，促进社会的文明和进步而奋斗。该会现有团体会员280多个，个人会员2500多人。20年来，在各级党和政府的关怀下，律师队伍不断壮大，全体律师积极参与各类诉讼和非诉讼业务，取得了明显的经济效益和社会效益，为我省的社会稳定和经济繁荣作出了积极的贡献。同时，全省律师注重两个文明建设，积极回报社会，响应党和政府号召，捐款捐物支援灾区，捐建“福建律师希望小学”3所。为此，协会荣获由团中央、中国青少年基金会联合颁发的“希望工程贡献奖”。

福建省拍卖协会

法　人：江涌
地　址：福州市中山路23号
　　　　商业大厦8层
邮　编：350003
电　话：0591—7847550

该会成立于1998年6月。其宗旨为：遵守宪法、法律、法规和国家政策，遵守社会道德风尚，为政府和会员企业服务，培育拍卖市场，促进福建省拍卖业健康发展。成立3年来，在宣传贯彻《拍卖法》和《福建省财产拍卖条例》，开展拍卖专题调查，总结交流拍卖信息、经验，发展省内外同行间的协作，配合主管部门规范拍卖交易秩序，组织推荐员工参加全国拍卖从业资格、拍卖师培训考试，促进拍卖企业改制及拓展拍卖领域等方面发挥了积极作用。全省现有拍卖企业58家，2000年拍卖成交总额达16亿元。

福建省天主教闽北教区

法　人：吴弈顺
地　址：南平市东山路107号天主堂
邮　编：353000
电　话：0599—8829603

福建省天主教闽北教区于1999年10月25日成立，宗旨是：引导教友、神长恪守天主诫命，履行教会职责，做好牧灵工作。自从教区成立以来，广大神长教友在教区长吴弈顺的领导下，积极配合主管领导的工作，引导广大信徒走“爱国爱教”的道路，发扬教会的优良传统，积极投身到社会主义建设中去，深入揭批“法轮功”，远离邪教，维护社会的稳定。

福建省天然矿泉水协会

法　人：吴树生

地　址：福州市五四北路285号

邮　编：350003

电　话：0591—7715204

该会成立于1995年。是由矿泉水（含瓶装饮用水）企业和科研、教学、勘查、设计等有关单位和个人自愿结成的行业性、非营利性社团组织。业务主管单位为省经济社团联合会。协会成立以来在普及饮水与健康知识、宣传党和国家方针政策、加强行业自律、培训技术人员、帮助企业攻克技术难关、提高产品质量、参与打假以及维护企业利益和消费者利益等方面发挥了积极作用。

福建省水产饲料研究会

法　人：张金标

地　址：福州市冶山路26号

邮　编：350003

电　话：0591—7825374

该会成立于1988年4月11日，现有个人会员近300人，单位会员14个。是水产饲料科技工作者和单位自愿结合的学术性、非营利性的社会团体，旨在团结水产饲料工作者从事水产饲料学术活动，促进水产饲料行业科技进步、产品质量和效益的提高，为水产增养殖业持续稳定发展作贡献。14年来，共召开4届会员代表大会，举办5次水产饲料科技研讨会及若干专题研讨会，相继由《福建水产》和《台湾海峡》期刊正式刊发论文选辑5册，发表论文150篇；还编撰水产饲料技术培训教材，参与制定水产饲料省、地方标准和行业标准，完成科研项目5项。

编审：甘文应　　　责校：章卓如

福建省企事业单位名录

福建铁路建设（集团）有限公司

法　人：杨炯华
地　址：福州市沁园路77号
邮　编：350013
电　话：0591—7577551

福建铁路建设（集团）有限公司（原上海铁路局福州工程总公司）是国有铁路综合工程施工一级企业。现有职工3273人。注册资金11000万元。主要从事铁道建筑、大型土石方、基础工程、桥梁、隧道、公路、通信、信号、电力、工业与民用建筑等工程的施工和设备安装、水泥生产等，以及承包境外铁路综合工程及境内国际招标工程。2000年完成总产值55508万元，利润531.63万元，上缴税金2195万元，工程验交优良率97.6%。获得排名“2000年福建省100家最大施工企业第三名”、“2000年福建省100家最佳效益施工企业第十二名”，及“2000年度省重点项目建设先进集体”、“1999～2000年度省级重合同、守信用单位”、“福建省2000年度‘安康杯’竞赛先进企业”、“2000年度上海市文明工地”、“上海市文明施工（生产）银杯奖”、“2000年度进沪施工企业社会治安综合治理创优达标先进单位”、“2000年度上海市重大工程文明工地”等荣誉称号。

福建东百集团股份有限公司

法　人：陈明魁
地　址：福州市八一七北路84号
邮　编：350001
电　话：0591—7531716

福建东百前身是成立于1957年的福州东街口百货商店，素以质量、信誉及规模、品种称雄业内，在八闽享有盛誉，1993年东百在全省同行中率先施行股份制改革，企业各项工作取得了突飞猛进的发展，销售、利润两大指标每年均呈两位数增长，跻身全国百货业排行榜的先进行列。据统计，从股份制改革的1993～2000年中期，集团完成销售、实现利润占建店以来总额的70.34%、77.85%。经过几年的股份制运作，东百走出了一条“深层次改革、多层次经营、高层次发展”的道路，以科学的管理模式、现代的管理方法和严格的管理制度，与现代企业制度接轨。1997年7月，企业正式成立集团，利用大型商企的整体优势和上市公司的地位，引进金融资本，实现商品经营和资本经营相结合，巩固零售主业，发展连锁销售网络，开拓综合业务领域，实现跨地区经营和多元经营的结合，目前，集团已成为全省最大集高科技产业、房地产、广告信息、证券金融、旅游、餐饮、娱乐、进出口贸易、加工业为一体的跨地区、多功能、外向型的大型商业企业集团，福建东百集团股份有限公司地处省会福州市繁华中心——东街口，拥有全省目前最大的综合商厦——东百大厦，该大厦商场面积达45000平方米，装修典雅、豪华，集购物、娱乐、餐饮、宾馆、写字楼及邮政、通讯、银行等多项服务功能为一体。

福建省东南电化股份有限公司（原福州二化）

法　人：陈允冀
地　址：福州市连江路118号
邮　编：350011
电　话：0591—7300553

福建省东南电化股份有限公司是以福州二化集团有限公司主要经营性资产为主重组成立的股份制企业。公司系全国氯碱行业骨干企业，国家大型一档企业，享有进出口权。现有产能：10万吨/年烧碱、7.5万吨/年聚氯乙烯树脂、3万吨/年液氯、5.5万吨/年盐酸及漂白粉、敌百虫等化工产品。公司设有企业技术中心和乙级化工设计院，技术力量雄厚。经不断深化改革，完善管理，2000年实现销售收入5.79亿元，利税1.18亿元。公司投资控股的福建湄洲湾氯碱工业有限公司地处泉州泉港区，东靠湄洲湾深水港，西临福厦高速公路，铁路直达厂区，交通十分便利，投资环境优良。投资6亿多元的一期工程将于2001年底全面建成投产。

福建省农资集团公司

法　人：黄逞渊
地　址：福州市尚宾路23号
邮　编：350001
电　话：0591—7550007

福建省农资集团公司成立于1992年8月，该公司经营农业生产资料40多年，在全省各地均设有全资子公司，经营网点遍及全省各地。主营化肥、农药等农业生产资料及酒店、旅游、进出口贸易。集团公司积极推进两个文明建设协调发展，并取得显著成效。2000年实现经营收入14多亿元，企业总资产7亿多元。连续多年被评为全省第三产业300大企业，在全省利税300强企业中均名列前茅，进入全国第三产业500大企业行列。1997年被国家人事部、全国供销合作总社授予“全国供销合作总社系统先进单位”，1999年被全国供销合作总社授予“全国供销合作社系统文明建设先进单位”，2000年被省委、省政府授予“第七届省级文明单位。

福建省华福证券公司

法　人：王希超
地　址：福州五四路国际大厦15层
邮　编：350003
电　话：0591—7841160

福建省华福证券公司是1988年5月23日成立。经过12年来的风雨历程，目前公司实收资本已达人民币2.05亿元，成为福建省资本金实力较为雄厚的专业性证券公司之一。1993年担任福建省首批公开发行股票公司福建省福发股份有限公司的主承销商。之后，公司作为上市推荐人和承销商参与数十家股票的上市工作。自1992年以来，公司作为主承销商为福建省横南漳泉铁路、福州长乐机场、永安205国道、泉厦高速公路等10多个重点工程成功地发行了建设债券，为福建省基础设施建设的发展作出了较大贡献。2000年公司全年完成利润约1.5亿元，比上年增长154%，资产保值增值率达165.36%，是公司成立以来最好水平。公司发展证券电子商务，2000年初推出了网上交易系统，在拓展新经纪业务上走在省内其他券商的前面，建立了华福证券金鼎资讯网（WWW.hfzq.com.cn），为投资者提供最新、最全面的资讯信息，受到了投资者的欢迎。公司现已成为全国首批23家中国证监会核准开展网上交易的券商之一。此外，还组建了华福铁路证券交易网和华福证券网上交易系统教育网分站（hfzq.fzu.edu.cn），网上交易系统推广到铁路系统和省内各大院校内部，进一步扩大了市场份额。

福州市土地房屋开发总公司

法　人：王炳毅
地　址：福州市五一中路71号
邮　编：350005
电　话：0591—3318570

福州市土地房屋开发总公司主要承担政府土地批租地块和市政重点建设用地拆迁安置、筹建拆迁安置房的房地产综合开发国有重点骨干企业。1992年、1993年在福建省第三产业300家大企业评选中，分别名列全省房地产业第二名和第三名。1995年、1998年、2000年被评为福建省利税300强企业。公司积极为福州市国有土地使用权的出让、转让，土地成片开发，为海内外客商来榕建设、开发经营房地产提供配套服务，特别在承担土地批租地块的拆迁安置方面独树一帜，深受社会各界的好评。至目前止累计开发土地80万平方米，营建拆迁安置小区、新村33个，建筑面积逾120万平方米，搬迁安置居民1万余户，还承担搬迁污染工厂和关停并转企业11家，共为市政建设和社会公益事业作贡献价值1.5亿元。

福建省建筑科学研究院

法　人：赵士怀
地　址：福州市杨桥中路162号
邮　编：350025
电　话：0591—3715748

该院成立于1958年，是福建省建筑工程系统综合性研究单位。现有在职职工114人，各类专业技术人员93人，占在职职工总人数81.6%，其中具有高、中级职称人员72人(含教授级高工10人)，硕士博士研究生31人，享受国务院特殊津贴专家3人，入选“百千万人才工程”3人。该院主要任务是：面向全省的建设事业，以房屋建筑为主要研究对象，以开发研究和检测试验为主，致力解决建筑工程和其它建设中的技术关键问题；具体承担地基与基础、建筑工程结构、建筑工程材料、建筑热工空调等应用开发研究和工程质量检测以及设计施工等。该院先后获省政府科技进步二等奖2项、三等奖9项；获建设部科技成果推广应用二等奖1项；国家和建设部科技成果重点推广项目2项；国家级工法1项；省建设系统科技进步二等奖1项；省建设系统“八五”期间科技进步一等奖3项、二等奖8项、三等奖5项；省建设系统1999年科技进步二等奖3项；省建设系统2000年科技进步一等奖1项、二等奖4项。连续6年被评为全省科技工业先进单位，获“七五”、“八五”省建设系统科技进步先进单位，建设部“八五”科技成果推广先进单位和“九五”全国建设技术创新工作先进单位。

福建六建建工集团公司

法　人：陈胜金
地　址：福州市龙庭路10号
邮　编：350005
电　话：0591—3334613

福建六建建工集团公司成立于1950年，注册资金6538万元，是一家集土建施工，水电通风设备安装，装修装饰，市政工程建设，建筑玻璃幕墙安装，建材供应，商品砼搅拌，石子生产，房地产开发等为一体的大型综合性一级资质技术，资金密集型施工企业，也是省政府确定的全省90家经济结构调优重点企业。2000年公司实施“扩大规模，增加总量，调整结构，盘活资产，精简机构，减员增效，增资减债、筹资融资，科技先导，质量兴业”的发展战略，完成施工产值5.9亿元，实现利税2407万元，分别比增6.9%和2.3%，公司先后荣获了全国第二届建筑施工先进企业，省重合同守信用单位，全国科技试点先进集体，福州市工程质量管理先进单位和安全生产先进单位等称号。

福建省榕圣市政工程股份有限公司

法　人：薛爱田
地　址：福州市福新中路226号
邮　编：350011
电　话：0591—3632817

福建省榕圣市政工程股份有限公司初创于1952年，1999年底由福州市市政工程公司改制而成。现具有市政、公路施工一级资质和工业与民用建筑施工三级资质；1998年底通过了ISO9002质量体系认证。公司现有职工700多人，各种专业技术人员300多人。可承建各类型的市政公用工程、各级公路工程和桥梁、隧道工程以及三级以下工业与民用建筑工程。公司拥有总资产近2亿元，年施工总产值超亿元。公司被评为全国土木工程建筑业100家最大经营规模建筑业企业、中国行业100家最佳经济效益建筑业企业、省百大施工企业与百佳施工企业、资信AAA级单位、省级重合同守信用单位等，获“全国市政工程优秀企业”、“省文明单位”等荣誉称号，2000年参与施工的福州闽江三县洲大桥还获得中国市政工程质量最高奖——金杯奖。

福建省邮电工程公司

法　人：吴　强
地　址：福州东门浦下村116号
邮　编：350011
电　话：0591—7310543

福建省邮电工程公司建于1959年，是福建省唯一一家信息产业部（原邮电部）审定的通信建设一级施工企业，省级文明单位，也是省内首家通过ISO9002质量体系认证的电信施工企业。公司主营各种通信线路和设备安装工程的施工和设计，2000年施工规模列全省一级施工企业第23位，经济效益列第1位。公司施工装备精良，专业门类齐全，施工质量上乘，具有承揽大规模长途传输干线光缆、光通信设备安装、SDH同步系统、程控交换、移动通信、无线寻呼网、分组交换网、数字数据通信网、市话线路等不同类别电信工程的综合施工能力。公司拥有一批经验丰富、技术精湛、擅长管理的现场施工和经营管理人才，以“弘艰苦创业、创精品工程、立一流企业”为企业精神，重视规范工程经营管理工作，推行ISO9002质量保证体系标准，强调施工现场管理和过程控制，重质量、保安全、抓工期、讲服务、求效益，通信建设工程的质量合格率达到了100%。1996年以来，公司连续多年被省建委评为“质量管理先进企业”，1998年公司省SDH环网传输设备安装工程被评为部优质工程二等奖，1999年获福建省首届闽江杯优质工程奖。

中铁第十七工程局远通工程集团公司

法　人：陈命珠
地　址：福州福马路前屿铧榕楼
邮　编：350014
电　话：0591—3661520

中铁第十七工程局远通工程集团公司成立于1985年，是集工程施工、房地产开发、物资贸易、宾馆旅游为一体的综合性集团化工程企业，拥有公路、市政施工一级资质和资信，下属一、二、三、隧道、桥梁、基础、机械化公司；铧兴房房地产开发公司；唐城大厦；物资贸易公司和工程质量检测中心等经营实体，拥有雄厚的各类高中级技术人才资源和装备精良的各类先进机械设备，自有固定资产3亿元，年施工能力6亿元。企业坚持“两手抓、两手都要硬”的方针，坚持“质量第一、信誉至上、奉献精品、造福人民”的经营服务宗旨，形成了“自强自立、艰苦创业、时思危机、追求无限”的企业精神。15年来完成30多项国家省市大中型重点工程建设任务，完成投资近35亿元，被誉为“一支善打硬战、恶战的新铁军”，被授予“开路先锋、筑路功臣”的光荣称号，各项工程合格率100%，工程优良率93%以上，先后荣获省(部)优工程十几项，为福建省改革开放和社会主义现代化建设作出了不可磨灭的贡献。企业连续6次荣获福建省、福州市“重点工程建设先进单位”“重点工程建设信誉较好单位”荣誉称号，连续5届被福建省委、省政府评为“文明单位”，连续2届被福建省劳动厅授予“安全生产先进单位”，连续8年被上级评为“四好领导班子”，连续6年被福建省人行授予“AAA”信用单位和“重合同、守信用”单位，被福建省委授予“思想政治工作优秀单位”，被铁道部评为“多种经营先进单位”，名列福建省百强。

福州汽车厂

法　人：陈瑞茂
地　址：福州市福新东路368号
邮　编：350014
电　话：0591—3679858

福州汽车厂始建于1956年，1996年工厂的一部分与台湾中华汽车公司合资成立东南(福建)汽车工业有限公司。1998年新厂区一期工程建成投产，工厂实现迁厂发展。2000年工厂完成工业总产值23742万元，产销汽车2260辆。福州汽车厂是全民所有制工业企业，主导产品是FORTA(福达)牌轻型载货车、轻型客车，年生产能力5000辆。福州汽车厂是国家定点轻型汽车生产厂，是福建省百强企业之一，是福建省汽车工业（集团）公司重点骨干企业，是东南（福建）汽车工业有限公司的股东之一。福州汽车厂是福建省唯一同时具备整车和底盘生产能力、拥有33种整车和10种底盘产品目录的汽车制造企业。90年代以来，工厂依托日本马自达公司的先进技术，引进国际流行的皮卡车和乘用车系列车型，开发生产FORTA(福达)牌轻型载货车和轻型客车系列产品。FORTA主要产品有：B系列轻型载货车、E系列轻型客车、M系列轻型客车和全国产化YB系列轻型载货车。FORTA(福达)牌系列汽车已成为福建省汽车工业的拳头产品。主导产品FZ1022SA轻型载货车1998年被评为“福建省地产最畅销产品”，1999年被福建省政府授予“福建省优秀新产品奖”。

福州棉纺织印染厂

法　人：陈　昆
地　址：福州市福飞南路198号
邮　编：350003
电　话：0591—7720678

福州棉纺织印染厂投产于1984年。目前资产总值3.33亿元，生产规模为7.5万纱锭，800头气流纺，600余台织机，是国有棉纺织大二型企业，福建省百家重点企业。主要产品为各类精梳纯棉及混纺纱线、各类高档服装面料等，其中多个品种系列获“福建省名牌产品”称号。2000年企业为实现跨世纪发展的目标，脚踏实地地进行内部资源整合和运行管理机制调整，解脱了困扰企业生存发展的历史债务负担，企业内部深层次的改革稳步实施，初步建立起符合现代管理要求的分配体系和管理框架。同时，加大市场开拓、技术改造和产品开发力度，多种新原料、新技术的前瞻性品种相继研制成功，为增强企业竞争力和可持续发展创造了有力条件。2000年度完成销售收入3.27亿，实现税利4711万元，其中利润2486万元。

福州聚春园大酒店有限公司

法　人：张承濂
地　址：福州市东街2号
邮　编：350001
电　话：0591—7502328

聚春园是福州市历史最为悠久的餐饮名店，始创于1865年，至今136年。1994年11月，高12层、建筑面积1.6万多平方米的新大楼代替了几经修缮的老建筑，由单一的餐饮业发展成为集餐饮、住宿、桑拿、美容美发、购物商场为一体的现代化酒店，并更名为福州聚春园大酒店有限公司。1996年被国内贸易部授予“中华老字号”，同年被评为三星级旅游涉外饭店。近年来聚春园大酒店确定了以“餐饮领先、客房为辅、成龙配套、共同发展”的经营方向，走出了一条新型的酒店业经营模式，取得两个文明建设双丰收。几年来聚春园大酒店累计营业收入16758万元、实现税利2138万元，归还贷款4270万元、摊提折旧2012万元，并先后荣获福州市文明单位、“创文明行业、建满意窗口”先进示范窗口、“三八”红旗集体、福建省“青年文明号”、“放心店”等荣誉称号。在第四届全国烹饪技术比赛中获得了团体赛金牌奖和大众筵席赛优胜奖两个最高奖项；1999年被中央文明委授予“全国创建文明行业工作先进单位”；2000年中国首届美食月，“聚春园”摘取四金两银的好成绩。

福州美食园餐厅

法　人：黄履冰
地　址：福州市817北路101号
邮　编：350001
电　话：0591—7555816

福州美食园餐厅坐落在福州市商业繁华中心东街口，是一家汇集中外美食于一园，它以优美的就餐环境，良好的服务态度，丰富的特色品种，笑迎八方来客。美食园现有特级厨师及特级服务师20多人，技术力量雄厚，服务态度优良，为弘扬中华饮食文化，诚信服务社会，美食园巧烹十方美食，菜肴点心品种繁多，既有300余款八闽仿膳，巴蜀，南粤，江淮风味小吃，又烹饪200余种闽，川，粤，鲁，苏西菜佳肴。南北风味，洋洋大观，还以多层面的餐饮组合显示特色，包罗大众化之西式糕点，冷热饮品，粤式饮茶，中式自选快餐。丰俭随意，老少咸宜，深受顾客欢迎。经济效益等均处于同行领先地位，企业连续获得全国青年文明号、巾帼文明示范岗、省级文明单位、先进企业、放心店、第三产业300大等荣誉。

福耀玻璃工业集团股份有限公司

法　人：曹德旺
地　址：福清市福耀工业村
邮　编：350301
电　话：0591—5383777

福耀玻璃工业集团股份有限公司1987年在福州注册成立，主营业务为汽车安全玻璃及工业技术玻璃的生产与销售。是全国最大的汽车玻璃生产商，目前拥有年生产夹层玻璃230万片、钢化玻璃295万M^2、大巴前挡15万片的生产能力。产品标志“FY”是我国汽车玻璃行业唯一的“中国驰名商标。”福耀集团是国内同业中首家通过ISO9002、QS9000、VDA6.1质量管理体系和ISO14001环境管理体系认证的企业。所有产品均获美国DOT、澳大利亚SAA、中国GB9656、欧洲经济委员会ECE等标准的认证。公司60%产品出口国际市场；40%产品供应国内配套及维修市场。福耀集团是中国人保、太平洋、平安三大保险公司推荐的汽车玻璃保险定点赔付企业。福耀集团股票在上海证券交易所挂牌上市，股票简称：福耀玻璃，股票代码：600660。

福清市阳下建筑工程公司

法　人：吴忠和
地　址：福清市融城菜桥头
邮　编：350300
电　话：0591—5224037

福清市阳下建筑工程公司创建于1965年7月，经全体员工努力，于1993年改制为股份制三级企业，公司现有高级工程师2人，高级经济师及会计师各1人，中级工程师10人，工程技术管理人员共计50人。近年来，公司以质量求生存，1999～2000年创福州市榕城杯项目为福清元洪师范图书馆和亿东公司综合楼。1997～2000年被福州市政府评定为纳税大户和先进单位，1997～1998年被福建省企评价中心评为“福建省百家最佳效益施工企业。”该公司力争于2002年度达到ISO9000国际认证标准。公司秉承艰苦创业，团结奋斗，科学拼搏，争创优良的企业精神和质量第一，信誉至上的经营宗旨，坚持永恒追求更好，向顾客提供满意优质产品质量方针。

福建省马尾造船厂

法　人：林国珍
地　址：福州市马尾区船政路3号
邮　编：350015
电　话：0591－3682412

马尾造船厂创办于1866年，现为福建省百家重点企业之一，2000年列为省重点建设单位。经过技改投入，现拥有3.5万吨级，1.5万吨级，5000吨级船台各1座，15～200吨各式吊车12台，舾装码头345米，形成设计1～3.5万吨级各类船舶产品的生产能力。现有在造船舶8艘，分别为出口北欧国家的17600吨干散货轮4艘，出口德国的700箱集装箱船3艘，出口新加坡的3000吨级成品油轮1艘，2000年实现工业总产值3.2亿元。企业已被国家经贸委批准为债转股企业，额度1.22亿元。目前正结合债转股进行规范的公司制改造，拟发起设立福建省马尾造船股份公司。

福州港马尾港务公司

法　人：林景清
地　址：福州市马尾区港口路3号
邮　编：350015
电话：3684295　传真：3584457
商务电话：0591－3682273
3682312转3208

福州港马尾港务公司地处闽江下游福州马尾经济开发区，创建于1950年，是福建省大型港口企业之一。

公司拥有马尾港区和青洲港区两大港区的8个码头泊位，其中15000吨级泊位2个，万吨级泊位2个，5000吨级泊位2个，在建滚装码头15000吨泊位1个，以及7500吨级客运码头1个，江中锚地8个。货运仓库面积3.5万平方米，货运堆场20万平方米，其中拟建的有8万多平方米，以及一个能容纳上千人的候船大厅。港内铁路专用线3838米，铁路直达码头前沿，由此向全省及周边省区经济腹地延伸。公司资产总额1.2亿元，各类港口装卸机械142台（辆）（其中包括40吨门座起重机，50吨轮胎式起重机，拟造的有40吨门机，35吨桥吊，集装箱专用龙门吊等重型设备）。公司现有职工1300多人，下属15个基层单位，主要经营港口装卸、货物中转联运、货物堆存、旅客运送、集装箱运输、送货运输的业务。主要承担福州地区及福建省东部、北部地区的钢铁、矿石、水泥、河沙、粮食等大宗货物及进口件杂货的输送任务。公司在福州港内最先开展集装箱运输业务，开辟有国际、国内多条航线。公司曾多次被评为交通部、省交通厅经济效益先进单位及福建省第三产业300大企业之一。

中华映管（福州）有限公司

法　人：林镇源
地　址：福州马尾开发区兴业路1号
邮　编：350015
电　话：0591－3971357

中华映管（福州）有限公司位于福州经济技术开发区快安延伸区，是专门从事单、彩色显示管及电子枪零组件生产和销售的高新技术电子视讯企业。公司于1994年元月由台湾总公司（中华映管股份有限公司）投资设立。总投资额6亿美元，占地面积为492亩，现有员工约5500人，各期工程完成后员工总数约达7500人，年产值约12亿美元。公司下设单色映管厂、彩色映管A厂、B厂及电子枪厂3个厂区。单色映管厂为目前全球最大的单色映管制造厂，设有3条生产线，主要生产4.5～20寸高解析度单色显示管，年产能为360万只；彩色映管A厂设有两条生产线，投资总额1.5亿美元，生产14寸、15寸高解析度彩色显示管，年产能为360万只；彩色映管B厂设两条生产线，投资总额1亿美元，生产15寸和17寸高解析度彩色显示管，年产能约360万只，电子枪厂现已建成10条彩色电子枪生产线，年产能可达1800万只。2000年度华映单色映管及彩色映管市场占有率分别为47%和20.4%。应市场需求，华映福州公司于2000年进一步扩大生产规模，续投资1亿美元建设彩色映管C厂，预计于2001年7月投产，届时华映福州公司年总产值将达70亿元人民币。至五期彩色映管D厂建成，电子枪亦同步配套扩充至16条彩色电子枪生产线。公司以满足客户要求为宗旨，加强新品之研究开发，进入全方位视讯多媒体产品领域。

福州海马饲料有限公司

法　人：陈合修
地　址：福州马尾区渔港路1号
邮　编：350015
电　话：0591－3682578

福州海马饲料有限公司是由香港峰立有限公司和福建省海洋渔业总公司、福建省华洋水产集团公司三方出资兴办的中外合资企业。1998年9月成立，现有资产2亿元。年生产各种粉状、颗粒、膨化的海、淡水水产饲料6万吨，产品销往全国各地并出口东南亚及周边地区和国家，是国内生产能力最强的水产饲料专业厂家。公司名列福建省工业企业规模行业榜首，跻身中国最大外商投资企业500强行列。海马牌水产系列饲料先后多次荣获部优、省优、中国农业博览会金奖及认定名牌产品等荣誉称号。“海马”作为福州市、福建省著名商标及及福建省名牌享誉海内外。现已通过ISO9002质量体系认证。

厦门航空有限公司

法　人：吴荣南
地　址：厦门市埭辽路22号
邮　编：361006
电　话：86－592－5739888
传　真：86－592－5739777
电子信箱：info@xiamenair.com.cn
网址：www.xiamenair.com.cn

厦门航空有限公司成立于1984年7月25日，是我国第一家企业化航空公司。现股东为：中国南方航空股份有限公司（占60%股权）和厦门建发集团有限公司（占40%股权）。股东初始投资2000万元，1987～2000年，公司连续14年盈利，现有总资产46.50亿元，净资产11.31亿元，资产负债率75.3%。1994年1月厦航兼并福建航空公司，现已将其改制为厦航福州分公司。厦航主营国内航空客货运输、福建省及其他经民航总局批准的城市始发至邻近国家或地区航空客货运输、航空公司间的业务代理，兼营航空器维修、航空配餐、酒店、旅游、广告、进出口贸易等业务。现有飞机22架，总座位数3260个。以厦门、福州、晋江、武夷山为航班始发营运基地，经营至北京、上海、广州、香港、澳门、曼谷及其它大中城市近百条国际、国内定期航班。此外辟有国际定期或不定期包机业务。公司在30多个大中城市设立营业部或办事处。

2000年厦航杜绝了飞行事故、空防事故和航空地面事故，成功消化航油涨价成本1.45亿元，全年实现主营业务收入29.2亿元，比增8.8%。安全飞行67251小时，事故征候万时率为0。完成运输总周转量35136万吨公里，旅客运输量351.5万人，货邮运输量7.6万吨，“五一”的假日运输生产，创造了厦航创办以来客运日收入、飞机日利用率、旅客日运输量3项最高记录。厦航荣获“’99旅客话民航”年旅客运输量300～600万人次组第一名以及“2000年全国实施用户满意工程先进单位”、“2000年全国质量管理先进企业”等荣誉称号。科技成果《飞机货舱侧壁板防撞条》在“2000年香港国际发明展览会”上荣获银奖。

厦航机务部经民航适航管理部门审查批准，可从事B737/B757飞机的C4检和中检、B737/B757飞机的航线维修、“C”检（含）以下的各级定期维修、发动机更换、JT8D—17型发动机的热检、刹车组件的修理、APU的热检以及无损探伤等维修项目。厦航将秉承“安全、优质、诚信、创新”的企业宗旨，坚持标准化、程序化、制度化的规范化管理与作业，实施“高质量、低价位”经营战略，朝着“安全、质量、效益先进，职业道德文明”的企业目标稳步前进。

公司简称：厦门航空
英文名称：XIAMENAIRLINES
国际航空运输协会成员代码：MF
国际民用航空组织指定代码：CXA

厦门国际银行

法　人：李礼辉
地　址：厦门市湖滨北路10号
邮　编：361012
电　话：0592－5310686

厦门国际银行创立于1985年11月28日，是中国首家中外合资银行。现股东为中国工商银行、福建国际信托投资公司、厦门建发集团有限公司、闽信集团有限公司、亚洲开发银行、日本长期信用银行及美国赛诺金融集团。注册资本8亿港元，实收资本6.2亿港元。银行主要从事外汇存贷款、国际结算、汇入汇出款、代客外汇买卖及资信调查和咨询等业务，为广大客户提供优质、高效、便捷的金融服务。厦门国际银行总部设在厦门，在港澳设立2家附属机构——香港工商国际金融有限公司、澳门国际银行（下辖13家分行），在国内设有福州分行、珠海分行以及泉州代表处和厦门湖里营业部。目前已与分布在53个国家和地区的99家外国银行的289个总、分行建立代理行关系，商务联系遍布全球。截至1999年底，集团累计税后赢利9.3亿多港元，累计在国内上交税收1.36亿港元，总资产达91亿港元，连续多年被《亚洲新闻周刊》列入“亚洲金融500强”，并多年获全国“外商投资双优企业”、福建省“纳税大户”，2000年被税务局评为厦门市6家“纳税AA”企业之一。在英国权威金融杂志《银行家》按一级资本所作的排名中，两次入选“世界1000大银行”，为国内入选的9家银行之一。

厦门灿坤实业股份有限公司

法　人：吴灿坤
地　址：厦门市湖里区兴隆路88号
邮　编：361006
电　话：0592－6021708

厦门灿坤实业股份有限公司成立于1988年1月，系台商独资企业，是灿坤跨国集团旗下在大陆的主要生产基地。1993年于深圳B股上市，成为国内首家外商独资B股上市公司。经过13年的艰苦创业和卓越管理，厦门灿坤已发展成为响誉全球的小家电制造商。厦门灿坤主要从事研发、生产和销售电熨斗、煎烤器、咖啡壶、电火锅等小家电，目前拥有注册资本4.51亿元，员工8000余名，组装线49条，年产量达2400万台。灿坤公司以设计为核心，充分利用国际产业分工与产销合一的经营模式，以顾客为导向，全方位实施EDSS发展策略，建构成为高科技电子通路商。2000年营业额实现2.5亿美元。2001年建构一支200人的研发团队，继续加强在研发领域的领先优势；同时启动ERP企业资源计划系统，提高管理绩效。

零件厂部导入QS9000生产体系，保证品质再上新台阶。为求更快更好发展，2001年公司制定了客户达标率为96%，制造成本下降5%，库存周转率为12转/年，人均时产值达12.5美元的经营目标。公司先后获得外经贸部授予的“全国外商投资出口先进企业”、“福建省工业企业300大”、“福建省名牌产品”、“厦门市高新技术企业”等荣誉称号。

厦门正新橡胶工业有限公司

法　人：陈秀雄
地　址：厦门市杏林区西滨路15号
邮　编：361022
电　话：0592—6211606

厦门正新橡胶工业有限公司，系台商独资企业，创建于1989年，注册资本5000万美元，投资总额1.5亿美元。公司占地30万平方米，主要生产自行车内外胎，摩托车内外胎，农工车内外胎及汽车内外胎等橡胎制品。1992年3月，投产后成长迅速，各项经济指标很快跃居全国同行业首位，产品畅销世界各地。2000年，公司产值13.2亿人民币，销售额13亿人民币，税利2.8亿人民币。公司已通过ISO9002认证，QS9000认证，并连续多年荣获“全国外商投资双优企业”、“厦门市纳税大户”等称号。

厦门海燕实业有限公司

法　人：程友良
地　址：厦门市厦禾路772号
邮　编：361004
电　话：0592—2136911
传　真：0592—2026930
电子信箱：xmhy@public.xm.fj.cn

厦门海燕实业有限公司的前身是厦门橡胶厂，始建于1956年，该公司拥有厦门海燕橡胶股份有限公司（控股）、厦门海燕橡塑制品有限公司（控股）等下属子（分）公司6家，有职工2100多人，占地10多万平方米，总资产近4亿元，是中国橡胶行业重点骨干企业，全国“化工百强企业”、“中国化工百家重点培育的外向型企业（集团）”，1994年被国务院确定为全国百家建立现代企业制度试点企业。该公司是国家一级计量、一级档案管理和二级节能管理合格单位，工业技改项目——子午线轮胎和工程机械轮胎被厦门市列为“十五”规划的重点项目。主营产品有：海燕牌汽车轮胎、工程机械轮胎、农用轮胎、力车轮胎、汽车配件等橡胶杂品及鹭桥牌粘合剂等，品种齐全，质量优异。该公司控股企业厦门海燕橡胶股份有限公司拥有先进的工程机械轮胎、汽车轮胎和力车轮胎生产设备，有相应的技术力量和研究开发能力。产品通过了ISO9001质量体系认证、美国DOT认证，“海燕”轮胎荣获福建省名牌产品，“海燕”商标荣获福建省著名商标称号。

厦门经济特区运输总公司

法　人：高文正
地　址：厦门市湖滨南路57号
邮　编：361004
电　话：0592—2223193

厦门经济特区运输总公司成立于1976年，现有职工1263人，固定资产总额3亿元，下属车站管理、客运、出租、公交、货运、国际货代、旅行社等十几个分公司。现有营运客货车600多辆，2000年实现利税1866万元，多次荣获省市交通系统先进和文明单位称号。该公司经营范围，主营公路客货运输，铁路水路联运，集中箱中转，仓储，汽车修理，房地产开发等。兼营批发，零售石油及制品，汽车零配件，轮胎内外胎，家用电器等。

厦门中宸建设有限公司

法　人：杜煌南
地　址：厦门市龙山南路251号
邮　编：361009
电　话：0592—5527835

厦门中宸建设有限公司创建于1991年9月，是一个从事房地产开发、建筑工程、市政工程、土石方工程、装饰工程、水电安装、建筑材料经营的综合性二级建筑施工企业。注册资金为人民币1670万元，年施工产值达亿元。公司经营广泛，技术力量雄厚，各类专业队伍配备齐全。在施工中注重科学管理，积极推行ISO9002：94质量标准体系。10年来先后承接各类工程项目共400多个，合格率达100%，优良率30%，深受主管部门和社会一致好评。从1995～2000连续6年获评福建省100家最大施工企业，1997～2000年被市政府授予“重合同，守信用”单位，并多次被评为纳税大户和纳税先进单位，2001年被湖里区政府授予“企业发展之星”荣誉称号，并顺利通过ISO9002：94质量体系认证。

厦门市农业生产资料公司

法　人：陈鹏图
地　址：厦门市湖滨北路
邮　编：361012
电　话：0592—5311820

厦门市农业生产资料公司是厦门市供销社集团公司的全资子公司之一。成立于1977年，主要负责厦门地区农业生产所需化肥、农药、农用塑料薄膜的供应和市场调控储备任务。几年来，企业认真贯彻执行国务院关于深化农资流通体制改革的有关要求，促进思想观念的转换，不断加强内部管理，健全规章，完善经营机制，落实经营管理责任制，适时改变经营策略，根据农时、季节需求，积极组织适销对路、质优价廉的商品供应农村市场，为“三农”服务，社会效益显著，并带动企业经济效益稳步增长。1998～2000年共组织供应化肥26.59万吨，农药1672吨，销售额连续几年超亿元。近年来，先后获省第三产业300大企业，省供销社系统先进单位等荣誉称号。

厦门市第三建筑工程公司

法　人：杨树荣
地　址：厦门市溪岸路145号
邮　编：361003
电　话：0592—2110432

厦门市第三建筑工程公司系建筑工程施工与安装二级企业，集建安、房地产开发、劳务、租赁、物业、电器生产、电梯安装、旅游酒店等综合性生产经营型公司，有职工千余人，工程技术人员百余人，注册资金1000多万元，固定资产原值1200多万元，年建安能力1亿元以上（不包括第三产业及工业生产经营）。公司遵循“以质取信、服务至上”的经营宗旨，创造省、市优良工程10万平方米。1998年荣获全国集体建筑企业质量管理优秀企业奖“金屋奖”，集建杯二等奖；曾两度获厦门市建委安全管理优胜单位，连续12年被福建省、厦门市政府评为“重合同、守信用”先进单位，连续10年评入省建安企业100大之列；连续10年被厦门市建委授予“文明单位”，多次被评为省建设系统“先进企业”、“安全生产先进集体”。

厦门市同安区第一建筑工程公司

法　人：洪万生
地　址：同安区大同镇城西路56号
邮　编：361100
电　话：0592—7022715

公司创建于1956年5月，公司秉承团结拼搏、勤俭创业、开拓进取、求真务实的精神，经45年的艰苦奋斗，已成为综合型的工民建施工二级企业，拥有高、中、初级工程经济技术人员近150名，注册资本2060万元，年施工能力15000万元以上。2000年完成建安产值9030万元，竣工面积165675M²，创省、市级优良工程16幢，优良面积116610M²，占全年竣工面积的70.38%，上缴税利近800万元，创企业利润220余万元。为拓展市场，持续发展企业经济。2000年8月公司注资近1000万元控股与台商组建了“厦门振银预拌混凝土有限公司”。2000年12月又将公司兼营的房地产开发业分立注资808万元组建了“厦门市同安区华旺房地产开发有限公司”。专业公司的成立，为企业改制，建立现代企业制度，组建集团公司，迈出了坚实的一步。

泉州市对外贸易公司

法　人：蒋英稚
地　址：泉州市温陵路外贸大楼
邮　编：362000
电　话：0595—2285331

泉州市对外贸易公司始创于五十年代末，1988年4月更为现名。为外经贸部审定的具有独立法人资格和进出口经营权的国有综合型外贸公司，系中国轻工工艺、纺织、五矿化工、食品土畜、机电产品进出口商会会员。公司拥有鞋业、箱包、纺织、工艺、机电、文体、石材、日用品等生产基地和出口产品，属下有旭峰鞋业公司、捷峰轻工公司和泉州储运分公司等。以自营和代理进出口贸易为主，兼营加工、内贸等业务。公司以良好的信誉同70多个国家和地区开展贸易往来，年进出口额5000万美元；以先进的管理方法和优良的业绩屡获福建省300家最大经营规模第三产业企业、福建省百强外贸企业、福建省利税300强企业和泉州市商业、外贸行业综合实力十强企业称号。

福建炼油化工有限公司

法　人：马金魁
地　址：泉州市泉港区
邮　编：362117
电　话：0595—7799002

福建炼油化工有限公司成立于1989年1月，原名为福建炼油厂，1995年底改制为有限责任公司。该公司主营业务为石油炼制、化工生产和石油化工产品销售，现有原油加工能力400万吨/年，聚丙烯树脂生产能力7万吨/年，拥有11套主要炼油化工生产装置及码头、贮运、检维修等配套设施，至2000年底固定资产原值为40.89亿元，已取得ISO9002质量体系认证和ISO10012计量体系认证。2000年，该公司在原油成本增加27.24亿元、减利因素高达5.52亿元的严峻形势下，内降成本，外拓市场，取得较好的经济效益。全年共加工原油361.14万吨，实现销售收入78.5亿元，利税总额7.47亿元，其中利润1.74亿元，曾荣获省文明单位称号和全国五一劳动奖状。"九五"期间，该公司取得可喜成绩，企业规模由250万吨/年提高到400万吨/年，初步建立现代企业制度，内部管理全面加强。5年来，累计加工原油1478.7万吨，实现工业总产值76.16亿元，创利税32.7亿元，新增固定资产17.7亿元。该公司与美国埃克森美孚公司、沙特阿美公司合资新建800万吨/年炼油和60万吨/年乙烯工程的项目建议书已获国家计委批准。

福建凤竹纺织科技股份有限公司

法　人：陈澄清
地　址：晋江青阳凤竹工业区
邮　编：362200
电　话：0595—5683693
传　真：0595—5688093　5656583
电子信箱：Fengzhu@pvblic. qz. fj. cn
企业域名：www. fengzhu. con. cn

福建凤竹纺织科技股份有限公司前身为晋江凤竹针织漂染实业有限公司，成立于1991年。公司注册资本11000万元，现有总资产20249万元，具有年产针织布11000吨，筒子色纱3000吨，染整加工35000吨的综合生产能力，为福建省最大针织漂染专业厂家和针织出口生产基地。公司主要生产针织、机织色布、漂染筒子纱线、染整加工及从事环境设施运营，为国家火炬计划重点高新技术企业。公司十分重视技术改造，相继投入1500多万美元从德国、瑞士、意大利引进90年代末先进设备和最新技术，80%的专业设备达到国际一流水平。其主导产品多次被评为福建省"推荐产品"、"优质产品"、"全国消费者信得过产品"等奖项，企业于2000年通过ISO9002质量体系和产品的质量双认证，获得环保设施运营资质证书。公司曾被评为全国纺织工业科技进步先进单位、省明星侨资企业、省环境保护先进企业、省级文明单位、省五一劳动奖状等荣誉。

南安市第一建筑工程公司

法　人：陈积荣
地　址：南安市溪美新华街兴安巷
邮　编：362300
电　话：0595—6382540

福建省南安市第一建筑工程公司成立于1956年，是工业与民用建筑施工二级企业。现有各类专业技术人员154人，其中中高级以上技术职称37人；各种施工机械设备近300台（套）；注册资金4869万元。可承担30层、30米跨、100米高以下工业与民用建筑的施工及配套水卫电气设备安装；造价1500万元以下装饰工程的设计施工及二级标准公路施工。兼营房地产开发。2000年签订施工合同工程量6800万元，完成施工产值5100万元。税利346万元。工程优良率82%，其中7个单位工程获厦门市、泉州市优质工程。分别被评为福建省"重合同守信用"单位、"安康杯"竞赛先进单位；泉州市人民政府授予"工程质量管理先进"单位；泉州市建委评为"安全工作先进"单位和"先进企业"。

泉州市龙门滩引水工程管理处

法　人：王金枝
地　址：德化县城关浔东路69号
邮　编：362500
电　话：0595—3522621

龙门滩引水工程始建于1985年。1989年9月16日第一台机组投产发电，1992年底全部建成投产，总装机4.4万千瓦。2000年增容扩机（2×1600千瓦），2001～2002年计划再增容扩机（2×1800千瓦）。梯级电站2座，110千伏变电站1座，110千伏输电线路2条。企业现有干部职工220人，各类专业技术人员56人。企业注册资本4185万元。企业（1996～1999）连续两届被福建省委、省政府授予省级文明单位；连续8年被评为利润300大，当地政府第一纳税大户、先进基层党组织，国家水利部授予全国水利水电先进集体。15年来，已完成引水40.10亿 m^3，发电量13.88亿千瓦时，售电收入2.75亿元；上缴税金7609.33万元，净利7712.4万元。为大泉州的经济发展，解决泉州沿海城镇居民生活用水及新兴湄洲岛南岸肖厝工业区的工业用水作出了积极的贡献。

泉州寰球鞋服有限公司

法　人：陈贻焕
地　址：晋江市池店寰球工业园
邮　编：362212
电　话：0595—2929292

泉州寰球鞋服有限公司系一家拥有2.6亿元资产的外商独资企业。厂房占地面积3万平方米，建筑面积6万多平方米，年产运动鞋500多万双。被省评为"福建省工业规模300大、300家最佳形象企业、民营百强企业"。其产品主要销往欧共体、美洲、澳洲等30多个国家和地区。

寰球公司及其3家（全锋、东祎达、鸿展）关系企业已形成设备先进、配套较为齐全的集团型运动鞋生产企业，从产品设计、模具制作、各类中大底的生产（包括PVC大底、TPR大底、EVA怀龙底、PU气垫底等）直到成品鞋的全程生产。具有较强的设计能力，每年开发数百种新款式、新品种，来满足市场的需求。实施"全员参与全面优质管理，顾客满意第一"的经营理念。以产品高质量、高品牌和为顾客提供全面优质服务赢得了市场，树立了良好的企业形象，公司也得到较大的发展。

福建龙溪轴承股份有限公司

法　人：陈福胜
地　址：漳州市延安北路
邮　编：363000
电　话：0596—2072156

福建龙溪轴承股份有限公司于1997年成立，是国家大型二档企业，福建省高新技术企业，主营关节轴承、深沟球轴承、汽车配件等。公司成立4年来，始终以改革为动力，以市场为导向，以效益为中心，实施"以新产品开发为先导，技术进步为后盾，优化管理系统工程为核心"的发展战略，业务稳定增长，规模日益扩大。现占地面积8万多平方米，职工1200多人，总资产30311万元，轴承生产能力年达700多万套。2000年，公司实现产值15015万元，利润2920万元，利税4316万元，出口创汇903万美元。公司先后荣获"全国机械工业优秀企业"、"全国用户满意企业"、"全国机械工业质量信得过明星企业"、"全国'五一'劳动奖状"、"全国质量管理先进单位"等30多项荣誉称号。

漳州糖厂

法　人：王乃贵
地　址：漳州市芗城区
邮　编：363000
电　话：0596—2992106

该厂系以糖为主、综合利用、多种经营、全面发展的国家大型一档企业，国家轻工和省重点骨干企业，"福建糖业集团"核心企业，省唯一保留和重点扶持的制糖大型企业，全国最大的碳酸法甘蔗制糖企业之一、全国最大的炼糖基地之一，具有直接进出口经营权。债转股获准，正在改制为“福建糖业集团股份有限公司”。经营的项目和产品有白砂糖、精制白砂糖、精制木糖、蔗渣纸浆板、供水、供电等20余种，主产品“白玉兰”牌优级、一级白砂糖获国家银质奖、多次蝉联全国质量评比第一名。企业先后荣获“全国五一劳动奖状”、“全国资源综合利用先进单位”、“省工业污染防治十佳企业”等100多项荣誉称号，是’2001全省300家最佳形象企业之一。

福建沙溪口水力发电厂

法　人：黄渊旺
地　址：南平市沙溪口水电厂
邮　编：353001
电　话：0599—8503916

福建沙溪口水力发电厂系省电力公司下属的国家大II型电力生产企业，也是我省第一座大型水电厂，座落闽江上游支流的西溪河道上，是一座以发电为主，兼有航运综合功能的低水头径流式日调节水电厂，总装机容量300MW，设计多年平均发电量为9.6亿千瓦时，既是省电网调峰调频和事故备用的主力电厂，又是闽北输变电的枢纽。1987年12月第一台机组投产发电至2000年底，已累计发电107.5亿多千瓦时，创工业产值8.25亿元(按不变价计算)，为闽北经济的腾飞乃至全省经济的发展都发挥了重要作用。

沙溪口水电站筹建于1983年3月，1987年4月正式建厂，1987年12月至1990年2月一号至四号水轮发电机组每年投产1台，1994年12月通过工程竣工验收。电站控制流域面积25562平方千米，占闽江流域面积42%，正常蓄水位以下库容1.54亿立方米。大坝为混凝土实体重力坝，坝顶高程93米，坝顶全长628米，最大坝高40米，最大坝基宽度42米。溢流堰由16孔弧门组成，最大下泄流量20300m³/s，液压启闭弧形闸门系国内大型水电厂首次使用。厂房发变电主设备包括四台单机容量75MW轴流转浆式水轮发电机组、两台180MVA大容量主变压器、六回出线的110千伏和四回出线的220千伏开关站。电站工程由电力部华东勘测设计研究院设计，水利电力部闽江工程局负责施工。概算总投资8.3869亿元，实际投资为10.5469亿元，其中部分建设资金利用科威特阿拉伯经济发展基金会贷款700万第纳尔，是福建省第一家引进部分外资的水电工程。2000年初顺利通过省公司创一流验收，成为福建省一流水力发电厂。

福建省南平铝厂

法　人：林作鉴
地　址：南平市工业路65号
邮　编：353000
电　话：0599—8734031
传　真：0599—8732480
网　址：www. mlfjnp. com

福建省南平铝厂是国有大型铝冶炼、加工联合企业，国家重点520家企业之一，国家一级计量单位，国家一级档案管理单位。在全国铝行业实际产量排序中，电解铝产量列第二十三位，铝加工实际产量列第二位。南平铝厂创建于1958年，经过全厂职工40余年奋斗，现已形成年产电解铝31500吨、各种铝加工材110000吨生产能力。主导产品闽铝牌铝型材为“部优”、“福建名牌”、“中国名牌”产品，在市场上享有很高知名度和信誉度，“闽铝”商标为省著名商标。南平铝厂技术装备先进，铝型材、铝铸轧、铝板带生产线由欧美引进，在国内同行业中居于领先水平。1996年，企业获得ISO9001质量体系和“闽铝”型材产品质量双认证。

福建南平水泥股份有限公司

法　人：阎建华
地　址：南平市后谷一路1号
邮　编：353000
电　话：0599—8621450
传　真：0599—8635049
E—mail：fjnn@publin. npptt. fj. cn

福建南平水泥股份有限公司前身为南平水泥厂，建于1955年，为省首家水泥国有企业，1994年改制，现为全国500家建材最大企业和省百家重点企业之一。公司占地面积42万M²，地处南平市西郊，交通运输便利，职工1400余人，技术力量雄厚，拥有年生产能力45万吨石灰石矿山1座、4台日产熟料600吨湿法回转窑及日产熟料700吨干法窑生产工艺线各1条，年产水泥能力达70万吨。2000年企业成为福建省第一家债转股企业，现资产总额为48927万元，负债率30.26%。企业主要产品：“武夷牌”42.5R、32.5R（新标准）普通硅酸盐水泥，获得省优和国家建材局优质产品、首批名牌产品、省著名商标（武夷牌）等称号，并获国家产品质量认证，产品销往全省各地。公司通过ISO9002质量体系认证。年销售收入1.8亿元，创利税1500万元。

福建省三钢（集团）有限责任公司

法　人：欧阳元和
地　址：三明市工业中路
邮　编：365000
电　话：0598—8205015

三钢兴建于1958年，2000年3月改制为福建省三钢(集团)有限责任公司。现有职工12735人，下设21个生产及辅助单位。主要生产经营钢铁冶炼、钢材轧制、普通机械制造、钢坯加工、焦炭制造和煤炭化工产品等。现已形成年产钢160万吨的综合生产能力。2000年，三钢坚持以适应市场、提高效益和建立现代企业制度为目标，抓紧抓好技术改造、环境治理、产品出口、精细经营管理、深化企业改革等工作，进一步增强了企业的活力。全年完成工业总产值18.10亿元，产铁112万吨、钢117万吨、钢材109万吨；全年实现利润2.53亿元，经济效益综合指数跃升第二位。荣获冶金工业南方片甲组99年度安全生产先进企业；第五届全国设备管理优秀单位；中国计划生育协会团体会员先进单位；福建省第七届文明单位；福建省技术创新示范企业。

三明钢铁厂小蕉轧钢厂

法　人：林金国
地　址：三明市梅列区小蕉
邮　编：365012
电　话：0598—8279972

福建三钢（集团）有限责任公司小蕉轧钢厂，是隶属于三钢集团的一个集体所有制企业。占地面积40万平方米，职工1400人，总资产4.2亿元，从1990年起连年跻身于省300家最大工业企业行列。

改革开放以来，小蕉轧钢厂立足内部，艰苦奋斗，以科学的态度和创新的精神，在实践中走出了一条挖潜与扩建相结合的自我积累、滚动发展的企业振兴之路，形成可年产钢材30万吨的综合生产能力。主要产品有：闽光牌圆钢、螺纹钢、角钢、槽钢、扁钢、线材和冷轧带肋钢筋等7个品种40多个规格。1999年通过ISO9002质量体系认证，是“国家计量二级单位”。冷轧设备是目前福建省唯一采用二辊主动机组生产冷轧带肋钢筋的厂家，该机组与被动拉拔机组相比性能更优越，其产品与省类同类产品相比具有更高的延伸率和与混凝土的推裹力更高更强等特点。该厂机加工设备齐全、力量雄厚，拥有车、铣、铲等机床61台，不仅能承接各种机械设备的检修、改造与安装，还可加工制造成套轧钢机械。汽车队有汽车吊、装载机、挖掘机等各种车辆60辆，既满足了生产运输，又可承接对外营运。同时，渔牧、果林等农副业全面良性发展。小蕉轧钢厂突出“以人为本”管理，促进两个文明建设，取得了两个文明共同发展的良好效果。获得了“省级文明单位”等荣誉称号80多项。

三明医药股份有限公司

法　人：郑亨朴
地　址：三明市列东街2号医药大厦
邮　编：365000
电　话：0598—8245361

福建三明医药股份有限公司(福建省三明医药集团公司、福建省三明医药采购供应站)是全国二、三级批发兼零售的国有医药中型企业，成立于1970年，经过30多年的努力，企业得到不断发展。2000年12月组建了福建省首家医药商业股份有限公司，现有在职员工1100人，技术人员占职工总人数的76%。经营药品、中药、中成药、医疗器械、化学试剂、玻璃仪器、保健品、家用电器及进出口业务，品种达2万多个。企业在市区最繁华地段拥有12层办公大楼，三大医药库区。

公司几年来，不断深化改革，狠抓内部管理。紧紧围绕“经济建设”这个中心。研究制定企业经营策略，外拓市场、内抓管理，使企业各项工作都取得了显著成效，出现了销售突破亿元的经营部。2000年公司实现销售2.5亿元，实现利税1630万元。在企业取得快速发展的同时，有效地保证了国有资产的保值增值。考虑到企业发展的后劲问题，同时确立了在三明建立15万亩全国重点厚朴林药材基地的建设项目，现已形成5万亩的规模。公司认真贯彻执行《药品管理法》及国家颁发的有关医药商品质量管理的方针政策。1996年向社会发出"凡在我司所属药店买到假药给予赔偿壹万元"的承诺，几年来无因质量问题发生理赔事件。1998年企业通过了GSP省级合格验收。2000年3月份。公司被授予"中国质量万里行""质量信得过单位"荣誉称号。公司在1999年全国500家大中型医药商业企业中销售排名第96位、利税排名第49位。2000年被评为全省百家重点商业企业、省第三产业利税百强企业。公司曾被评为全国医药工商企业"优秀企业"称号。公司总经理郑亨朴也曾被评为福建省第八届"省优秀企业家"荣誉称号。

大田石凤水泥有限公司

法　人：李啟凤
地　址：大田县凤山东路82号
邮　编：366100
电　话：0598—7222062

福建省大田石凤水泥有限公司由原大田县第二水泥厂与澳门新苗贸易行合资组成，现年产水泥45万吨。企业连续8年实现利税超千万，连续6年被列入"福建省利税300强企业"，被评为省"工业明星企业"，历年获省"重合同、守信用"单位。"石凤"牌32.5R和42.5R普通硅酸盐水泥，于1990年获"省优产品"，1992年取得《国家产品质量认证证书》，2000年取得《国家质量体系认证证书》，1996年被推荐为"全国消费者信得过名优产品"，并获"省产品质量稳定证书"。现已获国家免检产品。被评为"99'福建市场十佳用户满意商品"。

编审：甘文应　　责校：林丹英

索　　引

说　　明

一、本索引为内容分析索引。

二、本索引按汉语拼音字母（同音字按声调）顺序排列。

三、每一词条后的数字表示该词条所在页码；页数后字母 a、b、c 分别表示所在页码的左、中、右栏。

四、前空 2 格的词条为上一主题的“附见”条；同一主题的“参见”，则注参见条所在页、栏。

五、本卷中“大事记”、“光荣榜”、“文献法规”、“统计资料”及有关名录，不列入本索引检索范围。

A

B

C

H

J

K

L

P

Q

R

T

W

X

索引编校：章卓如　郑棻　林丹英

《福建年鉴》（2000）勘误表

页	栏	行	字	误	正
3	左	1	17	心	央
121	左	倒25	5	福	祖
156	左	27	10	虹	工
322	右	22	7	万	亿
彩11		2	末	辅	铺

世纪盛会 情连五洲

第四届世界同安联谊会

同安新貌

全国政协副主席万国权出席银鹭集团成立仪式

1994年5月,新加坡同安会馆乡贤发起成立世界同安联谊会,并于1995年5月、1996年11月、1998年11月分别在新加坡、同安、马来西亚召开第一、二、三届世界同安联谊大会。第四届世界同安联谊大会于2000年12月2日至4日在故梓同安召开。同安,地处福建省东南沿海,辖区面积1079平方公里,人口56万,是厦门市最大的行政辖区,又是著名侨乡和台胞祖籍地。同安籍的海外华侨、华人、港、澳、台胞达300多万人,遍布世界30多个国家和地区。参加第四届世界同安联谊会有海内外26个国家和地区的54个代表团1500多名乡亲。大会取得了协议利用外资1.04亿美元的丰硕成果。会议决定,第五届世界同安联谊大会于2003年在美国南加州举行。

第四届世界同安联谊会会场

第四届世界同安联谊会签约仪式取得协议利用外资1.04亿美元。图为签约仪式。

厦门市国税局

国家税务总局金人庆局长莅临办税服务厅，看望基层税务干部。

2000年，厦门市国税局在总局认真贯彻全国税收工作会精神，全面落实“加强征管、堵塞漏洞、惩治腐败、清缴欠税”的税收工作方针，以组织收入为中心，强化税收征管，加强干部队伍建设，较好地完成了各项税收工作任务。全年共组织税收入库57.08亿元，比上年同期增收22.11亿元，增长63.22%，完成总局计划的103.88%，完成市府计划的100.07%。其中：中央级入库43.68亿元，比上年同期增收16.60亿元，增长61.12%，完成总局计划103.85%；地方级入库13.40亿元，比上年同期增收5.54亿元，〖JP3〗增长70.46%，完成市府计划的100.07%。“两税”入库49.07亿元，比上年同期增收19.56亿元，增长66.26%，完成总局计划的103.37%，组织收入创下历史最高水平。

经常性开展反腐倡廉活动，做到警钟常鸣，图为国税干部参观反腐倡廉图片展

加强税企联系，积极与企业沟通，及时宣传新的税收政策法规。

广泛开展税法宣传活动，图为小小税法宣传员上街发放宣传材料

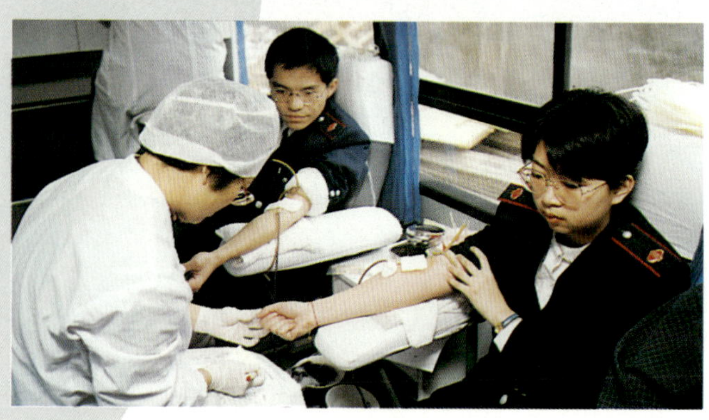

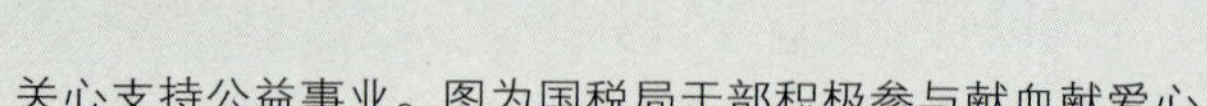

关心支持公益事业。图为国税局干部积极参与献血献爱心

FUJIANYEARBOOK

厦门出入境检验检疫局

党组书记、局长：郑家萍

国家检验检疫局局长李长江视察厦门局

厦门出入境检验检疫局是国家出入境检验检疫局领导的直属局，1999年8月9日正式挂牌成立。实行垂直管理，是由原厦门商检、动植检、卫检“三检”合一，负责所辖区域出入境卫生检疫、动植物检疫和进出口商品检验的行政执法机构。厦门出入境检验检疫局现有职工445名，各类学科专业技术人员占总人数的87%，其中高、中级职称的占57.5%。全局拥有各种检测设备1113台（套），其中包括原国家科委统管的23种精密仪器21台。这些设备的检测条件，大多数已达到同类设备的先进水平，为厦门检验检疫局业务的顺利开展提供强有力的技术支撑。厦门出入境检验检疫局下设的分支机构是：杏林出入境检验检疫局、海沧出入境检验检疫局、厦门国际机场办事处、象屿保税区办事处、和平码头办事处、大嶝岛办事处（筹建）。

局党组成员在学习

检验检疫人员在办理国际航班入境检疫手续

检验检疫技术中心工作人员在进行检测工作

诚信 务实 勤奋 创新

——福建省电信公司厦门分公司

中国电信热线服务

江头大厦

营业大厅

厦门—纽约电脑与网络技术可视电话

福建省电信公司厦门市分公司成立于2000年8月16日，以"诚信，务实，勤奋，创新"为企业宗旨。厦门电信实施公司化运作以来，始终把占领市场、创造效益放在首位，陆续推出了无线环路无绳电话、极速宽带网、1000服务热线等科技含量高、时代特征强的业务和服务项目。进入新世纪以来，厦门电信在继续加快步伐发展城乡电话之余，致力于宽带城域网的建设，竭力满足单位和个人对大容量数据和高速上网的需求，努力为社会各界提供更加自由、通畅、快捷、先进的沟通方式。到2001年4月，厦门电信拥有电话用户60万，上网用户13.3万户，主线普及率达46线/百人，公司江头营业厅被评为"国家级青年文明号"。

面对日益激烈的国内市场竞争和即将来临的国际市场竞争，厦门电信将立足市场需求，通过建好网络、搞活经营、提高服务、营造文化等手段提供企业的核心竞争力。目前厦门电信正在深化改革，加快发展，为推进厦门信息化的进程和建设海峡西岸繁荣带而努力奋斗！

总公司新厂区

◆厦门绿泉实业总公司

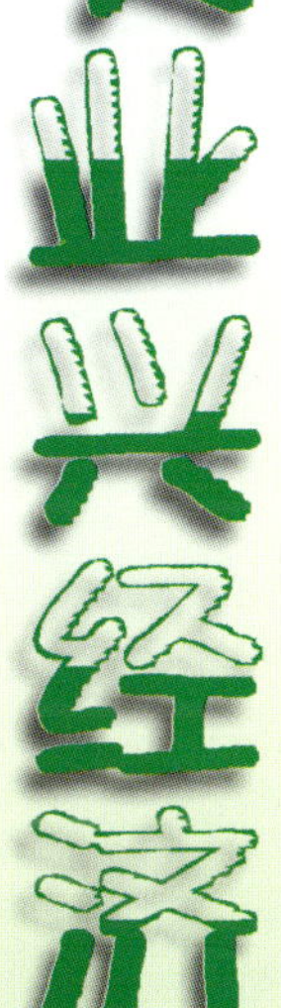

绿泉润人生 实业兴经济

FUJIANYEARBOOK

厦门绿泉实业总公司是一家涉足碳酸饮料、茶饮料、果蔬汁饮料以及与饮料业相关的包装物—聚脂瓶的生产和销售的集团公司。截止2000年底，公司拥有总资产4.54亿元，净资产3.66亿元，利润及利税均排名全国饮料行业前20强。

公司拥有国际著名品牌“可口可乐”、国内知名品牌“鹭芳”及在日本市场享有声誉的华日乌龙茶浓缩液等一批好产品。拥有雄厚的技术实力及资金实力。在中国的饮料及饮料包装物市场占有较重要的地位。各公司所占股比是：

厦门太古可口可乐饮料有限公司	49%
厦门华荣食品有限公司	90%
厦门华新茂包装容器有限公司	59.5%
厦门华日食品有限公司	31%
厦门饮料厂	100%
厦门新星包装有限公司	100%
厦门约翰葡萄酒有限公司	100%

总经理：黄聪海
地址：厦门市湖滨南路312号　　邮编：361004
电话：0592-5054079　　传真：0592-5052917
新厂区地址：厦门市同集路同吉工业村

乌龙茶生产设备

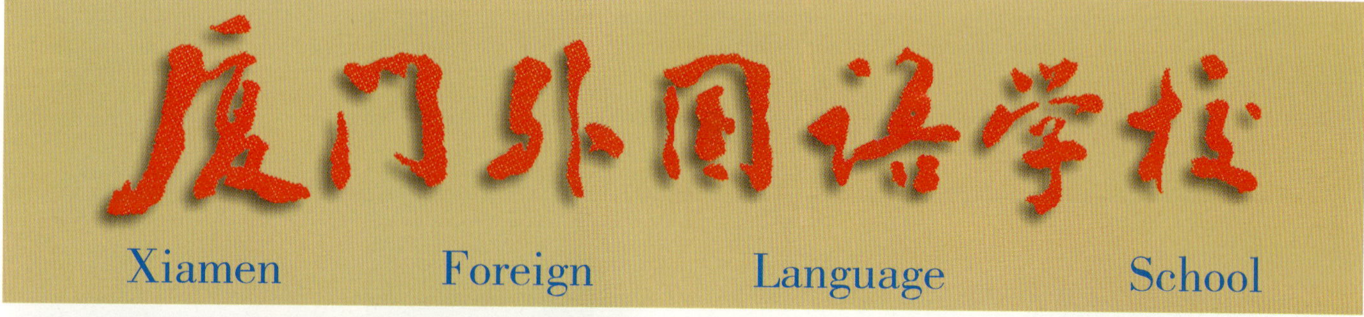

厦门外国语学校

Xiamen Foreign Language School

英语文艺汇演

新西兰惠灵顿市市长向学校赠送礼品

厦门外国语学校,于1978年开始建校试验,1981年12月创办。学校占地22756M²,总建筑面积20222M²,拥有足球场、风雨跑道、篮、排球场和环形跑道。目前,全校教学班25个(50个外语教学班),在籍生1012人,在职教工150人,其中高级教师24人,中学一级教师44人。

学校坚持"突出外语,文理并重,全面发展"的办学指导思想,推进素质教育的不断深化。注重学生外语能力的培养。执行全国外国语学校教学计划,使用国外原版教科书,并结合使用教育部颁发教材,采取分小班(20多人)上课,运用现代化教育技术,组织学生参加涉外活动;且长期聘请外籍教师上课。还开设外语活动课,注意外语听、说、读、写实践应用能力的培养。同时做到文理并重。在突出外语的同时,加强了其它文化课的教学,特别注意加强语文和数、理、化学科教学,强化实验的动手能力和现代化教学过程手段的使用,接受基础教育中打下合理的知识结构基础。学校认真贯彻党和国家的教育方针,引导学生、德、智、体全面发展。学生志向高远、学习勤奋、自律自觉、尊师爱友、举止文明、渴望成才,形成了"团结、勤奋、严谨、创新"的良好校风。

学校创办以来,初中毕业考总分均值,优良率、教学质量评估指数均居市前茅;高中毕业会考优秀率在省一级中学标准线上运行;1996年至2000年高考平均升学率为97.72%,1996、1999届升学率为100%,2000年林惠斌同学高考获省文科状元。编写的教学录相《初中英语句型情景教学系列片》由人民教育出版社与福建省普教声像出版社出版,并在中央电视台英语教学节目播出两年。又同省电教馆合作录制了电视教材《现代教育技术与外语教学改革》,经国家教育部电教办审定,被收录为全国现代教育技术培训教材。

外藉教师与同学们在交谈

学校景区一角

『两个确保』有确保 荣获全国一等功

◆漳州市芗城区劳动局

区人大、政府、政协领导出席全区劳动保障工作会议

局长张碧云同志晋京受奖

区领导慰问特困户

职业介绍登记大厅一角

劳动技能培训

芗城区劳动局更新观念，转变职能，积极探索新时期劳动保障工作的新模式，努力推动劳动保障工作上新台阶。该局于1998年在漳州市率先成立了再就业服务中心，全区有下岗职工的国有企业也相应建立了再就业服务中心，确保全区1079名国有企业下岗职工都能按时足额领取基本生活费。另一方面，千方百计做好养老保险金和失业保险金的征收和扩面工作，重点提高三资企业、私营企业职工参保率，做到依法征收，依法扩面。养老保险金实现100%社会化发放，确保全区3421名离退休干部职工养老保险金按时足额发放。在再就业工作上也卓有成效。该局针对下岗职工年龄偏大、文化程度偏低、劳动技能单一等特点，找准社区服务与再就业的最佳切入点，促进下岗职工再就业。1998年以来，依托全区6个社区服务中心，安置下岗职工5789人，有效解决了下岗职工再就业难问题。同时，该局充分发挥劳动力市场的主渠道作用，建立就业服务网络，多渠道收集用工信息，及时把握劳动力市场需求情况，不定期发布企业用工信息和举办劳务洽谈会，为无业人员提供更多的就业机会。1998年以来，共解决就业29096人次。由于工作出色，芗城区劳动局先后获得许多省、市级荣誉称号，2000年，被国家劳动和社会保障部授予“全国劳动和社会保障系统集体一等功”光荣称号。

全国劳动和社会保障系统

集体一等功

中华人民共和国劳动和社会保障部
二○○○年十二月

荣获“全国劳动和社会保障系统集体一等功”称号

碧海金滩创伟业 蓝色产业奏凯歌

——漳州水产业“九五”发展成绩回顾

原省领导贾庆林视察漳州海上田园

对外合作

“九五”期间，漳州渔业在“建设海洋经济大省”、“培育水产支柱产业”和“海上再造一个漳州”等一系列重大战略决策推动下，凭借人文、区位和政策优势，加快改革开放步伐，不断解放和发展生产力，取得令人瞩目的成就。2000年全市水产品产量已达125.4565万吨，居全省第二，提前两年实现“九五”计划96万吨的目标。水产品总量在全省的排位从“八五”期末的第四位上升为第二位，全市人均水产品占有量275公斤，高出全省人均占有量117公斤，居全省首位。

2000年，全市水产业增加值53.1亿元，占全市GDP的9.76%；水产业总产值90.69亿元（当年价），比1995年净增56.26亿元，平均增长21.5%，高出全省年平均增长率4.5个百分点；2000年渔业产值实现62.4亿元，拉动了全市农林牧渔业增长4.34个百分点，居大农业五业中第二位，“九五”期间，平均增长16.7%，高出全省平均增长6.7个百分点。2000年全市水产业第二、三次产业产值达26.47亿元，是1995年4.5亿元的6倍，二、三产业占水产业产值的比重从1995年的13.07%上升为29.2%。全市水产品加工产值达15.8亿元。淡水养殖面积80.14万亩，产量83.65万吨，均居全省榜首。养殖产量占水产品生产总量的比例，由1995年的59%，提高到66.67%，超出海洋捕捞的比重的31个百分点。

高优渔业长足发展，独具特色。鲍鱼、泥蚶、鳗鲡、罗氏沼虾等名优品种养殖及高档海水鱼类网箱养殖迅速崛起。

渔业对外（台）招商引资有了突破性进展。水产业已成为外商投资的热门行业，有来自亚洲、欧洲、大洋洲等14个国家和地区的投资商到漳州投资兴办水产业，至2000年12月，全市已批准水产“三资”企业项目233家，合同利用外资累计6.43亿美元，比1995年增长7.27倍，其中合同利用台资2.18亿美元，占全省渔业合同利用台资的60%以上。2000年全市水产品直接出口创汇5964.1万美元，比1995年增长392%。

水产科技应用推广成效显著。全市已有61个乡（镇）建立水产技术推广站，市、县、乡（镇）三级水产技术推广服务网络已初步形成。水产科技进步贡献率已达50%左右，比1995年提高20个百分点。

渔业基础设施建设上新台阶。“九五”期间，全市新建成二级渔港2个，已批准立项在建的二级渔港8个，三级渔港12个。全市已拥有水产苗种场300余家。

渔业法制管理水平明显提高。在渔业经济活动的各个主要方面已基本是有法可依，有章可循。全市已拥有渔业执法人员125人，已初步形成市、县、乡三级执法网络和以港口为依托的渔港监督、渔船检验网络。漳州渔监处还荣获省级文明单位。

苗种基地

水产加工

投资热土　旅游胜地

诏安闽粤边界开发区

全省唯一的无费区

管委会主任　李南泽

诏安闽粤边界开发区位于诏安县城西侧，是福建省最南部的省级重点开发区，区域面积4平方公里。目前区内企业156家，合同利用外资9826万美元，实际到资7908万美元，年产值12亿元。

诏安县闽粤边贸旅游区属市级个私经济区，位于闽粤两省交界处，东起深桥镇雨亭，西到分水关省界，区域面积约5平方公里，并辖有樟朗、上营、后岭3个行政村和分水关种养场。

中国青梅之乡—诏安

党委书记、管委会主任　许燕飞

"两区"地处厦门、汕头两个特区之间，国道324线穿区而过，漳州东山港和广东三百门港，近在咫尺，交通便捷，是下粤入闽的交通要口。经过近年来的不断建设，区内的供水、供电、通讯等基础设施日臻完善。为加快"两区"发展，县委、县政府把"两区"列为全县经济发展的重点区域，并确定为"无费区"，在区内取消行政事业性收费。

诏安闽粤边贸旅游区

闽粤第一城一角

诏安县德兴工贸城夜景一角

云霄林业局

云霄县林业局认真贯彻落实各项林业政策措施，大力实施林业可持续发展战略，不断强化依法治林和林业结构调整，突出抓好珍稀濒危野生植物保护、红树林湿地资源保护和沿海防护林体系建设，取得了可喜成绩。“中国湿地保护行动计划”启动以来，更加重视红树林的管护工作，云霄县出台《云霄县人民政府关于加强红树林自然保护区建设管理的通告》，成立“云霄县漳江口红树林自然保护区管理站”，制订“十五”红树林造林规划，不断增加红树林资源。同时，积极申报云霄县漳江口红树林省级自然保护区为国家级自然保护区，保护面积 2360 公顷，其中核心区 110 公顷，缓冲区 460 公顷，实验区 1790 公顷。

漳江口红树林省级自然保护区一角

守信高效 开放进取

云霄县电力公司

调度室

云霄县电力公司成立于 1984 年，国有供电企业。现有干部职工 213 人。其中党员 62 人，各类专业技术人员 70 多人。拥有 110KV 变电站一座，35KV 变电站四座。2000 年实现利税 441.52 万元，公司被省企业评价中心评为 2000 年福建省利税 300 强，被县委、县政府授予 2000 年文明行业单位称号，连续两年获漳州军警民共建文明先进单位。

云霄县电力公司始终坚持“人民电业为人民”的企业宗旨，坚持以改革为统揽、以经济效益为中心、以安全生产为基础、以市场需求为导向、以科技创新为动力、以“两手抓、两手硬”为保证，深入开展电力市场整顿和优质服务年活动，全面落实“双满意”工程，以实现“客户满意、政府放心”为终极目标、加强精神文明建设、确保电网稳定、全面增强企业整体素质，塑造诚实、守信、高效、开放企业形象，促进企业经济效益和社会效益的提高。

云陵 110KV 变电站

漳浦县三工业区

图为工业区内花园式工厂

漳浦县绥安工业区

漳浦县绥安工业区设立于1991年6月，是省级开发区。工业区用地面积4.8平方公里，已投入2.3亿元用于水、电、路、通讯等基础设施建设，累计批准内外资项目129个，合同利用外资3亿美元，实际到资2.05亿美元。2000年实现产值15亿元，出口创汇4120万美元，财政收入1553万元。该区已成为漳浦县外向型经济发展的龙头和新经济增长点。

联系电话:0596-3222555

图为绥安工业区一角

漳浦县赤湖工业区

漳浦县赤湖工业区位于闽南金三角，是福建省乡镇工业示范区、漳州市重点工业区。全区用地面积5平方公里，规划有污染集中控制、建材加工、服装生产、食品开发、高新技术、五金制造、船泊制造和贸易服务等八个功能区，区内实行无费管理，是目前厦门、漳州唯一的污染集中控制区。目前该区已形成五金制造、石材加工、服装生产、食品开发、船泊制造五大企业群体。2000年全区实现工业产值4.4亿元，上缴税收360万元。

联系电话:0596-3701219

图为赤湖镇政府办公楼

图为赤湖污染集中控制区规划图

漳浦县旧镇工业园区

旧镇工业区创建于1992年，被列为县级个私经济区，该区规划总面积2.5平方公里，初步形成集建材、电子、电器、五金、装璜、花卉、饰品为一体的轻工企业群体，全区实行无费区管理，并享受漳州市卫星城镇各种优惠政策。2000年全区拥有企业66家，其中外资企业14家，实际利用外资4600万美元，创产值1.2亿元。

联系电话:0596-3763408

图为台商独资企业正威工业有限公司员工正在加工圣诞饰品

图为隆宝工业有限公司生产健身器材车间一角

锐意改革　开拓进取

南靖县粮食局

县委书记陈炎生、漳州市粮食局局长陈赐霖亲临“粮食部门困境与出路”研讨会指导

局长　杨毅斌

南靖县粮食局在局长杨毅斌的带领下，大胆改革，开拓进取。对全县25家有粮食企业的改革，全县粮食企业由25家改组为7家，在岗职工由396人精简为100人，压缩24.7%，一次性解除劳动关系予以妥善安置296人，141名退休人员领取医药费、福利费一次性包干，11名离休干部移交县财政统一管理。盘活闲置门市等国有资产3795平方米，金额500多万元。改革后每年减少费用300多万元，2000年7~12月全县粮食企业减亏增盈205万元。

金谷大厦一角

县长戴坤江、市地矿局局长李其团等领导参加和溪矿管所落成剪彩

县长戴坤江、县地矿局局长刘友长深入外资企业乐发石材厂现场办公

保护中开发　开发中保护

南靖地矿局

南靖县矿产丰富，矿种齐全，全县共发现矿床、矿化点110处，其中列入省级储量管理的矿区10个，已发现铁、高岭土、彩玉石等30种矿产。近年来，南靖县地矿局坚持在保护中开发和在开发中保护，充分发挥资源效益，全县现有矿山348个，矿业产值4000万元，从业人员4000多人，地矿工作年年完成省、市、县下达的任务，为南靖经济和社会事业发展作出了应有贡献。

地矿部门组织开展矿产资源执法宣传

浦城江滨广场

绝好的商业地段　优美的生活环境

董事长：杨光

董事长：杨　光
总经理：徐观友
地址：浦城县江滨广场
电话：0599-2840615
传真：0599-2836886
邮编：353400

浦城县江滨广场

江滨广场规模庞大，安置楼和高级公寓的商住娱乐楼群江滨广场总体规划和建筑造型由名家顾问和浦城建筑设计院联合设计，揉合中外建筑风格，世纪明珠、辉映八闽，为浦城世纪建筑之典范。

“江滨广场”系福建浦城滨江房地产开发有限公司独资开发的世纪工程，地处浦城县城关中心位置，座落府前路西侧、南浦溪北岸，与江滨大道、江滨公园和南浦溪水上乐园互为一体，交相辉映，是浦城新世纪首期高智能公寓区及商业社区。

“江滨广场”地势居高，交通便利畅达，山光水色纷呈，环境格外清幽，风水绝版。“广场”的容积率1.94，绿化总面积20%。

滨江房地产开发公司实力雄厚，技术过硬，管理科学。“江滨广场”建设由名家设计，独具匠心，户型多样，配套设施齐全，户户皆明厅、明厨、明卧、明卫，面积85-188平方米，堪称精品杰作。绝好的商业地段、优美的生活环境，使“江滨广场”这颗璀璨的明珠，为三省交界的浦城增添一道亮丽的城市风景线！

诚信 质量
创新 发展

浦城正大生化有限公司

发酵车间

浦城正大生化有限公司，隶属泰国正大集团。公司位于闽北南浦溪畔仙楼山西侧，占地10万M2，拥有员工400多人，其中各类专业技术人员占51%；公司总投资2.1亿元，年生产施豪牌饲料金霉素15000吨和盐酸金霉素400吨。年创税利4829万元，系全国饲料行业百强，福建省饲料行业十强，自1998年以来，连续三年在全国同类企业中获饲料金霉素产量、质量、销量、出口创汇、税利五个第一。

施豪牌饲料金霉素系福建省名牌产品，多次在国内外展销中获奖。产品经美国FDA检查验收和国际ISO9002质量体系检查认证，并在英国农业部，东南亚等国注册登记。施豪牌饲料金霉素在美国、欧洲、南美、东南亚等国家和地区市场享有盛誉，每年出口外销产品供不应求。

近几年来，浦城正大生化有限公司先后荣获几十项荣誉和奖励，并得到银行的良好资信评估。公司追求"诚信、质量、创新、发展"的企业精神，坚持科技顶天，市场立地的信条，努力为客户奉献优良的产品和满意的服务。

新菌种选育

董事长：赖潭平
总经理：刘伯讷
副总经理：潘长青
地址：福建省浦城县正大路305号
电话：0599-2822603
传真：0599-2823294
邮编：353400

授予：浦城正大生化有限公司
一九九七——一九九八年度
AAA级信用企业
中国建设银行
China Construction Bank
福建省分行

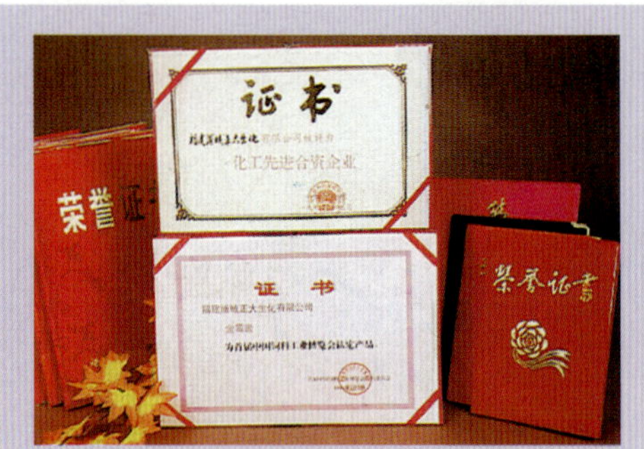

局长兼党组书记：刘笛

依法治税 优质服务

顺昌县地方税务局

FUJIANYEARBOOK

顺昌县地税局于1994年9月正式成立，现有干部职工94人，下设一个稽查局和7个基层征收分局（所），担负着全县14个乡镇2044户企业和个体工商户的地方税费征管工作。该局坚持“两手抓，两手都要硬”的方针，以组织收入为中心，依法治税，文明服务，致力于科技兴税，不断提高税收征管水平；加强精神文明建设、党风廉政建设、干部队伍建设和效能建设，内强素质，外树形象，造就了一支政治强、作风硬、素质高的地税干部队伍。七年来，组织各项税费2.6亿元，为顺昌的繁荣、发展和稳定做出了重大的贡献，精神文明建设取得累累硕果，蝉联两届省级文明单位，先后获得省“五一劳动奖状”、省地税系统“先进集体”、省级青年文明号和市级“十佳青年文明号”，在“千户问卷评行风”活动中，群众满意率达98%；在效能建设活动中，获全县效能建设总评第一名和县直机关绩效考评第一名，树立了文明执法的形象。原省委书记陈明义到该局视察时题下了：“依法治税，优质服务”。

地税局干部与县、乡二级领导深入乡镇企业开展扶贫、助困工作

地税局干部在开展税务日常专项稽查工作

党委书记：叶明发

乡长：徐小明

竹凉席生产车间

山水资源丰富 人民勤劳好客

顺昌县岚下乡

岚下乡位于顺昌县东北部，海拔200-600米，总面积215平方千米，下辖10个行政村、98年自然村、124个村民小组，总人口23597人，2000年全乡工农业总产值9750万元，农业总产值3850万元，企业总产值13577万元，出口交货值1300万元，全乡人均收入2159元。

岚下地处山区，但交通便利，东有岚房路通房道、建瓯，北有岚新路通洋墩、仁寿、建阳，西有岚洋路通大历、建西、洋口。全乡村村通公路，水力资源较为丰富，可开发利用水力蕴藏量4150千瓦。目前，已有小水电站8座，年发电量达800万千瓦时，现有电站全部并网。通讯便捷，全乡程控电话装机容量6000门，已开通3000门，实现了全乡村村通电话。无线寻呼、移动电话皆已开通。金融、文化、卫生体系日益完善，社会治安稳定，居民安居乐业，全乡经济和社会各项事业蓬勃发展。

岚下自然资源十分丰富，素有闽北“竹乡笋市”之美称，全乡竹山面积11.5万亩，年产优质鲜笋近万吨，生产笋干近千吨。森林资源总面积20.8万亩。独特的山区气候还适宜水果、烤烟种植，2000年全乡种植烤烟200多亩，柑桔5225亩，板栗2300亩，广阔的竹山适宜牛、羊等畜牧业的规模养殖，积极引进外资发展养鳗270亩，产量达170多吨。矿产资源也比较丰富，已探明的花岗岩储量达600多万立方米。

顺昌县第一高峰郭岩山，就位于该乡东北部，海拔1383.7米，是看日出观云海景观的独特之处，登山观景游客络绎不绝。

深化财政改革　积极开拓进取

——建瓯市财政局

建瓯市财政局局长朱春锦在工作中

建瓯市财政局以江总书记"三个代表"重要思想为指导，进一步解放思想，积极支持各项改革和经济结构调整，充分发挥财政职能作用，支持生产发展，拓宽培植地方财源新渠道；加强税收征管，扎实财政收入；规范预算外资金管理，实行综合财政预算；优化支出结构，规范财政管理；扩大政府采购覆盖面，全面实施"收支两条线"管理；狠抓机关效能建设，努力转变工作作风，取得财政工作和精神文明双丰收，2000年全市财政收入达18243万元，有力地促进了建瓯市经济和各项社会事业的发展。该局先后被授予第七届省级文明单位、南平市支持服务农村工作先进单位和建瓯市创建党建工作先进单位等称号。

新《会计法》公布后，及时组织单位负责人学习《会计法》

局长朱春锦同志陪同上级领导到基层调研

建瓯市财政局领导班子成员在研究工作

建瓯林业 绿色金库

建瓯是全国重点林区和杉木中心产区，素有“绿色金库”之称。全市林业用地529.97万亩，占全市土地总面积的83.94%，其中有林面积496.09万亩，森林覆盖率79.5%，绿化程度94.7%，森林蓄积量1927.76万立方米，年产木材30万立方米，毛竹林面积116.86万亩，立竹总数1.82亿根。有林地面积、森林蓄积量、木材产量和毛竹面积、立竹株数均居全省前列，毛竹林面积和立竹总数为全国第一。1996年2月荣获国家林业部授予的“中国竹子之乡”称号，同年被林业部列为全国九个“丰产竹森示范基地县”之一，1998年又被国家林业部列为全国三个“高效竹林培育先导示范基地县”之一。建瓯是锥栗的原产地和主产区，栽培历史已有500余年，全市栽培面积41.26万亩，占全省栽培面积80%以上，产量6000吨，产值达到5000多万元，居全国首位。2000年3月，被国家林业局命名为唯一的“中国名特优经济林锥栗之乡”。同年5月，省人民政府命名建瓯锥栗为福建省名牌农产品，成为全省首批20个名牌农产品之一。

建瓯竹林

建瓯锥栗

建瓯森林

（林欣　摄）

勤政廉洁 务实高效

● 建瓯市工商行政管理局

建瓯市工商行政管理局现有干部职工135人，其中党员74人，大中专以上学历77人。下辖4个分局、5个工商所、12个科室，担负着14个乡镇、4个街道的经济执法工作。

近几年来，该局始终坚持以“建一流班子、带一流队伍、创一流业绩，建设一支廉洁、勤政、务实、高效的工商行政管理队伍”为目标，努力做到思想认识深化、办公环境美化、热情服务细化、执法行为规范化、纠风监督严格化，不断推进工商行政管理工作和精神文明建设的协调发展。先后被评为省第六、七届“文明单位”，省工商局授予1998~2000年度“全省工商行政管理系统精神文明建设先进单位”。

地址：建瓯市水西莲花池2号

党组书记、局长杨世平

建瓯市工商局干部队伍风采

打击假冒伪劣专项执法。图为该局干部在检查市场

科技兴烟 山海合作

松溪烟草

松溪县烟草专卖局（公司）局长（经理）季清武

松溪县烟草专卖局（公司）成立于1984年6月，现有在册干部职工27人，具有大专以上文凭占37%，中专文凭占52%，助师以上职称占56%。1989年获县级文明单位，1991年至今获市级文明单位。全年烟叶生产收购总量7万担，卷烟销售总量5000大箱，年创税利达1000余万元。现有固定资产1500余万元。

局（公司）自成立以来，始终把发展作为主题，把科技兴烟作为主线，把规范管理作为基础，把深化改革和创新作为动力，烤烟生产从无到有，从小到大，实现了从纯生产型向市场型和质量效益型的转变。通过嫁接“菲·莫”国际型优质烟生产技术和中美“环球”烤烟生产技术合作，提高烟叶生产整体水平。以生产“高香气、中烟碱、低焦油”的清香型优质烟叶为奋斗目标，建立紧密型厦门卷烟厂厂办生产合作基地，实现了生产与市场需要的并轨，开创出一条“人无我有、人有我优、人优我特”的烟叶生产发展模式。

厦门卷烟厂厂办基地——松溪旧县李墩片。图为刘宗柳副厂长及厦门卷烟厂技术人员等一行察看2001年烟叶生产情况

中美合作烟叶生产基地——中美“菲·莫”烟叶生产基地。图为美国技术代表——安德森先生（左一）察看2001年烟叶生产情况

松溪县烟草专卖局（公司）新办公大楼外景

落实保障制度 维护社会稳定

松溪县劳动局

县劳动局领导同下属单位领导一起学习劳动和社会保障法规政策

局长：梅联恭

2000 年松溪县劳动和社会保障工作取得了较好的成绩，各项工作都完成或超额完成上级下达的任务，“两个确保”工作全面落实，保证了该县的社会稳定，受到了社会各界的好评。县劳动局因此被县委、县政府授予“服务经济工作先进单位”。

松溪县劳动局大力宣传《失业保险条例》和《福建省城镇企业职工基本养老保险条例》，积极扩大养老保险和失业保险覆盖面。目前，全县参加基本养老保险和失业保险的企业达到 100%，养老金社会化发放率达 100%，继续巩固“两个确保”，做到企业离退休人员养老金和国有企业下岗职工基本生活费按时足额发放。在此基础上实施下岗职工再就业率达到 60%以上。

同时，该县在南平市率先开展医疗保险工作，年初全面启动医疗保险业务，建立完善了服务网络，现已有参保单位 133 个，参保职工 6350 人，并且基本实现了“收支平衡，略有节余”的目标。

县医保中心定期组织业务学习

劳动社保公司保持同企业密切联系

劳动服务公司坚持为下岗职工排忧解难

阔步迈向新世纪的三明

开通政府网站，构筑信息坦途。图为三明市市长叶继革在市信息中心视察

依托企业主体，推动技术创新。图为厦工集团三明重型机器有限公司技术中心

兴一方市场，活一方经济。图为三明市宁化边贸市场

改善交通基础设施，增强经济发展后劲。图为京福国道主干线福建三明段高速公路开工典礼

整合教育资源，发展社会事业。图为三明高等专科学校成立典礼

优化城市环境，提高城市品位。图为三明市区沿河十里绿色长廊一角

光荣榜

王德仁

福建沙溪口水电厂党委书记

编者按：

在福建省两个文明建设中，各条战线涌现出一大批先进模范人物，他们为福建的经济社会发展做出了突出的贡献。为了让历史永远记住他们，本刊特辟光荣榜专栏，选介部分省级劳模、省级先进工作者、省“三·八”红旗手的先进事迹，以讴歌先进、弘扬正气，充分发挥先进典型的示范作用，激励全省军民为福建经济社会发展做出新的贡献。

（以下排列按省级劳模、省级先进工作者、省“三·八”红旗手为先后，各部份以姓氏笔划为序。）

王德仁，男，1949年4月生，中共党员，福建省浦城县人，研究生，高级经济师。1969年1月应征入伍于福州军区守备三团，1975年4月复员到福建省安砂水电厂工作，历任安砂水电厂检修分场副主任兼副书记、党办主任兼团委书记、厂办主任、党委委员；福建省华安水力发电厂任副厂长、厂党委副书记兼副厂长、纪委书记、厂长兼党委书记；福建沙溪口水电厂党委书记。还兼任中国职工思想政治工作研究会特约研究员，中华教育艺术研究会理事、福建省企业文化研究会常务理事、福建职工思想政治工作研究会常务理事、福建省政工研究会学术指导委员会委员、中国企业家联合会会员、福建省企业家协会常务理事、福建省精神文明建设研究会理事。

王德仁同志从1986年起先后在国内省级报刊及大专院校学报发表政工、企管论文110多篇，获省级以上论文奖20多篇。参加编写过《中外合资企业思想政治工作》、《新时期思想政治工作探索》、《外商投资企业思想政治工作》、《改革中探索》等论著。其优秀论文《新时期的中华民族精神》编入由曲啸同志主编的爱国主义教育丛书《塑造国魂》集和全国《爱国主义大词典》，《试论批评的重要原则》、《企业步入社会主义市场经济党委工作的思路》被编入新世纪战略研究丛书，论文《求将择帅》编入《当代领导科学文库》。论文《社会主义市场经济下的职工思想状态与对策》被省委宣传部作为专报件报中宣部办公厅。

王德仁同志在福建省华安水力发电厂任厂长兼党委书记期间，该厂获得40多项省厅以上的奖牌。被中宣部、中组部、国家经贸委、全国总工会授予“全国优秀思想政治工作者”，中共中央党校优秀学员干部，福建省“五·一”劳动奖章，省优秀党务工作者，省优秀企业家称号，省优秀企业思想政治工作者，福建省劳动模范。王德仁同志的先进事迹，多家媒体曾先后作了报道。

刘　杰
闽东电力股份有限公司
福鼎发电分公司总师室主任

刘杰同志现为闽东电力股份有限公司福鼎分公司经理，高级经济师，近年先后荣获福建省"五一"劳动奖章和全国"五一"劳动奖章、2000年当选为宁德市人大代表，荣获福建省劳动模范称号。

刘杰同志长期从事水利电力企业的领导工作，具备丰富的专业知识和经营管理经验，1996年，公司因特殊气候造成自然灾害，再加上生产经营结构单一、管理不善，企业陷入严重亏损的困境，亏损高达477万元。刘杰同志主动请缨，受命于危难之时，在企业整改整顿工作中团结带领新班子及全体员工，提出了"凝聚人心、树立信誉、规范管理、提高效益"的经营理念，采取了一系列重大举措。

一是实行"分级分权管理，大的管住，小的放开，统一核算，层层负责，权责一致"的原则，建立公司内部模拟市场，实行成本否决，在电力的发、供、售各运行环节之间形成内部电力贸易关系。1996年底公司就实现扭亏增盈目标，企业利润32万元、上缴国家税收790多万元，在全省纳税300强中排名123位。二是建立竞争管理体系，实行择优上岗、班组长民主推选、岗位评比、安全文明生产和生理化建议奖励。三是推行多角化经营，善于从市场捕捉最新信息，并以此为企业拓展经营路子，结合自身特点，把重点放在优先发展电力产品和与电力相关、投资省、见效快的经营项目。四是开展创建安全文明生产双达标活动，自加压力，鼎力争先，主动要求上级将企业列为省地方电力安全文明生产创建工作试点单位，层层签订了"安全文明生产责任状"，使公司顺利通过省地方电力企业安全文明生产双达标验收。五是积极推行ISO9000国际标准，建立企业质量管理和质量保证体系，为建立现代企业制度奠定坚实基础。2000年6月，公司质量体系通过北京9000标准质量体系认识中心审核认证。

同时努力倡导科技兴业方针。不断加大科技投入，设立"科技项目经费"，始终重视培养管理、技术人才，以每年10~15%幅度递增职教经费，设立"科技英才奖"和"电力青年科技基金"，使一线操作工人持证率达到100%，职工素质普遍提高。

刘杰同志先后有10多篇论文，在省市级报刊杂志上发表；《进一步深化地方国有电力企业改革》、《如何在困境中崛起》等论文，被收入《世纪之交的思索》、《经济导报》（特刊）等全国性文集。

李建春
武夷山市烟草局局长

李建春，武夷山市烟草专卖局局长。10年间，把一个名不见经传的企业经营成全省百强商业企业之一，改写了武夷山烟草专卖局的历史。2000年，人均创税43万元，为10年前的33倍。

上任伊始，面对跌入低谷、家底薄、班子乱、人心散、名声坏的"残局"。为摆脱这令人心灰意冷的局面，使企业干部和职工走出阴影，树立信心，李建春从企业的领导班子建设入手，他身体力行，率先垂范，为使企业能在千变万化的市场中求得发展，他倾注了自己全部的心血和汗水。他在领导班子中树立了坚实的"标杆"，在企业内倡导"企业兴我有功，企业衰我有过，人人奋勇当先进，个个争做主人翁"的进取精神和主人翁意识；开展"五好班子"、"共产党员示范窗"、"先进网点"等评优创新活动；每年的"六一"儿童节，不是发纪念品或红包给职工子女，而是亲自进行各种理想教育、逆境教育、经济知识教育等活动，让职工的子女从小开始经受各种锻炼和考验，对企业职工产生了潜移默化的影响。同时进行大刀阔斧的改革，破"铁交椅"，对副科长以上中层管理干部实行一年一竞聘；打破"铁饭碗"，在实行合同制的基础上，通过竞争、考核和优化组合等，体现能进能出的用工制度；打破"大锅饭"，按责利挂钩的办法，实行多劳多得，少劳少得。

李建春的企业谋略是很明确的："向管理要效益"是企业练好内功，打入市场的根基，是企业全部工作的永恒主体。怎样管、管什么、怎样才能获得企业最大效益，这是李建春在员工中提出的问题。建立健全各项管理机制和管理目标并狠抓落实。他经常到基层调查了解市场信息，检查落实营销目标任务完成等情况，并与员工座谈、讨论、吸纳一些良好的管理经验，集思广益，博采众长，不断充实和丰富自己的管理经验。

林　韩

福建省电力试验研究院院长

林韩，男，生于1958年4月，高级工程师，工学硕士学位，曾被评为省电力系统劳模与市劳模，2000年被评为省劳动模范，同年还获得国务院"享受政府特殊津贴专家"荣誉称号，现任福建省电力试验研究院院长。

林韩同志担任院长后，为加快企业现代化与市场化进程，进行了一系列卓有成效的改革：一是进行职能部门岗位竞聘和用人机制与分配机制改革；二是积极推进技术创新，试行科研项目首席工程师制，包括风险抵押、集中管理、首席工程师负责、科技人员招聘与淘汰、责任合约、项目终结审查评估等制度化等；三是成立科研流动站和研究生工作站，建立适应市场经济的技术创新机制、科技开发转化体系和技术经济一体化的科技推广应用体系；四是提出并实施创一流品牌及技术创新、技术服务营销及高技术产业三位一体的改革发展战略，倡导"追求一流，勇于创新，把生命融入服务"的企业精神，弘扬"以人为本，提升情商，建设一流团队"的企业文化，设立服务热线和投诉电话，响亮提出了"客户要求是我们的追求，客户满意是我们的责任"的服务质量承诺，开展以服务为中心的、全方位的质量满意工程……

林韩同志还做到身心士卒，呕心沥血，大家都说他是"事业狂"、"工作狂"。在他带领下，省电力试验研究院先后圆满完成了福建沿海"电力高速公路"——水口—莆田—泉州—厦门—漳州—后石500千伏输变电调试任务，赢得省公司领导和社会各界的广泛好评：1996、1997、2000年，三度被福建省重点工程建设领导小组评为"省重点工程建设先进单位"；1994~1999年，先后9次荣获省电力局"功臣单位"称号。其中，参建的500千伏水泉线输变电工程被国家电力公司命名为"优质输变电工程"，500千伏莆田变、泉州变、厦门变、泉厦一回路被国家电力公司命名为"达标投产输变电工程"。

杨炯华

福州铁路分局副分局长、党委书记

杨炯华，男，中共党员，政工师，1941年11月出生，1985年以来历任上海铁路局福州工程总公司党委书记、党委书记兼总经理、福州铁路分局副分局长兼党委书记。

杨炯华在总公司任职的十几年间，为总公司的改革发展呕心沥血、忘我工作，做出突出贡献。总公司继1993年获"全国百强企业"和1995年获"全国优秀施工企业"称号后，连续多年获全国500大和500佳以及福建省100大和100佳排名前施工企业称号，被评为"福建省思想政治工作优秀企业"、"省级文明单位"。他先后被评为上海铁路局优秀党务工作者、福建省精神文明先进工作者、福建省优秀企业思想政治工作者、福建省优秀党务工作者，并获得铁道部"火车头奖章"等荣誉称号。

学习勤奋、政治坚定。杨炯华同志一贯自觉坚持结合思想和工作实际，坚持用马克思主义立场、观点、方法分析形势、判断是非、处理问题，认真贯彻党的路线、方针、政策，经受了各种严峻政治斗争的考验，始终与党中央保持高度一致。

思想解放，思路清晰。杨炯华同志善于用科学理论指导实践，无论是抓党委工作还是行政工作，都十分注重增强企业的创新能力、竞争能力和抗风险能力，团结带领广大干部职工解放思想，转变观念，推进改革，促进发展，使总公司在激烈的市场竞争中获得了空前的发展和壮大。

勤政务实，绩效突出。杨炯华同志对党的事业忠诚、执著，全身心地投入到总公司的发展和铁路建设事业上。总公司承建的全部重点工程工地，到处都有他的足迹。哪里有"急、难、险、重"任务，哪里就有他的身影，总公司在铁路建设大会战的各个战役中所建立的功勋，无不凝聚着他的智慧和心血。

清正廉洁，作风过硬。杨炯华同志十分注意加强世界观改造，严于律已。他胸襟宽阔，淡泊明志，清正廉洁，克已奉公。始终身体力行"三个代表"的要求，深得广大干部职工的尊敬和信赖。在2000年总公司职代会上，职工代表对他的民主测评、优秀、满意率达百分之百。

陈　明

福州市公交总公司三山巴士公司经理

陈明，男，福州人，1957年元月出生，1975年7月在福州晋安北峰插队，任知青队队长，1979年12月进入福州市公交总公司，历任乘务员、驾驶员、车队长，1988年入党，1993年10月至今任福州市三山巴士有限责任公司总经理。

陈明同志任总经理以来，能严于律已，克已奉公，认真学习邓小平理论，坚决贯彻和落实党的各项路线、方针和政策，积极带领全体员工，发扬“团结、拼搏”的企业精神，开拓进取，大胆创新，努力探索新形势下的城市公共交通发展的新路子，使企业得到了发展。从1993年至今车辆从28部增加到486部，线路由原来的5条增加到现在的33条，固定资产从创立时的360万元增加到4065.76万元。

在管理上，建立健全“利益共享，风险共担”的管理机制。首先，对分配制度改革。其次，实行管理人员聘任制。再次，本着“精干、高效”的原则，实行“一人多岗制”。通过改革，充分调动了广大职工积极性。他重视对职工的关心与教育。多次组织公司管理人员到省行政学院参加企业管理培训班的学习，以提高管理水平。对职工注重“情”字，坚持做到“五必访”：职工住院必访，职工情绪波动必访，职工调动必访，职工无故不上班必访，职工家中有喜丧事必访。从而，增强企业的凝聚力和战斗力，为企业的进一步发展奠定了坚实的基础。

他还十分关心社会公益事业，从1997年起，开始向社会招收下岗职工充实职工队伍，为下岗再就业工程铺路架桥。他积极响应“劳动模范与贫困生结对子”的号召，资助一名孤儿，圆了大学梦。2000年，还热心为棚屋区下岗职工献爱心，开展了“为棚屋区下岗职工送岗位”和“为棚屋区下岗职工子女赠送免费乘车证”等，为政府排忧解难。

1997年公司被评为福州市安全生产先进单位；2000年，被评为福州市促进再就业先进单位。他个人，1999年，被评为福建省第六届优秀青年企业家，第八届优秀企业家，福州市第二十六届劳动模范。

陈景河

紫金矿业集团有限公司董事长

陈景河，男，汉族，中共党员，1957年10月生，福建永定人，大学本科学历，高级工程师。先后获得省五一劳动奖章、地矿部优秀青年、国务院颁发的政府特殊津贴等殊荣，1992年被破格晋升为高级工程师。1994年被评为龙岩地区优秀知识分子，1995年被评为龙岩地管拔尖人才，1999年被授予福建省优秀企业家称号。2000年9月被授予福建省劳动模范称号。

陈景河同志是紫金山金矿的主要发现者、研究者和开发组织者，率先提出了紫金山存在“上金下铜”的论点，并取得了丰硕的科研成果，先后获国家科技进步一等奖、地矿部科技成果三、四等奖及黄金科技特等奖。

陈景河带领紫金矿业，从一个资产仅几百万的县属小企业，发展到2000年生产黄金4.018吨，实现利润8500万元的国家重点高新技术企业，成为国有矿山企业在市场经济条件下成功的典范。

陈景河同志运用经济地质理论评价紫金山金矿，获得巨大可利用储量，使原认为规模小（仅5.45吨）、利用价值不大的矿床一跃成为特大型金矿（超过150吨），其潜在价值超百亿，矿山保有可利用储量全国最大。该理论已成为市场经济条件下评价矿产资源最有效的方法，并获2000年国家经贸委黄金科技进步特等奖。

陈景河同志坚持矿业开发与可持续发展并举，独创的破碎—筛分—洗矿，重选—堆浸—炭浆选矿工艺，使紫金山大量低品位氧化矿石得以利用，选矿回收率大幅度提高，经济效益十分显著，年新增利润2000余万元，生产工艺达国内领先水平，在低品位利用方面达到国际先进水平，极具推广价值。正在实施的《紫金山金矿含金固体废弃物综合利用及环境整治》项目，将对紫金山金矿露采剥离产生的1亿吨含微金废石进行综合利用。该项目不仅具有较好的经济效益，同时具有重大的环保意义，而且该项目对资源的充分利用将达到国际领先水平。

郑金腾

福建天湖山矿务局局长

郑金腾，福建省莆田市人，1957年3月出生，中共党员，大学文化，高级工程师，福建省中外企业家联谊会副会长。1995年起任天湖山矿务局局长，现任福建省煤炭工业（集团）公司副总经理。先后荣获泉州市劳动模范、全国煤矿地质系统建功立业先进个人、福建省劳动模范。

郑金腾任天湖山局局长6年间，敢为人先，全面加强生产经营管理。成立了全省行业首家局直财务管理，增强了资金的集中管理和监控能力，并在全省率先提出了“6个创效”、“8个上台阶”的经营方略，使企业向优化生产要素合理配置和管理创新的深层次上发展，取得了良好的经济效益和社会效益。6年间，企业生产经营总额均超亿元，年创税利1600万元以上，自我积累增值3926万元，新增对外投资3523万元，职工人均收入年递增10.3%。企业总资产报酬率、资本收益率、资本保值增值率、销售利润率、职工收入和人均节余福利费居全省同行业榜首，社会贡献率达34%，在全国同行业中处于领先地位。该局已连续6年分别被评为福建省工业明星企业、工业企业经济效益前300佳、利税300强和最佳形象企业，并先后荣获福建省“文明单位”、“全国模范职工之家”、“全国‘安康杯’竞赛优胜企业”等称号。

在安全管理上，他首倡“安全首知责任制”、“安全监察督办制”，坚持领导干部管理人员井上下值班跟班盯岗制，修订、完善13种行之有效的安全生产制度，并加以贯彻落实，使该局连续6年百万吨工亡率为零。在科技兴矿上，他组织科技人员完成了35项科技项目，创造了807.16万元的经济效益。在党建和精神文明建设上，他倡导并坚持了局长书记合署办公，民主议事，党员干部“一岗两责”党风廉政等6种制度；提出并建立了入党积极分子、后备干部、宣传思想工作3支百人队伍以及文明安全片区创建的“五化”要求和“两个延伸”，增强了企业的向心力和凝聚力，使党的依靠方针落到实处。

曾荣火

平和县市政建筑工程总公司总经理

曾荣火，男，1956年6月出生，大专学历，高级工程师，现任福建向荣建设集团有限公司董事长兼总经理，系省、市、县人大代表，平和县政协副主席。先后被授予：2000年省劳动模范，中国农村首届创业之星，全国第六届优秀建筑企业经理，省五一奖章，省优秀企业家，市文明市民称号。

曾荣火同志于1994年10月创办“福建平和市政建筑工程总公司”，1999年12月将公司改制为福建向荣建设集团有限公司”，组建“福建向荣集团”。公司在市场竞争中以质取胜，两个文明建设成效显著。该公司2000年产值达1.5亿元，纳税785万元；1997~1999年连续3年荣获漳州市工程质量、安全年检第一名。先后有8个工程获“漳州市‘水仙杯’优质工程”，1个工程获“省双十佳”提名奖工程。公司成立以来，年年实现安全生产无事故。

同时，该公司还为社会稳定做出贡献，3年来安置下岗职工及待业人员再就业1030人。先后为希望工程等公益事业捐资300多万元。

公司先后荣获“福建省第六届、第七届文明单位”、“省建筑业先进企业”、“省纳税先进单位”、“省先进乡镇企业”、“省质量管理先进单位”、“省（市）重合同、守信用单位”、“市安全生产先进单位”等荣誉称号。

黎立璋

三钢集团有限公司棒材轧钢厂厂长

黎立璋，男，1964年出生，大学文化，高级工程师，三钢总经理助理，副总工程师，棒材轧钢厂厂长。

黎立璋同志在省重点工程—棒材技改建设项目中，主要参与了棒材工程可行性研究初步设计以及项目恢复建设后的设计修改和工程建设管理工作，为保证三钢棒材生产线的技术装备水平赶上世界轧钢技术的发展步伐，达到世界先进水平做出积极贡献。独立承担棒材所有产品的工艺设计，组织完成棒材试轧前的多项准备工作。在对外技术合作项目中，作为中方代表，组织合同履行全过程工作，保证了棒材生产线控制技术的可靠性和先进性。全面组织协调及实施棒材热负荷试车工作，仅用不到两个班的时间，便轧出了合格产品，创下了国内同类作业线试轧最快成功记录，深受外国专家的赞许。

他对棒材生产线不间断地进行技术改造，组织实施100多项技改，并独立完成棒材孔型的改进设计，一年可为企业增加效益500多万元；对精轧机组的成品机架进口导卫装置进行改造，降低冷条率，提高成材率。全面组织实施棒材50万吨技改工程，仅用其他设计院改造方案概算投资40%的费用，使棒材生产能力达到目前64万吨/年，主要技术经济指标达世界先进水平。

黎立璋同志先后荣获“福建省新长征突击手”、“三明市劳动模范”、“全国青年岗位能手”和“福建省新长征突击手”称号。

王芬珍

福州市第一医院院长

王芬珍同志现任福州市第一医院院长、内科主任医师、教授。1969年毕业于福建医学院。中华医学会福建省分会心血管学会常委、中华医学会福建分会理事、福州市心血管病研究所所长、福州市康复医学会会长、中华医学会福州分会副会长、福州市心理卫生学会理事、香港医学研究会理事、福州市吴孟超医学基金副理事长、《心血管康复医学杂志》编委。省、市人大代表。

王芬珍同志有明确的政治方向和坚定的政治立场，在思想上、政治上和党中央保持一致，坚持用邓小平理论指导医院工作，以江总书记“三个代表”指导医院卫生改革。有强烈的事业心和高度的责任感、紧迫感。工作作风严谨，真抓实干，勤勤恳恳、兢兢业业、吃苦耐劳、全心扑在工作上，尽职尽责地承担着医院的全面管理和临床业务、教学、干部保健等工作。狠抓医院文明窗口，行风建设和医德医风教育，积极开展了“病人选择医生”和“住院病人一日单制”，努力改善服务态度，树立医院良好的社会形象。建立了全院电脑网络管理系统，成为首批省市医保定点单位之一，严格执行物委规定的医疗收费标准，杜绝“药品回扣”。每年投入数十万元，培养大批跨世纪中青年人才。

王芬珍同志十分重视科技兴医，院内的科研机构从原有的中西医结合肿瘤研究所、妇科不孕症研究室、胃肿瘤病理研究室、同位素放免中心4个科研机构基础上又发展成立了“一所三中心”暨福州市心血管病研究所、福州市颅脑创伤急救中心、福州市神经康复中心和福州市低视力康复中心。带领医护人员恢复了心脏外科手术，并邀请美国奥卡拉心研所心脏手术专家及全套人马两次来院进行学术交流，指导医院开展冠状动脉搭桥术。美国专家与医院心外科专家同台手术，成功进行了10多例心脏手术，其中4例为较复杂的冠脉搭桥术，填补了福州市心脏手术项目的空白。

王芬珍同志潜心钻研心血管病的研究，先后撰写学术论文40余篇，发表于全国及省级刊物上。她经常参加院内外重大医疗抢救，积极参与市总工会组织的“春风行动”，对病患者付出自己的一份爱心，群众亲热地称她为“平民院长”。她先后多次被授予市“三八”红旗手、“巾帼建功”标兵称号，被评为省、市劳动模范，荣获“五一”劳动奖章和全国先进女职工、福州市“十佳”医生荣誉称号。

刘忠孝

三明公路稽征处党委书记、处长

刘忠孝，男，湖南澧县人，1942年5月出生，1958年12月参军入伍，1961年7月入党，在部队任过班、排长、指导员、教导员、团政委、转业后任闽运永安分公司副总经理，三明公路局党委书记，1993年1月始至今任福建省公路稽征局三明稽征处党委书记兼处长。

刘忠孝同志出任三明公路稽征处党委书记兼处长8年来，刻苦学习马列主义、毛泽东思想、邓小平理论，坚决贯彻执行党的路线方针政策，带领处属干部职工，认真实践"三个代表"的重要思想，开拓进取，发奋工作，不仅使职工们保持了坚定正确的政治方向和与党中央的高度一致，而且确保单位连续8年超额完成了征费任务，把单位和单位党委，分别带入了福建省第六、七届"文明单位"和中共福建省委"先进基层党组织"行列，他个人于2000年10月被评为省劳动模范。

刘忠孝同志从严要求队伍，推行半军事化管理，培养了所属人员令行禁止的作风，确保了单位从未发生公路"三乱"及违纪违规的人和事；他惜才如命，每年投入十几万元教育经费，鼓励职工学习科学文化技术，使中专以上文化程度由32%上升到80%，被省交通厅评为"重教带头人"；他倡导"岗位学雷锋稽征树新风"，使单位涌现了五起奋不顾身救车祸，十几起拾金不昧，以及捐助贫困生上大学，抚养孤儿等大量的新人新事，被新华社《经济参考报》誉为"优秀稽征队伍，优质服务水平"；他严守党纪政纪，处处廉洁自律。公车私用带头交费，下基层吃工作餐，住内部招待所，连续8年实现了"班子不垮、干部不倒、党员职工不掉队"的廉政目标；他关心职工生活，呕心沥血地工作，通过创办三产及多种努力，每年为每位职工创收数千元的福利，并为处属11个单位盖起了宽敞亮丽的新的办公及住宅楼，使单位固定资产由530多万元，上升到4600多万元；由于操劳过度，刘忠孝同志一度诱发脑血栓，病倒在下基层的途中，经紧急抢救并住院数月后，如今他一直带病坚持工作，且经常加班加点到深夜。8年间，他先后获得全国公路运输工会"金桥奖"、省市授予的"先进工作（生产）者"、"优秀党务工作者"、省劳模等二十几项荣誉称号。

刘晓玲

厦门市集美区地税局局长

刘晓玲集美区地税局局长兼党支部书记，先后获福建省"三八红旗手"、财税系统妇女"先进工作者"、省地方税务局"三等功"、省地方税务"先进工作者"、福建省地税系统"先进工作者"、福建省"三八红旗手"、厦门市"劳动模范"、厦门市"优秀共产党员"、福建省"先进工作者"、全省"十大杰出女税务工作者"、"全国先进女职工"等多项荣誉称号。

刘晓玲同志在组织税收收入工作中，推行了税源大户领导分级跟踪管理制，抓牢收入的"牛鼻子"，提出了向征管要收入，夯实税基出效率的要求，注重抓好稽查促征管保收入的工作，"九五"期间，共组织税收收入24,538万元，全区地税收入年均递增22%，为集美区的经济建设提供了有力的资金保障。

"认认真真做事，堂堂正正做人，清清白白一生"是刘晓玲的座右铭。她坚持民主集中制和领导议事规则，不搞"一言堂"；认真遵守领导干部个人重大事项、收入申报、礼品礼金登记上交等廉政制度；制定了局务公开制度，以热点、难点问题定期上网公开，增强了行政管理的透明度。同时她长期遵守严禁公车私用的有关规定，制定了严格的车辆管理办法，并自己带头不私事用车。几年来，她累计上交礼品礼金价值一万多元，取到了良好的表率作用。全市地税系统中取消了"工夫茶"，首先提倡使用文明用语，并率先实行了着装挂牌上岗、电脑考勤、外出登记等制度，解决了上班时间"磨、跑、泡"现象。建立起以岗位职责为主要考核对象的目标考核体系，对各基层单位和个人的工作过程进行全程量化管理，实现了由人管人向制度管人的转变。创建健康、向上的税务机关文化，努力构造强烈的文化氛围。善于关心和发现干部的思想动态，经常性地找干部谈心，帮助解决困难，增强了集体凝聚力和向心力。

为社会奉献爱心是刘晓玲不变的追求，1996年，当她无意中得知集美大学水产院一名安徽籍特困学生因缴不起学费而面临退学的消息后，主动找上门，每年拿出2000元，资助这名大学生直至毕业。目前，又继续与一名特困女中学生结成了对子，每年出资2800元帮助其完成学业。几年来，她已累计出资一万多元为社会捐资助学，并感召、带动了13名干部加入了义务捐资助学的行列，共出资4万多元资助13名特困大学生完成了学业，成为了社会上的美谈。

李维义

泉州市急救指挥中心主任

李维义，福建省南安市人，1947 年 4 月出生，大专学历，中共党员。现任泉州市卫生局助理调研员、泉州市急救指挥中心主任、副主任医师。先后荣获市委两个文明建设医德杯先进个人、市"110"社会联动工作先进个人、市卫生系统"十佳"先进个人、泉州市劳动模范和福建省先进工作者。

这位在部队多次荣立战功和通令嘉奖的军转干部到地方后服从需要，先后担任市爱卫办副主任和市卫生防疫站副站长。他从不计个人得失，服从大局，从工作环境优越的市防疫站来到当时还只是"一张白纸"的急救指挥中心工作，把整个身心都扑在工作中，仅用一个多月的时间急救指挥中心就宣告成立，并开通"120"急救电话，出色地完成市委、市政府和市卫生局交给的任务。

他注重抓管理出成效，抓建设促发展，抓质量树形象，制定一整套严谨的科学管理办法，实行军事化管理，落实各项规章制度，培养和提高人员思想和业务技术素质。使中心在短时间内走上规范化、制度化、科学化轨道。他参照国内外急救经验和模式，创建了"泉州模式"。引进一套具有国内领先水平的"120"医疗救援指挥系统，实现急救指挥调度信息化、自动化，得到国内急救专家的赞赏和认可，各项硬软件设施和运作为全国前茅。他凡事身体力行，率先垂范，每天超负荷地工作，他经常带病坚持上班，甚至在心脏频发性早搏 24 小时 6000 次的情况下，仍未曾休息。为泉州的急救事业呕心沥血，无怨无悔。为此，上级领导、周围同志亲切地称他为"拼命三郎"。

他注重学习与科研工作，先后在省、国家级杂志发表学术论文 11 篇，出版专著一部，部分论文获优秀奖。主持科研课题《泉州市院前急救系统工程研究》，通过省内外专家评审，为国内领先水平。《泉州市艾滋病防治监测研究》业已完成。他致力于艾滋病防治的工作研究，经常深入病家、医院进行流行病学调查和协助诊断以及追踪随访，为患者提供保健、诊治和心理等咨询，被称为"一个与艾滋病打交道的人"。多次受聘在电视台、广播电台和报社进行专题讲座，接受电话咨询，为我省、我市艾滋病防治工作做出了较大的贡献。

林培华

泉州市鲤城区教育局局长

林培华，福建省泉州市鲤城区人，1948 年 8 月出生。研究生学历，中共党员。现任鲤城区教育局长兼泉州七中党总支书记。曾两次评为福建省优秀教育工作者，全国归侨、侨眷先进个人。1999 年荣获"福建省五一奖章"，2000 年荣获"福建省劳动模范"。

林培华主持教育局工作以后，积极推进各类教育持续、健康发展。1997~1999 年教育"两基"均保持"高水平、高质量"通过省级跟踪检查，创造了四项第一：小学教师大专比率和初中教师本科比率均居全市第一位；1999 年中考优秀率居全市第一位；高考每万人口上省专线人数居泉州市第一位；高中阶段入学率达 85.32%，在泉州市率先普及高中阶段教育。

她把薄弱校改造建设作为推行素质教育突破口，制定《鲤城区中小学薄弱学校建设三年规则》，1998~1999 年通过就地改造、撤销、合并等形式改造好笋浯小学等 7 所学校，同时建设好一批示范学校。目前全区有 1 所省一级达标中学、1 所省重点职校、2 所省文明学校、4 所省示范小学、6 所公办园中有 5 所为省优质园、1 所为省标准园。

林培华积极鼓励社会力量办学，努力拓展教育发展新模式。2000 年引进外资 2900 万元，将第三幼儿园、泉州七中分校改制为国有民办公助，为鲤城教育再发展注入新活力。她狠抓师德风，不断提高教师学历及思想素质；全面推行校务公开制度，加强行风建设，建立完善的教育行风评估体系。

林培华主持泉州七中全面工作期间，带领学校"一班人"开拓进取，使该校由一所较落后的一般中学，五年迈上三个大台阶，为七中从一般中学升格为重点中学做出了突出的贡献。

黄加庆

莆田市医院院长

黄加庆同志1999年5月份任莆田市医院院长，在1999年实行劳动人事制度、后勤管理、分配制度改革的基础上，根据实际情况整理出市医院的工作新思路。同时，加强医院文化建设，通过组织多种政治、文体活动，培育强烈的事业心和奋发进取的精神、高度的主人翁和乐于奉献的精神、刻苦钻研、爱岗敬业的精神、顾全大局、紧密团结的精神和争先创优、勇攀医学科学高峰的精神，“市医人”精神。

两年来，医院引进了医学硕士和学科带头人；接待了泰国卫生考察团和台湾大学访问团等团组；增加了1700多万元的高新设备；开展了肾脏移植、心脏直视术、心脏移植术等高难度手术，提升了医院在市内外的声誉；购进了100多亩的龙脊山公园，进一步优化美化了医疗环境；医院管理日趋科学化、系统化、信息化和现代化，医疗服务质量大幅度提高；医疗业务发展迅速，社会效益和经济效益明显增长。

在全院干部职工的共同努力下，2000年医院总收入达9063万元，比增39.4%，纯利润达2315万元，比增93.36%。在偿还债务1400万元和每人工资津贴平均增加260元的基础上，职工福利有较大幅度的增长，市医院2000年被评为省级精神文明单位；120急救中心护理组被全国妇联授予“巾帼文明示范岗”。

黄加庆同志系省预防医学会理事、省防痨协会理事、省医学会传染病与寄生虫病学会理事，近年有十几篇论文在国家级和省级刊物上发表。《福建省计划免疫推广应用项目》获福建省医药卫生科技进步一等奖，《莆田市消灭脊髓灰质炎应用技术研究》获莆田市第八届科技进步奖一等奖，他都是第一名项目完成人；目前他正在研究《医院管理信息系统功能规范》课题，1999年市委、市政府授予“市拔尖人才”称号；2000年评为省劳动模范。

黄锦芳

永定县坎市医院副院长

黄锦芳，男，1954年生，三明卫校毕业，福建中医学院骨伤专业结业，现任永定县坎市医院党支部书记、副院长，副主任医师，永定县政协委员。

在工作中能克服乡镇医院条件差、困难多等因素，开拓、建立了坎市医院骨科事业，已能成功地开展如人工全髋关节置换术、脊柱的椎弓根钉系统内固定术、胸椎结核经胸病灶清除术、带血管肌皮瓣转移术等许多较高难度手术，使坎市医院骨科达到一定规模和水平，也带动和促进了坎市医院的发展。

在科研和学术上也取得了较丰硕的成果，先后获省、市、县科技进步奖11项次，国家专利1项，在中华创伤杂志、中国骨伤杂志、骨与关节损伤杂志、医用生物力学杂志等学术刊物发表学术论文30多篇，曾于1995年在美国南加州大学医学院、1997年在马来西亚吉隆坡、1999年在德国科隆大学医学院等地参加国际学术交流会议。

先后被评为县管拔尖人才、县十佳医生、地管优秀青年专业技术人才、市优秀共产党员、市优秀知识分子、市卫生先进工作者、省职工自学成才奖、市管拔尖人才、省先进工作者、全国职工自学成才者及全国职工自学成才奖等多项荣誉。

谢树森

福建师范大学激光研究所所长

谢树森，男，1940年10月生，福建省福州市人，中共党员，1962年毕业于浙江大学物理光学仪器专业，现任福建师范大学物理系教授、激光研究所所长、浙江大学光学工程专业博士生导师和福建省211工程重点学科《应用光子学》学科带头人，1994年至今兼任福建师范大学教育工会主席、教代会执行委员会主任。

谢树森先后在浙江大学和福建师范大学从事科研、教学工作长达39年，1970年起开始从事激光技术与医学应用研究，1980年起开始致力于生物医学与技术研究，参与并成功地研制多种类型的激光治疗机。1989年被选派到美国加州大学激光生物医学工程研究室工作，并受聘为博士后研究员。1990年回国，组织筹建激光生物医学实验室，率先开展了“组织光学”和“光辐射剂量”科研项目研究，填补了我国在该领域的空白。1990年以来，他先后主持或参加国家及省部级科研项目17项，在国内外学术刊物和会议上发表学术论文150多篇，系列论文《生物组织光学特性测量理论及其运用》成果居世界领先水平；编撰、翻译出版了6部专业著作。他先后获国家科技成果奖1项，省级成果奖6项。1989年以来，他先后担任硕士生、博士生导师，培养了一批光学专业骨干人才。他在国际学术交流工作中也做出了重要贡献，任国际光学工程学会高级会员、美国激光医学学会研究员、新加坡南洋理工大学理学院客座教授；多次担任国际专业学术会议委员、专题会议主席，并在会议上作特邀报告，其中，1996年在国际光子学学术会议上作的“组织光学特征”报告以及1997年在国际激光医学学术会议所作的“氢激光对新鲜人肺组织的相互作用系数”报告，引起了国际与会专家的广泛关注。由于他在光学领域所作的突出贡献，名列国际《1992/1993世界名人》、《有成就者》、《国际传记辞典》名录。他在国内兼任“中国激光”（英文版）和《中国激光医学杂志》副总编辑、《福光技术》主编及其他4种学术刊物编委，担任中国光学学会理事和激光医学分科学会副主委，国家自然科学基金委员会学科专家评审组成员等。

谢树森在担任繁重的科研、教学工作之余，依然挤出宝贵时间带领福建师范大学工会、教代会的同志，创造性地开展工作，学校被评为省“模范职工之家”、“全国民主管理先进单位”、并顺利通过了“全国模范职工之家”的考核验收。

谢树林同志，1992年享受国务院政府特殊津贴，1994年被授予“国家有突出贡献中青年专家”和“福建省优秀专家称号”，1995年获福建省“五一”奖章，1998年被评为全国优秀教师，2000年被授予福建省先进工作者（劳模）称号。

黄秀宝

石狮市人民法院纪检组长

黄秀宝，女，汉族，现年38岁，历任石狮市人民法院刑事审判庭副庭长、民事审判庭庭长、纪检组长兼政工科长、党组成员、审判委员会委员、党总支书记。被省妇联授予福建省“三八”红旗手荣誉称号。

黄秀宝同志在主持刑庭工作期间，为克服案多人少的矛盾，达到快审快判，发扬无私奉献精神，带领全庭干警经常取消节假日，利用中午和晚上加班加点，超负荷地运转，在任期间全庭共审结刑事案件1137件，其中亲自主审259件，平均每年结案86件，超额完成岗位责任制139%。担任政工科长、纪检组长、党组成员以后，积极开展形式多样的党员教育活动，营造浓烈的学习气氛。为确保党建工作走前头，落实“三会一课”制度、党员学习制度，牵头组织了形式多样的教育活动，开展了学习“三个代表”暨纪念党建79周年演讲比赛等。同时加大纪检监察力度，增强党员队伍的公正廉洁意识。为了做好廉洁自律表率，做到办事不唯亲、不唯情、不唯钱、只唯法。在抓队伍的廉政建设中，采取了“以教促廉、以制保廉、以访督廉”的廉政建设措施，组织干警学习各种廉政规定，通报违法违纪案例，开展警示教育、警戒性谈话等活动，对约束规范干警的行为起很好的作用，使法院工作得到顺利开展。

图书在版编目（CIP）数据

福建年鉴　2001/《福建年鉴》编纂委员会编　福州：福建人民出版社，2001.8

ISBN 7-211-03979-5

Ⅰ.福…　Ⅱ.福…　Ⅲ.福建省 2001 年鉴　Ⅳ.Z.525.7

中国版本图书馆 CIP 数据核字（2001）第 058960 号

书名题字：陈奋武

福 建 年 鉴

Fujian Nianjian

(2001)

福建省人民政府主办

福建年鉴编纂委员会编纂

（国内外公开发行）

福建人民出版社出版

（福州市东水路 76 号）

福 建 年 鉴 社 发 行

（福州市鼓屏路 192 号山海大厦 8 层　邮政编码：350003）

《福建年鉴》网址(Http)://www.fjnj.net

电子信箱(E-mail):editor @fjnj.net

《福建年鉴》网站由网龙（中国）公司建设

香港、澳门、台湾地区及海外特约发行商

经济导报社　Tel:（00852）25738217

正文录入排版印刷：福建新华印刷厂

插页印刷：福建彩色印刷有限公司

开本 890 毫米×1194 毫米　1/16　40.5 印张　165 插页　1560 千字

2001 年 8 月第 1 版　2001 年 8 月第 1 次印刷

印数：1-5,500

ISBN 7-211-03979-5/F·232

广告经营许可证：闽工商 0083 号

国内定价：150.00 元

境外定价：HK380.00 元